清代經世文全編

目錄索引

蒯安　王永華　合編

學苑出版社

图书在版编目（CIP）数据

清代经世文全编目录索引/剪安，王永华编．—北京：学苑出版社，2012.5

ISBN 978-7-5077-4018-9

Ⅰ.①清… Ⅱ.①剪…②王… Ⅲ.①《清代经世文全编》—书目索引 Ⅳ.①Z88：K249.06

中国版本图书馆 CIP 数据核字(2012)第 099888 号

责任编辑：徐建军
出版发行：学苑出版社
社　　址：北京市丰台区南方庄 2 号院 1 号楼
邮政编码：100079
网　　址：www. book001. com
电子信箱：xueyuan@public. bta. net. cn
销售电话：010-67675512、67678944、67601101(邮购)
经　　销：新华书店
印 刷 厂：北京市通州鑫欣印刷厂
开本尺寸：787×1092　1/16
印　　张：118.5
版　　次：2012 年 6 月第 1 版
印　　次：2012 年 6 月第 1 次印刷
印　　数：600 套
定　　价：980 元

ISBN 978-7-5077-4018-9

《〈清代經世文全編〉目錄索引》出版说明

"經世"，亦作"經濟"，是"經國濟世"、"經世致用"的簡稱。而所謂"經世文編"，顧名思義，即為經國濟世、經世致用文章的彙編。經世文編肇始於明，興盛於清。清代經世文編的開山之作，當屬乾隆時陸燿編輯的《切問齋文鈔》。是書雖無"經世文"之名，但其宗旨和體例多為後來經世文編所借鑒。直至道光初年，賀長齡、魏源踵武前賢，輯成《皇朝經世文編》，並確立"以學術為綱領，以六政為框架"的"經世文編"編纂形式。此後，多以其結構為圭臬，遂有"編補"、"續編"、"三編"、"四編"、"五編"、"新編"、"統編"等相繼問世，蔚為大觀，成為有清一代的文化潮流。

清代經世文編文字浩繁、史料珍貴，上自文武權臣的奏疏，下迄學人儒士的著述，乃至東西洋人的論說，皆網羅其中，成為清史研究重要參考文獻。新世紀伊始，國家立項重修清史以來，採集史料當為第一要務，而清代經世文編正可謂清代史料中不可或缺之資源。為此，南開大學歷史學家來新夏教授主持編纂《清代經世文全編》，將傳世清代經世文編二十餘種裒然成集（附《民國經世文編》一種，以求完備），影印出版。衆所周知，清代經世文大多和當時社會與政治變革相關聯，特別是清晚期的許多篇章，字裡行間流露出作者探尋國家走出貧弱的渴望和決心，閃爍著改革先行者思想的光芒。正如馮桂芬在《采西學議》中斷言："中國多秀民，必有出於夷而轉勝於夷者!"而時至今日，我們確實取得了許多可以告慰先人的偉大成就，但是不可否認，我們仍在前行的路上，前方的路依然不會平坦，也許再讀這些經世之作，去粗取精，汲取前人的經驗教訓，以史為鑒，就會使我們邁出更為穩健的步伐，走向更為美好的明天。所以來老認為："其書既可作研究有清一代經世思想之衍化過程，又可供當政者與當前施政措施相比照，擇善參用，虛實雙效，兩得其美。此編纂《全編》之宗旨也。"

《清代經世文全編》的編輯自 2007 年啟動，經過版本收集、修殘補缺、整理編次、影印製版，歷時數載，近期已由學苑出版社正式出版。全書近一千七百卷，約四千萬字，共分一百六十八冊。雖可謂鴻篇巨帙，但精裝巧製，一冊在手並無掂重之感，不僅方便閱讀，更省卻讀者搜訪之勞。為了進一步便於讀者查閱檢索，與《全編》配套使用，出版社計劃另行編制《<清代經世文全編>目錄索引》一書。本目錄索引包括四種：一是篇名目錄，二是分類目錄，三是篇名索引，四是著者索引。

《清代經世文全編》共收錄篇目兩萬三千餘條，完成四種目錄索引的編制工作，在人手少時間緊的情況下，任務不可謂不重。為了能配合《全編》同步刊行，滿足讀者翻檢之需要，我們在《全編》立項之初，各種文編尚未收集齊全時，即率先以日本近代中國研究委員會編纂的《清朝經世文編總目錄》為藍本進行條目的錄入。《清朝經世文編總目錄》囊括了《皇朝經世文編》等共計十七種，雖有少量日文漢字夾雜其中，給錄入和校對增加了一些困難，卻可以起到替代使用古籍原件的作用，不僅有利於保護歷史文獻，也為提早開展目錄索引的編制工作奠定基礎。其後，用影印製作完成的《全編》底本進行條目補充和校對，標注篇目的冊次和頁碼，盡可能使書目索引的編製與《全編》同步進行。

一、篇名目錄：包括“收錄書目”、“總目錄”和“正文”三個部份。收錄書目依次著錄從《切問齋文鈔》到《民國經世文編》共二十二種經世文編的書名、卷數、著者及選用版本。總目錄著錄每種經世文編於《全編》中的冊次，揭示各經世文編在《全編》的位置和所佔比重。篇名目錄正文著錄書名、卷次、類名和全部篇名、著者及其所在冊次和頁碼，全面反映各經世文編收入的篇目和順序。

二、分類目錄：綜合《全編》所收二十二種經世文編各有不同的類目設置，以《皇朝經世文編》為框架，沿用其原有的“學術”、“治體”、“吏政”、“户政”、“禮政”、“兵政”、“刑政”、“工政”八個門類，對類下細目加以增減，形成統一的類目體系，為讀者提供按類查閱之途徑。每種清代經世文編都是將收錄的篇目分門別類編輯而成的，雖然類目設置不盡相同，但多以《皇朝經世文編》的體系為矩矱，在細目上根據需要有所增損。而成書於戊戌前夕的《皇朝經世文新編》，其類目則打破了《皇朝經世文編》的構架，不再設立總的門類，直接代以具體的子目，形成所謂“經世文新編系列”，為後來絕大多數文編所採用。但是，新編系列收入的篇目內容縱然有了新的氣象，可也難完全脫離既有之窠臼，仍具“經世致用”的特徵。為此，我們擴大《皇朝經世文編》原有八個門類之外延，將新出類目，如“礦政”、“通商”、“交涉”、“外史”、“會黨”、“民政”、“教宗”等，或獨立歸入或與相近類目合併；而且採取“整出整入、個別調整”的辦法，儘量保持原有類目內容的完整，個別篇目確實牽強，再做調整；然後，對類目進行編號，並逐條標注類號，接著以類號為基礎，自動替換完整的類名，最後通過類名、篇名等多條途徑重新排序，從不同角度逐條審定每個篇目的類目歸屬。

三、篇名索引：將《全編》所收全部篇目的篇名，按照四角號碼檢字法排序，供讀者從篇名的角度進行檢索。篇名索引附有《四角號碼檢字法》、《索引字頭筆畫檢字表》和《索引字頭拼音檢字表》，方便不熟悉四角號碼的讀者使用。

四、著者索引：將《全編》所收全部篇目的著者，按照四角號碼檢字法排序，為讀者提供從著者的角度進行檢索的途徑。同篇名索引一樣，著者索引也附有《四角號碼檢字法》、《索引字頭筆畫檢字表》和《索引字頭拼音檢字表》，使不熟悉四角號碼的讀者也能查閱使用。

我們在編制四角號碼索引過程中，利用"Visual FoxPro"可編程的特點進行索引條目的處理，成功完成了自動標碼等多種應用程序的編寫，實現了單字標注、自動替重、自動排序，具有標碼和排序快速準確、自動化程度高等特點，使四角號碼索引的編制過程與傳統方法有了本質的不同，為索引高質高效地編製完成創造了條件。

值得一提的是，本書目索引的版面製作，採用了自主研發的方法。以常用軟件，如"Word"、"Excel"等為工具，進行格式轉換、字符調整、字段對位和逐頁題名的編制等一系列步驟設計和操作，實現校對、修改與製版同步完成，達到事半功倍的效果。

最後，我們要說的是：《清代經世文全編》從立項到完成，來新夏先生以耄耋之年不辭辛勞、身體力行，令人感佩，使我們在編制書目索引過程中受到極大鼓舞；同時，承蒙天津圖書館歷史文獻部李國慶主任撥冗相助，鼎力支持；歷史文獻部的很多同仁參加了條目錄入工作，為本書的完成做出了貢獻；再有，學苑出版社徐建軍副社長，為本書出版予以專業指導，使本書質量有了很大提高。在此一併表示感謝。

由於編者水平所限，難免存在舛誤疏漏之處，懇請方家不吝賜教。

編　者

2011 年 9 月

附录一：《清代經世文全編》出版说明

經世文是當朝人議論政事得失的文章。清代經世文編是清代編印的經世文總集。《清代經世文全編》是將清代在不同時期、由不同編者印行的各種經世文編進行搜集、整理、編排而彙編成一帙的大型專題性叢書。各種經世文編，出於經世致用之目的，它的主要內容是圍繞當時政治、經濟、文化、軍事等方面存在的迫切問題提出解決辦法和建議；它的主要功用是為當朝統治者提供可以借鑒的經驗和教訓，為鞏固統治政權服務，所以，這類專著歷來受到當朝統治者重視。由於這類經世文中所收錄的都是當朝文武重臣撰寫的屬於自己權限範圍內的有關重要時政情況的單篇奏疏等文章，所以，為我們瞭解當時各個領域的詳細情況提供了極其重要的歷史文獻。本書旨在有效整合、保存這筆文化遺產，為學術界研究清代歷史提供豐厚的第一手史料。

受明代《明經世文編》的影響，到了清代初年，仿其編例，也開始出現這類專著。開此先例的是賀長齡編的《皇朝經世文編》，其後陸續出現續編、新編等。據我們掌握的傳本得知，清朝先後編印的經世文編專著有二十餘種，本書收錄目前傳世的二十一種。為了保存文獻，還收錄一種民國時期編印的《民國經世文編》，殿於書後。

本書內容相續，前後連接，系統反映出清朝各個不同歷史階段"政事得失"情況，所及內容涵蓋了吏、户、禮、兵、刑、工"六部"，時間跨度長達二百六十餘年的有清一代。《民國經世文編》中收錄一些晚清人物的經世文作品，從內容上與清末經世文有一定關聯。有些書，沒有用"經世文"題寫書名，但書的內容確是"經世文"。這類書包括清陸燿的《切問齋文鈔》、于鱐莊的《皇朝蓄艾文編》等。這些書是學術界公認的屬於"經世文"的專著，作為"全編"，本書一併收錄。

為了便於利用，特意編制了四種目錄索引：一是全編目錄，依次臚列二十二種經世文編原書目錄；二是篇名索引，對所收單篇經世文的篇名，進行檢索；三是作者索引，對所收單篇經世文的作者，進行檢索；四是分類索引，將所收單篇經世文進行分類，按類檢索。

附录二：《清代經世文全編》前言

一、經世文編纂的緣起

經世之文，肇端甚古，《尚書》之典、誥、謨、誓，皆具經世內容。經世語詞，始見於《莊子》。《莊子·齊物論》云："春秋經世，聖人議而不辨"。歷代名臣奏議、政書、類書，類皆經世之作。漢賈誼之《治安策》、鼂錯之《論貴粟疏》等，皆為經世名篇。唐太宗命魏征等編《群書治要》，輯五帝至晉有關治理國家大要之完篇整段文獻，已有經世文編之端倪。南宋孝宗淳熙五年，呂祖謙曾奉詔編修《聖宋文編》，擇輯有關治道之作。書成，孝宗賜名為《皇朝文鑒》，當為最早之經世文編。明清以來，經世之作繁興。明自永樂始，先後有《歷代名臣奏議》、《名臣經濟錄》、《明經濟文輯》、《明經濟文錄》及《經世八編類纂》等書，注重社會現狀，選輯明初以來有關經世論述，志在救弊，難於實踐。惟明季學風日趨空疏，士大夫袖手空談，政權腐朽，海內阢隍不安，危機四起。有志之士陳子龍、徐孚遠、宋征壁直面現實，針對時弊，力求借鑒歷史，矯正世風，乃于前人成著基礎之上，於崇禎十一年共同選輯經世之作，歷時十月，匆匆成書五百零四卷，徑以《經世文編》命名。

《明經世文編》之編纂主旨，乃在關心世事，講求實學。編者陳子龍於其序中已明言之云："俗儒是古而非今，擷華而舍實。夫保殘守缺，則訓詁之文充棟不厭；尋聲設色，則雕繪之作永日以思。至於時王所尚，世務所急，是非得失之際，未之用心。苟能訪求其書者蓋寡，宜天下才智日益絀，故曰士無實學。"另一編者徐孚遠在序中亦云："今天下士大夫無不搜討緗素，琢磨文筆。而於本朝故實，罕所措心，以故俊藻則有餘，而應務則不足。語云：'高論百王，不如憲章當代'。"其他各序，亦多抨擊空疏，故所選多祛華就實。《明經世文編》所選多應世務之急，近人吳晗氏論其選文原則為明治亂、存異同和詳軍事，頗得其要。

《明經世文編》採錄甚廣，約在文集千種以上，多為當朝人議論當朝政事得失之作，頗多名家名篇，堪為當政者提供歷史經驗教訓。其間有采其文而後世不傳其集者，故《明經世文編》又有保存文獻之功。所收範圍幾盡政治、經濟、軍事、文化、社會各方面，而軍事尤見突出，有兵餉、馬政、邊防、邊情、邊牆、軍務、海防、火器等事，他如災荒、農事、治河、水利、海運、漕運、財政、鹽法、刑法、錢法、鈔法、稅課、役法等事無不于國計民生相關聯。惜明末政權猶如魚遊釜底，面臨危亡，有識之士縱有善言讜論，已難挽既倒之狂瀾。《明經世文編》成書倉促，間有疏漏，不免為後人議論；但其思想、文字對後來之影響頗大，清初經世實學之興，即其一端。

二、清代經世文編的編纂

《明經世文編》是一部選輯有明一代經世致用文的總集，但因其中有涉及清入關前與明政權關係之作，對清朝先世多有不堪之詞，是以於清乾隆四十三年將其列為禁書。儘管如此，因其可供實用施政之參考，以致查而難禁，一直流通于世，成為清初顧炎武、黃宗羲、王夫之等經世學家之先驅。顧炎武之《肇域志》、黃宗羲之《天下郡國利病書》及王夫之之《讀通鑒論》諸作，為清初實學之首倡。諸多名臣賢士，亦多有經世名篇，呈清代經世思潮的第一次興起。其後，大批學人論者怵于康雍乾連續不斷之文字獄，為避禍而轉入考證、訓詁等漢學學術，經世思潮一時低落。惟乾隆時人陸燿異軍突起，輯《切問齋文鈔》三十卷，收錄清初以來有裨經世之文而未以經世文名書。《切問齋文鈔》雖無經世文之名，實為清代經世文編之首作，上承《明經世文編》之餘緒，惟一改以人物排順序為以類分卷；下啟清代諸經世文編之纂集，皆依其編例，為清代第一次經世思潮的總括。其書刊行於乾隆四十年春，時人頗多讚譽，馮浩為其書作序有云："（其書）或長篇連卷，博大雄深；或言簡意賅，肅括精當；或援據明辨，智者讀之而心醉；或淺易真摯，俗衆聽之而點頭。舉凡天時、地理、征行、政治之務，無不探賾剔微。"其後文網漸疏，論者間出，嘉道之際，社會敗像日顯，龔自珍、魏源等有識之士，已有感覺，敢於立言。賀昌齡應時而興，輯《皇朝經世文編》百二十卷，于道光六年成書，七年梓行於上海。全書分八類六十目，內容總匯學術、治體、吏、户、禮、兵、刑、工各政之經世文。當時風行，後來亦頗多讚譽，同治十二年𦶜堂撰序稱："是編也，取材近，選言富，利病若白黑分，調劑各有法，古方今病之誚，庶乎免矣。良工從長施治，審經絡之端委，識藏府之苦欲，而關灸之，而鑱石之。案而調之，藥而起之，毋實實，毋虛虛，壽世仁民之道，不可勝用矣。”數十年後之《皇朝經世文續編》序中又贊稱：“耦耕先生具經世才，思以良法貽天下。于當代名人論議，廣搜博覽。凡有裨世用者，無論長篇短幅，裒而錄之，不泥古而切於時務，分門別類，都為一編。體例仿《切問齋文鈔》而詳備過之。”繼其後以經世文編為名而稱續編、三編、四編、五編、統編、新編者近二十種，另有不以經世文為名，而實為經世文編者，尚有多種，如《切問齋文鈔》、《皇朝蓄艾文編》和《皇朝道咸同光奏議》等，綜其所選達數千篇。經世文編之體一時稱盛，而鴻篇巨制難以翻讀。二十世紀六十年代曾謀自現存經世文編各書十中選一，成一選篇，已搜求多種，方將啟動，而“文革”禍起，遂包紮度藏於研究室，幸獲保存，而整理選編之志，時在念中。

三、《清代經世文全編》的編纂

二〇〇五年四月，我受清史編纂委員會委託，編次《清代經世文選編》。受命之初，首先著手者即為搜求清代各種經世文編，歷時半年，得二十種。分由學者從中選取二百萬字之選篇，精選嚴篩，得篇什一，若干名篇，難以入選。編選者眷眷難舍。其後整理點校選編時，深感所選，尚多闕如，而有遺珠之憾，同人等疊相議論，咸以各種經世文編，散藏各處，聚各書於一室，難度甚大。今既已集清代各經世文編於一手，何不就便將二十餘種經世文編合編為一，而凡參用與研究之學者均可讀白文，更無需點讀，原書合編影印，可免次生謬誤。於是動議，彙編合集，由我與李國慶君司其事。自二〇〇七年啟動至二〇一〇年，歷時三載。今將告成，乃就《選編》前言，略加訂補，敘《全編》緣由。

清自入關建政以來，用兵四方，海內粗定，康熙以還，頗能咨謀治國安邦之策，科舉又有策問世事之題，大多關心恢復經濟，注重社會民生，而學者名流若顧炎武、黃宗羲等，更力倡經世之學，於是朝野上下，無論名公巨卿，抑或吏員文士，時發經世之論。六部諸曹事務多有涉及，但所論多在個人文集，或散佚民間。於是陸氏開其端，賀氏承其緒，後來諸君相沿其事，遂成清代經世文編一脈，嘉惠後人，受益滋多。其書既可作研究有清一代經世思想之衍化過程，又可供當政者與當前施政措施相比照，擇善參用，虛實雙效，兩得其美。此編纂《全編》之宗旨也。

《全編》所收，上起陸燿《切問齋文鈔》，下迄晚清于鬯莊《皇朝蓄艾文編》，計清代二十一種。除《切問齋文鈔》、《皇朝道咸同光奏議》及《皇朝蓄艾文編》名雖有異而內容則一之三種外，均以經世文編為主名，或曰補編，或曰續編，或曰二三四編，或曰新編，或曰統編。一望可知，《全編》乃有清一代經世宏篇之薈萃。爲了保存文獻，將《民國經世文編》一種殿于書後。各書既備，乃檢核底本，整理書頁，編其次序，集成一書，交付影印，裝訂成一百七十冊，題作《清代經世文全編》。《全編》之成，既蒙各藏者惠借底本，又承學苑出版社不惜斥資付印，終為學林增一參考用書。欣覩厥成，不勝歡悅，稍敘其事，並向有關方面致謝。

來新夏

2010年6月上旬寫于南開大學邃穀

附录三：《清代經世文全編》收錄書目

1、《切問齋文鈔》三十卷 清陸燿輯 清楊國楨重刻本

2、《皇朝經世文編》一百二十卷 清賀長齡輯 民國三十六年（1947）上海廣百宋齋排印本

3、《皇朝經世文編補》一百二十卷 清張鵬飛輯 清道光二十九年（1849）來鹿堂刻本

4、《皇朝經世文續編》一百二十卷 清饒玉成輯 清光緒八年（1882）江右雙峰書屋補刻本

5、《皇朝經世文續編》一百二十卷 清葛士濬撰 清光緒十四年（1888）上海圖書集成書局排印本

6、《皇朝經世文續編》一百二十卷 清盛康輯 清光緒二十三年（1897）武進盛氏思補樓刻本

7、《皇朝經世文新增時務續編》四十卷《時事洋務》八卷 清三畫堂主人輯 清光緒二十三年（1897）掃葉山房排印本

8、《皇朝經世文三編》八十卷 清陳忠倚輯 清光緒二十八年（1902）上海書局石印本

9、《皇朝經世文新編》三十二卷 清麥仲華輯 清光緒二十七年（1901）上海書局石印本

10、《皇朝經世文新編》二十一卷 清麥仲華輯 清光緒間上海大同譯書局石印本

11、《皇朝經濟文編》一百二十八卷 清求自彊齋主人輯 清光緒二十七年（1901）上海慎記書莊石印本

12、《皇朝經濟文新編》六十二卷 清宜今室主人輯 清光緒二十七年（1901）上海宜今室石印本

13、《皇朝經世文統編》一百七卷 清邵之棠輯 清光緒二十七年（1901）上海寶善齋石印本

14、《皇朝經世文統編》一百二十卷）清闕名輯 清光緒二十七年（1901）上海慎記石印本

15、《皇朝經世文四編》五十二卷 清何良棟輯 清光緒二十八年（1902）石印本

16、《皇朝經世文編五集》三十二卷 清求是齋輯 清光緒二十八年（1902）上海宜今室石印本

17、《皇朝經世文新編續集》二十一卷 清甘韓輯、楊鳳藻校正 清光緒二十八年（1902）絳雪齋書局石印本

18、《皇朝道咸同光奏議》六十四卷 清王延熙、王樹敏輯 清光緒二十八年（1902）上海久敬齋石印本

19、《最新經世文編》一百三十卷 清寶善齋主人輯 清光緒二十八（1902）上海寶善齋石印本

20、《皇朝經世文續新編》三十卷 清儲桂山輯 清光緒二十八（1902）義記書局石印本

21、《皇朝蓄艾文編》八十卷 清于驌莊輯 清光緒二十九年（1903）上海官書局排印本

22、《民國經世文編》不分卷 經世文編譯部輯 民國二年（1913）石印本

《〈清代經世文全編〉目錄索引》①

清代經世文全編

篇名目錄

蒯安　王永華　合編

學苑出版社

目　次

編 例

1. 本書收錄清代經世文編二十一種，附錄《民國經世文編》一種，凡二十二種。

2. 收錄書目著錄每種書名、卷數、著者及選用版本。

3. 總目錄标明每種書所在冊次。

4. 篇名目錄著錄書名、卷次、類名和全部篇名、著者及其所在冊次和頁碼。（其中冊次和頁碼表示為斜杠前為冊次，後為頁碼。如1/25，即第一冊第二十五頁）

5. 條目內容依原文客觀著錄。著者附小傳其本名可查者，加括號補注於後。如：張稷若（爾岐）。

6.《皇朝經世文編補》無補續內容的卷次，其卷次和類名不予著錄。

7. 原件缺頁無法補齊且該頁有篇名可攷者，亦予著錄，并在篇名後加注“*”。

清代經世文全編

總 目 錄

1、《切問齋文鈔》三十卷......................1～3 册
2、《皇朝經世文編》一百二十卷..............4～11 册
3、《皇朝經世文編補》一百二十卷...........12～37 册
4、《皇朝經世文續編》一百二十卷...........38～45 册
5、《皇朝經世文續編》一百二十卷...........46～53 册
6、《皇朝經世文續編》一百二十卷...........54～80 册
7、《皇朝經世文新增時務續編》四十卷
《時事洋務》八卷.............................81 册
8、《皇朝經世文三編》八十卷...............82～83 册
9、《皇朝經世文新編》三十二卷.............84～86 册
10、《皇朝經世文新編》二十一卷............87～93 册
11、《皇朝經濟文編》一百二十八卷..........94～102 册
12、《皇朝經濟文新編》六十二卷...........103～106 册
13、《皇朝經世文統編》一百七卷...........107～115 册
14、《皇朝經世文統編》一百二十卷.........116～123 册
15、《皇朝經世文四編》五十二卷...........124～125 册
16、《皇朝經世文編五集》三十二卷.........126～127 册

17、《皇朝經世文新編續集》二十一卷....... 128～130 册
18、《皇朝道咸同光奏議》六十四卷......... 131～136 册
19、《最新經世文編》一百三十卷........... 137～144 册
20、《皇朝經世文續新編》三十卷........... 145～146 册
21、《皇朝蓄艾文編》八十卷............... 147～158 册
22、《民國經世文編》不分卷............... 159～168 册

清代經世文全編

篇名目錄

切問齋文鈔三十卷

卷一 學術一
辨志 張稷若(爾岐) 1/25
答友人書 張稷若(爾岐) 1/29
思辨錄序 陸稼書(隴其) 1/32
答陸稼書書 湯孔伯(斌) 1/34
答陳子萬書 田梁紫(蘭芳) 1/38
學校論上 邵念魯(廷采) 1/41
學校論下 邵念魯(廷采) 1/44
與熊心垣書 陳紹洙(道) 1/47
朱陸析疑 李晉卿(光地) 1/49
與王繪先論學書 陸聚緱(奎勳) 1/54
與陳玉立書 張孝先(伯行) 1/57
約言錄序 孫鍾元(奇逢) 1/62
學統序 杜于皇(濬) 1/63
與白方玉書 魏石生(裔介) 1/66
佛氏論 黃震孫(中堅) 1/69
袁氏立命說辨 張稷若(爾岐) 1/72
唐幼章句釋感應篇序 田梁紫(蘭芳) 1/77
復禮上 凌次仲(廷堪) 1/81
復禮中 凌次仲(廷堪) 1/84
復禮下 凌次仲(廷堪) 1/88
卷二 學術二
重修蘇州府儒學碑記 湯孔伯(斌) 1/95
與鄭魚門侍講書 蔡聞之(世遠) 1/99
送田綸霞水部督學江南序 潘次畊(耒) 1/103
與秦尾仙學使書 魏環極(象樞) 1/106
重修東林書院記 熊敬修(賜履) 1/107
書院課士疏 沈確士(無) 1/110
蘇學景賢錄序 陸道威(世儀) 1/113
與馬步先廣文書 魏環極(象樞) 1/116
師說 夏醴谷(之蓉) 1/117
廣師說 方百川(舟) 1/119

謝諸生徒書 計甫草(東) 1/121
送王白民南歸序 姜西溟(宸英) 1/123
寄譚十一兄左羽書 朱錫鬯(彝尊) 1/125
翁鐵菴壽序 徐原一(乾學) 1/126
路先生墓碑 田梁紫(蘭芳) 1/130
友說贈計子甫草 姜西溟(宸英) 1/133
取友論 韓元少(菼) 1/136
送王子重還楚序 計甫草(東) 1/138
送張生牖如南歸序 計甫草(東) 1/140
卷三 學術三
六經論 王仲威(鉞) 1/145
與子姪論讀書 姜西溟(宸英) 1/147
示大兒定徵 陸稼書(隴其) 1/149
與錢惕菴先生書 勞麟書(史) 1/150
與董觀三書 彭勤止(定求) 1/152
答同年陳宮詹 張孝先(伯行) 1/153
家塾講究序 武宅中(在洛) 1/155
題書院聯 潘潤章(相) 1/159
後書目序 黃石牧(之雋) 1/162
題水西書屋藏書目錄後 沈子大(起元) 1/164
立品說別荔城張生 李中孚(顒) 1/167
答梁質人 李中孚(顒) 1/169
與友人書 李中孚(顒) 1/171
與唐灝儒書 張考夫(履祥) 1/173
有高才能文章三不幸論 蔡聞之(世遠) 1/175
卷四 風俗一
風俗策 陸稼書(隴其) 1/181
請頒禮制書疏 魏環極(象樞) 1/185
勸廉祛弊疏 陳子端(廷敬) 1/188
飭禁昏嫁喪葬華奢示 張孝先(伯行) 1/191
昏說 夏醴谷(之蓉) 1/197
昏禮 盧子弓(錫晉) 1/198
答昏禮問一 劉山蔚(榛) 1/201
答昏禮問二 劉山蔚(榛) 1/202
答昏禮問三 劉山蔚(榛) 1/204
論男子三十而娶女子二十而嫁 劉畊南(大櫆) 1/206
諸葛武侯擇婦論 劉繼貢(紹攽) 1/207
論未昏守節 勞麟書(史) 1/208
與友人辭祝書 顧寧人(無) 1/214
古今無慶生日文 毛大可(奇齡) 1/215
辭作壽文書 劉山蔚(榛) 1/220
勸同志勿用壽字綴說 施尚白(閏章) 1/221
卷五 風俗二
喪說 夏醴谷(之蓉) 1/225
論讀禮 孔體儀(繼汾) 1/227
廣儉戚說 邱心尼(時中) 1/228
吳下喪禮 顧伊人(湄) 1/232
齊家寶要一則 張仲嘉(無) 1/235
已亥四月示道希兄弟 方靈臯(苞) 1/238
答喪禮問一 劉山蔚(榛) 1/240
答喪禮問二 劉山蔚(榛) 1/242
答喪禮問三 劉山蔚(榛) 1/244
答喪禮問四 劉山蔚(榛) 1/246

與應撝謙論孤哀義書 萬充宗(斯大) 1/247
孝子喪父有繼母訃不稱哀議 柴虎臣(紹炳) 1/257
喪服三條 許典三(三禮) 1/260
喪刺答問 何子懷(發) 1/265
與友論齊期稽首書 李客山(果) 1/266
喪冠說 毛大可(奇齡) 1/268
論弔喪 孔體儀(繼汾) 1/271
謝孝說 徐原一(乾學) 1/274
齋期 全紹衣(祖望) 1/276
卷六 風俗三
承重說 萬充宗(斯大) 1/281
父卒未殯適孫為祖服辨 汪苕文(琬) 1/284
父未殯而祖亡承重議 沈冠雲(彤) 1/285
為父生母不承重辯 張歷友(篤慶) 1/287
庶孫不為生祖母承重說 柴虎臣(紹炳) 1/292
本生父母降服說 田綸紫(蘭芳) 1/295
父在不降母服說 毛大可(奇齡) 1/297
喪服繼母如母解 汪苕文(琬) 1/300
喪所生母雜議 沈冠雲(彤) 1/301
答王山史書 顧寧人(無) 1/303
禫說 柴虎臣(紹炳) 1/305
禫月攷 邱邦士(維屏) 1/307
閏月 汪苕文(琬) 1/311
降服辨 王寅旭(錫闡) 1/312
大夫子不降期親說 萬季野(斯同) 1/315
嫂叔無服說 萬季野(斯同) 1/317
師服議 萬季野(斯同) 1/321
庶孫父卒不為所生祖母服三年論 馮養吾(洁一) 1/323
卷七 風俗四
後篤終論上 張稷若(爾岐) 1/333
後篤終論下 張稷若(爾岐) 1/336
停喪不葬 朱可亭(軾) 1/339
親喪不葬 徐原一(乾學) 1/342
親喪不可久停說 張孝先(伯行) 1/344
葬考 徐原一(乾學) 1/345
葬說 毛大可(奇齡) 1/348
族葬祔葬說 柴虎臣(紹炳) 1/350
喪葬解惑 蔡聞之(世遠) 1/353
風水 張考夫(履祥) 1/356
風水 朱可亭(軾) 1/357
駁葬地説 盧子弓(錫晉) 1/359
駁葬日说 盧子弓(錫晉) 1/360
正德重修金山寺志跋 朱錫鬯(彝尊) 1/361
羊石山題壁 朱錫鬯(彝尊) 1/362
與陳乾初 張考夫(履祥) 1/363
與朱壻持正 王敬哉(崇簡) 1/366
與友人論葬服書 汪苕文(琬) 1/367
題蒋氏葬紀 彭勤止(定求) 1/369
地理崇正序 陳北溟(鵬年) 1/371
火葬 張考夫(履祥) 1/372
焚柩議 柴虎臣(紹炳) 1/374
與稚黄兄論私謚書 毛會侯(際可) 1/376

與人論墓誌銘篆蓋書 汪若文(琬) 1/377
與顧肇聲論墓銘諸例書 沈冠雲(彤) 1/379
卷八 風俗五
祭說 張考夫(履祥) 1/385
小宗家祭禮畧 李晉卿(光地) 1/389
宗子主祭議 李巨來(紱) 1/392
補定大宗議 許典三(三禮) 1/396
始祖先祖之祭 秦樹峰(蕙田) 1/397
家廟記 楊賓實(名實) 1/399
教忠祠規序 方靈臯(苞) 1/403
論昭穆 孔體儀(繼汾) 1/405
論祔祭 孔體儀(繼汾) 1/408
與張仲嘉論畫像書 萬充宗(斯大) 1/411
與孫鍾元先生問答 魏環極(象樞) 1/414
生忌說 顧伊人(湄) 1/416
墓祭 徐原一(乾學) 1/417
論墓祭 許典三(三禮) 1/419
釋齋 朱錫鬯(彝尊) 1/420
汪氏族譜序 汪若文(琬) 1/421
置後解 汪若文(琬) 1/423
異姓為後 方靈臯(苞) 1/425
家堂 張考夫(履祥) 1/427
與佟太守書 朱錫鬯(彝尊) 1/429
與邵子昆學使論鄉賢名宦從祀書 宋牧仲(犖) 1/431
卷九 教家一
家訓 王伯咨(命岳) 1/437
訓子王畧 田梁紫(蘭芳) 1/441
戒子孫 李晉卿(光地) 1/444
聰訓齋語 張敦復(英) 1/446
訓子語 張考夫(履祥) 1/455
崇明老人記 陸稼書(隴其) 1/458
萬孝子割股議 侯朝宗(方域) 1/460
割股辨 田梁紫(蘭芳) 1/463
醫說 夏醴谷(之蓉) 1/467
論婦 張考夫(履祥) 1/469
與七弟繼信論家人離必起于婦人書 劉繼貢(紹攽) 1/471
書陳靜恪先生傳後 蔡聞之(世遠) 1/472
甲辰示道希兄弟 方靈臯(苞) 1/475
別籍異財議 李巨來(紱) 1/477
論宗族二條 張考夫(履祥) 1/479
上叔父 張孝先(伯行) 1/481
論僕役二條 張考夫(履祥) 1/484
甲辰示道希兄弟 方靈臯(苞) 1/485
郵臧獲議 邱秀瑞(嘉穗) 1/486
卷一〇 教家二
飽夢說 盧子弓(錫晉) 1/493
窖金論 李希天(繼聖) 1/495
儉論 鄭半人(梁) 1/497
書事三則 田梁紫(蘭芳) 1/500
與侯六兄書 田梁紫(蘭芳) 1/503
廣戒殺牛文 張稷若(爾岐) 1/509
戒殺問答 勞麟書(史) 1/512
五肴約 徐魯南(用錫) 1/517
勉厚堂五簋約 張起元(貞) 1/518
書鄉飲酒禮 朱可亭(軾) 1/518
卷一一 服官
答惠少靈 李中孚(顒) 2/3
答沈芷岸書 湯孔伯(斌) 2/4
官戒示長兒 陳紹洙(道) 2/5

勸民緒言序　魏石生(裔介)　2/12
與許典三書　魏石生(裔介)　2/13
示親民官自省六戒　于北溟(成龍)　2/14
興學　王犀川(士俊)　2/18
用人　王犀川(士俊)　2/20
與魯瞻弟書　陸稼書(隴其)　2/21
與五弟書　牛階平(運震)　2/22
寄董大兄書　牛階平(運震)　2/23
仕學一貫錄　陳慶門(無)　2/26
官紳約　石成金(天基)　2/35
寄張伯珩同年書　魏環極(象樞)　2/58
答王世兄書　湯孔伯(斌)　2/60
通譜說　王予中(懋竑)　2/61
寄叔兄西渠先生書　張敦復(英)　2/63
卷一二　選舉一
書左雄察舉議後　姜西溟(宸英)　2/69
制科策　黃震孫(中堅)　2/70
經學家法論　陳子端(廷敬)　2/74
經書取士議　朱錫鬯(彝尊)　2/78
卷一三　選舉二
辨君子小人論　桑伊佐(調元)　2/83
讀李文饒近倖論　張敦復(英)　2/99
萬言疏　熊敬修(賜履)　2/103
治論　楊賓實(名實)　2/119
正體論　盧子弓(錫晉)　2/126
無踰老臣論　邱粟海(志廣)　2/129
崇讓論下　韓元少(菼)　2/131
送蘇州守覺羅雅公蔚文之汀漳道任序　王次山(峻)　2/134
選政策　陸稼書(隴其)　2/137
請停捐納入監疏　徐公肅(元文)　2/140
請定京官久任之法疏　王伯咨(命岳)　2/142
知府久任疏　魏石生(裔介)　2/145
乞留教職疏　王伯咨(命岳)　2/146
答問選舉　王爾緝(心敬)　2/149
吏議　盧子弓(錫晉)　2/155
卷一四　選舉三
申明憲綱疏　魏環極(象樞)　2/165
直指官箴二大玷疏　金豈凡(之俊)　2/169
請除無益條例疏　李鄴園(之芳)　2/171
虛文可省疏　張螺浮(惟赤)　2/173
責實效疏　孫怍庭(光祀)　2/176
專差宜減疏　靳紫垣(輔遼)　2/178
請禁雜流委署疏　李鄴園(之芳)　2/181
請禁委官查勘疏　李鄴園(之芳)　2/183
嚴察假冒棍徒疏　李鄴園(之芳)　2/186
懲貪議　王伯咨(命岳)　2/189
論吏治不清皆由舉劾不當疏　王伯咨(命岳)　2/192
公道宜彰疏　魏環極(象樞)　2/196
嚴餽送疏　孫怍庭(光祀)　2/199
禁止餽獻諭江蘇等七府一州示　張孝先(伯行)　2/202
交際論　韓元少(菼)　2/204
復黃菉園書　魏石生(裔介)　2/206

剔衙蠹疏 孫怍庭(光祀) 2/208
覺察奸蠹内外畫一疏 李鄴園(之芳) 2/210
衙蠹吞噬疏 張螺浮(惟赤) 2/212
卷一五 財賦一
限田論 黄震孫(中堅) 2/219
授田論 陳䃼儒(之蘭) 2/223
生財裕餉第一疏 靳紫垣(輔邃) 2/229
書揚州田賦後 胡朏明(渭) 2/246
送湯公潛菴巡撫江南序 潘次畊(耒) 2/250
浮糧變通議 沈確士(無) 2/254
賦役論 劉武仲(淇) 2/258
丁役議 邱秀瑞(嘉穗) 2/263
答曾邑侯問丁米均派書 李耜卿(光坡) 2/268
編審詳文 陸稼書(隴其) 2/271
江北均丁説 盛鰴宸(楓) 2/273
丈冊末議 姚弱侯(文然) 2/278
請停丈量以甦民困疏 楊自西(雍建) 2/281
江西新城田租説上 陳紹洙(道) 2/284
江西新城田租説下 陳紹洙(道) 2/287
卷一六 財賦二
苛駁宜禁疏 靳紫垣(輔邃) 2/291
請立法清查錢糧疏 王伯咨(命岳) 2/296
請嚴錢糧流抵疏 姚弱侯(文然) 2/299
靈壽條陳時務 陸稼書(隴其) 2/305
上高念東先生論地方利弊書 張起元(貞) 2/317
敬陳末議疏 尹元孚(會一) 2/321
上周大中丞書 郭復齋(起元) 2/326
布帛贏縮説 郭復齋(起元) 2/328
卷一七 財賦三
區田説 孫毅齋(宅揆) 2/333
區田法 王爾緝(心敬) 2/335
圃田法 王爾緝(心敬) 2/339
井利説 王爾緝(心敬) 2/340
井利補説 王爾緝(心敬) 2/349
禁止踩麴疏 尹元孚(會一) 2/352
與徐司空蝶園 方靈皐(苞) 2/354
紀山蠶 王汝如(沛恂) 2/356
漕弊疏 王伯咨(命岳) 2/358
與蔡總漕書 姚弱侯(文然) 2/363
又與蔡總漕書 姚弱侯(文然) 2/367
裕國便民餉兵備荒兼得之道 王爾緝(心敬) 2/369
請定漕船年限疏 姚弱侯(文然) 2/374
漕兑揭 陸道威(世儀) 2/377
嚴禁漕弊各欵 于北溟(成龍) 2/384
卷一八 財賦四
通泉幣 邱秀瑞(嘉穗) 2/393
定鼓鑄疏 鞠冠玉(珣) 2/397
制錢銷毁滋弊疏 陳子端(廷敬) 2/401
禁私銷議 喬敬亭(光烈) 2/404
用古錢議 徐原一(乾學) 2/407
廣鹽屯 邱秀瑞(嘉穗) 2/410
論鹽法 王爾緝(心敬) 2/414
復陽郝公巡視兩淮鹽政序

李其旋(呈祥) 2/416
清理浮費疏 尹元孚(會一) 2/418
與安徽李方伯 方靈皐(苞) 2/422
請禁採木擾累疏
姚弱侯(文然) 2/424
卷一九 荒政一
蠲恤議 王伯咨(命岳) 2/429
救荒策 魏氷叔(禧) 2/432
救荒事宜十條 張孝先(伯行) 2/455
議賑說 王予中(懋竑) 2/463
禁糴說 唐濟武(夢賚) 2/466
荒政 惠仲孺(士奇) 2/470
敬陳預備救荒疏
姚弱侯(文然) 2/475
與布撫臺 李中孚(顒) 2/478
與浙江黃撫軍請開米禁書
蔡聞之(世遠) 2/492
與鹿蘭皐中丞議賑濟書
宋牧仲(犖) 2/495
上陳大中丞論黃河運米賑災書
喬敬亭(光烈) 2/497
勸施米湯約 陸道威(世儀) 2/500
卷二〇 荒政二
飭廣積貯牒 李晉卿(光地) 2/505
請定倉穀春糶秋糶之例疏
李晉卿(光地) 2/508
飭置義倉捐積穀石檄
張孝先(伯行) 2/509
乞里人共建義倉引
劉畊南(大櫆) 2/511
預備倉貸穀私議 劉魯田(汶) 2/515
積貯議 儲六雅(大文) 2/520
截留漕糧以充積貯劄子
朱涵齋(倫瀚) 2/523
飭興水利牒 李晉卿(光地) 2/530
書徐貞明遺事 趙誠夫(一清) 2/533
與曹射侯 張考夫(履祥) 2/539
下屬縣試行水車檄
喬敬亭(光烈) 2/543
墾荒示 陸稼書(隴其) 2/545
除蝗記 陸道威(世儀) 2/547
捕蝗記 李秘園(鐘份) 2/551
踏勘蝗荒議 魏石生(裔介) 2/553
伐蛟說 陳汝咨(宏謀) 2/555
旱魃辨 李錫徵(蕃) 2/560
時疫 金閑存(誠) 2/561
卷二一 保甲
鼎象 王伯咨(命岳) 3/5
保甲論 沈冠雲(彤) 3/6
保甲論 黃子正(六鴻) 3/9
保甲說 李義卿(光型) 3/13
保甲示 彭九峯(鵬) 3/14
通飭清釐保甲檄
張孝先(伯行) 3/16
里甲論 劉武仲(淇) 3/18
申明保甲論 于北溟(成龍) 3/21
慎選鄉約論 于北溟(成龍) 3/24
弭盜策 陸稼書(隴其) 3/28
弭盜條約 于北溟(成龍) 3/31
招安六安州麻埠論
于北溟(成龍) 3/39
勸諭士民示 于北溟(成龍) 3/43
論蜀嘓嚕狀 邱襄周(仰文) 3/45
再論嘓嚕狀 邱襄周(仰文) 3/50
隴盜議 蔣丹崖(薰) 3/54
捕鼠之鼠小說 邱粟海(志廣) 3/56

�言 惠仲孺(士奇) 3/58
鬼師說 劉滄嵐(以貴) 3/61
毁淫祠疏 湯孔伯(斌) 3/62
上蕙大方伯書 喬敬亭(光烈) 3/65
天主教論 邱秀瑞(嘉穗) 3/67
論蜀事第三狀 劉繼貢(紹攽) 3/72
去僧尼 邱秀瑞(嘉穗) 3/74
訂音律 邱秀瑞(嘉穗) 3/78
杭州治火議 毛大可(奇齡) 3/80
卷二二 兵制
兵論 李晉卿(光地) 3/97
請興屯政疏 孫伯度(廷銓) 3/99
設險 劉武仲(淇) 3/103
防海 李耜卿(光坡) 3/104
與總督滿公論臺灣事宜書 蔡聞之(世遠) 3/106
行團訓練疏 岳東美(鐘琪) 3/108
論餉兵 王爾緝(心敬) 3/110
餉兵兼用麥米說 王爾緝(心敬) 3/111
論馬政 王爾緝(心敬) 3/115
請展裁兵期限疏 姚弱侯(文然) 3/117
明季利弊論 魏石生(裔介) 3/118
書握奇經後 盛秦川(百二) 3/121
養兵議 陳和叔(黄中) 3/125
卷二三 刑法
原刑 朱錫鬯(彝尊) 3/131
五刑辨 黄震孫(中堅) 3/133
慎刑纂要序 田綸霞(雯) 3/135
慎刑第三疏 王伯咨(命岳) 3/137
刑部題名記 徐原一(乾學) 3/138
白雲司引議一則 田綸霞(雯) 3/140
原免出繼緣坐議 姚弱侯(文然) 3/141
清獄省刑疏 周雅楫(清原) 3/145
竊盜照律發落不盡處死說 趙文饒(俞) 3/149
上儀封張先生書 蔡聞之(世遠) 3/151
與安溪李相國 方靈皋(苞) 3/153
請寬罪臣送門疏 姚弱侯(文然) 3/156
請復半獲支俸疏 姚弱侯(文然) 3/158
與金長真書 施尚白(閏章) 3/162
請嚴定承審命案處分疏 李晉卿(光地) 3/163
嚴飭諱盜累民疏 李鄴園(之芳) 3/166
山東臬司條議四事 宋牧仲(犖) 3/168
讞獄 王犀川(士俊) 3/176
勸諭監犯文 陸稼書(隴其) 3/178
卷二四 時憲
授時策 王寅旭(錫闡) 3/183
聖人作(憲)之原 李耜卿(光坡) 3/186
推驗修改之實 李耜卿(光坡) 3/188
(憲)學源流論 梅定九(文鼎) 3/190
記四分(法) 李晉卿(光地) 3/192
記太初(法) 李晉卿(光地) 3/193
記渾儀 李晉卿(光地) 3/195
璿璣玉衡解 戴東原(震) 3/197
弧三角舉要序 梅定九(文鼎) 3/199

中西算法異同論 陳對初(萬策) 3/202
新法序 王寅旭(錫闡) 3/204
舊中法選要序 薛儀甫(鳳祚) 3/211
中法占驗序 薛儀甫(鳳祚) 3/214
分野 馬宛斯(驌) 3/216
分野序 顧景范(祖禹) 3/217
七政解 戴東原(震) 3/218
柚堂筆談 盛秦川(百二) 3/221
卷二五 河防一
治河說 徐原一(乾學) 3/231
導河書 陳和叔(桂森) 3/234
答孫屺瞻侍郎書 湯孔伯(斌) 3/243
河工議 王北山(日高) 3/248
治河要語 丁尊亭(愷曾) 3/252
石工說 嵇松友(曾筠) 3/282
卷二六 河防二
河防述言 張留埜(靄生) 3/289
卷二七 河防三
黃河考一 汪武曹(份) 3/345
卷二八 河防四
黃河考二 汪武曹(份) 3/367
卷二九 河防五
黃河考三 汪武曹(份) 3/395
卷三〇 河防六
黃河考四 汪武曹(份) 3/463

皇朝經世文編一百二十卷

卷一 學術一 原學
辨志 張爾岐 4/87
民貴 余廷燦 4/88
儲功篇上 陳遷鶴 4/89
儲功篇下 陳遷鶴 4/90
性功 唐甄 4/91
中庸論 張爾岐 4/93
準孟上 汪縉 4/94
準孟中 汪縉 4/97
準孟下 汪縉 4/99
繩荀上 汪縉 4/102
繩荀中 汪縉 4/104
繩荀下 汪縉 4/105
衡王 汪縉 4/107
著議 龔自珍 4/108
通今 顧炎武 4/110
與友人論學書 顧炎武 4/111
安福修學記 施閏章 4/112
經義制事異同論 王昶 4/113
傳信錄序 方苞 4/114
治安文獻序 陸壽名 4/115
日知錄序 潘耒 4/116
學古錄序 朱珪 4/117
讀大學衍義補膚見序 盧文弨 4/118
卷二 學術二 儒行
國史儒林傳序 阮元 4/123
正學論一 程晉芳 4/124
正學論二 程晉芳 4/125
正學論三 程晉芳 4/126
贈錢獻之序 姚鼐 4/127
安慶府重修儒學記 姚鼐 4/128
近思錄集注後序 茅星來 4/129
答顧寗人書 張爾岐 4/130

與汪容甫書 王昶 4/131
娛親雅言序 段玉裁 4/132
朱子小學跋 段玉裁 4/132
復戴東原書 陸燿 4/134
記收書目錄後 張海珊 4/134
與法鏡野先生書 羅有高 4/135
答衍善問經學書 戴祖啓 4/136
文士詆先儒論 閻循觀 4/137
送萬季野先生之京師序 馮景 4/138
送張少淵試禮部序 張海珊 4/139
寄張墨莊書 陳宏謀 4/140
讀書簡要說序 彭士望 4/141
日知錄跋 張杓 4/143
讀日知錄 程晉芳 4/143
陳言夏傳 王鳴盛 4/144
答楊邁公書 羅有高 4/146

卷三　學術三　法語

說經 顧炎武 4/151
立言 顧炎武 4/154
雜言 顧炎武 4/155
中庸餘論 李光地 4/157
學言 張爾岐 4/159
備忘錄論學 張履祥 4/159
雜說 魏際瑞 4/161
思辨錄論學 陸世儀 4/164
潛邱劄記 閻若璩 4/167
程功錄 楊名時 4/169
困勉齋私記 閻循觀 4/173
常語 潘諮 4/175
逸語 吳詢 4/178

卷四　學術四　廣論

思過圖序 邵大業 4/185
學說 白允謙 4/185
茂才 張望 4/186
澹泊明志論 徐旭旦 4/187
變化氣質論示弟 趙青藜 4/188
答張一衡書 魏禮 4/189
樂儉堂記 朱彝尊 4/189
示程在仁 汪縉 4/190
原人上 方苞 4/191
原人下 方苞 4/191
天人篇 張鉿 4/192
書天人篇後 陸燿 4/193
天道論上 張爾岐 4/194
天道論下 張爾岐 4/197
原命 張望 4/198
書立命說辯後 羅有高 4/200
功行錄序 陸隴其 4/204
州泉積善錄序 姜宸英 4/205
感應彙傳序 彭定求 4/206
與翁止園書 方苞 4/207
答門人問學 李中孚 4/208
荅范彪西書 王復初 4/209
持盈論 劉開 4/210
貴齒論 劉開 4/211
是亦樓記 全祖望 4/212
與友人書十首 顧炎武 4/212

卷五　學術五　文學

鈔書自序 顧炎武 4/221
經部總敘 4/222
易類總敘 4/223
子部總敘 4/223
論泥古之弊 王鳴盛 4/224
與從子掌絲書 盧文弨 4/225
與友人論易書 顧炎武 4/226

與程秀才書 錢大昕 4/228
唐初三禮漢書之學 趙翼 4/229
曾子章句序 4/230
左傳濟變錄自序 謝文洊 4/231
萬充宗墓誌 黄宗羲 4/233
與陳扶雅書 汪家禧 4/234
文解 張望 4/235
非文 唐甄 4/236
論文 顧炎武 4/237
言公 章學誠 4/239
說文一首贈立夫 茅星來 4/243
論文 魏禧 4/244
文章不可苟作 侯七乘 4/245
國朝二十四家文鈔序 曾鏞 4/246
贈居生倬序 陳斌 4/247
與友人書 李容 4/248
消積說贈友人 李容 4/249
與友人論文書 錢大昕 4/249
復魯絜非書 彭紹升 4/250
四書文源流考 梁傑 4/251
時藝類編序 周永年 4/253
謝周南制藝序 朱仕琇 4/254
文言說 阮元 4/254
子思子章句序 魏源 4/256
卷六 學術六 師友
師說 夏之蓉 4/261
取友論 韓菼 4/262
問說 劉開 4/262
廣師 顧炎武 4/264
士相見義 胡天游 4/264
答尹元孚書 方苞 4/265
與何商隱論教子弟書 張履祥 4/266
取善 唐甄 4/267
善施 唐甄 4/269
與友人論師書 錢大昕 4/271
遊說 張海珊 4/272
南遊記 孫嘉淦 4/273
卷七 治體一 原治上
王霸辨 俞長城 4/285
去爭論 錢維城 4/287
持滿論 錢維城 4/288
權實 唐甄 4/289
富民 唐甄 4/292
尚樸 唐甄 4/294
六善 唐甄 4/296
大命 唐甄 4/297
平均篇 龔自珍 4/297
釋左傳 魏禧 4/299
書貨殖傳後 姚鼐 4/300
請譯進大學衍義疏 徐必遠 4/301
殿試對策 馬世俊 4/302
殿試對策 繆彤 4/305
殿試策 儲方慶 4/307
擬言風俗書 管同 4/313
卷八 治體二 原治下
雜論史事 顧炎武 4/319
說經 顧炎武 4/323
歷代風俗 顧炎武 4/330
清議名教 顧炎武 4/336
獎廉恥 顧炎武 4/337
尚重厚 顧炎武 4/339
崇儉約 顧炎武 4/340
備忘錄論治 張履祥 4/341
卷九 治體三 政本上
履卦說 錢大昕 4/347

抑尊 唐甄 4/347
納諫 熊伯龍 4/349
勤政殿說 徐乾學 4/350
鼻息說 馮景 4/351
漢詔多懼詞 趙翼 4/351
漢儒言災異 趙翼 4/352
漢文帝論 方苞 4/354
唐元宗焚珠玉服玩論 程嗣立 4/354
封駁 顧炎武 4/355
三習一弊疏 孫嘉淦 4/356
益崇聖德疏 柴潮生 4/358
請繕進經史以資聖治疏 畢誼 4/359
請開言路疏 胡德邁 4/360
請召對羣臣疏 魏裔介 4/362
褺勤召對疏 趙開心 4/363
請復封駁舊制疏 季振宜 4/364
請詔令宜信疏 魏雙鳳 4/365
請因變修省疏 魏裔介 4/366
亢旱應詔言事疏 儲麐趾 4/367
因災變請止巡行疏 蔣伊 4/368
議封禪巡狩疏 任辰旦 4/369
請止北巡疏 熊賜履 4/370
請行實政疏 茅豫 4/371
御製遇變罪已詔恭跋 桂芳 4/372
御製盡心竭力仰報天恩諭恭跋 桂芳 4/373
御製致變之源說恭跋 桂芳 4/374
御製原教恭跋 桂芳 4/376
卷一〇 治體四 政本下
進呈圖繪疏 蔣伊 4/379
進講經義摺子 楊椿 4/379
進呈經義 趙申喬 4/381
經筵講義 杭世駿 4/382
經筵講義二篇 秦蕙田 4/383
進呈經義 陶貞一 4/387
進呈經說 程夢星 4/388
進呈經義 趙青藜 4/389
經筵講義五篇 蔡新 4/391
經筵講義五篇 任啓運 4/398
進呈經義 尤珍 4/409
經筵講義二篇 4/410
進呈經史說 齊召南 4/414
進呈經說 4/415
進書劄子 夏之蓉 4/418
進呈經史二篇 陶正靖 4/420
進講經義摺子 彭啓豐 4/422
卷一一 治體五 治法上
治法論 陸隴其 4/427
原法 朱仕琇 4/428
管仲論 任啓運 4/430
養民論 錢維城 4/431
三代因革論一 惲敬 4/433
三代因革論二 惲敬 4/434
三代因革論三 惲敬 4/435
三代因革論四 惲敬 4/437
封建論 劉鴻翱 4/437
井田論 劉鴻翱 4/439
限田論 孫廷銓 4/440
偶記 陳鵬年 4/441
書崔實政論後 袁枚 4/442
名實論 張士元 4/442
法制 顧炎武 4/444
論治四則 魏禧 4/445
論治 陸世儀 4/447

書王荊公文集後 袁枚 4/448
卷一二 治體六 治法下
擬策五道 韓菼 4/453
法令應歸簡易疏 盧崇俊 4/455
請省奏銷駁查疏 姚文然 4/456
請簡承追章奏疏 王奐曾 4/458
敬陳時務疏 姚延啓 4/459
與安徽李方伯 方苞 4/461
敬陳親政四事疏 何道生 4/462
敬陳治滇實政疏 蔡毓榮 4/464
途次見聞入告疏 楊椿 4/467
荅曾君有書 魏禧 4/470
復林若洲言時務書 程含章 4/471
卷一三 治體七 用人
平論一 魏禧 4/481
平論二 魏禧 4/481
平論三 魏禧 4/482
平論四 魏禧 4/483
爲君難爲臣不易論 陶貞一 4/484
讀李文饒近倖論 張英 4/486
明太祖待解縉方孝孺論 陳祖范 4/487
德才論 王友亮 4/488
重臣論 徐旭旦 4/489
用人 儲大文 4/490
知人難 張望 4/490
好名論 闕名 4/491
鄉愿論 闕名 4/492
除姦 管同 4/493
論用人 陸世儀 4/494
潛邱劄記論治 閻若璩 4/496
論官制 陸世儀 4/498
春秋論 孫寶侗 4/500
讀後漢書書後 程晉芳 4/501
論兩漢權要之職 王鳴盛 4/502
唐制内外官輕重先後不同考 趙翼 4/503
大臣薦舉 趙翼 4/504
司馬司士 儲大文 4/505
侍中之職 儲大文 4/506
與陳撫軍書 黃永年 4/507
上某學士書 潘耒 4/508
代應詔陳時務疏 程景伊 4/509
遵諭陳言疏 潘耒 4/512
請崇恬退明禮讓疏 孫廷銓 4/516
用人四事疏 孫廷銓 4/517
請寬臣工小過疏 趙廷臣 4/518
請定京官久任之法疏 王命岳 4/519
謝頒遇變諭旨陳言疏 蔣攸銛 4/520
卷一四 治體八 臣職
崇讓論 韓菼 5/3
大人容物愛物論 儲大文 5/4
汲黯論 黃永年 5/5
重刻陸忠宣公奏議序 沈近思 5/6
范仲淹論 黃永年 5/7
韓琦論 黃永年 5/9
江陵救時之相論 林潞 5/9
書王介甫諫官論後 張士元 5/12
翰林論 姚鼐 5/13
軍機處題名記 王昶 5/14
軍機處述 趙翼 5/15
章奏批答舉要序 程晉芳 5/19
蕭長源奏疏序 張玉書 5/20
志壑堂序 姜宸英 5/21

趙恭毅公自治官書序 胡煦 5/22
考槃集序 方苞 5/23
寄周開捷書 陳宏謀 5/23
寄周人驥書 陳宏謀 5/24
與某公 方苞 5/24
調燮弭災疏 季振宜 5/25
敬陳一德之箴疏 姜希轍 5/26
責成部議疏 孫光祀 5/27
請復六科舊制疏 曹一士 5/28
勸忠崇讓疏 熊文舉 5/30
敬陳弭災修省疏 徐旭齡 5/31
請禁咨議停閣疏 魏象樞 5/32
請正人心疏 蕭震 5/33

卷一五 吏政一 吏論上

馭吏策 周振業 5/37
大法小廉論 趙吉士 5/38
吏議 盧錫晉 5/39
正體論 盧錫晉 5/42
守令 閻若璩 5/43
爲政 唐甄 5/44
曹參論 楊繩武 5/47
論人材疏 鄂爾泰 5/48
論用人疏 鄂爾泰 5/48
擬請重親民之官疏 紀昀 5/49
條陳用人三法劄子 李紱 5/50
省科條以培治本疏 徐越 5/53
請省簿書以課農桑疏 王安國 5/54
請除無益條例疏 李之芳 5/56
專差宜減疏 靳輔 5/57

卷一六 吏政二 吏論下

請除外省積弊六事疏 買允升 5/61
請覆實虧空變通驛站疏 王杰 5/63
節僕從以省擾累疏 劉子章 5/66
請定營私自首之例疏 路振揚 5/67
敬陳吏治三事疏 汪志伊 5/67
上制軍條陳利弊書 周鎬 5/71
答汪方伯書 曾鏞 5/74
上高撫軍論地方利弊書 張貞 5/77
上王觀察書 楊于果 5/79
與陳季方 楊名時 5/81
寄楊清江錫紱書 陳宏謀 5/81
寄桐城張相國書 陳宏謀 5/82
與各屬論治 陳宏謀 5/83
與粵西當事書 陳宏謀 5/83
與閻阜甯 韓夢周 5/84
唐風蟋蟀官箴說 楊錫紱 5/84

卷一七 吏政三 銓選

銓法 任源祥 5/89
職官議 任源祥 5/90
銓政 儲方慶 5/92
選補 顧炎武 5/94
停年格 顧炎武 5/97
京債 顧炎武 5/99
出仕年齒 顧炎武 5/100
學仕解 陳祖范 5/101
明吏部權重 趙翼 5/102
民爵論 韓菼 5/103
選政策 陸隴其 5/104
答問選舉 王心敬 5/106
書雷顧二給事監掣疏後 蔡方炳 5/108
吏治因地制宜三事疏 陶正靖 5/108
敬陳用人三事疏 梁清標 5/110
請復進士觀政之例疏 許惟模 5/111

請擧人分部學習疏 訥親 5/112
實試觀政疏 徐旭齡 5/113
議新進士分省學習疏 鄂爾泰 5/114
請考試正印官疏 陳廷敬 5/115
疏通選法疏 田從典 5/116
請速停保舉永閉先用疏 陸隴其 5/117
甄捐納以恤人材疏 蔣伊 5/118
酌議捐納官員疏 徐元文 5/119
復黃湶園書 魏裔介 5/120
請分繁簡重名器疏 顧琮 5/121
請禁雜流委署疏 李之芳 5/122
卷一八 吏政四 官制
制祿議 任源祥 5/129
俸祿 顧炎武 5/129
論官祿 黃晉良 5/131
臺灣設官莊議 鄭光策 5/132
漢郡國官制 王鳴盛 5/134
出身授官 顧炎武 5/136
京官必用守令 顧炎武 5/137
州縣品秩 顧炎武 5/138
刺史守相得召見 顧炎武 5/138
郡國守相得自置吏考 趙翼 5/139
省官 顧炎武 5/142
裁官論 儲方慶 5/142
省冗員疏 何承都 5/143
桂林裁官役議 盧紘 5/145
乞留教職疏 王命岳 5/146
知府久任疏 魏裔介 5/147
書賈中丞調缺煩簡疏後 蔡方炳 5/148
清釐世職疏 紀復亨 5/149
州縣界域 顧炎武 5/150
分縣議 陳祖范 5/151
覆議分立州縣書 沈起元 5/152
并黔省附郭縣治疏 閻興邦 5/153
改設縣治議 潘超光 5/155
常熟分縣條議 陶貞一 5/156
兩縣分管議 陶貞一 5/158
辨名 錢大昕 5/159
請更同名之縣疏 謝敏 5/160
議州縣不必設副官鄉官疏 鄂爾泰 5/161
鄉亭之制 顧炎武 5/163
鄉亭之職 顧炎武 5/164
雜流 顧炎武 5/167
請移縣丞駐湖坊書 蔣士銓 5/170
卷一九 吏政五 考察
部刺史 顧炎武 5/175
明初吏治 趙翼 5/178
立法議 儲方慶 5/179
懲貪 顧炎武 5/180
盜賊課 顧炎武 5/182
懲貪議 王命岳 5/183
原盜 彭維新 5/184
論吏治不清皆由舉劾不當疏 王命岳 5/185
請復入覲考察疏 魏象樞 5/187
嚴飭官箴疏 林起龍 5/188
獎勸清吏疏 田六善 5/189
請分別賢能疏 曹一士 5/191
請禁躐陞疏 姜希轍 5/192
卷二〇 吏政六 大吏
奏陳封疆難以勝任疏 費金吾 5/197

自陳辦事情形疏 鄂爾泰 5/198
覆奏駁案等事疏 魏廷珍 5/198
與湖北巡撫莊公書 袁枚 5/200
覆兩江制府策公問興革事宜書 袁枚 5/201
上兩江制府黄太保書 袁枚 5/206
請入覲藩臬面奏條陳疏 徐元文 5/210
清釐吏治三事疏 柯聳 5/211
請考覈州縣實政疏 訥親 5/213
請釐吏治五事疏 張鵬展 5/214
復秦小峴廉使論吏弊書 周錫溥 5/219
條陳粤西二事上金撫軍 于成龍 5/223
請禁濫調疏 田從典 5/224
察吏八則 謝振定 5/226
論驛傳之害 徐文弼 5/227
嚴蔽 袁枚 5/229
思過齋記 法式善 5/229
諮詢民情土俗論 陳宏謀 5/230
飭取州縣輿圖檄 陳宏謀 5/231
取賢否冊 賈漢復 5/232
飭巡道清查州縣詞訟檄 陳宏謀 5/232
嚴飭官方以肅功令示 趙申喬 5/234
禁絕火耗私派以甦民困示 趙申喬 5/234
臨行曉論 湯斌 5/236
卷二一 吏政七 守令上
讀史縣令箴 張望 5/241
吏難一 張惠言 5/241
吏難二 張惠言 5/243
守令篇 洪亮吉 5/245
書李翺薦所知於張徐州 張望 5/245
與沈位山書 嚴虞惇 5/246
送沈椒園序 趙青藜 5/247
送張子白還鎮番序 程同文 5/248
答南汝張觀察書 沈起元 5/249
答周仲和書 張士元 5/250
子賤治單父說 沈寓 5/251
蒞任求言示 闕名 5/252
答門生王禮圻問作令書 袁枚 5/254
循吏約 沈起元 5/257
誡子書 聶繼模 5/259
官戒示長兒 陳道 5/262
寄董大兄書 牛運震 5/265
申飭官箴檄 陳宏謀 5/265
通飭各官熟讀律例 程含章 5/269
論用人 汪輝祖 5/270
用親不如用友 汪輝祖 5/273
論用財 汪輝祖 5/274
事上 汪輝祖 5/278
論處同僚 汪輝祖 5/280
田宅 顧炎武 5/281
與友人論羅城事書 于成龍 5/281
卷二二 吏政八 守令中
論治邑 陸世儀 5/287
論作縣數則 汪琬 5/287
通論居官 汪輝祖 5/290
稱職在勤 汪輝祖 5/294
論親民 汪輝祖 5/298
論省事 汪輝祖 5/300

論卹民 汪輝祖 5/302
論治訟 汪輝祖 5/304
用吏役 汪輝祖 5/309
上徐方伯書 于成龍 5/310
爲宰議 楊名時 5/310
仕學一貫錄 陳慶門 5/312
與王春溪書 周鎬 5/316
論吳中吏治書 陳宏謀 5/317
與泰安各屬 李文耕 5/318
諭各道府書 陳宏謀 5/320
通飭留心圖冊檄 陳宏謀 5/320
通飭州縣巡歷鄉邨諭 陳宏謀 5/322
申飭閩屬不閱文稿陋習檄 陳宏謀 5/323
申飭陝屬不閱文稿檄 陳宏謀 5/325
卷二三 吏政九 守令下
審興革 黃六鴻 5/329
覆方本府求言札子 姚瑩 5/330
革火耗 胡衍虞 5/335
請禁苛派鋪戶狀 周亮工 5/336
敬陳風化之要疏 淩如煥 5/337
勸民種殖講學疏 楊永斌 5/340
議覆社倉保甲疏 孔毓珣 5/341
與胡邑侯書 任啟運 5/342
寄周人驥書 陳宏謀 5/346
與五弟書 牛運震 5/346
上汪制軍書 姚瑩 5/347
論去弊 汪輝祖 5/349
書桃源縣志後 吳卓信 5/353
鄉治 張望 5/353
招墾里記 喬光烈 5/354
飭吏正俗四約 陶元湻 5/356
敬陳治化漳泉風俗疏 汪志伊 5/357
治械鬬議 鄭振圖 5/360
論息鬬書 程含章 5/363
請定緝捕事宜疏 田文鏡 5/366
館舍街道橋梁官樹之政 顧炎武 5/367
治蘇 沈寓 5/369
治崇 沈寓 5/371
卷二四 吏政一〇 吏胥
令吏 顧炎武 5/377
額吏胥 侯方域 5/378
吏胥議 儲方慶 5/380
馭吏論 儲方慶 5/381
覆陳書役不必定額疏 田文鏡 5/383
覺察奸蠹內外畫一疏 李之芳 5/385
訪懲衙蠹之法疏 張惟赤 5/385
衙蠹宜剔其源流 孫光祀 5/387
上玉撫軍條議 周鎬 5/388
請杜書吏舞文疏 喬遠煐 5/390
說吏胥 牟願相 5/391
分發在官法戒錄檄 陳宏謀 5/391
亟更役法疏 傅維鱗 5/393
卷二五 吏政一一 幕友
幕友論 韓振 5/397
佐治續言 汪輝祖 5/398
訪延賢友 汪輝祖 5/400
佐治藥言 汪輝祖 5/401
卷二六 戶政一 理財上
劉晏理財論 郭起元 5/415

理財 易學實 5/416
周禮考後序 楊椿 5/417
書王介甫度支廳壁題名記後 黄中堅 5/419
讀宋史陳遘傳 顧炎武 5/420
策問 韓菼 5/421
理財三策疏 柴潮生 5/421
生財裕餉第一疏 靳輔 5/425
水利足民裕國疏 慕天顏 5/432
論增兵籌餉疏 阿桂 5/434
開源節流疏 英和 5/435
論理財書 程含章 5/438
請開海禁疏 慕天顏 5/440
禁用洋貨議 管同 5/443
論洋害 程含章 5/444
籌滇理財疏 蔡毓榮 5/445
滇南經費略 師範 5/448
足民裕國二事疏 王啟祚 5/449
軍需報銷疏 慕天顏 5/450
苛駁宜禁疏 靳輔 5/452
覆部議禁米囤核城工疏 陳大受 5/454
與當事論經費書 陳宏謀 5/454
請杜設法名色疏 張玉書 5/455
卷二七 戶政二 理財下
耗羨私議 彭端淑 5/459
議覆提解耗羨疏 高成齡 5/461
辦理耗羨疏 孫嘉淦 5/462
耗羨請仍歸公疏 趙青藜 5/465
條陳耗羨疏 錢陳羣 5/467
戶部平餘案略 朱雲錦 5/469
請清釐鹽穀弊耗疏 李紱 5/470
請立法清查錢糧疏 王命岳 5/470
與馬虞樽少司空書 彭維新 5/472
釐剔安徽虧空疏 李鴻賓 5/474
籌補安省歷年虧空疏 康紹鏞 5/476
條陳安省虧空八事疏 陶澍 5/479
杜州縣交代積弊議 張師誠 5/482
籍沒財產代民租 趙翼 5/486
書朱文正公在戶部事 韓振 5/486
卷二八 戶政三 養民
養民 朱澤澐 5/491
論鹽糧賑貸諸法 陸世儀 5/493
論直隸興除事宜書 陸隴其 5/494
巡歷鄉村興除事宜檄 陳宏謀 5/498
養民四政 黄六鴻 5/501
松問 欽善 5/504
論滇省利弊 師範 5/509
賦差關稅四弊疏 許承宣 5/510
請推恩掩骼疏 任辰旦 5/513
卷二九 戶政四 賦役一
賦役議上 任源祥 6/3
賦役議下 任源祥 6/4
賦役後議 任源祥 6/5
錢糧論上 顧炎武 6/6
錢糧論下 顧炎武 6/8
田賦總說 朱澤澐 6/9
田賦說 朱雲錦 6/10
田賦總考 闕名 6/13
畿輔田賦志序 李紱 6/14
巴陵志田賦論 6/15
論賦役 陸世儀 6/16
紀順治間錢糧數目 張玉書 6/18
論魚鱗圖冊 陸世儀 6/19

一條鞭議　袁一相　6/20
問條編徵收之法　任源祥　6/22
食貨策　任源祥　6/24
設立里催議　袁一相　6/25
請定催徵之法疏　趙廷臣　6/27
徵輸良法　胡衍虞　6/30
雜徵餘論　黃六鴻　6/31
白糧本折議　董以寧　6/32
請稽保甲以便徵輸疏　徐鼎　6/33
請均賦役以收民心疏　趙宏文　6/34
條陳賦役利弊疏　何承都　6/35
因災請折漕米疏　姚文然　6/37
請除折漕溷冒疏　姚文然　6/38
請填蠲抵由單疏　姚文然　6/39
與張慕莘漕院書　彭維新　6/42
請通融停徵之法疏　李紱　6/43
病起與薊門當事書　顧炎武　6/43
卷三〇　戶政五　賦役二
配丁田法辨　董以寧　6/47
江北均丁說　盛楓　6/47
丁役議　邱家穗　6/49
畿輔戶口志序　李紱　6/51
戶口說　朱雲錦　6/52
紀順治間戶口數目　張玉書　6/55
答會邑侯問丁米均派書　李光坡　6/56
勘明沔縣丁銀宜隨糧行議　曾王孫　6/57
請丁銀仍歸地糧疏　戈濤　6/58
請撥糧均丁疏　李元英　6/60
均編要略序　沈荃　6/61
均田均役議　李復興　6/64
編審論　盛百二　6/68
請編審仍照舊規疏　蘇霖渤　6/69
編審釐弊疏　柯聳　6/71
請改編審行保甲疏　李紱　6/73
論編審　黃六鴻　6/74
編審詳文　陸隴其　6/76
與邑令論編審　葉映榴　6/77
粵西編審議　熊飛渭　6/77
卷三一　戶政六　賦役三
墾田均田　顧炎武　6/81
州縣稅賦　顧炎武　6/82
地畝　顧炎武　6/84
限田論　黃中堅　6/86
授田論　陳之蘭　6/88
請清丈田畝　陸世儀　6/90
方田論　張爾岐　6/92
丈冊末議　姚文然　6/93
靈壽志論　陸隴其　6/94
論折田　閻若璩　6/95
堂邑賦役論　劉淇　6/98
孝感縣志田賦總論　梁鳳翔　6/100
塊冊序　梁鳳翔　6/101
鳳臺縣志論田賦　李兆洛　6/102
江西新城田租說　陳道　6/103
新泰丈田議　盧紘　6/104
長洲清田紀事一　蔡方炳　6/106
長洲清田紀事二　蔡方炳　6/108
清丈論　儲方慶　6/110
請停丈量以甦民困疏　楊雍建　6/111
請成賦稅定額方冊疏　張懋熺　6/113
臺灣田糧利弊疏　尹泰　6/114
民田無庸給由帖檄　袁一相　6/115

屯糧序 盧傳 6/116
屯糧歸縣徵疏 董衛國 6/117
圈佔記 姚文燮 6/118
與朱絫議書 彭維新 6/118
卷三二 戶政七 賦役四
浮糧變通議 王應奎 6/123
浮糧變通議 沈德潛 6/124
書楊州田賦後 胡渭 6/126
蘇郡田賦議 蔣伊 6/128
賈似道公田論 林潞 6/131
浮糧坍荒二弊議 慕天顏 6/133
蘇松浮糧疏 韓世琦 6/137
上蕭巡撫請抵糧支穀議 陶元淳 6/139
請查田糧影射疏 闕名 6/140
嚴察派徵檄 賈漢復 6/141
革場稅疏 閻興邦 6/142
書韓中丞請免省存餘耗疏後 蔡方炳 6/143
卷三三 戶政八 賦役五
論役法 陸隴其 6/147
田役 儲方慶 6/147
小役冊序 張超 6/148
均役議 章九儀 6/150
徭役議 趙錫孝 6/151
徭役考 陶正靖 6/153
敬籌直隸減差均徭疏 屠之申 6/155
覆議減差均徭利弊疏 顏檢 6/158
均徭文 張杰 6/160
均徭辯 張杰 6/163
論差徭書 張杰 6/166
答方制府官車之弊書 陳兆崙 6/168
酌派河夫疏 李及秀 6/169
沿河民困四事疏 佟鳳彩 6/170
請造役船禁封民船疏 張朝璘 6/172
粵省夫務議 唐化鵬 6/174
伐石志 胡天游 6/175
民夫記 王鳴雷 6/176
蜑人采珠說 呂星垣 6/177
卷三四 戶政九 屯墾
田功論 顧炎武 6/181
屯田攷 6/182
屯田議 沈珩 6/184
屯田議 盧紘 6/185
商屯議 張宸 6/187
荒田議 儲方慶 6/191
饑民墾荒議 儲方慶 6/194
墾荒興屯疏 劉餘謨 6/196
請輕科勸墾疏 楊永斌 6/197
請墾馬廠地畝疏 高其倬 6/198
安流民以弭盜疏 徐旭齡 6/199
開墾荒地疏 鄂彌達 6/200
粵東開墾事疏 阿克敦 6/201
條陳廣西墾荒事宜疏 李紱 6/202
請停察荒疏 魏裔介 6/204
勘報開墾虛實疏 雅爾圖 6/205
推廣闢荒疏 胡蛟齡 6/207
請廣開墾疏 楊應琚 6/207
請開墾沿海沙坦疏 孫士毅 6/209
請核實開墾地畝疏 曹一士 6/210
請開廣信封禁山並玉山鉛礦疏 陳宏謀 6/212
請仍封禁銅塘山疏 胡寶瑔 6/213

論南田山開墾狀 朱桂 6/215
卷三五 戶政一〇 八旗生計
根本四計疏 和其衷 6/221
全地利重根本疏 王益明 6/223
滿洲兵民生計疏 陳之遴 6/225
八旗開墾邊地疏 舒赫德 6/226
八旗屯種疏 范咸 6/228
八旗屯種疏 梁詩正 6/229
復原産籌新墾疏 赫泰 6/230
請發八旗駐防各省疏 張若溎 6/236
口外駐兵疏 孫嘉淦 6/237
漢軍生計疏 孫嘉淦 6/239
八旗公産疏 孫嘉淦 6/240
會籌旗人疏通勸懲四條疏 英和 6/242
擬時務策 沈起元 6/247
上奉天府尹論逃人書 郝浴 6/250
卷三六 戶政一一 農政上
論足食 陸世儀 6/255
農田議 張士元 6/255
鳳臺縣志論食貨 李兆洛 6/257
陝省農田水利牧畜疏 畢沅 6/261
敬陳農桑四務疏 尹會一 6/263
勸農三策疏 張允隨 6/265
論閩省務本節用疏 郭起元 6/267
府志食貨論 岳震川 6/268
農書 張履祥 6/269
田制說 楊芳 6/274
區田說 孫宅揆 6/276
區田圃田說 王心敬 6/277
論區田 陸世儀 6/279
恒産瑣言 張英 6/283
說糞 張海珊 6/287
寶相寺記 呂星垣 6/288
卷三七 戶政一二 農政中
紡織之利 顧炎武 6/293
教蠶 唐甄 6/294
惰貧 唐甄 6/294
布帛贏縮說 郭起元 6/295
請海疆禾棉兼種疏 高晉 6/295
倡種桑樹檄 陳宏謀 6/297
勸種桑樹檄 陳宏謀 6/298
廣行山蠶檄 陳宏謀 6/299
蠶桑說 李拔 6/301
種棉說 李拔 6/302
勸襄民種桑說三則 周凱 6/303
種桑詩說 周凱 6/306
請種橡育蠶狀 宋如林 6/308
通飭黔省種橡育蠶檄 宋如林 6/308
勸種橡養蠶示 宋如林 6/309
紀山蠶 王沛恂 6/312
種樹說 俞森 6/313
與潘次耕書 顧炎武 6/314
種雜糧廣樹植狀 陳宏謀 6/315
卷三八 戶政一三 農政下
量行溝洫之利 陳斌 6/321
請減穀價興水利疏 趙青藜 6/323
同州府荒地渠泉議 喬光烈 6/325
井利說 王心敬 6/327
通查井泉檄 陳宏謀 6/331
開港議 張海珊 6/332
與所屬牧令書 程含章 6/333
勸民開溝除潦示 賀長齡 6/335
海會寺石堰募疏 陳廷敬 6/336

吳江占水私議 趙振業 6/337
請嚴池塘改田之禁疏 楊錫紱 6/338
查覆封閉山林事宜狀 牛運震 6/339
請水利責成佐貳疏 陳宏謀 6/340
札吳翥堂觀察 蔣士銓 6/342
卷三九 戶政一四 倉儲上
積貯議 儲大文 6/347
積貯 黃六鴻 6/348
富民 余廷燦 6/350
癸未會試策問一道 王昶 6/351
備荒通論上 章謙 6/351
備荒通論下 章謙 6/354
預備倉貨穀私議 劉汶 6/356
積穀會議 張海珊 6/358
飭廣積貯牒 李光地 6/359
陳明米貴之由疏 楊錫紱 6/360
截留漕糧以充積貯劄子 朱倫瀚 6/364
請通行常平倉法疏 鄭昱 6/367
請各直省行常平捐穀疏 王柔 6/368
請禁派買倉穀疏 良卿 6/368
捐監兼收銀穀疏 秦蕙田 6/370
議覆積穀疏 鄂爾泰 6/372
請撥支以備購儲疏 周學健 6/374
卷四〇 戶政一五 倉儲下
常平倉穀章程疏 楊昭謹 6/379
倉穀平糶疏 高其倬 6/381
請復倉穀借糶疏 田文鏡 6/383
糶價不宜撥餉疏 萬年茂 6/384
請減糶價借籽種疏 錢陳羣 6/386
請官開米局疏 鄂彌達 6/387
清京倉積弊疏 田六善 6/388
禁囤無益米價疏 陳兆崙 6/389
籌辦積貯情形疏 陳宏謀 6/390
青苗社倉議 李紱 6/391
社倉約記 畢振姬 6/393
議社倉與古異同疏 岳濬 6/395
酌定社長章程疏 李湖 6/398
創建南鄉太平堡社倉記 楊仲興 6/400
請分常平爲社倉疏 晏斯盛 6/401
推廣社倉之意疏 晏斯盛 6/402
社倉保甲相經緯疏 晏斯盛 6/406
請設商社疏 晏斯盛 6/408
乞里人共建義倉引 劉大櫆 6/409
進呈義倉圖說疏 方觀承 6/410
義倉圖說序 德保 6/412
勸民間貿穀論 泰承恩 6/412
勸設義倉章程疏 陶澍 6/415
卷四一 戶政一六 荒政一
荒政綱目 6/421
備荒管見 魯仕驥 6/423
荒政 惠士奇 6/425
救荒策 魏禧 6/427
救荒事宜十條 張伯行 6/436
賑紀十五條 方觀承 6/440
荒政輯要附論六條 汪志伊 6/447
勘災 楊景仁 6/450
報災 楊景仁 6/450
煮賑 楊景仁 6/452
通商 楊景仁 6/453
輯流移 楊景仁 6/454
備雜糧 楊景仁 6/458

興工 楊景仁 6/460
安富以救貧說 楊景仁 6/462
卷四二 戶政一七 荒政二
救荒貴得人疏 蔣伊 6/467
敬陳分賑之法疏 蔣伊 6/468
賑濟議 陳芳生 6/469
救荒議 魯之裕 6/471
災賑議 汪家禧 6/472
禁糴說 唐夢賚 6/474
論平糶 陸曾禹 6/475
賑粥得宜法 徐文弼 6/476
施粥不如散米說 黃懋 6/477
勸施米湯約 陸世儀 6/478
硤川煑賑圖後跋 阮元 6/479
圖賑法 齊彥槐 6/480
陳辦災各弊疏 陶澍 6/482
卷四三 戶政一八 荒政三
與曹射侯 張履祥 6/487
請安流民興水利疏 任啟運 6/489
甲子救荒私議 張海珊 6/491
飭興水利牒 李光地 6/493
水利備旱疏 晏斯盛 6/494
與蘇撫宋公書 趙士麟 6/496
下屬縣試行水軍檄 喬光烈 6/497
與布撫臺論救荒書 李中孚 6/498
卷四四 戶政一九 荒政四
周官無蠲賦說 王灼 6/505
蠲免事宜疏 那蘇圖 6/505
蠲恤宜速議 王命岳 6/507
敬陳預備救荒疏 姚文然 6/508
上隆太宰買米備賑書 胡煦 6/509
與徐司空園書 方苞 6/510
敬陳速賑以甦民困疏 王懿 6/511
請截留漕艘以備平糶疏 陳其凝 6/512
請速賑濟疏 翁自涵 6/513
請酌銀穀兼賑之法疏 孫灝 6/514
論黃河運米賑災書 喬光烈 6/516
與浙江黃撫軍請開米禁書 蔡世遠 6/518
卷四五 戶政二〇 荒政五
時疫 金誠 6/523
救恤疫四條 袁一相 6/523
捕蝗說 沈受宏 6/524
捕蝗記 馬源 6/525
捕蝗法 陳芳生 6/527
除蝗記 陸世儀 6/531
捕蝗記 李鍾份 6/533
踏勘蝗荒議 魏裔介 6/534
敬陳捕蝗事宜疏 史茂 6/535
條陳捕蝗酌歸簡易疏 竇光鼐 6/535
敬籌除蝻滅種疏 周燾 6/539
出土蝻子責成佃戶搜除檄 陳宏謀 6/540
請捕蝗先行蜡祭疏 曹秀先 6/541
伐蛟說 陳宏謀 6/542
雩說 王槩 6/544
祈晴雨法 徐文弼 6/546
祈雨文 韓夢周 6/547
旱魃辨 李蕃 6/547
卷四六 戶政二一 漕運上
漕運議 任源祥 7/3
漕運 陸隴其 7/6
漕兌揭 陸世儀 7/7
釐剔漕弊疏 徐旭齡 7/10

漕弊疏 王命岳 7/12
論漕弊疏 姚文田 7/14
剔漕弊 包世臣 7/17
釐剔漕事疏 尹繼善 7/18
擬更定漕政章程疏 蔣攸銛 7/19
卹丁除弊疏 孫玉庭 7/23
請停預僉備丁以免擾累疏 楊錫紱 7/26
論漕弊與各省糧道書 楊錫紱 7/28
論漕船餘米書 陳宏謀 7/31
撥船困民疏 趙之符 7/31
與蔡總漕論南米撥解書 姚文然 7/33
請改折漕糧疏 范承謨 7/35
請寬糧船盤詰疏 林起龍 7/36
糧船量米捷法說 阮元 7/39
新喻東門漕倉記 惲敬 7/44

卷四七 戶政二二 漕運中

舟行日記 姚文然 7/47
漕議 鄭日奎 7/48
轉般私議 王芑孫 7/55
改運議 謝階樹 7/61
請罷長運復轉運疏 蔡士英 7/65
請改運法疏 徐惺 7/70
漕船支運議 蔡方炳 7/71
請截漕遞運劄子 李紱 7/71
白糧改折疏 楊雍建 7/73
河南漕運說 朱雲錦 7/74
洛浙二運說 朱雲錦 7/76
運閘運船宜整理疏 朱之錫 7/77
申明糧船定式疏 阿桂 7/79
改漕船修水利疏 鄂爾泰 7/81
請定漕船年限疏 姚文然 7/82
請停查屯田滋擾疏 趙青藜 7/83
上制府論布商易米書 晏斯盛 7/84

卷四八 戶政二三 漕運下

海運考跋 阮元 7/89
海運攷上 阮元 7/90
海運攷下 阮元 7/94
海運論 高培源 7/96
漕糧兼資海運疏 藍鼎元 7/102
海運提要序 謝占壬 7/105
海運南漕議 齊彥槐 7/113
海運議 施彥士 7/114
籌漕運變通全局疏 英和 7/116
再籌海運折漕章程疏 英和 7/122
駁議盤運章程疏 英和 7/126
覆奏海運疏 程祖洛 7/130
覆奏海河並運疏 陶澍 7/131
復魏制府詢海運書 魏源 7/133
進呈海運圖疏 陶澍 7/135
勘覆膠萊河疏 何國宗 7/138
海運全案序 魏源 7/140
道光丙戌海運記 魏源 7/142
海運全案跋 魏源 7/144

卷四九 戶政二四 鹽課上

行鹽 顧炎武 7/149
鹽法論 曹一士 7/150
更鹽法 鄭祖琛 7/153
准鹽三策 包世臣 7/156
雲南鹽法議 王芝成 7/158
請改雲南鹽法議 屠述濂 7/159
粵西行鹽議 高熊徵 7/162
鹽歸地丁不如收稅議 龔景瀚 7/163
商鹽加引減價疏 盧詢 7/167

甘鹽請改收稅疏 姜開陽 7/169
閩鹽請改收稅疏 裘行簡 7/171
請改漢中鹽課歸地丁疏 方維甸 7/174
再請漢中鹽課歸地丁疏 方維甸 7/176
論抽鹽稅疏 李衛 7/177
廣鹽屯 邱嘉穗 7/178
開中鹽法 儲大文 7/180
復陽郝公巡視兩淮鹽政序 李呈祥 7/183
商屯議 董以寧 7/184

卷五〇 戶政二五 鹽課下

鹽法議 呂星垣 7/189
鹽法考 金鎮 7/192
歷代鹽政沿革 7/199
河南鹽法說 朱雲錦 7/202
鹽額新增述 汪甡 7/205
鹽法芻言 汪甡 7/206
酌鹽法 郭起元 7/207
鹽法議 盧紘 7/210
請定鹽法疏 朱軾 7/211
杜私抑末以興本利疏 趙宏本 7/216
緝私鹽 徐文弼 7/216
請停商捐并申鹽禁疏 曹一士 7/218
陳鹽引積弊疏 萬際瑞 7/219
陳鹽引通融帶銷之弊疏 田文鏡 7/220
商力並非困弊疏 高斌 7/223
清查浙省鹽課疏 帥承瀛 7/224
上督院論江西鹽務書 沈起元 7/227
請均鹽引疏 江蘇 7/228
上督院趙公論淮鹽書 沈起元 7/230
論漁戶私鹽狀 張甄陶 7/230
吉蘭泰鹽池客難 阮元 7/232
鹽井記 溫瑞柏 7/233
四川鹽課疏 張德地 7/235
論川鹽 嚴如熤 7/237
粵東鹽政議 彭釪 7/239
陳粵省鹽法疏 楊琳 7/241
滇南鹽政 張泓 7/242
鹽法偶說 孫玉庭 7/244

卷五一 戶政二六 榷酤

省官役以清關弊疏 徐旭齡 7/255
請禁徵收私稅疏 李贊元 7/256
請除煩苛之權稅疏 甘汝來 7/258
清釐關務積弊疏 晏斯盛 7/259
商茶違限贖鍰宜免狀 曾王孫 7/263
五代鹽麴之禁 趙翼 7/264
請罷湖口關復九江關疏 王澤宏 7/265
酒禁 顧炎武 7/266
與徐司空蝶園書 方苞 7/268
禁止踹麴疏 尹會一 7/269
上鄂相國論酒禁書 陳兆崙 7/270
請開酒禁疏 孫嘉淦 7/271
請開麯禁疏 孫嘉淦 7/273
禁酒情形疏 孫嘉淦 7/275

卷五二 戶政二七 錢幣上

金 顧炎武 7/281
銀 顧炎武 7/282

銅 顧炎武 7/285
論錢幣 陸世儀 7/286
六經不及貨泉論 顧棟高 7/288
古者貨貝論 闕名 7/289
銅政議上 王太岳 7/291
銅政議下 王太岳 7/298
廠記 檀萃 7/305
復當事論廠務書 倪蜕 7/307
與雲南李參政論銅務書 李紱 7/308
重銅運以杜弊累疏 嚴烺 7/310
滇繫序 洪亮吉 7/311
請收礦稅煎鹽疏 何世堪 7/311
請開礦採鑄疏 鄂爾達 7/312
請開礦鑄錢疏 王士俊 7/313
陳粤西礦廠疏 田畯 7/314
停止開礦事宜疏 鄂爾達 7/314
苗疆銅礦毋庸開採疏 楊錫紱 7/316
奉旨議禁銅器疏 7/317
請嚴銅禁劄子 李紱 7/318
請弛銅禁疏 海望 7/319

卷五三 戶政二八 錢幣下

汴宋歷朝錢文輕重記 顧棟高 7/327
滇繫論錢法 師範 7/329
文帝除盜鑄令論 孫廷銓 7/333
興安郡志食貨論 岳震川 7/333
禁私銷議 喬光烈 7/334
鼓鑄議 夏駰 7/336
錢法議 葛祖亮 7/338
通行錢法疏 徐旭齡 7/341
開銅源節銅流疏 晏斯盛 7/341
廣鑄錢 郭起元 7/343
申銅禁酌鼓鑄疏 陳宏謀 7/344
杜制錢銷毀之弊疏 陳廷敬 7/347
粤東鼓鑄議 夏駰 7/348
制錢議 任源祥 7/349
明錢法論 顧炎武 7/349
以錢爲賦 顧炎武 7/351
廣銅斤通錢法疏 鞠珣 7/353
疏錢法以濟民用疏 趙廷臣 7/354
疏通錢法狀 元展成 7/356
敬陳泉布源流得失疏 儲麐趾 7/357
黔省錢法疏 楊天縱 7/358
錢法之變 顧炎武 7/358
用古錢議 徐乾學 7/359
銅鈔議 邱嘉穗 7/361
論銅鈔序 李呈祥 7/362
行錢議 高珩 7/363
請停鼓鑄事宜疏 姚文然 7/364
收小錢以供鼓鑄疏 高晉 7/366
平錢價疏 田懋 7/369
陳明錢貴之由疏 陶正靖 7/370
短陌 顧炎武 7/372
奢吝說 魏世傚 7/372

卷五四 禮政一 禮論

復禮上篇 淩廷堪 7/377
復禮中篇 淩廷堪 7/378
原治 張惠言 7/380
行儉論 陳斌 7/381
叔孫通論 趙進美 7/383
禮論 劉鴻翱 7/384
請修禮書疏 陳紫芝 7/385
請釐定制度疏 胡煦 7/387

定制崇儉疏 陳廷敬 7/387
請禁宴會疏 楊時化 7/389
請酌定家禮頒行疏 甘汝來 7/390
定經制以節民用疏 孫宗溥 7/391
杜奢疏 高珩 7/392
力行節儉疏 徐旭齡 7/393
請頒禮制書疏 魏象樞 7/395
儀禮鄭註句讀序 張爾歧 7/396
儀禮鄭註句讀序 顧炎武 7/397
鄉飲禮儀序 衛既齊 7/398
禮記手鈔序 黎士宏 7/399
三禮議 韓菼 7/400
答顧復初司業論五禮通考書 泰蕙田 7/401
家禮纂要序 葉燮 7/403
家禮非朱子書考 王懋竑 7/404
祠堂考誤四則 王懋竑 7/406
冠禮考誤五則 王懋竑 7/408
昏禮考誤五則 王懋竑 7/410
卷五五 禮政二 大典上
天地合祭辨 秦蕙田 7/419
郊祀分合議 顧棟高 7/422
祭地祭社不同論 秦蕙田 7/423
郊祀 閻若璩 7/425
北郊配位議 徐乾學 7/427
地壇配位 徐乾學 7/428
方澤壇左右辨 陳廷敬 7/430
北郊配位尊西向議 毛奇齡 7/431
請立雩壇疏 徐以升 7/434
請舉秋報大典疏 龔學海 7/436
北嶽辨 顧炎武 7/437
論北嶽中嶽 閻若璩 7/438
北海祀典或問 徐乾學 7/440
原社 全祖望 7/444
水旱變置社稷論 全祖望 7/444
城隍考 秦蕙田 7/446
論祭天 陸世儀 7/447
禘祭議 張玉書 7/448
升祔大禮議 汪由敦 7/449
唐宋毀廟論 汪師韓 7/450
考祀典正禮俗疏 陶正靖 7/452
請酌定先師祀典疏 王士禎 7/454
陪拜文廟議 張永銓 7/455
與佟太守書 朱彝尊 7/456
祀契議 藍千秋 7/457
三老五更議 張廷玉 7/459
聖廟五王昭穆位次議 金門詔 7/460
議都察院請增孔林祀典狀 陳兆崙 7/463
駁請祀啟聖王元配施氏議 齊召南 7/464
前漢經師從祀議 全祖望 7/464
禁原蠶說 全祖望 7/466
卷五六 禮政三 大典下
停止封禪等議 張玉書 7/469
昭代樂章恭紀 張玉書 7/470
請編次樂律算數疏 張玉書 7/471
律呂正義 紀昀 7/472
論鍾律疏 張照 7/474
論樂律及權量疏 張照 7/475
論樂 陸世儀 7/478
滿漢字音論 魯之裕 7/479
遼金元三史國語解 7/480
擬上今方言表 龔自珍 7/481
蒙古聲類表序 龔自珍 7/482

蒙古字類表序 龔自珍 7/486
蒙古冊降表序 龔自珍 7/487
皇朝通典 7/487
皇朝文獻通考 7/488
內府藏書記 徐秉義 7/489
議謚明季殉難諸臣疏 舒赫德 7/490
國朝謚法考自序 王士禎 7/492
論謚諱 閻若璩 7/494
鹵簿名物記 陸燿 7/494
商周銅器說 阮元 7/496
商周兵器權量說 阮元 7/497

卷五七 禮政四 學校

取士篇 黃宗羲 7/501
古學校考 程晉芳 7/502
教冑子論 呂星垣 7/504
書院議 袁枚 7/505
重學校 侯方域 7/506
制科策上 魏禧 7/508
制科策下 魏禧 7/510
制科策 黃中堅 7/511
科場 顧炎武 7/513
科舉 黃宗羲 7/516
經學家法論 陳廷敬 7/517
經書取士議 朱彝尊 7/519
三禮試士論 郭起元 7/519
正學論四 程晉芳 7/520
送張少淵赴省試序 張海珊 7/522
制科取士之法攷 劉子壯 7/523
唐摭言後序 程晉芳 7/524
議時文取士疏 7/525
請分試以廣真才疏 姚祖項 7/527
請博舉孝弟疏 胡煦 7/529
請定教職調補之法 勵宗萬 7/530
新疆設學疏 溫福 7/531
讀墨小序 任源祥 7/532
湖南試卷序 錢灃 7/532
北卷 顧炎武 7/533
書張佩璁事 張士元 7/534
考試點名除弊法 徐文弼 7/534
徵滇士人書院敕 鄂爾泰 7/535
再請改建南闈疏 李發甲 7/538

卷五八 禮政五 宗法上

聚民論 張海珊 8/3
宗法論一 紀大奎 8/5
宗法論二 紀大奎 8/6
宗法論三 紀大奎 8/7
宗法論四 紀大奎 8/9
宗法論五 紀大奎 8/10
農宗 龔自珍 8/12
萊州任氏族譜序 顧炎武 8/14
華陰王氏宗祠記 顧炎武 8/16
汪氏族譜序 汪琬 8/17
補定大宗議 許三禮 8/18
原姓 顧炎武 8/18
通譜 顧炎武 8/19
駮曾子固公族議 徐乾學 8/20
陸氏義莊記 錢大昕 8/21
廬江章氏義莊記 魏源 8/22
論宗祭 陸世儀 8/23
選舉族正族約檄 陳宏謀 8/24
請禁祠宇流弊疏 輔德 8/25
寄楊樸國景素書 陳宏謀 8/27
石井劉氏族譜序 陶必銓 8/27
姓氏溯源序 彭維新 8/28
景城紀氏家譜序例 紀昀 8/29

族譜解惑 朱軾 8/33
與族人書 朱軾 8/35
敘次宗譜例言 法坤宏 8/37
卷五九 禮政六 宗法下
置後解 汪琬 8/41
辨小宗不立後 秦蕙田 8/42
爲人後 惠士奇 8/43
繼嗣說 蔡新 8/44
爲殤立後議 杭世駿 8/46
論鈍翁立後書 閻若璩 8/47
異姓爲後 方苞 8/48
請定繼嗣條規疏 胡季堂 8/49
與嚴姓親族書 張海珊 8/51
示邑民爭繼祀讞語 張甄陶 8/52
二子析產序 魏禮 8/56
別籍異財議 李紱 8/57
分居 顧炎武 8/57
睦宗族 張履祥 8/59
卷六〇 禮政七 家教
六朝論 楊繩武 8/63
備孝 唐甄 8/65
明悌 唐甄 8/65
同母兄弟 顧炎武 8/67
內倫 唐甄 8/67
與弟論家人離必起於婦人書 劉紹攽 8/68
婦學三則 章學誠 8/69
聰訓齋語 張英 8/70
戒子孫 李光地 8/74
甲辰示道希兄弟 方苞 8/75
家訓 王命岳 8/76
訓子王略 田蘭芳 8/77
與弟文紹書 盧文弨 8/79
書尹氏三戒 任啓運 8/81
崇明老人記 陸隴其 8/82
書張孺人孝行三則 儲大文 8/83
封股對 魏源 8/85
書陳靜恪先生傳後 蔡世遠 8/85
肅小翮五十序 魏禧 8/87
僮僕 顧炎武 8/88
卹臧獲議 邱嘉穗 8/89
甲辰示道希兄弟 方苞 8/90
論僕役 張履祥 8/91
儉論 鄭梁 8/91
窖金論 李繼聖 8/92
卷六一 禮政八 昏禮
女教經傳通纂序 任啓運 8/97
讀士昏禮 岳震川 8/98
答昏禮問 劉榛 8/98
答蔣信夫論喪娶書 袁枚 8/100
貞女辨 焦循 8/102
陳貞女林氏子合葬議 陳祖范 8/103
四貞女傳後論 羅有高 8/103
禮經答問二條 錢大昕 8/105
嫁娶 丁杰 8/107
昏禮有故說 陳祖范 8/108
三月廟見解 吳定 8/109
昏禮主人說 毛奇齡 8/110
昏禮廟見說 毛奇齡 8/111
讀昏禮述 陳祖范 8/113
昏說 夏子蓉 8/114
卷六二 禮政九 喪禮上
古人喪服之學 顧炎武 8/121
與陸翼王書 閻若璩 8/121
後篤終論上 張爾岐 8/122

後篤終論下 張爾岐 8/123
表微 方苞 8/125
釋書 藍千秋 8/125
丁憂交代 顧炎武 8/126
期功喪去官 顧炎武 8/127
武官丁憂 顧炎武 8/129
喪棚迂解 高珩 8/130
答尹亨中書 鍾畹 8/132
喪禮經傳約 吳卓信 8/133
喪服 陸燿 8/141
上馮師問喪儀書 陸燿 8/142
喪禮二條 顧炎武 8/143
己亥示道希兄弟 方苞 8/144
跋方望溪先生教忠祠禁 汪師韓 8/145
齋期 全祖望 8/146
厚終論 陳祖范 8/146
弔說 陳祖范 8/147
論弔喪 毛奇齡 8/147
謝孝說 徐乾學 8/149
喪刺答問 何發 8/150
喪父有繼母訃不稱哀議 柴紹炳 8/150
論庶子後生服制書 沈大成 8/151
喪服三條 許三禮 8/152
答喪禮問 劉榛 8/154
禫說 柴紹炳 8/157
禫月考 邱維屏 8/158
閏月 汪琬 8/160
居喪釋服解義 汪中 8/160

卷六三 禮政一〇 喪禮下

親喪不葬 徐乾學 8/167
停喪不葬 朱軾 8/167
招魂葬服說 許三禮 8/169
停喪 顧炎武 8/169
火葬 顧炎武 8/172
秦始皇厚葬論 姜宸英 8/174
與崔子玉論歸葬書 錢維城 8/175
論禮二則 陳祖范 8/175
與友人論葬服書 汪琬 8/176
改葬服議 韓夢周 8/177
遷葬論 楊暉吉 8/178
柩不入門辨 張生洲 8/178
改葬總論 法坤宏 8/180
書昌黎改葬論後 徐乾學 8/180
與懷庭論改葬 韓夢周 8/182
族葬考 徐乾學 8/182
讀葬書問對 黃宗羲 8/184
喪葬解惑 蔡世遠 8/186
贈吳君佩之序 陸燿 8/187
示道希兄弟 方苞 8/187
宅經葬經先後論 全祖望 8/188
毛稼軒地理書序 錢大昕 8/189
地理攷原跋 程晉芳 8/190
虎口餘生錄書後 梅文鼎 8/191
原孝上 錢大昕 8/191
答孔正叔論誌文 魏禧 8/192
與顧肇聲論墓銘諸例書 沈彤 8/192
與錢巽齋論行述書 陸燿 8/193
與人論墓誌銘篆蓋書 汪琬 8/194
書歷城周君私諡益都李叔子議後 羅有高 8/195

卷六四 禮政一一 服制上

古今五服考異序 汪琬 8/199
禮部頒喪服之制 8/200

答孟遠問喪服書 馮景 8/202
喪服或問 閻若璩 8/203
降服辨 王錫闡 8/205
父在不降母服說 毛奇齡 8/207
與友人論父在爲母齊衰期書 顧炎武 8/208
與友人論服制書 顧炎武 8/209
心喪釋 杭世駿 8/210
喪所生母雜議 沈彤 8/212
喪服繼母如母解 汪琬 8/213
駁張仲嘉次子主喪議 萬斯大 8/214
父未殯而祖亡承重議 沈彤 8/215
父卒未殯適孫爲祖服辨 汪琬 8/216
承重孫說 王應奎 8/217
承重說 萬斯大 8/218
爲父生母不承重辨 張篤慶 8/220
庶孫不爲生祖母承重說 柴紹炳 8/222
庶孫父卒不爲所生祖母服三年論 馮浩 8/223
答庶孫爲所生祖母服 陳祖范 8/225
書適孫葬祖父母承重辯後 顧棟高 8/225
請考正承重服制議 仝祖望 8/227
適孫有諸叔而承重始服考 陳祖范 8/229
論曾孫不當稱功服書 萬斯大 8/229
本生父母降服說 田蘭芳 8/230
爲人後者爲其曾祖父母祖父母服考 汪中 8/231

卷六五 禮政一二 服制下
答友人問二適相爲服書 馮景 8/235
三父八母服制存疑說 劉彬 8/236
慈母服議 吳任臣 8/237
妾母祔祭議 朱軾 8/238
繼母改嫁無服說 邵長蘅 8/238
再醮不得爲繼妻議 曹續祖 8/239
祖父母在妻喪用杖議 徐乾學 8/240
論母在爲妻杖否書 盧文弨 8/241
婦爲舅姑服說 華學泉 8/242
與友人論無服之殤書 盧文弨 8/243
答金理函論殤服書 吳定 8/244
嫂叔無服說 萬斯同 8/245
叔嫂當服大功說 邵長蘅 8/247
嫂叔無服議 毛嶽生 8/248
父妾無子服制議 劉榛 8/251
妾服議 陳祖范 8/252
答王山史書 顧炎武 8/252
師服議 萬斯同 8/253
師制服議 杭世駿 8/254

卷六六 禮政一三 祭禮上
論神 錢維城 8/259
論鬼 錢維城 8/259
五祀禮略 李光地 8/260
唐宋卿大夫廟制考 汪師韓 8/261
品官家祭之禮 8/266
家廟祭享禮略 李光地 8/267
小宗家祭禮略 李光地 8/269
宗子主祭議 李紱 8/271

答沈毓凫論家祠書 楊椿 8/272
辨定祭禮通俗譜 8/274
家廟記 楊名時 8/275
先祠記 張永銓 8/276
家堂 張履祥 8/278
教忠祠規序 方苞 8/279
始祖先祖之祭 秦蕙田 8/280
家禁 陸燿 8/280
祠堂示長子 陸燿 8/282
祠堂再示長子 陸燿 8/283
答王惺齋論家祭書 陸燿 8/284
再答王惺齋論家祭書 陸燿 8/285
書陸朗夫先生祠堂論後 王元啓 8/286
與陸朗夫論祭祀書 王元啓 8/287
卷六七 禮政一四 祭禮下
祔廟說 邵長蘅 8/293
論祔祭 孔繼汾 8/294
傳經堂祀說示可卲 單作哲 8/295
論昭穆 孔繼汾 8/296
兄弟異昭穆論 張 8/298
廟主考 吳定 8/299
論祧室龕制書 王元啓 8/300
婦人無主答問 汪中 8/302
答袁簡齋書 盧文弨 8/303
妾母不世祭說 邵長蘅 8/303
與張仲嘉論畫像書 萬斯大 8/304
墓祭 徐乾學 8/305
與盧某書 顧炎武 8/306
卷六八 禮政一五 正俗上
風俗策 陸隴其 8/313
風俗條約 陳宏謀 8/314
鄉賢祠議 李良年 8/317
與邵子昆學使論鄉賢名宦從祀書 宋犖 8/318
鄉賢議 王訓 8/319
通譜說 王懋竑 8/319
正友 王友亮 8/320
孫虹橋六十生辰詩序 王昶 8/321
名稱 唐甄 8/321
字說 周篆 8/322
以姓取名 顧炎武 8/323
誌狀之濫 顧炎武 8/323
與劉按察使論速葬之法書 林枝春 8/324
禱祠 陸燿 8/327
瀆祀 顧炎武 8/328
巫咸河伯 顧炎武 8/331
毀五嶽寢廟議 武億 8/332
像設 顧炎武 8/334
毀淫祠疏 湯斌 8/335
與熊中丞論志書書 錢維城 8/336
與邵二雲論史事書 法式善 8/337
上明鑑綱目館總裁書 楊椿 8/338
再上明鑑綱目館總裁書 楊椿 8/339
書宋名臣言行錄 魏源 8/341
再書宋名臣言行錄 魏源 8/342
與袁子才先輩論小倉山房文集書 彭紹升 8/344
西安府儒學碑目序 顧炎武 8/345
方音 顧炎武 8/346
書擲飲酒禮 朱軾 8/347
履說 周拱辰 8/347
正俗 錢大昕 8/349
訂音律 邱嘉穗 8/350

禁邪說示 湯斌 8/351
禁刊邪書疏 劉楷 8/351
卷六九 禮政一六 正俗下
二氏論 蔣士銓 8/357
跋藏經 姚瑩 8/358
游瀨鄉記 朱書 8/360
廣戒殺牛文 張爾岐 8/361
食鱓贏說 汪琬 8/362
放生說 余懋杞 8/363
文昌祠說 陸燿 8/364
饒陽縣新建文昌閣記 錢大昕 8/364
書真西山文集後 張海珊 8/365
天主教 趙翼 8/366
改天主堂爲天後宮碑記 李衛 8/368
上慧方伯書 喬光烈 8/370
天主教論 邱嘉穗 8/371
西學 8/373
讀通典職官 沈大成 8/375
論回民啟 陸燿 8/376
傳聞少實 紀昀 8/377
左氏春秋釋疑 汪中 8/378
原緯 全祖望 8/381
伎術 陸燿 8/382
駁陰陽家言 馮景 8/384
選擇正宗序 姚鼐 8/385
送董君序 姜宸英 8/385
原命 全祖望 8/386
六壬大全 8/387
遁甲演義 8/389
太乙金鏡 8/390
星歷考原 8/391
協紀辨方書 8/392
書漢志 紀大奎 8/393
分野考 張瓚昭 8/394
占驗 顧炎武 8/401
論占天 陸世儀 8/402
占法之多 顧炎武 8/403
天文圖讖 顧炎武 8/403
卷七〇 兵政一 兵制上
議兵 姚鼐 8/409
府兵論 呂星垣 8/410
唐府兵論 秦蕙田 8/412
宋軍制論 秦蕙田 8/413
唐宋兵制得失論 王昶 8/414
兵論上 顧棟高 8/415
兵論下 顧棟高 8/417
養兵論 陳黃中 8/418
階級 儲大文 8/419
階級二 儲大文 8/420
明季利弊論 魏裔介 8/421
宋太祖欲令武臣讀書論 魏世儼 8/422
兵武職掌疏 葉舟 8/423
虛名冒餉疏 趙申喬 8/425
整飭營務疏 金鉷 8/426
籌昌化營汎兵制議 陶元淳 8/427
請展裁兵期限疏 姚文然 8/429
廣南藩兵議 潘耒 8/129
卷七一 兵政二 兵制下
營制小敘 顧棟高 8/435
選兵論 魯之裕 8/436
論兵制 陸世儀 8/437
家兵 顧炎武 8/439
將帥家丁 趙翼 8/440

車戰 儲大文 8/442
禁兵器 顧炎武 8/443
古來用兵兵多者敗 趙翼 8/444
明邊省攻勦兵數最多 趙翼 8/448
用兵有御史核奏 趙翼 8/449
戊戌武會試策問 李紱 8/449
練兵陳法疏 楊芳 8/450
收輯技勇疏 德舒 8/453
軍器歸營製造疏 佟國器 8/454
籌乾糧練兵丁備軍裝疏 福康安 8/455
請罷玉田駐防兵丁疏 吳正治 8/459
河南採辦硝磺述畧 朱雲錦 8/460
筆記 紀昀 8/462
卷七二 兵政三 屯餉
儲餉議 盧紘 8/465
兵餉策 儲方慶 8/466
屯田說 雷鋐 8/467
請興屯政疏 孫廷銓 8/468
軍屯疏 魏裔介 8/469
軍屯省餉疏 艾元徵 8/470
請停查屯田疏 趙青藜 8/473
停止加餉疏 李鵬鳴 8/474
論營兵屯田不便疏 8/476
汛兵授田疏 孫嘉淦 8/477
請實邊屯疏 文綬 8/479
餉兵兼用麥米說 王心敬 8/480
卷七三 兵政四 馬政
論馬政 王心敬 8/485
馬政 顧炎武 8/485
請設馬廠疏 劉於義 8/486
陳買馬利弊疏 南天祥 8/487
滇馬 師範 8/488
釐革驛害疏 王登聯 8/489
驛傳 顧炎武 8/491
驛遽議 汪价 8/492
禁攜重以恤驛馬議 張汧 8/493
論驛政 黃六鴻 8/494
設要站議 黃六鴻 8/496
請酌復站夫疏 楊錫紱 8/497
卷七四 兵政五 保甲上
保甲說 李光型 8/501
里甲論 劉淇 8/501
保甲論 沈彤 8/503
保甲議 黃中堅 8/504
鳳臺縣志論編查 李兆洛 8/505
條陳四政議 陶元湻 8/506
保甲三論 黃六鴻 8/507
論保甲事例書 張惠言 8/510
保甲示 彭鵬 8/514
通飭清釐保甲檄 張伯行 8/515
彌盜條約 于成龍 8/516
慎選鄉約論 于成龍 8/519
申明保甲論 于成龍 8/521
設卡房議 徐文弼 8/522
奏明力行保甲疏 楊錫紱 8/523
答章觀察問保甲啟 陸燿 8/525
敬陳保甲二要疏 胡澤潢 8/526
卷七五 兵政六 保甲下
治盜宜嚴責成疏 姚延啟 9/3
搜捕盜賊責成文武議 陶元湻 9/4
請定將弁協緝事宜疏 輔德 9/5
請停分緝協緝疏 田文鏡 9/7
弭盜九條疏 佟國器 9/10
弭盜四條 沈荃 9/13

代贛州弭盜議 魏禮 9/14
與蜀中當事書 陳宏謀 9/16
以盜止盜說 黃六鴻 9/16
賥盜議 蔣薰 9/19
論蜀嘓嚕狀 邱仰文 9/20
再論嘓嚕狀 邱仰文 9/22
論息盜書 顏鳴漢 9/24
訛言 惠士奇 9/24
編查漁船保甲疏 邁柱 9/25
湖濱備禦事宜 張海珊 9/26
上趙觀察論粵俗書 姚延啟 9/29
請懲械鬪主持之人疏 高其倬 9/30
卷七六 兵政七 兵法上
案兵家 汪縉 9/35
春秋左傳兵謀表序 顧棟高 9/37
讀陳龍川酌古論 陳斌 9/37
五形 唐甄 9/38
受任 唐甄 9/41
利才 唐甄 9/43
兵法百言上 楊暄 9/44
兵法百言中 楊暄 9/49
兵法百言下 楊暄 9/59
孫子集註序 魏源 9/64
卷七七 兵政八 兵法下
城守篇 魏源 9/69
書握奇經後 盛百二 9/83
桂林陣法序說 李紱 9/85
山路連環三疊陣法說 李紱 9/86
籐牌撒星陣法說 李紱 9/87
演陣餘論 李紱 9/89
五子礮說 李紱 9/90
行圍訓練疏 岳鍾琪 9/91
書蘇文公用間後 魏世傚 9/92
行軍策略 俞益謨 9/93
趙充國論 陣選鶴 9/101
武侯長於將略論 鄭與僑 9/102
曲端論 全祖望 9/102
史記通鑑兵事 顧炎武 9/104
書平渝事略後 黃中堅 9/105
卷七八 兵政九 地利上
讀史方輿紀要序 顧祖禹 9/109
設險 劉淇 9/111
春秋列國疆域表序 顧棟高 9/112
春秋列國地形險要表序
顧棟高 9/113
周疆域論 顧棟高 9/115
孟子游梁論 鄭與僑 9/116
原勢 儲大文 9/117
巴陵志兵防論 闕名 9/120
慎防守 郭起元 9/121
皇輿圖說 9/122
長安地氣 趙翼 9/124
秦蜀荊楚形勢議 蔣伊 9/126
陝甘資政錄諸山總序
戴祖啓 9/126
論江南 顧祖禹 9/128
論山東 顧祖禹 9/130
論山西 顧祖禹 9/130
論河南 顧祖禹 9/131
河南關塞形勝說 朱雲錦 9/132
汴洛二都說 朱雲錦 9/133
汴城建置說 朱雲錦 9/135
洛陽險要說 朱雲錦 9/136
論湖廣 顧祖禹 9/137
荊州論 儲大文 9/140
襄陽論 儲大文 9/141

南嶽市記遊 儲大文 9/144
論岳陽利害書 萬正色 9/145
論魏延出子午谷書 侯敦復 9/146
貴州輿圖說 9/147
潛邱劄記 閻若璩 9/148
卷七九 兵政一〇 地利下
讀管子乘馬篇 顧棟高 9/151
書何承矩傳後 儲大文 9/151
長城 顧炎武 9/152
臺寨條議 徐旭旦 9/154
陳直隸事宜疏 李維鈞 9/156
請建濠塹防禦疏 高其倬 9/157
潼關志 9/158
議昌化縣徙居所城狀 陶元淯 9/159
論守城 陸世儀 9/160
請朔平城等處設礮疏 李如柏 9/162
請總督移駐兗州疏 王士俊 9/163
相形勢以正經界疏 李衛 9/165
復建盱眙城議 郭起元 9/166
陳洞庭湖情形疏 魏廷珍 9/168
游北固山記 周鎬 9/168
論輿地之學 王鳴盛 9/169
豫乘識小錄序 朱雲錦 9/170
地圖說 朱雲錦 9/171
題王氏寫本地圖後 陸燿 9/173
皇輿圖賦序 全祖望 9/174
與百制府論孫文定南遊記書 陶澍 9/175
岡底斯山考 9/176
卷八〇 兵政一一 塞防上
答人問西北邊域書 魏源 9/181
邊防議 陳黃中 9/184
根本形勢疏 張尚賢 9/185
大同邊備疏 陳協 9/186
邊防三事疏 黃焜 9/187
外藩蒙古五十一旗序 齊召南 9/188
蒙古源疏 9/189
喀爾喀北路圖說 9/191
喀爾喀西路圖說 9/193
喀爾喀中路圖說 9/194
喀爾喀東路圖說 9/196
阿拉善額濟納二旗圖說 9/197
蒙古氏族表及在京氏族表總序 龔自珍 9/197
蒙古水地志序 龔自珍 9/198
蒙古臺卡志序 龔自珍 9/198
蒙古像教志序 龔自珍 9/200
河套志序 儲大文 9/202
論青海事宜書 龔自珍 9/205
論會典地圖里差書 程同文 9/206
卷八一 兵政一二 塞防下
平定準噶爾附論 趙翼 9/211
與鄂張兩相國論西兵書 方苞 9/212
陳沙州夷務疏 潘之善 9/216
議防逃人妄傳疏 高其倬 9/218
陳嘉峪關外情形疏 文綬 9/218
西域置行省議 龔自珍 9/222
上鎮守吐魯番領隊大臣寶公書 龔自珍 9/227
科布多城圖說 9/230
唐努烏梁海圖說 9/231
紀新疆邊防二則 紀昀 9/233

異域錄 9/234
與鄂羅斯國議定疆界之碑 徐元文 9/235
前後藏考 姚鼐 9/236
藏鑪總記 王我師 9/237
西藏巡邊記 松筠 9/238
藏內善後事宜疏 福康安 9/239
卷八二 兵政一三 山防
三省山內邊防論一 嚴如熤 9/247
三省山內邊防論二 嚴如熤 9/248
三省山內邊防論三 嚴如熤 9/251
三省山內邊防論四 嚴如熤 9/255
三省山內邊防論五 嚴如熤 9/257
三省山內邊防論六 嚴如熤 9/259
三省山內邊防論七 嚴如熤 9/261
規畫南巴棚民論 嚴如熤 9/263
川陝楚老林情形疏 卓秉恬 9/265
老林說 嚴如熤 9/266
守險分治永靖交山議 趙吉士 9/267
卷八三 兵政一四 海防上
防海 李光坡 9/273
天下沿海形勢錄 陳倫炯 9/273
吳中江海形勢說 郭起元 9/277
海師 顧炎武 9/278
潮州海防圖說 藍鼎元 9/278
外番借地互市 趙翼 9/281
海防總論擬 姜宸英 9/281
日本貢市入寇始末擬稿 姜宸英 9/287
洋防輯要序 嚴如熤 9/292
沿海團練說 嚴如熤 9/294
沿海碉堡說 嚴如熤 9/295
論南洋事宜書 藍鼎元 9/297
論開海禁疏 施琅 9/299
水師條議 徐旭旦 9/301
鳥船志略 張泓 9/302
復福甯鎮周總兵善長書 倪蛻 9/302
籌畫速修戰船疏 高其倬 9/303
操練水師疏 高其倬 9/304
教習水師疏 石雲倬 9/305
福建水師積習疏 毛文銓 9/306
陳兵弁知有懲勸疏 高其倬 9/307
請設浙洋玉環山官兵疏 李衛 9/307
澳門圖說 張甄陶 9/309
論澳門形勢狀 張甄陶 9/312
上廣督論制馭澳夷狀 張甄陶 9/316
廣州大虎山新建礮臺碑銘 阮元 9/319
南澳氣 陳倫炯 9/320
記任昭才 阮元 9/321
卷八四 兵政一五 海防中
臺灣始末偶紀 魯之裕 9/325
靖海侯施琅傳 陶元藻 9/326
平臺紀略總論 藍鼎元 9/327
平定臺灣述略 趙翼 9/329
上福節相論臺事書 鄭光策 9/333
蛤仔難紀略 謝金鑾 9/338
論蛤仔難形勢 謝金鑾 9/341
蛤仔難原始 謝金鑾 9/341
論埔裏社事 姚瑩 9/343
論臺灣要害 趙翼 9/344
臺灣城工可緩議 鄭光策 9/345

籌畫海寇疏 王命岳 9/346
陳臺灣棄留利害疏 施琅 9/348
論臺鎮不可移澎書 藍鼎元 9/349
覆制軍臺疆經理書 藍鼎元 9/350
臺灣保甲責成鄉長書 藍鼎元 9/355
請開臺灣米禁疏 高其倬 9/356
請開臺民攜眷之禁疏 吴士功 9/357
條陳臺灣事宜狀 沈起元 9/359
治臺灣私議 沈起元 9/362
條陳閩省利害疏 范承謨 9/366
臺灣班兵議上觀鎮軍 姚瑩 9/367
覆趙制軍言臺灣兵事書 姚瑩 9/370

卷八五 兵政一六 海防下

防海 惠士奇 9/375
防海 沈德潜 9/376
海防集覽序 褚華 9/377
海寇策 周之夔 9/378
論海洋弭捕盗賊書 藍鼎元 9/379
論鎮守南澳事宜書 藍鼎元 9/383
稽海船以清盗源疏 李治運 9/389
上成僉事論昌化海防 陶元湻 9/389
籌辦洋匪疏 倭什布 9/389
上李提軍書 周鎬 9/391
答秦觀察問防海事宜 曾鏞 9/392
答温撫軍延訪海事書 陳庚焕 9/394
議海口情形疏 汪志伊 9/395
上百制軍籌辦海匪書 程含章 9/398
請建米艇狀 吴俊 9/408
論明職 周鎬 9/409
書禁海船軍器疏後 陶貞一 9/411
上撫軍論誣盗書 秦瀛 9/411
瀛舟書記序 阮元 9/412
浙江提督總統閩浙水師追封三等壯烈伯謚忠毅李公行狀 王芑孫 9/413

卷八六 兵政一七 蠻防上

湖南苗防録敘 魏源 9/421
土官説 倪蛻 9/422
永昌土司論 劉彬 9/423
籌制滇邊土民疏 蔡毓榮 9/426
論邊省苗蠻事宜書 藍鼎元 9/429
改土歸流疏 鄂爾泰 9/430
雲貴事宜疏 鄂爾泰 9/431
分别流土考成疏 鄂爾泰 9/433
正疆界定流土疏 鄂爾泰 9/435
招撫生苗以安三省疏 鄂爾泰 9/436
覆陳土司綏靖疏 李紱 9/437
陳粵西治邊疏 郭鉷 9/438
備述全粤情實疏 郝浴 9/439
敬陳調劑粵西戎務四策疏 郝浴 9/440

卷八七 兵政一八 蠻防下

滇中兵備要路 孫鵬 9/445
論全滇形勢 劉彬 9/447
滇南通考 王思訓 9/450
入滇陸程考 師範 9/451
論滇程 顧祖禹 9/452
緬事述略 師範 9/454
平定緬甸述略 趙翼 9/457

征緬甸事附論 趙翼 9/464
征緬紀聞自序 王昶 9/465
條陳征緬事宜疏 周於禮 9/465
條陳南征時事上經略傳公 黃桂 9/466
平定兩金川附論 趙翼 9/468
征安南紀略 師範 9/470
請靖遐荒疏 彭肇洙 9/473
卷八八 兵政一九 苗防
坊苗 魏源 9/477
修邊 傅鼐 9/478
練勇 傅鼐 9/479
治苗 傅鼐 9/480
與尹制府論綏理苗疆書 晏斯盛 9/481
陳勦撫古州苗匪疏 鄂爾泰 9/482
陳綏定苗疆方略劄子 楊名時 9/485
答齊總兵書 金鉷 9/486
進勦義寗逆苗條議 楊錫紱 9/488
粵省訓練鄉勇疏 楊錫紱 9/490
乙丙湖貴征苗記 魏源 9/491
湖南按察使贈巡撫傅鼐傳 魏源 9/495
平黎立縣議 何絳 9/501
請禁崖州營將肆虐狀 陶元湻 9/502
議設土舍之患狀 陶元湻 9/505
論平臺灣生番書 藍鼎元 9/506
請除苗弩毒藥疏 高其倬 9/509
陳解弩毒藥方疏 李紱 9/509
議邊疆事宜四款疏 鄂爾泰 9/510
卷八九 兵政二〇 勦匪
平定教匪總論 嚴如熤 10/3
論川楚教匪事宜疏 梁上國 10/6
練鄉勇核軍需疏 張鵬展 10/13
征邪教疏 洪亮吉 10/15
擬征邪教疏 趙希璜 10/17
籌令民築堡禦賊疏 德楞泰 10/19
堅壁清野議 龔景瀚 10/21
練兵修寨四事議 方積 10/27
撫議 龔景瀚 10/29
團練議 方積 10/31
禦賊議 檀萃 10/33
守禦後議 檀萃 10/36
應未堂安民勦匪事宜書後 周錫溥 10/38
與顏侍郎論教匪書 趙希璜 10/40
再論川楚兵事書 趙希璜 10/41
擬平楚萬言策 徐旭旦 10/44
卷九〇 刑政一 刑論
案刑家 汪縉 10/55
五刑辨 黃中堅 10/57
刑部題名記 徐乾學 10/57
刑書纂要序 張玉書 10/58
刑論 施朝幹 10/59
書唐律後 王友亮 10/60
張湯杜周論 任源祥 10/61
書蘇文公議法後 魏世傚 10/62
杵米說 魏世傚 10/63
赦罪論 汪价 10/63
荒政不弛刑論 顧棟高 10/65
請免濫禁慎引律疏 張廷玉 10/66
周康王廟記 黃中堅 10/67
卷九一 刑政二 律例上
律意律心說 姚文然 10/71

唐律疏義 10/72
修律自愧文 徐宏先 10/73
讀律辯訛序 趙俞 10/74
荅金震方先生問律例書 袁枚 10/75
詳定刑律疏 張朝珍 10/76
引用律例疏 徐旭齡 10/77
刑名八字義序 王明德 10/78
刑名十六字義 潘杓燦 10/84
問擬餘論 黃六鴻 10/86

卷九二 刑政三 律例下

復讎議 汪琬 10/91
理刑爰書 蕭震 10/92
原免出繼緣坐議 姚文然 10/93
犯罪自首說 姚文然 10/94
論自首之例 汪輝祖 10/95
陳刑名例案六條疏 初彭齡 10/96
請免罪人及孥疏 王命岳 10/100
請免妻孥流徙疏 張朝珍 10/101
請寬罪臣送門疏 姚文然 10/101
請寬妖言禁誣告疏 曹一士 10/102
請復盜案半獲舊例疏 姚文然 10/103
殺賊無抵命法論 錢維城 10/105
申明事主盜賊殺傷例案疏 竇光鼐 10/107
竊盜照律發落不盡處死說 趙俞 10/109
議捉姦致傷尊長勿論奏 秦蕙田 10/110
請詳議旌表之例疏 紀昀 10/111
捕姦議 余廷燦 10/111
陳斗殺父妄辨 錢維城 10/112
審辦獨子承祧兩房各娶妻議 闕名 10/113
審辦雇工毆傷舊家長議 闕名 10/115
請停籍沒窩逃之令疏 魏琯 10/116
請革投充疏 劉餘祐 10/117
私鑄案犯分別定擬奏 秦蕙田 10/118
記右司事 王友亮 10/119
秋審班簽商二事 王友亮 10/119
盜伐官柳誤刺字述 姚文然 10/120
除養蠱示 金鉷 10/121

卷九三 刑政四 治獄上

理刑存稟自序 黎士宏 10/127
洗冤錄合刻序 蕭震 10/127
甘州治獄偶記 黎士宏 10/129
請復差恤刑之官疏 陸祚蕃 10/129
慎刑七條疏 龔鼎孳 10/130
申明三法司舊例 魏琯 10/133
清理庶獄五條疏 衛周祚 10/134
請停部駁以省繁擾疏 高爾修 10/135
嚴批駁以清積案疏 武攀龍 10/136
緩徵寬刑疏 趙進美 10/137
清獄省刑疏 周清原 10/138
問刑詳慎疏 朱訓詺 10/140
請刑獄慎初招疏 朱裴 10/141
請飭巡道清查訟案疏 陳宏謀 10/143
請禁原官會審覆審疏 吳綬紹 10/144
請停初供報部共毆餘人免解疏 秦蕙田 10/145

嚴飭諱盜累民疏 李之芳 10/146
請嚴定承審命案處分疏 李光地 10/147
請省釋難民疏 馬履泰 10/148
與安溪李相國論虧空獄書 方苞 10/149
與周侍御論禁州縣私罰書 杭世駿 10/150
卷九四 刑政五 治獄下
慎獄芻言 李漁 10/155
祥刑末議 李漁 10/165
省刑 唐甄 10/169
論命案 汪輝祖 10/170
論盜案 汪輝祖 10/171
讞獄 王士俊 10/173
山東臬司條議四事 宋犖 10/174
治劫盜議 鄭振圖 10/177
強盜破財說 姚文然 10/178
治獄四條 李上楨 10/180
咨稟牌票存薄說 姚文然 10/180
與秦小峴廉使書 吳騫 10/181
卷九五 工政一 土木
因災請緩興作疏 周曾發 10/185
陳採木三弊疏 姚文然 10/185
採運川木五難狀 何源濬 10/187
請免採梔木狀 闕名 10/188
條陳採運川木疏 王騭 10/188
疏通舊路檄 盧崇峻 10/190
上張撫軍論修棧道書 喬光烈 10/191
京口建浮橋議 汪中 10/192
靈川縣甘棠渡浮橋碑記 陳元龍 10/192
城陵磯義渡記 錢澧 10/193
重修阜林昌文橋碑記 周拱辰 10/194
再勘亭口橋堤啟 喬光烈 10/195
杭州治火議 毛奇齡 10/196
卷九六 工政二 河防一
全河備考 葉方恒 10/203
論賈讓治河奏 靳輔 10/210
論賈魯治河 靳輔 10/212
賈讓治河論 夏駰 10/212
賈讓治河論二 夏駰 10/214
禹貢錐指論河 胡渭 10/216
請開減河入大清河疏 孫嘉淦 10/225
禹厮二渠考 孫星衍 10/228
卷九七 工政三 河防二
治河論 裘曰修 10/233
治河策上 裘曰修 10/235
治河策下 裘曰修 10/237
治淮論 裘曰修 10/239
治河淮策 魯之裕 10/240
治河說 徐乾學 10/242
淮水考 郭起元 10/243
治河策上 朱澤澐 10/245
治河策下 朱澤澐 10/248
籌蘭陽三堡改隄開河疏 阿桂 10/250
籌改河善後事宜疏 阿桂 10/252
擬改河由六塘河歸海疏 戴均元 10/254
勘辦海口淤沙情形疏 吳璥 10/256
海口無庸改由二套疏 李世傑 10/258

論黃河不宜改道書 陳文述 10/260
黃河南趨議上鐵制軍 劉台斗 10/262
籌挽河歸海情形疏 徐端 10/264
請改河避淤掣溜疏 張井 10/266
安東改河議 張井 10/269
卷九八 工政四 河防三
河防述言 張靄生 10/275
防河事宜疏 靳輔 10/296
治河要論 靳輔 10/301
治河餘論 靳輔 10/309
卷九九 工政五 河防四
治淮黃通海口疏 慕天顔 10/323
議覆緩挑引河疏 稽曾筠 10/326
請開青龍岡引河疏 稽曾筠 10/328
查辦豫省泉源河道疏 李宏 10/328
河淮全勢疏 晏斯盛 10/330
開清口濬下河疏 都隆額 10/333
通籌湖河情形疏 吳璥 10/335
部議運河徒挑無益疏 慶桂 10/336
覆奏黃河治淤情形疏 吳璥 10/337
勘海口籌全河疏 百齡 10/339
論河工與諸大臣書 百齡 10/343
極陳借黃濟運之弊疏 百齡 10/346
治黃治清四條疏 百齡 10/348
請防要工固湖隄疏 莫瞻菉 10/352
議海口建長隄狀 黎世序 10/352
查勘海口束刷通暢疏 百齡 10/356
卷一〇〇 工政六 河防五
籌河工全局利病疏 陳世倌 10/361
建虎山腰減壩疏 黎世序 10/366
黃河北岸減壩疏 黎世序 10/369
議覆減壩堰工疏 10/371
籌疏治河身事宜疏 張井 10/374
豫境河道難建減水壩疏 阿桂 10/376
河防說 莊亨陽 10/378
論黃淮要領 張鵬翮 10/380
論治清口一 張鵬翮 10/381
論治清口二 張鵬翮 10/382
論塞六壩 張鵬翮 10/384
論歸仁堤 張鵬翮 10/385
籌全河治清口疏 鐵保 10/386
固高堰守五壩疏 莫瞻菉 10/388
請辦高堰碎石坦坡疏 吳璥 10/390
請辦高堰碎石坦坡疏 徐寅亮 10/391
清口大挑無益疏 吳璥 10/393
高堰另建五壩說 陳文述 10/394
河口築隄設牐說 陳文述 10/396
宿遷駱馬湖壩說 張伯行 10/397
卷一〇一 工政七 河防六
治河要語 丁愷曾 10/401
治河雜論 張伯行 10/415
治河工程 靳輔 10/417
卷一〇二 工政八 河防七
論治河優劣 包世臣 10/431
論逢灣取直 張鵬翮 10/432
對壩逼溜說 包世臣 10/434
說壩 包世臣 10/435
急溺瑣言 魯之裕 10/436
陳碎石有益無弊疏 吳璥 10/439
覆奏碎石坦坡情形疏 黎世序 10/441
黃河兩岸難修石工疏 張鵬翮 10/445

辨爬沙船轉水墩之誤 包世臣 10/445
呂宋疏濬海口法 謝占壬 10/447
放淤事宜七則 陳宏謀 10/448
治河挑淺議 徐旭旦 10/451
河復故道須在冬令疏 吳璥 10/452
緩堵郭工借清刷淤疏 戴均元 10/454
卷一〇三 工政九 河防八
河防志畧 張鵬翮 10/457
敬陳治河條例疏 張鵬翮 10/459
合龍閉氣說 嵇曾筠 10/461
石工說 嵇曾筠 10/462
覆奏河工諸弊疏 黎世序 10/464
請工料照時價實銷疏 戴均元 10/466
嚴核河工經費疏 10/467
派民種柳有損無益疏 吳璥 10/468
清理葦蕩以濟工需疏 百齡 10/470
議州縣河員分辦工料疏 田文鏡 10/473
嚴釐河工積弊檄 賈漢復 10/474
河工夫食料價議 紀元 10/475
復張觀察論工料書 呂星垣 10/477
河源圖說 吳省蘭 10/478
請修河渠志狀 陸燿 10/483
卷一〇四 工政一〇 運河上
覆奏江南運河情形疏 蘭第錫 10/487
練湖考 盛符升 10/489
請修練湖閘隄啟 黎世序 10/491
練湖善後章程啟 黎世序 10/494
漕船由丹徒閘出江疏 陶澍 10/497
論丹徒新河避淤濟運書 陶澍 10/498
丹徒橫閘改建議 陸獻 10/499
書總河齊公覆奏淮揚運河剳子箋 李紱 10/500
濬隋河故道通漕議 周篆 10/502
邳宿運河宜增二閘疏 阮元 10/507
塞運口說 張伯行 10/509
防河保運議 10/510
保運說 10/512
運河灣曲說 10/513
請濬泉渠狀 陸燿 10/513
請停設安山湖水櫃疏 岳濬 10/514
民田侵占水櫃議 鄭元慶 10/515
論微湖蓄水過多書 黎世序 10/516
卷一〇五 工政一一 運河下
漕運小敘 顧棟高 10/521
論引沁入衛之患 陸燿 10/522
運河源委 張伯行 10/524
運河總論 張伯行 10/525
袁口閘啓閉議 張伯行 10/527
戴村壩議 張伯行 10/527
由濟甯至汶河衛河記 朱澤澐 10/530
啓閉閘座說 蔡方炳 10/531
籌復漳河故道疏 白鐘山 10/531
勘議漳河故道疏 鄂爾泰 10/533
漳河無庸復故道疏 孫嘉淦 10/534
議復漳河洩漲疏 顧琮 10/536
漳衛合流說 朱雲錦 10/537
天津運河疏 陳宏謀 10/539
南運河修防條議 陳宏謀 10/542
南運河放淤記 陳宏謀 10/545

南運河西岸不宜隄說 陳宏謀 10/546
籌洩衛河漲水疏 岳濬 10/547
卷一〇六 工政一二 水利通論
論水利 顧炎武 11/3
論水利 胡渭 11/5
論溝洫 陸世儀 11/7
五省溝洫圖則四說 沈夢蘭 11/8
與李覺庵論圩田書 方苞 11/11
修水利 楊景仁 11/12
飭查江北水利檄 晏斯盛 11/15
復制府議農田水利書 晏斯盛 11/17
請通查興修水利狀 陳宏謀 11/19
請開溝洫疏 湯世昌 11/21
開豫省田溝路溝疏 胡寶泉 11/22
覆奏興濬溝渠疏 方觀承 11/23
邑中水利論 11/24
論開河 陸世儀 11/26
溝洫事宜示 陳宏謀 11/27
水利條規十則 莊有恭 11/29
築隄事宜狀 馬逢皋 11/32
牛犁起土車運狀 陳宏謀 11/35
疏河築隄工程記 汪志伊 11/36
查禁茭蘆佔塞河道示 莊有恭 11/38
卷一〇七 工政一三 直隸水利上
畿輔八府地圖記 陸隴其 11/43
直隸水道圖說 11/46
順天府水道圖說 11/47
直隸河圖說 蔡新 11/49
畿南河渠通論 11/49
畿東河渠通論 11/63
卷一〇八 工政一四 直隸水利中
書徐貞明遺事 趙一清 11/69
西北水利議 許承宣 11/71
畿輔治水策 王善橚 11/73
京東水利議 陳黄中 11/75
論北直水利書 藍鼎元 11/78
畿輔水利疏 徐越 11/79
敬陳水利救荒疏 柴潮生 11/81
覆黎河帥論北方水利書 程含章 11/86
查勘畿南水利情形疏 朱軾 11/88
畿南請設營田疏 朱軾 11/91
京東水利情形疏 朱軾 11/92
京西水利情形疏 朱軾 11/95
請定考核以專責成疏 朱軾 11/100
磁州計版開閘議 童華 11/101
營田四局工程序 11/102
天河二府積水狀 陳宏謀 11/104
覆奏酌辦水利疏 方觀承 11/105
卷一〇九 工政一五 直隸水利下
邦畿水利集說總論 沈聯芳 11/109
邦畿水利事宜 沈聯芳 11/111
籌消水患疏 孫嘉淦 11/115
大陸澤圖說 王原祁 11/118
復唐河故道議 戈濤 11/119
鉅鹿隄防議 王鼐 11/120
疏各處古河故瀆議 陳儀 11/122
疏消文大二邑積水議 趙一清 11/123
後湖官地議 陳儀 11/124
卷一一〇 工政一六 直隸河工
治河蠡測 陳儀 11/129
直隸河道工程事宜疏

裘曰修 11/133
總陳水患情形疏 程含章 11/135
擇要疏河以紓急患疏 程含章 11/138
永定河要工疏 顧琮 11/141
永定河工疏 高斌 11/142
治永定河說 陳宏謀 11/145
與當事論永定河書 陳宏謀 11/148
與顧用方論治渾河事宜 方苞 11/149
漳河源流考 賀應旌 11/151
漳河分流疏 李光地 11/153
論漳河不宜築堤書 程含章 11/154
卷一一一 工政一七 江蘇水利上
江蘇水道圖說 11/159
濬渠塘以備旱潦疏 許承宣 11/160
敷奏江南水利疏 鄂爾泰 11/162
開秦淮通丹陽河議 程京萼 11/164
三吳水利贅言 錢泳 11/166
論水勢堈身 錢中諧 11/169
毗陵水利議 邵長蘅 11/171
論五堰 錢中諧 11/173
治河附論 張伯行 11/176
請廣淮北水利疏 顧琮 11/176
海州請築圩岸疏 胡蛟齡 11/178
覆奏淮海築圩情形疏 高斌 11/179
新開海州甲子河碑 唐仲冕 11/181
卷一一二 工政一八 江蘇水利中
淮揚水利考序 計東 11/185
論治下河一 張鵬翮 11/185
論治下河二 張鵬翮 11/187
揚州水利論 11/189
運河上下游議 史奭 11/191
大挑運河疏 徐越 11/193
沿海閘河議 11/193
下河末議 徐旭旦 11/195
敬籌淮揚水患疏 王明德 11/196
籌湖河來源去路疏 高斌 11/198
籌上河歸江事宜疏 嵇璜 11/199
籌湖水歸江別開鹽河疏 嵇璜 11/201
籌疏堵下河來源疏 白鐘山 11/202
籌辦下河水利疏 高晉 11/204
廣湖水歸江諸路疏 劉統勳 11/206
覆奏湖河高下情形疏 高晉 11/207
洩湖入江議 葉機 11/208
重濬射陽湖議 王永吉 11/211
上總漕徐公開凋河書 馮景 11/215
荅友人問治下河 閻若璩 11/217
答孫屺瞻開海口治下河 湯斌 11/218
翰林侍讀喬君墓志 潘耒 11/220
卷一一三 工政一九 江蘇水利下
三吳水利略 徐旭旦 11/225
三江水利萃言自序 俞蘭臺 11/226
論太湖三江五堰 錢中諧 11/228
籌濬三江水利疏 王國寶 11/230
奏濬三江水利疏 莊有恭 11/231
疏河救荒議 慕天顏 11/233
再陳吳淞江應濬條議 張宸 11/234
議濬吳淞江書 張世友 11/236
論吳淞江 錢中諧 11/238
婁江水利考 沈德潛 11/241
上魏中丞議濬劉河書 張作楠 11/242
開白茆議 陶貞一 11/246

濬白茆記 蔣伊 11/247
開白茆議 王應奎 11/249
書昭文東鄉築壩濬河議 陶貞一 11/251
論去白茆舊壩說 吳卓信 11/252
去劉河七浦新閘議 沈起元 11/253
濬吳淞江建閘議 張宸 11/255
劉河建大閘記 黃與堅 11/259
開濬白茆修閘疏 慕天顔 11/260
上陳中丞吳淞閘善後議 曹一士 11/261
元和永利議 沈德潛 11/265
常熟水利說 陶貞一 11/269
滬誠水利考 褚華 11/271
開肇嘉濱議 曹一士 11/273
卷一一四 工政二〇 各省水利一
陝西水道圖說 11/277
陝甘資政錄諸水總序 戴祖啟 11/278
涇渠志論 王太岳 11/279
涇渠志後序 王太岳 11/282
修理鄭白渠石隄檄 陳宏謀 11/285
漢中修渠說 嚴如熤 11/286
漢中水利說 嚴如熤 11/288
寶雞縣惠民渠記 喬光烈 11/289
丹河難濬疏 史詒直 11/290
汾渭通船并募水手疏 鄂海 11/291
甘肅水道圖說 11/292
上汪稼門方伯論渠工書 周錫溥 11/294
上巡撫言渠務狀 王全臣 11/297
飭修渠道以廣水利檄 陳宏謀 11/303
惠農渠碑記 通智 11/305
茹公渠記 梁份 11/306
卷一一五 工政二一 各省水利二
河南水道圖說 11/311
田渠說 朱雲錦 11/312
賈魯河說 朱雲錦 11/313
衢州知府楊公傳 楊椿 11/314
中州水利疏 碩色 11/317
鞏縣水利議 魯之裕 11/319
覆詳鞏縣水利狀 魯之裕 11/320
漳河天平閘故渠圖說 趙希璜 11/322
淮沁水利議 張伯行 11/323
山東水道圖說 11/325
再濬小清議 張鵬 11/327
濬膠河疏 陳世琯 11/331
禹城縣西鄉韓家砦小簡河溝記 韓錫胙 11/332
山西水道图說 11/333
蒲州府復涑姚二渠記 胡天游 11/334
东湖記 储方慶 11/335
卷一一六 工政二二 各省水利三
安徽水道图說 11/339
治淮上游論 吴其濬 11/340
鳳臺縣溝洫志 李兆洛 11/341
懷遠水利志 李兆洛 11/342
復高太守詢六安州水利書 杨友敬 11/346
圩田圖記 韓夢周 11/348
開黑河議 韓夢周 11/349
書焦岡湖考後 李兆洛 11/352
新修皇興圩堤碑記 李本樟 11/353

江西水道圖說 11/354
江西水道考 11/355
重修豫章溝議 張九鉞 11/361
重修李渠記 李芳春 11/364
新城縣重修蛇師陂記 孔鼎 11/365
黃源陂分水碑 高擢 11/366
浙江水道圖說 11/367
兩浙水利詳考 11/368
杭嘉湖三府水道總說 11/375
詳陳浙江水利情形疏 黃叔琳 11/377
上塘河工議 陳芳生 11/380
論平湖虹橋蝘書 吳鶱 11/382
西湖去葑詳文 王鈞 11/383
紹興三江閘考 韓振 11/384
湖州碧浪湖各漊瀆要害說 淩廷堪 11/385
杭湖蘇松源流異派同歸說 淩廷堪 11/387
福建水道圖說 11/389
卷一一七 工政二三 各省水利四
湖北水道圖說 11/395
湖北水利論 11/396
籌辦湖北水利疏 汪志伊 11/399
請疏通江漢水利疏 張漢 11/403
江陵隄防議 胡在恪 11/405
查禁私垸灘地疏 彭樹葵 11/407
荊州窖金洲考 阮元 11/409
湖南水道圖說 11/409
湖南水利論 11/411
九江考 夏大觀 11/414
湘水記 王文清 11/416
查勘濱湖隄垸情形疏 楊錫紱 11/418
湖田占水疏 馬慧裕 11/419
請濬長沙北門舊河疏 王國棟 11/421
勘估長沙月河檄 陳宏謀 11/422
四川水道圖說 11/423
灌堰水利考 11/424
重修通濟堰碑文 黃廷桂 11/426
濬成都金水河議 項誠 11/428
灌口江堰記 盧翊 11/430
卷一一八 工政二四 各省水利五
雲南水道圖說 11/435
西藏水道圖說 11/436
修濬滇省海口六河疏 鄂爾泰 11/438
興修滇省水利疏 鄂爾泰 11/440
治㴩苴河議 王師周 11/443
入滇江路論 平範 11/444
雲南三江水道考 張機南 11/447
開金沙江議上 師範 11/449
開金沙江議下 師範 11/451
與徐心田論黑水書 程同文 11/452
三黑水攷 張邦伸 11/454
黑水考 陶澍 11/455
貴州水道圖說 11/457
黔中水道記 晏斯盛 11/458
陡河海陽隄記 耿麟奇 11/463
海陽南涵碑記 陶元藻 11/464
廣西水道圖說 11/465
粵西三江源流考 高輯 11/466
廣東水道圖說 11/467
卷一一九 工政二五 各省水利六
盛京圖說 11/471

奉天府圖說 11/471
吉林水道圖說 11/473
黑龍江圖說 11/477
西寗青海圖說 11/479
伊犂水道圖說 11/482
卷一二〇 工政二六 海塘
與巡撫范承謨論修塘書 柴紹炳 11/487
海寗塘工說 11/488
海寗縣海潮議一 陳詵 11/490
寗鹽二邑修塘議 陳訏 11/496
海寗縣海塘議 范驪 11/499
海塘策 陸奎勳 11/500
會籌海塘情形疏 海望 11/501
擬海塘疏 曾鏞 11/503
與大學士兼管浙江巡撫稽公書 李紱 11/505
致杭嘉湖道李坦書 阮元 11/508
上蔣相國常昭不宜築塘書 張大受 11/508
通飭海塘禦浪檄 陳宏謀 11/510
石塘添用筍蕭疏 尹繼善 11/511
請石塘外增築土塘疏 趙宏恩 11/512

皇朝經世文編補一百二十卷

卷一 學術一 原學
聖賢爲萬世生民而發論 王宏撰 12/275
代擬重修盩厔縣尊經閣記 董詔 12/279
曾子學成在顔子卒後 岳震川 12/283
創建先賢魏國公卜夫子祠堂碑記 劉蔭樞 12/285
孟氏功不在禹下論 雷子霖 12/289
書虞潤軒司馬跋岳中翰孟子文說序後 董詔 12/293
孟子文說敘 康濬 12/295
戰國策去毒跋 陸隴其 12/299
戰國策論 張琛 12/301
重修廣川伯董子墓祠記 康乃心 12/303
漢隋二子述序 王宏撰 12/307
諸葛忠武侯宜祀瞽宗論 王宏撰 12/309
法言序 王宏撰 12/311
中說序 王宏撰 12/313
重刊張横渠先生全書序 王巡泰 12/315
華下朱子祠記 李中孚 12/319
朱子晚年之悔論 王宏撰 12/323
劉文靖公從祀論 王宏撰 12/327
王零川先生墓表 張佑 12/331
創建王零川先生祠暨置祭田記 王松年 12/337
善利圖跋 王建常 12/341
學術解 周元鼎 12/343
答惠少靈 李中孚 12/347
贈楊振公進士序 王宏撰 12/349
與張讓伯書 王宏撰 12/351
壽屈肅卿先生 王宏撰 12/353

卷三 學術三 法語
偶思錄 王吉相 12/535
瓢師贊 王吉相 12/537
座右銘 陳預 12/539
道理說 牛作麟 12/541
聰明有餘說 牛作麟 12/543
毁譽說 牛作麟 12/545
卷四 學術四 廣論
讀金史隱逸傳 陸隴其 13/105
石隱楊先生傳 曹玉珂 13/107
賀閻牛叟先生壽序 王宏撰 13/113
白水雜咏題辭 楊于果 13/117
李槐堂傳 吴鎮 13/119
處士王鈞順傳 吴鎮 13/123
孫韋西先生傳 潘挹奎 13/127
卷五 學術五 文學
易傳鈔序 王宏撰 13/247
讀儀禮 劉紹攽 13/249
四書心解序 王吉相 13/251
四書心解序 路德 13/255
中庸總論 王吉相 13/261
二孟總論 王吉相 13/265
卷六 學術六 師友
祭魏環溪尚書文 陸隴其 13/337
與立凡書 楊于果 13/343
張徵君柏亭先生教澤碑記 楊于果 13/347
乾州訓導環谷緱先生墓表 張井 13/349
讀景諶傳 岳震川 13/353
座師門生辯 康乃心 13/357
晏平仲論 馬國翰 13/361
寄裕魯珊同年 俞德淵 13/365
華山記 董詔 13/369
禹穴記 董詔 13/373
遊釣臺記 董詔 13/375
嵯峨山記 劉紹攽 13/379
卷七 治體一 原治上
擬言風俗書 管同 13/473
卷九 治體三 政本上
聖學 李因篤 14/175
書漢元帝賜東平王宇傳相詔書後 岳震川 14/189
體論 李楷 14/191
鏡論 李楷 14/195
準論 李楷 14/199
舟論 李楷 14/203
辮論 李楷 14/207
開創宏規萬世不拔疏 楊素藴 14/211
實心任事以收乂安疏 楊素藴 14/215
卷一一 治體五 治法上
三代論 周元鼎 14/419
秦置郡縣論 劉紹攽 14/425
卷一三 治體七 用人
達可從政論 胡興仁 15/137
擬蚳鼃諫齊王表 馬國翰 15/139
扃論 李楷 15/145
復房師趙耐孺先生書 陸隴其 15/149
書青蠅詩後 岳震川 15/153
毛遂論 張琛 15/155
鬼谷子論 張琛 15/157
伍子胥論 張洲 15/159
曹孟德論 劉應秋 15/163

明三楊論 張洲 15/167
賊老人傳 周元鼎 15/169
卷一四 治體八 臣職
巢由隨光論 牛作麟 15/281
夏諫大夫關公祠記 楊端本 15/283
四維篇 李楷 15/289
重修漢典屬國蘇公子卿祠記 康乃心 15/293
三義辯 王建常 15/297
關壯繆侯論 王宏撰 15/299
曹子建論 王宏撰 15/303
跋顔魯公東方畫贊碑 董詔 15/305
重刊方正學先生年譜本傳序 牛振聲 15/309
重刊方正學先生年譜本傳序 牛清標 15/315
明方正學先生是字論 牛振聲 15/321
雙忠贊 吳鎮 15/325
義林述 李因篤 15/327
烈士李公贊 劉晟 15/331
石映崑別傳 韓詩 15/333
郝太僕傳 雷士俊 15/337
華陰李亮傳 韓詩 15/343
殉難訓導杜鳳山碑 吳鎮 15/345
書尚生書唐等稟後 牛振聲 15/347
同年李公盡節論 強克捷 15/353
老安司紀事詩序 路德 15/357
賜謚忠烈滑縣知縣強公墓誌銘 李宗傳 15/363
書強忠烈公遺墨後 林則徐 15/369
書強忠烈公遺墨後 張日章 15/371
跋強忠烈公遺墨記後 陳仲良 15/373
讀明史青文勝列傳 岳震川 15/375
殉秦諸烈傳 李楷 15/377
劾藩臣擬用朝官疏 楊素蘊 15/381
改建昭忠祠記 葉世倬 15/385
箕子封朝鮮論 牛作麟 15/389
王右軍論 張琛 15/391
王樸論 張洲 15/395
侯朝宗責于忠肅論 王宏撰 15/399
太史公劉調玉傳 劉應秋 15/405
卷一九 吏政五 考察
東魏吏部僞假人官 岳震川 16/389
虎貓專職 岳震川 16/391
卷二〇 吏政六 大吏
衡論 李楷 16/517
六官篇 李楷 16/521
砥論 李楷 16/525
陝西布政使題名碑記 牛鑑 16/529
札各屬 俞德淵 16/533
致潘太守 俞德淵 16/539
大名浙閩總督宜復宜併疏 楊素蘊 16/543
卷二一 吏政七 守令上
翁養齋教子圖跋 陸隴其 17/131
雷園記 康乃心 17/133
贈兵憲荊峴湯公序 王宏撰 17/137
送湯荊峴兵憲序 王宏撰 17/141
金公祠記 劉應秋 17/145
函東楊公墓誌銘 王士正 17/149
李公祀記 劉應秋 17/155
送張子德潤謁選序 孫景烈 17/159
臨安府知府張君墓誌銘 王杰 17/163

送淡仰山之官靈臺序
岳震川 17/167
送葉建菴入都序 岳震川 17/171
送李勁香謁銓序 岳震川 17/175
答葉健菴司馬書 岳震川 17/179
送馬庶常疏歸里序 潘把奎 17/183
父母斯民說 胡興仁 17/187
述廷訓記 張琛 17/191
潘氏先見 張琛 17/193
理財用人說 李懷庚 17/195
壬辰寄京家書 牛作麟 17/199
居官教言 牛作麟 17/201
博侯異瑞記 楊端本 17/205
與周林石 楊端本 17/207
岐麥銘 路德 17/209
署安康縣知縣事張義文先生六十壽序 張鵬飛 17/213
署興安府知府王杏農先生壽序
張鵬飛 17/219
野語 王宏撰 17/225
卷二二 吏政八 守令中
荊州育嬰堂記 楊于果 17/357
募修育嬰堂疏 路德 17/361
創建懋功屯養濟院記
強望泰 17/363
棲流所小序 強望泰 17/365
酌改施藥事宜示 俞德淵 17/367
山西祁縣知縣王公墓誌銘
楊端本 17/369
卷二三 吏政九 守令下
上春浦夫子書 胡興仁 17/507
漳浦械鬥禀 胡興仁 17/513
上寶節相 胡興仁 17/517
上琦節相 胡興仁 17/521
川陝互爭示 胡興仁 17/527
治蜀說 胡興仁 17/533
答李中丞書 胡興仁 17/537
卷二八 戶政三 養民
葭州地利議 張琛 18/381
封鍾方伯濟南風土利弊問
馬國翰 18/385
卷二九 戶政四 賦役一
讀金史食貨志 陸隴其 18/535
延安丁糧積困奏請減免疏
楊素蘊 18/537
卷三〇 戶政五 賦役二
國朝征地不征丁 張琛 19/101
歷代役稅說 張琛 19/103
邑侯王公編審碑記 李建 19/105
卷三二 戶政七 賦役四
請革銷算剔蠹紓困疏
楊素蘊 19/301
裁革潼關額外站馬牛車碑記
徐鸞 19/307
謝村鎮免雜碑記 岳震川 19/311
卷三七 戶政一二 農政中
延安織紡議 王宏撰 20/277
豳風廣義序 帥念祖 20/281
蠶桑須知序 葉世倬 20/283
再示興郡紳民急宜樹桑養蠶示
葉世倬 20/285
王春林教養山蠶 張琛 20/287
布帛交易說 張琛 20/289
卷三八 戶政一三 農政下
重脩懋功屯利民渠記
強望泰 20/365

葭州宜鑿井記 張琛 20/369
卷四〇 戶政一五 倉儲下
社倉論 岳震川 21/123
社倉示 牛樹梅 21/125
卷四一 戶政一六 荒政一
荒政 李因篤 21/255
再上稼門先生啟 楊于果 21/267
卷四二 戶政一七 荒政二
剴切勸捐示 韓履寵 21/329
捐賑錄序 韓履寵 21/333
捐賑辦竣通詳餘銀脩橋狀
韓履寵 21/337
查囤戶議 胡興仁 21/341
卷四四 戶政一九 荒政四
周官荒政論 劉紹攽 21/443
卷四五 戶政二〇 荒政五
重脩裴晉公祠記 牛鑑 21/527
溉論 李楷 21/533
重脩五嶽廟記 王宏撰 21/537
與陳郡丞書 楊于果 21/541
斗山奉真泉記 高建瓴 21/547
太白山禱雨文 鮑珊 21/551
祭両當縣城隍廟祈晴文
李懷庚 21/553
卷四六 戶政二一 漕運上
漕運 李因篤 22/125
呈蔣勵堂節相 俞德淵 22/141
卷四八 戶政二三 漕運下
酌擬交兌新運事宜 俞德淵 22/417
酌擬海運未盡事宜 俞德淵 22/423
卷四九 戶政二四 鹽課上
呈賀藕耕師 俞德淵 23/113
復趙菊言方伯 俞德淵 23/119
禁鹽廝質押官件示 俞德淵 23/125
興安府屬引鹽議准改歸地丁部文
23/127
卷五〇 戶政二五 鹽課下
呈賀藕耕師 俞德淵 23/321
諭竈戶 俞德淵 23/325
復陸心蘭方伯 俞德淵 23/333
致前徐州守張丹邨 俞德淵 23/337
禁江船夾帶示 俞德淵 23/343
諭淮商 俞德淵 23/347
卷五三 戶政二八 錢幣下
鈔幣議 王㙉 24/147
錢法 李因篤 24/217
交子會子說 張琛 24/231
光州固始用錢券說 張琛 24/233
禁行用私小錢文示 俞德淵 24/235
卷五五 禮政二 大典上
寄魏環溪總憲 王宏撰 24/517
卷五七 禮政四 學校
車論 李楷 25/225
送督學楊両松先生序
孫景烈 25/229
送督學康伊山先生入都序
岳震川 25/235
興安州捐建文峰書院碑記
劉士夫 25/239
梅峰書院記 王杰 25/245
安康縣興賢學倉志序 路德 25/249
安康縣興復興賢學倉序
高建瓴 25/255
諭江甯府諸生 俞德淵 25/261
劄淮南監掣廳 俞德淵 25/265
甄別孝廉示 俞德淵 25/269

革商州儒學諸生丁憂陋規揭示 孫景烈 25/273
革丁憂起復陋規及祝儀示 牛振聲 25/275
與雲間陸郡博 陸隴其 25/279
月課文武諸生背誦經書論 牛振聲 25/281
丁祭諭諸生 牛振聲 25/285
明倫堂再諭廪生 牛振聲 25/289
卷六〇 禮政七 家教
治家瑣言 牛作麟 26/103
訓子瑣言 牛作麟 26/113
教婦要言 牛作麟 26/117
賢母祠記 康乃心 26/119
賢母祠記 陳世祉 26/125
書關中賢母傳後 徐超 26/129
增脩賢母祠紀畧 魏象樞 26/133
張建瑤廬墓記 吳鎮 26/135
撻虎任四傳 吳鎮 26/137
影戲楊孝子傳 周元鼎 26/139
魁樓阡表 牛振聲 26/143
魁樓阡表跋 李裕堂 26/147
書魁樓阡表後 路德 26/149
郭巨論 馬國翰 26/151
象未必欲必殺舜論 王宏撰 26/155
周公未嘗殺管叔論 王宏撰 26/157
將仲子 岳震川 26/159
叔于田大叔于田 26/160
敦本堂記 董詔 26/163
致和堂序 楊于果 26/167
卷六一 禮政八 昏禮
書張子孔氏三世出妻辯後 王宏撰 26/233
孔門三世出妻辨 馬國翰 26/235
瑞燕堂集序 王宏撰 26/241
路節婦黨氏列傳 康乃心 26/245
改建節孝祠記 葉世倬 26/249
晏貞女詩 路德 26/253
代擬趙烈婦誄 董詔 26/257
咸甯縣節孝祠記 路德 26/261
洋縣益水村薛烈女死賊記 岳震川 26/265
讀南漳胡節婦詩題辭 楊于果 26/267
卷六二 禮政九 喪禮上
喪禮論上 雷士俊 26/397
喪禮論中 雷士俊 26/401
喪禮論下 雷士俊 26/405
卑幼初喪不當受賀議 雷士俊 26/409
卷六三 禮政一〇 喪禮下
與襄城令東峰張公書 李容 26/517
代孝子李中孚致祭襄城城隍文 張允中 26/519
禱襄城縣城隍文 李容 26/521
祭父文 李容 26/521
卷六四 禮政一一 服制上
立後論 王宏撰 27/109
承重論 雷士俊 27/111
卷六五 禮政一二 服制下
復顧徵士亭林書 王建常 27/187
卷六六 禮政一三 祭禮上
祭祀論 王宏撰 27/297
與七弟繼信論祭禮書 劉紹攽 27/299
煙月堂家集序 王宏撰 27/301

與張風林論建始祖祠書 劉紹攽 27/305
與張風林論祠堂書 劉紹攽 27/307
平利趙次泉明府祭田條規序 董詔 27/309
復塋田記 張鵬飛 27/313
卷六八 禮政一五 正俗上
甲申之變論 王宏撰 27/497
題舊唐書 董詔 27/501
修鄜州志序 吳鳴捷 27/503
諭民 楊于果 27/509
城固縣勇烈節孝彙編跋 路德 27/511
請旌表軍興後死難士民婦女詳 葉世倬 27/515
長安豆腐虖沱靈水記 胡興仁 27/519
汪价人思源濟詩草序 張鵬飛 27/521
卷六九 禮政一六 正俗下
代擬建修文昌宮記 董詔 28/157
鬼神篇上 周元鼎 28/161
鬼神篇下 周元鼎 28/165
卷七二 兵政三 屯餉
延安屯田議 王宏撰 28/391
卷七三 兵政四 馬政
重修馬神廟碑記 雷于霖 28/441
卷七六 兵政七 兵法上
洴澼百金方序 袁宮桂 29/173
重刻康濟譜序 張鵬飛 29/179
卷七七 兵政八 兵法下
石硅城南石砦記 張洲 29/295
仵鳳儀請兵紀 康无疾 29/297
石哈卿傳 周元鼎 29/301
宋釋之傳 劉紹攽 29/305
上艾司寇書 楊素蘊 29/309
上冀司空書 楊素蘊 29/311
上楊少司馬書 楊素蘊 29/313
上郝大冢宰書 楊素蘊 29/315
房保水運紀畧序 楊素蘊 29/321
擬臨敵易將摺 胡興仁 29/327
卷七九 兵政一〇 地利下
補興安府建置志 董詔 30/87
西漢漢中郡治西城 岳震川 30/89
興安州升府疏 畢沅 30/91
安康建置考 王森文 30/99
卷八二 兵政一三 山防
潼關連城說 楊端本 30/367
增修中部縣城記 王相業 30/369
萬山茅屋記 楊端本 30/371
陝安鎮總兵三公追勦逆回秦民紀績碑 楊于果 30/375
王媪助錢守城榜辭 楊于果 30/377
健鋭營右翼長巴圖魯富公援漳碑記 楊于果 30/379
衡口堡記 董詔 30/383
白河縣南鄉新修龍泉寨記 董詔 30/387
代擬洵陽縣捌修蜀河石堡記 董詔 30/391
寄曹鞠圃司馬書 岳震川 30/395
答葉健莽太守書 岳震川 30/399
增刻三省邊防備覽序 張鵬飛 30/403
卷八五 兵政一六 海防下
征夷船進口硝磺稅銀議

胡興仁 31/271
會商驅堵夷船稟 胡興仁 31/275
詔俗吸食鴉片辯 胡興仁 31/279
卷八七 兵政一八 蠻防下
請勦辦越嶲廳涼山野夷搶劫稟
魏煜 31/443
卷八九 兵政二〇 勦匪
行營勦賊事宜答秦撫軍
董詔 32/147
沿漢堵禦措置答秦撫軍
董詔 32/159
代溫觀察陳撫勦教匪議
董詔 32/163
募勇士 李昌平 32/171
飭戰守 李昌平 32/175
結寨民 李昌平 32/179
廣糧餉 李昌平 32/183
代游總戎募修關帝廟疏
董詔 32/187
王鎮臺石泉戰功記 岳震川 32/191
卷九四 刑政五 治獄下
特禁添設茶館示 俞德淵 33/85
禁捏控示 俞德淵 33/87
禁機匠匪徒人等聚集滋事示
俞德淵 33/91
禁各役及雜色人等需索示
俞德淵 33/95
禁私押約 馬國翰 33/97
禁賭博示 俞德淵 33/99
卷九五 工政一 土木
浮橋說 張琛 33/157
和濟橋記 馬國翰 33/159
修沙市石駁岸碑記 楊于果 33/161
向士鴻募金修路題辭
楊于果 33/167
重修萬春隄記 葉士倬 33/169
脩懋功屯路記 強望泰 33/173
卷九六 工政二 河防一
漢武塞河論 劉紹攽 33/255
卷九七 工政三 河防二
治河 李因篤 33/381
卷九八 工政四 河防三
河志自序 曹玉珂 33/515
卷一一四 工政二〇 各省水利一
書王芥子涇水志後 安清翘 36/373
修關中水利議 張鵬飛 36/375
修關中水利議跋 路德 36/399
陝安道憲余公復楊填堰城洋三七用
水舊例碑記 岳震川 36/403
城固縣四大堰合脩議
高綏宇 36/407
嚴樂園郡侯五十壽序
岳震川 36/411
千工堰記 張齡 36/415
萬工堰記 劉士夫 36/419
牛公渠碑記 胡鉞 36/425
武功漆水源流利害考
孫景烈 36/429
卷一一七 工政二三 各省水利四
疏分漢水支河說 江開 37/277
擬興水利策 胡興仁 37/281
兩脩都江堰工程紀略序
強望泰 37/285
新建文翁祠記 強望泰 37/295
鑿合州鉅梁虬門二灘記
強望泰 37/301

皇朝經世文續編一百二十卷

卷一 學術一 原學
華下朱子祠記 李中孚 38/299
辨學上 朱琦 38/303
辨學中 朱琦 38/307
辨學下 朱琦 38/311
漢學宋學論 楊士逹 38/315
崇正學 蔣琦齡 38/319
論語說 李元度 38/323
答友人論異教書 李元度 38/329
格物說 李元度 38/335
儀宋堂後記 邵懿辰 38/339
論治 孫鼎臣 38/343
原學 廖連城 38/349
經義治事兩齋論 易甲南 38/353
學論 方濬頤 38/355
卷二 學術二 儒行
士論 黃炎 38/359
勸士條約一 李棠階 38/363
勸士條約二 李棠階 38/371
與高伯平論學案小識 魯一同 38/383
聖哲畫像記 曾國藩 38/391
原才 曾國藩 38/401
五箴 曾國藩 38/403
勸學篇示直隸士子 曾國藩 38/407
卷三 學術三 法語
淵亭日錄 黃炎 38/413
覺生日記三則 毛輝鳳 38/421
約言 舒化民 38/429
與左逸民書 魯一同 38/433
與左君第二書 魯一同 38/439
學經論 艾暢 38/445
原性 李元度 38/449
原性 廖連城 38/453
輶軒語 張之洞 38/457
數論 方濬頤 38/473
畫一論 方濬頤 38/475
察微說 方濬頤 38/477
通蔽說 方濬頤 38/479
卷四 學術四 廣論
明說 艾暢 39/1
病說 龍啟瑞 39/5
與郭筠仙中丞論通志體例書 李元度 39/7
讀書變化氣質說 方濬頤 39/17
卷五 學術五 文學
進學庸註疏奏 謝濟世 39/21
四書心解序 王吉相 39/25
中庸總論 王吉相 39/29
四書心解序 路德 39/33
姚姬傳文錄序 姚諶 39/39
施均父文集序 姚諶 39/43
時藝論 朱克敬 39/47
卷六 學術六 師友
座師門生辯 康乃心 39/51
寄裕魯珊同年 俞德淵 39/53
潘四農手札書後 朱琦 39/55
復曾制軍書 胡林翼 39/57
量交 王柏心 39/59
卷七 治體一 原治上

論課良吏 舒化民 39/61
長治久安疏 張緒楷 39/65
政論 方濬頤 39/69
卷八 治體二 原治下
崇儉尚勤札 賀長齡 39/73
請崇儉疏 倭仁 39/79
導俗 王柏心 39/83
正統論 魯一同 39/85
論治篇一 孫鼎臣 39/89
論治篇二 孫鼎臣 39/95
說治上 俞樾 39/101
說治下 俞樾 39/107
西漢論 廖連城 39/113
防議 方濬頤 39/117
卷九 治體三 政本上
論開言路疏 謝濟世 39/121
重農抑末去奢崇儉劄子 黃炎 39/127
去繁文而修實政札 賀長齡 39/129
條陳時政疏 李棠階 39/131
杜漸防微疏 倭仁 39/139
請固人心以弭天變疏 倭仁 39/141
敬陳治本疏 倭仁 39/145
陳豫省官民情形疏 倭仁 39/151
請修實政疏 倭仁 39/157
原災 管同 39/159
中興策 蔣琦齡 39/161
應詔陳言疏 王凱泰 39/181
請及時防弊疏 王書瑞 39/191
上沈中丞書 陳寶箴 39/201
端本清源疏 李暎 39/215
本論 方濬頤 39/217
卷一〇 治體四 政本下
聖學 李因篤 39/221
實心任事以收又安疏 楊素蘊 39/235
體論 李楷 39/239
請進日講疏 倭仁 39/243
經筵講義二篇 倭仁 39/247
卷一一 治體五 治法上
秦置郡縣論 劉紹攽 39/249
封建郡縣說 俞樾 39/253
封建論 陳起書 39/257
郡縣論 劉沛 39/261
卷一二 治體六 治法下
與魁蔭庭太守言新甯善後事宜書 鄧瑤 39/267
覆潘四農書 魯一同 39/275
與友人書 黃式度 39/283
敬陳管見疏 歐陽雲 39/285
卷一三 治體七 用人
遵旨陳言疏 謝濟世 39/295
應詔言事摺子 陳用光 39/299
上曾相國書 舒化民 39/305
記蠍 管同 39/313
應詔陳言疏 倭仁 39/315
致官秀峰揆帥書 胡林翼 39/319
致兩司書 胡林翼 39/327
復張石卿中丞啟 胡林翼 39/329
敬陳聖德三端預防流弊疏 曾國藩 39/333
應詔陳言疏 曾國藩 39/343
擇吏 王柏心 39/353
變通迴避以重倫紀疏 王文韶 39/357
卷一四 治體八 臣職

老安司紀事詩序 路德 39/361
書強忠烈公遺墨後 林則徐 39/365
重刊方正學先生年譜本傳序 牛振聲 39/367
明方正學先生是字論 牛振聲 39/371
跋強忠烈公遺墨記後 陳仲良 39/375
軍機說帖 李棠階 39/377
與朱幹臣書 管同 39/381
與朱伯韓御史書 王錫振 39/385
李東陽論 李元度 39/389
饒新泉六十序 李元度 39/395
為遵旨酌議摺 烏拉喜崇阿 39/399
卷一五 吏政一 吏論上
與英中丞書 李棠階 39/409
敬陳湖北兵政吏治疏 胡林翼 39/413
直隸清訟事宜十條 曾國藩 39/423
卷一六 吏政二 吏論下
勸誡紳士四條 曾國藩 39/441
卷一七 吏政三 銓選
請道府州縣四項無庸減成疏 閻敬銘 39/445
請整飭吏治疏 周恒祺 39/451
慎用牧令疏 王道墉 39/459
考試月課分別勸懲以清吏治疏 吳元炳 39/463
請飭部變通辨理班次以重正途摺 彭世昌 39/467
請飭議保案疏 郭從矩 39/469
疏通甲班謹擬量爲變通摺 李璠 39/473
遵旨整頓吏治緣由摺 岑毓英 39/479
請擢用優貢疏 官文 39/483
丁憂起服准請分發原省摺 39/487
卷一八 吏政四 官制
勸誡紳士四條 曾國藩 39/493
咨撥教官造冊移送州縣 劉崐 39/497
蘇省設局刊書疏 丁日昌 39/503
卷一九 吏政五 考察
四川吏治營務廢弛已極疏 駱秉章 39/507
勸誡委員四條 曾國藩 39/511
積穀練兵疏 徐申錫 39/515
請嚴責州縣盡心民瘼摺 鄧慶麟 39/521
培養人才摺 文海 39/525
卷二〇 吏政六 大吏
復吳竹如方伯書 舒化民 40/1
上皖撫王清苑中丞書 胡林翼 40/7
書張振之師遺事 李元度 40/13
上曾滌生制府書 劉愚 40/21
上崇樸山制府書 劉愚 40/29
卷二一 吏政七 守令上
書李毓昌傳後 管同 40/39
致廣順但雲湖(明倫)十二則 胡林翼 40/41
卷二二 吏政八 守令中
諭州縣親民札 賀長齡 40/47
整吏治以清政本札 賀長齡 40/53
整飭吏治疏 宋邦僡 40/61
卷二三 吏政九 守令下

州縣宜照例久任以專責成札 賀長齡 40/67
牧令論 方濬頤 40/71
卷二四 吏政一〇 吏胥
籌杜書吏舞弊之源疏 朱鴻 40/75
胥吏論一 魯一同 40/79
胥吏論二 魯一同 40/83
胥吏論三 魯一同 40/87
胥吏論四 魯一同 40/91
胥吏論五 魯一同 40/95
請懲治貪殘吏胥疏 游百川 40/99
請飭嚴禁書差肆擾摺 譚承祖 40/103
卷二五 吏政一一 幕友
幕友通論 姚輿 40/107
卷二六 戶政一 理財上
漕費禁給洋錢摺 林則徐 40/111
陳明湖南辦理釐金照舊章疏 毛鴻賓 40/115
為時事艱難亟應籌備餉需摺 景廉 40/127
請除近日流弊疏 孫翼謀 40/147
籌餉疏 王開運 40/153
擬請明定軍需善後報銷章程摺 張之洞 40/177
卷二七 戶政二 理財下
請禁鹽務河工侈靡錮習疏 賀熙齡 40/183
請免米穀釐金摺 潘霨 40/191
京員津貼擬籌正名之欵開支摺 張之洞 40/195
卷二八 戶政三 養民
代擬廣東省育嬰堂碑記 夏皋 40/203
書李寅庵大令育嬰堂碑記 鄧瑤 40/209
荊州育嬰堂記 楊于果 40/213
育嬰堂記 賀熙齡 40/217
勸諭育嬰堂示 蒯德標 40/221
卷二九 戶政四 賦役一
江蘇陰雨連綿田稻歉收情形摺 林則徐 40/227
卷三〇 戶政五 賦役二
邑侯王公編審碑記 李建 40/239
卷三一 戶政六 賦役三
請飭整頓稅課章程以安商民 鄧慶麟 40/245
卷三二 戶政七 賦役四
核減紹屬浮收錢糧疏 左宗棠 40/247
請查辦虧短各稅疏 朱澄瀾 40/251
請嚴禁浮收漕糧疏 崔穆之 40/255
卷三三 戶政八 賦役五
禁革錢糧積弊札 惲世臨 40/259
卷三四 戶政九 屯墾
論貴州境插花情形啟 胡林翼 40/263
荒產宜設法杜弊疏 朱澄瀾 40/275
晉省瘠瘓難復臚陳目前切要事宜摺 曾國荃 40/279
請查荒地議 劉汝璆 40/287
上左季高中丞論清糧開荒書 劉汝璆 40/291
卷三五 戶政一〇 八旗生計
旗戶分居議 李祖陶 40/303
請籌費移屯兼舒國用疏

沈桂芬 40/311
維持根本疏 杜瑞聯 40/319
卷三六 戶政一一 農政上
土田論 鄒漢勛 40/325
卷三七 戶政一二 農政中
豳風廣義序 帥念祖 40/327
蠶桑須知序 葉世倬 40/329
勸民蠶桑詩說序 管同 40/331
奏試辦蠶桑漸著成效摺
涂宗瀛 40/335
種桑議 劉汝璆 40/339
卷三八 戶政一三 農政下
重修懋功屯利民渠記
強望泰 40/341
葭州宜鑿井記 張琛 40/345
金衢嚴三府疏濬堰壩陂塘并設立筒車 劉汝璆 40/349
卷三九 戶政一四 倉儲上
各省常平倉穀乘時買補請除積弊疏
朱應元 40/353
道府稟擬廣仁倉各條批
胡林翼 40/357
請京師辦積穀片 沈葆楨 40/361
各省倉穀亟宜整頓摺
崔穆之 40/363
卷四〇 戶政一五 倉儲下
擬籌積貯書 管同 40/367
積穀章程 魁聯 40/373
重建長沙府倉記 涂宗瀛 40/377
飭屬勸辦積穀備荒札
惲世臨 40/381
籌鄉社倉米議 劉汝璆 40/387
勸成都省城內商民積穀示
王廷植 40/389
卷四一 戶政一六 荒政一
荒政 李因篤 40/397
論令廢員修興水利摺子
陳用光 40/409
論營田水利摺子 陳用光 40/413
覆奏查辦災賑情形摺
林則徐 40/419
與吳方伯書 舒化民 40/429
備荒議 陳庭經 40/433
荒政全策 彭世昌 40/441
請飭資遣飢民歸耕並酌給籽種摺
田翰墀 40/481
卷四二 戶政一七 荒政二
酌籌平糶量撫極貧摺
林則徐 40/483
直隸辦賑疏 崇厚 40/487
請籌費賑濟疏 彭祖賢 40/493
應詔陳言 寶廷 40/499
卷四三 戶政一八 荒政三
復夏幹園先生兗沂濟賑災
趙廷愷 41/1
卷四四 戶政一九 荒政四
書張武昌救荒事 楊士達 41/15
卷四五 戶政二〇 荒政五
與尚邑侯論收蝗蝻書 鄧瑤 41/19
附錄收捕蝗蝻章程 鄧瑤 41/21
卷四六 戶政二一 漕運上
籌畫漕務摺 林則徐 41/27
革除漕務積獘並減定漕章密疏
胡林翼 41/51
陳漕務章程辦有成效疏
胡林翼 41/57

江省新漕仍難改徵本色摺 沈葆楨 41/71
卷四七 戶政二二 漕運中
漕運 李因篤 41/75
嚴禁旗丁刁難示 賀長齡 41/91
漕糧開屯議 李祖陶 41/95
復吳仲仙漕帥 曾國藩 41/101
卷四八 戶政二三 漕運下
會議海運交米摺 曾國藩 41/103
預籌河運摺 胡家玉 41/109
漕項無從劃撥海運難以議分覆陳疏 沈葆楨 41/111
借黃濟運徒耗經費擬請暫行海運摺 沈葆楨 41/119
卷四九 戶政二四 鹽課上
整頓鹺務摺 林則徐 41/123
疏通鹽引疏 賀熙齡 41/137
鹽不設官議 李祖陶 41/143
採買淮鹽濟食分岸納課濟餉摺 駱秉章 41/149
截停淮北餉鹽設法整理以復舊制摺 曾國藩 41/157
兩淮鹽價仍難議增摺 沈葆楨 41/165
收回淮南引地應遵部議迅速舉行摺 沈葆楨 41/171
淮商遵完川鄂餉銀懇立限收復楚岸摺 沈葆楨 41/181
請整頓鹽法疏 劉毓楠 41/189
變通鹽法疏 戈靖 41/197
復程晴峯中丞 王贈芳 41/213
兩淮鹽法議上 方濬頤 41/217
兩淮鹽法議中 方濬頤 41/225
兩淮鹽法議下 方濬頤 41/231
清鹽務以裕餉源疏 桂霖 41/237
卷五〇 戶政二五 鹽課下
駁長蘆鹽價改用銀椿疏 賀熙齡 41/241
呈賀耦庚師 俞德淵 41/251
上賀耦耕庚制府書 俞德淵 41/257
呈賀耦庚師 俞德淵 41/261
復趙菊言方伯 俞德淵 41/267
復陸心蘭方伯 俞德淵 41/273
論淮商 俞德淵 41/277
致前徐州守張丹邨 俞德淵 41/281
與王御史論淮鹽第一書 楊士達 41/287
與王御史論淮鹽第二書 楊士達 41/293
奏陳楚省鹽法乞酌撥引張疏 胡林翼 41/297
楚岸鹽引淮川分界行銷摺 曾國藩 41/301
整頓淮南鹽務疏 曾國藩 41/307
請收回淮南引地疏 曾國藩 41/313
條陳長蘆鹽務摺 曾國藩 41/319
整理淮北票鹽疏 曾國藩 41/339
與劉星房都轉書 曾國藩 41/345
奏擬請仍照前奏飭部鑄頒關防摺 丁寶楨 41/353
晉省官鹽滯銷私鹽充斥照舊章程歸官運摺 鄧慶麟 41/357
卷五一 戶政二六 榷酤
關稅說 姚輿 41/361
奏定崇文門稅務章程摺 41/363
卷五二 戶政二七 錢幣上

新纂雲南銅政全書凡例 王昶 41/375
復程晴峯中丞 王贈芳 41/385
上王夔石中丞論採礦金書 陳寶箴 41/389
卷五三 戶政二八 錢幣下
錢法 李因篤 41/399
鈔幣議 王鎏 41/413
卷五四 禮政一 禮論
書儀禮釋官後 曾國藩 41/483
卷五五 禮政二 大典上
遵儀大禮疏 曾國藩 41/487
奏定文廟祀典記 俞樾 41/495
文廟祀典議 俞樾 41/499
孔忠移祀崇聖祠議 俞樾 41/503
請漢儒許子從祀疏 汪鳴鑾 41/505
卷五六 禮政三 大典下
續修會典事例摺 延煦 42/1
卷五七 禮政四 學校
梅峯書院記 王杰 42/5
安康縣興復興賢學倉序 高建瓴 42/9
請定鄉試考官校閱士子剿襲諸弊摺 林則徐 42/15
請以鄉試薦卷分別徵人書院正課啟 舒化民 42/23
戒諭學官 李棠階 42/27
河朔書院論諸生 李棠階 42/31
說士上 管同 42/33
說士下 管同 42/37
請陝甘鄉試分闈並分設學政疏 左宗棠 42/41
爽溪書院記 李元度 42/49
請整頓宗學疏 王榕吉 42/53
河北精舍學規 陳寶箴 42/57
請另設專棚考試摺 杜瑞聯 42/71
舉行鄉課議 劉汝璆 42/75
請崇尚經術疏 游百川 42/77
勸置學田說 張之洞 42/81
整頓鄉會試謄錄敬陳管見疏 邵曰濂 42/87
友教書院規條 王昶 42/93
卷五八 禮政五 宗法上
嘉靖大禮議 謝濟世 42/109
蔣明府祭田學田記 謝濟世 42/113
宋明兩大疑案論 李祖陶 42/115
宗祠條規序 管同 42/131
郭氏族譜序 楊彝珍 42/135
卷五九 禮政六 宗法下
提督出後異姓疏 曾國藩 42/137
兄第異居議 王紳 42/141
卷六〇 禮政七 家教
家訓八則 李文炤 42/145
示儉 舒化民 42/165
彤史序 管同 42/169
治家瑣言 牛作麟 42/173
訓子瑣言 牛作麟 42/183
書贈弟六則 曾國藩 42/187
誌大父應準公家訓 黃滔熙 42/193
卷六一 禮政八 昏禮
霍勒霍屯氏守義論 李惺 42/197
濛水迎恩橋烈女墳祠記 莫友芝 42/201
甘節婦傳 管同 42/205
書應敏齋觀察所記張貞女事後 俞樾 42/207

親病納婦論 鄧瑤 42/213
再答陳秀才書 鄧瑤 42/217
書江南黄烈女事 李元度 42/221
書歸震川貞女論後 王廷植 42/229
論未嫁女過門開容事 王廷植 42/237
卷六二 禮政九 喪禮上
貽藁縣令書 全祖望 42/241
復曾滌生侍郎書 鄧瑤 42/243
再復滌生侍郎書 鄧瑤 42/247
丁憂定制疏 吴元炳 42/251
卷六三 禮政一〇 喪禮下
喪禮論上 雷士俊 42/253
喪禮論下 雷士俊 42/257
卑幼初喪不當受賀議 雷士俊 42/261
請禁停喪稟 舒化民 42/265
東安禁金罐告示 翁普思 42/269
喪歸宜入家論 鄧瑤 42/275
請嚴禁火葬積習疏 錢寶廉 42/279
卷六四 禮政一一 服制上
獨子兼祧兩房服制論 王人定 42/283
爲父後者爲出嫁姊妹報服期議 張湘任 42/287
與友人書 鄧瑤 42/291
卷六五 禮政一二 服制下
服制附諸圖 42/295
再醮不得爲繼妻論 王廷植 42/325
卷六六 禮政一三 祭禮上
家廟記 謝濟世 42/331
卷六七 禮政一四 祭禮下
答祭外祖父母問 王人定 42/335
題主說 李棠階 42/337
卷六八 禮政一五 正俗上
重修漢長沙定王臺碑記 夏獻雲 42/339
重修賈太傅祠記 李元度 42/341
蔡忠烈公遺墨敘 夏獻雲 42/345
卷六九 禮政一六 正俗下
鬼神篇上 周元鼎 42/347
鬼神篇下 周元鼎 42/351
請同文館無庸招集正途疏 張盛藻 42/355
擬選子弟出洋學藝摺 曾國藩 42/359
教堂一案設法辦理摺 沈葆楨 42/365
卷七〇 兵政一 兵制上
議汰兵疏 曾國藩 42/371
整頓營務議 龍汝霖 42/379
簡器 李鴻章 42/387
造船 李鴻章 42/393
請整頓額兵摺 沈葆楨 42/399
工藝 朱克敬 42/405
卷七一 兵政二 兵制下
夷礮論 楊士達 42/407
復彭曉航學博書 江忠源 42/411
答劉霞仙茂才書 江忠源 42/415
練兵酌仿直隸練軍章程試練綠兵疏 鮑源深 42/421
卷七二 兵政三 屯餉
通籌滇黔大局疏 曾國藩 42/431
卷七三 兵政四 馬政
議吉林添買官馬援照譯馬定例疏 黄雲鵠 42/437

卷七四 兵政五 保甲上
弭盜論上 楊士達 42/441
弭盜論下 楊士達 42/445
上某總督論禁鳥鎗書 楊士達 42/447
上裕巡撫論防禦事宜書 楊士達 42/453
答某友書 熊少牧 42/459
覆文任吾事 曾國藩 42/465
上督撫憲緊要事宜歸入善後籌議五條 魁聯 42/469
飭辦保甲示附條約 譚鈞培 42/475
卷七五 兵政六 保甲下
議覆葉紹本條陳捕盜事宜摺 林則徐 42/481
請照舊委員巡緝湖面疏 賀熙齡 42/487
弭盜策 周琛 42/491
諭舉團練查保甲以制游勇示 惲世臨 42/495
設法嚴拏哥老會匪片 沈葆楨 42/497
卷七六 兵政七 兵法上
論攻滑縣摺子 陳用光 43/1
上某帥書 江忠源 43/5
與王璞山 曾國藩 43/13
與駱籥門中丞 曾國藩 43/15
擬上某尚書書 王錫振 43/17
擬辦粵西賊匪策 王錫振 43/35
書破地雷事 李元度 43/61
兵計 何邦彥 43/65
卷七七 兵政八 兵法下
洴澼百金方序 袁宮桂 43/79
房保水運紀畧序 楊素蘊 43/85
讀戚武毅紀效新書練兵實紀有述 李祖陶 43/91
與于司馬書 魯一同 43/131
與吳中翰論時勢書 魯一同 43/137
復戴孝廉 魯一同 43/145
復戴孝廉書 魯一同 43/149
啟陳勦盜十三條 胡林翼 43/159
復多都統書 胡林翼 43/181
致衛靜瀾侍講書 胡林翼 43/183
致李方伯多都護書 胡林翼 43/185
與本省司道書 曾國藩 43/187
與李幼泉書 曾國藩 43/191
籌議練軍事宜疏 曾國藩 43/193
再議練軍事宜摺 曾國藩 43/201
勸誡營官四條 曾國藩 43/209
上方伯管見三條 魁聯 43/213
論俄國條約必不可行疏 張之洞 43/221
上沈相國書 李有棻 43/231
卷七八 兵政九 地利上
會議長江水師營制疏 曾國藩 43/233
酌議江蘇水師事宜疏 曾國藩 43/239
長江圖雜説一 馬徵麟 43/247
長江圖雜説二 馬徵麟 43/285
長江圖雜説三 馬徵麟 43/323
長江圖雜説四 馬徵麟 43/361
酌議長江水師事宜疏 彭玉麟 43/397
卮言一則 李祖陶 43/409
卷七九 兵政一〇 地利下

潼關連城說 楊端本 43/419
興安州升府疏 畢沅 43/421
安康建置考 王森文 43/429
續奏長江水師疏 曾國藩 43/435
郴州論 黃仲騏 43/449
永州論 黃仲騏 43/463
答客難 黃仲騏 43/467
請移設緑營疏 岑毓英 43/469
卷八〇 兵政一一 塞防上
從軍圖說 管同 43/475
故相遺言 李雲麟 43/479
論伊犂 李雲麟 43/481
論邊防 李雲麟 43/483
騰越邊徼 黃楙裁 43/485
和林考 黃楙裁 43/489
卷八一 兵政一二 塞防下
論新疆改省 李雲麟 44/1
善後方略 李雲麟 44/5
密陳夷務摺 袁保恒 44/11
論駁俄疏 張之洞 44/15
俄國圖說 黃楙裁 44/29
西域圖說 黃楙裁 44/35
西域形勝 黃楙裁 44/45
卷八二 兵政一三 山防
增刻三省邊防備覽序 張鵬飛 44/53
卷八三 兵政一四 海防上
請改大鵬營制摺 林則徐 44/61
敬陳夷務摺 林則徐 44/71
擬諭嘆咕唎國王檄 林則徐 44/77
籌海篇上 魏源 44/83
籌海篇下 魏源 44/89
論海防 郭嵩燾 44/95
擬陳洋務疏 郭嵩燾 44/99
論海防 郭嵩燾 44/111
覆奏洋務事宜疏 沈葆楨 44/115
覆奏海防條議 李鴻章 44/135
海防條議 丁日昌 44/163
上都察院條陳 廖連城 44/209
上都察院海防策 廖連城 44/229
夷務總論 朱克敬 44/239
遊歷印度序 黃楙裁 44/247
五印度形勢 黃楙裁 44/257
卷八四 兵政一五 海防中
會商驅堵夷船稟 胡興仁 44/271
征夷船進口硝礦稅銀議 胡興仁 44/275
密陳夷務疏 殷兆鏞 44/279
上壽陽師相書 王錫振 44/293
請移駐巡撫摺 沈葆楨 44/301
臺北擬建一府三縣摺 沈葆楨 44/309
請琅璚築城設官摺 沈葆楨 44/317
卷八五 兵政一六 海防下
請禁開鐵路疏 彭玉麟 44/321
南洋形勢 黃楙裁 44/327
機器論 方濬頤 44/335
卷八六 兵政一七 蠻防上
治猺 陳起書 44/339
斷龍 陳起書 44/341
卷八七 兵政一八 蠻防下
越南地輿圖說序 盛慶紱 44/345
越南道里錄 盛慶紱 44/347
卷八八 兵政一九 苗防
縷陳湖南苗疆情形疏 賀熙齡 44/371

臺地後山請開舊禁摺 沈葆楨 44/381
南北路開山並擬布置琅璠旂後各情形摺 沈葆楨 44/387
勸化苗民改裝頗有成效摺 林肇元 44/395
卷八九 兵政二〇 勦匪
代溫觀察陳撫勦教匪議 董詔 44/401
行營勦賊事宜答秦撫軍 董詔 44/409
募勇士 李昌平 44/421
飭戰守 李昌平 44/425
結寨民 李昌平 44/429
廣糧餉 李昌平 44/433
鄉防團練私說 熊少牧 44/437
請通飭修築碉堡啟 胡林翼 44/443
上呂方伯啟 胡林翼 44/451
致督修碉堡各員紳書 胡林翼 44/453
團練說 朱孫詒 44/455
條規事宜 朱孫詒 44/461
論全楚邊防 魁聯 44/477
諭團練示 魁聯 44/481
上中丞切要事宜 魁聯 44/487
復周監道四條議 魁聯 44/493
代劉侍郎與貴東道書 郭崑燾 44/503
檄鳳穎淮徐滁泗宿海八府屬文 魯一同 44/507
卷九〇 刑政一 刑論
送倉按察之任四川序 謝濟世 45/1
與王咸齋太守論自新所書 張誠 45/5
救生不救死論 裕謙 45/9
罪疑惟輕說 裕謙 45/15
書滎陽獄 周樹槐 45/19
體法外之仁 宋邦僡 45/23
戒濫刑 宋邦僡 45/25
慎疑獄 宋邦僡 45/27
書張文和公逸事 李元度 45/29
臯陶論 李元度 45/33
慎重刑章疏 胡慶源 45/37
刑法論 廖連城 45/43
羈所宜改活板說 沈葆楨 45/47
卷九一 刑政二 律例上
對用刑說 管同 45/55
修例宜慎 宋邦僡 45/59
決獄貴有斷制 宋邦僡 45/61
至誠開導令愚民悔悟 宋邦僡 45/63
受訴不可成見 宋邦僡 45/65
平反冤獄 宋邦僡 45/67
請飭刑部增改條例疏 王憲成 45/69
明刑弼教當遵經訓摺 寶廷 45/77
卷九二 刑政三 律例下
服制命案例無明文請旨飭議專條摺 錢寶廉 45/81
卷九三 刑政四 治獄上
請釐積弊以清庶獄疏 賀熙齡 45/87
據供先結以清庶獄摺 張道淵 45/93
定讞必平恕 宋邦僡 45/97
案宜早結以免拖累 宋邦僡 45/99

請勒限清理案件疏 馬相如 45/101
清理積案以甦民困疏 丁日昌 45/105
為杜訟棍株連苦累小民摺 卞寶第 45/109
卷九四 刑政五 治獄下
耐煩聽察務得確情 宋邦僡 45/113
戒株連 宋邦僡 45/115
請飭永革陋習以重命案摺 鄧慶麟 45/117
卷九五 工政一 土木
江岸坍塌謹陳籌堵情形摺 沈葆楨 45/119
機器到工已齊并船廠現在情形摺 沈葆楨 45/125
造船開工日期併船廠情形摺 沈葆楨 45/135
暹木到工船身告成並鉄廠教造起限情形摺 沈葆楨 45/143
船工將竣謹籌善後事宜摺 沈葆楨 45/147
籌置防箭以禦火患札 厲際雲 45/151
卷九六 工政二 河防一
濟爲禹釃二渠之一說上 羅汝懷 45/155
濟爲禹釃二渠之一說下 羅汝懷 45/159
卷九七 工政三 河防二
改河北流議 李祖陶 45/163
覆奏黃運両河情形疏 李鴻章 45/169
卷九八 工政四 河防三
靳文襄公治河事狀 李祖陶 45/185
卷九九 工政五 河防四
請築河隄疏 胡家玉 45/235
奏請以工代賑疏 劉長佑 45/239
卷一〇〇 工政六 河防五
河防說 趙廷愷 45/243
搶廂黃河摺 張樹聲 45/247
卷一〇一 工政七 河防六
河防補說 趙廷愷 45/253
卷一〇二 工政八 河防七
河防利弊說 趙廷愷 45/261
卷一〇三 工政九 河防八
治河 李因篤 45/267
河志自序 曹玉珂 45/285
漢武塞河論 劉紹攽 45/289
卷一〇四 工政一〇 運河上
籌辦通漕要道摺 林則徐 45/293
籌辦河運事宜摺 曾國藩 45/303
卷一〇五 工政一一 運河下
搶獲險要工程摺 楊昌濬 45/309
卷一〇六 工政一二 水利通論
開濬長沙城北碧浪湖議 李元度 45/313
卷一〇七 工政一三 直隸水利上
為敬陳管見摺 吳峋 45/323
卷一〇八 工政一四 直隸水利中
覆陳直隸河道地勢情形摺 李鴻章 45/331
卷一〇九 工政一五 直隸水利下
察看黃河酌議辦法摺 游百川 45/343
卷一一〇 工政一六 直隸河工
核辦永定河工程款項摺

曾國藩 45/353
卷一一一 工政一七 江蘇水利上
復郭雨三書 曾國藩 45/359
卷一一二 工政一八 江蘇水利中
東南水患論 李祖陶 45/363
上河督請復淮水故道書 裴蔭森 45/375
卷一一三 工政一九 江蘇水利下
劉河節省銀兩撥挑七浦等河摺 林則徐 45/379
北江中江說 羅汝懷 45/385
東池北會于匯說 羅汝懷 45/389
卷一一四 工政二〇 各省水利一
陳水利說 姚輿 45/393
卷一一五 工政二一 各省水利二
東省河道淺窄擬請展築遙隄摺 何如璋 45/407
酌擬河工辦法請旨飭議摺 吳峋 45/413
卷一一六 工政二二 各省水利三
開濬南湖議 劉汝璆 45/421
濬湖州漊港議 劉汝璆 45/425
卷一一七 工政二三 各省水利四
請查瀕湖私垸永禁私築疏 賀熙齡 45/427
樊城新隄記 賀熙齡 45/431
查勘江漢隄工摺 林則徐 45/433
卷一一八 工政二四 各省水利五
金沙江源流考 黃楙裁 45/439
潞江源流考 黃楙裁 45/449
恆河考上 黃楙裁 45/453
恆河考下 黃楙裁 45/461
卷一一九 工政二五 各省水利六
書王芥子涇水志後 安清翹 45/471
兩修都江堰工程紀略序 強望泰 45/473
鑿合州鉅梁虬門二灘記 強望泰 45/483
疏分漢水支河說 江開 45/487
卷一二〇 工政二六 海塘
請將浙江西塘柴埽工程奏復一年固限 舒化民 45/491
修防 舒化民 45/495
修防酌寬固限 舒化民 45/497
修防 舒化民 45/501
修防核實 舒化民 45/505
修防籌費 舒化民 45/509
塘工及長安河事宜 劉汝璆 45/513

皇朝經世文續編一百二十卷

卷一 學術一 原學
養源篇 宗稷辰 46/31
與曾子植書 劉蓉 46/32
致劉孟容書 曾國藩 46/36
答劉孟容書 曾國藩 46/39
答劉孟容書 羅澤南 46/42
求闕齋日記一則 曾國藩 46/45
拙修書室記 吳廷棟 46/45
求放心說 劉蓉 46/46
原學 陸心源 46/48
學論 葛學禮、張堅填諱 46/49
移建上海縣學記

葛學禮、張堅填諱 46/50
量隨識長論 瞿慶賢 46/51
論語說 李元度 46/52
答友人論異教書 李元度 46/55
重修遂邑文廟序 徐賡陸 46/57
卷二 學術二 儒行
原才 曾國藩 46/63
聖哲畫像記 曾國藩 46/64
船山遺書目錄序 鄧顯鶴 46/69
漢學商兌重序 方東樹 46/70
詩文存草自序
葛學禮、張堅填諱 46/73
復賀耦庚中丞書 曾國藩 46/74
與高伯平論學案小識
魯一同 46/75
書學案小識後 曾國藩 46/79
勸學篇示直隸士子 曾國藩 46/81
漢學商兌書後 46/83
敦良齋遺書序 湯金釗 46/84
卷三 學術三 法語
與左逸民書 魯一同 46/89
與左君第二書 魯一同 46/92
與陳頌南書 張穆 46/95
與蔣瀛海書 羅澤南 46/95
遺書日記二十二則 倭仁 46/97
求闕齋日記二則 曾國藩 46/99
塾言三十七則 劉熙載 46/100
勸誡淺言四則 曾國藩 46/103
脩綆山房日記二十則
瞿慶賢 46/104
省心邇言十六則 朱樹新 46/106
金壺醉言三則 黃鈞宰 46/108
卷四 學術四 廣論
天地 羅澤南 46/113
復性二則 孫頤臣 46/114
儀宋堂後記 邵懿辰 46/115
明說 艾暢 46/116
病說 龍啟瑞 46/118
習說 劉蓉 46/118
火喻 史善長 46/119
天論 汪能肅 46/120
與郭筠仙中丞論通志體例書
李元度 46/122
復何補之書 張文虎 46/126
積善積不善說 湯金釗 46/128
卷五 學術五 文學一
玩易閣記 劉蓉 46/131
詩序匯說序 葛學禮 46/133
孟子要略序跋 曾國藩 46/134
新定魯論語題辭 鍾文烝 46/135
今文孝經十八章爲定本說
艾承禧 46/136
就度譽究畜五字分訓五孝說
46/137
復李眉生書 曾國藩 46/139
與朱仲我書 曾國藩 46/142
風俗通義篇目攷 陸心源 46/143
淮南子高許二注攷 陸心源 46/145
六朝經師宗派并所著經注經說攷
姚文枏 46/146
擬彙刊宋人及國朝人補歷代史表志序 姚文枏 46/150
國朝文錄自序 姚椿 46/153
唐十八家文錄序 張文虎 46/154
續古文辭類纂序 王先謙 46/155
書法言後 方東樹 46/158

文論 46/159
答東洋近出古書問 姚文棟 46/160
瀛環志略自序 徐繼畬 46/162
日本國志凡例 姚文棟 46/166
卷六 學術六 文學二(附算學)
新譯幾何原本序 張文虎 46/171
象數一原序一 項名達 46/172
象數一原序二 項名達 46/174
對數簡法跋 項名達 46/175
對數簡法識 戴煦 46/176
續對數簡法 戴煦 46/177
論對數根 戴煦 46/188
論用數 戴煦 46/192
論借數 戴煦 46/193
割圜連比例術圖解序 董祐誠 46/217
割圜連比例後序 董祐誠 46/218
少廣縋鑿 夏鸞翔 46/218
截球解義 徐有壬 46/233
四元解序 顧觀光 46/241
對數探原序 顧觀光 46/243
數學跋 顧觀光 46/244
卷七 學術七 文學三(附算學)
五星歲輪與伏見輪之不同 顧觀光 46/249
幾何原本六和六較綫解 顧觀光 46/251
圓錐三曲綫記 顧觀光 46/254
靜重學記 顧觀光 46/258
動重學記 顧觀光 46/262
流質重學記 顧觀光 46/272
天重學記 顧觀光 46/277
代微積拾級序 李善蘭 46/285
代微積拾級序 偉烈亞力 46/287
談天序 李善蘭 46/288
談天序 偉烈亞力 46/289
割圜八綫綴術序 左潛 46/291
綴術釋戴序 左潛 46/292
綴術釋明序 曾紀鴻 46/293
卷八 學術八 文學四(附算學)
圜率攷真圖解跋 曾紀鴻 46/299
對數序 劉彝程 46/299
論對數根 劉彝程 46/300
代數術序 華蘅芳 46/307
論四元相消之理 湯金鑄 46/308
九減法及任用他數減試說 沈善蒸 46/311
論海洋深淺之理 沈善蒸 46/312
質點 韓應陛 46/313
極說 韓應陛 46/314
繙譯航海通書原本 金楷理 46/316
航海通書改率說 賈步緯 46/354
表算日食法 賈步緯 46/359
對數尺以量代算 賈步緯 46/375
中西曆學源流異同論 葉耀元 46/378
更定測北極出地簡法 胡惟德 46/383
近代疇人著述記 華世芳 46/388
卷九 學術九 師友
座師門生辨 康乃心 46/403
寄裕魯珊同年 俞德淵 46/404
潘四農手札書後 朱琦 46/405
與黎樾喬編修書 成毅 46/406
復曾制軍書 胡林翼 46/408
量交 王柏心 46/409

答人論先生書 袁翼 46/409
送江岷樵同年歸新寗序
鄧瑤 46/410
歐陽生文集序 曾國藩 46/412
友說 姚文楝 46/414
十三間樓校書圖記 張文虎 46/415
卷一〇 治體一 原治
遠見篇 宗稷辰 46/419
崇簡篇 宋稷辰 46/420
論治篇一 孫鼎臣 46/422
論治篇二 孫鼎臣 46/424
說治上 俞樾 46/426
說治下 俞樾 46/429
復陳詩議 馮桂芬 46/431
導俗 王柏心 46/434
論課良吏 舒化民 46/435
崇儉尚勤札 賀長齡 46/437
禁言祥瑞疏 邊寶泉 46/440
應詔陳言疏 王凱泰 46/441
蘇省設局刊書疏 丁日昌 46/447
上沈中丞書 陳寶箴 46/448
卷一一 治體二 政本
原災 管同 46/457
切務五事疏 勝保 46/458
三漸宜防疏 徐繼畬 46/464
奏陳時事艱難疏 陳壇 46/468
請求直言疏 呂賢基 46/470
敬陳治本疏 倭仁 46/471
條陳時政疏 李棠階 46/473
附陳豫省官民情形疏 倭仁 46/477
杜漸防微疏 倭仁 46/478
請進日講疏 倭仁 46/479
金陵告捷請加敬懼疏
吳廷棟 46/480
請修實政疏 倭仁 46/482
請飭廷臣直諫疏 鐘佩賢 46/483
敬抒愚忱疏 賈鐸 46/484
請除蒙蔽以迓和甘疏
余上華 46/485
籲懇慈恩暫緩歸政以懋聖學疏
伯彥訥謨祜 46/487
卷一二 治體三 治法上
封建郡縣說 俞樾 46/491
郡縣論 劉沛 46/492
壹權量議 馮桂芬 46/495
與魁蔭庭太守言新寗善後事宜書
鄧瑤 46/495
覆潘四農書 魯一同 46/498
與友人書 黃式度 46/502
治平六策 薛福成 46/503
敬陳管見疏 歐陽雲 46/514
請整飭吏治疏 周恒祺 46/518
卷一三 治體四 治法下
奏請禁煙第二疏 郭嵩燾 47/3
請整飭治理疏 張之洞 47/7
接辦各項緣由疏 奎斌 47/9
縷陳新疆地勢民情未盡事宜疏
劉錦棠 47/11
敬陳地方利弊請酌量變通疏
翟伯恆 47/15
縷陳陝省利弊擬籌興除大略疏
葉伯英 47/18
變法 薛福成 47/22
卷一四 治體五 用人
士說 梅曾亮 47/27
公黜陟議 馮桂芬 47/27

論公孫宏傳贊武宜諸名臣 黄恩煦 47/29
敬陳聖德三端預防流弊疏 曾國藩 47/31
應詔陳言疏 倭仁 47/35
應詔陳言疏 曾國藩 47/36
請起復曾侍郎督師疏 胡林翼 47/41
致兩司書 胡林翼 47/44
復張石卿中丞啟 胡林翼 47/45
致官秀峯揆帥書 胡林翼 47/47
變通迴避以重倫紀疏 王文韶 47/51
擇吏 王柏心 47/52
記蠍 管同 47/53
仵作馬快請免禁錮疏 沈葆楨 47/54
卷一五 治體六 臣職
臣事論 梅會亮 47/59
軍機故事補遺 姚文楝 47/62
老安司紀事詩序 路德 47/66
書強忠烈遺墨後 林則徐 47/68
與余小坡書 姚瑩 47/68
與朱幹臣書 管同 47/70
李東陽論 李元度 47/71
奏病勢日增懇恩賞假調理疏 崇實 47/73
奏請訓責樞臣疏 何金壽 47/75
瀝陳前撫臣功德在民疏 林肇元 47/77
卷一六 吏政一 吏論
厚養廉議 馮桂芬 47/85
許自陳議 馮桂芬 47/87
州縣養廉攤扣太多請酌量變通疏 賀長齡 47/88
條陳東路情形 胡林翼 47/90
敬陳湖北兵政吏治疏 胡林翼 47/94
復張石卿中丞 胡林翼 47/98
直隸清訟事宜十條 曾國藩 47/100
勸誡州縣四條 曾國藩 47/109
勸誡委員四條 曾國藩 47/111
杜絕苞苴示 張樹聲 47/113
整飭官常示 張樹聲 47/113
救時芻言二則 張煥綸 47/114
卷一七 吏政二 銓選
裴行儉知人論 陸錫熊 47/117
免迴避議 馮桂芬 47/119
請禁書吏捐保知縣疏 于淩辰 47/120
職官不准報捐流寓省分疏 駱秉章 47/121
請道府州縣四項無庸減成疏 閻敬銘 47/122
遵旨整頓吏治緣由疏 岑毓英 47/125
滿御史保送升遷請飭部酌改章程疏 烏拉喜崇阿 47/126
奏爲知縣外補壅滯懇恩量予變通疏 張之洞 47/128
請飭議改調改選縣缺疏 何璟、張兆棟 47/131
酌議補署各缺章程疏 劉錦棠 47/132
敬陳管見疏 剛毅 47/134
卷一八 吏政三 官制

汰冗員議 馮桂芬 47/139
復鄉職議 馮桂芬 47/142
變捐例議 馮桂芬 47/144
請裁河道總督疏 喬松年 47/146
安插就撫陝回請增設平涼通判都司疏 左宗棠 47/148
酌擬新設廳營應辦事宜疏 譚鍾麟 47/150
變通奉省吏治章程疏 崇實 47/153
擬變通奉省官制片 慶裕 47/161
新設各官廉俸役食請賞給實銀疏 岐元 47/162
圍場事宜辦理完楚擬請設官分治疏 岐元 47/163
謹擬變通官制改設郡縣章程疏 銘安 47/165
據實直陳請旨斷理片 劉錦棠 47/168
新疆省會請改設各官以專責成疏 劉錦棠 47/170
新疆南路擬設佐雜各缺疏 劉錦棠 47/171
邊要員缺亟宜裁改疏 劉錦棠 47/173
酌裁各城回官並懇賞給出力回目頂戴疏 劉錦棠 47/174

卷一九 吏政四 考察

密陳司道府考語疏 林則徐 47/179
擇尤參劾以圖整頓川省吏治營務片 駱秉章 47/180
密陳西藏情形請旨權宜疏 駱秉章 47/181
請敕貴州撫臣採劣員撤省查辦片 駱秉章 47/185
請嚴旨詳申京察舊章疏 寶廷 47/186
請整頓八旗人才疏 寶廷 47/189
請將現任候補衛官仿照文職章程分別考察疏 吳元炳 47/192
酌擬奉省未盡事宜疏 慶裕 47/193
酌擬河工出力人員保獎並預防流弊疏 錫珍 47/194

卷二〇 吏政五 大吏

名實說 朱琦 47/199
奏請核實疏 焦友麟 47/200
與曾滌生侍郎書 劉蓉 47/202
復吳竹如方伯書 舒化民 47/204
上皖撫王清苑中丞書 胡林翼 47/206
奏爲故撫臣忠勤盡瘁緣由疏 曾國藩 47/209
謹陳故督臣忠勛盡瘁大略疏 李鴻章 47/212
密陳革員捏控與歷年辦事本末片 丁寶楨 47/219
嘯亭雜錄二則 禮親王 47/222
書張振之師遺事 李元度 47/223

卷二一 吏政六 守令

石瑤臣傳書後 梅曾亮 47/229
諭州縣親民札 賀長齡 47/230
整吏治以清政本札 賀長齡 47/232
州縣宜照例久任以專責成札 賀長齡 47/235
上各大憲請留溫太守啟 徐鼒 47/236
致廣順但雲湖十二則

胡林翼 47/238
札麻城吳令 胡林翼 47/240
復溫邑宰書 劉蓉 47/242
清本源 葛士達 47/244
今之牧令要務策 姚文枏 47/246
到任地方情形稟 徐賡陛 47/249
覆本府條陳積弊稟 徐賡陛 47/253
縷陳整頓捕務並勒限嚴催稟 朱之榛 47/263
卷二二 吏政七 吏胥
吏胥論一 魯一同 47/271
吏胥論二 魯一同 47/272
吏胥論三 魯一同 47/273
吏胥論四 魯一同 47/274
吏胥論五 魯一同 47/276
省則例議 馮桂芬 47/277
易吏胥議 馮桂芬 47/279
致鄂垣司道言差役 胡林翼 47/281
請懲治貪殘吏胥疏 游百川 47/282
敬陳清苑蠹役需索之害疏 田翰墀 47/283
請飭嚴禁書差肆擾疏 譚承祖 47/285
卷二三 吏政八 幕友
幕友說 陳必寗 47/289
幕學說 宗稷辰 47/290
擬策七 楊象濟 47/291
致左季高 胡林翼 47/292
請查禁謀薦幕友片 何桂芳 47/292
請飭嚴禁查拿片 何桂芳 47/293
覆督署某幕書 徐賡陛 47/293
卷二四 戶政一 理財上
籌國用議 馮桂芬 47/297
務本論自敍 徐鼒 47/299
務本論蠡辨篇第一 徐鼒 47/299
務本論蠡辨篇第二 徐鼒 47/301
務本論蠡辨篇第三 徐鼒 47/302
務本論蠡辨篇第四 徐鼒 47/302
務本論蠡辨篇第五 徐鼒 47/303
務本論蠡辨篇第六 徐鼒 47/303
務本論蠡辨篇第七 徐鼒 47/304
務本論蠡辨篇第八 徐鼒 47/304
務本論蠡辨篇第九 徐鼒 47/305
覆奏部議陝甘捐輸經費再行詳覆疏 林則徐 47/306
瀝陳湖南籌餉情形疏 駱秉章 47/308
與陳秋門給諫論軍餉 胡林翼 47/313
派員督辦粵釐疏 曾國藩 47/314
請停東征局片 曾國藩 47/317
造報軍需款目疏 曾國藩 47/319
奏撥二成洋稅片 曾國藩 47/321
卷二五 戶政二 理財中
請禁鹽務河工侈靡錮習疏 賀熙齡 47/327
請除近日流弊疏 孫翼謀 47/330
請將外省陋規名目分別裁定疏 黃體芳 47/332
陳明湖南辦理釐金照舊章疏 毛鴻賓 47/335
遵旨釐定章程以除積弊疏 涂宗瀛 47/340
奉請設局辦理清查疏 張之洞 47/343
籌款裁抵攤捐疏 張之洞 47/346

請動支釐金抵補鐵價片 張之洞 47/348
設局辦理科場裁免行戶支應緣由夾片 張之洞 47/350
裁減公費禁止水禮各緣由疏 張之洞 47/351
請派大臣查辦片 奎斌 47/353
統籌新疆全局以規久遠疏 47/354

卷二六 戶政三 理財下

奏陳開源節流章程疏 47/365
開源節流事宜二十四條 47/367
查明勘礦廠情形試行開採疏 林則徐 47/383
遵飭核詳稿 程國熙 47/390
請開粵西礦利條陳 謝光綺 47/393
閩省請開辦鉛礦疏 楊昌濬 47/396
請開禁出口硫礦片 劉銘傳 47/397
籌議礦務擬招集商股延聘東洋礦師疏 唐炯 47/398
遵議漠河金廠開辦事宜疏 47/401

卷二七 戶政四 養民

收貧民議 馮桂芬 47/409
書李寅庵大令育嬰堂碑記 鄧瑤 47/410
鄉民來局求贖酌擬情節申請賑撫總局轉飭辦理并乞通飭請示由 金福曾 47/412
辦理收養幼孩片 曾國荃 47/413
咨行沿海各省招工章程 47/414
戒粵民出洋謀生示 張樹聲 47/422
酌裁糯米雜糧釐捐片 吳元炳 47/423
津郡創設廣仁堂收恤婦孺分別教養疏 李鴻章 47/424
請嚴禁種植罌粟片 張之洞 47/426

卷二八 戶政五 疆域上

興安州升府疏 畢沅 47/431
繪地圖議 馮桂芬 47/434
論貴州境插花情形啟 胡林翼 47/437
請琅嶠築城設官疏 沈葆楨 47/441
臺北擬建一府三縣疏 沈葆楨 47/443
酌改土司夾片 劉長佑 47/446
奉省邊務南北路均應添設地方官以資治理疏 崇厚 47/448
昌圖廳擬請升爲府治添設廳縣教佐各官疏 崇厚 47/452
請續設民官暨升改各缺疏 銘安 47/454
擬請仍舊改設協領片 銘安 47/460

卷二九 戶政六 疆域下

會勘奉吉兩省圍場荒地界址疏 岐元、銘安 47/465
邊疆緊要請添設道府廳縣以資治理疏 銘安 47/467
遵旨擬設新疆南路郡縣情形疏 劉錦棠 47/470
請歸併省分以垂久遠疏 劉錦棠 47/472
伊犂屯務防務均關緊要謹陳擬辦情形疏 劉錦棠 47/475
擬請添設移改疏 何璟、劉兆棟 47/477

臺灣驟難改設省分謹陳管見疏 劉銘傳 47/478
籌議臺灣郡縣分別添改裁撤以資治理疏 楊昌濬、劉銘傳 47/480
卷三〇 戶政七 賦役上
邑侯王公編審碑記 李建 47/487
黔記序 梅曾亮 47/489
稽戶口議 馮桂芬 47/490
均賦稅議 馮桂芬 47/491
改土貢議 馮桂芬 47/493
革除漕務積弊並減定漕章密疏 胡林翼 47/494
辦理漕務大槩情形片 胡林翼 47/496
札各州縣論錢漕吏胥 胡林翼 47/498
請革除湖北錢糧積弊片 屠仁守 47/501
奏酌擬徵收錢糧各條片 屠仁守 47/502
議減杭嘉湖三府減漕疏 左宗棠 47/505
會奏杭嘉湖三府酌減漕糧分數疏 左宗棠、馬新貽 47/509
核減紹屬浮收錢糧疏 左宗棠 47/515
覈減漕南浮收並禁革陋規疏 馬新貽 47/517
請豁免嘉善縣攤賠銀米疏 馬新貽 47/519
卷三一 戶政八 賦役中
均賦說勸官 馮桂芬 48/3
均賦說勸紳 馮桂芬 48/5
均賦說勸民 馮桂芬 48/6
均賦議 馮桂芬 48/8
請減蘇松太浮糧疏 馮桂芬 48/13
代擬歸併科則片 馮桂芬 48/20
擬請再減賦額疏 馮桂芬 48/21
致姚衡堂書 馮桂芬 48/23
江南減賦記 馮桂芬 48/25
核定錢漕科則疏 丁日昌 48/32
江寗墾熟田地酌減科則疏 李宗羲 48/33
擬請援案減漕疏 沈葆楨、吳元炳 48/37
代邑紳請減漕項銀兩稟稿 周保珪 48/40
會奏酌減嘉寶二縣漕米疏 吳元炳、譚鈞培 48/43
援案籲懇酌減漕米疏 劉坤一、譚鈞培 48/47
卷三二 戶政九 賦役下
遵查江西徵收丁漕疏 劉秉璋 48/51
確查江西丁漕積弊並設法整頓疏 德馨 48/56
晉省瘡痍難復臚陳目前切要事宜疏 曾國荃 48/61
瀝陳川陝差徭苦累亟宜變通恤農疏 閻敬銘 48/64
上當事書 熊祖詒 48/70
奏減五路差徭情形片 張之洞 48/73
口外各廳編查戶籍無礙蒙古游牧疏 張之洞 48/75
勘辦清丈請暫免田房稅契片

張之洞 48/80
蘇省續辦沙洲清丈現已完竣片
左宗棠 48/81
諭辦臺灣地方清丈章程示
劉銘傳 48/84
縷陳丁漕利弊戶口耗傷情形疏
王邦璽 48/86
晉省錢糧遵照部章並徵信冊量爲變通舉辦疏 剛毅 48/92
新疆通省田賦戶籍清冊咨部立案疏
劉錦棠 48/94
卷三三 戶政一〇 屯墾
營田總局章程 劉蓉 48/99
清查荒地議 劉汝璆 48/107
上左季高中丞論清糧開荒書
劉汝璆 48/108
定嚴屬墾荒章程並招棚民開墾記
戴槃 48/114
籌辦湖團疏 曾國藩 48/117
籌辦大東溝善後事宜疏
崇實 48/122
甘肅墾荒民戶請變通入籍應試疏
左宗棠 48/124
請核實徵額片 丁日昌 48/125
奏委員查墾荒田緣由疏
劉長佑、杜瑞聯 48/127
派員查丈荒地緣由片 銘安 48/128
查明朝鮮貧民占種邊地擬請一律領照納租疏 銘安、吳大澂 48/130
晉省未墾荒地尚多請寬起徵年限疏
張之洞 48/131
辦理皖省墾務片 裕祿 48/133
籌辦開墾呼蘭所屬通肯地方事宜疏
恭鏜 48/135
籌辦新疆屯墾及清查隱賦各情形疏
劉錦棠 48/138
卷三四 戶政一一 八旗生計
記武隆阿秀堃八旗生計疏及雙城堡屯田始末 孫鼎臣 48/143
旗戶分居議 李祖陶 48/146
請籌費移屯兼舒國用疏
沈桂芬 48/150
請變通旗民交産章程疏
劉長佑 48/153
請量爲變通調濟宗支疏
戈靖 48/154
援照成案擬請撥給旗員隨缺地畝片
銘安 48/157
請釐剔八旗積弊疏 英煦 48/159
請飭會同籌議疏 文緒 48/161
續陳安插移撥旗丁並請加兵額疏
文緒 48/162
卷三五 戶政一二 農政上
務本論條法篇第一 徐鼒 48/167
務本論條法篇第二 徐鼒 48/167
務本論條法篇第三 徐鼒 48/168
務本論條法篇第四 徐鼒 48/168
務本論條法篇第五 徐鼒 48/169
務本論條法篇第六 徐鼒 48/169
務本論條法篇第七 徐鼒 48/170
務本論條法篇第八 徐鼒 48/171
務本論條法篇第九 徐鼒 48/171
務本論條法篇第十 徐鼒 48/172
務本論條法篇第十一 徐鼒 48/173
務本論條法篇第十二 徐鼒 48/174
務本論條法篇第十三 徐鼒 48/174

務本論條法篇第十四 徐鼒 48/175
杵臼經 翁廣平 48/176
稽旱潦議 馮桂芬 48/178
勸樹桑議 馮桂芬 48/178
論治旱 李東沅 48/179
廣種桑棉兼教紡織情形疏 賀長齡 48/182
勸民蠶桑詩說序 管同 48/183
種桑議 劉汝璆 48/185
試辦蠶桑漸著成效疏 涂宗瀛 48/186
卷三六 戶政一三 農政下
重修懋功屯利民渠記 強望泰 48/191
葭州宜鑿井記 張琛 48/192
金衢嚴三府疏濬堰壩陂塘並設立筒車記 劉汝璆 48/194
捐助新安澠池水利銀兩業已開工試辦并擬章程請示稟 金福曾 48/195
致金苕人觀察書 謝家福 48/198
覆謝君書 金福曾 48/199
東淀水道清理完竣疏 李鴻章 48/200
請飭籌款開井疏 夏同善 48/203
遵旨禁種鶯粟請將查禁各員分別叅撤疏 左宗棠、劉典 48/204
查禁晉省鶯粟各項請分別勸懲疏 張之洞 48/208
省垣重地宜籌足食之經疏 李用清 48/210
請禁作踐妨農稟 秦榮光 48/211
卷三七 戶政一四 倉儲
讀市糴攷 黄式三 48/217
擬籌積貯書 管同 48/219
請京師辦積穀片 沈葆楨 48/222
酌議整頓倉務章程疏 興廉、游百川 48/223
奏指定撥款及時買穀還倉疏 曾國荃 48/227
奏查明存款銀兩悉數建倉積穀疏 張之洞 48/228
奏各屬捐建社倉已有成數疏 馮譽驥 48/230
道府稟擬廣仁倉各條批 胡林翼 48/233
震澤鎮積穀倉記 莊慶椿 48/234
重建長沙府倉記 涂宗瀛 48/236
積穀章程 魁聯 48/237
卷三八 戶政一五 荒政上
寶山籌賑事略 章謙存 48/243
與鄉耆約減糶弭亂議 鄧顯鶴 48/250
備荒議 陳庭經 48/252
酌籌平糶量撫極貧疏 林則徐 48/255
縷陳蘇省連年災歉地方凋敝情形片 林則徐 48/257
覆奏查辦災賑情形疏 林則徐 48/262
書張武昌救荒事 楊士達 48/267
與尚邑侯論收蝗蝻書 鄧瑤 48/268
晉省被災現在籌辦情形疏 曾國荃 48/272
嚴禁鶯粟辦法片 曾國荃 48/275
請暫停晉省東南各府州縣應徵牲畜

稅片 曾國荃 48/276
請旨嚴禁就近採買平糶米石疏 張觀準 48/277
請將順直王莊遇災酌減分數並佃租歸官徵解疏 朱以增 48/278
蠲緩恩旨地方官任意延擱瀝陳弊端疏 鄭訓承 48/279
遵旨會議疏 榮祿 48/280
請飭燒戶捐賑片 李鴻章 48/282
卷三九 戶政一六 荒政下
籌辦陝省荒政情形疏 譚鍾麟 48/285
通籌豫省賑款擬濬利源以備歸補疏 袁保恆 48/287
致南中書(戊寅三月) 熊其英 48/289
致南中書(戊寅五月) 淩淦 48/292
致南中書(戊寅六月) 熊其英 48/295
致南中書(戊寅八月) 淩淦 48/297
致南中書(戊寅八月) 熊其英 48/299
致南中書(戊寅九月) 趙翰 48/303
致南中書(戊寅九月) 淩淦 48/307
致南中書(戊寅十一月) 熊其英 48/308
豫行日記 潘小庵 48/310
晉豫賑荒末議 48/313
荒政全策 彭世昌 48/316
恤民示 于蔭霖 48/334
備荒說 趙元益 48/336
卷四〇 戶政一七 漕運上
折南漕議 馮桂芬 48/347
漕糧開屯議 李祖陶 48/349
籌畫漕務疏 林則徐 48/352
嚴禁旗丁刁難示 賀長齡 48/362
復吳仲宜漕帥 曾國藩 48/363
江省新漕仍難改徵本色疏 沈葆楨 48/364
會議海運交米疏 曾國藩 48/366
漕項無從劃撥海運難以議分疏 沈葆楨 48/368
借黃濟運徒耗經費擬請暫行海運疏 沈葆楨 48/371
籌抵海運經費疏 馬新貽 48/373
籌備運道以利漕行疏 吳元炳 48/376
官剝船戶苦累仍請照前貼給疏 李鴻章 48/376
卷四一 戶政一八 漕運下
請復河運芻言 丁顯 48/383
復河運議 范本禮 48/402
海運河運議 李慶恆 48/404
卷四二 戶政一九 鹽課一
駮長蘆鹽價改用銀椿疏 賀長齡 48/411
會同兩湖督撫籌議楚省鹺務疏 陶樹 48/415
敬陳兩淮鹽務積弊附片 陶澍 48/417
再陳淮鹺積弊疏 陶澍 48/419
會同欽差擬定鹽務章程疏 陶澍 48/422
覆奏課歸場竈之說未敢遽行疏 陶澍 48/425
附奏獲私變價按引提課片

林則徐 48/428
整頓鹺務摺 林則徐 48/429
疏通鹽引疏 賀熙齡 48/436
鹽不設官議 李祖陶 48/438
呈賀耦庚師 俞德淵 48/441
上賀耦庚制府書 俞德淵 48/443
再呈賀耦庚師 俞德淵 48/444
卷四三 戶政二〇 鹽課二
復趙菊言方伯 俞德淵 48/449
復陸心蘭方伯 俞德淵 48/451
諭淮商 俞德淵 48/453
致前徐州守張丹村 俞德淵 48/454
與王御史論淮鹽第一書 楊士達 48/456
與王御史論淮鹽第二書 楊士達 48/459
變鹽法議 姚瑩 48/461
論鹽二 孫鼎臣 48/465
論鹽三 孫鼎臣 48/468
利淮鹺議 馮桂芬 48/471
採買淮鹽濟食分岸納課濟餉疏 駱秉章 48/474
奏陳楚省鹽法乞酌撥引張疏 胡林翼 48/477
卷四四 戶政二一 鹽課三
請整頓鹽法疏 劉毓楠 48/483
整理淮北票鹽疏 曾國藩 48/486
整頓淮南鹽務疏 曾國藩 48/489
條陳長蘆鹽務疏 曾國藩 48/492
楚岸鹽引淮川分界行銷疏 曾國藩 48/501
與劉星房都轉書 曾國藩 48/503
請收回淮南引地疏 曾國藩 48/507
復李少荃中堂論輪船運鹽書 李宗羲 48/510
收回淮南引地應遵部議迅速舉行疏 沈葆楨 48/511
兩淮鹽價仍難議增疏 沈葆楨 48/516
淮商遵完川鄂餉銀懇立限收復楚岸疏 沈葆楨 48/518
卷四五 戶政二二 鹽課四
瀝陳閩省鹺務積弊請改行票運釐課並抽疏 左宗棠、徐宗幹 48/525
閩省鹽務改行票運釐課並抽章程 吳大廷 48/527
整頓場務官幫章程稟 吳大廷 48/531
查覆下游各縣場産鹽額數並設卡各要隘稟 吳大廷 48/535
變通海運以及分別擒私船私抽收課釐稟 吳大廷 48/541
瀝陳閩鹽試行票運情形疏 左宗棠 48/544
請免現商帶輸銀兩疏 左宗棠 48/549
會奏減免兼徵帑息疏 左宗棠、徐宗幹 48/551
會奏票運一年期滿征收課耗釐等項銀數疏 左宗棠、徐宗幹 48/553
裁革陋費稟 吳大廷 48/557
請由道籌給西浦二關薪俸工食稟 吳大廷 48/558
卷四六 戶政二三 鹽課五
晉省官鹽滯銷私鹽充斥請照舊章歸官運疏 鄧慶麟 49/3

瀝陳川省鹽務積弊疏 丁寶楨 49/4
擬請仍照前奏飭部鑄頒關防疏 丁寶楨 49/7
現擬整頓鹽釐片 崇厚 49/8
遼海榷鹽私議 胡傳 49/10
川引斤兩過重請飭部減川配淮疏 劉坤一 49/14
遵查部議指詢各節據實覆陳疏 劉坤一 49/16
爲黔滇官運局還清原借帑項及四綱支存各款作爲運本疏 丁寶楨 49/20
兩淮議減濟楚川鹽引張事多窒礙難行疏 彭祖賢 49/22
鹽務積弊太深宜妥籌良法疏 桂霖 49/26
粵省潮橋鹽務廢弛擬委潮郡守兼辦片 張之洞 49/27
致陳孝廉書 徐賡陛 49/29
卷四七 戶政二四 榷酤
罷關征議 馮桂芬 49/35
重酒酤議 馮桂芬 49/37
酒課考 陸心源 49/38
南宋浙江酒課考 陸心源 49/40
召見恭紀 吳廷棟 49/42
請禁直境燒鍋片 李鴻章 49/46
請將臺屬各項雜餉分別豁除疏 丁日昌 49/47
會商整頓關務疏 穆圖善 49/49
會查稅課酌擬章程疏 慶裕 49/51
酌擬崇文門稅務章程疏 寶鋆 49/54
查明梧關病商實情並釐剔一切弊端疏 張之洞 49/59
請飭禁抽收賭款疏 鄧承修 49/68
卷四八 戶政二五 錢幣上
鈔幣議 王鎏 49/73
卷四九 戶政二六 錢幣下
籌議銀錢出納陝省礙難改易疏 林則徐 49/113
陛見恭紀 吳廷棟 49/115
平定州專用鐵錢流弊議 賈輔辰 49/120
銀幣論一 馬敬之 49/122
銀幣論二 馬敬之 49/123
用銀利弊論 姚文枏 49/125
請派大員查辦疏 張楷 49/127
請將年終應解物料變通辦理疏 張之洞 49/129
請將晉省例解紬絹紙張折價解部片 張之洞 49/131
奏陳整頓滇省銅政事宜疏 岑毓英 49/133
請變通鼓鑄疏 張之洞 49/136
請開爐鑄錢疏 楊昌濬 49/137
閩省試鑄制錢改由機器局籌辦疏 楊昌濬 49/140
卷五〇 禮政一 禮論
請崇儉疏 倭仁 49/145
繹禮堂記 劉蓉 49/146
復曾相國書 劉蓉 49/148
復劉中丞蓉書 曾國藩 49/151
筆記一則 曾國藩 49/155
書儀禮釋官後 曾國藩 49/155
禮理說 俞樾 49/156
經義雜說二則 俞樾 49/158

四禮榷疑自序 顧廣譽 49/158
燕寢攷序 張文虎 49/159

卷五一 禮政二 大典上

歷朝郊祀分合攷 姚文枬 49/165
遵議大禮疏 曾國藩 49/171
謹獻升祔大禮議 張佩綸 49/174
續陳會奏未盡之意疏 鍾佩賢 49/177
遵旨覆議升祔典禮疏 李鴻章 49/178
以一死泣請懿旨豫定大統之歸疏 吳可讀 49/181
闡明聖意疏 翁同龢、徐桐、藩祖蔭 49/184
遵旨妥議疏 寶廷 49/185
遵旨謹陳管見疏 張之洞 49/188

卷五二 禮政三 大典下

奏定文廟祀典記 俞樾 49/197
文廟祀典私議 俞樾 49/198
孔忠移祀崇聖祠議 俞樾 49/200
請將漢儒許愼從祀疏 汪鳴鑾 49/200
請升先儒韓愈祀位疏 鈕玉庚 49/202
遵議先儒從祀請旨准行疏 藩祖蔭 49/204
稟撫部院 薛福成 49/208
續修會典事例請飭妥議開館章程疏 延煦 49/210

卷五三 禮政四 學校上

說士上 管同 49/215
說士下 管同 49/216
重儒官議 馮桂芬 49/218
戒諭學官 李棠階 49/220
江甯府學記 曾國藩 49/221
學行鄉課議 劉汝璆 49/223
勸置學田說 張之洞 49/224
請定鄉試考官校閱章程並防士子勦襲諸弊疏 林則徐 49/227
請陝甘鄉試分闈並分設學政疏 左宗棠 49/231
奏設味經書院疏 許振禕 49/234
請整頓宗學疏 王榕吉 49/237

卷五四 禮政五 學校下

會籌整頓咸安宮官學章程疏 寶昌 49/243
請國學增設舉監疏 王先謙 49/247
請恩准職官入監片 王先謙 49/249
請停武闈片 沈葆楨 49/250
臚陳站丁不准考試可疑可憫情形疏 王家璧 49/251
請飭酌加海門廳學稟增各額片 黃體芳 49/253
請添設張獨多三廳學額疏 李鴻章 49/255
續陳苗民改裝暨整頓義學情形片 林肇元 49/257
口外七廳取進學額請援案辦理疏 奎斌、呂鳳岐 49/257
請造冊送考疏 文緒 49/259
新設縣治請立學校疏 慶裕 49/262
改建船山書院片 彭玉麟 49/263

卷五五 禮政六 宗法

爲人後者後大宗說 吳定 49/269
與子敦論宗子不必有爵書 張履 49/270

上湯尚書論兼祧服制書 張履 49/273
答陳仲虎爲小宗殤後宜還服本生書 張履 49/275
再答仲虎書 張履 49/277
復宗法論 馮桂芬 49/281
宋濮議論 張錫恭 49/284
濂溪大宗支裔零陵青山周氏譜序 宗稷辰 49/286
郭氏族譜序 楊彝珍 49/287
南邑唐氏續修族譜序 葛學禮、張堅墳諱 49/288
書賈丈湖山展墓圖記後 葛學禮、張堅墳諱 49/289
咨湖南撫院 胡林翼 49/290
提督出後異姓疏 曾國藩 49/291
據情代奏疏 靈桂 49/293
已故大員請準令擇立賢愛疏 慶裕 49/294

卷五六 禮政七 家教

訓子瑣言 牛作麟 49/301
送弟之江寗序 莊慶椿 49/302
桐城麻溪姚氏登科記 姚瑩 49/303
筆記十二則 曾國藩 49/305
與王叶庭書 曾國藩 49/313
與瑟庵従弟書 劉蓉 49/313
與培基培垕 劉蓉 49/316
家書一則 吳廷棟 49/318
遺訓八則 張兆熙 49/319
與子書 賈履上 49/319
甘節婦傳 管同 49/320
書楊氏婢 梅曾亮 49/321

卷五七 禮政八 昏禮

與張鐵甫論昏禮書 張士元 49/325
周官媒氏說 黃式三 49/326
昏問 錢儀吉 49/327
昏問 林柏桐 49/329
親病納婦論 鄧瑤 49/330
再答陳秀才書 鄧瑤 49/331
霍勒霍屯氏守義論 李惺 49/332
歸葬於女氏之黨議 袁翼 49/334
書劉貞女紀略後 方東樹 49/336
書歸震川貞女論後 王廷植 49/338
書清芬集後 張文虎 49/341
書應觀察所記張貞女事後 俞樾 49/344

卷五八 禮政九 喪禮

淵亭日錄一則 李文炤 49/349
喪禮論上 雷士俊 49/350
喪禮論下 雷士俊 49/352
雨不克葬論 張士元 49/353
貽某縣令書 全祖望 49/355
卑幼初喪不當受賀議 雷士俊 49/356
喪歸宜入家論 鄧瑤 49/358
請禁停喪稟 舒化民 49/359
東安禁金罐示 翁普恩 49/361
復曾滌生侍郎書 鄧瑤 49/363
墳塋禁步應遵定制疏 駱秉章 49/365
丁憂定制片 吳元炳 49/368
請旨仍飭丁憂道員回籍守制片 周瑞清 49/369
請嚴禁火葬積習疏 錢寶廉 49/370
釋哭 湯金釗 49/371

卷五九 禮政一〇 服制

父在爲母斬衰三年說 張錫恭 49/377
爲人後者爲所生服議上 沈垚 49/378
爲人後者爲所生服議下 沈垚 49/379
爲人後者爲本生祖父母服辨 馬樹華 49/381
爲人後者爲本生祖父母議 張履 49/382
獨子兼承兩祧孫爲祖父母服議 張履 49/383
獨子兼祧兩房服制論 王人定 49/385
論獨子兼祧之服 兪樾 49/387
論爲衆子婦之服 兪樾 49/388
爲父後者爲出嫁姊妹報服期議 張湘任 49/389
服問 錢儀吉 49/391
服問 林伯桐 49/393
服問 李能定 49/395
妾服或問 沈曰富 49/396
再醮不得爲繼妻論 王廷植 49/399
殤不當立後議 沈垚 49/402
與張生辛木書 顧廣譽 49/405
卷六〇 禮政一一 祭禮
家廟記 謝濟世 49/409
祠堂記 馬樹華 49/410
答汪孟慈書 馬樹華 49/415
與張淵甫書二 沈堯 49/416
答祭外祖父母問 王人定 49/419
答陳仲虎雜論祭禮書 張履 49/420
答陳仲虎論殤祭書 張履 49/421
題主說 李棠階 49/423
齊必變食說 顧廣譽 49/424
華亭南蕩張氏支祠記 張文虎 49/426
卷六一 禮政一二 正俗
文昌宮碑陰錄 惲敬 49/431
鬼神篇上 周元鼎 49/434
鬼神篇下 周元鼎 49/436
衛武公殺共伯辨 汪能肅 49/437
士庶昏喪遵制正俗議 李德騫 49/439
與友人書 鄧瑤 49/442
與計二田書 顧廣譽 49/443
請飭學政整飭士習疏 黃德濂 49/445
訪舉隱逸疏 胡林翼 49/447
金山張堰鎮義塾記 張文虎 49/448
送王季平學博之任崇明序 張文虎 49/449
請飭屬延師訓課回族各塾片 劉錦棠 49/450
救時芻言一則 張煥綸 49/451
卷六二 兵政一 兵制上
伊犁駐兵書始 松筠 49/455
八旗兵制攷 姚文棟 49/466
簡練軍實疏 曾國藩 49/469
論直隸添設六軍疏稿 倭仁 49/473
答劉霞仙茂才書 江忠源 49/473
整頓營務議 龍汝霖 49/476
請整頓額兵疏 沈葆楨 49/479
卷六三 兵政二 兵制中
會議長江水師營制疏 曾國藩 49/485

長江水師事宜三十條 49/487
長江水師營制二十四條 49/499
續陳長江水師未盡事宜疏
曾國藩 49/502
酌議江蘇水師事宜疏
曾國藩 49/513
酌議長江水師事宜疏
彭玉麟 49/516
卷六四 兵政三 兵制下
新設皖南鎮標營制疏
李宗羲 49/525
請改臺地營制疏 沈葆楨 49/527
會籌甘省變通兵制疏
左宗棠 49/529
擬請挑練大同馬隊五旗疏
衛榮光 49/531
新疆局勢大定敬陳管見疏
張曜 49/533
奏所部諸軍改營爲旗疏
劉錦棠 49/534
擬添練兩鎮馬步營疏 奎斌 49/535
謹陳酌改營制藉節餉需管見疏
卞寶第 49/537
會辦吉林練軍事宜疏
穆圖善、希元 49/539
晉省綠營就餉挑練事宜疏
剛毅 49/540
奏設瓊州練軍籌議餉項操練章程疏
張之洞、吳大徵 49/544
本邑兵防芻議 賈履上 49/546
卷六五 兵政四 屯餉上
伊犁興屯原始 松筠 50/3
請於南路雇募民苗稟
胡林翼 50/17
松郡民團經久芻議 賈履上 50/19
裁屯田議 馮桂芬 50/21
奉旨籌撥甘省糧臺暨新疆餉項疏
駱秉章 50/24
卷六六 兵政五 屯餉下
礦政 薛福成 50/31
條陳時事六則 葛士達 50/33
請撥給滿營弁兵隨缺地畝疏
恭鏜 50/34
請試開煤窰照章抽釐疏
銘安、玉亮 50/35
奏推屯於練設法開墾並籌樹藝情形疏 林肇元 50/36
籌議晉省口外屯墾情形疏
剛毅 50/37
奏爲餉欵艱難新疆南北兩路急需大興屯田以裕邊儲疏 50/42
卷六七 兵政六 馬政
變通有驛州縣夫馬報銷疏
胡林翼 50/49
通籌全局仍請添練馬隊疏
曾國藩 50/50
致郭筠仙太史論買馬
胡林翼 50/53
議吉林添買官馬援照驛馬定例疏
黄雲鵠 50/54
呈張中丞論晉省招募北方馬隊書
葛士達 50/55
代民捐辦新安澠池兩縣車馬應差并捐銀存當生息以充經費擬議章程請示稟 金福曾 50/58
裁徹夫馬局請旨立案疏

丁寶楨 50/61
請酌添寶抵縣驛站夫馬片 張樹聲 50/62
酌辦甘肅驛站事宜疏 譚鍾麟 50/64
新疆南邑改設驛站章程片 劉錦棠 50/65
卷六八　兵政七　保甲
請實行保甲疏 宗稷辰 50/69
上裕撫軍論防禦事宜書 楊士達 50/74
粵西團練略序 龍啟瑞 50/76
卮言一則 李祖陶 50/79
答某友書 熊少牧 50/83
覆文任吾書 曾國藩 50/85
上督撫憲緊要事宜歸入善後籌議五條 魁聯 50/85
團練說 朱孫詒 50/89
黃特軒傳 吳敏樹 50/91
現飭通行保甲守助之法並請飭部詳定就地正法章程疏 張之洞 50/94
通飭順天畿東各州縣編查保甲示 周金章 50/98
民團論 葛士清 50/100
保甲論 葛士清 50/102
漁團條例示 邵友濂 50/103
救時芻言一則 張煥綸 50/105
卷六九　兵政八　兵法上
控制鎮筸兵勇並察看各提鎮優劣片 林則徐 50/109
與于司馬書 魯一同 50/112
與吳中翰論時勢書 魯一同 50/115
復戴孝廉 魯一同 50/119
再復戴孝廉書 魯一同 50/120
條陳軍務疏 江忠源 50/125
答曾侍郎師書 江忠源 50/132
與駱籲門中丞 曾國藩 50/135
敞陳勦盜十三條 胡林翼 50/136
卷七〇　兵政九　兵法中
兵計 何邦彥 50/151
致官使相言立小統領 胡林翼 50/158
復多都統書 胡林翼 50/159
致李方伯多都護書 胡林翼 50/159
與本省司道書 曾国藩 50/160
致衛靜瀾侍講書 胡林翼 50/162
與官中堂都將軍曾侍郎楊軍門論兵事機宜書 胡林翼 50/162
與李幼泉書 曾國藩 50/165
與袁小午編修書 徐鼒 50/166
上各憲請武場添試火器刀矛箋 徐鼒 50/167
勸誡營官四條 曾國藩 50/169
書破地雷事 李元度 50/171
預籌三支水師疏 曾國藩 50/172
通籌全局疏 曾國藩 50/175
卷七一　兵政一〇　兵法下
公啟曾協揆 馮桂芬 50/181
書袁端敏公年譜後 孫衣言 50/184
專責成 葛士達 50/187
聯民圩 葛士達 50/188
擒賊黨 葛士達 50/189
重間諜 葛士達 50/190
習長矛 葛士達 50/191
拒馬繩 葛士達 50/192

霆營兵不宜分疏 沈葆楨 50/193
統籌新疆暨各省用兵緩急情形疏 駱秉章 50/195
覆陳川省兵力不能會剿黔匪疏 駱秉章 50/199
籌議練軍事宜疏 曾國藩 50/202
再議練軍事宜疏 曾國藩 50/206
官軍出關分起次第行走疏 左宗棠 50/209
上沈相國書 李有棻 50/215
具陳臺北情形以明是非疏 劉銘傳 50/216
遵旨督辦新疆軍務敬陳籌畫情形疏 左宗棠 50/222
卷七二 兵政一一 地利上
南北兩路卡倫總敘 松筠 50/231
與曾節帥論東南戰守形勢書 羅澤南 50/233
長江津要十三則 馬徵麟 50/236
郴州論 黃仲騏 50/239
永州論 黃仲騏 50/246
答客難 黃仲騏 50/248
浙江輿地扼要說 鍾文烝 50/249
復張制軍書 劉蓉 50/250
致駱籲門宮保書 劉蓉 50/252
大清一統輿圖跋 嚴樹森 50/254
察看福州海口船塢大概情形疏 沈葆楨 50/259
設險守國論 吳曾英 50/262
卷七三 兵政一二 地利下
十三道嘎牙河紀略 胡傳 50/267
西行日記二則 馮焌光 50/269
富良江源流考 范本禮 50/270
金沙江源流考 黃楙材 50/273
鴉龍江源流考 黃楙材 50/277
瀾滄江源流考 黃楙材 50/279
潞江源流考 黃楙材 50/282
檳榔江考 黃楙材 50/284
禹貢黑水考 黃楙材 50/286
恆河考上 黃楙材 50/294
恆河考下 黃楙材 50/297
印度河 黃楙材 50/302
西域圖說 黃楙材 50/306
巨文島形勢 闕名 50/310
卷七四 兵政一三 塞防上
黑龍江外紀 長清 50/313
康熙中俄定界始末考 50/318
中俄恰克圖界約第三條 50/323
中俄恰克圖界約第六條 50/324
中俄恰克圖界約第七條 50/324
俄羅斯事補輯 張穆 50/324
㞐齋籤記 張穆 50/329
俄羅斯進呈書籍記 何秋濤 50/331
卷七五 兵政一四 塞防下
從軍圖記 管同 50/365
迤西移改協營添設汛兵疏 林則徐 50/366
臺地後山請開舊禁疏 沈葆楨 50/372
南北路開山並擬布置琅璚旂後各情形疏 沈葆楨 50/375
請移駐巡撫疏 沈葆楨 50/379
故相遺言 李雲麟 50/382
論伊犁 李雲麟 50/383
論邊防 李雲麟 50/384
論新疆改省 李雲麟 50/385

善後方略 李雲麟 50/386
奏爲酌撤旗兵疏 崇實 50/389
擬添設茂興地方分防路記疏 文緒 50/390
奏爲兩旂爭地查辦未公據實陳明疏
　明疏 奎斌 50/392
遵旨籌議臺灣改設行省事宜疏
　楊昌濬、劉銘傳 50/393
吉林防務 胡傳 50/396
答沈韻松大使 胡傳 50/397
上吳清卿星使書 胡傳 50/400
對張幼樵學士問東陲道里形勢
　胡傳 50/401
重修寗古塔牙城記 胡傳 50/404
卷七六 兵政一五 山防
增刻三省邊防備覽序
　張鵬飛 50/407
保山縣城内回民移置官乃山相安情
　形疏 林則徐 50/410
致辰沅永靖道 胡林翼 50/413
招撫流亡示 瑞璋 50/413
擬設法保護屯民夾片
　吳大澂 50/415
請移駐巡檢分防疏 衛榮光 50/417
查明角子山地方險阻擬酌撥練軍駐
　紥毋庸改設通判疏
　邊寶泉 50/418
移設縣丞都司及建置事宜疏
　衛榮光 50/419
卷七七 兵政一六 海防上
請改大鵬營制疏 林則徐 50/425
尖沙嘴官涌添建礮臺疏
　林則徐 50/429
覆奏查察虎門排練礮臺疏
　林則徐 50/431
會奏銷化煙土已將及半情形疏
　林則徐 50/434
附奏東西各洋越竄夷船嚴行懲辦片
　林則徐 50/438
擬諭暎咭唎國王檄 林則徐 50/440
覆奏曾望顔條陳封關禁海事宜疏
　林則徐 50/442
密陳定海夷情片 林則徐 50/447
密陳夷務不能歇手片
　林則徐 50/448
會同驅諸夷船稟 胡興仁 50/450
征夷船進口硝磺稅銀議
　胡興仁 50/452
卷七八 兵政一七 海防下
道光洋艘征撫記上 魏源 50/457
道光洋艘征撫記下 魏源 50/473
籌海篇上 魏源 50/490
籌海篇下 魏源 50/493
卷七九 兵政一八 蠻防
請招募獵戶防堵番賊疏
　易棠 50/499
剿辦騰越廳邊外野夷情形疏
　林則徐 50/503
奏為剿平瞻對善後事竣漢兵藏兵一
　律凱撤疏 駱秉章 50/506
奏爲田州改土歸流通籌全局疏
　劉長佑 50/508
請移設綠營疏 岑毓英 50/511
報明南路剿番情形疏
　沈葆楨 50/513
北路中路開山情形疏

沈葆楨 50/516
番社就撫布置情形疏
沈葆楨 50/519
岷州林口土民自請改土歸流疏
譚鍾麟 50/520
條陳粵西土田州土目事宜
謝光綺 50/521
上粵督平治黎匪條陳 闕名 50/524
防黎示 王之春 50/526
會奏黎匪勦撫事宜疏
張之洞、吳大瀓 50/527
奏臺灣各路生番歸化并開山招撫情形疏 劉銘傳 50/533
卷八〇 兵政一九 苗防
道光湖粵平猺記 魏源 51/3
八排兵事考 湯彝 51/7
平猺議 陳起詩 51/10
治猺 陳起書 51/16
斷龍 陳起書 51/17
覆陳漢苗土司各情形疏
賀長齡 51/19
縷陳湖南苗疆情形疏
賀熙齡 51/23
遵議撫猺新章並籲加學額疏
李明墀 51/27
奏陳苗疆善後事宜片
林肇元 51/30
招撫猓目請予土職各緣由疏
岑毓英 51/31
卷八一 兵政二〇 勦匪上
議覆葉紹本條陳捕盜事宜疏
林則徐 51/35
論粵西賊情兵事始末
嚴正基 51/37
弭盜策 周琛 51/41
致魏將侯 胡林翼 51/43
與大府論會匪書 胡林翼 51/46
請通飭修築碉堡啟 胡林翼 51/48
上呂方伯啟 胡林翼 51/51
致督修碉堡各員紳書
胡林翼 51/52
論全楚邊防 魁聯 51/53
諭團練示 魁聯 51/54
上中丞切要事宜 魁聯 51/56
復周鹽道四條議 魁聯 51/59
代劉侍郎與貴東道書
郭崑燾 51/63
檄鳳潁淮徐滁泗宿海八府屬文
魯一同 51/64
卷八二 兵政二一 勦匪中
上琦中堂書 徐鼒 51/71
定海兵亂記 李尚暲 51/72
會匪紀略 孫良言 51/73
會匪紀略書後 孫良言 51/86
又書會匪紀略後 孫良言 51/89
陳河南捻匪情形疏 胡林翼 51/91
現籌剿辦川北巨股調集各軍分途前進情形疏 駱秉章 51/92
奏爲生擒逆首並剿滅髮逆巨股疏
駱秉章 51/94
卷八三 兵政二二 勦匪下
前赴山東勦賊疏 曾國藩 51/103
奉旨覆陳疏 曾國藩 51/107
平定捻匪策 程祖植 51/110
通籌滇黔大局疏 曾國藩 51/113
進駐涇州籌辦軍務疏

左宗棠 51/115
分道進勦布置聯絡情形疏
左宗棠 51/118
復李制軍書 劉蓉 51/122
設法嚴拏哥老會匪片
沈葆楨 51/124
操練西丹備調片 豐紳 51/126
請准首匪投誠疏 劉秉璋 51/126
稟辦匪鄉事宜 徐賡陛 51/128
通稟籌議緝捕海盜 徐賡陛 51/131
辦理學堂鄉情形第二稟
徐賡陛 51/135
擬分任文武大員查辦匪鄉疏
張之洞 51/138
卷八四 刑政一 刑論
與王咸齋太守論自新所書
張誠 51/143
罪疑惟輕說 裕謙 51/144
體法外之仁 宋邦僡 51/146
戒濫刑 宋邦僡 51/146
慎疑獄 宋邦僡 51/147
臯陶論 李元度 51/147
書滎陽獄 周樹槐 51/149
書張文和公逸事 李元度 51/150
審明迤西續獲匪犯就地正法片
林則徐 51/152
慎重刑章疏 胡慶源 51/154
酌擬搶劫重案就地正法各條疏
邊寶泉 51/156
遵照籌議軍犯情形疏
丁寶楨 51/158
命盜案件請暫行變通辦理疏
劉錦棠 51/160
人命重案礙難遽復舊制疏
劉錦棠 51/162
卷八五 刑政二 律例上
籌議嚴禁鴉片章程疏
林則徐 51/167
重禁吸煙以杜弊源片
林則徐 51/177
對用刑說 管同 51/180
修例宜慎 宋邦僡 51/181
平反冤獄 宋邦僡 51/182
請飭刑部增改條例疏
王憲成 51/183
服制命案例無明文請旨飭議專條疏
錢寶廉 51/187
剝船盜米案酌擬變通辦法疏
繼格、孫汶 51/189
情輕盜犯請飭部申明舊例疏
鄭訓承 51/190
請另立專條嚴辦鬥匪疏
張之洞 51/192
請懲辦南山匪徒疏 葉伯英 51/196
上莫善徵邑侯書 秦榮光 51/199
卷八六 刑政三 律例下
香港交解華人逃犯例章 51/205
奏定外國交出中國逃犯辦理章程
51/206
奸民誘拐人口賣與洋船變通懲辦章程 李鴻章 51/207
上海洋涇浜設官會審章程十條
51/208
外國流氓無論搶刦中外民人貨物由地方官捕拏送辦 51/210
英人鎗斃華民擬絞決稟

朱鳳梯 51/211
洋行買辦華人涉訟由華官訊辦 51/213
滇案擬結緣由疏 李鴻章 51/213
通商口岸關係英人命盜及審斷交涉案件委員觀審章程 51/215
致陳荔秋星使 徐賡陛 51/216
論招工 李東沅 51/217
索逃犯議 李鍾珏 51/218
禁猪仔議 李鍾珏 51/220
卷八七 刑政四 治獄
審明丁燦庭等兩次京控疏 林則徐 51/225
定讞必平恕 宋邦僡 51/233
案宜早結以免拖累 宋邦僡 51/233
至誠開導令愚民悔悟 宋邦僡 51/234
決獄貴有斷制 宋邦僡 51/235
受訴不可執成見 宋邦僡 51/235
耐煩聽察務得確情 宋邦僡 51/236
戒株連 宋邦僡 51/237
請臬憲區別齋匪稟 何紹祺 51/237
請飭永革陋習以重命案疏 鄧慶麟 51/239
據供先結以清庶獄疏 張道淵 51/239
清理積案以甦民困疏 丁日昌 51/241
設法清理監押人犯并勒限查辦疏 文煜、丁日昌 51/242
奏爲刑賞失中謹拔瀝直陳疏 王昕 51/246
爲杜訟棍株連苦累小民疏 卞寶第 51/248
奏爲重案未協有關治本民心疏 張之洞 51/249
遵旨查覆東鄉一案疏 李宗羲 51/253
條陳辦案積弊疏 陳彝 51/258
請清釐刑獄疏 徐克剛 51/259
建設候質公所擬請按提經費疏 畢道遠、周家楣 51/260
卷八八 工政一 土木
籌辦戰船情形疏 駱秉章 51/267
造船開工日期併船廠情形疏 沈葆楨 51/271
江岸坍塌謹陳籌堵情形疏 沈葆楨 51/274
機器到工已齊并船廠現在情形疏 沈葆楨 51/277
暹木到工船身告成並鐵廠教造起限情形疏 沈葆楨 51/281
船工將竣謹籌善後事宜疏 沈葆楨 51/283
查悉工程積弊請飭部妥議章程疏 寶廷、許應騤 51/285
派營興修城工告竣疏 楊昌濬 51/287
捐建鐵橋夾片 岑毓英 51/289
會籌修築要工片 衛榮光 51/290
修理直晉各工完竣疏 張之洞 51/291
卷八九 工政二 河防上
查驗豫東各廳埽完竣疏 林則徐 51/297
栗恭勤公傳 梅曾亮 51/299

送陳伯淵赴官東河序 王拯 51/301
改河道議 馮桂芬 51/302
河防芻議 劉成忠 51/304
治黃運兩河議 柳應墀 51/321
黃淮分合管議 丁顯 51/324
黃河復由雲梯關入海說略 丁顯 51/328
一邊出土節略 丁顯 51/331
卷九〇 工政三 河防中
奏請以工代賑疏 劉長佑 51/337
請築河隄疏 胡家玉 51/338
復郭雨三書 曾國藩 51/340
覆奏黃運兩河情形疏 李鴻章 51/341
瀝陳黃水情形疏 李宗羲 51/348
黃水下注遵旨豫籌防範疏 李宗羲 51/351
查勘應修黃河南岸長堤及設官修守疏 曾國荃 51/355
飭員測繪現在河圖疏 梅啟照 51/358
請飭籌撥河工需用銀兩疏 游百川、陳士杰 51/359
馬頰河不宜開挖分流緣由會同覆奏疏 李鴻章 51/363
河工重要亟應妥籌長策疏 游百川 51/368
請飭籌辦民埝片 延煦 51/371
遵旨籌辦河防據實直陳疏 陳士杰 51/372
辦理趙莊溞溝兩口情形疏 陳士杰 51/377
上游決口一律堵塞及籌辦下游情形疏 陳士杰 51/378
奏報徒駭河堤埝一律修築片 陳士杰 51/379
卷九一 工政四 河防下
查勘山東黃河並酌擬辦法疏 張曜 51/385
查勘黃河舊道謹擬酌辦情形疏 張曜 51/388
興辦河工委派司道將弁各專責成疏 張曜 51/390
查勘江北舊黃河情形疏 曾國荃、盧士杰 51/392
遵旨會勘乾河上游情形覆陳疏 成孚 51/395
遵旨籌議分流南河故道情形疏 張曜 51/398
查明黃河經過各屬地方疏 倪文蔚 51/402
黃河南決請速籌堵塞並設法補救疏 翁同龢、潘祖蔭 51/404
會奏遵旨體察開濬下河情形疏 曾國荃、盧士杰 51/406
遵旨迅籌濬河培壩工程疏 張曜 51/408
遵旨妥籌應挑洪湖引河地勢情形疏 曾國荃、盧士杰 51/410
議購外洋鐵路土車等片 倪文蔚 51/412
治河議上 童寶善 51/413
治河議下 童寶善 51/417
卷九二 工政五 運河
淮黃濟運議 沈兆霖 51/423
汶衛濟運論 范本禮 51/425

籌辦通漕要道疏 林則徐 51/427
籌辦河運事宜疏 曾國藩 51/431
遵旨查勘北運河工擬請疏築疏 廣壽、賀壽慈 51/434
請飭疏濬山東減河疏 劉恩溥 51/436
遵旨查明四女寺哨馬營兩處減河牐口情形疏 陳士杰 51/441
照章估築攔河大壩疏 覺羅成孚 51/442
邳宿濟漕各工擇要趕辦疏 曾國荃、盧士杰 51/444
籌辦南運減河要工疏 李鴻章、張曜 51/446
運河 陳重威、范本禮 51/449
運道 陳重威、范本禮 51/450
卷九三 工政六 水利通論
南北兩路山水總敘 松筠 51/455
水利議 吳騏 51/459
秀州水利納洩泖湖攷 顧廣譽 51/461
東南水患論 李祖陶 51/463
田制溝洫 林則徐 51/469
畿輔水利推行各省議 林則徐 51/475
興水利議 馮桂芬 51/478
勸諭涇陽諸縣士民條約 劉蓉 51/479
平捻善後議 葛士達 51/484
開濬長沙城北碧浪湖議 李元度 51/487
淮北水利說 丁顯 51/492
卷九四 工政七 直隸水利
畿輔水利議總敘 林則徐 51/499
開治水田有益國計民生議 林則徐 51/501
直隸土性宜稻有水皆可成田議 林則徐 51/506
歷代開治水田成效考 林則徐 51/513
責成地方官興辦毋庸另設專官議 林則徐 51/518
勸課獎勵議 林則徐 51/520
緩科輕則議 林則徐 51/523
禁擾累議 林則徐 51/525
懲阻撓議 林則徐 51/527
開築挖壓田地計畝難撥議 林則徐 51/531
禁占墾礙水淤地議 林則徐 51/532
請定天津水田章程疏 崇厚 51/534
問北方水利自元虞集後屢興屢廢果不可行歟抑行之未得其道歟 范本禮 51/537
卷九五 工政八 直隸河工
核辦永定河工程款項疏 曾國藩 52/3
覆陳直隸河道地勢情形疏 李鴻章 52/6
挑闢直境各河剋期工竣疏 李鴻章 52/11
奏陳永定河工村民交土流弊疏 徐樹銘 52/15
查勘獻縣河務並擬辦工程疏 徐樹銘 52/18
遵查獻縣河工實在情形疏 李鴻章 52/20

奏爲籌款修辦要工疏
李鴻章 52/24
卷九六 工政九 江蘇水利上
致江蘇中丞張蘭渚師誠書
李林松 52/31
嘉寶水利論 張崇傃 52/33
劉河節省銀兩撥挑七浦等河疏
林則徐 52/38
驗收劉河挑工疏 林則徐 52/41
驗收蘇松太等處水利疏
林則徐 52/43
鹽城豐縣兩處借項修築河堤疏
林則徐 52/46
上河督請復淮水故道書
裴蔭森 52/48
黃河北徙應復淮水故道有利無害論
丁顯 52/49
卷九七 工政一〇 江蘇水利下
擬復淮水故道章程 丁顯 52/61
導淮捷議 丁顯 52/66
導淮補議 丁顯 52/73
導淮別議 丁顯 52/76
查勘礮臺河湖情形酌擬導淮辦法疏
劉坤一 52/81
卷九八 工政一一 各省水利上
書王芥子涇水志後 安清翹 52/89
兩修都江堰工程紀略序
強望泰 52/90
鑿合州鉅梁虬門二灘記
強望泰 52/94
籌辦襄河隄工疏 林則徐 52/96
查勘江漢隄工疏 林則徐 52/98
疏分漢水支河說 江開 52/100
請查瀕湖私垸永禁私築疏
賀熙齡 52/102
樊城新隄記 賀熙齡 52/103
遵旨查明據實縷陳疏
彭玉麟 52/104
開濬南湖議 劉汝璆 52/109
濬湖州漊港議 劉汝璆 52/110
治漳說 葛士達 52/111
卷九九 工政一二 各省水利下
報銷疏濬河道經費清單疏
何璟、岑毓英 52/117
奏開河種桑捐廉辦竣片
林肇元 52/119
覆陳廣東水利議 徐賡陛 52/120
挑挖賈魯河一律深通疏
李鶴年 52/122
開濬河工告竣接修要工緣由疏
李明墀 52/124
修復渠工請照舊開支歲修銀兩疏
馮譽驥 52/126
辦理濬河築壩並各工情形疏
繼格 52/128
大修廣肇兩屬圍隄工竣繪圖奏明立案疏 張之洞 52/130
修築湖屬韓江圍隄片
張之洞 52/134
卷一〇〇 工政一三 海塘
勘估寶山塘工疏 林則徐 52/139
親勘海塘各工片 林則徐 52/142
驗收寶山縣海塘工程疏
林則徐 52/144
請將浙江西塘柴埽工程奏復一年固限 舒化民 52/147

修防 舒化民 52/149
修防酌寬固限 舒化民 52/150
修防 舒化民 52/151
修防核實 舒化民 52/153
修防籌費 舒化民 52/154
建復東中兩防石塘記 載槃 52/156
塘工及長安河事宜 劉汝璆 52/158
續修海塘酌擬變通辦理疏
梅啟照 52/159
勘明海鹽縣坍塌石塘擇要估修疏
劉秉璋 52/161
卷一〇一 洋務一 洋務通論上
致直隸訥制軍書 劉韻珂 52/167
天津新議續議 52/169
密陳夷務疏 殷兆鏞 52/184
擬陳洋務疏 郭嵩燾 52/190
覆奏洋務事宜疏 沈葆楨 52/196
海防條議 丁日昌 52/205
覆奏總理衙門六條疏
李宗羲 52/229
卷一〇二 洋務二 洋務通論中
上合肥伯相書 郭嵩燾 52/241
條陳洋務事宜疏 王先謙 52/249
瀛海論上篇 張自牧 52/270
瀛海論中篇 張自牧 52/282
卷一〇三 洋務三 洋務通論下
南洋形勢 黄楙材 52/295
書魏默深籌海篇後 52/299
沿海練水師議 52/300
備夷策 歐陽柄榮 52/303
答倭問答興亞 姚文棟 52/307
日本地理兵要例言 姚文棟 52/308
巴黎答友人書 李鳳苞 52/311
英人以三島制五洲論
彭瑞熙 52/314
縷陳中西情形種種不同火車鐵路勢
不可行疏 劉錫鴻 52/316
中國創設鐵路利弊論
鍾天緯 52/329
卷一〇四 洋務四 邦交一
重專對議 馮桂芬 52/349
儗與英國使臣威妥瑪書
蔣敦復 52/350
條陳出使外洋事宜疏 52/356
遵旨議奏疏 52/360
約章 薛福成 52/368
鄰交 薛福成 52/370
敵情 薛福成 52/373
通史總論 丁韙良譯 52/375
論各國應有專署以理外事
丁韙良譯 52/378
論通使之例 丁韙良譯 52/381
論使臣等級 丁韙良譯 52/391
論使臣職守 丁韙良譯 52/398
論出使人員 丁韙良譯 52/402
卷一〇五 洋務五 邦交二
論使臣之權利 丁韙良譯 52/409
論通使禮節 丁韙良譯 52/425
論使臣所任之事 丁韙良譯 52/434
論使臣升降解任等情
丁韙良譯 52/449
論各國往來禮節 丁韙良譯 52/454
論水師禮節 丁韙良譯 52/459
卷一〇六 洋務六 邦交三
論領事官之責任 丁韙良譯 52/469
論領事官所任之事分類

丁韙良譯 52/479
論領事官駐劄回部 丁韙良譯 52/497
公法十一篇 52/506

卷一〇七 洋務七 邦交四

瀛海論下篇 張自牧 53/3
論交涉 李東沅 53/17
論俄羅斯條約疏 郭嵩燾 53/29
中俄天津和約十二條 53/35
中俄續增條約十五則 53/39
琉球小志跋 姚文棟 53/56
答馬相伯書 姚文棟 53/57

卷一〇八 洋務八 軍政上

論夷務疏 沈兆霖 53/61
再論夷務疏 沈兆霖 53/63
密陳夷務疏 袁保恆 53/64
遵旨籌辦防務情形疏 李宗羲 53/66
輪船工竣並陳機器局情形疏 曾國藩 53/69
第一號輪船下水並續辦各情形疏 沈葆楨 53/71
請創設外海兵輪水師疏 張佩綸 53/74
統籌閩粵浙三省防務片 曾國荃 53/77
請拓增船礮大廠疏 左宗棠 53/78
請撥款製船疏 裴蔭森 53/81
購置練船疏 裴蔭森 53/83
試造淺水兵輪工竣察看疏 張之洞 53/86
謹陳船政形勢及應行次第舉辦事宜疏 裴蔭森 53/87
船政 薛福成 53/90

卷一〇九 洋務九 軍政中

請開鐵路以圖自彊疏 劉銘傳 53/97
津滬電線辦有成效請招商接辦推廣疏 李鴻章 53/99
天津等處擬試辦鐵路以便調兵運械疏 53/101
賀駛輪船說略 葛道殷 53/103
德國陸軍鎗隊操法序 馮國士 53/106
操練洋槍淺言 馮國士、葛道殷 53/107
用礮要言 葛道殷 53/114
新法礮臺議 周郇雨 53/119

卷一一〇 洋務一〇 軍政下

上黎星使書 姚文棟 53/127
籌辦海防稟二 徐賡陛 53/129
水陸制敵章程 張學醽 53/132
操練章程 張之洞 53/136
論練兵 李東沅 53/138
論民團 李東沅 53/141
救時芻言六則 張煥綸 53/144
廣軍會合桂省主客各軍力戰破敵實情疏 彭玉麟 53/145
欵議雖定仍宜備戰以毖後患疏 彭玉麟 53/152
縷陳選將練兵情形疏 鮑超 53/154
疏陳邊疆文武大臣得人疏 彭玉麟 53/158

卷一一一 洋務一一 教務上

猾夏之漸 53/163
江楚黜教 53/185

教堂一案設法辦理疏 沈葆楨 53/194
皖南人心稍定洋教士迭請雪冤並擬現辦情形疏 沈葆楨 53/197
卷一一二 洋務一二 教務下
致各西國大臣書 53/203
稟覆教民案件 徐賡陛 53/212
稟督院張 徐賡陛 53/219
覆法國領事文 張之洞 53/220
洋教所言多不合西人格致新理論 楊象濟 53/224
各國教門說 王韜 53/226
論傳教 李東沅 53/227
卷一一三 洋務一三 商務一
互市檔案 53/233
漏卮本末 53/252
白門原約二則 53/254
卷一一四 洋務一四 商務二
長江設關 53/261
洋藥土稅 53/280
牛莊設關 53/287
卷一一五 洋務一五 商務三
咨行通商各口募用外國人幫辦稅務章程 53/291
擬購挖土機船鐵脅新式輪機片 沈葆楨 53/298
核減臺煤出口稅片 沈葆楨 53/299
籌議出關餉需礙難借用洋款疏 沈葆楨 53/300
開平煤出口稅擬請援案減定片 李鴻章 53/304
請開兩廣鐵禁疏 張之洞 53/305
中英煙臺會議條款 53/306
照會法公使恭思當商務專款十條 53/307
覆陳維持招商局事宜疏 53/310
派員查明南洋商務情形擬設領事並籌計一切經費疏 張之洞 53/316
洋關征收稅鈔分項總數表 楊楷 53/322
卷一一六 洋務一六 商務四
利權一 薛福成 53/331
利權二 薛福成 53/333
利權三 薛福成 53/335
利權四 薛福成 53/337
上曾侯條陳第四則 張煥綸 53/339
擴充商務十條 鐘天緯 53/340
論天津宜設官牙茶行 姚文棟 53/350
論稅務 李東沅 53/351
論商務 李東沅 53/353
論借欵 李東沅 53/356
卷一一七 洋務一七 固圉上
英舊約第三條 53/367
愛琿城俄約第一條 53/367
俄約第九條 53/367
中俄黑龍江定界記文 53/368
中俄塔城議定記約首段 53/370
中俄塔城議定記約第一條 53/370
中俄塔城議定記約第二條 53/371
中俄塔城議定記約第三條 53/371
中俄塔城議定記約第四條 53/372
中俄塔城議定記約第五條 53/373
中俄塔城議定記約第六條 53/373
中俄塔城議定記約第七條 53/374
中俄塔城議定記約第八條 53/374

中俄塔城議定記約第九條 53/374
中俄塔城議定記約第十條 53/375
俄續約第一條 53/375
俄續約第二條 53/376
俄續約第三條 53/376
塔爾巴哈臺界約首段 53/377
塔爾巴哈臺界約第一條 53/377
塔爾巴哈臺界約第二條 53/378
塔爾巴哈臺界約第三條 53/379
科布多界約首段 53/379
科布多界約第一第 53/379
科布多界約第二條 53/380
科布多界約第三條 53/380
烏里雅蘇臺界約首段 53/381
烏里雅蘇臺界約第一條 53/381
烏里雅蘇臺界約第二條 53/383
中俄改訂條約第一條 53/386
中俄改訂條約第五條 53/386
中俄改訂條約第七條 53/386
中俄改訂條約第八條 53/387
中俄改訂條約第九條 53/387
美續約第一條 53/390
中法會訂越南新約第一欵 53/391
中法會訂越南新約第三欵 53/391
卷一一八 洋務一八 固圉中
復總署論挖吳淞漲沙書 李宗羲 53/395
籌邊論三 姚文棟 53/400
贈朝鮮人李秉輝歸國序 姚文棟 53/402
保護朝鮮議 53/403
上吳清卿師 胡傳 53/405
恭報會同俄員勘界立牌繪圖補記遵旨畫押各日期疏 吳大澂 53/408
會勘倭那二牌應照圖約更正疏 吳大澂 53/411
俄羅斯屬地西卑利亞新造鐵路圖說 姚文棟 53/412
卷一一九 洋務一九 固圉下
論今南洋各島國 吳曾英 53/417
五印度形勢 黃楙材 53/418
騰越邊徼 黃楙材 53/425
西域形勝 黃楙材 53/427
恭報撤師日期並調度劉軍安置越民情形疏 岑毓英 53/431
英緬兵爭現擬籌布邊防疏 岑毓英 53/433
籌議廣西邊防請移駐提督添設鎮道各緣由疏 張之洞、李秉衡 53/435
會奏移設裁改邊要各缺疏 張之洞、李秉衡 53/440
照會法使恭思當文 53/444
澳門租界改歸葡國永遠居住立約尚宜妥議緩定疏 張之洞 53/447
卷一二〇 洋務二〇 培才
采西學議 馮桂芬 53/455
酌議同文館章程疏 53/458
擬選聰穎子弟出洋習藝疏 曾國藩 53/462
派員攜帶幼童出洋並應辦事宜疏 李鴻章 53/465
選派閩廠生徒出洋習藝並酌議章程疏 李鴻章、沈葆楨 53/467
續選閩廠生徒出洋疏 李鴻章 53/475
條議一則 薛福成 53/476

文法擧隅序 曾紀澤 53/476
與葛子源書 姚文棟 53/478
上曾侯條陳 張煥綸 53/479
救時芻言四則 張煥綸 53/480
論考試 李東沅 53/482
議覆謝祖源奏請練習洋務人才疏 53/488
會議算學取士疏 53/491
粤省創設水陸師學堂以儲羣材疏 張之洞、吳大澂 53/494
請設廣方言館疏 李鴻章 53/497

皇朝經世文續編一百二十卷

卷一 學術一 聖學
啟心金鑑 倭仁 54/113
應詔陳言疏 倭仁 54/143
條陳日講事宜疏 曾國藩 54/149
遵旨會議日講事宜並陳管見疏 54/165
敬抒末議培養聖學疏 朱潮 54/171
呈進書籍疏 祁嶲藻 54/175
請進日講疏 倭仁 54/181
籲懇暫緩歸政以懋聖學疏 毓慶宮王大臣 54/185
卷二 學術二 原學
原學 陸心源 54/189
釋學上 王效成 54/191
釋學中 王效成 54/197
釋學下 王效成 54/201
辨學上 朱琦 54/207
辨學中 朱琦 54/211
辨學下 朱琦 54/215
學論 方濬頤 54/219
名實論上 高延第 54/223
孔門四科說 俞樾 54/229
經義治事兩齋論 易甲南 54/231
學案小識序 唐鑑 54/233
學案提要 唐鑑 54/241
與高伯平論學案小識 魯一同 54/251
與邢星槎孝廉論學案小識 李元度 54/259
贈何願船序 張星鑑 54/265
書致經堂記後 馮志沂 54/269
答方彥聞書 張成孫 54/271
與曾子植書 劉蓉 54/273
卷三 學術三 儒行
士論 柯培元 54/283
名節篇 湯成烈 54/287
示慶藩論人品 郭崑燾 54/291
朱建論 戴鈞衡 54/293
閹者論 鄧瑤 54/297
書劉海峰續難言後 熊少牧 54/301
懷甯端士習示 左輔 54/303
與劉明東書 陳世鎔 54/307
復沈舜卿先生書 吳廷棟 54/311
與楊性農書 吳敏樹 54/313
致李次青 胡林翼 54/319
贈易笏山序 吳大廷 54/321
贈林封翁序 馮志沂 54/323
卷四 學術四 法語

原性 廖連城 54/329
習說 劉蓉 54/333
留不足論 彭崧毓 54/337
正諛 王柏心 54/339
病說示景枚 李宗傳 54/341
念石子 藩德輿 54/343
日課四條 曾國藩 54/349
學約五則 汪廷珍 54/355
勸士條約 李棠階 54/363
勸學篇示直隸士子 曾國藩 54/371
示龍峯書院諸生 陳壽祺 54/377
晴川書院規約 彭崧毓 54/391
人範須知自序 盛隆 54/395
答倭良峰先生書 吳廷棟 54/399
答高旭堂書 羅澤南 54/401
卷五 學術五 廣論
默觚上 魏源 54/409
默觚中 魏源 54/413
求闕齋筆記 曾國藩 54/423
銖寸錄 竇垿 54/449
說小七篇 陳輅 54/457
疑信 王柏心 54/467
論道學 藩德輿 54/469
辨道論 方東樹 54/477
思而不學論 易本烺 54/501
經通序 周悅讓 54/505
與張臯文論文質第一書 吳德旋 54/509
與張臯文論文質第二書 吳德旋 54/511
與吳岳卿書 姚瑩 54/517
再覆趙晉齋書 曹肅荀 54/523
覆郭筠仙中丞書 曾國藩 54/529
答倭良峯先生書 吳廷棟 54/531
與許海秋書 程慶燕 54/533
上制府曾公書 楊德亨 54/527
卷六 學術六 文學
六經正名 龔鞏祚 55/5
尊史 龔鞏祚 55/11
聖哲畫像記 曾國藩 55/21
辨言 王柏心 55/31
學譽 王柏心 55/35
文敝 吳敏樹 55/37
文人少達多窮論 邵懿辰 55/39
示慶藩論文士 郭崑燾 55/43
請續修四庫全書疏 王懿榮 55/45
臚陳本朝儒臣所撰經義請列學官疏 王懿榮 55/49
周以來十一書應立學官議 黎庶昌 55/55
兩漢經師今古文家瀍攷序 魏源 55/61
詁經文鈔序 胡培翬 55/67
再與國史館總裁書 陳用光 55/73
答陳石士閣學書 陳壽祺 55/77
與郭筠仙中丞論通志體例書 李元度 55/81
與王硯雲先生論文徵體例書 季錫疇 55/91
重刊方正學先生年譜本傳序 牛振聲 55/99
書方望溪與李剛主書後 李元度 55/103
書切問齋文鈔後 方東樹 55/107
書皇朝經世文編學術門後 葉裕仁 55/115

湖南文徵序 曾國藩 55/117
歐陽生文集序 曾國藩 55/121
與歐陽筱岑論文派書 吳敏樹 55/125
復曾滌生閣學書 劉蓉 55/131
答陳碩士編修書 李宗傳 55/141
致馮展雲侍讀書 龍啟瑞 55/145
答陸祁生書 徐準宜 55/147
贈汪平甫序 梅曾亮 55/157
城南書舍圖序 吳嘉賓 55/161
卷七 學術七 師友
師說上 姚瑩 55/167
師說下 姚瑩 55/171
尊師正義 俞正燮 55/173
與友人論師書 方東樹 55/177
復曾制軍書 胡林翼 55/181
致汪梅村 胡林翼 55/183
量交 王柏心 55/187
與方存之茂才書 吳廷棟 55/189
與崇海秋大令書 鄧瑤 55/193
贈呂介存南游序 龍啟瑞 55/197
不繫舟尺牘跋 鄧瑤 55/199
卷八 治體一 原治上
默觚下 魏源 55/203
論治三 孫鼎臣 55/253
說治上 俞樾 55/259
說治下 俞樾 55/265
原亂 徐子苓 55/271
原災 管同 55/273
求治 戴楫 55/275
名實論中 高延第 55/279
名實論下 高延第 55/285
世變論 宗稷辰 55/291
復松滋縣汪省吾 胡林翼 55/301
答胡潤芝宮保書 吳廷棟 55/303
與邵位西書 徐子苓 55/307
與王給事書 徐子苓 55/309
復友人書 許宗衡 55/315
卷九 治體二 原治下
史議一 孫鼎臣 55/325
史議二 孫鼎臣 55/329
史議三 孫鼎臣 55/333
永命 管同 55/337
中興論 姚椿 55/341
秦論 王效成 55/345
西漢論 廖連城 55/349
讀史記萬石君傳 張履 55/353
讀貨殖傳 朱琦 55/355
重刻資治通鑑序 顧復初 55/359
書王船山先生通鑑論後 亢樹滋 55/363
書宋鑑後 亢樹滋 55/369
書宋史理宗紀後 亢樹滋 55/381
范文正公王荊公合論上 陳宗起 55/385
范文正公王荊公合論下 陳宗起 55/387
跋蘇明允集後 龍啟瑞 55/391
論明太祖二 潘德輿 55/395
書明徐文定公兵機要略後 謝應芝 55/397
戴天偶述 龔鞏祚 55/399
東華錄序 王先謙 55/403
題鄒忠倚殿試策後 龍啟瑞 55/413
孫芝房侍講芻論序 汪士鐸 55/415
孫芝房侍講芻論序 曾國藩 55/419

孫侍讀史臆序 楊彝珍 55/423
校邠廬抗議自序 馮桂芬 55/425
與左逸民書 魯一同 55/429
與左逸民第二書 魯一同 55/435
覆潘四農書 魯一同 55/441
卷一〇 治體三 政本上
旌意 王柏心 56/5
王言 王柏心 56/9
陳善閉邪論 姚學塽 56/11
培國脈肅政體疏 文瑞 56/13
勤求治理疏 羅惇衍 56/21
正本清源疏 王慶雲 56/27
敬陳時政四事疏 呂賢基 56/37
慎始芻言疏 蘇廷魁 56/45
敬陳聖德三端預防流弊疏 曾國藩 56/49
敬陳時事艱難疏 陳壇 56/59
敬陳時務五事疏 勝保 56/65
遵旨直陳疏 勝保 56/81
直陳時弊四條疏 李菡 56/87
三漸宜防疏 徐繼畬 56/95
敬陳治本疏 倭仁 56/107
請慎行賞罰疏 宋晉 56/113
時危勢迫請乾綱大振疏 鮑源深 56/117
請修省以回天變疏 羅惇衍 56/123
天時人事危迫日深疏 王茂蔭 56/131
謹推陳致理之原疏 郭嵩燾 56/139
請早定大計疏 趙樹吉 56/145
卷一一 治體四 政本下
端本慎始疏 徐啟文 56/157
條陳治本疏 林壽圖 56/163
法祖愛民疏 羅惇衍 56/171
條陳時政之要疏 李棠階 56/177
挈大綱防積弊疏 袁甲三 56/185
應詔直言疏 吳大瀓 56/195
杜漸防微疏 祁寯藻 56/209
請禁太監演戲疏 賈鐸 56/211
請慎擇宦寺疏 穆緝香阿 56/213
金陵告捷請加敬慎疏 吳廷棟 56/215
大局關繫疏 孫翼謀 56/221
請憂勤節儉疏 謝維藩 56/225
大婚典禮宜崇儉疏 倭仁 56/229
時勢可慮請停園工疏 李宗羲 56/233
請力除四獘疏 寶廷 56/239
覆上汪尚書書 梅曾亮 56/243
答沈舜卿先生書 吳廷棟 56/247
上何小宋制府書 楊德亨 56/251
卷一二 治體五 治法上
責實 王柏心 56/267
修約 王柏心 56/271
審宜 王柏心 56/273
續樞言 王柏心 56/277
法意 劉醰 56/305
修政論 薛福保 56/307
富教論 王塗 56/311
變法說 黃式三 56/317
變法論 王塗 56/321
商鞅變法論 楊紹文 56/327
封建郡縣說 俞樾 56/329
讀曹參傳書後 龍啟瑞 56/333
讀縱囚論書後 高延第 56/337
明代食兵二政錄序 魏源 56/341

道齊正軌序 錢儀吉 56/347
書饒嘯漁文後 包世臣 56/353
書包倦翁安吳四種後 丁晏 56/363
送倭艮峰先生序 孫衣言 56/367
卷一三 治體六 治法中
綜核名實疏 黃爵滋 56/373
敬陳理財用人疏 鄭世任 56/393
敬陳救時八策疏 潘祖蔭 56/401
應詔上中興十二策疏 蔣琦齡 56/409
臚陳時務八條疏 裘德俊 56/463
應詔陳言疏 黎庶昌 56/477
敬陳時事所先疏 邵亨豫 56/495
臚陳時事變通疏 王凱泰 56/517
謹上治平六策疏 薛福成 56/527
卷一四 治體七 治法下
東南三大政議 金安清 57/3
上陝撫陳關中十策 邵輔 57/11
上陶制府書 陳世鎔 57/23
復賀耦耕中丞問治黔書 嚴正基 57/29
與邵位西擬言時事書 徐子苓 57/39
致當事某公書 劉蓉 57/57
上江蘇巡撫李書 周騰虎 57/85
五品卿銜刑部主事象州鄭君傳 陳澧 57/97
卷一五 治體八 用人上
原才 曾國藩 57/111
覈才 王柏心 57/115
才論 潘德輿 57/119
人才論上 張澍 57/121
人才論中 張澍 57/123
人才論下 張澍 57/125
通論上 姚瑩 57/127
通論下 姚瑩 57/133
因時論一 吳鋌 57/139
知人論 陳爾幹 57/143
論知人 龍啟瑞 57/149
論取人 龍啟瑞 57/151
論用人 龍啟瑞 57/157
論得人 龍啟瑞 57/161
廣議 王柏心 57/165
激濁揚清論 鄒鳴鶴 57/169
魏文侯論 張履 57/173
范武子請老卻獻子為政論 楊紹文 57/175
張釋之不拜嗇夫論 陸心源 57/179
廣辨姦論 方濬頤 57/183
書魏叔子書歐陽文忠論包拯書後後 許宗衡 57/185
南疆逸史跋八 楊鳳苞 57/189
圉人說 何曰愈 57/195
記蝎 管同 57/199
卷一六 治體九 用人下
論內外欺罔疏 金應麟 57/203
刑賞失措疏 陳慶鏞 57/209
應詔請講求用人疏 曾國藩 57/215
敬籌振興人才以濟實用疏 王茂蔭 57/225
時勢危難請用緩急可恃之人疏 何桂珍 57/237
密籌直東軍務建置需人疏 郭嵩燾 57/243
請內外互用疏 高延祜 57/251
擬舉薦人才疏 吳嘉賓 57/255

答陳壽卿太史書 吳延棟 57/263
後張石卿中丞啟 胡林翼 57/267
致漢陽府劉冰如書 胡林翼 57/273
與曾滌生侍郎書 劉蓉 57/275
致惲次山中丞書 曾國藩 57/281
致兩司書 胡林翼 57/283
上胡宮保書 汪士鐸 57/285
卷一七 治體一〇 臣職
臣事論 梅曾亮 57/297
因時論二 吳鋌 57/303
張江陵論 亢樹滋 57/307
因時論三 吳鋌 57/311
續蘇明允諫論 朱琦 57/315
進言論 陳爾幹 57/319
王陽貢禹論 潘德輿 57/321
宋仁宗戒言官說 姚瑩 57/325
書姚惜抱翰林論後 許宗衡 57/327
書謝御史 吳敏樹 57/331
書明王少条遺疏後 朱琦 57/335
明呂新吾先生明職篇序 藩世恩 57/337
覆奏微疴漸愈勉力辦公片 陶澍 57/339
瀝陳辦事艱難仍懇終制疏 曾國藩 57/343
懇辭加恩片 曾國藩 57/351
請訓責樞臣疏 何金壽 57/355
與朱幹臣書 管同 57/359
與徐廉峰書 潘德輿 57/363
與湯海秋書 左宗植 57/367
復嚴渭春方伯書 胡林翼 57/371
覆黃恕皆侍郎書 曾國藩 57/373
和論 龍啟瑞 57/375
卷一八 吏政一 吏論上
訓廉 湯鵬 57/381
書馬文淵語 高延第 57/391
讀史記循吏傳 楊紹文 57/395
官宜久任疏 張堅 57/397
敬陳整頓吏治四事疏 李鶴年 57/401
條陳整飭吏治疏 袁方城 57/405
條陳力戒因循疏 丁日昌 57/413
示慶藩論任事 郭崑燾 57/427
示慶藩論處世 郭崑燾 57/429
勸誡淺語 曾國藩 57/431
重刻陳文恭公五種遺規序 吳慈鶴 57/443
卷一九 吏政二 吏論下
通致所屬長吏條教 陸言 58/3
山東東西司事宜條略 包世臣 58/9
論安徽吏治一 查揆 58/17
論安徽吏治二 查揆 58/23
論安徽吏治三 查揆 58/31
論安徽吏治四 查揆 58/35
論安徽吏治五 查揆 58/41
送王彤甫出守辰州序 陳運鎮 58/47
送鞏守唐子方序 劉醕 58/51
與陳警堂大令書 呂璜 58/55
答李海帆大令書 呂璜 58/57
答呂禮北書 李宗傳 58/59
復廣昌守方觀宣書 包世臣 58/63
答姚伯山書 包世臣 58/67
答陸曹縣書 包世臣 58/71
復賀耦耕中丞書 鄒鳴鶴 58/75
致曾滌生侍郎書 龍啟瑞 58/81

致左季高書 胡林翼 58/85
復嚴渭春方伯書 胡林翼 58/89
致馮价人太守書 胡林翼 58/91
復陳舫仙書 曾國藩 58/93
上韓中丞書 姚瑩 58/95

卷二〇 吏政三 官制

因時論六 吳鋌 58/101
通論唐宋官人之法 孫鼎臣 58/105
汰冗員議 馮桂芬 58/109
今冠合古制考 宗稷辰 58/117
翎頂考 陸心源 58/119
闗内侯答問 龔鞏祚 58/125
前因時論五 吳鋌 58/129
書翰林院號書本尚書冊後 周悅讓 58/131
前因時論六 吳鋌 58/133
通論唐以來諫職 孫鼎臣 58/135
起居注官考 許宗衡 58/141
内務府向不干政片 鮑源深 58/149
請傳辦要件統歸内務府大臣行文片 曾國藩 58/151
上大學士書 龔鞏祚 58/153
在禮曹日與堂上官論事書 龔鞏祚 58/171
擬請裁併河漕冗官條議疏 王慶雲 58/179
督撫同城請酌量變通疏 郭嵩燾 58/195
前因時論三 吳鋌 58/203
通論漢唐以來頒祿之制 孫鼎臣 58/205
厚養廉議 馮桂芬 58/211
請京員津帖作正開鎖疏 王懿榮 58/215
請重廉俸疏 景其濬 58/219
請定外吏津貼公費疏 王壡 58/223
請分別裁定陋規以肅吏治疏 黃體芳 58/227

卷二一 吏政四 銓選

前因時論一 吳鋌 58/235
前因時論二 吳鋌 58/239
變捐例議 馮桂芬 58/243
請更正才不勝任人員改補京職疏 王兆琛 58/247
慎用牧令疏 王道墉 58/251
道府州縣四項無庸減成疏 閻敬銘 58/255
請禁書吏捐保知縣疏 于淩辰 58/261
請飭停止增附捐教疏 汪元方 58/265
請酌核保舉章程以示限制疏 宋晉 58/269
遵議軍營勞績不准保至藩臬兩司疏 58/273
甘肅新疆保案請從寬核議疏 左宗棠 58/277
鄂省員缺久懇請變通辦理疏 胡林翼 58/283
請變通外吏廻避章程疏 王文韶 58/287
請變通委署州縣章程疏 王文韶 58/291
知縣外補壅滯請量予變通片 張之洞 58/295
請變通正途州縣選補班次疏

李肇錫 58/301
開復人員不宜仍發原省疏 崇實 58/305
請停報効以存政體疏 屠仁守 58/309

卷二二 吏政五 考察
馭下論 李聯琇 58/317
前因時論七 吴鋌 58/321
致事記 周悦讓 58/323
請飭部臣實心輔政疏 龔文齡 58/327
論因循之病疏 孫鼎臣 58/331
請京察舉劾並行疏 吴傑 58/337
請申明京察舊章責成樞臣疏 寶廷 58/343
請整頓八旗人才疏 寶廷 58/349
密陳司道府考語疏 林則徐 58/355
嚴懲貪墨疏 韓錦雲 58/357
請嚴汰劣員以肅吏治疏 朱潮 58/361
請慎簡大吏考察僚屬疏 尋鑾煒 58/365
請整飭吏治疏 周恒祺 58/369

卷二三 吏政六 大吏
名實説 朱琦 58/381
大人論上 馬福安 58/385
大人論下 馬福安 58/387
丙吉論 楊紹文 58/389
貴因 淩堃 58/391
讀昌黎集書後 包世臣 58/393
書韓退之上宰相書後 王實仁 58/395
奴禍 王效成 58/397
論趙恭毅公覆奏宋學士條款事 姚瑩 58/399
安徽布政使司題名碑 陸繼輅 58/403
請袪督撫大吏蒙蔽疏 裘元俊 58/405
端表率杜弊源疏 富興阿 58/411
禁言祥瑞疏 邊寶泉 58/417
上蔣礪堂制府師書 張澍 58/421
復錢伯玉同年書 鄒鳴鶴 58/425
上梅伯言先生書 龍啟瑞 58/431
上嚴渭春中丞論用人處事書 李宗羲 58/437
復吴竹如方伯書 舒化民 58/439
與曾滌生侍郎書 劉蓉 58/445
與江岷樵廉訪書 劉蓉 58/449
致毛驤雲中丞書 胡林翼 58/455
呈初萊陽中丞吏治事宜 左輔 58/457
跋林文忠公貽戴侍御手札卷 宗稷辰 58/465

卷二四 吏政七 守令上
前因時論八 吴鋌 59/5
論治四 孫鼎臣 59/9
讀周禮地官二 王效成 59/15
顧職方郡縣論駁議 戴望 59/17
強忠烈公遺墨贊 顧復初 59/23
重刻居官寡過錄序 陳用光 59/27
學治體行錄序 呂璜 59/31
牧令書輯要書後 丁日昌 59/33
贈費耕亭知府河南序 董基誠 59/37
送顧太守序 龍啟瑞 59/39

送張梧岡序 梅曾亮 59/42
送葉雨垞令寶應序 淩堃 59/45
送族兄魯珍序 陳運鎮 59/49
贈劉幹亭序 馮志沂 59/53
巴江廖侯還蜀序 葉裕仁 59/57
上汪尚書書 梅曾亮 59/61
與林小巖書 胡承珙 59/67
復及門高子佩書 路德 59/69
復易晴江同年書 鄒鳴鶴 59/73
答周仲和書 張士元 59/79
寄賀石農明府書 彭洋中 59/81
論裁定州縣規費書 吳嘉賓 59/85
卷二五 吏政八 守令中
從政要言 王鳳生 59/97
攔輿呈稟 王德茂 59/103
歡喜錢 王德茂 59/105
官箴四則 李宗羲 59/107
論居官十一則 郭崑燾 59/113
候補二十一則 何士祁 59/121
蜀僚問答 劉衡 59/129
鄂吏約 方宗誠 59/143
諭州縣親民札 賀長齡 59/177
整吏治以清政本札 賀長齡 59/183
庭訓述 張澍 59/191
顧行人沈光祿札跋 王寶仁 59/195
答人問作令第一書 陳文述 59/197
答人問作令第二書 陳文述 59/199
答人問作令第三書 陳文述 59/203
答問家人 陳文述 59/207
書李忠愍公傳後 管同 59/209
卷二六 吏政九 守令下
擇吏 王柏心 59/215
海疆善後宜重守令論 張穆 59/219
警省錄序 呂璜 59/227
送馬止齋序 梅曾亮 59/231
書沈端恪神道碑後 錢儀吉 59/233
石瑤臣傳書後 梅曾亮 59/237
鄱陽縣知縣吳君家傳 梅曾亮 59/241
山東館陶縣知縣張君墓表 包世臣 59/243
治巢瑣言 舒夢齡 59/253
治南獄事論 陳壽祺 59/259
崇陽客問 繆嘉譽 59/265
札饒州府密查鄱陽縣催科收呈等事由 吳文鎔 59/281
東湖縣稟呈酌議條款批 胡林翼 59/287
麻城縣稟陳地方情形批 胡林翼 59/291
復應山縣吳木齋書 胡林翼 59/295
擬與鳳陽守令書 管同 59/297
與李永州書 姚瑩 59/301
諭七百社家長 姚瑩 59/305
答李信齋論臺灣治事書 姚瑩 59/311
上嚴少韓邑宰書 吳敏樹 59/317
覆吉安文太守詢泰和地方情形書 沈衍慶 59/321
覆本府條陳積弊稟 徐賡陛 59/333
卷二七 吏政一〇 幕友
幕友說 陳必寗 59/355
幕學說 宗稷辰 59/359
擬策七 楊象濟 59/361
塾議 龔鞏祚 59/363
書江南生 龔鞏祚 59/367

請查禁謀薦幕友片 何桂芳 59/369
答問幕友 陳文述 59/371
馬嵐舟次與弟惠茲書 丁履泰 59/373

卷二八 吏政一一 吏胥

前因時論九 吳鋌 59/381
前因時論十 吳鋌 59/385
胥吏論一 魯一同 59/387
胥吏論二 魯一同 59/391
胥吏論三 魯一同 59/395
胥吏論四 魯一同 59/399
胥吏論五 魯一同 59/403
胥吏論一 尹耕雲 59/407
胥吏論二 尹耕雲 59/409
胥吏論三 尹耕雲 59/411
訓吏上 湯鵬 59/415
訓吏下 湯鵬 59/421
讀周禮地官一 王效成 59/431
讀酷吏傳 朱琦 59/433
世吏世役說 方濬頤 59/437
汰改役班 王德茂 59/441
復鄉職議 馮桂芬 59/443
省則例議 馮桂芬 59/449
易吏胥議 馮桂芬 59/455
請輯六部稿案以杜吏弊疏 陶廷杰 59/459
請嚴定懲創書役擾害章程疏 費庚吉 59/465
請懲治貪殘吏胥疏 游百川 59/471
請飭議仵作馬快准予出身疏 沈葆楨 59/475
答問書吏 陳文述 59/479
答問差役 陳文述 59/481
衢言 譚獻 59/483
送潘穉青明府歸桐城序 莫友芝 59/489

卷二九 戶政一 理財上

因時論九 吳鋌 60/3
前因時論十六 吳鋌 60/7
通論唐以來國計 孫鼎臣 60/9
論理財 龍啟瑞 60/17
肥國論 左宗植 60/23
裕本篇 宗稷辰 60/31
務本論上下篇并敘 徐鼒 60/35
軍儲篇一 魏源 60/65
裕財策 楊象濟 60/75
醫貧 湯鵬 60/79
袁胥臺父子家書跋 馮桂芬 60/95
贈汪孟慈序 姚瑩 60/101
復何竹薌同年論會計書 魏源 60/107
上祁相國論軍儲事書 湯修 60/111
與陳芝楣同年論清查交代書 徐寶善 60/117
致何青耜戶部兆瀛論米折書 江本銓 60/119

卷三〇 戶政二 理財中

條陳國用事宜疏 那斯洪阿 60/123
議覆籌補庫款章程利弊疏 李星沅 60/153
戒患貧言利疏 王東槐 60/159
通籌出入虛實疏 宗稷辰 60/165
戶部會奏籌議節流各款疏 王慶雲 60/171
請權出入以培國脈疏 汪振基 60/185

擬預籌節用疏 吳嘉賓 60/189
通籌財用大源敬陳管見疏
翁同書 60/197
議覆給事中周星譽條陳歛商權疏
60/213
遵旨會議開源節流事宜疏
60/219
進呈改辦年例彙奏出入會計黃冊疏
60/259
卷三一 戶政三 理財下
遵旨停止捐輸並變通常例捐款疏
60/273
請飭力籌節用永停捐輸疏
黃元善 60/285
請飭內務府撙節用款疏 60/289
聲明內府外庫定制疏 60/295
請飭稽查直省懸宕款目疏
徐法績 60/301
請每年清查以杜弊源疏
徐澤醰 60/307
清查彌補章程疏 吳文鎔 60/315
晉省辦理清查疏 張之洞 60/323
京餉宜解實銀疏 謝膺禧 60/331
請停京員津貼暫濟餉需片 60/335
札荊宜施道 胡林翼 60/339
荊門州稟陳設法籌解各款批
胡林翼 60/341
覆王筱泉廉訪書 曾國藩 60/343
卷三二 戶政四 養民
原食 吳德旋 60/349
漢循吏召信臣傳書後
鄒鳴鶴 60/351
敬陳民生吏治大概情形疏
陳肇 60/355
備陳民間疾苦疏 曾國藩 60/359
條陳與民休息疏 馬元瑞 60/367
利農恤商培養元氣片
黃元善 60/371
論東路事宜啟 胡林翼 60/375
天津創設廣仁堂疏 李鴻章 60/383
普濟堂並育嬰堂條約
栗毓美 60/387
育養幼孩不可領作奴僕移文
唐鑑 60/395
同善堂記 彭洋中 60/397
罪庸醫議 彭崧毓 60/399
醫說贈趙禮南 朱琦 60/401
玉楸藥解後序 陸繼輅 60/405
條陳大府通行牛痘章程
金東 60/409
答某廉訪論通行牛痘書
金東 60/417
卷三三 戶政五 建置
籌議奉省全局變通吏治疏
崇實 60/427
奉省南北路設官分治疏
崇厚 60/445
請升昌圖為府並添設各官疏
崇厚 60/453
昌圖府屬擬請添設各官疏
岐元 60/459
變通吉林吏治擬改設郡縣章程疏
銘安 60/463
通籌吉林全局請添設民官疏
銘安 60/471
請續設民官升改各缺疏

銘安 60/485
統籌新疆全局疏 左宗棠 60/497
覆陳新疆情形疏 左宗棠 60/503
規畫新疆郡縣疏 劉錦棠 60/521
縷陳新疆地勢民情未盡事宜疏 劉錦棠 60/527
籌議廣西邊防請移駐提督添設鎮道疏 張之洞 60/537
論貴州境插花情形啟 胡林翼 60/547
卷三四 戶政六 賦役一
治賦篇一 湯成烈 61/3
治賦篇二 湯成烈 61/7
治賦篇三 湯成烈 61/11
治賦篇四 湯成烈 61/17
治賦篇五 湯成烈 61/21
治賦篇六 湯成烈 61/25
治賦篇七 湯成烈 61/29
通論明賦餉之制 孫鼎臣 61/33
國朝賦役之制序 湯成烈 61/39
地丁原始 俞正燮 61/45
地丁正名 龔鞏祚 61/53
永嘉賦役志序 湯成烈 61/55
桂陽賦役志序 王闓運 61/61
書河南府施志後 俞正燮 61/65
書郡國利病書後 謝應芝 61/69
卷三五 戶政七 賦役二
因時論十 吳鋌 61/75
因時論十一 吳鋌 61/79
前因時論十七 吳鋌 61/83
畝制 俞正燮 61/85
書靳文襄生財裕餉第一疏後 邵懿辰 61/89
繪地圖議 馮桂芬 61/93
啟肅毅伯李公論清丈書 馮桂芬 61/111
請定步弓尺寸公牒 馮桂芬 61/119
卷三六 戶政八 賦役三
敬陳八折收漕不可者十事疏 王家相 61/129
敬陳漕運情形疏 姚文田 61/145
另陳收漕八折窒礙情形疏 湯金釗 61/153
嚴禁衿棍包漕橫索陋規片 陶澍 61/159
覆查漕案情形片 陶澍 61/167
請嚴革徵漕積弊疏 陳岱霖 61/173
南漕分成折色易滋流弊疏 李星沅 61/177
請嚴禁州縣加增錢糧疏 王兆琛 61/183
酌擬通查豫省積弊疏 張之萬 61/187
報銷安徽省抵徵總數疏 曾國藩 61/193
瀝陳江西省違例加徵諸弊疏 胡家玉 61/197
遵查江西徵收丁漕疏 劉秉璋 61/213
條陳丁漕利弊疏 王邦璽 61/225
釐剔官吏經徵錢糧積弊疏 61/237
請行錢糧民欠徵信冊疏 61/257
禁杜漕口示 左輔 61/273
札各州縣革除錢漕弊政 胡林翼 61/277
錢漕更弊議 魏源 61/285

呈蔣勵堂節相論蘇郡三邑漕務書 俞德淵 61/289
與許信臣撫部論蘇松漕獘書 馮桂芬 61/293
均賦議 馮桂芬 61/299
浙江南米截漕利害說 金安清 61/309

卷三七 戶政九 賦役四

謹陳湖北漕獘擬辦減漕密疏 胡林翼 61/321
辦理減漕大概情形片 胡林翼 61/327
請因時制賦疏 潘祖蔭 61/331
請永減蘇杭漕糧疏 丁壽昌 61/337
請減蘇松太浮糧疏 李鴻章 61/343
啟李宮保論減賦 馮桂芬 61/359
再啟李宮保 馮桂芬 61/363
三啟李宮保 馮桂芬 61/369
蘇松太常鎮減浮減賦議 楊沂孫 61/373
擬江蘇藩司請減五屬錢糧詳稿批 楊沂孫 61/377
江蘇減賦記 馮桂芬 61/381
江蘇減漕始末 宗源瀚 61/395
減租辨 金文榜 61/421
議減杭嘉湖三屬漕糧疏 左宗棠 61/429
陳明覈減紹興府屬浮收錢糧疏 左宗棠 61/439
裁杭嘉湖漕糧浮收記 戴槃 61/443
江甯府屬擬請酌減漕糧疏 沈葆楨 61/447
復李少荃觀察書 胡林翼 61/453
上大府條陳新章利獘書 吳嘉賓 61/457
上王曉蓮方伯論冬漕折價書 葉裕仁 61/467

卷三八 戶政一〇 賦役五

前因時論十二 吳鋌 62/3
改土貢議 馮桂芬 62/7
革獘從權恐滋流獘疏 袁銑 62/11
臚陳晉省目前切要事宜疏 曾國荃 62/19
條陳山陝差徭苦累擬設法輕減疏 閻敬銘 62/27
奏減晉省五路差徭情形片 張之洞 62/37
裁撤夫馬局疏 丁寶楨 62/41
均徭條示 62/45
致官揆帥書 胡林翼 62/55
請革現年敝政略 鄒鳴鶴 62/57
與彭通政論去差徭減重賦書 金文榜 62/63
上豫省當事論差徭書 熊祖詒 62/73
輓船 高延第 62/81

卷三九 戶政一一 屯墾

前因時論十五 吳鋌 62/89
屯田篇上 湯成烈 62/93
屯田篇下 湯成烈 62/97
廣李安溪屯田議 高延第 62/101
請防查荒擾累疏 戴炯孫 62/111
請將新漲沙洲歸公杜訟疏 陶澍 62/115
招懇荒田酌緩升科章程詳文 李宗羲 62/123

江南墾荒未便刻期從事疏 沈葆楨 62/133
請開皖北屯田疏 曾協均 62/137
覆奏皖北無須辦理屯田疏 喬松年 62/143
請禁棚民開山阻水以杜後患疏 汪元芳 62/151
臺灣山後未可開墾議 姚瑩 62/157
籌辦臺灣生番獻地開墾疏 劉韻珂 62/165
覆陳臺灣開墾番地疏 劉韻珂 62/175
籌辦陜西各路墾荒事宜疏 劉蓉 62/203
營田總局酌定章程 劉蓉 62/215
籌議套外蹚金等處屯田事宜疏 剛毅 62/233
籌辦開墾呼蘭所屬封禁荒田疏 恭鏜 62/243
烏魯木齊開墾廠地疏 平瑞 62/249
請與辦新疆屯田疏 62/253
募民屯邊議 陸獻恩 62/263
畿輔開屯以救漕弊議 包世臣 62/269
上林少穆制軍論營田書 桂超萬 62/275
防軍試墾鹹水沽一帶稻田情形片 李鴻章 62/279
議覆津東水利稟 周盛傳 62/283
擬開海運各處引河試辦屯墾稟 周盛傳 62/287
上浙撫論清糧開荒書 劉汝璆 62/295
南田弛禁議 呂瓚 62/307
代史士良觀察上南田事宜書 莊士敏 62/313
封禁山說 俞正燮 62/319

卷四〇 戶政一二 八旗生計

軍備篇五 魏源 62/325
節經費議 馮桂芬 62/335
旗戶分居議 李祖陶 62/339
記武隆阿秀堃八旗生計疏及雙城堡屯田始末 孫鼎臣 62/347
籌議調劑雙城堡京旗章程疏 經額布 62/355
條陳變通調劑宗支疏 戈靖 62/371
條陳恤旗民足邊防舒國用疏 沈桂芬 62/377
覆奏抽調旗丁屯田新疆疏 左宗棠 62/385

卷四一 戶政一三 農政上

均農 淩堃 62/401
井田論 胡培翬 62/405
井田議 周濟 62/411
田說 王效成 62/413
說厥土惟白壤 王效成 62/417
說海濱廣斥 王效成 62/419
說五百里米 王效成 62/423
讀孟子 王效成 62/425
重刊農政全書序 文舒燿 62/431
區田種法序 唐鑑 62/435
區田議 周濟 62/437
書魏志劉馥傳 錢儀吉 62/439
陸景思秋成詞 俞正燮 62/443
江北本政論 薛福保 62/447
虹圃記 王效成 62/451

杵臼經 翁廣平 62/453
墾荒用機器議 王炳燮 62/459
江南催耕課稻編序 陶澍 62/463
勸民早種早收諭 唐鑑 62/467
陽城縣九條曉示之一 徐璈 62/469
溝洫議上 施彥士 62/471
溝洫議下 施彥士 62/473
請興水利以裕民食疏 朱潮 62/477
請飭籌款開井灌田疏 夏同善 62/487
盱眙天長兩邑農利示 左輔 62/491
勸民開塘治田示 唐鑑 62/497
卷四二 戶政一四 農政下
勸樹桑議 馮桂芬 62/503
勸民蠶桑詩說序 管同 62/507
治旱條議 李東沅 62/511
申明勸課農桑舊例疏 胡長庚 62/517
廣種桑棉兼教紡織情形疏 賀長齡 62/525
邵陽縣酌時急務條示 周玉衡 62/529
教養山蠶說 張琛 62/541
觀種樹株檄 黃德濂 62/543
申明栽種罌粟舊禁疏 曾國荃 62/547
請禁罌粟片 張之洞 62/553
卷四三 戶政一五 倉儲
讀市糴攷 黃式三 63/5
積儲 劉樹堂 63/11
擬籌京師積儲疏 管同 63/15
京師本計疏 尹耕雲 63/21
籌備京倉疏 丁壽昌 63/29
請辦京師積穀片 沈葆楨 63/37
請實行積穀疏 肇麟 63/39
買補常平倉穀並嚴禁積獘疏 朱應元 63/43
請飭積穀備荒疏 鄔純嘏 63/47
東省辦理積穀情形疏 任道鎔 63/49
東省辦理積穀請飭認真查核疏 李肇錫 63/51
晉省善後存款悉數建倉積穀疏 張之洞 63/55
陝省捐建社倉已有成數疏 馮譽驥 63/59
論官理質穀疏 辛從益 63/65
道府稟擬廣仁倉各條批 胡林翼 63/71
通飭辦理積穀札 丁寶楨 63/75
扶持保義倉約 甘揚聲 63/79
成都省城勸積儲示 王廷植 63/89
資州社倉示 牛樹梅 63/97
寶慶府義倉記 彭洋中 63/111
重建長沙府倉記 涂宗瀛 63/119
成安縣改建常平義倉記 查揆 63/123
答安仁縣夏謙甫論漕米變價書 沈衍慶 63/127
與王樵白論義倉書 蔣彤 63/135
與謝拜賡論義倉善後事宜疏 甘揚聲 63/141
答賈布政問積主書 曹肅荀 63/149
上任布政論積儲書 陶濬宣 63/151
卷四四 戶政一六 荒政上
說賑上 彭泰來 63/165

說賑下 彭泰來 63/169
酌擬災賑章程疏 琦善 63/173
條陳荒政事宜疏 彭世昌 63/203
備荒議 陳廷經 63/239
備荒說 趙元益 63/247
寶山籌賑事略 章謙存 63/263
卷四五 戶政一七 荒政中
遵查畿南災歉酌擬賑卹疏 曾國藩 63/283
請責成官紳查賑疏 張沄 63/291
江蘇辨災章程疏 陶澍 63/295
覆奏查辦災賑情形疏 林則徐 63/305
江蘇陰雨連緜田稻歉收情形片 林則徐 63/315
敬陳荒政積弊並籌賑事宜疏 呂賢基 63/327
縷陳撫卹災黎竭力籌款情形疏 沈葆楨 63/335
晉省被災籌辦情形疏 曾國荃 63/341
籌辦陝省荒政情形疏 譚鐘麟 63/349
再上蔣制軍書 陳運鎮 63/355
上陳方伯芝楣先生書 黃汝成 63/359
與鄭耕畬廣文書 劉佳 63/363
上杜芝農相國請抽災民丁壯書 尹耕雲 63/367
上那繹堂師書 張澍 63/371
與汪衡甫方伯書 湯成烈 63/375
與唐明府言災事書 戴鈞衡 63/385
復夏幹園先生兗沂曹濟賑災書 趙廷愷 63/395
覆星使文孔修張蘭芷兩先生書 鄒鳴鶴 63/407
再與謝拜庚論救荒書 甘揚聲 63/411
勸糴書 葉裕仁 63/419
與永豐令論閉糴書 周樹槐 63/421
答陳雪漁論西糴書 彭泰來 63/427
卷四六 戶政一八 荒政下
平價禁囤議 李象鵾 63/433
查囤戶議 胡興仁 63/439
與鄉耆約減糶弭亂議 鄧顯鵬 63/441
歲貸記 楊彝珍 63/445
勸施米湯約 甘揚聲 63/447
廣施粥不如散米說 方濬頤 63/449
勸買布說 葉裕仁 63/455
安東歲災記敘 魯一同 63/459
和禱冰詞樂府書後 梅曾亮 63/463
說蝗 彭泰來 63/467
重修裴晉公祠記 牛鑑 63/471
敬陳治蝗諸法疏 伍輔祥 63/477
求雨說 俞正燮 63/483
卷四七 戶政一九 漕運上
論漕一 孫鼎臣 64/3
論漕二 孫鼎臣 64/7
論漕三 孫鼎臣 64/11
漕運論 錢寶琛 64/17
籌漕篇上 魏源 64/21
籌漕篇下 魏源 64/33
折南漕議 馮桂芬 64/45
裁衛屯議 馮桂芬 64/51
漕船遞年減造議 陳文述 64/59

河運芻言 丁顯 64/65
卷四八 戶政二〇 漕運中
籌補救河漕疏 王贈芳 64/103
東省閘內州縣兌漕苦累酌量變通疏 賀長齡 64/109
議覆籌畫漕運事宜疏 林則徐 64/115
辦漕各清各弊片 李星沅 64/139
遵議籌運京倉疏 曾國藩 64/143
兩湖漕糧難徵本色河運疏 李瀚章 64/153
陳明河運艱難疏 曾國藩 64/167
議覆河運萬難修復疏 沈葆楨 64/173
復朱蔭堂書 路德 64/181
答桂蘇州第一書 包世臣 64/185
復桂蘇州第二書 包世臣 64/191
答桂蘇州第三年書 包世臣 64/203
與桂蘇州第四書 包世臣 64/207
答桂蘇州第五書 包世臣 64/211
答桂蘇州第六書 包世臣 64/215
與桂蘇州第七書 包世臣 64/221
復包慎伯書 桂超萬 64/227
答夏謙甫論處置旗丁書 沈衍慶 64/229
致曾侯相書 馮桂芬 64/233
復吳仲仙漕師書 曾國藩 64/237
敬陳籌運西米策略疏 陸秉樞 64/239
記籌議商運臺穀始末 姚瑩 64/251
卷四九 戶政二一 漕運下
河漕私議 姚椿 64/267
海運續議 陳文述 64/273
海運北壩交兌議 陳文述 64/287
請試行海運疏 王贈芳 64/295
遵議御史朱琦奏海船帶運京倉米石疏 64/299
請將滯漕改由海運疏 張祥晉 64/303
河運難復擴充海運情形疏 丁日昌 64/307
會議海運交米疏 曾國藩 64/313
江北新漕改行海運疏 張樹聲 64/319
招商試辦輪船分運江浙漕糧疏 李鴻章 64/325
江廣等省漕糧請飭辦本色由海運津疏 64/331
商號擬購輪船試行漕運札并加函 丁日昌 64/335
上江蘇巡撫陸公論海漕書 魏源 64/337
復大學士蔣公論南漕書 魏源 64/347
重修尹山橋記 曹堉 64/355
海河並運論 朱其昂 64/357
卷五〇 戶政二二 鹽課一
前因時論二十五 吳鋌 64/377
論鹽一 孫鼎臣 64/381
論鹽二 孫鼎臣 64/385
論鹽三 孫鼎臣 64/391
通論唐以後鹽直貴賤 孫鼎臣 64/397
鹽法議 丁履恆 64/405
鹽法議上 周濟 64/411
鹽法議下 周濟 64/415

變鹽法議 李祖陶 64/417
積獘說 王應孚 64/423
請更定鹽法疏 王贈芳 64/427
酌改鹽務章程裕課便民疏 64/435
卷五一 戶政二三 鹽課二
兩淮鹽法議略 王守基 65/5
籌鹺篇 魏源 65/19
淮南變鹽法議 姚瑩 65/33
淮北票鹽志敘 魏源 65/43
鹽歸場竈議 俞德淵 65/47
謹陳補救淮鹽積獘疏 王贈芳 65/57
籌議緝私以疏官引疏 蔣攸銛 65/67
縷陳淮鹺積獘疏 陶澍 65/77
會籌兩淮鹽務擬定章程疏 陶澍 65/85
籌議加斤減價兼疏積引疏 陶澍 65/105
覆奏課歸場竈諸說未敢遽議更張疏 陶澍 65/111
酌議淮北試行票鹽章程疏 陶澍 65/117
覆陳整頓淮鹺一時難得把握疏 陶澍 65/131
復陳懲辦回空糧船夾帶蘆鹽疏 陶澍 65/139
整頓淮南行銷引地疏 林則徐 65/143
請變通兩淮鹽務疏 賀熙齡 65/157
酌議現辦淮南鹽務章程疏 李星沅 65/163
酌議淮南改票章程疏 陸建瀛 65/171
淮鹺問答 周濟 65/183
小倦游閣雜說二 包世臣 65/205
小倦游閣雜說三 包世臣 65/221
上陶宮保書 包世臣 65/229
答李子雲論鹽法書 周樹槐 65/239
復賀耦耕師書 俞德淵 65/243
與王御史論淮鹽第一書 楊士達 65/249
與王御史論淮鹽第二書 楊士達 65/255
與劉星房都轉論鹽務書 曾國藩 65/259
復趙菊言方伯論南汝光票鹽書 俞德淵 65/267
卷五二 戶政二四 鹽課三
兩淮鹽法議上 方濬頤 65/277
兩淮鹽法議中 方濬頤 65/285
兩淮鹽法議下 方濬頤 65/291
利淮鹽議 馮桂芬 65/297
淮鹺雜志 金安清 65/303
淮鹽改道議 周騰虎 65/313
請淮鹽由浙河轉運湖南疏 駱秉章 65/319
整理淮北票鹽疏 曾國藩 65/327
整理淮南鹽務疏 曾國藩 65/335
請收回淮南引地疏 曾國藩 65/341
楚岸未便改運粵鹽並川鹽侵占情形疏 曾國藩 65/347
楚岸暫與川鹽分界行銷疏 曾國藩 65/357
遵議安置川商整頓淮綱疏 沈葆楨 65/363

淮商遵完川鄂餉銀請立限收復楚岸疏 沈葆楨 65/373
覆核兩淮包餉立限收復引地疏 李瀚章 65/381
覆核兩淮包餉立限收復引地疏 丁寶楨 65/391
兩淮鹽價難以議增疏 沈葆楨 65/399
淮北額引礙難驟增疏 沈葆楨 65/403
淮商籌捐鉅款請免常捐票本疏 吳元炳 65/409
覆陳兩淮斷難改章增引疏 劉坤一 65/415
致九江知府沈幼丹論稅淮私書 周騰虎 65/425
擬輯淮南鹽法紀略稟 龐際雲 65/429
復陳筱浦廣文書 曾國藩 65/433
再復陳筱浦廣文書 曾國藩 65/437
論加鹽釐書 吳嘉賓 65/439
議撫建鹽引與閩通銷稟 首煥彪 65/441
復李中堂論輪船運鹽書 李宗羲 65/449

卷五三 戶政二五 鹽課四

遼海榷鹽私議 胡傳 66/3
奉天籌餉宜納鹽課疏 雙福 66/11
擬整頓東三省鹽釐片 崇厚 66/13
長蘆鹽法議略 王守基 66/17
長蘆鹽弊 劉樹堂 66/49
請變通鹽法先就近地試行疏 朱昌頤 66/53
酌改長蘆鹽務章程疏 66/65
山東鹽法議畧 王守基 66/71
遵籌山東鹽務酌議先課後鹽章程疏 66/97
河東鹽法議略 王守基 66/107
酌擬變通河東鹽務章程疏 兆那蘇圖 66/135
通籌河東全局改定章程疏 66/147
議駁河東請仍舉新商先鹽後課疏 66/167
與河東道論鹽務書 魏瀚 66/173
陝西攤徵鹽課請飭議變通疏 吳振棫 66/179

卷五四 戶政二六 鹽課五

浙江鹽法議略 王守基 66/185
查明兩浙鹽務積弊籌議章程疏 程祖洛 66/211
請杭嘉紹松四所試辦票鹽疏 左宗棠 66/225
兩浙綱鹽請裁行留局疏 楊昌濬 66/229
上鹿春如觀察論票鹽書 湯成烈 66/235
福建鹽法議略 王守基 66/241
瀝陳閩鹺積弊請試行票運疏 左宗棠 66/253
閩鹽票運辦有成效請緩免帑息疏 左宗棠 66/259
廣東鹽法議畧 王守基 66/265
楚省行銷粵鹽酌議抽稅疏 駱秉章 66/281
四川鹽法議略 王守基 66/289
楚省鹽法請借撥川引官運官銷疏

胡林翼 66/315
川鹽官運辦有成效未可更改疏
丁寶楨 66/319
查明川省官運款目並原奏情形不符疏 66/331
雲南鹽法議略 王守基 66/347
卷五五 戶政二七 榷酤
前因時論十八 吳鋌 66/367
禁末 王柏心 66/369
征商論 俞正燮 66/373
墟市論 高崧 66/377
請飭禁崇文門稅務需索疏
鐘佩賢 66/381
酌擬崇文門稅務章程疏
寶鋆 66/385
會查遼陽稅課酌擬章程疏
慶裕 66/397
浙省北新關暫緩開設疏
左宗棠 66/405
閩省征收運銷茶稅疏
呂佺孫 66/409
粵海關志序例 方東樹 66/413
復曾沅圃觀察書 胡林翼 66/423
重酒酤議 馮桂芬 66/425
榷酤說 金文榜 66/429
酒課考 陸心源 66/433
南宋浙江酒課考 陸心源 66/437
召見恭紀奏結私酒案事
吳廷楝 66/439
請暫禁燒鍋片 李鴻章 66/449
籌議闈姓利害請暫弛禁以塞漏卮疏
張之洞 66/451
卷五六 戶政二八 釐捐
罷關征議 馮桂芬 66/467
原捐 陸心源 66/473
釐金議 楊象濟 66/477
釐卡議 程鴻詔 66/481
請推廣捐釐助餉疏 雷以諴 66/485
遵議勝保奏勸諭抽釐助餉疏
66/489
遵議勝保奏請各省普律抽釐疏
66/493
遵議整頓釐捐章程疏 66/499
論粵省軍務釐務疏 王拯 66/507
湖南釐金辦有成效請仍照舊章疏
毛鴻賓 66/517
詳陳釐捐源流利弊疏
郭嵩燾 66/529
縷陳廣東釐務情形片
郭嵩燾 66/545
請及時防弊疏 王書瑞 66/549
縷陳江蘇釐捐撥款支絀情形疏
沈葆楨 66/553
荊宜施道稟沙市客幫懇變抽釐章程批 胡林翼 66/559
卷五七 戶政二九 開礦
軍儲篇三 魏源 67/3
礦屯議 薛福成 67/15
覆勘礦洞情形並鍊礦成色疏
陸應穀 67/21
直隸開平煤礦辦有成效疏
李鴻章 67/25
礦廠開採恐滋流弊疏
祁世長 67/31
遵查唐山等處礦廠並無妨礙情形稟
楊嘉善 67/33

查覆銅山縣利國煤鐵礦務詳文 程國熙 67/41
覆奏金峒礦苗尚露請試開採疏 陸費瑔 67/47
勸開湖南煤鐵礦示 張之洞 67/51
請開兩廣鐵禁疏 張之洞 67/57
請開粵西礦利條陳 謝光綺 67/59
查勘滇省礦廠情形試行開採疏 林則徐 67/65
籌議雲南礦務疏 唐炯 67/81
變通雲南礦務章程疏 唐炯 67/87
漠河金廠擬撥兵淘採議 闕名 67/91
籌辦漠河金廠疏 李鴻章 67/101
上王夔石中丞論採礦金書 陳寶箴 67/123
卷五八 戶政三〇 錢幣上
前因時論十一 吳鋌 67/135
論治五 孫鼎臣 67/139
論幣一 孫鼎臣 67/145
通論唐以來銀幣 孫鼎臣 67/151
銀幣論一 馬敬之 67/157
銀幣論二 馬敬之 67/161
錢幣議 丁履恆 67/165
銀荒小補說 包世臣 67/171
銀貴不足害說 周騰虎 67/175
專重制錢論上 成毅 67/179
專重制錢論下 成毅 67/185
設法貴錢賤銀疏 吳文鎔 67/189
請飭定銀錢畫一章程疏 劉良駒 67/195
運錢法以握利權疏 朱嶟 67/203
擬銀錢並用章程疏 曾國藩 67/215
擬上銀錢並用議 吳嘉賓 67/223
用錢不廢銀議 馮桂芬 67/241
擬改銀幣折錢疏 繆梓 67/251
鑄銀錢說 周騰虎 67/261
粵省試鑄銀元片 張之洞 67/267
卷五九 戶政三一 錢幣中
前因時論十三 吳鋌 67/273
致牙釐文案糧臺諸君論鑄錢書 胡林翼 67/277
粵省購辦機器試鑄制錢疏 張之洞 67/281
擬請改鑄輕錢議 鍾大焜 67/289
論幣二 孫鼎臣 67/303
以工巧為幣議 馮桂芬 67/307
敬陳大錢利弊疏 王茂蔭 67/311
再論加鑄大錢疏 王茂蔭 67/319
請變通錢法疏 沈葆楨 67/323
請重祖錢以正錢法疏 宗稷辰 67/331
陛見恭紀 吳廷棟 67/337
請罷大錢疏 趙樹吉 67/347
致王曉林中丞議大錢書 吳文鎔 67/353
請飭各省解錢籌銅規復制錢疏 67/355
籌議仿鑄回錢疏 李星沅 67/361
請改鑄鐵錢疏 呂佺孫 67/365
平定州專用鐵錢流弊議 黃輔辰 67/369
卷六〇 戶政三二 錢幣下
前因時論十四 吳鋌 67/377
銀幣論上 繆梓 67/381
銀幣論下 繆梓 67/389

錢幣議一 陸覹恩 67/395
錢幣議二 陸覹恩 67/397
錢幣議三 陸覹恩 67/399
錢幣議四 陸覹恩 67/403
行鈔引議 楊象濟 67/407
擬富國富民策上 王鎏 67/413
擬富國富民策下 王鎏 67/415
錢鈔十議 王鎏 67/417
鈔幣論敘 許槤 67/441
鈔幣通論 許楣 67/443
鈔利條論 許楣 67/459
造鈔條論 許楣 67/475
行鈔條論 許楣 67/483
禁銅條論 許楣 67/499
鑄大錢條論 許楣 67/503
鈔幣雜論 許楣 67/505
軍儲篇四 魏源 67/511
駁鈔法議 周悅讓 67/521
答王亮生論鈔幣書 包世臣 67/525
議覆錢票有利無弊疏
賀長齡 67/535
會議鈔法請暫行銀票期票並開設官銀錢號疏 67/539
條議鈔法疏 王茂蔭 67/545
再議鈔法疏 王茂蔭 67/559
鈔法宜取信兵民疏 崇實 67/567
流通鈔法宜籌實濟疏
楊重雅 67/573

卷六一 禮政一 禮論

禮論 王效成 68/3
禮論 楊紹文 68/11
禮理說 俞樾 68/15
崇檢論 馬福安 68/17
讀曲禮 程德賚 68/21
讀內則 謝廣芝 68/23
讀曾子問 謝廣芝 68/25
四禮從宜敘 龍啟瑞 68/27
繹禮堂記 劉蓉 68/31
上曾相國書 劉蓉 68/35
復劉霞仙中丞書 曾國藩 68/43

卷六二 禮政二 大典上

讀宋史記禮志論郊配
葉裕仁 68/55
遵議大禮疏 曾國藩 68/59
敬陳從權守經疏 董元章 68/67
政權操之自上疏 賈楨 68/71
請親理大政疏 勝保 68/75
遵議垂簾聽政事宜疏 68/81
晉書賀循傳書後 沈垚 68/89
宋明兩大疑案論 李祖陶 68/95
明大禮說 朱琦 68/111
讀段集明世宗非禮論
黃式三 68/119
繼統論上 方宗誠 68/123
繼統論下 方宗誠 68/143
請預定大統遺疏 吳可讀 68/151
遵議預定大統疏 68/159
遵議預定大統疏 徐桐 68/163
另議預定大統疏 張之洞 68/165
另議預定大統疏 寶廷 68/177
遵議升祔典禮疏 李鴻章 68/185
答吳摯甫論祔祧書 方宗誠 68/191
預杜妄論疏 68/195
國恤私議 楊象濟 68/205
書宋志真宗永定陵事後
俞正燮 68/209

卷六三 禮政三 大典下
鬼神論 潘德輿 68/215
論明太祖三 藩德輿 68/219
祀典雜議 龔鞏祚 68/223
擬州縣請立靈星祠議 洪熙煊 68/231
增祀章水神議 王泉之 68/235
丁灣社碑 徐時棟 68/239
卷六四 禮政四 學校上
學校祀倉頡議 俞樾 68/245
學校應增祀先聖周公議 魏源 68/249
孔忠移祀崇聖祠議 俞樾 68/253
擬復漢儒賈誼從祀議 陸心源 68/255
擬顧炎武從祀議 陸心源 68/261
遵議先儒黃宗羲顧炎武從祀疏 潘祖蔭 68/265
瀏陽學祭議 吳敏樹 68/275
南匯縣稟尊經閣崇祀經師批 蔣日豫 68/279
江甯府學記 曾國藩 68/283
永康縣學碑記 孫衣言 68/287
擬請郡縣廣行鄉飲酒禮議 陳壽祺 68/291
卷六五 禮政五 學校下
學校篇上 湯成烈 68/305
學校篇中 湯成烈 68/309
學校篇下 湯成烈 68/313
因時論五 吳鋌 68/317
士論 亢樹滋 68/321
史記儒林傳論 楊紹文 68/325
重儒官議 馮桂芬 68/329
學官論 王寶仁 68/333
采風劄記各卷小序 李聯琇 68/335
送張小軒督學安徽序 淩堃 68/339
送江小帆視學湖北序 曾國藩 68/345
送錢調甫之任贛榆教諭序 葉裕仁 68/349
書寶應訓導張君遺像後 包世臣 68/351
冷齋勘書圖記 錢泰吉 68/353
請整頓宗學疏 王榕吉 68/357
請增設擧監疏 王先謙 68/361
會議廣敷教化疏 賀長齡 68/365
請購刊經史疏 鮑源深 68/371
奏設味經書院疏 許振禕 68/375
勸置學田說 張之洞 68/381
安康縣興賢學倉志序 路德 68/387
桐鄉書院四議 戴鈞衡 68/393
河北精舍學規 陳寶箴 68/405
講書議 陳澧 68/419
鄉塾讀書法序 李兆洛 68/423
金山張堰鎮義塾記 張文虎 68/425
卷六六 禮政六 貢擧
因時論四 吳鋌 69/5
論治二 孫鼎臣 69/9
說士上 管同 69/15
說士下 管同 69/19
取士 楊紹文 69/23
學校貢擧論 吳德旋 69/29
擬朱子學校貢擧議一 王寶仁 69/33
擬朱子學校貢擧議二 王寶仁 69/39

育才說 李棠階 69/49
科場議一 陳澧 69/55
科場議二 陳澧 69/59
科場議三 陳澧 69/65
變科舉議 馮桂芬 69/69
請定鄉試校閱章程並防勦襲諸弊疏
林則徐 69/77
上會節相議江南不可分闈書
方宗誠 69/85
請陝甘鄉試分闈並分設學政疏
左宗棠 69/93
請推廣文武科試疏 祁墳 69/101
請停止武闈片 沈葆楨 69/107
上大府請武場添試火器箋
徐鼒 69/111
條陳請禁楷字以換頹風疏
桂文燦 69/115
上戴大司寇書 包世臣 69/119
與魯通甫書 潘德輿 69/127
上羅椒生先生書 戴鈞衡 69/139
停廣額議 金文榜 69/147
請變通廣額章程片 張之洞 69/151
推廣拔貢議 陳澧 69/153
請擢用優貢疏 官文 69/155
請慎重名器疏 朱嶟 69/159
請停推廣捐例疏 季芝昌 69/163
請停推廣捐納軍功舉人附生疏
俞長贊 69/167
卷六七 禮政七 宗法
宗法議 成毅 69/175
復宗法議 馮桂芬 69/179
農宗答問 龔鞏祚 69/187
與沈子敦論宗子不必有爵書
張履 69/191
答陳仲虎論喪主書 張履 69/197
繼嗣義例問答 吳昆田 69/205
答人問為後書 彭泰來 69/213
兼祧說 顧廣譽 69/219
兼祧之禮合乎古義說
劉毓崧 69/223
族譜序 方東樹 69/241
復小宗論 瞿家鏊 69/259
義田說 王鎏 69/263
甬東吳氏義莊碑記 徐時棟 69/265
陳氏義田記 王宗炎 69/269
勸酌提祠產周濟貧族示
張之洞 69/271
提督出後異姓片 曾國藩 69/275
與友人論姪嗣姑後書 鄧瑤 69/279
卷六八 禮政八 家教
倫紀篇 湯成烈 69/285
宗約 孫希朱 69/289
譜訓八則 陳世鎔 69/305
治家瑣言 牛作麟 69/311
訓子瑣言 牛作麟 69/321
示兒帖 李棠階 69/323
與瑟庵從弟書 劉蓉 69/327
治生 楊彝珍 69/339
示儉 舒化民 69/343
誌大父應準公家訓 黃涫熙 69/347
郭巨論 馬國翰 69/351
愛日堂記 孫衣言 69/355
兄弟異居義 王紳 69/359
方氏記李默齋實行書後
陸繼輅 69/363
書任彥昇奏彈劉整文後

鄧瑤 69/367
書秀水沈孺人家傳後 姚椿 69/371
與黃生論妻黨書 鄧瑤 69/373
收養親戚 俞正燮 69/377
卷六九 禮政九 昏禮
昏禮攝視議 俞正燮 69/383
昏禮樂賀 俞正燮 69/387
士庶昏禮遵制正俗議 李德騫 69/389
禁止溫州坐筵記 戴槃 69/393
親病納婦論 鄧瑤 69/395
禁遷葬者與嫁殤者攷 陳立 69/399
周禮嫁殤說 胡培翬 69/403
節婦說 俞正燮 69/407
烈婦議 王寶仁 69/409
與黃蔚雯論裴烈婦祠事書 潘德輿 69/411
遵議已故節婦未符年限分別核准請旌疏 69/417
貞女議 何秋濤 69/421
續貞女論上 方宗誠 69/427
續貞女論下 方宗誠 69/431
駁室女不宜守志議 胡承珙 69/435
辨貞 朱琦 69/439
闡貞集序 胡承珙 69/449
書歸震川貞女論後 王廷植 69/453
書清芬集後 張文虎 69/461
書應敏齋觀察所記張貞女事後 俞樾 69/467
貞女議 王效成 69/473
貞女說 俞正燮 69/475
遵議旌表貞女按照節婦年限酌量變通疏 69/477
補昏義說 楊彝珍 69/483
嫁議 周濟 69/487
寡婦改適義 王紳 69/491
昏問 錢儀吉 69/495
昏問 林柏桐 69/499
卷七〇 禮政一〇 喪禮
讀喪服小記 程德賚 70/5
讀雜記 程德賚 70/7
讀喪大記 程德賚 70/9
讀閒傳 程德賚 70/11
禮服會通說序 吳嘉賓 70/13
答人問讀禮書 鄧瑤 70/17
士庶喪禮遵制正俗議 李德騫 70/21
喪禮正俗 潘德輿 70/25
治喪陋俗宜革論 鄧瑤 70/49
喪歸宜入家論 鄧瑤 70/53
釋哭 湯金釗 70/57
哭爲禮儀說 俞正燮 70/61
題主說 李棠階 70/65
答人問婦喪歸期書 鄧瑤 70/69
仁言 易佩紳 70/73
請禁止奪情疏 汪朝棨 70/75
為曾侍郎論金革無辟 吳敏樹 70/77
自書金革無辟論後 吳敏樹 70/81
答曾侍郎書 吳敏樹 70/85
答友人論奪情書 許宗衡 70/89
葬議 周濟 70/93
勸葬說 淩堃 70/97
讀葬書雜說 姚瑩 70/101
宅經寶鑑序 李兆洛 70/109
選擇寶鑑序 李兆洛 70/111

答某問合葬書 王運樞 70/113
復賀栢農侍御師論速葬書
鄧瑤 70/115
守廬記 陸繼輅 70/119
答人求墓志書 龔鞏祚 70/123
勸速葬示 黄彭年 70/125
墳塋禁步應遵定制疏
駱秉章 70/133
請嚴禁火葬積習疏 錢寶廉 70/139
宣化府義冢記 查揆 70/143
卷七一 禮政一一 服制上
服説 楊紹文 70/149
喪服正等篇 吳嘉賓 70/153
喪服改制篇 吳嘉賓 70/157
喪服私論 俞樾 70/165
三年之喪二十五月而畢辨
方東樹 70/181
請旗漢一律終喪起復疏
包世臣 70/207
父為長子三年辨 沈欽韓 70/211
答朝鮮李醇溪論服義書
呈嘉賓 70/215
適孫攝重議 錢泰吉 70/217
適孫為祖父母持服議
劉逢禄 70/221
喪服足徵記書後 沈垚 70/225
答祁春圃論承重孫婦姑在當何服書
和恩澤 70/229
書楊氏服制議後 劉文淇 70/233
妻為夫之兄弟服議 沈欽韓 70/235
讀喪服記書後 李聯琇 70/239
妾服或問 沈日富 70/243
期喪在任行禮持服議答孫淵如先生
洪頤煊 70/249
答涂朗軒孝廉問期功服制書
吳廷楝 70/253
卷七二 禮政一二 服制下
為人後者為所生服議上
沈垚 70/259
為人後者為所生服議下
沈垚 70/263
答盛小迂論持本生服制書
亢樹滋 70/267
為人後者為本生祖父母服議
張履 70/271
出後之子為本生祖父母服議
沈欽韓 70/275
答湯茗孫論本生祖服書
胡培翬 70/279
殤不當立後議 沈垚 70/281
答陳仲虎為小宗殤後宜還服本生書
張履 70/289
持重大宗雖殤後不當還服本生再答書 張履 70/293
獨子兼祧兩房服制論
王人定 70/301
上湯尚書論兼祧服制書
張履 70/305
獨子兼承兩祧孫為祖父母服議
張履 70/311
答張南昌問能否歸宗議
包世臣 70/317
陳情得請編序 包世臣 70/325
陳情得請兼祧持服辨
曾興仁 70/329
河南余氏服議 胡培翬 70/333

跋胡農部河南余氏服議後 陳立 70/341
答陳庶常立論三祧服制書 包世臣 70/345
出母嫁母服議 沈欽韓 70/353
與費耕亭論繼父服書 胡培翬 70/359
服問 錢儀吉 70/363
服問 馬福安 70/369
養母不宜服斬衰三年議 胡培翬 70/371
卷七三 禮政一三 祭禮
宗祧說 孫希朱 70/375
並配義 俞正燮 70/381
論俗節祭禮儀 王運樞 70/385
重刊呂氏四禮翼敘 劉湄 70/387
烏程趙氏家廟碑記 劉逢祿 70/389
家廟碑 李元度 70/391
華亭南蕩張氏支祠記 張文虎 70/397
與朱恕齋方伯論饗堂書 沈維鐈 70/401
忌日不祭議答孫淵如先生 洪頤煊 70/403
答陳仲虎雜論祭禮書 張履 70/405
答陳仲虎論殤祭書 張履 70/409
與陸篠坡書 顧廣譽 70/413
答祭外祖父母問 王人定 70/417
卷七四 禮政一四 正俗
風俗篇一 湯成烈 71/5
風俗篇二 湯成烈 71/9
風俗篇三 湯成烈 71/13
風俗篇四 湯成烈 71/17
擬釐正五事書 龔鞏祚 71/21
導俗 王柏心 71/27
刺奢 湯鵬 71/29
儉解 陸心源 71/33
請崇儉禁奢疏 羅惇衍 71/35
請飭議簡嚴條教以敦儉約疏 賀壽慈 71/39
議奏頒發昏喪冠服典禮規條 71/43
書賀栢農侍御師八箴約後 鄧瑤 71/51
正俗論 馬福安 71/55
禁鐙公呈 左輔 71/59
答某友論俗習書 熊少牧 71/61
上海果育堂記 馮桂芬 71/67
輕諾辨 陸繼輅 71/71
杜密劉勝論 鄧瑤 71/75
上朱小雲觀察書 顧廣譽 71/79
復王西澗論易俗書 許宗衡 71/83
推廣救溺女說 彭崧毓 71/87
書李寅菴大令育嬰局募捐冊後 鄧瑤 71/91
四禁告示 李宗羲 71/95
佛教格言 俞正燮 71/99
戒殺文 姚瑩 71/101
仁言 易佩紳 71/107
與人論祝壽書 陳澧 71/109
勸惜穀說 陸慶頤 71/111
禁游民議 金文榜 71/113
汰僧道議 楊象濟 71/117
裁嚴郡九姓漁課並令改賤為良記 戴槃 71/121
縷陳密查邪匪詐毒情形片

李星沅 71/125
卷七五 兵政一 兵制上
前因時論十九 吴鋌 71/131
論兵一 孫鼎臣 71/135
論兵二 孫鼎臣 71/139
因時論八 吴鋌 71/145
兵農分合論上 張紳 71/149
兵農分合論下 張紳 71/157
通論唐以後兵籍之數 孫鼎臣 71/163
師律篇四 湯成烈 71/169
師律篇五 湯成烈 71/173
師律篇六 湯成烈 71/177
讀兵攷 黄式三 71/181
東南兵事策 謝章鋌 71/191
桂陽兵志敘 王闓運 71/199
湘軍志營制篇 王闓運 71/203
覆陳吴士邁擅殺案由疏 左宗棠 71/213
兵役亡耗議證 俞正燮 71/219
卷七六 兵政二 兵制下
整頓步軍營積弊疏 黎吉雲 71/227
八旗界址不匀疏 桂清 71/231
請飭各省整頓營伍疏 常大湻 71/235
簡練軍實以裕國用疏 曾國藩 71/243
請選募豐北灾民成軍以備征調疏 王茂蔭 71/251
新設淮揚鎮練兵五難三便四利疏 尹耕雲 71/255
議覆兵制不宜更張疏 吕佺孫 71/261
請整頓額兵疏 沈保楨 71/263
覆陳派糧養勇室礙難行疏 嚴樹森 71/269
覆陳改勇為兵不便情形疏 李宗羲 71/275
籌擬減兵加餉就餉練兵疏 左宗棠 71/279
籌議直隸練軍事宜疏 曾國藩 71/289
再議練軍事宜疏 曾國藩 71/297
酌改江蘇營制裁兵增餉疏 丁日昌 71/305
覆請酌改營制准照原議試辦疏 丁日昌 71/319
挑選額兵立營酌加津貼疏 馬新貽 71/327
查閱江蘇營伍事竣疏 曾國藩 71/333
議覆福建巡撫條奏練營章程疏 71/341
請酌改湖南營制疏 卞寶第 71/347
遵查湖南綠營裁額并糧事宜疏 王文韶 71/351
籌擬購練馬隊疏 左宗棠 71/357
酌議募練馬隊營制章程疏 丁寶楨 71/363
請裁汰北路征軍疏 左宗棠 71/385
酌擬武職借補章程疏 曾國藩 71/391
陝省武職補缺難復舊制疏 譚鐘麟 71/395
黔省下游各營專設捕盗兵丁議 賀長齡 71/399

整頓營務議 龍汝霖 71/405
上大府整頓營伍議 宗源瀚 71/413
卷七七 兵政三 水師
預籌水師將才並預備礮位片 胡林翼 71/421
籌備水師利器片 胡林翼 71/425
預籌三支水師疏 曾國藩 71/429
會議長江水師營制疏 曾國藩 71/435
續陳長江水師未盡事宜疏 曾國藩 71/467
酌議江蘇水師事宜疏 曾國藩 71/485
詳酌長江水師事宜疏 彭玉麟 71/491
水師宜兼練陸戰疏 劉錫鴻 71/503
湘軍志營制篇 王闓運 71/505
湖口石鐘山楚軍昭忠祠記 彭玉麟 71/509
湖口縣楚軍水師昭忠祠記 曾國藩 71/517
金陵楚軍水師昭忠祠記 曾國藩 71/521
卷七八 兵政四 餉需
湘軍志籌餉篇 王闓運 72/5
敘疆臣建樹之基 薛福成 72/13
奏請飭催四川山西陝西協餉片 胡林翼 72/21
請部撥浙引用鹽抵餉疏 曾國藩 72/23
擬設江西糧臺及牙釐總局片 曾國藩 72/27
江西稅釐仍歸本省經收疏 沈葆楨 72/29
江西牙釐請照舊經收疏 曾國藩 72/35
請派員督辦粵釐疏 曾國藩 72/45
覆陳籌慮兵餉大端疏 李鴻章 72/51
籌撥新疆暨慶陽糧臺餉項疏 駱秉章 72/61
料理西征事宜疏 左宗棠 72/69
覆陳移設糧臺事宜疏 左宗棠 72/75
籌畫新疆軍務情形疏 左宗棠 72/89
請各省匀濟餉需片 左宗棠 72/103
邊餉艱難請變通辦理疏 鮑源深 72/109
統籌新疆全局疏 72/117
奏免軍需造冊報銷疏 72/133
湘軍第五案報銷疏 曾國藩 72/137
請明定軍需善後報銷飯銀疏 張之洞 72/145
復武昌縣錢穎瀾書 胡林翼 72/151
致司道糧臺諸公書 胡林翼 72/153
致城守糧臺書 胡林翼 72/159
復城守糧臺公局書 胡林翼 72/163
襄陽道府稟請雇募壯勇彈壓防堵批 胡林翼 72/167
致嚴方伯閻農部及各僚屬書 胡林翼 72/169
復郭意城論公費書 胡林翼 72/171
札總糧臺 胡林翼 72/173
袁郡防軍報銷上善後局請示稟 陳喬樅 72/175

常德府籌辦防堵經費稟 惲世臨 72/185
湖北荊門直隸州知州蔣君傳 汪士鐸 72/189
卷七九 兵政五 馬政
請查禁郵驛弊端疏 金應麟 72/197
請開墾閒荒馬廠疏 書元 72/201
條陳馬政疏 翁同書 72/211
條擬整頓馬政章程疏 72/213
嚴禁私販馬匹並通行定例疏 72/217
酌辦甘肅驛站事宜疏 譚鐘麟 72/219
建甯改站第一議 柯培元 72/223
建甯改站第二議 柯培元 72/227
建甯改站第三議 柯培元 72/231
建甯改站第四議 柯培元 72/235
建甯改站第五議 柯培元 72/237
建甯改站第六議 柯培元 72/241
附改小站議 柯培元 72/245
卷八〇 兵政六 保甲
寓政 王柏心 72/251
保甲正名 龔鞏祚 72/255
保甲論 張聲玠 72/259
聯社篇 湯成烈 72/263
請設法稽查會匪疏 王藻 72/269
覆督院保甲須嚴連坐稟 左輔 72/277
上督撫請收養游民議狀 姚瑩 72/281
通飭各屬力行保甲札 吳文鎔 72/287
答陸劭文論保甲書 張琦 72/299
復魁蔭庭太守書 彭洋中 72/305
復江岷樵書 彭洋中 72/315
上江方伯書 徐子苓 72/319
禁化牛叢論 何紹祺 72/323
弭盜論 馬福安 72/329
弭盜策 秦寶璣 72/333
擬除盜賊策 王塗 72/337
議覆捕盜事宜疏 林則徐 72/341
請整頓捕務因時制宜疏 汪元方 72/345
敬陳弭盜芻言疏 林壽圖 72/351
與倪兵備論捕盜書 姚瑩 72/363
上某總督論禁鳥槍書 楊士達 72/367
與李方赤太守書 馮桂芬 72/373
紀治盜 張澍 72/377
卷八一 兵政七 團練上
論兵三 孫鼎臣 72/385
保甲團練議 成毅 72/391
團練論上 王應孚 72/397
團練論下 王應孚 72/401
團練說 朱孫詒 72/407
鄉防團練私說 熊少牧 72/413
練勇議 徐有珂 72/419
敘團練大臣 薛福成 72/423
屯練篇 湯成烈 72/429
紳帶洋陳氏族譜序 謝章鋌 72/433
奏舉行團練片 李星沅 72/435
請責成本籍人員辦理團練疏 孫鼎臣 72/439
請飭用兵各省實行民團疏 沈兆霖 72/443
條陳辦團事宜疏 沈兆霖 72/449

上祁宮保書 張杓 72/459
上裕撫軍論團練事宜書 楊士達 72/465
與吳中翰論時勢書 魯一同 72/471
上呂方伯啟 胡林翼 72/479
復古州廳郎同知書 胡林翼 72/481
批零陵縣稟 曾國藩 72/487
復文任吾書 曾國藩 72/489
復丁稚璜中丞書 曾國藩 72/493
與李筱泉制軍書 曾國藩 72/497
卷八二 兵政八 團練下
湘勇原流記 彭洋中 73/3
湘鄉昭忠祠記 曾國藩 73/21
黄特軒傳 吳敏樹 73/27
六合保衛團練章程 徐鼐 73/33
武陽團練論 楊金監 73/53
桂陽團練條約 何名俊 73/61
江西團練卮言 李祖陶 73/71
粵西團練輯略序 龍啟瑞 73/81
大岡埠團練公局記 龍啟瑞 73/87
奏陳粵西團練日壞亟宜挽救疏 惠慶 73/91
瀝陳豫省軍情疏 賈臻 73/99
會滇黔撫院通飭籌辦團練札 吳文鎔 73/105
答張小浦中丞論皖郡團練書 陳世鎔 73/109
答張中丞第二書 陳世鎔 73/113
致衛靜瀾侍講書 胡林翼 73/117
募練長興難民議 陸心源 73/119
卷八三 兵政九 兵法上
兵計 何邦彥 73/125
軍政篇 魏源 73/139
算兵 戴棖 73/155
辨握奇經 謝應芝 73/163
汪仲伊握奇圖解序 戴望 73/165
司馬法序 張澍 73/169
李廣論 陸心源 73/173
郭子儀單騎受盟論上 沈兆霖 73/177
郭子儀單騎受盟論下 沈兆霖 73/181
讀蘇老泉上韓樞密書 何日愈 73/183
聖武記敘 魏源 73/187
行軍要言前後自記 張成孫 73/191
行軍私議 吳敏樹 73/193
萬言策 蔣郭復 73/201
北援集議 73/231
周提督石埭戰功記 楊德亨 73/249
疊陳圖說附記 朱琦 73/255
札鮑游擊超 胡林翼 73/259
上曾節相請飭槍隊間用牌矛書 陳錦 73/261
卷八四 兵政一〇 兵法中
遵議整頓兵政敬陳管見疏 賀長齡 73/269
條陳軍務疏 江忠源 73/281
請撤湖北兵勇另立新軍疏 曾國藩 73/297
湖北勇丁潰散擬整頓挑募以期補救片 胡林翼 73/303
覆陳兵勇未可添募片 胡林翼 73/309
通籌楚境布置情形片 胡林翼 73/311

詳陳水陸各軍進勦機宜疏 胡林翼 73/315
覆陳征皖地勢兵勢情形疏 胡林翼 73/321
議覆籌餉練兵保固京師疏 毛鴻賓 73/329
閩事大棘霆營兵不宜分疏 沈葆楨 73/337
籌辦出關事宜疏 左宗棠 73/343
請留大枝勁旅以作中原活兵疏 錢鼎銘 73/355
卷八五 兵政一一 兵法下
答傅蜀門夔書 包世臣 73/361
與于司馬書 魯一同 73/363
上翁撫軍書 徐子苓 73/369
再上翁撫軍書 徐子苓 73/377
荅曾滌生侍郎師疏 江忠源 73/383
致周敬修制軍書 江忠源 73/389
與劉孟容論水陸各分兩軍進攻書 羅澤南 73/395
與各帥論兵事書 胡林翼 73/399
致官揆帥書 胡林翼 73/407
致曾欽使書 胡林翼 73/409
致曾欽使書(二) 胡林翼 73/411
致曾欽使書(三) 胡林翼 73/413
致多都統書 胡林翼 73/415
致多都統書(二) 胡林翼 73/417
致多都統書(三) 胡林翼 73/419
致多都統書(四) 胡林翼 73/421
致李方伯多都統書 胡林翼 73/425
致李希菴書 胡林翼 73/427
復李少荃書 胡林翼 73/429
致蔣之純凝學書 胡林翼 73/431
致嚴渭春書 胡林翼 73/433
致劉霞仙書 胡林翼 73/441
致吳幹臣書 胡林翼 73/445
批統領湘勇張道運蘭稟 曾國藩 73/447
卷八六 兵政一二 地利上
前因時論二十 吳鋌 74/5
大清一統輿圖序 汪士鐸 74/9
大清一統輿圖後跋 汪士鐸 74/13
郡國方輿通釋序 謝應芝 74/23
書方輿紀要後 謝應芝 74/27
長江圖說 馬徵麟 74/29
關中形勢論 魏源 74/37
桂陽疆域志敘 王闓運 74/41
郴州論 黃仲騏 74/45
永州論 黃仲騏 74/59
跋楊忠武行狀 汪士鐸 74/65
時務策一 尹耕雲 74/69
時務策二 尹耕雲 74/73
時務策三 尹耕雲 74/77
湖北水陸形勢預籌防堵疏 王茂蔭 74/81
論長江形勢請急圖九江疏 王茂蔭 74/87
請飭重臣分駐江北要害疏 陳慶鏞 74/91
暫設皖南巡撫議 楊沂孫 74/97
請暫設皖南巡撫疏 沈兆霖 74/107
議覆江南北分省片 曾國藩 74/111
議覆安徽省城應仍建安慶疏 曾國藩 74/113
請添設徐州四界重鎮疏 潘祖蔭 74/117

與駱籲門中丞書 陳慶鏞 74/123
復陸稼堂中丞書 陳慶鏞 74/129
與呂侍郎書 陳世鎔 74/133
與倪蓮舫書 陳世鎔 74/139
與張小浦副憲書 陳世鎔 74/143
上浙江巡撫黃壽臣書 周騰虎 74/149
與王璞山書 曾國藩 74/153
與曾節帥論東南戰守形勢書 羅澤南 74/155
與曾節帥論分援江西機宜書 羅澤南 74/161
與曾節帥論進攻湖口利病書 羅澤南 74/167
致駱籲門宮保書 劉蓉 74/169
籌復湖州議 陸心源 74/175
卷八七 兵政一三 地利下
守遷說 何日愈 74/181
駮王夫之李綱論 李元度 74/187
書守城輯略後 謝章鋌 74/191
圍砦說 高廷第 74/193
築隘記 何慶元 74/199
新寗縣增修城垣記 曾國藩 74/205
立坐戰營片 周天爵 74/209
倡捐築堡疏 沈葆楨 74/213
請通飭修築碉堡啟 胡林翼 74/217
飭各屬遵辦守禦事宜札 胡林翼 74/225
復孫樹人司馬書 胡林翼 74/231
復孫樹人司馬書(二) 胡林翼 74/233
麻城縣稟覆修建碉樓批 胡林翼 74/235
復毛驥雲中丞書 胡林翼 74/237
豫省籌備臆說 曹肅荀 74/239
遵札籌議江西防守事宜 鄧仁堃 74/243
書玉山縣城破地雷事 李元度 74/255
與邑人論城守書 方宗誠 74/259
復與邑人論城守書 方宗誠 74/269
卷八八 兵政一四 塞防上
外藩蒙古要略序 李兆洛 74/275
蒙古游牧記自序 張穆 74/281
在一統志館上當事諸公書 龔鞏祚 74/285
說張家口 龔鞏祚 74/301
說居庸關 龔鞏祚 74/305
吉林防務 胡傳 74/309
吉林根本說 曹廷杰 74/313
庫葉島沿革形勝攷 曹廷杰 74/319
遵議東三省邊務大略情形疏 74/325
卷八九 兵政一五 塞防下
西域圖說 黃楙材 74/339
西域形勝 黃楙材 74/349
新疆私議 沈垚 74/357
論伊犁 李雲麟 74/373
新疆善後方略 李雲麟 74/375
論邊防 李雲麟 74/381
籌議河北各旗蒙古添設盟長疏 那彥成 74/385
統籌西路全局疏 李雲麟 74/389
挽回西北大局疏 李雲麟 74/399
瀝陳西北軍情疏 李雲麟 74/413
敬陳新疆善後事宜疏

左宗棠 74/423
擬與劉欽使論新疆事宜疏 74/433
騰越邊徼 黄楙材 74/447
西招圖略書後 梅曾亮 74/451
卷九〇 兵政一六 海防
海防備覽序 李兆洛 74/457
批復蘇松太應道等核議水師章程
丁日昌 74/463
飭辦江海漁團札 左宗棠 74/469
籌議緝捕海盜稟 徐賡陛 74/473
測繪海圖議 羅豐祿 74/483
長江築塢防海策 廖連城 74/491
訓練沿海水師議 顧廣譽 74/499
與陸立夫督部論防海制礮書
梅曾亮 74/505
查覆虎門排鍊礮臺疏
林則徐 74/507
駮水師改陸營疏 裕謙 74/515
議覆沿海港口不宜封閉疏
裕謙 74/517
遵籌布置東海各島疏
託渾布 74/523
大沽後路建築新城疏
李鴻章 74/529
覆陳山海關防務疏 曾國荃 74/535
擬專設海防全政大臣以一事權疏
左宗棠 74/543
覆總署論挖吳淞漲沙書
李宗羲 74/553
卷九一 兵政一七 臺防
上孔兵備論辦賊事宜書 姚瑩 75/3
與杜少京書 姚瑩 75/11
與毛生甫書 姚瑩 75/15
駮淡水守口兵費停給議
姚瑩 75/21
臺灣不能堅壁清野狀 姚瑩 75/25
與程梓庭制府書 陳壽祺 75/31
上楊中丞書 鄭鳴鶴 75/39
請移福建巡撫駐台灣疏
沈葆楨 75/43
請琅琦築城設官疏 沈葆楨 75/51
臺北擬建一府三縣疏
沈葆楨 75/55
臺地後山請開舊禁疏
沈葆楨 75/63
請改臺地營制疏 沈葆楨 75/69
籌議改設臺灣郡縣疏
劉銘傳 75/75
上某兵備論治臺書 金東 75/81
議復水師李提督臺灣治略
周懋琦 75/99
全臺圖說 周懋琦 75/107
卷九二 兵政一八 蠻防
縷陳湖南苗疆情形疏
賀熙齡 75/121
查辦黔省漢苗情弊疏
賀長齡 75/131
急籌黔省善後事宜疏
譚鈞培 75/141
勸化苗民改裝頗有成效疏
林肇元 75/147
上喬見齊中丞書 胡林翼 75/151
條陳勦苗匪啟 胡林翼 75/153
條陳勦苗匪說 韓超 75/167
猺防 姚東之 75/175
平猺議 陳起詩 75/177

南言二 陳起書 75/189
八排兵事考 湯彝 75/195
壬辰征猺記論 湯彝 75/203
壬辰防猺五論 唐鑑 75/207
擬辦柑子沖猺善後事宜八條 唐鑑 75/215
籌陳防撫猓夷情形疏 劉晸昌 75/221
謹擬綏邊十二策 何曰愈 75/229
勦辦瓊州黎匪擬撫黎章程疏 張之洞 75/245
上粵督平黎條陳 闕名 75/253
卷九三 兵政一九 剿匪一
撫盜篇 湯成烈 75/261
劇孟論 周悅讓 75/265
程友石墓志 馮志沂 75/269
算寇 戴梠 75/273
平賊策 徐有珂 75/283
請安閭閻以消反側疏 呂賢基 75/287
請立民堡收恤難民疏 唐鑑 75/293
初到粵西詳陳賊勢軍情疏 周天爵 75/299
敬獻芻言以救時弊疏 陳慶鏞 75/305
請嚴定防勦章程疏 曹登庸 75/315
平賊事宜狀上賽節相 姚瑩 75/319
與姚石甫廉訪論粵事書 孫鼎臣 75/333
上呂方伯啟 胡林翼 75/339
與徐仲紳制軍書 江忠源 75/343
卷九四 兵制二〇 勦匪二
密陳賊勢愈熾勦賊需人疏 吳振棫 75/355
將取真才兵歸實用疏 鮑源深 75/363
敬取時務四條疏 許乃普 75/369
湖北軍務急要三事疏 胡林翼 75/375
咨巴副都統籌辦受降事宜二件 胡林翼 75/385
安置武安堰降賊片 胡林翼 75/389
通籌全局請添練馬隊疏 曾國藩 75/391
瀝陳時局大患疏 宋晉 75/399
密陳五省通籌兵餉合力防勦疏 宋晉 75/405
遵覆通籌全局疏 曾國藩 75/411
遵議御史朱潮條陳片 沈葆楨 75/421
金陵克復全股悍賊盡數殲滅疏 曾國藩 75/425
浙省建立楚湘忠義祠請列祀典疏 左宗棠 75/437
請優卹包村義民疏 蔣益澧 75/441
檄鳳潁淮徐滁泗宿海八府屬文 魯一同 75/445
復戴孝廉書 魯一同 75/453
復戴孝廉第二書 魯一同 75/457
江南三路進兵議 金安清 75/471
上曾節相處置滁陽降將書 方德驥 75/477
上曾節帥論善後事宜書 方宗誠 75/481
上曾協揆乞師公啟 馮桂芬 75/497
論粵西賊情兵事始末

嚴正基 75/505
金陵問答 方德驥 75/515
金陵軍營官紳昭忠詞記
曾国藩 75/521
金陵湘軍陸師昭忠祠記
曾國藩 75/527
卷九五 兵制二一 剿匪三
除盜篇 藩詠 76/5
平寇議 陳根培 76/23
弭寇 薛福保 76/31
平定捻匪策 程祖植 76/35
直隸防捻各守河岸議
徐志導 76/41
書袁端敏公上科爾沁親王書後
孫衣言 76/45
書袁端敏公年譜後 孫衣言 76/51
密陳潁亳捻匪隱憂方大疏
胡林翼 76/57
覆陳皖北軍情並察度苗練疏
曾國藩 76/61
條陳招撫翻覆可慮疏 吳焯 76/71
請勦除苗逆疏 吳焯 76/73
請速除降賊宋景詩疏 王拯 76/79
遵赴山東勦賊萬難迅速情形疏
曾國藩 76/83
密陳流寇可慮片 曾國藩 76/93
覆陳勦捻擬遏流清源疏
曾國藩 76/97
接署欽差大臣瀝陳兵餉事宜疏
李鴻章 76/101
籌辦膠萊扼勦事宜疏
李鴻章 76/107
覆陳運防萬不可撤疏
李鴻章 76/115
東捻蕩平覆陳善後為難情形疏
李鴻章 76/119
籌陳捻平善後事宜疏 英翰 76/123
議復捻平善後事宜疏
李鴻章 76/129
上曾節相書 方宗誠 76/133
淮軍平捻記書後 金安清 76/141
卷九六 兵政二二 剿匪四
陝西回漢械闘情形疏
徐法績 76/153
制防渭南回族議 邵輔 76/157
甘肅軍營積弊急須整頓疏
劉蓉 76/159
覆陳西征調兵籌餉為難疏
駱秉章 76/165
陳辦回管見疏 喬松年 76/175
籌辦西征情形疏 左宗棠 76/179
進駐涇州籌辦軍務疏
左宗棠 76/187
規畫甘肅全省地勢軍情疏
左宗棠 76/193
請禁絕回民新教疏 左宗棠 76/203
安插就撫陝回請增設員弁疏
左宗棠 76/209
西師宜從緩圖密疏 鮑源深 76/213
核議安撫逆回詳藁 張集聲 76/221
上陝甘總督論撫回事
黃輔辰 76/229
致署陝甘總督穆書 左宗棠 76/235
覆陳辦理雲回通盤籌畫疏
李星沅 76/239
覆奏漢回情形片 林則徐 76/243

瀝陳辦回失平請先勦後撫疏 陳濬 76/247
通籌滇黔軍務疏 曾國藩 76/253
通籌陝甘滇黔用兵情形疏 丁寶楨 76/257
議滇 金安清 76/273
滇略上下 劉樹堂 76/279
卷九七 兵政二三 剿匪五
答魏默深論聖武記書 包世臣 76/289
增刻三省邊防備覽序 張鵬飛 76/295
幾輔勦賊議 王祖源 76/303
籌擬防捕馬賊章程疏 卞寶第 76/307
嚴辦土匪以靖地方疏 曾國藩 76/311
湖南莠民滋事宜嚴政體清亂源疏 張沄 76/317
設法嚴拏哥老會匪片 沈葆楨 76/323
示慶藩論土匪 郭崑燾 76/327
溫州會匪紀略書後 孫衣言 76/331
又書會匪紀略後 孫衣言 76/337
請查辦閩省會匪疏 陳慶鏞 76/341
附陳勦辦閩省下府土匪片 左宗棠 76/347
與舒雲溪制府書 陳慶鏞 76/351
上黔撫喬中丞論會匪啟 胡林翼 76/357
致翁祖庚學使書 胡林翼 76/361
致魏將侯書 胡林翼 76/365
條陳東路情形啟 胡林翼 76/373
秦省吾家傳 梅曾亮 76/381
卷九八 刑政一 刑論
刑論 梅曾亮 76/385
刑論 蔣彤 76/389
原刑 湯鵬 76/393
皋陶論 謝應芝 76/399
皋陶論 李元度 76/401
六安答問 周濟 76/405
救生不救死論 裕謙 76/407
罪疑惟輕說 裕謙 76/413
對用刑說 管同 76/417
周書明醜說 俞樾 76/421
復讎論 吳嘉賓 76/425
惜赦論 張澍 76/429
書歐陽子縱囚論後 龍啟瑞 76/431
記章佳文勤公語 錢儀吉 76/433
送朱幹臣為浙江按察使序 管同 76/435
大治縣稟拏獲滋事匪徒批 胡林翼 76/437
上臺灣孔兵備論治匪書 姚瑩 76/439
復孫小雲書 許宗衡 76/443
卷九九 刑政二 律例上
因時論七 吳鋌 76/451
崇簡篇 宗稷辰 76/455
讀律說上 包世臣 76/459
讀律說下 包世臣 76/463
唐律疏議跋 俞正燮 76/467
律心序 何秋濤 76/471
刑部說帖揭要序 鄒鳴鶴 76/473
讀律心得序 吳嘉賓 76/477
蜀僚問荅 劉衡 76/481

請飭臣工講求律例疏 董文焕 76/485
請飭刑部增改條例疏 王憲成 76/489
慎重刑章疏 胡慶源 76/497
法宜寬嚴互用疏 寶廷 76/501
卷一〇〇 刑政三 律例下
申明公論疏 李棠階 77/3
請申明諭旨以杜流弊疏 張德容 77/7
山東委員被害案刑賞失中疏 王昕 77/15
四川東鄉縣案是非未明疏 張之洞 77/21
請申明毆期親舊章以符定律議 唐鑑 77/31
請飭議尊長謀殺卑幼罪名專條疏 錢寶廉 77/37
尊長謀殺卑幼定罪議 77/43
遵議為人後者本身及子孫為本生親屬服制疏 77/47
駁崔三過失殺父議 徐時棟 77/61
秋審人犯情罪較重請飭詳議疏 王茂蔭 77/65
命案有關斷離援擬請旨疏 77/73
徒流加等議 郭安仁 77/81
請盜案仍照原律定擬疏 王榕吉 77/85
修復首夥盜犯悔罪投首減罪舊例疏 77/89
遵議盜案分別首從章程疏 77/93
遵議盜案就地正法章程擬限停止疏 77/99
酌議竈戶治罪專條疏 77/109
請嚴辦鬬匪另立專條疏 張之洞 77/119
卷一〇一 刑政四 治獄上
無訟論 張澍 77/133
始入官如入晦室 王德茂 77/135
疏遠與親近異 王德茂 77/137
地方初審 王德茂 77/139
和息 王德茂 77/141
偽造契券 王德茂 77/143
師傅頭 王德茂 77/145
青平賊影 王德茂 77/147
電白令 王德茂 77/149
安頓軍流徒犯 王德茂 77/151
從政要言 王鳳生 77/153
清理詞訟 何士祁 77/163
審鞠重案 鐘祥 77/167
審理尋常詞訟 鐘祥 77/175
緝捕審辦之法 鐘祥 77/183
蜀僚問答 劉衡 77/191
勸息訟說 武穆湢 77/201
邱叔山府判錄存序 路德 77/207
書三案始末論 包世臣 77/213
與次兒論讞獄書 包世臣 77/219
與次兒論讞獄第二書 包世臣 77/223
牛恩惠獄記 陳世鎔 77/227
提牢瑣記 濮文暹 77/231
羈所宜改活板說 沈葆楨 77/241
暫繫平民受害最酷議 湯用中 77/245
卷一〇二 刑政五 治獄中
請嚴禁非刑疏 張緒楷 77/253

申禁辦案删改原供疏 77/257
請撥州縣罰俸銀兩為解案經費疏 陳壇 77/261
京控分別准駁疏 77/265
請勒限清理積案疏 馬相如 77/271
監候待質人犯據供先結以清庶獄疏 張道淵 77/273
各省案件稽壓請嚴定逾限處分疏 77/277
直隸清訟事宜十條 曾國藩 77/281
通飭清理獄訟札 丁日昌 77/299
議覆理訟章程書 劉衡 77/303
上李節相請通飭革弊政狀 方宗誠 77/321
上大府清釐積案書 舒夢齡 77/327
卷一〇三 刑政六 治獄下
宋洗冤集錄跋 洪頤煊 77/333
請辦理相驗章程疏 金應麟 77/337
飭各屬命案相驗遵例少帶人役札 劉衡 77/341
飭遵例屍場結案札 劉衡 77/347
復澤州府論夏月相驗書 徐璈 77/349
頒行各屬辦理命案條約 吳文鎔 77/351
覆吳中丞札飭辦理命案書 沈衍慶 77/355
建昌府詳檢訊周國富命案批 吳文鎔 77/361
書某氏婦 錢儀吉 77/367
書滎陽獄 周樹槐 77/371
與贛榆令書 丁履恆 77/375
卷一〇四 工政一 土木
各省工程報銷改定簡易章程疏 77/381
工程積弊請核實酌給公費疏 寶廷 77/387
請借款生息修街便民疏 王兆琛 77/393
防營承修工程請飭部備案疏 左宗棠 77/397
修治直晉路工完竣疏 張之洞 77/407
修路示 左輔 77/413
飭議挑除瓦礫章程札 丁日昌 77/415
京口義渡徵信錄序 方德驥 77/419
結筏順清河記 陳錦 77/423
卷一〇五 工政二 河防一
九河既道解 汪士鐸 77/429
與葉耘圃論九河書 吳蘭修 77/435
濟為禹釃二渠之一說上 羅汝懷 77/439
濟為禹釃二渠之一說下 羅汝懷 77/443
漢武塞河復禹故跡考 畢亨 77/447
河工則例 凌江 77/453
河工料宜 凌江 77/457
河工椿埽 凌江 77/459
河工例銷積弊說 趙廷愷 77/463
黃河海口日遠運口日高圖說 阮元 77/469
治黃運兩河議 柳應墀 77/473
籌河篇上 魏源 77/479
籌河篇中 魏源 77/485
籌河篇下 魏源 77/497

軍儲篇二 魏源 77/507
治河論上 胡發琅 77/515
治河論下 胡發琅 77/519
河防芻議 劉成忠 77/529
卷一〇六 工政三 河防二
會奏黃河節年淤墊竭力籌防疏
琦善 78/3
籌議侍郎朱士彥條陳河工事宜疏
嚴烺 78/7
湖隄石工議築碎石坦坡通籌利弊疏
嚴烺 78/19
熟籌河工久遠大局疏 張井 78/27
詳究黃河病原力求治法疏
嚴烺 78/35
代楊給事上防河疏 包世臣 78/49
漆室答問 包世臣 78/53
宣南答問 包世臣 78/63
小倦游閣雜說一 包世臣 78/71
上陶宮保論于家灣決口書
包世臣 78/85
答蕭梅江書 包世臣 78/91
覆楊至堂河帥論堵口定壩基書
包世臣 78/97
南河揚工漫口宜因勢利導疏
雷以諴 78/105
黃河北徙議 丁晏 78/115
淮安河道遷徙利害議 丁晏 78/119
卷一〇七 工政四 河防三
覆奏嚴查河工積弊疏 嚴烺 78/125
議覆馬營挑壩緊要碎石並無流弊疏
嚴烺 78/133
查覆東河碎石工程情形疏
林則徐 78/139
河防要務宜籌畫周備疏
陳慶鏞 78/147
栗恭勤公傳 梅曾亮 78/151
塼工記 蔣湘南 78/155
黑岡觀塼工記 蔣湘南 78/159
代河南紳士請免遷徙略
鄒鳴鶴 78/161
城工善後管見 鄒鳴鶴 78/167
中牟堵口管見 鄒鳴鶴 78/175
籌河論上 宗源瀚 78/181
汴省擬設河圖局片 吳大澂 78/191
查革河南河工積弊並擬改章設局疏
許振褘 78/193
覆陳體察豫東河工情形疏
任道鎔 78/205
卷一〇八 工政五 河防四
黃河南北流利害疏 金安清 78/217
治河議上 童寶善 78/225
治河議下 童寶善 78/235
籌河論中 宗源翰 78/241
河流北徙宜因勢利導疏
胡家玉 78/265
遵議黃運兩河情形疏
喬松年 78/269
請挽復淮徐故道疏 丁寶楨 78/277
籌議黃運兩河情形疏
李鴻章 78/289
瀝陳黃水情形請飭會議疏
李宗羲 78/305
察看黃河酌議辦法疏
游百川 78/311
治河宜杜流弊仿成規疏
吳峋 78/321

議覆馬頰河不宜開挖分流疏 李鴻章 78/329
河患非開河減水別無良圖疏 游百川 78/337
查勘黃河入海情形擬減水分流疏 張曜 78/345
查勘黃河舊道情形酌擬辦法疏 張曜 78/353
籌挽黃河分流故道疏 廷茂 78/359
東省河工宜兼用分流故道初議疏 游百川 78/363
覆陳黃河分流諸多窒礙疏 成孚 78/367
查勘江北舊黃河情形疏 曾國荃 78/375
籌議黃河分流故道疏 張曜 78/381
議覆黃河分流事宜疏 78/387
請籌堵鄭州決口並設法補救疏 翁同龢 78/393
淮黃合流亟修守舊工別籌分洩疏 曾國藩 78/399
張秋軍次荅翁叔平同年治河書 陳錦 78/405
荅夏子松鍾荏兩太史問治河書 陳錦 78/413
復張友山漕帥論黃運事宜書 曾國藩 78/419
致李伯相論黃河挽復故道書 馮桂芬 78/425
卷一〇九 工政六 河防五
導淮正議 金安清 79/1
導淮別議 金安清 79/11
黃河北徙宜復淮水故道論 丁顯 79/21
導淮捷議 丁顯 79/51
導淮補議 丁顯 79/65
淮河一邊出土說 丁顯 79/73
金氏導淮別議辨 丁顯 79/77
修六塘河分洩沂泗辨 丁顯 79/87
導淮辨 趙秉節 79/93
籌河論下 宗源瀚 79/101
查勘河湖情形酌擬導淮辦法疏 劉坤一 79/121
會勘引淮入海河道擬分別辦理疏 楊昌濬 79/131
卷一一〇 工政七 直隸河工
畿輔河渠議 魏源 79/143
五大河總說 崔迺翬 79/151
直隸水道管見書後 吳邦慶 79/153
永定河隄壩議 金安清 79/169
直隸河道大概情形疏 顏檢 79/173
覆陳直隸河道地勢情形疏 李鴻章 79/185
請飭疏濬南運減河疏 劉恩溥 79/197
籌辦薊運河及北運兩減河要工疏 李鴻章 79/207
豫籌永定河患疏 石贊清 79/215
核辦永定河工程款項疏 曾國藩 79/221
籌辦永定河工片 曾國藩 79/227
滹沱河改道北流亟應設法修治疏 曾國藩 79/231
請籌辦滹沱河道疏 劉恩溥 79/241
覆陳籌濬滹沱河道疏 李鴻章 79/245

查勘獻縣河務並擬辦工程疏 徐樹銘 79/249
遵查獻縣河工實在情形疏 李鴻章 79/255
爭堵漳河決口書 包世臣 79/265
覆吳棣華按察書 包世臣 79/271
上李伯相論畿南水患書 王炳燮 79/277
上李伯相論舊運河修防書 王炳燮 79/281
與吳清卿論治永定河書 王炳燮 79/285
荅吳六符問東明事宜 徐志導 79/287
卷一一一 工政八 運河上
淮黃濟運議 沈兆霖 79/293
與友人論不宜引黃濟運書 陳文述 79/297
前因時論二十四 吳鋌 79/301
高堰建二堆議 陳文述 79/303
查勘堰盱石工籌議大概情形疏 嚴烺 79/307
停辦裹揚運河挑工疏 嚴烺 79/313
籌辦通漕要道疏 林則徐 79/321
查明運河水誌情形疏 曾國藩 79/331
議修揚屬運河東堤疏 沈葆楨 79/335
覆黎湛溪河帥書 陶澍 79/339
上淮軍統帥請疏通運河書 陳錦 79/341
卷一一二 工政九 運河下
會通河水道記 俞正燮 79/347
汶水濟運源流記 陳錦 79/359
北運河考略 朱其昂 79/367
板閘喻 俞正燮 79/371
查明百泉丹洹閘壩情形疏 嚴烺 79/373
請復設泉河通判疏 喬松年 79/381
察看衛河情形疏 琦善 79/385
籌辦運河工程疏 曾國藩 79/389
覆陳導衛濟運格礙情形疏 丁寶楨 79/395
借黃濟運貽害大河全局疏 沈葆楨 79/399
通惠河難以取水窖冰疏 宋晉 79/403
膠州新河考 柯培元 79/409
卷一一三 工政一〇 水利通論
因時論十二 吳鋌 79/419
讀明史徐貞明傳書後 劉蓉 79/423
開河三子說 包世臣 79/429
長江圖說 馬徵麟 79/435
論江水十二篇 趙任基 79/449
疏通大江論 李祖陶 79/469
平捻善後議 葛士達 79/481
淮南北善後議 金安清 79/489
卷一一四 工政一一 直隸水利
畿輔水利議 王塗 80/3
畿輔水利議敘略 林則徐 80/9
議覆直隸屯政水田難以興舉疏 訥爾經額 80/27
請定天津水田章程疏 崇厚 80/35
請將荒地試墾水田疏 卞寶第 80/41
請議行畿輔水利成法疏

王家璧 80/43
擇地酌開上洩南運下注營田河疏
李鴻章 80/51
與直隸某方伯書 張穆 80/57
淀說 陳文述 80/59
卷一一五 工政一二 江南水利上
江南水利全書敘 魏源 80/65
蘇松水利考 王炳燮 80/69
請濬治太湖洩水要道疏
程邦憲 80/73
請拆除吳淞江口石閘疏
陶澍 80/77
籌挑劉河白茆河以工代賑疏
林則徐 80/81
蘇省水利工程擇要舉辦疏
林則徐 80/89
寄陶宮保書 包世臣 80/95
上巡撫侍郎韓公書 孫原湘 80/101
太湖東洞庭疏河記 陳世鎔 80/105
三江口寶帶橋記 魏源 80/109
重建張忠敏公祠記 馮桂芬 80/113
卷一一六 工政一三 江南水利下
上陸制府論下河水利書
魏源 80/121
再上陸制府書 魏源 80/127
荅友人問下河水患書
陳文述 80/133
儀徵濬河記 陳文述 80/141
圩岸公修議 劉文淇 80/149
興挑澗河議 潘德輿 80/153
卷一一七 工政一四 各省水利上
請疏濬江西河道疏 胡家玉 80/161
東南水利略序 錢儀吉 80/167
重濬三十六漊港議 徐有珂 80/171
秀州水利納洩泖湖議
顧廣譽 80/179
致王補帆中丞論湖州水利書
吳雲 80/183
湖州水利議 宗源瀚 80/197
福建行省重濬城河碑記
莊士敏 80/201
湖廣水利論 魏源 80/205
疏分漢水支河說 江開 80/211
條陳江漢修防事宜疏
黃爵滋 80/215
查勘襄河各屬被淹情形疏
周天爵 80/225
查勘江漢情形酌擬辦法疏
周天爵 80/231
籌辦襄河隄工疏 林則徐 80/243
樊城新隄記 賀熙齡 80/247
請查瀕湖民垸永禁私築疏
賀熙齡 80/249
洞庭東湖開濬新河疏
李明墀 80/253
開濬長沙城北碧浪湖議
李元度 80/257
卷一一八 工政一五 各省水利中
平河均修水利碑銘 陳士梅 80/269
治漳說 葛士達 80/281
修關中水利議 張鵬飛 80/285
修關中水利議跋 路德 80/307
城固縣四大堰合修議
高綏宇 80/311
書王太岳涇渠志後 蔣彤 80/315
書王芥子涇水志後 安清翹 80/319

修復龍洞渠工疏 馮譽驥 80/321
勸諭涇陽諸縣士民條約 劉蓉 80/325
與程鶴樵方伯論甘肅水利書 張澍 80/339
古浪水利記 陳世鎔 80/345
卷一一九 工政一六 各省水利下
覆陳都江堰工情形疏 丁寶楨 80/351
兩修都江堰工程紀略序 強望泰 80/367
鑿合州鉅梁虬門二灘記 強望泰 80/377
覆陳廣東水利議 徐賡陛 80/381
匯稟雷瓊水利 左輔 80/387
續稟雷瓊水利 左輔 80/393
復張壽荃觀察論潮州水患書 丁日昌 80/401
復潮郡總局論治水書 丁日昌 80/405
卷一二〇 工政一七 海塘
勘估寶山塘工疏 林則徐 80/415
浙省海塘坍損請籌款興修疏 金應麟 80/423
籌辦塘工大概情形片 吳文鎔 80/431
續修海塘酌擬變通辦理疏 梅啟照 80/435
海塘問答 呂璜 80/439
與李曉村知州論濬河取土書 錢泰吉 80/445
請奏復西塘柴埽工程一年固限稟 舒化民 80/449
歷稟海塘修防籌費事宜 舒化民 80/453
建復浙海東中兩防石塘記 戴槃 80/467
改建東中防石埽二坦記 戴槃 80/471

皇朝經世文新增時務續編四十卷時事洋務八卷

卷一 時務一
請推廣學校摺 李端棻 81/9
議覆推廣學校 81/13
卷二 時務二
請變通書院章程摺 胡聘之 81/14
禮部議覆整頓各省書院摺 81/16
卷三 時務三
總署奏開設官書局摺 81/18
官書局奏開辦章程 81/20
卷四 時務四
官書局詳覆開辦學堂摺 81/21
奏設天津中西學堂摺 王文韶 81/25
卷五 時務五
奏設天津中西學堂章程 81/27
卷六 時務六
自強大計舉要臚陳摺 盛宣懷 81/38
總理衙門議覆盛京卿條陳摺 81/44

卷七 時務七
總理衙門奏辦商務局摺 81/47
請整頓船政摺 陳璧 81/49
卷八 時務八
總理衙門議覆福建船政摺 81/51
卷九 時務九
請通飭開辦礦務鼓鑄銀圓摺
王鵬運 81/54
戶部議覆開辦礦務鼓鑄銀圓摺
81/55
卷一〇 時務一〇
請仿行印稅摺 陳璧 81/58
印稅條議 81/59
卷一一 時務一一
總理衙門請設鐵路總公司摺
81/60
卷一二 時務一二
鐵路條陳 容閎 81/65
卷一三 時務一三
總理衙門議辦郵政摺 81/67
卷一四 時務一四
湖北興辦洋操摺 81/74
湖北創辦洋操章程 81/78
卷一五 時務一五
請創辦銀行章程 容閎 81/83
卷一六 時務一六
徽屬茶務條陳 81/94
卷一七 時務一七
鑄銀條陳 81/98
卷一八 時務一八
奏辦湖南礦務總局章程 81/102
卷一九 時務一九
鄉湘東山精舍事宜稟 81/106
卷二〇 時務二〇
條陳變法自強疏 胡燏棻 81/111
卷二一 時務二一
請培養人材疏 陶模 81/120
卷二二 時務二二
自強切要疏 王之春 81/128
卷二三 時務二三
中國自強策上 81/134
中國自強策中 81/135
中國自強策下 81/136
卷二四 時務二四
上張香籌制府條陳平倭事宜書
朱子久 81/138
卷二五 時務二五
西學儲材說 楊家禾 81/147
論學校一 81/150
論學校二 81/156
論學校三 81/164
論學校四 81/167
論學校五 81/170
卷二六 時務二六
論不變法之害 81/184
卷二七 時務二七
論變法不知本原之害 81/191
論中國當以知懼知恥爲本
汪康年 81/193
卷二八 時務二八
論中國求富強宜籌易行之法
汪康年 81/196
論中國積弱由於防弊 81/199
卷二九 時務二九
論中國參用民權之利益
汪康年 81/202

論學會大有益於黃人亟宜保護 章炳麟 81/204
卷三〇 時務三〇
以愛力轉國運說 汪康年 81/208
商戰論 汪康年 81/211
卷三一 時務三一
榷署議內地機器製造貨物征稅章程 81/215
各省宜建翹材館議 孫同康 81/219
卷三二 時務三二
中國邊事論 81/223
卷三三 時務三三
安危大計疏 81/235
卷三四 時務三四
理財十二策 瘦腰生 81/254
上劉峴帥書並管見十條 田明山 81/258
卷三五 時務三五
禦夷制勝策 張秉銓 81/261
卷三六 時務三六
思患豫防策 言思行 81/275
治安新策 81/285
卷三七 時務三七
上東撫張宮保書 陳虬 81/291
議目 陳虬 81/299
卷三八 時務三八
洗恥芻言自敘 蕭開泰 81/328
洗恥芻言 蕭開泰 81/331
建局製造說 何獻墀 81/339
請永停捐輸實官議 朱昌鼎 81/350
問中國郵政應如何辦法各以實議條對 劉邦俊 81/352
卷三九 時務三九
黑龍江通肯河一帶請開民屯議 張鳳翥 81/357
上海海口形勢輿圖廣袤城池道里丈尺考 葉瀚 81/359
絲茶烟布合論 項文瑞 81/365
鑄銀幣得失說 程瞻洛 81/366
卷四〇 時務四〇
中日之戰六國皆失算論 81/372
爲人爲己不分爲二事說 汪康年 81/374
懲訛言說 汪康年 81/376
卷一 洋務一
瀛海各國統考 王之春 81/377
卷二 洋務二
列國編年紀要 81/403
卷三 洋務三
教派考 81/415
卷四 洋務四
博覽會考 81/431
卷五 洋務五
風俗考 81/442
軍政考上 81/451
軍政考中 81/462
軍政考下 81/471
卷六 洋務六
英國鐵路考 81/482
暹羅疆域政俗考 孫兆熊 81/486
卷七 洋務七
德奧義合縱俄法連衡論 項藻馨 81/491
卷八 洋務八
大洋海大西洋海印度海北冰海南冰海攷 楊毓輝 81/505

皇朝經世文三編八十卷

卷一　學術一　原學上

奏請開設同文館疏　恭親王　82/7

擬設天津中西學堂請奏明立案稟　盛宣懷　82/8

奏開設天津中西學堂疏　王文韶　82/9

奏官書局奏開辦章程疏　孫家鼐　82/11

京師創立大學堂條議　熊亦奇　82/12

議覆開辦京師大學堂疏　官書局　82/14

學堂條議八則　姚文棟　82/16

上海强學會序　張之洞　82/17

上海强學會章程　82/17

上海強學會後序　康有爲　82/20

上中朝政府書　(美)李佳白　82/20

卷二　學術二　原學下

剛克論　(美)林樂知　82/22

論中國於孔子舊法並未泥守　管斯駿　82/24

華文西文利弊論　楊選青　82/25

宜習西文說　(英)李提摩太　82/28

西學略述序　曾紀澤　82/29

西學　鄭觀應　82/30

西學提要總敘　梁啟超　82/32

卷三　學術三　法語

法天　陳虬　82/32

釋經　82/33

自强切要疏　82/33

進呈盛世危言疏　鄧華熙　82/37

盛世危言敘　彭玉麟　82/38

盛世危言自敘　鄭觀應　82/39

治術學術專精說　82/40

遠慮論　薛福成　82/40

卷四　學術四　廣論上

國朝六大可惜論　韓文舉　82/41

論中國宜尊君權抑民權　麥孟華　82/43

富强當求本源論　陳耀卿　82/44

識時務在化成見論　夏錫疇　82/46

廣稽叔夜養生論　錢大受　82/47

卷五　學術五　廣論中

應變須才論　張羅澄　82/51

論倭事爲中國之福　黃慶瀾　82/52

中國易於富强論　余貽範　82/54

奮東方時局問　(英)威妥瑪　82/55

論不勤遠畧之誤　薛福成　82/60

論學會大有益於黃人亟宜保護　章炳麟　82/61

卷六　學術六　廣論下

格致公例　朱昌鼎　82/67

中外刑律辨　楊毓輝　82/68

中西醫理孰長論　許克勤　82/72

泰西醫術何昉視中東醫理孰優論　李經邦　82/74

泰西醫學源流　許克勤　82/77

醫道　鄭觀應　82/80

卷七　學術七　測算上

算學擷華百篇　82/82

卷八 學術八 測算中

傳法橢圓地圖說 傅雲龍 82/110

地橢圖説 傅雲龍 82/110

地動說 傅雲龍 82/111

天空說 傅雲龍 82/112

七政高下說 傅雲龍 82/112

地圖經緯說 82/113

測學何所憑籍考 楊毓煇 82/113

周髀經與西洋平弧三角相近說 朱正元 82/119

潮汐應月說 胡永吉 82/120

潮汐論 陶師韓 82/121

卷九 學術九 測算下

西法測量繪圖即晉裴秀制圖六體解 朱正元 82/122

揚子雲難蓋天八事以通渾天說 許克勤 82/125

風性表說 楊毓煇 82/127

以月離測經度解 葉瀚 82/128

五星算術源流 黃炳垕 82/131

星道以日爲心論 82/132

五星順逆遲留說 82/132

星學辨惑論 82/133

鎗礮取準算法考 82/133

卷一〇 學術一〇 格致上

論格致學緣起 (英)李提摩太 82/137

中國宜求格致之學論上 82/137

中國宜求格致之學論下 82/138

格致數目說略 82/139

格物入門叙 82/141

論學格致必先求富國 (英)李提摩太 82/141

中西格致異同辨 彭瑞熙 82/142

中西格致本原論 葛道殷 82/144

格物 82/146

卷一一 學術一一 格致下

中西格致流源論 王佐才 82/151

格致說 鐘天緯 82/152

泰西格致之學與近刻繙繹諸書詳略得失何者爲最要論 車善呈 82/153

西學古今辨 鐘天緯 82/158

卷一二 學術一二 化學

中外化學名物異同考 楊毓煇 82/160

電報 鄭觀應 82/167

電學考 (英)李提摩太 82/168

物體凝流二質論 胡永吉 82/169

物體本原 陶師韓 82/170

問鍛鍊金質試驗鎔度而電池之金何以必用一陰一陽方能生電說 楊毓煇 82/171

卷一三 治體一 政本上

請飭廷臣直諫疏 鐘佩賢 82/174

敬陳管見籌自强之計疏 彭玉麟 82/174

督撫同城急宜酌量變通疏 郭嵩燾 82/176

論督撫同城之損 薛福成 82/178

紓外患而固邦本論 82/179

論今日中国當以知懼知恥為本 汪康年 82/180

致李傅相書 張之洞 82/182

致李傅相書 王闓運 82/183

卷一四 治體二 政本下

書曾襲侯中國先睡後醒論後 何啟、胡翼南 82/184
以愛力轉國運說 汪康年 82/198
萬國公政說 韓文舉 82/200
卷一五 治體三 原治
擬應詔陳言疏 傅雲龍 82/201
自强大計擧要臚陳疏 盛宣懷 82/205
中國自强策上 汪康年 82/209
中國自强策中 汪康年 82/210
中國自强策下 汪康年 82/210
治始於道路說 梁啟超 82/212
卷一六 治體四 变法上
上變法自强條陳疏 胡燏棻 82/217
上皇帝書第二 康祖詒等 82/223
卷一七 治體五 变法中
上皇帝書第三 康有爲 82/235
上皇帝書第四 康有爲 82/246
卷一八 治體六 变法下
論中國變法必自官制始 麥孟華 82/253
治始於鄉說 82/259
古議院攷 梁啟超 82/261
泰西諸國設立議院源流 82/262
剏設議院以通下情 陳虬 82/263
議院利害若何論 許象樞 82/264
議院十難 楊史彬 82/265
議院得失論 82/268
客述 李圭 82/269
卷一九 治體七 臣職
上酯邸書 吳昌言 82/270
敘疆臣建樹之基 薛福成 82/271
敘團練大臣 薛福成 82/272
爲人爲己不分二事說 汪康年 82/273
辦理洋務人員以何者爲稱職論 蔣同寅 82/274
辦理交涉以胆識才辯爲先論 黃潤章 82/276
交鄰得當論 張玠 82/279
卷二〇 治體八 培才
儲將才論 鄭觀應 82/280
使才與將相並重說 82/281
用人說 82/281
上東撫張朗齋宮保書 陳虬 82/282
大開賓館以收人才 陳虬 82/283
廣置幕賓以挽積弊 82/284
各省宜建翹材館議 孫同康 82/284
附陳密保洋員片 薛幅成 82/287
保薦使才疏 薛福成 82/287
德將漢納根語錄上 林樂知譯述 82/288
德將漢納根語錄下 林樂知 82/289
西學儲材三要 項文瑞 82/290
西學儲材六端 楊家禾 82/291
記江西康女士 梁啟超 82/293
卷二一 治體九 廣論
局外旁觀論 赫德 82/297
論中國積弱由於防弊 梁啟超 82/300
新議論署照會 (英)阿欽使 82/302
新議論略說帖 威妥瑪 82/302
續新議論略 82/304
巴黎復陳後臣中丞書 曾紀澤 82/307
振興中國論 殷之輅 82/308

上孫大臣書 熊亦奇 82/309
貴私貴虛論 瑶林館主 82/310
廣論卮言 82/311
卷二二 吏政一 吏治
整飭仕途疏 卞寶第 82/316
吏治上 鄭觀應 82/318
吏治下 鄭觀應 82/321
疏海防用人議 朱太守 82/324
捐納 鄭觀應 82/326
停捐納論 王韜 82/327
請永停捐納實官議 潘敦先 82/328
卷二三 吏政二 吏治
籌款停捐三議 李經邦 82/329
論捐實官之害 楊毓煇 82/331
富國不在捐輸論 孫兆熊 82/332
停捐四美論 楊毓煌 82/334
限仕 鄭觀應 82/335
請擢用優貢疏 官文 82/337
嚴課州縣以責成效 陳虬 82/337
分任佐雜以策末秩 陳虬 82/338
酌提羡銀以濟同官 陳虬 82/338
書吏 鄭觀應 82/339
卷二四 戶政一 理財上
上善後事宜疏 陳熾 82/340
請節糜費疏 管廷獻 82/342
請仿行印稅摺 陳璧 82/343
印稅條議 程儀洛 82/344
法國印花稅章程 黄致堯 82/344
論中國求富強宜籌易行之法 汪康年 82/346
利權一 薛福成 82/348
利權二 薛福成 82/349
利權三 薛福成 82/350
利權四 薛福成 82/351
卷二五 戶政二 理財中
廉俸 鄭觀應 82/352
書鄂督張開全楚利源示後 李提摩太 82/353
擬立中國文錢合益會節畧 何獻墀 82/353
度支 82/354
停漕 鄭觀應 82/355
國債 鄭觀應 82/356
論中國易於富强 李提摩太 82/358
論謀富之法 82/358
續論謀富之法 82/360
立信論 張羅澄 82/362
論今日勿憂無財 余貽範 82/363
論工人宜漸富 李提摩太 82/364
卷二六 戶政三 理財下
管子地數篇 許克勤 82/367
中國近日富强之術以何者爲先論 許庭銓 82/371
輪船電報二事應如何剔弊方能持久策 鐘天偉 82/374
中國仿行西法紡紗織布應如何籌辦以俾國家商民均獲利益論 吴佐清 82/377
紡織二十五策 儲桂山 82/379
說橙 梁啟超 82/382
理財卮言 82/382
卷二七 戶政四 疆域
覆陳索倫四旗事宜疏 曾紀澤 82/385
密陳霍爾果斯河西地境事情片 曾紀澤 82/386

覆陳中俄議界情形疏 曾紀澤 82/386
劾使臣辱命疏 張之洞 82/387
天下四大宗論 李提摩太 82/389
滇緬分界通商事宜疏 薛福成 82/390
上海海口形勢輿圖廣袤城池道里丈尺考 許克勤 82/392
上海爲海疆門戶論 胡家鼎 82/393
地球大勢公論總序 徐勤 82/394
地運趨於亞東論 劉楨麟 82/394
戶政五 賦役
編教民 彭玉麟 82/397
旗籍 鄭觀應 82/398
入籍 82/400
僧道 82/401
卷二八 戶政六 屯墾
墾荒 鄭觀應 82/403
衛屯 82/404
加稅開地議 (英)李提摩太 82/405
黑龍江通肯河一帶請開民屯議 殷之輅 82/406
黑龍江旗民屯田議 李經邦 82/407
屯墾策 楊毓煇 82/409
卷二九 戶政七 商務一
遵旨議烟台續增專條及先後辦理情形疏 曾紀澤 82/410
奏興辦商務疏 王鵬運 82/412
英國公司定例 哲美森 82/414
商政 薛福成 82/417
論公司不擧之病 薛福成 82/418
卷三〇 戶政八 商務二
商戰上 鄭觀應 82/419
商戰下 鄭觀應 82/421
商戰論 汪康年 82/422
英國國家總銀行攷 鄭觀應 82/424
銀行論 (英)李提摩太 82/426
鈐束賤役以安商賈 陳虬 82/427
設立銀行利弊論 錢大受 82/427
江西紳士請行内河小輪船公牘 82/431
卷三一 戶政九 商務三
通商八策 許廷銓 82/435
救商十議 柯來泰 82/438
整頓鐵政紡織利不外溢策 楊史彬 82/441
中國土産銅鐵棉花論 李鼎頤 82/444
絲茶烟布合論 項文瑞 82/447
通商四大宗論 82/448
卹商論 82/449
卷三二 戶政一〇 商務四
中國整頓商務策 華國盛 82/452
出洋茶利防弊策 82/455
問中國近年絲茶出口之貨核通商總冊較光緒初年有增無減而絲茶各商日見耗折其故何與今議整頓之法其策安在 李培禧 82/456
整頓絲茶策 82/459
徽屬茶務條陳 何潤生 82/461
卷三三 戶政一一 錢幣
鑄銀條陳 京城來稿 82/465
變通交鈔以齊風俗 陳虬 82/468
通行銀元八議 李鼎頤 82/468
行使金銀銅錢議 于鬯 82/471
錢幣中西變通以求利濟論

李經邦 82/472
藥水浸洋錢之害論 鄭觀應 82/474
戶政一二 鹽課
鹽務 82/475
卷三四 戶政一三 養民上
農功 鄭觀應 82/477
旱潦 82/479
論民 82/480
答問養民事宜 (英)李提摩太 82/481
論貧民有望 (英)李提摩太 82/483
游民有業論 (英)李提摩太 82/483
西法有益於民論 82/484
轉移積患說 (英)李提摩太 82/485
農人新法紀畧 82/486
論產業宜與人數並贈 82/487
用機器殖財養民說 薛福成 82/488
論中國參用民權之利益 82/488
卷三五 戶政一四 養民下
禁栽罌粟策 楊毓煇 82/489
中外養蠶得失異同 楊毓煇 82/492
飼蠶法則 鐘天緯 82/493
種稻之法水旱之備宜如何而後可 許克勤 82/494
泰西善舉中國能否仿行 許象樞 82/497
卹貧爲善舉第一論 陳翼爲 82/498
條陳養民事宜疏 文廷式 82/499
勸諭陝甘通栽種樹木示 陶模 82/501
卷三六 戶政一五 榷酤上
請整飭釐金疏 易俊 82/505
稅則 鄭觀應 82/505
通商綜覈表序 錢恂 82/507
釐捐論 鄭觀應 82/508
釐捐弊論 王韜 82/510
治標庸言 鏡存子 82/511
論中國各稅輕出重入之弊 蕭詩言 82/511
海關徵稅敘畧 薛福成 82/512
海關出入貨稅敘畧 薛福成 82/513
防漏稅 彭玉麟 82/514
卷三七 戶政一六 榷酤下
中國各省裁兵減釐議 潘敦先 82/516
裕利源以抒商力論 李經邦 82/520
節餉減釐議 楊毓煇 82/523
論中國稅務盈絀 (法)拉盧士 82/526
榷署議內地機器製造貨物征稅章程書後 麥孟華 82/528
卷三八 禮政一 大典
典禮上 鄭觀應 82/531
典禮下 鄭觀應 82/532
預籌各國使臣合請覲見片 薛福成 82/534
上諭各國使臣定期朝見謹書於後 (英)李提摩太 82/534
兩君相見論 82/535
覲見使臣關乎振興說 82/536
禮政二 家教
教養 鄭觀應 82/537
藏書 82/538
英國倫敦博物院書樓規制 82/539
女教 82/541
裹足 杞憂生 82/542

戒纏足會敘 梁啟超 82/543
巴黎復重伯 曾紀澤 82/544
巴黎復郭飴孫飴豐兩甥
曾紀澤 82/544
卷三九 禮政三 正俗
善舉 82/544
論泰西善堂及英國濟販人數
82/546
賽會 82/547
訓俗 82/549
富國探源論 82/551
懲訛言說 82/552
禮法四 聘使
論使臣全權之任重 陳耀卿 82/552
親王宜游歷各國說 82/553
通使 82/555
鄰交 薛福成 82/557
聘與國 彭玉麟 82/558
出使四國奏疏序 82/559
出使四國公牘序 82/560
請派員游歷外洋疏 82/560
卷四〇 禮政五 約章
約章 薛福成 82/561
條約 82/562
預籌修約事宜疏 曾国藩 82/564
改訂俄約辦事艱難情形疏
曾紀澤 82/565
慎約議 彭玉麟 82/567
論中國在公法以外之害
薛福成 82/568
立約通商忽禁人民往來理與公法相背否 朱澄敘 82/568
公法不足恃論 王佐才 82/570
據公法以立國論 鐘天緯 82/571
卷四一 禮政六 學校上
請推廣學校疏 李端棻 83/3
議覆李侍郎推廣學校摺 總署 83/5
廣學校 彭玉麟 83/6
論學校 (英)李提摩太 83/8
學校 鄭觀應 83/8
論新學部亟宜設立
(英)李提摩太 83/10
論不廣新學之害 83/11
西學宜設特科 余貽範 83/12
卷四二 禮政七 學校中
中西書院文藝兼肄論
潘克先 83/13
中西書法異同論 楊毓煇 83/16
卷四三 禮政八 學校下
停武試 鄭觀應 83/20
請變通書院章程摺 胡聘之 83/21
德國學校規制 83/23
英法俄美日本學校規制 83/24
去學校積弊以興人才論
王韜 83/27
英德法俄美日本六國學校數目
83/29
卷四四 禮政九 交涉
覆陳法國大概情形疏
曾紀澤 83/31
照覆法國領事文 張之洞 83/32
藩邦 薛福成 83/33
與英外部商定派員會立坎巨提頭目疏 薛福成 83/35
逆酋竄入俄境該國允嚴禁錮疏
曾紀澤 83/36

中西敦睦策 殷之輅 83/36
論中外交接其聯絡維持之法究應如何辦理 (英)李提摩太 83/37
倫敦致丁雨生中丞 曾紀澤 83/39
論加稅 梁啟超 83/40
交涉卮言 83/41
卷四五 兵政一 海防一
敬陳海防疏 李元度 83/47
防海上 余貽範 83/58
防海下 余貽範 83/59
海防論 傅雲龍 83/61
籌海 陳虬 83/61
卷四六 兵政二 海防二
會商海防事宜 彭玉麟 83/67
復奏加意籌備片 彭玉麟 83/68
密陳籌畫片 83/68
代陳海防管見疏 83/69
海防善後事宜疏 彭玉麟 83/69
遵旨覆並陳今昔情形不同疏 彭玉麟 83/73
覆奏海防條議疏 李鴻章 83/75
乞總署代奏下忱書 劉永福 83/81
卷四七 兵政三 海防三
强鄰環伺疏 薛福成 83/82
條陳海軍船礮應辦事宜疏 許景澄 83/84
論海軍當廣儲人才 余貽範 83/86
記日本議院論中國剏設海軍事 吳劍華 83/87
卷四八 兵政四 海防四
水師 鄭觀應 83/88
論兵輪水師之利弊 83/96
卷四九 兵政五 邊防上
邊防一 鄭觀應 83/97
邊防二 83/99
邊防三 83/100
邊防四 83/101
邊防五 83/103
邊防六 83/104
邊防七 83/108
邊防八 83/111
卷五〇 兵政六 邊防下
民團上 鄭觀應 83/114
民團下 鄭觀應 83/115
近日北邊防務輕重緩急何在論 葛道殷 83/116
邊防禦俄策 程昌齡 83/117
東北邊防輕重緩急論 葛道殷 83/119
中國邊事論 鋪加脱 83/120
遺疏 左宗棠 83/128
卷五一 兵政七 兵機一
力爭和議電奏 張之洞 83/131
請罷和議疏 易順鼎 83/132
籌戰事六條請代奏疏 易順鼎 83/136
聯銜糾參督臣植黨疏 張百熙等 83/138
力阻和議片 彭玉麟 83/140
請接濟劉永福片 83/141
卷五二 兵政八 兵機二
請飭照會通商各國片 彭玉麟 83/142
射策第一 駱成□ 83/142
論黑旗將士檄 劉永福 83/144
解散脇從法人示 劉永福 83/145

致法兵酉孤拔書 劉永福 83/146
上劉峴帥書 余虎恩 83/147
行軍當嚴賞罰論 高瑩 83/149
用兵貴作其氣論 陳耀卿 83/150
卷五三 兵政九 兵機三
操縱離合論 (英)林樂知 83/151
我戰則克論 金安清 83/153
防海防陸難易緩急論 李經邦 83/155
隱消敵患論 楊毓煇 83/157
防務通於治道說 殷之輅 83/159
兵凶戰危論 陳耀卿 83/161
上李傅相書 (英)闕名 83/163
中日之戰六國皆失算論 瑤林館主 83/163
強兵論 彭玉麟 83/165
代上總理衙門書 葉文銓 83/166
卷五四 兵政一〇 兵機四
說兵 83/167
論今日誰能助我 83/167
敵情 薛福成 83/169
論用兵宜先察敵情 陳耀卿 83/170
攻戰守具不用之用說 薛福成 83/171
行軍以間諜爲先論 鄭觀應 83/171
弭兵會 83/172
偷頭記 徐時棟 83/173
李德裕納維州降將論 薛福成 83/174
兵機危言 83/175
卷五五 兵政一一 郵政
紀西國送信章程始末 (英)李提摩太 83/178
泰西講求郵政 薛福成 83/181
驛站 鄭觀應 83/182
中國郵政應如何辦法論 羅毓林 83/183
郵政策 王益三 83/184
日報上 鄭觀應 83/186
日報下 83/187
知新報緣起 83/188
卷五六 兵政一二 糧餉
論籌餉爲行軍要義 陳耀卿 83/197
兵政一三 操練上
覆奏洋務事宜疏 沈葆楨 83/198
陸兵論一 傅雲龍 83/202
陸兵論二 傅雲龍 83/202
陸兵論三 傅雲龍 83/203
選將練兵論 薛福成 83/204
記英德設課功局防敵法 薛福成 83/204
命中篇 李經邦 83/205
鎗礮須知 楊毓煇 83/207
卷五七 兵政一四 操練下
覆陳山海關防務疏 曾國荃 83/209
乘時說 陳耀卿 83/210
練膽說 83/211
防軍支銷情弊疏 王開運 83/213
論中國宜重武功 83/214
操練卮言 83/215
卷五八 兵政一五 地利
戰爭以地利爲要說 陳耀卿 83/218
吳淞形勢論 83/218
礮臺 鄭觀應 83/220
妥籌奏保護浙東新築砲臺疏 薛福成 83/222

美利加水師阻道說 何雲龍 83/223
美利加砲臺經驗說 83/226
鐵路侵地說 (英)李提摩太 83/229
兵政一六 兵制
密陳標營積習難改將才宜保護片
薛福成 83/231
論近年營勇之弊 陳耀卿 83/231
卷五九 刑政一 治獄
獄囚 鄭觀應 83/232
犯人 杞憂生 83/233
棲流 83/234
禁販奴 彭玉麟 83/235
論泰西治獄 沈粹生 83/235
罰贖 鄭觀應 83/236
書楊侍御奏請裁待質公所摺後
83/237
刑政二 教匪
附陳處置哥老會匪片
薛福成 83/238
致各國大臣書并章程八條
總理衙門 83/239
覆總理衙門書 鏤斐迪 83/243
分別教案治本治標之計疏
薛福成 83/245
卷六〇 刑政三 禁煙
禁煙上 鄭觀應 83/247
禁煙下 83/248
論鴉片 彭玉麟 83/249
記泰西煙酒稅 83/250
刑政四 律例
治法在嚴刑賞議 陳虬 83/251
遵議武營扣餉缺額罪名摺
松淮 83/251
中外各國刑律輕重寬嚴異同得失攷
李經邦 83/252
中西律例繁簡攷 孫兆熊 83/255
查視秘魯華工記 吳劍華 83/260
卷六一 工政一 製造
請造小輪船片 彭玉麟 83/263
請籌費趕造小輪船片
彭玉麟 83/263
技藝 鄭觀應 83/264
紡織 83/266
紡織三要 殷之輅 83/267
紡織篇 張駿聲 83/271
製造十所 楊史彬 83/273
中國振興製造論 許象樞 83/275
中國不能製造新奇之物有二弊
陳翼爲 83/277
卷六二 工政二 製造
精藝術 彭玉麟 83/278
槍砲說上 薛福成 83/279
槍砲說下 83/280
利器 李提摩太 83/280
氣球攷 李提摩太 83/281
製造危言 83/282
卷六三 工政三 工程
請修鐵路疏 準良 83/288
上條呈時事疏 張百熙 83/289
振百工說 薛福成 83/291
中國鐵路如何取道爲便論
鐘天緯 83/292
稟復查勘龍州鐵路事宜
康際清 83/296
鐵路上 鄭觀應 83/298
鐵路下 83/299

鐵路新章省脚價法 (英)李提摩太 83/301

卷六四　工政四　工程

中國創行鐵路利弊若何論 張涵中 83/302

修路乃能足食論 (英)李提摩太 83/306

建倉儲米不如推廣鉄路輪舟說 83/307

創造鐵路宜先使民人咸知利益說 83/308

火車 杞憂生 83/309

招工 83/310

腹地運置木路議 陳虬 83/311

論中國新興三大事 (英)李提摩太 83/312

卷六五　工政五　工程

古今工程異同說 楊輝 83/313

修路 鄭觀應 83/315

盜工 鄭觀應 83/317

卷六六　工政六　治河

治河 鄭觀應 83/321

論修河 83/324

治河上 陳虬 83/325

治河中 83/327

治河下 83/328

禦水賑饑莫如推廣鐵路說 (英)李提摩太 83/330

中國擇地建造船塢論 李龍光 83/330

卷六七　工政七　船政

修船政 彭玉麟 83/332

請整頓船政摺 陳璧 83/333

遵旨議覆福建船政摺 總署 83/335

船政卮言 83/337

卷六八　工政八　礦務

論開煤礦之益 (英)李提摩太 83/339

請通飭開辦礦務鼓鑄銀圓摺 王鵬運 83/340

議覆王鵬運請開辦礦務鼓鑄銀圓摺 戶部 83/341

遵旨議奏興辦礦務設法擴充開採疏 崧蕃 83/343

山西開礦產 (英)李提摩太 83/344

礦政 薛福成 83/344

興礦利 彭玉麟 83/345

開礦上 鄭觀應 83/346

開礦下 83/349

卷六九　洋務一　外洋沿革

俄國攷略 陳耀卿 83/351

美國攷略 83/352

記拿破侖第一事畧 陳耀卿 83/354

法蘭西近代興亡記略 83/356

英國近代戰事記略 83/360

卷七〇　洋務二　外洋軍政

英吉利軍政 鄒弢 83/362

法蘭西軍政 鄒弢 83/365

德意志軍政 鄒弢 83/366

俄羅斯軍政 鄒弢 83/369

墺斯(亦名澳地利亞)軍政 鄒弢 83/373

意大利軍政 83/374

西班牙軍政 83/375

土耳其軍政 83/376

荷蘭軍政 83/376

美利堅軍政 83/376
葡萄牙軍政 鄒弢 83/377
日本軍政 83/377
印度軍政 83/378
卷七一 洋務三 外洋疆域
各國形勢類考 孫嘉穀 83/381
六大洲說 傅雲龍 83/387
歐洲各國開闢非洲攷 (英)李提摩太 83/388
非洲不能養民致失廣地說 83/389
日本疆域考 83/390
大洋海大西洋海印度海北氷海南氷海攷 楊毓煇 83/391
外洋疆域卮言 83/393
卷七二 洋務四 外洋鄰交
察看英法兩國交涉事宜疏 薛福成 83/393
德奧義合縱俄法連衡論 許克勤 83/394
五國論 葉瀚 83/395
歐洲時局如戰國說 錢文霈 83/396
破歐洲五國合縱連横策 項藻磬 83/397
外洋鄰交卮言 83/406
卷七三 洋務五 外洋國勢
西洋諸國導民生財說 薛福成 83/406
西洋諸國爲民理財說 薛福成 83/407
俄國出入度支總數考 鄭觀應 83/407
歐亞氣運轉機論 張壽波 83/408
論印度興衰並英人治理之始 陳耀卿 83/411
俄人國勢酷類强暴論 瑤林館主 83/412
外洋國勢卮言 83/413
卷七四 洋務六 外洋商務
歐洲商務盈絀變通商務論 鄭觀應 83/418
英商公司據印度及亞美利加攷 83/421
泰西徵税論略 83/422
英吉利用商務闢荒地說 薛福成 83/423
南洋諸島致富疆說 83/424
外洋商務卮言 83/424
卷七五 洋務七 外洋通論一
風俗考 鄒弢 83/431
海國圖志敘 左宗棠 83/437
萬國總說 (日)岡本監餔 83/438
卷七六 洋務八 外洋通論二
外洋學校 83/449
外洋公法 宋育仁 83/454
紐約鉅富 83/459
卷七七 洋務九 外洋通論三
禮俗 宋育仁 83/459
美國南北花旗交戰紀略 鄒弢 83/467
卷七八 洋務一〇 外洋通論四
西法爲公共之理說 薛福成 83/469
澳大利亞可自疆說 薛福成 83/469
論歐洲形勢 俾斯麥 83/470
通籌南洋各島請設領事官保護華民疏 薛福成 83/470
借箸籌華 (德)益哥 83/472

書俄皇告洪大臣之言 薛福成 83/473
論俄國助中 83/474
外洋通論卮言 83/475
卷七九 洋務一一 外洋通論五
外洋通論卮言 83/482
卷八〇 洋務一二 外洋通論六
外洋通論卮言 83/492

皇朝經世文新編三十二卷

卷一 通論
上今上皇帝第一書 闕名 84/7
上今上皇帝第三書 84/12
上今上皇帝第四書 84/27
強鄰環伺謹程愚計疏 84/36
變法自強疏 胡燏棻 84/39
培養人材疏 陶模 84/48
原強 嚴復 84/54
卷二 通論
自強大計摺 盛宣懷 84/71
議覆盛京卿條陳摺 總理衙門 84/76
乙丙之際箸議第七 龔自珍 84/79
乙丙之際箸議第九 龔自珍 84/79
論不變法之害 闕名 84/79
論變法不知本原之害 闕名 84/84
續論變法不知本原之害 闕名 84/86
變法自上自下議 歐榘甲 84/89
中國除害議 徐勤 84/95
論變法 闕名 84/98
新政策自敍 (英)李提摩太 84/100
卷三 通論
論中國積弱由於防弊 闕名 84/103
以愛力轉國運說 汪康年 84/106
論今日中國當以知懼知恥爲本 汪康年 84/108
中國自強策上 汪康年 84/111
中國自強策中 汪康年 84/112
中國自強策下 汪康年 84/113
與八旗諸君子陳說時局大勢啟 壽富 84/115
論今之時局與戰國大異 何樹齡 84/117
中國論 (法)薄柳 84/119
論世變之亟 闕名 84/121
支那辨亡論 闕名 84/124
救亡決論 闕名 84/126
國朝六大可惜論 韓文擧 84/133
論中國之衰由於士氣不振 康同薇 84/136
論中國不能變法之由 張壽浯 84/138
論中國守舊不如日本 劉楨麟 84/141
論中國之將強 闕名 84/147
地球大勢公論總序 徐勤 84/151
總論亞洲 徐勤 84/151
中國盛衰關于地球全局 徐勤 84/154
地運趨於亞東論 劉楨麟 84/158
歐亞氣運轉機論 張壽波 84/162

論地球全局動力 闕名 84/165
論歐洲政治 (英)闕名 84/166
卷四 君德
希臘大帝亞力山大傳 (英)李提摩太 84/171
羅馬皇該撤傳 (英)李提摩太 84/173
得勝偉良傳 (英)李提摩太 84/175
少言偉良傳 (英)李提摩太 84/176
法皇拿破侖第一傳 (英)李提摩太 84/177
俄皇大彼得傳 (英)李提摩太 84/180
論俄皇游歷 闕名 84/191
記俄皇行事 (西)滑稜 84/193
德皇政策 闕名 84/193
論德皇爲人 闕名 84/194
論比國王 愛芝其亞卻 84/195
美國共和黨擬舉總統宣論新政 闕名 84/197
美新總統麥見尼傳 (日)闕名 84/200
美國總統演說 (英)闕名 84/201
民主榮歸頌 (英)闕名 84/203
論暹王出遊 劉楨麟 84/204
暹王遊歷記 (英)闕名 84/206
卷五 官制
論中國變法必自官制始 麥孟華 84/223
論官制 84/231
日本職官志序 黄遵憲 84/235
古議院考 84/236
德國議院章程序 徐建寅 84/237
開儲材館議 王覺任 84/238
敘疆臣建樹之基 薛福成 84/242
敘督撫同城之損 薛福成 84/244
督撫同城急宜酌量變通疏 郭嵩燾 84/245
敘團練大臣 薛福成 84/248
答人問闕内侯 龔自珍 84/249
鬻爵 湯壽潛 84/250
仿設巡捕説 陳熾 84/251
撰四等十儀 龔自珍 84/253
論拜跪之禮不可行於今 高鳳謙 84/254
法律
論邦國交際公法學 闕名 84/255
交涉學 闕名 84/256
論日本制定憲法來歷 (日)伊藤博文 84/259
英美增添公法記 闕名 84/261
日本刑法志序 黄遵憲 84/262
日本鄰交志後序 黄遵憲 84/263
掌故學 闕名 84/264
論中西刑律輕重異同之故 84/266
華英讞案定章考 (英)哲美森 84/269
卷六 學校
學校總論 闕名 84/277
覆奏設立官書局摺 總理衙門 84/282
開辦官書局奏摺 孫家鼐 84/283
請推廣學校摺 李端棻 84/285
議覆李侍郎推廣學校摺 總理衙門 84/288
請變通書院章程摺 胡聘之 84/289

議覆開辦京師大學堂摺 管理官書局大臣 84/291
議覆整頓各省書院摺 禮部 84/294
陝西創設格致實學書院摺 張汝梅、趙維熙 84/296
議覆皖撫籌添學堂摺 總理衙門 84/298
擬設天津中西學堂章程稟 盛宣懷 84/299
江南儲材學堂章程 84/309
湖南時務學堂公啟 84/318
學校餘論 闕名 84/319
論科舉 闕名 84/322
述思古子議 龔自珍 84/329
議覆考試策問准引用本朝人名書名摺 禮部 84/330
論師範學校 84/330
卷七 學校
論幼學 闕名 84/335
童蒙藝塾說 韓文舉 84/347
治始於鄉說 韓文舉 84/348
推廣中西義學說 韓文舉 84/350
鄉學編 孫學修 84/351
論女學 闕名 84/352
記江西康女士 闕名 84/357
擬設繙譯書院議 馬建忠 84/358
論譯書 闕名 84/361
繙譯泰西有用書籍議 高鳳謙 84/371
譯書篇 孫學修 84/372
日本橫濱中國大同學校緣起 闕名 84/374
日本高等師範學校章程敘 歐榘甲 84/374
上李伯相言出洋工課書 馬建忠 84/376
瑪賽復友人書 馬建忠 84/378
論新學部亟宜設立 (英)李提摩太 84/381
論英國倫敦博物院書樓 (英)李提摩太 84/382
倫敦學校歲報 (英)闕名 84/384
西儒論學記 (英)闕名 84/386
格致書院教演化學記 欒學謙 84/386
日本橫濱中國大同學校書後 徐勤 84/389
卷八 國用
日本食貨志序 黃遵憲 84/393
論理財宜清釐款目 (英)李提摩太 84/393
上日本政府理財用書 (日)井上馨澀、井上澤榮 84/395
光緒會計錄敘 李希聖 84/397
中國度支論 84/401
論中國財政 (俄)鋪加脫 84/404
論中國賦用 (德)闕名 84/408
俄國預算國用記 (俄)闕名 84/419
日本食貨志後序五 黃遵憲 84/420
卷九 農政
請講求務本至計以開利源摺 華煇 84/425
議覆華侍御講求務本至計以開利源摺 工部 84/427
農會報序 闕名 84/428
陸彥若所著書敍 龔自珍 84/429

萬國貨殖論　葉耀元 84/430
農人新法紀畧　(英)李提摩太 84/438
耕稼要論　(英)闕名 84/439
地球植物學堂記　(美)闕名 84/440
種植格致學　(英)闕名 84/442
鹽質利農記　84/444
論肥田土質　(英)闕名 84/446
電氣利於園圃論　(英)闕名 84/448
論地球蠶業　(日)闕名 84/450
中國蠶務情形記　(日)闕名 84/451
種樹富民說　陳熾 84/452
種果宜人說　陳熾 84/454
葡萄製酒說　陳熾 84/455
種竹造紙說　陳熾 84/457
種樟熬腦說　陳熾 84/457
種木成材說　陳熾 84/459
山林論　(日)闕名 84/459
論中國可興做茶新法　(日)闕名 84/461
中俄茶葉　(日)闕名 84/462
說橙　闕名 84/463
畜牧養民說　陳熾 84/464
拓充漁務說　陳熾 84/465
魚課　陳熾 84/466
五洲漁人生計說　(英)李提摩太 84/467
西國奬勵漁業例　84/468
論牛乳　(英)森苗路勞 84/469

卷一〇　礦政

請通飭開辦礦務鼓鑄銀圓摺　王鵬運 84/479
議覆王御史開辦礦務鼓鑄銀圓摺　戶部 84/480
奏請各省開礦摺　陳其璋 84/483
奏請開辦遼東礦務摺　依克唐阿 84/484
擬開辦奉天東邊礦務章程　貴鐸 84/485
四川礦務章程　84/488
湖南礦務總局章程　84/491
查勘萍鄉煤礦情形條陳　惲積勛 84/494
論中國煤礦　(英)闕名 84/497
上李伯相論漠河開礦事宜稟　馬建忠 84/498
中國滿洲金礦情形　闕名 84/501
論採金要法　(英)闕名 84/502
論中國以金礦予英　(英)闕名 84/503
光緒十七年天下各國所出金銀數表　美國鑄錢局 84/504
美國礦產考略　(美)闕名 84/506
論東洋銷煤大局　(日)井上幹 84/508

卷一一　工藝

日本工藝志序　黃遵憲 85/3
勸工強國說　陳熾 85/3
藝成於學說　陳熾 85/5
工藝養民說　陳熾 85/6
論工人宜漸富　(英)李提摩太 85/8
機器說　劉楫 85/9
人工與機器論　(美)闕名 85/10
書工商核給憑單之例　薛福成 85/11
論中國工藝　(德)闕名 85/12

中日近年製造情形攷 (英)闕名 85/13
論日本宜以工業爲國本 (日)闕名 85/14
美人論日本工藝 (美)闕名 85/16
陝西創用機器織布公啟 劉光蕡 85/19
鄉飲禮儀序 衛既齊 85/20
論鐵性 (英)闕名 85/23
飛機考 (英)闕名 85/25
卷一二 商政上
史記貨殖列傳令義 闕名 85/31
日本食貨志商務篇 黃遵憲 85/39
日本食貨志後序 黃遵憲 85/42
商戰論 汪康年 85/43
商學 闕名 85/46
日本物產志序 黃遵憲 85/51
論中國宜開賽會以興商務 劉楨麟 85/52
剏立商部說 陳熾 85/57
論中國宜特設商務以整頓商務 (英)李提摩太 85/59
大興商埠說 陳熾 85/60
酌增領事說 陳熾 85/62
覆奏講求商務摺 總理衙門 85/64
奏覆洋商改造土貨應籌抵制摺 總理衙門 85/66
榷署議內地機器製造貨物征稅章程書後 麥孟華 85/67
請緩征值百抽十稅並請改存儲關棧章程摺 張之洞 85/72
卷一三 商政下
論製造貨稅 (英)闕名 85/77
海關出入貨類敘略 薛福成 85/78
海關出入貨價敘略 薛福成 85/78
論中國商務 (英)闕名 85/80
中國商埠情形記 布李難 85/82
煙臺英領事中國各口商務報 85/84
中國通商各口二十一年分商務情形 (英)特甫 85/90
上海商務情形 (英)韓能 85/98
擬粵東商務公司所宜行各事 徐勤 85/103
福州商務 闕名 85/110
山西商務總局集股章程 85/113
請創辦銀行章程 容閎 85/117
總行章程十二條 85/118
分行章程二十四條 85/120
續擬銀行條陳 85/122
中國銀行章程 85/123
咨商銀行事宜全稿 總署與鐵路公司 85/126
論上海繅絲廠 (法)闕名 85/131
中國紡織繅絲情形記 (美)佑尼 85/133
徽屬茶務條陳 何潤生 85/134
論中國茶務 (英)闕名 85/140
論中國茶業之衰應如何設法補救 (英)闕名 85/141
台灣鹽務考 (日)闕名 85/145
中日在韓貿易情形表 (日)闕名 85/146
論歐美商務全局 (英)闕名 85/150
法國商務近情 85/151
論英國商務漸衰 (日)闕名 85/152

論日本商業未必能爭英國之利 (英)闕名 85/153
德國公司總數考 (日)闕名 85/154
論整頓埠政 (日)闕名 85/155
卷一四 幣制
幣制論 (日)闕名 85/163
幣制論 (美)麥見尼 85/166
銀貨問答 (美)闕名 85/169
論金銀漲落之由 (日)高橋氏 85/171
銀價賤落之由 (日)闕名 85/172
中外金銀漲落說 (英)李提摩太 85/173
論金銀漲落極有關繫 (英)李提摩太 85/174
論各國行用金幣 闕名 85/175
日本擬改圜法章程 (英)闕名 85/177
日本用金後情形 (英)闕名 85/178
錢幣緣起利幣述 (法)闕名 85/179
通用金鎊說 陳熾 85/181
鑄銀條陳 陳熾 85/183
奏請仿造金銀錢摺 楊宜治 85/186
論金銀漲落 梁啟超 85/189
日本食貨志後序六 黃遵憲 85/194
擬中國設局鼓鑄小銀錢節畧 (英)歐裴理 85/195
中國錢法補救議 (英)吳得祿 85/198
卷一五 稅則
日本食貨志後序一 黃遵憲 85/205
日本食貨志後序二 黃遵憲 85/206
論稅則 闕名 85/209
論加稅 闕名 85/212
洋貨加稅免釐議 薛福成 85/213
利權一 薛福成 85/214
利權二 薛福成 85/215
利權三 薛福成 85/217
利權四 薛福成 85/218
論洋貨入内地免釐 馬建忠 85/219
增加稅則論 (英)闕名 85/222
海關增稅敘畧 薛福成 85/224
洋關進欵 (英)汲士沼 85/225
稅攷 (英)李提摩太 85/227
加稅闢地議 (英)李提摩太 85/228
仿行印稅摺 陳璧 85/230
印稅條議 程儀洛 85/231
論丁口稅 闕名 85/231
論地稅 (日)闕名 85/232
奏駁總稅務司重議土藥稅釐摺 李秉衡 85/234
記美國重稅興謗 (英)闕名 85/236
論英美欲平稅則 (英)闕名 85/238
論高麗稅務 (英)非立潑 85/238
卷一六 郵運上
郵運問答 闕名 85/243
治始於道路說 闕名 85/252
論街道 (英)李提摩太 85/254
論修河 (英)李提摩太 85/255
修路乃能足食論 (英)李提摩太 85/256
建倉儲米不如推廣鐵路輪舟說 (英)李提摩太 85/257
禦水賑飢莫如推廣鐵路說 (英)李提摩太 85/258
造鐵路即以救災說

(英)李提摩太 85/259
鐵路侵路說 (英)李提摩太 85/260
創造鐵路宜先使民人咸知利益說 (英)李提摩太 85/262
論放賑不如防災 (英)李提摩太 85/263
鐵路緣起述略 (美)闕名 85/264
鐵道論 馬建忠 85/266
借債以開鐵道說 馬建忠 85/271
創開中國鐵路議 薛福成 85/275
代李伯相議請試辦鐵路疏 薛福成 85/280
卷一七 郵運下
請開清江浦鐵路摺 闕名 85/289
鐵路條陳 容閎 85/292
請設鐵路總公司摺 總理衙門 85/294
擬辦鐵路說帖 盛宣懷 85/295
估計蘆漢鐵路運載節略 (美)司爾立樞 85/298
稟陳鐵路大概情形 (美)司爾立樞 85/300
稟陳鐵路地勢 (美)司爾立樞 85/300
查勘龍州鐵路事宜稟 康際清 85/304
估計龍州鐵路工程欵項稟 康際清 85/306
廣西勘路記 曹碩 85/306
俄國新築西伯里亞鐵路說 (美)林樂知 85/314
英國鐵路考 (美)林樂知 85/317
西悉畢利鐵路攷畧 錢恂 85/320
論西伯里亞鐵路之利 (英)闕名 85/329
上某觀察書 闕名 85/330
論俄國鐵路二則 闕名 85/332
中俄鐵路情形考 (美)闕名 85/333
記俄設太平洋論船公司 (日)闕名 85/336
呈請開辦江西內河輪船公牘 鄒淩瀚、鄒淩沅 85/339
議辦郵政摺 總理衙門 85/341
論洋人來函以新設郵政為不便 闕名 85/347
郵政事宜往復稟函全稿 宗湘文 85/348
議覆郵政事宜摺 總理衙門 85/350
紀西國送信章程始末 (英)李提摩太 85/353
太平洋電綫論 (日)闕名 85/356
卷一八 兵政上
日本兵志序 黃遵憲 85/363
日本兵志後序 黃遵憲 85/363
論兵 85/364
論擴充海陸軍備關係財政 (日)鶴原 85/367
論將才 (美)雅各柏架 85/370
法國海軍職要敍 馬建忠 85/377
上李伯相覆議何學士如璋奏設水師書 馬建忠 85/378
日本兵志後序 黃遵憲 85/393
記自強軍 梁啟超 85/394
湖北興辦洋操奏章公牘章程 85/395
奏設武備學堂摺 張之洞 85/404

招考武備學堂學生示 張之洞 85/406

卷一九 兵政下

上張香帥言武備學堂事宜書 何熙年 85/411

上南洋大臣稟 (德)克馳馬 85/420

請整頓船政摺 陳璧 85/421

議覆船政摺 總理衙門 85/422

論中國整武備之難 (英)闕名 85/425

論洋行軍用謀要妙 闕名 85/426

各國船政考 漢塞爾 85/428

英國水師考 (英)闕名 85/430

論太平洋海軍 (日)闕名 85/433

論德議整水師 (德)勒忒惠士 85/436

美軍防戰策 (美)布碌士 85/438

記日本初行徵兵令 黃遵憲 85/441

礮臺新製記 馬良 85/442

記無烟直線彈 (法)路加尼 85/443

土番製械記 (美)闕名 85/447

卷二〇 交涉上

日本鄰交志序 黃遵憲 85/451

論交涉 闕名 85/452

各國交涉源流攷 闕名 85/454

巴黎復友人書 馬建忠 85/459

敵情 薛福成 85/466

中國邊事論 (俄)鋪加脫 85/467

中國與俄法英關繫論 (日)闕名 85/478

論中俄情形 (英)闕名 85/484

論中俄密約 (英)闕名 85/485

論日俄將來大局 闕名 85/486

俄籌中國政策 (英)闕名 85/488

論中英近六十年交涉利弊 (英)闕名 85/490

論東亞客歲情形 (日)闕名 85/492

書俄皇告洪大臣之言 薛福成 85/497

卷二一 交涉中

論黑龍江省將來大局 (俄)闕名 86/3

論英通中國商務路程 (英)闕名 86/7

論英國在中國所有之利益 老臺灣 86/9

論德人尋釁於中國 劉楨麟 86/13

上李伯相論朝鮮商約界務稟 馬建忠 86/14

與英外部商定派員會立坎巨提頭目疏 薛福成 86/16

密陳帕米爾情形片 薛福成 86/18

滇緬分界大概情形疏 薛福成 86/19

滇緬分界通商事宜疏 薛福成 86/21

中英續議滇緬界商務條約附欵 86/24

與法蘭西立約通商保護越南議 薛福成 86/35

保朝鮮策 康有為 86/40

蘇州日本租界章程 86/42

蘇州租界租地章程 86/48

論蘇杭交涉之難 (英)闕名 86/49

西江開埠記 (英)闕名 86/51

通籌南洋各島添設領事官保護華民

疏 薛福成 86/52
卷二二 交涉下
中日通商行船條約 86/57
請豁除舊禁招徠華民疏 薛福成 86/65
附陳派撥兵船保護商民片 薛福成 86/67
許巴西墨西哥立約招工說 86/67
致五星使書 梁啟超 86/68
分別教案治本治標之計疏 薛福成 86/72
論中外官交涉儀式 馬建忠 86/74
書科爾沁忠親王大沽之敗 薛福成 86/76
書漢陽葉相廣州之變 薛福成 86/80
卷二三 外史
論歐洲現情 (日)闕名 86/87
論丙申年列國情形 (日)闕名 86/88
歐洲近世外交史 (日)闕名 86/95
記西國古史 闕名 86/97
卷二四 外史
日本安政以來大事略述 闕名 86/103
論日本宜變更國政 (日)大限伯 86/105
論日本自強之故 徐勤 86/108
論台灣宜亟變法 (日)蒲生氏 86/111
觀日本情形記 (美)撲爾打 86/112
日本地理志序 黃遵憲 86/115
日本國統志序 黃遵憲 86/116
日本國統志後序 黃遵憲 86/117
論日人經營臺灣 (日)闕名 86/121
英報論政府不宜助突厥 (英)闕名 86/124
論英國海外政策 (俄)闕名 86/127
論德國外交 (日)闕名 86/131
論德國海軍及殖民政策 (日)闕名 86/136
暹羅考 (英)浮乃 86/138
論西伯利亞水利 (日)闕名 86/142
俄人國勢酷類強秦論 陳熾 86/145
論俄人不能混一亞東 徐勤 86/146
卷二五 外史
俄國外政策史 (俄)斯哥利哥布斯奚 86/157
論俄國日強 (日)闕名 86/167
論俄法同盟實情 (美)瘀斯地是 86/171
論歐洲各國不宜助突厥 (英)闕名 86/173
英國下議院議論土亂及英國應如何辦法 86/174
土耳其論 (日)碌堂 86/181
波蘭滅亡記 梁啟超 86/184
過波蘭記 86/186
巴西風土記 (日)闕名 86/187
朝鮮敝政論 (英)比拾 86/188
卷二六 會黨
說羣自序 闕名 86/195
論學會 闕名 86/196
日本禮俗志後序 黃遵憲 86/198
論社會 (日)闕名 86/199
二十四朝儒教會黨考序例

徐勤 86/200
論議會 闕名 86/202
政黨論 (日)闕名 86/204
強學會府 闕名 86/206
上海強學會序 張之洞 86/207
上海強學會章程 86/207
上海強學會後序 86/211
聖學會緣起 86/212
聖學會序 蔡希邠 86/217
聖學會後序 岑春煊 86/218
強學小會集衆啟 曾習經 86/219
知恥學會序 闕名 86/220
知恥學會後敍 壽富 86/221
務農會章程 86/223
醫學善會序 闕名 86/225
不纏足會章程敍 張之洞 86/228
戒纏足會敍 闕名 86/229
順德戒纏足會敍 羅敦融 86/232
記東邦學會事 (日)闕名 86/233
記東俠 86/234
南海九十六鄉倡辦不纏足會敍 陳繼儼 86/236
湖南不纏足會嫁娶章程 86/237
廣東不纏足分會章程 闕名 86/238
福建戒纏足約章 86/239
卷二七 民政
原君 黃宗羲 86/243
原臣 黃宗羲 86/244
闢韓 嚴復 86/245
論君政民政相嬗之理 闕名 86/247
民義自敘 麥孟華 86/251
民義總論 麥孟華 86/252
論中國宜尊君權 麥孟華 86/255
論中國參用民權之利益 汪康年 86/257
平權說 闕名 86/258
君主表 86/260
民主表 86/261
君民共主表 86/263
古史鈎沈論 龔自珍 86/265
京師樂籍說 龔自珍 86/265
尊隱 龔自珍 86/266
尊俠篇 86/267
民政問答 86/271
書華盛頓傳後 汪榮寶 86/274
保國論 (日)佐藤精明 86/276
萬國公政說 韓文擧 86/277
日本食貨志後序 黃遵憲 86/279
西洋諸國為民理財說 薛福成 86/280
富民說 86/281
西國富戶利民說 (英)李提摩太 86/286
養民說畧 (英)李提摩太 86/288
答問養民事宜 (英)李提摩太 86/289
論貧民有望 (英)李提摩太 86/291
游民有業論 (英)李提摩太 86/292
條陳養民事宜摺 文廷式 86/293
論列國息爭之公理 王覺任 86/296
寢兵說 王覺任 86/298
卷二八 民政
弭兵會記 (英)李提摩太 86/303
弭兵會續記 (美)林樂知 86/305
弭兵會議上 (美)林樂知 86/306
弭兵會議下 (美)林樂知 86/308

論弭兵會 闕名 86/310
列國息爭條約 (日)闕名 86/312
英國大赦奴僕記 (英)沙士勃雷 86/315
美民自主記 差利刀 86/316
地球六大罪案考總序 劉楨麟 86/317
卷二九 教宗
上古茫昧無稽考序 闕名 86/329
周末諸子並起創教考序 闕名 86/329
諸子創教改制考序 闕名 86/330
諸子改制托古考序 闕名 86/330
諸子爭教互攻考序 闕名 86/330
墨老弟子後學考序 闕名 86/330
儒教爲孔子所創考序 闕名 86/331
孔子爲制法之王考序 闕名 86/331
孔子創儒教改制考序 闕名 86/332
六經皆孔子改制所作考序 闕名 86/332
孔子改制託古考序 闕名 86/332
孔子改制法堯舜文王考序 闕名 86/333
孔子改制弟子時人據舊制問難考序 闕名 86/333
諸子攻儒考序 闕名 86/333
儒墨爭教交攻考序 闕名 86/334
儒攻諸子考序 闕名 86/334
儒墨最盛並稱考 闕名 86/334
魯國全從儒教考序 闕名 86/335
儒教徧傳天下戰國秦漢間尤盛考序 闕名 86/335
武帝後儒教一統考序 闕名 86/335
春秋董氏學自序 闕名 86/335
春秋董氏學序(春秋旨) 闕名 86/336
春秋董氏學序(春秋例) 闕名 86/337
春秋董氏學序(春秋禮) 闕名 86/337
春秋董氏學序(春秋口說) 闕名 86/337
春秋董氏學序(春秋改制) 闕名 86/338
春秋董氏學序(春秋微言大義) 闕名 86/339
春秋董氏學序(傳經表) 闕名 86/339
長興學記 闕名 86/340
新學偽經考原序 86/352
新學偽經考敍 86/352
春秋中國彝狄辨原序 徐勤 86/353
春秋中國彝狄辨序 86/354
孟子大義述自序 徐勤 86/355
除無教之害 徐勤 86/355
萬木草堂小學學記 闕名 86/359
湖南時務學堂學約十章 闕名 86/361
五經大義終始論 龔自珍 86/365
五經大義終始答問四 龔自珍 86/368
五經大義終始答問五 龔自珍 86/368
五經大義終始答問六 龔自珍 86/369
五經大義終始答問七

龔自珍 86/369
五經大義終始答問八
龔自珍 86/369
五經大義終始答問九
龔自珍 86/369
復曾剛甫書 闕名 86/369
論各國變通政教之有無公理
闕名 86/371
論教會 闕名 86/375
論最古各國政學興衰之理
闕名 86/377
希臘羅馬總論 闕名 86/379
論公法源本經學 闕名 86/380
蒙古像教志序 龔自珍 86/381
孔教天行於諸國攷 陳高第 86/383
漢學再興論 (日)闕名 86/386
往教說上 陳榮兗 86/387
往教說下 陳榮兗 86/388
日本横濱中國大同學校學記
徐勤 86/389
卷三〇 學術
西學書目表後序 闕名 86/395
史學 86/397
論書數 何樹齡 86/399
日本學術志序 黃遵憲 86/400
日本學術志後序一 黃遵憲 86/401
日本學術志後序二 黃遵憲 86/402
日本學術志後序三 黃遵憲 86/404
算學報四則 黃慶澄 86/405
學算筆談序 華蘅芳 86/406
總論算法之理 華蘅芳 86/407
識數之法 86/407
論加減乘除開方之用 86/409
論看題之法 華蘅芳 86/411
論馭題之法 華蘅芳 86/414
論觀書之法 華蘅芳 86/416
論學算之法 86/417
論比例之用 華蘅芳 86/420
除不學之害 徐勤 86/420
沈氏音書序 闕名 86/428
盛世元音原序 沈學 86/429
體用 沈學 86/430
字譜 沈學 86/432
性理 沈學 86/433
文學 沈學 86/435
反切 沈學 86/436
書法 沈學 86/438
蒙古聲類表序 龔自珍 86/440
日本天文志序 黃遵憲 86/443
天學新理 (美)慳利士比威廉 86/444
上會典舘測繪輿圖書
鄒代鈞 86/452
格致淺理 闕名 86/459
質點配成萬物說 闕名 86/461
養生論 (美)闕名 86/463
卷三一 學術
記壓氣行車 (美)哈浦 86/465
論臭腐神奇 (美)闕名 86/473
論土性宜詳 (美)闕名 86/473
論腦 (美)曼地臣 86/474
論腦質 86/477
鹽質大用說 (英)闕名 86/479
衛生新法 (美)闕名 86/480
微蟲醫學新法考 (美)闕名 86/481
電浪新法 (英)闕名 86/483
論光學植物 (美)闕名 86/484

植物新法 (英)闕名 86/485
夢理精說 (美)緬拿 86/486
緯書言天並有輪廻之說考 曹泰 86/487
命說 曹泰 86/489
大易道德經說微 曹碩 86/491
卷三二 雜纂
各國種類攷 闕名 86/499
論實學 何樹齡 86/500
泰西新史攬要序 (英)李提摩太 86/502
論報館有益於國事 闕名 86/505
變法通法議自序 闕名 86/507
續譯列國歲計政要敍 闕名 86/508
西學書目表序例 闕名 86/509
春秋存中國說序 徐勤 86/512
西政叢書敍 86/513
說任篇上 黎祖健 86/514
說任篇下 黎祖健 86/516
論中國會匪宜設法安置 麥孟華 86/516
復陝西劉古愚山長書 86/519
報章文體說 譚嗣同 86/521
上李伯相論赫德不宜總司海防書 薛福成 86/523
南海先生四上書記序 龍澤厚 86/524
南海先生四上書記後序 麥孟華 86/525
吳鐵樵傳 譚嗣同 86/526
日本禮俗志序 黃遵憲 86/527
論軍事與文化有相維之益 (英)和而斯雷 86/528
日本雜事詩序 闕名 86/529
保種新理 葉瀚 86/530

皇朝經世文新編二十一卷

卷一上 通論
上今上皇帝第一書 康有爲 87/13
上今上皇帝第三書 康有爲 87/25
上今上皇帝第四書 康有爲 87/60
強鄰環伺謹陳愚計疏 薛福成 87/82
變法自強疏 胡燏棻 87/90
培養人材疏 陶模 87/110
原強 嚴復 87/124
卷一中 通論
自強大計摺 盛宣懷 87/157
議復盛京鄉條陳摺 總理衙門 87/168
乙丙之際箸議第七 龔自珍 87/175
乙丙之際箸議第九 龔自珍 87/175
論不變法之害 梁啟超 87/177
論變法不知本原之害 梁啟超 87/188
續論變法不知本原之害 梁啟超 87/192
變法自上自下議 歐榘甲 87/198
中國除害議一 徐勤 87/212
論變法 闕名 87/219
新政策自序 (英)李提摩太 87/224

新政策 (英)李提摩太 87/226
思緯壹壺臺短書 譚嗣同 87/241
報貝元徵書 譚嗣同 87/242
卷一下 通論
論中國積弱由于防弊 梁啟超 87/313
以愛力轉國運說 汪康年 87/320
論今日中國當以知懼知恥為本 汪康年 87/326
中國自強策上 汪康年 87/332
中國自強策中 汪康年 87/334
中國自強策下 汪康年 87/336
與八旗諸君子陳説時局大勢啟 壽富 87/340
論今之時局與戰國大異 何樹齡 87/345
中國論 (法)薄柳 87/348
論世變之亟 闕名 87/353
支那辨亡論 闕名 87/360
救亡決論 闕名 87/365
國朝六大可惜論 韓文舉 87/382
論中國之衰由於士氣不振 康同薇 87/387
論中國不能變法之由 張壽浯 87/394
論中國守舊黨不如日本 劉楨麟 87/400
論中國之將強 梁啟超 87/412
地球大勢公論總序 徐勤 87/421
總論亞洲 徐勤 87/423
中國盛衰關于地球全局 徐勤 87/428
地運趨於亞東論 劉楨麟 87/437
歐亞氣運轉機論 張壽波 87/446
論地球全局動力 闕名 87/454
論歐洲政治 (英)闕名 87/456
卷二 君德
希臘大帝亞力山大傳 (英)李提摩太 88/3
羅馬皇該撒傳 (英)李提摩太 88/7
得勝偉良傳 (英)李提摩太 88/12
少言偉良傳 (英)李提摩太 88/14
法皇拿破侖第一傳 (英)李提摩太 88/17
俄皇大彼得傳 (英)李提摩太 88/24
論俄皇游歷 闕名 88/50
記俄皇行事 (西)滑稜 88/53
德皇政策 (日)闕名 88/54
論德皇爲人 闕名 88/56
論比國王 愛芝基亞 88/59
美國共和黨擬舉總統宣論新政 (日)闕名 88/62
美新總統麥見尼傳 (日)闕名 88/69
美國總統演説 闕名 88/71
民主榮歸頌 (英)闕名 88/76
論暹王出遊 劉楨麟 88/79
暹王遊歷記 (英)闕名 88/83
卷三 官制
論中國變法必自官制始 麥孟華 88/117
論官制 88/136
日本職官志序 黃遵憲 88/145
古議院考 梁啟超 88/147
德國議院章程序 徐建寅 88/150
開儲材舘議 王覺任 88/152

敘疆臣建樹之基 薛福成 88/160
敘督撫同城之損 薛福成 88/165
督撫同城急宜酌量變通疏 郭嵩燾 88/168
敘團練大臣 薛福成 88/174
答人問關内侯 龔自珍 88/177
鬻爵 湯壽潛 88/180
仿設巡捕說 陳熾 88/181
撰四等十儀 龔自珍 88/184
論拜跪之禮不可行於今 高鳳謙 88/187
卷四 法律
論邦國交際公法學 闕名 88/193
交涉學 闕名 88/195
論日本制定憲法來歷 (日)伊籐博文 88/201
英美增添公法記 闕名 88/207
日本刑法志序 黃遵憲 88/209
日本鄰交志後序 黃遵憲 88/211
掌故學 闕名 88/214
論中西刑律輕重異同之故 闕名 88/217
華英讞案定章考 (英)哲美森 88/224
卷五上 學校
學校總論 梁啟超 88/235
覆奏設立官書局摺 總理衙門 88/247
開辦官書局奏摺 孫家鼐 88/250
請推廣學校摺 李端棻 88/253
議覆李侍郎推廣學校摺 總理衙門 88/261
請變通書院章程摺 胡聘之 88/263
議覆開辦京師大學堂摺 管理官書大臣 88/267
議覆整頓各省書院摺 禮部 88/274
陜西創設格致實學書院摺 張汝梅、趙維熙 88/280
議覆皖撫籌添學堂摺 總理衙門 88/282
擬設天津中西學堂章程稟 盛宣懷 88/286
江南儲材學堂章程 88/305
湖南時務學堂公啟 88/323
學校餘論 梁啟超 88/325
論科舉 梁啟超 88/332
述思古子議 龔自珍 88/348
議覆考試策問准引用本朝人名書名摺 禮部 88/349
論師範學校 梁啟超 88/350
卷五下 學校
論幼學 梁啟超 88/359
童蒙藝塾說 韓文舉 88/386
治始於鄉說 韓文舉 88/390
推廣中西義學說 韓文舉 88/393
鄉學編 孫學修 88/396
論女學 梁啟超 88/398
記江西康女士 梁啟超 88/410
擬設繙繹書院議 馬建忠 88/412
論譯書 梁啟超 88/419
繙譯泰西有用書籍議 高鳳謙 88/441
譯書篇 孫學修 88/444
日本橫濱中國大同學校緣起 梁啟超 88/447
日本高等師範學校章程敘

歐榘甲 88/449
上李伯相言出洋工課書
馬建忠 88/452
瑪賽復友人書 馬建忠 88/457
論新學部亟宜設立
(英)李提摩太 88/463
論英國倫敦博物院書樓
(英)李提摩太 88/467
倫敦學校歲報 (英)闕名 88/471
西儒論學記 (英)闕名 88/475
格致書院教演化學記
樂學謙 88/476
日本横濱中國大同學校書後
徐勤 88/483
卷六 國用
日本食貨志序 黄遵憲 88/487
論理財宜清釐欵目
(英)李提摩太 88/488
上日本政府論理財書
(日)井上馨澁、井上澤榮 88/491
光緒會計錄敍 李希聖 88/496
中國度支論 88/505
論中國財政 (俄)鋪加脫 88/512
論中國賦用 (德)闕名 88/520
俄國預算國用記 (俄)闕名 88/544
日本食貨志後序五 黄遵憲 88/547
卷七 農政
請講求務本至計以開利源摺
華煇 89/5
議覆華侍御講求務本至計以開利源摺 工部 89/10
農會報序 梁啟超 89/12
陸彦若所箸書敍 龔自珍 89/15
萬國貨殖論 葉耀元 89/16
農人新法紀畧 89/35
耕稼要論 (英)闕名 89/37
地球植物學堂記 (美)闕名 89/40
種植格致學 (英)闕名 89/44
鹽質利農記 (德)闕名 89/48
論肥田土質 (英)闕名 89/53
電氣利於園圃論 (英)闕名 89/58
論地球蠶業 (日)闕名 89/62
中國蠶務情形記 (日)闕名 89/65
種樹富民說 陳熾 89/67
種果宜人說 陳熾 89/71
葡萄製酒說 陳熾 89/73
種竹造紙說 陳熾 89/77
種樟熬腦說 陳熾 89/79
種木成材說 陳熾 89/81
山林論 (日)闕名 89/83
論中國可興做茶新法
(日)闕名 89/87
中俄茶葉(二則) (日)闕名 89/89
說橙 梁啟超 89/91
畜牧養民說 陳熾 89/93
拓充漁務說 陳熾 89/97
魚課 湯壽潛 89/99
五洲漁人生計說
(英)李提摩太 89/100
獎勵漁業例 闕名 89/103
論牛乳 (英)苗森路勞 89/105
卷八 礦政
請通飭開辦礦務鼓鑄銀圓摺
王鵬運 89/123
議覆王御史開辦礦務鼓鑄銀圓摺
戶部 89/126

奏請各省開礦摺 陳其璋 89/131
奏請開辦遼東礦務摺 依克唐阿 89/134
擬開辦奉天東邊礦務章程 貴鐸 89/137
四川礦務章程 89/143
湖南礦務總局章程 89/149
查勘萍鄉煤礦情形條陳 惲積勛 89/157
論中國煤礦 (英)闕名 89/163
上李伯相論漠河開礦事宜稟 馬建忠 89/166
中國滿洲金礦情形 闕名 89/172
論採金要法 (英)闕名 89/175
論中國以金礦予英 (英)闕名 89/178
光緒十七年天下各國所以金銀數表 美國鑄錢局 89/179
美國礦產考略 (美)闕名 89/183
論東洋銷煤大局 (日)井上幹 89/187
卷九 工藝
日本工藝志序 黃遵憲 89/197
勸工強國說 陳熾 89/198
藝成於學說 陳熾 89/203
工藝養民說 陳熾 89/205
論工人宜漸富 (英)李提摩太 89/210
機器說 劉楫 89/212
人工與機器論 (美)闕名 89/213
書工商核給憑單之例 薛福成 89/216
論中國工藝 (德)闕名 89/217
中日近年製造情形攷 (英)闕名 89/220
論日本宜以工業為國本 (日)闕名 89/223
西學書目表序例 梁啟超 89/225
美人論日本工藝 (美)闕名 89/227
陝西創用機器織布公啟 劉光蕡 89/233
論鐵性 (英)闕名 89/241
飛機考 (英)闕名 89/247
卷一〇上 商政
史記貨殖列傳今義 梁啟超 89/255
日本食貨志商務篇 黃遵憲 89/273
日本食貨志後序 黃遵憲 89/280
商戰論 汪康年 89/282
商學 闕名 89/290
日本物產志序 黃遵憲 89/301
論中國宜開賽會以興商務 劉楨麟 89/303
刱立商部說 陳熾 89/314
論中國宜特設商部以整頓商務 (英)李提摩太 89/319
大興商埠說 陳熾 89/321
酌增領事說 陳熾 89/324
覆奏講求商務摺 總理衙門 89/329
奏覆洋商改造土貨應籌抵制摺 總理衙門 89/335
権署議內地機器製造貨物征稅章程書後 麥孟華 89/338
請緩征值百抽十之稅並請改存儲關棧章程摺 張之洞 89/347
卷一〇下 商政
論製造貨稅 (英)闕名 89/359

海關出入貨類叙畧 薛福成 89/361
海關出入貨價叙畧 薛福成 89/363
論中國商務 (英)闕名 89/366
中國商埠情形記 布李難 89/371
烟臺英領事中國各口商務報 (英)白勒能 89/376
中國通商各口二十一年分商務情形 (英)特甫 89/388
上海商務情形 (英)韓能 89/406
擬粤東商務公司所宜行各事 徐勤 89/417
福州商務 闕名 89/434
山西商務總局集股章程 89/439
請創辦銀行章程 容閎 89/448
續擬銀行條陳 容閎 89/459
中國銀行章程 89/461
咨商銀行事宜全稿 總署與鐵路公司 89/468
論上海繅絲廠 (法)闕名 89/478
中國紡織繅絲情形記 (美)佑尼 89/483
徽屬茶務條陳 何潤生 89/485
論中國茶務 (英)闕名 89/498
論中國茶業之衰應如何設法補救 (英)闕名 89/500
臺灣鹽務考 (日)闕名 89/509
中日在韓貿易情形表 (日)闕名 89/512
論歐美商務全局 (英)闕名 89/518
法國商務近情 89/521
論英國商務漸衰 (日)闕名 89/524
論日本商業未必能爭英國之利 (英)闕名 89/526
德國公司總數考 (日)闕名 89/529
論整頓埠政 (日)闕名 89/531
卷一一 幣制
幣制論 (日)闕名 90/3
幣制論 (美)麥見尼 90/10
銀貨問答 (美)闕名 90/16
論金銀漲落之由 (日)高橋氏 90/22
銀價賤落之由 (日)闕名 90/23
中外金銀漲落說 (英)李提摩太 90/25
論金銀漲落極有關繫 (英)李提摩太 90/27
論各國行用金幣 闕名 90/30
日本擬改圜法章程 (英)闕名 90/34
日本用金後情形 (英)闕名 90/37
錢幣緣起利弊述 (法)闕名 90/39
通用金鎊說 陳熾 90/44
鑄銀條陳 陳熾 90/49
奏請仿造金銀錢摺 楊宜治 90/56
論金銀漲落 梁啟超 90/62
日本食貨志後序六 黄遵憲 90/72
擬中國設局鼓鑄小銀錢節畧 (英)毆斐理 90/75
中國錢法補救議 (英)吳得祿 90/81
卷一二 稅則
日本食貨志後序一 黄遵憲 90/93
日本食貨志後序二 黄遵憲 90/97
論稅則 闕名 90/102
論加稅 梁啟超 90/109
洋貨加稅免釐議 薛福成 90/111
利權一 薛福成 90/114
利權二 薛福成 90/117

利權三 薛福成 90/120
利權四 薛福成 90/122
論洋貨入內地免釐 馬建忠 90/125
增加稅則論 (英)闕名 90/132
海關徵稅敍畧 薛福成 90/137
洋關進欵 (英)汲士沼 90/140
稅攷 (英)李提摩太 90/143
加稅闢地議 (英)李提摩太 90/147
仿行印稅摺 陳璧 90/149
印稅條議 程儀洛 90/152
論丁口稅 (日)闕名 90/154
論地稅 (日)闕名 90/156
奏駁總稅務司重議土藥稅釐摺 李秉衡 90/159
記美國重稅興謗 (英)闕名 90/163
論英美欲平稅則 (英)闕名 90/168
論高麗稅務 (英)非立潑 90/169

卷一三上 郵運

郵運問答 闕名 90/177
治始於道路說 梁啟超 90/198
論街道 (英)李提摩太 90/202
論修河 (英)李提摩太 90/205
修路乃能足食論 (英)李提摩太 90/208
建倉儲米不如推廣鐵路輪舟說 (英)李提摩太 90/209
禦水賑飢莫如推廣鐵路說 (英)李提摩太 90/212
造鐵路即以救災說 (英)李提摩太 90/214
鐵路侵路說 (英)李提摩太 90/217
創造鐵路宜先使民人咸知利益說 (英)李提摩太 90/221
論放賑不如防災 (英)李提摩太 90/224
鐵路緣起述略 (美)闕名 90/227
鐵道論 馬建忠 90/230
借債以開鐵道說 馬建忠 90/242
創開中國鐵路議 薛福成 90/252
代李伯相議請試辦鐵路疏 薛福成 90/260

卷一三下 郵運

請開清江浦鐵路摺 康有爲 90/277
鐵路條陳 容閎 90/285
請設鐵路總公司摺 總理衙門 90/289
擬辦鐵路說帖 盛宣懷 90/291
估計盧漢鐵路運載節略 (美)司爾立樞 90/297
稟陳鐵路大概情形 (美)司爾立樞 90/301
稟陳鐵路地勢 (美)司爾立樞 90/303
查勘龍州鐵路事宜稟 康際清 90/311
估計龍州鐵路工程款項稟 康際清 90/316
廣西勘路記 曹碩 90/324
俄國新築西伯里亞鐵路說 (美)林樂知 90/332
英國鐵路考 (美)林樂知 90/340
西悉畢利鐵路攷畧 錢恂 90/347
論西伯利亞鐵路之利 (英)闕名 90/364
上某觀察書 闕名 90/366
論俄國鐵路二則 闕名 90/370

中國鐵路情形考 (美)闕名 90/374
記俄設太平洋輪船公司 (日)闕名 90/381
呈請開辦江西内河輪船公牘 鄒淩翰、鄒淩沅 90/387
議辦郵政摺 總理衙門 90/390
論洋人來函以新設郵政為不便 闕名 90/404
郵政事宜往復稟函全稿 宗湘文 90/408
議覆郵政事宜摺 總理衙門 90/412
記西國送信章程始末 (英)李提摩太 90/418
太平洋電綫論 (日)闕名 90/424
卷一四上 兵政
日本兵志序 黄遵憲 91/3
日本兵志後序一 黄遵憲 91/4
論兵 91/6
論擴充海陸軍備關係財政 (日)鶴原 91/12
論將才 (美)雅各柏架 91/20
法國海軍職要敘 馬建忠 91/35
上李伯相覆議何學士如璋奏設水師書 馬建忠 91/37
日本兵志後序 黄遵憲 91/71
記自強軍 梁啟超 91/74
湖北興辦洋操奏章公牘章程 91/76
奏設武備學堂摺 張之洞 91/93
招考武備學堂學生示 張之洞 91/98
卷一四下 兵政
上張香帥言武備學堂事宜書 何熙年 91/105
上南洋大臣稟 (德)克馳馬 91/125
請整頓船政摺 陳璧 91/127
議覆船政摺 總理衙門 91/131
論中國整武備之難 (英)闕名 91/137
論西洋行軍用謀要妙 闕名 91/141
各國船政考 漢塞爾 91/145
英國水師考 (英)闕名 91/150
論太平洋海軍 (日)闕名 91/155
論德議整水師 (德)勒忒惠士 91/163
美軍防戰策 (美)布碌士 91/166
記日本初行徵兵令 黄遵憲 91/173
礮臺新製記 馬良 91/175
記無烟直線彈 (法)路加尼 91/178
土番製械記 (美)闕名 91/187
卷一五上 交涉
日本鄰交志序 黄遵憲 91/193
論交涉 闕名 91/195
各國交涉源流攷 91/199
巴黎復友人書 馬建忠 91/212
敵情 薛福成 91/228
中國邊事論 (俄)舖加脱 91/231
中國與俄法英關繫論 (日)闕名 91/255
論中俄情形 (英)闕名 91/269
論中俄密約 (英)闕名 91/272
論日俄將來大局 闕名 91/275
俄籌中國政策 (日)闕名 91/278
論中英近六十年交涉利弊 (英)闕名 91/284
論東亞客歲情形 (日)闕名 91/288

書俄皇告洪大臣之言 薛福成 91/299
卷一五中 交涉
論黑龍江省將來大局 (俄)闕名 91/303
論英通中國商務路程 (英)闕名 91/314
論英國在中國所有之利益 老臺灣 91/317
論德人尋釁於中國 劉楨麟 91/326
上李伯相論朝鮮商約界務稟 馬建忠 91/329
與英外部商定派員會立坎巨提頭目疏 薛福成 91/334
密陳帕米爾情形片 薛福成 91/337
滇緬分界大概情形疏 薛福成 91/339
滇緬分界通商事宜疏 薛福成 91/345
中英續議滇緬界商務條約附欵 91/351
與法蘭西立約通商保護越南議 薛福成 91/375
保朝鮮策 康有爲 91/388
蘇州日本租界章程 91/392
蘇州租界租地章程 91/404
論蘇杭交涉之難 (英)闕名 91/406
西江開埠記 (英)闕名 91/411
通籌南洋各島添設領事官保護華民疏 薛福成 91/414
卷一五下 交涉
中日通商行船條約 91/423
請豁除舊禁招徠華民疏 薛福成 91/440
附陳派撥兵船保護商民片 薛福成 91/445
許巴西墨西哥立約招工說 91/446
致五星使書 梁啟超 91/448
分別教案治本治標之計疏 薛福成 91/454
論中外官交涉儀式 馬建忠 91/460
書科爾沁忠親王大沽之敗 薛福成 91/464
書漢陽葉相廣州之變 薛福成 91/472
卷一六上 外史
論歐洲現情 (日)闕名 92/3
論丙申年列國情形 (日)闕名 92/6
歐洲近世外交史 (日)闕名 92/22
記西國古史 闕名 92/27
卷一六中 外史
日本安政以來大事略述 闕名 92/37
論日本宜變更國政 (日)大隈伯 92/41
論日本自強之故 徐勤 92/49
論臺灣宜亟變法 (日)蒲生氏 92/56
觀日本情形記 (美)撲爾打 92/59
日本地理志序 黃遵憲 92/64
日本國統志序 黃遵憲 92/67
日本國統志後序 黃遵憲 92/68
論日人經營臺灣 (日)闕名 92/77
英報論政府不宜助突厥 (英)闕名 92/85
論英國海外政策 (俄)闕名 92/90
論德國外交 (日)闕名 92/101

論德國海軍及殖民政策 (日)闕名 92/111
暹羅考 (英)浮乃 92/117
論西伯利亞水利 (日)闕名 92/126
俄人國勢酷類強秦論 陳熾 92/132
論俄國不能混一亞東 徐勤 92/136
卷一六下 外史
俄國外政策史 (俄)斯哥利哥布斯奚 92/155
論俄國日強 (日)闕名 92/178
論俄法同盟實情 (美)瘀斯地是 92/187
論歐洲各國不宜助突厥 (英)闕名 92/191
英國下議院議論土亂及英國應如何辦法 92/195
土耳其論 (日)碌堂 92/211
波蘭滅亡記 梁啟超 92/217
過波蘭記 (日)闕名 92/221
巴西風土記 (日)闕名 92/223
朝鮮敝政論 (英)比拾 92/226
卷一七 會黨
說羣自序 梁啟超 92/241
論學會 梁啟超 92/243
日本禮俗志後序 黃遵憲 92/249
論社會 (日)闕名 92/250
二十四朝儒教會黨考序例 徐勤 92/253
論議會 闕名 92/257
政黨論 (日)闕名 92/261
強學會序 康有爲 92/266
上海強學會序 康有爲 92/268
上海強學會章程 92/269
上海強學會後序 康有爲 92/278
聖學會緣起 92/280
聖學會序 蔡希邠 92/290
聖學會後序 岑春煊 92/293
強學小會集衆啟 曾習經 92/296
知恥學會序 梁啟超 92/297
知恥學會後叙 壽富 92/300
務農會章程 92/304
醫學善會序 梁啟超 92/308
不纏足會章程叙 張之洞 92/314
戒纏足會叙 梁啟超 92/318
順德戒纏足會叙 羅惇融 92/324
記東邦學會事 (日)闕名 92/326
記東俠 梁啟超 92/329
南海九十六鄉倡辦不纏足會叙 陳繼儼 92/333
湖南不纏足會嫁娶章程 譚嗣同 92/334
廣東不纏足分會章程 康廣仁 92/336
福建戒纏足約章 92/338
卷一八上 民政
原君 黃宗羲 92/345
原臣 黃宗羲 92/347
闢韓 嚴復 92/349
論君政民政相嬗之理 梁啟超 92/355
民義自叙 麥孟華 92/363
民義總論 麥孟華 92/366
論中國宜尊君權 麥孟華 92/373
論中國參用民權之利益 汪康年 92/377
平權說 闕名 92/380

君主表 闕名 92/383
民主表 闕名 92/386
君民共主表 92/390
古史鉤沈論 龔自珍 92/394
京師樂籍說 龔自珍 92/394
尊隱 龔自珍 92/396
尊俠篇 麥孟華 92/399
民政問答 92/407
書華盛頓傳後 汪榮寶 92/415
保國論 (日)佐藤精明 92/419
萬國公政說 韓文擧 92/422
日本食貨志後序 黃遵憲 92/425
西洋諸國為民理財說 薛福成 92/429
富民說 馬建忠 92/430
西國富戶利民說 (英)李提摩太 92/443
養民說畧 (英)李提摩太 92/446
答問養民事宜 (英)李提摩太 92/449
論貧民有望 (英)李提摩太 92/454
游民有業論 (英)李提摩太 92/456
條陳養民事宜摺 文廷式 92/459
論列國息爭之公理 王覺任 92/464
寢兵說 王覺任 92/470
卷一八下 民政
弭兵會記 (英)李提摩太 92/479
弭兵會續記 (美)林樂知 92/483
弭兵會議上 (美)林樂知 92/487
弭兵會議下 (美)林樂知 92/491
論弭兵會 闕名 92/496
列國息爭條約 (日)闕名 92/501
英國大赦奴僕記 (英)沙士勃雷 92/506
美民自主記 差利刀 92/509
地球六大罪案考總序 劉楨麟 92/512
卷一九 教宗
上古茫昧無稽考序 康有爲 93/7
周末諸子並起創教考序 康有爲 93/7
諸子創教改制考序 康有爲 93/9
諸子改制託古考序 康有爲 93/9
諸子爭教互攻考序 康有爲 93/10
墨老弟子後學考序 康有爲 93/10
儒教爲孔子所創考序 康有爲 93/11
孔子爲制法之王考序 康有爲 93/12
孔子創儒教改制考序 康有爲 93/14
六經皆孔子改制所作考序 康有爲 93/14
孔子改制託古考序 康有爲 93/14
孔子改制法堯舜文王考序 康有爲 93/15
孔子改制弟子時人據舊制問難考序 康有爲 93/16
諸子攻儒考序 康有爲 93/17
儒墨交攻考序 康有爲 93/17
儒攻諸子考序 康有爲 93/18
儒墨最盛並稱考 康有爲 93/18
魯國全從儒教考序 康有爲 93/19
儒教徧傳天下戰國秦漢間尤盛考序 康有爲 93/20
武帝後儒教一統考序

康有爲 93/21
春秋董氏學自序 康有爲 93/21
春秋董氏學序(春秋恉)
康有爲 93/24
春秋董氏學序(春秋例)
康有爲 93/24
春秋董氏學序(春秋禮)
康有爲 93/25
春秋董氏學序(春秋口說)
康有爲 93/26
春秋董氏學序(春秋改制)
康有爲 93/27
春秋董氏學序(春秋微言大義)
康有爲 93/28
春秋董氏學序(傳經表)
康有爲 93/29
長興學記 康有爲 93/31
新學僞經考原序 康有爲 93/58
新學僞經考叙 梁啟超 93/59
春秋中國彝狄辨原序 徐勤 93/61
春秋中國彝狄辨序 梁啟超 93/62
孟子大義述自序 徐勤 93/65
除無教之害 徐勤 93/66
萬木草堂小學學記 梁啟超 93/73
湖南時務學堂學約十章
梁啟超 93/79
五經大義終始論 龔自珍 93/88
五經大義終始答問一
龔自珍 93/96
五經大義終始答問二
龔自珍 93/96
五經大義終始答問三
龔自珍 93/96
五經大義終始答問四
龔自珍 93/97
五經大義終始答問五
龔自珍 93/97
五經大義終始答問六
龔自珍 93/97
五經大義終始答問七
龔自珍 93/98
五經大義終始答問八
龔自珍 93/98
五經大義終始答問九
龔自珍 93/98
復善剛甫書 梁啟超 93/99
論各國變通政教之有無公理
闕名 93/103
論教會 闕名 93/111
論最古各國政學興衰之理
闕名 93/116
希臘羅馬總論 闕名 93/120
論公法源本經學 闕名 93/123
蒙古像教志序 龔自珍 93/127
孔教大行於諸國攷 陳高第 93/130
漢學再興論 (日)闕名 93/138
往教說上 陳榮袞 93/140
往教說下 陳榮袞 93/142
日本橫濱中國大同學校學記
徐勤 93/144
卷二〇上 學術
西學書目表後序 梁啟超 93/155
史學 闕名 93/160
論書數 何樹齡 93/164
日本學術志序 黄遵憲 93/166
日本學術志後序一 黄遵憲 93/170

日本學術志後序二 黄遵憲 93/172
日本學術志後序三 黄遵憲 93/175
算學報 黄慶澄 93/178
學算筆談序 華蘅芳 93/181
總論算法之理 華蘅芳 93/182
識數之法 華蘅芳 93/183
論加減乘除開方之用 華蘅芳 93/186
論看題之法 華蘅芳 93/191
論馭題之法 華蘅芳 93/199
論觀書之法 華蘅芳 93/202
論學算之法 華蘅芳 93/205
論比例之用 華蘅芳 93/213
除不學之害 徐勤 93/214
沈氏音書序 梁啟超 93/231
盛世元音原序 沈學 93/235
體用 沈學 93/239
字譜 沈學 93/242
性理 沈學 93/244
文學 沈學 93/248
反切 沈學 93/250
書法 沈學 93/255
蒙古聲類表序 龔自珍 93/260
日本天文志序 黄遵憲 93/266
天學新理 (美)樫利士比威廉 93/268
上會典舘測繪輿圖書 鄒代鈞 93/287
格致淺理 闕名 93/302
質點配成萬物說 闕名 93/308
養生論 (美)闕名 93/312
卷二〇下 學術
記壓氣行軍 (美)哈浦 93/319
論臭腐神奇 (美)闕名 93/337
論土性宜詳 (美)闕名 93/338
論腦 (美)晏地臣 93/340
論腦質 (美)闕名 93/347
鹽質大用說 (英)闕名 93/351
衛生新法 (美)闕名 93/353
微蟲醫學新法考 (美)闕名 93/356
電浪新法 (英)闕名 93/360
論光學植物 (美)闕名 93/362
植物新法 (英)闕名 93/363
夢裏精說 (美)緬拿 93/366
緯書言天並有輪廻之說考 曹泰 93/370
命說 曹泰 93/374
大易道德經說微 曹碩 93/379
卷二一 雜纂
各國種類攷 闕名 93/389
論實學 何樹齡 93/392
泰西新史攬要序 (英)李提摩太 93/397
論報館有益於國事 梁啟超 93/403
變法通議自序 梁啟超 93/408
續譯列國歲計政要叙 梁啟超 93/410
西學書目表序例 梁啟超 93/413
春秋存中國說序 徐勤 93/420
西政叢書叙 梁啟超 93/421
說任篇上 黎祖健 93/423
說任篇下 黎祖健 93/427
論中國會匪宜設法安置 麥孟華 93/429
覆陝西劉古愚山長書 梁啟超 93/434
報章文體說 譚嗣同 93/440

上李伯相論赫德不宜總司海防書 薛福成 93/444
南海先生四上書記序 龍澤厚 93/446
南海先生四上書記後序 麥孟華 93/449
吳鐵樵傳 譚嗣同 93/451
日本禮俗志序 黃遵憲 93/453
論軍事與文化有相維之益 (英)和而斯雷 93/455
日本雜事詩序 康有爲 93/458
保種新理 葉瀚 93/459

皇朝經濟文編一百二十八卷

卷一 學術一 原學
原學 陸心源 94/25
原學一 黃傳祁 94/25
原學二 黃傳祁 94/26
原學三 黃傳祁 94/27
原學四 黃傳祁 94/28
學論 94/28
學制 94/29
釋學上 王效成 94/30
釋學中 王效成 94/32
釋學下 王效成 94/33
辨學上 朱琦 94/35
辨學中 朱琦 94/36
辨學下 朱琦 94/37
學案提要 唐鑑 94/38
中國學術辨 張之洞 94/40
宗經篇 張之洞 94/42
循序篇 張之洞 94/43
守約篇 張之洞 94/44
益智篇 張之洞 94/48
設學 94/49
遊學篇 張之洞 94/51
卷二 學術二 儒行
史記儒林傳論 楊紹文 94/55
士論 柯培元 94/55
士論 亢樹滋 94/56
論士 吳鋌 94/58
名節篇 湯成烈 94/59
論人品 郭崑燾 94/60
論立品 94/60
儒道 章炳麟 94/61
儒法 章炳麟 94/62
儒俠 章炳麟 94/63
儒墨 章炳麟 94/63
卷三 學術三 法語
原性 廖連城 94/67
習說 劉蓉 94/67
甚陽子大道內篇 94/68
勸學 曾國藩 94/69
示鰲峰書院諸生 陳壽祺 94/71
學約五則 汪廷珍 94/71
勸士條約 94/73
懷甯端士習示 左輔 94/76
日課四條 曾國藩 94/76
留不足論 彭崧毓 94/78
卷四 學術四 文學
請續修四庫全書疏 王懿榮 94/83
論策問時務宜先釐定書籍以便誦習

徵引 94/84
跋楊御史請正文體以勵寔學疏後 邱煒萲 94/85
尊史 龔鞏祚 94/86
藏書 94/89
復陳詩議 馮桂芬 94/90
文敝 吳敏樹 94/92
辨言 王柏心 94/93
書振興字學後 94/94
卷五 學術五 師友
師說上 姚瑩 94/99
師說下 姚瑩 94/99
論師道 94/100
尊師正義 俞正燮 94/101
論欲培植子弟必先尊崇師道 94/102
量交 王柏心 94/104
與友人論師書 方東樹 94/104
卷六 學術六 格致
格致說 鐘天緯 94/109
格物 94/110
格物入門敘 李鴻章 94/111
論格致學緣起 (英)李提摩太 94/112
中國宜求格致之學論上 94/113
中國宜求格致之學論下 94/114
論學格致必先求富國 (英)李提摩太 94/115
中西格致源流論 王佐才 94/116
中西格致本原論 葛道殷 94/119
中西格致異同辨 彭瑞熙 94/122
物體凝流二質論 94/124
中外化學名物異同考 楊毓煇 94/125
論炭氣炭質體用各別 94/134
論矽養之質功用各別 94/136
綠氣與水內之輕氣化合成輕綠其養氣即去試言其故 顧仰基 94/137
論微管吸水管愈細吸水愈高之理 許樹枌 94/138
蒸汽動機說 許樹枌 94/139
氣球攷 94/140
汽車源流攷 94/142
記壓氣行車 94/145
論光學植物 闕名 94/153
計漸離透光三種鏡 94/154
電學考 94/156
問鍛鍊金質試驗鎔度而電池之金何必用一陰一陽方能生電說 楊毓煇 94/158
卷七 學術七 測繪
天空說 傅雲龍 94/165
楊子雲難蓋天八事以通渾天說 許克勤 94/165
地圖經緯說 傅雲龍 94/169
地動說 94/169
傅法橢圓地圖說 傅雲龍 94/171
橢圓地圖說 傅雲龍 94/171
地為行星說 許樹枌 94/173
七政高下說 傅雲龍 94/173
潮汐應月說 胡永吉 94/174
潮汐論 陶師韓 94/174
以月離測經度解 葉瀚 94/176
五星算術源流 黃炳垕 94/180
五星順逆遲留說 94/180
星道以日為心論 94/181

星學辨惑論 94/182
風性表說 楊毓煇 94/182
習西學當自代數始說 吳鼎元 94/184
河洛先後天表裏循環圖說 94/185
側學何所憑籍考 楊毓煇 94/186
周髀經與西法平弧三角相近說 朱正元 94/191
西法測量繪圖即晉裴秀制圖六體解 朱正元 94/192
繪地圖議 94/197
籌辦海圖稟 朱正元 94/198
測繪海圖議 羅豐祿 94/200
論義學訓童官講習圖算之學 潘飛聲 94/202
論中國宜兼設測繪科 94/203
書振興算學後 94/207
測算精學 94/208
學算筆談序 94/217
總論算法理 華衡芳 94/218
識數之法 華衡芳 94/218
論加減乘除開方之用 華衡芳 94/220
論看題之法 華衡芳 94/222
論駁題之法 華衡芳 94/225
論觀書之法 華衡芳 94/227
論學算之法 華衡芳 94/229
論比例之用 華衡芳 94/232
上會典館測繪輿圖書 鄒代鈞 94/233
卷八 學術八 譯書
總署議覆籌款開館譯書摺 94/243
論譯書為今日之急務 94/244
擬設繙譯書院議 馬建忠 94/245
論譯書當先政後藝 94/248
推廣譯書以裨實用議 94/249
廣譯 94/250
大同譯書局敘例 94/252
繙譯泰西有用書籍議 高鳳謙 94/253
卷九 學術九 醫學
醫道論 鄭觀應 94/257
衛生說上 94/259
衛生說下 94/260
論養生 94/262
論腦質 94/263
論招考官醫其法甚善宜充類行之 94/265
汽學通於醫學說 94/266
論上海剏辦醫學會 94/267
論中國軍營宜備用西醫 94/268
罪庸醫議 彭松毓 94/270
中西醫理孰長論 許克勤 94/270
條陳大府通行牛痘章程 金東 94/272
玉楸藥解後序 陸繼輅 94/275
醫說贈趙禮南 朱琦 94/276
上蘇松太道蔡公書 李福謙 94/276
卷一〇 學術一〇 通論
道學論 潘德輿 94/281
辨道論 方東樹 94/283
大義微言攷 黄傳祁 94/289
後聖論 章炳麟 94/291
學譬 94/292
說名 94/293
說名(二) 94/293

熟習洋文乃能深通西學論 94/295
尊俠篇 麥孟華 94/296
知類篇 94/300
論恥 94/301
論習氣 94/303
實事求是說 94/304
變通小學議 茅謙 94/306
會通說 94/309
疑信說 王柏心 94/311
論中國士人讀書宜急通舊學新學以轉國運 94/312
論中國亟宜講求地理之學 潘飛聲 94/313
農工商學 94/314
女教 94/316
春秋中國彝狄辨序 94/318
中國宜講求西學論 94/319
中西一貫之道論 94/320
采西學議 94/321
華人宜習西學仍不能廢中學論 94/323
思而不學論 易本烺 94/324
讀張孝達尚書勸學篇書後 94/326
張子西銘書後 吳鼎元 94/327
卷一一 治體一 原治
挈大綱防積弊疏 袁甲三 94/331
請講求務本至計疏 華煇 94/333
謹推陳致理之原疏 郭嵩燾 94/335
勤求治理疏 羅惇衍 94/337
以士保國論 (英)李提摩太、蔡芝紱 94/338
名實論上 高延第 94/340
名實論下 高延第 94/342
明綱議 94/344
正權議 94/345
同心議 94/347
審機說 94/349
否泰說 94/350
求治 戴楫 94/351
原治 孫鼎臣 94/352
說治上 俞樾 94/354
說治下 俞樾 94/355
卷一二 治體二 政本
培國脈肅政體疏 文瑞 94/361
正本清源疏 王慶雲 94/363
敬陳治本疏 倭仁 94/366
條陳治本疏 林壽圖 94/367
請修內政疏 94/369
請慎行賞罰疏 宋晉 94/370
端本慎始疏 徐啟文 94/371
慎始芻言疏 蘇廷魁 94/373
請力除四獘疏 94/374
整吏治以清正本札 賀長齡 94/375
治本論一 陳玉樹 94/377
治本論二 陳玉樹 94/378
治本論三 陳玉樹 94/380
近代政教之原論 94/382
辨政教 94/385
論今日當以知懼知恥為本 汪康年 94/386
內政以弼教明刑為要論 94/388
紓外患而固邦本論 94/389
萬國公政說 韓文舉 94/391
致李傅相書 張之洞 94/393
致李傅相書 王闓運 94/394
卷一三 治體三 君德

王言 王柏心 94/399
杜漸防微疏 祁雋藻 94/399
三漸宜防疏 徐繼畬 94/400
卷一四 治體四 臣職
上醇邸書 吳昌言 94/407
請訓責樞臣疏 何金壽 94/408
陳善閉邪論 94/408
為人為己不分為二事說 汪康年 94/409
教忠論 94/410
論辦案不可含糊了結 94/414
臣事論 94/416
臣誡 94/417
論任事 郭崑燾 94/419
論處世 郭崑燾 94/419
辦理洋務人員以何者為稱職論 蔣同寅 94/420
卷一五 治體五 治法
謹上治平六策疏 薛福成 94/425
敬陳管見籌自強之計疏 彭玉麟 94/433
自強大計舉要臚陳摺 盛宣懷 94/435
富教論 王塗 94/439
修政論 薛福保 94/440
中國自強本計論 94/441
中國自強論 94/442
中國自強策上 汪康年 94/444
中國自強策中 94/445
中國自強策下 94/446
中國近日富強之術以何者為先論 94/448
論中國求富強宜籌易行之法 汪康年 94/452
論中國易於富強 (英)李提摩太 94/454
論富強以講實濟祛欺蔽為本 94/455
論富強當先務本 94/456
治法在嚴刑賞議 94/458
治尚明通 94/459
道齊正軌序 錢儀吉 94/459
治始於鄉說 韓文舉 94/461
治始於道路說 94/462
上陝撫陳關中十策 邵輔 94/464
原強 嚴復 94/468
修約 王柏心 94/481
責實 王柏心 94/481
審宜 王柏心 94/482
卷一六 治體六 教養
弼教以明倫為亟論 94/487
中國宜亟開民智論 94/488
教養論 鄭觀應 94/489
中國教養 94/491
轉移積患說 94/492
收貧民議 馮桂芬 94/494
中國教化未嘗愚民辨 94/495
愚民辨 94/496
論中西教養之得失 94/497
卷一七 治體七 培才
請培養人才疏 陶模 94/503
請整頓八旗人才疏 寶廷 94/509
擬在京師上海各設達成館以儲使才片 盛宣懷 94/511
自強之計以培養人才為先務論 94/512

使才與將才並重說 薛福成 94/514
儲將才論 鄭觀應 94/514
儲才論 94/516
造就人才論 94/517
培才論上 94/519
培才論下 94/520
育才說 94/520
育才說 李棠階 94/522
求才說 94/523
論需才宜求實濟 94/524
論人才之興視乎取舍並推論人才以蒙養為始基宜善教法 94/526
各省宜建翹材館議 孫同康 94/527
西學儲材六端 楊家禾 94/530
西學儲材三要 項文瑞 94/532
原才 曾國藩 94/534
才論 潘德輿 94/534
上東撫張宮保書 陳虬 94/535

卷一八 治體八 用人

應詔請講求用人疏 曾國藩 95/3
敬籌振興人才以濟實用疏 王茂蔭 95/6
擬舉薦人才疏 吳嘉賓 95/9
請內外互用疏 高延祜 95/11
論內外欺罔疏 金應麟 95/12
時勢危難請用緩急可恃之人疏 何桂珍 95/13
用人必先黜邪論 95/15
目下宜以用人為急務論 95/17
用法在乎得人論 95/18
論得人之難 95/20
激濁揚清論 鄒鳴鶴 95/21
論川督得人 張澍 95/22
知人論 陳爾幹 95/23
論知人 龍啟瑞 95/24
論取人 龍啟瑞 95/25
論得人 龍啟瑞 95/26
論用人 95/27
論用人 龍啟瑞 95/28
論用人 吳鋌 95/29
人才論上 張澍 95/31
人才論中 張澍 95/32
人才論下 張澍 95/32
公黜陟議 95/33
湘鄉吳劍豐上湘撫陳佑帥書 95/34
海防用人議 朱太守 95/36

卷一九 治體九 變法

上變法自強條陳疏 胡燏棻 95/41
論變法當務為難 汪大鈞 95/49
論法當因時變通 95/52
論變法須順人情 95/54
變法當先防流弊論 95/55
論中國變法之利弊 95/57
論中國變法必自官制始 麥孟華 95/58
論自強宜稍變舊法 95/66
變法自強辨 95/68
變國俗說 95/71
三大變論 朱紹文 95/72
變法論 95/74
變法論 95/75
變法論 王塗 95/78
變法說 黃式三 95/79
變法議 95/80
變法始 95/81

論變法之權 95/82
新法論 95/83
改政急便條議 95/84
二次貸銀記 95/87
變科舉 95/91
變近時經畧議 95/95
論中國改行新政之速 95/96
中國復古宜參考西法說 95/97
卷二〇 治體一〇 時務
敬陳時政四事疏 呂賢基 95/103
敬陳時政四條疏 許乃普 95/105
直陳時弊四條疏 李菡 95/107
敬陳時務五事疏 勝保 95/109
臚陳時務八條疏 裘德俊 95/113
條陳時政之要疏 李棠階 95/117
敬陳時事艱難疏 陳壇 95/119
敬陳時事所先疏 邵亨豫 95/120
臚陳時事變通疏 王凱泰 95/127
中國時務論 95/130
挽回中國當務其急論 95/131
論政貴因時制宜 95/132
論時局先後不同 95/134
時務策 尹耕雲 95/135
時務策一 尹耕雲 95/136
時務策二 尹耕雲 95/140
時務策 尹耕雲 95/141
釋時 95/142
與客談時事 95/143
上劉制軍書 黃傳祁 95/144
卷二一 治體一一 廣論
敬陳救時八策疏 潘祖蔭 95/153
敬陳理財用人疏 鄭世任 95/155
自強大計摺 盛宣懷 95/157
總署議覆榮侍郎楊御史請設商務大臣及派宗支遊歷摺 95/162
論君政民政相嬗之理 95/163
振興中國論 殷之輅 95/167
拓規模以期美備論 95/168
權利論 陳玉樹 95/169
心平論 金安清 95/171
招徠論 95/173
貴私貴虛論 95/174
治安新策 95/175
新政策 (英)李提摩太 95/180
興亞策 何文炬 95/187
保種策 陶崇信 95/189
實一篇 95/189
尚質篇 95/190
深慮篇 宗稷辰 95/193
中國除害議一 徐勤 95/194
中國除害議二 徐勤 95/197
中國除害議三 徐勤 95/201
中國除害議四 徐勤 95/205
憂時私議 95/206
善馭夷議 95/207
中西政學通義自序 黃傳祁 95/209
中西政學通義後序 黃傳祁 95/210
論近代政教之原廣說 黃傳祁 95/211
天下大勢說 陶崇信 95/215
振興內政當先澄敘官方說 吳鼎元 95/216
靖內說 95/216
貧富由於勤惰說 95/218
剛柔說 95/219
虛實說 95/220

忍辱說 95/223
忍小忿勿忘大恥說上 95/224
忍小忿勿忘大恥說下 95/225
借觀自愧說 95/226
雪恥芻言 施景琛 95/227
杞人之言 95/229
三吳士大夫憂危 95/230
論中國積弱由於防弊 95/231
論中國有轉移之機 95/235
論華民宜速籌自相保護之法 汪康年 95/236
中國自古重工商論 陳玉樹 95/240
局外旁觀論 赫德 95/241
危論 孫福保 95/245
敝論 95/247
論宜自強以馭外 95/248
論朝鮮宜若何保護 95/251
親俄拒日論 95/252
聯俄拒英聯英拒俄論 95/253
聯英拒俄策 陳澤貽 95/255
書御史文悌請捐軀拒俄聯英摺後 95/255
輪船電報二事應如何剔弊方能持久策 鐘天偉 95/256
上張香濤宮保書 陳玉樹 95/261
上孫大臣書 熊亦可 95/266
卷二二 吏政一 吏政
請慎重名器疏 朱嶟 95/271
嚴懲貪墨疏 韓錦雲 95/272
請定外吏津貼公費疏 王堃 95/273
請京員津貼作開銷疏 王懿榮 95/274
請停報効以存政體疏 屠仁守 95/275
鄂省員缺久懸請變通辦理疏 胡林翼 95/276
禁言祥瑞疏 邊寶泉 95/277
議汰冗員疏 95/278
端表率杜弊源疏 富興阿 95/279
條陳力戒因循疏 丁日昌 95/281
請裁撤各官應分別汰留以清仕途 95/284
通致所屬長吏條教 陸言 95/285
用嚴法以懲貪吏說 95/287
今世正途中無身立命之處說 95/288
省則例議 95/290
汰冗員議 95/291
召對不拘官階以去蒙蔽議 95/293
停分發論 95/294
馭下論 李聯琇 95/296
救冗官 95/297
訓廉 湯鵬 95/298
論進退 95/300
限仕 鄭觀應 95/300
示知獎勵 95/303
勸戒淺語 曾國藩 95/305
書姚惜抱翰林論後 許宗衡 95/308
書奏扣官俸後 95/309
讀宋侍御奏請釐定襲職章程疏書後 95/311
官宜久任說 張鑒 95/312
論廨員一心以除弊為急務 95/313
華官宜通西情說 英山雅谷 95/314
紳衿論 95/315
卷二三 吏政二 吏治

條陳整飭吏治疏 袁方城 95/319
請整飭吏治疏 周恆祺 95/321
整飭仕途疏 卞寶第 95/323
請嚴汰劣員以肅吏治疏 朱潮 95/323
請分別裁定陋規以肅吏治疏 黄體芳 95/324
敬陳整頓吏治四事疏 李鶴年 95/326
呈初萊陽中丞吏治事宜 左輔 95/327
論安徽吏治 查揆 95/329
論安徽吏治二 查揆 95/331
論安徽吏治三 查揆 95/333
論安徽吏治四 查揆 95/334
論安徽吏治五 查揆 95/336
重刻居官寡過錄序 陳用光 95/337
和論 龍啟瑞 95/338
吏治上 鄭觀應 95/339
吏治下 95/342
卷二四 吏政三 官制
請變通外吏迴避章程疏 王文韶 95/351
督撫同城急宜酌量變通疏 郭嵩燾 95/351
請變通委署州縣章程疏 王文韶 95/354
開復人員不宜仍發原省疏 崇實 95/355
請重廉俸疏 景其濬 95/356
奏請增置算學助教員缺摺 95/357
內務府向不干政片 鮑源深 95/358
重儒官議 馮桂芬 95/358
復鄉職議 95/360
免迴避議 95/361
厚養廉議 95/362
今冠合古制考 宗稷辰 95/363
起居注官考 許宗衡 95/363
翎頂考 陸心源 95/366
補服考 95/366
論督撫同城之損 95/367
加給養廉涓滴歸公議 95/368
論宜併官增俸以清賄賂 95/370
論官制 吳鋌 95/372
廉俸 鄭觀應 95/372
論翰林 吳鋌 95/373
論封駁 吳鋌 95/374
上大學士書 龔鞏祚 95/375
卷二五 吏政四 銓選
知縣外補壅滯請量予變通疏 張之洞 95/383
請變通正途州縣選補班次疏 李肇錫 95/384
請更正才不勝任人員改補京職疏 王兆琛 95/385
請慎擇宦寺疏 穆緝香阿 95/386
請擢用優貢疏 95/387
督課學堂甄別仕宦議 95/388
推廣拔貢議 陳澧 95/389
論中國宜招選奇才 95/390
擇吏 王柏心 95/391
論銓選 吳鋌 95/392
論南北互選 吳鋌 95/392
卷二六 吏政五 考察
請慎簡大吏考察僚屬疏 尋鑾煒 95/397

請京察舉劾並行疏 吳傑 95/398
密陳司道府考語疏 林則徐 95/399
懲惡即以勸善論 95/400
廣辨姦論 方濬頤 95/401
廣辨姦論 方濬頤 95/402
論巡按 吳鋌 95/402
卷二七 吏政六 保舉
請酌核保舉章程以示限制疏 宋晉 95/407
甘肅新疆保案請從寬核議疏 左宗棠 95/408
保薦使才疏 薛福成 95/409
遵議軍營勞績不准保至藩臬兩司疏 95/410
保薦人材宜先去弊論 95/411
附陳密保洋員片 薛福成 95/413
卷二八 吏政七 捐納
遵旨停止捐輸並變通常例捐款疏 95/417
請停止捐納道府州縣實官疏 陳兆文 95/421
道府州縣四項無庸減成疏 閻敬銘 95/422
請飭停止增附捐教疏 汪元方 95/423
請停推廣捐納軍功舉人附生疏 俞長贊 95/424
請停推廣捐例疏 95/426
停捐納以清仕途論 95/427
富國不在捐輸論 孫兆熊 95/428
停捐四美論 楊毓煌 95/431
停捐納論 王韶 95/433
請永停捐輸實官議 潘敦先 95/434
籌欵停捐三議 李經邦 95/436
改捐例議 95/438
論捐實官之害 楊毓煇 95/439
捐納 鄭觀應 95/440
書戶部奏請加捐摺後 95/442
卷二九 吏政八 大吏
請飭部臣實心輔政疏 龔文齡 95/447
請袪督撫大吏蒙蔽疏 裘元俊 95/448
大臣當以國為重論 95/449
論將相當有大勳勞於國 95/451
論粵省某大吏口碑 95/452
大臣論 95/454
名實說 朱琦 95/455
卷三〇 吏政九 言官
請飭廷臣直諫疏 錢佩賢 95/459
應詔直言疏 吳大澂 95/459
擬應詔陳言疏 傅雲龍 95/463
應詔陳言疏 黎庶昌 95/469
通論唐以來諫職 孫鼎臣 95/474
宋仁宗戒言官說 姚瑩 95/475
阻格言路論 95/476
論彈劾宜得其要 95/477
言官宜正心術 95/478
許自陳議 馮桂芬 95/480
論諫官 吳珽 95/480
論各省查辦參案不能破除情面 95/481
讀文侍御奏言官黨庇誣罔熒聽一摺書後 95/482
論言官宜留餘地 95/484
卷三一 吏政一〇 守令

慎用牧令疏 王道墉 95/489
海疆善後宜重守令論 95/489
論州縣以操守為重 95/491
論州縣為親民之官宜久供職 95/493
親民在勤 95/494
論州縣宜革除總董 95/495
論居官十一則 郭崑燾 95/496
官箴四則 李宗羲 95/498
鄂吏約 95/499
顧職方郡縣論駁議 戴望 95/509
讀周禮地官 王效成 95/510
論守令 吳鋌 95/511
論州縣 孫鼎臣 95/512
州縣詹言 95/513
治巢瑣言 95/516
論裁定州縣規費書 吳嘉賓 95/517
牧令書輯要書後 丁日昌 95/520
卷三二 吏政一一 吏胥
請禁書吏捐保知縣疏 于凌辰 96/3
嚴懲書吏論 96/4
書吏 鄭觀應 96/5
易吏胥議 96/7
書嚴禁各屬丁書役積弊札後 96/8
卷三三 戶政一 戶政
論產業宜與人數並增 96/15
論浙江惲方伯通飭卡員詳報陋規事 96/16
稽戶口議 96/17
入籍 96/18
編教民 彭玉麟 96/19
壹權量議 96/26
總稅務司不宜專用英人久任不改說 96/26
卷三四 戶政二 理財
遵旨會議開源節流事宜疏 96/33
條陳國用事宜疏 那斯洪阿 96/45
通籌財用大源敬陳管見疏 翁同書 96/54
請權出入以培國脈疏 汪振基 96/58
擬預籌節用疏 吳嘉賓 96/59
通籌出入虛實疏 宗稷辰 96/61
戶部會奏籌議節流各欵疏 王慶雲 96/63
議覆籌補庫欵章程利弊疏 李星沅 96/67
聲明內府外庫定制疏 96/69
請飭內務府撙節用款疏 96/70
請飭力籌節用永停捐輸疏 黃元善 96/72
請每年清查以杜弊源疏 徐澤醇 96/73
奏請均利保權疏 黃思永 96/75
請節糜費疏 管廷獻 96/76
上善後事宜疏 陳熾 96/78
戶部覆奏各省自闢利源摺 96/80
生財不如理財論 金安清 96/82
裕利源而抒商力論 李經邦 96/83
廣廣學以廣利源議 李提摩太 96/87
籌國用議 96/91
節經費議 96/92
用財貴得其當說 96/93
光緒會計錄敘 李希聖 96/94
講求務本至計以開利源摺

華煇 96/98
論中國財政 (俄)鋪加脫 96/100
中國歲計錄要 96/104
論中國度支 96/106
常年用度總數 96/110
論謀富之法 96/111
續論謀富之法 96/114
論今日勿憂無財 余貽範 96/117
論財用 吳鋌 96/118
論理財 龍啟瑞 96/118
理財論 吳鼎元 96/120
理財芻議 96/120
務本論上下篇并敘 徐鼒 96/121
裕財策 楊象濟 96/122
裕本論 宗稷辰 96/123
肥國論 左宗植 96/124
公利說 96/126
立信論 張羅澄 96/128
保富篇 汪大鈞 96/128
管子地數篇解 許克勤 96/131
通論唐以來國計 96/137
中國工藝商業攷提要 96/140
論工人日漸富強 96/140
度支 96/141
醫貧 湯鵬 96/142
說撈 96/147
中國工商業攷書後 黃傳祁 96/148
書鄂督開闢全楚利源示後
李提摩太 96/148
卷三五 戶政三 養民
條陳與民休息疏 馬元瑞 96/153
備陳民間疾苦疏 曾國藩 96/154
請優卹包村義民疏 蔣益澧 96/156
利農恤商培養元氣片
黃元善 96/157
論民 (英)李提摩太 96/157
論貧民有望 96/158
養民說畧 (英)李提摩太 96/159
答問養民事宜
(英)李提摩太 96/161
用機器殖財養民說 薛福成 96/163
富民說 馬建忠 96/164
論難民亟宜設法安插 96/170
安置流民議 96/171
論遊民 96/173
游民有業論 96/174
徙民論 96/175
論出洋華民必須設法保護 96/177
原食 96/178
恒產說 96/179
論東路事宜啟 胡林翼 96/180
卷三六 戶政四 疆域
覆陳索倫四旗事宜疏
曾紀澤 96/185
滇緬分界通商事宜疏
薛福成 96/186
統籌新疆全局疏 左宗棠 96/188
規畫新疆郡縣疏 劉錦棠 96/190
覆陳中俄議界情形疏
曾紀澤 96/192
密陳霍爾果斯河西地境事情片
曾紀澤 96/192
天下四大宗論
(英)李提摩太 96/193
地球大勢公論總序 徐勤 96/194
地運趨於亞東論 劉楨麟 96/195

綜論各省形勢 96/199
杭嘉二府瀕海形勢攷 許家惺 96/200
蒙古攷 96/201
故鄣城考 96/202
長興縣輿圖記 朱鎮 96/202
上海為海疆門戶論 胡家鼎 96/203
上海海口形勢考 許克勤 96/204
卷三七 戶政五 建置
籌議奉省全局變通吏治疏 崇實 96/209
奉省南北路設官分治疏 崇厚 96/213
通籌吉林全局請添設民官疏 銘安 96/216
請議覆安徽省城應仍建安慶疏 曾國藩 96/219
請升昌圖為府並添設各官疏 崇實 96/220
請添設徐州四界重鎮疏 潘祖蔭 96/222
論西藏置行省 潘飛聲 96/224
卷三八 戶政六 旗籍
條陳變通調劑宗支疏 戈靖 96/229
記武隆阿秀堃八旗生計疏及雙城堡屯田始末 孫鼎臣 96/230
籌議調劑雙城堡京旗章程疏 經額布 96/232
覆奏抽調旗丁屯田新疆疏 左宗棠 96/237
八旗界址不勻疏 桂清 96/240
旗戶分居議 李祖陶 96/241
旗籍 鄭觀應 96/243
卷三九 戶政七 賦役
請因時制賦疏 潘祖蔭 96/251
釐剔官吏經徵錢糧積弊疏 96/252
請行錢糧民欠徵信冊疏 戶部 96/258
請嚴禁州縣加增錢糧 王兆珍 96/259
請減蘇松太浮糧疏 李鴻章 96/260
敬陳八折收漕不可者十事疏 王家相 96/265
請嚴革徵漕積弊疏 陳岱霖 96/270
請永減蘇杭漕糧疏 丁壽昌 96/271
議減杭嘉湖三屬漕糧疏 左宗棠 96/272
江甯府屬擬請酌減漕糧疏 沈葆楨 96/275
條陳丁漕利弊疏 王邦璽 96/277
遵查江西徵收丁漕疏 劉秉璋 96/280
條陳山陝差徭苦累擬設法輕減疏 閻敬銘 96/283
裁撤夫馬局疏 丁寶楨 96/286
革弊從權恐滋流弊疏 袁銑 96/287
南漕改折摺 96/289
治賦篇一 湯成烈 96/290
治賦篇二 湯成烈 96/291
治賦篇三 湯成烈 96/293
治賦篇四 湯成烈 96/294
治賦篇五 湯成烈 96/295
治賦篇六 湯成烈 96/296
治賦篇七 湯成烈 96/297
論賦役 吳鋌 96/299
均賦議 96/299

均賦稅議 96/302
改士貢議 96/303
減租辨 金文榜 96/304
江蘇減賦記 馮桂芬 96/305
啟李宮保論減賦 馮桂芬 96/309
再啟李宮保 馮桂芬 96/310
三啟李宮保 馮桂芬 96/312
國朝賦役之制序 湯成烈 96/313
桂陽賦役志序 王闓運 96/314
永嘉賦役志序 湯成烈 96/315
漕米 96/317
折南漕議 96/317
折漕議 何文炬 96/319
江蘇減漕始末 宗源瀚 96/320
浙江南米截漕利一害十說 金安清 96/324
浮糧考畧 96/327
論均田限田 96/329
論均田 96/330
論田制 吳鋌 96/330
論畝制 俞正燮 96/331
田制考 96/332
地丁原始 俞正燮 96/333
地丁正名 龔鞏祚 96/336
均徭條示 96/337
請革現年敝政略 鄒鳴鶴 96/339
請定步弓尺寸公牒 96/341
與彭通政論去差徭減重賦書 金文榜 96/342
上大府條陳新章利弊書 吳嘉賓 96/345
上豫省當事論差徭書 熊祖詒 96/348

卷四〇 户政八 屯墾
籌辦陝西各路墾荒事宜疏 劉蓉 96/353
請開皖北屯田疏 曾協均 96/356
擬籌京師積儲疏 管同 96/357
籌議套外蹕金等處屯田事宜疏 剛毅 96/360
請將荒地試墾水田疏 卞寶第 96/363
籌辦開墾呼蘭所屬封禁荒田疏 恭鏜 96/364
烏魯木齊開墾廠地疏 平瑞 96/365
奏議開晉邊蒙地摺 96/366
防軍試墾鹹水沽一帶稻田情形片 李鴻章 96/369
擬開海運各處引河試辦屯墾稟 周盛傳 96/371
畿輔開屯以救漕弊議 包世臣 96/373
論屯墾以東三省新疆為急謀 96/374
黑龍江通肯河一帶請開民屯議 殷之輅 96/376
黑龍江旗民屯田議 李經邦 96/377
李廣安溪屯田議 高延第 96/380
論沿海防兵宜用屯田之法 96/382
皖南墾荒議 金安清 96/384
江蘇勘墾荒田贍貧裕課議 何文炬 96/384
江蘇開墾荒地議 許樹芬 96/386
墾荒用機器議 王炳燮 96/387
募民屯邊議 陸獻恩 96/388
裁屯田議 96/389

論屯田營田 吳鋌 96/391
屯田篇上 湯成烈 96/391
屯田篇下 湯成烈 96/393
屯墾策 楊毓煇 96/394
墾荒 96/396
墾荒議 96/397
衛屯 96/398
招墾荒田酌緩升科章程詳文 李宗羲 96/399
吉省墾務局章程 96/401
營田總局酌定章程 劉蓉 96/402
封禁山說 俞正燮 96/407

卷四一 戶政九 農功

勸民早種早收諭 唐鑒 96/411
請設農學科疏 張如翰 96/411
請興水利以裕民食疏 朱潮 96/412
請飭籌欵開井灌田疏 夏同善 96/415
勸民開塘治田示 唐鑑 96/416
盱眙天長兩邑農利示 左輔 96/417
農學論 顧仰基 96/419
井田論 胡培翬 96/420
虹圃記 王效成 96/422
杵臼經 翁廣平 96/413
農人新法紀略 96/424
重刊農政全書序 文舒燿 96/425
區田種法序 唐鑑 96/426
興種植宜審土性講培壅說 96/426
擬聯鄉會購用風車說 96/428
西法農政宜先仿行說 96/429
溝洫議上 施彥士 96/430
溝洫議下 施彥士 96/431
井田議 周濟 96/431
區田議 周濟 96/432
興水利議 96/432
治旱潦議 李東沅 96/434
稽旱潦議 李東沅 96/435
論富國宜先講求農務 96/435
論富國在農不在商 96/437
論中國宜講求種植之學 96/438
請興樹藝 96/440
田說 王效成 96/442
均農 凌堃 96/443
農功 鄭觀應 96/443
旱潦 96/446
耕稼要論 96/448
種植格致學 96/449

卷四二 戶政一〇 倉儲

籌備京倉疏 丁壽昌 96/455
遵議籌運京倉疏 曾國藩 96/457
擬籌京師積儲疏 管同 96/459
東省辦理積穀情形疏 任道鎔 96/461
晉省善後存欵悉數建倉積穀疏 張之洞 96/461
陝省捐建社倉已有成數疏 馮譽驥 96/463
買補常平倉穀並嚴禁積弊疏 朱應元 96/464
請辦京師積穀片 沈葆楨 96/465
成都省城勸積儲示 王廷植 96/465
資州社倉示 牛樹梅 96/468
扶持保義倉約 甘楊聲 96/472
道府稟擬廣仁倉各條批 胡林翼 96/475
成安縣改建常平義倉記

查揆 96/476
重建長沙府倉記 涂宗瀛 96/477
寶慶府義倉記 彭洋中 96/477
積儲 劉樹棠 96/480
讀平糶考 黃式三 96/481
論蘇省各屬倉積米穀皆宜平糶 96/482
論青浦縣豐備倉糶穀事 96/483
卷四三 户政一一 荒政
遵查畿南災歉酌擬賑卹疏 曾國藩 96/489
縷陳撫卹災黎竭力籌欵情形疏 沈葆楨 96/491
籌辦陝省荒政情形疏 譚鍾麟 96/492
晉省被災籌辦情形疏 96/494
敬陳荒政積獘並籌賑事宜疏 呂賢基 96/495
條陳荒政事宜疏 彭世昌 96/498
江蘇辦災章程疏 陶澍 96/500
酌擬災賑章程疏 琦善 96/503
敬陳治蝗諸法疏 伍輔祥 96/504
備荒議 陳廷經 96/506
備荒說 96/508
救荒策 96/512
救荒莫如以工代賑 96/513
救荒事宜四十二條 96/514
乞賑篇 96/522
說賑上 彭泰來 96/524
說賑下 彭泰來 96/524
變通私賑說帖 羅振玉 96/525
籌賑芻議 96/527
弭民亂須先籌民食論 96/528
論平糶貴得其法 96/529
憂米市論 96/530
廣施粥不如散米說 方濬頤 96/532
論松郡屢議平糶事 96/533
嚴禁燒鍋以濟民食 96/534
平價禁囤議 李象鵾 96/536
歲貸記 楊彝珍 96/537
求雨說 俞正燮 96/538
說蝗 彭泰來 96/539
卷四四 户政一二 蠶桑
勸民蠶桑詩說序 管同 97/3
勸樹桑議 馮桂芬 97/3
蘇省宜設立養蠶學堂議 97/4
中外養蠶得失異同 97/5
勸蠶說 施景琛 97/7
飼蠶法 97/9
浙江蠶學舘招考章程 97/11
中國蠶務情形 97/11
論中國蠶繭 97/12
中國蠶情 97/12
卷四五 户政一三 商務一(商論)
議覆講求商務疏 97/17
奏興辦商務疏 王鵬運 97/19
滇緬分界通商事宜疏 薛福成 97/21
覆奏講求商務摺 97/24
請飭照會通商各國片 彭玉麟 97/27
創設商務公所札 張之洞 97/27
通商四大宗論 楊家禾 97/28
梧州商情論 97/31
中國商務久無起色其弊安在論 何文炬 97/32

論中國宜設商務學堂 97/33
論中國商務有振興之機 97/35
中國土產鋼鐵棉花論 97/36
絲茶烟布合論 項文端 97/40
中國整頓商務策 葉國盛 97/41
通商八策 許庭銓 97/46
救商十議 柯來泰 97/50
創立商部說 陳熾 97/55
中國實通商之國說 97/57
論興商之利務貴達情 97/58
札開商務 97/60
通商論 97/60
卹商篇 俞贊 97/62
中國商務 97/65
論振興商務宜先開博物大會 潘飛聲 97/66
美國費城商務博物會記 伍廷芳 97/68
通商各口華洋貿易情形總論 97/70
論外洋各島亟宜添設領事保護旅居華民 97/74
商戰論 97/75
商戰上 鄭觀應 97/79
商戰下 97/81
論商困 97/83
商學 闕名 97/84
商政 97/89
書兩湖制軍張香帥商務札後 97/90
致羅稷臣星使書 潘飛聲 97/92
卷四六 户政一四 商務二(公司)
論商務以公司為最善 97/95
論華地創設公司宜開除官辦名目 邱煒萲 97/96
中國土貨宜與洋商合设公司以便自運而杜壟斷議 施景琛 97/97
論公司不舉之病 97/99
擬粤東商務公司所宜行各事 徐勤 97/100
公司 麥孟華 97/107
書姚觀察文棟稟請北洋大臣開北方利源總公司條議後 97/115
卷四七 户政一五 商務三(賽會)
賽會 97/119
論中國宜開賽會以興商務 劉楨麟 97/122
擬庚子法國賽會中國宜自行派員辦理說帖 97/127
卷四八 户政一六 商務四(銀行)
奏陳中國銀行開辦情形摺 97/133
擬招商設立中國銀行片 盛宣懷 97/134
設立銀行利弊論 97/135
論銀行集股之難 吴鼎元 97/140
銀行論 97/140
請創辦銀行章程 容宏 97/142
續擬銀行條陳 容宏 97/147
銀行章程 97/148
咨商銀行事宜 97/151
卷四九 户政一七 商務五(絲茶)
整頓絲茶策 商霖 97/159
問中國近年絲茶出口之貨核通商總冊較光緒初年有增無減而絲茶各商日見耗折其故何歟現今議整頓之法其策安在 97/161

論絲廠 97/165
論上海繅絲廠 闕名 97/168
論茶 97/170
論茶務 97/171
整頓茶務札 97/174
整頓茶務移文 97/176
美國新定禁止粗劣各茶進口條例 97/177
論茶業之衰應如何設法補救 97/179
茶務條陳 何潤生 97/183
出洋茶利防弊策 97/189
卷五〇 户政一八 商務六(鴉片)
申明栽種罌粟禁疏 曾國藩 97/193
請禁罌粟片 張之洞 97/194
禁栽罌粟策 楊毓煇 97/195
論鴉片 彭玉麟 97/198
禁煙上 鄭觀應 97/198
禁煙下 97/200
論烟害 97/202
去毒 97/206
書論鴉片烟之害後 97/207
卷五一 户政一九 錢幣
陛見恭紀 吳廷棟 97/213
請飭定銀錢畫一章程疏 劉良駒 97/215
擬銀錢並用章程疏 曾國藩 97/217
設法貴錢賤銀疏 吳文鎔 97/220
運錢法以握利權疏 朱嶟 97/222
敬陳大錢利弊疏 王茂蔭 97/225
請重祖錢以正錢法疏 宗稷辰 97/227
請飭各省解錢籌銅規復制錢疏 97/228
粵省購辦機器試制鑄錢疏 胡林翼 97/230
籌議仿鑄回錢疏 李星沅 97/232
戶部議覆陳侍御奏添鑄銅圓摺 97/233
戶部議覆盛京將軍依請行鈔法摺 97/234
戶部等奏嚴防官錢局流弊摺 97/236
奏請仿造金銀錢摺 楊宜治 97/238
總署復戶部片 97/239
變通錢制稟 97/241
鑄銀條陳 97/242
論中國銀圓局 97/245
中國宜鑄金錢論 97/246
論中國銀行宜倡行鈔票 97/247
行使金銀銅錢議 于鬯 97/248
擬上銀錢並用議 吳嘉賓 97/250
擬請改鑄輕錢議 鍾大焜 97/255
中國宜自造大小銀錢禁用他國錢幣以塞陋巵議 施景松 97/258
通行銀元八議 97/260
行鈔私議 97/263
用錢不費銀議 97/265
以工巧為幣議 97/268
錢幣中西變通以求利濟論 李經邦 97/269
銀荒小補說 包世臣 97/271
銀貴不足害說 周騰虎 97/272
鑄銀錢說 周騰虎 97/273
鼓鑄銅幣說帖 97/274
擬立中國文錢合益會節畧

何慰墀 97/275
論金銀漲落 97/276
專重制錢論上 成毅 97/280
專重制錢論下 成毅 97/282
論錢幣 吳鋌 97/283
銀幣論一 馬敬之 97/283
銀幣論二 馬敬之 97/284
論幣一 孫鼎臣 97/285
論幣二 孫鼎臣 97/287
論錢法 吳鋌 97/288
圜法論 97/288
論近來圜法之弊 97/290
新錢入市因書其後 97/291
書維持圜法後 97/293
藥水浸洋錢之害論 鄭觀應 97/294
卷五二 户政二〇 漕運
敬陳漕運情形疏 姚文田 97/299
議覆籌畫漕運事宜疏 林則徐 97/301
請將滯漕改由海運疏 張祥晉 97/307
籌補救河漕疏 王贈芳 97/308
敬陳籌運西米策略疏 97/310
會議海運交米疏 97/314
招商試辦輪船分運江浙漕糧疏 李鴻章 97/315
江廣等省漕糧請飭辦本色由海運津疏 97/316
擬請裁併河槽冗官條議疏 王慶雲 97/318
東省閘內州縣兑漕苦累酌量變通疏 賀長齡 97/322
辦漕各清各弊片 李星沅 97/323
漕運論 錢寶琛 97/324
籌漕篇上 魏源 97/325
籌漕篇下 魏源 97/328
論漕一 孫鼎臣 97/332
論漕二 孫鼎臣 97/333
論漕三 孫鼎臣 97/334
海河並運論 朱其昂 97/336
通道大江運米運鹽議 97/341
漕船遞年減造議 陳文述 97/342
海運續議 陳文述 97/343
河漕私議 姚椿 97/347
河運芻言 金安清 97/349
河運芻言 丁顯 97/350
濟運各款 97/361
漕額減數 97/362
山東運道 金安清 97/362
停漕 鄭觀應 97/363
記籌議商運臺穀始末 姚瑩 97/365
卷五三 户政二一 鹽課
酌改鹽務章程裕課便民疏 97/375
請更定鹽法疏 王贈芳 97/376
請變通鹽法先就近地試行疏 97/379
奉天籌餉宜納鹽課疏 雙福 97/382
遵籌山東鹽務酌議先課後鹽章程疏 97/382
酌改長蘆鹽務章程疏 97/385
通籌河東全局改定章程疏 97/386
酌擬變通河東鹽務章程疏 兆那蘇圖 97/392
覆陳兩淮斷難改章增引疏 劉坤一 97/396
請變通兩淮鹽務疏 賀熙齡 97/398

覆核兩淮包餉立限收復引地疏 李瀚章 97/400
酌議現辦淮南鹽務章程疏 李星沅 97/403
酌議淮南改票章程疏 陸建瀛 97/405
酌議淮北試行票鹽章程疏 陶澍 97/409
謹陳補救淮鹽積弊疏 王贈芳 97/413
請淮鹽由浙河轉運湖南疏 駱秉章 97/416
淮商遵完川鄂餉銀請立限收復楚岸疏 沈葆楨 97/418
瀝陳閩鹺積獘請試行票運疏 左宗棠 97/420
楚省行銷粵鹽酌議抽稅疏 駱秉章 97/421
楚岸暫與川鹽分界行銷疏 曾國藩 97/424
楚岸未便改運粵鹽並川鹽侵占情形疏 曾國藩 97/425
川鹽官運辦有成效未可更改疏 丁寶楨 97/428
遵議安置川商整頓淮綱疏 沈葆楨 97/431
復陳懲辦回空糧船夾帶蘆鹽疏 陶澍 97/434
陝西攤徵鹽課請飭議變通疏 吳振棫 97/435
籌議緝私以疏官引疏 蔣攸銛 97/436
會籌兩淮鹽務擬定章程疏 陶澍 97/439
山東鹽法議畧 王守基 97/445
河東鹽法議畧 王守基 97/453
廣東鹽法議畧 王守基 97/461
福建鹽法議略 王守基 97/465
四川鹽法議略 王守基 97/469
雲南鹽法議略 王守基 97/476
浙江鹽法議略 王守基 97/481
長蘆鹽法議畧 王守基 97/489
兩淮鹽法議畧 王守基 97/498
兩淮鹽法議上 方濬頤 97/502
兩淮鹽法議中 方濬頤 97/504
兩淮鹽法議下 方濬頤 97/506
淮南變鹽法議 姚瑩 97/507
遼海榷鹽私議 胡傳 97/510
淮鹽改道議 周騰虎 97/512
利淮鹽議 97/513
鹽歸場竈議 俞德淵 97/515
變鹽法議 李祖陶 97/518
長蘆鹽弊 劉樹棠 97/519
淮北票鹽志叙 魏源 97/520
論變鹽法以靖私梟 97/521
鹽法議 丁履恒 97/523
論鹽法 吳鋌 97/524
鹽法議上 周濟 97/525
鹽法議下 周濟 97/525
籌鹺篇 魏源 97/526
論鹽一 孫鼎臣 97/530
論鹽二 孫鼎臣 97/531
論鹽三 孫鼎臣 97/533
淮鹺問答 周濟 97/535

卷五四 户政二二 榷酤

酌擬崇文門稅務章程疏 寶鋆 98/3

會查遼陽稅課酌擬章程疏 慶裕 98/6
閩省征收運銷茶稅疏 呂佺孫 98/8
請緩征值百抽十之稅並請改存儲關棧章程摺 張之洞 98/9
請仿行印稅摺 陳璧 98/11
請暫禁燒鍋片 李鴻章 98/12
召見恭紀奏結私酒案事 吳廷棟 98/13
論中國稅務贏絀 (法)拉盧士 98/15
論安溪縣包徵之弊 98/18
征商論 俞正爕 98/19
論加稅 98/20
印稅條議 程儀洛 98/21
論稅歛 吳鋌 98/22
罷關征議 馮桂芬 98/23
鹽稅 金文榜 98/24
榷酤說 98/25
重酒酤議 98/26
酒課考 98/27
粵海關志序例 方東樹 98/28
書兩湖總督張香帥請緩征值百抽十之稅並改存儲關棧章程奏稿後 金文榜 98/31
榷署議內地機器製造貨物征稅章程書後 麥孟華 98/33
卷五五 户政二三 釐捐
謹將酌擬清釐民欠章程十條恭呈御覽 崇厚 98/41
遵旨議煙臺續增專條及先後辦理情形疏 曾紀澤 98/44
遵議勝保奏勸諭抽釐助餉疏 98/46
遵議勝保奏請各省普律抽釐疏 98/48
詳陳釐捐源流利獘疏 郭嵩燾 98/49
遵議整頓釐捐章程疏 98/52
請及時防獘疏 王書瑞 98/55
湖南釐金辦有成效請仍照舊章疏 毛鴻賓 98/56
奏駁總稅務司重議土藥稅釐摺 李秉衡 98/59
戶部議覆山東巡撫李秉衡奏駁總稅務司重議土藥稅釐摺 98/61
中國各省裁兵減釐議 潘敦先 98/65
擬整頓東三省鹽釐片 崇厚 98/71
節餉減釐議 98/72
歸併釐局議 98/76
論釐捐 98/77
論釐捐原委 98/77
釐卡議 程鴻詔 98/79
釐金議 楊象濟 98/80
原捐 陸心源 98/81
遠慮篇 98/82
釐金 98/83
稅釐芻議 98/84
卷五六 禮政一 禮政
禮論 王效成 98/89
禮理說 俞樾 98/91
擬請郡縣廣行鄉飲酒禮議 陳壽祺 98/91
崇檢論 馬福安 98/92
四禮從宜敘 龍啟瑞 98/93
繹禮堂記 劉蓉 98/94

卷五七 禮政二 大典
請親理大政疏 勝保 98/99
遵議大禮疏 曾國藩 98/100
請預定大統遺疏 吳可讀 98/102
遵議垂簾聽政事宜疏 98/104
酌定禮儀疏 98/107
遵議升祔典禮疏 李鴻章 98/108
遵議醇親王飾終典禮疏 98/109
豫籌各國使臣合請覲見片 薛福成 98/111
兩君相見論 98/111
繼統論上 方宗誠 98/112
繼統論下 方克誠 98/117
明大禮說 朱琦 98/120
覲見使臣關乎振興說 98/122
鬼神論 潘德輿 98/122
讀宋史記禮志論郊配 葉裕仁 98/123
增祀章水神議 王泉之 98/124
祀典雜議 98/125
國恤私議 98/127
擬州縣請立靈星祠議 洪頤煊 98/128
中西禮節懸殊不必強同論 98/129
典禮上 鄭觀應 98/131
典禮下 98/132
論俄國特遣異姓王爵報聘事 98/134
上諭各國使臣定期朝見謹書於後 (英)李提摩太 98/136
卷五八 禮政三 學校
恭讀五月二十二日上諭敬注 98/143
請整頓宗學疏 王榕吉 98/144
請推廣學校疏 李端棻 98/145
道員倡捐集貲創辦學堂疏 王文韶 98/149
奏設味經書院疏 許振禕 98/150
會議廣敷教化疏 賀長齡 98/152
遵議建立官書局疏 王大臣 98/153
謹擬官書局開辦章程疏 孫家鼐 98/155
上張香帥言武備學堂事宜書 何熙年 98/156
書道器學堂緣起後 98/159
籌辦京師大學堂奏摺 98/160
奏設武備學堂摺 張之洞 98/161
招考武備學堂學生示 張之洞 98/163
開辦南洋公學情形摺 98/165
陝西創設格致實學書院摺 98/167
議覆整頓各省書院摺 禮部 98/168
請變通書院章程摺 胡聘之 98/171
推廣學校摺 總署 98/172
覆奏設立官書局摺 98/173
籌辦京師大學堂奏片幷章程 98/175
擬設天津中西學堂章程稟 盛宣懷 98/182
江南儲材學堂章程 98/192
湖南岳州擬變通岳陽慎修兩書院啓 王第祺 98/198
湖南時務學堂公啟 盛宣懷 98/199
山西藩臬兩司會詳經濟大學堂詳稿 98/200
湖南時務學堂學約十章 98/201

中國宜廣設武備學堂議 98/205
學校應增祀先聖周公議 魏源 98/206
去學校積弊以興人材論 王韜 98/208
蘊省立學堂議 98/210
滬上宜廣設義塾議 98/211
上海設立同文館議 98/213
桐鄉書院四議 戴鈞衡 98/214
書院變通章程議 潘飛聲 98/217
瀏陽學祭議 吳敏樹 98/218
講書議 陳澧 98/221
學校貢舉論 吳德旋 98/222
學校餘論 98/223
中西書院文藝兼肄論 潘敦先 98/226
中西書法異同論 楊毓煇 98/230
學官論 王寶仁 98/236
勸置學田說 張之洞 98/237
河北精舍學規 陳寶箴 98/239
學堂條規八則 98/243
擬朱子學校貢舉議 王寶仁 98/249
擬朱子學校貢舉議(二) 王寶仁 98/250
觀滬城育材中西書塾體操記 98/253
論新學部亟宜設立 (英)李提摩太 98/254
論不廣新學之害 98/256
擬將學舍書院義塾均改為中西學堂議 98/257
彙刻各省學堂章程敘 98/258
淞婁育才館序 98/259
西學宜設特科 98/260
鄉學篇 孫學修 98/262
學校篇上 湯成烈 98/263
學校篇中 湯成烈 98/264
學校篇下 湯成烈 98/265
廣學校 彭玉麟 98/266
論學校 (英)李提摩太 98/268
學校 鄭觀應 98/269
論中國宜設專門學塾 98/271
學校議 98/272
湖南時務學堂招考 98/274
上海新設中國女學堂章程 98/276
倡設女學堂啟 98/279
論女學堂 98/280
日本橫濱中國大同學校緣起 98/281
江蘇瞿學政整飭南菁書院章程示諭書後 98/282
卷五九 禮政四 考試
謹注改試策論諭旨 98/289
恭讀六月初一日上諭敬陳管見 98/290
請推廣文武科試疏 祁塤 98/292
請增設舉監疏 王先謙 98/293
條陳請禁楷字以挽頹風疏 桂文燦 98/294
議准設立經濟歲舉特科摺 98/295
請變通科舉摺 98/299
奏請經濟歲舉歸併正科並請迅即改試策論摺 宋伯魯 98/301
奏考試策問請准引用本朝人名書名摺 褚成博 98/302
議設武備特科摺 高燮曾 98/303

變通武科摺 高爕曾 98/303
變通武科摺 陶模 98/305
議覆榮中堂祿請設武備特科摺
榮祿 98/307
軍機大臣議覆胡京尹燏棻奏酌設武科片 98/309
奏請糸酌中外兵制設武備特科片
榮祿 98/311
請變通廣額章程片 張之洞 98/312
禮部遵議改試策論章程稿 98/313
會議科舉新章摺稿 98/314
重考試以資鼓勵論 98/318
三場以時務策士論 98/319
請廣設科目議 98/320
改科舉議 98/322
科舉末議 98/324
科場議一 陳澧 98/325
科場議二 陳澧 98/326
科場議三 陳澧 98/327
變通試士之法議 98/328
改會試議 98/331
廣取士議 98/331
論科舉 吳鋌 98/332
論變通制科策時務以徵時彥
98/333
論策論取士宜分為數科 98/334
科舉改章說 98/336
論科場弊竇之多 98/337
論求寔學必正人心八股可廢經義不可廢 98/339
論各處書院改試策論宜先試院長
98/340
論中國近日欲試士子以有用之學宜自典禮法律始 98/341
廢時文說 98/342
取士論 98/344
論治 孫鼎臣 98/344
停廣額議 金文榜 98/346
論武科 98/347
論武試之宜廢 98/348
改試武科章程 98/349
停武試議 98/350
論武科改試槍砲不宜全廢弓矢
98/353
上大府請武場添試火器箋
徐鼒 98/354
恭讀上諭發憤為雄速議制度書後
黃鶴山 98/355
讀譚督遵議改試武科章程書後
98/357
卷六〇 禮政五 議院
論議院為治國之綱領 98/361
論清議足以振興國運 98/362
古議院攷 98/364
開議院論 趙而霖 98/365
議院辨惑篇 邱煒善 98/366
議院利害若何論 98/369
議院得失篇 陳翼為 98/371
議院十難 楊史彬 98/374
廣議 王柏心 98/377
泰西諸國設立議院源流 98/378
卷六一 禮政六 宗法
族譜序 東方樹 98/383
復宗法議 馮桂芬 98/388
宗法議 成毅 98/390
復小宗論 瞿家鏊 98/391

兼祧之禮合乎古義說 劉毓崧 98/392
兼祧說 顧廣譽 98/397
義田說 王塗 98/398
勸酌提祠産周濟貧族示 張之洞 98/399
繼嗣義例問答 吳昆田 98/400
農宗問答 龔鞏祚 98/402
與沈子敦論宗子不必有爵書 張履 98/403
答陳仲虎論喪主書 98/404
與友人論姪嗣姑後書 鄧瑤 98/406
卷六二 禮政七 家教
誌大父應準公家訓 黄湝熙 98/411
倫紀篇 湯成烈 98/412
譜訓八則 陳世鎔 98/415
收養親戚 俞正燮 98/417
宗約 孫希朱 98/418
治生 楊彝珍 98/420
示儉 舒化民 98/421
治家瑣言 牛作麟 98/422
訓子瑣言 牛作麟 98/424
卷六三 禮政八 婚禮
遵議旌表貞女按照節婦年限酌量變通疏 99/3
遵議已故節婦未符年限分別核準請旌疏 99/4
士庶昏禮遵制正俗議 李德騫 99/5
昏禮攝視議 俞正燮 99/6
親病納婦論 鄧瑤 99/6
補昏義說 楊彝珍 99/7
昏問 林伯桐 99/8
昏問 錢儀吉 99/9
嫁議 周濟 99/10
禁遷葬者與嫁殤者攷 陳立 99/11
貞女議 何秋濤 99/12
續貞女論上 方宗誠 99/13
續貞女論下 方宗誠 99/14
節婦說 俞正燮 99/15
烈婦議 王寶仁 99/15
寡婦改適義 王紳 99/16
辨貞 朱琦 99/16
書歸震川貞女論後 王廷植 99/19
卷六四 禮政九 喪禮
墳塋禁步應遵定制疏 駱秉章 99/25
請旗漢一律終喪起復疏 包世臣 99/26
請禁止奪情疏 汪朝棨 99/28
請嚴禁大葬積習疏 錢寶廉 99/28
服問 馬福安 99/29
服說 楊紹文 99/30
喪服私論 俞樾 99/31
喪服正等篇 吳嘉賓 99/36
喪服改制篇 吳嘉賓 99/37
喪禮正俗 潘德輿 99/39
治喪陋俗宜革論 鄧瑤 99/46
喪婦宜入家論 鄧瑤 99/47
士庶喪禮遵制正俗議 李德騫 99/48
三年之喪二十五月而畢辨 東方樹 99/49
父為長子三年辨 沈欽韓 99/56
妻為夫之兄弟服議 沈欽韓 99/58
妾服 沈曰富 99/59
為人後者為所生服議上

沈垚 99/60
為人後者為所生服議下 沈垚 99/61
為人後者為本生祖父母服議 張履 99/62
出後之子為本生祖父母服議 沈欽韓 99/63
適孫攝重議 錢泰吉 99/64
適孫為祖父母持服議 劉逢祿 99/65
出母嫁母服議 沈欽韓 99/66
獨子兼祧兩房服制論 王人定 99/68
獨子兼承兩祧孫為祖父母持服議 張履 99/69
殤不當立後議 沈垚 99/70
答張南昌問能否歸宗議 包世臣 99/72
葬議 周濟 99/74
讀葬書雜說 姚瑩 99/75
勸葬說 凌堃 99/77
勸速葬示 黃彭年 99/78
守廬記 陸繼輅 99/80
宣化府義冢記 查揆 99/81
哭為禮儀說 俞正燮 99/82
為曾侍郎論金革無辟 吳敏樹 99/82
仁言 易佩紳 99/83
卷六五 禮政一〇 訓俗
訓俗 99/87
崇節儉議 馮桂芬 99/88
正諛 王柏心 99/89
懲訛言說 99/90
卷六六 禮政一一 善舉
天津創設廣仁堂疏 李鴻章 99/95
同善堂記 99/96
普濟堂並育嬰堂條約稟 99/96
卹貧為善舉第一論 陳翼為 99/99
泰西善舉中國能否仿行 99/100
善舉 99/102
卷六七 禮政一二 交涉
與英外部商定派員會立坎巨提頭目疏 薛福成 99/107
覆陳法國大概情形疏 曾紀澤 99/108
中國外交情形 99/110
論中外官交涉儀式 馬建忠 99/111
論中外交接其聯絡維持之法究竟如何辦理 (英)李提摩太 99/113
列國在北京公使署 99/114
各國交涉源流考攷 99/114
辦理交涉以膽識才辯為先論 黃潤章 99/120
北京外交情形 99/124
外交策 吳鼎元 99/128
論中英交涉 99/129
論中國與德俄交涉事宜 99/130
論中英近六十年交涉利弊 99/131
中西敦睦策 殷之輅 99/133
交鄰得當論 張玠 99/134
論交涉 闕名 99/135
鄰交 薛福成 99/137
交涉卮言 99/139
藩邦 薛福成 99/147
論公法原本經學 闕名 99/148
論中國不得享萬國公法之益

邱煒萲 99/150
卷六八 禮政一三 聘使
劾使臣辱命疏 張之洞 99/155
出使四國奏疏序 薛福成 99/157
出使四國公牘序 99/158
論使材遴選宜精 99/159
論使才之難 99/161
論使才之難(二) 99/162
重專對議 99/164
聯與國 彭玉麟 99/164
通使 99/166
論使臣全權之任重 99/168
使相歷聘綜記 99/169
倫敦致丁雨生中丞書
曾紀澤 99/170
卷六九 禮政一四 游歷
親王宜游歷各國說 99/175
致江南道監察御史曾書 99/177
卷七〇 禮政一五 教務
民教相安議 (美)李佳白 99/183
保護教堂章程 99/185
救天主教 金安清 99/186
敉教禍策 99/187
卷七一 禮政一六 約章
預籌條約事宜疏 曾國藩 99/193
改訂俄約辦事艱難情形疏
曾紀澤 99/195
據公法以立國論 鐘天緯 99/197
公法不足恃論 王佐才 99/198
論中國在公法外之害
薛福成 99/199
立約通商忽禁人民往來理與公法相背否 朱澄敘 99/200
論宜續刻通商和約章程成案彙編事
99/202
列國息爭條約 (日)闕名 99/204
緬甸條約論 99/206
中日通商行船條約 99/209
中英改訂緬甸條約 99/217
中俄密約 99/218
論中俄密約之關繫 99/219
慎約議 彭玉麟 99/220
條約 99/222
約章 薛福成 99/224
卷七二 禮政一七 會章
理財學會演說 99/229
上海強學會章程 99/229
剏立福州實學會啟 施景琛 99/233
費城商務博物會記 99/234
保商會說 99/237
務農會章程 99/238
論社會 闕名 99/240
南學會敘 99/242
弭兵會記 (英)李提摩太 99/244
論弭兵會之不可信 99/246
創興紅十字會說 99/247
奏設紅十字會稟 孫淦 99/249
雪恥會敘啓 金楙基 99/250
說日本懇親會 99/251
卷七三 兵政一 兵政
敬註恭侍慈闈閱操上諭後 99/257
恭擬聖主親征議 99/259
請留大枝勁旅以作中原活兵疏
錢鼎銘 99/260
將取真才兵歸實用疏
鮑源深 99/261

考試技勇仍請變通舊制疏 孫賦謙 99/262
酌擬武職借補章程疏 曾國藩 99/263
遵議整頓兵政敬陳管見疏 賀長齡 99/265
挑選額兵立營酌加津貼疏 馬新貽 99/268
覆請酌改營制准照原議試辦疏 丁日昌 99/269
酌改江蘇營制裁兵增餉疏 丁日昌 99/271
籌辦出關事宜疏 左宗棠 99/276
條陳軍務疏 江忠源 99/279
設立洋操護軍營暨工程隊事宜疏 張之洞、譚繼洵 99/284
北洋辦理善後新增用款疏 王文韶 99/285
密陳標營積習難改將才宜保護片 薛福成 99/286
書戶部奏請裁汰冗兵摺後 99/287
論兵 陶崇信 99/288
論武 99/289
軍政篇 魏源 99/290
論中國軍政 99/294
原兵 99/295
兵學 99/296
大閱考 99/299
論中國宜重武功 陳耀卿 99/300
論中國武備有轉強之機 99/302
推廣自強軍議 99/305
讀自強軍西法類編 99/306
論中域今日兵爭之害 99/307
擬整頓教習陸軍章程 克馳馬 99/309
江南陸師學堂招募章程 99/310
論將士之用命視乎國恩之厚薄 99/312
論練兵宜先覈將材 99/313
論練兵不如訓將 99/315
選將練兵論 99/316
陸兵論一 傅雲龍 99/317
陸兵論二 傅雲龍 99/318
陸兵論三 99/319
兵凶戰危論 陳耀卿 99/320
東南兵事策 謝章鋌 99/322
行軍要言 張成孫 99/324
行軍私議 99/324
約束兵勇議 99/326
疆兵力 彭玉麟 99/327
救冗弁 99/328
論黑旗將士檄 劉永福 99/329
致法兵酋孤拔書 劉永福 99/330
操練卮言 99/332
論近年營勇之弊 陳耀卿 99/335
編武生以充營兵說 99/337
論行軍以間諜為先 99/338
行軍以醫生為要說 99/340
論民間謠傳有妨軍報 99/341
說兵 (英)李提摩太 99/343
兵事蠡測 99/344
論裁撤兵勇事 99/345
裁兵節餉論 99/347
減兵額議 99/348
裁兵私議 何熙年 99/349
裁兵芻議 99/354

弭兵會又名萬國太平大會記 (英)李提摩太 99/356
弭兵會續記 (美)林樂知 99/358
弭兵會議上 99/359
弭兵會議下 蔡爾康 99/361
李德裕納維州降將論 薛福成 99/364
射策第一 駱成驤 99/365
攻戰守具不用之用說 薛福成 99/367
敵情 薛福成 99/368
論用兵宜先察敵情 陳耀卿 99/369
論今日誰能助我 99/371
偷頭記 徐時棟 99/372
寓兵於工議 99/373
借兵俄法議 99/375
整頓營務議 龍汝霖 99/376
上大府整頓營伍議 宗源瀚 99/378
上南洋大臣稟 克馳馬 99/379
上總理衙門書 葉文銓 99/380
上東征大臣劉督憲書 徐凱臣 99/381
上劉峴帥書 余虎恩 99/382
行軍當嚴賞罰論 高瑩 99/385
卷七四 兵政二 兵制
簡練軍實以裕國用疏 曾國藩 99/389
議覆兵制不宜更張疏 呂佺孫 99/391
情飭各省整頓營伍疏 常大湻 99/391
整頓步軍營積弊疏 黎吉雲 99/393
籌擬減兵加餉就餉練兵疏 左宗棠 99/394
籌議直隸練軍事宜疏 曾國藩 99/397
再議練軍事宜疏 曾國藩 99/399
請整頓額兵疏 沈葆楨 99/401
籌擬購練馬隊疏 左宗棠 99/403
酌議募練馬隊營制章程疏 丁寶楨 99/404
通論唐以後兵籍之數 孫鼎臣 99/410
師律篇一 湯成烈 99/412
師律篇二 湯成烈 99/413
師律篇三 湯成烈 99/414
湘軍志營制篇 王闓運 99/415
讀兵攷 黄式三 99/418
中國兵制屢改說 99/421
裁兵宜先裁劣弁以復制兵舊額 99/423
論兵制 吴鋌 99/424
論兵一 孫鼎臣 99/425
論兵二 孫鼎臣 99/426
論兵三 孫鼎臣 99/427
卷七五 兵政三 兵法
兵計 何邦彥 99/431
算兵 戴楫 99/434
攻心篇 99/436
論用兵貴作其氣 99/438
用兵貴作其氣 99/439
論用兵謀國當先審機料敵 99/441
用兵緩急辨 99/443
論用兵不宜過緩 99/444
出奇制勝策 99/446
操縱離合論 99/448

消內憂以禦外侮說 99/451
乘時說 99/453
辨握奇經 謝應芝 99/453
北援集議 曾國藩 99/454
萬言策 蔣敦復 99/460
籌戰六條請代奏疏 易順鼎 99/469
請罷和議疏 易順鼎 99/471
力阻和議片 彭玉麟 99/477
力爭和議電奏一 張之洞 99/478
力爭和議電奏二 張之洞 99/479
我戰則克論 金安清 99/480
中日之戰六國皆失算論 99/483
論謀定後戰之利害 99/485
十可勝說 99/487
戰事問答 99/488
議和須占便宜說 99/490
議和須防後患論 99/491
論議和有十要 99/493
論議和有十難 99/495
憤言 99/497
卷七六 兵政四 將士
中國宜急設陸師大將論 100/3
論將帥不宜富貴 100/4
選將論 何文炬 100/5
論將才 (美)雅各柏架 100/6
追論降將 100/13
與各帥論兵事書 胡林翼 100/13
卷七七 兵政五 海軍
續陳長江水師未盡事宜疏 曾國藩 100/19
水師宜兼練陸戰疏 劉錫鴻 100/24
會議長江水師營制疏 曾國藩 100/24
預籌三支水師疏 曾國藩 100/34
籌備水師利器片 胡林翼 100/35
論海軍當廣儲人才 余貽範 100/36
海軍需材論 100/38
重振中國海軍議 100/39
訓練沿海水師議 顧廣譽 100/41
重立海軍私議 100/42
重設海軍議 100/43
批復蘇松太應道等核議水師章程 丁日昌 100/44
論中國海軍大東溝之戰 100/46
北洋大閱海軍記 100/47
論兵輪水師之利弊 100/49
記日本議院論中國剏設海軍 吳劍華 100/51
論日本講求海軍 100/52
美利加水師阻道說 傅雲龍 100/53
上李伯相覆議何學士如璋奏設水師書 馬建忠 100/57
卷七八 兵政六 糧餉
議覆籌餉練兵保固京師疏 毛鴻賓 100/75
覆陳籌慮兵餉大端疏 李鴻章 100/77
京餉宜解實銀疏 謝膺禧 100/79
邊餉艱難請變通辦理疏 鮑源深 100/80
覆陳移設糧臺事宜疏 左宗棠 100/82
籌撥新疆暨慶陽糧臺餉項疏 駱秉章 100/86
請明定軍需善後報銷飯銀疏 張之洞 100/88

戶部遵議籌餉摺 100/89
請停京員津貼暫濟餉需片 100/90
請各省匀濟餉需片 左宗棠 100/91
擬設江西糧臺及牙釐總局片 曾國藩 100/93
籌餉 100/93
籌餉之策 100/95
論籌餉為行軍要義 陳耀卿 100/102
湘軍志籌餉篇 王闓運 100/103
山陝籌餉議 金安清 100/106
論捐輸助餉宜官先於民 100/106
勸各省紳商踴躍輸將說 100/108
敘疆臣建樹之基 薛福成 100/110
札總糧臺 胡林翼 100/112
嚴禁濟敵芻言 100/113
復武昌縣錢穎瀾書 胡林翼 100/114
卷七九 兵政七 郵政
議辦郵政摺 100/119
議覆郵政事宜摺 總署 100/125
郵政策 王益三 100/127
中國郵政應如何辦法論 羅毓林 100/130
裁驛站議 100/132
驛站 鄭觀應 100/133
卷八〇 兵政八 團練
請責成本籍人員辦理團練疏 孫鼎臣 100/137
請飭用兵各省實行民團疏 沈兆霖 100/137
條陳辦團事宜疏 沈兆霖 100/139
奏舉行團練片 李星沅 100/141
會滇黔撫院通飭籌辦團練札 吳文镕 100/142
飭辦江海漁團扎 左宗棠 100/143
武陽團練論 100/144
桂陽團練條約 何名俊 100/146
江西團練卮言 李祖陶 100/149
粵西團練輯略序 龍啟瑞 100/151
練兵策 何文炬 100/152
練兵末議 100/154
練膽說 100/155
練兵須用新法說 100/157
論訓練貴純熟 100/158
練勇議 徐有珂 100/159
敘團練大臣 薛福成 100/160
練民團以張國勢議 100/162
團練衛民說 100/163
團練論上 100/164
團練論下 王應孚 100/165
屯練篇 湯成烈 100/167
團練說 朱孫詒 100/168
民團上 100/169
民團下 100/171
團練條議 100/172
創辦民團說帖 100/173
論近日團練之不足恃 100/174
鄉防團練私說 熊少牧 100/176
團練章程 朱沛霖 100/177
六和保衛團練章程 徐鼒 100/181
卷八一 兵政九 保甲
整頓保甲 100/185
蘇省保甲說 朱鎮 100/187
華捕不逮西捕說 100/187
卷八二 兵政一〇 勦匪

金陵克復全股悍賊盡數殲滅疏 曾國藩 100/195
密陳五省通籌兵餉合力防剿疏 宋晉 100/198
遵赴山東勦賊萬難迅速情形疏 曾國藩 100/200
勦辦瓊州黎匪擬撫黎章程疏 張之洞 100/202
縷陳湖南苗疆情形疏 賀熙齡 100/204
請速除降賊宋景詩疏 王拯 100/207
瀝陳辦回失平請先勦後征疏 陳濬 100/208
覆陳勦捻宜遏流清源疏 曾國藩 100/210
籌辦膠萊扼勦事宜疏 李鴻章 100/210
請禁絕回民新教疏 左宗棠 100/212
請勦除苗逆疏 吳焯 100/214
陳辦回管見疏 100/216
嚴辦土匪以靖地方疏 曾國藩 100/217
籌擬防捕馬賊章程疏 卞寶第 100/218
畿輔勦賊議 王祖源 100/219
條陳勦苗匪啟 胡林翼 100/221
制防渭南回族議 100/225
條陳勦苗匪說 韓超 100/225
檄鳳潁淮徐滁泗宿海八府屬文 魯一同 100/228
征猺論 湯彝 100/230
防猺論 唐鑑 100/231
平猺議 陳起詩 100/233
弭寇 100/237
平寇議 100/238
平定捻匪策 程祖植 100/240
論勦倭機會 100/241
核議安撫逆回詳稟 張集馨 100/243
論粵西賊情兵事始末 嚴正基 100/245
論川匪亟宜勦辦 100/248
嚴盜課議 100/250
除盜篇 潘詠 100/250
論籌辦禦盜之法 潘飛聲 100/255
論土匪 郭嵩燾 100/257
議滇 金安清 100/257
滇略上下 劉樹棠 100/259
論治亂民當情法兼盡 100/261
上粵督平黎條陳 闕名 100/262
上陝甘總督論撫回事 黃輔辰 100/263
上孔兵備治匪書 姚瑩 100/265

卷八三 兵政一一 地利

倡捐築堡疏 沈葆楨 100/269
大清一統輿圖序 汪士鐸 100/270
大清一統輿圖後跋 汪士鐸 100/271
郡圖方輿通釋序 謝應芝 100/274
請通飭修築碉堡啟 胡林翼 100/275
戰事以地利為要說 陳耀卿 100/277
長江圖說 馬徵麟 100/278

築隘記 何慶元 100/280
圍砦說 高延第 100/282
守遷說 何日愈 100/283
吳淞形勢論 100/285
上海海口形勢攷 100/287
記三沙灣形勢 魏源 100/288
關中形勢論 魏源 100/288
郴州論 黄仲騏 100/289
永州論 黄仲騏 100/293
形勢論 吳鋌 100/295
新疆私議 沈垚 100/296
西域形勝 黄楙材 100/300
西域圖說 黄楙材 100/303
書方輿紀要後 謝應芝 100/305
卷八四 兵政一二 海防
遵旨覆奏并陳今昔情形不同疏 彭玉麟 100/309
擬專設海防全政大臣以一事權疏 左宗棠 100/311
覆陳山海關防務疏 曾國荃 100/314
湖北水陸形勢預籌防堵疏 王茂蔭 100/316
議覆沿海港口不宜封閉疏 裕謙 100/317
覆奏洋務事宜疏 沈葆楨 100/319
密陳籌畫片 彭玉麟 100/325
復奏加意籌備片 彭玉麟 100/325
代陳海防管見 彭玉麟 100/326
覆奏海防條議 李鴻章 100/327
籌議緝捕海盜稟 徐賡陛 100/335
長江築塢防海策 廖連城 100/337
中國宜重設海防 100/340
擬設巡查海軍兵船礮械洋員章程譯呈 克馳馬 100/340
防海四策 100/341
閩江海防論 李經邦 100/343
江防急於海防論 100/344
防海防陸難易緩急論 李經邦 100/345
海防備覽序 李兆洛 100/348
論海防不宜偏重 100/349
論防海切要 100/351
會商海防事宜 彭玉麟 100/352
海防善後事宜 彭玉麟 100/353
論吳淞之防不可懈 100/358
堵口問答 100/359
論防海 100/361
防海上 余貽範 100/362
防海下 余貽範 100/364
籌海 陳虬 100/366
乞總署代奏下忱書 劉永福 100/368
上劉撫帥海防條議 朱鎮 100/369
上李伯相論赫德不宜總司海防書 薛福成 100/371
卷八五 兵政一三 邊防
遵議東三省邊務大畧情形疏 100/377
大沽後路建築新城疏 李鴻章 100/380
籌議廣西邊防請移駐提督添設鎮道疏 張之洞 100/382
請飭重臣分駐江北要害疏 陳慶鏞 100/384
籌陳防撫猓夷情形疏

劉日昌 100/386
防軍支銷情弊疏 王開運 100/388
統籌西路全局疏 100/390
瀝陳西北軍情疏 李雲麟 100/393
挽回西北大局疏 100/396
強鄰環伺疏 薛福成 100/400
飭各屬遵辦守禦事宜札
胡林翼 100/403
謹擬綏邊十二策 何曰愈 100/405
防務通於治道說 殷之輅 100/410
中國邊事論 100/413
論東三省防務宜先備吉林 100/424
吉林防務 胡傳 100/425
近日北邊防務輕重緩急何在論
100/426
論伊犁 李雲麟 100/428
遵札籌議江西防守事宜
鄧仁堃 100/428
增刻三省邊防備覽序
張鵬飛 100/432
東北邊防輕重緩急論 100/434
擬辦柑子沖猺善後事宜八條
唐鑑 100/435
猺防 姚柬之 100/437
論邊防 100/437
邊防一 鄭觀應 100/438
邊防二 100/440
邊防三 100/443
邊防四 100/444
邊防五 100/446
邊防六 100/448
邊防七 100/453
邊防八 100/457
防奸餘議 100/461
防奸 100/462
勝越邊徼 黃楙材 100/464
設防 100/464
論近來盜賊之多宜設法以防內患
100/466
外藩蒙古要略序 李兆洛 100/467
邊防禦俄策 100/468
防俄論 100/471
扼要篇 100/472
隱消敵患論 楊毓煇 100/473
慮患 100/476
袁郡防軍報銷上善後局請示稟
陳喬樅 100/477
東三省邊防論 李佳白 100/480
在一統志館上當事諸公書
龔鞏祚 100/483
擬與劉欽使論新疆事宜書 100/490
卷八六 兵政一四 礮臺
妥籌保護浙東新築砲臺疏
薛福成 101/3
查覆虎門排陳礮臺疏
林則徐 101/4
謹將中國陸路應用何種砲位情形分晰繕摺恭呈鈞鑒 克馳馬 101/6
江督劉改辦沿江四路砲臺操練辦事章程 101/9
美利加砲臺經驗說 傅雲龍 101/11
記西人言獅林礮臺事 101/16
礮臺新製 101/18
砲臺 101/18
卷八七 兵政一五 火器
鎗礮放彈有空氣阻力又有地心吸力

釋義 許樹枌 101/25
擬考覆各式鎗砲因地制宜分派撥用說 101/26
鎗礮取準算法考 殷之輅 101/27
論中國宜擇用利槍 101/32
鎗礮須知 楊毓煇 101/33
槍砲說上 薛福成 101/35
槍砲說下 101/36
書試演巨礮後 101/36
命中篇 101/38

卷八八 刑政一 刑政

請申明諭旨以杜流弊疏 101/45
原刑 湯鵬 101/47
刑論 梅曾亮 101/48
刑論 蔣彤 101/49
罪疑惟輕說 裕謙 101/50
救生不救死論 101/51
對用刑說 101/53
復讎論 吳嘉賓 101/54
惜赦論 張澍 101/54

卷八九 刑政二 律例

請飭刑部增改條例疏 王憲成 101/59
請飭臣工講求律例疏 董文煥 101/61
慎重刑章疏 胡慶源 101/61
法宜寬嚴互用疏 寶廷 101/63
遵議武營扣餉缺額罪名摺 101/64
論律法 吳鋌 101/65
讀律說上 包世臣 101/66
讀律說下 包世臣 101/67
讀律心得序 吳嘉賓 101/68
唐律疏議跋 101/69
中外刑律論 楊毓煇 101/70
中外各國刑律輕重寬嚴異同得失攷 李經邦 101/75
中西律例繁簡考 孫兆熊 101/79
查視秘魯華工記 吳劍華 101/85
刑部說帖揭要序 鄒鳴鶴 101/86
論中西刑法不同各因人情而定 101/87

卷九〇 刑政三 治獄

酌議窿戶治罪專條疏 101/93
請申明毆期親舊章以符定律議 唐鑑 101/95
請飭議尊長謀殺卑幼罪名專條疏 錢寶廉 101/97
命案有關斷難援擬請旨疏 101/98
秋審人犯情罪較重請飭詳議疏 王茂蔭 101/100
監候待質人犯據供先結以清庶獄疏 張道淵 101/102
各省案件稽壓請嚴定逾限處分疏 101/103
請嚴禁非刑疏 張緒楷 101/104
請勒限清理積案疏 馬相如 101/105
請辦理相驗章程疏 金應麟 101/106
徒流加等議 郭安仁 101/106
論治獄 101/107
無訟論 張澍 101/109
地方初審 王德茂 101/109
審理尋常詞訟 鍾祥 101/110
緝捕審辦之法 101/112
聽訟宜慎 101/116

審鞫重案 鍾祥 101/116
頒行各屬辦理命案條約
吳文鎔 101/116
通飭清理獄訟札 丁日昌 101/118
直隸清訟事宜十條
曾國藩 101/119
清理詞訟 何士祁 101/124
勸息訟說 武穆淳 101/125
羈所宜改活板說 沈葆楨 101/127
安頓軍流徙犯 王德茂 101/128
暫繫平民受害最酷議
湯用中 101/128
書三案始末論 包世臣 101/130
書滎陽獄 周樹槐 101/132
書某氏婦 101/132
建昌府詳檢訊周國富命案批
吳文鎔 101/134
蜀僚問答 劉衡 101/135
放告收呈 王鳳生 101/138
訪案 101/138
編審 101/139
獄囚 鄭觀應 101/139
犯人 杞憂生 101/141
棲流 101/142
禁販奴 彭玉麟 101/142
提牢瑣記 濮文暹 101/143
罰贖 鄭觀應 101/146
宋洗冤集錄跋 洪頤煊 101/148
書楊侍御奏請裁撤待質公所摺後
101/149
議覆理訟章程書 劉衡 101/150
卷九一 刑政四 教匪
分別教案治本治標之計疏
薛福成 101/159
請嚴辦闗匪另立專條疏
張之洞 101/161
請盜案仍照原律定擬疏
王榕吉 101/164
修復首夥盜犯悔罪投首減罪舊例疏
101/165
遵議盜案分別首從章程疏 101/166
遵議盜案就地正法章程擬限停止疏
101/168
附陳處置哥老會匪片
蔣福成 101/170
設法嚴拏哥老會匪片
沈葆楨 101/171
論中國會匪宜設法安置
麥孟華 101/172
救哥老會 金安清 101/174
溫州會匪紀略書後
孫衣言 101/175
又書會匪紀略後 孫衣言 101/176
大冶縣稟拏獲滋事匪徒批
胡林翼 101/178
上黔撫喬中丞論會匪啟
胡林翼 101/178
上孔兵備論辦賊事宜書
姚瑩 101/179
覆總理衙門書 鏤斐迪 101/181
致各國大臣書并章程八條 101/184
青平賊影 王德茂 101/189
卷九二 工政一 工政
防營承修工程請飭部備案疏
左宗棠 101/193
工程積弊請核實酌給公費疏

寶廷 101/195
各省工程報銷改定簡易章程疏
工部 101/197
修治直晉路工完竣疏
張之洞 101/198
總理衙門議覆振興工藝並章程摺稿
101/200
開辦勸工學堂稟
胡光煜、李智儔 101/202
工政目議 101/204
工務營策 茅謙 101/211
論工匠 101/220
重工論 101/222
振百工說 101/223
勸工強國說 陳熾 101/224
工藝養民說 陳熾 101/226
古今工程異同說 101/228
藝成於學說 陳熾 101/230
幼孩須先學工藝說 101/231
論振興工藝須擇民間繁用之物本輕價賤者先行製造 101/232
精藝術 彭玉麟 101/233
技藝 鄭觀應 101/235
招工 101/237
盜工 101/238
脩路 鄭觀應 101/240
濬渠之利多於開礦論
王亨彥 101/243

卷九三 工政二 治河

太湖東洞庭湖疏河記
陳世鎔 101/247
儀徵濬河記 陳文述 101/248
東河宜速堵說 金安清 101/250
黃河北岸改海口節略
金安清 101/252
改河道議 101/252
治河論上 胡發琅 101/254
治河論下 胡發琅 101/255
治河議上 童寶善 101/257
治河議下 童寶善 101/260

卷九四 工政三 河防

河防要務宜籌畫周備疏
陳慶鏞 101/267
代楊給事上防河疏
包世臣 101/268
籌議侍郎朱士彥條陳河工事宜疏
嚴烺 101/269
熟籌河工久遠大局疏
張井 101/272
會奏黃河節年淤墊竭力籌防疏
琦善 101/274
詳究黃河病原力求治法疏
嚴烺 101/275
籌議黃河分流故道疏
張曜 101/279
會勘引淮入海河道擬分別辦理疏
楊昌濬 101/281
籌辦裏河隄工疏 林則徐 101/283
議覆馬頰河不宜開挖分流疏
李鴻章 101/284
覆陳體察豫東河工情形疏
任道鎔 101/286
查革河南河工積弊並擬改章設局疏
許振褘 101/288
議覆馬營挑壩緊要碎石並無流弊疏
嚴烺 101/291

河南揚工漫口宜因勢利導疏 雷以誠 101/293
覆奏嚴查河工積弊疏 嚴烺 101/296
治河宜杜流弊仿成規疏 吳嶠 101/297
河患非開河減水別無良圖疏 游百川 101/299
黃河北徙宜復淮水故道論 丁顯 101/301
黃河北徙議 丁晏 101/310
黃河南北流利害說 金安清 101/312
淮安河道遷徙利害議 丁宴 101/314
治黃運兩河議 劉應墀 101/315
導淮正議 金安清 101/317
導淮別議 金安清 101/320
導淮捷議 丁顯 101/323
導淮補議 101/327
修六塘河分洩沂泗辨 丁顯 101/329
河工例銷流弊說 趙廷愷 101/331
察看黃河酌議辦法 游百川 101/333
九河既道解 汪士鐸 101/335
籌河篇上 魏源 101/337
籌河篇中 魏源 101/338
籌河篇下 魏源 101/341
籌河論上 宗源瀚 101/344
籌河論中 宗源瀚 101/346
籌河論下 宗源瀚 101/351
河工料宜 凌江 101/359
河工椿埽 凌江 101/360
河工則例 凌江 101/361
塼工記 蔣湘南 101/362
河防芻議 劉成忠 101/363
卷九五 工政四 直隸河工
直隸河道大概情形疏 顏檢 101/377
覆陳直隸河道地勢情形疏 李鴻章 101/380
查勘獻縣河務並擬辦工程疏 徐樹銘 101/383
請籌辦滹沱河道疏 劉恩溥 101/385
覆陳籌濬滹沱河道疏 李鴻章 101/385
滹沱河改道北流亟應設法修治疏 曾國藩 101/386
畿輔河渠議 魏源 101/389
五大河總說 崔迺翬 101/391
永定河隄壩議 金安清 101/392
卷九六 工政五 運河
籌辦運河工程疏 曾國藩 101/395
籌辦通漕要道疏 林則徐 101/396
察看衛河情形疏 琦善 101/399
議修揚屬運河東隄疏 沈葆楨 101/400
借黃濟運貽害大河全局疏 沈葆楨 101/401
查明運河水誌情形疏 曾國藩 101/402
淮黃濟運議 沈兆霖 101/403
黃運河利害議 金安清 101/404
山東運河用水櫃放淤議

金安清 101/407
高堰建二堆議 陳文述 101/407
論高堰 吳鋌 101/408
會通河水道記 俞正燮 101/409
北運河考略 朱其昂 101/412
卷九七 工政六 海塘
續修海塘酌擬變通辦理疏
梅啟照 101/417
浙省海塘坍損請籌欵興修疏
金應麟 101/418
勘估寶山塘工疏 林則徐 101/420
籌辦塘工大概情形片
吳文鎔 101/422
歷稟海塘修防籌費事宜
舒化民 101/423
建復浙省東中兩防石塘記
戴槃 101/427
海塘問答 101/428
卷九八 工政七 水利
請議行畿輔水利成法疏
王家璧 101/433
請定天津水田章程疏
崇厚 101/435
請濬治太湖洩水要道疏 101/436
洞庭東湖開濬新河疏
李明墀 101/438
籌挑劉河白茆河以工代賑疏
林則徐 101/439
蘇省水利工程擇要舉辦疏 101/441
畿輔水利議 王鎏 101/442
畿輔水利議敘略 林則徐 101/443
江南水利全書敘 魏源 101/449
北方水利說 朱鎮 101/449
蘇松水利考 王炳燮 101/450
湖廣水利論 魏源 101/451
湖州水利議 宗源瀚 101/452
覆陳廣東水利議 徐賡陛 101/453
修關中水利議跋 路德 101/455
秀州水利納洩泖湖議
顧廣譽 101/456
古浪水利記 陳世鎔 101/457
滙稟南瓊水利 左輔 101/458
續稟雷瓊水利 左輔 101/460
論江水十二篇 趙仁基 101/461
疏通大江論 李祖陶 101/467
開河三子說 包世臣 101/470
興挑淵河議 潘德輿 101/472
開濬長沙城北碧浪湖議
李元度 101/473
鑿合州鉅梁虬門二灘記
張望泰 101/476
平河均修水利碑銘
陳士梅 101/477
重濬三十六漊港議
徐有珂 101/481
黃浦攷 101/483
論溝洫 吳鋌 101/484
論上海南市倡興自來水事 101/485
致王補帆中丞論湖州水利書
吳雲 101/486
與程鵬樵方伯論甘肅水利書
張澍 101/490
復潮郡總局論治水書
丁日昌 101/492
上陸制府論下河水利書 101/494
再上陸制府書 魏源 101/496

東南水利略序　錢儀吉　101/497
卷九九　工政八　礦務
直隸開平煤礦辦有成效疏　李鴻章　101/503
查勘滇省礦廠情形試行開採疏　林則徐　101/504
籌辦江寗等處礦務大略情形疏　劉坤一　101/509
籌議雲南礦務疏　唐炯　101/510
籌辦漠河金廠疏　李鴻章　101/511
請開兩廣鐵禁疏　張之洞　101/517
請開辦礦務鼓鑄銀圓疏　王鵬運　101/518
總署覆奏山西鐵路礦務辦法摺　101/519
議覆依將軍克唐阿調員開辦遼東礦務摺　總署　101/520
酌擬開辦奉天東邊礦務章程二十二條　101/521
奏請開辦遼東礦務摺　依克唐阿　101/523
礦學　101/525
奏晉省籌辦礦務擬先修鐵路摺　胡聘之　101/526
遵旨委員試辦磁州煤礦片　王文韶　101/527
籌辦萍鄉礦務稟　文廷楷　101/527
條陳試辦磁州礦務事宜稟　葉溶光　101/528
遵查唐山等處礦廠並無礙情形稟　楊嘉善　101/529
陳明金陵礦務情形稟　米海利　101/532
請開粵西礦利條陳　謝光綺　101/533
查勘萍鄉煤礦情形條陳　惲積勛　101/534
勸開湖南煤鐵礦示　張之洞　101/537
採辦江西萍宜礦務利和有限公司招股啟　101/538
建平永平金礦改歸官辦論　101/540
擬辦磁州屬之彭城鎮煤礦章程　101/541
擬開辦奉天東邊礦務章程　貴鐸　101/543
四川礦務章程　101/546
湖南礦務總局章程　101/549
山西商務局與福公司議各開礦製鐵及轉運各色礦產章程　101/553
論中國宜設大臣專辦礦務　101/555
論漠河金礦奏改新章　101/556
中國滿州金礦情形　101/557
興礦務以開利源論　101/558
礦內分金有籍手工者有籍化學者有手工化學合用者能各言其分之之法論　顧仰基　101/560
中國宜亟采煤說　101/562
論廣西煤地　101/563
論中國金石之富　101/564
論採金要法　闕名　101/565
礦屯議　薛福成　101/567
覆勘礦洞情形並鍊礦成色情形　陸應穀　101/568
礦務瑣言　101/569
卷一〇〇　工政九　鐵路

恭讀催辦鐵路諭旨謹註 102/3
遵旨覆陳籌造南北鐵路辦理情形疏 盛宣懷 102/4
代李伯相議請試辦鐵路疏 薛福成 102/6
請開鐵路疏 102/10
請設鐵路總公司摺 102/11
查勘龍州鐵路事宜稟 唐際清 102/12
鐵路條陳摺 102/15
中國創行鐵路利弊若何説 張涵中 102/16
中國鐵路如何取道為便論 鐘天緯 102/22
創造鐵路宜先使民人咸知利益説 102/28
鐵路宜知利害論 102/29
修路乃能足食論 (英)李提摩太 102/30
開辦粵漢鐵路會銜咨文 102/31
淞滬鐵路落成記 102/32
查勘盧漢鐵路情形說帖 102/34
容觀察閎上總理衙門津鎮鐵路條陳 102/35
鐵路利弊說 吴鼎元 102/38
鐵路侵地說 102/38
建倉儲米不如推廣鐵路輪舟說 102/40
論北洋創設鐵路學堂 102/41
論中國鐵路亟宜妥辦 102/43
論鐵路之亟宜興築 102/44
腹地應置木路議 陳虬 102/45
鐵路新章省脚價法 102/47
論鐵路增入洋股得失 102/48
論漢口鐵路黃河宜造舟梁 徐廉 102/49
滿洲鐵路 102/50
鐵路論 102/52
鐵路上 鄭觀應 102/53
鐵路下 102/56
鐵路 102/58
火車 杞憂生 102/59
書湘中請開鐵路稟稿後 102/60
創開中國鐵路議 薛福成 102/62
鐵路緣起述略 闕名 102/66
鐵道論 馬建忠 102/68
卷一〇一 工政一〇 埠政
開辦商埠咨文 102/77
粵西開埠為粵東之害論 102/77
論西江開埠 102/78
論吴淞準設商埠 102/79
論整頓埠政 闕名 102/80
卷一〇二 工政一一 船政
敬陳整頓船政疏 陳壁 102/89
議覆船政摺 102/90
陳明泉州船塢事宜片 102/92
請籌費趕造小輪船片 彭玉麟 102/93
請造小輪船片 彭玉麟 102/94
上船政大臣裕製船條陳 福州船政洋監督 102/95
江西紳士請行內河小輪船公牘 102/112
內河輪船宜嚴立規條論 102/114
論中國宜推廣輪船之利 102/114
輪船進止議 102/116

書中國訂購鐵甲兵船事後 102/118
卷一〇三 工政一二 電線
論松江宜添設電線以通官報而裨營務 102/123
太平洋電綫論 闕名 102/124
電碼簡法 102/127
閱報 102/129
電報 102/129
卷一〇四 工政一三 製造
浙撫廖通飭鼓勵商人製造新器札 102/135
中國振興製造論 許象樞 102/135
中國不能製造新奇之物有二弊 陳翼為 102/137
論傅相游覽比國玻璃廠事 102/139
論北洋整飭製造局事 102/140
製造十所 楊史彬 102/141
籌設製麻局札 張之洞 102/145
上鄂督張比較滬鄂兩廠製鎗優劣稟 102/147
卷一〇五 工政一四 紡織
中國仿西法紡紗織布應如何籌辦以國家商民均沾利益論 許樹枌 102/153
機器織布紡紗宜用中國木棉方可收回利權論 施景琛 102/154
中國紡織繅絲情形 102/156
紡織 鄭觀應 102/157
紡織篇 張駿聲 102/158
紡織三要 殷之輅 102/161
紡織二十五策 儲桂山 102/167
紡織論 吳佐清 102/170
整頓鐵政紡織利不外溢策 楊史彬 102/172
卷一〇六 工政一五 器械
人工與機器論 (美)闕名 102/179
論創造新器給札專利之善 102/180
陝西集股創用機器織布畧說 102/181
製洋器議 102/184
飛機考 (美)闕名 102/187
機器說 劉楫 102/189
利器 102/190
卷一〇七 西政一 學術
西學與中學同源考 102/195
西儒論學記 闕名 102/196
西學古今辨 鍾天緯 102/197
泰西醫術何昉視中東醫理優劣論 李經邦 102/200
西學包羅於六經說 102/203
論西人輿地之學 102/205
泰西醫學源流 徐克勤 102/206
西學決疑論 黃傳祁 102/210
論俄國領事請建俄文館事 102/213
泰西格致之學與近刻繙譯諸書詳略得失何者為最要論 車善呈 102/214
瑞人挪勃而散財以興格致 102/220
卷一〇八 西政二 國政
論變更國政 大隈伯 102/225
論英國海外政策 闕名 102/227
德國海軍及殖民政策 102/232
俄皇力正頹風 102/234
卷一〇九 西政三 疆域
西伯利亞情形 102/239
美國南部地方情形 102/240

暹羅考 102/243
飛利濱羣島攷畧 102/247
南極 102/249
卷一一〇 西政四 史略
德皇維廉第二密傳 102/253
希臘大帝亞力山大傳 (英)李提摩太 102/253
羅馬皇該撒傳 (英)李提摩太 102/255
俄皇大彼得傳 (英)李提摩太 102/257
法皇拿破崙第一傳 (英)李提摩太 102/269
論德皇 102/272
論比國王 102/273
少言偉良傳 (英)李提摩太 102/275
得勝偉良傳 102/276
美國內閣員列傳 102/277
英前相格蘭斯敦行述 102/278
俄前相魯馬能務逸事 102/280
論德皇為人 102/281
紀西國古史 闕名 102/282
卷一一一 西政五 學校
周禮精意為西學導其先路說 邱煒萲 102/289
西學多本周禮說 102/290
明艾儒略述泰西建學凡六科其派別刪併異同若何 許樹枌 102/291
日本商務學堂 102/293
英法俄美日本學校規制 102/294
英德法俄美日六國學校數目 102/299
德國學校規制 102/302
俄國教育 102/303
日本高等師範學校章程敍 歐榘甲 102/304
論泰西教法 102/305
西國書院考 102/307
卷一一二 西政六 國用
論日本度支 102/311
日本國財政 102/312
美國度支 102/312
美國財政之困 陳慶年 102/312
日斯巴尼亞度支 102/313
西洋諸國為民理財說 薛福成 102/314
列國歲計政要答問 102/314
富國探源論序 102/315
卷一一三 西政七 礦務
朝鮮金礦 102/321
美國礦產考略 (美)闕名 102/322
西伯利亞金鑛 102/324
克郎大哀克金鑛 102/324
日本煤礦 102/325
論東方鑛務 102/325
卷一一四 西政八 商務
日本商務 102/329
日本商約解義 102/329
論日本及美洲西部商務情形 102/334
高麗商務總論 102/335
英國商務總論 102/335
暹羅貿易情形 102/336
印度茶葉商務 102/336
法國在華商務 102/337
法國賽會述聞 102/338

論德法在亞洲商業興盛 102/339
查攷西伯利亞茶業 102/339
蠶業學堂論蠶事情形 102/341
論擴充海陸軍備以衛商戰 102/342
大隈伯演說於商業公所 102/345
西貢商務 102/346
英國公司定例 102/347
英國國家總銀行攷 102/350
卷一一五 西政九 埠政
高麗開埠 102/355
東洋埠口 102/356
埠政 102/356
卷一一六 西政一〇 船政
各國船政考 漢塞爾 102/363
記俄設太平洋輪船公司 闕名 102/365
日本水師艦隊表 102/368
卷一一七 西政一一 錢幣
論日本用金後之弊 102/373
論日本錢幣情形 102/373
論印度幣政 102/374
俄國幣制 102/375
論各國行用金幣 102/375
卷一一八 西政一二 稅則
論高麗稅務 102/379
論英美欲平稅則 闕名 102/380
法國印花稅章程 黃致堯 102/381
記泰西煙酒稅 102/382
卷一一九 西政一三 交涉
日日交際 102/387
日英同盟 102/387
論英日聯盟 102/387
論英俄交涉情形 102/388
公言俄法同盟 102/389
俄法同盟實情 102/390
高俄交涉 102/392
俄韓交涉 102/392
俄德奧新訂同盟 102/393
美國外交 102/393
暹法交涉情形 102/393
論德皇外交 102/394
論德國外交 102/397
譯西人論俄法聯盟事 102/401
日暹條約 102/403
美國和邦盟約 102/403
土希會議和約 102/404
土希和約 102/404
卷一二〇 西政一四 游歷
暹王游歷關系論 102/409
暹王游歷記 102/410
論暹王游歷事 102/411
德皇至俄 102/412
瑞典武將游歷 102/413
中亞洲俄屬游記書後 黃傳祁 102/413
論俄皇游歷 102/414
卷一二一 西政一五 軍政
論日本新添水師戰艦 102/419
論日本近時武備 102/419
日本擴充水師情形 102/425
德國整頓海軍述略 102/426
論美日戰務 102/428
英國籌軍 102/429
論德國有整水師之議 102/430
德國欲增添海軍之由 102/431
論俄皇創立弭兵會之意 102/432

俄土戰紀敍 102/433
俄國水師情形論 102/434
俄國義勇艦隊記 102/434
論俄國海軍 102/435
論土耳其陸軍情形先後不同 102/436
西班牙國兵額 102/437
暹羅陸軍 102/437
論歐洲各國兵力 102/438
論西人武備之日精 102/439
東方兵事紀畧序 102/440
還遼補記 102/441
讓臺記 102/443
讓艦記 102/445
記英德設課功局防教法 薛福成 102/446
卷一二二 西政一六 刑律
書滬上西國牢監及新巡捕房記畧篇後 102/449
論泰西治獄 沈粹生 102/450
論日本獄禁之苦 102/451
卷一二三 西政一七 工藝
德國工藝開會事論 102/455
美人論日本工藝 闕名 102/456
卷一二四 西政一八 鐵路
日本鐵路 102/463
英國鐵路考 (美)林樂知 102/463
論俄國鐵路二則 闕名 102/466
俄國新築西伯里亞鐵路說 (美)林樂知 102/468
泰西鐵路工程紀畧 102/472
卷一二五 西政一九 電綫
無綫電音法 102/479
電浪新法 102/479
德國郵政電報情形 102/480
論泰西日報體例 102/481
紀西國送信章程始末 (英)李提摩太 102/482
卷一二六 西政二〇 製造
綜紀西人技巧之事論 102/489
仿外洋人頭紙式用機器製造鈔票流通行用利弊若何策 施景微 102/490
克鹿卜廠製造鎘鋼甲板說 102/492
英國紡紗廠情形 102/493
德國製造新砲 102/493
著色照像新法 102/494
卷一二七 西政二一 器械
行軍氣球 102/497
渡海德律風 102/497
無烟直綫彈 102/497
卷一二八 西政二二 通論
日本國官制人地考 102/505
論日本宜助中國逐德艦以釋怨而完興亞會本謀 102/505
論英日當聯中以保東方太平之局 102/507
記高麗變法事 102/508
論日俄關繫 102/509
論俄日近況 102/510
俄德關係 102/512
論俄日高情形 102/512
俄土關繫 102/512
論俄國事情 102/513
論俄人無信 102/515
測俄論 102/516

規印度以制英論 102/517
論德國漸思恢張霸權 102/519
記伊藤侯答英國人語 102/520
論美哇合併 102/521
論布哇 102/523
論土皇之性質 102/523
伯拉西兒風土記 102/524
說土耳其 潘飛聲 102/525
布哇事仲問答 102/526
論君民共主 102/527
論民主得失 102/528
西法有益於民論 102/529
泰西講求郵政 102/531
西法紡織論 102/533
論泰西善堂及英國濟賑人數 楊然青 102/534
釋彝 102/536
論美國漸思干涉外事 102/536
重裒私議以廣公見論 102/538

皇朝經濟文新編六十二卷

通論一
強鄰環伺謹陳愚計疏 薛福成 103/35
變法自強疏 胡燏棻 103/39
培養人才疏 陶模 103/49
自強大計摺 盛宣懷 103/56
議覆盛京卿條陳摺 總理衙門 103/62
通論二
新政策 (英)李提摩泰 103/67
中國自强策上 汪康年 103/75
中國自强策中 汪康年 103/76
中國自强策下 汪康年 103/77
與八旗諸君子說時局大勢啟 壽富 103/79
論中國之衰由於士氣不振 闕名 103/82
中國盛衰關於地球全局 徐勤 103/85
論歐洲政治 (英)闕名 103/89
變法一
變法始 闕名 103/95
錄中國新政始基序 胡禮垣 103/96
論變科目宜并變考官 劉楨鱗 103/99
公車上書請變通科舉摺同人公擬 闕名 103/103
改試武科章程 闕名 103/104
恭讀四月二十三日上諭敬伸其義 闕名 103/106
論變法 闕名 103/108
致江南道監察御史曾書 闕名 103/110
恭讀五月初五日上諭謹再注 闕名 103/113
謹注改試策論諭旨 闕名 103/115
恭讀五月初五日上諭謹注 闕名 103/116
廢時文說 闕名 103/118
變法二

變法 闕名 103/121
變法上 闕名 103/122
變法中 闕名 103/124
變法下 闕名 103/126
變法自強上 闕名 103/128
變法自強中 闕名 103/129
變法自強下 闕名 103/131
除弊 闕名 103/132
君德一
德皇政策 闕名 103/137
論德皇爲人 闕名 103/137
德國實事紀略 闕名 103/139
論德國外交 闕名 103/140
論德國海軍及殖民政策 (日)闕名 103/145
毛奇將軍事務 闕名 103/148
德不宜過張勢燄說 闕名 103/150
美國共和黨擬舉總統宣論新政 (日)闕名 103/151
美新總統麦見尼傳 (日)闕名 103/155
美國總統演說 (英)闕名 103/156
民主榮歸頌 (英)闕名 103/159
君德二
法皇拿破崙第一傳 闕名 103/161
法國瑣記 103/164
俄皇大彼得傳 (英)李提摩太 103/165
論俄皇游歷 103/179
記俄皇行事 滑稜 103/183
論暹王出遊 劉楨鱗 103/183
暹王游歷記 (英)闕名 103/186
論比國王 愛芝其亞 103/200
吏治一
汰冗員議 馮桂芬 103/205
厚養廉議 馮桂芬 103/207
清吏治議 無名氏 103/208
續清吏治議 闕名 103/210
續清吏治議 103/211
州縣吏治議 闕名 103/213
官不在多說 闕名 103/215
官制宜昭畫一說 闕名 103/217
文臣宜兼武署說 闕名 103/218
論公生明 闕名 103/219
辨論官材說 闕名 103/221
論知縣一官 闕名 103/223
論近日州縣升途之隘 闕名 103/224
州縣虧空情有可原說 闕名 103/226
論州縣因公虧空之宜原 闕名 103/227
論州縣辦案廻護已失之習 闕名 103/228
論外官養廉不敷於用 闕名 103/230
論官場酬應宜省 闕名 103/231
論官場欺罔之習 闕名 103/232
陳詩觀風議 闕名 103/234
資格説 陳熾 103/235
朦蔽說 闕名 103/237
論州縣不可以有盜爲諱 闕名 103/238
書閩督卞制軍奏叅李倅索賄疏後 闕名 103/240
論近時佐雜之閒冗 闕名 103/241

論宦海升沉之不測 闕名 103/243
論設館課吏之法之善 闕名 103/244
論疏通仕途在嚴考課 闕名 103/245
吏治二 官制
論中國變法必自官制始 闕名 103/247
論官制 闕名 103/257
日本職官志序 黄遵憲 103/261
鬻爵 湯壽潛 103/262
救敝藥言敍 闕名 103/263
大臣論 闕名 103/264
中外官場勞逸不同說 闕名 103/266
論言官 闕名 103/267
湖南課吏新章 闕名 103/269
肅官方 王韜 103/272
久任 王韜 103/273
誘諫 闕名 103/274
任將相說 王韜 103/274
吏治三
捐例得失論 闕名 103/277
論捐納賢否不同 闕名 103/278
捐例宜示限制說 闕名 103/279
論起復廢员亦是推廣捐例之一法 闕名 103/281
論開捐例不如興商務 闕名 103/282
吏治四
論選法掣籤之未善 闕名 103/285
論徵辟之法不可廢 闕名 103/286
言揚行舉說 闕名 103/287
學政試終保薦人才說 闕名 103/288
書請奬武職條後 闕名 103/290
論文武兩途輕重 闕名 103/291
薦舉人材議 闕名 103/292
嚴保舉以勵眞才說 闕名 103/294
設保舉以求人才說 闕名 103/295
恭讀整飭保舉論 闕名 103/297
楚材晉用說 闕名 103/298
論武職補缺之難 闕名 103/300
論翰詹大考 闕名 103/302
論朝廷用人之愼重 闕名 103/303
變通仕路論 闕名 103/305
郡縣宜重其權力論 闕名 103/306
吏治五
加厚京官俸銀以培人才論 闕名 103/309
書京察注考定章後 闕名 103/310
京官壅滞宜設法疏通說 李鳳儀 103/311
言官宜正心術 李鳳儀 103/313
部議與言路相維相繫說 李鳳儀 103/314
吏治六
論幕友 闕名 103/317
以准皆各其及即若說 闕名 103/318
仕宦宜自幕始議 闕名 103/320
論時下幕習之壞 闕名 103/321
用佐雜爲幕賓議 闕名 103/323
用佐雜爲幕賓續議 闕名 103/324
吏治七
書吏論 闕名 103/327

論部吏需索 闕名 103/328
論書吏舞文 闕名 103/330
論吏權之重 闕名 103/331
吏治八
論差獘 闕名 103/333
外結說 闕名 103/334
論差捕私刑宜禁 闕名 103/336
仕宦宜約束僕從說 闕名 103/337
論問官飭差查案之失 闕名 103/339
論中國地保 闕名 103/340
論書役工事不宜過菲 闕名 103/342
論中國地方宜仿設巡捕 闕名 103/343
泰西律例一
論中國宜變通律例 何鏞 103/349
變例說 王韜 103/351
頒律例以示民間說 103/353
論讀西律 李步青 103/354
答客談西律之善 井貞吉 103/356
論辦洋務宜訂中西律例 馬菊生 103/358
華人宜習西律說 103/359
論中西刑律輕重異同之故 闕名 103/361
華英讞案定章考 哲美森 103/364
泰西律例二
論聽訟 王韜 103/371
論訟息之難 103/372
論折獄之難 何鏞 103/374
論泰西聽訟頗合公道 秦元章 103/375
論訊案之難 秦元章 103/377
論訪案 郭杏生 103/378
論查辨事件 103/379
論叩閽事 103/381
論京控案件不交原問官覆審最爲善政 郭杏生 103/383
論邦國交際公法學 闕名 103/384
交涉學 闕名 103/386
論日本制定憲法来歴 (日)伊藤博文 103/389
英美增添公法記 103/392
日本刑法志序 黄遵憲 103/393
日本隣交志後序 103/394
掌故學 闕名 103/395
學校一
妥議科舉新章以覘實學摺 張之洞 103/401
恭讀上諭舉行經濟特科謹註 勞逸漁 103/405
請開西學專科奏稿 嚴修 103/406
議奏經濟科章程摺 總理衙門 103/409
讀嚴修請開經濟專科摺書後 敦煌韜晦子 103/411
變通武科摺稿 103/413
學校二
育才篇 闕名 103/419
學校總論 闕名 103/421
覆奏設立官書局摺 總理衙門 103/427
開辦官書局奏摺 孫家鼐 103/429
請推廣學校摺 李端棻 103/431
議覆李侍郎推廣學校摺

總理衙門 103/435
學校餘論 闕名 103/436
擬設繙譯書院議 馬忠建 103/439
科舉末議 闕名 103/443
學校三
開特科議 闕名 103/447
論課蒙宜有次序 闕名 103/448
論南滙縣紳士呈請另聘山長事
闕名 103/449
論人才難得 闕名 103/451
論中國宜創設女義學
闕名 103/452
論書院延聘山長之不易
闕名 103/456
原才 王韜 103/458
原士 王韜 103/460
學校四
分建學堂說 陳熾 103/463
書陳侍御請整飭學校疏後
闕名 103/465
美國之盛由於學校 闕名 103/467
論中國崇尚文學 闕名 103/469
廣設西學塾議 闕名 103/471
論泰西書院藏書之盛
闕名 103/472
宗塾議 闕名 103/474
擴充西學 闕名 103/475
論中國宜廣設藏書之院
闕名 103/476
論考試 闕名 103/478
主試衡文論 闕名 103/480
取士宜崇實學論 闕名 103/482
考試宜增門類論 闕名 103/483
考試西學西法議 闕名 103/485
武科與文科並重說 闕名 103/486
變通文武考試舊章說
闕名 103/487
武科取士急宜變通說
闕名 103/489
論武試畧宜變通 麥孟英 103/490
書俊御史請飭整頓官學摺後
闕名 103/492
論同考官 闕名 103/494
主司非師辨 闕名 103/495
中國女學堂接桂林魏恭人書
魏恭人 103/496
中國倡設女學堂啟 闕名 103/497
女學会書塾創辦章程
闕名 103/498
農政新論一
户部議覆各省自闢利源摺
唐浩鎮 103/501
農政全書序 張國維 103/503
請講求務本至計以開利源摺
華煇 103/504
議復華侍御講求務本至計以開利源摺 闕名 103/507
農政報序 闕名 103/508
農政 陳熾 103/510
水利富國說 陳熾 103/511
陸彥若所箸書叙 龔自珍 103/513
萬國貨殖論 葉耀元 103/513
農政新論二
農人新法紀略 104/1
耕稼要論 (英)闕名 104/2
地球植物學堂記 (美)闕名 104/3

種植格致學 (英)闕名 104/5
論肥田土質 (英)闕名 104/10
電氣利於園囿論 (英)闕名 104/12
種植富民說 陳熾 104/15
種果宜人說 陳熾 104/16
葡萄製酒說 陳熾 104/18
種竹造紙說 陳熾 104/19
種樟熬腦說 陳熾 104/21
種木成材說 陳熾 104/22
山林論 (日)闕名 104/23
論中國可興做茶新法 (日)闕名 104/25
中俄茶業(二則) (日)闕名 104/26
說橙 梁啟超 104/27
畜牧養民說 陳熾 104/28
農政新論三
種橡製膠說 陳熾 104/31
種茶製茗說 陳熾 104/31
種棉軋花說 陳熾 104/33
種菸加非說 陳熾 104/34
講求農學說 陳熾 104/35
拓充漁務說 陳熾 104/37
魚課 湯壽潛 104/38
五洲漁人生計說 (英)李提摩太 104/39
獎勵漁業例 闕名 104/40
論牛乳 (英)苗森路勞 104/42
渠樹 陳熾 104/49
農用八政說 陳乃績 104/50
周詩獨戒農官說 危德運 104/51
周詩獨戒農官說 黃緒先 104/52
農政新論四
論耕種各物宜采善法以收實效 闕名 104/55
耕種各法宜采善法續論 闕名 104/56
論區種 闕名 104/58
論日本旱穀宜求其種飭令西北各省栽植以免旱災事 闕名 104/59
盡地力說 闕名 104/60
種甘蔗製糖說(一) 闕名 104/62
種甘蔗製糖說(二) 闕名 104/64
論種藝 闕名 104/65
論種植防荒 闕名 104/67
種植備荒說 闕名 104/68
農商輕重說 闕名 104/70
備荒新說 闕名 104/72
水旱災荒平時如何豫備臨時如何救補論 闕名 104/76
憫佃文 闕名 104/78
論富國宜先講求農務 闕名 104/80
中國宜植陸稻說 (日)山本正義述 104/81
理財 王韜 104/84
蠶桑新論
推廣蠶桑以開利源論 闕名 104/89
論育蠶當仿行西法 闕名 104/90
興蠶桑議 闕名 104/92
日本絲業宜整頓論 闕名 104/94
英名士日也美崇氏論中國紡繅業 闕名 104/95
論杭州繅絲廠 程彥邦 104/96
橫濱驗絲公所緣起 鍾銓 104/96
勸種植以廣地利說 闕名 104/98
種桑育蠶說 孔昭朗 104/102
蠶桑 程濬 104/103

論地球蠶桑 李經邦 104/104
中國蠶務情形記 闕名 104/106
農會飼蠶述聞 闕名 104/107
中國各省亟宜停止栽桑以保蠶業論 王晉卿 104/109
蘇省宜設立蠶桑學堂議 闕名 104/110
記前廣西馬中丞辦理蠶桑事 王式 104/112
論絲廠 闕名 104/113
續論絲廠 闕名 104/114
再續論絲廠 孔昭晙 104/115
論上海繅絲廠 闕名 104/116
中國紡織繅絲情形記 闕名 104/119
振興絲業芻言 闕名 104/120
論行七事以興絲利 闕名 104/122
礦務新論一
礦務瑣言 陳熾 104/127
原礦 闕名 104/132
論礦務即官山之利 闕名 104/134
論礦石 闕名 104/135
論中國興辦礦務學堂事 闕名 104/137
廣育礦務人才論 闕名 104/138
礦務說 黃夢畹 104/141
論當仿西法興礦務 闕名 104/143
礦務新論 闕名 104/145
中國宜開金礦以收利源論 闕名 104/146
論黑龍江金礦 闕名 104/148
中國宜廣開煤油井說 闕名 104/150
論煤鐵 闕名 104/151
論中國自然之利莫甚於煤礦 闕名 104/153
山西開礦議 (英)李提摩太 104/155
論開煤礦之益 闕名 104/156
礦務新論二
請通飭開辦礦務鼓鑄銀圓摺 王鵬運 104/159
議覆王御史開辦礦務鼓鑄銀圓摺 户部 104/160
奏請各省開礦摺 陳其璋 104/163
奏請開辦遼東礦務摺 依克唐阿 104/165
擬開辦奉天東邊礦務章程 貴鐸 104/166
四川礦務章程 104/169
湖南礦務總局章程 104/173
查勘萍鄉煤礦情形條陳 惲積勛 104/177
論中國煤礦 (英)闕名 104/180
上李伯相論漠河開礦事宜稟 馬建忠 104/181
中國滿洲金礦情形 闕名 104/185
論採金要法 (英)闕名 104/186
論中國以金礦予英 (英)闕名 104/187
美國礦産考略 (美)闕名 104/191
論東洋銷煤大局 (日)井上幹 104/193
礦政 薛福成 104/196
開礦必先察礦說 闕名 104/198
維持礦政說 陳熾 104/200
精究地學說 陳熾 104/201

開山伐石説 陳熾 104/203
分塌采煤説 陳熾 104/204
石油石鹽説 陳熾 104/205
披沙揀金説 陳熾 104/207
就銀鑄錢説 陳熾 104/208
開礦禁銅説 陳熾 104/209
大興鐵政説 陳熾 104/211
廣采羣金説 陳熾 104/212
鍊石陶甎説 陳熾 104/213
取土製磁説 陳熾 104/215
工藝新論一
江甯勸工學堂上南洋大臣稟 胡光煜 104/219
日本工藝志序 黄遵憲 104/220
勸工强國説 陳熾 104/221
藝成於學説 陳熾 104/223
工藝養民説 陳熾 104/224
論工人宜漸富 (英)李提摩太 104/227
機器説 劉楫 104/228
人工與機器論 (美)闕名 104/228
書工商核給憑單之例 薛福成 104/230
論中國工藝 (德)闕名 104/231
中日近年製造情形攷 (英)闕名 104/232
論日本宜以工業爲國本 (日)闕名 104/233
美人論日本工藝 (美)闕名 104/236
陝西創用機器織布公啟 劉光蕡 104/239
論鐵性 (英)闕名 104/244
飛機考 (英)闕名 104/247
巴西招工大可允行説 袁翔甫 104/250
工藝新論二
攻金之工説 陳熾 104/253
攻木之工説 陳熾 104/255
織作之工説 陳熾 104/256
飲食之工説 陳熾 104/258
器用之工説 陳熾 104/260
軍械之工説 陳熾 104/262
製機之工説 陳熾 104/264
治道之工説 陳熾 104/266
精技藝以致富説 陳熾 104/268
請開藝學科説 陳熾 104/269
擬請重開博學鴻詞科甄拔通才增試藝學六門復设觀風整俗以捍衛聖道議 闕名 104/271
論奇技不獨出泰西 闕名 104/272
論工匠 闕名 104/274
各省推廣工局議 闕名 104/276
論中士農工三者宜一律講求 闕名 104/277
論鼓勵工商之道 闕名 104/279
論泰西工人欲富 闕名 104/280
論婦女作工宜設善章 闕名 104/281
趨利反足以為害論 闕名 104/283
論爭利 闕名 104/285
論興工通商 闕名 104/287
論工作學徒苦況 闕名 104/288
工作問 楊毓輝 104/290
製造問 許象樞 104/292
中工 闕名 104/295
選派閩廠生徒出洋學習

李鴻章、沈葆楨 104/297
振百工說 薛福成 104/300
用機器殖財養民說 薛福成 104/301
治術學術在專精說 薛福成 104/302
攷舊知新說 薛福成 104/303
製造要言
製造說 104/305
論製造新法 104/306
論宜興製造以廣貿易 104/308
利國宜廣製造論 104/310
論德國精於製造 104/312
論日本製造之精 104/314
論製茶宜用機器 104/316
製造鋼鉛鋼砲論 104/318
論制器 104/319
製器窮原說 104/321
論創興製造 104/323
火器要言
論槍炮 闕名 104/327
南北洋回答國砲儀制章程 闕名 104/328
南北洋船隻升炮示敬章程 闕名 104/329
火器說畧前序 闕名 104/330
火器說畧後序 王韜 104/331
火器說畧前跋 王韜 104/332
火器說畧後跋 王韜 104/333
礮臺新製記 馬良 104/334
記無烟直線彈 闕名 104/335
土番製械記 (美)闕名 104/340
說炮 闕名 104/342
火器近製 闕名 104/343
日本赤十字社緣起 孫淦 104/345
船政紀要
請拓增船炮大廠疏 左宗棠 104/351
請設沿海七省兵船水師疏 張幼樵 104/353
製戰艦 王韜 104/355
多製兵船說 陳熾 104/357
請整頓船政摺 陳璧 104/358
議覆船政摺 總理衙門 104/360
各國船政考 漢塞爾 104/363
增設船政學堂論 闕名 104/366
商輪說畧
內河行駛小輪試辦新章 闕名 104/371
內河輪船宜嚴立規條論 闕名 104/378
徧駛輪舟說 闕名 104/379
論中國商輪宜選派學生學習駕駛 闕名 104/380
記俄設太平洋輪船公司 (日)闕名 104/382
呈請開辦江西內河輪船公牘 鄒凌 104/385
中日通商行船條約 闕名 104/387
圜法一
以工巧爲幣議 馮桂芬 104/399
用錢不費銀議 馮桂芬 104/400
廣鑄銀錢說 俞吉金 104/404
論中國宜廣鑄銀錢嚴禁私鑄 闕名 104/405
廣鑄小銀圓以補制錢短絀議

闕名 104/407
論以銀鑄錢之大便 何鏞 104/408
說錢 李功譜 104/410
幣制論 闕名 104/412
幣制論 麥見尼 104/416
銀貨問答 (美)闕名 104/419
論金銀漲落之由 高橋氏 104/422
銀價賤落之由 闕名 104/423
中外金銀漲落說 (英)李提摩太 104/424
論金銀漲落極有關繫 (英)李提摩太 104/425
論各國行用金幣 闕名 104/426
日本擬改圜法章程 闕名 104/428
日本用金後情形 闕名 104/430
銀幣緣起利幣述 闕名 104/431

圜法二

通用金磅說 陳熾 104/435
鑄銀條陳 陳熾 104/437
奏請仿造金銀錢摺 楊宜治 104/441
行鈔議 闕名 104/445
論復鈔法以救時利用 闕名 104/446
行鈔法以補制錢之缺論 闕名 104/448
論行鈔票可濟錢之不足 闕名 104/450

商務新論一

戶部覆奏各省自闢利源摺 闕名 104/457
商政 薛福成 104/459
利源 湯壽潛 104/461
中國亟宜振興商務說 闕名 104/462
通商說 詹塏 104/463
古今中外通商源流考 詹塏 104/465
重商論 朱雲表 104/468
商務議 湯壽潛 104/470
通商宜設立商部以濬利源 湯壽潛 104/472
中國商務必大興論 闕名 104/474
論英通中國商務路程 104/475
商務 湯壽潛 104/476
商部 湯壽潛 104/477
商局 湯壽潛 104/478

商務新論二

史記貨殖列傳今義 105/1
日本食貨志商務篇 黃遵憲 105/10
日本食貨志後序 黃遵憲 105/14
商戰論 汪康年 105/15
商學 闕名 105/19
日本物産志序 黃遵憲 105/25
論中國宜開賽會以興商務 劉楨麟 105/26
刱立商部說 陳熾 105/32
論中國宜特設商部以整頓商務 (英)李提摩太 105/34
大興商埠說 陳熾 105/36
酌增領事說 陳熾 105/37
覆奏講求商務摺 總理衙門 105/40
奏覆洋商改造土貨應籌抵制摺 總理衙門 105/43
權署議內地機器製造貨物征稅章程書後 麥孟華 105/44

請緩征值百抽十之税並請改存儲關棧章程摺 張之洞 105/49
商務新論三
富强必先保商論 黄鎮南 105/53
論宜設商局以旺商務 闕名 105/54
重商議 闕名 105/57
論中國宜興商務 闕名 105/58
論生利分利之别 闕名 105/61
禁倒帳論 闕名 105/68
論信義爲通商之要 闕名 105/70
欲興商務宜知所取法説 闕名 105/71
譯日報論日本及美洲西都商務情形 闕名 105/74
論古今中外互市之利獘 闕名 105/75
業壞於貪説 闕名 105/77
商務新論四
論製造貨税 (英)闕名 105/79
海關出入貨類敍畧 薛福成 105/80
海關出入貨價敍畧 薛福成 105/81
論中國商務 (英)闕名 105/82
中國商埠情形記 闕名 105/85
烟臺英领事中國各口商務報 105/88
中國通商各口二十一年分商務情形 (英)特甫 105/94
上海商務情形論 105/104
上海商務情形 (英)韓能 105/106
擬粤東商務公司所宜行各事 徐勤 105/112
福州商務 闕名 105/120
山西商務總局集股章程 105/123
請創辦銀行章程 容閎 105/128
續擬銀行條陳 容閎 105/135
中國銀行章程 105/136
咨商銀行事宜全稿 總署與鐵路公司 105/139
商務新論五
西人漸忌華商 王韜 105/145
旺貿易不在增埠 闕名 105/146
興利 王韜 105/147
論公司不舉之病 薛福成 105/149
商務新論六
糾集公司說 陳熾 105/151
攷察商途説 陳熾 105/152
商改税則説 陳熾 105/154
博物開會説 陳熾 105/156
保險集資説 105/158
創開銀行説 陳熾 105/160
通用金磅説 陳熾 105/162
振興茶業芻言 105/164
商務新論七
徽屬茶務條陳 闕名 105/167
論中國茶務 105/173
論中國茶業之衰應如何設法補救 105/174
臺灣鹽務考 105/179
中日在韓貿易情形表 (日)闕名 105/181
論歐美商務全局 (英)闕名 105/185
法國商務近情 105/186
論英國商務漸衰 105/188
論日本商業未必能爭英國之利 (英)闕名 105/189
德國公司總數考 (日)闕名 105/191

論整頓埠政 (日)闕名 105/192
商務新論八
振興上海商市捷法上 闕名 105/199
振興上海商市捷法中 105/200
振興上海商市捷法下 闕名 105/201
人民繁則貿易盛說 袁翔甫 105/202
振興京津貿易說 闕名 105/204
京津修路以便商民議 闕名 105/205
英合美日足保商務論 105/206
美人論大連灣通商議 闕名 105/208
稅則
稅則 闕名 105/213
洋稅 闕名 105/214
稅司 闕名 105/216
增加稅則論 闕名 105/217
論中國稅務贏絀 闕名 105/219
論中國稅務贏絀(二) 闕名 105/220
英國領事論中國釐金弊病 闕名 105/222
變通稅則以便商民說 何鏞 105/224
論稅則 闕名 105/225
洋貨加稅免釐議 薛福成 105/229
利權一 薛福成 105/230
利權二 薛福成 105/232
利權三 薛福成 105/234
利權四 薛福成 105/235
論洋貨入內地免釐 馬建忠 105/236
海關徵稅敘畧 薛福成 105/240
洋關進欵 汲士沼 105/241
稅攷 (英)李提摩太 105/243
加稅闢地議 (英)李提摩太 105/245
仿行印稅摺 陳璧 105/246
印稅條議 程儀洛 105/248
論丁口稅 闕名 105/249
論地稅 闕名 105/250
奏駁總稅務司重議土藥稅釐摺 李秉衡 105/251
記美國重稅興謗 闕名 105/254
郵政
議辦郵政摺 闕名 105/259
論洋人來函以新設郵政為不便 闕名 105/266
郵政事宜往復稟函全稿 宗文湘 105/268
議覆郵政事宜摺 總統衙門 105/270
郵政章程解釋 闕名 105/273
記西國送信章程始末 (英)李提摩太 105/273
廣通郵電說 闕名 105/277
論郵政興之可喜 闕名 105/278
論宜亟興郵政 闕名 105/280
論郵政有試行之信 袁翔甫 105/281
鐵路一
請開鐵路疏 劉省三 105/287
代李伯相議請試辦鐵路疏 薛福成 105/288
請開清江浦鐵路摺 闕名 105/295

津鎮鐵路條陳 容閎 105/299
鐵路條陳 容閎 105/301
請設鐵路總公司摺 總統衙門 105/303
擬辦鐵路帖說 盛宣懷 105/304
估計盧漢鐵路運載節略 (美)司爾立樞 105/308
稟陳鐵路大概情形 (美)司爾立樞 105/310
稟陳鐵路地勢 (美)司爾立樞 105/310
查勘龍州鐵路事宜稟 康際清 105/315
估計龍州鐵路工程款項稟 康際清 105/318
廣西勘路記 曹碩 105/322
俄國新築西伯里亞鐵路説 (美)林樂知 105/326
英國鐵路考 (美)林樂知 105/330
西悉畢利鐵路攷畧 錢恂 105/334
鐵路工料估價表上 闕名 105/338
鐵路工料估價表下 闕名 105/339
西悉畢利輻員戶口餘糧表 105/341
預估西悉畢利鐵路常年利益略 闕名 105/342
論西伯利亞鐵路之利 (美)闕名 105/344
上某觀察書 闕名 105/345
論俄國鐵路二則 闕名 105/347
中國鐵路情形考 (美)闕名 105/349

鐵路二

建鐵路 闕名 105/353
急修鐵路說 陳熾 105/354
開鐵路有十利說 闕名 105/356
開鐵路不可行說 闕名 105/358
鐵路考略 闕名 105/360
修路乃能足食論 闕名 105/362
建倉儲米不如推廣鐵路輪舟說 闕名 105/363
禦水賑飢莫如推廣鐵路說 闕名 105/364
造鐵路即以救災說 闕名 105/365
鐵路侵地說 (英)李提摩太 105/367
創造鐵路宜先使民人咸知利益說 闕名 105/369
鐵路緣起述略 闕名 105/370
鐵道論 馬建忠 105/372
借債以開鐵道說 闕名 105/378
創開中國路議 薛福成 105/383
書湘中請開鐵路稟稿後 闕名 105/389
淞滬鐵路落成記 闕名 105/390
論鐵路開捐事 105/392

電報各論

電學攷 (英)李提摩太 105/397
設電線 王韜 105/399
太平洋電綫論 (日)闕名 105/400
電學 陳熾 105/404
電氣利於圜圚 陳熾 105/405
電報上 許庚和 105/408
電報下 許庚和 105/410
電綫病商論 袁祖志 105/411

軍政一

中國急宜設陸師大將論 闕名 105/415
練兵末議 (英)闕名 105/416

論將才 (美)雅各柏架 105/417
法國海軍職要敘 馬建忠 105/425
論中國整武備之難 (英)闕名 105/426
論西洋行軍用謀要䂓 闕名 105/428
說兵 闕名 105/431
紀自強軍 闕名 105/432
湖北興辦洋操奏章公牘章程 闕名 105/433
奏設武備學堂摺 張之洞 105/443
招考武備學堂生示 張之洞 105/446
軍政二
軍政篇 闕名 105/449
校武說 闕名 105/450
中國宜重武事 闕名 105/452
仿鄉團之法訓練武童議 闕名 105/454
儲將才 闕名 105/455
武勇 闕名 105/457
將帥須曉暢兵法 闕名 105/459
軍政三
練兵 闕名 105/461
兵貴練膽說 闕名 105/462
兵貴訓練說 闕名 105/464
營號 闕名 105/466
行兵步伐 闕名 105/467
練兵之法古今寬嚴不同說 闕名 105/469
寓兵於商 闕名 105/471
練兵未議 闕名 105/472
治兵 闕名 105/475
擇將 闕名 105/476
用兵上 闕名 105/477
用兵下 闕名 105/478
陸操新義序 康貝 105/479
練水師 105/480
慎用兵 闕名 105/482
軍政四
恭讀武塲改試鎗砲上諭謹註於後 闕名 106/1
論中國亟宜通辦團練 闕名 106/2
論蠻兵之可用 闕名 106/4
練兵不如選將說 闕名 106/6
兵制宜定爲一律論 闕名 106/7
俄人論日本水師 闕名 106/11
論將士之用命視乎國恩之厚薄 闕名 106/14
宿將亟宜大用論 闕名 106/16
論董軍門節制三省 闕名 106/17
德國整頓海軍紀略 闕名 106/18
論宜令全國講求武事 汪康年 106/20
歐洲列強陸軍勢力 闕名 106/22
各國交涉一
記中國自明代以来與西洋交涉大略 闕名 106/27
論辦理交涉 闕名 106/29
論所以懷柔遠人之道 闕名 106/31
論各國領事自治其民 闕名 106/33
宜聯絡與國以禦外侮 闕名 106/34
歐人剖取非洲記 沃嘉明 106/36
婆羅洲擬設華官佐治說 夏同壽 106/38
論黑龍江省將來大局

(俄)闕名 106/40
論英國在中國所有之利益 老臺灣 106/45
論德人尋釁於中國 劉楨麟 106/50
與英外部商定派員會立坎巨提頭目疏 薛福成 106/51
密陳帕米爾情形片 薛福成 106/53
滇緬分界大概情形疏 薛福成 106/54
滇緬分界通商事宜疏 薛福成 106/57
中英續議滇緬界商務條約附欵 106/60
與法蘭西立約通商保護越南議 薛福成 106/70

各國交涉二

蘇州日本租界章程 闕名 106/77
洋務局馬房執照章程 闕名 106/79
洋務局東洋車章程 闕名 106/80
蘇州關道陸擬辦租地章程 闕名 106/81
蘇州關道陸擬呈經管官建市屋章程 闕名 106/83
論蘇州交涉之難 (英)闕名 106/85
通籌南洋各島添設領事官保護華民疏 薛福成 106/87
論中外官交涉儀式 馬建忠 106/90
論交涉 闕名 106/93
各國交涉源流攷 闕名 106/95
中國與俄法英關繫論 (日)闕名 106/102
論中俄密約 (英)闕名 106/109
俄籌中國政策 (英)闕名 106/110
論中英近六十年交涉利弊 (英)闕名 106/113
與客論公法 106/116
論公法不行於亞洲 闕名 106/117
論萬國公法道在和同 闕名 106/119
今約欵即古盟說詞 闕名 106/121
論泰西各國和約亟宜譯出以資考証 闕名 106/123
論和約條欵之可駭 袁祖志 106/124

外史一

英吉利用商務闢荒地說 薛福成 106/129
英重防俄 王韜 106/129
英宜保土 王韜 106/130
英俄經營亞洲 王韜 106/132
英欲中國富強 王韜 106/133
英人減兵非計 王韜 106/134
英待中國意見不同 王韜 106/135
紀英國政治 王韜 106/137
英重通商 王韜 106/138
論印度興衰並英人治理之始 闕名 106/140
英國下議院議論土亂及英國應何如辦法 闕名 106/142
英報論政府不宜助突厥 (美)闕名 106/151
論英國海外政策 (俄)闕名 106/153
答客問西人爲患中國之由 闕名 106/159
俄國外政策史 斯哥利哥布斯奚 106/163

論俄國日強 闕名 106/175
論俄法同盟實情 瘀斯地是 106/179
俄人國勢酷類強秦論
陳熾 106/181
論俄國不能混一亞東
徐勤 106/183
外史二
日本通中國考 王韜 106/193
日本安政以來大事略述
闕名 106/194
論日本宜變更國政
(日)大限伯 106/196
日本度支 闕名 106/200
論日本自強之故 徐勤 106/203
論臺灣宜亟變法
(日)蒲生氏 106/207
觀日本情形記 (美)撲爾打 106/208
論日人經營臺灣 (日)闕名 106/212
日本非中國藩屬辨 王韜 106/216
琉球朝貢考 王韜 106/217
琉球向歸日本辨 王韜 106/218
附琉球入貢日本考 王韜 106/221
駁日人言取琉球有十證
王韜 106/222
琉事不足辨 王韜 106/224
外史三
論俄人狡獪通神 闕名 106/227
波蘭滅亡記 闕名 106/228
過波蘭記 (日)闕名 106/230
巴西風土記 (日)闕名 106/232
朝鮮敝政論 (德)比拾 106/233
論歐洲各國不宜助突厥
(英)闕名 106/237
暹羅考 (英)浮乃 106/239
論西伯利亞水利 (日)闕名 106/244
與歐洲各國立約前後攷畧
闕名 106/247
中外風俗誌感 李功甫 106/249
論歐洲現情 (日)闕名 106/251
論丙申年列國情形
(日)闕名 106/253
歐洲近世外交史 (日)闕名 106/261
記西國古史 闕名 106/264
土耳其論 (日)碌堂 106/268
民政
達民情 闕名 106/275
保遠民 闕名 106/276
禁游民 闕名 106/277
重民上 闕名 106/279
重民中 闕名 106/280
重民下 闕名 106/282
民政問答 闕名 106/283
論出洋華民必須設法保護
闕名 106/288
保國論 (日)佐藤精明 106/289
萬國公政說 韓文舉 106/291
富民篇 闕名 106/293
論中國民智漸開民氣漸強
闕名 106/294
西洋諸國爲民理財說
薛福成 106/295
富民說 闕名 106/296
西國富戶利民說
(英)李提摩太 106/303
養民說略 (英)李提摩太 106/304
答問養民事宜

(英)李提摩太 106/306
論貧民有望 (英)李提摩太 106/309
游民有業論 (英)李提摩太 106/310
條陳養民事宜摺 闕名 106/311
各國教務
預弭教禍說 (英)李提摩太 106/317
保護無辜論 闕名 106/318
教務本末上 闕名 106/319
教務本末中 闕名 106/322
教務本末下 闕名 106/323
以教救世之法 闕名 106/326
論各國變通政教之有無公理 闕名 106/328
論教會 闕名 106/332
論最古各國政學興衰之理 闕名 106/335
希臘羅馬總論 闕名 106/337
傳教上 王韜 106/338
傳教下 王韜 106/340
各國教門說 王韜 106/341
籌洋一
論俄羅斯立國之勢 薛福成 106/345
再論俄羅斯立國之勢 薛福成 106/346
論亞細亞人不服俄羅斯 闕名 106/347
紀俄羅斯近事 闕名 106/348
俄朝述略下 闕名 106/349
俄事轉禍爲福論 闕名 106/350
俄法聯盟中國宜加防禦說 闕名 106/352
英俄爭阿富汗有關中國邊務說 闕名 106/354
論英俄目前大勢 闕名 106/356
論俄國產金之富 闕名 106/357
論俄人覬覦巴馬 闕名 106/359
論俄德奧合訂和約 闕名 106/360
論俄法好兵之同 闕名 106/361
紀俄阿近事 闕名 106/363
續紀俄阿近事 闕名 106/364
土勝俄不足恃 王韜 106/365
俄人志在併兼 闕名 106/367
中外合力防俄 闕名 106/368
遣使親俄 王韜 106/369
合六國以制俄 王韜 106/371
論法暹交涉 闕名 106/373
籌洋二 各國政事彙鈔
答客問新金山阻止華人 闕名 106/375
書普法交涉近聞後 闕名 106/377
論安南 (英)李提摩太 106/378
紀游歷西藏 106/379
天下四大宗論 闕名 106/381
歐洲各國開闢非洲攷 闕名 106/383
非洲不能養民致失廣地說 闕名 106/385
銀國借欵記 闕名 106/386
論緬甸 闕名 106/387
西法爲公共之理說 薛福成 106/389
赤道下無人才說 薛福成 106/389
四洋諸國導民生財說 薛福成 106/390
西洋官制考略第一

漢濱讀易者撰 106/391
論歐洲情形頗似戰國 闕名 106/392
論歐洲時局 闕名 106/394
述埃亂緣起書後 闕名 106/395
論埃人之愚 闕名 106/397
泰西立約不足恃 王韜 106/398
西人重日輕華 王韜 106/400
西國兵額日增 王韜 106/401
亞洲半屬歐人 王韜 106/403
歐洲將有變局 王韜 106/404
歐洲各都民數 王韜 106/405
歐洲近日不輕用兵 王韜 106/407
越南通商禦侮說 王韜 106/408
越南當親法自存 王韜 106/410
密奏籌暹羅布置片 彭玉麟 106/411
丁酉年各國大事紀略 闕名 106/413
論西古今通變 闕名 106/415
論五大洲地球將合一 闕名 106/417
書西報紀四國近情後 闕名 106/418
馬達加司加風土記 闕名 106/419
論西國宜創行天腰會 闕名 106/421
西醫通論
說醫 (英)李提摩太 106/425
振興醫學議 闕名 106/426
論病論藥說 陳熾 106/428
時證論治 闕名 106/430
暑濕粗辨 闕名 106/432
血去无咎說 陳熾 106/434
原濕 闕名 106/436
勸各鄉鎮施種牛痘說 闕名 106/437
楊瘸毒瘡說 闕名 106/439
用痧藥宜先辨痧證說 闕名 106/441
西醫 陳熾 106/443

皇朝經世文統編一百七卷

卷一 文教部一 學術
辨志 張爾岐 107/23
民貴 余廷燦 107/24
養源篇 宗稷辰 107/24
與曾子植書 劉蓉 107/25
致劉孟容書 曾國藩 107/27
答劉孟容書 曾國藩 107/28
答劉孟容書 羅澤南 107/30
答友人論異教書 李元度 107/31
國史儒林傳序 阮元 107/32
正學論一 程晉芳 107/33
正學論二 程晉芳 107/34
正學論三 程晉芳 107/35
讀書簡要說序 彭士望 107/35
日知錄跋 張杓 107/36
讀日知錄 程晉芳 107/37
原才 曾國藩 107/37
聖哲畫像記 曾國藩 107/38

船山遺書目錄序 鄧顯鶴 107/40
復賀耦庚中丞書 曾國藩 107/41
書學案小識後 曾國藩 107/42
勸學篇示直隸士子 曾國藩 107/43
立言 顧炎武 107/44
雜言 顧炎武 107/45
與左逸民書 魯一同 107/46
與左君第二書 魯一同 107/47
與蔣瀛海書 羅澤南 107/49
勸誡淺言四則 曾國藩 107/50
澹泊明志論 保泰符 107/50
變化氣質論示弟 107/51
答張一衡書 魏禮 107/51
書立命說辯後 羅有高 107/52
功行錄序 陸隴其 107/55
上李伯相言出洋工課書 馬建忠 107/56
除不學之害 徐勤 107/58
性理 沈學 107/65
西學書目表序例 107/66
論實學 何樹齡 107/68
西學書目表後序 107/70
中國學術辨 107/72
論讀書 107/74
學貴實用論 保笑凿 107/75
實學辨 107/77
勸學篇書後 107/77
書明夷待訪錄後 107/79
論中西文字辭語之異 107/80
續論中西文字 107/81
卷二 文教部二 經義
中庸論 張爾岐 107/83
準孟上 汪縉 107/84
準孟中 汪縉 107/85
準孟下 汪縉 107/87
論語說 李度 107/89
說經 顧炎武 107/90
中庸餘論 李光地 107/92
玩易閣記 劉蓉 107/93
詩序匯說序 爵學禮 107/94
孟子要略序跋 曾國藩 107/95
新定魯論語題辭 鐘文烝 107/96
今文孝經十八章為定本說 艾承禧 107/96
六朝經師宗派並所著經注經說攷 姚文枏 107/97
大學言絜矩之道有合於萬國公法論 107/98
為臣不易說 107/100
讀孟子天時章講義 107/101
毆民論 107/102
孟子霸者章書後 107/103
孟子盡信章書後 107/104
孟子仁義富強辨 107/105
讀易坤卦解義 107/107
卷三 文教部三 史學
雜論史事 顧炎武 107/109
論黃帝 107/111
汲黯論 黃永年 107/114
范仲淹論 黃永年 107/115
韓琦論 107/115
與郭筠仙中丞論通志體例書 李元度 107/116
擬彙刊宋人及國朝人補歷代史表志序 姚文枏 107/118
答東洋近出古書問

	姚文棟	107/120
瀛環志畧自序	徐繼畬	107/121
日本國志凡例	姚文棟	107/123
皇朝通典		107/125
皇朝文獻通考		107/125
史學	闕名	107/126
讀史記叢論		107/128
秦始皇焚書論		107/130
張耳陳餘論		107/131
淮陰將兵論		107/132
讀三國志		107/134
諸葛孔明論		107/135
中興四將論		107/137
論韓范籌邊三策		107/137
秦檜論		107/138
明嘉靖改制論		107/139
讀通鑑叢論		107/141
讀史叢論		107/145
史學源流攷		107/146
卷四　文教部四　諸子		
繩荀上	汪縉	107/149
繩荀中		107/150
繩荀下		107/151
論中國學者將尚子書		107/152
釋老篇		107/153
昭墨篇		107/155
迷墨子為算法所出		107/156
黜韓篇		107/157
卷五　文教部五　字學		
字學說		107/159
古今字學源流考		107/161
字學切韻異同考		107/162
中西字學問答		107/163
沈氏音書序		107/164
盛世元音原序		107/165
體用		107/167
字譜		107/168
文學		107/169
反切		107/170
書法		107/172
蒙古聲類表序		107/174
滿漢字音論		107/176
遼金元三史國語解		107/177
擬上今方言表		107/178
卷六　文教部六　譯著		
擬設繙譯書院議	馬建忠	107/179
論譯書		107/182
繙譯泰西有用書籍議	高鳳謙	107/190
譯書篇	孫學修	107/191
論著書		107/192
著書益世論		107/194
卷七　文教部七　禮樂		
天地合祭辨	秦蕙田	107/197
郊祀分合議	顧棟高	107/199
祭地祭社不同論	秦蕙田	107/200
北郊配位議	徐乾學	107/201
地壇配位	徐乾學	107/202
請立雩壇疏	徐以升	107/203
請舉秋報大典疏	龔學海	107/204
城隍考	秦蕙田	107/205
考祀典正禮俗疏	陶正靖	107/206
請酌定先師祀典疏	王士楨	107/207
停止封禪等議	張玉書	107/208
昭代樂章恭紀	張玉書	107/209

論鐘律疏 張照 107/209
論樂律及權量疏 張照 107/210
論樂 陸世儀 107/212
國朝諡法考自序 王士禎 107/213
鹵簿名物記 陸燿 107/214
歷朝郊祀分合攷 姚文枏 107/215
遵議大禮疏 曾國藩 107/218
謹獻升祔大禮疏 張佩綸 107/220
遵旨覆議升祔典禮疏 李鴻章 107/222
遵旨妥議疏 寶廷 107/223
遵旨謹陳管見疏 張之洞 107/225
奏定文廟祀典記 俞樾 107/228
復禮上篇 凌廷堪 107/228
復禮中篇 凌廷堪 107/230
請修禮書疏 陳紫芝 107/231
請釐定制度疏 胡煦 107/232
冠禮考誤五則 王懋竑 107/232
昏禮考誤五則 王懋竑 107/234
復曾相國書 劉蓉 107/236
複劉中丞蓉書 曾國藩 107/238
唐宋卿大夫廟制考 汪師韓 107/240
品官家祭之禮 107/242
家廟祭享禮略 李光地 107/243
祔廟說 邵長蘅 107/245
論祔祭 孔繼汾 107/246
論昭穆 孔繼汾 107/247
古今五服考異序 汪琬 107/248
禮部頒喪服之制 107/248
父在不降母服說 毛奇齡 107/250
承重孫說 王應奎 107/251
庶孫不為生祖母承重說 柴紹炳 107/252
繼母改嫁無服說 邵長蘅 107/253
再醮不得為繼妻議 曹續祖 107/253
祖父母在妻喪用杖議 徐乾學 107/254
婦為舅姑服說 華學泉 107/255
父妾無子服制義 劉榛 107/255
妾服說 陳祖范 107/256
答王山史書 顧炎武 107/256
師服議 萬斯同 107/257
師制服議 杭世駿 107/257
父在為母斬衰三年說 張錫恭 107/258
為人後者為所生服議上 沈垚 107/259
為人後者為所生服議下 107/259
為人後者為本生祖父母服辨 馬樹華 107/260
為人後者為本生祖父母服議 107/260
獨子兼承兩祧孫為祖父母服議 107/261
獨子兼祧兩房服制論 王人定 107/262
論獨子兼祧之服 俞樾 107/263
論為衆子婦之服 俞樾 107/264
古人喪服之學 顧炎武 107/264
丁憂交代 顧炎武 107/265
期功喪去官 顧炎武 107/265
武官丁憂 顧炎武 107/267
論弔喪 毛奇齡 107/267
謝孝說 107/268

親喪不葬 徐乾學 107/269
停喪不葬 朱軾 107/269
停喪 107/270
火葬 顧炎武 107/272
請禁停喪稟 舒化民 107/273
墳塋禁步應遵定制疏
駱秉章 107/274
丁憂定制片 吳元炳 107/275
請嚴禁火葬積習疏
錢寶廉 107/276
女教經傳通纂序 任啟運 107/277
答昏禮問 劉榛 107/278
答蔣信夫論喪娶書 袁枚 107/279
三月廟見解 吳定 107/280
與張鐵甫論昏禮書
張士元 107/280
霍勒霍屯氏守義論 李惺 107/281
歸葬於女氏之黨議 107/282
書應觀察所記張貞女事後
俞樾 107/283
聚民論 107/284
宗法論一 107/286
宗法論二 紀大奎 107/287
宗法論三 紀大奎 107/287
宗法論四 紀大奎 107/288
宗法論五 紀大奎 107/289
為人後者後大宗說 吳定 107/290
復宗法議 湯桂芬 107/291
卷八 文教部八 學校
古學校考 程晉芳 107/295
教胄子論 107/296
重學校 侯方域 107/297
正學論四 程晉芳 107/298
會籌整頓咸安宮官學章程疏
寶昌 107/299
請國學增設舉監疏
王先謙 107/301
續陳苗民改裝暨整頓義學情形片
林肇元 107/302
口外七廳取進學額請援案辦理疏
奎斌、呂鳳岐 107/302
新設縣治請立學校疏
慶裕 107/303
學校總論 107/304
興學校論 107/309
廣學校議 107/310
論學校為立國之本 107/311
論宜去學校積弊以興人材 107/312
中國州縣宜廣設中西學堂論
107/314
中國言語不同宜設同音書塾議
107/316
仿設師範學堂議 107/318
論宜效西法設立藝學 107/319
請推廣學校摺 李端棻 107/320
議覆李侍郎推廣學校摺
總理衙門 107/323
學校餘論 107/324
論新學部亟宜設立
李提摩太 107/327
卷九 文教部九 書院
書院議 袁枚 107/329
徵滇士入書院敕 107/329
再請改建南闈疏 李發甲 107/331
改建船山書院片 彭玉麟 107/332
請變通書院章程摺

胡聘之 107/333
議覆開辦京師大學堂摺 107/335
議覆整各省書院摺 107/337
陜西創設格致實學書院摺 107/339
議覆皖撫籌添學堂摺 總理衙門 107/341
擬設天津中西學堂章程稟 盛懷宣 107/342
江南儲才學堂章程 107/351
湖南時務學堂學約十章 107/360
卷一〇 文教部一〇 藏書
蘇省設局刊書疏 107/365
覆奏設立官書局摺 107/365
開辦官書局奏摺 孫家鼐 107/366
論英國倫敦博物院書樓 107/368
廣書籍以惠士林論 107/369
論中國宜廣設藏書院 107/370
論泰西書院藏書之盛 107/372
卷一一 文教部一一 義學
推廣中西義學說 韓文擧 107/375
論義塾宜嚴定塾規 107/376
擬各城鄉宜添設義塾論 107/377
論富人宜創設中西義塾 107/378
論義塾得失 107/379
西學宜增義塾論 107/380
擬改義塾為時務學堂說 107/381
卷一二 文教部一二 女學
論女學 107/383
婦學三則 章學誠 107/387
論女學堂 107/388
論中國欲人人識字必先以婦女識字為始并推言婦女不讀書之害 107/389
論中國宜設女學校 107/391
中國宜廣建女塾議 107/392
中國宜以切音字振興女塾說 107/394
擬勸金陵都人士創開女學堂啓 107/395
論母教關係於一生 107/396
卷一三 文教部一三 師友
師說 夏之蓉 107/399
取友論 107/399
與友人論師書 錢大昕 107/400
座師門生辨 康乃心 107/400
歐陽生文集序 曾國藩 107/401
友說 姚文棟 107/402
十三間樓校書記 張文虎 107/403
遊說 張海珊 107/403
南遊記 孫嘉淦 107/404
重儒官議 馮桂芬 107/410
戒諭學官 李棠階 107/411
江寗府學記 曾國藩 107/412
勸置學田說 張之洞 107/413
論古今師道之異 孫多士 107/414
論端士習以崇師道為先 孫詵 107/415
卷一四 文教部一四 教法
論幼學 107/417
童蒙藝塾說 韓文擧 107/428
治始於鄉說 韓文擧 107/429
鄉學篇 孫學修 107/430
除無教之害 徐勤 107/431
萬木草堂小學學記 107/434
六朝論 107/436
戒子孫 李光地 107/438

僮僕　顧炎武　107/438
訓子瑣言　牛作麟　107/439
送弟之江寗序　莊慶椿　107/440
筆記十二則　曾國藩　107/440

卷一五　文教部一五　報館

論報館有益於國事　107/445
日報論畧　107/447
論日報之益　107/448
開設報館議　107/450
論通民情莫善於日報　107/451
論日報大有關於商務　107/452
論中國宜官設日報館　107/453
擴充報務議　107/454
論都中創行公報事　107/456
新聞紙論　107/457
算學報　黃慶澄　107/458

卷一六　地輿部一　地球事勢通論

論南洋事宜書　藍鼎元　107/471
臺灣始末偶紀　魯之裕　107/472
靖海候施琅傳　陶元藻　107/473
論今南洋各島國　吳曾英　107/474
五印度形勢　黃楙材　107/475
騰越邊徼　黃楙材　107/478
西域形勝　107/479
蒙古源流　107/481
地球大勢公論總序　徐勤　107/482
總論亞洲　徐勤　107/483
中國盛衰關於地球全局　徐勤　107/485
地運趨於亞東論　劉楨麟　107/489
歐亞氣運轉機論　張壽波　107/492
論地球全局動力　闕名　107/495
論歐洲政治　(英)闕名　107/496
論歐洲現情　(日)闕名　107/497
論丙申年列國情形　(日)闕名　107/499
日本安政以來大事略述　闕名　107/505
論日本宜變更國政　(日)闕名　107/507
論日本自強之故　107/510
觀日本情形記　(美)撲爾打　107/512
論英國海外政策　(俄)闕名　107/515
論德國外史　(日)闕名　107/519
論德國海軍及殖民政策　(日)闕名　107/523
暹羅考　(英)浮乃　107/525
論西伯利亞水利　(日)闕名　107/529
俄人國勢酷類強秦論　陳熾　107/531
論俄國不能混一亞東　徐勤　107/533
俄國外政策史　(俄)斯哥利哥布斯奚　107/539
論俄國日強　107/548
論俄法同盟實情　(美)瘀斯地是　107/551
論歐洲各國不宜助突厥　(英)闕名　107/553
英國下議院論土亂及英國應如何辦法　107/554
土耳其論　(日)碌堂　107/558
波蘭滅亡記　闕人　107/563
過波蘭記　(日)闕名　107/564
巴西風土記　(日)闕名　107/565
朝鮮敝政論　(德)比拾　107/566

歐洲六大國紀聞 107/570
論法越與英緬大勢 107/571
卷一七 地輿部二 各國志
中亞細亞地圖考 108/1
論亞細亞各國 108/4
歐洲各國開闢非洲考 108/5
奧大里亞諸埠考 108/6
越南國紀略 108/7
日本國緣起 108/8
日本疆域考 108/8
日本地勢軍實攷 108/9
英國緣起 108/11
論日本新得島嶼 108/13
論印度興衰並英人治理之始 108/15
規印度以制英論 108/16
法國緣起 108/17
論法拓屬地情形 108/19
德國緣起 108/20
俄國緣起 108/22
俄國疆域考 108/23
俄羅斯疆域考 108/24
紀俄國得地之廣 108/26
奧國緣起 108/27
意大利國緣起 108/28
日斯巴尼亞國緣起 108/28
瑞國緣起 108/30
比利時國緣起 108/31
土國緣起 108/31
荷蘭國緣起 108/33
美國緣起 108/34
美利堅國攷略 108/35
論火奴魯魯島國歸入美利堅版圖事 108/36
卷一八 地輿部三 地利
讀史方輿紀要序 顧祖禹 108/39
論江南 108/40
論山東 108/41
論山西 108/42
論河南 108/42
河南關塞形勢說 朱雲錦 108/43
汴洛二都說 108/44
汴城建置說 朱雲錦 108/45
洛陽險要說 朱雲錦 108/45
論湖廣 108/46
荊州論 儲大文 108/48
襄陽論 儲大文 108/49
長城 顧炎武 108/51
請總督移駐兗州疏 王士俊 108/53
論輿地之學 王鳴盛 108/54
地圖說 朱雲錦 108/54
與曾節帥論東南戰守情形 羅澤南 108/55
長江津要十三則 馬徵麟 108/57
繪地圖議 馬桂芬 108/58
附繪地圖法 108/59
論貴州境插花情形啟 胡林翼 108/60
奉省邊務南北路均應添設地方官以資治理疏 崇厚 108/62
昌圖廳擬請升為府治添設廳縣教佐各官疏 崇厚 108/64
綜論各省形勢 108/65
論長江下游形勢 108/66
卷一九 地輿部四 風俗
歷代風俗 顧炎武 108/69

論滇邊風氣未開 108/72
論中西同俗 108/74
中西異俗論 108/75
北海東京風土考 108/76
日本名勝風俗考 108/77
日本氣候風俗考 108/79
印度國俗考 108/80
俄國風土人情述畧 108/81
馬達加司風土紀 108/82
卷二〇 地輿部五 水道
陝西水道圖說 108/85
涇渠志論 108/85
涇渠志後序 王太岳 108/87
甘肅水道圖說 108/89
河南水道圖說 108/90
賈魯河說 108/90
安徽水道圖說 108/91
江西水道圖說 108/92
江西水道考 108/92
浙江水道圖說 108/96
福建水道圖說 108/98
湖北水道圖說 108/98
湖南水道圖說 108/99
四川水道圖說 108/100
雲南水道圖說 108/101
西藏水道圖說 108/102
雲南三江水道考 張機南 108/103
貴州水道圖說 108/105
廣西水道圖說 108/105
廣東水道圖說 108/106
盛京圖說 108/107
奉天府圖說 108/107
吉林水道圖說 108/109
黑龍江圖說 108/111
西奪青海圖說 108/113
伊犂水道圖說 108/114
江蘇水道圖說 108/116
富良江源流考 范本禮 108/117
金沙江源流考 黃懋材 108/118
鴉龍江源流考 黃懋材 108/120
瀾滄江源流考 黃懋材 108/121
潞江源流考 108/123
檳榔江考 黃懋材 108/124
禹貢黑水考 108/125
恒河考上 黃懋材 108/129
恒河考下 黃懋材 108/131
印度河 黃懋材 108/133
西域圖說 黃懋材 108/135
巨文島形勢 闕名 108/137
擬復淮水故道章程 丁顯 108/138
導淮捷議 108/141
導淮補議 丁顯 108/144
導淮別議 丁顯 108/146
直隸水道圖說 108/148
順天府水道圖說 108/149
畿南河渠通論 108/150
卷二一 地輿部六 水利
飭修渠道以備水利檄
陳宏謀 108/161
中州水利疏 碩色 108/161
懷遠水利志 李兆洛 108/163
重修豫章講議 張九鉞 108/166
兩浙水利詳考 108/168
詳陳浙江水利情形疏
黃叔琳 108/172
湖北水利論 108/174

籌辦湖北水利疏 汪志伊 108/176
湖南水利論 108/179
灌堰水利考 108/181
修濬滇省海口六河疏 鄂爾太 108/182
毗陵水利議 邵長蘅 108/183
敷奏江南水利疏 鄂爾泰 108/185
開秦淮通丹陽河議 程京萼 108/186
三吳水利贅言 錢泳 108/188
請廣淮北水利疏 顧琮 108/190
覆奏淮海築圩情形疏 高斌 108/191
揚州水利論 108/193
敬籌淮揚水患疏 王明德 108/194
三吳水利略 徐旭旦 108/195
奏濬三江水利疏 莊有恭 108/196
再陳吳淞江應濬條議 張宸 108/198
議濬吳淞江書 張世友 108/198
開白茆議 陶貞一 108/200
濬白茆記 蔣伊 108/201
開白茆議 王應奎 108/203
常熟水利說 陶貞一 108/204
滬城水利考 褚華 108/205
嘉寶水利論 張崇傃 108/206
劉河節省銀兩撥挑七浦等河疏 林則徐 108/209
驗收劉河挑工疏 林則徐 108/210
驗收蘇松太等處水利疏 林則徐 108/212
鹽城豐縣二處借項修築河堤疏 108/213
西北水利議 許承宣 108/214
京東水利議 陳黃中 108/215
敬陳水利救荒疏 柴潮生 108/217
覆黎河帥論北方水利書 程含章 108/220
查勘畿南水利情形疏 朱軾 108/221
京東水利情形疏 朱軾 108/223
京西水利情形疏 朱軾 108/225
邦畿水利事宜 沈聯芳 108/228
開治水田有益國計民生議 林則徐 108/231
直隸土性宜稻有水皆可成田議 林則徐 108/234
歷代開治水田成效考 林則徐 108/238
禁占墾礙水淤地議 林則徐 108/240
論水利 顧炎武 108/241
論溝洫 陸世儀 108/243
與李覺菴論圩田書 方苞 108/243
復制府議農田水利書 晏斯盛 108/244
請通查興修水利狀 陳宏謀 108/245
請開溝洫疏 湯世昌 108/247
溝洫事宜示 陳宏謀 108/247
田制溝洫 林則徐 108/249
畿輔水利推行各省議 林則徐 108/252
興水利議 馮桂芬 108/254
勸諭涇陽諸縣士民條約 劉蓉 108/255

淮北水利說 丁顯 108/257
兩修都江堰工程紀略序
強望泰 108/258
籌防襄河隄工疏 林則徐 108/261
查堪江漢隄工疏 林則徐 108/262
遵旨查明據實縷陳疏
彭玉麟 108/263
大修廣肇兩屬圍堤工竣繪圖奏明立案疏 張之洞 108/265
修築潮屬韓江圍隄片
張之洞 108/267
量行溝洫之利 陳斌 108/268
請減穀價興水利疏
趙青藜 108/270
井利說 王心敬 108/271
通查井泉檄 陳宏謀 108/274
勸民間開溝除潦示
賀長齡 108/274
請水利責成佐貳疏
陳宏謀 108/275
札吳翥堂觀察 蔣士銓 108/276
捐助新安澠池水利銀兩業已開工試辦并擬章程請示稟
金福曾 108/277
東淀水道清理完竣疏
李鴻章 108/278
卷二二 地輿部七 河工
全河備考 葉方恒 108/281
論賈讓治河奏 靳輔 108/286
論賈魯治河 靳輔 108/278
禹貢錐指論河 108/287
治河論 裘曰修 108/293
黃河南趨議上鐵制軍
劉台鬥 108/294
安東改河議 張井 108/296
河防述言(河性第一)
張靄生 108/298
河防述言(審勢第二)
張靄生 108/299
河防述言(估計第三)
張靄生 108/300
河防述言(任人第四)
張靄生 108/301
河防述言(源流第五)
張靄生 108/302
河防述言(隄防第六)
張靄生 108/303
河防述言(疏濬第七)
張靄生 108/304
河防述言(工料第八)
張靄生 108/306
河防述言(因革第九)
張靄生 108/307
河防述言(善守第十)
張靄生 108/308
河防述言(雜誌第十一)
張靄生 108/309
河防述言(辨惑第十二)
張靄生 108/311
治河要論 靳輔 108/313
治淮黃通海口疏 慕天顏 108/318
查辦豫省泉源河道疏
李宏 108/320
覆奏黃河治淤情形疏
吳璥 108/322
勘海口籌全河疏 百齡 108/323

論河工與諸大臣書 百齡 108/325
治黃治清四條疏 百齡 108/327
請防要工固湖隄疏 莫瞻菉 108/330
籌河工全局利病疏 陳世倌 108/330
議覆減壩堰工疏 108/334
籌全河治清口疏 鐵保 108/336
隄工篇 丁愷曾 108/337
河決篇 108/338
塞支篇 108/340
開引篇 108/340
埽工篇 108/341
壩工篇 108/343
訓練篇 108/344
治河工程 靳輔 108/345
坿六柳說 108/350
坿土方則例 108/351
陳碎石有益無弊疏 吳璥 108/353
覆奏碎石坦坡情形疏 黎世序 108/354
放淤事宜七則 陳宏謀 108/356
石工說 嵇曾筠 108/358
覆奏河工諸弊疏 黎世序 108/359
請工料照時價實銷疏 戴均元 108/360
嚴核河工經費疏 108/361
清理葦蕩以濟工需疏 百齡 108/362
改河道議 108/364
河防芻議 劉成忠 108/365
復郭雨三書 曾國藩 108/374
覆奏黃運兩河情形疏 李鴻章 108/375
瀝陳黃水情形疏 李宗羲 108/379
黃水下注遵旨豫籌防範疏 108/380
查勘應修黃河南岸長隄及設官修守疏 曾國荃 108/382
飭員測繪現在河圖疏 梅啟照 108/383
馬頰河不宜開挖分流緣由會同覆奏疏 李鴻章 108/384
遵旨籌辦河防據實直陳疏 陳士杰 108/386
查勘山東黃河情形並酌擬辦法疏 張曜 108/389
查勘黃河舊道謹擬酌辦情形疏 張曜 108/391
興辦河工委派司道將弁各專責成疏 張曜 108/392
遵籌議分流南河故道情形疏 張曜 108/393
查明黃河經過各屬地方疏 倪文蔚 108/394
治河議上 108/395
治河議下 童寶善 108/398
覆奏江南運河情形疏 108/399
防河保運議 108/400
漕運小敘 顧棟高 108/402
運河源委 108/403
運河總論 張伯行 108/404
天津運河疏, 陳宏謀 108/405
南運河修防條議 陳宏謀 108/407
淮黃濟運論 沈兆霖 108/411
汶衛濟運論 范本禮 108/412
籌辦通漕要道疏 林則徐 108/413

籌辦河運事宜疏 曾國藩 108/415
遵旨查勘北運河工擬請疏築疏
廣壽、賀壽慈 108/416
請飭疏濬山東減河疏
劉恩溥 108/417
開築挖壓田地計畝攤撥議
林則徐 108/420
核辦永定河工程欵項疏
曾國藩 108/421
覆陳直隸河道地勢情形疏
李鴻章 108/422
桃闢直境各河尅期工竣疏
李鴻章 108/425
遵查獻縣河工實在情形疏
李鴻章 108/427
奏為籌欵修辦要工疏
李鴻章 108/429
東南水患論 李祖陶 108/430
卷二三 地輿部八 田制
井田論 108/435
限田論 108/435
書王荊公文集後 108/436
論田 108/436
田制考 108/438
論南北田制 108/439
限田末議 108/440
清丈議 108/441
卷二四 地輿部九 農務
論足食 陸世儀 108/443
農田議 張士元 108/443
敬陳農桑四務疏 尹曾一 108/444
勸農三策疏 張允隨 108/446
論區田 陸世儀 108/447
說糞 張海珊 108/450
務本論條法篇第一 徐鼒 108/450
務本論條法篇第二 徐鼒 108/450
務本論條法篇第三 徐鼒 108/450
務本論條法篇第四 徐鼒 108/451
務本論條法篇第五 徐鼒 108/451
務本論條法篇第六 徐鼒 108/451
務本論條法篇第七 徐鼒 108/452
務本論條法篇第八 徐鼒 108/452
務本論條法篇第九 徐鼒 108/452
務本論條法篇第十 徐鼒 108/453
務本論條法篇第十一
徐鼒 108/453
務本論條法篇第十二
徐鼒 108/454
務本論條法篇第十三
徐鼒 108/454
務本論條法篇第十四
徐鼒 108/454
論治旱 李東沅 108/455
請禁作踐妨農稟 秦榮光 108/456
請講求務本至計以開利源摺
華煇 108/457
議復華侍御講求務本至計以開利源摺 工部 108/459
農學報序 108/460
陸彥若所箸書敘 龔自珍 108/461
論農為工商之本而農人識字尤為務農之本 108/461
論中國行西法宜先重農 108/463
西法農政宜先仿行說 108/464
論采用西種以利農務 108/465
機器代耕牛說 108/466

耕稼要論 (英)闕名 108/467
鹽質利農記 108/468
論肥田土質 108/470
電氣利於園圃論 (英)闕名 108/472
卷二五 地輿部一〇 屯墾
田功論 顧炎武 109/1
屯田攷 109/1
屯田議 沈珩 109/3
屯田議 盧紘 109/4
商屯議 張宸 109/5
饑民墾荒議 儲方慶 109/7
請輕科勸墾疏 楊永斌 109/9
開墾荒地疏 鄂彌達 109/9
條陳廣西墾荒事宜疏 李紱 109/10
推廣闢荒疏 胡蛟齡 109/11
請廣開墾疏 楊應琚 109/12
請開墾沿海沙坦疏 孫士毅 109/13
營田總局章程 劉蓉 109/14
清查荒地議 劉汝璆 109/18
上左季高中丞論清糧開荒書 劉汝璆 109/19
定嚴屬墾荒章程並招棚民開墾記 戴槃 109/22
籌辦湖團疏 曾國藩 109/23
甘肅墾荒民戶請變通入籍應試疏 左宗棠 109/26
晉省未墾荒地尚多請寬起徵年限疏 張之洞 109/26
論籌購機器以開墾荒田 109/27
移華傭以墾中土說 109/28
招客民墾荒利弊說 109/29
論俄國移民墾荒 109/31
卷二六 地輿部一一 種植
請海疆禾棉兼種疏 高晉 109/33
種棉說 109/34
種樹說 109/34
種雜糧廣樹植狀 109/35
遵旨禁種罌粟請將查禁各員分別參撤疏 109/36
查禁晉省罌粟各項請分別勸懲疏 張之洞 109/38
請嚴禁種植罌粟片 張之洞 109/39
論日本早穀宜求其種飭令西北各省栽植以免旱災事 109/40
勸農家廣種二麥以支來歲說 109/41
論區種 109/42
論欲富強宜講求物産 109/43
論種植之利 109/45
論耕種各物宜采善法以收實效 109/46
興種植宜審土性講培壅說 109/47
種植格致學 (英)闕名 109/48
種樹富民說 陳熾 109/50
種果宜人說 陳斌 109/52
葡萄製酒說 陳熾 109/53
種竹造紙說 109/54
種樟熬腦說 109/55
種木成材說 109/56
卷二七 內政部一 治術
抑尊 唐甄 109/69
納諫 熊伯龍 109/70
三習一弊疏 孫嘉淦 109/70
請繕進經史以資聖治疏 畢誼 109/72
請開言路疏 胡德邁 109/73

請召對羣臣疏 魏裔介 109/74
懇勤召對疏 趙開心 109/75
請詔令宜信疏 魏雙鳳 109/75
請行實政疏 茅豫 109/76
切務五事疏 勝保 109/77
三漸宜防疏 徐繼畬 109/80
奏陳時事艱難疏 陳壇 109/82
敬陳治本疏 倭仁 109/83
請修實政疏 倭仁 109/84
請除蒙蔽以迓和甘疏
余上華 109/85
籲懇慈恩暫緩歸政以懋聖學疏
伯彥訥謨祜 109/86
治法論 陸隴其 109/86
三代因革論一 惲敬 109/87
三代因革論二 惲敬 109/88
三代因革論三 惲敬 109/89
三代因革論四 惲敬 109/90
擬策五道 韓菼 109/91
法令應歸簡易疏 盧崇俊 109/92
請省奏銷駁查疏 姚文然 109/93
敬陳時務疏 姚延啟 109/94
與安徽李方伯 方苞 109/95
敬陳親政四事疏 何道生 109/96
復林若洲言時務書 程含章 109/97
治平六策 薛福成 109/101
敬陳管見疏 歐陽雲 109/107
奏請禁煙第二疏 郭嵩燾 109/109
請整飭治理疏 張之洞 109/111
變法 109/112
王霸辨 俞長城 109/114
去爭論 錢維城 109/115
獎廉恥 顧炎武 109/116
尚重厚 顧炎武 109/117
崇儉約 顧炎武 109/118
崇簡篇 宗稷辰 109/119
論治篇 孫鼎臣 109/119
應詔陳言疏 王凱泰 109/121
上沈中丞書 陳寶箴 109/123
省科條以培治本疏 徐樾 109/126
請省簿書以課農桑疏
王安國 109/127
請除無益條例疏 李之芳 109/129
專差宜減疏 靳輔 109/129
節僕從以省擾累疏
劉子章 109/130
請定營私自首之例疏
路振揚 109/131
敬陳吏治三事疏 汪志伊 109/131
上制軍條陳利弊書 周鎬 109/133
寄桐城張相國書 陳宏謀 109/136
與各屬論治 陳宏謀 109/136
與粵西當事書 陳宏謀 109/136
軍機處述 趙翼 109/137
請復六科舊制疏 曹一士 109/139
覆兩江制府策公問興革事宜書
袁枚 109/140
上兩江制府黃太保書
袁枚 109/144
清釐吏治三事疏 柯聳 109/147
請釐吏治五事疏 張鵬展 109/148
條陳粵西二事上金撫軍
于成龍 109/151
請禁濫調疏 田從典 109/152
察吏八則 謝振定 109/152
諮詢民情土俗論 陳宏謀 109/153

禁絕火耗私派以甦民困示　趙申喬　109/154
條陳時政疏　李棠陛　109/155
附陳豫省官民情形疏　倭仁　109/157
杜漸防微疏　倭仁　109/157
卷二八　内政部二　科舉
取士篇　黄宗羲　109/159
經書取士議　朱彝尊　109/159
三禮試士論　郭起元　109/160
制科取士之法攷　劉子壯　109/160
論時文取士疏　109/162
說士上　管同　109/163
說士下　管同　109/164
請定鄉試考官校閱章程並防士子剿襲諸弊疏　林則徐　109/165
請陝甘鄉試分闈並分設學政疏　左宗棠　109/167
論科舉　109/169
卷二九　内政部三　官制
制祿議　任源祥　109/177
俸祿　顧炎武　109/177
論官祿　黄晉良　109/178
京官必用守令　顧炎武　109/179
郡國守相得自置吏考　趙翼　109/179
省冗員疏　何承都　109/181
知府久任疏　魏裔介　109/182
清釐世職疏　紀復亨　109/183
議州縣不必設副官鄉官疏　鄂爾泰　109/183
雜流　顧炎武　109/185
請移縣丞駐湖坊書　蔣士銓　109/186
汰冗員議　馮桂芬　109/187
變通奉省吏治章程疏　崇實　109/189
擬變通奉省官制片　慶裕　109/193
謹擬變通官制改設郡縣章程疏　銘安　109/193
據實直陳請旨斷理片　劉錦棠　109/195
新疆省會請改設各官以專責成疏　劉錦棠　109/196
酌裁各城回官並懇賞給出力回目頂戴疏　劉錦棠　109/196
論中國變法必自官制始　麥孟華　109/197
論官制　109/205
敘疆臣建樹之基　薛福成　109/208
敘督撫同城之損　薛福成　109/210
督撫同城急宜酌量變通疏　郭嵩燾　109/211
請裁河道總督疏　109/214
卷三〇　内政部四　用人
用人　儲大文　109/215
知人難　張望　109/215
論用人　陸世儀　109/216
與陳撫軍書　黄永年　109/217
代應詔陳時務疏　程景伊　109/217
遵諭陳言疏　潘耒　109/219
用人四事疏　孫廷銓　109/221
請寬臣工小過疏　趙廷臣　109/222
請定京官久任之法疏　王命岳　109/223
敬陳聖德三端預防流弊疏

曾國藩 109/224
應詔陳言疏 倭仁 109/226
應詔陳言疏 曾國藩 109/227
請起復曾侍郎督師疏
胡林翼 109/229
致兩司書 胡林翼 109/231
復張石卿中丞啓 胡林翼 109/231
致官秀峯揆帥書 胡林翼 109/232
馭吏策 周振業 109/234
吏議 盧錫晉 109/235
論人材疏 鄂爾泰 109/237
論用人疏 鄂爾泰 109/237
擬請重親民之官疏 紀昀 109/238
條陳用人三法劄子 李紱 109/238
厚養廉議 馮桂芬 109/240
州縣養廉攤扣太多請酌量變通疏
賀長齡 109/241
論課良吏 舒化民 109/243
卷三一 內政部五 育才
育才說 109/245
儲材論 109/246
論儲才 109/248
論儲才必期覈實 109/249
論富強之道以培養人材爲本
109/252
宜倣西法以培人才論 109/253
造就人才與製器利用同原論
109/254
采西學議 馮桂芬 109/257
酌議同文館章程疏 109/258
擬選聰穎子弟出洋習藝疏
曾國藩 109/260
派員攜帶幼童出洋並應辦事宜疏
李鴻章 109/262
附出洋應辦事宜六條 109/262
選派閩廠生徒出洋習藝並酌議章程
疏 李鴻章、沈葆楨 109/263
附選派船政學生出洋肄業章程十條
109/265
續選閩廠生徒出洋疏
李鴻章 109/267
議覆謝祖源奏請練習洋務人才疏
109/268
會議算學取士疏 109/269
粵省創設水陸師學堂以儲羣材疏
張之洞、吳大澂 109/271
請設廣方言館疏 李鴻章 109/272
開儲材館議 王覺任 109/273
培養人才疏 陶模 109/277
卷三二 內政部六 捐納
變捐例議 馮桂芬 109/283
變通捐例說 109/283
廢捐納以重名器 109/285
停捐納以清仕途論 109/286
論宜永停捐納 109/288
駁停捐議 109/289
論停止抽釐必先永開捐例 109/292
論籌欵不可開捐例 109/293
借國債優於開捐例論 109/294
讀熙御史變通捐例奏摺書後
109/296
書麟芝菴徐蔭軒兩中堂代奏王侍講
請停海防先知縣捐摺後 109/296
請禁書吏捐保知縣疏
于淩辰 109/298
職官不准報捐流寓省分疏

駱秉章 109/299
卷三三 內政部七 銓選
銓法 任源祥 109/301
銓政 儲方慶 109/302
選補 顧炎武 109/302
選政策 109/304
答問選舉 109/305
吏治因地制宜三事疏
陶正靖 109/307
請考試正印官疏 陳廷敬 109/308
疏通選法疏 田從典 109/308
請速停保舉永閉先用疏
陸隴其 109/309
請禁雜流委署疏 李之芳 109/310
奏為知縣外補壅滯懇恩量予變通疏
張之洞 109/311
請飭議改調改選縣缺疏
何璟、張兆棟 109/312
論停止分發 109/313
論教官一缺宜停捐納仍歸正途銓選
109/314
掣籤末議 109/315
論差委掣籤 109/316
卷三四 內政部八 舉劾
部刺史 顧炎武 109/319
立法議 109/321
懲貪 顧炎武 109/321
懲貪議 王命岳 109/323
原盜 彭維新 109/323
論吏治不清皆由舉劾不當疏
王命岳 109/324
獎勸清吏疏 田六善 109/325
請分別賢能疏 曹一士 109/326
請禁蠟陛疏 姜希轍 109/327
擇尤參劾以圖整頓川省吏治營務片
駱秉章 109/328
請整頓八旗人才疏 寶廷 109/329
公黜陟議 馮桂芬 109/330
論拔真才宜公舉而勿循資格
109/331
人才宜由公舉說 109/332
卷三五 內政部九 臣職
吏難一 張惠言 109/335
吏難二 張惠言 109/336
守令篇 洪亮吉 109/337
循吏約 沈起元 109/337
誡子書 聶繼模 109/339
官戒示長兒 陳道 109/340
申飭官箴檄 陳宏謀 109/342
用親不如用友 汪輝祖 109/345
論用財 汪輝祖 109/346
論處同僚 汪輝祖 109/348
論作縣數則 汪琬 109/349
通論居官 汪輝祖 109/351
稱職在勤 汪輝祖 109/353
論親民 汪輝祖 109/356
論省事 109/357
論卹民 汪輝祖 109/359
論治訟 汪輝祖 109/360
用吏役 汪輝祖 109/363
覆方本府求言札子 姚瑩 109/364
敬陳風化之要疏 凌如煥 109/367
論去弊 汪輝祖 109/369
論州縣親民札 賀長齡 109/371
整吏治以清政本札
賀長齡 109/373

州縣宜照例久任以事責成札
賀長齡 109/374
札麻城吳令 胡林翼 109/375
復淄邑宰書 劉蓉 109/375
臣事論 梅曾亮 109/376
軍機故事補遺 姚文楝 109/377
與朱幹臣書 管同 109/379
李東陽論 李元度 109/380
奏請訓責樞臣疏 何金壽 109/381
瀝陳前撫臣功德在民疏
林肇元 109/382
與曾滌生侍郎書 劉蓉 109/385
上皖撫王清苑中丞書
胡林翼 109/386
奏為故撫臣忠勤盡瘁緣由疏
曾國藩 109/387
謹陳故督臣忠勛盡瘁大略疏
李鴻章 109/388
卷三六 內政部一〇 吏胥
令史 顧炎武 109/393
額吏胥 109/394
吏胥議 儲方慶 109/395
馭吏論 儲方慶 109/396
覆陳書役不必定額疏
田文鏡 109/396
覺察奸蠹內外畫一疏
李之方 109/398
訪懲衙蠹之法疏 張惟赤 109/398
衙蠹宜剔其源疏 孫光祀 109/399
上玉撫軍條議 周鎬 109/400
請杜書吏舞文疏 喬遠煐 109/401
亟更役法疏 傅維鱗 109/402
胥吏論一 魯一同 109/403
胥吏論二 魯一同 109/404
胥吏論三 魯一同 109/405
胥吏論四 魯一同 109/405
胥吏論五 魯一同 109/406
易胥吏議 馮桂芬 109/407
致鄂垣司道言差役
胡林翼 109/408
請懲治貪殘吏胥疏
游百川 109/408
幕友論 韓振 109/409
佐治續言 汪輝祖 109/409
佐治藥言 汪輝祖 109/411
卷三七 內政部一一 議院
中國宜亟設議院論 109/419
論中國富強之疏當先設議院以握其綱 109/420
論中國欲祛蒙蔽非設立議院不可
109/422
推廣議院延置華人說 109/423
論東洋初設議政院事 109/425
古議院考 109/425
德國議院章程序 徐建寅 109/427
論議院 109/427
論在上不可不達民情 109/429
論宜復古法以通上下之情 109/430
議院為中國盛時遺法論 109/431
論議院為治國之綱領 109/433
論創行新法宜首開議院 109/434
設議院以達民情說 109/435
論設立議院之益 109/439
中國當開議院說 109/440
卷三八 內政部一二 養民
養民 朱澤澐 110/1

養民論 110/2
論直隸興除事宜書 陸隴其 110/3
巡歷鄉村興除事宜檄 110/6
養民四政 110/8
論滇省利弊 師範 110/9
賦差關稅四弊疏 許承宣 110/10
收貧民議 馮桂芬 110/12
咨行沿海各省招工章程 110/13
請豁除舊禁招徠華民疏 薛福成 110/17
附陳派撥兵船保護商民片 110/19
致五星使書 110/19
西洋諸國為民理財說 薛福成 110/22
富民說 馬建忠 110/23
西國富戶利民說 (英)李提摩太 110/28
養民說畧 (英)李提摩太 110/29
答問養民事宜 110/30
論貧民有望 (英)李提摩太 110/32
遊民有業論 (英)李提摩太 110/33
條陳養民事宜摺 文廷式 110/34
拓充漁務說 陳熾 110/36

卷三九 內政部一三 八旗生計

根本四計疏 和其衷 110/39
滿洲兵民生計疏 陳之遴 110/40
八旗開墾邊地疏 舒赫德 110/41
復原產籌新墾疏 110/42
會籌旗人疏通勸懲四條疏 英和 110/46
旗戶分居議 李祖陶 110/49
請變通旗民交產章程疏 劉長佑 110/51
請量為變通調濟宗支疏 戈靖 110/52

卷四〇 內政部一四 正俗

擬言風俗書 管同 110/55
飭吏正俗四約 陶元淳 110/56
論息鬬書 程含章 110/57
風俗條約 陳宏謀 110/59
通譜說 王懋竑 110/60
正友 王友亮 110/61
與劉按察使論速葬之法書 林枝春 110/61
瀆祀 顧炎武 110/63
毀淫祠疏 湯斌 110/64
正俗 錢大昕 110/65
禁邪說示 湯斌 110/66
禁刊邪書疏 劉楷 110/66
二氏論 蔣士銓 110/67
文昌祠說 陸燿 110/67
天主教 趙翼 110/68
論回民啟 陸燿 110/69
駁陰陽家言 馮景 110/70
原命 全祖望 110/71
鬼神篇上 周元鼎 110/72
鬼神篇下 周元鼎 110/72
士庶昏喪遵制正俗議 王德蘷 110/73
與友人書 鄧瑤 110/75
嫁娶 丁傑 110/76
請博舉存弟疏 胡煦 110/77

卷四一 內政部一五 救荒

荒政綱目 110/79
備荒管見 魯仕驥 110/80
荒政 惠士奇 110/81

先事之策 110/83
當事之策 110/85
事後之策 110/88
救荒事宜十條 張伯行 110/89
賑紀十五條 方觀承 110/91
通商 楊景仁 110/96
輯流移 楊景仁 110/97
興工 楊景仁 110/100
安富以救貧說 110/101
救荒議 魯之裕 110/102
災賑議 汪家禧 110/103
論平糶 陸曾禹 110/104
施粥不如散米說 黃懋 110/104
勸施米湯約 陸世儀 110/105
圖賑法 齊彥槐 110/106
陳辦災各弊疏 陶澍 110/107
與布撫臺論救荒書 李中孚 110/108
蠲恤宜速議 王命岳 110/110
請酌銀穀兼賑之法疏 孫灝 110/111
時疫 金誠 110/113
救卹疫四條 袁一相 110/113
捕蝗記 馬源 110/114
捕蝗法 陳芳生 110/115
條陳捕蝗酌歸簡易疏 竇光鼐 110/118
出土蝻子責成佃戶搜除檄 陳宏謀 110/120
備荒議 陳庭經 110/121
縷陳蘇省連年荒歉地方凋敝情形片 林則徐 110/124
覆奏查辦災賑情形疏 林則徐 110/126
晉省被災現在籌辦情形疏 曾國荃 110/129
通籌豫省賑欵擬濬利源以備歸補疏 袁保恒 110/130
荒政全策 彭世昌 110/131
恤民示 于蔭霖 110/140

卷四二 內政部一六 弭盜

治盜宜嚴責成疏 姚延啟 110/143
搜捕盜賊責成文武議 陶元淳 110/143
請定將弁協緝事宜疏 輔德 110/144
請停分緝協緝疏 田文鏡 110/145
弭盜九條疏 佟國器 110/148
弭盜四條 沈荃 110/150
代贛州弭盜議 魏禮 110/150
編查漁船保甲疏 邁柱 110/151
湖濱備禦事宜 張海珊 110/152
嚴飭諱盜累民疏 李之芳 110/153
保甲三論 黃六鴻 110/154
論保甲事例書 張惠言 110/156
保甲示 彭鵬 110/159
通飭清釐保甲檄 張伯行 110/159
彌盜條約 于成龍 110/160
請實行保甲疏 宗稷辰 110/162
現飭通行保甲守助之法並請飭部詳定就地正法章程疏 張之洞 110/165
通飭順天畿東各州縣編查保甲示 周金章 110/166
卮言一則 李祖陶 110/168
答某友書 熊少牧 110/170

議覆葉紹本條陳捕盜事宜疏 林則徐 110/171
請定緝捕事宜疏 田文鏡 110/172
縷陳整頓捕務並勒限嚴催稟 朱之榛 110/173
稽海船以清盜源疏 李治運 110/175
卷四三 內政部一七 刑律
律意律心說 姚文然 110/177
答金震方先生問律例書 袁枚 110/178
詳定刑律疏 張朝珍 110/178
引用律例疏 徐旭齡 110/179
刑名八字義序 王明德 110/179
論自首之例 汪輝祖 110/183
陳刑名例案六條疏 初彭齡 110/184
請寬妖言禁誣告疏 曹一士 110/187
申明事主盜賊殺傷例案疏 竇光鼐 110/187
議捉姦致傷尊長勿論奏 秦蕙田 110/189
請詳議旌表之例疏 紀昀 110/189
審辦獨子承祧兩房各娶妻議 闕名 110/190
審辦雇工毆傷舊家長議 闕名 110/191
私籌案犯分別定擬奏 秦蕙田 110/191
除養蠱示 金鉷 110/192
籌議嚴禁鴉片章程疏 林則徐 110/194
附戒煙斷癮前後兩方總論 110/196
重禁吸煙以杜弊源片 林則徐 110/199
修例宜慎 宋邦僡 110/200
經訓 110/200
服制命案例無明文請旨飭議專條疏 錢寶廉 110/200
香港交解華人逃犯例章 110/201
奏定外國交出中國逃犯辦理章程 110/202
奸民誘拐人口賣與洋船變通懲辦章程 李鴻章 110/202
上海洋涇濱設官會審章程十條 110/203
外國流氓無論搶劫中外民人貨物由地方官捕拏送辦 110/204
英人槍斃華民擬絞決稟 朱鳳梯 110/205
洋行買辦華人涉訟由華官訊辦 110/205
滇案擬結緣由疏 李鴻章 110/206
通商口岸關係英人命盜及審斷交涉案件委員觀審章程 110/207
索逃犯議 李鍾珏 110/207
禁豬仔議 李鍾珏 110/208
審明迤西續獲匪犯就地正法片 林則徐 110/209
慎重刑章疏 胡慶源 110/209
酌擬搶劫重案就地正法各條疏 邊寶泉 110/211
命盜案件請暫行變通辦理疏 劉錦棠 110/212
人命重案礙難遽復舊制疏

劉錦棠 110/213
慎刑七條疏 龔鼎孳 110/214
申明三法司舊例疏 魏琯 110/216
論日本制定憲法來歷
(日)伊藤博文 110/216
日本刑法志序 黃遵憲 110/218
掌故學 闕名 110/219
論中西刑律輕重異同之故
闕名 110/221
華英讞案定章考
(英)哲美林 110/223
卷四四 內政部一八 訟獄
直隸清訟事宜十條
曾國藩 110/229
與王成齋太守論自新所書
張誠 110/234
清理庶獄五條疏 衛周祚 110/234
請停部駁以省繁擾疏
高爾修 110/235
嚴批駁以清積案 110/236
清獄省刑疏 周清原 110/236
請禁原官會審覆審疏
吳綬紹 110/238
論人命 李漁 110/238
論盜案 110/242
論姦情 110/243
論刑具 110/244
論命案 110/246
山東臬司條議四 宋犖 110/247
審明丁燦庭等兩次京控疏
林則徐 110/249
清理積案以甦民困疏
丁日昌 110/253
設法清理監押人犯并勒限查辦疏
文煜、丁日昌 110/254
奏為重案未協有關治本民心疏
張之洞 110/255
建設候質公所擬請按提經費疏
畢道遠、周家楣 110/258
卷四五 內政一九 火政
修火政說 110/261
論宜亟修火政 110/262
防火勸備竹梯說 110/263
置缸不如開井說 110/264
卷四六 外交部一 交涉
公法十一篇 110/277
原始 110/277
明用 110/277
立國 110/278
禁令 110/280
交接 110/282
使命 110/284
盟會 110/286
兵事第一 110/288
兵事第二 110/289
兵事第三 110/291
和約 110/293
論交涉 李東沅 110/294
論國君典禮 110/295
論國君尊卑次序 110/296
論國君並其親屬交往事宜 110/297
論水師禮節 丁韙良譯 110/297
論邦國交際公法學 闕名 110/301
交涉學 闕名 110/302
英美增添公法記 闕名 110/304
日本鄰交記後序 黃遵憲 110/305

論交涉 闕名 110/306
各國交涉源流攷 110/308
巴黎復友人書 馬建忠 110/313
論中外官交涉儀式 馬建忠 110/319
俄羅斯事補輯 張穆 110/321
中國與俄法英關係論 (日)闕名 110/323
論中俄情形 (英)闕名 110/329
論日俄將來大局 闕名 110/330
論黑龍江省將來大局 (俄)闕名 110/331
卷四七 外交部二 通商
論通商之益 110/337
互市利弊論 110/338
通商宜誠實不欺論 110/339
中人與西人貿易宜先習西語說 110/340
通商宜設立商部以濬利源 110/342
論海關改章 110/343
互市檔案 110/344
白門原約二則 110/354
長江設關 110/355
中國商埠情形記 (英)布里難 110/365
煙臺英領事中國各口商務報 110/367
中國通商各口二十一年分商務情形 (英)特甫 110/372
滇緬分界通商事宜疏 薛福成 110/379
與法蘭西立約通商保護越南議 薛福成 110/382
上海租界攷 110/386
蘇州日本租界章程 110/388
洋務局馬房執照章程 110/389
洋務局東洋車章程 110/390
蘇州關道陸擬辦租地章程 110/391
蘇州關道陸擬呈經營官建市屋章程 110/392
蘇州租界租地章程 110/393
論蘇杭交涉之難 110/394
滇緬分界大概情形疏 薛福成 110/395
書招商局帳略後 110/398
書光緒二十年通商各關警船燈浮樁總冊後 110/402
閱光緒八年招商局帳略書後 110/404
湖南開通商口岸得失評議 110/405
美人論大連灣通商事 110/406
論東洋漸奪西洋之利 110/407
策高麗通商事宜開礦第一 110/408
策高麗通商事宜設官第二 110/410
策高麗通商事宜招商第三 110/411
策高麗通商事宜置戍第四 110/412
策高麗通商事宜化俗第五 110/414
策高麗通商事宜興學第六 110/415
論日本及美洲西部商務情形 110/416
卷四八 外交部三 遣使
重專對議 馮桂芬 110/419
條陳出使外洋事宜疏 110/419
謹擬給出使各員俸薪銀數清單 110/420
謹擬出使章程十二條 110/420

遵旨議奏疏 110/421
奏為查明請旨疏 110/425
通使總論 丁韙良譯 110/425
論各國應有專署以理外事
丁韙良譯 110/426
論外交緣由 110/427
論總理大臣之職 110/427
論總署辦事人員 110/428
論通使之例
論公使之職 丁韙良譯 110/429
論通使之權 丁韙良譯 110/429
論接使之權 丁韙良譯 110/430
論使臣等級 丁韙良譯 110/432
論遣使之多寡 丁韙良譯 110/432
論遴選充使之人
丁韙良譯 110/433
論使臣名目及解任之故
丁韙良譯 110/433
論密使 丁韙良譯 110/433
論使臣等級
論使臣分等緣由
丁韙良譯 110/434
論頭等公使 丁韙良譯 110/436
論二等公使 丁韙良譯 110/436
論三等公使 丁韙良譯 110/436
論四等公使 丁韙良譯 110/437
論委員出差 丁韙良譯 110/437
論使臣職守
論使臣文憑 110/437
論全權字據 110/438
論訓條 110/439
論用暗號傳遞密信 110/439
論執照護照之別 110/439
論出使人員
論隨使司員 丁韙良譯 110/440
論使臣眷屬 110/440
論無職之隨使人員 110/441
論專弁寄送公文 110/441
論使臣之權利
論使臣不可錮禁傷害等事
丁韙良譯 110/442
論使臣諸得自由
丁韙良譯 110/443
論使臣不歸地方管轄
丁韙良譯 110/443
論使臣有罪案不歸地方審斷
丁韙良譯 110/444
論使臣有爭端地方不得拘審
丁韙良譯 110/446
論隨使人等歸地方管轄之處
丁韙良譯 110/447
論正使管轄隨使人員之權
丁韙良譯 110/447
論使臣遵守安民禁令
丁韙良譯 110/448
論使臣免稅 丁韙良譯 110/448
論在使臣公署禮拜
丁韙良譯 110/449
論使臣在路過之國所享各項權利
丁韙良譯 110/450
論通使禮節
論禮節分類 丁韙良譯 110/451
論按級待使之禮
丁韙良譯 110/451
論推尊調處之國
丁韙良譯 110/451

論使臣會晤次序
丁韙良譯 110/452
論使臣與職爵宗親次序
丁韙良譯 110/452
論接待使臣並使臣朝覲之禮
丁韙良譯 110/453
論私朝接見使臣之例
丁韙良譯 110/454
論使臣互拜之禮
丁韙良譯 110/454
論尊稱使臣之例
丁韙良譯 110/454
論尊敬使臣之禮
丁韙良譯 110/455
論賞賜使臣職銜禮物
丁韙良譯 110/455
論使臣所任之事
使臣勤公總論 丁韙良譯 110/455
論使臣處世之道
丁韙良譯 110/457
論使臣有管轄本國人民之責
丁韙良譯 110/458
論使臣奏報本國事件
丁韙良譯 110/459
論使臣商議公事
丁韙良譯 110/460
論從中調處之例
丁韙良譯 110/461
論數國會議之例
丁韙良譯 110/462
論使臣升降解任等情
論使臣解任事宜
丁韙良譯 110/463
論使臣奉調回國應行事宜
丁韙良譯 110/464
論使臣升降調遣及署缺事宜
丁韙良譯 110/465
論使臣在任病故事宜
丁韙良譯 110/465
論領事官之責任
論設立領事官緣由
丁韙良譯 110/466
論領事官之職守
丁韙良譯 110/466
論領事官分等 丁韙良譯 110/467
論簡派領事官及到任之例
丁韙良譯 110/468
論領事官之權利
丁韙良譯 110/468
論領事官拜謁之例
丁韙良譯 110/469
論領事官之要務
丁韙良譯 110/470
論領事官所任之事分類
論領事官審斷之責
丁韙良譯 110/471
論領事官與地方官往來事宜
丁韙良譯 110/473
論領事官與本國往來文件之例
丁韙良譯 110/473
論領事官稽查保護本國船隻
丁韙良譯 110/474
論領事官與水師官參辦事件
丁韙良譯 110/476
論領事官保護本國水手
丁韙良譯 110/476

論領事官照料本國難船
丁韙良譯 110/477
論領事官保護本國人民
丁韙良譯 110/477
論領事官承辦遺產之例
丁韙良譯 110/478
論領事官辦理冊記發給文証之例
丁韙良譯 110/479
論領事官雜項事宜
丁韙良譯 110/480
論領事官駐劄回部
論領事官駐劄土波各國
丁韙良譯 110/480
論領事官駐劄巴巴里各國
丁韙良譯 110/481
論法國領事官駐札回國審斷之權
丁韙良譯 110/482
附論繙譯官 丁韙良譯 110/483
論領事官公署司庫
丁韙良譯 110/484
論領事官宜缺任止差等事
丁韙良譯 110/485
瑪賽復友人書 馬建忠 110/485
論出使 110/487
論全權大臣 110/489
論宜遴選使才以重使事 110/490
論中國宜簡親王出使 110/492
卷四九 外交部四 約章
小國換約 110/495
論俄羅斯條約疏 郭嵩燾 110/499
中俄天津和約十二條 110/502
中俄續增條約十五則 110/504
中法通商新約十九條 110/509
英舊約第三條 110/513
愛琿城俄約第一條 110/514
俄約第九條 110/514
中俄黑龍江定界記文 110/514
附交界道路記文 110/514
附碑文 110/515
中俄塔城議定記約首段 110/515
中俄塔城議定記約第一條 110/515
中俄塔城議定記約第二條 110/516
中俄塔城議定記約第三條 110/516
中俄塔城議定記約第四條 110/516
中俄塔城議定記約第五條 110/517
中俄塔城議定記約第六條 110/517
中俄塔城議定記約第七條 110/517
中俄塔城議定記約第八條 110/517
中俄塔城議定記約第九條 110/517
中俄塔城議定記約第十條 110/518
俄續約第一條 110/518
俄續約第二條 110/518
俄續約第三條 110/519
塔爾巴哈臺界約首段 110/519
塔爾巴哈臺界約第一條 110/519
塔爾巴哈臺界約第二條 110/519
塔爾巴哈臺界約第三條 110/520
科布多界約首段 110/520
科布多界約第一條 110/520
科布多界約第二條 110/520
科布多界約第三條 110/521
烏里雅蘇臺界約首段 110/521
烏里雅蘇臺界約第一條 110/521
烏里雅蘇臺界約第二條 110/522
附烏里雅蘇臺界約記略 110/522
中俄改訂條約第一條 110/523

中俄改訂條約第五條 110/524
中俄改訂條約第七條 110/524
中俄改訂條約第八條 110/524
中俄改訂條約第九條 110/524
附光緒七年中俄卡倫單 110/524
美續約第一條 110/526
中法會訂越南新約第一款 110/526
中法會訂越南新約第三款 110/527
中英煙臺會議條款 110/527
照會法公使恭思當商務專欵十款 110/527
康熙中俄定界始末考 110/529
中俄恰克圖界約第三條 110/532
中俄恰克圖界約第六條 110/532
中俄恰克圖界約第七條 110/532
照會法公使恭思當文 110/533
附續議界務專務四款 110/533
澳門租界改歸葡國永遠居住立約尚宜妥議緩定疏 張之洞 110/534
中英續議滇緬界商務條約附款 110/537
中日通商行船條約 110/547
與歐洲各國立約前後考畧 110/554
論外人要求由於從前立約之未善 110/556
民間宜令知和約說 110/557
卷五〇 外交部五 中外聯盟
同種聯盟說 111/1
中東合從說 111/2
論中日兩國關係 111/3
論和日親俄之策 111/4
論中國宜專與日本聯約 111/5
論聯俄拒英事 111/6
中英固交以防俄論 111/8
親俄拒日論 111/9
卷五一 外交部六 各國聯盟
論奧意連兵約 111/11
論奧普意同盟事 111/12
書普法交涉近聞後 111/13
論俄法兩國互遣兵船至境遊歷 111/14
論俄法聯盟事 111/15
俄日聯盟論 111/17
論英日會議維持東方大局事 111/18
論英日合操 111/19
論日英宜助中抑德以制俄 111/20
論英國亟宜聯日德奧義四國拒俄以保商利 111/21
卷五二 外交部七 中外和戰
廣軍會合桂省主客各軍力戰破敵實情疏 彭玉麟 111/23
款議雖定仍宜備戰以毖後患疏 彭玉麟 111/26
縷陳遷將練兵情形疏 鮑超 111/27
書科爾沁忠親王大沽之敗 薛福成 111/29
書漢陽葉相廣州之變 薛福成 111/32
論二國交戰必先知攻守之法 111/38
論法人近日留意於中德兩國 111/40
綜論法越勝負 111/41
歸還伊犁利害說 111/42
論俄人潛占黑龍江邊界事 111/44

倭人違背公法論 111/45
論日事爲中國之福 111/48
論中國患俄而不患日 111/50
論德人佔膠州事 111/52
書英俄警電後 111/54
卷五三 外交部八 各國和戰
論俄普法三國增兵事 111/57
論埃及亂事 111/58
述埃亂緣起書後 111/59
論葡人備邊 111/60
論意人在美亦有被阻之慮 111/62
論俄土爭戰事 111/63
論俄日事 111/64
論英俄兩國機謀 111/66
英俄兩國猜忌日深說 111/67
論英俄將開戰禍 111/68
俄有大志說 111/69
論俄人護鮮 111/71
論獻策圖韓事 111/72
日本高麗持久不戰攷 111/73
論各國不宜挾土以長戎首 111/74
論土希近事 111/76
論土希戰事 111/77
續論希土和戰情形 111/78
論希土交爭實兆歐亞戰禍 111/79
論機列士兵爲土耳其所敗事 111/80
論美國擬助古巴土人 111/82
論美國購還古巴島 111/83
論美日失和事 111/84
論美班戰禍 111/85
歐州戰禍已亟說 111/86
論兵端相尋恐在於歐不在於亞 111/88
卷五四 外交部九 教案
猾夏之漸 111/91
附西人教法異同考 111/101
江楚黜教 111/102
教堂一案設法辦理疏 沈葆楨 111/107
皖南人心稍定洋教士迭請雪冤並擬現辦情形疏 沈葆楨 111/108
致各西國大臣書 111/110
稟覆教民案件 111/115
附稟 111/118
稟督院張 徐賡陛 111/118
覆法國領事文 張之洞 111/119
分別教案治本治標之計疏 薛福成 111/120
論教案 111/122
論辦理教案 111/123
救教禍策 111/125
勸各處息鬧教說 111/126
善勸導以安民教說 111/127
弭教案而育人材論 111/128
推論民教讐殺之故 111/129
問民教讐殺之案層見疊出其故安在將由何道而可以久遠相安也 111/130
論中國各省鬧教案速宜嚴辦而在西人持論亦宜持平 111/133
卷五五 外交部一〇 外史
希臘大帝亞力山大傳 (英)李提摩太 111/135
羅馬皇該撒傳 (英)李提摩太 111/136

得勝偉良傳 (英)李提摩太 111/138
少言偉良傳 (英)李提摩太 111/139
法皇拿破崙第一傳 (英)李提摩太 111/140
俄皇大彼得傳 (英)李提摩太 111/143
歐州近世外交史 (日)闕名 111/153
記西國古史 闕名 111/155
論比國王 愛芝其亞 111/158
美國共和黨擬擧總統宣論新政 闕名 111/159
書華盛頓傳後 111/162
美新總統麥見尼傳 (日)闕名 111/163
論暹王出遊 劉楨麟 111/164
暹王游歷記 (英)闕名 111/166
讀英人戈君策略書後 111/178
再書英將策略後 111/179
士國世系攷 111/181.
俄相亞力俄后亞力高氏統系辨訛 111/181
說俄 111/181
論日本改朔易服 111/183
日本改封建為郡縣論 111/184
日本天長節記 111/184
古巴領事採陳近日情形節略 111/186
論搭浪蘇阿利事 111/189
讀萬國史記叢論 111/191
讀普法戰紀書後 111/195
哥倫布傳贊 111/197
卑士麥小傳 111/198
波斯國沙說 111/199

卷五六 理財部一 富國

劉晏理財論 郭起元 111/209
理財 易學實 111/209
理財三策疏 柴潮生 111/210
生財裕餉第一疏 靳輔 111/213
耗羨私議 彭端淑 111/217
辦理耗羨疏 孫嘉淦 111/218
請立法清查錢糧疏 王命岳 111/220
條陳安省虧空八事疏 陶澍 111/221
杜州縣交代積弊議 張師誠 111/224
籌國用議 馮桂芬 111/226
務本論自敘 徐鼒 111/227
務本論罄辨篇第一 111/227
務本論罄辨篇第二 111/228
務本論罄辨篇第三 111/228
務本論罄辨篇第四 111/229
務本論罄辨篇第五 111/229
務本論罄辨篇第六 111/229
務本論罄辨篇第七 111/230
務本論罄辨篇第八 111/230
務本論罄辨篇第九 111/230
覆奏部議陝甘捐輸經費再行詳覈疏 林則徐 111/230
奏請設局辦理清查疏 張之洞 111/232
籌欵裁抵攤捐疏 張之洞 111/234
請動支釐金抵補鐵價片 張之洞 111/235
裁減公費禁止水禮各緣由疏 張之洞 111/236

統籌新疆全局以規久遠疏 111/237
奏陳開源節流章程疏 111/241
開源節流事宜二十四條 111/242
論理財宜清釐欵目
(英)李提摩太 111/250
上日本政府論理財書
(日)井上馨臣、井上澤榮 111/251
光緒會計錄敘 李希聖 111/253
論中國財政 (俄)鋪加脫 111/256
論庫項支絀宜籌善法以裕度支
111/260
理財仍歸本於錢漕論 111/261
裕國當籌其大局論 111/263
卷五七 理財部二 商務
覆陳維持招商局事宜疏 111/265
派員查明南洋商務情形擬設領事並籌計一切經費疏
張之洞 111/268
洋關征收稅鈔分項總數表
楊楷 111/271
擴充商務十條 鐘天緯 111/274
論商務 李東沅 111/279
史記貨殖列傳今義 111/281
日本食貨志商務篇
黃遵憲 111/288
商學 闕名 111/291
論中國宜開賽會以興商務
劉楨麟 111/295
剏立商部說 陳熾 111/300
論中國宜特設商部以整頓商務
(英)李提摩太 111/301
大興商埠說 陳熾 111/302
覆奏講求商務摺 總理衙門 111/304
奏覆洋商改造土貨應籌抵制摺
總理衙門 111/306
論中國商務 (英)李提摩太 111/307
上海商務情形 (英)韓能 111/309
振興商務條議 111/314
中國以官權辦商務說
曹載春 111/321
論中國商務之所以不振
曹載春 111/322
重商論 111/323
論中國宜保護商局
曹載春 111/324
再論保護商局 111/326
論鼓勵工商之法 111/327
卷五八 理財部三 銀行
中國宜設銀行論 111/329
中國開設銀行末議 111/330
書公議銀行章程後 111/331
請創辦銀行章程 容閎 111/332
續擬銀行條陳 111/337
中國銀行章程 111/338
咨商銀行事宜全稿
總署與鐵路公司 111/341
卷五九 理財部四 錢幣
金 顧炎武 111/347
銀 顧炎武 111/348
銅 顧炎武 111/349
論錢幣 陸世儀 111/350
銅政議上 王太岳 111/351
銅政議下 王太岳 111/356
復當事論廠務書 倪蛻 111/360
與雲南李參政論銅務書
李紱 111/362

重銅運以杜弊累疏 嚴烺 111/362
請開礦鑄錢疏 王士俊 111/363
汴宋歷朝錢文輕重記
顧棟高 111/364
滇繫論錢法 師範 111/365
禁私銷議 喬光烈 111/368
錢法議 葛祖亮 111/369
開銅源節銅流疏 晏斯盛 111/370
杜制錢銷毀之弊疏
陳廷敬 111/372
錢法之變 顧炎武 111/372
鈔幣議 王鎏 111/374
籌議銀錢出納陜省礙難改易疏
林則徐 111/393
用銀利弊論 姚文枏 111/394
請變通鼓鑄疏 張之洞 111/396
請開爐鑄錢疏 楊昌濬 111/396
幣制論 (日)闕名 111/398
論金銀漲落之由
(日)高橋氏 111/401
銀價賤落之由 (日)闕名 111/401
中外金銀漲落說
(英)李提摩太 111/402
論金銀漲落極有關繫
(英)李提摩太 111/403
論各國行用金幣 闕名 111/404
通用金鎊說 陳熾 111/405
鑄銀條陳 陳熾 111/407
論金銀漲落 111/410
卷六〇 理財部五 蠶桑
蠶桑說 李拔 111/415
勸襄民種桑說三則 周凱 111/416
倡種桑樹檄 陳宏謀 111/418
勸種桑樹檄 陳宏謀 111/418
廣行山蠶檄 陳宏謀 111/419
附懷遠縣志蠶織說略 111/420
請種橡育蠶狀 宋如林 111/421
通飭黔省種橡育蠶檄
宋如林 111/421
勸種橡養蠶示 宋如林 111/422
附養蠶事宜五條 111/422
紀山蠶 111/423
論地球蠶業 (日)闕名 111/424
中國蠶務情形記 (俄)闕名 111/425
論上海繅絲廠 111/426
中國紡織繅絲情形記 111/428
卷六一 理財部六 茶務
徽屬茶務條陳 何潤生 111/431
論中國茶業之衰應如何設法補救
111/436
論中國可興做茶新法 111/440
論茶務 111/440
論茶市 111/443
茶市 111/444
論中國整頓茶務 111/445
論整頓茶市 111/446
論保全茶業 111/447
振興茶葉芻言 111/449
整頓平水茶芻議 111/450
論漢口茶務 111/451
卷六二 理財部七 畜牧
論中國宜購求種植畜牧之法緣起
111/453
中國古時畜羊解 111/455
有議在淮徐間興畜牧公司者試究論
興建之指詳擬設施之要 111/457

畜牧養民說 陳熾 111/458
卷六三 理財部八 公司
擬粵東商務公司所宜行各事 徐勤 111/461
山西商務總局集股章程 111/467
書開北方利源總公司條議後 111/471
行商必籍公司說 111/472
論商務以公司爲最善 111/473
論公司之益 111/474
論中國公司之難 111/476
勸華人集股說 111/477
中國股分極宜整頓說 111/478
記俄設太平洋輪船公司 111/479
卷六四 理財部九 國債
論借款 111/483
說國債 111/484
論中國宜借國債以辦善後 111/485
論息借商欵事宜 111/486
論息借商欵之失信於民 111/487
中國假貸俄欵說 111/489
書戶部息借商欵暨中國在倫敦倡銀各報後 111/490
論舉行昭信股票 111/491
論行昭信股票 111/492
書戶部借用商欵章程奏疏後 111/493
卷六五 理財部一〇 釐卡
陳明湖南辦理釐金照舊章疏 毛鴻賓 111/495
厘局總論 111/497
論釐金 111/499
論撤厘卡閉捐例而後民業可復 111/501
請免運米厘稅議 111/503
減免抽厘議 111/504
論中國厘卡歸洋員經辦必有除弊之法 111/506
卷六六 理財部一一 賦稅
賦役議上 任源祥 112/1
賦役議下 任源祥 112/1
賦役後議 任源祥 112/2
錢糧論上 顧炎武 112/3
錢糧論下 顧炎武 112/4
論賦役 陸世儀 112/5
請定催徵之法疏 趙廷臣 112/6
請均賦役以收民心疏 趙宏文 112/8
江北均丁說 盛楓 112/9
丁役議 邱家穗 112/10
請丁銀仍歸地糧疏 戈濤 112/11
均田均役議 李復興 112/12
浮糧變通議 沈德潛 112/15
上蕭巡撫請抵糧支穀議 陶元湻 112/16
論役法 陸隴其 112/17
徭役議 趙錫孝 112/18
徭役考 陶正靖 112/19
敬籌直隸減差均徭疏 屠之申 112/21
論差徭書 張杰 112/22
沿河民困四事疏 佟鳳彩 112/24
均賦說勸官 馮桂芬 112/26
均賦說勸紳 馮桂芬 112/27
均賦說勸民 馮桂芬 112/28
札各州縣論錢漕吏胥

胡林翼 112/28
奏酌擬徵收錢糧各條片 屠仁守 112/30
議減杭嘉湖三府減漕疏 左宗棠 112/31
會奏杭嘉湖三府酌減漕糧分數疏 左宗棠、馬新貽 112/33
核減紹屬浮收錢糧疏 左宗棠 112/37
核減漕南浮收並禁革陋規疏 馬新貽 112/37
請減蘇松太浮糧疏 馮桂芬 112/38
江蘇減賦記 馮桂芬 112/42
會奏酌減嘉寶二縣漕米疏 吳元炳、譚鈞培 112/46
援案籲懇酌減漕米疏 劉坤一、譚鈞培 112/47
遵查江西徵收丁漕疏 劉秉璋 112/48
確查江西丁漕積弊並設法整頓疏 德馨 112/51
晉省瘡痍難復臚陳目前切要事宜疏 曾國荃 112/53
瀝陳川陝差徭苦累亟宜變通恤農疏 閻敬銘 112/55
奏減五路差徭情形片 張之洞 112/58
縷陳丁漕利弊戶口耗傷情形疏 王邦璽 112/59
省官役以清關弊疏 徐旭齡 112/62
請除煩苛之榷稅疏 甘汝來 112/63
清釐關務弊疏 晏斯盛 112/64
請罷湖口關復九江關疏 王澤宏 112/67
請開酒禁疏 孫嘉淦 112/67
請開麴禁疏 孫嘉淦 112/69
罷關征議 馮桂芬 112/70
重酒酤議 馮桂芬 112/72
酒課考 陸心源 112/72
洋藥土稅 112/74
咨行通商各口募用外國人幫辦稅務章程 112/76
核減臺煤出口稅片 沈葆楨 112/80
開平煤出口稅擬請援案減定片 112/80
請開兩廣鐵禁疏 張之洞 112/81
論稅務 李東沅 112/81
酌擬崇文門稅務章程疏 寶鋆 112/82
查明梧關病商寔情並釐剔一切弊端疏 張之洞 112/85
論稅則 闕名 112/90
論加稅 112/92
洋貨加稅免釐議 薛福成 112/93
利權一 薛福成 112/95
利權二 薛福成 112/96
利權三 薛福成 112/97
利權四 薛福成 112/98
論洋貨入內地免釐 馬建忠 112/99
增加稅則論 (英)闕名 112/102
稅攷 (英)李提摩太 112/104
仿行印稅摺 陳璧 112/105
印稅條議 程儀洛 112/106
榷署議內地機器製造貨物征稅章程書後 麥孟華 112/107
請緩征值百抽十之稅並請改存儲關

棧章程摺 張之洞 112/110
卷六七 理財部一二 漕運
漕運議 任源祥 112/115
漕運 陸隴其 112/117
漕兌揭 陸世儀 112/117
因災請折漕米疏 姚文然 112/120
釐剔漕弊疏 徐旭齡 112/120
擬更定漕政章程疏 蔣攸銛 112/122
請改折摺漕糧疏 范承謨 112/124
漕議 鄭日奎 112/125
白糧本折議 董以甯 112/129
白糧改折疏 112/130
河南漕運說 朱雲錦 112/131
洛浙二運說 112/132
海運攷上 阮元 112/132
海運攷下 阮元 112/135
海運論 高培源 112/136
海道 112/137
江南海道 112/138
山東海道 112/139
議放洋 112/139
議僱船 112/139
議脚價 112/140
議丁弁 112/140
議回帶 112/140
議賠豁 112/141
古今海運異宜 112/141
籌漕運變通全局疏 英和 112/142
再籌海運折漕章程疏 英和 112/146
駁議盤運章程疏 112/148
折南漕議 馮桂芬 112/151
會議海運交米疏 曾國藩 112/152
辦理漕務大概情形片 胡林翼 112/153
漕項無從劃撥海運難以議分疏 沈葆楨 112/154
借黃濟運徒耗經費擬請暫行海運疏 沈葆楨 112/156
籌抵海運經費疏 馬新貽 112/157
官剝船戶苦累仍請照前貼給疏 李鴻章 112/158
請復河運芻言 丁顯 112/160
海運河運議 李慶恒 112/170
卷六八 理財部一三 倉儲
積貯議 儲大文 112/173
積貯 黃六鴻 112/173
預備倉貸穀私議 劉汶 112/175
飭廣積貯牒 李光地 112/176
陳明米貴之由疏 楊錫紱 112/177
請通行常平倉法疏 郭昱 112/180
議覆積穀疏 鄂爾泰 112/180
常平倉穀章程疏 楊昭謹 112/181
請復倉穀借糶疏 田文鏡 112/183
籌辦積貯情形疏 陳宏謀 112/184
議社倉與古異同疏 岳濬 112/185
酌定社長章程疏 李湖 112/187
推廣社倉之意疏 晏斯盛 112/189
進呈義倉圖說疏 方觀承 112/191
勸設義倉章程疏 陶澍 112/192
擬籌積貯書 管同 112/194
酌議整倉務章程疏 興廉、游百川 112/195
道府禀擬廣仁倉各條批 胡林翼 112/197

卷六九　理財部一四　鹽務
行鹽　顧炎武　112/199
鹽法論　曹一士　112/200
更鹽法　鄭祖琛　112/201
鹽歸地丁不如收稅議　龔景瀚　112/203
甘鹽請改收稅疏　姜開陽　112/206
閩鹽請改收稅疏　裘行簡　112/207
請改漢中鹽課歸地丁疏　方維甸　112/209
再請漢中鹽課歸地丁疏　方維甸　112/210
鹽法議　呂星垣　112/211
鹽法考　金鎮　112/213
歷代鹽政沿革　112/218
請定鹽法疏　朱軾　112/220
鹽法隅說　孫玉庭　112/223
駁長蘆鹽價改用銀椿疏　賀長齡　112/228
會同兩湖督撫籌議楚省鹺務疏　陶澍　112/230
會同欽差擬定鹽務章程疏　陶澍　112/232
覆奏課歸場灶之說未敢遽行疏　陶澍　112/233
附奏獲私變價按引提課片　林則徐　112/235
整頓鹺務摺　林則徐　112/235
疏通鹽引疏　賀熙齡　112/239
與王御史論淮鹽第一書　楊士達　112/240
與王御史論淮鹽第二書　楊士達　112/242
變鹽法議　姚瑩　112/242
奏陳楚省鹽法乞酌撥引張疏　胡林翼　112/245
請整頓鹽法疏　劉毓楠　112/246
整理淮北票鹽疏　曾國藩　112/247
整頓淮南鹽務疏　曾國藩　112/249
條陳長蘆鹽務疏　曾國藩　112/250
楚岸鹽引淮川分界行銷疏　曾國藩　112/255
瀝陳閩省鹺務積弊請改行票運釐課並抽疏　左宗棠、徐宗幹　112/256
閩省鹽務改行票運釐課並抽章程　吳大廷　112/257
整頓場務官帮章程稟　吳大廷　112/259
查覆下游各縣場産鹽額數并設卡各要隘稟　吳大廷　112/261
瀝陳閩鹽試行票運情形疏　左宗棠　112/264
請免現商帶輸銀兩疏　左宗棠　112/267
會奏減免兼徵帑息疏　左宗棠、徐宗幹　112/268
會奏票運一年期滿征收課耗釐等項銀數疏　左宗棠、徐宗幹　112/269
川引鮒兩過重請飭部減川配淮疏　劉坤一　112/271
遵查部議指詢各節據實覆陳疏　劉坤一　112/272
粵省潮橋鹽務廢弛擬委潮郡守兼辦片　張之洞　112/274
保全鹽利議　112/275
卷七〇　經武部一　武備

議兵 姚鼐 112/289
府兵論 吕星垣 112/289
兵論上 顧棟高 112/291
兵論下 顧棟高 112/292
古來用兵兵多者敗 趙翼 112/293
家兵 顧炎武 112/295
將帥家丁 趙翼 112/296
整頓營務議 龍汝霖 112/297
請整頓額兵疏 沈葆楨 112/298
敬陳湖北兵政吏治疏 胡林翼 112/300
條陳東路情形 胡林翼 112/302
復張石卿中丞亮基 胡林翼 112/304
論兵 112/305
上張香帥言武備學堂事宜書 何熙年 112/307
霆營兵不宜分疏 沈葆楨 112/315
奏設武備學堂摺 張之洞 112/316
招考武備學堂學生示 張之洞 112/317
統籌新疆暨各省用兵緩急情形疏 駱秉章 112/319
覆陳川省兵力不能會勦黔匪疏 駱秉章 112/321
平定教匪總論 嚴如熤 112/323
陳河南捻匪情形疏 胡林翼 112/325
奏爲生擒逆首並勦滅髮逆巨股疏 駱秉章 112/326
論川楚教匪事宜疏 梁上國 112/329
會匪紀畧 孫衣言 112/333
會匪紀畧書後 孫衣言 112/340
前赴山東勦賊疏 曾國藩 112/341
奉旨覆陳疏 曾國藩 112/343
通籌滇黔大局疏 曾國藩 112/345
進駐涇州籌辦軍務疏 左宗棠 112/346
分道進勦布置聯絡情形疏 左宗棠 112/348
復李制軍書 劉蓉 112/350
設法嚴拏哥老會匪片 沈葆楨 112/351
卷七一 經武部二 武試
上各憲請武場添器刀矛箋 徐鼒 112/353
武試論 112/353
請停武闈片 沈葆楨 112/355
重武試以簡行伍議 112/355
論武科改試槍砲不宜全廢弓矢 112/356
書孫侍御變通武場考試技勇摺後 112/358
恭讀武場改試鎗炮上諭謹註于後 112/359
卷七二 經武部三 各國兵制
英國水師考 (英)闕名 112/361
論德議整水師 (德)勒忒惠士 112/363
記日本初行徵兵令 黄遵憲 112/364
論西洋行軍要妙 王承 112/365
日本兵制 112/367
日本海陸兵制沿革攷 112/368
東瀛武備記 112/370

日本水陸軍兵攷畧　112/371
書日本海軍全部戰艦數目後　112/373
論日本講求海軍　112/374
俄人論日本水師　112/375
論西人武備日精　112/377
歐州軍事攷　112/378
歐州兵額　112/379
論歐州近來兵數日增　112/379
論德兵制　112/380
德國兵政紀畧　112/383
德國整頓海軍述畧　112/384
奧國軍制攷　112/386
奧國水師攷　112/386
俄國戰守兵籍記　112/387
俄國營制　112/388
俄羅斯財賦兵制考略　112/389
俄國兵制　112/390
論俄軍令之嚴　112/391
俄軍馬炮隊紀畧　112/392
土俄水師述略　112/393
土耳其兵額攷　112/394
土屬兵制譯畧　112/395
卷七三　經武部四　中國兵制
論兵制　陸世儀　112/397
兵部職掌疏　葉舟　112/398
伊犁駐兵書始　松筠　112/400
八旗兵制攷　姚文棟　112/406
會議長江水師營制疏　曾國藩　112/407
長江水師事宜三十條　112/408
續陳長江水師未盡事宜疏　曾國藩　112/417
酌議江蘇水師事宜疏　曾國藩　112/422
新設皖南鎮標營制疏　李宗羲　112/424
會籌甘省變通兵制疏　左宗棠　112/425
謹陳酌改營制籍節餉需管見疏　卞寶第　112/426
奏設瓊州練軍籌議餉項操練章程疏　張之洞、吳大澂　112/427
請改大鵬營制疏　林則徐　112/429
原兵之一二　112/431
原兵之三四　112/432
原兵之五　112/433
原兵之六七　112/434
軍政篇　112/436
旗兵改革議　112/437
湘軍營制述　112/438
論兵制變更　112/439
歷代變兵制考　112/440
卷七四　經武部五　練兵
練兵陣法疏　楊芳　112/443
德國陸軍槍隊操法序　馮國士　112/444
操練洋槍淺言　馮國士、葛道殷　112/445
論練兵　李東沅　112/448
新法礮臺議　周郇雨　112/450
水陸制敵章程　張學醇　112/452
操練章程　張之洞　112/454
記自強軍　112/455
演陣餘論　李紱　112/464
五子礮說　李紱　112/465

沿海練水師議 112/465
練兵須用新法說 112/467
論臨時招勇之無益 112/468
寓兵於農論 112/469
論寓兵於工 112/469
再論寓兵於工 112/470
寓兵於商說 112/471
卷七五　經武部六　選將
勸誡營官四條 113/1
論將才 (美)雅各柏架 113/2
論元帥 113/8
論選將 113/10
論選將 113/11
選將以一衆心論 113/12
儲將才論 113/14
論練兵宜先覈將材 113/15
練兵宜先選將論 113/16
卷七六　經武部七　戰具
論戰具 113/19
論選器 113/20
論火器近制 113/21
論購辦軍火宜察其弊 113/22
論槍炮 113/23
儲買槍炮說 113/25
戰備宜精擇槍砲說 113/26
論教習洋鎗 113/27
論中國宜擇用利鎗 113/29
論軍營訓練兵勇宜用一律槍砲 113/30
論中國宜一律用自造之快利鎗 113/31
論中國所購之槍皆泰西東洋停止不用之件 113/33
論製造局造快利槍之精 113/33
記無烟直線彈 113/34
礮臺新製記 113/38
用礮要言 葛道殷 113/39
論魚雷 113/42
水雷述畧 113/43
水雷說 113/44
嗎地呢槍說略 113/48
英國格林礮考 113/49
百立壽砲說略 113/50
論春坎砲足以制勝 113/52
葛魯孫廠新創硬鑄銕砲台說 113/54
試驗葛魯孫廠硬鐵說 113/55
克鹿卜砲說略 113/55
試驗搖砲說略 113/56
護砲新法述略 113/57
厄蕃士連環鎗說略 113/58
論後膛砲 113/59
新製砲房說 113/60
讀砲紀略辨誤 113/61
卷七七　經武部八　兵法
案兵家 汪縉 113/63
受任 唐甄 113/64
兵法百言上 智篇 揭暄 113/65
兵法百言中 法篇 揭暄 113/69
兵法百言下 術篇 揭暄 113/75
行軍策略 俞益謨 113/78
兵計 何邦彥 113/84
致官使相言立小統領 胡林翼 113/87
行軍以人心爲勝負說 113/88
論行軍恃有利器而尤貴得人

113/89
論行軍當嚴賞罰 113/91
嚴申軍律議 113/92
行軍以醫生爲要説 113/93
論用兵之事與地勢有關繫 113/94
與本省司道書 曾國藩 113/96
與官中堂都將軍曾侍郎楊軍門論兵事機宜書 胡林翼 113/97
與李幼泉書 曾國藩 113/98
專責成 葛士達 113/99
聯民圩 葛士達 113/99
擒賊黨 葛士達 113/100
重間諜 葛士達 113/100
習長矛 葛士達 113/101
拒馬繩 葛士達 113/101
公啓曾協揆 馮桂芬 113/102
平定臺灣述略 趙翼 113/104
上福節相論臺事書 鄭光策 113/106
陳臺灣棄留利害疏 施琅 113/109
堅壁清野議 龔景瀚 113/110
卷七八 經武部九 防務
城守篇 113/115
守備上 魏源 113/115
守備下 113/117
守禦上 113/118
守禦下 113/119
制勝上 113/120
制勝下 113/121
設防 113/124
論中國防務北重於南 113/126
卷七九 經武部一〇 邊防
遵旨督辦新疆軍務敬陳籌畫情形疏 左宗棠 113/129
官軍出關分起次第行走疏 左宗棠 113/132
復總署論挖吳淞漲沙書 李宗羲 113/135
籌邊論三 姚文棟 113/137
上吳清卿師 胡傳 113/138
恭報會同俄員勘界立牌繪圖補記遵旨畫押各日期疏 吳大澂 113/140
會勘倭那二牌應照圖約更正疏 113/141
俄羅斯屬地西卑利亞新造鐵路圖説 姚文棟 113/142
籌議廣西邊防請移駐提督添設鎮道各緣由疏 張之洞 113/143
防苗 魏源 113/146
修邊 傅鼐 113/147
練勇 傅鼐 113/147
治苗 傅鼐 113/148
道光湖粵平猺記 魏源 113/148
覆陳漢苗土司各情疏 賀長齡 113/151
縷陳湖南苗疆情形疏 賀熙齡 113/153
籌制滇邊土民疏 蔡毓榮 113/155
論邊省苗蠻事宜書 藍鼎元 113/157
改土歸流疏 鄂爾泰 113/158
雲貴事宜疏 鄂爾泰 113/158
分別流土考成疏 鄂爾泰 113/160
敬陳調劑粵西戎務四策疏 郝浴 113/161

論全滇形勢 劉彬 113/163
平定緬甸述略 趙翼 113/164
平定兩金川附論 趙翼 113/169
征安南紀略 師範 113/170
勦辦騰越廳邊外野夷情形疏
林則徐 113/172
會奏黎匪勦撫事宜疏
張之洞、吳大澂 113/174
三省山內邊防論一
嚴如熤 113/177
三省山內邊防論二
嚴如熤 113/178
三省山內邊防論三
嚴如熤 113/180
三省山內邊防論四
嚴如熤 113/183
三省山內邊防論五
嚴如熤 113/184
三省山內邊防論六
嚴如熤 113/186
三省山內邊防論七
嚴如熤 113/187
保山縣城內回民移置官乃山相安情形疏 林則徐 113/188
答人問西北邊域書 魏源 113/190
邊防三事疏 黃焜 113/192
記新疆邊防二則 紀昀 113/193
與鄂羅斯國議定疆界之碑
徐元文 113/193
前後藏考 姚鼐 113/194
藏內善後事宜疏 福康安 113/195
黑龍江外紀 長清 113/198
迤西移改協營添設汛兵疏
林則徐 113/200
卷八〇 經武部一一 海防
天下沿海形勢錄 陳倫炯 113/205
吳中江海形勢說 郭起元 113/207
潮州海防圖說 藍鼎元 113/207
海防總論擬稾 姜宸英 113/209
日本貢市入寇始末擬稿
姜宸英 113/213
沿海碉堡說 嚴如熤 113/216
論海洋弭捕盜賊書
藍鼎元 113/217
論鎮守南澳事宜書
藍鼎元 113/219
稽海船以清盜源疏
李治運 113/222
議海口情形疏 汪志伊 113/222
上百制軍籌辦海匪書
程含章 113/224
覆奏查察虎門排鍊礮臺疏
林則徐 113/231
會奏銷化煙土已將及半情形疏
林則徐 113/233
附奏東西各洋越竄夷船嚴行懲辦片
林則徐 113/234
擬諭英吉利國王檄
林則徐 113/235
覆奏曾望顏條陳封關禁海事宜疏
林則徐 113/237
密陳定海夷情片 林則徐 113/239
密陳夷務不能歇手片
林則徐 113/239
道光洋艘征撫記上 魏源 113/241
道光洋艘征撫記下 魏源 113/249

籌海篇上 魏源 113/258
籌海篇下 魏源 113/260
論夷務疏 沈兆霖 113/261
再論夷務疏 沈兆霖 113/262
密陳夷務疏 袁保恒 113/263
遵旨籌辦防務情形疏 李宗羲 113/263
論防海 王宗曾 113/265
防海四策 徐洪度 113/266
海防策 王宗曾 113/267
南洋防務閩粵江浙聯絡一氣議 113/275
聯絡南洋防務說 113/276
論北洋各海口形 113/277
論英相防俄出黑海 113/278

卷八一 經武部一二 海軍

上李伯相覆議何學士如璋奏設水師書 馬建忠 113/281
重振海軍論 113/295
書重振海軍後 113/296
論重設海軍亟宜變通整頓 113/297
論太平洋海軍 (日)闕名 113/300
海軍善後議 113/301
中國重建海軍宜多儲戰艦變通章程議 113/302
論欲立海軍宜先講求製造 113/303
北洋全軍考略 113/304

卷八二 經武部一三 船政

船政 薛福成 113/307
輪船工竣並陳機器局情形疏 曾國藩 113/308
第一號輪船下水並續辦各情形疏 沈葆楨 113/309
請創設外海兵輪水師疏 張佩綸 113/310
請拓增船礮大廠疏 左宗棠 113/312
請撥款製船疏 裴蔭森 113/313
購置練船疏 裴蔭森 113/315
試造淺水兵輪工竣察看疏 張之洞 113/316
謹陳船政形勢及應行次第舉辦事宜疏 裴蔭森 113/317
駕駛輪船說略 葛道殷 113/318
請整頓船政摺 陳(壁) 113/320
議覆船政摺 總理衙門 113/321
各國船政考 漢塞爾 113/324

卷八三 經武部一四 團練

論宜剏辦團練 113/327
論中國亟宜通辦團練 113/328
論鄉團 113/329
論民團 李東沅 113/331
粵省訓練鄉勇疏 楊錫紱 113/332
團練議 方積 113/333
禦賊議 檀萃 113/334
擬請設立沿海團練條陳 113/336
論沿海宜辦團防 113/338
仿鄉團之法訓練武童議 113/339
論民團宜依西法 113/340
團練條議 113/341

卷八四 經武部一五 軍餉

請實邊屯疏 文綬 113/343
簡練軍實疏 曾國藩 113/343
瀝陳湖南籌餉情形疏 路秉章 113/345
造報軍需欵目疏 曾國藩 113/348

奏擬二成洋稅片 曾國藩 113/349
論籌餉之難 113/350
行鈔法以濟餉需論 113/351
籌餉末議 113/352
儲餉議 盧紘 113/353
兵餉策 儲方慶 113/354
籌議出關餉需礙難借用洋欵疏 沈葆楨 113/354
論籌餉當求自然之利 113/356
屯田說 雷鋐 113/358
請興屯政疏 孫廷銓 113/358
伊犂興屯原始 113/359
籌議晉省口外屯墾情形疏 剛毅 113/366
奏爲餉欵艱難新疆南北兩路急須大興屯田以裕邊儲疏 113/368
卷八五 經武部一六 裁兵
遣散勇丁論 113/373
裁兵芻議 113/373
裁兵憤議 113/375
裁兵宜先裁劣弁以復制兵舊額 113/376
論裁兵以福建條議爲最善 113/377
論目下安置散勇無善策 113/378
論資遣游勇當用善法 113/380
論安置游勇莫妙於行屯田之政 113/381
書戶部奏請裁汰冗兵摺後 113/382
裁兵加餉說 113/383
恭讀上諭裁兵節餉謹注 113/384
卷八六 經武部一七 弭兵
論列國息爭之公理 王覺任 113/387
寢兵說 113/389
弭兵會記 (英)李提摩太 113/392
弭兵會續記 (美)林樂知 113/393
弭兵會議上 (美)林樂知 113/395
弭兵會議下 (美)林樂知 113/396
論弭兵會 113/398
列國息爭條約 (日)闕名 113/400
卷八七 考工部一 工藝
勸工強國說 陳熾 113/409
藝成於學說 陳熾 113/410
工藝養民說 113/411
論工人宜漸富 (英)李提摩太 113/413
機器說 劉梣 113/414
人工與機器論 (美)闕名 113/414
書工商核給憑單之例 113/415
論中國工藝 (德)闕名 113/416
中日近年製造情形攷 (英)闕名 113/417
論日本宜以工業爲國本 (日)闕名 113/418
美人論日本工藝 (美)闕名 113/420
論中國宜倣西法以重工藝 113/423
書創興藝學後 113/424
各省推廣工局議 113/425
綜紀西人技巧之事系之以論 113/426
卷八八 考工部二 製造
製造說 113/429
論製造 113/430
利國宜廣製造論 113/431
論宜興製造以廣貿易 113/433
論興造機器 113/435

論中國製造日精 113/436
論中國銷售火柴之廣宜設法多爲製造 113/438
論製造新器物例准保其專利 113/439
論德國精於製造 113/440
卷八九 考工部三 礦務
論開礦 113/443
論亟宜力田開礦以裕財源 113/444
興礦務以開利源論 113/444
高險莫如開礦論 113/447
礦務論 113/448
論中國壙產 113/452
開礦必先察礦說 113/453
論中國宜設大臣專辦礦務 113/454
中國急宜推廣集股開礦論 113/455
開礦須防漏危說 113/457
保護開礦已成之局論 113/458
論禁開礦事 113/459
再論禁開礦務 113/460
廣育礦務人才論 113/461
再論開采各礦用西學事 113/463
論雲南礦務 113/464
論湖北開礦 113/465
論粵東擬開礦務事 113/466
查勘礦廠情形試行開採疏 林則徐 113/467
籌議礦務擬招集商股延聘東洋礦師疏 唐炯 113/471
遵議漠河金廠開辦事宜疏 113/473
請通飭開辦礦務鼓鑄銀圓摺 113/475
議覆王御史開辦礦務鼓鑄銀圓摺 戶部 113/476
奏請各省開礦摺 陳其璋 113/479
奏請開辦遼東礦務摺 依克唐阿 113/480
擬開辦奉天東邊礦務章程 貴鐸 113/481
四川礦務章程 113/483
湖南礦務總局章程 113/486
查勘萍鄉煤礦情形條陳 惲積勋 113/489
論中國煤礦 (英)闕名 113/491
上李伯相論漠河開礦事宜稟 馬建忠 113/493
中國滿洲金礦情形 闕名 113/495
論採金要法 (英)闕名 113/496
論中國以金礦予英 (英)闕名 113/497
論東洋銷煤大局 (日)井上幹 113/498
論煤 113/501
宜廣開煤礦說 113/502
開煤礦須購求洩氣引氣說 113/504
比較中西煤之法說 113/505
開採煤鐵急於金銀說 113/507
論中國金價日貴亟宜設法開採 113/508
論日本開採金銀石 113/509
卷九〇 考工部四 鐵路
歐西鐵路緣起考 114/1
請開鐵路以圖自強疏 劉銘傳 114/2
天津等處試辦鐵路以便調兵軍械疏 114/3

中國創造鐵路利弊論 鍾天緯 114/4
鐵路條陳 容閎 114/12
請設鐵路總公司摺 總理衙門 114/14
擬辦鐵路說帖 盛宣懷 114/15
估計蘆漢鐵路運載節略 (美)司爾立樞 114/17
稟陳鐵路大概情形 (美)司爾立樞 114/19
稟陳鐵路地勢 (美)司爾立樞 114/19
查勘龍州鐵路事宜稟 康際清 114/23
估計龍州鐵路工程欵項稟 康際清 114/25
廣西勘路記 曹碩 114/28
俄國新築西伯里亞鐵路說 (美)林樂知 114/32
英國鐵路考 (美)林樂知 114/35
西悉畢利鐵路攷略 錢恂 114/37
預估西悉畢利鐵路常年利益略 114/44
中俄鐵路情形考 (美)闕名 114/45
郵運問答 闕名 114/48
建倉儲米不如推廣鐵路輪舟說 (英)李提摩太 114/56
禦水賑飢莫如推廣鐵路說 (英)李提摩太 114/57
造鐵路即以救災說 (英)李提摩太 114/58
鐵路侵路說 (英)李提摩太 114/59
創造鐵路宜先使民人咸知利益說 (英)李提摩太 114/61
鐵道論 馬建忠 114/62
借債以開鐵道說 馬建忠 114/66
創開中國鐵路議 薛福成 114/70
代李伯相議請試辦鐵路疏 薛福成 114/74
論開鐵路之利 114/78
論鐵路便利 114/80
中國創設鐵路利弊論 114/82
論中國宜早收鐵路之利 114/83
鐵路宜博攷善法說 114/85
論鐵路開捐事 114/87
論造鐵路宜先破除風水之說 114/88
擬築東三省鐵路道里考 114/89
論辦津鎮鐵路 114/91
書湘中請開鐵路稟稿後 114/93
論開平創開鐵路事 114/94
隴右鐵路說 114/96
論蘇滬開築鐵路 114/97
論吳淞鐵路 114/98
書淞滬鐵路圖說後 114/99
五大洲所造鐵路多寡并造費數目攷 114/101
書英國鐵路數目後 114/102
論英國擬由印度西藏造鐵路以通雲南事 114/103
俄國西比利亞鐵路所經各部攷 114/104
俄國西伯利亞造鐵路道里經費時日論 114/105
論鐵路火車 114/107
再論鐵路火車 114/107

論鐵政關繫之重 114/108
卷九一 考工部五 機器
機器窮源論 114/111
論機器之學始自中國 114/112
論機器日新 114/113
再論機器日新 114/114
論用機器之法須明其理然後能知其利弊 114/115
闢機器之學辨 114/117
論振興機器之利 114/118
機器有益論 114/120
論火輪汽機 114/122
機船說略 114/123
輪船速率考 114/124
論購用耕織機器使民均沾利益 114/125
書論印度自設機器織造廠後 114/126
飛機考 114/127
卷九二 考工部六 紡織
紡織之利 114/131
陝西刱用機器織布公啟 114/131
論紡織爲致富之本計 114/134
中國宜增設織布局以興大利說 114/136
論機器織布事 114/137
書機器繅絲紡利論後 114/138
論中國宜廣設織布廠以收利權 114/139
採鍊鋼鐵紡紗織布議 114/140
論中國織布紡紗局宜體大憲設局之初心 114/144
論紗廠宜就地招工 114/146
擬辦川省機器紡織事略 114/147
論印度棉紗 114/149
論印度自設機器織造廠 114/150
卷九三 考工部七 電報
電報考證 114/153
電報利病考 114/154
論創立電報 114/155
論中國自行管理電線事宜 114/156
電線當有以輔其不逮論 114/157
津滬電報辦有成効請招商接辦推廣疏 114/159
太平洋電線論 114/160
論俄國西伯利部議設電線事 114/163
卷九四 考工部八 郵政
論宜亟興郵政 114/165
郵政揭要議 114/166
中國舉行郵政論 114/167
論郵政 114/169
書郵政有期後 114/170
推廣郵政芻議 114/172
論郵政當實力興辦 114/173
郵政未得辦法論 114/174
論舉辦郵政宜嚴定章程 114/175
論郵政宜量爲變通 114/176
駁友人論郵政書 114/177
議辦郵政摺 114/179
郵政事宜往復稟函全稿 宗湘文 114/184
議覆郵政事宜摺 總理衙門 114/186
紀西國送信章程始末 (英)李提摩太 114/188
論德國郵政電報情形 114/191

論中國宜設書信館 114/192
信局論 114/193
卷九五　格物部一　格致
格物窮理說 114/201
論格致之學 114/202
格致論 114/203
格致淺理 114/204
問格致之學泰西與中國有無異同 114/206
西學以格物為要論 114/210
瓦雅各格致志略 114/211
振興格致論 114/214
讀書宜兼格致說 114/215
論中國急宜講求格致之學 114/216
振興格致以培人才議 114/217
詳考物理說 114/219
物理考 114/220
物體凝流二質論 114/221
論物體有三質 114/222
論寒暑表有功於格物之學 114/223
論化學 114/225
化學當學論 114/226
論炭氣炭質體用各別 114/227
論木炭 114/228
論吸鐵之理 114/230
電學攷 114/231
論電氣 114/232
論正負電能化分水氣 114/232
電燈詳考 114/234
電車小試論 114/235
論聲 114/236
傳聲像聲器圖說 114/238
德律風源流攷 114/239
汽學通於醫學說 114/240
氣球說 114/241
論氣毬 114/242
馬力解 114/244
論光 114/245
論光學植物 (美)闕名 114/246
植物新法 (英)闕名 114/247
記壓氣行車 (美)哈浦 114/248
論臭腐神奇 114/255
卷九六　格物部二　算學
振興算學論 114/257
推廣算學議 114/258
學算筆談序 華蘅芳 114/259
總論算法之理 華蘅芳 114/260
識數之法 114/260
論加減乘除開方之用 華蘅芳 114/261
論看題之法 華蘅芳 114/263
論馭題之法 華蘅芳 114/266
論學算之法 華蘅芳 114/268
論比例之用 華蘅芳 114/271
新譯幾何原本序 張文虎 114/271
象數一原序一 項名達 114/272
象數一原序二 項名達 114/273
對數簡法跋 項名達 114/273
對數簡法識 戴煦 114/274
續對數簡法 戴煦 114/274
論對數根 114/280
論用數 114/282
論借數 114/283
論借用本數 114/291
論借用率數 114/292
求備減表 114/292

割圜連比例術圖解序 董祐誠 114/299
割圜連比例後序 董祐誠 114/300
少廣縋鑿 夏鸞翔 114/300
開平方捷術一 114/300
開平方捷術二 114/300
開諸乘方捷術一 114/301
開諸乘方捷術二 114/301
開諸乘方捷術三 114/302
開諸乘方捷術四 114/302
天元開諸乘方捷術一 114/302
天元開諸乘方捷術二 114/303
天元開諸乘方捷術三 114/303
天元開諸乘方捷術四 114/304
天元開諸乘方捷術五 114/304
天元開諸乘方捷術六 114/305
天元開諸乘方捷術七 114/306
天元開諸乘方捷術八 114/307
截球解義 徐有壬 114/308
球徑求積術 114/310
球徑求球殼積術 114/310
截球餘弦求截球積術 114/310
截球矢求截球上蓋積 114/311
附錄橢圜求周術 114/311
四元解序 顧觀光 114/312
對數探原序 顧觀光 114/312
數學跋 顧觀光 114/313
五星歲輪與伏見輪之不同 顧觀光 114/314
幾何原本六和六較綫解 顧觀光 114/315
圜錐三曲綫記 顧觀光 114/317
靜重學記 顧觀光 114/319
動重學記 周觀光 114/321
流質重學記 顧觀光 114/326
天重學記 顧觀光 114/328
代微積拾級序 李善蘭 114/333
代微積拾級序 偉烈亞力 114/333
談天序 李善蘭 114/334
談天序 偉烈亞力 114/335
割圜八綫綴術序 左潛 114/336
綴術釋戴序 曾紀鴻 114/336
綴術釋明序 曾紀鴻 114/337
圜率攷真圖解跋 曾紀鴻 114/338
對數序 劉彝程 114/338
論對數根 劉彝程 114/338
代數術序 華蘅芳 114/342
論四元相消之理 湯金鑄 114/343
九減法及任用他數減試說 沈善蒸 114/344
論海洋深淺之理 沈善蒸 114/345
質點 韓應陞 114/345
極說 韓應陞 114/346
繙譯航海書原本 金階理 114/347
航海通書改率說 114/367
表算日食法 114/369
對數尺以量代算 114/378
中西歷學源流異同論 114/380
更定測北極出地簡法 114/382
近代疇人著述記 114/386
上會典舘測繪輿圖書 114/392

卷九七 格物部三 天文

談天 114/399
天圜地方說 114/400
天學新理 慳利士比威廉 114/401
質點配成萬物說 114/408

五差說 114/410
說日 114/411
日食攷 114/412
日蝕問答 114/413
論古今日食閏月同而不同 114/414
論救護日食之法最古 114/415
說月 114/416
月食彙考 114/416
潮汐應月說 114/417
星象中西異名說 114/418
恒星說 114/419
行星彗星說 114/420
論彗緒言 114/420
辯奥博士論彗星燬地球人物說 114/422
星氣論 114/425
論風之災異 114/427
論雷 114/428
論雷電 114/429
雷電合解 114/430
論雨露霜雪之體用 114/431
釋雹 114/432
立春後地與星辰攷 114/433
四季及二分二至說 114/434
驚蟄說 114/435

卷九八 格物部四 地學

地球地名表 114/437
地球考源述證 114/438
地球問答 114/438
說地 114/439
地動問答 114/440
論地球各處氣候之異 114/441
論地球寒熱各帶 114/442
論歐亞兩洲之熱度 114/443
原潮汐 114/444
說潮 114/445
論火山炸裂事 114/446
時異由於地轉說 114/447
堪輿質疑說 114/448

卷九九 格物部五 醫學

談醫 114/451
論醫 114/452
西醫 114/454
醫通儒術論 114/455
古之醫學失傳論 114/456
中西醫學淺説 114/458
書中西醫學淺説後 114/459
中西醫學源流先後攷 114/460
中西醫學溯源論 114/462
中西醫學異同考 114/463
論中西醫學之不同 114/464
論中西治疾之法不同 114/465
中西醫理優劣論 114/467
書中西醫學論後 114/470
書中西醫學並重論後 114/471
醫學亟宜講求說 114/472
論醫術時弊 114/473
醫學救弊瑣言 114/474
考醫說 114/476
議遍考醫家以救生命論 114/477
論藥性 114/478
再論藥性 114/479
論西國醫學 114/480
論設局繙譯西國醫書以便服用西國醫藥事 114/481
書設局繙譯西國醫書以便服用西國

醫藥事後 114/482
血證無死法論 114/484
原風 114/485
肺癰肺痿治法各異論 114/486
時症論 114/488
論時痧 114/488
瘪螺痧論 114/490
續瘪螺痧論 114/491
霍亂論 114/492
論治霍亂 114/493
霍亂吐瀉陰陽寒暑辯 114/494
重辨霍亂寔有寒熱之分 114/495
針灸論 114/496
全體略論 114/497
說腦 114/498
論腦質 114/499
人身藏府支體相應說 114/500
論胃與四肢有相助之益 114/502
論消化食物 114/502
衛生說 114/502
續衛生說 114/504
論養生 114/505
論養生 114/506
論中西養身之法不同 114/507
中國設立醫學堂議 114/508
中國宜設立官醫院 114/510
微蟲醫學新法考 114/511
論腦 (美)晏地臣 114/512
衛生新法 (美)闕名 114/515
養生論 (美)闕名 114/517
卷一〇〇 通論部一
致直隸訥制軍書 劉韻珂 115/5
天津新議續議 115/6
密陳夷務疏 殷兆鏞 115/14
擬陳洋務疏 郭嵩燾 115/17
覆奏洋務事宜疏 沈葆楨 115/20
海防條議 丁日章 115/25
覆奏總理衙門六條疏 李宗羲 115/36
上合肥伯相書 郭嵩燾 115/41
報貝君書 115/45
圖存四策疏 陶模 115/71
中國邊事論 (俄)鋪加脫 115/74
卷一〇一 通論部二
上張香帥書 115/85
上當道書 115/88
劉斐如部郎代某上張香帥書 115/93
上兩江督憲張香帥書 115/95
上某當道書 115/104
上劉峴帥書 115/105
謹擬時勢條陳摺 115/108
浙江舉人陳虬等呈請總署代奏摺稿 115/113
上某制軍書 115/116
擬上當道書 115/117
昭錄容純甫觀察閎上總署王大臣條陳 115/119
條陳洋務事宜疏 王先謙 115/121
南洋形勢 黃楙材 115/131
洋務首在得人論 115/133
論中國辦理洋務之難 115/134
論中外近勢 115/136
論時務 115/137
論不變法之害 115/138
論變法不知本原之害 115/142

續論變法不知本原之害 115/144
變法自上自下議 歐榘甲 115/146
中國除害議 115/151
因時變法論 115/154
備夷策 歐陽柄榮 115/155
答倭問興亞 姚文棟 115/157
强鄰環伺謹陳愚計疏 薛福成 115/157
卷一〇二 通論部三
變法自强疏 胡燏棻 115/161
論中國不能變法之由 115/168
論欲自强宜先變法 115/171
變法當思務本論 115/172
中國利弊宜變通治法為善後議 115/176
論變法宜詳審弊源 115/181
中國變法宜審所先論 115/183
論變法 115/184
新政策自敘 (英)李提摩太 115/186
新政策 (英)李提摩太 115/187
以愛力轉國運說 汪康年 115/193
論今日中國當以知懼知恥爲本 汪康年 115/196
論中國之弊在不能務實 115/198
論中國之患在不能通力合作 115/200
西人爲患中國之由 115/202
救時四策 115/204
救時十二策 115/206
醫中國藥言 115/209
縱論時事 115/211
變法平議 張謇 115/216
卷一〇三 通論部四
興亞策 115/237
振興中國三大綱論 闕名 115/242
原强 嚴復 115/245
自强大計摺 盛宣懷 115/257
議覆盛京卿條陳摺 總理衙門 115/261
論中國之將强 115/264
中國自强策上 汪康年 115/267
中國自强策中 115/268
中國自强策下 115/269
中國論 (法)薄柳 115/271
論中國守舊黨不如日本 劉楨麟 115/273
論自强以開民智爲先 115/277
富强策 115/278
論富强當先務本 115/284
卷一〇四 通論部五
富强論攷 115/287
上下節儉以求富强論 115/291
論中國積弱由於防弊 115/294
與八旗諸君子陳説時局大勢啟 壽富 115/297
論今之時局與戰國大異 何樹齡 115/299
論世變之亟 闕名 115/300
救亡決論 闕名 115/302
國朝六大可惜論 韓文擧 115/304
論學會 115/306
論教會 115/309
論中國會匪宜設法安置 麥孟華 115/311
美民自主記 差利刀 115/313
地球六大罪案考總序

劉楨麟 115/314
國人不可使有黨論 115/318
論興亞會 115/319
保商會說 115/320
中國宜興博覽會說 115/321
創興紅十字會說 115/323
紅十字會歷史節譯 115/324
論西人創設天足會事 115/326
論西國宜創行天腰會 115/327
美國費城商務博物會記 115/328
論瑞典國將啟新聞大會 115/330
覆李提摩太書 陶模 115/331
卷一〇五 雜著部一
論中國不得享萬國公法之益 115/339
張維說 115/340
中外一家說 115/341
罪言 115/342
恃强無益論 115/344
中國宜勿受欺於人說 115/345
論中華將來必能廓大 115/346
書中華將來必能廓大後 115/348
中外風氣大開說 115/349
中國亟宜廣開風氣論 115/350
論中國目前要務 115/351
論中國宜謀求實學 115/352
論中西之學宜並取兼收 115/353
中國宜行新政論 115/355
論西法將盛行事 115/356
論西法切於民生 115/358
論華人痛詆西法 115/359
中國復古宜參考西法說 115/361
西法長短說 115/362
效法西人當從有益論 115/365
借西俗以袪中弊說 115/366
論師西法不足恥 115/368
西法西器已有成效說 115/369
中西一貫之道論 115/370
中國人才易於通變說 115/371
論好古之弊 115/374
人才囿於風氣說 115/375
卷一〇六 雜著部二
心力說 115/377
論中國於孔子舊法並未泥守 115/378
利弊說 115/379
防漸篇 115/380
審機說 115/381
遠謀篇 115/382
遠慮篇 115/384
綜覈名實說 115/385
萬全策 115/386
人當以務本爲先 115/387
紓外患而固邦本說 115/388
論强弱相因之道 115/390
論治亂 115/392
小國不可無政論 115/393
亡國有先後論 115/395
愛國說 115/396
守法論 115/397
二毒說 115/399
自主論 115/400
論中國藩屬與泰西各國不同 115/402
權論 115/403
論民權 115/405

人不可以無權說 115/406
四民論 115/407
廣四民論 115/408
民鬱不宜論 115/409
紓國難恤民隱論 115/410
論恩威並用之難 115/411
論今日要務亟宜收拾民心 115/412
論弭事變宜正人心 115/413
論中國宜正人心 115/414
論制度宜集衆長 115/416
變近時經略議 115/419
歐西借著 115/420
論自强不强事 115/421
讀湘報 115/422
論中國袪弊宜漸不宜急 115/423
書派員就學近聞後 115/424
重派出洋學生議 115/426
論子弟出洋肄業事 115/427
中國續招攷選西學肄業生章程隨時變通論 115/428
論西人七日各人休息事 115/429
推廣遊歷章程議 115/430
論游歷之益 115/431
論西人之機智 115/432
西人動作必圖大利益論 115/432
論華人隸英籍之區別 115/433
論華傭隸西籍 115/434
論華人謀生他國事 115/435
說利 115/436
中外貧富異同論 115/438
中西貧富互勘論 115/439
中國急宜收回利權說 115/440
論中西市道之不同 115/441
論致富 115/442
保富論 115/443
置貨可以頓致巨富論 115/445
英國大赦奴僕記 115/445
卷一〇七 雜著部三
人物地名互相借用不始於西國說 115/447
琉球朝貢考 115/448
論外洋進獻方物事 115/449
論皇帝之號 115/450
皇帝不可微行論 115/451
辨論人主不可微行事 115/453
天理人情論 115/455
情理說 115/456
性情論 115/457
記心悟性辨 115/458
是非說 115/460
守絀篇 115/461
黜奢崇儉說 115/462
說儉 115/463
說勤 115/464
勤能補儉論 115/465
砥行說 115/466
砥廉說 115/468
寡營說 115/469
修省篇 115/470
公利說 115/471
義利辨 115/473
說諂 115/474
驕諂同源說 115/475
齊家要言 115/476
論齊家之道不徒以能忍爲貴 115/476

勸孝說 115/478
異端有關風化說 115/479
說運 115/479
闢巫說 115/481
辨惑篇 115/482
闢風水說 115/483
惜食惜衣論 115/484
節口腹以惜物命論 115/485
天誕地誕說 115/486
天幹十字通用考 115/487
論纏足 115/488
譜牒論 115/490
中國寶星攷 115/491
寶石說 115/491
金剛鑽石攷 115/493

皇朝經世文統編一百二十卷

卷一 學術一 聖學
應詔陳言疏 倭仁 116/15
條陳日講事宜疏 曾國藩 116/16
呈進書籍疏 祁雋藻 116/22
卷二 學術二 通論
辨志 張爾岐 116/25
天道論上 張爾岐 116/26
天道論下 張爾岐 116/28
與友人論學書 顧炎武 116/30
通今 顧炎武 116/31
鈔書自序 顧炎武 116/32
日知錄序 潘耒 116/33
澹泊明志論 徐旭旦 116/34
民貴 余廷燦 116/35
取善 唐甄 116/36
送張少淵試禮部序 張海珊 116/37
遊說 張海珊 116/38
文士詆先儒論 閻循觀 116/39
茂才 張望 116/40
原命 張望 116/41
正學論一 程晉芳 116/42
正學論二 程晉芳 116/43
正學論三 程晉芳 116/44
儀宋堂後記 邵懿辰 116/45
取友論 韓菼 116/46
師說 夏之蓉 116/47
寄張墨莊書 陳宏謀 116/48
與從子掌絲書 盧文弨 116/48
書立命說辯後 羅有高 116/50
與法鏡野先生書 羅有高 116/53
問說 劉開 116/54
持盈論 劉開 116/55
貴齒論 劉開 116/56
國史儒林傳序 阮元 116/57
示鰲峰書院諸生 陳壽祺 116/58
義利辨 116/59
科舉論 116/60
知恥說 116/62
師說上 116/63
師說下 姚瑩 116/64
辨學上 朱琦 116/65
辨學中 116/66
辨學下 116/67
復沈舜卿先生巍皆書

	吳廷棟	116/68
贈易笏山序	吳大廷	116/69
與陳頌南書	張穆	116/69
與蔣瀛海書	羅澤南	116/70
復賀耦庚中丞書	曾國藩	116/71
原學	陸心源	116/72
與曾子植書	劉蓉	116/72
與許海秋書	程慶燕	116/75
名節篇	湯成烈	116/76
書劉海峰續難言後	熊少牧	116/77
懷寗端士習示	左輔	116/78
上制府曾公書	楊德亨	116/79
學論	方濬頤	116/83
卷三　學術三　性理		
朱子小學跋	段玉裁	116/85
近思錄集註後序	茅星來	116/86
思而不學論	易本烺	116/86
學案提要	唐鑑	116/88
論道學	潘德輿	116/91
書學案小識後	曾國藩	116/93
勸學篇	曾國藩	116/94
答劉孟容書	曾國藩	116/96
答劉孟容書	羅澤南	116/98
習說	劉蓉	116/100
崇正學	蔣琦齡	116/101
漢學宋學論	楊士達	116/102
卷四　學術四　經學		
經部總叙		116/105
經義制事異同論	王昶	116/105
漢學商兌重序	方東樹	116/106
兩漢經師今古文家瀌攷序	魏源	116/109
詁經文鈔序	胡培翬	116/110
致馮展雲侍讀書	龍啟瑞	116/112
臚陳本朝儒臣所撰經義請列學官疏	王懿榮	116/113
語學	張之洞	116/114
周以來十一書應立學官議	黎庶昌	116/116
六經正名		116/117
易類總叙		116/119
與友人論易書	顧炎武	116/119
中庸論	張爾岐	116/121
與汪容甫書	王昶	116/122
唐初三禮漢書之學	趙翼	116/123
答人問讀禮書	鄧瑤	116/125
左傳濟變錄自序	謝文洊	116/126
左氏春秋釋疑	汪中	116/127
原緯	全祖望	116/130
卷五　學術五　史學		
與邵二雲論史事書	法式善	116/137
再與國史館總裁書	陳用光	116/137
上明鑑綱目館總裁書	楊椿	116/138
再上明鑑綱目館總裁書	楊椿	116/140
重刻資治通鑑序	顧復初	116/142
書宋名臣言行錄	魏源	116/142
再書宋名臣言行錄	魏源	116/143
明代食兵二政錄序	魏源	116/145
與熊中丞論志書書	錢維城	116/147
答陳石士問學書	陳壽祺	116/148
與郭筠仙中丞論通志體例書		

李元慶 116/149
在一統志館上當事諸公書
龍翠祚 116/152
東華錄序 王先謙 116/157
孫侍讀史臆序 楊彝珍 116/160
輶軒語 張之洞 116/161
史學 闕名 116/161
卷六 學術六 子學
子部總叙 116/163
曾子章句序 魏源 116/163
子思子章句序 魏源 116/164
卷七 學術七 論文(附制藝)
論文 魏禧 116/167
非文 唐甄 116/167
言公 章學誠 116/168
文章不可苟作 侯七乘 116/172
與友人論文書 錢大昕 116/173
論泥古之弊 王鳴盛 116/174
與王硯雲先生論文徵體例書
季錫疇 116/174
文言說 阮元 116/177
致劉孟容書 曾國藩 116/178
湖南文徵序 曾國藩 116/180
歐陽生文集序 曾國藩 116/181
與歐陽篠岑論文派書
吳敏樹 116/183
學約五則 汪廷珍 116/185
四書文源流考 梁傑 116/187
卷八 學術八 天文
占驗 顧炎武 116/189
占法之多 顧炎武 116/190
天文圖識 顧炎武 116/191
論占天 陸世儀 116/192
分野考 張瓚昭 116/193
楊子雲難蓋天八事以通渾天說
許克勤 116/197
七政高下說 傅雲龍 116/201
卷九 學術九 輿地
蒙古臺卡志序 龔自珍 116/203
河套志序 儲大文 116/204
皇輿圖賦序 全祖望 116/207
大清一統輿圖後跋
汪士鐸 116/208
卷一〇 學術一〇 算學上
新譯幾何原本序 張文虎 116/213
象數一原序一 項名達 116/213
象數一原序二 項名達 116/215
對數簡法跋 項名達 116/216
對數簡法識 戴煦 116/216
續對數簡法 戴煦 116/217
論對數根 116/224
論用數 戴煦 116/227
論借數 戴煦 116/229
圓率攷真圖解跋 曾紀鴻 116/244
對數序 劉彝程 116/244
論對數根 劉彝程 116/245
代數術序 華蘅芳 116/249
論四元相消之理 湯金鑄 116/250
九減法及任用他數減試說
沈善蒸 116/252
論海洋深淺之理 沈善蒸 116/253
質點 韓應陛 116/254
極說 韓應陛 116/254
繙譯航海通書原本
金楷理 116/256
卷一一 學術一一 算學中

航海通書改率說 賈步緯 116/287
表算日食法 賈步緯 116/290
對數尺以量代算 賈步緯 116/302
中西歷學源流異同論 葉耀元 116/303
更定測北極出地簡法 胡惟德 116/307
近代疇人著述記 華世芳 116/311
割圜連比例術圖解序 董佑誠 116/318
割圜連比例後序 董佑誠 116/319
少廣縋鑿 夏鸞翔 116/319
截球解義 徐有壬 116/330

卷一二 學術一二 算學下

四元解序 顧觀光 116/337
對數探原序 顧觀光 116/337
數學跋 顧觀光 116/338
五星歲輪與伏見輪之不同 顧觀光 116/340
幾何原本六和六較綫解 顧觀光 116/341
圓錐三曲綫記 顧觀光 116/343
割圜八綫綴術序 左潛 116/346
綴術釋戴序 左潛 116/347
綴術釋明序 曾紀鴻 116/347
周髀經與西法平弧三角相近說 朱正元 116/349
槍礮取準算法考 殷之輅 116/350
總論算法之理 華蘅芳 116/355
識數之法 華蘅芳 116/356
論加減乘除開方之用 華蘅芳 116/357
論看題之法 華蘅芳 116/360
論馭題之法 華蘅芳 116/364
論觀書之法 華蘅芳 116/366
論學算之法 華蘅芳 116/368
論比例之用 華蘅芳 116/372
上會典館測繪輿圖書 鄒代鈞 116/372
論書數 何樹齡 116/380
算學報 黃慶澄 116/382

卷一三 學術一三 術藝

星歷考原 116/385
協紀辨方書 116/385
六壬大全 116/386
遁甲演義 116/387
太乙金鏡 116/388
書漢志 紀大奎 116/389
選擇正宗序 姚鼐 116/390
駁陰陽家言 馮景 116/391
原命 全祖望 116/392
伎術 陸燿 116/393

卷一四 學術一四 格致上

西學古今辨 鍾天緯 116/399
測學何所憑籍考 楊航煇 116/402
泰西格致之學與近刻繙譯諸書詳略得失何者為最要論 車善呈 116/411
格致公例 朱昌鼎 116/419
以月離測經度解 葉翰 116/421
五星算術源流 黃炳垕 116/426
星道以日為心論 116/427
五星順逆遲留說 116/428
風性表說 楊航煇 116/428
潮汐應月說 胡永吉 116/430
潮汐論 陶師韓 116/431

傅法楕圓地圖說 傅云龍 116/432
地楕圓說 傅云龍 116/433
地圖經緯說 傅云龍 116/435
西法測量繪圖即晉裴秀制圖六體解 朱正元 116/436
日本地理兵要例言 姚文棟 116/441
格致淺理 闕名 116/443
論臭腐神奇 闕名 116/446
卷一五 學術一五 格致下
天重學記 顧觀光 116/449
靜重學記 顧觀光 116/454
動重學記 顧觀光 116/457
流質重學記 顧觀光 116/464
中外化學名物異同考 楊毓煇 116/467
物體凝流二質論 胡永吉 116/478
物體本原 陶師韓 116/479
格致書院教演化學記 欒學謙 116/480
電報 鄭觀應 116/483
電浪新法 闕名 116/485
電學考 李提摩太 116/486
問鍜鍊金質試驗鎔度而電池之金何以必用一陰一陽方能生電說 楊毓煇 116/489
論光學植物 闕名 116/492
微蟲醫學新法考 116/493
卷一六 學術一六 譯書
蒙古字類表序 116/497
蒙古聲類表序 龔自珍 116/497
奏請開設同文館疏 恭親王 116/500
請設廣方言館疏 李鴻章 116/502
繙譯泰西有用書籍議 高鳳謙 116/504
譯書 闕名 116/505
體用 116/507
性理 116/508
文學 116/510
反切 116/512
書法 116/514
卷一七 治體一 通論
原君 黃宗羲 116/523
歷代風俗 顧炎武 116/524
變法論 王韜 116/529
封建論 劉鴻翔 116/531
井田論 劉鴻翔 116/532
王霸辨 俞長城 116/533
擬言風俗書 管同 116/535
正本清源疏 王慶雲 116/537
答沈舜卿先生書 吳廷棟 116/541
三漸宜防疏 徐繼畬 116/542
責實 王柏心 116/546
修約 王柏心 116/547
審宜 王柏心 116/547
請早定大計疏 趙樹吉 116/548
校邠廬抗議自序 馮桂芬 116/551
時勢可慮請停園工疏 李宗羲 116/553
請力除四弊疏 寶廷 116/555
說治 俞樾 116/556
求治 戴楫 116/557
戴天偶述 闕名 116/559
卷一八 治體二 政本
納諫 熊伯龍 117/1

請召對羣臣疏 魏裔介 117/2
請止北巡疏 熊錫履 117/3
抑尊 唐甄 117/3
請詔令宜信疏 魏雙鳳 117/5
敬陳聖德三端預防流弊疏 曾國藩 117/6
請修省以回天變疏 羅惇衍 117/9
法祖愛民疏 羅惇衍 117/11
杜漸防微疏 祁寯藻 117/13
請禁太監演戲疏 賈鐸 117/14
請慎擇官寺疏 穆緝香阿 117/15
請除蒙蔽以迓和甘疏 余上華 117/16
殿試對策 馬世俊 117/17
殿試對策 儲方慶 117/19
殿試對策 繆彤 117/25
請復封駁舊制疏 季振宜 117/27
龍德而正中者也 117/28
周易九二包荒用馮河不遐遺朋亡得尚于中行 陶貞一 117/30
周易損上九弗損益之貞吉利有攸往得臣无家益初九利用為大作无吉无咎 趙青黎 117/31
九三无平不陂无往不復艱貞无咎勿恤其孚于食有福 蔡新 117/32
易曰臨觀之義或與或求 任啓運 117/34
任賢勿貳去邪勿疑 秦蕙田 117/36
皋陶謨兢兢業業一日二日萬幾 杭世駿 117/38
無教逸欲有邦兢兢業業一日二日萬幾 117/39
亦言其人有德乃言曰載采采 117/40
益稷帝庸作歌曰敕天之命惟時惟幾乃歌曰股肱喜哉元首起哉百工熙哉皋陶拜手稽首颺言曰念哉率作興事慎乃憲欽哉屢省乃成欽哉乃賡載歌曰元首明哉股肱良哉庶事康哉又歌曰元首叢脞哉股肱惰哉萬事隳哉帝拜曰俞往欽哉 楊椿 117/41
仲虺之誥曰惟王不邇聲色不殖貨利德懋懋官功懋懋賞用人惟己改過不吝克寬克仁彰信兆民 117/42
詩小雅鹿鳴首章人之好我示我周行 趙甲喬 117/44
子曰足食足兵民信之矣 117/45
周官太宰以九職任萬民一曰三農生九穀二曰園圃毓草木三曰虞衡作山澤之材四曰籔牧養蓄鳥獸五曰百工飭化八材六曰商賈阜通貨賄七曰嬪婦化治絲枲八曰臣妾聚斂疏材九曰閒民無常職轉移執事 官獻瑤 117/47
周禮地官遂人掌邦之野凡治野夫間有遂遂上有徑十夫有溝溝山有畛百夫有洫洫上有涂千夫有澮澮上有道萬夫有川川上有路以達於畿稻人掌稼下地以豬蓄水以防止水以溝蕩水以遂均水以列舍水以澮寫水以涉揚其芟作田 117/48
周禮地官至德以爲道本敏德以爲行本孝德以知逆惡 蔣伊 117/50
周禮地官遂人職凡治野夫間有遂遂上有徑十夫有溝溝上有畛百夫有

畎澮上有涂千夫有澮澮上有道萬夫有川川上有路以達於畿 尤珍 117/52
記曰冢宰以三十年之通制國用量入以爲出三年耕必有一年之食九年耕必有三年之食以三十年雖有凶旱水溢民無菜色然後天子食日舉以樂 117/54
禮記王制大樂正論造士之秀以告于王而升諸司馬曰進士 齊召南 117/56
記曰仲夏之月律中蕤賓君子齊戒處必掩身毋躁止聲色毋或進薄滋味毋致和節耆欲定心氣百官靜事毋形以定晏陰之所成 117/57
子言之曰為上易事也為下易知也則刑不煩矣 117/59

卷一九 治體三 用人

論用人 陳世儀 117/61
獎廉恥 顧炎武 117/62
請議名教 顧炎武 117/64
請寬臣工小過疏 趙廷臣 117/65
明太祖待解縉方孝孺論 陳祖范 117/66
條陳用人三法劄子 李紱 117/67
三習一弊疏 孫嘉淦 117/69
刑賞失措疏 陳慶鏞 117/71
論内外欺罔疏 金應麟 117/73
應詔陳言疏 曾國藩 117/75
原才 曾國藩 117/79
致惲次山中丞書 曾國藩 117/79
激濁揚清論 鄒鳴鶴 117/80
敬籌振興人才以濟實用疏 王茂蔭 117/81
時勢危難請用緩急可恃之人疏 何桂珍 117/85
復曾制軍書 胡林翼 117/87
除姦 管同 117/87
續蘇明允陳論 朱琦 117/89
因時論一 吳鋌 117/90
論用人 龍啓瑞 117/91
論取人 龍啓瑞 117/92
論得人 龍啓瑞 117/94
才論 潘德輿 117/94
張釋之不拜嗇夫論 陸心源 117/95
論治篇 孫鼎臣 117/96
史議 孫鼎臣 117/98
請内外互用疏 高延祜 117/99
培養人才疏 陶模 117/100
鄉愿論 闕名 117/108

卷二〇 治體四 法治上

大法小廉論 趙吉士 117/115
治法論 陸隴其 117/116
請省簿書以課農桑疏 117/117
與粵西當事書 陳宏謀 117/119
諮詢民情土俗論 陳宏謀 117/119
飭取州縣輿圖檄 陳宏謀 117/120
與各屬論治 陳宏謀 117/121
取賢否冊 賈漢復 117/122
請除外省積弊六事疏 賈漢復 117/122
權實 唐甄 117/125
富民 唐甄 117/128
尚樸 唐甄 117/129
平均篇 龔自珍 117/130
論課良吏 舒化民 117/132

養民論 錢維城 117/133
擬請重親民之官疏 紀昀 117/135
覆兩江制府策公問興革事宜書 袁枚 117/136
上兩江制府黃太保書 袁枚 117/141
備陳民間疾苦疏 曾國藩 117/144
致當事某公書 劉蓉 117/147
卷二一 治體五 治法下
復陳詩議 馮桂芬 117/159
應詔上中興十二策疏 蔣琦齡 117/161
條陳與民休息疏 馬元瑞 117/179
應詔陳言疏 王凱泰 117/181
上江西中丞書 陳寶箴 117/184
應詔陳言疏 黎庶昌 117/189
治平六策 蔣福成 117/195
變法 117/204
卷二二 治體六 明職
原臣 黃宗羲 117/207
崇儉約 顧炎武 117/208
尚重厚 顧炎武 117/209
調燮弭災疏 季振宜 117/210
重臣論 徐旭旦 117/211
為君難為臣不易論 陶貞一 117/211
崇讓論 韓菼 117/213
汲黯論 黃永年 117/214
范仲淹論 黃永年 117/215
韓琦論 黃永年 117/216
江陵救時之相論 林潞 117/216
書王介甫諫官論後 張士元 117/218
翰林論 姚鼐 117/220
明呂新吾先生明職篇序 潘世恩 117/220
直陳時弊四條疏 李菡 117/221
因時論二 吳鋌 117/223
和論 龍啓瑞 117/224
覆黃恕皆侍郎書 曾國藩 117/225
王陽貢禹論 潘德輿 117/226
書姚惜抱翰林論後 許宗衡 117/227
論治 孫鼎臣 117/228
請訓責樞臣疏 何金壽 117/229
卷二三 吏政一 通論
敬陳風化之要疏 凌如焕 117/237
答姚伯山書 包世臣 117/239
杜密劉勝論 鄧瑤 117/240
條陳力戒因循疏 丁日昌 117/241
條陳整飭吏治疏 袁方城 117/246
開儲材館議 王覺任 117/248
卷二四 吏政二 官制附廉俸
部刺史 顧炎武 117/255
出身授官 顧炎武 117/257
省官 顧炎武 117/258
刺史守相得召見 顧炎武 117/258
州縣品秩 顧炎武 117/259
雜流 顧炎武 117/259
鄉亭之職 顧炎武 117/261
論官制 陸世儀 117/264
省科條以培治本疏 徐越 117/266
省冗員疏 何承都 117/267
知府久任疏 魏裔介 117/268
職官議 任源祥 117/269
議州縣不必設副官鄉官疏

鄂爾泰 117/271
裁官論 儲方慶 117/273
郡國守相得自置吏考
趙翼 117/274
籌議奉省全局變通吏治疏
崇實 117/276
奉省南北路設官分治疏
崇厚 117/282
請升昌圖為府並添設各官疏
崇厚 117/284
通籌吉林全局請添設民官疏
銘安 117/286
規畫新疆郡縣疏 劉錦棠 117/290
治始於鄉說 韓文舉 117/292
田宅 顧炎武 117/294
俸祿 顧炎武 117/295
制祿議 任源祥 117/296
答人問關內侯 龔自珍 117/297
厚養廉議 馮桂芬 117/298
廉俸 鄭觀應 117/300
卷二五 吏政三 京秩
京官必用守令 顧炎武 117/303
請復六科舊制疏 曹一士 117/303
論兩漢權要之職 王鳴盛 117/305
大臣薦舉 趙翼 117/305
明吏部權重 趙翼 117/307
軍機處述 趙翼 117/308
請定京官久任之法疏
王命岳 117/311
責成部議疏 孫光祀 117/312
前因時論五 吳鋌 117/313
前因時論六 吳鋌 117/314
因時論六 117/314
內務府向不干政片
鮑源深 117/315
起居注官考 許宗衡 117/315
吏議 孫鼎臣 117/318
論因循之病疏 孫鼎臣 117/319
請整頓八旗人才疏 寶廷 117/321
卷二六 吏政四 大吏
獎勸清吏疏 田六善 117/325
論吏治不清皆由舉劾不當疏
王命岳 117/326
前因時論七 吳鋌 117/327
請祛督撫大吏蒙蔽疏
裘元俊 117/328
名實說 朱琦 117/330
上梅伯言先生書 龍啟瑞 117/331
奏為故撫臣忠勤盡瘁緣由疏
曾國藩 117/333
汰冗員議 馮桂芬 117/335
謹陳故督臣忠勛盡瘁大略疏
李鴻章 117/337
敘疆臣建樹之基 薛福成 117/342
督撫同城急宜酌量變通疏
郭松燾 117/344
卷二七 吏政五 守令上
嚴飭官箴疏 林起龍 117/349
守令 閻若璩 117/350
察吏八則 謝振定 117/351
吏論 盧錫晉 117/352
治械鬬議 鄭振圖 117/355
論各道府書 陳宏謀 117/358
申飭官箴檄 陳宏謀 117/358
通飭各官熟讀律例
陳宏謀 117/361

通飭留心圖冊檄 陳宏謀 117/363
通飭州縣巡歷鄉邨諭
陳宏謀 117/364
申飭閩屬不閱文稿陋習檄
陳宏謀 117/365
循吏約 沈起元 117/367
革火耗 胡衍虞 117/368
論去弊 汪輝祖 117/369
稱職在勤 汪輝祖 117/372
論用財 汪輝祖 117/376
事上 汪輝祖 117/379
論處同僚 汪輝祖 117/380
論親民 汪輝祖 117/381
論省事 汪輝祖 117/383
論卹民 汪輝祖 117/385
論治訟 汪輝祖 117/387
吏難一 張惠言 117/391
吏難二 張惠言 117/392
子賤治單父說 沈寓 117/394

卷二八 吏政六 守令下

贈費耕亭知府河南序
董基誠 117/401
州縣宜照例久任以專責成札
賀長齡 117/401
諭州縣親民札 賀長齡 117/402
今之牧令要務策 姚文枏 117/404
上制軍條陳利弊書
周一鎬 117/406
治南嶽事論 陳壽祺 117/408
上汪尚書書 梅曾亮 117/410
論裁定州縣規費書
吳嘉賓 117/412
答人問作令第一書
陳文述 117/415
答人問作令第二書
陳文述 117/415
答人問作令第三書
陳文述 117/416
海疆善後宜重守令論
張穆 117/417
論治篇 孫鼎臣 117/420
論治四 孫鼎臣 117/421
覆本府條陳積弊稟
徐賡陛 117/423
勸誡州縣四條 曾國藩 117/430
勸誡委員四條 曾國藩 117/431
讀周禮地官二 王效成 117/432
攔輿呈稟 王德茂 117/433
鄂吏約 方宗誠 117/433
候補二十一則 何士祁 117/445
牧令書輯要書後 丁日昌 117/447

卷二九 吏政七 銓補

選補 顧炎武 117/449
停年格 顧炎武 117/451
京債 顧炎武 117/453
請禁雜流委署疏 李之芳 117/454
答問選舉 王心敬 117/455
因前時論一 吳鋌 117/457
因前時論二 吳鋌 117/458
免迴避議 馮桂芬 117/458

卷三〇 吏政八 考察

盜賊課 顧炎武 117/461
懲貪 顧炎武 117/461
請定營私自首之例疏
路正楊 117/463
原盜 彭維新 117/464

立法議 儲方慶 117/465
與湖北巡撫莊公書 袁枚 117/465
馭下論 李聯琇 117/466
請分別裁定陋規以肅吏治疏 黃體芳 117/467
請申明京察舊章責成樞臣疏 117/469
請嚴旨詳申京察舊章疏 寶廷 117/471
卷三一 吏政九 保舉
請酌核保舉章程以示限制疏 宋晉 117/475
遵議軍營勞績不准保至藩臬兩司疏 吏部 117/476
卷三二 吏政一〇 捐輸
民爵論 韓菼 117/479
請考試正印官疏 陳廷敬 117/480
請速停保舉永閉先用疏 陸隴其 117/480
變捐例議 馮桂芬 117/481
請永停捐納實官議 潘敦先 117/482
遵旨停止捐輸並變通常例捐欵疏 戶部 117/484
請停報効以存政體疏 屠守仁 117/489
請道府州縣四項無庸減成疏 閻敬銘 117/491
卷三三 吏政一一 幕友
訪延賢友 汪輝祖 117/495
答問幕友 陳文述 117/496
幕學説 宗稷辰 117/496
擬策上 楊象濟 117/496
卷三四 吏政一二 家丁
節從以省擾累疏 劉子章 117/499
論用人 汪輝祖 117/499
卷三五 吏政一三 胥役
令史 顧炎武 117/503
覺察奸蠹内外一疏 李之芳 117/504
請杜書吏舞文疏 喬遠煐 117/505
覆陳書役不必定額疏 田文鏡 117/506
敬陳清苑蠹役需索之害疏 田翰墀 117/507
用吏役 汪輝祖 117/508
請嚴定懲創書役擾害章程疏 費庚吉 117/509
上玉撫軍條議 周鎬 117/511
答門生王禮圻問作令書 袁枚 117/513
前因時論九 吳鋌 117/516
前因時論十 吳鋌 117/517
胥吏論一 尹耕雲 117/517
胥吏論二 尹耕雲 117/518
胥吏論三 尹耕雲 117/519
易吏胥議 馮桂芬 117/520
胥吏論一 魯一同 117/521
胥吏論二 魯一同 117/522
胥吏論三 魯一同 117/523
胥吏論四 魯一同 117/524
胥吏論五 魯一同 117/524
請飭議仵作馬快准予出身疏 沈保楨 117/525
汰改役班 王德茂 117/526
卷三六 戶政一 通論

劉晏理財論 郭起元 118/5
與當事論經費書 陳宏謀 118/6
書王荊公文集後 袁枚 118/6
醫貧 湯鵬 118/7
務本論上下篇并叙 徐鼒 118/12
袁胥臺父子家書跋 馮桂芬 118/23
卷三七 戶政二 國用
請杜設法名色疏 張玉書 118/27
軍儲篇一 魏源 118/27
條陳安省虧空八事疏 118/30
戶部會奏籌議節流各疏
王慶雲 118/33
造報軍需欵目疏 曾國藩 118/38
聲明内府外庫定制疏 戶部 118/40
晉省辦理清查疏 張之洞 118/42
進呈改辦年例彙奏出入會計黃冊疏
戶部 118/44
遵旨會議開源節流事宜疏
戶部 118/48
統籌新疆全局以規久遠疏
戶部 118/62
中國度支論 118/68
論中國賦用 118/72
富民說 馬建忠 118/85
國債 鄭觀應 118/91
論借欵 李東沅 118/93
光緒會計錄叙 118/95
卷三八 戶政三 農田
論區田 陸世儀 118/101
論直隸興事宜書 陸隴其 118/104
下屬縣試行水車檄
喬光烈 118/108
勸農三策疏 張允隨 118/108
農田議 張士元 118/110
區田說 張宅揆 118/112
開港議 張海珊 118/113
說糞 張海珊 118/114
通查井泉檄 陳宏謀 118/115
溝洫議上 施彥士 118/116
溝洫議下 施彥士 118/116
勸民開塘治田示 唐鑑 118/117
井田論 胡培翬 118/119
請飭籌欵開井灌田疏
夏同善 118/121
治旱條議 李東沅 118/121
杵臼經 翁廣平 118/123
禁游民議 金文榜 118/125
種稻之法水旱之備宜如何而後可
許克勤 118/126
請講求務本至計以開利源摺
華煇 118/131
耕稼要論 (英)闕名 118/133
鹽質利農記 (德)闕名 118/135
論肥田土質 118/137
卷三九 戶政四 墾屯
墾田均田 顧炎武 118/147
請開墾沿海沙坦疏
孫世毅 118/148
商屯議 張宸 118/149
請防查荒擾累疏 戴絅孫 118/153
畿輔開屯以救漕獘議
包世臣 118/154
籌辦陝西各路墾荒事宜疏
劉蓉 118/156
營田總局酌定章程 劉蓉 118/160
上左季高中丞論清糧開荒書

劉汝璆 118/166
招墾荒田酌緩升科章程詳文
李宗羲 118/170
募民屯邊議 陸隴恩 118/173
會勘奉吉兩省圍場荒地界址疏
岐元、銘安 118/175
口外各廳編查戶籍無礙蒙古游牧疏
張之洞 118/176
籌辦新疆屯墾及清查隱賦各情形疏
劉錦棠 118/179
伊犁屯務防務均關緊要謹陳擬辦情形疏 劉錦棠 118/181
籌辦開墾呼蘭所屬通肯地方事宜疏
恭鏜 118/182
墾荒 鄭觀應 118/184
機器議 王炳燮 118/185
卷四〇 戶政五 樹物
廣行山蠶檄 陳宏謀 118/187
倡種桑樹檄 陳宏謀 118/188
通飭黔省種橡育蠶檄
宋如林 118/189
蠶桑說 李拔 118/190
勸襄民種桑說三則 118/191
勸樹桑議 馮桂芬 118/194
中外養蠶得失異同
楊毓煇 118/194
飼蠶法則 鐘天緯 118/197
中國蠶務情形記 (日)闕名 118/199
紡織之利 顧炎武 118/200
紡織二十五策 儲桂山 118/201
種棉說 李拔 118/205
江北本政論 118/206
徽屬茶務條陳 何潤生 118/207
出洋茶利防弊策 王佐才 118/214
論中國可興做茶新法
闕名 118/215
論中國茶葉之衰應如何設法補救
(英)闕名 118/216
絲茶烟布合論 項文瑞 118/221
中國土產銅鐵棉花論
李鼎頤 118/222
畜牧養民說 118/226
種果宜人說 118/228
葡萄製酒說 118/229
種樟熬腦說 118/231
種竹造紙說 118/232
論鴉片 彭玉麟 118/233
申明栽種罌粟舊禁疏
曾國荃 118/234
請禁罌粟片 張之洞 118/236
禁煙上 鄭觀應 118/237
禁煙下 118/239
禁栽罌粟策 楊毓煇 118/241
地球植物學堂記 (美)闕名 118/244
魚課 湯壽潛 118/246
五洲漁人生計說
(英)李提摩太 118/247
植物新法 闕名 118/248
卷四一 戶政六 八旗生計
口外駐兵疏 孫嘉淦 118/251
漢軍生計疏 孫嘉淦 118/252
八旗公產疏 孫嘉淦 118/253
根本四計疏 和其衷 118/255
旗戶分居議 李祖陶 118/257
軍儲篇五 魏源 118/259
節經費議 馮桂芬 118/262

記武隆阿秀堃八旗生計疏及雙城堡屯田始末 孫鼎臣 118/263
條陳恤旗民足邊防舒國用疏 沈桂芬 118/265
覆奏抽調旗丁屯田新疆疏 左宗棠 118/267

卷四二 戶政七 倉儲

清京倉積弊疏 田六善 118/273
倉穀平糶疏 高其倬 118/273
議社倉與古異同疏 岳濬 118/275
請設商社疏 118/278
陳明米貴之由疏 楊錫紱 118/279
讀市糴攷 黃式三 118/282
扶持保義倉約 甘揚聲 118/284
與謝拜賡論義倉善後事宜書 甘揚聲 118/287
擬籌京師積儲疏 管同 118/290
預備倉貸穀私議 劉汶 118/292
備荒通論上 118/294
備荒通論下 118/296
京師本計疏 尹耕雲 118/298
請辦京師積穀片 沈葆楨 118/300
通飭辦理積穀札 丁寶楨 118/301
東省辦理積穀請飭認真查核疏 李肇錫 118/302
晉省善後存欵悉數建倉積穀疏 張之洞 118/304
奏查明存欵銀兩悉數建倉積穀疏 張之洞 118/305

卷四三 戶政八 賦役上

錢糧論上 顧炎武 118/311
錢糧論下 顧炎武 118/312
論賦役 陸世儀 118/313
論清丈田畝 陸世儀 118/315
田賦說 朱雲錦 118/317
請填蠲抵由單疏 姚文然 118/319
丈冊末議 姚文然 118/321
設立里催議 袁一相 118/322
徵輸良法 胡衍虞 118/324
均徭議 張一杰 118/325
限田論 黃中堅 118/327
編審論 盛百二 118/329
請改編審行保甲疏 李紱 118/330
辦理耗羨疏 孫嘉淦 118/330
戶口說 朱雲錦 118/333
請立法清查錢糧疏 王命兵 118/335
畝制 俞正燮 118/336
地丁原始 俞正燮 118/337
敬陳八折收漕不可者十事疏 王家相 118/341
前因時論十七 吳鋌 118/346
請嚴革徵漕積弊疏 陳岱霖 118/347
謹陳湖北漕弊擬辦減漕密疏 胡林翼 118/348
辦理減漕大概情形片 胡林翼 118/350

卷四四 戶政九 賦役下

與許信臣撫部論蘇松漕弊書 馮桂芬 118/353
請定步弓尺寸公牒 馮桂芬 118/354
均賦議 馮桂芬 118/356
繪地圖議 馮桂芬 118/359
啟肅毅伯李公論清文書

馮桂芬 118/365
啟李宮保論減賦 馮桂芬 118/368
再啟李宮保 馮桂芬 118/369
三啟李宮保 馮桂芬 118/371
請減蘇松太浮糧疏 李鴻章 118/372
報銷安徽省抵徵總數疏 曾國藩 118/377
議減杭嘉湖三屬漕糧疏 左宗棠 118/378
浙江南米截漕利害說 金安清 118/381
桂陽賦役志序 王闓運 118/384
條陳山陝差徭苦累擬設法輕減疏 閻敬銘 118/386
請將晉省例解紬絹紙張折價解部片 張之洞 118/389
請將年終應解物料變通辦理疏 張之洞 118/391
裁撤夫馬局疏 丁寶楨 118/393
請開爐鑄錢疏 楊昌濬 118/393

卷四五 戶政一〇 漕運

白糧改折疏 楊雍建 118/397
釐剔漕事疏 尹繼善 118/398
海運議 施彥士 118/399
海運提要序 謝占壬 118/400
復魏制府詢海運書 118/407
剔漕弊 包世臣 118/409
折南漕議 馮桂芬 118/411
致曾侯相書 馮桂芬 118/412
陳明河運艱難疏 曾國藩 118/413
籌辦河運事宜疏 曾國藩 118/415
招商試辦輪船分運江浙漕糧疏 李鴻章 118/417
議覆河運萬難修復疏 沈葆楨 118/419
兩湖漕糧難徵本色河運疏 李瀚章 118/421
論漕一 孫鼎臣 118/426
論漕二 孫鼎臣 118/427
論漕三 118/428
商號擬購輪船試行漕運札并加函 丁日昌 118/430
停漕 鄭觀應 118/431
酌議整頓倉務章程疏 游百川 118/433

卷四六 戶政一一 錢幣

以錢為賦 顧炎武 118/441
金 顧炎武 118/443
銀 顧炎武 118/444
銅 顧炎武 118/446
奉旨議禁銅器疏 118/448
請嚴銅禁劄子 李紱 118/448
平錢價疏 田懋 118/449
杜制錢銷毀之弊疏 陳廷敬 118/451
開銅源節銅流疏 晏斯盛 118/452
六經不及貨泉論 顧棟高 118/453
錢鈔十議 王鎏 118/455
重銅運以杜弊累疏 嚴烺 118/463
銀幣論一 馬敬之 118/464
銀幣論二 馬敬之 118/465
前因時論十四 吳鋌 118/466
鈔利條論 許楣 118/467
銀荒小補說 118/472
答王亮生論鈔幣書

包世臣 118/474
專重制錢論上 成毅 118/477
專重制錢論下 成毅 118/478
設法貴錢賤銀疏 吳文鎔 118/479
擬銀錢並用章程疏 曾國藩 118/481
擬上銀錢並用議 吳嘉賓 118/484
平定州專用鐵錢流弊疏 黄輔辰 118/490
論治五 孫鼎臣 118/491
論幣一 孫鼎臣 118/493
行鈔引議 楊象濟 118/495
粤省試鑄銀元片 張之洞 118/496
擬請改鑄輕錢議 鍾大焜 118/498
擬中國設局鼓鑄小銀錢節畧 (英)歐斐理 118/502
通行銀元八議 李鼎頤 118/506
變通交鈔以齊風俗 118/510
中外金銀漲落說 (英)李提摩太 118/511
論金銀漲落極有關繫 (英)李提摩太 118/512
論各國行用金幣 闕名 118/514
卷四七 戶政一二 關稅附釐金
省官役以清關弊疏 徐旭齡 119/1
上鄂相國論酒禁書 陳兆崙 119/2
清釐關務積弊疏 晏斯盛 119/3
征商論 俞正燮 119/7
罷關征議 馮桂芬 119/8
重酒酤議 馮桂芬 119/9
粤海關志序例 方東樹 119/10
洋藥土稅 119/14
論稅務 李東沅 119/18
咨行通商各口募用外國幫辦稅務章程 119/19
酌擬崇文門稅務章程疏 寶鋆 119/24
洋關征收稅鈔分項總數表 楊楷 119/28
海關征稅叙略 薛福成 119/33
海關出入貨類叙略 薛福成 119/34
海關出入貨價叙略 薛福成 119/35
利權一 薛福成 119/37
利權二 薛福成 119/38
利權三 薛福成 119/40
利權四 薛福成 119/41
奏駁總稅務司重議土藥稅釐捐 李秉衡 119/42
論稅則 闕名 119/45
記泰西煙酒稅 119/48
釐金議 楊象濟 119/49
原捐 陸心源 119/51
遵議整頓釐捐章程疏 119/52
詳陳釐捐源流利弊疏 郭嵩燾 119/55
釐卡議 程鴻詔 119/60
洋貨加稅免釐議 薛福成 119/61
論洋貨入内地免釐 119/62
仿行印稅摺 陳璧 119/66
印稅條議 程儀洛 119/67
卷四八 戶政一三 鹽課上
鹽法論 曹一士 119/71
鹽法考 金鎮 119/73
請定鹽法疏 119/79
鹽歸場竈議 俞德淵 119/83
請更定鹽法疏 王贈芳 119/86

會籌兩淮鹽務擬定章程疏 陶澍 119/89
淮鹺問答 周濟 119/95
論鹽一 孫鼎臣 119/104
論鹽二 孫鼎臣 119/105
論鹽三 孫鼎臣 119/107
變鹽法議 119/109
利淮鹽議 馮桂芬 119/111
整理淮北鹽票疏 曾國藩 119/112
整理淮南鹽務疏 曾國藩 119/115
請收回淮南引地疏 曾國藩 119/116
卷四九 戶政一四 鹽課中
兩淮鹽價難以議增疏 沈葆楨 119/119
遼海榷鹽私議 胡傳 119/120
擬整頓東三省鹽釐片 崇厚 119/122
長蘆鹽法議畧 王守基 119/123
兩淮鹽法議畧 王守基 119/134
山東鹽法議畧 王守基 119/139
長蘆獘鹽 劉樹堂 119/148
河東鹽法議略 王守基 119/149
卷五〇 戶政一五 鹽課下
浙江鹽法議畧 王守基 119/161
福建鹽法議略 王守基 119/170
四川鹽法議略 王守基 119/173
廣東鹽法議略 王守基 119/182
雲南鹽法議略 王守基 119/188
陝西攤徵鹽課請飭議變通疏 吳振棫 119/193
請杭嘉紹松四所試辦票鹽疏 左宗棠 119/195
瀝陳閩鹺積弊請試行票運疏 左宗棠 119/196
查明川省官運欵目並原奏情形不符疏 119/198
卷五一 戶政一六 礦務
查勘滇省礦廠情形試行開採疏 林則徐 119/209
軍儲篇三 魏源 119/214
變通雲南礦務章程疏 唐炯 119/218
直隸開平煤礦辦有成效疏 李鴻章 119/219
勸開湖南煤鐵礦示 張之洞 119/221
請開粵西礦利條陳 謝光綺 119/223
請開兩廣鐵禁疏 張之洞 119/225
籌辦漠河金廠疏 李鴻章 119/225
礦屯議 薛福成 119/232
上李伯相論漠河開礦事宜稟 馬建忠 119/234
礦政 薛福成 119/238
奏請開辦遼東礦務摺 依克唐阿 119/239
四川礦務章程 闕名 119/241
湖南礦務總局章程 闕名 119/244
奏請各省開礦摺 陳其璋 119/249
擬開辦奉天東邊礦務章程 貴鐸 119/250
中國滿洲金礦情形 闕名 119/253
論採金要法 (英)闕名 119/254
論中國煤礦 (英)闕名 119/256
光緒十七年天下各國所出金銀數表

美國鑄錢局 119/257
論鐵性 (英)闕名 119/260

卷五二 戶政一七 荒政附善堂

荒政綱目 闕名 119/265
救荒策 魏禧 119/267
飭興水利牒 李光地 119/275
賑紀十五條 方觀承 119/276
通商 楊景仁 119/282
論平糶 陸曾禹 119/283
請安流民興水利疏 任啓運 119/284
賑粥得宜法 徐文弼 119/286
與鄉耆約減糶弭亂議 鄧顯鶴 119/287
請責成官紳查賑疏 張沄 119/288
江蘇陰雨連緜田稻歉收情形片 林則徐 119/290
再與謝拜賡論救荒書 甘聲揚 119/293
勸施米湯約 甘聲揚 119/296
備荒議 陳廷經 119/297
歲貸記 楊彝珍 119/299
遵查畿南災歉酌擬賑卹疏 曾國藩 119/299
說賑上 彭泰來 119/302
說賑下 彭泰來 119/303
條陳荒政事宜疏 彭世昌 119/304
籌辦陝省荒政情形疏 譚鍾麟 119/316
廣施粥不如散米說 方濬頤 119/318
備荒說 趙元益 119/320
普濟堂並育嬰堂條約 栗毓美 119/325
書李寅菴大令育嬰局募捐冊後 鄧瑤 119/328
上海果育堂記 馮桂芬 119/328
答某廉訪論通行牛痘書 金東 119/330
條陳大府通行牛痘章程 金東 119/333
同善堂記 彭洋中 119/335
天津創設廣仁堂疏 李鴻章 119/336
捕蝗說 沈受宏 119/337
敬籌除蝻滅種疏 周燾 119/338
敬陳治蝗諸法疏 任輔祥 119/339

卷五三 禮政一 通論

風俗策 陳隴其 119/351
名稱 唐甄 119/352
正友 王友亮 119/353
上曾相國書 劉蓉 119/353
復劉霞仙中丞書 曾國藩 119/356
書儀禮釋官後 曾國藩 119/358
釋禮堂記 劉蓉 119/359
儉解 陳心源 119/360
崇檢論 馬福安 119/361
禮理說 俞樾 119/362

卷五四 禮政二 大典

北郊配位議 徐學乾 119/363
聖廟五王昭穆位次議 金門詔 119/364
晉書賀循傳書後 沈垚 119/366
遵議大禮疏 曾國藩 119/368
明大禮說 朱琦 119/370
敬陳從權守經疏 董元章 119/372

總統論上 方宗誠 119/373
總統論下 方宗誠 119/379
答吳摯甫論祔祧書 方宗誠 119/382
請崇儉疏 倭仁 119/383
以一死泣請懿旨豫定大統之歸疏 吳可讀 119/384
闡明聖意疏 徐桐、翁同龢、潘祖蔭 119/386
遵旨妥議疏 寶廷 119/387
遵旨謹陳管見疏 張之洞 119/389
預杜妄論疏 醇親王 119/393
謹獻升祔大禮議 張佩綸 119/394

卷五五 禮政三 正俗

禁刊邪書疏 劉楷 119/399
與張仲嘉論畫像書 萬斯大 119/399
國朝謚法考自序 王士禎 119/400
與邵子昆學使論鄉賢名宦從祀書 宋犖 119/402
訂音律 邱嘉穗 119/403
禁邪説示 119/404
與顧肇聲論基銘諸例書 沈彤 119/404
與人論墓誌銘篆蓋書 汪琬 119/405
改天主堂為天后宮碑記 李衛 119/406
毀淫祠疏 湯斌 119/409
城隍考 秦蕙田 119/410
釋哭 湯金釗 119/411
士庶喪禮遵制正俗議 李德騫 119/412
請禁祠宇流弊疏 輔德 119/413
議謚明季殉難諸臣疏 舒赫德 119/414
與錢巽齋論行述書 陸曜 119/416
天主教 趙翼 119/417
原孝上 錢大昕 119/419
饒陽縣新建文昌閣記 錢大昕 119/419
跋藏經 姚瑩 119/420
毀五嶽寢廟議 武億 119/421
兄弟異居義 王紳 119/423
書任彥昇奏彈劉整文後 鄧瑤 119/423
汰僧道議 楊象濟 119/424
與瑟庵從弟書 劉蓉 119/425

卷五六 禮政四 昏禮

答昏禮問 119/431
三月廟見解 119/432
禮經答問二條 錢大昕 119/433

卷五七 禮政五 宗法

補定大宗議 許禮三 119/435
叙次宗譜例言 法坤宏 119/435
與嚴姓親族書 張海珊 119/436
異姓為後 方芑 119/437
答張南昌問能否歸宗議 包世臣 119/438
繼嗣義例問答 吳昆田 119/441
提督出後異姓片 曾國藩 119/443
與友人論姪嗣姑後書 鄧瑤 119/444
宋濮議論 張錫恭 119/445
復宗法議 馮桂芬 119/446

卷五八 禮政六 服制

禮部頒丧服之制 119/449
與友人論父在為母齊哀期書 顧炎武 119/451
嫂叔無服說 萬斯同 119/452
與陸翼王書 閻若璩 119/453
祖父母在妻喪用杖議 徐乾學 119/454
論庶子後生服制書 沆文成 119/455
喪服三條 許三禮 119/456
己亥示道希兄弟 方苞 119/457
跋方望溪先生教忠祠禁議喪禮不御內 汪師韓 119/458
答喪禮問 劉榛 119/459
妾服議 陳祖范 119/461
三父八母服制存疑說 劉彬 119/462
本生父母降服說 119/463
婦為舅姑服說 華學泉 119/463
喪所生母雜議 沈彤 119/464
父未殯而祖亡承重議 119/465
承重孫說 119/466
妻為夫之兄弟服議 沈欽韓 119/467
爲人後者為本生祖父母服議 張履 119/469
上湯尚書論兼祧服制書 張履 119/470
獨子兼承兩祧孫為祖父母服議 張履 119/471
爲人後者為所生服議上 沈垚 119/473
爲人後者為所生服議下 沈垚 119/474
服問 馬福安 119/475
答盛小迂論持本生服制書 亢樹滋 119/475
答祁春圃論承重孫婦姑在當何服書 程恩澤 119/476
父在為母斬衰三年說 張錫恭 119/477
養母不宜服斬衰三年議 胡培翬 119/478
河南余氏服議 胡培翬 119/479
期喪在任行禮持服議答孫淵如先生 洪頤煊 119/481
讀喪服記書後 李聯琇 119/482
答曾侍郎書 吴敏樹 119/483
答湯茗孫論本生祖服書 胡培翬 119/484
適孫攝重議 錢泰吉 119/485
請禁止奪情疏 汪朝棨 119/486
喪服私論 俞樾 119/486
論獨子兼祧之服 俞樾 119/492
卷五九 禮政七 葬禮
火葬 顧炎武 119/499
族葬考 徐乾學 119/500
與崔子玉論歸葬書 錢維城 119/502
柩不入門辨 119/502
停丧不葬 119/503
讀葬書雜說 姚瑩 119/504
勸速葬示 黄彭年 119/507
卷六〇 禮政八 祠祭
品官家祭之禮 119/511
家廟祭享禮略 李光地 119/512

妾母祔祭議 朱軾 119/514
論昭穆 孔繼汾 119/515
答祭外祖父母問 王人定 119/516
祔廟說 邵長蘅 119/516
廟主考 吳定 119/517
先祠記 張永銓 119/518
祠堂示長子 陸燿 119/519
祠堂再示長子 陸燿 119/520
書陸朗夫先生祠堂論後 王元啟 119/521
論祧室龕制書 王元啟 119/522
並配義 俞正燮 119/523
忌日不祭議答孫淵如先生 洪頤煊 119/524
婦人無主答問 汪中 119/525
與陸筱坡書 顧廣譽 119/526
卷六一 禮政九 學校附書院學堂
議都察院請增孔林祀典狀 陳兆崙 120/1
學校應增祀先聖周公議 魏源 120/2
擬復漢儒賈誼從祀議 陸心源 120/3
遵議先儒黃宗羲顧炎武從祀疏 潘祖蔭 120/4
請升先儒韓愈祀位疏 鈕玉庚 120/7
學校祀倉頡議 俞樾 120/9
致汪梅村 胡林翼 120/10
重儒官議 馮桂芬 120/11
奏設味經書院疏 許振禕 120/12
河北精舍學規 陳實箴 120/14
瑪賽復友人書 馬建忠 120/19
請變通書院章程摺 120/22
議覆整頓各省書院摺 禮部 120/24
粵省創設水陸師學堂以儲羣材疏 120/26
德國陸軍槍隊操法序 120/28
上張香帥言武備學堂事宜書 何熙年 120/29
奏設武備學堂摺 張之洞 120/40
招考武備學堂學生示 張之洞 120/42
擬設天津中西學堂章程稟 盛宣懷 120/45
陝西創設格致實學書院摺 張汝林、趙維熙 120/56
卷六二 禮政一〇 貢舉附武科
說士上 120/59
說士下 120/60
送江小帆視學湖北序 曾國藩 120/61
變科舉議 馮桂芬 120/62
科場議一 陳澧 120/64
科場議二 陳澧 120/65
科場議三 陳澧 120/67
擬朱子學校貢舉議二 王寶仁 120/67
條陳請禁楷字以挽頹風疏 桂文燦 120/70
議覆考試策問准引用本朝人名書名摺 禮部 120/71
請陝甘鄉試分闈並分設學政疏 左宗棠 120/72
戊戌武會試策問 李紱 120/74
卷六三 禮政一一 旌表

闈貞集序 胡承珙 120/77
刲股對 魏源 120/77
續貞女論上 方宗誠 120/78
續貞女論下 方宗誠 120/79
遵議已故節婦未符年限分別核准請旌疏 禮部 120/80
周禮嫁殤說 胡培翬 120/81
禁止溫州坐筵記 戴槃 120/81
卷六四禮政一二 禮政一二 樂律
律呂正義 120/83
論樂律及權量疏 張照 120/84
卷六五 兵政一 通論
宋太祖欲令武臣讀書論 魏世儼 120/95
書蘇文公用間後 魏世傚 120/95
兵法百言上 智篇 揭暄 120/96
兵法百言中 法篇 揭暄 120/100
兵法百言下 術篇 揭暄 120/109
書握奇經後 盛百二 120/113
趙充國論 陳遷鶴 120/114
利才 唐甄 120/115
受任 唐甄 120/117
五形 唐甄 120/118
兵論上 顧棟高 120/121
兵論下 顧棟高 120/122
唐府兵論 秦蕙田 120/123
宋軍制論 秦蕙田 120/124
將帥家丁 趙翼 120/125
因時論八 吳鋌 120/126
讀蘇老泉上韓樞密書 何曰愈 120/127
軍政篇 魏源 120/128
論兵二 孫鼎臣 120/133
通論唐以後兵籍之數 孫鼎臣 120/134
卷六六 兵政二 地勢
長城 顧炎武 120/137
潛邱劄記 閻若璩 120/139
論岳陽利害書 萬正色 120/139
敬陳剿調粵西戎務四策疏 郝浴 120/140
讀史方輿要序 顧祖禹 120/142
論江南 顧祖禹 120/144
論山西 顧祖禹 120/146
論山東 顧祖禹 120/147
論河南 顧祖禹 120/147
論湖廣 顧祖禹 120/148
春秋列國地形險要表序 顧棟高 120/151
原勢 儲大文 120/152
秦蜀荆楚形勢議 蔣伊 120/155
請總督移駐兗州疏 王士俊 120/156
復建盱眙城議 郭起元 120/158
滇南通考 王思訓 120/159
論全滇形勢 劉彬 120/160
河南關塞形勝說 朱雲錦 120/162
前因時論二十 吳鋌 120/163
湖北水陸形勢預籌防堵疏 王茂蔭 120/164
論貴州境插花情形啟 胡林翼 120/166
請通飭修築碉堡啟 胡林翼 120/170
郴州論 黃仲騏 120/172
永州論 黃仲騏 120/176

桂陽疆域志叙　王闓運　120/177
與駱籲門中丞書　陳慶鏞　120/179
與倪蓮舫書　陳世鎔　120/180
與張小浦副憲書　陳世鎔　120/182
致駱籲門宮保書　劉蓉　120/183
倡捐築堡疏　沈保楨　120/185
議覆安徽省城應仍建安慶疏　曾國藩　120/187
統籌新疆全局疏　左宗棠　120/188
浙江輿地扼要說　鍾文烝　120/190
卷六七　兵政三　兵制
師律篇五　湯成烈　120/193
議汰兵疏　曾國藩　120/194
籌擬直隸練軍事宜疏　曾國藩　120/197
籌擬減兵加餉就餉練兵疏　左宗棠　120/199
覆陳籌兵餉大端疏　李鴻章　120/202
論兵一　孫鼎臣　120/205
東南兵事策　謝章鋌　120/206
挑選額兵立營酌加津貼疏　馬新貽　120/207
整頓營務議　龍汝霖　120/209
籌議廣西邊防請移駐提督添設鎮道疏　張之洞　120/211
新疆局勢大定敬陳管見疏　張曜　120/215
卷六八　兵政四　兵機上
廣南藩兵議　潘耒　120/217
與鄂張兩相國論西兵書　方苞　120/218
行軍策略　俞益謨　120/222
論川楚教匪事宜疏　梁上國　120/229
籌令民築堡禦賊疏　德楞泰　120/236
撫議　龔景瀚　120/237
平定教匪總論　嚴如熤　120/239
練兵陣法疏　楊芳　120/242
選兵論　魯之裕　120/244
立坐戰營片　周天爵　120/245
條陳軍務疏　江忠源　120/246
答曾滌生侍郎師書　江忠源　120/248
與吳中翰論時勢書　魯一同　120/250
再復戴孝廉書　魯一同　120/252
湖北勇丁潰擬整頓挑募以期補救片　胡林翼　120/255
卷六九　兵政五　兵機下
致曾欽使書　胡林翼　120/263
致曾欽使書　胡林翼　120/263
與各帥論兵事書　胡林翼　120/263
致吳幹臣書　胡林翼　120/266
致蔣之純凝學書　胡林翼　120/266
致多都統書　胡林翼　120/266
致多都統書　胡林翼　120/267
詳陳水陸各軍進勦機宜疏　胡林翼　120/268
覆陳征皖地勢兵勢情形疏　胡林翼　120/270
通籌楚境布置情形片　胡林翼　120/272
北援集議　胡林翼　120/273
上翁撫軍書　徐子苓　120/280

再上翁撫軍書 徐子苓 120/283
書玉山縣城破地雷事 李元度 120/285
萬言策 蔣敦復 120/286
請整頓額兵疏 沈葆楨 120/296
上曾節相請飭洋槍隊間用牌矛書 陳錦 120/298
飛機考 120/300
卷七〇 兵政六 勇營
湘鄉昭忠祠記 曾國藩 120/305
募練長興難民議 陸心源 120/306
湘勇原流記 彭洋中 120/307
湘軍志營制篇 王闓運 120/313
論近年營勇之弊 120/316
卷七一 兵政七 校練
籐牌撒星陣法說 李紱 120/319
山路連環三疊陣法說 李紱 120/320
演陣餘論 李紱 120/321
再議練軍事宜疏 曾國藩 120/322
論練兵 李東沅 120/325
操練章程 張之洞 120/327
操練洋槍淺言 馮國士、葛道殷 120/328
湖北興辦洋操奏章公牘章程 120/334
卷七二 兵政八 軍機
河南採辦硝磺述略 朱雲錦 120/345
槍礮說上 薛福成 120/346
槍礮說下 薛福成 120/347
妥籌保護浙東新築砲臺疏 薛福成 120/347
新法礮臺議 周郇兩 120/349
用礮要言 葛道殷 120/352
鎗礮須知 楊毓輝 120/356
礮臺 鄭觀應 120/358
美利加砲臺經驗說 傅雲龍 120/361
卷七三 兵政九 馬政
論馬政 王心敬 120/369
請設馬廠疏 劉於義 120/369
滇馬 師範 120/370
條擬整頓馬政章程疏 120/371
籌擬購練馬隊疏 左宗棠 120/372
卷七四 兵政一〇 餉運
餉兵兼用麥米說 王心敬 120/375
兵餉策 儲方慶 120/376
虛名冒餉疏 趙申喬 120/377
致城守糧臺書 胡林翼 120/378
復城守糧臺公局書 胡林翼 120/379
襄陽道府稟請雇募壯勇彈壓防堵批 胡林翼 120/379
札總糧臺 胡林翼 120/380
請部撥浙引用鹽抵餉疏 曾國藩 120/381
奏撥二成洋稅片 曾國藩 120/382
湘軍志籌餉篇 王闓運 120/383
袁郡防軍報銷上善後局請示稟 陳喬樅 120/386
奏免軍需造冊報銷疏 120/389
料理西征事宜疏 左宗棠 120/390
籌畫新疆軍務情形疏 左宗棠 120/392
籌辦出關事宜疏 左宗棠 120/397

論籌餉為行軍要義 陳耀卿 120/401
卷七五 兵政一一 屯衛
軍屯省餉疏 艾元徵 120/409
請實邊屯疏 文綬 120/411
請停查屯田滋擾疏 趙青黎 120/412
汎兵授田疏 孫嘉淦 120/413
衛屯 120/415
屯田攷 120/416
前因時論十五 吳鋌 120/418
屯田篇上 湯成烈 120/418
屯田篇下 湯成烈 120/420
裁衛屯議 馮桂芬 120/421
黑龍江旗民屯田議 李經邦 120/423
屯墾策 楊毓輝 120/426
卷七六 兵政一二 團練
守禦後議 120/429
復古州廳郎同知書 胡林翼 120/430
粵西團練輯略序 龍啟瑞 120/432
復文任吾書 曾國藩 120/433
團練論上 王應孚 120/434
團練論下 王應孚 120/435
團練說 朱孫詒 120/437
論兵三 孫鼎臣 120/438
武陽團練論 楊金監 120/440
答張小浦中丞論皖郡團練書 陳世鎔 120/442
答張中丞第二書 陳世鎔 120/443
敘團練大臣 薛福成 120/444
卷七七 兵政一三 保甲
保甲論 120/447
慎選鄉約論 于成龍 120/448
隴盜議 蔣熏 120/449
湖濱備禦事宜 120/450
設卡房議 徐文弼 120/452
保甲三論 黃六鴻 120/453
答章觀察問保甲啟 陸燿 120/456
禦賊議 檀萃 120/457
復江岷樵書 彭洋中 120/460
保甲論 張聲玠 120/461
聯社篇 湯成烈 120/462
答陸邵文論保甲書 張琦 120/463
卷七八 兵政一四 捕緝
弭盜九條疏 120/467
請定緝捕事宜疏 田文鏡 120/469
搜捕盜賊責成文武議 陶文涫 120/471
請建米艇狀 吳俊 120/472
論鎮守南澳事宜書 藍鼎元 120/473
上撫軍論誣盜書 秦瀛 120/475
答秦觀察問防海事宜 曾鏞 120/476
上李提軍書 周鎬 120/478
論明職 周鎬 120/479
浙江提督總統閩浙水師追封三等壯烈伯諡忠毅李公行狀 王芑孫 120/480
議覆捕盜事宜疏 林則徐 120/483
與倪兵備論捕盜書 姚瑩 120/485
條陳勦匪啟 胡林翼 120/486
卷七九 兵政一五 驛站附郵政
疏通舊路檄 盧崇俊 120/493

釐革驛害疏 王登聯 120/493
上張撫軍論修棧道書
喬光烈 120/494
城陵磯義渡記 錢澧 120/495
論驛政 黄六鴻 120/496
設腰站議 黄六鴻 120/498
請查禁郵驛弊端疏
金應麟 120/499
建甯改站第一議 柯培元 120/500
建甯改站第二議 柯培元 120/501
建甯改站第三議 柯培元 120/502
建甯改站第四議 柯培元 120/502
建甯改站第五議 柯培元 120/503
建甯改站第六議 柯培元 120/504
附改小站議 柯培元 120/505
重修早林昌文橋碑記
周拱辰 120/506
京口建浮橋議 汪中 120/506
修路 鄭觀應 120/507
議辦郵政摺 總理衙門 120/509
議覆郵政事宜摺 總理衙門 120/516
驛站 鄭觀應 120/519
郵運問答 120/521
卷八〇 兵政一六 邊防上
根本形勢疏 張尚賢 121/5
大同邊備疏 陳協 121/5
陳嘉峪關外情形疏 文綬 121/6
條陳南征時事上經略傳公
黄桂 121/9
平定兩金川附論 趙翼 121/11
記新疆邊防二則 紀昀 121/12
西藏巡邊記 松筠 121/13
邊防議 陳黄中 121/14
说張家口 龔鞏祚 121/15
答人問西北邊域書 魏源 121/16
新疆私議 沈垚 121/19
吉林根本說 曹廷杰 121/24
庫葉島沿革形勝攷 曹廷杰 121/26
新疆善後方略 李雲麟 121/28
論邊防 李雲麟 121/30
挽回西北大局疏 李雲麟 121/31
擬與劉欽使論新畺事宜書
總理衙門 121/35
廣軍會合桂省主客各軍力戰破敵實
情疏 彭玉麟 121/40
欵議雖定仍宜備戰以毖後患疏
彭玉麟 121/44
力阻和議片 彭玉麟 121/46
請接濟劉永福片 彭玉麟 121/48
遵議東三省邊務大略情形疏
121/48
籌議廣西邊防請移駐提督添設鎮道
各緣由疏 張之洞、李秉衡 121/52
恭報撤師日期並調度劉軍安置越民
情行疏 岑毓英 121/55
卷八一 兵政一七 邊防下
聯銜糾糸督臣植黨疏
京官五十餘員 121/57
上劉峴帥書 余虎恩 121/60
力爭和議電奏一 張之洞 121/63
力爭和議電奏二 張之洞 121/64
騰越邊徼 黄楙材 121/65
邊防一 121/66
邊防二 121/69
邊防三 121/71
邊防四 121/73

邊防五 121/75
邊防六 121/78
邊防七 121/83
西域圖說 黄楙材 121/90
西域形勝 黄楙材 121/93
籌邊論三 姚文棟 121/96
中國邊事論 (俄)鋪加脱 121/97
卷八二 兵政一八 山防
守險分治水靖交山議 趙吉士 121/111
川陝楚老林情形疏 121/113
陳勦撫古州苗匪疏 鄂爾泰 121/115
答齊總兵書 金鉷 121/117
修邊 傅鼐 121/118
練勇 傅鼐 121/119
治苗 傅鼐 121/120
防苗 魏源 121/121
湖南按察使贈巡撫傅鼐傳 魏源 121/122
條陳剿苗匪說 韓超 121/127
平猺議 陳起詩 121/129
南言二 陳起書 121/133
壬辰防猺五論 唐鑑 121/135
平黎立縣議 何絳 121/137
上粵督平黎條陳 闕名 121/139
籌制滇邊土民疏 蔡毓榮 121/140
土官說 倪蛻 121/142
分別流土考成疏 鄂爾泰 121/143
雲貴事宜疏 鄂爾泰 121/145
卷八三 兵政一九 江防
烏船志略 張泓 121/153
預籌水師將才並預備礮位片 胡林翼 121/153
請起復曾侍郎督師疏 胡林翼 121/154
金陵楚軍水師昭忠祠祀 曾國藩 121/155
預籌三支水師疏 曾國藩 121/157
會議長江水師營制疏 121/158
續陳長江水師未及盡事宜疏 曾國藩 121/169
詳酌長江水師事宜疏 彭玉麟 121/175
長江圖說 馬徵麟 121/179
水師宜兼練陸戰疏 劉錫鴻 121/182
卷八四 兵政二〇 海防
天下沿海形勢錄 陳倫炯 121/183
海防總論擬藁 姜宸英 121/186
吳中江海形勢說 121/191
籌畫海寇疏 121/191
操練水師疏 高其倬 121/193
上福節相論臺事書 鄭光策 121/194
論澳門形勢狀 張甄陶 121/198
沿海硐堡說條陳硐堡利用情形 嚴如熤 121/202
查覆虎門排鍊礮臺疏 林則徐 121/203
議覆沿海港口不宜封閉疏 裕謙 121/206
擬選聰穎子弟出洋習藝疏 曾國藩 121/207
選派閩廠生徒出洋習藝並酌議章程疏 李鴻章、沈寶楨 121/209

請造小輪船片 彭玉麟 121/214
飭辦江海漁團札 左宗棠 121/215
請拓增船廠大廠疏 左宗棠 121/216
大沽後路建築新城疏 李鴻章 121/217
訓練沿海水師議 顧廣譽 121/219
海防條議 丁日昌 121/221
覆奏洋務事宜疏 沈葆楨 121/237
復總署論挖吳淞漲沙書 李宗羲 121/243
南洋形勢 黄楙材 121/247
上李伯相論赫德不宜總司海防書 薛福成 121/249
沿海練水師議 121/251
行軍以間諜為先論 鄭觀應 121/253
防海上 121/254
防海下 121/256
測繪海圖議 羅豐祿 121/258
論今南洋各島國 吳曾英 121/260
設險守國論 吳曾英 121/262

卷八五 兵政二一 船政

輪船工竣並陳機器局情形疏 曾國藩 121/265
請創設外海兵輪水師疏 張佩綸 121/266
謹陳船政形勢及應行次第舉辦事宜疏 裴蔭森 121/269
條陳海軍船廠應辦事宜疏 許景澄 121/271
試造淺水兵輪工竣察看疏 張之洞 121/274
請整頓船政摺 121/275
議覆船政摺 總理衙門 121/277
船政 薛福成 121/280
中國擇地建造船塢論 李龍光 121/282
論海軍當廣儲人才 121/284
法國海軍職要叙 馬建忠 121/286
駕駛輪船說略 葛道殷 121/287
記日本議院論中國刱設海軍事 吳劍華 121/289

卷八六 刑政一 通論

法制 顧炎武 121/295
赦罪論 汪价 121/295
杵米說 魏世傚 121/297
案刑家 汪縉 121/298
張湯杜周論 任源祥 121/299
變法說 黄式三 121/300
五刑辨 黄中堅 121/301
書崔寔政論後 袁枚 121/302

卷八七 刑政二 議律

唐律疏義 121/305
請免罪人及孥疏 王命岳 121/306
請復盜案半獲舊例疏 姚文然 121/306
律意律心說 姚文然 121/308
犯罪自首說 姚文然 121/309
原免出繼緣坐議 姚文然 121/309
審辦雇工毆傷舊家長議 闕名 121/311
審辦獨子承祧兩房各娶妻議 闕名 121/311
陳斗殺父妾辨 錢維城 121/313
議捉姦致傷尊長勿論奏

秦蕙田 121/314
私鑄案犯分別定擬奏
秦蕙田 121/315
復讐議 汪琬 121/315
殺賊無抵命法論 錢維城 121/317
請寬妖言禁誣告疏
曹一士 121/319
刑名八字義序 王明德 121/320
答金震方先生問律例書
袁枚 121/325
卷八八 刑政三 議例
上某學士書 潘耒 121/327
法令應歸簡易疏 盧崇俊 121/328
刑名十六字義 潘杓燦 121/329
請除無益條例疏 李紱 121/330
請詳議旌表之例疏 紀昀 121/331
致左季高書 胡林翼 121/332
省則例議 馮桂芬 121/333
修政論 薛福保 121/335
卷八九 刑政 治獄
慎刑七條疏 龔鼎孳 121/337
山東臬司條議四事 宋犖 121/339
省刑 唐甄 121/341
請禁原官會審覆審疏
吳綬紹 121/342
請刑獄慎初招疏 朱裴 121/343
飭巡道清查州縣詞訟檄
陳宏謀 121/345
請飭巡道清查訟案疏
陳宏謀 121/346
論命案 汪輝祖 121/347
清獄省刑疏 周清原 121/349
論盜案 汪輝祖 121/350
慎獄芻言 李漁 121/352
論刑具 李漁 121/362
審明丁燦庭等兩次京控疏
林則徐 121/365
直隸清訟事宜十條
曾國藩 121/370
四禁告示 李宗羲 121/377
卷九〇 工政一 營造大工
陳採木三弊疏 姚文然 121/383
採運川木五難狀 何源濬 121/384
卷九一 工政二 黃河上
全河備考 葉方恆 121/387
釐釐河工積弊檄 賈漢復 121/393
治河論 裘曰修 121/394
治河策上 裘曰修 121/396
治河策下 裘曰修 121/398
論賈讓治河奏 靳輔 121/399
論賈魯治河 靳輔 121/401
防河事宜疏 靳輔 121/402
治河要論 靳輔 121/406
治河餘論 靳輔 121/414
黃河兩岸難修石工疏
張鵬翮 121/421
論黃河要領 張鵬翮 121/422
石工說 嵇曾筠 121/423
卷九二 工政三 黃河中
籌蘭陽三堡改隄開河疏
阿桂 121/427
籌改河善後事宜疏 阿桂 121/428
河工夫食料價議 紀元 121/430
復張觀察論工料書
呂星垣 121/431
賈讓治河論 夏騆 121/433

賈讓治河論二　夏駰　121/434
河防述言　張靄生　121/436
籌全河治清口疏　鐵保　121/454
固高堰守二壩疏　莫瞻菉　121/457
請辦高堰碎石坦坡疏　吳璥　121/458
疏河築隄工程記　汪志伊　121/459
勘海口籌全河疏　百齡　121/461
治黃治清四條疏　百齡　121/464
卷九三　工政四　黃河下
建虎山腰減壩疏　黎世序　121/469
黃河北岸減壩疏　黎世序　121/472
請改河避淤掣溜疏　張井　121/473
答吳六符問東明事宜　徐志導　121/476
治河要語　丁愷曾　121/477
高堰另建五壩說　陳文述　121/489
河口築隄設牐說　陳文述　121/491
論治河優劣　包世臣　121/492
對壩逼溜說　包世臣　121/493
說壩　包世臣　121/494
開河三子說　包世臣　121/495
復郭雨三書　曾國藩　121/497
請築河隄疏　胡家玉　121/498
瀝陳黃水情形疏　李宗羲　121/499
治河議上　童寶善　121/501
治河議下　童寶善　121/504
治河挑淺議　徐旭旦　121/506
河源圖說一　吳省蘭　121/507
河源說圖二　吳省蘭　121/508
河源說三　吳省蘭　121/508
河源說四　吳省蘭　121/509
卷九四　工政五　淮水
治淮論　裘曰修　121/513
治河淮策　魯之裕　121/514
擬復淮水故道章程　丁顯　121/515
導淮捷議　丁顯　121/519
導淮補議　丁顯　121/524
導淮別議　丁顯　121/526
查勘砲臺河湖情形酌擬導淮辦法疏　劉坤一　121/529
卷九五　工政六　江水
長江圖說　馬徵麟　122/5
卷九六　工政七　運河
運河總論　張伯行　122/11
戴村壩議　張伯行　122/12
籌復漳河故道疏　白鍾山　122/14
漳河無庸復故道疏　孫嘉淦　122/16
議覆漳河洩漲疏　顧琮　122/17
與當事論永定河書　陳宏謀　122/18
南運河西岸不宜隄說　陳宏謀　122/19
天津運河疏　陳宏謀　122/20
南運河修防條議　陳宏謀　122/23
請開減河入大清河疏　孫嘉淦　122/25
運河灣曲說　122/28
論引沁入衛之患　陸燿　122/28
覆奏江南運河情形疏　蘭第錫　122/30
請修練湖閘隄啟　黎世序　122/32
論微湖蓄水過多書　黎世序　122/35
禹厮二渠考　孫星衍　122/36
邳宿運河宜增二閘疏　阮元　122/37
丹徒横閘改建議　陸獻　122/39
部議運河徒挑無益疏　慶桂　122/40

停辦裹揚運河挑工疏 嚴烺 122/41
查明百泉丹洹閘壩情形疏 嚴烺 122/43
再上陸制府書 魏源 122/46
籌辦永定河工片 曾國藩 122/48
籌辦河運工程疏 曾國藩 122/49
滹沱河改道北流亟應設法修治疏 曾國藩 122/51
請飭疏濬山東減河疏 劉恩溥 122/54
借黃濟運貽害大河全局疏 沈葆楨 122/57
北運河考略 朱其昂 122/58
請飭疏濬南運減河疏 劉恩溥 122/59
籌辦薊運河及北運兩減河要工疏 李鴻章 122/62

卷九七 工政八 各省水利上

論水利 顧炎武 122/65
五省溝洫圖則四說 沈夢蘭 122/66
西北水利議 許承宣 122/69
盛京圖說 122/71
奉天圖府說 122/71
吉林水道圖說 122/73
黑龍江圖說 122/76
直隸水道圖說 122/78
順天府水道圖說 122/80
畿東河渠通論 122/81
畿南河渠通論 122/83
畿南請設營田疏 朱軾 122/96
京東水利議 陳黃中 122/97
復唐河故道議 122/99
邦畿水利集說總論 沈聯芳 122/100
敬陳水利救荒疏 柴潮生 122/102
籌消水患疏 122/106
疏各處古河故瀆議 陳儀 122/109
治河蠡測 陳儀 122/110
擇要疏河以紓急患疏 程含章 122/113
漳河分流疏 122/116
直隸水道管見書後 吳邦慶 122/117
畿輔水利敘略 林則徐 122/122
開治水田有益國計民生議 林則徐 122/128
畿輔水利議總敘 林則徐 122/132
直隸土性宜稻有水皆可成田議 林則徐 122/133
責成地方官興辦毋庸另設專官議 林則徐 122/138

卷九八 工政九 各省水利中

勸課獎勵議 林則徐 122/147
開築挖壓田地計畝攤撥議 林則徐 122/149
禁占墾礙水淤地議 122/150
緩科輕則議 林則徐 122/151
禁擾累議 林則徐 122/153
懲阻撓議 林則徐 122/154
歷代開治水田成效考 林則徐 122/157
爭堵漳河决口書 包世臣 122/160
覆吳棣華按察書 包世臣 122/162
畿輔河渠議 魏源 122/163
請定天津水田章程疏 崇厚 122/166

挑闢直境各河尅期工竣疏 李鴻章 122/168
奏陳永定河工村民交土流弊疏 徐樹銘 122/170
查勘獻縣河務並擬辦工程疏 徐樹銘 122/172
籌濬三江水利疏 戴國賓 122/174
議濬吳淞江書 張世友 122/175
三吳水利略 徐旭旦 122/177
敷奏江南水利疏 鄂爾泰 122/178
答孫屺瞻開海口治下河 湯斌 122/180
三吳水利贅言 錢泳 122/182
查禁茭蘆佔塞河道示 莊有泰 122/185
論水勢壩身 錢中諧 122/186
請廣淮北水利疏 122/187
籌疏堵下河來源疏 白鍾山 122/189
運河上下游議 史奭 122/191
書昭文東鄉築壩濬河議 陶貞一 122/192
去劉河七浦新閘議 沈起元 122/193
元和水利議 沈德潛 122/196
請拆吳淞江口石閘疏 陶澍 122/199
籌挑劉河白茆河以工代賑疏 林則徐 122/200
上魏中丞議濬劉河書 張作楠 122/203
蘇松杭湖源流異派同歸說 凌廷堪 122/206
江南水利全書叙 魏源 122/208
三江口寶帶橋記 魏源 122/209
安徽水道圖說 122/210
鳳臺縣溝洫志 122/211
復高太守詢六安州水利書 楊友敬 122/212
開黑河議 韓夢周 122/213
淮南北善後議 金安清 122/215
浙江水道圖說 122/218
杭嘉湖三府水道總說 122/219
紹興府三江閘考 錢振 122/221
江西水道圖說 122/223
重修豫章溝議 張九鉞 122/224
福建水道圖說 122/226
卷九九 工政一〇 各省水利下
山東水道圖說 122/229
再濬小清議 張鵬 122/230
山西水道說 122/233
治漳說 葛士達 122/234
涇渠志論 王太岳 122/236
上汪稼門方伯論渠工書 周錫溥 122/238
漢中修渠說 嚴如熤 122/241
漢中水利說 嚴如熤 122/243
修關中水利議 張鵬飛 122/244
陝甘資政錄諸水總序 戴祖起 122/251
甘肅水道圖說 122/253
茹公渠記 梁份 122/254
與程鶴樵方伯論甘肅水利書 張澍 122/255
西寗青海圖說 122/257
伊犁水道圖說 122/259

賈魯河說 朱雲錦 122/261
田渠說 朱雲錦 122/262
河南水道圖說 122/263
湖北水利論 122/264
請疏通江漢水利疏 張漢 122/267
荆州窖金州考 阮元 122/268
湖廣水利論 魏源 122/269
疏分漢水支河說 江開 122/271
湖南水道圖說 122/272
湖南水利論 122/273
九江考 夏大觀 122/276
湘水記 王文清 122/278
四川水道圖說 122/279
灌口江堰記 盧翊 122/281
兩修都江堰工程紀略序 強生泰 122/281
西藏水道圖說 122/285
廣東水道圖說 122/286
覆陳廣東水利議 徐賡陛 122/288
復潮郡總局論治水書 丁日昌 122/289
廣西水道圖說 122/292
粵西三江源流考 高輯 122/293
貴州水道圖說 122/294
雲南水道圖說 122/295
修濬滇省海口六河疏 鄂爾泰 122/296
興修滇省水利疏 鄂爾泰 122/298
雲南三江水道考 張機南 122/301
三黑水攷 張邦伸 122/303

卷一〇〇 工政一一 海塘

與巡撫范承謨論修塘書 柴紹炳 122/307
海寗縣海潮議一 陳詵 122/308
寗鹽二邑修塘議 陳詵 122/314
通飭海塘禦浪檄 陳宏謀 122/316
擬海塘疏 122/317
歷稟海塘修防籌費事宜 舒化民 122/319
浙省海塘坍損請籌欵興修疏 金應麟 122/323
海塘問答 呂璜 122/326
與李曉村知州論濬河取土書 錢泰吉 122/328

卷一〇一 工政一二 廠局

奏覆洋商改造土貨應籌抵利摺 總理衙門 122/331
書工商核給憑單之例 薛福成 122/332
請緩征值百抽十之稅並請改存儲關棧章程摺 張之洞 122/333
用機器殖財養民說 薛福成 122/336
振百工說 薛福成 122/337
權署議內地機器製造貨物征稅章程書後 麥孟華 122/338
機器說 122/343
藝成於學說 122/344
陝西創用機器織布公啟 122/345
中國仿行西法紡紗織布應如何籌辦俾國家商民均獲利益論 吳佐清 122/350
中國振興製造論 許象樞 122/352
呈請開辦江西內河輪船公牘 鄒凌翰、鄒凌沅 122/354
腹地應置木路議 122/356

中國鐵路如何取道為便論 122/358
論中國工藝 (德)闕名 122/364
中日近年製造情形攷 (英)闕名 122/365
卷一〇二 工政一三 鐵軌
鐵道論 馬建忠 122/367
創開中國鐵路議 薛福成 122/373
代李伯相議請試辦鐵路疏 薛福成 122/378
鐵路條陳 容閎 122/385
請設鐵路總公司摺 總理衙門 122/387
擬辦鐵路說帖 122/388
查勘龍州鐵路事宜稟 122/391
卷一〇三 洋務一 通論上
瀛海論上篇 張自牧 122/399
瀛海論中篇 張自牧 122/407
瀛海論下篇 張自牧 122/414
強鄰環伺謹陳愚計疏 薛福成 122/421
上黎星使書 姚文棟 122/425
應變須才論 張羅澄 122/426
與八旗諸君子陳說時局大勢啟 壽富 122/427
論不勤遠略之誤 薛福成 122/430
辦理交涉以胆識才辯為先論 黃潤章 122/431
辦理洋務人員以何者為稱職 蔣同寅 122/434
各省宜建翹材館議 122/437
卷一〇四 洋務二 通論下
西學儲材六端 闕名 122/443
西學儲材三要 122/445
俄國外政策 斯哥利哥布斯奚 122/447
論今之時局與戰國大異 122/453
論世變之亟 闕名 122/455
總論亞洲 122/456
歐亞氣運轉機論 闕名 122/459
論東亞客歲情形 (日)闕名 122/462
論各國變通政教之有無公理 闕名 122/468
局外旁觀論 赫德 122/471
新議論畧照會 阿欽使 122/476
新議論畧說帖 威妥嗎 122/477
續新議論略 122/480
卷一〇五 洋務三 互市上
互市檔案 夏燮 122/485
漏卮本末 122/498
白門原約二則 122/499
長江設關 122/501
牛莊設關 122/514
中英煙臺會議條欵 122/515
禁用洋貨議 122/518
論洋害 程成 122/519
津滬電線辦有成效請招商接辦推廣疏 李鴻章 122/519
覆奏講求商務摺 總理衙門 122/521
卷一〇六 洋務四 互市中
刱立商部說 薛福成 122/527
商政 薛福成 122/529
論公司不舉之病 薛福成 122/531
救商十議 柯來泰 122/532
整頓鐵政紡織利不外溢策 楊史彬 122/537
覆陳維持招商事宜疏 122/542

通商綜覈表序 闕名 122/546
問中國近年絲茶出口之貨核通商總冊較光緒初年有增無減而絲茶各商日見耗折其故何與現今議整頓之法其策安在 李培禧 122/548
整頓絲茶策 商霖 122/552
萬國貨殖論 葉燿光 122/556
卷一〇七 洋務五 互市下
擴充商務十條 鐘天緯 123/1
商務 闕名 123/8
通商四大宗論 123/13
稅攷 (英)李提摩太 123/16
中國通商各口二十一年分商務情形 (英)特甫 123/18
論地球蠶業 (日)名 123/28
中俄茶葉二則 (日)名 123/29
咨商銀行事宜全稿 總署與鐵路公司 123/31
中日通商行船條約 123/36
卷一〇八 洋務六 教務
猾夏之漸 123/43
致各國大臣書並章程八條 總理衙門 123/52
編教民 彭玉麟 123/58
分別教案治本治標之計疏 薛福成 123/60
各國教門說 玉韜 123/63
論傳教 李東沅 123/64
卷一〇九 洋務七 交涉上
俄羅斯國進呈書籍記 123/69
中俄天津和約十二條 123/90
小國換約 123/93
中俄續增條約十五則 123/99
天津新議續議 123/105
卷一一〇 洋務八 交涉下
中法通商新約十九條 123/117
約章 123/123
鄰交 123/125
許巴西墨西哥立約招工說 薛福成 123/126
書俄皇告洪大臣之言 薛福成 123/128
巴黎復友人書 馬建忠 123/129
各國交涉源流攷 123/137
論交涉 闕名 123/143
論黑龍江省將來大局 (俄)闕名 123/145
論各國應有專署以理外事 123/151
論中俄密約 (英)闕名 123/153
俄國新築西伯里亞鐵路說 (美)林樂知 123/155
卷一一一 洋務九 公使上(附領事)
條陳出使外洋事宜疏 123/161
遵旨議奏疏 123/163
奏為查明請旨疏 123/168
改訂俄約辦事艱難情形疏 曾紀澤 123/168
使才與將相並重說 薛福成 123/171
日本隣交志後序 黃遵憲 123/171
通籌南洋各島添設領事官保護華民疏 薛福成 123/173
請豁除舊禁招徠華民疏 薛福成 123/176
附陳派撥兵船保護商民片

薛福成 123/179

卷一一二 洋務一〇 公使中(附領事)

通使總論 丁韙良(譯) 123/183

論公使之職 丁韙良(譯) 123/184

論使臣等級 丁韙良(譯) 123/191

論使臣職守 丁韙良(譯) 123/195

論出使人員 丁韙良(譯) 123/198

論使臣之權利 丁韙良(譯) 123/201

論使臣所任之事 丁韙良(譯) 123/219

論使臣升降解任等情 丁韙良(譯) 123/229

論各國往來禮節 丁韙良(譯) 123/232

論水師禮節 丁韙良(譯) 123/236

卷一一三 洋務一一 公使下(附領事)

酌增領事說 闕名 123/241

論中外官交涉儀式 馬建忠 123/243

論領事官之責任 丁韙良(譯) 123/245

論領事官所任之事分類 丁韙良(譯) 123/253

論領事官駐劄回部 丁韙良(譯) 123/265

卷一一四 洋務一二 公法

論中國在公法之外之害 薛福成 123/273

敵情 薛福成 123/274

英美增添公法記 闕名 123/275

公法十一篇 123/276

列國息爭條約 (日)闕名 123/299

論邦國交際公法學 闕名 123/301

卷一一五 洋務一三 用律

中外各國刑律輕重寬嚴異同得失攷 李經邦 123/305

中西律例繁簡考 123/309

華英讞案定章考 (英)哲美森 123/316

論中西刑律輕重異同之故 闕名 123/322

卷一一六 洋務一四 分界上

康熙中俄定界始末考 123/333

中俄恰克圖界約第三條 123/336

中俄恰克圖界約第六條 123/337

中俄恰克圖界約第七條 123/337

英舊約第三條 123/337

愛琿城俄約第一條 123/337

俄約第九條 123/338

中俄黑龍江定界記文 123/338

中俄塔城議定記約首段 123/340

中俄塔城議定記約第一條 123/340

中俄塔城議定記約第二條 123/340

中俄塔城議定記約第三條 123/340

中俄塔城議定記約第四條 123/341

中俄塔城議定記約第五條 123/341

中俄塔城議定記約第六條 123/342

中俄塔城議定記約第七條 123/342

中俄塔城議定記約第八條 123/342

中俄塔城議定記約第九條 123/342

中俄塔城議定記約第十條 123/343

俄續約第一條 123/343

俄續約第二條 123/344

俄續約第三條 123/344

塔爾巴哈臺界約首段 123/344
塔爾巴哈臺界約第一條 123/345
塔爾巴哈臺界約第二條 123/345
塔爾巴哈臺界約第三條 123/345
科布多界約首段 123/346
科布多界約第一條 123/346
科布多界約第二條 123/346
科布多界約第三條 123/347
烏里雅蘇臺首段 123/347
烏里雅蘇臺第一條 123/347
烏里雅蘇臺第二條 123/348
中俄改訂條約第一條 123/350
中俄改訂條約第五條 123/350
中俄改訂條約第七條 123/351
中俄改訂條約第八條 123/351
中俄改訂條約第九條 123/351
美續約第一條 123/354
中法會訂越南新約第一欵 123/354
中法會訂越南新約第三欵 123/354
覆陳索倫四旗事宜疏 曾紀澤 123/355
審陳霍爾果斯河西地境事情片 曾紀澤 123/356
覆陳中俄議界情形疏 曾紀澤 123/356
劾使臣辱命疏 張之洞 123/358
會堪倭那二牌應照圖約更正疏 吳大澂 123/361
卷一一七 洋務一五 分界下
恭報會同俄員勘界立牌繪圖補記遵旨畫押各日期疏 吳大澂 123/363
澳門租界改歸葡國永遠居住立約尚宜妥議緩定疏 張之洞 123/365
與英外部商定派員會立坎巨提頭目疏 薛福成 123/369
密陳帕米爾情形片 123/370
滇緬分界大概情形疏 123/372
滇緬分界通商事宜疏 薛福成 123/375
中英續議滇緬界商務條約附款 123/378
蘇州日本租界章程 123/391
洋務局馬房執照章程 123/393
洋務局東洋車章程 123/394
蘇州關道陸擬辦租地章程 123/395
蘇州關道陸擬呈經管官建市屋章程 123/397
蘇州租界租地章程 123/397
卷一一八 洋務一六 外紀上
瀛環志略自序 徐繼畬 123/401
各國形勢類考 孫嘉穀 123/403
大洋海大西洋海印度海北冰海南冰海攷 楊毓輝 123/413
記西國古史 闕名 123/417
論最古各國政學興衰之理 闕名 123/420
歐洲近世外交史 (日)闕名 123/423
君主表 闕名 123/425
民主表 闕名 123/427
君民共主表 闕名 123/429
風俗考 鄒弢 123/431
西洋諸國導民生財說 薛福成 123/441
西洋諸國為民理財說 123/442
論理財宜清釐欵目

(英)李提摩太 123/443
卷一一九 洋務一七 外紀中
英吉利軍政 鄒弢 123/449
法蘭西軍政 鄒弢 123/452
德意志軍政 鄒弢 123/455
俄羅斯軍政 鄒弢 123/459
墺斯軍政 鄒弢 123/465
意大利軍政 鄒弢 123/467
西班牙軍政 鄒弢 123/469
土耳其軍政 鄒弢 123/469
荷蘭軍政 鄒弢 123/470
美利堅軍政 鄒弢 123/470
葡萄牙軍政 鄒弢 123/471
日本軍政 鄒弢 123/472
印度軍政 鄒弢 123/473
弭兵會記 (英)李提摩太 123/473
弭兵會續記 (美)林樂知 123/476
論兵 123/478
外洋學校 123/480
各國船政考 漢塞爾 123/487
太平洋電線論 (日)闕名 123/489
泰西講求郵政 薛福成 123/493
五印度形勢 黃楙材 123/494
英人以三島制五洲論 彭瑞熙 123/499
卷一二〇 洋務一八 外紀下
法皇拿破侖第一傳 (英)李提摩太 123/501
得勝偉良傳 (英)李提摩太 123/504
俄人國勢酷類強秦論 123/506
論俄國不能混一亞東 123/508
論中俄情形 (英)闕名 123/515
論中俄將來大局 闕名 123/516
論俄法同盟實情 (美)瘀斯地是 123/518
俄皇大彼得傳 (英)李提摩太 123/521
德國議院章程序 徐建寅 123/534
論德國海軍及殖民政策 (日)闕名 123/535
德皇政策 (日)闕名 123/538
論德皇爲人 闕名 123/539
希臘羅馬總論 闕名 123/541
羅馬皇該撒傳 (英)李提摩太 123/542
希臘大帝亞力山大傳 (英)李提摩太 123/544
土耳其論 (日)碌堂 123/547
少言偉良傳 (英)李提摩太 123/550
書華盛頓傳後 汪榮寶 123/551
美新總統麥見尼傳 (日)闕名 123/553
美國南北花旗交戰紀略 鄒弢 123/554
日本安政以來大事略述 闕名 123/556
俄國外政策史 (俄)斯哥利哥布斯奚 123/559

皇朝經世文四編五十二卷

卷一 治體 原治
勸求治理疏 羅惇衍 124/37

請講求務本至計疏 華燁 124/38
挈大綱防積獘疏 袁甲三 124/40
明綱議 124/42
正權議 124/43
審機說 124/45
政本
正本清源疏 124/46
端本慎始疏 徐啟文 124/49
培國脈肅政體疏 文瑞 124/50
欲禦外侮宜修內政說 124/52
內政以弼教明刑爲要論 124/53
卷二 治體 富强
中國富强策 124/55
變法
變法論 124/57
變法須順人情論 124/58
變法當先防流獘論 124/59
論中國變法之利獘 124/60
論近日言變法之不足恃 124/61
論變法爲今日中國第一難事 124/62
培才
原才 124/63
論人才 124/65
才多說 124/66
卷三 治體 用人
應詔請講求用人疏 曾國藩 124/69
目下宜以用人爲急務論 124/71
論用人 124/72
用人必先黜邪論 124/74
臣職
教忠論 124/76
陳善閉邪論 倭仁 124/80
論處世 郭崑燾 124/80
論任事 郭崑燾 124/81
卷四 治體 教養
教養論 124/83
論中國教養 124/84
論開民智 124/85
廣論
興亞策 何文炬 124/92
保種策 陶崇新 124/94
招徠論 124/94
危論 孫福保 124/95
敝論 124/96
論寬嚴異用 124/97
論中國宜設立文部之關係 124/99
心戰說 124/100
深慮篇 宗稷辰 124/101
卷五 學術 原學
原學一 黃傅祁 124/103
原學二 124/103
原學三 124/104
原學四 124/105
論中國崇尚文學 124/105
中國學術辨 124/107
論講學以正人心 124/108
論今日實學將亡之可懼 124/109
游學篇 張之洞 124/110
設學 124/111
法語
原性， 廖連城 124/112
勸學 曾國藩 124/113
習說 劉蓉 124/114
勸戒學生文 124/115
勸士條約 124/116

卷六　治體　儒行

儒道　章炳麟　124/117

儒法　章炳麟　124/117

儒俠　章炳麟　124/118

儒墨　章炳麟　124/118

名節篇　湯成烈　124/119

師友

論師道　124/120

尊師正義　俞正燮　124/121

量交　王柏心　124/122

書籍

奏設檢書處議　124/122

論策問時務宜先釐定書籍以便誦習徵引　124/123

勸各郡縣廣購中西有用書籍以興實學說　124/124

藏書　124/126

尊史　龍鞏祚　124/127

卷七　治體　譯著

總署議覆籌欵開館譯書摺　124/131

論譯書爲今日之急務　124/132

推廣譯書以裨實用議　124/133

廣譯　124/134

述譯學　124/135

論聚珍板有功於文教　124/136

通論

綜核名實說　124/137

砭時論　124/138

時事策要　124/139

補偏救獘論　124/141

卷八　學術　格致

格致論　124/143

振興格致論　124/143

振興格致以培人才議　124/145

讀書宜兼格致說　124/146

問格致之學泰西與中國有無異同　124/147

西學以格物爲要論　124/150

格物窮理說　124/152

算學

書皖撫王中丞奏請各省廣設算學專門學堂摺後　124/153

振興算學論　124/154

推廣算學論　124/155

算學宜講習說　124/156

中西算學源流考　124/157

跋中西算學源流考後　124/158

中西算學致用論　124/160

卷九　學術　測繪

上會典館測繪輿圖書　鄒代鈞　124/163

論中國宜兼設測繪科　124/165

天學

談天　124/170

說日　124/172

恒星說　124/172

彗星說　124/172

論雷電　124/173

釋霆　124/174

卷一〇　學術　地學

問魏氏海國圖志與徐氏瀛寰志略考証孰優　124/177

地震解　124/182

聲學

論西人新創傳聲妙法　124/183

留聲機器題名記　124/185

德律風源流攷 124/186
傳聲像聲器圖説 124/187
論聲 124/188
光學
論光 124/190
論光學植物 124/191
計漸離透光三種鏡 124/192
卷一一 學術 電學
電學攷 124/195
電氣説 124/196
論電氣 124/196
論正負電能化分水氣 124/197
化學
論木炭 124/198
論炭氣炭質體用各別 124/200
化學當學論 124/201
論化學 124/202
重學
重力行車説 124/203
卷一二 學術 汽學
汽車源流攷 124/205
氣球體用説 124/207
汽學通於醫學説 124/209
身學
人身血質考 124/210
論腦質 124/211
醫學
行醫臨證不可輕忽論 124/213
切問篇 124/214
痧痘探原論 124/216
卷一三 吏政 吏政
請慎重名器疏 朱嶟 124/219
端表率杜弊源疏 富興阿 124/220
嚴懲貪墨疏 韓錦雲 124/221
論諭止銜參事 124/222
論久任 124/223
馭下論 李聯琇 124/224
訓廉 湯鵬 124/225
擬減冗官議 124/227
處分官員議 124/227
吏治
請整飭吏治疏 周恆祺 124/229
請嚴汰劣員以肅吏治疏 朱潮 124/230
條陳整飭吏治疏 124/231
論整頓吏治宜先加俸裁缺 124/233
和論 龍啟瑞 124/234
卷一四 吏政 官制
請變通外吏迴避章程疏 王文韶 124/237
請變通委署州縣章程疏 王文韶 124/237
開復人員不宜仍發原省疏 崇實 124/238
請重廉俸疏 景其濬 124/239
論官制 吳鋌 124/240
整頓官制以除弊政説 124/240
論中國宜復遣使巡察之制 124/242
變通官制芻言 124/243
論封駁 吳鋌 124/244
翎頂考 124/244
補服考 124/245
考察
請慎簡大吏考察僚屬疏 尋鑾煒 124/246
請京察舉劾並行疏 吳傑 124/246

論巡按 吳鋌 124/248
論課吏 124/248
論課吏 124/250
續錄課吏條約 124/251
書贛省課吏章程後 124/252
廣辨姦論 124/253
卷一五 吏政 大吏
大臣當以國爲重論
裘元俊 124/255
大臣論 124/256
言官
擬應詔陳言疏 124/257
請飭廷臣直諫疏 錢佩賢 124/257
論言官宜正心術 姚瑩 124/258
論言官宜留餘地 吳珽 124/259
銓選
論銓選 吳鋌 124/260
銓選掣籤說 124/261
卷一六 吏政 保舉
請酌核保舉章程以示限制疏
宋晉 124/263
設保舉以求人才說 124/264
保薦人才宜先去弊論 124/264
論擧人用才之關繫 124/266
守令
愼用牧令疏 王道墉 124/267
論守令 吳鋌 124/267
論州縣爲親民之官宜久任供職
124/268
吏胥
馭吏芻言 124/270
論書吏舞弊 124/271
裁差役尤急於裁書吏論 124/271
卷一七 戶政 戶政
稽戶口議 124/275
利農恤商培養元氣片 124/275
國債
說國債 124/276
論中國宜借國債以辨善後 124/277
論息借商欵事宜 124/278
論息借商欵之失信於民 124/279
論各國向中國索取賠欵 124/281
論各國向中國索取賠欵之非
124/281
理財
請權出入以培國脈疏
汪振基 124/282
請節糜費疏 管廷獻 124/283
論部臣擬節度支事 124/284
再論節省度支 124/286
論中國欲闢財之源當先節財之流
124/287
理財不主節流而主暢流論 124/288
理財論 吳鼎元 124/289
生財不如理財論 金安清 124/290
生財新論 124/290
裕財策 楊象濟 124/292
富國說 124/293
卷一八 戶政 稅則
請緩征值百抽十之稅並請改存儲關棧章程摺 張之洞 124/295
論中國稅務嬴絀
(法)拉盧士 124/297
論稅務 124/299
論稅斂 吳鋌 124/300
征商論 俞正燮 124/301

榷酤說 124/301
釐捐
詳陳釐捐源流利弊疏 郭嵩燾 124/302
節餉減釐議 124/305
歸併釐局議 124/309
論釐捐原委 124/310
裁撤釐捐仿行印花稅說 124/311
仕商名利顛倒說 124/312
卷一九 戶政 賦役
請因時制賦疏 潘祖蔭 124/315
論賦役 吳鋌 124/316
舉行畝捐論 124/316
漕運
條陳丁漕利弊疏 王邦璽 124/317
南漕改折摺 124/320
漕運論 錢寶琛 124/322
論漕運 124/322
籌漕篇上 魏源 124/324
籌漕篇下 魏源 124/327
海河並運論 朱其昂 124/330
論海運之益 124/334
卷二〇 戶政 鹽課
請更定鹽法疏 王贈芳 124/337
論鹽一 124/339
論鹽二 124/340
論鹽三 孫鼎臣 124/341
鹽論 124/342
籌鹺篇 魏源 124/344
鹽法利弊 124/347
規復淮鹽引地議 124/352
倉儲
買補常平倉穀並嚴禁積弊疏 朱應元 124/353
擬以李悝平糴法輔社倉議 124/354
積儲論 劉樹堂 124/355
讀平糴考 黃式三 124/355
卷二一 戶政 屯墾
請將荒地試墾水田疏 卞寶第 124/359
墾荒用機器議 王炳燮 124/359
屯田篇上 湯成烈 124/360
屯田篇下 湯成烈 124/361
中國急宜墾荒說 124/362
擬以趙過代田法助墾荒議 124/363
西域屯田議 124/363
苗疆屯田議 124/366
錢幣
運錢法以握利權疏 朱嶟 124/367
擬錢銀並用章程疏 曾國藩 124/370
中國宜鑄金錢論 楊宜治 124/372
收金鑄幣說 124/373
通行銀圓八議 施景松 124/375
鑄銀錢說 周騰虎 124/378
禁私鑄議 124/379
禁私鑄議 124/379
禁私鑄議 124/380
書示用銅元後 124/380
論錢幣 吳鋌 124/381
論先零漲跌不同 124/382
推廣龍圓說 124/383
論中國鑄銀之難 124/385
論鑄銀幣造鐵路 124/386
論嚴禁私鑄 124/387
自造錢幣利弊論 124/389

論近來圜法之獘 124/392
卷二二 戶政 鈔法
行鈔法可以補制錢之缺論 124/395
論行鈔票以濟錢之不足 124/396
論行鈔票以濟錢之不足 124/397
論自造銀票以便通用事 124/398
行鈔私議 124/399
論復鈔法以救時利用 124/400
銀行
銀行論 124/402
中國宜設銀行論 124/403
宜設銀肆以保利源論 124/404
論銀行集股之難 124/406
農功
請設農學科疏 張如翰 124/406
論富國宜先講求農務 124/407
論中國宜講求種植之學 124/409
興種植宜審土性講培壅說 124/410
西法農政宜先仿行說 124/411
農學論 顧仰基 124/412
卷二三 戶政 蠶桑
論中華亟宜講求蠶桑之利 124/415
論中國整頓蠶桑宜先設養蠶學堂 124/416
論蠶桑之利 124/417
論宜整頓蠶務以興絲利 124/418
廣興蠶政說 124/419
論育蠶之利 124/421
書汀漳龍道申報蠶務詳文後 124/422
論桑棉之利 124/423
商務
議覆講求商務疏 124/424
書徐花農侍郎奏請添設商部衙門摺後 124/426
中國整頓商務策 華國盛 124/427
論中國宜設商務學堂 124/432
論興商之利務貴達情 124/433
通商論 124/434
卷二四 戶政 賽會
論中國宜開賽會以興商務 124/437
論賽會之益 124/441
鴉片
論鴉片煙加稅 124/442
論禁烟必停烟稅 124/443
論禁煙必不能成 124/444
書論鴉片烟之害後 124/446
論烟害 124/447
擬禁鴉片說 124/451
續禁鴉片說 124/453
去毒 124/454
卷二五 戶政 公司
論商務以公司為最善 124/457
論華地創設公司宜開除官辦名目 124/458
論公司不舉之病 124/459
荒政
條陳荒政事宜疏 彭世昌 124/460
賑荒策 124/462
酌擬災賑章程疏 琦善 124/464
疆域
擬西藏置郡縣議 124/464
西域設行省議 124/465
卷二六 戶政 養民
條陳與民休息疏 124/467
安置流民疏 124/468

論難民亟宜設法安插 124/469
絲茶
絲茶宜創設新法論 124/470
論絲廠 124/471
論中國茶業亟宜整頓 124/473
論茶 124/475
論茶務 124/475
出洋茶利防弊策 124/478
卷二七 禮政 禮政
禮論 124/481
崇儉論 馬福安 124/482
大典
遵議大禮疏 曾國藩 124/483
請親理大政疏 124/485
學校
請推廣學校疏 李端棻 124/486
振興學校論 124/489
去學校積弊以興人材論 王韜 124/491
論中國設立學堂宜先定普通學章程 124/493
中國創設學堂宜先除流弊說 124/494
毀寺觀以充學堂經費議 124/495
奏設武備學堂摺 張之洞 124/496
中國宜廣設武備學堂議 124/498
倡設女學堂啟 124/499
論女学堂 124/500
興女學議 124/501
中西書院誌略 124/502
卷二八 禮政 考試
論科舉改制之善 125/1
游歷
論遣派学生出洋肄業事 125/2
鼓勵遊學生徒說 125/3
聘使
論中國宜簡親王出使 125/4
中國宜廣儲使才論 125/5
論出使大臣 125/7
論使才之難 125/8
論所以盡使臣之職 125/9
覲使臣以通情好論 125/10
論敬使以固邦交 125/12
論延訪使才 125/13
論使材遴選宜精 125/15
慎選使才說 125/16
慎重佐使人才說 125/18
論出使 125/19
卷二九 禮政 公法
論公法原本經学 闕名 125/21
論中國不得享萬國公法之益 邱煒萲 125/22
約章
預籌修約事宜疏 曾國藩 125/23
列國息事條約 (日)闕名 125/25
與歐洲各國立約前後攷略 125/27
論外人要求由於從前立約之未善 125/28
議院
論議院爲治國之綱領 125/29
開議院論 趙而霖 125/31
議院利害若何論 125/32
議院得失篇 陳翼為 125/34
卷三〇 禮政 交涉
外交策 吳鼎元 125/37
中外交涉論 125/37

交隣得當論 張玠 125/38
辦理交涉以膽識才辯爲先論
黄潤章 125/39
宜編輯道咸以來交涉文牘說
125/43
保守朝鮮論 125/44
保朝鮮末議 125/45
訓俗
訓俗 125/47
人類不齊由於俗尚事爲不同論
125/48
化民成俗須先復古聖教法論
125/50
廣教化以變風俗論 125/51
懲訛言說 125/52
易俗論 125/52
家教
倫紀篇 湯成烈 125/54
宗法議 成毅 125/57
卷三一 禮政 婚禮
士庶昏禮遵制正俗議
李德騫 125/59
昏禮攝視議 俞正燮 125/59
昏問 林伯桐 125/60
嫁議 周濟 125/61
貞女議 何秋濤 125/61
烈婦議 王寶仁 125/63
節婦說 俞正燮 125/63
喪禮
喪服正等篇 吳嘉賓 125/64
喪服改制篇 吳嘉賓 125/64
服說 楊文紹 125/66
勸葬說 凌堃 125/67
守廬記 陸繼輅 125/68
教務
民教相安議 (美)李佳白 125/69
論民教相安之本 125/70
弭教禍論 125/71
数教禍策 125/72
轉錄京師新聞彙報所登直省耶穌教士勸諭教民文 125/73
設立教董論 125/74
卷三二 禮政 會章
務農會章程 125/77
保商會說 125/78
理財學會演說 125/79
論社會 125/80
創興紅十字會說 125/81
善舉
卹貧爲善舉第一論 陳翼爲 125/82
保嬰要策 125/83
養老良規 125/85
問賑米與賑粥孰善 125/85
報館
論官報 125/88
中國振興日報論 125/89
卷三三 兵政 兵政
將取真才兵歸實用疏
鮑源深 125/91
條陳軍務疏 江忠源 125/92
推廣自強軍議 125/96
論中國亟宜尚武以求自立 125/97
大閲考 125/98
校武說 125/99
兵制
請整頓額兵疏 沈葆楨 125/100

整頓步軍營積弊疏 黎吉雲 125/102
議覆兵制不宜更張疏 呂佺孫 125/103
論兵制 吴鋌 125/103
論抽查兵伍 125/104
中國兵制屢改說 黄式三 125/105
師律篇一 汤成烈 125/106
師律篇二 湯成烈 125/107
師律篇三 湯成烈 125/108
卷三四 兵政 兵法
論用兵謀國當先審幾料敵 戴楫 125/111
操從離合論 125/112
出奇制勝策 125/115
十可勝說 125/116
論練兵為立國之本 125/118
兵貴訓練說 125/119
練兵須用新法說 125/120
論今日練兵宜有變通之法 125/121
練兵芻言 125/122
海军
重振中國海軍議 125/123
海軍需材論 125/124
海道用師議 125/125
訓練沿海水師議 125/128
水師宜慎選統帶說 125/129
卷三五 兵政 將士
選將論 125/133
儲將才論 125/134
糧餉
覆陳籌慮兵餉大端疏 李鴻章 125/135
邊餉艱難請變通辦理疏 鮑源深 125/137
戶部遵議籌餉摺 125/139
籌餉十策 125/140
勸各省紳商踴躍輸將說 125/147
卷三六 兵政 火器
論中國宜擇用利槍 125/149
戰備宜精擇槍礮說 125/150
儲買鎗礮說 125/151
槍砲說上 薛福成 125/153
槍砲說下 125/153
邊防
謹擬綏邊十二策 125/154
邊防論 125/158
論邊防近勢 125/159
籌邊說 125/160
措置東三省邊防議 125/161
東北邊防議 125/162
西北邊防論 125/163
新疆邊防不可懈弛說 125/164
論防俄 125/165
卷三七 兵政 海防
擬專設海防全政大臣以一事權疏 左宗棠 125/169
論海防為近今之急務 125/171
論海防 125/172
論海防切要 125/174
代陳海防管見 彭玉麟 125/175
今昔海防異勢論 125/175
防海四策 125/177
防海盜策 125/178
團練
請責成本籍人員辦理團練疏

孫鼎臣 125/179
條陳辦團事宜疏 沈兆霖 125/180
練民團以張國勢議 125/182
團練衛民說 125/183
團練說 朱孫詒 125/185
卷三八 兵政 保甲
整頓保甲 125/187
蘇省保甲說 朱鎮 125/188
戰和
論謀定後戰之利害
金安清 125/189
戰爭問答 125/190
議和須占便宜說 125/192
議和預防後患論 125/193
戰具
論戰具 125/194
軍械論 125/196
軍械說 125/197
論後膛砲 125/198
水電述略 125/200
論水雷損益 125/201
論魚雷 125/202
卷三九 兵政 地利
綜論各省形勢 125/205
形勢論 吴铤 125/206
守遷說 何日愈 125/206
築隘記 何慶元 125/207
剿匪
嚴辦土匪以靖地方疏
曾國藩 125/209
條陳勦苗匪說 韓超 125/210
平定捻匪策 程祖植 125/212
論川匪亟宜剿辦 125/214
論會匪 125/215
論治匪便法 125/217
敉盜策 125/218
盛京將軍增祺府尹玉恒奏報東邊一帶堵剿賊匪情形摺 125/219
卷四〇 兵政 郵政
議辦郵政摺 125/221
議覆郵政事宜摺 總署 125/222
裁驛站議 125/225
救火
救災新說 125/226
慎火篇 125/227
修火政說 125/229
置缸不如開井說 125/230
卷四一 刑政 刑政
刑論 蔣彤 125/233
平刑議 125/233
慎刑说 125/235
論刑律寬嚴異同 125/236
罪疑惟輕說 裕謙 125/237
救生不救死論 125/238
律例
慎重刑章疏 胡慶源 125/239
請飭刑部增改條例疏
王憲成 125/240
法宜寬嚴互用疏 寶廷 125/242
論律法 吳鋌 125/243
士人官通律例說 125/243
答西友問律 125/244
治獄
請勒限清理積案疏 125/246
請辦理相驗章程疏 125/246
請嚴禁非刑疏 125/247

論治獄 125/248
聽訟宜慎說 125/249
卷四二 工政 工政
工程積弊請核實酌給公費疏 寶廷 125/251
各省工程報銷改定簡易章程疏 工部 125/252
開辦勤工學堂稟 光煜、李白儔 125/253
各省推廣工局議 125/255
重工論 125/256
論工作之弊 125/257
論中國宜另設藝塾 125/258
製造
利國宜廣製造論 125/259
論宜興製造以廣貿易 125/262
論中國製造日精 125/264
論北洋整飭製造局事 125/265
製造十所 楊史彬 125/266
卷四三 工政 紡織
紡織論 鄭觀應 125/271
紡織篇 張駿聲 125/272
紡織三要 殷之輅 125/274
機器織布紡紗宜用中國木棉方可收回利權論 施景琛 125/279
機器織布利弊說 125/280
機器
機器說 劉樳 125/282
論興造機器 125/283
人工與機器論 (美)闕名 125/284
製洋器議 125/285
卷四四 工政 鐵路
論中國欲建鐵路當行之以漸 125/289
鐵路枝幹緩急議 125/291
礦務
富國宜亟開礦說 125/292
欲興礦務宜選子弟赴歐西礦務學堂肄習論 125/294
論當仿西法興礦務 125/295
論足用莫如開礦 125/296
論中國礦務宜及時興辦 125/297
論開礦購地之善法 125/298
礦師不必專延洋人說 125/300
開煤礦說 125/301
采礦議 125/302
船政
敬陳整頓船政疏 陳璧 125/304
議覆船政摺 125/306
輪船進止議 125/308
內河輪船宜嚴立規條論 125/310
論辦理船政 125/310
論整頓船政 125/311
論鐵甲兵艦 125/312
中國宜創造軟甲兵輪說 125/315
泰西船政餘論 125/317
泰西火輪船攷 125/317
卷四五 工政 埠政
論整頓埠政 闕名 125/319
開辦商埠咨文 125/322
海塘
續修海塘酌擬變通辦理疏 梅啟照 125/323
海塘問答 呂璜 125/324
水利
請議行畿輔水利成法疏 125/325

蘇省水利工程擇要舉辦疏 125/327
覆陳廣東水利議 徐賡陛 125/328
湖廣水利論 魏源 125/329
卷四六 工政 河防
河防要務宜籌畫周備疏
陳鏞 125/333
熟籌河工久遠大局疏
張井 125/334
治河宜杜流弊仿成規疏 125/336
五大河總說 崔廼翬 125/337
論中國當亟求禦水之法 125/338
續錄治新清河芻言 125/339
再論河務 125/341
河務將有轉機說 125/342
論濬河宜速 125/343
機船濬河議 125/344
水患卮言 125/346
治河續說 125/347
卷四七 外部 治道
論西國古今通變 125/349
論西國富強之本 125/350
西國富教合為一事說 125/351
論俄國富強之故 125/352
論日本善政 125/353
紀印度政教 125/354
土國世系 125/355
論泰西人和 125/355
學術
西學包羅於六經說 125/356
述西學原始 125/357
推廣西學議 125/359
論西學 125/359
論西學為當務之患 125/360
論中國振興西學宜實事求是以開風氣 125/361
問西人崇尚洋教然教中所言質之洋人格致新理不合甚多能悉舉其矛盾處否 125/363
日本文學源流攷 125/364
論西人輿地之學 125/366
英法俄美日本學校規制 125/367
德國學校規制 125/371
外洋宜設公塾以訓華人子弟說 125/372

卷四八 外部 史傳
俄皇大比得傳 125/375
論德皇 125/385
論比國王 125/386
商務
英國商務總論 125/387
英人通商始末攷 125/388
英商公司據印度及亞美利加考 125/389
論德法在亞洲商業興盛 125/390
美人論大連灣通商事 125/390
日本商務 125/391
論日本通商事 125/392
暹羅貿易情形 125/393
卷四九 外部 稅則
論英美欲平稅則 闕名 125/395
法國印花稅章程 黃致堯 125/395
論高麗稅務 125/396
記泰西烟酒稅 125/398
錢幣
論日本錢幣情形 125/399
俄國幣制 125/399

論印度幣政 125/400
盟約
論俄法聯盟事 125/400
俄日聯盟論 125/402
論奧意普同盟事 125/403
論奧意聯兵約 125/404
土希和約 125/406
游歷
論俄皇游歷事 125/406
論暹王游歷事 125/408
論比儲出遊事 125/409
論俄法兩國互遣兵船至境游歷 125/410
卷五〇 外部 交涉
論英俄交涉情形 125/413
暹法交涉情形 125/414
論英日會議維持東方大局事 125/415
軍政
綜論歐洲兵數 125/416
西班牙國兵額 125/417
暹羅陸軍 125/417
論土耳其陸軍情形先後不同 125/418
德國整頓海軍述略 125/419
俄國海軍 125/420
日本擴充水師情形 125/421
戰和
論土希戰務 125/422
論美班戰禍 125/424
論美日失和事 125/425
論英俄兩國機謀 125/426
論俄日事 125/427
論埃及亂事 125/429
論葡人備邊 125/430
卷五一 外部 刑律
論泰西治獄 125/433
論西律之善 125/434
論西官訊案之詳 125/435
滬上西獄及巡捕房押所紀畧 125/436
西國聽訟用律師論 125/438
製造
綜紀西人技巧之事論 125/439
克鹿卜廠製造鎘鋼甲板說 125/440
鐵路
西伯利亞鐵路考 125/441
日本鐵路 125/442
礦務
朝鮮金礦 125/443
西伯利亞金礦 125/444
日本煤礦 125/444
美國礦產考略 (美)闕名 125/444
卷五二 外部 地志
英國緣起 125/447
德國緣起 125/449
俄國緣起 125/451
法國緣起 125/452
美國緣起 125/453
日本國緣起 125/454
意大利國緣起 125/455
奧國緣起 125/456
瑞國緣起 125/457
比利時國緣起 125/458
日斯巴尼亞國緣起 125/458
土國緣起 125/460

荷蘭國緣起 125/461
俄國疆域考 125/462
日本疆域考 125/464
美國南部地方情形 125/465
越南國紀略 125/467
通論
論德國漸思恢張霸權 125/468
規印度以制英論 125/469
論日俄關繫 125/470
記高麗變法事 125/471
論墨西哥招人開墾事 125/472
論泰西得飲食之道 125/473
洋務憤言 125/475

皇朝經世文編五集三十二卷

卷一 敘
柔遠記敘 王之春 126/37
柔遠記敘 俞樾 126/38
盛事危言敘 彭玉麟 126/40
格物入門敍 李肅毅 126/41
盛世危言自敘 鄭陶齋 126/43
洋藥茶絲分類表敘 楊楷 126/46
雜貨衰旺提要表敘 楊楷 126/48
庸書敘 宋育仁 126/50
庸書內外篇自敘 陳次亮 126/52
危言序 湯蟄仙 126/56
重譯富國策敘 通正齋生 126/57
西學書目表敘例 梁啟超 126/59
西學提要農學總敘 梁啟超 126/64
沈氏音書序 梁啟超 126/65
變法通議自序 126/68
盛世元音原序 沈學來 126/69
卷二 富強
總論 126/75
三要 126/77
人功 126/78
資本 126/80
分合 126/82
以愛力轉國運說 汪康年 126/85
中國自強策 汪康年 126/90
中國自強策中 汪康年 126/92
中國自強策下 汪康年 126/93
論中國求富強宜籌易行之法 汪康年 126/97
自強大計舉要臚陳摺 盛宣懷 126/101
振興中國三大綱論 薛福成 126/110
中國富強之策宜推廣西學講求實際嚴祛欺蔽論 曾紀年 126/116
原強 郭宗憲 126/119
民富而後國家富強說 王詠霓 126/130
自強 陳次亮 126/132
富強策上 江建霞 126/134
富強策中 江建霞 126/136
富強策下 江建霞 126/139
富強求源說 沈敦和 126/142
卷三 學術
婦學 陳次亮 126/145
育才 陳次亮 126/146

西書 陳次亮 126/148
西法 陳次亮 126/150
圖籍 陳次亮 126/152
華人宜通西文說 華伯衡 126/153
海圖 陳次亮 126/156
日本名士論經濟學 (日)田口 126/157
卷四 學校
論學校一 陳次亮 126/162
論學校二 梁啓超 126/168
論學校三 梁啓超 126/172
論學校四 梁啓超 126/180
論學校五 梁啓超 126/186
論學校六 梁啓超 126/190
論學校七 梁啓超 126/195
請推廣學校摺 李端棻 126/200
總署議覆李侍郎請推廣學校摺 126/206
倫敦學校歲報 譯西報 126/208
太學 陳次亮 126/212
中學 湯蟄仙 126/213
卷五 書院
請變通書院章程摺 胡聘之 126/221
各省宜建翹材館議 孫同康 126/224
近議各省書院改課實學得旨施行并所擬章程 126/229
書院 陳次亮 126/237
書院 湯蟄仙 126/239
奏設天津中西學堂章程 126/241
奏設天津中西學堂章程 126/249
擬增設女童學塾議 王詠霓 126/252
卷六 議院
議院 陳次亮 126/255
議院 湯蟄仙 126/256
英國下議院論土亂及英國應如何辦法 譯西報 126/258
英國下議院論土亂及英國應如何辦法 譯西報 126/263
英國下議院論土亂及英國應如何辦法 張坤德譯 126/267
古議院考 梁啓超 126/271
卷七 吏治
名實 陳次亮 126/275
尊祖 湯蟄仙 126/276
考績 陳次亮 126/279
停捐 陳次亮 126/280
停捐 湯蟄仙 126/282
三署 陳次亮 126/284
鬻爵 湯蟄仙 126/286
保舉 湯蟄仙 126/287
冗員 湯蟄仙 126/291
限仕 湯蟄仙 126/293
公法 陳次亮 126/294
使才 陳次亮 126/296
刑法 陳次亮 126/297
保甲 陳次亮 126/299
巡捕 陳次亮 126/300
養廉 陳次亮 126/302
行取 陳次亮 126/303
鄉官 陳次亮 126/305
翰林 陳次亮 126/307
例案 陳次亮 126/308
胥役 陳次亮 126/310

盜工 湯蟄仙 126/311
罰鍰 湯蟄仙 126/314
卷八 兵政礮臺海軍
兵制 湯蟄仙 126/317
勇營 陳次亮 126/322
民兵 陳次亮 126/324
額兵 陳次亮 126/325
遵議武營扣餉缺額罪名摺
鬆淮 126/327
湖北興辦洋操奏章公牘章程
張之洞 126/330
商戰論 汪康年 126/345
英法水戰論 譯西報 126/351
行軍電線 126/352
測砲線鏡 126/353
俄國添兵論 126/354
礮臺 陳次亮 126/356
慎戰 陳次亮 126/358
論希土交爭實兆歐亞戰禍
粵中漁鼓 126/359
海軍 湯蟄仙 126/361
論海軍 闕名 126/367
論中國再興海軍之得失
闕名 126/369
卷九 河工水利海防
水田 湯蟄仙 126/371
水利 湯蟄仙 126/373
水利 陳次亮 126/375
大利 湯蟄仙 126/377
衛屯 湯蟄仙 126/378
分河 湯蟄仙 126/379
東河 湯蟄仙 126/382
河防 陳次亮 126/395
論西伯利亞水利 126/397
海口 陳次亮 126/401
卷一〇 洋稅釐金錢糧
稅則 陳次亮 126/405
洋稅 湯蟄仙 126/406
稅司 陳次亮 126/409
增加稅則論 126/411
論中國稅務贏絀(一)
(法)拉盧士 126/414
論中國稅務贏絀(二)
(法)拉盧士 126/416
英國領事論中國釐金弊病 126/418
增加稅則論 126/421
中國求加稅則事二則 126/422
請仿行印稅摺 陳璧 126/423
錢糧 湯蟄仙 126/425
釐金 陳次亮 126/429
包釐 湯蟄仙 126/431
鹽捐 湯蟄仙 126/433
魚課 湯蟄仙 126/438
煙稅 陳次亮 126/439
卷一一 農政
農政 陳次亮 126/441
蠶桑 陳次亮 126/442
日本絲業宜整頓論
譯日本報 126/444
論中國紡織業
(西)日也美崇氏 126/445
論杭州繅絲廠 闕名 126/447
橫濱驗驗公所緣起
譯日報 126/448
勸種植以廣地利說
錄廣報 126/451

養民要摺 錄廣報 126/455
說橙 梁啟超 126/458
渠樹 陳次亮 126/460
山林論 譯日報 126/461
卷一二 工藝
藝科 陳次亮 126/467
考工 湯蟄仙 126/468
華工 應祖錫 126/469
洋匠 應祖錫 126/471
技藝 應祖錫 126/472
婦女作工 應祖錫 126/476
工作學徒苦況 應祖錫 126/479
興工通商 應祖錫 126/482
卷一三 天文電學
天文 陳次亮 126/487
電學 陳次亮 126/488
電氣利於園圃 126/492
太平洋電淺論 126/493
西醫 陳次亮 126/500
天氣利用 譯西報 126/501
格致 陳次亮 126/503
格致源流說 江建霞 126/505
變學論 江建霞 126/508
卷一四 解釋
句股平三角解 詹貴楨 126/511
地圓解 莫有鏞 126/512
西法代數本於中法四元說 姚模 126/514
釋日月食 徐永銓 126/516
釋潮 徐永銓 126/517
釋電氣攝力 潘行讓 126/519
氣學淺說 戴儒珍 126/520
釋熱 長庚 126/522
以方出圓解 葉爾昌 126/524
光氣考 葉爾昌 126/524
卷一五 算學地輿
問開正負諸乘方孰爲捷法 沈善蒸 126/527
驗乘除誤否舊傳九減試法其能試之理安在若不用九減任用他數減試視九減法孰爲難易 沈善蒸 126/530
驗乘除誤否舊傳九減試法其能試之理安在若不用九減任用他數減試視九減法孰爲難易 崔有洲 126/531
海鏡之通句即平三和通股即高三和通弦即皇極三和大差即明三和小差即惠三和黄方即太虛三和試爲溯其原委 沈善蒸 126/532
海鏡之通句即平三和通股即高三和通弦即皇極三和大差即明三和小差即惠三和黄方即太虛三和試爲溯其原委 鄭興森 126/533
弦和較冪爲一率句股相乘倍之爲二率弦冪内減句股較冪爲三率求得四率開平方得弦和和以比例之理釋之 鄭興森 126/534
名山大澤不以封論 趙賢書 126/535
吳伐鄭論 趙引修 126/536
秦征晉河東論 趙賢書 126/537
東征晉河東論 康宜鑑 126/540
場池井各鹽引地考 朱逢甲 126/541
規復淮鹽引地議 陳炳 126/546

卷一六 鐵政礦務
鐵政 陳次亮 127/1
遵旨議奏興辦礦務設法擴充開採摺 崧蕃 127/2
請通飭開辦礦務鼓鑄銀圓摺 王鵬運 127/4
卝人 陳次亮 127/11
開礦 湯蟄仙 127/12
恭讀上諭各直省督撫設法開辦礦務謹注 梅鼎銘 127/17
卷一七 鐵路
鐵路條陳 容閎 127/21
創造鐵路始末 王之春 127/24
鐵路 陳次亮 127/26
鐵路 湯蟄仙 127/27
中國火車弊病 闕名 127/33
論中俄鐵路兼及稅則事 譯西報 127/34
俄國理財權術 譯西報 127/36
西比利亞鐵路 英報 127/38
論關津鐵路 王韜 127/40
歐洲各國鐵路表 譯撙節報 127/41
俄國慎重鐵路 譯撙節報 127/42
俄國西比利亞鐵路所經各部孜 許竹篔 127/43
譯泰晤士報論鐵路便 闕名 127/46
日本鐵路 譯東京報 127/48
英報館與機匠問答節略 泰晤士報 127/52
卷一八 商務
通商說 詹塏 127/55
古今中外通商源流考 詹塏 127/57
重商論 朱雲表 127/60
商務議 朱雲表 127/63
通商宜設立商部以濬利源 應祖錫 127/66
中國商務必大興論 汪振聲 127/68
論英通中國商務路程 王韜 127/69
商務 陳次亮 127/72
商部 陳次亮 127/73
商局 湯蟄仙 127/75
中國議辦商務局緣起 闕名 127/76
牛庄貿易情形論 譯西報 127/81
論大阪商情 譯日本報 127/83
中日在韓貿易情形表 譯日本報 127/88
論英國商務漸衰 錢念祖 127/93
論英國商務 英領事湛 127/95
上海商務情形論 英領事湛 127/97
利源 陳次亮 127/100
論英德貿易 泰晤士報 127/102
中俄陸路貿易 泰晤士報 127/103
論日本商業未必能爭英國之利 泰晤士報 127/105
日本農商務委員 知新報 127/107
卷一九 圜法銀行國債
圜法 陳次亮 127/111
交鈔 陳次亮 127/112
鑄銀條陳 闕名 127/114
製造局開鑄制錢論 王韜 127/120
論金銀漲落之由 高橋某 127/122
幣制論 麥見尼 127/123
論美國選舉總統 博聞報 127/128
請創辦銀行章程 容閎 127/130
續擬銀行條陳 容閎 127/140
戶部議奏各省攤派籌還洋欵摺並附

片 闕名 127/141
國債 湯蟄仙 127/148
官號 湯蟄仙 127/149
銀貨問答 (日)貞吉譯西捷報 127/152
卷二〇 船政輪船公司
各國船政 (西)漢塞爾 127/159
請整頓船政摺 陳壁 127/162
輪船 陳次亮 127/165
呈請開辦江西内河輪船公牘 鄒淩瀚 127/167
俄擬設太平洋輪船公司 譯日本西字捷報 127/170
小輪 湯蟄仙 127/175
公司 陳次亮 127/178
卷二一 官書局報館
都城官書局開設緣由 京都官書報局 127/181
官書局奏開辦章程 京都官書報局 127/184
論報館有益於國事 闕名 127/186
報館 陳次亮 127/190
觀泰晤士報館記 譯西報 127/192
鄂督張飭行全省官銷時務報札 闕名 127/193
論商務報緣起之故 詹塏 127/194
卷二二 驛傳郵政電報
驛傳 陳次亮 127/199
郵政 陳次亮 127/200
奏辦郵政 英國公報 127/204
郵政 王韜 127/208
論郵政將興 王韜 127/209
論宜亟興郵政之事 夏昌明 127/212
郵政上 鄭陶齋 127/214
郵政下 鄭陶齋 127/216
電報 鄭陶齋 127/220
卷二三 邊事
中國邊事論 闕名 127/223
中國邊事論 闕名 127/229
中國邊事論 闕名 127/237
邊防 陳次亮 127/240
龍江 陳次亮 127/241
奉吉 陳次亮 127/243
朝鮮 陳次亮 127/244
東海 陳次亮 127/246
屯田 陳次亮 127/247
金山 陳次亮 127/249
新疆 陳次亮 127/250
河源 陳次亮 127/251
青海 陳次亮 127/253
西藏 陳次亮 127/254
三省 陳次亮 127/256
八旗 陳次亮 127/257
内旗 湯蟄仙 127/258
蒙古 陳次亮 127/262
口岸 湯蟄仙 127/264
卷二四 各國邊防
暹羅 陳次亮 127/267
臺灣 陳次亮 127/268
南洋 陳次亮 127/270
合從 陳次亮 127/271
法美 陳次亮 127/273
蔥嶺 陳次亮 127/274
籌暹 湯蟄仙 127/276
保朝 湯蟄仙 127/278

防俄 湯蟄仙 127/281
夷勢 湯蟄仙 127/289
卷二五 新政論
論中國積弱由於防弊 梁啟超 127/293
論中國參用民權之利益 汪康年 127/298
俄將論中國財政 (俄)鋪加脫氏 127/301
俄將論中國財政 (俄)鋪加脫氏 127/305
論中俄專約 張坤德(譯) 127/308
中國不能維新論 闕名 127/310
中國度支論 張坤德(譯) 127/311
中國實情 譯富強報 127/314
論中國將來情形 萬國公報 127/316
挾制中國修理北河論 闕名 127/317
卷二六 日本新政論
美國人觀日本情形記 (美)撲爾打 127/319
美國人觀日本情形記 (美)撲爾打 127/322
論日本宜廣增海軍 譯東京日報 127/323
日本大臣新政 譯東京日報 127/324
美懾日疆 (日)貞吉譯 127/326
日本度支 譯美國公論報 127/328
某報館訪事與伊籐問答節略 譯東京日報 127/333
論臺灣財政 (日)阪谷 127/336
論日人經營臺灣 譯西捷報 127/338
論臺灣 (日)伊藤 127/343
論日人經營臺灣 譯東京日報 127/346
卷二七 英俄政策
俄人論英國海外政策 譯俄國日報 127/349
俄人論英國海外政策 譯俄國報 127/351
英俄合從策 譯爹爾古論古報 127/357
英君主治國論 譯泰晤士報 127/358
論英國首相執政之權 譯泰晤士報 127/360
英國水師幼童升遷情形 (英)惠爾木 127/362
錄諫俄皇書 張坤德 127/365
英俄畫界條欵 譯英國歲紀内政外交成案 127/366
英人論俄 譯不拉古兜雜志 127/368
帕報論俄 譯帕爾米爾捷報 127/370
論英國爵臣誡英應防俄法 德沸令 127/371
論俄國候補外務大臣 譯沙得得兒的報 127/373
俄國外政大臣魯馬能務主事略 劉崇惠譯 127/374
卷二八 各國新政論
論太平洋大勢 知新報 127/379
論歐洲形勢 德相俾斯麥 127/380
歐洲外交政策 譯俄那麼是的報 127/381
論鏖兵要電 俄國兵士雜志 127/382
中日之戰六國皆失算論 闕名 127/384

土耳其論 知新報 127/388
美國共和黨宣論新政 泰晤士報 127/391
波蘭滅亡記 闕名 127/396
過波蘭記 譯國民新報 127/399
電犁新法 譯法國報 127/401
卷二九 養民機器
養民 陳次亮 127/403
教養 陳次亮 127/404
論用機器之法須明其理然後能知利弊 127/406
造就人才與製器利用同原論 瘦腰生 127/409
英人論機器不宜進中國 某白人 127/413
駁英人論機器不宜進中國 闕名 127/415
教民 陳次亮 127/417
教民 湯蟄仙 127/418
卷三〇 褀事
爲伍星使期效說 愛餘生 127/425
英文宜通行地球說 闕名 127/427
論鬻粟始末弊端 梁啟超 127/429
治始於道路說 梁啟超 127/431
倉儲 陳次亮 127/434
和糴 陳次亮 127/436
游歷 陳次亮 127/437
虞衡 陳次亮 127/439
賽會 陳次亮 127/440
編審 陳次亮 127/442
善堂 陳次亮 127/443
旅人 陳次亮 127/445
漁團 陳次亮 127/446
自立 陳次亮 127/448
審機 陳次亮 127/449
聖道 陳次亮 127/451
卷三一 策議
問前明以來屢有倭警近復覬覦朝鮮斷我左臂考中國兵力財餉數十倍於日本今宜急籌者計有幾端英俄調處之說尚可恃否諸生讀有用書有年其各據所見著於篇 高鐸 127/455
前題 葉爾昌 127/456
問北洋既冰防倭南下南洋海口甚多應扼要者何處南洋兵輪素弱應更置者何端礮臺爲定物敵在礮界外則無用船爲動物利於迎追故船猶礮之翼足而管駕者又爲船礮司命北洋管駕都山學生出身乃臨陣鮮效其故安在利械久推火礮泰西製造最精者幾家礮用彈藥設有二十六生的及十七生的二礮以開花彈放之彈重藥重各應若干試類舉之礮最遠界五十里以攻距我二十七里之船應用何角度能測之歟彈之穿甲深數視其重積力能推之歟有明戚繼光爲勦倭名將所撰紀效新書有可行於今日者幾端諸生學究中西其各臚列以對毋隱 詹貴楨 127/458
長江防守議 沈長明 127/461
弭盜議 孫時勳 127/465
廢書院時文詩賦爲有用之學議 葉爾昌 127/466
時務論 姚模 127/469

養兵說 卓焌 127/473
拿破侖第一論 葉爾昌 127/474
致知格物論 園振祥 127/475
卷三二 變法
論變法宜詳審弊源 王韜 127/477
因時變法論 信儕稿 127/479
變法議 海上閒鷗 127/480
變法 湯蟄仙 127/482
論不變法之害 闕名 127/486
論變法不知本原之害 闕名 127/495
覆友人論變法書 汪廉年 127/499
論求治之道即成法以因時損益則以行而速效 嶺南仙橋氏 127/500

皇朝經世文新編續集二十一卷

卷一 通論上
江督劉鄂督張會奏條陳變法第一摺 128/45
江督劉鄂督張覆奏條陳變法第二摺 128/54
江督劉鄂督張會奏條陳變法第三摺 128/69
粵督陶覆奏條陳變法摺 128/86
粵督陶覆奏培養人材摺 128/90
通論中
新疆巡撫陶覆陳自強大計摺 128/97
閩督譓覆奏條陳變法摺 128/100
皖撫王覆奏條陳變法第一摺 128/104
署浙撫余覆奏條陳變法摺 128/110
御使陳奏陳治要摺 128/112
王御史鵬運請力行修省實政摺 128/114
贛撫李議覆新政事宜摺 128/115
粵督陶奏圖存四策摺 128/123
出使俄奧國大臣楊議覆新政事宜摺 128/127
内閣侍讀學士惲毓鼎議覆新政摺稿 128/137
東撫袁覆奏條陳變法摺 128/140
戶部等奏覆整頓京倉摺 128/147
直督袁密奏英日合盟有關中國大局宜速定政策摺 128/151
通論下
兩廣督陶制軍批斥洪牧嘉與札稿 128/153
某君答陝甘總督陶制軍書 128/157
鹽城陳惕庵孝廉呈都察院請代奏書 128/160
論行新政宜求實際 128/165
忠告篇 王與齡 128/167
英日宜竭力保中說 128/168
致伍星使書論美國華工六事 128/170
英士李提摩太上合肥李傅相書 128/174
日人代籌開通東三省事宜稿 128/175
黃仲蘇大令上江督劉制軍書 128/177

停試借材說 章鈞 128/179
說動 128/180
論中國拘迂之儒不足以言守舊
陳繼儼 128/183
說通 黎祖鍵 128/186
說通篇二 黎祖鍵 128/187
弱為六極之一說 黎祖鍵 128/188
粵督陶制軍覆廣學會李提摩太書
128/194
今日五大洲大勢有似戰國論
宋彧 128/197
三大變論 朱紹文 128/198
論近代政教之原 128/200
論將來必至之勢 汪康年 128/203
論變法當務為難 汪大鈞 128/206
保富篇上 汪大鈞 128/209
保富篇下 汪大鈞 128/210
論西人處置東亞之意
汪康年 128/212

卷二 君德

刑部主事吳保初呈政務處代奏籲請歸政摺 128/215
論整頓財政宜自宮廷始 128/216
軍機大臣奏裁減謁陵隨扈人摺附清單 128/217
粵督陶奏請裁宦官疏 128/219
立憲法淺說 128/220
問古者天子諸侯皆立太子世子漢晉以後因之且有太孫太弟之目乃更有稱爲皇太叔及非子而立為太子者其名不正甚矣國朝康熙以後不復建儲垂為家法大變古制方今萬國及通泰西君主之國亦有儲貳與中國古制闇合試綜其得失臚舉而論列之 128/223
盛稱普皇雄畧 128/224
近世歐洲國王被刺事述 128/225
英國大行君主印度大后帝大維多利亞外傳 128/227
突厥即土耳基蘇丹事實 128/228
華盛頓布倫士維廉合論 128/232
問俄國大彼得其雄畧頗與嬴秦相似然始皇再傳而亡俄則彼得以後方興未艾功烈相侔成敗各異其故安在盍參考焉 128/232
美國大總統麥荊來傳畧 128/234
論美國不能永守孟祿遺訓以拒歐洲各國 128/235
有約各國君后總統姓名錄 128/236

卷三 官制

政務處開辦條議 128/239
政務處開辦條議明辨節本
李希聖 128/242
政務處吏部兵部會奏遵議變通河工事宜摺 128/248
豫撫錫奏陳河工變通事宜摺
128/249
豫撫錫奏陳運河同通汛閘各缺酌擬裁留歸併摺 128/251
漕督陳奏請變通河工事宜摺
128/253
漕運總督奏裁汰屯衛大概辦法摺
128/255
政務處請飭部院督撫認真課吏摺
128/257
奏陳新設外務部章程事宜摺全稿

128/257
戶部奏陳停止捐納事宜摺 128/260
警察事彙誌 128/261
使才與將相並重説 128/264
開議院論 趙而霖 128/265
論整頓吏治宜以裁官為先 128/266
游歷宜選大臣論 吳克倬 128/267
改官制莫先於翰林院論
孔昭焱 128/269
京外各官急宜分職重祿說 128/272
書顧亭林郡縣論後
賴光華 128/274
問古者庶人在官府吏胥徒由來舊矣秦廢詩書以吏為師漢相蕭曹起于椽佐後世由吏員起家致顯仕者亦不乏人我朝重内輕外督撫辦事動掣肘于六部而部務掌之胥吏其權過于堂司議者每慨今日天下為例吏利之天下蓋謂吏挾則例以上下其手因以取利也欲挽此弊道將奚由其各抒所見以對
胡志伊 128/274
泰西世爵中國科目優劣問答
128/276
幕職問答 128/276
鄉職流源問答 128/277
吏學流源問答 128/278
申校邠廬抗議重儒官議 128/279
德國領事說略 128/280
各國賓星攷略 128/282
卷四 法律
原法 馬建忠 128/295
性法 128/296
原律 128/298
定律 128/299
用律 128/301
廢律 128/302
分律 128/303
戶籍 馬建忠 128/305
立家 128/307
丁幼 128/308
婚姻 128/309
嗣續 128/314
孟德斯鳩學説 128/319
墨子尚同三篇書後上 128/332
墨子尚同三篇書後下 128/333
公法通義敍 128/333
書惠頓氏萬國公法後 128/335
法律問答 128/336
駁洗冤祿問答 128/337
定律之權問答 128/338
守律之權問答 128/339
行律之權問答 128/340
西人聽訟章程問答 128/340
中國讀律法問答 128/342
問中西刑律不同西人每譏中國刑法太重故寓華西人不受管轄然中國刑罰世輕世重至我朝實為最輕乾隆以後尤從寬典何以西人猶以爲重日本改從西法流弊已生豈亞洲之人果遜于歐洲歟試綜其異同探其本原論之 128/344
中國嚴禁訟師外國重用狀師名實異同辨 顧家相 128/345
論強國與弱國相處無公法之可言
128/347

述日本監牢苛法 128/349
論刑律 尹彥鉌 128/350
廢除刑訊議 128/353
卷五 學校上
政務處禮部會奏變通科舉事宜摺 128/355
政務處奏酌擬經濟特科考試章程 128/358
奏請變通八旗學校章程摺 128/360
奏辦京師大學堂情形摺 128/362
東撫袁中丞奏辦山東大學堂摺 128/367
漕督陳奏改設江北大學堂情形摺 128/381
江南儲材學堂學約 128/384
浙撫任奏陳改設學堂辦理情形摺 128/386
清江大學堂章程 128/387
山東崇實學堂章程 128/390
京師學堂條議 姚文棟 128/392
江南派辦處稟陳籌辦江南各學堂情形詳文 128/392
南京派辦處遵議出洋遊學章程詳文 128/394
江南派辦處詳定客籍隨宦子弟自備資斧出洋游學章程 128/396
湘撫俞奏湘中改設學堂及派人出洋游學情形摺 128/396
派遣學生學習師範稟 128/398
會議學堂出身摺 128/399
御史許奏請勸立學堂酌予獎勵摺 128/400
皖撫奏設學堂摺 128/401
學校下
前蘇撫聶奏陳改設學堂情形摺 128/405
江蘇學政李侍郎擬定大學堂試辦章程 128/406
江南南菁書院遵改學堂試辦章程 128/409
粵督陶覆奏變通武科摺 128/412
皖撫王奏請廣設算學專門學堂摺 128/413
今日西學當知急務論 128/414
法國學校說畧 128/418
德國文教說畧 128/420
歐洲學校優劣問答 128/423
日本學校變法詳述問答 128/424
東京同文書院章程 128/425
西學課程條議 熊示奇 128/427
學堂論 128/429
大理寺少卿盛宣懷奏陳開辦南洋公學情形摺 128/440
論中國宜設立文部之關係 128/444
變通小學議 茅謙 128/445
創議設立女學堂啟 128/448
女學利弊說 128/454
卷六 國用
論清國財政 128/459
某洋員上當道論整頓中國財政策 128/466
國債各例問答 128/476
總署及戶部議請續借英德商款摺 128/481
呂鏡宇尚書奏請變通捐輸摺 128/482

江海關稅司賀璧理君擬修改約章稅則以清賠款而保利權節畧 128/484
江漢關稅司賀璧理君擬歸還賠款及利息各數表畧 128/491
上海裴副總稅務司致江海關道商議現訂草約第十一欵節略 128/498
行在戶部奏分派各省合力通籌攤還賠欵疏 128/504
會奏攤欵減成電摺 128/505
甯蘇籌款摺 128/507
鄂督張鄂撫端奏陳籌措賠款情形摺 128/509
豫省籌還賠款摺 128/510
皖撫聶奏陳籌措賠欵事宜摺 128/512
秦省籌欵摺 128/513
浙撫任奏陳籌備償欵開辦各項捐輸摺 128/514
江撫李奏奉派各國賠欵擬請先辦按糧捐輸以資湊撥摺 128/515
光緒二十六年河南藩庫常年出入欵項清冊 128/517
粵東藩司善後局常年進出各欵表第一 128/518
粵省運庫遞年奏銷報部正雜項收支數表 128/519
戶部奏請催解各省協餉摺並清單 128/520
外務部奏請裁減出使經費摺 128/522
酌議鹽務改章公文全錄 128/524
論變鹽法 128/529
抵制洋鹽說書後 128/531
江督遵旨酌加鹽課鹽釐並籌辦一切情形摺 128/532
盛京將軍增祺奏定大淩河丈放章程摺 128/533
摺漕平議 128/535
論日本財賦 128/538
膠澳出欵預算表 128/543
記各國國債 128/545
日本明治三十五年度支預算表 128/547
世界國債 128/552
英法兩國近事年進欵清單 128/554
卷七 農政上
戶部議覆奏請令各省自闢利源摺 129/1
墾荒裕國策 129/3
農學論 129/5
山西巡撫胡奏議開晉邊蒙地摺 129/33
稟請創辦樹藝公司開墾雲臺山稿 129/36
樹藝公司開墾種植集股章程 129/37
督率農工開墾種植條規 129/39
通海墾牧公司集股章程啟 129/40
農政中
論中國茶業之失以及補救之法 129/49
張乖崖拔茶植桑論 129/53
福州蠶桑公學章程并序 129/53
蠶務條陳 129/56
蠶桑問答上篇 129/86

蠶桑問答下篇 129/91

蠶桑答問續篇收蠶種法 129/100

農政下

問山林之富不讓川澤江右古稱豫章本爲産木之區前代山深林密自然之利取之不禁今墾闢已久材木漸稀則十年樹木計不容緩試就土宜所在籌議及之 129/103

問天下大利歸農必如何始盡其利歟 129/104

今日中國莫急於水利說 129/108

以公司興水利說 129/111

德意志農會記略 129/120

記巴黎世界大博覽會農産舘 129/121

日本農政維新記 129/123

大日本農會章程 129/135

日本農科大學章程 129/138

英倫奉旨設立農會章程 129/142

俄國農務說畧 129/154

俄國農政新議 129/157

卷八 鑛政

外務部奏定鑛務章程摺 129/161

書外務部奏定鑛務章程後 129/163

某學士論鑛務片稿 129/165

河南巡撫劉樹堂奏豫省鑛務請由商人自借洋欵承辦摺 129/166

總署議覆河南巡撫劉奏陳豫省鑛務辦法摺 129/167

山西商務局與福公司議定開鑛製鐵及轉運各色鑛産章程 129/169

總署奏山西鐵路鑛務辦法摺 129/171

論四川建昌鑛務 129/173

紀山西鑛務 129/174

節錄大冶煤鑛華豐公司嚴道開第稟稿批詞 129/175

江西前代鑛政攷 129/176

萍鄉煤鑛有限公司招股章程 129/179

寶石類攷 129/180

鑛務問答 129/182

開辦湘省鑛務說 129/183

釋矽 129/184

論中國開採鑛産事 129/187

卷九 工藝

漕督陳奏陳設立種植牧養工藝公司片 129/193

鄂省奏請工藝附蠶桑局試辦摺 129/194

舉辦江西工藝院詳稿 129/194

蘇松太道袁觀察上蘇撫擬設勸工所稟 129/199

上海勸工所開辦章程 129/202

北京工藝局創辦章程 129/203

創辦北京善後工藝局說帖 129/204

論各省宜仿設工藝局事 129/206

上海法租界設立自來水說 129/208

瑞士國工藝說畧 129/211

法國工藝攷畧 129/213

德國五金工藝攷畧 129/216

詳論製造火鏡始末書 129/218

氣球形製用法攷 129/220

問大舜陶於河濱器不苦窳記稱有虞氏上陶外洋推中華爲産瓷最古之國宋後尤成江西擅之利能博考中

外製法以籌整頓歟 129/221
紀法國最大觀星鏡 129/223
製鋼新說 129/224
泰西製造問畣 129/225
工藝問答 129/227
機器製造土貨大有益於中國論 129/228
振百工說 129/229
論各省善堂宜設立工藝廠以養貧民 129/230
工藝叢書序 129/233
工藝學堂章程 129/234
說丕但 129/238
卷一〇 商政
戶部議覆奏整頓茶務摺 129/243
江南派辦處整頓商務詳文 129/244
慶王等擬奏整頓當商章程 129/245
福州創辦商務局稟稿 129/247
創辦福州商務局章程 129/248
慶王等擬奏整頓錢商章程 129/249
湖口縣開埠通商議 129/250
李明智上商務大臣籌辦土藥公司條議 129/251
蕪湖商務詳定保商章程 129/254
上海設立商務公所 129/255
山東商務局章程 129/257
論商人當知商務會議公所之利害 129/259
曲阜孔太史創辦公利局章程 129/262
上海某局與雷翁何珊及駐法使署某君訂立合同 129/264
上海某局與銀行訂立合同 129/267
上海某局與經售生絲人訂立合同 129/270
上海某局给駐法使署某君及雷翁何珊全權字據 129/272
萬國賽會保護商牌公约 129/273
日本赛會章程 129/276
日本政府酌定商業會議所新例 129/277
日本商務考畧 129/282
續日本商務考畧 129/285
日本商務學堂章程述畧 129/286
英吉利用商務闢荒地説 129/288
英國商務説畧上 129/289
英國商務説畧下 129/291
上海湖北近設商務局刊刻商報并奉飭内地州縣概立商會必如何筹議乃於商務有益論 歐陽還謨 129/292
青島暫行設立中華商務公局章程 129/293
論洋鹽進口之足以亡華 129/295
太平洋商戰説 (美)佑尼干撰，林樂知譯 129/296
論公司不擧之病 129/304
振興商學條議 129/305
問神農日中為市聚天下之貨交易而退西人賽會之擧實本此意今法國擬於明歲在巴黎擧行五洲賽會其章程曾譯登時務昌言報中總署已行文各海關道飭華商攜貨赴會誠為盛事與中國迎神賽會擧國若狂糜財於無益之地未可同年而語試綜論其得失 胡志伊 129/309

煤油始末記 129/311
卷一一 幣制
幣制問答 129/315
中國宜行金幣説 129/328
擬請銀行收用龍銀歸入商務條约説 129/329
預防銅圓流弊説 129/330
紀法國擬更銀幣 129/331
鈔法論 129/332
行鈔以補制錢之缺論 129/335
論鈔法利弊 129/336
論錢賤銀貴之可駭異 129/338
用銀利弊論 129/339
鑄銀幣得失説 129/340
問昔有行鈔之法多因滋獘而罷如部局頒發銀錢各幣必恆示天下以信應如何變通古制參用西法詳酌時宜俾可通之四海行之百年免匱乏而保利權便商民而濟國用策 129/344
問近來東南各省多用外洋銀錢民尚稱便中國如是造金銀各錢應用何策能否通行有無利幣試詳言之用備采擇 129/346
英國鑄錢説略 129/352
論美國幣制之盛 129/358
卷一二 税則
常税改章公文全錄 129/363
戶部議覆奏請設鋪税薬牙摺 129/367
湖北藩司會同善後局稟陳釐定通省税契事宜詳文 129/369
茶商董事上商務大臣盛宫保求減茶税稟稿 129/372
商務大臣盛奏請減輕茶税摺 129/373
廣東房捐章程 129/375
江甯省查辦膏捐章程 129/377
江甯省查辦房捐章程 129/378
問軍興以來創設釐税亦本征商古制乃積久弊生議者至以今日商力疲乏歸咎首議之人舉欲概行裁撤然泰西以商立國商民額輸捐税名目繁多且倍蓰于中國釐金初未聞以病商指爲秕政者其故安在 129/380
論丁税難行 129/381
問金陵近有獻抽丁口税之議者果可行否 129/383
釐金改章以防弊不如裁撤以絕弊説 129/384
急則治標論 129/386
前駐滬英總領事哲美森説帖 129/389
外洋印花税中國能否仿行議 129/392
法國印花税章程 129/396
法國賦税攷畧 129/398
卷一三 郵運
英國鐵路師錫樂巴測勘蘆漢鐵路稿 129/403
鐵路總表 129/407
復友人論鐵路書 徐勤 129/409
書王之春鐵路急宜建築後 129/416
督辦辦鐵路公司大臣盛覆陳籌造南北鐵路情形摺 129/418

中國鐵道原始 129/420
問外洋遍地皆鐵路日臻富強中國從前因恐碍貧民生計不敢遽修今京都至天津鐵路久已造成羣稱利便能推究其故歟 歐陽永 129/422
蘆漢鐵路探路記 陳慶平 129/424
中國擬造鐵路說 譯奧國監工稿 129/430
攷泰西各國銕路源流建置 129/432
柳太鐵路借款合同 129/436
盧漢銕路行車合同 129/438
西歐郵政考上 129/440
西歐郵政考中德國 129/442
西歐郵政考下各國 129/444
比國工程師盧法爾勘察東河情形原稿 129/445
江撫李奏陳疏濬鄱陽湖摺 129/453
兩湖督院張批湖南內河置備淺水輪船稟 129/454
湖南紳士請辦內河小火輪船稟稿 129/455
湖南紳士上張制軍請與湖北合辦小火輪船書 129/456
兩湖官輪局集股章程 129/458
總署咨行南北洋大臣創興南洋商輪咨文 129/459
福州內港包辦小輪船公司案 129/459
問夫差城邗溝隋煬開汴渠勞民傷財致蹈覆亡之禍而後世實蒙其福泰西挖蘇彝士河工費極巨近美人欲于南北美洲相連處掘開以通舟楫而人皆踴躍從事其利弊不同之故安在 劉頌聲 129/462
盛宮保辦理蘆保鐵路情形 129/463

卷一四 兵政上

山西巡撫岑奏陳開辦山西武備學堂摺 130/1
山西巡撫岑奏陳裁改兵制摺 130/7
會奏滇省操練新軍摺 130/23
滇省洋操新軍章程 130/25
豫撫錫奏陳裁汰河標三營分年辦理情形摺 130/26
江西奏定軍制 130/28
直督袁奏募練新軍章程 130/33
江甯派辦處遵議設立練將學堂由各營揀選弁勇等肄業並籌措經費詳文 130/35
政務處咨行各省商議裁兵練軍事宜文 130/37
浙撫任奏陳裁營節餉事宜摺 130/38
閩浙總督奏閩省機器局添廠製彈並撥欵摺 130/40
軍機會同兵部議覆武備特科摺書後 130/41
公議湖南團練章程 130/44
伊蒲氏書王之春兵制急宜變更後 130/45
重籌海篇 130/48
議守上 130/48
議守下 130/51
議戰 130/53
議欵 130/54
自行魚雷說 130/55

桂撫丁奏陳裁減兵勇事宜摺 130/56
江南轉運北軍餉械紀要 130/58
擬練新兵營章程 洪述祖 130/64
泰西火器考 130/68
直隸藩臬兩司諭飭地方官與委員辦理土匪事宜說帖 130/73
兵政下
裁兵私議 130/77
問海軍驟難規復今日設與外夷陸戰當以何策取勝 130/82
弭兵會不可深信論 130/83
向戍弭兵與西人今日所設弭兵會異同若何論 130/85
問泰西軍械日益求精利鈍懸殊勝負立判今日之鎗礮斷非制挺所能撻人盡知顧何以孟子嘗言制挺可撻堅甲利兵豈聖賢之語亦有時不驗歟抑兵尚權謀不恃器械歟試綜合古今戰法証以孟子本書明晰言之 130/85
問旗綠各營既敝乃改募勇今日募勇之獘亦已昭然共見當用何法救之 130/87
長江宜添設兵輪以輔水師礮船議 130/90
問中國建立海軍糜費鉅萬中日之役卒至不可收拾然海防實爲今日急務或擬專設海軍大臣一員總制南北洋數省兵輪前人亦有議及者於海防果有益否 130/90
問咸豐同治以來勦賊二十余年未收綠營之效亦未收武科之效論者咸歸咎於從前立法未善近議變法合營伍武科爲一途洵爲至當不易顧國初何以未見及此能推原其故歟 130/91
問火藥儲於城市固虞失慎薛叔耘星使欲仿西國之制存儲曠野之區果無流獘歟 130/93
問秦銷天下之兵而盜起唐令天下鄉村各置弓刀鼓板而盜益橫用法殊而足以致亂一也近日講求內治頗以鄉團爲急然利未見而獘且叢生必如何始爲完策歟 130/94
攻戰守具不用之用說 130/95
槍礮說上 130/96
槍礮說下 130/97
海军人才難得問答 130/97
陸军學問答 130/99
練兵問答 130/100
練將問答 130/102
西人考驗礮法特設新較場說 130/103
日本陸軍士官學校條例 130/105
法國陸軍考 130/110
英國陸軍考上 130/113
英國陸軍考中 130/114
英國陸軍考下 130/116
德國陸軍考 130/118
英國水軍流源考 130/120
卷一五 交涉
全權大臣奏陳商定各國使臣覲見禮節摺 130/123
豫籌各國使臣合請覲見片 130/124
中國使臣會議賠款事宜略 130/125

江督照會駐滬領袖總領事公文 130/127
上海道袁觀察與美總領事古商論開濬黃浦事宜公文 130/128
修治黃浦河道局章程稿本 130/131
述蘇杭日本租界情形 130/134
厦門鼓浪嶼公地章程 130/137
論改訂中國通商條約 130/139
五國盟約離合記 130/145
五國盟約離合續記 130/147
論實施條約要旨 130/148
通籌南洋各島添設領事官保護華民疏 130/150
論美國禁止華工之故 130/153
外交無爲論 130/159
外交史及其研究法 130/161
使例畧述 130/163
各國交涉等差問荅 130/165
使臣領事各種交涉問畣 130/173
公使覲見原始 130/176
商用客卿問答 130/177
問西洋人來中國動云利益均霑而華民出洋種種受制必如何乃可伸使權而賓華民試詳籌之 130/178
問中國果能自強將來設遇各國換約之期執持公法與之侃侃而爭其首先應刪改者何在 130/178
宜編輯道咸以來交涉文牘說 130/180
卷一六 外史上
英國政治考 130/183
英國紀畧 130/184
亞當世系考 130/189
挪亞子孫遷徙考 130/190
亞述國沿革考 130/191
腓尼基喀頽基考 130/193
古希利尼建國考畧 130/195
古希利尼沿革考畧雅典 130/197
埃及變政攷 130/199
埃及國千年來事實考 130/201
秘魯政治攷 130/206
秘魯商務攷 130/213
日本内政 130/215
西報論澳洲宜禁止亞人 130/220
澳大利全洲情形 130/222
德國政書序 130/227
北冰洋洲及阿拉斯加沿海見聞錄 130/231
外史下
遊檀香山日记 嚴錦榮 130/235
論俄羅斯立國之勢 130/239
再論俄羅斯立國之勢 130/240
香港議政前編 130/241
香港議政後編 130/245
各國都城地名譯音異同表 130/247
泰西七國衡論 130/251
俄德法三國聯衡極東問題之影響 130/253
論治理斐律濱羣島之策 130/256
述各國軍艦行駛蘇彝士運河事 130/257
論美國開鑿尼喀拉加運河 130/259
論居美黑人之現在將來 130/260
論俄日聯盟不易 130/262
俄國海軍之根據地 130/263
論英宜親俄拒德 130/267

英俄爲兩敵論 130/273
美德宜力保大局說 130/275
紀甘甯士德賴福事 130/277
各國變法功效攷 130/282
問五洲各國大小相維強弱相制盟約相聯莫能相併近如美救古巴而與西戰英助土而與俄爭普法之戰而日耳曼之盟合日韓之役而俄德法之交固或迫於勢或動以利各有隱情試詳論焉 李滐 130/286
問英併印度俄滅波蘭或以商務或以賄賂陰謀秘計若出一轍近人顧謂英爲能救人之國俄為虎狼之國許英抑俄其故安在盍證以往事權其利害剴切陳之 許錫文 130/287
論葡萄牙事 130/288
卷一七 會党
南學會叙 130/291
校經書院學會章程 130/293
嶽麓書院新定譯學會章程 130/295
擬設立蘇學會啟 130/296
常德明達學會章程 130/299
法律學會章程 130/300
湖南辦理不纏足會啟 130/301
順德陳村赤花不纏足會叙 130/303
保國會演說 130/304
京中士大夫開設保國會 130/306
論無君黨因專制壓力而成 130/308
紅十字會攷 130/309
臺南天足會則 130/310
新加坡華商會館規條 130/311
泰西國會問答 130/314
國會利弊論 130/314
衡山縣士紳請改書院爲學會稟 130/314
卷一八 民政
獨立廳圖記 130/317
美國獨立檄文 130/317
說漢種 130/319
说國民 130/322
二十世紀之中國 130/327
原國 130/331
亡國篇 130/333
論政府與人民之權限 130/336
愛國心說 130/340
君民權平議 130/344
尊民篇 130/346
論民權之義與無君黨無王化黨有別 130/348
民皆自主說 130/349
用機器殖財養民說 130/350
告同胞文 130/351
卷一九 教宗
全權大臣奏陳商辦京城教案事宜摺 130/353
總理衙門奏山東教案辦結膠州議租摺 130/355
總理衙門奏山東教案要犯罪名摺 130/357
贛撫敬陳辦理教案情形摺稿 130/359
東撫通飭 130/361
河南巡撫松壽示諭保教章程 130/362
晉撫岑春萓清理山西教案章程 130/363

外務部咨鈔許侍御奏請派員辦教務片 130/365
直隸藩司周諭委員查禁說帖 130/366
直隸藩臬調和民教緝捕盜匪詳文 130/371
曉諭直省民教告示 130/373
張家口洋務局總辦沈觀察條陳辦理一切情形稟 130/374
山西教案合同 130/376
教士敦崇禮條陳山西教案善後章程八條 130/379
山西內地會總教士何斯德與洋務局議結教案合同 130/381
山西內地會總牧師榮晃熙與洋務局續議教案合同 130/382
江西洋務局詳定教堂購地辦法稟稿 130/384
江西洋務局詳復湖口縣稟平日與教士開誠布公每逢詞訟不論民教隨准隨結由 130/385
江西洋務局詳進賢縣條陳責成紳耆保教章程稟 130/386
安徽望仁縣上江督稟 130/387
美國李佳白民教相安議 130/389
教案善後章程 130/393
西士李提摩太君上李傅相辦理山西教案章程 130/394
論传教不宜專恃保護 130/395
擬請設立總教務司說帖并序 130/396
論設立總教務司之關礙 130/398
論和約宜訂教務專條 130/399
教育當定宗旨論 中國之新民 130/400
回教盛衰論 章炳麟 130/408
英教士米氣君論教案起釁之故 130/409
粵督陶制軍奬勵新加坡商民設孔教堂文 130/410
論教宜急求善後之策 130/411
卷二〇 學術
貴州學政趙惟熙奏開設譯書公局摺 130/413
晉撫岑飭洋務局司道條議譯書事宜札 130/416
東撫飭議編書札 130/417
遣使出洋廣譯西書條議 130/419
東亞益智譯書敘例 130/421
春秋董氏學跋 130/423
課士略说 130/423
新史學 130/427
論西學與西教無關 劉楨麟 130/434
泰西藏書攷畧 130/438
論日本文 廖雲翔 130/440
中西醫學平議 張德漢 130/442
輿地學約 130/444
論盡民下責分學 130/446
論玩物適情之學 130/448
流質代煤詳述 130/453
火有光熱說 130/455
論格致學所練之記心勝於文字學所練者 130/456
論各業不離格致學 130/458
格致會通說 130/459

電學始末攷 130/461
學問之源流門類 130/462
卷二一 雜纂
蒙古盛衰論 130/467
邱菽園內翰上粵督陶方帥書 130/469
袁爽入公卿致兩湖書院監督梁節庵太史書 130/474
夏大令紹範稟稿 130/475
上洋某太守與某先生論保險書 130/477
問俾思麥可方中國何人試以古事比附之 胡志伊 130/478
駁龔自珍論私上 黎祖健 130/479
駁龔自珍論私下 黎祖健 130/481
鄂撫端方勸漢人婦女勿再纏足說 130/483
論上海巡捕包探之利弊 130/484
論報館最有易於學子 陳衍 130/486
論中國宜設洋文報館 陳衍 130/488
論中國語言變易之究竟 130/489
勸戒上海國會學及出洋學生文 130/491
釋彝 高鳳議 130/494
泰西新報源流表 130/495
中日版權同盟問題 130/500
種類說 130/504
黃種無害于白種論 130/505
黑奴籲天錄序 130/507
黑奴籲天錄書後 130/508
婦女壽長於男子說 130/509
照相之法可以施於政事論 130/511
黑龍江將軍壽山遺摺 130/513

皇朝道咸同光奏議六十四卷

卷一 治法類 通論
綜核名實疏 黃爵滋 131/75
敬陳救時八策疏 潘祖蔭 131/80
敬陳管見疏 歐陽雲 131/82
應詔上中興十二策疏 蔣琦齡 131/84
條陳時務之要疏 李棠階 131/98
臚陳時務八條疏 裘德俊 131/100
應詔陳言疏 黎庶昌 131/104
應詔直言疏 吳大瀓 131/108
敬陳地方利弊請酌量變通疏 翟伯恒 131/112
敬陳時事所先疏 邵亨豫 131/113
敬陳管見籌自強之計疏 彭玉麟 131/119
謹上治平六策疏 薛福成 131/122
奏請變通捐輸疏 呂海寰 131/129
略陳直隸事宜疏 曾國藩 131/131
整頓直隸吏治營伍疏 劉長佑 131/132
恭報到江蘇巡撫任竝陳地方情形疏 李星沅 131/133
卸篆後敬陳浙江應辦善後事宜疏 左宗棠 131/134

敬陳湖北兵政吏治疏 胡林翼 131/134
奏陳鄂省尚有應辦緊要事件請俟九江克復再行率師下勦疏疏 胡林翼 131/137
會奏廣東積獘疏 彭玉麟 131/138
再陳粤省積獘疏 彭玉麟 131/142
請整飭治理疏 張之洞 131/145
接辦各項緣由疏 奎斌 131/146
瀝陳川省敗壞情形設法整頓疏 丁寶楨 131/147
到川附陳大概情形片 丁寶楨 131/151
整頓四川吏治營務疏 駱秉章 131/152
縷陳陝省利獘擬籌興除大略疏 葉伯英 131/153
臺灣吏事兵事均宜及時綢繆疏 左宗棠 131/155
請續修四庫全書疏 王懿榮 131/157
進呈大清一統志疏 張之洞 131/157
蘇省設局刊書疏 丁日昌 131/158
卷二 治法類 君德
應詔陳言疏 倭仁 131/161
條陳日講事宜疏 曾國藩 131/162
遵旨會議日講事宜並陳管見疏 禮部 131/165
請進日講疏 倭仁 131/167
籲懇暫緩歸政以懋聖學疏 王大臣 131/167
呈進書籍疏 祁寯藻 131/168
敬抒末議培養聖學疏 朱潮 131/169
籲請歸政疏 吳保初 131/170
敬陳聖德三端預防流弊疏 曾國藩 131/171
愼始芻言疏 蘇廷魁 131/174
三漸宜防疏 徐繼畬 131/174
杜漸防微疏 祁寯藻 131/177
金陵告捷請加敬愼疏 吳廷棟 131/178
請脩省以回天變疏 羅惇衍 131/179
請修實政疏 倭仁 131/181
法祖愛民疏 羅惇衍 131/181
請除蒙蔽以迓和甘疏 余上華 131/183
請力除四弊疏 寶廷 131/184
請憂勤節儉疏 謝維藩 131/185
大婚典禮宜崇儉疏 倭仁 131/186
時勢可慮請停園工疏 李宗羲 131/186
奏減謁陵隨扈人員疏 軍機大臣 131/188
請禁太監演戲疏 賈鐸 131/189
請愼擇宦寺疏 穆緝香阿 131/189
請裁撤内監疏 陶模 131/190
卷三 治法類 政本
培國脈肅政體疏 文瑞 131/193
勸求治理疏 羅惇衍 131/194
正本清源疏 王慶雲 131/196
敬陳時政四事疏 呂賢基 131/198
敬陳理財用人疏 鄭世任 131/200
直陳時弊四條疏 李菡 131/202

敬陳時事艱難疏 陳壇 131/204
敬陳時務五事疏 勝保 131/205
遵旨直陳疏 勝保 131/209
請慎行賞罰疏 宋晉 131/210
敬陳治本疏 倭仁 131/211
時危勢迫請乾綱大振疏
鮑源深 131/212
天時人事危迫日深疏
王茂蔭 131/214
謹推陳致理之原疏
郭嵩燾 131/216
請早定大計疏 趙樹吉 131/217
條陳治本疏 林壽圖 131/220
端本慎始疏 徐啟文 131/222
挈大綱防積弊疏 袁甲三 131/223
請飭廷臣直諫疏 鐘佩賢 131/225
大局關係疏 孫翼謀 131/226
臚陳時事變通疏 王凱奉 131/227
奏請禁煙第二疏 郭嵩燾 131/229
錢票無甚關礙宜重禁吃烟以杜弊源片 林則徐 131/232
富强切要首重本源疏
陳雄藩 131/234
卷四 治法類 用人
論内外欺罔疏 金應麟 131/239
刑賞失措疏 陳慶鏞 131/240
應詔請講求用人疏
曾國藩 131/241
敬籌振興人才以濟實用疏
王茂蔭 131/244
時勢危難請用緩急可恃之人疏
何桂珍 131/247
密籌直東軍務建置需人疏
郭嵩燾 131/249
請内外互用疏 高延祐 131/251
擬舉薦人才疏 吳嘉賓 131/251
請變通部章廣蒐人才疏
左宗棠 131/253
瀝陳閩省困敝情形請調員差委疏
左宗棠 131/254
卷五 治法類 臣職
請訓責樞臣疏 何金壽 131/257
瀝陳辦事艱難仍墾終制疏
曾國藩 131/257
籲准開缺回籍終制營葬疏
袁世凱 131/259
故撫臣忠勤盡瘁緣由疏
曾國藩 131/260
故大學士政績卓著請建專祠疏
劉坤一 131/262
故督臣忠勛盡瘁大略疏
李鴻章 131/263
曾壁光建祠宜付史館疏
丁寶楨 131/267
密陳革員揑控與歷年辦事本末片
丁寶楨 131/268
卷六 變法類 通論
條陳變法自强疏 胡燏棻 131/271
培養人才疏 陶模 131/279
覆陳自强大計疏 陶模 131/285
臚陳自强大計疏 盛宣懷 131/288
議覆盛宣懷條陳自強大計疏
軍機大臣 131/291
遵旨議覆疏 王大臣 131/294
應詔陳言疏 羅長裿 131/296
籌議變通政治疏

劉坤一、張之洞 131/300
籌議變法整頓中法疏
劉坤一、張之洞 131/308
籌議變法采用西法疏
劉坤一、張之洞 131/323
籌議變通政治片
劉坤一、張之洞 131/339
變通政治宜務本原疏
陶模 131/340
覆奏條陳變法疏 袁世凱 131/344
應詔陳言疏 王之春 131/349
變法自强當除蒙蔽疏
王培佑 131/355
議覆變法事宜疏 余聯沅 131/357
遵議參酌中西政要敬陳時政十策疏
李興銳 131/358
覆陳時政八策疏 許應騤 131/365
敬陳用人理財疏 惲毓鼎 131/369
敬陳大計疏 張百熙 131/372
請飭刷印校邠盧抗議頒行疏
孫家鼐 131/374
進呈盛世危言疏 鄧華熙 131/375
請修政治專書以裨實學疏
吴郁生 131/375
卷七 變法類 學堂
遵議建立官書局疏
總理衙門 131/377
遵擬官書局開辦章程疏
孫家鼐 131/378
奏請開設譯書公局疏
趙惟熙 131/379
奏設西學學堂疏 王文韶 131/381
請整頓同文館疏 陳其璋 131/383
酌議同文館章程疏
總理衙門 131/384
請推廣學校 李端棻 131/386
議覆李端棻推廣學校疏
總理衙門 131/389
遵籌開辦京師大學堂疏
軍機大臣、總理衙門 131/390
議覆開辦京師大學堂疏
孫家鼐 131/401
籌辦大學堂事務請旨遵行疏
孫家鼐 131/404
奏陳籌辦大學堂大概情形疏
孫家鼐 131/404
籌辦京師大學堂大概情形疏
張百熙 131/406
奏陳試辦山東大學堂疏
袁世凱 131/411
請設立二等學堂疏
鄧華熙 131/412
議覆安徽巡撫鄧華熙請添設學堂酌擬切實辦法疏 總理衙門 131/414
江蘇南菁書院遵改學堂并試辦章程疏 李殿林 131/415
遵改書院爲學堂疏
聶緝椝 131/418
遵旨改設學堂疏 任道鎔 131/419
遵旨設立學堂謹陳籌辦情形疏
林開謩 131/420
歸併書院開辦學堂情形疏
沈衛 131/421
議覆五城建立中學堂小學堂疏
孫家鼐 131/422
請變通書院章程疏

胡聘之 131/423
議覆奏綏章請整頓各省書院疏
禮部 131/424
浙江專設中西書院疏
廖壽豐 131/426
會奏創設格致實學書院疏
張煦、趙維熙 131/428
奏陳開辦南洋公學情形疏
盛宣懷 131/428
奏陳設立譯書院片
盛宣懷 131/432
請在京滬設達成館以儲使才片
盛宣懷 131/432
請新設各學堂書院内學生稟增附生准免歲科試片 盛宣懷 131/433
會議選舉學堂人才疏
政務處 131/433
請推廣學堂月課章程片
鄭思賀 131/434
議復鄭思賀請推廣學堂月課章程片
孫家鼐 131/435
增請算學助教疏 國子監 131/435
奏設算學館片 雲南督撫 131/436
請廣設算學專門學堂疏
王之春 131/436
學堂人員一體鄉試片
李鴻章 131/437
遵議明習算學及出洋游歷人員疏
總理衙門 131/438
請將丁漕平餘廣設學堂疏
張之洞 131/440
擬請試辦速成學堂疏
黄思永 131/442
請設游藝學塾疏 魏光燾 131/443
奏京員創設通藝學堂並援案准予獎勵調考疏 總理衙門 131/444
醫院創立學堂疏 李鴻章 131/444
催辦醫院學堂疏 林輅存 131/445
請編訂功課書片 趙惟熙 131/447
請刊印時務書籍片 沈衛 131/447
請頒定學堂課程以一學術疏
吳郁生 131/447

卷八 變法類 科學

請設經濟特科並條陳疏
嚴修 131/449
遵議開設經濟特科疏
總理衙門 131/451
遵議經濟特課詳細章程疏
總理衙門 131/452
奏擬經濟特科考試章程疏
政務處 131/454
遵議優獎開物成務人才疏
總理衙門 131/455
會奏擬請妥議科學新章並酌改考試詩賦小楷之法疏
張之洞、陳寶箴 131/458
遵議鄉會試詳細章程疏
禮部 131/461
議奏科場改試疏 禮部 131/464
奏陳變通錄科章程疏
國子監 131/466
遵議順天借闈鄉試變通章程疏
禮部 131/468
會奏變通科學事宜疏
政務處 131/470

卷九 變法類 武備

粵省創設水陸師學堂以儲羣材疏 張之洞 131/475
奏設武備學堂疏 張之洞 131/476
創設武備學堂疏 李鴻章 131/478
請設武備學堂疏 鄧華熙 131/479
開辦武備學堂疏 岑春煊 131/480
請增設水師學堂學額疏 劉坤一 131/484
請武舉武生挑入學堂肄業疏 劉坤一 131/485
請設武備特科疏 高燮曾 131/486
請桑酌中外兵制設武備特科片 榮祿 131/487
議覆榮祿請設武備特科疏 軍機大臣、兵部 131/487
議覆胡燏棻請酌設武科片 軍機大臣、兵部 131/491
請武場考試變通舊制疏 孫賦謙 131/491
遵議變通武科章程疏 張之洞 131/492
會議武場改制疏 軍機大臣、總理衙門等 131/496
條議武場改制事宜疏 兵部 131/499
變通武科改章事宜敬抒管見疏 劉樹棠 131/500
變通武科疏 陶模 131/502
籌議武科改制瀝陳四川利獘疏 恭壽 131/504
議覆武科改制疏 朱福銑 131/505
遵議覆奏武科改制疏 瞿鴻機 131/507
議覆武科改制疏 傅增淯 131/507
遵議武科改制敬陳管見疏 譚繼洵 131/509
籌議江南防軍改練洋操疏 劉坤一 131/511
請設洋操護軍營暨工程隊疏 張之洞 131/514
奏請設立自强軍創練洋操疏 張之洞 131/516
遵議更新兵制疏 戶部 131/518
募練北洋新軍章程疏 袁世凱 131/520
酌擬改練新軍建設武備學堂疏 信恪 131/522
酌改江西防營軍制疏 李興鋭 131/524
改練新軍酌擬兵制餉章并設官情形疏 岑春煊 131/526
會奏遵旨籌議操練新軍事宜疏 魏光燾 131/543
創設保定警務局暨警務學堂章程疏 袁世凱 131/544

卷一〇 時務類 商務

請添設商部衙門疏 徐琪 132/1
遵議設立保商局疏 德壽 132/6
福建厦門設立保商局疏 許應騤 132/7
遵議維持商局疏 李鴻章 132/7
覆陳維持招商局事宜疏 戶部 132/9
派員查明南洋商務情形擬設領事並籌計一切經費疏 張之洞 132/12
遵擬漢口試辦商務局疏

張之洞 132/15
奏設上海商務總局疏
劉坤一 132/17
議覆王鵬運請講求商務疏
總理衙門 132/18
議覆御史張仲炘奏臺灣土貨進口照洋貨抽稅疏 總理衙門 132/20
請緩征值百抽十之稅並改定存儲關棧章程疏 張之洞 132/21
議覆褚成博奏洋商改造土貨應籌抵制疏 總理衙門 132/23
請開兩廣鐵禁疏 張之洞 132/24
試辦織布局疏 李鴻章 132/25
推廣機器織局疏 李鴻章 132/26
會奏請設機器織布等局片
張煦、趙惟熙 132/27
通州紗廠辦理情形疏
劉坤一 132/27

卷一一 時務類 財用

請招商設立中國銀行疏
盛宣懷 132/31
遵議中國通商銀行滙解官欵疏
戶部 132/31
議覆依克唐阿請行鈔法疏
戶部 132/33
請飭戶部鼓鑄銀圓並令各省推廣仿鑄疏 陳其璋 132/34
請通飭開辦礦務鼓鑄銀圓疏
王鵬運 132/35
議覆王鵬運請開辦礦務鼓鑄銀圓疏
戶部、總理衙門 132/36
奏設機器製造等局先鑄銀圓疏
依克唐阿 132/39
請將廣東鑄造銀元解京配用疏
戶部 132/40
請仿造金銀錢疏 楊宜治 132/41
粵省購辦機器試鑄制錢疏
張之洞 132/44
閩省試鑄制錢改由機器局籌辦疏
楊昌濬 132/46
請停機器鑄錢疏 李鴻章 132/47
請飭戶部添鑄銅圓疏
陳其璋 132/48
江蘇鼓鑄銅圓行使有效疏
聶緝椝 132/50
奏請特造股票籌借華欵疏
黄思永 132/50
奏准自造股票籌借華欵疏
戶部 132/51
奏定給發昭信股票詳細章程疏
戶部 132/53
議覆昭信股票流弊疏 戶部 132/56
清理股票事期簡要疏
張承纓 132/58
請仿行印稅疏 陳璧 132/58
遵議試行印花稅並原擬辦法七條疏
外務部 132/59
瀝陳減輕茶稅疏 盛宣懷 132/61

卷一二 時務類 礦務

酌定礦務章程疏 外務部 132/63
奏定章程疏 礦務總局 132/65
查勘滇省礦廠情形試行開採疏
林則徐 132/67
直境開辦礦務疏 李鴻章 132/71
设立鐵路礦務總局大略情形疏
王文韶 132/72

遵議山西礦務鐵路辦法疏 總理衙門 132/74
請准商人自借洋欵籌辦鐵路礦產疏 陳其璋 132/75
奏豫省礦務請由商人自借洋欵承辦疏 劉樹棠 132/76
請招商開採金礦疏 連順 132/77
請設墾礦總局片 延茂 132/78
奏請各省開礦疏 陳其璋 132/79
覆陳試辦磁州煤礦片 王文韶 132/80
奏陳江甯等處礦務情形疏 劉坤一 132/80
請調員開辦遼東礦務疏 依克唐阿 132/81
議覆停止商辦關外礦路疏 總理衙門、戶部 132/84
遵旨查覆川省礦務情形疏 丁寶楨 132/85
覆陳雲南礦務情形疏 崧蕃 132/87
籌議雲南礦務疏 唐炯 132/88
議覆河南礦務辦法疏 總理衙門 132/89
變通雲南礦務章程疏 唐炯 132/91
請開禁出口硫礦片 劉銘傳 132/92
閩省請開辦鉛礦疏 楊昌濬 132/92
籌辦漠河金廠疏 李鴻章 132/93
遵議漠河金廠開辦事宜疏 王大臣 132/98
遵議漠河金礦改立章程疏 延茂 132/101
議覆伍廷芳礦務條陳疏 礦物鐵路總局 132/105
議覆湘撫請嚴禁私運銻砂疏 總理衙門 132/106
卷一三 時務類 鐵路
力阻鐵路請造小輪船片 彭玉麟 132/109
上海鐵路會議買斷辦理情形疏 沈葆楨 132/110
縷陳中西情形種種不同火車鐵路勢不可行疏 劉錫鴻 132/111
請開鐵路以圖自彊疏 劉銘傳 132/118
代李伯相議請試辦鐵路疏 薛福成 132/119
覆奏鐵路事宜片 薛福成 132/123
天津等處試辦鐵路以便調兵運械疏 總署王大臣 132/124
請約開鐵路口岸疏 陳其璋 132/125
覆陳籌造南北鐵路情形疏 盛宣懷 132/126
奏通籌鐵路辦法疏 總理衙門 132/128
請設鐵路總公司疏 總理衙門 132/129
遵籌開辦鐵路疏 張之洞 132/132
議覆開辦鐵路疏 海軍衙門 132/136
請開清江浦鐵路疏 闕名 132/139
奏辦津鎮鐵路疏 總理衙門 132/142
奏晉省籌辦礦務擬先修鐵路疏 胡聘之 132/145
奏銷蘆保鐵路工程疏 盛宣懷 132/145
卷一四 時務類 船政

擬購機器僱洋匠試造輪船先陳大概疏 左宗棠 132/147
詳議創設船政章程購器募匠教習疏 左宗棠 132/149
船局事件仍必會銜具陳以昭大信片 左宗棠 132/152
鐵船槽多用銀兩擬就續撥關稅内提用片 左宗棠 132/152
輪船工竣並陳機器局情形疏 曾國藩 132/152
船政任事日期疏 沈葆楨 132/154
察看福州海口船塢大概情形疏 沈葆楨 132/155
造船開工日期併船廠情形疏 沈葆楨 132/157
江岸坍塌謹陳籌堵情形疏 沈葆楨 132/159
機器到工已齊并船廠現在情形疏 沈葆楨 132/160
暹木到工船身告成並鐵廠教造起限情形疏 沈葆楨 132/163
船工將竣謹籌善後事宜疏 沈葆楨 132/164
船政物料仍免納稅釐片 沈葆楨 132/165
第一號輪船下水並續辦各情形疏 沈葆楨 132/165
續陳各船工程並挑驗匠徒試令自造疏 沈葆楨 132/167
閩廠輪船續行興造片 沈葆楨 132/167
閩省出洋生徒請予蟬聯疏 沈葆楨 132/168
閩廠學生出洋學習疏 李鴻章、沈葆楨 132/168
請拓增船礮大廠疏 左宗棠 132/172
請撥款製船疏 裴蔭森 132/174
購置練船疏 裴蔭森 132/175
謹陳船政形勢及應行次第舉辦事宜疏 裴蔭森 132/176
試造淺水兵輪工竣察看疏 張之洞 132/178
酌改船式片 丁寶楨 132/179
擬購挖土機船鐵脅新式輪機片 沈葆楨 132/180
籌議製造輪船未可裁撤疏 李鴻章 132/181
試辦招商輪船疏 李鴻章 132/184
整頓招商事宜疏 李鴻章 132/185
海運官物統歸商局片 李鴻章 132/187
輪船修工核扣薪糧疏 李鴻章 132/188
請整頓船政疏 陳璧 132/189
議覆福建船政疏 總理衙門 132/191
籌辦鐵甲兼請遣使片 李鴻章 132/193
議購鐵甲船疏 李鴻章 132/201
鐵甲籌欵分別續造疏 李鴻章 132/204
定造鐵甲船疏 李鴻章 132/206
會辦船政大臣片 沈翊清 132/207

卷一五 時務類 電報

彙覆鐵路電報等事疏 李鴻章 132/209

商局接辦電線疏 李鴻章 132/210
請設南北洋電報片
李鴻章 132/212
電報官報請給半資疏
李鴻章 132/213
請展接電綫杆禦水災片
薛福成 132/215
中法接線疏 李鴻章 132/215
與俄接連電線定約疏
李鴻章 132/219
議展朝鮮電線疏 李鴻章 132/220
陳請電報局兼辦德律風片
盛宣懷 132/221
遵議興辦郵政疏 總理衙門 132/221
議覆郵政事宜疏 總理衙門 132/227
卷一六 洋務類 通論
籌議修約事宜疏 丁寳楨 132/231
密陳制夷方略片 丁寳楨 132/232
密陳夷務疏 殷兆鏞 132/233
擬陳洋務疏 郭嵩燾 132/236
覆奏洋務事宜疏 沈葆楨 132/239
覆奏總理衙門六條疏
李宗羲 132/245
條陳洋務事宜疏 王先謙 132/249
議覆中外洋務條陳疏
李鴻章 132/260
條陳洋務事宜疏 王之春 132/262
密陳英日聯盟有與中國關係疏
袁世凱 132/265
强鄰環伺謹陳愚計疏
薛福成 132/266
裁併通商大臣酌議應辦事宜疏
李鴻章 132/269
請飭官吏購求條約片
李鴻章 132/271
豫籌各國使臣合請覲見片
薛福成 132/272
附陳密保洋員片 薛福成 132/272
遵議特設商務大臣及特派近支宗室游歷外國事宜疏
總理衙門 132/273
覆陳外務部應設司員額缺選補章程並堂司各官優給俸糈疏
政務處大臣 132/274
請與各國訂明同列萬國公法疏
陳其璋 132/276
議復保薦寓洋華民有七利疏
總理衙門 132/277
請豁除舊禁招徠華民疏
薛福成 132/279
請設廣方言館疏 李鴻章 132/280
置辦外國鐵廠機器疏
李鴻章 132/282
籌議天津機器局片
李鴻章 132/284
東省設立機器局疏
丁寳楨 132/286
山東機器局置置器造廠規模大備疏
丁寳楨 132/286
山東機器局用欵報銷疏
丁寳楨 132/288
請獎曾昭吉片 丁寳楨 132/288
覆陳川省機器局暫緩開辦片
丁寳楨 132/289
遵旨覆開機器局疏
丁寳楨 132/291

機器局購地添置火藥片
丁寶楨 132/291
卷一七上 洋務類 交涉
會奏遵旨宣布英夷罪狀並設法驅逐該國船隻出口疏
林則徐 132/293
附奏東西各洋越竄夷船嚴行懲辦片
林則徐 132/294
覆奏遵旨訪察民夷聚集情形疏
李星沅 132/295
上海裁撤會防局疏
李鴻章 132/296
英人吉爲哩等游歷情形片
丁寶楨 132/297
英人窺探西藏陸路情形片
丁寶楨 132/298
馬加國攝政義由青海入藏片
丁寶楨 132/299
馬加國攝政義等改道由川入藏片
丁寶楨 132/301
藏番驅逐洋人派兵彈壓保護片
丁寶楨 132/302
懇准乍丫入貢片 丁寶楨 132/303
英人窺伺後藏豫爲籌備片
丁寶楨 132/304
喇嘛攘奪廓商財物派員查辦疏
丁寶楨 132/305
西藏與英人通商事多後慮疏
丁寶楨 132/306
通商先向藏番開説片
丁寶楨 132/308
通商儻有格礙盡力以圖片
丁寶楨 132/309
拏獲岩番分別嚴辦片
丁寶楨 132/310
岩番劫殺洋人查拏辦理片
丁寶楨 132/311
俄官尼由新疆入藏片
丁寶楨 132/312
遵旨議煙臺續增專條及先後辦理情形疏 曾紀澤 132/312
滇緬分界通商事宜疏
薛福成 132/315
議定滇緬界務商務條約疏
薛福成 132/317
與英外部商定派員會立坎巨提頭目疏 薛福成 132/318
密陳帕米爾情形片
薛福成 132/319
察看英法兩國交涉事宜疏
薛福成 132/320
滇案擬結緣由疏 李鴻章 132/321
煙台議結滇案疏 李鴻章 132/322
附陳大金沙江行船片
薛福成 132/325
附陳酌定虎踞關以東界線片
薛福成 132/325
滇緬分界大概情形疏
薛福成 132/326
附陳駐緬英員遵約呈進方物片
薛福成 132/329
附陳派營彈壓野人山地片
薛福成 132/329
附陳收回車里孟連兩土司全權片
薛福成 132/330
籌畫交涉事務片 左宗棠 132/330

覆陳索倫四旗事宜疏 曾紀澤 132/331
密陳霍爾果斯河西地境事情片 曾紀澤 132/332
籌議交收伊犁事宜疏 李鴻章 132/332
接收伊犁敬陳管見摺 丁寶楨 132/335
時局多艱敬抒管見疏 丁寶楨 132/337
論俄羅斯條約疏 郭嵩燾 132/338
敬陳管見疏 曾紀澤 132/341
覆陳中俄議界情形疏 曾紀澤 132/344
與總署電報密商情形片 曾紀澤 132/345
遵旨改訂俄約蓋印畫押疏 曾紀澤 132/346
改訂俄約辦事艱難情形疏 曾紀澤 132/350
逆酋竄入俄境該國允嚴禁錮疏 曾紀澤 132/352
奏俄事緊急萬不可允疏 都察院御史 132/352
會同俄員勘界立碑繪圖補記遵旨畫押各日期疏 吳大澂 132/353
會勘倭那二牌應照圖約更正疏 吳大澂 132/355
請拒俄聯英疏 文悌 132/356
請開南洋疏 徐賡陛 132/357
通籌夷務慎重邊防片 劉長佑 132/359
雲南民志未定暫緩通商疏 劉長佑 132/360
細審夷情預爲防制疏 劉長佑 132/361
熟審邊情敬陳管見疏 劉長佑 132/364
邊患已深事貴預籌片 劉長佑 132/367
遵旨通籌相機弭患疏 劉長佑 132/369
密陳法人情形片 劉長佑 132/371
法人併越擬練川兵以備緩急摺 丁寶楨 132/372
預防法人句結日本片 丁寶楨 132/373
奏報唐炯起程日期並敬陳管見疏 丁寶楨 132/373
妥籌邊計疏 李鴻章 132/375
覆陳法國大概情形疏 曾紀澤 132/376
遵旨覆奏并陳今昔情形不同疏 彭玉麟 132/377

卷一七下 洋務類 交涉

暗結暹羅襲取西貢疏 彭玉麟 132/381
力阻和議片 彭玉麟 132/382
請飭照會通商各國片 彭玉麟 132/384
廣軍會合桂省主客各軍力戰破敵實情疏 彭玉麟 132/384
疑議雖定仍宜備戰以毖後患疏 彭玉麟 132/388
縷陳選將練兵情形疏 鮑超 132/389

疏陳邊疆文武大臣得人疏 彭玉麟 132/391
滇越邊界通商議約疏 李鴻章 132/392
法越交涉議定法約疏 李鴻章 132/395
中法新約續議界務商務條款疏 總理衙門 132/397
覆陳商局輪船暫售美國疏 李鴻章 132/399
密籌補救越南片 彭玉麟 132/400
代李伯相復陳遵旨籌畫密抒愚悃疏 薛福成 132/401
密陳膠澳主戰疏 都察院御史 132/403
巴西議約竣事疏 李鴻章 132/404
請飭黑龍江等處精練馬隊片 丁寶楨 132/406
遵議日本通商事宜片 李鴻章 132/407
日本議立專條疏 李鴻章 132/408
代李柏相籌議日本改約暫宜緩允疏 薛福成 132/410
妥籌朝鮮武備疏 李鴻章 132/413
妥籌朝鮮造器練兵疏 李鴻章 132/414
密勸朝鮮通商西國疏 李鴻章 132/416
議覆張佩綸條陳六事疏 李鴻章 132/417
朝鮮通商西國片 李鴻章 132/420
妥議朝鮮通商章程疏 李鴻章 132/421
代李伯相張尚書籌議攝服鄰邦先圖自强疏 薛福成 132/424
代李伯相籌議先練水師再圖東征疏 薛福成 132/426
論夷務疏 沈兆霖 132/428
再論夷務疏 沈兆霖 132/429
密陳夷務疏 袁保恒 132/430
遵旨籌辦防務情形疏 李宗羲 132/431
遵呈海防圖説疏 李鴻章 132/433
籌議海防疏 李鴻章 132/434
恭報撤師日期並調度劉軍安置越民情形疏 岑毓英 132/435
英緬兵爭現擬籌布邊防疏 岑毓英 132/437
澳門租界改歸葡國永遠居住立約尚宜妥議緩定疏 張之洞 132/438
統籌閩粵浙三省防務片 曾國荃 132/441
密陳請保使館疏 袁昶 132/441
奏請嚴懲禍首疏 袁昶 132/443
覆奏江防疏 劉坤一 132/445
會奏時局危急疏 劉坤一、張之洞 132/446
外國捐賑請嘉奬片 李鴻章 132/447
洋員資費請准銷片 李鴻章 132/448
請旨定賫星章程疏 曾紀澤 132/450
各國使臣覲見禮節疏 全權大臣 132/450
卷一八 洋務類 教案

覆奏天主教弛禁未便明示疏 李星沅 132/451
預籌修約事宜疏 曾國藩 132/451
覆陳天津教案大概情形疏 曾國藩 132/452
天津教案籌辦情形片 曾國藩 132/454
會奏查明天津教案情由疏 曾國藩 132/455
審明第一批人犯分別定擬疏 曾國藩 132/457
續訊天津案内人犯分別定擬疏 曾國藩 132/458
教堂一案設法辦理疏 沈葆楨 132/458
匪徒散播流言民情驚擾現籌查辦情形疏 沈葆楨 132/460
研訊皖南教堂滋事確情分別示懲疏 沈葆楨 132/460
皖南人心稍定洋教士迭請雪冤並擬現辦情形片 沈葆楨 132/462
教士被毆致斃凶犯已獲請將旨將該管知縣撤任疏 魁玉 132/464
飭川東道成緜道清理教案片 丁寶楨 132/465
議結鄰水等五州縣教案片 丁寶楨 132/466
議結江北教案片 丁寶楨 132/468
密陳登萊青道員缺喫重片 丁寶楨 132/469
奏定山東教案要犯罪名疏 總理衙門 132/470
奏辦結教案議租膠澳與德使商定情形疏 總理衙門 132/471
敬陳辦理教案情形並參處債事地方官疏 李興銳 132/473
分別教案治本治標之計疏 薛福成 132/475
請飭妥議教案定章疏 陳其璋 132/477
議覆保護教堂疏 總理衙門 132/478
商辦京城教案疏 議和王大臣 132/479
清理教案片 于蔭霖 132/480
瀝陳蒙洋議和情形疏 升允 132/480
奏結南昌縣教案片 李興銳 132/482

卷一九 洋務類 出洋

條陳出使外洋事宜疏 總署王大臣 132/485
遵旨議奏疏 總署王大臣 132/485
奏為查明請旨疏 總署王大臣 132/489
請減出使經費疏 外務部 132/489
保薦使才疏 薛福成 132/491
請旨定出洋章程疏 曾紀澤 132/492
劾使臣辱命疏 張之洞 132/492
請派員游歷外洋疏 謝祖源 132/495
請飭重定出使章程疏 陳其璋 132/496
議覆謝祖源奏請練習洋務人才疏 總署王大臣 132/497
派員出洋游歷片 丁寶楨 132/499

擬選聰穎子弟出洋習藝疏 曾國藩 132/500
挑選幼童出洋肄業事宜疏 曾國藩、李鴻章 132/501
通籌南洋各島添設領事官保護華民疏 薛福成 132/503
附陳派撥兵船保護商民片 薛福成 132/505
變通外務部使署人員疏 外務部 132/506
卷二〇 吏政類 吏論
敬陳内治之要及時去弊疏 陳璧 132/509
請除外省委員虛糜積弊疏 徐桐 132/510
請祛督撫大吏蒙蔽疏 裘元俊 132/510
端表率杜弊源疏 富興阿 132/512
官宜久任疏 張鑒 132/513
敬陳整頓吏治四事疏 李鶴年 132/514
條陳整飭吏治疏 袁方城 132/515
請整飭吏治疏 袁昶 132/517
請整飭吏治疏 慶親王 132/518
請整飭吏治疏 周恆祺 132/518
條陳力戒因循疏 丁日昌 132/520
整飭仕途疏 卞寶第 132/524
變通迴避以重倫紀疏 王文韶 132/524
禁言祥瑞疏 邊寶泉 132/525
密陳司道府考語疏 林則徐 132/526
遵旨保薦堪勝兩司各員疏 丁寶楨 132/527
卷二一 吏政類 考察
請飭部院督撫認真課吏疏 政務處 133/1
請飭部臣實心輔政疏 龔文齡 133/1
論因循之病疏 孫鼎臣 133/2
請京察舉劾並行疏 吳傑 133/4
請申明京察舊章責成樞臣疏 寶廷 133/5
請整頓八旗人才疏 寶廷 133/7
嚴懲貪墨疏 韓錦雲 133/8
請嚴汰劣員以肅吏治疏 朱潮 133/9
吏治需才敬舉所知疏 丁寶楨 133/10
請慎簡大吏考察僚屬疏 尋鑾煒 133/11
奏請核實疏 焦友麟 133/12
年終甄别請旨分别懲儆疏 李經羲 133/13
請將現任候補衛官仿照文職章程分别考察疏 吳元炳 133/14
酌擬奉省未盡事宜疏 慶林 133/14
酌擬河工出力人員保奬並預防流弊疏 錫珍 133/15
分限清理交代疏 劉長佑 133/16
請申明州縣定例疏 楊晨 133/18
裁革道府規禮籌給公費片 丁寶楨 133/18
覆陳東省清訟情形并增補道府功過章程疏 張汝梅 133/19
請修内政疏 張蔭桓 133/21

特參統兵大員疏 吳可讀 133/22
請整肅臺規疏 文悌 133/26
卷二二 吏政類 銓選
請停報効以存政體疏 屠仁守 133/31
遵議軍營勞績不准保至藩臬兩司疏 吏部 133/32
請嚴定保舉章程疏 劉家模 133/33
覆陳銓選章程疏 榮祿 133/34
嚴定保舉章程分晰准駮請旨遵行疏 張之萬 133/35
請酌核保舉章程以示限制疏 宋晉 133/36
瀝陳外省附保積弊疏 瑞洵 133/37
請更正才不勝任人員改補京職疏 王兆琛 133/38
慎用牧令疏 王道墉 133/39
鄂省員缺久懸請變通辦理疏 胡林翼 133/39
請變通委署州縣章程疏 王文韶 133/40
變通補缺章程疏 丁寶楨 133/41
請變通正途州縣選補班次疏 李肇錫 133/42
遵旨保薦人才疏 王之春 133/43
遵議各省卓異人員量爲變通疏 張之萬 133/44
議展申明卓異人員定例疏 吏部 133/45
吉省缺少員多陞補壅滯請援案疏通疏 延茂 133/46
保薦他省人員宜示限制疏 王綍 133/47
請禁現任各員調署別缺疏 陳其璋 133/47
請禁實缺州縣互相調署疏 濟澂 133/48
開復人員不宜仍發原省疏 崇實 133/49
懋功同知等缺改章揀委片 丁寶楨 133/49
請禁空糸片 濟澂 133/50
請准散館知縣服闋回省繁簡統補疏 熙麟 133/50
部駁各員弁請照原保給奬疏 左宗棠 133/51
擬請緩考中書片 易俊 133/52
卷二三 吏政類 官制
擬請裁併河漕冗官條議疏 王慶雲 133/53
請裁河道總督疏 喬松年 133/57
臚陳河工變通應行事宜疏 錫良 133/58
會奏變通河工事宜疏 吏部 133/59
督撫同城請酌量變通疏 郭嵩燾 133/60
請禁書吏捐保知縣疏 于淩辰 133/62
請飭停止增附捐教疏 汪元方 133/63
職官不准報捐流寓省分疏 駱秉章 133/64
道府州縣四項無庸減成疏 閻敬銘 133/64
遵旨整頓吏治緣由疏 岑毓英 133/66

滿御史保送升遷請飭部酌改章程疏 烏拉喜崇阿 133/67
知縣外補擁滯懇恩量予變通疏 張之洞 133/68
請飭議改調改選縣缺疏 何璟、張兆棟 133/69
酌議補署各缺章程疏 劉錦棠 133/70
敬陳管見疏 剛毅 133/71
變通南河大挑知縣借補章程疏 李星沅 133/72
編檢擁擠太甚請慎重館選疏 安維峻 133/73
請飭議疏通翰林人員章程疏 鍾德祥 133/73
編檢人員壅積擬請變通章程以期疏通疏 方汝紹 133/74
實能籌餉益資捐例疏 洪良品 133/75
廕生主事補缺請飭酌量變通疏 鄭思贊 133/76
請難廕恩廕外用人員一律分發疏 熙麟 133/77
請扣捐納州縣選期片 熙麟 133/78
請捐資道員先補知府疏 瑞洵 133/78
理刑委署主事陞途太隘擬量加變通疏 增祺 133/79
變通奉省吏治章程疏 崇實 133/80
擬變通奉省官制片 慶裕 133/84
瀝陳官累請免扣坐支二成疏 丁寶楨 133/85
請重廉俸疏 景其濬 133/87
新設各官廉俸役食請賞給實銀疏 岐元 133/88
請京員津貼作正開銷疏 王懿榮 133/89
擬籌息欵津貼長沙善化兩縣疏 陳寶箴 133/89
津貼臬司兩首縣公費片 丁寶楨 133/91
請定外吏津貼公費疏 王堃 133/91
請分別裁定陋規以肅吏治疏 黃體芳 133/92

卷二四 吏政類 吏胥

請輯六部稿案以杜吏弊疏 陶廷杰 133/95
請嚴定懲創書役擾章程害疏 費庚吉 133/96
請懲治貪殘吏胥疏 游百川 133/97
敬陳清苑蠹役需索之害疏 田翰墀 133/98
請飭嚴禁書差肆擾疏 譚承祖 133/99
請查禁謀薦幕友片 何桂芳 133/100
請飭議仵作馬快准予出身疏 沈葆楨 133/100

卷二五 吏政類 建置

請將天津海防同知移駐塘沽疏 裕祿 133/103
奉省南北路設官分治疏 崇厚 133/103
圍場事宜辦理完楚擬請設官分治疏 岐元 133/105
謹擬變通官制改設郡縣章程疏

銘安 133/106
昌圖府屬擬請添設各官疏 岐元 133/108
通籌吉林全局請添設民官疏 銘安 133/109
請續設民官升改各缺疏 銘安 133/113
松藩番民改土歸流疏 丁寶楨 133/116
田州改土歸流添設事宜疏 劉長佑 133/117
擬請將土富州改流添設通判知事疏 丁振鐸 133/118
漢口繁要請改設專官疏 張之洞 133/119
安插就撫陝回請增設平涼通判都司疏 左宗棠 133/120
新疆省會請改設各官以專責成疏 劉錦棠 133/122
新疆南路擬設佐雜各缺疏 133/122
酌擬新設廳營應辦事宜疏 譚鍾麟 133/123
據實直陳請旨斷理片 劉錦棠 133/125
邊要員缺亟宜裁改疏 劉錦棠 133/125
酌裁各城回官並懇賞給出力回目頂戴疏 劉錦棠 133/126
酌擬保獎邊廳各員疏 岑春煊 133/127
量移文武員弁分防冠縣甘集梨園屯等處疏 張人駿 133/128
會議裁撤河督事宜疏 政務處 133/129
卷二六上 戶政類 理財上
條陳國用事宜疏 那斯洪阿 133/131
戒患貧言利疏 王東槐 133/139
通籌出入虛實疏 宗稷辰 133/140
戶部會奏籌議節流各款疏 王慶雲 133/142
請權出入以培國脈疏 汪振基 133/145
擬預籌節用疏 吳嘉賓 133/146
通籌財用大源敬陳管見疏 翁同書 133/148
議覆給事中周星譽條陳斂商權疏 戶部 133/152
遵旨會議開源節流事宜疏 戶部 133/153
議覆開源節流疏 李鴻章 133/164
議覆戶部開源節流各條疏 丁寶楨 133/170
議覆請停捐輸整頓鳌金疏 戶部 133/177
請飭力籌節用永停捐輸疏 黃元善 133/178
遵旨停止捐輸並變通常例捐欵疏 戶部 133/179
請飭内務府撙節用款疏 戶部 133/183
聲明内府外庫定制疏 戶部 133/184
請飭稽查直省懸宕款目疏 徐法績 133/186
請每年清查以杜弊源疏 徐澤醇 133/187

清查彌補章程疏 吳文鎔 133/189
晉省辦理清查疏 張之洞 133/191

卷二六下 戶政類 理財下

倣照晉省清查庫欵片 丁寶楨 133/193
查明川庫收支數目疏 丁寶楨 133/193
京餉宜解實銀疏 謝膺禧 133/197
請禁鹽務河工侈靡錮習疏 賀熙齡 133/198
議覆籌補庫款章程利弊疏 李星沅 133/200
籌借商欵以濟要需疏 左宗棠 133/201
釐定閩屬進出款項停止攤捐另籌公費疏 左宗棠 133/203
請除近日流弊疏 孫翼謀 133/204
請將外省陋規名目分別裁定疏 黄體芳 133/206
遵旨釐定章程以除積弊疏 涂宗瀛 133/207
籌欵裁抵攤捐疏 張之洞 133/208
請動支釐金抵支鐵價片 張之洞 133/209
設局辦理科場裁免行戶支應緣由夾片 張之洞 133/210
裁減公費禁止水禮各緣由疏 張之洞 133/211
請派大臣查辦片 奎斌 133/212
統籌新疆全局以規久遠疏 戶部 133/213
請講求務本至計以開利源摺 華煇 133/217
議復華侍御講求務本至計以開利源摺 戶部、工部 133/219
議覆工部郎中唐浩鎮條陳各省自闢利源疏 戶部 133/220
籌備要需援案核扣京外俸廉片 戶部 133/222
酌增各省減平以裕利源疏 宋伯魯 133/223
遵籌農工商務據寔臚陳疏 許應騤 133/224
請飭部准銷新疆奏銷各案疏 饒應祺 133/224
瀝陳閩省難解實銀疏 許應騤 133/226
擬請將閩省京餉仍由號商滙兌疏 許應騤 133/227
川省應解京鑲仍發商匯兌片 丁寶楨 133/227
遵旨會議覆奏疏 軍機大臣 133/228
條陳籌餉事宜疏 剛毅 133/230
遵旨籌備要需疏 松壽 133/231
請將年終應解物料變通辦理疏 張之洞 133/234
請將晉省例解綢絹紙張折價解部片 張之洞 133/235
進呈解辦年例彙奏出入會計黃冊疏 戶部 133/236
請整頓庫儲疏 濟瀓 133/239
廣東額解白蠟改由四川採辦請加價該實報銷疏 鹿傳霖 133/240
議奏各省攤派籌還洋欵疏 戶部 133/241
奏續借英德商欵指定償欵疏

總理衙門 133/244
瀝陳湊解各欵爲難情形疏
陶模 133/244
奏新定賠欵數鉅期急迫應合力通籌疏　戶部 133/246
規復丁漕加提盈餘湊供賠欵疏
張之洞 133/247
籌解第一期新約賠欵疏
任道鎔 133/248
籌辦滙解第一次賠欵以顧大局疏
奎俊 133/249
酌量加捐丁漕湊濟償欵疏
聶緝槼 133/250
擬將鐵路船廠等銀截留抵補賠欵疏
聶緝槼 133/251
復陳裁併三庫疏　榮祿 133/252
卷二七上　戶政類　賦役
覆奏遵旨體察漕務情形通盤籌畫疏
林則徐 133/255
敬陳漕運情形疏　姚文田 133/261
敬陳八折收漕不可者十事疏
王家相 133/263
另陳收漕八折窒礙情形疏
湯金釗 133/267
請嚴革徵漕積弊疏
陳岱霖 133/268
南漕分成折色易滋流弊疏
李星沅 133/269
條陳丁漕利弊疏　王邦璽 133/271
請嚴禁州縣加增錢糧疏
王兆琛 133/274
嚴禁衿棍包漕橫索陋規片
陶澍 133/274
覆查漕案情形片　陶澍 133/276
釐剔官吏經徵錢糧積弊疏
戶部 133/278
請行錢糧民欠徵信冊疏
戶部 133/283
籌議新漕事宜疏　林則徐 133/287
漕費禁給洋錢疏　林則徐 133/289
南漕改折有益無損請飭妥議施行疏
瑞洵 133/290
請飭議新漕全數解折片
李鴻章 133/291
附奏辦漕交涉弊端毋須聯銜具奏片
李星沅 133/292
請因時制賦疏　潘祖蔭 133/293
請永減蘇杭漕糧疏
丁壽昌 133/294
請減蘇松汰浮糧疏
李鴻章 133/296
擬請再減賦額疏　馮桂芬 133/300
清查蘇松漕糧積弊片
李鴻章 133/301
會奏酌減嘉寶二縣漕米疏
吳元炳、譚鈞培 133/302
援案籲懇酌減漕米疏　133/303
核定錢漕科則疏　丁日昌 133/304
江甯墾熟田地酌減科則疏
李宗羲 133/305
擬請援案減漕疏
沈葆楨、吳元炳 133/307
查明丹徒縣徵收漕糧續加公費請永遠減免疏　劉坤一 133/308
會奏各屬墊完民欠銀米情形片
林則徐 133/309

江蘇規復徵收地漕銀價疏 聶緝槼 133/310
查辦江蘇清賦事宜疏 剛毅 133/311
江蘇辦理稅契請明定年限疏 黃桂鋆 133/312
奏陳變通清賦辦法疏 福潤 133/314
卷二七下 戶政類 賦役
陳報安徽清賦情形原請留款用人懇仍照辦疏 福潤 133/319
請停止安徽省徵信冊疏 福潤 133/321
查明折徵礙難再減疏 鄧華熙 133/321
陳報安徽省清賦情形片 鄧華熙 133/322
報銷安徽省抵徵總數疏 曾國藩 133/323
覆減南漕浮收並禁革陋規疏 馬新貽 133/324
議減杭嘉湖三屬漕糧疏 左宗棠 133/325
會奏杭嘉湖三府酌減漕糧分數疏 左宗棠、馬新貽 133/328
請豁免嘉善縣攤賠銀米疏 馬新貽 133/331
陳明覈減紹興府屬浮收錢糧疏 左宗棠 133/333
閩省徵收糧價並無浮多實難上提下減請從寬免議疏 邊寶泉 133/334
請革除湖北錢糧積弊片 屠仁守 133/335
奏酌擬徵收錢糧各條片 屠仁守 133/335
謹陳湖北漕弊擬辦減漕密疏 胡林翼 133/337
辦理湖北漕務大概情形疏 胡林翼 133/338
辦理漕務大概情形片 胡林翼 133/339
漕務章程辦有成效疏 胡林翼 133/340
鄂省漕米驟難改徵本色疏 張之洞 133/344
瀝陳江西省違例加徵諸弊疏 胡家玉 133/345
遵查江西徵收丁漕疏 劉秉璋 133/349
確查江西丁漕積弊並設法整頓疏 德馨 133/352
江西仍難採辦米石疏 沈葆楨 133/354
酌擬通查豫省積弊疏 張之萬 133/355
革弊從權恐滋流弊疏 袁銑 133/357
順直糧租銀兩折徵錢文酌中議定數目疏 裕祿 133/358
徵收糧租仍舊搭鈔疏 劉長祐 133/360
東省丁漕業經分別核減懇恩免再隨時定價疏 毓賢 133/362
查覆濟陽縣徵收錢漕疏 丁寶楨 133/364

臚陳晉省目前切要事宜疏 曾國荃 133/366
條陳山陝差徭苦累擬設法輕減疏 閻敬銘 133/368
奏減晉省五路差徭情形片 張之洞 133/370
口外各廳編查戶籍無礙蒙古游牧疏 張之洞 133/371
勘辦清文請暫免田房稅契片 張之洞 133/374
晉省錢糧遵照部章並徵信冊量爲變通舉辦疏 剛毅 133/375
新疆通省田賦戶籍清冊咨部立案疏 劉錦棠 133/376
陝省舉辦徵信冊擬請展限疏 葉伯英 133/377
官莊應交各欵遵旨釐定章程疏 綿宜 133/378
查禁蘇州供布津貼疏 鹿傳霖 133/380
停貢鐃綢片 劉長祐 133/381
請設立官車局疏 端方 133/381
卷二八 戶政類 農政
請興水利以裕民食疏 朱潮 133/383
請飭籌款開井灌田疏 夏同善 133/385
東淀水道清理完竣疏 李鴻章 133/386
遵議機器溉田片 總理衙門 133/387
申明勸課農桑舊例疏 胡長庚 133/388
廣種桑棉兼教紡織情形疏 賀長齡 133/390
試辦蠶桑漸著成效疏 涂宗瀛 133/391
請廣興蠶利片 徐樹銘 133/391
舉辦蠶政逐漸擴充以廣利源疏 裕祿 133/392
申明栽種罌粟舊禁疏 133/393
遵旨禁種鶯粟請將查禁各員分別參撤疏 左宗棠、劉典 133/394
查禁晉省鶯粟各項分別勸懲疏 張之洞 133/396
省垣重地宜籌足食之經疏 李用清 133/397
請嚴禁種植罌粟片 張之洞 133/398
遵旨設立農工商局片 李興鋭 133/399
卷二九 戶政類 屯墾
請開皖北屯田疏 曾協均 133/401
覆奏皖北無須辦理屯田疏 喬松年 133/402
請禁棚民開山阻水以杜後患疏 汪元方 133/404
籌辦臺灣生番獻地開墾疏 劉韻珂 133/406
覆陳臺灣開墾番地疏 劉韻珂 133/408
籌辦陝西各路墾荒事宜疏 劉蓉 133/413
籌議套外蹦金等處屯田事宜疏 剛毅 133/416
籌辦開墾呼蘭所屬封禁荒田疏 恭鏜 133/419

烏魯木齊開墾厰地疏 平瑞 133/420
請興辦新疆屯田疏 戶部、兵部 133/421
籌辦湖團疏 曾國藩 133/423
籌辦大東溝善後事宜疏 崇實 133/426
甘肅墾荒民戶請變通入籍應試疏 左宗棠 133/427
請核實徵額片 丁日昌 133/428
奏委員查墾荒田緣由疏 劉長佑、杜瑞聯 133/429
酌擬勘辦西流水圍荒情形疏 鐘靈 133/430
丈放大淩河牧厰地畝章程疏 增祺 133/431
派員查丈荒地緣由片 銘安 133/432
查明朝鮮貧民占種邊地擬請一律領照納租疏 銘安、吳大澂 133/433
晉省未墾荒田尚多請寬起徵年限疏 張之洞 133/434
辦理皖省墾務片 裕祿 133/435
籌辦新疆屯墾及清查隱賦各情形片 劉錦棠 133/436
請防查荒擾累疏 戴絅孫 133/437
請將新漲沙洲歸公杜訟疏 陶澍 133/438
江南墾荒未便刻期從事疏 沈葆楨 133/439
新漲沙洲承買報部有案請仍准買執業疏 林則徐 133/440
請將續辦清丈沙洲各員酌給獎勵疏 左宗棠 133/441
皖南急於和民不急於招墾疏 沈葆楨 133/442
蘇皖招墾晉豫流民爲難情形疏 沈葆楨 133/443
嵩武軍在哈密墾荒片 左宗棠 133/443
請撥給滿營弁兵隨缺地畝疏 恭鏜 133/444
奏推屯於練設法開墾並籌樹藝情形疏 林肇元 133/445
議開晉邊蒙地疏 胡聘之 133/445
招墾蘇州府屬新陽縣境荒田疏 劉坤一 133/448
請開訥漢爾河閑荒疏 恩澤 133/448
琿春三岔口招墾總分各局擬難遽議裁併疏 延茂 133/449
漕糧改章擬辦裁革屯衛疏 王大臣 133/450
裁汰屯衛大概辦法疏 陳夔龍 133/451
查地陋規擬請化私爲公疏 連順 133/452
商民罰款擬請照數發還疏 連順 133/453
籌擬蒙旗墾務疏 貽穀、奎順 133/454

卷三〇 戶政類 養民

條陳養民事宜疏 文廷式 133/457
請寬民力以清盜源疏 陶模 133/459
敬陳民生吏治大概情形疏

陳肇 133/460
備陳民間疾苦疏　曾國藩 133/461
條陳與民休息疏　馬元瑞 133/463
奏復察看京師工藝局情形疏　徐會澧 133/464
請設立種植牧養工藝公司片　陳夔龍 133/465
請設工藝廠片　李興銳 133/466
利農恤商培養元氣片　黄元善 133/467
招商運米籌辦平糶疏　袁世凱 133/468
酌裁糯米雜糧釐捐片　吳元炳 133/468
請禁革按畝派捐片　余誠格 133/469
核減典商利息酌定贖限擬發官本疏　左宗棠 133/469
天津創設廣仁堂疏　李鴻章 133/470
辦理收養幼孩片　曾國荃 133/471
卷三一　戶類　八旗生計
請清查民人冒入旗籍疏　瑞洵 133/473
招放旗荒大半就緒擬請建設旗官疏　恩澤 133/473
酌擬開放秈米章程請旨遵行疏　長萃 133/475
議覆開放粈米章程疏　敬信 133/476
部議開放粈米章程仍有窒礙難行之處疏　長萃 133/479
籌議調劑雙城堡京旗章程疏　經額布 133/483
會籌旗人疏通勸懲四條疏　英和 133/487
條陳變通調劑宗支疏　戈靖 133/491
條陳恤旗民足邊防舒國用疏　沈桂芬 133/492
覆奏抽調旗丁屯田新疆疏　左宗棠 133/494
旗民交產變通辦理疏　劉長佑 133/497
援照成案擬請撥給旗員隨缺地畝片　銘安 133/498
請釐剔八旗積弊疏　英煦 133/499
請飭會同籌議疏　文緒 133/500
續陳安插移撥旗丁並請加兵額疏　文緒 133/500
卷三二　戶政類　倉儲
整頓京倉並議復折漕疏　王大臣 133/503
節颺陳米關繫匪輕請旨飭交核議變通疏　烏爾慶額 133/506
擬籌京師積儲疏　管同 133/507
京師本計疏　尹耕雲 133/509
籌備京倉疏　丁壽昌 133/511
請京師辦積穀片　沈葆楨 133/513
酌議整頓倉務章程疏　游百川 133/513
奏指定撥欵及時買穀還倉疏　曾國荃 133/515
晉省善後存欵悉數建倉積穀疏　張之洞 133/516
請實行積穀疏　肇麟 133/517

買補常平倉穀並嚴禁積弊疏 朱應元 133/518
請飭積穀備荒疏 鄔純嘏 133/519
東省辦理積穀情形疏 任道鎔 133/519
東省辦理積穀請飭認真查核疏 李肇錫 133/520
陝省捐建社倉已有成數疏 馮譽驥 133/521
論官理質穀疏 辛從益 133/522
遵辦安徽省積穀情形疏 鄧華熙 133/524
勸辦積穀收有成數疏 丁寶楨 133/526
籌撥鹽釐辦理川北積穀片 丁寶楨 133/527
辦理積穀上倉數目疏 丁寶楨 133/527
卷三三 戶政類 荒政
酌定各省協賑疏 李鴻章 134/1
酌擬災賑章程疏 琦善 134/3
條陳荒政事宜疏 彭世昌 134/10
遵查畿南災歉酌擬賑恤疏 曾國藩 134/19
請責成官紳查賑疏 張沄 134/21
江蘇辦災章程疏 陶澍 134/22
覆奏查辦灾賑情形疏 林則徐 134/25
酌籌平糶量撫極貧疏 林則徐 134/27
江蘇陰雨連綿田稻歉收情形片 林則徐 134/29
附奏貲送流民片 林則徐 134/31
嗣後辦災應將蠲緩田畝細冊隨謄黃榜示片 林則徐 134/32
敬陳荒政積弊並籌賑事宜疏 呂賢基 134/32
縷陳撫卹灾黎竭力籌欵情形疏 沈葆楨 134/35
晉省被灾籌辦情形疏 曾國荃 134/36
籌辦陝省荒政情形疏 譚鐘麟 134/38
通籌豫省賑欵擬濬利源以備歸補疏 袁保恒 134/39
嚴禁鶯粟辦法片 曾國藩 134/40
請暫停晉省東南各府州縣應徵牲畜稅片 曾國荃 134/40
請旨嚴禁就近採買平糶米石疏 張觀準 134/41
請將順直王莊遇灾酌減分數並佃租歸官徵解疏 朱以增 134/41
蠲緩恩旨地方官任意延擱瀝陳弊端疏 鄭訓承 134/42
遵旨會議疏 榮祿 134/42
請飭燒戶捐賑片 李鴻章 134/44
籌議京城晉省運糴疏 李鴻章 134/44
附奏縷陳辦賑情形片 李星沅 134/46
請擬賑卹章程疏 劉長佑 134/46
奏覆江北旱蝗情形疏 沈葆楨 134/50
請旨通飭各省搜挖蝻子疏 沈葆楨 134/51
商販運赴災區米糧照舊完釐疏

沈葆楨 134/52
洋米入口請免納稅疏 駱秉章 134/52
議覆中允黃思永請禁遏糴暨禁燒鍋疏 戶部 134/53
請免飭禁口外燒鍋疏 德福 134/54
灾歉蠲緩錢漕仍多弊混請嚴飭勀寔履勘認真直流抵疏 李擢英 134/55
東省賑務擬仿照義賑章程疏 李秉衡 134/55
密陳順屬情形籲懇特沛殊恩疏 陳彝 134/57
酌籌備荒經費以衛民生疏 孫家鼐 134/58
變通賑捐發照疏 端方 134/58

卷三四 戶政類 漕運

籌備救河漕疏 王贈芳 134/59
籌議東省運河並折漕窒礙各情疏 丁寶楨 134/60
東省閘內州縣兌漕苦累酌量變通疏 賀長齡 134/63
議覆籌畫漕運事宜疏 林則徐 134/65
議覆奏婜楊奏江北河運漕米勞費太甚擬請停辦疏 敬信 134/71
遵議籌運京倉疏 曾國藩 134/73
辦漕各清各弊片 李星沅 134/76
籌備運道以利漕行疏 吳元炳 134/76
兩湖漕糧難徵本色河運疏 李瀚章 134/77
陳明河運艱難疏 曾國藩 134/80
議覆河運萬難修復疏 沈葆楨 134/82
敬陳籌運西米策略疏 陸秉樞 134/83
請試行海運疏 王贈芳 134/87
請行海運片 李鴻章 134/88
請將滯漕改由海運疏 張祥晉 134/88
籌抵海運經費疏 馬新貽 134/89
籌辦防護海運情形疏 李星沅 134/91
河運難復擴充海運情形疏 丁日昌 134/92
會議海運交米疏 曾國藩 134/93
江北新漕改行海運疏 張樹聲 134/94
江北新漕暫由招商局輪船海運疏 沈葆楨 134/96
江北新漕再辦海運一年疏 沈葆楨 134/97
招商試辦輪船分運江浙漕糧疏 李鴻章 134/98
江廣等省漕糧請飭辦本色由海運津疏 戶部 134/99
遵議御史朱琦奏海船帶運京倉米石疏 戶部 134/100
籌議上海招商買米由海運津疏 李星沅 134/101
官剝船戶苦累仍請照前貼給疏 李鴻章 134/102
江西應造直隸續增剝船擬請由直化造疏 松壽 134/103
江省漕糧礙難借用輪船輓運疏

沈葆楨 134/104
辦理新漕情形疏 任道鎔 134/105
請豁除快籍疏 沈葆楨 134/106
卷三五上 戶政類 鹽課
鹽務積弊太深宜妥籌良法疏 桂霖 134/109
請更定鹽法疏 王贈芳 134/109
酌改鹽務章程裕課便民疏 戶部 134/111
擬纂四川鹽法志片 丁寶楨 134/113
鹽釐積弊已深擬請改錢徵銀疏 依克唐阿 134/113
擬整頓東三省鹽釐片 崇厚 134/114
奉天籌餉宜納鹽課疏 雙福 134/115
請變通鹽法先就近地試行疏 朱昌頤 134/115
酌改長蘆鹽務章程疏 王大臣 134/118
駁長蘆鹽價改用銀樁疏 賀長齡 134/120
條陳長蘆鹽務疏 曾國藩 134/122
停止捆運疏 劉長佑 134/127
永七汎地仍歸地方官兼辦疏 劉長佑 134/128
東綱疲累暫緩加價帶徵另籌京鑲疏 丁寶楨 134/130
東省商邱等處鹽務改由官運疏 丁寶楨 134/131
鄆城十州縣鹽務改由官運疏 丁寶楨 134/133
遵籌山東鹽務酌議先課後鹽章程疏 欽差大臣 134/134
酌議變通河東鹽務章程疏 兆那蘇圖 134/137
奏查明河東鹽務疏 鮑源深 134/140
通籌河東全局改定章程疏 欽差大臣 134/142
議駁河東請仍舉新商先鹽後課疏 戶部 134/147
謹陳補救淮鹽積弊疏 王贈芳 134/148
縷陳淮鹺積弊疏 陶澍 134/151
敬陳兩淮鹽務積弊片 陶澍 134/152
會籌兩淮鹽務擬定章程疏 陶澍 134/153
籌議加斤減價兼疏積引疏 陶澍 134/158
覆奏課歸場竈諸說未敢遽議更張疏 陶澍 134/160
酌議淮北試行票鹽章程疏 陶澍 134/161
覆陳整頓淮鹺一時難得把握疏 陶澍 134/165
覆陳懲辦回空糧船夾帶蘆鹽疏 陶澍 134/167
整頓淮南行銷引地疏 林則徐 134/168
請變通兩淮鹽務疏 賀熙齡 134/171
酌議現辦淮南鹽務章程疏 李星沅 134/173

酌議淮南改票章程疏 陸建瀛 134/175
整理淮南鹽務疏 曾國藩 134/178
請收回淮南引地疏 曾國藩 134/179
卷三五中 戶政類 鹽課
鹽務官運商銷成效片 丁寶楨 134/183
瀝陳辦理鹽務情形片 丁寶楨 134/185
查明川省官運欵目並原奏情形不符疏 欽差大臣 134/186
遵旨查覆官運局收支確數疏 丁寶楨 134/190
黔滇官運局還清原借帑項及四網支存各欵作爲運本疏 丁寶楨 134/193
籌辦黔岸鹽務官運商銷疏 丁寶楨 134/194
官運耗鹽以八觔歸公片 丁寶楨 134/200
忠州石硅廳等處計引改歸官運片 丁寶楨 134/201
請提官運鹽務徵收抵撥京捐疏 丁寶楨 134/202
黔邊鹽務情形片 丁寶楨 134/204
行黔鹽釐請仍由川徵解疏 丁寶楨 134/205
黔省獨山荔波仍歸川省運鹽行銷疏 丁寶楨 134/207
籌辦滇岸請緩奏銷片 丁寶楨 134/208
查明無著殘積各鹽引請飭部註銷疏 丁寶楨 134/209
查明鹽務無引羨裁請予豁免疏 丁寶楨 134/210
整理江安網食引地事宜疏 李星沅 134/211
請飭淮商整理皖西引岸片 丁寶楨 134/213
請淮鹽由浙河轉運湖南疏 駱秉章 134/213
查明兩浙鹽務積弊籌議章程疏 程祖洛 134/215
請杭嘉紹松四所試辦票鹽疏 左宗棠 134/218
查明兩浙鹽務積弊籌議章程疏 程祖洛 134/215
請杭嘉紹松四所試辦票鹽疏 左宗棠 134/218
兩浙網鹽請裁行留局疏 楊昌濬 134/219
瀝陳閩鹺積弊請試行票運疏 左宗棠 134/221
閩鹽票運辦有成效請緩免帑息疏 左宗棠 134/222
會奏票運一年期滿征收課耗釐等項銀數疏 左宗棠、徐宗幹 134/224
閩商凋疲陳請准予改限帶完疏 左宗棠 134/226
懇恩蠲免閩省鹽釐疏 譚鐘麟 134/227
閩省鹽斤難以加價酌提雜欵以濟要需疏 許應騤 134/228
粵省潮橋鹽務廢弛擬委潮郡守兼辦片 張之洞 134/229

晉省官鹽滯銷私鹽充斥請照舊章歸官運疏 鄧慶麟 134/230
陝西攤徵鹽課請飭議變通疏 吳振棫 134/231
籌議緝私以疏官引疏 蔣攸銛 134/231
附奏獲私變價按引提課片 林則徐 134/234
襄陽一帶緝私事宜疏 林則徐 134/234
鹽巡緝私量爲變通疏 劉長佑 134/236
會籌淮南鹽務仍宜合力緝私疏 李星沅 134/236
請旨飭禁糧船回空夾帶蘆私疏 李星沅 134/238
議奏鹽斤加價疏 戶部 134/238
請推廣川淮鹽斤加價疏 張之洞 134/239
分別裁提鹽課釐稅酌加鹽斤疏 奎俊 134/240
覆陳川鹽難再議加疏 奎俊 134/242
兩淮鹽價礙難再加疏 劉坤一 134/243
濟楚川鹽礙難加抽釐金疏 丁寶楨 134/244
保舉華聯輝片 丁寶楨 134/246
卷三五下 戶政類 鹽課
收回淮南引地應遵部議迅速舉行疏 沈葆楨 134/249
覆覈淮南規復引地疏 沈葆楨 134/251
兩淮官運尚難辦理疏 曾國藩 134/252
請整理鹽法疏 劉毓楠 134/254
查明淮北課釐情形疏 沈葆楨 134/255
整理淮北票鹽疏 曾國藩 134/256
覆核兩淮包餉立限收腹引地疏 李瀚章 134/258
覆核兩淮包餉立限收復引地疏 丁寶楨 134/261
兩淮鹽價難以議增疏 沈葆楨 134/263
淮北額引礙難驟增疏 沈葆楨 134/264
淮商籌捐鉅欵請免常捐票本疏 吳元炳 134/265
據實覆陳淮商碍難籌捐票本疏 左宗棠 134/266
淮南商情極困請免捐輸票本疏 劉坤一 134/267
淮北商情極困請免捐輸票本片 劉坤一 134/269
附奏辦理南鹽力求庫貯商情兩無窒礙片 李星沅 134/270
覆陳兩淮斷難改章增引疏 劉坤一 134/271
川引舫兩過重請飭部減川配淮疏 劉坤一 134/273
奏報夏季抽收鹽課疏 張之洞 134/274
兩淮議減濟楚川鹽引張事多窒礙難行疏 彭祖賢 134/275
楚岸未便改運粵鹽並川鹽侵佔情形

疏 曾國藩 134/277
楚岸暫與川鹽分界行銷疏
曾國藩 134/280
遵議安置川商整頓淮綱疏
沈葆楨 134/281
淮商遵完川鄂餉銀請立限收復楚岸疏 沈葆楨 134/284
會同兩湖督撫籌議楚省鹺務疏
陶澍 134/286
採買淮鹽濟食分岸納課濟餉疏
駱秉章 134/287
楚省行銷粵鹽酌議抽稅疏
駱秉章 134/289
楚省鹽法請借撥川引官運官銷疏
胡林翼 134/291
鶴峯長樂食鹽專配大寗場以免侵越疏 林則徐 134/292
設法疏銷淮引片 林則徐 134/293
川鹽分成派銷疏 李鴻章 134/294
川鹽濟楚請減引辦理片
丁寶楨 134/296
湖北八州縣計岸鹽務改歸官運疏
丁寶楨 134/297
江省加抽濟楚鹽釐事多窒礙疏
丁寶楨 134/298
川鹽濟楚未能即停仍減引辦理片
丁寶楨 134/299
川鹽濟楚未能驟停疏
丁寶楨 134/300
川鹽倣照兩淮行票窒礙難行疏
丁寶楨 134/303
瀝陳川省鹽務積弊疏
丁寶楨 134/304
委員清釐鹽務片 丁寶楨 134/306
清查鹽務妥議章程片
丁寶楨 134/307
清查鹽務大概情形疏
丁寶楨 134/312
蓬溪南部釐務情形片
丁寶楨 134/314
改設官引票釐局片
丁寶楨 134/317
考核官引票釐各局徵收欵項片
丁寶楨 134/318
防勇口糧應於護本引底各項餘款撥抵片 丁寶楨 134/320
川鹽官運辦有成效未可更改疏
丁寶楨 134/321

卷三六 戶政類 榷酤

請飭禁崇文門稅務需索疏
鐘佩賢 134/325
酌擬崇文門稅務章程疏
寶鋆 134/326
北洋三關嚴查官輪兵輪稽稅杜漏議定章程疏 裕祿 134/328
會查遼陽稅課酌擬章程疏
慶裕 134/330
擬請嚴禁繞越力汰陋規疏
弼良 134/331
請禁直境燒鍋片 李鴻章 134/334
嚴核關稅陳明山東東海臨清提欵充公情形疏 李秉衡 134/334
關稅尚難開徵疏 沈葆楨 134/335
查明九江關實在情形並籌變通辦理疏 沈葆楨 134/336
議駁江撫請減九江關稅額疏

戶部 134/337
九江關短收額外銀兩懇恩免賠疏 李興銳 134/339
辰州木關移設常德裕課籌餉疏 駱秉章 134/341
請將湖北武昌厰關口岸節省銀兩儘徵儘解疏 張之洞 134/342
浙省北新關暫緩開設疏 左宗棠 134/343
會商整頓關務疏 穆圖善 134/343
閩省征收運銷茶稅疏 呂佺孫 134/344
查明梧關病商寔情並釐剔一切弊端疏 張之洞 134/345
夔關收數短絀核實辦理疏 丁寶楨 134/350
議增洋藥土煙稅釐疏 劉長佑 134/351
遵議鴉片釐稅事宜疏 李鴻章 134/353
酌議土藥稅釐疏 李鴻章 134/355
奏駁總稅務司重議土藥稅釐疏 李秉衡 134/358
議覆李秉衡奏駁重議土藥稅釐疏 戶部 134/359
議覆土藥收稅章程疏 戶部 134/361
鋪稅已辦土藥滯礙甚多疏 恭壽 134/361
准議科收鋪稅並設立藥牙疏 戶部 134/363
請酌量緩辦鋪稅藥牙片 戶部 134/365
勸捐牙帖酌議變通辦理疏 駱秉章 134/366
臺煤減稅片 沈葆楨 134/367
籌議闈姓利害請暫弛禁以塞漏巵疏 張之洞 134/368

卷三七 戶政類 釐捐

請推廣捐釐助餉疏 雷以誠 134/373
遵議勝保奏勸諭抽釐助餉疏 戶部 134/374
遵議勝保奏請各省普律抽釐疏 戶部 134/375
詳陳釐捐源流利弊疏 郭嵩燾 134/376
遵議整頓釐捐章程疏 戶部 134/380
請及時防弊疏 王書瑞 134/382
請通飭各省具報釐稅收支實數疏 戶部 134/383
遵議整頓釐金疏 袁昶 134/384
釐金積弊日深請飭實力湔除疏 易俊 134/388
遴員辦理釐金以袪積弊片 岑春煊 134/389
湖北籌餉別無良策惟有整頓釐金疏 張之洞 134/390
請飭部頒發湖北牙釐章程並頒給部帖片 左宗棠 134/391
湖南釐金辦有成效請仍照舊章疏 毛鴻賓 134/391
請接辦川省釐捐疏 駱秉章 134/394
察看川省釐數已重勢難再行加抽疏

駱秉章 134/396
裁併局卡添設旱卡片
李興鋭 134/397
論粵省軍務釐務疏 王拯 134/398
請派員督辦粵釐疏
曾國藩 134/400
敬陳廣東釐金積弊並特參侵蝕鉅款之局員疏 岑春煊 134/402
粵省捐輸流弊疏 駱秉章 134/410
設儲備局請免抽米釐片
彭玉麟 134/411
請將閩海關徵收内河輪船子口税撥歸釐局疏 許應騤 134/411
請試開煤窑照章抽釐疏
銘安、玉亮 134/412
請禁江蘇落地布捐疏
徐士佳 134/412
查明江蘇産地布捐請酌徵收疏
奎俊 134/414
江蘇釐源日竭撥欵日增疏
沈葆楨 134/415
遵行烟酒税契推廣土藥烟灰抽釐疏
崧蕃 134/416
請裁撤釐局疏 鄭思賀 134/417
卷三八 戶政類 錢幣
設法貴錢賤銀疏 吴文鎔 134/419
請飭定銀錢畫一章程疏
劉良駒 134/420
運錢法以握利權疏 朱嶟 134/422
擬銀錢並用章程疏
曾國藩 134/425
擬改銀幣折錢疏 繆梓 134/427
敬陳大錢利弊疏 王茂蔭 134/430
再論加鑄大錢疏 王茂蔭 134/432
請變通錢法疏 沈葆楨 134/433
請重祖錢以正錢法疏
宗稷辰 134/435
請罷大錢疏 趙樹吉 134/436
請飭各省解錢籌銅規復制錢疏
戶部 134/437
籌議仿鑄回錢疏 李星沅 134/438
請改鑄鐵錢疏 吕佺孫 134/439
議覆錢票有利無弊疏
賀長齡 134/440
會議鈔法請暫行銀票期票並開設官銀錢號疏 戶部 134/441
條議鈔法疏 王茂蔭 134/442
再議鈔法疏 王茂蔭 134/446
鈔法宜取信兵民疏 崇實 134/448
流通鈔法宜籌實濟疏
楊重雅 134/449
籌議銀錢出納陝省礙難改易疏
林則徐 134/451
請派大員查辦疏 張楷 134/452
奏陳整頓滇省銅政事宜疏
岑毓英 134/453
請變通鼓鑄疏 張之洞 134/454
請開爐鑄錢疏 楊昌濬 134/455
會奏查議銀昂錢賤除弊便民事宜疏
林則徐 134/456
蘇省並無洋銀出洋疏
林則徐 134/459
籌議搭放銀錢章程疏
李星沅 134/460
照舊搭放鈔票疏 劉長佑 134/461
附奏仿鑄回錢有滯民用片

李星沅 134/462
官票礙難停止酌擬辦理情形疏
沈葆楨 134/462
吉林設立官帖局商民稱便擬籌撥經費疏 延茂 134/463
奉天官帖收回另設華盛官錢局疏
依克唐阿 134/463
陝省仍請並設官錢鋪疏
鹿傳霖 134/465
直隸試鑄制錢現擬籌辦疏
裕祿 134/466
查明寶泉局鼓鑄制錢并搭放兵餉疏
福錕 134/467
查覆滇銅低成疏 唐炯 134/468
請飭查禁錢店舞弊疏
濟澂 134/469
卷三九 戶政類 建置
統籌新疆全局疏 左宗棠 134/471
新疆應否改設行省請飭會議疏
左宗棠 134/472
覆陳新疆情形疏 左宗棠 134/473
覆陳新疆宜開設郡縣疏
左宗棠 134/478
敬陳新疆善後事宜疏
左宗棠 134/479
規畫新疆郡縣疏 劉錦棠 134/482
縷陳新疆地勢民情未盡事宜疏
劉錦棠 134/484
請歸併省分以垂久遠疏
劉錦棠 134/486
伊犁屯務防務約均關緊要謹陳擬辦情形疏 劉錦棠 134/488
擬請添設移改疏
何璟、張兆棟 134/489
臺灣驟難改設省分謹陳管見疏
劉銘傳 134/489
籌議臺灣郡縣分別添改裁撤以資治理疏 楊昌濬、劉銘傳 134/491
請琅璚築城設官疏
沈葆楨 134/492
臺北擬建一府三縣疏
沈葆楨 134/493
籌議改設臺灣郡縣疏
劉銘傳 134/495
臺地後山請開舊禁疏
沈葆楨 134/496
請移福建巡撫駐台灣疏
沈葆楨 134/497
南北路開山並擬布置琅璚旗各情形疏 沈葆楨 134/499
卷四〇 禮政類 大典
遵議大禮疏 曾國藩 134/503
敬陳從權守經疏 董元章 134/505
政權操之自上疏 賈楨 134/505
請親理大政疏 勝保 134/506
遵議垂簾聽政事宜疏
王大臣 134/507
請預定大統遺疏 吳可讀 134/509
遵議預定大統疏 王大臣 134/511
遵議預定大統疏 徐桐 134/512
另議預定大統疏 張之洞 134/512
另議預定大統疏 寶廷 134/515
謹獻升祔大禮疏 張佩綸 134/517
遵議升祔典禮疏 李鴻章 134/519
預杜妄論疏 醇親王 134/521
請飭議尊崇醇親王典禮疏

吳大澂 134/521
遵議醇親王飾終典禮疏 王大臣 134/522
卷四一 禮政類 學校
請變通宗室八旗學校章程疏 寶熙 134/525
請整頓宗學疏 王榕吉 134/526
請增設擧監疏 王先謙 134/527
請恩准職官入監片 王先謙 134/528
會議廣敷教化疏 賀長齡 134/528
改建船山書院片 彭玉麟 134/530
奏設味經書院疏 許振禕 134/531
請購刊經史疏 鮑源深 134/532
續修會典事例請飭妥議開館章程疏 延煦 134/533
請將漢儒許慎從祀疏 汪鳴鑾 134/534
請升先儒韓愈祀位疏 紐玉庚 134/535
遵議先儒黃宗羲顧炎武從祀疏 潘祖蔭 134/536
明儒來知德請從祀兩廡疏 丁寶楨 134/538
遵議宋儒游酢從祀文廟疏 李鴻章 134/539
卷四二 禮政類 貢擧
請定鄉試校閱章程並防勦襲諸弊疏 林則徐 135/1
請陝甘鄉試分闈並分防設學政疏 左宗棠 135/3
請推廣文武科試疏 祁塤 135/5
條陳請禁楷字以挽頹風疏 桂文燦 135/6
請愼重名器疏 朱嶟 135/7
請停推廣捐例疏 季芝昌 135/8
請停推廣捐納軍功擧人附生疏 俞長贊 135/9
科擧太濫請停止捐輸廣額之案疏 徐家鼎 135/10
四川捐輸勢難遽停仍請加廣中額疏 劉秉璋 135/11
請加浙粵兩省中額疏 丁寶楨 135/12
增建號舍添設房考疏 丁寶楨 135/13
大甯奉節分別添設學額拔額疏 丁寶楨 135/14
請飭酌加海門廳學廩增各額片 黃體芳 135/15
請添設張獨多三廳學額疏 李鴻章 135/16
口外七廳取進學額請援案辦理疏 奎斌 135/16
請造冊送考疏 文緒 135/18
請裁減中額疏 易俊 135/19
臚陳站丁不准考試可疑可憫情形疏 王家璧 135/20
請停武闈片 沈葆楨 135/21
請飭屬延師訓課回族各塾片 劉錦棠 135/22
訪擧隱逸疏 胡林翼 135/22
請飭學政整飭士習疏 黃德濂 135/23
切實申明取士之法疏 禮部 135/24
整頓士習疏 卞寶第 135/27

請整飭學校提倡正學疏 陳夔龍 135/27
請斟酌歷代舊制正定四書文體疏 楊深秀 135/29
釐正文體以端士習疏 楊崇伊 135/30
奏譯書局編纂各書請侯欽定頒發並請嚴禁悖書疏 孫家鼐 135/31
議覆給事中褚成博奏考試策問請准引用本朝人名書名疏 禮部 135/31

卷四三 禮政類 宗法

提督出後異姓疏 曾國藩 135/33
據情代奏疏 靈桂 135/33
已故大員請准令擇賢立愛疏 慶裕 135/34

卷四四 禮政類 正俗

請崇儉禁奢疏 羅惇衍 135/37
請飭議簡嚴條教以敦儉約疏 賀壽慈 135/38
大員子弟請飭嚴加管束並准步軍統領五城御史隨時糸察疏 瑞洵 135/39

卷四五 禮政類 旌表

表揚名節以維風化疏 潘慶瀾 135/41
遵議旌表貞女按照節婦年限酌量變通疏 禮部 135/41
與唐炯前後所帶黔勇建祠合祀疏 丁寶楨 135/42
浙省建立楚湘忠義祠請列祀典疏 左宗棠 135/44
請建表忠祠求忠書院疏 駱秉章 135/44
請優卹包村義民疏 蔣益澧 135/46

卷四六 禮政類 喪禮

請禁止奪情疏 汪朝棨 135/47
丁憂定制片 吳元炳 135/47
請旨仍飭丁憂道員回籍守制片 周瑞清 135/48
再辭署漕督並請開侍郎缺摺 彭玉麟 135/48
請開缺回籍補守制疏 彭玉麟 135/49
墳塋禁步應遵定制疏 駱秉章 135/50
請嚴禁火葬積習疏 錢寶廉 135/52
請旗漢一律終喪起復疏 包世臣 135/53

卷四七上 兵政 兵制上

請飭整頓防營以除積弊疏 惲祖翼 135/55
請飭各省整頓營伍疏 常大淳 135/56
整頓步軍營積弊疏 黎吉雲 135/58
請嚴禁營員剝削兵丁片 彭述 135/59
請整頓額兵疏 沈葆楨 135/59
請整飭戍行疏 兵部 135/60
議覆兵制不宜更張疏 呂佺孫 135/61
覆陳改勇爲兵不便情形疏 李宗羲 135/61
覆陳派糧養勇窒礙難行疏 嚴樹森 135/63
籌擬減兵加餉就餉練兵疏

左宗棠 135/64
議覆福建巡撫條奏練營章程疏 兵部 135/66
簡練軍實以裕國用疏 曾國藩 135/68
八旗界址不匀疏 桂清 135/70
請飭練兵宜求實際疏 余誠格 135/71
挑練兵勇聽調疏 丁寶楨 135/71
請選募豐北灾民成軍以備征調疏 王茂蔭 135/72
密陳黑龍江練兵事宜疏 丁寶楨 135/73
新設淮楊鎮練兵五難三便四利疏 尹耕雲 135/74
推廣練兵章程疏 劉長佑 135/76
覆陳練軍營制疏 劉長佑 135/78
練軍請設長車片 劉長佑 135/79
直隸軍宜速成疏 劉長佑 135/79
變通易州河間二軍營制疏 劉長佑 135/82
分練六軍請增二軍疏 劉長佑 135/83
論直隸添設六軍疏 倭仁 135/85
籌議直隸練軍事宜疏 曾國藩 135/85
再議練軍事宜疏 曾國藩 135/87
變通綠營兵制疏 丁寶楨 135/89
整理綠營抽練馬兵疏 丁寶楨 135/91
酌擬馬兵章程疏 丁寶楨 135/92
馬兵章程仍照原議辦理疏 丁寶楨 135/93
籌擬購練馬隊疏 左宗棠 135/95
酌擬募練馬隊營制章程疏 丁寶楨 135/96
招募黑龍江壯丁訓練馬隊疏 丁寶楨 135/101
馬隊津貼免扣二成片 丁寶楨 135/103
擬請挑練大同馬隊五旗疏 衛榮光 135/105

卷四七下 兵政類 兵制下

擬添練兩鎮馬步營疏 奎斌 135/107
酌改江蘇州營制裁兵增餉疏 丁日昌 135/107
覆請酌改營制准照原議試辦疏 丁日昌 135/111
挑選額兵立營酌加津貼疏 馬新貽 135/112
查閱江蘇營伍事竣疏 曾國藩 135/114
新設皖南鎮標營制疏 李宗羲 135/115
請酌改湖南營制疏 卞寶第 135/117
遵查湖南綠營裁額并糧事宜疏 王文韶 135/118
請改臺地營制疏 沈葆楨 135/119
會籌甘省變通兵制疏 左宗棠 135/120
新疆局勢大定敬陳管見疏 張曜 135/121
奏所部諸軍改營爲旗疏 劉錦棠 135/122

校閱滇黔省營官兵情形疏
李星沅 135/123
川省勇營難再裁減疏
丁寶楨 135/123
川省勇糧長夫難再裁減疏
丁寶楨 135/124
川省變通裁減兵丁疏
恭壽 135/126
塔城裁減兵丁疏 富勒銘額 135/127
請裁汰北路征軍疏
左宗棠 135/129
購製軍火劃一辦法疏
李鴻章 135/130
遵議建築火藥庫宜在空曠之區疏
張之萬 135/132
請簡派輪船統領疏
沈葆楨 135/134
請釐定武弁保舉獎札章程疏
松椿 135/135
酌議武職借補章程疏
曾國藩 135/137
陝甘武職補缺難復舊制疏
譚鐘麟 135/138
酌擬捐納營把總甄別補缺章程疏
李星沅 135/139
武員月課疏 劉長佑 135/139
武職月課章程片 劉長佑 135/140
明定城守章程片 劉長佑 135/140
援案賞發兵勇皮襖片
劉長佑 135/141
覆陳吳士邁擅殺案由疏
左宗棠 135/141
卷四八 兵政類 兵法
遵議整頓兵政敬陳管見疏
賀長齡 135/145
條陳軍務疏 江忠源 135/148
通籌全局疏 曾國藩 135/152
請撤湖北兵勇另立新軍疏
曾國藩 135/153
詳陳水陸各軍進勦機宜疏
胡林翼 135/155
覆陳征皖地勢兵勢情形疏
胡林翼 135/156
議覆籌餉練兵保固京師疏
毛鴻賓 135/158
分撥投誠士卒諸多窒礙疏
劉長佑 135/160
安置凱撤將士疏 劉長佑 135/161
閩事大棘霆營兵不宜分疏
沈葆楨 135/162
統籌新疆暨各省用兵緩急情形疏
駱秉章 135/163
籌辦出關事宜疏 左宗棠 135/165
籌調客軍以資厚集疏
左宗棠 135/169
遵旨督辦新疆軍務敬陳籌畫情形疏
左宗棠 135/170
請留大技勁旅以作中原活兵疏
錢鼎銘 135/173
控制鎮草兵勇竝察看各提鎮優劣片
林則徐 135/174
覆陳川省兵力不能會勦黔匪疏
駱秉章 135/176
具陳臺北情形以明是非疏
劉銘傳 135/178
湘淮各軍少裁長夫疏

李鴻章 135/181
育軍驟難全遣擬分起裁撤疏
色楞額 135/183
請復鋪兵舊額疏 丁寶楨 135/184
卷四九　兵政類　水師
籌辦戰船情形疏 駱秉章 135/185
預籌三支水師疏 曾國藩 135/187
會議長江水師營制疏
曾國藩 135/188
續陳長江水師未盡事宜疏
曾國藩 135/195
詳酌長江水師事宜疏
彭玉麟 135/200
長江水師不准習弓箭片
彭玉麟 135/203
遵旨酌度長江水師疏
彭玉麟 135/203
長江水師不宜改用輪船疏
彭玉麟 135/205
會覆長江太湖水師未能改用輪船疏
彭玉麟 135/207
酌議江蘇水師事宜疏
曾國藩 135/208
附奏整頓水師片 李星沅 135/209
議請將捕盜水勇挑補弁兵疏
李星沅 135/210
酌籌外海水師章程疏
李星沅 135/211
籌捐添造外海水師戰船疏
李星沅 135/212
請創設外海兵輪水師疏
張佩綸 135/213
覆議海洋水師片 沈葆楨 135/215
各省兵輪船由李朝斌督率合操疏
沈葆楨 135/216
水師宜兼練陸戰疏
劉錫鴻 135/216
請造小輪船片 彭玉麟 135/217
請籌費趕造小輪船片
彭玉麟 135/217
頓整山東水師購造船礮疏
丁寶楨 135/218
覆核水師口糧營制疏
丁寶楨 135/229
改設登榮水師營制疏
丁寶楨 135/230
辦理水師營務查閱輪船海口疏
丁寶楨 135/232
創設廣安水軍疏 彭玉麟 135/234
海防善後事宜疏 彭玉麟 135/235
卷五〇上　兵政類　餉需
覆陳籌備餉需疏 丁寶楨 135/241
遵旨覈計川省籌解海防需費疏
丁寶楨 135/244
歲協黔饟請仍由川撥解疏
丁寶楨 135/245
甘饟等款無可籌畫懇請改撥疏
丁寶楨 135/247
遵旨籌議裁減勇營局費疏
丁寶楨 135/248
覆陳勇營酌裁一成各局未能合併疏
丁寶楨 135/250
裁減勇營口糧片 丁寶楨 135/252
川省設立機器局片
丁寶楨 135/253
截清撥款減營節費疏

丁寶楨 135/253
請部撥浙引用鹽抵餉疏
曾國藩 135/255
江西牙釐請照舊經收疏
曾國藩 135/255
湘軍第五案報銷疏
曾國藩 135/258
餉絀情形片 曾國藩 135/259
請停東征局片 曾國藩 135/261
造報軍需款目疏 曾國藩 135/262
奏撥二成洋税片 曾國藩 135/263
江西税釐仍歸本省經收疏
沈葆楨 135/264
江蘇餉源日竭兼籌酌劑疏
沈葆楨 135/266
請留漕折接濟軍需疏
沈葆楨 135/267
蘇省防營餉項擬請循舊支放疏
沈葆楨 135/268
原撥海防經費現擬照案仍行分解南洋疏 沈葆楨 135/269
籌議海防經費並機器局未便停工疏
沈葆楨 135/270
覆陳籌慮兵餉大端疏
李鴻章 135/271
覆奏停購船械裁減勇營疏
李鴻章 135/273
各營加夫仍請給半疏
李鴻章 135/275
輪船薪糧不憑馬力片
李鴻章 135/278
籌撥新疆暨慶陽糧臺餉項疏
駱秉章 135/279
籌議出關餉需礙難借用洋疑疏
沈葆楨 135/281
覆陳借用洋欵疏 左宗棠 135/283
瀝陳軍務繁難請旨飭撥協餉疏
駱秉章 135/285
料理西征事宜疏 左宗棠 135/287
覆陳移設糧臺事宜疏
左宗棠 135/288
籌畫新疆軍務情形疏
左宗棠 135/292
卷五〇下 兵政類 餉需
覆陳甘肅餉事通籌陝甘全局疏
左宗棠 135/295
遵旨覆陳疏 左宗棠 135/297
甘省糧餉奇絀援案請辦米捐疏
左宗棠 135/298
請援照湖北米捐減成章程收捐以濟軍食疏 左宗棠 135/300
擬請減成收捐以濟軍食疏
胡林翼 135/301
請仍減成收捐以救飢軍疏
胡林翼 135/303
再陳湖北危窘情形籲懇減成收捐疏
胡林翼 135/305
邊餉艱難請變通辦理疏
鮑源深 135/306
統籌新疆全局疏 戶部 135/308
奏免軍需造冊報銷疏
戶部 135/312
請明定軍需善後報銷飯銀疏
張之洞 135/313
瀝陳湖南籌餉情形疏
駱秉章 135/315

酌改營制戰守成數疏 劉長佑 135/317
張廳米價仍發七成實銀疏 劉長佑 135/318
覆陳練兵募勇疏 劉長佑 135/319
遵籌直隸全局練募兵勇以重畿輔疏 劉長佑 135/321
援案捐礮疏 劉長佑 135/323
六軍採製器機軍火疏 劉長佑 135/323
酌添兵餉並留練軍疏 劉長佑 135/324
武職俸廉變通支食疏 劉長佑 135/325
練兵經費由部添撥疏 劉長佑 135/326
儲備將材支給薪糧片 劉長佑 135/328
欠餉轇轕改章年清年款疏 劉長佑 135/328
馬步練軍起支薪餉片 劉長佑 135/329
酌增硝斤價值疏 劉長佑 135/330
馬勇馬探餉乾請歸畫一片 劉長佑 135/331
先給馬勇餉乾片 劉長佑 135/331
滇省困苦仍請准捐實官疏 劉長佑 135/332
密陳善後難恃軍餉萬難疏 劉長佑 135/333
會辦吉林練軍事宜疏 穆圖善、希元 135/335
晉省綠營就餉挑練事宜疏 剛毅 135/336
奏設瓊州練軍籌議餉項操練章程疏 張之洞、吳大澂 135/338
遵籌擴充製造添配機器請撥補經費疏 劉坤一 135/339
請撥機器廠局經費疏 劉樹堂 135/340
創辦克鹿卜砲車馬乾片 李鴻章 135/341
請裁汰冗兵疏 戶部 135/342
請飭裁南洋防軍片 戶部 135/343
奏陳北洋練兵籌餉辦法疏 榮祿 135/344
籌餉練兵敬呈管見疏 程文炳 135/345
遵旨條議練兵籌餉疏 王之春 135/346
臺餉匯兌艱難請將短絀銀數作正開銷疏 裕鋼 135/349
奏撥奉天吉林的餉疏 增祺 135/350

卷五一 兵政類 海防

籌辦焦山以下江陰以上海防片 彭玉麟 135/353
覆奏加意籌備片 彭玉麟 135/354
遵查武員參欵摺 彭玉麟 135/355
會商海防事宜疏 彭玉麟 135/356
查復兩江營務處被參各員摺 彭玉麟 135/358
奏報到粵布置疏 彭玉麟 135/359
奏報赴粵部署大略疏 彭玉麟 135/361
會奏派營駐守瓊州疏

彭玉麟 135/363
會覆請用土兵疏 彭玉麟 135/364
會奏廣東團練捐輸事宜疏
彭玉麟 135/365
會奏派將出關摺 彭玉麟 135/367
籌防瓊廉并省城門戶片 135/368
籌辦廣東守禦情形疏
彭玉麟 135/368
代陳海防管見疏 彭玉麟 135/370
查覆虎門排鍊礮臺疏
林則徐 135/371
大沽後路建築新城疏
李鴻章 135/373
遵籌布置東海各島疏
託渾布 135/374
選練登鎮槍隊及海口情形疏
丁寶楨 135/375
密陳海口防務暨籌備北路情形疏
丁寶楨 135/376
預籌海防情形疏 丁寶楨 135/378
籌議海防應辦事宜疏
丁寶楨 135/380
籌辦海防疏 丁寶楨 135/384
查閱海防礮臺疏 丁寶楨 135/387
請撥閩省輪船酌籌經費疏
丁寶楨 135/387
沿海種樹片 丁寶楨 135/388
覆陳海岸不能遏敵疏
李鴻章 135/390
籌議購船選將疏 李鴻章 135/391
尖底舢板勢難制勝疏
李鴻章 135/393
酌議礮臺地雷團練事宜片
李鴻章 135/394
議覆梅啓照條陳疏
李鴻章 135/395
覆奏言路條陳疏 李鴻章 135/398
遵旨密籌防務疏 李鴻章 135/400
籌議天津設備事宜疏
李鴻章 135/402
議覆沿海港口不宜封閉疏
裕謙 135/404
駁水師改陸營疏 裕謙 135/405
武弁回華教練疏 李鴻章 135/406
遵籌吉林防務疏 李鴻章 135/407
覆陳山海關防務疏
曾國荃 135/409
擬專設海防全政大臣以一事權疏
左宗棠 135/411
請改大鵬營營制疏
林則徐 135/413
尖沙嘴官涌添建礮臺疏
林則徐 135/415
覆奏曾望顏條陳封關禁海事宜疏
林則徐 135/416
臚陳江蘇洋面情形疏
李星沅 135/419
請將金門鎮總兵改為副將疏
左宗棠 135/420
卷五二 兵政類 防務上
湖北水陸形勢預籌防堵疏
王茂蔭 135/423
論長江形勢請急圖九江疏
王茂蔭 135/424
請飭重臣分駐江北要害疏
陳慶鏞 135/425

請暫設皖南巡撫疏
沈兆霖 135/426
議覆安徽省城應仍建安慶疏
曾國藩 135/427
章練塘地處扼要請移駐官兵疏
李星沅 135/428
附奏周歷江防綜度全局形勢片
李星沅 135/429
遵旨籌防泖湖再行酌度情形疏
李星沅 135/430
附奏覆陳泖湖設防片
李星沅 135/431
酌擬移駐江陰官兵疏
李星沅 135/431
江蘇防營從緩裁減疏
沈葆楨 135/432
請添設徐州四界重鎮疏
潘祖蔭 135/433
請移駐巡檢分防疏
衛榮光 135/435
移設縣丞都司及建置事宜疏
衛榮光 135/435
倡捐築堡疏 沈葆楨 135/437
江省邊防妥籌布置疏
沈葆楨 135/438
查明角子山地方險阻擬酌撥練軍駐紮毋庸改設通判疏
邊寶泉 135/439
湖河一帶添設礮船片
丁寶楨 135/439
遵議東三省邊務大畧情形疏
王大臣 135/440
籌議河北各旗蒙古添設盟長疏
那彥成 135/443
統籌西路全局疏 李雲麟 135/443
挽回西北大局疏 李雲麟 135/446
瀝陳西北軍情疏 李雲麟 135/449
迤西移改協營添設汛兵疏
林則徐 135/452
保山縣城内回民移置官乃山相安情形疏 林則徐 135/455
擬設法保護屯民片
吳大澂 135/457
邊疆緊要請添設道府廳縣以資治理疏 銘安 135/458
會奏移設裁改邊要各缺疏
張之洞、李秉衡 135/459
附奏覆陳諭飭籌辦事宜片
李星沅 135/461
酌擬變通制兵防勇疏
丁振鐸 135/462
裁改兩江防練各軍疏
恩壽 135/463
會奏黎匪剿撫事宜疏
張之洞、吳大澂 135/464
縷陳湖南苗疆情形疏
賀熙齡 135/467
遵議撫猺新章並籲加學額疏
李明墀 135/470
查辦黔省漢苗情弊疏
賀長齡 135/471
急籌黔省善後事宜疏
譚鈞培 135/473
卷五二下 兵政類 防務下
奏陳苗疆善後事宜疏
林肇元 135/477

勸化苗民改裝頗有成效疏 林肇元 135/477
招撫猓目請予土職各緣由疏 岑毓英 135/479
籌陳防撫猓夷情形疏 劉晸昌 135/479
岷州林口土民自請改土歸流疏 譚鐘麟 135/482
請移設綠營疏 岑毓英 135/482
報明南路剿番情形疏 沈葆楨 135/484
北路中路開山情形疏 沈葆楨 135/485
番社就撫布置情形疏 沈葆楨 135/487
請招募獵戶防堵番賊疏 易棠 135/487
剿辦騰越廳邊外野夷情形疏 林則徐 135/490
瞻對裹塘劃界刊碑疏 丁寶楨 135/492
剿平瞻對善後事竣漢兵藏兵一律凱撤疏 駱秉章 135/494
密陳西藏情形疏 駱秉章 135/495
會勘奉吉兩省圍場荒地界址疏 岐元、銘安 135/499
籌議臺灣事宜疏 李鴻章 135/500
會籌西藏事宜疏 丁寶楨 135/501
請飭駐藏大臣勘明內地疆域劃界立碑疏 丁寶楨 135/503
籌備邊防疏 丁寶楨 135/503
漢奸勾引邊夷滋事漁利分別參辦片 丁寶楨 135/504
馬邊善後事宜疏 丁寶楨 135/505
勦辦岩番大道肅清片 丁寶楨 135/507
收撫回民安插耕墾片 左宗棠 135/508
請禁絕回民新教疏 左宗棠 135/509
籌議口外辦運庫科駐兵疏 李鴻章 135/511
籌議口外調兵運糧緩急疏 李鴻章 135/512
覆奏督提鎮標兵分布各口片 劉長佑 135/514
出省巡防邊隘疏 劉長佑 135/514
遵旨巡緝邊牆片 劉長佑 135/516
遵籌勦除馬賊片 劉長佑 135/517
遵旨出省堵勦馬賊疏 劉長佑 135/517
南兵尚未接防疏 劉長佑 135/519
越南未能自強疏 劉長佑 135/519
越南積弱不振豫籌保衛邊境疏 劉長佑 135/520
遵旨勦撫越南匪徒疏 劉長佑 135/521
索倫營捐築營堡擬請借款建蓋住房疏 長庚 135/523
變通查閱邊卡章程以紓盟累疏 覺羅崇歡 135/524
奏台灣各路生番歸化并開山招撫情形疏 劉銘傳 135/525
請派員帶勇赴援台灣疏 丁寶楨 135/527

卷五三上 兵政類 剿匪

恭報馳抵粵西即赴柳州暫駐籌剿疏 李星沅 136/1
初到粵西詳陳賊勢軍情疏 周天爵 136/2
敬獻芻言以救時弊疏 陳慶鏞 136/4
請嚴定防勦章程疏 曹登庸 136/6
密陳賊勢愈熾勦賊需人疏 吴振棫 136/7
將取真才兵歸實用疏 鮑源深 136/9
敬陳時務四條疏 許乃普 136/10
通籌防剿大局謹擬製辦船礮疏 駱秉章 136/12
覆陳鄂督敗退武昌失守情形疏 駱秉章 136/13
奏報邊地剿匪情形疏 魏光燾 136/15
起復水師統將以一事權幷密陳進勦機宜疏 胡林翼 136/17
條陳楚軍水陸東征籌度情形疏 胡林翼 136/19
通籌全局請添練馬隊疏 曾國藩 136/21
瀝陳時局大患疏 宋晉 136/23
密陳五省通籌兵餉合力防勦疏 宋晉 136/24
遵覆通籌全局疏 曾國藩 136/26
生擒逆首並剿滅髮逆巨股疏 駱炳章 136/28
金陵克復全股悍賊盡數殲滅疏 曾國藩 136/31
遵議御史朱潮條陳片 沈葆楨 136/35
密陳穎亳捻匪隱憂方大疏 胡林翼 136/35
遵赴山東勦賊萬難迅速情形疏 曾國藩 136/36
奉旨覆陳疏 曾國藩 136/38
覆陳剿捻事宜疏 曾國藩 136/40
密陳勦捻事宜片 李鴻章 136/42
請飭李鴻章統籌全局片 丁寶楨 136/43
陳明辦賊大致暫難親赴前敵疏 李鴻章 136/44
覆陳奉旨督軍河洛路 李鴻章 136/46
捻竄運東通籌全局疏 劉長佑 136/49
條陳招撫翻覆可慮疏 吴焯 136/50
請速除降賊宋景詩疏 王拯 136/50
接署欽差大臣瀝陳兵餉事宜疏 李鴻章 136/52
覆陳運防萬不可撤疏 李鴻章 136/53
東捻蕩平覆陳善後爲難情形疏 李鴻章 136/54
籌陳捻平善後事宜疏 英翰 136/55
議復捻平善後事宜疏 李鴻章 136/56
遵議苗逆勦撫事宜并再辭皖撫疏 彭玉麟 136/57
請勦除苗逆疏 吴焯 136/60
覆陳皖北軍情並察度苗練疏 曾國藩 136/61
遵旨援黔籌陳大畧疏

李鴻章 136/63
通籌滇黔軍務疏 曾國藩 136/65
卷五三下 兵政類 剿匪
陝西回漢械鬬情形疏
徐法績 136/67
覆陳辦理雲回通盤籌畫疏
李星沅 136/68
瀝陳辦回失平請先勦後撫疏
陳濬 136/69
現籌剿辦川北巨股調集各軍分途前進情形疏 駱秉章 136/70
甘肅軍營積弊急須整頓疏
劉蓉 136/71
覆陳西征調兵籌餉為難疏
駱秉章 136/72
陳辦回管見疏 喬松年 136/75
籌辦西征情形疏 左宗棠 136/76
通籌陝甘滇黔用兵情形疏
丁寶楨 136/77
進駐涇州籌辦軍務疏
左宗棠 136/82
規畫甘肅全省地勢軍情疏
左宗棠 136/83
安插就撫陝回請增設員弁疏
左宗棠 136/86
西師宜從緩圖密疏 鮑源深 136/87
收降密察妥辦片 丁寶楨 136/89
收復馬邊核桃汎地疏
丁寶楨 136/89
馬邊夷務肅清疏 丁寶楨 136/91
勦辦峩邊夷匪並勦捕雷波野夷疏
丁寶楨 136/94
攻克査彔褁塘肅清疏
丁寶楨 136/96
劍川都司仍駐州城疏
劉長佑 136/98
兵增餉絀片 劉長佑 136/99
開具軍需簡明清單疏
劉長佑 136/100
籌擬防捕馬賊章程疏
卞寶第 136/102
嚴辦土匪以靖地方疏
曾國藩 136/102
湖南莠民滋事宜嚴政體清亂源疏
張沄 136/104
請查辦閩省會匪疏
陳慶鏞 136/106
附陳處置哥老會匪片
薛福成 136/107
設法嚴拏哥老會匪片
沈葆楨 136/107
操練西丹備調片 豐紳 136/108
請准首匪投誠疏 劉秉璋 136/109
擬分任文武大員查辦匪鄉疏
張之洞 136/110
請禁廣東花縣煤窰疏
駱秉章 136/111
請剿辦拳匪疏 袁昶 136/112
覆陳熱河匪亂添兵剿撫情形疏
袁世凱 136/114
卷五四 兵政類 馬政
請查禁郵驛弊端疏
金應麟 136/117
請開墾閒荒馬廠疏 書元 136/118
條陳馬政疏 翁同書 136/120
條議整頓馬政章程疏 136/120

嚴禁私販馬匹及通行定例疏 兵部 136/121
酌辦甘肅驛站事宜疏 譚鐘麟 136/122
議吉林添買官馬援照驛馬定章疏 黄雲鵠 136/123
裁撤夫馬局疏 丁寶楨 136/123
請酌添寶坻縣驛站馬夫片 葛士達 136/124
新疆南路改設驛站章程疏 劉錦棠 136/125
酌議驛站變通報銷章程乞敕部議覆疏 胡林翼 136/125
驛站餘賸銀兩展限提解疏 林則徐 136/126
查明廣州駐防額設馬匹疏 壽蔭 136/127

卷五五 兵政類 團練

請責成本籍人員辦理團練疏 孫鼎臣 136/129
請飭用兵各省實團練疏 沈兆霖 136/129
條陳辦團事宜疏 沈兆霖 136/131
奏陳粵西團練日壞亟宜挽救疏 惠慶 136/133
瀝陳豫省軍情疏 賈臻 136/135
遵旨舉辦團練籌議章程疏 恭壽 136/136
請城内添設練勇局疏 瑞霖 136/137
遵辦團練保甲覆陳大概情形疏 俞廉三 136/138
奏舉行團練片 李星沅 136/139

卷五六 兵政類 保甲

請設法稽查會匪疏 王藻 136/141
議覆捕盜事宜疏 林則徐 136/142
請整頓捕務因時制宜疏 汪元方 136/143
敬陳弭盜芻言疏 林壽圖 136/145
請行保甲疏 宗稷辰 136/148
寓團練於保甲謹陳大概辦法疏 鄧華熙 136/150
奏參諱盜縣令及增訂緝捕章程疏 于蔭霖 136/152
妥議緝捕章程並保甲事宜疏 福錕 136/154
稽查州縣捕快片 劉長佑 136/156
覆奏捕務章程 李星沅 136/156
遵撤南學會並裁保衛局疏 張之洞 136/157

卷五七 刑政類 律例

請飭臣工講求律例疏 董文煥 136/159
請飭刑部增改條例疏 王憲成 136/160
慎重刑章疏 胡慶源 136/161
法宜寬嚴互用疏 寶廷 136/163
申明公論疏 李棠階 136/163
請申明諭旨以杜流弊疏 張德容 136/164
山東委員被害案刑賞失中疏 王昕 136/166
查辦東鄉縣案疏 丁寶楨 136/167
四川東鄉縣案是非未明疏 張之洞 136/177
遵旨覆核東鄉縣案疏

丁寶楨 136/179
請飭議尊長謀殺卑幼罪名專條疏
錢寶廉 136/183
遵議為人後者本身及子孫為本生親屬服制疏 刑部 136/184
秋審人犯情罪較重請飭詳議疏
王茂蔭 136/188
命案有關斷離援擬請旨疏
刑部 136/190
人命重案礙難遽復舊制疏
劉錦棠 136/192
命盜案件請暫行變通辦理疏
劉錦棠 136/193
請盜案仍照原律定擬案
王榕吉 136/194
修覆首夥盜犯悔罪投首減罪舊例疏
刑部 136/195
遵議盜案分別首從章程疏
刑部 136/196
遵議盜案就地正法章程擬限停止疏
刑部 136/198
酌擬搶劫重案就地正法各條疏
邊寶泉 136/200
粵西盜案難復舊制疏
劉長佑 136/201
會議辦理監犯例章疏
軍機大臣三法司 136/203
請飭刑部改定辦理盜竊案章程片
宋伯魯 136/204
情輕盜犯請飭部申明舊例疏
鄭訓承 136/205
覆陳川省辦理盜案請免解審疏
丁寶楨 136/205
川有盜案仍照前奏章程辦理片
丁寶楨 136/206
遵議安置軍流徒犯疏
丁寶楨 136/208
酌議竈戶治罪專條疏
刑部 136/209
請嚴辦鬬匪另立專條疏
張之洞 136/212
請懲辦南山匪徒疏
葉伯英 136/214
遵旨會議懲辦逃兵疏
胡林翼 136/216
遵議武營扣餉缺額罪名疏
刑部 136/217
剝船盜米案酌擬變通辦法疏
繼格、孫毓汶 136/218
籌議嚴禁鴉片章程疏
林則徐 136/219
重禁吸煙以杜弊源片
林則徐 136/225
查拏煙販收繳煙具情形疏
林則徐 136/226
瀝陳民間煙土槍具仍宜收繳疏
林則徐 136/228
請將煙犯財產充賞疏
林則徐 136/230
卷五八 刑政類 治獄
審明丁燦庭等兩次京控疏
林則徐 136/233
請飭永革陋習以重命案疏
鄧慶麟 136/237
清理積案以甦民困疏
丁日昌 136/237

設法清理監押人犯并勒限查辦疏 文煜、丁日昌 136/238
請勒限清理積案疏 馬相如 136/240
監候待質人犯據供先結以清庶獄疏 張道淵 136/241
各省案件積壓請嚴定逾限處分疏 刑部 136/241
京控案件勒限清釐疏 劉長佑 136/242
清釐命盜案件疏 劉長佑 136/243
清釐京控案件並將提解逾限各員清議處疏 李星沅 136/244
清釐京控案件疏 裕德 136/244
為杜訟棍株連苦累小民疏 卞寶第 136/245
請整頓奉天三省監斃人犯積弊疏 潘慶瀾 136/246
遵旨查覆東鄉一案疏 136/247
條陳辦案積弊疏 陳彝 136/249
請清釐刑獄疏 徐克剛 136/250
建設候質公所擬請按提經費疏 畢道遠、周家楣 136/251
覆奏楊福臻奏請裁除待質公所疏 松溎 136/252
請嚴禁匪刑疏 張緒楷 136/255
請辦理相驗章程疏 金應麟 136/255
卷五九 工政類 土木
各省工程報銷改定簡易章程疏 工部 136/257
工程積弊請核實酌給公費疏 寶廷 136/258
請借款生息修街便民疏 王兆琛 136/259
防營承修工程請飭部備案疏 左宗棠 136/260
派營興修城工告竣疏 楊昌濬 136/263
修治直晉路工完竣疏 張之洞 136/264
捐建鐵橋夾片 岑毓英 136/265
會籌修築要工片 衛榮光 136/266
籌款酌修文武衙署疏 劉長佑 136/267
請責令賠修溝洫疏 方汝紹 136/268
卷六〇上 工政類 河工
會奏黃河節年淤墊竭力籌防疏 琦善 136/271
籌議侍郎朱士彥條陳河工事宜疏 嚴烺 136/272
湖隄石工議築碎石坦坡通籌利弊疏 嚴烺 136/275
熟籌河工久遠大局疏 張井 136/277
詳究黃河病原力求治法疏 嚴烺 136/279
代楊給事上防河疏 包世臣 136/282
南河揚工漫口宜因勢利導疏 雷以誠 136/283
附奏覆陳查訪南河情形片 李星沅 136/286
查辦六塘河隄事宜疏 李星沅 136/287

附奏請裁河工浮費片 李星沅 136/287
覆奏嚴查河工積弊疏 嚴烺 136/288
議覆馬營挑壩緊要碎石並無流弊疏 嚴烺 136/289
查覆東河碎石工程情形疏 林則徐 136/291
河防要務宜籌畫周備疏 陳慶鏞 136/292
查革河南河工積弊並擬改章設局疏 許振禕 136/293
查驗豫東各廳垛完竣疏 林則徐 136/296
覆陳體察豫東河工情形疏 任道鎔 136/298
查勘應修黃河南岸長堤及設官修守疏 曾國荃 136/299
飭員測繪現在河圖疏 梅啟照 136/301
河流北徙宜因勢利導疏 胡家玉 136/302
河工重要亟應妥籌長策疏 游百川 136/303
遵議黃運兩河情形疏 喬松年 136/305
請挽復淮徐故道疏 丁寶楨 136/306
籌議黃運兩河情形疏 李鴻章 136/309
瀝陳黃水情形請飭會議疏 李宗羲 136/313
黃水下注遵旨豫籌防範疏 李宗羲 136/315
黃水漫注東境通盤籌畫疏 丁寶楨 136/317
察看黃河酌議辦法疏 游百川 136/320
議覆馬頰河不宜開控分流疏 李鴻章 136/322
治河宜杜流獘仿成規疏 吳峋 136/324
治河除獘疏 毓賢 136/326
遵旨籌辦河防據實直陳疏 陳士杰 136/327

卷六〇下 工政類 河工

辦理趙莊溎溝兩口情形疏 陳士杰 136/331
上游決口一律堵塞及籌辦下游情形疏 陳士杰 136/331
查明黃河經過各屬地方疏 倪文蔚 136/332
查勘黃河入海情形擬減水分流疏 張曜 136/333
查勘黃河舊道情形酌擬辦法疏 張曜 136/335
籌挽黃河分流故道疏 延茂 136/336
東省河工宜兼用分流故道初議疏 游百川 136/337
覆陳黃河分流諸多窒礙疏 成孚 136/338
遵旨籌議分流南河故道陳明實在情形疏 張曜 136/340
籌辦永定河工片 曾國藩 136/341
部議運河徙挑無益疏

慶桂 136/342
議覆黄河分流事宜疏
王大臣 136/343
山東河工宜責成河道總督經理疏
胡景桂 136/344
勘籌山東黄河會議大治辦法疏
李鴻章 136/345
籌議山東河工救急治標辦法疏
李鴻章 136/353
察看山東黄河工程不宜西法疏
張汝梅 136/354
代陳盧法爾擬辦河新法片
李鴻章 136/355
照譯比國工程師盧法爾稟覆勘河情形疏 丁寶楨 136/355
勘辦石莊戶決口豫籌工需疏
丁寶楨 136/363
擬在賈莊建壩普築長隄疏
丁寶楨 136/364
河工現辦情形趕築南岸大隄疏
丁寶楨 136/367
挑濬新舊泗河片 丁寶楨 136/368
查勘河湖情形酌擬導淮辦法疏
劉坤一 136/369
會勘引淮入海河道擬分別辦理疏
楊昌濬 136/372
請緩挑皖北河道疏
劉坤一 136/374
查勘江北舊黄河情形疏
曾國荃 136/375
請籌堵鄭州決口並設法補救疏
翁同龢 136/376
淮黄合流亟修守舊工別籌分洩疏
曾國荃 136/378
議購外洋鐵路土車等片
倪文蔚 136/379
會奏遵旨體察開濬下河情形疏
曾國荃、盧士杰 136/379
遵旨迅籌濬河培壩工程疏
張曜 136/380
遵旨妥籌應挑洪湖引河地勢情形疏
曾國荃、盧士杰 136/382
奏請以工代賑疏 劉長佑 136/383
續籌開濬小清河上游以工代賑疏
福潤 136/384
請急籌遷移瀕河村民經費疏
張曜 136/385
請飭籌撥河工需用銀兩疏
游百川、陳士杰 136/386
請飭籌辦民埝片 延煦 136/388
佚工民堰酌給津貼疏
丁寶楨 136/388
佚工三汛安瀾分别奬勵疏
丁寶楨 136/390
卷六一 工政類 直隸河工
直隸河道大概情形疏
顔檢 136/393
覆陳直隸河道地勢情形疏
李鴻章 136/396
汴省擬設河圖局片
吳大澂 136/399
籌辦薊運河及北運兩減河要工疏
李鴻章 136/399
豫籌永定河患疏 石贊清 136/401
核辦永定河工程款項疏
曾國藩 136/402

永定引河工竣疏 劉長佑 136/404
奏陳永定河工村民交土流弊疏
徐樹銘 136/406
永定河仍擬堵築片
李鴻章 136/408
覆陳親勘永定河情形疏
許振褘 136/408
滹沱河改道北流亟應設法修治疏
曾國藩 136/411
請籌辦滹沱河道疏
劉恩溥 136/413
覆陳籌濬滹沱河道疏
李鴻章 136/414
查勘獻縣河務並擬辦工程疏
徐樹銘 136/415
遵查獻縣河工實在情形疏
李鴻章 136/416
黃河日漸北趨連築長隄疏
劉長佑 136/418
借款搶修金隄疏 劉長佑 136/419
卷六二 工政類 運河
遵旨查勘北運河工擬請疏築疏
廣壽、賀壽慈 136/421
籌辦河運工程疏 曾國藩 136/422
察看衛河情形疏 琦善 136/423
疏濬運道疏 丁寶楨 136/424
估挑運河擇要辦理疏
丁寶楨 136/426
預籌來年漕運會勘挑河修隄疏
丁寶楨 136/428
請飭疏濬山東減河疏
劉恩溥 136/429
遵旨查明四女寺哨馬營兩處減河牐
口情形疏 陳士杰 136/432
籌辦南運減河要工疏
李鴻章 136/433
會勘張秋築隄東水未敢遽行並濟運
濬河情形疏 丁寶楨 136/435
覆陳導衛濟運格礙情形疏
丁寶楨 136/437
借黃濟運貽害大河全局疏
沈寶楨 136/438
查勘堰盱石工籌議大概情形疏
嚴烺 136/439
停辦裏揚運河挑工疏
嚴烺 136/441
籌辦通漕要道疏 林則徐 136/443
查明運河水誌情形疏
曾國藩 136/445
議修揚屬運河東堤疏
沈葆楨 136/446
查明百泉丹洹閘壩情形疏
嚴烺 136/447
照章估築攔河大壩疏
覺羅成孚 136/448
邳宿濟漕各工擇要趕辦疏
曾國荃 136/449
遵旨興辦沛縣寨子堰疏
李星沅 136/450
請將沛縣寨子堰工程歸東河廳員管
理疏 李星沅 136/451
請復設泉河通判疏
喬松年 136/452
通惠河難以取水窖冰疏
宋晉 136/453
挖土機器於運河未甚相宜片

沈葆楨 136/454

卷六三 工政類 水利

覆奏直隸水田難成疏 李鴻章 136/455

議覆直隸屯政水田難以興舉疏 訥爾經額 136/458

請定天津水田章程疏 崇厚 136/460

請將荒地試墾水田疏 卞寶第 136/461

請議行畿輔水利成法疏 王家璧 136/462

擇地酌開上洩南運下注營田河疏 李鴻章 136/464

出省勘收大江下游水利情形疏 左宗棠 136/465

請濬治太湖洩水要道疏 程邦憲 136/466

請拆除吳淞江口石閘疏 陶澍 136/467

蘇省水利工程擇要舉辦疏 林則徐 136/468

籌挑劉河白茆河以工代賑疏 林則徐 136/470

驗收劉河排工疏 林則徐 136/471

驗收蘇松太等處水利疏 林則徐 136/473

鹽城豐縣兩處借項修築河堤疏 林則徐 136/474

請疏濬江西河道疏 胡家玉 136/475

請疏濬陝省水利疏 魏光燾 136/477

條陳江漢修防事宜疏 黃爵滋 136/478

查勘襄河各屬被淹情形疏 周天爵 136/481

查勘江漢情形酌擬辦法疏 周天爵 136/482

查勘江漢隄工疏 林則徐 136/485

遵查樊口情形疏 彭玉麟 136/486

籌辦襄河隄工疏 林則徐 136/489

籌欵生息防守襄隄疏 林則徐 136/490

請查瀕河民垸永禁私築疏 賀熙齡 136/491

洞庭東湖開濬新河疏 李明墀 136/492

都江堰新工穩固片 丁寶楨 136/493

都江堰分水魚觜不能退修摺 丁寶楨 136/494

都江堰歲修親往查驗片 丁寶楨 136/495

覆陳都江堰工情形疏 丁寶楨 136/496

都江堰涸出田畝並無虛飾片 丁寶楨 136/500

都江堰穩固安瀾各州縣涸復田畝片 丁寶楨 136/502

都江堰水勢實無衝損民田疏 丁寶楨 136/504

查勘砲臺河湖情形酌擬導淮辦法疏 劉坤一 136/507

陝省設局試辦水利疏 張汝梅 136/509

疏濬鄱陽湖以防水患疏 李興銳 136/510
修復龍洞渠工疏 馮譽驥 136/511
報銷疏濬河道經費清單疏 何璟、岑毓英 136/512
挑挖賈魯河一律深通片 李鶴年 136/513
利津海口現難疏濬片 丁寶楨 136/514
辦理濬河築壩並各工情形疏 繼格 136/514
大修廣肇兩屬圍堤工竣繪圖奏明立案疏 張之洞 136/516
卷六四 工政類 海塘
勘估寶山塘工疏 林則徐 136/519
親勘海塘各工片 林則徐 136/520
驗收寶山縣海塘工程疏 林則徐 136/522
續修海塘酌擬變通辦理疏 梅啟照 136/523
勘明海鹽縣坍塌石塘擇要估修疏 劉秉璋 136/524
浙省海塘坍損請籌款興修疏 金應麟 136/526
協辦浙江條石動款疏 林則徐 136/528
籌辦塘工大概情形片 吳文鎔 136/529

最新經世文編一百三十卷

卷一 政學一 憲法甲
憲法總論 周逵 137/103
萬國憲法志總論 周逵 137/109
立憲政體論 周逵 137/111
卷二 政學二 憲法乙
歐洲英國立憲制與各國不同論 那特硜 137/132
歐洲大陸立憲君制論 137/146
卷三 政學三 憲法丙
歐洲代議共和制論 那特硜 137/162
代議政體論 周逵 137/168
聯邦制論 那特硜 137/186
日本修改憲法 伊籐博文 137/188
卷四 政學四 憲法丁
英國憲法志 周逵 137/193
普國憲法志 周逵 137/213
比律賓島新立共和憲法 角谷太三郎 137/231
卷五 政學五 憲法戊
義國憲法 周逵 137/235
法國憲法 周逵 137/247
卷六 政學六 憲法己
美國憲法 周逵 137/268
北美、德意志聯邦憲法 周逵 137/283
卷七 政學七 憲法庚
日本憲法 伊籐博文 137/301
卷八 政學八 行政甲
政治總論 那特硜 137/339
國家本源論 那特硜 137/347
行政主權論 周逵 137/359

卷九 政學九 行政乙
國家之重要質點 那特硜 137/365
國權範圍論 那特硜 137/376
行政大臣論 周逵 137/387
卷一〇 政學一〇 行政丙
國家生理論 那特硜 137/396
德國四大法曹論
角谷太三郎 137/419
卷一一 政學一一 行政丁
德意志近世政治論上
有賀長雄 137/423
卷一二 政學一二 行政戊
德意志近世政治論下
有賀長雄 137/453
卷一三 政學一三 民權甲
國民權利義務 周逵 137/489
民族政治之性質 伯蓋司 137/508
卷一四 政學一四 民權乙
實際政治論 伯蓋司 138/1
國家進化之次第 伯蓋司 138/7
國家之起原 伯蓋司 138/14
國家之形體 伯蓋司 138/21
卷一五 政學一五 民權丙
民族之定義 伯蓋司 138/36
国家之趨向 伯蓋司 138/39
各國國民公私權力考
井上毅 138/45
卷一六 政學一六 民權丁
民約論 盧騷 138/67
卷一七 政學一七 法律甲
法律總論 孟德斯鳩 138/106
法律論上 孟德斯鳩 138/110
法律論中 孟德斯鳩 138/124
卷一八 政學一八 法律乙
法律論下 孟德斯鳩 138/138
卷一九 政學一九 法律丙
英國教養貧民法
大橋鉄太郎 138/153
日本儲貳典範 伊籐博文 138/160
卷二〇 政學二〇 法律丁
國法汎論 伯倫知理 138/175
卷二一 政學二一 法律戊
日本現行法律上 樋山廣業 138/203
卷二二 政學二二 法律己
日本現行法律下 樋山廣業 138/235
卷二三 政學二三 刑律
司法院之獨立 周逵 138/260
法官之選任 周逵 138/263
終身官之制 周逵 138/265
陪審制度 周逵 138/267
英國刑律 周逵 138/270
普國刑律 周逵 138/273
美國刑律 周逵 138/277
聯邦刑律 周逵 138/285
日本刑律 伊籐博文 138/287
日本司法裁判 有賀長雄 138/292
卷二四 政學二四 國際公法
國際公法總論 角谷太三郎 138/304
國際公法主體論
角谷太三郎 138/309
國家權利論 角谷太三郎 138/321
日本國際公私法 有賀長雄 138/325
卷二五 政學二五 外交甲
中國借地通商條約論
角谷太三郎 138/329
中國新開秦王島論

大橋鐵太郎 138/332
美併檀香山記 大橋鐵太郎 138/333
日本外務省官制 闕名 138/335
聯軍和約 李鴻章 138/341
中俄滿洲新約 日報 138/349
日英聯盟條約 日報 138/351
卷二六 政學二六 外交乙
歐洲近世外交情形上
有賀長雄 138/354
卷二七 政學二七 外交丙
歐洲近世外交情形下
有賀長雄 138/387
卷二八 政學二八 外交丁
外交史緒論 博文舘 138/416
日本新政府對於列國論
博文舘 138/416
紀日清交涉 博文舘 138/420
澳州聯邦記 外交報 138/432
卷二九 政學二九 外交戊
教案發端論 嚴復 138/446
耶教流行論 嚴復 138/448
卷三〇 政學三〇 外交己
教案關係政治論 嚴復 138/469
調輯民教論 嚴復 138/484
卷三一 兵學一 兵政
軍國論 錄譯林 138/498
軍國民篇 任公 138/507
近世列國之軍備 任公 138/524
卷三二 兵學二 兵政
美國軍制 葛勝芳譯 138/535
美國民兵義兵制 138/544
日東軍政官秩
(日)細田謙藏譯 138/547
日東軍政徵兵制
(日)細田謙藏譯 138/549
日東軍政編入壯丁制 138/554
日東軍政罰科制 138/559
日東軍政分限制 138/559
日東軍政期限制 138/560
日東軍政敘任制 138/563
卷三三 兵學三 陸軍
中國陸軍界說 傅雲森譯 138/574
中國八旗經制兵額表 138/575
中國直省綠旗兵額表 138/577
中國直省提鎮表 138/579
中國勇營述畧 138/589
中國練軍述畧 138/591
日本陸軍師團表 138/591
卷三四 兵學四 陸軍
日本陸軍官司制
(日)細田謙藏譯 139/1
陸軍官司統屬表 139/13
日本陸軍軍隊制 139/22
日本陸軍學校制 139/27
英吉利陸軍述要 傅雲森譯 139/31
俄羅斯陸軍述要 139/32
德意志陸軍述要 139/34
法蘭西陸軍述要 139/35
北美合衆國陸軍述要 139/36
卷三五 兵學五 海軍
日東海軍官司制
(日)細田謙藏譯 139/39
日東海軍軍艦制 139/51
日東海軍學校制 139/52
日東海軍軍艦所屬表 139/54
英吉利海軍軍艦及分泊各地表

139/65
俄羅斯海軍述要 139/67
德意志海軍勢力表 139/68
法蘭西海軍軍艦表 139/70
北美合衆國海軍述要 139/71
卷三六 兵學六 法令
法令綱領 盧永銘譯 139/73
叙列戰鬭區分軍隊令 139/76
聯絡軍隊令 139/77
偵探勤務令 139/91
警戒勤務令 139/94
卷三七 兵學七 戰術
用兵要旨 (日)細田謙藏譯 139/102
戰術公例 139/105
戰鬭分類 139/105
諸兵戰術(步兵戰術) 139/110
卷三八 兵學八 戰術
騎兵戰術 139/133
礮兵戰術 139/144
卷三九 兵學九 地勢
地勢戰法學 (德)庫司孟 139/161
地勢分類戰守法 139/164
石地硬地軟地關繫行軍說 139/166
行軍察勘周圍地勢法 139/166
平原行軍法 139/167
高原布隊法 139/169
凹地列隊法 139/172
樹林防敵法 139/172
村莊關繫戰法學 139/175
道路為武備緊要關鍵策 139/177
鐵路行軍策 139/180
活水關繫戰法説 139/181
死水行軍策 139/183
平原亂岡高巒經武策 139/184
卷四〇 兵學一〇 地勢
攷察地勢用法 (德)庫司孟 139/186
攷察地勢條段 139/187
際變攷察地勢法 139/189
渡河攻敵法 139/191
轉隊渡河法 139/193
扼守河岸法 139/194
窄地與關隘繫行軍利害議 139/195
行軍駐隊條議 139/197
前行護隊駐紮法 139/199
後行護隊駐紮法 139/200
斷後駐紮法 139/202
坐護隊駐紮法 139/202
察勘敵人駐紮處條議 139/204
駐帳擇地法 139/205
卷四一 兵學一一 營壘
宿營總說 139/208
宿營舍營法 139/208
宿營村落露營法 139/216
宿營露營法 139/217
駐軍總說 139/225
駐軍舍營法 139/226
駐軍露營法 139/234
卷四二 兵學一二 測量甲
射擊測量論一 日本陸軍省 139/238
射擊測量論二 日本陸軍省 139/244
距離測量論 日本陸軍省 139/248
射擊測量論三 日本陸軍省 139/252
卷四三 兵學一三 測量乙
平面桌記 湯金鑄 139/261
午分表論 孫祝耆 139/268
測量變狀一隅 孫廷嘉 139/272

舟軍陣法一隅 天津學堂 139/283
卷四四 兵學一四 測量丙
航海設如 天津學堂 139/293
卷四五 兵學一五 警察
日本警察總論
(日)小幡儼太郎譯 139/319
日本行政警察保安法上 139/320
日本行政警察保安法下 139/331
日本行政警察靖亂法 139/333
日本行政警察人事法 139/335
日本行政警察保護法 139/338
卷四六 兵學一六 體操
體操正義 (德)瑞乃爾譯 139/347
空手體操說 (德)瑞乃爾譯 139/349
運槍體操說 (德)瑞乃爾譯 139/350
用架體操說 (德)瑞乃爾譯 139/350
越險阻體操說
(德)瑞乃爾譯 139/354
體操要需 (德)瑞乃爾譯 139/355
卷四七 計學一 財政上
整頓中國財政策 洋員 139/363
戶政變發條議 張謇 139/382
卷四八 計學二 財政中
理財學總論 (日)笹川潔 139/394
理財學支銷篇論畧
(日)笹川潔 139/395
理財學收入篇論畧
(日)笹川潔 139/404
日本財政史緒論 博文舘 139/405
俄國財力論 大橋鐵太郎 139/406
俄國財政改革論
大橋鐵太郎 139/411
理財主交通轉運論
(日)笹川潔 139/416
理財節略 戴爾樂 139/418
卷四九 計學三 財政下
紀意大利財政 (德)李士德 139/447
紀日耳曼財政
(德)李士德 139/454
紀和蘭比利時財政
(德)李士德 139/466
紀英國財政 (德)李士德 139/473
卷五〇 計學四 幣制上
世界貨幣原始 錢恂 139/493
貨幣作用論 錢恂 139/495
貨幣物質論 錢恂 139/499
貨幣鑄造論 139/503
貨幣制度論 錢恂 139/508
日本現時貨幣制度表
錢恂 139/517
貨幣單複本位得失論
錢恂 139/523
貨幣流通法則論 錢恂 139/531
論急定圜法 商務報 139/534
卷五一 計學五 幣制下
輪泉幣之始 錢恂 139/537
使用紙幣廣論 錢恂 139/542
中國各地銀兩表
(日)籐田豐八 139/560
中國各地鈔票說
(日)籐田豐八 139/575
卷五二 計學六 租賦上
租稅釋類 錢恂 140/1
各國比利稅及遞加稅法
錢恂 140/6
地租法論 錢恂 140/8

日本現行地租法 錢恂 140/16
租税總論 (日)笹川潔 140/19
租税制度論 (日)笹川潔 140/21
折漕平議 闕名 140/29
租税分類釋目 140/36
租税三大原則 (日)笹川潔 140/49
租税公正原則論 (日)笹川潔 140/50

卷五三 計學七 租賦下

釋租 斯密亞丹 140/57
地産之得常租者 斯密亞丹 140/61
論地産之不得常租者 斯密亞丹 140/78

卷五四 計學八 關税

關税釋類 錢恂 140/96
日本現行關税法 錢恂 140/105
中國各口海關比較收税表 錄日報 140/109
中國海關税歲計三表 傅運森譯 140/115
中國常關税歲計表 傅運森譯 140/123
論加税裁釐之不可行 外交報 140/125

卷五五 計學九 會計上

光緒二十五年通商各口華洋貿易情形論 戴樂爾 140/128
日本現今歲計表 譯林 140/138
俄國歲計表 譯林 140/141
世界産金額價表 譯林 140/145
各國所出債券表 譯林 140/148
各國生命保險金表 譯林 140/150
賦税國債比較表 高鳳謙 140/152
進出口貿比較表 高鳳謙 140/156
疆域丁口比較表 高鳳謙 140/162
鐵路電線比較表 高鳳謙 140/169

卷五六 計學一〇 會計下

日本現今歲計表 傅運森譯 140/175
英吉利現今歲計表 傅運森譯 140/185
俄羅斯現今歲計表 傅運森譯 140/191
法蘭西現今歲計表 傅運森譯 140/202
德意志現今歲計表 傅運森譯 140/212
北美合衆國現今歲計表 傅運森譯 140/216
意大利現今歲計表 傅運森譯 140/220
比利時現今歲計表 傅運森譯 140/221
土耳其現今歲計表 傅運森譯 140/226

卷五七 計學一一 印花税上

外務部戶部議奏試行印花税摺 140/235
蘇州牙釐局詳復議行印花税文 日報 140/237
英國印花税章程 140/240
英國印花税章程續編 140/287

卷五八 計學一二 印花税下

英國印花税例摘要 鄧廷鏗譯 140/298
英國印花税始末并籌中國節略 朱壽慈譯 140/314

卷五九　計學一三　銀行上
銀行緒言　錢恂 140/323
銀行原起考　錢恂 140/323
銀行種類分釋　錢恂 140/331
銀行之業務　錢恂 140/340
銀行紙幣發行法　錢恂 140/347
銀行恐慌釋義　錢恂 140/357
(銀行)恐慌原因　錢恂 140/357
(銀行)恐慌結果　錢恂 140/361
(銀行)恐慌救治法　錢恂 140/362
(銀行)恐慌之實例　錢恂 140/364
卷六〇　計學一四　銀行下
歐洲近四百年銀值之漲落記　斯密亞丹 140/368
金銀相兌之變率論　斯密亞丹 140/395
卷六一　計學一五　國債上
國債緒論　錢恂 140/400
各國國債情形　錢恂 140/401
國債與稅關繫論　140/405
國債區分得失詳論　錢恂 140/408
募集國債法　(日)織田一 140/411
卷六二　計學一六　國債下
國債借換法　錢恂 140/418
國債管理論　錢恂 140/427
國債償還論　錢恂 140/429
日本國債始末　(日)織田一 140/433
地方債總論　錢恂 140/442
各國地方債現勢論　140/444
地方債借入法　140/446
地方債期限及償還法　錢恂 140/448
卷六三　農學一　農政
請開北方利源公司說帖　姚文棟 140/451
奏辦海門荒灘說帖　張謇 140/455
奏辦通海懇牧片　劉坤一 140/457
防護樹藝詳文　江南派辦處 140/458
英君主准設英倫務農會詔　吳治儉譯 140/459
斐利迭禮璽大王開拓政策　樊炳清譯 140/464
斐利迭禮璽大王實地農關係之政策　樊炳清譯 140/479
普國仿行英國農藝　樊炳清譯 140/483
卷六四　農學二　農學
農業總論　140/487
農業經濟緒言　(日)吉田森太郎譯 140/489
農業生產篇　(日)吉田森太郎 140/491
農業交易篇　(日)吉田森太郎 140/500
農業組織論　(日)吉田森太郎 140/509
農雅自叙　倪倬 140/512
卷六五　農學三　土性上
論土之熱度　(美)衛理譯 140/514
論土性　(英)秀耀春(譯) 140/515
日光與土性關係論　(美)衛理譯 140/522
空氣與土性關係論　(美)衛理譯 140/526
水與土性關係論　(美)衛理譯 140/530

生物土性關係論 (美)衛理譯 140/532
論土之性分原理 (美)衛理譯 140/534
論土生物之理 (美)衛理譯 140/537
論土生物力 (美)衛理譯 140/540
論化石成土 (美)衛理譯 140/541
論流水造土 (美)衛理譯 140/543
論雨與土之關係 (美)衛理譯 140/545
論冰造之土 (美)衛理譯 140/548
論蚯蚓造土 (美)衛理譯 140/551
論呼莫司土 (美)衛理譯 140/552
論風造之土 (美)衛理譯 140/555
卷六六 農學四 土性下
論化合成土之原質 (美)衛理譯 141/1
論土通風之理 (美)衛理譯 141/31
論耕土可保守土内之水 (美)衛理譯 141/35
論土内植物之食料 (美)衛理譯 141/38
日本農務土性試驗表 沈紘譯 141/40
卷六七 農學五 化料
論植物泥土動物相關之理 (英)秀耀春譯 141/45
論植物食料 (英)秀耀春譯 141/47
論水之性質 (英)秀耀春譯 141/52
論動植物内之油質 (英)秀耀春譯 141/56
論動植物内各種之死物質 (英)秀耀春譯 141/58
論土内生物質 (英)秀耀春譯 141/64
論土内之死物質 (英)秀耀春譯 141/66
論植物肥料 (英)秀耀春譯 141/73
論動物體内可為肥料 141/77
論各動物之糞 (英)秀耀春譯 141/84
論鹽質金質肥料 141/92
論灰石及燒用鈣養之法 (英)秀耀春譯 141/101
卷六八 農學六 種植
農用植物通論 (日)森要太郎著，樊炳清譯 141/109
論種子之鑑定 (日)橫井時敬編 河瀨儀太郎譯 141/119
植物有機物生産論 樊炳清譯 141/128
植物呼吸論 樊炳清譯 141/131
種植媒花法 (日)津由仙述，沈紘譯 141/132
落葉栽培法論 (日)高見譯薰，林壬譯 141/132
植物選種新說 (日)伊克梅原寬重 141/134
整飭皖茶文牘 闕名 141/141
卷六九 農學七 畜牧
論廐肥為培田之原 (美)啤耳 141/147
論畜舍宜慎 倫敦報 141/151
荷蘭牧牛篇原種 牧牛公司 141/153
牧豬法敍論 陳梅坡譯 141/155
牧羊書原種 江紹基譯 141/158

記希臘羅馬古代漁業 日本水產會報 141/162
牧草緒言 日本農務省 141/164
蜜蜂飼養法緒言 (日)花房柳條 141/165
養魚孵化術總論 (日)舍田歸逸 141/167
昆蟲標品製作法自序 (日)鳥羽源藏 141/167
昆蟲標品製作法緒言 (日)鳥羽原藏 141/168
卷七〇 農學八 蠶學
請創設養蠶學堂稟 林迪 141/171
論海通蠶桑書 張謇 141/173
蠶務條陳序 梁任公 141/175
論桑(坿表) (日)籐田豐八譯 141/176
蠶種概論 (日)籐田豐八譯 141/178
樗繭譜說樹 鄭珍 141/180
樗繭譜說繭 鄭珍 141/182
喝茫蠶書序例 鄭守箴 141/184
喝茫蠶書說桑 鄭守箴 141/186
蠶病試驗成蹟報序 日本農務省 141/189
蠶病查驗種紙法 日本農務省 141/189
蠶病護種法 日本農務省 141/192
養蠶表 日本農務省 141/197
試育外國蠶種成蹟 日本農務省 141/204
秋蠶論 (日)竹内茂演述 141/206
秋蠶原理 (日)竹内茂演述 141/207
卷七一 農學九 林學
林學沿革論 (日)奧田貞衛 141/210
森林利用論 (日)奧田貞衛 141/217
森林所有權論 (日)奧田貞衛 141/223
森林定義論 (日)奧田貞衛 141/245
樹種與氣候之關係論 (日)奧田貞衛 141/247
森林保護論 (日)奧田貞衛 141/252
林分經濟法 (日)奧田貞衛 141/256
造林學杉總論 (日)本多靜六 141/259
造林學檜總論 (日)本多靜六 141/263
造林學竹總論 (日)本多靜六 141/266
日本山林會章程摘要 林壬譯 141/275
卷七二 農學一〇 農器
農雅釋器 倪倬 141/280
水機圖說 陳忠倚 141/306
風車圖說緒言 美國公司 141/306
論焙茶機器 譯熱地農務報 141/307
卷七三 商學一 商業上
商工地理學宗旨 (日)田岡佐代治譯 141/310
商工業盛衰原因論 141/312
商工上地形與位置論 141/312
商學之天然力說 141/313
商學界地味及鑛物有無說 (日)田岡佐代治譯 141/319
各國物產考略 闕名 141/320
營商人種優劣說 (日)田岡佐代治譯 141/330

卷七四　商學二　商業下
商世界人口單複攷 江南商务報 141/339
商工世風俗論 141/347
商工業運輸交通議 江南商务報 141/348
世界商戰論 江南商务報 141/354
太平洋商戰説 (美)佑尼干撰，林樂知譯 141/355
卷七五　商學三　商政甲
商工立國政府官制及其施治議 (日)田岡佐代治譯 141/369
商工國徵租制度議 (日)田岡佐代治譯 141/370
歐洲商力發達説 闕名 141/372
東方商力競爭策 譯中外商業新報 141/373
日本農商務省視察中國北方議 141/375
中國條約諸港外國人及外國商社數 141/383
振興印度中國貿易策 譯報 141/384
卷七六　商學四　商政乙
近五十年英國商業政策 (英)伊阿子 141/386
卷七七　商學五　商政丙
英國議設商業報知局 譯通商彙纂 141/412
印度孟買紡織績聯合會長演説 譯中外商業日報 141/418
日本新定商務學堂章程 譯商報 141/424
日本新定專利章程 141/427
卷七八　商學六　商政丁
中國近年貿易額表 傅運森譯 141/438
中國近年與各國貿易額表 傅運森譯 141/438
中國近年海關貿易總數分類表 傅運森譯 141/440
日本近年貿易出入額表 141/457
卷七九　商學七　商政戊
意大利近年貿易出入額表 傅運森譯 142/1
英吉利近年貿易出入額表 傅運森譯 142/5
葡萄牙近年貿易出入額表 傅運森譯 142/18
俄羅斯近年貿易出入額表 傅運森譯 142/20
比利時近年貿易出入額表 傅運森譯 142/26
卷八〇　商學八　商政己
德意志近年貿易出入額表 傅運森譯 142/32
法蘭西近年貿易出入額表 142/36
西班牙近年貿易出入額表 142/39
北美合衆國近年貿易出入額表 142/45
卷八一　商學九　商律上
日本商律 (日)河瀬儀太郎譯 142/56
卷八二　商學一〇　商律下
日本商律 142/81
卷八三　商學一一　商埠
中國商埠考 闕名 142/117

俄屬亞洲商埠攷 142/119
朝鮮商埠攷 142/122
日本商埠攷 142/123
南洋羣島商埠攷 142/124
印度商埠攷 142/128
印度洋商埠攷 142/130
波斯商埠攷 142/131
阿剌伯灣及紅梅商埠攷 142/132
土耳其商埠攷 142/133
俄羅斯商埠攷 142/133
英吉利商埠攷 142/135
瑞典挪威商埠攷 142/138
丹馬商埠攷 142/138
德意志商埠攷 142/139
荷蘭商埠攷 142/141
比利時商埠攷 142/142
法蘭西商埠攷 142/143
西班牙商埠攷 142/145
葡萄牙商埠攷 142/147
瑞士商埠攷 142/147
奧斯馬加商埠攷 142/148
意大利商埠攷 142/149
卷八四 商學一二 公司上
萬國公會源流記 錄滙報 142/151
公司新法 日本橋本海關譯 142/152
視察歐美商工議 譯時事新報 142/165
東京商業會視察中國條議 譯商業日報 142/169
卷八五 商學一三 公司下
日本近三十年設立公司家數表 博文館 142/182
日本近三十年取引所比例表 博文館 142/183
日本商業會議所通行條例 譯商報 142/188
日本茶業公會規則 譯商報 142/194
論中東西各國貨幣賦稅 譯字林西報 142/202
法屬越南東京稅則 譯華英捷報 142/204
日本新訂稅章 彙報 142/205
卷八六 商學一四 賽會
法國巴黎賽會章程 潘彥譯 142/207
卷八七 工學一 工政上
中國度量衡表 籐田豐八 142/241
卷八八 工學二 工政下
日本改定度量權衡通行法 商務局譯 142/275
日本工藝學校局廠條記 沈翊清 142/286
論分工之效 嚴復譯 142/298
論分工交易相因為用 嚴復譯 142/304
行補助法廣助力機議 張謇 142/307
開工藝院兼博覽所議 張謇 142/308
北京工藝局創辦章程 日報 142/309
卷八九 工學三 製造甲
糖考 譯法文 142/315
日本甘蔗製糖法 本田幸介 142/316
日本恭菜製糖法 本田幸介 142/319

日本製茶法 本田幸介 142/329
日本製烟法 本田幸介 142/333
澱粉製造論 本田幸介 142/336
蛋白廠記 譯美國學問報 142/337
酒精說 事物叢攷 142/338
自來水法述 格致益聞 142/340
氣球攷 格致益聞 142/342
氣球高度 譯美國學問報 142/347
卷九〇 工學四 製造乙
鐵性論 譯倫敦工藝報 142/349
歐美各國製鐵談 和田氏 142/350
鋁銅大用論 譯紐約格致報 142/352
礬精鎔鐵論 譯倫敦工藝報 142/355
燐質鑄銅論 譯紐約格致報 142/356
鋁質製器論 譯紐約格致報 142/360
分別上品白銅法 譯紐約格致報 142/361
論中國磁器 威廉姆 142/362
紅毛呢製法 譯紐約格致報 142/365
鋁可製瓦論 譯紐約格致報 142/370
玻璃鏡及球鏡之製造法 譯日本工藝編 142/371
玻璃設色新法 譯紐約格致報 142/372
火柴製法 譯日本工藝編 142/373
卷九一 工學五 製造丙
中國織毛記 威廉姆 142/376
中國自造洋墨水說 商務報 142/380
中人新製記 商務報 142/381
纖維料屬論 本田幸介 142/381
日本製麻法 本田幸介 142/389
日本製亞麻法 本田幸介 142/393
日本製梟法 本田幸介 142/398
日本製鹽法 本田幸介 142/399
日本製胭脂法 本田幸介 142/407
炭精製法 商務報 142/409
假漆製法 譯日本工藝报 142/410
卷九二 工學六 路礦上
查覆招商局保借洋欵辦理萍鄉煤礦摺 張之洞 142/411
路礦議 外交報 142/415
勸集礦路公司議 張謇 142/430
中國興造鐵路宜以均權利為始論 格致益聞 142/432
中國鐵路原委論 譯法國地理報 142/434
中國鐵路現狀論 大橋鐵太郎 142/438
中國鐵路考 格致益聞 142/441
中國擬築鐵路里数表 香港報 142/444
卷九三 工學七 路礦下
西卑利亞鐵路情形考 譯德哥倫報 142/447
蘆漢鐵路行車合同 格致益聞 142/450
漢廣鐵路合同底稿 格致益聞 142/453
山西礦務論畧 譯法文西報 142/457
英人在山西省開礦事業 譯時事新報 142/459
開平煤鐵成色 商務報 142/464
英國礦產表 商務報 142/467
全世界各國產金清額表 商務局譯 142/471

各國礦利計數 譯法國博學報 142/475
各國出煤表 譯法國會計報 142/476
卷九四 工學八 船艦
論福州船政近事 格致益聞 142/478
致英提督貝思福書 杜業爾 142/480
英人在中國內地通航規則 譯時事雜報 142/490
長江輪船載重表 商務報 142/492
魚雷考 格致益聞 142/493
自行魚雷記 格致益聞 142/499
海底雷船記 譯美國學問報 142/501
列國軍艦數 譯時事新報 142/502
卷九五 工學九 電工
無綫電報鎖述 恒齋 142/504
日本實用無綫電信之計劃 譯大阪報 142/507
電氣致用論 譯字林西報 142/508
電鍍木質論 商務報 142/510
鍍金法 譯日本工藝編 142/513
金鍍金法 譯日本工藝編 142/515
銅鍍金法 譯日本工藝編 142/516
鎳鍍金法 譯日本工藝編 142/517
鋅鍍金法 譯日本工藝編 142/517
錫鍍金法 譯日本工藝編 142/518
透物電光記 格致益聞 142/518
電工類誌 恒齋 142/520
卷九六 工學一〇 河海工
妥陳永定河辦法摺 裕祿 142/523
河防新法議 張謇 142/532
稟復黃河勘工情形 盧法爾 142/534
與美總領事論開濬黃埔事宜 袁爽秋 142/552
蘇彝士河原始 格致益聞 142/558
巴納馬河工程 譯美國學問報 142/561
卷九七 文學一 哲學
培根學派 任公 143/1
笛卡爾學派 任公 143/6
達爾文學派 任公 143/13
孟德斯鳩學派 任公 143/22
天演學派考 馬君武 143/31
天演論自序 嚴復 143/40
卷九八 文學二 倫理
論公德 任公 143/44
論國家思想 任公 143/50
公民自治論一 明夷 143/60
公民自治論二 明夷 143/68
公民自治論三 明夷 143/76
論自由一 任公 143/86
論自由二 任公 143/94
卷九九 文學三 論理
辯邏輯之為學術 嚴復 143/102
論理學為求誠之學術 嚴復 143/104
論理學誰推知不論元知 嚴復 143/106
論理學所以統諸學之理 嚴復 143/109
論理學之利用於何而見 嚴復 143/111
論理學界說 嚴復 143/112
論理學必以分析語言為始事 嚴復 143/115

卷一〇〇 文學四 社會
社會之本義 海留司烈 143/123
社會之本性 海留司烈 143/124
社會之區域 海留司烈 143/129
社會盟約説 伯倫知理 143/130
社會盟約論 伯倫知理 143/132
論族民及國民 伯倫知理 143/134
論國家及社會 伯倫知理 143/142
中古社會論 伯倫知理 143/146
近世社會論 伯倫知理 143/157
卷一〇一 文學五 歷史上
新史學一 任公 143/162
新史學二 任公 143/171
中國學術史一 任公 143/177
中國學術史二 任公 143/193
中國學術史三 任公 143/202
卷一〇二 文學六 歷史下
中國學術史四 任公 143/221
中國學術史五 任公 143/233
泰西學術史一 任公 143/237
泰西學術史二 任公 143/246
卷一〇三 文學七 地理
地理與文明之關係一 任公 143/257
地理與文明之關係二 任公 143/267
亞洲地理大勢論 任公 143/272
中國地理大勢論一 任公 143/283
中國地理大勢論二 任公 143/293
中國地理大勢論三 任公 143/303
歐洲地理大勢論 任公 143/315
地理學講義序 汪德淵 143/323
卷一〇四 文學八上 語學
文學説例 章氏學 143/325
東文源流論 丁福保 143/335
東文字母論 林文潛 143/346
中東文異同論 林文潛 143/347
文學八下 生理
生命力論 趙元益 143/349
康寗理論 趙元益 143/359
人情論 趙元益 143/372
衛生學自叙 丁福保 143/384
卷一〇五 理化一 數術上
代形合參序 潘慎文 143/387
合數術序 林紹清 143/388
幾何探要引言 新譯本 143/388
橢圓捷術 孫祝耆 143/396
弧矢算術補義 孫祝耆 143/414
圓率攷異 楊氷 143/418
卷一〇六 理化二 數術下
曲線新説 蔣維鐘 143/422
直線代抛線之作法 孫祝耆 143/428
以兩曲線表同積同句弦和之句股形 孫祝耆 143/430
隄積術辨 蔣維鐘 143/432
辨諸乘方線面體循環之理 史國琛 143/443
微積互求表 正學堂 143/448
書李氏對數探源後 楊氷 143/449
算學答問 龔銘鳳 143/450
卷一〇七 理化三 天文上
考成後編法與現行西法陳密攷 孫祝耆 143/455
彗星論 格致益聞 143/458
行星新理 恒齋 143/460

日輪新理 恒齋 143/461
隕石考一 格致益聞 143/465
星光熱力 格致益聞 143/467
飛星隨錄三則 恒齋 143/467
小行星考 格致益聞 143/469
卷一〇八 理化四 天文下
慧根數理 孫祝耆 143/479
我月現狀述聞 恒齋 143/481
隕石考二 事物叢考 143/483
卷一〇九 理化五 格致上
水考 譯法文 143/513
水鑑 格致益聞 143/517
論空氣壓成流質 譯法文 143/523
論輕氣壓成流質 譯美文 143/525
測驗大冷法 譯法文 143/526
原冷 格致益聞 143/528
流質轟爆性 譯美文 143/533
鹽考 格致益聞 143/534
食物論 譯美文 143/538
卷一一〇 理化六 格致下
飲食抉微 事物叢考 143/547
論蛋白質 事物叢考 143/550
不老說 譯美文 143/551
焰發光輝之原因 高松豐吉 143/552
燃燈新法一 譯倫敦格致報 143/555
燃燈新法二 譯倫敦頗路麼路報 143/557
水月電燈辨 格致益聞 143/558
論阿西台里尼氣 譯西報 143/559
日熱在紅光内曬物變色之力郤在青運光内解 張東烈 143/560
熱能變定質為流質變流質為氣質論 張東烈 143/560
回聲回光同理說 張東鎮 143/565
電學新理 張東烈 143/567
卷一一一 理化七 物理
物質論 酒井佐保 143/573
原力 酒井佐保 143/582
熱論 福澤諭吉 143/592
物性叢談 格致益聞 143/596
論物不能自為動靜 格致益聞 143/599
卷一一二 理化八 化學甲
化學原質大同表 商務報 143/602
金屬在空氣中熱時之變化 高松豐吉 143/613
可燃體在空氣中熱時之變化 高松豐吉 143/617
化合及分析 高松豐吉 143/619
酸素之發現(即養氣) 高松豐吉 143/624
水素之發現(即輕氣) 高松豐吉 143/629
水之組成 高松豐吉 143/635
卷一一三 理化九 化學乙
氣體之容積與溫度及壓力之關係 高松豐吉 144/1
水素與酸素之化合物 高松豐吉 144/2
淡素之發現 高松豐吉 144/7
空氣之組成 高松豐吉 144/8
淡素與水素及酸素之化合物(即硝酸) 高松豐吉 144/14
酸類鹽基類鹽類之別 高松豐吉 144/17
淡素與酸素之化合物

高松豐吉 144/19
淡素與水素之化合物
高松豐吉 144/23
綠氣之發現 高松豐吉 144/27
綠氣與水素之化合物
高松豐吉 144/30
綠氣與酸素之化合物
高松豐吉 144/33
綠氣與水素及酸素之化合物
高松豐吉 144/34
卷一一四 理化一〇 化學丙
炭素之發現 高松豐吉 144/37
炭素與酸素之化合物
高松豐吉 144/42
炭素與水素之化合物
高松豐吉 144/48
炭素與淡素之化合物
高松豐吉 144/52
硫黃之變化 高松豐吉 144/53
硫黃與酸素之化合物
高松豐吉 144/55
硫黃與水素及酸素之化合物
高松豐吉 144/57
卷一一五 理化一一 動植物學上
生物界說 志賀重昂 144/63
萬物不能自然生化說
格致益聞 144/64
動物化分說 格致益聞 144/67
動物分類表 格致益聞 144/68
人猴不能互變說 格致益聞 144/70
動物乳哺類論畧 譯美文 144/73
物類生尅論 格致益聞 144/76
冬蟄說 譯美文 144/77
寄生物攷 格致益聞 144/80
動物冷熱論 格致益聞 144/82
論物之類數 格致益聞 144/84
動物遲速率 譯法文 144/86
卷一一六 理化一二 動植物學下
植物論畧 新譯本 144/87
常植物論 張東鎮 144/91
研究烟草之性質 本田幸介 144/103
漆質由五成分合成說
本田幸介 144/109
記中國產棉地 威廉姆 144/112
種棉十三要事說 譯美文 144/115
卷一一七 理化一三 地文
氣候學問答 新譯本 144/117
氣候論 志賀重昂 144/126
風向抉微 格致益聞 144/128
空氣論 福澤諭吉 144/130
雲雨論 福澤諭吉 144/134
風論 福澤諭吉 144/136
露霜雹雪論 福澤諭吉 144/138
二曜氷暈說 小幡篤次郎 144/140
卷一一八 理化一四 地質
天演學派原於地質學說
因是先生 144/142
歐洲蘇彝士河與美洲拿馬地質不同說 因是先生 144/144
地質分類詳述 新譯本 144/147
煤礦原始 格致益聞 144/158
火山說 格致益聞 144/161
地震論 小幡篤次郎 144/162
卷一一九 教育學一 學政上
奏設京師大學堂摺
禮親王 144/163

議覆大學堂片附章程 總署 144/166
總理衙門又議覆摺稿 144/180
海濱坍漲記 格致益聞 144/181
沙漠考 格致益聞 144/183
地質學叢談二則 格致益聞 144/185
礦物界說 志賀重昂 144/186
地震考 格致益聞 144/188
教育政策私議 任公 144/192
卷一二〇 教育學二 學政下
中國教育統計表 傅運森 144/202
英國教育統計表 傅運森 144/204
俄國教育統計表 傅運森 144/210
意國教育統計表 傅運森 144/213
北美合衆國教育統計表 傅運森 144/215
日本大學校訓示 古城貞吉 144/218
日本大學校勅語 古城貞吉 144/219
日本大學令 古城貞吉 144/219
日本中學校令 古城貞吉 144/222
日本師範學校令 古城貞吉 144/223
日本小學校令 古城貞吉 144/230
卷一二一 教育學三 學務上
論教育當定宗旨 任公 144/235
中國新教育案發端 任公 144/249
中國教育當作愛國精神議 任公 144/256
教學通論 (日)岡本監輔 144/263
卷一二二 教育學四 學務下
明治教育史 博文舘 144/267
教育改良論 葉瀚 144/290
十九世紀各國教育進步紀 葉瀚 144/294
卷一二三 教育學五 師範上
教授釋義 (日)樋口勘次郎 144/303
日本師範學校章程序 歐榘甲 144/304
教育一得論 倚劍生 144/307
師弟情誼論 (日)樋口勘次郎 144/326
聯絡家庭論 (日)樋口勘次郎 144/328
師範管理論 144/338
活潑教授主義論 (日)樋口勘次郎 144/341
游戲教授主義論 (日)樋口勘次郎 144/345
師範統合教授論 (日)樋口勘次郎 144/347
卷一二四 教育學六 師範下
斯賓塞爾勸羣學 144/357
廓美紐司氏教育法 葉瀚譯 144/378
英陸克氏教師業務論 葉瀚譯 144/390
盧索氏教育論 葉瀚譯 144/391
裴司塔若藉教育主義 葉瀚譯 144/393
德顯露柏羅都氏教育法 葉瀚譯 144/395
卷一二五 教育學七 學級
學級總表 蔡元培 144/400
普通學級表 蔡元培 144/402
日本學校科級表 古城貞吉 144/404
日本學科程度 古城貞吉 144/419
普通學豫備論 章宗祥 144/425

豫備漸進法論 章宗祥 144/427
速成法論 章宗祥 144/429
卷一二六 教育學八 科學上
學堂教科論 蔡元培 144/432
學堂教科後論 蔡元培 144/442
日本科學要目論 章宗祥 144/446
修身科教授法 (日)樋口勘次郎 144/461
讀書科教授法 (日)樋口勘次郎 144/468
習字科教授法 (日)樋口勘次郎 144/474
卷一二七 教育學九 科學下
算術科教授法 (日)樋口勘次郎 144/479
理科教授法 (日)樋口勘次郎 144/486
音樂科教授法 (日)樋口勘次郎 144/491
體操及游戲教授法 (日)樋口勘次郎 144/493
畫學教授法 (日)樋口勘次郎 144/498
地理歷史教授法 (日)樋口勘次郎 144/502
游學
游學緒言 章宗祥 144/507
卷一二八 教育學一〇 女學
女學校規則敘 江標 144/509
日本女學校規則 繙譯官 144/511
女子普通學級表 蔡元培 144/520
女子教育宗旨 (日)成瀨仁藏 144/523
女學德育論 (日)成瀨仁藏 144/532
女學愛國論 (日)成瀨仁藏 144/533
女學智育論 (日)成瀨仁藏 144/536
日本女子教育論 (日)成瀨仁藏 144/542
日本高等女學程度論 (日)成瀨仁藏 144/559
女學體育論 (日)成瀨仁藏 144/565
卷一二九 美學一 繪畫
繢縮圖比例尺圖説 傅雲龍 144/567
工部營造尺與英尺比較表 傅雲龍 144/569
泰西畫法論畧 淺巴司 144/584
卷一三〇 美學二 修飾
染色法理 淺巴司 144/596
寫青篇 譯化學工藝 144/613
發藍篇 徐壽 144/615

皇朝經世文續新編三十卷

卷一 大局
古今天下時局論 何鏞 145/37
天下各國人數論 蔡元章 145/38
歷代國本得失利弊論 王韜 145/39
論各國強弱相因之道 王韜 145/40
中外一家論 汪晉 145/42
論時局之變 沈惟禮 145/42
論歐亞二洲之關繫 吳肇璜 145/43

憂時憤言 范思枚 145/45
歷代馭夷得失說 王韜 145/60
泰西亂黨論 何鏞 145/61
論美國亂耗 闕名 145/62
論中國辦理朝鮮事 闕名 145/64
紓外患而固邦本說 何鏞 145/66
保和局而弭隱憂議 葛誠 145/69
日本宜與中國和好議 吳肇璜 145/71
論印度興衰並英人治理之始 黃有聲 145/73
論暹高日變制難易不同 朱正元 145/75

卷二 時事

救時芻議 王韜 145/81
英法德俄四國志略書後 徐仁鑄 145/83
論歐洲近日情形 何鏞 145/84
巴馬論 何鏞 145/86
論法人留意於中德兩國 何鏞 145/88
論俄人東向之勢 蔡元章 145/90
中國西陲屏藩論 單毓年 145/92
論歐西四國情形 儲桂山 145/93
論俄國移民墾荒 吳肇璜 145/95
記客述聯俄拒英事 吳肇璜 145/97
論俄勢日大 吳肇璜 145/99
俄人欲蠶食阿富汗記 賈忠 145/102
論朝鮮大局 顧起 145/104
侵佔論 范思枚 145/106
書暹法開兵電音後 范思枚 145/107
論倭人之輕中國 汪晉 145/109
論東方變局事 * 冒金誥 145/111
論俄日齟齬 朱德寶 145/114
審機說 朱德寶 145/116
論俄人之心志 顧起 145/118
論宜厚結俄歡 何鏞 145/120
論日人大興台灣之利 何鏞 145/122
論俄人護鮮 江元烺 145/124
論倭人注意在北洋 孫維新 145/126
縱論中倭大勢 孫維新 145/128
論俄將有事於倭 馬文言 145/131
論日俄大勢 蔣忠 145/133
論必保朝鮮以固東圉 江標 145/135
論禦外侮尤宜靖內變 江標 145/137
論朝鮮實與東北相維繫 儲桂山 145/139
論目前各國之形勢 儲桂山 145/141
論日本不足為中國患 吳肇璜 145/143
英美宜互結奧援論 郭鐸 145/145

卷三 交涉

論中俄訂立電線約章 何鏞 145/151
華洋交涉要論 何鏞 145/152
總署照會美使請廢苛例 王韜 145/153
記勿剌施招工事 王韜 145/156
巴西招工大可允行說

王韜 145/157
論辦理交涉 黃伯元 145/159
英俄巴馬界約 汪晉 145/161
丁酉中俄東三省約稿條款
闕名 145/162
論中外交涉宜通洋務
儲桂芬 145/164
中西交涉損益論 馬忠 145/165
論和約之弊以割地為最重
張之濤 145/170
閱日使上朝鮮國王疏書後
張嘉言 145/172
論中俄交誼 王世澂 145/175
書倭使致張邵兩星使原函後
王世澂 145/176
書藩王入貢事 張大鏞 145/179
論日使致書問朝鮮是否中國藩屬
呂鴻鈞 145/181
卷四 輿地
英屬地攷 葛潭 145/187
日本地勢軍實攷 范況 145/187
高麗攷 王韜 145/188
琉球攷 張嘉言 145/189
論大地九州之外復有九州
許景澄 145/190
海門形勢記* 周嘉祿 145/191
論美國源流* 伍廷芳 145/192
琿春客談 李大衡 145/193
滇南野人山考 何鏞 145/194
因賑山西而考輿地記
王廷相 145/196
前後藏喇嘛記 王廷相 145/197
暹羅世系考 王懿榮 145/199
澳大利亞形勢利病 何鏞 145/201
西藏攷 何鏞 145/203
滇西邊界說 何鏞 145/204
倭國建置沿革考 范思禹 145/206
歷代帝都考 朱子 145/209
甘肅青海回回考 賈文言 145/212
籌滇耳食錄 儲桂芬 145/212
與客論日本地震海嘯事
王韜 145/215
論地球各處氣候之異
范思禹 145/217
論地球寒熱各帶 江標 145/219
論歐亞兩洲之熱度
朱德寶 145/220
澎湖考略 林開第 145/222
九江形勢說 徐敬熙 145/223
卷五 政治
治國必先安民論 蔡元章 145/229
論和後事宜 賈文言 145/229
洋務以結民信為本說
何鏞 145/230
中國宜行新政論 何鏞 145/231
中國政務日興喜而論之
朱開第 145/234
論圖治必先求其通
朱開第 145/236
禁烟芻言 徐敬熙 145/237
靖内變說 徐敬熙 145/240
擬復古者時巡之制議
王世澂 145/242
論宜法古以從民欲 闕名 145/244
論中國去鴉片之弊為第一要政
闕名 145/246

行公舉以同好惡 單毓年 145/249
論宜復古法以通上下之情 汪晉 145/251
論中國非設立議院不可 汪晉 145/253
讀戶部條陳各欵系之論 范思枚 145/255
恤囚論 何鏞 145/257
論緝奸之法貴常不貴奇 汪晉 145/259
論宜法古以從民欲 顧起 145/261
擬行田捐以濟軍餉議 吳肇璜 145/263
論宸斷即以順輿情 吳肇璜 145/265
化莠說 馬文言 145/267
戢暴說 葛誠 145/269
請特設四部議 朱元第 145/271
擬設鴉片總司議 朱正先 145/274
論善後宜亟籌萬全 劉祖培 145/276
平糶說 朱德賓 145/278
善後芻言 * 李伯枝 145/279
論權度政教 范思禹 145/282
聞中國大興郵政謹抒末議 范思枚 145/284
小國不可無政論 顧起 145/286
論欲培國本先正人心 何鏞 145/288
卷六 防務
海防芻議 王韜 145/293
防務宜舉其要論 鄭汝賢 145/294
海防略說 蔡元章 145/296
遼東隴西邊防說 江標 145/297
東三省練軍說 王懿榮 145/299
防敵莫先於埋伏論 王懿榮 145/300
吳淞江防節錄 何鏞 145/301
論浙防 徐敬熙 145/303
防口要說 連文瀚 145/304
扼要篇節錄 許道東 145/305
海防江防策 儲桂山 145/306
王公設險以守國說 郭鎮瀛 145/308
籌辦漁團議 郭鎮瀛 145/318
江督奏長江炮台疏 張之洞 145/321
兩粵邊情 賈馨 145/322
臺防客述 石道存 145/323
籌防客問 范思枚 145/324
論甌防 王汝言 145/327
縱論海陸防務 吳肇璜 145/328
論中國防務北重於南 袁昶 145/330
論南邊防務亟宜加嚴 儲桂山 145/333
防奸議 儲桂芬 145/335
防奸續議 江標 145/337
防奸餘議 李可言 145/338
以柔遠為防奸之法論 吳嶽 145/340
備不可懈說 孫為新 145/342
卷七 兵學
論國初戡亂之速 王韜 145/347
論練兵宜倣西法寓於商農工 王韜 145/348

彭剛直公奏稿談兵書後 范思枚 145/349
論以土築礮臺之利 徐敬熙 145/350
歐西弭兵說 顧起 145/352
余虎恩上劉制軍書 余虎恩 145/353
地營兵輪二説合抄 漢納根 145/357
論二國交戰必先知攻守之法不同 漢納根 145/358
論以寡禦衆之法 漢納根 145/360
論用兵之事與地勢有關繫 漢納根 145/362
論用兵之事前面有攔阻行軍之物 漢納根 145/364
張香帥相機應敵條欵 張之洞 145/372
論行軍設後路糧臺並寬大之路 漢納根 145/373
論行軍之要 漢納根 145/376
論有礮臺之城 漢納根 145/378
論列陣交鋒之源流 漢納根 145/381
論步馬礮兵列陣法並合用法 漢納根 145/384
論列陣成線之形 漢納根 145/393
論合用馬步礮兵按地勢列陣法 漢納根 145/400
勿以勝負易其氣論 何鏞 145/407
出奇制勝策 蔡元章 145/409
論兵禍之慘 王韜 145/411
論行軍恃有利器尤貴得人 吳肇璜 145/413
行軍以賞罰為勝負論 吳肇璜 145/416
用兵貴整暇論 儲桂芬 145/418
嚴防漢奸接濟敵軍說 儲桂芬 145/421
與客論中國軍務當有轉機 儲桂芬 145/423
練兵論 儲桂芬 145/426
論行軍以料敵為貴 吳肇璜 145/427
練兵水陸難易說 徐敬熙 145/429
論勝負乃兵家之常 徐敬熙 145/431
談兵 何鏞 145/433
用兵緩急辨 何鏞 145/436
先發制人說 何鏞 145/438
論用兵貴作其氣 何鏞 145/440
卷八 火器
魚雷船廠論 范思枚 145/445
中國新造炮說 余虎恩 145/447
新式槍炮說 余虎恩 145/450
槍炮宜一律說 王韜 145/450
雷艇及海底船記 王韜 145/451
礮台新製 顧起 145/452
書粵督李制軍奏建魚雷廠屋船澳摺後 張嘉言 145/453
論近日西人武備之精 陶模 145/455
嚴禁虛縻火藥議 王之春 145/457
與客論松江儲火藥事 賈復 145/459
紀天際魚雷 吳肇璜 145/461

西報載鐵甲船炸裂事 蔡元章 145/463
書小姑山添築炮臺事後 蔡元章 145/465
打響篇 朱開甲 145/467
卷九 兵制
皇朝兵制攷 汪晉 145/473
八旂兵衛攷 汪晉 145/474
綠營兵制攷 汪晉 145/476
湘軍營制攷 汪晉 145/478
論歐洲近日增兵大勢 何金如 145/480
俄國波羅的海軍實攷 賈文言 145/481
歐洲兵輪攷實 王韜 145/481
俄羅斯財賦兵制考略 范思枚 145/484
論民團宜依西法 王韜 145/484
地營說上 余虎恩 145/486
地營說中 余虎恩 145/488
地營說下 余虎恩 145/490
德國水陸軍政攷 王韜 145/492
日本海陸兵制沿革攷 顧起 145/494
卷一〇 海軍
輪船巡洋議 何金聲 145/501
整頓海軍芻議一 王韜 145/501
整頓海軍芻議二 王韜 145/502
海軍芻議條目 王韜 145/503
宜設鐵甲船塢論 余虎恩 145/505
論重設海軍亟宜變通整頓 姜金書 145/506
北洋海軍失利情形上篇 蔡元章 145/508
北洋海軍失利情形下篇 賈文言 145/510
南洋兵輪戰守議 張嘉祿 145/513
論重整海軍 儲桂芬 145/515
論海軍當廣儲人才 吳肇璜 145/517
論重邊防必重設海軍 吳肇璜 145/519
重振中國海軍議 汪晉 145/521
論兵輪水師之利弊 汪晉 145/523
卷一一 西政
泰西郵局考 王韜 145/529
楊星使紀聞美例事 范思枚 145/530
西貢法語 蔡元章 145/531
泰西善政節錄 汪晉 145/531
詳述海線原委 徐敬熙 145/532
各國待華民情形說 王世澂 145/533
暹法條約撮要 唐忠行 145/534
論保險近日申明章程事 王懿榮 145/535
論工部局能盡其職 顧起 145/537
戒烟會問答即系之以論 儲桂山 145/539
弛華人回國之禁說 儲桂山 145/542
書弛華人回國之禁說後 黃者君 145/544
聞泰西婦女設天足會感而書此 蔣元烺 145/546
論民主之法不能行於中國

金洪章 145/548
卷一二 西學
中西藏書考 王韜 145/553
論新法過奇難施實用 王韜 145/553
宜仿西法以裨時事論 何鏞 145/554
論天下學問無窮 何鏞 145/558
西學疇人說 何鏞 145/560
宜亟振興西學議 何鏞 145/560
中國宜自設西字日報論 張午橋 145/561
論以西學培植人材為急務 張午橋 145/562
西學宜名為新學說 * 蔡培 145/563
華人宜習西學仍不能廢中學論 范思祖 145/565
卷一三 天文
論西人借日食以精測驗 儲桂山 145/571
流星說 儲桂山 145/572
木星添月新說 葉瀾 145/575
月掩金星解 何啟宗 145/575
丙申年元旦合朔解 葉瀾 145/576
欽天監用西儒治厤緣始考 王芝宇 145/577
月蝕解 曹仰欽 145/578
金星與月同度解 曹仰欽 145/579
論日食毋庸人力救護 姜玉樹 145/581
天圓地方說 葉友聲 145/583
卷一四 格致
電氣熾礮台論 姜玉書 146/3
雨驗說 張嘉祿 146/4
格致天文言雨說 方思永 146/4
物理論 顧昶 146/5
物理續編 汪晉 146/7
氣球說 汪晉 146/9
論地震 闕名 146/10
論寒暑表有功於格致之學 儲桂山 146/11
續電學攷序 黃震 146/15
續電學攷一 黃震 146/15
續電學攷二 黃震 146/16
西學即聖門格致之學辨 黃震 146/18
推究天時 方思永 146/20
電浪新法 方思永 146/21
論電之用甚廣 夏同龢 146/22
論食橄欖之有益 黃釗 146/24
論當道宜擴充格致書院以興西學 汪晉 146/26
西人以數理推求事物說 何鏞 146/28
新設電燈說 蔡元章 146/31
論學習格致當以算學為本 黃釗 146/32
卷一五 文學
算學疇人傳說 胡炳文 146/35
書院源流考 賈忠 146/36
論鄂省創設自強學堂之益 何鏞 146/36
論文字污穢 何鏞 146/38
上海廣學會記 黃紹第 146/39
朱竹石廉訪上張香帥請設中西學堂

書 王韜 146/40
上海強學會序 張之洞 146/41
上海強學會章程 黃遵憲 146/42
續增強學會章程 汪康年 146/43
上海強學會後序 張之洞 146/47
日本學校步武泰西 何鏞 146/48
備考英法俄三國學校之制 汪晉 146/50
俄文與蒙古文分合考略 何鏞 146/52
謹擬廣學新題徵著作以時局啓 146/54
議覆開辦京師大學堂摺 146/55
課士略說 顧家相 146/59
龍大宗師變科目議 龍湛霖 146/66
書宋燕生六字課齋卑議後 宋恕 146/67
論中國科舉之學為人心大害 王韜 146/68
論學術不可偏廢 王韜 146/70
變通取士之制議 王韜 146/72
請廣設科目議 蔡元章 146/76
日本學校考實 劉祖培 146/78
論中國讀書之弊 朱正襄 146/81
士人宜游覽以增見識論 朱正襄 146/83
論近時所謂有用之學 朱正襄 146/85
論畫報可以啟蒙 徐敬熙 146/86
論今日所取之士適為國家之害 貝壽同 146/88
振興女學校說 項驤 146/90
論中國讀書無次序之弊 范思枚 146/92
論宜去學校積弊以興人材 王韜 146/94
論試士以不搜檢為得體 王韜 146/97
東語入門序 闕名 146/99
新學序 經元善 146/101
論勸戒婦女纏足宜先設女塾以清其源 經元善 146/102
書中國宜廣建女塾議後 經元善 146/104
學者不可不通時務論 汪晉 146/106
卷一六 藝學
圖輿測量說上 胡炳文 146/111
圖輿測量說中 胡炳文 146/113
測量輿圖說下 胡炳文 146/116
奇技不獨出泰西論 陶玉樹 146/118
增設船政學堂論 王韜 146/119
論日工藝之精 王韜 146/120
行軍氣球 * 吳肇璜 146/121
繪輿圖奏稿節錄 * 甘肅撫 146/122
節錄陝甘省總督奏甘肅全省繪圖摺 徐敬熙 146/123
輪船輪車緣始攷 賈諍 146/124
論中國宜講求圖學 賈諍 146/126
閱日報紀輪船失事系之以論 金汝同 146/128
論整頓船政 孫塗 146/130
論宜倣西法設立藝學 * 孫塗 146/132

論中國宜倣西法以重工藝 范思祖 146/134
論日本定製兵船事 顧起 146/136
卷一七 製造
製造宜仿西法說 金文亮 146/141
遊上海江南製造分局說 張嘉祿 146/141
論快電車信函譯稿 趙亨 146/143
馬力解 趙亨 146/144
推廣水機說 146/146
輪船速率攷 146/147
無線電信之法 146/148
論製造新器物例准保其專利 146/149
書江南製造局賞格後 146/152
譯西報述福爾康船廠事印書其後 146/153
卷一八 商務
中國設商局咨文並章程 146/159
商務局照會商董 146/164
印度茶產攷 146/165
整頓茶商議 146/166
論中國宜倣造洋貨設商署議 146/167
論鴉片宜設公司販自印度 146/167
設商局以旺商務論 146/168
節錄織布局商務論 146/169
節錄盛觀察規復織布局稟稿 146/170
人民繁則貿易盛說 146/171
湖北織布局招商集股章程 146/173
湖郡紳陸君樹藩請設繅絲廠稟並書後 146/176
維持絲茶議 146/177
論宜設法以減釐金 146/180
續論設法減釐 146/181
論江寗設織布局建馬路等事 146/183
論息借商欵改紡織局股本事 146/186
論華商之弊 146/188
書倡興商務事 146/190
茶絲宜創設新法論 146/192
論泰西商務由漸而盛 146/193
論商務不宜掣肘 146/195
書招商局帳略後 146/197
論振興商務之難 146/199
書招商局開辦新漕示後 146/201
戶部員外郎陳正郎熾振興茶務議 146/203
接錄戶部員外郎陳正郎熾振興茶務議 146/205
司農奏牘 146/208
書客談商務 146/210
紀客述日本商情系之以論 146/212
衄商宜廢官局論 146/214
卷一九 理財
論中國鹽政 146/219
鹽務客談 146/220
改鹽政議 郭師漢 146/221
節餉減釐論 范思祖 146/221
籌賑通論 陳伯陶 146/222
和衆豐財說 馬其言 146/223
鹽務說 尤金鏞 146/225
論整頓鹽法 王韜 146/226
斂財不病民說 顧啟宗 146/228

論理財以節儉為本 沈惟禮 146/230
答客問國債 楊震 146/231
論宜令商民認充釐金以畀國用 秦力田 146/233
論加稅 秦力田 146/235
南漕折色私議 蔡元章 146/239
續南漕折色私議 沈其賢 146/241
書南漕折色緩議後 馮思永 146/243
論在中國造成貨物不得援免稅之條 毛鳳翥 146/245
書川督整頓厘金告示後 朱正元 146/247

卷二〇 河工
書許河帥奏摺後 王韜 146/253
開支河以紓河患論 賈復 146/253
小清河客述 闕名 146/254
北直治河說 何鏞 146/255
治河續談 何鏞 146/256
許河督奏疏 許振禕 146/262
節錄許河帥奏永定河稿 許振禕 146/265
河工近論 王韜 146/266
節錄續桃小清河奏摺 許振禕 146/268
治河探源說 王韜 146/268
論法人擬攬河工事 王韜 146/270
署河督容道鎔奏體察河南山東河工情形摺 李鴻章 146/272
論宜設法以減釐金 146/274
雒口至鹽窩沿河情形 146/275
鹽窩至海口尾閭情形 146/278
酌量應辦治河事宜 146/280
現時應辦救急事宜 146/284
奏黃河治標摺 張汝梅 146/286
秦子丹司馬治河條議 秦子丹 146/288
李鴻章任道鎔張汝梅會奏大治黃河摺 彙奏稿 146/289
十條原稿 146/293
西人治河節略 王韜 146/301
御史宋伯魯奏山東黃河積弊疏 宋伯魯 146/302
論黃河決口事 何鏞 146/304
論中國開濬河道宜用泰西機器 何鏞 146/306

卷二一 農利
本朝近屯田之事考略 萬祖禹 146/311
御史華煇奏廣種植興水利疏 蔡元章 146/312
論墾荒植物 顧起 146/314
煙土考 戚桂楨 146/315
論開墾 張文澤 146/316
論治田必先興水利 馬其章 146/317
論蠶桑 陳良弼 146/318
興蠶桑說 蔣栻 146/319
江西宜興蠶桑說 146/320
論中華亟宜講求蠶桑之利 吳寶宗 146/322
論墾荒廣種屯田亦為務農之本 王誠 146/325
論農為工商之本而農人識字尤為務農之本 葛佩華 146/327

禁裁妖卉議 王有賓 146/329
禁裁妖卉續議 于嘉土 146/331
禁種罌粟議 吳傑 146/333
卷二二 醫學
活人秘寶書後 繆祖禹 146/337
中西醫學源流先後考 王省臣 146/337
冬燥防疫說 馬培之 146/339
夾陰傷寒症治詳述 范思枚 146/341
胡彭悅先生釋夾陰病 金喜如 146/343
北洋創設醫學堂說 顧樂山 146/344
痘花醫治說 顧樂山 146/345
論治霍亂當握其要 程炳榮 146/345
醫學非易攷 程炳榮 146/347
說腦 程炳榮 146/348
延壽說 周嘉樸 146/350
論腸熱症 储桂山 146/350
牛痘說 汪良弼 146/351
醫通儒術論 范思楨 146/352
勸助行營醫院費說 顧大紳 146/354
勸各鄉鎮施種牛痘說 馬培之 146/356
驅疫說 費訪壺 146/358
論養生 巢崇山 146/360
論中西治疫之不同 储慕賢 146/362
保身篇 吳繩祖 146/364
癧螺痧論 姚光甫 146/366
述客言中國宜廣設醫院 黃文欽 146/368
論西藥將盛行於中國 * 尹汝嘉 146/370
論金陵擬設西醫院事 曹仰欽 146/372
防疫設 汪伯韓 146/374
治病不可誤信俗說論 储慕賢 146/376
擬建收養痴癲病房說 储慕賢 146/378
中國設立醫學堂議 吳俊意 146/380
卷二三 鐵路
西卑里亞鐵路情形 王存仁 146/385
遼左隴右鐵路議 俞祺 146/385
甘肅鐵路說 黃乃昌 146/387
各國鐵路考略 王省臣 146/387
非洲築路 蔡元章 146/389
論俄人築路 馬玉年 146/390
論山海關接造鐵路事 華圭 146/392
節錄滬蘇開築鐵路論 方汝城 146/393
論俄國鐵路之益 146/394
鐵路餘談 146/396
西國鐵路述略 王韜 146/396
論變法後中國鐵路事 王韜 146/398
振興鐵路銀錢郵政論上 殷之輅 146/400
續振興鐵路銀錢郵政論

殷之輅 146/402
再振興鐵路銀錢郵政論
殷之輅 146/405
論有鐵路必先有養路之法
殷之輅 146/408
鐵路私議 范海沉 146/410
論鐵路必成之可喜
徐敬熙 146/412
論盛京卿宣懷奉命督辦鐵路總公司事 王宗程 146/414
卷二四 礦務
論中國開礦之效 汪晉 146/419
論臺灣金礦 何乃基 146/419
論開掘火井 顧起 146/420
漠河礦務公司袁大化啓
朱開甲 146/422
論粵東擬開礦務事
吳肇璜 146/423
論開礦為富強先務
馬在田 146/425
礦問 張玉衡 146/427
廣開煤礦說 萬思本 146/429
廣開煤礦續說 姜元烺 146/431
論開礦之利 金聲洪 146/433
廣育礦務人才論 146/435
卷二五 刑律
慎刑說 蔡元章 146/441
中西刑律寬嚴得失論
何鏞 146/442
效西法以治訟獄論 *
王畸行 146/444
平刑議 顧言 146/446
刑賞論 馬佑之 146/448
辟以止辟論 146/450
中西刑法論 146/452
論西國監禁罰作苦工之(例可以補中國刑政之不及) * 146/454
卷二六 育才
論使才 146/459
陶中丞奏培養人才稿 146/459
中西教養得失論 146/468
總署議覆鼓勵人才奏摺章程 146/470
謹將遵議詳細章程敬繕清單恭呈御覽 146/471
論洋務人員 146/473
論中國欲植人才宜先端蒙養 146/474
論保薦人才 146/476
論保薦人才不如奏請考試 146/478
恭讀電傳上諭敬謹再注 146/480
恭讀上諭保奏人才書後 146/482
論人材為國之根本 146/485
人才囿於風氣說 146/487
論儲人才必期覈實 146/489
續論儲才必期覈實 146/491
卷二七 教務
論道教 146/497
論回教源流 146/498
續論回教源流 146/499
平教案議 146/501
川省教案紀實 146/503
勸各處息鬧教說 146/504
論四川鬧教事 146/506
論教案 146/508
教案問答 146/510

續教案問答 146/513
卷二八 錢幣
歐西金銀宜各自為價論 146/519
中西貨幣攷 146/519
圜法戹言 146/521
論制錢缺少當先鼓鑄銅錢為急務 146/523
論鑄錢宜先絕私燬 146/525
錄鄂省郭守戎上督憲論錢法書 146/528
論行鈔票可以濟錢之不足 146/530
論宜推廣購錢以救錢荒 146/532
論近日制錢缺乏之甚 146/534
行鈔法以補制錢之缺論 146/536
卷二九 吏治
官箴 蔡元章 146/541
論預徵錢糧及濫用非刑之弊 金烺熙 146/542
論廣東考試候補各官事 謝子受 146/545
書徐協揆奏請裁汰閒員冗費片後 朱海 146/547
厚官祿以清賄賂論 汪晉 146/549
久任論 福宗祥 146/551
廢捐納以重名器論 毛鳳翥 146/553
論裁汰冗員論 朱正襄 146/555
論停止分發論 蔡元章 146/557
讀上諭通飭部臣疆吏勤見屬員謹注 王明源 146/559
論宜永停捐納 曹忠 146/561
卷三〇 變法
論自強宜稍變舊法 吳俊 146/567
自強策一 王韜 146/569
自強策二 王韜 146/571
自強策三 王韜 146/573
自強策四 王韜 146/576
變法以求實效說 蔡元章 146/578
論中國當變法自強 朱正襄 146/580
論法當因時變通 汪晉 146/582
論變法自強當從考試始 金烺熙 146/585
變通治法為善後議上 王韜 146/587
變通治法為善後議中 王韜 146/589
變通治法為善後議下 王韜 146/591
論師西法不足耻 吳肇璜 146/593
事貴善變論 傅俊 146/595
變國俗說 毛乃宣 146/597
論變法自強首在得人論 樊宗錫 146/599

皇朝蓄艾文編八十卷

卷一 通論一
善馭夷議 馮桂芬 147/179
補廷起廢藥痼議 王韜 147/182
變法上 王韜 147/185
變法中 王韜 147/188
變法下 王韜 147/191

治中 王韜 147/194
變法自強上 王韜 147/198
變法自強中 王韜 147/200
變法自強下 王韜 147/203
原才 王韜 147/206
原士 王韜 147/208
除弊 王韜 147/211
尚簡 王韜 147/214
任將相說 王韜 147/217
強弱論 闕名 147/219
答強弱論 王韜 147/220
書日人隔韡論後 王韜 147/224
上當路論時務書 王韜 147/227
代上廣州府馮太守書 王韜 147/229
中國先睡後醒論 曾紀澤 147/242
卷二 通論二
通論 (英)傅蘭雅譯，應祖錫述 147/253
職分 (英)傅蘭雅譯，應祖錫述 147/254
名位 (英)傅蘭雅譯，應祖錫述 147/258
立國 (英)傅蘭雅譯，應祖錫述 147/260
經濟 (英)艾約瑟譯 147/266
遷鼎 湯震 147/274
上合肥傅相書 宋存禮 147/279
求儒救民說 (英)李提摩太 147/286
時務論 宋育仁 147/290
卷三 通論三
新疆巡撫覆陳自強大計疏 陶模 147/347
上樞府書 伍廷芳 147/354
上海軍衙門王大臣書 傅雲龍 147/364
上某當道匡時策 吳宗濂 147/366
急則治標論 江國璋 147/387
整頓中國條陳 (美)福士達 147/392
會議松漕督奏遵旨敬陳各條疏 戶工部 147/396
心力說 闕名 147/402
藉西士以興中國論 綦鴻逵 147/405
中國能化舊爲新乃能以新存舊論 (美)李佳白 147/409
中國略有轉機說 (英)山雅谷 147/418
中國時務論 (英)闕名 147/419
卷四 通論四
書南闈監臨趙侍郎告示後 (美)林樂知 147/423
論中國實情 (西)闕名 147/432
呈請代奏皇帝第五疏 康 147/435
上陳佑民中丞論湖南政務書 闕名 147/447
南學會第一次講義 黃遵憲 147/457
覆友人論變法書 汪康年 147/462
聯名密陳膠澳主戰疏 都察院 147/463
聯名奏俄事緊急萬不可允疏 都察院 147/466
奏請捐軀拒俄聯英疏 文悌 147/467
呈請代奏乞力拒俄請衆公保疏

麥孟華 147/470
重校勸學篇序 張之洞 147/472
變法 張之洞 147/475
正權 張之洞 147/479
酌量變通成例疏 曾鉌 147/482
呈請代奏皇帝第七疏 康 147/490
卷五 通論五
應詔統籌全局疏 康 148/1
敬謝天恩並統籌全局疏
闕名 148/8
呈請代奏變法自強當求本原大計條陳三策疏 洪汝沖 148/12
呈請代奏振興新政條陳三策疏
王照 148/18
呈請代奏應詔陳言疏
羅長裿 148/23
呈請總署代奏力保大局就浙試辦疏
陳虬 148/31
保國會三月二十七日第一集演說
康□□ 148/36
書保國會第一集演說後
何啓、胡禮垣 148/43
變法平議 闕名 148/73
卷六 通論六
守禦論 宋育仁 148/77
籌防新議 闕名 148/83
封列國以保中國論 鄧鎔 148/89
論強 王榮懋 148/91
論富 王榮懋 148/94
政要論 吳之英 148/99
法家善復古說 吳之英 148/101
改文從質說 廖平 148/104
聯民以弭亂議 都永龢 148/109
救弱當用法家論 吳之英 148/113
明國恥以激公憤議 鄧鎔 148/115
宇內平和策 (日)狩野良知 148/119
本論 (日)大澤龍二郎 148/135
支那保全論 (日)有賀長雄 148/142
卷七 通論七
勸學篇書後 何啓、胡禮垣 148/151
上王魯中薌丞書 陳明遠 148/255
上某大司寇書 唐烜 148/260
再上某大司寇書 唐烜 148/264
卷八 通論八
諫阻縱容拳匪第一疏
許景澄、徐用儀、袁昶 148/269
(諫阻縱容拳匪)其二
許景澄、徐用儀、袁昶 148/273
(諫阻縱容拳匪)其三
許景澄、徐用儀、袁昶 148/276
密陳安危大計疏 李鴻章 148/281
江鄂督電奏密陳大計疏
劉坤一、張之洞 148/283
各將軍督撫會奏諫止西巡疏附片
148/284
江鄂督會奏變法自強第一疏
劉坤一、張之洞 148/288
江鄂督會奏變法自強第二疏
劉坤一、張之洞 148/307
江鄂督會奏變法自強第三疏
劉坤一、張之洞 148/337
粵督圖存四策疏 陶模 148/369
卷九 通論九
粵督覆奏條陳變法疏
陶模 148/377
粵督請裁宦官疏 陶模 148/385

變法雋言 闕名 148/387
覆奏培養人才材疏 陶模 148/389
東撫覆奏條陳變法疏
袁世凱 148/401
江撫議覆新政事宜疏
李興銳 148/414
署浙撫覆奏條陳變法疏
余聯沅 148/429
奏陳治要疏 陳璧 148/432
閩督覆奏條陳變法疏
許應騤 148/435
變法平議 張謇 148/443
卷一〇 通論一〇
上海紳商呈請江鄂兩督力爭俄約稟
148/487
浙江士民呈請聯合各疆臣籌欵備俄稟
148/489
上京外當道新政芻言
吳宗濂 148/492
上劉制軍條陳新政書
黃仲蘇 148/514
呈請都察院代奏書
陳玉樹 148/519
風俗篇 觀雲 148/529
正例篇 觀雲 148/534
審勢篇 闕名 148/548
原政 鄧實 148/551
卷一一 君德
日耳曼皇沙畬曼傳
(英)李提摩太 149/1
英吉利大王亞勒腓傳
(英)李提摩太 149/2
沙力第五傳 (英)李提摩太 149/4
法皇拏坡崙行狀
(英)李提摩太譯，周慶雲節 149/7
俄彼得變政記序 闕名 149/22
俄彼得變政記 149/24
華盛頓傳 傅雲龍 149/35
論俄皇出遊 闕名 149/39
論美國選舉總統 闕名 149/41
英皇維多利亞述 闕名 149/43
各國總統君后姓名錄 闕名 149/45
卷一二 官制
欽天監用西儒治歷緣始
闕名 149/49
設官泰西上 王韜 149/50
設官泰西下 王韜 149/52
使才 王韜 149/55
設領事 王韜 149/58
呂宋島設立領事議 王韜 149/60
閩督撫會奏添改臺灣郡縣疏
楊昌濬、劉銘傳 149/62
尊相 湯震 149/65
限仕 湯震 149/66
請飭重定出使章程疏
陳其璋 149/67
遵議陳御史奏請釐定選補例章疏
吏部 149/71
請在京滬設達成館以儲使才片
盛宣懷 149/79
酌增領事說 闕名 149/81
論英國首相執政之權
(英)闕名 149/85
奏請審官定職以成新政疏
蔡鎮藩 149/87
楚督奏漢口繁要請改設專官疏

張之洞 149/107
記官紳集議保衛局 闕名 149/109
會奏議覆外務部章程疏
吏部 149/112
山西巡警局詳定章程 149/116
卷一三 法律
簡明萬國公法 劉□□輯 149/125
中國古世公法論略
(美)丁韙良著，汪鳳藻譯 149/161
律法
(英)傅蘭雅譯，應祖錫述 149/173
日本刑罰論 陳家麟 149/183
公法 149/184
公法 闕名 149/187
春秋盟書即今條約考
劉銘鼎 149/191
請與各國訂明同列萬國公法疏
陳其璋 149/202
律例贅言 汪錫祺 149/204
卷一四 學校一
德國學校論畧序一
李善蘭 149/209
德國學校論畧序二
(德)花之安 149/210
格林書院課程 149/212
涇士學堂章程 149/215
政治學館章程 149/221
考試 湯震 149/222
考試上 鄭觀應 149/226
考試下 鄭觀應 149/232
學校議 闕名 149/235
論美國之盛由於學校
闕名 149/237
日本學校攷實 闕名 149/241
日本學校步武泰西 闕名 149/243
日本學校論 陳家麟 149/246
日本學校章程攷 顧厚焜 149/247
日本學校沿革論 顧厚焜 149/248
日本足利學校攷 顧厚焜 149/251
備考英法俄三國學校之制
闕名 149/252
請整頓同文館疏 陳其璋 149/256
京師同文館館規 149/258
湘鄉東山精舍章程 149/261
擬請京師創設總學堂議
(美)李佳白 149/269
上譯署擬請創設總學堂議
(美)狄考文 149/272
卷一五 學校二
新學規制考序
(美)林樂知譯，任廷旭述 149/285
變通小學議 茅謙 149/287
創議設立女學堂啓 149/292
湘撫招考新設時務學堂學生示
陳寶箴 149/298
會奏遵議貴州學政嚴修請設經濟特科疏 總理衙門、禮部 149/302
遵議經濟特科詳細章程疏
總理衙門、禮部 149/307
浙撫奏請妥議經濟特科章程疏
廖壽豐 149/313
湖督撫會議科舉新章並請酌改詩賦小楷試法疏
張之洞、陳寶箴 149/316
議奏科場改試疏 禮部 149/323
遵議鄉會試詳細章程疏

禮部 149/328
設學 張之洞 149/335
遵籌開辦京師大學堂摺
軍機大臣、總理衙門 149/339
籌辦大學堂事務請旨遵行疏
孫家鼐 149/359
奏陳籌辦大學堂大概情行疏
孫家鼐 149/360
議覆五城建立中學堂小學堂疏
孫家鼐 149/364
遵議遴選生徒游學日本事宜片
總理衙門 149/365
卷一六 學校三
奏陳開辦南洋公學情形疏
盛宣懷 149/369
奏陳設立譯書院片
盛宣懷 149/375
皖撫奏設二等學堂摺
鄧華熙 149/376
陝撫學臣會奏辦理學堂情形摺
魏光燾、趙惟熙 149/382
陝撫奏設游藝學塾疏
魏光燾 149/384
上孫燮臣尚書書 熊亦奇 149/387
湖督招考自強學堂學生示
張之洞 149/390
四川學政通飭各府廳州縣變通書院章程扎 吳慶坻 149/394
日本小學校章程序 葉瀚 149/396
日華學堂章程要覽 149/398
擬改考試章程 政務處 149/416
會奏變通科舉事宜摺
政務處、禮部 149/420
與製造局毛實君觀察振興館務說帖
吳宗濂 149/427
中國亟宜徧設小學堂議
王季烈 149/430
日本遊學指南緒論
章宗祥 149/433
會議學堂出身疏
政務處、禮部 149/435
中國士流改進策 亞泉 149/437
派遣學生學師範稟
陶森甲等 149/441
奏辦京師大學堂情形疏
張百熙 149/444
卷一七 財政一
覆陳淮鹽暫難改辦官運疏
曾國藩 150/1
查覆淮北鹽務疏同 曾國藩 150/4
復丁雨生都轉書 曾國藩 150/6
蘆綱憊累請減成本疏
曾國藩 150/8
批官運湘鹽委員文守翼稟籌銷湘鹽章程稟 曾國藩 150/15
覆陳淮南鹽價難增疏
曾國藩 150/17
錢糧 湯震 150/19
折漕說 闕名 150/23
論增益財用之理
(英)法思德著,汪鳳藻譯 150/29
論制產之義與均富之說
(英)法思德,汪鳳藻譯 150/40
論財所自分
(英)法思德,汪鳳藻譯 150/44
論地租角逐之道

(英)法思德，汪鳳藻譯 150/47
論工價
(英)法思德，汪鳳藻譯 150/55
論利息
(英)法思德著，汪鳳藻譯 150/68
論合本同功
(英)法思德著，汪鳳藻譯 150/81
卷一八 財政二
生利分利之别論
(英)李提摩太著，蔡爾康譯 150/87
生利分利之别再論
(英)李提摩太著，蔡爾康譯 150/99
財用
(英)傅蘭雅譯，應祖錫述 150/104
分産
(英)傅蘭雅譯，應祖錫述 150/112
重譯富國策叙 闕名 150/116
皖撫奏陳變通清賦辦法疏
福潤 150/118
議奏各省攤派籌還洋款疏
戶部 150/126
理財篇 孫魯欽 150/134
中國度支考序 蔡爾康 150/138
中國度支考跋
(美)林樂知譯，任廷旭述 150/146
駐日本英使豫計日本度支
(英)闕名 150/153
論臺灣財政 (日)阪谷 150/158
謂中國度支 (英)闕名 150/161
論經濟學 (日)田口 150/167
奏續借洋款合同疏
總理衙門 150/169
卷一九 財政三
奏請特造股票籌借華欵疏
黄思永 150/173
議覆黄中允籌借華欵疏
戶部 150/175
奏定給發昭信股票詳細章程疏
戶部 150/179
議奏昭信股票流弊甚多妥議辦法疏
戶部 150/185
昭信票開通有益中國論
朱華綬 150/189
皖撫奏辦理清賦查出田畝實徵銀數
疏 鄧華熙 150/200
議奏鹽斤加價疏 戶部 150/202
籌撥東三省的餉章程疏
戶部 150/204
劉制軍飭兩淮酌議鹽務改章札
劉坤一 150/206
兩淮覆劉制軍札議鹽務改章稟
程儀洛 150/208
書抵制洋鹽説後 闕名 150/213
財政四綱敘 錢恂 150/216
國債 錢恂 150/217
各國國用彙誌 闕名 150/226
日本明年度支預算表 150/230
奏新定賠欵數鉅期迫亟應合力通籌
疏 戶部 150/238
分年償還賠欵本利表 150/242
分平攤還新舊洋欵表 150/244
卷二〇 農政一
養蠶説 楊蔚本 150/249
蠶桑説 150/264
畿輔宜蠶桑辯 闕名 150/271
補輯蠶説 闕名 150/274

開墾荒地說 闕名 150/275
內旗 湯震 150/278
農學新法小引 (英)李提摩太 150/282
種桑育蠶說 闕名 150/284
種橡製膠說 闕名 150/287
種綿軋花說 闕名 150/288
晉撫議開晉邊蒙地疏 胡聘之 150/291
奏陳招放旗荒就緒疏 恩澤 150/296
卷二一 農政二
蠶務條陳敘 闕名 150/301
中國蠶務亟宜講求整頓以保利源說略 (西)康發達 150/302
查得日本整頓蠶務大概情形說略 (西)康發達 150/316
農戰論 王式訓 150/333
議覆唐郎中條陳各省自闢利源疏 戶部 150/339
請北洋大臣開北方利源總公司稟 姚文棟 150/343
呈請代奏講求農務請合文學設科疏 張如翰 150/349
奉新縣植桑條例 鍾澤生 150/351
多倫諾爾撫民同知鼓勵畜牧工藝示 盧□□ 150/353
福州府勸民種樹利益章程 程聽彝 150/358
論種植宜用格致之理 (西)闕名 150/360
卷二二 礦政一
開礦 湯震 150/365
法國汕荅佃礦務學堂課程單 150/369
江督奏陳江窜等處礦務情形疏 劉坤一 150/374
開平礦師上江督劉制軍陳明金陵礦務情形稟 (西)米海利 150/376
條陳試辦磁州礦務事宜稟 陳忠儼、葉溶光 150/378
江西紳士籌辦萍鄉礦務稟 彭樹華、文廷楷 150/384
論中國金石之富 (英)闕名 150/386
論東方礦務 (英)闕名 150/389
論金礦 闕名 150/391
議覆停止商辦關外礦路疏 總理衙門、戶部 150/393
採辦江西萍宜礦務利和有限公司招股啓 150/396
豫撫奏豫省礦務請由商人自借洋欵承辦疏 劉樹堂 150/398
議覆河南礦務辦法疏 總理衙門、戶部 150/400
會議奏覆伍大臣礦務條陳疏 總理衙門、戶部 150/404
晉撫奏晉省籌辦礦務擬先修鐵路疏 胡聘之 150/406
遵議山西鐵路礦務辦法疏 總理衙門、戶部 150/407
卷二三 礦政二
礦務鐵路總局大臣奏開局日期派定司員疏 王文韶、張蔭桓 150/413
請准商人自借洋欵籌辦鐵路礦產疏 陳琪璋 150/415
會奏明定礦務鐵路章程疏

礦務總局、總理衙門 150/416
奏陳開辦礦務徵收課銀疏
壽蔭 150/421
奏開採金礦現著成效疏
依克唐阿 150/426
奏陳都魯河金礦開辦有緒疏
恩澤 150/429
請招商開採金礦疏 連順 150/432
記續辦青谿鐵礦事
陳明遠 150/436
書往勘銅仁萬山廠汞礦事
陳明遠 150/439
創辦煤油以存利權保蜀境論
徐昱 150/441
滬商擬辦川省火油礦公司章程
150/444
招股開辦江南各礦示
蔡鈞、胡家楨 150/446
礦務說 闕名 150/452
煤油述略 (英)李提摩太 150/454
石油石鹽說 闕名 150/456
重慶鹽火井總論 150/458
記英國鐵業 (英)闕名 150/460
萍鄉煤礦有限公司招股章程
150/463
卷二四 工藝一
製洋器議 馮桂芬 150/469
機器
(英)傅蘭雅譯，應祖錫述 150/474
法國沙浦製造官學堂課程單
150/482
白海士登監工學堂課程單 150/492
賽隆匠首學堂第一年功課 150/493
賽隆匠首學堂第二年功課 150/495
賽隆匠首學堂第三年課程 150/496
白海士登監工上等學堂課程單
150/499
渝城火柴公司集股章程 150/500
卷二五 工藝二
論英國得利之工程
(英)瑪體生 151/1
英國工程律法與別國相比
(英)瑪體生 151/5
論海口與船塢 (英)瑪體生 151/12
論各種工程工藝內立合同買貨之理法 (英)瑪體生 151/32
論購買別國運來之物
(英)瑪體生 151/76
論煤鐵綱之貿易
(英)瑪體生 151/100
卷二六 工藝三
伏耳鏗廠管工章程
(美)金楷理、徐建寅同譯 151/143
伏耳鏗廠救火章程
(美)金楷理、徐建寅同譯 151/150
伏耳鏗廠病會章程
(美)金楷理、徐建寅同譯 151/152
閱博物會內紡紗機器記略
闕名 151/154
水雷外売造法 闕名 151/157
閱克鹿卜廠造礮記 闕名 151/158
製造綱鐵紀略
(英)李提摩太 151/163
船政 闕名 151/166
福州船政局訂請法國造船監督合同
151/170

攻金之工說 闕名 151/181
氣球考 闕名 151/184
卷二七 工藝四
伏耳鏗製造股會章程 福建船政局譯 151/187
遵議優獎開物成務人才疏 總理衙門 151/206
楚督請擴充礮廠加撥經費片 張之洞 151/211
豫撫請撥機器廠局經費 劉樹堂 151/212
會奏遵籌擴充製造添配機器請撥補經費疏 劉坤一 151/213
報明勸工學堂開學臚陳各務稟 胡光煜、李智儔 151/216
遊於藝說 徐昱 151/219
工務營策 茅謙 151/222
論機器不宜進中國 (英)闕名 151/254
駁論機器不宜進中國 (英)闕名 151/256
設製造貨稅 (英)闕名 151/258
英國貧窶幼童在廠做工之苦狀 (英)闕名 151/260
原藝 鄧實 151/263
取土製磁說 闕名 151/268
卷二八 商政一
議覆兼攝通商大臣疏 曾國藩 151/273
英重通商 王韜 151/276
洋涇濱海市說 王韜 151/279
旺貿易不在增埠 王韜 151/282
覆陳維持招商局疏 戶部 151/284
書戶部覆陳維持招商局疏後 闕名 151/291
論邦國通商 (英)法思德著，汪鳳藻譯 151/295
通商 (英)傅蘭雅譯，應祖錫述 151/308
專利 (英)傅蘭雅譯，應祖錫述 151/318
銀行上 鄭觀應 151/324
銀行下 鄭觀應 151/328
振興京津貿易說 (英)李提摩太 151/331
商務 闕名 151/333
滬道招商寄貨往日本東京農商品陳列館示 蔡鈞 151/337
博物開會說 闕名 151/345
公司 麥孟華 151/348
卷二九 商政二
西伯利亞商務述要 (英)闕名 151/371
論一千八百九十六年歐美各國商務情形 (英)闕名 151/373
駐滬英領事報英相沙士伯雷侯上海商務 (英)韓能□□ 151/375
牛莊貿易情形論 (英)闕名 151/385
論英大臣演說英德貿易 (西)闕名 151/388
論中國貿易之消長 (英)具魯士比那斯 151/390
論中國商業地理 (日)闕名 151/394
論中國貿易 (英)色美孫□ 151/396
論擴充海陸軍備以衛商戰 (日)鶴原□ 151/398

述日本商務學堂 (西)闕名 151/400
蘇松太關道移上海商務局整頓茶務咨 蔡鈞 151/403
中印茶務及其栽焙之法 (英)闕名 151/405
美國新定禁止粗劣名茶進口條例 周自齊譯 151/407
述俄人製茶 闕名 151/412
請招商設立中國銀行片 盛宣懷 151/413
設立銀行條議 盛宣懷 151/414
遵議中國通商銀行滙解官欵疏 戶部 151/417
鄂督飭紡紗局改歸官辦札 張之洞 151/420
武昌紡紗局奉諭招商附股帖 王秉恩 151/423
中日二國漸能收回棉布利權考 151/426
橫濱驗絲公所西商演說 (西)華爾忒 151/428
遵議特設商務大臣及特派近支宗室游歷外國事宜摺 總理衙門 151/431
卷三〇 商政三
楚督遵擬漢口試辦商務局疏 張之洞 151/435
奏請倣泰西之例設立商會片 王錫蕃 151/441
呈請代奏振興茶務疏 陳熾 151/442
議覆劉中書陳員外條陳茶政疏 戶部 151/449
華茶公所節畧 151/453
江督奏設上海商務總局片 劉坤一 151/455
商務廣議 周自齊 151/460
杭州電燈公司章程 151/476
上海工部局西董歲會宣言情形 (西)舒高忒 151/480
銀行之種類 錢恂 151/491
銀行之業務 錢恂 151/501
中國欲仿行保險其利弊得失若何策 闕名 151/508
論自由權與商戰之關繫集錄 闕名 151/510
卷三一 幣制一
日本貨幣論 陳家麟 152/1
日本貨幣論 (日)倉敦 152/4
論錢幣 (英)法思德著，汪鳳藻譯 152/5
論錢幣貴賤之理 (英)法思德著，汪鳳藻譯 152/11
論金銀流通各國之理 (英)法思德著，汪鳳藻譯 152/20
保富述要原敘 (英)布來德著，(英)傅蘭雅譯 152/23
論錢財總理 (英)布來德著，(英)傅蘭雅譯 152/28
論造錢源流 (英)布來德著，(英)傅蘭雅譯 152/37
論金錢 (英)布來德著，(英)傅蘭雅譯 152/45
論銀錢 (英)布來德著，(英)傅蘭雅譯 152/49
論銀行票與鈔票匯票

(英)布來德著，(英)傅蘭雅譯 152/53
論銀行股分
(英)布來德著，(英)傅蘭雅譯 152/66
論滙銀之事
(英)布來德著，(英)傅蘭雅譯 152/68
卷三二 幣制二
駐英日使述倫敦銀情
(日)闕名 152/73
請飭戶部鼓鑄銀圓並令各省推廣仿鑄疏 陳其璋 152/76
請飭戶部添鐵銅元疏
陳其璋 152/77
鄂督撫購機器鑄錢疏
張之洞、譚繼洵 152/80
奏設機器製造局先鑄銀元疏
依克唐阿 152/84
議覆請行鈔法疏 戶部 152/87
呈請代奏變通錢法疏
劉慶汾 152/90
泰西各國錢法考略 152/92
貨幣流通之法則 錢恂 152/95
紙幣使用及流通之原理
錢恂 152/99
銀行紙幣及發行法 錢恂 152/102
卷三三 稅則一
批江西牙釐局稟洋商運茶完納子口半稅江省捐釐無抽稟
曾國藩 152/113
批景鎮牙釐局稟遵示更章抽收洋華商茶稅是否錯誤稟
曾國藩 152/114
批九江道稟稅司康發達偏執妄爲請撤換稟 曾國藩 152/115
批九江關稟請撤康稅司一案稟
曾國藩 152/117
鹽捐 湯震 152/118
洋稅 湯震 152/122
光緒二十二年通商各口華洋貿易情形總論 (西)葛顯禮 152/125
光緒二十二年上海口華洋貿易情形論略 (西)雷樂石 152/138
光緒二十二年新開蘇州口華洋貿易情形論略 (西)孟國美 152/152
光緒二十二年杭州口華洋貿易情形論略 (西)李士理 152/157
光緒二十二年新開沙市口華洋貿易情形論略 (西)聶務滿 152/162
會奏請加稅務司辦公經費疏
戶部、總理衙門 152/169
議覆臺灣土貨進口照洋貨抽稅疏
總理衙門 152/171
卷三四 稅則二
奏駁重議土藥稅釐疏
戶部 152/173
議覆變通土藥稅章片
戶部 152/176
上浙撫廖中丞陳明浙江土藥加徵稅釐辦法稟 李寶章 152/178
請通飭各省具報釐稅收支實數疏
戶部 152/183
議奏科收舖稅藥牙疏
戶部 152/184
光緒二十四年通商各口華洋貿易情形總論 稅務司 152/189
總稅司擬蘇州新關試辦章程
赫德 152/201

總稅司擬杭州新關試辦章程 赫德 152/203
福州英領事論中國釐金弊病 (英)闕名 152/205
再論以地徵租之利 (西)馬林 152/208
海關進出口稅宜分別重輕 闕名 152/212
考印花稅章程 闕名 152/214
租稅釋類 錢恂 152/217
比例稅及遞加稅 錢恂 152/222
直接稅及間接稅 錢恂 152/225
卷三五 郵運一
試造輪船疏 左宗棠 152/233
新造輪船疏 曾國藩 152/239
建鐵路 王韜 152/242
泰西輪車鐵路考 闕名 152/244
歐洲各國火輪車道紀畧 劉啓彤 152/248
英國火輪車道編年紀畧 劉啓彤 152/256
英國各屬地車道紀略 劉啓彤 152/272
印度車道紀畧 劉啓彤 152/290
鐵路 湯震 152/310
郵政上 鄭觀應 152/315
郵政下 鄭觀應 152/318
卷三六 郵運二
論俄國鐵路之利益 闕名 152/323
京津修路以便商民議 (英)李提摩太 152/326
開鐵路以振百爲 闕名 152/328
粤督遵籌開辦鐵路疏 張之洞 152/330
議覆開辦鐵路疏 海軍衙門 152/338
奏辦津鎮鐵路疏 總理衙門 152/345
請約開鐵路口岸疏 陳其璋 152/350
覆陳籌造南北鐵路情形疏 盛宣懷 152/352
中國東方鐵路公司章程 (美)林樂知譯 152/356
貸銀築路合記 闕名 152/359
致陳佑帥書 張之洞 152/362
華洋輪船駛赴中國內港章程 152/365
美國改定船隻免碰新例 152/370
湘鄂粤三省紳商請開鐵路稟 152/376
鄂督批湖南紳士請創行洞庭湖淺水輪船往來湘鄂稟 張之洞 152/378
鐵路總公司比國銀行工廠合股公司借款合同 152/380
上盛京卿查勘蘆漢鐵路情形說帖 黄幼達 152/384
奧斯馬加國商辦鐵路條例 黄致堯譯 152/388
論中國東方鐵路 (英)闕名 152/401
卷三七 郵運三
倫敦鐵路公司章程 鄧廷鏗譯 152/405
川西北宜修路行車議 都永龢 152/466
中外鐵路論畧 (西)闕名 152/471
鐵路芻譚 闕名 152/473

述日本鐵路 (英)闕名 152/475
述長崎三菱造船公司情形 闕名 152/479
論日本輪船公司虧折之故 (英)闕名 152/481
卷三八 軍政一
停武試議 馮桂芬 153/1
議覆調印度兵助勦疏 曾國藩 153/4
試辦練軍酌定營制疏 曾國藩 153/8
覆陳彭玉麟等出處江海異形片 曾國藩 153/10
火器說略前序 王韜 153/12
火器說略後序 王韜 153/15
火器略說前跋 王韜 153/16
火器略說後跋 王韜 153/17
陸地戰例新選敘 (美)丁韙良 153/19
中國創設海軍議 吳昌綬 153/20
中國創設海軍議 王恭壽 153/29
卷三九 軍政二
中西鎗砲說 闕名 153/61
地營說上 闕名 153/64
地營說中 闕名 153/67
地營說下 闕名 153/68
練兵 鄭觀應 153/69
火器 鄭觀應 153/75
海軍 湯震 153/84
將略要論 劉連城 153/90
日本全軍制 (美)歐潑登、林樂知著 瞿昂來譯 153/92
卷四〇 軍政三
德國全軍制 (美)歐潑登、林樂知著 瞿昂來譯 153/101
法國海軍職要 153/138
卷四一 軍政四
戰法學 (日)石井忠利 153/199
論拿破崙在比利時用兵之事 闕名 153/234
論用兵之事與地勢關繫 闕名 153/237
俄軍南下論 闕名 153/240
論兵輪水師之利弊 闕名 153/242
日本海陸兵制沿革攷 闕名 153/246
論合用馬步砲兵按地勢列陣法 闕名 153/249
德國水陸軍政考 闕名 153/254
論水師一 (英)李提摩太 153/257
論水師二 (英)李提摩太 153/260
論水師三 (英)李提摩太 153/262
論水師四 (英)李提摩太 153/264
軍禮通記說 傅雲龍 153/267
美利加船礮經驗說 傅雲龍 153/267
卷四二 軍政五
考察近事謹陳管見疏 薛福成 153/271
署江督奏請設立自強軍創練洋操疏 張之洞 153/273
請武場考試變通舊制疏 孫賦謙 153/278
楚督請設洋操護軍營暨工程隊疏 張之洞 153/279
直督奏明武毅新軍出境操練片

王文韶 153/283
江南陸師學堂招募章程 153/284
奏請裁汰冗兵疏 戶部 153/288
會議榮尚書奏設武備特科疏
軍政處兵部 153/292
遵議更新兵制疏
戶部、兵部 153/300
楚督遵議變通武科章程
張之洞 153/305
會議武場改制疏附章程
總理衙門軍機大臣兵部 153/314
皖撫請設武備學堂疏
鄧華熙 153/319
江督籌議江南防軍改練洋操疏
劉坤一 153/322
請改解海軍經費疏 戶部 153/329
奏陳北洋練兵籌餉辦法疏
榮祿 153/332
江督請增設水師學堂學額疏
劉坤一 153/334
江督請武舉武生挑入學堂肄業疏
劉坤一 153/336
江督請飭各省綠營一律改習槍礮片
劉坤一 153/338
陝撫奏陳遵辦武備學堂片
魏光燾 153/338
江督改辦沿江四路礮臺操練辦事章程
劉坤一 153/340
卷四三 軍政六
上李星使論中國宜改用西法治兵書
(德)西鐸 153/345
上南洋大臣論中國陸路礮位稟
(德)克馳馬 153/354
上南洋大臣擬整頓教習陸軍章程
(德)克馳馬 153/360
上南洋大臣擬設巡查礮械洋員章程
(德)克馳馬 153/363
查閱沿江礮臺復稟 (德)來春石泰
路博凱稿，鄭宗蔭譯 153/367
揚子江籌防芻議
(德)雷諾稿，張永熞譯 153/372
上北洋當道書 汪豫源 153/413
卷四四 軍政七
自強軍西法類編序
鄭孝胥 153/429
自強軍西法類編凡例
沈敦和 153/430
兵學 張之洞 153/432
論英國海軍 (日)闕名 153/437
論鏖兵要電 153/439
論英國水師幼童升遷情形
(英)惠爾木 153/441
論俄國海軍 (俄)闕名 153/444
論長江防務 闕名 153/447
述德國海軍 闕名 153/449
論裁兵 劉行道 153/452
記西人述龍華分局製無烟藥
闕名 153/454
中西兵法異同得失 闕名 153/457
日本軍事教育編敘目
錢恂 153/458
覆奏變通武科疏 陶模 153/468
據國際公法以斷外國軍隊之駐防獨立國之京都或要地論
(日)闕名 153/472
述俄國海軍之根據地

(日)闕名 153/482
卷四五 水利
陳溥沱河水患大概疏 曾國藩 154/1
批安平縣唐令稟溥沱河上治中治下治三策稟 154/6
黃河北徙應復淮水故道有利無害論 丁西圃 154/7
擬復淮水故道章程 154/18
會奏速籌堵塞決河疏 翁同龢、潘祖陰 154/26
會奏濬黃疏 曾國荃、裕祿、盧士杰、崧駿 154/29
東撫籌估黃河工程經費疏 張曜 154/33
奏挽黃河歸故道疏 延茂 154/39
會奏查勘江北舊黃河疏 曾國荃、盧士杰、崧駿 154/42
奏會勘乾河上游情形疏 成孚、邊寶泉 154/45
請亟籌黃河疏濬之法疏 燕起烈 154/49
再上河院書 秦度周 154/54
東撫奏請黃河即由呂家窪入海疏 李秉衡 154/56
河督奏請將山東河務仍歸巡撫辦理疏 任道鎔 154/58
擬裁海河灣嘴條議 闕名 154/62
水田 湯震 154/69
水利 湯震 154/72
南漕改折宜興北方水利說 闕名 154/75
修治黃浦河道局章程 154/76
卷四六 地學一
西域水道記叙 龍萬育 154/85
漢西域圖考凡例 李光廷 154/87
條支 李光廷 154/93
大秦東境 李光廷 154/96
大秦西境 李光廷 154/100
天竺 李光廷 154/103
北徼形勢考 何秋濤 154/106
北徼山脈考 何秋濤 154/125
北徼水道考 何秋濤 154/153
卷四七 地學二
地球圖跋 王韜 154/185
法國圖說序 王韜 154/186
瀛環志畧跋 王韜 154/188
南極新地辨上 金希甫 154/190
南極新地辨下 金希甫 154/193
論滇屬金沙江形勢 姚子良 154/198
地震說 闕名 154/200
皖撫奏呈全省輿圖疏 福潤 154/204
記澳大利亞洲形勢 闕名 154/207
精究地學說 闕名 154/213
別國名歸一表 傅雲龍 154/216
卷四八 地學三
江督諮詢呈請測繪沿海地圖人員品行學術札 劉坤一 154/231
亞東對馬島攷 顧厚焜 154/235
地震別解 闕名 154/237
江蘇學政擬輯皇朝輿地通紀例言 瞿鴻機 154/240
九江形勢說 饒枚臣 154/243
亞細亞洲全圖簡明說略

闕名 154/246
亞洲山勢簡明說略 葉瀚 154/259
亞西亞洲水流說略 葉瀚 154/261
論中國地勢 葉瀚 154/302
北極圖說 闕名 154/309
卷四九 邊陲一
國朝綏服蒙古記一 魏源 154/315
國朝綏服蒙古記二 魏源 154/326
國朝綏服蒙古記三 魏源 154/335
康熙親征準噶爾記 魏源 154/341
雍正兩征厄魯特記 魏源 154/376
卷五〇 邊陲二
外蒙古喀爾喀四部總敘 張穆 154/391
額魯特蒙古總敘 張穆 154/398
額魯特蒙古新疆土爾扈特部總敘 張穆撰，何秋濤補 154/399
乾隆蕩平準部記 魏源 154/406
國初征撫朝鮮記 魏源 154/421
乾隆戡定回疆記 魏源 154/430
今庫爾喀喇烏蘇沿革 李光廷 154/441
今塔爾巴哈台沿革攷 李光廷 154/445
今新疆軍台道里表 李光廷 154/447
乾隆征緬甸記上 魏源 154/458
乾隆征緬甸記下 魏源 154/465
卷五一 邊陲三
乾隆征撫安南記 魏源 154/473
國朝撫綏西藏記上 魏源 154/483
國朝撫西藏記下 魏源 154/502
西藏後記 魏源 154/521
乾隆初定金川土司記 魏源 154/532
西藏源流考 黃沛翹 154/538
卷五二 邊陲四
奏陳平定西藏疏 噶爾弼 155/1
續審隘篇 黃沛翹 155/4
重修前藏雙忠祠碑記 福康安 155/10
西征記 毛振翧 155/12
由蜀入藏內地程站考 黃沛翹 155/15
西藏程站 黃沛翹 155/19
乾隆再定金川土司記 魏源 155/45
乾隆征廓爾喀記 魏源 155/53
川省外連西藏內雜番夷值此餉絀兵疲應如何因地制宜籌餉練兵以期成勁旅而防邊患策 唐紹聞 155/59
蜀中防守策 彭仕勳 155/61
卷五三 邊陲五
四川利害論 黃英 155/73
經藏衛以固蜀疆議 陳其昌 155/79
藏蜀界務圖說 陳其昌 155/84
紀游歷西藏 (英)李提摩太 155/93
保藏固蜀籌邊 于崇慶 155/96
西藏攷畧 于實軒 155/100
蒙遊紀略 闕名 155/102
東三省防務議 闕名 155/108
防俄 湯震 155/110
近日北邊防務輕重緩急何在論一 錢志澄 155/117
近日北邊防務輕重緩急何在論二 錢志澄 155/122

近日北邊防務輕重緩急何在論三 錢志澄 155/127
近日北邊防務輕重緩急何在論四 錢志澄 155/130
近日北邊防務輕重緩急何在論五 錢志澄 155/133
推廣滿州興旺之由 (英)李提摩太 155/138
澎湖攷略 闕名 155/140
卷五四 交涉一
朔方備承凡例 何秋濤 155/143
北徼界碑考 何秋濤 155/149
覆毛寄雲中承書 曾國藩 155/166
復恭親王書 曾國藩 155/169
查明津案大概情形疏 曾國藩 155/171
覆陳津案各情片 曾國藩 155/175
批揚州府孫守營朱參將會稟戴德生來揚傳教民人獲有屍孩動忿解散稟 曾國藩 155/178
批常鎮蔡道稟鎮江民人因洋人租屋滋事一案稟 曾國藩 155/179
劄法國領事文 曾國藩 155/181
國朝俄羅斯盟聘記 魏源 155/183
中俄改訂條約 155/193
中俄改訂陸路通商章程 155/201
光緒七年卡倫單 155/208
中俄交界記 王錫祺 155/210
卷五五 交涉二
睦鄰篇 王韜 155/223
日本通中國考 王韜 155/225
日本非中國藩屬辨 王韜 155/227
琉球朝貢考 王韜 155/229
交涉 (英)傅蘭雅譯，應祖錫述 155/231
洋務上 王韜 155/236
洋務下 王韜 155/239
洋務在用其所長 王韜 155/241
辦理洋務在得人 王韜 155/244
除額外權利 王韜 155/246
歐洲將有變局 王韜 155/248
英待中國意見不同 王韜 155/253
宜素歸澳門議 王韜 155/256
記中國自明代以來與西洋交涉大略 傅雲龍 155/258
中法會議通商條欵 155/263
中法續議界務專條 155/273
中法續議商務專條 155/276
光緒十三年五月初三日給法國照會 155/279
卷五六 交涉三
日本鄰交志四 黃遵憲 155/283
日本鄰交志五 黃遵憲 155/311
致合肥李相國書 曾紀澤 155/334
論英人經營緬甸 闕名 155/336
答袁爽秋戶部書 薛福成 155/340
復許竹篔京師 薛福成 155/342
上龔仰蘧星使條陳 吳宗濂 155/343
中俄界約斠注敘例 錢恂 155/357
帕米爾分界私議 錢恂 155/365
卷五七 交涉四
中俄界綫簡明說 錢恂 155/371
中英續議滇緬界務商務條欵 155/383
議定滇緬界務商務條約疏

薛福成 155/395
奏陳大金沙江行船片
薛福成 155/397
奏陳酌定虎踞關以東界線片
薛福成 155/398
奏陳派營彈壓野人山地片
薛福成 155/400
奏陳收回車里孟連兩土司全權片
薛福成 155/402
車里界議 宋育仁 155/403
中美會訂限禁來美華工保護寓美華人條約 155/407
上北洋李伯相書 汪豫源 155/410
中外約表 傅雲龍 155/412
中日議訂商約往來照會說帖八則 155/417
中俄專約 155/423
請酌定寶星式樣疏
總理衙門 155/427
天津議訂英國新拓租界章程 155/428
義秘交犯專條 黎熹譯 155/430
俄事轉禍爲福論
(英)李提摩太 155/436
論朝鮮宜求中國保護
(英)李提摩太 155/439
卷五八 交涉五
中俄訂約論 王韜 155/443
滇緬邊界商務記略 闕名 155/452
論中國北京外交情形
(西)闕名 155/455
論中俄專約 (英)闕名 155/463
奏辦結教案議租膠澳與德使商定情形疏 總理衙門 155/466
湘撫保護游歷西人示
陳寶箴 155/470
論中俄界務 闕名 155/472
四明公所紳董懇保全公所義塚稟 155/475
四明公所董事稟上聶方伯蔡榷使稟
劉麟書、方繼善、黃承潤 155/477
論英國取長江一帶地方之利
(英)我克斯口 155/479
交涉 闕名 155/486
集錄英名士論俄在中國所得之權勢三則 (英)闕名 155/490
記倫敦商務公所會議英在中國應有鐵路之利 (英)闕名 155/492
論俄宜取不凍埠口於海參崴即務拉的倭司託克以南
(俄)亞伯羅莫兒 155/494
論亞洲宜自爲脣齒 闕名 155/497
維持地球和局議 王榮懋 155/499
中俄交涉紀要 闕名 155/504
暹法交涉情形 (法)闕名 155/505
卷五九 交涉六
各使交出十二條欵 156/1
全權大臣覆各國公使照會
慶親王、李鴻章 156/4
上海中西定保護長江內地章程九條 156/8
中俄約章亟宜修改說 闕名 156/10
論俄窺西藏 闕名 156/15
山西洋務局沈觀察會同法將巴堯訂立設卡保商章程 沈敦和 156/16
皖撫覆奏條陳洋務疏

王之春 156/18
全權大臣奏陳商定各國使臣覲見禮節疏 慶親王、李鴻章 156/25
聯俄篇 觀雲 156/28
興泉永道擬定鼓浪嶼公地章程 156/32
論美國禁止華工之故 (西)斐倫 156/46
外交史及其研究法 (日)有賀長雄 156/60
外交無爲論 (日)有賀長雄 156/64
論改訂中國通商條約 (日)大限重信 156/67
卷六〇 外史一
歐洲東方交涉記序 (英)林樂知 156/81
克里迷亞之戰本末 156/82
虐害保該力阿人事 156/93
土京會議紀略 156/103
俄土之戰咎有攸歸 156/117
論俄於印度有何關係 156/120
論英與俄戰大有關係 156/128
普法戰紀前序 王韜 156/130
普法戰紀後序 王韜 156/134
普法戰紀代序 闕名 156/138
日本國志敘 黃遵憲 156/142
日本國志凡例 黃遵憲 156/144
紀英國政治 王韜 156/148
俄人志在併兼 王韜 156/150
中外合力防俄 王韜 156/153
遣使親俄 王韜 156/155
合六國以制俄 王韜 156/158
英重防俄 王韜 156/161
英宜保土 王韜 156/162
土勝俄不足恃 王韜 156/165
卷六一 外史二
英俄經營亞洲 王韜 156/169
西人重日輕華 王韜 156/170
六合将混为一 王韜 156/173
琉球向歸日本辨 王韜 156/175
駁日人言取琉球有十證 王韜 156/181
越南通商禦侮說 王韜 156/183
越南當親法自存 王韜 156/187
香港略論 王韜 156/189
論英斷不棄屬土 王韜 156/194
日本國統志一 黃遵憲 156/195
日本國統志二 黃遵憲 156/214
論俄羅斯立國之勢 薛福成 156/233
再論俄羅斯立國之勢 薛福成 156/234
販奴 鄭觀應 156/236
查視秘魯華工記 吳劍華 156/239
卷六二 外史三
論歐亞二洲之關係 闕名 156/243
論朝鮮 闕名 156/244
論印度興衰並英人治理之始 闕名 156/248
俄羅斯財賦兵制攷略 闕名 156/251
毛奇將軍事略 (英)李提摩太 156/255
紀俄羅斯近事 (英)李提摩太 156/257
俄朝述略上 (英)李提摩太 156/260

俄朝迷略下 (英)李提摩太 156/262
德國雜事紀略 (英)李提摩太 156/265
法國瑣紀 (英)李提摩太 156/267
銀國借欵記 (英)李提摩太 156/269
論緬甸 (英)李提摩太 156/271
論安南 (英)李提摩太 156/273
德國合盟本末 徐建寅譯 156/275
卷六三 外史四
英除積弊一 (英)李提摩太譯，周慶雲節 156/323
英除積弊二 (英)李提摩太譯，周慶雲節 156/331
歐洲百年前情形 (英)李提摩太譯，周慶雲節 156/336
歐洲戰事 (英)李提摩太譯，周慶雲節 156/342
郅治之隆一 (英)李提摩太譯，周慶雲節 156/350
郅治之隆二 (英)李提摩太譯，周慶雲節 156/355
印度 (英)李提摩太譯，周慶雲節 156/356
法國復立君主 (英)李提摩太譯，周慶雲節 156/364
法國再立皇帝 (英)李提摩太譯，周慶雲節 156/374
德意志國 (英)李提摩太譯，周慶雲節 156/385
意大利國 (英)李提摩太譯，周慶雲節 156/391
俄羅斯國 (英)李提摩太譯，周慶雲節 156/400
土耳其國 (英)李提摩太譯，周慶雲節 156/405
美國 (英)李提摩太譯，周慶雲節 156/412
教皇 (英)李提摩太譯，周慶雲節 156/419
卷六四 外史五
論亞細亞人不服俄羅斯 (英)李提摩太 156/429
記土耳其事 闕名 156/431
英國機器師與某論俄事書 (英)志依□□ 156/432
俄人蠶食太平洋迤北邊地考 (英)闕名著，陳貽範譯 156/435
論最優待之國 (英)闕名 156/437
論歐洲中原之形勢 (日)闕名 156/440
紀日本外務大臣宣述與俄立約事 (日)闕名 156/442
論西伯利亞將來大局 (日)闕名 156/446
論俄日條約 (英)闕名 156/447
法名士論列國史事 (法)華觀洞 156/449
埃及近世史要 (日)闕名 156/451
論俄人性質 (日)闕名 156/453
論土希大局 (英)查列斯埡兒克 156/456
論義為土敗歐洲各國之福 (日)闕名 156/458
察視暹羅說 (日)闕名 156/461
演說臺灣教育情形 (日)伊澤□ 156/463

法都答太唔士報館訪事人語 (日)伊藤博文 156/465
論英皇所任之宰相 (西)闕名 156/468
論日本近事 (英)闕名 156/472
南美洲伯拉西兒風土記 (日)闕名 156/474
革雷得島交涉情形 (日)闕名 156/476
駐美日本公使巡報美國南部地方情形 (日)星□□ 156/478
卷六五 外史六
六大國合謀突厥俗譯作土耳基說 (美)林樂知譯，蔡爾康著 157/1
歐洲慎戰論 (美)林樂知譯，蔡爾康著 157/6
古巴島述略 (日)村田 157/10
述英西儒笛倫君論希臘致敗之由 (英)闕名 157/13
英名士與機匠問答節畧 (英)闕名 157/18
印度北境之亂 (西)闕名 157/20
日俄在高麗情形 (英)闕名 157/24
駐日本英使考察日本進境 (英)闕名 157/27
日人大臣宣言新政 (日)松芳□□ 157/29
倫敦論 (日)闕名 157/31
與駐德公使拉伯兒論外交書 (意)麥奚牙伯利 157/34
論俄在東方情形 (日)闕名 157/39
法國不善理藩論 (西)闕名 157/43
歸東京與士人論臺灣 (日)伊藤博文 157/46
俄國外政大臣魯馬能務王事畧 劉崇惠譯 157/49
記西班牙始末 闕名 157/52
英前相格蘭斯敦小傳 (英)李提摩太譯，蔡爾康述 157/54
論英俄互防坎巨提事 闕名 157/57
德前相俾士麥王傳 (英)李提摩太譯，蔡爾康述 157/59
卷六六 外史七
日英政策旁觀論 闕名 157/63
英前相致威斯土密尼士達書 (英)威士拉斯 157/65
泰西十九世文明述略 闕名 157/70
俄德法三國聯衡極東問題之影響 (日)闕名 157/72
述各國軍艦行駛蘇彝士運河事 (日)闕名 157/77
論居美黑人之現在將來 (日)闕名 157/82
日本國民同盟會上外部大臣書 157/85
遊檀香山日記 嚴錦榮 157/87
論日本内政 (日)闕名 157/97
論法国對華政策 (日)闕名 157/108
日本遊歴外國護照章程 157/111
論英宜親俄拒德 闕名譯 157/115
卷六七 教宗一
北徼教門考 何秋濤 157/129
闢邪論 何秋濤 157/133
紀卜斯迭尼教 王韜 157/161
傳教 鄭觀應 157/163
上隨駐德國潘儀甫糸使書

區逢時 157/167
教務本末上 (英)李提摩太 157/183
教務本末中 (英)李提摩太 157/187
教務本末下 (英)李提摩太 157/190
卷六八 教宗二
教門 宗育仁 157/197
請飭妥議教案定章疏
陳其璋 157/237
傳教 闕名 157/240
非攻教 張之洞 157/244
原教 胡紹棠 157/246
議覆保護教堂疏 總理衙門 157/249
條陳山西教案善後章程
(西)敦崇禮 157/250
卷六九 學術一
覆潁州府夏教授書
曾國藩 157/255
書籍源流攷 (德)花之安 157/257
養蒙
(英)史本守著，顏永京譯 157/258
益智
(英)史本守著，顏永京譯 157/266
練才
(英)史本守著，顏永京譯 157/274
戒飾
(英)史本守著，顏永京譯 157/280
廣益
(英)史本守著，顏永京譯 157/284
衛生
(英)史本守著，顏永京譯 157/289
文教
(英)傅蘭雅譯，應祖錫述 157/294
訓蒙 (英)艾約瑟譯 157/297
方言 (英)艾約瑟譯 157/304
文學 (英)艾約瑟譯 157/312
理學 (英)艾約瑟譯 157/320
史學 (英)艾約瑟譯 157/328
卷七〇 學術二
格致 (英)艾約瑟譯 157/339
與英國麻博士議修各國通行字典說例 宋育仁 157/350
論寒暑表有功於格物之學
闕名 157/359
電學攷 闕名 157/364
原學 傅雲龍 157/365
續論格學 (英)李提摩太 157/368
格致宜創新機器說
(英)李提摩太 157/369
格致古微叙 林頤山 157/371
格致古微略例 王仁俊 157/373
格致古微跋 胡玉縉 157/375
格致古微 王仁俊 157/377
致盧戇章先生第三函
沈學 157/380
格物窮理說 葉耀元 157/383
格致書院講習西學記
欒學謙 157/387
格致源流說
(美)林樂知著，任廷旭譯 157/389
述瑞人挪勃而散財以興格致
(美)闕名 157/399
卷七一 學術三
天演論序一 吳汝綸 157/403
天演論序二 嚴復 157/405
察變 (英)赫胥黎著，嚴復譯 157/408
人爲 (英)赫胥黎著，嚴復譯 157/412

烏託邦
(英)赫胥黎著，嚴復譯 157/415
擇難 (英)赫胥黎著，嚴復譯 157/418
恕敗 (英)赫胥黎著，嚴復譯 157/420
最旨 (英)赫胥黎著，嚴復譯 157/422
進微 (英)赫胥黎著，嚴復譯 157/427
教源 (英)赫胥黎著，嚴復譯 157/430
天刑 (英)赫胥黎著，嚴復譯 157/435
學派 (英)赫胥黎著，嚴復譯 157/437
天難 (英)赫胥黎著，嚴復譯 157/444
論性 (英)赫胥黎著，嚴復譯 157/447
矯性 (英)赫胥黎著，嚴復譯 157/449
羣治 (英)赫胥黎著，嚴復譯 157/452
史鑑勿輕寓目說 蔡爾康 157/454
廣學興國說
(美)林樂知、蔡爾康述 157/456
中國宜廣新學以輔舊學說
(美)李佳白 157/459
蒙學公會啓 157/465
卷七二 學術四
化學當學論 張豐年 157/471
廣學會有大益於中國論
李董壽 157/473
英文宜通行地球說
(英)闕名 157/475
請飭刷印校邠廬抗議頒行疏
孫家鼐 157/478
奏譯書局編纂各書請候欽定頒發並
請嚴禁悖書疏 孫家鼐 157/479
守約 張之洞 157/480
廣譯 張之洞 157/488
日本書自志序 康□□ 157/491
經學問答叙例 葉瀚 157/495
史學問答叙例 葉瀚 157/497
讀孟子界說 梁□□ 157/499
讀春秋界說上 梁□□ 157/505
讀西學書法 梁□□ 157/514
輶軒今語 徐仁鑄 157/540
卷七三 學術五
時務學堂學約 闕名 158/1
學會與國議 闕名 158/23
東西學書錄例言 徐□□ 158/39
論譯書事例 闕名 158/42
蒙學課本初編編輯大意
南洋公學 158/44
蒙學課本初編字類畧式
南洋公學 158/46
蒙學課本二編編輯大意
南洋公學 158/51
日本語之大略 158/53
澄衷蒙學堂字課圖說凡例
劉樹屏 158/54
述英教士論中國語言變易之究意
(英)闕名 158/57
創設萬國同盟保護文學及美術著作
條約 158/61
卷七四 算數一
讀代數術記 崔朝慶 158/87
讀四元玉鑒記 崔朝慶 158/108
勾股邊角圖說 胡炳文 158/131
卷七五 算數二
開方用表簡術 程之驥 158/175
盈朒演代 韓保徵 158/223
代數盈朒細章 張東烈 158/243
圓內任作一通弦分圓爲大小二分任
於一分內作相切諸圓則大小圓與

圓之諸切點必均在半外弧通弦爲半徑所作之圓界線上試證其理 葉耀元 158/261
有礮彈最遠界十里求彈於空中每秒應行之速 葉耀元 158/265
設於上海見一流星測之在天頂西三十度同時有人於西四十度處測此流星在彼處天頂東三十度求流星距地若干高 葉耀元 158/267
句自乘減股開平方加股加七又開平方加句又開平方以股平方根乘之與三句等若以句加股平方根得二十四求句股各幾何 龔銘鳳 158/269
直積加股倍之開平方仍與股等又股弦和開平方與句等求句股弦數 吴延璜 158/270
今有直積四千三百二十句羃加股得二千三百九十四求句股各幾何 宋時保 158/271
卷七六 算數三
輿圖測量説上 闕名 158/273
輿圖測量説中 闕名 158/276
輿圖測量説下 闕名 158/280
里差𥘵法通例表 傅雲龍 158/283
中國美利加度量衡比較表 傅雲龍 158/285
中國巴西度量衡比較表 傅雲龍 158/289
中國日本度量衡比較表 傅雲龍 158/293
請增算學助教疏 國子監 158/300
西人以數理推求事物説 闕名 158/302
馬力解 闕名 158/305
若水齋古今算學書錄序 劉鐸 158/308
算學書目提要例言 丁福保 158/309
卷七七 雜纂一
國朝先正事略序 曾國藩 158/311
求闕齋記 曾國藩 158/313
討粤匪檄 曾國藩 158/314
吴文熊先生傳 闕名 158/317
創建東華醫院序 王韜 158/319
送黎侍郎回越南前序 王韜 158/322
送黎侍郎回越南後序 王韜 158/323
日本雜事詩序 王韜 158/325
續選八家文序 王韜 158/327
跋日本岡鹿門文集後 王韜 158/330
跋岡鹿門送西吉甫游俄文後 王韜 158/333
書衆醉獨醒翁稿後 王韜 158/335
跋上海字林西報後 王韜 158/337
跋歐洲游客書後 王韜 158/338
論日報漸行於中土 王韜 158/340
禁鴉片 王韜 158/342
記香港總督燕制軍東游 王韜 158/345
送政務司丹拿返國序 王韜 158/346
送西儒理雅各回國序 王韜 158/348

游覽 (英)艾約瑟譯 158/350
書臺嶠紳民電稟後 闕名 158/355
卷七八 雜纂二
棍噶札那參呼圖克圖華蓋上人傳 闕名 158/359
金星與月同度解 闕名 158/364
紀紅十字會緣始 闕名 158/366
書人地金產諸圖後 (英)李提摩太 158/367
適可齋記言記行序 新會梁 158/369
隨楊星使游美洲安達斯山記 謝希傅 158/372
虛費 闕名 158/375
書四裔編年表後 姚大榮 158/376
新學報啓 158/380
萃報敘 梁□□ 158/382
謙公誠說 (美)林樂知 158/383
湘學新報敘 江標 158/387
中東戰紀本末序 朱昌鼎 158/391
中東戰紀本末初續編敍 龔心銘 158/393
中東戰記本末初續編總跋 (美)林樂知譯，蔡爾康述 158/395
中東戰紀本末續編序 蔡爾康 158/407
中東戰紀本末續編凡例 (美)林樂知、蔡爾康同著 158/412
卷七九 雜纂三
中國工藝商業攷提要 闕名 158/415
擬設尚賢堂章程序 (美)李佳白 158/416
先務齋叢書序 羅傳瑞 158/420
天津國聞報啓 158/423
求是報敍例 闕名 158/425
大同譯書局敘例 闕名 158/427
蒙學報演義報合敘 闕名 158/429
弭戰檄 (奧)伯兒打土都得尼兒 158/431
日本赤十字社社則 孫淦譯 158/433
勸釋纏足說 趙增澤 158/441
與時務報館勸中國女子不宜纏足書 (英)栗得爾 158/445
中國纏足一病實阻自強之機並肇將來不測之禍說 黃鵠生 158/448
天文女史漢嘉祿林傳 王文思譯 158/452
法國女畫史濮耨氏小傳 王文思譯 158/454
丹國許美門女伯小傳 王文思譯 158/456
屠侍御辨闢韓書 屠仁守 158/458
南學會序 闕名 158/463
經濟芻議敘 闕名 158/467
蒙學報博議 茅謙 158/469
中國人數表 158/472
卷八〇 雜纂四
非弭兵 張之洞 158/479
康□□呈請代奏皇帝第五疏序 歐榘甲 158/480
康□□呈請代奏皇帝第五疏跋 桂赤 158/483
北宋元祐以來政黨論 闕名 158/484

卭州清匪章程示諭 于崇慶 158/486
日食攷 闕名 158/497
日本台督鴉片新章 158/499
創設善鄰書院啓 (日)宮島大八 158/501
三通考輯要叙 袁昶 158/503
三通考輯要叙 湯壽潛 158/506
無極太極論 亞泉 158/508
火說 謝洪賚 158/514
政議通報叙上 鄧實 158/521
政議通報叙下 鄧實 158/523
歷代皇朝政治文鈔總叙 鄧實 158/526
西政西藝叢鈔總叙 鄧實 158/527
論無君黨因專制壓力而成 (美)林樂知譯，范偉述 158/529
粵督批斥洪牧嘉與札 陶模 158/532
書魯通甫秦論後 于竇軒 158/540

民國經世文編不分卷

政治(一) 總論
歐洲政治革進之原因 梁啟超 159/57
政策與政治機關 梁啟超 159/65
政治上之對抗力 梁啟超 159/72
平民政治與衆愚政治 吳貫因 159/78
政黨政治與不黨政治 吳貫因 159/80
多數政治之試驗 梁啟超 159/82
一年來之政象與國民程度之映射 梁啟超 159/89
英國之政黨政治 梁啟勳 159/92
政治之罪惡與道德 湯叡 159/106
政治與人物 吳貫因 159/125
說政治慾 吳貫因 159/130
今後政治之趨勢 吳貫因 159/139
政治家之品格 吳貫因 159/146
論今日政治家當亟講統計學 包道平 159/159
論中央集權與地方分權 籍忠寅 159/161
分權集權平議 闕名 159/170
論政黨內閣 周宏業 159/179
內閣制之精神 張東蓀 159/184
共和國體與責任內閣 吳貫因 159/193
罪言 梁啟超 159/200
議院政府無干預民俗說 康有爲 159/209
問吾四萬萬國民得民權平等自由乎 康有爲 159/219
民約平議 嚴復 159/225
外人之共和觀 大愚譯 159/235
到京第一次演説辭 梁啟超 159/242
蒞報界歡迎會演説詞 梁啟超 159/244
答匿名氏駁詞 宋教仁 159/251
蒞參議院之宣言 大總統 159/263

蒞參議院宣布政見
各國務員 159/266
主張之政策意見書
民主黨 159/283
代草國民黨大政見
宋教仁 159/287
中央行政與地方行政分劃之大政見
宋教仁 159/298
與全國商榷國事書
黎元洪 159/302
對於總統選舉之意見
黎元洪 159/305
減政之標準 吳貫因 159/307
吾之減政主義 陳銑 159/322
商確減政之意見 龍濟光 159/331
蒞任宣言書 大總統 159/334
大政方針之建議案
駱繼漢 159/339
大政方針宣言 熊内閣 159/341
對於政治會議訓詞
大總統 159/361
政治會議開幕訓詞
大總統 159/365

政治(二) 國家

國性篇 梁啟超 159/371
釋國名 吳貫因 159/375
中國立國大方針 梁啟超 159/380
中華救國論 康有爲 159/432
五族同化論 吳貫因 159/476
論中華民國
(美)詹美生著，脩廬譯 159/505
救亡論 康有爲 160/1
中國以何方救危論 康有爲 160/42
中國不能逃中南美之形勢
康有爲 160/59
中國顛危誤在全法歐美而盡棄國粹說 康有爲 160/63
中國之將來 藍公武 160/96
未來之中國 吳鼎昌 160/105
說幼稚 梁啟超 160/109
廣說幼稚篇 湯爾和 160/116
憂問 康有爲 160/119
中國人之弱點 葉景華 160/131
近世國家之種類 梁啟勳 160/143
中國之社會問題 張東蓀 160/145
中國社會之研究
(美)洛史原著，朱維譯 160/155
社會與人物 吳貫因 160/186
論中國宜全體協力以策國事之進行
(英)季理斐 160/192
國會歎 康有爲 160/197
國會之自殺 梁啟超 160/200
無能力之國會 吳貫因 160/206
國會浪費時間之弊害
吳貫因 160/208
箴參衆兩院議員 吳采人 160/212
正告國會議員 闕名 160/216
參議院一年史 林長民 160/222
論省議會聯合會 闕名 160/230
反對歡迎國會團 馮國璋 160/233
贊成孫少侯論國會地點
胡景伊 160/235
請資遣議員回籍呈
各省都督 160/237

政治(三) 政黨

說黨 顧震福 160/239

政黨淺說 黃遠庸 160/245
鑄黨論 黃遠庸 160/256
論民主黨 闕名 160/264
共和黨之地位與其態度 梁啟超 160/274
敬告政黨及政黨員 梁啟超 160/287
美國政黨之組織及其運用 梁啟勳 160/304
美國政客與政黨 梁啓勳 160/320
蒞民主黨歡迎會演說辭 梁啟超 160/339
蒞共和黨歡迎會演說辭 梁啟超 160/349
蒞國民黨歡迎會演說辭 梁啟超 160/356
中華共和憲政會政綱 鄭允恭 160/359
進步黨宣言 160/363
憲法期成會宣言書 160/366
振作共和黨政務部意見書 項葆楨 160/368
覆共和黨函 黎元洪 160/373
致各團體論政黨 黎元洪 160/374
致中央及各省忠告政黨 黎元洪 160/375
再致中央及各省忠告政黨 黎元洪 160/375
與副總統論政黨 章炳麟 160/377
與黃克強論入黨 楊度 160/378
與上海國民黨函 章炳麟 160/378
覆張國淦書 程德全 160/380
請禁軍人入政黨文 蔡鍔 160/383
宣布脫離黨籍文 蔣作賓 160/384
法律(一) 憲法
憲法之三大精神 梁啟超 160/387
論共和憲法三大模範及其行政立法兩權之消長 王侃叔 160/408
主權論 馬質 160/493
論統治權總攬者之有無 張東蓀 160/519
主權討論之討論 張東蓀 160/529
余之民權觀 張東蓀 160/531
大總統之地位及權限 藍公武 161/1
關於總統及國會問題意見書 翟富文 161/23
總統連任問題 張東蓀 161/39
元首無責任之釋義 吳貫因 161/42
政府與國會之權限 吳貫因 161/45
關於立法權政府與國會之權限 吳貫因 161/61
共和國之行政權 吳貫因 161/78
行政權消滅與行政權轉移 張東蓀 161/88
國務員經國會同意之研究 闕名 161/89
同意權與解散權 梁啟超 161/98
申論同意權 闕名 161/104
不信任投票制之危險 (日)有賀長雄 161/111
論不信任投票與責任內閣制之關係 儲亞心 161/117
彈劾之種類 吳貫因 161/123
憲法問題之商榷 吳貫因 161/127
論憲法之性質及其形式

張東蓀 161/221
憲法問題演說詞
(日)有賀長雄 161/235
專設憲法案起草機關議
梁啟超 161/240
中華民國憲法起草之三大前提
鄒琳 161/246
中華民國憲法案
憲法起草會 161/249
中華民國憲法草案略評
張東蓀 161/264
中華民國憲法案之評議
(美)古德諾 161/274
論憲法草案之誤點
(日)有賀長雄 161/282
進步黨擬中華民國憲法草案
梁啟超 161/291
擬中華民國憲法草案
康有為 161/318
擬中華民國憲法草案
吳貫因 162/1
中華民國憲法芻議 王寵惠 162/25
王氏憲法芻議之商榷
張東蓀 162/118
王氏憲法芻議之商榷補論
張東蓀 162/134
與張東蓀論憲法性質書
王寵惠 162/143
耶理匿克氏憲法變化論
杜國庠 162/146
共和憲法持久策
(日)有賀長雄 162/171
進步黨政務部特設憲法問題討論會
通告書 梁啓超 162/177
憲法問題答案 王侃叔 162/183
為商榷憲法起草問題致各督
黎元洪 162/206
為憲法起草問題致各督
譚延闓 162/208
對於憲法問題致各督
張鳳翽 162/209
為憲法問題復各督
譚延闓 162/210
對於憲法問題之通告
馮國璋 162/211
為選舉法公布權咨憲法會議
大總統 162/212
為憲法草案事致各督
大總統 162/215
各省都督民政長鎮守使宣撫使護軍
使對於憲法意見之陳述 162/218
增修約法之提案 大總統 162/243
對於憲法第二次通告
大總統 162/249
致湯議長論憲法 王印川 162/251
民國憲法制定上社會黨弊害之預防
(日)有賀長雄 162/252
國會委員會之研究
張東蓀 162/258
憲法草案修正理由書
憲法期成會 162/267

法律(二) 各法

兩院制考 闕名 162/277
上大總統論兩院制
黎元洪 162/292
覆副總統論兩院制

大總統 162/293
國會性質之疑問 張東蓀 162/294
複體之立法機關及兩院之關係
梁啟勳 162/310
擬中華民國國會代議院議員選舉法案 康有為 162/314
國會選舉法商榷 張東蓀 162/362
評參議院議員選舉法
吳貫因 162/374
澳洲式之選舉冊說略
梁啟勳 162/382
大總統選舉法草案理由書
憲法起草委員會 162/387
議會關於條約之職權
闕名 162/391
議員薪俸問題 張東蓀 162/401
論議員對於自身俸給無提案之權
吳貫因 162/407
限制官吏為議員之得失
吳貫因 162/409
覆莫議長論議員不能兼任行政官吏書 朱瑞 162/418
書朱介人致莫議長論議員不當兼任官吏書後 潘更生 162/420
箴立法家 梁啟超 162/427
國際立法條約集序
梁啟超 162/430
論普通裁判制度與行政裁判制度
張東蓀 162/432
論陪審制度之可否行於吾國
闕名 162/444
對於法院編制法施行法草案之商榷
王錫鑾 162/449
法院編制法施行法修正案駁議
王錫鑾 162/457
律師法施行法草案駁議
王錫鑾 162/461
華洋訴訟釋義告行政官司法官
闕名 162/465
論民國大學控告工商總長之判決案
朱新謨 162/482
通飭禁止刑訊文 大總統 162/485
為妄事捕逮咨陳都督文
伍廷芳 162/486
與陳都督論清查與捕獲之權限
伍廷芳 162/487
為妄事捕逮再致陳都督書
伍廷芳 162/490
上大總統及司法部條陳勵行司法獨立書 汪庚年 162/494
請將臨時軍法審判所撤銷文
福建政務院法制局 162/501
內政(一) 中央
致副總統及各省解釋猜嫌
大總統 162/507
致各省都督痛陳時局
大總統 162/508
致袁總統及各省論建都地點
黎元洪 162/509
致大總統及各部總長請速組織政府
黎元洪 162/510
致各省各團體痛陳時局
黎元洪 162/511
致袁總統各部總長勸規政府諸公
黎元洪 162/514
致唐總理各部總長敦促臨時政府成

立 黎元洪 162/515
痛陳時局文 蔣雁行 162/516
致中央及各省請速頒定官制 黎元洪 162/518
致大總統國務院請整飭官常 黎元洪 162/520
致中央政府請以陸徵祥任總理 黎元洪 162/521
致大總統參議院論時局 黎元洪 162/522
致兩院及各黨預辭正式總統 黎元洪 162/523
致參衆兩院請速編制憲法舉總統 黎元洪 162/525
呈請辭去鄂督文 黎元洪 162/527
答副總統辭鄂都督書 162/528

內政(二) 地方

致袁總統論軍民當分治 黎元洪 163/1
覆黎副總統函 大總統 163/5
致中央及各省論軍民分治 黎元洪 163/6
主張軍民分治文 國民協會、共和黨 163/7
主張軍民分治文 共和建設討論會 163/8
反對軍民分治文 九省都督 163/9
上政府論軍民分治 程德全 163/11
致大總統及各機關論軍民分治 四川政界、軍界 163/13
論軍民分治 孫道仁 163/15
申論軍民分治 宋小濂 163/16
省制問題 梁啟超 163/17
省制與自治團體 吳貫因 163/27
地方自治制芻議 楊壽祺 163/34
省長應否民選問題 麥鴻鈞 163/48
論省長宜簡任不宜選任 闕名 163/53
反對選舉省長文 唐繼堯 163/55
致各省都督論省長不宜民選 朱瑞 163/57
論省官制致各督文 法制局 163/62
呈大總統國務院主張簡任省長 共和建設討論會 163/63
主張簡任省長文 十六省都督 163/64
論普國官制不能利行於吾國 朱瑞 163/66
為省制問題致各機關文 程德全 163/68
廢省論 康有為 163/71
廢省說 楊樹穀 163/123
江蘇省分合問題與升道為省之關係 沈同芳 163/130
主張廢省改道先自直隸始 張錫鑾 163/136
反對改革省制文 許世英 163/137
反對遷省南甯文 廣西軍政府 163/139
致袁總統論桂林遷省 黎元洪 163/140
上政府論省界流弊書 張鎮芳 163/141
贊成指陳省弊文 許世英 163/142
通飭各省從速組織省議會文 大總統 163/144

致大總統請速定省議會法 黎元洪 163/144
江蘇省議會雜論 闕名 163/145
致大總統及國務院請速定省議會職權 朱瑞 163/149
為省議會解散權致參議院 陳昭常 163/150
致參議院論省議會解散權 趙維熙 163/152
上大總統國務院論省議會解散權 楊增新 163/154
內政(三) 邊事
統籌滿洲救治方畧 方光 163/157
蒙藏哀詞 康有為 163/188
蒙古政治攷 闕名 163/221
視察蒙古郭爾羅斯後旗報告 孟森 163/251
西盟會議始末記 闕名 163/285
西盟調查錄 陳份 163/316
科布多風土記 闕名 163/336
塔爾巴哈台調查錄 文碩 163/350
上參議院書 殖邊學團 163/359
漢蒙聯合會啟 163/362
條陳治蒙藏十策書 程傑 163/364
對於蒙事之通告 陸軍學會 163/367
致庫倫活佛(一) 大總統 163/369
致庫倫活佛(二) 大總統 163/370
復大總統書 哲布尊丹巴 163/371
西康建省談 高勞 163/372
為西藏補救法上大總統書 錢錫寶 163/407
四川寧遠土司調查記 李懷銓 163/410
西南夷雜記 闕名 163/414
尼泊爾最近之調查 闕名 163/422
內政(四) 政治
通飭嚴禁秘密結社令 大總統 163/427
通飭嚴除地方惡蠹令 大總統 163/428
通飭嚴懲倡言二次革命者令 大總統 163/429
嚴禁賭博令 大總統 163/429
嚴禁強迫勒捐文 大總統 163/430
飭各省民政長整頓吏治令 大總統 163/431
飭各省行政長官不得逾越範圍令 大總統 163/432
飭各衙門釐定規章共袪宿蔽令 大總統 163/433
嚴行考核知事令 大總統 163/434
通令澄清士途令 大總統 163/435
整飭官方令 大總統 163/437
誥誡百官有司令 大總統 163/438
誥誡百僚令 大總統 163/438
通飭慎重選舉議員令 大總統 163/439
布告國民注重選舉文 大總統 163/440
致各都督通告全國選舉人文 內務總長 163/442
飭各省弭盜安民令 大總統 163/445
曉諭升允令 大總統 163/446
痛言時事令 大總統 163/448
綏靖地方示 黎元洪 163/449

准旗族自由入籍示 黎元洪 163/450
勸旅居外埠諸父老遄回故里文 朱瑞 163/451
代溫處災民勸行政各官廳募捐義賑啟 朱瑞 163/452
飭修水利令 大總統 163/453
中國治水芻議 東方雜誌譯 163/455
導淮興墾條議 闕名 163/459
導淮計畫宣告書 張謇 163/472
新曆議 董東蘇 163/481
新曆法之商榷 王兆垻 163/484
議決國旗一案咨大總統文 參議院 163/489
論國旗案之交覆議 闕名 163/491
八旗生計討論會宣言書 163/494
禮俗大同社啟 163/498
發起五族國民合進會啟 姚錫光等 163/501

內政(五) 定亂

致袁總統黃留守維持皖事 黎元洪 164/1
致袁總統及各團體解決皖事 黎元洪 164/2
致袁總統皖都督及各省撤回安慶軍隊 黎元洪 164/3
再布張振武罪狀并引咎自責文 黎元洪 164/4
為張振武案痛責參議員並請堅留黎公 湖北全體士民 164/8
詰責議員函 鄂軍界 164/10
暗殺之罪惡 梁啟超 164/11
為宋案借欵之通令 大總統 164/16
關於宋案借欵之通告 黎元洪 164/17
為宋案借欵之通告 兩院議員同志會 164/19
覆岑春煊等函 趙秉鈞 164/21
為時局忠告各界 朱瑞 164/23
保全大局通告 國事維持會 164/25
上大總統調和大局文 黎元洪 164/27
為辭勳事上大總統書 章駕時 164/29
勸告各都督息爭議泯猜疑文 朱瑞等 164/31
致四督及黃興函 黎元洪 164/33
致岑春煊書 沈同芳 164/35
致孫少侯王鐵珊書 張謇 164/41
致江西都督李烈鈞書 呂端 164/44
忠告李烈鈞文 黎元洪 164/47
上大總統書 章炳麟 164/49
致袁總統書 汪兆銘 164/50
為亂黨擾鄂之通令 大總統 164/51
為贛亂發生之通令 大總統 164/53
革命論 張謇 164/54
革命相續之原理及其惡果 梁啟超 164/57
贛甯戰禍之原因 吳鼎昌 164/64
為贛寗亂事忠告國會文 黎元洪等 164/72
為政象不振之原因通告國民 大總統 164/74
亂後自明心跡之通令 大總統 164/76
對於亂事之通告 熊希齡 164/78

對於亂事之意見 蔡鍔 164/80
對於亂事表明心跡之通告 譚延闓 164/81
摘抉亂原文 熊希齡 164/81
亂後之經營 張東蓀 164/83
請寬治亂黨呈 鄭汝成 164/90
呈請赦免亂黨脅從書 孫武 164/92
解散國民黨令一 大總統 164/95
解散國民黨令二 大總統 164/97
解散國民黨令三 大總統 164/98

外交

論列強對於中國瓜分保全兩策之變遷 王侃叔 164/111
列強之縱横術 闕名 164/120
華法聯進會宣言書 164/127
論外交上應爭之點 闕名 164/130
慎選駐美公使並改派公使分駐墨古秘等國意見書 唐瓊昌 164/133
敬告國民注重中日外交意見書 李大鈞 164/140
日人經營滿洲實業之現狀 闕名 164/162
德國青島之經營 闕名 164/165
俄蒙貿易最近之情況 闕名 164/169
中俄蒙事協約正論 闕名 164/181
致各省都督論俄蒙協約 朱瑞 164/198
對於中俄條約之痛言 熊希齡 164/201
俄蒙交涉始末 林唯剛 164/204
證明英人無可干涉藏事之理由 闕名 164/228
英兵入藏論 闕名 164/237
英藏交涉始末記 闕名 164/242
巴爾幹半島之風雲 湯叡 164/257
土耳基之亂事始末 林舒、樂賢同譯 164/271

財政(一) 總論

理財救國論上 康有為 164/291
財政問題商榷書 梁啟超 164/352
治標財政策 梁啟超 164/396
中央經費與地方經費 吳貫因 164/434
經濟上政府之職掌 吳貫因 164/441
論戰時及亂後之財政 周宏業 164/473
論財政與救急之策 闕名 164/480
美國南北戰後之財政 梁啟勳 164/486
我之經濟政策 闕名 164/493
財政顧問之先進國 闕名 164/495
鹽欵另儲抵債與各省財政之關係 闕名 164/500
吾所告於當道者 陳詵 164/519
敬告各省都督與司財政者 周宏業 164/524
進步黨調查政費意見書 梁啟超 164/530
論利用外資振興實業不能救財政之危險 葉景莘 164/539
整理財政之六大障礙 闕名 164/545
歐洲金融與吾國財政之關係 闕名 164/553

風俗奢侈及於國民經濟之關係 吳鈎 164/560
本年財政現狀質問政府書 參議院 164/565
總稅務司之中國財政現狀觀 164/576
上唐總理論財政書 錢應清 164/579
上大總統論財政書 王懷霖 164/582
痛陳國家財源消耗文 國民公黨 164/585
覆熊總長論整理財政文 程德全 164/587
條陳財政計畫書 陳昭常 164/588
條陳整理金融政策通告 熊希齡 164/589
述近日財政大勢致各省文 財政部 164/591
呈請嚴催各省解款接濟文 財政部 164/596

財政(二) 稅法

論今日整理財政宜先劃定國稅與地方稅之範圍 共和建設討論會 165/1
劃分國稅地方稅私議 賈士毅 165/14
整理中國稅法議 龍驤 165/36
劃田賦為地方稅私議 吳貫因 165/53
論劃分田賦當先決前提 賈士毅 165/95
印花稅法評議 朱新謨 165/101
改正稅法之商榷 闕名 165/107
論現行海關稅與國民經濟之關係 闕名 165/116
關稅救國論 張東蓀 165/119
加稅裁釐議 闕名 165/130
酒稅改良策 闕名 165/135
改良煙酒稅私議 何福麟 165/139
改良貨物稅意見書 闕名 165/144
江蘇舉辦所得稅私議 賈士毅 165/146
通行稅法草案理由書 何福麟 165/149
上袁大總統論地租宜改歸地方稅書 尚希賓 165/152
與唐蔚芝論蘇松太減賦書 方還 165/160
為劃分國家地方經費事致各都督文 程德全 165/162
條陳劃分國家稅地方稅文 張錫鑾 165/168
上大總統論國家稅與地方稅 陸榮庭 165/171

財政(三) 會計

預算制度論 張東蓀 165/175
豫算編製法 湯叡 165/183
豫算雜論 吳貫因 165/199
論會計年度之短長並其得失及與歲出歲入施行効力之關係 吳貫因 165/206
江蘇省預算意見書 賈士毅 165/215
民國二年預算總冊說明書 財政部 165/222

修正二年度國家預算意見書
賈士毅 165/233
咨各省報告收支實數文
財政部 165/248
咨國務院改定簿記文
財政部 165/250
請將會計法草案咨交參議院議决呈
財政部 165/252
致國務院公函稿 財政部 165/254
為編制預算事致國務院函
財政部 165/258
財政(四) 銀行
中央銀行制度概說
梁啟勳 165/263
中央銀行制度比較得失論
闕名 165/273
國民銀行制度說略
梁啟勳 165/278
說銀行公會 梁啟勳 165/288
加拿大之國民銀行
梁啟勳 165/297
復山東周都督商榷銀行制度
朱瑞 165/301
為救濟川省目前財政推廣國家銀行上大總統書 嚴崇經 165/302
財政(五) 幣制
幣制改革私議 張鑑 165/305
整理舊幣意見書 賈士毅 165/321
歐美各國國家銀行制度及發用幣紙限制法律利弊比較論
韓汝甲 165/325
世界各國貨幣之經過及其法制
黃遵楷 165/337
論不兌換紙幣足以亡國
費保彥 165/378
擬定金本位制說略
黃遵楷 165/381
實行金本位之預備法
闕名 165/389
論中國幣制之本位
周宏業 165/392
改革幣制芻議 徐永祚 165/402
發行紙幣宜取單獨制不宜取多數制說 陳詵 165/417
評議顧問馬肅收回各省紙幣意見書
汪成驪譯 165/429
書幣制委員會總報告後
周宏業 165/435
幣制問題之解決 劉冕執 165/454
整頓中國幣制意見書
(意)巳昔利 165/472
日本添田壽一支那幣制改革意見書
陳培琛譯 165/479
紙幣政策 姚傳駒 165/486
上駐日代表呈
華僑合羣持危會 165/500
致中央及各省主張統一幣制
黎元洪 165/502
財政(六) 公債
外債問題 葉景葵 166/1
大借債駁議 康有為 166/3
論大借欵 藍公武 166/11
大借欵與財政之將來
吳鼎昌 166/22
善後借債詳論 周宏業 166/32
善後借欵之善後 闕名 166/72

大借欵簽字之評論 周宏業 166/86
借欵決裂後之籌畫 闕名 166/91
外債論 徐永祚 166/95
致各省論借欵 黎元洪 166/110
主張借欵救亡文 國民協會 166/111
為贊成借欵致政府文 徐寶山 166/113
上大總統副總統及參議院書 韓汝甲 166/113
致政府及各團體主張辦理公債 黎元洪 166/115
一年來借欵交涉始末記 黃遠庸 166/116
民國外債痛史 闕名 166/125
致中央及各省論外債國民捐并進文 黎元洪 166/131
致中央請速解決公債民捐之取舍 黎元洪 166/132
致各省論外債國民捐之利弊 周自齊 166/133
對於國民捐之意見 共和建設討論會 166/135
論國民捐 龔子揚 166/145

財政(七) 鹽務

改革全國鹽政計畫書 張謇 166/153
鹽政問題商榷書 景學鈐 166/185
重申改革全國鹽政計畫宣言書 張謇 166/209
中國鹽政改革規畫意見書 王楨幹 166/214
第一次發布意見書 鹽政討論總會 166/227
鹽政討論浙支會發表意見書 沈椿年 166/230
淮北鹽務改良意見書 汪壽康 166/235
東三省鹽政改革意見書 壽鵬飛 166/257
湖北鹽法改良意見書 熊道琛 166/302
浙江軍政府鹽政局發表意見書 莊景仲、范運樞 166/313
代表張弧景學鈐上大總統國務總理條議 張謇 166/319
改革鹽務說帖 財政部 166/321

軍政

整軍芻議 張屏之 166/325
軍事與政體之關係 吳貫因 166/328
軍事善後談 闕名 166/330
陸軍費與財政之關係 闕名 166/337
征庫輸送軍隊之研究 黃覺愔 166/344
裁汰海軍以節餉項論 闕名 166/353
軍事費問題答客難 梁啟超 166/359
軍屯草案 茅迺封 166/362
上參謀部測量意見書 陳瑛 166/367
裕餉源之意見書 闕名 166/376
布告軍界文 大總統 166/378
飭軍人服從命令文 大總統 166/379
工程營退職訓詞 黎元洪 166/380

軍官學校訓詞 黎元洪 166/381
軍事月報出版祝辭 朱瑞 166/382
交卸第六師事訓諸將士詞 朱瑞 166/384
致中央及各省論裁兵計畫 朱瑞 166/385
條陳裁兵計畫 陳廷傑 166/388
請仿屯田方法配置被裁軍隊 胡瑛 166/391
上大總統請開放蒙荒安插軍隊書 楊熙等 166/393
呈參議院建議遣置軍隊案 李蔚然 166/399
呈請嚴肅軍紀文 章駕時 166/402
呈請劃定四省軍事區域文 程德全等 166/403
致各督議決軍區問題 朱瑞 166/404
改組邊軍分區防守之計畫 尹昌衡 166/405
辛亥灤州兵變記 闕名 166/407
辛亥六鎮兵變記實 闕名 166/409

教育

新教育意見 蔡元培 167/1
新教育平議 鄭允恭 167/9
討論教育部長對於新教育之意見 賈豐臻 167/12
討論教育部長對於教育方針之意見 陳啟彤 167/17
論嚴格教育旨趣書 張謇 167/21
衛西琴中國教育議 嚴幾道譯 167/22
敬告我教育界諸君書 沈時棟 167/58
敬告今之教育家 丁劍評 167/62
條陳整頓學務書 申作霖 167/65
論義務教育當規定於憲法 范源廉 167/69
論民國教育宜採相對的國家主義 劉以鐘 167/74
學校教育采用實用主義之商榷 黄炎培 167/85
學校教育採用實用主義之商榷書 林可培 167/121
江蘇今後五年間教育計畫書 黄炎培 167/155
普及教育議 沈頤 167/161
論國民教育將何由而普及 沈時棟 167/180
中國當務之急非普及教育不可 (美)丁義華 167/184
整頓普及教育方法案 郭肇明 167/187
通俗教育利用機會灌輸知識之方法 闕名 167/209
擬辦通俗教育講演練習所意見 伍達 167/216
各地方教育會對於通俗教育之責任 伍達 167/221
小學國語教授法商榷 馬裕藻 167/231
小學校令第三十二條闡微 闕名 167/270
說初等小學利用單級教法之必要 李法章 167/275
平陽縣改良初等小學通告

周繼善 167/286
京師大學堂成立記
羅惇曧 167/303
蒞北京大學堂歡迎會演說辭
梁啟超 167/308
創建中華民國醫學之倡議
袁焯 167/315
民國醫術教育問題
章通駿 167/320
論中國宜注重實業教育
張迺權 167/325
論實業教育 方時簡 167/330
盲童教育論
(美)佐治傅蘭雅著，嚴楨譯 167/332
教育前途危險之現象
黃炎培 167/337
說教育界之魔障 賈豐臻 167/341
學校訓練之根本精神
王朝陽 167/345
學校若何輔翼和平之進行
(英)梅益盛著，蔣茂森譯 167/349
現今青年心理上之缺陷及補救策
王朝陽 167/354
教育上之不經濟
(日)上田三平談，楊傳福譯 167/357
覆教育部書 康有為 167/363
上江蘇教育行政會意見書
王莪 167/370
論教育會 教育部編纂處譯 167/381
與教育姚司長論國文教授書
闕名 167/414
中國文字之起源 吳貫因 167/416
中國文字議 陳培深 167/429
西班牙世界語會致中華新政府書
孫國璋譯 167/441
蒞世界語學會演說詞
蔡元培 167/442
學者之擔負 張東蓀 167/446
中國學會報題詞 康有為 167/449
保存中國名蹟古器說
康有為 167/454

實業(一) 總論

實業政見宣言書 張謇 167/469
實業責任 闕名 167/473
實業小言 童世亨 167/477
中國實業不振之原因
(英)駐杭州領事報告
楊錦森節譯 167/479
中國之富力 (日)高橋秀臣調查
俞旨一譯 167/481
南滿之富源
(日)中井錦城氏調查 167/484
蒙古之富源 唐在章 167/487
論赴美賽會與我國前途之關係
闕名 167/491
為巴拿馬博覽會敬告國人
楊錦森 167/495
遊武漢勸業獎進會之感言
闕名 167/507
雲南全省實業之規畫
實業司 167/514
江蘇實業行政計劃書
季新益 167/543
東三省實業公司致熊內閣函
唐暮潮 167/546

實業(二) 農工

中國農業政策芻議 張思禹 168/1

保持東三省永久農業基礎之問題 丁業齋 168/26

致農業促進會書 穆湘玥 168/34

擬請創辦全國森林上大總統國務院意見書 劉樹棠 168/37

振興林業當以教育法律為基礎論 石如 168/45

振興中國林業之計劃 (英)潘登著，嚴枚譯 168/47

東三省林業意見書 闕名 168/53

擬辦江西九南福利種植有限公司宣言書 劉樹堂 168/58

上農林部條陳改良茶務呈 陳兆燾 168/60

工藝發達大利農商說 闕名 168/65

中國工業與中國前途之關係 盧成章 168/68

論中國急宜改良紡織工業 蔣棨灝 168/71

獎勵植棉暨紡織業說 張謇 168/74

製紙業及其學術 方震 168/80

鋼鐵工業救國策 盧成章 168/90

說雲南電氣廠 闕名 168/100

調查棉紗廠後之通令 工商部 168/105

呈請開辦沿海繅絲工廠文 奉天繭業公會 168/106

請開湖北平民彈紡織工藝廠通告書 周鴻熙 168/108

實業(三) 商礦

我國輸入超過與實業家之責任 吳瑞 168/111

輸入超過之原因及其挽救方法 單毓斌 168/115

論我國小企業家當速着手於產業組合 闕名 168/121

商業競爭與聯合之利弊 (美)格理恩著，楊錦森節譯 168/126

資力集合論 闕名 168/133

世界貿易之趨勢 經濟雜誌譯 168/140

中華絲棉毛麻業之狀況 嚴楨譯 168/147

論上海絲廠失敗之原因及其補救之法 闕名 168/153

論我國棉花棉紗業之消長 闕名 168/157

毛絨貨與中國前途之關係 闕名 168/162

欲恢復信用宜組織債務專律論 趙子美 168/165

謹擬改良社會先以輕利率蘇民困籍保治安策 胡家玉 168/168

上工商部書 滬商會 168/170

為商標事上工商部條陳 李鳴謙 168/172

籌設商會統計案 國會 168/175

蒞北京商會歡迎會演說辭 梁啟超 168/176

蒞山西票商歡迎會演說辭 梁啟超 168/184

國際貿易協會意見書 黃遵楷 168/188

中國麝香輸出記 闕名 168/190

維持漢口商市文 黎元洪 168/194

致莊思緘先生書論浦口開商埠事 周秉清 168/198
論中央政府宜設測量全國地質司以振興礦務說 李建德 168/201
礦屯說 李建德 168/203
開礦救貧議 沈時任 168/206
振興礦業之計畫 張莘農譯 168/213
試辦地質調查說明書 工商部 168/217
中國鋼鐵實業之將來 李維格 168/222
漢冶萍國有策 葉景葵 168/226
漢冶萍公司問題 闕名 168/232
呈大總統縷陳漢冶萍公司實情文 工商部 168/234
為漢冶萍事忠告湖北省議會 闕名 168/237
述漢冶萍產生之歷史 闕名 168/239
呈黎副總統文 漢冶萍公司 168/243
留東學生為漢冶萍事上大總統稟 徐光煒 168/247
為士敏原料馳禁呈政府文 龍濟光、李開侁 168/251
為灰石案敬告李省長 闕名 168/252
對於灰石案之解釋與進步黨書 李開侁 168/259

交通

交通部政見書 168/263
論中國西通大鐵道之重要 王侃叔 168/264
中華民國鐵道協會宣言書 168/294
歐洲鐵路論並中國鐵路改良議 胡棟朝 168/298
籌畫開海鐵路以救江北意見書 涂恩澤 168/303
鐵道國有策平議 闕名 168/306
籌辦烟濰鐵道之意見 山東鐵道分會 168/308
就世界大勢上以定中國鐵道進行之方針 涂恩澤 168/311
清通鐵道利弊說 涂恩澤 168/314
改良鐵道會計說 闕名 168/316
海蘭鐵道觀 金昭 168/321
論鐵道與國家之關係及建築時之注意 涂恩澤 168/325
論鐵道與工業之關係 李毓芳 168/334
論政府宜速建筑秦豫鐵道秦新鐵道之理由 闕名 168/339
隴秦豫海東路起點之研究 涂恩澤 168/345
上江蘇程安徽柏都督書 陶逐 168/348
振興中國內河航業之計劃 (英)薛特奈拍威爾著 嚴楨譯 168/351
報告四十年前後營業情形 招商局職員 168/356
論招商局之變動當受國家嚴重之干涉 闕名 168/359
中華民國元年郵政事務情形總論 郵政司 168/361

宗教

宗教建設論 藍公武 168/383

余之孔教觀 張東蓀 168/392
孔教大一統論 孫德謙 168/402
明教 張爾田 168/405
明定原有之國教為國教並不礙於信教自由之新名詞
陳煥章 168/412
孔教乃中國之基礎
蓋少令稿，陳煥章譯 168/421
孔子受命立教論 孫德謙 168/424
以孔教為國教配天議
康有為 168/429
孔教平議 狄郁 168/439
憲法須規定明文以孔教為國家風教之大本 (日)有賀長雄 168/452
論廢棄孔教與政局之關繫
陳煥章 168/456
孔教會序一 康有為 168/466
孔教會序二 康有為 168/469
復學校祀孔命令 大總統 168/477
孔教會請願書 陳煥章等 168/478
覆山東孔道會書 康有為 168/485
發起孔孟正學會之宣言書
闕名 168/486
上參衆兩院請尊孔教為國教文
朱瑞 168/489
請祀天配孔文廟仍祀先師核文
張炳華 168/490
致憲法起草委員會請定孔教為國教書 趙炳麟 168/494
與人論昌明孔教以強固道德書
張爾田 168/495
反對孔教為國教呈
許世英 168/498
上國務院暨參眾兩院信教自由不立國教請願書 艾知命 168/500
教禍其將發現於中國乎
丁義華 168/504
聖誕日約赴曲阜恭謁林廟啟
孔教總會 168/509
致曲阜孔教大會書
張吾軍 168/511
世教宗教會基本團獻議
張吾軍 168/516
昌明禮教社宣告書 168/518
佛教會發趣文 168/519
批佛教會立案呈 黎元洪 168/525
蒞佛教會歡迎演說辭
梁啟超 168/526
宗教會回教演說文 168/528
道德
中國道德之大原 梁啟超 168/531
中國道德之權威 藍公武 168/542
道德墮落之原因 張東蓀 168/562
予之國民道德救濟策
方南崗 168/566
法律與道德 李晉 168/570
財政與道德 張東蓀 168/579
斯賓塞爾原善惡 饒孟任 168/581
人倫何以千古不磨
吳彝敘 168/593
民德報發刊詞 闕名 168/596
致各省及副總統尊重人道
大總統 168/603
整飭倫常令 大總統 168/604
佈告政界提倡社會道德文
朱瑞 168/605

《〈清代經世文全編〉目錄索引》③

清代經世文全編

篇名索引

蒯安　王永華　合編

學苑出版社

目　次

目　次……………………………1
編　例……………………………2
四角號碼檢字法……………………3
索引字頭筆畫檢字表………………5
索引字頭拼音檢字表………………17
篇名索引……………………………1

編　例

1. 本索引收錄《清代經世文全編》篇名及其所在冊次和頁碼。《皇朝經世文編補》補續以外的重複内容不予著錄。

2. 本索引依四角號碼檢字法排序（同一篇名分為上下或多個部份時，依客觀順序著錄）。為方便不熟悉四角號碼的讀者使用，另附《四角號碼檢字法》、《索引字頭筆畫檢字表》和《索引字頭拼音檢字表》。

3. 本索引原則上依原文獻的篇名著錄：

A. 同一文章不同出處的篇名有差異者，酌情改用同一篇名合併著錄。

B. 文章續篇只署"其二"者，將本名置於括弧内著錄，並依本名排序。

C. 篇名相同而内容不同，且篇目連續者，於篇名後加註序號，以示區別。

D. 篇目之下含有子目者，除總篇名外，子目作為單獨條目著錄。

E. 因簡體字、別體字或新舊字形的不同影響排序者，進行合併統一。如"晉"和"晋"、"寳"和"寶"，統一為"晉"、"寶"。

F. 原件缺頁且該頁有篇目可攷，亦予著錄，并於篇名所在冊次和頁碼前加註"*"。

4.《索引字頭拼音檢字表》中常見的多音字，在不同的音序中重複著錄，方便檢索。如"曾"在"C"和"Z"中都有反映。

四角號碼檢字法

第一條　筆畫分為十種，用0到9十個號碼來代表：

號碼	筆名	筆形	舉例	說明	注意
0	頭	亠	言 主 广 疒	獨立的點和橫相結合	123都是單筆，0456789都由二以上的單筆合為一複筆．凡能成為複筆的，切勿誤作單筆；如亠應作0不作3，寸應作4不作2，厂應作7不作2，丷應作8不作3、2，小應作9不作3、3．
1	橫	一ㄧ乚乀	天土地江元風	包括橫、挑(趯)和右鉤	
2	垂	丨丿亅	山 月 千 則	包括直、撇和左鉤	
3	點	丶 乀	宀礻冖厶之衣	包括點和捺	
4	叉	十 乂	草杏皮刈大對	兩筆相交	
5	插	扌	扌 戈 中 史	一筆通過兩筆以上	
6	方	口	國鳴目四甲由	四邊齊整的方形	
7	角	７厂亅L厂乛	羽門灰陰雪衣學罕	橫和垂的鋒頭相接處	
8	八	八丷人𠂉	分頁羊余災汆足午	八字形和它的變形	
9	小	小⺌⺍个忄	尖 糸 粦 呆 惟	小字形和它的變形	

第二條　每字只取四角的筆形，順序如下：

(一)左上角　(二)右上角　(三)左下角　(四)右下角

(例)　(一)左上角……端……(二)右上角
　　　(三)左下角……　……(四)右下角

檢查時照四角的筆形和順序，每字得四碼：

(例) 顏＝0128　截＝4325　烙＝9786

第三條　字的上部或下部，只有一筆或一複筆時，無論在何地位，都作左角，它的右角作0．

(例) 宣　直　首　冬　軍　宗　母

每筆用過後，如再充他角，也作0．

(例) 成　持　掛　大　十　車　時

第四條　由整個口門鬥所成的字，它們的下角改取內部的筆形，但上下左右有其他的筆形時，不在此例．

(例) 因＝6043　閉＝7724　鬭＝7712

　　 茵＝4460　瀾＝3712　荇＝4422

附則

Ⅰ.字體寫法都照楷書如下表：

正	冖 隹 匕 反 礻 户 安 心 卜 斥 刃 业 亦 草 執 禺 衣
誤	冖 隹 匕 反 礻 戸 安 心 卜 斥 刄 业 亦 草 執 禺 衣

Ⅱ.取筆形時應注意的幾點：

1.宀户等字，凡點下的横，右方和他筆相連的，都作3，不作0。

2.尸四門等字，方形的筆頭延長在外的，都作7，不作6。

3.角筆起落的兩頭，不作7，如77。

4.筆形"八"和他筆交叉時不作8，如美。

5.业氺中有二筆，水小旁有二筆，都不作小形。

Ⅲ.取角時應注意的幾點：

1.獨立或平行的筆，不問高低，一律以最左或最右的筆形作角。

(例)非 肯 疾 浦 帝

2.最左或最右的筆形，有他筆蓋在上面或托在下面時，取蓋在上面的一筆作上角，托在下面的一筆作下角。

(例)宗 幸 寧 共

3.有兩複筆可取時，在上角應取較高的複筆，在下角應取較低的複筆。

(例)功 盛 頗 鴨 奄

4.撇為下面他筆所托時，取他筆作下角。

(例)春 奎 碎 衣 辟 石

5.左上的撇作左角，它的右角取作右筆。

(例)勺 鈎 侔 鳴

Ⅳ.四角同碼字較多時，以右下角上方最貼近而露鋒芒的一筆作附角，如該筆已經用過，便將附角作0。

(例)芒=4471₀元 拼 是 疝 歆 畜 殘 儀 難 達 越

繕 蠻 軍 覽 功 郭 疫 癥 愁 金 速 仁 見

索引字頭筆畫檢字表

一畫

一 1000_0
乙 1771_0

二畫

丁 1020_0
七 4071_0
九 4001_7
二 1010_0
人 8000_0
入 8000_0
八 8000_0
力 4002_7
十 4000_0
又 7740_0

三畫

丈 5000_0
三 1010_1
上 2110_0
下 1023_0
久 2780_0
乞 8071_7
亡 0071_0
千 2040_0
口 6000_0
土 4010_0
士 4010_0
大 4003_0
女 4040_0
子 1740_7
小 9000_0
山 2277_0
川 2200_0
工 1010_0
己 1771_7
已 1771_7
才 4020_0

四畫

不 1090_0
中 5000_6
丹 7744_0
予 1720_2
互 1010_7
五 1010_7
井 5500_0
亢 0021_7
仁 2121_0
今 8020_7
元 1021_1
內 4022_7
公 8073_2
六 0080_0
冗 3721_7
分 8022_7
切 4772_0
勾 2772_0
勿 2722_0
化 2421_0
升 2440_0
午 8040_0
卝 1100_0
厄 7121_2
友 4004_7
反 7124_7
壬 2010_4
天 1043_0
太 4003_0
孔 1241_0
少 9020_0
屯 5071_7
巴 7771_7
弔 1752_7
引 1220_0
心 3300_0
戶 2027_7
支 4040_7
文 0040_0
斗 3400_0
方 0022_7
日 6010_0
月 7722_0
木 4090_0
欠 2780_2
比 2171_0
毛 2071_4
水 1223_0
火 9080_0
父 8040_0
牛 2500_0
王 1010_4
瓦 1071_7

五畫

世 4471_7
丙 1022_7
主 0010_4
仕 2421_0
代 2324_0
令 8030_7
以 2810_0
兄 6021_0
冬 2730_3
凹 7777_0
出 2277_2
功 1412_7
加 4600_0

包	2771_2
北	1111_0
卯	1712_0
去	4073_1
古	4060_0
句	2762_0
另	6042_7
召	1760_2
可	1062_0
史	5000_6
司	1762_0
四	6021_0
外	2320_0
奴	4744_0
尼	7721_1
左	4001_1
巨	7171_7
布	4022_7
平	1040_9
幼	2472_7
戊	5320_0
打	5102_0
未	5090_0
本	5023_0
札	4291_0
正	1010_1
民	7774_7
永	3023_2
犯	4721_2
玉	1010_3
甘	4477_0
生	2510_0
用	7722_0
田	6040_0
由	5060_0
甲	6050_0
申	5000_6
白	2600_0
目	6010_1
石	1060_0
示	1090_1
立	0010_8

六畫

交	0040_8
亦	0033_0
仲	2520_6
件	2824_0
任	2221_4
伊	2725_7
伍	2121_7
伎	2424_7
伏	2323_4
伐	2325_0
先	2421_1
光	9021_1
全	8010_4
共	4480_1
再	1044_7
刑	1240_0
列	1220_0
印	7772_0
危	2721_2
各	2760_4
合	8060_1
吉	4060_1
同	7722_0
名	2760_0
	2722_7
吏	5000_6
向	2722_0
回	6060_0
因	6043_0
在	4021_4
圩	4114_0
地	4411_2
多	2720_7
夷	5003_2
奸	4144_0
好	4744_7
字	3040_7
宅	3071_4
宇	3040_1
守	3034_2
安	3040_4
尖	9043_0
州	3200_0
巡	3230_3
年	8050_0
延	1240_1
弛	1421_2
成	5320_0
收	2874_0
曲	5560_0
有	4022_7
朱	2590_0
死	1021_2
汛	3711_0
江	3111_0
汲	3714_7
百	1060_0
羊	8050_1
老	4471_1
考	4420_7
臣	7171_7
自	2600_0
至	1010_4
舟	2744_0
血	2710_0
行	2122_1
西	1060_0
邦	5702_7
防	7022_7

七畫

伯	2620_0
估	2426_0
佈	2422_7
佐	2421_1
佔	2126_0
余	8090_4
佛	2522_7
克	4021_6
免	2741_6
兵	7280_1
冷	3813_7
初	3722_0
別	6240_0
利	2290_0
君	1760_7
否	1060_9
吳	2643_0

吾	1060_1	更	1050_6	阻	7721_0	妻	5040_4
呂	6060_0	李	4040_7	阿	7122_0	妾	0040_4
呈	6010_4	村	4490_0	附	7420_0	始	4346_0
告	2460_1	杜	4491_0			姓	4541_0
困	6090_4	杞	4791_7	**八畫**		委	2040_4
均	4712_0	求	4313_2	並	8010_2	孟	1710_7
坊	4012_7	汪	3111_4	事	5000_7	宗	3090_1
坐	8810_4	汏	3413_0	亞	1010_7	官	3077_7
夾	4003_8	汴	3013_0	亟	1010_4	定	3080_1
妥	2040_4	汶	3014_0	京	0090_6	宜	3010_7
孝	4440_7	決	3513_0	使	2520_6	尚	9022_7
宋	3090_4	汽	3811_7	例	2220_0	居	7726_4
局	7722_7	汾	3812_7	侍	2424_1	岡	7722_0
岐	2474_7	沈	3411_2	兩	1022_7	岩	2260_1
巵	7221_7	沙	3912_0	具	7780_1	岷	2774_7
希	4022_7	灾	3080_9	典	5580_1	巫	1010_8
形	1242_2	甬	1722_7	函	1077_2	帕	4620_0
彤	7242_2	社	3421_0	到	1210_0	府	0024_0
忌	1733_1	祀	3721_7	封	4210_0	建	1540_0
忍	1733_2	秀	2022_7	制	2220_0	弦	1023_2
志	4033_1	私	2293_0	刺	5290_0	弧	1223_0
我	2355_0	言	0060_1	効	0442_7	往	2021_4
戒	5340_0	赤	4033_1	劾	0422_7	征	2121_1
扶	5503_0	足	6080_1	卑	2640_0	忠	5033_6
批	5101_0	車	5000_6	協	4402_7	念	8033_2
扼	5101_2	辛	0040_1	叔	2794_0	性	9501_0
技	5404_7	辰	7123_2	取	1714_0	房	3022_7
抑	5702_0	近	3230_2	周	7722_0	承	1723_2
折	5202_1	邑	6071_7	命	8062_7	披	5404_7
拒	5101_7	邱	7712_7	和	2690_0	抵	5204_0
改	1874_0	邳	1712_7	固	6060_4	拓	5106_0
攻	1814_0	邵	1762_7	奇	4062_1	拙	5207_2
旱	6040_1	里	6010_4	奉	5050_3	招	5706_2

放 0824_0
旺 6101_4
昆 6071_1
昌 6060_0
明 6702_0
昏 7260_4
易 6022_7
服 7724_7
杭 4091_7
東 5090_6
杵 4894_0
松 4893_2
板 4194_7
林 4499_0
武 1314_0
河 3112_0
治 3316_0
沿 3716_1
法 3413_1
波 3414_7
爭 2050_7
牧 2854_0
物 2752_0
玩 1111_1
盱 6104_0
盲 0060_1
直 4010_7
知 8640_0
祈 3222_1
空 3010_1
糾 2290_0
耶 1712_7
肥 7721_7
育 0022_7
肺 7022_7
苗 4460_0
苛 4462_1
若 4460_4
英 4453_0
茂 4425_3
范 4411_2
虎 2121_7
表 5073_2
迤 3830_1
述 3330_9
郅 1712_7
郊 0742_7
金 8010_9
長 7173_2
降 7725_4
限 7723_2
雨 1022_7
青 5022_7
非 1111_1

九畫

侯 2723_4
侵 2724_7
俄 2325_0
保 2629_4
信 2026_1
修 2722_2
冠 3721_4
前 8022_1
勇 1742_7
勉 2441_2
南 4022_7
卸 8712_0
厚 7124_7
受 2040_7
咨 3760_8
咸 5320_0
品 6066_0
城 4315_0
奏 5043_0
姚 4241_3
客 3060_4
宣 3010_6
封 4410_0
度 0024_7
庭 0024_1
弭 1124_0
律 2520_7
後 2224_7
思 6033_0
急 2733_7
恃 9404_1
恆 9101_7
恤 9701_0
扃 3022_7
持 5404_1
挑 5201_3
挖 5301_7
挪 5702_7
政 1814_0
故 4864_0
施 0821_2
星 6010_4
春 5060_3
昭 6706_2
是 6080_1
某 4490_4
染 3490_4
柔 1790_4
柚 4596_0
查 4010_6
柩 4191_8
柳 4792_0
毗 6101_0
洋 3815_1
洗 3411_1
洛 3716_4
洞 3712_0
津 3510_7
洩 3510_6
洴 3814_1
活 3216_4
派 3213_2
炭 2248_9
為 3402_7
玻 1414_7
甚 4471_8
癸 1243_0
皇 2610_4
盈 1710_7
相 4690_0
省 9060_2
研 1164_0
砭 1263_7
祔 3420_0
祖 3721_0
祠 3722_0

禹	2042_7	音	0060_1	孫	1249_3	案	3090_4
秋	2998_0	風	7721_0	家	3023_2	桐	4792_0
科	2490_0	飛	1241_3	容	3060_8	條	2729_4
突	3043_0	食	8073_2	射	2420_0	梧	4196_1
紀	2791_7	香	2060_9	將	2724_0	殉	1722_0
約	2792_0			師	2172_7	殺	4794_7
紅	2191_0	**十畫**		座	0021_4	氣	8091_7
美	8043_0	鬼	2621_3	庫	0025_6	泰	5013_2
耐	1420_0	乘	2090_1	弱	1712_7	流	3011_3
胡	4762_0	俸	2525_3	徒	2428_1	浙	3212_1
胥	1722_7	倉	8060_7	恕	4633_0	浮	3214_7
茶	4490_4	候	2723_4	恭	4433_8	海	3815_7
茹	4446_0	借	2426_1	拿	8050_2	涇	3111_1
荊	4240_0	倡	2626_0	挈	5750_2	消	3912_7
荒	4421_1	倣	2824_0	振	5103_2	烈	1233_0
虐	2121_4	倫	2822_7	挽	5701_6	烏	2732_7
虹	5111_0	倭	2224_4	挾	5408_8	特	2454_1
訂	0162_0	健	2524_0	捐	5602_7	留	7760_2
計	0460_0	兼	8033_7	捕	5302_7	畜	0060_3
貞	2180_6	准	3011_4	敉	9894_0	畝	0768_0
軍	3750_6	剔	6220_0	料	9490_0	病	0012_7
迷	3930_9	剛	7220_0	旅	0823_2	益	8010_7
追	3730_7	剝	2210_0	時	6404_1	砥	1264_0
送	3830_3	務	1722_7	晉	1060_1	破	1464_7
逆	3830_7	匪	7171_1	晏	6040_4	祥	3825_1
郝	4732_7	原	7129_6	書	5060_1	秘	2390_0
郡	1762_7	哥	1062_1	朔	8742_0	租	2791_0
重	2010_4	哭	6643_0	栗	1090_4	秦	5090_4
陛	7121_4	唐	0026_7	校	4094_8	窄	3021_1
陜	7423_8	圃	6022_7	核	4098_2	納	2492_7
陡	7428_1	埃	4313_4	根	4793_2	紐	2791_5
除	7829_4	夏	1024_7	格	4796_4	紓	2792_2
革	4450_6	娱	4643_4	桂	4491_4	紙	2294_0

紡	2092_7	陸	7421_4	宿	3026_1	曹	5560_6
索	4090_3	馬	7132_7	寄	3062_1	梅	4895_7
翁	8012_7	高	0022_7	密	3077_2	欲	8768_2
耕	5590_0			專	5034_3	淀	3318_1
耗	5291_4	**十一畫**		屠	7726_4	淞	3813_2
脩	2722_7	乾	4841_7	崇	2290_1	淡	3918_9
致	1814_0	假	2724_7	巢	2290_4	淮	3011_4
航	2041_7	停	2022_1	常	9022_7	深	3719_4
荷	4422_1	偵	2128_6	庶	0023_1	清	3512_7
華	4450_4	偶	2622_7	康	0023_2	渠	3190_4
袁	4073_2	偷	2822_1	庸	0022_7	爽	4003_4
討	0460_0	偽	2422_7	張	1123_2	現	1611_0
訓	0260_0	動	2412_7	強	1323_6	球	1313_2
記	0761_7	勘	4472_7	彗	5517_7	理	1611_4
財	6480_0	區	7171_6	彬	4292_2	琉	1011_3
起	4780_1	參	2320_2	得	2624_1	略	6706_4
透	3230_2	商	0022_7	徙	2128_1	異	6080_1
途	3830_9	問	7760_7	從	2828_1	盛	5310_7
通	3730_2	啟	3864_0	情	9502_7	祭	2790_1
速	3530_9	圈	6071_2	惜	9406_1	移	2792_7
造	3430_6	圉	6040_1	捻	5803_2	章	0040_6
部	0762_7	國	6015_3	授	5204_7	笛	8860_3
郭	0742_7	埠	4714_7	採	5209_4	第	8822_7
郴	4792_7	培	4016_1	接	5004_4	細	2690_0
郵	2712_7	埽	4712_7	控	5301_1	紳	2590_6
都	4762_7	堂	9010_4	推	5001_4	紹	2796_2
酌	1762_0	堅	7710_4	措	5406_1	終	2793_3
配	1761_7	堵	4416_0	救	4814_0	翎	8732_0
酒	3116_0	奢	4060_4	敘	8894_0	習	1760_2
針	8410_0	婁	5040_4	教	4844_0	船	2746_1
陪	7026_1	婆	3440_4	敝	9824_0	萃	4440_8
陳	7529_6	婚	4246_4	旌	0821_4	萊	4490_8
陶	7722_0	婦	4742_7	族	0823_4	萍	4414_9

著	4460_4
處	2124_1
蛋	1713_6
規	5601_0
視	3621_0
訛	0461_0
訪	0062_7
設	0764_7
許	0864_0
象	2723_2
貧	8080_6
貨	2480_6
販	6184_7
責	5080_6
赦	4834_0
距	6111_7
進	3030_1
逸	3730_1
過	3730_2
鄂	6722_7
鄆	3752_7
鄉	2722_7
野	6712_2
陽	7622_7
階	7126_1
雩	1020_7
雪	1017_7
魚	2733_6
鹵	2160_0
麻	0029_4
十二畫	
黃	4480_6
傅	2324_2
備	2422_7
割	3260_0
剴	2210_0
創	8260_0
募	4442_7
博	4304_2
厦	7124_7
喀	6306_4
善	8060_5
喇	6200_0
喝	6602_7
喪	4073_2
圍	6050_6
堤	4618_1
堪	4411_1
報	4744_7
場	4612_7
塊	4611_3
塔	4416_1
壹	4010_8
嫂	4744_7
富	3060_6
寓	3042_7
尊	8034_6
就	0391_4
嵯	2871_1
幾	2245_3
弼	1722_7
彭	4212_2
御	2722_0
復	2824_7
循	2226_4
惠	5033_3
惰	9402_7
戢	6315_0
掌	9050_2
掣	2250_2
提	5608_1
揚	5602_7
援	5204_7
搜	5704_7
敦	0844_0
敬	4864_0
斐	1140_0
斯	4282_1
普	8060_1
景	6090_6
晴	6502_7
暑	6060_4
曾	8060_6
最	6014_7
朝	4742_0
期	4782_0
棍	4691_1
森	4099_4
棲	4594_4
植	4491_7
極	4191_4
欽	8718_2
款	4798_2
淵	3210_0
減	3315_0
渝	3812_1
渡	3014_7
測	3210_0
游	3814_7
湖	3712_0
湘	3610_0
溉	3111_4
焚	4480_9
無	8033_1
煮	4433_6
猾	4722_7
甯	3022_7
番	2060_9
畫	5010_6
畳	6010_7
疏	1011_3
痘	0011_8
痛	0012_7
痧	0012_9
發	1224_7
皖	2361_1
盜	3710_7
短	8141_8
硤	1463_8
硫	1061_3
稅	2891_6
程	2691_4
窖	3060_1
童	0010_4
筆	8850_7
答	8860_1
策	8890_2
結	2496_1
統	2091_3
絲	2299_3
腓	7121_1

皐	2640_{3}	開	7744_{1}	徭	2727_{2}	督	2760_{4}
萬	4442_{7}	閏	7710_{4}	微	2824_{0}	睦	6401_{4}
落	4416_{4}	隕	7628_{6}	意	0033_{6}	稟	0090_{1}
葛	4472_{7}	集	2090_{4}	愚	6033_{2}	禁	4490_{1}
葡	4422_{7}	雲	1073_{1}	愛	2024_{7}	福	3126_{6}
葬	4444_{1}	順	2108_{6}	感	5333_{0}	禘	3022_{7}
葭	4424_{7}	飭	8872_{7}	愼	9108_{1}	節	8872_{7}
虛	2121_{7}	飲	8778_{2}	慈	8033_{3}	粵	2620_{7}
蛤	5816_{1}	馭	7734_{0}	搶	5806_{7}	綏	2294_{4}
蛋	1213_{6}	黑	6033_{1}	新	0292_{1}	經	2191_{1}
裁	4375_{0}			暗	6006_{1}	罪	6011_{1}
裕	3826_{8}	**十三畫**		會	8060_{6}	置	6010_{7}
補	3322_{7}	鼎	2222_{1}	楊	4692_{7}	署	6060_{4}
詁	0466_{0}	亂	2221_{0}	楚	4480_{1}	羣	1750_{1}
詔	0766_{2}	催	2221_{4}	業	3290_{4}	義	8055_{3}
評	0164_{9}	傳	2524_{3}	歲	2125_{3}	聖	1610_{4}
貴	5080_{6}	像	2723_{2}	殿	7724_{7}	聘	1512_{7}
買	6080_{6}	勤	4412_{7}	毀	7714_{7}	肅	5022_{7}
貸	2380_{6}	勦	2492_{7}	準	3040_{1}	腹	7824_{7}
費	5580_{6}	嗎	6102_{7}	溝	3514_{7}	與	7780_{1}
貽	6386_{0}	嗣	6722_{0}	溫	3611_{7}	蒙	4423_{2}
賀	4680_{6}	圓	6080_{6}	滇	3418_{1}	蒞	4411_{8}
越	4380_{5}	塘	4016_{7}	滙	3111_{1}	蒲	4412_{7}
跋	6314_{7}	塞	3010_{4}	漠	3413_{4}	蒸	4433_{1}
遁	3230_{6}	墓	4410_{4}	煙	9181_{4}	蓬	4430_{4}
運	3730_{4}	夢	4420_{7}	煤	9489_{4}	虞	2123_{4}
遍	3330_{2}	嫁	4343_{2}	照	6733_{6}	衙	2122_{1}
道	3830_{6}	嵩	2222_{7}	猺	4227_{2}	解	2725_{2}
達	3430_{4}	幕	4422_{7}	琿	1715_{6}	試	0364_{0}
量	6010_{4}	廉	0023_{7}	瑞	1212_{7}	詩	0464_{1}
鈐	8812_{7}	廓	0022_{7}	甄	1111_{7}	詰	0466_{1}
鈔	8912_{0}	廕	0023_{1}	當	9060_{6}	詳	0865_{1}
鉅	8111_{7}	彙	2790_{4}	盟	6710_{7}	資	3780_{6}

賈 1080_6
賊 6385_0
路 6716_4
辟 7064_1
農 5523_2
遠 3430_3
遣 3530_7
際 7729_1
雍 0071_4
雷 1060_3
電 1071_6
靖 0512_7
靳 4252_1
預 1128_6
頒 8128_6
頓 5178_6
飼 8772_0
飽 8771_2
魁 2421_0
鼓 4414_7

十四畫

僧 2826_6
僮 2021_4
劃 5210_0
劄 8260_0
嘉 4046_5
圖 6060_4
團 6034_3
塼 4514_3
塾 0410_4
壽 4064_1
奧 2743_0
察 3090_1
寡 3022_7
寢 3024_7
實 3080_6
對 3410_0
幣 9822_7
廣 0028_6
截 4325_0
摘 5002_7
旗 0828_1
榷 4491_4
槍 4896_7
滬 3311_7
滹 3114_9
滿 3412_7
漁 3713_6
漆 3413_2
漏 3712_7
演 3318_6
漕 3516_6
漢 3413_4
漳 3014_6
熠 9287_7
獄 4323_4
瑪 1112_7
疑 2748_1
盡 5010_7
監 7810_7
磁 1863_2
種 2291_4
稱 2294_7
端 0212_7
箕 8880_1
算 8844_6
管 8877_7
精 9592_7
綜 2399_1
綠 2793_2
維 2091_4
綴 2794_7
罰 6062_0
聚 1723_2
聞 7740_1
臺 4010_4
蔡 4490_1
蔣 4424_7
蔥 4433_6
蜀 6012_7
蜜 3013_6
裴 1173_2
裹 0073_2
製 2273_2
複 3824_7
誌 0463_1
誘 0262_7
語 0166_1
誠 0365_0
誥 0466_1
說 0861_6
賑 6183_2
趙 4980_2
輓 5701_6
輕 5101_1
適 3030_2
鄰 9722_7
鄱 2762_7
酸 1364_7
銀 8713_2
銅 8712_0
銓 8811_4
銖 8519_0
鋁 8616_0
閩 7713_6
隨 7423_2
雒 2061_4
霆 1040_1
餉 8772_0
駁 7434_0
鳳 7721_0
鼻 2622_1
齊 0022_3

十五畫

儀 2825_3
儉 2828_6
劇 2220_0
劉 7210_0
劍 8280_0
增 4816_6
墟 4111_7
墨 6010_4
墳 4418_6
墺 4713_4
審 3060_9
寫 3032_7
導 3834_3
履 7724_7
廟 0022_7
廠 0024_8

十五畫—十六畫

廢	0024_7	澎	3212_2	遴	3930_4	機	4295_3
彈	1625_6	澳	3713_4	遵	3830_4	横	4498_6
影	6292_2	熟	0433_1	遷	3130_1	歷	7121_1
徵	2824_0	熱	4433_1	選	3730_8	潞	3716_4
德	2423_1	獎	2743_0	遺	3530_8	澣	3814_1
慧	5533_7	甄	5131_7	遼	3430_9	澱	3714_7
慮	2123_6	畿	2265_3	鋅	8014_1	澹	3716_1
慶	0024_7	確	1461_4	鋪	8312_7	激	3814_0
憂	1024_7	稽	2396_1	閱	7721_6	濂	3013_7
憤	9408_6	箴	8825_3	震	1023_2	濛	3413_2
憫	9702_0	緝	2694_1	鞏	1750_6	燃	9383_3
撥	5204_7	編	2392_7	養	8073_2	燐	9985_9
撫	5803_1	緩	2294_7	駐	7031_4	燕	4433_1
撰	5708_1	緬	2196_0	駕	4632_7	營	9960_6
撻	5403_4	緯	2495_6	魯	2760_3	獨	4622_7
攜	5002_7	練	2599_6	鴉	7722_7	盧	2121_7
敵	0824_0	罷	6021_1			禪	3625_6
敷	5824_0	膠	7722_2	**十六畫**		禫	3124_6
數	5844_0	蕪	4433_1	儒	2122_7	積	2598_6
暫	5260_2	衛	2122_1	儗	2728_1	築	8890_4
遲	3630_1	課	0669_4	嘯	6502_7	糖	9096_7
樂	2290_4	調	0762_0	器	6666_3	翰	4842_7
樊	4443_0	談	0968_9	圜	6073_2	興	7780_1
樗	4192_7	請	0562_7	墾	2710_4	舉	7750_3
橢	4492_7	論	0862_7	學	7740_7	蕭	4422_7
歐	7778_2	諸	0466_0	憲	3033_6	薦	4422_7
殤	1822_7	豫	1723_2	戰	6355_0	衡	2122_1
潘	3216_9	賜	6682_7	擇	5604_1	親	0691_0
潛	3116_1	賢	7780_6	操	5609_4	諫	0569_6
潜	3516_3	賦	6384_0	據	5103_2	諭	0862_1
潮	3712_0	質	7280_6	整	5810_1	諮	0766_8
潼	3011_4	踏	6216_3	曉	6401_1	謂	0662_7
澄	3211_8	輪	5802_7	樹	4490_0	輯	5604_1

輶 5806_1
輸 5802_1
辦 0044_1
辨 0044_1
還 3630_3
鋼 8712_0
錄 8713_2
錢 8315_3
錫 8612_7
鍊 8519_6
閻 7760_4
隱 7223_7
霍 1021_4
靜 5225_7
館 8377_7
黔 6832_7
默 6333_4
龍 0121_1

十七畫

儲 2426_0
嶽 2223_4
彌 1122_7
徽 2824_0
懇 2733_3
應 0023_1
懋 4433_9
戴 4385_0
擬 5708_1
擴 5008_6
斂 8884_0
朦 7423_2
檄 4894_0
濟 3012_3
濬 3116_8
矯 8242_7
禦 2790_1
禮 3521_8
縱 2898_1
縷 2594_4
總 2693_0
聯 1217_2
聰 1613_0
聲 4740_1
臨 7876_6
舊 4477_7
藉 4496_1
藏 4425_3
襄 0073_2
謙 0863_7
講 0564_7
謝 0460_0
豳 2277_0
購 6584_7
賽 3080_6
趨 4780_2
輿 7780_1
鍍 8014_7
韓 4445_6
魏 2641_3
黜 6237_2
齋 0022_3

十八畫

斷 2272_1
檳 4398_6
歸 2712_7
瀆 3418_6
瀏 3210_0
璿 1116_8
瞻 6706_1
禱 3424_1
簡 8822_7
糧 9691_4
織 2395_0
繙 2296_9
職 1315_0
藝 4473_1
藥 4490_4
藩 4416_9
覆 1024_7
覲 4611_0
謹 0461_4
轉 5504_3
邊 3630_2
醫 7760_1
釐 5821_4
鎳 8619_4
隴 7121_1
雙 2040_7
雜 0091_4
題 6180_8
額 3168_6
騎 7432_1

十九畫

勸 4422_7
嚴 6624_8
廬 0021_7
懲 2833_4
懷 9003_2
瀛 3011_7
瀝 3111_1
疆 1111_6
癟 0012_7
礦 1068_6
繩 2791_7
繪 2896_6
繹 2694_1
羅 6091_4
蘆 4421_7
蘇 4439_4
覈 1024_8
證 0261_8
識 0365_0
譜 0866_1
警 4860_1
贈 6886_6
贊 2480_6
辭 2024_1
鏡 8011_6
關 7777_2

二十畫

騰 7922_7
寶 3080_6
攔 5702_0
斅 7844_0
瀾 3712_0
灌 3411_4
馨 4460_3
籌 8864_1

籍 8896_1
繼 2291_3
臚 7121_7
覺 7721_6
譯 0664_1
議 0865_3
護 0464_7
釋 2694_1
闡 7750_6
饑 8275_3
鐃 8471_1

二十一畫

夔 8024_7
權 4491_4
歡 4728_2
礮 1064_8
闢 7764_1
籐 8823_2
續 2498_6
辯 0044_1
鐵 8315_0
露 1016_4
顧 3128_6
驅 7131_6
鶴 4722_7

二十二畫

竊 3092_7
聽 1413_1
讀 0468_6
鑄 8414_1
驕 7232_7
驚 4832_7
體 7521_8
鬻 1722_7

二十三畫

纖 2395_0
變 2224_7
蠲 8612_7
驗 7838_6
驛 7634_1

二十四畫

壩 4112_7
羈 6052_7
蠶 7113_6
衢 2122_1
觀 4621_0
讓 0063_2
贛 0748_6
靈 1010_8
鹽 7810_7

二十五畫以上

糴 2791_4
讞 0363_4
鑿 3710_9
籲 8828_6

索引字頭拼音檢字表

A

阿	7122_0
埃	4313_4
愛	2024_7
安	3040_4
案	3090_4
暗	6006_1
凹	7777_0
奧	2743_0
墺	4713_4
澳	3713_4

B

八	8000_0
巴	7771_7
跋	6314_7
罷	6021_1
壩	4112_7
白	2600_0
百	1060_0
頒	8128_6
板	4194_7
辦	0044_1
邦	5702_7
包	2771_2
剝	2210_0
保	2629_4
飽	8771_2
寶	3080_6
報	4744_7
卑	2640_0
北	1111_0
備	2422_7
本	5023_0
鼻	2622_1
比	2171_0
筆	8850_7
陛	7121_4
敝	9824_0
弼	1722_7
辟	7064_1
幣	9822_7
砭	1263_7
編	2392_7
邊	3630_2
汴	3013_0
遍	3330_2
辨	0044_1
辯	0044_1
變	2224_7
表	5073_2
別	6240_0
癟	0012_7
彬	4292_2
豳	2277_0
兵	7280_1
檳	4398_6
丙	1022_7
禀	0090_1
並	8010_2
病	0012_7
波	3414_7
玻	1414_7
撥	5204_7
伯	2620_0
博	4304_2
駁	7434_0
捕	5302_7
補	3322_7
不	1090_0
布	4022_7
佈	2422_7
部	0762_7
埠	4714_7

C

才	4020_0
財	6480_0
裁	4375_0
採	5209_4
蔡	4490_1
參	2320_2
蠶	7113_6
倉	8060_7
藏	4425_3
操	5609_4
曹	5560_6
漕	3516_6
測	3210_0
策	8890_2
曾	8060_6
查	4010_6
茶	4490_4
察	3090_1
禪	3625_6
闡	7750_6
昌	6060_0
長	7173_2
常	9022_7

C—E

場	4612_7	杵	4894_0	戴	4385_0	丁	1020_0
廠	0024_8	楚	4480_1	丹	7744_0	鼎	2222_1
倡	2626_0	儲	2426_0	淡	3918_9	定	3080_1
鈔	8912_0	處	2124_1	蛋	1713_6	訂	0162_0
巢	2290_4	黜	6237_2	蜑	1213_6	冬	2730_3
朝	4742_0	畜	0060_3	彈	1625_6	東	5090_6
潮	3712_0	川	2200_0	澹	3716_1	洞	3712_0
車	5000_6	船	2746_1	禫	3124_6	動	2412_7
掣	2250_2	傳	2524_3	當	9060_6	都	4762_7
郴	4792_7	創	8260_0	導	3834_3	斗	3400_0
臣	7171_7	春	5060_3	禱	3424_1	陡	7428_1
辰	7123_2	祠	3722_0	到	1210_0	痘	0011_8
陳	7529_6	慈	8033_3	盜	3710_7	督	2760_4
稱	2294_7	磁	1863_2	道	3830_6	獨	4622_7
成	5320_0	辭	2024_1	得	2624_1	瀆	3418_6
呈	6010_4	刺	5290_0	德	2423_1	讀	0468_6
承	1723_2	賜	6682_7	堤	4618_1	堵	4416_0
城	4315_0	從	2828_1	笛	8860_3	杜	4491_0
乘	2090_1	蔥	4433_6	敵	0824_0	度	0024_7
程	2691_4	聰	1613_0	抵	5204_0	渡	3014_7
澄	3211_8	催	2221_4	砥	1264_0	鍍	8014_7
懲	2833_4	萃	4440_8	地	4411_2	端	0212_7
弛	1421_2	村	4490_0	第	8822_7	短	8141_8
持	5404_1	嵯	2871_1	禘	3022_7	斷	2272_1
赤	4033_1	措	5406_1	滇	3418_1	對	3410_0
飭	8872_7	D		典	5580_1	敦	0844_0
崇	2290_1			淀	3318_1	遁	3230_6
重	2010_4	答	8860_1	殿	7724_7	頓	5178_6
籌	8864_1	達	3430_4	電	1071_6	多	2720_7
出	2277_2	打	5102_0	澱	3714_7	惰	9402_7
初	3722_0	大	4003_0	弔	1752_7	E	
樗	4192_7	代	2324_0	調	0762_0		
除	7829_4	貸	2380_6	疊	6010_7	俄	2325_0

訛 0461_{0}
額 3168_{6}
厄 7121_{2}
扼 5101_{2}
鄂 6722_{7}
二 1010_{0}

F

發 1224_{7}
伐 2325_{0}
罰 6062_{0}
法 3413_{1}
番 2060_{9}
藩 4416_{9}
樊 4443_{0}
繙 2296_{9}
礬 4460_{3}
反 7124_{7}
犯 4721_{2}
范 4411_{2}
販 6184_{7}
方 0022_{7}
坊 4012_{7}
防 7022_{7}
房 3022_{7}
倣 2824_{0}
紡 2092_{7}
訪 0062_{7}
放 0824_{0}
非 1111_{1}
飛 1241_{3}
肥 7721_{7}
腓 7121_{1}
匪 7171_{1}
斐 1140_{0}
肺 7022_{7}
費 5580_{6}
廢 0024_{7}
分 8022_{7}
汾 3812_{7}
焚 4480_{9}
墳 4418_{6}
憤 9408_{6}
封 4410_{0}
風 7721_{0}
奉 5050_{3}
俸 2525_{3}
鳳 7721_{0}
佛 2522_{7}
否 1060_{9}
敷 5824_{0}
伏 2323_{4}
扶 5503_{0}
服 7724_{7}
浮 3214_{7}
福 3126_{6}
複 3824_{7}
府 0024_{0}
撫 5803_{1}
父 8040_{0}
附 7420_{0}
祔 3420_{0}
婦 4742_{7}
傅 2324_{2}
富 3060_{6}
復 2824_{7}
腹 7824_{7}
賦 6384_{0}
覆 1024_{7}

G

改 1874_{0}
溉 3111_{4}
甘 4477_{0}
感 5333_{0}
贛 0748_{6}
岡 7722_{0}
剛 7220_{0}
鋼 8712_{0}
高 0022_{7}
臯 2640_{3}
告 2460_{1}
誥 0466_{1}
哥 1062_{1}
割 3260_{0}
革 4450_{6}
格 4796_{4}
葛 4472_{7}
蛤 5816_{1}
各 2760_{4}
根 4793_{2}
更 1050_{6}
耕 5590_{0}
工 1010_{0}
公 8073_{2}
功 1412_{7}
攻 1814_{0}
恭 4433_{8}
鞏 1750_{6}
共 4480_{1}
勾 2772_{0}
溝 3514_{7}
購 6584_{7}
估 2426_{0}
古 4060_{0}
詁 0466_{0}
鼓 4414_{7}
固 6060_{4}
故 4864_{0}
顧 3128_{6}
寡 3022_{7}
官 3077_{7}
冠 3721_{4}
關 7777_{2}
觀 4621_{0}
管 8877_{7}
館 8377_{7}
丱 1100_{0}
灌 3411_{4}
光 9021_{1}
廣 0028_{6}
規 5601_{0}
歸 2712_{7}
癸 1243_{0}
鬼 2621_{3}
桂 4491_{4}
貴 5080_{6}
棍 4691_{1}
郭 0742_{7}
國 6015_{3}
裹 0073_{2}
過 3730_{2}

H—J

H

海	3815_7
函	1077_2
韓	4445_6
旱	6040_1
漢	3413_4
翰	4842_7
杭	4091_7
航	2041_7
好	4744_7
郝	4732_7
耗	5291_4
喝	6602_7
合	8060_1
劾	0422_7
和	2690_0
河	3112_0
核	4098_2
荷	4422_1
覈	1024_8
賀	4680_6
鶴	4722_7
黑	6033_1
恆	9101_7
横	4498_6
衡	2122_1
紅	2191_0
虹	5111_0
侯	2723_4
厚	7124_7
後	2224_7
候	2723_4
滹	3114_9
弧	1223_0
胡	4762_0
湖	3712_0
虎	2121_7
互	1010_7
戶	2027_7
滬	3311_7
護	0464_7
華	4450_4
猾	4722_7
化	2421_0
畫	5010_6
劃	5210_0
淮	3011_4
懷	9003_2
歡	4728_2
還	3630_3
緩	2294_7
澣	3814_1
荒	4421_1
皇	2610_4
黃	4480_6
琿	1715_6
徽	2824_0
回	6060_0
彗	5517_7
惠	5033_3
彙	2790_4
會	8060_6
毀	7714_7
滙	3111_1
慧	5533_7
繪	2896_6
昏	7260_4
婚	4246_4
閽	7760_4
活	3216_4
火	9080_0
貨	2480_6
霍	1021_4

J

箕	8880_1
畿	2265_3
稽	2396_1
緝	2694_1
機	4295_3
激	3814_0
積	2598_6
饑	8275_3
羈	6052_7
吉	4060_1
汲	3714_7
亟	1010_4
急	2733_7
戢	6315_0
極	4191_4
集	2090_4
輯	5604_1
籍	8896_1
己	1771_7
幾	2245_3
伎	2424_7
忌	1733_1
技	5404_7
紀	2791_7
計	0460_0
記	0761_7
寄	3062_1
祭	2790_1
際	7729_1
濟	3012_3
繼	2291_3
加	4600_0
夾	4003_8
家	3023_2
葭	4424_7
嘉	4046_5
甲	6050_0
賈	1080_6
假	2724_7
嫁	4343_2
駕	4632_7
奸	4144_0
尖	9043_0
兼	8033_7
堅	7710_4
監	7810_7
減	3315_0
儉	2828_6
簡	8822_7
建	1540_0
健	2524_0
劍	8280_0
薦	4422_7
諫	0569_6
江	3111_0
疆	1111_6

蔣 4424_{7}
奬 2743_{0}
講 0564_{7}
降 7725_{4}
將 2724_{0}
交 0040_{8}
郊 0742_{7}
膠 7722_{2}
驕 7232_{7}
勦 2492_{7}
矯 8242_{7}
教 4844_{0}
窖 3060_{1}
校 4094_{8}
接 5004_{4}
階 7126_{1}
結 2496_{1}
節 8872_{7}
詰 0466_{1}
截 4325_{0}
解 2725_{2}
戒 5340_{0}
借 2426_{1}
誡 0365_{0}
藉 4496_{1}
今 8020_{7}
金 8010_{9}
津 3510_{7}
盡 5010_{7}
謹 0461_{4}
近 3230_{2}
晉 1060_{1}
進 3030_{1}
禁 4490_{1}
靳 4252_{1}
覲 4611_{0}
京 0090_{6}
荆 4240_{0}
涇 3111_{1}
旌 0821_{4}
經 2191_{1}
精 9592_{7}
驚 4832_{7}
井 5500_{0}
景 6090_{6}
警 4860_{1}
敬 4864_{0}
靖 0512_{7}
靜 5225_{7}
鏡 8011_{6}
扃 3022_{7}
糾 2290_{0}
九 4001_{7}
久 2780_{0}
酒 3116_{0}
柩 4191_{8}
救 4814_{0}
就 0391_{4}
舊 4477_{7}
居 7726_{4}
局 7722_{7}
舉 7750_{3}
句 2762_{0}
巨 7171_{7}
拒 5101_{7}
具 7780_{1}
距 6111_{7}
鉅 8111_{7}
聚 1723_{2}
劇 2220_{0}
據 5103_{2}
捐 5602_{7}
蠲 8612_{7}
決 3513_{0}
覺 7721_{6}
君 1760_{7}
均 4712_{0}
軍 3750_{6}
郡 1762_{7}
濬 3116_{8}

K

喀 6306_{4}
開 7744_{1}
剴 2210_{0}
勘 4472_{7}
堪 4411_{1}
康 0023_{2}
亢 0021_{7}
考 4420_{7}
苛 4462_{1}
科 2490_{0}
可 1062_{0}
克 4021_{6}
客 3060_{4}
課 0669_{4}
墾 2710_{4}
懇 2733_{3}
空 3010_{1}
孔 1241_{0}
控 5301_{1}
口 6000_{0}
哭 6643_{0}
庫 0025_{6}
塊 4611_{3}
款 4798_{2}
礦 1068_{6}
刲 4210_{0}
魁 2421_{0}
夔 8024_{7}
昆 6071_{1}
困 6090_{4}
廓 0022_{7}
擴 5008_{6}

L

喇 6200_{0}
萊 4490_{8}
攔 5702_{0}
瀾 3712_{0}
老 4471_{1}
樂 2290_{4}
雷 1060_{3}
冷 3813_{7}
釐 5821_{4}
李 4040_{7}
里 6010_{4}
理 1611_{4}
禮 3521_{8}
力 4002_{7}
立 0010_{8}
吏 5000_{6}

L—N

利	2290_0	瀏	3210_0	落	4416_4	苗	4460_0
例	2220_0	柳	4792_0	雒	2061_4	廟	0022_7
栗	1090_4	六	0080_0	M		民	7774_7
蒞	4411_8	龍	0121_1			岷	2774_7
歷	7121_1	隴	7121_1	麻	0029_4	閩	7713_6
瀝	3111_1	婁	5040_4	馬	7132_7	憫	9702_0
廉	0023_7	漏	3712_7	瑪	1112_7	名	2760_0
濂	3013_7	露	1016_4	嗎	6102_7	明	6702_0
聯	1217_2	盧	2121_7	買	6080_6	命	8062_7
斂	8884_0	廬	0021_7	滿	3412_7	漠	3413_4
練	2599_6	蘆	4421_7	盲	0060_1	墨	6010_4
鍊	8519_6	臚	7121_7	毛	2071_4	默	6333_4
糧	9691_4	鹵	2160_0	茂	4425_3	某	4490_4
兩	1022_7	魯	2760_3	懋	4433_9	畝	0768_0
量	6010_4	陸	7421_4	梅	4895_7	木	4090_0
遼	3430_9	路	6716_4	煤	9489_4	目	6010_1
料	9490_0	潞	3716_4	美	8043_0	牧	2854_0
列	1220_0	錄	8713_2	夢	4420_7	募	4442_7
烈	1233_0	呂	6060_0	盟	6710_7	墓	4410_4
林	4499_0	旅	0823_2	濛	3413_2	幕	4422_7
鄰	9722_7	鋁	8616_0	朦	7423_2	睦	6401_4
遴	3930_4	履	7724_7	蒙	4423_2		
燐	9985_9	縷	2594_4	孟	1710_7	N	
臨	7876_6	律	2520_7	迷	3930_9	拿	8050_2
翎	8732_0	綠	2793_2	彌	1122_7	納	2492_7
靈	1010_8	慮	2123_6	弭	1124_0	耐	1420_0
令	8030_7	亂	2221_0	敉	9894_0	南	4022_7
另	6042_7	略	6706_4	秘	2390_0	內	4022_7
流	3011_3	倫	2822_7	密	3077_2	尼	7721_1
留	7760_2	輪	5802_7	蜜	3013_6	儗	2728_1
琉	1011_3	論	0862_7	免	2741_6	擬	5708_1
硫	1061_3	羅	6091_4	勉	2441_2	逆	3830_7
劉	7210_0	洛	3716_4	緬	2196_0	年	8050_0

捻 5803_2
念 8033_2
鎳 8619_4
甯 3022_7
牛 2500_0
紐 2791_5
農 5523_2
奴 4744_0
女 4040_0
虐 2121_4
挪 5702_7

O

歐 7778_2
偶 2622_7

P

帕 4620_0
派 3213_2
潘 3216_9
礮 1064_8
陪 7026_1
培 4016_1
裴 1173_2
配 1761_7
彭 4212_2
蓬 4430_4
澎 3212_2
批 5101_0
邳 1712_7
披 5404_7
闢 7764_1
毗 6101_0
貧 8080_6
品 6066_0
聘 1512_7
平 1040_9
洴 3814_1
萍 4414_9
評 0164_9
婆 3440_4
鄱 2762_7
破 1464_7
鋪 8312_7
葡 4422_7
蒲 4412_7
圃 6022_7
普 8060_1
譜 0866_1

Q

七 4071_0
妻 5040_4
期 4782_0
棲 4594_4
漆 3413_2
岐 2474_7
奇 4062_1
祈 3222_1
旗 0828_1
齊 0022_3
騎 7432_1
乞 8071_7
杞 4791_7
起 4780_1
啟 3864_0
汽 3811_7
氣 8091_7
器 6666_3
千 2040_0
遷 3130_1
謙 0863_7
前 8022_1
乾 4841_7
鈐 8812_7
潛 3516_3
錢 8315_3
黔 6832_7
遣 3530_7
潛 3116_1
欠 2780_2
槍 4896_7
強 1323_6
搶 5806_7
切 4772_0
妾 0040_4
挈 5750_2
竊 3092_7
侵 2724_7
親 0691_0
秦 5090_4
勤 4412_7
寢 3024_7
欽 8718_2
青 5022_7
清 3512_7
輕 5101_1
情 9502_7
晴 6502_7
請 0562_7
慶 0024_7
邛 1712_0
邱 7712_7
秋 2998_0
求 4313_2
球 1313_2
曲 5560_0
區 7171_6
趨 4780_2
驅 7131_6
渠 3190_4
衢 2122_1
取 1714_0
去 4073_1
圈 6071_2
全 8010_4
銓 8811_4
權 4491_4
勸 4422_7
榷 4491_4
確 1461_4
羣 1750_1

R

燃 9383_3
染 3490_4
讓 0063_2
饒 8471_1
熱 4433_1
人 8000_0
仁 2121_0
壬 2010_4

忍	1733_2	少	9020_0	始	4346_0	雙	2040_7
任	2221_4	邵	1762_7	士	4010_0	爽	4003_4
日	6010_0	紹	2796_2	世	4471_7	水	1223_0
容	3060_8	奢	4060_4	仕	2421_0	税	2891_6
冗	3721_7	社	3421_0	示	1090_1	順	2108_6
柔	1790_4	射	2420_0	事	5000_7	說	0861_6
茹	4446_0	設	0764_7	侍	2424_1	朔	8742_0
儒	2122_7	赦	4834_0	恃	9404_1	司	1762_0
入	8000_0	申	5000_6	是	6080_1	私	2293_0
瑞	1212_7	深	3719_4	視	3621_0	思	6033_0
閏	7710_4	紳	2590_6	試	0364_0	斯	4282_1
若	4460_4	沈	3411_2	適	3030_2	絲	2299_3
弱	1712_7	審	3060_9	釋	2694_1	死	1021_2
		甚	4471_8	收	2874_0	四	6021_0
S		慎	9108_1	守	3034_2	祀	3721_7
塞	3010_4	升	2440_0	受	2040_7	嗣	6722_0
賽	3080_6	生	2510_0	授	5204_7	飼	8772_0
三	1010_1	聲	4740_1	壽	4064_1	松	4893_2
喪	4073_2	繩	2791_7	叔	2794_0	淞	3813_2
嫂	4744_7	省	9060_2	書	5060_1	嵩	2222_7
埽	4712_7	盛	5310_7	紓	2792_2	宋	3090_4
森	4099_4	聖	1610_4	疏	1011_3	送	3830_3
僧	2826_6	施	0821_2	輸	5802_1	搜	5704_7
沙	3912_0	師	2172_7	塾	0410_4	蘇	4439_4
殺	4794_7	詩	0464_1	熟	0433_1	速	3530_9
痧	0012_9	十	4000_0	暑	6060_4	宿	3026_1
山	2277_0	石	1060_0	署	6060_4	肅	5022_7
陝	7423_8	食	8073_2	蜀	6012_7	酸	1364_7
善	8060_5	時	6404_1	述	3330_9	算	8844_6
商	0022_7	實	3080_6	恕	4633_0	綏	2294_4
殤	1822_7	識	0365_0	庶	0023_1	隨	7423_2
上	2110_0	史	5000_6	數	5844_0	歲	2125_3
尚	9022_7	使	2520_6	樹	4490_0	孫	1249_3

索	4090$_3$
T	
塔	4416$_1$
撻	5403$_4$
踏	6216$_3$
臺	4010$_4$
太	4003$_0$
汰	3413$_0$
泰	5013$_2$
談	0968$_9$
炭	2248$_9$
唐	0026$_7$
堂	9010$_4$
塘	4016$_7$
糖	9096$_7$
陶	7722$_0$
討	0460$_0$
特	2454$_1$
騰	7922$_7$
籐	8823$_2$
剔	6220$_0$
提	5608$_1$
題	6180$_8$
體	7521$_8$
天	1043$_0$
田	6040$_0$
挑	5201$_3$
條	2729$_4$
糶	2791$_4$
鐵	8315$_0$
聽	1413$_1$
庭	0024$_1$
停	2022$_1$
霆	1040$_1$
通	3730$_2$
同	7722$_0$
彤	7242$_2$
桐	4792$_0$
童	0010$_4$
僮	2021$_4$
銅	8712$_0$
潼	3011$_4$
統	2091$_3$
痛	0012$_7$
偷	2822$_1$
透	3230$_2$
突	3043$_0$
徒	2428$_1$
途	3830$_9$
屠	7726$_4$
圖	6060$_4$
土	4010$_0$
團	6034$_3$
塼	4514$_3$
推	5001$_4$
屯	5071$_7$
妥	2040$_4$
橢	4492$_7$
拓	5106$_0$
W	
挖	5301$_7$
瓦	1071$_7$
外	2320$_0$
玩	1111$_1$
挽	5701$_6$
晥	2361$_1$
輓	5701$_6$
萬	4442$_7$
汪	3111$_4$
亡	0071$_0$
王	1010$_4$
往	2021$_4$
旺	6101$_4$
危	2721$_2$
微	2824$_0$
圩	4114$_0$
為	3402$_7$
圍	6050$_6$
維	2091$_4$
委	2040$_4$
偽	2422$_7$
緯	2495$_6$
未	5090$_0$
衛	2122$_1$
謂	0662$_7$
魏	2641$_3$
溫	3611$_7$
文	0040$_0$
聞	7740$_1$
汶	3014$_0$
問	7760$_7$
翁	8012$_7$
倭	2224$_4$
我	2355$_0$
巫	1010$_8$
烏	2732$_7$
吳	2643$_0$
吾	1060$_1$
梧	4196$_1$
無	8033$_1$
蕪	4433$_1$
五	1010$_7$
午	8040$_0$
仵	2824$_0$
伍	2121$_7$
武	1314$_0$
勿	2722$_0$
戊	5320$_0$
物	2752$_0$
務	1722$_7$
X	
西	1060$_0$
希	4022$_7$
惜	9406$_1$
錫	8612$_7$
習	1760$_2$
檄	4894$_0$
洗	3411$_1$
徙	2128$_1$
細	2690$_0$
硤	1463$_8$
下	1023$_0$
夏	1024$_7$
厦	7124$_7$
先	2421$_1$
暹	3630$_1$
纖	2395$_0$
弦	1023$_2$
咸	5320$_0$

X—Y

賢	7780_6	新	0292_1	殉	1722_0	業	3290_4
限	7723_2	鋅	8014_1	訓	0260_0	一	1000_0
現	1611_0	信	2026_1	Y		伊	2725_7
憲	3033_6	星	6010_4			壹	4010_8
相	4690_0	興	7780_1	鴉	7722_7	醫	7760_1
香	2060_9	刑	1240_0	衙	2122_1	夷	5003_2
鄉	2722_7	行	2122_1	亞	1010_7	宜	3010_7
湘	3610_0	形	1242_2	煙	9181_4	迤	3830_1
襄	0073_2	姓	4541_0	延	1240_1	移	2792_7
祥	3825_1	性	9501_0	言	0060_1	貽	6386_0
詳	0865_1	兄	6021_0	岩	2260_1	疑	2748_1
餉	8772_0	修	2722_2	沿	3716_1	儀	2825_3
向	2722_0	脩	2722_7	研	1164_0	遺	3530_8
象	2723_2	秀	2022_7	嚴	6624_8	乙	1771_0
像	2723_2	盱	6104_0	鹽	7810_7	已	1771_7
消	3912_7	胥	1722_7	演	3318_6	以	2810_0
蕭	4422_7	虛	2121_7	晏	6040_4	亦	0033_0
小	9000_0	墟	4111_7	焰	9287_7	抑	5702_0
曉	6401_1	圩	4114_0	燕	4433_1	邑	6071_7
孝	4440_7	許	0864_0	驗	7838_6	易	6022_7
効	0442_7	恤	9701_0	讞	0363_4	益	8010_7
校	4094_8	畜	0060_3	羊	8050_1	異	6080_1
嘯	6502_7	敘	8894_0	洋	3815_1	逸	3730_1
斅	7844_0	續	2498_6	陽	7622_7	意	0033_6
協	4402_7	宣	3010_6	揚	5602_7	義	8055_3
挾	5408_8	璿	1116_8	楊	4692_7	藝	4473_1
攜	5002_7	選	3730_8	養	8073_2	繹	2694_1
寫	3032_7	學	7740_7	姚	4241_3	譯	0664_1
卸	8712_0	雪	1017_7	徭	2727_2	議	0865_3
洩	3510_6	血	2710_0	猺	4227_2	驛	7634_1
謝	0460_0	巡	3230_3	藥	4490_4	因	6043_0
心	3300_0	循	2226_4	耶	1712_7	音	0060_1
辛	0040_1	汛	3711_0	野	6712_2	銀	8713_2

引	1220_0	雩	1020_7	遠	3430_3	宅	3071_4
飲	8778_2	魚	2733_6	約	2792_0	窄	3021_1
隱	7223_7	愚	6033_2	月	7722_0	瞻	6706_1
	2722_7	虞	2123_4	越	4380_5	佔	2126_0
印	7772_0	漁	3713_6	粵	2620_7	戰	6355_0
廕	0023_1	輿	7780_1	閱	7721_6	張	1123_2
英	4453_0	宇	3040_1	嶽	2223_4	章	0040_6
應	0023_1	雨	1022_7	樂	2290_4	漳	3014_6
盈	1710_7	禹	2042_7	雲	1073_1	掌	9050_2
營	9960_6	圉	6040_1	隕	7628_6	丈	5000_0
瀛	3011_7	與	7780_1	鄆	3752_7	招	5706_2
影	6292_2	語	0166_1	運	3730_4	昭	6706_2
庸	0022_7	玉	1010_3			召	1760_2
雍	0071_4	育	0022_7	**Z**		詔	0766_2
永	3023_2	欲	8768_2	雜	0091_4	照	6733_6
甬	1722_7	寓	3042_7	災	3080_9	趙	4980_2
勇	1742_7	御	2722_0	再	1044_7	折	5202_1
用	7722_0	裕	3826_8	在	4021_4	浙	3212_1
憂	1024_7	馭	7734_0	暫	5260_2	貞	2180_6
由	5060_0	預	1128_6	贊	2480_6	針	8410_0
柚	4596_0	獄	4323_4	葬	4444_1	偵	2128_6
郵	2712_7	豫	1723_2	鑿	3710_9	甄	1111_7
游	3814_7	諭	0862_1	造	3430_6	箴	8825_3
輶	5806_1	禦	2790_1	責	5080_6	振	5103_2
友	4004_7	鬻	1722_7	擇	5604_1	賑	6183_2
有	4022_7	籲	8828_6	賊	6385_0	震	1023_2
又	7740_0	淵	3210_0	曾	8060_6	征	2121_1
幼	2472_7	元	1021_1	增	4816_6	爭	2050_7
誘	0262_7	原	7129_6	贈	6886_6	蒸	4433_1
渝	3812_1	袁	4073_2	劄	8260_0	徵	2824_0
予	1720_2	援	5204_7	札	4291_0	整	5810_1
余	8090_4	圓	6080_6	摘	5002_7	正	1010_1
娛	4643_4	圜	6073_2	齋	0022_3	政	1814_0

Z

證	0261$_8$	著	4460$_4$	尊	8034$_6$
支	4040$_7$	駐	7031$_4$	遵	3830$_4$
卮	7221$_7$	築	8890$_4$	左	4001$_1$
知	8640$_0$	鑄	8414$_1$	佐	2421$_1$
織	2395$_0$	專	5034$_3$	坐	8810$_4$
直	4010$_7$	甎	5131$_7$	座	0021$_4$
植	4491$_7$	轉	5504$_3$		
職	1315$_0$	傳	2524$_3$		
紙	2294$_0$	撰	5708$_1$		
至	1010$_4$	追	3730$_7$		
志	4033$_1$	綴	2794$_7$		
制	2220$_0$	准	3011$_4$		
治	3316$_0$	準	3040$_1$		
郅	1712$_7$	拙	5207$_2$		
致	1814$_0$	酌	1762$_0$		
置	6010$_7$	咨	3760$_8$		
製	2273$_2$	資	3780$_6$		
誌	0463$_1$	諮	0766$_8$		
質	7280$_6$	子	1740$_7$		
中	5000$_6$	字	3040$_7$		
忠	5033$_6$	自	2600$_0$		
終	2793$_3$	宗	3090$_1$		
種	2291$_4$	綜	2399$_1$		
仲	2520$_6$	總	2693$_0$		
重	2010$_4$	縱	2898$_1$		
州	3200$_0$	奏	5043$_0$		
舟	2744$_0$	租	2791$_0$		
周	7722$_0$	足	6080$_1$		
朱	2590$_0$	族	0823$_4$		
銖	8519$_0$	阻	7721$_0$		
諸	0466$_0$	祖	3721$_0$		
主	0010$_4$	最	6014$_7$		
煮	4433$_6$	罪	6011$_1$		

清代經世文全編

篇名索引

0

0010₄ 童

44～蒙藝塾說 084/347
107/428

主

03～試衡文論 103/480
11～張廢省改道先自直隸始
163/136
～張借款救亡文 166/111
～張之政策意見書 159/283
～張軍民分治文 163/007
163/008
～張簡任省長文 163/064
17～司非師辨 103/495
44～權討論之討論 160/529
～權論 160/493

0010₈ 立

00～言 004/154
107/044
20～信論 082/362
096/128
22～後論 027/109
27～約通商忽禁人民往來理與公法相背否 082/568
099/200
30～家 128/307
～憲政體論 137/111
～憲法淺說 128/220
34～法議 005/179
109/321
117/465
50～春後地與星辰考 114/433
60～國 110/278
147/260
～品說別荔城張生 001/167
88～坐戰營片 074/209
120/245

0011₈ 痘

44～花醫治說 146/345

0012_7 癘

56～螺痧論 114/490
146/366

病

08～說 039/005
046/118
～說示景枚 054/341
47～起與薊門當事書 006/043

痛

00～言時事令 163/448
75～陳國家財源消耗文
164/585
～陳時局文 162/516

0012_9 痧

00～痘探原論 124/216

0021_4 座

21～師門生辯 013/357
039/051
046/403
107/400
40～右銘 012/539

0021_7 亢

60～旱應詔言事疏 004/367

廬

31～江章氏義莊記 008/022

0022_3 齊

30～家要言 115/476
～家寶要一則 001/235
33～必變食說 049/424

齋

47～期 001/276
008/146

0022_7 方

00～言 157/304
～音 008/346
36～澤壇左右辨 007/430
60～田論 006/092
72～氏記李默齋實行書後
069/363

高

11～麗商務總論 102/335
～麗考 145/188
～麗開埠 102/355
23～俄交涉 102/392
41～堰建二堆議 079/303
101/407
～堰另建五壩說 010/394
121/489
71～原布隊法 139/169
78～險莫如開礦論 113/447

廓

80～美紐司氏教育法 144/378

廟

00～主考 008/299
119/517

商

00～辦京城教案疏 132/479
07～部 104/477
127/073
10～工立國政府官制及其施治議
141/369
～工上地形與位置論 141/312
～工業運輸交通議 141/348
～工業盛衰原因論 141/312
～工地理學宗旨 141/310
～工世風俗論 141/347
～工國徵租制度議 141/370
14～確減政之意見 159/331
17～務 104/476
123/008
127/072
151/333
～務廣議 151/460
～務議 104/470
127/063
～務大臣盛奏請減輕茶稅摺
129/373
～務局照會商董 146/164
18～政 082/417
097/089
104/459
122/529
～改稅則說 105/154
32～業競爭與聯合之利弊
168/126
40～力並非困弊疏 007/223
44～世界人口單複考 141/339
～茶違限贖鍰宜免狀
007/263
45～鞅變法論 056/327
50～屯議 006/187
007/184
109/005
118/149
61～號擬購輪船試行漕運札並加
函 064/335
118/430
～販運赴災區米糧照舊完釐疏
134/052
63～戰上 082/419
097/079
～戰下 082/421
097/081
～戰論 081/211
082/422
085/043
089/282
097/075
105/015
126/345
77～用客卿問答 130/177
～周兵器權量說 007/497
～周銅器說 007/496
～局 104/478
127/075

～局接辦電綫疏 132/210
～學 085/046
089/290
097/084
105/019
111/291
～學之天然力說 141/313
～學界地味及鑛物有無說
141/319
～民罰款擬請照數發還疏
133/453
78～鹽加引減價疏 007/167

庸

50～書內外篇自敘 126/052
～書敘 126/050

育

37～軍驟難全遣擬分起裁撤疏
135/183
40～才 126/146
～才說 069/049
094/520
094/522
109/245
～才篇 103/419
66～嬰堂記 040/217
80～養幼孩不可領作奴僕移文
060/395

0023$_1$ 庶

12～孫不為生祖母承重說
001/292
008/222
107/252
～孫父卒不為所生祖母服三年論 001/323
008/223

膺

25～生主事補缺請飭酌量變通疏
133/076

應

07～詔言事摺子 039/299
～詔請講求用人疏 057/215
095/003
124/069
131/241
～詔統籌全局疏 148/001
～詔上中興十二策疏
056/409
117/161
131/084
～詔直言疏 056/195
095/459
131/108
～詔陳言 040/499
～詔陳言疏 039/181
039/315
039/343
046/441
047/035
047/036
054/143
056/477

095/469
109/121
109/226
109/227
116/015
117/075
117/181
117/189
131/104
131/161
131/296
131/349
22～變須才論 082/051
122/426
50～未堂安民勸匪事宜書後
010/038

0023_2 康

30～甯理論 143/359
60～□□呈請代奏皇帝第五疏序
158/480
～□□呈請代奏皇帝第五疏跋
158/483
77～熙親征準噶爾記 154/341
～熙中俄定界始末考
050/318
110/529
123/333

0023_7 廉

25～俸 082/352
095/372
117/300

0024_0 府

40～志食貨論 006/268
72～兵論 008/410
112/289

0024_1 庭

02～訓述 059/191

0024_7 度

40～支 082/354
096/141

廢

25～律 128/302
50～書院時文詩賦為有用之學議
127/466
56～捐納以重名器論 109/285
146/553
64～時文說 098/342
103/118
78～除刑訊議 128/353
90～省說 163/123
～省論 163/071

慶

10～王等擬奏整頓當商章程
129/245
～王等擬奏整頓錢商章程
129/249

0024_8 廠

07～記 007/305

0025₆ 庫

44～葉島沿革形勝考 074/319
121/026

0026₇ 唐

00～府兵論 008/412
120/123
10～元宗焚珠玉服玩論
004/354
22～制內外官輕重先後不同考
004/503
24～幼章句釋感應篇序
001/077
25～律疏議跋 076/467
101/069
～律疏義 010/072
121/305
30～宋兵制得失論 008/414
～宋毁廟論 007/450
～宋卿大夫廟制考 008/261
107/240
37～初三禮漢書之學 004/229
116/123
40～十八家文錄序 046/154
47～努鳥梁海圖說 009/231
50～摭言後序 007/524
77～風蟋蟀官箴說 005/084

0028₆ 廣

00～育礦務人才論 104/138
113/461
146/435
～廣學以廣利源議 096/087
～辨姦論 057/183
095/401
095/402
124/253
06～譯 094/250
124/134
157/488
07～設西學塾議 103/471
08～施粥不如散米說 063/449
096/532
119/318
～說幼稚篇 160/116
～論卮言 082/311
～議 057/165
098/377
10～西水道圖說 011/465
108/105
122/292
～西勘路記 085/306
090/324
105/322
114/028
17～取士議 098/331
20～采羣金說 104/212
21～行山蠶檄 006/299
111/419
118/187
～師 004/264
～師說 001/119
22～種桑棉兼教紡織情形疏
048/182
062/525

133/390
23～稽叔夜養生論 082/047
28～儉戚說 001/228
32～州大虎山新建礮臺碑銘 009/319
37～湖水歸江諸路疏 011/206
～通郵電說 105/277
～軍會合桂省主客各軍力戰破敵實情疏 053/145
111/023
121/040
132/384
40～南藩兵議 008/429
120/217
～李安溪屯田議 062/101
48～教化以變風俗論 125/051
50～書籍以惠士林論 107/369
～東不纏足分會章程 086/238
092/336
～東水道圖說 011/467
108/106
122/286
～東房捐章程 129/375
～東額解白蠟改由四川採辦請加價該實報銷疏 133/240
～東鹽法議略 066/265
097/461
119/182
53～戒殺牛文 001/509
008/361
60～置幕賓以挽積弊 082/284
～四民論 115/408
77～學校 083/006
098/266
～學校議 107/310
～學興國說 157/456
～學會有大益於中國論 157/473
～開煤礦說 146/429
～開煤礦續說 146/431
～興蠶政說 124/419
78～鹽屯 002/410
007/178
80～益 157/284
84～鑄錢 007/343
～鑄銀錢說 104/404
～鑄小銀圓以補制錢短絀議 104/407
87～銅斤通錢法疏 007/353
96～糧餉 032/183
044/433

0029_4 麻

43～城縣稟覆修建碉樓批 074/235
～城縣稟陳地方情形批 059/291

0033_0 亦

00～言其人有德乃言曰載采采 117/040

0033_6 意

40～大利商埠考 142/149
～大利現今歲計表 140/220

～大利近年貿易出入額表 142/001
～大利軍政 083/374
123/467
～大利國 156/391
～大利國緣起 108/028
125/455
60～國教育統計表 144/213

0040_0 文

00～帝除盜鑄令論 007/333
～廟祀典私議 041/499
049/198
～章不可苟作 004/245
116/172
～言說 004/254
116/177
08～論 046/159
27～解 004/235
34～法舉隅序 053/476
40～士詆先儒論 004/137
116/039
48～教 157/294
60～昌宮碑陰錄 049/431
～昌祠說 008/364
110/067
71～臣宜兼武略說 103/218
77～學 086/435
093/248
107/169
116/510
157/312
～學說例 143/325
80～人少達多窮論 055/039
98～敝 055/037
094/092

0040_1 辛

00～亥六鎮兵變記實 166/409
～亥灤州兵變記 166/407

0040_4 妾

77～服 099/059
～服議 008/252
107/256
119/461
～服或問 049/396
070/243
～母不世祭說 008/303
～母祔祭議 008/238
119/514

0040_6 章

25～練塘地處扼要請移駐官兵疏 135/428
50～奏批答舉要序 005/019

0040_8 交

17～子會子說 024/231
31～涉 155/231
155/486
～涉卮言 083/041
099/139
～涉學 084/256
088/195
103/386

110/302
37～通部政見書 168/263
50～接 110/282
77～際論 002/204
87～卸第六師事訓諸將士詞
166/384
89～鈔 127/112
97～鄰得當論 082/279
099/134
125/038

0044$_1$ 辦

16～理交涉以膽識才辯為先論
082/276
099/120
122/431
125/039
～理新漕情形疏 134/105
～理水師營務查閱輪船海口疏
135/232
～理皖省墾務片 048/133
133/435
～理積穀上倉數目疏
133/527
～理收養幼孩片 047/413
133/471
～理濬河築壩並各工情形疏
052/128
136/514
～理減漕大概情形片
061/327
118/350
～理漕務大概情形片
047/496
112/153
133/339
～理湖北漕務大概情形疏
133/338
～理洋務在得人 155/244
～理洋務人員以何者為稱職論
082/274
094/420
122/434
～理趙莊溞溝兩口情形疏
051/377
136/331
～理耗羨疏 005/462
111/218
118/330
～理學堂鄉情形第二稟
051/135
35～漕各清各弊片 064/139
097/323
134/076

辨

00～言 055/031
094/093
04～諸乘方綫面體循環之理
143/443
08～論官材說 103/221
～論人主不可微行事
115/453
17～君子小人論 002/083
18～政教 094/385
21～貞 069/439

099/016
27～名 005/159
30～定祭禮通俗譜 008/274
38～道論 054/477
094/283
40～志 001/025
004/087
107/023
116/025
53～惑篇 115/482
57～握奇經 073/163
099/453
77～爬沙船轉水墩之誤
010/445
～學上 038/303
054/207
094/035
116/065
～學中 038/307
054/211
094/036
116/066
～學下 038/311
054/215
094/037
116/067
90～小宗不立後 008/042

辯

27～奧博士論彗星燬地球人物說
114/422
36～邏輯之為學術 143/102

0060_1 盲

00～童教育論 167/332

言

30～官宜正心術 095/478
103/313
56～揚行舉說 103/287
80～公 004/239
116/168

音

22～樂科教授法 144/491

0060_3 畜

28～牧養民說 084/464
089/093
104/028
111/458
118/226

0062_7 訪

12～延賢友 005/400
117/495
28～懲衙蠹之法疏 005/385
109/398
30～案 101/138
77～舉隱逸疏 049/447
135/022

0063_2 讓

28～艦記 102/445
40～臺記 102/443

0071_0 亡

60～國有先後論 115/395
～國篇 130/333

0071_4 雍

10～正兩征厄魯特記 154/376

0073_2 裹

60～足 082/542

襄

76～陽論 009/141
108/049
～陽一帶緝私事宜疏
134/234
～陽道府禀請雇募壯勇彈壓防堵批 072/167
120/379

0080_0 六

20～壬大全 008/387
116/386
21～經論 001/145
～經正名 055/005
116/117
～經不及貨泉論 007/288
118/453
～經皆孔子改制所作考序
086/332
093/014
30～安答問 076/405
～官篇 016/521
37～軍採製器機軍火疏
135/323
40～大洲說 083/387
～大國合謀突厥俗譯作土耳基說 157/001
47～朝論 008/063
107/436
～朝經師宗派並所著經注經說考 046/146
107/097
80～合保衛團練章程 073/033
100/181
～合將混为一 156/173
～善 004/296

0090_1 禀

00～辦匪鄉事宜 051/128
05～請創辦樹藝公司開墾雲臺山稿 129/036
10～覆教民案件 053/212
111/115
27～督院張 053/219
111/118
28～復查勘龍州鐵路事宜
083/296
～復黄河勘工情形 142/534
58～撫部院 049/208
75～陳鐵路大概情形 085/300
090/301
105/310
114/019
～陳鐵路地勢 085/300
090/303

105/310
114/019

0090_6 京

10～西水利情形疏 011/095
108/225
21～師樂籍說 086/265
092/394
～師大學堂成立記 167/303
～師本計疏 063/021
118/298
133/509
～師同文館館規 149/258
～師學堂條議 128/392
～師創立大學堂條議
082/012
23～外各官急宜分職重祿說
128/272
25～債 005/099
117/453
30～官雍滯宜設法疏通說
103/311
～官必用守令 005/137
109/179
117/303
35～津修路以便商民議
105/205
152/326
50～中士大夫開設保國會
130/306
～東水利議 011/075
108/215
122/097
～東水利情形疏 011/092
108/223
53～控案件勒限清釐疏
136/242
～控分別准駁疏 077/265
60～口建浮橋議 010/192
120/506
～口義渡徵信錄序 077/419
～員津貼擬籌正名之款開支摺
040/195
87～餉宜解實銀疏 060/331
100/079
133/197

0091_4 雜

00～言 004/155
107/045
08～說 004/161
～論史事 004/319
107/109
24～貨衰旺提要表敘 126/048
28～徵餘論 006/031
30～流 005/167
109/185
117/259

0121_1 龍

24～德而正中者也 117/028
31～江 127/241
40～大宗師變科目議 146/066

0162_0 訂

00～音律 003/078

008/350
119/403

0164_9 評

08～議顧問馬肅收回各省紙幣意見書 165/429
23～參議院議員選舉法 162/374

0166_1 語

77～學 116/114

0212_7 端

50～本清源疏 039/215
～本慎始疏 056/157
094/371
124/049
131/222
～表率杜弊源疏 058/411
095/279
124/220
132/512

0260_0 訓

00～廉 057/381
095/298
124/225
17～子語 001/455
～子王略 001/441
008/077
～子瑣言 026/113
042/183
049/301
069/321
098/424
107/439
25～練沿海水師議 074/499
100/041
121/219
125/128
～練篇 108/344
28～俗 082/549
099/087
125/047
44～蒙 157/297
50～吏上 059/415
～吏下 059/421

0261_8 證

67～明英人無可干涉藏事之理由 164/228

0262_7 誘

05～諫 103/274

0292_1 新

06～譯幾何原本序 046/171
114/271
116/213
07～設電燈說 146/031
～設皖南鎮標營制疏 049/525
112/424
135/115
～設各官廉俸役食請賞給實銀疏 047/162

133/088
～設淮揚鎮練兵五難三便四利
疏 071/255
135/074
～設縣治請立學校疏
049/262
107/303
08～議論略說帖 082/302
122/477
～議論略照會 082/302
122/476
11～疆 127/250
～疆應否改設行省請飭會議疏
134/472
～疆設學疏 007/531
～疆私議 074/357
100/296
121/019
～疆巡撫陶覆陳自強大計摺
128/097
147/347
～疆邊防不可懈弛說
125/164
～疆通省田賦戶籍清冊咨部立
案疏 048/094
133/376
～疆南路改設驛站章程疏
050/065
136/125
～疆南路擬設佐雜各缺疏
047/171
133/122
～疆局勢大定敬陳管見疏
049/533
120/215
135/121
～疆善後方略 074/375
121/028
～疆省會請改設各官以專責成
疏 047/170
109/196
133/122
15～建文翁祠記 037/295
18～政策 087/226
095/180
103/067
115/187
～政策自敘 084/100
087/224
115/186
22～製砲房說 113/060
27～修皇興圩堤碑記 011/353
30～甯縣增修城垣記 074/205
～定魯論語題辭 046/135
107/096
31～漲沙洲承買報部有案請仍准
買執業疏 133/440
34～法序 003/204
～法論 095/083
～法礮臺議 053/119
112/450
120/349
～造輪船疏 152/239
43～式槍炮說 145/450
～城縣重修蛇師陂記
011/365

46～加坡華商會館規條 130/311
48～教育意見 167/001
～教育平議 167/009
50～史學 130/427
～史學一 143/162
～史學二 143/171
～泰丈田議 006/104
68～喻東門漕倉記 007/044
71～曆議 163/481
～曆法之商榷 163/484
77～聞紙論 107/457
～學序 146/101
～學僞經考原序 086/352 093/058
～學僞經考敘 086/352 093/059
～學報啟 158/380
～學規制考序 149/285
～開海州甲子河碑 011/181
83～錢入市因書其後 097/291
88～纂雲南銅政全書凡例 041/375

0363_4 讞

43～獄 003/176 010/173

0364_0 試

00～育外國蠶種成蹟 141/204
～辦織布局疏 132/025
～辦練軍酌定營制疏 153/008
～辦地質調查說明書 168/217
～辦招商輪船疏 132/184
～辦蠶桑漸著成効疏 048/186 133/391
34～造淺水兵輪工竣察看疏 053/086 113/316 121/274 132/178
～造輪船疏 152/233
78～驗葛魯孫廠硬鐵說 113/055
～驗搖砲說略 113/056

0365_0 誠

17～子書 005/259 109/339

識

58～數之法 086/407 093/183 094/218 114/260 116/356
64～時務在化成見論 082/046

0391_4 就

00～度謍究畜五字分訓五孝說 046/137
44～世界大勢上以定中國鐵道進行之方針 168/311

87～銀鑄錢説 104/208

0410₄ 塾

00～言三十七則 046/100
08～議 059/363

0422₇ 劾

25～使臣辱命疏 082/387
099/155
123/358
132/492
44～藩臣擬用朝官疏 015/381

0433₁ 熟

17～習洋文乃能深通西學論
094/295
30～審邊情敬陳管見疏
132/364
88～籌河工久遠大局疏
078/027
101/272
125/334

0442₇ 効

10～西法以治訟獄論
*146/444
34～法西人當從有益論
115/365

0460₀ 計

32～漸離透光三種鏡 094/154
124/192

討

08～論教育部長對於新教育之意見 167/012
～論教育部長對於教育方針之意見 167/017
26～粵匪檄 158/314

謝

04～諸生徒書 001/121
44～孝説 001/274
008/149
107/268
～村鎮免雜碑記 019/311
77～周南制藝序 004/254
81～頒遇變 諭旨陳言疏
004/520

0461₀ 訛

00～言 003/058
009/024

0461₄ 謹

21～上治平六策疏 056/527
094/425
131/122
23～獻升祔大禮議 049/174
107/220
119/394
134/517
27～將酌擬清釐民欠章程十條恭呈御覽 098/041
～將遵議詳細章程敬繕清單恭

呈御覽 146/471
～將中國陸路應用何種砲位情形分晰繕摺恭呈鈞鑒 101/006
30～注改試策論論旨 098/289
103/115
50～推陳致理之原疏 056/139
094/335
131/216
57～擬廣學新題徵著作以時局啟 146/054
～擬改良社會先以輕利率蘇民困籍保治安策 168/168
～擬變通官制改設郡縣章程疏 047/165
109/193
133/106
～擬出使章程十二條 110/420
～擬綏邊十二策 075/229
100/405
125/154
～擬給出使各員俸薪銀數清單 110/420
～擬官書局開辦章程疏 098/155
～擬時勢條陳摺 115/108
75～陳酌改營制藉節餉需管見疏 049/537
112/426
～陳船政形勢及應行次第舉辦事宜疏 053/087
113/317
121/269
132/176
～陳補救淮鹽積弊疏 065/057
097/413
134/148
～陳湖北漕弊擬辦減漕密疏 061/321
118/348
133/337
～陳故督臣忠勳盡瘁大略疏 047/212
109/388
117/337

0463_1 誌

23～狀之濫 008/323
40～大父應準公家訓 042/193
069/347
098/411

0464_1 詩

00～序滙說序 046/133
107/094
～文存草自序 046/073
90～小雅鹿鳴首章人之好我示我周行 117/044

0464_7 護

17～砲新法述略 113/057

0466_0 詁

21～經文鈔序 055/067

116/110

諸

17～子攻儒考序 086/333
093/017
～子改制託古考序 086/330
093/009
～子爭教互攻考序 086/330
093/010
～子創教改制考序 086/330
093/009
44～葛孔明論 107/135
～葛武侯擇婦論 001/207
～葛忠武侯宜祀瞽宗論
012/309
72～兵戰術(步兵戰術)
139/110

0466₁ 誥

03～誡百僚令 163/438
～誡百官有司令 163/438

詰

50～責議員函 164/010

0468₆ 讀

00～市糴考 048/217
063/005
118/282
～文侍御奏言官黨庇誣罔熒聽一摺書後 095/482
～雜記 070/007
01～譚督遵議改試武科章程書後
098/357
10～三國志 107/134
～平糴考 096/481
124/355
～西學書法 157/514
11～張孝達尚書勸學篇書後
094/326
14～酷吏傳 059/433
17～孟子 062/425
～孟子天時章講義 107/101
～孟子界說 157/499
～砲紀略辨誤 113/061
20～戶部條陳各款系之論
145/255
21～上諭通飭部臣疆吏勤見屬員謹注 146/559
22～後漢書書後 004/501
23～代數術記 158/087
24～貨殖傳 055/355
25～律辯訛序 010/074
～律說上 076/459
101/066
～律說下 076/463
101/067
～律心得序 076/477
101/068
26～自強軍西法類編 099/306
28～儀禮 013/249
～縱囚論書後 056/337
30～宋侍御奏請釐定襲職章程疏書後 095/311
～宋史記禮志論郊配
068/055

098/123
～宋史陳遵傳 005/420
36～湘報 115/422
37～通典職官 008/375
～通鑑叢論 107/141
40～大學衍義補膚見序
004/118
～士昏禮 008/098
～南漳胡節婦詩題辭
026/267
～內則 068/023
～李文饒近倖論 002/099
004/486
～喪大記 070/009
～喪服記書後 070/239
119/482
～喪服小記 070/005
44～蘇老泉上韓樞密書
073/183
120/127
～萬國史記叢論 111/191
～葬書雜說 070/101
099/075
119/504
～葬書問對 008/184
～英人戈君策略書後
111/178
50～史方輿紀要序 009/109
108/039
120/142
～史記循吏傳 057/395
～史記叢論 107/128
～史記萬石君傳 055/353
～史叢論 107/145
～史縣令箋 005/241
～書變化氣質說 039/017
～書科教授法 144/468
～書宜兼格致說 114/215
124/146
～書簡要說序 004/141
107/035
～春秋界說上 157/505
53～戚武毅紀効新書練兵實紀有述 043/091
55～曲禮 068/021
～曹參傳書後 056/333
60～日知錄 004/143
107/037
～墨小序 007/532
～四元玉鑑記 158/108
～易坤卦解義 107/107
～昌黎集書後 058/393
～景諶傳 013/353
66～嚴修請開經濟專科摺書後
103/411
67～明史徐貞明傳書後
079/423
～明史青文勝列傳 015/375
72～昏禮述 008/113
～兵考 071/181
099/418
75～陳龍川酌古論 009/037
77～周禮地官一 059/431
～周禮地官二 059/015
095/510
117/432

～閒傳 070/011
～熙御史變通捐例奏摺書後
109/296
～段集明世宗非禮論
068/119
80～金史隱逸傳 013/105
～金史食貨志 018/535
～普法戰紀書後 111/195
～曾子問 068/025
88～管子乘馬篇 009/151

0512_7 靖

38～海侯施琅傳 009/326
107/473
40～內說 095/216
～內變說 145/240

0562_7 請

00～立雩壇疏 007/434
107/203
～立法清查錢糧疏 002/296
005/470
111/220
118/335
～立民堡收恤難民疏
075/293
～廣設科目議 098/320
146/076
～廣設算學專門學堂疏
131/436
～廣淮北水利疏 011/176
108/190
122/187
～廣開墾疏 006/207
109/012
～廣興蠶利片 133/391
～辦高堰碎石坦坡疏
010/390
010/391
121/458
～辦京師積穀片 063/037
096/465
118/300
～辦理相驗章程疏 077/337
101/106
125/246
136/255
～京師辦積穀片 040/361
048/222
133/513
～京察舉劾並行疏 058/337
095/398
124/246
133/004
～京員津貼作正開銷疏
058/215
095/274
133/089
02～訓責樞臣疏 057/355
094/408
117/229
131/257
～新設各學堂書院內學生稟增附生准免歲科試片 131/433
03～試行海運疏 064/295
134/087

～試開煤窰照章抽釐疏
050/035
134/412
05～靖遐荒疏 009/473
～講求務本至計疏 094/333
124/038
～講求務本至計以開利源摺
084/425
089/005
103/504
108/457
118/131
133/217
06～譯進大學衍義疏 004/301
～親理大政疏 068/075
098/099
124/485
134/506
07～調員開辦遼東礦務疏
132/081
～部撥浙引用鹽抵餉疏
072/023
120/381
135/255
～設立二等學堂疏 131/412
～設立種植牧養工藝公司片
133/465
～設立官車局疏 133/381
～設商社疏 006/408
118/278
～設廣方言館疏 053/497
109/272
116/502
132/280
～設工藝廠片 133/466
～設武備特科疏 131/486
～設武備學堂疏 131/479
～設經濟特科並條陳疏
131/449
～設墾礦總局片 132/078
～設浙洋玉環山官兵疏
009/307
～設法稽查會匪疏 072/269
136/141
～設沿海七省兵船水師疏
104/353
～設游藝學塾疏 131/443
～設洋操護軍營暨工程隊疏
131/514
～設南北洋電報片 132/212
～設農學科疏 096/411
124/406
～設馬廠疏 008/486
120/369
～設鐵路總公司摺 085/294
090/289
102/011
105/303
114/014
122/387
132/129
～詔令宜信疏 004/365
109/075
117/005
08～旌表軍興後死難士民婦女詳
027/515

～於南路雇募民苗稟 050/017
～旗漢一律終喪起復疏 070/207
099/026
135/053
～詳議旌表之例疏 010/111
110/189
121/331
～議覆安徽省城應仍建安慶疏 096/219
～議行畿輔水利成法疏 080/043
101/433
125/325
136/462
～議名教 117/064
10～工料照時價實銷疏 010/466
108/360
～正人心疏 005/033
～亟籌黃河疏濬之法疏 154/049
～疏濬江西河道疏 080/161
136/475
～疏濬陝省水利疏 136/477
～疏通江漢水利疏 011/403
122/267
～丁銀仍歸地糧疏 006/058
112/011
～覆實虧空變通驛站疏 005/063
～憂勤節儉疏 056/225
131/185
～更正才不勝任人員改補京職疏 058/247
095/385
133/038
～更定鹽法疏 064/427
097/376
119/086
124/337
134/109
～更同名之縣疏 005/160
～石塘外增築土塘疏 011/512
11～北洋大臣開北方利源總公司稟 150/343
～預定大統遺疏 068/151
098/102
134/509
12～水利責成佐貳疏 006/340
108/275
～發八旗駐防各省疏 006/236
～刊印時務書籍片 131/447
～刑獄愼初招疏 010/141
121/343
13～琅　築城設官疏 047/441
075/051
134/492
～琅　築城設官摺 044/317
～武場考試變通舊制疏 131/491
153/278
～武舉武生挑入學堂肄業疏

131/485
14～弛銅禁疏 007/319
15～建濠塹防禦疏 009/157
～建表忠祠求忠書院疏
135/044
～建米艇狀 009/408
120/472
17～及時防弊疏 039/191
066/549
098/055
134/382
～召對羣臣疏 004/362
109/074
117/002
～酌改湖南營制疏 071/347
135/117
～酌復站夫疏 008/497
～酌定先師祀典疏 007/454
107/207
～酌定家禮頒行疏 007/390
～酌定寶星式樣疏 155/427
～酌添寶坻縣驛站夫馬片
050/062
136/124
～酌核保舉章程以示限制疏
058/269
095/407
117/475
124/263
133/036
～酌量緩辦鋪稅藥牙片
134/365
～酌銀穀兼賑之法疏

006/514
110/111
18～改雲南鹽法議 007/159
～改編審行保甲疏 006/073
118/330
～改解海軍經費疏 153/329
～改河避淤掣溜疏 010/266
121/473
～改漢中鹽課歸地丁疏
007/174
112/209
～改運法疏 007/070
～改大鵬營制疏 044/061
050/425
112/429
135/413
～改臺地營制疏 049/527
075/069
135/119
～改折漕糧疏 007/035
112/124
～改鑄鐵錢疏 067/365
134/439
20～重廉俸疏 058/219
095/356
124/239
133/087
～重祖錢以正錢法疏
067/331
097/227
134/435
～停商捐並申鹽禁疏
007/218

〇五六二七 請（二〇一二二）

～停京員津貼暫濟餉需片 060/335 100/090
～停部駁以省繁擾疏 010/135 110/235
～停設安山湖水櫃疏 010/514
～停預僉備丁以免擾累疏 007/026
～停武闈片 049/250 069/107 112/355 135/021
～停止安徽省徵信冊疏 133/321
～停止捐納道府州縣實官疏 095/421
～停察荒疏 006/204
～停初供報部共毆餘人免解疏 010/145
～停查屯田疏 008/473
～停查屯田滋擾疏 007/083 120/412
～停機器鑄錢疏 132/047
～停鼓鑄事宜疏 007/364
～停報効以存政體疏 058/309 095/275 117/489 133/031
～停丈量以甦民困疏 002/281 006/111
～停推廣捐例疏 069/163 095/426 135/008
～停推廣捐納軍功舉人附生疏 069/167 095/424 135/009
～停東征局片 047/317 135/261
～停捐納入監疏 002/140
～停分緝協緝疏 009/007 110/145
～停籍沒窩逃之令疏 010/116
21～止北巡疏 004/370 117/003
～行保甲疏 136/148
～行實政疏 004/371 109/076
～行海運片 134/088
～行錢糧民欠徵信冊疏 061/257 096/258 133/283
～優恤包村義民疏 075/441 096/156 135/046
～旨仍飭丁憂道員回籍守制片 049/369 135/048
～旨定出洋章程疏 132/492
～旨定實星章程疏 132/450

～旨通飭各省搜挖蝻子疏
134/051
～旨嚴禁就近採買平糶米石疏
048/277
134/041
～旨飭禁糧船回空夾帶蘆私疏
134/238
22～變通廣額章程片 069/151
098/312
～變通部章廣蒐人才疏
131/253
～變通旗民交產章程疏
048/153
110/051
～變通正途州縣選補班次疏
058/301
095/384
133/042
～變通兩淮鹽務疏 065/157
097/398
134/171
～變通委署州縣章程疏
058/291
095/354
124/237
133/040
～變通外吏迴避章程疏
058/287
095/351
124/237
～變通科舉摺 098/299
～變通宗室八旗學校章程疏
134/525
～變通鼓鑄疏 049/136
111/396
134/454
～變通書院章程摺 081/014
083/021
084/289
088/263
098/171
107/333
120/022
126/221
131/423
～變通鹽法先就近地試行疏
066/053
097/379
134/115
～變通錢法疏 067/323
134/433
～崇儉疏 039/079
049/145
119/383
～崇儉禁奢疏 071/035
135/037
～崇尚經術疏 042/077
～崇恬退明禮讓疏 004/516
～種橡育蠶狀 006/308
111/421
～緩征值百抽十之稅並請改存儲關棧章程摺 085/072
089/347
098/009
105/049
112/110

122/333
124/295
132/021
～緩挑皖北河道疏 136/374
23～參酌中外兵制設武備特科片
131/487
～編訂功課書片 131/447
～編審仍照舊規疏 006/069
～編次樂律算數疏 007/471
～稽保甲以便徵輸疏
006/033
24～動支釐金抵補鐵價片
047/348
111/235
133/209
～借款生息修街便民疏
077/393
136/259
～升先儒韓愈祀位疏
049/202
120/007
134/535
～升昌圖為府並添設各官疏
060/453
096/220
117/284
～特設四部議 145/271
～勦辦越嶲廳涼山野夷搶劫稟
031/443
～勦辦拳匪疏 136/112
～勦除苗逆疏 076/073
100/214
136/060
～續設民官暨升改各缺疏
047/454
060/485
133/113
～續修四庫全書疏 055/045
094/083
131/157
25～傳辦要件統歸內務府大臣行文片 058/151
26～梟憲區別齋匪稟 051/237
～總督移駐兗州疏 009/163
108/053
120/156
27～墾馬廠地畝疏 006/198
～歸併省分以垂久遠疏
047/472
134/486
～修政治專書以裨實學疏
131/375
～修練湖閘堤敀 010/491
122/032
～修實政疏 039/157
046/482
109/084
131/181
～修河渠志狀 010/483
～修禮書疏 007/385
107/231
～修內政疏 094/369
133/021
～修鐵路疏 083/288
～修省以回天變疏 056/123
117/009

131/179
～仍減成收捐以救飢軍疏 135/303
～仍封禁銅塘山疏 006/213
～將廣東鑄造銀元解京配用疏 132/040
～將新漲沙洲歸公杜訟疏 062/115
133/438
～將丁漕平餘廣設學堂疏 131/440
～將天津海防同知移駐塘沽疏 133/103
～將晉省例解紬絹紙張折價解部片 049/131
118/389
133/235
～將現任候補衛官倣照文職章程分別考察疏 047/192
133/014
～將順直王莊遇災酌減分數並佃租歸官徵解疏 048/278
134/041
～將外省陋規名目分別裁定疏 047/332
133/206
～將續辦清丈沙洲各員酌給獎勵疏 133/441
～將浙江西塘柴埽工程奏復一年固限 045/491
052/147
～將滯漕改由海運疏 064/303
097/307
134/088
～將漢儒許慎從祀疏 049/200
134/534
～將沛縣寨子堰工程歸東河廳員管理疏 136/451
～將湖北武昌廠關口岸節省銀兩儘徵儘解疏 134/342
～將臺屬各項雜餉分別豁除疏 049/047
～將荒地試墾水田疏 080/041
096/363
124/359
136/461
～將閩海關徵收內河輪船子口稅撥歸釐局疏 134/411
～將臨時軍法審判所撤銷文 162/501
～將金門鎮總兵改為副將疏 135/420
～將年終應解物料變通辦理疏 049/129
118/391
133/234
～將會計法草案咨交參議院議決呈 165/252
～將煙犯財産充賞疏 136/230
～急籌遷移瀕河村民經費疏 136/385
～免現商帶輸銀兩疏

048/549
112/267
～免運米厘稅議 111/503
～免濫禁慎引律疏 010/066
～免妻孥流徙疏 010/101
～免採梔木狀 010/188
～免罪人及孥疏 010/100
121/306
～免飭禁口外燒鍋疏
134/054
～免米穀釐金摺 040/191
～獎曾昭吉片 132/288
～各直省行常平捐穀疏
006/368
～各省勻濟餉需片 072/103
100/091
～約開鐵路口岸疏 132/125
152/350
～移設綠營疏 043/469
050/511
135/482
～移福建巡撫駐台灣疏
075/043
134/497
～移縣丞駐湖坊書 005/170
109/186
～移駐巡檢分防疏 050/417
135/435
～移駐巡撫疏 044/301
050/379
28～以鄉試薦卷分別徵人書院正
課啟 042/023
～倣行印稅摺 081/058
082/343
098/011
126/423
132/058
～倣造金銀錢疏 132/041
～倣屯田方法配置被裁軍隊
166/391
～復六科舊制疏 005/028
109/139
117/303
～復設泉河通判疏 079/381
136/452
～復進士觀政之例疏
005/111
～復河運芻言 048/383
112/160
～復盜案半獲舊例疏
010/103
121/306
～復封駁舊制疏 004/364
117/027
～復入覲考察疏 005/187
～復差恤刑之官疏 010/129
～復倉穀借糶疏 006/383
112/183
～復鋪兵舊額疏 135/184
～復半獲支俸疏 003/158
～懲辦南山匪徒疏 051/196
136/214
～懲治貪殘吏胥疏 040/099
047/282
059/471
109/408

133/097
～懲械鬬主持之人疏
009/030
～收礦稅煎鹽疏 007/311
～收回淮南引地疏 041/313
048/507
065/341
119/116
134/179
～繕進經史以資聖治疏
004/359
109/072
30～淮鹽由浙河轉運湖南疏
065/319
097/416
134/213
～准商人自借洋款籌辦鐵路礦產疏 132/075
150/415
～准散館知縣服闋回省繁簡統補疏 133/050
～准首匪投誠疏 051/126
136/109
～寬治亂黨呈 164/090
～寬妖言禁誣告疏 010/102
110/187
121/319
～寬罪臣送門疏 003/156
010/101
～寬臣工小過疏 004/518
109/222
117/065
～寬民力以清盜源疏
133/459
～寬糧船盤詰疏 007/036
～永停捐納實官議 082/328
117/482
～永停捐輸實官議 081/350
095/434
～永減蘇杭漕糧疏 061/337
096/271
133/294
～進日講疏 039/243
046/479
054/181
131/167
～安流民興水利疏 006/489
119/284
～安閭閻以消反側疏
075/287
～官開米局疏 006/387
～定京官久任之法疏
002/142
004/519
109/223
117/311
～定天津水田章程疏
051/534
080/035
101/435
122/166
136/460
～定步弓尺寸公牒 061/119
096/341
118/354
～定催徵之法疏 006/027

〇五六二七 請（三〇—三二）

112/006
～定繼嗣條規疏 008/049
～定外吏津貼公費疏
058/223
095/273
133/091
～定緝捕事宜疏 005/366
110/172
120/469
～定鄉試校閱章程並防勦襲諸弊疏 069/077
135/001
～定鄉試考官校閱章程並防士子勦襲諸弊疏 049/227
109/165
～定鄉試考官校閱士子勦襲諸弊摺 042/015
～定將弁協緝事宜疏
009/005
110/144
～定漕船年限疏 002/374
007/082
～定考核以專責成疏
011/100
～定教職調補之法 007/530
～定鹽法疏 007/211
112/220
119/079
～定倉穀春糶秋糴之例疏
002/508
～定營私自首之例疏
005/067
109/131
117/463
～實行積穀疏 063/039
133/517
～實行保甲疏 050/069
110/162
～實邊屯疏 008/479
113/343
120/411
31～濬泉渠狀 010/513
～濬治太湖洩水要道疏
080/073
101/436
136/466
～濬長沙北門舊河疏
011/421
32～派大員查辦疏 049/127
134/452
～派大臣查辦片 047/353
133/212
～派員督辦粵鹽疏 072/045
134/400
～派員游歷外洋疏 082/560
132/495
～派員帶勇赴援台灣疏
135/527
～添設商部衙門疏 132/001
～添設張獨多三廳學額疏
049/255
135/016
～添設徐州四界重鎮疏
074/117
096/222
135/433

33～減出使經費疏 132/489
～減糶價借籽種疏 006/386
～減蘇松太浮糧疏 048/013
061/343
096/260
112/038
118/372
133/296
～減穀價興水利疏 006/323
108/270
34～漢儒許子從祀疏 041/505
～祛督撫大吏蒙蔽疏
058/405
095/448
117/328
132/510
～造役船禁封民船疏
006/172
～造冊送考疏 049/259
135/018
～造小輪船片 083/263
102/094
121/214
135/217
35～清查民人冒入旗籍疏
133/473
～清丈田畝 006/090
～清釐刑獄疏 051/259
136/250
～清釐鹽穀弊耗疏 005/470
～速停保舉永閉先用疏
005/117
109/309
117/480
～速賑濟疏 006/513
～速除降賊宋景詩疏
076/079
100/207
136/050
37～盜案仍照原律定擬疏
077/085
101/164
136/194
～祀天配孔文廟仍祀先師核文
168/490
～通融停徵之法疏 006/043
～通行常平倉法疏 006/367
112/180
～通查興修水利狀 011/019
108/245
～通飭修築碉堡啟 044/443
051/048
074/217
100/275
120/170
～通飭各省具報釐稅收支實數
疏 134/383
152/183
～通飭開辦礦務鼓鑄銀圓摺
081/054
083/340
084/479
089/123
104/159
113/475
127/004

132/035
～選募豐北灾民成軍以備征調疏 071/251
135/072
～資遣議員回籍呈 160/237
38～海疆禾棉兼種疏 006/295
109/033
～道府州縣四項無庸減成疏
039/445
047/122
117/491
～豁免嘉善縣攤賠銀米疏
047/519
133/331
～豁除舊禁招徠華民疏
086/065
091/440
110/017
123/176
132/279
～豁除快籍疏 134/106
40～力除四弊疏 056/239
094/374
116/555
131/184
～查辦虧短各稅疏 040/251
～查辦閩省會匪疏 076/341
136/106
～查瀕湖私垸永禁私築疏
045/427
052/102
～查瀕湖民垸永禁私築疏
080/249
136/491
～查荒地議 040/287
～查禁謀薦幕友片 047/292
059/369
133/100
～查禁郵驛弊端疏 072/197
120/499
136/117
～查田糧影射疏 006/140
～培養人材疏 081/120
094/503
～在京滬設達成館以儲使才片
131/432
149/079
～內外互用疏 057/251
095/011
117/099
131/251
～難廕恩廕外用人員一律分發疏 133/077
～杭嘉紹松四所試辦票鹽疏
066/225
119/195
134/218
134/218
～核實徵額片 048/125
133/428
～核實開墾地畝疏 006/210
43～博舉孝弟疏 007/529
110/077
～求直言疏 046/470
～城內添設練勇局疏
136/137

～截漕遞運劄子 007/071
～截留漕艘以備平糶疏
006/512
～裁河道總督疏 047/146
109/214
133/057
～裁減中額疏 135/019
～裁汰北路征軍疏 071/385
135/129
～裁汰冗兵疏 135/342
～裁撤各官應分別汰留以清仕途 095/284
～裁撤內監疏 131/190
～裁撤釐局疏 134/417
44～填蠲抵由單疏 006/039
118/319
～考試正印官疏 005/115
109/308
117/480
～考正承重服制議 008/227
～考覈州縣實政疏 005/213
～革現年敝政略 062/057
096/339
～革投充疏 010/117
～革除湖北錢糧積弊片
047/501
133/335
～革銷算剔蠹紓困疏
019/301
～勒限清理積案疏 045/101
077/271
101/105
125/246
136/240
～斟酌歷代舊制正定四書文體疏 135/029
～禁廣東花縣煤窰疏
136/111
～禁雜流委署疏 002/181
005/122
109/310
117/454
～禁現任各員調署別缺疏
133/047
～禁停喪稟 042/265
049/359
107/273
～禁委官查勘疏 002/183
～禁止奪情疏 070/075
099/028
119/486
135/047
～禁崖州營將肆虐狀
009/502
～禁絕回民新教疏 076/203
100/212
135/509
～禁作踐妨農稟 048/211
108/456
～禁徵收私稅疏 007/256
～禁空參片 133/050
～禁宴會疏 007/389
～禁實缺州縣互相調署疏
133/048
～禁江蘇落地布捐疏
134/412

○五六二七 請（四四—五○）

～禁派買倉穀疏 006/368
～禁祠宇流弊疏 008/025
119/413
～禁軍人入政黨文 160/383
～禁咨議停閣疏 005/032
～禁濫調疏 005/224
109/152
～禁太監演戲疏 056/211
117/014
131/189
～禁直境燒鍋片 049/046
134/334
～禁革按畝派捐片 133/469
～禁苛派鋪戶狀 005/336
～禁棚民開山阻水以杜後患疏
062/151
133/404
～禁書吏捐保知縣疏
047/120
058/261
096/003
109/298
133/062
～禁採木擾累疏 002/424
～禁躪陞疏 005/192
109/327
～禁罌粟片 062/553
097/194
118/236
～禁原官會審覆審疏
010/144
110/238
121/342
～禁開鐵路疏 044/321
～禁鹽務河工侈靡錮習疏
040/183
047/327
133/198
～杜設法名色疏 005/455
118/027
～杜書吏舞文疏 005/390
109/401
117/505
～權出入以培國脈疏
060/185
096/058
124/282
133/145
46～加浙粵兩省中額疏
135/012
47～均賦役以收民心疏
006/034
112/008
～均鹽引疏 007/228
～起復曾侍郎督師疏
047/041
109/229
121/154
48～增設水師學堂學額疏
131/484
～增設舉監疏 068/361
098/293
134/527
～增算學助教疏 158/300
50～申明京察舊章責成樞臣疏
058/343

117/469
133/005
～申明論旨以杜流弊疏
077/007
101/045
136/164
～申明州縣定例疏 133/018
～申明毆期親舊章以符定律議
077/031
101/095
～推廣文武科試疏 069/101
098/292
135/005
～推廣川淮鹽斤加價疏
134/239
～推廣捐釐助餉疏 066/485
134/373
～推廣學校摺 081/009
083/003
084/285
088/253
098/145
103/431
107/320
124/486
126/200
131/386
～推廣學堂月課章程片
131/434
～推恩掩骼疏 005/513
～接辦川省釐捐疏 134/394
～接濟劉永福片 083/141
121/048
～奏復西塘柴埽工程一年固限稟 080/449
～由道籌給西浦二關薪俸工食稟 048/558
～責成官紳查賑疏 063/291
119/288
134/021
～責成本籍人員辦理團練疏
072/439
100/137
125/179
136/129
～責令賠修溝洫疏 136/268
51～輕科勸墾疏 006/197
109/009
～拒俄聯英疏 132/356
～拓增船礮大廠疏 053/078
104/351
113/312
121/216
132/172
52～拆除吳淞江口石閘疏
080/077
122/199
136/467
～撥給滿營弁兵隨缺地畝疏
050/034
133/444
～撥州縣罰俸銀兩為解案經費疏 077/261
～撥支以備購儲疏 006/374
～撥機器廠局經費疏
135/340

～撥款製船疏 053/081
113/313
132/174
～撥閩省輪船酌籌經費疏
135/387
～撥糧均丁疏 006/060
～援照湖北米捐減成章程收捐以濟軍食疏 135/300
～暫設皖南巡撫疏 074/107
135/426
～暫停晉省東南各府州縣應徵牲畜稅片 048/276
134/040
～暫禁燒鍋片 066/449
098/012
53～捕蝗先行蜡祭疏 006/541
～成賦稅定額方冊疏
006/113
56～扣捐納州縣選期片
133/078
～捐資道員先補知府疏
133/078
～輯六部稿案以杜吏弊疏
059/459
133/095
～提官運鹽務徵收抵撥京捐疏
134/202
57～擢用優貢疏 039/483
069/155
082/337
095/387
～挽復淮徐故道疏 078/277
136/306
～招商設立中國銀行疏
132/031
151/413
～招商開採金礦疏 132/077
150/432
～招募獵戶防堵番賊疏
050/499
135/487
～擬賑恤章程疏 134/046
58～撤湖北兵勇另立新軍疏
073/297
135/153
～整肅臺規疏 133/026
～整頓庫儲疏 133/239
～整頓船政摺 081/049
083/333
085/421
091/127
104/358
113/320
121/275
127/162
132/189
～整頓宗學疏 042/053
049/237
068/357
098/144
134/526
～整頓額兵疏 042/399
049/479
071/263
099/401
112/298

120/296
125/100
135/059
～整頓奉天三省監斃人犯積弊疏 136/246
～整頓捕務因時制宜疏
072/345
136/143
～整頓同文館疏 131/383
149/256
～整頓鹽法疏 041/189
048/483
112/246
134/254
～整頓八旗人才疏 047/189
058/349
094/509
109/329
117/321
133/007
～整飭治理疏 047/007
109/111
131/145
～整飭吏治疏 039/451
046/518
058/369
095/321
124/229
132/517
132/518
132/518
～整飭戎行疏 135/060
～整飭釐金疏 082/505
～整飭學校提倡正學疏
135/027
～釐積弊以清庶獄疏
045/087
～釐定武弁保舉獎札章程疏
135/135
～釐定制度疏 007/387
107/232
～釐吏治五事疏 005/214
109/148
～釐剔八旗積弊疏 048/159
133/499
～敕貴州撫臣採劣員撤省查辦片 047/185
60～量為變通調濟宗支疏
048/154
110/052
～國學增設舉監疏 049/247
107/301
～罷玉田駐防兵丁疏
008/459
～罷和議疏 083/132
099/471
～罷湖口關復九江關疏
007/265
112/067
～罷大錢疏 067/347
134/436
～罷長運復轉運疏 007/065
～恩准職官入監片 049/249
134/528
～早定大計疏 056/145
116/548

〇五六二七 請（六〇—六六）

131/217
～另立專條嚴辦鬥匪疏
051/192
～另設專棚考試摺 042/071
～因變修省疏 004/366
～因時制賦疏 061/331
096/251
124/315
133/293
～固人心以弭天變疏
039/141
65～購刊經史疏 068/371
134/532
66～嚴辦鬮匪另立專條疏
077/119
101/161
136/212
～嚴旨詳申京察舊章疏
047/186
117/471
～嚴定承審命案處分疏
003/163
010/147
～嚴定保舉章程疏 133/033
～嚴定懲創書役擾害章程疏
059/465
117/509
133/096
～嚴定防勳章程疏 075/315
136/006
～嚴池塘改田之禁疏
006/338
～嚴汰劣員以肅吏治疏

058/361
095/323
124/230
133/009
～嚴革徵漕積弊疏 061/173
096/270
118/347
133/268
～嚴禁非刑疏 077/253
101/104
125/247
～嚴禁種植罌粟片 047/426
109/039
133/398
～嚴禁州縣加增錢糧疏
061/183
096/259
133/274
～嚴禁浮收漕糧疏 040/255
～嚴禁匪刑疏 136/255
～嚴禁火葬積習疏 042/279
049/370
070/139
099/028
107/276
135/052
～嚴禁營員剝削兵丁片
135/059
～嚴責州縣盡心民瘼摺
039/521
～嚴錢糧流抵疏 002/299
～嚴銅禁劄子 007/318
118/448

67～明定軍需善後報銷飯銀疏 072/145
100/088
135/313
～照舊委員巡緝湖面疏 042/487
70～防要工固湖堤疏 010/352
108/330
～防查荒擾累疏 062/111
118/153
133/437
74～陝甘鄉試分闈並分設學政疏 042/041
049/231
069/093
109/167
120/072
135/003
77～同文館無庸招集正途疏 042/355
～展裁兵期限疏 003/117
008/429
～展接電綫杆禦水灾片 132/215
～開廣信封禁山並玉山鉛礦疏 006/212
～開辦礦務鼓鑄銀圓疏 101/518
～開言路疏 004/360
109/073
～開訥漢爾河閑荒疏 133/448
～開兩廣鐵禁疏 053/305
067/057
101/517
112/081
119/225
132/024
～開西學專科奏稿 103/406
～開礦採鑄疏 007/312
～開礦鑄錢疏 007/313
111/363
～開北方利源公司說帖 140/451
～開皖北屯田疏 062/137
096/356
133/401
～開粵西礦利條陳 047/393
067/059
101/533
119/223
～開墾沿海沙坦疏 006/209
109/013
118/148
～開墾閒荒馬廠疏 072/201
136/118
～開酒禁疏 007/271
112/067
～開減河入大清河疏 010/225
122/025
～開清江浦鐵路摺 085/289
090/277
105/295
132/139
～開溝洫疏 011/021

○五六二七 請（七七—七八）

108/247
～開湖北平民彈紡織工藝廠通告書 168/108
～開海禁疏 005/440
～開臺灣米禁疏 009/356
～開臺民攜眷之禁疏 009/357
～開南洋疏 132/357
～開藝學科說 104/269
～開禁出口疏礦片 047/397
132/092
～開麯禁疏 007/273
112/069
～開青龍岡引河摺 010/328
～開鐵路疏 102/010
105/287
～開鐵路以圖自強疏 053/097
114/002
132/118
～開缺回籍補守制疏 135/049
～開爐鑄錢疏 049/137
111/396
118/393
134/455
～舉秋報大典疏 007/436
107/204
～舉人分部學習疏 005/112
～留漕折接濟軍需疏 135/267
～留大枝勁旅以作中原活兵疏 073/355

099/260
135/173
～興辦新疆屯田疏 062/253
133/421
～興水利以裕民食疏 062/477
096/412
133/383
～興樹藝 096/440
～興屯政疏 003/099
008/468
113/358
～與各國訂明同列萬國公法疏 132/276
149/202
·78～除外省委員虛糜積弊疏 132/510
～除外省積弊六事疏 005/061
117/122
～除近日流弊疏 040/147
047/330
133/204
～除蒙蔽以迓和甘疏 046/485
109/085
117/016
131/183
～除苗弩毒藥疏 009/509
～除折漕溷冒疏 006/038
～除無益條例疏 002/171
005/056
109/129

121/330
～除煩苛之榷稅疏 007/258
112/063
80～入覲藩臬面奏條陳疏
005/210
～分試以廣真才疏 007/527
～分別裁定陋規以肅吏治疏
058/227
095/324
117/467
133/092
～分別賢能疏 005/191
109/326
～分繁簡重名器疏 005/121
～分常平為社倉疏 006/401
～每年清查以杜弊源疏
060/307
096/073
133/187
81～頒定學堂課程以一學術疏
131/447
～頒禮制書疏 001/185
007/395
82～創辦銀行章程 081/083
085/117
089/448
097/142
105/128
111/332
127/130
～創設外海兵輪水師疏
053/074
113/310

121/266
135/213
～創設養蠶學堂稟 141/171
87～朔平城等處設礮疏
009/162
88～簡承追章奏疏 004/458
～簡派輪船統領疏 135/134
～籌辦滹沱河道疏 079/241
101/385
136/413
～籌堵鄭州決口並設法補救疏
078/393
136/376
～籌費移屯兼舒國用疏
040/311
048/150
～籌費趕造小輪船片
083/263
102/093
135/217
～籌費賑濟疏 040/493
～飭部變通辦理班次以重正途摺 039/467
～飭部准銷新疆奏銷各案疏
133/224
～飭部臣實心輔政疏
058/327
095/447
133/001
～飭部院督撫認真課吏疏
133/001
～飭部頒發湖北牙釐章程並頒給部帖片 134/391

〇五六二七 請（八八）

～飭議新漕全數解折片
133/291
～飭議疏通翰林人員章程疏
133/073
～飭議改調改選縣缺疏
047/131
109/312
133/069
～飭議保案疏 039/469
～飭議仵作馬快准予出身疏
059/475
117/525
133/100
～飭議尊崇醇親王典禮疏
134/521
～飭議尊長謀殺卑幼罪名專條疏 077/037
101/097
136/183
～飭議簡嚴條教以敦儉約疏
071/039
135/038
～飭疏濬山東減河疏
051/436
108/417
122/054
136/429
～飭疏濬南運減河疏
079/197
122/059
～飭刑部改定辦理盜竊案章程片 136/204
～飭刑部增改條例疏
045/069
051/183
076/489
101/059
125/240
136/160
～飭廷臣直諫疏 046/483
082/174
095/459
124/257
131/225
～飭酌加海門廳學廩增各額片
049/253
135/015
～飭重定出使章程疏
132/496
149/067
～飭重臣分駐江北要害疏
074/091
100/384
135/425
～飭停止增附捐教疏
058/265
095/423
133/063
～飭戶部添鑄銅圓疏
132/048
152/077
～飭戶部鼓鑄銀圓並令各省推廣倣鑄疏 132/034
152/076
～飭妥議教案定章疏
132/477

157/237
～飭稽查直省懸宕款目疏
060/301
133/186
～飭積穀備荒疏 063/047
133/519
～飭練兵宜求實際疏
135/071
～飭各省解錢籌銅規復制錢疏
067/355
097/228
134/437
～飭各省整頓營伍疏
071/235
135/056
～飭淮商整理皖西引岸片
134/213
～飭永革陋習以重命案疏
045/117
051/239
136/237
～飭官吏購求條約片
132/271
～飭定銀錢畫一章程疏
067/195
097/215
134/420
～飭巡道清查訟案疏
010/143
121/346
～飭資遣飢民歸耕並酌給籽種摺 040/481
～飭力籌節用永停捐輸疏
060/285
096/072
133/178
～飭查禁錢店舞弊疏
134/469
～飭內務府撙節用款疏
060/289
096/070
133/183
～飭李鴻章統籌全局片
136/043
～飭裁南洋防軍片 135/343
～飭禁崇文門稅務需索疏
066/381
134/325
～飭禁抽收賭款疏 049/068
～飭整頓稅課章程以安商民 040/245
～飭整頓防營以除積弊疏
135/055
～飭黑龍江等處精練馬隊片
132/406
～飭嚴禁查拿片 047/293
～飭嚴禁書差肆擾疏
040/103
047/285
133/099
～飭照會通商各國片
083/142
097/027
132/384
～飭駐藏大臣勘明內地疆域劃界立碑疏 135/503

～飭臣工講求律例疏
076/485
101/061
136/159
～飭刷印校邠廬抗議頒行疏
131/374
157/478
～飭用兵各省實行民團疏
072/443
100/137
136/129
～飭屬延師訓課回族各塾片
049/450
135/022
～飭學政整飭士習疏
049/445
135/023
～飭會同籌議疏 048/161
133/500
～飭籌辦民埝片 051/371
136/388
～飭籌款開井灌田疏
048/203
062/487
096/415
118/121
133/385
～飭籌撥河工需用銀兩疏
051/359
136/386
～飭燒戶捐賑片 048/282
134/044
～節糜費疏 082/342
096/076
124/283
～築河堤疏 045/235
051/338
121/498
90～省釋難民疏 010/148
～省奏銷駁查疏 004/456
109/093
～省簿書以課農桑疏
005/054
109/127
117/117
91～慎重名器疏 069/159
095/271
124/219
135/007
～慎行賞罰疏 056/113
094/370
131/210
～慎擇宦寺疏 056/213
095/386
117/015
131/189
～慎簡大吏考察僚屬疏
058/365
095/397
124/246
133/011

0564_7 講

43～求務本至計以開利源摺
096/098
～求農學說 104/035

50～書議 068/419
098/221

0569_6 誎

77～阻縱容拳匪第一疏
148/269
(～阻縱容拳匪)其二 148/273
(～阻縱容拳匪)其三 148/276

0662_7 謂

50～中國度支 150/161

0664_1 譯

10～西報述福爾康船廠事印書其後 146/153
～西人論俄法聯盟事
102/401
50～泰晤士報論鐵路便
127/046
～書 116/505
～書篇 084/372
088/444
107/191
60～日報論日本及美洲西都商務情形 105/074

0669_4 課

40～士略說 130/423
146/059

0691_0 親

00～病納婦論 042/213
049/330

069/395
099/006
10～王宜游歷各國說 082/553
099/175
23～俄拒日論 095/252
111/009
40～喪不可久停說 001/344
～喪不葬 001/342
008/167
107/269
44～勘海塘各工片 052/142
136/520
77～民在勤 095/494

0742_7 郭

17～子儀單騎受盟論上
073/177
～子儀單騎受盟論下
073/181
71～巨論 026/151
069/351
72～氏族譜序 042/135
049/287

郊

37～祀 007/425
～祀分合議 007/422
107/199

0748_6 贛

30～寧戰禍之原因 164/064
58～撫李議覆新政事宜摺
128/115

～撫敬陳辦理教案情形摺稿 130/359

0761_7 記

00～高麗變法事 102/508 125/471
～章佳文勤公語 076/433
02～新疆邊防二則 113/193 121/012
10～三沙灣形勢 100/288
～西班牙始末 157/052
～西國送信章程始末 090/418 105/273
～西國古史 086/097 092/027 106/264 111/155 123/417
～西人言獅林礮臺事 101/016
～西人述龍華分局製無烟藥 153/454
13～武隆阿秀堃八旗生計疏及雙城堡屯田始末 048/143 062/347 096/230 118/263
20～香港總督燕制軍東游 158/345
22～任昭才 009/321
23～俄設太平洋輪船公司 085/336 090/381 102/365 104/382 111/479
～俄皇行事 084/193 088/053 103/183
24～續辦青谿鐵礦事 150/436
26～自強軍 085/394 091/074 112/455
27～勿剌施招工事 145/156
～伊藤侯答英國人語 102/520
～各國國債 128/545
28～倫敦商務公所會議英在中國應有鐵路之利 155/492
～收書目錄後 004/134
30～客述聯俄拒英事 145/097
～官紳集議保衛局 149/109
31～江西康女士 082/293 084/357 088/410
33～心悟性辨 115/458
37～澳大利亞洲形勢 154/207
～渾儀 003/195
40～太初(法) 003/193
～土耳其事 156/431
～希臘羅馬古代漁業 141/162
～右司事 010/119
44～英德設課功局防敵法 083/204

102/446
～英國鐵業 150/460
50～中國產棉地 144/112
～中國自明代以來與西洋交涉大略 106/027
155/258
～泰西煙酒稅 083/250
102/382
119/048
125/398
～東俠 086/234
092/329
～東邦學會事 086/233
092/326
57～蠍 039/313
047/053
057/199
60～日本議院論中國創設海軍事
083/087
100/051
121/289
～日本初行徵兵令 085/441
091/173
112/364
～曰仲夏之月律中蕤賓君子齊戒處必掩身毋躁止聲色毋或進薄滋味毋致和節耆欲定心氣百官靜事毋形以定晏陰之所成
117/057
～曰冢宰以三十年之通制國用量入以為出三年耕必有一年之食九年耕必有三年之食以三十年雖有凶旱水溢民無菜色然後天子食日舉以樂 117/054
～四分(法) 003/192
71～壓氣行車 086/465
093/319
094/145
114/248
77～巴黎世界大博覽會農產館
129/121
80～前廣西馬中丞辦理蠶桑事
104/112
～無烟直綫彈 085/443
091/178
104/335
113/034
～美國重稅興謗 085/236
090/163
105/254
～拿破侖第一事略 083/354
88～籌議商運臺穀始末
064/251
097/365

0762_0 調

40～查棉紗廠後之通令
168/105
56～輯民教論 138/484
99～燮弭災疏 005/025
117/210

0762_7 部

08～議運河徒挑無益疏
010/336
122/040

136/342
～議開放籼米章程仍有窒礙難行之處疏 133/479
～議與言路相維相繫說 103/314
52～刺史 005/175
109/319
117/255
74～駁各員弁請照原保給獎疏 133/051

0764_7 設

00～立洋操護軍營暨工程隊事宜疏 099/284
～立教董論 125/074
～立里催議 006/025
118/322
～立鐵路礦務總局大略情形疏 132/072
～立銀行利弊論 082/427
097/135
～立銀行條議 151/414
～商局以旺商務論 146/168
08～於上海見一流星測之在天頂西三十度同時有人於西四十度處測此流星在彼處天頂東三十度求流星距地若干高 158/267
～議院以達民情說 109/435
10～電綫 105/399
21～卡房議 008/522
120/452
22～製造貨稅 151/258
24～儲備局請免抽米釐片 134/411
26～保舉以求人才說 103/295
124/264
30～官泰西上 149/050
～官泰西下 149/052
34～法疏銷淮引片 134/293
～法清理監押人犯並勒限查辦疏 051/242
110/254
136/238
～法貴錢賤銀疏 067/189
097/220
118/479
134/419
～法嚴拿哥老會匪片 042/497
051/124
076/323
101/171
112/351
136/107
70～防 100/464
113/124
71～腰站議 008/496
120/498
77～局辦理科場裁免行戶支應緣由夾片 047/350
133/210
～學 094/049
124/111
149/335
78～險 003/103

009/111
～險守國論 050/262
121/262
81～領事 149/058

0766_2 詔

28～俗吸食鴉片辯 031/279

0766_8 諮

07～詢民情土俗論 005/230
109/153
117/119

0768_0 畝

22～制 061/085
118/336

0821_2 施

17～粥不如散米說 006/477
110/104
47～均父文集序 039/043

0821_4 旌

00～意 056/005

0823_2 旅

80～人 127/445

0823_4 族

08～譜序 069/241
098/383
～譜解惑 008/033
44～葬祔葬說 001/350
～葬考 008/182
119/500

0824_0 敵

95～情 052/373
083/169
085/466
091/228
099/368
123/274

放

24～告收呈 101/138
25～生說 008/363
38～淤事宜七則 010/448
108/356

0828_1 旗

20～戶分居議 040/303
048/146
062/339
096/241
110/049
118/257
72～兵改革議 112/437
77～民交産變通辦理疏
133/497
88～籍 082/398
096/243

0844_0 敦

30～良齋遺書序 046/084
50～本堂記 026/163

0861_6 說

00～文一首贈立夫 004/243
02～諂 115/474
10～五百里米 062/423
～丕但 129/238
～雲南電氣廠 168/100
11～張家口 074/301
121/015
17～羣自序 086/195
092/241
18～政治慾 159/130
21～經 004/151
004/323
107/090
22～任篇上 086/514
093/423
～任篇下 086/516
093/427
～利 115/436
23～俄 111/181
24～動 128/180
～幼稚 160/109
27～名 094/293
～名(二) 094/293
28～儉 115/463
33～治 116/556
～治上 039/101
046/426
055/259
094/354
～治下 039/107
046/429
055/265
094/355
34～漢種 130/319
37～潮 114/445
～初等小學利用單級教法之必要 167/275
～通 128/186
～通篇二 128/187
～運 115/479
38～海濱廣斥 062/419
40～士上 042/033
049/215
069/015
109/163
120/059
～士下 042/037
049/216
069/019
109/164
120/060
～土耳其 102/525
41～壩 010/435
121/494
42～橙 082/382
084/463
089/091
096/147
104/027
126/458
44～地 114/439
～勤 115/464
48～教育界之魔障 167/341
50～吏胥 005/391

56～蝗 063/467
096/539
60～日 114/411
124/172
～日本懇親會 099/251
～國債 111/484
124/276
～國民 130/322
61～賑上 063/165
096/524
119/302
～賑下 063/169
096/524
119/303
71～厥土惟白壤 062/417
72～腦 114/498
146/348
～兵 083/167
099/343
105/431
77～月 114/416
～居庸關 074/305
～醫 106/425
83～錢 104/410
87～銀行公會 165/288
90～小七篇 054/457
～黨 160/239
～糞 006/287
108/450
118/114
97～炮 104/342

0862_1 論

00～辦臺灣地方清丈章程示
048/084
27～各道府書 005/320
117/358
30～淮商 023/347
048/453
～竈戶 023/325
31～江甯府諸生 025/261
32～州縣親民札 040/047
047/230
059/177
117/402
40～七百社家長 059/305
60～黑旗將士檄 083/144
099/329
～團練示 044/481
051/054
77～舉團練查保甲以制游勇示
042/495
～民 027/509

0862_7 論

00～立品 094/060
～病論藥說 106/428
～產業宜與人數並增
082/487
096/015
～廐肥為培田之原 141/147
～麈兵要電 127/382
153/439
～齊家之道不徒以能忍為貴
115/476
～高麗稅務 085/238

090/169
102/379
125/396
～高堰 101/408
～商務 053/353
111/279
～商務不宜掣肘 146/195
～商務以公司為最善
097/095
111/473
124/457
～商務報緣起之故 127/194
～商困 097/083
～商人當知商務會議公所之利害 129/259
～育蠶之利 124/421
～育蠶當倣行西法 104/090
～庶子後生服制書 008/151
119/455
～廢棄孔教與政局之關繫
168/456
～廨員一心以除弊為急務
095/313
～庫項支絀宜籌善法以裕度支
111/260
～廣西煤地 101/563
～廣東考試候補各官事
146/545
～意人在美亦有被阻之慮
111/062
～文 004/237
004/244
116/167
～文武兩途輕重 103/291
～文字污穢 146/038
～交涉 053/017
085/452
091/195
099/135
106/093
110/294
110/306
123/143
～辦理交涉 106/029
145/159
～辦理船政 125/310
～辦理教案 111/123
～辦案不可含糊了結
094/414
～辦津鎮鐵路 114/091
～辦洋務宜訂中西律例
103/358
～言官 103/267
～言官宜正心術 124/258
～言官宜留餘地 095/484
124/259
～畜舍宜慎 141/151
～訪案 103/378
～京控案件不交原問官覆審最為善政 103/383
01～語說 038/323
046/052
107/089
02～端士習以崇師道為先
107/415
～訓練貴純熟 100/158

～訓條 110/439
～新疆改省 044/001
050/385
～新法過奇難施實用
145/553
～新學部亟宜設立 083/010
084/381
088/463
098/254
107/327
03～試士以不搜檢為得體
146/097
04～讀西律 103/354
～讀禮 001/227
～讀書 107/074
～謀富之法 082/358
096/111
～謀定後戰之利害 099/485
125/189
05～講學以正人心 124/108
～諫官 095/480
06～譯書 084/361
088/419
107/182
～譯書為今日之急務
094/244
124/132
～譯書事例 158/042
～譯書當先政後藝 094/248
～課良吏 039/061
046/435
109/243
117/132
～課蒙宜有次序 103/448
～課吏 124/248
124/250
～親民 005/298
109/356
117/381
07～訊案之難 103/377
～部吏需索 103/328
～部臣擬節度支事 124/284
～設立議院之益 109/439
～設立總教務司之關礙
130/398
～設立領事官緣由 110/466
～設局繙譯西國醫書以便服用西國醫藥事 114/481
～設館課吏之法之善
103/244
～畝制 096/331
08～族民及國民 143/134
～放賑不如防災 085/263
090/224
～謚諱 007/494
～諭止衙參事 124/222
～訟息之難 103/372
～議和有十難 099/495
～議和有十要 099/493
～議員對於自身俸給無提案之權 162/407
～議院 109/427
～議院為治國之綱領
098/361
109/433
125/029

～議會 086/202
092/257
10～一千八百九十六年歐美各國商務情形 151/373
～二國交戰必先知攻守之法不同 111/038
145/358
～二等公使 110/436
～工部局能盡其職 145/537
～工價 150/055
～工作之弊 125/257
～工作學徒苦況 104/288
～工匠 101/220
104/274
～工人宜漸富 082/364
085/008
089/210
104/227
113/413
～工人日漸富強 096/140
～三等公使 110/436
～正使管轄隨使人員之權 110/447
～正負電能化分水氣 114/232
124/197
～亟宜力田開礦以裕財源 113/444
～五大洲地球將合一 106/417
～五堰 011/173
～亞細亞各國 108/004
～亞細亞人不服俄羅斯 106/347
156/429
～亞洲宜自為唇齒 155/497
～疏通仕途在嚴考課 103/245
～丁稅難行 129/381
～丁口稅 085/231
090/154
105/249
～元帥 113/008
～丙申年列國情形 086/088
092/006
106/253
107/499
～兩漢權要之職 004/502
117/305
～需才宜求實濟 094/524
～雨露霜雪之體用 114/431
～雨與土之關係 140/545
～平糶 006/475
110/104
119/283
～平糶貴得其法 096/529
～平湖虹橋蝘書 011/382
～平臺灣生番書 009/506
～天下學問無窮 145/558
～天津宜設官牙茶行 053/350
～西律之善 125/434
～西伯利亞將來大局 156/446
～西伯利亞水利 086/142
092/126

106/244
107/529
126/397
～西伯利亞鐵路之利
085/329
090/364
105/344
～西官訊案之詳 125/435
～西江開埠 102/078
～西法將盛行事 115/356
～西法切於民生 115/358
～西洋行軍要妙 112/365
～西洋行軍用謀要妙
091/141
105/428
～西古今通變 106/415
～西藏置行省 096/224
～西藥將盛行於中國
*146/370
～西國宜創行天腰會
106/421
115/327
～西國富強之本 125/350
～西國古今通變 125/349
～西國醫學 114/480
～西國監禁罰作苦工之(例可以補中國刑政之不及)
*146/454
～西學 125/359
～西學為當務之患 125/360
～西學與西教無關 130/434
～西人新創傳聲妙法
124/183
～西人武備之日精 102/439
～西人武備日精 112/377
～西人處置東亞之意
128/212
～西人借日食以精測驗
145/571
～西人之機智 115/432
～西人七日各人休息事
115/429
～西人輿地之學 102/205
125/366
～西人創設天足會事
115/326
～雷 114/428
～雷電 114/429
124/173
～礦石 104/135
～礦務即官山之利 104/134
～電之用甚廣 146/022
～電氣 114/232
124/196
～雲南礦務 113/464
～賈讓治河奏 010/210
108/286
121/399
～賈魯治河 010/212
108/278
121/401
～不廣新學之害 083/011
098/256
～不信任投票與責任內閣制之關係 161/117
～不變法之害 081/184

〇八六二七 論（二〇一一三）

084/079
087/177
115/138
127/486
～不勤遠略之誤 082/060
122/430
～不兌換紙幣足以亡國
165/378
11～北嶽中嶽 007/438
～北洋各海口形 113/277
～北洋整飭製造局事
102/140
125/265
～北洋創設鐵路學堂
102/041
～北直水利書 011/078
～玩物適情之學 130/448
～頭等公使 110/436
～弭事變宜正人心 115/413
～弭兵會 086/310
092/496
113/398
～弭兵會之不可信 099/246
～預徵錢糧及濫用非刑之弊
146/542
12～瑞典國將啟新聞大會
115/330
～聯俄拒英事 111/006
～列強對於中國瓜分保全兩策之變遷 164/111
～列國息爭之公理 086/296
092/464
113/387
～列陣交鋒之源流 145/381
～列陣成綫之形 145/393
～引沁入衛之患 010/522
122/028
～水雷損益 125/201
～水師一 153/257
～水師二 153/260
～水師三 153/262
～水師四 153/264
～水師禮節 052/459
110/297
123/236
～水利 011/003
011/005
108/241
122/065
～水之性質 141/052
～水勢堈身 011/169
122/186
～刑律 128/350
～刑律寬嚴異同 125/236
～刑具 110/244
121/362
～延訪使才 125/013
13～恥 094/301
～武 099/289
～武試之宜廢 098/348
～武試略宜變通 103/490
～武職補缺之難 103/300
～武科 098/347
～武科改試槍砲不宜全廢弓矢
098/353
112/356

～強 148/091
～強弱相因之道 115/390
～強國與弱國相處無公法之可言 128/347
14～聽訟 103/371
16～現行海關稅與國民經濟之關係 165/116
～理財 060/017
096/118
～理財以節儉為本 146/230
～理財宜清釐款目 084/393
088/488
111/250
123/443
～理財書 005/438
～理學誰推知不論元知 143/106
～理學之利用於何而見 143/111
～理學必以分析語言為始事 143/115
～理學為求誠之學術 143/104
～理學界說 143/112
～理學所以統諸學之理 143/109
～彈劾宜得其要 095/477
17～蛋白質 143/550
～取人 057/151
095/025
117/092
～聚珍板有功於文教 124/136
～子弟出洋肆業事 115/427
～弔喪 001/271
008/147
107/267
～習氣 094/303
～君政民政相嬗之理 086/247
092/355
095/163
～君民共主 102/527
～矽養之質功用各別 094/136
18～攻滑縣摺子 043/001
～政府宜速建筑秦豫鐵道秦新鐵道之理由 168/339
～政府與人民之權限 130/336
～政貴因時制宜 095/132
～政黨內閣 159/179
～致富 115/442
～改訂中國通商條約 130/139
156/067
20～重設海軍亟宜變通整頓 113/297
145/506
～重邊防必重設海軍 145/519
～重整海軍 145/515
～停止抽釐必先永開捐例 109/292
～停止分發 109/313
～信義為通商之要 105/070

～委員出差 110/437
～爭利 104/285
～看題之法 086/411
093/191
094/222
114/263
116/360
～統治權總攬者之有無
160/519
～纏足 115/488
～紡織為致富之本計
114/134
21～上海絲廠失敗之原因及其補
救之法 168/153
～上海繅絲廠 085/131
089/478
097/168
104/116
111/426
～上海巡捕包探之利弊
130/484
～上海南市倡興自來水事
101/485
～上海創辦醫學會 094/267
～步馬礮兵列陣法並合用法
145/384
～街道 085/254
090/202
～行新政宜求實際 128/165
～行軍設後路糧臺並寬大之路
145/373
～行軍以間諜為先 099/338
～行軍以料敵為貴 145/427
～行軍之要 145/376
～行軍當嚴賞罰 113/091
～行軍恃有利器而尤貴得人
113/089
145/413
～行七事以興絲利 104/122
～行昭信股票 111/492
～行鈔票可以濟錢之不足
104/450
124/396
146/530
～行鈔票以濟錢之不足
124/397
～處世 094/419
124/080
～處同僚 005/280
109/348
117/380
～佔天 008/402
116/192
～拜跪之禮不可行於今
084/254
088/187
～比例之用 086/420
093/213
094/232
114/271
116/372
～比儲出游事 125/409
～比國王 084/195
088/059
102/273
103/200

111/158
125/386
～師西法不足恥 115/368
146/593
～師道 094/100
124/120
～師範學校 084/330
088/350
～經濟學 150/167
～緬甸 106/387
156/271
22～川督得人 095/022
～川楚教匪事宜疏 010/006
112/329
120/229
～川匪亟宜勦辦 100/248
125/214
～川鹽 007/237
～蠻兵之可用 106/004
～制産之義與均富之說
150/040
～制度宜集衆長 115/416
～制器 104/319
～制錢缺少當先鼓鑄銅錢為急務 146/523
～任事 094/419
124/081
～僕役 008/091
～僕役二條 001/484
～倭事為中國之福 082/052
～倭人注意在北洋 145/126
～倭人之輕中國 145/109
～變更國政 102/225
～變科目宜並變考官
103/099
～變法 084/098
087/219
103/108
115/184
～變法不知本原之害
081/191
084/084
087/188
115/142
127/495
～變法須順人情 095/054
～變法後中國鐵路事
146/398
～變法自強首在得人論
146/599
～變法自強當從考試始
146/585
～變法宜詳審弊源 115/181
127/477
～變法之權 095/082
～變法為今日中國第一難事
124/062
～變法當務為難 095/049
128/206
～變通制科策時務以徵時彦
098/333
～變鹽法 128/529
～變鹽法以靖私梟 097/521
～後膛砲 113/059
125/198
～炭氣炭質體用各別

〇八六二七 論(二二一—二三)

094/134
114/227
124/200
～製造 113/430
～製造新法 104/306
～製造新器物例准保其專利
113/439
146/149
～製造貨稅 085/077
089/359
105/079
～製造局造快利槍之精
113/033
～製茶宜用機器 104/316
～山西 009/130
108/042
120/146
～山海關接造鐵路事
146/392
～山東 009/130
108/041
120/147
～出使 110/487
125/019
～出使大臣 125/007
～出使人員 052/402
110/440
123/198
～出洋華民必須設法保護
096/177
106/288
～利息 150/068
～利用外資振興實業不能救財
政之危險 164/539
～樂 007/478
107/212
～樂律及權量疏 007/475
107/210
120/084
～種子之鑑定 141/119
～種藝 104/065
～種植宜用格致之理
150/360
～種植之利 109/045
～種植防荒 104/067
～私朝接見使臣之例
110/454
～絲廠 097/165
104/113
124/471
23～外交上應爭之點 164/130
～外交緣由 110/427
～外官養廉不敷於用
103/230
～外洋各島亟宜添設領事保護
旅居華民 097/074
～外洋進獻方物事 115/449
～外人要求由於從前立約之未
善 110/556
125/028
～獻策圖韓事 111/072
～傅相游覽比國玻璃廠事
102/139
～俄於印度有何關係
156/120
～俄德奧合訂和約 106/360

～俄皇出游 149/039
～俄皇游歷 084/191
088/050
102/414
103/179
125/406
～俄皇創立弭兵會之意
102/432
～俄將有事於倭 145/131
～俄宜取不凍埠口於海參崴即務拉的倭司託克以南
155/494
～俄窺西藏 156/015
～俄法兩國互遣兵船至境游歷
111/014
125/410
～俄法聯盟事 111/015
125/400
～俄法好兵之同 106/361
～俄法同盟實情 086/171
092/187
106/179
107/551
123/518
～俄軍令之嚴 112/391
～俄土爭戰事 111/063
～俄在東方情形 157/039
～俄勢日大 145/099
～俄日高情形 102/512
～俄日聯盟不易 130/262
～俄日條約 156/447
～俄日齟齬 145/114
～俄日近況 102/510
～俄日事 111/064
125/427
～俄國產金之富 106/357
～俄國西伯利部議設電綫事
114/163
～俄國不能混一亞東
092/136
106/183
107/533
123/508
～俄國特遣異姓王爵報聘事
098/134
～俄國候補外務大臣
127/373
～俄國條約必不可行疏
043/221
～俄國移民墾荒 109/031
145/095
～俄國富強之故 125/352
～俄國海軍 102/435
153/444
～俄國事情 102/513
～俄國日強 086/167
092/178
106/175
107/548
～俄國助中 083/474
～俄國領事請建俄文館事
102/213
～俄國鐵路二則 085/332
090/370
102/466
105/347

～俄國鐵路之利益 152/323
～俄國鐵路之益 146/394
～俄羅斯立國之勢 106/345
130/239
156/233
～俄羅斯條約疏 053/029
110/499
132/338
～俄人護鮮 111/071
145/124
～俄人不能混一亞東
086/146
～俄人覬覦巴馬 106/359
～俄人之心志 145/118
～俄人潛佔黑龍江邊界事
111/044
～俄人狡獪通神 106/227
～俄人東向之勢 145/090
～俄人無信 102/515
～俄人築路 146/390
～俄人性質 156/453
～俄普法三國增兵事
111/057
～我國棉花棉紗業之消長
168/157
～我國小企業家當速着手於產業組合 168/121
～台灣宜亟變法 086/111
～編審 006/074
24～動物體內可為肥料
141/077
～動植物內各種之死物質
141/058
～動植物內之油質 141/056
～化石成土 140/541
～化學 114/225
124/202
～化合成土之原質 141/001
～先零漲跌不同 124/382
～德議整水師 085/436
091/163
112/363
～德皇 102/272
125/385
～德皇外交 102/394
～德皇為人 084/194
088/056
102/281
103/137
123/539
～德法在亞洲商業興盛
102/339
125/390
～德國外交 086/131
092/101
102/397
103/140
～德國外史 107/519
～德國郵政電報情形
114/191
～德國漸思恢張霸權
102/519
125/468
～德國海軍及殖民政策
086/136
092/111

103/145
107/523
123/535
～德國有整水師之議
102/430
～德國精於製造 104/312
113/440
～德兵制 112/380
～德人尋釁於中國 086/013
091/326
106/050
～德人佔膠州事 111/052
～儲才 109/248
～儲才必期覈實 109/249
146/489
～借款 053/356
111/483
118/093
～借數 046/193
114/283
116/229
～借用率數 114/292
～借用本數 114/291
～幼學 084/335
088/359
107/417
～科場弊竇之多 098/337
～科舉 084/322
088/332
098/332
109/169
～科舉改制之善 125/001
～勦倭機會 100/241

25～牛乳 084/469
089/105
104/042
～生利分利之別 105/061
～使才 146/459
～使才之難 099/161
125/008
～使才之難(二) 099/162
～使材遴選宜精 099/159
125/015
～使臣商議公事 110/460
～使臣文憑 110/437
～使臣諸得自由 110/443
～使臣互拜之禮 110/454
～使臣不可錮禁傷害等事
110/442
～使臣不歸地方管轄
110/443
～使臣職守 052/398
110/437
123/195
～使臣處世之道 110/457
～使臣升降調遣及署缺事宜
110/465
～使臣升降解任等情
052/449
110/463
123/229
～使臣解任事宜 110/463
～使臣免稅 110/448
～使臣名目及解任之故
110/433
～使臣之權利 052/409

110/442
123/201
～使臣遵守安民禁令
110/448
～使臣在任病故事宜
110/465
～使臣在路過之國所享各項權利 110/450
～使臣有爭端地方不得拘審
110/446
～使臣有罪案不歸地方審斷
110/444
～使臣有管轄本國人民之責
110/458
～使臣奏報本國事件
110/459
～使臣奉調回國應行事宜
110/464
～使臣所任之事 052/434
110/455
123/219
～使臣與職爵宗親次序
110/452
～使臣全權之任重 082/552
099/168
～使臣分等緣由 110/434
～使臣會晤次序 110/452
～使臣等級 052/391
110/432
110/434
123/191
～使臣眷屬 110/440
～律法 101/065
125/243
～傳教 053/227
123/064
～傳教不宜專恃保護
130/395
～練兵 053/138
112/448
120/325
～練兵不如訓將 099/315
～練兵宜先覈將材 099/313
113/015
～練兵宜倣西法寓於商農工
145/348
～練兵為立國之本 125/118
26～自強不強事 115/421
～自強以開民智為先
115/277
～自強宜稍變舊法 095/066
146/567
～自造銀票以便通用事
124/398
～自由一 143/086
～自由二 143/094
～自由權與商戰之關繫集錄
151/510
～自首之例 010/095
110/183
～皇帝之號 115/450
～粵西賊情兵事始末
051/037
075/505
100/245
～粵東擬開礦務事 113/466

146/423
～粵省軍務釐務疏 066/507
134/398
～粵省某大吏口碑 095/452
～鬼 008/259
～泉幣之始 139/537
～得人 057/161
095/026
117/094
～得人之難 095/020
～保薦人才 146/476
～保薦人才不如奏請考試
146/478
～保甲事例書 008/510
110/156
～保險近日申明章程事
145/535
～保全茶業 111/447
～息借商款改紡織局股本事
146/186
～息借商款事宜 111/486
124/278
～息借商款之失信於民
111/487
124/279
～息盜書 009/024
～息鬬書 005/363
110/057
～魏延出子午谷書 009/146
～臭腐神奇 086/473
093/337
114/255
116/446
～吳淞之防不可懈 100/358
～吳淞準設商埠 102/079
～吳淞江 011/238
～吳淞鐵路 114/098
～吳中吏治書 005/317
～和後事宜 145/229
～和約條款之可駭 106/124
～和約宜訂教務專條
130/399
～和約之弊以割地為最重
145/170
～和日親俄之策 111/004
～總理大臣之職 110/427
～總署辦事人員 110/428
～緝奸之法貴常不貴奇
145/259
27～墾荒廣種屯田亦為務農之本
146/325
～墾荒植物 146/314
～歸仁堤 010/385
～郵政 114/169
～郵政將興 127/209
～郵政宜量為變通 114/176
～郵政有試行之信 105/281
～郵政興之可喜 105/278
～郵政當實力興辦 114/173
～修河 083/324
085/255
090/205
～鄉團 113/329
～將帥不宜富貴 100/004
～將士之用命視乎國恩之厚薄
099/312

106/014
～將才 085/370
091/020
100/006
105/417
113/002
～將來必至之勢 128/203
～將相當有大勳勞於國
095/451
～役法 006/147
112/017
～伊犂 043/481
050/383
074/373
100/428
～魚雷 113/042
125/202
～魚鱗圖冊 006/019
～急定圜法 139/534
～奧意連兵約 111/011
125/404
～奧普意同盟事 111/012
125/403
～物不能自為動靜 143/599
～物之類數 144/084
～物體有三質 114/222
～督撫同城之損 082/178
095/367
～各處書院改試策論宜先試院長 098/340
～各種工程工藝內立合同買貨之理法 151/032
～各動物之糞 141/084
～各業不離格致學 130/458
～各國應有專署以理外事
052/378
110/426
123/151
～各國不宜挾土以長戎首
111/074
～各國強弱相因之道
145/040
～各國往來禮節 052/454
123/232
～各國行用金幣 085/175
090/030
102/375
104/426
111/404
118/514
～各國變通政教之有無公理
086/371
093/103
106/328
122/468
～各國向中國索取賠款
124/281
～各國向中國索取賠款之非
124/281
～各國領事自治其民
106/033
～各省宜倣設工藝局事
129/206
～各省查辦參案不能破除情面
095/481
～各省善堂宜設立工藝廠以養

貧民 129/230
～久任 124/223
～祭天 007/447
～禦外侮尤宜靖內變
145/137
28～以西學培植人材為急務
145/562
～以寡禦衆之法 145/360
～以土築礮臺之利 145/350
～以銀鑄錢之大便 104/408
～作縣數則 005/287
109/349
～微湖蓄水過多書 010/516
122/035
～微管吸水管愈細吸水愈高之理 094/138
～徵辟之法不可廢 103/286
～復鈔法以救時利用
104/446
124/400
～俗節祭禮儀 070/385
～從中調處之例 110/461
～稅務 053/351
112/081
119/018
124/299
～稅則 085/209
090/102
105/225
112/090
119/045
～稅斂 098/022
124/300
29～紗廠宜就地招工 114/146
30～空氣壓成流質 143/523
～塞六壩 010/384
～宜効西法設立藝學
107/319
～宜設商局以旺商務
105/054
～宜設法以減釐金 146/180
146/274
～宜亟修火政 110/262
～宜亟興郵政 105/280
114/165
～宜亟興郵政之事 127/212
～宜續刻通商和約章程成案彙編事 099/202
～宜自強以馭外 095/248
～宜倣西法設立藝學
*146/132
～宜併官增俸以清賄賂
095/370
～宜復古法以通上下之情
109/430
145/251
～宜永停捐納 109/288
146/561
～宜法古以從民欲 145/244
145/261
～宜遴選使才以重使事
110/490
～宜去學校積弊以興人材
107/312
146/094
～宜推廣購錢以救錢荒

〇八六二七 論（二七一三〇）

146/532
～宜整頓蠶務以興絲利
124/418
～宜厚結俄歡 145/120
～宜興製造以廣貿易
104/308
113/433
125/262
～宜令商民認充鳌金以畀國用
146/233
～宜令全國講求武事
106/020
～宜創辦團練 113/327
～流水造土 140/543
～淮商 041/277
～漳河不宜築堤書 011/154
～寬嚴異用 124/097
～宸斷即以順輿情 145/265
～進退 095/300
～寒暑表有功於格物之學
114/223
146/011
157/359
～憲法之性質及其形式
161/221
～憲法草案之誤點 161/282
～守城 009/160
～守令 095/511
124/267
～安徽吏治一 058/017
095/329
～安徽吏治二 058/023
095/331
～安徽吏治三 058/031
095/333
～安徽吏治四 058/035
095/334
～安徽吏治五 058/041
095/336
～安溪縣包徵之弊 098/018
～安南 106/378
156/273
～安置游勇莫妙於行屯田之政
113/381
～寓兵於工 112/469
～富 148/094
～富強以講實濟祛欺蔽為本
094/455
～富強之道以培養人材為本
109/252
～富強當先務本 094/456
115/284
～富國宜先講求農務
096/435
104/080
124/407
～富國在農不在商 096/437
～富人宜創設中西義塾
107/378
～宦海升沉之不測 103/243
～密使 110/433
～官理質穀疏 063/065
133/522
～官制 004/498
084/231
088/136

095/372
103/257
109/205
117/264
124/240
～官祿 005/131
109/178
～官場酬應宜省 103/231
～官場欺罔之習 103/232
～官報 125/088
～賽會之益 124/441
～實施條約要旨 130/148
～實業教育 167/330
～實學 086/500
093/392
107/068
～宗族二條 001/479
～宗祭 008/023
31～江水十二篇 079/449
101/461
～江甯設織布局建馬路等事
146/183
～江南 009/128
108/040
120/144
～滙銀之事 152/068
～河工與諸大臣書 010/343
108/325
～河南 009/131
108/042
120/147
～濬河宜速 125/343
～福州船政近事 142/478
32～州縣 095/512
～州縣辦案迴護已失之習
103/228
～州縣親民札 109/371
～州縣不可以有盜為諱
103/238
～州縣以操守為重 095/491
～州縣宜革除總董 095/495
～州縣為親民之官宜久任供職
095/493
124/268
～州縣因公虧空之宜原
103/227
～浙江惲方伯通飭卡員詳報陋規事 096/016
～浙防 145/303
～冰造之土 140/548
～祧室龕制書 008/300
119/522
～近代政教之原 128/200
～近代政教之原廣說
095/211
～近來盜賊之多宜設法以防內患 100/466
～近來圜法之弊 097/290
124/392
～近日言變法之不足恃
124/061
～近日西人武備之精
145/455
～近日制錢缺乏之甚
146/534
～近日州縣升途之隘

103/224
～近日團練之不足恃
100/174
～近時佐雜之閒冗 103/241
～近時所謂有用之學
146/085
～近年營勇之弊 083/231
099/335
120/316
～巡按 095/402
124/248
33～必保朝鮮以固東圉
145/135
～治 004/447
038/343
～治二 069/009
098/344
～治三 055/253
117/228
～治四 059/009
117/421
～治五 067/139
118/491
～治訟 005/304
109/360
117/387
～治霍亂 114/493
～治霍亂當握其要 146/345
～治下河一 011/185
～治下河二 011/187
～治理斐律濱羣島之策
130/256
～治亂 115/392
～治亂民當情法兼盡
100/261
～治河優劣 010/431
121/492
～治清口一 010/381
～治清口二 010/382
～治獄 101/107
125/248
～治四則 004/445
～治田必先興水利 146/317
～治旱 048/179
108/455
～治邑 005/287
～治匪便法 125/217
～治篇 109/119
117/096
117/420
～治篇一 039/089
046/422
～治篇二 039/095
046/424
34～為衆子婦之服 049/388
107/264
～對數根 046/188
046/300
114/280
114/338
116/224
116/245
～法暹交涉 106/373
～法越與英緬大勢 107/571
～法拓屬地情形 108/019
～法國對華政策 157/108

～法國領事官駐札回國審斷之權 110/482
～法人近日留意於中德兩國 111/040
145/088
～法人擬攬河工事 146/270
～法當因時變通 095/052
146/582
～漢口茶務 111/451
～漢口鐵路黃河宜造舟梁 102/049
～漠河金礦奏改新章 101/556
～滇程 009/452
～滇邊風氣未開 108/072
～滇屬金沙江形勢 154/198
～滇省利弊 005/509
110/009
～袝祭 001/408
008/294
107/246
～社會 086/199
092/250
099/240
125/080
～造鐵路宜先破除風水之說 114/088
～造錢源流 152/037
35～清議足以振興國運 098/362
～清丈田畝 118/315
～清國財政 128/459
～溝洫 011/007

101/484
108/243
～漕一 064/003
097/332
118/426
～漕二 064/007
097/333
118/427
～漕三 064/011
097/334
118/428
～漕船餘米書 007/031
～漕運 124/322
～漕弊疏 007/014
～漕弊與各省糧道書 007/028
～神 008/259
～禮二則 008/175
～禮節分類 110/451
～遣使之多寡 110/432
～遣派學生出洋肄業事 125/002
36～暹高日變制難易不同 145/075
～暹王出游 084/204
088/079
103/183
111/164
～暹王游歷事 102/411
125/408
～邊防 043/483
050/384
074/381

100/437
121/030
～邊防近勢 125/159
～邊省苗蠻事宜書 009/429
113/157
37～盜案 010/171
110/242
121/350
～泥古之弊 004/224
116/174
～湖廣 009/137
108/046
120/148
～湖北開礦 113/465
～澳門形勢狀 009/312
121/198
～漁戶私鹽狀 007/230
～沿海宜辦團防 113/338
～沿海防兵宜用屯田之法
096/382
～通商之益 110/337
～通使之例 052/381
110/429
～通使之權 110/429
～通使禮節 052/425
110/451
～通民情莫善於日報
107/451
～逢灣取直 010/432
～選將 113/010
113/011
～選法掣籤之未善 103/285
～選器 113/020
～軍事與文化有相維之益
086/528
093/455
～軍民分治 163/015
～軍營訓練兵勇宜用一律槍砲
113/030
～資遣游勇當用善法
113/380
38～游歷之益 115/431
～游民 096/173
～洋務人員 146/473
～洋行軍用謀要妙 085/426
～洋貨入內地免釐 085/219
090/125
105/236
112/099
119/062
～洋害 005/444
122/519
～洋鹽進口之足以亡華
129/295
～洋人來函以新設郵政為不便
085/347
090/404
105/266
～海通蠶桑書 141/173
～海運之益 124/334
～海軍 126/367
～海軍當廣儲人才 083/086
100/036
121/284
145/517
～海洋弭捕盜賊書 009/379

113/217
～海洋深淺之理 046/312
114/345
116/253
～海口與船塢 151/012
～海防 044/095
044/111
125/172
～海防不宜偏重 100/349
～海防為近今之急務
125/171
～海防切要 100/351
125/174
～海關改章 110/343
～道教 146/497
～道學 054/469
116/091
39～消化食物 114/502
～遴選充使之人 110/433
40～大借款 166/011
～大地九州之外復有九州
145/190
～大阪商情 127/083
～太平洋海軍 085/433
091/155
113/300
～太平洋大勢 127/379
～太湖三江五堰 011/228
～灰石及燒用鈣養之法
141/101
～士 094/058
～土耳其陸軍情形先後不同
102/436

125/418
～土生物之理 140/537
～土生物力 140/540
～土皇之性質 102/523
～土之熱度 140/514
～土之性分原理 140/534
～土通風之理 141/031
～土內生物質 141/064
～土內之死物質 141/066
～土內植物之食料 141/038
～土希近事 111/076
～土希大局 156/456
～土希戰務 125/422
～土希戰事 111/077
～土匪 100/257
～土性 140/515
～土性宜詳 086/473
093/338
～臺灣 127/343
～臺灣要害 009/344
～臺灣宜亟變法 092/056
106/207
～臺灣財政 127/336
150/158
～臺灣金礦 146/419
～臺鎮不可移澎書 009/349
～查辦事件 103/379
～直隸添設六軍疏 049/473
135/085
～直隸興除事宜書 005/494
110/003
118/104
～在上不可不達民情

○八六二七 論（三八—四○）

109/429
～在使臣公署禮拜 110/449
～在中國造成貨物不得援免稅之條 146/245
～布哇 102/523
～南北互選 095/392
～南北田制 108/439
～南滙縣紳士呈請另聘山長事 103/449
～南邊防務亟宜加嚴 145/333
～南洋事宜書 009/297
107/471
～南田山開墾狀 006/215
～內外欺罔疏 057/203
095/012
117/073
131/239
～希土交爭實兆歐亞戰禍 111/079
126/359
～有礮臺之城 145/378
～有鐵路必先有養路之法 146/408
～女學 084/352
088/398
107/383
～女學堂 098/280
107/388
124/500
～姦情 110/243
～難民亟宜設法安插 096/170
124/469
～古今師道之異 107/414
～古今中外互市之利弊 105/075
～古今日食閏月同而不同 114/414
～奇技不獨出泰西 104/272
～去白茆舊壩說 011/252
～去弊 005/349
109/369
117/369
～木炭 114/228
124/198
～杭州繅絲廠 104/096
126/447
42～機列士兵為土耳其所敗事 111/080
～機器不宜進中國 151/254
～機器織布事 114/137
～機器之學始自中國 114/112
～機器日新 114/113
43～埔裏社事 009/343
～求寔學必正人心八股可廢經義不可廢 098/339
～求治之道即成法以因時損益則以行而速効 127/500
～埃及亂事 111/058
125/429
～埃人之愚 106/397
～裁定州縣規費書 059/085
095/517
117/412

～裁汰冗員論 146/555
～裁撤兵勇事 099/345
～裁兵 153/452
～裁兵以福建條議為最善
113/377
～赴美賽會與我國前途之關係
167/491
44～封駁 095/374
124/244
～董軍門節制三省 106/017
～墓祭 001/419
～地產之不得常租者
140/078
～地震 146/010
～地球各處氣候之異
114/441
145/217
～地球寒熱各帶 114/442
145/219
～地球蠶業 084/450
089/062
104/104
111/424
123/028
～地球全局動力 084/165
087/454
107/495
～地租角逐之道 150/047
～地稅 085/232
090/156
105/250
～鼓勵工商之道 104/279
111/327

～考試 053/482
103/478
～幕友 103/317
～葡萄牙事 130/288
～葡人備邊 111/060
125/430
～勸戒婦女纏足宜先設女塾以清其源 146/102
～蘇州交涉之難 106/085
～蘇滬開築鐵路 114/097
～蘇杭交涉之難 086/049
091/406
110/394
～蘇省各屬倉積米穀皆宜平糶
096/482
～執照護照之別 110/439
～萬國公法道在和同
106/119
～韓范籌邊三策 107/137
～華商之弊 146/188
～華傭隸西籍 115/434
～華地創設公司宜開除官辦名目 097/096
124/458
～華民宜速籌自相保護之法
095/236
～華人痛詆西法 115/359
～華人謀生他國事 115/435
～華人隸英籍之區別
115/433
～英斷不棄屬土 156/194
～英俄交涉情形 102/388
125/413

～英俄互防坎巨提事 157/057
～英俄兩國機謀 111/066
125/426
～英俄將開戰禍 111/068
～英俄目前大勢 106/356
～英德貿易 127/102
～英皇所任之宰相 156/468
～英宜親俄拒德 130/267
157/115
～英通中國商務路程
086/007
091/314
104/475
127/069
～英大臣演說英德貿易
151/388
～英相防俄出黑海 113/278
～英日聯盟 102/387
～英日合操 111/019
～英日會議維持東方大局事
111/018
125/415
～英日當聯中以保東方太平之局 102/507
～英國商務 127/095
～英國商務漸衰 085/152
089/524
105/188
127/093
～英國亟宜聯日德奧義四國拒俄以保商利 111/021
～英國水師幼童升遷情形
153/441
～英國取長江一帶地方之利
155/479
～英國爵臣誡英應防俄法
127/371
～英國得利之工程 151/001
～英國倫敦博物院書樓
084/382
088/467
107/368
～英國海外政策 086/127
092/090
102/227
106/153
107/515
～英國海軍 153/437
～英國在中國所有之利益
086/009
091/317
106/045
～英國擬由印度西藏造鐵路以通雲南事 114/103
～英國首相執政之權
127/360
149/085
～英與俄戰大有關係
156/128
～英人經營緬甸 155/336
～英美欲平稅則 085/238
090/168
102/380
125/395
～著書 107/192

～世變之亟 084/121
087/353
115/300
122/455
～共和憲法三大模範及其行政立法兩權之消長 160/408
～黃帝 107/111
～黃淮要領 010/380
121/422
～黃河不宜改道書 010/260
～黃河決口事 146/304
～黃河運米賑災書 006/516
～禁開礦事 113/459
～禁煙必不能成 124/444
～禁煙必停煙稅 124/443
～茶 097/170
124/475
～茶市 111/443
～茶務 097/171
111/440
124/475
～茶業之衰應如何設法補救
097/179
～藥性 114/478
～權度政教 145/282
～植物泥土動物相關之理
141/045
～植物肥料 141/073
～植物食料 141/047
46～加稅 083/040
085/212
090/109
098/020
112/092
146/235
～加稅裁釐之不可行
140/125
～加減乘除開方之用
086/409
093/186
094/220
114/261
116/357
～加鹽釐書 065/439
～觀書之法 086/416
093/202
094/227
116/366
～獨子兼祧之服 049/387
107/263
119/492
47～均田 096/330
～均田限田 096/329
～聲 114/236
124/188
～朝廷用人之慎重 103/303
～朝鮮 156/244
～朝鮮宜求中國保護
155/439
～朝鮮宜若何保護 095/251
～朝鮮實與東北相維繫
145/139
～朝鮮大局 145/104
～婦 001/469
～婦女作工宜設善章
104/281

〇八六二七 論（四七—五〇）

～報館有益於國事 086/505
093/403
107/445
127/186
～報館最有易於學子
130/486
～好古之弊 115/374
～都中創行公報事 107/456
～起復廢員亦是推廣捐例之一法 103/281
～格致之學 114/202
～格致學緣起 082/137
094/112
～格致學所練之記心勝於文字學所練者 130/456
48～救護日食之法最古
114/415
～增兵籌餉疏 005/434
～增益財用之理 150/029
～翰詹大考 103/302
～翰林 095/373
～教育會 167/381
～教育當定宗旨 144/235
～教習洋鎗 113/027
～教宜急求善後之策
130/411
～教官一缺宜停捐納仍歸正途銓選 109/314
～教案 111/122
146/508
～教會 086/375
093/111
106/332
115/309
～敬使以固邦交 125/012
～松郡屢議平糶事 096/533
～松江宜添設電綫以通官報而裨營務 102/123
～槍炮 104/327
113/023
49～趙恭毅公覆奏宋學士參款事
058/399
50～吏治不清皆由舉劾不當疏
002/192
005/185
109/324
117/326
～吏權之重 103/331
～中西市道之不同 115/441
～中西文字辭語之異
107/080
～中西刑律輕重異同之故
084/266
088/217
103/361
110/221
123/322
～中西刑法不同各因人情而定
101/087
～中西之學宜並取兼收
115/353
～中西治疾之法不同
114/465
～中西治疫之不同 146/362
～中西教養之得失 094/497
～中西同俗 108/074

～中西醫學之不同　114/464
～中西養身之法不同　114/507
～中外交涉宜通洋務　145/164
～中外交接其聯絡維持之法究應如何辦理　083/037
099/113
～中外官交涉儀式　086/074
091/460
099/111
106/090
110/319
123/243
～中外近勢　115/136
～中俄交誼　145/175
～中俄訂立電綫約章　145/151
～中俄將來大局　123/516
～中俄密約　085/485
091/272
106/109
123/153
～中俄密約之關繫　099/219
～中俄專約　127/308
155/463
～中俄界務　155/472
～中俄鐵路兼及稅則事　127/034
～中俄情形　085/484
091/269
110/329
123/515
～中士農工三者宜一律講求　104/277
～中域今日兵爭之害　099/307
～中華亟宜講求蠶桑之利　124/415
146/322
～中華將來必能廓大　115/346
～中華民國　159/505
～中英交涉　099/129
～中英近六十年交涉利弊　085/490
091/284
099/131
106/113
～中央政府宜設測量全國地質司以振興礦務說　168/201
～中央集權與地方分權　159/161
～中東西各國貨幣賦稅　142/202
～中日兩國關係　111/003
～中國商務　085/080
089/366
105/082
111/307
～中國商務有振興之機　097/035
～中國商務之所以不振　111/322
～中國商業地理　151/394
～中國商輪宜選派學生學習駕

駛 104/380
～中國度支 096/106
～中國辦理朝鮮事 145/064
～中國辦理洋務之難
115/134
～中國語言變易之究竟
130/489
～中國新興三大事 083/312
～中國讀書無次序之弊
146/092
～中國讀書之弊 146/081
～中國設立學堂宜先定普通學
章程 124/493
～中國於孔子舊法並未泥守
082/024
115/378
～中國工藝 085/012
089/217
104/231
113/416
122/364
～中國亟宜講求地理之學
094/313
～中國亟宜通辦團練
106/002
113/328
～中國亟宜尚武以求自立
125/097
～中國再興海軍之得失
126/369
～中國西通大鐵道之重要
168/264
～中國可興做茶新法
084/461
089/087
104/025
111/440
118/215
～中國礦務宜及時興辦
125/297
～中國不能變法之由
084/138
087/394
115/168
～中國不得享萬國公法之益
099/150
115/339
125/022
～中國北京外交情形
155/455
～中國非設立議院不可
145/253
～中國武備有轉強之機
099/302
～中國磁器 142/362
～中國改行新政之速
095/096
～中國紡織業 126/445
～中國行西法宜先重農
108/463
～中國變法之利弊 095/057
124/060
～中國變法必自官制始
082/253
084/223
088/117

095/058
103/247
109/197
～中國製造日精 113/436
125/264
～中國崇尚文學 103/469
124/105
～中國參用民權之利益
081/202
082/488
086/257
092/377
127/298
～中國織布紡紗局宜體大憲設局之初心 114/144
～中國科舉之學為人心大害
146/068
～中國積弱由於防弊
081/199
082/300
084/103
087/313
095/231
115/294
127/293
～中國自行管理電綫事宜
114/156
～中國自然之利莫甚於煤礦
104/153
～中國將來情形 127/316
～中國急宜講求格致之學
114/216
～中國急宜改良紡織工業
168/071
～中國各稅輕出重入之弊
082/511
～中國各省鬧教案速宜嚴辦而在西人持論亦宜持平
111/133
～中國以金礦予英 084/503
089/178
104/187
113/497
～中國稅務贏絀 082/526
098/015
124/297
～中國稅務贏絀(一)
105/219
126/414
～中國稅務贏絀(二)
105/220
126/416
～中國宜廣設織布廠以收利權
114/139
～中國宜廣設藏書之院
103/476
107/370
～中國宜廣鑄銀錢嚴禁私鑄
104/405
～中國宜講求種植之學
096/438
124/409
～中國宜講求實學 115/352
～中國宜講求圖學 146/126
～中國宜設立文部之關係
124/099

128/444
～中國宜設商務學堂
097/033
124/432
～中國宜設洋文報館
130/488
～中國宜設大臣專辦礦務
101/555
113/454
～中國宜設女學校 107/391
～中國宜設專門學塾
098/271
～中國宜設書信館 114/192
～中國宜一律用自造之快利鎗
113/031
～中國宜正人心 115/414
～中國宜重武功 083/214
099/300
～中國宜變通律例 103/349
～中國宜借國債以辦善後
111/485
124/277
～中國宜特設商部以整頓商務
085/059
089/319
105/034
111/301
～中國宜保護商局 111/324
～中國宜倣西法以重工藝
113/423
146/134
～中國宜倣造洋貨設商署議
146/167
～中國宜復遣使巡察之制
124/242
～中國宜注重實業教育
167/325
～中國宜官設日報館
107/453
～中國宜推廣輪船之利
102/114
～中國宜專與日本聯約
111/005
～中國宜擇用利槍 101/032
113/029
125/149
～中國宜招選奇才 095/390
～中國宜早收鐵路之利
114/083
～中國宜另設藝塾 125/258
～中國宜購求種植畜牧之法緣起 111/453
～中國宜開賽會以興商務
085/052
089/303
097/122
105/026
111/295
124/437
～中國宜興商務 105/058
～中國宜全體協力以策國事之進行 160/192
～中國宜兼設測繪科
094/203
124/165
～中國宜尊君權 086/255

092/373
～中國宜尊君權抑民權 082/043
～中國宜創設女義學 103/452
～中國宜簡親王出使 110/492
125/004
～中國之衰由於士氣不振 084/136
087/387
103/082
～中國之將強 084/147
087/412
115/264
～中國之患在不能通力合作 115/200
～中國之弊在不能務實 115/198
～中國守舊黨不如日本 084/141
087/400
115/273
～中國富強之疏當先設議院以握其綱 109/420
～中國實情 147/432
～中國近日欲試士子以有用之學宜自典禮法律始 098/341
～中國袪弊宜漸不宜急 115/423
～中國軍政 099/294
～中國軍營宜備用西醫 094/268
～中國海軍大東溝之戰 100/046
～中國士人讀書宜急通舊學新學以轉國運 094/312
～中國壙産 113/452
～中國在公法以外之害 082/568
099/199
123/273
～中國有轉移之機 095/235
～中國去鴉片之弊為第一要政 145/246
～中國求富強宜籌易行之法 081/196
082/346
094/452
126/097
～中國地方宜倣設巡捕 103/343
～中國地保 103/340
～中國地勢 154/302
～中國藩屬與泰西各國不同 115/402
～中國茶務 085/140
089/498
105/173
～中國茶業亟宜整頓 124/473
～中國茶業之衰應如何設法補救 085/141
089/500
105/174
111/436

118/216
～中國茶業之失以及補救之法 129/049
～中國教養 124/084
～中國患俄而不患日 111/050
～中國東方鐵路 152/401
～中國振興西學宜實事求是以開風氣 125/361
～中國拘迂之儒不足以言守舊 128/183
～中國整武備之難 085/425
091/137
105/426
～中國整頓蠶桑宜先設養蠶學堂 124/416
～中國整頓茶務 111/445
～中國目前要務 115/351
～中國易於富強 082/358
094/454
～中國賦用 084/408
088/520
118/072
～中國財政 084/404
088/512
096/100
111/256
～中國防務北重於南 113/126
145/330
～中國蠶繭 097/012
～中國厘卡歸洋員經辦必有除弊之法 111/506
～中國所購之槍皆泰西東洋停止不用之件 113/033
～中國學者將尚子書 107/152
～中國開礦之効 146/419
～中國開濬河道宜用泰西機器 146/306
～中國開採鑛産事 129/187
～中國民智漸開民氣漸強 106/294
～中國興辦礦務學堂事 104/137
～中國與德俄交涉事宜 099/130
～中國貿易 151/396
～中國貿易之消長 151/390
～中國鹽政 146/219
～中國金石之富 101/564
150/386
～中國金價日貴亟宜設法開採 113/508
～中國會匪宜設法安置 086/516
093/429
101/172
115/311
～中國公司之難 111/476
～中國鐵路亟宜妥辦 102/043
～中國鑄銀之難 124/385
～中國銀行宜倡行鈔票 097/247
～中國銀圓局 097/245

～中國欲建鐵路當行之以漸　125/289
～中國欲袪蒙蔽非設立議院不可　109/422
～中國欲植人才宜先端蒙養　146/474
～中國欲闢財之源當先節財之流　124/287
～中國欲人人識字必先以婦女識字為始並推言婦女不讀書之害　107/389
～中國銷售火柴之廣宜設法多為製造　113/438
～中國當亟求禦水之法　125/338
～中國當變法自強　146/580
～中國當以知懼知恥為本　081/193
～中國煤礦　084/497
089/163
104/180
113/491
119/256
～中國幣制之本位　165/392
～推尊調處之國　110/451
～夷務疏　053/061
113/261
132/428
～接待使臣並使臣朝覲之禮　110/453
～接使之權　110/430
～擴充海陸軍備以衛商戰　102/342
151/398
～擴充海陸軍備關係財政　085/367
091/012
～畫報可以啟蒙　146/086
～盡民下責分學　130/446
～泰西商務由漸而盛　146/193
～泰西工人欲富　104/280
～泰西聽訟頗合公道　103/375
～泰西得飲食之道　125/473
～泰西各國和約亟宜譯出以資考証　106/123
～泰西治獄　083/235
102/450
125/433
～泰西教法　102/305
～泰西書院藏書之盛　103/472
107/372
～泰西日報體例　102/481
～泰西人和　125/355
～泰西善堂及英國濟賑人數　082/546
102/534
～青浦縣豐備倉糶穀事　096/483
～青海事宜書　009/205
～專弁寄送公文　110/441
～書役工事不宜過菲　103/342
～書吏舞文　103/330

〇八六二七　論（五〇）

～書吏舞弊 124/271
～書數 086/399
093/164
116/380
～書院延聘山長之不易
103/456
～屯墾以東三省新疆為急謀
096/374
～屯田營田 096/391
～春坎砲足以制勝 113/052
～貴州境插花情形啟
040/263
047/437
060/547
108/060
120/166
～未嫁女過門開容事
042/237
～未昏守節 001/208
～東方變局事 * 145/111
～東方鑛務 102/325
150/389
～東三省防務宜先備吉林
100/424
～東亞客歲情形 085/492
091/288
122/462
～東洋漸奪西洋之利
110/407
～東洋初設議政院事
109/425
～東洋銷煤大局 084/508
089/187
104/193
113/498
～東路事宜啟 060/375
096/180
51～輕氣壓成流質 143/525
～振興商務宜先開博物大會
097/066
～振興商務之難 146/199
～振興工藝須擇民間繁用之物本輕價賤者先行製造
101/232
～振興機器之利 114/118
52～折獄之難 103/374
～折田 006/095
～採用西種以利農務
108/465
～採金要法 084/502
089/175
101/565
104/186
113/496
119/254
～劃分田賦當先決前提
165/095
～蚯蚓造土 140/551
53～按級待使之禮 110/451
～拔真才宜公舉而勿循資格
109/331
～盛京卿宜懷奉命督辦鐵路總公司事 146/414
54～搭浪蘇阿利事 111/189
55～抽查兵伍 125/104
～抽鹽稅疏 007/177

～彗緒言 114/420
～農為工商之本而農人識字尤為務農之本 108/461
146/327
～耕種各物宜采善法以收實効 104/055
109/046
～耕土可保守土內之水 141/035
56～捐納賢否不同 103/278
～捐實官之害 082/331
095/439
～捐輸助餉宜官先於民 100/106
57～邦國交際公法學 084/255
088/193
103/384
110/301
123/301
～邦國通商 151/295
～招商局之變動當受國家嚴重之干涉 168/359
～招工 051/217
～招考官醫其法甚善宜充類行之 094/265
58～撤厘卡閉捐例而後民業可復 111/501
～整頓船政 125/311
146/130
～整頓茶市 111/446
～整頓埠政 085/155
089/531
102/080
105/192
125/319
～整頓吏治宜先加俸裁缺 124/233
～整頓吏治宜以裁官為先 128/266
～整頓財政宜自宮廷始 128/216
～整頓鹽法 146/226
～蛤仔難形勢 009/341
～釐捐 098/077
～釐捐原委 098/077
124/310
～釐金 111/499
～數國會議之例 110/462
60～日工藝之精 146/120
～日俄將來大局 085/486
091/275
110/330
～日俄大勢 145/133
～日俄關繫 102/509
125/470
～日使致書問朝鮮是否中國藩屬 145/181
～日英宜助中抑德以制俄 111/020
～日報之益 107/448
～日報漸行於中土 158/340
～日報大有關於商務 107/452
～日事為中國之福 111/048
～日本商業未必能爭英國之利 085/153

089/526
105/189
127/105
～日本度支　102/311
～日本文　130/440
～日本新得島嶼　108/013
～日本新添水師戰艦
102/419
～日本講求海軍　100/052
112/374
～日本不足為中國患
145/143
～日本及美洲西部商務情形
102/334
110/416
～日本改朔易服　111/183
～日本制定憲法來歷
084/259
088/201
103/389
110/216
～日本製造之精　104/314
～日本自強之故　086/108
092/049
106/203
107/510
～日本宜廣增海軍　127/323
～日本宜變更國政　086/105
092/041
106/196
107/507
～日本宜以工業為國本
085/014

089/223
104/233
113/418
～日本宜助中國逐德艦以釋怨而完興亞會本謀　102/505
～日本定製兵船事　146/136
～日本近事　156/472
～日本近時武備　102/419
～日本通商事　125/392
～日本內政　157/097
～日本獄禁之苦　102/451
～日本輪船公司虧折之故
152/481
～日本旱穀宜求其種飭令西北各省栽植以免旱災事
104/059
109/040
～日本財賦　128/538
～日本用金後之弊　102/373
～日本開採金銀石　113/509
～日本善政　125/353
～日本錢幣情形　102/373
125/399
～日人經營臺灣　086/121
092/077
106/212
127/338
127/346
～日人大興台灣之利
145/122
～日食毋庸人力救護
145/581
～目下安置散勇無善策

113/378
～目前各國之形勢 145/141
～墨西哥招人開墾事
125/472
～蜀事第三狀 003/072
～蜀嘓嚕狀 003/045
009/020
～最優待之國 156/437
～最古各國政學興衰之理
086/377
093/116
106/335
123/420
～國旗案之交覆議 163/491
～國君典禮 110/295
～國君並其親屬交往事宜
110/297
～國君尊卑次序 110/296
～國家及社會 143/142
～國家思想 143/050
～國初戡亂之速 145/347
～國民教育將何由而普及
167/180
～國民捐 166/145
～四元相消之理 046/308
114/343
116/250
～四川建昌鑛務 129/173
～四川鬧教事 146/506
～四等公使 110/437
～胃與四肢有相助之益
114/502
～恩威並用之難 115/411
～黑龍江金礦 104/148
～黑龍江省將來大局
086/003
091/303
106/040
110/331
123/145
～田 108/436
～田制 096/330
～男子三十而娶女子二十而嫁
001/206
～因循之病疏 058/331
117/319
133/002
～回教源流 146/498
～回民啟 008/376
110/069
～圖治必先求其通 145/236
～足用莫如開礦 125/296
～足食 006/255
108/443
62～呼莫司土 140/552
63～戰時及亂後之財政
164/473
～戰具 113/019
125/194
～賦役 006/016
096/299
112/005
118/313
124/316
64～時疹 114/488
～時文取士疏 109/162

〇八六二七 論（六四—七二）

～時下幕習之壞 103/321
～時務 115/137
～時局先後不同 095/134
～時局之變 145/042
～財政與救急之策 164/480
～財所自分 150/044
～財用 096/118
65～購辦軍火宜察其弊 113/022
～購買别國運來之物 151/076
～購用耕織機器使民均沾利益 114/125
66～嚴禁私鑄 124/387
～嚴格教育旨趣書 167/021
67～叩閽事 103/381
～明職 009/409
120/479
～明太祖二 055/395
～明太祖三 068/219
～吸鐵之理 114/230
～昭穆 001/405
008/296
107/247
119/515
～鄂省創設自強學堂之益 146/036
70～防俄 125/165
～防海 100/361
113/265
～陪審制度之可否行於吾國 162/444
71～蠶桑 146/318
～蠶桑之利 124/417
～阿西台里尼氣 143/559
～馬政 003/115
008/485
120/369
～區種 104/058
109/042
～區田 006/279
108/447
118/101
～甌防 145/327
～長江下游形勢 108/066
～長江形勢請急圖九江疏 074/087
135/424
～長江防務 153/447
72～所以盡使臣之職 125/009
～所以懷柔遠人之道 106/031
～腦 086/474
093/340
114/512
～腦質 086/477
093/347
094/263
114/499
124/211
～岳陽利害書 009/145
120/139
～兵 085/364
091/006
099/288
112/305

123/478
～兵端相尋恐在於歐不在於亞
111/088
～兵一 071/135
099/425
120/205
～兵二 071/139
099/426
120/133
～兵三 072/385
099/427
120/438
～兵制 008/437
099/424
112/397
125/103
～兵制變更 112/439
～兵禍之慘 145/411
～兵輪水師之利弊 083/096
100/049
145/523
153/242
74～隨使司員 110/440
～隨使人等歸地方管轄之處
110/447
76～腸熱症 146/350
～驛政 008/494
120/496
～驛傳之害 005/227
77～閩省務本節用疏 006/267
～風之災異 114/427
～風造之土 140/555
～肥田土質 084/446
089/053
104/010
108/470
118/137
～同考官 103/494
～用機器之法須明其理然後能
知其利弊 114/115
127/406
～用數 046/192
114/282
116/227
～用暗號傳遞密信 110/439
～用財 005/274
109/346
117/376
～用兵謀國當先審幾料敵
099/441
125/111
～用兵不宜過緩 099/444
～用兵宜先察敵情 083/170
099/369
～用兵之事與地勢有關繫
113/094
145/362
153/237
～用兵之事前面有攔阻行軍之
物 145/364
～用兵貴作其氣 099/438
145/440
～用人 004/494
005/270
057/157
095/027

〇八六二七 論（七七）

095/028
095/029
109/216
117/061
117/091
117/499
124/072
～用人疏 005/048
109/237
～鴉片 083/249
097/198
118/233
～鴉片宜設公司販自印度
146/167
～鴉片煙加稅 124/442
～居官十一則 059/113
095/496
～居美黑人之現在將來
130/260
157/082
～馭俄疏 044/015
～馭題之法 086/414
093/199
094/225
114/266
116/364
～學習格致當以算學為本
146/032
～學術不可偏廢 146/070
～學校 083/008
098/268
～學校一 081/150
126/162
～學校二 081/156
126/168
～學校三 081/164
126/172
～學校四 081/167
126/180
～學校五 081/170
126/186
～學校六 126/190
～學校七 126/195
～學校為立國之本 107/311
～學格致必先求富國
082/141
094/115
～學會 086/196
092/243
115/306
～學會大有益於黃人亟宜保護
081/204
082/061
～學算之法 086/417
093/205
094/229
114/268
116/368
～丹徒新河避淤濟運書
010/498
～開言路疏 039/121
～開平創開鐵路事 114/094
～開礦 113/443
～開礦之利 146/433
～開礦為富強先務 146/425
～開礦購地之善法 125/298

～開墾 146/316
～開河 011/026
～開海禁疏 009/299
～開捐例不如興商務
103/282
～開掘火井 146/420
～開民智 124/085
～開鐵路之利 114/078
～開煤礦之益 083/339
104/156
～母在為妻杖否書 008/241
～母教關係於一生 107/396
～舉辦郵政宜嚴定章程
114/175
～舉行昭信股票 111/491
～舉人用才之關繫 124/266
～醫 114/452
～醫術時弊 114/473
～問官飭差查案之失
103/339
～印度自設機器織造廠
114/150
～印度棉紗 114/149
～印度興衰並英人治理之始
083/411
106/140
108/015
145/073
156/248
～印度幣政 102/374
125/400
～民 082/480
096/157
～民主得失 102/528
～民主之法不能行於中國
145/548
～民主黨 160/264
～民權 115/405
～民權之義與無君黨無王化黨有別 130/348
～民教相安之本 125/070
～民國大學控告工商總長之判決案 162/482
～民國教育宜採相對的國家主義 167/074
～民團 053/141
113/331
～民團宜依西法 113/340
145/484
～民間謠傳有妨軍報
099/341
～關津鐵路 127/040
～歐亞二洲之關係 145/043
156/243
～歐亞兩洲之熱度 114/443
145/220
～歐西四國情形 145/093
～歐洲形勢 083/470
127/380
～歐洲現情 086/087
092/003
106/251
107/497
～歐洲政治 084/166
087/456
103/089

107/496
～歐洲各國不宜助突厥
086/173
092/191
106/237
107/553
～歐洲各國兵力 102/438
～歐洲近來兵數日增
112/379
～歐洲近日增兵大勢
145/480
～歐洲近日情形 145/084
～歐洲中原之形勢 156/440
～歐洲時局 106/394
～歐洲情形頗似戰國
106/392
～歐美商務全局 085/150
089/518
105/185
～興商之利務貴達情
097/058
124/433
～興工通商 104/287
～興亞會 115/319
～興造機器 113/435
125/283
～輿地之學 009/169
108/054
～桑(附表) 141/176
～桑棉之利 124/423
78～鹽一 064/381
097/530
119/104
124/339
～鹽二 048/465
064/385
097/531
119/105
124/340
～鹽三 048/468
064/391
097/533
119/107
124/341
～鹽法 002/414
097/524
～鹽質金質肥料 141/092
～鹽糧賑貸諸法 005/493
～臨時招勇之無益 112/468
79～勝負乃兵家之常 145/431
80～人才 124/065
～人才之興視乎取舍並推論人才以蒙養為始基宜善教法
094/526
～人才難得 103/451
～人材疏 005/048
109/237
～人材為國之根本 146/485
～人品 094/060
～人命 110/238
～全滇形勢 009/447
113/163
120/160
～全楚邊防 044/477
051/053
～全權字據 110/438

～全權大臣 110/489
～金礦 150/391
～金陵擬設西醫院事
146/372
～金錢 152/045
～金銀流通各國之理
152/020
～金銀漲落 085/189
090/062
097/276
111/410
～金銀漲落之由 085/171
090/022
104/422
111/401
127/122
～金銀漲落極有關繫
085/174
090/027
104/425
111/403
118/512
～鐘律疏 007/474
107/209
～今之時局與戰國大異
084/117
087/345
115/299
122/453
～今南洋各島國 053/417
107/474
121/260
～今日誰能助我 083/167
099/371
～今日要務亟宜收拾民心
115/412
～今日政治家當亟講統計學
159/159
～今日練兵宜有變通之法
125/121
～今日勿憂無財 082/363
096/117
～今日實學將亡之可懼
124/109
～今日中國當以知懼知恥為本
082/180
084/108
087/326
115/196
～今日整理財政宜先劃定國稅
與地方稅之範圍 165/001
～今日所取之士適為國家之害
146/088
～今日當以知懼知恥為本
094/386
～差委掣籤 109/316
～差徭書 006/166
112/022
～差捕私刑宜禁 103/336
～差弊 103/333
～分工交易相因為用
142/304
～分工之効 142/298
～義為土敗歐洲各國之福
156/458
～令廢員修興水利摺子

040/409
～無職之隨使人員 110/441
～無君黨因專制壓力而成 130/308
158/529
～尊稱使臣之例 110/454
～尊敬使臣之禮 110/455
～美班戰禍 111/085
125/424
～美日失和事 111/084
125/425
～美日戰務 102/428
～美國不能永守孟祿遺訓以拒歐洲各國 128/235
～美國亂耗 145/062
～美國之盛由於學校 149/237
～美國源流 *145/192
～美國漸思干涉外事 102/536
～美國選舉總統 127/128
149/041
～美國禁止華工之故 130/153
156/046
～美國擬助古巴土人 111/082
～美國購還古巴島 111/083
～美國開鑿尼喀拉加運河 130/259
～美國幣制之盛 129/358
～美哇合併 102/521
～拿破崙在比利時用兵之事 153/234
～義塾得失 107/379
～義塾宜嚴定塾規 107/376
～義務教育當規定於憲法 167/069
～義學訓童官講習圖算之學 094/202
～合本同功 150/081
～合用馬步砲兵按地勢列陣法 145/400
153/249
～普通裁判制度與行政裁判制度 162/432
～普國官制不能利行於吾國 163/066
～善後宜亟籌萬全 145/276
～會計年度之短長並其得失及與歲出歲入施行效力之關係 165/206
～會典地圖里差書 009/206
～會匪 125/215
～曾孫不當稱功服書 008/229
～命案 010/170
110/246
121/347
～公孫宏傳贊武宜諸名臣 047/029
～公司不舉之病 082/418
097/099
105/149
122/531
124/459

129/304
～公司之益 111/474
～公德 143/044
～公生明 103/219
～公使之職 110/429
123/184
～公法不行於亞洲 106/117
～公法源本經學 086/380
093/123
099/148
125/021
～食橄欖之有益 146/024
～養生 094/262
114/505
114/506
146/360
～貧民有望 082/483
086/291
092/454
096/158
106/309
110/032
～氣毬 114/242
81～領事官辦理冊記發給文証之例 110/479
～領事官雜項事宜 110/480
～領事官承辦遺產之例 110/478
～領事官拜謁之例 110/469
～領事官稽查保護本國船隻 110/474
～領事官保護本國人民 110/477
～領事官保護本國水手 110/476
～領事官宜缺任止差等事 110/485
～領事官之要務 110/470
～領事官之職守 110/466
～領事官之權利 110/468
～領事官之責任 052/469
110/466
123/245
～領事官審斷之責 110/471
～領事官照料本國難船 110/477
～領事官駐劄土波各國 110/480
～領事官駐劄回部 052/497
110/480
123/265
～領事官駐劄巴巴里各國 110/481
～領事官所任之事分類 052/479
110/471
123/253
～領事官與水師官參辦事件 110/476
～領事官與地方官往來事宜 110/473
～領事官與本國往來文件之例 110/473
～領事官分等 110/467
～領事官公署司庫 110/484
82～創立電報 114/155

〇八六二七 論（八二—八八）

～創行新法宜首開議院 109/434
～創造新器給札專利之善 102/180
～創興製造 104/323
83～鐵政關繫之重 114/108
～鐵道與工業之關係 168/334
～鐵道與國家之關係及建築時之注意 168/325
～鐵甲兵鑑 125/312
～鐵路便利 114/080
～鐵路之亟宜興築 102/044
～鐵路必成之可喜 146/412
～鐵路增入洋股得失 102/048
～鐵路開捐事 105/392 114/087
～鐵路火車 114/107
～鐵性 085/023 089/241 104/244 119/260
～錢法 097/288
～錢賤銀貴之可駭異 129/338
～錢財總理 152/028
～錢幣 007/286 097/283 111/350 124/381 152/005
～錢幣貴賤之理 152/011
84～鑄錢宜先絕私燬 146/525
～鑄銀幣造鐵路 124/386
～鎮守南澳事宜書 009/383 113/219 120/473
85～鈍翁立後書 008/047
86～知縣一官 103/223
～知人 057/149 095/024
87～銅鈔序 007/362
～銀行票與鈔票滙票 152/053
～銀行集股之難 097/140 124/406
～銀行股分 152/066
～銀錢 152/049
～欲立海軍宜先講求製造 113/303
～欲自強宜先變法 115/171
～欲富強宜講求物産 109/043
～欲培植子弟必先尊崇師道 094/102
～欲培國本先正人心 145/288
～餉兵 003/110
88～銓選 095/392 124/260
～簡派領事官及到任之例 110/468
～籌辦禦盜之法 100/255
～籌款不可開捐例 109/293
～籌購機器以開墾荒田

109/027
～籌餉之難 113/350
～籌餉為行軍要義 083/197
100/102
120/401
～籌餉當求自然之利
113/356
～策論取士宜分為數科
098/334
～策問時務宜先釐定書籍以便誦習徵引 094/084
124/123
89～鈔法利弊 129/336
90～光 114/245
124/190
～光學植物 086/484
093/362
094/153
114/246
116/492
124/191
～省議會聯合會 160/230
～省官制致各督文 163/062
～省事 005/300
109/357
117/383
～省長宜簡任不宜選任
163/053
～當倣西法興礦務 104/143
125/295
～當道宜擴充格致書院以興西學 146/026
～火山炸裂事 114/446
～火奴魯魯島國歸入美利堅版圖事 108/036
～火輪汽機 114/122
～火器近制 113/021
～賞賜使臣職銜禮物
110/455
～焙茶機器 141/307
94～煤 113/501
～煤鐵 104/151
～煤鐵鋼之貿易 151/100
95～性 157/447
～快電車信函譯稿 146/143
96～烟害 097/202
124/447
97～恤民 005/302
109/359
117/385
98～幣一 067/145
097/285
118/493
～幣二 067/303
097/287
99～營粟始末弊端 127/429
～營田水利摺子 040/413
～營兵屯田不便疏 008/476

0863_7 謙

80～公誠說 158/383

0864_0 許

26～自陳議 047/087
095/480
31～河督奏疏 146/262

77～巴西墨西哥立約招工說
086/067
091/446
123/126

0865_1 詳

08～論製造火鏡始末書
129/218
～議創設船政章程購器募匠教習疏 132/149
17～酌長江水師事宜疏
071/491
121/175
135/200
30～究黃河病原力求治法疏
078/035
101/275
136/279
～定刑律疏 010/076
110/178
33～述海綫原委 145/532
44～考物理說 114/219
75～陳水陸各軍進勦機宜疏
073/315
120/268
135/155
～陳浙江水利情形疏
011/377
108/172
～陳鹽捐源流利弊疏
066/529
098/049
119/055
124/302
134/376

0865_3 議

00～辦郵政摺 085/341
090/390
100/119
105/259
114/179
120/509
125/221
02～新進士分省學習疏
005/114
05～請將捕盜水勇挑補弁兵疏
135/210
07～設武備特科摺 098/303
～設土舍之患狀 009/505
08～放洋 112/139
～謚明季殉難諸臣疏
007/490
119/414
10～丁弁 112/140
～覆唐郎中條陳各省自闢利源疏 150/339
～覆謝祖源奏請練習洋務人才疏 053/488
109/268
132/497
～覆請停捐輸整頓鹽金疏
133/177
～覆請行鈔法疏 152/087
～覆講求商務疏 097/017
124/424

～覆調印度兵助勦疏
153/004
～覆工部郎中唐浩鎮條陳各省自闢利源疏 133/220
～覆王御史開辦礦務鼓鑄銀圓摺 084/480
089/126
104/160
113/476
～覆王鵬運請講求商務疏
132/018
～覆王鵬運請開辦礦務鼓鑄銀圓摺 083/341
132/036
～覆五城建立中學堂小學堂疏
131/422
149/364
～覆張佩綸條陳六事疏
132/417
～覆武科改制疏 131/505
131/507
～覆理訟章程書 077/303
101/150
～覆停止商辦關外礦路疏
132/084
150/393
～覆依將軍克唐阿調員開辦遼東礦務摺 101/520
～覆依克唐阿請行鈔法疏
132/033
～覆戶部開源節流各條疏
133/170
～覆伍廷芳礦務條陳疏
132/105
～覆變法事宜疏 131/357
～覆變通土藥稅章片
152/176
～覆緩挑引河疏 010/326
～覆皖撫籌添學堂摺
084/298
088/282
107/341
～覆積穀疏 006/372
112/180
～覆保護教堂疏 132/478
157/249
～覆郵政事宜摺 085/350
090/412
100/125
105/270
114/186
120/516
125/222
132/227
～覆御史張仲炘奏臺灣土貨進口照洋貨抽稅疏 132/020
～覆船政摺 085/422
091/131
102/090
104/360
113/321
121/277
125/306
～覆給事中褚成博奏考試策問請准引用本朝人名書名疏
135/031

～覆給事中周星譽條陳斂商權疏　060/213
133/152
～覆漳河洩漲疏　010/536
122/017
～覆安徽巡撫鄧華熙請添設學堂酌擬切實辦法疏　131/414
～覆安徽省城應仍建安慶疏
074/113
120/187
135/427
～覆江南北分省片　074/111
～覆河運萬難修復疏
064/173
118/419
134/082
～覆河南礦務辦法疏
132/089
150/400
～覆福建船政疏　132/191
～覆福建巡撫條奏練營章程疏
071/341
135/066
～覆減壩堰工疏　010/371
108/334
～覆社倉保甲疏　005/341
～覆褚成博奏洋商改造土貨應籌抵制疏　132/023
～覆津東水利稟　062/283
～覆湘撫請嚴禁私運銻砂疏
132/106
～覆沿海港口不宜封閉疏
074/517
100/317
121/206
135/404
～覆大學堂片附章程
144/166
～覆土藥收稅章程疏
134/361
～覆臺灣土貨進口照洋貨抽稅疏　152/171
～覆直隸屯政水田難以興舉疏
080/027
136/458
～覆李端棻推廣學校摺
131/389
～覆李秉衡奏駁重議土藥稅釐疏　134/359
～覆李侍郎推廣學校摺
083/005
084/288
088/261
103/435
107/323
～覆考試策問准引用本朝人名書名摺　084/330
088/349
120/071
～覆華侍御講求務本至計以開利源摺　084/427
089/010
103/507
108/459
133/219
～覆黃河分流事宜疏

078/387
136/343
～覆黄中允籌借華款疏
150/175
～覆葉紹本條陳捕盜事宜疏
042/481
051/035
110/171
～覆胡燏棻請酌設武科片
131/491
～覆梅啟照條陳疏 135/395
～覆中外洋務條陳疏
132/260
～覆中允黄思永請禁遏糶暨禁燒鍋疏 134/053
～覆推廣學校 081/013
～覆奏嬰楊奏江北河運漕米勞費太甚擬請停辦疏 134/071
～覆奏綬章請整頓各省書院疏
131/424
～覆捕盜事宜疏 072/341
120/483
136/142
～覆盛京卿條陳摺 084/076
087/168
103/062
115/261
～覆盛宣懷條陳自強大計疏
131/291
～覆提解耗羨疏 005/461
～覆整頓各省書院摺
084/294
088/274

098/168
107/337
120/024
～覆昭信股票流弊疏
132/056
～覆馬頰河不宜開挖分流疏
078/329
101/284
136/322
～覆馬營挑壩緊要碎石並無流弊疏 078/133
101/291
136/289
～覆劉中書陳員外條陳茶政疏
151/449
～覆兵制不宜更張疏
071/261
099/391
125/103
135/061
～覆開辦京師大學堂摺
082/014
084/291
088/267
107/335
131/401
146/055
～覆開辦鐵路疏 132/136
152/338
～覆開放粈米章程疏
133/476
～覆開源節流疏 133/164
～覆兼攝通商大臣疏

151/273
～覆錢票有利無弊疏
067/535
134/440
～覆籌補庫款章程利弊疏
060/153
096/067
133/200
～覆籌畫漕運事宜疏
064/115
097/301
134/065
～覆籌餉練兵保固京師疏
073/329
100/075
135/158
～覆榮祿請設武備特科疏
131/487
～覆榮中堂祿請設武備特科摺
098/307
23～僱船 112/139
24～結江北教案片 132/468
～結鄭水等五州縣教案片
132/466
26～和預防後患論 125/193
～和須估便宜說 099/490
125/192
～和須防後患論 099/491
27～修揚屬運河東堤疏
079/335
101/400
136/446
28～復水師李提督臺灣治略
075/099
～復保薦寓洋華民有七利疏
132/277
～復捻平善後事宜疏
076/129
136/056
～復鄭思賀請推廣學堂月課章程片 131/435
30～准設立經濟歲舉特科摺
098/295
～守上 130/048
～守下 130/051
～定滇緬界務商務條約疏
132/317
155/395
31～濬吳淞江書 011/236
108/198
122/175
32～州縣不必設副官鄉官疏
005/161
109/183
117/271
～州縣河員分辦工料疏
010/473
33～減杭嘉湖三府減漕疏
047/505
112/031
～減杭嘉湖三屬漕糧疏
061/429
096/272
118/378
133/325
～遍考醫家以救生命論

114/477
34～汰冗員疏 095/278
～汰兵疏 042/371
120/194
～滇 076/273
100/257
～社倉與古異同疏 006/395
112/185
118/275
35～決國旗一案咨大總統文
163/489
36～邊疆事宜四款疏 009/510
38～海口建長堤狀 010/352
～海口情形疏 009/395
113/222
40～吉林添買官馬援照驛馬定例疏 042/437
050/054
136/123
44～封禪巡狩疏 004/369
47～都察院請增孔林祀典狀
007/463
120/001
～款 130/054
48～增洋藥土煙稅釐疏
134/351
50～奏經濟科章程摺 103/409
～奏科收鋪稅藥牙疏
152/184
～奏科場改試疏 131/464
149/323
～奏各省攤派籌還洋款疏
133/241
150/126
～奏昭信股票流弊甚多妥議辦法疏 150/185
～奏鹽斤加價疏 134/238
150/202
～奏頒發昏喪冠服典禮規條
071/043
56～捉姦致傷尊長勿論奏
010/110
110/189
121/314
58～撫建鹽引與閩通銷稟
065/441
60～目 081/299
～昌化縣徙居所城狀
009/159
～回帶 112/140
～員薪俸問題 162/401
～賠豁 112/141
61～賑說 002/463
63～戰 130/053
64～時文取士疏 007/525
65～購外洋鐵路土車等片
051/412
136/379
～購鐵甲船疏 132/201
70～防逃人妄傳疏 009/218
～駁河東請仍舉新商先鹽後課疏 066/167
134/147
72～兵 008/409
112/289
73～院 126/255

〇八六五三 議（三三—七三）

126/256
～院辨惑篇 098/366
～院政府無干預民俗說
159/209
～院利害若何論 082/264
098/369
125/032
～院得失論 082/268
～院得失篇 098/371
125/034
～院為中國盛時遺法論
109/431
～院十難 082/265
098/374
74～駁江撫請減九江關稅額疏
134/337
77～脚價 112/140
～展朝鮮電綫疏 132/220
～展申明卓異人員定例疏
133/045
～開晉邊蒙地疏 133/445
80～會關於條約之職權
162/391

0866₁ 譆

02～訓八則 069/305
098/415
24～牒論 115/490

0968₉ 談

10～天 114/399
124/170
～天序 046/288
046/289
114/334
114/335
72～兵 145/433
77～醫 114/451

1

1000₀ 一

27～條鞭議 006/020
36～邊出土節略 051/331
80～年來借款交涉始末記
166/116
～年來之政象與國民程度之映射 159/089

1010₀ 二

17～孟總論 013/265
～子析產序 008/056
37～次貸銀記 095/087
40～十世紀之中國 130/327
～十四朝儒教會黨考序例
086/200
092/253
50～毒說 115/399
67～曜冰暈說 144/140
72～氏論 008/357
110/067

工

07～部營造尺與英尺比較表
144/569

17～務營策 101/211
151/222
18～政目議 101/204
26～程積弊請核實酌給公費疏
077/387
101/195
125/251
136/258
～程營退職訓詞 166/380
28～作學徒苦況 126/479
～作問 104/290
44～藝 042/405
～藝發達大利農商說
168/065
～藝叢書序 129/233
～藝學堂章程 129/234
～藝問答 129/227
～藝養民說 085/006
089/205
101/226
104/224
113/411

1010_1 三

10～要 126/077
17～習一弊疏 004/356
109/070
117/069
23～代論 014/419
～代因革論一 004/433
109/087
～代因革論二 004/434
109/088
～代因革論三 004/435
109/089
～代因革論四 004/437
109/090
26～吳水利贅言 011/166
108/188
122/182
～吳水利略 011/225
108/195
122/177
～吳士大夫憂危 095/230
31～江水利萃言自序 011/226
～江口寶帶橋記 080/109
122/209
32～漸宜防疏 046/464
056/095
094/400
109/080
116/542
131/174
35～禮試士論 007/519
109/160
～禮議 007/400
37～通考輯要敍 158/503
158/506
38～啟李宮保 061/369
096/312
118/371
40～大變論 095/072
128/198
44～老五更議 007/459
46～場以時務策士論 098/319
60～黑水考 011/454

一〇一〇。一一〇一〇一 工（一七一四四）三（一〇一六〇）

122/303
～署 126/284
77～月廟見解 008/109
107/280
119/432
80～父八母服制存疑說
008/236
119/462
～年之喪二十五月而畢辨
070/181
099/049
～義辯 015/297
90～省 127/256
～省山内邊防論一 009/247
113/177
～省山内邊防論二 009/248
113/178
～省山内邊防論三 009/251
113/180
～省山内邊防論四 009/255
113/183
～省山内邊防論五 009/257
113/184
～省山内邊防論六 009/259
113/186
～省山内邊防論七 009/261
113/187

正

07～諛 054/339
099/089
11～疆界定流土疏 009/435
20～統論 039/085
22～例篇 148/534
24～德重修金山寺志跋
001/361
～告國會議員 160/216
28～俗 008/349
110/065
～俗論 071/055
40～友 008/320
110/061
119/353
44～權 147/479
～權議 094/345
124/043
50～本清源疏 056/027
094/363
116/537
124/046
131/196
75～體論 002/126
005/042
77～學論一 004/124
107/033
116/042
～學論二 004/125
107/034
116/043
～學論三 004/126
107/035
116/044
～學論四 007/520
107/298

1010_3 玉

49～楸藥解後序 060/405
094/275

1010$_4$ 亟

10～更役法疏 005/393
109/402

王

00～言 056/009
094/399
10～零川先生墓表 012/331
～霸辨 004/285
109/114
116/533
27～御史鵬運請力行修省實政摺
128/114
40～右軍論 015/391
42～樸論 015/395
46～媪助錢守城榜辭 030/377
50～春林教養山靈 020/287
72～氏憲法芻議之商榷
162/118
～氏憲法芻議之商榷補論
162/134
76～陽貢禹論 057/321
117/226
80～公設險以守國說 145/308
84～鎮臺石泉戰功記 032/191

至

03～誠開導令愚民悔悟
045/063
051/234

1010$_7$ 互

00～市利弊論 110/338
～市檔案 053/233
110/344
122/485

五

08～族同化論 159/476
12～刑辨 003/133
010/057
121/301
～形 009/038
120/118
17～子礮說 009/090
112/465
21～經大義終始論 086/365
093/088
～經大義終始答問一
093/096
～經大義終始答問二
093/096
～經大義終始答問三
093/096
～經大義終始答問四
086/368
093/097
～經大義終始答問五
086/368
093/097
～經大義終始答問六
086/369
093/097

～經大義終始答問七 086/369
093/098
～經大義終始答問八 086/369
093/098
～經大義終始答問九 086/369
093/098
23～代鹽麴之禁 007/264
32～洲漁人生計說 084/467
089/100
104/039
118/247
37～祀禮略 008/260
40～大河總說 079/151
101/391
125/337
～大洲所造鐵路多寡並造費數目考 114/101
～肴約 001/517
60～星順逆遲留說 082/132
094/180
116/428
～星歲輪與伏見輪之不同 046/249
114/314
116/340
～星算術源流 082/131
094/180
116/426
～國論 083/395
～國盟約離合記 130/145
～國盟約離合續記 130/147
～品卿銜刑部主事象州鄭君傳 057/097
77～印度形勢 044/257
053/418
107/475
123/494
80～差說 114/410
88～箴 038/403
90～省溝洫圖則四說 011/008
122/066

亞

10～西亞洲水流說略 154/261
26～細亞洲全圖簡明說略 154/246
32～洲山勢簡明說略 154/259
～洲地理大勢論 143/272
～洲半屬歐人 106/403
33～述國沿革考 130/191
50～東對馬島考 154/235
90～當世系考 130/189

1010_8 靈

22～川縣甘棠渡浮橋碑記 010/192
40～壽條陳時務 002/305
～壽志論 006/094

巫

53～咸河伯 008/331

1011_3 琉

13～球向歸日本辨 106/218
156/175
～球考 145/189
～球朝貢考 106/217
115/448
155/229
～球小志跋 053/056
50～事不足辨 106/224

疏

27～各處古河故瀆議 011/122
122/109
31～河救荒議 011/233
～河築堤工程記 011/036
121/459
～濬鄱陽湖以防水患疏
136/510
～濬運道疏 136/424
34～遠與親近異 077/137
37～通選法疏 005/116
109/308
～通大江論 079/469
101/467
～通舊路檄 010/190
120/493
～通甲班謹擬量為變通摺
039/473
～通鹽引疏 041/137
048/436
112/239
～通錢法狀 007/356
38～海防用人議 082/324
39～消文大二邑積水議
011/123
75～陳邊疆文武大臣得人疏
053/158
132/391
80～分漢水支河說 037/277
045/487
052/100
080/211
122/271
83～錢法以濟民用疏 007/354

1016_4 露

10～霜雹雪論 144/138

1017_7 雪

13～恥芻言 095/227
～恥會敘啟 099/250

1020_0 丁

10～憂交代 008/126
107/265
～憂定制片 042/251
049/368
107/275
135/047
～憂起服准請分發原省摺
039/487
～酉中俄東三省約稿條款
145/162
～酉年各國大事紀略
106/413
24～幼 128/308
27～役議 002/263

006/049
112/010
～祭諭諸生 025/285
32～灣社碑 068/239

1020_7 雩

08～說 006/544

1021_1 元

26～和水利議 011/265
122/196
80～首無責任之釋義 161/042

1021_2 死

12～水行軍策 139/183

1021_4 霍

22～亂論 114/492
～亂吐瀉陰陽寒暑辯
114/494
44～勒霍屯氏守義論 042/197
049/332
107/281

1022_7 丙

40～吉論 058/389
50～申年元旦合朔解 145/576

兩

00～廣督陶制軍批斥洪牧嘉與札
稿 128/153
17～君相見論 082/535
098/111
26～粵邊情 145/322
27～修都江堰工程紀略序
037/285
045/473
052/090
080/367
108/258
122/281
30～淮議減濟楚川鹽引張事多窒
礙難行疏 049/022
134/275
～淮覆劉制軍札議鹽務改章禀
150/208
～淮官運尚難辦理疏
134/252
～淮鹽價礙難再加疏
134/243
～淮鹽價仍難議增疏
041/165
048/516
～淮鹽價難以議增疏
065/399
119/119
134/263
～淮鹽法議上 041/217
065/277
097/502
～淮鹽法議中 041/225
065/285
097/504
～淮鹽法議下 041/231
065/291
097/506

～淮鹽法議略 065/005
097/498
119/134
32～浙水利詳考 011/368
108/168
～浙綱鹽請裁行留局疏
066/229
134/219
34～漢經師今古文家瀌考序
055/061
116/109
37～湖督院張批湖南內河置備淺水輪船稟 129/454
～湖官輪局集股章程
129/458
～湖漕糧難徵本色河運疏
064/153
118/421
134/077
62～縣分管議 005/158
73～院制考 162/277

雨

10～不克葬論 049/353
78～驗說 146/004

1023_0 下

31～河末議 011/195
77～屬縣試行水車檄 002/543
006/497
118/108

1023_2 弦

26～和較冪為一率句股相乘倍之為二率弦冪內減句股較冪為三率求得四率開平方得弦和和以比例之理釋之 126/534

震

36～澤鎮積穀倉記 048/234

1024_7 覆

00～方本府求言札子 005/330
109/364
～文任吾書 042/465
050/085
04～謝君書 048/199
05～請酌改營制准照原議試辦疏
071/319
099/269
135/111
07～郭筠仙中丞書 054/529
～部議禁米囤核城工疏
005/454
08～詳鞏縣水利狀 011/320
～議減差均徭利弊疏
006/158
～議海洋水師片 135/215
～議分立州縣書 005/152
10～王筱泉廉訪書 060/343
～兩江制府策公問興革事宜書
005/201
109/140
117/136
～覈淮南規復引地疏
134/251

11～張國淦書 160/380
12～副總統論兩院制 162/293
20～毛寄雲中承書 155/166
21～上汪尚書書 056/243
～熊總長論整理財政文 164/587
～潁州府夏教授書 157/255
22～制軍臺疆經理書 009/350
～岑春煊等函 164/021
～山東孔道會書 168/485
26～吳棣華按察書 079/271
122/162
～吳中丞札飭辦理命案書 077/355
～總理衙門書 083/243
101/181
～總署論挖吳淞漲沙書 074/553
27～黎副總統函 163/005
～黎河帥論北方水利書 011/086
108/220
～黎湛溪河帥書 079/339
～督署某幕書 047/293
～督院保甲須嚴連坐稟 072/277
32～潘四農書 039/275
046/498
055/441
33～減南漕浮收並禁革陋規疏 133/324
34～法國領事文 053/220
111/119
40～友人論變法書 127/499
147/462
～查漕案情形片 061/167
133/276
～李提摩太書 115/331
～吉安文太守詢泰和地方情形書 059/321
～核兩淮包餉立限收復引地疏 065/381
065/391
097/400
134/258
134/261
～核水師口糧營制疏 135/229
44～莫議長論議員不能兼任行政官吏書 162/418
～勘礦洞情形並鍊礦成色疏 067/021
～勘礦洞情形並鍊礦成色情形 101/568
～共和黨函 160/373
～黃恕皆侍郎書 057/373
117/225
46～楊至堂河帥論堵口定壩基書 078/097
48～教育部書 167/363
49～趙制軍言臺灣兵事書 009/370
50～本府條陳積弊稟 047/253
059/333
117/423
～奏言路條陳疏 135/398

～奏講求商務摺 085/064
089/329
097/024
105/040
111/304
122/521
～奏課歸場竈諸說未敢遽議更張疏 065/111
134/160
～奏課歸場竈之說未敢遽行疏
048/425
112/233
～奏部議陝甘捐輸經費再行詳覈疏 047/306
111/230
～奏設立官書局摺 084/282
088/247
098/173
103/427
107/365
～奏天主教弛禁未便明示疏
132/451
～奏碎石坦坡情形疏
010/441
108/354
～奏酌辦水利疏 011/105
～奏停購船械裁減勇營疏
135/273
～奏變通武科疏 153/468
～奏皖北無須辦理屯田疏
062/143
133/402
～奏總理衙門六條疏
052/229
115/036
132/245
～奏條陳變法疏 131/344
～奏督提鎮標兵分布各口片
135/514
～奏微疴漸愈勉力辦公片
057/339
～奏淮海築圩情形疏
011/179
108/191
～奏江南運河情形疏
010/487
108/399
122/030
～奏江防疏 132/445
～奏河工諸弊疏 010/464
108/359
～奏漢回情形片 076/243
～奏湖河高下情形疏
011/207
～奏洋務事宜疏 044/115
052/196
083/198
100/319
115/020
121/237
132/239
～奏海河並運疏 007/131
～奏海運疏 007/130
～奏海防條議疏 044/135
083/075
100/327

一〇二四七 覆（五〇）

～奏遵旨訪察民夷聚集情形疏
132/295
～奏遵旨體察漕務情形通盤籌畫疏 133/255
～奏查辦災賑情形疏
040/419
048/262
063/305
110/126
134/025
～奏查察虎門排練礮臺疏
050/431
113/231
～奏直隸水田難成疏
136/455
～奏培養人才材疏 148/389
～奏黃河治淤情形疏
010/337
108/322
～奏黃運兩河情形疏
045/169
051/341
108/375
～奏加意籌備片 135/354
～奏楊福臻奏請裁除待質公所疏 136/252
～奏捕務章程 136/156
～奏抽調旗丁屯田新疆疏
062/385
096/237
118/267
133/494
～奏嚴查河工積弊疏
078/125
101/296
136/288
～奏駁案等事疏 005/198
～奏興濬溝渠疏 011/023
～奏金峒礦苗尚露請試開採疏
067/047
～奏曾望顏條陳封關禁海事宜疏 050/442
113/237
135/416
～奏鐵路事宜片 132/123
60～星使文孔修張蘭芷兩先生書
063/407
74～陝西劉古愚山長書
093/434
75～陳商局輪船暫售美國疏
132/399
～陳廣東水利議 052/120
080/381
101/453
122/288
125/328
～陳辦理雲回通盤籌畫疏
076/239
136/068
～陳新疆宜開設郡縣疏
134/478
～陳新疆情形疏 060/503
134/473
～陳試辦磁州煤礦片
132/080
～陳親勘永定河情形疏

136/408
～陳兩淮斷難改章增引疏
065/415
097/396
134/271
～陳天津教案大概情形疏
132/452
～陳西征調兵籌餉為難疏
076/165
136/072
～陳雲南礦務情形疏
132/087
～陳勇營酌裁一成各局未能合併疏 135/250
～陳改勇為兵不便情形疏
071/275
135/061
～陳維持招商局事宜疏
053/310
111/265
122/542
132/009
151/284
～陳征皖地勢兵勢情形疏
073/321
120/270
135/156
～陳川鹽難再議加疏
134/242
～陳川省辦理盗案請免解審疏
136/205
～陳川省機器局暫緩開辦片
132/289
～陳川省兵力不能會勦黔匪疏
050/199
112/321
135/176
～陳山海關防務疏 074/535
083/209
100/314
135/409
～陳外務部應設司員額缺選補章程並堂司各官優給俸糈疏
132/274
～陳皖北軍情並察度苗練疏
076/061
136/061
～陳借用洋款疏 135/283
～陳勦捻事宜疏 136/040
～陳勦捻擬遏流清源疏
076/097
100/210
～陳練軍營制疏 135/078
～陳練兵募勇疏 135/319
～陳自強大計疏 131/285
～陳吳士邁擅殺案由疏
071/213
135/141
～陳移設糧臺事宜疏
072/075
100/082
135/288
～陳懲辦回空糧船夾帶蘆鹽疏
134/167
～陳淮南鹽價難增疏
150/017

一〇二四七 覆（七五）

～陳淮鹽暫難改辦官運疏
150/001
～陳派糧養勇窒礙難行疏
071/269
135/063
～陳法國大概情形疏
083/031
099/108
132/376
～陳漢苗土司各情形疏
051/019
113/151
～陳津案各情片 155/175
～陳運防萬不可撤疏
076/115
136/053
～陳海岸不能遏敵疏
135/390
～陳導衛濟運格礙情形疏
079/395
136/437
～陳土司綏靖疏 009/437
～陳臺灣開墾番地疏
062/175
133/408
～陳直隸河道地勢情形疏
045/331
052/006
079/185
101/380
108/422
136/396
～陳索倫四旗事宜疏
082/385
096/185
123/355
132/331
～陳彭玉麟等出處江海異形片
153/010
～陳熱河匪亂添兵勦撫情形疏
136/114
～陳甘肅餉事通籌陝甘全局疏
135/295
～陳黃河分流諸多窒礙疏
078/367
136/338
～陳都江堰工情形疏
080/351
136/496
～陳中俄議界情形疏
082/386
096/192
123/356
132/344
～陳奉旨督軍河洛路
136/046
～陳書役不必定額疏
005/383
109/396
117/506
～陳東省清訟情形並增補道府功過章程疏 133/019
～陳整頓淮鹺一時難得把握疏
065/131
134/165
～陳時政八策疏 131/365

～陳鄂督敗退武昌失守情形疏 136/013
～陳兵勇未可添募片 073/309
～陳體察豫東河工情形疏 078/205
101/286
136/298
～陳銓選章程疏 133/034
～陳籌慮兵餉大端疏 072/051
100/077
125/135
135/271
～陳籌備餉需疏 135/241
～陳籌濬滹沱河道疏 079/245
101/385
136/414
～陳籌造南北鐵路情形疏 132/126
152/352
～陳籌兵餉大端疏 120/202

夏

05～諫大夫關公祠記 015/283
40～大令紹範稟稿 130/475

憂

64～時私議 095/206
～時憤言 145/045
77～問 160/119
90～米市論 096/530

1024_8 覈

33～減漕南浮收並禁革陋規疏 047/517
40～才 057/115

1040_1 霆

99～營兵不宜分疏 050/193
112/315

1040_9 平

08～論一 004/481
～論二 004/481
～論三 004/482
～論四 004/483
10～面桌記 139/261
12～刑議 125/233
146/446
21～價禁囤議 063/433
096/536
22～利趙次泉明府祭田條規序 027/309
27～黎立縣議 009/501
121/137
～糶說 145/278
30～寇議 076/023
100/238
～定兩金川附論 009/468
113/169
121/011
～定緬甸述略 009/457
113/164
～定準噶爾附論 009/211

～定州專用鐵錢流弊議
049/120
067/369
118/490
～定臺灣述略 009/329
113/104
～定教匪總論 010/003
112/323
120/239
～定捻匪策 051/110
076/035
100/240
125/212
31～河均修水利碑銘 080/269
101/477
40～臺紀略總論 009/327
42～猺議 051/010
075/177
100/233
121/129
44～權說 086/258
092/380
47～均篇 004/297
117/130
48～教案議 146/501
58～捻善後議 051/484
079/481
63～賊事宜狀上賽節相
075/319
～賊策 075/283
71～反冤獄 045/067
051/182
～原行軍法 139/167
～原亂岡高巒經武策
139/184
76～陽縣改良初等小學通告
167/286
77～民政治與衆愚政治
159/078
83～錢價疏 007/369
118/449

1043₀ 天

00～主教 008/366
110/068
119/417
～主教論 003/067
008/371
～文 126/487
～文女史漢嘉祿林傳
158/452
～文圖識 008/403
116/191
02～誕地誕說 115/486
08～論 046/120
10～元開諸乘方捷術一
114/302
～元開諸乘方捷術二
114/303
～元開諸乘方捷術三
114/303
～元開諸乘方捷術四
114/304
～元開諸乘方捷術五
114/304
～元開諸乘方捷術六

114/305
～元開諸乘方捷術七 114/306
～元開諸乘方捷術八 114/307
～下各國人數論 145/038
～下沿海形勢錄 009/273
113/205
121/183
～下大勢說 095/215
～下四大宗論 082/389
096/193
106/381
12～刑 157/435
16～理人情論 115/455
20～重學記 046/277
114/328
116/449
30～空說 082/112
094/165
31～河二府積水狀 011/104
33～演論序一 157/403
～演論序二 157/405
～演論自序 143/040
～演學派考 143/031
～演學派原於地質學說 144/142
35～津新議續議 052/169
115/006
123/105
～津議訂英國新拓租界章程 155/428
～津運河疏 010/539
108/405
122/020
～津教案籌辦情形片 132/454
～津國聞報敁 158/423
～津創設廣仁堂疏 060/383
099/095
119/336
133/470
～津等處試辦鐵路以便調兵運械疏 053/101
114/003
132/124
38～道論上 004/194
116/026
～道論下 004/197
116/028
40～難 157/444
44～地 046/113
～地合祭辨 007/419
107/197
48～幹十字通用考 115/487
60～圓地方說 114/400
145/583
64～時人事危迫日深疏 056/131
131/214
77～學新理 086/444
093/268
114/401
80～人篇 004/192
～氣利用 126/501
88～竺 154/103

1044$_7$ 再

05～請改建南闈疏 007/538
107/331
～請漢中鹽課歸地丁疏
007/176
112/210
08～論川楚兵事書 010/041
～論俄羅斯立國之勢
106/346
130/240
156/234
～論保護商局 111/326
～論以地徵租之利 152/208
～論寓兵於工 112/470
～論河務 125/341
～論機器日新 114/114
～論禁開礦務 113/460
～論藥性 114/479
～論加鑄大錢疏 067/319
134/432
～論夷務疏 053/063
113/262
132/429
～論嘓嚕狀 003/050
009/022
～論開采各礦用西學事
113/463
～論鐵路火車 114/107
～論節省度支 124/286
～議練軍事宜疏 043/201
050/206
071/297
099/399
120/322
135/087
～議鈔法疏 067/559
134/446
10～覆趙晉齋書 054/523
～醮不得為繼妻論 042/325
049/399
～醮不得為繼妻議 008/239
107/253
～示興郡紳民急宜樹桑養蠶示
020/285
18～致中央及各省忠告政黨
160/375
20～辭署漕督並請開侍郎缺摺
135/048
21～上稼門先生啟 021/267
～上河院書 154/054
～上蔣制軍書 063/355
～上某大司寇書 148/264
～上明鑑綱目館總裁書
008/339
116/140
～上陸制府書 080/127
101/496
122/046
～上翁撫軍書 073/377
120/283
24～續論絲廠 104/115
28～復滌生侍郎書 042/247
～復戴孝廉書 050/120
120/252
～復陳筱浦廣文書 065/437

31～濬小清議 011/327
122/230
38～啟李宮保 061/363
096/310
118/369
40～布張振武罪狀並引咎自責文
164/004
44～勘亭口橋堤啟 010/195
50～書宋名臣言行錄 008/342
116/143
～書英將策略後 111/179
51～振興鐵路銀錢郵政論
146/405
60～呈賀耦庚師 048/444
75～陳粵省積弊疏 131/142
～陳吳淞江應濬條議
011/234
108/198
～陳淮鹺積弊疏 048/419
～陳湖北危窘情形籲懇減成收捐疏 135/305
77～與謝拜賡論救荒書
063/411
119/293
～與國史館總裁書 055/073
116/137
88～答王惺齋論家祭書
008/285
～答仲虎書 049/277
～答陳秀才書 042/217
049/331
～籌海運折漕章程疏
007/122
112/146

1050_6 更

30～定測北極出地簡法
046/383
114/382
116/307
78～鹽法 007/153
112/201

1060_0 百

00～立壽砲說略 113/050

石

10～工說 003/282
010/462
108/358
121/423
14～硅城南石砦記 029/295
17～瑤臣傳書後 047/229
059/237
35～油石鹽說 104/205
150/456
40～塘添用筍蕭疏 011/511
44～地硬地軟地關繫行軍說
139/166
55～井劉氏族譜序 008/027
65～映崑別傳 015/333
68～哈卿傳 029/301
72～隱楊先生傳 013/107

西

00～康建省談 163/372

10～貢商務 102/346
～貢法語 145/531
11～北水利議 011/071
108/214
122/069
～北邊防論 125/163
～班牙商埠考 142/145
～班牙近年貿易出入額表
142/039
～班牙軍政 083/375
123/469
～班牙世界語會致中華新政府書 167/441
～班牙國兵額 102/437
125/417
18～政西藝叢鈔總敘 158/527
～政叢書敘 086/513
093/421
20～悉畢利輻員戶口餘糧表
105/341
～悉畢利鐵路考略 085/320
090/347
105/334
114/037
21～征記 155/012
～行日記二則 050/269
～儒論學記 084/386
088/475
102/196
～比利亞鐵路 127/038
～師宜從緩圖密疏 076/213
136/087
26～伯利亞商務述要 151/371
～伯利亞金礦 102/324
125/444
～伯利亞鐵路考 125/441
～伯利亞情形 102/239
～卑利亞鐵路情形考
142/447
～卑里亞鐵路情形 146/385
30～甯青海圖說 011/479
108/113
122/257
～安府儒學碑目序 008/345
31～江開埠記 086/051
091/411
34～法 126/150
～法西器已有成効說
115/369
～法紡織論 102/533
～法代數本於中法四元說
126/514
～法測量繪圖即晉裴秀制圖六體解 082/122
094/192
116/436
～法為公共之理說 083/469
106/389
～法有益於民論 082/484
102/529
～法農政宜先倣行說
096/429
108/464
124/411
～法長短說 115/362
～漢論 039/113

055/349
～漢漢中郡治西城 030/089
37～湖去葑詳文 011/383
38～洋諸國為民理財說
083/407
086/280
092/429
102/314
106/295
110/022
123/442
～洋諸國導民生財說
083/406
123/441
～洋官制考略第一 106/391
40～士李提摩太君上李傅相辦理山西教案章程 130/394
～南夷雜記 163/414
43～域設行省議 124/465
～域水道記敘 154/085
～域形勝 044/045
053/427
074/349
100/300
107/479
121/093
～域屯田議 124/363
～域置行省議 009/222
～域圖說 044/035
050/306
074/339
100/303
108/135
121/090
44～藏 127/254
～藏水道圖說 011/436
108/102
122/285
～藏後記 154/521
～藏程站 155/019
～藏源流考 154/538
～藏巡邊記 009/238
121/013
～藏考 145/203
～藏考略 155/100
～藏與英人通商事多後慮疏
132/306
47～報論澳洲宜禁亞人
130/220
～報載鐵甲船炸裂事
145/463
50～書 126/148
57～招圖略書後 074/451
60～國聽訟用律師論 125/438
～國獎勵漁業例 084/468
～國富戶利民說 086/286
092/443
106/303
110/028
～國富教合為一事說
125/351
～國書院考 102/307
～國兵額日增 106/401
～國鐵路述略 146/396
67～盟調查錄 163/316
～盟會議始末記 163/285

77～學 008/373
082/030
～學課程條議 128/427
～學儲材六端 082/291
094/530
122/443
～學儲材說 081/147
～學儲材三要 082/290
094/532
122/445
～學多本周禮說 102/290
～學包羅於六經說 102/203
125/356
～學以格物為要論 114/210
124/150
～學宜設特科 083/012
098/260
～學宜名為新學說
*145/563
～學宜增義塾論 107/380
～學決疑論 102/210
～學古今辨 082/158
102/197
116/399
～學書目表序例 086/509
089/225
093/413
107/066
126/059
～學書目表後序 086/395
093/155
107/070
～學提要總敘 082/032
～學提要農學總敘 126/064
～學疇人說 145/560
～學略述序 082/029
～學即聖門格致之學辨
146/018
～學與中學同源考 102/195
～醫 106/443
114/454
126/500
～歐郵政考上 129/440
～歐郵政考中 德國 129/442
～歐郵政考下 各國 129/444
80～人聽訟章程問答 128/340
～人重日輕華 106/400
156/170
～人動作必圖大利益論
115/432
～人以數理推求事物說
146/028
158/302
～人漸忌華商 105/145
～人治河節略 146/301
～人為患中國之由 115/202
～人考驗礮法特設新較場說
130/103

1060_1 晉

17～豫賑荒末議 048/313
50～書賀循傳書後 068/089
119/366
58～撫議開晉邊蒙地疏
150/291
～撫岑春萱清理山西教案章程

130/363
～撫岑飭洋務局司道條議譯書事宜札 130/416
～撫奏晉省籌辦礦務擬先修鐵路疏 150/406
90～省瘡痍難復臚陳目前切要事宜疏 040/279
048/061
112/053
～省辦理清查疏 060/323
118/042
133/191
～省綠營就餉挑練事宜疏
049/540
135/336
～省官鹽滯銷私鹽充斥請照舊章歸官運疏 041/357
049/003
134/230
～省被災現在籌辦情形疏
048/272
110/129
～省被災籌辦情形疏
063/341
096/494
134/036
～省未墾荒地尚多請寬起徵年限疏 048/131
109/026
133/434
～省善後存款悉數建倉積穀疏
063/055
096/461
118/304
133/516
～省錢糧遵照部章並徵信冊量為變通舉辦疏 048/092
133/375

吾

30～之滅政主義 159/322
72～所告於當道者 164/519

1060_3 雷

10～電合解 114/430
22～艇及海底船記 145/451
60～園記 017/133

1060_9 否

50～泰說 094/350

1061_3 硫

44～黃之變化 144/053
～黃與水素及酸素之化合物 144/057
～黃與酸素之化合物 144/055

1062_0 可

93～燃體在空氣中熱時之變化 143/617

1062_1 哥

28～倫布傳贊 111/197

1064_8 礮

40～臺 083/220
101/018
120/358
126/356
～臺新製 101/018
145/452
～臺新製記 085/442
091/175
104/334
113/038
72～兵戰術 139/144

1068$_6$ 礦

00～廠開採恐滋流弊疏
067/031
17～務新論 104/145
～務說 104/141
150/452
～務論 113/448
～務瑣言 101/569
104/127
～務問答 129/182
～務鐵路總局大臣奏開局日期派定司員疏 150/413
18～政 050/031
083/344
104/196
119/238
21～師不必專延洋人說
125/300
27～物界說 144/186
40～內分金有籍手工者有籍化學者有手工化學合用者能各言其分之之法論 101/560
50～屯說 168/203
～屯議 067/015
101/567
119/232
77～學 101/525
～問 146/427

1071$_6$ 電

10～工類誌 142/520
11～碼簡法 102/127
22～犁新法 127/401
23～綫病商論 105/411
～綫當有以輔其不逮論
114/157
26～白令 077/149
33～浪新法 086/483
093/360
102/479
116/485
146/021
47～報 082/167
102/129
116/483
127/220
～報上 105/408
～報下 105/410
～報利病考 114/154
～報官報請給半資疏
132/213
～報考證 114/153
50～車小試論 114/235
77～學 105/404

126/488
～學新理 143/567
～學始末考 130/461
～學考 082/168
094/156
105/397
114/231
116/486
124/195
157/364
80～鍍木質論 142/510
～氣說 124/196
～氣致用論 142/508
～氣利於園圃 105/405
126/492
～氣利於園圃論 084/448
089/058
104/012
108/472
～氣熸礮台論 146/003
92～燈詳考 114/234

1071_7 瓦

70～雅各格致志略 114/211

1073_1 雲

10～雨論 144/134
40～南三江水道考 011/447
108/103
122/301
～南水道圖說 011/435
108/101
122/295
～南民志未定暫緩通商疏
132/360
～南鹽法議 007/158
～南鹽法議略 066/347
097/476
119/188
～南全省實業之規畫
167/514
50～貴事宜疏 009/431
113/158
121/145

1077_2 函

50～東楊公墓誌銘 017/149

1080_6 賈

00～讓治河論 010/212
121/433
～讓治河論二 010/214
121/434
27～魯河說 011/313
108/090
122/261
28～似道公田論 006/131
33～補常平倉穀並嚴禁積弊疏
063/043

1090_0 不

20～信任投票制之危險
161/111
～纏足會章程敘 086/228
092/314
44～老說 143/551

57～繫舟尺牘跋 055/199

1090_1 示

00～慶藩論文士 055/043
～慶藩論處世 057/429
～慶藩論任事 057/427
～慶藩論土匪 076/327
～慶藩論人品 054/291
06～親民官自省六戒 002/014
26～程在仁 004/190
28～儉 042/165
069/343
098/421
38～道希兄弟 008/187
40～大兒定徵 001/149
58～鰲峰書院諸生 054/377
094/071
116/058
60～邑民爭繼祀讞語 008/052
77～兒帖 069/323
86～知獎勵 095/303

1090_4 栗

44～恭勤公傳 051/299
078/151

1100_0 卝

80～人 127/011

1111_0 北

00～方水利說 101/449
～京工藝局創辦章程
129/203
142/309
～京外交情形 099/124
07～郊配位議 007/427
107/201
119/363
～郊配位尊西向議 007/431
22～嶽辨 007/437
28～徼水道考 154/153
～徼形勢考 154/106
～徼山脈考 154/125
～徼教門考 157/129
～徼界碑考 155/149
30～宋元祐以來政黨論
158/484
31～江中江說 045/385
32～冰洋洲及阿拉斯加沿海見聞
錄 130/231
37～運河考略 079/367
101/412
122/058
38～洋辦理善後新增用款疏
099/285
～洋三關嚴查官輪兵輪稽稅杜
漏議定章程疏 134/328
～洋海軍失利情形上篇
145/508
～洋海軍失利情形下篇
145/510
～洋大閱海軍記 100/047
～洋全軍考略 113/304
～洋創設醫學堂說 146/344
～海祀典或問 007/440
～海東京風土考 108/076

40～直治河說 146/255
41～極圖說 154/309
52～援集議 073/231
099/454
120/273
67～路中路開山情形疏
050/516
135/485
80～美、德意志聯邦憲法
137/283
～美合衆國現今歲計表
140/216
～美合衆國近年貿易出入額表
142/045
～美合衆國海軍述要
139/071
～美合衆國教育統計表
144/215
～美合衆國陸軍述要
139/036
90～卷 007/533

1111_1 非

00～文 004/236
116/167
11～弭兵 158/479
18～攻教 157/244
32～洲不能養民致失廣地說
083/389
106/385
～洲築路 146/389

玩

60～易閣記 046/131
107/093

1111_6 疆

43～域丁口比較表 140/162
72～兵力 099/327

1111_7 甄

56～捐納以恤人材疏 005/118
62～別孝廉示 025/269

1112_7 瑪

30～賽復友人書 084/378
088/457
110/485
120/019

1116_8 璿

12～璣玉衡解 003/197

1122_7 彌

37～盜條約 008/516
110/160

1123_2 張

00～廲米價仍發七成實銀疏
135/318
10～耳陳餘論 107/131
15～建瑤廬墓記 026/135
17～子西銘書後 094/327
20～乖崖拔茶植桑論 129/053
～香帥相機應敵條款
145/372

～維說 115/340
26～釋之不拜嗇夫論 057/179
117/095
28～徵君柏亭先生教澤碑記
013/347
29～秋軍次荅翁叔平同年治河書
078/405
30～家口洋務局總辦沈觀察條陳辦理一切情形稟 130/374
31～江陵論 057/307
36～湯杜周論 010/061
121/299

1124_0 弭

30～寇 076/031
100/237
37～盜論 072/329
～盜論上 042/441
～盜論下 042/445
～盜議 127/465
～盜條約 003/031
～盜九條疏 009/010
110/148
120/467
～盜四條 009/013
110/150
～盜策 003/028
042/491
051/041
072/333
48～教案而育人材論 111/128
～教禍論 125/071
63～戰檄 158/431
72～兵會 083/172
～兵會記 086/303
092/479
099/244
099/356
113/392
123/473
～兵會議上 086/306
092/487
099/359
113/395
～兵會議下 086/308
092/491
099/361
113/396
～兵會不可深信論 130/083
～兵會續記 086/305
092/483
099/358
113/393
123/476
77～民亂須先籌民食論
096/528

1128_6 預

11～弭教禍說 106/317
24～備倉貸穀私議 002/515
112/175
118/292
～備倉貸穀私議 006/356
～估西悉畢利鐵路常年利益略
105/342
114/044

44～杜妄論疏 068/195
119/393
134/521
70～防法人句結日本片
132/373
～防銅圓流弊說 129/330
88～算制度論 165/175
～籌三支水師疏 050/172
071/429
100/034
121/157
135/187
～籌水師將才並預備礮位片
071/421
121/153
～籌修約事宜疏 082/564
125/023
132/451
～籌條約事宜疏 099/193
～籌各國使臣合請覲見片
082/534
～籌河運摺 041/109
～籌海防情形疏 135/378
～籌來年漕運會勘挑河修堤疏
136/428

1140₀ 斐

22～利迭禮璽大王實地農關係之政策 140/479
～利迭禮璽大王開拓政策
140/464

1164₀ 研

07～訊皖南教堂滋事確情分別示懲疏 132/460
30～究烟草之性質 144/103

1173₂ 裴

17～司塔若藉教育主義
144/393
21～行儉知人論 047/117

1210₀ 到

00～京第一次演說辭 159/242
22～川附陳大概情形片
131/151
～任地方情形稟 047/249

1212₇ 瑞

40～士商埠考 142/147
～士國工藝說略 129/211
44～燕堂集序 026/241
55～典武將游歷 102/413
～典挪威商埠考 142/138
60～國緣起 108/030
125/457
80～人挪勃而散財以興格致
102/220

1213₆ 蜑

80～人采珠說 006/177

1217₂ 聯

21～銜糾參督臣植黨疏
083/138
121/057

23～俄拒英聯英拒俄論 095/253

～俄篇 156/028

27～名密陳膠澳主戰疏 147/463

～名奏俄事緊急萬不可允疏 147/466

～絡家庭論 144/328

～絡軍隊令 139/077

～絡南洋防務說 113/276

34～社篇 072/263 120/462

37～軍和約 138/341

44～英拒俄策 095/255

57～邦刑律 138/285

～邦制論 137/186

77～民以弭亂議 148/109

～民圩 050/188 113/099

～與國 099/164

1220_0 列

13～強之縱橫術 164/120

60～國歲計政要答問 102/314

～國編年紀要 081/403

～國息爭條約 086/312 092/501 099/204 113/400 123/299 125/025

～國軍艦數 142/502

～國在北京公使署 099/114

引

77～用律例疏 010/077 110/179

1223_0 弧

10～三角舉要序 003/199

80～矢算術補義 143/414

水

10～雷說 113/044

～雷外殼造法 151/157

～雷述略 113/043 125/200

21～師 083/088

～師條議 009/301

～師宜兼練陸戰疏 071/503 100/024 121/182 135/216

～師宜慎選統帶說 125/129

22～利 126/373 126/375 154/072

～利議 051/459

～利備旱疏 006/494

～利條規十則 011/029

～利富國說 103/511

～利足民裕國疏 005/432

30～之組成 143/635

42～機圖說 141/306

44～考 143/513

50～患卮言 125/346

～素之發現 143/629
～素與酸素之化合物 144/002
60～田 126/371
154/069
～旱變置社稷論 007/444
～旱灾荒平時如何豫備臨時如何救補論 104/076
74～陸制敵章程 053/132
112/452
77～月電燈辨 143/558
～與土性關係論 140/530
88～鑑 143/517

1224_7 發

21～行紙幣宜取單獨制不宜取多數制說 165/417
44～藍篇 144/615
47～起五族國民合進會啟 163/501
～起孔孟正學會之宣言書 168/486

1233_0 烈

40～士李公贊 015/331
47～婦議 069/409
099/015
125/063

1240_0 刑

07～部主事吳保初呈政務處代奏籲請歸政摺 128/215
～部說帖揭要序 076/473
101/086
～部題名記 003/138
010/057
08～論 010/059
076/385
076/389
101/048
101/049
125/233
27～名十六字義 010/084
121/329
～名八字義序 010/078
110/179
121/320
34～法 126/297
～法論 045/043
50～書纂要序 010/058
90～賞論 146/448
～賞失措疏 057/209
117/071
131/240

1240_1 延

30～安丁糧積困奏請減免疏 018/537
～安織紡議 020/277
～安屯田議 028/391
40～壽說 146/350

1241_0 孔

17～子改制託古考序 086/332
093/014
～子改制法堯舜文王考序

086/333
093/015
～子改制弟子時人據舊制問難考序 086/333
093/016
～子受命立教論 168/424
～子為制法之王考序 086/331
093/012
～子創儒教改制考序 086/332
093/014
48～教平議 168/439
～教天行於諸國考 086/383
～教乃中國之基礎 168/421
～教大一統論 168/402
～教大行於諸國考 093/130
～教會序一 168/466
～教會序二 168/469
～教會請願書 168/478
50～忠移祀崇聖祠議 041/503
049/200
068/253
77～門三世出妻辨 026/235
～門四科說 054/229

1241_3 飛

22～利濱羣島考略 102/247
42～機考 085/025
089/247
102/187
104/247
114/127
120/300
60～星隨錄三則 143/467

1242_2 形

44～勢論 100/295
125/206

1243_0 癸

50～未會試策問一道 006/351

1249_3 孫

17～子集註序 009/064
24～侍讀史臆序 055/423
116/160
40～韋西先生傳 013/127
44～芝房侍講芻論序 055/415
055/419
51～虹橋六十生辰詩序 008/321

1263_7 砭

64～時論 124/138

1264_0 砥

00～廉說 115/468
08～論 016/525
21～行說 115/466

1313_2 球

21～徑求球殼積術 114/310
～徑求積術 114/310

1314_0 武

00～帝後儒教一統考序 086/335
093/021
03～試論 112/353
13～職俸廉變通支食疏
135/325
～職月課章程片 135/140
14～功漆水源流利害考
036/429
17～勇 105/457
23～弁回華教練疏 135/406
24～科取士急宜變通說
103/489
～科與文科並重說 103/486
27～侯長於將略論 009/102
30～官丁憂 008/129
107/267
60～昌紡紗局奉諭招商附股帖
151/423
～員月課疏 135/139
76～陽團練論 073/053
100/144
120/440

1315_0 職

30～官議 005/090
117/269
～官不准報捐流寓省分疏
047/121
109/299
133/064
80～分 147/254

1323_6 強

17～弱論 147/219
37～盜破財說 010/178
50～忠烈公遺墨贊 059/023
72～兵論 083/165
77～學會序 086/206
092/266
～學小會集衆啟 086/219
092/296
97～鄰環伺謹陳愚計疏
084/036
087/082
103/035
115/157
122/421
132/266
～鄰環伺疏 083/082
100/400

1364_7 酸

50～素之發現 143/624
91～類鹽基類鹽類之別
144/017

1412_7 功

21～行錄序 004/204
107/055

1413_1 聽

08～訟宜慎說 101/116
125/249

1414_7 玻

10～璃設色新法 142/372
～璃鏡及球鏡之製造法
142/371

1420_0 耐

91～煩聽察務得確情 045/113
051/236

1421_2 弛

44～華人回國之禁說 145/542

1461_4 確

40～查江西丁漕積弊並設法整頓疏 048/056
112/051
133/352

1463_8 硤

22～川煮賑圖後跋 006/479

1464_7 破

77～歐洲五國合縱連橫策
083/397

1512_7 聘

77～與國 082/558

1540_0 建

07～設候質公所擬請按提經費疏
051/260
110/258
136/251
10～平永平金礦改歸官辦論
101/540
21～虎山腰減壩疏 010/366
121/469
28～復浙省東中兩防石塘記
080/467
101/427
～復東中兩防石塘記
052/156
30～甯改站第一議 072/223
120/500
～甯改站第二議 072/227
120/501
～甯改站第三議 072/231
120/502
～甯改站第四議 072/235
120/502
～甯改站第五議 072/237
120/503
～甯改站第六議 072/241
120/504
60～昌府詳檢訊周國富命案批
077/361
101/134
77～局製造說 081/339
80～倉儲米不如推廣鐵路輪舟說
083/307
085/257
090/209
102/040
105/363
114/056

83～鐵路 105/353
152/242

1610$_4$ 聖

00～廟五王昭穆位次議
007/460
119/364
02～誕日約赴曲阜恭謁林廟啟
168/509
13～武記敘 073/187
38～道 127/451
52～哲畫像記 038/391
046/064
055/021
107/038
77～學 014/175
039/221
～學會序 086/217
092/290
～學會後序 086/218
092/293
～學會緣起 086/212
092/280
～賢為萬世生民而發論
012/275
80～人作(憲)之原 003/186

1611$_0$ 現

57～擬整頓鹽釐片 049/008
64～時應辦救急事宜 146/284
80～今青年心理上之缺陷及補救策 167/354
88～籌勳辦川北巨股調集各軍分途前進情形疏 051/092
136/070
～飭通行保甲守助之法並請飭部詳定就地正法章程疏
050/094
110/165

1611$_4$ 理

12～刑委署主事陞途太隘擬量加變通疏 133/079
～刑爰書 010/092
～刑存稿自序 010/127
24～科教授法 144/486
64～財 005/416
104/084
111/209
～財主交通轉運論 139/416
～財論 096/120
124/289
～財三策疏 005/421
111/210
～財不主節流而主暢流論
124/288
～財仍歸本於錢漕論
111/261
～財芻議 096/120
～財十二策 081/254
～財救國論上 164/291
～財卮言 082/382
～財用人說 017/195
～財學總論 139/394
～財學收入篇論略 139/404
～財學支銷篇論略 139/395

～財學會演說 099/229
125/079
～財篇 150/134
～財節略 139/418
77～學 157/320

1613_0 聽

02～訓齋語 001/446
008/070
67～明有餘說 012/543

1625_6 彈

04～劾之種類 161/123

1710_7 孟

17～子文說敘 012/295
～子要略序跋 046/134
107/095
～子霸者章書後 107/103
～子仁義富強辨 107/105
～子游梁論 009/116
～子大義述自序 086/355
093/065
～子盡信章書後 107/104
24～德斯鳩學說 128/319
～德斯鳩學派 143/022
72～氏功不在禹下論 012/289

盈

74～朒演代 158/223

1712_0 卭

32～州清匪章程示諭 158/486

1712_7 邳

30～宿濟漕各工擇要趕辦疏
051/444
136/449
～宿運河宜增二閘疏
010/507
122/037

弱

34～為六極之一說 128/188

耶

16～理匿克氏憲法變化論
162/146
48～教流行論 138/448

郅

33～治之隆一 156/350
～治之隆二 156/355

1713_6 蛋

26～白廠記 142/337

1714_0 取

40～友論 001/136
004/262
107/399
116/046
～士 069/023
～士論 098/344
～士宜崇實學論 103/482
～士篇 007/501

109/159
～土製磁說 104/215
151/268
77～賢否冊 005/232
117/122
80～善 004/267
116/036

1715_6 琿

50～春三岔口招墾總分各局擬難遽議裁併疏 133/449
～春客談 145/193

1720_2 予

30～之國民道德救濟策 168/566

1722_0 殉

40～難訓導杜鳳山碑 015/345
50～秦諸烈傳 015/377

1722_7 弼

48～教以明倫為亟論 094/487

務

50～本論上下篇並敘 060/035
096/121
118/012
～本論自敘 047/299
111/227
～本論條法篇第一 048/167
108/450
～本論條法篇第二 048/167
108/450
～本論條法篇第三 048/168
108/450
～本論條法篇第四 048/168
108/451
～本論條法篇第五 048/169
108/451
～本論條法篇第六 048/169
108/451
～本論條法篇第七 048/170
108/452
～本論條法篇第八 048/171
108/452
～本論條法篇第九 048/171
108/452
～本論條法篇第十 048/172
108/453
～本論條法篇第十一 048/173
108/453
～本論條法篇第十二 048/174
108/454
～本論條法篇第十三 048/174
108/454
～本論條法篇第十四 048/175
108/454
～本論罄辨篇第一 047/299
111/227
～本論罄辨篇第二 047/301
111/228

～本論鳌辨篇第三　047/302
111/228
～本論鳌辨篇第四　047/302
111/229
～本論鳌辨篇第五　047/303
111/229
～本論鳌辨篇第六　047/303
111/229
～本論鳌辨篇第七　047/304
111/230
～本論鳌辨篇第八　047/304
111/230
～本論鳌辨篇第九　047/305
111/230
55～農會章程　086/223
092/304
099/238
125/077

胥

27～役　126/310
50～吏論一　040/079
059/387
059/407
109/403
117/517
117/521
～吏論二　040/083
059/391
059/409
109/404
117/518
117/522
～吏論三　040/087
059/395
059/411
109/405
117/519
117/523
～吏論四　040/091
059/399
109/405
117/524
～吏論五　040/095
059/403
109/406
117/524

甬

50～東吳氏義莊碑記　069/265

鬻

20～爵　084/250
088/180
103/262
126/286

1723₂　承

20～重說　001/281
008/218
～重論　027/111
～重孫說　008/217
107/251
119/466

聚

77～民論 008/003
107/284

豫

20～乘識小錄序 009/170
21～行日記 048/310
24～備漸進法論 144/427
40～境河道難建減水壩疏
010/376
58～撫請撥機器廠局經費
151/212
～撫奏豫省礦務請由商人自借洋款承辦疏 150/398
～撫錫奏陳河工變通事宜摺
128/249
～撫錫奏陳運河同通汛閘各缺酌擬裁留歸併摺 128/251
～撫錫奏陳裁汰河標三營分年辦理情形摺 130/026
88～算雜論 165/199
～算編製法 165/183
～籌各國使臣合請覲見片
098/111
130/124
132/272
～籌永定河患疏 079/215
136/401
90～省籌備臆說 074/239
～省籌還賠款摺 128/510

1733₁ 忌

60～日不祭議答孫淵如先生
070/403
119/524

1733₂ 忍

71～辱說 095/223
90～小忿勿忘大恥說上
095/224
～小忿勿忘大恥說下
095/225

1740₇ 子

00～言之曰為上易事也為下易知也則刑不煩矣 117/059
07～部總敘 004/223
116/163
60～曰足食足兵民信之矣
117/045
～思子章句序 004/256
116/164
63～賤治單父說 005/251
117/394

1742₇ 勇

99～營 126/322

1750₁ 羣

33～治 157/452

1750₆ 鞏

62～縣水利議 011/319

1752₇ 弔

08～說 008/147

1760₂ 習

08～說 046/118
054/333
094/067
116/100
124/114
10～西學當自代數始說
094/184
30～字科教授法 144/474
71～長矛 050/191
113/101

召

34～對不拘官階以去蒙蔽議
095/293
60～見恭紀 049/042
～見恭紀奏結私酒案事
066/439
098/013

1760₇ 君

00～主表 086/260
092/383
123/425
77～民共主表 086/263
092/390
123/429
～民權平議 130/344

1761₇ 配

10～丁田法辨 006/047

1762₀ 司

34～法院之獨立 138/260
55～農奏牘 146/208
71～馬司士 004/505
～馬法序 073/169

酌

00～辦甘肅驛站事宜疏
050/064
072/219
136/122
08～議武職借補章程疏
135/137
～議礮臺地雷團練事宜片
135/394
～議現辦淮南鹽務章程疏
065/163
097/403
134/173
～議變通河東鹽務章程疏
134/137
～議淮北試行票鹽章程疏
065/117
097/409
134/161
～議淮南改票章程疏
065/171
097/405
134/175
～議竈戶治罪專條疏
077/109
101/093

136/209
～議江蘇水師事宜疏
043/239
049/513
071/485
112/422
135/208
～議補署各缺章程疏
047/132
133/070
～議土藥稅釐疏 134/355
～議募練馬隊營制章程疏
071/363
099/404
～議捐納官員疏 005/119
～議整頓倉務章程疏
048/223
118/433
133/513
112/195
～議長江水師事宜疏
043/397
049/516
～議驛站變通報銷章程乞敕部議覆疏 136/125
～議同文館章程疏 053/458
109/258
131/384
～議鹽務改章公文全錄
128/524
18～改施藥事宜示 017/367
～改船式片 132/179
～改江西防營軍制疏
131/524
～改江蘇營制裁兵增餉疏
071/305
099/271
135/107
～改土司夾片 047/446
～改長蘆鹽務章程疏
066/065
097/385
134/118
～改鹽務章程裕課便民疏
064/435
097/375
134/111
～改營制戰守成數疏
135/317
30～定礦務章程疏 132/063
～定各省協賑疏 134/001
～定社長章程疏 006/398
112/187
～定禮儀疏 098/107
32～派河夫疏 006/169
～添兵餉並留練軍疏
135/324
43～裁各城回官並懇賞給出力回目頂戴疏 047/174
109/196
133/126
～裁糯米雜糧釐捐片
047/423
133/468
48～增硝斤價值疏 135/330
～增各省減平以裕利源疏

一七六二。

酌（四八—六〇）

133/223
～增領事説 085/062
089/324
105/037
123/241
149/081
56～提羨銀以濟同官 082/338
57～擬交兑新運事宜 022/417
～擬新設廳營應辦事宜疏
047/150
133/123
～擬武職借補章程疏
071/391
099/263
～擬改練新軍建設武備學堂疏
131/522
～擬變通制兵防勇疏
135/462
～擬變通河東鹽務章程疏
066/135
097/392
～擬崇文門稅務章程疏
049/054
066/385
098/003
112/082
119/024
134/326
～擬保獎邊廳各員疏
133/127
～擬移駐江陰官兵疏
135/431
～擬災賑章程疏 063/173
096/503
124/464
134/003
～擬河工辦法請旨飭議摺
045/413
～擬河工出力人員保獎並預防流弊疏 047/194
133/015
～擬通查豫省積弊疏
061/187
133/355
～擬海運未盡事宜 022/423
～擬募練馬隊營制章程疏
135/096
～擬勘辦西流水圍荒情形疏
133/430
～擬奉省未盡事宜疏
047/193
133/014
～擬捐納營把總甄別補缺章程疏 135/139
～擬搶劫重案就地正法各條疏
051/156
110/211
136/200
～擬馬兵章程疏 135/092
～擬開辦奉天東邊礦務章程二十二條 101/521
～擬開放秈米章程請旨遵行疏
133/475
60～量應辦治河事宜 146/280
～量變通成例疏 147/482
～量加捐丁漕湊濟償款疏

133/250
78～鹽法　007/207
88～籌平糶量撫極貧疏
040/483
048/255
134/027
～籌外海水師章程疏
135/211
～籌備荒經費以衛民生疏
134/058

1762_7　郡

60～國方輿通釋序　074/023
100/274
～國守相得自置吏考
005/139
109/179
117/274
62～縣論　039/261
046/492
～縣宜重其權力論　103/306

邵

76～陽縣酌時急務條示
062/529

1771_0　乙

10～丙之際箸議第七　084/079
087/175
～丙之際箸議第九　084/079
087/175
～丙湖貴征苗記　009/491

1771_7　己

00～亥示道希兄弟　008/144
119/457
～亥四月示道希兄弟
001/238

已

48～故大員請準令擇立賢愛疏
049/294
135/034

1790_4　柔

34～遠記敘　126/037
126/038

1814_0　攻

33～心篇　099/436
40～克查彔裏塘肅清疏
136/096
～木之工說　104/255
63～戰守具不用之用說
083/171
099/367
130/095
80～金之工說　104/253
151/181

政

00～府與國會之權限　161/045
08～論　039/069
～議通報敘上　158/521
～議通報敘下　158/523

10～要論 148/099
17～務處請飭部院督撫認真課吏摺 128/257
～務處禮部會奏變通科舉事宜摺 128/355
～務處咨行各省商議裁兵練軍事宜文 130/037
～務處吏部兵部會奏遵議變通河工事宜摺 128/248
～務處奏酌擬經濟特科考試章程 128/358
～務處開辦條議 128/239
～務處開辦條議明辨節本 128/242
33～治上之對抗力 159/072
～治總論 137/339
～治家之品格 159/146
～治之罪惡與道德 159/106
～治學館章程 149/221
～治與人物 159/125
～治會議開幕訓詞 159/365
44～權操之自上疏 068/071
134/505
88～策與政治機關 159/065
90～黨論 086/204
092/261
～黨政治與不黨政治
159/080
～黨淺說 160/245

致

00～庫倫活佛(一) 163/369
～庫倫活佛(二) 163/370
～唐總理各部總長敦促臨時政府成立 162/515
～廣順但雲湖十二則
040/041
047/238
07～郭筠仙太史論買馬
050/053
10～王補帆中丞論湖州水利書
080/183
101/486
～王曉林中丞議大錢書
067/353
～五星使書 086/068
091/448
110/019
～兩司書 039/327
047/044
057/283
109/231
～兩院及各黨預辭正式總統
162/523
12～孫少侯王鐵珊書 164/041
～副總統及各省解釋猜嫌
162/507
17～司道糧臺諸公書 072/153
18～政府及各團體主張辦理公債
166/115
20～毛驥雲中丞書 058/455
21～盧戇章先生第三函
157/380
～伍星使書論美國華工六事
128/170
～何青耜戶部兆瀛論米折書

060/119
～衛靜瀾侍講書 043/183
050/162
073/117
22～岑春煊書 164/035
23～參議院論省議會解散權
163/152
～參衆兩院請速編制憲法舉總統 162/525
26～魏將侯 051/043
～魏將侯書 076/365
～吳幹臣書 073/445
120/266
～和堂序 026/167
27～多都統書 120/266
120/267
～多都統書(一) 073/415
～多都統書(二) 073/417
～多都統書(三) 073/419
～多都統書(四) 073/421
～督修碉堡各員紳書
044/453
051/052
～各西國大臣書 053/203
111/110
～各督議決軍區問題
166/404
～各都督通告全國選舉人文
163/442
～各國大臣書並章程八條
083/239
101/184
123/052
～各團體論政黨 160/374
～各省論外債國民捐之利弊
166/133
～各省論借款 166/110
～各省及副總統尊重人道
168/603
～各省各團體痛陳時局
162/511
～各省都督痛陳時局
162/508
～各省都督論俄蒙協約
164/198
～各省都督論省長不宜民選
163/057
30～憲法起草委員會請定孔教為國教書 168/494
～官秀峰揆帥書 039/319
047/047
109/232
～官使相言立小統領
050/158
113/087
～官揆帥書 062/055
073/407
31～江西都督李烈鈞書
164/044
～江南道監察御史曾書
099/177
103/110
～江蘇中丞張蘭渚師誡書
052/031
～汪梅村 055/183
120/010

一八一四。致（三一—四〇）

～馮價人太守書 058/091
～馮展雲侍讀書 055/145
116/112
32～潘太守 016/539
34～法兵酋孤拔書 083/146
099/330
～漢陽府劉冰如書 057/273
36～湯議長論憲法 162/251
40～左季高 047/292
～左季高書 058/085
121/332
～九江知府沈幼丹論稅淮私書
065/425
～大總統請速定省議會法
163/144
～大總統及各部總長請速組織政府 162/510
～大總統及各機關論軍民分治
163/013
～大總統及國務院請速定省議會職權 163/149
～大總統參議院論時局
162/522
～大總統國務院請整飭官常
162/520
～直隷訥制軍書 052/167
115/005
～南中書(戌寅三月)
048/289
～南中書(戌寅五月)
048/292
～南中書(戌寅六月)
048/295
～南中書(戌寅八月)
048/297
048/299
～南中書(戌寅九月)
048/303
048/307
～南中書(戌寅十一月)
048/308
～李方伯多都護書 043/185
050/159
073/425
～李傅相書 082/182
082/183
094/393
094/394
～李伯相論黃河挽復故道書
078/425
～李次青 054/319
～李希菴書 073/427
～袁總統論軍民當分治
163/001
～袁總統論桂林遷省
163/140
～袁總統及各團體解決皖事
164/002
～袁總統及各省論建都地點
162/509
～袁總統皖都督及各省撤回安慶軍隊 164/003
～袁總統各部總長勸規政府諸公 162/514
～袁總統黃留守維持皖事
164/001

～袁總統書 164/050
～杭嘉湖道李坦書 011/508
42～姚衡堂書 048/023
43～城守糧臺書 072/159
120/378
44～莊思緘先生書論浦口開商埠事 168/198
～蔣之純凝學書 073/431
120/266
～英提督貝思福書 142/480
50～中央請速解決公債民捐之取舍 166/132
～中央及各省主張統一幣制
165/502
～中央及各省請速頒定官制
162/518
～中央及各省論外債國民捐並進文 166/131
～中央及各省論軍民分治
163/006
～中央及各省論裁兵計畫
166/385
～中央及各省忠告政黨
160/375
～中央政府請以陸徵祥任總理
162/521
～事記 058/323
55～農業促進會書 168/034
～曲阜孔教大會書 168/511
60～國務院公函稿 165/254
～四督及黃興函 164/033
～署陝甘總督穆書 076/235
～羅稷臣星使書 097/092
66～嚴方伯閣農部及各僚屬書
072/169
～嚴渭春書 073/433
67～鄂垣司道言差役 047/281
109/408
71～辰沅永靖道 050/413
～牙釐文案糧臺諸君論鑄錢書
067/277
72～劉霞仙書 073/441
～劉孟容書 046/036
107/027
116/178
75～陳佑帥書 152/362
～陳孝廉書 049/029
～陳荔秋星使 051/216
77～周敬修制軍書 073/389
～駱籲門宮保書 050/252
074/169
120/183
80～金苕人觀察書 048/198
～翁祖庚學使書 076/361
～前徐州守張丹邨 023/337
041/281
048/454
～合肥李相國書 155/334
～曾侯相書 064/233
118/412
～曾滌生侍郎書 058/081
～曾欽使書 120/263
～曾欽使書(一) 073/409
～曾欽使書(二) 073/411
～曾欽使書(三) 073/413
86～知格物論 127/475

90～當事某公書 057/057
117/147
97～惲次山中丞書 057/281
117/079

1822_7 殤

10～不當立後議 049/402
070/281
099/070

1863_2 磁

32～州計版開閘議 011/101

1874_0 改

00～文從質說 148/104
01～訂俄約辦事艱難情形疏
082/565
099/195
123/168
132/350
03～試武科章程 098/349
103/104
07～設登榮水師營制疏
135/230
～設官引票鹺局片 134/317
～設縣治議 005/155
10～正稅法之商榷 165/107
～天主堂為天后宮碑記
008/368
119/406
15～建船山書院片 049/263
107/332
134/530
～建東中防石埽二坦記
080/471
～建昭忠祠記 015/385
～建節孝祠記 026/249
18～政急便條議 095/084
24～科舉議 098/322
25～練新軍酌擬兵制餉章並設官情形疏 131/526
27～組邊軍分區防守之計畫
166/405
30～良貨物稅意見書 165/144
～良鐵道會計說 168/316
～良煙酒稅私議 165/139
～官制莫先於翰林院論
128/269
31～河北流議 045/163
～河道議 051/302
101/252
108/364
35～漕船修水利疏 007/081
37～運議 007/061
40～土貢議 047/493
062/007
096/303
～土歸流疏 009/430
113/158
44～葬總論 008/180
～葬服議 008/177
～革鹽務說帖 166/321
～革全國鹽政計畫書
166/153
～革幣制芻議 165/402
56～捐例議 095/438

78～鹽政議 146/221
80～會試議 098/331

2

2010₄ 壬

71～辰征猺記論 075/203
～辰寄京家書 017/199
～辰防猺五論 075/207
121/135

重

00～立海軍私議 100/042
～商論 104/468
111/323
127/060
～商議 105/057
～慶鹽火井總論 150/458
～辨霍亂寔有寒熱之分
114/495
～裒私議以廣公見論
102/538
02～刻康濟譜序 029/179
～刻資治通鑑序 055/359
116/142
～刻陸忠宣公奏議序
005/006
～刻陳文恭公五種遺規序
057/443
～刻居官寡過錄序 059/027
095/337
06～譯富國策敘 126/057
150/116
07～設海軍議 100/043
10～工論 101/222
125/256
12～刊方正學先生年譜本傳序
015/309
015/315
039/367
055/099
～刊張橫渠先生全書序
012/315
～刊農政全書序 062/431
096/425
～刊呂氏四禮翼敘 070/387
13～武試以簡行伍議 112/355
15～建張忠敏公祠記 080/113
～建長沙府倉記 040/377
048/236
063/119
096/477
21～儒官議 049/218
068/329
095/358
107/410
120/011
27～修廣川伯董子墓祠記
012/303
～修五嶽廟記 021/537
～修賈太傅祠記 042/341
～修裴晉公祠記 021/527
063/471
～修豫章溝議 011/361
108/166

二〇一〇四 重（二七一八八）

122/224
～修尹山橋記 064/355
～修皁林昌文橋碑記
010/194
～修甯古塔牙城記 050/404
～修漢典屬國蘇公子卿祠記
015/293
～修漢長沙定王臺碑記
042/339
～修通濟堰碑文 011/426
～修遂邑文廟序 046/057
～修李渠記 011/364
～修懋功屯利民渠記
020/365
040/341
048/191
～修蘇州府儒學碑記
001/095
～修萬春堤記 033/169
～修東林書院記 001/107
～修皁林昌文橋碑記
120/506
～修馬神廟碑記 028/441
～修前藏雙忠祠碑記
155/010
31～酒酤議 049/037
066/425
098/026
112/072
119/009
～濬三十六漊港議 080/171
101/481
～濬射陽湖議 011/211
32～派出洋學生議 115/426
40～力行車說 124/203
～校勸學篇序 147/472
44～考試以資鼓勵論 098/318
～禁吸煙以杜弊源片
051/177
110/199
136/225
50～申改革全國鹽政計畫宣言書
166/209
～專對議 052/349
099/164
110/419
51～振海軍論 113/295
～振中國海軍議 100/039
125/123
145/521
55～農抑末去奢崇儉劄子
039/127
71～臣論 004/489
117/211
77～學校 007/506
107/297
～間諜 050/190
113/100
～民上 106/279
～民中 106/280
～民下 106/282
87～銅運以杜弊累疏 007/310
111/362
118/463
88～籌海篇 130/048

2021_4 僮

22～僕 008/088
107/438

往

48～教說上 086/387
093/140
～教說下 086/388
093/142

2022_1 停

00～廣額議 069/147
098/346
～辦裏揚運河挑工疏
079/313
122/041
136/441
03～試借材說 128/179
10～貢饒綢片 133/381
13～武試 083/020
～武試議 098/350
153/001
21～止封禪等議 007/469
107/208
～止加餉疏 008/474
～止捆運疏 134/127
～止開礦事宜疏 007/314
～止分發論 146/557
35～漕 082/355
097/363
118/431
40～喪 008/169
107/270
～喪不葬 001/339
008/167
107/269
119/503
56～捐 126/280
126/282
～捐納論 082/327
095/433
～捐納以清仕途論 095/427
109/286
～捐四美論 082/334
095/431
80～分發論 095/294
～年格 005/097
117/451

2022_7 秀

32～州水利納洩泖湖議
080/179
101/456
～州水利納洩泖湖考
051/461

2024_1 辭

28～作壽文書 001/220

2024_7 愛

17～琿城俄約第一條 053/367
110/514
123/337
60～日堂記 069/355
～國說 115/396

～國心說 130/340

2026_1 信

77～局論 114/193

2027_7 戶

07～部議覆山東巡撫李秉衡奏駁總稅務司重議土藥稅釐摺 098/061
～部議覆各省自闢利源摺 103/501
～部議覆奏請設鋪稅藥牙摺 129/367
～部議覆奏請令各省自闢利源摺 129/001
～部議覆奏整頓茶務摺 129/243
～部議覆盛京將軍依請行鈔法摺 097/234
～部議覆陳侍御奏添鑄銅圓摺 097/233
～部議覆開辦礦務鼓鑄銀圓摺 081/055
～部議奏各省攤派籌還洋款摺並附片 127/141
～部覆奏各省自闢利源摺 096/080 104/457
～部平餘案略 005/469
～部遵議籌餉摺 100/089 125/139
～部奏請催解各省協餉摺並清單 128/520
～部奏陳停止捐納事宜摺 128/260
～部員外郎陳正郎熾振興茶務議 146/203
～部會奏籌議節流各款疏 060/171 096/063 118/033 133/142
～部等奏覆整頓京倉摺 128/147
～部等奏嚴防官錢局流弊摺 097/236
18～政變發條議 139/382
60～口說 006/052 118/333
88～籍 128/305

2040_0 千

10～工堰記 036/415

2040_4 妥

08～議科舉新章以覘實學摺 103/401
～議緝捕章程並保甲事宜疏 136/154
～議朝鮮通商章程疏 132/421
75～陳永定河辦法摺 142/523
88～籌保護浙東新築砲臺疏 101/003 120/347
～籌邊計疏 132/375

～籌朝鮮武備疏 132/413
～籌朝鮮造器練兵疏 132/414
～籌奏保護浙東新築砲臺疏 083/222

委

60～員清釐鹽務片 134/306

2040_7 受

02～訴不可執成見 045/065
051/235
22～任 009/041
113/064
120/117

雙

50～忠贊 015/325

2041_7 航

38～海設如 139/293
～海通書改率說 046/354
114/367
116/287

2042_7 禹

00～廝二渠考 010/228
122/036
10～貢黑水考 050/286
108/125
～貢錐指論河 010/216
108/287
30～穴記 013/373
43～城縣西鄉韓家砦小簡河溝記 011/332

2050_7 爭

44～堵漳河決口書 079/265
122/160

2060_9 番

34～社就撫布置情形疏 050/519
135/487

香

34～港交解華人逃犯例章 051/205
110/201
～港議政後編 130/245
～港議政前編 130/241
～港略論 156/189

2061_4 雒

60～口至鹽窩沿河情形 146/275

2071_4 毛

23～稼軒地理書序 008/189
～絨貨與中國前途之關係 168/162
38～遂論 015/155
40～奇將軍事略 103/148
156/255

2090_1 乘

64～時說 083/210
099/453

2090₄ 集

87～錄英名士論俄在中國所得之權勢三則 155/490

2091₃ 統

88～籌新疆暨各省用兵緩急情形疏 050/195
112/319
135/163
～籌新疆全局疏 060/497
072/117
096/188
120/188
134/471
135/308
～籌新疆全局以規久遠疏
047/354
111/237
118/062
133/213
～籌西路全局疏 074/389
100/390
135/443
～籌滿洲救治方略 163/157
～籌閩粵浙三省防務片
053/077
132/441

2091₄ 維

54～持礦政說 104/200
～持絲茶議 146/177
～持漢口商市文 168/194
～持地球和局議 155/499
～持根本疏 040/319

2092₇ 紡

23～織 083/266
102/157
～織論 102/170
125/271
～織二十五策 082/379
102/167
118/201
～織三要 083/267
102/161
125/274
～織之利 006/293
114/131
118/200
～織篇 083/271
102/158
125/272

2108₆ 順

10～天府水道圖說 011/047
108/149
122/080
24～德戒纏足會敘 086/232
092/324
～德陳村赤花不纏足會敘
130/303
40～直糧租銀兩折徵錢文酌中議定數目疏 133/358

2110₀ 上

00～鹿春如觀察論票鹽書 066/235
～方伯管見三條 043/213
～高撫軍論地方利弊書 005/077
～高念東先生論地方利弊書 002/317
～唐總理論財政書 164/579
～廣督論制馭澳夷狀 009/316
～京外當道新政芻言 148/492
01～龔仰蘧星使條陳 155/343
06～譯署擬請創設總學堂議 149/272
08～論各國使臣定期朝見謹書於後 082/534
098/136
10～工商部書 168/170
～玉撫軍條議 005/388
109/400
117/511
～王魯中薌丞書 148/255
～王觀察書 005/079
～王曉蓮方伯論冬漕折價書 061/467
～王夔石中丞論採礦金書 041/389
067/123
～兩江制府黃太保書 005/206
109/144
117/141
～兩江督憲張香帥書 115/095
～下節儉以求富強論 115/291
～百制軍籌辦海匪書 009/398
113/224
～醇邸書 082/270
094/407
11～北洋李伯相書 155/410
～北洋當道書 153/413
～張香帥言武備學堂事宜書 085/411
091/105
098/156
112/307
120/029
～張香帥書 115/085
～張香濤宮保書 095/261
～張香籌制府條陳平倭事宜書 081/138
～張撫軍論修棧道書 010/191
120/494
～冀司空書 029/311
12～孔兵備論辦賊事宜書 075/003
101/179
～孔兵備治匪書 100/265
～孫大臣書 082/309
095/266

二一一〇₀ 上（〇〇—一二）

～孫燮臣尚書書 149/387
14～琦中堂書 051/071
～琦節相 017/521
17～豫省當事論差徭書 062/073 096/348
～那繹堂師書 063/371
18～政府論軍民分治 163/011
～政府論省界流弊書 163/141
20～喬見齊中丞書 075/151
21～何小宋制府書 056/251
22～制府論布商易米書 007/084
～制府曾公書 054/527 116/079
～制軍條陳利弊書 005/071 109/133 117/406
～任布政論積儲書 063/151
～變法自強條陳疏 082/217 095/041
～崇樸山制府書 040/029
23～參謀部測量意見書 166/367
～參議院書 163/359
～參衆兩院請尊孔教為國教文 168/489
～皖撫王清苑中丞書 040/007 047/206 109/386
25～朱小雲觀察書 071/079
26～皇帝書第二 082/223
～皇帝書第三 082/235
～皇帝書第四 082/246
～粵督平黎條陳 075/253 100/262 121/139
～粵督平治黎匪條陳 050/524
～魏中丞議濬劉河書 011/242 122/203
～吳清卿師 053/405 113/138
～吳清卿星使書 050/400
～總理衙門書 099/380
～總漕徐公開淍河書 011/215
27～黎星使書 053/127 122/425
～條呈時事疏 083/289
～船政大臣裕製船條陳 102/095
～督撫請收養游民議狀 072/281
～督撫憲緊要事宜歸入善後籌議五條 042/469 050/085
～督院論江西鹽務書 007/227
～督院趙公論淮鹽書 007/230
～各憲請武場添試火器刀矛箋 050/167

～各憲請武場添器刀矛籤
112/353
～各大憲請留溫太守啟
047/236
～叔父 001/481
28～儀封張先生書 003/151
～徐方伯書 005/310
30～淮軍統帥請疏通運河書
079/341
～竇節相 017/517
31～江方伯書 072/319
～江西中丞書 117/184
～江蘇程安徽柏都督書
168/348
～江蘇巡撫李書 057/085
～江蘇巡撫陸公論海漕書
064/337
～江蘇教育行政會意見書
167/370
～汪制軍書 005/347
～汪稼門方伯論渠工書
011/294
122/238
～汪尚書書 059/061
117/410
～河督請復淮水故道書
045/375
052/048
～馮師問喪儀書 008/142
～福節相論臺事書 009/333
113/106
121/194
32～浙江巡撫黃壽臣書
074/149
～浙撫廖中丞陳明浙江土藥加徵稅釐辦法稟 152/178
～浙撫論清糧開荒書
062/295
～巡撫言渠務狀 011/297
～巡撫侍郎韓公書 080/101
34～沈相國書 043/231
050/215
～沈中丞書 039/201
046/448
109/123
36～湯尚書論兼祧服制書
049/273
070/305
119/470
37～祁宮保書 072/459
～祁相國論軍儲事書
060/111
38～游決口一律堵塞及籌辦下游情形疏 051/378
136/331
～洋某太守與某先生論保險書
130/477
～海商務情形 085/098
089/406
105/106
111/309
～海商務情形論 105/104
127/097
～海廣學會記 146/039
～海新設中國女學堂章程
098/276

三一〇。上（三八）

～海設立商務公所 129/255
～海設立同文館議 098/213
～海工部局西董歲會宣言情形 151/480
～海裴副總稅務司致江海關道商議現訂草約第十一款節略 128/498
～海強學會序 082/017
086/207
092/268
146/041
～海強學會章程 082/017
086/207
092/269
099/229
146/042
～海強學會後序 082/020
086/211
092/278
146/047
～海紳商呈請江鄂兩督力爭俄約稟 148/487
～海租界考 110/386
～海為海疆門戶論 082/393
096/203
～海法租界設立自來水說 129/208
～海湖北近設商務局刊刻商報並奉飭內地州縣概立商會必如何籌議乃於商務有益論 129/292
～海軍衙門王大臣書 147/364
～海洋涇浜設官會審章程十條 051/208
110/203
～海海口形勢考 096/204
100/287
～海海口形勢與圖廣袤城池道里丈尺考 081/359
082/392
～海道袁觀察與美總領事古商論開濬黃浦事宜公文 130/128
～海裁撤會防局疏 132/296
～海勸工所開辦章程 129/202
～海某局給駐法使署某君及雷翁何珊全權字據 129/272
～海某局與雷翁何珊及駐法使署某君訂立合同 129/264
～海某局與經售生絲人訂立合同 129/270
～海某局與銀行訂立合同 129/267
～海中西定保護長江內地章程九條 156/008
～海果育堂記 071/067
119/328
～海鐵路會議買斷辦理情形疏 132/110
～裕巡撫論防禦事宜書 042/453
～裕撫軍論團練事宜書 072/465
～裕撫軍論防禦事宜書

050/074
40～左季高中丞論清糧開荒書
040/291
048/108
109/019
118/166
～大府請武場添試火器箋
069/111
098/354
～大府條陳新章利弊書
061/457
096/345
～大府清釐積案書 077/327
～大府整頓營伍議 071/413
099/378
～大總統請開放蒙荒安插軍隊書 166/393
～大總統調和大局文
164/027
～大總統論兩院制 162/292
～大總統論國家稅與地方稅
165/171
～大總統論財政書 164/582
～大總統副總統及參議院書
166/113
～大總統及司法部條陳勵行司法獨立書 162/494
～大總統書 164/049
～大總統國務院論省議會解散權 163/154
～大學士書 058/153
095/375
～臺灣孔兵備論治匪書
076/439
～塘河工議 011/380
～南洋大臣稟 085/420
091/125
099/379
～南洋大臣論中國陸路礮位稟
153/354
～南洋大臣擬設巡查礮械洋員章程 153/363
～南洋大臣擬整頓教習陸軍章程 153/360
～李傅相書 083/163
～李伯相言出洋工課書
084/376
088/452
107/056
～李伯相論畿南水患書
079/277
～李伯相論漠河開礦事宜稟
084/498
089/166
104/181
113/493
119/234
～李伯相論赫德不宜總司海防書 086/523
093/444
100/371
121/249
～李伯相論舊運河修防書
079/281
～李伯相論朝鮮商約界務稟
086/014

三二〇。上（四〇—五〇）

091/329
～李伯相覆議何學士如璋奏設水師書 085/378
091/037
100/057
113/281
～李提軍書 009/391
120/478
～李星使論中國宜改用西法治兵書 153/345
～李節相請通飭革弊政狀 077/321
～古茫昧無稽考序 086/329
093/007
～壽陽師相書 044/293
～袁大總統論地租宜改歸地方稅書 165/152
41～樞府書 147/354
43～戴大司寇書 069/119
44～蕭巡撫請抵糧支穀議 006/139
112/016
～蔣礪堂制府師書 058/421
～蔣相國常昭不宜築塘書 011/508
～蘇松太道蔡公書 094/276
～艾司寇書 029/309
～莫善徵邑侯書 051/199
～韓中丞書 058/095
～某制軍書 115/116
～某帥書 043/005
～某總督論禁鳥槍書 042/447
072/367
～某大司寇書 148/260
～某觀察書 085/330
090/366
105/345
～某兵備論治臺書 075/081
～某學士書 004/508
121/327
～某當道書 115/104
～某當道匡時策 147/366
～杜芝農相國請抽灾民丁壯書 063/367
～林少穆制軍論營田書 062/275
46～賀耦庚制府書 041/257
048/443
～楊中丞書 075/039
～楊少司馬書 029/313
47～郝大冢宰書 029/315
～胡宮保書 057/285
～都察院條陳 044/209
～都察院海防策 044/229
48～梅伯言先生書 058/431
117/331
49～趙觀察論粵俗書 009/029
50～中丞切要事宜 044/487
051/056
～中朝政府書 082/020
～奉天府尹論逃人書 006/250
～春浦夫子書 017/507
～東征大臣劉督憲書 099/381

～東撫張宮保書 081/291
094/535
～東撫張朗齋宮保書
082/282
53～盛京卿查勘蘆漢鐵路情形說帖 152/384
～成僉事論昌化海防
009/389
55～農林部條陳改良茶務呈
168/060
～慧大方伯書 008/370
003/065
58～撫軍論詠盜書 009/411
120/475
60～日本政府理財用書
084/395
～日本政府論理財書
088/491
111/251
～國務院暨參眾兩院信教自由不立國教請願書 168/500
～呂方伯啟 044/451
051/051
072/479
075/339
～羅椒生先生書 069/139
66～嚴渭春中丞論用人處事書
058/437
～嚴少韓邑宰書 059/317
67～明鑑綱目館總裁書
008/338
116/138
～鄂督張比較滬鄂兩廠製鎗優劣稟 102/147
～鄂相國論酒禁書 007/270
119/002
68～黔撫喬中丞論會匪啟
076/357
101/178
70～駐日代表呈 165/500
72～劉制軍條陳新政書
148/514
～劉制軍書 095/144
～劉峴帥書 083/147
099/382
115/105
121/060
～劉峴帥書並管見十條
081/258
～劉撫帥海防條議 100/369
74～陸制府論下河水利書
080/121
101/494
～隨駐德國潘儀甫參使書
157/167
～陝撫陳關中十策 057/011
～陝甘總督論撫回事
076/229
100/263
～陝撫陳關中十策 094/464
75～陳方伯芝楣先生書
063/359
～陳佑民中丞論湖南政務書
147/447
～陳大中丞論黃河運米賑災書
002/497

二二一〇。上（五〇—七五）

～陳中丞吳淞閘善後議 011/261
77～隆太宰買米備賑書 006/509
～陶制府書 057/023
～陶宮保論于家灣決口書 078/085
～陶宮保書 065/229
～周大中丞書 002/326
80～翁撫軍書 073/369
120/280
～今上皇帝第一書 084/007
087/013
～今上皇帝第三書 084/012
087/025
～今上皇帝第四書 084/027
087/060
～合肥傅相書 147/279
～合肥伯相書 052/241
115/041
～善後事宜疏 082/340
096/078
～會典館測繪輿圖書
086/452
093/287
094/233
114/392
116/372
124/163
～會節相議江南不可分闈書
069/085
～曾侯條陳 053/479
～曾侯條陳第四則 053/339
～曾滌生制府書 040/021
～曾協揆乞師公啟 075/497
～曾相國書 039/305
068/035
119/353
～曾節帥論善後事宜書
075/481
～曾節相請飭洋槍隊閒用牌矛書 073/261
120/298
～曾節相處置滁陽降將書
075/477
～曾節相書 076/133
84～鎮守吐魯番領隊大臣寶公書
009/227
90～當道書 115/088
～當事書 048/070
～當路論時務書 147/227

2121₀ 仁

00～言 070/073
071/107
099/083

2121₁ 征

00～庫輸送軍隊之研究
166/344
21～緬甸事附論 009/464
～緬紀聞自序 009/465
30～安南紀略 009/470
113/170
42～猺論 100/230
50～夷船進口硝磺稅銀議

031/271
044/275
050/452
77～邪教疏 010/015

2121_4 虐

30～害保該力阿人事 156/093

2121_7 虎

24～貓專職 016/391
60～口餘生錄書後 008/191

盧

34～漢鐵路行車合同 129/438
40～索氏教育論 144/391

伍

17～子胥論 015/159

虛

00～文可省疏 002/173
27～名冒餉疏 008/425
120/377
30～實說 095/220
55～費 158/375

2122_1 衡

08～論 016/517
10～王 004/107
22～山縣士紳請改書院為學會禀
130/314
60～口堡記 030/383

衢

00～言 059/483
32～州知府楊公傳 011/314

衛

10～西琴中國教育議 167/022
13～武公殺共伯辨 049/437
25～生 157/289
～生新法 086/480
093/353
114/515
～生說 114/502
～生說上 094/259
～生說下 094/260
～生學自敘 143/384
50～屯 082/404
096/398
120/415
126/378

行

00～商必籍公司說 111/472
17～取 126/303
18～政主權論 137/359
～政大臣論 137/387
～政權消滅與行政權轉移
161/088
25～使金銀銅錢議 082/471
097/248
～律之權問答 128/340
28～儉論 007/381
33～補助法廣助力機議

142/307

37～軍要言 099/324

～軍要言前後自記 073/191

～軍電綫 126/352

～軍私議 073/193

099/324

～軍以醫生為要說 099/340

113/093

～軍以間諜為先論 083/171

121/253

～軍以人心為勝負說

113/088

～軍以賞罰為勝負論

145/416

～軍察勘周圍地勢法

139/166

～軍駐隊條議 139/197

～軍氣球 102/497

*146/121

～軍策略 009/093

113/078

120/222

～軍當嚴賞罰論 083/149

099/385

40～在戶部奏分派各省合力通籌攤還賠款疏 128/504

60～星新理 143/460

～星彗星說 114/420

～圍訓練疏 003/108

009/091

68～黔鹽釐請仍由川徵解疏

134/205

72～兵步伐 105/467

77～醫臨證不可輕忽論

124/213

78～鹽 007/149

112/199

80～公舉以同好惡 145/249

83～錢議 007/363

89～鈔議 104/445

～鈔引議 067/407

118/495

～鈔私議 097/263

124/399

～鈔條論 067/483

～鈔以補制錢之缺論

129/335

～鈔法以濟餉需論 113/351

～鈔法以補制錢之缺論

104/448

124/395

146/536

99～誉勦賊事宜答秦撫軍

032/147

044/409

衙

50～蠹吞噬疏 002/212

～蠹宜剔其源疏 005/387

109/399

2122_7 儒

18～攻諸子考序 086/334

093/018

24～俠 094/063

124/118

34～法 094/062
124/117
38～道 094/061
124/117
48～教遍傳天下戰國秦漢間尤盛考序 086/335
093/020
～教為孔子所創考序 086/331
093/011
60～墨 094/063
124/118
～墨交攻考序 093/017
～墨爭教交攻考序 086/334
～墨最盛並稱考 086/334
093/018

2123_4 虞

21～衡 127/439

2123_6 慮

50～患 100/476

2124_1 處

40～士王鈞順傳 013/123
80～分官員議 124/227

2125_3 歲

23～貸記 063/445
096/537
119/299
44～協黔鑲請仍由川撥解疏 135/245

2126_0 佔

34～法之多 008/403
116/190
78～驗 008/401
116/189

2128_1 徙

77～民論 096/175

2128_6 偵

57～探勤務令 139/091

2160_0 鹵

88～簿名物記 007/494
107/214

2171_0 比

22～例稅及遞加稅 152/222
～利時商埠考 142/142
～利時現今歲計表 140/221
～利時近年貿易出入額表 142/026
～利時國緣起 108/031
125/458
25～律賓島新立共和憲法 137/231
50～較中西煤之法說 113/505
60～國工程師盧法爾勘察東河情形原稿 129/445

2172_7 師

08～說 001/117

004/261
107/399
116/047
～說上 055/167
094/099
116/063
～說下 055/171
094/099
116/064
22～制服議 008/254
107/257
23～傅頭 077/145
25～律篇一 099/412
125/106
～律篇二 099/413
125/107
～律篇三 099/414
125/108
～律篇四 071/169
～律篇五 071/173
120/193
～律篇六 071/177
77～服議 001/321
008/253
107/257
80～弟情誼論 144/326
88～範統合教授論 144/347
～範管理論 144/338

2180_6 貞

40～女辨 008/102
～女說 069/475
～女議 069/421
069/473
099/012
125/061

2191_0 紅

20～毛呢製法 142/365
40～十字會考 130/309
～十字會歷史節譯 115/324

2191_1 經

02～訓 110/200
07～部總敘 004/222
116/105
30～濟 147/266
～濟上政府之職掌 164/441
～濟芻議敘 158/467
37～通序 054/505
44～藏衛以固蜀疆議 155/079
50～書取士議 002/078
007/519
109/159
77～學家法論 002/074
007/517
～學問答敘例 157/495
80～義雜說二則 049/158
～義制事異同論 004/113
116/105
～義治事兩齋論 038/353
054/231
88～筵講義 004/382
～筵講義二篇 004/383
004/410
039/247

～筵講義五篇 004/391
004/398

2196$_0$ 緬

27～甸條約論 099/206
50～事述略 009/454

2200$_0$ 川

10～西北宜修路行車議
152/466
12～引勅兩過重請飭部減川配淮疏 049/014
112/271
134/273
40～有盜案仍照前奏章程辦理片
136/206
74～陝互爭示 017/527
～陝楚老林情形疏 009/265
121/113
78～鹽倣照兩淮行票窒礙難行疏
134/303
～鹽濟楚請減引辦理片
134/296
～鹽濟楚未能驟停疏
134/300
～鹽濟楚未能即停仍減引辦理片 134/299
～鹽官運辦有成効未可更改疏
066/319
097/428
134/321
～鹽分成派銷疏 134/294
90～省應解京饟仍發商滙兌片
133/227
～省設立機器局片 135/253
～省勇糧長夫難再裁減疏
135/124
～省勇營難再裁減疏
135/123
～省變通裁減兵丁疏
135/126
～省外連西藏内雜番夷值此餉絀兵疲應如何因地制宜籌餉練兵以期成勁旅而防邊患策
155/059
～省教案紀實 146/503

2210$_0$ 剁

27～船盜米案酌擬變通辦法疏
051/189
136/218

剴

47～切勸捐示 021/329

2220$_0$ 劇

17～孟論 075/265

例

30～案 126/308

制

24～科取士之法考 007/523
109/160
～科策 002/070
007/511

～科策上 007/508
～科策下 007/510
37～祿議 005/129
109/177
117/296
70～防渭南回族議 076/157
100/225
79～勝上 113/120
～勝下 113/121
83～錢議 007/349
～錢銷毀滋弊疏 002/401

2221₀ 亂

22～後自明心跡之通令
164/076
～後之經營 164/083

2221₄ 催

00～辦醫院學堂疏 131/445

任

27～將相說 103/274
147/217
77～賢勿貳去邪勿疑 117/036

2222₁ 鼎

27～象 003/005

2222₇ 嵩

13～武軍在哈密墾荒片
133/443

2223₄ 嶽

44～麓書院新定譯學會章程
130/295

2224₄ 倭

60～國建置沿革考 145/206
80～人違背公法論 111/045

2224₇ 變

22～例說 103/351
24～化氣質論示弟 004/188
107/051
～科舉 095/091
～科舉議 069/069
120/062
32～近時經略議 095/095
115/419
34～法 047/022
103/121
109/112
117/204
127/482
147/475
～法上 103/122
147/185
～法中 103/124
147/188
～法下 103/126
147/191
～法說 056/317
095/079
121/300
～法論 056/321
095/074

095/075
095/078
116/529
124/057
～法議 095/080
127/480
～法平議 115/216
148/073
148/443
～法雋言 148/387
～法須順人情論 124/058
～法自強辨 095/068
～法自強疏 084/039
087/090
103/039
115/161
～法自強上 103/128
147/198
～法自強中 103/129
147/200
～法自強下 103/131
147/203
～法自強當除蒙蔽疏
131/355
～法自上自下議 084/089
087/198
115/146
～法以求實効說 146/578
～法通議自序 093/408
126/068
086/507
～法始 095/081
103/095
～法當先防流弊論 095/055
124/059
～法當思務本論 115/172
37～通文武考試舊章說
103/487
～通交鈔以齊風俗 082/468
118/510
～通試士之法議 098/328
～通雲南礦務章程疏
067/087
119/218
132/091
～通武科疏 131/502
～通武科改章事宜敬抒管見疏
131/500
～通武科摺 098/303
098/305
～通武科摺稿 103/413
～通取士之制議 146/072
～通政治宜務本原疏
131/340
～通私販說帖 096/525
～通外務部使署人員疏
132/506
～通仕路論 103/305
～通綠營兵制疏 135/089
～通稅則以便商民說
105/224
～通官制芻言 124/243
～通治法為善後議上
146/587
～通治法為善後議中
146/589

～通治法為善後議下
146/591
～通補缺章程疏 133/041
～通迴避以重倫紀疏
039/357
047/051
132/524
～通海運以及分別搶私船私抽收課釐稟 048/541
～通查閱邊卡章程以紓盟累疏
135/524
～通南河大挑知縣借補章程疏
133/072
～通有驛州縣夫馬報銷疏
050/049
～通吉林吏治擬改設郡縣章程疏 060/463
～通奉省吏治章程疏
047/153
109/189
133/080
～通捐例說 109/283
～通易州河間二軍營制疏
135/082
～通賑捐發照疏 134/058
～通鹽法疏 041/197
～通錢制稟 097/241
～通小學議 094/306
128/445
149/287
56～捐例議 047/144
058/243
109/283
117/481
60～國俗說 095/071
146/597
77～學論 126/508
78～鹽法議 048/461
064/417
097/518
112/242
119/109

後

11～張石卿中丞啟 057/267
16～聖論 094/291
21～行護隊駐紮法 139/200
37～湖官地議 011/124
50～書目序 001/162
88～篤終論上 001/333
008/122
～篤終論下 001/336
008/123

2226$_4$ 循

00～序篇 094/043
50～吏約 005/257
109/337
117/367

2245$_3$ 幾

21～何探要引言 143/388
～何原本六和六較綫解
046/251
114/315
116/341

53～輔勦賊議 076/303

2248_9 炭

50～素之發現 144/037
～素與水素之化合物 144/048
～素與酸素之化合物 144/042
～素與淡素之化合物 144/052
95～精製法 142/409

2250_2 挈

88～籤末議 109/315

2260_1 岩

20～番劫殺洋人查拿辦理片 132/311

2265_3 畿

40～南請設營田疏 011/091 122/096
～南河渠通論 011/049 108/150 122/083
50～東河渠通論 011/063 122/081
53～輔水利議 080/003 101/442
～輔水利議敘略 080/009 101/443
～輔水利議總敘 051/499 122/132
～輔水利疏 011/079
～輔水利推行各省議 051/475 108/252
～輔水利敘略 122/122
～輔戶口志序 006/051
～輔勦賊議 100/219
～輔宜蠶桑辯 150/271
～輔河渠議 079/143 101/389 122/163
～輔治水策 011/073
～輔田賦志序 006/014
～輔開屯以救漕弊議 062/269 096/373 118/154
～輔八府地圖記 011/043

2272_1 斷

01～龍 044/341 051/017
22～後駐紮法 139/202

2273_2 製

22～紙業及其學術 168/080
34～造說 104/305 113/429
～造危言 083/282
～造綱鐵紀略 151/163
～造宜倣西法說 146/141
～造十所 083/273 102/141

125/266
～造局開鑄制錢論 127/120
～造問 104/292
～造鋼鉛鋼砲論 104/318
38～洋器議 102/184
125/285
150/469
42～機之工說 104/264
63～戰艦 104/355
66～器窮原說 104/321
87～鋼新說 129/224

2277。豳

77～風廣義序 020/281
040/327

山

10～西商務總局集股章程
085/113
089/439
105/123
111/467
～西商務局與福公司議各開礦製鐵及轉運各色礦產章程
101/553
129/169
～西礦務論略 142/457
～西水道圖說 011/333
122/233
～西巡警局詳定章程
149/116
～西巡撫岑奏陳裁改兵制摺
130/007
～西巡撫岑奏陳開辦山西武備學堂摺 130/001
～西巡撫胡奏議開晉邊蒙地摺
129/033
～西祁縣知縣王公墓誌銘
017/369
～西洋務局沈觀察會同法將巴堯訂立設卡保商章程
156/016
～西內地會總牧師榮晃熙與洋務局續議教案合同 130/382
～西內地會總教士何斯德與洋務局議結教案合同 130/381
～西藩臬兩司會詳經濟大學堂詳稿 098/200
～西教案合同 130/376
～西開礦議 083/344
104/155
44～林論 084/459
089/083
104/023
126/461
50～東商務局章程 129/257
～東水道圖說 011/325
122/229
～東委員被害案刑賞失中疏
077/015
136/166
～東崇實學堂章程 128/390
～東臬司條議四事 003/168
010/174
110/247
121/339

～東河工宜責成河道總督經理疏 136/344
～東運河用水櫃放淤議 101/407
～東運道 097/362
～東海道 112/139
～東機器局用款報銷疏 132/288
～東機器局置器造廠規模大備疏 132/286
～東東西司事宜條略 058/009
～東鹽法議略 066/071
097/445
119/139
～東館陶縣知縣張君墓表 059/243
67～路連環三疊陣法說 009/086
120/320
74～陝籌餉議 100/106

2277$_2$ 出

22～後之子為本生祖父母服議 070/275
099/063
24～仕年齒 005/100
25～使俄奧國大臣楊議覆新政事宜摺 128/127
～使四國奏疏序 082/559
099/157
～使四國公牘序 082/560
099/158
27～身授官 005/136
117/257
38～洋茶利防弊策 082/455
097/189
118/214
124/478
40～土蝻子責成佃戶搜除檄 006/540
110/120
～奇制勝策 099/446
125/115
145/409
77～母嫁母服議 070/353
099/066
90～省巡防邊隘疏 135/514
～省勘收大江下游水利情形疏 136/465

2290$_0$ 糾

20～集公司說 105/151

利

30～淮鹺議 048/471
～淮鹽議 065/297
097/513
119/111
31～源 104/461
127/100
35～津海口現難疏濬片 136/514
40～才 009/043
120/115
44～權一 053/331

082/348
085/214
090/114
105/230
112/095
119/037
～權二 053/333
082/349
085/215
090/117
105/232
112/096
119/038
～權三 053/335
082/350
085/217
090/120
105/234
112/097
119/040
～權四 053/337
082/351
085/218
090/122
105/235
112/098
119/041
55～農恤商培養元氣片
060/371
096/157
124/275
133/467
60～國宜廣製造論 104/310
113/431
125/259
66～器 083/280
102/190
98～弊說 115/379

2290_1 崇

00～讓論 005/003
117/213
～讓論下 002/131
10～正學 038/319
116/101
28～儉約 004/340
109/118
117/208
～儉尚勤札 039/073
046/437
48～檢論 068/017
098/092
119/361
124/482
67～明老人記 001/458
008/082
76～陽客問 059/265
88～簡篇 046/420
076/455
109/119
～節儉議 099/088

2290_4 巢

50～由隨光論 015/281

樂

28～儉堂記 004/189

2291₃ 繼

20～統論上 068/123
098/112
～統論下 068/143
098/117
67～嗣說 008/044
～嗣義例問答 069/205
098/400
119/441
77～母改嫁無服說 008/238
107/253

2291₄ 種

00～雜糧廣樹植狀 006/315
109/035
22～稻之法水旱之備宜如何而後可 082/494
118/126
26～綿軋花說 150/288
40～木成材說 084/459
089/081
104/022
109/056
～樟熬腦說 084/457
089/079
104/021
109/055
118/231
44～菸加非說 104/034
～甘蔗製糖說(一) 104/062
～甘蔗製糖說(二) 104/064
～樹說 006/313
109/034
～樹富民說 084/452
089/067
109/050
～茶製茗說 104/031
～植備荒說 104/068
104/015
～植媒花法 141/132
～植格致學 084/442
089/044
096/449
104/005
109/048
46～棉說 006/302
109/034
118/205
～棉十三要事說 144/115
～棉軋花說 104/033
47～橡製膠說 104/031
150/287
60～果宜人說 084/454
089/071
104/016
109/052
118/228
77～桑育蠶說 104/102
150/284
～桑詩說 006/306
～桑議 040/339
048/185
88～竹造紙說 084/457
089/077

104/019
109/054
118/232
91～類說 130/504

2293_0 私

84～鑄案犯分別定擬奏
010/118
110/191
121/315

2294_0 紙

98～幣政策 165/486
～幣使用及流通之原理
152/099

2294_4 綏

05～靖地方示 163/449

2294_7 稱

13～職在勤 005/294
109/353
117/372

緩

24～科輕則議 051/523
122/151
28～徵寬刑疏 010/137
44～堵郭工借清刷淤疏
010/454

2296_9 繙

06～譯航海通書原本 046/316
114/347
116/256
～譯泰西有用書籍議
084/371
088/441
094/253
107/190
116/504

2299_3 絲

44～茶宜創設新法論 124/470
～茶烟布合論 081/365
082/447
097/040
118/221

2320_0 外

00～交史及其研究法 130/161
156/060
～交史緒論 138/416
～交無為論 130/159
156/064
～交策 099/128
125/037
17～務部戶部議奏試行印花稅摺
140/235
～務部咨鈔許侍御奏請派員辦
教務片 130/365
～務部奏請裁減出使經費摺
128/522
～務部奏定鑛務章程摺
129/161
20～番借地互市 009/281

24～結說 103/334
25～債論 166/095
～債問題 166/001
38～洋商務卮言 083/424
～洋疆域卮言 083/393
～洋宜設公塾以訓華人子弟說 125/372
～洋通論卮言 083/475
083/482
083/492
～洋國勢卮言 083/413
～洋學校 083/449
123/480
～洋印花稅中國能否倣行議 129/392
～洋公法 083/454
～洋鄰交卮言 083/406
44～藩蒙古五十一旗序 009/188
～藩蒙古要略序 074/275
100/467
～蒙古喀爾喀四部總敘 154/391
60～國流氓無論搶劫中外民人貨物由地方官捕拿送辦 051/210
110/204
～國捐賑請嘉獎片 132/447
80～人之共和觀 159/235

2320$_2$ 叄

08～議院一年史 160/222

2323$_4$ 伏

10～耳鏗廠病會章程 151/152
～耳鏗廠救火章程 151/150
～耳鏗廠管工章程 151/143
～耳鏗製造股會章程 151/187

2324$_0$ 代

00～應詔陳時務疏 004/509
109/217
07～贛州弭盜議 009/014
110/150
08～議政體論 137/168
12～形合參序 143/387
21～上廣州府馮太守書 147/229
～上總理衙門書 083/166
28～微積拾級序 046/285
046/287
114/333
114/333
31～河南紳士請免遷徙略 078/161
36～溫處災民勸行政各官廳募捐義賑啟 163/452
～溫觀察陳撫勳教匪議 032/163
044/401
38～游總戎募修關帝廟疏 032/187
40～李伯相議請試辦鐵路疏 085/280

二三二〇。一—二三二四。 外（二四一八〇） 參伏代（〇〇一四〇）

090/260
102/006
105/288
114/074
122/378
132/119
～李伯相張尚書籌議攝服鄰邦先圖自強疏 132/424
～李伯相復陳遵旨籌畫密抒愚悃疏 132/401
～李伯相籌議先練水師再圖東征疏 132/426
～李伯相籌議日本改約暫宜緩允疏 132/410
44～草國民黨大政見 159/287
～孝子李中孚致祭襄城城隍文 026/519
46～楊給事上防河疏 078/049
101/268
136/282
50～史士良觀察上南田事宜書 062/313
～表張弧景學鈴上大總統國務總理條議 166/319
57～擬廣東省育嬰堂碑記 040/203
～擬建修文昌宮記 028/157
～擬重修盩厔縣尊經閣記 012/279
～擬歸併科則片 048/020
～擬洵陽縣㴲修蜀河石堡記 030/391
～擬趙烈婦誄 026/257
58～數盈朒細章 158/243
～數術序 046/307
114/342
116/249
60～邑紳請減漕項銀兩稟稿 048/040
72～劉侍郎與貴東道書 044/503
051/063
75～陳盧法爾擬辦河新法片 136/355
～陳海防管見 100/326
125/175
～陳海防管見疏 083/069
135/370
77～民捐辦新安澠池兩縣車馬應差并捐銀存當生息以充經費擬議章程請示稟 050/058

2324_2 傅

34～法橢圓地圖說 116/432
082/110
094/171

2325_0 俄

00～文與蒙古文分合考略 146/052
24～德奧新訂同盟 102/393
～德法三國聯衡極東問題之影響 130/253
157/072
～德關係 102/512
～彼得變政記 149/024

～彼得變政記序 149/022
～續約第一條 053/375
110/518
123/343
～續約第二條 053/376
110/518
123/344
～續約第三條 053/376
110/519
123/344
26～皇力正頹風 102/234
～皇大彼得傳 084/180
088/024
102/257
103/165
111/143
123/521
125/375
27～將論中國財政 127/301
127/305
～約第九條 053/367
110/514
123/338
30～官尼由新疆入藏片
132/312
34～法聯盟中國宜加防禦說
106/352
～法同盟實情 102/390
37～軍南下論 153/240
～軍馬炮隊紀略 112/392
40～土之戰咎有攸歸 156/117
～土戰紀敘 102/433
～土關繫 102/512
～有大志說 111/069
44～蒙交涉始末 164/204
～蒙貿易最近之情況
164/169
～韓交涉 102/392
46～相亞力俄后亞力高氏統系辨
訛 111/181
47～朝述略上 156/260
～朝述略下 106/349
156/262
50～事轉禍為福論 106/350
155/436
57～擬設太平洋輪船公司
127/170
60～日聯盟論 111/017
125/402
～國新築西伯里亞鐵路說
085/314
090/332
102/468
105/326
114/032
123/155
～國西比利亞鐵路所經各部考
114/104
127/043
～國西伯利亞造鐵路道里經費
時日論 114/105
～國疆域考 108/023
125/462
～國預算國用記 084/419
088/544
～國水師情形論 102/434

二三二五。俄（六〇—八〇）

～國理財權術 127/036
～國歲計表 140/141
～國出入度支總數考
083/407
～國外政大臣魯馬能務王事略
127/374
157/049
～國外政策 122/447
～國外政策史 086/157
092/155
106/163
107/539
123/559
～國緣起 108/022
125/451
～國添兵論 126/354
～國波羅的海軍實考
145/481
～國海軍 125/420
～國海軍之根據地 130/263
～國考略 083/351
～國教育 102/303
～國教育統計表 144/210
～國農務說略 129/154
～國農政新議 129/157
～國圖說 044/029
～國戰守兵籍記 112/387
～國財政改革論 139/411
～國財力論 139/406
～國兵制 112/390
～國風土人情述略 108/081
～國義勇艦隊記 102/434
～國慎重鐵路 127/042
～國幣制 102/375
125/399
～國營制 112/388
～羅斯商埠考 142/133
～羅斯疆域考 108/024
～羅斯現今歲計表 140/191
～羅斯進呈書籍記 050/331
～羅斯近年貿易出入額表
142/020
～羅斯軍政 083/369
123/459
～羅斯海軍述要 139/067
～羅斯事補輯 050/324
110/321
～羅斯國 156/400
～羅斯國進呈書籍記
123/069
～羅斯財賦兵制考略
112/389
145/484
156/251
～羅斯陸軍述要 139/032
～羅斯屬地西卑利亞新造鐵路
圖說 053/412
113/142
77～屬亞洲商埠考 142/119
80～人論英國海外政策
127/349
127/351
～人論日本水師 106/011
112/375
～人志在併兼 106/367
156/150

～人國勢酷類強秦論 083/412
086/145
092/132
106/181
107/531
123/506
～人蠶食太平洋迤北邊地考 156/435
～人欲蠶食阿富汗記 145/102
～前相魯馬能務逸事 102/280
88～籌中國政策 085/488
091/278
106/110

伐

10～石志 006/175
50～蛟說 002/555
006/542

2355₀ 我

30～之經濟政策 164/493
60～國輸入超過與實業家之責任 168/111
63～戰則克論 083/153
099/480
77～月現狀述聞 143/481

2361₁ 皖

40～南墾荒議 096/384
～南急於和民不急於招墾疏 133/442
～南人心稍定洋教士迭請雪冤並擬現辦情形疏 053/197
111/108
132/462
58～撫請設武備學堂疏 153/319
～撫王覆奏條陳變法第一摺 128/104
～撫王奏請廣設算學專門學堂摺 128/413
～撫聶奏陳籌措賠款事宜摺 128/512
～撫覆奏條陳洋務疏 156/018
～撫奏辦理清賦查出田畝實徵銀數疏 150/200
～撫奏設二等學堂摺 149/376
～撫奏設學堂摺 128/401
～撫奏呈全省輿圖疏 154/204
～撫奏陳變通清賦辦法疏 150/118

2380₆ 貸

87～銀築路合記 152/359

2390₀ 秘

27～魯商務考 130/213
～魯政治考 130/206

2392₇ 編

13～武生以充營兵說 099/337

30～審 101/139

127/442

～審論 006/068

118/329

～審詳文 002/271

006/076

～審釐弊疏 006/071

40～查漁船保甲疏 009/025

110/151

48～教民 082/397

096/019

123/058

～檢擁擠太甚請慎重館選疏

133/073

～檢人員壅積擬請變通章程以期疏通疏 133/074

2395₀ 纖

20～維料屬論 142/381

織

28～作之工說 104/256

2396₁ 稽

20～戶口議 047/490

096/017

124/275

38～海船以清盜源疏 009/389

110/175

113/222

40～查州縣捕快片 136/156

60～旱潦議 048/178

～勢節略通論 096/435

2399₁ 綜

08～論各省形勢 096/199

108/065

125/205

～論法越勝負 111/041

～論歐洲兵數 125/416

10～覈名實說 115/385

27～紀西人技巧之事論

102/489

125/439

～紀西人技巧之事系之以論

113/426

40～核名實說 124/137

～核名實疏 056/373

131/075

2412₇ 動

20～重學記 046/262

114/321

116/457

27～物乳哺類論略 144/073

～物化分說 144/067

～物遲速率 144/086

～物冷熱論 144/082

～物分類表 144/068

2420₀ 射

57～擊測量論一 139/238

～擊測量論二 139/244

～擊測量論三 139/252

88～策第一 083/142

099/365

2421$_0$ 化

44～荂說 145/267
77～學原質大同表 143/602
～學當學論 114/226
124/201
157/471
～民成俗須先復古聖教法論
125/050
80～合及分析 143/619

魁

45～樓阡表 026/143
～樓阡表跋 026/147

仕

00～商名利顛倒說 124/312
30～宦宜自幕始議 103/320
～宦宜約束僕從說 103/337
77～學一貫錄 002/026
005/312

2421$_1$ 先

12～發制人說 145/438
17～務齋叢書序 158/420
28～給馬勇餉乾片 135/331
37～祠記 008/276
119/518
50～事之策 110/083

佐

33～治續言 .005/398
109/409
～治藥言 005/401
109/411

2422$_7$ 備

00～忘錄論治 004/341
～忘錄論學 004/159
～雜糧 006/458
10～不可懈說 145/342
33～述全粵情實疏 009/439
44～考英法俄三國學校之制
146/050
149/252
～荒新說 104/072
～荒說 048/336
063/247
096/508
119/320
～荒議 040/433
048/252
063/239
096/506
110/121
119/297
～荒通論上 006/351
118/294
～荒通論下 006/354
118/296
～荒管見 006/423
110/080
～孝 008/065
50～夷策 052/303
115/155

75～陳民間疾苦疏 060/359
096/154
117/144
133/461

佈

24～告政界提倡社會道德文
168/605
～告軍界文 166/378
～告國民注重選舉文
163/440

偽

34～造契券 077/143

2423₁ 德

00～意志商埠考 142/139
～意志現今歲計表 140/212
～意志近世政治論上
137/423
～意志近世政治論下
137/453
～意志近年貿易出入額表
142/032
～意志軍政 083/366
123/455
～意志海軍勢力表 139/068
～意志農會記略 129/120
～意志國 156/385
～意志陸軍述要 139/034
10～不宜過張勢燄說 103/150
25～律風源流考 114/239
124/186
26～皇至俄 102/412
～皇政策 084/193
088/054
103/137
123/538
～皇維廉第二密傳 102/253
27～將漢納根語錄上 082/288
～將漢納根語錄下 082/289
～奧義合縱俄法連衡論
081/491
083/394
40～才論 004/488
60～國文教說略 128/420
～國雜事紀略 156/265
～國議院章程序 084/237
088/150
109/427
123/534
～國工藝開會事論 102/455
～國五金工藝考略 129/216
～國水陸軍政考 145/492
153/254
～國政書序 130/227
～國製造新砲 102/493
～國郵政電報情形 102/480
～國緣起 108/020
125/449
～國實事紀略 103/139
～國海軍及殖民政策
102/232
～國青島之經營 164/165
～國整頓海軍述略 102/426
106/018

112/384
125/419
～國四大法曹論 137/419
～國兵政紀略 112/383
～國陸軍考 130/118
～國陸軍槍隊操法序
053/106
112/444
120/028
～國學校論略序一 149/209
～國學校論略序二 149/210
～國學校規制 083/023
102/302
125/371
～國全軍制 153/101
～國合盟本末 156/275
～國公司總數考 085/154
089/529
105/191
～國領事說略 128/280
～國欲增添海軍之由
102/431
61～顯露柏羅都氏教育法
144/395
80～前相俾士麥王傳 157/059

2424_1 侍

50～中之職 004/506

2424_7 伎

21～術 008/382
116/393

2426_0 儲

14～功篇上 004/089
～功篇下 004/090
24～備將材支給薪糧片
135/328
27～將才論 082/280
094/514
105/455
113/014
125/134
40～才論 094/516
44～材論 109/246
60～買槍礮說 113/025
125/151
87～餉議 008/465
113/353

估

04～計龍州鐵路工程款項稟
085/306
090/316
105/318
114/025
～計盧漢鐵路運載節略
085/298
090/297
105/308
114/017
52～挑運河擇要辦理疏
136/426

2426_1 借

10～西俗以祛中弊說 115/366
25～債以開鐵道說 085/271
090/242
105/378
114/066
44～黄濟運徒耗經費擬請暫行海運疏 041/119
048/371
112/156
～黄濟運貽害大河全局疏
079/399
101/401
122/057
136/438
46～觀自愧說 095/226
47～款決裂後之籌畫 166/091
～款搶修金堤疏 136/419
60～國債優於開捐例論
109/294
72～兵俄法議 099/375
88～箸籌華 083/472

2428_1 徒

30～流加等議 077/081
101/106

2440_0 升

34～祔大禮議 007/449

2441_2 勉

71～厚堂五篇約 001/518

2454_1 特

23～參統兵大員疏 133/022
44～禁添設茶館示 033/085

2460_1 告

77～同胞文 130/351

2472_7 幼

10～孩須先學工藝說 101/231

2474_7 岐

40～麥銘 017/209

2480_6 貨

98～幣制度論 139/508
～幣物質論 139/499
～幣作用論 139/495
～幣流通法則論 152/095
139/531
～幣單複本位得失論
139/523
～幣鑄造論 139/503

贊

53～成孫少侯論國會地點
160/235
～成指陳省弊文 163/142

2490_0 科

40～布多城圖說 009/230
～布多界約首段 053/379
110/520
123/346
～布多界約第一條 053/379

110/520
123/346
～布多界約第二條 053/380
110/520
123/346
～布多界約第三條 053/380
110/521
123/347
～布多風土記 163/336
46～場 007/513
～場議一 069/055
098/325
120/064
～場議二 069/059
098/326
120/065
～場議三 069/065
098/327
120/067
77～舉 007/516
～舉論 116/060
～舉改章說 098/336
～舉太濫請停止捐輸廣額之案疏 135/010
～舉末議 098/324
103/443

2492₇ 勳

00～辦瓊州黎匪擬撫黎章程疏 075/245
100/202
～辦巖番大道肅清片 135/507
～辦峨邊夷匪並勦捕雷波野夷疏 136/094
～辦騰越廳邊外野夷情形疏 050/503
113/172
135/490
10～平瞻對善後事竣漢兵藏兵一律凱撤疏 135/494

納

05～諫 004/349
109/070
117/001

2495₆ 緯

50～書言天並有輪迴之說考 086/487
093/370

2496₁ 結

30～寨民 032/179
044/429
88～筏順清河記 077/423

2498₆ 續

00～癘螺痧論 114/491
～稟雷瓊水利 080/393
101/460
02～新議論略 082/304
122/480
06～譯列國歲計政要敘 086/508
093/410

07～訊天津案內人犯分別定擬疏 132/458

08～論謀富之法 082/360
096/114

～論設法減釐 146/181

～論變法不知本原之害 084/086
087/192
115/144

～論絲廠 104/114

～論儲才必期覈實 146/491

～論希土和戰情形 111/078

～論格學 157/368

～論中西文字 107/081

～論回教源流 146/499

10～電學考序 146/015

～電學考一 146/015

～電學考二 146/016

21～衛生說 114/504

～貞女論上 069/427
099/013
120/078

～貞女論下 069/431
099/014
120/079

27～修海塘酌擬變通辦理疏 052/159
080/435
101/417
125/323
136/523
134/533

～修會典事例請飭妥議開館章程疏 049/210

～修會典事例摺 042/001

～紀俄阿近事 106/364

30～審隘篇 155/004

34～對數簡法 046/177
114/274
116/217

35～清吏治議 103/210
103/211

37～選閩廠生徒出洋疏 053/475
109/267

～選八家文序 158/327

40～南漕折色私議 146/241

～古文辭類纂序 046/155

41～樞言 056/277

44～蘇明允諫論 057/315
117/089

～禁鴉片說 124/453

48～增強學會章程 146/043

～教案問答 146/513

50～奏長江水師疏 043/435

51～振興鐵路銀錢郵政論 146/402

57～擬銀行條陳 085/122
089/459
097/147
105/135
111/337
127/140

60～日本商務考略 129/285

75～陳各船工程並挑驗匠徒試令自造疏 132/167

～陳安插移撥旗丁並請加兵額疏 048/162
133/500
～陳苗民改裝暨整頓義學情形片 049/257
107/302
～陳長江水師未盡事宜疏
049/502
071/467
100/019
112/417
121/169
135/195
～陳會奏未盡之意疏
049/177
87～錄課吏條約 124/251
～錄治新清河芻言 125/339
88～籌開濬小清河上游以工代賑疏 136/384

2500_0 牛

00～痘說 146/351
22～犁起土車運狀 011/035
44～莊設關 053/287
122/514
～莊貿易情形論 127/081
151/385
60～恩惠獄記 077/227
80～公渠碑記 036/425

2510_0 生

17～忌說 001/416
22～利分利之別論 150/087
～利分利之別再論 150/099
27～物土性關係論 140/532
～物界說 144/063
58～擒逆首並勦滅髮逆巨股疏
136/028
64～財新論 124/290
～財不如理財論 096/082
124/290
～財裕餉第一疏 002/229
005/425
111/213
80～命力論 143/349

2520_6 使

22～例略述 130/163
40～才 126/296
149/055
～才與將相並重說 082/281
094/514
123/171
128/264
46～相歷聘綜記 099/169
71～臣勤公總論 110/455
～臣領事各種交涉問倉
130/173
77～用紙幣廣論 139/542
80～命 110/284

仲

15～虺之誥曰惟王不邇聲色不殖貨利德懋懋官功懋懋賞用人惟己改過不吝克寬克仁彰信兆民
117/042

2520_7 律

00～意律心說 010/071
110/177
121/308
21～師法施行法草案駁議
162/461
22～例贅言 149/204
33～心序 076/471
34～法 149/173
60～呂正義 007/472
120/083

2522_7 佛

48～教格言 071/099
～教會發趣文 168/519
72～氏論 001/069

2524_0 健

88～銳營右翼長巴圖魯富公援漳碑記 030/379

2524_3 傳

20～信錄序 004/114
21～經堂祀說示可詚 008/295
47～聲像聲器圖說 114/238
124/187
48～教 157/163
157/240
～教上 106/338
～教下 106/340
77～聞少實 008/377

2525_3 俸

37～祿 005/129
109/177
117/295

2590_0 朱

15～建論 054/293
17～子晚年之悔論 012/323
～子小學跋 004/132
116/085
74～陸析疑 001/049
88～竹石廉訪上張香帥請設中西學堂書 146/040

2590_6 紳

38～衿論 095/315
44～帶洋陳氏族譜序 072/433

2594_4 縷

75～陳廣東鹽務情形片
066/545
～陳新疆地勢民情未盡事宜疏
047/011
060/527
134/484
～陳丁漕利弊戶口耗傷情形疏
048/086
112/059
～陳淮鹺積弊疏 065/077
134/151
～陳密查邪匪誑毒情形片
071/125

～陳江蘇釐捐撥款支絀情形疏 066/553
～陳湖南苗疆情形疏 044/371
051/023
075/121
100/204
113/153
135/467
～陳選將練兵情形疏 053/154
111/027
132/389
～陳蘇省連年災歉地方凋敝情形片 048/257
110/124
～陳中西情形種種不同火車鐵路勢不可行疏 052/316
132/111
～陳撫恤災黎竭力籌款情形疏 063/335
096/491
134/035
～陳整頓捕務並勒限嚴催稟 047/263
110/173
～陳陝省利弊擬籌興除大略疏 047/018
131/153

2598₆ 積

24～儲 063/011
096/480
～儲論 124/355
47～穀章程 040/373
048/237
～穀練兵疏 039/515
～穀會議 006/358
63～貯 006/348
112/173
～貯議 002/520
006/347
112/173
80～善積不善說 046/128
98～弊說 064/423

2599₆ 練

12～水師 105/480
17～勇 009/479
113/147
121/119
～勇議 072/419
100/159
27～鄉勇核軍需疏 010/013
～將問答 130/102
37～湖考 010/489
～湖善後章程啟 010/494
～軍請設長車片 135/079
40～才 157/274
72～兵 105/461
153/069
～兵論 145/426
～兵不如選將說 106/006
～兵水陸難易說 145/429
～兵酌倣直隸練軍章程試練綠兵疏 042/421

～兵須用新法說 100/157
112/467
125/120
～兵經費由部添撥疏
135/326
～兵修寨四事議 010/027
～兵芻言 125/122
～兵宜先選將論 113/016
～兵之法古今寬嚴不同說
105/469
～兵末議 100/154
105/416
～兵未議 105/472
～兵陣法疏 008/450
112/443
120/242
～兵問答 130/100
～兵策 100/152
77～膽說 083/211
100/155
～民團以張國勢議 100/162
125/182

2600₀ 白

10～雲司引議一則 003/140
12～水雜咏題辭 013/117
31～河縣南鄉新修龍泉寨記
030/387
38～海士登監工上等學堂課程單
150/499
～海士登監工學堂課程單
150/492
77～門原約二則 053/254
110/354
122/499
96～糧改折疏 007/073
112/130
118/397
～糧本折議 006/032
112/129

自

00～主論 115/400
～立 127/448
13～強 126/132
～強之計以培養人才為先務論
094/512
～強軍西法類編凡例
153/430
～強軍西法類編序 153/429
～強大計摺 084/071
087/157
095/157
103/056
115/257
～強大計舉要臚陳摺
081/038
082/205
094/435
126/101
～強切要疏 081/128
082/033
～強策一 146/569
～強策二 146/571
～強策三 146/573
～強策四 146/576

21～行魚雷說 130/055
142/499
34～造錢幣利弊論 124/389
40～來水法述 142/340
50～書金革無辟論後 070/081
75～陳辦事情形疏 005/198

2610_4 皇

00～帝不可微行論 115/451
47～朝文獻通考 007/488
107/125
～朝通典 007/487
107/125
～朝兵制考 145/473
77～輿圖說 009/122
～輿圖賦序 009/174
116/207

2620_0 伯

50～拉西兒風土記 102/524

2620_7 粵

10～西三江源流考 011/466
122/293
～西行鹽議 007/162
～西編審議 006/077
～西盜案難復舊制疏
136/201
～西團練輯略序 073/081
100/151
120/432
～西團練略序 050/076
～西開埠為粵東之害論
102/077
27～督請裁宦官疏 148/385
～督覆奏條陳變法疏
148/377
～督遵籌開辦鐵路疏
152/330
～督批斥洪牧嘉與札
158/532
～督圖存四策疏 148/369
～督陶覆奏變通武科摺
128/412
～督陶覆奏條陳變法摺
128/086
～督陶覆奏培養人材摺
128/090
～督陶制軍覆廣學會李提摩太書 128/194
～督陶制軍獎勵新加坡商民設孔教堂文 130/410
～督陶奏請裁宦官疏
128/219
～督陶奏圖存四策摺
128/123
38～海關志序例 066/413
098/028
119/010
50～東鼓鑄議 007/348
～東藩司善後局常年進出各款表第一 128/518
～東開墾事疏 006/201
～東鹽政議 007/239
90～省訓練鄉勇疏 009/490
113/332

～省試鑄銀元片 067/267
118/496
～省潮橋鹽務廢弛擬委潮郡守兼辦片 049/027
112/274
134/229
～省運庫遞年奏銷報部正雜項收支數表 128/519
～省夫務議 006/174
～省捐輸流弊疏 134/410
～省購辦機器試鑄制錢疏 067/281
097/230
132/044
～省創設水陸師學堂以儲羣材疏 053/494
109/271
120/026
131/475

2621_3 鬼

21～師說 003/061
35～神論 068/215
098/122
～神篇上 028/161
042/347
049/434
110/072
～神篇下 028/165
042/351
049/436
110/072
80～谷子論 015/157

2622_1 鼻

26～息說 004/351

2622_7 偶

07～記 004/441
60～思錄 012/535

2624_1 得

79～勝偉良傳 084/175
088/012
102/276
111/138
123/504

2626_0 倡

07～設女學堂啟 098/279
124/499
22～種桑樹檄 006/297
111/418
118/188
56～捐築堡疏 074/213
100/269
120/185
135/437

2629_4 保

00～商會說 099/237
115/320
125/078
04～護朝鮮議 053/403
～護教堂章程 099/185
～護開礦已成之局論

二六二〇七—二六二九四 粵（九〇）鬼鼻偶得倡保（〇〇—〇四）

113/458
～護無辜論 106/318
22～山縣城內回民移置官乃山相安情形疏 050/410
113/188
135/455
～種新理 086/530
093/459
～種策 095/189
124/094
26～和局而弭隱憂議 145/069
27～身篇 146/364
30～守朝鮮論 125/044
～富論 115/443
～富述要原敘 152/023
～富篇 096/128
～富篇上 128/209
～富篇下 128/210
34～遠民 106/276
37～運說 010/512
40～存中國名蹟古器說 167/454
44～薦他省人員宜示限制疏 133/047
～薦使才疏 082/287
095/409
132/491
～薦人才宜先去弊論 095/411
124/264
～藏固蜀籌邊 155/096
47～朝 127/278
～朝鮮末議 125/045
～朝鮮策 086/040
091/388
54～持東三省永久農業基礎之問題 168/026
60～國論 086/276
092/419
106/289
～國會三月二十七日第一集演說 148/036
～國會演說 130/304
～甲 126/299
～甲說 003/013
008/501
～甲論 003/006
003/009
008/503
050/102
072/259
120/447
120/461
～甲議 008/504
～甲三論 008/507
110/154
120/453
～甲正名 072/255
～甲示 003/014
008/514
110/159
～甲團練議 072/391
66～嬰要策 125/083
77～舉 126/287
～舉華聯輝片 134/246
78～險集資說 105/158

80～全大局通告 164/025
～全鹽利議 112/275

2640₀ 卑

24～幼初喪不當受賀議
026/409
042/261
049/356
40～士麥小傳 111/198

2640₃ 阜

77～陶謨兢兢業業一日二日萬幾
117/038
～陶論 045/033
051/147
076/399
076/401

2641₃ 魏

00～文侯論 057/173

2643₀ 吳

00～文熊先生傳 158/317
10～下喪禮 001/232
23～伐鄭論 126/536
31～江佔水私議 006/337
38～淞形勢論 083/218
100/285
～淞江防節錄 145/301
50～中江海形勢說 009/277
113/207
121/191
83～鐵樵傳 086/526

093/451

2690₀ 和

08～論 057/375
095/338
117/224
124/234
26～息 077/141
27～衆豐財說 146/223
～糴 127/436
～約 110/293
30～濟橋記 033/159
34～禱冰詞樂府書後 063/463
44～林考 043/489

細

30～審夷情預為防制疏
132/361

2691₄ 程

14～功錄 004/169
40～友石墓志 075/269

2693₀ 總

08～論 126/075
～論亞洲 084/151
087/423
107/483
122/456
～論算法之理 086/407
093/182
094/218
114/260

116/355
16～理衙門請設鐵路總公司摺 081/060
～理衙門議辦郵政摺 081/067
～理衙門議覆福建船政摺 081/051
～理衙門議覆振興工藝並章程摺稿 101/200
～理衙門議覆盛京卿條陳摺 081/044
～理衙門奏辦商務局摺 081/047
～理衙門奏山東教案辦結膠州議租摺 130/355
～理衙門奏山東教案要犯罪名摺 130/357
～理衙門又議覆摺稿 144/180
20～統論上 119/373
～統論下 119/379
～統連任問題 161/039
21～行章程十二條 085/118
28～稅務司不宜專用英人久任不改說 096/026
～稅務司之中國財政現狀觀 164/576
～稅司擬杭州新關試辦章程 152/203
～稅司擬蘇州新關試辦章程 152/201
60～署議覆河南巡撫劉奏陳豫省鑛務辦法摺 129/167
～署議覆李侍郎請推廣學校摺 126/206
～署議覆鼓勵人才奏摺章程 146/470
～署議覆籌款開館譯書摺 094/243
124/131
～署議覆榮侍郎楊御史請設商務大臣及派宗支游歷摺 095/162
～署覆奏山西鐵路礦務辦法摺 101/519
～署及戶部議請續借英德商款摺 128/481
～署復戶部片 097/239
～署咨行南北洋大臣創興南洋商輪咨文 129/459
～署奏山西鐵路鑛務辦法摺 129/171
～署奏開設官書局摺 081/018
～署照會美使請廢苛例 145/153
75～陳水患情形疏 011/135

2694₁ 緝

22～私鹽 007/216
53～捕審辦之法 077/183
101/112

釋

00～齋 001/420
10～霆 124/174

～雹　114/432
～電氣攝力　126/519
17～矽　129/184
21～經　082/033
27～彜　102/536
130/494
～租　140/057
35～禮堂記　119/359
37～潮　126/517
40～左傳　004/299
44～熱　126/522
～老篇　107/153
50～書　008/125
60～日月食　126/516
～國名　159/375
64～時　095/142
66～哭　049/371
070/057
119/411
77～學上　054/191
094/030
～學中　054/197
094/032
～學下　054/201
094/033

繹

35～禮堂記　049/146
068/031
098/094

2710_0　血

02～證無死法論　114/484
40～去无咎說　106/434

2710_4　壡

44～勤召對疏　004/363
～荒　082/403
096/396
118/184
～荒議　096/397
～荒示　002/545
～荒裕國策　129/003
～荒用機器議　062/459
096/387
124/359
～荒興屯疏　006/196
60～田均田　006/081
118/147

2712_7　歸

28～併書院開辦學堂情形疏　131/421
～併釐局議　098/076
124/309
36～還伊犁利害說　111/042
44～葬於女氏之黨議　049/334
107/282
50～東京與士人論臺灣　157/046

郵

18～政　127/200
127/208
～政章程解釋　105/273
～政上　127/214

152/315
～政下 127/216
152/318
～政事宜往復稟函全稿
085/348
090/408
105/268
114/184
～政未得辦法論 114/174
～政揭要議 114/166
～政策 083/184
100/127
37～運問答 085/243
090/177
114/048
120/521

2720₇ 多

22～製兵船說 104/357
28～倫諾爾撫民同知鼓勵畜牧工藝示 150/353
58～數政治之試驗 159/082

2721₂ 危

00～言序 126/056
08～論 095/245
124/095

2722₀ 勿

28～以勝負易其氣論 145/407

向

40～士鴻募金修路題辭 033/167
53～戍弭兵與西人今日所設弭兵會異同若何論 130/085

御

22～製致變之源說恭跋 004/374
～製遇變罪已詔恭跋 004/372
～製盡心竭力仰報天恩諭恭跋 004/373
～製原教恭跋 004/376
25～使陳奏陳治要摺 128/112
50～史許奏請勸立學堂酌予獎勵摺 128/400
～史宋伯魯奏山東黃河積弊疏 146/302
～史華煇奏廣種植興水利疏 146/312

2722₂ 修

00～六塘河分洩沂泗辨 079/087
101/329
07～鄘州志序 027/503
10～正二年度國家預算意見書 165/233
～覆首夥盜犯悔罪投首減罪舊例疏 136/195
12～水利 011/012
16～理直晉各工完竣疏 051/291
～理鄭白渠石堤檄 011/285

二七二二三 修（二八｜九〇）

18～政論 056/307
094/440
121/335
22～例宜慎 045/059
051/181
110/200
25～律自愧文 010/073
27～身科教授法 144/461
～船政 083/332
～約 056/271
094/481
116/547
28～復龍洞渠工疏 080/321
136/511
～復渠工請照舊開支歲修銀兩疏 052/126
～復首夥盜犯悔罪投首減罪舊例疏 077/089
101/165
31～濬滇省海口六河疏
011/438
108/182
122/296
33～治直晉路工完竣疏
077/407
101/198
136/264
～治黃浦河道局章程
154/076
～治黃浦河道局章程稿本
130/131
36～邊 009/478
113/147
121/118
39～沙市石駁岸碑記 033/161
44～懋功屯路記 033/173
67～路 083/315
101/240
120/507
～路示 077/413
～路乃能足食論 083/306
085/256
090/208
102/030
105/362
70～防 045/495
045/501
052/149
052/151
～防酌寬固限 045/497
052/150
～防核實 045/505
052/153
～防籌費 045/509
052/154
77～關中水利議 036/375
080/285
122/244
～關中水利議跋 036/399
080/307
101/455
88～築潮屬韓江圍堤片
052/134
108/267
90～省篇 115/470
～火政說 110/261

125/229

2722$_7$ 鄉

00～亭之職 005/164
117/261
～亭之制 005/163
04～塾讀書法序 068/423
13～職流源問答 128/277
30～官 126/305
33～治 005/353
36～湘東山精舍事宜禀
081/106
70～防團練私說 044/437
072/413
100/176
71～愿論 004/492
117/108
77～學篇 084/351
088/396
098/262
107/430
～民來局求贖酌擬情節申請賑撫總局轉飭辦理并乞通飭請示由 047/412
～賢議 008/319
～賢祠議 008/317
87～飲禮儀序 007/398
085/020

脩

21～綆山房日記二十則
046/104
00～齋籛記 050/329

2723$_2$ 象

50～未必欲必殺舜論 026/155
58～數一原序一 046/172
114/272
116/213
～數一原序二 046/174
114/273
116/215

像

07～設 008/334

2723$_4$ 侯

10～工三汛安瀾分別獎勵疏
136/390
～工民堰酌給津貼疏
136/388
47～朝宗責于忠肅論 015/399

候

33～補二十一則 059/121
117/445

2724$_0$ 將

17～取真才兵歸實用疏
075/363
099/261
125/091
136/009

24～帥須曉暢兵法 105/459
～帥家丁 008/440
112/296
120/125
25～仲子 026/159
67～略要論 153/090

2724_7 假

34～漆製法 142/410

侵

21～佔論 145/106

2725_2 解

48～散國民黨令一 164/095
～散國民黨令二 164/097
～散國民黨令三 164/098
～散脇從法人示 083/145

2725_7 伊

22～犁水道圖說 011/482
108/114
122/259
～犁屯務防務均關緊要謹陳擬辦情形疏 047/475
118/181
134/488
～犁駐兵書始 049/455
112/400
～犁興屯原始 050/003
113/359
44～蒲氏書王之春兵制急宜變更後 130/045

2727_2 徭

27～役議 006/151
112/018
～役考 006/153
112/019

2728_1 儗

77～與英國使臣威妥瑪書
052/350

2729_4 條

08～議一則 053/476
～議武場改制事宜疏
131/499
～議整頓馬政章程疏
136/120
～議鈔法疏 067/545
134/442
27～約 082/562
099/222
40～支 154/093
56～規事宜 044/461
57～擬整頓馬政章程疏
072/213
120/371
75～陳廣西墾荒事宜疏
006/202
109/010
～陳辦案積弊疏 051/258
136/249
～陳辦團事宜疏 072/449
100/139

125/180
136/131
～陳試辦磁州礦務事宜稟
101/528
150/378
～陳請禁楷字以挽頹風疏
069/115
098/294
120/070
135/006
～陳丁漕利弊疏 061/225
096/277
124/317
133/271
～陳征緬事宜疏 009/465
～陳變法自強疏 081/111
131/271
～陳變通調劑宗支疏
062/371
096/229
133/491
～陳山西教案善後章程
157/250
～陳山陝差徭苦累擬設法輕減疏 062/027
096/283
118/386
133/368
～陳出使外洋事宜疏
052/356
110/419
123/161
132/485
～陳勦苗匪啟 075/153
100/221
120/486
～陳勦苗匪說 075/167
100/225
121/127
125/210
～陳粵西二事上金撫軍
005/223
109/151
～陳粵西土田州土目事宜
050/521
～陳安省虧空八事疏
005/479
111/221
118/030
～陳江漢修防事宜疏
080/215
136/478
～陳治蒙藏十策書 163/364
～陳治本疏 056/163
094/367
131/220
～陳軍務疏 050/125
073/281
099/279
120/246
125/092
135/148
～陳洋務事宜疏 052/249
115/121
132/249
132/262

二七二九四條（七五）

二七二九四條（七五）

～陳海軍船礮應辦事宜疏
083/084
121/271
～陳力戒因循疏 057/413
095/281
117/241
132/520
～陳大府通行牛痘章程
060/409
094/272
119/333
～陳臺灣事宜狀 009/359
～陳南征時事上經略傳公
009/466
121/009
～陳裁兵計畫 166/388
～陳荒政事宜疏 063/203
096/498
119/304
124/460
134/010
～陳楚軍水陸東征籌度情形疏
136/019
～陳東路情形 047/090
076/373
112/302
～陳採運川木疏 010/188
～陳劃分國家稅地方稅文
165/168
～陳耗羨疏 005/467
～陳捕蝗酌歸簡易疏
006/535
110/118
～陳招撫翻覆可慮疏
076/071
136/050
～陳整理金融政策通告
164/589
～陳整頓學務書 167/065
～陳整飭吏治疏 057/405
095/319
117/246
124/231
132/515
～陳日講事宜疏 054/149
116/016
131/162
～陳國用事宜疏 060/123
096/045
133/131
～陳四政議 008/506
～陳賦役利弊疏 006/035
～陳時政疏 039/131
046/473
109/155
～陳時政之要疏 056/177
095/117
131/098
～陳時事六則 050/033
～陳財政計畫書 164/588
～陳馬政疏 072/211
136/120
～陳長蘆鹽務疏 041/319
048/492
112/250
134/122

～陳閩省利害疏 009/366
～陳用人三法劄子 005/050
109/238
117/067
～陳與民休息疏 060/367
096/153
117/179
124/467
133/463
～陳養民事宜疏 082/499
086/293
092/459
106/311
110/034
133/457
～陳籌餉事宜疏 133/230
～陳恤旗民足邊防舒國用疏
062/377
118/265
133/492

2730_3 冬

44～蟄說 144/077
96～燥防疫說 146/339

2732_7 烏

02～託邦 157/415
26～程趙氏家廟碑記 070/389
27～船志略 009/302
121/153
～魯木齊開墾廠地疏
062/249
096/365
133/420
60～里雅蘇臺界約第一條
053/381
110/521
～里雅蘇臺界約第二條
053/383
110/522
～里雅蘇臺界約首段
053/381
110/521
～里雅蘇臺首段 123/347
～里雅蘇臺第一條 123/347
～里雅蘇臺第二條 123/348

2733_3 懇

20～辭加恩片 057/351
30～准乍了入貢片 132/303
44～勤召對疏 109/075
60～恩蠲免閩省鹽釐疏
134/227

2733_6 魚

06～課 084/466
089/099
104/038
118/246
126/438
10～雷船廠論 145/445
～雷考 142/493

2733_7 急

27～修鐵路說 105/354
37～溺瑣言 010/436

62～則治標論 129/386
147/387
88～籌黔省善後事宜疏
075/141
135/473

2741_6 免

36～迴避議 047/119
095/361
117/458

2743_0 奧

40～大里亞諸埠考 108/006
42～斯馬加商埠考 142/148
～斯馬加國商辦鐵路條例
152/388
60～國水師考 112/386
～國緣起 108/027
125/456
～國軍制考 112/386

獎

00～廉恥 004/337
109/116
117/062
44～勸清吏疏 005/189
109/325
117/325
74～勵漁業例 089/103
104/040
～勵植棉暨紡織業說
168/074

2744_0 舟

08～論 014/203
21～行日記 007/047
37～軍陣法一隅 139/283

2746_1 船

10～工將竣謹籌善後事宜疏
045/147
051/283
132/164
18～政 053/090
113/307
121/280
151/166
～政任事日期疏 132/154
～政物料仍免納稅釐片
132/165
～政卮言 083/337
22～山遺書目錄序 046/069
107/040
77～局事件仍必會銜具陳以昭大信片 132/152

2748_1 疑

08～議雖定仍宜備戰以毖後患疏
132/388
20～信 054/467
094/311

2752_0 物

16～理論 146/005
～理續編 146/007

～理考 114/220
72～質論 143/573
75～體凝流二質論 082/169
094/124
114/221
116/478
～體本原 082/170
116/479
91～類生尅論 144/076
95～性叢談 143/596

2760_0 名

20～位 147/258
22～山大澤不以封論 126/535
～稱 008/321
119/352
30～實 126/275
～實說 047/199
058/381
095/455
117/330
～實論 004/442
～實論上 054/223
094/340
～實論中 055/279
～實論下 055/285
094/342
88～節篇 054/287
094/059
116/076
124/119

2760_3 魯

60～國全從儒教考序 086/335
093/019

2760_4 督

00～率農工開墾種植條規
129/039
～辦辦鐵路公司大臣盛覆陳籌造南北鐵路情形摺 129/418
06～課學堂甄別仕宦議
095/388
58～撫同城請酌量變通疏
058/195
133/060
～撫同城急宜酌量變通疏
082/176
084/245
088/168
095/351
109/211
117/344

各

25～使交出十二條款 156/001
27～將軍督撫會奏諫止西巡疏附片 148/284
44～地方教育會對於通俗教育之責任 167/221
60～國交涉源流考 085/454
091/199
099/114
106/095
110/308
123/137

～國交涉等差問答 130/165
～國礦利計數 142/475
～國形勢類考 083/381
123/403
～國比利稅及遞加稅法
140/006
～國變法功効考 130/282
～國出煤表 142/476
～國種類考 086/499
093/389
～國待華民情形說 145/533
～國生命保險金表 140/150
～國使臣覲見禮節疏
132/450
～國總統君后姓名錄
149/045
～國船政考 085/428
091/145
102/363
104/363
113/324
123/487
127/159
～國物産考略 141/320
～國寶星考略 128/282
～國地方債現勢論 140/444
～國都城地名譯音異同表
130/247
～國教門說 053/226
106/341
123/063
～國國債情形 140/401
～國國用彙誌 150/226
～國國民公私權力考
138/045
～國所出債券表 140/148
～國鐵路考略 146/387
90～省工程報銷改定簡易章程疏
077/381
101/197
125/252
136/257
～省宜建翹材館議 081/219
082/284
094/527
122/437
126/224
～省案件稽壓請嚴定逾限處分
疏 077/277
101/103
136/241
～省都督民政長鎮守使宣撫使
護軍使對於憲法意見之陳述
162/218
～省推廣工局議 104/276
113/425
125/255
～省兵輪船由李朝斌督率合操
疏 135/216
～省倉穀亟宜整頓摺
040/363
～省常平倉穀乘時買補請除積
弊疏 040/353
99～營加夫仍請給半疏
135/275

2762_0 句

26～自乘減股開平方加股加七又開平方加句又開平方以股平方根乘之與三句等若以句加股平方根得二十四求句股各幾何 158/269

77～股平三角解 126/511

2762_7 郡

76～陽縣知縣吳君家傳 059/241

2771_2 包

58～鳌 126/431

2772_0 勾

77～股邊角圖說 158/131

2774_7 岷

32～州林口土民自請改土歸流疏 050/520 135/482

2780_0 久

22～任 103/273

～任論 146/551

2780_2 欠

87～餉轇轕改章年清年款疏 135/328

2790_1 祭

08～說 001/385

10～兩當縣城隍廟祈晴文 021/553

26～魏環溪尚書文 013/337

37～祀論 027/297

44～地祭社不同論 007/423 107/200

80～父文 026/521

禦

12～水賑饑莫如推廣鐵路說 083/330 085/258 090/212 105/364 114/057

50～夷制勝策 081/261

63～賊議 010/033 113/334 120/457

2790_4 彙

02～刻各省學堂章程敘 098/258

10～覆鐵路電報等事疏 132/209

2791_0 租

28～稅三大原則 140/049

～稅制度論 140/021

～稅總論 140/019

～稅釋類 140/001 152/217

～稅分類釋目 140/036
～稅公正原則論 140/050

2791_4 羅

21～價不宜撥餉疏 006/384

2791_5 紐

27～約鉅富 083/459

2791_7 紀

00～意大利財政 139/447
02～新疆邊防二則 009/233
10～天際魚雷 145/461
～西國送信章程始末 083/178
085/353
102/482
114/188
～西國古史 102/282
21～順治間戶口數目 006/055
～順治間錢糧數目 006/018
～紅十字會緣始 158/366
22～山西鑛務 129/174
～山蠶 002/356
006/312
111/423
23～卜斯迭尼教 157/161
～俄國得地之廣 108/026
～俄羅斯近事 106/348
156/257
～俄阿近事 106/363
26～自強軍 105/432
～和蘭比利時財政 139/466
30～客述日本商情系之以論 146/212
33～治盜 072/377
34～法國擬更銀幣 129/331
～法國最大觀星鏡 129/223
38～游歷西藏 106/379
155/093
44～英國政治 106/137
156/148
～英國財政 139/473
～甘寧士德賴福事 130/277
60～日耳曼財政 139/454
～日清交涉 138/420
～日本外務大臣宣述與俄立約事 156/442
77～印度政教 125/354

繩

44～荀上 004/102
107/149
～荀中 004/104
107/150
～荀下 004/105
107/151

2792_0 約

00～章 052/368
082/561
099/224
123/123
～言 038/429
～言錄序 001/062
50～東兵勇議 099/326

2792₂ 紓

23～外患而固邦本論 082/179
094/389
115/388
145/066
60～國難恤民隱論 115/410

2792₇ 移

07～設縣丞都司及建置事宜疏
050/419
135/435
15～建上海縣學記 046/050
44～華傭以墾中土說 109/028

2793₂ 綠

80～氣之發現 144/027
～氣與水內之輕氣化合成輕綠其養氣即去試言其故
094/137
～氣與水素及酸素之化合物
144/034
～氣與水素之化合物
144/030
～氣與酸素之化合物
144/033
99～營兵制考 145/476

2793₃ 終

27～身官之制 138/265

2794₀ 叔

10～于田大叔于田 026/160
12～孫通論 007/383
47～嫂當服大功說 008/247

2794₇ 綴

21～術釋戴序 046/292
114/336
116/347
～術釋明序 046/293
114/337
116/347

2796₂ 紹

77～興三江閘考 011/384
122/221

2810₀ 以

00～方出圓解 126/524
10～一死泣請懿旨豫定大統之歸疏 049/181
119/384
～工巧為幣議 067/307
097/268
104/399
～兩曲綫表同積同句弦和之句股形 143/430
12～孔教為國教配天議
168/429
17～柔遠為防奸之法論
145/340
20～愛力轉國運說 081/208
082/198
084/106
087/320

115/193
126/085
30～准皆各其及即若說 103/318
37～盜止盜說 009/016
40～士保國論 094/338
45～姓取名 008/323
48～教救世之法 106/326
77～月離測經度解 082/128
094/176
116/421
80～公司興水利說 129/111
83～錢為賦 007/351
118/441

2822_1 倫

11～頭記 083/173
099/372

2822_7 倫

08～敦論 157/031
～敦致丁雨生中丞書
083/039
099/170
～敦學校歲報 084/384
088/471
126/208
～敦鐵路公司章程 152/405
27～紀篇 069/285
098/412
125/054

2824_0 倣

07～設師範學堂議 107/318
～設巡捕說 084/251
088/181
21～行印稅摺 085/230
090/149
105/246
112/105
119/066
23～外洋人頭紙式用機器製造鈔票流通行用利弊若何策
102/490
27～鄉團之法訓練武童議
105/454
113/339
67～照晉省清查庫款片
133/193

徽

77～屬茶務條陳 081/094
082/461
085/134
089/485
105/167
111/431
118/207

微

25～積互求表 143/448
50～蟲醫學新法考 086/481
093/356
114/511
116/493

仵

28～作馬快請免禁錮疏 047/054

77～鳳儀請兵紀 029/297

徵

00～商論 066/373 098/019 119/007 124/301

28～收糧租仍舊搭鈔疏 133/360

34～滇士入書院敕 007/535 107/329

58～輸良法 006/030 118/324

2824_7 復

00～高太守詢六安州水利書 011/346 122/212

～應山縣吳木齋書 059/295

～唐河故道議 011/119 122/099

～廣昌守方觀宣書 058/063

～文任吾書 072/489 120/433

07～郭意城論公費書 072/171

～郭雨三書 045/359 051/340 108/374 121/497

08～許竹篔京師 155/342

10～王西澗論易俗書 071/083

～丁雨生都轉書 150/006

～丁稚璜中丞書 072/493

～夏幹園先生兗沂曹濟賑災書 041/001 063/395

11～張石卿中丞 047/098 112/304

～張石卿中丞啟 039/329 047/045 109/231

～張制軍書 050/250

～張友山漕帥論黄運事宜書 078/419

～張壽荃觀察論潮州水患書 080/401

～張觀察論工料書 010/477 121/431

12～孫樹人司馬書(一) 074/231

～孫樹人司馬書(二) 074/233

～孫小雲書 076/443

13～武昌縣錢穎瀾書 072/151 100/114

15～建盱眙城議 009/166 120/158

17～及門高子佩書 059/069

20～讎論 076/425 101/054

～讎議 010/091 121/315

～毛驤雲中丞書 074/237
21～何補之書 046/126
～何竹薌同年論會計書
060/107
22～制府議農田水利書
011/017
108/244
～山東周都督商榷銀行制度
165/301
24～魁蔭庭太守書 072/305
25～朱蔭堂書 064/181
26～魏制府詢海運書 007/133
118/407
～吳仲仙漕帥書 041/101
064/237
～吳仲宣漕帥 048/363
～吳竹如方伯書 040/001
047/204
058/439
～程晴峰中丞 041/213
041/385
～總署論挖吳淞漲沙書
053/395
113/135
121/243
27～多都統書 043/181
050/159
～鄉職議 047/142
059/443
095/360
～魯絜非書 004/250
～包慎伯書 064/227
30～房師趙耐孺先生書
015/149
～宗法議 049/281
069/179
098/388
107/291
119/446
31～江岷樵書 072/315
120/460
～河運議 048/402
～福甯鎮周總兵善長書
009/302
～顧徵士亭林書 027/187
34～沈舜卿先生書 054/311
116/068
35～禮上 001/081
～禮中 001/084
～禮下 001/088
～禮上篇 007/377
107/228
～禮中篇 007/378
107/230
36～溫邑宰書 047/242
109/375
～澤州府論夏月相驗書
077/349
37～潮郡總局論治水書
080/405
101/492
122/289
40～大總統書 163/371
～大學士蔣公論南漕書
064/347
～友人論鐵路書 129/409

～友人書 055/315
～李制軍書 051/122
112/350
～李中堂論輪船運鹽書
065/449
～李眉生書 046/139
～李少荃觀察書 061/453
～李少荃中堂論輪船運鹽書
048/510
～李少荃書 073/429
～古州廳郎同知書 072/481
120/430
42～彭曉航學博書 042/411
43～城守糧臺公局書 072/163
120/379
～戴孝廉 043/145
050/119
～戴孝廉書 043/149
075/453
～戴孝廉第二書 075/457
～戴東原書 004/134
44～恭親王書 155/169
～黃蕘圃書 002/206
005/120
～桂蘇州第二書 064/191
～林若洲言時務書 004/471
109/097
46～賀柘農侍御帥論速葬書
070/115
～賀耦庚中丞書 046/074
107/041
116/071
～賀耦耕師書 065/243

～賀耦耕中丞書 058/075
～賀耦耕中丞問治黔書
057/029
48～松滋縣汪省吾 055/301
49～趙菊言方伯 023/119
041/267
048/449
～趙菊言方伯論南汝光票鹽書
065/267
50～奏加意籌備片 083/068
100/325
～秦小峴廉使論吏弊書
005/219
60～易晴江同年書 059/073
66～嚴渭春方伯書 057/371
058/089
71～原産籌新墾疏 006/230
110/042
72～劉霞仙中丞書 068/043
119/356
～劉中丞蓉書 049/151
107/238
74～陸稼堂中丞書 074/129
～陸心蘭方伯 023/333
041/273
048/451
～陝西劉古愚山長書
086/519
75～陳詩議 046/431
094/090
117/159
～陳舫仙書 058/093
～陳黴辦回空糧船夾帶蘆鹽疏

二八二四七 復（四〇—七五）

065/139
097/434
～陳裁併三庫疏 133/252
～陳筱浦廣文書 065/433
76～陽郝公巡視兩淮鹽政序
002/416
007/183
77～周鹽道四條議 044/493
051/059
～學校祀孔命令 168/477
～與邑人論城守書 074/269
80～曾剛甫書 093/099
～曾制軍書 039/057
046/408
055/181
117/087
～曾沅圃觀察書 066/423
～曾滌生侍郎書 042/243
049/363
～曾滌生閣學書 055/131
～曾相國書 049/148
107/236
～曾剛甫書 086/369
83～錢伯玉同年書 058/425
90～小宗論 069/259
098/391
～當事論廠務書 007/307
111/360
95～性二則 046/114
99～瑩田記 027/313

2825₃ 儀

28～徵澮河記 080/141

101/248
30～宋堂後記 038/339
046/115
116/045
35～禮鄭註句讀序 007/396
007/397

2826₆ 僧

38～道 082/401

2828₁ 從

18～政要言 059/097
077/153
37～軍圖說 043/475
050/365

2828₆ 儉

08～論 001/497
008/091
27～解 071/033
119/360

2833₄ 懲

04～訛言說 081/376
082/552
099/090
125/052
10～惡即以勸善論 095/400
77～阻撓議 051/527
122/154
80～貪 005/180
109/321
117/461

～貪議 002/189
005/183
109/323

2854$_0$ 牧

14～豬法敘論 141/155
44～草緒言 141/164
80～令論 040/071
～令書輯要書後 059/033
095/520
117/447
～羊書原種 141/158

2871$_1$ 嵯

23～峨山記 013/379

2874$_0$ 收

28～復馬邊核桃汎地疏
136/089
56～輯技勇疏 008/453
58～撫回民安插耕墾片
135/508
60～回淮南引地應遵部議迅速舉
行疏 048/511
134/249
～回淮南引地應遵部議迅速舉
行摺 041/171
77～降密察妥辦片 136/089
80～金鑄幣說 124/373
～養親戚 069/377
098/417
～貧民議 047/409
094/494

110/012
90～小錢以供鼓鑄疏 007/366

2891$_6$ 稅

17～司 105/216
126/409
44～考 085/227
090/143
105/243
112/104
123/016
58～釐芻議 098/084
62～則 082/505
105/213
126/405

2896$_6$ 繪

23～縮圖比例尺圖說 144/567
44～地圖議 047/434
061/093
094/197
108/058
118/359
77～輿圖奏稿節錄 * 146/122

2898$_1$ 縱

08～論海陸防務 145/328
～論中倭大勢 145/128
～論時事 115/211

2998$_0$ 秋

30～審班簽商二事 010/119
～審人犯情罪較重請飭詳議疏

077/065
101/100
136/188
71～蠶論 141/206
～蠶原理 141/207

3

3010_1 空

20～手體操說 139/349
80～氣論 144/130
～氣之組成 144/008
～氣與土性關係論 140/526

3010_4 塞

37～運口說 010/509
40～支篇 108/340

3010_6 宣

24～化府義冢記 070/143
099/081
40～布脫離黨籍文 160/384
～南答問 078/063

3010_7 宜

00～廣開煤礦說 113/502
07～設鐵甲船塢論 145/505
～設銀肆以保利源論
124/404
10～亟振興西學議 145/560
12～聯絡與國以禦外侮
106/034
17～習西文說 082/028
23～編輯道咸以來交涉文牘說
125/043
130/180
28～倣西法以裨時事論
145/554
～倣西法以培人才論
109/253
50～素歸澳門議 155/256

3011_3 流

37～通鈔法宜籌實濟疏
067/573
134/449
60～星說 145/572
72～質重學記 046/272
114/326
116/464
～質代煤詳述 130/453
～質轟爆性 143/533

3011_4 淮

00～商遵完川鄂餉銀請立限收復楚岸疏 048/518
065/373
097/418
134/284
～商遵完川鄂餉銀懇立限收復楚岸摺 041/181
～商籌捐鉅款請免常捐票本疏
065/409
134/265
11～北商情極困請免捐輸票本片

134/269
～北票鹽志敘 065/043
097/520
～北水利說 051/492
108/257
～北額引礙難驟增疏
065/403
134/264
～北鹽務改良意見書
166/235
12～水考 010/243
28～鹺雜志 065/303
～鹺問答 065/183
097/535
119/095
30～安河道遷徙利害議
078/119
101/314
31～河一邊出土說 079/073
33～沁水利議 011/323
37～軍平捻記書後 076/141
40～南商情極困請免捐輸票本疏
134/267
～南北善後議 079/489
122/215
～南子高許二注考 046/145
～南變鹽法議 065/033
097/507
44～黃濟運議 051/423
079/293
101/403
108/411
～黃合流亟修守舊工別籌分洩
疏 078/399
136/378
56～揚水利考序 011/185
78～鹽改道議 065/313
097/512
～陰將兵論 107/132

潼

77～關連城說 030/367
043/419
～關志 009/158

滙

08～旗族自由入籍示 163/450
～議科收鋪稅並設立藥牙疏
134/363
78～鹽三策 007/156

3011_7 瀛

16～環志略自序 046/162
107/121
123/401
～環志略跋 154/188
27～舟書記序 009/412
38～海論上篇 052/270
122/399
～海論中篇 052/282
122/407
～海論下篇 053/003
122/414
～海各國統考 081/377

3012_3 濟

34～為禹釃二渠之一說上 045/155
077/439
～為禹釃二渠之一說下 045/159
077/443
37～運各款 097/361
44～楚川鹽礙難加抽釐金疏 134/244

3013_0 汴

30～宋歷朝錢文輕重記 007/327
111/364
37～洛二都說 009/133
108/044
43～城建置說 009/135
108/045
90～省擬設河圖局片 078/191
136/399

3013_6 蜜

57～蜂飼養法緒言 141/165

3013_7 濂

32～溪大宗支裔零陵青山周氏譜序 049/286

3014_0 汶

12～水濟運源流記 079/359
21～衛濟運論 051/425
108/412

3014_6 漳

21～衛合流說 010/537
31～河天平閘故渠圖說 011/322
～河源流考 011/151
～河分流疏 011/153
122/116
～河無庸復故道疏 010/534
122/016
33～浦械鬥稟 017/513

3014_7 渡

31～河攻敵法 139/191
38～海德律風 102/497

3021_1 窄

44～地與關隘繫行軍利害議 139/195

3022_7 褅

27～祭議 007/448

房

26～保水運紀略序 029/321
043/085

寡

47～婦改適義 069/491
099/016
99～諐說 115/469

扃

08～論 015/145

甯

44～蘇籌款摺 128/507
78～鹽二邑修塘議 011/496
122/314

3023₂ 家

00～廟記 001/399
008/275
042/331
049/409
～廟碑 070/391
～廟祭享禮略 008/267
107/243
119/512
02～訓 001/437
008/076
～訓八則 042/145
04～塾講究序 001/155
35～禮非朱子書考 007/404
～禮纂要序 007/403
44～禁 008/280
50～書一則 049/318
72～兵 008/439
112/295
90～堂 001/427
008/278

永

00～康縣學碑記 068/287
30～定引河工竣疏 136/404
～定河工疏 011/142
～定河要工疏 011/141
～定河仍擬堵築片 136/408
～定河堤壩議 079/169
～定河告竣疏 101/392
32～州論 043/463
050/246
074/059
100/293
120/176
40～嘉賦役志序 061/055
096/315
～七汛地仍歸地方官兼辦疏
134/128
60～昌土司論 009/423
80～命 055/337

3024₇ 寢

72～兵說 086/298
092/470
113/389

3026₁ 宿

27～將亟宜大用論 106/016
31～遷駱馬湖壩說 010/397
99～營露營法 139/217
～營總說 139/208
～營村落露營法 139/216
～營舍營法 139/208

3030₁ 進

00～言論 057/319
05～講經義摺子 004/379
004/422

21～步黨調查政費意見書 164/530
～步黨政務部特設憲法問題討論會通告書 162/177
～步黨宣言 160/363
～步黨擬中華民國憲法草案 161/291
22～出口貿比較表 140/156
24～勦義甯逆苗條議 009/488
28～微 157/427
50～書劄子 004/418
60～呈改辦年例彙奏出入會計黃冊疏 060/259
118/044
～呈經說 004/388
004/415
～呈經史說 004/414
～呈經史二篇 004/420
～呈經義 004/381
004/387
004/389
004/409
～呈解辦年例彙奏出入會計黃冊疏 133/236
～呈海運圖疏 007/135
～呈大清一統志疏 131/157
～呈盛世危言疏 082/037
131/375
～呈圖繪疏 004/379
～呈義倉圖說疏 006/410
112/191
70～駐涇州籌辦軍務疏 051/115
076/187
112/346
136/082
77～學庸註疏奏 039/021

3030_2 適

10～可齋記言記行序 158/369
12～孫為祖父母持服議 070/221
099/065
～孫有諸叔而承重始服考 008/229
～孫攝重議 070/217
099/064
119/485

3032_7 寫

50～青篇 144/613

3033_6 憲

34～法須規定明文以孔教為國家風教之大本 168/452
～法總論 137/103
～法之三大精神 160/387
～法草案修正理由書 162/267
～法期成會宣言書 160/366
～法問題之商榷 161/127
～法問題演說詞 161/235
～法問題答案 162/183
77～學源流論 003/190

3034_2 守

00～廬記 070/119
099/080
125/068
22～紬篇 115/461
24～備上 113/115
～備下 113/117
25～律之權問答 128/339
27～禦上 113/118
～禦下 113/119
～禦論 148/077
～禦後議 010/036
120/429
～約篇 094/044
157/480
31～遷說 074/181
100/283
125/206
34～法論 115/397
78～險分治永靖交山議
009/267
121/111
80～令 005/043
117/350
～令篇 005/245
109/337

3040_1 宇

40～內平和策 148/119

準

08～論 014/199
17～孟上 004/094
107/084
～孟中 004/097
107/085
～孟下 004/099
107/087

3040_4 安

00～康建置考 030/099
043/429
～康縣興復興賢學倉序
025/255
042/009
～康縣興賢學倉志序
025/249
068/387
～慶府重修儒學記 004/128
27～危大計疏 081/235
28～徽望仁縣上江督稟
130/387
～徽水道圖說 011/339
108/091
122/210
～徽布政使司題名碑
058/403
30～流民以弭盜疏 006/199
～富以救貧說 006/462
110/101
31～福修學記 004/112
50～東改河議 010/269
108/296
～東歲灾記敘 063/459
51～頓軍流徒犯 077/151
101/128
52～插就撫陝回請增設平涼通判

都司疏 047/148
133/120
～插就撫陝回請增設員弁疏
076/209
136/086
60～置武安堰降賊片 075/389
～置凱撤將士疏 135/161
～置流民議 096/171
124/468

3040_7 字

08～說 008/322
～譜 086/432
093/242
107/168
77～學說 107/159
～學切韻異同考 107/162

3042_7 寓

18～政 072/251
60～團練於保甲謹陳大概辦法疏
136/150
72～兵於商 105/471
～兵於商說 112/471
～兵於工議 099/373
～兵於農論 112/469

3043_0 突

71～厥即土耳基蘇丹事實
128/228

3060_1 窖

80～金論 001/495
008/092

3060_4 客

33～述 082/269

3060_6 富

13～強論考 115/287
～強必先保商論 105/053
～強求源說 126/142
～強切要首重本源疏
131/234
～強策 115/278
～強策上 126/134
～強策中 126/136
～強策下 126/139
～強當求本源論 082/044
30～良江源流考 050/270
108/117
48～教論 056/311
094/439
60～國說 124/293
～國不在捐輸論 082/332
095/428
～國宜亟開礦說 125/292
～國探源論 082/551
～國探源論序 102/315
77～民 004/292
006/350
117/128
～民說 086/281
092/430
096/164
106/296

110/023
118/085
～民篇 106/293

3060₈ 容

46～觀察閎上總理衙門津鎮鐵路條陳 102/035

3060₉ 審

00～辦雇工毆傷舊家長議 010/115
110/191
121/311
～辦獨子承祧兩房各娶妻議 010/113
110/190
121/311
16～理尋常詞訟 077/175
101/110
30～宜 056/273
094/482
116/547
42～機 127/449
～機說 094/349
115/381
124/045
145/116
44～勢篇 148/548
47～鞫重案 077/167
101/116
67～明丁燦庭等兩次京控疏 051/225
110/249
121/365
136/233
～明迤西續獲匪犯就地正法片 051/152
110/209
～明第一批人犯分別定擬疏 132/457
75～陳霍爾果斯河西地境事情片 123/356
77～興革 005/329

3062₁ 寄

01～譚十一兄左羽書 001/125
11～張伯珩同年書 002/058
～張墨莊書 004/140
116/048
25～生物考 144/080
26～魏環溪總憲 024/517
27～叔兄西渠先生書 002/063
38～裕魯珊同年 013/365
039/053
046/404
44～董大兄書 002/023
005/265
46～賀石農明府書 059/081
～楊清江錫紱書 005/081
～楊樸國景素書 008/027
47～桐城張相國書 005/082
109/136
55～曹鞠圃司馬書 030/395
77～陶宮保書 080/095
～周開捷書 005/023
～周人驥書 005/024

005/346

3071$_{4}$ 宅

21～經寶鑑序 070/109
～經葬經先後論 008/188

3077$_{2}$ 密

44～勸朝鮮通商西國疏 132/416
50～奏籌暹羅布置片 106/411
75～陳請保使館疏 132/441
～陳五省通籌兵餉合力防勦疏 075/405
100/198
136/024
～陳霍爾果斯河西地境事情片 082/386
096/192
132/332
～陳西藏情形請旨權宜疏 047/181
～陳西藏情形疏 135/495
～陳登萊青道員缺喫重片 132/469
～陳司道府考語疏 047/179
058/355
095/399
132/526
～陳順屬情形籲懇特沛殊恩疏 134/057
～陳穎亳捻匪隱憂方大疏 076/057
136/035
～陳制夷方略片 132/232
～陳勦捻事宜片 136/042
～陳流寇可慮片 076/093
～陳安危大計疏 148/281
～陳定海夷情片 050/447
113/239
～陳法人情形片 132/371
～陳海口防務暨籌備北路情形疏 135/376
～陳標營積習難改將才宜保護片 083/231
099/286
～陳革員捏控與歷年辦事本末片 047/219
131/268
～陳英日聯盟有與中國關係疏 132/265
～陳帕米爾情形片 086/018
091/337
106/053
123/370
132/319
～陳夷務疏 044/011
044/279
052/184
053/064
113/263
115/014
132/233
132/430
～陳夷務不能歇手片 050/448
113/239

～陳黑龍江練兵事宜疏 135/073
～陳賊勢愈熾勦賊需人疏 075/355 136/007
～陳膠澳主戰疏 132/403
～陳善後難恃軍餉萬難疏 135/333
～陳籌畫片 083/068 100/325
88～籌補救越南片 132/400
～籌直東軍務建置需人疏 057/243 131/249

3077₇ 官

10～不在多說 103/215
～票礙難停止酌擬辦理情形疏 134/462
22～剝船戶苦累仍請照前貼給疏 048/376 112/158 134/102
～制宜昭畫一說 103/217
25～紳約 002/035
30～宜久任疏 057/397 095/312 132/513
37～運耗鹽以八觔歸公片 134/200
～軍出關分起次第行走疏 050/209 113/132
44～莊應交各款遵旨釐定章程疏 133/378
50～書局詳覆開辦學堂摺 081/021
～書局奏開辦章程 081/020 127/184
53～戒示長兒 002/005 005/262 109/340
61～號 127/149
88～箴 146/541
～箴四則 059/107 095/498

3080₁ 定

03～讞必平恕 045/097 051/233
21～經制以節民用疏 007/391
22～制崇儉疏 007/387
25～律 128/299
～律之權問答 128/338
34～造鐵甲船疏 132/206
38～海兵亂記 051/072
44～鼓鑄疏 002/397
66～嚴屬墾荒章程並招棚民開墾記 048/114 109/022

3080₆ 竇

00～慶府義倉記 063/111 096/477
10～一篇 095/189
～石說 115/491

～石類考 129/180
20～雞縣惠民渠記 011/289
22～山籌賑事略 048/243
063/263
46～相寺記 006/288

賽

77～隆匠首學堂第一年功課
150/493
～隆匠首學堂第二年功課
150/495
～隆匠首學堂第三年功課
150/496
80～會 082/547
097/119
127/440

實

03～試觀政疏 005/113
21～能籌餉益資捐例疏
133/075
～行金本位之預備法
165/389
32～業政見宣言書 167/469
～業責任 167/473
～業小言 167/477
33～心任事以收乂安疏
014/215
039/235
50～事求是說 094/304
77～際政治論 138/001
～學辨 107/077

3080_9 灾

61～賑議 006/472
110/103
87～歉瀰緩錢漕仍多弊混請嚴飭劾寔履勘認真直流抵疏
134/055

3090_1 察

20～看衛河情形疏 079/385
101/399
136/423
～看川省鹽數巳重勢難再行加抽疏 134/396
～看山東黃河工程不宜西法疏
136/354
～看福州海口船塢大概情形疏
050/259
132/155
～看英法兩國交涉事宜疏
083/393
132/320
～看黃河酌議辦法疏
045/343
078/311
101/333
136/320
22～變 157/408
28～微說 038/477
36～視暹羅說 156/461
44～勘敵人駐紮處條議
139/204
50～吏八則 005/226

109/152
117/351

宗

04～塾議 103/474
17～子主祭議 001/392
008/271
21～經篇 094/042
27～約 069/289
098/418
32～祧說 070/375
34～法論一 008/005
107/286
～法論二 008/006
107/287
～法論三 008/007
107/287
～法論四 008/009
107/288
～法論五 008/010
107/289
～法議 069/175
098/390
125/057
37～祠條規序 042/131
48～教建設論 168/383
～教會回教演說文 168/528

3090_4 案

12～刑家 010/055
121/298
30～宜早結以免拖累 045/099
051/233

72～兵家 009/035
113/063

宋

21～仁宗戒言官說 057/325
095/475
26～釋之傳 029/305
32～濮議論 049/284
119/445
34～洗冤集錄跋 077/333
101/148
37～軍制論 008/413
120/124
40～太祖欲令武臣讀書論
008/422
120/095
67～明兩大疑案論 042/115
068/095

3092_7 竊

37～盜照律發落不盡處死說
003/149
010/109

3111_0 江

00～廣等省漕糧請飭辦本色由海運津疏 064/331
097/316
134/099
10～西應造直隸續增剝船擬請由直化造疏 134/103
～西新城田租說 006/103
～西新城田租說上 002/284

三一一一。江（二〇一二七）

～西新城田租說下 002/287
～西水道考 011/355
108/092
～西水道圖說 011/354
108/092
122/223
～西紳士請行內河小輪船公牘
082/431
102/112
～西紳士籌辦萍鄉礦務稟
150/384
～西仍難採辦米石疏
133/354
～西稅釐仍歸本省經收疏
072/029
135/264
～西宜興蠶桑說 146/320
～西洋務局詳復湖口縣稟平日與教士開誠布公每逢詞訟不論民教隨准隨結由 130/385
～西洋務局詳進賢縣條陳責成紳耆保教章程稟 130/386
～西洋務局詳定教堂購地辦法稟稿 130/384
～西奏定軍制 130/028
～西團練卮言 073/071
100/149
～西牙釐請照舊經收疏
072/035
135/255
～西前代鑛政考 129/176
11～北新漕再辦海運一年疏
134/097
～北新漕改行海運疏
064/319
134/094
～北新漕暫由招商局輪船海運疏 134/096
～北均丁說 002/273
006/047
112/009
～北本政論 062/447
118/206
22～岸坍塌謹陳籌堵情形疏
045/119
051/274
132/159
27～督請武舉武生挑入學堂肄業疏 153/336
～督請增設水師學堂學額疏
153/334
～督請飭各省綠營一律改習槍礮片 153/338
～督諮詢呈請測繪沿海地圖人員品行學術札 154/231
～督改辦沿江四路礮臺操練辦事章程 153/340
～督遵旨酌加鹽課鹽釐並籌辦一切情形摺 128/532
～督奏設上海商務總局片
151/455
～督奏長江炮台疏 145/321
～督奏陳江甯等處礦務情形疏
150/374
～督照會駐滬領袖總領事公文
130/127

～督劉改辦沿江四路砲臺操練辦事章程 101/009
～督劉鄂督張會奏條陳變法第一摺 128/045
～督劉鄂督張覆奏條陳變法第二摺 128/054
～督劉鄂督張會奏條陳變法第三摺 128/069
～督籌議江南防軍改練洋操疏 153/322
30～寧府屬擬請酌減漕糧疏 096/275
～寧墾熟田地酌減科則疏 133/305
～寧派辦處遵議設立練將學堂由各營揀選弁勇等肄業並籌措經費詳文 130/035
～寧勸工學堂上南洋大臣稟 104/219
～寧省查辦房捐章程 129/378
～寧省查辦膏捐章程 129/377
～甯府屬擬請酌減漕糧疏 061/447
～甯府學記 049/221
068/283
107/412
～甯墾熟田地酌減科則疏 048/033
34～漢關稅司賀璧理君擬歸還賠款及利息各數表略 128/491
38～海關稅司賀璧理君擬修改約章稅則以清賠款而保利權節略 128/484
40～南三路進兵議 075/471
～南水利全書敘 080/065
101/449
122/208
～南催耕課稻編序 062/463
～南儲材學堂章程 084/309
088/305
098/192
107/351
～南儲材學堂學約 128/384
～南墾荒未便刻期從事疏 062/133
133/439
～南派辦處稟陳籌辦江南各學堂情形詳文 128/392
～南派辦處詳定客籍隨宦子弟自備資斧出洋游學章程 128/396
～南派辦處整頓商務詳文 129/244
～南減賦記 048/025
～南海道 112/138
～南南菁書院遵改學堂試辦章程 128/409
～南轉運北軍餉械紀要 130/058
～南陸師學堂招募章程 099/310
153/284
44～蘇辦理稅契請明定年限疏 133/312

三一一。江（四四—七四）

～蘇辦災章程疏 063/295
096/500
134/022
～蘇水道圖說 011/159
108/116
～蘇實業行政計劃書
167/543
～蘇減漕始末 061/395
096/320
～蘇減賦記 061/381
096/305
112/042
～蘇南菁書院遵改學堂並試辦章程疏 131/415
～蘇鼓鑄銅圓行使有効疏
132/050
～蘇勘墾荒田贍貧裕課議
096/384
～蘇規復徵收地漕銀價疏
133/310
～蘇釐源日竭撥款日增疏
134/415
～蘇瞿學政整飭南菁書院章程示諭書後 098/282
～蘇防營從緩裁減疏
135/432
～蘇學政李侍郎擬定大學堂試辦章程 128/406
～蘇學政擬輯皇朝輿地通紀例言 154/240
～蘇開墾荒地議 096/386
～蘇舉辦所得稅私議
165/146
～蘇陰雨連綿田稻歉收情形片
040/227
063/315
119/290
134/029
～蘇今後五年間教育計畫書
167/155
～蘇餉源日竭兼籌酌劑疏
135/266
～蘇省議會雜論 163/145
～蘇省預算意見書 165/215
～蘇省分合問題與升道為省之關係 163/130
～楚黜教 053/185
111/102
58～撫議覆新政事宜疏
148/414
～撫李奏奉派各國賠款擬請先辦按糧捐輸以資湊撥摺
128/515
～撫李奏陳疏濬鄱陽湖摺
129/453
67～鄂督電奏密陳大計疏
148/283
～鄂督會奏變法自強第一疏
148/288
～鄂督會奏變法自強第二疏
148/307
～鄂督會奏變法自強第三疏
148/337
70～防急於海防論 100/344
74～陵堤防議 011/405
～陵救時之相論 005/009

117/216
90～省新漕仍難改徵本色疏 041/071
048/364
～省漕糧礙難借用輪船輓運疏 134/104
～省邊防妥籌布置疏 135/438
～省加抽濟楚鹽釐事多窒礙疏 134/298

3111₁ 滙

00～稟雷瓊水利 080/387
～稟南瓊水利 101/458

涇

31～渠志論 011/279
108/085
122/236
～渠志後序 011/282
108/087
40～士學堂章程 149/215

瀝

75～陳辦理鹽務情形片 134/185
～陳辦事艱難仍懇終制疏 057/343
131/257
～陳辦回失平請先勦後撫疏 076/247
100/208
136/069
～陳西北軍情疏 074/413
100/393
135/449
～陳豫省軍情疏 073/099
136/135
～陳川陝差徭苦累亟宜變通恤農疏 048/064
112/055
～陳川省敗壞情形設法整頓疏 131/147
～陳川省鹽務積弊疏 049/004
134/304
～陳外省附保積弊疏 133/037
～陳官累請免扣坐支二成疏 133/085
～陳江西省違例加徵諸弊疏 061/197
133/345
～陳減輕茶稅疏 132/061
～陳湊解各款為難情形疏 133/244
～陳湖南籌餉情形疏 047/308
113/345
135/315
～陳軍務繁難請旨飭撥協餉疏 135/285
～陳蒙洋議和情形疏 132/480
～陳黃水情形請飭會議疏 078/305

136/313
～陳黃水情形疏 051/348
108/379
121/499
～陳時局大患疏 075/399
136/023
～陳閩鹾積弊請試行票運疏
066/253
097/420
119/196
134/221
～陳閩鹽試行票運情形疏
048/544
112/264
～陳閩省鹾務積弊請改行票運釐課並抽疏 048/525
112/256
～陳閩省難解實銀疏
133/226
～陳閩省困敝情形請調員差委疏 131/254
～陳民間煙土槍具仍宜收繳疏
136/228
～陳前撫臣功德在民疏
047/077
109/382

3111₄ 溉

08～論 021/533

汪

21～價人思源濟詩草序
027/521
25～仲伊握奇圖解序 073/165
72～氏族譜序 001/421
008/017

3112₀ 河

10～工議 003/248
～工現辦情形趕築南岸大堤疏
136/367
～工重要亟應妥籌長策疏
051/368
136/303
～工例銷流弊說 077/463
101/331
～工近論 146/266
～工椿埽 077/459
101/360
～工夫食料價議 010/475
121/430
～工則例 077/453
101/361
～工料宜 077/457
101/359
11～北精舍學規 042/057
068/405
098/239
120/014
17～務將有轉機說 125/342
27～督奏請將山東河務仍歸巡撫辦理疏 154/058
28～復故道須在冬令疏
010/452
30～流北徙宜因勢利導疏
078/265

136/302
～淮全勢疏 010/330
31～源 127/251
～源圖說 010/478
～源圖說一 121/507
～源圖說二 121/508
～源圖說三 121/508
～源圖說四 121/509
35～決篇 108/338
～漕私議 064/267
097/347
37～洛先後天表裏循環圖說
094/185
～運芻言 064/065
097/349
097/350
～運難復擴充海運情形疏
064/307
134/092
40～南水道圖說 011/311
108/090
122/263
～南巡撫松壽示諭保教章程
130/362
～南巡撫劉樹堂奏豫省鑛務請由商人自借洋款承辦摺
129/166
～南漕運說 007/074
112/131
～南採辦硝磺述略 008/460
120/345
～南揚工漫口宜因勢利導疏
101/293
～南關塞形勝說 009/132
108/043
120/162
～南鹽法說 007/202
～南余氏服議 070/333
119/479
～志自序 033/515
045/285
～套志序 009/202
116/204
50～患非開河減水別無良圖疏
078/337
101/299
～東鹽法議略 066/107
097/453
119/149
60～口築堤設牐說 010/396
121/491
70～防 126/395
～防新法議 142/532
～防說 010/378
045/243
～防要務宜籌畫周備疏
078/147
101/267
125/333
136/292
～防利弊說 045/261
～防芻議 051/304
077/529
101/363
108/365
～防補說 045/253

～防述言 003/289
010/275
121/436
～防述言（河性第一）
108/298
～防述言（審勢第二）
108/299
～防述言（估計第三）
108/300
～防述言（任人第四）
108/301
～防述言（源流第五）
108/302
～防述言（堤防第六）
108/303
～防述言（疏濬第七）
108/304
～防述言（工料第八）
108/306
～防述言（因革第九）
108/307
～防述言（善守第十）
108/308
～防述言（雜誌第十一）
108/309
～防述言（辨惑第十二）
108/311
～防志略 010/457
87～朔書院諭諸生 042/031

3114$_{9}$ 滹

33～沱河改道北流亟應設法修治疏 079/231
101/386
122/051
136/411

3116$_{0}$ 酒

06～課考 049/038
066/433
098/027
112/072
28～稅改良策 165/135
44～禁 007/266
95～精說 142/338

3116$_{1}$ 潛

77～邱劄記 120/139

3116$_{8}$ 濬

26～白茆記 011/247
108/201
～吳淞江建閘議 011/255
31～渠之利多於開礦論
101/243
～渠塘以備旱潦疏 011/160
37～湖州漊港議 045/425
052/110
53～成都金水河議 011/428
74～隋河故道通漕議 010/502
77～膠河疏 011/331

3124$_{6}$ 禫

08～說 001/305
77～月考 001/307

3126_6 福

15～建水師積習疏 009/306
～建水道圖說 011/389
108/098
122/226
～建行省重濬城河碑記
080/201
～建戒纏足約章 086/239
092/338
～建厦門設立保商局疏
132/007
～建鹽法議略 066/241
097/465
119/170
32～州商務 085/110
089/434
105/120
～州府勸民種樹利益章程
150/358
～州船政局訂請法國造船監督合同 151/170
～州內港包辦小輪船公司案
129/459
～州英領事論中國釐金弊病
152/205
～州蠶桑公學章程並序
129/053
～州創辦商務局稟稿
129/247

3128_6 顧

13～職方郡縣論駁議 059/017
095/509
21～行人沈光祿札跋 059/195

3130_1 遷

22～鼎 147/274
44～葬論 008/178

3168_6 額

27～魯特蒙古新疆土爾扈特部總敘 154/399
～魯特蒙古總敘 154/398
50～吏胥 005/378
109/394
72～兵 126/325

3190_4 渠

44～樹 104/049
126/460

3200_0 州

26～泉積善錄序 004/205
62～縣虧空情有可原說
103/226
～縣詹言 095/513
～縣稅賦 006/082
～縣宜照例久任以專責成札
040/067
047/235
109/374
117/401
～縣吏治議 103/213
～縣界域 005/150
～縣品秩 005/138

117/259
～縣養廉攤扣太多請酌量變通疏　047/088
109/241

3210₀ 測

17～砲綫鏡　126/353
23～俄論　102/516
28～繪海圖議　074/483
094/200
121/258
60～量變狀一隅　139/272
～量輿圖說上　146/111
～量輿圖說中　146/113
～量輿圖說下　146/116
77～學何所憑籍考　082/113
094/186
116/402
78～驗大冷法　143/526
88～算精學　094/208

瀏

76～陽學祭議　068/275
098/218

淵

00～亭日錄　038/413
～亭日錄一則　049/349

3211₈ 澄

00～衷蒙學堂字課圖說凡例
158/054

3212₁ 浙

31～江水道圖說　011/367
108/096
122/218
～江軍政府鹽政局發表意見書
166/313
～江士民呈請聯合各疆臣籌款備俄稟　148/489
～江南米截漕利一害十說
096/324
～江南米截漕利害說
061/309
118/381
～江專設中西書院疏
131/426
～江提督總統閩浙水師追封三等壯烈伯謚忠毅李公行狀
009/413
120/480
～江蠶學館招考章程
097/011
～江舉人陳虬等呈請總署代奏摺稿　115/113
～江輿地扼要說　050/249
120/190
～江鹽法議略　066/185
097/481
119/161
58～撫廖通飭鼓勵商人製造新器札　102/135
～撫任奏陳改設學堂辦理情形摺　128/386

～撫任奏陳裁營節餉事宜摺 130/038
～撫任奏陳籌備償款開辦各項捐輸摺 128/514
～撫奏請妥議經濟特科章程疏 149/313
90～省北新關暫緩開設疏 066/405 134/343
～省建立楚湘忠義祠請列祀典疏 075/437 135/044
～省海塘坍損請籌款興修疏 080/423 101/418 122/323 136/526

3212₂ 澎

37～湖考略 145/222 155/140

3213₂ 派

35～遣學生學習師範稟 128/398 149/441
60～員出洋游歷片 132/499
～員督辦粵鹽疏 047/314
～員查丈荒地緣由片 048/128 133/432
～員查明南洋商務情形擬設領事並籌計一切經費疏 053/316 111/268 132/012
～員攜帶幼童出洋並應辦事宜疏 053/465 109/262
77～民種柳有損無益疏 010/468
99～營興修城工告竣疏 051/287 136/263

3214₇ 浮

42～橋說 033/157
96～糧變通議 002/254 006/123 006/124 112/015
～糧考略 096/327
～糧坍荒二弊議 006/133

3216₄ 活

12～水關繫戰法說 139/181
32～潑教授主義論 144/341
80～人秘寶書後 146/337

3216₉ 潘

60～四農手札書後 039/055 046/405
72～氏先見 017/193

3222₁ 祈

10～雨文 006/547

65～晴雨法 006/546

3230_2 近

08～議各省書院改課實學得旨施行并所擬章程 126/229
10～五十年英國商業政策 141/386
23～代政教之原論 094/382
～代疇人著述記 046/388
114/386
116/311
44～世列國之軍備 138/524
～世社會論 143/157
～世國家之種類 160/143
～世歐洲國王被刺事述 128/225
60～日北邊防務輕重緩急何在論 083/116
100/426
～日北邊防務輕重緩急何在論一 155/117
～日北邊防務輕重緩急何在論二 155/122
～日北邊防務輕重緩急何在論三 155/127
～日北邊防務輕重緩急何在論四 155/130
～日北邊防務輕重緩急何在論五 155/133
～思錄集注後序 004/129
116/086

透

27～物電光記 142/518

3230_3 巡

53～捕 126/300
71～歷鄉村興除事宜檄 005/498
110/006

3230_6 遁

60～甲演義 008/389
116/387

3260_0 割

60～圜連比例術圖解序 046/217
114/299
116/318
～圜連比例後序 046/218
114/300
116/319
～圜八綫綴術序 046/291
114/336
116/346
77～股辨 001/463

3290_4 業

40～壞於貪說 105/077

3300_0 心

10～平論 095/171
40～力說 115/377
147/402
～喪釋 008/210

63～戰說 124/100

3311$_7$ 滬

00～商擬辦川省火油礦公司章程 150/444
21～上西獄及巡捕房押所紀略 125/436
～上宜廣設義塾議 098/211
38～道招商寄貨往日本東京農商品陳列館示 151/337
43～城水利考 011/271
108/205

3315$_0$ 減

18～政之標準 159/307
27～免抽厘議 111/504
～租辨 061/421
096/304
72～兵額議 099/348

3316$_0$ 治

00～病不可誤信俗說論 146/376
08～論 002/119
10～平六策 046/503
109/101
117/195
21～術學術在專精說 082/040
104/302
22～崇 005/371
～巢瑣言 059/253
095/516
25～生 069/339
098/420
30～淮論 010/239
121/513
～淮上游論 011/340
～淮黃通海口疏 010/323
108/318
～漳說 052/111
080/281
122/234
～家瑣言 026/103
042/173
069/311
098/422
～永定河說 011/145
～安文獻序 004/115
～安新策 081/285
095/175
31～河 033/381
045/267
083/321
～河上 083/325
～河中 083/327
～河下 083/328
～河雜論 010/415
～河說 003/231
010/242
～河論 010/233
108/293
121/394
～河論上 077/515
101/254
～河論下 077/519
101/255

三三一六。治（三三一—四三）

～河議上 051/413
078/225
101/257
108/395
121/501
～河議下 051/417
078/235
101/260
108/398
121/504
～河工程 010/417
108/345
～河要語 003/252
010/401
121/477
～河要論 010/301
108/313
121/406
～河續說 125/347
～河續談 146/256
～河蠡測 011/129
122/110
～河宜杜流弊倣成規疏
078/321
101/297
125/336
136/324
～河淮策 010/240
121/514
～河挑淺議 010/451
121/506
～河探源說 146/268
～河附論 011/176
～河除弊疏 136/326
～河餘論 010/309
121/414
～河策上 010/235
010/245
121/396
～河策下 010/237
010/248
121/398
～淵苴河議 011/443
34～法論 004/427
109/086
117/116
～法在嚴刑賞議 083/251
094/458
37～盜宜嚴責成疏 009/003
110/143
38～道之工說 104/266
40～臺灣私議 009/362
～南獄事論 059/259
117/408
～喪陋俗宜革論 070/049
099/046
41～標庸言 082/511
～標財政策 164/396
42～猺 044/339
051/016
43～獄四條 010/180
～始於鄉說 082/259
084/348
088/390
094/461
107/429

117/292
～始於道路說 082/212
085/252
090/198
094/462
127/431
～械鬭議 005/360
117/355
44～蘇 005/369
～苗 009/480
113/148
121/120
～劫盜議 010/177
～黃治清四條疏 010/348
108/327
121/464
～黃運兩河議 051/321
077/473
101/315
50～中 147/194
～本論一 094/377
～本論二 094/378
～本論三 094/380
60～蜀說 017/533
～國必先安民論 145/229
～旱條議 062/511
118/121
～旱潦議 096/434
63～賦篇一 061/003
096/290
～賦篇二 061/007
096/291
～賦篇三 061/011
096/293
～賦篇四 061/017
096/294
～賦篇五 061/021
096/295
～賦篇六 061/025
096/296
～賦篇七 061/029
096/297
72～兵 105/475
90～尚明通 094/459

3318$_1$ 淀

08～說 080/059

3318$_6$ 演

08～說臺灣教育情形 156/463
75～陣餘論 009/089
112/464
120/321

3322$_7$ 補

12～廷起廢藥痼議 147/182
23～偏救弊論 124/141
30～定大宗議 001/396
008/018
119/435
56～輯疆說 150/274
72～昏義說 069/483
099/007
77～服考 095/366
124/245
～興安府建置志 030/087

3330₂ 遍

75～駛輪舟說 104/379

3330₉ 述

06～譯學 124/135
10～西學原始 125/357
12～瑞人挪勃而散財以興格致 157/399
～廷訓記 017/191
23～俄國海軍之根據地 153/482
～俄人製茶 151/412
24～德國海軍 153/449
27～各國軍艦行駛蘇彝士運河事 130/257 157/077
30～客言中國宜廣設醫院 146/368
32～近日財政大勢致各省文 164/591
34～漢冶萍産生之歷史 168/239
43～埃亂緣起書後 106/395 111/059
44～蘇杭日本租界情形 130/134
～英西儒笛倫君論希臘致敗之由 157/013
～英教士論中國語言變易之究意 158/057
60～日本商務學堂 151/400
～日本監牢苛法 128/349
～日本鐵路 152/475
～思古子議 084/329 088/348
71～長崎三菱造船公司情形 152/479

3400₀ 斗

22～山奉真泉記 021/547

3402₇ 為

00～商標事上工商部條陳 168/172
～商権憲法起草問題致各督 162/206
～妄事捕逮再致陳都督書 162/490
～妄事捕逮咨陳都督文 162/486
07～贛亂發生之通令 164/053
～贛甯亂事忠告國會文 164/072
10～西藏補救法上大總統書 163/407
11～張振武案痛責參議員並請堅留黎公 164/008
17～君難為臣不易論 004/484 117/211
18～政 005/044
～政象不振之原因通告國民 164/074
～殤立後議 008/046
20～辭勳事上大總統書 164/029

21～伍星使期効說 127/425
22～亂黨擾鄂之通令 164/051
23～編制預算事致國務院函 165/258
24～贊成借款致政府文 166/113
30～憲法草案事致各督 162/215
～憲法起草問題致各督 162/208
～憲法問題復各督 162/210
～宰議 005/310
～宋案借款之通告 164/019
～宋案借款之通令 164/016
34～漢冶萍事忠告湖北省議會 168/237
37～選舉法公布權咨憲法會議 162/212
38～遵旨酌議摺 039/399
40～灰石案敬告李省長 168/252
～士敏原料馳禁呈政府文 168/251
44～杜訟棍株連苦累小民摺 045/109 051/248 136/245
48～救濟川省目前財政推廣國家銀行上大總統書 165/302
～敬陳管見摺 045/323
52～劃分國家地方經費事致各都督文 165/162
64～時事艱難亟應籌備餉需摺 040/127
～時局忠告各界 164/023
68～黔滇官運局還清原借帑項及四綱支存各款作為運本疏 049/020
71～臣不易說 107/100
77～巴拿馬博覽會敬告國人 167/495
80～人後 008/043
～人後者後大宗說 049/269 107/290
～人後者為其曾祖父母祖父母服考 008/231
～人後者為本生祖父母服辨 049/381 107/260
～人後者為本生祖父母服議 049/382 070/271 099/062 107/260 119/469
～人後者為所生服議上 049/378 070/259 099/060 107/259 119/473
～人後者為所生服議下 049/379 070/263 099/061 107/259

三四〇二七 為（二一—八〇）

119/474
～人為己不分為二事說
081/374
082/273
094/409
～父後者為出嫁姊妹報服期議
042/287
049/389
～父生母不承重辯 001/287
008/220
～曾侍郎論金革無辟
070/077
099/082
90～省議會解散權致參議院
163/150
～省制問題致各機關文
163/068

3410₀ 對

08～於政治會議訓詞 159/361
～於亂事之意見 164/080
～於亂事之通告 164/078
～於亂事表明心跡之通告
164/081
～於總統選舉之意見
159/305
～於憲法問題致各督
162/209
～於憲法問題之通告
162/211
～於憲法第二次通告
162/249
～於法院編制法施行法草案之商榷 162/449
～於灰石案之解釋與進步黨書
168/259
～於蒙事之通告 163/367
～於中俄條約之痛言
164/201
～於國民捐之意見 166/135
11～張幼樵學士問東陲道里形勢
050/401
41～壖逼溜說 010/434
121/493
58～數序 046/299
114/338
116/244
～數探原序 046/243
114/312
116/337
～數尺以量代算 046/375
114/378
116/302
～數簡法識 046/176
114/274
116/216
～數簡法跋 046/175
114/273
116/216
77～用刑說 045/055
051/180
076/417
101/053

3411₁ 洗

13～恥芻言 081/331

～恥芻言自敘 081/328
37～冤錄合刻序 010/127

3411₂ 沈

72～氏音書序 086/428
093/231
107/164
126/065

3411₄ 灌

41～堰水利考 011/424
108/181
60～口江堰記 011/430
122/281

3412₇ 滿

27～御史保送升遷請飭部酌改章程疏 047/126
133/067
32～洲兵民生計疏 006/225
110/040
～洲鐵路 102/050
34～漢字音論 007/479
107/176

3413₀ 汰

18～改役班 059/441
117/526
28～僧道議 071/117
119/424
37～冗員議 047/139
058/109
095/291
103/205
109/187
117/335

3413₁ 法

00～意 056/305
～言序 012/311
10～天 082/032
22～制 004/444
121/295
25～律論上 138/110
～律論中 138/124
～律論下 138/138
～律總論 138/106
～律學會章程 130/300
～律問答 128/336
～律與道德 168/570
26～皇拿破崙第一傳 084/177
088/017
102/269
103/161
111/140
123/501
～皇拿坡崙行狀 149/007
27～名士論列國史事 156/449
30～宜寬嚴互用疏 076/501
101/063
125/242
136/163
～家善復古說 148/101
～官之選任 138/263
37～祖愛民疏 056/171
117/011

131/181
43～越交涉議定法約疏
132/395
44～蘭西商埠考 142/143
～蘭西現今歲計表 140/202
～蘭西近代興亡記略
083/356
～蘭西近年貿易出入額表
142/036
～蘭西軍政 083/365
123/452
～蘭西海軍軍艦表 139/070
～蘭西陸軍述要 139/035
47～都答太唔士報館訪事人語
156/465
60～國商務近情 085/151
089/521
105/186
～國工藝考略 129/213
～國再立皇帝 156/374
～國不善理藩論 157/043
～國瑣紀 103/164
156/267
～國緣起 108/017
125/452
～國復立君主 156/364
～國憲法 137/247
～國賽會述聞 102/338
～國汕苔佃礦務學堂課程單
150/369
～國海軍職要 153/138
～國海軍職要敘 085/377
091/035
105/425
121/286
～國沙浦製造官學堂課程單
150/482
～國在華商務 102/337
～國女畫史濮耨氏小傳
158/454
～國圖說序 154/186
～國賦稅考略 129/398
～國陸軍考 130/110
～國學校說略 128/418
～國巴黎賽會章程 142/207
～國印花稅章程 082/344
102/381
125/395
129/396
73～院編制法施行法修正案駁議
162/457
77～屬越南東京稅則 142/204
80～人併越擬練川兵以備緩急摺
132/372
～令應歸簡易疏 004/455
109/092
121/328
～令綱領 139/073
～美 127/273

3413_2 濛

12～水迎恩橋烈女墳祠記
042/201

漆

30～室答問 078/053

72～質由五成分合成說 144/109

3413$_4$ 漢

00～廣鐵路合同底稿 142/453
～文帝論 004/354
07～詔多懼詞 004/351
10～西域圖考凡例 154/087
13～武塞河論 033/255 045/289
～武塞河復禹故跡考 077/447
17～郡國官制 005/134
21～儒言災異 004/352
22～循吏召信臣傳書後 060/351
33～治萍國有策 168/226
～治萍公司問題 168/232
37～軍生計疏 006/239 118/252
41～奸勾引邊夷滋事漁利分別參辦片 135/504
44～蒙聯合會啟 163/362
50～中水利說 011/288 122/243
～中修渠說 011/286 122/241
60～口繁要請改設專官疏 133/119
74～隋二子述序 012/307
77～學商兌重序 046/070 116/106
～學商兌書後 046/083
～學再興論 086/386 093/138
～學宋學論 038/315 116/102

漠

31～河礦務公司袁大化啟 146/422
～河金廠擬撥兵淘採議 067/091

3414$_7$ 波

42～斯商埠考 142/131
～斯國沙說 111/199
44～蘭滅亡記 086/184 092/217 106/228 107/563 127/396

3418$_1$ 滇

10～西邊界說 145/204
21～緬邊界商務記略 155/452
～緬分界通商事宜疏 082/390 086/021 091/345 096/186 097/021 106/057 110/379 123/375 132/315

～緬分界大概情形疏
086/019
091/339
106/054
110/395
123/372
132/326
30～案擬結緣由疏 051/213
110/206
132/321
40～南經費略 005/448
～南通考 009/450
120/159
～南野人山考 145/194
～南鹽政 007/242
43～越邊界通商議約疏
132/392
50～中兵備要路 009/445
57～繫序 007/311
～繫論錢法 007/329
111/365
67～略上下 076/279
100/259
71～馬 008/488
120/370
90～省洋操新軍章程 130/025
～省困苦仍請准捐實官疏
135/332

3418_6 濆

37～祀 008/328
110/063

3420_0 祔

00～廟說 008/293
107/245
119/516

3421_0 社

32～州縣交代積弊議 005/482
80～會之本義 143/123
～會之本性 143/124
～會之區域 143/129
～會盟約說 143/130
～會盟約論 143/132
～會與人物 160/186
～倉論 021/123
～倉示 021/125
～倉保甲相經緯疏 006/406
～倉約記 006/393

3424_1 禱

00～襄城縣城隍文 026/521
37～祠 008/327

3430_3 遠

04～謀篇 115/382
21～慮論 082/040
～慮篇 098/082
115/384
60～見篇 046/419

3430_4 達

10～爾文學派 143/013
～可從政論 015/137

77～民情 106/275

3430_6 造

03～就人才論 094/517
～就人才與製器利用同原論 109/254
127/409
27～船 042/393
～船開工日期併船廠情形摺 045/135
051/271
132/157
44～林學杉總論 141/259
～林學檜總論 141/263
～林學竹總論 141/266
47～報軍需款目疏 047/319
113/348
118/038
135/262
83～鐵路即以救災說 085/259
090/214
105/365
114/058
89～鈔條論 067/475

3430_9 遼

38～海榷鹽私議 049/010
066/003
097/510
119/120
40～左隴右鐵路議 146/385
50～東隴西邊防說 145/297
80～金元三史國語解 007/480
107/177

3440_4 婆

60～羅洲擬設華官佐治說 106/038

3490_4 染

27～色法理 144/596

3510_6 洩

37～湖入江議 011/208

3510_7 津

17～郡創設廣仁堂收恤婦孺分別教養疏 047/424
33～滬電報辦有成効請招商接辦推廣疏 053/099
114/159
122/519
61～貼臬司兩首縣公費片 133/091
84～鎮鐵路條陳 105/299

3512_7 清

00～京倉積弊疏 006/388
118/273
08～議名教 004/336
16～理庶獄五條疏 010/134
110/234
～理詞訟 077/163
101/124
～理積案以甦民困疏 045/105

051/241
110/253
136/237
～理浮費疏 002/418
～理葦蕩以濟工需疏
010/470
108/362
～理教案片 132/480
～理股票事期簡要疏
132/058
31～江大學堂章程 128/387
37～通鐵道利弊說 168/314
40～查彌補章程疏 060/315
133/189
～查浙省鹽課疏 007/224
～查荒地議 048/107
109/018
～查蘇松漕糧積弊片
133/301
～查鹽務妥議章程片
134/307
～查鹽務大概情形疏
134/312
43～獄省刑疏 003/145
010/138
110/236
121/349
50～丈論 006/110
～丈議 108/441
～吏治議 103/208
～本源 047/244
58～釐京控案件並將提解逾限各員清議處疏 136/244
～釐京控案件疏 136/244
～釐世職疏 005/149
109/183
～釐吏治三事疏 005/211
109/147
～釐關務積弊疏 007/259
112/064
119/003
～釐命盜案件疏 136/243
60～口大挑無益疏 010/393
78～鹽務以裕餉源疏 041/237

3513$_0$ 決

43～獄貴有斷制 045/061
051/235

3514$_7$ 溝

37～洫議上 062/471
096/430
118/116
～洫議下 062/473
096/431
118/116
～洫事宜示 011/027
108/247

3516$_3$ 潛

77～邱劄記 004/167
009/148
～邱劄記論治 004/496

3516$_6$ 漕

08～議 007/048

112/125
11～項無從劃撥海運難以議分覆陳疏 041/111
048/368
112/154
17～務章程辦有成効疏 133/340
27～船遞年減造議 064/059
097/342
～船支運議 007/071
～船由丹徒閘出江疏 010/497
～督陳奏請變通河工事宜摺 128/253
～督陳奏改設江北大學堂情形摺 128/381
～督陳奏陳設立種植牧養工藝公司片 129/193
31～額減數 097/362
37～運 007/006
022/125
041/075
112/117
～運論 064/017
097/324
124/322
～運議 007/003
112/115
～運總督奏裁汰屯衛大概辦法摺 128/255
～運小敘 010/521
108/402
55～費禁給洋錢疏 133/289
～費禁給洋錢摺 040/111
80～兌揭 002/377
007/007
112/117
90～米 096/317
96～糧改章擬辦裁革屯衛疏 133/450
～糧開屯議 041/095
048/349
～糧兼資海運疏 007/102
98～弊疏 002/358
007/012

3521_8 禮

07～記王制大樂正論造士之秀以告于王而升諸司馬曰進士 117/056
～記手鈔序 007/399
～部議覆整頓各省書院摺 081/016
～部遵議改試策論章程稿 098/313
～部頒喪服之制 008/200
107/248
119/449
08～論 007/384
068/003
068/011
098/089
124/481
16～理說 049/156
068/015
098/091

119/362
21～經答問二條 008/105
119/433
28～俗 083/459
～俗大同社啟 163/498
77～服會通說序 070/013

3530_7 遣

25～使親俄 106/369
156/155
～使出洋廣譯西書條議
130/419
48～散勇丁論 113/373

3530_8 遺

02～訓八則 049/319
10～疏 083/128
50～書日記二十二則 046/097

3530_9 速

53～成法論 144/429

3610_0 湘

12～水記 011/416
122/278
17～勇原流記 073/003
120/307
27～鄉吳劍豐上湘撫陳佑帥書
095/034
～鄉東山精舍章程 149/261
～鄉昭忠祠記 073/021
120/305
30～淮各軍少裁長夫疏
135/181
37～軍志籌餉篇 072/005
100/103
120/383
～軍志營制篇 071/203
071/505
099/415
120/313
～軍第五案報銷疏 072/137
135/258
～軍營制述 112/438
～軍營制考 145/478
58～撫保護游歷西人示
155/470
～撫招考新設時務學堂學生示
149/298
～撫俞奏湘中改設學堂及派人出洋游學情形摺 128/396
67～鄂粵三省紳商請開鐵路稟
152/376
77～學新報敘 158/387

3611_7 溫

32～州會匪紀略書後 076/331
101/175

3621_0 視

30～察蒙古郭爾羅斯後旗報告
163/251
～察歐美商工議 142/165

3625_6 禪

08～說 008/157

77～月考 008/158

3630₁ 暹

10～王游歷記 084/206
088/083
102/410
103/186
111/166
～王游歷關系論 102/409
34～法交涉情形 102/393
125/414
155/505
～法條約撮要 145/534
40～木到工船身告成並鐵廠教造起限情形疏 045/143
051/281
132/163
60～羅 127/267
～羅疆域政俗考 081/486
～羅考 086/138
092/117
102/243
106/239
107/525
～羅世系考 145/199
～羅陸軍 102/437
125/417
～羅貿易情形 102/336
125/393

3630₂ 邊

10～要員缺亟宜裁改疏
047/173
133/125
11～疆緊要請添設道府廳縣以資治理疏 047/467
135/458
50～患已深事貴預籌片
132/367
70～防 127/240
～防一 083/097
100/438
121/066
～防二 083/099
100/440
121/069
～防三 083/100
100/443
121/071
～防四 083/101
100/444
121/073
～防五 083/103
100/446
121/075
～防六 083/104
100/448
121/078
～防七 083/108
100/453
121/083
～防八 083/111
100/457
～防論 125/158
～防議 009/184
121/014

～防三事疏 009/187
113/192
～防禦俄策 083/117
100/468
87～餉艱難請變通辦理疏
072/109
100/080
125/137
135/306

3630_3 還

34～遼補記 102/441

3710_7 盜

10～工 083/317
101/238
126/311
23～伐官柳誤刺字述 010/120
63～賊課 005/182
117/461

3710_9 鑿

80～合州鉅梁虬門二灘記
037/301
045/483
052/094
080/377
101/476

3711_0 汛

72～兵授田疏 008/477
120/413

3712_0 潮

32～州海防圖說 009/278
113/207
37～汐應月說 082/120
094/174
114/417
116/430
～汐論 082/121
094/174
116/431

洞

00～庭東湖開濬新河疏
080/253
101/438
136/492

湖

00～廣水利論 080/205
101/451
122/269
125/329
11～北水利論 011/396
108/174
122/264
～北水道圖說 011/395
108/098
～北水陸形勢預籌防堵疏
074/081
100/316
120/164
135/423

～北勇丁潰散擬整頓挑募以期補救片 073/303
120/255
～北織布局招商集股章程 146/173
～北軍務急要三事疏 075/375
～北荆門直隸州知州蔣君傳 072/189
～北藩司會同善後局稟陳釐定通省稅契事宜詳文 129/369
～北興辦洋操奏章公牘章程 085/395
091/076
105/433
120/334
126/330
～北興辦洋操摺 081/074
～北鹽法改良意見書 166/302
～北八州縣計岸鹽務改歸官運疏 134/297
～北創辦洋操章程 081/078
～北籌餉別無良策惟有整頓釐金疏 134/390
17～郡紳陸君樹藩請設繅絲廠稟並書後 146/176
27～督招考自強學堂學生示 149/390
～督撫會議科舉新章並請酌改詩賦小楷試法疏 149/316
31～河一帶添設礮船片 135/439
32～州水利議 080/197
101/452
～州碧浪湖各漊瀆要害說 011/385
33～濱備禦事宜 009/026
110/152
120/450
40～南文徵序 055/117
116/180
～南辦理不纏足會啟 130/301
～南試卷序 007/532
～南課吏新章 103/269
～南礦務總局章程 084/491
089/149
101/549
104/173
113/486
119/244
～南不纏足會嫁娶章程 086/237
092/334
～南水利論 011/411
108/179
122/273
～南水道圖說 011/409
108/099
122/272
～南紳士請辦內河小火輪船稟稿 129/455
～南紳士上張制軍請與湖北合辦小火輪船書 129/456
～南莠民滋事宜嚴政體清亂源

疏 076/317
136/104
～南苗防錄敘 009/421
～南按察使贈巡撫傅鼐傳
009/495
121/122
～南鹽金辦有成効請仍照舊章
疏 066/517
098/056
134/391
～南時務學堂公啟 084/318
088/323
098/199
～南時務學堂學約十章
086/361
093/079
098/201
107/360
～南時務學堂招考 098/274
～南岳州擬變通岳陽慎修兩書
院啟 098/198
～南開通商口岸得失評議
110/405
46～堤石工議築碎石坦坡通籌利
弊疏 078/019
136/275
60～口石鐘山楚軍昭忠祠記
071/509
～口縣楚軍水師昭忠祠記
071/517
～口縣開埠通商議 129/250
～田佔水疏 011/419

瀾

38～滄江源流考 050/279
108/121

3712_7 漏

72～卮本末 053/252
122/498

3713_4 澳

32～州聯邦記 138/432
～洲式之選舉冊說略
162/382
40～大利亞可自疆說 083/469
～大利亞洲形勢利病
145/201
～大利全洲情形 130/222
77～門租界改歸葡國永遠居住立
約尚宜妥議緩定疏 053/447
110/534
123/365
132/438
～門圖說 009/309

3713_6 漁

60～團 127/446
～團條例示 050/103

3714_7 澱

98～粉製造論 142/336

汲

60～黯論 005/005

107/114
117/214

3716₁ 澹

36～泊明志論 004/187
107/050
116/034

沿

31～河民困四事疏 006/170
112/024
34～漢堵禦措置答秦撫軍
032/159
38～海碉堡說 009/295
113/216
～海碉堡說條陳碉堡利用情形
121/202
～海種樹片 135/388
～海練水師議 052/300
112/465
121/251
～海團練說 009/294
～海閘河議 011/193

3716₄ 潞

31～江源流考 045/449
050/282
108/123

洛

32～浙二運說 007/076
112/132
76～陽險要說 009/136

108/045

3719₄ 深

21～慮篇 095/193
124/101

3721₀ 祖

80～父母在妻喪用杖議
008/240
107/254
119/454

3721₄ 冠

35～禮考誤五則 007/408
107/232

3721₇ 冗

60～員 126/291

祀

55～典雜議 068/223
098/125
57～契議 007/457

3722₀ 初

12～到粵西詳陳賊勢軍情疏
075/299
136/002

祠

90～堂記 049/410
～堂再示長子 008/283
119/520

～堂示長子 008/282
119/519
～堂考誤四則 007/406

3730₁ 逸

01～語 004/178

3730₂ 過

34～波蘭記 086/186
092/221
106/230
107/564
127/399

通

00～商 006/453
110/096
119/282
151/308
～商說 104/463
127/055
～商論 097/060
124/434
～商綜覈表序 082/507
122/546
～商先向藏番開說片
132/308
～商各口華洋貿易情形總論
097/070
～商儻有格礙盡力以圖片
132/309
～商宜誠實不欺論 110/339
～商宜設立商部以濬利源
104/472
110/342
127/066
～商口岸關係英人命盜及審斷交涉案件委員觀審章程
051/215
110/207
～商四大宗論 082/448
097/028
123/013
～商八策 082/435
097/046
～稟籌議緝捕海盜 051/131
08～論 147/253
～論上 057/127
～論下 057/133
～論唐以後兵籍之數
071/163
099/410
120/134
～論唐以後鹽直貴賤
064/397
～論唐以來諫職 058/135
095/474
～論唐以來國計 060/009
096/137
～論唐以來銀幣 067/151
～論唐宋官人之法 058/105
～論漢唐以來頒祿之制
058/205
～論明賦餉之制 061/033
～論居官 005/290
109/351

～譜 008/019
～譜說 002/061
008/319
110/060
18～致所屬長吏條教 058/003
095/285
21～行稅法草案理由書
165/149
～行錢法疏 007/341
～行銀元八議 082/468
097/260
118/506
～行銀圓八議 124/375
25～使 082/555
099/166
～使總論 110/425
123/183
26～泉幣 002/393
28～俗教育利用機會灌輸知識之方法 167/209
32～州紗廠辦理情形疏
132/027
38～海墾牧公司集股章程啟
129/040
～道大江運米運鹽議
097/341
40～查井泉檄 006/331
108/274
118/115
44～蔽說 038/479
50～史總論 052/375
～惠河難以取水窖冰疏
079/403
136/453
77～用金鎊說 085/181
090/044
104/435
105/162
111/405
80～今 004/110
116/031
～令澄清士途令 163/435
88～籌豫省賑款擬濬利源以備歸補疏 048/287
110/130
134/039
～籌出入虛實疏 060/165
096/061
133/140
～籌河東全局改定章程疏
066/147
097/386
134/142
～籌滇黔軍務疏 076/253
136/065
～籌滇黔大局疏 042/431
051/113
112/345
～籌湖河情形疏 010/335
～籌南洋各島添設領事官保護華民疏 083/470
086/052
091/414
106/087
123/173
130/150

132/503
～籌吉林全局請添設民官疏
060/471
096/216
117/286
133/109
～籌楚境布置情形片
073/311
120/272
～籌夷務慎重邊防片
132/359
～籌財用大源敬陳管見疏
060/197
096/054
133/148
～籌防勦大局謹擬製辦船礮疏
136/012
～籌陝甘滇黔用兵情形疏
076/257
136/077
～籌全局請添練馬隊疏
075/391
136/021
～籌全局疏 050/175
135/152
～籌全局仍請添練馬隊疏
050/050
～飭辦理積穀札 063/075
118/301
～飭順天畿東各州縣編查保甲示 050/098
110/166
～飭各官熟讀律例 005/269
117/361
～飭各屬力行保甲札
072/287
～飭各省從速組織省議會文
163/144
～飭州縣巡歷鄉邨論
005/322
117/364
～飭清理獄訟札 077/299
101/118
～飭清釐保甲檄 003/016
008/515
110/159
～飭海塘禦浪檄 011/510
122/316
～飭禁止刑訊文 162/485
～飭嚴懲倡言二次革命者令
163/429
～飭嚴禁秘密結社令
163/427
～飭嚴除地方惡蠹令
163/428
～飭黔省種橡育蠶檄
006/308
111/421
118/189
～飭留心圖冊檄 005/320
117/363
～飭慎重選舉議員令
163/439

3730_4 運

31～河 051/449

～河上下游議 011/191
122/191
～河總論 010/525
108/404
122/011
～河源委 010/524
108/403
～河灣曲說 010/513
122/028
38～道 051/450
48～槍體操說 139/350
77～閘運船宜整理疏 007/077
83～錢法以握利權疏 067/203
097/222
124/367
134/422

3730₇ 追

08～論降將 100/013

3730₈ 選

18～政策 002/137
005/104
109/304
25～練登鎮槍隊及海口情形疏
135/375
27～將論 100/005
125/133
～將練兵論 083/204
099/316
～將以一衆心論 113/012
32～派閩廠生徒出洋習藝並酌議章程疏 053/467
109/263
121/209
～派閩廠生徒出洋學習
104/297
33～補 005/094
109/302
117/449
56～擇正宗序 008/385
116/390
～擇寶鑑序 070/111
72～兵論 008/436
120/244
77～舉族正族約檄 008/024

3750₆ 軍

10～需報銷疏 005/450
18～政考上 081/451
～政考中 081/462
～政考下 081/471
～政篇 073/139
099/290
105/449
112/436
120/128
24～儲篇一 060/065
118/027
～儲篇二 077/507
～儲篇三 067/003
119/214
～儲篇四 067/511
～儲篇五 062/325
118/259
30～官學校訓詞 166/381

35～禮通記說 153/267
42～機說帖 039/377
～機處述 005/015
109/137
117/308
～機處題名記 005/014
～機大臣議覆胡京尹燏棻奏酌設武科片 098/309
～機大臣奏裁減謁陵隨扈人摺附清單 128/217
～機故事補遺 047/062
109/377
～機會同兵部議覆武備特科摺書後 130/041
43～械說 125/197
～械論 125/196
～械之工說 104/262
50～事費問題答客難 166/359
～事月報出版祝辭 166/382
～事與政體之關係 166/328
～事善後談 166/330
～屯疏 008/469
～屯草案 166/362
～屯省餉疏 008/470
120/409
60～國論 138/498
～國民篇 138/507
66～器歸營製造疏 008/454

3752_7 鄆

43～城十州縣鹽務改由官運疏 134/133

3760_8 咨

00～商銀行事宜 097/151
～商銀行事宜全稿 085/126
089/468
105/139
111/341
123/031
20～稿牌票存薄說 010/180
21～行沿海各省招工章程 047/414
110/013
～行通商各口募用外國人幫辦稅務章程 053/291
112/076
119/019
27～各省報告收支實數文 165/248
37～湖南撫院 049/290
52～撥教官造冊移送州縣 039/497
60～國務院改定簿記文 165/250
77～巴副都統籌辦受降事宜二件 075/385

3780_6 資

32～州社倉示 063/097
096/468
40～力集合論 168/133
47～格說 103/235
50～本 126/080

3811_7 汽

50～車源流考 094/142
124/205
77～學通於醫學說 094/266
114/240
124/209

3812_1 渝

43～城火柴公司集股章程
150/500

3812_7 汾

36～渭通船並募水手疏
011/291

3813_2 淞

33～滬鐵路落成記 102/032
105/390
50～婁育才館序 098/259

3813_7 泠

00～齋勘書圖記 068/353

3814_0 激

36～濁揚清論 057/169
095/021
117/080

3814_1 澣

08～論 014/207

洴

30～澼百金方序 029/173
043/079

3814_7 游

08～於藝說 151/219
～說 004/272
107/403
116/038
11～北固山記 009/168
13～武漢勸業獎進會之感言
167/507
21～上海江南製造分局說
146/141
23～戲教授主義論 144/345
37～瀨鄉記 008/360
40～檀香山日記 130/235
157/087
71～歷 127/437
～歷宜選大臣論 128/267
～歷印度序 044/247
77～學緒言 144/507
～學篇 094/051
124/110
～民有業論 082/483
086/292
092/456
096/174
106/310
110/033
78～覽 158/350
87～釣臺記 013/375

3815_1 洋

17～務上 155/236
～務下 155/239
～務以結民信為本說 145/230
～務在用其所長 155/241
～務局東洋車章程 106/080 110/390 123/394
～務局馬房執照章程 106/079 110/389 123/393
～務首在得人論 115/133
～務憤言 125/475
21～行買辦華人涉訟由華官訊辦 051/213 110/205
24～貨加稅免釐議 085/213 090/111 105/229 112/093 119/061
28～稅 105/214 126/406 152/122
31～涇濱海市說 151/279
44～藥土稅 053/280 112/074 119/014
～藥茶絲分類表敘 126/046
48～教所言多不合西人格致新理論 053/224
60～員資費請准銷片 132/448
62～縣益水村薛烈女死賊記 026/265
70～防輯要序 009/292
71～匠 126/471
77～關征收稅鈔分項總數表 053/322 111/271 119/028
～關進款 085/225 090/140 105/241
90～米入口請免納稅疏 134/052

3815₇ 海

00～底雷船記 142/501
10～疆善後宜重守令論 059/219 095/489 117/417
21～師 009/278
30～寇策 009/378
～甯塘工說 011/488
～甯縣海潮議一 011/490 122/308
～甯縣海塘議 011/499
31～河並運論 064/357 097/336 124/330
32～州請築圩岸疏 011/178
33～濱坍漲記 144/181
37～運論 007/096 112/136

～運議 007/114
118/399
～運北壖交兌議 064/287
～運續議 064/273
097/343
～運官物統歸商局片
132/187
～運河運議 048/404
112/170
～運南漕議 007/113
～運考上 007/090
112/132
～運考下 007/094
112/135
～運考跋 007/089
～運提要序 007/105
118/400
～運全案序 007/140
～運全案跋 007/144
～軍 126/361
153/084
～軍需材論 100/038
125/124
～軍芻議條目 145/503
～軍人才難得問答 130/097
～軍善後議 113/301
38～道 112/137
～道用師議 125/125
40～塘問答 080/439
101/428
122/326
125/324
～塘策 011/500
44～蘭鐵道觀 168/321
60～口 126/401
～口無庸改由二套疏
010/258
～國圖志敘 083/437
～圖 126/156
70～防論 083/061
～防集覽序 009/377
～防備覽序 074/457
100/348
～防總論擬藁 009/281
113/209
121/186
～防條議 044/163
052/205
115/025
121/221
～防芻議 145/293
～防江防策 145/306
～防略說 145/296
～防用人議 095/036
～防善後事宜疏 083/069
100/353
135/235
～防策 113/267
76～陽南涵碑記 011/464
77～關出入貨價敘略 085/078
089/363
105/081
119/035
～關出入貨稅敘略 082/513
～關出入貨類敘略 085/078
089/361

105/080
119/034
～關徵稅敘略 082/512
085/224
090/137
105/240
119/033
～關進出口稅宜分別重輕
152/212
～門形勢記 *145/191
80～鏡之通句即平三和通股即高三和通弦即皇極三和大差即明三和小差即惠三和黃方即太虛三和試為溯其原委 126/532
126/533
～會寺石堰募疏 006/336

3824_7 複

75～體之立法機關及兩院之關係
162/310

3825_1 祥

12～刑末議 010/165

3826_8 裕

22～利源以抒商力論 082/520
096/083
50～本篇 060/031
096/123
60～國便民餉兵備荒兼得之道
002/369
～國當籌其大局論 111/263
64～財策 060/075
096/122
124/292
87～餉源之意見書 166/376

3830_1 迤

10～西移改協營添設汛兵疏
050/366
113/200
135/452

3830_3 送

08～族兄魯珍序 059/049
10～王子重還楚序 001/138
～王季平學博之任崇明序
049/449
～王白民南歸序 001/123
～王彤甫出守辰州序
058/047
～西儒理雅各回國序
158/348
11～張子德潤謁選序 017/159
～張子白還鎮番序 005/248
～張生牖如南歸序 001/140
～張梧岡序 059/042
～張小軒督學安徽序
068/339
～張少淵試禮部序 004/139
116/037
～張少淵赴省試序 007/522
17～鞏守唐子方序 058/051
18～政務司丹拿返國序
158/346
22～倭艮峰先生序 056/367

25～朱幹臣為浙江按察使序 076/435
27～黎侍郎回越南後序 158/323
～黎侍郎回越南前序 158/322
～督學康伊山先生入都序 025/235
～督學楊兩松先生序 025/229
31～江岷樵同年歸新甯序 046/410
～江小帆視學湖北序 068/345 120/061
～顧太守序 059/039
32～潘稺青明府歸桐城序 059/489
34～沈椒園序 005/247
36～湯荊峴兵憲序 017/141
～湯公潛菴巡撫江南序 002/250
39～淡仰山之官靈臺序 017/167
40～李勁香謁銓序 017/175
44～董君序 008/385
～蘇州守覺羅雅公蔚文之汀漳道任序 002/134
～萬季野先生之京師序 004/138
～葉雨垞令寶應序 059/045
～葉建菴入都序 017/171
60～田綸霞水部督學江南序 001/103
71～馬庶常疏歸里序 017/183
～馬止齋序 059/231
75～陳伯淵赴官東河序 051/301
80～弟之江甯序 049/302 107/440
～倉按察之任四川序 045/001
83～錢調甫之任贛榆教諭序 068/349

3830_4 遵

00～辦安徽省積穀情形疏 133/524
～辦團練保甲覆陳大概情形疏 136/138
08～論陳言疏 004/512 109/219
～議試行印花稅並原擬辦法七條疏 132/059
～議設立保商局疏 132/006
～議旌表貞女按照節婦年限酌量變通疏 069/477 099/003 135/041
～議覆奏武科改制疏 131/507
～議更新兵制疏 131/518 153/300
～議醇親王飾終典禮疏 098/109 134/522

三八三〇四 遵（〇八）

～議預定大統疏 068/159
068/163
134/511
134/512
～議武科改制敬陳管見疏
131/509
～議武營扣餉缺額罪名摺
083/251
101/064
126/327
136/217
～議建立官書局疏 098/153
131/377
～議建築火藥庫宜在空曠之區疏 135/132
～議已故節婦未符年限分別核准請旌疏 069/417
099/004
120/080
～議垂簾聽政事宜疏
068/081
098/104
134/507
～議維持商局疏 132/007
～議順天借闈鄉試變通章程疏
131/468
～議優獎開物成務人才疏
131/455
151/206
～議經濟特科詳細章程疏
131/452
149/307
～議變通武科章程疏
131/492
～議山西礦務鐵路辦法疏
132/074
150/407
～議參酌中西政要敬陳時政十策疏 131/358
～議先儒從祀請旨准行疏
049/204
～議先儒黃宗羲顧炎武從祀疏
068/265
120/004
134/536
～議升祔典禮疏 068/185
098/108
134/519
～議特設商務大臣及特派近支宗室游歷外國事宜疏
132/273
151/431
～議御史朱琦奏海船帶運京倉米石疏 064/299
134/100
～議御史朱潮條陳片
075/421
136/035
～議鄉會試詳細章程疏
131/461
149/328
～議各省卓異人員量為變通疏
133/044
～議安置川商整頓淮綱疏
065/363
097/431

134/281
～議安置軍流徒犯疏
136/208
～議宋儒游酢從祀文廟疏
134/539
～議為人後者本身及子孫為本生親屬服制疏 077/047
136/184
～議漠河金廠開辦事宜疏
047/401
113/473
132/098
～議漠河金礦改立章程疏
132/101
～議盜案就地正法章程擬限停止疏 077/099
101/168
136/198
～議盜案分別首從章程疏
077/093
101/166
136/196
～議軍營勞績不准保至藩臬兩司疏 058/273
095/410
117/476
133/032
～議遴選生徒游學日本事宜片
149/365
～議大禮疏 049/171
068/059
098/100
107/218
119/368
124/483
134/503
～議機器溉田片 133/387
～議苗逆勦撫事宜並再辭皖撫疏 136/057
～議黃運兩河情形疏
078/269
136/305
～議中國通商銀行滙解官款疏
132/031
151/417
～議東三省邊務大略情形疏
074/325
100/377
121/048
135/440
～議撫猺新章並籲加學額疏
051/027
135/470
～議整頓釐捐章程疏
066/499
098/052
119/052
134/380
～議整頓釐金疏 134/384
～議整頓兵政敬陳管見疏
073/269
099/265
135/145
～議日本通商事宜片
132/407
～議明習算學及出洋游歷人員

疏 131/438
～議陳御史奏請釐定選補例章疏 149/071
～議鴉片釐稅事宜疏 134/353
～議開設經濟特科疏 131/451
～議興辦郵政疏 132/221
～議勝保奏請各省普律抽釐疏 066/493
098/048
134/375
～議勝保奏勸諭抽釐助餉疏 066/489
098/046
134/374
～議籌運京倉疏 064/143
096/457
134/073
10～覆通籌全局疏 075/411
136/026
18～改書院為學堂疏 131/418
21～行烟酒稅契推廣土藥烟灰抽釐疏 134/416
～旨謹陳管見疏 049/188
107/225
119/389
～旨設立農工商局片 133/399
～旨設立學堂謹陳籌辦情形疏 131/420
～旨議覆疏 131/294
～旨議覆福建船政摺 083/335
～旨議奏疏 052/360
110/421
123/163
132/485
～旨議奏興辦礦務設法擴充開採疏 083/343
127/002
～旨議煙臺續增專條及先後辦理情形疏 082/410
098/044
132/312
～旨覆議升祔典禮疏 049/178
107/222
～旨覆核東鄉縣案疏 136/179
～旨覆奏並陳今昔情形不同疏 100/309
132/377
～旨覆陳疏 135/297
～旨覆陳籌造南北鐵路辦理情形疏 102/004
～旨覆開機器局疏 132/291
～旨覆並陳今昔情形不同疏 083/073
～旨覈計川省籌解海防需費疏 135/244
～旨酌度長江水師疏 135/203
～旨改訂俄約蓋印畫押疏 132/346
～旨改設學堂疏 131/419

～旨停止捐輸並變通常例捐款疏 060/273
095/417
117/484
133/179
～旨妥議疏 049/185
107/223
119/387
～旨妥籌應挑洪湖引河地勢情形疏 051/410
136/382
～旨委員試辦磁州煤礦片
101/527
～旨出省堵勦馬賊疏
135/517
～旨勦撫越南匪徒疏
135/521
～旨保薦堪勝兩司各員疏
132/527
～旨保薦人才疏 133/043
～旨條議練兵籌餉疏
135/346
～旨督辦新疆軍務敬陳籌畫情形疏 050/222
113/129
135/170
～旨密籌防務疏 135/400
～旨巡緝邊牆片 135/516
～旨迅籌濬河培壩工程疏
051/408
136/380
～旨通籌相機弭患疏
132/369
～旨查覆川省礦務情形疏
132/085
～旨查覆官運局收支確數疏
134/190
～旨查覆東鄉一案疏
051/253
136/247
～旨查勘北運河工擬請疏築疏
051/434
108/416
136/421
～旨查明據實縷陳疏
052/104
108/263
～旨查明四女寺哨馬營兩處減河牐口情形疏 051/441
136/432
～旨直陳疏 056/081
131/209
～旨禁種罌粟請將查禁各員分別參撤疏 048/204
109/036
133/394
～旨援黔籌陳大略疏
136/063
～旨擬設新疆南路郡縣情形疏
047/470
～旨整頓吏治緣由疏
039/479
047/125
133/066
～旨釐定章程以除積弊疏
047/340

三八三〇四 遵（二一）

133/207
～旨陳言疏 039/295
～旨舉辦團練籌議章程疏
136/136
～旨興辦沛縣寨子堰疏
136/450
～旨會議疏 048/280
134/042
～旨會議覆奏疏 133/228
～旨會議懲辦逃兵疏
136/216
～旨會議日講事宜並陳管見疏
054/165
131/165
～旨會議開源節流事宜疏
060/219
096/033
118/048
133/153
～旨會勘乾河上游情形覆陳疏
051/395
～旨籌辦河防據實直陳疏
051/372
108/386
136/327
～旨籌辦防務情形疏
053/066
113/263
132/431
～旨籌議臺灣改設行省事宜疏
050/393
～旨籌議裁減勇營局費疏
135/248
～旨籌議分流南河故道陳明實在情形疏 136/340
～旨籌議分流南河故道情形疏
051/398
～旨籌備要需疏 133/231
～旨籌防泖湖再行酌度情形疏
135/430
28～儀大禮疏 041/487
40～查唐山等處礦廠並無妨礙情形稟 067/033
101/529
～查部議指詢各節據實覆陳疏
049/016
112/272
～查武員参款摺 135/355
～查畿南灾歉酌擬賑恤疏
063/283
096/489
119/299
134/019
～查獻縣河工實在情形疏
052/020
079/255
108/427
136/416
～查江西徵收丁漕疏
048/051
061/213
096/280
112/048
133/349
～查湖南綠營裁額並糧事宜疏
071/351

135/118
～查樊口情形疏 136/486
42～札籌議江西防守事宜
074/243
100/428
43～赴山東勦賊萬難迅速情形疏
076/083
100/200
136/036
57～擬官書局開辦章程疏
131/378
～擬漢口試辦商務局疏
132/015
58～撤南學會並裁保衛局疏
136/157
60～呈海防圖說疏 132/433
67～照籌議軍犯情形疏
051/158
88～籌議分流南河故道情形疏
108/393
～籌山東鹽務酌議先課後鹽章程疏 066/097
097/382
134/134
～籌勦除馬賊片 135/517
～籌直隸全局練募兵勇以重畿輔疏 135/321
～籌布置東海各島疏
074/523
135/374
～籌吉林防務疏 135/407
～籌擴充製造添配機器請撥補經費疏 135/339
～籌農工商務據寔臚陳疏
133/224
～籌開辦京師大學堂疏
131/390
149/339
～籌開辦鐵路疏 132/132
～飭核詳稿 047/390

3830_6 道

00～齊正軌序 056/347
094/459
～府稟擬廣仁倉各條批
040/357
048/233
063/071
096/475
112/197
～府州縣四項無庸減成疏
058/255
095/422
133/064
16～理說 012/541
24～德墮落之原因 168/562
60～員倡捐集貲創辦學堂疏
098/149
67～路為武備緊要關鍵策
139/177
77～學論 094/281
90～光丙戌海運記 007/142
～光湖粵平猺記 051/003
113/148
～光洋艘征撫記上 050/457
113/241

～光洋艘征撫記下 050/473
113/249

3830_7 逆

80～酋竄入俄境該國允嚴禁錮疏
083/036
132/352

3830_9 途

37～次見聞入告疏 004/467

3834_3 導

28～俗 039/083
046/434
071/027
30～淮辨 079/093
～淮計畫宣告書 163/472
～淮正議 079/001
101/317
～淮補議 052/073
079/065
101/327
108/144
121/524
～淮捷議 052/066
079/051
101/323
108/141
121/519
～淮別議 052/076
079/011
101/320
108/146
121/526
～淮興墾條議 163/459
31～河書 003/234

3864_0 敞

33～心金鑑 054/113
40～李宮保論減賦 061/359
096/309
118/368
50～肅毅伯李公論清丈書
061/111
118/365
75～陳勦盜十三條 043/159
050/136
77～閉閒座說 010/531

3912_0 沙

34～漠考 144/183
40～力第五傳 149/004

3912_7 消

25～積說贈友人 004/249
40～內憂以禦外侮說 099/451

3918_9 淡

50～素之發現 144/007
～素與水素及酸素之化合物
(即硝酸) 144/014
～素與水素之化合物
144/023
～素與酸素之化合物
144/019

3930_4 遴

60～員辦理釐金以袪積弊片 134/389

3930_9 迷

60～墨子為算法所出 107/156

4

4000_0 十

10～三道嘎牙河紀略 050/267
～三間樓校書圖記 046/415
107/403
～可勝說 099/487
125/116
27～條原稿 146/293
40～九世紀各國教育進步紀
144/294

4001_1 左

25～傳濟變錄自序 004/231
116/126
72～氏春秋釋疑 008/378
116/127

4001_7 九

10～三无平不陂无往不復艱貞无咎勿恤其孚于食有福
117/032
31～江形勢說 145/223
154/243
～江考 011/414
122/276
～江關短收額外銀兩懇恩免賠疏 134/339
～河既道解 077/429
101/335
33～減法及任用他數減試說
046/311
114/344
116/252

4002_7 力

20～爭和議電奏 083/131
～爭和議電奏一 099/478
121/063
～爭和議電奏二 099/479
121/064
21～行節儉疏 007/393
77～阻和議片 083/140
099/477
121/046
132/382
～阻鐵路請造小輪船片
132/109

4003_0 大

16～理寺少卿盛宣懷奏陳開辦南洋公學情形摺 128/440
18～政方針宣言 159/341
～政方針之建議案 159/339
22～利 126/377
24～借債駁議 166/003
～借款與財政之將來

四〇〇三。大（二四—七七）

166/022
～借款簽字之評論 166/086
26～總統之地位及權限
161/001
～總統選舉法草案理由書
162/387
27～修廣肇兩屬圍堤工竣繪圖奏明立案疏 052/130
108/265
136/516
～名浙閩總督宜復宜併疏
016/543
30～寧奉節分別添設學額拔額疏
135/014
33～冶縣稟拿獲滋事匪徒批
101/178
076/437
34～法小廉論 005/038
117/115
～沽後路建築新城疏
074/529
100/380
121/217
135/373
35～清一統輿圖序 074/009
100/270
～清一統輿圖後跋 074/013
100/271
116/208
～清一統輿圖跋 050/254
38～洋海大西洋海印度海北冰海南冰海考 081/505
083/391
123/413
42～婚典禮宜崇儉疏 056/229
131/186
50～夫子不降期親說 001/315
～秦西境 154/100
～秦東境 154/096
52～挑運河疏 011/193
60～日本農會章程 129/135
～易道德經說微 086/491
093/379
～員子弟請飭嚴加管束並准步軍統領五城御史隨時參察疏
135/039
71～臣論 095/454
103/264
124/256
～臣薦舉 004/504
117/305
～臣當以國為重論 095/449
124/255
74～陸澤圖說 011/118
76～隈伯演說於商業公所
102/345
77～閱考 099/299
125/098
～岡埠團練公局記 073/087
～同譯書局敘例 094/252
158/427
～同邊備疏 009/186
121/005
～局關係疏 056/221
131/226
～學言絜矩之道有合於萬國公

法論 107/098
～開賓館以收人才 082/283
～興商埠說 085/060
089/321
105/036
111/302
～興鐵政說 104/211
80～人論上 058/385
～人論下 058/387
～人容物愛物論 005/004
～義微言考 094/289
～命 004/297

太

10～平洋商戰說 129/296
141/355
～平洋電綫論 085/356
090/424
102/124
105/400
114/160
123/489
126/493
17～乙金鏡 008/390
116/388
26～白山禱雨文 021/551
37～湖東洞庭疏河記 080/105
101/247
50～史公劉調玉傳 015/405
77～學 126/212

4003_4 爽

32～溪書院記 042/049

4003_8 夾

78～陰傷寒症治詳述 146/341

4004_7 友

08～說 046/414
107/402
～說贈計子甫草 001/133
48～教書院規條 042/093

4010_0 士

00～庶喪禮遵制正俗議
070/021
099/048
119/412
～庶昏禮遵制正俗議
069/389
099/005
125/059
～庶昏喪遵制正俗議
049/439
110/073
08～說 047/027
～論 038/359
054/283
068/321
094/055
094/056
46～相見義 004/264
60～國世系考 111/181
80～人宜游覽以增見識論
146/083
～人官通律例說 125/243

土

00～京會議紀略 156/103
10～耳基之亂事始末 164/271
～耳其商埠考 142/133
～耳其論 086/181
092/211
106/268
107/558
123/547
127/388
～耳其現今歲計表 140/226
～耳其軍政 083/376
123/469
～耳其國 156/405
～耳其兵額考 112/394
20～番製械記 085/447
091/187
104/340
23～俄水師述略 112/393
30～官說 009/422
121/142
40～希和約 102/404
125/406
～希會議和約 102/404
60～國緣起 108/031
125/460
～國世系 125/355
～田論 040/325
77～屬兵制譯略 112/395
79～勝俄不足恃 106/365
156/165

4010_4 臺

11～北擬建一府三縣疏
044/309
047/443
075/055
134/493
30～寨條議 009/154
32～灣 127/268
～灣設官莊議 005/132
～灣不能堅壁清野狀
075/025
～灣班兵議上觀鎮軍
009/367
～灣山後未可開墾議
062/157
～灣保甲責成鄉長書
009/355
～灣城工可緩議 009/345
～灣始末偶紀 009/325
107/472
～灣吏事兵事均宜及時綢繆疏
131/155
～灣田糧利弊疏 006/114
～灣驟難改設省分謹陳管見疏
047/478
134/489
～灣鹽務考 085/145
089/509
105/179
40～南天足會則 130/310
44～地後山請開舊禁疏
044/381

050/372
075/063
134/496
70～防客述　145/323
87～餉滙兑艱難請將短絀銀數作正開銷疏　135/349
94～煤減稅片　134/367

4010$_6$　查

00～辦六塘河堤事宜疏　136/287
～辦豫省泉源河道疏　010/328
108/320
～辦江蘇清賦事宜疏　133/311
～辦東鄉縣案疏　136/167
～辦黔省漢苗情弊疏　075/131
135/471
10～覆下游各縣場產鹽額數並設卡各要隘稟　048/535
112/261
～覆虎門排鍊礮臺疏　074/507
101/004
121/203
135/371
～覆淮北鹽務疏同　150/004
～覆濟陽縣徵收錢漕疏　133/364
～覆滇銅低成疏　134/468
～覆封閉山林事宜狀　006/339
～覆東河碎石工程情形疏　078/139
136/291
～覆招商局保借洋款辦理萍鄉煤礦摺　142/411
～覆銅山縣利國煤鐵礦務詳文　067/041
20～悉工程積弊請飭部妥議章程疏　051/285
26～得日本整頓鹽務大概情形說略　150/316
28～復兩江營務處被參各員摺　135/358
36～視秘魯華工記　083/260
101/085
156/239
44～堪江漢堤工疏　108/262
～地陋規擬請化私為公疏　133/452
～考西伯利亞茶業　102/339
～革河南河工積弊並擬改章設局疏　078/193
101/288
136/293
～勘應修黄河南岸長堤及設官修守疏　051/355
108/382
136/299
～勘襄河各屬被淹情形疏　080/225
136/481
～勘龍州鐵路事宜稟

085/304
090/311
102/012
105/315
114/023
122/391
～勘磯臺河湖情形酌擬導淮辦法疏 052/081
121/529
136/507
～勘礦廠情形試行開採疏 113/467
～勘盧漢鐵路情形說帖 102/034
～勘畿南水利情形疏 011/088
108/221
～勘山東黄河並酌擬辦法疏 051/385
～勘山東黄河情形並酌擬辦法疏 108/389
～勘獻縣河務並擬辦工程疏 052/018
079/249
101/383
122/172
136/415
～勘江北舊黄河情形疏 051/392
078/375
136/375
～勘江漢堤工疏 052/098
136/485
～勘江漢堤工摺 045/433
～勘江漢情形酌擬辦法疏 080/231
136/482
～勘河湖情形酌擬導淮辦法疏 079/121
136/369
～勘濱湖堤垸情形疏 011/418
～勘滇省礦廠情形試行開採疏 067/065
101/504
119/209
132/067
～勘海口東刷通暢疏 010/356
～勘堰盱石工籌議大概情形疏 079/307
136/439
～勘萍鄉煤礦情形條陳 084/494
089/157
101/534
104/177
113/489
～勘黄河舊道謹擬酌辦情形疏 051/388
108/391
～勘黄河舊道情形酌擬辦法疏 078/353
136/335
～勘黄河入海情形擬減水分流疏 078/345

136/333
～禁晉省鶯粟各項請分別勸懲疏 048/208
109/038
133/396
～禁私坑灘地疏 011/407
～禁蘇州供布津貼疏
133/380
～禁茭蘆佔塞河道示
011/038
122/185
60～囤戶議 021/341
063/439
67～明廣州駐防額設馬匹疏
136/127
～明兩浙鹽務積弊籌議章程疏
066/211
134/215
134/215
～明百泉丹洹閘壩情形疏
079/373
122/043
136/447
～明川庫收支數目疏
133/193
～明川省官運款目並原奏情形不符疏 066/331
119/198
134/186
～明角子山地方險阻擬酌撥練軍駐紮毋庸改設通判疏
050/418
135/439
～明淮北課釐情形疏
134/255
～明寶泉局鼓鑄制錢並搭放兵餉疏 134/467
～明江蘇產地布捐請酌徵收疏
134/414
～明津案大概情形疏
155/171
～明運河水誌情形疏
079/331
101/402
136/445
～明九江關實在情形並籌變通辦理疏 134/336
～明梧關病商實情並釐剔一切弊端疏 049/059
112/085
134/345
～明勘礦廠情形試行開採疏
047/383
～明黃河經過各屬地方疏
051/402
108/394
136/332
～明朝鮮貧民佔種邊地擬請一律領照納租疏 048/130
133/433
～明折徵礙難再減疏
133/321
～明丹徒縣徵收漕糧續加公費請永遠減免疏 133/308
～明鹽務無引羨裁請予豁免疏
134/210

～明無著殘積各鹽引請飭部注銷疏 134/209
77～閱江蘇營伍事竣疏 071/333
135/114
～閱沿江礮臺復禀 153/367
～閱海防礮臺疏 135/387
78～驗豫東各廳垛完竣疏 051/297
136/296
80～拿煙販收繳煙具情形疏 136/226

4010_7 直

23～綫代拋綫之作法 143/428
25～積加股倍之開平方仍與股等又股弦和開平方與句等求句股弦數 158/270
27～督袁密奏英日合盟有關中國大局宜速定政策摺 128/151
～督袁奏募練新軍章程 130/033
～督奏明武毅新軍出境操練片 153/283
40～境開辦礦務疏 132/071
45～隸辦賑疏 040/487
～隸試鑄制錢現擬籌辦疏 134/466
～隸水道圖說 011/046
108/148
122/078
～隸水道管見書後 079/153
122/117
～隸河道工程事宜疏 011/133
～隸河道大概情形疏 079/173
101/377
136/393
～隸河圖說 011/049
～隸清訟事宜十條 039/423
047/100
077/281
101/119
110/229
121/370
～隸軍宜速成疏 135/079
～隸土性宜稻有水皆可成田議 051/506
108/234
122/133
～隸藩司周諭委員查禁說帖 130/366
～隸藩臬調和民教緝捕盜匪詳文 130/371
～隸藩臬兩司諭飭地方官與委員辦理土匪事宜說帖 130/073
～隸防捻各守河岸議 076/041
～隸開平煤礦辦有成効疏 067/025
101/503
119/219
50～接稅及間接稅 152/225
51～指官箴二大玷疏 002/169

75～陳時弊四條疏 056/087
095/107
117/221
131/202

4010_8 壹

44～權量議 046/495
096/026

4012_7 坊

44～苗 009/477

4016_1 培

40～才論上 094/519
～才論下 094/520
47～根學派 143/001
60～國脈肅政體疏 056/013
094/361
124/050
131/193
80～養人才疏 084/048
087/110
103/049
109/277
117/100
131/279
～養人才摺 039/525

4016_7 塘

10～工及長安河事宜 045/513
052/158

4020_0 才

08～論 057/119
094/534
117/094
27～多說 124/066

4021_4 在

10～一統志館上當事諸公書
074/285
100/483
116/152
35～禮曹日與堂上官論事書
058/171

4021_6 克

00～鹿卜廠製造鎘鋼甲板說
102/492
125/440
～鹿卜砲說略 113/055
37～郎大哀克金鑛 102/324
60～里迷亞之戰本末 156/082

4022_7 布

26～帛贏縮說 002/328
006/295
～帛交易說 020/289
64～哇事仲問答 102/526

南

00～言二 075/189
121/133
～京派辦處遵議出洋游學章程
詳文 128/394
11～北兩路卡倫總敘 050/231

四〇二二七
南（二二一七七）

～北兩路山水總敘 051/455
～北洋船隻升炮示敬章程 104/329
～北洋回答國砲儀制章程 104/328
～北路開山並擬布置琅　㤈後各情形疏 044/387
050/375
134/499
～疆逸史跋八 057/189
22～嶽市記游 009/144
30～宋浙江酒課考 049/040
066/437
31～滙縣稟尊經閣崇祀經師批 068/279
～河揚工漫口宜因勢利導疏 078/105
136/283
34～滿之富源 167/484
35～漕改折宜興北方水利說 154/075
～漕改折有益無損請飭妥議施行疏 133/290
～漕改折摺 096/289
124/320
～漕折色私議 146/239
～漕分成折色易滋流弊疏 061/177
133/269
37～澳氣 009/320
～運河放淤記 010/545
～運河西岸不宜堤說 010/546
122/019
～運河修防條議 010/542
108/407
122/023
38～游記 004/273
107/404
～洋 127/270
～洋諸島致富疆說 083/424
～洋形勢 044/327
052/295
115/131
121/247
～洋羣島商埠考 142/124
～洋防務閩粵江浙聯絡一氣議 113/275
～洋兵輪戰守議 145/513
～海先生四上書記序 086/524
093/446
～海先生四上書記後序 086/525
093/449
～海九十六鄉倡辦不纏足會敘 086/236
092/333
41～極 102/249
～極新地辨上 154/190
～極新地辨下 154/193
60～田弛禁議 062/307
～邑唐氏續修族譜序 049/288
72～兵尚未接防疏 135/519
77～學會第一次講義 147/457

～學會敘 099/242
130/291
158/463
80～美洲伯拉西兒風土記
156/474

內

00～府藏書記 007/489
08～旗 127/258
150/278
17～務府向不干政片 058/149
095/358
117/315
18～政以弼教明刑為要論
094/388
124/053
28～倫 008/067
31～河行駛小輪試辦新章
104/371
～河輪船宜嚴立規條論
102/114
104/378
125/310
77～閣制之精神 159/184
～閣侍讀學士惲毓鼎議覆新政摺稿 128/137

希

72～臘大帝亞力山大傳
084/171
088/003
102/253
111/135
123/544
～臘羅馬總論 086/379
093/120
106/337
123/541

有

00～高才能文章三不幸論
001/175
08～議在淮徐間興畜牧公司者試究論興建之指詳擬設施之要
111/457
10～礮彈最遠界十里求彈於空中每秒應行之速 158/265
27～約各國君后總統姓名錄
128/236

4033_1 赤

38～道下無人才說 106/389

志

27～壑堂序 005/021

4040_0 女

17～子教育宗旨 144/523
～子普通學級表 144/520
48～教 082/541
094/316
～教經傳通纂序 008/097
107/277
77～學愛國論 144/533
～學利弊說 128/454
～學德育論 144/532

～學校規則敘　144/509
～學體育論　144/565
～學會書塾創辦章程　103/498
～學智育論　144/536

4040_7　李

00～廣論　073/173
～廣安溪屯田議　096/380
24～德裕納維州降將論　083/174　099/364
37～鴻章任道鎔張汝梅會奏大治黄河摺　146/289
46～槐堂傳　013/119
50～東陽論　039/389　047/071　109/380
67～明智上商務大臣籌辦土藥公司條議　129/251
80～公祀記　017/155

支

17～那辨亡論　084/124　087/360
～那保全論　148/142

4046_5　嘉

05～靖大禮議　042/109
30～賓水利論　052/033　108/206

4060_0　古

08～議院考　082/261　084/236　088/147　098/364　109/425　126/271
30～之醫學失傳論　114/456
33～浪水利記　080/345　101/457
40～希利尼建國考略　130/195
～希利尼沿革考略 雅典　130/197
～來用兵兵多者敗　008/444　112/293
44～者貨貝論　007/289
50～史鉤沈論　086/265　092/394
77～學校考　007/502　107/295
～巴島述略　157/010
～巴領事採陳近日情形節略　111/186
80～人喪服之學　008/121　107/264
～今工程異同說　083/313　101/228
～今五服考異序　008/199　107/248
～今天下時局論　145/037
～今字學源流考　107/161
～今海運異宜　112/141
～今中外通商源流考　104/465

127/057
～今無慶生日文 001/215

4060_1 吉

44～蘭泰鹽池客難 007/232
～林設立官帖局商民稱便擬籌撥經費疏 134/463
～林水道圖說 011/473
108/109
122/073
～林根本說 074/313
121/024
～林防務 050/396
074/309
100/425
90～省墾務局章程 096/401
～省缺少員多陞補壅滯請援案疏通疏 133/046

4060_4 奢

00～吝說 007/372

4062_1 奇

54～技不獨出泰西論 146/118

4064_1 壽

77～屈肅卿先生 012/353

4071_0 七

18～政高下說 082/112
094/173
116/201
～政解 003/218

4073_1 去

20～爭論 004/287
109/115
28～僧尼 003/074
50～毒 097/206
124/454
72～劉河七浦新聞議 011/253
122/193
77～學校積弊以興人才論
083/027
098/208
124/491
88～繁文而修實政札 039/129

4073_2 喪

08～說 001/225
27～歸宜入家論 042/275
049/358
070/053
35～禮論上 026/397
042/253
049/350
～禮論中 026/401
～禮論下 026/405
042/257
049/352
～禮二條 008/143
～禮正俗 070/025
099/039
～禮經傳約 008/133
37～冠說 001/268
44～葬解惑 001/353

008/186
47～婦宜入家論 099/047
～棚迁解 008/130
52～刺答問 001/265
008/150
72～所生母雜議 001/301
008/212
119/464
77～服 008/141
～服三條 001/260
008/152
119/456
～服正等篇 070/153
099/036
125/064
～服改制篇 070/157
099/037
125/064
～服繼母如母解 001/300
008/213
～服私論 070/165
099/031
119/486
～服或問 008/203
～服足徵記書後 070/225
80～父有繼母訃不稱哀議
008/150

袁

17～胥臺父子家書跋 060/095
118/023
～郡防軍報銷上善後局請示稟
072/175
100/477
120/386
40～爽入公卿致兩湖書院監督梁節菴太史書 130/474
60～口閘啟閉議 010/527
72～氏立命說辨 001/072

4090_0 木

60～星添月新說 145/575

4090_3 索

28～倫營捐築營堡擬請借款建蓋住房疏 135/523
32～逃犯議 051/218
110/207

4091_7 杭

32～州電燈公司章程 151/476
～州治火議 003/080
010/196
37～湖蘇松源流異派同歸說
011/387
40～嘉二府瀕海形勢考
096/200
～嘉湖三府水道總說
011/375
122/219

4094_8 校

13～武說 105/450
125/099
21～經書院學會章程 130/293
77～閱滇黔省營官兵情形疏

135/123
87～邠廬抗議自序 055/425
116/551

4098₂ 核

00～辦永定河工程款項疏
045/353
052/003
079/221
108/421
136/402
08～議安撫逆回詳稟 076/221
100/243
30～定錢漕科則疏 048/032
133/304
33～減紹屬浮收錢糧疏
040/247
047/515
112/037
～減漕南浮收並禁革陋規疏
112/037
～減臺煤出口稅片 053/299
112/080
～減典商利息酌定贖限擬發官本疏 133/469

4099₄ 森

44～林利用論 141/217
～林保護論 141/252
～林定義論 141/245
～林所有權論 141/223

4111₇ 埴

00～市論 066/377

4112₇ 壩

10～工篇 108/343

4114₀ 圩

22～岸公修議 080/149
60～田圖記 011/348

4144₀ 奸

77～民誘拐人口賣與洋船變通懲辦章程 051/207
110/202

4191₄ 極

08～說 046/314
114/346
116/254
75～陳借黃濟運之弊疏
010/346

4191₈ 柩

10～不入門辨 008/178
119/502

4192₇ 樗

44～繭譜說繭 141/182
～繭譜說樹 141/180

4194₇ 板

77～閘喻 079/371

4196₁ 梧

32～州商情論 097/031

4210₀ 封

77～股對 008/085
120/077

4212₂ 彭

72～剛直公奏稿談兵書後
145/349

4227₂ 猺

70～防 075/175
100/437

4240₀ 荆

30～宜施道稟沙市客幫懇變抽釐章程批 066/559
32～州育嬰堂記 017/357
040/213
～州論 009/140
108/048
～州窖金洲考 011/409
122/268
77～門州稟陳設法籌解各款批
060/341

4241₃ 姚

41～姬傳文錄序 039/039

4246₄ 婚

46～姻 128/309

4252₁ 靳

00～文襄公治河事狀 045/185

4282₁ 斯

30～賓塞爾勸羣學 144/357
～賓塞爾原善惡 168/581

4291₀ 札

00～麻城吳令 047/240
109/375
26～吳翥堂觀察 006/342
108/276
～總糧臺 072/173
100/112
120/380
27～鮑游擊超 073/259
～各州縣論錢漕吏胥
047/498
112/028
～各州縣革除錢漕弊政
061/277
～各屬 016/533
42～荆宜施道 060/339
77～開商務 097/060
84～饒州府密查鄱陽縣催科收呈等事由 059/281

4292₂ 彬

32～州論 100/289

4295₃ 機

27～船說略 114/123
～船濬河議 125/344
66～器 150/474

～器說 085/009
089/212
102/189
104/228
113/414
122/343
125/282
～器論 044/335
～器議 118/185
～器到工已齊並船廠現在情形疏 051/277
132/160
～器到工已齊並船廠現在情形摺 045/125
～器製造土貨大有益於中國論
129/228
～器代耕牛說 108/466
～器織布紡紗宜用中國木棉方可收回利權論 102/154
125/279
～器織布利弊說 125/280
～器窮源論 114/111
～器有益論 114/120
～器局購地添置火藥片
132/291

4304_2 博

27～侯異瑞記 017/205
～物開會說 105/156
151/345
78～覽會考 081/431

4313_2 求

08～放心說 046/046
10～雨說 063/483
096/538
21～儒救民說 147/286
24～備減表 114/292
33～治 055/275
094/351
116/557
40～才說 094/523
60～是報敘例 158/425
77～闕齋記 158/313
～闕齋日記一則 046/045
～闕齋日記二則 046/099
～闕齋筆記 054/423

4313_4 埃

17～及變政考 130/199
～及近世史要 156/451
～及國千年來事實考
130/201

4315_0 城

10～工善後管見 078/167
30～守篇 009/069
113/115
40～南書舍圖序 055/161
60～固縣勇烈節孝彙編跋
027/511
～固縣四大堰合脩議
036/407
080/311
74～陵磯義渡記 010/193
120/495

76～隍考 007/446
107/205
119/410

4323$_4$ 獄

60～囚 083/232
101/139

4325$_0$ 截

13～球解義 046/233
114/308
116/330
～球矢求截球上蓋積
114/311
～球餘弦求截球積術
114/310
20～停淮北餉鹽設法整理以復舊制摺 041/157
35～清撥款減營節費疏
135/253
77～留漕糧以充積貯劄子
002/523
006/364

4343$_2$ 嫁

08～議 069/487
099/010
125/061
17～娶 008/107
110/076

4346$_0$ 始

37～祖先祖之祭 001/397
008/280
80～入官如入晦室 077/135

4375$_0$ 裁

18～改兩江防練各軍疏
135/463
21～衛屯議 064/051
120/421
28～徹夫馬局請旨立案疏
050/061
～併通商大臣酌議應辦事宜疏
132/269
～併局卡添設旱卡片
134/397
30～官論 005/142
117/273
33～減勇營口糧片 135/252
～減公費禁止水禮各緣由疏
047/351
111/236
133/211
34～汰海軍以節餉項論
166/353
～汰屯衛大概辦法疏
133/451
40～杭嘉湖漕糧浮收記
061/443
44～革潼關額外站馬牛車碑記
019/307
～革道府規禮籌給公費片
133/018
～革陋費稟 048/557
50～屯田議 050/021

096/389
58～撤夫馬局疏 062/041
096/286
118/393
136/123
～撤釐捐倣行印花稅說
124/311
66～嚴郡九姓漁課並令改賤為良記 071/121
72～兵私議 099/349
130/077
～兵芻議 099/354
113/373
～兵宜先裁劣弁以復制兵舊額
099/423
113/376
～兵加餉說 113/383
～兵節餉論 099/347
～兵憤議 113/375
76～驛站議 100/132
125/225
80～差役尤急於裁書吏論
124/271

4380₅ 越

40～南積弱不振豫籌保衛邊境疏
135/520
～南通商禦侮說 106/408
156/183
～南道里錄 044/347
～南地輿圖說序 044/345
～南未能自強疏 135/519
～南國紀略 108/007
125/467
～南當親法自存 106/410
156/187
78～險阻體操說 139/354

4385₀ 戴

10～天偶述 055/399
116/559
44～村壩議 010/527
122/012

4398₆ 檳

47～榔江考 050/284
108/124

4402₇ 協

00～辦浙江條石動款疏
136/528
27～紀辨方書 008/392
116/385

4410₀ 封

12～列國以保中國論 148/089
15～建論 004/437
039/257
116/531
～建郡縣說 039/253
046/491
056/329
44～禁山說 062/319
096/407
70～駮 004/355
82～鍾方伯濟南風土利弊問

018/385

4410_4 墓

27～祭 001/417
008/305

4411_1 堪

77～輿質疑說 114/448

4411_2 地

00～產之得常租者 140/061
～方債借入法 140/446
～方債總論 140/442
～方債期限及償還法 140/448
～方自治制芻議 163/034
～方初審 077/139
101/109
07～畝 006/084
10～丁正名 061/053
096/336
～丁原始 061/045
096/333
118/337
～震說 154/200
～震論 144/162
～震解 124/182
～震考 144/188
～震別解 154/237
13～球六大罪案考總序 086/317
092/512
115/314
～球大勢公論總序 082/394
084/151
087/421
096/194
107/482
～球地名表 114/437
～球考源述證 114/438
～球植物學堂記 084/440
089/040
104/003
118/244
～球圖跋 154/185
～球問答 114/438
16～理崇正序 001/371
～理考原跋 008/190
～理歷史教授法 144/502
～理學講義序 143/323
～理與文明之關係一 143/257
～理與文明之關係二 143/267
24～動說 082/111
094/169
～動問答 114/440
27～租法論 140/008
34～為行星說 094/173
37～運趨於亞東論 082/394
084/158
087/437
096/195
107/489
40～壇配位 007/428
107/202

44～勢戰法學　139/161
～勢分類戰守法　139/164
～橢圓說　082/110
116/433
60～圖說　009/171
108/054
～圖經緯說　082/113
094/169
116/435
～圓解　126/512
72～質學叢談二則　144/185
～質分類詳述　144/147
99～營說上　145/486
153/064
～營說中　145/488
153/067
～營說下　145/490
153/068
～營兵輪二說合抄　145/357

范

00～文正公王荆公合論上
055/385
～文正公王荆公合論下
055/387
13～武子請老卻獻子為政論
057/175
25～仲淹論　005/007
107/115
117/215

4411₈　菹

11～北京商會歡迎會演說辭
168/176
～北京大學堂歡迎會演說辭
167/308
22～任宣言書　159/334
～任求言示　005/252
～山西票商歡迎會演說辭
168/184
23～參議院宣布政見　159/266
～參議院之宣言　159/263
25～佛教會歡迎演說辭
168/526
44～世界語學會演說詞
167/442
～共和黨歡迎會演說辭
160/349
47～報界歡迎會演說詞
159/244
60～國民黨歡迎會演說辭
160/356
77～民主黨歡迎會演說辭
160/339

4412₇　蒲

32～州府復涑姚二渠記
011/334

勤

18～政殿說　004/350
21～能補儉論　115/465
22～種植以廣地利說　104/098
126/451
43～求治理疏　056/021
094/337

53～戒淺語 095/305

4414_7 鼓

74～勵游學生徒說 125/003
84～鑄議 007/336
～鑄銅幣說帖 097/274

4414_9 萍

27～鄉煤礦有限公司招股章程
129/179
150/463

4416_0 堵

60～口問答 100/359

4416_1 塔

10～爾巴哈台調查錄 163/350
～爾巴哈臺界約首段
053/377
110/519
123/344
～爾巴哈臺界約第一條
053/377
110/519
123/345
～爾巴哈臺界約第二條
053/378
110/519
123/345
～爾巴哈臺界約第三條
053/379
110/520
123/345

43～城裁減兵丁疏 135/127

4416_4 落

44～葉栽培法論 141/132

4416_9 藩

57～邦 083/033
099/147

4418_6 墳

99～塋禁步應遵定制疏
049/365
070/133
099/025
107/274
135/050

4420_7 考

03～試 149/222
～試上 149/226
～試下 149/232
～試西學西法議 103/485
～試宜增門類論 103/483
～試技勇仍請變通舊制疏
099/262
～試點名除弊法 007/534
～試月課分別勸懲以清吏治疏
039/463
10～工 126/468
25～績 126/279
27～槃集序 005/023
30～察商途說 105/152
～察近事謹陳管見疏

153/271
～察地勢條段 139/187
～察地勢用法 139/186
37～祀典正禮俗疏 007/452
107/206
40～核官引票鳌各局徵收款項片
134/318
44～舊知新說 104/303
50～泰西各國銕路源流建置
129/432
53～成後編法與現行西法陳密考
143/455
77～醫說 114/476
～印花稅章程 152/214

夢

16～理精說 086/486
093/366

4421_1 荒

00～産宜設法杜弊疏 040/275
18～政 002/470
006/425
021/255
040/397
110/081
～政不弛刑論 010/065
～政綱目 006/421
110/079
119/265
～政輯要附論六條 006/447
～政全策 040/441
048/316
110/131
60～田議 006/191

4421_7 蘆

27～綱懲累請減成本疏
150/008
34～漢鐵路行車合同 142/450
～漢鐵路探路記 129/424

4422_1 荷

44～蘭商埠考 142/141
～蘭牧牛篇原種 141/153
～蘭軍政 083/376
123/470
～蘭國緣起 108/033
125/461

4422_7 薦

77～舉人材議 103/292

幕

13～職問答 128/276
40～友說 047/289
059/355
～友論 005/397
109/409
～友通論 040/107
77～學說 047/290
059/359
117/496

萄

44～萄製酒說 084/455

089/073
104/018
109/053
118/229
～萄牙商埠考 142/147
～萄牙近年貿易出入額表
142/018
～萄牙軍政 083/377
123/471

勸

00～廉祛弊疏 001/188
～辦積穀收有成數疏
133/526
～裹民種桑說三則 006/303
111/416
118/191
03～誡委員四條 039/511
047/111
117/431
～誡紳士四條 039/441
039/493
～誡州縣四條 047/109
117/430
～誡淺言四則 046/103
107/050
～誡淺語 057/431
～誡營官四條 043/209
050/169
113/001
06～課獎勵議 051/520
122/147
07～設義倉章程疏 006/415
112/192
08～施米湯約 002/500
006/478
063/447
110/105
119/296
～旅居外埠諸父老遄回故里文
163/451
～諭育嬰堂示 040/221
～諭涇陽諸縣士民條約
051/479
080/325
108/255
～諭士民示 003/043
～諭陝甘通栽種樹木示
082/501
～諭監犯文 003/178
10～工強國說 085/003
089/198
101/224
104/221
113/409
17～酌提祠產周濟貧族示
069/271
098/399
20～集礦路公司議 142/430
22～種橡養蠶示 006/309
111/422
～種桑樹檄 006/298
111/418
24～化苗民改裝頗有成効疏
044/395
075/147

135/477
～告各都督息爭議泯猜疑文
164/031
26～息訟說 077/201
101/125
～釋纏足說 158/441
27～各郡縣廣購中西有用書籍以興實學說 124/124
～各處息鬧教說 111/126
146/504
～各鄉鎮施種牛痘說
106/437
146/356
～各省紳商踴躍輸將說
100/108
125/147
35～速葬示 070/125
099/078
119/507
40～士條約 054/363
094/073
124/116
～士條約一 038/363
～士條約二 038/371
43～求治理疏 124/037
131/194
44～孝說 115/478
～葬說 070/097
099/077
125/067
～華人集股說 111/477
～樹桑議 048/178
062/503

097/003
118/194
50～忠崇讓疏 005/030
53～成都省城內商民積穀示
040/389
～戒上海國會學及出洋學生文
130/491
～戒學生文 124/115
55～農三策疏 006/265
108/446
118/108
～農家廣種二麥以支來歲說
109/041
56～捐牙帖酌議變通辦理疏
134/366
60～置學田說 042/081
049/224
068/381
098/237
107/413
～買布說 063/455
71～蠶說 097/007
74～助行營醫院費說 146/354
77～同志勿用壽字緞說
001/221
～學篇 094/069
116/094
124/113
～學篇示直隸士子 038/407
046/081
054/371
107/043
～學篇書後 107/077

148/151
～開湖南煤鐵礦示 067/051
101/537
119/221
～民種殖講學疏 005/340
～民緒言序 002/012
～民早種早收論 062/467
096/411
～民蠶桑詩說序 040/331
048/183
062/507
097/003
～民開溝除潦示 006/335
～民開塘治田示 062/497
096/416
118/117
～民間質穀論 006/412
～民間開溝除潦示 108/274
87～糴書 063/419
94～惜穀說 071/111

蕭

71～長源奏疏序 005/020

4423₂ 蒙

38～游紀略 155/102
40～古 127/262
～古水地志序 009/198
～古政治考 163/221
～古像教志序 009/200
086/381
093/127
～古之富源 167/487
～古字類表序 007/486
116/497
～古源流 009/189
107/481
～古游牧記自序 074/281
～古臺卡志序 009/198
116/203
～古考 096/201
～古聲類表序 007/482
086/440
093/260
107/174
116/497
～古盛衰論 130/467
～古氏族表及在京氏族表總序
009/197
～古冊降表序 007/487
44～藏哀詞 163/188
77～學課本二編編輯大意
158/051
～學課本初編編輯大意
158/044
～學課本初編字類略式
158/046
～學藝塾說 088/386
～學報演義報合敘 158/429
～學報博議 158/469
～學公會啟 157/465

4424₇ 蔑

32～州宜鑿井記 020/369
040/345
048/192

～州地利議 018/381

蔣

67～明府祭田學田記 042/113

4425$_3$ 藏

20～番驅逐洋人派兵彈壓保護片 132/302

40～內善後事宜疏 009/239 113/195

50～書 082/538 094/089 124/126

60～蜀界務圖說 155/084

81～鑪總記 009/237

茂

40～才 004/186 116/040

4430$_4$ 蓬

32～溪南部釐務情形片 134/314

4433$_1$ 熱

08～論 143/592

21～能變定質為流質變流質為氣質論 143/560

88～籌河工久遠大局疏 136/277

蕪

37～湖商務詳定保商章程 129/254

燕

30～寢考序 049/159

蒸

38～汽動機說 094/139

4433$_6$ 蔥

22～嶺 127/274

煮

61～賑 006/452

4433$_8$ 恭

04～讀六月初一日上論敬陳管見 098/290

～讀五月二十二日上論敬注 098/143

～讀五月初五日上論謹再注 103/113

～讀五月初五日上論謹注 103/116

～讀電傳上論敬謹再注 146/480

～讀武場改試鎗砲上論謹註於後 106/001 112/359

～讀上論發憤為雄速議制度書後 098/355

～讀上論保奏人才書後 146/482

～讀上論各直省督撫設法開辦

礦務謹注 127/017
～讀上諭裁兵節餉謹注 113/384
～讀上諭舉行經濟特科謹註 103/405
～讀催辦鐵路諭旨謹註 102/003
～讀整飭保舉諭 103/297
～讀四月二十三日上諭敬伸其義 103/106
47～報到江蘇巡撫任竝陳地方情形疏 131/133
～報撤師日期並調度劉軍安置越民情形疏 053/431
121/055
132/435
～報馳抵粵西即赴柳州暫駐籌勦疏 136/001
～報會同俄員勘界立牌繪圖補記遵旨畫押各日期疏 053/408
113/140
123/363
57～擬聖主親征議 099/259

4433~9~ 懋

14～功同知等缺改章揀委片 133/049

4439~4~ 蘇

17～郡田賦議 006/128
23～皖招墾晉豫流民為難情形疏 133/443
27～彝士河原始 142/558
32～州租界租地章程 086/048
091/404
110/393
123/397
～州日本租界章程 086/042
091/392
106/077
110/388
123/391
～州牙釐局詳復議行印花稅文 140/237
～州關道陸擬辦租地章程 106/081
110/391
123/395
～州關道陸擬呈經管官建市屋章程 106/083
110/392
123/397
48～松水利考 080/069
101/450
～松浮糧疏 006/137
～松太道袁觀察上蘇撫擬設勸工所稟 129/199
～松太關道移上海商務局整頓茶務咨 151/403
～松太常鎮減浮減賦議 061/373
～松杭湖源流異泒同歸說 122/206
77～學景賢錄序 001/113
90～省立學堂議 098/210

～省設局刊書疏　039/503
046/447
107/365
131/158
～省水利工程擇要舉辦疏
080/089
101/441
125/327
136/468
～省續辦沙洲清丈現已完竣片
048/081
～省保甲說　100/187
125/188
～省宜設立蠶桑學堂議
104/110
～省宜設立養蠶學堂議
097/004
～省防營餉項擬請循舊支放疏
135/268
～省並無洋銀出洋疏
134/459

4440_7　孝

17～子喪父有繼母訃不稱哀議
001/257
53～感縣志田賦總論　006/100

4440_8　萃

47～報敘　158/382

4442_7　募

17～勇士　032/171
044/421
20～集國債法　140/411
25～練北洋新軍章程疏
131/520
～練長興難民議　073/119
120/306
27～修育嬰堂疏　017/361
77～民屯邊議　062/263
096/388
118/173

萬

00～充宗墓誌　004/233
～言疏　002/103
～言策　073/201
099/460
120/286
10～工堰記　036/419
22～山茅屋記　030/371
27～物不能自然生化說
144/064
40～木草堂小學學記　086/359
093/073
107/434
44～孝子割股議　001/460
60～國貨殖論　084/430
089/016
103/513
122/556
～國總說　083/438
～國憲法志總論　137/109
～國賽會保護商牌公約
129/273
～國公政說　082/200

086/277
092/422
094/391
106/291
～國公會源流記 142/151
80～全策 115/386

4443₀ 樊

43～城新堤記 045/431
052/103
080/247

4444₁ 葬

08～說 001/348
～議 070/093
099/074
44～考 001/345

4445₆ 韓

14～琦論 005/009
107/115
117/216

4446₀ 茹

80～公渠記 011/306
122/254

4450₄ 華

00～亭南蕩張氏支祠記 049/426
070/397
～文西文利弊論 082/025
10～工 126/469
～下朱子祠記 012/319
038/299
22～山記 013/369
30～官宜通西情說 095/314
34～法聯進會宣言書 164/127
38～洋交涉要論 145/152
～洋訴訟釋義告行政官司法官 162/465
～洋輪船駛赴中國內港章程 152/365
44～英讞案定章考 084/269
088/224
103/364
110/223
123/316
～茶公所節略 151/453
53～捕不逮西捕說 100/187
～盛頓傳 149/035
～盛頓布倫士維廉合論 128/232
78～陰王氏宗祠記 008/016
～陰李亮傳 015/343
80～人宜習西律說 103/359
～人宜習西學仍不能廢中學論 094/323
145/565
～人宜通西文說 126/153

4450₆ 革

00～商州儒學諸生丁憂陋規揭示 025/273
10～丁憂起復陋規及祝儀示 025/275

～雷得島交涉情形 156/476
46～場稅疏 006/142
78～除漕務積弊並減定漕章密疏 041/051 047/494
80～命論 164/054
～命相續之原理及其惡果 164/057
90～火耗 005/335 117/368
98～弊從權恐滋流弊疏 062/011 096/287 133/357

4453₀ 英

00～商公司據印度及亞美利加考 083/421 125/389
～文宜通行地球說 127/427 157/475
17～君主准設英倫務農會詔 140/459
～君主治國論 127/358
20～重通商 106/138 151/276
～重防俄 106/129 156/161
21～緬兵爭現擬籌布邊防疏 053/433 132/437
23～俄兩國猜忌日深說 111/067
～俄爭阿富汗有關中國邊務說 106/354
～俄經營亞洲 106/132 156/169
～俄為兩敵論 130/273
～俄畫界條款 127/366
～俄巴馬界約 145/161
～俄合從策 127/357
24～德法俄美日六國學校數目 083/029 102/299
～待中國意見不同 106/135 155/253
26～皇維多利亞述 149/043
27～名士日也美崇氏論中國紡織業 104/095
～名士與機匠問答節略 157/018
28～倫奉旨設立農會章程 129/142
30～宜保土 106/130 156/162
34～法兩國近年進款清單 128/554
～法水戰論 126/351
～法俄美日本學校規制 083/024 102/294 125/367
～法德俄四國志略書後 145/083
40～士李提摩太上合肥李傅相書 128/174

四四五三。英（四〇—六〇）

～吉利商埠考 142/135
～吉利現今歲計表 140/185
～吉利近年貿易出入額表 142/005
～吉利軍政 083/362
123/449
～吉利海軍軍艦及分泊各地表 139/065
～吉利大王亞勒腓傳 149/002
～吉利陸軍述要 139/031
～吉利用商務闢荒地說 083/423
106/129
129/288
44～藏交涉始末記 164/242
～舊約第三條 053/367
110/513
123/337
47～報論政府不宜助突厥 086/124
092/085
106/151
～報館與機匠問答節略 127/052
48～教士米氣君論教案起釁之故 130/409
60～日宜竭力保中說 128/168
～國商務說略上 129/289
～國商務說略下 129/291
～國商務總論 102/335
125/387
～國議設商業報知局 141/412
～國工程法律與別國相比 151/005
～國下議院論土亂及英國應如何辦法 126/263
～國下議院議論土亂及英國應如何辦法 086/174
092/195
106/142
107/554
126/258
～國下議院議土亂及英國應如何辦法 126/267
～國礦產表 142/467
～國水師幼童升遷情形 127/362
～國水師考 085/430
091/150
112/361
～國水軍流源考 130/120
～國刑律 138/270
～國政治考 130/183
～國紡紗廠情形 102/493
～國各屬地車道紀略 152/272
～國紀略 130/184
～國緣起 108/011
125/447
～國倫敦博物院書樓規制 082/539
～國之政黨政治 159/092
～國憲法志 137/193
～國近代戰事記略 083/360

～國大行君主印度大后帝大維多利亞外傳 128/227
～國大赦奴僕記 086/315
092/506
115/445
～國機器師與某論俄事書 156/432
～國格林礮考 113/049
～國教育統計表 144/204
～國教養貧民法 138/153
～國國家總銀行考 082/424
102/350
～國陸軍考上 130/113
～國陸軍考中 130/114
～國陸軍考下 130/116
～國印花稅章程 140/240
～國印花稅章程續編 140/287
～國印花稅例摘要 140/298
～國印花稅始末並籌中國節略 140/314
～國公司定例 082/414
102/347
～國貧窶幼童在廠做工之苦狀 151/260
～國領事論中國釐金弊病 105/222
126/418
～國鐵路師錫樂巴測勘蘆漢鐵路稿 129/403
～國鐵路考 081/482
085/317
090/340
102/463
105/330
114/035
～國鑄錢說略 129/352
～國籌軍 102/429
～國火輪車道編年紀略 152/256
72～兵入藏論 164/237
74～陸克氏教師業務論 144/390
77～屬地考 145/187
78～除積弊一 156/323
～除積弊二 156/331
80～人論俄 127/368
～人論機器不宜進中國 127/413
～人以三島制五洲論 052/314
123/499
～人窺伺後藏豫為籌備片 132/304
～人窺探西藏陸路情形片 132/298
～人減兵非計 106/134
～人通商始末考 125/388
～人在山西省開礦事業 142/459
～人在中國內地通航規則 142/490
～人吉為哩等游歷情形片 132/297
～人槍斃華民擬絞決稟 051/211

110/205
～前相致威斯土密尼士達書 157/065
～前相格蘭斯敦行述 102/278
～前相格蘭斯敦小傳 157/054
～美宜互結奧援論 145/145
～美增添公法記 084/261
088/207
103/392
110/304
123/275
～合美日足保商務論 105/206
87～欲中國富強 106/133

4460₀ 苗

11～疆屯田議 124/366
～疆銅礦毋庸開採疏 007/316

4460₃ 轡

95～精鎔鐵論 142/355

4460₄ 若

12～水齋古今算學書錄序 158/308

著

08～議 004/108
27～色照像新法 102/494
50～書益世論 107/194

4462₁ 苛

74～駁宜禁疏 002/291
005/452

4471₁ 老

30～安司紀事詩序 015/357
039/361
047/066
44～林說 009/266

4471₇ 世

22～變論 055/291
48～教宗教會基本團獻議 168/516
50～吏世役說 059/437
60～界產金額價表 140/145
～界商戰論 141/354
～界貨幣原始 139/493
～界各國貨幣之經過及其法制 165/337
～界國債 128/552
～界貿易之趨勢 168/140

4471₈ 甚

76～陽子大道內篇 094/068

4472₇ 葛

27～魯孫廠新創硬鑄銕砲台說 113/054

勘

00～辦石莊戶決口豫籌工需疏

136/363
～辦清丈請暫免田房稅契片
048/080
133/374
～辦海口淤沙情形疏
010/256
08～議漳河故道疏 010/533
10～覆膠萊河疏 007/138
22～災 006/450
24～估寶山塘工疏 052/139
080/415
101/420
136/519
～估長沙月河檄 011/422
38～海口籌全河疏 010/339
108/323
121/461
47～報開墾虛實疏 006/205
67～明沔縣丁銀宜隨糧行議
006/057
～明海鹽縣坍塌石塘擇要估修疏 052/161
136/524
88～籌山東黃河會議大治辦法疏
136/345

4473$_1$ 藝

24～科 126/467
53～成於學說 085/005
089/203
101/230
104/223
113/410
122/344

4477$_0$ 甘

32～州治獄偶記 010/129
50～肅新疆保案請從寬核議疏
058/277
095/408
～肅水道圖說 011/292
108/089
122/253
～肅墾荒民戶請變通入籍應試疏 048/124
109/026
133/427
～肅軍營積弊急須整頓疏
076/159
136/071
～肅青海回回考 145/212
～肅鐵路說 146/387
78～鹽請改收稅疏 007/169
112/206
80～鑲等款無可籌畫懇請改撥疏
135/247
88～節婦傳 042/205
049/320
90～省糧餉奇絀援案請辦米捐疏
135/298

4477$_7$ 舊

50～中法選要序 003/211

4480$_1$ 楚

22～岸未便改運粵鹽並川鹽侵佔

情形疏 065/347
097/425
134/277
～岸暫與川鹽分界行銷疏
065/357
097/424
134/280
～岸鹽引淮川分界行銷摺
041/301
048/501
112/255
27～督請設洋操護軍營暨工程隊疏 153/279
～督請擴充礮廠加撥經費片
151/211
～督遵議變通武科章程
153/305
～督遵擬漢口試辦商務局疏
151/435
～督奏漢口繁要請改設專官疏
149/107
44～材晉用說 103/298
90～省行銷粵鹽酌議抽稅疏
066/281
097/421
134/289
～省鹽法請借撥川引官運官銷疏 066/315
134/291

共

26～和憲法持久策 162/171
～和國之行政權 161/078
～和國體與責任內閣
159/193
～和黨之地位與其態度
160/274

4480_6 黃

12～水下注遵旨豫籌防範疏
051/351
108/380
136/315
～水漫注東境通盤籌畫疏
136/317
22～種無害于白種論 130/505
24～特軒傳 050/091
073/027
25～仲蘇大令上江督劉制軍書
128/177
30～淮分合管議 051/324
31～河兩岸難修石工疏
010/445
121/421
～河北徙應復淮水故道有利無害論 052/049
～河北徙議 078/115
101/310
～河北徙宜復淮水故道論
079/021
101/301
～河北岸改海口節略
101/252
～河北岸減壩疏 010/369
121/472
～河北徙應復淮水故道有利無

害論 154/007
～河復由雲梯關入海說略 051/328
～河海口日遠運口日高圖說 077/469
～河南北流利害說 078/217
101/312
～河南決請速籌堵塞並設法補救疏 051/404
～河南趨議上鐵制軍 010/262
108/294
～河考一 003/345
～河考二 003/367
～河考三 003/395
～河考四 003/463
～河日漸北趨連築長堤疏 136/418
～源陂分水碑 011/366
33～浦考 101/483
37～運河利害議 101/404

4480_9 焚

41～樜議 001/374

4490_0 村

44～莊關繫戰法學 139/175

樹

22～種與氣候之關係論 141/247
44～藝公司開墾種植集股章程 129/037
～林防敵法 139/172

4490_1 蔡

50～忠烈公遺墨敘 042/345

禁

00～言祥瑞疏 046/440
058/417
095/277
132/525
12～刊邪書疏 008/351
110/066
119/399
14～豬仔議 051/220
110/208
21～止溫州坐筵記 069/393
120/081
～止酗麴疏 002/352
007/269
～止餽獻諭江蘇等七府一州示 002/202
～行用私小錢文示 024/235
～佔墾礙水淤地議 051/532
108/240
122/150
22～倒帳論 105/068
～種鶯粟議 146/333
～私押約 033/097
～私鑄議 124/379
124/379
124/380
～私銷議 002/404
007/334

111/368
24～化牛叢論 072/323
27～各役及雜色人等需索示 033/095
～糶說 002/466
006/474
～絕火耗私派以甦民困示 005/234
109/154
31～江船夾帶示 023/343
～酒情形疏 007/275
～遷葬者與嫁殤者考 069/399
099/011
38～游民 106/277
～游民議 071/113
118/125
42～機匠匪徒人等聚集滋事示 033/091
43～裁妖卉議 146/329
～裁妖卉續議 146/331
～裁罌粟策 082/489
097/195
118/241
44～革錢糧積弊札 040/259
～杜漕口示 061/273
50～擕重以恤驛馬議 008/493
～末 066/369
51～擾累議 051/525
122/153
57～揑控示 033/087
60～囤無益米價疏 006/389
61～販奴 083/235
101/142
64～賭博示 033/099
71～原蠶說 007/466
72～兵器 008/443
77～用洋貨議 005/443
122/518
～邪說示 008/351
110/066
119/404
～鴉片 158/342
78～鹽廝質押官件示 023/125
80～令 110/280
82～鐙公呈 071/059
87～銅條論 067/499
91～煙上 083/247
097/198
118/237
～煙下 083/248
097/200
118/239
96～烟芻言 145/237

4490_4 茶

00～商董事上商務大臣盛宮保求減茶稅稟稿 129/372
～市 111/444
17～務條陳 097/183
22～絲宜創設新法論 146/192

某

17～君答陝甘總督陶制軍書 128/157
38～洋員上當道論整頓中國財政

策　128/466
47～報館訪事與伊籐問答節略　127/333
77～學士論鑛務片稿　129/165

藥

12～水浸洋錢之害論　082/474
097/294

4490₈　萊

32～州任氏族譜序　008/014

4491₀　杜

22～制錢銷毀之弊疏　007/347
111/372
118/451
～私抑末以興本利疏
007/216
27～紹苞苴示　047/113
30～密劉勝論　071/075
117/240
32～州縣交代積弊議　111/224
～漸防微疏　039/139
046/478
056/209
094/399
109/157
117/013
131/177
40～奢疏　007/392

4491₄　桂

44～林裁官役議　005/145
～林陣法序說　009/085
58～撫丁奏陳裁減兵勇事宜摺
130/056
76～陽疆域志敘　074/041
120/177
～陽團練條約　073/061
100/146
～陽賦役志序　061/061
096/314
118/384
～陽兵志敘　071/199

權

08～論　115/403
22～利論　095/169
30～實　004/289
117/125
60～署議內地機器製造貨物征稅章程書後　105/044

榷

14～酤說　066/429
098/025
124/301
60～署議內地機器製造貨物征稅章程書後　081/215
082/528
085/067
089/338
098/033
112/107
122/338

4491$_7$ 植

27～物新法 086/485
093/363
114/247
118/248
～物論略 144/087
～物選種新說 141/134
～物有機物生産論 141/128
～物呼吸論 141/131

4492$_7$ 楠

60～圓地圖說 094/171
～圓捷術 143/396

4496$_1$ 藉

10～西士以興中國論 147/405

4498$_6$ 横

33～濱驗絲公所西商演說
151/428
～濱驗絲公所緣起 104/096
126/448

4499$_0$ 林

77～學沿革論 141/210
80～分經濟法 141/256

4514$_3$ 塼

10～工記 078/155
101/362

4541$_0$ 姓

72～氏溯源序 008/028

4594$_4$ 楼

30～流 083/234
101/142
～流所小序 017/365

4596$_0$ 柚

90～堂筆談 003/221

4600$_0$ 加

28～税裁釐議 165/130
～税闢地議 082/405
085/228
090/147
105/245
～給養廉涓滴歸公議
095/368
71～厚京官俸銀以培人才論 103/309
80～拿大之國民銀行 165/297

4611$_0$ 覲

25～使臣以通情好論 125/010
60～見使臣關乎振興說
082/536
098/122

4611$_3$ 塊

77～册序 006/101

4612$_7$ 場

34～池井各鹽引地考 126/541

4618_1 堤

10～工篇 108/337
25～積術辨 143/432

4620_0 帕

47～報論俄 127/370
90～米爾分界私議 155/365

4621_0 觀

22～種樹株檄 062/543
33～滬城育材中西書塾體操記
098/253
50～泰晤士報館記 127/192
60～日本情形記 086/112
092/059
106/208
107/512

4622_7 獨

00～立廳圖記 130/317
17～子兼承兩祧孫為祖父母服議
049/383
070/311
099/069
107/261
119/471
～子兼祧兩房服制論
042/283
049/385
070/301
099/068
107/262

4632_7 駕

75～駛輪船說略 053/103
113/318
121/287

4633_0 恕

68～敗 157/420

4643_4 娱

06～親雅言序 004/132

4680_6 賀

77～閣牛叟先生壽序 013/113

4690_0 相

12～形勢以正經界疏 009/165

4691_1 棍

64～噶札那參呼圖克圖華蓋上人傳 158/359

4692_7 楊

00～痗毒瘡說 106/439
17～子雲難蓋天八事以通渾天說
094/165
116/197
60～星使紀聞美例事 145/530

4712_0 均

23～編要略序 006/061
27～役議 006/150
～徭文 006/160

～徭辯 006/163
～徭議 118/325
～徭條示 062/045
096/337
55～農 062/401
096/443
60～田均役議 006/064
112/012
63～賦說勸紳 048/005
112/027
～賦說勸官 048/003
112/026
～賦說勸民 048/006
112/028
～賦議 048/008
061/299
096/299
118/356
～賦稅議 047/491
096/302

4712₇ 埽

10～工篇 108/341

4713₄ 塽

42～斯(亦名澳地利亞)軍政
083/373
123/465

4714₇ 埠

18～政 102/356

4721₂ 犯

60～罪自首說 010/094
121/309
80～人 083/233
101/141

4722₇ 鶴

27～峰長樂食鹽專配大甯場以免侵越疏 134/292

猾

10～夏之漸 053/163
111/091
123/043

4728₂ 歡

40～喜錢 059/105

4732₇ 郝

40～太僕傳 015/337

4740₁ 聲

67～明內府外庫定制疏
060/295
096/069
118/040
133/184

4742₀ 朝

28～鮮 127/244
～鮮商埠考 142/122
～鮮通商西國片 132/420
～鮮金礦 102/321
125/443

～鮮敝政論 086/188
092/226
106/233
107/566

4742₇ 婦

34～為舅姑服說 008/242
107/255
119/463
40～女作工 126/476
～女壽長於男子說 130/509
77～學 126/145
～學三則 008/069
107/387
80～人無主答問 008/302
119/525

4744₀ 奴

37～禍 058/397

4744₇ 報

00～章文體說 086/521
093/440
22～災 006/450
24～告四十年前後營業情形
168/356
60～貝元徵書 087/242
～貝君書 115/045
67～明南路勸番情形疏
050/513
135/484
～明勸工學堂開學臚陳各務禀
151/216

83～館 127/190
89～銷疏濬河道經費清單疏
052/117
136/512
～銷安徽省抵徵總數疏
061/193
118/377
133/323

好

27～名論 004/491

嫂

27～叔無服說 001/317
008/245
119/452
～叔無服議 008/248

4762₀ 胡

42～彭悅先生釋夾陰病
146/343

4762₇ 都

31～江堰新工穩固片 136/493
～江堰水勢實無衝損民田疏
136/504
～江堰歲修親往查驗片
136/495
～江堰穩固安瀾各州縣涸復田
畝片 136/502
～江堰涸出田畝並無虛飾片
136/500
～江堰分水魚嘴不能退修摺

136/494
43～城官書局開設緣由 127/181

4772$_0$ 切

17～務五事疏 046/458
109/077
30～實申明取士之法疏
135/024
77～問篇 124/214

4780$_1$ 起

28～復水師統將以一事權并密陳進勦機宜疏 136/017
77～居注官考 058/141
095/363
117/315

4780$_2$ 趨

22～利反足以為害論 104/283

4782$_0$ 期

14～功喪去官 008/127
107/265
40～喪在任行禮持服議答孫淵如先生 070/249
119/481

4791$_7$ 杞

80～人之言 095/229

4792$_0$ 柳

40～太鐵路借款合同 129/436

桐

27～鄉書院四議 068/393
098/214
43～城麻溪姚氏登科記
049/303

4792$_7$ 郴

32～州論 043/449
050/239
074/045
120/172

4793$_2$ 根

50～本形勢疏 009/185
121/005
～本四計疏 006/221
110/039
118/255

4794$_7$ 殺

63～賊無抵命法論 010/105
121/317

4796$_4$ 格

18～致 126/503
157/339
～致說 082/152
094/109
～致論 114/203
124/143
～致天文言雨說 146/004
～致宜創新機器說 157/369

～致源流說 126/505
157/389
～致淺理 086/459
093/302
114/204
116/443
～致古微 157/377
～致古微跋 157/375
～致古微略例 157/373
～致古微敘 157/371
～致書院講習西學記
157/387
～致書院教演化學記
084/386
088/476
116/480
～致數目說略 082/139
～致會通說 130/459
～致公例 082/067
116/419
27～物 082/146
094/110
～物說 038/335
～物窮理說 114/201
124/152
157/383
～物入門敘 082/141
094/111
126/041
44～林書院課程 149/212

4798_2 款

08～議雖定仍宜備戰以毖後患疏
053/152
111/026
121/044

4814_0 救

00～商十議 082/438
097/050
122/532
～亡論 160/001
～亡決論 084/126
087/365
115/302
10～天主教 099/186
～哥老會 101/174
17～弱當用法家論 148/113
22～災新說 125/226
25～生不救死論 045/009
076/407
101/051
125/238
37～冗弁 099/328
～冗官 095/297
44～荒議 006/471
110/102
～荒莫如以工代賑 096/513
～荒事宜十條 002/455
006/436
110/089
～荒事宜四十二條 096/514
～荒貴得人疏 006/467
～荒策 002/432
006/427
096/512

119/267
64～時芻言六則 053/144
～時芻言一則 049/451
050/105
～時芻言二則 047/114
～時芻言四則 053/480
～時芻議 145/081
～時十二策 115/206
～時四策 115/204
97～恤疫四條 006/523
110/113
98～敝藥言敘 103/263

4816_6 增

02～刻三省邊防備覽序
030/403
044/053
050/407
076/295
100/432
05～請算學助教疏 131/435
07～設船政學堂論 104/366
146/119
15～建號舍添設房考疏
135/013
27～修約法之提案 162/243
～修中部縣城記 030/369
～脩賢母祠紀略 026/133
37～祀章水神議 068/235
098/124
46～加稅則論 085/222
090/132
105/217

112/102
126/411
126/421

4832_7 驚

44～蟄說 114/435

4834_0 赦

60～罪論 010/063
121/295

4841_7 乾

32～州訓導環谷緣先生墓表
013/349
77～隆再定金川土司記
155/045
～隆征廓爾喀記 155/053
～隆征緬甸記上 154/458
～隆征緬甸記下 154/465
～隆征撫安南記 154/473
～隆初定金川土司記
154/532
～隆戡定回疆記 154/430
～隆蕩平準部記 154/406

4842_7 翰

44～林 126/307
～林論 005/013
117/220
～林侍讀喬君墓志 011/220

4844_0 教

00～育一得論 144/307

～育政策私議 144/192
～育改良論 144/290
～育上之不經濟 167/357
～育前途危險之現象 167/337
～育當定宗旨論 130/400
17～務本末上 106/319
157/183
～務本末中 106/322
157/187
～務本末下 106/323
157/190
～習水師疏 009/305
26～皇 156/419
30～案發端論 138/446
～案問答 146/510
～案關係政治論 138/469
～案善後章程 130/393
31～源 157/430
32～派考 081/415
37～禍其將發現於中國乎 168/504
40～士敦崇禮條陳山西教案善後章程八條 130/379
～士被毆致斃凶犯已獲請將旨將該管知縣撤任疏 132/464
47～婦要言 026/117
50～胄子論 107/296
～忠論 094/410
124/076
～忠祠規序 001/403
008/279
52～授釋義 144/303
60～ 007/504
71～蠶 006/294
77～民 127/417
127/418
～門 157/197
80～養 127/404
～養論 082/537
094/489
124/083
～養山蠶說 062/541
90～堂一案設法辦理疏 042/365
053/194
111/107
132/458

4860₁ 警

30～察事彙誌 128/261
53～戒勤務令 139/094
90～省錄序 059/227

4864₀ 故

07～鄣城考 096/202
27～督臣忠勤盡瘁大略疏 131/263
40～大學士政績卓著請建專祠疏 131/262
46～相遺言 043/479
050/382
58～撫臣忠勤盡瘁緣由疏 131/260

敬

00～註恭侍慈闈閱操上諭後
099/257
04～謝天恩並統籌全局疏
148/008
17～取時務四條疏 075/369
23～獻芻言以救時弊疏
075/305
136/004
24～告政黨及政黨員 160/287
～告我教育界諸君書
167/058
～告各省都督與司財政者
164/524
～告國民注重中日外交意見書
164/140
～告今之教育家 167/062
57～抒末議培養聖學疏
054/171
131/169
～抒愚忱疏 046/484
75～陳廣東釐金積弊並特參侵蝕鉅款之局員疏 134/402
～陳辦理教案情形並參處僨事地方官疏 132/473
～陳劑調粵西戎務四策疏
120/140
～陳新疆善後事宜疏
074/423
134/479
～陳親政四事疏 004/462
109/096
～陳調劑粵西戎務四策疏
009/440
113/161
～陳一德之箴疏 005/026
～陳兩淮鹽務積弊附片
048/417
134/152
～陳弭災修省疏 005/031
～陳弭盜芻言疏 072/351
136/145
～陳預備救荒疏 002/475
006/508
～陳水利救荒疏 011/081
108/217
122/102
～陳聖德三端預防流弊疏
039/333
047/031
056/049
109/224
117/006
131/171
～陳理財用人疏 056/393
095/155
131/200
～陳泉布源流得失疏
007/357
～陳保甲二要疏 008/526
～陳從權守經疏 068/067
119/372
134/505
～陳治化漳泉風俗疏
005/357
～陳治河條例疏 010/459
～陳治滇實政疏 004/464

～陳治本疏 039/145
046/471
056/107
094/366
109/083
131/211
～陳治蝗諸法疏 063/477
096/504
119/339
～陳清苑蠹役需索之害疏
047/283
117/507
133/098
～陳漕運情形疏 061/145
097/299
133/261
～陳速賑以甦民困疏
006/511
～陳湖北兵政吏治疏
039/413
047/094
112/300
131/134
～陳海防疏 083/047
～陳大計疏 131/372
～陳大錢利弊疏 067/311
097/225
134/430
～陳內治之要及時去弊疏
132/509
～陳地方利弊請酌量變通疏
047/015
131/112
～陳荒政積弊並籌賑事宜疏
063/327
096/495
134/032
～陳救時八策疏 056/401
095/153
131/080
～陳吏治三事疏 005/067
109/131
～陳夷務摺 044/071
～陳末議疏 002/321
～陳捕蝗事宜疏 006/535
～陳農桑四務疏 006/263
108/444
～陳整頓船政疏 102/089
125/304
～陳整頓吏治四事疏
057/401
095/326
132/514
～陳時務五事疏 056/065
095/109
131/205
～陳時務疏 004/459
109/094
～陳時務四條疏 136/010
095/105
～陳時政四事疏 056/037
095/103
131/198
～陳時事艱難疏 056/059
095/119
131/204

～陳時事所先疏 056/495
095/120
131/113
～陳風化之要疏 005/337
109/367
117/237
～陳用人三事疏 005/110
～陳用人理財疏 131/369
～陳民生吏治大概情形疏
060/355
133/460
～陳八折收漕不可者十事疏
061/129
096/265
118/341
133/263
～陳分賑之法疏 006/468
～陳籌運西米策略疏
064/239
097/310
134/083
～陳管見疏 039/285
046/514
047/134
109/107
131/082
132/341
133/071
～陳管見籌自強之計疏
082/174
094/433
131/119
88～籌淮揚水患疏 011/196
108/194
～籌直隸減差均徭疏
006/155
112/021
～籌振興人才以濟實用疏
057/225
095/006
117/081
131/244
～籌除蝻滅種疏 006/539
119/338

4893_2 松

17～郡民團經久芻議 050/019
44～藩番民改土歸流疏
133/116
77～問 005/504

4894_0 杵

77～臼經 048/176
062/453
096/413
118/123
90～米說 010/063
121/297

檄

77～鳳潁淮徐滁泗宿海八府屬文
075/445
044/507
051/064
100/228

4895_7 梅

27～峰書院記 025/245
042/005

4896_7 槍

10～礮放彈有空氣阻力又有地心吸力釋義 101/025
～礮說上 083/279
101/035
120/346
125/153
130/096
～礮說下 083/280
101/036
120/347
125/153
130/097
～礮取準算法考 082/133
101/027
116/350
～礮須知 083/207
101/033
120/356
～炮宜一律說 145/450

4980_2 趙

00～充國論 009/101
120/114
44～恭毅公自治官書序 005/022

5

5000_0 丈

08～放大凌河牧廠地畝章程疏 133/431
77～冊末議 002/278
006/093
118/321

5000_6 車

08～論 025/225
60～里界議 155/403
63～戰 008/442

吏

08～論 117/352
～議 002/155
005/039
109/235
117/318
17～胥論一 047/271
～胥論二 047/272
～胥論三 047/273
～胥論四 047/274
～胥論五 047/276
～胥議 005/380
109/395
33～治上 082/318
095/339
～治下 082/321
095/342

～治需才敬舉所知疏 133/010
～治因地制宜三事疏 005/108 109/307
40～難一 005/241 109/335 117/391
～難二 005/243 109/336 117/392
77～學流源問答 128/278

申

08～論軍民分治 163/016
～論同意權 161/104
40～校郊廬抗議重儒官議 128/279
44～禁辦案刪改原供疏 077/257
67～明三法司舊例疏 010/133 110/216
～明保甲論 003/021 008/521
～明憲綱疏 002/165
～明栽種罌粟舊禁疏 062/547 097/193 118/234 133/393
～明勸課農桑舊例疏 062/517 133/388
～明事主盜賊殺傷例案疏 010/107 110/187
～明公論疏 077/003 136/163
～明糧船定式疏 007/079
87～銅禁酌鼓鑄疏 007/344
88～飭官箴檄 005/265 109/342 117/358
～飭陝屬不閱文稿檄 005/325
～飭閩屬不閱文稿陋習檄 005/323 117/365

史

07～記儒林傳論 068/325 094/055
～記貨殖列傳今義 085/031 089/255 105/001 111/281
～記通鑑兵事 009/104
08～議 117/098
～議一 055/325
～議二 055/329
～議三 055/333
77～學 086/397 093/160 107/126 116/161 157/328

～學源流考 107/146
～學問答敘例 157/497
88～鑑勿輕寓目說 157/454

中

00～庸論 004/093
107/083
116/121
～庸總論 013/261
039/029
～庸餘論 004/157
107/092
08～說序 012/313
10～工 104/295
～亞細亞地圖考 108/001
～亞洲俄屬游記書後
102/413
～西交涉損益論 145/165
～西敦睦策 083/036
099/133
～西一貫之道論 094/320
115/370
～西刑律寬嚴得失論
146/442
～西刑法論 146/452
～西政學通義後序 095/210
～西政學通義自序 095/209
～西貨幣考 146/519
～西律例繁簡考 083/255
101/079
123/309
～西字學問答 107/163
～西禮節懸殊不必強同論
098/129
～西藏書考 145/553
～西格致源流論 082/151
094/116
～西格致本原論 082/144
094/119
～西格致異同辨 082/142
094/122
～西教養得失論 146/468
～西書法異同論 083/016
098/230
～西書院文藝兼肄論
083/013
098/226
～西書院誌略 124/502
～西異俗論 108/075
～西歷學源流異同論
046/378
114/380
116/303
～西兵法異同得失 153/457
～西醫理孰長論 082/072
094/270
～西醫理優劣論 114/467
～西醫學平議 130/442
～西醫學源流先後考
114/460
146/337
～西醫學淺說 114/458
～西醫學溯源論 114/462
～西醫學異同考 114/463
～西貧富互勘論 115/439
～西鎗砲說 153/061

～西算法異同論 003/202
～西算學致用論 124/160
～西算學源流考 124/157
23～外交涉論 125/037
～外一家說 115/341
～外一家論 145/042
～外刑律辨 082/068
101/070
～外化學名物異同考
082/160
094/125
116/467
～外各國刑律輕重寬嚴異同得失考 083/252
101/075
123/305
～外約表 155/412
～外官場勞逸不同說
103/266
～外風俗誌感 106/249
～外風氣大開說 115/349
～外金銀漲落說 085/173
090/025
104/424
111/402
118/511
～外合力防俄 106/368
156/153
～外養蠶得失異同 082/492
097/005
118/194
～外貧富異同論 115/438
～外鐵路論略 152/471
～俄交涉紀要 155/504
～俄交界記 155/210
～俄訂約論 155/443
～俄天津和約十二條
053/035
110/502
123/090
～俄改訂條約 155/193
～俄改訂條約第一條
053/386
110/523
123/350
～俄改訂條約第五條
053/386
110/524
123/350
～俄改訂條約第七條
053/386
110/524
123/351
～俄改訂條約第八條
053/387
110/524
123/351
～俄改訂條約第九條
053/387
110/524
123/351
～俄改訂陸路通商章程
155/201
～俄續增條約十五則
053/039
110/504

123/099
～俄約章亟宜修改說
156/010
～俄密約 099/218
～俄滿洲新約 138/349
～俄塔城議定記約首段
053/370
110/515
123/340
～俄塔城議定記約第一條
053/370
110/515
123/340
～俄塔城議定記約第二條
053/371
110/516
123/340
～俄塔城議定記約第三條
053/371
110/516
123/340
～俄塔城議定記約第四條
053/372
110/516
123/341
～俄塔城議定記約第五條
053/373
110/517
123/341
～俄塔城議定記約第六條
053/373
110/517
123/342
～俄塔城議定記約第七條
053/374
110/517
123/342
～俄塔城議定記約第八條
053/374
110/517
123/342
～俄塔城議定記約第九條
053/374
110/517
123/342
～俄塔城議定記約第十條
053/375
110/518
123/343
～俄蒙事協約正論 164/181
～俄茶葉(二則) 084/462
089/089
104/026
123/029
～俄專約 155/423
～俄界綫簡明說 155/371
～俄界約斠注敘例 155/357
～俄黑龍江定界記文
053/368
110/514
123/338
～俄陸路貿易 127/103
～俄鐵路情形考 085/333
114/045
～俄恰克圖界約第三條
050/323

110/532
123/336
～俄恰克圖界約第六條 050/324
110/532
123/337
～俄恰克圖界約第七條 050/324
110/532
123/337
～牟堵口管見 078/175
32～州水利疏 011/317
108/161
34～法新約續議界務商務條款疏 132/397
～法佔驗序 003/214
～法續議商務專條 155/276
～法續議界務專條 155/273
～法通商新約十九條 110/509
123/117
～法接綫疏 132/215
～法會訂越南新約第一款 053/391
110/526
123/354
～法會訂越南新約第三款 053/391
110/527
123/354
～法會議通商條款 155/263
40～古社會論 143/146
44～華絲棉毛麻業之狀況 168/147
～華共和憲政會政綱 160/359
～華救國論 159/432
～華民國元年郵政事務情形總論 168/361
～華民國憲法芻議 162/025
～華民國憲法案 161/249
～華民國憲法案之評議 161/274
～華民國憲法草案略評 161/264
～華民國憲法起草之三大前提 161/246
～華民國鐵道協會宣言書 168/294
～英改訂緬甸條約 099/217
～英續議滇緬界商務條約附款 086/024
091/351
106/060
110/537
123/378
～英續議滇緬界務商務條款 155/383
～英固交以防俄論 111/008
～英煙臺會議條款 053/306
110/527
122/515
50～央行政與地方行政分劃之大政見 159/298
～央經費與地方經費 164/434

～央銀行制度比較得失論 165/273
～央銀行制度概說 165/263
～東文異同論 143/347
～東戰記本末初續編總跋 158/395
～東戰紀本末序 158/391
～東戰紀本末續編序 158/407
～東戰紀本末續編凡例 158/412
～東戰紀本末初續編敘 158/393
～東合從說 111/002
60～日議訂商約往來照會說帖八則 155/417
～日二國漸能收回棉布利權考 151/426
～日版權同盟問題 130/500
～日之戰六國皆失算論 081/372
083/163
099/483
127/384
～日近年製造情形考 085/013
089/220
104/232
113/417
122/365
～日通商行船條約 086/057
091/423
099/209
104/387
110/547
123/036
～日在韓貿易情形表 085/146
089/512
105/181
127/088
～國立國大方針 159/380
～國商務 097/065
～國商務久無起色其弊安在論 097/032
～國商務必大興論 104/474
127/068
～國商埠考 142/117
～國商埠情形記 085/082
089/371
105/085
110/365
～國麝香輸出記 168/190
～國度支論 084/401
088/505
118/068
127/311
～國度支考序 150/138
～國度支考跋 150/146
～國度量衡表 142/241
～國文字議 167/429
～國文字之起源 167/416
～國言語不同宜設同音書塾議 107/316
～國新造炮說 145/447
～國新教育案發端 144/249

五〇〇〇^ 中（五〇—六〇）

～國新開秦王島論 138/332
～國讀律法問答 128/342
～國設立醫學堂議 114/508
146/380
～國設商局咨文並章程
146/159
～國論 084/119
087/348
115/271
～國議辦商務局緣起
127/076
～國工商業考書後 096/148
～國工業與中國前途之關係
168/068
～國工藝商業考提要
096/140
158/415
～國亟宜廣開風氣論
115/350
～國亟宜遍設小學堂議
149/430
～國亟宜振興商務說
104/462
～國西陲屏藩論 145/092
～國不能維新論 127/310
～國不能製造新奇之物有二弊
083/277
102/137
～國不能逃中南美之形勢
160/059
～國勇營述略 138/589
～國政務日興喜而論之
145/234
～國重建海軍宜多儲戰艦變通章程議 113/302
～國纏足一病實阻自強之機並肇將來不測之禍說 158/448
～國紡織繅絲情形 102/156
～國紡織繅絲情形記
085/133
089/483
104/119
111/428
～國能化舊為新乃能以新存舊論 147/409
～國歲計錄要 096/104
～國變法宜審所先論
115/183
～國利弊宜變通治法為善後議
115/176
～國外交情形 099/110
～國織毛記 142/376
～國先睡後醒論 147/242
～國借地通商條約論
138/329
～國續招考選西學肄業生章程隨時變通論 115/428
～國使臣會議賠款事宜略
130/125
～國練軍述略 138/591
～國自強論 094/442
～國自強本計論 094/441
～國自強策上 081/134
082/209
084/111
087/332

094/444
103/075
115/267
126/090
～國自強策中 081/135
082/210
084/112
087/334
094/445
103/076
115/268
126/092
～國自強策下 081/136
082/210
084/113
087/336
094/446
103/077
115/269
126/093
～國自造洋墨水說 142/380
～國自古重工商論 095/240
～國倡設女學堂啟 103/497
～國郵政應如何辦法論
083/183
100/130
～國假貸俄款說 111/489
～國條約諸港外國人及外國商社數 141/383
～國急宜設陸師大將論
105/415
～國急宜墾荒說 124/362
～國急宜收回利權說
115/440
～國急宜推廣集股開礦論
113/455
～國各地銀兩表 139/560
～國各地鈔票說 139/575
～國各口海關比較收稅表
140/109
～國各省亟宜停止栽桑以保蠶業論 104/109
～國各省裁兵減釐議
082/516
098/065
～國以何方救危論 160/042
～國以官權辦商務說
111/321
～國倣西法紡紗織布應如何籌辦以裨國家商民均沾利益論
102/153
～國倣行西法紡紗織布應如何籌辦俾國家商民均獲利益論
082/377
122/350
～國復古宜參考西法說
095/097
115/361
～國宜廣新學以輔舊學說
157/459
～國宜廣設武備學堂議
098/205
124/498
～國宜廣建女塾議 107/392
～國宜廣儲使才論 125/005
～國宜廣開煤油井說

104/150
～國宜講求西學論 094/319
～國宜設立官醫院 114/510
～國宜設銀行論 111/329
124/403
～國宜亟設議院論 109/419
～國宜亟開民智論 094/488
～國宜重設海防 100/340
～國宜重武事 105/452
～國宜行新政論 115/355
145/231
～國宜行金幣說 129/328
～國宜自設西字日報論
145/561
～國宜自造大小銀錢禁用他國錢幣以塞陋卮議 097/258
～國宜勿受欺於人說
115/345
～國宜急設陸師大將論
100/003
～國宜急采煤說 101/562
～國宜以切音字振興女塾說
107/394
～國宜求格致之學論上
082/137
094/113
～國宜求格致之學論下
082/138
094/114
～國宜植陸稻說 104/081
～國宜增設織布局以興大利說
114/136
～國宜開金礦以收利源論
104/146
～國宜興博覽會說 115/321
～國宜創造軟甲兵輪說
125/315
～國宜鑄金錢論 097/246
124/372
～國之將來 160/096
～國之富力 167/481
～國之社會問題 160/145
～國富強之策宜推廣西學講求實際嚴祛欺蔽論 126/116
～國富強策 124/055
～國寶星考 115/491
～國實業不振之原因
167/479
～國實通商之國說 097/057
～國實情 127/314
～國州縣宜廣設中西學堂論
107/314
～國近日富強之術以何者為先論 082/371
094/448
～國近年海關貿易總數分類表
141/440
～國近年與各國貿易額表
141/438
～國近年貿易額表 141/438
～國治水芻議 163/455
～國滿洲金礦情形 084/501
089/172
101/557
104/185
113/495

119/253
～國社會之研究 160/155
～國邊事論 081/223
083/120
085/467
091/231
100/413
115/074
121/097
127/223
127/229
127/237
～國通商各口二十一年分商務情形 085/090
089/388
105/094
110/372
123/018
～國海關稅歲計三表 140/115
～國道德之大原 168/531
～國道德之權威 168/542
～國士流改進策 149/437
～國土產鋼鐵棉花論 097/036
～國土產銅鐵棉花論 082/444
118/222
～國土貨宜與洋商合设公司以便自運而杜壟斷議 097/097
～國直省綠旗兵額表 138/577
～國直省提鎮表 138/579
～國女學堂接桂林魏恭人書 103/496
～國古世公法論略 149/161
～國古時畜羊解 111/455
～國顛危誤在全法歐美而盡棄國粹說 160/063
～國求加稅則事二則 126/422
～國地理大勢論一 143/283
～國地理大勢論二 143/293
～國地理大勢論三 143/303
～國教育統計表 144/202
～國教育當作愛國精神議 144/256
～國教化未嘗愚民辨 094/495
～國教養 094/491
～國東方鐵路公司章程 152/356
～國振興製造論 083/275
102/135
122/352
～國振興日報論 125/089
～國盛衰關於地球全局 084/154
087/428
103/085
107/485
～國農業政策芻議 168/001
～國擇地建造船塢論 083/330
121/282
～國擬造鐵路說 129/430

～國擬築鐵路里數表
142/444
～國整頓商務策 082/452
097/041
124/427
～國日本度量衡比較表
158/293
～國易於富強論 082/054
～國時務論 095/130
147/419
～國嚴禁訟師外國重用狀師名實異同辨 128/345
～國略有轉機說 147/418
～國蠶務亟宜講求整頓以保利源說略 150/302
～國蠶務情形記 084/451
089/065
097/011
104/106
111/425
118/199
～國蠶情 097/012
～國兵制屢改說 099/421
125/105
～國陸軍界說 138/574
～國股分極宜整頓說
111/478
～國學術辨 094/040
107/072
124/107
～國學術史一 143/177
～國學術史二 143/193
～國學術史三 143/202
～國學術史四 143/221
～國學術史五 143/233
～國學會報題詞 167/449
～國開設銀行末議 111/330
～國舉行郵政論 114/167
～國巴西度量衡比較表
158/289
～國興造鐵路宜以均權利為始論 142/432
～國與俄法英關繫論
085/478
091/255
106/102
110/323
～國鹽政改革規畫意見書
166/214
～國除害議 084/095
115/151
～國除害議一 087/212
095/194
～國除害議二 095/197
～國除害議三 095/201
～國除害議四 095/205
～國八旗經制兵額表
138/575
～國人之弱點 160/131
～國人才易於通變說
115/371
～國人數表 158/472
～國美利加度量衡比較表
158/285
～國創設海軍議 153/020
153/029

～國創設學堂宜先除流弊說 124/494
～國創設鐵路利弊論 052/329 114/082
～國創行鐵路利弊若何論 083/302 102/016
～國創造鐵路利弊論 114/004
～國鐵道原始 129/420
～國鐵路現狀論 142/438
～國鐵路考 142/441
～國鐵路如何取道為便論 083/292 102/022 122/358
～國鐵路原委論 142/434
～國鐵路情形考 090/374 105/349
～國錢法補救議 085/198 090/081
～國鋼鐵實業之將來 168/222
～國銀行章程 085/123 089/461 105/136 111/338
～國欲倣行保險其利弊得失若何策 151/508
～國常關稅歲計表 140/123
～國當務之急非普及教育不可 167/184
～國當開議院說 109/440
～國火車弊病 127/033
77～學 126/213
～印茶務及其栽焙之法 151/405
～興論 055/341
～興四將論 107/137
～興策 039/161
80～人新製記 142/381
～人與西人貿易宜先習西語說 110/340
～美會訂限禁來美華工保護寓美華人條約 155/407

5000_7 事

21～上 005/278 117/379
22～後之策 110/088
50～貴善變論 146/595

5001_4 推

00～廣龍圓說 124/383
～廣譯書以裨實用議 094/249 124/133
～廣議院延置華人說 109/423
～廣西學議 125/359
～廣水機說 146/146
～廣練兵章程疏 135/076
～廣自強軍議 099/305 125/096
～廣郵政芻議 114/172

～廣滿州興旺之由 155/138
～廣社倉之意疏 006/402
112/189
～廣游歷章程議 115/430
～廣機器織局疏 132/026
～廣救溺女說 071/087
～廣中西義學說 084/350
088/393
107/375
～廣拔貢議 069/153
095/389
～廣蠶桑以開利源論
104/089
～廣學校摺 098/172
～廣闢荒疏 006/207
109/011
～廣算學議 114/258
124/155
08～論民教讎殺之故 111/129
30～究天時 146/020
78～驗修改之實 003/188

5002_7 攜

63～賊黨 050/189
113/100

摘

55～抉亂原文 164/081

5003_2 夷

10～礮論 042/407
17～務總論 044/239
44～勢 127/289

5004_4 接

00～辦各項緣由疏 047/009
131/146
28～收伊犁敬陳管見摺
132/335
60～署欽差大臣瀝陳兵餉事宜疏
076/101
136/052
87～錄戶部員外郎陳正郎熾振興茶務議 146/205

5008_6 擴

00～充商務十條 053/340
111/274
123/001
～充西學 103/475
～充報務議 107/454

5010_6 畫

10～一論 038/475
77～學教授法 144/498

5010_7 盡

44～地力說 104/060

5013_2 泰

10～西立約不足恃 106/398
～西新報源流表 130/495
～西新史攬要序 086/502
093/397
～西諸國設立議院源流
082/262

098/378
～西講求郵政 083/181
102/531
123/493
～西亂黨論 145/061
～西製造問畣 129/225
～西郵局考 145/529
～西船政餘論 125/317
～西各國錢法考略 152/092
～西徵稅論略 083/422
～西十九世文明述略
157/070
～西七國衡論 130/251
～西藏書考略 130/438
～西世爵中國科目優劣問答
128/276
～西格致之學與近刻繙譯諸書詳略得失何者為最要論
082/153
102/214
116/411
～西畫法論略 144/584
～西輪車鐵路考 152/244
～西國會問答 130/314
～西學術史一 143/237
～西學術史二 143/246
～西醫術何昉視中東醫理優劣論 082/074
102/200
～西醫學源流 082/077
102/206
～西善政節錄 145/531
～西善舉中國能否倣行
082/497
099/100
～西鐵路工程紀略 102/472
～西火輪船考 125/317
～西火器考 130/068

5022_7 青

10～平賊影 077/147
101/189
27～島暫行設立中華商務公局章程 129/293
38～海 127/253
44～苗社倉議 006/391

肅

30～官方 103/272
90～小翩五十序 008/087

5023_0 本

08～論 039/217
148/135
25～生父母降服說 001/295
008/230
119/463
47～朝近屯田之事考略
146/311
60～邑兵防芻議 049/546
80～年財政現狀質問政府書
164/565

5033_3 惠

55～農渠碑記 011/305

5033₆ 忠

24～告李烈鈞文 164/047
～告篇 128/167
32～州石硅廳等處計引改歸官運片 134/201

5034₃ 專

07～設憲法案起草機關議 161/240
20～重制錢論上 067/179
097/280
118/477
～重制錢論下 067/185
097/282
118/478
22～利 151/318
50～責成 050/187
113/099
80～差宜減疏 002/178
005/057
109/129

5040₄ 婁

31～江水利考 011/241

妻

34～為夫之兄弟服議 070/235
099/058
119/467

5043₀ 奏

00～病勢日增懇恩賞假調理疏 047/073
～辦京師大學堂情形摺 128/362
149/444
～辦結教案議租膠澳與德使商定情形疏 132/471
155/466
～辦郵政 127/204
～辦津鎮鐵路疏 132/142
152/345
～辦湖南礦務總局章程 081/102
～辦通海懇牧片 140/457
～辦海門荒灘說帖 140/455
～京員創設通藝學堂並援案准予獎勵調考疏 131/444
02～新定賠款數鉅期急迫應合力通籌疏 133/246
150/238
03～試辦蠶桑漸著成効摺 040/335
05～請訓責樞臣疏 047/075
109/381
～請設立自強軍創練洋操疏 131/516
～請設局辦理清查疏 111/232
～請經濟歲舉歸併正科並請迅即改試策論摺 098/301
～請變通捐輸疏 131/129
～請變通八旗學校章程摺 128/360
～請參酌中外兵制設武備特科

片 098/311
～請特造股票籌借華款疏
132/050
150/173
～請各省開礦摺 084/483
089/131
104/163
113/479
119/249
132/079
～請以工代賑疏 045/239
051/337
136/383
～請做造金銀錢摺 085/186
090/056
097/238
104/441
～請倣泰西之例設立商會片
151/441
～請審官定職以成新政疏
149/087
～請核實疏 047/200
133/012
～請裁汰冗兵疏 153/288
～請禁煙第二疏 047/003
109/109
131/229
～請均利保權疏 096/075
～請增置算學助教員缺摺
095/357
～請捐軀拒俄聯英疏
147/467
～請嚴懲禍首疏 132/443
～請開辦遼東礦務摺
084/484
089/134
101/523
104/165
113/480
119/239
～請開設譯書公局疏
131/379
～請開設同文館疏 082/007
116/500
～請飭催四川山西陝西協餉片
072/021
06～譯書局編纂各書請候欽定頒發並請嚴禁悖書疏 135/031
157/479
07～設京師大學堂摺 144/163
～設天津中西學堂章程
081/027
126/241
126/249
～設天津中西學堂摺
081/025
～設西學學堂疏 131/381
～設武備學堂疏 131/476
～設武備學堂摺 085/404
091/093
098/161
105/443
112/316
120/040
124/496
～設瓊州練軍籌議餉項操練章

程疏 049/544
112/427
135/338
～設上海商務總局疏
132/017
～設紅十字會稟 099/249
～設機器製造等局先鑄銀圓疏
132/039
152/084
～設檢書處議 124/122
～設味經書院疏 049/234
068/375
098/150
120/012
134/531
～設算學館片 131/436
08～議開晉邊蒙地摺 096/366
10～覆江北旱蝗情形疏
134/050
～覆洋商改造土貨應籌抵制摺
085/066
089/335
105/043
111/306
122/331
～晉省籌辦礦務擬先修鐵路摺
101/526
132/145
17～豫省礦務請由商人自借洋款
承辦疏 132/076
～酌擬徵收錢糧各條片
047/502
112/030

133/335
20～委員查墾荒田緣由疏
048/127
133/429
23～參諱盜縣令及增訂緝捕章程
疏 136/152
～俄事緊急萬不可允疏
132/352
～台灣各路生番歸化並開山招
撫情形疏 135/525
24～結南昌縣教案片 132/482
～續借洋款合同疏 150/169
～續借英德商款指定償款疏
133/244
27～免軍需造冊報銷疏
072/133
120/389
135/312
～各屬捐建社倉已有成數疏
048/230
28～復察看京師工藝局情形疏
133/464
30～准自造股票籌借華款疏
132/051
～官書局奏開辦章程疏
082/011
～定文廟祀典記 041/495
049/197
107/228
～定章程疏 132/065
～定山東教案要犯罪名疏
132/470
～定崇文門稅務章程摺

041/363
～定外國交出中國逃犯辦理章程 051/206
110/202
～定給發昭信股票詳細章程疏
132/053
150/179
31～濬三江水利疏 011/231
108/196
33～減謁陵隨扈人員疏
131/188
～減五路差徭情形片
048/073
112/058
～減晉省五路差徭情形片
062/037
133/370
34～為兩旂爭地查辦未公據實陳明疏明疏 050/392
～為刑賞失中謹拔瀝直陳疏
051/246
～為酌撤旗兵疏 050/389
～為重案未協有關治本民心疏
051/249
110/255
～為勦平瞻對善後事竣漢兵藏兵一律凱撤疏 050/506
～為生擒逆首並勦滅髮逆巨股疏 051/094
112/326
～為查明請旨疏 110/425
123/168
132/489
～為故撫臣忠勤盡瘁緣由疏
047/209
109/387
117/333
～為田州改土歸流通籌全局疏
050/508
～為知縣外補壅滯懇恩量予變通疏 047/128
109/311
～為餉款艱難新疆南北兩路急須大興屯田以裕邊儲疏
050/042
113/368
～為籌款修辦要工疏
052/024
108/429
37～通籌鐵路辦法疏 132/128
40～臺灣各路生番歸化並開山招撫情形疏 050/533
～查明河東鹽務疏 134/140
～查明存款銀兩悉數建倉積穀疏 048/228
118/305
44～考試策問請准引用本朝人名書名摺 098/302
～黃河治標摺 146/286
47～報唐炯起程日期並敬陳管見疏 132/373
～報夏季抽收鹽課疏
134/274
～報到粵布置疏 135/359
～報徒駭河堤埝一律修築片
051/379

～報邊地勦匪情形疏 136/015
～報赴粵部署大略疏 135/361
50～推屯於練設法開墾並籌樹藝情形疏 050/036
133/445
51～指定撥款及時買穀還倉疏 048/227
133/515
52～撥二成洋稅片 047/321
120/382
135/263
～撥奉天吉林的餉疏 135/350
57～挽黄河歸故道疏 154/039
～擬請仍照前奏飭部鑄頒關防摺 041/353
～擬二成洋稅片 113/349
～擬經濟特科考試章程疏 131/454
67～明力行保甲疏 008/523
72～所部諸軍改營為旗疏 049/534
135/122
74～駁重議土藥稅釐疏 152/173
～駁總稅務司重議土藥稅釐摺 085/234
090/159
098/059
105/251
119/042
134/358
75～陳新設外務部章程事宜摺全稿 128/257
～陳試辦山東大學堂疏 131/411
～陳設立譯書院片 131/432
149/375
～陳平定西藏疏 155/001
～陳北洋練兵籌餉辦法疏 135/344
153/332
～陳酌定虎踞關以東界綫片 155/398
～陳變通清賦辦法疏 133/314
～陳變通錄科章程疏 131/466
～陳粵西團練日壞亟宜挽救疏 073/091
136/133
～陳收回車里孟連兩土司全權片 155/402
～陳永定河工村民交土流弊疏 052/015
122/170
136/406
～陳江寧等處礦務情形疏 132/080
～陳派營彈壓野人山地片 155/400
～陳治要疏 148/432
～陳大金沙江行船片 155/397

～陳封疆難以勝任疏
005/197
～陳苗疆善後事宜片
051/030
135/477
～陳楚省鹽法乞酌撥引張疏
041/297
048/477
112/245
～陳都魯河金礦開辦有緒疏
150/429
～陳中國銀行開辦情形摺
097/133
～陳招放旗荒就緒疏
150/296
～陳整頓滇省銅政事宜疏
049/133
134/453
～陳時事艱難疏 046/468
109/082
～陳鄂省尚有應辦緊要事件請
俟九江克復再行率師下勦疏疏
131/137
～陳開辦礦務徵收課銀疏
150/421
～陳開辦南洋公學情形疏
131/428
149/369
～陳開源節流章程疏
047/365
111/241
～陳籌辦大學堂大概情形疏
131/404
149/360
77～開設天津中西學堂疏
082/009
～開河種桑捐廉辦竣片
052/119
～開採金礦現著成効疏
150/426
～舉行團練片 072/435
100/141
136/139
～興辦商務疏 082/412
097/019
80～會勘乾河上游情形疏
154/045
89～銷蘆保鐵路工程疏
132/145

5050$_3$ 奉

02～新縣植桑條例 150/351
05～請設局辦理清查疏
047/343
10～天府圖說 011/471
108/107
122/071
～天官帖收回另設華盛官錢局
疏 134/463
～天籌餉宜納鹽課疏
066/011
097/382
134/115
21～旨議禁銅器疏 007/317
118/448
～旨覆陳疏 051/107

112/343
136/038
～旨籌撥甘省糧臺暨新疆餉項疏 050/024
40～吉 127/243
90～省邊務南北路均應添設地方官以資治理疏 047/448
108/062
～省南北路設官分治疏
060/445
096/213
117/282
133/103

5060₀ 由

30～濟甯至汶河衛河記
010/530
60～蜀入藏内地程站考
155/015

5060₁ 書

00～立命説辯後 004/200
107/052
116/050
～方望溪與李剛主書後
055/103
～方輿紀要後 074/027
100/305
～應觀察所記張貞女事後
049/344
107/283
～應敏齋觀察所記張貞女事後
042/207
069/467
～唐律後 010/060
～京察注考定章後 103/310
03～試演巨礮後 101/036
04～謝御史 057/331
05～請獎武職條後 103/290
07～贛省課吏章程後 124/252
～設局繙譯西國醫書以便服用西國醫藥事後 114/482
08～論鴉片烟之害後 097/207
124/446
～論印度自設機器織造廠後
114/126
～許河帥奏摺後 146/253
09～麟芝菴徐蔭軒兩中堂代奏王侍講請停海防先知縣捐摺後
109/296
10～工商核給憑單之例
085/011
089/216
104/230
113/415
122/332
～三案始末論 077/213
101/130
～玉山縣城破地雷事
074/255
120/285
～王船山先生通鑑論後
055/363
～王之春鐵路急宜建築後
129/416
～王太岳涇渠志後 080/315

～王荆公文集後 004/448
108/436
118/006
～王芥子涇水志後 036/373
045/471
052/089
080/319
～王介甫度支廳壁題名記後
005/419
～王介甫諫官論後 005/012
117/218
～兩湖制軍張香帥商務札後
097/090
～兩湖總督張香帥請緩征值百抽十之稅並改存儲關棧章程奏稿後 098/031
～平渝事略後 009/105
～天人篇後 004/193
～西報紀四國近情後
106/418
～雷顧二給事監掣疏後
005/108
～賈丈湖山展墓圖記後
049/289
～賈中丞調缺煩簡疏後
005/148
～示用銅元後 124/380
11～張文和公逸事 045/029
051/150
～張孺人孝行三則 008/083
～張武昌救荒事 041/015
048/267
～張子孔氏三世出妻辯後
026/233
～張佩璁事 007/534
～張振之師遺事 040/013
047/223
12～孫侍御變通武場考試技勇摺後 112/358
13～強忠烈公遺墨後 015/369
015/371
039/365
047/068
14～弛華人回國之禁說後
145/544
～破地雷事 043/061
050/171
17～尹氏三戒 008/081
～郡國利病書後 061/069
18～致經堂記後 054/269
20～重振海軍後 113/296
～往勘銅仁萬山廠汞礦事
150/439
～秀水沈孺人家傳後
069/371
～戶部覆陳維持招商局疏後
151/291
～戶部借用商款章程奏疏後
111/493
～戶部息借商款暨中國在倫敦倡銀各報後 111/490
～戶部奏請裁汰冗兵摺後
099/287
113/382
～戶部奏請加捐摺後
095/442

～焦岡湖考後 011/352
～維持圜法後 097/293
21～何承矩傳後 009/151
～虞潤軒司馬跋岳中翰孟子文說序後 012/293
22～川督整頓厘金告示後
146/247
～崔實政論後 004/442
121/302
～任彥昇奏彈劉整文後
069/367
119/423
～倭使致張邵兩星使原函後
145/176
23～外務部奏定鑛務章程後
129/163
～俊御史請飭整頓官學摺後
103/492
～俄皇告洪大臣之言
083/473
085/497
091/299
123/128
～皖撫王中丞奏請各省廣設算學專門學堂摺後 124/153
24～魁樓阡表後 026/149
～貨殖傳後 004/300
～科爾沁忠親王大沽之敗
086/076
091/464
111/029
25～朱文正公在戶部事
005/486
～朱介人致莫議長論議員不當兼任官吏書後 162/420
26～皇朝經世文編學術門後
055/115
～粵督李制軍奏建魚雷廠屋船澳摺後 145/453
～倡興商務事 146/190
～保國會第一集演說後
148/043
～魏叔子書歐陽文忠論包拯書後後 057/185
～魏志劉馥傳 062/439
～魏默深籌海篇後 052/299
～總河齊公覆奏淮揚運河劄子箋 010/500
27～歸震川貞女論後 042/229
049/338
069/453
099/019
～郵政有期後 114/170
～御史文悌請捐軀拒俄聯英摺後 095/255
～鄉飲酒禮 001/518
～衆醉獨醒翁稿後 158/335
～魯通甫秦論後 158/540
～包倦翁安吳四種後
056/363
28～儀禮釋官後 041/483
049/155
119/358
～徐貞明遺事 002/533
011/069
～徐協揆奏請裁汰閒員冗費片

後 146/547
～徐花農侍郎奏請添設商部衙門摺後 124/426
30～適孫葬祖父母承重辯後 008/225
～守城輯略後 074/191
～客談商務 146/210
～寶應訓導張君遺像後 068/351
～宋名臣言行錄 008/341 116/142
～宋志真宗永定陵事後 068/209
～宋燕生六字課齋卑議後 146/067
～宋史理宗紀後 055/381
～宋鑑後 055/369
31～江南製造局賞格後 146/152
～江南生 059/367
～江南黄烈女事 042/221
～河南府施志後 061/065
～汀漳龍道申報鹽務詳文後 124/422
～顧亭林郡縣論後 128/274
32～派員就學近聞後 115/424
33～滬上西國牢監及新巡捕房記略篇後 102/449
34～沈端恪神道碑後 059/233
～法 086/438 093/255 107/172 116/514
～法言後 046/158
～漢元帝賜東平王宇傳相詔書後 014/189
～漢志 008/393 116/389
～漢陽葉相廣州之變 086/080 091/472 111/032
35～清芬集後 049/341 069/461
36～湘中請開鐵路稟稿後 102/060 105/389 114/093
～暹法開兵電音後 145/107
38～淞滬鐵路圖說後 114/099
～道器學堂緣起後 098/159
40～左雄察舉議後 002/069
～臺嶠紳民電稟後 158/355
～南漕折色緩議後 146/243
～南闈監臨趙侍郎告示後 147/423
～李翺薦所知於張徐州 005/245
～李寅菴大令育嬰局募捐冊後 071/091 119/328
～李寅菴大令育嬰堂碑記 040/209 047/410
～李忠愍公傳後 059/209
～李氏對數探源後 143/449

～李毓昌傳後 040/039
～袁端敏公上科爾沁親王書後 076/045
～袁端敏公年譜後 050/184
076/051
～真西山文集後 008/365
42～姚觀察文楝禀請北洋大臣開北方利源總公司條議後 097/115
～姚惜抱翰林論後 057/327
095/308
117/227
～靳文襄生財裕餉第一疏後 061/089
～桃源縣志後 005/353
～機器繅絲妨利論後 114/138
44～藩王入貢事 145/179
～蘇文公議法後 010/062
～蘇文公用間後 009/092
120/095
～韓退之上宰相書後 058/395
～韓中丞請免省存餘耗疏後 006/143
～華盛頓傳後 086/274
092/415
111/162
123/551
～英俄警電後 111/054
～英國鐵路數目後 114/102
～禁海船軍器疏後 009/411
～某氏婦 077/367
101/132
46～賀柘農侍御師八箴約後 071/051
～楊侍御奏請裁撤待質公所摺後 083/237
101/149
～楊州田賦後 006/126
～楊氏婢 049/321
～楊氏服制議後 070/233
47～切問齋文鈔後 055/107
48～翰林院號書本尚書冊後 058/131
50～吏 082/339
096/005
～吏論 103/327
～中西醫學論後 114/470
～中西醫學淺說後 114/459
～中西醫學並重論後 114/471
～中華將來必能廓大後 115/348
～中國訂購鐵甲兵船事後 102/118
～中國宜廣建女塾議後 146/104
～事三則 001/500
～青蠅詩後 015/153
～惠頓氏萬國公法後 128/335
～奏扣官俸後 095/309
51～振興字學後 094/094
～振興算學後 094/207
52～抵制洋鹽說後 150/213

56～揚州田賦後 002/246
57～握奇經後 003/121
009/083
120/113
～擲飲酒禮 008/347
～招商局帳略後 110/398
146/197
～招商局開辦新漕示後
146/201
60～日本海軍全部戰艦數目後
112/373
～日人隔韡論後 147/224
～四裔編年表後 158/376
～昌黎改葬論後 008/180
66～嚴禁各屬丁書役積弊札後
096/008
67～明王少參遺疏後 057/335
～明徐文定公兵機要略後
055/397
～明夷待訪錄後 107/079
～昭文東鄉築壩濬河議
011/251
122/192
～鄂督開闢全楚利源示後
082/353
096/148
68～贈弟六則 042/187
71～歷城周君私諡益都李叔子議
後 008/195
～馬文淵語 057/391
72～劉貞女紀略後 049/336
～劉海峰續難言後 054/301
116/077
73～院 126/237
126/239
～院課士疏 001/110
～院議 007/505
107/329
～院變通章程議 098/217
～院源流考 146/036
74～陸朗夫先生祠堂論後
008/286
119/521
75～陳侍御請整飭學校疏後
103/465
～陳靜恪先生傳後 001/472
008/085
77～閩督下制軍奏參李倅索賄疏
後 103/240
～學案小識後 046/079
107/042
116/093
～開北方利源總公司條議後
111/471
～關中賢母傳後 026/129
～歐陽子縱囚論後 076/431
80～人地金產諸圖後 158/367
～普法交涉近聞後 106/377
111/013
～曾襲侯中國先睡後醒論後
082/184
～公議銀行章程後 111/331
82～創興藝學後 113/424
84～饒嘯漁文後 056/353
88～籍源流考 157/257
90～小姑山添築炮臺事後

145/465
～光緒二十年通商各關警船燈浮樁總冊後 110/402
～尚生書唐等稟後 015/347
98～幣制委員會總報告後 165/435
99～滎陽獄 045/019
051/149
077/371
101/132

5060₃ 春

29～秋論 004/500
～秋列國疆域表序 009/112
～秋列國地形險要表序 009/113
120/151
～秋左傳兵謀表序 009/037
～秋存中國說序 086/512
093/420
～秋董氏學序(傳經表) 086/339
093/029
～秋董氏學序(春秋改制) 086/338
093/027
～秋董氏學序(春秋例) 086/337
093/024
～秋董氏學序(春秋微言大義) 086/339
093/028
～秋董氏學序(春秋禮) 086/337
093/025
～秋董氏學序(春秋口說) 086/337
093/026
～秋董氏學序(春秋指) 086/336
093/024
～秋董氏學自序 086/335
093/021
～秋董氏學跋 130/423
～秋中國彝狄辨序 086/354
093/062
094/318
～秋中國彝狄辨原序 086/353
093/061
～秋盟書即今條約考 149/191

5071₇ 屯

25～練篇 072/429
100/167
27～墾策 082/409
096/394
120/426
60～田 127/247
～田說 008/467
113/358
～田議 006/184
006/185
109/003
109/004

～田考 006/182
109/001
120/416
～田篇上 062/093
096/391
120/418
124/360
～田篇下 062/097
096/393
120/420
124/361
96～糧序 006/116
～糧歸縣徵疏 006/117

5073_2 表

28～微 008/125
56～揚名節以維風化疏
135/041
88～算日食法 046/359
114/369
116/290

5080_6 貴

21～齒論 004/211
116/056
22～私貴虛論 082/310
095/174
32～州水道圖說 011/457
108/105
122/294
～州學政趙惟熙奏開設譯書公局摺 130/413
～州輿圖說 009/147
60～因 058/391

責

30～實 056/267
094/481
116/546
～實効疏 002/176
53～成部議疏 005/027
117/312
～成地方官興辦毋庸另設專官議 051/518
122/138

5090_0 未

40～來之中國 160/105

5090_4 秦

08～論 055/345
17～子丹司馬治河條議
146/288
21～征晉河東論 126/537
43～始皇焚書論 107/130
～始皇厚葬論 008/174
48～檜論 107/138
60～置郡縣論 014/425
039/249
～蜀荆楚形勢議 009/126
120/155
90～省吾家傳 076/381
～省籌款摺 128/513

5090_6 東

00～方商力競爭策 141/373

五〇九〇六 東（〇〇一五八）

～方兵事紀略序 102/440
～文字母論 143/346
～文源流論 143/335
～京商業會視察中國條議 142/169
～京同文書院章程 128/425
01～語入門序 146/099
10～三省練軍說 145/299
～三省實業公司致熊內閣函 167/546
～三省邊防論 100/480
～三省林業意見書 168/053
～三省防務議 155/108
～三省鹽政改革意見書 166/257
～亞益智譯書敘例 130/421
～西學書錄例言 158/039
11～北邊防議 125/162
～北邊防輕重緩急論 083/119
100/434
21～征晉河東論 126/540
26～魏吏部偽假人官 016/389
27～綱疲累暫緩加價帶徵另籌京餉疏 134/130
30～瀛武備記 112/370
～安禁金鑵告示 042/269
049/361
31～河 126/382
～河宜速堵說 101/250
33～淀水道清理完竣疏 048/200
108/278
133/386
34～迆北會于滙說 045/389
37～湖記 011/335
～湖縣稟呈酌議條款批 059/287
38～洋埠口 102/356
～海 127/246
40～南三大政議 057/003
～南水利略序 080/167
101/497
～南水患論 045/363
051/463
108/430
～南兵事策 071/191
099/322
120/206
44～華錄序 055/403
116/157
58～撫覆奏條陳變法疏 148/401
～撫通飭 130/361
～撫袁覆奏條陳變法摺 128/140
～撫袁中丞奏辦山東大學堂摺 128/367
～撫奏請黃河即由呂家窪入海疏 154/056
～撫籌估黃河工程經費疏 154/033
～撫飭議編書札 130/417
～捻蕩平覆陳善後為難情形疏 076/119
136/054

90～省商邱等處鹽務改由官運疏 134/131
～省辦理積穀請飭認真查核疏 063/051 118/302 133/520
～省辦理積穀情形疏 063/049 096/461 133/519
～省設立機器局疏 132/286
～省丁漕業經分別核減懇恩免再隨時定價疏 133/362
～省河工宜兼用分流故道初議疏 078/363 136/337
～省河道淺窄擬請展築遙堤摺 045/407
～省賑務擬倣照義賑章程疏 134/055
～省閘內州縣兌漕苦累酌量變通疏 064/109 097/322 134/063

5101₀ 批

10～零陵縣稟 072/487
20～統領湘勇張道運蘭稟 073/447
25～佛教會立案呈 168/525
28～復蘇松太應道等核議水師章程 074/463 100/044
30～安平縣唐令稟滹沱河上治中治下治三策稟 154/006
～官運湘鹽委員文守翼稟籌銷湘鹽章程稟 150/015
31～江西牙釐局稟洋商運茶完納子口半稅江省捐釐無抽稟 152/113
40～九江道稟稅司康發達偏執妄為請撤換稟 152/115
～九江關稟請撤康稅司一案稟 152/117
56～揚州府孫守營朱參將會稟戴德生來揚傳教民人獲有屍孩動忿解散稟 155/178
60～景鎮牙釐局稟遵示更章抽收洋華商茶稅是否錯誤稟 152/114
90～常鎮蔡道稟鎮江民人因洋人租屋滋事一案稟 155/179

5101₁ 輕

04～諸辨 071/071

5101₂ 扼

10～要篇 100/472
～要篇節錄 145/305
30～守河岸法 139/194

5101₇ 拒

71～馬繩 050/192 113/101

5102₀ 打

27～響篇 145/467

5103₂ 據

24～供先結以清庶獄疏
045/093
051/239
30～實覆陳淮商碍難籌捐票本疏
134/266
～實直陳請旨斷理片
047/168
109/195
133/125
60～國際公法以斷外國軍隊之駐防獨立國之京都或要地論
153/472
80～公法以立國論 082/571
099/197
95～情代奏疏 049/293
135/033

振

10～百工說 083/291
101/223
104/300
122/337
129/229
28～作共和黨政務部意見書
160/368
77～興商務條議 111/314
～興商學條議 129/305
～興京津貿易說 105/204
151/331
～興礦業之計畫 168/213
～興上海商市捷法上
105/199
～興上海商市捷法中
105/200
～興上海商市捷法下
105/201
～興絲業芻言 104/120
～興內政當先澄敘官方說
095/216
～興女學校說 146/090
～興茶業芻言 105/164
111/449
～興林業當以教育法律為基礎論 168/045
～興格致論 114/214
124/143
～興格致以培人才議
114/217
124/145
～興中國論 082/308
095/167
～興中國三大綱論 115/242
126/110
～興中國內河航業之計劃
168/351
～興中國林業之計劃
168/047
～興學校論 124/489
～興醫學議 106/426
～興印度中國貿易策
141/384
～興鐵路銀錢郵政論上
146/400

～興算學論 114/257
124/154

5106_0 拓

00～充漁務說 084/465
089/097
104/037
110/036
56～規模以期美備論 095/168

5111_0 虹

60～圃記 062/451
096/422

5131_7 甎

21～師贊 012/537

5178_6 頓

58～整山東水師購造船礮疏
135/218

5201_3 挑

25～練兵勇聽調疏 135/071
31～濬新舊泗河片 136/368
37～選幼童出洋肄業事宜疏
132/501
～選額兵立營酌加津貼疏
071/327
099/268
120/207
135/112
53～挖賈魯河一律深通疏
052/122
136/513
77～闢直境各河剋期工竣疏
052/011
108/425
122/168

5202_1 折

35～漕說 150/023
～漕議 096/319
～漕平議 128/535
140/029
40～南漕議 048/347
064/045
096/317
112/151
118/411

5204_0 抵

22～制洋鹽說書後 128/531

5204_7 撥

27～船困民疏 007/031

授

60～田論 002/223
006/088
64～時策 003/183

援

30～案捐礮疏 135/323
～案籲懇酌減漕米疏
048/047
112/047

133/303
～案賞發兵勇皮襖片 135/141
67～照成案擬請撥給旗員隨缺地畝片 048/157
133/498

5207₂ 拙

27～修書室記 046/045

5209₄ 採

00～辦江西萍宜礦務利和有限公司招股啟 101/538
150/396
10～西學議 053/455
094/321
109/257
～礦議 125/302
37～運川木五難狀 010/187
121/384
60～買淮鹽濟食分岸納課濟餉疏 048/474
134/287
～買淮鹽濟食分岸納課濟餉摺 041/149
77～風劄記各卷小序 068/335
85～鍊鋼鐵紡紗織布議 114/140

5210₀ 劃

60～田賦為地方稅私議 165/053
80～分國稅地方稅私議 165/014

5225₇ 靜

20～重學記 046/258
114/319
116/454

5260₂ 暫

07～設皖南巡撫議 074/097
57～緊平民受害最酷議 077/245
101/128

5290₀ 剌

40～奢 071/029
50～史守相得召見 005/138
117/258

5291₄ 秏

80～羨請仍歸公疏 005/465
～羨私議 005/459
111/217

5301₁ 控

22～制鎮筸兵勇並察看各提鎮優劣片 050/109
135/174

5301₇ 挖

40～土機器於運河未甚相宜片 136/454

5302₇ 捕

40～姦議 010/111
56～蝗記 002/551
006/525
006/533
110/114
～蝗說 006/524
119/337
～蝗法 006/527
110/115
77～鼠之鼠小說 003/056

5310$_7$ 盛

00～京將軍增祺府尹玉恆奏報東邊一帶堵勦賊匪情形摺 125/219
～京將軍增祺奏定大淩河丈放章程摺 128/533
～京圖說 011/471
108/107
122/071
22～稱普皇雄略 128/224
30～宮保辦理蘆保鐵路情形 129/463
44～世元音原序 086/429
093/235
107/165
126/069
～世危言自敘 082/039
126/043
～世危言敘 082/038
126/040

5320$_0$ 成

30～安縣改建常平義倉記 063/123
096/476
47～都省城勸積儲示 063/089
096/465

戊

53～戊武會試策問 008/449
120/074

咸

30～甯縣節孝祠記 026/261

5333$_0$ 感

00～應彙傳序 004/206

5340$_0$ 戒

08～諭學官 042/027
049/220
107/411
17～子孫 001/444
008/074
107/438
20～纏足會敘 082/543
086/229
092/318
26～粵民出洋謀生示 047/422
38～濫刑 045/025
051/146
45～株連 045/115
051/237
47～殺文 071/101
～殺問答 001/512

50～患貧言利疏 060/159
133/139
88～飾 157/280
96～烟會問答即系之以論
145/539

5403₄ 揵

21～虎任四傳 026/137

5404₁ 持

17～盈論 004/210
116/055
20～重大宗雖殤後不當還服本生
再答書 070/293
34～滿論 004/288

5404₇ 技

44～藝 083/264
101/235
126/472

披

39～沙揀金說 104/207

5406₁ 措

60～置東三省邊防議 125/161

5408₈ 挾

22～制中國修理北河論
127/317

5500₀ 井

22～利說 002/340
006/327
108/271
～利補說 002/349
60～田論 004/439
062/405
096/420
108/435
116/532
118/119
～田議 062/411
096/431

5503₀ 扶

54～持保義倉約 063/079
096/472
118/284

5504₃ 轉

27～般私議 007/055
～移積患說 082/485
094/492
78～隊渡河法 139/193
87～錄京師新聞彙報所登直省耶
穌教士勸諭教民文 125/073

5517₇ 彗

60～星說 124/172
～星論 143/458

5523₂ 農

00～商輕重說 104/070
10～工商學 094/314
14～功 082/477

	096/443
18～政	103/510
	126/441
～政報序	103/508
～政全書序	103/503
30～宗	008/012
～宗答問	069/187
	098/402
32～業交易篇	140/500
～業經濟緒言	140/489
～業生産篇	140/491
～業總論	140/487
～業組織論	140/509
50～書	006/269
60～田議	006/255
	108/443
	118/110
63～戰論	150/333
70～雅自敘	140/512
～雅釋器	141/280
77～用植物通論	141/109
～用八政説	104/050
～學新法小引	150/282
～學論	096/419
	124/412
	129/005
～學報序	108/460
80～人新法紀略	082/486
	084/438
	089/035
	096/424
	104/001
～會報序	084/428
	089/012
～會飼蠶述聞	104/107

5533$_7$ 慧

47～根數理	143/479

5560$_0$ 曲

02～端論	009/102
23～綫新説	143/422
27～阜孔太史創辦公利局章程	129/262

5560$_6$ 曹

17～孟德論	015/163
～子建論	015/303
23～參論	005/047

5580$_1$ 典

35～禮上	082/531
	098/131
～禮下	082/532
	098/132

5580$_6$ 費

43～城商務博物會記	099/234

5590$_0$ 耕

22～種各法宜采善法續論	104/056
23～稼要論	084/439
	089/037
	096/448
	104/002

108/467
118/133

5601$_0$ 規

28～復丁漕加提盈餘湊供賠款疏 133/247
～復淮鹽引地議 124/352
126/546
50～畫新疆郡縣疏 060/521
096/190
117/290
134/482
～畫南巴棚民論 009/263
～畫甘肅全省地勢軍情疏 076/193
136/083
77～印度以制英論 102/517
108/016
125/469

5602$_7$ 捐

15～建鐵橋夾片 051/289
136/265
22～例得失論 103/277
～例宜示限制說 103/279
24～納 082/326
095/440
61～賑辦竣通詳餘銀脩橋狀 021/337
～賑錄序 021/333
74～助新安澠池水利銀兩業已開工試辦並擬章程請示稟 048/195
108/277
78～監兼收銀穀疏 006/370

揚

17～子雲難蓋天八事以通渾天說 082/125
～子江籌防芻議 153/372
32～州水利論 011/189
108/193

5604$_1$ 輯

30～流移 006/454
110/097

擇

10～要疏河以紓急患疏 011/138
122/113
27～將 105/476
40～難 157/418
43～尤參劾以圖整頓川省吏治營務片 047/180
109/328
44～地酌開上洩南運下注營田河疏 080/051
136/464
50～吏 039/353
047/052
059/215
095/391

5608$_1$ 提

27～督出後異姓疏 042/137

049/291
069/275
119/443
135/033
30～牢瑣記 077/231
101/143

5609$_4$ 操

25～練章程 053/136
112/454
120/327
～練西丹備調片 051/126
136/108
～練水師疏 009/304
121/193
～練洋槍淺言 053/107
112/445
120/328
～練卮言 083/215
099/332
28～縱離合論 083/151
099/448
125/112

5701$_6$ 挽

60～回西北大局疏 074/399
100/396
121/031
135/446
～回中國當務其急論
095/131

輓

27～船 062/081

5702$_0$ 攔

77～輿呈稟 059/103
117/433

抑

80～尊 004/347
109/069
117/003

5702$_7$ 邦

22～畿水利集說總論 011/109
122/100
～畿水利事宜 011/111
108/228

挪

10～亞子孫遷徙考 130/190

5704$_7$ 搜

53～捕盜賊責成文武議
009/004
110/143
120/471

5706$_2$ 招

00～商試辦輪船分運江浙漕糧疏
064/325
097/315
118/417
134/098
～商運米籌辦平糶疏

133/468
08～放旗荒大半就緒擬請建設旗官疏 133/473
10～工 083/310
101/237
16～魂葬服說 008/169
24～徠論 095/173
124/094
27～墾荒田酌緩升科章程詳文
096/399
118/170
～墾蘇州府屬新陽縣境荒田疏
133/448
～墾里記 005/354
～懇荒田酌緩升科章程詳文
062/123
30～安六安州麻埠論 003/039
～客民墾荒利弊說 109/029
44～考武備學堂學生示
085/406
091/098
098/163
105/446
112/317
120/042
～募黑龍江壯丁訓練馬隊疏
135/101
58～撫生苗以安三省疏
009/436
～撫流亡示 050/413
～撫猓目請予土職各緣由疏
051/031
135/479
77～股開辦江南各礦示
150/446

5708₁ 擬

00～立中國文錢合益會節略
082/353
097/275
～應詔陳言疏 082/201
095/463
124/257
～庚子法國賽會中國宜自行派員辦理說帖 097/127
～辦磁州屬之彭城鎮煤礦章程
101/541
～辦川省機器紡織事略
114/147
～辦粵西賊匪策 043/035
～辦江西九南福利種植有限公司宣言書 168/058
～辦通俗教育講演練習所意見
167/216
～辦柑子沖猺善後事宜八條
075/215
100/435
～辦鐵路說帖 085/295
090/291
105/304
114/015
122/388
～言風俗書 004/313
013/473
110/055
116/535

05～請京師創設總學堂議 149/269
～請試辦速成學堂疏 131/442
～請設立總教務司說帖並序 130/396
～請設立沿海團練條陳 113/336
～請再減賦額疏 048/021
133/300
～請郡縣廣行鄉飲酒禮議 068/291
098/091
～請改鑄輕錢議 067/289
097/255
118/498
～請重親民之官疏 005/049
109/238
117/135
～請重開博學鴻詞科甄拔通才增試藝學六門復设觀風整俗以捍衛聖道議 104/271
～請緩考中書片 133/052
～請仍舊改設協領片 047/460
～請仍照前奏飭部鑄頒關防疏 049/007
～請將土富州改流添設通判知事疏 133/118
～請將閩省京餉仍由號商滙兑疏 133/227
～請添設移改疏 047/477
134/489
～請減成收捐以濟軍食疏 135/301
～請裁併河漕冗官條議疏 058/179
097/318
133/053
～請挑練大同馬隊五旗疏 049/531
135/105
～請援案減漕疏 048/037
133/307
～請嚴禁繞越力汰陋規疏 134/331
～請明定軍需善後報銷章程摺 040/177
～請創辦全國森林上大總統國務院意見書 168/037
～請銀行收用龍銀歸入商務條约說 129/329
07～設立蘇學會啟 130/296
～設天津中西學堂章程禀 084/299
088/286
098/182
107/342
120/045
～設天津中西學堂請奏明立案禀 082/008
～設繙譯書院議 084/358
088/412
094/245
103/439
107/179

五七〇八一 擬（〇七—二七）

～設江西糧臺及牙釐總局片 072/027 100/093
～設巡查海軍兵船礮械洋員章程譯呈 100/340
～設法保護屯民片 050/415 135/457
～設鴉片總司議 145/274
～設尚賢堂章程序 158/416
08～論 咭唎國王檄 044/077 050/440 113/235
10～平楚萬言策 010/044
～更定漕政章程疏 007/019 112/122
～西藏置郡縣議 124/464
11～預籌節用疏 060/189 096/059 133/146
12～聯鄉會購用風車說 096/428
15～建收養痴癲病房說 146/378
18～改河由六塘河歸海疏 010/254
～改考試章程 149/416
～改義整為時務學堂說 107/381
～改銀幣折錢疏 067/251 134/427
21～上某尚書書 043/017
～上今方言表 007/481 107/178
～上銀錢並用議 067/223 097/250 118/484
～上當道書 115/117
～征邪教疏 010/017
～行田捐以濟軍餉議 145/263
22～變通奉省官制片 047/161 109/193 133/084
25～朱子學校貢舉議一 069/033 098/249
～朱子學校貢舉議二 069/039 098/250 120/067
～練新兵營章程 130/064
26～粵東商務公司所宜行各事 085/103 089/417 097/100 105/112 111/461
27～將學舍書院義塾均改為中西學堂議 098/257
～將鐵路船廠等銀截留抵補賠款疏 133/251
～各城鄉宜添設義整論 107/377
～彙刊宋人及國朝人補歷代史表志序 046/150 107/118

28～以李悝平糴法輔社倉議 124/354
～以趙過代田法助墾荒議 124/363
～復淮水故道章程 052/061 108/138 121/515 154/018
～復漢儒賈誼從祀議 068/255 120/003
～復古者時巡之制議 145/242
30～富國富民策上 067/413
～富國富民策下 067/415
～定金本位制說略 165/381
31～江蘇藩司請減五屬錢糧詳稿批 061/377
～顧炎武從祀議 068/261
32～州縣請立靈星祠議 068/231 098/128
～添設茂興地方分防路記疏 050/390
～添練兩鎮馬步營疏 049/535 135/107
33～減冗官議 124/227
37～選聰穎子弟出洋習藝疏 053/462 109/260 121/207 132/500
～選子弟出洋學藝摺 042/359
38～海塘疏 011/503 122/317
40～在京師上海各設達成館以儲使才片 094/511
～在賈莊建壩普築長堤疏 136/364
43～裁海河灣嘴條議 154/062
44～考覈各式鎗砲因地制宜分派撥用說 101/026
～勸金陵都人士創開女學堂啟 107/395
～禁鴉片說 124/451
48～增設女童學塾議 126/252
50～中華民國憲法草案 161/318 162/001
～中華民國國會代議院議員選舉法案 162/314
～中國設局鼓鑄小銀錢節略 085/195 090/075 118/502
～專設海防全政大臣以一事權疏 074/543 100/311 125/169 135/411
52～蚔鼃諫齊王表 015/139
56～輯淮南鹽法紀略稟 065/429
57～招商設立中國銀行片

097/134
58～整頓教習陸軍章程
099/309
～整頓東三省鹽釐片
066/013
098/071
119/122
134/114
～釐正五事書 071/021
64～時務策 006/247
65～購機器僱洋匠試造輪船先陳大概疏 132/147
～購挖土機船鐵脅新式輪機片
053/298
132/180
75～陳洋務疏 044/099
052/190
115/017
132/236
77～開辦奉天東邊礦務章程
084/485
089/137
101/543
104/166
113/481
119/250
～開海運各處引河試辦屯墾稟
062/287
096/371
～舉薦人才疏 057/255
095/009
131/251
～興水利策 037/281
～與劉欽使論新疆事宜書
074/433
100/490
121/035
～與鳳陽守令書 059/297
78～除盜賊策 072/337
～臨敵易將摺 029/327
80～分任文武大員查辦匪鄉疏
051/138
136/110
87～銀錢並用章程疏 067/215
097/217
118/481
124/370
134/425
88～籌京師積儲疏 063/015
096/357
096/459
118/290
133/507
～籌積貯書 040/367
048/219
112/194
～籌息款津貼長沙善化兩縣疏
133/089
～策五道 004/453
109/091
～策七 047/291
059/361
117/496
～纂四川鹽法志片 134/113
～築東三省鐵路道里考
114/089

撰

60～四等十儀 084/253
088/184

5750₂ 挈

40～大綱防積弊疏 056/185
094/331
124/040
131/223

5802₁ 輸

80～入超過之原因及其挽救方法
168/115

5802₇ 輪

27～船 127/165
～船工竣並陳機器局情形疏
053/069
113/308
121/265
132/152
～船電報二事應如何剔弊方能持久策 082/374
095/256
～船修工核扣薪糧疏
132/188
～船進止議 102/116
125/308
～船巡洋議 145/501
～船速率考 114/124
146/147
～船薪糧不憑馬力片
135/278
～船輪車緣始考 146/124

5803₁ 撫

08～議 010/029
120/237
37～盜篇 075/261

5803₂ 捻

30～竄運東通籌全局疏
136/049

5806₁ 輶

51～軒語 038/457
116/161
～軒今語 157/540

5806₇ 搶

00～廂黃河摺 045/247
44～獲險要工程摺 045/309

5810₁ 整

16～理綠營抽練馬兵疏
135/091
～理淮北票鹽疏 041/339
048/486
065/327
112/247
119/112
134/256
～理淮南鹽務疏 065/335
119/115
134/178

～理江安綱食引地事宜疏 134/211
～理舊幣意見書 165/321
～理中國稅法議 165/036
～理財政之六大障礙 164/545
37～軍芻議 166/325
50～吏治以清政本札 040/053 047/232 059/183 094/375 109/373
51～頓京倉並議復折漕疏 133/503
～頓平水茶芻議 111/450
～頓步軍營積弊疏 071/227 099/393 125/102 135/058
～頓絲茶策 082/459 097/159 122/552
～頓保甲 100/185 125/187
～頓鄉會試謄錄敬陳管見疏 042/087
～頓鹺務摺 041/123 048/429 112/235
～頓淮南行銷引地疏 065/143 134/168
～頓淮南鹽務疏 041/307 048/489 112/249
～頓官制以除弊政說 124/240
～頓海軍芻議一 145/501
～頓海軍芻議二 145/502
～頓士習疏 135/027
～頓直隸吏治營伍疏 131/132
～頓茶商議 146/166
～頓茶務移文 097/176
～頓茶務札 097/174
～頓場務官幫章程稟 048/531 112/259
～頓中國條陳 147/392
～頓中國財政策 139/363
～頓中國幣制意見書 165/472
～頓招商事宜疏 132/185
～頓四川吏治營務疏 131/152
～頓普及教育方法案 167/187
～頓鐵政紡織利不外溢策 082/441 102/172 122/537
～頓營務議 042/379 049/476 071/405 099/376 112/297

120/209
88～飭皖茶文牘 141/141
～飭仕途疏 082/316
095/323
132/524
～飭倫常令 168/604
～飭官方令 163/437
～飭官常示 047/113
～飭吏治疏 040/061
～飭營務疏 008/426

5816$_1$ 蛤

27～仔難紀略 009/338
～仔難原始 009/341

5821$_4$ 釐

10～正文體以端士習疏
135/030
21～卡議 066/481
098/079
119/060
30～定閩屬進出款項停止攤捐另籌公費疏 133/203
44～革驛害疏 008/489
120/493
56～捐論 082/508
～捐弊論 082/510
62～剔安徽虧空疏 005/474
～剔官吏經徵錢糧積弊疏
061/237
096/252
133/278
～剔漕事疏 007/018
118/398
～剔漕弊疏 007/010
112/120
77～局總論 111/497
80～金 098/083
126/429
～金議 066/477
098/080
119/049
～金改章以防弊不如裁撤以絕弊說 129/384
～金積弊日深請飭實力湔除疏 134/388

5824$_0$ 敷

50～奏江南水利疏 011/162
108/185
122/178

5844$_0$ 數

08～論 038/473
48～教禍策 125/072
77～學跋 046/244
114/313
116/338

6

6000$_0$ 口

22～岸 127/264
23～外各廳編查戶籍無礙蒙古游牧疏 048/075

118/176
133/371
～外七廳取進學額請援案辦理疏 049/257
107/302
135/016
～外駐兵疏 006/237
118/251

6006₁ 暗

24～結暹羅襲取西貢疏 132/381
47～殺之罪惡 164/011

6010₀ 日

06～課四條 054/349
094/076
10～耳曼皇沙鳌曼傳 149/001
23～俄在高麗情形 157/024
36～暹條約 102/403
42～斯巴尼亞度支 102/313
～斯巴尼亞國緣起 108/028
125/458
44～熱在紅光內曬物變色之力郤在青運光內解 143/560
～華學堂章程要覽 149/398
～英聯盟條約 138/351
～英政策旁觀論 157/063
～英同盟 102/387
47～報論略 107/447
～報上 083/186
～報下 083/187
50～本高麗持久不戰考 111/073
～本高等師範學校章程敘 084/374
088/449
102/304
～本高等女學程度論 144/559
～本商務 102/329
125/391
～本商務考略 129/282
～本商務學堂 102/293
～本商務學堂章程述略 129/286
～本商律 142/056
142/081
～本商約解義 102/329
～本商業會議所通行條例 142/188
～本商埠考 142/123
～本度支 106/200
127/328
～本文學源流考 125/364
～本雜事詩序 086/529
093/458
158/325
～本語之大略 158/053
～本新訂稅章 142/205
～本新政府對於列國論 138/416
～本新定商務學堂章程 141/424
～本新定專利章程 141/427
～本議立專條疏 132/408

～本工藝志序 085/003
089/197
104/220
～本工藝學校局廠條記
142/286
～本天文志序 086/443
093/266
～本天長節記 111/184
～本貢市入寇始末擬稿
009/287
113/213
～本非中國藩屬辨 106/216
155/227
～本疆域考 083/390
108/008
125/464
～本水師艦隊表 102/368
～本水陸軍兵考略 112/371
～本刑律 138/287
～本刑法志序 084/262
088/209
103/393
110/218
～本刑罰論 149/183
～本職官志序 084/235
088/145
103/261
～本現行法律上 138/203
～本現行法律下 138/235
～本現行地租法 140/016
～本現行關稅法 140/105
～本現時貨幣制度表
139/517
～本現今歲計表 140/138
140/175
～本司法裁判 138/292
～本政府酌定商業會議所新例
129/277
～本改定度量權衡通行法
142/275
～本改封建為郡縣論
111/184
～本行政警察靖亂法
139/333
～本行政警察保護法
139/338
～本行政警察保安法上
139/320
～本行政警察保安法下
139/331
～本行政警察人事法
139/335
～本師範學校章程序
144/304
～本師範學校令 144/223
～本製麻法 142/389
～本製亞麻法 142/393
～本製臬法 142/398
～本製藍法 142/399
～本製茶法 142/329
～本製胭脂法 142/407
～本製烟法 142/333
～本山林會章程摘要
141/275
～本絲業宜整頓論 104/094
126/444

六〇一〇。日（五〇）

～本外務省官制 138/335
～本台督鴉片新章 158/499
～本儲貳典範 138/160
～本貨幣論 152/001
152/004
～本科學要目論 144/446
～本修改憲法 137/188
～本物産志序 085/051
089/301
105/025
～本名士論經濟學 126/157
～本名勝風俗考 108/077
～本宜與中國和好議
145/071
～本憲法 137/301
～本安政以來大事略述
086/103
092/037
106/194
107/505
123/556
～本賽會章程 129/276
～本實用無綫電信之計劃
142/507
～本添田壽一支那幣制改革意見書 165/479
～本近三十年設立公司家數表
142/182
～本近三十年取引所比例表
142/183
～本近年貿易出入額表
141/457
～本禮俗志序 086/527
093/453
～本禮俗志後序 086/198
092/249
～本通中國考 106/193
155/225
～本軍政 083/377
123/472
～本軍事教育編敘目
153/458
～本游歷外國護照章程
157/111
～本游學指南緒論 149/433
～本海陸兵制沿革考
112/368
145/494
153/246
～本大臣新政 127/324
～本大學校訓示 144/218
～本大學校勅語 144/219
～本大學令 144/219
～本内政 130/215
～本赤十字社緣起 104/345
～本赤十字社社則 158/433
～本女子教育論 144/542
～本女學校規則 144/511
～本地理志序 086/115
092/064
～本地理兵要例言 052/308
116/441
～本地勢軍實考 108/009
145/187
～本菾菜製糖法 142/319
～本甘蔗製糖法 142/316

～本茶業公會規則 142/194
～本橫濱中國大同學校緣起
084/374
088/447
098/281
～本橫濱中國大同學校書後
084/389
088/483
～本橫濱中國大同學校學記
086/389
093/144
～本警察總論 139/319
～本中學校令 144/222
～本擴充水師情形 102/425
125/421
～本書自志序 157/491
～本農商務委員 127/107
～本農商務省視察中國北方議
141/375
～本農務土性試驗表
141/040
～本農政維新記 129/123
～本農科大學章程 129/138
～本擬改圜法章程 085/177
090/034
104/428
～本國統志序 086/116
092/067
～本國統志後序 086/117
092/068
～本國統志一 156/195
～本國統志二 156/214
～本國債始末 140/433
～本國緣起 108/008
125/454
～本國官制人地考 102/505
～本國志凡例 046/166
107/123
156/144
～本國志敘 156/142
～本國財政 102/312
～本國際公私法 138/325
～本國民同盟會上外部大臣書
157/085
～本足利學校考 149/251
～本財政史緒論 139/405
～本明治三十五年度支預算表
128/547
～本明年度支預算表
150/230
～本兵制 112/367
～本兵志序 085/363
091/003
～本兵志後序 085/393
091/071
～本兵志後序一 085/363
091/004
～本陸軍師團表 138/591
～本陸軍官司制 139/001
～本陸軍軍隊制 139/022
～本陸軍士官學校條例
130/105
～本陸軍學校制 139/027
～本用金後情形 085/178
090/037
104/430

六〇一〇。日（五〇）

～本學術志序 086/400
093/166
～本學術志後序一 086/401
093/170
～本學術志後序二 086/402
093/172
～本學術志後序三 086/404
093/175
～本學科程度 144/419
～本學校章程考 149/247
～本學校論 149/246
～本學校步武泰西 146/048
149/243
～本學校變法詳述問答
128/424
～本學校科級表 144/404
～本學校沿革論 149/248
～本學校考實 146/078
149/241
～本人臣宣言新政 157/029
～本全軍制 153/092
～本食貨志商務篇 085/039
089/273
105/010
111/288
～本食貨志序 084/393
088/487
～本食貨志後序 085/042
086/279
089/280
092/425
105/014
～本食貨志後序一 085/205
090/093
～本食貨志後序二 085/206
090/097
～本食貨志後序五 084/420
088/547
～本食貨志後序六 085/194
090/072
～本氣候風俗考 108/079
～本鐵路 102/463
125/442
127/048
～本小學校章程序 149/396
～本小學校令 144/230
～本煤礦 102/325
125/444
～本鄰交志序 085/451
091/193
～本鄰交志後序 084/263
088/211
103/394
110/305
123/171
～本鄰交志四 155/283
～本鄰交志五 155/311
～東軍政編入壯丁制
138/554
～東軍政徵兵制 138/549
～東軍政官秩 138/547
～東軍政期限制 138/560
～東軍政罰科制 138/559
～東軍政分限制 138/559
～東軍政敘任制 138/563
～東海軍官司制 139/039

～東海軍軍艦制 139/051
～東海軍軍艦所屬表 139/054
～東海軍學校制 139/052
58～輪新理 143/461
60～日交際 102/387
80～人經營滿洲實業之現狀 164/162
～人代籌開通東三省事宜稿 128/175
～食考 114/412
158/497
85～蝕問答 114/413
86～知錄序 004/116
116/033
～知錄跋 004/143
107/036
90～光與土性關係論 140/522

6010_1 目

10～下宜以用人為急務論
095/017
124/071

6010_4 呈

05～請辭去鄂督文 162/527
～請代奏應詔陳言疏 148/023
～請代奏講求農務請合文學設科疏 150/349
～請代奏變法自強當求本原大計條陳三策疏 148/012
～請代奏變通錢法疏 152/090
～請代奏皇帝第五疏 147/435
～請代奏皇帝第七疏 147/490
～請代奏振興新政條陳三策疏 148/018
～請代奏振興茶務疏 151/442
～請代奏乞力拒俄請衆公保疏 147/470
～請總署代奏力保大局就浙試辦疏 148/031
～請都察院代奏書 148/519
～請赦免亂黨脅從書 164/092
～請劃定四省軍事區域文 166/403
～請嚴催各省解款接濟文 164/596
～請嚴肅軍紀文 166/402
～請開辦江西內河輪船公牘 085/339
090/387
104/385
122/354
127/167
～請開辦沿海繅絲工廠文 168/106
11～張中丞論晉省招募北方馬隊書 050/055
23～參議院建議遣置軍隊案 166/399

27～黎副總統文 168/243
30～進書籍疏 054/175
116/022
131/168
37～初萊陽中丞吏治事宜
058/457
095/327
40～大總統縷陳漢冶萍公司實情文 168/234
～大總統國務院主張簡任省長
163/063
44～蔣勵堂節相 022/141
～蔣勵堂節相論蘇郡三邑漕務書 061/289
46～賀耦庚師 041/251
041/261
048/441
～賀耦耕師 023/113
023/321

里

60～甲論 003/018
008/501
80～差算法通例表 158/283

量

00～交 039/059
046/409
055/187
094/104
124/122
21～行溝洫之利 006/321
108/268
27～移文武員弁分防冠縣甘集梨園屯等處疏 133/128
74～隨識長論 046/051

墨

17～子尚同三篇書後上
128/332
～子尚同三篇書後下
128/333
44～老弟子後學考序 086/330
093/010

星

27～象中西異名說 114/418
38～道以日為心論 082/132
094/181
116/427
71～歷考原 008/391
116/385
77～學辨惑論 082/133
094/182
80～氣論 114/425
90～光熱力 143/467

6010_7 疊

75～陳圖說附記 073/255

置

00～辦外國鐵廠機器疏
132/282
22～後解 001/423
008/041
24～貨可以頓致巨富論

115/445
81～缸不如開井說 110/264
125/230

6011$_1$ 罪

00～庸醫議 060/399
094/270
～言 115/342
159/200
27～疑惟輕說 045/015
051/144
076/413
101/050
125/237

6012$_7$ 蜀

24～僚問答 059/129
076/481
077/191
101/135
50～中防守策 155/061

6014$_7$ 最

21～旨 157/422

6015$_3$ 國

17～務員經國會同意之研究
161/089
25～債 082/356
118/091
127/148
150/217
～債借換法 140/418
～債緒論 140/400
～債各例問答 128/476
～債償還論 140/429
～債區分得失詳論 140/408
～債與稅關繫論 140/405
～債管理論 140/427
30～家生理論 137/396
～家進化之次第 138/007
～家之形體 138/021
～家之重要質點 137/365
～家之起原 138/014
～家之趨向 138/039
～家權利論 138/321
～家本源論 137/347
34～法汎論 138/175
37～初征撫朝鮮記 154/421
44～權範圍論 137/376
47～朝文錄自序 046/153
～朝六大可惜論 082/041
084/133
087/382
115/304
～朝謚法考自序 007/492
107/213
119/400
～朝二十四家文鈔序
004/246
～朝征地不征丁 019/101
～朝綏服蒙古記一 154/315
～朝綏服蒙古記二 154/326
～朝綏服蒙古記三 154/335
～朝俄羅斯盟聘記 155/183
～朝先正事略序 158/311

六〇一五₃—六〇二一₀ 國（四七—九七）四（一〇一—四四）

～朝撫西藏記下 154/502
～朝撫綏西藏記上 154/483
～朝賦役之制序 061/039
096/313
50～史儒林傳序 004/123
107/032
116/057
77～際立法條約集序 162/430
～際貿易協會意見書
168/188
～際公法主體論 138/309
～際公法總論 138/304
～民權利義務 137/489
～民銀行制度說略 165/278
80～人不可使有黨論 115/318
～會委員會之研究 162/258
～會利弊論 130/314
～會之自殺 160/200
～會浪費時間之弊害
160/208
～會選舉法商榷 162/362
～會歎 160/197
～會性質之疑問 162/294
95～性篇 159/371
97～恤私議 068/205
098/127

6021_0 四

10～元解序 046/241
114/312
116/337
20～季及二分二至說 114/434
～維篇 015/289
21～貞女傳後論 008/103
22～川礦務章程 084/488
089/143
101/546
104/169
113/483
119/241
～川水道圖說 011/423
108/100
122/279
～川利害論 155/073
～川寧遠土司調查記
163/410
～川吏治營務廢弛已極疏
039/507
～川東鄉縣案是非未明疏
077/021
136/177
～川捐輸勢難遽停仍請加廣中額疏 135/011
～川學政通飭各府廳州縣變通書院章程札 149/394
～川鹽課疏 007/235
～川鹽法議略 066/289
097/469
119/173
35～禮從宜敘 068/027
098/093
～禮權疑自序 049/158
38～洋諸國導民生財說
106/390
44～禁告示 071/095
121/377

50～書文源流考 004/251
116/187
～書心解序 013/251
013/255
039/025
039/033
67～明公所紳董懇保全公所義塚稟 155/475
～明公所董事稟上聶方伯蔡權使稟 155/477
77～民論 115/407

兄

80～弟異昭穆論 008/298
～弟異居義 069/359
119/423
88～ 042/141

6021₁ 罷

77～關征議 049/035
066/467
098/023
112/070
119/008

6022₇ 圃

60～田法 002/339

易

25～傳鈔序 013/247
28～俗論 125/052
50～吏胥議 047/279
059/455
096/007
109/407
117/520
60～曰臨觀之義或與或求 117/034
91～類總敘 004/223
116/119

6033₀ 思

00～辨錄序 001/032
～辨錄論學 004/164
10～而不學論 054/501
094/324
116/086
24～緯　臺短書 087/241
37～過齋記 005/229
～過圖序 004/185
50～患豫防策 081/275

6033₁ 黑

01～龍江旗民屯田議 082/407
096/377
120/423
～龍江外紀 050/313
113/198
～龍江將軍壽山遺摺 130/513
～龍江通肯河一帶請開民屯議 081/357
082/406
096/376
～龍江圖說 011/477
108/111

122/076

12～水考 011/455

47～奴籲天錄序 130/507

～奴籲天錄書後 130/508

77～岡觀塼工記 078/159

6033₂ 愚

77～民辨 094/496

6034₃ 團

25～練章程 100/177

～練說 044/455

050/089

072/407

100/168

120/437

125/185

～練論上 072/397

100/164

120/434

～練論下 072/401

100/165

120/435

～練議 010/031

113/333

～練衛民說 100/163

125/183

～練條議 100/172

113/341

6040₀ 田

08～說 062/413

096/442

14～功論 006/181

109/001

22～制說 006/274

～制溝洫 051/469

108/249

～制考 096/332

108/438

27～役 006/147

30～宅 005/281

117/294

31～渠說 011/312

122/262

32～州改土歸流添設事宜疏

133/117

63～賦說 006/010

118/317

～賦總說 006/009

～賦總考 006/013

6040₁ 旱

23～魃辨 002/560

006/547

34～潦 082/479

096/446

圉

80～人說 057/195

6040₄ 晏

10～平仲論 013/361

21～貞女詩 026/253

6042₇ 另

08～議預定大統疏 068/165
068/177
134/512
134/515
75～陳收漕八折窒礙情形疏
061/153
133/267

6043$_0$ 因

30～灾請緩興作疏 010/185
～灾請折漕米疏 006/037
112/120
～灾變請止巡行疏 004/368
61～賑山西而考輿地記
145/196
64～時論一 057/139
117/090
～時論二 057/303
117/223
～時論三 057/311
～時論四 069/005
～時論五 068/317
～時論六 058/101
117/314
～時論七 076/451
～時論八 071/145
120/126
～時論九 060/003
～時論十 061/075
～時論十一 061/079
～時論十二 079/419
～時變法論 115/154
127/479
80～前時論一 117/457
～前時論二 117/458

6050$_0$ 甲

17～子救荒私議 006/491
50～申之變論 027/497
71～辰示道希兄弟 001/475
001/485
008/075
008/090

6050$_6$ 圍

21～呰說 074/193
100/282
46～場事宜辦理完楚擬請設官分治疏 047/163
133/105

6052$_7$ 羈

72～所宜改活板說 045/047
077/241
101/127

6060$_0$ 昌

60～圖廳擬請升為府治添設廳縣教佐各官疏 047/452
108/064
～圖府屬擬請添設各官疏
060/459
133/108
67～明禮教社宣告書 168/518

回

47～聲回光同理說 143/565
48～教盛衰論 130/408

呂

30～宋疏濬海口法 010/447
～宋島設立領事議 149/060
80～鏡宇尚書奏請變通捐輸摺 128/482

6060_4 固

00～高堰守五壩疏 010/388
121/457

暑

36～濕粗辨 106/432

署

30～安康縣知縣事張義文先生六十壽序 017/213
31～江督奏請設立自強軍創練洋操疏 153/273
～河督容道鎔奏體察河南山東河工情形摺 146/272
32～浙撫覆奏條陳變法疏 148/429
～浙撫余覆奏條陳變法摺 128/110
77～興安府知府王杏農先生壽序 017/219

圖

40～存四策疏 115/071
61～賑法 006/480

110/106
88～籍 126/152

6062_0 罰

64～贖 083/236
101/146
82～鍰 126/314

6066_0 品

30～官家祭之禮 008/266
107/242
119/511

6071_1 昆

50～蟲標品製作法緒言 141/168
～蟲標品製作法自序 141/167

6071_2 圈

21～佔記 006/118

6071_7 邑

27～侯王公編審碑記 019/105
040/239
047/487
50～中水利論 011/024

6073_2 圜

34～法 127/111
～法論 097/288
～法卮言 146/521

6080₁ 是

00～亦樓記 004/212
11～非說 115/460

異

02～端有關風化說 115/479
43～域錄 009/234
45～姓為後 001/425
008/048
119/437

足

77～民裕國二事疏 005/449

6080₆ 買

33～補常平倉穀並嚴禁積弊疏
096/464
124/353
133/518

圓

00～率考真圖解跋 046/299
114/338
116/244
～率考異 143/418
40～內任作一通弦分圓為大小二分任於一分內作相切諸圓則大小圓與圓之諸切點必均在半外弧通弦為半徑所作之圓界綫上試證其理 158/261
80～錐三曲綫記 046/254
114/317
116/343

6090₄ 困

24～勉齋私記 004/173

6090₆ 景

43～城紀氏家譜序例 008/029

6091₄ 羅

71～馬皇該撒傳 084/173
088/007
102/255
111/136
123/542

6101₀ 毗

74～陵水利議 011/171
108/183

6101₄ 旺

77～貿易不在增埠 105/146
151/282

6102₇ 嗎

44～地呢槍說略 113/048

6104₀ 盱

63～眙天長兩邑農利示
062/491
096/417

6111₇ 距

00～離測量論 139/248

6180₈ 題

00～主說 042/337
049/423
070/065
10～王氏寫本地圖後 009/173
12～水西書屋藏書日錄後
001/164
27～鄒忠倚殿試策後 055/413
44～蔣氏葬紀 001/369
～舊唐書 027/501
50～書院聯 001/159

6183₂ 賑

17～粥得宜法 006/476
119/286
27～紀十五條 006/440
110/091
119/276
30～濟議 006/469
44～荒策 124/462

6184₇ 販

47～奴 156/236

6200₀ 喇

60～嘛攘奪廓商財物派員查辦疏
132/305

6216₃ 踏

44～勘蝗荒議 002/553
006/534

6220₀ 剔

21～衙蠹疏 002/208
35～漕弊 007/017
118/409

6237₂ 黜

40～奢崇儉說 115/462
44～韓篇 107/157

6240₀ 別

60～國名歸一表 154/216
88～籍異財議 001/477
008/057

6292₂ 影

23～戲楊孝子傳 026/139

6306₄ 喀

10～爾喀西路圖說 009/193
～爾喀北路圖說 009/191
～爾喀中路圖說 009/194
～爾喀東路圖說 009/196

6314₇ 跋

00～方望溪先生教忠祠禁
008/145
～方望溪先生教忠祠禁議喪禮
不御內 119/458
01～顏魯公東方畫贊碑
015/305
13～強忠烈公遺墨記後
015/373

039/375
21～上海字林西報後 158/337
44～藏經 008/358
119/420
～蘇明允集後 055/391
～林文忠公貽戴侍御手札卷
058/465
46～楊御史請正文體以勵寔學疏後 094/085
～楊忠武行狀 074/065
47～胡農部河南余氏服議後
070/341
50～中西算學源流考後
124/158
60～日本岡鹿門文集後
158/330
77～岡鹿門送西吉甫游俄文後
158/333
～歐洲游客書後 158/338

6315_0 戢

60～暴說 145/269

6333_4 默

22～觚上 054/409
～觚中 054/413
～觚下 055/203

6355_0 戰

20～爭問答 125/190
21～術公例 139/105
24～備宜精擇槍砲說 113/026
125/150
34～法學 153/199
50～事以地利為要說 083/218
100/277
～事問答 099/488
60～國策論 012/301
～國策去毒跋 012/299
77～鬭分類 139/105

6384_0 賦

27～役論 002/258
～役議上 006/003
112/001
～役議下 006/004
112/001
～役後議 006/005
112/002
28～稅國債比較表 140/152
80～差關稅四弊疏 005/510
110/010

6385_0 賊

44～老人傳 015/169

6386_0 貽

44～某縣令書 042/241
049/355

6401_1 曉

08～諭升允令 163/446
～諭直省民教告示 130/373

6401_4 睦

30～宗族 008/059

97～鄰篇 155/223

6404_1 時

00～症論 114/488
～疫 002/561
006/523
110/113
02～證論治 106/430
17～務論 127/469
147/290
～務學堂學約 158/001
～務策 095/135
～務策一 074/069
095/136
～務策二 074/073
095/140
～務策三 074/077
095/141
27～危勢迫請乾綱大振疏
056/117
131/212
44～勢可慮請停園工疏
056/233
116/553
131/186
～勢危難請用緩急可恃之人疏
057/237
095/013
117/085
131/247
～藝論 039/047
～藝類編序 004/253
50～事策要 124/139
60～異由於地轉說 114/447
77～局多艱敬抒管見疏
132/337

6480_0 財

18～政顧問之先進國 164/495
～政四綱敘 150/216
～政問題商榷書 164/352
～政與道德 168/579
77～用 150/104

6502_7 晴

22～川書院規約 054/391

嘯

00～亭雜錄二則 047/222

6584_7 購

22～製軍火劃一辦法疏
135/130
60～置練船疏 053/083
113/315
132/175

6602_7 喝

44～茫鼉書序例 141/184
～茫鼉書說桑 141/186

6624_8 嚴

00～辦土匪以靖地方疏
076/311
100/217
125/209

136/102
06～課州縣以責成效 082/337
21～行考核知事令 163/434
22～樂園郡侯五十壽序
036/411
26～保舉以勵眞才說 103/294
28～懲書吏論 096/004
～懲貪墨疏 058/357
095/272
124/221
133/008
30～定保舉章程分晰准駮請旨遵行疏 133/035
～察假冒棍徒疏 002/186
～察派徵檄 006/141
37～盜課議 100/250
40～核河工經費疏 010/467
108/361
～核關稅陳明山東東海臨清提款充公情形疏 134/334
44～蔽 005/229
～禁旗丁刁難示 041/091
048/362
～禁強迫勒捐文 163/430
～禁虛糜火藥議 145/457
～禁私販馬匹並通行定例疏
072/217
136/121
～禁濟敵芻言 100/113
～禁漕弊各款 002/384
～禁衿棍包漕橫索陋規片
061/159
133/274
～禁賭博令 163/429
～禁燒鍋以濟民食 096/534
～禁鬻粟辦法片 048/275
134/040
50～申軍律議 113/092
51～批駁以清積案疏 010/136
110/236
58～釐河工積弊檄 010/474
121/393
70～防漢奸接濟敵軍說
145/421
86～餽送疏 002/199
88～飭諱盜累民疏 003/166
010/146
110/153
～飭官方以肅功令示
005/234
～飭官箴疏 005/188
117/349

6643_0 哭

34～為禮儀說 070/061
099/082

6666_3 器

77～用之工說 104/260

6682_7 賜

08～謚忠烈滑縣知縣強公墓誌銘
015/363

6702_0 明

00～方正學先生是字論

015/321
039/371
08～說 039/001
046/116
10～三楊論 015/167
12～刑弼教當遵經訓摺
045/077
20～季利弊論 003/118
008/421
21～儒來知德請從祀兩廡疏
134/538
23～代食兵二政錄序 056/341
116/145
27～綱議 094/344
124/042
28～倫堂再論廩生 025/289
30～定城守章程片 135/140
～定原有之國教為國教並不礙於信教自由之新名詞
168/412
33～治教育史 144/267
36～邊省攻勦兵數最多
008/448
37～初吏治 005/178
40～大禮說 068/111
098/120
119/370
～太祖待解縉方孝孺論
004/487
117/066
～嘉靖改制論 107/139
44～艾儒略述泰西建學凡六科其派別刪併異同若何 102/291
48～教 168/405
50～吏部權重 005/102
117/307
60～國恥以激公憤議 148/115
～呂新吾先生明職篇序
057/337
117/220
77～用 110/277
83～錢法論 007/349
98～悌 008/065

6706_1 瞻

34～對裹塘劃界刊碑疏
135/492

6706_2 昭

20～信票開通有益中國論
150/189
23～代樂章恭紀 007/470
107/209
60～墨篇 107/155
87～錄容純甫觀察閎上總署王大臣條陳 115/119

6706_4 略

75～陳直隸事宜疏 131/131

6710_7 盟

80～會 110/286

6712_2 野

01～語 017/225

6716_4 路

10～礦議 142/415
24～先生墓碑 001/130
88～節婦黨氏列傳 026/245

6722_0 嗣

22～後辦災應將蠲緩田畝細冊隨謄黃榜示片 134/032
24～續 128/314

6722_7 鄂

27～督張鄂撫端奏陳籌措賠款情形摺 128/509
～督張飭行全省官銷時務報札 127/193
～督批湖南紳士請創行洞庭湖淺水輪船往來湘鄂稟 152/378
～督撫購機器鑄錢疏 152/080
～督飭紡紗局改歸官辦札 151/420
50～吏約 059/143
095/499
117/433
58～撫端方勸漢人婦女勿再纏足說 130/483
90～省漕米驟難改徵本色疏 133/344
～省奏請工藝附蠶桑局試辦摺 129/194
～省員缺久懸請變通辦理疏 058/283
095/276
133/039

6733_6 照

00～章估築攔河大壩疏 051/442
136/448
06～譯比國工程師盧法爾稟覆勘河情形疏 136/355
10～覆法國領事文 083/032
44～舊搭放鈔票疏 134/461
46～相之法可以施於政事論 130/511
80～會法使恭思當文 053/444
110/533
～會法公使恭思當商務專款十條 053/307
110/527

6832_7 黔

07～記序 047/489
34～滇官運局還清原借帑項及四網支存各款作為運本疏 134/193
36～邊鹽務情形片 134/204
50～中水道記 011/458
90～省下游各營專設捕盜兵丁議 071/399
～省獨山荔波仍歸川省運鹽行銷疏 134/207
～省錢法疏 007/358

6886_6 贈

21～何願船序 054/265
26～吳君佩之序 008/187
31～汪平甫序 055/157
～汪孟慈序 060/101
44～林封翁序 054/323
46～楊振公進士序 012/349
47～朝鮮人李秉輝歸國序 053/402
55～費耕亭知府河南序 059/037 117/401
60～易笏山序 054/321 116/069
～呂介存南游序 055/197
72～劉榦亭序 059/053
～兵憲荊峴湯公序 017/137
77～屠生倬序 004/247
83～錢獻之序 004/127

7

7022_7 防

00～疫設 146/374
04～護樹藝詳文 140/458
08～敵莫先於埋伏論 145/300
～議 039/117
17～務宜舉其要論 145/294
～務通於治道說 083/159 100/410
～勇口糧應於護本引底各項餘款撥抵片 134/320
23～俄 127/281 155/110
～俄論 100/471
27～黎示 050/526
31～河保運議 010/510 108/400
～河事宜疏 010/296 121/402
32～漸篇 115/380
37～漏稅 082/514
～軍試墾鹹水沽一帶稻田情形片 062/279 096/369
～軍支銷情弊疏 083/213 100/388
38～海 003/104 009/273 009/375 009/376
～海上 083/058 100/362 121/254
～海下 083/059 100/364 121/256
～海盜策 125/178
～海四策 100/341 113/266 125/177
～海防陸難易緩急論 083/155 100/345

41～奸 100/462
～奸議 145/335
～奸續議 145/337
～奸餘議 100/461
145/338
42～猺論 100/231
44～苗 113/146
121/121
60～口要說 145/304
90～火勸備竹梯說 110/263
99～營承修工程請飭部備案疏
077/397
101/193
136/260

肺

00～癧肺痿治法各異論
114/486

7026_1 陪

21～拜文廟議 007/455
30～審制度 138/267

7031_4 駐

33～滬英領事報英相沙士伯雷侯上海商務 151/375
37～軍露營法 139/234
～軍總說 139/225
～軍舍營法 139/226
41～帳擇地法 139/205
44～英日使述倫敦銀情
152/073
60～日本英使豫計日本度支
150/153
～日本英使考察日本進境
157/027
80～美日本公使巡報美國南部地方情形 156/478

7064_1 辟

28～以止辟論 146/450

7113_6 蠶

00～病試驗成蹟報序 141/189
～病護種法 141/192
～病查驗種紙法 141/189
17～務條陳 129/056
～務條陳序 141/175
150/301
22～種概論 141/178
32～業學堂論蠶事情形
102/341
77～桑 104/103
126/442
～桑說 006/301
111/415
118/190
150/264
～桑須知序 020/283
040/329
～桑問答上篇 129/086
～桑問答下篇 129/091
～桑答問續篇 收蠶種法
129/100

7121_1 腓

77～尼基喀頹基考　130/193

歷

00～稟海塘修防籌費事宜
080/453
101/423
122/319
23～代帝都考　145/209
～代變兵制考　112/440
～代皇朝政治文鈔總敘
158/526
～代役稅說　019/103
～代國本得失利弊論
145/039
～代風俗　004/330
108/069
116/524
～代馭夷得失說　145/060
～代開治水田成効考
051/513
108/238
122/157
～代鹽政沿革　007/199
112/218
47～朝郊祀分合考　049/165
107/215

隴

37～盜議　003/054
009/019
120/449
40～右鐵路說　114/096
50～秦豫海東路起點之研究
168/345

7121_2 厄

44～蕃士連環鎗說略　113/058

7121_4 陛

60～見恭紀　049/115
067/337
097/213

7121_7 臚

75～陳站丁不准考試可疑可憫情形疏　049/251
135/020
～陳晉省目前切要事宜疏
062/019
133/366
～陳自強大計疏　131/288
～陳江蘇洋面情形疏
135/419
～陳河工變通應行事宜疏
133/058
～陳本朝儒臣所撰經義請列學官疏　055/049
116/113
～陳時務八條疏　056/463
095/113
131/100
～陳時事變通疏　056/517
095/127
131/227

7122_0 阿

50～拉善額濟納二旗圖說 009/197
52～剌伯灣及紅梅商埠考 142/132

7123₂ 辰

32～州木關移設常德裕課籌餉疏 134/341

7124₇ 反

34～對孔教為國教呈 168/498
～對改革省制文 163/137
～對遷省南寧文 163/139
～對選舉省長文 163/055
～對軍民分治文 163/009
～對歡迎國會團 160/233
47～切 086/436
093/250
107/170
116/512

厚

27～終論 008/146
30～官祿以清賄賂論 146/549
80～養廉議 047/085
058/211
095/362
103/207
109/240
117/298

厦

77～門鼓浪嶼公地章程 130/137

7126₁ 階

27～級 008/419
～級二 008/420

7129₆ 原

10～礦 104/132
12～刑 003/131
076/393
101/047
13～強 084/054
087/124
094/468
115/245
126/119
17～君 086/243
092/345
116/523
18～政 148/551
22～亂 055/271
24～緯 008/381
116/130
25～律 128/298
27～免出繼緣坐議 003/141
010/093
121/309
30～災 039/159
046/457
055/273
33～治 007/380
094/352
34～法 004/428

	128/295	60～國	130/331
～社	007/444	71～臣	086/244
36～濕	106/436		092/347
37～盜	005/184		117/207
	109/323	72～兵	099/295
	117/464	～兵之一二	112/431
～潮汐	114/444	～兵之三四	112/432
38～冷	143/528	～兵之五	112/433
40～力	143/582	～兵之六七	112/434
～士	103/460	77～風	114/485
	147/208	～學	038/349
～才	038/401		046/048
	046/063		054/189
	057/111		094/025
	094/534		116/072
	103/458		157/365
	107/037	～學一	094/025
	117/079		124/103
	124/063	～學二	094/026
	147/206		124/103
43～始	110/277	～學三	094/027
44～孝上	008/191		124/104
	119/419	～學四	094/028
～勢	009/117		124/105
	120/152	80～人上	004/191
～藝	151/263	～人下	004/191
45～姓	008/018	～命	004/198
48～教	157/246		008/386
52～撥海防經費現擬照案仍行分			110/071
解南洋疏	135/269		116/041
56～捐	066/473		116/392
	098/081	～食	060/349
	119/051		096/178

95～性 038/449
038/453
054/329
094/067
124/112

7131₆ 驅

00～疫說 146/358
77～民論 107/102

7132₇ 馬

17～勇馬探餉乾請歸畫一片 135/331
18～政 008/485
21～步練軍起支薪餉片 135/329
22～嵐舟次與弟惠茲書 059/373
34～達加司加風土記 106/419
108/082
36～邊夷務肅清疏 136/091
～邊善後事宜疏 135/505
40～力解 114/244
146/144
158/305
41～頰河不宜開挖分流緣由會同覆奏疏 051/363
108/384
46～加國攝政義由青海入藏片 132/299
～加國攝政義等改道由川入藏片 132/301
72～兵章程仍照原議辦理疏 135/093
78～隊津貼免扣二成片 135/103

7171₁ 匪

24～徒散播流言民情驚擾現籌查辦情形疏 132/460

7171₆ 區

60～田說 002/333
006/276
118/112
～田議 062/437
096/432
～田種法序 062/435
096/426
～田法 002/335
～田圃田說 006/277

7171₇ 臣

03～誡 094/417
50～事論 047/059
057/297
094/416
109/376

巨

00～文島形勢 050/310
108/137

7173₂ 長

30～安豆腐虖沱靈水記 027/519

～安地氣 009/124
31～江設關 053/261
110/355
122/501
～江水師不宜改用輪船疏
135/205
～江水師不准習弓箭片
135/203
～江水師事宜三十條
049/487
112/408
～江水師營制二十四條
049/499
～江宜添設兵輪以輔水師礮船議 130/090
～江津要十三則 050/236
108/057
～江輪船載重表 142/492
～江圖雜說一 043/247
～江圖雜說二 043/285
～江圖雜說三 043/323
～江圖雜說四 043/361
～江圖說 074/029
079/435
100/278
121/179
122/005
～江防守議 127/461
～江築塢防海策 074/491
100/337
32～洲清田紀事一 006/106
～洲清田紀事二 006/108
33～治久安疏 039/065
43～城 009/152
108/051
120/137
44～蘆鹽法議略 066/017
097/489
119/123
～蘆鹽弊 066/049
097/519
119/148
77～興縣輿圖記 096/202
～興學記 086/340
093/031

7210$_0$ 劉

00～文靖公從祀論 012/327
11～斐如部郎代某上張香帥書
115/093
22～制軍飭兩淮酌議鹽務改章札
150/206
31～河建大閘記 011/259
～河節省銀兩撥挑七浦等河疏
045/379
052/038
108/209
60～晏理財論 005/415
111/209
118/005

7220$_0$ 剛

17～柔說 095/219
40～克論 082/022

7221$_7$ 巵

00～言一則 043/409
050/079
110/168

7223₇ 隱

39～消敵患論 083/157
100/473

7232₇ 驕

02～諂同源說 115/475

7242₂ 彤

50～史序 042/169

7260₄ 旮

08～說 001/197
008/114
35～禮 001/198
～禮主人說 008/110
～禮廟見說 008/111
～禮樂賀 069/387
～禮有故說 008/108
～禮考誤五則 007/410
107/234
～禮攝視議 069/383
099/006
125/059
77～問 049/327
049/329
069/495
069/499
099/008
099/009
125/060

7280₁ 兵

04～計 043/065
050/151
073/125
099/431
113/084
07～部職掌疏 112/398
08～論 003/097
～論上 008/415
112/291
120/121
～論下 008/417
112/292
120/122
13～武職掌疏 008/423
22～制 126/317
～制宜定為一律論 106/007
～凶戰危論 083/161
099/320
27～役亡耗議證 071/219
34～法百言上 智篇 009/044
113/065
120/096
～法百言中 法篇 009/049
113/069
120/100
～法百言下 術篇 009/059
113/075
120/109
42～機危言 083/175
48～增餉絀片 136/099

50～事蠡測 099/344
～事第一 110/288
～事第二 110/289
～事第三 110/291
～貴訓練說 105/464
125/119
～貴練膽說 105/462
55～農分合論上 071/149
～農分合論下 071/157
77～學 099/296
153/432
87～餉策 008/466
113/354
120/376

7280_6 質

61～點 046/313
114/345
116/254
～點配成萬物說 086/461
093/308
114/408

7420_0 附

00～交界道路記文 110/514
～六柳說 108/350
～稟 111/118
08～論繙譯官 110/483
10～琉球入貢日本考 106/221
～西人教法異同考 111/101
16～碑文 110/515
18～改小站議 072/245
120/505
22～出洋應辦事宜六條
109/262
24～續議界務專務四款
110/533
27～烏里雅蘇臺界約記略
110/522
28～繪地圖法 108/059
37～選派船政學生出洋肄業章程十條 109/265
40～土方則例 108/351
50～奏辦理南鹽力求庫貯商情兩無窒礙片 134/270
～奏辦漕交涉弊端毋須聯銜具奏片 133/292
～奏請裁河工浮費片
136/287
～奏覆陳諭飭籌辦事宜片
135/461
～奏覆陳泖湖設防片
135/431
～奏覆陳查訪南河情形片
136/286
～奏貲送流民片 134/031
～奏縷陳辦賑情形片
134/046
～奏倣鑄回錢有滯民用片
134/462
～奏獲私變價按引提課片
048/428
112/235
134/234
～奏東西各洋越竄夷船嚴行懲辦片 050/438

113/234
132/294
～奏整頓水師片 135/209
～奏周歷江防綜度全局形勢片
135/429
53～戒煙斷癮前後兩方總論
110/196
75～陳豫省官民情形疏
046/477
109/157
～陳酌定虎踞關以東界綫片
132/325
～陳處置哥老會匪片
083/238
101/170
136/107
～陳勦辦閩省下府土匪片
076/347
～陳收回車里孟連兩土司全權片 132/330
～陳密保洋員片 082/287
095/413
132/272
～陳派撥兵船保護商民片
086/067
091/445
110/019
123/179
132/505
～陳派營彈壓野人山地片
132/329
～陳大金沙江行船片
132/325
～陳駐緬英員遵約呈進方物片
132/329
80～養蠶事宜五條 111/422
87～錄收捕蝗蝻章程 041/021
～錄橢圜求周術 114/311
90～懷遠縣志蠶織說略
111/420
～光緒七年中俄卡倫單
110/524

7421$_4$ 陸

00～彥若所著書敘 084/429
089/015
103/513
108/461
37～軍官司統屬表 139/013
～軍費與財政之關係
166/337
～軍學問答 130/099
44～地戰例新選敘 153/019
56～操新義序 105/479
60～景思秋成詞 062/443
72～氏義莊記 008/021
～兵論一 083/202
099/317
～兵論二 083/202
099/318
～兵論三 083/203
099/319

7423$_2$ 滕

44～蔽說 103/237

隨

46～楊星使游美洲安達斯山記 158/372

7423₈ 陝

10～西水道圖說 011/277 108/085
～西集股創用機器織布略說 102/181
～西布政使題名碑記 016/529
～西攤徵鹽課請飭議變通疏 066/179 097/435 119/193 134/231
～西回漢械鬭情形疏 076/153 136/067
～西創設格致實學書院摺 084/296 088/280 098/167 107/339 120/056
～西創用機器織布公啟 085/019 089/233 104/239 114/131 122/345
30～安道憲余公復楊塡堰城洋三七用水舊例碑記 036/403
～安鎮總兵三公追勦逆回秦民紀績碑 030/375
44～甘武職補缺難復舊制疏 135/138
～甘資政錄諸山總序 009/126
～甘資政錄諸水總序 011/278 122/251
58～撫奏設游藝學塾疏 149/384
～撫奏陳遵辦武備學堂片 153/338
～撫學臣會奏辦理學堂情形摺 149/382
90～省設局試辦水利疏 136/509
90～省武職補缺難復舊制疏 071/395
～省仍請並設官錢鋪疏 134/465
～省農田水利牧畜疏 006/261
～省捐建社倉已有成數疏 063/059 096/463 133/521
～省舉辦徵信冊擬請展限疏 133/377

7428₁ 陡

31～河海陽堤記 011/463

7432_1 騎

72～兵戰術 139/133

7434_0 駁

01～龔自珍論私上 130/479
～龔自珍論私下 130/481
05～請祀啟聖王元配施氏議
007/464
08～論機器不宜進中國
151/256
～議盤運章程疏 007/126
112/148
10～王夫之李綱論 074/187
11～張仲嘉次子主喪議
008/214
12～水師改陸營疏 074/515
135/405
20～停捐議 109/289
22～崔三過失殺父議 077/061
30～室女不宜守志議 069/435
34～冼冤祿問答 128/337
39～淡水守口兵費停給議
075/021
40～友人論郵政書 114/177
44～葬地說 001/359
～葬日說 001/360
～英人論機器不宜進中國
127/415
60～日人言取琉球有十證
106/222
156/181
71～長蘆鹽價改用銀椿疏
041/241
048/411
112/228
134/120
78～陰陽家言 008/384
110/070
116/391
80～曾子固公族議 008/020
89～鈔法議 067/521

7521_8 體

08～論 014/191
039/239
34～法外之仁 045/023
051/146
56～操正義 139/347
～操要需 139/355
～操及游戲教授法 144/493
77～用 086/430
093/239
107/167
116/507

7529_6 陳

00～辦災各弊疏 006/482
110/107
～辦回管見疏 076/175
100/216
136/075
～言夏傳 004/144
04～詩觀風議 103/234
05～請電報局兼辦德律風片
132/221

七五二九六 陳(三〇一八〇)

10～碎石有益無弊疏 010/439
108/353
12～水利說 045/393
～刑名例案六條疏 010/096
110/184
17～豫省官民情形疏 039/151
21～貞女林氏子合葬議
008/103
22～綏定苗疆方略劄子
009/485
24～勦撫古州苗匪疏 009/482
121/115
26～粵西礦廠疏 007/314
～粵西治邊疏 009/438
～粵省鹽法疏 007/241
27～解弩毒藥方疏 009/509
31～河南捻匪情形疏 051/091
112/325
～滹沱河水患大概疏
154/001
34～斗殺父妾辨 010/112
121/313
35～漕務章程辦有成効疏
041/057
37～洞庭湖情形疏 009/168
39～沙州夷務疏 009/216
40～臺灣棄留利害疏 009/348
113/109
～直隸事宜疏 009/156
～嘉峪關外情形疏 009/218
121/006
47～報安徽清賦情形原請留款用人懇仍照辦疏 133/319
～報安徽省清賦情形片
133/322
52～採木三弊疏 010/185
121/383
60～買馬利弊疏 008/487
67～明辦賊大致暫難親赴前敵疏
136/044
～明覈減紹興府屬浮收錢糧疏
061/439
133/333
～明泉州船塢事宜片
102/092
～明河運艱難疏 064/167
118/413
134/080
～明湖南辦理釐金照舊章疏
040/115
047/335
111/495
～明金陵礦務情形稟
101/532
～明錢貴之由疏 007/370
～明米貴之由疏 006/360
112/177
118/279
72～氏義田記 069/269
～兵弁知有懲勸疏 009/307
78～鹽引積弊疏 007/219
～鹽引通融帶銷之弊疏
007/220
80～善閉邪論 056/011
094/408
124/080

95～情得請編序 070/325
～情得請兼祧持服辨
070/329

7622$_7$ 陽

43～城縣九條曉示之一
062/469

7628$_6$ 隕

10～石考一 143/465
～石考二 143/483

7634$_1$ 驛

01～站 083/182
100/133
120/519
～站餘賸銀兩展限提解片
136/126
25～傳 008/491
127/199
31～遽議 008/492

7710$_4$ 堅

70～壁清野議 010/021
113/110

閏

77～月 001/311
008/160

7712$_7$ 邱

27～叔山府判錄存序 077/207
44～菽園内翰上粵督陶方帥書
130/469

7713$_6$ 閩

00～商凋疲陳請准予改限帶完疏
134/226
～廠輪船續行興造片
132/167
～廠學生出洋學習疏
132/168
27～督謹覆奏條陳變法摺
128/100
～督覆奏條陳變法疏
148/435
～督撫會奏添改臺灣郡縣疏
149/062
31～江海防論 100/343
32～浙總督奏閩省機器局添廠製彈並撥款摺 130/040
50～事大棘霆營兵不宜分疏
073/337
135/162
78～鹽請改收税疏 007/171
112/207
～鹽票運辦有成効請緩免帑息疏 066/259
134/222
90～省試鑄制錢改由機器局籌辦疏 049/140
132/046
～省請開辦鉛礦疏 047/396
132/092
～省征收運銷茶税疏
066/409

098/008
134/344
～省出洋生徒請予蟬聯疏 132/168
～省徵收糧價並無浮多實難上提下減請從寬免議疏 133/334
～省鹽務改行票運釐課並抽章程 048/527
112/257
～省鹽斤難以加價酌提雜款以濟要需疏 134/228

7714₇ 毀

10～五嶽寢廟議 008/332
119/421
32～淫祠疏 003/062
008/335
110/064
119/409
40～寺觀以充學堂經費議 124/495
77～譽說 012/545

7721₀ 風

08～論 144/136
12～水 001/356
001/357
27～向抉微 144/128
28～俗條約 008/314
110/059
～俗通義篇目考 046/143
～俗奢侈及於國民經濟之關係 164/560
～俗考 081/442
083/431
123/431
～俗篇 148/529
～俗篇一 071/005
～俗篇二 071/009
～俗篇三 071/013
～俗篇四 071/017
～俗策 001/181
008/313
119/351
50～車圖說緒言 141/306
95～性表說 082/127
094/182
116/428

鳳

40～臺縣溝洫志 011/341
122/211
～臺縣志論編查 008/505
～臺縣志論田賦 006/102
～臺縣志論食貨 006/257

阻

47～格言路論 095/476

7721₁ 尼

36～泊爾最近之調查 163/422

7721₆ 覺

25～生日記三則 038/421
30～察奸蠹內外書一疏

002/210
005/385
109/398
117/504

閱

40～克鹿卜廠造礮記 151/158
43～博物會內紡紗機器記略 151/154
47～報 102/129
60～日使上朝鮮國王疏書後 145/172
～日報紀輪船失事系之以論 146/128
90～光緒八年招商局帳略書後 110/404

7721₇ 肥

60～國論 060/023
096/124

7722₀ 岡

00～底斯山考 009/176

陶

50～中丞奏培養人才稿 146/459

同

00～意權與解散權 161/098
22～種聯盟說 111/001
32～州府荒地渠泉議 006/325
33～心議 094/347
77～母兄弟 008/067
80～年李公盡節論 015/353
～善堂記 060/397
099/096
119/335

用

00～痧藥宜先辨痧證說 106/441
06～親不如用友 005/273
109/345
10～礮要言 053/114
113/039
120/352
24～佐雜為幕賓議 103/323
～佐雜為幕賓續議 103/324
25～律 128/301
34～法在乎得人論 095/018
40～古錢議 002/407
007/359
42～機器殖財養民說 082/488
096/163
104/301
122/336
130/350
46～架體操說 139/350
50～吏役 005/309
109/363
117/508
64～財貴得其當說 096/093
66～嚴法以懲貪吏說 095/287
72～兵上 105/477
～兵下 105/478

～兵要旨　139/102
～兵緩急辨　099/443
145/436
～兵有御史核奏　008/449
～兵貴作其氣論　083/150
099/439
～兵貴整暇論　145/418
80～人　002/020
004/490
109/215
～人說　082/281
～人必先黜邪論　095/015
124/074
～人四事疏　004/517
109/221
83～錢不廢銀議　067/241
～錢不費銀議　097/265
104/400
87～銀利弊論　049/125
111/394
129/339

月

06～課文武諸生背誦經書論
025/281
54～掩金星解　145/575
80～食彙考　114/416
85～蝕解　145/578

周

00～康王廟記　010/067
04～詩獨戒農官說　104/051
104/052
11～疆域論　009/115
28～以來十一書應立學官議
055/055
116/116
30～官太宰以九職任萬民一曰三農生九穀二曰園圃毓草木三曰虞衡作山澤之材四曰籔牧養蓄鳥獸五曰百工飭化八材六曰商賈阜通貨賄七曰嬪婦化治絲枲八曰臣妾聚斂疏材九曰閒民無常職轉移執事　117/047
～官荒政論　021/443
～官媒氏說　049/326
～官無蠲賦說　006/505
35～禮嫁殤說　069/403
120/081
～禮地官至德以為道本敏德以為行本孝德以知逆惡
117/050
～禮地官遂人職凡治野夫間有遂遂上有徑十夫有溝溝上有畛百夫有洫洫上有涂千夫有澮澮上有道萬夫有川川上有路以達於畿　117/052
～禮地官遂人掌邦之野凡治野夫間有遂遂上有徑十夫有溝溝山有畛百夫有洫洫上有涂千夫有澮澮上有道萬夫有川川上有路以達於畿稻人掌稼下地以瀦蓄水以防止水以溝蕩水以遂均水以列舍水以澮寫水以涉揚其芟作田　117/048
～禮考後序　005/417

～禮精意為西學導其先路說 102/289
50～書明醜說 076/421
～末諸子並起創教考序 086/329
093/007
56～提督石埭戰功記 073/249
60～易九二包荒用馮河不遐遺朋亡得尚于中行 117/030
～易損上九弗損益之貞吉利有攸往得臣无家益初九利用為大作无吉无咎 117/031
76～髀經與西法平弧三角相近說 082/119
094/191
116/349
80～公未嘗殺管叔論 026/157

7722₂ 膠

32～州新河考 079/409
37～澳出款預算表 128/543

7722₇ 局

23～外旁觀論 082/297
095/241
122/471

鴉

01～龍江源流考 050/277
108/120

7723₂ 限

22～制官吏為議員之得失 162/409
24～仕 082/335
095/300
126/293
149/066
60～田論 002/219
004/440
006/086
108/435
118/327
～田末議 108/440

7724₇ 殿

03～試對策 004/302
004/305
004/307
117/017
117/019
117/025

服

08～說 070/149
099/030
125/066
22～制附諸圖 042/295
～制命案例無明文請旨飭議專條疏 045/081
051/187
110/200
77～問 049/391
049/393
049/395
070/363

070/369
099/029
119/475

履

08～說 008/347
43～卦說 004/347

7725₄ 降

77～服辨 001/312
008/205

7726₄ 居

30～官教言 017/201
40～喪釋服解義 008/160

屠

24～侍御辨闢韓書 158/458

7729₁ 際

22～變考察地勢法 139/189

7734₀ 馭

10～下論 058/317
095/296
117/466
124/224
50～吏論 005/381
109/396
～吏芻言 124/270
～吏策 005/037
109/234

7740₀ 又

50～書會匪紀略後 051/089
076/337
101/176
77～與蔡總漕書 002/367

7740₁ 聞

50～中國大興郵政謹抒末議
145/284
～泰西婦女設天足會感而書此
145/546

7740₇ 學

00～言 004/159
08～說 004/185
～論 038/355
046/049
054/219
094/028
116/083
18～政試終保薦人才說
103/288
20～統序 001/063
21～術解 012/343
～經論 038/445
22～制 094/029
24～仕解 005/101
27～約五則 054/355
094/071
116/185
～級總表 144/400
30～官論 068/333

098/236
～案提要 054/241
094/038
116/088
～案小識序 054/233
32～派 157/437
33～治體行錄序 059/031
40～古錄序 004/117
～校 083/008
098/269
～校應增祀先聖周公議
068/249
098/206
120/002
～校訓練之根本精神
167/345
～校論上 001/041
～校論下 001/044
～校議 098/272
149/235
～校貢舉論 069/029
098/222
～校總論 084/277
088/235
103/421
107/304
～校祀倉頡議 068/245
120/009
～校若何輔翼和平之進行
167/349
～校教育采用實用主義之商榷
167/085
～校教育採用實用主義之商榷
書 167/121
～校篇上 068/305
098/263
～校篇中 068/309
098/264
～校篇下 068/313
098/265
～校餘論 084/319
088/325
098/223
103/436
107/324
44～者不可不通時務論
146/106
～者之擔負 167/446
50～貴實用論 107/075
77～譽 055/035
094/292
～問之源流門類 130/462
80～會興國議 158/023
88～算筆談序 086/406
093/181
094/217
114/259
90～堂論 128/429
～堂條議八則 082/016
～堂條規八則 098/243
～堂教科論 144/432
～堂教科後論 144/442
～堂人員一體鄉試片
131/437

7744_0 丹

24～徒横閘改建議 010/499
122/039
31～河難濬疏 011/290
60～國許美門女伯小傳
158/456
71～馬商埠考 142/138

7744₁ 開

00～方用表簡術 158/175
～辦商埠咨文 102/077
125/322
～辦武備學堂疏 131/480
～辦粤漢鐵路會銜咨文
102/031
～辦官書局奏摺 084/283
088/250
103/429
107/366
～辦湘省鑛務説 129/183
～辦南洋公學情形摺
098/165
～辦勸工學堂稟 101/202
125/253
04～諸乘方捷術一 114/301
～諸乘方捷術二 114/301
～諸乘方捷術三 114/302
～諸乘方捷術四 114/302
07～設報館議 107/450
08～議院論 098/365
125/031
128/265
10～工藝院兼博覽所議
142/308
～平方捷術一 114/300
～平方捷術二 114/300
～平礦師上江督劉制軍陳明金陵礦務情形稟 150/376
～平煤出口税擬請援案減定片
053/304
112/080
～平煤鐵成色 142/464
～礦 127/012
150/365
～礦上 083/346
～礦下 083/349
～礦須防漏危説 113/457
～礦必先察礦説 104/198
113/453
～礦禁銅説 104/209
～礦救貧議 168/206
12～引篇 108/340
17～豫省田溝路溝疏 011/022
22～山伐石説 104/203
24～儲材館議 084/238
088/152
109/273
117/248
～特科議 103/447
26～白茆議 011/246
011/249
108/200
108/203
27～墾荒地説 150/275
～墾荒地疏 006/200
109/009
28～復人員不宜仍發原省疏

058/305
095/355
124/238
133/049
31～河三子說 079/429
101/470
121/495
～濬白茆修閘疏 011/260
～濬河工告竣接修要工緣由疏
052/124
～濬南湖議 045/421
052/109
～濬長沙城北碧浪湖議
045/313
051/487
080/257
101/473
～源節流疏 005/435
～源節流事宜二十四條
047/367
111/242
33～治水田有益國計民生議
051/501
108/231
122/128
34～港議 006/332
118/113
35～清口濬下河疏 010/333
38～肇嘉濱議 011/273
40～支河以紓河患論 146/253
50～中鹽法 007/180
～秦淮通丹陽河議 011/164
108/186
52～採煤鐵急於金銀說
113/507
60～黑河議 011/349
122/213
77～具軍需簡明清單疏
136/100
80～金沙江議上 011/449
～金沙江議下 011/451
82～創宏規萬世不拔疏
014/211
83～鐵路不可行說 105/358
～鐵路以振百為 152/328
～鐵路有十利說 105/356
87～銅源節銅流疏 007/341
111/370
118/452
88～築挖壓田地計畝攤撥議
051/531
108/420
122/149
94～煤礦說 125/301
～煤礦須購求洩氣引氣說
113/504

7750_3 舉

00～辦江西工藝院詳稿
129/194
～辦鹽政逐漸擴充以廣利源疏
133/392
21～行畝捐論 124/316
～行鄉課議 042/075
049/223

7750₆ 闌

21～貞集序 069/449
120/077
67～明聖意疏 049/184
119/386

7760₁ 醫

08～說 001/467
～說贈趙禮南 060/401
094/276
37～通儒術論 114/455
146/352
38～道論 082/080
094/257
50～中國藥言 115/209
73～院創立學堂疏 131/444
77～學亟宜講求說 114/472
～學非易考 146/347
～學救弊瑣言 114/474
～學善會序 086/225
092/308
80～貧 060/079
096/142
118/007

7760₂ 留

10～不足論 054/337
094/078
47～聲機器題名記 124/185
50～東學生為漢治萍事上大總統稟 168/247

7760₄ 閭

44～者論 054/297

7760₇ 問

08～旗綠各營既敝乃改募勇今日募勇之弊亦已昭然共見當用何法救之 130/087
～說 004/262
116/054
10～五洲各國大小相維強弱相制盟約相聯莫能相併近如美救古巴而與西戰英助土而與俄爭普法之戰而日耳曼之盟合日韓之役而俄德法之交固或迫於勢或動以利各有隱情試詳論焉
130/286
～天下大利歸農必如何始盡其利歟 129/104
～西洋人來中國動云利益均霑而華民出洋種種受制必如何乃可伸使權而賓華民試詳籌之
130/178
～西人崇尚洋教然教中所言質之洋人格致新理不合甚多能悉舉其矛盾處否 125/363
～吾四萬萬國民得民權平等自由乎 159/219
11～北方水利自元虞集後屢興屢廢果不可行歟抑行之未得其道歟 051/537
～北洋既冰防倭南下南洋海口甚多應扼要者何處南洋兵輪素

弱應更置者何端礮臺為定物敵在礮界外則無用船為動物利於迎追故船猶礮之翼足而管駕者又為船礮司命北洋管駕都山學生出身乃臨陣鮮効其故安在利械久推火礮泰西製造最精者幾家礮用彈藥設有二十六生的及十七生的二礮以開花彈放之彈重藥重各應若干試類舉之礮最遠界五十里以攻距我二十七里之船應用何角度能測之歟彈之穿甲深數視其重積力能推之歟有明戚繼光爲勦倭名將所撰紀效新書有可行於今日者幾端諸生學究中西其各臚列以對母隱 127/458
12～刑詳慎疏 010/140
22～山林之富不讓川澤江右古稱豫章本為産木之區前代山深林密自然之利取之不禁今墾闢已久材木漸稀則十年樹木計不容緩試就土宜所在籌議及之 129/103
23～外洋遍地皆鐵路日臻富強中國從前因恐碍貧民生計不敢遽修今京都至天津鐵路久已造成羣稱利便能推究其故歟 129/422
～俄國大彼得其雄略頗與嬴秦相似然始皇再傳而亡俄則彼得以後方興未艾功烈相侔成敗各異其故安在盍参考焉 128/232
26～俾思麥可方中國何人試以古事比附之 130/478
～魏氏海國圖志與徐氏瀛寰志略考証孰優 124/177
27～條編徵收之法 006/022
32～近來東南各省多用外洋銀錢民尚稱便中國如是造金銀各錢應用何策能否通行有無利幣試詳言之用備采擇 129/346
35～神農日中為市聚天下之貨交易而退西人賽會之舉實本此意今法國擬於明歲在巴黎舉行五洲賽會其章程曾譯登時務昌言報中總署已行文各海關道飭華商攜貨赴會誠為盛事與中國迎神賽會舉國若狂糜財於無益之地未可同年而語試綜論其得失 129/309
37～軍興以來創設釐稅亦本征商古制乃積久弊生議者至以今日商力疲乏歸咎首議之人舉欲概行裁撤然泰西以商立國商民額輸捐稅名目繁多且倍蓰于中國釐金初未聞以病商指為秕政者其故安在 129/380
38～海軍驟難規復今日設與外夷陸戰當以何策取勝 130/082
40～大舜陶於河濱器不苦窳記稱有虞氏上陶外洋推中華為産瓷最古之國宋後尤成江西擅之利能博考中外製法以籌整頓歟 129/221
～古者庶人在官府吏胥徒由來

舊矣秦廢詩書以吏為師漢相蕭曹起于椽佐後世由吏員起家致顯仕者亦不乏人我朝重內輕外督撫辦事動掣肘于六部而部務掌之胥吏其權過于堂司議者每慨今日天下為例吏利之天下蓋謂吏挾則例以上下其手因以取利也欲挽此弊道將奚由其各抒所見以對 128/274

～古者天子諸侯皆立太子世子漢晉以後因之且有太孫太弟之目乃更有稱為皇太叔及非子而立為太子者其名不正甚矣 國朝康熙以後不復建儲垂為家法大變古制方今萬國及通泰西君主之國亦有儲貳與中國古制闇合試綜其得失臚舉而論列之 128/223

44～英併印度俄滅波蘭或以商務或以賄賂陰謀秘計若出一轍近人顧謂英為能救人之國俄為虎狼之國許英抑俄其故安在盍證以往事權其利害剴切陳之 130/287

～昔有行鈔之法多因滋弊而罷如部局頒發銀錢各幣必恆示天下以信應如何變通古制參用西法詳酌時宜俾可通之四海行之百年免匱乏而保利權便商民而濟國用策 129/344

47～格致之學泰西與中國有無異同 114/206 124/147

50～中西刑律不同西人每譏中國刑法太重故寓華西人不受管轄然中國刑罰世輕世重至我朝實為最輕乾隆以後尤從寬典何以西人猶以為重日本改從西法流弊已生豈亞洲之人果遜于歐洲歟試綜其異同探其本原論之 128/344

～中國建立海軍糜費鉅萬中日之役卒至不可收拾然海防實為今日急務或擬專設海軍大臣一員總制南北洋數省兵艦前人亦有議及者於海防果有益否 130/090

～中國郵政應如何辦法各以實議條對 081/352

～中國近年絲茶出口之貨核通商總冊較光緒初年有增無減而絲茶各商日見耗折其故何與現今議整頓之法其策安在 082/456 097/161 122/548

～中國果能自強將來設遇各國換約之期執持公法與之侃侃而爭其首先應刪改者何在 130/178

～夫差城邗溝隋煬開汴渠勞民傷財致蹈覆亡之禍而後世實蒙其福泰西挖蘇彝士河工費極巨近美人欲于南北美洲相連處掘開以通舟楫而人皆踴躍從事其利弊不同之故安在 129/462

～泰西軍械日益求精利鈍懸殊勝負立判今日之鎗礮斷非制挺所能撻人盡知顧何以孟子嘗言制挺可撻堅甲利兵豈聖賢之語亦有時不驗歟抑兵尚權謀不恃器械歟試綜合古今戰法証以孟子本書明晰言之 130/085

～秦銷天下之兵而盜起唐令天下鄉村各置弓刀鼓板而盜益橫用法殊而足以致亂一也近日講求內治頗以鄉團為急然利未見而弊且叢生必如何始為完策歟 130/094

53～咸豐同治以來勦賊二十余年未收綠營之効亦未收武科之効論者咸歸咎於從前立法未善近議變法合營伍武科為一途洵為至當不易顧國初何以未見及此能推原其故歟 130/091

57～擬餘論 010/086

61～賑米與賑粥孰善 125/085

77～開正負諸乘方孰為捷法 126/527

～民教讎殺之案層見疊出其故安在將由何道而可以久遠相安也 111/130

80～金陵近有獻抽丁口稅之議者果可行否 129/383

～前明以來屢有倭警近復覬覦朝鮮斷我左臂考中國兵力財餉數十倍於日本今宜急籌者計有幾端英俄調處之說尚可恃否諸生讀有用書有年其各據所見著於篇 127/455

87～鍛鍊金質試驗鎔度而電池之金何以必用一陰一陽方能生電說 082/171

094/158

116/489

90～火藥儲於城市固虞失慎薛叔耘星使欲倣西國之制存儲曠野之區果無流弊歟 130/093

7764₁ 闞

10～巫說 115/481

44～韓 086/245

092/349

77～風水說 115/483

～邪論 157/133

7771₇ 巴

10～爾幹半島之風雲 164/257

～西議約竣事疏 132/404

～西招工大可允行說 104/250

145/157

～西風土記 086/187

092/223

106/232

107/565

24～納馬河工程 142/561

27～黎復郭飴孫飴豐兩甥 082/544

～黎復重伯 082/544

～黎復友人書 085/459

091/212

110/313
123/129
～黎復陳後臣中丞書
082/307
～黎答友人書　052/311
31～江廖侯還蜀序　059/057
71～馬論　145/086
74～陵志田賦論　006/015
～陵志兵防論　009/120

7772_0　印

00～度　156/356
～度商埠考　142/128
～度北境之亂　157/020
～度孟買紡織績聯合會長演說
141/418
～度河　050/302
108/133
～度軍政　083/378
123/473
～度洋商埠考　142/130
～度茶產考　146/165
～度茶葉商務　102/336
～度車道紀略　152/290
～度國俗考　108/080
28～稅條議　081/059
082/344
085/231
090/152
098/021
105/248
112/106
119/067
44～花稅法評議　165/101

7774_7　民

00～主表　086/261
092/386
123/427
～主榮歸頌　084/203
088/076
103/159
08～族政治之性質　137/508
～族之定義　138/036
18～政問答　086/271
092/407
106/283
20～爵論　005/103
117/479
21～皆自主說　130/349
24～德報發刊詞　168/596
27～約論　138/067
～約平議　159/225
30～富而後國家富強說
126/130
44～鬱不宣論　115/409
48～教相安議　099/183
125/069
50～夫記　006/176
～貴　004/088
107/024
116/035
60～國二年預算總冊說明書
165/222
～國外債痛史　166/125
～國憲法制定上社會黨弊害之

預防 162/252
～國醫術教育問題 167/320
～團上 083/114
100/169
～團下 083/115
100/171
～團論 050/100
～田侵佔水櫃議 010/515
～田無庸給由帖檄 006/115
72～兵 126/324
77～間宜令知和約說 110/557
80～義自敘 086/251
092/363
～義總論 086/252
092/366

7777$_0$ 凹

44～地列隊法 139/172

7777$_2$ 關

08～於立法權政府與國會之權限
161/061
～於總統及國會問題意見書
161/023
～於宋案借款之通告
164/017
24～壯繆侯論 015/299
28～稅說 041/361
～稅釋類 140/096
～稅救國論 165/119
～稅尚難開徵疏 134/335
40～內侯答問 058/125
42～機器之學辨 114/117
50～中形勢論 074/037
100/288

7778$_2$ 歐

10～亞氣運轉機論 083/408
084/162
087/446
107/492
122/459
～西弭兵說 145/352
～西借著 115/420
～西金銀宜各自為價論
146/519
～西鐵路緣起考 114/001
32～洲商務盈絀變通商務論
083/418
～洲商力發達說 141/372
～洲六大國紀聞 107/570
～洲百年前情形 156/336
～洲列強陸軍勢力 106/022
～洲政治革進之原因
159/057
～洲外交政策 127/381
～洲代議共和制論 137/162
～洲將有變局 106/404
155/248
～洲各都民數 106/405
～洲各國開闢非洲考
083/388
106/383
108/005
～洲各國鐵路表 127/041
～洲各國火輪車道紀略

152/248
～洲近世外交情形上 138/354
～洲近世外交情形下 138/387
～洲近世外交史 086/095 092/022 106/261 111/153 123/423
～洲近日不輕用兵 106/407
～洲近四百年銀值之漲落記 140/368
～洲軍事考 112/378
～洲大陸立憲君制論 137/146
～洲地理大勢論 143/315
～洲蘇彝士河與美洲拿馬地質不同說 144/144
～洲英國立憲制與各國不同論 137/132
～洲東方交涉記序 156/081
～洲戰禍已亟說 111/086
～洲戰事 156/342
～洲時局如戰國說 083/396
～洲兵額 112/379
～洲兵輪考實 145/481
～洲學校優劣問答 128/423
～洲金融與吾國財政之關係 164/553
～洲鐵路論並中國鐵路改良議 168/298
～洲慎戰論 157/006
76～陽生文集序 046/412 055/121 107/401 116/181
80～人剖取非洲記 106/036
～美各國製鐵談 142/350
～美各國國家銀行制度及發用幣紙限制法律利弊比較論 165/325

7780_1 具

75～陳臺北情形以明是非疏 050/216 135/178

興

00～辦河工委派司道將弁各專責成疏 051/390 108/392
10～工 006/460 110/100
～工通商 126/482
～亞策 095/187 115/237 124/092
～礦務以開利源論 101/558 113/444
～礦利 083/345
12～水利議 051/478 096/432 108/254
22～利 105/147
～種植宜審土性講培壅說

096/426
109/047
124/410
26～泉永道擬定鼓浪嶼公地章程
156/032
27～修滇省水利疏 011/440
122/298
30～安府屬引鹽議准改歸地丁部
文 023/127
～安郡志食貨論 007/333
～安州升府疏 030/091
043/421
047/431
～安州捐建文峰書院碑記
025/239
40～女學議 124/501
52～挑澗河議 080/153
101/472
71～蠶桑說 146/319
～蠶桑議 104/092
77～學 002/018
～學校論 107/309

輿

44～地學約 130/444
60～圖測量說上 158/273
～圖測量說中 158/276
～圖測量說下 158/280

與

00～立凡書 013/343
～鹿蘭臯中丞議賑濟書
002/495
～方存之茂才書 055/189
～高伯平論學案小識
038/383
046/075
054/251
～應撝謙論孤哀義書
001/247
～唐灝儒書 001/173
～唐蔚芝論蘇松太減賦書
165/160
～唐明府言灾事書 063/385
～唐炯前後所帶黔勇建祠合祀
疏 135/042
～襄城令東峰張公書
026/517
01～顏侍郎論教匪書 010/040
04～計二田書 049/443
～謝拜賡論義倉善後事宜疏
063/141
118/287
07～郭筠仙中丞論通志體例書
039/007
046/122
055/081
107/116
116/149
～贛榆令書 077/375
08～族人書 008/035
～許信臣撫部論蘇松漕弊書
061/293
118/353
～許海秋書 054/533
116/075

～許典三書 002/013
10～王璞山書 043/013
074/153
～王硯雲先生論文徵體例書
055/091
116/174
～王御史論淮鹽第一書
041/287
048/456
065/249
112/240
～王御史論淮鹽第二書
041/293
048/459
065/255
112/242
～王給事書 055/309
～王繪先論學書 001/054
～王樵白論義倉書 063/135
～王葉庭書 049/313
～王春溪書 005/316
～王咸齋太守論自新所書
045/005
051/143
110/234
～五弟書 002/022
005/346
～于司馬書 043/131
050/112
073/363
～百制府論孫文定南游記書
009/175
～雲南李參政論銅務書
007/308
111/362
～雲間陸郡博 025/279
11～張讓伯書 012/351
～張生辛木書 049/405
～張仲嘉論畫像書 001/411
008/304
119/399
～張皋文論文質第一書
054/509
～張皋文論文質第二書
054/511
～張淵甫書二 049/416
～張慕莘漕院書 006/042
～張東蓀論憲法性質書
162/143
～張風林論祠堂書 027/307
～張風林論建始祖祠書
027/305
～張鐵甫論昏禮書 049/325
107/280
～張小浦副憲書 074/143
120/182
～瑟菴從弟書 049/313
069/327
119/425
12～孫鍾元先生問答 001/414
～副總統論政黨 160/377
17～子敦論宗子不必有爵書
049/270
～子姪論讀書 001/147
～子書 049/319
～邢星槎孝廉論學案小識

054/259
～尹制府論綏理苗疆書
009/481
～邵二雲論史事書 008/337
116/137
～邵子昆學使論鄉賢名宦從祀書 001/431
008/318
119/402
～邵位西書 055/307
～邵位西擬言時事書
057/039
20～毛生甫書 075/015
～稚黃兄論私謚書 001/376
21～上海國民黨函 160/378
～盧某書 008/306
～何商隱論教子弟書
004/266
～熊心垣書 001/047
～熊中丞論志書書 008/336
116/147
22～崔子玉論歸葬書 008/175
119/502
～製造局毛實君觀察振興館務說帖 149/427
～崇海秋大令書 055/193
23～俄接連電綫定約疏
132/219
24～魁蔭庭太守言新甯善後事宜書 039/267
046/495
25～朱參議書 006/118
～朱仲我書 046/142
～朱伯韓御史書 039/385
～朱恕齋方伯論饗堂書
070/401
～朱堉持正 001/366
～朱幹臣書 039/381
047/070
057/359
109/379
26～白方玉書 001/066
～粵西當事書 005/083
109/136
117/119
～吳方伯書 040/429
～吳清卿論治永定河書
079/285
～吳中翰論時勢書 043/137
050/115
072/471
120/250
～吳岳卿書 054/517
～程秀才書 004/228
～程梓庭制府書 075/031
～程鶴樵方伯論甘肅水利書
080/339
101/490
122/255
～總督滿公論臺灣事宜書
003/106
～總署電報密商情形片
132/345
27～黎樾喬編修書 046/406
～倪蓮舫書 074/139
120/180

～倪兵備論捕盜書 072/363
120/485
～鄉耆約減糴弭亂議
048/250
063/441
119/287
～佟太守書 001/429
007/456
～侯六兄書 001/503
～魯通甫書 069/127
～魯瞻弟書 002/021
～各帥論兵事書 073/399
100/013
120/263
～各屬論治 005/083
109/136
117/121
28～從子掌絲書 004/225
116/048
～徐廉峰書 057/363
～徐司空蝶園書 002/354
006/510
007/268
～徐仲紳制軍書 075/343
～徐心田論黑水書 011/452
30～永豐令論閉糴書 063/421
～安徽李方伯 002/422
004/461
109/095
～安溪李相國 003/153
～安溪李相國論虧空獄書
010/149
～客論松江儲火藥事
145/459
～客論中國軍務當有轉機
145/423
～客論日本地震海嘯事
145/215
～客論公法 106/116
～客談時事 095/143
～官中堂都將軍曾侍郎楊軍門論兵事機宜書 050/162
113/097
31～江岷樵廉訪書 058/449
～汪衡甫方伯書 063/375
～汪容甫書 004/131
116/122
～河東道論鹽務書 066/173
～顧肇聲論墓銘諸例書
001/379
008/192
119/404
～顧用方論治渾河事宜
011/149
32～浙江黄撫軍請開米禁書
002/492
006/518
～潘次耕書 006/314
～巡撫范承謨論修塘書
011/487
122/307
34～沈子敦論宗子不必有爵書
069/191
098/403
～沈位山書 005/246
～法蘭西立約通商保護越南議

086/035
091/375
106/070
110/382
～法鏡野先生書 004/135
116/053
36～湯海秋書 057/367
37～湖北巡撫莊公書 005/200
117/465
～次兒論讞獄第二書
077/223
～次兒論讞獄書 077/219
40～左君第二書 038/439
046/092
107/047
～左逸民書 038/433
046/089
055/429
107/046
～左逸民第二書 055/435
～大府論會匪書 051/046
～大學士兼管浙江巡撫稽公書
011/505
～友論齊期稽首書 001/266
～友人論文書 004/249
116/173
～友人論不宜引黄濟運書
079/297
～友人論師書 004/271
055/177
094/104
107/400
～友人論姪嗣姑後書
069/279
098/406
119/444
～友人論葬服書 001/367
008/176
～友人論易書 004/226
116/119
～友人論羅城事書 005/281
～友人論服制書 008/209
～友人論學書 004/111
116/030
～友人論無服之殤書
008/243
～友人論父在為母齊衰期書
008/208
119/451
～友人辭祝書 001/214
～友人書 001/171
004/248
039/283
042/291
046/502
049/442
110/075
～友人書十首 004/212
～直隸某方伯書 080/057
～培基培垕 049/316
～布撫臺 002/478
～布撫臺論救荒書 006/498
110/108
～李方赤太守書 072/373
～李幼泉書 043/191
050/165

七七八〇-與（三四—四〇）

113/098
～李永州書 059/301
～李曉村知州論濬河取土書
080/445
122/328
～李覺菴論圩田書 011/011
108/243
～李筱泉制軍書 072/497
～七弟繼信論祭禮書
027/299
～七弟繼信論家人離必起于婦人書 001/471
～袁子才先輩論小倉山房文集書 008/344
～袁小午編修書 050/166
42～彭通政論去差徭減重賦書
062/063
096/342
～姚石甫廉訪論粵事書
075/333
44～董觀三書 001/152
～蔣瀛海書 046/095
107/049
116/070
～蘇撫宋公書 006/496
～英外部商定派員會立坎巨提頭目疏 083/035
086/016
091/334
099/107
106/051
123/369
132/318
～英中丞書 039/409
～英國麻博士議修各國通行字典說例 157/350
～葛子源書 053/478
～黃生論妻黨書 069/373
～黃克強論入黨 160/378
～黃蔚雯論裴烈婦祠事書
069/411
～蔡總漕論南米撥解書
007/033
～蔡總漕書 002/363
～某公 005/024
～葉耘圃論九河書 077/435
～杜少京書 075/011
～桂蘇州第四書 064/207
～桂蘇州第七書 064/221
～林小巖書 059/067
46～楊性農書 054/313
47～胡邑侯書 005/342
48～教育姚司長論國文教授書
167/414
50～泰安各屬 005/318
～本省司道書 043/187
050/160
113/096
～秦尾仙學使書 001/106
～秦小峴廉使書 010/181
55～曹射侯 002/539
006/487
～費耕亭論繼父服書
070/359
60～蜀中當事書 009/016
～呂侍郎書 074/133

～邑人論城守書 074/259
～邑令論編審 006/077
64～時務報館勸中國女子不宜纏足書 158/445
66～嚴姓親族書 008/051
119/436
67～鄂張兩相國論西兵書 009/212
120/218
～鄂羅斯國議定疆界之碑 009/235
113/193
70～駐德公使拉伯兒論外交書 157/034
71～馬步先廣文書 001/116
～馬虞樽少司空書 005/472
72～劉孟容論水陸各分兩軍進攻書 073/395
～劉按察使論速葬之法書 008/324
110/061
～劉星房都轉論鹽務書 065/259
～劉星房都轉書 041/345
048/503
～劉明東書 054/307
～所屬牧令書 006/333
74～陸立夫督部論防海制礮書 074/505
～陸翼王書 008/121
119/453
～陸朗夫論祭祀書 008/287
～陸篠坡書 070/413
119/526
75～陳玉立書 001/057
～陳郡丞書 021/541
～陳季方 005/081
～陳秋門給諫論軍餉 047/313
～陳芝楣同年論清查交代書 060/117
～陳都督論清查與捕獲之權限 162/487
～陳乾初 001/363
～陳謦堂大令書 058/055
～陳扶雅書 004/234
～陳撫軍書 004/507
109/217
～陳頌南書 046/095
116/069
77～周侍御論禁州縣私罰書 010/150
～周林石 017/207
～駱籲門中丞 043/015
050/135
～駱籲門中丞書 074/123
120/179
～閻皐寧 005/084
～歐洲各國立約前後考略 106/247
110/554
125/027
～歐陽篠岑論文派書 055/125
116/183
80～八旗諸君子陳說時局大勢啟

084/115
087/340
103/079
115/297
122/427
～人論祝壽書 071/109
～人論墓誌銘篆蓋書
001/377
008/194
119/405
～人論昌明孔教以強固道德書
168/495
～全國商榷國事書 159/302
～金長真書 003/162
～翁止園書 004/207
～弟文紹書 008/079
～弟論家人離必起於婦人書
008/068
～美總領事論開濬黃埔事宜
142/552
～曾子植書 046/032
054/273
107/025
116/072
～曾滌生侍郎書 047/202
057/275
058/445
109/385
～曾節帥論進攻湖口利病書
074/167
～曾節帥論東南戰守形勢書
050/233
074/155
108/055
～曾節帥論分援江西機宜書
074/161
～余小坡書 047/068
83～錢巽齋論行述書 008/193
119/416
～錢愓菴先生書 001/150
87～鄭魚門侍講書 001/099
～鄭耕畬廣文書 063/363
～舒雲溪制府書 076/351
90～懷庭論改葬 008/182
～尚邑侯論收蝗蝻書
041/019
048/268
～當事論經費書 005/454
118/006
～當事論永定河書 011/148
122/018

7780_6 賢

77～母祠記 026/119
026/125

7810_7 監

27～候待質人犯據供先結以清庶獄疏 077/273
101/102
136/241

鹽

08～論 124/342
10～不設官議 041/143
048/438

17～務 082/475
～務說 146/225
～務積弊太深宜妥籌良法疏 049/026
134/109
～務客談 146/220
～務官運商銷成効片 134/183
18～政討論浙支會發表意見書 166/230
～政問題商榷書 166/185
27～歸地丁不如收稅議 007/163
112/203
～歸場竈議 065/047
097/515
119/083
28～稅 098/024
30～竊至海口尾閭情形 146/278
31～額新增述 007/205
32～巡緝私量為變通疏 134/236
34～法論 007/150
112/200
119/071
～法議 007/189
007/210
064/405
097/523
112/211
～法議上 064/411
097/525
～法議下 064/415
097/525
～法利弊 124/347
～法芻言 007/206
～法考 007/192
112/213
119/073
～法隅說 007/244
112/223
43～城豐縣兩處借項修築河堤疏 052/046
108/213
136/474
～城陳惕菴孝廉呈都察院請代奏書 128/160
44～考 143/534
47～款另儲抵債與各省財政之關係 164/500
55～井記 007/233
56～捐 126/433
152/118
58～釐積弊已深擬請改錢徵銀疏 134/113
72～質利農記 084/444
089/048
108/468
118/135
～質大用說 086/479
093/351

7824$_7$ 腹

44～地應置木路議 083/311
102/045

122/356

7829_4 除

10～不學之害 086/420
093/214
107/058
31～額外權利 155/246
37～盜篇 076/005
100/250
40～姦 004/493
117/087
56～蝗記 002/547
006/531
80～無教之害 086/355
093/066
107/431
～養蠱示 010/121
110/192
98～弊 103/132
147/211

7838_6 驗

20～乘除誤否舊傳九減試法其能試之理安在若不用九減任用他數減試視九減法孰為難易
126/530
126/531
28～收寶山縣海塘工程疏
052/144
136/522
～收蘇松太等處水利疏
052/043
108/212
136/473
～收劉河挑工疏 052/041
108/210
136/471

7844_0 敦

77～學通論 144/263

7876_6 臨

21～行曉諭 005/236
30～安府知府張君墓誌銘
017/163

7922_7 騰

43～越邊徼 043/485
053/425
074/447
100/464
107/478
121/065

8

8000_0 八

08～旗 127/257
～旗生計討論會宣言書
163/494
～旗屯種疏 006/228
006/229
～旗界址不勻疏 071/231
096/240
135/070

～旗兵衛考 145/474
～旗兵制考 049/466
112/406
～旗開墾邊地疏 006/226
110/041
～旗公產疏 006/240
118/253
51～排兵事考 051/007
075/195

人

10～工與機器論 085/010
089/213
102/179
104/228
113/414
125/284
～不可以無權說 115/406
14～功 126/078
27～身血質考 124/210
～身藏府支體相應說
114/500
～物地名互相借用不始於西國說 115/447
28～倫何以千古不磨 168/593
34～為 157/412
40～才論上 057/121
095/031
～才論中 057/123
095/032
～才論下 057/125
095/032
～才宜由公舉說 109/332
～才囿於風氣說 115/375
146/487
47～猴不能互變說 144/070
77～民繁則貿易盛說 105/202
146/171
80～命重案礙難遽復舊制疏
051/162
110/213
136/192
88～範須知自序 054/395
90～當以務本為先 115/387
91～類不齊由於俗尚事為不同論
125/048
95～情論 143/372

入

34～滇江路論 011/444
～滇陸程考 009/451
88～籍 082/400
096/018

8010_2 並

17～配義 070/381
119/523
68～黔省附郭縣治疏 005/153

8010_4 全

31～河備考 010/203
108/281
121/387
40～臺圖說 075/107
44～地利重根本疏 006/223
～世界各國產金清額表

142/471
～權大臣覆各國公使照會 156/004
～權大臣奏陳商辦京城教案事宜摺 130/353
～權大臣奏陳商定各國使臣覲見禮節摺 130/123
156/025
75～體略論 114/497

8010_7 益

22～崇聖德疏 004/358
26～稷帝庸作歌曰敕天之命惟時惟幾乃歌曰股肱喜哉元首起哉百工熙哉皋陶拜手稽首颺言曰念哉率作興事慎乃憲欽哉屢省乃成欽哉乃賡載歌曰元首明哉股肱良哉庶事康哉又歌曰元首叢脞哉股肱惰哉萬事墮哉帝拜曰俞往欽哉 117/041
86～智 157/266
～智篇 094/048

8010_9 金

～ 007/281
111/347
118/443
21～衢嚴三府疏濬堰壩陂塘並設立筒車記 040/349
048/194
22～山 127/249
～山張堰鎮義塾記 049/448
068/425
39～沙江源流考 045/439
050/273
108/118
40～壺醉言三則 046/108
60～星與月同度解 145/579
158/364
72～剛鑽石考 115/493
～氏導淮別議辨 079/077
74～陵告捷請加敬慎疏
046/480
056/215
131/178
～陵湘軍陸師昭忠祠記
075/527
～陵軍營官紳昭忠詞記
075/521
～陵克復全股悍賊盡數殲滅疏
075/425
100/195
136/031
～陵楚軍水師昭忠祠記
071/521
121/155
～陵問答 075/515
77～屬在空氣中熱時之變化
143/613
80～鍍金法 142/515
～公祠記 017/145
87～銀相兌之變率論 140/395

8011_6 鏡

08～論 014/195

8012_7 翁

80～養齋教子圖跋 017/131
83～鐵菴壽序 001/126

8014_1 鋅

80～鍍金法 142/517

8014_7 鍍

80～金法 142/513

8020_7 今

00～庫爾喀喇烏蘇沿革 154/441
～文孝經十八章為定本說 046/136 107/096
02～新疆軍台道里表 154/447
22～後政治之趨勢 159/139
27～約款即古盟說詞 106/121
30～之牧令要務策 047/246 117/404
37～冠合古制考 058/117 095/363
40～有直積四千三百二十句羃加股得二千三百九十四求句股各幾何 158/271
44～塔爾巴哈台沿革考 154/445
～昔海防異勢論 125/175
～世正途中無身立命之處說 095/288
60～日五大洲大勢有似戰國論 128/197
～日西學當知急務論 128/414
～日中國莫急於水利說 129/108

8022_1 前

21～行護隊駐紮法 139/199
22～後藏考 009/236 113/194
～後藏喇嘛記 145/197
34～漢經師從祀議 007/464
43～赴山東勦賊疏 051/103 112/341
44～蘇撫聶奏陳改設學堂情形摺 128/405
60～因時論一 058/235
～因時論二 058/239
～因時論三 058/203
～因時論五 058/129 117/313
～因時論六 058/133 117/314
～因時論七 058/321 117/327
～因時論八 059/005
～因時論九 059/381 117/516
～因時論十 059/385 117/517
～因時論十一 067/135
～因時論十二 062/003
～因時論十三 067/273

～因時論十四 067/377
118/466
～因時論十五 062/089
120/418
～因時論十六 060/007
～因時論十七 061/083
118/346
～因時論十八 066/367
～因時論十九 071/131
～因時論二十 074/005
120/163
～因時論二十四 079/301
～因時論二十五 064/377
61～題 127/456
70～駐滬英總領事哲美森說帖
129/389

8022_7 分

00～產 150/112
10～平攤還新舊洋款表
150/244
12～發在官法戒錄檄 005/391
15～建學堂說 103/463
21～行章程二十四條 085/120
22～任佐雜以策末秩 082/338
25～律 128/303
～練六軍請增二軍疏
135/083
31～河 126/379
38～道進勦布置聯絡情形疏
051/118
112/348
41～塥采煤說 104/204
44～權集權平議 159/170
52～撥投誠士卒諸多窒礙疏
135/160
62～別上品白銅法 142/361
～別流土考成疏 009/433
113/160
121/143
～別裁提鹽課釐稅酌加鹽斤疏
134/240
～別教案治本治標之計疏
083/245
086/072
091/454
101/159
111/120
123/060
132/475
～縣議 005/151
67～野 003/216
～野序 003/217
～野考 008/394
116/193
77～限清理交代疏 133/016
～居 008/057
80～年償還賠款本利表
150/242
～合 126/082

8024_7 夔

77～關收數短絀核實辦理疏
134/350

8030_7 令

50～史 005/377
109/393
117/503

8033_1 無

08～訟論 077/133
101/109
21～能力之國會 160/206
23～綫電音法 102/479
～綫電信之法 146/148
～綫電報鎖述 142/504
41～極太極論 158/508
48～教逸欲有邦兢兢業業一日二日萬幾 117/039
68～踰老臣論 002/129
96～烟直綫彈 102/497

8033_2 念

10～石子 054/343

8033_3 慈

77～母服議 008/237

8033_7 兼

32～祧說 069/219
098/397
～祧之禮合乎古義說
069/223
098/392

8034_6 尊

21～師正義 055/173
094/101
124/121
24～俠篇 086/267
092/399
094/296
37～祖 126/276
46～相 149/065
50～史 055/011
094/086
124/127
71～長謀殺卑幼定罪議
077/043
72～隱 086/266
092/396
77～民篇 130/346

8040_0 父

00～妾無子服制義 008/251
107/255
～卒未殯適孫為祖服辨
001/284
008/216
34～為長子三年辨 070/211
099/056
40～在不降母服說 001/297
008/207
107/250
～在為母斬衰三年說
049/377
107/258
119/477
50～未殯而祖亡承重議
001/285
008/215

119/465
77～母斯民說 017/187

午

80～分表論 139/268

8043₀ 美

02～新總統麥見尼傳 084/200
088/069
103/155
111/163
123/553
22～利加水師阻道說 083/223
100/053
～利加砲臺經驗說 083/226
101/011
120/361
～利加船礮經驗說 153/267
～利堅軍政 083/376
123/470
～利堅國考略 108/035
24～德宜力保大局說 130/275
～續約第一條 053/390
110/526
123/354
28～併檀香山記 138/333
37～軍防戰策 085/438
091/166
60～國 156/412
～國度支 102/312
～國新定禁止粗劣各茶進口條例 097/177
151/407
～國礦産考略 084/506
089/183
102/322
104/191
125/444
～國刑律 138/277
～國政客與政黨 160/320
～國政黨之組織及其運用 160/304
～國改定船隻免碰新例 152/370
～國外交 102/393
～國和邦盟約 102/403
～國總統演說 084/201
088/071
103/156
～國緣起 108/034
125/453
～國之盛由於學校 103/467
～國憲法 137/268
～國軍制 138/535
～國大總統麥荊來傳略 128/234
～國南部地方情形 102/240
125/465
～國南北花旗交戰紀略 083/467
123/554
～國南北戰後之財政 164/486
～國內閣員列傳 102/277
～國李佳白民教相安議 130/389

～國考略 083/352
～國共和黨擬舉總統宣論新政
084/197
088/062
103/151
111/159
～國共和黨宣論新政
127/391
～國獨立檄文 130/317
～國費城商務博物會記
097/068
115/328
～國財政之困 102/312
～國民兵義兵制 138/544
～國人觀日本情形記
127/319
127/322
77～民自主記 086/316
092/509
115/313
80～人論大連灣通商事
105/208
110/406
125/390
～人論日本工藝 085/016
089/227
102/456
104/236
113/420
91～懾日疆 127/326

8050₀ 年

27～終甄別請旨分別懲儆疏
133/013

8050₁ 羊

10～石山題壁 001/362

8050₂ 拿

14～破侖第一論 127/474
44～獲巌番分別嚴辦片
132/310

8055₃ 義

22～利辨 115/473
116/059
23～秘交犯專條 155/430
44～林述 015/327
60～國憲法 137/235
～田說 069/263
098/398
80～倉圖說序 006/412

8060₁ 合

00～六國以制俄 106/371
156/158
01～龍閉氣說 010/461
28～從 127/271
58～數術序 143/388

普

17～及教育議 167/161
30～濟堂並育嬰堂條約
060/387
099/096
119/325

34～法戰紀後序 156/134
～法戰紀代序 156/138
～法戰紀前序 156/130
37～通學豫備論 144/425
～通學級表 144/402
60～國刑律 138/273
～國倣行英國農藝 140/483
～國憲法志 137/213

8060_5 善

08～施 004/269
22～後方略 044/005
050/386
～後借款詳論 166/032
～後借款之善後 166/072
～後芻言 *145/279
～利圖跋 012/341
44～勸導以安民教說 111/127
77～馭夷議 095/207
147/179
～舉 082/544
099/102
90～堂 127/443

8060_6 會

00～商海防事宜 083/067
100/352
～商海防事宜疏 135/356
～商整頓關務疏 049/049
134/343
～商驅堵夷船稟 031/275
044/271
～辦船政大臣片 132/207
～辦吉林練軍事宜疏
049/539
135/335
08～議廣敷教化疏 068/365
098/152
134/528
～議辦理監犯例章疏
136/203
～議武場改制疏 131/496
～議武場改制疏附章程
153/314
～議科舉新章摺稿 098/314
～議選舉學堂人才疏
131/433
～議海運交米疏 041/103
048/366
064/313
097/314
112/152
134/093
～議裁撤河督事宜疏
133/129
～議松漕督奏遵旨敬陳各條疏
147/396
～議奏覆伍大臣礦務條陳疏
150/404
～議長江水師營制疏
043/233
049/485
071/435
100/024
112/407
121/158

135/188
～議學堂出身疏 128/399
149/435
～議算學取士疏 053/491
109/269
～議鈔法請暫行銀票期票並開設官銀錢號疏 067/539
134/441
～議榮尚書奏設武備特科疏
153/292
10～覆請用土兵疏 135/364
～覆長江太湖水師未能改用輪船疏 135/207
34～滇黔撫院通飭籌辦團練札
073/105
100/142
37～通說 094/309
～通河水道記 079/347
101/409
40～查遼陽稅課酌擬章程疏
049/051
066/397
098/006
134/330
44～堪倭那二牌應照圖約更正疏
123/361
～勘張秋築堤東水未敢遽行並濟運濬河情形疏 136/435
～勘引淮入海河道擬分別辦理疏 079/131
101/281
136/372
～勘倭那二牌應照圖約更正疏
053/411
113/141
132/355
～勘奉吉兩省圍場荒地界址疏
047/465
118/175
135/499
50～奏廣東積弊疏 131/138
～奏廣東團練捐輸事宜疏
135/365
～奏請設機器織布等局片
132/027
～奏請加稅務司辦公經費疏
152/169
～奏議覆外務部章程疏
149/112
～奏票運一年期滿征收課耗鹽等項銀數疏 048/553
112/269
134/224
～奏酌減嘉寶二縣漕米疏
048/043
112/046
133/302
～奏變通科舉事宜疏
131/470
149/420
～奏變通河工事宜疏
133/059
～奏黎匪勦撫事宜疏
050/527
113/174
135/464

八〇六〇⁶ 會（〇八—五〇）

八〇六〇 會（五〇—七七）

～奏各屬墊完民欠銀米情形片 133/309
～奏移設裁改邊要各缺疏 053/440 135/459
～奏濬黃疏 154/029
～奏派將出關摺 135/367
～奏派營駐守瓊州疏 135/363
～奏減免兼徵帑息疏 048/551 112/268
～奏滇省操練新軍摺 130/023
～奏速籌堵塞決河疏 154/026
～奏遵議貴州學政嚴修請設經濟特科疏 149/302
～奏遵旨宣布英夷罪狀並設法驅逐該國船隻出口疏 132/293
～奏遵旨體察開濬下河情形疏 051/406 136/379
～奏遵旨籌議操練新軍事宜疏 131/543
～奏遵籌擴充製造添配機器請撥補經費疏 151/213
～奏查議銀昂錢賤除弊便民事宜疏 134/456
～奏查勘江北舊黃河疏 154/042
～奏查明天津教案情由疏 132/455
～奏杭嘉湖三府酌減漕糧分數疏 047/509 112/033 133/328
～奏黃河節年淤墊竭力籌防疏 078/003 101/274 136/271
～奏攤款減成電摺 128/505
～奏擬請妥議科舉新章並酌改考試詩賦小楷之法疏 131/458
～奏時局危急疏 132/446
～奏明定礦務鐵路章程疏 150/416
～奏創設格致實學書院疏 131/428
～奏銷化煙土已將及半情形疏 050/434 113/233
71～匪紀略 051/073 112/333
～匪紀略書後 051/086 112/340
77～同兩湖督撫籌議楚省鹺務疏 048/415 112/230 134/286
～同俄員勘界立碑繪圖補記遵旨畫押各日期疏 132/353
～同驅諸夷船稟 050/450
～同欽差擬定鹽務章程疏

048/422
112/232
88～籌旗人疏通勸懲四條疏
006/242
110/046
133/487
～籌兩淮鹽務擬定章程疏
065/085
097/439
119/089
134/153
～籌西藏事宜疏 135/501
～籌修築要工片 051/290
136/266
～籌淮南鹽務仍宜合力緝私疏
134/236
～籌海塘情形疏 011/501
～籌甘省變通兵制疏
049/529
112/425
135/120
～籌整頓咸安宮官學章程疏
049/243
107/299

曾

17～子章句序 004/230
116/163
～子學成在顔子卒後
012/283
70～璧光建祠宣付史館疏
131/267

8060_7 倉

24～儲 127/434
47～穀平糶疏 006/381
118/273

8062_7 命

08～說 086/489
093/374
30～案有關斷離援擬請旨疏
077/073
101/098
136/190
37～盜案件請暫行變通辦理疏
051/160
110/212
136/193
50～中篇 083/205
101/038

8071_7 乞

26～總署代奏下忱書 083/081
100/368
60～里人共建義倉引 002/511
006/409
61～賑篇 096/522
77～留教職疏 002/146
005/146

8073_2 公

00～言俄法同盟 102/389
08～議湖南團練章程 130/044
17～司 097/107

127/178
151/348
～司新法 142/152
22～利說 096/126
115/471
25～使覲見原始 130/176
34～法 126/294
149/184
149/187
～法不足恃論 082/570
099/198
～法通義敘 128/333
～法十一篇 052/506
110/277
123/276
38～道宜彰疏 002/196
～啟曾協揆 050/181
113/102
50～車上書請變通科舉摺 同人公擬 103/103
62～黜陟議 047/027
095/033
109/330
77～民自治論一 143/060
～民自治論二 143/068
～民自治論三 143/076

食

24～貨策 006/024
26～鱓蠃說 008/362
27～物論 143/538

養

00～廉 126/302
25～生論 086/463
093/312
114/517
27～魚孵化術總論 141/167
31～源篇 046/031
107/024
44～蒙 157/258
～老良規 125/085
71～蠶說 150/249
～蠶表 141/197
72～兵說 127/473
～兵論 008/418
～兵議 003/125
77～母不宜服斬衰三年議 070/371
119/478
～民 005/491
110/001
127/403
～民說略 086/288
092/446
096/159
106/304
110/029
～民論 004/431
110/002
117/133
～民要摺 126/455
～民四政 005/501
110/008

8080₆ 貧

30～富由於勤惰說 095/218

8090₄ 余

21～虎恩上劉制軍書 145/353
30～之孔教觀 168/392
～之民權觀 160/531

8091₇ 氣

13～球高度 142/347
～球說 114/241
146/009
～球形製用法考 129/220
～球考 083/281
094/140
142/342
151/184
～球體用說 124/207
27～候論 144/126
～候學問答 144/117
75～體之容積與溫度及壓力之關係 144/001
77～學淺說 126/520

8111₇ 鉅

00～鹿堤防議 011/120

8128₆ 頒

21～行各屬辦理命案條約
077/351
101/116
25～律例以示民間說 103/353

8141₈ 短

71～陌 007/372

8242₇ 矯

95～性 157/449

8260₀ 創

00～立商部說 085/057
089/314
097/055
105/032
111/300
122/527
～立福州實學會啟 099/233
～辦北京善後工藝局說帖
129/204
～辦福州商務局章程
129/248
～辦克鹿卜砲車馬乾片
135/341
～辦民團說帖 100/173
～辦煤油以存利權保蜀境論
150/441
07～設商務公所札 097/027
～設廣安水軍疏 135/234
～設議院以通下情 082/263
～設武備學堂疏 131/478
～設保定警務局暨警務學堂章程疏 131/544
～設萬國同盟保護文學及美術著作條約 158/061
～設善鄰書院啟 158/501
08～議設立女學堂啟 128/448
149/292

15～建王零川先生祠暨置祭田記 012/337
～建先賢魏國公卜夫子祠堂碑記 012/285
～建南鄉太平堡社倉記 006/400
～建懋功屯養濟院記 017/363
～建中華民國醫學之倡議 167/315
～建東華醫院序 158/319
34～造鐵路宜先使民人咸知利益說 083/308
085/262
090/221
102/028
105/369
114/061
～造鐵路始末 127/024
77～開中國鐵路議 085/275
090/252
102/062
105/383
114/070
122/373
～開銀行說 105/160
～興紅十字會說 099/247
115/323
125/081

劄

30～淮南監掣廳 025/265
34～法國領事文 155/181

8275₃ 饑

77～民墾荒議 006/194
109/007

8280₀ 劍

22～川都司仍駐州城疏 136/098

8312₇ 鋪

28～稅已辦土藥滯礙甚多疏 134/361

8315₀ 鐵

18～政 127/001
27～船槽多用銀兩擬就續撥關稅內提用片 132/152
38～道論 085/266
090/230
102/068
105/372
114/062
122/367
～道國有策平議 168/306
60～甲籌款分別續造疏 132/204
67～路 102/058
127/026
127/027
152/310
～路上 083/298
102/053
～路下 083/299

102/056
～路新章省脚價法 083/301
102/047
～路論 102/052
～路工料估價表上 105/338
～路工料估價表下 105/339
～路電綫比較表 140/169
～路行軍策 139/180
～路利弊說 102/038
～路私議 146/410
～路總表 129/407
～路總公司比國銀行工廠合股公司借款合同 152/380
～路缘起述略 105/370
～路侵地說 083/229
102/038
105/367
～路侵路說 085/260
090/217
114/059
～路條陳 081/065
085/292
090/285
105/301
114/012
122/385
127/021
～路條陳摺 102/015
～路芻譚 152/473
～路缘起述略 085/264
090/227
102/066
～路宜博考善法說 114/085
～路宜知利害論 102/029
～路考略 105/360
～路枝幹緩急議 125/291
～路餘談 146/396
95～性論 142/349

8315_3 錢

10～票無甚關礙宜重禁吃烟以杜弊源片 131/232
34～法 024/217
041/399
～法議 007/338
111/369
～法之變 007/358
111/372
35～漕更弊議 061/285
89～鈔十議 067/417
118/455
96～糧 126/425
150/019
～糧論上 006/006
112/003
118/311
～糧論下 006/008
112/004
118/312
98～幣議 067/165
～幣議一 067/395
～幣議二 067/397
～幣議三 067/399
～幣議四 067/403
～幣缘起利弊述 085/179
090/039

～幣中西變通以求利濟論 082/472
097/269

8377_7 館

80～舍街道橋梁官樹之政 005/367

8410_0 針

27～灸論 114/496

8414_1 鑄

40～大錢條論 067/503
87～銀條陳 081/098
082/465
085/183
090/049
097/242
104/437
111/407
127/114
～銀錢說 067/261
097/273
124/378
～銀幣得失說 081/366
129/340
90～黨論 160/256

8471_1 饒

02～新泉六十序 039/395
76～陽縣新建文昌閣記 008/364
119/419

8519_0 銖

40～寸錄 054/449

8519_6 鍊

10～石陶甎說 104/213

8612_7 钃

22～緩恩旨地方官任意延擱遲陳弊端疏 048/279
134/042
27～免事宜疏 006/505
97～恤議 002/429
～恤宜速議 006/507
110/110

錫

80～鍍金法 142/518

8616_0 鋁

10～可製瓦論 142/370
72～質製器論 142/360
87～銅大用論 142/352

8619_4 鎳

80～鍍金法 142/517

8640_0 知

00～府久任疏 002/145
005/147
109/182
117/268
02～新報緣起 083/188

13～恥說 116/062
～恥學會序 086/220
092/297
～恥學會後敘 086/221
092/300
62～縣外補壅滯請量予變通疏
058/295
095/383
133/068
80～人論 057/143
095/023
～人難 004/490
109/215
91～類篇 094/300

8712$_0$ 鋼

83～鐵工業救國策 168/090

銅

～ 007/285
111/349
118/446
18～政議上 007/291
111/351
～政議下 007/298
111/356
80～鍍金法 142/516
89～鈔議 007/361

卸

88～篆後敬陳浙江應辦善後事宜
疏 131/134

8713$_2$ 錄

05～諫俄皇書 127/365
50～中國新政始基序 103/096
67～鄂省郭守戎上督憲論錢法書
146/528

銀

～ 007/282
111/348
118/444
21～行上 151/324
～行下 151/328
～行章程 097/148
～行論 082/426
097/140
124/402
(～行)恐慌結果 140/361
(～行)恐慌之實例 140/364
(～行)恐慌救治法 140/362
(～行)恐慌原因 140/357
～行恐慌釋義 140/357
～行種類分釋 140/331
～行紙幣及發行法 140/347
152/102
～行緒言 140/323
～行之種類 151/491
～行之業務 140/340
151/501
～行原起考 140/323
～價賤落之由 085/172
090/023
104/423

111/401
24～貨問答 085/169
090/016
104/419
127/152
44～荒小補說 067/171
097/271
118/472
50～貴不足害說 067/175
097/272
60～國借款記 106/386
156/269
98～幣論上 067/381
～幣論下 067/389
～幣論一 049/122
067/157
097/283
118/464
～幣論二 049/123
067/161
097/284
118/465
～幣緣起利幣述 104/431

8718$_2$ 欽

10～天監用西儒治厤緣始考
145/577
～天監用西儒治歷緣始
149/049

8732$_0$ 翎

11～頂考 058/119
095/366
124/244

8742$_0$ 朔

00～方備承凡例 155/143

8768$_2$ 欲

27～禦外侮宜修內政說
124/052
77～興商務宜知所取法說
105/071
～興礦務宜選子弟赴歐西礦務學堂肄習論 125/294
94～恢復信用宜組織債務專律論
168/165

8771$_2$ 飽

44～夢說 001/493

8772$_0$ 飼

71～蠶法則 082/493
097/009
118/197

餉

22～絀情形片 135/259
72～兵兼用麥米說 003/111
008/480
120/375

8778$_2$ 飲

80～食之工說 104/258
～食抉微 143/547

8810_4 坐

04～護隊駐紮法 139/202

8811_4 銓

18～政 005/092
109/302
34～法 005/089
109/301
37～選掣籤說 124/261

8812_7 鈐

50～束賤役以安商賈 082/427

8822_7 第

10～一次發布意見書 166/227
～一號輪船下水並續辦各情形疏 053/071
113/309
132/165

簡

25～練軍實疏 049/469
113/343
～練軍實以裕國用疏
071/243
099/389
135/068
66～器 042/387
67～明萬國公法 149/125

8823_2 籐

26～牌撤星陣法說 009/087

120/319

8825_3 箴

00～立法家 162/427
23～參衆兩院議員 160/212

8828_6 籲

05～請歸政疏 131/170
27～懇暫緩歸政以懋聖學疏
054/185
131/167
～懇慈恩暫緩歸政以懋聖學疏
046/487
109/086
30～准開缺回籍終制營葬疏
131/259

8844_6 算

21～術科教授法 144/479
30～寇 075/273
72～兵 073/155
099/434
77～學宜講習說 124/156
～學報 093/178
107/458
116/382
～學報四則 086/405
～學書目提要例言 158/309
～學捃華百篇 082/082
～學疇人傳說 146/035
～學答問 143/450

8850_7 筆

07～記 008/462
～記一則 049/155
～記十二則 049/305
107/440

8860₁ 答

00～齊總兵書 009/486
121/117
～方彥聞書 054/271
～方制府官車之弊書
006/168
～高旭堂書 054/401
～庶孫為所生祖母服
008/225
～章觀察問保甲啟 008/525
120/456
10～王亮生論鈔幣書 067/525
118/474
～王山史書 001/303
008/252
107/256
～王世兄書 002/060
～王惺齋論家祭書 008/284
～夏謙甫論處置旗丁書
064/229
～夏子松鍾荏兩太史問治河書
078/413
～西友問律 125/244
～賈布政問積主書 063/149
11～張一衡書 004/189
107/051
～張南昌問能否歸宗議
070/317
099/072
119/438
～張中丞第二書 073/113
120/443
～張小浦中丞論皖郡團練書
073/109
120/442
12～孔正叔論誌文 008/192
～孫屺瞻侍郎書 003/243
～孫屺瞻開海口治下河
011/218
122/180
～副總統辭鄂都督書
162/528
13～強弱論 147/220
17～孟遠問喪服書 008/202
～尹亨中書 008/132
～尹元孚書 004/265
21～衍善問經學書 004/136
22～倭良峰先生書 054/399
054/531
～倭問興亞 052/307
115/157
23～傅蜀門虁書 073/361
26～魏默深論聖武記書
076/289
～吳六符問東明事宜
079/287
121/476
～吳摯甫論祔祧書 068/191
119/382
27～祭外祖父母問 042/335
049/419

070/417
119/516
30～安仁縣夏謙甫論漕米變價書
063/127
～客談西律之善 103/356
～客難 043/467
050/248
～客問新金山阻止華人
106/375
～客問西人為患中國之由
106/159
～客問國債 146/231
31～汪方伯書 005/074
～汪孟慈書 049/415
～顧復初司業論五禮通考書
007/401
～顧甯人書 004/130
33～梁質人 001/169
34～沈韻松大使 050/397
～沈舜卿先生書 056/247
116/541
～沈芷岸書 002/004
～沈毓蒑論家祠書 008/272
36～溫撫軍延訪海事書
009/394
～湯茗孫論本生祖服書
070/279
119/484
37～祁春圃論承重孫婦姑在當何服書 070/229
119/476
38～涂朗軒孝廉問期功服制書
070/253
40～友人論奪情書 070/089
～友人論異教書 038/329
046/055
107/031
～友人書 001/029
～友人問二適相為服書
008/235
～友人問下河水患書
080/133
～友人問治下河 011/217
～南汝張觀察書 005/249
～李子雲論鹽法書 065/239
～李信齋論臺灣治事書
059/311
～李海帆大令書 058/057
～李中丞書 017/537
～喪禮問 008/154
119/459
～喪禮問一 001/240
～喪禮問二 001/242
～喪禮問三 001/244
～喪禮問四 001/246
～袁爽秋戶部書 155/340
～袁簡齋書 008/303
42～姚伯山書 058/067
117/239
44～范彪西書 004/209
～蕭梅江書 078/091
～蔣信夫論喪娶書 008/100
107/279
～某廉訪論通行牛痘書
060/417
119/330

八八六〇 答（二七—四四）

八八六〇 答（四四—七五）

～某友論俗習書 071/061
～某友書 042/459
050/083
110/170
～某問合葬書 070/113
～葉健莽太守書 030/399
～葉健菴司馬書 017/179
～桂蘇州第一書 064/185
～桂蘇州第三書 064/203
～桂蘇州第五書 064/211
～桂蘇州第六書 064/215
46～楊邁公書 004/146
47～朝鮮李醇溪論服義書
070/215
～胡潤芝宮保書 055/303
50～惠少靈 002/003
012/347
～秦觀察問防海事宜
009/392
120/476
～東方時局問 082/055
～東洋近出古書問 046/160
107/120
53～盛小迂論持本生服制書
070/267
119/475
60～呂禮北書 058/059
71～馬相伯書 053/057
～匿名氏駁詞 159/251
72～劉霞仙茂才書 042/415
049/473
～劉孟容書 046/039
046/042
107/028
107/030
116/096
116/098
～昏禮問 008/098
107/278
119/431
～昏禮問一 001/201
～昏禮問二 001/202
～昏禮問三 001/204
74～陸劭文論保甲書 072/299
120/463
～陸稼書書 001/034
～陸祁生書 055/147
～陸曹縣書 058/071
75～陳庶常立論三祧服制書
070/345
～陳雪漁論西糴書 063/427
～陳石士閣學書 055/077
116/148
～陳碩士編修書 055/141
～陳子萬書 001/038
～陳仲虎雜論祭禮書
049/420
070/405
～陳仲虎論殤祭書 049/421
070/409
～陳仲虎論喪主書 069/197
098/404
～陳仲虎為小宗殤後宜還服本生書 049/275
070/289
～陳壽卿太史書 057/263

77～同年陳宫詹 001/153
～周仲和書 005/250
059/079
～問家人 059/207
～問選舉 002/149
005/106
109/305
117/455
～問幕友 059/371
117/496
～問書吏 059/479
～問差役 059/481
～問養民事宜 082/481
086/289
092/449
096/161
106/306
110/030
～門生王禮圻問作令書
005/254
117/513
～門人問學 004/208
80～人論先生書 046/409
～人求墓志書 070/123
～人問讀禮書 070/017
116/125
～人問西北邊域書 009/181
113/190
121/016
～人問作令第一書 059/197
117/415
～人問作令第二書 059/199
117/415
～人問作令第三書 059/203
117/416
～人問為後書 069/213
～人問婦喪歸期書 070/069
～人問關内侯 084/249
088/177
117/297
～金震方先生問律例書
010/075
110/178
121/325
～金理函論殤服書 008/244
～會邑侯問丁米均派書
006/056
～曾君有書 004/470
～曾侍郎師書 050/132
～曾侍郎書 070/085
119/483
～曾滌生侍郎師書 073/383
120/248
～曾邑侯問丁米均派書
002/268

8860_3 笛

21～卡爾學派 143/006

8864_1 籌

00～辦廣東守禦情形疏
135/368
～辦襄河堤工疏 052/096
080/243
101/283
136/489

～辦京師大學堂大概情形疏 131/406
～辦京師大學堂奏片并章程 098/175
～辦京師大學堂奏摺 098/160
～辦新疆屯墾及清查隱賦各情形疏 048/138
118/179
133/436
～辦下河水利疏 011/204
～辦西征情形疏 076/179
136/076
～辦焦山以下江陰以上海防片 135/353
～辦出關事宜疏 073/343
099/276
120/397
135/165
～辦積貯情形疏 006/390
112/184
～辦永定河工片 079/227
122/048
136/341
～辦江甯等處礦務大略情形疏 101/509
～辦滙解第一次賠款以顧大局疏 133/249
～辦河運工程疏 122/049
136/422
～辦河運事宜疏 045/303
051/431
108/415
118/415
～辦漠河金廠疏 067/101
101/511
119/225
132/093
～辦滇岸請緩奏銷片 134/208
～辦湖北水利疏 011/399
108/176
～辦湖團疏 048/117
109/023
133/423
～辦漁團議 145/318
～辦通漕要道疏 051/427
079/321
101/396
108/413
136/443
～辦通漕要道摺 045/293
～辦運河工程疏 079/389
101/395
～辦洋匪疏 009/389
～辦海圖禀 094/198
～辦海防禀二 053/129
～辦海防疏 135/384
～辦大東溝善後事宜疏 048/122
133/426
～辦大學堂事務請旨遵行疏 131/404
149/359
～辦臺灣生番獻地開墾疏 062/165

133/406
～辦塘工大概情形片
080/431
101/422
136/529
～辦南運減河要工疏
051/446
136/433
～辦萍鄉礦務稟 101/527
～辦薊運河及北運兩減河要工疏 079/207
122/062
136/399
～辦戰船情形疏 051/267
135/185
～辦黔岸鹽務官運商銷疏
134/194
～辦防護海運情形疏
134/091
～辦陝西各路墾荒事宜疏
118/156
133/413
～辦陝省荒政情形疏
048/285
119/316
134/038
～辦陝西各路墾荒事宜疏
062/203
096/353
～辦陝省荒政情形疏
063/349
096/492
～辦膠萊扼勦事宜疏
076/107
100/210
～辦開墾呼蘭所屬通肯地方事宜疏 048/135
118/182
～辦開墾呼蘭所屬封禁荒田疏
062/243
096/364
133/419
～辦鐵甲兼請遣使片
132/193
～辦烟濰鐵道之意見
168/308
07～調客軍以資厚集疏
135/169
～設商會統計案 168/175
～設製麻局札 102/145
08～議廣西邊防請移駐提督添設鎮道疏 060/537
100/382
120/211
～議廣西邊防請移駐提督添設鎮道各緣由疏 053/435
113/143
121/052
～議交收伊犁事宜疏
132/332
～議京城晉省運糴疏
134/044
～議新漕事宜疏 133/287
～議調劑雙城堡京旗章程疏
062/355
096/232

八八六四 籌（〇〇—〇八）

133/483
～議天津設備事宜疏
135/402
～議天津機器局片 132/284
～議晉省口外屯墾情形疏
050/037
113/366
～議礦務擬招集商股延聘東洋礦師疏 047/398
113/471
～議雲南礦務疏 067/081
101/510
132/088
～議武科改制瀝陳四川利弊疏
131/504
～議改設臺灣郡縣疏
075/075
134/495
～議上海招商買米由海運津疏
134/101
～議變法采用西法疏
131/323
～議變法整頓中法疏
131/308
～議變通政治疏 131/300
～議變通政治片 131/339
～議製造輪船未可裁撤疏
132/181
～議山東河工救急治標辦法疏
136/353
～議出關餉需礙難借用洋款疏
053/300
113/354
135/281
～議侍郎朱士彦條陳河工事宜疏 078/007
101/269
136/272
～議練軍事宜疏 043/193
050/202
～議緝私以疏官引疏
065/067
097/436
134/231
～議緝捕海盜稟 074/473
100/335
～議修約事宜疏 132/231
～議倣鑄回錢疏 067/361
097/232
134/438
～議江南防軍改練洋操疏
131/511
～議河北各旗蒙古添設盟長疏
074/385
135/443
～議海防應辦事宜疏
135/380
～議海防疏 132/434
～議海防經費並機器局未便停工疏 135/270
～議臺灣郡縣分別添改裁撤以資治理疏 047/480
134/491
～議臺灣事宜疏 135/500
～議直隸練軍事宜疏
071/289

099/397
135/085
～議套外𨔶金等處屯田事宜疏
062/233
096/360
133/416
～議黄河分流故道疏
078/381
101/279
～議黄運兩河情形疏
078/289
136/309
～議加斤減價兼疏積引疏
065/105
134/158
～議奉省全局變通吏治疏
060/427
096/209
117/276
～議東省運河並折漕窒礙各情疏 134/060
～議搭放銀錢章程疏
134/460
～議口外辦運庫科駐兵疏
135/511
～議口外調兵運糧緩急疏
135/512
～議購船選將疏 135/391
～議嚴禁鴉片章程疏
051/167
110/194
136/219
～議閩姓利害請暫弛禁以塞漏卮疏 066/451
134/368
～議銀錢出納陜省礙難改易疏
049/113
111/393
134/451
10～疏治河身事宜疏 010/374
～疏堵下河來源疏 011/202
122/189
18～改河善後事宜疏 010/252
121/428
21～上河歸江事宜疏 011/199
22～制滇邊土民疏 009/426
113/155
121/140
24～備京倉疏 063/029
096/455
133/511
～備要需援案核扣京外俸廉片
133/222
～備水師利器片 071/425
100/035
～備邊防疏 135/503
～備運道以利漕行疏
048/376
134/076
～備救河漕疏 134/059
～借商款以濟要需疏
133/201
27～鄉社倉米議 040/387
～解第一期新約賠款疏
133/248
28～復漳河故道疏 010/531

八八六四－籌（〇八－二八）

122/014
～復湖州議 074/175
～鹺篇 065/019
097/526
124/344
31～河論上 078/181
101/344
～河論中 078/241
101/346
～河論下 079/101
101/351
～河工全局利病疏 010/361
108/330
～河篇上 077/479
101/337
～河篇中 077/485
101/338
～河篇下 077/497
101/341
～濬三江水利疏 011/230
122/174
33～補安省歷年虧空疏
005/476
～補救河漕疏 064/103
097/308
34～滇耳食錄 145/212
～滇理財疏 005/445
35～洩衛河漲水疏 010/547
～漕運變通全局疏 007/116
112/142
～漕篇上 064/021
097/325
124/324
～漕篇下 064/033
097/328
124/327
36～暹 127/276
～邊說 125/160
～邊論三 053/400
113/137
121/096
37～湖水歸江別開鹽河疏
011/201
～湖河來源去路疏 011/198
38～海 083/061
100/366
～海篇上 044/083
050/490
113/258
～海篇下 044/089
050/493
113/260
39～消水患疏 011/115
122/106
44～蘭陽三堡改堤開河疏
010/250
121/427
～杜書吏舞弊之源疏
040/075
47～款酌修文武衙署疏
136/267
～款停捐三議 082/329
095/436
～款生息防守襄堤疏
136/490
～款裁抵攤捐疏 047/346

111/234
133/208
48～乾糧練兵丁備軍裝疏
008/455
50～畫交涉事務片 132/330
～畫新疆軍務情形疏
072/089
120/392
135/292
～畫漕務疏 048/352
～畫漕務摺 041/027
～畫速修戰船疏 009/303
～畫海寇疏 009/346
121/191
～畫開海鐵路以救江北意見書
168/303
52～挑劉河白茆河以工代賑疏
080/081
101/439
122/200
136/470
～抵海運經費疏 048/373
112/157
134/089
～撥新疆暨慶陽糧臺餉項疏
072/061
100/086
135/279
～撥東三省的餉章程疏
150/204
～撥鹽釐辦理川北積穀片
133/527
56～捐添造外海水師戰船疏
135/212
57～挽河歸海情形疏 010/264
～挽黄河分流故道疏
078/359
136/336
～擬減兵加餉就餉練兵疏
120/199
071/279
099/394
135/064
～擬直隸練軍事宜疏
120/197
～擬蒙旗墾務疏 133/454
～擬購練馬隊疏 071/357
099/403
120/372
135/095
～擬防捕馬賊章程疏
076/307
100/218
136/102
60～置防篙以禦火患札
045/151
～國用議 047/297
096/091
111/226
～昌化營汛兵制議 008/427
61～賑芻議 096/527
～賑通論 146/222
63～戰六條請代奏疏 099/469
～戰事六條請代奏疏
083/136
70～防襄河堤工疏 108/261

～防新議 148/083
～防瓊廉並省城門戶片
135/368
～防客問 145/324
75～陳捻平善後事宜疏
076/123
136/055
～陳防撫猓夷情形疏
075/221
100/386
135/479
80～全河治清口疏 010/386
108/336
121/454
～令民築堡禦賊疏 010/019
120/236
87～餉 100/093
～餉疏 040/153
～餉練兵敬呈管見疏
135/345
～餉之策 100/095
～餉十策 125/140
～餉末議 113/352

8872_7 餙

00～廣積貯牒 002/505
006/359
112/176
～辦保甲示附條約 042/475
～辦江海漁團札 074/469
100/143
121/215
08～議挑除瓦礫章程札
077/415
17～取州縣輿圖檄 005/231
117/120
22～川東道成縣道清理教案片
132/465
27～修水利令 163/453
～修渠道以廣水利檄
011/303
108/161
～各衙門釐定規章共袪宿蔽令
163/433
～各屬遵辦守禦事宜札
074/225
100/403
～各屬命案相驗遵例少帶人役札 077/341
～各省弭盜安民令 163/445
～各省行政長官不得逾越範圍令 163/432
～各省民政長整頓吏治令
163/431
32～巡道清查州縣詞訟檄
005/232
121/345
37～軍人服從命令文 166/379
38～遵例屍場結案札 077/347
40～查江北水利檄 011/015
44～禁昏嫁喪葬華奢示
001/191
50～吏正俗四約 005/356
110/056
60～置義倉捐積穀石檄
002/509

～員測繪現在河圖疏 051/358
108/383
136/301
63～戰守 032/175
044/425
77～屬勸辦積穀備荒札 040/381
～興水利牒 002/530
006/493
119/275

節

21～經費議 062/335
096/092
118/262
22～僕從以省擾累疏 005/066
109/130
117/499
47～婦說 069/407
099/015
125/063
60～口腹以惜物命論 115/485
76～颶陳米關繫匪輕請旨飭交核議變通疏 133/506
87～錄許河帥奏永定河稿 146/265
～錄織布局商務論 146/169
～錄續桃小清河奏摺 146/268
～錄滬蘇開築鐵路論 146/393
～錄大治煤鑛華豐公司嚴道開第稟稿批詞 129/175
～錄盛觀察規復織布局稟稿 146/170
～錄陝甘省總督奏甘肅全省繪圖摺 146/123
～餉減釐論 146/221
～餉減釐議 082/523
098/072
124/305

8877₇ 管

17～子地數篇解 082/367
096/131
25～仲論 004/430

8880₁ 箕

17～子封朝鮮論 015/389

8884₀ 斂

64～財不病民說 146/228

8890₂ 策

00～高麗通商事宜開礦第一 110/408
～高麗通商事宜設官第二 110/410
～高麗通商事宜招商第三 110/411
～高麗通商事宜置戍第四 110/412
～高麗通商事宜化俗第五 110/414
～高麗通商事宜興學第六

110/415
77～問 005/421

8890₄ 築

46～堤事宜狀 011/032
78～隘記 074/199
100/280
125/207

8894₀ 敘

11～疆臣建樹之基 072/013
082/271
084/242
088/160
100/110
109/208
117/342
12～列戰鬬區分軍隊令
139/076
27～督撫同城之損 084/244
088/165
109/210
37～次宗譜例言 008/037
119/435
60～團練大臣 072/423
082/272
084/248
088/174
100/160
120/444

8896₁ 籍

37～沒財產代民租 005/486

8912₀ 鈔

22～利條論 067/459
118/467
34～法論 129/332
～法宜取信兵民疏 067/567
134/448
50～書自序 004/221
116/032
98～幣雜論 067/505
～幣論敘 067/441
～幣議 024/147
041/413
049/073
111/374
～幣通論 067/443

9

9000₀ 小

21～行星考 143/469
27～役冊序 006/148
29～倦游閣雜說一 078/071
～倦游閣雜說二 065/205
～倦游閣雜說三 065/221
30～宗家祭禮略 001/389
008/269
35～清河客述 146/254
58～輪 127/175
60～國不可無政論 115/393
145/286
～國換約 110/495

123/093
77～學校令第三十二條闡微 167/270
～學國語教授法商榷 167/231

9003$_2$ 懷

30～甯端士習示 054/303
094/076
116/078
34～遠水利志 011/342
108/163

9010$_4$ 堂

60～邑賦役論 006/098

9020$_0$ 少

00～廣縋鑿 046/218
114/300
116/319
～言偉良傳 084/176
088/014
102/275
111/139
123/550

9021$_1$ 光

24～緒二十六年河南藩庫常年出入款項清冊 128/517
～緒二十二年新開沙市口華洋貿易情形論略 152/162
～緒二十二年新開蘇州口華洋貿易情形論略 152/152
～緒二十二年通商各口華洋貿易情形總論 152/125
～緒二十二年杭州口華洋貿易情形論略 152/157
～緒二十二年上海口華洋貿易情形論略 152/138
～緒二十五年通商各口華洋貿易情形論 140/128
～緒二十四年通商各口華洋貿易情形總論 152/189
～緒十三年五月初三日給法國照會 155/279
～緒十七年天下各國所出金銀數表 084/504
089/179
119/257
～緒七年卡倫單 155/208
～緒會計錄敘 084/397
088/496
096/094
111/253
118/095
32～州固始用錢券說 024/233
80～氣考 126/524

9022$_7$ 常

01～語 004/175
04～熟水利說 011/269
108/204
～熟分縣條議 005/156
10～平倉穀章程疏 006/379
112/181
24～德府籌辦防堵經費稟

072/185
～德明達學會章程 130/299
28～稅改章公文全錄 129/363
44～植物論 144/091
80～年用度總數 096/110

尚

20～重厚 004/339
109/117
117/209
42～樸 004/294
117/129
72～質篇 095/190
88～簡 147/214

9043₀ 尖

00～底舢板勢難制勝疏
135/393
39～沙嘴官涌添建礮臺疏
050/429
135/415

9050₂ 掌

48～故學 084/264
088/214
103/395
110/219

9060₂ 省

12～刑 010/169
121/341
22～制問題 163/017
～制與自治團體 163/027
24～科條以培治本疏 005/053
109/126
117/266
30～官 005/142
117/258
～官役以清關弊疏 007/255
112/062
119/001
33～心邇言十六則 046/106
37～冗員疏 005/143
109/181
117/267
41～垣重地宜籌足食之經疏
048/210
133/397
62～則例議 047/277
059/449
095/290
121/333
71～長應否民選問題 163/048

9060₆ 當

50～事之策 110/085

9080₀ 火

08～說 158/514
21～柴製法 142/373
22～山說 144/161
40～有光熱說 130/455
44～葬 001/372
008/172
107/272
119/499

50～車 083/309
102/059
66～器 153/075
～器說略後序 104/331
153/015
～器說略後跋 104/333
153/017
～器說略前序 104/330
153/012
～器說略前跋 104/332
153/016
～器近製 104/343
68～喻 046/119

9096₇ 糖

44～考 142/315

9101₇ 恆

00～產說 096/179
～產瑣言 006/283
31～河考上 045/453
050/294
108/129
～河考下 045/461
050/297
108/131
60～星說 114/419
124/172

9108₁ 慎

12～刑說 125/235
146/441
～刑七條疏 010/130
110/214
121/337
～刑第三疏 003/137
～刑纂要序 003/135
20～重刑章疏 045/037
051/154
076/497
101/061
110/209
125/239
136/161
～重佐使人才說 125/018
27～疑獄 045/027
051/147
～約議 082/567
099/220
37～選使才說 125/016
～選鄉約論 003/024
008/519
120/448
～選駐美公使並改派公使分駐墨古秘等國意見書 164/133
43～獄芻言 010/155
121/352
～始芻言疏 056/045
094/373
131/174
63～戰 126/358
70～防守 009/121
77～用牧令疏 039/459
058/251
095/489
124/267

133/039
～用兵 105/482
90～火篇 125/227

9181₄ 煙

28～稅 126/439
40～土考 146/315
～臺議結滇案疏 132/322
～臺英領事中國各口商務報
085/084
089/376
105/088
110/367
77～月堂家集序 027/301

9287₇ 熠

12～發光輝之原因 143/552

9383₃ 燃

92～燈新法一 143/555
～燈新法二 143/557

9402₇ 惰

80～貧 006/294

9404₁ 恃

13～強無益論 115/344

9406₁ 惜

48～敉論 076/429
101/054
80～食惜衣論 115/484

9408₆ 憤

00～言 099/497

9489₄ 煤

10～礦原始 144/158
35～油述略 150/454
～油始末記 129/311

9490₀ 料

16～理西征事宜疏 072/069
120/390
135/287

9501₀ 性

14～功 004/091
16～理 086/433
093/244
107/065
116/508
34～法 128/296
95～情論 115/457

9502₇ 情

16～理說 115/456
51～輕盜犯請飭部申明舊例疏
051/190
136/205
88～飭各省整頓營伍疏
099/391

9592₇ 精

30～究地學說 104/201

	154/213
44～藝術	083/278
	101/233
54～技藝以致富說	104/268

9691_4 糧

27～船量米捷法說	007/039

9701_0 恤

00～商論	082/449
～商宜廢官局論	146/214
～商篇	097/062
10～丁除弊疏	007/023
23～臧獲議	001/486
	008/089
60～囚論	145/257
77～民示	048/334
	110/140
80～貧為善舉第一論	082/498
	099/099
	125/082

9702_0 憫

26～佃文	104/078

9722_7 鄰

00～交	052/370
	082/557
	099/137
	123/125

9822_7 幣

22～制論	085/163
	085/166
	090/003
	090/010
	104/412
	104/416
	111/398
	127/123
～制改革私議	165/305
～制問題之解決	165/454
～制問答	129/315

9824_0 敝

08～論	095/247
	124/096

9894_0 敉

37～盜策	125/218
48～教禍策	099/187
	111/125

9960_6 營

00～商人種優劣說	141/330
22～制小敘	008/435
60～田總局章程	048/099
	109/014
～田總局酌定章程	062/215
	096/402
	118/160
～田四局工程序	011/102
61～號	105/466

9985_9 燐

72～質鑄銅論	142/356

清代經世文全編

著者索引

蒯安　王永華　合編

學苑出版社

目　次

目　　次……………………………1
編　　例……………………………2
四角號碼檢字法……………………3
索引字頭筆畫檢字表………………5
索引字頭拼音檢字表………………11
著者索引……………………………1

編　例

1. 本索引收錄《清代經世文全編》文章著者及其所在冊次和頁碼。《皇朝經世文編補》補續以外的重複內容不予著錄。

2. 本索引依四角號碼檢字法排序。為方便不熟悉四角號碼的讀者使用，另附《四角號碼檢字法》、《索引字頭筆畫檢字表》和《索引字頭拼音檢字表》。

3. 本索引原則上依原文獻的署名著錄：

A. 若原書所題為著者字、號或別號者，皆改用本名著錄；本名不詳者，均依原題著錄。

B. 同一著者在不同篇目署名有差異者，依常用名合併著錄，原署名著錄為參見條目。如："新會梁 見梁啟超"。

C. 因簡體字、別體字或新舊字形的不同影響排序者，進行合併統一。如"晉"和"晋"、"賓"和"賔"，統一為"晉"、"賓"。

D. 原文無著者的以"闕名"著錄。

E. 原件缺頁且該頁有篇目著者可攷，亦予著錄，並於著者所在冊次和頁碼前加註"*"。

4.《索引字頭拼音檢字表》中常見的多音字，在不同的音序中重複著錄，方便檢索。如"曾"在"C"和"Z"中都有反映。

四角號碼檢字法

第一條　筆畫分為十種，用0到9十個號碼來代表：

號碼	筆名	筆形	舉例	說明	注意
0	頭	亠	言主广疒	獨立的點和橫相結合	123都是單筆，0456789都由二以上的單筆合為一複筆．凡能成為複筆的，切勿誤作單筆；如亠應作0不作3，寸應作4不作2，厂應作7不作2，丷應作8不作3、2，小應作9不作3、3．
1	橫	一㇀乚㇏	天土地江元風	包括橫、挑(趯)和右鉤	
2	垂	丨丿亅	山月千則	包括直、撇和左鉤	
3	點	丶㇏	宀礻冖厶之衣	包括點和捺	
4	叉	十乂	草杏皮刈大對	兩筆相交	
5	插	扌	扌戈中史	一筆通過兩筆以上	
6	方	口	國鳴目四甲由	四邊齊整的方形	
7	角	㇆厂亅L㇒乛	羽門阪陰雪衣學罕	橫和垂的鋒頭相接處	
8	八	八丷人𠂉	分頁羊余災汆足午	八字形和它的變形	
9	小	小⺌⺍个忄	尖糸粦杲惟	小字形和它的變形	

第二條　每字只取四角的筆形，順序如下：

㈠左上角　㈡右上角　㈢左下角　㈣右下角

(例) ㈠左上角……端……㈡右上角
㈢左下角……端……㈣右下角

檢查時照四角的筆形和順序，每字得四碼：

(例) 顏=0128　截=4325　烙=9786

第三條　字的上部或下部，只有一筆或一複筆時，無論在何地位，都作左角，它的右角作0．

(例) 宣　直　首　冬　軍　宗　母

每筆用過後，如再充他角，也作0．

(例) 成　持　掛　大　十　車　時

第四條　由整個口門鬥所成的字，它們的下角改取內部的筆形，但上下左右有其他的筆形時，不在此例．

(例) 因=6043　閉=7724　鬬=7712

菌=4460　瀾=3712　荇=4422

附則

I.字體寫法都照楷書如下表：

正	冖	住	匕	反	礻	户	安	心	卜	斥	刃	业	亦	草	執	禺	衣
誤	冖	住	匕	反	礻	戸	安	心	卜	斥	刄	业	亦	草	執	禺	衣

II.取筆形時應注意的幾點：

1.宀户等字，凡點下的橫，右方和他筆相連的，都作3，不作0。

2.尸皿門等字，方形的筆頭延長在外的，都作7，不作6。

3.角筆起落的兩頭，不作7，如ㄱ。

4.筆形"八"和他筆交叉時不作8，如美。

5.业𣥂中有二筆，水小旁有二筆，都不作小形。

III.取角時應注意的幾點：

1.獨立或平行的筆，不問高低，一律以最左或最右的筆形作角。

(例)非　肯　疾　浦　帝

2.最左或最右的筆形，有他筆蓋在上面或托在下面時，取蓋在上面的一筆作上角，托在下面的一筆作下角。

(例)宗　幸　寧　共

3.有兩複筆可取時，在上角應取較高的複筆，在下角應取較低的複筆。

(例)功　盛　頗　鴨　奄

4.撇為下面他筆所托時，取他筆作下角。

(例)春　奎　碎　衣　辟　石

5.左上的撇作左角，它的右角取作右筆。

(例)勾　鈎　侔　鳴

IV.四角同碼字較多時，以右下角上方最貼近而露鋒芒的一筆作附角，如該筆已經用過，便將附角作0。

(例)芒=4471₀元　拼　是　疝　歆　畜　殘　儀　難　達　越

繕　螢　軍　覽　功　郭　疲　癥　愁　金　速　仁　見

索引字頭筆畫檢字表

二畫

丁	1020_0
九	4001_7
十	4000_0

三畫

上	2110_0
于	1040_0
大	4003_0
小	9000_0
山	2277_0
工	1010_0
已	1771_7

四畫

不	1090_0
中	5000_6
井	5500_0
亢	0021_7
元	1021_1
内	4022_7
公	8073_2
化	2421_0
升	2440_0
卞	0023_0
天	1043_0
孔	1241_0
尤	4301_0
尹	1750_7
戈	5300_0
戶	2027_7
文	0040_0
方	0022_7
日	6010_0
比	2171_0
毛	2071_4
牛	2500_0
王	1010_4

五畫

包	2771_2
古	4060_0
史	5000_6
司	1762_0
四	6021_0
外	2320_0
左	4001_1
布	4022_7
平	1040_9
本	5023_0
正	1010_1
民	7774_7
玉	1010_3
甘	4477_0
田	6040_0
申	5000_6
白	2600_0
石	1060_0
艾	4440_0

六畫

任	2221_4
伊	2725_7
伍	2121_7
兆	3211_3
光	9021_1
全	8010_4
共	4480_1
刑	1240_0
危	2721_2
各	2760_4
吉	4060_1
吏	5000_6
因	6043_0
地	4411_2
字	3040_7
安	3040_4
延	1240_1
成	5320_0
有	4022_7
朱	2590_0
江	3111_0
汲	3714_7
牟	2350_0
百	1060_0
祁	3722_7
竹	8822_0
米	9090_4
老	4471_1
色	2771_7
西	1060_0
那	1752_7
阪	7124_7
阮	7121_1

七畫

伯	2620_0
佐	2421_1
佑	2426_0
何	2122_0
余	8090_4
佟	2723_3
克	4021_6
兵	7280_1
初	3722_0
吳	2643_0
呂	6060_0
呈	6010_4

宋	3090_4
岐	2474_7
岑	2220_7
希	4022_7
志	4033_1
我	2355_0
李	4040_7
村	4490_0
杜	4491_0
杞	4791_7
汪	3111_4
沃	3213_4
沅	3011_7
沈	3411_2
沙	3912_0
狄	4928_0
秀	2022_7
良	3073_2
花	4421_4
角	2722_7
言	0060_1
貝	6080_0
車	5000_6
辛	0040_1
邱	7712_7
邵	1762_7
阿	7122_0

八畫

事	5000_7
亞	1010_7
京	0090_6
來	4090_8
依	2023_2
兩	1022_7
具	7780_1
冒	6022_7
卓	2140_6
周	7722_0
和	2690_0
奉	5050_3
孟	1710_7
季	2040_7
宗	3090_1
官	3077_7
尚	9022_7
岡	7722_0
岳	7277_2
帕	4620_0
拉	5001_8
招	5706_2
明	6702_0
易	6022_7
杭	4091_7
東	5090_6
松	4893_2
林	4499_0
武	1314_0
河	3112_0
法	3413_1
牧	2854_0
知	8640_0
舍	8060_4
苗	4460_0
英	4453_0
范	4411_2
茅	4422_2
金	8010_9
長	7173_2
非	1111_1

九畫

侯	2723_4
俄	2325_0
保	2629_4
俞	8022_1
信	2026_1
南	4022_7
哈	6806_1
奎	4010_4
姚	4241_3
姜	8040_4
威	5320_0
差	8021_1
帥	2472_7
恆	9101_7
政	1814_0
施	0821_2
星	6010_4
某	4490_4
查	4010_6
柯	4192_0
柳	4792_0
段	7744_7
洋	3815_1
洛	3716_4
津	3510_7
洪	3418_1
狩	4324_2
紀	2791_7
美	8043_0
胡	4762_0
計	0460_0
貞	2180_6
軍	3750_6
郝	4732_7
首	8060_1
香	2060_9

十畫

俾	2624_0
倉	8060_7
倚	2422_1
倪	2721_7
倫	2822_7
倭	2224_4
剛	7220_0
哥	1062_1
哲	5260_2
唐	0026_7
夏	1024_7
孫	1249_3
宮	3060_6
容	3060_8
師	2172_7
庫	0025_6
徐	2829_4
恩	6033_0
恭	4433_8
時	6404_1
晏	6040_4
書	5060_1

柴 2190_4
栗 1090_4
格 4796_4
桂 4491_4
桑 7790_4
殷 2724_7
泰 5013_2
浮 3214_7
海 3815_7
涂 3819_4
烏 2732_7
爹 8020_7
特 2454_1
畢 6050_4
益 8010_7
秦 5090_4
紐 2791_5
翁 8012_7
耿 1918_0
莊 4421_4
莫 4443_0
華 4450_4
袁 4073_2
託 0261_4
財 6480_0
通 3730_2
連 3530_0
郭 0742_7
郵 2712_7
都 4762_7
酒 3116_0
陳 7529_6
陶 7722_0
陸 7421_4
馬 7132_7
高 0022_7

十一畫

偉 2425_6
勒 4452_7
區 7171_6
參 2320_2
商 0022_7
啤 6604_0
國 6015_3
屠 7726_4
崇 2290_1
崔 2221_4
崧 2293_2
巢 2290_4
常 9022_7
康 0023_2
張 1123_2
強 1323_6
戚 5320_0
教 4844_0
曹 5560_6
曼 6040_7
梁 3390_4
梅 4895_7
淩 3414_7
淺 3315_3
盛 5310_7
章 0040_6
笸 8871_7
細 2690_0
訥 0462_7
許 0864_0
鄂 6722_7
鳥 2732_7
鹿 0021_1
麥 4020_7
黃 4480_6

十二畫

傅 2324_2
勝 7922_7
勞 9942_7
博 4304_2
喬 2022_7
單 6650_6
富 3060_6
尋 1734_6
嵇 2397_2
弼 1722_7
彭 4212_2
惠 5033_3
惲 9705_6
揭 5602_7
敦 0844_0
敬 4864_0
斐 1140_0
斯 4282_1
景 6090_6
曾 8060_6
森 4099_4
欽 8718_2
殖 1421_7
游 3814_7
湖 3712_0
湯 3612_7
滑 3712_7
焦 2033_1
琦 1412_1
稅 2891_6
程 2691_4
童 0010_4
傜 2722_7
舒 8762_2
萬 4442_7
葉 4490_4
葛 4472_7
董 4410_4
裕 3826_8
貴 5080_6
費 5580_6
貽 6386_0
賀 4680_6
鄉 2742_7
鄔 2732_7
鈕 8711_5
雅 7021_4
雲 1073_1
項 1118_6
馮 3112_7

十三畫

彙 2790_4
愛 2024_7
新 0292_1
會 8060_6
楊 4692_7

準 3040_1
溫 3611_7
滙 3111_1
瑞 1212_7
瘀 0013_3
碌 1763_2
福 3126_6
粵 2620_7
經 2191_1
蒯 4220_0
蒲 4412_7
蓋 4410_7
裘 4373_2
褚 3426_0
詹 2726_1
賈 1080_6
路 6716_4
載 4355_0
雷 1060_3
靳 4252_1
魁 2421_0
奧 2743_0

十四畫

壽 4064_1
實 3080_6
廖 0022_2
廣 0028_6
慕 4433_3
慳 9701_4
榮 9990_4
樋 4793_2
毓 8051_3
滬 3311_7
漢 3413_4
熊 2133_1
熙 7733_1
瑤 1717_2
瑪 1112_7
瘦 0014_7
監 7810_7
碩 1168_6
端 0212_7
管 8877_7
綦 4490_3
綿 2692_7
翟 1721_4
肇 3850_7
蔡 4490_1
蔣 4424_7
裴 1173_2
赫 4433_1
趙 4980_2
輔 5302_7
鄧 1712_7
鄭 8742_7
銘 8716_0
領 8138_6
齊 0022_3

十五畫

劉 7210_0
噶 6402_7
增 4816_6
德 2423_1
慶 0024_7
撙 5804_6
撲 5203_4
樂 2290_4
樊 4443_0
樫 4791_4
歐 7778_2
潘 3216_9
熱 4433_1
稽 2396_1
緬 2196_0
衛 2122_1
邁 3430_2
醇 1064_7
鋪 8312_7
駐 7031_4
魯 2760_3
黎 2713_2
勵 7422_7
學 7740_7
憲 3033_6
橫 4498_6

十六畫

燕 4433_1
盧 2121_7
穆 2692_2
興 7780_1
蕭 4422_7
薄 4414_2
薛 4474_1
賴 5798_6
錢 8315_3
錫 8612_7
閻 7777_7
駱 7736_4
鮑 2731_2
龍 0121_1

十七畫

儲 2426_0
嶺 2238_6
應 0023_1
戴 4385_0
檀 4091_6
濟 3012_3
濮 3213_4
爵 2074_6
禮 3521_8
總 2693_0
繆 2792_2
藍 4410_7
謝 0460_0
鍾 8211_4
鞠 4752_0
韓 4445_6
魏 2641_3

十八畫

瞿 6621_4
織 2395_0
繙 2296_9
聶 1014_1
藩 4416_9
豐 2210_8
邊 3630_2
闕 7748_2

雙	2040_7
顏	0128_6

十九畫

嚴	6624_8
竇	3080_6
礦	1068_6
羅	6091_4
蘇	4439_4
譚	0164_6
鏡	8011_6
鏤	8514_4
龐	0021_1

二十畫

竇	3080_6
籍	8896_1
繼	2291_3
蘭	4422_7
覺	7721_6
譯	0664_1
鐘	8011_4
饒	8471_1

二十一畫以上

籐	8823_2
鐵	8315_0
顧	3128_6
鶴	4722_7
龔	0180_1
欒	2290_4
觀	4621_0
靈	1010_8
鹽	7810_7

索引字頭拼音檢字表

A

阿 7122_0
艾 4440_0
愛 2024_7
安 3040_4
奧 2743_0

B

白 2600_0
百 1060_0
阪 7124_7
包 2771_2
保 2629_4
寶 3080_6
鮑 2731_2
貝 6080_0
本 5023_0
比 2171_0
俾 2624_0
畢 6050_4
弼 1722_7
邊 3630_2
卞 0023_0
兵 7280_1
伯 2620_0
博 4304_2
薄 4414_2
不 1090_0
布 4022_7

C

財 6480_0
蔡 4490_1
參 2320_2
倉 8060_7
曹 5560_6
岑 2220_7
曾 8060_6
查 4010_6
差 8021_1
柴 2190_4
長 7173_2
常 9022_7
巢 2290_4
車 5000_6
陳 7529_6
成 5320_0
呈 6010_4
程 2691_4
崇 2290_1
初 3722_0
褚 3426_0
儲 2426_0
醇 1064_7
崔 2221_4
村 4490_0

D

大 4003_0
戴 4385_0
單 6650_6
德 2423_1
鄧 1712_7
狄 4928_0
地 4411_2
爹 8020_7
丁 1020_0
東 5090_6
董 4410_4
都 4762_7
竇 3080_6
杜 4491_0
端 0212_7
段 7744_7
敦 0844_0

E

俄 2325_0
鄂 6722_7
恩 6033_0

F

法 3413_1
藩 4416_9
樊 4443_0
繙 2296_9
范 4411_2
方 0022_7
非 1111_1
斐 1140_0
費 5580_6
豐 2210_8
馮 3112_7
奉 5050_3
浮 3214_7
福 3126_6
輔 5302_7
傅 2324_2
富 3060_6

G

蓋 4410_7
甘 4477_0
岡 7722_0
剛 7220_0
高 0022_7
戈 5300_0

G–L

哥	1062_1
格	4796_4
葛	4472_7
噶	6402_7
各	2760_4
耿	1918_0
工	1010_0
公	8073_2
宮	3060_6
恭	4433_8
龔	0180_1
共	4480_1
古	4060_0
顧	3128_6
官	3077_7
觀	4621_0
管	8877_7
光	9021_1
廣	0028_6
桂	4491_4
貴	5080_6
郭	0742_7
國	6015_3

H

哈	6806_1
海	3815_7
韓	4445_6
漢	3413_4
杭	4091_7
沆	3011_7
郝	4732_7
何	2122_0
和	2690_0
河	3112_0
賀	4680_6
赫	4433_1
鶴	4722_7
恆	9101_7
橫	4498_6
洪	3418_1
侯	2723_4
胡	4762_0
湖	3712_0
戶	2027_7
滬	3311_7
花	4421_4
華	4450_4
滑	3712_7
化	2421_0
黃	4480_6
惠	5033_3
彙	2790_4
會	8060_6
滙	3111_1

J

嵇	2397_2
稽	2396_1
吉	4060_1
汲	3714_7
籍	8896_1
季	2040_7
紀	2791_7
計	0460_0
濟	3012_3
繼	2291_3
賈	1080_6
監	7810_7
樫	4791_4
江	3111_0
姜	8040_4
蔣	4424_7
焦	2033_1
角	2722_7
教	4844_0
揭	5602_7
金	8010_9
津	3510_7
靳	4252_1
京	0090_6
經	2191_1
井	5500_0
景	6090_6
敬	4864_0
鏡	8011_6
九	4001_7
酒	3116_0
鞠	4752_0
具	7780_1
瞿	6621_4
爵	2074_6
覺	7721_6
軍	3750_6

K

康	0023_2
亢	0021_7
柯	4192_0
克	4021_6
孔	1241_0
庫	0025_6
蒯	4220_0
礦	1068_6
奎	4010_4
魁	2421_0

L

拉	5001_8
來	4090_8
賴	5798_6
藍	4410_7
蘭	4422_7
勞	9942_7
老	4471_1
勒	4452_7
欒	2290_4
雷	1060_3
黎	2713_2
李	4040_7
禮	3521_8
吏	5000_6
栗	1090_4
勵	7422_7
連	3530_0
良	3073_2
梁	3390_4
兩	1022_7
廖	0022_2
林	4499_0
淩	3414_7
靈	1010_8

領	8138$_{6}$
嶺	2238$_{6}$
劉	7210$_{0}$
柳	4792$_{0}$
龍	0121$_{1}$
鏤	8514$_{4}$
盧	2121$_{7}$
魯	2760$_{3}$
陸	7421$_{4}$
鹿	0021$_{1}$
碌	1763$_{2}$
路	6716$_{4}$
呂	6060$_{0}$
欒	2290$_{4}$
倫	2822$_{7}$
羅	6091$_{4}$
洛	3716$_{4}$
駱	7736$_{4}$
M	
馬	7132$_{7}$
瑪	1112$_{7}$
麥	4020$_{7}$
邁	3430$_{2}$
曼	6040$_{7}$
毛	2071$_{4}$
茅	4422$_{2}$
冐	6022$_{7}$
梅	4895$_{7}$
美	8043$_{0}$
孟	1710$_{7}$
米	9090$_{4}$
綿	2692$_{7}$
緬	2196$_{0}$
苗	4460$_{0}$
民	7774$_{7}$
明	6702$_{0}$
銘	8716$_{0}$
繆	2792$_{2}$
莫	4443$_{0}$
牟	2350$_{0}$
某	4490$_{4}$
牧	2854$_{0}$
慕	4433$_{3}$
穆	2692$_{2}$
N	
那	1752$_{7}$
南	4022$_{7}$
訥	0462$_{7}$
內	4022$_{7}$
倪	2721$_{7}$
鳥	2732$_{7}$
聶	1014$_{1}$
牛	2500$_{0}$
紐	2791$_{5}$
鈕	8711$_{5}$
O	
歐	7778$_{2}$
區	7171$_{6}$
P	
帕	4620$_{0}$
潘	3216$_{9}$
龐	0021$_{1}$
裴	1173$_{2}$
彭	4212$_{2}$
啤	6604$_{0}$
平	1040$_{9}$
撲	5203$_{4}$
鋪	8312$_{7}$
蒲	4412$_{7}$
濮	3213$_{4}$
Q	
戚	5320$_{0}$
祁	3722$_{7}$
岐	2474$_{7}$
琦	1412$_{1}$
綦	4490$_{3}$
齊	0022$_{3}$
杞	4791$_{7}$
慳	9701$_{4}$
錢	8315$_{3}$
淺	3315$_{3}$
強	1323$_{6}$
喬	2022$_{7}$
秦	5090$_{4}$
欽	8718$_{2}$
慶	0024$_{7}$
邱	7712$_{7}$
裘	4373$_{2}$
區	7171$_{6}$
全	8010$_{4}$
闕	7748$_{2}$
R	
饒	8471$_{1}$
熱	4433$_{1}$
任	2221$_{4}$
日	6010$_{0}$
容	3060$_{8}$
榮	9990$_{4}$
阮	7121$_{1}$
瑞	1212$_{7}$
S	
桑	7790$_{4}$
色	2771$_{7}$
森	4099$_{4}$
沙	3912$_{0}$
山	2277$_{0}$
單	6650$_{6}$
商	0022$_{7}$
上	2110$_{0}$
尚	9022$_{7}$
邵	1762$_{7}$
舍	8060$_{4}$
申	5000$_{6}$
沈	3411$_{2}$
升	2440$_{0}$
盛	5310$_{7}$
勝	7922$_{7}$
施	0821$_{2}$
師	2172$_{7}$
十	4000$_{0}$
石	1060$_{0}$
時	6404$_{1}$
實	3080$_{6}$
史	5000$_{6}$
事	5000$_{7}$

S—Y

笹	8871_{7}
首	8060_{1}
狩	4324_{2}
壽	4064_{1}
瘦	0014_{7}
書	5060_{1}
舒	8762_{2}
帥	2472_{7}
雙	2040_{7}
稅	2891_{6}
碩	1168_{6}
司	1762_{0}
斯	4282_{1}
四	6021_{0}
松	4893_{2}
崧	2293_{2}
宋	3090_{4}
蘇	4439_{4}
孫	1249_{3}
T	
泰	5013_{2}
檀	4091_{6}
譚	0164_{6}
湯	3612_{7}
唐	0026_{7}
陶	7722_{0}
特	2454_{1}
籐	8823_{2}
天	1043_{0}
田	6040_{0}
鐵	8315_{0}
通	3730_{2}
樋	4793_{2}
佟	2723_{3}
童	0010_{4}
涂	3819_{4}
屠	7726_{4}
託	0261_{4}
W	
外	2320_{0}
萬	4442_{7}
汪	3111_{4}
王	1010_{4}
危	2721_{2}
威	5320_{0}
偉	2425_{6}
衛	2122_{1}
魏	2641_{3}
溫	3611_{7}
文	0040_{0}
翁	8012_{7}
倭	2224_{4}
我	2355_{0}
沃	3213_{4}
烏	2732_{7}
鄔	2732_{7}
吳	2643_{0}
伍	2121_{7}
武	1314_{0}
X	
西	1060_{0}
希	4022_{7}
熙	7733_{1}
錫	8612_{7}
細	2690_{0}
夏	1024_{7}
憲	3033_{6}
香	2060_{9}
項	1118_{6}
翛	2722_{7}
蕭	4422_{7}
小	9000_{0}
謝	0460_{0}
辛	0040_{1}
新	0292_{1}
信	2026_{1}
星	6010_{4}
興	7780_{1}
刑	1240_{0}
熊	2133_{1}
秀	2022_{7}
徐	2829_{4}
許	0864_{0}
薛	4474_{1}
學	7740_{7}
尋	1734_{6}
Y	
雅	7021_{4}
亞	1010_{7}
延	1240_{1}
言	0060_{1}
閻	7777_{7}
顏	0128_{6}
嚴	6624_{8}
鹽	7810_{7}
晏	6040_{4}
燕	4433_{1}
洋	3815_{1}
楊	4692_{7}
姚	4241_{3}
瑤	1717_{2}
葉	4490_{4}
伊	2725_{7}
依	2023_{2}
貽	6386_{0}
已	1771_{7}
倚	2422_{1}
易	6022_{7}
益	8010_{7}
譯	0664_{1}
因	6043_{0}
殷	2724_{7}
尹	1750_{7}
英	4453_{0}
應	0023_{1}
尤	4301_{0}
郵	2712_{7}
游	3814_{7}
有	4022_{7}
佑	2426_{0}
瘀	0013_{3}
于	1040_{0}
余	8090_{4}
俞	8022_{1}
玉	1010_{3}
裕	3826_{8}
毓	8051_{3}

元 1021_1
袁 4073_2
岳 7277_2
粵 2620_7
雲 1073_1
惲 9705_6

Z

載 4355_0
曾 8060_6
增 4816_6
查 4010_6
翟 1721_4
詹 2726_1
張 1123_2
章 0040_6
招 5706_2
兆 3211_3
肇 3850_7
趙 4980_2
哲 5260_2
貞 2180_6
正 1010_1
政 1814_0
鄭 8742_7
知 8640_0
織 2395_0
殖 1421_7
志 4033_1
中 5000_6
鍾 8211_4
鐘 8011_4
周 7722_0
朱 2590_0
竹 8822_0
駐 7031_4
莊 4421_4
準 3040_1
卓 2140_6
字 3040_7
宗 3090_1
總 2693_0
鄒 2742_7
撙 5804_6
左 4001_1
佐 2421_1

清代經世文全編

著者索引

0

0010₄ 童

30～寶善　051/413
051/417
078/225
078/235
101/257
101/260
108/398
121/501
121/504
44～華　011/101
～世亨　167/477

0013₃ 瘀

42(美)～斯地是　086/171
092/187
106/179
107/551
123/518

0014₇ 瘦

71～腰生　081/254
127/409

0021₁ 鹿

25～傳霖　133/240
133/380
134/465

龐

77～際雲　045/151
065/429

0021₇ 亢

44～樹滋　055/363
055/369
055/381
057/307
068/321
070/267
094/056

119/475

0022_2 廖

10～平 148/104
～雲翔 130/440
35～連城 038/349
038/453
039/113
044/209
044/229
045/043
054/329
055/349
074/491
094/067
100/337
124/112
40～壽豐 131/426
149/313

0022_3 齊

00～彥槐 006/480
007/113
110/106
17～召南 004/414
007/464
009/188
117/056

0022_7 方

10～震 168/080
20～維甸 007/174
007/176
112/209
112/210
22～繼善 155/477
24～德驥 075/477
075/515
077/419
25～積 010/027
010/031
113/333
27～舟 001/119
30～宗誠 059/143
068/123
068/143
068/191
069/085
069/427
069/431
074/259
074/269
075/481
076/133
077/321
098/112
098/117
099/013
099/014
117/433
119/373
119/379
119/382
120/078
120/079
31～濬頤 見方濬頤

～濬頤 038/355
038/473
038/475
038/477
038/479
039/017
039/069
039/117
039/217
040/071
041/217
041/225
041/231
044/335
054/219
057/183
059/437
063/449
065/277
065/285
065/291
095/401
095/402
096/532
097/502
097/504
097/506
116/083
119/318
34～汝紹 133/074
136/268
～汝城 146/393
36～還 165/160
40～南崗 168/566
44～苞 001/238
001/403
001/425
001/475
001/485
002/354
002/422
003/153
004/114
004/191
004/191
004/207
004/265
004/354
004/461
005/023
005/024
006/510
007/268
008/048
008/075
008/090
008/125
008/144
008/187
008/279
009/212
010/149
011/011
011/149
108/243
109/095

119/457
120/218
～岜 119/437
46～觀承 006/410
006/440
011/023
011/105
110/091
112/191
119/276
50～東樹 046/070
046/158
049/336
054/477
055/107
055/177
066/413
069/241
070/181
094/104
094/283
098/028
098/383
099/049
116/106
119/010
60～思永 146/004
146/020
146/021
64～時簡 167/330
90～光 163/157

高

03～斌 007/223
011/142
011/179
011/198
108/191
10～爾修 010/135
110/235
～晉 006/295
007/366
011/204
011/207
109/033
11～珩 007/363
007/392
008/130
12～延祜 057/251
095/011
117/099
131/251
～延祐 見高延祜
～延第 054/223
055/279
055/285
056/337
057/391
062/081
062/101
074/193
094/340
094/342
096/380
100/282
15～建瓴 021/547

025/255
042/009
21～熊徵 007/162
22～崧 066/377
～綏宇 036/407
080/311
40～培源 007/096
112/136
42(日)～橋秀臣 167/481
(日)～橋氏 085/171
090/022
104/422
111/401
127/122
44～其倬 006/198
006/381
009/030
009/157
009/218
009/303
009/304
009/307
009/356
009/509
118/273
121/193
48～松豐吉 143/552
143/613
143/617
143/619
143/624
143/629
143/635
144/001
144/002
144/007
144/008
144/014
144/017
144/019
144/023
144/027
144/030
144/033
144/034
144/037
144/042
144/048
144/052
144/053
144/055
144/057
53～成齡 005/461
56～輯 011/466
122/293
57～擢 011/366
60(日)～見譯薰 141/132
77～鳳謙 084/254
084/371
088/187
088/441
094/253
107/190
116/504
130/494
140/152

140/156
140/162
140/169
86～鐸 127/455
99～瑩 083/149
099/385
～燮曾 098/303
131/486
～勞 163/372

商

10～霖 097/159
122/552
17～務報 139/534
142/380
142/381
142/409
142/464
142/467
142/492
142/510
143/602
～務局 142/275
142/471
32～業日報 142/169
47～報 141/424
142/188
142/194

0023_0 卞

30～賓第 045/109
049/537
051/248
071/347
076/307
080/041
082/316
095/323
096/363
100/218
112/426
124/359
132/524
135/027
135/117
136/102
136/245
136/461

0023_1 應

37～祖錫 126/469
126/471
126/472
126/476
126/479
126/482
127/066
147/253
147/254
147/258
147/260
149/173
150/104
150/112
150/474
151/308

151/318
155/231
157/294

0023_2 康

00～廣仁 092/336
10～无疾 029/297
12(西)～發達 150/302
150/316
17～乃心 012/303
013/357
015/293
017/133
026/119
026/245
039/051
046/403
107/400
27～紹鏞 005/476
30～宜鑑 126/540
31～濬 012/295
37～祖詒 082/223
40～有為 082/020
082/235
082/246
086/040
087/013
087/025
087/060
090/277
091/388
092/266
092/268
092/278
093/007
093/007
093/009
093/009
093/010
093/010
093/011
093/012
093/014
093/014
093/014
093/015
093/016
093/017
093/017
093/018
093/018
093/019
093/020
093/021
093/021
093/024
093/024
093/025
093/026
093/027
093/028
093/029
093/031
093/058
093/458
159/209

159/219
159/432
160/001
160/042
160/059
160/063
160/119
160/197
161/318
162/314
163/071
163/188
164/291
166/003
167/363
167/449
167/454
168/429
168/466
168/469
168/485
60～□□ 147/435
147/490
148/001
148/036
157/491
～貝 105/479
77～同薇 084/136
087/387
～際清 083/296
085/304
085/306
090/311
090/316
105/315
105/318
114/023
114/025

0024_7 慶

06～親王 132/518
156/004
156/025
38～裕 047/161
047/193
049/051
049/262
049/294
066/397
098/006
107/303
109/193
133/084
134/330
135/034
44～桂 010/336
122/040
136/342
～林 133/014

0025_6 庫

17(德)～司孟 139/161
139/186

0026_7 唐

11～甄 004/091

004/236
004/267
004/269
004/289
004/292
004/294
004/296
004/297
004/347
005/044
006/294
006/294
008/065
008/065
008/067
008/321
009/038
009/041
009/043
010/169
109/069
113/064
116/036
116/167
117/003
117/125
117/128
117/129
119/352
120/115
120/117
120/118
121/341

17～瓊昌 164/133
22～繼堯 163/055
24～化鵬 006/174
25～仲冕 011/181
27～紹聞 155/059
34～浩鎮 103/501
40～在章 167/487
44～夢賚 002/466
006/474
～暮潮 167/546
50～忠行 145/534
77～際清 102/012
88～鑑 054/233
054/241
060/395
062/435
062/467
062/497
075/207
075/215
075/293
077/031
094/038
096/411
096/416
096/426
100/231
100/435
101/095
116/088
118/117
121/135
93～煊 148/260

〇〇二六七 唐（二一一九三）

148/264
97～炯 047/398
067/081
067/087
101/510
113/471
119/218
132/088
132/091
134/468

0028_6 廣

10～西軍政府 163/139
40～壽 051/434
108/416
136/421
47～報 126/451
126/455

0040_0 文

11～碩 163/350
12～瑞 056/013
094/361
124/050
131/193
～廷楷 101/527
150/384
～廷式 082/499
086/293
092/459
110/034
133/457
22～綬 008/479
009/218
113/343
120/411
121/006
24～緒 048/161
048/162
049/259
050/390
133/500
133/500
135/018
38～海 039/525
87～舒燿 062/431
096/425
96～煜 051/242
110/254
136/238
98～悌 132/356
133/026
147/467

0040_1 辛

28～從益 063/065
133/522

0040_6 章

08～謙 006/351
006/354
～謙存 048/243
063/263
30～宗祥 144/425
144/427
144/429

144/446
144/507
149/433
37～適駿 167/320
40～九儀 006/150
46～駕時 164/029
166/402
72～氏學 143/325
77～學誠 004/239
008/069
107/387
116/168
87～鈞 128/179
91～炳麟 081/204
082/061
094/061
094/062
094/063
094/063
094/291
124/117
124/117
124/118
124/118
130/408
160/377
160/378
164/049

0060_1 言

60～思行 081/275

0090_6 京

30～官五十餘員 121/057
43～城來稿 082/465
47～都官書報局 127/181
127/184

0121_1 龍

17～鞏祚 116/152
124/127
30～濟光 159/331
168/251
34～湛霖 146/066
～汝霖 042/379
049/476
071/405
099/376
112/297
120/209
36～澤厚 086/524
093/446
38～啟瑞 039/005
046/118
050/076
055/145
055/197
055/391
055/413
056/333
057/149
057/151
057/157
057/161
057/375
058/081

058/431
059/039
060/017
068/027
073/081
073/087
076/431
095/024
095/025
095/026
095/028
095/338
096/118
098/093
100/151
116/112
117/091
117/092
117/094
117/224
117/331
120/432
124/234
44～萬育 154/085
70～驤 165/036

0128_6 顏

30～永京 157/258
157/266
157/274
157/280
157/284
157/289
48～檢 006/158
079/173
101/377
136/393
67～鳴漢 009/024

0164_6 譚

12～延闓 162/208
162/210
164/081
17～承祖 040/103
047/285
133/099
22～繼洵 099/284
131/509
152/080
23～獻 059/483
67～嗣同 086/521
086/526
087/241
087/242
092/334
093/440
093/451
82～鍾麟 047/150
048/285
050/064
050/520
063/349
071/395
072/219
096/492
119/316

133/123
134/038
134/227
135/138
135/482
136/122
87～鈞培 042/475
048/043
048/047
075/141
112/046
112/047
133/302
135/473

0180$_1$ 龔

00～文齡 058/327
095/447
133/001
17～子揚 166/145
～鞏祚 055/005
055/011
055/399
058/125
058/153
058/171
059/363
059/367
061/053
068/223
069/187
070/123
071/021
072/255
074/285
074/301
074/305
094/086
095/375
096/336
098/402
100/483
121/015
22～鼎孳 010/130
110/214
121/337
26～自珍 004/108
004/297
007/481
007/482
007/486
007/487
008/012
009/197
009/198
009/198
009/200
009/205
009/222
009/227
084/079
084/079
084/249
084/253
084/329
084/429

086/265
086/265
086/266
086/365
086/368
086/368
086/369
086/369
086/369
086/369
086/381
086/440
087/175
087/175
088/177
088/184
088/348
089/015
092/394
092/394
092/396
093/088
093/096
093/096
093/096
093/097
093/097
093/097
093/098
093/098
093/098
093/127
093/260

103/513
108/461
116/203
116/497
117/130
117/297
33～心銘 158/393
60～景瀚 007/163
010/021
010/029
112/203
113/110
120/237
77～學海 007/436
107/204
87～銘鳳 143/450
158/269

0212_7 端

00～方 133/381
134/058

0261_4 託

37～渾布 074/523
135/374

0292_1 新

80～會梁 見梁啟超

0460_0 計

50～東 001/121
001/138
001/140

011/185

謝

00～膺禧 060/331
100/079
133/197
～應芝 055/397
061/069
068/023
068/025
073/163
074/023
074/027
076/399
099/453
100/274
100/305
～文洊 004/231
116/126
～章鋌 071/191
072/433
074/191
099/322
120/206
17～子受 146/545
20～維藩 056/225
131/185
21～占壬 007/105
010/447
118/400
30～濟世 039/021
039/121
039/295
042/109
042/113
042/331
045/001
049/409
～家福 048/198
34～洪賚 158/514
37～祖源 132/495
40～希傅 158/372
51～振定 005/226
109/152
117/351
71～階樹 007/061
80～金鑾 009/338
009/341
009/341
88～敏 005/160
90～光綺 047/393
050/521
067/059
101/533
119/223

0462_7 訥

06～親 005/112
005/213
10～爾經額 080/027
136/458

0664_1 譯

34～法文 142/315
143/513
143/523

143/526
144/086
44～林 138/498
140/138
140/141
140/145
140/148
140/150
47～報 141/384
60～日報 126/448
126/461
80～美文 143/525
143/533
143/538
143/551
144/073
144/077
144/115

0742_7 郭

21～師漢 146/221
22～嵩燾 044/095
044/099
044/111
047/003
052/190
052/241
053/029
056/139
057/243
058/195
066/529
066/545
082/176
084/245
088/168
094/335
095/351
098/049
100/257
109/109
109/211
110/499
115/017
115/041
117/344
119/055
124/302
131/216
131/229
131/249
132/236
132/338
133/060
134/376
～崑燾 044/503
051/063
054/291
055/043
057/427
057/429
059/113
076/327
094/060
094/419
094/419

095/496
124/080
124/081
28～從矩 039/469
30～安仁 077/081
101/106
～宗憲 126/119
38～肇明 167/187
40～杏生 103/378
103/383
47～起元 002/326
002/328
005/415
006/267
006/295
007/207
007/343
007/519
009/121
009/166
009/277
010/243
109/160
111/209
113/207
118/005
120/158
48～松燾 見郭嵩燾
60～昱 112/180
84～鉷 009/438
～鎮瀛 145/308
145/318
86～鐸 145/145

0821_2 施

00～彥士 007/114
062/471
062/473
096/430
096/431
118/116
118/116
118/399
13～琅 009/299
009/348
113/109
47～朝榦 010/059
60～景琛 095/227
097/007
097/097
099/233
102/154
125/279
～景微 102/490
～景松 097/258
124/375
77～閏章 001/221
003/162
004/112

0844_0 敦

22(西)～崇禮 157/250
96～煌韜晦子 103/411

0864_0 許

00～應騤 051/285

〇八六四。許（〇〇一四四）

131/365
132/007
133/224
133/226
133/227
134/228
134/411
148/435
～庚和　105/408
105/410
～庭銓　082/371
082/435
097/046
10～三禮　001/260
001/396
001/419
008/018
008/152
008/169
119/435
119/456
17～乃普　075/369
095/105
136/010
～承宣　005/510
011/071
011/160
108/214
110/010
122/069
27～象樞　082/264
082/497
083/275
102/135
104/292
122/352
30～家惶　096/200
～宗衡　055/315
057/185
057/327
058/141
070/089
071/083
076/443
095/308
095/363
117/227
117/315
35～禮三　見許三禮
38～道東　145/305
40～克勤　082/072
082/077
082/125
082/367
082/392
082/494
083/394
094/165
094/270
096/131
096/204
102/206
116/197
118/126
44～世英　163/137
163/142

168/498
～樹芬 096/386
～樹枌 094/138
094/139
094/173
101/025
102/153
102/291
45～槤 067/441
47～楣 067/443
067/459
067/475
067/483
067/499
067/503
067/505
118/467
51～振褘 049/234
068/375
078/193
098/150
101/288
120/012
134/531
136/293
136/408
146/262
146/265
146/268
60～景澄 083/084
121/271
145/190
148/269
148/273
148/276
86～錫文 130/287
88～竹篔 127/043
90～惟模 005/111

1

1010_0 工

00～商部 168/105
168/217
168/234
07～部 084/427
089/010
101/197
108/459
125/252
133/219
136/257

1010_1 正

77～學堂 143/448

1010_3 玉

00～亮 050/035
134/412
42～韜 123/063

1010_4 王

00～塋 058/223
095/273
133/091

～亨彥 101/243
～應孚 064/423
072/397
072/401
100/165
120/434
120/435
～應奎 006/123
008/217
011/249
107/251
108/203
～慶雲 056/027
058/179
060/171
094/363
096/063
097/318
116/537
118/033
131/196
133/053
133/142
～文韶 039/357
047/051
058/287
058/291
071/351
081/025
082/009
095/351
095/354
098/149
099/285
101/527
124/237
124/237
131/381
132/072
132/080
132/524
133/040
135/118
150/413
153/283
～文清 011/416
122/278
～文思 158/452
158/454
158/456
02～訓 008/319
03～詠霓 126/130
126/252
～誠 146/325
08～效成 054/191
054/197
054/201
055/345
058/397
059/015
059/431
062/413
062/417
062/419
062/423
062/425

	062/451		027/187
	068/003	17～鼐	011/120
	069/473	～承	112/365
	094/030	～柔	006/368
	094/032	20～季烈	149/430
	094/033	～秉恩	151/423
	095/510	21～仁俊	157/373
	096/422		157/377
	096/442	～師周	011/443
	098/089	～綽	133/047
	117/432	22～崇簡	001/366
10～元啟	008/286	23～我師	009/237
	008/287	～峻	002/134
	008/300	24～先謙	046/155
	119/521		049/247
	119/522		049/249
～晉卿	104/109		052/249
12～登聯	008/489		055/403
	120/493		068/361
～廷植	040/389		098/293
	042/229		107/301
	042/237		115/121
	042/325		116/157
	049/338		132/249
	049/399		134/527
	063/089		134/528
	069/453	～佐才	082/151
	096/465		082/570
	099/019		094/116
～廷相	145/196		099/198
	145/197		118/214
15～建常	012/341	～德騫	110/073
	015/297	～德茂	059/103

059/105
059/441
077/135
077/137
077/139
077/141
077/143
077/145
077/147
077/149
077/151
101/109
101/128
101/189
117/433
117/526
25～紳 042/141
069/359
069/491
099/016
119/423
26～侃叔 160/408
162/183
164/111
168/264
～泉之 068/235
098/124
27～凱泰 039/181
046/441
056/517
095/127
109/121
117/181
131/227
～奐曾 004/458
28～復初 004/209
30～瑬 024/147
041/413
049/073
056/311
056/321
069/263
072/337
080/003
094/439
095/078
098/398
101/442
111/374
116/529
～鎏 067/413
067/415
067/417
118/455
～寵惠 162/025
162/143
～家相 061/129
096/265
118/341
133/263
～家璧 049/251
080/043
101/433
135/020
136/462
～永吉 011/211

～之春	050/526
	081/128
	081/377
	126/037
	127/024
	131/349
	131/436
	132/262
	133/043
	135/346
	145/457
	156/018
～憲成	045/069
	051/183
	076/489
	101/059
	125/240
	136/160
～守基	065/005
	066/017
	066/071
	066/107
	066/185
	066/241
	066/265
	066/289
	066/347
	097/445
	097/453
	097/461
	097/465
	097/469
	097/476
	097/481
	097/489
	097/498
	119/123
	119/134
	119/139
	119/149
	119/161
	119/170
	119/173
	119/182
	119/188
～安國	005/054
	109/127
～宏撰	012/275
	012/307
	012/309
	012/311
	012/313
	012/323
	012/327
	012/349
	012/351
	012/353
	013/113
	013/247
	015/299
	015/303
	015/399
	017/137
	017/141
	017/225
	020/277

021/537
024/517
026/155
026/157
026/233
026/241
027/109
027/297
027/301
027/497
028/391
～賨仁 058/395
059/195
068/333
069/033
069/039
069/409
098/236
098/249
098/250
099/015
120/067
125/063
～宗程 146/414
～宗曾 113/265
113/267
～宗炎 069/269
32～兆琛 058/247
061/183
077/393
095/385
096/259
133/038
133/274
136/259
～兆塤 163/484
～巡泰 012/315
33～心敬 002/149
002/335
002/339
002/340
002/349
002/369
002/414
003/110
003/111
003/115
005/106
006/277
006/327
008/480
008/485
108/271
117/455
120/369
120/375
34～汝言 145/327
35～沛恂 002/356
006/312
36～澤宏 007/265
112/067
～衵 004/113
004/131
005/014
006/351
008/321

	008/414
	009/465
	041/375
	042/093
	116/105
	116/122
37～祖源	076/303
	100/219
～運樞	070/113
	070/385
38～道墉	039/459
	058/251
	095/489
	124/267
	133/039
～啟祚	005/449
40～大臣	054/185
	098/153
	131/167
	131/294
	132/098
	132/124
	132/479
	132/485
	132/485
	132/489
	132/497
	133/450
	133/503
	134/118
	134/507
	134/511
	134/522
	135/440
	136/343
～太岳	007/291
	007/298
	011/279
	011/282
	108/087
	111/351
	111/356
	122/236
～友亮	004/488
	008/320
	010/060
	010/119
	010/119
	110/061
	119/353
～士正	017/149
～士俊	002/018
	002/020
	003/176
	007/313
	009/163
	010/173
	108/053
	111/363
	120/156
～士禎	007/454
	007/492
	107/207
	107/213
	119/400
～培佑	131/355

～有賓 146/329
～存仁 146/385
～杰 005/063
017/163
025/245
042/005
～吉相 012/535
012/537
013/251
013/261
013/265
039/025
039/029
～森文 030/099
043/429
41～楨幹 166/214
42～韜 053/226
082/327
082/510
083/027
095/433
098/208
103/272
103/273
103/274
103/351
103/371
103/458
103/460
104/084
104/331
104/332
104/333
104/355
105/145
105/147
105/399
106/129
106/130
106/132
106/133
106/134
106/135
106/137
106/138
106/193
106/216
106/217
106/218
106/221
106/222
106/224
106/338
106/340
106/341
106/365
106/369
106/371
106/398
106/400
106/401
106/403
106/404
106/405
106/407
106/408

106/410
124/491
127/040
127/069
127/120
127/208
127/209
127/477
145/039
145/040
145/060
145/081
145/153
145/156
145/157
145/188
145/215
145/293
145/347
145/348
145/411
145/450
145/451
145/481
145/484
145/492
145/501
145/502
145/503
145/529
145/553
145/553
146/040
146/068
146/070
146/072
146/094
146/097
146/119
146/120
146/226
146/253
146/266
146/268
146/270
146/301
146/396
146/398
146/569
146/571
146/573
146/576
146/587
146/589
146/591
147/182
147/185
147/188
147/191
147/194
147/198
147/200
147/203
147/206
147/208
147/211

一〇一〇四 王（四二）

147/214
147/217
147/220
147/224
147/227
147/229
149/050
149/052
149/055
149/058
149/060
151/276
151/279
151/282
152/242
153/012
153/015
153/016
153/017
154/185
154/186
154/188
155/223
155/225
155/227
155/229
155/236
155/239
155/241
155/244
155/246
155/248
155/253
155/256
155/443
156/130
156/134
156/148
156/150
156/153
156/155
156/158
156/161
156/162
156/165
156/169
156/170
156/173
156/175
156/181
156/183
156/187
156/189
156/194
157/161
158/319
158/322
158/323
158/325
158/327
158/330
158/333
158/335
158/337
158/338
158/340

158/342
158/345
158/346
158/348
43～式 104/112
～式訓 150/333
～榕吉 042/053
049/237
068/357
077/085
098/144
101/164
134/526
136/194
44～藻 072/269
136/141
～茂蔭 056/131
057/225
067/311
067/319
067/545
067/559
071/251
074/081
074/087
077/065
095/006
097/225
100/316
101/100
117/081
120/164
131/214
131/244
134/430
134/432
134/442
134/446
135/072
135/423
135/424
136/188
～芝宇 145/577
～芝成 007/158
～恭壽 153/029
～懋竑 002/061
002/463
007/404
007/406
007/408
007/410
008/319
107/232
107/234
110/060
～芑孫 007/055
009/413
120/480
～世澂 145/175
145/176
145/242
145/533
～荄 167/370
46～柏心 039/059
039/083
039/353

046/409
046/434
047/052
054/339
054/467
055/031
055/035
055/187
056/005
056/009
056/267
056/271
056/273
056/277
057/115
057/165
059/215
066/369
071/027
072/251
094/093
094/104
094/311
094/399
094/481
094/481
094/482
095/391
098/377
099/089
116/546
116/547
116/547

124/122
～相業 030/369
47～懿 006/511
～懿榮 055/045
055/049
058/215
094/083
095/274
116/113
131/157
133/089
145/199
145/299
145/300
145/535
～朝陽 167/345
167/354
48～松年 012/337
50～書瑞 039/191
066/549
098/055
134/382
～東槐 060/159
133/139
57～拯 051/301
066/507
076/079
100/207
134/398
136/050
～邦璽 048/086
061/225
096/277

	112/059		065/057
	124/317		097/308
	133/271		097/376
60～日高	003/248		097/413
～國寶	011/230		119/086
～國棟	011/421		124/337
～思訓	009/450		134/059
	120/159		134/087
62～昕	051/246		134/109
	077/015		134/148
	136/166	71～原祁	011/118
64～畸行	*146/444	～鷺	010/188
67～明德	010/078	～槩	006/544
	011/196	77～闓運	061/061
	108/194		071/199
	110/179		071/203
	121/320		071/505
～明源	146/559		072/005
～鳴雷	006/176		074/041
～鳴盛	004/144		082/183
	004/224		094/394
	004/502		096/314
	005/134		099/415
	009/169		100/103
	108/054		118/384
	116/174		120/177
	117/305		120/313
～照	148/018		120/383
68～贈芳	041/213	～鳳生	059/097
	041/385		077/153
	064/103		101/138
	064/295	～覺任	084/238
	064/427		086/296

一〇一〇四 王（七七一八〇）

	086/298
	088/152
	092/464
	092/470
	109/273
	113/387
	117/248
～鵬運	081/054
	082/412
	083/340
	084/479
	089/123
	097/019
	101/518
	104/159
	127/004
	132/035
～開運	040/153
	083/213
	100/388
～印川	162/251
～與齡	128/167
80～人定	042/283
	042/335
	049/385
	049/419
	070/301
	070/417
	099/068
	107/262
	119/516
～全臣	011/297
～益三	083/184
	100/127
～益明	006/223
～善櫄	011/073
～命岳	001/437
	002/142
	002/146
	002/189
	002/192
	002/296
	002/358
	002/429
	003/005
	003/137
	004/519
	005/146
	005/183
	005/185
	005/470
	006/507
	007/012
	008/076
	009/346
	010/100
	109/223
	109/323
	109/324
	110/110
	111/220
	117/311
	117/326
	118/335
	121/306
～命兵	見王命岳

83～鉞 001/145
86～錫鑾 162/449
162/457
162/461
～錫祺 155/210
～錫蕃 151/441
～錫振 039/385
043/017
043/035
044/293
～錫闡 001/312
003/183
003/204
008/205
87～鈞 011/383
88～第祺 098/198
90～懷霖 164/582
～省臣 146/337
146/387
91～炳燮 062/459
079/277
079/281
079/285
080/069
096/387
101/450
118/185
124/359
97～灼 006/505
99～榮懋 148/091
148/094
155/499

1010_7 亞

26(俄)～伯羅莫兒 155/494
～泉 149/437
158/508

1010_8 靈

44～桂 049/293
135/033

1014_1 聶

17(西)～務滿 152/162
22～繼模 005/259
109/339
26～緝槼 131/418
132/050
133/250
133/251
133/310

1020_0 丁

10～西圃 154/007
30～宴 見丁晏
～寶楨 041/353
047/219
049/004
049/007
049/020
050/061
051/158
062/041
063/075
065/391

一〇二〇。丁（三〇）

066/319
071/363
076/257
078/277
079/395
080/351
096/286
097/428
099/404
118/301
118/393
131/147
131/151
131/267
131/268
132/085
132/179
132/231
132/232
132/286
132/286
132/288
132/288
132/289
132/291
132/291
132/297
132/298
132/299
132/301
132/302
132/303
132/304
132/305
132/306
132/308
132/309
132/310
132/311
132/312
132/335
132/337
132/372
132/373
132/373
132/406
132/465
132/466
132/468
132/469
132/499
132/527
133/010
133/018
133/041
133/049
133/085
133/091
133/116
133/170
133/193
133/193
133/227
133/364
133/526
133/527

133/527
134/060
134/113
134/130
134/131
134/133
134/183
134/185
134/190
134/193
134/194
134/200
134/201
134/202
134/204
134/205
134/207
134/208
134/209
134/210
134/213
134/244
134/246
134/261
134/296
134/297
134/298
134/299
134/300
134/303
134/304
134/306
134/307
134/312
134/314
134/317
134/318
134/320
134/321
134/350
134/538
135/012
135/013
135/014
135/042
135/071
135/073
135/089
135/091
135/092
135/093
135/096
135/101
135/103
135/123
135/124
135/184
135/218
135/229
135/230
135/232
135/241
135/244
135/245
135/247
135/248

一〇二〇。丁（三〇）

135/250
135/252
135/253
135/253
135/375
135/376
135/378
135/380
135/384
135/387
135/387
135/388
135/439
135/492
135/501
135/503
135/503
135/504
135/505
135/507
135/527
136/043
136/077
136/089
136/089
136/091
136/094
136/096
136/123
136/167
136/179
136/205
136/206

136/208
136/306
136/317
136/355
136/363
136/364
136/367
136/368
136/388
136/390
136/424
136/426
136/428
136/435
136/437
136/493
136/494
136/495
136/496
136/500
136/502
136/504
136/514
31～福保 143/335
143/384
158/309
32～業齋 168/026
40～杰 008/107
110/076
～壽昌 061/337
063/029
096/271
096/455

133/294
133/511
51～振鐸 133/118
135/462
60～日章 115/025
～日昌 039/503
044/163
045/105
046/447
048/032
048/125
049/047
051/241
051/242
052/205
057/413
059/033
064/307
064/335
071/305
071/319
074/463
077/299
077/415
080/401
080/405
095/281
095/520
099/269
099/271
100/044
101/118
101/492
110/253
110/254
117/241
117/447
118/430
121/221
122/289
131/158
132/520
133/304
133/428
134/092
135/107
135/111
136/237
136/238
～晏 056/363
078/115
078/119
101/310
101/314
61～顯 048/383
051/324
051/328
051/331
051/492
052/049
052/061
052/066
052/073
052/076
064/065
079/021

	079/051	110/297
	079/065	110/425
	079/073	110/426
	079/077	110/429
	079/087	110/429
	097/350	110/430
	101/301	110/432
	101/323	110/432
	101/329	110/433
	108/138	110/433
	108/144	110/433
	108/146	110/434
	108/257	110/436
	112/160	110/436
	121/515	110/436
	121/519	110/437
	121/524	110/437
	121/526	110/440
64(美)～韃良	052/375	110/442
	052/378	110/443
	052/381	110/443
	052/391	110/444
	052/398	110/446
	052/402	110/447
	052/409	110/447
	052/425	110/448
	052/434	110/448
	052/449	110/449
	052/454	110/450
	052/459	110/451
	052/469	110/451
	052/479	110/451
	052/497	110/452

110/452	
110/453	
110/454	
110/454	
110/454	
110/455	
110/455	
110/455	
110/457	
110/458	
110/459	
110/460	
110/461	
110/462	
110/463	
110/464	
110/465	
110/465	
110/466	
110/466	
110/467	
110/468	
110/468	
110/469	
110/470	
110/471	
110/473	
110/473	
110/474	
110/476	
110/476	
110/477	
110/477	
	110/478
	110/479
	110/480
	110/480
	110/481
	110/482
	110/483
	110/484
	110/485
	123/183
	123/184
	123/191
	123/195
	123/198
	123/201
	123/219
	123/229
	123/232
	123/236
	123/245
	123/253
	123/265
	149/161
	153/019
77～履泰	059/373
～履恆	064/405
	067/165
	077/375
	097/523
80(美)～義華	167/184
	168/504
82～劍評	167/062
92～愷曾	003/252

010/401
108/337
121/477

1021$_{1}$ 元

77～展成 007/356

1022$_{7}$ 兩

73～院議員同志會 164/019

1024$_{7}$ 夏

22～鸞翔 046/218
114/300
116/319
23～獻雲 042/339
042/345
26～臯 040/203
30～之蓉 001/117
001/197
001/225
001/467
004/261
004/418
008/114
107/399
116/047
40～大觀 011/414
122/276
60～昌明 127/212
61～熞 122/485
76～駟 007/336
007/348
010/212
010/214
121/433
121/434
77～同壽 106/038
～同善 048/203
062/487
096/415
118/121
133/385
～同龢 146/022
86～錫疇 082/046

1040$_{0}$ 于

22～鬯 082/471
097/248
～崇慶 155/096
158/486
30～寶軒 155/100
158/540
34～淩辰 047/120
058/261
096/003
109/298
133/062
40～嘉土 146/331
44～蔭霖 048/334
110/140
132/480
136/152
53～成龍 002/014
002/384
003/021
003/024

003/031
003/039
003/043
005/223
005/281
005/310
008/516
008/519
008/521
109/151
110/160
120/448

1040_9 平

12～瑞 062/249
096/365
133/420
88～範 011/444

1043_0 天

35～津學堂 139/283
139/293

1060_0 百

28～齡 010/339
010/343
010/346
010/348
010/356
010/470
108/323
108/325
108/327
108/362
121/461
121/464

石

10～天基 002/035
～雲倬 009/305
24～贊清 079/215
136/401
38～道存 145/323
46～如 168/045
55(日)～井忠利 153/199

西

30(日)～字捷報 127/170
47～報 126/208
126/258
126/263
126/351
126/501
127/034
127/036
127/081
127/192
143/559
55～捷報 127/338
86(德)～鐸 153/345

1060_3 雷

04(德)～諾 153/372
10～于霖 012/289
028/441
22(西)～樂石 152/138

28～以誠 066/485
078/105
101/293
134/373
136/283
40～士俊 015/337
026/397
026/401
026/405
026/409
027/111
042/253
042/257
042/261
049/350
049/352
049/356
83～鋐 008/467
113/358

1062_1 哥

28(德)～倫報 142/447

1064_7 醇

06～親王 119/393
134/521

1068_6 礦

17～務總局 132/065
150/416
～務鐵路總局 132/105

1073_1 雲

40～南督撫 131/436

1080_6 賈

00～文言 145/212
145/229
145/481
145/510
07～誦 146/124
146/126
15～臻 073/099
136/135
21～步緯 046/354
046/359
046/375
116/287
116/290
116/302
22～豐臻 167/012
167/341
23～允升 005/061
28～復 145/459
146/253
34～漢復 005/232
006/141
010/474
117/122
117/122
121/393
40～士毅 165/014
165/095
165/146
165/215
165/233

165/321
41～楨 068/071
134/505
47～馨 145/322
50～忠 145/102
146/036
53～輔辰 049/120
77～履上 049/319
049/546
050/019
86～鐸 046/484
056/211
117/014
131/189

1090$_0$ 不

50～拉古兜雜志 127/368

1090$_4$ 栗

26(英)～得爾 158/445
80～毓美 060/387
119/325

1111$_1$ 非

00(英)～立潑 085/238
090/169

1112$_7$ 瑪

75(英)～體生 151/001
151/005
151/012
151/032
151/076
151/100

1118$_6$ 項

00～文端 見項文瑞
～文瑞 081/365
082/290
082/447
094/532
097/040
118/221
03～誠 011/428
27～名達 046/172
046/174
046/175
114/272
114/273
114/273
116/213
116/215
116/216
44～藻馨 081/491
083/397
～葆楨 160/368
70～驤 146/090

1123$_2$ 張

～ 008/298
00～文虎 046/126
046/154
046/171
046/415
049/159
049/341

	049/426
	049/448
	049/449
	068/425
	069/461
	070/397
	107/403
	114/271
	116/213
～文澤	146/316
03～誠	110/234
～諴	045/005
	051/143
07～望	004/186
	004/198
	004/235
	004/490
	005/241
	005/245
	005/353
	109/215
	116/040
	116/041
10～一杰	118/325
～玉衡	146/427
～玉書	005/020
	005/455
	006/018
	006/055
	007/448
	007/469
	007/470
	007/471
	010/058
	107/208
	107/209
	118/027
～爾岐	001/025
	001/029
	001/072
	001/333
	001/336
	001/509
	004/087
	004/093
	004/130
	004/159
	004/194
	004/197
	006/092
	007/396
	008/122
	008/123
	008/361
	107/023
	107/083
	116/025
	116/026
	116/028
	116/121
～爾田	168/405
	168/495
～百熙	083/138
	083/289
	131/372
	131/406

	149/444		015/391
～吾軍	168/511		017/191
	168/516		017/193
～靄生	003/289		018/381
	010/275		019/101
	108/298		019/103
	108/299		020/287
	108/300		020/289
	108/301		020/369
	108/302		024/231
	108/303		024/233
	108/304		033/157
	108/306		040/345
	108/307		048/192
	108/308		062/541
	108/309	～承纓	132/058
	108/311	18～玠	082/279
	121/436		099/134
11～甄陶	007/230		125/038
	008/052	20～集馨	076/221
	009/309		100/243
	009/312	～秉銓	081/261
	009/316	21～師誠	005/482
	121/198		111/224
12～廷玉	007/459	～貞	001/518
	010/066		002/317
14～琦	072/299		005/077
	120/463	22～豐年	157/471
～瓚昭	008/394	～崇傣	052/033
	116/193		108/206
17～琛	012/301	23～允中	026/519
	015/155	～允隨	006/265
	015/157		108/446

118/108
24～德容 077/007
136/164
～德漢 130/442
～德地 007/235
～佑 012/331
～幼樵 104/353
～緒楷 039/065
077/253
101/104
136/255
25～生洲 008/178
～仲嘉 001/235
～紳 071/149
071/157
26～自牧 052/270
052/282
053/003
122/399
122/407
122/414
～伯行 001/057
001/153
001/191
001/344
001/481
002/202
002/455
002/509
003/016
006/436
008/515
010/397
010/415
010/509
010/524
010/525
010/527
010/527
011/176
011/323
108/404
110/089
110/159
122/011
122/012
～穆 046/095
050/324
050/329
059/219
074/281
080/057
110/321
116/069
117/417
154/391
154/398
154/399
27～佩綸 049/174
053/074
107/220
113/310
119/394
121/266
134/517
135/213

28～作楠 011/242
122/203
～齡 036/415
30～宸 006/187
011/234
011/255
108/198
109/005
118/149
～永銓 007/455
008/276
119/518
～永煜 153/372
～之濤 145/170
～之洞 038/457
040/177
040/195
042/081
043/221
044/015
047/007
047/128
047/343
047/346
047/348
047/350
047/351
047/426
048/073
048/075
048/080
048/131
048/208
048/228
049/027
049/059
049/129
049/131
049/136
049/188
049/224
049/544
050/094
050/527
051/138
051/192
051/249
051/291
052/130
052/134
053/086
053/136
053/220
053/305
053/316
053/435
053/440
053/447
053/494
058/295
060/323
060/537
062/037
062/553
063/055
066/451

一一二三二 張（三〇）

067/051	094/393
067/057	095/383
067/267	096/461
067/281	097/027
068/165	097/194
068/381	098/009
069/151	098/161
069/271	098/163
072/145	098/237
075/245	098/312
077/021	098/399
077/119	099/155
077/407	099/284
082/017	099/478
082/182	099/479
082/387	100/088
083/032	100/202
083/131	100/382
085/072	101/161
085/404	101/198
085/406	101/517
086/207	101/537
086/228	102/145
089/347	103/401
091/093	105/049
091/098	105/443
092/314	105/446
094/040	107/225
094/042	107/413
094/043	108/265
094/044	108/267
094/048	109/026
094/051	109/038

109/039
109/111
109/271
109/311
110/165
110/255
110/534
111/119
111/232
111/234
111/235
111/236
111/268
111/396
112/058
112/081
112/085
112/110
112/274
112/316
112/317
112/427
112/454
113/143
113/174
113/316
116/114
116/161
118/042
118/176
118/236
118/304
118/305
118/389
118/391
118/496
119/221
119/225
119/389
120/040
120/042
120/211
120/327
121/052
121/063
121/064
121/274
122/333
123/358
123/365
124/110
124/295
124/496
126/330
131/145
131/157
131/300
131/308
131/323
131/339
131/440
131/458
131/475
131/476
131/492
131/514

131/516	134/345
132/012	134/368
132/015	134/390
132/021	134/454
132/024	134/512
132/044	135/313
132/132	135/338
132/178	135/459
132/438	135/464
132/446	136/110
132/492	136/157
133/068	136/177
133/119	136/212
133/191	136/264
133/208	136/516
133/209	142/411
133/210	145/321
133/211	145/372
133/234	146/041
133/235	146/047
133/247	147/472
133/344	147/475
133/370	147/479
133/371	148/283
133/374	148/288
133/396	148/307
133/398	148/337
133/434	149/107
133/516	149/316
134/229	149/335
134/239	149/390
134/274	151/211
134/342	151/420

	151/435
	152/080
	152/330
	152/362
	152/378
	153/273
	153/279
	153/305
	153/432
	157/244
	157/480
	157/488
	158/479
～之萬	061/187
	133/035
	133/044
	133/355
	135/132
～謇	115/216
	139/382
	140/455
	141/173
	142/307
	142/308
	142/430
	142/532
	148/443
	163/472
	164/041
	164/054
	166/153
	166/209
	166/319

	167/021
	167/469
	168/074
～宅揆　見孫宅揆	
31～沄	063/291
	076/317
	119/288
	134/021
	136/104
～汧	008/493
～迺權	167/325
32～洲	015/159
	015/167
	015/395
	029/295
～兆棟	047/131
	109/312
	133/069
	134/489
～兆熙	049/319
～泓	007/242
	009/302
	121/153
34～澍	057/121
	057/123
	057/125
	058/421
	059/191
	063/371
	072/377
	073/169
	076/429
	077/133

080/339
095/022
095/031
095/032
095/032
101/054
101/109
101/490
122/255
～漢 011/403
122/267
～汝梅 084/296
088/280
120/056
133/019
136/354
136/509
146/286
36～湘任 042/287
049/389
37～涵中 083/302
102/016
38～海珊 004/134
004/139
004/272
006/287
006/332
006/358
006/491
007/522
008/003
008/051
008/365

009/026
107/403
108/450
110/152
116/037
116/038
118/113
118/114
119/436
～祥晉 064/303
097/307
134/088
～道淵 045/093
051/239
077/273
101/102
136/241
40～九鉞 011/361
108/166
122/224
～大受 011/508
～大鏞 145/179
～士元 004/442
005/012
005/250
006/255
007/534
049/325
049/353
059/079
107/280
108/443
117/218

118/110
～杰 006/160
006/163
006/166
112/022
～嘉言 145/172
145/189
145/453
～嘉祿 145/513
146/004
146/141
～壽浯 084/138
087/394
～壽波 083/408
084/162
087/446
107/492
41～楷 049/127
134/452
42～機南 011/447
108/103
122/301
44～蔭桓 133/021
150/413
～懋熺 006/113
～莘農 168/213
～英 001/446
002/063
002/099
004/486
006/283
008/070
～若潍 006/236
～世友 011/236
108/198
122/175
～樹聲 045/247
047/113
047/113
047/422
050/062
064/319
134/094
45～坤德 126/267
127/308
127/311
127/365
46～觀準 048/277
134/041
～如翰 096/411
124/406
150/349
47～聲玠 072/259
120/461
～朝珍 010/076
010/101
110/178
～朝璘 006/172
～超 006/148
～杓 004/143
072/459
107/036
50～惠言 005/241
005/243
007/380
008/510

一一三三 張（五〇—六七）

	109/335		144/091
	109/336	53～盛藻	042/355
	110/156	～成孫	054/271
	117/391		073/191
	117/392		099/324
～東烈	143/560	55～井	010/266
	143/560		010/269
	143/567		010/374
	158/243		013/349
～東蓀	159/184		078/027
	160/145		101/272
	160/519		108/296
	160/529		121/473
	160/531		125/334
	161/039		136/277
	161/088	57～邦伸	011/454
	161/221		122/303
	161/264	60～日章	015/371
	162/118	～星鑑	054/265
	162/134	～國維	103/503
	162/258	～思禹	168/001
	162/294	～羅澄	082/051
	162/362		082/362
	162/401		096/128
	162/432		122/426
	164/083	67～曜	049/533
	165/119		051/385
	165/175		051/388
	167/446		051/390
	168/392		051/398
	168/562		051/408
	168/579		051/446
～東鎮	143/565		078/345

	078/353
	078/381
	101/279
	108/389
	108/391
	108/392
	108/393
	120/215
	135/121
	136/333
	136/335
	136/340
	136/380
	136/385
	154/033
～煦	131/428
	132/027
～照	007/474
	007/475
	107/209
	107/210
	120/084
73～駿聲	083/271
	102/158
	125/272
77～堅	046/049
	046/050
	046/073
	049/288
	049/289
～鳳翽	162/209
～鳳翥	081/357
～鵬	011/327
	122/230
～鵬飛	017/213
	017/219
	027/313
	027/521
	029/179
	030/403
	036/375
	044/053
	050/407
	076/295
	080/285
	100/432
	122/244
～鵬翮	010/380
	010/381
	010/382
	010/384
	010/385
	010/432
	010/445
	010/457
	010/459
	011/185
	011/187
	121/421
	121/422
～鵬展	005/214
	010/013
	109/148
～屏之	166/325
～履	049/270
	049/273

一一三二 張（七七－九〇）

049/275
049/277
049/382
049/383
049/420
049/421
055/353
057/173
069/191
069/197
070/271
070/289
070/293
070/305
070/311
070/405
070/409
098/403
099/062
099/069
119/469
119/470
119/471
～履祥 001/173
001/356
001/363
001/372
001/385
001/427
001/455
001/469
001/479
001/484

002/539
004/159
004/266
004/341
006/269
006/487
008/059
008/091
008/278
～學醇 053/132
112/452
78～鑒 057/397
095/312
132/513
165/305
80～人駿 133/128
～午橋 145/561
145/562
84～鎮芳 163/141
86～錫鑾 163/136
165/168
～錫恭 049/284
049/377
107/258
119/445
119/477
88～鑑 見張鑒
～鈴 004/192
～篤慶 001/287
008/220
90～惟赤 002/173
002/212
005/385

	109/398
～尚賢	009/185
	121/005
91～炳華	168/490
97～焕綸	047/114
	049/451
	050/105
	053/144
	053/339
	053/479
	053/480

1140_0 斐

28(西)～倫	156/046

1168_6 碩

27～色	011/317
	108/161

1173_2 裴

44～蔭森	045/375
	052/048
	053/081
	053/083
	053/087
	113/313
	113/315
	113/317
	121/269
	132/174
	132/175
	132/176

1212_7 瑞

10～璋	050/413
～霖	136/137
17(德)～乃爾	139/347
	139/349
	139/350
	139/350
	139/354
	139/355
37～洵	133/037
	133/078
	133/290
	133/473
	135/039

1240_0 刑

07～部	136/184
	136/190
	136/195
	136/196
	136/198
	136/209
	136/217
	136/241

1240_1 延

44～茂	078/359
	132/078
	132/101
	133/046
	133/449
	134/463

136/336
154/039
67～煦 042/001
049/210
051/371
134/533
136/388

1241_0 孔

22～鼎 011/365
～繼汾 001/227
001/271
001/405
001/408
008/294
008/296
107/246
107/247
119/515
48～教總會 168/509
67～昭朗 104/102
～昭晙 104/115
～昭焱 128/269
80～毓珣 005/341

1249_3 孫

00～衣言 050/184
056/367
068/287
069/355
076/045
076/051
076/331
076/337
101/175
101/176
112/333
112/340
04～詵 107/415
10～玉庭 007/023
007/244
112/223
12～廷嘉 139/272
～廷銓 003/099
004/440
004/516
004/517
007/333
008/468
109/221
113/358
13～武 164/092
17～翼謀 040/147
047/330
056/221
131/226
133/204
20～維新 145/126
145/128
145/342
22～鼎臣 038/343
039/089
039/095
046/422
046/424
048/143

048/465
048/468
055/253
055/325
055/329
055/333
058/105
058/135
058/205
058/331
059/009
060/009
061/033
062/347
064/003
064/007
064/011
064/381
064/385
064/391
064/397
067/139
067/145
067/151
067/303
069/009
071/135
071/139
071/163
072/385
072/439
075/333
094/352
095/474
095/512
096/230
097/285
097/287
097/332
097/333
097/334
097/530
097/531
097/533
098/344
099/410
099/425
099/426
099/427
100/137
109/119
117/096
117/098
117/228
117/318
117/319
117/420
117/421
118/263
118/426
118/427
118/491
118/493
119/104
119/105
119/107

一二四九三 孫（二二—四〇）

	120/133
	120/134
	120/205
	120/438
	124/341
	125/179
	133/002
	136/129
24～德謙	168/402
	168/424
27～多士	107/414
～魯欽	150/134
30～汶	051/189
～家鼐	082/011
	084/283
	088/250
	098/155
	103/429
	107/366
	131/374
	131/378
	131/401
	131/404
	131/404
	131/422
	131/435
	134/058
	135/031
	149/359
	149/360
	149/364
	157/478
	157/479
～家鼎　見孫家鼐	
～宅揆	002/333
	006/276
	118/112
～良言	051/073
	051/086
	051/089
～寶侗	004/500
～宗溥	007/391
31～灝	006/514
	110/111
～福保	095/245
	124/095
32～兆熊	081/486
	082/332
	083/255
	095/428
	101/079
36～祝耆	139/268
	143/396
	143/414
	143/428
	143/430
	143/455
	143/479
38～塗	146/130
	* 146/132
～淦	099/249
	104/345
	158/433
～道仁	163/015
40～士毅	006/209
	109/013

～希朱 069/289
070/375
098/418
～嘉淦 004/273
004/356
005/462
006/237
006/239
006/240
007/271
007/273
007/275
008/477
010/225
010/534
011/115
107/404
109/070
111/218
112/067
112/069
117/069
118/251
118/252
118/253
118/330
120/413
122/016
122/025
～嘉穀 083/381
123/403
～奇逢 001/062
44～世毅 118/148
60～星衍 010/228
122/036
～國璋 167/441
～景烈 017/159
025/229
025/273
036/429
63～賦謙 099/262
131/491
153/278
64～時勳 127/465
71～原湘 080/101
～頤臣 046/114
77～同康 081/219
082/284
094/527
126/224
～鵬 009/445
～學修 084/351
084/372
088/396
088/444
098/262
107/191
107/430
80～毓汶 136/218
90～光祀 002/176
002/199
002/208
005/027
005/387
109/399
117/312

1314_0 武

20～億 008/332
119/421
26～穆淳 077/201
101/125
40～在洛 001/155
44～攀龍 010/136

1323_6 強

07～望泰 017/363
017/365
020/365
033/173
037/285
037/295
037/301
040/341
045/473
045/483
048/191
052/090
052/094
080/367
080/377
101/476
108/258
122/281
40～克捷 015/353

1412_1 琦

80～善 063/173
078/003
079/385
096/503
101/274
101/399
124/464
134/003
136/271
136/423

1421_7 殖

36～邊學團 163/359

1710_7 孟

24～德斯鳩 138/106
138/110
138/124
138/138
40～森 163/251
60(西)～國美 152/152

1712_7 鄧

00～慶麟 039/521
040/245
041/357
045/117
049/003
051/239
134/230
136/237
12～廷鏗 140/298
152/405
17～瑤 039/267
040/209

041/019
041/021
042/213
042/217
042/243
042/247
042/275
042/291
046/410
046/495
047/410
048/268
049/330
049/331
049/358
049/363
049/442
054/297
055/193
055/199
069/279
069/367
069/373
069/395
070/017
070/049
070/053
070/069
070/115
071/051
071/075
071/091
098/406

099/006
099/046
099/047
110/075
116/125
117/240
119/328
119/423
119/444
～承修 049/068
21～仁堃 074/243
100/428
30～實 148/551
151/263
158/521
158/523
158/526
158/527
44～華熙 082/037
131/375
131/412
131/479
133/321
133/322
133/524
136/150
149/376
150/200
153/319
61～顯鶴 046/069
107/040
～顯 048/250
063/441

119/287
83～鎔 148/089
148/115

1717_2 瑤

44～林館主 082/310
083/163
083/412

1721_4 翟

26～伯恆 047/015
131/112
30～富文 161/023

1722_7 弼

30～良 134/331

1734_6 尋

22～鑾煒 058/365
095/397
124/246
133/011

1750_7 尹

00～彥鉌 128/350
22～繼善 007/018
011/511
118/398
34～汝嘉 *146/370
50～泰 006/114
55～耕雲 059/407
059/409
059/411
063/021
063/367
071/255
074/069
074/073
074/077
095/135
095/136
095/140
095/141
117/517
117/518
117/519
118/298
133/509
135/074
60～昌衡 166/405
80～會一 002/321
002/352
002/418
006/263
007/269
108/444

1752_7 那

00～彥成 074/385
135/443
（俄）～麼是的報 127/381
24～特碰 137/132
137/162
137/186
137/339
137/347

137/365
137/376
137/396
42～斯洪阿 060/123
096/045
133/131
44～蘇圖 006/505

1762_0 司

10(美)～爾立樞 085/298
085/300
085/300
090/297
090/301
090/303
105/308
105/310
105/310
114/017
114/019
114/019

1762_7 邵

00～亨豫 056/495
095/120
131/113
12～廷采 001/041
001/044
40～大業 004/185
～友濂 050/103
47～懿辰 038/339
046/115
055/039
061/089
116/045
53～輔 057/011
076/157
094/464
60～曰濂 042/087
71～長蘅 008/238
008/247
008/293
008/303
011/171
107/245
107/253
108/183
119/516

1763_2 碌

90(日)～堂 086/181
092/211
106/268
107/558
123/547

1771_7 已

44(意)～昔利 165/472

1814_0 政

17～務處 131/433
131/454
131/470
132/274
133/001
133/129

149/416
149/420
149/435

1918_0 耿

09～麟奇 011/463

2

2022_7 喬

34～遠熼 005/390
109/401
117/505
48～松年 047/146
062/143
076/175
078/269
079/381
133/057
133/402
136/075
136/305
136/452
90～光烈 002/404
002/497
002/543
003/065
005/354
006/325
006/497
006/516
007/334

008/370
010/191
010/195
011/289
111/368
118/108
120/494

秀

97(英)～耀春 140/515
141/045
141/047
141/052
141/056
141/058
141/064
141/066
141/073
141/084
141/101

2023_2 依

40～克唐阿 084/484
089/134
101/523
104/165
113/480
119/239
132/039
132/081
134/113
134/463
150/426

152/084

2024_7 愛

44～芝其亞 084/195
088/059
103/200
111/158
88～餘生 127/425

2026_1 信

20～儕 127/479
97～恪 131/522

2027_7 戶

07～部 083/341
084/480
089/126
096/258
104/160
113/476
117/484
118/040
118/044
118/048
118/062
131/518
132/009
132/031
132/033
132/036
132/040
132/051
132/053
132/056
132/084
133/152
133/153
133/177
133/179
133/183
133/184
133/213
133/219
133/220
133/222
133/236
133/241
133/246
133/278
133/283
133/421
134/053
134/099
134/100
134/111
134/147
134/238
134/337
134/359
134/361
134/363
134/365
134/374
134/375
134/380
134/383

134/437
134/441
135/308
135/312
135/342
135/343
150/126
150/175
150/179
150/185
150/202
150/204
150/238
150/339
150/393
150/400
150/404
150/407
151/284
151/417
151/449
152/087
152/169
152/173
152/176
152/183
152/184
153/288
153/300
153/329
10～工部 147/396

20331 焦

22～循 008/102
40～友麟 047/200
133/012

20407 季

02～新益 167/543
16(英)～理斐 160/192
44～芝昌 069/163
135/008
51～振宜 004/364
005/025
117/027
117/210
86～錫疇 055/091
116/174

雙

31～福 066/011
097/382
134/115

20609 香

34～港報 142/444

20714 毛

00～文銓 009/306
17～乃宣 146/597
22～嶽生 008/248
37～鴻賓 040/115
047/335
066/517
073/329
098/056

100/075
111/495
134/391
135/158
40～奇齡 001/215
001/268
001/297
001/348
003/080
007/431
008/110
008/111
008/147
008/207
010/196
107/250
107/267
51～振翮 155/012
77～鳳翥 146/245
146/553
～際可 001/376
97～輝鳳 038/421

2074$_{6}$ 爵

77～學禮 107/094

2110$_{0}$ 上

60(日)～田三平 167/357

2121$_{7}$ 盧

00～文弨 004/118
004/225
008/079
008/241
008/243
008/303
116/048
07～翊 011/430
122/281
～詢 007/167
22～崇俊 004/455
010/190
109/092
120/493
121/328
～崇峻 見盧崇俊
24～紘 005/145
006/104
006/185
007/210
008/465
109/004
113/353
25～傳 006/116
30～永銘 139/073
34～法爾 142/534
40～士杰 051/392
051/406
051/410
051/444
136/379
136/382
154/029
154/042
53～成章 168/068
168/090

二一二一七—二一二三三。盧（六〇—八六）伍何（〇〇—二九）

60～□□ 150/353
77～騷 138/067
86～錫晉 001/198
001/359
001/360
001/493
002/126
002/155
005/039
005/042
109/235
117/352

伍

12～廷芳 097/068
* 145/192
147/354
162/486
162/487
162/490
34～達 167/216
167/221
53～輔祥 063/477
096/504

2122_0 何

00～慶元 074/199
100/280
125/207
～文炬 095/187
096/319
096/384
097/032
100/005
100/152
124/092
10～雲龍 083/223
12～發 001/265
008/150
16～璟 047/131
047/477
052/117
109/312
133/069
134/489
136/512
17～乃基 146/419
～承都 005/143
006/035
109/181
117/267
23～獻墀 081/339
082/353
097/275
27～名俊 073/061
100/146
～絳 009/501
121/137
～紹祺 051/237
072/323
29～秋濤 050/331
069/421
076/471
099/012
125/061
154/106

	154/125
	154/153
	154/399
	155/143
	155/149
	157/129
	157/133
31～源濬	010/187
	121/384
～福麟	165/139
	165/149
37～潤生	082/461
	085/134
	089/485
	097/183
	111/431
	118/207
38～道生	004/462
	109/096
～啟	082/184
	148/043
	148/151
～啟宗	145/575
40～士祁	059/121
	077/163
	101/124
	117/445
44～世堪	007/311
～樹齡	084/117
	086/399
	086/500
	087/345
	093/164
	093/392
	107/068
	115/299
	116/380
～桂珍	057/237
	095/013
	117/085
	131/247
～桂芳	047/292
	047/293
	059/369
	133/100
46～如璋	045/407
57～邦彥	043/065
	050/151
	073/125
	099/431
	113/084
60～曰愈	057/195
	073/183
	074/181
	075/229
	100/283
	100/405
	120/127
	125/206
～國宗	007/138
77～熙年	085/411
	091/105
	098/156
	099/349
	112/307
	120/029

80～金壽 047/075
057/355
094/408
109/381
117/229
131/257
～金如 145/480
～金聲 145/501
～鏞 103/349
103/374
104/408
105/224
145/037
145/061
145/066
145/084
145/086
145/088
145/120
145/122
145/151
145/152
145/194
145/201
145/203
145/204
145/230
145/231
145/257
145/288
145/301
145/407
145/433
145/436
145/438
145/440
145/554
145/558
145/560
145/560
146/028
146/036
146/038
146/048
146/052
146/255
146/256
146/304
146/306
146/442

2122_1 衛

16(美)～理 140/514
140/522
140/526
140/530
140/532
140/534
140/537
140/540
140/541
140/543
140/545
140/548
140/551
140/552

140/555
141/001
141/031
141/035
141/038
71～既齊 007/398
085/020
77～周祚 010/134
110/234
99～榮光 049/531
050/417
050/419
051/290
135/105
135/435
135/435
136/266

2133_1 熊

00～亦奇 082/012
082/309
095/266
149/387
～文舉 005/030
10～示奇 128/427
12～飛渭 006/077
26～伯龍 004/349
109/070
117/001
37～祖詒 048/070
062/073
096/348
38～道琛 166/302
40～內閣 159/341
～希齡 164/078
164/081
164/201
164/589
44～其英 048/289
048/295
048/299
048/308
66～賜履 001/107
002/103
004/370
117/003
90～少牧 042/459
044/437
050/083
054/301
071/061
072/413
100/176
110/170
116/077

2140_6 卓

20～秉恬 009/265
93～烺 127/473

2171_0 比

58(德)～拾 086/188
092/226
106/233
107/566

2172₇ 師

88～範 005/448
005/509
007/329
008/488
009/451
009/454
009/470
011/449
011/451
110/009
111/365
113/170
120/370

2180₆ 貞

40(日)～吉 127/152
127/326

2190₄ 柴

27～紹炳 001/257
001/292
001/305
001/350
001/374
008/150
008/157
008/222
011/487
107/252
122/307
37～潮生 004/358
005/421
011/081
108/217
111/210
122/102

2191₁ 經

10～元善 146/101
146/102
146/104
30～濟雜誌 168/140
31～額布 062/355
096/232
133/483

2196₀ 緬

80(美)～拿 086/486
093/366

2210₈ 豐

25～紳 051/126
136/108

2220₇ 岑

50～春煊 086/218
092/293
131/480
131/526
133/127
134/389
134/402
80～毓英 039/479
043/469

047/125
049/133
050/511
051/031
051/289
052/117
053/431
053/433
121/055
132/435
132/437
133/066
134/453
135/479
135/482
136/265
136/512

2221_4 崔

26～穆之 040/255
040/363
31～迺翬 079/151
101/391
125/337
40～有洲 126/531
47～朝慶 158/087
158/108

任

12～廷旭 149/285
150/146
157/389
31～源祥 005/089
005/090
005/129
006/003
006/004
006/005
006/022
006/024
007/003
007/349
007/532
010/061
109/177
109/301
112/001
112/001
112/002
112/115
117/269
117/296
121/299
38～道鎔 063/049
078/205
096/461
101/286
131/419
133/248
133/519
134/105
136/298
154/058
～啟運 004/398
004/430
005/342

006/489
008/081
008/097
107/277
117/034
119/284
53～輔祥 119/339
71～辰旦 004/369
005/513
80～公 138/507
138/524
143/001
143/006
143/013
143/022
143/044
143/050
143/086
143/094
143/162
143/171
143/177
143/193
143/202
143/221
143/233
143/237
143/246
143/257
143/267
143/272
143/283
143/293
143/303
143/315
144/192
144/235
144/249
144/256

2224$_4$ 倭

21～仁 039/079
039/139
039/141
039/145
039/151
039/157
039/243
039/247
039/315
046/097
046/471
046/477
046/478
046/479
046/482
047/035
049/145
049/473
054/113
054/143
054/181
056/107
056/229
094/366
109/083

109/084
109/157
109/157
109/226
116/015
119/383
124/080
131/161
131/167
131/181
131/186
131/211
135/085
24～什布 009/389

2238$_6$ 嶺

40～南仙橋氏 127/500

2277$_0$ 山

50(日)～本正義述 104/081
～東鐵道分會 168/308
70(英)～雅谷 147/418

2290$_1$ 崇

30～實 047/073
047/153
048/122
050/389
058/305
060/427
067/567
095/355
096/209
096/220
109/189
117/276
124/238
133/049
133/080
133/426
134/448
71～厚 040/487
047/448
047/452
049/008
051/534
060/445
060/453
066/013
080/035
096/213
098/041
098/071
101/435
108/062
108/064
117/282
117/284
119/122
122/166
133/103
134/114
136/460

2290$_4$ 巢

22～崇山 146/360

樂

77～賢 164/271

欒

77～學謙 084/386
088/476
116/480
157/387

2291_3 繼

47～格 051/189
052/128
136/218
136/514

2293_2 崧

44～蕃 083/343
127/002
132/087
134/416
73～駿 154/029
154/042

2296_9 繙

06～譯官 144/511

2320_0 外

00～交報 138/432
140/125
142/415
17～務部 132/059
132/063
132/489
132/506

2320_2 參

08～議院 163/489
164/565

2324_2 傅

10～雲龍 082/110
082/110
082/111
082/112
082/112
082/201
083/061
083/202
083/202
083/203
083/387
094/165
094/169
094/171
094/171
094/173
095/463
099/317
099/318
100/053
101/011
116/201
116/432
116/433
116/435

120/361
144/567
144/569
147/364
149/035
153/267
153/267
154/216
155/258
155/412
157/365
158/283
158/285
158/289
158/293
～雲森 138/574
139/031
17～鼐 009/478
009/479
009/480
113/147
113/147
113/148
121/118
121/119
121/120
20～維麟 005/393
109/402
23～俊 146/595
37～運森 140/115
140/123
140/175
140/185
140/191
140/202
140/212
140/216
140/220
140/221
140/226
141/438
141/438
141/440
142/001
142/005
142/018
142/020
142/026
142/032
144/202
144/204
144/210
144/213
144/215
44(美)～蘭雅 167/332
147/253
147/254
147/258
147/260
149/173
150/104
150/112
150/474
151/308
151/318
152/023

152/028
152/037
152/045
152/049
152/053
152/066
152/068
155/231
157/294
48～增湝 131/507

2325$_0$ 俄

60～國報 127/351
～國日報 127/349

2350$_0$ 牟

71～願相 005/391

2355$_0$ 我

40(英)～克斯口 155/479

2395$_0$ 織

60(日)～田一 140/411
140/433

2396$_1$ 稽

80～曾筠 010/326
010/328

2397$_2$ 嵇

14～璜 011/199
011/201
80～曾筠 003/282

010/461
010/462
108/358
121/423

2421$_0$ 化

77～學工藝 144/613

魁

10～玉 132/464
12～聯 040/373
042/469
043/213
044/477
044/481
044/487
044/493
048/237
050/085
051/053
051/054
051/056
051/059

2421$_1$ 佐

44(日)～藤精明 086/276
092/419
106/289

2422$_1$ 倚

82～劍生 144/307

2423$_1$ 德

26～保 006/412
31～福 134/054
35～沸令 127/371
40～壽 132/006
46～楞泰 010/019
120/236
47～馨 048/056
112/051
133/352
87～舒 008/453

2425₆ 偉

12～烈亞力 046/287
046/289
114/333
114/335

2426₀ 儲

00～方慶 004/307
005/092
005/142
005/179
005/380
005/381
006/110
006/147
006/191
006/194
008/466
011/335
109/007
109/302
109/395
109/396
113/354
117/019
117/273
117/465
120/376
～麐趾 004/367
007/357
10～亞心 161/117
40～大文 002/520
004/490
004/505
004/506
005/004
006/347
007/180
008/083
008/419
008/420
008/442
009/117
009/140
009/141
009/144
009/151
009/202
108/048
108/049
109/215
112/173
116/204
120/152
44～慕賢 146/362

146/376
146/378
～桂山 082/379
102/167
118/201
145/093
145/139
145/141
145/306
145/333
145/539
145/542
145/571
145/572
146/011
146/350
～桂芬 145/164
145/212
145/335
145/418
145/421
145/423
145/426
145/515

佑

77(美)～尼 085/133
089/483
(美)～尼干 129/296
141/355

2440_0 升

23～允 132/480

2454_1 特

53(英)～甫 085/090
089/388
105/094
110/372
123/018

2472_7 帥

17～承瀛 007/224
80～念祖 020/281
040/327

2474_7 岐

10～元 047/162
047/163
047/465
060/459
118/175
133/088
133/105
133/108
135/499

2500_0 牛

28～作麟 012/541
012/543
012/545
015/281
015/389
017/199
017/201
026/103

	026/113
	026/117
	042/173
	042/183
	049/301
	069/311
	069/321
	098/422
	098/424
	107/439
35～清標	015/315
37～運震	002/022
	002/023
	005/265
	005/346
	006/339
44～樹梅	021/125
	063/097
	096/468
51～振聲	015/309
	015/321
	015/347
	025/275
	025/281
	025/285
	025/289
	026/143
	039/367
	039/371
	055/099
88～鑑	016/529
	021/527
	063/471

2590₀ 朱

00～應元	040/353
	063/043
	096/464
	124/353
	133/518
02～訓詰	010/140
～新謨	162/482
	165/101
10～正襄	146/081
	146/083
	146/085
	146/555
	146/580
～正元	082/119
	082/122
	094/191
	094/192
	094/198
	116/349
	116/436
	145/075
	146/247
～正先	145/274
～元第	145/271
～雲表	104/468
	127/060
	127/063
～雲錦	005/469
	006/010
	006/052
	007/074

007/076
007/202
008/460
009/132
009/133
009/135
009/136
009/170
009/171
010/537
011/312
011/313
108/043
108/045
108/045
108/054
112/131
118/317
118/333
120/162
120/345
122/261
122/262
11～裴 010/141
121/343
12～瑞 162/418
163/057
163/066
163/149
163/451
163/452
164/023
164/031
164/198
165/301
166/382
166/384
166/385
166/404
168/489
168/605
～孫詒 044/455
044/461
050/089
072/407
100/168
120/437
125/185
14～珪 004/117
～琦 038/303
038/307
038/311
039/055
046/405
047/199
054/207
054/211
054/215
055/355
057/315
057/335
058/381
059/433
068/111
073/255
094/035

	094/036
	094/037
	095/455
	098/120
	116/065
	117/089
	117/330
	119/370
～琦	060/401
	069/439
	094/276
	099/016
17～子	145/209
～子久	081/138
20～維	160/155
24～仕琇	004/254
	004/428
～德寶	145/114
	145/116
	145/220
	145/278
27～彝尊	001/125
	001/361
	001/362
	001/420
	001/429
	002/078
	003/131
	004/189
	007/456
	007/519
	109/159
～紹文	095/072
	128/198
28～以增	048/278
	134/041
～倫瀚	002/523
	006/364
～嶟	067/203
	069/159
	095/271
	097/222
	124/219
	124/367
	134/422
	135/007
30～之榛	047/263
	110/173
～之錫	007/077
31～福銑	131/505
32～澄瀾	040/251
	040/275
～澄敘	082/568
	099/200
35～沛霖	100/177
36～澤澐	005/491
	006/009
	010/245
	010/248
	010/530
	110/001
37～潮	054/171
	058/361
	062/477
	095/323
	096/412

二五九〇。—二六〇〇。朱(三七—八四)白(二三—八二)

	124/230		011/091
	131/169		011/092
	133/009		011/095
	133/383		011/100
～鴻	040/075		107/269
～逢甲	126/541		108/221
38～海	146/547		108/223
40～太守	082/324		108/225
	095/036		112/220
～克敬	039/047		119/514
	042/405		122/096
	044/239	60～昌鼎	081/350
～壽慈	140/314		082/067
44～華綬	150/189		116/419
～其昂	064/357		158/391
	079/367	～昌頤	066/053
	097/336		134/115
	101/412	77～鳳梯	051/211
	122/058		110/205
	124/330	～開甲	145/467
～樹新	046/106		146/422
～桂	006/215	～開第	145/234
50～書	008/360		145/236
53～軾	001/339	84～鎮	096/202
	001/357		100/187
	001/518		100/369
	007/211		101/449
	008/033		125/188
	008/035		
	008/167	**2600_0 白**	
	008/238	23～允謙	004/185
	008/347	44(英)～勒能	089/376
	011/088	82～鍾山	010/531

011/202
122/014
122/189

2620₀ 伯

00～彥訥謨祜 046/487
109/086
28～倫知理 138/175
143/130
143/132
143/134
143/142
143/146
143/157
44～蓋司 137/508
138/001
138/007
138/014
138/021
138/036
138/039
77(奥)～兒打土都得尼兒
158/431

2620₇ 粵

50～中漁鼓 126/359

2624₀ 俾

42(德)～斯麥 083/470
127/380

2629₄ 保

50～泰符 107/050

88～笑嵒 107/075

2641₃ 魏

00～裔介 001/066
002/012
002/013
002/145
002/206
002/553
003/118
004/362
004/366
005/120
005/147
006/204
006/534
008/421
008/469
109/074
109/182
117/002
117/268
12～廷珍 005/198
009/168
13～琯 010/116
010/133
110/216
20～雙鳳 004/365
109/075
117/005
27～象樞 001/106
001/116
001/185

001/414
002/058
002/165
002/196
005/032
005/187
007/395
026/133
31～源 004/256
007/133
007/140
007/142
007/144
008/022
008/085
008/341
008/342
009/064
009/069
009/181
009/421
009/477
009/491
009/495
044/083
044/089
050/457
050/473
050/490
050/493
051/003
054/409
054/413
055/061
055/203
056/341
060/065
060/107
061/285
062/325
064/021
064/033
064/337
064/347
065/019
065/043
067/003
067/511
068/249
073/139
073/187
074/037
077/479
077/485
077/497
077/507
079/143
080/065
080/109
080/121
080/127
080/205
097/325
097/328
097/520
097/526

098/206
099/290
100/288
100/288
101/337
101/338
101/341
101/389
101/449
101/451
101/496
113/115
113/146
113/148
113/190
113/241
113/249
113/258
113/260
116/109
116/142
116/143
116/145
116/163
116/164
118/027
118/259
119/214
120/002
120/077
120/128
121/016
121/121
121/122
122/046
122/163
122/208
122/209
122/269
124/324
124/327
124/344
125/329
154/315
154/326
154/335
154/341
154/376
154/406
154/421
154/430
154/458
154/465
154/473
154/483
154/502
154/521
154/532
155/045
155/053
155/183

34～禧 002/432
004/244
004/299
004/445
004/470

004/481
004/481
004/482
004/483
006/427
007/508
007/510
008/087
008/192
116/167
119/267
35～禮 004/189
008/056
009/014
107/051
110/150
38～瀚 066/173
44～恭人 103/496
～世儼 008/422
120/095
～世傚 007/372
009/092
010/062
010/063
120/095
121/297
77～際瑞 004/161
90～光燾 131/443
131/543
136/015
136/477
149/382
149/384
153/338
96～煜 031/443

2643₀ 吳

00～慶坻 149/394
～文鎔 059/281
060/315
067/189
067/353
072/287
073/105
077/351
077/361
080/431
097/220
100/142
101/116
101/134
101/422
118/479
133/189
134/419
136/529
07～詢 004/178
10～正治 008/459
～元炳 039/463
042/251
047/192
047/423
048/037
048/043
048/376
049/368

	065/409		056/247
	107/275		057/263
	112/046		066/439
	133/014		067/337
	133/302		070/253
	133/307		097/213
	133/468		098/013
	134/076		116/068
	134/265		116/541
	135/047		131/178
～可讀	049/181	18～璥	010/256
	068/151		010/335
	098/102		010/337
	119/384		010/390
	133/022		010/393
	134/509		010/439
～雲	080/183		010/452
	101/486		010/468
12～瑞	168/111		108/322
～珽	095/480		108/353
	124/259		121/458
～廷璜	158/270	20～采人	160/212
～廷棟	046/045	21～卓信	005/353
	046/480		008/133
	049/042		011/252
	049/115	22～任臣	008/237
	049/318	～鼎元	094/184
	054/311		094/327
	054/399		095/216
	054/531		096/120
	055/189		097/140
	055/303		099/128
	056/215		102/038

二六四三。吳（二三—三八）

124/289
125/037
～鼎昌 160/105
164/064
166/022
～嶽 145/340
～綬紹 010/144
110/238
121/342
23～俊 009/408
120/472
146/567
～俊意 146/380
24～佐清 082/377
102/170
122/350
～德旋 054/509
054/511
060/349
069/029
098/222
25～傑 058/337
095/398
124/246
133/004
146/333
26(英)～得祿 085/198
090/081
～保初 131/170
27～彝敘 168/593
～峋 045/323
045/413
078/321
101/297
136/324
～繩祖 146/364
30～之英 148/099
148/101
148/113
～騫 010/181
011/382
～定 008/109
008/244
008/299
049/269
107/280
107/290
119/517
～寳宗 146/322
～宗濂 147/366
148/492
149/427
155/343
33～治儉 140/459
34～汝綸 157/403
38～肇璜 145/043
145/071
145/095
145/097
145/099
145/143
145/263
145/265
145/328
145/413
145/416

二六四三。吳（三八—四〇）

145/427
145/461
145/517
145/519
* 146/121
146/423
146/593
40～大廷 048/527
048/531
048/535
048/541
048/557
048/558
054/321
112/257
112/259
112/261
116/069
～大澂 048/130
049/544
050/415
050/527
053/408
053/411
053/494
056/195
078/191
095/459
109/271
112/427
113/140
113/174
123/361
123/363
131/108
132/353
132/355
133/433
134/521
135/338
135/457
135/464
136/399
～士功 009/357
～克偉 128/267
～嘉賓 055/161
057/255
059/085
060/189
061/457
065/439
067/223
070/013
070/153
070/157
076/425
076/477
095/009
095/517
096/059
096/345
097/250
099/036
099/037
101/054
101/068

二六四三。吳（四〇一八二）

117/412
118/484
125/064
125/064
131/251
133/146
44～蘭修 077/435
～其濬 011/340
47～郁生 131/375
131/447
51～振棫 066/179
075/355
097/435
119/193
134/231
136/007
57～邦慶 079/153
122/117
60～昌言 082/270
094/407
～昌綬 153/020
～昆田 069/205
098/400
119/441
67～鳴捷 027/503
74～騏 051/459
77～貫因 159/078
159/080
159/125
159/130
159/139
159/146
159/193
159/307
159/375
159/476
160/186
160/206
160/208
161/042
161/045
161/061
161/078
161/123
161/127
162/001
162/374
162/407
162/409
163/027
164/434
164/441
165/053
165/199
165/206
166/328
167/416
80～慈鶴 057/443
～曾英 050/262
053/417
107/474
121/260
121/262
82～鋌 057/139
057/303
057/311

二六四三〇 吴（八二）

058/101
058/129
058/133
058/203
058/235
058/239
058/321
059/005
059/381
059/385
060/003
060/007
061/075
061/079
061/083
062/003
062/089
064/377
066/367
067/135
067/273
067/377
068/317
069/005
071/131
071/145
074/005
076/451
079/301
079/419
094/058
095/029
095/372
095/373
095/374
095/392
095/392
095/402
095/511
096/118
096/299
096/330
096/391
097/283
097/288
097/524
098/022
098/332
099/424
100/295
101/065
101/408
101/484
117/090
117/223
117/313
117/314
117/327
117/457
117/458
117/516
117/517
118/346
118/466
120/126
120/163

120/418
124/240
124/244
124/248
124/260
124/267
124/300
124/316
124/381
125/103
125/206
125/243
～劍華 083/087
083/260
100/051
101/085
121/289
156/239
84～鎮 013/119
013/123
015/325
015/345
026/135
026/137
87～鉤 164/560
88～敏樹 050/091
054/313
055/037
055/125
057/331
059/317
068/275
070/077
070/081
070/085
073/027
073/193
094/092
098/218
099/082
116/183
119/483
90～省蘭 010/478
121/507
121/508
121/508
121/509
91～焯 076/071
076/073
100/214
136/050
136/060

2690₀ 和

10(英)～而斯雷 086/528
093/455
44～其衷 006/221
110/039
118/255
60～恩澤 070/229
～田氏 142/350

細

60(日)～田謙藏 138/547
138/549
139/001

139/039
139/102

2691_4 程

00～彥邦 104/096
～慶燕 054/533
116/075
～文炳 135/345
～京尃 011/164
108/186
10～晉芳 004/124
004/125
004/126
004/143
004/501
005/019
007/502
007/520
007/524
008/190
107/033
107/034
107/035
107/037
107/295
107/298
116/042
116/043
116/044
14～聽彝 150/358
24～德賚 068/021
070/005
070/007
070/009
070/011
～德全 160/380
163/011
163/068
164/587
165/162
166/403
25～傑 163/364
28～儀洛 082/344
085/231
090/152
098/021
105/248
112/106
119/067
150/208
30～之驥 158/175
31～濬 104/103
37～鴻詔 066/481
098/079
119/060
～祖洛 007/130
066/211
134/215
134/215
～祖植 051/110
076/035
100/240
125/212
44～夢星 004/388
53～成 122/519
57～邦憲 080/073

136/466
60～國熙 047/390
067/041
～恩澤 119/476
～昌齡 083/117
～景伊 004/509
109/217
67～瞻洛 081/366
～嗣立 004/354
77～同文 005/248
009/206
011/452
80～含章 004/471
005/269
005/363
005/438
005/444
006/333
009/398
011/086
011/135
011/138
011/154
108/220
109/097
110/057
113/224
122/113
91～炳榮 146/345
146/347
146/348

2692_2 穆

26～緝香阿 056/213
095/386
117/015
131/189
36～湘玥 168/034
60～圖善 049/049
049/539
134/343
135/335

2692_7 綿

30～宜 133/378

2693_0 總

16～理衙門 083/239
084/076
084/282
084/288
084/298
085/064
085/066
085/294
085/341
085/350
085/422
087/168
088/247
088/261
088/282
089/329
089/335
090/289
090/390

二六九三。總（一六）

090/412
091/131
103/062
103/409
103/427
103/435
104/360
105/040
105/043
105/270
105/303
107/323
107/341
111/304
111/306
113/321
114/014
114/186
115/261
120/509
120/516
121/035
121/277
122/331
122/387
122/521
123/052
131/377
131/384
131/389
131/390
131/414
131/438
131/444
131/451
131/452
131/455
131/496
132/018
132/020
132/023
132/036
132/074
132/084
132/089
132/106
132/128
132/129
132/142
132/191
132/221
132/227
132/273
132/277
132/397
132/470
132/471
132/478
133/244
133/387
149/302
149/307
149/339
149/365
150/169
150/393

150/400
150/404
150/407
150/416
151/206
151/431
152/169
152/171
152/345
153/314
155/427
155/466
157/249
60～署 083/005
083/335
085/126
089/468
098/172
100/125
101/520
105/139
111/341
123/031
125/222
144/166

2712_7 郵

18～政司 168/361

2713_2 黎

00～庶昌 055/055
056/477
095/469
116/116
117/189
131/104
10～元洪 159/302
159/305
160/373
160/374
160/375
160/375
162/206
162/292
162/509
162/510
162/511
162/514
162/515
162/518
162/520
162/521
162/522
162/523
162/525
162/527
163/001
163/006
163/140
163/144
163/449
163/450
164/001
164/002
164/003
164/004

164/017
164/027
164/033
164/047
164/072
165/502
166/110
166/115
166/131
166/132
166/380
166/381
168/194
168/525
37～祖健 086/514
086/516
093/423
093/427
130/479
130/481
～祖鍵 128/186
128/187
128/188
40～士宏 007/399
010/127
010/129
～熹 155/430
～吉雲 071/227
099/393
125/102
135/058
44～世序 010/352
010/366
010/369
010/441
010/464
010/491
010/494
010/516
108/354
108/359
121/469
121/472
122/032
122/035

2721_2 危

24～德運 104/051

2721_7 倪

00～文蔚 051/402
051/412
108/394
136/332
136/379
21～倬 140/512
141/280
58～蛻 007/307
009/302
009/422
111/360
121/142

2722_7 角

80～谷太三郎 137/231
137/419

138/304
138/309
138/321
138/329

倏

00～廬 159/505

2723_3 佟

60～國器 008/454
009/010
110/148
77～鳳彩 006/170
112/024

2723_4 侯

00～方域 001/460
005/378
007/506
107/297
08～敦復 009/146
40～七乘 004/245
116/172

2724_7 殷

30～之輅 082/308
082/406
083/036
083/159
083/267
095/167
096/376
099/133

100/410
101/027
102/161
116/350
125/274
146/400
146/402
146/405
146/408
32～兆鏞 044/279
052/184
115/014
132/233

2725_7 伊

36(日)～澤□ 156/463
40(日)～克梅原寬重 141/134
44(日)～藤博文 084/259
088/201
103/389
110/216
127/343
137/188
137/301
138/160
138/287
156/465
157/046
71(英)～阿子 141/386

2726_1 倉

42～塏 104/463
104/465

127/055
127/057
127/194
50～貴楨 126/511
127/458
80(美)～美生 159/505

2731₂ 鮑

17～珊 021/551
31～源深 042/421
056/117
058/149
068/371
072/109
075/363
076/213
095/358
099/261
100/080
117/315
125/091
125/137
131/212
134/140
134/532
135/306
136/009
136/087
47～超 053/154
111/027
132/389

2732₇ 烏

17(日)～羽原藏 141/167
141/168

鳥

10～爾慶額 133/506
50～拉喜崇阿 039/399
047/126
133/067

鄔

25～純嘏 063/047
133/519

2742₇ 鄒

12～弢 083/362
083/365
083/366
083/369
083/373
083/377
083/431
083/467
123/431
123/449
123/452
123/455
123/459
123/465
123/467
123/469
123/469
123/470
123/470

123/471
123/472
123/473
123/554
14～琳 161/246
23～代鈞 086/452
093/287
094/233
116/372
124/163
34～漢勳 040/325
～淩 104/385
～淩沅 085/339
090/387
122/354
～淩瀚 085/339
090/387
122/354
127/167
67～鳴鶴 057/169
058/075
058/425
059/073
060/351
062/057
063/407
075/039
076/473
078/161
078/167
078/175
095/021
096/339
101/086
117/080

2743_0 奧

60(日)～田貞衛 141/210
141/217
141/223
141/245
141/247
141/252
141/256

2760_3 魯

10～一同 038/383
038/433
038/439
039/085
039/275
040/079
040/083
040/087
040/091
040/095
043/131
043/137
043/145
043/149
044/507
046/075
046/089
046/092
046/498
047/271

047/272
047/273
047/274
047/276
050/112
050/115
050/119
050/120
051/064
054/251
055/429
055/435
055/441
059/387
059/391
059/395
059/399
059/403
063/459
072/471
073/363
075/445
075/453
075/457
100/228
107/046
107/047
109/403
109/404
109/405
109/405
109/406
117/521
117/522
117/523
117/524
117/524
120/250
120/252
24～仕驥 006/423
110/080
30～之裕 006/471
007/479
008/436
009/325
010/240
010/436
011/319
011/320
107/472
110/102
120/244
121/514

2760_4 各

60～國務員 159/266
90～省都督 160/237

2771_2 包

38～道平 159/159
44～世臣 007/017
007/156
010/431
010/434
010/435
010/445

056/353	078/049
058/009	078/053
058/063	078/063
058/067	078/071
058/071	078/085
058/393	078/091
059/243	078/097
062/269	079/265
064/185	079/271
064/191	079/429
064/203	080/095
064/207	096/373
064/211	097/271
064/215	099/026
064/221	099/072
065/205	101/066
065/221	101/067
065/229	101/130
067/171	101/268
067/525	101/470
068/351	117/239
069/119	118/154
070/207	118/409
070/317	118/474
070/325	119/438
070/345	121/492
073/361	121/493
076/289	121/494
076/459	121/495
076/463	122/160
077/213	122/162
077/219	135/053
077/223	136/282

2771$_7$ 色

46～椤額 135/183
80(英)～美孫□ 151/396

2790$_4$ 彙

47～報 142/205
50～奏稿 146/289

2791$_5$ 紐

10～玉庚 134/535
27～約格致報 142/352
142/356
142/360
142/361
142/365
142/370
142/372

2791$_7$ 紀

10～元 010/475
121/430
28～復亨 005/149
109/183
40～大奎 008/005
008/006
008/007
008/009
008/010
008/393
107/287
107/287
107/288
107/289
116/389
67～昀 005/049
007/472
008/029
008/377
008/462
009/233
010/111
109/238
110/189
113/193
117/135
121/012
121/331

2792$_2$ 繆

37～祖禹 146/337
40～嘉譽 059/265
～梓 067/251
067/381
067/389
134/427
72～彤 004/305
117/025

2822$_7$ 倫

08～敦工藝報 142/349
142/355
～敦頗路麼路報 143/557
～敦報 141/151
～敦格致報 143/555

2829$_4$ 徐

00～廉 102/049
～賡陛 046/057
047/249
047/253
047/293
049/029
051/128
051/131
051/135
051/216
052/120
053/129
053/212
053/219
059/333
074/473
080/381
100/335
101/453
111/118
117/423
122/288
125/328
132/357
～文弼 005/227
006/476
006/546
007/216
007/534
008/522
119/286
120/452
02～端 010/264
10～元文 002/140
005/119
005/210
009/235
113/193
14～琪 132/001
15～建寅 084/237
088/150
109/427
123/534
151/143
151/150
151/152
156/275
17～子苓 055/271
055/307
055/309
057/039
072/319
073/369
073/377
120/280
120/283
18～璥 062/469
077/349
20～秉義 007/489
21～仁鑄 145/083
157/540
22～鼎 006/033
～鸞 019/307
～繼畬 046/162

046/464
056/095
094/400
107/121
109/080
116/542
123/401
131/174
27～凱臣 099/381
28～以升 007/434
107/203
30～家鼎 135/010
～永祚 165/402
166/095
～永銓 126/516
126/517
～準宜 055/147
～宏先 010/073
～寶山 166/113
～寶善 060/117
～寅亮 010/391
～宗幹 048/525
048/551
048/553
112/256
112/268
112/269
134/224
33～必遠 004/301
34～法績 060/301
076/153
133/186
136/067
～洪度 113/266
36～澤醇 060/307
096/073
133/187
38～啟文 056/157
094/371
124/049
131/222
40～士佳 134/412
～克剛 051/259
136/250
～鼒 047/236
047/299
047/299
047/301
047/302
047/302
047/303
047/303
047/304
047/304
047/305
048/167
048/167
048/168
048/168
048/169
048/169
048/170
048/171
048/171
048/172
048/173

二八二九四 徐（四〇—四四）

	048/174
	048/174
	048/175
	050/166
	050/167
	051/071
	060/035
	069/111
	073/033
	096/121
	098/354
	100/181
	108/450
	108/450
	108/450
	108/451
	108/451
	108/451
	108/452
	108/452
	108/452
	108/453
	108/453
	108/454
	108/454
	108/454
	111/227
	112/353
	118/012
～有珂	072/419
	075/283
	080/171
	100/159
	101/481
～有壬	046/233
	114/308
	116/330
～志導	076/041
	079/287
	121/476
～壽	144/615
43～越	005/053
	011/079
	011/193
	109/126
	117/266
～樾　見徐越	
44～勤	082/394
	084/095
	084/151
	084/151
	084/154
	084/389
	085/103
	086/108
	086/146
	086/200
	086/353
	086/355
	086/355
	086/389
	086/420
	086/512
	087/212
	087/421
	087/423

	087/428
	088/483
	089/417
	092/049
	092/136
	092/253
	093/061
	093/065
	093/066
	093/144
	093/214
	093/420
	095/194
	095/197
	095/201
	095/205
	096/194
	097/100
	103/085
	105/112
	106/183
	106/203
	107/058
	107/431
	107/482
	107/483
	107/485
	107/533
	111/461
	129/409
～樹銘	052/015
	052/018
	079/249

	101/383
	122/170
	122/172
	133/391
	136/406
	136/415
46～旭齡	005/031
	005/113
	006/199
	007/010
	007/255
	007/341
	007/393
	010/077
	110/179
	112/062
	112/120
	119/001
～旭旦	004/187
	004/489
	009/154
	009/301
	010/044
	010/451
	011/195
	011/225
	108/195
	116/034
	117/211
	121/506
	122/177
47～超	026/129
～桐	049/184

068/163
119/386
132/510
134/512
48～乾學 001/126
001/274
001/342
001/345
001/417
002/407
003/138
003/231
004/350
007/359
007/427
007/428
007/440
008/020
008/149
008/167
008/180
008/182
008/240
008/305
010/057
010/242
107/201
107/202
107/254
107/269
119/363
119/454
119/500

～敬熙 145/223
145/237
145/240
145/303
145/350
145/429
145/431
145/532
146/086
146/123
146/412
50～申錫 039/515
60～□□ 158/039
～昱 150/441
151/219
64～時棟 068/239
069/265
077/061
083/173
099/372
77～用儀 148/269
148/273
148/276
～用錫 001/517
～學乾 見徐乾學
80～會灃 133/464
90～光煒 168/247
96～惺 007/070

2854_0 牧

25～牛公司 141/153

2891_6 稅

17～務司 152/189

3

3011$_7$ 沆

00～文成 119/455

3012$_3$ 濟

38～澂 133/048
133/050
133/239
134/469

3033$_6$ 憲

34～法起草委員會 161/249
162/387
～法期成會 162/267

3040$_1$ 準

30～良 083/288

3040$_4$ 安

20～維峻 133/073
35～清翹 036/373
045/471
052/089
080/319

3040$_7$ 字

44～林西報 142/202
142/508

3060$_6$ 富

13～強報 127/314
44～勒銘額 135/127
77～興阿 058/411
095/279
124/220
132/512

宮

27(日)～島大八 158/501

3060$_8$ 容

77～閎 081/065
081/083
085/117
085/292
089/448
089/459
090/285
097/142
097/147
105/128
105/135
105/299
105/301
111/332
114/012
122/385
127/021
127/130
127/140

3073_2 良

77～卿 006/368

3077_7 官

00～文 039/483
069/155
082/337
23～獻瑤 117/047
50～書局 082/014

3080_6 賓

12～廷 040/499
045/077
047/186
047/189
049/185
051/285
056/239
058/343
058/349
068/177
076/501
077/387
094/509
101/063
101/195
107/223
109/329
116/555
117/321
117/471
119/387
125/242
125/251
131/184
133/005
133/007
134/515
136/163
136/258
40～埗 054/449
47～鋆 049/054
066/385
098/003
112/082
119/024
134/326
60～昌 049/243
107/299
77～熙 134/525

竇

90～光鼐 006/535
010/107
110/118
110/187

實

32～業司 167/514

3090_1 宗

26～稷辰 046/031
046/419
046/420
047/290

049/286
050/069
055/291
058/117
058/465
059/359
060/031
060/165
067/331
076/455
095/193
095/363
096/061
096/123
097/227
107/024
109/119
110/162
117/496
124/101
133/140
134/435
136/148
31～源瀚 061/395
071/413
078/181
078/241
079/101
080/197
096/320
099/378
101/344
101/346
101/351
101/452
36～湘文 085/348
090/408
105/268
114/184

3090_4 宋

00～育仁 083/454
083/459
126/050
147/290
148/077
155/403
157/197
157/350
10～晉 056/113
058/269
075/399
075/405
079/403
094/370
095/407
100/198
117/475
124/263
131/210
133/036
136/023
136/024
136/453
26～伯魯 098/301
133/223

136/204
146/302
40～存禮 147/279
46～恕 146/067
～如林 006/308
006/308
006/309
111/421
111/421
111/422
118/189
48～教仁 159/251
159/287
159/298
53～彧 128/197
57～邦僡 040/061
045/023
045/025
045/027
045/059
045/061
045/063
045/065
045/067
045/097
045/099
045/113
045/115
051/146
051/146
051/147
051/181
051/182
051/233
051/233
051/234
051/235
051/235
051/236
051/237
110/200
64～時保 158/271
90～小濂 163/016
99～犖 001/431
002/495
003/168
008/318
010/174
110/247
119/402
121/339

3111_0 江

10～元烺 145/124
15～建霞 126/134
126/136
126/139
126/505
126/508
27～紹基 141/158
40～南商务報 141/339
141/348
141/354
～南派辦處 140/458
41～標 144/509
145/135

145/137
145/219
145/297
145/337
158/387
44～ 007/228
50～本銓 060/119
～忠源 042/411
042/415
043/005
049/473
050/125
050/132
073/281
073/383
073/389
075/343
099/279
120/246
120/248
125/092
135/148
60～國璋 147/387
77～開 037/277
045/487
052/100
080/211
122/271
97～輝祖 109/348

3111_1 滙

47～報 142/151

3111_4 汪

00～康年 081/193
081/196
081/202
081/208
081/211
081/374
081/376
082/180
082/198
082/209
082/210
082/210
082/273
082/346
082/422
084/106
084/108
084/111
084/112
084/113
085/043
086/257
087/320
087/326
087/332
087/334
087/336
089/282
092/377
094/386
094/409

	094/444
	094/452
	095/236
	103/075
	103/076
	103/077
	105/015
	106/020
	115/193
	115/196
	115/267
	126/085
	126/090
	126/092
	126/093
	126/097
	126/345
	127/298
	127/499
	128/203
	128/212
	146/043
	147/462
～庚年	162/494
10～元方	058/265
	062/151
	072/345
	095/423
	133/063
	133/404
	136/143
～晉	145/042
	145/109
	145/161
	145/251
	145/253
	145/259
	145/473
	145/474
	145/476
	145/478
	145/521
	145/523
	145/531
	146/007
	146/009
	146/026
	146/050
	146/106
	146/419
	146/549
	146/582
12～廷珍	054/355
	094/071
	116/185
13～琬	001/284
	001/300
	001/311
	001/367
	001/377
	001/421
	001/423
	005/287
	008/017
	008/041
	008/160

	008/176		107/149
	008/194		113/063
	008/199		121/298
	008/213	24～德淵	143/323
	008/216	25～甡	007/205
	008/362		007/206
	010/091	26～伯韓	146/374
	107/248	28～价	008/492
	109/349		010/063
	119/405		121/295
	121/315	～份	003/345
17～豫源	153/413		003/367
	155/410		003/395
21～能肅	046/120		003/463
	049/437	30～家禧	004/234
～師韓	007/450		006/472
	008/145		110/103
	008/261	～良弼	146/351
	107/240	32～兆銘	164/050
	119/458	40～大鈞	095/049
～縉	004/094		096/128
	004/097		128/206
	004/099		128/209
	004/102		128/210
	004/104	～士鐸	055/415
	004/105		057/285
	004/107		072/189
	004/190		074/009
	009/035		074/013
	010/055		074/065
	107/084		077/429
	107/085		100/270
	107/087		100/271

三一一四 汪(四〇—九七)

101/335
116/208
～志伊 005/067
005/357
006/447
009/395
011/036
011/399
108/176
109/131
113/222
121/459
～壽康 166/235
47～朝棨 070/075
099/028
119/486
135/047
50～中 008/160
008/231
008/302
008/378
010/192
116/127
119/525
120/506
～由敦 007/449
51～振基 060/185
096/058
124/282
133/145
～振聲 127/068
53～成驤 165/429
67～鳴鑾 041/505
049/200
134/534
77～鳳藻 149/161
150/029
150/040
150/044
150/047
150/055
150/068
150/081
151/295
152/005
152/011
152/020
86～錫祺 149/204
97～輝祖 005/270
005/273
005/274
005/278
005/280
005/290
005/294
005/298
005/300
005/302
005/304
005/309
005/349
005/398
005/400
005/401
010/095
010/170

010/171
109/345
109/346
109/351
109/353
109/356
109/359
109/360
109/363
109/369
109/409
109/411
110/183
117/369
117/372
117/376
117/379
117/380
117/381
117/383
117/385
117/387
117/495
117/499
117/508
121/347
121/350
99～榮賓 086/274
092/415
123/551

3112₀ 河

37(日)～瀨儀太郎 141/119
142/056

3112₇ 馮

34～浩 008/223
～浩一 001/323
40～志沂 054/269
054/323
059/053
075/269
44～桂芬 046/431
046/495
047/027
047/085
047/087
047/119
047/139
047/142
047/144
047/277
047/279
047/297
047/409
047/434
047/490
047/491
047/493
048/003
048/005
048/006
048/008
048/013
048/020
048/021

三一一二七 馮（四四）

048/023
048/025
048/178
048/178
048/347
048/471
049/035
049/037
049/218
049/281
050/021
050/181
051/302
051/478
052/349
053/455
055/425
058/109
058/211
058/243
059/443
059/449
059/455
060/095
061/093
061/111
061/119
061/293
061/299
061/359
061/363
061/369
061/381

062/007
062/335
062/503
064/045
064/051
064/233
065/297
066/425
066/467
067/241
067/307
068/329
069/069
069/179
071/067
072/373
075/497
078/425
080/113
094/090
094/494
095/358
095/480
096/305
096/309
096/310
096/312
097/003
098/023
098/388
099/088
103/205
103/207

104/399		118/354
104/400		118/356
107/410		118/359
108/254		118/365
109/187		118/368
109/240		118/369
109/257		118/371
109/283		118/411
109/330		118/412
109/407		119/008
110/012		119/009
110/419		119/111
111/226		119/328
112/026		119/446
112/027		120/011
112/028		120/062
112/038		120/421
112/042		121/333
112/070		133/300
112/072		147/179
112/151		150/469
113/102		153/001
116/551	60～國璋	160/233
117/159		162/211
117/298	～國士	053/106
117/335		053/107
117/458		112/444
117/481		112/445
117/520		120/328
118/023	～思永	146/243
118/194	～景	004/138
118/262		004/351
118/353		008/202

008/235
008/384
011/215
110/070
116/391
77～礬驥 048/230
052/126
063/059
080/321
096/463
133/521
136/511
93～焌光 050/269

3116_0 酒

55～井佐保 143/573
143/582

3126_6 福

00～康安 008/455
009/239
113/195
155/010
15～建政務院法制局 162/501
～建船政局 151/187
30～宗祥 146/551
32～州船政洋監督 102/095
36～澤諭吉 143/592
144/130
144/134
144/136
144/138
37～潤 133/314
133/319
133/321
136/384
150/118
154/204
40(美)～士達 147/392
86～錕 134/467
136/154

3128_6 顧

00～廣譽 049/158
049/405
049/424
049/443
051/461
069/219
070/413
071/079
074/499
080/179
098/397
100/041
101/456
119/526
121/219
～言 146/446
10～震福 160/239
13～琮 005/121
010/536
011/141
011/176
108/190
122/017

22～樂山 146/344
146/345
27～仰基 094/137
096/419
101/560
124/412
28～復初 055/359
059/023
116/142
30～寧人 001/214
001/303
～家相 128/345
146/059
36～昶 146/005
37～湄 001/232
001/416
～祖禹 003/217
009/109
009/128
009/130
009/130
009/131
009/137
009/452
108/039
120/142
120/144
120/146
120/147
120/147
120/148
38～啟宗 146/228
40～大紳 146/354
45～棟高 007/288
007/327
007/422
008/225
008/415
008/417
008/435
009/037
009/112
009/113
009/115
009/151
010/065
010/521
107/199
108/402
111/364
112/291
112/292
118/453
120/121
120/122
120/151
46～觀光 046/241
046/243
046/244
046/249
046/251
046/254
046/258
046/262
046/272
046/277

	114/312
	114/312
	114/313
	114/314
	114/315
	114/317
	114/319
	114/326
	114/328
	116/337
	116/337
	116/338
	116/340
	116/341
	116/343
	116/449
	116/454
	116/457
	116/464
47～起	145/104
	145/118
	145/261
	145/286
	145/352
	145/452
	145/494
	145/537
	146/136
	146/314
	146/420
71～厚焜	149/247
	149/248
	149/251
	154/235
90～炎武	004/110
	004/111
	004/151
	004/154
	004/155
	004/212
	004/221
	004/226
	004/237
	004/264
	004/319
	004/323
	004/330
	004/336
	004/337
	004/339
	004/340
	004/355
	004/444
	005/094
	005/097
	005/099
	005/100
	005/129
	005/136
	005/137
	005/138
	005/138
	005/142
	005/150
	005/163
	005/164

三一二八* 顧（九〇）

005/167
005/175
005/180
005/182
005/281
005/367
005/377
005/420
006/006
006/008
006/043
006/081
006/082
006/084
006/181
006/293
006/314
007/149
007/266
007/281
007/282
007/285
007/349
007/351
007/358
007/372
007/397
007/437
007/513
007/533
008/014
008/016
008/018
008/019
008/057
008/067
008/088
008/121
008/126
008/127
008/129
008/143
008/169
008/172
008/208
008/209
008/252
008/306
008/323
008/323
008/328
008/331
008/334
008/345
008/346
008/401
008/403
008/403
008/439
008/443
008/485
008/491
009/104
009/152
009/278
011/003

三一二八六 顧（九〇）

107/044	112/295
107/045	116/030
107/090	116/031
107/109	116/032
107/256	116/119
107/264	116/189
107/265	116/190
107/265	116/191
107/267	116/524
107/272	117/062
107/438	117/064
108/051	117/208
108/069	117/209
108/241	117/255
109/001	117/257
109/116	117/258
109/117	117/258
109/118	117/259
109/177	117/259
109/179	117/261
109/185	117/294
109/302	117/295
109/319	117/303
109/321	117/449
109/393	117/451
110/063	117/453
111/347	117/461
111/348	117/461
111/349	117/503
111/372	118/147
112/003	118/200
112/004	118/311
112/199	118/312

118/441
118/443
118/444
118/446
119/451
119/499
120/137
121/295
122/065

3211₃ 兆

17～那蘇圖 066/135
097/392
134/137

3213₄ 濮

00～文暹 077/231
101/143

沃

40～嘉明 106/036

3214₇ 浮

17(英)～乃 086/138
092/117
106/239
107/525

3216₉ 潘

00～彥 142/207
～慶瀾 135/041
136/246
03～詠 100/250
07～諮 004/175
08～敦先 082/328
095/434
098/065
098/226
117/482
10～霨 040/191
～更生 162/420
12(英)～登 168/047
～飛聲 094/202
094/313
096/224
097/066
097/092
098/217
100/255
102/525
21～行讓 126/519
24～德輿 055/395
057/119
057/321
057/363
068/215
069/127
069/411
070/025
080/153
094/281
094/534
098/122
099/039
101/472
116/091

117/094
117/226
30～之善 009/216
37～祖蔭 051/404
056/401
061/331
068/265
074/117
095/153
096/222
096/251
119/386
120/004
124/315
131/080
133/293
134/536
135/433
154/026
40～克先 083/013
44～世恩 117/220
46～相 001/159
47～超光 005/155
～杓燦 010/084
121/329
50～耒 001/103
002/250
004/116
004/508
004/512
008/429
011/220
109/219
116/033
120/217
121/327
56～挹奎 013/127
017/183
90～小庵 048/310
94～慎文 143/387

3311_7 滬

00～商會 168/170

3315_3 淺

77～巴司 144/584
144/596

3390_4 粱

04～詩正 006/229
21～上國 010/006
112/329
120/229
22～任公 141/175
25～傑 004/251
116/187
28～份 011/306
122/254
35～清標 005/110
38～啟勳 159/092
160/143
160/304
160/320
162/310
162/382
164/486

165/263
165/278
165/288
165/297
～啟超 082/032
082/212
082/261
082/293
082/300
082/382
082/543
083/040
085/189
085/394
086/068
086/184
087/177
087/188
087/192
087/313
087/412
088/147
088/235
088/325
088/332
088/350
088/359
088/398
088/410
088/419
088/447
089/012
089/091
089/225
089/255
090/062
090/109
090/198
091/074
091/448
092/217
092/241
092/243
092/297
092/308
092/318
092/329
092/355
093/059
093/062
093/073
093/079
093/099
093/155
093/231
093/403
093/408
093/410
093/413
093/421
093/434
104/027
126/059
126/064
126/065
126/168

三三九〇四 梁 (三八)

126/172
126/180
126/186
126/190
126/195
126/271
126/458
127/293
127/429
127/431
158/369
159/057
159/065
159/072
159/082
159/089
159/200
159/242
159/244
159/371
159/380
160/109
160/200
160/274
160/287
160/339
160/349
160/356
160/387
161/098
161/240
161/291
162/177
162/427
162/430
163/017
164/011
164/057
164/352
164/396
164/530
166/359
167/308
168/176
168/184
168/526
168/531
60～□□ 157/499
157/505
157/514
158/382
77～鳳翔 006/100
006/101

3411_2 沈

07～翊清 132/207
142/286
08～敦和 126/142
153/430
156/016
11～珩 006/184
109/003
12～聯芳 011/109
011/111
108/228
122/100

14～確士 001/110
002/254
20～受宏 006/524
119/337
～維鐈 070/401
21～衛 131/421
131/447
～衍慶 059/321
063/127
064/229
077/355
24～德潛 006/124
009/376
011/241
011/265
112/015
122/196
～紘 141/040
141/132
30～寓 005/251
005/369
005/371
117/394
32～兆霖 051/423
053/061
053/063
072/443
072/449
073/177
073/181
074/107
079/293
100/137
100/139
101/403
108/411
113/261
113/262
125/180
132/428
132/429
135/426
136/129
136/131
～近思 005/006
40～大成 008/151
008/375
～垚 049/378
049/379
049/402
049/416
068/089
070/225
070/259
070/263
070/281
074/357
099/060
099/061
099/070
100/296
107/259
119/366
119/473
119/474
121/019

三四一一₂ 沈（四四）

44～荃 006/061
009/013
110/150
～夢蘭 011/008
122/066
～葆楨 040/361
041/071
041/111
041/119
041/165
041/171
041/181
042/365
042/399
042/497
044/115
044/301
044/309
044/317
044/381
044/387
045/047
045/119
045/125
045/135
045/143
045/147
047/054
047/441
047/443
048/037
048/222
048/364
048/368
048/371
048/511
048/516
048/518
049/250
049/479
049/527
050/193
050/259
050/372
050/375
050/379
050/513
050/516
050/519
051/124
051/271
051/274
051/277
051/281
051/283
052/196
053/071
053/194
053/197
053/298
053/299
053/300
053/467
059/475
061/447
062/133

063/037	101/127
063/335	101/171
064/173	101/400
065/363	101/401
065/373	104/297
065/399	109/263
065/403	111/107
066/553	111/108
067/323	112/080
069/107	112/154
071/263	112/156
072/029	112/298
073/337	112/315
074/213	112/351
075/043	112/355
075/051	113/309
075/055	113/354
075/063	115/020
075/069	117/525
075/421	118/300
076/323	118/419
077/241	119/119
079/335	120/185
079/399	120/296
083/198	121/209
096/275	121/237
096/465	122/057
096/491	125/100
097/418	132/110
097/431	132/154
099/401	132/155
100/269	132/157
100/319	132/159

三四一一二 沈（四四）

132/160
132/163
132/164
132/165
132/165
132/167
132/167
132/168
132/168
132/180
132/239
132/458
132/460
132/460
132/462
133/100
133/307
133/354
133/439
133/442
133/443
133/513
134/035
134/050
134/051
134/052
134/082
134/096
134/097
134/104
134/106
134/249
134/251
134/255
134/263
134/264
134/281
134/284
134/335
134/336
134/367
134/415
134/433
134/462
134/492
134/493
134/496
134/497
134/499
135/021
135/059
135/119
135/134
135/162
135/215
135/216
135/264
135/266
135/267
135/268
135/269
135/270
135/281
135/432
135/437
135/438

135/484
135/485
135/487
136/035
136/107
136/438
136/446
136/454
～其賢 146/241
～桂芬 040/311
048/150
062/377
118/265
133/492
45～椿年 166/230
47～起元 001/164
005/152
005/249
005/257
006/247
007/227
007/230
009/359
009/362
011/253
109/337
117/367
122/193
60～曰富 049/396
070/243
099/059
64～時任 168/206
～時棟 167/058
167/180
71～長明 127/461
～頤 167/161
72～彤 001/285
001/301
001/379
003/006
008/192
008/212
008/215
008/503
119/404
119/464
77～同芳 163/130
164/035
～學 086/429
086/430
086/432
086/433
086/435
086/436
086/438
093/235
093/239
093/242
093/244
093/248
093/250
093/255
107/065
126/069
157/380
80～善蒸 046/311

	046/312
	114/344
	114/345
	116/252
	116/253
	126/527
	126/530
	126/532
87～欽韓	070/211
	070/235
	070/275
	070/353
	099/056
	099/058
	099/063
	099/066
	119/467
90～惟禮	145/042
	146/230
～粹生	083/235
	102/450

3413_1 法

00～文西報	142/457
22～制局	163/062
43～式善	005/229
	008/337
	116/137
45～坤宏	008/037
	008/180
	119/435
60～國報	127/401
(英)～思德	150/029
	150/040
	150/044
	150/047
	150/055
	150/068
	150/081
	151/295
	152/005
	152/011
	152/020

3413_4 漢

24～納根	145/357
	145/358
	145/360
	145/362
	145/364
	145/373
	145/376
	145/378
	145/381
	145/384
	145/393
	145/400
30(西)～塞爾	085/428
	091/145
	102/363
	104/363
	113/324
	123/487
	127/159
33～治萍公司	168/243
～濱讀易者	106/391

3414_7 淩

00～堃 058/391
059/045
062/401
068/339
070/097
096/443
099/077
125/067
12～廷堪 001/081
001/084
001/088
007/377
007/378
011/385
011/387
107/228
107/230
122/206
31～江 077/453
077/457
077/459
101/359
101/360
101/361
38～淦 048/292
048/297
048/307
46～如焕 005/337
109/367
117/237

3418_1 洪

00～亮吉 005/245
007/311
010/015
109/337
30～良品 133/075
33～述祖 130/064
34～汝沖 148/012
71～頤煊 068/231
070/249
070/403
077/333
098/128
101/148
119/481
119/524

3426_0 褚

44～華 009/377
011/271
108/205
53～成博 098/302

3430_2 邁

40～柱 009/025
110/151

3510_7 津

50(日)～由仙 141/132

3521_8 禮

06～親王 047/222

144/163
07～部 084/294
084/330
088/274
088/349
098/168
120/024
120/071
120/080
131/165
131/424
131/461
131/464
131/468
135/024
135/031
135/041
149/302
149/307
149/323
149/328
149/420
149/435

3530_0 連

00～文瀚 145/304
21～順 132/077
133/452
133/453
150/432

3611_7 溫

12～瑞柏 007/233
31～福 007/531

3612_7 湯

03～斌 001/034
001/095
002/004
002/060
003/062
003/243
005/236
008/335
008/351
011/218
110/064
110/066
119/409
122/180
10～爾和 160/116
～震 147/274
149/065
149/066
149/222
150/019
150/278
150/365
152/118
152/122
152/310
153/084
154/069
154/072
155/110
27～修 060/111

～彝	051/007
	075/195
	075/203
	100/230
～叡	159/106
	164/257
	165/183
40～壽潛	084/250
	088/180
	089/099
	103/262
	104/038
	104/461
	104/470
	104/472
	104/476
	104/477
	104/478
	118/246
	158/506
44～蟄仙	126/056
	126/213
	126/239
	126/256
	126/276
	126/282
	126/286
	126/287
	126/291
	126/293
	126/311
	126/314
	126/317
	126/361
	126/371
	126/373
	126/377
	126/378
	126/379
	126/382
	126/406
	126/425
	126/431
	126/433
	126/438
	126/468
	127/012
	127/027
	127/075
	127/148
	127/149
	127/175
	127/258
	127/264
	127/276
	127/278
	127/281
	127/289
	127/418
	127/482
～世昌	011/021
	108/247
～桂芬	107/291
53～成烈	054/287
	061/003
	061/007

061/011
061/017
061/021
061/025
061/029
061/039
061/055
062/093
062/097
063/375
066/235
068/305
068/309
068/313
069/285
071/005
071/009
071/013
071/017
071/169
071/173
071/177
072/263
072/429
075/261
094/059
096/290
096/291
096/293
096/294
096/295
096/296
096/297

096/313
096/315
096/391
096/393
098/263
098/264
098/265
098/412
099/412
099/413
099/414
100/167
116/076
120/193
120/418
120/420
120/462
124/119
124/360
124/361
125/054
125/106
125/107
125/108

77～用中 077/245
101/128

～鵬 057/381
059/415
059/421
060/079
071/029
076/393
095/298

096/142
101/047
118/007
124/225
80～金釗 046/084
046/128
049/371
061/153
070/057
119/411
133/267
～金鑄 046/308
114/343
116/250
139/261

3630_2 邊

30～寶泉 046/440
050/418
051/156
058/417
095/277
110/211
132/525
133/334
135/439
136/200
154/045

3712_0 湖

11～北全體士民 164/008

3712_7 滑

24(西)～稜 084/193
088/053
103/183

3714_7 汲

40(英)～士沼 085/225
090/140
105/241

3716_4 洛

50(美)～史原 160/155

3722_0 初

42～彭齡 010/096
110/184

3722_7 祁

20～儁藻 見祁寯藻
30～寯藻 054/175
056/209
094/399
116/022
117/013
131/168
131/177
41～ 069/101
098/292
135/005
44～世長 067/031

3730_2 通

00～商彙纂 141/412
10～正齋生 126/057

86～智 011/305

3750₆ 軍

18～政處兵部 153/292
42～機大臣 131/188
131/291
131/390
131/487
131/491
131/496
133/228
～機大臣三法司 136/203
149/339
153/314

3814₇ 游

10～百川 040/099
042/077
045/343
047/282
048/223
051/359
051/368
059/471
078/311
078/337
078/363
101/299
101/333
109/408
112/195
118/433
133/097
133/513
136/303
136/320
136/337
136/386

3815₁ 洋

60～員 139/363

3815₇ 海

07～望 007/319
011/501
21～上閒鷗 127/480
37～軍衙門 132/136
152/338
77～留司烈 143/123
143/124
143/129

3819₄ 涂

30～宗瀛 040/335
040/377
047/340
048/186
048/236
063/119
096/477
133/207
133/391
60～恩澤 168/303
168/311
168/314
168/325

168/345

3826₈ 裕

08～謙 045/009
045/015
051/144
074/515
074/517
076/407
076/413
100/317
101/050
121/206
125/237
135/404
135/405
24～德 136/244
37～祿 048/133
133/103
133/358
133/392
133/435
134/328
134/466
142/523
154/029
87～鋼 135/349

3850₇ 肇

09～麟 063/039
133/517

3912₀ 沙

26～得得兒的報 127/373
40(英)～士勃雷 086/315
092/506

4

4000₀ 十

00～六省都督 163/064

4001₁ 左

30～宗植 057/367
060/023
096/124
～宗棠 040/247
042/041
047/148
047/505
047/509
047/515
048/081
048/124
048/204
048/525
048/544
048/549
048/551
048/553
049/231
049/529
050/209
050/222
051/115

四〇〇一 左（三〇）

051/118	077/397
053/078	083/128
058/277	083/437
060/497	095/408
060/503	096/188
061/429	096/237
061/439	096/272
062/385	097/420
066/225	099/276
066/253	099/394
066/259	099/403
066/405	100/082
069/093	100/091
071/213	100/143
071/279	100/212
071/357	100/311
071/385	101/193
072/069	104/351
072/075	109/026
072/089	109/167
072/103	112/031
073/343	112/033
074/423	112/037
074/469	112/256
074/543	112/264
075/437	112/267
076/179	112/268
076/187	112/269
076/193	112/346
076/203	112/348
076/209	112/425
076/235	113/129
076/347	113/132

四〇〇一一左（三〇）

113/312
118/267
118/378
119/195
119/196
120/072
120/188
120/199
120/372
120/390
120/392
120/397
121/215
121/216
125/169
131/134
131/155
131/253
131/254
132/147
132/149
132/152
132/152
132/172
132/330
133/051
133/120
133/201
133/203
133/325
133/328
133/333
133/394
133/427
133/441
133/443
133/469
133/494
134/218
134/218
134/221
134/222
134/224
134/226
134/266
134/343
134/391
134/471
134/472
134/473
134/478
134/479
135/003
135/044
135/064
135/095
135/120
135/129
135/141
135/165
135/169
135/170
135/283
135/287
135/288
135/292

	135/295
	135/297
	135/298
	135/300
	135/411
	135/420
	135/508
	135/509
	136/076
	136/082
	136/083
	136/086
	136/260
	136/465
	152/233
31~潛	046/291
	046/292
	114/336
	116/346
	116/347
53~輔	054/303
	058/457
	061/273
	062/491
	071/059
	072/277
	077/413
	080/387
	080/393
	094/076
	095/327
	096/417
	101/458
	101/460
	116/078

4001₇ 九

90~省都督	163/009

4003₀ 大

26~總統	159/263
	159/334
	159/361
	159/365
	162/212
	162/215
	162/243
	162/249
	162/293
	162/485
	162/507
	162/508
	163/005
	163/144
	163/369
	163/370
	163/427
	163/428
	163/429
	163/429
	163/430
	163/431
	163/432
	163/433
	163/434
	163/435

163/437
163/438
163/438
163/439
163/440
163/445
163/446
163/448
163/453
164/016
164/051
164/053
164/074
164/076
164/095
164/097
164/098
166/378
166/379
168/477
168/603
168/604
36(日)～澤龍二郎 148/135
42(日)～橋鐵太郎 138/153
138/332
138/333
139/406
139/411
142/438
60～愚 159/235
71～阪報 142/507
76(日)～隈重信 156/067
(日)～隈伯 086/105
092/041
102/225
106/196

4010_4 奎

03～斌 047/009
047/353
049/257
049/535
050/392
107/302
131/146
133/212
135/016
135/107
21～順 133/454
23～俊 133/249
134/240
134/242
134/414

4010_6 查

12(英)～列斯垤兒克 156/456
52～撲 058/017
058/023
058/031
058/035
058/041
063/123
070/143
095/329
095/331
095/333

095/334
095/336
096/476
099/081

4020₇ 麥

17～孟華 082/043
082/253
082/528
084/223
085/067
086/251
086/252
086/255
086/516
086/525
088/117
089/338
092/363
092/366
092/373
092/399
093/429
093/449
094/296
095/058
097/107
098/033
101/172
105/044
109/197
112/107
115/311
122/338
147/470
151/348
～孟英 103/490
20(意)～奚牙伯利 157/034
37～鴻鈞 163/048
60(美)～見尼 085/166
090/010
104/416
127/123

4021₆ 克

74～馳馬 099/309
099/379
100/340
101/006
085/420
091/125
153/354
153/360
153/363

4022₇ 布

17(美)～碌士 085/438
091/166
40～李難 見布里難
(英)～來德 152/023
152/028
152/037
152/045
152/049
152/053
152/066

	152/068
60(英)～里難	085/082
	089/371
	110/365

南

10～天祥	008/487
38～洋公學	158/044
	158/046
	158/051

内

17～務總長	163/442

希

10～元	049/539
	135/335

有

46(日)～賀長雄	137/423
	137/453
	138/292
	138/325
	138/354
	138/387
	148/142
	156/060
	156/064
	161/111
	161/235
	161/282
	162/171
	162/252
	168/452

4033_1 志

20(英)～依□□	156/432
46～賀重昂	144/063
	144/126
	144/186

4040_7 李

00～度	107/089
～慶恆	048/404
	112/170
～文耕	005/318
～文炤	042/145
	049/349
01～龍光	083/330
	121/282
02～端棻	081/009
	083/003
	084/285
	088/253
	098/145
	103/431
	107/320
	124/486
	126/200
	131/386
10～元度	038/323
	038/329
	038/335
	038/449
	039/007
	039/389

039/395
040/013
042/049
042/221
042/341
043/061
045/029
045/033
045/313
046/052
046/055
046/122
047/071
047/223
050/171
051/147
051/150
051/487
054/259
055/081
055/103
070/391
074/187
074/255
076/401
080/257
083/047
101/473
107/031
107/116
109/380
116/149
120/285

～元英 006/060
～晉 168/570
～可言 145/338
～雲麟 043/479
043/481
043/483
044/001
044/005
050/382
050/383
050/384
050/385
050/386
074/373
074/375
074/381
074/389
074/399
074/413
100/393
100/428
121/028
121/030
121/031
135/443
135/446
135/449
12～璠 039/473
～聯琇 058/317
068/335
070/239
095/296
117/466

119/482
124/224
～發甲 007/538
107/331
14～功譜 104/410
～功甫 106/249
15～建 019/105
040/239
047/487
～建德 168/201
168/203
17～及秀 006/169
20～秉衡 053/435
053/440
085/234
090/159
098/059
105/251
119/042
121/052
134/055
134/334
134/358
135/459
154/056
～維格 168/222
～維鈞 009/156
21～上楨 010/180
～步青 103/354
～能定 049/395
～衛 007/177
008/368
009/165
009/307
119/406
～經邦 082/074
082/329
082/407
082/472
082/520
083/155
083/205
083/252
095/436
096/083
096/377
097/269
100/343
100/345
101/075
102/200
104/104
120/423
123/305
～經羲 133/013
22～鼎頤 082/444
082/468
118/222
118/506
～繼聖 001/495
008/092
23～紱 001/392
001/477
005/050
005/470
006/014

006/043
006/051
006/073
006/202
006/391
007/071
007/308
007/318
008/057
008/271
008/449
009/085
009/086
009/087
009/089
009/090
009/437
009/509
010/500
011/505
109/010
109/238
111/362
112/464
112/465
117/067
118/330
118/448
120/074
120/319
120/320
120/321
121/330

24(美)～佳白 082/020
099/183
100/480
125/069
147/409
149/269
157/459
158/416
～德騫 049/439
069/389
070/021
099/005
099/048
119/412
125/059
～贊元 007/256
26～白儔 125/253
～伯枝 *145/279
27～象鷴 063/433
096/536
28～復興 006/064
112/012
30～之方 見李之芳
～之芳 002/171
002/181
002/183
002/186
002/210
003/166
005/056
005/122
005/385
010/146

109/129
109/310
109/398
110/153
117/454
117/504
～宏 010/328
108/320
～容 004/248
004/249
026/517
026/521
026/521
～良年 008/317
～寶章 152/178
～宗傳 015/363
054/341
055/141
058/059
～宗羲 048/033
048/510
049/525
051/253
051/348
051/351
052/229
053/066
053/395
056/233
058/437
059/107
062/123
065/449
071/095
071/275
074/553
078/305
095/498
096/399
108/379
112/424
113/135
113/263
115/036
116/553
118/170
121/243
121/377
121/499
131/186
132/245
132/431
133/305
135/061
135/115
136/313
136/315
31～福謙 094/276
32～兆洛 006/102
006/257
008/505
011/341
011/342
011/352
068/423
070/109

070/111
074/275
074/457
100/348
100/467
108/163
33～治運 009/389
110/175
113/222
34～法章 167/275
～潹 130/286
37～湖 006/398
112/187
～鴻章 042/387
042/393
044/135
045/169
045/331
047/212
047/424
048/200
048/282
048/376
049/046
049/178
049/255
051/207
051/213
051/341
051/363
051/446
052/006
052/011
052/020
052/024
053/099
053/304
053/465
053/467
053/475
053/497
060/383
061/343
062/279
064/325
066/449
067/025
067/101
068/185
072/051
074/529
076/101
076/107
076/115
076/119
076/129
078/289
078/329
079/185
079/207
079/245
079/255
080/051
083/075
094/111
096/260

096/369	118/372
097/315	118/417
098/012	119/219
098/108	119/225
099/095	119/336
100/077	120/202
100/210	121/209
100/327	121/217
100/380	122/062
101/284	122/168
101/380	122/519
101/385	125/135
101/503	131/263
101/511	131/437
104/297	131/444
107/222	131/478
108/278	132/007
108/375	132/025
108/384	132/026
108/422	132/047
108/425	132/071
108/427	132/093
108/429	132/168
109/262	132/181
109/263	132/184
109/267	132/185
109/272	132/187
109/388	132/188
110/202	132/193
110/206	132/201
112/158	132/204
116/502	132/206
117/337	132/209

四〇四〇七 李（三七）

132/210	132/501
132/212	133/164
132/213	133/291
132/215	133/296
132/219	133/301
132/220	133/386
132/260	133/470
132/269	134/001
132/271	134/044
132/280	134/044
132/282	134/088
132/284	134/098
132/296	134/102
132/321	134/294
132/322	134/334
132/332	134/353
132/375	134/355
132/392	134/519
132/395	134/539
132/399	135/016
132/404	135/130
132/407	135/181
132/408	135/271
132/413	135/273
132/414	135/275
132/416	135/278
132/417	135/341
132/420	135/373
132/421	135/390
132/433	135/391
132/434	135/393
132/447	135/394
132/448	135/395

135/398
135/400
135/402
135/406
135/407
135/500
135/511
135/512
136/042
136/044
136/046
136/052
136/053
136/054
136/056
136/063
136/309
136/322
136/345
136/353
136/355
136/396
136/399
136/408
136/414
136/416
136/433
136/455
136/464
138/341
146/272
148/281
156/004
156/025
～鴻賓 005/474
～漁 010/155
010/165
110/238
121/352
121/362
～祖陶 040/303
041/095
041/143
042/115
043/091
043/409
045/163
045/185
045/363
048/146
048/349
048/438
050/079
051/463
062/339
064/417
068/095
073/071
079/469
096/241
097/518
100/149
101/467
108/430
110/049
110/168

118/257
38～瀚章 064/153
065/381
097/400
118/421
134/077
134/258
～裕堂 026/147
～肇錫 058/301
063/051
095/384
118/302
133/042
133/520
40～大衡 145/193
～大鈞 164/140
(西)～士理 152/157
(德)～士德 139/447
139/454
139/466
139/473
～圭 082/269
～培禧 082/456
122/548
～希聖 084/397
088/496
096/094
111/253
128/242
～有棻 043/231
050/215
41～楷 014/191
014/195
014/199
014/203
014/207
015/145
015/289
015/377
016/517
016/521
016/525
021/533
025/225
039/239
44～董壽 157/473
～芳春 011/364
～蔚然 166/399
～蕃 002/560
006/547
～世傑 010/258
～菡 056/087
095/107
117/221
131/202
～林松 052/031
46～如柏 009/162
47～鶴年 052/122
057/401
095/326
132/514
136/513
50～中孚 004/208
006/498
012/319
012/347

	038/299	56(英)～提摩太	082/028
	110/108		082/137
～肅毅	126/041		082/141
～本樟	011/353		082/168
～東沅	048/179		082/353
	051/217		082/358
	053/017		082/364
	053/138		082/389
	053/141		082/405
	053/227		082/426
	053/351		082/481
	053/353		082/483
	053/356		082/483
	053/482		082/485
	062/511		082/534
	096/434		083/008
	096/435		083/010
	108/455		083/037
	110/294		083/178
	111/279		083/229
	112/081		083/280
	112/448		083/281
	113/331		083/301
	118/093		083/306
	118/121		083/312
	119/018		083/330
	120/325		083/339
	123/064		083/344
53～拔	006/301		083/388
	006/302		084/100
	111/415		084/171
	118/190		084/173
	118/205		084/175

四〇四〇七 李（五六）

084/176	088/003
084/177	088/007
084/180	088/012
084/381	088/014
084/382	088/017
084/393	088/024
084/438	088/463
084/467	088/467
085/008	088/488
085/059	089/100
085/173	089/210
085/174	089/319
085/227	090/025
085/228	090/027
085/254	090/143
085/255	090/147
085/256	090/202
085/257	090/205
085/258	090/208
085/259	090/209
085/260	090/212
085/262	090/214
085/263	090/217
085/353	090/221
086/286	090/224
086/288	090/418
086/289	092/443
086/291	092/446
086/292	092/449
086/303	092/454
086/502	092/456
087/224	092/479
087/226	093/397

094/112
094/115
094/338
094/454
095/180
096/087
096/148
096/157
096/159
096/161
096/193
098/136
098/254
098/268
099/113
099/244
099/343
099/356
102/030
102/253
102/255
102/257
102/269
102/275
102/482
103/067
103/165
104/039
104/155
104/227
104/424
104/425
105/034
105/243
105/245
105/273
105/367
105/397
106/303
106/304
106/306
106/309
106/310
106/317
106/378
106/425
107/327
110/028
110/029
110/032
110/033
111/135
111/136
111/138
111/139
111/140
111/143
111/250
111/301
111/307
111/402
111/403
112/104
113/392
113/413
114/056

四〇四〇七 李（五六）

114/057
114/058
114/059
114/061
114/188
115/186
115/187
116/486
118/247
118/511
118/512
123/016
123/443
123/473
123/501
123/504
123/521
123/542
123/544
123/550
147/286
149/001
149/002
149/004
149/007
150/087
150/099
150/282
150/454
151/163
151/331
152/326
153/257
153/260
153/262
153/264
155/093
155/138
155/436
155/439
156/255
156/257
156/260
156/262
156/265
156/267
156/269
156/271
156/273
156/323
156/331
156/336
156/342
156/350
156/355
156/356
156/364
156/374
156/385
156/391
156/400
156/405
156/412
156/419
156/429
157/054

	157/059	134/091
	157/183	134/101
	157/187	134/173
	157/190	134/211
	157/368	134/236
	157/369	134/238
	158/367	134/270
57～擢英	134/055	134/438
60～呈祥	002/416	134/460
	007/183	134/462
	007/362	135/123
～星沅	060/153	135/139
	061/177	135/209
	064/139	135/210
	065/163	135/211
	067/361	135/212
	071/125	135/419
	072/435	135/428
	076/239	135/429
	096/067	135/430
	097/232	135/431
	097/323	135/431
	097/403	135/461
	100/141	136/001
	131/133	136/068
	132/295	136/139
	132/451	136/156
	133/072	136/244
	133/200	136/286
	133/269	136/287
	133/292	136/287
	134/046	136/450
	134/076	136/451

四〇四〇七 李（六〇—八六）

～因篤	014/175	77～鳳儀	103/311
	015/327		103/313
	021/255		103/314
	022/125	～鳳苞	052/311
	024/217	～用清	048/210
	033/381		133/397
	039/221	～鵬鳴	008/474
	040/397	～殿林	131/415
	041/075	～開侁	168/251
	041/399		168/259
	045/267	～興銳	131/358
～昌平	032/171		131/524
	032/175		132/473
	032/179		132/482
	032/183		133/399
	044/421		133/466
	044/425		134/339
	044/429		134/397
	044/433		136/510
～果	001/266		148/414
61～顒	001/167	80～毓芳	168/334
	001/169	～善蘭	046/285
	001/171		046/288
	002/003		114/333
	002/478		114/334
64～�	039/215		149/209
67～明墀	051/027	82～鍾玨	051/218
	052/124		051/220
	080/253		110/207
	101/438		110/208
	135/470	～鍾份	002/551
	136/492		006/533
～鳴謙	168/172	86～智儔	101/202

151/216
90～懷庚 017/195
021/553
～懷銓 163/410
～光型 003/013
008/501
～光廷 154/087
154/093
154/096
154/100
154/103
154/441
154/445
154/447
～光地 001/049
001/389
001/444
002/505
002/508
002/530
003/097
003/163
003/192
003/193
003/195
004/157
006/359
006/493
008/074
008/260
008/267
008/269
010/147
011/153
107/092
107/243
107/438
112/176
119/275
119/512
～光坡 002/268
003/104
003/186
003/188
006/056
009/273
～尚暲 051/072
～棠階 038/363
038/371
039/131
039/377
039/409
042/027
042/031
042/337
046/473
049/220
049/423
054/363
056/177
069/049
069/323
070/065
077/003
094/522
095/117

107/411
109/155
131/098
136/163
96～惺 042/197
049/332
107/281

4060_0 古

24(美)～德諾 161/274
43～城貞吉 144/218
144/219
144/219
144/222
144/223
144/230
144/404
144/419

4060_1 吉

60(日)～田森太郎 140/489
140/491
140/500
140/509

4064_1 壽

30～富 084/115
086/221
087/340
092/300
103/079
115/297
122/427
44～蔭 136/127
150/421
77～鵬飛 166/257

4073_2 袁

00～方城 057/405
095/319
117/246
132/515
10～一相 006/020
006/025
006/115
006/523
110/113
118/322
17～翼 046/409
049/334
26～保恆 044/011
048/287
053/064
110/130
113/263
132/430
134/039
30～宮桂 029/173
043/079
36～昶 132/441
132/443
132/517
134/384
136/112
145/330
148/269

	148/273
	148/276
	158/503
37～祖志	105/411
	106/124
40～爽秋	142/552
44～世凱	131/259
	131/344
	131/411
	131/520
	131/544
	132/265
	133/468
	136/114
	148/401
48～枚	004/442
	004/448
	005/200
	005/201
	005/206
	005/229
	005/254
	007/505
	008/100
	010/075
	107/279
	107/329
	109/140
	109/144
	110/178
	117/136
	117/141
	117/465
	117/513
	118/006
	121/302
	121/325
60～甲三	056/185
	094/331
	124/040
	131/223
84～銑	062/011
	096/287
	133/357
87～翔甫	104/250
	105/202
	105/281
91～焯	167/315

4090_8　來

50(德)～春石泰	153/367

4091_6　檀

44～萃	007/305
	010/033
	010/036
	113/334
	120/457

4091_7　杭

44～世駿	004/382
	008/046
	008/210
	008/254
	010/150
	107/257

117/038

4099_4 森

10(日)～要太郎 141/109
44(英)～苗路勞 084/469

4192_0 柯

28～聳 005/211
006/071
109/147
40～培元 054/283
072/223
072/227
072/231
072/235
072/237
072/241
072/245
079/409
094/055
120/500
120/501
120/502
120/502
120/503
120/504
120/505
～來泰 082/438
097/050
122/532

4212_2 彭

02～端淑 005/459
111/217
10～玉麟 043/397
044/321
049/263
049/516
052/104
053/145
053/152
053/158
071/491
071/509
082/038
082/174
082/397
082/514
082/558
082/567
083/006
083/067
083/068
083/069
083/073
083/140
083/142
083/165
083/235
083/249
083/263
083/263
083/278
083/332
083/345
094/433

096/019	131/119
097/027	131/138
097/198	131/142
098/266	132/109
099/164	132/377
099/220	132/381
099/327	132/382
099/477	132/384
100/309	132/384
100/325	132/388
100/325	132/391
100/326	132/400
100/352	134/411
100/353	134/530
101/142	135/048
101/233	135/049
102/093	135/200
102/094	135/203
106/411	135/203
107/332	135/205
108/263	135/207
111/023	135/217
111/026	135/217
118/233	135/234
121/040	135/235
121/044	135/353
121/046	135/354
121/048	135/355
121/175	135/356
121/214	135/358
123/058	135/359
125/175	135/361
126/040	135/363

四二一二[二] 彭（一〇一五〇）

	135/364
	135/365
	135/367
	135/368
	135/370
	136/057
	136/486
12～瑞熙	052/314
	082/142
	094/122
	123/499
20～維新	005/184
	006/042
	006/118
	008/028
	109/323
	117/464
22～崧毓	054/337
	054/391
	060/399
	071/087
	094/078
	094/270
24～仕勳	155/061
27～紹升	004/250
	008/344
30～定求	001/152
	001/369
	004/206
33～述	135/059
37～祖賢	040/493
	049/022
	134/275
38～洋中	059/081
	060/397
	063/111
	072/305
	072/315
	073/003
	096/477
	119/335
	120/307
	120/460
～肇洙	009/473
～啟豐	004/422
40～雄新	005/472
～士望	004/141
	107/035
44～世昌	039/467
	040/441
	048/316
	063/203
	096/498
	110/131
	119/304
	124/460
	134/010
～樹葵	011/407
～樹華	150/384
48～松毓 見彭崧毓	
50～泰來	063/165
	063/169
	063/427
	063/467
	069/213
	096/524

096/524
096/539
119/302
119/303
77～鵬 003/014
008/514
110/159
81～釪 007/239

4220_0 蒯

24～德標 040/221

4241_3 姚

00～文然 002/278
002/299
002/363
002/367
002/374
002/424
002/475
003/117
003/141
003/156
003/158
004/456
006/037
006/038
006/039
006/093
006/508
007/033
007/047
007/082
007/364
008/429
010/071
010/093
010/094
010/101
010/103
010/120
010/178
010/180
010/185
109/093
110/177
112/120
118/319
118/321
121/306
121/308
121/309
121/309
121/383
～文棟 046/160
046/166
046/414
047/062
049/466
052/307
052/308
053/056
053/057
053/127
053/350
053/400

四二四一三 姚（〇〇一七七）

053/402
053/412
053/478
082/016
107/120
107/123
107/402
109/377
112/406
113/137
113/142
115/157
116/441
121/096
122/425
128/392
140/451
150/343
～文枏 046/146
046/150
047/246
049/125
049/165
107/097
107/118
107/215
111/394
117/404
～文田 007/014
061/145
097/299
133/261
～文燮 006/118
04～諶 039/039
039/043
12～延啟 004/459
009/003
009/029
109/094
110/143
17～鼐 004/127
004/128
004/300
005/013
008/385
008/409
009/236
112/289
113/194
116/390
117/220
～子良 154/198
25～傳駒 165/486
37～祖項 007/527
40～大榮 158/376
44～模 126/514
127/469
45～椿 046/153
055/341
064/267
069/371
097/347
50～東之 075/175
100/437
77～學塽 056/011
～輿 040/107

041/361
045/393
86～錫光 163/501
90～光甫 146/366
99～瑩 005/330
005/347
008/358
009/343
009/367
009/370
047/068
048/461
049/303
054/517
055/167
055/171
057/127
057/133
057/325
058/095
058/399
059/301
059/305
059/311
060/101
062/157
064/251
065/033
070/101
071/101
072/281
072/363
075/003
075/011
075/015
075/021
075/025
075/319
076/439
094/099
094/099
095/475
097/365
097/507
099/075
100/265
101/179
109/364
112/242
116/064
119/420
119/504
120/485
124/258

4252_1 靳

53～輔 002/178
002/229
002/291
005/057
005/425
005/452
010/210
010/212
010/296
010/301

010/309
010/417
108/278
108/286
108/313
108/345
109/129
111/213
121/399
121/401
121/402
121/406
121/414

4282_1 斯

10(俄)～哥利哥布斯奚
086/157
092/155
106/163
107/539
122/447
123/559
30～密亞丹 140/057
140/061
140/078
140/368
140/395

4301_0 尤

18～珍 004/409
117/052
80～金鏞 146/225

4304_2 博

00～文館 138/416
138/416
138/420
139/405
142/182
142/183
144/267
77～聞報 127/128
(法)～學報 142/475

4324_2 狩

67(日)～野良知 148/119

4355_0 載

27～槼 052/156

4373_2 裘

10～元俊 058/405
095/448
117/328
124/255
132/510
21～行簡 007/171
112/207
24～德俊 056/463
095/113
131/100
60～曰修 010/233
010/235
010/237
010/239

011/133
108/293
121/394
121/396
121/398
121/513

4385₀ 戴

07～望 059/017
073/165
095/509
10～爾樂 139/418
～震 003/197
003/218
21～儒珍 126/520
22～樂爾 140/128
27～槃 048/114
061/443
069/393
071/121
080/467
080/471
101/427
109/022
120/081
～絅孫 062/111
118/153
133/437
37～祖啟 004/136
009/126
011/278
122/251
～祖起 見戴祖啟
46～楫 055/275
073/155
075/273
094/351
099/434
116/557
125/111
47～均元 010/254
010/454
010/466
108/360
60～國賓 122/174
67～煦 046/176
046/177
046/188
046/192
046/193
114/274
114/274
116/216
116/217
116/227
116/229
87～鈞衡 054/293
063/385
068/393
069/139
098/214

4410₄ 董

00～文煥 076/485
101/061
136/159

07～詔 012/279
012/293
013/369
013/373
013/375
015/305
026/163
026/257
027/309
027/501
028/157
030/087
030/383
030/387
030/391
032/147
032/159
032/163
032/187
044/401
044/409
10～元章 068/067
119/372
134/505
21～衛國 006/117
28～以寧 006/032
006/047
007/184
112/129
34～祐誠 046/217
046/218
114/299
114/300
116/318
116/319
44～基誠 059/037
117/401
50～東蘇 163/481

4410$_7$ 蓋

90～少令 168/421

藍

20～千秋 007/457
008/125
22～鼎元 007/102
009/278
009/297
009/327
009/349
009/350
009/355
009/379
009/383
009/429
009/506
011/078
107/471
113/157
113/207
113/217
113/219
120/473
80～公武 160/096
161/001
166/011

168/383
168/542

4411₂ 地

16(法)～理報 142/434

范

17～承謨 007/035
009/366
112/124
24～偉 158/529
31～源廉 167/069
36～沉 145/187
37～運樞 166/313
38～海沉 146/410
50～本禮 048/402
050/270
051/425
051/449
051/450
051/537
108/117
108/412
53～咸 006/228
60～思禹 145/206
145/217
145/282
～思祖 145/565
146/134
146/221
～思楨 146/352
～思枚 145/045
145/106
145/107
145/255
145/284
145/324
145/349
145/445
145/484
145/530
146/092
146/341
70～驤 011/499

4412₇ 蒲

25(日)～生氏 086/111
092/056
106/207

4414₂ 薄

47(法)～柳 084/119
087/348
115/271

4416₉ 藩

03～詠 076/005
08～敦先 082/516
24～德輿 054/343
054/469
068/219
37～祖蔭 049/184
049/204
44～世恩 057/337

4421_4 花

30(日)～房柳條 141/165
(德)～之安 149/210
157/257

莊

00～亨陽 010/378
～慶椿 048/234
049/302
107/440
40～士敏 062/313
080/201
～有恭 011/029
011/038
011/231
108/196
122/185
～有泰 見莊有恭
60～景仲 166/313

4422_2 茅

08～謙 094/306
101/211
128/445
149/287
151/222
158/469
17～豫 004/371
109/076
31～迺封 166/362
60～星來 004/129
004/243
116/086

4422_7 蘭

88～第錫 010/487
122/030

蕭

04～詩言 082/511
10～震 005/033
010/092
010/127
77～開泰 081/328
081/331

4424_7 蔣

08～敦復 052/350
073/201
099/460
120/286
10～元烺 145/546
14～琦齡 038/319
039/161
056/409
116/101
117/161
131/084
20～熏 見蔣薰
～維鐘 143/422
143/432
27～伊 004/368
004/379
005/118
006/128

	006/467
	006/468
	009/126
	011/247
	108/201
	117/050
	120/155
28～作賓	160/384
～攸銛	004/520
	007/019
	065/067
	097/436
	112/122
	134/231
31～福成	101/170
	117/195
36～湘南	078/155
	078/159
	101/362
38～桀灝	168/071
40～士銓	005/170
	006/342
	008/357
	108/276
	109/186
	110/067
43～栻	146/319
44～茂森	167/349
～薰	003/054
	009/019
	120/449
50～忠	145/133
60～日豫	068/279
71～雁行	162/516
72～彤	063/135
	076/389
	080/315
	101/049
	125/233
77～同寅	082/274
	094/420
	122/434
80～益澧	075/441
	096/156
	135/046

4433_1 赫

17(英)～胥黎	157/408
	157/412
	157/415
	157/418
	157/420
	157/422
	157/427
	157/430
	157/435
	157/437
	157/444
	157/447
	157/449
	157/452
24～德	082/297
	095/241
	122/471
	152/201
	152/203

50～泰 006/230

熱

44～地農務報 141/307

燕

47～起烈 154/049

4433$_3$ 慕

10～天顔 005/432
005/440
005/450
006/133
010/323
011/233
011/260
108/318

4433$_8$ 恭

06～親王 082/007
116/500
40～壽 131/504
134/361
135/126
136/136
89～鏜 048/135
050/034
062/243
096/364
118/182
133/419
133/444

4439$_4$ 蘇

10～霖渤 006/069
12～廷魁 056/045
094/373
131/174

4440$_0$ 艾

10～元徵 008/470
120/409
17～承禧 046/136
107/096
27(英)～約瑟 147/266
157/297
157/304
157/312
157/320
157/328
157/339
158/350
56～暢 038/445
039/001
046/116
86～知命 168/500

4442$_7$ 萬

10～正色 009/145
120/139
37～祖禹 146/311
42～斯大 001/247
001/281
001/411
008/214

008/218
008/229
008/304
119/399
～斯同 001/315
001/317
001/321
008/245
008/253
107/257
119/452
60～國公報 127/316
～思本 146/429
77～際瑞 007/219
80～年茂 006/384

4443_0 樊

30～宗錫 146/599
91～炳清 140/464
140/479
140/483
141/109
141/128
141/131

莫

40～友芝 042/201
059/489
～有鏞 126/512
67～瞻菉 010/352
010/388
108/330
121/457

4445_6 韓

00～應陛 046/313
046/314
114/345
114/346
116/254
116/254
～應陛 見韓應陛
～文舉 082/041
082/200
084/133
084/347
084/348
084/350
086/277
087/382
088/386
088/390
088/393
092/422
094/391
094/461
106/291
107/375
107/428
107/429
115/304
117/292
04～詩 015/333
015/343
21(英)～能 085/098
089/406

105/106
111/309
151/375
26～保徵 158/223
34～汝甲 165/325
166/113
44～夢周 005/084
006/547
008/177
008/182
011/348
011/349
122/213
～世琦 006/137
～菼 001/136
002/131
002/204
004/262
004/453
005/003
005/103
005/421
007/400
109/091
116/046
117/213
117/479
47～超 075/167
100/225
121/127
125/210
51～振 005/397
005/486
011/384
109/409
77～履寵 021/329
021/333
021/337
86～錦雲 058/357
095/272
124/221
133/008
～錫胙 011/332

4450_4 華

10(西)～爾忒 151/428
22～僑合羣持危會 165/500
26～伯衡 126/153
40～圭 146/392
44～蘅芳 046/307
086/406
086/407
086/411
086/414
086/416
086/420
093/181
093/182
093/183
093/186
093/191
093/199
093/202
093/205
093/213
094/218

094/218
094/220
094/222
094/225
094/227
094/229
094/232
114/259
114/260
114/261
114/263
114/266
114/268
114/271
114/342
116/249
116/355
116/356
116/357
116/360
116/364
116/366
116/368
116/372
～英捷報 142/204
～世芳 046/388
116/311
46(法)～觀洞 156/449
60～國盛 082/452
124/427
77～學泉 008/242
107/255
119/463
97～煇 084/425
089/005
094/333
096/098
103/504
108/457
118/131
124/038
133/217

4452_7 勒

43(德)～忒惠士 085/436
091/163
112/363

4453_0 英

22～山雅谷 095/314
26～和 005/435
006/242
007/116
007/122
007/126
110/046
112/142
112/146
133/487
47～報 127/038
48～翰 076/123
136/055
60～國歲紀內政外交成案
127/366
～國公報 127/204
67～煦 048/159

133/499

4460_0 苗

40(英)～森路勞 089/105
104/042

4471_1 老

40～臺灣 086/009
091/317
106/045

4472_7 葛

03～誠 145/069
145/269
27～佩華 146/327
31～潭 145/187
37～祖亮 007/338
111/369
38～道殷 053/103
053/107
053/114
082/144
083/116
083/119
094/119
112/445
113/039
113/318
120/328
120/352
121/287
40～士達 047/244
050/033
050/055
050/187
050/188
050/189
050/190
050/191
050/192
051/484
052/111
079/481
080/281
113/099
113/099
113/100
113/100
113/101
113/101
122/234
136/124
～士清 050/100
050/102
61(西)～顯禮 152/125
77～學禮 046/049
046/050
046/073
046/133
049/288
049/289
79～勝芳 138/535

4474_1 薛

24(英)～特奈拍威爾 168/351
31～福保 056/307

062/447
076/031
094/440
121/335
～福成 046/503
047/022
049/208
050/031
052/368
052/370
052/373
053/090
053/331
053/333
053/335
053/337
053/476
056/527
067/015
072/013
072/423
082/040
082/060
082/178
082/271
082/272
082/287
082/287
082/348
082/349
082/350
082/351
082/390
082/417
082/418
082/488
082/512
082/513
082/534
082/557
082/561
082/568
083/033
083/035
083/082
083/169
083/171
083/174
083/181
083/204
083/204
083/222
083/231
083/238
083/245
083/279
083/291
083/344
083/393
083/406
083/407
083/423
083/469
083/469
083/470

四四七四 薛（三一）

083/473
084/242
084/244
084/248
085/011
085/078
085/078
085/213
085/214
085/215
085/217
085/218
085/224
085/275
085/280
085/466
085/497
086/016
086/018
086/019
086/021
086/035
086/052
086/065
086/067
086/072
086/076
086/080
086/280
086/523
087/082
088/160
088/165
088/174
089/216
089/361
089/363
090/111
090/114
090/117
090/120
090/122
090/137
090/252
090/260
091/228
091/299
091/334
091/337
091/339
091/345
091/375
091/414
091/440
091/445
091/454
091/464
091/472
092/429
093/444
094/425
094/514
095/409
095/413
096/163
096/186

097/021	105/081
098/111	105/149
099/107	105/229
099/137	105/230
099/147	105/232
099/157	105/234
099/199	105/235
099/224	105/240
099/286	105/288
099/364	105/383
099/367	106/051
099/368	106/053
100/110	106/054
100/160	106/057
100/371	106/070
100/400	106/087
101/003	106/129
101/035	106/295
101/159	106/345
101/567	106/346
102/006	106/389
102/062	106/389
102/314	106/390
102/446	109/101
103/035	109/208
104/196	109/210
104/230	110/017
104/300	110/022
104/301	110/379
104/302	110/382
104/303	110/395
104/459	111/029
105/080	111/032

四四七四 薛（三一）

111/120	122/430
112/093	122/527
112/095	122/529
112/096	122/531
112/097	123/060
112/098	123/126
113/307	123/128
114/070	123/171
114/074	123/173
115/157	123/176
117/342	123/179
119/033	123/273
119/034	123/274
119/035	123/369
119/037	123/375
119/038	123/441
119/040	123/493
119/041	125/153
119/061	126/110
119/232	131/122
119/238	132/119
120/346	132/123
120/347	132/215
120/347	132/266
120/444	132/272
121/249	132/272
121/280	132/279
122/332	132/315
122/336	132/317
122/337	132/318
122/373	132/319
122/378	132/320
122/421	132/325

132/325
132/326
132/329
132/329
132/330
132/401
132/410
132/424
132/426
132/475
132/491
132/503
132/505
136/107
153/271
155/340
155/342
155/395
155/397
155/398
155/400
155/402
156/233
156/234
77～鳳祚 003/211
003/214

4477_0 甘

34～汝來 007/258
007/390
112/063
50～肅撫 * 146/122
56～揚聲 063/079

063/141
063/411
063/447
096/472
118/284
118/287
119/293
119/296

4480_1 共

26～和建設討論會 163/008
163/063
165/001
166/135
～和黨 163/007

4480_6 黃

00～慶澄 086/405
093/178
107/458
116/382
～慶蘭 082/052
～文欽 146/368
～六鴻 003/009
005/329
005/501
006/031
006/074
006/348
008/494
008/496
008/507
009/016

010/086
110/154
112/173
120/453
120/496
120/498
10～元善 060/285
060/371
096/072
096/157
133/178
133/467
～震 146/015
146/015
146/016
146/018
～晉良 005/131
109/178
～雲鵠 042/437
050/054
136/123
12～廷桂 011/426
17～乃昌 146/387
～承潤 155/477
18～致堯 082/344
102/381
125/395
152/388
20～爵滋 056/373
080/215
131/075
136/478
24～德濂 049/445
062/543
135/023
～幼達 152/384
～緒先 104/052
25～仲蘇 148/514
～仲騏 043/449
043/463
043/467
050/239
050/246
050/248
074/045
074/059
100/289
100/293
120/172
120/176
～傳祁 094/025
094/026
094/027
094/028
094/289
095/144
095/209
095/210
095/211
096/148
102/210
102/413
124/103
26～伯元 145/159
27～鵠生 158/448
～叔琳 011/377

	108/172
～紹第	146/039
30～淳熙	042/193
	069/347
	098/411
～永年	004/507
	005/005
	005/007
	005/009
	107/114
	107/115
	109/217
	117/214
	117/215
	117/216
～之雋	001/162
～宗羲	004/233
	007/501
	007/516
	008/184
	086/243
	086/244
	092/345
	092/347
	109/159
	116/523
	117/207
34～汝成	063/359
～遠庸	160/245
	160/256
	166/116
35～沛翹	154/538
	155/004
	155/015
	155/019
37～潤章	082/276
	099/120
	122/431
	125/039
38～遵憲	084/235
	084/262
	084/263
	084/393
	084/420
	085/003
	085/039
	085/042
	085/051
	085/194
	085/205
	085/206
	085/363
	085/363
	085/393
	085/441
	085/451
	086/115
	086/116
	086/117
	086/198
	086/279
	086/400
	086/401
	086/402
	086/404
	086/443

086/527
088/145
088/209
088/211
088/487
088/547
089/197
089/273
089/280
089/301
090/072
090/093
090/097
091/003
091/004
091/071
091/173
091/193
092/064
092/067
092/068
092/249
092/425
093/166
093/170
093/172
093/175
093/266
093/453
103/261
103/393
104/220
105/010
105/014
105/025
110/218
110/305
111/288
112/364
123/171
146/042
147/457
155/283
155/311
156/142
156/144
156/195
156/214
~遵楷 165/337
165/381
168/188
40~有聲 145/073
42~彭年 070/125
099/078
119/507
43~式度 039/283
046/502
~式三 048/217
049/326
056/317
063/005
068/119
071/181
095/079
096/481
099/418

118/282
121/300
124/355
125/105
44～夢畹 104/141
～懋 006/477
110/104
～英 155/073
～者君 145/544
～桂 009/466
121/009
～桂鋆 133/312
～楙裁 見黃楙材
～楙材 043/485
043/489
044/029
044/035
044/045
044/247
044/257
044/327
045/439
045/449
045/453
045/461
050/273
050/277
050/279
050/282
050/284
050/286
050/294
050/297
050/302
050/306
052/295
053/418
053/425
053/427
074/339
074/349
074/447
100/300
100/303
100/464
107/475
107/478
108/118
108/120
108/121
108/124
108/129
108/131
108/133
108/135
115/131
121/065
121/090
121/093
121/247
123/494
47～鶴山 098/355
50～中堅 001/069
002/070
002/219
003/133

005/419
006/086
007/511
008/504
009/105
010/057
010/067
118/327
121/301
53～輔辰 067/369
076/229
100/263
118/490
60～恩煦 047/029
～思永 096/075
131/442
132/050
150/173
75～體芳 047/332
049/253
058/227
095/324
117/467
133/092
133/206
135/015
77～覺愔 166/344
～與堅 011/259
82～釗 146/024
146/032
84～鎮南 105/053
87～鈞宰 046/108
90～炎 038/359
038/413
039/127
～炎培 167/085
167/155
167/337
91～炳垕 082/131
094/180
116/426
96～焜 009/187
113/192

4490_0 村

60(日)～田 157/010

4490_1 蔡

00～方炳 005/108
005/148
006/106
006/108
006/143
007/071
010/531
02～新 004/391
008/044
011/049
117/032
10～元章 145/038
145/090
145/229
145/296
145/409
145/463
145/465

145/508
145/531
146/031
146/076
146/239
146/312
146/389
146/441
146/541
146/557
146/578
～元培 144/400
144/402
144/432
144/442
144/520
167/001
167/442
～爾康 099/361
150/087
150/099
150/138
157/001
157/006
157/054
157/059
157/454
157/456
158/395
158/407
158/412
40～士英 007/065
～培 * 145/563

～希邠 086/217
092/290
44～芝紱 094/338
～世遠 001/099
001/175
001/353
001/472
002/492
003/106
003/151
006/518
008/085
008/186
80～毓榮 004/464
005/445
009/426
113/155
121/140
84～鎮藩 149/087
86～鍔 160/383
164/080
87～鈞 150/446
151/337
151/403

4490₃ 綦

37～鴻逵 147/405

4490₄ 某

26～白人 127/413

葉

00～方恆 010/203

四四九〇四 葉（〇〇—九七）

108/281
121/387
～文銓 083/166
099/380
10～爾昌 126/524
126/524
127/456
127/466
127/474
26～伯英 047/018
051/196
131/153
133/377
136/214
27～舟 008/423
112/398
33～溶光 101/528
150/378
37～瀾 145/575
145/576
38～瀚 081/359
082/128
083/395
086/530
093/459
094/176
116/421
144/290
144/294
144/378
144/390
144/391
144/393
144/395
149/396
154/259
154/302
157/495
157/497
～澣 154/261
～裕仁 055/115
059/057
061/467
063/419
063/455
068/055
068/349
098/123
40～友聲 145/583
42～機 011/208
44～世倬 015/385
020/283
020/285
026/249
027/515
033/169
040/329
60～國盛 097/041
～景莘 164/539
～景葵 166/001
168/226
～景華 160/131
65～映榴 006/077
97～耀元 046/378
084/430
089/016

103/513
116/303
122/556
157/383
158/261
158/265
158/267
～耀光　見葉耀元
99～夑 007/403

4491₀ 杜

12～瑞聯 040/319
042/071
048/127
133/429
31～濬 001/063
32～業爾 142/480
60～國庠 162/146

4491₄ 桂

00～文燦 069/115
098/294
120/070
135/006
10～霖 041/237
049/026
134/109
35～清 071/231
096/240
135/070
40～赤 158/483
44～芳 004/372
004/373
004/374
004/376
47～超萬 062/275
064/227

4498₆ 横

55(日)～井時敬 141/119

4499₀ 林

00～文潛 143/346
143/347
10～可培 167/121
20～壬 141/132
141/275
22～樂知 082/288
082/289
082/022
085/314
085/317
086/305
086/306
086/308
090/332
090/340
092/483
092/487
092/491
099/358
102/463
102/468
105/326
105/330
113/393

113/395
113/396
114/032
114/035
123/155
123/476
129/296
141/355
147/423
149/285
150/146
152/356
153/092
153/101
157/001
157/006
157/389
157/456
158/383
158/395
158/412
158/529
083/151
156/081
26～伯桐 049/393
099/008
125/060
27～紹清 143/388
35～迪 141/171
37～潞 005/009
006/131
117/216
38～肇元 044/395

047/077
049/257
050/036
051/030
052/119
075/147
107/302
109/382
133/445
135/477
135/477
40～壽圖 056/163
072/351
094/367
131/220
136/145
44～枝春 008/324
110/061
46～柏桐 049/329
069/499
47～起龍 005/188
007/036
117/349
57～輅存 131/445
60～唯剛 164/204
62～則徐 015/369
039/365
040/111
040/227
040/419
040/483
041/027
041/123

四四九九。林（六二）

042/015
042/481
044/061
044/071
044/077
045/293
045/379
045/433
047/068
047/179
047/306
047/383
048/255
048/257
048/262
048/352
048/428
048/429
049/113
049/227
050/109
050/366
050/410
050/425
050/429
050/431
050/434
050/438
050/440
050/442
050/447
050/448
050/503
051/035
051/152
051/167
051/177
051/225
051/297
051/427
051/469
051/475
051/499
051/501
051/506
051/513
051/518
051/520
051/523
051/525
051/527
051/531
051/532
052/038
052/041
052/043
052/046
052/096
052/098
052/139
052/142
052/144
058/355
063/305
063/315
064/115

四四九九〇 林（六二）

065/143	108/413
067/065	108/420
069/077	109/165
072/341	110/124
074/507	110/126
076/243	110/171
078/139	110/194
079/321	110/199
080/009	110/209
080/081	110/249
080/089	111/230
080/243	111/393
080/415	112/235
095/399	112/235
097/301	112/429
101/004	113/172
101/283	113/188
101/396	113/200
101/420	113/231
101/439	113/233
101/443	113/234
101/504	113/235
108/209	113/237
108/210	113/239
108/212	113/239
108/231	113/467
108/234	119/209
108/238	119/290
108/240	120/483
108/249	121/203
108/252	121/365
108/261	122/122
108/262	122/128

122/132
122/133
122/138
122/147
122/149
122/151
122/153
122/154
122/157
122/200
131/232
132/067
132/293
132/294
132/526
133/255
133/287
133/289
133/309
133/440
134/025
134/027
134/029
134/031
134/032
134/065
134/168
134/234
134/234
134/292
134/293
134/451
134/456
134/459
135/001
135/174
135/371
135/413
135/415
135/416
135/452
135/455
135/490
136/126
136/142
136/219
136/225
136/226
136/228
136/230
136/233
136/291
136/296
136/443
136/468
136/470
136/471
136/473
136/474
136/485
136/489
136/490
136/519
136/520
136/522
136/528

71～長民 160/222
～頣山 157/371
77～開碁 131/420
～開第 145/222
87～舒 164/271

4620_0 帕

10～爾米爾捷報 127/370

4621_0 觀

10～雲 148/529
148/534
156/028

4680_6 賀

00～應旌 011/151
40～壽慈 051/434
071/039
108/416
135/038
136/421
71～長齡 006/335
039/073
039/129
040/047
040/053
040/067
041/091
046/437
047/088
047/230
047/232
047/235
048/182
048/362
048/411
051/019
059/177
059/183
062/525
064/109
067/535
068/365
071/399
073/269
075/131
094/375
097/322
098/152
099/265
108/274
109/241
109/371
109/373
109/374
112/228
113/151
117/401
117/402
133/390
134/063
134/120
134/440
134/528
135/145
135/471

77～熙齡 040/183
040/217
041/137
041/241
042/487
044/371
045/087
045/427
045/431
047/327
048/436
051/023
052/102
052/103
065/157
075/121
080/247
080/249
097/398
100/204
112/239
113/153
133/198
134/171
135/467
136/491

4692_7 楊

00～應琚 006/207
109/012
～度 160/378
～文紹 125/066
～雍建 002/281
006/111
007/073
118/397
02～端本 015/283
017/205
017/207
017/369
030/367
030/371
043/419
10～震 146/231
～于果 005/079
013/117
013/343
013/347
017/357
021/267
021/541
026/167
026/267
027/509
030/375
030/377
030/379
033/161
033/167
040/213
～天縱 007/358
14～琳 007/241
20～重雅 067/573
134/449
～航煇 116/402
116/428

22～崇伊 135/030
23～然青 102/534
24～德亨 054/527
056/251
073/249
116/079
25～仲興 006/400
～傳福 167/357
27～象濟 047/291
053/224
059/361
060/075
066/477
067/407
068/205
071/117
096/122
098/080
117/496
118/495
119/049
119/424
124/292
～彝珍 042/135
049/287
055/423
063/445
069/339
069/483
096/537
098/420
099/007
116/160
119/299
～名時 001/399
002/119
004/169
005/081
005/310
008/275
009/485
～繩武 005/047
008/063
～紹文 056/327
057/175
057/395
058/389
068/011
068/325
069/023
070/149
094/055
099/030
30～宜治 085/186
090/056
097/238
104/441
124/372
132/041
～家禾 081/147
082/291
094/530
097/028
～永斌 005/340
006/197
109/009

32～沂孫 061/373
061/377
074/097
～氷 143/418
143/449
37～深秀 135/029
～選青 082/025
40～友敬 011/346
122/212
～士達 038/315
041/015
041/287
041/293
042/407
042/441
042/445
042/447
042/453
048/267
048/456
048/459
050/074
065/249
065/255
072/367
072/465
112/240
112/242
116/102
～嘉善 067/033
101/529
～壽祺 163/034
41～楷 053/322
111/271
119/028
126/046
126/048
44～芳 006/274
008/450
112/443
120/242
～蔚本 150/249
～樹穀 163/123
45～椿 004/379
004/467
005/417
008/272
008/338
008/339
011/314
116/138
116/140
117/041
48～增新 163/154
50～史彬 082/265
082/441
083/273
098/374
102/141
102/172
122/537
125/266
～素蘊 014/211
014/215
015/381
016/543

018/537
019/301
029/309
029/311
029/313
029/315
029/321
039/235
043/085
60～晨 133/018
～昌濬 045/309
047/396
047/480
049/137
049/140
050/393
051/287
066/229
079/131
101/281
111/396
118/393
132/046
132/092
134/219
134/455
134/491
136/263
136/372
149/062
～景仁 006/450
006/450
006/452
006/453
006/454
006/458
006/460
006/462
011/012
110/096
110/097
110/100
119/282
63～暄 009/044
009/049
009/059
64～時化 007/389
67～暉吉 008/178
～昭謹 006/379
112/181
77～鳳苞 057/189
～熙等 166/393
80～金監 073/053
120/440
～毓煌 082/334
095/431
～毓輝 見楊毓煇
～毓煇 081/505
082/068
082/113
082/127
082/160
082/171
082/331
082/409
082/489

082/492
082/523
083/016
083/157
083/207
083/391
094/125
094/158
094/182
094/186
095/439
096/394
097/195
098/230
100/473
101/033
101/070
104/290
116/467
116/489
118/194
118/241
120/356
120/426
123/413
86～錦森 167/479
167/495
168/126
～錫紱 005/084
006/338
006/360
007/026
007/028
007/316
008/497
008/523
112/177
118/279
～錫級 009/488
009/490
113/332
～錫鎬 011/418
97～輝 083/313

4722_7 鶴

71(日)～原 085/367
091/012
151/398

4732_7 郝

38～浴 006/250
009/439
009/440
113/161
120/140

4752_0 鞠

17～珣 002/397
007/353

4762_0 胡

00～慶源 045/037
051/154
076/497
101/061
110/209

四七·六二。胡（〇〇一三〇）

125/239
136/161
10～玉縉 157/375
～天游 004/264
006/175
011/334
12～發琅 077/515
077/519
101/254
101/255
14～瑛 166/391
15～聘之 081/014
083/021
084/289
088/263
098/171
101/526
107/333
126/221
131/423
132/145
133/445
150/291
150/406
17～承珙 059/067
069/435
069/449
120/077
～翼南 082/184
20～季堂 008/049
21～衍虞 005/335
006/030
117/368
118/324
24～德邁 004/360
109/073
25～傳 049/010
050/267
050/396
050/397
050/400
050/401
050/404
053/405
066/003
074/309
097/510
100/425
113/138
119/120
27～紹棠 157/246
30～家玉 041/109
045/235
051/338
061/197
078/265
080/161
121/498
133/345
136/302
136/475
168/168
～家鼎 082/393
096/203
～家楨 150/446
～永吉 082/120

	082/169	039/319
	094/174	039/327
	116/430	039/329
	116/478	039/413
～賓琭	006/213	040/007
	011/022	040/041
35～禮垣	103/096	040/263
	148/043	040/357
	148/151	041/051
36～涓	002/246	041/057
	006/126	041/297
	010/216	043/159
	011/005	043/181
～澤潢	008/526	043/183
40～培翬	055/067	043/185
	062/405	044/443
	069/403	044/451
	070/279	044/453
	070/333	046/408
	070/359	047/041
	070/371	047/044
	096/420	047/045
	116/110	047/047
	118/119	047/090
	119/478	047/094
	119/479	047/098
	119/484	047/206
	120/081	047/238
～在恪	011/405	047/240
～志伊	128/274	047/281
	129/309	047/292
	130/478	047/313
44～林翼	039/057	047/437

四七六二。胡（四四）

047/494
047/496
047/498
048/233
048/477
049/290
049/447
050/017
050/049
050/053
050/136
050/158
050/159
050/159
050/162
050/162
050/413
051/043
051/046
051/048
051/051
051/052
051/091
054/319
055/181
055/183
055/301
057/267
057/273
057/283
057/371
058/085
058/089
058/091
058/283
058/455
059/287
059/291
059/295
060/339
060/341
060/375
060/547
061/277
061/321
061/327
061/453
062/055
063/071
066/315
066/423
066/559
067/277
071/421
071/425
072/021
072/151
072/153
072/159
072/163
072/167
072/169
072/171
072/173
072/479
072/481

四七六二〇 胡（四四）

073/117
073/259
073/303
073/309
073/311
073/315
073/321
073/399
073/407
073/409
073/411
073/413
073/415
073/417
073/419
073/421
073/425
073/427
073/429
073/431
073/433
073/441
073/445
074/217
074/225
074/231
074/233
074/235
074/237
075/151
075/153
075/339
075/375
075/385
075/389
076/057
076/357
076/361
076/365
076/373
076/437
095/276
096/180
096/475
097/230
100/013
100/035
100/112
100/114
100/221
100/275
100/403
101/178
101/178
108/060
109/229
109/231
109/231
109/232
109/375
109/386
109/408
112/028
112/153
112/197
112/245

112/300
112/302
112/304
112/325
113/087
113/097
117/087
118/348
118/350
120/010
120/166
120/170
120/255
120/263
120/263
120/263
120/266
120/266
120/266
120/267
120/268
120/270
120/272
120/273
120/378
120/379
120/379
120/380
120/430
120/486
121/153
121/154
121/332

131/134
131/137
133/039
133/337
133/338
133/339
133/340
134/291
135/022
135/155
135/156
135/301
135/303
135/305
136/017
136/019
136/035
136/125
136/216
45～棟朝 168/298
50～蛟齡 006/207
011/178
109/011
60～景伊 160/235
～景桂 136/344
67～煦 005/022
006/509
007/387
007/529
107/232
110/077
71～長庚 062/517
133/388

77～興仁 015/137
017/187
017/507
017/513
017/517
017/521
017/527
017/533
017/537
021/341
027/519
029/327
031/271
031/275
031/279
037/281
044/271
044/275
050/450
050/452
063/439
83～鉞 036/425
90～惟德 046/383
116/307
～光熤 101/202
104/219
151/216
91～炳文 146/035
146/111
146/113
146/116
158/131
97～熇棻 081/111

082/217
084/039
087/090
095/041
103/039
115/161
131/271

4762₇ 都

30～永龢 148/109
152/466
～察院御史 132/352
132/403
～察院 147/463
147/466
77～隆額 010/333

4791₄ 樫

22(美)～利士比威廉 093/268

4791₇ 杞

10～憂生 082/542
083/233
083/309
101/141
102/059

4792₀ 柳

00～應墀 051/321
077/473
101/315

4793₂ 樋

22～山廣業 138/203
138/235
60(日)～口勘次郎 144/303
144/326
144/328
144/341
144/345
144/347
144/461
144/468
144/474
144/479
144/486
144/491
144/493
144/498
144/502

4796_4 格

16(美)～理恩 168/126
18～致益聞 142/340
142/342
142/432
142/441
142/450
142/453
142/478
142/493
142/499
142/518
142/558
143/458
143/465
143/467
143/469
143/517
143/528
143/534
143/558
143/596
143/599
144/064
144/067
144/068
144/070
144/076
144/080
144/082
144/084
144/128
144/158
144/161
144/181
144/183
144/185
144/188

4816_6 增

34～祺 133/079
133/431
135/350

4844_0 教

00～育部編纂處 167/381

4864_0 敬

20～信 133/476
134/071

4893_2 松

34～淮 083/251
126/327
136/252
40～壽 133/231
134/103
44(日)～芳□□ 157/029
45～椿 135/135
88～筠 009/238
049/455
050/003
050/231
051/455
112/400
121/013

4895_7 梅

00～文鼎 003/190
003/199
008/191
22～鼎銘 127/017
38～啟照 051/358
052/159
080/435
101/417
108/383
125/323
136/301
136/523
80(英)～益盛 167/349

～曾亮 047/027
047/059
047/229
047/489
049/321
051/299
055/157
056/243
057/297
059/042
059/061
059/231
059/237
059/241
063/463
074/451
074/505
076/381
076/385
078/151
101/048
109/376
117/410

4928_0 狄

44(美)～考文 149/272
47～郁 168/439

4980_2 趙

00～亨 146/143
146/144
10～一清 002/533
011/069

四九八〇二 趙（二〇一二〇）

	011/123
～元益	048/336
	063/247
	119/320
	143/349
	143/359
	143/372
～而霦	098/365
	125/031
	128/265
12～引修	126/536
～廷臣	004/518
	006/027
	007/354
	109/222
	112/006
	117/065
～廷愷	041/001
	045/243
	045/253
	045/261
	063/395
	077/463
	101/331
17～子美	168/165
～翼	004/229
	004/351
	004/352
	004/503
	004/504
	005/015
	005/102
	005/139
	005/178
	005/486
	007/264
	008/366
	008/440
	008/444
	008/448
	008/449
	009/124
	009/211
	009/281
	009/329
	009/344
	009/457
	009/464
	009/468
	109/137
	109/179
	110/068
	112/293
	112/296
	113/104
	113/164
	113/169
	116/123
	117/274
	117/305
	117/307
	117/308
	119/417
	120/125
	121/011
20～秉鈞	164/021

～秉節 079/093
～維熙 084/296
088/280
120/056
131/428
163/152
21～仁基 079/449
101/461
30～進美 007/383
010/137
～之符 007/031
～宏文 006/034
112/008
～宏本 007/216
～宏恩 011/512
40～士鱗 006/496
～希璜 010/017
010/040
010/041
011/322
～吉士 005/038
009/267
117/115
121/111
44～樹吉 056/145
067/347
116/548
131/217
134/436
48～增澤 158/441
～翰 048/303
50～申喬 004/381
005/234
008/425
109/154
120/377
～青黎 見趙青藜
～青藜 004/188
004/389
005/247
005/465
006/323
007/083
008/473
108/270
117/031
120/412
51～振業 006/337
60～甲喬 117/044
77～開心 004/363
109/075
～賢書 126/535
126/537
80～俞 003/149
010/074
010/109
86～錫孝 006/151
112/018
90～惟熙 131/379
131/447
132/027
149/382
91～炳麟 168/494

5

5000_6 車

80～善呈 082/153
102/214
116/411

吏

07～部 117/476
133/032
133/045
133/059
149/071
149/112

申

28～作霖 167/065

史

03～詒直 011/290
40～奭 011/191
122/191
44～茂 006/535
50(英)～本守 157/258
157/266
157/274
157/280
157/284
157/289
60～國琛 143/443
80～善長 046/119

中

23～外商業新報 141/373
～外商業日報 141/418
55(日)～井錦城氏調查 167/484
60～國之新民 130/400

5000_7 事

27～物叢攷 142/338
143/483
143/547
143/550

5001_8 拉

21(法)～盧士 082/526
098/015
124/297
126/414
126/416

5013_2 泰

17～承恩 006/412
44～蕙田 007/401
61～晤士報 127/052
127/102
127/103
127/105
127/358
127/360
127/391

5023_0 本

27(日)～多靜六 141/259
141/263
141/266
60～田幸介 142/316
142/319
142/329
142/333
142/336
142/381
142/389
142/393
142/398
142/399
142/407
144/103
144/109

5033_3 惠

00～慶 073/091
136/133
10(英)～爾木 127/362
153/441
40～士奇 002/470
003/058
006/425
008/043
009/024
009/375
110/081

5050_3 奉

10～天蘭業公會 168/106

5060_1 書

10～元 072/201
136/118

5080_6 貴

86～鐸 084/485
089/137
101/543
104/166
113/481
119/250

5090_4 秦

00～度周 154/054
10～元章 103/375
103/377
17～子丹 146/288
30～瀛 009/411
120/475
～寶璣 072/333
40～力田 146/233
146/235
44～蕙田 001/397
004/383
006/370
007/419
007/423
007/446
008/042
008/280
008/412
008/413

010/110
010/118
010/145
107/197
107/200
107/205
110/189
110/191
117/036
119/410
120/123
120/124
121/314
121/315
99～榮光 048/211
051/199
108/456

5090₆ 東
00～方雜誌 163/455
～京報 127/048
～京日報 127/323
127/324
127/333
127/346

5203₄ 撲
10(美)～爾打 086/112
092/059
106/208
107/512
127/319
127/322

5260₂ 哲
40～布尊丹巴 163/371
80(英)～美森 082/414
103/364
084/269
088/224
110/223
123/316
(英)～美林 見(英)哲美森

5300₀ 戈
05～靖 041/197
048/154
062/371
096/229
110/052
133/491
34～濤 006/058
011/119
112/011

5302₇ 輔
24～德 008/025
009/005
110/144
119/413

5310₇ 盛
00～慶紱 044/345
044/347
10～百二 003/121
003/221

006/068
009/083
118/329
120/113
30～宣懷 081/038
082/008
082/205
084/071
084/299
085/295
087/157
088/286
090/291
094/435
094/511
095/157
097/134
098/182
098/199
102/004
103/056
105/304
107/342
114/015
115/257
120/045
126/101
131/288
131/428
131/432
131/432
131/433
132/031
132/061
132/126
132/145
132/221
149/079
149/369
149/375
151/413
151/414
152/352
47～楓 002/273
006/047
112/009
77～隆 054/395
88～符升 010/489

5320_0 成

07～毅 046/406
067/179
067/185
069/175
072/391
097/280
097/282
098/390
118/477
118/478
125/057
20～孚 051/395
078/367
136/338
154/045
37(日)～瀨仁藏 144/523

144/532
144/533
144/536
144/542
144/559
144/565

戚

44～桂楨 146/315

威

00～廉姆 142/362
142/376
144/112
20(英)～妥瑪 082/055
082/302
122/477
(英)～妥嗎 見(英)威妥瑪
40(英)～士拉斯 157/065

5500₀ 井

21～上毅 138/045
(日)～上澤榮 084/395
088/491
111/251
(日)～上馨澁 084/395
088/491
111/251
(日)～上幹 084/508
089/187
104/193
113/498
～貞吉 103/356

5560₆ 曹

10～一士 005/028
005/191
006/210
007/150
007/218
010/102
011/261
011/273
109/139
109/326
110/187
112/200
117/303
119/071
121/319
～玉珂 013/107
033/515
045/285
11～碩 085/306
086/491
090/324
093/379
105/322
114/028
12～登庸 075/315
136/006
～廷杰 074/313
074/319
121/024
121/026
20～秀先 006/541

24～續祖 008/239
107/253
27～仰欽 145/578
145/579
146/372
40～堉 064/355
43～載春 111/321
111/322
111/324
50～泰 086/487
086/489
093/370
093/374
～肅荀 054/523
063/149
074/239
～忠 146/561

5580_6 費

00～庚吉 059/465
117/509
133/096
～訪壺 146/358
26～保彥 165/378
80～金吾 005/197

5602_7 揭

63～暄 113/065
113/069
113/075
120/096
120/100
120/109

5706_2 招

00～商局職員 168/356

5798_6 賴

90～光華 128/274

5804_6 撙

88～節報 127/041
127/042

6

6010_0 日

44(西)～也美崇氏 126/445
47～報 138/349
138/351
140/109
140/237
142/309
50～本工藝編 142/371
142/373
142/410
142/513
142/515
142/516
142/517
142/517
142/518
～本水產會報 141/162
～本橋本海關 142/152
～本報 126/444

127/083
127/088
～本農務省 141/164
141/189
141/189
141/192
141/197
141/204
～本陸軍省 139/238
139/244
139/248
139/252

6010_4 呈

40～嘉賓 070/215

星

60(日)～□□ 156/478

6015_3 國

17～子監 131/435
131/466
158/300
50～事維持會 164/025
77～民新報 127/399
～民協會 163/007
166/111
～民公黨 164/585
80～會 168/175

6021_0 四

22～川政界 163/013
～川軍界 163/013

6022_7 冐

80～金誥 *145/111

易

21～順鼎 083/132
083/136
099/469
099/471
23～俊 082/505
133/052
134/388
135/019
27～佩紳 070/073
071/107
099/083
50～本烺 054/501
094/324
116/086
60～甲南 038/353
054/231
77～學實 005/416
111/209
90～棠 050/499
135/487

6033_0 恩

36～澤 133/448
133/473
150/296
150/429
40～壽 135/463

6040_0 田

00～文鏡 005/366
005/383
006/383
007/220
009/007
010/473
109/396
110/145
110/172
112/183
117/506
120/469
～六善 005/189
006/388
109/325
117/325
118/273
10～雯 003/135
003/140
28～從典 005/116
005/224
109/152
109/308
44～蘭芳 001/038
001/077
001/130
001/295
001/441
001/463
001/500
001/503
008/077
008/230
～懋 007/369
118/449
48～翰墀 040/481
047/283
117/507
133/098
60(日)～口 126/157
150/167
63～畯 007/314
67～明山 081/258
77(日)～岡佐代治 141/310
141/319
141/330
141/369
141/370

6040_4 晏

42～斯盛 006/401
006/402
006/406
006/408
006/494
007/084
007/259
007/341
009/481
010/330
011/015
011/017
011/458
108/244

111/370
112/064
112/189
118/452
119/003
44(美)～地臣 093/340
114/512

6040_7 曼

44(美)～地臣 086/474

6043_0 因

60～是先生 144/142
144/144

6050_4 畢

00～亨 077/447
03～誼 004/359
109/072
31～沅 006/261
030/091
043/421
047/431
38～道遠 051/260
110/258
136/251
51～振姬 006/393

6060_0 呂

02～端 164/044
14～璜 058/055
058/057
059/031
059/227
062/307
080/439
122/326
125/324
28～佺孫 066/409
067/365
071/261
098/008
099/391
125/103
134/344
134/439
135/061
37～鴻鈞 145/181
38～海寰 131/129
60～星垣 006/177
006/288
007/189
007/504
008/410
010/477
112/211
112/289
121/431
77～鳳岐 049/257
107/302
～賢基 046/470
056/037
063/327
075/287
095/103
096/495

	131/198
	134/032

6080_0 貝

40～壽同	146/088

6090_6 景

00～廉	040/127
44～其濬	058/219
	095/356
	124/239
	133/087
77～學鈐	166/185

6091_4 羅

22～豐祿	074/483
	094/200
	121/258
25～傳瑞	158/420
34～汝懷	045/155
	045/159
	045/385
	045/389
	077/439
	077/443
36～澤南	046/042
	046/095
	046/113
	050/233
	054/401
	073/395
	074/155
	074/161
	074/167
	107/030
	107/049
	108/055
	116/070
	116/098
40～有高	004/135
	004/146
	004/200
	008/103
	008/195
	107/052
	116/050
	116/053
51～振玉	096/525
71～長裿	131/296
	148/023
80～毓林	083/183
	100/130
90～惇融	086/232
	092/324
～惇衍	056/021
	056/123
	056/171
	071/035
	094/337
	117/009
	117/011
	124/037
	131/179
	131/181
	131/194
	135/037

～惇龘 167/303

6386₀ 貽

47～穀 133/454

6402₇ 噶

10～爾弼 155/001

6404₁ 時

50～事新報 142/165
142/459
142/490
142/502

6480₀ 財

18～政部 164/591
164/596
165/222
165/248
165/250
165/252
165/254
165/258
166/321

6604₀ 啤

10(美)～耳 141/147

6621₄ 瞿

00～慶賢 046/051
046/104

30～家鏊 069/259
098/391

37～鴻禨 131/507

～鴻機 154/240

60～昂來 153/092
153/101

6624₈ 嚴

10～正基 051/037
057/029
075/505
100/245

21～虞惇 005/246

22～幾道 167/022

～崇經 165/302

27～修 103/406
131/449

28～復 084/054
086/245
087/124
092/349
094/468
115/245
138/446
138/448
138/469
138/484
142/298
142/304
143/040
143/102
143/104
143/106
143/109
143/111

六六二四八 嚴（二八—九三）

	143/112		009/266
	143/115		009/292
	157/405		009/294
	157/408		009/295
	157/412		010/003
	157/415		011/286
	157/418		011/288
	157/420		112/323
	157/422		113/177
	157/427		113/178
	157/430		113/180
	157/435		113/183
	157/437		113/184
	157/444		113/186
	157/447		113/187
	157/449		113/216
	157/452		120/239
	159/225		121/202
41～楨	167/332		122/241
	168/147		122/243
	168/351	48～枚	168/047
44～樹森	050/254	86～錦榮	130/235
	071/269		157/087
	135/063	93～烺	007/310
46～如熤	007/237		078/007
	009/247		078/019
	009/248		078/035
	009/251		078/125
	009/255		078/133
	009/257		079/307
	009/259		079/313
	009/261		079/373
	009/263		101/269

101/275
101/291
101/296
111/362
118/463
122/041
122/043
136/272
136/275
136/279
136/288
136/289
136/439
136/441
136/447

6650₆ 單

28～作哲 008/295
80～毓斌 168/115
～毓年 145/092
145/249

6702₀ 明

50～夷 143/060
143/068
143/076

6716₄ 路

10～正楊 117/463
20～秉章 113/345
24～德 013/255
015/357
017/209

017/361
025/249
026/149
026/253
026/261
027/511
036/399
039/033
039/361
047/066
059/069
064/181
068/387
077/207
080/307
101/455
43～博凱 153/367
46(法)～加尼 085/443
091/178
51～振揚 005/067
109/131

6722₇ 鄂

10～爾太 見鄂爾泰
～爾泰 005/048
005/048
005/114
005/161
005/198
006/372
007/081
007/535
009/430

009/431
009/433
009/435
009/436
009/482
009/510
010/533
011/162
011/438
011/440
108/182
108/185
109/183
109/237
109/237
112/180
113/158
113/158
113/160
117/271
121/115
121/143
121/145
122/178
122/296
122/298
11～彌達 006/200
006/387
007/312
007/314
109/009
37～軍界 164/010
38～海 011/291

6806$_1$ 哈

33(美)～浦 086/465
093/319
114/248

7

7021$_4$ 雅

10～爾圖 006/205
27(美)～各柏架 085/370
091/020
100/006
105/417
113/002

7031$_4$ 駐

40(英)～杭州領事 167/479

7121$_1$ 阮

10～元 004/123
004/254
006/479
007/039
007/089
007/090
007/094
007/232
007/496
007/497
009/319
009/321

009/412
010/507
011/409
011/508
077/469
107/032
112/132
112/135
116/057
116/177
122/037
122/268

7122_0 阿

40～克敦 006/201
44～桂 005/434
007/079
010/250
010/252
010/376
121/427
121/428
87(英)～欽使 082/302
122/476

7124_7 阪

80(日)～谷 127/336
150/158

7132_7 馬

00～文言 145/131
145/267
02～新貽 047/509
047/517
047/519
048/373
071/327
099/268
112/033
112/037
112/157
120/207
133/324
133/328
133/331
134/089
135/112
10～玉年 146/390
～元瑞 060/367
096/153
117/179
133/463
15～建忠 084/358
084/376
084/378
084/498
085/219
085/266
085/271
085/377
085/378
085/459
086/014
086/074
088/412
088/452

	088/457		119/234
	089/166		120/019
	090/125		121/286
	090/230		122/367
	090/242		123/129
	091/035		123/243
	091/037		128/295
	091/212		128/305
	091/329	17～君武	143/031
	091/460	24～佑之	146/448
	092/430	28～徵麟	043/247
	094/245		043/285
	096/164		043/323
	099/111		043/361
	100/057		050/236
	102/068		074/029
	104/181		079/435
	105/236		100/278
	105/372		108/057
	105/425		121/179
	106/090		122/005
	107/056	30～良	085/442
	107/179		091/175
	110/023		104/334
	110/313	31～源	006/525
	110/319		110/114
	110/485	～福安	058/385
	112/099		058/387
	113/281		068/017
	113/493		070/369
	114/062		071/055
	114/066		072/329
	118/085		098/092

099/029
119/361
119/475
124/482
37～逢臯 011/032
38～裕藻 167/231
40～培之 146/339
146/356
～在田 146/425
44～世俊 004/302
117/017
～其章 146/317
～其言 146/223
～樹華 049/381
049/410
049/415
107/260
～桂芬 108/058
～菊生 103/358
（西）～林 152/208
46～相如 045/101
077/271
101/105
136/240
48～敬之 049/122
049/123
067/157
067/161
097/283
097/284
118/464
118/465
50～忠 145/165
～忠建 103/439
55～慧裕 011/419
60～國翰 013/361
015/139
018/385
026/151
026/235
033/097
033/159
069/351
72～質 160/493
75～驌 003/216
77～履泰 010/148

7171_6 區

37～逢時 157/167

7173_2 長

00～庚 126/522
135/523
35～清 050/313
113/198
44～萃 133/475
133/479

7210_0 劉

00～應秋 015/163
015/405
017/145
017/155
～應墀 見柳應墀
～慶汾 152/090
～文淇 070/233

七二一〇。劉（〇〇一二八）

	080/149		077/347
06～韻珂	052/167		101/135
	062/165		101/150
	062/175	～行道	153/452
	115/005	22～崇惠	127/374
	133/406		157/049
	133/408	23～台斗	010/262
08～於義	008/486		108/294
	120/369	24～佳	063/363
09～麟書	155/477	26～崐	039/497
10～醇	056/305	27～彝程	046/299
	058/051		046/300
17～子章	005/066		114/338
	109/130		114/338
	117/499		116/244
～子壯	007/523		116/245
	109/160	～紹攽	001/207
20～秉璋	048/051		001/471
	051/126		003/072
	052/161		008/068
	061/213		013/249
	096/280		013/379
	112/048		014/425
	133/349		021/443
	135/011		027/299
	136/109		027/305
	136/524		027/307
～統勳	011/206		029/305
21～衡	059/129		033/255
	076/481		039/249
	077/191		045/289
	077/303	28～以貴	003/061
	077/341	～以鐘	167/074

30～汶 002/515
006/356
112/175
118/292
～淳 070/387
～家模 133/033
～永福 083/081
083/144
083/145
083/146
099/329
099/330
100/368
～良駒 067/195
097/215
134/420
32～兆棟 047/477
34～汝璆 040/287
040/291
040/339
040/349
040/387
042/075
045/421
045/425
045/513
048/107
048/108
048/185
048/194
049/223
052/109
052/110
052/158
062/295
109/018
109/019
118/166
～淇 002/258
003/018
003/103
006/098
008/501
009/111
35～沛 039/261
046/492
～連城 153/090
37～鴻翶 004/437
004/439
007/384
116/531
116/532
～祖培 145/276
146/078
～逢祿 070/221
070/389
099/065
38～啟彤 152/248
152/256
152/272
152/290
40～大櫆 001/206
002/511
006/409
～士夫 025/239
036/419

41～楷	008/351		120/160
	110/066	44～蔭樞	012/285
	119/399	～蓉	046/032
～楨麟	082/394		046/046
	084/141		046/118
	084/158		046/131
	084/204		047/202
	085/052		047/242
	086/013		048/099
	086/317		049/146
	087/400		049/148
	087/437		049/313
	088/079		049/316
	089/303		050/250
	091/326		050/252
	092/512		051/122
	096/195		051/479
	097/122		054/273
	103/099		054/333
	103/183		055/131
	105/026		057/057
	106/050		057/275
	107/489		058/445
	111/164		058/449
	111/295		062/203
	115/273		062/215
	115/314		068/031
	130/434		068/035
42～彬	008/236		069/327
	009/423		074/169
	009/447		076/159
	113/163		079/423
	119/462		080/325

	094/067
	096/353
	096/402
	098/094
	107/025
	107/093
	107/236
	108/255
	109/014
	109/375
	109/385
	112/350
	116/072
	116/100
	117/147
	118/156
	118/160
	119/353
	119/359
	119/425
	120/183
	124/114
	133/413
	136/071
～樹屏	158/054
～樹堂	063/011
	066/049
	076/279
	096/480
	097/519
	100/259
	119/148
	124/355
	131/500
	132/076
	135/340
	150/398
	151/212
	168/037
	168/058
45～坤一	048/047
	049/014
	049/016
	052/081
	065/415
	079/121
	097/396
	101/509
	112/047
	112/271
	112/272
	121/529
	131/262
	131/300
	131/308
	131/323
	131/339
	131/484
	131/485
	131/511
	132/017
	132/027
	132/080
	132/445
	132/446
	133/308

	133/448		008/098
	134/243		008/154
	134/267		008/251
	134/269		107/255
	134/271		107/278
	134/273		119/459
	135/339	47～㮘	085/009
	136/369		089/212
	136/374		102/189
	136/507		104/228
	140/457		113/414
	148/283		125/282
	148/288	53～成忠	051/304
	148/307		077/529
	148/337		101/363
	150/206		108/365
	150/374	55～典	048/204
	151/213		133/394
	151/455	57～邦俊	081/352
	153/322	60～□□	149/125
	153/334	～日昌	100/386
	153/336	～晸昌	075/221
	153/338		135/479
	153/340	～晸	015/331
	154/231	～恩溥	051/436
～榛	001/201		079/197
	001/202		079/241
	001/204		101/385
	001/220		108/417
	001/240		122/054
	001/242		122/059
	001/244		136/413
	001/246		136/429

七二一〇。劉（六〇－七一）

～愚 040/021
040/029
～冕執 165/454
71～長佑 045/239
047/446
048/127
048/153
050/508
051/337
110/051
131/132
132/359
132/360
132/361
132/364
132/367
132/369
132/371
133/016
133/117
133/429
133/497
134/046
134/127
134/128
134/236
134/351
134/461
135/076
135/078
135/079
135/079
135/082
135/083
135/139
135/140
135/140
135/141
135/160
135/161
135/317
135/318
135/319
135/321
135/323
135/323
135/324
135/325
135/326
135/328
135/328
135/329
135/330
135/331
135/331
135/332
135/333
135/514
135/514
135/516
135/517
135/517
135/519
135/519
135/520
135/521

	136/049
	136/098
	136/099
	136/100
	136/156
	136/201
	136/242
	136/243
	136/267
	136/383
	136/404
	136/418
	136/419
～長祐	133/360
	133/381
77～熙載	046/100
～開	004/210
	004/211
	004/262
	116/054
	116/055
	116/056
80～毓崧	069/223
	098/392
～毓楠	041/189
	048/483
	112/246
	134/254
81～頌聲	129/462
86～錦棠	047/011
	047/132
	047/168
	047/170
	047/171
	047/173
	047/174
	047/470
	047/472
	047/475
	048/094
	048/138
	049/450
	049/534
	050/065
	051/160
	051/162
	060/521
	060/527
	096/190
	109/195
	109/196
	109/196
	110/212
	110/213
	117/290
	118/179
	118/181
	133/070
	133/122
	133/125
	133/125
	133/126
	133/376
	133/436
	134/482
	134/484

134/486
134/488
135/022
135/122
136/125
136/192
136/193
～錫鴻 052/316
071/503
100/024
121/182
132/111
135/216
～鐸 158/308
87～銘鼎 149/191
～銘傳 047/397
047/478
047/480
048/084
050/216
050/393
050/533
053/097
075/075
114/002
132/092
132/118
134/489
134/491
134/495
135/178
135/525
149/062
88～餘謨 006/196
～餘祐 010/117
90～光蕡 085/019
089/233
104/239
～省三 105/287

7220_0 剛

07～毅 047/134
048/092
049/540
050/037
062/233
096/360
113/366
133/071
133/230
133/311
133/375
133/416
135/336

7277_2 岳

10～震川 006/268
007/333
008/098
012/283
013/353
014/189
015/153
015/375
016/389
016/391

017/167
017/171
017/175
017/179
019/311
021/123
025/235
026/159
026/265
030/089
030/395
030/399
032/191
036/403
036/411
31～濬 006/395
010/514
010/547
112/185
118/275
82～鍾琪 003/108
009/091

7280_1 兵

07～部 131/487
131/491
131/499
133/421
135/060
135/066
136/121
153/300
153/314
40(俄)～士雜志 127/382

7421_4 陸

00～龐其 107/055
～應穀 067/021
101/568
～慶頤 071/111
～言 058/003
095/285
15～建瀛 065/171
097/405
134/175
20～秉樞 064/239
134/083
22～繼輅 058/403
060/405
069/363
070/119
071/071
094/275
099/080
125/068
23～獻 010/499
122/039
33～心源 046/048
046/143
046/145
049/038
049/040
054/189
057/179
058/119
066/433

066/437
066/473
068/255
068/261
071/033
073/119
073/173
074/175
094/025
095/366
098/081
112/072
116/072
117/095
119/051
120/003
120/306
～勷恩 062/263
067/395
067/397
067/399
067/403
096/388
118/173
37～軍學會 163/367
38～祚蕃 010/129
40～奎勳 001/054
011/500
～壽名 004/115
44～世儀 001/113
002/377
002/500
002/547
004/164
004/447
004/494
004/498
005/287
005/493
006/016
006/019
006/090
006/255
006/279
006/478
006/531
007/007
007/286
007/447
007/478
008/023
008/402
008/437
009/160
011/007
011/026
107/212
108/243
108/443
108/447
109/216
110/105
111/350
112/005
112/117
112/397

116/192
117/264
118/101
118/313
118/315
55～費瑔 067/047
67～曜 見陸燿
71～隴其 001/032
001/149
001/181
001/458
002/021
002/137
002/271
002/305
002/545
003/028
003/178
004/204
004/427
005/104
005/117
005/494
006/076
006/094
006/147
007/006
008/082
008/313
011/043
012/299
013/105
013/337
015/149
017/131
018/535
025/279
109/086
109/309
110/003
112/017
112/117
117/116
117/480
118/104
80～曾禹 006/475
110/104
119/283
86～錫熊 047/117
97～燿 004/134
004/193
007/494
008/141
008/142
008/187
008/193
008/280
008/282
008/283
008/284
008/285
008/327
008/364
008/376
008/382
008/525

009/173
010/483
010/513
010/522
107/214
116/393
119/416
119/519
119/520
120/456
122/028
～熠 110/067
110/069
99～榮庭 165/171

7422_{7} 勵

30～宗萬 007/530

7529_{6} 陳

00～立 069/399
070/341
099/011
～高第 086/383
093/130
～庚煥 009/394
～庭經 040/433
048/252
110/121
～慶平 129/424
～慶門 002/026
005/312
～慶鏞 057/209
074/091
074/123
074/129
075/305
076/341
076/351
078/147
100/384
101/267
117/071
120/179
131/240
135/425
136/004
136/106
136/292
～慶年 102/312
～文述 010/260
010/394
010/396
059/197
059/199
059/203
059/207
059/371
059/479
059/481
064/059
064/273
064/287
079/297
079/303
080/059
080/133

080/141
097/342
097/343
101/248
101/407
117/415
117/415
117/416
117/496
121/489
121/491
01～訏 011/496
03～斌 004/247
006/321
007/381
009/037
108/268
109/052
04～詵 011/490
122/308
122/314
164/519
165/417
10～玉樹 094/377
094/378
094/380
095/169
095/240
095/261
148/519
～元龍 010/192
～爾幹 057/143
057/319
095/023
11～預 012/539
12～廷經 063/239
096/506
119/297
～廷傑 166/388
～廷敬 001/188
002/074
002/401
005/115
006/336
007/347
007/387
007/430
007/517
109/308
111/372
117/480
118/451
14～瑛 166/367
17～乃績 104/050
～翼為 082/498
083/277
098/371
099/099
102/137
125/034
125/082
20～重威 051/449
051/450
～喬樅 072/175
100/477
120/386

七五二九六 陳（二一—三〇）

21～衍	130/486
	130/488
～紫芝	007/385
	107/231
22～繼儼	086/236
	092/333
	128/183
23～岱霖	061/173
	096/270
	118/347
	133/268
25～仲良	015/373
	039/375
26～伯陶	146/222
27～彝	051/258
	134/057
	136/249
28～份	163/316
～倫炯	009/273
	009/320
	113/205
	121/183
～儀	011/122
	011/124
	011/129
	122/109
	122/110
30～家麟	149/183
	149/246
	152/001
～之遴	006/225
	110/040
～之蘭	002/223
	006/088
～宏謀	002/555
	004/140
	005/023
	005/024
	005/081
	005/082
	005/083
	005/083
	005/230
	005/231
	005/232
	005/265
	005/317
	005/320
	005/320
	005/322
	005/323
	005/325
	005/346
	005/391
	005/454
	005/498
	006/212
	006/297
	006/298
	006/299
	006/315
	006/331
	006/340
	006/390
	006/540
	006/542

007/031
007/344
008/024
008/027
008/314
009/016
010/143
010/448
010/539
010/542
010/545
010/546
011/019
011/027
011/035
011/104
011/145
011/148
011/285
011/303
011/422
011/510
108/161
108/245
108/247
108/274
108/275
108/356
108/405
108/407
109/136
109/136
109/136

109/153
109/342
110/059
110/120
111/418
111/418
111/419
112/184
116/048
117/119
117/119
117/120
117/121
117/358
117/358
117/361
117/363
117/364
117/365
118/006
118/115
118/187
118/188
121/345
121/346
122/018
122/019
122/020
122/023
122/316

～良弼 146/318

～寶箴 039/201
041/389

042/057
046/448
067/123
068/405
098/239
109/123
117/184
120/014
131/458
133/089
149/298
149/316
155/470
～宗起 055/385
055/387
31～濬 076/247
100/208
136/069
～遷鶴 004/089
004/090
009/101
120/114
32～兆文 095/421
～兆崙 006/168
006/389
007/270
007/463
119/002
120/001
～兆熹 168/060
～澧 057/097
068/419
069/055
069/059
069/065
069/153
071/109
095/389
098/221
098/325
098/326
098/327
120/064
120/065
120/067
33～必寧 047/289
059/355
～心源 119/360
36～澤貽 095/255
37～次亮 126/052
126/132
126/145
126/146
126/148
126/150
126/152
126/156
126/162
126/212
126/237
126/255
126/275
126/279
126/280
126/284
126/294

126/296
126/297
126/299
126/300
126/302
126/303
126/305
126/307
126/308
126/310
126/322
126/324
126/325
126/356
126/358
126/375
126/395
126/401
126/405
126/409
126/429
126/439
126/441
126/442
126/460
126/467
126/487
126/488
126/500
126/503
127/001
127/011
127/026
127/072
127/073
127/100
127/111
127/112
127/165
127/178
127/190
127/199
127/200
127/240
127/241
127/243
127/244
127/246
127/247
127/249
127/250
127/251
127/253
127/254
127/256
127/257
127/262
127/267
127/268
127/270
127/271
127/273
127/274
127/403
127/404
127/417

	127/434
	127/436
	127/437
	127/439
	127/440
	127/442
	127/443
	127/445
	127/446
	127/448
	127/449
	127/451
～祖范	004/487
	005/101
	005/151
	008/103
	008/108
	008/113
	008/146
	008/147
	008/175
	008/225
	008/229
	008/252
	107/256
	117/066
	119/461
～運鎮	058/047
	059/049
	063/355
38～道	001/047
	002/005
	002/284
	002/287
	005/262
	006/103
	109/340
～肇	060/355
	133/460
～啟彤	167/017
40～雄藩	131/234
～大受	005/454
～士杰	051/359
	051/372
	051/377
	051/378
	051/379
	051/441
	108/386
	136/327
	136/331
	136/331
	136/386
	136/432
～士梅	080/269
	101/477
～壇	046/468
	056/059
	077/261
	095/119
	109/082
	131/204
～培琛	165/479
～培深	167/429
～壽祺	054/377
	055/077

	059/259
	068/291
	075/031
	094/071
	116/058
	116/148
	117/408
44～協	009/186
	121/005
～芳生	006/469
	006/527
	011/380
	110/115
～萬策	003/202
～世琯	011/331
～世倌	010/361
	108/330
～世儀	117/061
～世社	026/125
～世鎔	054/307
	057/023
	069/305
	073/109
	073/113
	074/133
	074/139
	074/143
	077/227
	080/105
	080/345
	098/415
	101/247
	101/457
	120/180
	120/182
	120/442
	120/443
～其璋	084/483
	089/131
	104/163
	113/479
	119/249
	131/383
	132/034
	132/048
	132/075
	132/079
	132/125
	132/276
	132/477
	132/496
	133/047
	149/067
	149/202
	149/256
	150/415
	152/076
	152/077
	152/350
	157/237
～其凝	006/512
～其昌	155/079
	155/084
～黄中	003/125
	008/418
	009/184

七五二九六 陳（四四—七〇）

011/075
108/215
121/014
122/097
～桂森 003/234
47～起詩 051/010
075/177
100/233
121/129
～起書 039/257
044/339
044/341
051/016
051/017
075/189
121/133
～根培 076/023
48～梅坡 141/155
50～忠倚 141/306
～忠儼 150/378
～壽祺 098/091
52～虬 081/291
081/299
082/032
082/263
082/282
082/283
082/337
082/338
082/338
082/427
082/468
083/061
083/251
083/311
083/325
094/535
100/366
102/045
148/031
57～軺 054/457
63～貽範 156/435
67～明遠 148/255
150/436
150/439
～昭常 163/150
164/588
70～璧 081/049
081/058
082/343
083/333
085/230
085/421
090/149
091/127
098/011
102/089
104/358
105/246
112/105
113/320
119/066
125/304
126/423
127/162
132/058

	132/189		084/457
	132/509		084/459
	148/432		084/464
71～隴其	119/351		084/465
77～用光	039/299		084/466
	040/409		085/003
	040/413		085/005
	043/001		085/006
	055/073		085/057
	059/027		085/060
	095/337		085/062
	116/137		085/181
～鵬年	001/371		085/183
	004/441		086/145
80～鏞	125/333		088/181
～夔龍	133/451		089/067
	133/465		089/071
	135/027		089/073
84～銑	159/322		089/077
86～錦	073/261		089/079
	077/423		089/081
	078/405		089/093
	078/413		089/097
	079/341		089/198
	079/359		089/203
	120/298		089/205
91～炳	126/546		089/314
93～熾	082/340		089/321
	084/251		089/324
	084/452		090/044
	084/454		090/049
	084/455		092/132
	084/457		096/078

七五二九六 陳（九三）

097/055	104/213
101/224	104/215
101/226	104/221
101/230	104/223
103/235	104/224
103/463	104/253
103/510	104/255
103/511	104/256
104/015	104/258
104/016	104/260
104/018	104/262
104/019	104/264
104/021	104/266
104/022	104/268
104/028	104/269
104/031	104/357
104/031	104/435
104/033	104/437
104/034	105/032
104/035	105/036
104/037	105/037
104/049	105/151
104/127	105/152
104/200	105/154
104/201	105/156
104/203	105/160
104/204	105/162
104/205	105/354
104/207	105/404
104/208	105/405
104/209	106/181
104/211	106/428
104/212	106/434

106/443
107/531
109/050
109/053
110/036
111/300
111/302
111/405
111/407
111/458
113/409
113/410
151/442
97～耀卿 082/044
082/552
083/150
083/161
083/170
083/197
083/210
083/218
083/231
083/351
083/354
083/411
099/300
099/320
099/335
099/369
100/102
100/277
120/401
～煥章 168/412
168/421
168/456
168/478
99～榮衮 086/387
086/388
093/140
093/142

7712_7 邱

20～維屏 001/307
008/158
27～仰文 003/045
003/050
009/020
009/022
30～家穗 006/049
112/010
40～志廣 002/129
003/056
～嘉穗 001/486
002/263
002/393
002/410
003/067
003/074
003/078
007/178
007/361
008/089
008/350
008/371
119/403
64～時中 001/228

94～煒蓤 094/085
097/096
099/150
102/289
125/022
～煒善 098/366

7721₆ 覺

60～羅崇歡 135/524
～羅成孚 051/442
136/448

7722₀ 岡

50(日)～本監舖 083/438
(日)～本監輔 144/263

陶

10～正靖 004/420
005/108
006/153
007/370
007/452
107/206
109/307
112/019
～玉樹 146/118
～元淳 005/356
006/139
008/427
008/506
009/004
009/159
009/389
009/502
009/505
110/056
110/143
112/016
120/471
～元藻 009/326
011/464
107/473
12～廷杰 059/459
133/095
21～師韓 082/121
082/170
094/174
116/431
116/479
～貞一 004/387
004/484
005/156
005/158
009/411
011/246
011/251
011/269
108/200
108/204
117/030
117/211
122/192
22～崇新 124/094
～崇信 095/189
095/215
099/288

31～濬宣	063/151
32～遜	168/348
33～必銓	008/027
34～澍	005/479
	006/415
	006/482
	007/131
	007/135
	009/175
	010/497
	010/498
	011/455
	048/417
	048/419
	048/422
	048/425
	057/339
	061/159
	061/167
	062/115
	062/463
	063/295
	065/077
	065/085
	065/105
	065/111
	065/117
	065/131
	065/139
	079/339
	080/077
	096/500
	097/409
	097/434
	097/439
	110/107
	111/221
	112/192
	112/230
	112/232
	112/233
	119/089
	122/199
	133/274
	133/276
	133/438
	134/022
	134/151
	134/152
	134/153
	134/158
	134/160
	134/161
	134/165
	134/167
	134/286
	136/467
40～森甲	149/441
44～樹	048/415
～模	081/120
	082/501
	084/048
	087/110
	094/503
	098/305
	103/049

109/277
115/071
115/331
117/100
131/190
131/279
131/285
131/340
131/502
133/244
133/459
145/455
147/347
148/369
148/377
148/385
148/389
153/468
158/532

周

00～亮工 005/336
～慶雲 149/007
156/323
156/331
156/336
156/342
156/350
156/355
156/356
156/364
156/374
156/385
156/391
156/400
156/405
156/412
156/419
08～於禮 009/465
10～一鎬 117/406
～玉衡 062/529
～元鼎 012/343
014/419
015/169
026/139
028/161
028/165
029/301
042/347
042/351
049/434
049/436
110/072
110/072
～天爵 074/209
075/299
080/225
080/231
120/245
136/002
136/481
136/482
12～瑞清 049/369
135/048
17～琛 042/491
051/041

20～秉清 168/198
22～繼善 167/286
26～自齊 151/407
151/460
166/133
～保珪 048/040
27～凱 006/303
006/306
111/416
～郇雨 053/119
112/450
120/349
30～濟 062/411
062/437
064/411
064/415
065/183
069/487
070/093
076/405
096/431
096/432
097/525
097/525
097/535
099/010
099/074
119/095
125/061
～家楣 051/260
110/258
136/251
～永年 004/253
～之夔 009/378
～宏業 159/179
164/473
164/524
165/392
165/435
166/032
166/086
34～逵 137/103
137/109
137/111
137/168
137/193
137/213
137/235
137/247
137/268
137/283
137/359
137/387
137/489
138/260
138/263
138/265
138/267
138/270
138/273
138/277
138/285
35～清原 003/145
010/138
110/236
121/349

七七二二〇　周（三七—九八）

37～鴻熙 168/108
40～燾 006/539
119/338
～嘉祿 *145/191
～嘉樸 146/350
44～懋琦 075/099
075/107
～樹槐 045/019
051/149
063/421
065/239
077/371
101/132
46～觀光 114/321
51～振業 005/037
109/234
～振祥 127/475
53～盛傳 062/283
062/287
096/371
54～拱辰 008/347
010/194
120/506
77～學健 006/374
79～騰虎 057/085
065/313
065/425
067/175
067/261
074/149
097/272
097/273
097/512
124/378
80～金章 050/098
110/166
～鎬 005/071
005/316
005/388
009/168
009/391
009/409
109/133
109/400
117/511
120/478
120/479
～曾發 010/185
86～錫溥 005/219
010/038
011/294
122/238
88～篆 008/322
010/502
91～恆祺 039/451
046/518
058/369
095/321
124/229
132/518
98～悅讓 054/505
058/131
058/323
067/521
075/265

7726_4 屠

21～仁守 047/501
047/502
058/309
095/275
112/030
117/489
133/031
133/335
133/335
158/458
30～之申 006/155
112/021
33～述濂 007/159

7733_1 熙

09～麟 133/050
133/077
133/078

7736_4 駱

20～秉章 039/507
041/149
047/121
047/180
047/181
047/185
047/308
048/474
049/365
050/024
050/195
050/199
050/506
051/092
051/094
051/267
065/319
066/281
070/133
072/061
076/165
097/416
097/421
099/025
100/086
107/274
109/299
109/328
112/319
112/321
112/326
131/152
133/064
134/052
134/213
134/287
134/289
134/341
134/366
134/394
134/396
134/410
135/044
135/050

135/163
135/176
135/185
135/279
135/285
135/315
135/494
135/495
136/012
136/013
136/028
136/070
136/072
136/111
22～繼漢 159/339
53～成驌 083/142
099/365

7740₇ 學

77(美)～問報 142/337
142/347
142/501
142/561

7744₇ 段

10～玉裁 004/132
004/132
116/085

7748₂ 闕

27～名 004/222
004/223
004/223
004/230
004/410
004/415
004/491
004/492
005/252
006/013
006/015
006/140
006/182
006/421
007/199
007/289
007/317
007/480
007/487
007/488
007/525
008/200
008/266
008/274
008/373
008/387
008/389
008/390
008/391
008/392
008/476
009/120
009/122
009/147
009/158
009/176

七七四八二 闕（二七）

009/189	011/354
009/191	011/355
009/193	011/367
009/194	011/368
009/196	011/375
009/197	011/389
009/230	011/395
009/231	011/396
009/234	011/409
010/072	011/411
010/113	011/423
010/115	011/424
010/188	011/435
010/371	011/436
010/467	011/457
010/510	011/465
010/512	011/467
010/513	011/471
011/024	011/471
011/046	011/473
011/047	011/477
011/049	011/479
011/063	011/482
011/102	011/488
011/159	023/127
011/189	026/160
011/193	039/487
011/277	041/363
011/292	042/295
011/311	046/083
011/325	046/137
011/333	046/159
011/339	047/354

七七四八二 闕（二七）

047/365
047/367
047/401
047/414
048/313
049/487
049/499
050/042
050/310
050/318
050/323
050/324
050/324
050/524
051/205
051/206
051/208
051/210
051/213
051/215
052/169
052/299
052/300
052/356
052/360
052/506
053/035
053/039
053/101
053/163
053/185
053/203
053/233

053/252
053/254
053/261
053/280
053/287
053/291
053/306
053/307
053/310
053/367
053/367
053/367
053/368
053/370
053/370
053/371
053/371
053/372
053/373
053/373
053/374
053/374
053/374
053/375
053/375
053/376
053/376
053/377
053/377
053/378
053/379
053/379
053/379

053/380
053/380
053/381
053/381
053/383
053/386
053/386
053/386
053/387
053/387
053/390
053/391
053/391
053/403
053/444
053/458
053/488
053/491
054/165
058/273
060/213
060/219
060/259
060/273
060/289
060/295
060/335
061/237
061/257
062/045
062/253
064/299
064/331
064/435
066/065
066/097
066/147
066/167
066/331
066/489
066/493
066/499
067/091
067/355
067/539
068/081
068/159
068/195
069/417
069/477
071/043
071/341
072/117
072/133
072/213
072/217
073/231
074/325
074/433
075/253
077/043
077/047
077/073
077/089
077/093
077/099

077/109	081/184
077/257	081/191
077/265	081/199
077/277	081/215
077/381	081/223
078/387	081/235
081/013	081/285
081/016	081/372
081/018	081/403
081/020	081/415
081/021	081/431
081/027	081/442
081/044	081/451
081/047	081/462
081/051	081/471
081/055	081/482
081/059	082/017
081/060	082/033
081/067	082/033
081/074	082/040
081/078	082/082
081/094	082/113
081/098	082/132
081/102	082/132
081/106	082/133
081/134	082/133
081/135	082/137
081/136	082/138
081/150	082/139
081/156	082/141
081/164	082/146
081/167	082/179
081/170	082/259

082/262
082/268
082/281
082/281
082/284
082/304
082/311
082/354
082/358
082/360
082/382
082/400
082/401
082/404
082/431
082/448
082/449
082/455
082/459
082/475
082/479
082/480
082/484
082/486
082/487
082/488
082/535
082/536
082/538
082/539
082/541
082/544
082/546
082/547
082/549
082/551
082/552
082/553
082/555
082/559
082/560
082/560
082/562
083/011
083/023
083/024
083/029
083/041
083/068
083/069
083/096
083/099
083/100
083/101
083/103
083/104
083/108
083/111
083/141
083/167
083/167
083/172
083/175
083/187
083/188
083/211

七七四八三 闕（二七）

083/214	083/406
083/215	083/413
083/218	083/421
083/226	083/422
083/234	083/424
083/237	083/424
083/248	083/449
083/250	083/459
083/266	083/474
083/280	083/475
083/282	083/482
083/299	083/492
083/307	084/007
083/308	084/012
083/310	084/027
083/324	084/036
083/327	084/079
083/328	084/084
083/337	084/086
083/349	084/098
083/352	084/103
083/356	084/121
083/360	084/124
083/374	084/126
083/375	084/147
083/376	084/165
083/376	084/191
083/376	084/193
083/377	084/194
083/378	084/197
083/389	084/231
083/390	084/236
083/393	084/255

084/256
084/261
084/264
084/266
084/277
084/309
084/318
084/319
084/322
084/330
084/335
084/352
084/357
084/361
084/374
084/401
084/428
084/444
084/463
084/468
084/488
084/491
084/501
085/031
085/046
085/084
085/110
085/113
085/118
085/120
085/122
085/123
085/151
085/175
085/209
085/212
085/231
085/243
085/252
085/289
085/330
085/332
085/347
085/364
085/395
085/426
085/452
085/454
085/486
086/024
086/042
086/048
086/057
086/067
086/097
086/103
086/174
086/186
086/195
086/196
086/202
086/206
086/207
086/211
086/212
086/220

七七四八二 闕（二七）

086/223	086/335
086/225	086/335
086/229	086/335
086/234	086/335
086/237	086/336
086/238	086/337
086/239	086/337
086/247	086/337
086/258	086/338
086/260	086/339
086/261	086/339
086/263	086/340
086/267	086/352
086/271	086/352
086/281	086/354
086/310	086/359
086/329	086/361
086/329	086/369
086/330	086/371
086/330	086/375
086/330	086/377
086/330	086/379
086/331	086/380
086/331	086/395
086/332	086/397
086/332	086/407
086/332	086/409
086/333	086/417
086/333	086/428
086/333	086/459
086/334	086/461
086/334	086/477
086/334	086/499

086/505
086/507
086/508
086/509
086/513
086/519
086/529
087/219
087/353
087/360
087/365
087/454
088/050
088/056
088/071
088/136
088/193
088/195
088/207
088/214
088/217
088/305
088/323
088/505
089/035
089/103
089/143
089/149
089/172
089/290
089/434
089/439
089/461
089/521
090/030
090/102
090/177
090/366
090/370
090/404
091/006
091/076
091/141
091/195
091/199
091/275
091/351
091/392
091/404
091/423
091/446
092/027
092/037
092/195
092/257
092/269
092/280
092/304
092/338
092/380
092/383
092/386
092/390
092/407
092/496
093/103

七七四八二 闕（二七）

093/111
093/116
093/120
093/123
093/160
093/302
093/308
093/389
094/028
094/029
094/049
094/060
094/068
094/073
094/084
094/089
094/094
094/100
094/102
094/110
094/113
094/114
094/124
094/134
094/136
094/140
094/142
094/145
094/153
094/154
094/156
094/169
094/180
094/181
094/182
094/185
094/197
094/203
094/207
094/208
094/217
094/243
094/244
094/248
094/249
094/250
094/252
094/259
094/260
094/262
094/263
094/265
094/266
094/267
094/268
094/292
094/293
094/293
094/295
094/300
094/301
094/303
094/304
094/309
094/312
094/314

094/316
094/318
094/319
094/320
094/321
094/323
094/326
094/344
094/345
094/347
094/349
094/350
094/369
094/374
094/382
094/385
094/388
094/389
094/408
094/410
094/414
094/416
094/417
094/441
094/442
094/445
094/446
094/448
094/455
094/456
094/458
094/459
094/462
094/487
094/488
094/491
094/492
094/495
094/496
094/497
094/512
094/516
094/517
094/519
094/520
094/520
094/523
094/524
094/526
095/015
095/017
095/018
095/020
095/027
095/033
095/034
095/052
095/054
095/055
095/057
095/066
095/068
095/071
095/074
095/075
095/080

七七四八二 闕（二七）

095/081	095/229
095/082	095/230
095/083	095/231
095/084	095/235
095/087	095/247
095/091	095/248
095/095	095/251
095/096	095/252
095/097	095/253
095/130	095/255
095/131	095/278
095/132	095/284
095/134	095/287
095/142	095/288
095/143	095/290
095/162	095/291
095/163	095/293
095/168	095/294
095/173	095/297
095/174	095/300
095/175	095/303
095/189	095/309
095/190	095/311
095/206	095/313
095/207	095/315
095/216	095/342
095/218	095/357
095/219	095/360
095/220	095/361
095/223	095/362
095/224	095/366
095/225	095/367
095/226	095/368

七七四八二 關（二七）

095/370
095/387
095/388
095/390
095/400
095/410
095/411
095/417
095/426
095/427
095/438
095/442
095/449
095/451
095/452
095/454
095/476
095/477
095/478
095/481
095/482
095/484
095/489
095/491
095/493
095/494
095/495
095/499
095/513
095/516
096/004
096/007
096/008
096/015
096/016
096/017
096/018
096/026
096/026
096/033
096/069
096/070
096/080
096/091
096/092
096/093
096/104
096/106
096/110
096/111
096/114
096/120
096/126
096/137
096/140
096/140
096/141
096/147
096/158
096/170
096/171
096/173
096/174
096/175
096/177
096/178

七七四八二 闕(二七)

096/179	096/440
096/199	096/446
096/201	096/448
096/202	096/449
096/252	096/482
096/289	096/483
096/299	096/494
096/302	096/508
096/303	096/512
096/317	096/513
096/317	096/514
096/327	096/522
096/329	096/527
096/330	096/528
096/332	096/529
096/337	096/530
096/341	096/533
096/366	096/534
096/374	097/004
096/382	097/005
096/389	097/009
096/396	097/011
096/397	097/011
096/398	097/012
096/401	097/012
096/424	097/017
096/426	097/024
096/428	097/031
096/429	097/033
096/432	097/035
096/435	097/036
096/437	097/057
096/438	097/058

七七四八二 闕（二七）

097/060
097/060
097/065
097/070
097/074
097/075
097/081
097/083
097/084
097/089
097/090
097/095
097/099
097/115
097/119
097/127
097/133
097/135
097/140
097/148
097/151
097/161
097/165
097/168
097/170
097/171
097/174
097/176
097/177
097/179
097/189
097/200
097/202
097/206
097/207
097/228
097/233
097/234
097/236
097/239
097/241
097/242
097/245
097/246
097/247
097/260
097/263
097/265
097/268
097/274
097/276
097/288
097/290
097/291
097/293
097/310
097/314
097/316
097/341
097/361
097/362
097/375
097/379
097/382
097/385
097/386

七七四八二 闕（二七）

097/513	098/173
097/521	098/175
098/018	098/192
098/020	098/200
098/025	098/201
098/026	098/205
098/027	098/210
098/046	098/211
098/048	098/213
098/052	098/223
098/061	098/243
098/072	098/253
098/076	098/256
098/077	098/257
098/077	098/258
098/082	098/259
098/083	098/260
098/084	098/271
098/104	098/272
098/107	098/274
098/109	098/276
098/111	098/279
098/122	098/280
098/125	098/281
098/127	098/282
098/129	098/289
098/132	098/290
098/134	098/295
098/143	098/299
098/159	098/303
098/160	098/309
098/165	098/313
098/167	098/314

098/318
098/319
098/320
098/322
098/324
098/328
098/331
098/331
098/333
098/334
098/336
098/337
098/339
098/340
098/341
098/342
098/344
098/347
098/348
098/349
098/350
098/353
098/357
098/361
098/362
098/364
098/369
098/378
098/404
099/003
099/004
099/087
099/090
099/096
099/096
099/100
099/102
099/110
099/114
099/114
099/124
099/129
099/130
099/131
099/135
099/139
099/148
099/158
099/159
099/161
099/162
099/164
099/166
099/168
099/169
099/175
099/177
099/185
099/187
099/202
099/206
099/209
099/217
099/218
099/219
099/222

七七四八二 闕（二七）

099/229	099/338
099/229	099/340
099/234	099/341
099/237	099/344
099/238	099/345
099/240	099/347
099/242	099/348
099/246	099/354
099/247	099/359
099/251	099/371
099/257	099/373
099/259	099/375
099/287	099/421
099/289	099/423
099/294	099/436
099/295	099/438
099/296	099/439
099/299	099/441
099/302	099/443
099/305	099/444
099/306	099/446
099/307	099/448
099/310	099/451
099/312	099/453
099/313	099/483
099/315	099/485
099/316	099/487
099/319	099/488
099/324	099/490
099/326	099/491
099/328	099/493
099/332	099/495
099/337	099/497

100/003	100/185
100/004	100/187
100/013	100/216
100/038	100/225
100/039	100/237
100/042	100/238
100/043	100/241
100/046	100/248
100/047	100/250
100/049	100/261
100/052	100/262
100/089	100/285
100/090	100/287
100/093	100/340
100/095	100/341
100/106	100/344
100/108	100/349
100/113	100/351
100/119	100/358
100/132	100/359
100/144	100/361
100/154	100/377
100/155	100/390
100/157	100/396
100/158	100/413
100/162	100/424
100/163	100/426
100/164	100/434
100/169	100/437
100/171	100/440
100/172	100/443
100/173	100/444
100/174	100/446

七七四八二 闕（二七）

100/448	101/132
100/453	101/138
100/457	101/139
100/461	101/142
100/462	101/149
100/464	101/165
100/466	101/166
100/468	101/168
100/471	101/184
100/472	101/200
100/476	101/204
100/490	101/220
101/009	101/222
101/016	101/223
101/018	101/228
101/018	101/231
101/026	101/232
101/032	101/237
101/036	101/238
101/036	101/252
101/038	101/327
101/045	101/428
101/051	101/436
101/053	101/441
101/064	101/483
101/069	101/485
101/087	101/494
101/093	101/519
101/098	101/521
101/103	101/525
101/107	101/538
101/112	101/540
101/116	101/541

101/546
101/549
101/553
101/555
101/556
101/557
101/558
101/562
101/563
101/564
101/565
101/569
102/003
102/010
102/011
102/015
102/028
102/029
102/031
102/032
102/034
102/035
102/038
102/040
102/041
102/043
102/044
102/047
102/048
102/050
102/052
102/056
102/058
102/060
102/066
102/077
102/077
102/078
102/079
102/080
102/090
102/092
102/112
102/114
102/114
102/116
102/118
102/123
102/124
102/127
102/129
102/129
102/135
102/139
102/140
102/147
102/156
102/180
102/181
102/184
102/190
102/195
102/196
102/203
102/205
102/213

七七四八二 闕（二七）

102/220
102/227
102/232
102/234
102/239
102/240
102/243
102/247
102/249
102/253
102/272
102/273
102/276
102/277
102/278
102/280
102/281
102/282
102/290
102/293
102/294
102/299
102/302
102/303
102/305
102/307
102/311
102/312
102/312
102/313
102/314
102/315
102/321

102/324
102/324
102/325
102/325
102/329
102/329
102/334
102/335
102/335
102/336
102/336
102/337
102/338
102/339
102/339
102/341
102/342
102/345
102/346
102/347
102/350
102/355
102/356
102/356
102/365
102/368
102/373
102/373
102/374
102/375
102/375
102/379
102/380

102/382
102/387
102/387
102/387
102/388
102/389
102/390
102/392
102/392
102/393
102/393
102/393
102/394
102/397
102/401
102/403
102/403
102/404
102/404
102/409
102/410
102/411
102/412
102/413
102/414
102/419
102/419
102/425
102/426
102/428
102/429
102/430
102/431
102/432
102/433
102/434
102/434
102/435
102/436
102/437
102/437
102/438
102/439
102/440
102/441
102/443
102/445
102/449
102/451
102/455
102/456
102/463
102/466
102/472
102/479
102/479
102/480
102/481
102/489
102/492
102/493
102/493
102/494
102/497
102/497
102/497

七七四八二 闕（二七）

102/505
102/505
102/507
102/508
102/509
102/510
102/512
102/512
102/512
102/513
102/515
102/516
102/517
102/519
102/520
102/521
102/523
102/523
102/524
102/526
102/527
102/528
102/529
102/531
102/533
102/536
102/536
102/538
103/082
103/095
103/103
103/104
103/106

103/108
103/110
103/113
103/115
103/116
103/118
103/121
103/122
103/124
103/126
103/128
103/129
103/131
103/132
103/137
103/137
103/139
103/140
103/148
103/150
103/161
103/164
103/179
103/208
103/210
103/211
103/213
103/215
103/217
103/218
103/219
103/221
103/223

103/224	103/291
103/226	103/292
103/227	103/294
103/228	103/295
103/230	103/297
103/231	103/298
103/232	103/300
103/234	103/302
103/237	103/303
103/238	103/305
103/240	103/306
103/241	103/309
103/243	103/310
103/244	103/317
103/245	103/318
103/247	103/320
103/257	103/321
103/263	103/323
103/264	103/324
103/266	103/327
103/267	103/328
103/269	103/330
103/274	103/331
103/277	103/333
103/278	103/334
103/279	103/336
103/281	103/337
103/282	103/339
103/285	103/340
103/286	103/342
103/287	103/343
103/288	103/353
103/290	103/359

七七四八二 闕（二七）

103/361
103/372
103/379
103/381
103/384
103/386
103/392
103/394
103/395
103/413
103/419
103/421
103/436
103/443
103/447
103/448
103/449
103/451
103/452
103/456
103/465
103/467
103/469
103/471
103/472
103/474
103/475
103/476
103/478
103/480
103/482
103/483
103/485
103/486
103/487
103/489
103/492
103/494
103/495
103/497
103/498
103/507
103/508
104/001
104/040
104/055
104/056
104/058
104/059
104/060
104/062
104/064
104/065
104/067
104/068
104/070
104/072
104/076
104/078
104/080
104/089
104/090
104/092
104/094
104/095
104/098

104/106
104/107
104/110
104/113
104/114
104/116
104/119
104/120
104/122
104/132
104/134
104/135
104/137
104/138
104/143
104/145
104/146
104/148
104/150
104/151
104/153
104/156
104/169
104/173
104/185
104/198
104/271
104/272
104/274
104/276
104/277
104/279
104/280
104/281
104/283
104/285
104/287
104/288
104/295
104/305
104/306
104/308
104/310
104/312
104/314
104/316
104/318
104/319
104/321
104/323
104/327
104/328
104/329
104/330
104/335
104/342
104/343
104/366
104/371
104/378
104/379
104/380
104/387
104/405
104/407
104/412

七七四八二 闕（二七）

104/423	105/164
104/426	105/167
104/428	105/173
104/430	105/174
104/431	105/179
104/445	105/186
104/446	105/188
104/448	105/199
104/450	105/200
104/457	105/201
104/462	105/204
104/474	105/205
104/475	105/206
105/001	105/208
105/019	105/213
105/054	105/214
105/057	105/216
105/058	105/217
105/061	105/219
105/068	105/220
105/070	105/222
105/071	105/225
105/074	105/249
105/075	105/250
105/077	105/254
105/085	105/259
105/088	105/266
105/104	105/273
105/120	105/277
105/123	105/278
105/136	105/280
105/146	105/295
105/158	105/338

105/339	105/464
105/341	105/466
105/342	105/467
105/345	105/469
105/347	105/471
105/353	105/472
105/356	105/475
105/358	105/476
105/360	105/477
105/362	105/478
105/363	105/480
105/364	105/482
105/365	106/001
105/369	106/002
105/370	106/004
105/378	106/006
105/389	106/007
105/390	106/011
105/392	106/014
105/415	106/016
105/428	106/017
105/431	106/018
105/432	106/022
105/433	106/027
105/449	106/029
105/450	106/031
105/452	106/033
105/454	106/034
105/455	106/060
105/457	106/077
105/459	106/079
105/461	106/080
105/462	106/081

七七四八二 闕（二七）

106/083	106/323
106/093	106/326
106/095	106/328
106/116	106/332
106/117	106/335
106/119	106/337
106/121	106/347
106/123	106/348
106/140	106/349
106/142	106/350
106/159	106/352
106/175	106/354
106/194	106/356
106/200	106/357
106/227	106/359
106/228	106/360
106/247	106/361
106/264	106/363
106/275	106/364
106/276	106/367
106/277	106/368
106/279	106/373
106/280	106/375
106/282	106/377
106/283	106/379
106/288	106/381
106/293	106/383
106/294	106/385
106/296	106/386
106/311	106/387
106/318	106/392
106/319	106/394
106/322	106/395

七七四八二 闕（二七）

106/397
106/413
106/415
106/417
106/418
106/419
106/421
106/426
106/430
106/432
106/436
106/437
106/439
106/441
107/051
107/066
107/070
107/072
107/074
107/077
107/077
107/079
107/080
107/081
107/098
107/100
107/101
107/102
107/103
107/104
107/105
107/107
107/111
107/115
107/125
107/125
107/126
107/128
107/130
107/131
107/132
107/134
107/135
107/137
107/137
107/138
107/139
107/141
107/145
107/146
107/150
107/151
107/152
107/153
107/155
107/156
107/157
107/159
107/161
107/162
107/163
107/164
107/165
107/167
107/168
107/169

七七四八二 闕（二七）

107/170	107/339
107/172	107/351
107/174	107/360
107/176	107/365
107/177	107/365
107/178	107/368
107/182	107/369
107/192	107/370
107/194	107/372
107/242	107/376
107/248	107/377
107/259	107/378
107/260	107/379
107/261	107/380
107/268	107/381
107/270	107/383
107/282	107/388
107/284	107/389
107/286	107/391
107/296	107/392
107/304	107/394
107/309	107/395
107/310	107/396
107/311	107/399
107/312	107/417
107/314	107/434
107/316	107/436
107/318	107/445
107/319	107/447
107/324	107/448
107/329	107/450
107/335	107/451
107/337	107/452

七七四八二 闕（二七）

107/453
107/454
107/456
107/457
107/479
107/481
107/495
107/505
107/510
107/548
107/554
107/563
107/570
107/571
108/001
108/004
108/005
108/006
108/007
108/008
108/008
108/009
108/011
108/013
108/015
108/016
108/017
108/019
108/020
108/022
108/023
108/024
108/026
108/027
108/028
108/028
108/030
108/031
108/031
108/033
108/034
108/035
108/036
108/040
108/041
108/042
108/042
108/044
108/046
108/059
108/065
108/066
108/072
108/074
108/075
108/076
108/077
108/079
108/080
108/081
108/082
108/085
108/085
108/089
108/090
108/090

七七四八二 闕（二七）

108/091	108/287
108/092	108/334
108/092	108/338
108/096	108/340
108/098	108/340
108/098	108/341
108/099	108/343
108/100	108/344
108/101	108/350
108/102	108/351
108/105	108/361
108/105	108/364
108/106	108/380
108/107	108/395
108/107	108/399
108/109	108/400
108/111	108/403
108/113	108/435
108/114	108/435
108/116	108/436
108/123	108/436
108/125	108/438
108/137	108/439
108/141	108/440
108/148	108/441
108/149	108/460
108/150	108/461
108/168	108/463
108/174	108/464
108/179	108/465
108/181	108/466
108/193	108/468
108/213	108/470

109/001	109/265
109/027	109/268
109/028	109/269
109/029	109/283
109/031	109/285
109/034	109/286
109/034	109/288
109/035	109/289
109/036	109/292
109/040	109/293
109/041	109/294
109/042	109/296
109/043	109/296
109/045	109/304
109/046	109/305
109/047	109/313
109/054	109/314
109/055	109/315
109/056	109/316
109/112	109/321
109/162	109/331
109/169	109/332
109/205	109/357
109/214	109/394
109/245	109/419
109/246	109/420
109/248	109/422
109/249	109/423
109/252	109/425
109/253	109/425
109/254	109/427
109/258	109/429
109/262	109/430

109/431	110/243
109/433	110/244
109/434	110/246
109/435	110/261
109/439	110/262
109/440	110/263
110/002	110/264
110/006	110/277
110/008	110/277
110/013	110/277
110/019	110/278
110/019	110/280
110/030	110/282
110/042	110/284
110/079	110/286
110/083	110/288
110/085	110/289
110/088	110/291
110/101	110/293
110/190	110/295
110/191	110/296
110/196	110/297
110/200	110/301
110/201	110/302
110/202	110/304
110/203	110/306
110/204	110/308
110/205	110/330
110/207	110/337
110/219	110/338
110/221	110/339
110/236	110/340
110/242	110/342

七七四八二 闕（二七）

110/518	110/537
110/518	110/547
110/518	110/554
110/519	110/556
110/519	110/557
110/519	111/001
110/519	111/002
110/520	111/003
110/520	111/004
110/520	111/005
110/520	111/006
110/521	111/008
110/521	111/009
110/521	111/011
110/522	111/012
110/522	111/013
110/523	111/014
110/524	111/015
110/524	111/017
110/524	111/018
110/524	111/019
110/524	111/020
110/526	111/021
110/526	111/038
110/527	111/040
110/527	111/041
110/527	111/042
110/529	111/044
110/532	111/045
110/532	111/048
110/532	111/050
110/533	111/052
110/533	111/054

111/057	111/123
111/058	111/125
111/059	111/126
111/060	111/127
111/062	111/128
111/063	111/129
111/064	111/130
111/066	111/133
111/067	111/155
111/068	111/159
111/069	111/162
111/071	111/178
111/072	111/179
111/073	111/181
111/074	111/181
111/076	111/181
111/077	111/183
111/078	111/184
111/079	111/184
111/080	111/186
111/082	111/189
111/083	111/191
111/084	111/195
111/085	111/197
111/086	111/198
111/088	111/199
111/091	111/227
111/101	111/228
111/102	111/228
111/110	111/229
111/115	111/229
111/118	111/229
111/122	111/230

七七四八二 闕（二七）

111/230	111/446
111/230	111/447
111/237	111/449
111/241	111/450
111/242	111/451
111/260	111/453
111/261	111/455
111/263	111/457
111/265	111/467
111/281	111/471
111/291	111/472
111/314	111/473
111/323	111/474
111/326	111/476
111/327	111/477
111/329	111/478
111/330	111/479
111/331	111/483
111/337	111/484
111/338	111/485
111/404	111/486
111/410	111/487
111/420	111/489
111/422	111/490
111/423	111/491
111/426	111/492
111/428	111/493
111/436	111/497
111/440	111/499
111/440	111/501
111/443	111/503
111/444	111/504
111/445	111/506

112/074	112/377
112/076	112/378
112/080	112/379
112/090	112/379
112/092	112/380
112/130	112/383
112/132	112/384
112/137	112/386
112/138	112/386
112/139	112/387
112/139	112/388
112/139	112/389
112/140	112/390
112/140	112/391
112/140	112/392
112/141	112/393
112/141	112/394
112/148	112/395
112/218	112/408
112/275	112/431
112/305	112/432
112/353	112/433
112/355	112/434
112/356	112/436
112/358	112/437
112/359	112/438
112/367	112/439
112/368	112/440
112/370	112/455
112/371	112/465
112/373	112/467
112/374	112/468
112/375	112/469

七七四八二 闕（二七）

112/469	113/054
112/470	113/055
112/471	113/055
113/001	113/056
113/008	113/057
113/010	113/058
113/011	113/059
113/012	113/060
113/014	113/061
113/015	113/088
113/016	113/089
113/019	113/091
113/020	113/092
113/021	113/093
113/022	113/094
113/023	113/115
113/025	113/117
113/026	113/118
113/027	113/119
113/029	113/120
113/030	113/121
113/031	113/124
113/033	113/126
113/033	113/141
113/034	113/275
113/038	113/276
113/042	113/277
113/043	113/278
113/044	113/295
113/048	113/296
113/049	113/297
113/050	113/301
113/052	113/302

113/303
113/304
113/327
113/328
113/329
113/336
113/338
113/339
113/340
113/341
113/350
113/351
113/352
113/356
113/359
113/368
113/373
113/373
113/375
113/376
113/377
113/378
113/380
113/381
113/382
113/383
113/384
113/389
113/398
113/411
113/415
113/423
113/424
113/425
113/426
113/429
113/430
113/431
113/433
113/435
113/436
113/438
113/439
113/440
113/443
113/444
113/444
113/447
113/448
113/452
113/453
113/454
113/455
113/457
113/458
113/459
113/460
113/461
113/463
113/464
113/465
113/466
113/473
113/475
113/483
113/486

七七四八二 闕（二七）

113/495	114/107
113/501	114/108
113/502	114/111
113/504	114/112
113/505	114/113
113/507	114/114
113/508	114/115
113/509	114/117
114/001	114/118
114/003	114/120
114/044	114/122
114/048	114/123
114/078	114/124
114/080	114/125
114/082	114/126
114/083	114/127
114/085	114/131
114/087	114/131
114/088	114/134
114/089	114/136
114/091	114/137
114/093	114/138
114/094	114/139
114/096	114/140
114/097	114/144
114/098	114/146
114/099	114/147
114/101	114/149
114/102	114/150
114/103	114/153
114/104	114/154
114/105	114/155
114/107	114/156

114/157
114/159
114/160
114/163
114/165
114/166
114/167
114/169
114/170
114/172
114/173
114/174
114/175
114/176
114/177
114/179
114/191
114/192
114/193
114/201
114/202
114/203
114/204
114/206
114/210
114/211
114/214
114/215
114/216
114/217
114/219
114/220
114/221
114/222
114/223
114/225
114/226
114/227
114/228
114/230
114/231
114/232
114/232
114/234
114/235
114/236
114/238
114/239
114/240
114/241
114/242
114/244
114/245
114/255
114/257
114/258
114/260
114/280
114/282
114/283
114/291
114/292
114/292
114/300
114/300
114/301

七七四八二 闕（二七）

114/301	114/416
114/302	114/417
114/302	114/418
114/302	114/419
114/303	114/420
114/303	114/420
114/304	114/422
114/304	114/425
114/305	114/427
114/306	114/428
114/307	114/429
114/310	114/430
114/310	114/431
114/310	114/432
114/311	114/433
114/311	114/434
114/367	114/435
114/369	114/437
114/378	114/438
114/380	114/438
114/382	114/439
114/386	114/440
114/392	114/441
114/399	114/442
114/400	114/443
114/408	114/444
114/410	114/445
114/411	114/446
114/412	114/447
114/413	114/448
114/414	114/451
114/415	114/452
114/416	114/454

七七四八二 闕（二七）

114/455
114/456
114/458
114/459
114/460
114/462
114/463
114/464
114/465
114/467
114/470
114/471
114/472
114/473
114/474
114/476
114/477
114/478
114/479
114/480
114/481
114/482
114/484
114/485
114/486
114/488
114/488
114/490
114/491
114/492
114/493
114/494
114/495
114/496
114/497
114/498
114/499
114/500
114/502
114/502
114/502
114/504
114/505
114/506
114/507
114/508
114/510
114/511
115/006
115/045
115/085
115/088
115/093
115/095
115/104
115/105
115/108
115/113
115/116
115/117
115/119
115/133
115/134
115/136
115/137
115/138

七七四八二 闕（二七）

115/142	115/318
115/144	115/319
115/151	115/320
115/154	115/321
115/168	115/323
115/171	115/324
115/172	115/326
115/176	115/327
115/181	115/328
115/183	115/330
115/184	115/339
115/198	115/340
115/200	115/341
115/202	115/342
115/204	115/344
115/206	115/345
115/209	115/346
115/211	115/348
115/237	115/349
115/242	115/350
115/264	115/351
115/268	115/352
115/269	115/353
115/277	115/355
115/278	115/356
115/284	115/358
115/287	115/359
115/291	115/361
115/294	115/362
115/300	115/365
115/302	115/366
115/306	115/368
115/309	115/369

115/370
115/371
115/374
115/375
115/377
115/378
115/379
115/380
115/381
115/382
115/384
115/385
115/386
115/387
115/388
115/390
115/392
115/393
115/395
115/396
115/397
115/399
115/400
115/402
115/403
115/405
115/406
115/407
115/408
115/409
115/410
115/411
115/412
115/413
115/414
115/416
115/419
115/420
115/421
115/422
115/423
115/424
115/426
115/427
115/428
115/429
115/430
115/431
115/432
115/432
115/433
115/434
115/435
115/436
115/438
115/439
115/440
115/441
115/442
115/443
115/445
115/445
115/447
115/448
115/449
115/450

七七四八二 闕（二七）

115/451	115/490
115/453	115/491
115/455	115/491
115/456	115/493
115/457	116/059
115/458	116/060
115/460	116/062
115/461	116/063
115/462	116/066
115/463	116/067
115/464	116/105
115/465	116/117
115/466	116/119
115/468	116/161
115/469	116/163
115/470	116/224
115/471	116/385
115/473	116/385
115/474	116/386
115/475	116/387
115/476	116/388
115/476	116/427
115/478	116/428
115/479	116/443
115/479	116/446
115/481	116/485
115/482	116/492
115/483	116/493
115/484	116/497
115/485	116/505
115/486	116/507
115/487	116/508
115/488	116/510

七七四八二 闞（二七）

116/512
116/514
116/559
117/028
117/039
117/040
117/042
117/045
117/048
117/054
117/057
117/059
117/108
117/117
117/204
117/314
117/469
118/030
118/068
118/072
118/095
118/137
118/191
118/206
118/215
118/226
118/228
118/229
118/231
118/232
118/239
118/248
118/278
118/294
118/296
118/407
118/428
118/448
118/472
118/510
118/514
119/014
119/019
119/045
119/048
119/052
119/062
119/079
119/109
119/198
119/241
119/244
119/253
119/265
119/404
119/431
119/432
119/449
119/463
119/465
119/466
119/502
119/503
119/511
120/022
120/026

七七四八二 闕（二七）

120/028	121/284
120/059	121/305
120/060	121/311
120/083	121/311
120/300	122/028
120/316	122/071
120/334	122/071
120/371	122/073
120/389	122/076
120/415	122/078
120/416	122/080
120/429	122/081
120/447	122/083
120/450	122/099
120/467	122/106
120/521	122/116
121/048	122/150
121/066	122/187
121/069	122/210
121/071	122/211
121/073	122/218
121/075	122/219
121/078	122/223
121/083	122/226
121/113	122/229
121/139	122/233
121/158	122/253
121/191	122/257
121/191	122/259
121/251	122/263
121/254	122/264
121/256	122/272
121/275	122/273

122/279
122/285
122/286
122/292
122/294
122/295
122/317
122/343
122/344
122/345
122/356
122/358
122/388
122/391
122/437
122/443
122/445
122/453
122/455
122/456
122/459
122/468
122/480
122/498
122/499
122/501
122/514
122/515
122/518
122/542
122/546
123/008
123/013
123/036
123/043
123/069
123/090
123/093
123/099
123/105
123/117
123/123
123/125
123/137
123/143
123/151
123/161
123/163
123/168
123/241
123/275
123/276
123/301
123/309
123/322
123/333
123/336
123/337
123/337
123/337
123/337
123/338
123/338
123/340
123/340
123/340

123/340
123/341
123/341
123/342
123/342
123/342
123/342
123/343
123/343
123/344
123/344
123/344
123/345
123/345
123/345
123/346
123/346
123/346
123/347
123/347
123/347
123/348
123/350
123/350
123/351
123/351
123/351
123/354
123/354
123/354
123/370
123/372
123/378

123/391
123/393
123/394
123/395
123/397
123/397
123/417
123/420
123/425
123/427
123/429
123/442
123/478
123/480
123/506
123/508
123/516
123/539
123/541
123/556
124/042
124/043
124/045
124/046
124/052
124/053
124/055
124/057
124/058
124/059
124/060
124/061
124/062

七七四八二 闕（二七）

124/063
124/065
124/066
124/071
124/072
124/074
124/076
124/083
124/084
124/085
124/094
124/096
124/097
124/099
124/100
124/103
124/104
124/105
124/105
124/107
124/108
124/109
124/111
124/115
124/116
124/120
124/122
124/123
124/124
124/126
124/131
124/132
124/133
124/134
124/135
124/136
124/137
124/138
124/139
124/141
124/143
124/143
124/145
124/146
124/147
124/150
124/152
124/153
124/154
124/155
124/156
124/157
124/158
124/160
124/165
124/170
124/172
124/172
124/172
124/173
124/174
124/177
124/182
124/183
124/185
124/186

七七四八二 闕（二七）

124/187	124/248
124/188	124/250
124/190	124/251
124/191	124/252
124/192	124/253
124/195	124/256
124/196	124/257
124/196	124/261
124/197	124/264
124/198	124/264
124/200	124/266
124/201	124/268
124/202	124/270
124/203	124/271
124/205	124/271
124/207	124/275
124/209	124/275
124/210	124/276
124/211	124/277
124/213	124/278
124/214	124/279
124/216	124/281
124/222	124/281
124/223	124/284
124/227	124/286
124/227	124/287
124/231	124/288
124/233	124/290
124/240	124/293
124/242	124/299
124/243	124/301
124/244	124/305
124/245	124/309

124/310	124/399
124/311	124/400
124/312	124/402
124/316	124/403
124/320	124/404
124/322	124/406
124/334	124/407
124/339	124/409
124/340	124/410
124/342	124/411
124/347	124/415
124/352	124/416
124/354	124/417
124/362	124/418
124/363	124/419
124/363	124/421
124/366	124/422
124/373	124/423
124/379	124/424
124/379	124/426
124/380	124/432
124/380	124/433
124/382	124/434
124/383	124/437
124/385	124/441
124/386	124/442
124/387	124/443
124/389	124/444
124/392	124/446
124/395	124/447
124/396	124/451
124/397	124/453
124/398	124/454

七七四八二 闕（二七）

124/457	125/009
124/458	125/010
124/459	125/012
124/462	125/013
124/464	125/015
124/465	125/016
124/467	125/018
124/468	125/019
124/469	125/021
124/470	125/027
124/471	125/028
124/473	125/029
124/475	125/032
124/475	125/037
124/478	125/043
124/481	125/044
124/485	125/045
124/489	125/047
124/493	125/048
124/494	125/050
124/495	125/051
124/498	125/052
124/499	125/052
124/500	125/070
124/501	125/071
124/502	125/072
125/001	125/073
125/002	125/074
125/003	125/077
125/004	125/078
125/005	125/079
125/007	125/080
125/008	125/081

七七四八二 闕（二七）

125/083
125/085
125/085
125/088
125/089
125/096
125/097
125/098
125/099
125/104
125/112
125/115
125/116
125/118
125/119
125/120
125/121
125/122
125/123
125/124
125/125
125/128
125/129
125/133
125/134
125/139
125/140
125/147
125/149
125/150
125/151
125/153
125/154
125/158
125/159
125/160
125/161
125/162
125/163
125/164
125/165
125/171
125/172
125/174
125/175
125/177
125/178
125/182
125/183
125/187
125/190
125/192
125/193
125/194
125/196
125/197
125/198
125/200
125/201
125/202
125/205
125/214
125/215
125/217
125/218
125/219

七七四八二 闕（二七）

125/221
125/225
125/226
125/227
125/229
125/230
125/233
125/235
125/236
125/238
125/243
125/244
125/246
125/246
125/247
125/248
125/249
125/255
125/256
125/257
125/258
125/259
125/262
125/264
125/265
125/280
125/283
125/285
125/289
125/291
125/292
125/294
125/295

125/296
125/297
125/298
125/300
125/301
125/302
125/306
125/308
125/310
125/310
125/311
125/312
125/315
125/317
125/317
125/319
125/322
125/325
125/327
125/336
125/338
125/339
125/341
125/342
125/343
125/344
125/346
125/347
125/349
125/350
125/351
125/352
125/353

125/354
125/355
125/355
125/356
125/357
125/359
125/359
125/360
125/361
125/363
125/364
125/366
125/367
125/371
125/372
125/375
125/385
125/386
125/387
125/388
125/389
125/390
125/390
125/391
125/392
125/393
125/395
125/396
125/398
125/399
125/399
125/400
125/400
125/402
125/403
125/404
125/406
125/406
125/408
125/409
125/410
125/413
125/414
125/415
125/416
125/417
125/417
125/418
125/419
125/420
125/421
125/422
125/424
125/425
125/426
125/427
125/429
125/430
125/433
125/434
125/435
125/436
125/438
125/439
125/440
125/441

七七四八二 闕（二七）

125/442	126/082
125/443	126/206
125/444	126/229
125/444	126/241
125/447	126/249
125/449	126/352
125/451	126/353
125/452	126/354
125/453	126/367
125/454	126/369
125/455	126/397
125/456	126/411
125/457	126/418
125/458	126/421
125/458	126/422
125/460	126/447
125/461	126/492
125/462	126/493
125/464	127/033
125/465	127/046
125/467	127/076
125/468	127/114
125/469	127/141
125/470	127/186
125/471	127/193
125/472	127/223
125/473	127/229
125/475	127/237
126/068	127/310
126/075	127/317
126/077	127/384
126/078	127/396
126/080	127/406

七七四八二 闕（二七）

127/415
127/427
127/486
127/495
128/045
128/054
128/069
128/086
128/090
128/097
128/100
128/104
128/110
128/112
128/114
128/115
128/123
128/127
128/137
128/140
128/147
128/151
128/153
128/157
128/160
128/165
128/168
128/170
128/174
128/175
128/177
128/180
128/194

128/200
128/215
128/216
128/217
128/219
128/220
128/223
128/224
128/225
128/227
128/228
128/232
128/232
128/234
128/235
128/236
128/239
128/248
128/249
128/251
128/253
128/255
128/257
128/257
128/260
128/261
128/264
128/266
128/272
128/276
128/276
128/277
128/278

七七四八二 闕（二七）

128/279	128/367
128/280	128/381
128/282	128/384
128/296	128/386
128/298	128/387
128/299	128/390
128/301	128/392
128/302	128/394
128/303	128/396
128/307	128/396
128/308	128/398
128/309	128/399
128/314	128/400
128/319	128/401
128/332	128/405
128/333	128/406
128/333	128/409
128/335	128/412
128/336	128/413
128/337	128/414
128/338	128/418
128/339	128/420
128/340	128/423
128/340	128/424
128/342	128/425
128/344	128/429
128/347	128/440
128/349	128/444
128/353	128/448
128/355	128/454
128/358	128/459
128/360	128/466
128/362	128/476

128/481
128/482
128/484
128/491
128/498
128/504
128/505
128/507
128/509
128/510
128/512
128/513
128/514
128/515
128/517
128/518
128/519
128/520
128/522
128/524
128/529
128/531
128/532
128/533
128/535
128/538
128/543
128/545
128/547
128/552
128/554
129/001
129/003
129/005
129/033
129/036
129/037
129/039
129/040
129/049
129/053
129/053
129/056
129/086
129/091
129/100
129/103
129/104
129/108
129/111
129/120
129/121
129/123
129/135
129/138
129/142
129/154
129/157
129/161
129/163
129/165
129/166
129/167
129/169
129/171
129/173

七七四八二 闕（二七）

129/174	129/238
129/175	129/243
129/176	129/244
129/179	129/245
129/180	129/247
129/182	129/248
129/183	129/249
129/184	129/250
129/187	129/251
129/193	129/254
129/194	129/255
129/194	129/257
129/199	129/259
129/202	129/262
129/203	129/264
129/204	129/267
129/206	129/270
129/208	129/272
129/211	129/273
129/213	129/276
129/216	129/277
129/218	129/282
129/220	129/285
129/221	129/286
129/223	129/288
129/224	129/289
129/225	129/291
129/227	129/293
129/228	129/295
129/229	129/304
129/230	129/305
129/233	129/311
129/234	129/315

129/328
129/329
129/330
129/331
129/332
129/335
129/336
129/338
129/339
129/340
129/344
129/346
129/352
129/358
129/363
129/367
129/369
129/372
129/373
129/375
129/377
129/378
129/380
129/381
129/383
129/384
129/386
129/389
129/392
129/396
129/398
129/403
129/407
129/416
129/418
129/420
129/432
129/436
129/438
129/440
129/442
129/444
129/445
129/453
129/454
129/455
129/456
129/458
129/459
129/459
129/463
130/001
130/007
130/023
130/025
130/026
130/028
130/033
130/035
130/037
130/038
130/040
130/041
130/044
130/045
130/048

七七四八二 闕（二七）

130/048	130/118
130/051	130/120
130/053	130/123
130/054	130/124
130/055	130/125
130/056	130/127
130/058	130/128
130/068	130/131
130/073	130/134
130/077	130/137
130/082	130/139
130/083	130/145
130/085	130/147
130/085	130/148
130/087	130/150
130/090	130/153
130/090	130/159
130/091	130/161
130/093	130/163
130/094	130/165
130/095	130/173
130/096	130/176
130/097	130/177
130/097	130/178
130/099	130/178
130/100	130/180
130/102	130/183
130/103	130/184
130/105	130/189
130/110	130/190
130/113	130/191
130/114	130/193
130/116	130/195

130/197
130/199
130/201
130/206
130/213
130/215
130/220
130/222
130/227
130/231
130/239
130/240
130/241
130/245
130/247
130/251
130/253
130/256
130/257
130/259
130/260
130/262
130/263
130/267
130/273
130/275
130/277
130/282
130/288
130/291
130/293
130/295
130/296
130/299
130/300
130/301
130/303
130/304
130/306
130/308
130/309
130/310
130/311
130/314
130/314
130/314
130/317
130/317
130/319
130/322
130/327
130/331
130/333
130/336
130/340
130/344
130/346
130/348
130/349
130/350
130/351
130/353
130/355
130/357
130/359
130/361

七七四八二 闕（二七）

130/362
130/363
130/365
130/366
130/371
130/373
130/374
130/376
130/379
130/381
130/382
130/384
130/385
130/386
130/387
130/389
130/393
130/394
130/395
130/396
130/398
130/399
130/409
130/410
130/411
130/413
130/416
130/417
130/419
130/421
130/423
130/423
130/427
130/438
130/444
130/446
130/448
130/453
130/455
130/456
130/458
130/459
130/461
130/462
130/467
130/469
130/474
130/475
130/477
130/483
130/484
130/489
130/491
130/495
130/500
130/504
130/505
130/507
130/508
130/509
130/511
130/513
132/139
133/122
133/303
133/393

七七四八二 闕（二七）

135/368
136/120
136/247
137/146
138/335
138/544
138/554
138/559
138/559
138/560
138/563
138/575
138/577
138/579
138/589
138/591
138/591
139/013
139/022
139/027
139/032
139/034
139/035
139/036
139/051
139/052
139/054
139/065
139/067
139/068
139/070
139/071
139/076
139/077
139/091
139/094
139/105
139/105
139/110
139/133
139/144
139/164
139/166
139/166
139/167
139/169
139/172
139/172
139/175
139/177
139/180
139/181
139/183
139/184
139/187
139/189
139/191
139/193
139/194
139/195
139/197
139/199
139/200
139/202
139/202
139/204

七七四八二 闕（二七）

139/205	141/383
139/208	141/427
139/208	141/457
139/216	142/036
139/217	142/039
139/225	142/045
139/226	142/081
139/234	142/117
139/320	142/119
139/331	142/122
139/333	142/123
139/335	142/124
139/338	142/128
139/503	142/130
140/029	142/131
140/036	142/132
140/235	142/133
140/240	142/133
140/287	142/135
140/405	142/138
140/444	142/138
140/446	142/139
140/487	142/141
141/077	142/142
141/092	142/143
141/141	142/145
141/312	142/147
141/312	142/147
141/313	142/148
141/320	142/149
141/347	143/388
141/372	144/087
141/375	144/117

144/147	146/181
144/180	146/183
144/338	146/186
144/357	146/188
145/062	146/190
145/064	146/192
145/162	146/193
145/244	146/195
145/246	146/197
146/010	146/199
146/054	146/201
146/055	146/203
146/099	146/205
146/146	146/208
146/147	146/210
146/148	146/212
146/149	146/214
146/152	146/219
146/153	146/220
146/159	146/254
146/164	146/274
146/165	146/275
146/166	146/278
146/167	146/280
146/167	146/284
146/168	146/293
146/169	146/320
146/170	146/394
146/171	146/396
146/173	146/435
146/176	146/450
146/177	146/452
146/180	* 146/454

七七四八三 闕（二七）

146/459	146/534
146/459	146/536
146/468	147/219
146/470	147/402
146/471	147/447
146/473	148/008
146/474	148/073
146/476	148/083
146/478	148/284
146/480	148/387
146/482	148/487
146/485	148/489
146/487	148/548
146/489	149/022
146/491	149/024
146/497	149/039
146/498	149/041
146/499	149/043
146/501	149/045
146/503	149/049
146/504	149/081
146/506	149/109
146/508	149/116
146/510	149/184
146/513	149/187
146/519	149/212
146/519	149/215
146/521	149/221
146/523	149/235
146/525	149/237
146/528	149/241
146/530	149/243
146/532	149/252

149/258	150/500
149/261	151/154
149/292	151/157
149/398	151/158
150/023	151/166
150/116	151/170
150/213	151/181
150/226	151/184
150/230	151/268
150/242	151/291
150/244	151/333
150/264	151/345
150/271	151/412
150/274	151/426
150/275	151/453
150/284	151/476
150/287	151/508
150/288	151/510
150/301	152/092
150/369	152/212
150/391	152/214
150/396	152/244
150/444	152/323
150/452	152/328
150/456	152/359
150/458	152/365
150/463	152/370
150/482	152/376
150/492	152/380
150/493	152/473
150/495	152/479
150/496	153/061
150/499	153/064

153/067	155/263
153/068	155/273
153/138	155/276
153/234	155/279
153/237	155/336
153/240	155/383
153/242	155/407
153/246	155/417
153/249	155/423
153/254	155/428
153/284	155/452
153/439	155/472
153/447	155/475
153/449	155/486
153/454	155/497
153/457	155/504
154/006	156/001
154/018	156/008
154/062	156/010
154/075	156/015
154/076	156/032
154/200	156/082
154/207	156/093
154/213	156/103
154/237	156/117
154/246	156/120
154/309	156/128
155/102	156/138
155/108	156/243
155/140	156/244
155/193	156/248
155/201	156/251
155/208	156/431

七七四八二 闕（二七）

157/052
157/057
157/063
157/070
157/085
157/111
157/115
157/240
157/359
157/364
157/465
158/001
158/023
158/042
158/053
158/061
158/273
158/276
158/280
158/302
158/305
158/317
158/355
158/359
158/364
158/366
158/375
158/380
158/415
158/423
158/425
158/427
158/429
158/463
158/467
158/472
158/484
158/497
158/499
159/170
160/216
160/230
160/264
160/363
160/366
161/089
161/104
162/218
162/277
162/391
162/444
162/465
162/528
163/053
163/145
163/221
163/285
163/336
163/362
163/414
163/422
163/459
163/491
163/494
163/498
164/120

164/127
164/130
164/162
164/165
164/169
164/181
164/228
164/237
164/242
164/480
164/493
164/495
164/500
164/545
164/553
164/576
165/107
165/116
165/130
165/135
165/144
165/273
165/389
166/072
166/091
166/125
166/330
166/337
166/353
166/376
166/407
166/409
167/209
167/270
167/414
167/473
167/491
167/507
168/053
168/065
168/100
168/121
168/133
168/153
168/157
168/162
168/190
168/232
168/237
168/239
168/252
168/263
168/294
168/306
168/316
168/339
168/359
168/486
168/518
168/519
168/528
168/596
(西)～名 147/432
150/360
151/388
151/400

152/471
155/455
156/468
157/020
157/043
(俄)～名 084/419
086/003
086/127
088/544
091/303
092/090
106/040
106/153
107/515
110/331
111/425
123/145
153/444
(德)～名 084/408
085/012
088/520
089/048
089/217
104/231
113/416
118/135
122/364
(法)～名 085/131
085/179
089/478
090/039
155/505
(英)～名 083/163

084/166
084/201
084/203
084/206
084/384
084/386
084/439
084/442
084/446
084/448
084/497
084/502
084/503
085/013
085/023
085/025
085/077
085/080
085/140
085/141
085/150
085/153
085/177
085/178
085/222
085/236
085/238
085/329
085/425
085/430
085/484
085/485
085/488

七七四八二 闕（二七）

085/490	090/163
086/007	090/168
086/049	090/364
086/051	091/137
086/124	091/150
086/173	091/269
086/479	091/272
086/483	091/284
086/485	091/314
087/456	091/406
088/076	091/411
088/083	092/085
088/471	092/191
088/475	093/351
089/037	093/360
089/044	093/363
089/053	103/089
089/058	103/156
089/163	103/159
089/175	103/186
089/178	104/002
089/220	104/005
089/241	104/010
089/247	104/012
089/359	104/180
089/366	104/186
089/498	104/187
089/500	104/232
089/518	104/244
089/526	104/247
090/034	105/079
090/037	105/082
090/132	105/185

105/189
105/416
105/426
106/085
106/109
106/110
106/113
106/237
107/496
107/553
108/467
108/472
109/048
110/329
111/166
112/102
112/361
113/417
113/491
113/496
113/497
114/247
118/133
118/216
119/254
119/256
119/260
122/365
123/153
123/515
147/419
149/085
150/153
150/161
150/386
150/389
150/460
151/254
151/256
151/258
151/260
151/371
151/373
151/385
151/405
152/205
152/401
152/475
152/481
155/463
155/490
155/492
156/435
156/437
156/447
156/472
157/013
157/018
157/024
157/027
157/475
158/057

(日)～名 084/200
084/450
084/451
084/459

七七四八二 闕（二七）

084/461	089/062
084/462	089/065
085/014	089/083
085/145	089/087
085/146	089/089
085/152	089/223
085/154	089/509
085/155	089/512
085/163	089/524
085/172	089/529
085/232	089/531
085/336	090/003
085/356	090/023
085/433	090/154
085/478	090/156
085/492	090/381
086/087	090/424
086/088	091/155
086/095	091/255
086/121	091/278
086/131	091/288
086/136	092/003
086/142	092/006
086/167	092/022
086/187	092/077
086/199	092/101
086/204	092/111
086/233	092/126
086/312	092/178
086/386	092/221
088/054	092/223
088/062	092/250
088/069	092/261

七七四八₂ 闕(二七)

092/326
092/501
093/138
099/204
103/145
103/151
103/155
104/023
104/025
104/026
104/233
104/382
105/181
105/191
105/192
105/400
106/102
106/212
106/230
106/232
106/244
106/251
106/253
106/261
107/497
107/499
107/507
107/519
107/523
107/529
107/564
107/565
110/323
111/153
111/163
111/398
111/401
111/424
113/300
113/400
113/418
118/199
122/462
123/028
123/029
123/299
123/423
123/489
123/535
123/538
123/553
125/025
151/394
152/073
153/437
153/472
153/482
156/440
156/442
156/446
156/451
156/453
156/458
156/461
156/474
156/476

157/031
157/039
157/072
157/077
157/082
157/097
157/108
(美)～名 084/440
084/506
085/010
085/016
085/169
085/264
085/333
085/447
086/463
086/473
086/473
086/480
086/481
086/484
089/040
089/183
089/213
089/227
090/016
090/227
090/374
091/187
093/312
093/337
093/338
093/347
093/353
093/356
093/362
102/179
102/187
102/322
104/003
104/191
104/228
104/236
104/340
104/419
105/344
105/349
106/151
113/414
113/420
114/045
114/246
114/515
114/517
118/244
125/284
125/444
157/399

7774$_7$ 民

00～主黨 159/283

7777$_7$ 閭

22～循觀 004/137
004/173
116/039

44～若璩 004/167
004/496
005/043
006/095
007/425
007/438
007/494
008/047
008/121
008/203
009/148
011/217
117/350
119/453
120/139
48～敬銘 039/445
047/122
048/064
058/255
062/027
095/422
096/283
112/055
117/491
118/386
133/064
133/368
77～興邦 005/153
006/142

7778_2 歐

11(英)～斐理 085/195
090/075
118/502
32(美)～潑登 153/092
153/101
76～陽雲 039/285
046/514
109/107
131/082
～陽永 129/422
～陽還謨 129/292
～陽柄榮 052/303
115/155
81～楽甲 084/089
084/374
087/198
088/449
102/304
115/146
144/304
158/480

7780_1 具

27(英)～魯士比那斯 151/390

興

00～廉 048/223
112/195

7790_4 桑

07～調元 002/083

7810_7 監

10(奥)～工 129/430

鹽

18～政討論總會 166/227

7922_7 勝

26～保 046/458
056/065
056/081
068/075
095/109
098/099
109/077
131/205
131/209
134/506

8

8010_4 全

37～祖望 001/276
004/212
007/444
007/444
007/464
007/466
008/146
008/188
008/227
008/381
008/386
009/102
009/174
042/241
049/355
110/071
116/130
116/207
116/392
44～權大臣 132/450

8010_7 益

10(德)～哥 083/472

8010_9 金

00～應麟 057/203
072/197
077/337
080/423
095/012
101/106
101/418
117/073
120/499
122/323
131/239
136/117
136/255
136/526
～文亮 146/141
～文榜 061/421
062/063
066/429
069/147
071/113
096/304

096/342
098/024
098/031
098/346
118/125
03～誠 002/561
006/523
110/113
30～之俊 002/169
～安清 057/003
061/309
065/303
075/471
076/141
076/273
078/217
079/001
079/011
079/169
079/489
083/153
095/171
096/082
096/324
096/384
097/349
097/362
099/186
099/480
100/106
100/257
101/174
101/250
101/252
101/312
101/317
101/320
101/392
101/404
101/407
118/381
122/215
124/290
125/189
31～福曾 047/412
048/195
048/199
050/058
108/277
34～汝同 146/128
～洪章 145/548
40～希甫 154/190
154/193
～喜如 146/343
41(美)～楷理 046/316
114/347
116/256
151/143
151/150
151/152
44～楙基 099/250
47～聲洪 146/433
50～東 060/409
060/417
075/081
094/272

119/330
119/333
67～昭 168/321
77～門詔 007/460
119/364
84～鉷 008/426
009/486
010/121
110/192
121/117
～鎮 007/192
112/213
119/073
93～烺熙 146/542
146/585

8011_4 鐘

10～靈 133/430

8011_6 鏡

40～存子 082/511

8012_7 翁

00～廣平 048/176
062/453
096/413
118/123
26～自涵 006/513
77～同書 060/197
072/211
096/054
133/148
136/120
～同龢 049/184
051/404
078/393
119/386
136/376
154/026
80～普恩 042/269
049/361
～普思 見翁普恩

8020_7 爹

10～爾古論古報 127/357

8021_1 差

22～利刀 086/316
092/509
115/313

8022_1 俞

00～廉三 136/138
10～正燮 055/173
061/045
061/065
061/085
062/319
062/443
063/483
066/373
068/209
069/377
069/383
069/387
069/407

069/475
070/061
070/381
071/099
071/219
076/467
079/347
079/371
094/101
096/331
096/333
096/407
096/538
098/019
098/417
099/006
099/015
099/082
101/409
118/336
118/337
119/007
119/523
124/121
124/301
125/059
125/063
21～旨一 167/481
24～德淵 013/365
016/533
016/539
017/367
022/141

022/417
022/423
023/113
023/119
023/125
023/321
023/325
023/333
023/337
023/343
023/347
024/235
025/261
025/265
025/269
033/085
033/087
033/091
033/095
033/099
039/053
041/251
041/257
041/261
041/267
041/273
041/277
041/281
046/404
048/441
048/443
048/444
048/449

048/451
048/453
048/454
061/289
065/047
065/243
065/267
097/515
119/083
～贊 097/062
34～祺 146/385
40～吉金 104/404
～森 006/313
43～樾 039/101
039/107
039/253
041/495
041/499
041/503
042/207
046/426
046/429
046/491
049/156
049/158
049/197
049/198
049/200
049/344
049/387
049/388
054/229
055/259
055/265
056/329
068/015
068/245
068/253
069/467
070/165
076/421
094/354
094/355
098/091
099/031
107/228
107/263
107/264
107/283
116/556
119/362
119/486
119/492
120/009
126/038
44～蘭臺 011/226
71～長贊 069/167
095/424
135/009
～長城 004/285
109/114
116/533
80～益謨 009/093
113/078
120/222

8040_4 姜

10～玉樹 145/581
～玉書 146/003
～元烺 146/431
30～宸英 001/123
001/133
001/147
002/069
004/205
005/021
008/174
008/385
009/281
009/287
113/209
113/213
121/186
40～希轍 005/026
005/192
109/327
77～開陽 007/169
112/206
80～金書 145/506

8043_0 美

60～國公司 141/306
～國鑄錢局 084/504
089/179
119/257

8051_3 毓

77～賢 133/362
136/326

8060_1 首

97～煥彪 065/441

8060_4 舍

60(日)～田歸逸 141/167

8060_6 會

04(法)～計報 142/476

曾

10～王孫 006/057
007/263
17～習經 086/219
092/296
27～紀澤 053/476
082/029
082/307
082/385
082/386
082/386
082/410
082/544
082/544
082/565
083/031
083/036
083/039
096/185
096/192
096/192
098/044

099/108
099/170
099/195
123/168
123/355
123/356
123/356
132/312
132/331
132/332
132/341
132/344
132/345
132/346
132/350
132/352
132/376
132/450
132/492
147/242
155/334
～紀鴻 046/293
046/299
114/336
114/337
114/338
116/244
116/347
～紀年 126/116
44～協均 062/137
096/356
133/401
60～國荃 040/279

047/413
048/061
048/227
048/272
048/275
048/276
051/355
051/392
051/406
051/410
051/444
053/077
062/019
062/547
063/341
074/535
078/375
083/209
100/314
108/382
110/129
112/053
118/234
132/441
133/366
133/471
133/515
134/036
134/040
135/409
136/299
136/375
136/378

	136/379	043/015
	136/382	043/187
	136/449	043/191
	154/029	043/193
	154/042	043/201
～國藩	038/391	043/209
	038/401	043/233
	038/403	043/239
	038/407	043/435
	039/333	045/303
	039/343	045/353
	039/423	045/359
	039/441	046/036
	039/493	046/039
	039/511	046/045
	041/101	046/063
	041/103	046/064
	041/157	046/074
	041/301	046/079
	041/307	046/081
	041/313	046/099
	041/319	046/103
	041/339	046/134
	041/345	046/139
	041/483	046/142
	041/487	046/412
	042/137	047/031
	042/187	047/036
	042/359	047/100
	042/371	047/109
	042/431	047/111
	042/465	047/209
	043/013	047/314

八〇六〇六 曾（六〇）

047/317	050/206
047/319	051/103
047/321	051/107
048/117	051/113
048/363	051/340
048/366	051/431
048/486	052/003
048/489	053/069
048/492	053/462
048/501	054/149
048/503	054/349
048/507	054/371
049/151	054/423
049/155	054/529
049/155	055/021
049/171	055/117
049/221	055/121
049/291	055/419
049/305	056/049
049/313	057/111
049/469	057/215
049/485	057/281
049/502	057/343
049/513	057/351
050/050	057/373
050/085	057/431
050/135	058/093
050/160	058/151
050/165	060/343
050/169	060/359
050/172	061/193
050/175	063/283
050/202	064/143

064/167
064/237
064/313
065/259
065/327
065/335
065/341
065/347
065/357
065/433
065/437
067/215
068/043
068/059
068/283
068/345
069/275
071/243
071/289
071/297
071/333
071/391
071/429
071/435
071/467
071/485
071/517
071/521
072/023
072/027
072/035
072/045
072/137
072/487
072/489
072/493
072/497
073/021
073/297
073/447
074/111
074/113
074/153
074/205
075/391
075/411
075/425
075/521
075/527
076/061
076/083
076/093
076/097
076/253
076/311
077/281
078/399
078/419
079/221
079/227
079/231
079/331
079/389
082/564
094/069
094/076

094/534	107/038
095/003	107/041
095/305	107/042
096/154	107/043
096/219	107/050
096/457	107/095
096/489	107/218
097/193	107/238
097/217	107/401
097/424	107/412
097/425	107/440
098/100	108/374
099/193	108/415
099/263	108/421
099/389	109/023
099/397	109/224
099/399	109/227
099/454	109/260
100/019	109/387
100/024	110/229
100/034	112/152
100/093	112/247
100/195	112/249
100/200	112/250
100/210	112/255
100/217	112/341
101/119	112/343
101/386	112/345
101/395	112/407
101/402	112/417
107/027	112/422
107/028	113/096
107/037	113/098

113/308	119/443
113/343	120/061
113/348	120/187
113/349	120/194
116/016	120/197
116/071	120/305
116/093	120/322
116/094	120/381
116/096	120/382
116/178	120/433
116/180	121/155
116/181	121/157
117/006	121/169
117/075	121/207
117/079	121/265
117/079	121/370
117/144	121/497
117/225	122/048
117/333	122/049
117/430	122/051
117/431	124/069
118/038	124/113
118/377	124/370
118/413	124/483
118/415	125/023
118/481	125/209
119/112	131/131
119/115	131/162
119/116	131/171
119/299	131/241
119/356	131/257
119/358	131/260
119/368	132/152

八〇·六〇六 曾（六〇）

132/451	135/153
132/452	135/187
132/454	135/188
132/455	135/195
132/457	135/208
132/458	135/255
132/500	135/255
132/501	135/258
133/323	135/259
133/423	135/261
133/461	135/262
134/019	135/263
134/040	135/427
134/073	136/021
134/080	136/026
134/093	136/031
134/122	136/036
134/178	136/038
134/179	136/040
134/252	136/061
134/256	136/065
134/277	136/102
134/280	136/341
134/400	136/402
134/425	136/411
134/503	136/422
135/033	136/445
135/068	150/001
135/085	150/004
135/087	150/006
135/114	150/008
135/137	150/015
135/152	150/017

151/273
152/113
152/114
152/115
152/117
152/239
153/004
153/008
153/010
154/001
155/166
155/169
155/171
155/175
155/178
155/179
155/181
157/255
158/311
158/313
158/314
77～興仁 070/329
80～鏞 004/246
005/074
009/392
011/503
120/476
85～鉄 147/482

8060₇ 倉

08(日)～敦 152/004

8073₂ 公

08(美)～論報 127/328

8090₄ 余

03～誠格 133/469
135/071
12～聯沅 131/357
148/429
～廷燦 004/088
006/350
010/111
107/024
116/035
21～上華 046/485
109/085
117/016
131/183
～虎恩 083/147
099/382
121/060
145/353
145/447
145/450
145/486
145/488
145/490
145/505
44～懋杞 008/363
63～貽範 082/054
082/363
083/012
083/058
083/059
083/086

096/117
100/036
100/362
100/364

8138_6 領

50(英)～事湛 127/095
127/097

8211_4 鍾

00～文烝 046/135
050/249
107/096
120/190
10～天偉 082/374
095/256
～天緯 052/329
053/340
082/152
082/158
082/493
082/571
083/292
094/109
099/197
102/022
102/197
111/274
114/004
116/399
118/197
123/001
24～德祥 133/073
27～佩賢 046/483
049/177
066/381
082/174
131/225
134/325
36～澤生 150/351
38～祥 077/167
077/175
077/183
101/110
101/116
40～大焜 067/289
097/255
118/498
63～晼 008/132
88～銓 104/096

8312_7 鋪

46(俄)～加脫 083/120
084/404
085/467
088/512
091/231
096/100
111/256
115/074
121/097
127/301
127/305

8315_0 鐵

26～保 010/386

108/336
121/454
67～路公司 085/126
089/468
105/139
111/341
123/031

8315_3 錢

00～應清 164/579
～文霈 083/396
20～維城 004/287
004/288
004/431
008/175
008/259
008/259
008/336
010/105
010/112
109/115
116/147
117/133
119/502
121/313
121/317
22～鼎銘 073/355
099/260
135/173
27～佩賢 095/459
124/257
28～儀吉 049/327
049/391

056/347
059/233
062/439
069/495
070/363
076/433
077/367
080/167
094/459
099/009
101/497
30～寶廉 042/279
045/081
049/370
051/187
070/139
077/037
099/028
101/097
107/276
110/200
135/052
136/183
～寶琛 064/017
097/324
124/322
32～灃 007/532
010/193
120/495
33～泳 011/166
108/188
122/182
40～大受 082/047

082/427
～大昕 004/228
004/249
004/271
004/347
005/159
008/021
008/105
008/189
008/191
008/349
008/364
107/400
110/065
116/173
119/419
119/419
119/433
～志澄 155/117
155/122
155/127
155/130
155/133
50～中諧 011/169
011/173
011/228
011/238
122/186
～泰吉 068/353
070/217
080/445
099/064
119/485
122/328
51～振 122/221
75～陳羣 005/467
006/386
80～念祖 127/093
86～錫寶 163/407
97～恂 082/507
085/320
090/347
105/334
114/037
139/493
139/495
139/499
139/508
139/517
139/523
139/531
139/537
139/542
140/001
140/006
140/008
140/016
140/096
140/105
140/323
140/323
140/331
140/340
140/347
140/357
140/357

140/361
140/362
140/364
140/400
140/401
140/408
140/418
140/427
140/429
140/442
140/448
150/216
150/217
151/491
151/501
152/095
152/099
152/102
152/217
152/222
152/225
153/458
155/357
155/365
155/371

8471$_1$ 鐃

00～應祺 133/224
17～孟任 168/581
48～枚臣 154/243

8514$_4$ 鏤

11～斐迪 083/243

101/181

8612$_7$ 錫

18～珍 047/194
133/015
30～良 133/058

8640$_0$ 知

02～新報 127/107
127/379
127/388

8711$_5$ 鈕

10～玉庚 049/202
120/007

8716$_0$ 銘

30～安 047/165
047/454
047/460
047/465
047/467
048/128
048/130
048/157
050/035
060/463
060/471
060/485
096/216
109/193
117/286
118/175

133/106
133/109
133/113
133/432
133/433
133/498
134/412
135/458
135/499

8718₂ 欽

80～差大臣 134/134
134/142
134/186
～善 005/504

8742₇ 鄭

02～訓承 048/279
051/190
134/042
136/205
10～元慶 010/515
18～珍 141/180
141/182
23～允恭 160/359
167/009
30～守箴 141/184
141/186
～宗蔭 153/367
33～梁 001/497
008/091
34～汝成 164/090
～汝賢 145/294
37～祖琛 007/153
112/201
44～孝胥 153/429
～世任 056/393
095/155
131/200
46～觀應 082/030
082/039
082/080
082/167
082/280
082/318
082/321
082/326
082/335
082/339
082/352
082/355
082/356
082/398
082/403
082/419
082/421
082/424
082/474
082/477
082/505
082/508
082/531
082/532
082/537
083/008
083/020

083/088
083/097
083/114
083/115
083/171
083/182
083/186
083/220
083/232
083/236
083/247
083/264
083/298
083/315
083/317
083/321
083/346
083/407
083/418
094/257
094/489
094/514
095/300
095/339
095/372
095/440
096/005
096/243
096/443
097/079
097/198
097/294
097/363
098/131
098/269
100/133
100/438
101/139
101/146
101/235
101/240
102/053
102/157
116/483
117/300
118/091
118/184
118/237
118/431
120/358
120/507
120/519
121/253
125/271
149/226
149/232
151/324
151/328
152/315
152/318
153/069
153/075
156/236
157/163
51～振圖 005/360
010/177

	117/355
60～日奎	007/048
	112/125
～昱	006/367
～思贊	133/076
～思賀	131/434
	134/417
77～陶齋	126/043
	127/214
	127/216
	127/220
～興森	126/533
	126/534
～與僑	009/102
	009/116
90～光策	005/132
	009/333
	009/345
	113/106
	121/194

8762_2 舒

00(西)～高忒	151/480
24～化民	038/429
	039/061
	039/305
	040/001
	040/429
	042/023
	042/165
	042/265
	045/491
	045/495
	045/497
	045/501
	045/505
	045/509
	046/435
	047/204
	049/359
	052/147
	052/149
	052/150
	052/151
	052/153
	052/154
	058/439
	069/343
	080/449
	080/453
	098/421
	101/423
	107/273
	109/243
	117/132
	122/319
44～夢齡	059/253
	077/327
～赫德	006/226
	007/490
	110/041
	119/414

8822_0 竹

40(日)～内茂演	141/206
	141/207

8823_2 籐

60(日)～田豐八 139/560 139/575 141/176 141/178 142/241

8871_7 笹

22(日)～川潔 139/394 139/395 139/404 139/416 140/019 140/021 140/049 140/050

8877_7 管

12～廷獻 082/342 096/076 124/283

16～理官書局大臣 084/291 088/267

42～斯駿 082/024

77～同 004/313 004/493 005/443 013/473 039/159 039/313 039/381 040/039 040/331 040/367 042/033 042/037 042/131 042/169 042/205 043/475 045/055 046/457 047/053 047/070 048/183 048/219 049/215 049/216 049/320 050/365 051/180 055/273 055/337 057/199 057/359 059/209 059/297 062/507 063/015 069/015 069/019 076/417 076/435 096/357 096/459

097/003
109/163
109/164
109/379
110/055
112/194
116/535
117/087
118/290
133/507

8896[1] 籍

50～忠寅 159/161

9

9000[0] 小

42(日)～幡儼太郎 139/319
～幡篤次郎 144/140
144/162

9021[1] 光

96～煜 125/253

9022[7] 常

40～大淳 071/235
099/391
135/056

尚

40～希賓 165/152

9090[4] 米

38(西)～海利 101/532
150/376

9101[7] 恆

00～齋 142/504
142/520
143/460
143/461
143/467
143/481

9701[4] 慳

22(美)～利士比威廉 086/444
114/401

9705[6] 惲

25～積勳 084/494
089/157
101/534
104/177
113/489
37～祖翼 135/055
44～世臨 040/259
040/381
042/495
072/185
48～敬 004/433
004/434
004/435
004/437
007/044

	049/431
	109/087
	109/088
	109/089
	109/090
80～毓鼎	131/369

9942_7 勞

37～逸漁	103/405
50～史	001/150
	001/208
	001/512

9990_4 榮

37～祿	048/280
	098/307
	098/311
	131/487
	133/034
	133/252
	134/042
	135/344
	153/332

《〈清代經世文全編〉目錄索引》②

清代經世文全編

分類目錄

蒯安　王永華　合編

學苑出版社

目　次

編　例

1. 本目錄分類著錄《清代經世文全編》篇名、著者及其所在冊次和頁碼。《皇朝經世文編補》補續以外的重複內容不予著錄。

2. 本目錄的類目以《皇朝經世文編》為框架，沿用其原有的八個門類，對類下細目酌情加以增減。

3. 類名目錄著錄類目名稱及其在本目錄中的初始頁碼。

4. 條目內容依原文客觀著錄，原文有誤者酌情給予修正。

5. 文章續篇只署“其二”者，將本名置於括弧內著錄，以正其名。

6. 篇名相同而內容不同，且篇目連續者，於篇名後加註序號，以示區別。

7. 篇目之下含有子目者，在總篇名下縮進一格著錄。

8. 原件缺頁且該頁有篇目著者可攷，亦予著錄，并於篇名後加註“*”。

類名目錄

一、學術
通論 001
原學 004
儒行 007
法語 009
廣論 010
文學 012
師友 018
教育 019
格致 030
醫學 039
算學 041
雜著 048
二、治體
通論 051
原治 058
政本 060
治法 066
用人 085
臣職 091
西政 094
三、吏政
吏論 138
銓選 146
官制 149
考察 155
大吏 158
守令 160
吏胥 165
幕友 167
四、戶政
通論 168
理財 170
養民 182
賦役 184
屯墾 203
八旗 208
農政 210
倉儲 223
荒政 226
漕運 233
鹽課 239
錢幣 251
商政 263
五、禮政
禮論 278
大典 280
學校 284
宗法 293
家教 295
昏禮 297
喪禮 299
服制 304
祭禮 308
正俗 310
教宗 314
六、兵政
通論 319
兵制 321
屯餉 366
馬政 371
保甲 373
兵法 377
地利 389
七、刑政
憲法 395
刑論 397
律論 399
治獄 410
八、工政
土木 414
河防 416
運河 430
水利 434
海塘 448
工程 450

清代經世文全編

分類目錄

一、學術　通論

答友人書　張稷若(爾岐)　001/029
思辨錄序　陸稼書(隴其)　001/032
答陸稼書書　湯孔伯(斌)　001/034
答陳子萬書　田梁紫(蘭芳)　001/038
與熊心垣書　陳紹洙(道)　001/047
朱陸析疑　李晉卿(光地)　001/049
與王繪先論學書　陸聚緱(奎勳)　001/054
與陳玉立書　張孝先(伯行)　001/057
約言錄序　孫鍾元(奇逢)　001/062
學統序　杜于皇(濬)　001/063
與白方玉書　魏石生(裔介)　001/066
佛氏論　黃震孫(中堅)　001/069
袁氏立命說辨　張稷若(爾岐)　001/072
唐幼章句釋感應篇序　田梁紫(蘭芳)　001/077
重修蘇州府儒學碑記　湯孔伯(斌)　001/095
與鄭魚門侍講書　蔡聞之(世遠)　001/099
送田綸霞水部督學江南序　潘次畊(耒)　001/103
與秦尾仙學使書　魏環極(象樞)　001/106
重修東林書院記　熊敬修(賜履)　001/107
蘇學景賢錄序　陸道威(世儀)　001/113
與馬步先廣文書　魏環極(象樞)　001/116
師說　夏醴谷(之蓉)　001/117
謝諸生徒書　計甫草(東)　001/121
送王白民南歸序　姜西溟(宸英)　001/123
寄譚十一兄左羽書　朱錫鬯(彝尊)　001/125
翁鐵菴壽序　徐原一(乾學)　001/126
路先生墓碑　田梁紫(蘭芳)　001/130
友說贈計子甫草　姜西溟(宸英)　001/133
送王子重還楚序　計甫草(東)　001/138

一、學術通論

送張生牖如南歸序 計甫草(東) 001/140
六經論 王仲威(鉞) 001/145
與子姪論讀書 姜西溟(宸英) 001/147
示大兒定徵 陸稼書(隴其) 001/149
與錢惕菴先生書 勞麟書(史) 001/150
與董觀三書 彭勤止(定求) 001/152
答同年陳宮詹 張孝先(伯行) 001/153
家塾講究序 武宅中(在洛) 001/155
後書目序 黃石牧(之雋) 001/162
立品說別荔城張生 李中孚(顒) 001/167
答梁質人 李中孚(顒) 001/169
與唐灝儒書 張考夫(履祥) 001/173
有高才能文章三不幸論 蔡聞之(世遠) 001/175
民貴 余廷燦 004/088
澹泊明志論 徐旭旦 004/187
持盈論 劉開 004/210
貴齒論 劉開 004/211
師說 夏之蓉 004/261
辨道論 方東樹 054/477
除不學之害 徐勤 086/420
除不學之害 徐勤 093/214
道學論 潘德輿 094/281
辨道論 方東樹 094/283
大義微言考 黃傳祁 094/289
後聖論 章炳麟 094/291
說名 094/293
說名(二) 094/293
知類篇 094/300
論恥 094/301
論習氣 094/303
實事求是說 094/304
會通說 094/309
論中國士人讀書宜急通舊學新學以轉國運 094/312
農工商學 094/314
春秋中國彝狄辨序 094/318
中國宜講求西學論 094/319
中西一貫之道論 094/320
讀張孝達尚書勸學篇書後 094/326
張子西銘書後 吳鼎元 094/327
民貴 余廷燦 107/024
雜言 顧炎武 107/045
澹泊明志論 保泰符 107/050
除不學之害 徐勤 107/058
論讀書 107/074
學貴實用論 保笑凸 107/075
實學辨 107/077
勸學篇書後 107/077
書明夷待訪錄後 107/079
續論中西文字 107/081
師說 夏之蓉 107/399
中西一貫之道論 115/370
澹泊明志論 徐旭旦 116/034
民貴 余廷燦 116/035
送張少淵試禮部序 張海珊 116/037
師說 夏之蓉 116/047
持盈論 劉開 116/055
貴齒論 劉開 116/056

科舉論 116/060
知恥說 116/062
原學 陸心源 116/072
上制府曾公書 楊德亨 116/079
婦學 陳次亮 126/145
圖籍 陳次亮 126/152
海圖 陳次亮 126/156
貴州學政趙惟熙奏開設譯書公局摺 130/413
晉撫岑飭洋務局司道條議譯書事宜札 130/416
東撫飭議編書札 130/417
春秋董氏學跋 130/423
輿地學約 130/444
論盡民下責分學 130/446
論玩物適情之學 130/448
流質代煤詳述 130/453
論各業不離格致學 130/458
學問之源流門類 130/462
勸學篇書後 何啟、胡禮垣 148/151
覆潁州府夏教授書 曾國藩 157/255
書籍源流考 (德)花之安 157/257
益智 (英)史本守著，顏永京譯 157/266
練才 (英)史本守著，顏永京譯 157/274
戒飾 (英)史本守著，顏永京譯 157/280
廣益 (英)史本守著，顏永京譯 157/284
文教 (英)傅蘭雅譯，應祖錫述 157/294
理學 (英)艾約瑟譯 157/320
原學 傅雲龍 157/365
續論格學 (英)李提摩太 157/368
致盧戇章先生第三函 沈學 157/380
察變 (英)赫胥黎著，嚴復譯 157/408
人為 (英)赫胥黎著，嚴復譯 157/412
擇難 (英)赫胥黎著，嚴復譯 157/418
恕敗 (英)赫胥黎著，嚴復譯 157/420
最旨 (英)赫胥黎著，嚴復譯 157/422
進微 (英)赫胥黎著，嚴復譯 157/427
教源 (英)赫胥黎著，嚴復譯 157/430
天刑 (英)赫胥黎著，嚴復譯 157/435
學派 (英)赫胥黎著，嚴復譯 157/437
天難 (英)赫胥黎著，嚴復譯 157/444
論性 (英)赫胥黎著，嚴復譯 157/447
矯性 (英)赫胥黎著，嚴復譯 157/449
羣治 (英)赫胥黎著，嚴復譯 157/452
史鑑勿輕寓目說 蔡爾康 157/454
廣學興國說 (美)林樂知、蔡爾康述 157/456
中國宜廣新學以輔舊學說 (美)李佳白 157/459
廣學會有大益於中國論 李董壽 157/473
經學問答叙例 葉瀚 157/495
讀孟子界說 梁□□ 157/499
讀春秋界說上 梁□□ 157/505
輶軒今語 徐仁鑄 157/540
學會與國議 闕名 158/023
澄衷蒙學堂字課圖說凡例 劉樹屏 158/054
創設萬國同盟保護文學及美術著作

一、學術 通論

條約　158/061

一、學術　原學

辨志　張稷若(爾岐)　001/025
辨志　張爾岐　004/087
儲功篇上　陳遷鶴　004/089
儲功篇下　陳遷鶴　004/090
性功　唐甄　004/091
中庸論　張爾岐　004/093
準孟上　汪縉　004/094
準孟中　汪縉　004/097
準孟下　汪縉　004/099
衡王　汪縉　004/107
著議　龔自珍　004/108
通今　顧炎武　004/110
與友人論學書　顧炎武　004/111
安福修學記　施閏章　004/112
經義制事異同論　王昶　004/113
傳信錄序　方苞　004/114
治安文獻序　陸壽名　004/115
日知錄序　潘耒　004/116
學古錄序　朱珪　004/117
讀大學衍義補膚見序　盧文弨　004/118
日知錄跋　張杓　004/143
六朝論　楊繩武　008/063
聖賢為萬世生民而發論　王宏撰　012/275
代擬重修盩厔縣尊經閣記　董詔　012/279
曾子學成在顏子卒後　岳震川　012/283
創建先賢魏國公卜夫子祠堂碑記　劉蔭樞　012/285
書虞潤軒司馬跋岳中翰孟子文說序後　董詔　012/293
戰國策去毒跋　陸隴其　012/299
戰國策論　張琛　012/301
重修廣川伯董子墓祠記　康乃心　012/303
漢隋二子述序　王宏撰　012/307
諸葛忠武侯宜祀瞽宗論　王宏撰　012/309
法言序　王宏撰　012/311
中說序　王宏撰　012/313
重刊張橫渠先生全書序　王巡泰　012/315
華下朱子祠記　李中孚　012/319
朱子晚年之悔論　王宏撰　012/323
劉文靖公從祀論　王宏撰　012/327
王零川先生墓表　張佑　012/331
創建王零川先生祠暨置祭田記　王松年　012/337
善利圖跋　王建常　012/341
學術解　周元鼎　012/343
贈楊振公進士序　王宏撰　012/349
與張讓伯書　王宏撰　012/351
壽屈肅卿先生　王宏撰　012/353
華下朱子祠記　李中孚　038/299
辨學上　朱琦　038/303
辨學中　朱琦　038/307
辨學下　朱琦　038/311
漢學宋學論　楊士達　038/315
崇正學　蔣琦齡　038/319
論語說　李元度　038/323
答友人論異教書　李元度　038/329

儀宋堂後記 邵懿辰 038/339
原學 廖連城 038/349
經義治事兩齋論 易甲南 038/353
學論 方濬頤 038/355
養源篇 宗稷辰 046/031
與曾子植書 劉蓉 046/032
致劉孟容書 曾國藩 046/036
答劉孟容書 曾國藩 046/039
答劉孟容書 羅澤南 046/042
求闕齋日記一則 曾國藩 046/045
拙修書室記 吳廷棟 046/045
求放心說 劉蓉 046/046
原學 陸心源 046/048
學論 葛學禮、張堅填諱 046/049
移建上海縣學記
葛學禮、張堅填諱 046/050
量隨識長論 瞿慶賢 046/051
論語說 李元度 046/052
答友人論異教書 李元度 046/055
重修遂邑文廟序 徐賡陛 046/057
儀宋堂後記 邵懿辰 046/115
六朝經師宗派並所著經注經說考
姚文枏 046/146
啟心金鑑 倭仁 054/113
應詔陳言疏 倭仁 054/143
條陳日講事宜疏 曾國藩 054/149
遵旨會議日講事宜並陳管見疏
054/165
敬抒末議培養聖學疏
朱潮 054/171
呈進書籍疏 祁寯藻 054/175
籲懇暫緩歸政以懋聖學疏
毓慶宮王大臣 054/185
原學 陸心源 054/189
釋學上 王效成 054/191
釋學中 王效成 054/197
釋學下 王效成 054/201
辨學上 朱琦 054/207
辨學中 朱琦 054/211
辨學下 朱琦 054/215
學論 方濬頤 054/219
孔門四科說 俞樾 054/229
經義治事兩齋論 易甲南 054/231
學案小識序 唐鑑 054/233
學案提要 唐鑑 054/241
與邢星槎孝廉論學案小識
李元度 054/259
贈何願船序 張星鑑 054/265
書致經堂記後 馮志沂 054/269
答方彥聞書 張成孫 054/271
與曾子植書 劉蓉 054/273
臚陳本朝儒臣所撰經義請列學官疏
王懿榮 055/049
兩漢經師今古文家瀌考序
魏源 055/061
奏官書局奏開辦章程疏
孫家鼐 082/011
上中朝政府書
(美)李佳白 082/020
剛克論 (美)林樂知 082/022
論中國於孔子舊法並未泥守
管斯駿 082/024
宜習西文說 (英)李提摩太 082/028
西學略述序 曾紀澤 082/029
性理 沈學 086/433
夢理精說 (美)緬拿 086/486

一、學術 原學

緯書言天並有輪迴之說考 曹泰 086/487
命說 曹泰 086/489
大易道德經說微 曹碩 086/491
性理 沈學 093/244
夢理精說 (美)緬拿 093/366
緯書言天並有輪迴之說考 曹泰 093/370
命說 曹泰 093/374
大易道德經說微 曹碩 093/379
原學 陸心源 094/025
原學一 黃傳祁 094/025
原學二 黃傳祁 094/026
原學三 黃傳祁 094/027
原學四 黃傳祁 094/028
學論 094/028
學制 094/029
釋學上 王效成 094/030
釋學中 王效成 094/032
釋學下 王效成 094/033
辨學上 朱琦 094/035
辨學中 朱琦 094/036
辨學下 朱琦 094/037
學案提要 唐鑑 094/038
中國學術辨 張之洞 094/040
宗經篇 張之洞 094/042
循序篇 張之洞 094/043
守約篇 張之洞 094/044
益智篇 張之洞 094/048
設學 094/049
游學篇 張之洞 094/051
論中國崇尚文學 闕名 103/469
辨志 張爾岐 107/023
養源篇 宗稷辰 107/024
與曾子植書 劉蓉 107/025
致劉孟容書 曾國藩 107/027
答劉孟容書 曾國藩 107/028
答劉孟容書 羅澤南 107/030
答友人論異教書 李元度 107/031
日知錄跋 張杓 107/036
性理 沈學 107/065
中國學術辨 107/072
中庸論 張爾岐 107/083
準孟上 汪縉 107/084
準孟中 汪縉 107/085
準孟下 汪縉 107/087
論語說 李度 107/089
六朝經師宗派並所著經注經說考 姚文枏 107/097
大學言絜矩之道有合於萬國公法論 107/098
為臣不易說 107/100
讀孟子天時章講義 107/101
毆民論 107/102
讀易坤卦解義 107/107
六朝論 107/436
論中國於孔子舊法並未泥守 115/378
應詔陳言疏 倭仁 116/015
條陳日講事宜疏 曾國藩 116/016
呈進書籍疏 祁雋藻 116/022
辨志 張爾岐 116/025
與友人論學書 顧炎武 116/030
通今 顧炎武 116/031
日知錄序 潘耒 116/033
儀宋堂後記 邵懿辰 116/045

辨學上　朱琦　116/065
辨學中　116/066
辨學下　116/067
與曾子植書　劉蓉　116/072
學論　方濬頤　116/083
學案提要　唐鑑　116/088
勸學篇　曾國藩　116/094
答劉孟容書　曾國藩　116/096
答劉孟容書　羅澤南　116/098
崇正學　蔣琦齡　116/101
漢學宋學論　楊士達　116/102
經部總叙　116/105
經義制事異同論　王昶　116/105
兩漢經師今古文家濾考序　魏源　116/109
臚陳本朝儒臣所撰經義請列學官疏　王懿榮　116/113
語學　張之洞　116/114
六經正名　116/117
中庸論　張爾岐　116/121
致劉孟容書　曾國藩　116/178
性理　116/508
原學一　黄傳祁　124/103
原學二　124/103
原學三　124/104
原學四　124/105
論中國崇尚文學　124/105
中國學術辨　124/107
論講學以正人心　124/108
論今日實學將亡之可懼　124/109
游學篇　張之洞　124/110
設學　124/111
應詔陳言疏　倭仁　131/161
籲懇暫緩歸政以懋聖學疏　王大臣　131/167
呈進書籍疏　祁寯藻　131/168
敬抒末議培養聖學疏　朱潮　131/169
守約篇　張之洞　157/480

一、學術　儒行

國史儒林傳序　阮元　004/123
正學論一　程晉芳　004/124
正學論二　程晉芳　004/125
正學論三　程晉芳　004/126
贈錢獻之序　姚鼐　004/127
安慶府重修儒學記　姚鼐　004/128
近思錄集注後序　茅星來　004/129
答顧甯人書　張爾岐　004/130
與汪容甫書　王昶　004/131
娱親雅言序　段玉裁　004/132
朱子小學跋　段玉裁　004/132
復戴東原書　陸燿　004/134
記收書目錄後　張海珊　004/134
與法鏡野先生書　羅有高　004/135
答衍善問經學書　戴祖啟　004/136
文士詆先儒論　閻循觀　004/137
送萬季野先生之京師序　馮景　004/138
送張少淵試禮部序　張海珊　004/139
寄張墨莊書　陳宏謀　004/140
讀書簡要說序　彭士望　004/141
讀日知錄　程晉芳　004/143
陳言夏傳　王鳴盛　004/144
答楊邁公書　羅有高　004/146

一、學術 儒行

正學論四 程晉芳 007/520
士論 黃炎 038/359
勸士條約一 李棠階 038/363
勸士條約二 李棠階 038/371
與高伯平論學案小識 魯一同 038/383
聖哲畫像記 曾國藩 038/391
原才 曾國藩 038/401
五箴 曾國藩 038/403
勸學篇示直隸士子 曾國藩 038/407
原才 曾國藩 046/063
聖哲畫像記 曾國藩 046/064
船山遺書目錄序 鄧顯鶴 046/069
漢學商兌重序 方東樹 046/070
詩文存草自序 葛學禮、張堅填諱 046/073
復賀耦庚中丞書 曾國藩 046/074
與高伯平論學案小識 魯一同 046/075
書學案小識後 曾國藩 046/079
勸學篇示直隸士子 曾國藩 046/081
漢學商兌書後 046/083
敦良齋遺書序 湯金釗 046/084
與高伯平論學案小識 魯一同 054/251
士論 柯培元 054/283
名節篇 湯成烈 054/287
示慶藩論人品 郭崑燾 054/291
朱建論 戴鈞衡 054/293
閹者論 鄧瑤 054/297
書劉海峰續難言後 熊少牧 054/301
懷甯端士習示 左輔 054/303
與劉明東書 陳世鎔 054/307
復沈舜卿先生書 吳廷棟 054/311
與楊性農書 吳敏樹 054/313
致李次青 胡林翼 054/319
贈易笏山序 吳大廷 054/321
贈林封翁序 馮志沂 054/323
勸學篇示直隸士子 曾國藩 054/371
聖哲畫像記 曾國藩 055/021
原才 曾國藩 057/111
士論 柯培元 094/055
論士 吳鋌 094/058
名節篇 湯成烈 094/059
論人品 郭崑燾 094/060
論立品 094/060
儒道 章炳麟 094/061
儒法 章炳麟 094/062
儒俠 章炳麟 094/063
儒墨 章炳麟 094/063
懷寧端士習示 左輔 094/076
原才 曾國藩 094/534
國史儒林傳序 阮元 107/032
正學論一 程晉芳 107/033
正學論二 程晉芳 107/034
正學論三 程晉芳 107/035
讀書簡要說序 彭士望 107/035
讀日知錄 程晉芳 107/037
原才 曾國藩 107/037
聖哲畫像記 曾國藩 107/038
船山遺書目錄序 鄧顯鶴 107/040
復賀耦庚中丞書 曾國藩 107/041

書學案小識後 曾國藩 107/042
勸學篇示直隸士子 曾國藩 107/043
正學論四 程晉芳 107/298
文士詆先儒論 閻循觀 116/039
正學論一 程晉芳 116/042
正學論二 程晉芳 116/043
正學論三 程晉芳 116/044
寄張墨莊書 陳宏謀 116/048
與法鏡野先生書 羅有高 116/053
國史儒林傳序 阮元 116/057
復沈舜卿先生書 吳廷棟 116/068
贈易笏山序 吳大廷 116/069
復賀耦庚中丞書 曾國藩 116/071
名節篇 湯成烈 116/076
書劉海峰續難言後 熊少牧 116/077
懷甯端士習示 左輔 116/078
朱子小學跋 段玉裁 116/085
近思錄集註後序 茅星來 116/086
書學案小識後 曾國藩 116/093
漢學商兌重序 方東樹 116/106
與汪容甫書 王昶 116/122
原才 曾國藩 117/079
原才 124/063
儒道 章炳麟 124/117
儒法 章炳麟 124/117
儒俠 章炳麟 124/118
儒墨 章炳麟 124/118
名節篇 湯成烈 124/119

一、學術 法語

立言 顧炎武 004/154
雜言 顧炎武 004/155
學言 張爾岐 004/159
備忘錄論學 張履祥 004/159
雜說 魏際瑞 004/161
思辨錄論學 陸世儀 004/164
程功錄 楊名時 004/169
困勉齋私記 閻循觀 004/173
常語 潘諮 004/175
逸語 吳詢 004/178
偶思錄 王吉相 012/535
鞕師贊 王吉相 012/537
座右銘 陳預 012/539
道理說 牛作麟 012/541
聰明有餘說 牛作麟 012/543
毀譽說 牛作麟 012/545
淵亭日錄 黃炎 038/413
覺生日記三則 毛輝鳳 038/421
約言 舒化民 038/429
與左逸民書 魯一同 038/433
與左君第二書 魯一同 038/439
學經論 艾暢 038/445
原性 李元度 038/449
原性 廖連城 038/453
輶軒語 張之洞 038/457
數論 方濬頤 038/473
畫一論 方濬頤 038/475
察微說 方濬頤 038/477
通蔽說 方濬頤 038/479
與左逸民書 魯一同 046/089
與左君第二書 魯一同 046/092
與陳頌南書 張穆 046/095
與蔣瀛海書 羅澤南 046/095
遺書日記二十二則 倭仁 046/097

一、學術 廣論

求闕齋日記二則 曾國藩 046/099
塾言三十七則 劉熙載 046/100
勸誡淺言四則 曾國藩 046/103
倘綆山房日記二十則 瞿慶賢 046/104
省心邇言十六則 朱樹新 046/106
金壺醉言三則 黃鈞宰 046/108
習說 劉蓉 046/118
原性 廖連城 054/329
習說 劉蓉 054/333
留不足論 彭崧毓 054/337
正諛 王柏心 054/339
病說示景枚 李宗傳 054/341
念石子 藩德輿 054/343
日課四條 曾國藩 054/349
學約五則 汪廷珍 054/355
勸士條約 李棠階 054/363
示鼇峰書院諸生 陳壽祺 054/377
晴川書院規約 彭崧毓 054/391
人範須知自序 盛隆 054/395
答高旭堂書 羅澤南 054/401
與左逸民書 魯一同 055/429
與左逸民第二書 魯一同 055/435
法天 陳虬 082/032
釋經 082/033
盛世危言敘 彭玉麟 082/038
盛世危言自敘 鄭觀應 082/039
治術學術在專精說 082/040
原性 廖連城 094/067
習說 劉蓉 094/067
甚陽子大道內篇 094/068
勸學 曾國藩 094/069
示鰲峰書院諸生 陳壽祺 094/071
學約五則 汪廷珍 094/071
勸士條約 094/073
日課四條 曾國藩 094/076
留不足論 彭崧毓 094/078
正諛 王柏心 099/089
立言 顧炎武 107/044
與左逸民書 魯一同 107/046
與左君第二書 魯一同 107/047
與蔣瀛海書 羅澤南 107/049
勸誡淺言四則 曾國藩 107/050
示鰲峰書院諸生 陳壽祺 116/058
與陳頌南書 張穆 116/069
與蔣瀛海書 羅澤南 116/070
習說 劉蓉 116/100
輶軒語 張之洞 116/161
學約五則 汪廷珍 116/185
原性 廖連城 124/112
勸學 曾國藩 124/113
習說 劉蓉 124/114
勸戒學生文 124/115
勸士條約 124/116
盛世危言敘 彭玉麟 126/040
盛世危言自敘 鄭陶齋 126/043

一、學術 廣論

思過圖序 邵大業 004/185
學說 白允謙 004/185
茂才 張望 004/186
變化氣質論示弟 趙青藜 004/188
答張一衡書 魏禮 004/189
樂儉堂記 朱彝尊 004/189
示程在仁 汪縉 004/190
原人上 方苞 004/191

原人下 方苞 004/191
天人篇 張鉿 004/192
書天人篇後 陸燿 004/193
天道論上 張爾岐 004/194
天道論下 張爾岐 004/197
原命 張望 004/198
書立命說辯後 羅有高 004/200
功行錄序 陸隴其 004/204
州泉積善錄序 姜宸英 004/205
感應彙傳序 彭定求 004/206
與翁止園書 方苞 004/207
答門人問學 李中孚 004/208
答范彪西書 王復初 004/209
是亦樓記 全祖望 004/212
與友人書十首 顧炎武 004/212
讀金史隱逸傳 陸隴其 013/105
石隱楊先生傳 曹玉珂 013/107
賀閻牛叟先生壽序 王宏撰 013/113
白水雜咏題辭 楊于果 013/117
李槐堂傳 吳鎮 013/119
處士王鈞順傳 吳鎮 013/123
孫韋西先生傳 潘挹奎 013/127
明說 艾暢 039/001
病說 龍啟瑞 039/005
與郭筠仙中丞論通志體例書 李元度 039/007
讀書變化氣質說 方濬頤 039/017
天地 羅澤南 046/113
復性二則 孫顧臣 046/114
明說 艾暢 046/116
病說 龍啟瑞 046/118
火喻 史善長 046/119
天論 汪能肅 046/120
與郭筠仙中丞論通志體例書 李元度 046/122
復何補之書 張文虎 046/126
積善積不善說 湯金釗 046/128
答倭良峰先生書 吳廷棟 054/399
默觚上 魏源 054/409
默觚中 魏源 054/413
求闕齋筆記 曾國藩 054/423
銖寸錄 竇垿 054/449
說小七篇 陳輅 054/457
疑信 王柏心 054/467
論道學 藩德輿 054/469
思而不學論 易本烺 054/501
經通序 周悅讓 054/505
與張臯文論文質第一書 吳德旋 054/509
與張臯文論文質第二書 吳德旋 054/511
與吳岳卿書 姚瑩 054/517
再覆趙晉齋書 曹肅荀 054/523
上制府曾公書 楊德亨 054/527
覆郭筠仙中丞書 曾國藩 054/529
答倭良峰先生書 吳廷棟 054/531
與許海秋書 程慶燕 054/533
與郭筠仙中丞論通志體例書 李元度 055/081
默觚下 魏源 055/203
論中國宜尊君權抑民權 麥孟華 082/043
富強當求本源論 陳耀卿 082/044
識時務在化成見論 夏錫疇 082/046

廣稽叔夜養生論 錢大受 082/047
應變須才論 張羅澄 082/051
中國易於富強論 余貽範 082/054
答東方時局問 (英)威妥瑪 082/055
疑信 王柏心 094/311
思而不學論 易本烺 094/324
變化氣質論示弟 107/051
答張一衡書 魏禮 107/051
書立命說辯後 羅有高 107/052
功行錄序 陸隴其 107/055
與郭筠仙中丞論通志體例書 李元度 107/116
天道論上 張爾岐 116/026
天道論下 張爾岐 116/028
茂才 張望 116/040
原命 張望 116/041
書立命說辯後 羅有高 116/050
與許海秋書 程慶燕 116/075
思而不學論 易本烺 116/086
論道學 潘德輿 116/091
與郭筠仙中丞論通志體例書 李元度 116/149
應變須才論 張羅澄 122/426

一、學術 文學

與友人書 李中孚(顒) 001/171
繩荀上 汪縉 004/102
繩荀中 汪縉 004/104
繩荀下 汪縉 004/105
中庸餘論 李光地 004/157
鈔書自序 顧炎武 004/221
經部總敘 004/222
易類總敘 004/223
子部總敘 004/223
論泥古之弊 王鳴盛 004/224
與從子掌絲書 盧文弨 004/225
與友人論易書 顧炎武 004/226
與程秀才書 錢大昕 004/228
唐初三禮漢書之學 趙翼 004/229
曾子章句序 004/230
左傳濟變錄自序 謝文洊 004/231
萬充宗墓誌 黃宗羲 004/233
與陳扶雅書 汪家禧 004/234
文解 張望 004/235
非文 唐甄 004/236
論文 顧炎武 004/237
言公 章學誠 004/239
說文一首贈立夫 茅星來 004/243
論文 魏禧 004/244
文章不可苟作 侯七乘 004/245
國朝二十四家文鈔序 曾鏞 004/246
贈屠生倬序 陳斌 004/247
與友人書 李容 004/248
消積說贈友人 李容 004/249
與友人論文書 錢大昕 004/249
復魯絜非書 彭紹升 004/250
四書文源流考 梁傑 004/251
時藝類編序 周永年 004/253
謝周南制藝序 朱仕琇 004/254
文言說 阮元 004/254
子思子章句序 魏源 004/256
滿漢字音論 魯之裕 007/479
遼金元三史國語解 007/480
擬上今方言表 龔自珍 007/481

蒙古聲類表序 龔自珍 007/482
蒙古字類表序 龔自珍 007/486
皇朝通典 007/487
皇朝文獻通考 007/488
駁陰陽家言 馮景 008/384
遁甲演義 008/389
書漢志 紀大奎 008/393
孟氏功不在禹下論 雷于霖 012/289
孟子文說敘 康濬 012/295
易傳鈔序 王宏撰 013/247
讀儀禮 劉紹攽 013/249
四書心解序 王吉相 013/251
四書心解序 路德 013/255
中庸總論 王吉相 013/261
二孟總論 王吉相 013/265
進學庸註疏奏 謝濟世 039/021
四書心解序 王吉相 039/025
中庸總論 王吉相 039/029
四書心解序 路德 039/033
姚姬傳文錄序 姚諶 039/039
施均父文集序 姚諶 039/043
時藝論 朱克敬 039/047
玩易閣記 劉蓉 046/131
詩序滙說序 葛學禮 046/133
孟子要略序跋 曾國藩 046/134
新定魯論語題辭 鍾文烝 046/135
今文孝經十八章為定本說 艾承禧 046/136
就度譽究畜五字分訓五孝說 046/137
復李眉生書 曾國藩 046/139
與朱仲我書 曾國藩 046/142
風俗通義篇目考 陸心源 046/143
淮南子高許二注考 陸心源 046/145
擬彙刊宋人及國朝人補歷代史表志序 姚文枏 046/150
國朝文錄自序 姚椿 046/153
唐十八家文錄序 張文虎 046/154
續古文辭類纂序 王先謙 046/155
書法言後 方東樹 046/158
文論 046/159
答東洋近出古書問 姚文楝 046/160
瀛環志略自序 徐繼畬 046/162
歐陽生文集序 曾國藩 046/412
六經正名 龔鞏祚 055/005
尊史 龔鞏祚 055/011
辨言 王柏心 055/031
學譽 王柏心 055/035
文敝 吳敏樹 055/037
文人少達多窮論 邵懿辰 055/039
示慶藩論文士 郭崑燾 055/043
請續修四庫全書疏 王懿榮 055/045
周以來十一書應立學官議 黎庶昌 055/055
詁經文鈔序 胡培翬 055/067
再與國史館總裁書 陳用光 055/073
答陳石士閣學書 陳壽祺 055/077
與王硯雲先生論文徵體例書 季錫疇 055/091
書方望溪與李剛主書後 李元度 055/103

一、學術 文學

一、學術 文學

書切問齋文鈔後 方東樹 055/107
書皇朝經世文編學術門後 葉裕仁 055/115
湖南文徵序 曾國藩 055/117
歐陽生文集序 曾國藩 055/121
與歐陽篠岑論文派書 吳敏樹 055/125
答陳碩士編修書 李宗傳 055/141
致馮展雲侍讀書 龍啟瑞 055/145
答陸祁生書 徐準宜 055/147
贈汪平甫序 梅曾亮 055/157
城南書舍圖序 吳嘉賓 055/161
重刻資治通鑑序 顧復初 055/359
東華錄序 王先謙 055/403
藏書 082/538
孟子大義述自序 徐勤 086/355
史學 086/397
沈氏音書序 闕名 086/428
盛世元音原序 沈學 086/429
體用 沈學 086/430
字譜 沈學 086/432
文學 沈學 086/435
反切 沈學 086/436
書法 沈學 086/438
蒙古聲類表序 龔自珍 086/440
日本雜事詩序 闕名 086/529
孟子大義述自序 徐勤 093/065
史學 闕名 093/160
沈氏音書序 梁啟超 093/231
盛世元音原序 沈學 093/235
體用 沈學 093/239
字譜 沈學 093/242
文學 沈學 093/248
反切 沈學 093/250
書法 沈學 093/255
蒙古聲類表序 龔自珍 093/260
日本雜事詩序 康有爲 093/458
請續修四庫全書疏 王懿榮 094/083
論策問時務宜先釐定書籍以便誦習徵引 094/084
跋楊御史請正文體以勵寔學疏後 邱煒萲 094/085
尊史 龔鞏祚 094/086
藏書 094/089
文敝 吳敏樹 094/092
辨言 王柏心 094/093
書振興字學後 094/094
學譽 094/292
論中國亟宜講求地理之學 潘飛聲 094/313
論中西文字辭語之異 107/080
中庸餘論 李光地 107/092
玩易閣記 劉蓉 107/093
詩序滙說序 爵學禮 107/094
孟子要略序跋 曾國藩 107/095
新定魯論語題辭 鍾文烝 107/096
今文孝經十八章為定本說 艾承禧 107/096
孟子霸者章書後 107/103
孟子盡信章書後 107/104
孟子仁義富強辨 107/105
論黃帝 107/111
擬彙刊宋人及國朝人補歷代史表志序 姚文枬 107/118
答東洋近出古書問

	姚文棟	107/120	字譜		107/168
瀛環志略自序	徐繼畬	107/121	文學		107/169
皇朝通典		107/125	反切		107/170
皇朝文獻通考		107/125	書法		107/172
史學	闕名	107/126	蒙古聲類表序		107/174
讀史記叢論		107/128	滿漢字音論		107/176
秦始皇焚書論		107/130	遼金元三史國語解		107/177
張耳陳餘論		107/131	擬上今方言表		107/178
淮陰將兵論		107/132	歐陽生文集序	曾國藩	107/401
讀三國志		107/134	駁陰陽家言	馮景	110/070
諸葛孔明論		107/135	鈔書自序	顧炎武	116/032
中興四將論		107/137	與從子掌絲書	盧文弨	116/048
論韓范籌邊三策		107/137	詁經文鈔序	胡培翬	116/110
秦檜論		107/138	致馮展雲侍讀書	龍啟瑞	116/112
明嘉靖改制論		107/139	周以來十一書應立學官議		
讀通鑑叢論		107/141		黎庶昌	116/116
讀史叢論		107/145	易類總敘		116/119
史學源流考		107/146	與友人論易書	顧炎武	116/119
繩荀上	汪縉	107/149	唐初三禮漢書之學	趙翼	116/123
繩荀中		107/150	左傳濟變錄自序	謝文洊	116/126
繩荀下		107/151	再與國史館總裁書		
論中國學者將尚子書		107/152		陳用光	116/137
釋老篇		107/153	重刻資治通鑑序	顧復初	116/142
昭墨篇		107/155	答陳石士閣學書	陳壽祺	116/148
迷墨子為算法所出		107/156	東華錄序	王先謙	116/157
黜韓篇		107/157	史學	闕名	116/161
字學說		107/159	子部總敘		116/163
古今字學源流考		107/161	曾子章句序	魏源	116/163
字學切韻異同考		107/162	子思子章句序	魏源	116/164
中西字學問答		107/163	論文	魏禧	116/167
沈氏音書序		107/164	非文	唐甄	116/167
盛世元音原序		107/165	言公	章學誠	116/168
體用		107/167	文章不可苟作	侯七乘	116/172

一、學術 文學

與友人論文書	錢大昕	116/173
論泥古之弊	王鳴盛	116/174
與王硯雲先生論文徵體例書	季錫疇	116/174
文言說	阮元	116/177
湖南文徵序	曾國藩	116/180
歐陽生文集序	曾國藩	116/181
與歐陽筱岑論文派書	吳敏樹	116/183
四書文源流考	梁傑	116/187
遁甲演義		116/387
書漢志	紀大奎	116/389
駁陰陽家言	馮景	116/391
蒙古字類表序		116/497
蒙古聲類表序	龔自珍	116/497
體用		116/507
文學		116/510
反切		116/512
書法		116/514
瀛環志略自序	徐繼畬	123/401
論策問時務宜先釐定書籍以便誦習徵引		124/123
藏書		124/126
尊史	龍翚祚	124/127
日本文學源流考		125/364
庸書敘	宋育仁	126/050
庸書內外篇自敘	陳次亮	126/052
沈氏音書序	梁啟超	126/065
盛世元音原序	沈學	126/069
英文宜通行地球說	闕名	127/427
孟德斯鳩學說		128/319
課士略說		130/423
新史學		130/427
論日本文	廖雲翔	130/440
論中國語言變易之究竟		130/489
請續修四庫全書疏	王懿榮	131/157
培根學派	任公	143/001
笛卡爾學派	任公	143/006
達爾文學派	任公	143/013
孟德斯鳩學派	任公	143/022
論公德	任公	143/044
論國家思想	任公	143/050
公民自治論一	明夷	143/060
公民自治論二	明夷	143/068
公民自治論三	明夷	143/076
論自由一	任公	143/086
論自由二	任公	143/094
辯邏輯之為學術	嚴復	143/102
論理學為求誠之學術	嚴復	143/104
論理學誰推知不論元知	嚴復	143/106
論理學所以統諸學之理	嚴復	143/109
論理學之利用於何而見	嚴復	143/111
論理學界說	嚴復	143/112
論理學必以分析語言為始事	嚴復	143/115
社會之本義	海留司烈	143/123
社會之本性	海留司烈	143/124
社會之區域	海留司烈	143/129
社會盟約說	伯倫知理	143/130
社會盟約論	伯倫知理	143/132
論國家及社會	伯倫知理	143/142

中古社會論 伯倫知理 143/146
近世社會論 伯倫知理 143/157
新史學一 任公 143/162
新史學二 任公 143/171
中國學術史一 任公 143/177
中國學術史二 任公 143/193
中國學術史三 任公 143/202
中國學術史四 任公 143/221
中國學術史五 任公 143/233
地理與文明之關係一 任公 143/257
地理與文明之關係二 任公 143/267
中國地理大勢論一 任公 143/283
中國地理大勢論二 任公 143/293
中國地理大勢論三 任公 143/303
地理學講義序 汪德淵 143/323
文學說例 章氏學 143/325
東文源流論 丁福保 143/335
東文字母論 林文濳 143/346
中東文異同論 林文濳 143/347
生命力論 趙元益 143/349
康甯理論 趙元益 143/359
人情論 趙元益 143/372
算學疇人傳說 胡炳文 146/035
論鄂省創設自強學堂之益 何鏞 146/036
論文字污穢 何鏞 146/038
朱竹石廉訪上張香帥請設中西學堂書 王韜 146/040
續增強學會章程 汪康年 146/043
俄文與蒙古文分合考略 何鏞 146/052
謹擬廣學新題徵著作以時局啟 146/054
課士略說 顧家相 146/059
龍大宗師變科目議 龍湛霖 146/066
書宋燕生六字課齋卑議後 宋恕 146/067
論中國科舉之學為人心大害 王韜 146/068
論學術不可偏廢 王韜 146/070
論中國讀書之弊 朱正襄 146/081
士人宜游覽以增見識論 朱正襄 146/083
論近時所謂有用之學 朱正襄 146/085
論畫報可以啟蒙 徐敬熙 146/086
論今日所取之士適為國家之害 貝壽同 146/088
論中國讀書無次序之弊 范思枚 146/092
論試士以不搜檢為得體 王韜 146/097
東語入門序 闕名 146/099
新學序 經元善 146/101
論勸戒婦女纏足宜先設女塾以清其源 經元善 146/102
書中國宜廣建女塾議後 經元善 146/104
學者不可不通時務論 汪晉 146/106
方言 (英)艾約瑟譯 157/304
文學 (英)艾約瑟譯 157/312
史學 (英)艾約瑟譯 157/328

與英國麻博士議修各國通行字典說例 宋育仁 157/350
英文宜通行地球說 (英)闕名 157/475
史學問答敘例 葉瀚 157/497
日本語之大略 158/053
述英教士論中國語言變易之究意 (英)闕名 158/057
日本雜事詩序 王韜 158/325
三通考輯要敘 袁昶 158/503
三通考輯要敘 湯壽潛 158/506
中國文字之起源 吳貫因 167/416
中國文字議 陳培深 167/429
西班牙世界語會致中華新政府書 孫國璋譯 167/441
蒞世界語學會演說詞 蔡元培 167/442

一、學術 師友

廣師說 方百川(舟) 001/119
取友論 韓元少(菼) 001/136
取友論 韓菼 004/262
問說 劉開 004/262
廣師 顧炎武 004/264
士相見義 胡天游 004/264
答尹元孚書 方苞 004/265
與何商隱論教子弟書 張履祥 004/266
取善 唐甄 004/267
善施 唐甄 004/269
與友人論師書 錢大昕 004/271
游說 張海珊 004/272
南游記 孫嘉淦 004/273
祭魏環溪尚書文 陸隴其 013/337
與立凡書 楊于果 013/343
張徵君柏亭先生教澤碑記 楊于果 013/347
乾州訓導環谷緱先生墓表 張井 013/349
讀景諶傳 岳震川 013/353
座師門生辯 康乃心 013/357
晏平仲論 馬國翰 013/361
寄裕魯珊同年 俞德淵 013/365
華山記 董詔 013/369
禹穴記 董詔 013/373
游釣臺記 董詔 013/375
嵯峨山記 劉紹攽 013/379
座師門生辯 康乃心 039/051
寄裕魯珊同年 俞德淵 039/053
潘四農手札書後 朱琦 039/055
復曾制軍書 胡林翼 039/057
量交 王柏心 039/059
座師門生辨 康乃心 046/403
寄裕魯珊同年 俞德淵 046/404
潘四農手札書後 朱琦 046/405
與黎樾喬編修書 成毅 046/406
復曾制軍書 胡林翼 046/408
量交 王柏心 046/409
答人論先生書 袁翼 046/409
送江岷樵同年歸新甯序 鄧瑤 046/410
友說 姚文棟 046/414
十三間樓校書圖記 張文虎 046/415
師說上 姚瑩 055/167
師說下 姚瑩 055/171

尊師正義　俞正燮　055/173
與友人論師書　方東樹　055/177
復曾制軍書　胡林翼　055/181
致汪梅村　胡林翼　055/183
量交　王柏心　055/187
與方存之茂才書　吳廷棟　055/189
與崇海秋大令書　鄧瑤　055/193
贈呂介存南游序　龍啟瑞　055/197
不繫舟尺牘跋　鄧瑤　055/199
師說上　姚瑩　094/099
師說下　姚瑩　094/099
論師道　094/100
尊師正義　俞正燮　094/101
論欲培植子弟必先尊崇師道　094/102
量交　王柏心　094/104
與友人論師書　方東樹　094/104
取友論　107/399
與友人論師書　錢大昕　107/400
座師門生辨　康乃心　107/400
友說　姚文棟　107/402
十三間樓校書圖記　張文虎　107/403
游說　張海珊　107/403
南游記　孫嘉淦　107/404
論古今師道之異　孫多士　107/414
論端士習以崇師道為先　孫誂　107/415
取善　唐甄　116/036
游說　張海珊　116/038
取友論　韓菼　116/046
問說　劉開　116/054
師說上　116/063
師說下　姚瑩　116/064
復曾制軍書　胡林翼　117/087
致汪梅村　胡林翼　120/010
論師道　124/120
尊師正義　俞正燮　124/121
量交　王柏心　124/122

一、學術　教育

學校論上　邵念魯(廷采)　001/041
學校論下　邵念魯(廷采)　001/044
書院課士疏　沈確士　001/110
題書院聯　潘潤章(相)　001/159
題水西書屋藏書日錄後　沈子大(起元)　001/164
經學家法論　陳子端(廷敬)　002/074
書院議　袁枚　007/505
經學家法論　陳廷敬　007/517
徵滇士入書院敕　鄂爾泰　007/535
興安州捐建文峰書院碑記　劉士夫　025/239
梅峰書院記　王杰　025/245
梅峰書院記　王杰　042/005
爽溪書院記　李元度　042/049
勸置學田說　張之洞　042/081
友教書院規條　王昶　042/093
勸置學田說　張之洞　049/224
奏設味經書院疏　許振禕　049/234
新設縣治請立學校疏　慶裕　049/262
改建船山書院片　彭玉麟　049/263
論考試　李東沅　053/482
請設廣方言館疏　李鴻章　053/497
奏設味經書院疏　許振禕　068/375

一、學術　教育

一、學術教育

勸置學田說 張之洞 068/381
桐鄉書院四議 戴鈞衡 068/393
請推廣學校摺 李端棻 081/009
請變通書院章程摺 胡聘之 081/014
禮部議覆整頓各省書院摺 081/016
總署奏開設官書局摺 081/018
官書局奏開辦章程 081/020
官書局詳覆開辦學堂摺 081/021
奏設天津中西學堂摺 王文韶 081/025
奏設天津中西學堂章程 081/027
論學校一 081/150
論學校三 081/164
論學校四 081/167
論學校五 081/170
擬設天津中西學堂請奏明立案稟 盛宣懷 082/008
奏開設天津中西學堂疏 王文韶 082/009
京師創立大學堂條議 熊亦奇 082/012
議覆開辦京師大學堂摺 官書局 082/014
英國倫敦博物院書樓規制 082/539
請推廣學校摺 李端棻 083/003
論新學部亟宜設立 (英)李提摩太 083/010
西學宜設特科 余貽範 083/012
中西書院文藝兼肄論 潘克先 083/013
中西書法異同論 楊毓煇 083/016
停武試 鄭觀應 083/020
請變通書院章程摺 胡聘之 083/021
德國學校規制 083/023
英法俄美日本學校規制 083/024
英德法俄美日六國學校數目 083/029
覆奏設立官書局摺 總理衙門 084/282
開辦官書局奏摺 孫家鼐 084/283
請推廣學校摺 李端棻 084/285
請變通書院章程摺 胡聘之 084/289
議覆開辦京師大學堂摺 管理官書局大臣 084/291
議覆整頓各省書院摺 禮部 084/294
陝西創設格致實學書院摺 張汝梅、趙維熙 084/296
擬設天津中西學堂章程稟 盛宣懷 084/299
江南儲材學堂章程 084/309
湖南時務學堂公啟 084/318
論師範學校 084/330
論幼學 闕名 084/335
推廣中西義學說 韓文舉 084/350
論女學 闕名 084/352
擬設繙譯書院議 馬建忠 084/358
日本橫濱中國大同學校緣起 闕名 084/374
日本高等師範學校章程叙 歐榘甲 084/374
上李伯相言出洋工課書 馬建忠 084/376

論新學部亟宜設立 (英)李提摩太 084/381
論英國倫敦博物院書樓 (英)李提摩太 084/382
倫敦學校歲報 (英)闕名 084/384
格致書院教演化學記 欒學謙 084/386
日本横濱中國大同學校書後 徐勤 084/389
奏設武備學堂摺 張之洞 085/404
招考武備學堂學生示 張之洞 085/406
上張香帥言武備學堂事宜書 何熙年 085/411
湖南時務學堂學約十章 闕名 086/361
日本横濱中國大同學校學記 徐勤 086/389
覆奏設立官書局摺 總理衙門 088/247
開辦官書局奏摺 孫家鼐 088/250
請變通書院章程摺 胡聘之 088/263
議覆開辦京師大學堂摺 管理官書大臣 088/267
陝西創設格致實學書院摺 張汝梅、趙維熙 088/280
擬設天津中西學堂章程稟 盛宣懷 088/286
江南儲材學堂章程 088/305
湖南時務學堂公啟 088/323
論師範學校 梁啟超 088/350
論幼學 梁啟超 088/359
推廣中西義學說 韓文擧 088/393
論女學 梁啟超 088/398
擬設繙譯書院議 馬建忠 088/412
日本横濱中國大同學校緣起 梁啟超 088/447
日本高等師範學校章程敘 歐榘甲 088/449
上李伯相言出洋工課書 馬建忠 088/452
論新學部亟宜設立 (英)李提摩太 088/463
論英國倫敦博物院書樓 (英)李提摩太 088/467
倫敦學校歲報 (英)闕名 088/471
格致書院教演化學記 欒學謙 088/476
日本横濱中國大同學校書後 徐勤 088/483
奏設武備學堂摺 張之洞 091/093
招考武備學堂學生示 張之洞 091/098
上張香帥言武備學堂事宜書 何熙年 091/105
湖南時務學堂學約十章 梁啟超 093/079
日本横濱中國大同學校學記 徐勤 093/144
擬設繙譯書院議 馬建忠 094/245
變通小學議 茅謙 094/306
華人宜習西學仍不能廢中學論 094/323
請推廣學校摺 李端棻 098/145
奏設味經書院疏 許振禕 098/150

一、學術 教育

一、學術　教育

遵議建立官書局疏　王大臣　098/153
上張香帥言武備學堂事宜書　何熙年　098/156
籌辦京師大學堂奏摺　098/160
奏設武備學堂摺　張之洞　098/161
招考武備學堂學生示　張之洞　098/163
開辦南洋公學情形摺　098/165
陝西創設格致實學書院摺　098/167
議覆整頓各省書院摺　禮部　098/168
請變通書院章程摺　胡聘之　098/171
推廣學校摺　總署　098/172
覆奏設立官書局摺　098/173
籌辦京師大學堂奏片并章程　098/175
擬設天津中西學堂章程禀　盛宣懷　098/182
江南儲材學堂章程　098/192
湖南時務學堂公啟　盛宣懷　098/199
山西藩臬兩司會詳經濟大學堂詳稿　098/200
湖南時務學堂學約十章　098/201
中國宜廣設武備學堂議　098/205
蘇省立學堂議　098/210
上海設立同文館議　098/213
桐鄉書院四議　戴鈞衡　098/214
書院變通章程議　潘飛聲　098/217
中西書院文藝兼肄論　潘敦先　098/226
中西書法異同論　楊毓煇　098/230
勸置學田說　張之洞　098/237
觀滬城育材中西書塾體操記　098/253
論新學部亟宜設立　(英)李提摩太　098/254
擬將學舍書院義塾均改為中西學堂議　098/257
西學宜設特科　098/260
湖南時務學堂招考　098/274
上海新設中國女學堂章程　098/276
倡設女學堂啟　098/279
論女學堂　098/280
日本橫濱中國大同學校緣起　098/281
江蘇瞿學政整飭南菁書院章程示諭書後　098/282
議設武備特科摺　高燮曾　098/303
變通武科摺　098/303
變通武科摺　陶模　098/305
奏請參酌中外兵制設武備特科片　榮祿　098/311
論武科　098/347
論武試之宜廢　098/348
停武試議　098/350
西學與中學同源考　102/195
西學多本周禮說　102/290
明艾儒略述泰西建學凡六科其派別刪併異同若何　許樹枌　102/291
英法俄美日本學校規制　102/294
英德法俄美日六國學校數目　102/299
德國學校規制　102/302

日本高等師範學校章程叙 歐榘甲 102/304
論泰西教法 102/305
西國書院考 102/307
議奏經濟科章程摺 總理衙門 103/409
變通武科摺稿 103/413
覆奏設立官書局摺 總理衙門 103/427
開辦官書局奏摺 孫家鼐 103/429
請推廣學校摺 李端棻 103/431
擬設繙譯書院議 馬忠建 103/439
論人才難得 闕名 103/451
論中國宜創設女義學 闕名 103/452
論書院延聘山長之不易 闕名 103/456
廣設西學塾議 闕名 103/471
論泰西書院藏書之盛 闕名 103/472
擴充西學 闕名 103/475
論中國宜廣設藏書之院 闕名 103/476
論考試 闕名 103/478
考試西學西法議 闕名 103/485
論武試略宜變通 麥孟英 103/490
中國女學堂接桂林魏恭人書 魏恭人 103/496
中國倡設女學堂啟 闕名 103/497
女學會書塾創辦章程 闕名 103/498
請開藝學科說 陳熾 104/269
奏設武備學堂摺 張之洞 105/443
招考武備學堂學生示 張之洞 105/446
上李伯相言出洋工課書 馬建忠 107/056
擬設繙譯書院議 馬建忠 107/179
教胄子論 107/296
新設縣治請立學校疏 慶裕 107/303
興學校論 107/309
廣學校議 107/310
論學校為立國之本 107/311
倣設師範學堂議 107/318
論宜効西法設立藝學 107/319
請推廣學校摺 李端棻 107/320
論新學部亟宜設立 李提摩太 107/327
書院議 袁枚 107/329
徵滇士入書院敕 107/329
改建船山書院片 彭玉麟 107/332
請變通書院章程摺 胡聘之 107/333
議覆開辦京師大學堂摺 107/335
議覆整頓各省書院摺 107/337
陝西創設格致實學書院摺 107/339
擬設天津中西學堂章程稟 盛宣懷 107/342
江南儲材學堂章程 107/351
湖南時務學堂學約十章 107/360
蘇省設局刊書疏 107/365
覆奏設立官書局摺 107/365
開辦官書局奏摺 孫家鼐 107/366
論英國倫敦博物院書樓 107/368
廣書籍以惠士林論 107/369

一、學術 教育

論中國宜廣設藏書之院 107/370
論泰西書院藏書之盛 107/372
推廣中西義學說 韓文舉 107/375
西學宜增義塾論 107/380
論女學 107/383
論女學堂 107/388
論中國宜設女學校 107/391
擬勸金陵都人士創開女學堂啟 107/395
論母教關係於一生 107/396
勸置學田說 張之洞 107/413
論幼學 107/417
論通民情莫善於日報 107/451
論都中創行公報事 107/456
請設廣方言館疏 李鴻章 109/272
上張香帥言武備學堂事宜書 何熙年 112/307
奏設武備學堂摺 張之洞 112/316
招考武備學堂學生示 張之洞 112/317
重派出洋學生議 115/426
格致書院教演化學記 欒學謙 116/480
請設廣方言館疏 李鴻章 116/502
奏設味經書院疏 許振禕 120/012
請變通書院章程摺 120/022
議覆整頓各省書院摺 禮部 120/024
上張香帥言武備學堂事宜書 何熙年 120/029
奏設武備學堂摺 張之洞 120/040
招考武備學堂學生示 張之洞 120/042
擬設天津中西學堂章程稟 盛宣懷 120/045
陝西創設格致實學書院摺 張汝梅、趙維熙 120/056
論聚珍板有功於文教 124/136
請推廣學校摺 李端棻 124/486
振興學校論 124/489
論中國設立學堂宜先定普通學章程 124/493
中國創設學堂宜先除流弊說 124/494
奏設武備學堂摺 張之洞 124/496
中國宜廣設武備學堂議 124/498
倡設女學堂啟 124/499
論女學堂 124/500
興女學議 124/501
中西書院誌略 124/502
英法俄美日本學校規制 125/367
德國學校規制 125/371
外洋宜設公塾以訓華人子弟說 125/372
育才 陳次亮 126/146
論學校一 陳次亮 126/162
論學校三 梁啟超 126/172
論學校四 梁啟超 126/180
論學校五 梁啟超 126/186
論學校六 梁啟超 126/190
論學校七 梁啟超 126/195
請推廣學校摺 李端棻 126/200
倫敦學校歲報 譯西報 126/208
中學 湯蟄仙 126/213
請變通書院章程摺 胡聘之 126/221

近議各省書院改課實學得旨施行幷所擬章程 126/229
書院 陳次亮 126/237
書院 湯蟄仙 126/239
奏設天津中西學堂章程 126/241
奏設天津中西學堂章程 126/249
擬增設女童學塾議 王詠霓 126/252
都城官書局開設緣由 京都官書報局 127/181
官書局奏開辦章程 京都官書報局 127/184
政務處禮部會奏變通科舉事宜摺 128/355
政務處奏酌擬經濟特科考試章程 128/358
奏辦京師大學堂情形摺 128/362
江南儲材學堂學約 128/384
京師學堂條議 姚文棟 128/392
南京派辦處遵議出洋游學章程詳文 128/394
江南派辦處詳定客籍隨宦子弟自備資斧出洋游學章程 128/396
派遣學生學習師範稟 128/398
前蘇撫聶奏陳改設學堂情形摺 128/405
江蘇學政李侍郎擬定人學堂試辦章程 128/406
江南南菁書院遵改學堂試辦章程 128/409
今日西學當知急務論 128/414
法國學校說略 128/418
德國文教說略 128/420
歐洲學校優劣問答 128/423
日本學校變法詳述問答 128/424
東京同文書院章程 128/425
西學課程條議 熊示奇 128/427
大理寺少卿盛宣懷奏陳開辦南洋公學情形摺 128/440
變通小學議 茅謙 128/445
創議設立女學堂啟 128/448
女學利弊說 128/454
山西巡撫岑奏陳開辦山西武備學堂摺 130/001
泰西藏書考略 130/438
遵議建立官書局疏 總理衙門 131/377
遵擬官書局開辦章程疏 孫家鼐 131/378
奏請開設譯書公局疏 趙惟熙 131/379
奏設西學學堂疏 王文韶 131/381
請整頓同文館疏 陳其璋 131/383
請推廣學校 李端棻 131/386
遵籌開辦京師大學堂疏 軍機大臣、總理衙門 131/390
議覆開辦京師大學堂摺 孫家鼐 131/401
籌辦大學堂事務請旨遵行疏 孫家鼐 131/404
籌辦京師大學堂大概情形疏 張百熙 131/406
奏陳試辦山東大學堂疏 袁世凱 131/411
請設立二等學堂疏 鄧華熙 131/412

一、學術 教育

議覆安徽巡撫鄧華熙請添設學堂酌擬切實辦法疏 總理衙門 131/414
江蘇南菁書院遵改學堂並試辦章程疏 李殿林 131/415
遵改書院為學堂疏 聶緝槼 131/418
遵旨改設學堂疏 任道鎔 131/419
歸併書院開辦學堂情形疏 沈衛 131/421
議覆五城建立中學堂小學堂疏 孫家鼐 131/422
請變通書院章程摺 胡聘之 131/423
議覆奏綬章請整頓各省書院疏 禮部 131/424
浙江專設中西書院疏 廖壽豐 131/426
會奏創設格致實學書院疏 張煦、趙維熙 131/428
奏陳開辦南洋公學情形疏 盛宣懷 131/428
奏陳設立譯書院片 盛宣懷 131/432
請新設各學堂書院内學生稟增附生准免歲科試片 盛宣懷 131/433
請推廣學堂月課章程片 鄭思賀 131/434
議復鄭思賀請推廣學堂月課章程片 孫家鼐 131/435
增請算學助教疏 國子監 131/435
奏設算學館片 雲南督撫 131/436
請廣設算學專門學堂疏 王之春 131/436
遵議明習算學及出洋游歷人員疏 總理衙門 131/438
擬請試辦速成學堂疏 黄思永 131/442
醫院創立學堂疏 李鴻章 131/444
催辦醫院學堂疏 林輅存 131/445
請刊印時務書籍片 沈衛 131/447
請頒定學堂課程以一學術疏 吳郁生 131/447
請設經濟特科並條陳疏 嚴修 131/449
遵議開設經濟特科疏 總理衙門 131/451
遵議經濟特科詳細章程疏 總理衙門 131/452
奏設武備學堂疏 張之洞 131/476
變通武科改章事宜敬抒管見疏 劉樹堂 131/500
變通武科疏 陶模 131/502
請設廣方言館疏 李鴻章 132/280
改建船山書院片 彭玉麟 134/530
奏設味經書院疏 許振禕 134/531
奏設京師大學堂摺 禮親王 144/163
議覆大學堂片附章程 總署 144/166
總理衙門又議覆摺稿 144/180
海濱坍漲記 格致益聞 144/181
地震考 格致益聞 144/188
教育政策私議 任公 144/192
中國教育統計表 傅運森 144/202
英國教育統計表 傅運森 144/204
意國教育統計表 傅運森 144/213

一、學術 教育

地理歷史教授法 (日)樋口勘次郎 144/502
游學緒言 章宗祥 144/507
女學校規則敘 江標 144/509
日本女學校規則 繙譯官 144/511
女子普通學級表 蔡元培 144/520
女子教育宗旨 (日)成瀨仁藏 144/523
女學德育論 (日)成瀨仁藏 144/532
女學愛國論 (日)成瀨仁藏 144/533
女學智育論 (日)成瀨仁藏 144/536
日本女子教育論 (日)成瀨仁藏 144/542
日本高等女學程度論 (日)成瀨仁藏 144/559
女學體育論 (日)成瀨仁藏 144/565
華人宜習西學仍不能廢中學論 范思祖 145/565
書院源流考 賈忠 146/036
日本學校步武泰西 何鏞 146/048
議覆開辦京師大學堂摺 146/055
日本學校考實 劉祖培 146/078
振興女學校說 項驤 146/090
德國學校論略序一 李善蘭 149/209
德國學校論略序二 (德)花之安 149/210
格林書院課程 149/212
政治學館章程 149/221
日本學校考實 闕名 149/241
日本學校步武泰西 闕名 149/243
日本學校論 陳家麟 149/246
日本學校章程考 顧厚焜 149/247
日本學校沿革論 顧厚焜 149/248
日本足利學校考 顧厚焜 149/251
請整頓同文館疏 陳其璋 149/256
京師同文館館規 149/258
擬請京師創設總學堂議 (美)李佳白 149/269
新學規制考序 (美)林樂知譯，任廷旭述 149/285
變通小學議 茅謙 149/287
創議設立女學堂啟 149/292
會奏遵議貴州學政嚴修請設經濟特科疏 總理衙門、禮部 149/302
遵議經濟特科詳細章程疏 總理衙門、禮部 149/307
遵籌開辦京師大學堂疏 軍機大臣、總理衙門 149/339
籌辦大學堂事務請旨遵行疏 孫家鼐 149/359
議覆五城建立中學堂小學堂疏 孫家鼐 149/364
遵議遴選生徒游學日本事宜片 總理衙門 149/365
奏陳開辦南洋公學情形疏 盛宣懷 149/369
奏陳設立譯書院片 盛宣懷 149/375
四川學政通飭各府廳州縣變通書院章程札 吳慶坻 149/394
日本小學校章程序 葉瀚 149/396
日華學堂章程要覽 149/398
擬改考試章程 政務處 149/416
派遣學生學習師範稟 陶森甲等 149/441

奏辦京師大學堂情形摺 張百熙 149/444
停武試議 馮桂芬 153/001
養蒙 (英)史本守著，顔永京譯 157/258
訓蒙 (英)艾約瑟譯 157/297
格致書院講習西學記 欒學謙 157/387
蒙學公會啟 157/465
時務學堂學約 闕名 158/001
蒙學課本初編編輯大意 南洋公學 158/044
蒙學課本初編字類略式 南洋公學 158/046
蒙學課本二編編輯大意 南洋公學 158/051
創設善鄰書院啟 (日)宮島大八 158/501
新教育意見 蔡元培 167/001
新教育平議 鄭允恭 167/009
討論教育部長對於新教育之意見 賈豐臻 167/012
討論教育部長對於教育方針之意見 陳啟彤 167/017
論嚴格教育旨趣書 張謇 167/021
衛西琴中國教育議 嚴幾道譯 167/022
敬告我教育界諸君書 沈時棟 167/058
敬告今之教育家 丁劍評 167/062
條陳整頓學務書 申作霖 167/065
論義務教育當規定於憲法 范源廉 167/069
論民國教育宜採相對的國家主義 劉以鐘 167/074
學校教育采用實用主義之商榷 黃炎培 167/085
學校教育採用實用主義之商榷書 林可培 167/121
江蘇今後五年間教育計畫書 黃炎培 167/155
普及教育議 沈頤 167/161
論國民教育將何由而普及 沈時棟 167/180
中國當務之急非普及教育不可 (美)丁義華 167/184
整頓普及教育方法案 郭肇明 167/187
通俗教育利用機會灌輸知識之方法 闕名 167/209
擬辦通俗教育講演練習所意見 伍達 167/216
各地方教育會對於通俗教育之責任 伍達 167/221
小學國語教授法商榷 馬裕藻 167/231
小學校令第三十二條闡微 闕名 167/270
說初等小學利用單級教法之必要 李法章 167/275
平陽縣改良初等小學通告 周繼善 167/286
京師大學堂成立記 羅惇曧 167/303
蒞北京大學堂歡迎會演說辭 梁啟超 167/308

一、學術 教育

一、學術 格致

論中國宜注重實業教育 張迺權 167/325
論實業教育 方時簡 167/330
盲童教育論 (美)佐治傅蘭雅著，嚴楨譯 167/332
教育前途危險之現象 黃炎培 167/337
說教育界之魔障 賈豐臻 167/341
學校訓練之根本精神 王朝陽 167/345
學校若何輔翼和平之進行 (英)梅益盛著，蔣茂森譯 167/349
現今青年心理上之缺陷及補救策 王朝陽 167/354
教育上之不經濟 (日)上田三平談，楊傳福譯 167/357
覆教育部書 康有為 167/363
上江蘇教育行政會意見書 王荻 167/370
論教育會 教育部編纂處譯 167/381
與教育姚司長論國文教授書 闕名 167/414
學者之擔負 張東蓀 167/446
中國學會報題詞 康有為 167/449
保存中國名蹟古器說 康有為 167/454

一、學術 格致

授時策 王寅旭(錫闡) 003/183
聖人作(憲)之原 李耜卿(光坡) 003/186
推驗修改之實 李耜卿(光坡) 003/188
憲學源流論 梅定九(文鼎) 003/190
記四分(法) 李晉卿(光地) 003/192
記太初(法) 李晉卿(光地) 003/193
璿璣玉衡解 戴東原(震) 003/197
新法序 王寅旭(錫闡) 003/204
舊中法選要序 薛儀甫(鳳祚) 003/211
中法佔驗序 薛儀甫(鳳祚) 003/214
分野 馬宛斯(驌) 003/216
分野序 顧景范(祖禹) 003/217
七政解 戴東原(震) 003/218
柚堂筆談 盛秦川(百二) 003/221
西學 008/373
分野考 張瓚昭 008/394
天文圖識 顧炎武 008/403
格物說 李元度 038/335
靜重學記 顧觀光 046/258
動重學記 顧觀光 046/262
華文西文利弊論 楊選青 082/025
西學 鄭觀應 082/030
西學提要總敘 梁啟超 082/032
格致公例 朱昌鼎 082/067
論格致學緣起 (英)李提摩太 082/137
中國宜求格致之學論上 082/137
中國宜求格致之學論下 082/138
格致數目說略 082/139
格物入門敘 082/141
論學格致必先求富國 (英)李提摩太 082/141
中西格致異同辨 彭瑞熙 082/142
中西格致本原論 葛道殷 082/144
格物 082/146

中西格致流源論 王佐才 082/151
格致說 锺天緯 082/152
泰西格致之學與近刻繙譯諸書詳略得失何者為最要論 車善呈 082/153
西學古今辨 锺天緯 082/158
中外化學名物異同考 楊毓煇 082/160
電學考 (英)李提摩太 082/168
物體凝流二質論 胡永吉 082/169
物體本原 陶師韓 082/170
問鍛鍊金質試驗鎔度而電池之金何以必用一陰一陽方能生電說 楊毓煇 082/171
氣球考 李提摩太 083/281
論地球全局動力 闕名 084/165
論譯書 闕名 084/361
繙譯泰西有用書籍議 高鳳謙 084/371
譯書篇 孫學修 084/372
西學書目表後序 闕名 086/395
日本學術志序 黃遵憲 086/400
日本學術志後序一 黃遵憲 086/401
日本學術志後序二 黃遵憲 086/402
日本學術志後序三 黃遵憲 086/404
日本天文志序 黃遵憲 086/443
天學新理 (美)慳利士比威廉 086/444
格致淺理 闕名 086/459
質點配成萬物說 闕名 086/461
記壓氣行車 (美)哈浦 086/465
論臭腐神奇 (美)闕名 086/473
鹽質大用說 (英)闕名 086/479
論光學植物 (美)闕名 086/484
植物新法 (英)闕名 086/485
西學書目表序例 闕名 086/509
論地球全局動力 闕名 087/454
論譯書 梁啟超 088/419
繙譯泰西有用書籍議 高鳳謙 088/441
譯書篇 孫學修 088/444
西學書目表序例 梁啟超 089/225
西學書目表後序 梁啟超 093/155
日本學術志序 黃遵憲 093/166
日本學術志後序一 黃遵憲 093/170
日本學術志後序二 黃遵憲 093/172
日本學術志後序三 黃遵憲 093/175
日本天文志序 黃遵憲 093/266
天學新理 (美)慳利士比威廉 093/268
格致淺理 闕名 093/302
質點配成萬物說 闕名 093/308
記壓氣行車 (美)哈浦 093/319
論臭腐神奇 (美)闕名 093/337
鹽質大用說 (英)闕名 093/351
論光學植物 (美)闕名 093/362
植物新法 (英)闕名 093/363
西學書目表序例 梁啟超 093/413
格致說 锺天緯 094/109
格物 094/110

一、學術 格致

格物入門敘 李鴻章 094/111
論格致學緣起 (英)李提摩太 094/112
中國宜求格致之學論上 094/113
中國宜求格致之學論下 094/114
論學格致必先求富國 (英)李提摩太 094/115
中西格致源流論 王佐才 094/116
中西格致本原論 葛道殷 094/119
中西格致異同辨 彭瑞熙 094/122
物體凝流二質論 094/124
中外化學名物異同考 楊毓煇 094/125
論炭氣炭質體用各別 094/134
論矽養之質功用各別 094/136
綠氣與水内之輕氣化合成輕綠其養氣即去試言其故 顧仰基 094/137
論微管吸水管愈細吸水愈高之理 許樹枌 094/138
蒸汽動機說 許樹枌 094/139
氣球考 094/140
汽車源流考 094/142
記壓氣行車 094/145
論光學植物 闕名 094/153
計漸離透光三種鏡 094/154
電學考 094/156
問鍛鍊金質試驗鎔度而電池之金何必用一陰一陽方能生電說 楊毓煇 094/158
總署議覆籌款開館譯書摺 094/243
論譯書為今日之急務 094/244
論譯書當先政後藝 094/248
推廣譯書以裨實用議 094/249
廣譯 094/250
大同譯書局敘例 094/252
繙譯泰西有用書籍議 高鳳謙 094/253
汽學通於醫學說 094/266
熟習洋文乃能深通西學論 094/295
西學古今辨 鍾天緯 102/197
泰西格致之學與近刻繙譯諸書詳略得失何者為最要論 車善呈 102/214
精究地學說 陳熾 104/201
電學考 (英)李提摩太 105/397
電學 陳熾 105/404
西學書目表序例 107/066
西學書目表後序 107/070
論譯書 107/182
繙譯泰西有用書籍議 高鳳謙 107/190
譯書篇 孫學修 107/191
論著書 107/192
著書益世論 107/194
論地球全局動力 闕名 107/495
論中國宜設書信館 114/192
格物窮理說 114/201
論格致之學 114/202
格致論 114/203
格致淺理 114/204
問格致之學泰西與中國有無異同 114/206
西學以格物為要論 114/210
瓦雅各格致志略 114/211
振興格致論 114/214

讀書宜兼格致說		114/215
論中國急宜講求格致之學		114/216
振興格致以培人才議		114/217
詳考物理說		114/219
物理考		114/220
物體凝流二質論		114/221
論物體有三質		114/222
論寒暑表有功於格物之學		114/223
論化學		114/225
化學當學論		114/226
論炭氣炭質體用各別		114/227
論木炭		114/228
論吸鐵之理		114/230
電學考		114/231
論電氣		114/232
論正負電能化分水氣		114/232
電燈詳考		114/234
電車小試論		114/235
論聲		114/236
傳聲像聲器圖說		114/238
德律風源流考		114/239
汽學通於醫學說		114/240
氣球說		114/241
論氣毬		114/242
論光		114/245
論光學植物	(美)闕名	114/246
植物新法	(英)闕名	114/247
記壓氣行車	(美)哈浦	114/248
論臭腐神奇		114/255
靜重學記	顧觀光	114/319
動重學記	周觀光	114/321
談天		114/399
天圓地方說		114/400
天學新理	慳利士比威廉	114/401
質點配成萬物說		114/408
五差說		114/410
說日		114/411
日食考		114/412
日蝕問答		114/413
論古今日食閏月同而不同		114/414
論救護日食之法最古		114/415
說月		114/416
月食彙考		114/416
星象中西異名說		114/418
恆星說		114/419
行星彗星說		114/420
論彗緒言		114/420
辯奥博士論彗星燬地球人物說		114/422
星氣論		114/425
論風之灾異		114/427
論雷		114/428
論雷電		114/429
雷電合解		114/430
論雨露霜雪之體用		114/431
釋雹		114/432
立春後地與星辰考		114/433
四季及二分二至說		114/434
驚蟄說		114/435
地球地名表		114/437
地球考源述證		114/438
地球問答		114/438
說地		114/439
地動問答		114/440
論地球各處氣候之異		114/441
論地球寒熱各帶		114/442

一、學術 格致

論歐亞兩洲之熱度 114/443
原潮汐 114/444
說潮 114/445
論火山炸裂事 114/446
時異由於地轉說 114/447
堪輿質疑說 114/448
論中國宜講求實學 115/352
天文圖識 顧炎武 116/191
分野考 張瓚昭 116/193
西學古今辨 鍾天緯 116/399
泰西格致之學與近刻繙譯諸書詳略得失何者為最要論 車善呈 116/411
格致公例 朱昌鼎 116/419
風性表說 楊航煇 116/428
格致淺理 闕名 116/443
論臭腐神奇 闕名 116/446
靜重學記 顧觀光 116/454
動重學記 顧觀光 116/457
中外化學名物異同考 楊毓煇 116/467
物體凝流二質論 胡永吉 116/478
物體本原 陶師韓 116/479
電學考 李提摩太 116/486
問鍜鍊金質試驗鎔度而電池之金何以必用一陰一陽方能生電說 楊毓煇 116/489
論光學植物 闕名 116/492
繙譯泰西有用書籍議 高鳳謙 116/504
譯書 闕名 116/505
植物新法 闕名 118/248
總署議覆籌款開館譯書摺 124/131
論譯書為今日之急務 124/132
推廣譯書以裨實用議 124/133
廣譯 124/134
述譯學 124/135
格致論 124/143
振興格致論 124/143
振興格致以培人才議 124/145
讀書宜兼格致說 124/146
問格致之學泰西與中國有無異同 124/147
西學以格物為要論 124/150
格物窮理說 124/152
談天 124/170
說日 124/172
恆星說 124/172
彗星說 124/172
論雷電 124/173
釋霆 124/174
問魏氏海國圖志與徐氏瀛寰志略考証孰優 124/177
地震解 124/182
論西人新創傳聲妙法 124/183
留聲機器題名記 124/185
德律風源流考 124/186
傳聲像聲器圖說 124/187
論聲 124/188
論光 124/190
論光學植物 124/191
計漸離透光三種鏡 124/192
電學考 124/195
電氣說 124/196
論電氣 124/196
論正負電能化分水氣 124/197

論木炭 124/198
論炭氣炭質體用各別 124/200
化學當學論 124/201
論化學 124/202
重力行車說 124/203
汽車源流考 124/205
氣球體用說 124/207
汽學通於醫學說 124/209
述西學原始 125/357
論西學 125/359
論西學為當務之患 125/360
論中國振興西學宜實事求是以開風氣 125/361
格物入門敍 李肅毅 126/041
西學書目表序例 梁啟超 126/059
西學提要農學總敘 梁啟超 126/064
西書 陳次亮 126/148
西法 陳次亮 126/150
華人宜通西文說 華伯衡 126/153
天文 陳次亮 126/487
電學 陳次亮 126/488
天氣利用 譯西報 126/501
格致 陳次亮 126/503
格致源流說 江建霞 126/505
變學論 江建霞 126/508
釋日月食 徐永銓 126/516
釋潮 徐永銓 126/517
釋電氣攝力 潘行讓 126/519
氣學淺說 戴儒珍 126/520
釋熱 長庚 126/522
以方出圓解 葉爾昌 126/524
光氣考 葉爾昌 126/524
致知格物論 周振祥 127/475
氣球形製用法考 129/220
遣使出洋廣譯西書條議 130/419
東亞益智譯書敘例 130/421
論西學與西教無關 劉楨麟 130/434
火有光熱說 130/455
論格致學所練之記心勝於文字學所練者 130/456
格致會通說 130/459
電學始末考 130/461
奏譯書局編纂各書請候欽定頒發並請嚴禁悖書疏 孫家鼎 135/031
氣球考 格致益聞 142/342
氣球高度 譯美國學問報 142/347
天演學派考 馬君武 143/031
天演論自序 嚴復 143/040
泰西學術史一 任公 143/237
泰西學術史二 任公 143/246
考成後編法與現行西法陳密考 孫祝耆 143/455
彗星論 格致益聞 143/458
行星新理 恒齋 143/460
日輪新理 恒齋 143/461
隕石考一 格致益聞 143/465
星光熱力 格致益聞 143/467
飛星隨錄三則 恒齋 143/467
小行星考 格致益聞 143/469
慧根數理 孫祝耆 143/479
我月現狀述聞 恒齋 143/481
隕石考二 事物叢考 143/483
水考 譯法文 143/513
水鑑 格致益聞 143/517

一、學術 格致

論空氣壓成流質 譯法文 143/523
論輕氣壓成流質 譯美文 143/525
測驗大冷法 譯法文 143/526
原冷 格致益聞 143/528
流質轟爆性 譯美文 143/533
鹽考 格致益聞 143/534
食物論 譯美文 143/538
飲食抉微 事物叢考 143/547
論蛋白質 事物叢考 143/550
不老說 譯美文 143/551
焰發光輝之原因 高松豐吉 143/552
燃燈新法一 譯倫敦格致報 143/555
燃燈新法二 譯倫敦頗路麼路報 143/557
水月電燈辨 格致益聞 143/558
論阿西台里尼氣 譯西報 143/559
日熱在紅光内曬物變色之力郤在青運光内解 張東烈 143/560
熱能變定質為流質變流質為氣質論 張東烈 143/560
回聲回光同理說 張東鎮 143/565
電學新理 張東烈 143/567
物質論 酒井佐保 143/573
原力 酒井佐保 143/582
熱論 福澤諭吉 143/592
物性叢談 格致益聞 143/596
論物不能自為動靜 格致益聞 143/599
化學原質大同表 商務報 143/602
金屬在空氣中熱時之變化 高松豐吉 143/613
可燃體在空氣中熱時之變化 高松豐吉 143/617
化合及分析 高松豐吉 143/619
酸素之發現 高松豐吉 143/624
水素之發現 高松豐吉 143/629
水之組成 高松豐吉 143/635
氣體之容積與溫度及壓力之關係 高松豐吉 144/001
水素與酸素之化合物 高松豐吉 144/002
淡素之發現 高松豐吉 144/007
空氣之組成 高松豐吉 144/008
淡素與水素及酸素之化合物(即硝酸) 高松豐吉 144/014
酸類鹽基類鹽類之別 高松豐吉 144/017
淡素與酸素之化合物 高松豐吉 144/019
淡素與水素之化合物 高松豐吉 144/023
綠氣之發現 高松豐吉 144/027
綠氣與水素之化合物 高松豐吉 144/030
綠氣與酸素之化合物 高松豐吉 144/033
綠氣與水素及酸素之化合物 高松豐吉 144/034
炭素之發現 高松豐吉 144/037
炭素與酸素之化合物 高松豐吉 144/042
炭素與水素之化合物 高松豐吉 144/048
炭素與淡素之化合物 高松豐吉 144/052
硫黃之變化 高松豐吉 144/053

硫黃與酸素之化合物 高松豐吉 144/055
硫黃與水素及酸素之化合物 高松豐吉 144/057
生物界說 志賀重昂 144/063
萬物不能自然生化說 格致益聞 144/064
動物化分說 格致益聞 144/067
動物分類表 格致益聞 144/068
人猴不能互變說 格致益聞 144/070
動物乳哺類論略 譯美文 144/073
物類生尅論 格致益聞 144/076
冬蟄說 譯美文 144/077
寄生物考 格致益聞 144/080
動物冷熱論 格致益聞 144/082
論物之類數 格致益聞 144/084
動物遲速率 譯法文 144/086
植物論略 新譯本 144/087
常植物論 張東鎮 144/091
研究烟草之性質 本田幸介 144/103
漆質由五成分合成說 本田幸介 144/109
氣候學問答 新譯本 144/117
氣候論 志賀重昂 144/126
風向抉微 格致益聞 144/128
空氣論 福澤諭吉 144/130
雲雨論 福澤諭吉 144/134
風論 福澤諭吉 144/136
露霜雹雪論 福澤諭吉 144/138
二曜冰暈說 小幡篤次郎 144/140
天演學派原於地質學說 因是先生 144/142
歐洲蘇彝士河與美洲拿馬地質不同說 因是先生 144/144
地質分類詳述 新譯本 144/147
煤礦原始 格致益聞 144/158
火山說 格致益聞 144/161
地震論 小幡篤次郎 144/162
沙漠考 格致益聞 144/183
地質學叢談二則 格致益聞 144/185
染色法理 淺巴司 144/596
琿春客談 李大衡 145/193
與客論日本地震海嘯事 王韜 145/215
論地球各處氣候之異 范思禹 145/217
論地球寒熱各帶 江標 145/219
論歐亞兩洲之熱度 朱德寶 145/220
中西藏書考 王韜 145/553
論新法過奇難施實用 王韜 145/553
宜倣西法以裨時事論 何鏞 145/554
論天下學問無窮 何鏞 145/558
西學疇人說 何鏞 145/560
宜亟振興西學議 何鏞 145/560
中國宜自設西字日報論 張午橋 145/561
論以西學培植人材為急務 張午橋 145/562
西學宜名為新學說 * 蔡培 145/563
論西人借日食以精測驗 儲桂山 145/571
流星說 儲桂山 145/572

一、學術 格致

一、學術 格致

木星添月新說 葉瀾 145/575
月掩金星解 何啟宗 145/575
丙申年元旦合朔解 葉瀾 145/576
欽天監用西儒治厤緣始考 王芝宇 145/577
月蝕解 曹仰欽 145/578
金星與月同度解 曹仰欽 145/579
論日食毋庸人力救護 姜玉樹 145/581
天圓地方說 葉友聲 145/583
電氣熸礮台論 姜玉書 146/003
雨驗說 張嘉祿 146/004
格致天文言雨說 方思永 146/004
物理論 顧昶 146/005
物理續編 汪晉 146/007
氣球說 汪晉 146/009
論地震 闕名 146/010
論寒暑表有功於格致之學 儲桂山 146/011
續電學考序 黃震 146/015
續電學考一 黃震 146/015
續電學考二 黃震 146/016
西學即聖門格致之學辨 黃震 146/018
推究天時 方思永 146/020
論電之用甚廣 夏同龢 146/022
論食橄欖之有益 黃釗 146/024
論當道宜擴充格致書院以興西學 汪晉 146/026
新設電燈說 蔡元章 146/031
論學習格致當以算學為本 黃釗 146/032
上海廣學會記 黃紹第 146/039
欽天監用西儒治歷緣始 闕名 149/049
氣球考 闕名 151/184
漢西域圖考凡例 李光廷 154/087
條支 李光廷 154/093
天竺 李光廷 154/103
地球圖跋 王韜 154/185
法國圖說序 王韜 154/186
瀛環志略跋 王韜 154/188
南極新地辨上 金希甫 154/190
南極新地辨下 金希甫 154/193
論滇屬金沙江形勢 姚子良 154/198
地震說 闕名 154/200
精究地學說 闕名 154/213
別國名歸一表 傅雲龍 154/216
江督諮詢呈請測繪沿海地圖人員品行學術札 劉坤一 154/231
地震別解 闕名 154/237
江蘇學政擬輯皇朝輿地通紀例言 瞿鴻機 154/240
論中國地勢 葉瀚 154/302
北極圖說 闕名 154/309
格致 (英)艾約瑟譯 157/339
論寒暑表有功於格物之學 闕名 157/359
電學考 闕名 157/364
格致宜創新機器說 (英)李提摩太 157/369
格致古微敘 林頤山 157/371
格致古微略例 王仁俊 157/373
格致古微跋 胡玉縉 157/375
格致古微 王仁俊 157/377

格物窮理說 葉耀元 157/383
格致源流說
(美)林樂知著，任廷旭譯 157/389
述瑞人挪勃而散財以興格致
(美)闕名 157/399
天演論序一 吳汝綸 157/403
天演論序二 嚴復 157/405
烏託邦
(英)赫胥黎著，嚴復譯 157/415
化學當學論 張豐年 157/471
奏譯書局編纂各書請候欽定頒發並
請嚴禁悖書疏 孫家鼐 157/479
廣譯 張之洞 157/488
日本書自志序 康□□ 157/491
讀西學書法 梁□□ 157/514
東西學書錄例言 徐□□ 158/039
論譯書事例 闕名 158/042
金星與月同度解 闕名 158/364
大同譯書局敘例 闕名 158/427
日食考 闕名 158/497
火說 謝洪賚 158/514
斯賓塞爾原善惡 饒孟任 168/581

一、學術 醫學

罪庸醫議 彭崧毓 060/399
醫說贈趙禮南 朱琦 060/401
玉楸藥解後序 陸繼輅 060/405
條陳大府通行牛痘章程
金東 060/409
中西醫理孰長論 許克勤 082/072
泰西醫術何昉視中東醫理優劣論
李經邦 082/074
泰西醫學源流 許克勤 082/077
醫道 鄭觀應 082/080
養生論 (美)闕名 086/463
論腦 (美)曼地臣 086/474
論腦質 086/477
衛生新法 (美)闕名 086/480
微蟲醫學新法考 (美)闕名 086/481
養生論 (美)闕名 093/312
論腦 (美)曼地臣 093/340
論腦質 (美)闕名 093/347
衛生新法 (美)闕名 093/353
微蟲醫學新法考 (美)闕名 093/356
醫道論 鄭觀應 094/257
衛生說上 094/259
衛生說下 094/260
論養生 094/262
論腦質 094/263
論招考官醫其法甚善宜充類行之
094/265
論上海創辦醫學會 094/267
論中國軍營宜備用西醫 094/268
罪庸醫議 彭松毓 094/270
中西醫理孰長論 許克勤 094/270
條陳大府通行牛痘章程
金東 094/272
玉楸藥解後序 陸繼輅 094/275
醫說贈趙禮南 朱琦 094/276
上蘇松太道蔡公書
李福謙 094/276
泰西醫術何昉視中東醫理優劣論
李經邦 102/200
泰西醫學源流 許克勤 102/206
說醫 (英)李提摩太 106/425
振興醫學議 闕名 106/426

一、學術 醫學

論病論藥說 陳熾 106/428
時證論治 闕名 106/430
暑濕粗辨 闕名 106/432
血去无咎說 陳熾 106/434
原濕 闕名 106/436
勸各鄉鎮施種牛痘說 闕名 106/437
楊瘋毒瘡說 闕名 106/439
用痧藥宜先辨痧證說 闕名 106/441
西醫 陳熾 106/443
談醫 114/451
論醫 114/452
西醫 114/454
醫通儒術論 114/455
古之醫學失傳論 114/456
中西醫學淺說 114/458
書中西醫學淺說後 114/459
中西醫學源流先後考 114/460
中西醫學溯源論 114/462
中西醫學異同考 114/463
論中西醫學之不同 114/464
論中西治疾之法不同 114/465
中西醫理優劣論 114/467
書中西醫學論後 114/470
書中西醫學並重論後 114/471
醫學亟宜講求說 114/472
論醫術時弊 114/473
醫學救獘瑣言 114/474
考醫說 114/476
議遍考醫家以救生命論 114/477
論藥性 114/478
再論藥性 114/479
論西國醫學 114/480
論設局繙譯西國醫書以便服用西國醫藥事 114/481
書設局繙譯西國醫書以便服用西國醫藥事後 114/482
血證無死法論 114/484
原風 114/485
肺癰肺痿治法各異論 114/486
時症論 114/488
論時疹 114/488
瘰螺痧論 114/490
續瘰螺痧論 114/491
霍亂論 114/492
論治霍亂 114/493
霍亂吐瀉陰陽寒暑辯 114/494
重辨霍亂寔有寒熱之分 114/495
針灸論 114/496
全體略論 114/497
說腦 114/498
論腦質 114/499
人身藏府支體相應說 114/500
論胃與四肢有相助之益 114/502
論消化食物 114/502
衛生說 114/502
續衛生說 114/504
論養生 114/505
論養生 114/506
論中西養身之法不同 114/507
中國設立醫學堂議 114/508
中國宜設立官醫院 114/510
微蟲醫學新法考 114/511
論腦 (美)晏地臣 114/512
衛生新法 (美)闕名 114/515

養生論 (美)闕名 114/517
微蟲醫學新法考 116/493
條陳大府通行牛痘章程
金東 119/333
人身血質考 124/210
論腦質 124/211
行醫臨證不可輕忽論 124/213
切問篇 124/214
痧痘探原論 124/216
西醫 陳次亮 126/500
中西醫學平議 張德漢 130/442
衛生學自敘 丁福保 143/384
活人秘寶書後 繆祖禹 146/337
中西醫學源流先後考
王省臣 146/337
冬燥防疫說 馬培之 146/339
夾陰傷寒症治詳述
范思枚 146/341
胡彭悅先生釋夾陰病
金喜如 146/343
北洋創設醫學堂說
顧樂山 146/344
痘花醫治說 顧樂山 146/345
論治霍亂當握其要
程炳榮 146/345
醫學非易考 程炳榮 146/347
說腦 程炳榮 146/348
延壽說 周嘉樸 146/350
論腸熱症 儲桂山 146/350
牛痘說 汪良弼 146/351
醫通儒術論 范思楨 146/352
勸助行營醫院費說
顧大紳 146/354
勸各鄉鎮施種牛痘說
馬培之 146/356
驅疫說 費訪壺 146/358
論養生 巢崇山 146/360
論中西治疫之不同
儲慕賢 146/362
保身篇 吳繩祖 146/364
瘰螺痧論 姚光甫 146/366
述客言中國宜廣設醫院
黃文欽 146/368
論西藥將盛行於中國 *
尹汝嘉 146/370
論金陵擬設西醫院事
曹仰欽 146/372
防疫設 汪伯韓 146/374
治病不可誤信俗說論
儲慕賢 146/376
擬建收養痴癲病房說
儲慕賢 146/378
中國設立醫學堂議
吳俊意 146/380
衛生
(英)史本守著，顏永京譯 157/289
創建東華醫院序 王韜 158/319
創建中華民國醫學之倡議
袁焯 167/315
民國醫術教育問題
章通駿 167/320

一、學術 算學

弧三角舉要序
梅定九(文鼎) 003/199
中西算法異同論

一、學術 算學

一、學術 算學

陳對初(萬策) 003/202
新譯幾何原本序 張文虎 046/171
象數一原序一 項名達 046/172
象數一原序二 項名達 046/174
對數簡法跋 項名達 046/175
對數簡法識 戴煦 046/176
續對數簡法 戴煦 046/177
論對數根 戴煦 046/188
論用數 戴煦 046/192
論借數 戴煦 046/193
割圜連比例術圖解序 董祐誠 046/217
割圜連比例後序 董祐誠 046/218
少廣縋鑿 夏鸞翔 046/218
截球解義 徐有壬 046/233
四元解序 顧觀光 046/241
對數探原序 顧觀光 046/243
數學跋 顧觀光 046/244
五星歲輪與伏見輪之不同 顧觀光 046/249
幾何原本六和六較綫解 顧觀光 046/251
圓錐三曲綫記 顧觀光 046/254
流質重學記 顧觀光 046/272
天重學記 顧觀光 046/277
代微積拾級序 李善蘭 046/285
代微積拾級序 偉烈亞力 046/287
談天序 李善蘭 046/288
談天序 偉烈亞力 046/289
割圜八綫綴術序 左潛 046/291
綴術釋戴序 左潛 046/292
綴術釋明序 曾紀鴻 046/293
圜率考真圖解跋 曾紀鴻 046/299
對數序 劉彝程 046/299
論對數根 劉彝程 046/300
代數術序 華蘅芳 046/307
論四元相消之理 湯金鑄 046/308
九減法及任用他數減試說 沈善蒸 046/311
論海洋深淺之理 沈善蒸 046/312
質點 韓應陛 046/313
極說 韓應陛 046/314
繙譯航海通書原本 金楷理 046/316
航海通書改率說 賈步緯 046/354
表算日食法 賈步緯 046/359
對數尺以量代算 賈步緯 046/375
中西歷學源流異同論 葉耀元 046/378
更定測北極出地簡法 胡惟德 046/383
近代疇人著述記 華世芳 046/388
繪地圖議 馮桂芬 047/434
繪地圖議 馮桂芬 061/093
算學掇華百篇 082/082
傅法橢圓地圖說 傅雲龍 082/110
地橢圓說 傅雲龍 082/110
地動說 傅雲龍 082/111
天空說 傅雲龍 082/112
七政高下說 傅雲龍 082/112
地圖經緯說 082/113
測學何所憑籍考 楊毓煇 082/113
周髀經與西洋平弧三角相近說 朱正元 082/119
潮汐應月說 胡永吉 082/120
潮汐論 陶師韓 082/121

西法測量繪圖即晉裴秀制圖六體解 朱正元 082/122
揚子雲難蓋天八事以通渾天說 許克勤 082/125
風性表說 楊毓煇 082/127
以月離測經度解 葉瀚 082/128
五星算術源流 黃炳垕 082/131
星道以日為心論 082/132
五星順逆遲留說 082/132
星學辨惑論 082/133
槍礮取準算法考 082/133
論書數 何樹齡 086/399
算學報四則 黃慶澄 086/405
學算筆談序 華蘅芳 086/406
總論算法之理 華蘅芳 086/407
識數之法 086/407
論加減乘除開方之用 086/409
論看題之法 華蘅芳 086/411
論馭題之法 華蘅芳 086/414
論觀書之法 華蘅芳 086/416
論學算之法 086/417
論比例之用 華蘅芳 086/420
上會典館測繪輿圖書 鄒代鈞 086/452
論書數 何樹齡 093/164
算學報 黃慶澄 093/178
學算筆談序 華蘅芳 093/181
總論算法之理 華蘅芳 093/182
識數之法 華蘅芳 093/183
論加減乘除開方之用 華蘅芳 093/186
論看題之法 華蘅芳 093/191
論馭題之法 華蘅芳 093/199
論觀書之法 華蘅芳 093/202
論學算之法 華蘅芳 093/205
論比例之用 華蘅芳 093/213
上會典館測繪輿圖書 鄒代鈞 093/287
天空說 傅雲龍 094/165
楊子雲難蓋天八事以通渾天說 許克勤 094/165
地圖經緯說 傅雲龍 094/169
地動說 094/169
傅法橢圓地圖說 傅雲龍 094/171
橢圓地圖說 傅雲龍 094/171
地為行星說 許樹枌 094/173
七政高下說 傅雲龍 094/173
潮汐應月說 胡永吉 094/174
潮汐論 陶師韓 094/174
以月離測經度解 葉瀚 094/176
五星算術源流 黃炳垕 094/180
五星順逆遲留說 094/180
星道以日為心論 094/181
星學辨惑論 094/182
風性表說 楊毓煇 094/182
習西學當自代數始說 吳鼎元 094/184
河洛先後天表裏循環圖說 094/185
測學何所憑籍考 楊毓煇 094/186
周髀經與西法平弧三角相近說 朱正元 094/191
西法測量繪圖即晉裴秀制圖六體解 朱正元 094/192
繪地圖議 094/197
籌辦海圖稟 朱正元 094/198
論義學訓童官講習圖算之學

一、學術 算學

一、學術　算學

潘飛聲 094/202
論中國宜兼設測繪科 094/203
書振興算學後 094/207
測算精學 094/208
學算筆談序 094/217
總論算法之理 華蘅芳 094/218
識數之法 華蘅芳 094/218
論加減乘除開方之用 華蘅芳 094/220
論看題之法 華蘅芳 094/222
論馭題之法 華蘅芳 094/225
論觀書之法 華蘅芳 094/227
論學算之法 華蘅芳 094/229
論比例之用 華蘅芳 094/232
上會典館測繪輿圖書 鄒代鈞 094/233
算學報 黃慶澄 107/458
繪地圖議 馬桂芬 108/058
馬力解 114/244
振興算學論 114/257
推廣算學議 114/258
學算筆談序 華蘅芳 114/259
總論算法之理 華蘅芳 114/260
識數之法 114/260
論加減乘除開方之用 華蘅芳 114/261
論看題之法 華蘅芳 114/263
論馭題之法 華蘅芳 114/266
論學算之法 華蘅芳 114/268
論比例之用 華蘅芳 114/271
新譯幾何原本序 張文虎 114/271
象數一原序一 項名達 114/272
象數一原序二 項名達 114/273
對數簡法跋 項名達 114/273
對數簡法識 戴煦 114/274
續對數簡法 戴煦 114/274
論對數根 114/280
論用數 114/282
論借數 114/283
論借用本數 114/291
論借用率數 114/292
求備減表 114/292
割圜連比例術圖解序 董祐誠 114/299
割圜連比例後序 董祐誠 114/300
少廣縋鑿 夏鸞翔 114/300
開平方捷術一 114/300
開平方捷術二 114/300
開諸乘方捷術一 114/301
開諸乘方捷術二 114/301
開諸乘方捷術三 114/302
開諸乘方捷術四 114/302
天元開諸乘方捷術一 114/302
天元開諸乘方捷術二 114/303
天元開諸乘方捷術三 114/303
天元開諸乘方捷術四 114/304
天元開諸乘方捷術五 114/304
天元開諸乘方捷術六 114/305
天元開諸乘方捷術七 114/306
天元開諸乘方捷術八 114/307
截球解義 徐有壬 114/308
球徑求積術 114/310
球徑求球殼積術 114/310
截球餘弦求截球積術 114/310
截球矢求截球上蓋積 114/311
附錄橢圜求周術 114/311

四元解序　顧觀光　114/312
對數探原序　顧觀光　114/312
數學跋　顧觀光　114/313
五星歲輪與伏見輪之不同　顧觀光　114/314
幾何原本六和六較綫解　顧觀光　114/315
圜錐三曲綫記　顧觀光　114/317
流質重學記　顧觀光　114/326
天重學記　顧觀光　114/328
代微積拾級序　李善蘭　114/333
代微積拾級序　偉烈亞力　114/333
談天序　李善蘭　114/334
談天序　偉烈亞力　114/335
割圜八綫綴術序　左潛　114/336
綴術釋戴序　曾紀鴻　114/336
綴術釋明序　曾紀鴻　114/337
圜率考真圖解跋　曾紀鴻　114/338
對數序　劉彝程　114/338
論對數根　劉彝程　114/338
代數術序　華蘅芳　114/342
論四元相消之理　湯金鑄　114/343
九減法及任用他數減試說　沈善蒸　114/344
論海洋深淺之理　沈善蒸　114/345
質點　韓應陛　114/345
極說　韓應陛　114/346
繙譯航海通書原本　金楷理　114/347
航海通書改率說　114/367
表算日食法　114/369
對數尺以量代算　114/378
中西歷學源流異同論　114/380
更定測北極出地簡法　114/382
近代疇人著述記　114/386
上會典館測繪輿圖書　114/392
潮汐應月說　114/417
楊子雲難蓋天八事以通渾天說　許克勤　116/197
七政高下說　傅雲龍　116/201
新譯幾何原本序　張文虎　116/213
象數一原序一　項名達　116/213
象數一原序二　項名達　116/215
對數簡法跋　項名達　116/216
對數簡法識　戴煦　116/216
續對數簡法　戴煦　116/217
論對數根　116/224
論用數　戴煦　116/227
論借數　戴煦　116/229
圜率考真圖解跋　曾紀鴻　116/244
對數序　劉彝程　116/244
論對數根　劉彝程　116/245
代數術序　華蘅芳　116/249
論四元相消之理　湯金鑄　116/250
九減法及任用他數減試說　沈善蒸　116/252
論海洋深淺之理　沈善蒸　116/253
質點　韓應陛　116/254
極說　韓應陛　116/254
繙譯航海通書原本　金楷理　116/256
航海通書改率說　賈步緯　116/287
表算日食法　賈步緯　116/290
對數尺以量代算　賈步緯　116/302
中西歷學源流異同論　葉耀元　116/303

一、學術 算學

更定測北極出地簡法 胡惟德 116/307
近代疇人著述記 華世芳 116/311
割圜連比例術圖解序 董佑誠 116/318
割圜連比例後序 董佑誠 116/319
少廣縋鑿 夏鸞翔 116/319
截球解義 徐有壬 116/330
四元解序 顧觀光 116/337
對數探原序 顧觀光 116/337
數學跋 顧觀光 116/338
五星歲輪與伏見輪之不同 顧觀光 116/340
幾何原本六和六較綫解 顧觀光 116/341
圓錐三曲綫記 顧觀光 116/343
割圜八綫綴術序 左潛 116/346
綴術釋戴序 左潛 116/347
綴術釋明序 曾紀鴻 116/347
周髀經與西法平弧三角相近說 朱正元 116/349
槍礮取準算法考 殷之輅 116/350
總論算法之理 華蘅芳 116/355
識數之法 華蘅芳 116/356
論加減乘除開方之用 華蘅芳 116/357
論看題之法 華蘅芳 116/360
論馭題之法 華蘅芳 116/364
論觀書之法 華蘅芳 116/366
論學算之法 華蘅芳 116/368
論比例之用 華蘅芳 116/372
上會典館測繪輿圖書 鄒代鈞 116/372
論書數 何樹齡 116/380
算學報 黃慶澄 116/382
測學何所憑籍考 楊毓煇 116/402
以月離測經度解 葉瀚 116/421
五星算術源流 黃炳垕 116/426
星道以日為心論 116/427
五星順逆遲留說 116/428
潮汐應月說 胡永吉 116/430
潮汐論 陶師韓 116/431
傅法橢圓地圖說 傅雲龍 116/432
地橢圓說 傅雲龍 116/433
地圖經緯說 傅雲龍 116/435
西法測量繪圖即晉裴秀制圖六體解 朱正元 116/436
天重學記 顧觀光 116/449
流質重學記 顧觀光 116/464
繪地圖議 馮桂芬 118/359
書皖撫王中丞奏請各省廣設算學專門學堂摺後 124/153
振興算學論 124/154
推廣算學議 124/155
算學宜講習說 124/156
中西算學源流考 124/157
跋中西算學源流考後 124/158
中西算學致用論 124/160
上會典館測繪輿圖書 鄒代鈞 124/163
論中國宜兼設測繪科 124/165
句股平三角解 詹貴楨 126/511
地圓解 莫有鏞 126/512
西法代數本於中法四元說 姚模 126/514
問開正負諸乘方孰為捷法

沈善蒸 126/527
驗乘除誤否舊傳九減試法其能試之理安在若不用九減任用他數減試視九減法孰為難易
沈善蒸 126/530
驗乘除誤否舊傳九減試法其能試之理安在若不用九減任用他數減試視九減法孰為難易
崔有洲 126/531
海鏡之通句即平三和通股即高三和通弦即皇極三和大差即明三和小差即惠三和黃方即太虛三和試為溯其原委 沈善蒸 126/532
海鏡之通句即平三和通股即高三和通弦即皇極三和大差即明三和小差即惠三和黃方即太虛三和試為溯其原委 鄭興森 126/533
弦和較冪為一率句股相乘倍之為二率弦冪內減句股較冪為三率求得四率開平方得弦和和以比例之理釋之 鄭興森 126/534
名山大澤不以封論
趙賢書 126/535
吳伐郯論 趙引修 126/536
代形合參序 潘慎文 143/387
合數術序 林紹清 143/388
幾何探要引言 新譯本 143/388
橢圓捷術 孫祝耆 143/396
弧矢算術補義 孫祝耆 143/414
圓率考異 楊冰 143/418
曲綫新說 蔣維鐘 143/422
直綫代抛綫之作法
孫祝耆 143/428
以兩曲綫表同積同句弦和之句股形
孫祝耆 143/430
堤積術辨 蔣維鐘 143/432
辨諸乘方綫面體循環之理
史國琛 143/443
微積互求表 正學堂 143/448
書李氏對數探源後 楊冰 143/449
算學答問 龔銘鳳 143/450
工部營造尺與英尺比較表
傅雲龍 144/569
西人以數理推求事物說
何鏞 146/028
繪輿圖奏稿節錄 *
甘肅撫 146/122
節錄陝甘省總督奏甘肅全省繪圖摺
徐敬熙 146/123
馬力解 趙亨 146/144
讀代數術記 崔朝慶 158/087
讀四元玉鑒記 崔朝慶 158/108
勾股邊角圖說 胡炳文 158/131
開方用表簡術 程之驥 158/175
盈朒演代 韓保徵 158/223
代數盈朒細章 張東烈 158/243
圓內任作一通弦分圓為大小二分任於一分內作相切諸圓則大小圓與圓之諸切點必均在半外弧通弦為半徑所作之圓界綫上試證其理
葉耀元 158/261
有礮彈最遠界十里求彈於空中每秒應行之速 葉耀元 158/265
設於上海見一流星測之在天頂西三十度同時有人於西四十度處測此流星在彼處天頂東三十度求流星

距地若干高 葉耀元 158/267
句自乘減股開平方加股加七又開平方加句又開平方以股平方根乘之與三句等若以句加股平方根得二十四求句股各幾何 龔銘鳳 158/269
直積加股倍之開平方仍與股等又股弦和開平方與句等求句股弦數 吳廷璜 158/270
今有直積四千三百二十句羃加股得二千三百九十四求句股各幾何 宋時保 158/271
輿圖測量說上 闕名 158/273
輿圖測量說中 闕名 158/276
輿圖測量說下 闕名 158/280
里差算法通例表 傅雲龍 158/283
中國美利加度量衡比較表 傅雲龍 158/285
中國巴西度量衡比較表 傅雲龍 158/289
中國日本度量衡比較表 傅雲龍 158/293
請增算學助教疏 國子監 158/300
西人以數理推求事物說 闕名 158/302
馬力解 闕名 158/305
若水齋古今算學書錄序 劉鐸 158/308
算學書目提要例言 丁福保 158/309

一、學術 雜著

飽夢說 盧子弓(錫晉) 001/493
鼻息說 馮景 004/351
遠慮論 薛福成 082/040
各國種類考 闕名 086/499
論實學 何樹齡 086/500
續譯列國歲計政要敘 闕名 086/508
春秋存中國說序 徐勤 086/512
說任篇上 黎祖健 086/514
說任篇下 黎祖健 086/516
復陜西劉古愚山長書 086/519
報章文體說 譚嗣同 086/521
南海先生四上書記序 龍澤厚 086/524
南海先生四上書記後序 麥孟華 086/525
吳鐵樵傳 譚嗣同 086/526
保種新理 葉瀚 086/530
各國種類考 闕名 093/389
論實學 何樹齡 093/392
續譯列國歲計政要敘 梁啟超 093/410
春秋存中國說序 徐勤 093/420
說任篇上 黎祖健 093/423
說任篇下 黎祖健 093/427
覆陜西劉古愚山長書 梁啟超 093/434
報章文體說 譚嗣同 093/440
南海先生四上書記序 龍澤厚 093/446
南海先生四上書記後序 麥孟華 093/449
吳鐵樵傳 譚嗣同 093/451
保種新理 葉瀚 093/459

遠慮篇		098/082
論實學	何樹齡	107/068
張維說		115/340
恃強無益論		115/344
中國宜勿受欺於人說		115/345
書中華將來必能廓大後		115/348
中外風氣大開說		115/349
中國亟宜廣開風氣論		115/350
論中國目前要務		115/351
論中西之學宜並取兼收		115/353
西法長短說		115/362
借西俗以袪中弊說		115/366
西法西器已有成効說		115/369
中國人才易於通變說		115/371
論好古之弊		115/374
利弊說		115/379
防漸篇		115/380
遠慮篇		115/384
綜覈名實說		115/385
萬全策		115/386
人當以務本為先		115/387
論強弱相因之道		115/390
亡國有先後論		115/395
守法論		115/397
二毒說		115/399
自主論		115/400
論民權		115/405
人不可以無權說		115/406
四民論		115/407
廣四民論		115/408
民鬱不宜論		115/409
紓國難恤民隱論		115/410
論恩威並用之難		115/411
論中國宜正人心		115/414
論制度宜集衆長		115/416
歐西借著		115/420
論自強不強事		115/421
讀湘報		115/422
書派員就學近聞後		115/424
論子弟出洋肄業事		115/427
中國續招考選西學肄業生章程隨時變通論		115/428
推廣游歷章程議		115/430
論游歷之益		115/431
論西人之機智		115/432
說利		115/436
中外貧富異同論		115/438
中西貧富互勘論		115/439
中國急宜收回利權說		115/440
論致富		115/442
置貨可以頓致巨富論		115/445
人物地名互相借用不始於西國說		115/447
論外洋進獻方物事		115/449
論皇帝之號		115/450
皇帝不可微行論		115/451
辨論人主不可微行事		115/453
天理人情論		115/455
情理說		115/456
性情論		115/457
記心悟性辨		115/458
是非說		115/460
守絀篇		115/461
黜奢崇儉說		115/462
說儉		115/463
說勤		115/464

一、學術 雜著

砥行說 115/466
砥廉說 115/468
寡營說 115/469
修省篇 115/470
公利說 115/471
義利辨 115/473
說諂 115/474
驕諂同源說 115/475
論齊家之道不徒以能忍為貴 115/476
勸孝說 115/478
異端有關風化說 115/479
說運 115/479
闢巫說 115/481
辨惑篇 115/482
闢風水說 115/483
惜食惜衣論 115/484
節口腹以惜物命論 115/485
天誕地誕說 115/486
天幹十字通用考 115/487
論纏足 115/488
譜牒論 115/490
中國寶星考 115/491
金剛鑽石考 115/493
義利辨 116/059
為伍星使期効說 愛餘生 127/425
論篤粟始末弊端 梁啟超 127/429
和糴 陳次亮 127/436
游歷 陳次亮 127/437
虞衡 陳次亮 127/439
編審 陳次亮 127/442
善堂 陳次亮 127/443
旅人 陳次亮 127/445
漁團 陳次亮 127/446
自立 陳次亮 127/448
聖道 陳次亮 127/451
邱菽園內翰上粵督陶方帥書 130/469
袁爽入公卿致兩湖書院監督梁節菴太史書 130/474
夏大令紹範稟稿 130/475
上洋某太守與某先生論保險書 130/477
問俾思麥可方中國何人試以古事比附之 胡志伊 130/478
駁龔自珍論私上 黎祖健 130/479
駁龔自珍論私下 黎祖健 130/481
鄂撫端方勸漢人婦女勿再纏足說 130/483
論上海巡捕包探之利弊 130/484
論報館最有易於學子 陳衍 130/486
勸戒上海國會學及出洋學生文 130/491
種類說 130/504
黃種無害于白種論 130/505
黑奴籲天錄序 130/507
黑奴籲天錄書後 130/508
婦女壽長於男子說 130/509
照相之法可以施於政事論 130/511
黑龍江將軍壽山遺摺 130/513
國朝先正事略序 曾國藩 158/311
求闕齋記 曾國藩 158/313
吳文熊先生傳 闕名 158/317
送黎侍郎回越南前序 王韜 158/322

送黎侍郎回越南後序 王韜 158/323
續選八家文序 王韜 158/327
跋日本岡鹿門文集後 王韜 158/330
跋岡鹿門送西吉甫游俄文後 王韜 158/333
書衆醉獨醒翁稿後 王韜 158/335
跋歐洲游客書後 王韜 158/338
記香港總督燕制軍東游 王韜 158/345
送政務司丹拿返國序 王韜 158/346
送西儒理雅各回國序 王韜 158/348
游覽 (英)艾約瑟譯 158/350
書臺嶠紳民電稟後 闕名 158/355
紀紅十字會緣始 闕名 158/366
書人地金産諸圖後 (英)李提摩太 158/367
適可齋記言記行序 新會梁 158/369
虛費 闕名 158/375
書四裔編年表後 姚大榮 158/376
謙公誠說 (美)林樂知 158/383
擬設尚賢堂章程序 (美)李佳白 158/416
先務齋叢書序 羅傳瑞 158/420
求是報敍例 闕名 158/425
勸釋纏足說 趙增澤 158/441
與時務報館勸中國女子不宜纏足書 (英)栗得爾 158/445
丹國許美門女伯小傳 王文思譯 158/456
屠侍御辨闢韓書 屠仁守 158/458
無極太極論 亞泉 158/508

二、治體 通論

上合肥伯相書 郭嵩燾 052/241
戴天偶述 龔鞏祚 055/399
請憂勤節儉疏 謝維藩 056/225
時勢可慮請停園工疏 李宗羲 056/233
請力除四弊疏 寶廷 056/239
答沈舜卿先生書 吳廷楝 056/247
論中國積弱由於防弊 081/199
國朝六大可惜論 韓文舉 082/041
論今日中國當以知懼知恥為本 汪康年 082/180
論中國積弱由於防弊 梁啟超 082/300
新議論略照會 (英)阿欽使 082/302
新議論略說帖 威妥瑪 082/302
續新議論略 082/304
振興中國論 殷之輅 082/308
上孫大臣書 熊亦奇 082/309
貴私貴虛論 瑤林館主 082/310
廣論巵言 082/311
上今上皇帝第一書 闕名 084/007
上今上皇帝第三書 084/012
上今上皇帝第四書 084/027
原強 嚴復 084/054
自強大計摺 盛宣懷 084/071
議覆盛京卿條陳摺 總理衙門 084/076
乙丙之際箸議第七

二、治體 通論

龔自珍 084/079
乙丙之際箸議第九 龔自珍 084/079
中國除害議 徐勤 084/095
新政策自敘 (英)李提摩太 084/100
論中國積弱由於防弊 闕名 084/103
論今日中國當以知懼知恥為本 汪康年 084/108
與八旗諸君子陳說時局大勢啟 壽富 084/115
中國論 (法)薄柳 084/119
支那辨亡論 闕名 084/124
救亡決論 闕名 084/126
國朝六大可惜論 韓文舉 084/133
論中國之衰由於士氣不振 康同薇 084/136
論中國守舊黨不如日本 劉楨麟 084/141
論中國之將強 闕名 084/147
中國盛衰關于地球全局 徐勤 084/154
上今上皇帝第一書 康有爲 087/013
上今上皇帝第三書 康有爲 087/025
上今上皇帝第四書 康有爲 087/060
原強 嚴復 087/124
自強大計摺 盛宣懷 087/157
議覆盛京卿條陳摺 總理衙門 087/168
乙丙之際箸議第七
龔自珍 087/175
乙丙之際箸議第九 龔自珍 087/175
中國除害議一 徐勤 087/212
新政策自敘 (英)李提摩太 087/224
新政策 (英)李提摩太 087/226
思緯　臺短書 譚嗣同 087/241
報貝元徵書 譚嗣同 087/242
論中國積弱由於防弊 梁啟超 087/313
論今日中國當以知懼知恥為本 汪康年 087/326
與八旗諸君子陳說時局大勢啟 壽富 087/340
中國論 (法)薄柳 087/348
支那辨亡論 闕名 087/360
救亡決論 闕名 087/365
國朝六大可惜論 韓文舉 087/382
論中國之衰由於士氣不振 康同薇 087/387
論中國守舊黨不如日本 劉楨麟 087/400
論中國之將強 梁啟超 087/412
中國盛衰關于地球全局 徐勤 087/428
請力除四弊疏 094/374
原強 嚴復 094/468
弼教以明倫為亟論 094/487
中國宜亟開民智論 094/488
中國教養 094/491
轉移積患說 094/492
中國教化未嘗愚民辨 094/495
愚民辨 094/496

自強大計摺 盛宣懷 095/157
總署議覆榮侍郎楊御史請設商務大臣及派宗支游歷摺 095/162
振興中國論 殷之輅 095/167
拓規模以期美備論 095/168
權利論 陳玉樹 095/169
心平論 金安清 095/171
招徠論 095/173
貴私貴虛論 095/174
新政策 (英)李提摩太 095/180
興亞策 何文炬 095/187
保種策 陶崇信 095/189
實一篇 095/189
尚質篇 095/190
深慮篇 宗稷辰 095/193
中國除害議一 徐勤 095/194
中國除害議二 徐勤 095/197
中國除害議三 徐勤 095/201
中國除害議四 徐勤 095/205
善馭夷議 095/207
中西政學通義自序 黃傳祁 095/209
中西政學通義後序 黃傳祁 095/210
論近代政教之原廣說 黃傳祁 095/211
天下大勢說 陶崇信 095/215
振興內政當先澄敘官方說 吳鼎元 095/216
貧富由於勤惰說 095/218
剛柔說 095/219
虛實說 095/220
忍辱說 095/223
忍小忿勿忘大耻說上 095/224
忍小忿勿忘大耻說下 095/225
借觀自愧說 095/226
雪恥芻言 施景琛 095/227
杞人之言 095/229
三吳士大夫憂危 095/230
論中國積弱由於防弊 095/231
論中國有轉移之機 095/235
論華民宜速籌自相保護之法 汪康年 095/236
中國自古重工商論 陳玉樹 095/240
危論 孫福保 095/245
敝論 095/247
論宜自強以馭外 095/248
論朝鮮宜若何保護 095/251
上張香濤宮保書 陳玉樹 095/261
上孫大臣書 熊亦奇 095/266
自強大計摺 盛宣懷 103/056
議覆盛京卿條陳摺 總理衙門 103/062
新政策 (英)李提摩太 103/067
與八旗諸君子陳說時局大勢啟 壽富 103/079
論中國之衰由於士氣不振 闕名 103/082
中國盛衰關於地球全局 徐勤 103/085
中國盛衰關於地球全局 徐勤 107/485
上合肥伯相書 郭嵩燾 115/041
報貝君書 115/045
圖存四策疏 陶模 115/071

二、治體 通論

二、治體 通論

上張香帥書 115/085
上當道書 115/088
劉斐如部郎代某上張香帥書 115/093
上兩江督憲張香帥書 115/095
上某當道書 115/104
謹擬時勢條陳摺 115/108
浙江舉人陳虬等呈請總署代奏摺稿 115/113
上某制軍書 115/116
擬上當道書 115/117
昭錄容純甫觀察閎上總署王大臣條陳 115/119
論時務 115/137
中國除害議 115/151
論欲自強宜先變法 115/171
中國利弊宜變通治法為善後議 115/176
新政策自敘 (英)李提摩太 115/186
新政策 (英)李提摩太 115/187
論今日中國當以知懼知恥為本 汪康年 115/196
論中國之弊在不能務實 115/198
論中國之患在不能通力合作 115/200
救時四策 115/204
救時十二策 115/206
醫中國藥言 115/209
縱論時事 115/211
興亞策 115/237
振興中國三大綱論 闕名 115/242
原強 嚴復 115/245
自強大計摺 盛宣懷 115/257
議覆盛京卿條陳摺 總理衙門 115/261
論中國之將強 115/264
中國論 (法)薄柳 115/271
論中國守舊黨不如日本 劉楨麟 115/273
論自強以開民智為先 115/277
富強論考 115/287
上下節儉以求富強論 115/291
論中國積弱由於防弊 115/294
與八旗諸君子陳說時局大勢啟 壽富 115/297
救亡決論 闕名 115/302
國朝六大可惜論 韓文舉 115/304
國人不可使有黨論 115/318
論興亞會 115/319
論中華將來必能廓大 115/346
心力說 115/377
權論 115/403
論今日要務亟宜收拾民心 115/412
答沈舜卿先生書 吳廷棟 116/541
時勢可慮請停園工疏 李宗羲 116/553
請力除四弊疏 寶廷 116/555
求治 戴楫 116/557
戴天偶述 闕名 116/559
與八旗諸君子陳說時局大勢啟 壽富 122/427
新議論略照會 阿欽使 122/476
新議論略說帖 威妥嗎 122/477
續新議論略 122/480
興亞策 何文炬 124/092
保種策 陶崇新 124/094

招徠論 124/094
危論 孫福保 124/095
敝論 124/096
論寬嚴異用 124/097
論中國宜設立文部之關係 124/099
心戰說 124/100
深慮篇 宗稷辰 124/101
砭時論 124/138
時事策要 124/139
補偏救獘論 124/141
危言序 湯蟄仙 126/056
振興中國三大綱論 薛福成 126/110
原強 郭宗憲 126/119
論中國積弱由於防弊 梁啟超 127/293
新疆巡撫陶覆陳自強大計摺 128/097
御使陳奏陳治要摺 128/112
王御史鵬運請力行修省實政摺 128/114
贛撫李議覆新政事宜摺 128/115
粵督陶奏圖存四策摺 128/123
內閣侍讀學士惲毓鼎議覆新政摺稿 128/137
東撫袁覆奏條陳變法摺 128/140
戶部等奏覆整頓京倉摺 128/147
直督袁密奏英日合盟有關中國大局宜速定政策摺 128/151
兩廣督陶制軍批斥洪牧嘉與札稿 128/153
某君答陝甘總督陶制軍書 128/157
鹽城陳惕菴孝廉呈都察院請代奏書 128/160
論行新政宜求實際 128/165
忠告篇 王與齡 128/167
英日宜竭力保中說 128/168
黃仲蘇大令上江督劉制軍書 128/177
停試借材說 章鈞 128/179
說動 128/180
論中國拘迂之儒不足以言守舊 陳繼儼 128/183
說通 黎祖鍵 128/186
說通篇二 黎祖鍵 128/187
弱為六極之一說 黎祖鍵 128/188
粵督陶制軍覆廣學會李提摩太書 128/194
今日五大洲大勢有似戰國論 宋彧 128/197
論近代政教之原 128/200
論將來必至之勢 汪康年 128/203
刑部主事吳保初呈政務處代奏籲請歸政摺 128/215
軍機大臣奏裁減謁陵隨扈人摺附清單 128/217
粵督陶奏請裁宦官疏 128/219
立憲法淺說 128/220
問古者天子諸侯皆立太子世子漢晉以後因之且有太孫太弟之目乃更有稱為皇太叔及非子而立為太子者其名不正甚矣國朝康熙以後不復建儲垂為家法大變古制方今萬國及通泰西君主之國亦有儲貳與中國古制闇合試綜其得失臚舉而

論列之 128/223
盛稱普皇雄略 128/224
華盛頓布倫士維廉合論 128/232
論美國不能永守孟祿遺訓以拒歐洲各國 128/235
有約各國君后總統姓名錄 128/236
論中國宜設立文部之關係 128/444
蒙古盛衰論 130/467
條陳日講事宜疏 曾國藩 131/162
遵旨會議日講事宜並陳管見疏 禮部 131/165
籲請歸政疏 吳保初 131/170
請脩省以回天變疏 羅惇衍 131/179
請力除四弊疏 寶廷 131/184
請憂勤節儉疏 謝維藩 131/185
時勢可慮請停園工疏 李宗羲 131/186
奏減謁陵隨扈人員疏 軍機大臣 131/188
請裁撤内監疏 陶模 131/190
擬請嚴禁繞越力汰陋規疏 弼良 134/331
善馭夷議 馮桂芬 147/179
補廷起廢藥痼議 王韜 147/182
治中 王韜 147/194
尚簡 王韜 147/214
強弱論 闕名 147/219
答強弱論 王韜 147/220
書日人隔韡論後 王韜 147/224
上當路論時務書 王韜 147/227
代上廣州府馮太守書 王韜 147/229
中國先睡後醒論 曾紀澤 147/242
通論 (英)傅蘭雅譯，應祖錫述 147/253
職分 (英)傅蘭雅譯，應祖錫述 147/254
名位 (英)傅蘭雅譯，應祖錫述 147/258
經濟 (英)艾約瑟譯 147/266
遷鼎 湯震 147/274
上合肥傅相書 宋存禮 147/279
求儒救民說 (英)李提摩太 147/286
新疆巡撫陶覆陳自強大計摺 陶模 147/347
上樞府書 伍廷芳 147/354
上海軍衙門王大臣書 傅雲龍 147/364
上某當道匡時策 吳宗濂 147/366
整頓中國條陳 (美)福士達 147/392
會議松漕督奏遵旨敬陳各條疏 戶工部 147/396
心力說 闕名 147/402
藉西士以興中國論 綦鴻逵 147/405
中國能化舊為新乃能以新存舊論 (美)李佳白 147/409
中國略有轉機說 (英)山雅谷 147/418
書南闈監臨趙侍郎告示後 (美)林樂知 147/423
論中國實情 (西)闕名 147/432
呈請代奏皇帝第五疏 康 147/435
上陳佑民中丞論湖南政務書 闕名 147/447

聯名密陳膠澳主戰疏 都察院 147/463
聯名奏俄事緊急萬不可允疏 都察院 147/466
奏請捐軀拒俄聯英疏 文悌 147/467
重校勸學篇序 張之洞 147/472
正權 張之洞 147/479
酌量變通成例疏 曾鉌 147/482
呈請代奏皇帝第七疏 康 147/490
應詔統籌全局疏 康 148/001
敬謝天恩並統籌全局疏 闕名 148/008
呈請代奏變法自強當求本原大計條陳三策疏 洪汝沖 148/012
呈請代奏振興新政條陳三策疏 王照 148/018
呈請代奏應詔陳言疏 羅長裿 148/023
呈請總署代奏力保大局就浙試辦疏 陳虬 148/031
書保國會第一集演說後 何啟、胡禮垣 148/043
籌防新議 闕名 148/083
封列國以保中國論 鄧鎔 148/089
論強 王榮懋 148/091
論富 王榮懋 148/094
政要論 吳之英 148/099
法家善復古說 吳之英 148/101
改文從質說 廖平 148/104
聯民以弭亂議 都永龢 148/109
救弱當用法家論 吳之英 148/113
明國恥以激公憤議 鄧鎔 148/115
宇內平和策 (日)狩野良知 148/119
支那保全論 (日)有賀長雄 148/142
上王魯中薌丞書 陳明遠 148/255
上某大司寇書 唐煊 148/260
再上某大司寇書 唐煊 148/264
諫阻縱容拳匪第一疏 許景澄、徐用儀、袁昶 148/269
(諫阻縱容拳匪)其二 許景澄、徐用儀、袁昶 148/273
(諫阻縱容拳匪)其三 許景澄、徐用儀、袁昶 148/276
密陳安危大計疏 李鴻章 148/281
各將軍督撫會奏諫止西巡疏附片 148/284
粵督圖存四策疏 陶模 148/369
粵督請裁宦官疏 陶模 148/385
覆奏培養人才材疏 陶模 148/389
東撫覆奏條陳變法疏 袁世凱 148/401
江撫議覆新政事宜疏 李興銳 148/414
奏陳治要疏 陳璧 148/432
上海紳商呈請江鄂兩督力爭俄約稟 148/487
浙江士民呈請聯合各疆臣籌款備俄稟 148/489
上京外當道新政芻言 吳宗濂 148/492
上劉制軍條陳新政書 黃仲蘇 148/514
呈請都察院代奏書 陳玉樹 148/519
正例篇 觀雲 148/534

審勢篇 闕名 148/548
原政 鄧實 148/551

二、治體 原治

說經 顧炎武 004/151
王霸辨 俞長城 004/285
去爭論 錢維城 004/287
持滿論 錢維城 004/288
權實 唐甄 004/289
尚樸 唐甄 004/294
六善 唐甄 004/296
大命 唐甄 004/297
釋左傳 魏禧 004/299
書貨殖傳後 姚鼐 004/300
請譯進大學衍義疏 徐必遠 004/301
雜論史事 顧炎武 004/319
說經 顧炎武 004/323
清議名教 顧炎武 004/336
獎廉恥 顧炎武 004/337
備忘錄論治 張履祥 004/341
論課良吏 舒化民 039/061
長治久安疏 張緒楷 039/065
政論 方濬頤 039/069
請崇儉疏 倭仁 039/079
導俗 王柏心 039/083
正統論 魯一同 039/085
說治上 俞樾 039/101
說治下 俞樾 039/107
西漢論 廖連城 039/113
防議 方濬頤 039/117
應詔陳言疏 王凱泰 039/181
遠見篇 宗稷辰 046/419
說治上 俞樾 046/426
說治下 俞樾 046/429
導俗 王柏心 046/434
論課良吏 舒化民 046/435
應詔陳言疏 王凱泰 046/441
蘇省設局刊書疏 丁日昌 046/447
請崇儉疏 倭仁 049/145
名實論上 高延第 054/223
說治上 俞樾 055/259
說治下 俞樾 055/265
原亂 徐子苓 055/271
求治 戴楫 055/275
名實論中 高延第 055/279
名實論下 高延第 055/285
世變論 宗稷辰 055/291
復松滋縣汪省吾 胡林翼 055/301
答胡潤芝宮保書 吳廷棟 055/303
與邵位西書 徐子苓 055/307
與王給事書 徐子苓 055/309
復友人書 許宗衡 055/315
史議一 孫鼎臣 055/325
史議二 孫鼎臣 055/329
史議三 孫鼎臣 055/333
永命 管同 055/337
中興論 姚椿 055/341
秦論 王效成 055/345
西漢論 廖連城 055/349
讀史記萬石君傳 張履 055/353
讀貨殖傳 朱琦 055/355
書王船山先生通鑑論後 亢樹滋 055/363
書宋鑑後 亢樹滋 055/369
書宋史理宗紀後 亢樹滋 055/381

范文正公王荆公合論上　陳宗起　055/385
范文正公王荆公合論下　陳宗起　055/387
跋蘇明允集後　龍啟瑞　055/391
論明太祖二　潘德輿　055/395
書明徐文定公兵機要略後　謝應芝　055/397
題鄒忠倚殿試策後　龍啟瑞　055/413
孫芝房侍講芻論序　汪士鐸　055/415
孫芝房侍講芻論序　曾國藩　055/419
孫侍讀史臆序　楊彝珍　055/423
校邠廬抗議自序　馮桂芬　055/425
論明太祖三　藩德輿　068/219
導俗　王柏心　071/027
自強大計舉要臚陳摺　盛宣懷　081/038
自強大計舉要臚陳摺　盛宣懷　082/205
請講求務本至計疏　華煇　094/333
以士保國論　(英)李提摩太、蔡芝紱　094/338
名實論上　高延第　094/340
名實論下　高延第　094/342
明綱議　094/344
正權議　094/345
同心議　094/347
審機說　094/349
否泰說　094/350
求治　戴楫　094/351
原治　孫鼎臣　094/352
說治上　俞樾　094/354
說治下　俞樾　094/355
自強大計舉要臚陳摺　盛宣懷　094/435
說經　顧炎武　107/090
雜論史事　顧炎武　107/109
王霸辨　俞長城　109/114
去爭論　錢維城　109/115
獎廉恥　顧炎武　109/116
論課良吏　舒化民　109/243
審機說　115/381
孫侍讀史臆序　楊彝珍　116/160
王霸辨　俞長城　116/533
校邠廬抗議自序　馮桂芬　116/551
說治　俞樾　116/556
獎廉恥　顧炎武　117/062
史議　孫鼎臣　117/098
權實　唐甄　117/125
尚樸　唐甄　117/129
論課良吏　舒化民　117/132
請崇儉疏　倭仁　119/383
勸求治理疏　羅惇衍　124/037
請講求務本至計疏　華煇　124/038
明綱議　124/042
正權議　124/043
審機說　124/045
自強大計舉要臚陳摺　盛宣懷　126/101
審機　陳次亮　127/449
勸求治理疏　羅惇衍　131/194
審機說　朱德實　145/116

二、治體　原治

桂芳 004/373

二、治體　政本

記渾儀　李晉卿(光地) 003/195
殿試對策　馬世俊 004/302
殿試對策　繆彤 004/305
殿試策　儲方慶 004/307
履卦說　錢大昕 004/347
抑尊　唐甄 004/347
納諫　熊伯龍 004/349
勤政殿說　徐乾學 004/350
漢詔多懼詞　趙翼 004/351
漢儒言灾異　趙翼 004/352
漢文帝論　方苞 004/354
唐元宗焚珠玉服玩論　程嗣立 004/354
封駁　顧炎武 004/355
益崇聖德疏　柴潮生 004/358
請繕進經史以資聖治疏　畢誼 004/359
請開言路疏　胡德邁 004/360
請召對羣臣疏　魏裔介 004/362
懇勤召對疏　趙開心 004/363
請復封駁舊制疏　季振宜 004/364
請詔令宜信疏　魏雙鳳 004/365
請因變修省疏　魏裔介 004/366
亢旱應詔言事疏　儲麐趾 004/367
因灾變請止巡行疏　蔣伊 004/368
議封禪巡狩疏　任辰旦 004/369
請止北巡疏　熊賜履 004/370
請行實政疏　茅豫 004/371
御製遇變罪已詔恭跋　桂芳 004/372
御製盡心竭力仰報天恩論恭跋　桂芳 004/373
御製致變之源說恭跋　桂芳 004/374
御製原教恭跋　桂芳 004/376
進呈圖繪疏　蔣伊 004/379
進講經義摺子　楊椿 004/379
進呈經義　趙申喬 004/381
經筵講義　杭世駿 004/382
經筵講義二篇　秦蕙田 004/383
進呈經義　陶貞一 004/387
進呈經說　程夢星 004/388
進呈經義　趙青藜 004/389
經筵講義五篇　蔡新 004/391
經筵講義五篇　任啟運 004/398
進呈經義　尤珍 004/409
經筵講義二篇　004/410
進呈經史說　齊召南 004/414
進呈經說　004/415
進書劄子　夏之蓉 004/418
進呈經史二篇　陶正靖 004/420
進講經義摺子　彭啟豐 004/422
聖學　李因篤 014/175
書漢元帝賜東平王宇傳相詔書後　岳震川 014/189
體論　李楷 014/191
鏡論　李楷 014/195
準論　李楷 014/199
舟論　李楷 014/203
澣論　李楷 014/207
開創宏規萬世不拔疏　楊素蘊 014/211
實心任事以收乂安疏　楊素蘊 014/215

論開言路疏 謝濟世 039/121
重農抑末去奢崇儉劄子
黃炎 039/127
去繁文而修實政札
賀長齡 039/129
條陳時政疏 李棠階 039/131
杜漸防微疏 倭仁 039/139
請固人心以弭天變疏
倭仁 039/141
敬陳治本疏 倭仁 039/145
陳豫省官民情形疏 倭仁 039/151
請修實政疏 倭仁 039/157
原灾 管同 039/159
中興策 蔣琦齡 039/161
上沈中丞書 陳寶箴 039/201
端本清源疏 李暎 039/215
本論 方濬頤 039/217
聖學 李因篤 039/221
實心任事以收乂安疏
楊素蘊 039/235
體論 李楷 039/239
請進日講疏 倭仁 039/243
經筵講義二篇 倭仁 039/247
上沈中丞書 陳寶箴 046/448
原灾 管同 046/457
奏陳時事艱難疏 陳壇 046/468
請求直言疏 呂賢基 046/470
敬陳治本疏 倭仁 046/471
條陳時政疏 李棠階 046/473
杜漸防微疏 倭仁 046/478
請進日講疏 倭仁 046/479
金陵告捷請加敬慎疏
吴廷棟 046/480
請修實政疏 倭仁 046/482
敬抒愚忱疏 賈鐸 046/484
請除蒙蔽以迓和甘疏
余上華 046/485
籲懇慈恩暫緩歸政以懋聖學疏
伯彥訥謨祜 046/487
請進日講疏 倭仁 054/181
原灾 管同 055/273
旌意 王柏心 056/005
王言 王柏心 056/009
培國脈肅政體疏 文瑞 056/013
勤求治理疏 羅惇衍 056/021
正本清源疏 王慶雲 056/027
敬陳時政四事疏 呂賢基 056/037
慎始芻言疏 蘇廷魁 056/045
敬陳時事艱難疏 陳壇 056/059
敬陳時務五事疏 勝保 056/065
遵旨直陳疏 勝保 056/081
直陳時弊四條疏 李菡 056/087
敬陳治本疏 倭仁 056/107
請慎行賞罰疏 宋晉 056/113
時危勢迫請乾綱大振疏
鮑源深 056/117
請修省以回天變疏
羅惇衍 056/123
天時人事危迫日深疏
王茂蔭 056/131
謹推陳致理之原疏
郭嵩燾 056/139
請早定大計疏 趙樹吉 056/145
端本慎始疏 徐啟文 056/157
條陳治本疏 林壽圖 056/163
法祖愛民疏 羅惇衍 056/171

二、治體 政本

條陳時政之要疏	李棠階	056/177
挈大綱防積弊疏	袁甲三	056/185
應詔直言疏	吳大澂	056/195
杜漸防微疏	祁寯藻	056/209
請禁太監演戲疏	賈鐸	056/211
請慎擇宦寺疏	穆緝香阿	056/213
金陵告捷請加敬慎疏	吳廷棟	056/215
大局關繫疏	孫翼謀	056/221
大婚典禮宜崇儉疏	倭仁	056/229
覆上汪尚書書	梅曾亮	056/243
上何小宋制府書	楊德亨	056/251
時務策一	尹耕雲	074/069
時務策二	尹耕雲	074/073
時務策三	尹耕雲	074/077
總理衙門議覆盛京卿條陳摺		081/044
總理衙門奏辦商務局摺		081/047
鄉湘東山精舍事宜稟		081/106
上張香籌制府條陳平倭事宜書	朱子久	081/138
論中國當以知懼知恥為本	汪康年	081/193
安危大計疏		081/235
議目	陳虬	081/299
洗恥芻言自敘	蕭開泰	081/328
洗恥芻言	蕭開泰	081/331
建局製造說	何獻墀	081/339
論督撫同城之損	薛福成	082/178
紓外患而固邦本論		082/179
致李傅相書	張之洞	082/182
致李傅相書	王闓運	082/183
書曾襲侯中國先睡後醒論後	何啟、胡翼南	082/184
萬國公政說	韓文舉	082/200
萬國公政說	韓文舉	086/277
論報館有益於國事	闕名	086/505
萬國公政說	韓文舉	092/422
論報館有益於國事	梁啟超	093/403
挈大綱防積弊疏	袁甲三	094/331
謹推陳致理之原疏	郭嵩燾	094/335
勤求治理疏	羅惇衍	094/337
培國脈肅政體疏	文瑞	094/361
正本清源疏	王慶雲	094/363
敬陳治本疏	倭仁	094/366
條陳治本疏	林壽圖	094/367
請慎行賞罰疏	宋晉	094/370
端本慎始疏	徐啟文	094/371
慎始芻言疏	蘇廷魁	094/373
治本論一	陳玉樹	094/377
治本論二	陳玉樹	094/378
治本論三	陳玉樹	094/380
近代政教之原論		094/382
辨政教		094/385
論今日當以知懼知恥為本	汪康年	094/386
內政以弼教明刑為要論		094/388
紓外患而固邦本論		094/389
萬國公政說	韓文舉	094/391
致李傅相書	張之洞	094/393
致李傅相書	王闓運	094/394
王言	王柏心	094/399
杜漸防微疏	祁寯藻	094/399
論富強當先務本		094/456

敬陳時政四事疏 呂賢基 095/103
敬陳時務四條疏 許乃普 095/105
直陳時弊四條疏 李菡 095/107
敬陳時務五事疏 勝保 095/109
條陳時政之要疏 李棠階 095/117
敬陳時事艱難疏 陳壇 095/119
中國時務論 095/130
挽回中國當務其急論 095/131
論政貴因時制宜 095/132
論時局先後不同 095/134
時務策 尹耕雲 095/135
時務策一 尹耕雲 095/136
時務策二 尹耕雲 095/140
時務策 尹耕雲 095/141
釋時 095/142
與客談時事 095/143
上劉制軍書 黃傳祁 095/144
論督撫同城之損 095/367
請慎擇宦寺疏 穆緝香阿 095/386
應詔直言疏 吳大澂 095/459
論泰西日報體例 102/481
萬國公政說 韓文舉 106/291
論報館有益於國事 107/445
日報論略 107/447
論日報之益 107/448
開設報館議 107/450
論日報大有關於商務 107/452
論中國宜官設日報館 107/453
擴充報務議 107/454
新聞紙論 107/457
抑尊 唐甄 109/069
納諫 熊伯龍 109/070
請繕進經史以資聖治疏 畢誼 109/072
請開言路疏 胡德邁 109/073
請召對羣臣疏 魏裔介 109/074
請詔令宜信疏 魏雙鳳 109/075
請行實政疏 茅豫 109/076
奏陳時事艱難疏 陳壇 109/082
敬陳治本疏 倭仁 109/083
請修實政疏 倭仁 109/084
請除蒙蔽以迓和甘疏 余上華 109/085
籲懇慈恩暫緩歸政以懋聖學疏 伯彥訥謨祜 109/086
上沈中丞書 陳寶箴 109/123
條陳時政疏 李棠階 109/155
杜漸防微疏 倭仁 109/157
論富強當先務本 115/284
勤能補儉論 115/465
正本清源疏 王慶雲 116/537
請早定大計疏 趙樹吉 116/548
納諫 熊伯龍 117/001
請召對羣臣疏 魏裔介 117/002
請止北巡疏 熊賜履 117/003
抑尊 唐甄 117/003
請詔令宜信疏 魏雙鳳 117/005
請修省以回天變疏 羅惇衍 117/009
法祖愛民疏 羅惇衍 117/011
杜漸防微疏 祁寯藻 117/013
請禁太監演戲疏 賈鐸 117/014
請慎擇宦寺疏 穆緝香阿 117/015
請除蒙蔽以迓和甘疏 余上華 117/016
殿試對策 馬世俊 117/017

二、治體 政本

殿試對策 儲方慶 117/019
殿試對策 繆彤 117/025
請復封駁舊制疏 季振宜 117/027
龍德而正中者也 117/028
周易九二包荒用馮河不遐遺朋亡得尚于中行 陶貞一 117/030
周易損上九弗損益之貞吉利有攸往得臣无家益初九利用為大作无吉无咎 趙青黎 117/031
九三无平不陂无往不復艱貞无咎勿恤其孚于食有福 蔡新 117/032
易曰臨觀之義或與或求 任啟運 117/034
任賢勿貳去邪勿疑 秦蕙田 117/036
皋陶謨兢兢業業一日二日萬幾 杭世駿 117/038
無教逸欲有邦兢兢業業一日二日萬幾 117/039
亦言其人有德乃言曰載采采 117/040
益稷帝庸作歌曰敕天之命惟時惟幾乃歌曰股肱喜哉元首起哉百工熙哉皋陶拜手稽首颺言曰念哉率作興事慎乃憲欽哉屢省乃成欽哉乃賡載歌曰元首明哉股肱良哉庶事康哉又歌曰元首叢脞哉股肱惰哉萬事墮哉帝拜曰俞往欽哉 楊椿 117/041
仲虺之誥曰惟王不邇聲色不殖貨利德懋懋官功懋懋賞用人惟己改過不吝克寬克仁彰信兆民 117/042
詩小雅鹿鳴首章人之好我示我周行 趙甲喬 117/044
子曰足食足兵民信之矣 117/045
周官太宰以九職任萬民一曰三農生九穀二曰園圃毓草木三曰虞衡作山澤之材四曰藪牧養蕃鳥獸五曰百工飭化八材六曰商賈阜通貨賄七曰嬪婦化治絲枲八曰臣妾聚斂疏材九曰閒民無常職轉移執事 官獻瑤 117/047
周禮地官遂人掌邦之野凡治野夫間有遂遂上有徑十夫有溝溝山有畛百夫有洫洫上有涂千夫有澮澮上有道萬夫有川川上有路以達於畿稻人掌稼下地以瀦蓄水以防止水以溝蕩水以遂均水以列舍水以澮寫水以涉揚其芟作田 117/048
周禮地官至德以為道本敏德以為行本孝德以知逆惡 蔣伊 117/050
周禮地官遂人職凡治野夫間有遂遂上有徑十夫有溝溝上有畛百夫有洫洫上有涂千夫有澮澮上有道萬夫有川川上有路以達於畿 尤珍 117/052
記曰冢宰以三十年之通制國用量入以為出三年耕必有一年之食九年耕必有三年之食以三十年雖有凶旱水溢民無菜色然後天子食日舉以樂 117/054
禮記王制大樂正論造士之秀以告于王而升諸司馬曰進士 齊召南 117/056
記曰仲夏之月律中蕤賓君子齊戒處必掩身毋躁止聲色毋或進薄滋味

毋致和節耆欲定心氣百官靜事毋
形以定晏陰之所成 117/057
子言之曰為上易事也為下易知也則
刑不煩矣 117/059
直陳時弊四條疏 李菡 117/221
挈大綱防積獘疏 袁甲三 124/040
正本清源疏 124/046
端本愼始疏 徐啟文 124/049
培國脈肅政體疏 文瑞 124/050
欲禦外侮宜修內政說 124/052
內政以弼教明刑為要論 124/053
論官報 125/088
中國振興日報論 125/089
論報館有益於國事 闕名 127/186
報館 陳次亮 127/190
觀泰晤士報館記 譯西報 127/192
鄂督張飭行全省官銷時務報札
闕名 127/193
論商務報緣起之故 詹塏 127/194
時務論 姚模 127/469
論中國宜設洋文報館
陳衍 130/488
泰西新報源流表 130/495
條陳時政之要疏 李棠階 131/098
應詔直言疏 吳大澂 131/108
請進日講疏 倭仁 131/167
愼始芻言疏 蘇廷魁 131/174
杜漸防微疏 祁寯藻 131/177
金陵告捷請加敬愼疏
吳廷楝 131/178
請修實政疏 倭仁 131/181
法祖愛民疏 羅惇衍 131/181
請除蒙蔽以迓和甘疏
余上華 131/183
大婚典禮宜崇儉疏 倭仁 131/186
請禁太監演戲疏 賈鐸 131/189
請愼擇宦寺疏 穆緝香阿 131/189
培國脈肅政體疏 文瑞 131/193
正本清源疏 王慶雲 131/196
敬陳時政四事疏 呂賢基 131/198
直陳時弊四條疏 李菡 131/202
敬陳時事艱難疏 陳壇 131/204
敬陳時務五事疏 勝保 131/205
遵旨直陳疏 勝保 131/209
請愼行賞罰疏 宋晉 131/210
敬陳治本疏 倭仁 131/211
時危勢迫請乾綱大振疏
鮑源深 131/212
天時人事危迫日深疏
王茂蔭 131/214
謹推陳致理之原疏
郭嵩燾 131/216
請早定大計疏 趙樹吉 131/217
條陳治本疏 林壽圖 131/220
端本愼始疏 徐啟文 131/222
挈大綱防積弊疏 袁甲三 131/223
大局關係疏 孫翼謀 131/226
錢票無甚關礙宜重禁吃烟以杜弊源
片 林則徐 131/232
富強切要首重本源疏
陳雄藩 131/234
時務論 宋育仁 147/290
中國時務論 (英)闕名 147/419
本論 (日)大澤龍二郎 148/135
跋上海字林西報後 王韜 158/337
論日報漸行於中土 王韜 158/340

二、治體 政本

新學報啟 158/380
萃報叙 梁□□ 158/382
湘學新報叙 江標 158/387
天津國聞報啟 158/423
蒙學報演義報合叙 闕名 158/429
蒙學報博議 茅謙 158/469

二、治體 治法

富民 唐甄 004/292
平均篇 龔自珍 004/297
尚重厚 顧炎武 004/339
三習一弊疏 孫嘉淦 004/356
治法論 陸隴其 004/427
原法 朱仕琇 004/428
管仲論 任啟運 004/430
養民論 錢維城 004/431
三代因革論一 惲敬 004/433
三代因革論二 惲敬 004/434
三代因革論三 惲敬 004/435
三代因革論四 惲敬 004/437
封建論 劉鴻翱 004/437
限田論 孫廷銓 004/440
偶記 陳鵬年 004/441
書崔實政論後 袁枚 004/442
名實論 張士元 004/442
論治四則 魏禧 004/445
論治 陸世儀 004/447
書王荆公文集後 袁枚 004/448
擬策五道 韓菼 004/453
請省奏銷駁查疏 姚文然 004/456
請簡承追章奏疏 王奐曾 004/458
敬陳時務疏 姚延啟 004/459
敬陳親政四事疏 何道生 004/462
敬陳治滇實政疏 蔡毓榮 004/464
途次見聞入告疏 楊椿 004/467
答曾君有書 魏禧 004/470
復林若洲言時務書 程含章 004/471
寄桐城張相國書 陳宏謀 005/082
覆兩江制府策公問興革事宜書 袁枚 005/201
上兩江制府黄太保書 袁枚 005/206
請禁濫調疏 田從典 005/224
飭取州縣輿圖檄 陳宏謀 005/231
禁絕火耗私派以甦民困示 趙申喬 005/234
三代論 周元鼎 014/419
秦置郡縣論 劉紹攽 014/425
達可從政論 胡興仁 015/137
擬蚳鼃諫齊王表 馬國翰 015/139
復房師趙耐孺先生書 陸隴其 015/149
書青蠅詩後 岳震川 015/153
鬼谷子論 張琛 015/157
曹孟德論 劉應秋 015/163
明三楊論 張洲 015/167
賊老人傳 周元鼎 015/169
論治 孫鼎臣 038/343
論治篇一 孫鼎臣 039/089
論治篇二 孫鼎臣 039/095
秦置郡縣論 劉紹攽 039/249
封建郡縣說 俞樾 039/253
封建論 陳起書 039/257
郡縣論 劉沛 039/261
與魁蔭庭太守言新甯善後事宜書

鄧瑤 039/267
覆潘四農書 魯一同 039/275
與友人書 黃式度 039/283
敬陳管見疏 歐陽雲 039/285
論治篇一 孫鼎臣 046/422
論治篇二 孫鼎臣 046/424
復陳詩議 馮桂芬 046/431
切務五事疏 勝保 046/458
三漸宜防疏 徐繼畬 046/464
附陳豫省官民情形疏
倭仁 046/477
封建郡縣說 俞樾 046/491
郡縣論 劉沛 046/492
壹權量議 馮桂芬 046/495
與魁蔭庭太守言新甯善後事宜書
鄧瑤 046/495
覆潘四農書 魯一同 046/498
與友人書 黃式度 046/502
治平六策 薛福成 046/503
敬陳管見疏 歐陽雲 046/514
奏請禁煙第二疏 郭嵩燾 047/003
請整飭治理疏 張之洞 047/007
接辦各項緣由疏 奎斌 047/009
敬陳地方利弊請酌量變通疏
翟伯恆 047/015
縷陳陝省利弊擬籌興除大略疏
葉伯英 047/018
變法 薛福成 047/022
論治三 孫鼎臣 055/253
覆潘四農書 魯一同 055/441
三漸宜防疏 徐繼畬 056/095
責實 王柏心 056/267
修約 王柏心 056/271
審宜 王柏心 056/273
續樞言 王柏心 056/277
法意 劉醇 056/305
修政論 薛福保 056/307
富教論 王塗 056/311
變法說 黃式三 056/317
變法論 王塗 056/321
商鞅變法論 楊紹文 056/327
封建郡縣說 俞樾 056/329
讀曹參傳書後 龍啟瑞 056/333
讀縱囚論書後 高延第 056/337
明代食兵二政錄序 魏源 056/341
道齊正軌序 錢儀吉 056/347
書饒嘯漁文後 包世臣 056/353
書包倦翁安吳四種後
丁晏 056/363
送倭艮峰先生序 孫衣言 056/367
綜核名實疏 黃爵滋 056/373
敬陳救時八策疏 潘祖蔭 056/401
應詔上中興十二策疏
蔣琦齡 056/409
臚陳時務八條疏 裘德俊 056/463
應詔陳言疏 黎庶昌 056/477
敬陳時事所先疏 邵亨豫 056/495
臚陳時事變通疏 王凱泰 056/517
謹上治平六策疏 薛福成 056/527
東南三大政議 金安清 057/003
上陝撫陳關中十策 邵輔 057/011
上陶制府書 陳世鎔 057/023
復賀耦耕中丞問治黔書
嚴正基 057/029
與邵位西擬言時事書
徐子苓 057/039

二、治體 治法

二、治體 治法

致當事某公書 劉蓉 057/057
上江蘇巡撫李書 周騰虎 057/085
五品卿銜刑部主事象州鄭君傳 陳澧 057/097
論治四 孫鼎臣 059/009
論治二 孫鼎臣 069/009
變科舉議 馮桂芬 069/069
條陳變法自強疏 胡燏棻 081/111
自強切要疏 王之春 081/128
中國自強策上 081/134
中國自強策中 081/135
中國自強策下 081/136
論不變法之害 081/184
論變法不知本原之害 081/191
論中國求富強宜籌易行之法 汪康年 081/196
論中國參用民權之利益 汪康年 081/202
論學會大有益於黃人亟宜保護 章炳麟 081/204
以愛力轉國運說 汪康年 081/208
上劉峴帥書並管見十條 田明山 081/258
上海強學會序 張之洞 082/017
上海強學會章程 082/017
上海強學會後序 康有爲 082/020
自強切要疏 082/033
進呈盛世危言疏 鄧華熙 082/037
論學會大有益於黃人亟宜保護 章炳麟 082/061
敬陳管見籌自強之計疏 彭玉麟 082/174
以愛力轉國運說 汪康年 082/198
中國自強策上 汪康年 082/209
中國自強策中 汪康年 082/210
中國自強策下 汪康年 082/210
上變法自強條陳疏 胡燏棻 082/217
上皇帝書第二 康祖詒等 082/223
上皇帝書第三 康有爲 082/235
上皇帝書第四 康有爲 082/246
論中國變法必自官制始 麥孟華 082/253
治始於鄉說 082/259
古議院考 梁啟超 082/261
創設議院以通下情 陳虬 082/263
議院利害若何論 許象樞 082/264
議院十難 楊史彬 082/265
議院得失論 082/268
客述 李圭 082/269
論中國求富強宜籌易行之法 汪康年 082/346
論中國易於富強 李提摩太 082/358
論中國參用民權之利益 082/488
戒纏足會敘 梁啟超 082/543
變法自強疏 胡燏棻 084/039
論不變法之害 闕名 084/079
論變法不知本原之害 闕名 084/084
續論變法不知本原之害 闕名 084/086
變法自上自下議 歐榘甲 084/089
論變法 闕名 084/098
以愛力轉國運說 汪康年 084/106
中國自強策上 汪康年 084/111
中國自強策中 汪康年 084/112

中國自強策下 汪康年 084/113
論中國不能變法之由 張壽浯 084/138
論中國變法必自官制始 麥孟華 084/223
古議院考 084/236
治始於鄉說 韓文擧 084/348
說羣自序 闕名 086/195
論學會 闕名 086/196
論社會 (日)闕名 086/199
二十四朝儒教會黨考序例 徐勤 086/200
論議會 闕名 086/202
政黨論 (日)闕名 086/204
強學會序 闕名 086/206
上海強學會序 張之洞 086/207
上海強學會章程 086/207
上海強學會後序 086/211
聖學會緣起 086/212
聖學會序 蔡希邠 086/217
聖學會後序 岑春煊 086/218
強學小會集衆啟 曾習經 086/219
知恥學會序 闕名 086/220
知恥學會後敍 壽富 086/221
務農會章程 086/223
醫學善會序 闕名 086/225
不纏足會章程敍 張之洞 086/228
戒纏足會敍 闕名 086/229
順德戒纏足會叙 羅惇融 086/232
記東邦學會事 (日)闕名 086/233
記東俠 086/234
南海九十六鄉倡辦不纏足會敘 陳繼儼 086/236
湖南不纏足會嫁娶章程 086/237
廣東不纏足分會章程 闕名 086/238
福建戒纏足約章 086/239
原君 黃宗羲 086/243
原臣 黃宗羲 086/244
闢韓 嚴復 086/245
論君政民政相嬗之理 闕名 086/247
民義自叙 麥孟華 086/251
民義總論 麥孟華 086/252
論中國宜尊君權 麥孟華 086/255
論中國參用民權之利益 汪康年 086/257
平權說 闕名 086/258
民主表 086/261
君民共主表 086/263
古史鈎沈論 龔自珍 086/265
京師樂籍說 龔自珍 086/265
尊隱 龔自珍 086/266
尊俠篇 086/267
民政問答 086/271
保國論 (日)佐藤精明 086/276
富民說 086/281
養民說略 (英)李提摩太 086/288
地球六大罪案考總序 劉楨麟 086/317
變法通議自序 闕名 086/507
論中國會匪宜設法安置 麥孟華 086/516
變法自強疏 胡燏棻 087/090
論不變法之害 梁啟超 087/177
論變法不知本原之害

二、治體 治法

	梁啟超	087/188
續論變法不知本原之害	梁啟超	087/192
變法自上自下議	歐榘甲	087/198
論變法	闕名	087/219
以愛力轉國運說	汪康年	087/320
中國自強策上	汪康年	087/332
中國自強策中	汪康年	087/334
中國自強策下	汪康年	087/336
論中國不能變法之由	張壽浯	087/394
論中國變法必自官制始	麥孟華	088/117
古議院考	梁啟超	088/147
治始於鄉說	韓文舉	088/390
說羣自序	梁啟超	092/241
論學會	梁啟超	092/243
論社會	(日)闕名	092/250
二十四朝儒教會黨考序例	徐勤	092/253
論議會	闕名	092/257
政黨論	(日)闕名	092/261
強學會序	康有爲	092/266
上海強學會序	康有爲	092/268
上海強學會章程		092/269
上海強學會後序	康有爲	092/278
聖學會緣起		092/280
聖學會序	蔡希邠	092/290
聖學會後序	岑春煊	092/293
強學小會集衆啟	曾習經	092/296
知恥學會序	梁啟超	092/297
知恥學會後叙	壽富	092/300
務農會章程		092/304
醫學善會序	梁啟超	092/308
不纏足會章程敍	張之洞	092/314
戒纏足會叙	梁啟超	092/318
順德戒纏足會叙	羅惇融	092/324
記東邦學會事	(日)闕名	092/326
記東俠	梁啟超	092/329
南海九十六鄉倡辦不纏足會叙	陳繼儼	092/333
湖南不纏足會嫁娶章程	譚嗣同	092/334
廣東不纏足分會章程	康廣仁	092/336
福建戒纏足約章		092/338
原君	黃宗羲	092/345
原臣	黃宗羲	092/347
闢韓	嚴復	092/349
論君政民政相嬗之理	梁啟超	092/355
民義自叙	麥孟華	092/363
民義總論	麥孟華	092/366
論中國宜尊君權	麥孟華	092/373
論中國參用民權之利益	汪康年	092/377
平權說	闕名	092/380
民主表	闕名	092/386
君民共主表		092/390
古史鉤沈論	龔自珍	092/394
京師樂籍說	龔自珍	092/394
尊隱	龔自珍	092/396
尊俠篇	麥孟華	092/399
民政問答		092/407
保國論	(日)佐藤精明	092/419
富民說	馬建忠	092/430

養民說略 (英)李提摩太 092/446
地球六大罪案考總序 劉楨麟 092/512
變法通議自序 梁啟超 093/408
論中國會匪宜設法安置 麥孟華 093/429
復陳詩議 馮桂芬 094/090
尊俠篇 麥孟華 094/296
三漸宜防疏 徐繼畬 094/400
謹上治平六策疏 薛福成 094/425
敬陳管見籌自強之計疏 彭玉麟 094/433
富教論 王塗 094/439
修政論 薛福保 094/440
中國自強本計論 094/441
中國自強論 094/442
中國自強策上 汪康年 094/444
中國自強策中 094/445
中國自強策下 094/446
論中國求富強宜籌易行之法 汪康年 094/452
論中國易於富強 (英)李提摩太 094/454
論富強以講實濟祛欺蔽為本 094/455
治尚明通 094/459
道齊正軌序 錢儀吉 094/459
治始於鄉說 韓文舉 094/461
上陝撫陳關中十策 邵輔 094/464
修約 王柏心 094/481
責實 王柏心 094/481
審宜 王柏心 094/482
上變法自強條陳疏 胡燏棻 095/041
論變法當務為難 汪大鈞 095/049
論法當因時變通 095/052
論變法須順人情 095/054
變法當先防流弊論 095/055
論中國變法之利弊 095/057
論中國變法必自官制始 麥孟華 095/058
論自強宜稍變舊法 095/066
變法自強辨 095/068
變國俗說 095/071
三大變論 朱紹文 095/072
變法論 095/074
變法論 095/075
變法論 王塗 095/078
變法說 黃式三 095/079
變法議 095/080
變法始 095/081
論變法之權 095/082
新法論 095/083
改政急便條議 095/084
二次貸銀記 095/087
變科舉 095/091
變近時經略議 095/095
論中國改行新政之速 095/096
中國復古宜參考西法說 095/097
臚陳時務八條疏 裘德俊 095/113
敬陳時事所先疏 邵亨豫 095/120
臚陳時事變通疏 王凱泰 095/127
敬陳救時八策疏 潘祖蔭 095/153
論君政民政相嬗之理 095/163
憂時私議 095/206
靖內說 095/216

二、治體 治法

二、治體 治法

壹權量議 096/026
保富篇 汪大鈞 096/128
養民說略 (英)李提摩太 096/159
富民說 馬建忠 096/164
論出洋華民必須設法保護 096/177
廢時文說 098/342
論治 孫鼎臣 098/344
改試武科章程 098/349
古議院考 098/364
議院十難 楊史彬 098/374
理財學會演說 099/229
上海強學會章程 099/229
創立福州實學會啟 施景琛 099/233
保商會說 099/237
務農會章程 099/238
論社會 闕名 099/240
南學會叙 099/242
論弭兵會之不可信 099/246
創興紅十字會說 099/247
奏設紅十字會稟 孫淦 099/249
雪恥會敘啟 金楙基 099/250
論中國會匪宜設法安置 麥孟華 101/172
變法自強疏 胡燏棻 103/039
中國自強策上 汪康年 103/075
中國自強策中 汪康年 103/076
中國自強策下 汪康年 103/077
變法始 闕名 103/095
錄中國新政始基序 胡禮垣 103/096
論變科目宜並變考官 劉楨麟 103/099
公車上書請變通科舉摺 同人公擬 闕名 103/103
改試武科章程 闕名 103/104
恭讀四月二十三日上諭敬伸其義 闕名 103/106
論變法 闕名 103/108
恭讀五月初五日上諭謹再注 闕名 103/113
恭讀五月初五日上諭謹注 闕名 103/116
廢時文說 闕名 103/118
變法 闕名 103/121
變法上 闕名 103/122
變法中 闕名 103/124
變法下 闕名 103/126
變法自強上 闕名 103/128
變法自強中 闕名 103/129
變法自強下 闕名 103/131
除弊 闕名 103/132
德國實事紀略 闕名 103/139
德不宜過張勢燄說 闕名 103/150
民主榮歸頌 (英)闕名 103/159
論中國變法必自官制始 闕名 103/247
達民情 闕名 106/275
保遠民 闕名 106/276
禁游民 闕名 106/277
重民上 闕名 106/279
重民中 闕名 106/280
重民下 闕名 106/282
民政問答 闕名 106/283
論出洋華民必須設法保護 闕名 106/288

保國論 (日)佐藤精明 106/289
富民篇 闕名 106/293
論中國民智漸開民氣漸強 闕名 106/294
富民說 闕名 106/296
養民說略 (英)李提摩太 106/304
治始於鄉說 韓文舉 107/429
書王荆公文集後 108/436
三習一弊疏 孫嘉淦 109/070
懇勤召對疏 趙開心 109/075
切務五事疏 勝保 109/077
三漸宜防疏 徐繼畬 109/080
治法論 陸隴其 109/086
三代因革論一 惲敬 109/087
三代因革論二 惲敬 109/088
三代因革論三 惲敬 109/089
三代因革論四 惲敬 109/090
擬策五道 韓菼 109/091
請省奏銷駁查疏 姚文然 109/093
敬陳時務疏 姚延啟 109/094
敬陳親政四事疏 何道生 109/096
復林若洲言時務書 程含章 109/097
治平六策 薛福成 109/101
敬陳管見疏 歐陽雲 109/107
奏請禁煙第二疏 郭嵩燾 109/109
請整飭治理疏 張之洞 109/111
變法 109/112
尚重厚 顧炎武 109/117
論治篇 孫鼎臣 109/119
應詔陳言疏 王凱泰 109/121
寄桐城張相國書 陳宏謀 109/136
覆兩江制府策公問興革事宜書 袁枚 109/140
上兩江制府黃太保書 袁枚 109/144
請禁濫調疏 田從典 109/152
禁絕火耗私派以甦民困示 趙申喬 109/154
附陳豫省官民情形疏 倭仁 109/157
論中國變法必自官制始 麥孟華 109/197
古議院考 109/425
養民論 110/002
富民說 馬建忠 110/023
養民說略 (英)李提摩太 110/029
論不變法之害 115/138
論變法不知本原之害 115/142
續論變法不知本原之害 115/144
變法自上自下議 歐榘甲 115/146
因時變法論 115/154
變法自強疏 胡燏棻 115/161
論中國不能變法之由 115/168
變法當思務本論 115/172
論變法宜詳審弊源 115/181
中國變法宜審所先論 115/183
論變法 115/184
以愛力轉國運說 汪康年 115/193
變法平議 張謇 115/216
中國自強策上 汪康年 115/267
中國自強策中 115/268
中國自強策下 115/269
富強策 115/278
論學會 115/306
論中國會匪宜設法安置

二、治體 治法

麥孟華 115/311
地球六大罪案考總序 劉楨麟 115/314
保商會說 115/320
創興紅十字會說 115/323
紅十字會歷史節譯 115/324
罪言 115/342
中國宜行新政論 115/355
中國復古宜參考西法說 115/361
論師西法不足恥 115/368
小國不可無政論 115/393
愛國說 115/396
論弭事變宜正人心 115/413
變近時經略議 115/419
論中國袪弊宜漸不宜急 115/423
保富論 115/443
明代食兵二政錄序 魏源 116/145
原君 黃宗羲 116/523
變法論 王塗 116/529
封建論 劉鴻翱 116/531
三漸宜防疏 徐繼畬 116/542
責實 王柏心 116/546
修約 王柏心 116/547
審宜 王柏心 116/547
三習一弊疏 孫嘉淦 117/069
論治篇 孫鼎臣 117/096
治法論 陸隴其 117/116
飭取州縣輿圖檄 陳宏謀 117/120
富民 唐甄 117/128
平均篇 龔自珍 117/130
養民論 錢維城 117/133
覆兩江制府策公問興革事宜書 袁枚 117/136
上兩江制府黃太保書 袁枚 117/141
致當事某公書 劉蓉 117/147
復陳詩議 馮桂芬 117/159
應詔上中興十二策疏 蔣琦齡 117/161
應詔陳言疏 王凱泰 117/181
上江西中丞書 陳寶箴 117/184
應詔陳言疏 黎庶昌 117/189
治平六策 蔣福成 117/195
變法 117/204
原臣 黃宗羲 117/207
尚重厚 顧炎武 117/209
論治 孫鼎臣 117/228
治始於鄉說 韓文舉 117/292
論治篇 孫鼎臣 117/420
論治四 孫鼎臣 117/421
書王荊公文集後 袁枚 118/006
富民說 馬建忠 118/085
變科舉議 馮桂芬 120/062
變法說 黃式三 121/300
修政論 薛福保 121/335
中國富強策 124/055
變法論 124/057
變法須順人情論 124/058
變法當先防流弊論 124/059
論中國變法之利弊 124/060
論近日言變法之不足恃 124/061
論變法為今日中國第一難事 124/062
論中國教養 124/084
論開民智 124/085
奏設檢書處議 124/122

勸各郡縣廣購中西有用書籍以興實學說 124/124
綜核名實說 124/137
務農會章程 125/077
保商會說 125/078
理財學會演說 125/079
論社會 125/080
創興紅十字會說 125/081
柔遠記叙 王之春 126/037
柔遠記叙 俞樾 126/038
雜貨衰旺提要表敍 楊楷 126/048
變法通議自序 126/068
總論 126/075
三要 126/077
人功 126/078
資本 126/080
分合 126/082
以愛力轉國運說 汪康年 126/085
中國自強策 汪康年 126/090
中國自強策中 汪康年 126/092
中國自強策下 汪康年 126/093
論中國求富強宜籌易行之法 汪康年 126/097
中國富強之策宜推廣西學講水實際嚴祛欺蔽論 曾紀年 126/116
民富而後國家富強說 王詠霓 126/130
自強 陳次亮 126/132
富強策上 江建霞 126/134
富強策中 江建霞 126/136
富強策下 江建霞 126/139
富強求源說 沈敦和 126/142
古議院考 梁啟超 126/271
論中國參用民權之利益 汪康年 127/298
論變法宜詳審弊源 王韜 127/477
因時變法論 信儕稿 127/479
變法議 海上閒鷗 127/480
變法 湯蟄仙 127/482
論不變法之害 闕名 127/486
論變法不知本原之害 闕名 127/495
覆友人論變法書 汪康年 127/499
論求治之道即成法以因時損益則以行而速効 嶺南仙橋氏 127/500
江督劉鄂督張會奏條陳變法第一摺 128/045
江督劉鄂督張覆奏條陳變法第二摺 128/054
江督劉鄂督張會奏條陳變法第三摺 128/069
粵督陶覆奏條陳變法摺 128/086
閩督譴覆奏條陳變法摺 128/100
皖撫王覆奏條陳變法第一摺 128/104
署浙撫余覆奏條陳變法摺 128/110
三大變論 朱紹文 128/198
論變法當務為難 汪大鈞 128/206
保富篇上 汪大鈞 128/209
保富篇下 汪大鈞 128/210
鄂督張鄂撫端奏陳籌措賠款情形摺 128/509
南學會叙 130/291
校經書院學會章程 130/293
嶽麓書院新定譯學會章程 130/295
擬設立蘇學會啟 130/296

二、治體 治法

常德明達學會章程 130/299
法律學會章程 130/300
湖南辦理不纏足會啟 130/301
順德陳村赤花不纏足會敘 130/303
保國會演說 130/304
京中士大夫開設保國會 130/306
論無君黨因專制壓力而成 130/308
紅十字會考 130/309
臺南天足會則 130/310
國會利弊論 130/314
衡山縣士紳請改書院為學會禀 130/314
獨立廳圖記 130/317
說漢種 130/319
說國民 130/322
二十世紀之中國 130/327
原國 130/331
亡國篇 130/333
論政府與人民之權限 130/336
愛國心說 130/340
君民權平議 130/344
尊民篇 130/346
論民權之義與無君黨無王化黨有別 130/348
民皆自主說 130/349
告同胞文 130/351
全權大臣奏陳商辦京城教案事宜摺 130/353
綜核名實疏 黃爵滋 131/075
敬陳救時八策疏 潘祖蔭 131/080
敬陳管見疏 歐陽雲 131/082
應詔上中興十二策疏 蔣琦齡 131/084
臚陳時務八條疏 裘德俊 131/100
應詔陳言疏 黎庶昌 131/104
敬陳地方利弊請酌量變通疏 翟伯恒 131/112
敬陳時事所先疏 邵亨豫 131/113
敬陳管見籌自強之計疏 彭玉麟 131/119
謹上治平六策疏 薛福成 131/122
奏請變通捐輸疏 呂海寰 131/129
略陳直隸事宜疏 曾國藩 131/131
整頓直隸吏治營伍疏 劉長佑 131/132
恭報到江蘇巡撫任竝陳地方情形疏 李星沅 131/133
卸篆後敬陳浙江應辦善後事宜疏 左宗棠 131/134
奏陳鄂省尚有應辦緊要事件請俟九江克復再行率師下勦疏疏 胡林翼 131/137
會奏廣東積獘疏 彭玉麟 131/138
再陳粵省積獘疏 彭玉麟 131/142
請整飭治理疏 張之洞 131/145
接辦各項緣由疏 奎斌 131/146
瀝陳川省敗壞情形設法整頓疏 丁寶楨 131/147
到川附陳大概情形片 丁寶楨 131/151
整頓四川吏治營務疏 駱秉章 131/152
縷陳陝省利弊擬籌興除大略疏 葉伯英 131/153
臺灣吏事兵事均宜及時綢繆疏 左宗棠 131/155

進呈大清一統志疏　張之洞　131/157
蘇省設局刊書疏　丁日昌　131/158
三漸宜防疏　徐繼畬　131/174
臚陳時事變通疏　王凱泰　131/227
奏請禁煙第二疏　郭嵩燾　131/229
條陳變法自強疏　胡燏棻　131/271
覆陳自強大計疏　陶模　131/285
臚陳自強大計疏　盛宣懷　131/288
議覆盛宣懷條陳自強大計疏　軍機大臣　131/291
遵旨議覆疏　王大臣　131/294
應詔陳言疏　羅長裿　131/296
籌議變通政治疏　劉坤一、張之洞　131/300
籌議變法整頓中法疏　劉坤一、張之洞　131/308
籌議變法采用西法疏　劉坤一、張之洞　131/323
籌議變通政治片　劉坤一、張之洞　131/339
變通政治宜務本原疏　陶模　131/340
覆奏條陳變法疏　袁世凱　131/344
應詔陳言疏　王之春　131/349
變法自強當除蒙蔽疏　王培佑　131/355
議覆變法事宜疏　余聯沅　131/357
遵議參酌中西政要敬陳時政十策疏　李興銳　131/358
覆陳時政八策疏　許應騤　131/365
敬陳大計疏　張百熙　131/372
請飭刷印校邠廬抗議頒行疏　孫家鼐　131/374
進呈盛世危言疏　鄧華熙　131/375
請修政治專書以裨實學疏　吳郁生　131/375
開辦武備學堂疏　岑春煊　131/480
請參酌中外兵制設武備特科片　榮祿　131/487
議覆榮祿請設武備特科疏　軍機大臣、兵部　131/487
議覆胡燏棻請酌設武科片　軍機大臣、兵部　131/491
遵議變通武科章程疏　張之洞　131/492
會議武場改制疏　軍機大臣、總理衙門等　131/496
條議武場改制事宜疏　兵部　131/499
議覆武科改制疏　朱福銑　131/505
遵議覆奏武科改制疏　瞿鴻禨　131/507
議覆武科改制疏　傅增湄　131/507
遵議武科改制敬陳管見疏　譚繼洵　131/509
奏請設立自強軍創練洋操疏　張之洞　131/516
募練北洋新軍章程疏　袁世凱　131/520
酌改江西防營軍制疏　李興鋭　131/524
改練新軍酌擬兵制餉章並設官情形疏　岑春煊　131/526
政治總論　那特硜　137/339
國家本源論　那特硜　137/347

二、治體 治法

行政主權論 周逵 137/359
國家之重要質點 那特硜 137/365
國權範圍論 那特硜 137/376
行政大臣論 周逵 137/387
國家生理論 那特硜 137/396
國民權利義務 周逵 137/489
民族政治之性質 伯蓋司 137/508
實際政治論 伯蓋司 138/001
國家進化之次第 伯蓋司 138/007
國家之起原 伯蓋司 138/014
國家之形體 伯蓋司 138/021
民族之定義 伯蓋司 138/036
國家之趨向 伯蓋司 138/039
民約論 盧騷 138/067
論族民及國民 伯倫知理 143/134
憂時憤言 范思枚 145/045
治國必先安民論 蔡元章 145/229
中國宜行新政論 何鏞 145/231
中國政務日興喜而論之 朱開第 145/234
論圖治必先求其通 朱開第 145/236
靖內變說 徐敬熙 145/240
擬復古者時巡之制議 王世澂 145/242
論宜法古以從民欲 闕名 145/244
論中國去鴉片之弊為第一要政 闕名 145/246
行公舉以同好惡 單毓年 145/249
論宜復古法以通上下之情 汪晉 145/251
論中國非設立議院不可 汪晉 145/253
讀戶部條陳各款系之論 范思枚 145/255
恤囚論 何鏞 145/257
論緝奸之法貴常不貴奇 汪晉 145/259
論宜法古以從民欲 顧起 145/261
擬行田捐以濟軍餉議 吳肇璜 145/263
論宸斷即以順輿情 吳肇璜 145/265
化莠說 馬文言 145/267
戢暴說 葛誠 145/269
請特設四部議 朱元第 145/271
擬設鴉片總司議 朱正先 145/274
論善後宜亟籌萬全 劉祖培 145/276
平糶說 朱德寶 145/278
善後芻言 * 李伯枝 145/279
論權度政教 范思禹 145/282
聞中國大興郵政謹抒末議 范思枚 145/284
小國不可無政論 顧起 145/286
論欲培國本先正人心 何鏞 145/288
上海強學會序 張之洞 146/041
上海強學會章程 黃遵憲 146/042
上海強學會後序 張之洞 146/047
論自強宜稍變舊法 吳俊 146/567
自強策一 王韜 146/569
自強策二 王韜 146/571
自強策三 王韜 146/573
自強策四 王韜 146/576
變法以求實効說 蔡元章 146/578

論中國當變法自強 朱正襄 146/580
論法當因時變通 汪晉 146/582
論變法自強當從考試始 金烺熙 146/585
變通治法為善後議上 王韜 146/587
變通治法為善後議中 王韜 146/589
變通治法為善後議下 王韜 146/591
論師西法不足恥 吳肇璜 146/593
事貴善變論 傅俊 146/595
變國俗說 毛乃宣 146/597
論變法自強首在得人論 樊宗錫 146/599
變法上 王韜 147/185
變法中 王韜 147/188
變法下 王韜 147/191
變法自強上 王韜 147/198
變法自強中 王韜 147/200
變法自強下 王韜 147/203
除弊 王韜 147/211
南學會第一次講義 黃遵憲 147/457
覆友人論變法書 汪康年 147/462
變法 張之洞 147/475
保國會三月二十七日第一集演說 康□□ 148/036
變法平議 闕名 148/073
江鄂督電奏密陳大計疏 劉坤一、張之洞 148/283
江鄂督會奏變法自強第一疏 劉坤一、張之洞 148/288
江鄂督會奏變法自強第二疏 劉坤一、張之洞 148/307
江鄂督會奏變法自強第三疏 劉坤一、張之洞 148/337
粵督覆奏條陳變法疏 陶模 148/377
變法雋言 闕名 148/387
署浙撫覆奏條陳變法疏 余聯沅 148/429
閩督覆奏條陳變法疏 許應騤 148/435
變法平議 張謇 148/443
保富述要原敘 (英)布來德著，(英)傅蘭雅譯 152/023
請飭刷印校邠廬抗議頒行疏 孫家鼐 157/478
南學會敘 闕名 158/463
中國人數表 158/472
康□□呈請代奏皇帝第五疏序 歐榘甲 158/480
康□□呈請代奏皇帝第五疏跋 桂赤 158/483
北宋元祐以來政黨論 闕名 158/484
卭州清匪章程示諭 于崇慶 158/486
政議通報敘上 鄧實 158/521
政議通報敘下 鄧實 158/523
歷代皇朝政治文鈔總敘 鄧實 158/526
論無君黨因專制壓力而成 (美)林樂知譯，范偉述 158/529

二、治體 治法

粵督批斥洪牧嘉與札 陶模 158/532
書魯通甫秦論後 于寶軒 158/540
政策與政治機關 梁啟超 159/065
政治上之對抗力 梁啟超 159/072
平民政治與衆愚政治 吳貫因 159/078
政黨政治與不黨政治 吳貫因 159/080
多數政治之試驗 梁啟超 159/082
一年來之政象與國民程度之映射 梁啟超 159/089
政治之罪惡與道德 湯叡 159/106
政治與人物 吳貫因 159/125
說政治慾 吳貫因 159/130
今後政治之趨勢 吳貫因 159/139
政治家之品格 吳貫因 159/146
論今日政治家當亟講統計學 包道平 159/159
論中央集權與地方分權 籍忠寅 159/161
分權集權平議 闕名 159/170
論政黨內閣 周宏業 159/179
內閣制之精神 張東蓀 159/184
共和國體與責任內閣 吳貫因 159/193
罪言 梁啟超 159/200
議院政府無干預民俗說 康有爲 159/209
問吾四萬萬國民得民權平等自由乎 康有爲 159/219
民約平議 嚴復 159/225
外人之共和觀 大愚譯 159/235
到京第一次演說辭 梁啟超 159/242
蒞報界歡迎會演說詞 梁啟超 159/244
答匿名氏駁詞 宋教仁 159/251
蒞參議院之宣言 大總統 159/263
蒞參議院宣布政見 各國務員 159/266
主張之政策意見書 民主黨 159/283
代草國民黨大政見 宋教仁 159/287
中央行政與地方行政分劃之大政見 宋教仁 159/298
與全國商榷國事書 黎元洪 159/302
對於總統選舉之意見 黎元洪 159/305
減政之標準 吳貫因 159/307
吾之減政主義 陳銑 159/322
商確減政之意見 龍濟光 159/331
蒞任宣言書 大總統 159/334
大政方針之建議案 駱繼漢 159/339
大政方針宣言 熊內閣 159/341
對於政治會議訓詞 大總統 159/361
政治會議開幕訓詞 大總統 159/365
國性篇 梁啟超 159/371
釋國名 吳貫因 159/375
中國立國大方針 梁啟超 159/380
中華救國論 康有爲 159/432

五族同化論 吳貫因 159/476
論中華民國
(美)詹美生著，脩廬譯 159/505
救亡論 康有爲 160/001
中國以何方救危論
康有爲 160/042
中國不能逃中南美之形勢
康有爲 160/059
中國顛危誤在全法歐美而盡棄國粹說 康有爲 160/063
中國之將來 藍公武 160/096
未來之中國 吳鼎昌 160/105
說幼稚 梁啟超 160/109
廣說幼稚篇 湯爾和 160/116
憂問 康有爲 160/119
中國人之弱點 葉景華 160/131
近世國家之種類 梁啟勳 160/143
中國之社會問題 張東蓀 160/145
中國社會之研究
(美)洛史原著，朱維譯 160/155
社會與人物 吳貫因 160/186
論中國宜全體協力以策國事之進行
(英)季理斐 160/192
國會歎 康有爲 160/197
國會之自殺 梁啟超 160/200
無能力之國會 吳貫因 160/206
國會浪費時間之弊害
吳貫因 160/208
箴參衆兩院議員 吳采人 160/212
正告國會議員 闕名 160/216
參議院一年史 林長民 160/222
論省議會聯合會 闕名 160/230
反對歡迎國會團 馮國璋 160/233
贊成孫少侯論國會地點
胡景伊 160/235
請資遣議員回籍呈
各省都督 160/237
敬告政黨及政黨員
梁啟超 160/287
中華共和憲政會政綱
鄭允恭 160/359
進步黨宣言 160/363
覆張國淦書 程德全 160/380
請禁軍人入政黨文 蔡鍔 160/383
宣布脫離黨籍文 蔣作賓 160/384
致副總統及各省解釋猜嫌
大總統 162/507
致各省都督痛陳時局
大總統 162/508
致袁總統及各省論建都地點
黎元洪 162/509
致大總統及各部總長請速組織政府
黎元洪 162/510
致各省各團體痛陳時局
黎元洪 162/511
致袁總統各部總長勸規政府諸公
黎元洪 162/514
致唐總理各部總長敦促臨時政府成立 黎元洪 162/515
痛陳時局文 蔣雁行 162/516
致中央及各省請速頒定官制
黎元洪 162/518
致大總統國務院請整飭官常
黎元洪 162/520
致中央政府請以陸徵祥任總理
黎元洪 162/521

二、治體 治法

致大總統參議院論時局 黎元洪 162/522
致兩院及各黨預辭正式總統 黎元洪 162/523
致參衆兩院請速編制憲法舉總統 黎元洪 162/525
呈請辭去鄂督文 黎元洪 162/527
答副總統辭鄂都督書 162/528
致袁總統論軍民當分治 黎元洪 163/001
覆黎副總統函 大總統 163/005
致中央及各省論軍民分治 黎元洪 163/006
主張軍民分治文 國民協會、共和黨 163/007
主張軍民分治文 共和建設討論會 163/008
反對軍民分治文 九省都督 163/009
上政府論軍民分治 程德全 163/011
致大總統及各機關論軍民分治 四川政界、軍界 163/013
論軍民分治 孫道仁 163/015
申論軍民分治 宋小濂 163/016
省制問題 梁啟超 163/017
省制與自治團體 吳貫因 163/027
地方自治制芻議 楊壽祺 163/034
省長應否民選問題 麥鴻鈞 163/048
論省長宜簡任不宜選任 闕名 163/053
反對選舉省長文 唐繼堯 163/055
致各省都督論省長不宜民選 朱瑞 163/057
論省官制致各督文 法制局 163/062
呈大總統國務院主張簡任省長 共和建設討論會 163/063
主張簡任省長文 十六省都督 163/064
論普國官制不能利行於吾國 朱瑞 163/066
為省制問題致各機關文 程德全 163/068
廢省論 康有為 163/071
廢省說 楊樹穀 163/123
江蘇省分合問題與升道為省之關係 沈同芳 163/130
主張廢省改道先自直隸始 張錫鑾 163/136
反對改革省制文 許世英 163/137
反對遷省南寧文 廣西軍政府 163/139
致袁總統論桂林遷省 黎元洪 163/140
上政府論省界流弊書 張鎮芳 163/141
贊成指陳省弊文 許世英 163/142
通飭各省從速組織省議會文 大總統 163/144
致大總統請速定省議會法 黎元洪 163/144
江蘇省議會雜論 闕名 163/145
致大總統及國務院請速定省議會職權 朱瑞 163/149
為省議會解散權致參議院

二、治體 治法

新曆法之商榷 王兆塤 163/484
議決國旗一案咨大總統文 參議院 163/489
論國旗案之交覆議 闕名 163/491
禮俗大同社啟 163/498
發起五族國民合進會啟 姚錫光等 163/501
致袁總統黃留守維持皖事 黎元洪 164/001
致袁總統及各團體解決皖事 黎元洪 164/002
致袁總統皖都督及各省撤回安慶軍隊 黎元洪 164/003
再布張振武罪狀並引咎自責文 黎元洪 164/004
為張振武案痛責參議員並請堅留黎公 湖北全體士民 164/008
詰責議員函 鄂軍界 164/010
暗殺之罪惡 梁啟超 164/011
為宋案借款之通令 大總統 164/016
關於宋案借款之通告 黎元洪 164/017
為宋案借款之通告 兩院議員同志會 164/019
覆岑春煊等函 趙秉鈞 164/021
為時局忠告各界 朱瑞 164/023
保全大局通告 國事維持會 164/025
上大總統調和大局文 黎元洪 164/027
為辭勳事上大總統書 章駕時 164/029
勸告各都督息爭議泯猜疑文 朱瑞等 164/031
致四督及黃興函 黎元洪 164/033
致岑春煊書 沈同芳 164/035
致孫少侯王鐵珊書 張謇 164/041
致江西都督李烈鈞書 呂端 164/044
忠告李烈鈞文 黎元洪 164/047
上大總統書 章炳麟 164/049
致袁總統書 汪兆銘 164/050
為亂黨擾鄂之通令 大總統 164/051
為贛亂發生之通令 大總統 164/053
革命論 張謇 164/054
革命相續之原理及其惡果 梁啟超 164/057
贛寧戰禍之原因 吳鼎昌 164/064
為贛甯亂事忠告國會文 黎元洪等 164/072
為政象不振之原因通告國民 大總統 164/074
亂後自明心跡之通令 大總統 164/076
對於亂事之通告 熊希齡 164/078
對於亂事之意見 蔡鍔 164/080
對於亂事表明心跡之通告 譚延闓 164/081
摘抉亂原文 熊希齡 164/081
亂後之經營 張東蓀 164/083
請寬治亂黨呈 鄭汝成 164/090
呈請赦免亂黨脅從書 孫武 164/092
解散國民黨令一 大總統 164/095

解散國民黨令二 大總統 164/097
解散國民黨令三 大總統 164/098

二、治體 用人

平論一 魏禧 004/481
平論二 魏禧 004/481
平論三 魏禧 004/482
平論四 魏禧 004/483
明太祖待解縉方孝孺論 陳祖范 004/487
德才論 王友亮 004/488
重臣論 徐旭旦 004/489
用人 儲大文 004/490
知人難 張望 004/490
好名論 闕名 004/491
鄉愿論 闕名 004/492
除姦 管同 004/493
論用人 陸世儀 004/494
潛邱劄記論治 閻若璩 004/496
春秋論 孫寶侗 004/500
讀後漢書書後 程晉芳 004/501
唐制內外官輕重先後不同考 趙翼 004/503
司馬司士 儲大文 004/505
侍中之職 儲大文 004/506
與陳撫軍書 黃永年 004/507
上某學士書 潘耒 004/508
代應詔陳時務疏 程景伊 004/509
遵諭陳言疏 潘耒 004/512
請崇恬退明禮讓疏 孫廷銓 004/516
用人四事疏 孫廷銓 004/517
請寬臣工小過疏 趙廷臣 004/518
謝頒遇變 諭旨陳言疏 蔣攸銛 004/520
論人材疏 鄂爾泰 005/048
論用人疏 鄂爾泰 005/048
條陳用人三法劄子 李紱 005/050
論用人 汪輝祖 005/270
扃論 李楷 015/145
毛遂論 張琛 015/155
伍子胥論 張洲 015/159
遵旨陳言疏 謝濟世 039/295
應詔言事摺子 陳用光 039/299
記蠍 管同 039/313
應詔陳言疏 倭仁 039/315
致官秀峰揆帥書 胡林翼 039/319
致兩司書 胡林翼 039/327
復張石卿中丞啟 胡林翼 039/329
敬陳聖德三端預防流弊疏 曾國藩 039/333
應詔陳言疏 曾國藩 039/343
擇吏 王柏心 039/353
變通迴避以重倫紀疏 王文韶 039/357
培養人才摺 文海 039/525
擬選子弟出洋學藝摺 曾國藩 042/359
士說 梅曾亮 047/027
論公孫宏傳贊武宣諸名臣 黃恩煦 047/029
敬陳聖德三端預防流弊疏 曾國藩 047/031
應詔陳言疏 倭仁 047/035
應詔陳言疏 曾國藩 047/036
請起復曾侍郎督師疏

二、治體 用人

二、治體 用人

胡林翼 047/041
致兩司書 胡林翼 047/044
復張石卿中丞啟 胡林翼 047/045
致官秀峰揆帥書 胡林翼 047/047
變通迴避以重倫紀疏 王文韶 047/051
擇吏 王柏心 047/052
記蠍 管同 047/053
仵作馬快請免禁錮疏 沈葆楨 047/054
采西學議 馮桂芬 053/455
酌議同文館章程疏 053/458
擬選聰穎子弟出洋習藝疏 曾國藩 053/462
派員攜帶幼童出洋並應辦事宜疏 李鴻章 053/465
選派閩廠生徒出洋習藝並酌議章程疏 李鴻章、沈葆楨 053/467
續選閩廠生徒出洋疏 李鴻章 053/475
條議一則 薛福成 053/476
文法舉隅序 曾紀澤 053/476
與葛子源書 姚文棟 053/478
上曾侯條陳 張煥綸 053/479
救時芻言四則 張煥綸 053/480
議覆謝祖源奏請練習洋務人才疏 053/488
會議算學取士疏 053/491
粵省創設水陸師學堂以儲羣材疏 張之洞、吳大澂 053/494
敬陳聖德三端預防流弊疏 曾國藩 056/049
敬陳理財用人疏 鄭世任 056/393
覈才 王柏心 057/115
才論 潘德輿 057/119
人才論上 張澍 057/121
人才論中 張澍 057/123
人才論下 張澍 057/125
通論上 姚瑩 057/127
通論下 姚瑩 057/133
因時論一 吳鋌 057/139
知人論 陳爾幹 057/143
論知人 龍啟瑞 057/149
論取人 龍啟瑞 057/151
論用人 龍啟瑞 057/157
論得人 龍啟瑞 057/161
廣議 王柏心 057/165
激濁揚清論 鄒鳴鶴 057/169
魏文侯論 張履 057/173
范武子請老卻獻子為政論 楊紹文 057/175
張釋之不拜嗇夫論 陸心源 057/179
書魏叔子書歐陽文忠論包拯書後後 許宗衡 057/185
南疆逸史跋八 楊鳳苞 057/189
圉人說 何曰愈 057/195
記蠍 管同 057/199
論內外欺罔疏 金應麟 057/203
刑賞失措疏 陳慶鏞 057/209
應詔請講求用人疏 曾國藩 057/215
敬籌振興人才以濟實用疏 王茂蔭 057/225
時勢危難請用緩急可恃之人疏 何桂珍 057/237

密籌直東軍務建置需人疏 郭嵩燾 057/243
請內外互用疏 高延祐 057/251
擬舉薦人才疏 吳嘉賓 057/255
答陳壽卿太史書 吳廷棟 057/263
後張石卿中丞啟 胡林翼 057/267
致漢陽府劉冰如書 胡林翼 057/273
致惲次山中丞書 曾國藩 057/281
致兩司書 胡林翼 057/283
上胡宮保書 汪士鐸 057/285
擇吏 王柏心 059/215
育才說 李棠階 069/049
請培養人材疏 陶模 081/120
各省宜建翹材館議 孫同康 081/219
上東撫張宮保書 陳虬 081/291
奏請開設同文館疏 恭親王 082/007
使才與將相並重說 082/281
用人說 082/281
上東撫張朗齋宮保書 陳虬 082/282
大開賓館以收人才 陳虬 082/283
廣置幕賓以挽積弊 082/284
各省宜建翹材館議 孫同康 082/284
保薦使才疏 薛福成 082/287
德將漢納根語錄上 林樂知譯述 082/288
德將漢納根語錄下 林樂知 082/289
西學儲材三要 項文瑞 082/290
西學儲材六端 楊家禾 082/291
培養人材疏 陶模 084/048
培養人材疏 陶模 087/110
采西學議 094/321
請培養人才疏 陶模 094/503
擬在京師上海各設達成館以儲使才片 盛宣懷 094/511
自強之計以培養人才為先務論 094/512
使才與將相並重說 薛福成 094/514
儲才論 094/516
造就人才論 094/517
培才論上 094/519
培才論下 094/520
育才說 094/520
育才說 李棠階 094/522
求才說 094/523
論需才宜求實濟 094/524
論人才之興視乎取舍並推論人才以蒙養為始基宜善教法 094/526
各省宜建翹材館議 孫同康 094/527
西學儲材六端 楊家禾 094/530
西學儲材三要 項文瑞 094/532
才論 潘德輿 094/534
上東撫張宮保書 陳虬 094/535
應詔請講求用人疏 曾國藩 095/003
敬籌振興人才以濟實用疏 王茂蔭 095/006
擬舉薦人才疏 吳嘉賓 095/009
請內外互用疏 高延祐 095/011

二、治體 用人

二、治體 用人

論內外欺罔疏 金應麟 095/012
時勢危難請用緩急可恃之人疏 何桂珍 095/013
用人必先黜邪論 095/015
目下宜以用人為急務論 095/017
用法在乎得人論 095/018
論得人之難 095/020
激濁揚清論 鄒鳴鶴 095/021
論川督得人 張澍 095/022
知人論 陳爾幹 095/023
論知人 龍啟瑞 095/024
論取人 龍啟瑞 095/025
論得人 龍啟瑞 095/026
論用人 095/027
論用人 龍啟瑞 095/028
論用人 吳鋌 095/029
人才論上 張澍 095/031
人才論中 張澍 095/032
人才論下 張澍 095/032
湘鄉吳劍豐上湘撫陳佑帥書 095/034
海防用人議 朱太守 095/036
敬陳理財用人疏 鄭世任 095/155
擇吏 王柏心 095/391
保薦使才疏 薛福成 095/409
廣議 王柏心 098/377
培養人才疏 陶模 103/049
選派閩廠生徒出洋學習 李鴻章、沈葆楨 104/297
用人 儲大文 109/215
知人難 張望 109/215
論用人 陸世儀 109/216
與陳撫軍書 黃永年 109/217
代應詔陳時務疏 程景伊 109/217
遵諭陳言疏 潘耒 109/219
用人四事疏 孫廷銓 109/221
請寬臣工小過疏 趙廷臣 109/222
敬陳聖德三端預防流弊疏 曾國藩 109/224
應詔陳言疏 倭仁 109/226
應詔陳言疏 曾國藩 109/227
請起復曾侍郎督師疏 胡林翼 109/229
致兩司書 胡林翼 109/231
復張石卿中丞啟 胡林翼 109/231
致官秀峰揆帥書 胡林翼 109/232
論人材疏 鄂爾泰 109/237
論用人疏 鄂爾泰 109/237
條陳用人三法劄子 李紱 109/238
育才說 109/245
儲材論 109/246
論儲才 109/248
論儲才必期覈實 109/249
論富強之道以培養人材為本 109/252
宜倣西法以培人才論 109/253
造就人才與製器利用同原論 109/254
采西學議 馮桂芬 109/257
酌議同文館章程疏 109/258
擬選聰穎子弟出洋習藝疏 曾國藩 109/260
派員攜帶幼童出洋並應辦事宜疏 李鴻章 109/262
附出洋應辦事宜六條 109/262
選派閩廠生徒出洋習藝並酌議章程

疏 李鴻章、沈葆楨 109/263
附選派船政學生出洋肄業章程十條 109/265
續選閩廠生徒出洋疏 李鴻章 109/267
議覆謝祖源奏請練習洋務人才疏 109/268
會議算學取士疏 109/269
粵省創設水陸師學堂以儲羣材疏 張之洞、吳大澂 109/271
培養人才疏 陶模 109/277
人才囿於風氣說 115/375
奏請開設同文館疏 恭親王 116/500
敬陳聖德三端預防流弊疏 曾國藩 117/006
論用人 陳世儀 117/061
請議名教 顧炎武 117/064
請寬臣工小過疏 趙廷臣 117/065
明太祖待解縉方孝孺論 陳祖范 117/066
條陳用人三法劄子 李紱 117/067
刑賞失措疏 陳慶鏞 117/071
論内外欺罔疏 金應麟 117/073
應詔陳言疏 曾國藩 117/075
致惲次山中丞書 曾國藩 117/079
激濁揚清論 鄒鳴鶴 117/080
敬籌振興人才以濟實用疏 王茂蔭 117/081
時勢危難請用緩急可恃之人疏 何桂珍 117/085
除姦 管同 117/087
因時論一 吳鋌 117/090
論用人 龍啟瑞 117/091
論取人 龍啟瑞 117/092
論得人 龍啟瑞 117/094
才論 潘德輿 117/094
張釋之不拜嗇夫論 陸心源 117/095
請内外互用疏 高延祜 117/099
培養人才疏 陶模 117/100
鄉愿論 闕名 117/108
重臣論 徐旭旦 117/211
論用人 汪輝祖 117/499
粵省創設水陸師學堂以儲羣材疏 120/026
請起復曾侍郎督師疏 胡林翼 121/154
擬選聰穎子弟出洋習藝疏 曾國藩 121/207
選派閩廠生徒出洋習藝並酌議章程疏 李鴻章、沈葆楨 121/209
上某學士書 潘耒 121/327
各省宜建翹材館議 122/437
西學儲材六端 闕名 122/443
西學儲材三要 122/445
使才與將相並重說 薛福成 123/171
論人才 124/065
才多說 124/066
應詔請講求用人疏 曾國藩 124/069
目下宜以用人為急務論 124/071
論用人 124/072
用人必先黜邪論 124/074
各省宜建翹材館議

孫同康 126/224
保舉 湯蟄仙 126/287
造就人才與製器利用同原論 瘦腰生 127/409
粵督陶覆奏培養人材摺 128/090
使才與將相並重說 128/264
敬陳聖德三端預防流弊疏 曾國藩 131/171
敬陳理財用人疏 鄭世任 131/200
論內外欺罔疏 金應麟 131/239
刑賞失措疏 陳慶鏞 131/240
應詔請講求用人疏 曾國藩 131/241
敬籌振興人才以濟實用疏 王茂蔭 131/244
時勢危難請用緩急可恃之人疏 何桂珍 131/247
密籌直東軍務建置需人疏 郭嵩燾 131/249
請內外互用疏 高延祐 131/251
擬舉薦人才疏 吳嘉賓 131/251
請變通部章廣蒐人才疏 左宗棠 131/253
瀝陳閩省困敝情形請調員差委疏 左宗棠 131/254
培養人才疏 陶模 131/279
敬陳用人理財疏 惲毓鼎 131/369
酌議同文館章程疏 總理衙門 131/384
請在京滬設達成館以儲使才片 盛宣懷 131/432
會議選舉學堂人才疏 政務處 131/433
粵省創設水陸師學堂以儲羣材疏 張之洞 131/475
保薦使才疏 薛福成 132/491
議覆謝祖源奏請練習洋務人才疏 總署王大臣 132/497
擬選聰穎子弟出洋習藝疏 曾國藩 132/500
變通迴避以重倫紀疏 王文韶 132/524
保薦他省人員宜示限制疏 王綽 133/047
保舉華聯輝片 丁寶楨 134/246
論使才 146/459
陶中丞奏培養人才稿 146/459
中西教養得失論 146/468
總署議覆鼓勵人才奏摺章程 146/470
謹將遵議詳細章程敬繕清單恭呈御覽 146/471
論洋務人員 146/473
論中國欲植人才宜先端蒙養 146/474
論保薦人才 146/476
論保薦人才不如奏請考試 146/478
恭讀電傳上諭敬謹再注 146/480
恭讀上諭保奏人才書後 146/482
論人材為國之根本 146/485
人才囿於風氣說 146/487
論儲才必期覈實 146/489
續論儲才必期覈實 146/491
請在京滬設達成館以儲使才片 盛宣懷 149/079

二、治體 臣職

崇讓論下 韓元少(菼) 002/131
論吏治不清皆由舉劾不當疏 王伯咨(命岳) 002/192
為君難為臣不易論 陶貞一 004/484
崇讓論 韓菼 005/003
大人容物愛物論 儲大文 005/004
汲黯論 黃永年 005/005
重刻陸忠宣公奏議序 沈近思 005/006
范仲淹論 黃永年 005/007
韓琦論 黃永年 005/009
江陵救時之相論 林潞 005/009
書王介甫諫官論後 張士元 005/012
翰林論 姚鼐 005/013
軍機處題名記 王昶 005/014
軍機處述 趙翼 005/015
章奏批答舉要序 程晉芳 005/019
蕭長源奏疏序 張玉書 005/020
志壑堂序 姜宸英 005/021
趙恭毅公自治官書序 胡煦 005/022
考槃集序 方苞 005/023
寄周開捷書 陳宏謀 005/023
寄周人驥書 陳宏謀 005/024
與某公 方苞 005/024
調燮弭灾疏 季振宜 005/025
敬陳一德之箴疏 姜希轍 005/026
責成部議疏 孫光祀 005/027
勸忠崇讓疏 熊文舉 005/030
敬陳弭灾修省疏 徐旭齡 005/031
請禁咨議停閣疏 魏象樞 005/032
請正人心疏 蕭震 005/033
論吏治不清皆由舉劾不當疏 王命岳 005/185
獎勸清吏疏 田六善 005/189
誡子書 聶繼模 005/259
稱職在勤 汪輝祖 005/294
覆方本府求言札子 姚瑩 005/330
寄周人驥書 陳宏謀 005/346
巢由隨光論 牛作麟 015/281
夏諫大夫關公祠記 楊端本 015/283
四維篇 李楷 015/289
重修漢典屬國蘇公子卿祠記 康乃心 015/293
三義辯 王建常 015/297
關壯繆侯論 王宏撰 015/299
曹子建論 王宏撰 015/303
重刊方正學先生年譜本傳序 牛振聲 015/309
重刊方正學先生年譜本傳序 牛清標 015/315
明方正學先生是字論 牛振聲 015/321
雙忠贊 吳鎮 015/325
義林述 李因篤 015/327
烈士李公贊 劉晟 015/331
石映崑別傳 韓詩 015/333
郝太僕傳 雷士俊 015/337
華陰李亮傳 韓詩 015/343
殉難訓導杜鳳山碑 吳鎮 015/345
書尚生書唐等稟後

二、治體　臣職

牛振聲 015/347
同年李公盡節論 強克捷 015/353
老安司紀事詩序 路德 015/357
賜謚忠烈滑縣知縣強公墓誌銘 李宗傳 015/363
書強忠烈公遺墨後 林則徐 015/369
書強忠烈公遺墨後 張日章 015/371
跋強忠烈公遺墨記後 陳仲良 015/373
讀明史青文勝列傳 岳震川 015/375
殉秦諸烈傳 李楷 015/377
劾藩臣擬用朝官疏 楊素蘊 015/381
改建昭忠祠記 葉世倬 015/385
箕子封朝鮮論 牛作麟 015/389
王右軍論 張琛 015/391
王樸論 張洲 015/395
侯朝宗責于忠肅論 王宏撰 015/399
太史公劉調玉傳 劉應秋 015/405
老安司紀事詩序 路德 039/361
書強忠烈公遺墨後 林則徐 039/365
重刊方正學先生年譜本傳序 牛振聲 039/367
明方正學先生是字論 牛振聲 039/371
跋強忠烈公遺墨記後 陳仲良 039/375
軍機說帖 李棠階 039/377
與朱幹臣書 管同 039/381
與朱伯韓御史書 王錫振 039/385
李東陽論 李元度 039/389
饒新泉六十序 李元度 039/395
為遵旨酌議摺 烏拉喜崇阿 039/399
公黜陟議 馮桂芬 047/027
臣事論 梅曾亮 047/059
軍機故事補遺 姚文棟 047/062
老安司紀事詩序 路德 047/066
書強忠烈公遺墨後 林則徐 047/068
與余小坡書 姚瑩 047/068
與朱幹臣書 管同 047/070
李東陽論 李元度 047/071
奏病勢日增懇恩賞假調理疏 崇實 047/073
奏請訓責樞臣疏 何金壽 047/075
瀝陳前撫臣功德在民疏 林肇元 047/077
密陳革員揑控與歷年辦事本末片 丁寶楨 047/219
復溫邑宰書 劉蓉 047/242
重刊方正學先生年譜本傳序 牛振聲 055/099
陳善閉邪論 姚學塽 056/011
臣事論 梅曾亮 057/297
因時論二 吳鋌 057/303
張江陵論 亢樹滋 057/307
因時論三 吳鋌 057/311
續蘇明允諫論 朱琦 057/315
進言論 陳爾幹 057/319
王陽貢禹論 潘德輿 057/321
宋仁宗戒言官說 姚瑩 057/325

書姚惜抱翰林論後 許宗衡 057/327
書謝御史 吳敏樹 057/331
書明王少參遺疏後 朱琦 057/335
明呂新吾先生明職篇序 藩世恩 057/337
覆奏微疴漸愈勉力辦公片 陶澍 057/339
瀝陳辦事艱難仍懇終制疏 曾國藩 057/343
懇辭加恩片 曾國藩 057/351
請訓責樞臣疏 何金壽 057/355
與朱幹臣書 管同 057/359
與徐廉峰書 潘德輿 057/363
與湯海秋書 左宗植 057/367
覆黃恕皆侍郎書 曾國藩 057/373
和論 龍啟瑞 057/375
為人為己不分為二事說 汪康年 081/374
上醇邸書 吳昌言 082/270
為人為己不分為二事說 汪康年 082/273
上醇邸書 吳昌言 094/407
請訓責樞臣疏 何金壽 094/408
陳善閉邪論 094/408
為人為己不分為二事說 汪康年 094/409
教忠論 094/410
論辦案不可含糊了結 094/414
臣事論 094/416
臣誡 094/417
論任事 郭崑燾 094/419
論處世 郭崑燾 094/419
公黜陟議 095/033
書姚惜抱翰林論後 許宗衡 095/308
宋仁宗戒言官說 姚瑩 095/475
汲黯論 黃永年 107/114
范仲淹論 黃永年 107/115
韓琦論 107/115
軍機處述 趙翼 109/137
論吏治不清皆由舉劾不當疏 王命岳 109/324
獎勸清吏疏 田六善 109/325
請禁躐陞疏 姜希轍 109/327
公黜陟議 馮桂芬 109/330
論拔真才宜公舉而勿循資格 109/331
人才宜由公舉說 109/332
誡子書 聶繼模 109/339
稱職在勤 汪輝祖 109/353
覆方本府求言札子 姚瑩 109/364
論州縣親民札 賀長齡 109/371
復溫邑宰書 劉蓉 109/375
臣事論 梅曾亮 109/376
軍機故事補遺 姚文棟 109/377
與朱幹臣書 管同 109/379
李東陽論 李元度 109/380
奏請訓責樞臣疏 何金壽 109/381
瀝陳前撫臣功德在民疏 林肇元 109/382
續蘇明允諫論 朱琦 117/089
調燮弭災疏 季振宜 117/210
為君難為臣不易論 陶貞一 117/211
崇讓論 韓菼 117/213

二、治體 西政

汲黯論 黄永年 117/214
范仲淹論 黄永年 117/215
韓琦論 黄永年 117/216
江陵救時之相論 林潞 117/216
書王介甫諫官論後
張士元 117/218
翰林論 姚鼐 117/220
明呂新吾先生明職篇序
潘世恩 117/220
因時論二 吴鋌 117/223
和論 龍啟瑞 117/224
覆黄恕皆侍郎書 曾國藩 117/225
王陽貢禹論 潘德輿 117/226
書姚惜抱翰林論後
許宗衡 117/227
請訓責樞臣疏 何金壽 117/229
軍機處述 趙翼 117/308
責成部議疏 孫光祀 117/312
獎勸清吏疏 田六善 117/325
論吏治不清皆由舉劾不當疏
王命岳 117/326
稱職在勤 汪輝祖 117/372
教忠論 124/076
陳善閉邪論 倭仁 124/080
論處世 郭崑燾 124/080
論任事 郭崑燾 124/081
請訓責樞臣疏 何金壽 131/257
瀝陳辦事艱難仍懇終制疏
曾國藩 131/257
籲准開缺回籍終制營葬疏
袁世凱 131/259
故撫臣忠勤盡瘁緣由疏
曾國藩 131/260
故大學士政績卓著請建專祠疏
劉坤一 131/262
故督臣忠勳盡瘁大略疏
李鴻章 131/263
曾壁光建祠宜付史館疏
丁寶楨 131/267
密陳革員捏控與歷年辦事本末片
丁寶楨 131/268

二、治體 西政

禁用洋貨議 管同 005/443
論洋害 程含章 005/444
北海祀典或問 徐乾學 007/440
教堂一案設法辦理疏
沈葆楨 042/365
擬陳洋務疏 郭嵩燾 044/099
五印度形勢 黄楙裁 044/257
日本國志凡例 姚文棟 046/166
康熙中俄定界始末考 050/318
中俄恰克圖界約第三條 050/323
中俄恰克圖界約第六條 050/324
中俄恰克圖界約第七條 050/324
致直隷訥制軍書 劉韻珂 052/167
天津新議續議 052/169
擬陳洋務疏 郭嵩燾 052/190
覆奏總理衙門六條疏
李宗羲 052/229
條陳洋務事宜疏 王先謙 052/249
瀛海論上篇 張自牧 052/270
瀛海論中篇 張自牧 052/282
書魏默深籌海篇後 052/299
答倭問興亞 姚文棟 052/307
日本地理兵要例言

姚文棟 052/308
巴黎答友人書 李鳳苞 052/311
英人以三島制五洲論
彭瑞熙 052/314
縷陳中西情形種種不同火車鐵路勢不可行疏 劉錫鴻 052/316
中國創設鐵路利弊論
鍾天緯 052/329
重專對議 馮桂芬 052/349
擬與英國使臣威妥瑪書
蔣敦復 052/350
條陳出使外洋事宜疏 052/356
遵旨議奏疏 052/360
約章 薛福成 052/368
鄰交 薛福成 052/370
敵情 薛福成 052/373
通史總論 丁韙良譯 052/375
論各國應有專署以理外事
丁韙良譯 052/378
論通使之例 丁韙良譯 052/381
論使臣等級 丁韙良譯 052/391
論使臣職守 丁韙良譯 052/398
論出使人員 丁韙良譯 052/402
論使臣之權利 丁韙良譯 052/409
論通使禮節 丁韙良譯 052/425
論使臣所任之事 丁韙良譯 052/434
論使臣升降解任等情
丁韙良譯 052/449
論各國往來禮節 丁韙良譯 052/454
論水師禮節 丁韙良譯 052/459
論領事官之責任 丁韙良譯 052/469
論領事官所任之事分類
丁韙良譯 052/479
論領事官駐劄回部
丁韙良譯 052/497
公法十一篇 052/506
瀛海論下篇 張自牧 053/003
論交涉 李東沅 053/017
論俄羅斯條約疏 郭嵩燾 053/029
中俄天津和約十二條 053/035
中俄續增條約十五則 053/039
琉球小志跋 姚文棟 053/056
答馬相伯書 姚文棟 053/057
再論夷務疏 沈兆霖 053/063
遵旨籌辦防務情形疏
李宗羲 053/066
統籌閩粵浙三省防務片
曾國荃 053/077
上黎星使書 姚文棟 053/127
猾夏之漸 053/163
江楚黜教 053/185
教堂一案設法辦理疏
沈葆楨 053/194
皖南人心稍定洋教士迭請雪冤並擬現辦情形疏 沈葆楨 053/197
致各西國大臣書 053/203
稟覆教民案件 徐賡陛 053/212
稟督院張 徐賡陛 053/219
覆法國領事文 張之洞 053/220
洋教所言多不合西人格致新理論
楊象濟 053/224
中英煙臺會議條款 053/306
英舊約第三條 053/367
愛琿城俄約第一條 053/367
俄約第九條 053/367
中俄黑龍江定界記文 053/368

二、治體 西政

中俄塔城議定記約首段 053/370
中俄塔城議定記約第一條 053/370
中俄塔城議定記約第二條 053/371
中俄塔城議定記約第三條 053/371
中俄塔城議定記約第四條 053/372
中俄塔城議定記約第五條 053/373
中俄塔城議定記約第六條 053/373
中俄塔城議定記約第七條 053/374
中俄塔城議定記約第八條 053/374
中俄塔城議定記約第九條 053/374
中俄塔城議定記約第十條 053/375
俄續約第一條 053/375
俄續約第二條 053/376
俄續約第三條 053/376
塔爾巴哈臺界約首段 053/377
塔爾巴哈臺界約第一條 053/377
塔爾巴哈臺界約第二條 053/378
塔爾巴哈臺界約第三條 053/379
科布多界約首段 053/379
科布多界約第一條 053/379
科布多界約第二條 053/380
科布多界約第三條 053/380
烏里雅蘇臺界約首段 053/381
烏里雅蘇臺界約第一條 053/381
烏里雅蘇臺界約第二條 053/383
中俄改訂條約第一條 053/386
中俄改訂條約第五條 053/386
中俄改訂條約第七條 053/386
中俄改訂條約第八條 053/387
中俄改訂條約第九條 053/387
美續約第一條 053/390
中法會訂越南新約第一款 053/391
中法會訂越南新約第三款 053/391
贈朝鮮人李秉輝歸國序 姚文棟 053/402
保護朝鮮議 053/403
恭報會同俄員勘界立牌繪圖補記遵旨畫押各日期疏 吳大澂 053/408
會勘倭那二牌應照圖約更正疏 吳大澂 053/411
俄羅斯屬地西卑利亞新造鐵路圖說 姚文棟 053/412
論今南洋各島國 吳曾英 053/417
五印度形勢 黃楙材 053/418
恭報撤師日期並調度劉軍安置越民情形疏 岑毓英 053/431
英緬兵爭現擬籌布邊防疏 岑毓英 053/433
照會法使恭思當文 053/444
澳門租界改歸葡國永遠居住立約尚宜妥議緩定疏 張之洞 053/447
西學儲材說 楊家禾 081/147
中日之戰六國皆失算論 081/372
瀛海各國統考 王之春 081/377
列國編年紀要 081/403
教派考 081/415
風俗考 081/442
軍政考上 081/451
軍政考中 081/462
軍政考下 081/471
暹羅疆域政俗考 孫兆熊 081/486
德奧義合縱俄法連衡論 項藻馨 081/491
大洋海大西洋海印度海北冰海南冰海考 楊毓輝 081/505

論倭事為中國之福 黃慶蘭 082/052
論不勤遠略之誤 薛福成 082/060
泰西諸國設立議院源流 082/262
辦理洋務人員以何者為稱職論 蔣同寅 082/274
辦理交涉以膽識才辯為先論 黃潤章 082/276
交鄰得當論 張玠 082/279
附陳密保洋員片 薛福成 082/287
局外旁觀論 赫德 082/297
巴黎復陳後臣中丞書 曾紀澤 082/307
密陳霍爾果斯河西地境事情片 曾紀澤 082/386
覆陳中俄議界情形疏 曾紀澤 082/386
西法有益於民論 082/484
通商綜覈表序 錢恂 082/507
巴黎復重伯 曾紀澤 082/544
巴黎復郭飴孫飴豐兩甥 曾紀澤 082/544
論泰西善堂及英國濟賑人數 082/546
富國探源論 082/551
論使臣全權之任重 陳耀卿 082/552
通使 082/555
鄰交 薛福成 082/557
聘與國 彭玉麟 082/558
出使四國奏疏序 082/559
出使四國公牘序 082/560
請派員游歷外洋疏 082/560
約章 薛福成 082/561
改訂俄約辦事艱難情形疏 曾紀澤 082/565
覆陳法國大概情形疏 曾紀澤 083/031
照覆法國領事文 張之洞 083/032
藩邦 薛福成 083/033
與英外部商定派員會立坎巨提頭目疏 薛福成 083/035
逆酋竄入俄境該國允嚴禁錮疏 曾紀澤 083/036
中西敦睦策 殷之輅 083/036
論中外交接其聯絡維持之法究應如何辦理 (英)李提摩太 083/037
倫敦致丁雨生中丞書 曾紀澤 083/039
交涉卮言 083/041
力阻和議片 彭玉麟 083/140
請飭照會通商各國片 彭玉麟 083/142
中日之戰六國皆失算論 瑤林館主 083/163
敵情 薛福成 083/169
俄國考略 陳耀卿 083/351
美國考略 083/352
記拿破侖第一事略 陳耀卿 083/354
法蘭西近代興亡記略 083/356
英國近代戰事記略 083/360
各國形勢類考 孫嘉穀 083/381
六大洲說 傅雲龍 083/387
歐洲各國開闢非洲考 (英)李提摩太 083/388

二、治體 西政

非洲不能養民致失廣地說 083/389
日本疆域考 083/390
大洋海大西洋海印度海北冰海南冰海考 楊毓煇 083/391
外洋疆域卮言 083/393
察看英法兩國交涉事宜疏 薛福成 083/393
德奧義合縱俄法連衡論 許克勤 083/394
五國論 葉瀚 083/395
歐洲時局如戰國說 錢文霈 083/396
破歐洲五國合縱連橫策 項藻馨 083/397
外洋鄰交卮言 083/406
西洋諸國導民生財說 薛福成 083/406
西洋諸國為民理財說 薛福成 083/407
俄國出入度支總數考 鄭觀應 083/407
論印度興衰並英人治理之始 陳耀卿 083/411
俄人國勢酷類強秦論 瑤林館主 083/412
外洋國勢卮言 083/413
英商公司據印度及亞美利加考 083/421
英吉利用商務闢荒地說 薛福成 083/423
南洋諸島致富疆說 083/424
外洋商務卮言 083/424
風俗考 鄒弢 083/431
海國圖志敘 左宗棠 083/437
萬國總說 (日)岡本監舖 083/438
外洋學校 083/449
外洋公法 宋育仁 083/454
紐約鉅富 083/459
禮俗 宋育仁 083/459
美國南北花旗交戰紀略 鄒弢 083/467
西法為公共之理說 薛福成 083/469
澳大利亞可自疆說 薛福成 083/469
論歐洲形勢 俾斯麥 083/470
通籌南洋各島請設領事官保護華民疏 薛福成 083/470
借箸籌華 (德)益哥 083/472
書俄皇告洪大臣之言 薛福成 083/473
論俄國助中 083/474
外洋通論卮言 083/475
外洋通論卮言 083/482
外洋通論卮言 083/492
強鄰環伺謹呈愚計疏 084/036
論今之時局與戰國大異 何樹齡 084/117
論世變之亟 闕名 084/121
總論亞洲 徐勤 084/151
論歐洲政治 (英)闕名 084/166
希臘大帝亞力山大傳 (英)李提摩太 084/171
羅馬皇該撒傳 (英)李提摩太 084/173
得勝偉良傳 (英)李提摩太 084/175

少言偉良傳 (英)李提摩太 084/176
法皇拿破崙第一傳 (英)李提摩太 084/177
俄皇大彼得傳 (英)李提摩太 084/180
論俄皇游歷 闕名 084/191
記俄皇行事 (西)滑稜 084/193
德皇政策 闕名 084/193
論德皇為人 闕名 084/194
論比國王 愛芝其亞 084/195
美國共和黨擬舉總統宣論新政 闕名 084/197
美新總統麥見尼傳 (日)闕名 084/200
美國總統演說 (英)闕名 084/201
民主榮歸頌 (英)闕名 084/203
論暹王出游 劉楨麟 084/204
暹王游歷記 (英)闕名 084/206
日本職官志序 黃遵憲 084/235
德國議院章程序 徐建寅 084/237
日本鄰交志後序 黃遵憲 084/263
瑪賽復友人書 馬建忠 084/378
西儒論學記 (英)闕名 084/386
中國度支論 084/401
俄國預算國用記 (俄)闕名 084/419
中俄茶葉 (日)闕名 084/462
日本鄰交志序 黃遵憲 085/451
論交涉 闕名 085/452
各國交涉源流考 闕名 085/454
巴黎復友人書 馬建忠 085/459
敵情 薛福成 085/466
中國與俄法英關繫論 (日)闕名 085/478
論中俄情形 (英)闕名 085/484
論中俄密約 (英)闕名 085/485
論日俄將來大局 闕名 085/486
俄籌中國政策 (英)闕名 085/488
論中英近六十年交涉利弊 (英)闕名 085/490
論東亞客歲情形 (日)闕名 085/492
書俄皇告洪大臣之言 薛福成 085/497
論黑龍江省將來大局 (俄)闕名 086/003
論英國在中國所有之利益 老臺灣 086/009
論德人尋釁於中國 劉楨麟 086/013
上李伯相論朝鮮商約界務稟 馬建忠 086/014
與英外部商定派員會立坎巨提頭目疏 薛福成 086/016
密陳帕米爾情形片 薛福成 086/018
滇緬分界大概情形疏 薛福成 086/019
中英續議滇緬界商務條約附款 086/024
與法蘭西立約通商保護越南議 薛福成 086/035
保朝鮮策 康有為 086/040
蘇州日本租界章程 086/042
蘇州租界租地章程 086/048
論蘇杭交涉之難 (英)闕名 086/049
西江開埠記 (英)闕名 086/051
通籌南洋各島添設領事官保護華民

二、治體 西政

疏 薛福成 086/052
請豁除舊禁招徠華民疏 薛福成 086/065
附陳派撥兵船保護商民片 薛福成 086/067
許巴西墨西哥立約招工說 086/067
致五星使書 梁啟超 086/068
論中外官交涉儀式 馬建忠 086/074
書科爾沁忠親王大沽之敗 薛福成 086/076
書漢陽葉相廣州之變 薛福成 086/080
論歐洲現情 (日)闕名 086/087
論丙申年列國情形 (日)闕名 086/088
歐洲近世外交史 (日)闕名 086/095
記西國古史 闕名 086/097
日本安政以來大事略述 闕名 086/103
論日本宜變更國政 (日)大隈伯 086/105
論日本自強之故 徐勤 086/108
論台灣宜亟變法 (日)蒲生氏 086/111
觀日本情形記 (美)撲爾打 086/112
日本地理志序 黃遵憲 086/115
日本國統志序 黃遵憲 086/116
日本國統志後序 黃遵憲 086/117
論日人經營臺灣 (日)闕名 086/121
英報論政府不宜助突厥 (英)闕名 086/124
論英國海外政策 (俄)闕名 086/127
論德國外交 (日)闕名 086/131
論德國海軍及殖民政策 (日)闕名 086/136
暹羅考 (英)浮乃 086/138
論西伯利亞水利 (日)闕名 086/142
俄人國勢酷類強秦論 陳熾 086/145
論俄人不能混一亞東 徐勤 086/146
俄國外政策史 (俄)斯哥利哥布斯奚 086/157
論俄國日強 (日)闕名 086/167
論俄法同盟實情 (美)瘀斯地是 086/171
論歐洲各國不宜助突厥 (英)闕名 086/173
英國下議院議論土亂及英國應如何辦法 086/174
土耳其論 (日)碌堂 086/181
波蘭滅亡記 梁啟超 086/184
過波蘭記 086/186
巴西風土記 (日)闕名 086/187
朝鮮敝政論 (英)比拾 086/188
日本禮俗志後序 黃遵憲 086/198
君主表 086/260
書華盛頓傳後 汪榮寶 086/274
西洋諸國為民理財說 薛福成 086/280
西國富戶利民說 (英)李提摩太 086/286
列國息爭條約 (日)闕名 086/312
英國大赦奴僕記 (英)沙士勃雷 086/315

美民自主記 差利刀 086/316
論最古各國政學興衰之理 闕名 086/377
希臘羅馬總論 闕名 086/379
泰西新史攬要序 (英)李提摩太 086/502
西政叢書叙 086/513
日本禮俗志序 黃遵憲 086/527
強鄰環伺謹陳愚計疏 薛福成 087/082
論今之時局與戰國大異 何樹齡 087/345
論世變之亟 闕名 087/353
總論亞洲 徐勤 087/423
論歐洲政治 (英)闕名 087/456
希臘大帝亞力山大傳 (英)李提摩太 088/003
羅馬皇該撒傳 (英)李提摩太 088/007
得勝偉良傳 (英)李提摩太 088/012
少言偉良傳 (英)李提摩太 088/014
法皇拿破侖第一傳 (英)李提摩太 088/017
俄皇大彼得傳 (英)李提摩太 088/024
論俄皇游歷 闕名 088/050
記俄皇行事 (西)滑稜 088/053
德皇政策 (日)闕名 088/054
論德皇為人 闕名 088/056
論比國王 愛芝其亞 088/059
美國共和黨擬舉總統宣論新政 (日)闕名 088/062
美新總統麥見尼傳 (日)闕名 088/069
美國總統演說 闕名 088/071
民主榮歸頌 (英)闕名 088/076
論暹王出游 劉楨麟 088/079
暹王游歷記 (英)闕名 088/083
日本職官志序 黃遵憲 088/145
德國議院章程序 徐建寅 088/150
日本鄰交志後序 黃遵憲 088/211
瑪賽復友人書 馬建忠 088/457
西儒論學記 (英)闕名 088/475
中國度支論 088/505
俄國預算國用記 (俄)闕名 088/544
中俄茶葉(二則) (日)闕名 089/089
日本鄰交志序 黃遵憲 091/193
論交涉 闕名 091/195
各國交涉源流考 091/199
巴黎復友人書 馬建忠 091/212
敵情 薛福成 091/228
中國與俄法英關繫論 (日)闕名 091/255
論中俄情形 (英)闕名 091/269
論中俄密約 (英)闕名 091/272
論日俄將來大局 闕名 091/275
俄籌中國政策 (日)闕名 091/278
論中英近六十年交涉利弊 (英)闕名 091/284
論東亞客歲情形 (日)闕名 091/288
書俄皇告洪大臣之言 薛福成 091/299
論黑龍江省將來大局 (俄)闕名 091/303
論英國在中國所有之利益 老臺灣 091/317

二、治體 西政

二、治體 西政

論德人尋釁於中國 劉楨麟 091/326
上李伯相論朝鮮商約界務稟 馬建忠 091/329
與英外部商定派員會立坎巨提頭目疏 薛福成 091/334
密陳帕米爾情形片 薛福成 091/337
滇緬分界大概情形疏 薛福成 091/339
中英續議滇緬界商務條約附款 091/351
與法蘭西立約通商保護越南議 薛福成 091/375
保朝鮮策 康有爲 091/388
蘇州日本租界章程 091/392
蘇州租界租地章程 091/404
論蘇杭交涉之難 (英)闕名 091/406
西江開埠記 (英)闕名 091/411
通籌南洋各島添設領事官保護華民疏 薛福成 091/414
請豁除舊禁招徠華民疏 薛福成 091/440
附陳派撥兵船保護商民片 薛福成 091/445
許巴西墨西哥立約招工說 091/446
致五星使書 梁啟超 091/448
論中外官交涉儀式 馬建忠 091/460
書科爾沁忠親王大沽之敗 薛福成 091/464
書漢陽葉相廣州之變 薛福成 091/472
論歐洲現情 (日)闕名 092/003
論丙申年列國情形 (日)闕名 092/006
歐洲近世外交史 (日)闕名 092/022
記西國古史 闕名 092/027
日本安政以來大事略述 闕名 092/037
論日本宜變更國政 (日)大隈伯 092/041
論日本自強之故 徐勤 092/049
論臺灣宜亟變法 (日)蒲生氏 092/056
觀日本情形記 (美)撲爾打 092/059
日本地理志序 黄遵憲 092/064
日本國統志序 黄遵憲 092/067
日本國統志後序 黄遵憲 092/068
論日人經營臺灣 (日)闕名 092/077
英報論政府不宜助突厥 (英)闕名 092/085
論英國海外政策 (俄)闕名 092/090
論德國外交 (日)闕名 092/101
論德國海軍及殖民政策 (日)闕名 092/111
暹羅考 (英)浮乃 092/117
論西伯利亞水利 (日)闕名 092/126
俄人國勢酷類強秦論 陳熾 092/132
論俄國不能混一亞東 徐勤 092/136
俄國外政策史 (俄)斯哥利哥布斯奚 092/155
論俄國日強 (日)闕名 092/178
論俄法同盟實情

(美)瘀斯地是 092/187
論歐洲各國不宜助突厥 (英)闕名 092/191
英國下議院議論土亂及英國應如何辦法 092/195
土耳其論 (日)碌堂 092/211
波蘭滅亡記 梁啟超 092/217
過波蘭記 (日)闕名 092/221
巴西風土記 (日)闕名 092/223
朝鮮敝政論 (英)比拾 092/226
日本禮俗志後序 黄遵憲 092/249
君主表 闕名 092/383
書華盛頓傳後 汪榮寶 092/415
西洋諸國為民理財說 薛福成 092/429
西國富戶利民說 (英)李提摩太 092/443
列國息爭條約 (日)闕名 092/501
英國大赦奴僕記 (英)沙士勃雷 092/506
美民自主記 差利刀 092/509
論最古各國政學興衰之理 闕名 093/116
希臘羅馬總論 闕名 093/120
泰西新史攬要序 (英)李提摩太 093/397
西政叢書叙 梁啟超 093/421
日本禮俗志序 黄遵憲 093/453
辦理洋務人員以何者為稱職論 蔣同寅 094/420
論中西教養之得失 094/497
局外旁觀論 赫德 095/241
親俄拒日論 095/252
聯俄拒英聯英拒俄論 095/253
聯英拒俄策 陳澤貽 095/255
書御史文悌請捐軀拒俄聯英摺後 095/255
附陳密保洋員片 薛福成 095/413
覆陳中俄議界情形疏 曾紀澤 096/192
密陳霍爾果斯河西地境事情片 曾紀澤 096/192
請飭照會通商各國片 彭玉麟 097/027
豫籌各國使臣合請覲見片 薛福成 098/111
論俄國特遣異姓王爵報聘事 098/134
論議院為治國之綱領 098/361
論清議足以振興國運 098/362
開議院論 趙而霈 098/365
議院辨惑篇 邱煒萱 098/366
議院利害若何論 098/369
議院得失篇 陳翼為 098/371
泰西諸國設立議院源流 098/378
與英外部商定派員會立坎巨提頭目疏 薛福成 099/107
覆陳法國大概情形疏 曾紀澤 099/108
中國外交情形 099/110
論中外官交涉儀式 馬建忠 099/111
論中外交接其聯絡維持之法究竟如何辦理 (英)李提摩太 099/113
列國在北京公使署 099/114
各國交涉源流考 099/114

二、治體 西政

辦理交涉以膽識才辯為先論 黃潤章 099/120
北京外交情形 099/124
外交策 吳鼎元 099/128
論中英交涉 099/129
論中國與德俄交涉事宜 099/130
論中英近六十年交涉利弊 099/131
中西敦睦策 殷之輅 099/133
交鄰得當論 張玠 099/134
論交涉 闕名 099/135
鄰交 薛福成 099/137
交涉卮言 099/139
藩邦 薛福成 099/147
論中國不得享萬國公法之益 邱煒萲 099/150
劾使臣辱命疏 張之洞 099/155
出使四國奏疏序 薛福成 099/157
出使四國公牘序 099/158
論使材遴選宜精 099/159
論使才之難 099/161
論使才之難(二) 099/162
重專對議 099/164
聯與國 彭玉麟 099/164
通使 099/166
論使臣全權之任重 099/168
使相歷聘綜記 099/169
倫敦致丁雨生中丞書 曾紀澤 099/170
改訂俄約辦事艱難情形疏 曾紀澤 099/195
列國息爭條約 (日)闕名 099/204
中俄密約 099/218
論中俄密約之關繫 099/219
約章 薛福成 099/224
說日本懇親會 099/251
敵情 薛福成 099/368
力阻和議片 彭玉麟 099/477
中日之戰六國皆失算論 099/483
西儒論學記 闕名 102/196
西學包羅於六經說 102/203
論西人輿地之學 102/205
西學決疑論 黃傳祁 102/210
論俄國領事請建俄文館事 102/213
瑞人挪勃而散財以興格致 102/220
論變更國政 大隈伯 102/225
論英國海外政策 闕名 102/227
德國海軍及殖民政策 102/232
俄皇力正頹風 102/234
西伯利亞情形 102/239
美國南部地方情形 102/240
暹羅考 102/243
飛利濱羣島考略 102/247
南極 102/249
德皇維廉第二密傳 102/253
希臘大帝亞力山大傳 (英)李提摩太 102/253
羅馬皇該撒傳 (英)李提摩太 102/255
俄皇大彼得傳 (英)李提摩太 102/257
法皇拿破崙第一傳 (英)李提摩太 102/269
論德皇 102/272
論比國王 102/273
少言偉良傳 (英)李提摩太 102/275
得勝偉良傳 102/276

美國内閣員列傳 102/277
英前相格蘭斯敦行述 102/278
俄前相魯馬能務逸事 102/280
論德皇為人 102/281
紀西國古史 闕名 102/282
俄國教育 102/303
論日本度支 102/311
美國度支 102/312
美國財政之困 陳慶年 102/312
日斯巴尼亞度支 102/313
西洋諸國為民理財說 薛福成 102/314
列國歲計政要答問 102/314
富國探源論序 102/315
高麗開埠 102/355
日日交際 102/387
日英同盟 102/387
論英日聯盟 102/387
論英俄交涉情形 102/388
公言俄法同盟 102/389
俄法同盟實情 102/390
高俄交涉 102/392
俄韓交涉 102/392
俄德奧新訂同盟 102/393
美國外交 102/393
暹法交涉情形 102/393
論德皇外交 102/394
論德國外交 102/397
譯西人論俄法聯盟事 102/401
日暹條約 102/403
美國和邦盟約 102/403
土希會議和約 102/404
土希和約 102/404
暹王游歷關系論 102/409
暹王游歷記 102/410
論暹王游歷事 102/411
德皇至俄 102/412
瑞典武將游歷 102/413
中亞洲俄屬游記書後 黃傳祁 102/413
論俄皇游歷 102/414
日本國官制人地考 102/505
論日本宜助中國逐德艦以釋怨而完興亞會本謀 102/505
論英日當聯中以保東方太平之局 102/507
記高麗變法事 102/508
論日俄關繫 102/509
論俄日近況 102/510
俄德關係 102/512
論俄日高情形 102/512
俄土關繫 102/512
論俄國事情 102/513
論俄人無信 102/515
測俄論 102/516
規印度以制英論 102/517
論德國漸思恢張霸權 102/519
記伊藤侯答英國人語 102/520
論美哇合併 102/521
論布哇 102/523
論土皇之性質 102/523
伯拉西兒風土記 102/524
說土耳其 潘飛聲 102/525
布哇事仲問答 102/526
論君民共主 102/527
論民主得失 102/528

二、治體 西政

西法有益於民論 102/529
西法紡織論 102/533
論泰西善堂及英國濟賑人數 楊然青 102/534
釋彝 102/536
論美國漸思干涉外事 102/536
重裒私議以廣公見論 102/538
強鄰環伺謹陳愚計疏 薛福成 103/035
論歐洲政治 (英)闕名 103/089
德皇政策 闕名 103/137
論德皇為人 闕名 103/137
論德國外交 闕名 103/140
論德國海軍及殖民政策 (日)闕名 103/145
毛奇將軍事略 闕名 103/148
美國共和黨擬舉總統宣論新政 (日)闕名 103/151
美新總統麥見尼傳 (日)闕名 103/155
美國總統演說 (英)闕名 103/156
法皇拿破崙第一傳 闕名 103/161
法國瑣記 103/164
俄皇大彼得傳 (英)李提摩太 103/165
論俄皇游歷 103/179
記俄皇行事 滑稜 103/183
論暹王出游 劉楨麟 103/183
暹王游歷記 (英)闕名 103/186
論比國王 愛芝其亞 103/200
日本職官志序 黃遵憲 103/261
中外官場勞逸不同說 闕名 103/266
日本鄰交志後序 103/394
美國之盛由於學校 闕名 103/467
中俄茶葉(二則) (日)闕名 104/026
巴西招工大可允行說 袁翔甫 104/250
記中國自明代以來與西洋交涉大略 闕名 106/027
論辦理交涉 闕名 106/029
論所以懷柔遠人之道 闕名 106/031
論各國領事自治其民 闕名 106/033
宜聯絡與國以禦外侮 闕名 106/034
歐人剖取非洲記 沃嘉明 106/036
婆羅洲擬設華官佐治說 夏同壽 106/038
論黑龍江省將來大局 (俄)闕名 106/040
論英國在中國所有之利益 老臺灣 106/045
論德人尋釁於中國 劉楨麟 106/050
與英外部商定派員會立坎巨提頭目疏 薛福成 106/051
密陳帕米爾情形片 薛福成 106/053
滇緬分界大概情形疏 薛福成 106/054
中英續議滇緬界商務條約附款 106/060
與法蘭西立約通商保護越南議 薛福成 106/070

蘇州日本租界章程 闕名 106/077
洋務局馬房執照章程 闕名 106/079
洋務局東洋車章程 闕名 106/080
蘇州關道陸擬辦租地章程 闕名 106/081
蘇州關道陸擬呈經管官建市屋章程 闕名 106/083
論蘇州交涉之難 (英)闕名 106/085
通籌南洋各島添設領事官保護華民疏 薛福成 106/087
論中外官交涉儀式 馬建忠 106/090
論交涉 闕名 106/093
各國交涉源流考 闕名 106/095
中國與俄法英關繫論 (日)闕名 106/102
論中俄密約 (英)闕名 106/109
俄籌中國政策 (英)闕名 106/110
論中英近六十年交涉利弊 (英)闕名 106/113
與客論公法 106/116
論公法不行於亞洲 闕名 106/117
論萬國公法道在和同 闕名 106/119
今約款即古盟說詞 闕名 106/121
論泰西各國和約亟宜譯出以資考証 闕名 106/123
論和約條款之可駭 袁祖志 106/124
英吉利用商務闢荒地說 薛福成 106/129
英重防俄 王韜 106/129
英宜保土 王韜 106/130
英俄經營亞洲 王韜 106/132
英欲中國富強 王韜 106/133
英人減兵非計 王韜 106/134
英待中國意見不同 王韜 106/135
紀英國政治 王韜 106/137
英重通商 王韜 106/138
論印度興衰並英人治理之始 闕名 106/140
英國下議院議論土亂及英國應何如辦法 闕名 106/142
英報論政府不宜助突厥 (美)闕名 106/151
論英國海外政策 (俄)闕名 106/153
答客問西人為患中國之由 闕名 106/159
俄國外政策史 斯哥利哥布斯奚 106/163
論俄國日強 闕名 106/175
論俄法同盟實情 瘀斯地是 106/179
俄人國勢酷類強秦論 陳熾 106/181
論俄國不能混一亞東 徐勤 106/183
日本通中國考 王韜 106/193
日本安政以來大事略述 闕名 106/194
論日本宜變更國政 (日)大隈伯 106/196
日本度支 闕名 106/200
論日本自強之故 徐勤 106/203
論臺灣宜亟變法 (日)蒲生氏 106/207

二、治體 西政

觀日本情形記 (美)撲爾打 106/208
論日人經營臺灣 (日)闕名 106/212
日本非中國藩屬辨 王韜 106/216
琉球朝貢考 王韜 106/217
琉球向歸日本辨 王韜 106/218
附琉球入貢日本考 王韜 106/221
駁日人言取琉球有十證 王韜 106/222
琉事不足辨 王韜 106/224
論俄人狡獪通神 闕名 106/227
波蘭滅亡記 闕名 106/228
過波蘭記 (日)闕名 106/230
巴西風土記 (日)闕名 106/232
朝鮮敝政論 (德)比拾 106/233
論歐洲各國不宜助突厥 (英)闕名 106/237
暹羅考 (英)浮乃 106/239
論西伯利亞水利 (日)闕名 106/244
與歐洲各國立約前後考略 闕名 106/247
中外風俗誌感 李功甫 106/249
論歐洲現情 (日)闕名 106/251
論丙申年列國情形 (日)闕名 106/253
歐洲近世外交史 (日)闕名 106/261
記西國古史 闕名 106/264
土耳其論 (日)碌堂 106/268
西洋諸國為民理財說 薛福成 106/295
西國富戶利民說 (英)李提摩太 106/303
論最古各國政學興衰之理 闕名 106/335
希臘羅馬總論 闕名 106/337
論俄羅斯立國之勢 薛福成 106/345
再論俄羅斯立國之勢 薛福成 106/346
論亞細亞人不服俄羅斯 闕名 106/347
紀俄羅斯近事 闕名 106/348
俄朝述略下 闕名 106/349
俄事轉禍為福論 闕名 106/350
俄法聯盟中國宜加防禦說 闕名 106/352
英俄爭阿富汗有關中國邊務說 闕名 106/354
論英俄目前大勢 闕名 106/356
論俄國產金之富 闕名 106/357
論俄人覬覦巴馬 闕名 106/359
論俄德奧合訂和約 闕名 106/360
論俄法好兵之同 闕名 106/361
紀俄阿近事 闕名 106/363
續紀俄阿近事 闕名 106/364
土勝俄不足恃 王韜 106/365
俄人志在併兼 闕名 106/367
中外合力防俄 闕名 106/368
遣使親俄 王韜 106/369
合六國以制俄 王韜 106/371
論法暹交涉 闕名 106/373
答客問新金山阻止華人 闕名 106/375
書普法交涉近聞後 闕名 106/377
論安南 (英)李提摩太 106/378
紀游歷西藏 106/379
歐洲各國開闢非洲考

闕名 106/383
非洲不能養民致失廣地說 闕名 106/385
銀國借款記 闕名 106/386
論緬甸 闕名 106/387
西法為公共之理說 薛福成 106/389
赤道下無人才說 薛福成 106/389
四洋諸國導民生財說 薛福成 106/390
西洋官制考略第一 漢濱讀易者撰 106/391
論歐洲情形頗似戰國 闕名 106/392
論歐洲時局 闕名 106/394
述埃亂緣起書後 闕名 106/395
論埃人之愚 闕名 106/397
泰西立約不足恃 王韜 106/398
西人重日輕華 王韜 106/400
西國兵額日增 王韜 106/401
亞洲半屬歐人 王韜 106/403
歐洲將有變局 王韜 106/404
歐洲各都民數 王韜 106/405
歐洲近日不輕用兵 王韜 106/407
越南通商禦侮說 王韜 106/408
越南當親法自存 王韜 106/410
密奏籌暹羅布置片 彭玉麟 106/411
丁酉年各國大事紀略 闕名 106/413
論西古今通變 闕名 106/415
論五大洲地球將合一 闕名 106/417
書西報紀四國近情後 闕名 106/418
馬達加司加風土記 闕名 106/419
論西國宜創行天腰會 闕名 106/421
日本國志凡例 姚文棟 107/123
論今南洋各島國 吳曾英 107/474
五印度形勢 黃楙材 107/475
總論亞洲 徐勤 107/483
論歐洲政治 (英)闕名 107/496
論歐洲現情 (日)闕名 107/497
論丙申年列國情形 (日)闕名 107/499
日本安政以來大事略述 闕名 107/505
論日本宜變更國政 (日)闕名 107/507
論日本自強之故 107/510
觀日本情形記 (美)撲爾打 107/512
論英國海外政策 (俄)闕名 107/515
論德國外史 (日)闕名 107/519
論德國海軍及殖民政策 (日)闕名 107/523
暹羅考 (英)浮乃 107/525
論西伯利亞水利 (日)闕名 107/529
俄人國勢酷類強秦論 陳熾 107/531
論俄國不能混一亞東 徐勤 107/533
俄國外政策史 (俄)斯哥利哥布斯奚 107/539
論俄國日強 107/548
論俄法同盟實情

(美)瘀斯地是 107/551
論歐洲各國不宜助突厥
(英)闕名 107/553
英國下議院議論土亂及英國應如何辦法 107/554
土耳其論 (日)碌堂 107/558
波蘭滅亡記 闕人 107/563
過波蘭記 (日)闕名 107/564
巴西風土記 (日)闕名 107/565
朝鮮敝政論 (德)比拾 107/566
歐洲六大國紀聞 107/570
論法越與英緬大勢 107/571
中亞細亞地圖考 108/001
論亞細亞各國 108/004
歐洲各國開闢非洲考 108/005
奧大里亞諸埠考 108/006
越南國紀略 108/007
日本國緣起 108/008
日本疆域考 108/008
日本地勢軍實考 108/009
英國緣起 108/011
論日本新得島嶼 108/013
論印度興衰並英人治理之始 108/015
規印度以制英論 108/016
法國緣起 108/017
論法拓屬地情形 108/019
德國緣起 108/020
俄國緣起 108/022
俄國疆域考 108/023
俄羅斯疆域考 108/024
紀俄國得地之廣 108/026
奧國緣起 108/027
意大利國緣起 108/028
日斯巴尼亞國緣起 108/028
瑞國緣起 108/030
比利時國緣起 108/031
土國緣起 108/031
荷蘭國緣起 108/033
美國緣起 108/034
美利堅國考略 108/035
論火奴魯魯島國歸入美利堅版圖事 108/036
北海東京風土考 108/076
日本名勝風俗考 108/077
日本氣候風俗考 108/079
印度國俗考 108/080
俄國風土人情述略 108/081
馬達加司加風土記 108/082
中國宜亟設議院論 109/419
論中國富強之疏當先設議院以握其綱 109/420
論中國欲袪蒙蔽非設立議院不可 109/422
推廣議院延置華人說 109/423
論東洋初設議政院事 109/425
德國議院章程序 徐建寅 109/427
論議院 109/427
論在上不可不達民情 109/429
論宜復古法以通上下之情 109/430
議院為中國盛時遺法論 109/431
論議院為治國之綱領 109/433
論創行新法宜首開議院 109/434
設議院以達民情說 109/435
論設立議院之益 109/439
中國當開議院說 109/440

請豁除舊禁招徠華民疏
薛福成 110/017
附陳派撥兵船保護商民片 110/019
致五星使書 110/019
西洋諸國為民理財說
薛福成 110/022
西國富戶利民說
(英)李提摩太 110/028
公法十一篇 110/277
原始 110/277
明用 110/277
立國 110/278
禁令 110/280
交接 110/282
使命 110/284
盟會 110/286
和約 110/293
論交涉 李東沅 110/294
論國君典禮 110/295
論國君尊卑次序 110/296
論國君並其親屬交往事宜 110/297
論水師禮節 丁韙良譯 110/297
論邦國交際公法學 闕名 110/301
交涉學 闕名 110/302
日本鄰交記後序 黃遵憲 110/305
論交涉 闕名 110/306
各國交涉源流考 110/308
巴黎復友人書 馬建忠 110/313
論中外官交涉儀式
馬建忠 110/319
中國與俄法英關係論
(日)闕名 110/323
論中俄情形 (英)闕名 110/329
論日俄將來大局 闕名 110/330
論黑龍江省將來大局
(俄)闕名 110/331
與法蘭西立約通商保護越南議
薛福成 110/382
蘇州日本租界章程 110/388
洋務局馬房執照章程 110/389
洋務局東洋車章程 110/390
蘇州關道陸擬辦租地章程 110/391
蘇州關道陸擬呈經營官建市屋章程
110/392
蘇州租界租地章程 110/393
論蘇杭交涉之難 110/394
滇緬分界大概情形疏
薛福成 110/395
重專對議 馮桂芬 110/419
條陳出使外洋事宜疏 110/419
謹擬給出使各員俸薪銀數清單
110/420
謹擬出使章程十二條 110/420
遵旨議奏疏 110/421
奏為查明請旨疏 110/425
通使總論 丁韙良譯 110/425
論各國應有專署以理外事
丁韙良譯 110/426
論外交緣由 110/427
論總理大臣之職 110/427
論總署辦事人員 110/428
論通使之例
論公使之職 丁韙良譯 110/429
論通使之權 丁韙良譯 110/429
論接使之權 丁韙良譯 110/430
論使臣等級 丁韙良譯 110/432

二、治體 西政

中俄恰克圖界約第七條 110/532
照會法使恭思當文 110/533
附續議界務專務四款 110/533
澳門租界改歸葡國永遠居住立約尚宜妥議緩定疏 張之洞 110/534
中英續議滇緬界商務條約附款 110/537
與歐洲各國立約前後考略 110/554
民間宜令知和約說 110/557
同種聯盟說 111/001
中東合從說 111/002
論中日兩國關係 111/003
論和日親俄之策 111/004
論中國宜專與日本聯約 111/005
論聯俄拒英事 111/006
中英固交以防俄論 111/008
親俄拒日論 111/009
論奧意連兵約 111/011
論奧普意同盟事 111/012
書普法交涉近聞後 111/013
論俄法兩國互遣兵船至境游歷 111/014
論俄法聯盟事 111/015
俄日聯盟論 111/017
論英日會議維持東方大局事 111/018
論英日合操 111/019
論日英宜助中抑德以制俄 111/020
論英國亟宜聯日德奧義四國拒俄以保商利 111/021
縷陳選將練兵情形疏 鮑超 111/027
書科爾沁忠親王大沽之敗 薛福成 111/029
書漢陽葉相廣州之變 薛福成 111/032
論法人近日留意於中德兩國 111/040
綜論法越勝負 111/041
歸還伊犁利害說 111/042
論俄人潛佔黑龍江邊界事 111/044
倭人違背公法論 111/045
論日事為中國之福 111/048
論中國患俄而不患日 111/050
論德人佔膠州事 111/052
書英俄警電後 111/054
論俄普法三國增兵事 111/057
論埃及亂事 111/058
述埃亂緣起書後 111/059
論葡人備邊 111/060
論意人在美亦有被阻之慮 111/062
論俄土爭戰事 111/063
論俄日事 111/064
論英俄兩國機謀 111/066
英俄兩國猜忌日深說 111/067
論英俄將開戰禍 111/068
俄有大志說 111/069
論俄人護鮮 111/071
論獻策圖韓事 111/072
日本高麗持久不戰考 111/073
論各國不宜挾土以長戎首 111/074
論土希近事 111/076
論土希戰事 111/077
續論希土和戰情形 111/078
論機列士兵為土耳其所敗事 111/080

二、治體 西政

論美國擬助古巴土人 111/082
論美國購還古巴島 111/083
論美日失和事 111/084
論美班戰禍 111/085
歐洲戰禍已亟說 111/086
論兵端相尋恐在於歐不在於亞 111/088
猾夏之漸 111/091
附西人教法異同考 111/101
江楚黜教 111/102
教堂一案設法辦理疏 沈葆楨 111/107
皖南人心稍定洋教士迭請雪冤並擬現辦情形疏 沈葆楨 111/108
致各西國大臣書 111/110
稟覆教民案件 111/115
附稟 111/118
稟督院張 徐賡陛 111/118
覆法國領事文 張之洞 111/119
論教案 111/122
論辦理教案 111/123
勸各處息鬧教說 111/126
善勸導以安民教說 111/127
弭教案而育人材論 111/128
推論民教讎殺之故 111/129
問民教讎殺之案層見叠出其故安在將由何道而可以久遠相安也 111/130
論中國各省鬧教案速宜嚴辦而在西人持論亦宜持平 111/133
希臘大帝亞力山大傳 (英)李提摩太 111/135
羅馬皇該撒傳 (英)李提摩太 111/136
得勝偉良傳 (英)李提摩太 111/138
少言偉良傳 (英)李提摩太 111/139
法皇拿破崙第一傳 (英)李提摩太 111/140
俄皇大彼得傳 (英)李提摩太 111/143
歐洲近世外交史 (日)闕名 111/153
記西國古史 闕名 111/155
論比國王 愛芝其亞 111/158
美國共和黨擬舉總統宣論新政 闕名 111/159
書華盛頓傳後 111/162
美新總統麥見尼傳 (日)闕名 111/163
論暹王出游 劉楨麟 111/164
暹王游歷記 (英)闕名 111/166
讀英人戈君策略書後 111/178
再書英將策略後 111/179
士國世系考 111/181
俄相亞力俄后亞力高氏統系辨訛 111/181
說俄 111/181
論日本改朔易服 111/183
日本改封建為郡縣論 111/184
日本天長節記 111/184
古巴領事採陳近日情形節略 111/186
論搭浪蘇阿利事 111/189
讀萬國史記叢論 111/191
讀普法戰紀書後 111/195
哥倫布傳贊 111/197
卑士麥小傳 111/198

波斯國沙說 111/199
恭報會同俄員勘界立牌繪圖補記遵旨晝押各日期疏 吳大澂 113/140
俄羅斯屬地西卑利亞新造鐵路圖說 姚文棟 113/142
再論夷務疏 沈兆霖 113/262
遵旨籌辦防務情形疏 李宗羲 113/263
列國息爭條約 (日)闕名 113/400
中國創設鐵路利弊論 114/082
致直隸訥制軍書 劉韻珂 115/005
天津新議續議 115/006
擬陳洋務疏 郭嵩燾 115/017
覆奏總理衙門六條疏 李宗羲 115/036
條陳洋務事宜疏 王先謙 115/121
洋務首在得人論 115/133
論中國辦理洋務之難 115/134
論中外近勢 115/136
答倭問興亞 姚文棟 115/157
強鄰環伺謹陳愚計疏 薛福成 115/157
西人為患中國之由 115/202
論今之時局與戰國大異 何樹齡 115/299
論世變之亟 闕名 115/300
美民自主記 差利刀 115/313
論西人創設天足會事 115/326
論西國宜創行天腰會 115/327
論瑞典國將啟新聞大會 115/330
覆李提摩太書 陶模 115/331
論中國不得享萬國公法之益 115/339
中外一家說 115/341
論西法將盛行事 115/356
論西法切於民生 115/358
論華人痛詆西法 115/359
効法西人當從有益論 115/365
紓外患而固邦本說 115/388
論中國藩屬與泰西各國不同 115/402
論西人七日各人休息事 115/429
西人動作必圖大利益論 115/432
論華人隸英籍之區別 115/433
論華傭隸西籍 115/434
論華人謀生他國事 115/435
論中西市道之不同 115/441
英國大赦奴僕記 115/445
琉球朝貢考 115/448
日本地理兵要例言 姚文棟 116/441
中國度支論 118/068
瑪賽復友人書 馬建忠 120/019
力阻和議片 彭玉麟 121/046
恭報撤師日期並調度劉軍安置越民情形疏 岑毓英 121/055
論今南洋各島國 吳曾英 121/260
瀛海論上篇 張自牧 122/399
瀛海論中篇 張自牧 122/407
瀛海論下篇 張自牧 122/414
強鄰環伺謹陳愚計疏 薛福成 122/421
上黎星使書 姚文棟 122/425
論不勤遠略之誤 薛福成 122/430
辦理交涉以膽識才辯為先論

二、治體 西政

黃潤章 122/431
辨理洋務人員以何者為稱職論 蔣同寅 122/434
俄國外政策 斯哥利哥布斯奚 122/447
論今之時局與戰國大異 122/453
論世變之亟 闕名 122/455
總論亞洲 122/456
論東亞客歲情形 (日)闕名 122/462
局外旁觀論 赫德 122/471
中英煙臺會議條款 122/515
禁用洋貨議 122/518
論洋害 程成 122/519
通商綜覈表序 闕名 122/546
中俄茶葉二則 (日)闕名 123/029
猾夏之漸 123/043
俄羅斯國進呈書籍記 123/069
中俄天津和約十二條 123/090
小國換約 123/093
中俄續增條約十五則 123/099
天津新議續議 123/105
中法通商新約十九條 123/117
約章 123/123
鄰交 123/125
許巴西墨西哥立約招工說 薛福成 123/126
書俄皇告洪大臣之言 薛福成 123/128
巴黎復友人書 馬建忠 123/129
各國交涉源流考 123/137
論交涉 闕名 123/143
論黑龍江省將來大局 (俄)闕名 123/145
論各國應有專署以理外事 123/151
論中俄密約 (英)闕名 123/153
條陳出使外洋事宜疏 123/161
遵旨議奏疏 123/163
奏為查明請旨疏 123/168
改訂俄約辦事艱難情形疏 曾紀澤 123/168
日本鄰交志後序 黃遵憲 123/171
通籌南洋各島添設領事官保護華民疏 薛福成 123/173
請豁除舊禁招徠華民疏 薛福成 123/176
附陳派撥兵船保護商民片 薛福成 123/179
通使總論 丁韙良(譯) 123/183
論公使之職 丁韙良(譯) 123/184
論使臣等級 丁韙良(譯) 123/191
論使臣職守 丁韙良(譯) 123/195
論出使人員 丁韙良(譯) 123/198
論使臣之權利 丁韙良(譯) 123/201
論使臣所任之事 丁韙良(譯) 123/219
論使臣升降解任等情 丁韙良(譯) 123/229
論各國往來禮節 丁韙良(譯) 123/232
論水師禮節 丁韙良(譯) 123/236
論中外官交涉儀式 馬建忠 123/243
論領事官之責任 丁韙良(譯) 123/245
論領事官所任之事分類 丁韙良(譯) 123/253

論領事官駐劄回部 丁韙良(譯) 123/265
敵情 薛福成 123/274
公法十一篇 123/276
列國息爭條約 (日)闕名 123/299
康熙中俄定界始末考 123/333
中俄恰克圖界約第三條 123/336
中俄恰克圖界約第六條 123/337
中俄恰克圖界約第七條 123/337
英舊約第三條 123/337
愛琿城俄約第一條 123/337
俄約第九條 123/338
中俄黑龍江定界記文 123/338
中俄塔城議定記約首段 123/340
中俄塔城議定記約第一條 123/340
中俄塔城議定記約第二條 123/340
中俄塔城議定記約第三條 123/340
中俄塔城議定記約第四條 123/341
中俄塔城議定記約第五條 123/341
中俄塔城議定記約第六條 123/342
中俄塔城議定記約第七條 123/342
中俄塔城議定記約第八條 123/342
中俄塔城議定記約第九條 123/342
中俄塔城議定記約第十條 123/343
俄續約第一條 123/343
俄續約第二條 123/344
俄續約第三條 123/344
塔爾巴哈臺界約首段 123/344
塔爾巴哈臺界約第一條 123/345
塔爾巴哈臺界約第二條 123/345
塔爾巴哈臺界約第三條 123/345
科布多界約首段 123/346
科布多界約第一條 123/346
科布多界約第二條 123/346
科布多界約第三條 123/347
烏里雅蘇臺首段 123/347
烏里雅蘇臺第一條 123/347
烏里雅蘇臺第二條 123/348
中俄改訂條約第一條 123/350
中俄改訂條約第五條 123/350
中俄改訂條約第七條 123/351
中俄改訂條約第八條 123/351
中俄改訂條約第九條 123/351
美續約第一條 123/354
中法會訂越南新約第一款 123/354
中法會訂越南新約第三款 123/354
審陳霍爾果斯河西地境事情片 曾紀澤 123/356
覆陳中俄議界情形疏 曾紀澤 123/356
劾使臣辱命疏 張之洞 123/358
會堪倭那二牌應照圖約更正疏 吳大澂 123/361
恭報會同俄員勘界立牌繪圖補記遵旨畫押各日期疏 吳大澂 123/363
澳門租界改歸葡國永遠居住立約尚宜妥議緩定疏 張之洞 123/365
與英外部商定派員會立坎巨提頭目疏 薛福成 123/369
密陳帕米爾情形片 123/370
滇緬分界大概情形疏 123/372
中英續議滇緬界商務條約附款 123/378
蘇州日本租界章程 123/391
洋務局馬房執照章程 123/393

二、治體　西政

洋務局東洋車章程　123/394
蘇州關道陸擬辦租地章程　123/395
蘇州關道陸擬呈經管官建市屋章程　123/397
蘇州租界租地章程　123/397
各國形勢類考　孫嘉穀　123/403
大洋海大西洋海印度海北冰海南冰海考　楊毓輝　123/413
記西國古史　闕名　123/417
論最古各國政學興衰之理　闕名　123/420
歐洲近世外交史　(日)闕名　123/423
君主表　闕名　123/425
民主表　闕名　123/427
君民共主表　闕名　123/429
風俗考　鄒弢　123/431
西洋諸國導民生財說　薛福成　123/441
西洋諸國為民理財說　123/442
外洋學校　123/480
五印度形勢　黃楙材　123/494
英人以三島制五洲論　彭瑞熙　123/499
法皇拿破侖第一傳　(英)李提摩太　123/501
得勝偉良傳　(英)李提摩太　123/504
俄人國勢酷類強秦論　123/506
論俄國不能混一亞東　123/508
論中俄情形　(英)闕名　123/515
論中俄將來大局　闕名　123/516
論俄法同盟實情　(美)瘀斯地是　123/518
俄皇大彼得傳　(英)李提摩太　123/521
德國議院章程序　徐建寅　123/534
論德國海軍及殖民政策　(日)闕名　123/535
德皇政策　(日)闕名　123/538
論德皇為人　闕名　123/539
希臘羅馬總論　闕名　123/541
羅馬皇該撒傳　(英)李提摩太　123/542
希臘大帝亞力山大傳　(英)李提摩太　123/544
土耳其論　(日)碌堂　123/547
少言偉良傳　(英)李提摩太　123/550
書華盛頓傳後　汪榮寶　123/551
美新總統麥見尼傳　(日)闕名　123/553
美國南北花旗交戰紀略　鄒弢　123/554
日本安政以來大事略述　闕名　123/556
俄國外政策史　(俄)斯哥利哥布斯奚　123/559
論遣派學生出洋肄業事　125/002
鼓勵游學生徒說　125/003
論中國宜簡親王出使　125/004
中國宜廣儲使才論　125/005
論出使大臣　125/007
論使才之難　125/008
論所以盡使臣之職　125/009
覘使臣以通情好論　125/010
論敬使以固邦交　125/012
論延訪使才　125/013
論使材遴選宜精　125/015

慎選使才說 125/016
慎重佐使人才說 125/018
論出使 125/019
論中國不得享萬國公法之益 邱煒萲 125/022
列國息爭條約 (日)闕名 125/025
與歐洲各國立約前後考略 125/027
論議院為治國之綱領 125/029
開議院論 趙而霖 125/031
議院利害若何論 125/032
議院得失篇 陳翼為 125/034
外交策 吳鼎元 125/037
中外交涉論 125/037
交鄰得當論 張玠 125/038
辦理交涉以膽識才辯為先論 黃潤章 125/039
宜編輯道咸以來交涉文牘說 125/043
保守朝鮮論 125/044
保朝鮮末議 125/045
論西國古今通變 125/349
論西國富強之本 125/350
西國富教合為一事說 125/351
論俄國富強之故 125/352
論日本善政 125/353
紀印度政教 125/354
土國世系 125/355
論泰西人和 125/355
西學包羅於六經說 125/356
推廣西學議 125/359
問西人崇尚洋教然教中所言質之洋人格致新理不合甚多能悉舉其矛盾處否 125/363
論西人輿地之學 125/366
俄皇大彼得傳 125/375
論德皇 125/385
論比國王 125/386
英商公司據印度及亞美利加考 125/389
論俄法聯盟事 125/400
俄日聯盟論 125/402
土希和約 125/406
論俄皇游歷 125/406
論暹王游歷事 125/408
論比儲出游事 125/409
論俄法兩國互遣兵船至境游歷 125/410
論英俄交涉情形 125/413
暹法交涉情形 125/414
論英日會議維持東方大局事 125/415
論土希戰務 125/422
論美班戰禍 125/424
論美日失和事 125/425
論英俄兩國機謀 125/426
論俄日事 125/427
論埃及亂事 125/429
論葡人備邊 125/430
英國緣起 125/447
德國緣起 125/449
俄國緣起 125/451
法國緣起 125/452
美國緣起 125/453
日本國緣起 125/454
意大利國緣起 125/455
奧國緣起 125/456

瑞國緣起 125/457
比利時國緣起 125/458
日斯巴尼亞國緣起 125/458
土國緣起 125/460
荷蘭國緣起 125/461
俄國疆域考 125/462
日本疆域考 125/464
美國南部地方情形 125/465
越南國紀略 125/467
論德國漸思恢張霸權 125/468
規印度以制英論 125/469
論日俄關繫 125/470
記高麗變法事 125/471
論墨西哥招人開墾事 125/472
論泰西得飲食之道 125/473
洋務憤言 125/475
日本名士論經濟學 (日)田口 126/157
議院 陳次亮 126/255
議院 湯蟄仙 126/256
英國下議院議論土亂及英國應如何辦法 譯西報 126/258
英國下議院論土亂及英國應如何辦法 譯西報 126/263
英國下議院議土亂及英國應如何辦法 張坤德譯 126/267
論美國選舉總統 博聞報 127/128
暹羅 陳次亮 127/267
保朝 湯蟄仙 127/278
俄將論中國財政 (俄)鋪加脫氏 127/301
俄將論中國財政 (俄)鋪加脫氏 127/305
論中俄專約 張坤德(譯) 127/308
中國不能維新論 闕名 127/310
中國度支論 張坤德(譯) 127/311
中國實情 譯富強報 127/314
論中國將來情形 萬國公報 127/316
挾制中國修理北河論 闕名 127/317
美國人觀日本情形記 (美)撲爾打 127/319
美國人觀日本情形記 (美)撲爾打 127/322
論日本宜廣增海軍 譯東京日報 127/323
日本大臣新政 譯東京日報 127/324
美懾日疆 (日)貞吉譯 127/326
日本度支 譯美國公論報 127/328
某報館訪事與伊籐問答節略 譯東京日報 127/333
論日人經營臺灣 譯西捷報 127/338
論臺灣 (日)伊藤 127/343
論日人經營臺灣 譯東京日報 127/346
俄人論英國海外政策 譯俄國日報 127/349
俄人論英國海外政策 譯俄國報 127/351
英俄合從策 譯爹爾古論古報 127/357
英君主治國論 譯泰晤士報 127/358
論英國首相執政之權 譯泰晤士報 127/360
英國水師幼童升遷情形 (英)惠爾木 127/362

錄諫俄皇書 張坤德 127/365
英俄畫界條款 譯英國歲紀內政外交成案 127/366
英人論俄 譯不拉古兜雜志 127/368
帕報論俄 譯帕爾米爾捷報 127/370
論英國爵臣誡英應防俄法 德沸令 127/371
論俄國候補外務大臣 譯沙得得兒的報 127/373
俄國外政大臣魯馬能務王事略 劉崇惠譯 127/374
論太平洋大勢 知新報 127/379
論歐洲形勢 德相俾斯麥 127/380
歐洲外交政策 譯俄那麼是的報 127/381
中日之戰六國皆失算論 闕名 127/384
土耳其論 知新報 127/388
美國共和黨宣論新政 泰晤士報 127/391
波蘭滅亡記 闕名 127/396
過波蘭記 譯國民新報 127/399
出使俄奥國大臣楊議覆新政事宜摺 128/127
致伍星使書論美國華工六事 128/170
英上李提摩太上合肥李傳相書 128/174
日人代籌開通東三省事宜稿 128/175
論西人處置東亞之意 汪康年 128/212
近世歐洲國王被刺事述 128/225
英國大行君主印度大后帝大維多利亞外傳 128/227
突厥即土耳基蘇丹事實 128/228
問俄國大彼得其雄略頗與贏秦相似然始皇再傳而亡俄則彼得以後方興未艾功烈相侔成敗各異其故安在盍參考焉 128/232
美國大總統麥荊來傳略 128/234
開議院論 趙而霖 128/265
江海關稅司賀璧理君擬修改約章稅則以清賠款而保利權節略 128/484
江漢關稅司賀璧理君擬歸還賠款及利息各數表略 128/491
豫省籌還賠款摺 128/510
皖撫聶奏陳籌措賠款事宜摺 128/512
江撫李奏奉派各國賠款擬請先辦按糧捐輸以資湊撥摺 128/515
外務部奏請裁減出使經費摺 128/522
論日本財賦 128/538
全權大臣奏陳商定各國使臣覲見禮節摺 130/123
豫籌各國使臣合請覲見片 130/124
中國使臣會議賠款事宜略 130/125
江督照會駐滬領袖總領事公文 130/127
上海道袁觀察與美總領事古商論開濬黃浦事宜公文 130/128
述蘇杭日本租界情形 130/134
厦門鼓浪嶼公地章程 130/137
論改訂中國通商條約 130/139

二、治體　西政

五國盟約離合記　130/145
五國盟約離合續記　130/147
論實施條約要旨　130/148
通籌南洋各島添設領事官保護華民疏　130/150
論美國禁止華工之故　130/153
外交無為論　130/159
外交史及其研究法　130/161
使例略述　130/163
各國交涉等差問侖　130/165
使臣領事各種交涉問侖　130/173
公使覲見原始　130/176
商用客卿問答　130/177
問西洋人來中國動云利益均霑而華民出洋種種受制必如何乃可伸使權而實華民試詳籌之　130/178
問中國果能自強將來設遇各國換約之期執持公法與之侃侃而爭其首先應刪改者何在　130/178
宜編輯道咸以來交涉文牘說　130/180
英國政治考　130/183
英國紀略　130/184
亞當世系考　130/189
挪亞子孫遷徙考　130/190
亞述國沿革考　130/191
腓尼基喀頪基考　130/193
古希利尼建國考略　130/195
古希利尼沿革考略　雅典　130/197
埃及變政考　130/199
埃及國千年來事實考　130/201
秘魯政治考　130/206
秘魯商務考　130/213
日本內政　130/215
西報論澳洲宜禁亞人　130/220
澳大利全洲情形　130/222
德國政書序　130/227
北冰洋洲及阿拉斯加沿海見聞錄　130/231
游檀香山日記　嚴錦榮　130/235
論俄羅斯立國之勢　130/239
再論俄羅斯立國之勢　130/240
香港議政前編　130/241
香港議政後編　130/245
各國都城地名譯音異同表　130/247
泰西七國衡論　130/251
俄德法三國聯衡極東問題之影響　130/253
論治理斐律濱羣島之策　130/256
述各國軍艦行駛蘇彝士運河事　130/257
論美國開鑿尼喀拉加運河　130/259
論居美黑人之現在將來　130/260
論俄日聯盟不易　130/262
俄國海軍之根據地　130/263
論英宜親俄拒德　130/267
英俄為兩敵論　130/273
美德宜力保大局說　130/275
紀甘寧士德賴福事　130/277
各國變法功効考　130/282
問五洲各國大小相維強弱相制盟約相聯莫能相併近如美救古巴而與西戰英助土而與俄爭普法之戰而日耳曼之盟合日韓之役而俄德法之交固或迫於勢或動以利各有隱情試詳論焉　李滦　130/286

問英併印度俄滅波蘭或以商務或以賄賂陰謀秘計若出一轍近人顧謂英為能救人之國俄為虎狼之國許英抑俄其故安在盍證以往事權其利害剴切陳之 許錫文 130/287
論葡萄牙事 130/288
新加坡華商會館規條 130/311
泰西國會問答 130/314
美國獨立檄文 130/317
釋彝 高鳳謙 130/494
縷陳中西情形種種不同火車鐵路勢不可行疏 劉錫鴻 132/111
籌議修約事宜疏 丁寶楨 132/231
密陳制夷方略片 丁寶楨 132/232
擬陳洋務疏 郭嵩燾 132/236
覆奏總理衙門六條疏 李宗羲 132/245
條陳洋務事宜疏 王先謙 132/249
議覆中外洋務條陳疏 李鴻章 132/260
條陳洋務事宜疏 王之春 132/262
密陳英日聯盟有與中國關係疏 袁世凱 132/265
強鄰環伺謹陳愚計疏 薛福成 132/266
裁併通商大臣酌議應辦事宜疏 李鴻章 132/269
請飭官吏購求條約片 李鴻章 132/271
豫籌各國使臣合請覲見片 薛福成 132/272
附陳密保洋員片 薛福成 132/272
遵議特設商務大臣及特派近支宗室游歷外國事宜疏 總理衙門 132/273
覆陳外務部應設司員額缺選補章程並堂司各官優給俸糈疏 政務處大臣 132/274
議復保薦寓洋華民有七利疏 總理衙門 132/277
請豁除舊禁招徠華民疏 薛福成 132/279
置辦外國鐵廠機器疏 李鴻章 132/282
籌議天津機器局片 李鴻章 132/284
請獎曾昭吉片 丁寶楨 132/288
覆陳川省機器局暫緩開辦片 丁寶楨 132/289
遵旨覆開機器局疏 丁寶楨 132/291
機器局購地添置火藥片 丁寶楨 132/291
會奏遵旨宣布英夷罪狀並設法驅逐該國船隻出口疏 林則徐 132/293
覆奏遵旨訪察民夷聚集情形疏 李星沅 132/295
上海裁撤會防局疏 李鴻章 132/296
英人吉為哩等游歷情形片 丁寶楨 132/297
英人窺探西藏陸路情形片 丁寶楨 132/298
馬加國攝政義由青海入藏片 丁寶楨 132/299

二、治體 西政

馬加國攝政義等改道由川入藏片 丁寶楨 132/301
懇准乍了入貢片 丁寶楨 132/303
英人窺伺後藏豫為籌備片 丁寶楨 132/304
喇嘛攘奪廓商財物派員查辦疏 丁寶楨 132/305
西藏與英人通商事多後慮疏 丁寶楨 132/306
通商先向藏番開說片 丁寶楨 132/308
通商儻有格礙盡力以圖片 丁寶楨 132/309
拿獲巖番分別嚴辦片 丁寶楨 132/310
岩番劫殺洋人查拿辦理片 丁寶楨 132/311
俄官尼由新疆入藏片 丁寶楨 132/312
議定滇緬界務商務條約疏 薛福成 132/317
與英外部商定派員會立坎巨提頭目疏 薛福成 132/318
密陳帕米爾情形片 薛福成 132/319
察看英法兩國交涉事宜疏 薛福成 132/320
煙臺議結滇案疏 李鴻章 132/322
附陳大金沙江行船片 薛福成 132/325
附陳酌定虎踞關以東界綫片 薛福成 132/325
滇緬分界大概情形疏 薛福成 132/326
附陳駐緬英員遵約呈進方物片 薛福成 132/329
附陳派營彈壓野人山地片 薛福成 132/329
附陳收回車里孟連兩土司全權片 薛福成 132/330
籌畫交涉事務片 左宗棠 132/330
密陳霍爾果斯河西地境事情片 曾紀澤 132/332
籌議交收伊犁事宜疏 李鴻章 132/332
接收伊犁敬陳管見摺 丁寶楨 132/335
時局多艱敬抒管見疏 丁寶楨 132/337
論俄羅斯條約疏 郭嵩燾 132/338
敬陳管見疏 曾紀澤 132/341
覆陳中俄議界情形疏 曾紀澤 132/344
與總署電報密商情形片 曾紀澤 132/345
遵旨改訂俄約蓋印畫押疏 曾紀澤 132/346
改訂俄約辦事艱難情形疏 曾紀澤 132/350
逆酋竄入俄境該國允嚴禁錮疏 曾紀澤 132/352
奏俄事緊急萬不可允疏 都察院御史 132/352
會同俄員勘界立碑繪圖補記遵旨畫押各日期疏 吳大澂 132/353
會勘倭那二牌應照圖約更正疏

吳大澂 132/355
請拒俄聯英疏 文悌 132/356
請開南洋疏 徐賡陛 132/357
通籌夷務慎重邊防片
劉長佑 132/359
雲南民志未定暫緩通商疏
劉長佑 132/360
細審夷情預為防制疏
劉長佑 132/361
熟審邊情敬陳管見疏
劉長佑 132/364
邊患已深事貴預籌片
劉長佑 132/367
遵旨通籌相機弭患疏
劉長佑 132/369
密陳法人情形片 劉長佑 132/371
法人併越擬練川兵以備緩急摺
丁寶楨 132/372
預防法人句結日本片
丁寶楨 132/373
奏報唐炯起程日期並敬陳管見疏
丁寶楨 132/373
妥籌邊計疏 李鴻章 132/375
覆陳法國大概情形疏
曾紀澤 132/376
暗結暹羅襲取西貢疏
彭玉麟 132/381
力阻和議片 彭玉麟 132/382
請飭照會通商各國片
彭玉麟 132/384
疑議雖定仍宜備戰以毖後患疏
彭玉麟 132/388
滇越邊界通商議約疏
李鴻章 132/392
法越交涉議定法約疏
李鴻章 132/395
中法新約續議界務商務條款疏
總理衙門 132/397
覆陳商局輪船暫售美國疏
李鴻章 132/399
密籌補救越南片 彭玉麟 132/400
代李伯相復陳遵旨籌畫密抒愚悃疏
薛福成 132/401
密陳膠澳主戰疏
都察院御史 132/403
巴西議約竣事疏 李鴻章 132/404
請飭黑龍江等處精練馬隊片
丁寶楨 132/406
日本議立專條疏 李鴻章 132/408
代李伯相籌議日本改約暫宜緩允疏
薛福成 132/410
妥籌朝鮮武備疏 李鴻章 132/413
妥籌朝鮮造器練兵疏
李鴻章 132/414
密勸朝鮮通商西國疏
李鴻章 132/416
議覆張佩綸條陳六事疏
李鴻章 132/417
朝鮮通商西國片 李鴻章 132/420
妥議朝鮮通商章程疏
李鴻章 132/421
代李伯相張尚書籌議攝服鄰邦先圖自強疏 薛福成 132/424
代李伯相籌議先練水師再圖東征疏
薛福成 132/426
再論夷務疏 沈兆霖 132/429

遵旨籌辦防務情形疏 李宗羲 132/431
遵呈海防圖說疏 李鴻章 132/433
恭報撤師日期並調度劉軍安置越民情形疏 岑毓英 132/435
英緬兵爭現擬籌布邊防疏 岑毓英 132/437
澳門租界改歸葡國永遠居住立約尚宜妥議緩定疏 張之洞 132/438
統籌閩粵浙三省防務片 曾國荃 132/441
密陳請保使館疏 袁昶 132/441
奏請嚴懲禍首疏 袁昶 132/443
覆奏江防疏 劉坤一 132/445
會奏時局危急疏 劉坤一、張之洞 132/446
外國捐賑請嘉獎片 李鴻章 132/447
洋員資費請准銷片 李鴻章 132/448
請旨定寶星章程疏 曾紀澤 132/450
各國使臣覲見禮節疏 全權大臣 132/450
覆奏天主教弛禁未便明示疏 李星沅 132/451
覆陳天津教案大概情形疏 曾國藩 132/452
天津教案籌辦情形片 曾國藩 132/454
會奏查明天津教案情由疏 曾國藩 132/455
續訊天津案内人犯分別定擬疏 曾國藩 132/458
教堂一案設法辦理疏 沈葆楨 132/458
匪徒散播流言民情驚擾現籌查辦情形疏 沈葆楨 132/460
研訊皖南教堂滋事確情分別示懲疏 沈葆楨 132/460
皖南人心稍定洋教士迭請雪冤並擬現辦情形片 沈葆楨 132/462
教士被毆致斃凶犯已獲請將旨將該管知縣撤任疏 魁玉 132/464
飭川東道成縣道清理教案片 丁寶楨 132/465
議結鄰水等五州縣教案片 丁寶楨 132/466
議結江北教案片 丁寶楨 132/468
密陳登萊青道員缺喫重片 丁寶楨 132/469
奏定山東教案要犯罪名疏 總理衙門 132/470
奏辦結教案議租膠澳與德使商定情形疏 總理衙門 132/471
敬陳辦理教案情形並參處僨事地方官疏 李興銳 132/473
議覆保護教堂疏 總理衙門 132/478
商辦京城教案疏 議和王大臣 132/479
清理教案片 于蔭霖 132/480
瀝陳蒙洋議和情形疏 升允 132/480
奏結南昌縣教案片 李興銳 132/482
條陳出使外洋事宜疏

二、治體 西政

總署王大臣 132/485
遵旨議奏疏 總署王大臣 132/485
奏為查明請旨疏
總署王大臣 132/489
請減出使經費疏 外務部 132/489
請旨定出洋章程疏
曾紀澤 132/492
劾使臣辱命疏 張之洞 132/492
請派員游歷外洋疏
謝祖源 132/495
請飭重定出使章程疏
陳其璋 132/496
派員出洋游歷片 丁寶楨 132/499
挑選幼童出洋肄業事宜疏
曾國藩、李鴻章 132/501
通籌南洋各島添設領事官保護華民疏 薛福成 132/503
附陳派撥兵船保護商民片
薛福成 132/505
變通外務部使署人員疏
外務部 132/506
德國四大法曹論
角谷太三郎 137/419
德意志近世政治論上
有賀長雄 137/423
德意志近世政治論下
有賀長雄 137/453
各國國民公私權力考
井上毅 138/045
中國借地通商條約論
角谷太三郎 138/329
中國新開秦王島論
大橋鐵太郎 138/332
美併檀香山記 大橋鐵太郎 138/333
日本外務省官制 闕名 138/335
聯軍和約 李鴻章 138/341
中俄滿洲新約 日報 138/349
日英聯盟條約 日報 138/351
歐洲近世外交情形上
有賀長雄 138/354
歐洲近世外交情形下
有賀長雄 138/387
外交史緒論 博文館 138/416
日本新政府對於列國論
博文館 138/416
紀日清交涉 博文館 138/420
澳州聯邦記 外交報 138/432
教案發端論 嚴復 138/446
耶教流行論 嚴復 138/448
教案關係政治論 嚴復 138/469
調輯民教論 嚴復 138/484
北美合衆國現今歲計表
傅運森譯 140/216
外務部戶部議奏試行印花稅摺
140/235
蘇州牙釐局詳復議行印花稅文
日報 140/237
英國印花稅章程 140/240
英國印花稅章程續編 140/287
英國印花稅例摘要
鄧廷鏗譯 140/298
英國印花稅始末並籌中國節略
朱壽慈譯 140/314
北美合衆國近年貿易出入額表
142/045
波斯商埠考 142/131

德意志商埠考 142/139
葡萄牙商埠考 142/147
亞洲地理大勢論 任公 143/272
歐洲地理大勢論 任公 143/315
俄國教育統計表 傅運森 144/210
北美合衆國教育統計表 傅運森 144/215
古今天下時局論 何鏞 145/037
天下各國人數論 蔡元章 145/038
歷代國本得失利弊論 王韜 145/039
論各國強弱相因之道 王韜 145/040
中外一家論 汪晉 145/042
論時局之變 沈惟禮 145/042
論歐亞二洲之關係 吳肇璜 145/043
歷代馭夷得失說 王韜 145/060
泰西亂黨論 何鏞 145/061
論美國亂耗 闕名 145/062
論中國辦理朝鮮事 闕名 145/064
紓外患而固邦本說 何鏞 145/066
保和局而弭隱憂議 葛誠 145/069
日本宜與中國和好議 吳肇璜 145/071
論印度興衰並英人治理之始 黃有聲 145/073
論暹高日變制難易不同 朱正元 145/075
救時芻議 王韜 145/081
英法德俄四國志略書後 徐仁鑄 145/083
論歐洲近日情形 何鏞 145/084
巴馬論 何鏞 145/086
論法人近日留意於中德兩國 何鏞 145/088
論俄人東向之勢 蔡元章 145/090
中國西陲屏藩論 單毓年 145/092
論歐西四國情形 儲桂山 145/093
記客述聯俄拒英事 吳肇璜 145/097
論俄勢日大 吳肇璜 145/099
俄人欲蠶食阿富汗記 賈忠 145/102
論朝鮮大局 顧起 145/104
侵佔論 范思枚 145/106
書暹法開兵電音後 范思枚 145/107
論倭人之輕中國 汪晉 145/109
論東方變局事＊ 冒金誥 145/111
論俄日齟齬 朱德實 145/114
論俄人之心志 顧起 145/118
論宜厚結俄歡 何鏞 145/120
論日人大興台灣之利 何鏞 145/122
論俄人護鮮 江元烺 145/124
論倭人注意在北洋 孫維新 145/126
縱論中倭大勢 孫維新 145/128
論俄將有事於倭 馬文言 145/131
論日俄大勢 蔣忠 145/133
論必保朝鮮以固東圉 江標 145/135
論禦外侮尤宜靖內變 江標 145/137
論朝鮮實與東北相維繫

儲桂山 145/139
論目前各國之形勢 儲桂山 145/141
論日本不足為中國患 吳肇璜 145/143
英美宜互結奧援論 郭鐸 145/145
論中俄訂立電綫約章 何鏞 145/151
華洋交涉要論 何鏞 145/152
總署照會美使請廢苛例 王韜 145/153
記勿剌施招工事 王韜 145/156
巴西招工大可允行說 王韜 145/157
論辦理交涉 黃伯元 145/159
英俄巴馬界約 汪晉 145/161
丁酉中俄東三省約稿條款 闕名 145/162
論中外交涉宜通洋務 儲桂芬 145/164
中西交涉損益論 馬忠 145/165
論和約之弊以割地為最重 張之濤 145/170
閱日使上朝鮮國王疏書後 張嘉言 145/172
論中俄交誼 王世澂 145/175
書倭使致張邵兩星使原函後 王世澂 145/176
書藩王入貢事 張大鏞 145/179
論日使致書問朝鮮是否中國藩屬 呂鴻鈞 145/181
英屬地考 葛潭 145/187
日本地勢軍實考 范沉 145/187
高麗考 王韜 145/188
琉球考 張嘉言 145/189
論大地九州之外復有九州 許景澄 145/190
論美國源流 * 伍廷芳 145/192
暹羅世系考 王懿榮 145/199
澳大利亞洲形勢利病 何鏞 145/201
倭國建置沿革考 范思禹 145/206
論和後事宜 賈文言 145/229
洋務以結民信為本說 何鏞 145/230
楊星使紀聞美例事 范思枚 145/530
西貢法語 蔡元章 145/531
泰西善政節錄 汪晉 145/531
詳述海綫原委 徐敬熙 145/532
各國待華民情形說 王世澂 145/533
暹法條約撮要 唐忠行 145/534
論保險近日申明章程事 王懿榮 145/535
論工部局能盡其職 顧起 145/537
戒烟會問答即系之以論 儲桂山 145/539
弛華人回國之禁說 儲桂山 145/542
書弛華人回國之禁說後 黃者君 145/544
聞泰西婦女設天足會感而書此 蔣元烺 145/546
論民主之法不能行於中國 金洪章 145/548

二、治體 西政

備考英法俄三國學校之制 汪晉 146/050
勸各處息鬪教說 146/504
論教案 146/508
立國 (英)傅蘭雅譯，應祖錫述 147/260
呈請代奏乞力拒俄請衆公保疏 麥孟華 147/470
日耳曼皇沙盭曼傳 (英)李提摩太 149/001
英吉利大王亞勒腓傳 (英)李提摩太 149/002
沙力第五傳 (英)李提摩太 149/004
法皇拿坡崙行狀 (英)李提摩太譯，周慶雲節 149/007
俄彼得變政記序 闕名 149/022
俄彼得變政記 149/024
華盛頓傳 傅雲龍 149/035
論俄皇出游 闕名 149/039
論美國選舉總統 闕名 149/041
英皇維多利亞述 闕名 149/043
各國總統君后姓名錄 闕名 149/045
請飭重定出使章程疏 陳其璋 149/067
論英國首相執政之權 (英)闕名 149/085
論美國之盛由於學校 闕名 149/237
備考英法俄三國學校之制 闕名 149/252
日本游學指南緒論 章宗祥 149/433
英重通商 王韜 151/276
北徼形勢考 何秋濤 154/106
北徼山脈考 何秋濤 154/125
北徼水道考 何秋濤 154/153
記澳大利亞洲形勢 闕名 154/207
亞東對馬島考 顧厚焜 154/235
亞細亞洲全圖簡明說略 闕名 154/246
亞洲山勢簡明說略 葉瀚 154/259
亞西亞洲水流說略 葉瀚 154/261
紀游歷西藏 (英)李提摩太 155/093
朔方備承凡例 何秋濤 155/143
北徼界碑考 何秋濤 155/149
覆毛寄雲中承書 曾國藩 155/166
復恭親王書 曾國藩 155/169
查明津案大概情形疏 曾國藩 155/171
覆陳津案各情片 曾國藩 155/175
批揚州府孫守營朱參將會禀戴德生來揚傳教民人獲有屍孩動忿解散禀 曾國藩 155/178
批常鎮蔡道禀鎮江民人因洋人租屋滋事一案禀 曾國藩 155/179
劄法國領事文 曾國藩 155/181
國朝俄羅斯盟聘記 魏源 155/183
中俄改訂條約 155/193
中俄改訂陸路通商章程 155/201
光緒七年卡倫單 155/208
中俄交界記 王錫祺 155/210
睦鄰篇 王韜 155/223
日本通中國考 王韜 155/225
日本非中國藩屬辨 王韜 155/227
琉球朝貢考 王韜 155/229

交涉
(英)傅蘭雅譯，應祖錫述 155/231
洋務上 王韜 155/236
洋務下 王韜 155/239
洋務在用其所長 王韜 155/241
辦理洋務在得人 王韜 155/244
除額外權利 王韜 155/246
歐洲將有變局 王韜 155/248
英待中國意見不同 王韜 155/253
宜素歸澳門議 王韜 155/256
記中國自明代以來與西洋交涉大略
傅雲龍 155/258
中法會議通商條款 155/263
中法續議界務專條 155/273
中法續議商務專條 155/276
光緒十三年五月初三日給法國照會
155/279
日本鄰交志四 黃遵憲 155/283
日本鄰交志五 黃遵憲 155/311
致合肥李相國書 曾紀澤 155/334
論英人經營緬甸 闕名 155/336
答袁爽秋戶部書 薛福成 155/340
復許竹篔京師 薛福成 155/342
上龔仰蘧星使條陳
吳宗濂 155/343
中俄界約斠注敘例 錢恂 155/357
帕米爾分界私議 錢恂 155/365
中俄界綫簡明說 錢恂 155/371
中英續議滇緬界務商務條款
155/383
議定滇緬界務商務條約疏
薛福成 155/395
奏陳大金沙江行船片
薛福成 155/397
奏陳酌定虎踞關以東界綫片
薛福成 155/398
奏陳派營彈壓野人山地片
薛福成 155/400
奏陳收回車里孟連兩土司全權片
薛福成 155/402
車里界議 宋育仁 155/403
中美會訂限禁來美華工保護寓美華
人條約 155/407
上北洋李伯相書 汪豫源 155/410
中外約表 傅雲龍 155/412
中俄專約 155/423
請酌定寶星式樣疏
總理衙門 155/427
天津議訂英國新拓租界章程
155/428
義秘交犯專條 黎熹譯 155/430
俄事轉禍為福論
(英)李提摩太 155/436
論朝鮮宜求中國保護
(英)李提摩太 155/439
中俄訂約論 王韜 155/443
滇緬邊界商務記略 闕名 155/452
論中國北京外交情形
(西)闕名 155/455
論中俄專約 (英)闕名 155/463
奏辦結教案議租膠澳與德使商定情
形疏 總理衙門 155/466
湘撫保護游歷西人示
陳寶箴 155/470
論中俄界務 闕名 155/472
四明公所紳董懇保全公所義塚稟

二、治體 西政

155/475
四明公所董事稟上聶方伯蔡榷使稟 劉麟書、方繼善、黃承潤 155/477
論英國取長江一帶地方之利 (英)我克斯口 155/479
交涉 闕名 155/486
集錄英名士論俄在中國所得之權勢三則 (英)闕名 155/490
記倫敦商務公所會議英在中國應有鐵路之利 (英)闕名 155/492
論俄宜取不凍埠口於海參崴即務拉的倭司託克以南 (俄)亞伯羅莫兒 155/494
論亞洲宜自為唇齒 闕名 155/497
維持地球和局議 王榮懋 155/499
中俄交涉紀要 闕名 155/504
暹法交涉情形 (法)闕名 155/505
各使交出十二條款 156/001
全權大臣覆各國公使照會 慶親王、李鴻章 156/004
上海中西定保護長江內地章程九條 156/008
中俄約章亟宜修改說 闕名 156/010
論俄窺西藏 闕名 156/015
山西洋務局沈觀察會同法將巴堯訂立設卡保商章程 沈敦和 156/016
皖撫覆奏條陳洋務疏 王之春 156/018
全權大臣奏陳商定各國使臣覲見禮節摺 慶親王、李鴻章 156/025
聯俄篇 觀雲 156/028
興泉永道擬定鼓浪嶼公地章程 156/032
論美國禁止華工之故 (西)斐倫 156/046
外交史及其研究法 (日)有賀長雄 156/060
外交無為論 (日)有賀長雄 156/064
論改訂中國通商條約 (日)大限重信 156/067
歐洲東方交涉記序 (英)林樂知 156/081
克里迷亞之戰本末 156/082
虐害保該力阿人事 156/093
土京會議紀略 156/103
俄土之戰咎有攸歸 156/117
論俄於印度有何關係 156/120
論英與俄戰大有關係 156/128
普法戰紀前序 王韜 156/130
普法戰紀後序 王韜 156/134
普法戰紀代序 闕名 156/138
日本國志敘 黃遵憲 156/142
日本國志凡例 黃遵憲 156/144
紀英國政治 王韜 156/148
俄人志在併兼 王韜 156/150
中外合力防俄 王韜 156/153
遣使親俄 王韜 156/155
合六國以制俄 王韜 156/158
英重防俄 王韜 156/161
英宜保土 王韜 156/162
土勝俄不足恃 王韜 156/165
英俄經營亞洲 王韜 156/169
西人重日輕華 王韜 156/170
琉球向歸日本辨 王韜 156/175

(英)闕名著，陳貽範譯 156/435
論最優待之國 (英)闕名 156/437
論歐洲中原之形勢 (日)闕名 156/440
紀日本外務大臣宣述與俄立約事 (日)闕名 156/442
論西伯利亞將來大局 (日)闕名 156/446
論俄日條約 (英)闕名 156/447
法名士論列國史事 (法)華觀洞 156/449
埃及近世史要 (日)闕名 156/451
論俄人性質 (日)闕名 156/453
論土希大局 (英)查列斯埊兒克 156/456
論羲為土敗歐洲各國之福 (日)闕名 156/458
察視暹羅說 (日)闕名 156/461
演說臺灣教育情形 (日)伊澤□ 156/463
法都答太唔士報館訪事人語 (日)伊藤博文 156/465
論英皇所任之宰相 (西)闕名 156/468
論日本近事 (英)闕名 156/472
南美洲伯拉西兒風土記 (日)闕名 156/474
革雷得島交涉情形 (日)闕名 156/476
駐美日本公使巡報美國南部地方情形 (日)星□□ 156/478
六大國合謀突厥俗譯作土耳基說 (美)林樂知譯，蔡爾康著 157/001
歐洲慎戰論 (美)林樂知譯，蔡爾康著 157/006
古巴島述略 (日)村田 157/010
述英西儒笛倫君論希臘致敗之由 (英)闕名 157/013
英名士與機匠問答節略 (英)闕名 157/018
印度北境之亂 (西)闕名 157/020
日俄在高麗情形 (英)闕名 157/024
駐日本英使考察日本進境 (英)闕名 157/027
日本人臣宣言新政 (日)松芳□□ 157/029
倫敦論 (日)闕名 157/031
與駐德公使拉伯兒論外交書 (意)麥奚牙伯利 157/034
論俄在東方情形 (日)闕名 157/039
法國不善理藩論 (西)闕名 157/043
歸東京與士人論臺灣 (日)伊藤博文 157/046
俄國外政大臣魯馬能務王事略 劉崇惠譯 157/049
記西班牙始末 闕名 157/052
英前相格蘭斯敦小傳 (英)李提摩太譯，蔡爾康述 157/054
論英俄互防坎巨提事 闕名 157/057
德前相俾士麥王傳 (英)李提摩太譯，蔡爾康述 157/059
日英政策旁觀論 闕名 157/063
英前相致威斯土密尼士達書 (英)威士拉斯 157/065
泰西十九世文明述略

闕名 157/070
俄德法三國聯衡極東問題之影響 (日)闕名 157/072
述各國軍艦行駛蘇彝士運河事 (日)闕名 157/077
論居美黑人之現在將來 (日)闕名 157/082
日本國民同盟會上外部大臣書 157/085
游檀香山日記 嚴錦榮 157/087
論日本內政 (日)闕名 157/097
論法國對華政策 (日)闕名 157/108
日本游歷外國護照章程 157/111
論英宜親俄拒德 闕名譯 157/115
議覆保護教堂疏 總理衙門 157/249
棍噶札那參呼圖克圖華蓋上人傳 闕名 158/359
隨楊星使游美洲安達斯山記 謝希傅 158/372
天文女史漢嘉祿林傳 王文思譯 158/452
法國女畫史濮耨氏小傳 王文思譯 158/454
西政西藝叢鈔總叙 鄧實 158/527
歐洲政治革進之原因 梁啟超 159/057
英國之政黨政治 梁啟勳 159/092
說黨 顧震福 160/239
政黨淺說 黃遠庸 160/245
鑄黨論 黃遠庸 160/256
論民主黨 闕名 160/264
共和黨之地位與其態度 梁啟超 160/274
美國政黨之組織及其運用 梁啟勳 160/304
美國政客與政黨 梁啟勳 160/320
蒞民主黨歡迎會演說辭 梁啟超 160/339
蒞共和黨歡迎會演說辭 梁啟超 160/349
蒞國民黨歡迎會演說辭 梁啟超 160/356
振作共和黨政務部意見書 項葆楨 160/368
覆共和黨函 黎元洪 160/373
致各團體論政黨 黎元洪 160/374
致中央及各省忠告政黨 黎元洪 160/375
再致中央及各省忠告政黨 黎元洪 160/375
與副總統論政黨 章炳麟 160/377
與黃克強論入黨 楊度 160/378
與上海國民黨函 章炳麟 160/378
塔爾巴哈台調查錄 文碩 163/350
論列強對於中國瓜分保全兩策之變遷 王侃叔 164/111
列強之縱横術 闕名 164/120
華法聯進會宣言書 164/127
論外交上應爭之點 闕名 164/130
愼選駐美公使並改派公使分駐墨古秘等國意見書 唐瓊昌 164/133
敬告國民注重中日外交意見書 李大鈞 164/140
日人經營滿洲實業之現狀 闕名 164/162
德國青島之經營 闕名 164/165

二、治體 西政

俄蒙貿易最近之情況 闕名 164/169
中俄蒙事協約正論 闕名 164/181
致各省都督論俄蒙協約 朱瑞 164/198
對於中俄條約之痛言 熊希齡 164/201
俄蒙交涉始末 林唯剛 164/204
證明英人無可干涉藏事之理由 闕名 164/228
英兵入藏論 闕名 164/237
英藏交涉始末記 闕名 164/242
巴爾幹半島之風雲 湯叡 164/257
土耳基之亂事始末 林舒、樂賢同譯 164/271
美國南北戰後之財政 梁啟勳 164/486

三、吏政 吏論

答惠少靈 李中孚(顒) 002/003
答沈芷岸書 湯孔伯(斌) 002/004
官戒示長兒 陳紹洙(道) 002/005
勸民緒言序 魏石生(裔介) 002/012
與許典三書 魏石生(裔介) 002/013
示親民官自省六戒 于北溟(成龍) 002/014
興學 王犀川(士俊) 002/018
用人 王犀川(士俊) 002/020
與魯瞻弟書 陸稼書(隴其) 002/021
與五弟書 牛階平(運震) 002/022
仕學一貫錄 陳慶門 002/026
官紳約 石成金(天基) 002/035
寄張伯珩同年書 魏環極(象樞) 002/058
答王世兄書 湯孔伯(斌) 002/060
通譜說 王予中(懋竑) 002/061
寄叔兄西渠先生書 張敦復(英) 002/063
請除無益條例疏 李鄴園(之芳) 002/171
馭吏策 周振業 005/037
大法小廉論 趙吉士 005/038
守令 閻若璩 005/043
為政 唐甄 005/044
曹參論 楊繩武 005/047
擬請重親民之官疏 紀昀 005/049
省科條以培治本疏 徐越 005/053
請省簿書以課農桑疏 王安國 005/054
請除無益條例疏 李之芳 005/056
請除外省積弊六事疏 賈允升 005/061
請覆實虧空變通驛站疏 王杰 005/063
節僕從以省擾累疏 劉子章 005/066
敬陳吏治三事疏 汪志伊 005/067
上制軍條陳利弊書 周鎬 005/071
答汪方伯書 曾鏞 005/074
上高撫軍論地方利弊書 張貞 005/077
上王觀察書 楊于果 005/079
與陳季方 楊名時 005/081
寄楊清江錫紱書 陳宏謀 005/081
與各屬論治 陳宏謀 005/083
與粵西當事書 陳宏謀 005/083

與閻皐寧 韓夢周 005/084
唐風蟋蟀官箴說 楊錫紱 005/084
部刺史 顧炎武 005/175
請釐吏治五事疏 張鵬展 005/214
官戒示長兒 陳道 005/262
仕學一貫錄 陳慶門 005/312
敬陳風化之要疏 淩如煥 005/337
與五弟書 牛運震 005/346
通譜說 王懋竑 008/319
答惠少靈 李中孚 012/347
與英中丞書 李棠階 039/409
敬陳湖北兵政吏治疏 胡林翼 039/413
勸誡紳士四條 曾國藩 039/441
請道府州縣四項無庸減成疏 閻敬銘 039/445
請整飭吏治疏 周恒祺 039/451
勸誡紳士四條 曾國藩 039/493
禁言祥瑞疏 邊寶泉 046/440
請飭廷臣直諫疏 锺佩賢 046/483
請整飭吏治疏 周恆祺 046/518
厚養廉議 馮桂芬 047/085
許自陳議 馮桂芬 047/087
州縣養廉攤扣太多請酌量變通疏 賀長齡 047/088
條陳東路情形 胡林翼 047/090
敬陳湖北兵政吏治疏 胡林翼 047/094
復張石卿中丞 胡林翼 047/098
杜絕苞苴示 張樹聲 047/113
整飭官常示 張樹聲 047/113
救時芻言二則 張煥綸 047/114
請道府州縣四項無庸減成疏 閻敬銘 047/122
變捐例議 馮桂芬 047/144
安插就撫陝回請增設平涼通判都司疏 左宗棠 047/148
邊要員缺亟宜裁改疏 劉錦棠 047/173
昌圖廳擬請升為府治添設廳縣教佐各官疏 崇厚 047/452
請續設民官暨升改各缺疏 銘安 047/454
復嚴渭春方伯書 胡林翼 057/371
訓廉 湯鵬 057/381
書馬文淵語 高延第 057/391
讀史記循吏傳 楊紹文 057/395
官宜久任疏 張鑒 057/397
敬陳整頓吏治四事疏 李鶴年 057/401
條陳整飭吏治疏 袁方城 057/405
條陳力戒因循疏 丁日昌 057/413
示慶藩論任事 郭崑燾 057/427
示慶藩論處世 郭崑燾 057/429
勸誡淺語 曾國藩 057/431
重刻陳文恭公五種遺規序 吳慈鶴 057/443
通致所屬長吏條教 陸言 058/003
山東東西司事宜條略 包世臣 058/009
論安徽吏治一 查揆 058/017
論安徽吏治二 查揆 058/023
論安徽吏治三 查揆 058/031
論安徽吏治四 查揆 058/035
論安徽吏治五 查揆 058/041
送王彤甫出守辰州序

三、吏政　吏論

陳運鎮 058/047
送鞏守唐子方序 劉醇 058/051
與陳警堂大令書 呂璜 058/055
答李海帆大令書 呂璜 058/057
答呂禮北書 李宗傳 058/059
復廣昌守方觀宣書 包世臣 058/063
答姚伯山書 包世臣 058/067
答陸曹縣書 包世臣 058/071
復賀耦耕中丞書 鄒鳴鶴 058/075
致曾滌生侍郎書 龍啟瑞 058/081
致左季高書 胡林翼 058/085
復嚴渭春方伯書 胡林翼 058/089
致馮價人太守書 胡林翼 058/091
復陳舫仙書 曾國藩 058/093
上韓中丞書 姚瑩 058/095
厚養廉議 馮桂芬 058/211
請分別裁定陋規以肅吏治疏 黃體芳 058/227
變捐例議 馮桂芬 058/243
道府州縣四項無庸減成疏 閻敬銘 058/255
請飭停止增附捐教疏 汪元方 058/265
請酌核保舉章程以示限制疏 宋晉 058/269
甘肅新疆保案請從寬核議疏 左宗棠 058/277
請停報効以存政體疏 屠仁守 058/309
請整飭吏治疏 周恆祺 058/369
端表率杜弊源疏 富興阿 058/411
禁言祥瑞疏 邊寶泉 058/417
奉省南北路設官分治疏 崇厚 060/445
昌圖府屬擬請添設各官疏 岐元 060/459
通籌吉林全局請添設民官疏 銘安 060/471
請續設民官暨升改各缺疏 銘安 060/485
請慎重名器疏 朱嶟 069/159
杜密劉勝論 鄧瑤 071/075
請永停捐輸實官議 朱昌鼎 081/350
請飭廷臣直諫疏 鍾佩賢 082/174
擬應詔陳言疏 傅雲龍 082/201
整飭仕途疏 卞寶第 082/316
吏治上 鄭觀應 082/318
吏治下 鄭觀應 082/321
疏海防用人議 朱太守 082/324
捐納 鄭觀應 082/326
停捐納論 王韜 082/327
請永停捐納實官議 潘敦先 082/328
籌款停捐三議 李經邦 082/329
論捐實官之害 楊毓煇 082/331
富國不在捐輸論 孫兆熊 082/332
停捐四美論 楊毓煌 082/334
限仕 鄭觀應 082/335
嚴課州縣以責成效 陳虬 082/337
分任佐雜以策末秩 陳虬 082/338
酌提羨銀以濟同官 陳虬 082/338
書吏 鄭觀應 082/339
親王宜游歷各國說 082/553
請慎重名器疏 朱嶟 095/271

請停報効以存政體疏 屠仁守 095/275
禁言祥瑞疏 邊寶泉 095/277
議汰冗員疏 095/278
端表率杜弊源疏 富興阿 095/279
條陳力戒因循疏 丁日昌 095/281
請裁撤各官應分別汰留以清仕途 095/284
通致所屬長吏條教 陸言 095/285
用嚴法以懲貪吏說 095/287
今世正途中無身立命之處說 095/288
召對不拘官階以去蒙蔽議 095/293
停分發論 095/294
馭下論 李聯琇 095/296
救冗官 095/297
訓廉 湯鵬 095/298
論進退 095/300
限仕 鄭觀應 095/300
示知獎勵 095/303
勸戒淺語 曾國藩 095/305
書奏扣官俸後 095/309
讀宋侍御奏請釐定襲職章程疏書後 095/311
官宜久任疏 張鑒 095/312
論廨員一心以除弊為急務 095/313
華官宜通西情說 英山雅谷 095/314
紳衿論 095/315
條陳整飭吏治疏 袁方城 095/319
請整飭吏治疏 周恆祺 095/321
整飭仕途疏 卞寶第 095/323
請分別裁定陋規以肅吏治疏 黃體芳 095/324
敬陳整頓吏治四事疏 李鶴年 095/326
論安徽吏治 查揆 095/329
論安徽吏治二 查揆 095/331
論安徽吏治三 查揆 095/333
論安徽吏治四 查揆 095/334
論安徽吏治五 查揆 095/336
和論 龍啟瑞 095/338
吏治上 鄭觀應 095/339
吏治下 095/342
厚養廉議 095/362
請酌核保舉章程以示限制疏 宋晉 095/407
甘肅新疆保案請從寬核議疏 左宗棠 095/408
保薦人材宜先去弊論 095/411
請停止捐納道府州縣實官疏 陳兆文 095/421
道府州縣四項無庸減成疏 閻敬銘 095/422
請飭停止增附捐教疏 汪元方 095/423
停捐納以清仕途論 095/427
富國不在捐輸論 孫兆熊 095/428
停捐四美論 楊毓煌 095/431
停捐納論 王韜 095/433
請永停捐輸實官議 潘敦先 095/434
籌款停捐三議 李經邦 095/436
改捐例議 095/438
論捐實官之害 楊毓煇 095/439
捐納 鄭觀應 095/440
書戶部奏請加捐摺後 095/442

三、吏政 吏論

請飭廷臣直諫疏 錢佩賢 095/459
擬應詔陳言疏 傅雲龍 095/463
應詔陳言疏 黎庶昌 095/469
阻格言路論 095/476
論彈劾宜得其要 095/477
言官宜正心術 095/478
許自陳議 馮桂芬 095/480
論諫官 吳珽 095/480
論各省查辦參案不能破除情面 095/481
讀文侍御奏言官黨庇誣罔熒聽一摺書後 095/482
論言官宜留餘地 095/484
書吏 鄭觀應 096/005
奉省南北路設官分治疏 崇厚 096/213
通籌吉林全局請添設民官疏 銘安 096/216
親王宜游歷各國說 099/175
致江南道監察御史曾書 099/177
致江南道監察御史曾書 闕名 103/110
厚養廉議 馮桂芬 103/207
清吏治議 無名氏 103/208
續清吏治議 闕名 103/210
續清吏治議 103/211
州縣吏治議 闕名 103/213
官不在多說 闕名 103/215
官制宜昭畫一說 闕名 103/217
文臣宜兼武略說 闕名 103/218
論公生明 闕名 103/219
辨論官材說 闕名 103/221
論知縣一官 闕名 103/223
論近日州縣升途之隘 闕名 103/224
州縣虧空情有可原說 闕名 103/226
論州縣因公虧空之宜原 闕名 103/227
論州縣辦案迴護已失之習 闕名 103/228
論外官養廉不敷於用 闕名 103/230
論官場酬應宜省 闕名 103/231
論官場欺罔之習 闕名 103/232
陳詩觀風議 闕名 103/234
資格說 陳熾 103/235
朦蔽說 闕名 103/237
論州縣不可以有盜為諱 闕名 103/238
書閩督卞制軍奏參李倅索賄疏後 闕名 103/240
論近時佐雜之閒冗 闕名 103/241
論宦海升沉之不測 闕名 103/243
論設館課吏之法之善 闕名 103/244
論疏通仕途在嚴考課 闕名 103/245
捐例得失論 闕名 103/277
論捐納賢否不同 闕名 103/278
捐例宜示限制說 闕名 103/279
論起復廢員亦是推廣捐例之一法 闕名 103/281
論選法掣籤之未善 闕名 103/285
論徵辟之法不可廢 闕名 103/286
言揚行舉說 闕名 103/287

學政試終保薦人才說 闕名 103/288
書請獎武職條後 闕名 103/290
論文武兩途輕重 闕名 103/291
薦舉人材議 闕名 103/292
嚴保舉以勵眞才說 闕名 103/294
設保舉以求人才說 闕名 103/295
恭讀整飭保舉論 闕名 103/297
楚材晉用說 闕名 103/298
論武職補缺之難 闕名 103/300
論翰詹大考 闕名 103/302
論朝廷用人之愼重 闕名 103/303
變通仕路論 闕名 103/305
郡縣宜重其權力論 闕名 103/306
加厚京官俸銀以培人才論 闕名 103/309
書京察注考定章後 闕名 103/310
京官雍滯宜設法疏通說 李鳳儀 103/311
言官宜正心術 李鳳儀 103/313
部議與言路相維相繫說 李鳳儀 103/314
論幕友 闕名 103/317
以准皆各其及即若說 闕名 103/318
仕宦宜自幕始議 闕名 103/320
論時下幕習之壞 闕名 103/321
用佐雜為幕賓議 闕名 103/323
用佐雜為幕賓續議 闕名 103/324
書吏論 闕名 103/327
論部吏需索 闕名 103/328
論書吏舞文 闕名 103/330
論吏權之重 闕名 103/331
論差弊 闕名 103/333
外結說 闕名 103/334
論差捕私刑宜禁 闕名 103/336
仕宦宜約束僕從說 闕名 103/337
論問官飭差查案之失 闕名 103/339
論中國地保 闕名 103/340
論書役工事不宜過菲 闕名 103/342
論中國地方宜倣設巡捕 闕名 103/343
昌圖廳擬請升為府治添設廳縣教佐各官疏 崇厚 108/064
省科條以培治本疏 徐樾 109/126
請省簿書以課農桑疏 王安國 109/127
請除無益條例疏 李之芳 109/129
節僕從以省擾累疏 劉子章 109/130
敬陳吏治三事疏 汪志伊 109/131
上制軍條陳利弊書 周鎬 109/133
與各屬論治 陳宏謀 109/136
與粵西當事書 陳宏謀 109/136
請釐吏治五事疏 張鵬展 109/148
馭吏策 周振業 109/234
擬請重親民之官疏 紀昀 109/238
厚養廉議 馮桂芬 109/240
州縣養廉攤扣太多請酌量變通疏 賀長齡 109/241
變捐例議 馮桂芬 109/283
變通捐例說 109/283
廢捐納以重名器 109/285
停捐納以清仕途論 109/286

三、吏政 吏論

三、吏政 吏論

駁停捐議 109/289
借國債優於開捐例論 109/294
讀熙御史變通捐例奏摺書後 109/296
書麟芝荄徐蔭軒兩中堂代奏王侍講請停海防先知縣捐摺後 109/296
部刺史 顧炎武 109/319
官戒示長兒 陳道 109/340
敬陳風化之要疏 凌如煥 109/367
通譜說 王懋竑 110/060
敬陳湖北兵政吏治疏 胡林翼 112/300
復張石卿中丞 胡林翼 112/304
大法小廉論 趙吉士 117/115
請省簿書以課農桑疏 117/117
與粵西當事書 陳宏謀 117/119
與各屬論治 陳宏謀 117/121
請除外省積弊六事疏 賈漢復 117/122
擬請重親民之官疏 紀昀 117/135
敬陳風化之要疏 凌如煥 117/237
答姚伯山書 包世臣 117/239
杜密劉勝論 鄧瑤 117/240
條陳力戒因循疏 丁日昌 117/241
條陳整飭吏治疏 袁方城 117/246
部刺史 顧炎武 117/255
省科條以培治本疏 徐越 117/266
奉省南北路設官分治疏 崇厚 117/282
通籌吉林全局請添設民官疏 銘安 117/286
厚養廉議 馮桂芬 117/298
守令 閻若璩 117/350
上制軍條陳利弊書 周一鎬 117/406
請分別裁定陋規以肅吏治疏 黃體芳 117/467
請酌核保舉章程以示限制疏 宋晉 117/475
變捐例議 馮桂芬 117/481
請永停捐納實官議 潘敦先 117/482
請停報効以存政體疏 屠仁守 117/489
請道府州縣四項無庸減成疏 閻敬銘 117/491
節僕從以省擾累疏 劉子章 117/499
請杜設法名色疏 張玉書 118/027
致左季高書 胡林翼 121/332
請慎重名器疏 朱嶟 124/219
端表率杜弊源疏 富興阿 124/220
論諭止衙參事 124/222
論久任 124/223
馭下論 李聯琇 124/224
訓廉 湯鵬 124/225
擬減冗官議 124/227
處分官員議 124/227
請整飭吏治疏 周恆祺 124/229
條陳整飭吏治疏 124/231
論整頓吏治宜先加俸裁缺 124/233
和論 龍啟瑞 124/234
擬應詔陳言疏 124/257
請飭廷臣直諫疏 錢佩賢 124/257
論言官宜正心術 姚瑩 124/258
論言官宜留餘地 吳珽 124/259

請酌核保舉章程以示限制疏 宋晉 124/263
設保舉以求人才說 124/264
保薦人才宜先去弊論 124/264
論舉人用才之關繫 124/266
名實 陳次亮 126/275
尊祖 湯蟄仙 126/276
考績 陳次亮 126/279
停捐 陳次亮 126/280
停捐 湯蟄仙 126/282
三署 陳次亮 126/284
冗員 湯蟄仙 126/291
限仕 湯蟄仙 126/293
公法 陳次亮 126/294
使才 陳次亮 126/296
巡捕 陳次亮 126/300
養廉 陳次亮 126/302
行取 陳次亮 126/303
鄉官 陳次亮 126/305
翰林 陳次亮 126/307
例案 陳次亮 126/308
胥役 陳次亮 126/310
盜工 湯蟄仙 126/311
罰鍰 湯蟄仙 126/314
敬陳湖北兵政吏治疏 胡林翼 131/134
請飭廷臣直諫疏 锺佩賢 131/225
敬陳內治之要及時去弊疏 陳璧 132/509
請除外省委員虛糜積弊疏 徐桐 132/510
端表率杜弊源疏 富興阿 132/512
官宜久任疏 張鑒 132/513
敬陳整頓吏治四事疏 李鶴年 132/514
條陳整飭吏治疏 袁方城 132/515
請整飭吏治疏 袁昶 132/517
請整飭吏治疏 慶親王 132/518
請整飭吏治疏 周恆祺 132/518
條陳力戒因循疏 丁日昌 132/520
整飭仕途疏 卞寶第 132/524
禁言祥瑞疏 邊寶泉 132/525
遵旨保薦堪勝兩司各員疏 丁寶楨 132/527
請停報効以存政體疏 屠仁守 133/031
請酌核保舉章程以示限制疏 宋晉 133/036
請飭停止增附捐教疏 汪元方 133/063
道府州縣四項無庸減成疏 閻敬銘 133/064
請分別裁定陋規以肅吏治疏 黃體芳 133/092
請將天津海防同知移駐塘沽疏 裕祿 133/103
奉省南北路設官分治疏 崇厚 133/103
昌圖府屬擬請添設各官疏 岐元 133/108
通籌吉林全局請添設民官疏 銘安 133/109
請續設民官暨升改各缺疏 銘安 133/113
松藩番民改土歸流疏 丁寶楨 133/116

田州改土歸流添設事宜疏 劉長佑 133/117
擬請將土富州改流添設通判知事疏 丁振鐸 133/118
漢口繁要請改設專官疏 張之洞 133/119
安插就撫陝回請增設平涼通判都司疏 左宗棠 133/120
邊要員缺亟宜裁改疏 劉錦棠 133/125
酌擬保奬邊廳各員疏 岑春煊 133/127
量移文武員弁分防冠縣甘集梨園屯等處疏 張人駿 133/128
會議裁撤河督事宜疏 政務處 133/129
請慎重名器疏 朱嶟 135/007
變通取士之制議 王韜 146/072
官箴 蔡元章 146/541
論預徵錢糧及濫用非刑之弊 金烺熙 146/542
論廣東考試候補各官事 謝子受 146/545
書徐協揆奏請裁汰閒員冗費片後 朱海 146/547
厚官祿以清賄賂論 汪晉 146/549
久任論 福宗祥 146/551
廢捐納以重名器論 毛鳳翥 146/553
論裁汰冗員論 朱正襄 146/555
停止分發論 蔡元章 146/557
讀上諭通飭部臣疆吏勤見屬員謹注 王明源 146/559
使才 王韜 149/055
限仕 湯震 149/066

三、吏政 銓選

請禁雜流委署疏 李鄴園(之芳) 002/181
復黃菉園書 魏石生(裔介) 002/206
銓法 任源祥 005/089
職官議 任源祥 005/090
銓政 儲方慶 005/092
選補 顧炎武 005/094
停年格 顧炎武 005/097
京債 顧炎武 005/099
出仕年齒 顧炎武 005/100
學仕解 陳祖范 005/101
民爵論 韓菼 005/103
答問選舉 王心敬 005/106
書雷顧二給事監掣疏後 蔡方炳 005/108
吏治因地制宜三事疏 陶正靖 005/108
敬陳用人三事疏 梁清標 005/110
請復進士觀政之例疏 許惟模 005/111
請舉人分部學習疏 訥親 005/112
實試觀政疏 徐旭齡 005/113
議新進士分省學習疏 鄂爾泰 005/114
請考試正印官疏 陳廷敬 005/115
疏通選法疏 田從典 005/116
請速停保舉永閉先用疏 陸隴其 005/117
甄捐納以恤人材疏 蔣伊 005/118

酌議捐納官員疏 徐元文 005/119
復黃蕤園書 魏裔介 005/120
請分繁簡重名器疏 顧琮 005/121
請禁雜流委署疏 李之芳 005/122
慎用牧令疏 王道墉 039/459
考試月課分別勸懲以清吏治疏
吳元炳 039/463
請飭部變通辦理班次以重正途摺
彭世昌 039/467
請飭議保案疏 郭從矩 039/469
疏通甲班謹擬量為變通摺
李璠 039/473
遵旨整頓吏治緣由疏
岑毓英 039/479
請擢用優貢疏 官文 039/483
丁憂起服准請分發原省摺 039/487
裴行儉知人論 陸錫熊 047/117
免迴避議 馮桂芬 047/119
職官不准報捐流寓省分疏
駱秉章 047/121
遵旨整頓吏治緣由疏
岑毓英 047/125
滿御史保送升遷請飭部酌改章程疏
烏拉喜崇阿 047/126
奏為知縣外補壅滯懇恩量予變通疏
張之洞 047/128
請飭議改調改選縣缺疏
何璟、張兆棟 047/131
酌議補署各缺章程疏
劉錦棠 047/132
前因時論一 吳鋌 058/235
前因時論二 吳鋌 058/239
請更正才不勝任人員改補京職疏
王兆琛 058/247
慎用牧令疏 王道墉 058/251
遵議軍營勞績不准保至藩臬兩司疏
058/273
鄂省員缺久懸請變通辦理疏
胡林翼 058/283
知縣外補壅滯請量予變通疏
張之洞 058/295
請變通正途州縣選補班次疏
李肇錫 058/301
開復人員不宜仍發原省疏
崇實 058/305
推廣拔貢議 陳澧 069/153
請擢用優貢疏 官文 069/155
請擢用優貢疏 官文 082/337
鄂省員缺久懸請變通辦理疏
胡林翼 095/276
開復人員不宜仍發原省疏
崇實 095/355
免迴避議 095/361
知縣外補壅滯請量予變通疏
張之洞 095/383
請變通正途州縣選補班次疏
李肇錫 095/384
請更正才不勝任人員改補京職疏
王兆琛 095/385
請擢用優貢疏 095/387
督課學堂甄別仕宦議 095/388
推廣拔貢議 陳澧 095/389
論中國宜招選奇才 095/390
論銓選 吳鋌 095/392
論南北互選 吳鋌 095/392
遵議軍營勞績不准保至藩臬兩司疏

095/410
慎用牧令疏 王道墉 095/489
職官不准報捐流寓省分疏 駱秉章 109/299

三、吏政 銓選

銓法 任源祥 109/301
銓政 儲方慶 109/302
選補 顧炎武 109/302
答問選舉 109/305
吏治因地制宜三事疏 陶正靖 109/307
請考試正印官疏 陳廷敬 109/308
疏通選法疏 田從典 109/308
請速停保舉永閉先用疏 陸隴其 109/309
請禁雜流委署疏 李之芳 109/310
奏為知縣外補壅滯懇恩量予變通疏 張之洞 109/311
請飭議改調改選縣缺疏 何璟、張兆棟 109/312
論停止分發 109/313
論教官一缺宜停捐納仍歸正途銓選 109/314
掣籤末議 109/315
論差委掣籤 109/316
職官議 任源祥 117/269
選補 顧炎武 117/449
停年格 顧炎武 117/451
京債 顧炎武 117/453
請禁雜流委署疏 李之芳 117/454
答問選舉 王心敬 117/455
因前時論一 吳鋌 117/457
因前時論二 吳鋌 117/458
免迴避議 馮桂芬 117/458
遵議軍營勞績不准保至藩臬兩司疏 吏部 117/476
民爵論 韓菼 117/479
請考試正印官疏 陳廷敬 117/480
請速停保舉永閉先用疏 陸隴其 117/480
開復人員不宜仍發原省疏 崇實 124/238
論銓選 吳鋌 124/260
銓選掣籤說 124/261
慎用牧令疏 王道墉 124/267
遵議軍營勞績不准保至藩臬兩司疏 吏部 133/032
請嚴定保舉章程疏 劉家模 133/033
覆陳銓選章程疏 榮祿 133/034
嚴定保舉章程分晰准駁請旨遵行疏 張之萬 133/035
瀝陳外省附保積弊疏 瑞洵 133/037
請更正才不勝任人員改補京職疏 王兆琛 133/038
慎用牧令疏 王道墉 133/039
鄂省員缺久懸請變通辦理疏 胡林翼 133/039
變通補缺章程疏 丁寶楨 133/041
請變通正途州縣選補班次疏 李肇錫 133/042
遵旨保薦人才疏 王之春 133/043
遵議各省卓異人員量為變通疏 張之萬 133/044
議展申明卓異人員定例疏 吏部 133/045

吉省缺少員多陞補壅滯請援案疏通疏 延茂 133/046
請禁現任各員調署別缺疏 陳其璋 133/047
請禁實缺州縣互相調署疏 濟澂 133/048
開復人員不宜仍發原省疏 崇實 133/049
懋功同知等缺改章揀委片 丁寶楨 133/049
請禁空參片 濟澂 133/050
請准散館知縣服闋回省繁簡統補疏 熙麟 133/050
部駁各員弁請照原保給獎疏 左宗棠 133/051
擬請緩考中書片 易俊 133/052
職官不准報捐流寓省分疏 駱秉章 133/064
遵旨整頓吏治緣由疏 岑毓英 133/066
滿御史保送升遷請飭部酌改章程疏 烏拉喜崇阿 133/067
知縣外補擁滯懇恩量予變通疏 張之洞 133/068
請飭議改調改選縣缺疏 何璟、張兆棟 133/069
酌議補署各缺章程疏 劉錦棠 133/070

三、吏政 官制

書左雄察舉議後 姜西溟(宸英) 002/069
經書取士議 朱錫鬯(彝尊) 002/078
辨君子小人論 桑伊佐(調元) 002/083
讀李文饒近倖論 張敦復(英) 002/099
萬言疏 熊敬脩(賜履) 002/103
治論 楊賓實(名時) 002/119
正體論 盧子弓(錫晉) 002/126
無踰老臣論 邱粟海(志廣) 002/129
送蘇州守覺羅雅公蔚文之汀漳道任序 王次山(峻) 002/134
選政策 陸稼書(隴其) 002/137
請停捐納入監疏 徐公肅(元文) 002/140
請定京官久任之法疏 王伯咨(命岳) 002/142
知府久任疏 魏石生(裔介) 002/145
乞留教職疏 王伯咨(命岳) 002/146
答問選舉 王爾緝(心敬) 002/149
申明憲綱疏 魏環極(象樞) 002/165
直指官箴二大玷疏 金豈凡(之俊) 002/169
虛文可省疏 張螺浮(惟赤) 002/173
責實効疏 孫怍庭(光祀) 002/176
專差宜減疏 靳紫垣(輔) 002/178
請禁委官查勘疏 李鄴園(之芳) 002/183
嚴察假冒棍徒疏 李鄴園(之芳) 002/186
公道宜彰疏 魏環極(象樞) 002/196
嚴餽送疏 孫怍庭(光祀) 002/199
禁止餽獻諭江蘇等七府一州示 張孝先(伯行) 002/202
交際論 韓元少(菼) 002/204

三、吏政 官制

三、吏政 官制

剔衙蠹疏 孫忭庭(光祀) 002/208
衙蠹吞噬疏 張螺浮(惟赤) 002/212
讀李文饒近倖論 張英 004/486
論官制 陸世儀 004/498
請定京官久任之法疏 王命岳 004/519
正體論 盧錫晉 005/042
專差宜減疏 靳輔 005/057
選政策 陸隴其 005/104
制祿議 任源祥 005/129
俸祿 顧炎武 005/129
論官祿 黃晉良 005/131
臺灣設官莊議 鄭光策 005/132
漢郡國官制 王鳴盛 005/134
出身授官 顧炎武 005/136
州縣品秩 顧炎武 005/138
刺史守相得召見 顧炎武 005/138
郡國守相得自置吏考 趙翼 005/139
省官 顧炎武 005/142
省冗員疏 何承都 005/143
桂林裁官役議 盧紘 005/145
乞留教職疏 王命岳 005/146
知府久任疏 魏裔介 005/147
書賈中丞調缺煩簡疏後 蔡方炳 005/148
清釐世職疏 紀復亨 005/149
州縣界域 顧炎武 005/150
分縣議 陳祖范 005/151
覆議分立州縣書 沈起元 005/152
並黔省附郭縣治疏 閻興邦 005/153
改設縣治議 潘超光 005/155
常熟分縣條議 陶貞一 005/156
兩縣分管議 陶貞一 005/158
辨名 錢大昕 005/159
請更同名之縣疏 謝敏 005/160
議州縣不必設副官鄉官疏 鄂爾泰 005/161
鄉亭之制 顧炎武 005/163
鄉亭之職 顧炎武 005/164
雜流 顧炎武 005/167
請移縣丞駐湖坊書 蔣士銓 005/170
經書取士議 朱彝尊 007/519
咨撥教官造冊移送州縣 劉崐 039/497
蘇省設局刊書疏 丁日昌 039/503
敬陳管見疏 剛毅 047/134
汰冗員議 馮桂芬 047/139
復鄉職議 馮桂芬 047/142
請裁河道總督疏 喬松年 047/146
酌擬新設廳營應辦事宜疏 譚鍾麟 047/150
變通奉省吏治章程疏 崇實 047/153
擬變通奉省官制片 慶裕 047/161
新設各官廉俸役食請賞給實銀疏 岐元 047/162
圍場事宜辦理完楚擬請設官分治疏 岐元 047/163
謹擬變通官制改設郡縣章程疏 銘安 047/165
據實直陳請旨斷理片 劉錦棠 047/168
新疆省會請改設各官以專責成疏

劉錦棠 047/170
新疆南路擬設佐雜各缺疏 劉錦棠 047/171
酌裁各城回官並懇賞給出力回目頂戴疏 劉錦棠 047/174
因時論六 吳鋌 058/101
通論唐宋官人之法 孫鼎臣 058/105
汰冗員議 馮桂芬 058/109
今冠合古制考 宗稷辰 058/117
翎頂考 陸心源 058/119
關內侯答問 龔鞏祚 058/125
前因時論五 吳鋌 058/129
書翰林院號書本尚書冊後 周悅讓 058/131
前因時論六 吳鋌 058/133
通論唐以來諫職 孫鼎臣 058/135
起居注官考 許宗衡 058/141
內務府向不干政片 鮑源深 058/149
請傳辦要件統歸內務府大臣行文片 曾國藩 058/151
上大學士書 龔鞏祚 058/153
在禮曹日與堂上官論事書 龔鞏祚 058/171
擬請裁併河漕冗官條議疏 王慶雲 058/179
督撫同城請酌量變通疏 郭嵩燾 058/195
前因時論三 吳鋌 058/203
通論漢唐以來頒祿之制 孫鼎臣 058/205
請京員津貼作正開鎖疏 王懿榮 058/215
請重廉俸疏 景其濬 058/219
請定外吏津貼公費疏 王堃 058/223
請變通外吏迴避章程疏 王文韶 058/287
請變通委署州縣章程疏 王文韶 058/291
復鄉職議 馮桂芬 059/443
請升昌圖為府並添設各官疏 崇厚 060/453
督撫同城急宜酌量變通疏 郭嵩燾 082/176
論官制 084/231
開儲材館議 王覺任 084/238
敘督撫同城之損 薛福成 084/244
督撫同城急宜酌量變通疏 郭嵩燾 084/245
答人問關內侯 龔自珍 084/249
鬻爵 湯壽潛 084/250
倣設巡捕說 陳熾 084/251
撰四等十儀 龔自珍 084/253
論拜跪之禮不可行於今 高鳳謙 084/254
論官制 088/136
開儲材館議 王覺任 088/152
敘督撫同城之損 薛福成 088/165
督撫同城急宜酌量變通疏 郭嵩燾 088/168
答人問關內侯 龔自珍 088/177
鬻爵 湯壽潛 088/180
倣設巡捕說 陳熾 088/181
撰四等十儀 龔自珍 088/184

三、吏政 官制

論拜跪之禮不可行於今 高鳳謙 088/187
請定外吏津貼公費疏 王塋 095/273
請京員津貼作正開銷疏 王懿榮 095/274
汰冗員議 095/291
請變通外吏迴避章程疏 王文韶 095/351
督撫同城急宜酌量變通疏 郭嵩燾 095/351
請變通委署州縣章程疏 王文韶 095/354
請重廉俸疏 景其濬 095/356
奏請增置算學助教員缺摺 095/357
內務府向不干政片 鮑源深 095/358
復鄉職議 095/360
今冠合古制考 宗稷辰 095/363
起居注官考 許宗衡 095/363
翎頂考 陸心源 095/366
補服考 095/366
加給養廉涓滴歸公議 095/368
論宜併官增俸以清賄賂 095/370
論官制 吳鋌 095/372
論翰林 吳鋌 095/373
論封駁 吳鋌 095/374
上大學士書 龔鞏祚 095/375
通論唐以來諫職 孫鼎臣 095/474
請升昌圖為府並添設各官疏 崇實 096/220
擬請裁併河漕冗官條議疏 王慶雲 097/318
汰冗員議 馮桂芬 103/205
論官制 闕名 103/257
鬻爵 湯壽潛 103/262
救敝蘗言敍 闕名 103/263
論言官 闕名 103/267
湖南課吏新章 闕名 103/269
肅官方 王韜 103/272
久任 王韜 103/273
誘諫 闕名 103/274
任將相說 王韜 103/274
專差宜減疏 靳輔 109/129
經書取士議 朱彝尊 109/159
制祿議 任源祥 109/177
俸祿 顧炎武 109/177
論官祿 黃晉良 109/178
郡國守相得自置吏考 趙翼 109/179
省冗員疏 何承都 109/181
知府久任疏 魏裔介 109/182
清釐世職疏 紀復亨 109/183
議州縣不必設副官鄉官疏 鄂爾泰 109/183
雜流 顧炎武 109/185
請移縣丞駐湖坊書 蔣士銓 109/186
汰冗員議 馮桂芬 109/187
變通奉省吏治章程疏 崇實 109/189
擬變通奉省官制片 慶裕 109/193
謹擬變通官制改設郡縣章程疏 銘安 109/193
據實直陳請旨斷理片 劉錦棠 109/195

新疆省會請改設各官以專責成疏 劉錦棠 109/196
酌裁各城回官並懇賞給出力回目頂戴疏 劉錦棠 109/196
論官制 109/205
敘督撫同城之損 薛福成 109/210
督撫同城急宜酌量變通疏 郭嵩燾 109/211
請裁河道總督疏 109/214
請定京官久任之法疏 王命岳 109/223
開儲材館議 王覺任 109/273
選政策 109/304
開儲材館議 王覺任 117/248
出身授官 顧炎武 117/257
省官 顧炎武 117/258
刺史守相得召見 顧炎武 117/258
州縣品秩 顧炎武 117/259
雜流 顧炎武 117/259
鄉亭之職 顧炎武 117/261
論官制 陸世儀 117/264
省冗員疏 何承都 117/267
知府久任疏 魏裔介 117/268
議州縣不必設副官鄉官疏 鄂爾泰 117/271
郡國守相得自置吏考 趙翼 117/274
請升昌圖為府並添設各官疏 崇厚 117/284
俸祿 顧炎武 117/295
制祿議 任源祥 117/296
答人問關內侯 龔自珍 117/297
請定京官久任之法疏 王命岳 117/311
前因時論五 吳鋌 117/313
前因時論六 吳鋌 117/314
因時論六 117/314
起居注官考 許宗衡 117/315
汰冗員議 馮桂芬 117/335
督撫同城急宜酌量變通疏 郭松燾 117/344
請變通外吏迴避章程疏 王文韶 124/237
請變通委署州縣章程疏 王文韶 124/237
請重廉俸疏 景其濬 124/239
論官制 吳鋌 124/240
整頓官制以除弊政說 124/240
論中國宜復遣使巡察之制 124/242
變通官制芻言 124/243
論封駁 吳鋌 124/244
翎頂考 124/244
補服考 124/245
鬻爵 湯蟄仙 126/286
政務處開辦條議 128/239
政務處開辦條議明辨節本 李希聖 128/242
政務處吏部兵部會奏遵議變通河工事宜摺 128/248
豫撫錫奏陳河工變通事宜摺 128/249
豫撫錫奏陳運河同通汛閘各缺酌擬裁留歸併摺 128/251
漕運總督奏裁汰屯衛大概辦法摺 128/255
政務處請飭部院督撫認真課吏摺

三、吏政 官制

三、吏政 官制

128/257
奏陳新設外務部章程事宜摺全稿 128/257
戶部奏陳停止捐納事宜摺 128/260
警察事彙誌 128/261
論整頓吏治宜以裁官為先 128/266
游歷宜選大臣論 吳克倬 128/267
改官制莫先於翰林院論 孔昭焱 128/269
京外各官急宜分職重祿說 128/272
書顧亭林郡縣論後 賴光華 128/274
問古者庶人在官府吏胥徒由來舊矣秦廢詩書以吏為師漢相蕭曹起于椽佐後世由吏員起家致顯仕者亦不乏人我朝重內輕外督撫辦事動掣肘于六部而部務掌之胥吏其權過于堂司議者每慨今日天下為例吏利之天下蓋謂吏挾則例以上下其手因以取利也欲挽此弊道將奚由其各抒所見以對 胡志伊 128/274
泰西世爵中國科目優劣問答 128/276
幕職問答 128/276
鄉職流源問答 128/277
吏學流源問答 128/278
申校邠廬抗議重儒官議 128/279
德國領事說略 128/280
各國寶星考略 128/282
請變通委署州縣章程疏 王文韶 133/040
擬請裁併河漕冗官條議疏 王慶雲 133/053
請裁河道總督疏 喬松年 133/057
臚陳河工變通應行事宜疏 錫良 133/058
會奏變通河工事宜疏 吏部 133/059
督撫同城請酌量變通疏 郭嵩燾 133/060
敬陳管見疏 剛毅 133/071
變通南河大挑知縣借補章程疏 李星沅 133/072
編檢擁擠太甚請慎重館選疏 安維峻 133/073
請飭議疏通翰林人員章程疏 鍾德祥 133/073
編檢人員壅積擬請變通章程以期疏通疏 方汝紹 133/074
實能籌餉益資捐例疏 洪良品 133/075
廕生主事補缺請飭酌量變通疏 鄭思贊 133/076
請難廕恩廕外用人員一律分發疏 熙麟 133/077
請扣捐納州縣選期片 熙麟 133/078
請捐資道員先補知府疏 瑞洵 133/078
理刑委署主事陞途太隘擬量加變通疏 增祺 133/079
變通奉省吏治章程疏 崇實 133/080
擬變通奉省官制片 慶裕 133/084
瀝陳官累請免扣坐支二成疏

丁寶楨 133/085
請重廉俸疏 景其濬 133/087
新設各官廉俸役食請賞給實銀疏
岐元 133/088
請京員津貼作正開銷疏
王懿榮 133/089
擬籌息款津貼長沙善化兩縣疏
陳寶箴 133/089
津貼臬司兩首縣公費片
丁寶楨 133/091
請定外吏津貼公費疏
王堃 133/091
圍場事宜辦理完楚擬請設官分治疏
岐元 133/105
謹擬變通官制改設郡縣章程疏
銘安 133/106
新疆省會請改設各官以專責成疏
劉錦棠 133/122
新疆南路擬設佐雜各缺疏 133/122
酌擬新設廳營應辦事宜疏
譚鍾麟 133/123
據實直陳請旨斷理片
劉錦棠 133/125
酌裁各城回官並懇賞給出力回目頂戴疏 劉錦棠 133/126
任將相說 王韜 147/217
設官泰西上 王韜 149/050
設官泰西下 王韜 149/052
設領事 王韜 149/058
呂宋島設立領事議 王韜 149/060
閩督撫會奏添改臺灣郡縣疏
楊昌濬、劉銘傳 149/062
尊相 湯震 149/065
遵議陳御史奏請釐定選補例章疏
吏部 149/071
奏請審官定職以成新政疏
蔡鎮藩 149/087
楚督奏漢口繁要請改設專官疏
張之洞 149/107
記官紳集議保衛局 闕名 149/109
會奏議覆外務部章程疏
吏部 149/112
山西巡警局詳定章程 149/116
布告國民注重選舉文
大總統 163/440

三、吏政 考察

勸廉袪弊疏 陳子端(廷敬) 001/188
懲貪議 王伯咨(命岳) 002/189
請定營私自首之例疏
路振揚 005/067
裁官論 儲方慶 005/142
明初吏治 趙翼 005/178
立法議 儲方慶 005/179
懲貪 顧炎武 005/180
盜賊課 顧炎武 005/182
懲貪議 王命岳 005/183
原盜 彭維新 005/184
請復入覲考察疏 魏象樞 005/187
嚴飭官箴疏 林起龍 005/188
請分別賢能疏 曹一士 005/191
請禁躐陞疏 姜希轍 005/192
察吏八則 謝振定 005/226
東魏吏部僞假人官
岳震川 016/389
虎貓專職 岳震川 016/391

三、吏政考察

四川吏治營務廢弛已極疏 駱秉章 039/507
積穀練兵疏 徐申錫 039/515
請嚴責州縣盡心民瘼摺 鄧慶麟 039/521
密陳司道府考語疏 林則徐 047/179
擇尤參劾以圖整頓川省吏治營務片 駱秉章 047/180
密陳西藏情形請旨權宜疏 駱秉章 047/181
請敕貴州撫臣採劣員撤省查辦片 駱秉章 047/185
請嚴旨詳申京察舊章疏 寶廷 047/186
請整頓八旗人才疏 寶廷 047/189
請將現任候補衛官倣照文職章程分別考察疏 吳元炳 047/192
酌擬奉省未盡事宜疏 慶裕 047/193
酌擬河工出力人員保獎並預防流弊疏 錫珍 047/194
廣辨姦論 方濬頤 057/183
馭下論 李聯琇 058/317
前因時論七 吳鋌 058/321
致事記 周悅讓 058/323
請飭部臣實心輔政疏 龔文齡 058/327
論因循之病疏 孫鼎臣 058/331
請京察舉劾並行疏 吳傑 058/337
請申明京察舊章責成樞臣疏 寶廷 058/343
請整頓八旗人才疏 寶廷 058/349
密陳司道府考語疏 林則徐 058/355
嚴懲貪墨疏 韓錦雲 058/357
請嚴汰劣員以肅吏治疏 朱潮 058/361
請慎簡大吏考察僚屬疏 尋鑾煒 058/365
廉俸 鄭觀應 082/352
請修內政疏 094/369
請整頓八旗人才疏 寶廷 094/509
嚴懲貪墨疏 韓錦雲 095/272
請嚴汰劣員以肅吏治疏 朱潮 095/323
廉俸 鄭觀應 095/372
請慎簡大吏考察僚屬疏 尋鑾煒 095/397
請京察舉劾並行疏 吳傑 095/398
密陳司道府考語疏 林則徐 095/399
懲惡即以勸善論 095/400
廣辨姦論 方濬頤 095/401
廣辨姦論 方濬頤 095/402
論巡按 吳鋌 095/402
請飭部臣實心輔政疏 龔文齡 095/447
請定營私自首之例疏 路振揚 109/131
察吏八則 謝振定 109/152
立法議 109/321
懲貪 顧炎武 109/321
懲貪議 王命岳 109/323
原盜 彭維新 109/323
請分別賢能疏 曹一士 109/326

擇尤參劾以圖整頓川省吏治營務片 駱秉章 109/328
請整頓八旗人才疏 竇廷 109/329
裁官論 儲方慶 117/273
廉俸 鄭觀應 117/300
論因循之病疏 孫鼎臣 117/319
請整頓八旗人才疏 竇廷 117/321
前因時論七 吳鋌 117/327
嚴飭官箴疏 林起龍 117/349
察吏八則 謝振定 117/351
盜賊課 顧炎武 117/461
懲貪 顧炎武 117/461
請定詧私自首之例疏 路正楊 117/463
原盜 彭維新 117/464
立法議 儲方慶 117/465
馭下論 李聯琇 117/466
請申明京察舊章責成樞臣疏 117/469
請嚴旨詳申京察舊章疏 竇廷 117/471
嚴懲貪墨疏 韓錦雲 124/221
請嚴汰劣員以肅吏治疏 朱潮 124/230
請慎簡大吏考察僚屬疏 尋鑾煒 124/246
請京察舉劾並行疏 吳傑 124/246
論巡按 吳鋌 124/248
論課吏 124/248
論課吏 124/250
續錄課吏條約 124/251
書贛省課吏章程後 124/252
廣辨姦論 124/253
密陳司道府考語疏 林則徐 132/526
請飭部院督撫認真課吏疏 政務處 133/001
請飭部臣實心輔政疏 龔文齡 133/001
論因循之病疏 孫鼎臣 133/002
請京察舉劾並行疏 吳傑 133/004
請申明京察舊章責成樞臣疏 竇廷 133/005
請整頓八旗人才疏 竇廷 133/007
嚴懲貪墨疏 韓錦雲 133/008
請嚴汰劣員以肅吏治疏 朱潮 133/009
吏治需才敬舉所知疏 丁寶楨 133/010
請慎簡大吏考察僚屬疏 尋鑾煒 133/011
年終甄別請旨分別懲儆疏 李經羲 133/013
請將現任候補衛官倣照文職章程分別考察疏 吳元炳 133/014
酌擬奉省未盡事宜疏 慶林 133/014
酌擬河工出力人員保獎並預防流弊疏 錫珍 133/015
分限清理交代疏 劉長佑 133/016
請申明州縣定例疏 楊晨 133/018
裁革道府規禮籌給公費片 丁寶楨 133/018
覆陳東省清訟情形並增補道府功過章程疏 張汝梅 133/019
請修內政疏 張蔭桓 133/021

特参統兵大員疏 吳可讀 133/022
請整肅臺規疏 文悌 133/026

三、吏政 大吏

吏議 盧子弓(錫晉) 002/155
論兩漢權要之職 王鳴盛 004/502
大臣薦舉 趙翼 004/504
請復六科舊制疏 曹一士 005/028
吏議 盧錫晉 005/039
明吏部權重 趙翼 005/102
奏陳封疆難以勝任疏 費金吾 005/197
自陳辦事情形疏 鄂爾泰 005/198
覆奏駁案等事疏 魏廷珍 005/198
與湖北巡撫莊公書 袁枚 005/200
請入覲藩臬面奏條陳疏 徐元文 005/210
清釐吏治三事疏 柯聳 005/211
請考覈州縣實政疏 訥親 005/213
復秦小峴廉使論吏弊書 周錫溥 005/219
條陳粵西二事上金撫軍 于成龍 005/223
論驛傳之害 徐文弼 005/227
嚴蔽 袁枚 005/229
思過齋記 法式善 005/229
諮詢民情土俗諭 陳宏謀 005/230
取賢否冊 賈漢復 005/232
嚴飭官方以肅功令示 趙申喬 005/234
臨行曉諭 湯斌 005/236
衡論 李楷 016/517
六官篇 李楷 016/521
砥論 李楷 016/525
陝西布政使題名碑記 牛鑑 016/529
札各屬 俞德淵 016/533
致潘太守 俞德淵 016/539
大名浙閩總督宜復宜併疏 楊素蘊 016/543
復吳竹如方伯書 舒化民 040/001
上皖撫王清苑中丞書 胡林翼 040/007
書張振之師遺事 李元度 040/013
上曾滌生制府書 劉愚 040/021
上崇樸山制府書 劉愚 040/029
名實說 朱琦 047/199
奏請核實疏 焦友麟 047/200
與曾滌生侍郎書 劉蓉 047/202
復吳竹如方伯書 舒化民 047/204
上皖撫王清苑中丞書 胡林翼 047/206
奏為故撫臣忠勤盡瘁緣由疏 曾國藩 047/209
謹陳故督臣忠勳盡瘁大略疏 李鴻章 047/212
嘯亭雜錄二則 禮親王 047/222
書張振之師遺事 李元度 047/223
與曾滌生侍郎書 劉蓉 057/275
名實說 朱琦 058/381
大人論上 馬福安 058/385
大人論下 馬福安 058/387
丙吉論 楊紹文 058/389
貴因 淩堃 058/391
讀昌黎集書後 包世臣 058/393
書韓退之上宰相書後

王寶仁 058/395
奴禍 王效成 058/397
論趙恭毅公覆奏宋學士參款事 姚瑩 058/399
安徽布政使司題名碑 陸繼輅 058/403
請祛督撫大吏蒙蔽疏 裘元俊 058/405
上蔣礪堂制府師書 張澍 058/421
復錢伯玉同年書 鄒鳴鶴 058/425
上梅伯言先生書 龍啟瑞 058/431
上嚴渭春中丞論用人處事書 李宗羲 058/437
復吳竹如方伯書 舒化民 058/439
與曾滌生侍郎書 劉蓉 058/445
與江岷樵廉訪書 劉蓉 058/449
致毛驥雲中丞書 胡林翼 058/455
呈初萊陽中丞吏治事宜 左輔 058/457
跋林文忠公貽戴侍御手札卷 宗稷辰 058/465
呈初萊陽中丞吏治事宜 左輔 095/327
請祛督撫大吏蒙蔽疏 裘元俊 095/448
大臣當以國為重論 095/449
論將相當有大勳勞於國 095/451
論粵省某大吏口碑 095/452
大臣論 095/454
名實說 朱琦 095/455
大臣論 闕名 103/264
請復六科舊制疏 曹一士 109/139
清釐吏治三事疏 柯聳 109/147
條陳粵西二事上金撫軍 于成龍 109/151
諮詢民情土俗論 陳宏謀 109/153
吏議 盧錫晉 109/235
與曾滌生侍郎書 劉蓉 109/385
上皖撫王清苑中丞書 胡林翼 109/386
奏為故撫臣忠勤盡瘁緣由疏 曾國藩 109/387
謹陳故督臣忠勤盡瘁大略疏 李鴻章 109/388
諮詢民情土俗論 陳宏謀 117/119
取賢否冊 賈漢復 117/122
請復六科舊制疏 曹一士 117/303
論兩漢權要之職 王鳴盛 117/305
大臣薦舉 趙翼 117/305
明吏部權重 趙翼 117/307
內務府向不干政片 鮑源深 117/315
吏議 孫鼎臣 117/318
請祛督撫大吏蒙蔽疏 裘元俊 117/328
名實說 朱琦 117/330
上梅伯言先生書 龍啟瑞 117/331
奏為故撫臣忠勤盡瘁緣由疏 曾國藩 117/333
謹陳故督臣忠勤盡瘁大略疏 李鴻章 117/337
與湖北巡撫莊公書 袁枚 117/465
大臣當以國為重論 裘元俊 124/255
大臣論 124/256
請祛督撫大吏蒙蔽疏

裘元俊 132/510
奏請核實疏 焦友麟 133/012

三、吏政 守令

寄董大兄書 牛階平(運震) 002/023
京官必用守令 顧炎武 005/137
讀史縣令箋 張望 005/241
吏難一 張惠言 005/241
吏難二 張惠言 005/243
守令篇 洪亮吉 005/245
書李翺薦所知於張徐州 張望 005/245
與沈位山書 嚴虞惇 005/246
送沈椒園序 趙青藜 005/247
送張子白還鎮番序 程同文 005/248
答南汝張觀察書 沈起元 005/249
答周仲和書 張士元 005/250
子賤治單父說 沈寓 005/251
涖任求言示 闕名 005/252
答門生王禮圻問作令書 袁枚 005/254
循吏約 沈起元 005/257
寄董大兄書 牛運震 005/265
申飭官箴檄 陳宏謀 005/265
通飭各官熟讀律例 程含章 005/269
用親不如用友 汪輝祖 005/273
論用財 汪輝祖 005/274
事上 汪輝祖 005/278
論處同僚 汪輝祖 005/280
田宅 顧炎武 005/281
與友人論羅城事書 于成龍 005/281
論治邑 陸世儀 005/287
論作縣數則 汪琬 005/287
通論居官 汪輝祖 005/290
論親民 汪輝祖 005/298
論省事 汪輝祖 005/300
論恤民 汪輝祖 005/302
論治訟 汪輝祖 005/304
用吏役 汪輝祖 005/309
上徐方伯書 于成龍 005/310
為宰議 楊名時 005/310
與王春溪書 周鎬 005/316
論吳中吏治書 陳宏謀 005/317
與泰安各屬 李文耕 005/318
諭各道府書 陳宏謀 005/320
通飭留心圖冊檄 陳宏謀 005/320
通飭州縣巡歷鄉邨諭 陳宏謀 005/322
申飭閩屬不閱文稿陋習檄 陳宏謀 005/323
申飭陝屬不閱文稿檄 陳宏謀 005/325
審興革 黃六鴻 005/329
革火耗 胡衍虞 005/335
請禁苛派鋪戶狀 周亮工 005/336
勸民種殖講學疏 楊永斌 005/340
議覆社倉保甲疏 孔毓珣 005/341
與胡邑侯書 任啟運 005/342
上汪制軍書 姚瑩 005/347
論去弊 汪輝祖 005/349
書桃源縣志後 吳卓信 005/353
鄉治 張望 005/353
招墾里記 喬光烈 005/354

敬陳治化漳泉風俗疏 汪志伊 005/357
治械鬥議 鄭振圖 005/360
館舍街道橋梁官樹之政 顧炎武 005/367
治蘇 沈寓 005/369
治崇 沈寓 005/371
翁養齋教子圖跋 陸隴其 017/131
雷園記 康乃心 017/133
贈兵憲荆峴湯公序 王宏撰 017/137
送湯荆峴兵憲序 王宏撰 017/141
金公祠記 劉應秋 017/145
函東楊公墓誌銘 王士正 017/149
李公祀記 劉應秋 017/155
送張子德潤謁選序 孫景烈 017/159
臨安府知府張君墓誌銘 王杰 017/163
送淡仰山之官靈臺序 岳震川 017/167
送葉建菴入都序 岳震川 017/171
送李勁香謁銓序 岳震川 017/175
答葉健菴司馬書 岳震川 017/179
送馬庶常疏歸里序 潘挹奎 017/183
父母斯民說 胡興仁 017/187
述廷訓記 張琛 017/191
潘氏先見 張琛 017/193
理財用人說 李懷庚 017/195
壬辰寄京家書 牛作麟 017/199
居官教言 牛作麟 017/201
博侯異瑞記 楊端本 017/205
與周林石 楊端本 017/207
岐麥銘 路德 017/209
署安康縣知縣事張義文先生六十壽序 張鵬飛 017/213
署興安府知府王杏農先生壽序 張鵬飛 017/219
野語 王宏撰 017/225
募修育嬰堂疏 路德 017/361
創建懋功屯養濟院記 強望泰 017/363
棲流所小序 強望泰 017/365
酌改施藥事宜示 俞德淵 017/367
山西祁縣知縣王公墓誌銘 楊端本 017/369
上春浦夫子書 胡興仁 017/507
漳浦械鬥稟 胡興仁 017/513
上寶節相 胡興仁 017/517
上琦節相 胡興仁 017/521
川陝互爭示 胡興仁 017/527
治蜀說 胡興仁 017/533
答李中丞書 胡興仁 017/537
勸誡委員四條 曾國藩 039/511
書李毓昌傳後 管同 040/039
致廣順但雲湖十二則 胡林翼 040/041
諭州縣親民札 賀長齡 040/047
整吏治以清政本札 賀長齡 040/053
整飭吏治疏 宋邦僡 040/061
州縣宜照例久任以專責成札 賀長齡 040/067
牧令論 方濬頤 040/071
勸誡州縣四條 曾國藩 047/109

三、吏政 守令

勸誡委員四條 曾國藩 047/111
石瑤臣傳書後 梅曾亮 047/229
諭州縣親民札 賀長齡 047/230
整吏治以清政本札 賀長齡 047/232
州縣宜照例久任以專責成札 賀長齡 047/235
上各大憲請留溫太守啟 徐鼒 047/236
致廣順但雲湖十二則 胡林翼 047/238
札麻城吳令 胡林翼 047/240
清本源 葛士達 047/244
今之牧令要務策 姚文枏 047/246
到任地方情形稟 徐賡陛 047/249
覆本府條陳積弊稟 徐賡陛 047/253
縷陳整頓捕務並勒限嚴催稟 朱之榛 047/263
前因時論八 吳鋌 059/005
讀周禮地官二 王效成 059/015
顧職方郡縣論駁議 戴望 059/017
強忠烈公遺墨贊 顧復初 059/023
重刻居官寡過錄序 陳用光 059/027
學治體行錄序 呂璜 059/031
牧令書輯要書後 丁日昌 059/033
贈費耕亭知府河南序 董基誠 059/037
送顧太守序 龍啟瑞 059/039
送張梧岡序 梅曾亮 059/042
送葉雨垞令竇應序 淩堃 059/045
送族兄魯珍序 陳運鎮 059/049
贈劉榦亭序 馮志沂 059/053
巴江廖侯還蜀序 葉裕仁 059/057
上汪尚書書 梅曾亮 059/061
與林小巖書 胡承珙 059/067
復及門高子佩書 路德 059/069
復易晴江同年書 鄒鳴鶴 059/073
答周仲和書 張士元 059/079
寄賀石農明府書 彭洋中 059/081
論裁定州縣規費書 吳嘉賓 059/085
從政要言 王鳳生 059/097
攔輿呈稟 王德茂 059/103
歡喜錢 王德茂 059/105
官箴四則 李宗羲 059/107
論居官十一則 郭崑燾 059/113
候補二十一則 何士祁 059/121
蜀僚問答 劉衡 059/129
鄂吏約 方宗誠 059/143
諭州縣親民札 賀長齡 059/177
整吏治以清政本札 賀長齡 059/183
庭訓述 張澍 059/191
顧行人沈光祿札跋 王寶仁 059/195
答人問作令第一書 陳文述 059/197
答人問作令第二書 陳文述 059/199
答人問作令第三書 陳文述 059/203
答問家人 陳文述 059/207
書李忠愍公傳後 管同 059/209
海疆善後宜重守令論

張穆 059/219
警省錄序 呂璜 059/227
送馬止齋序 梅曾亮 059/231
書沈端恪神道碑後
錢儀吉 059/233
石瑤臣傳書後 梅曾亮 059/237
鄱陽縣知縣吳君家傳
梅曾亮 059/241
山東館陶縣知縣張君墓表
包世臣 059/243
治巢瑣言 舒夢齡 059/253
治南獄事論 陳壽祺 059/259
崇陽客問 繆嘉譽 059/265
札饒州府密查鄱陽縣催科收呈等事由 吳文鎔 059/281
東湖縣稟呈酌議條款批
胡林翼 059/287
麻城縣稟陳地方情形批
胡林翼 059/291
復應山縣吳木齋書
胡林翼 059/295
擬與鳳陽守令書 管同 059/297
與李永州書 姚瑩 059/301
諭七百社家長 姚瑩 059/305
答李信齋論臺灣治事書
姚瑩 059/311
上嚴少韓邑宰書 吳敏樹 059/317
覆吉安文太守詢泰和地方情形書
沈衍慶 059/321
覆本府條陳積弊稟
徐賡陛 059/333
蜀僚問荅 劉衡 076/481
從政要言 王鳳生 077/153
蜀僚問答 劉衡 077/191
整吏治以清政本札
賀長齡 094/375
重刻居官寡過錄序
陳用光 095/337
海疆善後宜重守令論 095/489
論州縣以操守為重 095/491
論州縣為親民之官宜久任供職
095/493
親民在勤 095/494
論州縣宜革除總董 095/495
論居官十一則 郭崑燾 095/496
官箴四則 李宗羲 095/498
鄂吏約 095/499
顧職方郡縣論駁議 戴望 095/509
讀周禮地官 王效成 095/510
論守令 吳鋌 095/511
論州縣 孫鼎臣 095/512
州縣芻言 095/513
治巢瑣言 095/516
論裁定州縣規費書
吳嘉賓 095/517
牧令書輯要書後 丁日昌 095/520
蜀僚問答 劉衡 101/135
京官必用守令 顧炎武 109/179
吏難一 張惠言 109/335
吏難二 張惠言 109/336
守令篇 洪亮吉 109/337
循吏約 沈起元 109/337
申飭官箴檄 陳宏謀 109/342
用親不如用友 汪輝祖 109/345
論用財 汪輝祖 109/346
論處同僚 江輝祖 109/348

三、吏政 守令

論作縣數則 汪琬 109/349
通論居官 汪輝祖 109/351
論親民 汪輝祖 109/356
論省事 109/357
論恤民 汪輝祖 109/359
論治訟 汪輝祖 109/360
用吏役 汪輝祖 109/363
論去弊 汪輝祖 109/369
整吏治以清政本札 賀長齡 109/373
州縣宜照例久任以專責成札 賀長齡 109/374
札麻城吳令 胡林翼 109/375
縷陳整頓捕務並勒限嚴催稟 朱之榛 110/173
田宅 顧炎武 117/294
京官必用守令 顧炎武 117/303
吏論 盧錫晉 117/352
治械鬬議 鄭振圖 117/355
諭各道府書 陳宏謀 117/358
申飭官箴檄 陳宏謀 117/358
通飭各官熟讀律例 陳宏謀 117/361
通飭留心圖冊檄 陳宏謀 117/363
通飭州縣巡歷鄉邨諭 陳宏謀 117/364
申飭閩屬不閱文稿陋習檄 陳宏謀 117/365
循吏約 沈起元 117/367
革火耗 胡衍虞 117/368
論去弊 汪輝祖 117/369
論用財 汪輝祖 117/376
事上 汪輝祖 117/379
論處同僚 汪輝祖 117/380
論親民 汪輝祖 117/381
論省事 汪輝祖 117/383
論恤民 汪輝祖 117/385
論治訟 汪輝祖 117/387
吏難一 張惠言 117/391
吏難二 張惠言 117/392
子賤治單父說 沈寓 117/394
贈費耕亭知府河南序 董基誠 117/401
州縣宜照例久任以專責成札 賀長齡 117/401
諭州縣親民札 賀長齡 117/402
今之牧令要務策 姚文枏 117/404
治南嶽事論 陳壽祺 117/408
上汪尚書書 梅曾亮 117/410
論裁定州縣規費書 吳嘉賓 117/412
答人問作令第一書 陳文述 117/415
答人問作令第二書 陳文述 117/415
答人問作令第三書 陳文述 117/416
海疆善後宜重守令論 張穆 117/417
覆本府條陳積弊稟 徐賡陛 117/423
勸誡州縣四條 曾國藩 117/430
勸誡委員四條 曾國藩 117/431
讀周禮地官二 王效成 117/432
攔輿呈稟 王德茂 117/433
鄂吏約 方宗誠 117/433

候補二十一則 何士祁 117/445
牧令書輯要書後 丁日昌 117/447
用吏役 汪輝祖 117/508
答門生王禮圻問作令書 袁枚 117/513
論守令 吳鋌 124/267
論州縣為親民之官宜久任供職 124/268

三、吏政 吏胥

覺察奸蠹内外書一疏 李鄴園(之芳) 002/210
令史 顧炎武 005/377
額吏胥 侯方域 005/378
吏胥議 儲方慶 005/380
馭吏論 儲方慶 005/381
覆陳書役不必定額疏 田文鏡 005/383
覺察奸蠹内外書一疏 李之芳 005/385
訪懲衙蠹之法疏 張惟赤 005/385
衙蠹宜剔其源疏 孫光祀 005/387
上玉撫軍條議 周鎬 005/388
請杜書吏舞文疏 喬遠煐 005/390
說吏胥 牟願相 005/391
分發在官法戒錄檄 陳宏謀 005/391
亟更役法疏 傅維鱗 005/393
籌杜書吏舞弊之源疏 朱鴻 040/075
胥吏論一 魯一同 040/079
胥吏論二 魯一同 040/083
胥吏論三 魯一同 040/087
胥吏論四 魯一同 040/091
胥吏論五 魯一同 040/095
請懲治貪殘吏胥疏 游百川 040/099
請飭嚴禁書差肆擾疏 譚承祖 040/103
請禁書吏捐保知縣疏 于湊辰 047/120
吏胥論一 魯一同 047/271
吏胥論二 魯一同 047/272
吏胥論三 魯一同 047/273
吏胥論四 魯一同 047/274
吏胥論五 魯一同 047/276
省則例議 馮桂芬 047/277
易吏胥議 馮桂芬 047/279
致鄂垣司道言差役 胡林翼 047/281
請懲治貪殘吏胥疏 游百川 047/282
敬陳清苑蠹役需索之害疏 田翰墀 047/283
請飭嚴禁書差肆擾疏 譚承祖 047/285
請禁書吏捐保知縣疏 于淩辰 058/261
前因時論九 吳鋌 059/381
前因時論十 吳鋌 059/385
胥吏論一 魯一同 059/387
胥吏論二 魯一同 059/391
胥吏論三 魯一同 059/395
胥吏論四 魯一同 059/399
胥吏論五 魯一同 059/403
胥吏論一 尹耕雲 059/407

三、吏政 吏胥

三、吏政　吏胥

胥吏論二　尹耕雲　059/409
胥吏論三　尹耕雲　059/411
訓吏上　湯鵬　059/415
訓吏下　湯鵬　059/421
讀周禮地官一　王效成　059/431
讀酷吏傳　朱琦　059/433
世吏世役說　方濬頤　059/437
汰改役班　王德茂　059/441
省則例議　馮桂芬　059/449
易吏胥議　馮桂芬　059/455
請輯六部稿案以杜吏弊疏　陶廷杰　059/459
請嚴定懲創書役擾害章程疏　費庚吉　059/465
請懲治貪殘吏胥疏　游百川　059/471
請飭議仵作馬快准予出身疏　沈葆楨　059/475
答問書吏　陳文述　059/479
答問差役　陳文述　059/481
衢言　譚獻　059/483
送潘穉青明府歸桐城序　莫友芝　059/489
省則例議　095/290
請禁書吏捐保知縣疏　于凌辰　096/003
嚴懲書吏論　096/004
易吏胥議　096/007
書嚴禁各屬丁書役積弊札後　096/008
請禁書吏捐保知縣疏　于淩辰　109/298
令史　顧炎武　109/393
額吏胥　109/394
吏胥議　儲方慶　109/395
馭吏論　儲方慶　109/396
覆陳書役不必定額疏　田文鏡　109/396
覺察奸蠹内外畫一疏　李之方　109/398
訪懲衙蠹之法疏　張惟赤　109/398
衙蠹宜剔其源疏　孫光祀　109/399
上玉撫軍條議　周鎬　109/400
請杜書吏舞文疏　喬遠煐　109/401
亟更役法疏　傅維鱗　109/402
胥吏論一　魯一同　109/403
胥吏論二　魯一同　109/404
胥吏論三　魯一同　109/405
胥吏論四　魯一同　109/405
胥吏論五　魯一同　109/406
易吏胥議　馮桂芬　109/407
致鄂垣司道言差役　胡林翼　109/408
請懲治貪殘吏胥疏　游百川　109/408
令史　顧炎武　117/503
覺察奸蠹内外畫一疏　李之芳　117/504
請杜書吏舞文疏　喬遠煐　117/505
覆陳書役不必定額疏　田文鏡　117/506
敬陳清苑蠹役需索之害疏　田翰墀　117/507
請嚴定懲創書役擾害章程疏　費庚吉　117/509
上玉撫軍條議　周鎬　117/511

前因時論九 吳鋌 117/516
前因時論十 吳鋌 117/517
胥吏論一 尹耕雲 117/517
胥吏論二 尹耕雲 117/518
胥吏論三 尹耕雲 117/519
易吏胥議 馮桂芬 117/520
胥吏論一 魯一同 117/521
胥吏論二 魯一同 117/522
胥吏論三 魯一同 117/523
胥吏論四 魯一同 117/524
胥吏論五 魯一同 117/524
請飭議仵作馬快准予出身疏 沈楨葆 117/525
汰改役班 王德茂 117/526
省則例議 馮桂芬 121/333
馭吏芻言 124/270
論書吏舞弊 124/271
裁差役尤急於裁書吏論 124/271
請禁書吏捐保知縣疏 于淩辰 133/062
請輯六部稿案以杜吏弊疏 陶廷杰 133/095
請嚴定懲創書役擾章程害疏 費庚吉 133/096
請懲治貪殘吏胥疏 游百川 133/097
敬陳清苑蠹役需索之害疏 田翰墀 133/098
請飭嚴禁書差肆擾疏 譚承祖 133/099
請飭議仵作馬快惟予出身疏 沈葆楨 133/100

三、吏政　幕友

幕友論 韓振 005/397
佐治續言 汪輝祖 005/398
訪延賢友 汪輝祖 005/400
佐治藥言 汪輝祖 005/401
幕友通論 姚輿 040/107
幕友說 陳必寗 047/289
幕學說 宗稷辰 047/290
擬策七 楊象濟 047/291
致左季高 胡林翼 047/292
請查禁謀薦幕友片 何桂芳 047/292
請飭嚴禁查拿片 何桂芳 047/293
覆督署某幕書 徐賡陛 047/293
幕友說 陳必寗 059/355
幕學說 宗稷辰 059/359
擬策七 楊象濟 059/361
塾議 龔鞏祚 059/363
書江南生 龔鞏祚 059/367
請查禁謀薦幕友片 何桂芳 059/369
答問幕友 陳文述 059/371
馬嵐舟次與弟惠茲書 丁履泰 059/373
幕友論 韓振 109/409
佐治續言 汪輝祖 109/409
佐治藥言 汪輝祖 109/411
訪延賢友 汪輝祖 117/495
答問幕友 陳文述 117/496
幕學說 宗稷辰 117/496
擬策上 楊象濟 117/496
請查禁謀薦幕友片

何桂芳　133/100

四、戶政　通論

縷陳新疆地勢民情未盡事宜疏　劉錦棠　047/011
臺北擬建一府三縣疏　沈葆楨　047/443
酌改土司夾片　劉長佑　047/446
奉省邊務南北路均應添設地方官以資治理疏　崇厚　047/448
擬請仍舊改設協領片　銘安　047/460
會勘奉吉兩省圍場荒地界址疏　岐元、銘安　047/465
邊疆緊要請添設道府廳縣以資治理疏　銘安　047/467
遵旨擬設新疆南路郡縣情形疏　劉錦棠　047/470
請歸併省分以垂久遠疏　劉錦棠　047/472
伊犁屯務防務均關緊要謹陳擬辦情形疏　劉錦棠　047/475
擬請添設移改疏　何璟、劉兆棟　047/477
臺灣驟難改設省分謹陳管見疏　劉銘傳　047/478
籌議臺灣郡縣分別添改裁撤以資治理疏　楊昌濬、劉銘傳　047/480
籌議奉省全局變通吏治疏　崇實　060/427
變通吉林吏治擬改設郡縣章程疏　銘安　060/463
統籌新疆全局疏　左宗棠　060/497
覆陳新疆情形疏　左宗棠　060/503
規畫新疆郡縣疏　劉錦棠　060/521
縷陳新疆地勢民情未盡事宜疏　劉錦棠　060/527
禁末　王柏心　066/369
浙省北新關暫緩開設疏　左宗棠　066/405
統籌新疆全局疏　072/117
上海海口形勢輿圖廣袤城池道里丈尺考　葉瀚　081/359
覆陳索倫四旗事宜疏　曾紀澤　082/385
劾使臣辱命疏　張之洞　082/387
天下四大宗論　李提摩太　082/389
上海海口形勢輿圖廣袤城池道里丈尺考　許克勤　082/392
上海為海疆門戶論　胡家鼎　082/393
地球大勢公論總序　徐勤　082/394
地運趨於亞東論　劉楨麟　082/394
地球大勢公論總序　徐勤　084/151
地運趨於亞東論　劉楨麟　084/158
論整頓埠政　(日)闕名　085/155
地球大勢公論總序　徐勤　087/421
地運趨於亞東論　劉楨麟　087/437
論整頓埠政　(日)闕名　089/531
論浙江惲方伯通飭卡員詳報陋規事　096/016
覆陳索倫四旗事宜疏　曾紀澤　096/185
統籌新疆全局疏　左宗棠　096/188
規畫新疆郡縣疏　劉錦棠　096/190
天下四大宗論

(英)李提摩太 096/193
地球大勢公論總序 徐勤 096/194
地運趨於亞東論 劉楨麟 096/195
綜論各省形勢 096/199
杭嘉二府瀕海形勢考 許家惺 096/200
蒙古考 096/201
故鄣城考 096/202
長興縣輿圖記 朱鎮 096/202
上海為海疆門戶論 胡家鼎 096/203
上海海口形勢考 許克勤 096/204
籌議奉省全局變通吏治疏 崇實 096/209
請議覆安徽省城應仍建安慶疏 曾國藩 096/219
論西藏置行省 潘飛聲 096/224
上海海口形勢考 100/287
開辦商埠咨文 102/077
粵西開埠為粵東之害論 102/077
論西江開埠 102/078
論整頓埠政 闕名 102/080
東洋埠口 102/356
埠政 102/356
論整頓埠政 (日)闕名 105/192
天下四大宗論 闕名 106/381
地球大勢公論總序 徐勤 107/482
地運趨於亞東論 劉楨麟 107/489
奉省邊務南北路均應添設地方官以資治理疏 崇厚 108/062
綜論各省形勢 108/065
籌議奉省全局變通吏治疏 崇實 117/276
規畫新疆郡縣疏 劉錦棠 117/290
統籌新疆全局疏 左宗棠 120/188
覆陳索倫四旗事宜疏 曾紀澤 123/355
擬西藏置郡縣議 124/464
西域設行省議 124/465
綜論各省形勢 125/205
論整頓埠政 闕名 125/319
開辦商埠咨文 125/322
秦征晉河東論 趙賢書 126/537
東征晉河東論 康宜鑑 126/540
覆陳索倫四旗事宜疏 曾紀澤 132/331
浙省北新關暫緩開設疏 左宗棠 134/343
統籌新疆全局疏 左宗棠 134/471
新疆應否改設行省請飭會議疏 左宗棠 134/472
覆陳新疆情形疏 左宗棠 134/473
覆陳新疆宜開設郡縣疏 左宗棠 134/478
規畫新疆郡縣疏 劉錦棠 134/482
縷陳新疆地勢民情未盡事宜疏 劉錦棠 134/484
請歸併省分以垂久遠疏 劉錦棠 134/486
伊犁屯務防務均關緊要謹陳擬辦情形疏 劉錦棠 134/488
擬請添設移改疏 何璟、張兆棟 134/489
臺灣驟難改設省分謹陳管見疏 劉銘傳 134/489
籌議臺灣郡縣分別添改裁撤以資治

理疏 楊昌濬、劉銘傳 134/491
臺北擬建一府三縣疏 沈葆楨 134/493
南北路開山並擬布置琅 旂後各情形疏 沈葆楨 134/499
統籌新疆全局疏 戶部 135/308
中國商埠考 闕名 142/117
海門形勢記 * 周嘉祿 145/191
滇南野人山考 何鏞 145/194
因賑山西而考輿地記 王廷相 145/196
前後藏喇嘛記 王廷相 145/197
滇西邊界說 何鏞 145/204
歷代帝都考 朱子 145/209
甘肅青海回回考 賈文言 145/212
籌滇耳食錄 儲桂芬 145/212
九江形勢說 徐敬熙 145/223
大秦東境 李光廷 154/096
大秦西境 李光廷 154/100
皖撫奏呈全省輿圖疏 福潤 154/204
九江形勢說 饒枚臣 154/243
經濟上政府之職掌 吳貫因 164/441
敬告各省都督與司財政者 周宏業 164/524
進步黨調查政費意見書 梁啟超 164/530
上大總統論財政書 王懷霖 164/582
述近日財政大勢致各省文 財政部 164/591
呈請嚴催各省解款接濟文 財政部 164/596

四、戶政 理財

授田論 陳錴儒(之蘭) 002/223
生財裕餉第一疏 靳紫垣(輔) 002/229
送湯公潛菴巡撫江南序 潘次畊(耒) 002/250
答曾邑侯問丁米均派書 李粗卿(光坡) 002/268
江西新城田租說上 陳紹洙(道) 002/284
江西新城田租說下 陳紹洙(道) 002/287
苛駁宜禁疏 靳紫垣(輔) 002/291
請立法清查錢糧疏 王伯咨(命岳) 002/296
請嚴錢糧流抵疏 姚弱侯(文然) 002/299
上高念東先生論地方利弊書 張起元(貞) 002/317
敬陳末議疏 尹元孚(會一) 002/321
上周大中丞書 郭復齋(起元) 002/326
布帛贏縮說 郭復齋(起元) 002/328
圃田法 王爾緝(心敬) 002/339
井利說 王爾緝(心敬) 002/340
井利補說 王爾緝(心敬) 002/349
禁止踊麴疏 尹元孚(會一) 002/352
與徐司空蝶園書 方靈皐(苞) 002/354
與蔡總漕書 姚弱侯(文然) 002/363
又與蔡總漕書

姚弱侯(文然) 002/367
裕國便民餉兵備荒兼得之道
王爾緝(心敬) 002/369
嚴禁漕弊各款
于北溟(成龍) 002/384
通泉幣 邱秀瑞(嘉穗) 002/393
定鼓鑄疏 鞠冠玉(珣) 002/397
制錢銷毀滋弊疏
陳子端(廷敬) 002/401
用古錢議 徐原一(乾學) 002/407
清理浮費疏 尹元孚(會一) 002/418
與安徽李方伯 方靈皐(苞) 002/422
請禁採木擾累疏
姚弱侯(文然) 002/424
與安徽李方伯 方苞 004/461
劉晏理財論 郭起元 005/415
理財 易學實 005/416
周禮考後序 楊椿 005/417
書王介甫度支廳壁題名記後
黃中堅 005/419
讀宋史陳遘傳 顧炎武 005/420
策問 韓菼 005/421
理財三策疏 柴潮生 005/421
生財裕餉第一疏 靳輔 005/425
水利足民裕國疏 慕天顏 005/432
開源節流疏 英和 005/435
論理財書 程含章 005/438
籌滇理財疏 蔡毓榮 005/445
滇南經費略 師範 005/448
足民裕國二事疏 王啟祚 005/449
軍需報銷疏 慕天顏 005/450
苛駁宜禁疏 靳輔 005/452
覆部議禁米囤核城工疏
陳大受 005/454
與當事論經費書 陳宏謀 005/454
請杜設法名色疏 張玉書 005/455
耗羨私議 彭端淑 005/459
議覆提解耗羨疏 高成齡 005/461
辦理耗羨疏 孫嘉淦 005/462
耗羨請仍歸公疏 趙青藜 005/465
條陳耗羨疏 錢陳羣 005/467
戶部平餘案略 朱雲錦 005/469
請立法清查錢糧疏
王命岳 005/470
與馬虞樽少司空書
彭雄新 005/472
釐剔安徽虧空疏 李鴻賓 005/474
籌補安省歷年虧空疏
康紹鏞 005/476
條陳安省虧空八事疏
陶澍 005/479
杜州縣交代積弊議
張師誠 005/482
籍沒財產代民租 趙翼 005/486
書朱文正公在戶部事
韓振 005/486
授田論 陳之蘭 006/088
江西新城田租說 陳道 006/103
布帛贏縮說 郭起元 006/295
與徐司空蝶園書 方苞 006/510
與徐司空蝶園書 方苞 007/268
禁止踹麴疏 尹會一 007/269
漕費禁給洋錢摺 林則徐 040/111
為時事艱難亟應籌備餉需摺
景廉 040/127
請除近日流弊疏 孫翼謀 040/147

四、戶政 理財

籌餉疏 王開運 040/153
擬請明定軍需善後報銷章程摺 張之洞 040/177
請禁鹽務河工侈靡錮習疏 賀熙齡 040/183
京員津貼擬籌正名之款開支摺 張之洞 040/195
籌國用議 馮桂芬 047/297
務本論自敘 徐鼐 047/299
務本論罄辨篇第一 徐鼐 047/299
務本論罄辨篇第二 徐鼐 047/301
務本論罄辨篇第三 徐鼐 047/302
務本論罄辨篇第四 徐鼐 047/302
務本論罄辨篇第五 徐鼐 047/303
務本論罄辨篇第六 徐鼐 047/303
務本論罄辨篇第七 徐鼐 047/304
務本論罄辨篇第八 徐鼐 047/304
務本論罄辨篇第九 徐鼐 047/305
與陳秋門給諫論軍餉 胡林翼 047/313
派員督辦粵釐疏 曾國藩 047/314
造報軍需款目疏 曾國藩 047/319
請禁鹽務河工侈靡錮習疏 賀熙齡 047/327
請除近日流弊疏 孫翼謀 047/330
請將外省陋規名目分別裁定疏 黃體芳 047/332
遵旨釐定章程以除積弊疏 涂宗瀛 047/340
奉請設局辦理清查疏 張之洞 047/343
請動支釐金抵補鐵價片 張之洞 047/348
設局辦理科場裁免行戶支應緣由夾片 張之洞 047/350
裁減公費禁止水禮各緣由疏 張之洞 047/351
請派大臣查辦片 奎斌 047/353
統籌新疆全局以規久遠疏 047/354
奏陳開源節流章程疏 047/365
開源節流事宜二十四條 047/367
查明勘礦廠情形試行開採疏 林則徐 047/383
遵飭核詳稿 程國熙 047/390
請將臺屬各項雜餉分別豁除疏 丁日昌 049/047
請將年終應解物料變通辦理疏 張之洞 049/129
請將晉省例解紬絹紙張折價解部片 張之洞 049/131
論借款 李東沅 053/356
因時論九 吳鋌 060/003
前因時論十六 吳鋌 060/007
通論唐以來國計 孫鼎臣 060/009
論理財 龍啟瑞 060/017
肥國論 左宗植 060/023
裕本篇 宗稷辰 060/031
務本論上下篇並敘 徐鼐 060/035
軍儲篇一 魏源 060/065
裕財策 楊象濟 060/075
醫貧 湯鵬 060/079
袁胥臺父子家書跋 馮桂芬 060/095
贈汪孟慈序 姚瑩 060/101
復何竹薌同年論會計書 魏源 060/107

上祁相國論軍儲事書 湯修 060/111
與陳芝楣同年論清查交代書 徐寶善 060/117
致何青耜戶部兆瀛論米折書 江本銓 060/119
條陳國用事宜疏 那斯洪阿 060/123
議覆籌補庫款章程利獘疏 李星沅 060/153
戒患貧言利疏 王東槐 060/159
通籌出入虛實疏 宗稷辰 060/165
戶部會奏籌議節流各款疏 王慶雲 060/171
請權出入以培國脈疏 汪振基 060/185
擬預籌節用疏 吳嘉賓 060/189
通籌財用大源敬陳管見疏 翁同書 060/197
議覆給事中周星譽條陳斂商權疏 060/213
遵旨會議開源節流事宜疏 060/219
進呈改辦年例彙奏出入會計黃冊疏 060/259
請飭力籌節用永停捐輸疏 黃元善 060/285
請飭內務府撙節用款疏 060/289
聲明內府外庫定制疏 060/295
請飭稽查直省懸宕款目疏 徐法績 060/301
請每年清查以杜弊源疏 徐澤醇 060/307
清查彌補章程疏 吳文鎔 060/315
晉省辦理清查疏 張之洞 060/323
京餉宜解實銀疏 謝膺禧 060/331
札荆宜施道 胡林翼 060/339
荆門州稟陳設法籌解各款批 胡林翼 060/341
覆王筱泉廉訪書 曾國藩 060/343
前因時論十八 吳鋌 066/367
墟市論 高崧 066/377
荆宜施道稟沙市客幫愬變抽釐章程批 胡林翼 066/559
請派員督辦粤釐疏 曾國藩 072/045
理財十二策 瘦腰生 081/254
請節糜費疏 管廷獻 082/342
書鄂督開闢全楚利源示後 李提摩太 082/353
度支 082/354
國債 鄭觀應 082/356
論謀富之法 082/358
續論謀富之法 082/360
立信論 張羅澄 082/362
論今日勿憂無財 余貽範 082/363
論工人宜漸富 李提摩太 082/364
管子地數篇 許克勤 082/367
中國近日富強之術以何者為先論 許庭銓 082/371
輪船電報二事應如何剔弊方能持久策 锺天偉 082/374
中國倣行西法紡紗織布應如何籌辦俾國家商民均獲利益論 吳佐清 082/377
理財卮言 082/382
治標庸言 鏡存子 082/511
裕利源以抒商力論

四、戶政 理財

四、戶政　理財

李經邦 082/520
論理財宜清釐款目
(英)李提摩太 084/393
論中國財政 (俄)鋪加脫 084/404
論中國賦用 (德)闕名 084/408
請緩征值百抽十之稅並請改存儲關棧章程摺 張之洞 085/072
海關出入貨類敘略
薛福成 085/078
海關出入貨價敘略
薛福成 085/078
論理財宜清釐款目
(英)李提摩太 088/488
論中國財政 (俄)鋪加脫 088/512
論中國賦用 (德)闕名 088/520
請緩征值百抽十之稅並請改存儲關棧章程摺 張之洞 089/347
海關出入貨類敘略
薛福成 089/361
海關出入貨價敘略
薛福成 089/363
中國近日富強之術以何者為先論
094/448
輪船電報二事應如何剔弊方能持久策 鍾天偉 095/256
遵旨會議開源節流事宜疏 096/033
條陳國用事宜疏 那斯洪阿 096/045
通籌財用大源敬陳管見疏
翁同書 096/054
請權出入以培國脈疏
汪振基 096/058
擬預籌節用疏 吳嘉賓 096/059
通籌出入虛實疏 宗稷辰 096/061
戶部會奏籌議節流各款疏
王慶雲 096/063
議覆籌補庫款章程利弊疏
李星沅 096/067
聲明內府外庫定制疏 096/069
請飭內務府撙節用款疏 096/070
請飭力籌節用永停捐輸疏
黃元善 096/072
請每年清查以杜弊源疏
徐澤醇 096/073
奏請均利保權疏 黃思永 096/075
請節糜費疏 管廷獻 096/076
生財不如理財論 金安清 096/082
裕利源以抒商力論
李經邦 096/083
廣廣學以廣利源議
李提摩太 096/087
籌國用議 096/091
節經費議 096/092
用財貴得其當說 096/093
講求務本至計以開利源摺
華煇 096/098
論中國財政 (俄)鋪加脫 096/100
中國歲計錄要 096/104
論中國度支 096/106
常年用度總數 096/110
論謀富之法 096/111
續論謀富之法 096/114
論今日勿憂無財 余貽範 096/117
論財用 吳鋌 096/118
論理財 龍啟瑞 096/118
理財論 吳鼎元 096/120
理財芻議 096/120

務本論上下篇並敘 徐鼐 096/121
裕財策 楊象濟 096/122
裕本論 宗稷辰 096/123
肥國論 左宗植 096/124
公利說 096/126
立信論 張羅澄 096/128
管子地數篇解 許克勤 096/131
通論唐以來國計 096/137
中國工藝商業考提要 096/140
論工人日漸富強 096/140
度支 096/141
醫貧 湯鵬 096/142
說橙 096/147
中國工商業考書後
黃傳祁 096/148
書鄂督開闢全楚利源示後
李提摩太 096/148
請緩征值百抽十之稅並請改存儲關棧章程摺 張之洞 098/009
京餉宜解實銀疏 謝膺禧 100/079
請緩征值百抽十之稅並請改存儲關棧章程摺 張之洞 105/049
海關出入貨類敘略
薛福成 105/080
海關出入貨價敘略
薛福成 105/081
與安徽李方伯 方苞 109/095
劉晏理財論 郭起元 111/209
理財 易學實 111/209
理財三策疏 柴潮生 111/210
生財裕餉第一疏 靳輔 111/213
耗羨私議 彭端淑 111/217
辦理耗羨疏 孫嘉淦 111/218
請立法清查錢糧疏
王命岳 111/220
條陳安省虧空八事疏
陶澍 111/221
杜州縣交代積弊議
張師誠 111/224
籌國用議 馮桂芬 111/226
務本論自敘 徐鼐 111/227
務本論罄辨篇第一 111/227
務本論罄辨篇第二 111/228
務本論罄辨篇第三 111/228
務本論罄辨篇第四 111/229
務本論罄辨篇第五 111/229
務本論罄辨篇第六 111/229
務本論罄辨篇第七 111/230
務本論罄辨篇第八 111/230
務本論罄辨篇第九 111/230
奏請設局辦理清查疏
張之洞 111/232
請動支釐金抵補鐵價片
張之洞 111/235
裁減公費禁止水禮各緣由疏
張之洞 111/236
統籌新疆全局以規久遠疏 111/237
奏陳開源節流章程疏 111/241
開源節流事宜二十四條 111/242
論理財宜清釐款目
(英)李提摩太 111/250
論中國財政 (俄)鋪加脫 111/256
論庫項支絀宜籌善法以裕度支
111/260
理財仍歸本於錢漕論 111/261
裕國當籌其大局論 111/263

四、戶政 理財

四、戶政 理財

論借款 111/483
說國債 111/484
論中國宜借國債以辦善後 111/485
論息借商款事宜 111/486
論息借商款之失信於民 111/487
中國假貸俄款說 111/489
書戶部息借商款暨中國在倫敦倡銀各報後 111/490
論舉行昭信股票 111/491
論行昭信股票 111/492
書戶部借用商款章程奏疏後 111/493
厘局總論 111/497
請緩征值百抽十之稅並請改存儲關棧章程摺 張之洞 112/110
造報軍需款目疏 曾國藩 113/348
遠謀篇 115/382
劉晏理財論 郭起元 118/005
與當事論經費書 陳宏謀 118/006
醫貧 湯鵬 118/007
務本論上下篇並叙 徐鼒 118/012
袁胥臺父子家書跋 馮桂芬 118/023
軍儲篇一 魏源 118/027
條陳安省虧空八事疏 118/030
戶部會奏籌議節流各款疏 王慶雲 118/033
造報軍需款目疏 曾國藩 118/038
聲明內府外庫定制疏 戶部 118/040
晉省辦理清查疏 張之洞 118/042
進呈改辦年例彙奏出入會計黃冊疏 戶部 118/044
遵旨會議開源節流事宜疏 戶部 118/048
統籌新疆全局以規久遠疏 戶部 118/062
論中國賦用 118/072
國債 鄭觀應 118/091
論借款 李東沅 118/093
辦理耗羨疏 孫嘉淦 118/330
請立法清查錢糧疏 王命兵 118/335
請將晉省例解紬絹紙張折價解部片 張之洞 118/389
請將年終應解物料變通辦理疏 張之洞 118/391
海關出入貨類叙略 薛福成 119/034
海關出入貨價叙略 薛福成 119/035
請緩征值百抽十之稅並請改存儲關棧章程摺 張之洞 122/333
中國倣行西法紡紗織布應如何籌辦俾國家商民均獲利益論 吴佐清 122/350
論理財宜清釐款目 (英)李提摩太 123/443
說國債 124/276
論中國宜借國債以辦善後 124/277
論息借商款事宜 124/278
論息借商款之失信於民 124/279
論各國向中國索取賠款 124/281
論各國向中國索取賠款之非 124/281
請權出入以培國脈疏

汪振基 124/282
請節糜費疏 管廷獻 124/283
論部臣擬節度支事 124/284
再論節省度支 124/286
論中國欲闢財之源當先節財之流 124/287
理財不主節流而主暢流論 124/288
理財論 吳鼎元 124/289
生財不如理財論 金安清 124/290
生財新論 124/290
裕財策 楊象濟 124/292
富國說 124/293
請緩征值百抽十之稅並請改存儲關棧章程摺 張之洞 124/295
洋藥茶絲分類表敘 楊楷 126/046
重譯富國策敘 通正齋生 126/057
論臺灣財政 (日)阪谷 127/336
論整頓財政宜自宮廷始 128/216
論清國財政 128/459
某洋員上當道論整頓中國財政策 128/466
國債各例問答 128/476
總署及戶部議請續借英德商款摺 128/481
呂鏡宇尚書奏請變通捐輸摺 128/482
行在戶部奏分派各省合力通籌攤還賠款疏 128/504
會奏攤款減成電摺 128/505
甯蘇籌款摺 128/507
秦省籌款摺 128/513
浙撫任奏陳籌備償款開辦各項捐輸摺 128/514
光緒二十六年河南藩庫常年出入款項清冊 128/517
粵東藩司善後局常年進出各款表第一 128/518
粵省運庫遞年奏銷報部正雜項收支數表 128/519
戶部奏請催解各省協餉摺並清單 128/520
折漕平議 128/535
膠澳出款預算表 128/543
記各國國債 128/545
廣東房捐章程 129/375
急則治標論 129/386
請緩征值百抽十之稅並改定存儲關棧章程疏 張之洞 132/021
奏定給發昭信股票詳細章程疏 戶部 132/053
條陳國用事宜疏 那斯洪阿 133/131
戒患貧言利疏 王東槐 133/139
通籌出入虛實疏 宗稷辰 133/140
戶部會奏籌議節流各款疏 王慶雲 133/142
請權出入以培國脈疏 汪振基 133/145
擬預籌節用疏 吳嘉賓 133/146
通籌財用大源敬陳管見疏 翁同書 133/148
議覆給事中周星譽條陳斂商權疏 戶部 133/152
遵旨會議開源節流事宜疏 戶部 133/153
議覆開源節流疏 李鴻章 133/164
議覆戶部開源節流各條疏

四、戶政 理財

廣東額解白蠟改由四川採辦請加價該實報銷疏 鹿傳霖 133/240
議奏各省攤派籌還洋款疏 戶部 133/241
奏續借英德商款指定償款疏 總理衙門 133/244
瀝陳湊解各款為難情形疏 陶模 133/244
奏新定賠款數鉅期急迫應合力通籌疏 戶部 133/246
規復丁漕加提盈餘湊供賠款疏 張之洞 133/247
籌解第一期新約賠款疏 任道鎔 133/248
籌辦滙解第一次賠款以顧大局疏 奎俊 133/249
擬將鐵路船廠等銀截留抵補賠款疏 聶緝槼 133/251
復陳裁併三庫疏 榮祿 133/252
漕費禁給洋錢疏 林則徐 133/289
查明九江關實在情形並籌變通辦理疏 沈葆楨 134/336
九江關短收額外銀兩懇恩免賠疏 李興鋭 134/339
請將湖北武昌廠關口岸節省銀兩儘徵儘解疏 張之洞 134/342
夔關收數短絀核實辦理疏 丁寶楨 134/350
湖北籌餉別無良策惟有整頓釐金疏 張之洞 134/390
請派員督辦粵釐疏 曾國藩 134/400
請禁江蘇落地布捐疏 徐士佳 134/412
請裁撤釐局疏 鄭思賀 134/417
造報軍需款目疏 曾國藩 135/262
整頓中國財政策 洋員 139/363
戶政變發條議 張謇 139/382
理財學總論 (日)笹川潔 139/394
理財學支銷篇論略 (日)笹川潔 139/395
理財學收入篇論略 (日)笹川潔 139/404
俄國財力論 大橋鐵太郎 139/406
俄國財政改革論 大橋鐵太郎 139/411
理財主交通轉運論 (日)笹川潔 139/416
理財節略 戴爾樂 139/418
紀意大利財政 (德)李士德 139/447
紀和蘭比利時財政 (德)李士德 139/466
紀英國財政 (德)李士德 139/473
折漕平議 闕名 140/029
國債緒論 錢恂 140/400
各國國債情形 錢恂 140/401
國債與稅關繫論 140/405
國債區分得失詳論 錢恂 140/408
募集國債法 (日)織田一 140/411
國債借換法 錢恂 140/418
國債管理論 錢恂 140/427
國債償還論 錢恂 140/429
地方債總論 錢恂 140/442
各國地方債現勢論 140/444
地方債借入法 140/446
地方債期限及償還法

四、戶政 理財

錢恂 140/448
鹽務客談 146/220
改鹽政議 郭師漢 146/221
籌賑通論 陳伯陶 146/222
和衆豐財說 馬其言 146/223
鹽務說 尤金鏞 146/225
斂財不病民說 顧啟宗 146/228
論理財以節儉為本 沈惟禮 146/230
答客問國債 楊震 146/231
論宜令商民認充釐金以畀國用 秦力田 146/233
南漕折色私議 蔡元章 146/239
續南漕折色私議 沈其賢 146/241
書南漕折色緩議後 馮思永 146/243
書川督整頓厘金告示後 朱正元 146/247
急則治標論 江國璋 147/387
復丁雨生都轉書 曾國藩 150/006
蘆綱憊累請減成本疏 曾國藩 150/008
批官運湘鹽委員文守翼稟籌銷湘鹽章程稟 曾國藩 150/015
折漕說 闕名 150/023
論增益財用之理 (英)法思德著，汪鳳藻譯 150/029
論制産之義與均富之說 (英)法思德，汪鳳藻譯 150/040
論財所自分 (英)法思德，汪鳳藻譯 150/044
論地租角逐之道 (英)法思德，汪鳳藻譯 150/047
論工價 (英)法思德，汪鳳藻譯 150/055
論利息 (英)法思德著，汪鳳藻譯 150/068
論合本同功 (英)法思德著、汪鳳藻譯 150/081
生利分利之別論 (英)李提摩太著、蔡爾康譯 150/087
生利分利之別再論 (英)李提摩太著、蔡爾康譯 150/099
財用 (英)傅蘭雅譯，應祖錫述 150/104
分産 (英)傅蘭雅譯，應祖錫述 150/112
重譯富國策叙 闕名 150/116
皖撫奏陳變通清賦辦法疏 福潤 150/118
議奏各省攤派籌還洋款疏 戶部 150/126
理財篇 孫魯欽 150/134
中國度支考序 蔡爾康 150/138
中國度支考跋 (美)林樂知譯，任廷旭述 150/146
論臺灣財政 (日)阪谷 150/158
謂中國度支 (英)闕名 150/161
論經濟學 (日)田口 150/167
奏續借洋款合同疏 總理衙門 150/169
議覆黃中允籌借華款疏 戶部 150/175
奏定給發昭信股票詳細章程疏 戶部 150/179
議奏昭信股票流弊甚多妥議辦法疏

戶部 150/185
昭信票開通有益中國論 朱華綬 150/189
皖撫奏辦理清賦查出田畝實徵銀數疏 鄧華熙 150/200
籌撥東三省的餉章程疏 戶部 150/204
劉制軍餑兩淮酌議鹽務改章札 劉坤一 150/206
書抵制洋鹽說後 闕名 150/213
財政四綱敘 錢恂 150/216
國債 錢恂 150/217
各國國用彙誌 闕名 150/226
奏新定賠款數鉅期迫亟應合力通籌疏 戶部 150/238
分年償還賠款本利表 150/242
分平攤還新舊洋款表 150/244
上浙撫廖中丞陳明浙江土藥加徵稅釐辦法稟 李寶章 152/178
中國工藝商業考提要 闕名 158/415
理財救國論上 康有為 164/291
財政問題商榷書 梁啟超 164/352
治標財政策 梁啟超 164/396
中央經費與地方經費 吳貫因 164/434
論戰時及亂後之財政 周宏業 164/473
論財政與救急之策 闕名 164/480
我之經濟政策 闕名 164/493
財政顧問之先進國 闕名 164/495
鹽款另儲抵債與各省財政之關係 闕名 164/500
吾所告於當道者 陳訦 164/519
論利用外資振興實業不能救財政之危險 葉景莘 164/539
整理財政之六大障礙 闕名 164/545
歐洲金融與吾國財政之關係 闕名 164/553
風俗奢侈及於國民經濟之關係 吳鈎 164/560
本年財政現狀質問政府書 參議院 164/565
上唐總理論財政書 錢應清 164/579
痛陳國家財源消耗文 國民公黨 164/585
覆熊總長論整理財政文 程德全 164/587
條陳財政計畫書 陳昭常 164/588
條陳整理金融政策通告 熊希齡 164/589
外債問題 葉景葵 166/001
大借債駁議 康有為 166/003
論大借款 藍公武 166/011
大借款與財政之將來 吳鼎昌 166/022
善後借款詳論 周宏業 166/032
善後借款之善後 闕名 166/072
大借款簽字之評論 周宏業 166/086
借款決裂後之籌畫 闕名 166/091
外債論 徐永祚 166/095
致各省論借款 黎元洪 166/110
主張借款救亡文 國民協會 166/111

為贊成借款致政府文 徐寶山 166/113
上大總統副總統及參議院書 韓汝甲 166/113
致政府及各團體主張辦理公債 黎元洪 166/115
一年來借款交涉始末記 黃遠庸 166/116
民國外債痛史 闕名 166/125
致中央及各省論外債國民捐並進文 黎元洪 166/131
致中央請速解決公債民捐之取舍 黎元洪 166/132
致各省論外債國民捐之利弊 周自齊 166/133
對於國民捐之意見 共和建設討論會 166/135
論國民捐 龔子揚 166/145

四、戶政 養民

養民 朱澤澐 005/491
論鹽糧賑貸諸法 陸世儀 005/493
論直隸興除事宜書 陸隴其 005/494
巡歷鄉村興除事宜檄 陳宏謀 005/498
養民四政 黃六鴻 005/501
松問 欽善 005/504
論滇省利弊 師範 005/509
賦差關稅四弊疏 許承宣 005/510
請推恩掩骼疏 任辰旦 005/513
葭州地利議 張琛 018/381
封鍾方伯濟南風土利弊問 馬國翰 018/385
代擬廣東省育嬰堂碑記 夏皐 040/203
勸諭育嬰堂示 蒯德標 040/221
收貧民議 馮桂芬 047/409
鄉民來局求贖酌擬情節申請賑撫總局轉飭辦理并乞通飭請示由 金福曾 047/412
咨行沿海各省招工章程 047/414
戒粵民出洋謀生示 張樹聲 047/422
酌裁糯米雜糧釐捐片 吳元炳 047/423
原食 吳德旋 060/349
漢循吏召信臣傳書後 鄒鳴鶴 060/351
敬陳民生吏治大概情形疏 陳肇 060/355
備陳民間疾苦疏 曾國藩 060/359
條陳與民休息疏 馬元瑞 060/367
利農恤商培養元氣片 黃元善 060/371
論東路事宜啟 胡林翼 060/375
育養幼孩不可領作奴僕移文 唐鑑 060/395
答某廉訪論通行牛痘書 金東 060/417
請優恤包村義民疏 蔣益澧 075/441
論民 082/480
答問養民事宜 (英)李提摩太 082/481
論貧民有望 (英)李提摩太 082/483

游民有業論　(英)李提摩太　082/483
轉移積患說　(英)李提摩太　082/485
論産業宜與人數並增　082/487
用機器殖財養民說　薛福成　082/488
禁栽罌粟策　楊毓煇　082/489
泰西善舉中國能否倣行　許象樞　082/497
條陳養民事宜疏　文廷式　082/499
勸諭陝甘通栽種樹木示　陶模　082/501
教養論　鄭觀應　082/537
答問養民事宜　(英)李提摩太　086/289
論貧民有望　(英)李提摩太　086/291
游民有業論　(英)李提摩太　086/292
條陳養民事宜疏　文廷式　086/293
答問養民事宜　(英)李提摩太　092/449
論貧民有望　(英)李提摩太　092/454
游民有業論　(英)李提摩太　092/456
條陳養民事宜疏　文廷式　092/459
教養論　鄭觀應　094/489
收貧民議　馮桂芬　094/494
論産業宜與人數並增　096/015
條陳與民休息疏　馬元瑞　096/153
備陳民間疾苦疏　曾國藩　096/154
請優恤包村義民疏　蔣益澧　096/156
利農恤商培養元氣片　黄元善　096/157
論民　(英)李提摩太　096/157
論貧民有望　096/158
答問養民事宜　(英)李提摩太　096/161
用機器殖財養民說　薛福成　096/163
論難民亟宜設法安插　096/170
安置流民議　096/171
論游民　096/173
游民有業論　096/174
徙民論　096/175
原食　096/178
恆産說　096/179
論東路事宜啟　胡林翼　096/180
泰西善舉中國能否倣行　099/100
用機器殖財養民說　薛福成　104/301
答問養民事宜　(英)李提摩太　106/306
論貧民有望　(英)李提摩太　106/309
游民有業論　(英)李提摩太　106/310
條陳養民事宜疏　闕名　106/311
養民　朱澤澐　110/001
論直隸興除事宜書　陸隴其　110/003
巡歷鄉村興除事宜檄　110/006
養民四政　110/008
論滇省利弊　師範　110/009
賦差關稅四弊疏　許承宣　110/010
收貧民議　馮桂芬　110/012
咨行沿海各省招工章程　110/013
答問養民事宜　110/030
論貧民有望　(英)李提摩太　110/032
游民有業論　(英)李提摩太　110/033
條陳養民事宜疏　文廷式　110/034

備陳民間疾苦疏 曾國藩 117/144
條陳與民休息疏 馬元瑞 117/179
論直隸興除事宜書 陸隴其 118/104
答某廉訪論通行牛痘書 金東 119/330
用機器殖財養民說 薛福成 122/336
教養論 124/083
利農恤商培養元氣片 124/275
條陳與民休息疏 124/467
安置流民議 124/468
論難民亟宜設法安插 124/469
養民 陳次亮 127/403
教養 陳次亮 127/404
教民 陳次亮 127/417
教民 湯蟄仙 127/418
用機器殖財養民說 130/350
條陳養民事宜疏 文廷式 133/457
請寬民力以清盜源疏 陶模 133/459
敬陳民生吏治大概情形疏 陳肇 133/460
備陳民間疾苦疏 曾國藩 133/461
條陳與民休息疏 馬元瑞 133/463
奏復察看京師工藝局情形疏 徐會灃 133/464
請設立種植牧養工藝公司片 陳夔龍 133/465
請設工藝廠片 李興銳 133/466
利農恤商培養元氣片 黄元善 133/467
招商運米籌辦平糶疏 袁世凱 133/468
酌裁糯米雜糧釐捐片 吳元炳 133/468
核減典商利息酌定贖限擬發官本疏 左宗棠 133/469
請優恤包村義民疏 蔣益澧 135/046

四、戶政 賦役

限田論 黄震孫(中堅) 002/219
書揚州田賦後 胡朏明(渭) 002/246
浮糧變通議 沈確士 002/254
賦役論 劉武仲(淇) 002/258
丁役議 邱秀瑞(嘉穗) 002/263
編審詳文 陸稼書(隴其) 002/271
江北均丁說 盛黼宸(楓) 002/273
丈冊末議 姚弱侯(文然) 002/278
請停丈量以甦民困疏 楊自西(雍建) 002/281
靈壽條陳時務 陸稼書(隴其) 002/305
請開海禁疏 慕天顏 005/440
賦役議上 任源祥 006/003
賦役議下 任源祥 006/004
賦役後議 任源祥 006/005
錢糧論上 顧炎武 006/006
錢糧論下 顧炎武 006/008
田賦總說 朱澤澐 006/009
田賦說 朱雲錦 006/010
田賦總考 闕名 006/013
畿輔田賦志序 李紱 006/014
巴陵志田賦論 006/015
論賦役 陸世儀 006/016

紀順治間錢糧數目 張玉書 006/018
論魚鱗圖冊 陸世儀 006/019
一條鞭議 袁一相 006/020
問條編徵收之法 任源祥 006/022
食貨策 任源祥 006/024
設立里催議 袁一相 006/025
請定催徵之法疏 趙廷臣 006/027
徵輸良法 胡衍虞 006/030
雜徵餘論 黄六鴻 006/031
請稽保甲以便徵輸疏 徐鼎 006/033
請均賦役以收民心疏 趙宏文 006/034
條陳賦役利弊疏 何承都 006/035
因災請折漕米疏 姚文然 006/037
請除折漕溷冒疏 姚文然 006/038
請填蠲抵由單疏 姚文然 006/039
與張慕莘漕院書 彭維新 006/042
請通融停徵之法疏 李紱 006/043
病起與薊門當事書 顧炎武 006/043
配丁田法辨 董以寧 006/047
江北均丁說 盛楓 006/047
丁役議 邱家穗 006/049
畿輔戶口志序 李紱 006/051
戶口說 朱雲錦 006/052
紀順治間戶口數目 張玉書 006/055
答會邑侯問丁米均派書 李光坡 006/056
勘明沔縣丁銀宜隨糧行議 曾王孫 006/057
請丁銀仍歸地糧疏 戈濤 006/058
請撥糧均丁疏 李元英 006/060
均編要略序 沈荃 006/061
均田均役議 李復興 006/064
編審論 盛百二 006/068
請編審仍照舊規疏 蘇霖渤 006/069
編審釐弊疏 柯聳 006/071
論編審 黄六鴻 006/074
編審詳文 陸隴其 006/076
與邑令論編審 葉映榴 006/077
粵西編審議 熊飛渭 006/077
州縣稅賦 顧炎武 006/082
地畝 顧炎武 006/084
限田論 黄中堅 006/086
請清丈田畝 陸世儀 006/090
方田論 張爾歧 006/092
丈冊末議 姚文然 006/093
靈壽志論 陸隴其 006/094
論折田 閻若璩 006/095
堂邑賦役論 劉淇 006/098
孝感縣志田賦總論 梁鳳翔 006/100
塊冊序 梁鳳翔 006/101
鳳臺縣志論田賦 李兆洛 006/102
新泰丈田議 盧紘 006/104
長洲清田紀事一 蔡方炳 006/106
長洲清田紀事二 蔡方炳 006/108
清丈論 儲方慶 006/110
請停丈量以甦民困疏 楊雍建 006/111
請成賦稅定額方冊疏 張懋熺 006/113

四、戶政 賦役

臺灣田糧利弊疏 尹泰 006/114
民田無庸給由帖檄 袁一相 006/115
屯糧序 盧傳 006/116
屯糧歸縣徵疏 董衛國 006/117
圈佔記 姚文燮 006/118
與朱參議書 彭維新 006/118
浮糧變通議 王應奎 006/123
浮糧變通議 沈德潛 006/124
書楊州田賦後 胡渭 006/126
蘇郡田賦議 蔣伊 006/128
賈似道公田論 林潞 006/131
浮糧坍荒二弊議 慕天顏 006/133
蘇松浮糧疏 韓世琦 006/137
上蕭巡撫請抵糧支穀議 陶元淳 006/139
請查田糧影射疏 闕名 006/140
嚴察派徵檄 賈漢復 006/141
革場稅疏 閻興邦 006/142
書韓中丞請免省存餘耗疏後 蔡方炳 006/143
論役法 陸隴其 006/147
田役 儲方慶 006/147
小役冊序 張超 006/148
均役議 章九儀 006/150
徭役議 趙錫孝 006/151
徭役考 陶正靖 006/153
敬籌直隸減差均徭疏 屠之申 006/155
覆議減差均徭利弊疏 顏檢 006/158
均徭文 張杰 006/160
均徭辯 張杰 006/163
論差徭書 張杰 006/166
答方制府官車之弊書 陳兆崙 006/168
酌派河夫疏 李及秀 006/169
沿河民困四事疏 佟鳳彩 006/170
請造役船禁封民船疏 張朝璘 006/172
粵省夫務議 唐化鵬 006/174
伐石志 胡天游 006/175
民夫記 王鳴雷 006/176
蜑人采珠說 呂星垣 006/177
省官役以清關弊疏 徐旭齡 007/255
請禁徵收私稅疏 李贊元 007/256
請除煩苛之榷稅疏 甘汝來 007/258
清釐關務積弊疏 晏斯盛 007/259
請罷湖口關復九江關疏 王澤宏 007/265
請開麯禁疏 孫嘉淦 007/273
讀金史食貨志 陸隴其 018/535
延安丁糧積困奏請減免疏 楊素蘊 018/537
國朝征地不征丁 張琛 019/101
歷代役稅說 張琛 019/103
邑侯王公編審碑記 李建 019/105
請革銷算剔蠹紓困疏 楊素蘊 019/301
裁革潼關額外站馬牛車碑記 徐鷺 019/307
謝村鎮免雜碑記 岳震川 019/311
請及時防弊疏 王書瑞 039/191
陳明湖南辦理釐金照舊章疏

毛鴻賓 040/115
請免米穀釐金摺 潘霨 040/191
江蘇陰雨連綿田稻歉收情形片
林則徐 040/227
邑侯王公編審碑記 李建 040/239
請飭整頓稅課章程以安商民
鄧慶麟 040/245
核減紹屬浮收錢糧疏
左宗棠 040/247
請查辦虧短各稅疏
朱澄瀾 040/251
請嚴禁浮收漕糧疏
崔穆之 040/255
禁革錢糧積弊札 惲世臨 040/259
晉省瘡痍難復臚陳目前切要事宜疏
曾國荃 040/279
關稅說 姚輿 041/361
奏定崇文門稅務章程摺 041/363
覆奏部議陝甘捐輸經費再行詳覈疏
林則徐 047/306
奏撥二成洋稅片 曾國藩 047/321
陳明湖南辦理釐金照舊章疏
毛鴻賓 047/335
籌款裁抵攤捐疏 張之洞 047/346
邑侯王公編審碑記 李建 047/487
黔記序 梅曾亮 047/489
稽戶口議 馮桂芬 047/490
均賦稅議 馮桂芬 047/491
改土貢議 馮桂芬 047/493
札各州縣論錢漕吏胥
胡林翼 047/498
請革除湖北錢糧積弊片
屠仁守 047/501
奏酌擬徵收錢糧各條片
屠仁守 047/502
議減杭嘉湖三府減漕疏
左宗棠 047/505
會奏杭嘉湖三府酌減漕糧分數疏
左宗棠、馬新貽 047/509
核減紹屬浮收錢糧疏
左宗棠 047/515
覈減漕南浮收並禁革陋規疏
馬新貽 047/517
請豁免嘉善縣攤賠銀米疏
馬新貽 047/519
均賦說勸官 馮桂芬 048/003
均賦說勸紳 馮桂芬 048/005
均賦說勸民 馮桂芬 048/006
均賦議 馮桂芬 048/008
請減蘇松太浮糧疏
馮桂芬 048/013
代擬歸併科則片 馮桂芬 048/020
擬請再減賦額疏 馮桂芬 048/021
致姚衡堂書 馮桂芬 048/023
江南減賦記 馮桂芬 048/025
核定錢漕科則疏 丁日昌 048/032
江甯墾熟田地酌減科則疏
李宗羲 048/033
擬請援案減漕疏
沈葆楨、吳元炳 048/037
代邑紳請減漕項銀兩稟稿
周保珪 048/040
會奏酌減嘉寶二縣漕米疏
吳元炳、譚鈞培 048/043
援案籲懇酌減漕米疏
劉坤一、譚鈞培 048/047

四、戶政 賦役

遵查江西徵收丁漕疏 劉秉璋 048/051
確查江西丁漕積弊並設法整頓疏 德馨 048/056
晉省瘡痍難復臚陳目前切要事宜疏 曾國荃 048/061
瀝陳川陜差徭苦累亟宜變通恤農疏 閻敬銘 048/064
上當事書 熊祖詒 048/070
奏減五路差徭情形片 張之洞 048/073
口外各廳編查戶籍無礙蒙古游牧疏 張之洞 048/075
勘辦清丈請暫免田房稅契片 張之洞 048/080
蘇省續辦沙洲清丈現已完竣片 左宗棠 048/081
諭辦臺灣地方清丈章程示 劉銘傳 048/084
縷陳丁漕利弊戶口耗傷情形疏 王邦璽 048/086
晉省錢糧遵照部章並徵信冊量為變通舉辦疏 剛毅 048/092
新疆通省田賦戶籍清冊咨部立案疏 劉錦棠 048/094
罷關征議 馮桂芬 049/035
重酒酤議 馮桂芬 049/037
酒課考 陸心源 049/038
南宋浙江酒課考 陸心源 049/040
會查遼陽稅課酌擬章程疏 慶裕 049/051
酌擬崇文門稅務章程疏 寶鋆 049/054
查明梧關病商實情並釐剔一切弊端疏 張之洞 049/059
請飭禁抽收賭款疏 鄧承修 049/068
請試開煤窰照章抽釐疏 銘安、玉亮 050/035
洋藥土稅 053/280
開平煤出口稅擬請援案減定片 李鴻章 053/304
利權一 薛福成 053/331
利權二 薛福成 053/333
利權三 薛福成 053/335
利權四 薛福成 053/337
論稅務 李東沅 053/351
遵旨停止捐輸並變通常例捐款疏 060/273
治賦篇一 湯成烈 061/003
治賦篇二 湯成烈 061/007
治賦篇三 湯成烈 061/011
治賦篇四 湯成烈 061/017
治賦篇五 湯成烈 061/021
治賦篇六 湯成烈 061/025
治賦篇七 湯成烈 061/029
通論明賦餉之制 孫鼎臣 061/033
國朝賦役之制序 湯成烈 061/039
地丁原始 俞正燮 061/045
地丁正名 龔鞏祚 061/053
永嘉賦役志序 湯成烈 061/055
桂陽賦役志序 王闓運 061/061
書河南府施志後 俞正燮 061/065
書郡國利病書後 謝應芝 061/069
因時論十 吳鋌 061/075
因時論十一 吳鋌 061/079

前因時論十七 吳鋌 061/083
畝制 俞正燮 061/085
書靳文襄生財裕餉第一疏後 邵懿辰 061/089
啟肅毅伯李公論清丈書 馮桂芬 061/111
請定步弓尺寸公牒 馮桂芬 061/119
敬陳八折收漕不可者十事疏 王家相 061/129
另陳收漕八折窒礙情形疏 湯金釗 061/153
嚴禁衿棍包漕横索陋規片 陶澍 061/159
覆查漕案情形片 陶澍 061/167
請嚴革徵漕積獘疏 陳岱霖 061/173
南漕分成折色易滋流弊疏 李星沅 061/177
請嚴禁州縣加增錢糧疏 王兆琛 061/183
酌擬通查豫省積弊疏 張之萬 061/187
報銷安徽省抵徵總數疏 曾國藩 061/193
瀝陳江西省違例加徵諸弊疏 胡家玉 061/197
遵查江西徵收丁漕疏 劉秉璋 061/213
條陳丁漕利弊疏 王邦璽 061/225
釐剔官吏經徵錢糧積弊疏 061/237
請行錢糧民欠徵信冊疏 061/257
禁杜漕口示 左輔 061/273
札各州縣革除錢漕弊政 胡林翼 061/277
錢漕更弊議 魏源 061/285
呈蔣勵堂節相論蘇郡三邑漕務書 俞德淵 061/289
與許信臣撫部論蘇松漕獎書 馮桂芬 061/293
均賦議 馮桂芬 061/299
浙江南米截漕利害說 金安清 061/309
謹陳湖北漕獘擬辦減漕密疏 胡林翼 061/321
辦理減漕大概情形片 胡林翼 061/327
請因時制賦疏 潘祖蔭 061/331
請永減蘇杭漕糧疏 丁壽昌 061/337
請減蘇松太浮糧疏 李鴻章 061/343
啟李宮保論減賦 馮桂芬 061/359
再啟李宮保 馮桂芬 061/363
三啟李宮保 馮桂芬 061/369
蘇松太常鎮減浮減賦議 楊沂孫 061/373
擬江蘇藩司請減五屬錢糧詳稿批 楊沂孫 061/377
江蘇減賦記 馮桂芬 061/381
江蘇減漕始末 宗源瀚 061/395
減租辨 金文榜 061/421
議減杭嘉湖三屬漕糧疏 左宗棠 061/429
陳明覈減紹興府屬浮收錢糧疏 左宗棠 061/439

四、戶政 賦役

裁杭嘉湖漕糧浮收記 戴槃 061/443
江甯府屬擬請酌減漕糧疏 沈葆楨 061/447
復李少荃觀察書 胡林翼 061/453
上大府條陳新章利弊書 吳嘉賓 061/457
上王曉蓮方伯論冬漕折價書 葉裕仁 061/467
前因時論十二 吳鋌 062/003
改土貢議 馮桂芬 062/007
革獘從權恐滋流弊疏 袁銑 062/011
臚陳晉省目前切要事宜疏 曾國荃 062/019
條陳山陜差徭苦累擬設法輕減疏 閻敬銘 062/027
奏減晉省五路差徭情形片 張之洞 062/037
均徭條示 062/045
請革現年敝政略 鄒鳴鶴 062/057
與彭通政論去差徭減重賦書 金文榜 062/063
上豫省當事論差徭書 熊祖詒 062/073
輓船 高延第 062/081
征商論 俞正燮 066/373
請飭禁崇文門稅務需索疏 鍾佩賢 066/381
酌擬崇文門稅務章程疏 寶鋆 066/385
會查遼陽稅課酌擬章程疏 慶裕 066/397
閩省征收運銷茶稅疏 呂佺孫 066/409
粵海關志序例 方東樹 066/413
重酒酤議 馮桂芬 066/425
榷酤說 金文榜 066/429
酒課考 陸心源 066/433
南宋浙江酒課考 陸心源 066/437
罷關征議 馮桂芬 066/467
原捐 陸心源 066/473
釐金議 楊象濟 066/477
釐卡議 程鴻詔 066/481
請推廣捐釐助餉疏 雷以諴 066/485
遵議勝保奏勸諭抽釐助餉疏 066/489
遵議勝保奏請各省普律抽釐疏 066/493
遵議整頓釐捐章程疏 066/499
論粵省軍務釐務疏 王拯 066/507
湖南釐金辦有成効請仍照舊章疏 毛鴻賓 066/517
詳陳釐捐源流利弊疏 郭嵩燾 066/529
縷陳廣東釐務情形片 郭嵩燾 066/545
請及時防弊疏 王書瑞 066/549
縷陳江蘇釐捐撥款支絀情形疏 沈葆楨 066/553
請倣行印稅摺 陳璧 081/058
印稅條議 081/059
榷署議內地機器製造貨物征稅章程書後 081/215
上善後事宜疏 陳熾 082/340

請倣行印稅摺 陳璧 082/343
印稅條議 程儀洛 082/344
法國印花稅章程 黄致堯 082/344
利權一 薛福成 082/348
利權二 薛福成 082/349
利權三 薛福成 082/350
利權四 薛福成 082/351
旗籍 鄭觀應 082/398
入籍 082/400
請整飭釐金疏 易俊 082/505
稅則 鄭觀應 082/505
釐捐論 鄭觀應 082/508
釐捐弊論 王韜 082/510
論中國各稅輕出重入之弊 蕭詩言 082/511
海關徵稅敘略 薛福成 082/512
海關出入貨稅敘略 薛福成 082/513
防漏稅 彭玉麟 082/514
中國各省裁兵減釐議 藩敦先 082/516
節餉減釐議 楊毓煇 082/523
論中國稅務盈絀 (法)拉盧士 082/526
権署議内地機器製造貨物征稅章程書後 麥孟華 082/528
論加稅 梁啟超 083/040
記泰西煙酒稅 083/250
魚課 陳熾 084/466
権署議内地機器製造貨物征稅章程書後 麥孟華 085/067
論稅則 闕名 085/209
論加稅 闕名 085/212
洋貨加稅免釐議 薛福成 085/213
利權一 薛福成 085/214
利權二 薛福成 085/215
利權三 薛福成 085/217
利權四 薛福成 085/218
論洋貨入内地免釐 馬建忠 085/219
增加稅則論 (英)闕名 085/222
海關徵稅敘略 薛福成 085/224
洋關進款 (英)汲士沼 085/225
稅考 (英)李提摩太 085/227
加稅闢地議 (英)李提摩太 085/228
倣行印稅摺 陳璧 085/230
印稅條議 程儀洛 085/231
論丁口稅 闕名 085/231
論地稅 (日)闕名 085/232
奏駁總稅務司重議土藥稅釐摺 李秉衡 085/234
記美國重稅興謗 (英)闕名 085/236
論英美欲平稅則 (英)闕名 085/238
論高麗稅務 (英)非立潑 085/238
魚課 湯壽潛 089/099
権署議内地機器製造貨物征稅章程書後 麥孟華 089/338
論稅則 闕名 090/102
論加稅 梁啟超 090/109
洋貨加稅免釐議 薛福成 090/111
利權一 薛福成 090/114
利權二 薛福成 090/117
利權三 薛福成 090/120
利權四 薛福成 090/122
論洋貨入内地免釐 馬建忠 090/125

四、戶政 賦役

增加稅則論 (英)闕名 090/132
海關徵稅敘略 薛福成 090/137
洋關進款 (英)汲士沼 090/140
稅考 (英)李提摩太 090/143
加稅闢地議 (英)李提摩太 090/147
倣行印稅摺 陳璧 090/149
印稅條議 程儀洛 090/152
論丁口稅 (日)闕名 090/154
論地稅 (日)闕名 090/156
奏駁總稅務司重議土藥稅釐摺 李秉衡 090/159
記美國重稅興謗 (英)闕名 090/163
論英美欲平稅則 (英)闕名 090/168
論高麗稅務 (英)非立潑 090/169
遵旨停止捐輸並變通常例捐款疏 095/417
稽戶口議 096/017
入籍 096/018
總稅務司不宜專用英人久任不改說 096/026
上善後事宜疏 陳熾 096/078
請因時制賦疏 潘祖蔭 096/251
釐剔官吏經徵錢糧積弊疏 096/252
請行錢糧民欠徵信冊疏 戶部 096/258
請嚴禁州縣加增錢糧疏 王兆琛 096/259
請減蘇松太浮糧疏 李鴻章 096/260
敬陳八折收漕不可者十事疏 王家相 096/265
請嚴革徵漕積弊疏 陳岱霖 096/270
請永減蘇杭漕糧疏 丁壽昌 096/271
議減杭嘉湖三屬漕糧疏 左宗棠 096/272
江寧府屬擬請酌減漕糧疏 沈葆楨 096/275
條陳丁漕利弊疏 王邦璽 096/277
遵查江西徵收丁漕疏 劉秉璋 096/280
條陳山陜差徭苦累擬設法輕減疏 閻敬銘 096/283
革弊從權恐滋流弊疏 袁銑 096/287
治賦篇一 湯成烈 096/290
治賦篇二 湯成烈 096/291
治賦篇三 湯成烈 096/293
治賦篇四 湯成烈 096/294
治賦篇五 湯成烈 096/295
治賦篇六 湯成烈 096/296
治賦篇七 湯成烈 096/297
論賦役 吳鋌 096/299
均賦議 096/299
均賦稅議 096/302
改土貢議 096/303
減租辨 金文榜 096/304
江蘇減賦記 馮桂芬 096/305
啟李宮保論減賦 馮桂芬 096/309
再啟李宮保 馮桂芬 096/310
三啟李宮保 馮桂芬 096/312
國朝賦役之制序 湯成烈 096/313
桂陽賦役志序 王闓運 096/314
永嘉賦役志序 湯成烈 096/315
漕米 096/317

折漕議　何文炬　096/319
江蘇減漕始末　宗源瀚　096/320
浙江南米截漕利一害十說　金安清　096/324
浮糧考略　096/327
論均田限田　096/329
論均田　096/330
論田制　吳鋌　096/330
論畝制　俞正燮　096/331
地丁原始　俞正燮　096/333
地丁正名　龔鞏祚　096/336
均徭條示　096/337
請革現年敝政略　鄒鳴鶴　096/339
請定步弓尺寸公牒　096/341
與彭通政論去差徭減重賦書　金文榜　096/342
上大府條陳新章利弊書　吳嘉賓　096/345
上豫省當事論差徭書　熊祖詒　096/348
酌擬崇文門稅務章程疏　寶鋆　098/003
會查遼陽稅課酌擬章程疏　慶裕　098/006
閩省征收運銷茶稅疏　呂佺孫　098/008
請倣行印稅摺　陳璧　098/011
論中國稅務贏絀　(法)拉盧士　098/015
論安溪縣包徵之弊　098/018
征商論　俞正燮　098/019
論加稅　098/020
印稅條議　程儀洛　098/021
論稅斂　吳鋌　098/022
罷關征議　馮桂芬　098/023
榷酤說　098/025
重酒酤議　098/026
酒課考　098/027
粵海關志序例　方東樹　098/028
榷署議內地機器製造貨物征稅章程書後　麥孟華　098/033
謹將酌擬清釐民欠章程十條恭呈御覽　崇厚　098/041
遵議勝保奏勸諭抽釐助餉疏　098/046
遵議勝保奏請各省普律抽釐疏　098/048
詳陳釐捐源流利弊疏　郭嵩燾　098/049
遵議整頓釐捐章程疏　098/052
請及時防弊疏　王書瑞　098/055
湖南釐金辦有成效請仍照舊章疏　毛鴻賓　098/056
奏駁總稅務司重議土藥稅釐摺　李秉衡　098/059
戶部議覆山東巡撫李秉衡奏駁總稅務司重議土藥稅釐摺　098/061
中國各省裁兵減釐議　潘敦先　098/065
節餉減釐議　098/072
歸併釐局議　098/076
論釐捐　098/077
論釐捐原委　098/077
釐卡議　程鴻詔　098/079
釐金議　楊象濟　098/080
原捐　陸心源　098/081

四、戶政　賦役

釐金 098/083
稅釐芻議 098/084
論高麗稅務 102/379
論英美欲平稅則 闕名 102/380
法國印花稅章程 黃致堯 102/381
記泰西煙酒稅 102/382
魚課 湯壽潛 104/038
稅則 闕名 105/213
洋稅 闕名 105/214
稅司 闕名 105/216
增加稅則論 闕名 105/217
論中國稅務贏絀 闕名 105/219
論中國稅務贏絀(二) 闕名 105/220
英國領事論中國釐金弊病 闕名 105/222
變通稅則以便商民說 何鏞 105/224
論稅則 闕名 105/225
洋貨加稅免釐議 薛福成 105/229
利權一 薛福成 105/230
利權二 薛福成 105/232
利權三 薛福成 105/234
利權四 薛福成 105/235
論洋貨入內地免釐 馬建忠 105/236
海關徵稅敘略 薛福成 105/240
洋關進款 汲士沼 105/241
稅考 (英)李提摩太 105/243
加稅關地議 (英)李提摩太 105/245
倣行印稅摺 陳璧 105/246
印稅條議 程儀洛 105/248
論丁口稅 闕名 105/249
論地稅 闕名 105/250
奏駁總稅務司重議土藥稅釐摺 李秉衡 105/251
記美國重稅興謗 闕名 105/254
限田論 108/435
論宜永停捐納 109/288
論停止抽釐必先永開捐例 109/292
論籌款不可開捐例 109/293
覆奏部議陝甘捐輸經費再行詳覈疏 林則徐 111/230
籌款裁抵攤捐疏 張之洞 111/234
陳明湖南辦理釐金照舊章疏 毛鴻賓 111/495
論釐金 111/499
論撤厘卡閉捐例而後民業可復 111/501
請免運米厘稅議 111/503
減免抽厘議 111/504
論中國厘卡歸洋員經辦必有除弊之法 111/506
賦役議上 任源祥 112/001
賦役議下 任源祥 112/001
賦役後議 任源祥 112/002
錢糧論上 顧炎武 112/003
錢糧論下 顧炎武 112/004
論賦役 陸世儀 112/005
請定催徵之法疏 趙廷臣 112/006
請均賦役以收民心疏 趙宏文 112/008
江北均丁說 盛楓 112/009
丁役議 邱家穗 112/010
請丁銀仍歸地糧疏 戈濤 112/011
均田均役議 李復興 112/012

浮糧變通議 沈德潛 112/015
上蕭巡撫請抵糧支穀議 陶元淳 112/016
論役法 陸隴其 112/017
徭役議 趙錫孝 112/018
徭役考 陶正靖 112/019
敬籌直隸減差均徭疏 屠之申 112/021
論差徭書 張杰 112/022
沿河民困四事疏 佟鳳彩 112/024
均賦說勸官 馮桂芬 112/026
均賦說勸紳 馮桂芬 112/027
均賦說勸民 馮桂芬 112/028
札各州縣論錢漕吏胥 胡林翼 112/028
奏酌擬徵收錢糧各條片 屠仁守 112/030
議減杭嘉湖三府減漕疏 左宗棠 112/031
會奏杭嘉湖三府酌減漕糧分數疏 左宗棠、馬新貽 112/033
核減紹屬浮收錢糧疏 左宗棠 112/037
核減漕南浮收並禁革陋規疏 馬新貽 112/037
請減蘇松太浮糧疏 馮桂芬 112/038
江蘇減賦記 馮桂芬 112/042
會奏酌減嘉寶二縣漕米疏 吳元炳、譚鈞培 112/046
援案籲懇酌減漕米疏 劉坤一、譚鈞培 112/047
遵查江西徵收丁漕疏 劉秉璋 112/048
確查江西丁漕積弊並設法整頓疏 德馨 112/051
晉省瘡痍難復臚陳目前切要事宜疏 曾國荃 112/053
瀝陳川陝差徭苦累亟宜變通恤農疏 閻敬銘 112/055
奏減五路差徭情形片 張之洞 112/058
縷陳丁漕利弊戶口耗傷情形疏 王邦璽 112/059
省官役以清關弊疏 徐旭齡 112/062
請除煩苛之榷稅疏 甘汝來 112/063
清釐關務積弊疏 晏斯盛 112/064
請罷湖口關復九江關疏 王澤宏 112/067
請開麴禁疏 孫嘉淦 112/069
罷關征議 馮桂芬 112/070
重酒酤議 馮桂芬 112/072
酒課考 陸心源 112/072
洋藥土稅 112/074
開平煤出口稅擬請援案減定片 112/080
論稅務 李東沅 112/081
酌擬崇文門稅務章程疏 寶鋆 112/082
查明梧關病商實情並釐剔一切弊端疏 張之洞 112/085
論稅則 闕名 112/090
論加稅 112/092
洋貨加稅免釐議 薛福成 112/093

四、戶政 賦役

四、戶政 賦役

利權一 薛福成 112/095
利權二 薛福成 112/096
利權三 薛福成 112/097
利權四 薛福成 112/098
論洋貨入內地免釐 馬建忠 112/099
增加稅則論 (英)闕名 112/102
稅考 (英)李提摩太 112/104
倣行印稅摺 陳璧 112/105
印稅條議 程儀洛 112/106
榷署議內地機器製造貨物征稅章程書後 麥孟華 112/107
因災請折漕米疏 姚文然 112/120
遵旨停止捐輸並變通常例捐款疏 戶部 117/484
口外各廳編查戶籍無礙蒙古游牧疏 張之洞 118/176
魚課 湯壽潛 118/246
錢糧論上 顧炎武 118/311
錢糧論下 顧炎武 118/312
論賦役 陸世儀 118/313
論清丈田畝 陸世儀 118/315
田賦說 朱雲錦 118/317
請填蠲抵由單疏 姚文然 118/319
丈冊末議 姚文然 118/321
設立里催議 袁一相 118/322
徵輸良法 胡衍虞 118/324
均徭議 張一杰 118/325
限田論 黄中堅 118/327
編審論 盛百二 118/329
請改編審行保甲疏 李紱 118/330
戶口說 朱雲錦 118/333
畝制 俞正燮 118/336
地丁原始 俞正燮 118/337
敬陳八折收漕不可者十事疏 王家相 118/341
前因時論十七 吳鋌 118/346
請嚴革徵漕積弊疏 陳岱霖 118/347
謹陳湖北漕弊擬辦減漕密疏 胡林翼 118/348
辦理減漕大概情形片 胡林翼 118/350
與許信臣撫部論蘇松漕弊書 馮桂芬 118/353
請定步弓尺寸公牒 馮桂芬 118/354
均賦議 馮桂芬 118/356
啟肅毅伯李公論清丈書 馮桂芬 118/365
啟李宮保論減賦 馮桂芬 118/368
再啟李宮保 馮桂芬 118/369
三啟李宮保 馮桂芬 118/371
請減蘇松太浮糧疏 李鴻章 118/372
報銷安徽省抵徵總數疏 曾國藩 118/377
議減杭嘉湖三屬漕糧疏 左宗棠 118/378
浙江南米截漕利害說 金安清 118/381
桂陽賦役志序 王闓運 118/384
條陳山陝差徭苦累擬設法輕減疏 閻敬銘 118/386
省官役以清關弊疏 徐旭齡 119/001

四、戶政 賦役

清釐關務積弊疏 晏斯盛 119/003
征商論 俞正燮 119/007
罷關征議 馮桂芬 119/008
重酒酤議 馮桂芬 119/009
粵海關志序例 方東樹 119/010
洋藥土稅 119/014
論稅務 李東沅 119/018
酌擬崇文門稅務章程疏 寶鋆 119/024
海關徵稅叙略 薛福成 119/033
利權一 薛福成 119/037
利權二 薛福成 119/038
利權三 薛福成 119/040
利權四 薛福成 119/041
奏駁總稅務司重議土藥稅釐捐 李秉衡 119/042
論稅則 闕名 119/045
記泰西煙酒稅 119/048
釐金議 楊象濟 119/049
原捐 陸心源 119/051
遵議整頓釐捐章程疏 119/052
詳陳釐捐源流利弊疏 郭嵩燾 119/055
釐卡議 程鴻詔 119/060
洋貨加稅免釐議 薛福成 119/061
論洋貨入內地免釐 119/062
倣行印稅摺 陳璧 119/066
印稅條議 程儀洛 119/067
奏撥二成洋稅片 曾國藩 120/382
榷署議內地機器製造貨物征稅章程書後 麥孟華 122/338
稅考 (英)李提摩太 123/016
稽戶口議 124/275
論中國稅務贏絀 (法)拉盧士 124/297
論稅務 124/299
論稅斂 吳鋌 124/300
征商論 俞正燮 124/301
榷酤說 124/301
詳陳釐捐源流利弊疏 郭嵩燾 124/302
節餉減釐議 124/305
歸併釐局議 124/309
論釐捐原委 124/310
裁撤釐捐倣行印花稅說 124/311
仕商名利顛倒說 124/312
請因時制賦疏 潘祖蔭 124/315
論賦役 吳鋌 124/316
舉行畝捐論 124/316
條陳丁漕利弊疏 王邦璽 124/317
論英美欲平稅則 闕名 125/395
法國印花稅章程 黃致堯 125/395
論高麗稅務 125/396
記泰西烟酒稅 125/398
稅則 陳次亮 126/405
洋稅 湯蟄仙 126/406
稅司 陳次亮 126/409
增加稅則論 126/411
論中國稅務贏絀(一) (法)拉盧士 126/414
論中國稅務贏絀(二) (法)拉盧士 126/416
英國領事論中國釐金弊病 126/418
增加稅則論 126/421
中國求加稅則事二則 126/422
請倣行印稅摺 陳璧 126/423

錢糧 湯蟄仙 126/425
釐金 陳次亮 126/429
包釐 湯蟄仙 126/431
鹽捐 湯蟄仙 126/433
魚課 湯蟄仙 126/438
煙稅 陳次亮 126/439
上海裴副總稅務司致江海關道商議現訂草約第十一款節略 128/498
常稅改章公文全錄 129/363
戶部議覆奏請設鋪稅藥牙摺 129/367
湖北藩司會同善後局稟陳釐定通省稅契事宜詳文 129/369
茶商董事上商務大臣盛宮保求減茶稅稟稿 129/372
商務大臣盛奏請減輕茶稅摺 129/373
江寧省查辦膏捐章程 129/377
江寧省查辦房捐章程 129/378
問軍興以來創設釐稅亦本征商古制乃積久弊生議者至以今日商力疲乏歸咎首議之人舉欲概行裁撤然泰西以商立國商民額輸捐稅名目繁多且倍蓰于中國釐金初未聞以病商指為秕政者其故安在 129/380
論丁稅難行 129/381
問金陵近有獻抽丁口稅之議者果可行否 129/383
釐金改章以防弊不如裁撤以絕弊說 129/384
前駐滬英總領事哲美森說帖 129/389
外洋印花稅中國能否倣行議 129/392
法國印花稅章程 129/396
法國賦稅考略 129/398
請倣行印稅摺 陳璧 132/058
瀝陳減輕茶稅疏 盛宣懷 132/061
議覆請停捐輸整頓釐金疏 戶部 133/177
遵旨停止捐輸並變通常例捐款疏 戶部 133/179
籌款裁抵攤捐疏 張之洞 133/208
酌量加捐丁漕湊濟償款疏 聶緝槼 133/250
覆奏遵旨體察漕務情形通盤籌畫疏 林則徐 133/255
敬陳八折收漕不可者十事疏 王家相 133/263
另陳收漕八折窒礙情形疏 湯金釗 133/267
請嚴革徵漕積弊疏 陳岱霖 133/268
南漕分成折色易滋流弊疏 李星沅 133/269
條陳丁漕利弊疏 王邦璽 133/271
請嚴禁州縣加增錢糧疏 王兆琛 133/274
嚴禁衿棍包漕橫索陋規片 陶澍 133/274
覆查漕案情形片 陶澍 133/276
釐剔官吏經徵錢糧積弊疏 戶部 133/278
請行錢糧民欠徵信冊疏 戶部 133/283

籌議新漕事宜疏　林則徐 133/287
南漕改折有益無損請飭妥議施行疏　瑞洵 133/290
請飭議新漕全數解折片　李鴻章 133/291
附奏辦漕交涉弊端毋須聯銜具奏片　李星沅 133/292
請因時制賦疏　潘祖蔭 133/293
請永減蘇杭漕糧疏　丁壽昌 133/294
請減蘇松太浮糧疏　李鴻章 133/296
擬請再減賦額疏　馮桂芬 133/300
清查蘇松漕糧積弊片　李鴻章 133/301
會奏酌減嘉寶二縣漕米疏　吳元炳、譚鈞培 133/302
援案籲懇酌減漕米疏　133/303
核定錢漕科則疏　丁日昌 133/304
江寧墾熟田地酌減科則疏　李宗羲 133/305
擬請援案減漕疏　沈葆楨、吳元炳 133/307
查明丹徒縣徵收漕糧續加公費請永遠減免疏　劉坤一 133/308
會奏各屬墊完民欠銀米情形片　林則徐 133/309
江蘇規復徵收地漕銀價疏　聶緝槼 133/310
查辦江蘇清賦事宜疏　剛毅 133/311
江蘇辦理稅契請明定年限疏　黃桂鋆 133/312
奏陳變通清賦辦法疏　福潤 133/314
陳報安徽清賦情形原請留款用人懇仍照辦疏　福潤 133/319
請停止安徽省徵信冊疏　福潤 133/321
查明折徵礙難再減疏　鄧華熙 133/321
陳報安徽省清賦情形片　鄧華熙 133/322
報銷安徽省抵徵總數疏　曾國藩 133/323
覆減南漕浮收並禁革陋規疏　馬新貽 133/324
議減杭嘉湖三屬漕糧疏　左宗棠 133/325
會奏杭嘉湖三府酌減漕糧分數疏　左宗棠、馬新貽 133/328
請豁免嘉善縣攤賠銀米疏　馬新貽 133/331
陳明覈減紹興府屬浮收錢糧疏　左宗棠 133/333
閩省徵收糧價並無浮多實難上提下減請從寬免議疏　邊寶泉 133/334
請革除湖北錢糧積弊片　屠仁守 133/335
奏酌擬徵收錢糧各條片　屠仁守 133/335
謹陳湖北漕弊擬辦減漕密疏　胡林翼 133/337
漕務章程辦有成効疏　胡林翼 133/340

四、戶政　賦役

四、戶政 賦役

鄂省漕米驟難改徵本色疏 張之洞 133/344
瀝陳江西省違例加徵諸弊疏 胡家玉 133/345
遵查江西徵收丁漕疏 劉秉璋 133/349
確查江西丁漕積弊並設法整頓疏 德馨 133/352
江西仍難採辦米石疏 沈葆楨 133/354
酌擬通查豫省積弊疏 張之萬 133/355
革弊從權恐滋流弊疏 袁銑 133/357
順直糧租銀兩折徵錢文酌中議定數目疏 裕祿 133/358
徵收糧租仍舊搭鈔疏 劉長祐 133/360
東省丁漕業經分別核減懇恩免再隨時定價疏 毓賢 133/362
查覆濟陽縣徵收錢漕疏 丁寶楨 133/364
臚陳晉省目前切要事宜疏 曾國荃 133/366
條陳山陝差徭苦累擬設法輕減疏 閻敬銘 133/368
奏減晉省五路差徭情形片 張之洞 133/370
口外各廳編查戶籍無礙蒙古游牧疏 張之洞 133/371
勘辦清丈請暫免田房税契片 張之洞 133/374
晉省錢糧遵照部章並徵信冊量為變通舉辦疏 剛毅 133/375
新疆通省田賦戶籍清冊咨部立案疏 劉錦棠 133/376
陝省舉辦徵信冊擬請展限疏 葉伯英 133/377
官莊應交各款遵旨釐定章程疏 綿宜 133/378
查禁蘇州供布津貼疏 鹿傳霖 133/380
停貢饒綢片 劉長祐 133/381
請設立官車局疏 端方 133/381
請禁革按畝派捐片 余誠格 133/469
請飭禁崇文門税務需索疏 锺佩賢 134/325
酌擬崇文門税務章程疏 寶鋆 134/326
北洋三關嚴查官輪兵輪稽税杜漏議定章程疏 裕祿 134/328
會查遼陽税課酌擬章程疏 慶裕 134/330
嚴核關税陳明山東東海臨清提款充公情形疏 李秉衡 134/334
關税尚難開徵疏 沈葆楨 134/335
議駁江撫請減九江關税額疏 戶部 134/337
辰州木關移設常德裕課籌餉疏 駱秉章 134/341
閩省征收運銷茶税疏 呂佺孫 134/344
查明梧關病商實情並釐剔一切弊端疏 張之洞 134/345
議增洋藥土煙税釐疏

租稅釋類　錢恂　140/001
各國比利稅及遞加稅法　錢恂　140/006
地租法論　錢恂　140/008
日本現行地租法　錢恂　140/016
租稅總論　(日)笹川潔　140/019
租稅制度論　(日)笹川潔　140/021
租稅分類釋目　140/036
租稅三大原則　(日)笹川潔　140/049
租稅公正原則論　(日)笹川潔　140/050
釋租　斯密亞丹　140/057
地產之得常租者　斯密亞丹　140/061
論地產之不得常租者　斯密亞丹　140/078
關稅釋類　錢恂　140/096
中國各口海關比較收稅表　錄日報　140/109
中國海關稅歲計三表　傅運森譯　140/115
中國常關稅歲計表　傅運森譯　140/123
論加稅裁釐之不可行　外交報　140/125
節餉減釐論　范思祖　146/221
論加稅　秦力田　146/235
論在中國造成貨物不得援免稅之條　毛鳳翥　146/245
論宜永停捐納　曹忠　146/561
錢糧　湯震　150/019
批江西牙釐局稟洋商運茶完納子口半稅江省捐釐無抽稟　曾國藩　152/113
批景鎮牙釐局稟遵示更章抽收洋華商茶稅是否錯誤稟　曾國藩　152/114
批九江道稟稅司康發達偏執妄為請撤換稟　曾國藩　152/115
批九江關稟請撤康稅司一案稟　曾國藩　152/117
鹽捐　湯震　152/118
洋稅　湯震　152/122
會奏請加稅務司辦公經費疏　戶部、總理衙門　152/169
議覆臺灣土貨進口照洋貨抽稅疏　總理衙門　152/171
奏駁重議土藥稅釐疏　戶部　152/173
議覆變通土藥稅章片　戶部　152/176
請通飭各省具報釐稅收支實數疏　戶部　152/183
議奏科收鋪稅藥牙疏　戶部　152/184
總稅司擬蘇州新關試辦章程　赫德　152/201
總稅司擬杭州新關試辦章程　赫德　152/203
福州英領事論中國釐金弊病　(英)闕名　152/205
再論以地徵租之利　(西)馬林　152/208
海關進出口稅宜分別重輕　闕名　152/212
考印花稅章程　闕名　152/214
租稅釋類　錢恂　152/217

比例稅及遞加稅 錢恂 152/222
直接稅及間接稅 錢恂 152/225
總稅務司之中國財政現狀觀 164/576
論今日整理財政宜先劃定國稅與地方稅之範圍 共和建設討論會 165/001
劃分國稅地方稅私議 賈士毅 165/014
整理中國稅法議 龍驤 165/036
劃田賦為地方稅私議 吳貫因 165/053
論劃分田賦當先決前提 賈士毅 165/095
印花稅法評議 朱新謨 165/101
改正稅法之商榷 闕名 165/107
論現行海關稅與國民經濟之關係 闕名 165/116
關稅救國論 張東蓀 165/119
加稅裁釐議 闕名 165/130
酒稅改良策 闕名 165/135
改良煙酒稅私議 何福麟 165/139
改良貨物稅意見書 闕名 165/144
江蘇舉辦所得稅私議 賈士毅 165/146
通行稅法草案理由書 何福麟 165/149
上袁大總統論地租宜改歸地方稅書 尚希賓 165/152
與唐蔚芝論蘇松太減賦書 方還 165/160
為劃分國家地方經費事致各都督文 程德全 165/162
條陳劃分國家稅地方稅文 張錫鑾 165/168
上大總統論國家稅與地方稅 陸榮庭 165/171

四、戶政　屯墾

墾田均田 顧炎武 006/081
田功論 顧炎武 006/181
屯田考 006/182
屯田議 沈珩 006/184
屯田議 盧紘 006/185
商屯議 張宸 006/187
荒田議 儲方慶 006/191
饑民墾荒議 儲方慶 006/194
墾荒興屯疏 劉餘謨 006/196
請輕科勸墾疏 楊永斌 006/197
請墾馬廠地畝疏 高其倬 006/198
安流民以弭盜疏 徐旭齡 006/199
開墾荒地疏 鄂彌達 006/200
粵東開墾事疏 阿克敦 006/201
條陳廣西墾荒事宜疏 李紱 006/202
請停察荒疏 魏裔介 006/204
勘報開墾虛實疏 雅爾圖 006/205
推廣闢荒疏 胡蛟齡 006/207
請廣開墾疏 楊應琚 006/207
請開墾沿海沙坦疏 孫士毅 006/209
請核實開墾地畝疏 曹一士 006/210
請開廣信封禁山並玉山鉛礦疏 陳宏謀 006/212
請仍封禁銅塘山疏

四、戶政 屯墾

胡寶瑔 006/213
論南田山開墾狀 朱桂 006/215
論貴州境插花情形啟
胡林翼 040/263
荒産宜設法杜弊疏
朱澄瀾 040/275
請查荒地議 劉汝璆 040/287
上左季高中丞論清糧開荒書
劉汝璆 040/291
漕糧開屯議 李祖陶 041/095
論貴州境插花情形啟
胡林翼 047/437
營田總局章程 劉蓉 048/099
清查荒地議 劉汝璆 048/107
上左季高中丞論清糧開荒書
劉汝璆 048/108
定嚴屬墾荒章程並招棚民開墾記
戴槃 048/114
籌辦湖團疏 曾國藩 048/117
籌辦大東溝善後事宜疏
崇實 048/122
甘肅墾荒民戶請變通入籍應試疏
左宗棠 048/124
請核實徵額片 丁日昌 048/125
奏委員查墾荒田緣由疏
劉長佑、杜瑞聯 048/127
派員查丈荒地緣由片
銘安 048/128
查明朝鮮貧民佔種邊地擬請一律領照納租疏 銘安、吳大澂 048/130
晉省未墾荒地尚多請寬起徵年限疏
張之洞 048/131
辦理皖省墾務片 裕祿 048/133
籌辦開墾呼蘭所屬通肯地方事宜疏
恭鏜 048/135
籌辦新疆屯墾及清查隱賦各情形疏
劉錦棠 048/138
漕糧開屯議 李祖陶 048/349
裁屯田議 馮桂芬 050/021
論貴州境插花情形啟
胡林翼 060/547
屯田篇上 湯成烈 062/093
屯田篇下 湯成烈 062/097
廣李安溪屯田議 高延第 062/101
請防查荒擾累疏 戴絅孫 062/111
請將新漲沙洲歸公杜訟疏
陶澍 062/115
招懇荒田酌緩升科章程詳文
李宗羲 062/123
江南墾荒未便刻期從事疏
沈葆楨 062/133
請開皖北屯田疏 曾協均 062/137
覆奏皖北無須辦理屯田疏
喬松年 062/143
請禁棚民開山阻水以杜後患疏
汪元方 062/151
臺灣山後未可開墾議
姚瑩 062/157
籌辦臺灣生番獻地開墾疏
劉韻珂 062/165
覆陳臺灣開墾番地疏
劉韻珂 062/175
籌辦陝西各路墾荒事宜疏
劉蓉 062/203
營田總局酌定章程 劉蓉 062/215
籌議套外靉金等處屯田事宜疏

剛毅 062/233
籌辦開墾呼蘭所屬封禁荒田疏
恭鏜 062/243
烏魯木齊開墾廠地疏
平瑞 062/249
請興辦新疆屯田疏 062/253
募民屯邊議 陸隴恩 062/263
畿輔開屯以救漕弊議
包世臣 062/269
上林少穆制軍論營田書
桂超萬 062/275
防軍試墾鹹水沽一帶稻田情形片
李鴻章 062/279
議覆津東水利稟 周盛傳 062/283
擬開海運各處引河試辦屯墾稟
周盛傳 062/287
上浙撫論清糧開荒書
劉汝璆 062/295
南田弛禁議 呂璜 062/307
代史士良觀察上南田事宜書
莊士敏 062/313
封禁山說 俞正燮 062/319
墾荒用機器議 王炳燮 062/459
請將荒地試墾水田疏
卞寶第 080/041
黑龍江通肯河一帶請開民屯議
張鳳翥 081/357
墾荒 鄭觀應 082/403
衛屯 082/404
加稅開地議 (英)李提摩太 082/405
黑龍江通肯河一帶請開民屯議
殷之輅 082/406
黑龍江旗民屯田議
李經邦 082/407
屯墾策 楊毓煇 082/409
籌辦陝西各路墾荒事宜疏
劉蓉 096/353
請開皖北屯田疏 曾協均 096/356
籌議套外蹕金等處屯田事宜疏
剛毅 096/360
請將荒地試墾水田疏
卞寶第 096/363
籌辦開墾呼蘭所屬封禁荒田疏
恭鏜 096/364
烏魯木齊開墾廠地疏
平瑞 096/365
奏議開晉邊蒙地摺 096/366
防軍試墾鹹水沽一帶稻田情形片
李鴻章 096/369
擬開海運各處引河試辦屯墾稟
周盛傳 096/371
畿輔開屯以救漕弊議
包世臣 096/373
論屯墾以東三省新疆為急謀
096/374
黑龍江通肯河一帶請開民屯議
殷之輅 096/376
黑龍江旗民屯田議
李經邦 096/377
李廣安溪屯田議 高延第 096/380
皖南墾荒議 金安清 096/384
江蘇勘墾荒田贍貧裕課議
何文炬 096/384
江蘇開墾荒地議 許樹芬 096/386
墾荒用機器議 王炳燮 096/387
募民屯邊議 陸隴恩 096/388

四、戶政 屯墾

裁屯田議 096/389
論屯田營田 吳鋌 096/391
屯田篇上 湯成烈 096/391
屯田篇下 湯成烈 096/393
屯墾策 楊毓煇 096/394
墾荒 096/396
墾荒議 096/397
衛屯 096/398
招墾荒田酌緩升科章程詳文 李宗羲 096/399
吉省墾務局章程 096/401
營田總局酌定章程 劉蓉 096/402
封禁山說 俞正燮 096/407
論貴州境插花情形啟 胡林翼 108/060
田功論 顧炎武 109/001
屯田考 109/001
屯田議 沈珩 109/003
屯田議 盧紘 109/004
商屯議 張宸 109/005
饑民墾荒議 儲方慶 109/007
請輕科勸墾疏 楊永斌 109/009
開墾荒地疏 鄂彌達 109/009
條陳廣西墾荒事宜疏 李紱 109/010
推廣闢荒疏 胡蛟齡 109/011
請廣開墾疏 楊應琚 109/012
請開墾沿海沙坦疏 孫士毅 109/013
營田總局章程 劉蓉 109/014
清查荒地議 劉汝璆 109/018
上左季高中丞論清糧開荒書 劉汝璆 109/019
定嚴屬墾荒章程並招棚民開墾記 戴槃 109/022
籌辦湖團疏 曾國藩 109/023
甘肅墾荒民戶請變通入籍應試疏 左宗棠 109/026
晉省未墾荒地尚多請寬起徵年限疏 張之洞 109/026
論籌購機器以開墾荒田 109/027
移華傭以墾中土說 109/028
招客民墾荒利弊說 109/029
論俄國移民墾荒 109/031
墾田均田 顧炎武 118/147
請開墾沿海沙坦疏 孫世毅 118/148
商屯議 張宸 118/149
請防查荒擾累疏 戴絅孫 118/153
畿輔開屯以救漕弊議 包世臣 118/154
籌辦陝西各路墾荒事宜疏 劉蓉 118/156
營田總局酌定章程 劉蓉 118/160
上左季高中丞論清糧開荒書 劉汝璆 118/166
招墾荒田酌緩升科章程詳文 李宗羲 118/170
募民屯邊議 陸隴恩 118/173
會勘奉吉兩省圍場荒地界址疏 岐元、銘安 118/175
籌辦新疆屯墾及清查隱賦各情形疏 劉錦棠 118/179
伊犁屯務防務均關緊要謹陳擬辦情形疏 劉錦棠 118/181
籌辦開墾呼蘭所屬通肯地方事宜疏

恭鏜 118/182
墾荒 鄭觀應 118/184
機器議 王炳燮 118/185
論貴州境插花情形啟
胡林翼 120/166
屯田考 120/416
屯田篇上 湯成烈 120/418
屯田篇下 湯成烈 120/420
黑龍江旗民屯田議
李經邦 120/423
請將荒地試墾水田疏
卞寶第 124/359
墾荒用機器議 王炳燮 124/359
屯田篇上 湯成烈 124/360
屯田篇下 湯成烈 124/361
中國急宜墾荒說 124/362
擬以趙過代田法助墾荒議 124/363
西域屯田議 124/363
苗疆屯田議 124/366
屯田 陳次亮 127/247
請開皖北屯田疏 曾協均 133/401
覆奏皖北無須辦理屯田疏
喬松年 133/402
請禁棚民開山阻水以杜後患疏
汪元方 133/404
籌辦臺灣生番獻地開墾疏
劉韻珂 133/406
覆陳臺灣開墾番地疏
劉韻珂 133/408
籌辦陝西各路墾荒事宜疏
劉蓉 133/413
籌議套外蠻金等處屯田事宜疏
剛毅 133/416
籌辦開墾呼蘭所屬封禁荒田疏
恭鏜 133/419
烏魯木齊開墾廠地疏
平瑞 133/420
請與辦新疆屯田疏
戶部、兵部 133/421
籌辦湖團疏 曾國藩 133/423
籌辦大東溝善後事宜疏
崇實 133/426
甘肅墾荒民戶請變通入籍應試疏
左宗棠 133/427
請核實徵額片 丁日昌 133/428
奏委員查墾荒田緣由疏
劉長佑、杜瑞聯 133/429
酌擬勘辦西流水圍荒情形疏
鐘靈 133/430
丈放大凌河牧廠地畝章程疏
增祺 133/431
派員查丈荒地緣由片
銘安 133/432
查明朝鮮貧民佔種邊地擬請一律領
照納租疏 銘安、吳大澂 133/433
晉省未墾荒田尚多請寬起徵年限疏
張之洞 133/434
辦理皖省墾務片 裕祿 133/435
籌辦新疆屯墾及清查隱賦各情形疏
劉錦棠 133/436
請防查荒擾累疏 戴絅孫 133/437
請將新漲沙洲歸公杜訟疏
陶澍 133/438
江南墾荒未便刻期從事疏
沈葆楨 133/439
新漲沙洲承買報部有案請仍准買執

業疏 林則徐 133/440
請將續辦清丈沙洲各員酌給奬勵疏 左宗棠 133/441
皖南急於和民不急於招墾疏 沈葆楨 133/442
蘇皖招墾晉豫流民為難情形疏 沈葆楨 133/443
嵩武軍在哈密墾荒片 左宗棠 133/443
議開晉邊蒙地疏 胡聘之 133/445
招墾蘇州府屬新陽縣境荒田疏 劉坤一 133/448
請開訥漢爾河閑荒疏 恩澤 133/448
琿春三岔口招墾總分各局擬難遽議裁併疏 延茂 133/449
漕糧改章擬辦裁革屯衛疏 王大臣 133/450
裁汰屯衛大概辦法疏 陳夔龍 133/451
查地陋規擬請化私為公疏 連順 133/452
商民罰款擬請照數發還疏 連順 133/453
籌擬蒙旗墾務疏 貽穀、奎順 133/454
請將荒地試墾水田疏 卞寶第 136/461
論俄國移民墾荒 吳肇璜 145/095
開墾荒地說 闕名 150/275

四、戶政 八旗

根本四計疏 和其衷 006/221
全地利重根本疏 王益明 006/223
滿洲兵民生計疏 陳之遴 006/225
八旗開墾邊地疏 舒赫德 006/226
八旗屯種疏 范咸 006/228
八旗屯種疏 梁詩正 006/229
復原產籌新墾疏 赫泰 006/230
請發八旗駐防各省疏 張若溎 006/236
口外駐兵疏 孫嘉淦 006/237
漢軍生計疏 孫嘉淦 006/239
八旗公產疏 孫嘉淦 006/240
會籌旗人疏通勸懲四條疏 英和 006/242
擬時務策 沈起元 006/247
上奉天府尹論逃人書 郝浴 006/250
旗戶分居議 李祖陶 040/303
請籌費移屯兼舒國用疏 沈桂芬 040/311
維持根本疏 杜瑞聯 040/319
記武隆阿秀堃八旗生計疏及雙城堡屯田始末 孫鼎臣 048/143
旗戶分居議 李祖陶 048/146
請籌費移屯兼舒國用疏 沈桂芬 048/150
請變通旗民交產章程疏 劉長佑 048/153
請量為變通調濟宗支疏 戈靖 048/154
援照成案擬請撥給旗員隨缺地畝片 銘安 048/157
請釐剔八旗積弊疏 英煦 048/159
請飭會同籌議疏 文緒 048/161

續陳安插移撥旗丁並請加兵額疏 文緒 048/162
軍儲篇五 魏源 062/325
節經費議 馮桂芬 062/335
旗戶分居議 李祖陶 062/339
記武隆阿秀堃八旗生計疏及雙城堡屯田始末 孫鼎臣 062/347
籌議調劑雙城堡京旗章程疏 經額布 062/355
條陳變通調劑宗支疏 戈靖 062/371
條陳恤旗民足邊防舒國用疏 沈桂芬 062/377
覆奏抽調旗丁屯田新疆疏 左宗棠 062/385
八旗界址不勻疏 桂清 071/231
條陳變通調劑宗支疏 戈靖 096/229
記武隆阿秀堃八旗生計疏及雙城堡屯田始末 孫鼎臣 096/230
籌議調劑雙城堡京旗章程疏 經額布 096/232
覆奏抽調旗丁屯田新疆疏 左宗棠 096/237
八旗界址不勻疏 桂清 096/240
旗戶分居議 李祖陶 096/241
旗籍 鄭觀應 096/243
根本四計疏 和其衷 110/039
滿洲兵民生計疏 陳之遴 110/040
八旗開墾邊地疏 舒赫德 110/041
復原產籌新墾疏 110/042
會籌旗人疏通勸懲四條疏 英和 110/046
旗戶分居議 李祖陶 110/049
請變通旗民交產章程疏 劉長佑 110/051
請量為變通調濟宗支疏 戈靖 110/052
口外駐兵疏 孫嘉淦 118/251
漢軍生計疏 孫嘉淦 118/252
八旗公產疏 孫嘉淦 118/253
根本四計疏 和其衷 118/255
旗戶分居議 李祖陶 118/257
軍儲篇五 魏源 118/259
節經費議 馮桂芬 118/262
記武隆阿秀堃八旗生計疏及雙城堡屯田始末 孫鼎臣 118/263
條陳恤旗民足邊防舒國用疏 沈桂芬 118/265
覆奏抽調旗丁屯田新疆疏 左宗棠 118/267
請清查民人冒入旗籍疏 瑞洵 133/473
招放旗荒大半就緒擬請建設旗官疏 恩澤 133/473
酌擬開放秈米章程請旨遵行疏 長萃 133/475
議覆開放籼米章程疏 敬信 133/476
部議開放籼米章程仍有窒礙難行之處疏 長萃 133/479
籌議調劑雙城堡京旗章程疏 經額布 133/483
會籌旗人疏通勸懲四條疏 英和 133/487
條陳變通調劑宗支疏

戈靖 133/491
條陳恤旗民足邊防舒國用疏
沈桂芬 133/492
覆奏抽調旗丁屯田新疆疏
左宗棠 133/494
旗民交産變通辦理疏
劉長佑 133/497
援照成案擬請撥給旗員隨缺地畝片
銘安 133/498
請釐剔八旗積弊疏 英煦 133/499
請飭會同籌議疏 文緒 133/500
續陳安插移撥旗丁並請加兵額疏
文緒 133/500
八旗界址不勻疏 桂清 135/070
八旗生計討論會宣言書 163/494

四、戶政　農政

區田說 孫毅齋(宅揆) 002/333
區田法 王爾緝(心敬) 002/335
紀山蠶 王汝如(沛恂) 002/356
井田論 劉鴻翱 004/439
論足食 陸世儀 006/255
農田議 張士元 006/255
鳳臺縣志論食貨 李兆洛 006/257
陝省農田水利牧畜疏
畢沅 006/261
敬陳農桑四務疏 尹會一 006/263
勸農三策疏 張允隨 006/265
論閩省務本節用疏
郭起元 006/267
府志食貨論 岳震川 006/268
農書 張履祥 006/269
田制說 楊芳 006/274
區田說 孫宅揆 006/276
區田圃田說 王心敬 006/277
論區田 陸世儀 006/279
恆産瑣言 張英 006/283
說糞 張海珊 006/287
寶相寺記 呂星垣 006/288
教蠶 唐甄 006/294
惰貧 唐甄 006/294
請海疆禾棉兼種疏 高晉 006/295
倡種桑樹檄 陳宏謀 006/297
勸種桑樹檄 陳宏謀 006/298
廣行山蠶檄 陳宏謀 006/299
蠶桑說 李拔 006/301
種棉說 李拔 006/302
勸襄民種桑說三則 周凱 006/303
種桑詩說 周凱 006/306
請種橡育蠶狀 宋如林 006/308
通飭黔省種橡育蠶檄
宋如林 006/308
勸種橡養蠶示 宋如林 006/309
紀山蠶 王沛恂 006/312
種樹說 俞森 006/313
與潘次耕書 顧炎武 006/314
種雜糧廣樹植狀 陳宏謀 006/315
請減穀價興水利疏
趙青藜 006/323
同州府荒地渠泉議
喬光烈 006/325
通查井泉檄 陳宏謀 006/331
開港議 張海珊 006/332
與所屬牧令書 程含章 006/333
勸民開溝除潦示 賀長齡 006/335
海會寺石堰募疏 陳廷敬 006/336

吳江佔水私議 趙振業 006/337
請嚴池塘改田之禁疏 楊錫紱 006/338
查覆封閉山林事宜狀 牛運震 006/339
札吳翥堂觀察 蔣士銓 006/342
延安織紡議 王宏撰 020/277
豳風廣義序 帥念祖 020/281
蠶桑須知序 葉世倬 020/283
再示興郡紳民急宜樹桑養蠶示 葉世倬 020/285
王春林教養山蠶 張琛 020/287
布帛交易說 張琛 020/289
重脩懋功屯利民渠記 強望泰 020/365
葭州宜鑿井記 張琛 020/369
土田論 鄒漢勳 040/325
豳風廣義序 帥念祖 040/327
蠶桑須知序 葉世倬 040/329
勸民蠶桑詩說序 管同 040/331
奏試辦蠶桑漸著成効摺 涂宗瀛 040/335
種桑議 劉汝璆 040/339
重修懋功屯利民渠記 強望泰 040/341
葭州宜鑿井記 張琛 040/345
金衢嚴三府疏濬堰壩陂塘並設立筒車記 劉汝璆 040/349
論令廢員修興水利摺子 陳用光 040/409
務本論條法篇第一 徐鼒 048/167
務本論條法篇第二 徐鼒 048/167
務本論條法篇第三 徐鼒 048/168
務本論條法篇第四 徐鼒 048/168
務本論條法篇第五 徐鼒 048/169
務本論條法篇第六 徐鼒 048/169
務本論條法篇第七 徐鼒 048/170
務本論條法篇第八 徐鼒 048/171
務本論條法篇第九 徐鼒 048/171
務本論條法篇第十 徐鼒 048/172
務本論條法篇第十一 徐鼒 048/173
務本論條法篇第十二 徐鼒 048/174
務本論條法篇第十三 徐鼒 048/174
務本論條法篇第十四 徐鼒 048/175
杵臼經 翁廣平 048/176
稽旱潦議 馮桂芬 048/178
勸樹桑議 馮桂芬 048/178
論治旱 李東沅 048/179
廣種桑棉兼教紡織情形疏 賀長齡 048/182
勸民蠶桑詩說序 管同 048/183
種桑議 劉汝璆 048/185
試辦蠶桑漸著成効疏 涂宗瀛 048/186
重修懋功屯利民渠記 強望泰 048/191
葭州宜鑿井記 張琛 048/192
金衢嚴三府疏濬堰壩陂塘並設立筒車記 劉汝璆 048/194
致金苕人觀察書 謝家福 048/198
覆謝君書 金福曾 048/199
請飭籌款開井灌田疏

四、戶政 農政

夏同善 048/203
省垣重地宜籌足食之經疏 李用清 048/210
請禁作踐妨農稟 秦榮光 048/211
均農 淩堃 062/401
井田論 胡培翬 062/405
井田議 周濟 062/411
田說 王效成 062/413
說厥土惟白壤 王效成 062/417
說海濱廣斥 王效成 062/419
說五百里米 王效成 062/423
讀孟子 王效成 062/425
重刊農政全書序 文舒燿 062/431
區田種法序 唐鑑 062/435
區田議 周濟 062/437
書魏志劉馥傳 錢儀吉 062/439
陸景思秋成詞 俞正燮 062/443
江北本政論 薛福保 062/447
虹圃記 王效成 062/451
杵臼經 翁廣平 062/453
江南催耕課稻編序 陶澍 062/463
勸民早種早收諭 唐鑑 062/467
陽城縣九條曉示之一 徐璈 062/469
溝洫議上 施彥士 062/471
溝洫議下 施彥士 062/473
請興水利以裕民食疏 朱潮 062/477
請飭籌款開井灌田疏 夏同善 062/487
盱眙天長兩邑農利示 左輔 062/491
勸民開塘治田示 唐鑑 062/497
勸樹桑議 馮桂芬 062/503
勸民蠶桑詩說序 管同 062/507
治旱條議 李東沅 062/511
申明勸課農桑舊例疏 胡長庚 062/517
廣種桑棉兼教紡織情形疏 賀長齡 062/525
邵陽縣酌時急務條示 周玉衡 062/529
教養山蠶說 張琛 062/541
觀種樹株檄 黃德濂 062/543
禁游民議 金文榜 071/113
徽屬茶務條陳 081/094
絲茶烟布合論 項文瑞 081/365
說橙 梁啟超 082/382
絲茶烟布合論 項文瑞 082/447
出洋茶利防弊策 082/455
徽屬茶務條陳 何潤生 082/461
農功 鄭觀應 082/477
旱潦 082/479
農人新法紀略 082/486
中外養蠶得失異同 楊毓煇 082/492
飼蠶法則 鍾天緯 082/493
種稻之法水旱之備宜如何而後可 許克勤 082/494
請講求務本至計以開利源摺 華煇 084/425
議覆華侍御講求務本至計以開利源摺 工部 084/427
農會報序 闕名 084/428
陸彥若所著書敍 龔自珍 084/429
萬國貨殖論 葉耀元 084/430

農人新法紀略 (英)李提摩太 084/438
耕稼要論 (英)闕名 084/439
地球植物學堂記 (美)闕名 084/440
種植格致學 (英)闕名 084/442
鹽質利農記 084/444
論肥田土質 (英)闕名 084/446
電氣利於園圃論 (英)闕名 084/448
論地球蠶業 (日)闕名 084/450
中國蠶務情形記 (日)闕名 084/451
種樹富民說 陳熾 084/452
種果宜人說 陳熾 084/454
葡萄製酒說 陳熾 084/455
種竹造紙說 陳熾 084/457
種樟熬腦說 陳熾 084/457
種木成材說 陳熾 084/459
山林論 (日)闕名 084/459
論中國可興做茶新法 (日)闕名 084/461
說橙 闕名 084/463
畜牧養民說 陳熾 084/464
拓充漁務說 陳熾 084/465
五洲漁人生計說 (英)李提摩太 084/467
西國獎勵漁業例 084/468
論牛乳 (英)森苗路勞 084/469
徽屬茶務條陳 何潤生 085/134
論中國茶務 (英)闕名 085/140
論中國茶業之衰應如何設法補救 (英)闕名 085/141
論土性宜詳 (美)闕名 086/473
請講求務本至計以開利源摺 華煇 089/005
議覆華侍御講求務本至計以開利源摺 工部 089/010
農會報序 梁啟超 089/012
陸彥若所箸書敘 龔自珍 089/015
萬國貨殖論 葉耀元 089/016
農人新法紀略 089/035
耕稼要論 (英)闕名 089/037
地球植物學堂記 (美)闕名 089/040
種植格致學 (英)闕名 089/044
鹽質利農記 (德)闕名 089/048
論肥田土質 (英)闕名 089/053
電氣利於園圃論 (英)闕名 089/058
論地球蠶業 (日)闕名 089/062
中國蠶務情形記 (日)闕名 089/065
種樹富民說 陳熾 089/067
種果宜人說 陳熾 089/071
葡萄製酒說 陳熾 089/073
種竹造紙說 陳熾 089/077
種樟熬腦說 陳熾 089/079
種木成材說 陳熾 089/081
山林論 (日)闕名 089/083
論中國可興做茶新法 (日)闕名 089/087
說橙 梁啟超 089/091
畜牧養民說 陳熾 089/093
拓充漁務說 陳熾 089/097
五洲漁人生計說 (英)李提摩太 089/100
獎勵漁業例 闕名 089/103
論牛乳 (英)苗森路勞 089/105
徽屬茶務條陳 何潤生 089/485
論中國茶務 (英)闕名 089/498
論中國茶業之衰應如何設法補救

四、戶政　農政

(英)闕名 089/500
論土性宜詳 (美)闕名 093/338
田制考 096/332
勸民早種早收論 唐鑑 096/411
請設農學科疏 張如翰 096/411
請興水利以裕民食疏 朱潮 096/412
杵臼經 翁廣平 096/413
請飭籌款開井灌田疏 夏同善 096/415
勸民開塘治田示 唐鑑 096/416
盱眙天長兩邑農利示 左輔 096/417
農學論 顧仰基 096/419
井田論 胡培翬 096/420
虹圃記 王效成 096/422
農人新法紀略 096/424
重刊農政全書序 文舒燿 096/425
區田種法序 唐鑑 096/426
興種植宜審土性講培壅說 096/426
擬聯鄉會購用風車說 096/428
西法農政宜先倣行說 096/429
溝洫議上 施彥士 096/430
溝洫議下 施彥士 096/431
井田議 周濟 096/431
區田議 周濟 096/432
治旱潦議 李東沅 096/434
稽旱潦議 李東沅 096/435
論富國宜先講求農務 096/435
論富國在農不在商 096/437
論中國宜講求種植之學 096/438
請興樹藝 096/440
田說 王效成 096/442
均農 凌堃 096/443
農功 鄭觀應 096/443
旱潦 096/446
耕稼要論 096/448
種植格致學 096/449
勸民蠶桑詩說序 管同 097/003
勸樹桑議 馮桂芬 097/003
蘇省宜設立養蠶學堂議 097/004
中外養蠶得失異同 097/005
勸蠶說 施景琛 097/007
飼蠶法 097/009
浙江蠶學館招考章程 097/011
中國蠶務情形記 097/011
論中國蠶繭 097/012
中國蠶情 097/012
絲茶烟布合論 項文端 097/040
論茶 097/170
論茶務 097/171
整頓茶務札 097/174
整頓茶務移文 097/176
論茶業之衰應如何設法補救 097/179
茶務條陳 何潤生 097/183
出洋茶利防弊策 097/189
蠶業學堂論蠶事情形 102/341
戶部議覆各省自闢利源摺 唐浩鎮 103/501
農政全書序 張國維 103/503
請講求務本至計以開利源摺 華煇 103/504
議復華侍御講求務本至計以開利源摺 闕名 103/507
農政報序 闕名 103/508

農政 陳熾 103/510
水利富國說 陳熾 103/511
陸彥若所箸書叙 龔自珍 103/513
萬國貨殖論 葉耀元 103/513
農人新法紀略 104/001
耕稼要論 (英)闕名 104/002
地球植物學堂記 (美)闕名 104/003
種植格致學 (英)闕名 104/005
論肥田土質 (英)闕名 104/010
電氣利於園圃論 (英)闕名 104/012
種樹富民說 陳熾 104/015
種果宜人說 陳熾 104/016
葡萄製酒說 陳熾 104/018
種竹造紙說 陳熾 104/019
種樟熬腦說 陳熾 104/021
種木成材說 陳熾 104/022
山林論 (日)闕名 104/023
論中國可興做茶新法 (日)闕名 104/025
說橙 梁啟超 104/027
畜牧養民說 陳熾 104/028
種橡製膠說 陳熾 104/031
種茶製茗說 陳熾 104/031
種棉軋花說 陳熾 104/033
種菸加非說 陳熾 104/034
講求農學說 陳熾 104/035
拓充漁務說 陳熾 104/037
五洲漁人生計說 (英)李提摩太 104/039
獎勵漁業例 闕名 104/040
論牛乳 (英)苗森路勞 104/042
渠樹 陳熾 104/049
農用八政說 陳乃績 104/050
周詩獨戒農官說 危德運 104/051
周詩獨戒農官說 黃緒先 104/052
論耕種各物宜采善法以收實効 闕名 104/055
耕種各法宜采善法續論 闕名 104/056
論區種 闕名 104/058
論日本旱穀宜求其種飭令西北各省栽植以免旱灾事 闕名 104/059
盡地力說 闕名 104/060
種甘蔗製糖說(一) 闕名 104/062
種甘蔗製糖說(二) 闕名 104/064
論種藝 闕名 104/065
論種植防荒 闕名 104/067
種植備荒說 闕名 104/068
農商輕重說 闕名 104/070
水旱灾荒平時如何豫備臨時如何救補論 闕名 104/076
憫佃文 闕名 104/078
論富國宜先講求農務 闕名 104/080
中國宜植陸稻說 (日)山本正義述 104/081
理財 王韜 104/084
推廣蠶桑以開利源論 闕名 104/089
論育蠶當倣行西法 闕名 104/090
興蠶桑議 闕名 104/092
日本絲業宜整頓論 闕名 104/094
英名士日也美崇氏論中國紡繅業 闕名 104/095
論杭州繅絲廠 程彥邦 104/096
橫濱驗絲公所緣起 鍾銓 104/096

四、戶政　農政

勸種植以廣地利說　闕名　104/098
種桑育蠶說　孔昭朗　104/102
蠶桑　程濬　104/103
論地球蠶桑　李經邦　104/104
中國蠶務情形記　闕名　104/106
農會飼蠶述聞　闕名　104/107
中國各省亟宜停止栽桑以保蠶業論　王晉卿　104/109
蘇省宜設立蠶桑學堂議　闕名　104/110
記前廣西馬中丞辦理蠶桑事　王式　104/112
續論絲廠　闕名　104/114
再續論絲廠　孔昭晙　104/115
振興絲業芻言　闕名　104/120
論行七事以興絲利　闕名　104/122
徽屬茶務條陳　闕名　105/167
論中國茶務　105/173
論中國茶業之衰應如何設法補救　105/174
電氣利於園圃　陳熾　105/405
請減穀價興水利疏　趙青藜　108/270
通查井泉檄　陳宏謀　108/274
札吳翥堂觀察　蔣士銓　108/276
井田論　108/435
論田　108/436
田制考　108/438
論南北田制　108/439
限田末議　108/440
清丈議　108/441
論足食　陸世儀　108/443
農田議　張士元　108/443
敬陳農桑四務疏　尹會一　108/444
勸農三策疏　張允隨　108/446
論區田　陸世儀　108/447
說糞　張海珊　108/450
務本論條法篇第一　徐鼐　108/450
務本論條法篇第二　徐鼐　108/450
務本論條法篇第三　徐鼐　108/450
務本論條法篇第四　徐鼐　108/451
務本論條法篇第五　徐鼐　108/451
務本論條法篇第六　徐鼐　108/451
務本論條法篇第七　徐鼐　108/452
務本論條法篇第八　徐鼐　108/452
務本論條法篇第九　徐鼐　108/452
務本論條法篇第十　徐鼐　108/453
務本論條法篇第十一　徐鼐　108/453
務本論條法篇第十二　徐鼐　108/454
務本論條法篇第十三　徐鼐　108/454
務本論條法篇第十四　徐鼐　108/454
論治旱　李東沅　108/455
請禁作踐妨農稟　秦榮光　108/456
請講求務本至計以開利源摺　華煇　108/457
議復華侍御講求務本至計以開利源摺　工部　108/459
農學報序　108/460
陸彥若所箸書敘　龔自珍　108/461
論農為工商之本而農人識字尤為務農之本　108/461
論中國行西法宜先重農　108/463

西法農政宜先倣行說 108/464
論採用西種以利農務 108/465
機器代耕牛說 108/466
耕稼要論 (英)闕名 108/467
鹽質利農記 108/468
論肥田土質 108/470
電氣利於園圃論 (英)闕名 108/472
請海疆禾棉兼種疏 高晉 109/033
種棉說 109/034
種樹說 109/034
種雜糧廣樹植狀 109/035
論日本旱穀宜求其種飭令西北各省栽植以免旱災事 109/040
勸農家廣種二麥以支來歲說 109/041
論區種 109/042
論欲富強宜講求物産 109/043
論種植之利 109/045
論耕種各物宜采善法以收實効 109/046
興種植宜審土性講培壅說 109/047
種植格致學 (英)闕名 109/048
種樹富民說 陳熾 109/050
種果宜人說 陳斌 109/052
葡萄製酒說 陳熾 109/053
種竹造紙說 109/054
種樟熬腦說 109/055
種木成材說 109/056
拓充漁務說 陳熾 110/036
蠶桑說 李拔 111/415
勸襄民種桑說三則 周凱 111/416
倡種桑樹檄 陳宏謀 111/418
勸種桑樹檄 陳宏謀 111/418
廣行山蠶檄 陳宏謀 111/419
附懷遠縣志蠶織說略 111/420
請種橡育蠶狀 宋如林 111/421
通飭黔省種橡育蠶檄 宋如林 111/421
勸種橡養蠶示 宋如林 111/422
附養蠶事宜五條 111/422
紀山蠶 111/423
論地球蠶業 (日)闕名 111/424
中國蠶務情形記 (俄)闕名 111/425
徽屬茶務條陳 何潤生 111/431
論中國茶業之衰應如何設法補救 111/436
論中國可興做茶新法 111/440
論茶務 111/440
論茶市 111/443
茶市 111/444
論中國整頓茶務 111/445
論整頓茶市 111/446
論保全茶業 111/447
整頓平水茶芻議 111/450
論漢口茶務 111/451
論中國宜購求種植畜牧之法緣起 111/453
中國古時畜羊解 111/455
有議在淮徐間興畜牧公司者試究論興建之指詳擬設施之要 111/457
畜牧養民說 陳熾 111/458
井田論 劉鴻翱 116/532
論區田 陸世儀 118/101
勸農三策疏 張允隨 118/108
農田議 張士元 118/110
區田說 孫宅揆 118/112

四、戶政 農政

開港議 張海珊 118/113
說糞 張海珊 118/114
通查井泉檄 陳宏謀 118/115
溝洫議上 施彥士 118/116
溝洫議下 施彥士 118/116
勸民開塘治田示 唐鑑 118/117
井田論 胡培翬 118/119
請飭籌款開井灌田疏 夏同善 118/121
治旱條議 李東沅 118/121
杵臼經 翁廣平 118/123
禁游民議 金文榜 118/125
種稻之法水旱之備宜如何而後可 許克勤 118/126
請講求務本至計以開利源摺 華煇 118/131
耕稼要論 (英)闕名 118/133
鹽質利農記 (德)闕名 118/135
論肥田土質 118/137
廣行山蠶檄 陳宏謀 118/187
倡種桑樹檄 陳宏謀 118/188
通飭黔省種橡育蠶檄 宋如林 118/189
蠶桑說 李拔 118/190
勸襄民種桑說三則 118/191
勸樹桑議 馮桂芬 118/194
中外養蠶得失異同 楊毓煇 118/194
飼蠶法則 锺天緯 118/197
中國蠶務情形記 (日)闕名 118/199
種棉說 李拔 118/205
江北本政論 118/206
徽屬茶務條陳 何潤生 118/207
出洋茶利防弊策 王佐才 118/214
論中國可與做茶新法 闕名 118/215
論中國茶業之衰應如何設法補救 (英)闕名 118/216
絲茶烟布合論 項文瑞 118/221
畜牧養民說 118/226
種果宜人說 118/228
葡萄製酒說 118/229
種樟熬腦說 118/231
種竹造紙說 118/232
地球植物學堂記 (美)闕名 118/244
五洲漁人生計說 (英)李提摩太 118/247
萬國貨殖論 葉耀光 122/556
論地球蠶業 (日)闕名 123/028
請設農學科疏 張如翰 124/406
論富國宜先講求農務 124/407
論中國宜講求種植之學 124/409
興種植宜審土性講培壅說 124/410
西法農政宜先倣行說 124/411
農學論 顧仰基 124/412
論中華亟宜講求蠶桑之利 124/415
論中國整頓蠶桑宜先設養蠶學堂 124/416
論蠶桑之利 124/417
論宜整頓蠶務以興絲利 124/418
廣興蠶政說 124/419
論育蠶之利 124/421
書汀漳龍道申報蠶務詳文後 124/422
論桑棉之利 124/423
絲茶宜創設新法論 124/470

論中國茶業亟宜整頓 124/473
論茶 124/475
論茶務 124/475
出洋茶利防弊策 124/478
農政 陳次亮 126/441
蠶桑 陳次亮 126/442
日本絲業宜整頓論 譯日本報 126/444
論杭州繅絲廠 闕名 126/447
橫濱驗絲公所緣起 譯日報 126/448
勸種植以廣地利說 錄廣報 126/451
養民要摺 錄廣報 126/455
說橙 梁啟超 126/458
渠樹 陳次亮 126/460
山林論 譯日報 126/461
電氣利於園圃 126/492
戶部議覆奏請令各省自闢利源摺 129/001
墾荒裕國策 129/003
農學論 129/005
山西巡撫胡奏議開晉邊蒙地摺 129/033
稟請創辦樹藝公司開墾雲臺山稿 129/036
樹藝公司開墾種植集股章程 129/037
督率農工開墾種植條規 129/039
通海墾牧公司集股章程啟 129/040
論中國茶業之失以及補救之法 129/049
張乖崖拔茶植桑論 129/053
福州蠶桑公學章程並序 129/053
蠶務條陳 129/056
蠶桑問答上篇 129/086
蠶桑問答下篇 129/091
蠶桑答問續篇 收蠶種法 129/100
問山林之富不讓川澤江右古稱豫章本為産木之區前代山深林密自然之利取之不禁今墾闢已久材木漸稀則十年樹木計不容緩試就土宜所在籌議及之 129/103
問天下大利歸農必如何始盡其利歟 129/104
今日中國莫急於水利說 129/108
以公司興水利說 129/111
德意志農會記略 129/120
記巴黎世界大博覽會農産館 129/121
日本農政維新記 129/123
大日本農會章程 129/135
日本農科大學章程 129/138
英倫奉旨設立農會章程 129/142
俄國農務說略 129/154
俄國農政新議 129/157
請講求務本至計以開利源摺 華煇 133/217
議復華侍御講求務本至計以開利源摺 戶部、工部 133/219
請興水利以裕民食疏 朱潮 133/383
請飭籌款開井灌田疏 夏同善 133/385
遵議機器溉田片 總理衙門 133/387
申明勸課農桑舊例疏

胡長庚 133/388
廣種桑棉兼教紡織情形疏 賀長齡 133/390
試辦蠶桑漸著成効疏 涂宗瀛 133/391
請廣興蠶利片 徐樹銘 133/391
舉辦蠶政逐漸擴充以廣利源疏 裕祿 133/392
省垣重地宜籌足食之經疏 李用清 133/397
遵旨設立農工商局片 李興鋭 133/399
請開北方利源公司說帖 姚文棟 140/451
奏辦海門荒灘說帖 張謇 140/455
奏辦通海懇牧片 劉坤一 140/457
防護樹藝詳文 江南派辦處 140/458
英君主准設英倫務農會詔 吳治儉譯 140/459
斐利迭禮璽大王開拓政策 樊炳清譯 140/464
斐利迭禮璽大王實地農關係之政策 樊炳清譯 140/479
普國倣行英國農藝 樊炳清譯 140/483
農業總論 140/487
農業經濟緒言 (日)吉田森太郎譯 140/489
農業生產篇 (日)吉田森太郎 140/491
農業交易篇 (日)吉田森太郎 140/500
農業組織論 (日)吉田森太郎 140/509
農雅自叙 倪倬 140/512
論土之熱度 (美)衛理譯 140/514
論土性 (英)秀耀春(譯) 140/515
日光與土性關係論 (美)衛理譯 140/522
空氣與土性關係論 (美)衛理譯 140/526
水與土性關係論 (美)衛理譯 140/530
生物土性關係論 (美)衛理譯 140/532
論土之性分原理 (美)衛理譯 140/534
論土生物之理 (美)衛理譯 140/537
論土生物力 (美)衛理譯 140/540
論化石成土 (美)衛理譯 140/541
論流水造土 (美)衛理譯 140/543
論雨與土之關係 (美)衛理譯 140/545
論冰造之土 (美)衛理譯 140/548
論蚯蚓造土 (美)衛理譯 140/551
論呼莫司土 (美)衛理譯 140/552
論風造之土 (美)衛理譯 140/555
論化合成土之原質 (美)衛理譯 141/001
論土通風之理 (美)衛理譯 141/031
論耕土可保守土內之水 (美)衛理譯 141/035
論土內植物之食料 (美)衛理譯 141/038
日本農務土性試驗表 沈紘譯 141/040

論植物泥土動物相關之理
(英)秀耀春譯 141/045
論植物食料 (英)秀耀春譯 141/047
論水之性質 (英)秀耀春譯 141/052
論動植物内之油質
(英)秀耀春譯 141/056
論動植物内各種之死物質
(英)秀耀春譯 141/058
論土内生物質
(英)秀耀春譯 141/064
論土内之死物質
(英)秀耀春譯 141/066
論植物肥料 (英)秀耀春譯 141/073
論動物體内可為肥料 141/077
論各動物之糞
(英)秀耀春譯 141/084
論鹽質金質肥料 141/092
論灰石及燒用鈣養之法
(英)秀耀春譯 141/101
農用植物通論
(日)森要太郎著，樊炳清譯 141/109
論種子之鑑定 (日)横井時敬編
河瀬儀太郎譯 141/119
植物有機物生產論
樊炳清譯 141/128
植物呼吸論 樊炳清譯 141/131
種植媒花法
(日)津由仙述，沈紘譯 141/132
落葉栽培法論
(日)高見譯薰，林壬譯 141/132
植物選種新說
(日)伊克梅原寬重 141/134
整飭皖茶文牘 闕名 141/141
論廐肥為培田之原
(美)啤耳 141/147
論畜舍宜慎 倫敦報 141/151
荷蘭牧牛篇原種 牧牛公司 141/153
牧豬法敍論 陳梅坡譯 141/155
牧羊書原種 江紹基譯 141/158
記希臘羅馬古代漁業
日本水產會報 141/162
牧草緒言 日本農務省 141/164
蜜蜂飼養法緒言
(日)花房柳條 141/165
養魚孵化術總論
(日)舍田歸逸 141/167
昆蟲標品製作法自序
(日)鳥羽原藏 141/167
昆蟲標品製作法緒言
(日)鳥羽原藏 141/168
請創設養蠶學堂稟 林迪 141/171
論海通蠶桑書 張謇 141/173
蠶務條陳序 梁任公 141/175
論桑(附表)
(日)籐田豐八譯 141/176
蠶種概論 (日)籐田豐八譯 141/178
樗繭譜說樹 鄭珍 141/180
樗繭譜說繭 鄭珍 141/182
喝茫蠶書序例 鄭守箴 141/184
喝茫蠶書說桑 鄭守箴 141/186
蠶病試驗成蹟報序
日本農務省 141/189
蠶病查驗種紙法
日本農務省 141/189
蠶病護種法 日本農務省 141/192
養蠶表 日本農務省 141/197

四、戶政 農政

試育外國蠶種成蹟 日本農務省 141/204
秋蠶論 (日)竹内茂演述 141/206
秋蠶原理 (日)竹内茂演述 141/207
林學沿革論 (日)奥田貞衛 141/210
森林利用論 (日)奥田貞衛 141/217
森林所有權論 (日)奥田貞衛 141/223
森林定義論 (日)奥田貞衛 141/245
樹種與氣候之關係論 (日)奥田貞衛 141/247
森林保護論 (日)奥田貞衛 141/252
林分經濟法 (日)奥田貞衛 141/256
造林學杉總論 (日)本多靜六 141/259
造林學檜總論 (日)本多靜六 141/263
造林學竹總論 (日)本多靜六 141/266
日本山林會章程摘要 林壬譯 141/275
農雅釋器 倪倬 141/280
水機圖說 陳忠倚 141/306
風車圖說緒言 美國公司 141/306
論焙茶機器 譯熱地農務報 141/307
記中國産棉地 威廉姆 144/112
種棉十三要事說 譯美文 144/115
本朝近屯田之事考略 萬祖禹 146/311
御史華煇奏廣種植興水利疏 蔡元章 146/312
論墾荒植物 顧起 146/314
煙土考 戚桂楨 146/315
論開墾 張文澤 146/316
論治田必先興水利 馬其章 146/317
論蠶桑 陳良弼 146/318
興蠶桑說 蔣栻 146/319
江西宜興蠶桑說 146/320
論中華亟宜講求蠶桑之利 吳寶宗 146/322
論墾荒廣種屯田亦為務農之本 王誠 146/325
論農為工商之本而農人識字尤為務農之本 葛佩華 146/327
禁栽妖卉議 王有賓 146/329
禁栽妖卉續議 于嘉土 146/331
養蠶說 楊蔚本 150/249
蠶桑說 150/264
畿輔宜蠶桑辯 闕名 150/271
補輯蠶說 闕名 150/274
内旗 湯震 150/278
農學新法小引 (英)李提摩太 150/282
種桑育蠶說 闕名 150/284
種橡製膠說 闕名 150/287
種綿軋花說 闕名 150/288
晉撫議開晉邊蒙地疏 胡聘之 150/291
奏陳招放旗荒就緒疏 恩澤 150/296
蠶務條陳叙 闕名 150/301
中國蠶務亟宜講求整頓以保利源說略 (西)康發達 150/302
查得日本整頓蠶務大概情形說略 (西)康發達 150/316

農戰論 王式訓 150/333
議覆唐郎中條陳各省自闢利源疏
戶部 150/339
請北洋大臣開北方利源總公司禀
姚文棟 150/343
呈請代奏講求農務請合文學設科疏
張如翰 150/349
奉新縣植桑條例 鍾澤生 150/351
多倫諾爾撫民同知鼓勵畜牧工藝示
盧□□ 150/353
福州府勸民種樹利益章程
程聽彝 150/358
論種植宜用格致之理
(西)闕名 150/360
上農林部條陳改良茶務呈
陳兆燾 168/060

四、戶政 倉儲

飭廣積貯牒 李晉卿(光地) 002/505
乞里人共建義倉引
劉畊南(大櫆) 002/511
預備倉貸穀私議
劉魯田(汶) 002/515
截留漕糧以充積貯劄子
朱涵齋(倫瀚) 002/523
積貯議 儲大文 006/347
積貯 黃六鴻 006/348
富民 余廷燦 006/350
癸未會試策問一道 王昶 006/351
預備倉貸穀私議 劉汶 006/356
積穀會議 張海珊 006/358
飭廣積貯牒 李光地 006/359
陳明米貴之由疏 楊錫紱 006/360
截留漕糧以充積貯劄子
朱倫瀚 006/364
請通行常平倉法疏 鄭昱 006/367
請各直省行常平捐穀疏
王柔 006/368
請禁派買倉穀疏 良卿 006/368
捐監兼收銀穀疏 秦蕙田 006/370
議覆積穀疏 鄂爾泰 006/372
請撥支以備購儲疏
周學健 006/374
常平倉穀章程疏 楊昭譴 006/379
倉穀平糶疏 高其倬 006/381
請復倉穀借糶疏 田文鏡 006/383
糶價不宜撥餉疏 萬年茂 006/384
請減糶價借籽種疏
錢陳羣 006/386
請官開米局疏 鄂彌達 006/387
清京倉積弊疏 田六善 006/388
禁囤無益米價疏 陳兆崙 006/389
籌辦積貯情形疏 陳宏謀 006/390
青苗社倉議 李紱 006/391
社倉約記 畢振姬 006/393
議社倉與古異同疏 岳濬 006/395
酌定社長章程疏 李湖 006/398
創建南鄉太平堡社倉記
楊仲興 006/400
請分常平為社倉疏
晏斯盛 006/401
推廣社倉之意疏 晏斯盛 006/402
社倉保甲相經緯疏
晏斯盛 006/406
請設商社疏 晏斯盛 006/408
乞里人共建義倉引

四、戶政 倉儲

劉大櫆 006/409
進呈義倉圖說疏 方觀承 006/410
義倉圖說序 德保 006/412
勸民間質穀論 泰承恩 006/412
勸設義倉章程疏 陶澍 006/415
備雜糧 楊景仁 006/458
社倉論 岳震川 021/123
社倉示 牛樹梅 021/125
各省常平倉穀乘時買補請除積弊疏 朱應元 040/353
道府禀擬廣仁倉各條批 胡林翼 040/357
請京師辦積穀片 沈葆楨 040/361
各省倉穀亟宜整頓摺 崔穆之 040/363
擬籌積貯書 管同 040/367
積穀章程 魁聯 040/373
重建長沙府倉記 涂宗瀛 040/377
飭屬勸辦積穀備荒札 惲世臨 040/381
籌鄉社倉米議 劉汝璆 040/387
勸成都省城內商民積穀示 王廷植 040/389
讀市糴考 黃式三 048/217
擬籌積貯書 管同 048/219
請京師辦積穀片 沈葆楨 048/222
酌議整頓倉務章程疏 興廉、游百川 048/223
奏指定撥款及時買穀還倉疏 曾國荃 048/227
奏查明存款銀兩悉數建倉積穀疏 張之洞 048/228
奏各屬捐建社倉已有成數疏 馮譽驥 048/230
道府禀擬廣仁倉各條批 胡林翼 048/233
震澤鎮積穀倉記 莊慶椿 048/234
重建長沙府倉記 涂宗瀛 048/236
積穀章程 魁聯 048/237
讀市糴考 黃式三 063/005
積儲 劉樹堂 063/011
擬籌京師積儲疏 管同 063/015
京師本計疏 尹耕雲 063/021
籌備京倉疏 丁壽昌 063/029
請辦京師積穀片 沈葆楨 063/037
請實行積穀疏 肇麟 063/039
買補常平倉穀並嚴禁積弊疏 朱應元 063/043
請飭積穀備荒疏 鄔純嘏 063/047
東省辦理積穀情形疏 任道鎔 063/049
東省辦理積穀請飭認真查核疏 李肇錫 063/051
晉省善後存款悉數建倉積穀疏 張之洞 063/055
陝省捐建社倉已有成數疏 馮譽驥 063/059
論官理質穀疏 辛從益 063/065
道府禀擬廣仁倉各條批 胡林翼 063/071
通飭辦理積穀札 丁寶楨 063/075
扶持保義倉約 甘揚聲 063/079
成都省城勸積儲示 王廷植 063/089
資州社倉示 牛樹梅 063/097
寶慶府義倉記 彭洋中 063/111

重建長沙府倉記	涂宗瀛	063/119
成安縣改建常平義倉記	查揆	063/123
答安仁縣夏謙甫論漕米變價書	沈衍慶	063/127
與王樵白論義倉書	蔣彤	063/135
與謝拜賡論義倉善後事宜疏	甘揚聲	063/141
答賈布政問積主書	曹肅荀	063/149
上任布政論積儲書	陶濬宣	063/151
擬籌京師積儲疏	管同	096/357
籌備京倉疏	丁壽昌	096/455
擬籌京師積儲疏	管同	096/459
東省辦理積穀情形疏	任道鎔	096/461
晉省善後存款悉數建倉積穀疏	張之洞	096/461
陝省捐建社倉已有成數疏	馮譽驥	096/463
買補常平倉穀並嚴禁積弊疏	朱應元	096/464
請辦京師積穀片	沈葆楨	096/465
成都省城勸積儲示	王廷植	096/465
資州社倉示	牛樹梅	096/468
扶持保義倉約	甘揚聲	096/472
道府稟擬廣仁倉各條批	胡林翼	096/475
成安縣改建常平義倉記	查揆	096/476
重建長沙府倉記	涂宗瀛	096/477
寶慶府義倉記	彭洋中	096/477
積儲	劉樹堂	096/480
讀平糶考	黃式三	096/481
論蘇省各屬倉積米穀皆宜平糶		096/482
論青浦縣豐備倉糶穀事		096/483
積貯議	儲大文	112/173
積貯	黃六鴻	112/173
預備倉貸穀私議	劉汶	112/175
飭廣積貯牒	李光地	112/176
陳明米貴之由疏	楊錫紱	112/177
請通行常平倉法疏	郭昱	112/180
議覆積穀疏	鄂爾泰	112/180
常平倉穀章程疏	楊昭謹	112/181
請復倉穀借糶疏	田文鏡	112/183
籌辦積貯情形疏	陳宏謀	112/184
議社倉與古異同疏	岳濬	112/185
酌定社長章程疏	李湖	112/187
推廣社倉之意疏	晏斯盛	112/189
進呈義倉圖說疏	方觀承	112/191
勸設義倉章程疏	陶澍	112/192
擬籌積貯書	管同	112/194
酌議整頓倉務章程疏	興廉、游百川	112/195
道府稟擬廣仁倉各條批	胡林翼	112/197
清京倉積弊疏	田六善	118/273
倉穀平糶疏	高其倬	118/273
議社倉與古異同疏	岳濬	118/275
請設商社疏		118/278
陳明米貴之由疏	楊錫紱	118/279
讀市糴考	黃式三	118/282
扶持保義倉約	甘揚聲	118/284

四、戶政　荒政

與謝拜賡論義倉善後事宜疏 甘揚聲 118/287
擬籌京師積儲疏 管同 118/290
預備倉貸穀私議 劉汶 118/292
京師本計疏 尹耕雲 118/298
請辦京師積穀片 沈葆楨 118/300
通飭辦理積穀札 丁寶楨 118/301
東省辦理積穀請飭認真查核疏 李肇錫 118/302
晉省善後存款悉數建倉積穀疏 張之洞 118/304
奏查明存款銀兩悉數建倉積穀疏 張之洞 118/305
買補常平倉穀並嚴禁積獘疏 朱應元 124/353
擬以李悝平糴法輔社倉議 124/354
積儲論 劉樹堂 124/355
讀平糴考 黃式三 124/355
倉儲 陳次亮 127/434
整頓京倉並議復折漕疏 王大臣 133/503
節颺陳米關繫匪輕請旨飭交核議變通疏 烏爾慶額 133/506
擬籌京師積儲疏 管同 133/507
京師本計疏 尹耕雲 133/509
籌備京倉疏 丁壽昌 133/511
請京師辦積穀片 沈葆楨 133/513
酌議整頓倉務章程疏 游百川 133/513
奏指定撥款及時買穀還倉疏 曾國荃 133/515
晉省善後存款悉數建倉積穀疏 張之洞 133/516
請實行積穀疏 肇麟 133/517
買補常平倉穀並嚴禁積弊疏 朱應元 133/518
請飭積穀備荒疏 鄔純嘏 133/519
東省辦理積穀情形疏 任道鎔 133/519
東省辦理積穀請飭認真查核疏 李肇錫 133/520
陝省捐建社倉已有成數疏 馮譽驥 133/521
論官理質穀疏 辛從益 133/522
遵辦安徽省積穀情形疏 鄧華熙 133/524
勸辦積穀收有成數疏 丁寶楨 133/526
籌撥鹽釐辦理川北積穀片 丁寶楨 133/527
辦理積穀上倉數目疏 丁寶楨 133/527

四、戶政　荒政

蠲恤議 王伯咨（命岳） 002/429
救荒策 魏氷叔（禧） 002/432
救荒事宜十條 張孝先（伯行） 002/455
議賑說 王予中（懋竑） 002/463
禁糶說 唐濟武（夢賚） 002/466
荒政 惠仲孺（士奇） 002/470
敬陳預備救荒疏 姚弱侯（文然） 002/475
與布撫臺 李中孚（顒） 002/478
與浙江黃撫軍請開米禁書 蔡聞之（世遠） 002/492

與鹿蘭皐中丞議賑濟書
宋牧仲(犖) 002/495
上陳大中丞論黃河運米賑災書
喬敬亭(光烈) 002/497
勸施米湯約 陸道威(世儀) 002/500
請定倉穀春糶秋糶之例疏
李晉卿(光地) 002/508
飭置義倉捐積穀石檄
張孝先(伯行) 002/509
積貯議 儲六雅(大文) 002/520
飭興水利牒 李晉卿(光地) 002/530
書徐貞明遺事
趙誠夫(一清) 002/533
與曹射侯 張考夫(履祥) 002/539
下屬縣試行水車檄
喬敬亭(光烈) 002/543
墾荒示 陸稼書(隴其) 002/545
除蝗記 陸道威(世儀) 002/547
捕蝗記 李秘園(鍾份) 002/551
踏勘蝗荒議 魏石生(裔介) 002/553
伐蛟說 陳汝咨(宏謀) 002/555
旱魃辨 李錫徵(蕃) 002/560
時疫 金閑存(誠) 002/561
杭州治火議 毛大可(奇齡) 003/080
備荒通論上 章謙 006/351
備荒通論下 章謙 006/354
荒政綱目 006/421
備荒管見 魯仕驥 006/423
荒政 惠士奇 006/425
救荒策 魏禧 006/427
救荒事宜十條 張伯行 006/436
賑紀十五條 方觀承 006/440
荒政輯要附論六條
汪志伊 006/447
勘災 楊景仁 006/450
報災 楊景仁 006/450
煮賑 楊景仁 006/452
通商 楊景仁 006/453
輯流移 楊景仁 006/454
興工 楊景仁 006/460
安富以救貧說 楊景仁 006/462
救荒貴得人疏 蔣伊 006/467
敬陳分賑之法疏 蔣伊 006/468
賑濟議 陳芳生 006/469
救荒議 魯之裕 006/471
災賑議 汪家禧 006/472
禁糶說 唐夢賚 006/474
論平糶 陸曾禹 006/475
賑粥得宜法 徐文弼 006/476
施粥不如散米說 黃懋 006/477
勸施米湯約 陸世儀 006/478
硤川煮賑圖後跋 阮元 006/479
圖賑法 齊彥槐 006/480
陳辦災各弊疏 陶澍 006/482
與曹射侯 張履祥 006/487
請安流民興水利疏
任啟運 006/489
甲子救荒私議 張海珊 006/491
飭興水利牒 李光地 006/493
水利備旱疏 晏斯盛 006/494
與蘇撫宋公書 趙士麟 006/496
下屬縣試行水車檄
喬光烈 006/497
與布撫臺論救荒書
李中孚 006/498
周官無蠲賦說 王灼 006/505

四、戶政 荒政

蠲免事宜疏 那蘇圖 006/505
蠲恤宜速議 王命岳 006/507
敬陳預備救荒疏 姚文然 006/508
上隆太宰買米備賑書 胡煦 006/509
敬陳速賑以甦民困疏 王懿 006/511
請截留漕艘以備平糶疏 陳其凝 006/512
請速賑濟疏 翁自涵 006/513
請酌銀穀兼賑之法疏 孫灝 006/514
論黄河運米賑灾書 喬光烈 006/516
與浙江黄撫軍請開米禁書 蔡世遠 006/518
時疫 金誠 006/523
救恤疫四條 袁一相 006/523
捕蝗說 沈受宏 006/524
捕蝗記 馬源 006/525
捕蝗法 陳芳生 006/527
除蝗記 陸世儀 006/531
捕蝗記 李鍾份 006/533
踏勘蝗荒議 魏裔介 006/534
敬陳捕蝗事宜疏 史茂 006/535
條陳捕蝗酌歸簡易疏 竇光鼐 006/535
敬籌除蝻滅種疏 周燾 006/539
出土蝻子責成佃戶搜除檄 陳宏謀 006/540
請捕蝗先行蜡祭疏 曹秀先 006/541
伐蛟說 陳宏謀 006/542
雩說 王槩 006/544
祈晴雨法 徐文弼 006/546
祈雨文 韓夢周 006/547
旱魃辨 李蕃 006/547
杭州治火議 毛奇齡 010/196
書徐貞明遺事 趙一清 011/069
荒政 李因篤 021/255
再上稼門先生啟 楊于果 021/267
剴切勸捐示 韓履寵 021/329
捐賑錄序 韓履寵 021/333
捐賑辦竣通詳餘銀脩橋狀 韓履寵 021/337
查囤戶議 胡興仁 021/341
周官荒政論 劉紹攽 021/443
重脩裴晉公祠記 牛鑑 021/527
溉論 李楷 021/533
重脩五嶽廟記 王宏撰 021/537
與陳郡丞書 楊于果 021/541
斗山奉真泉記 高建瓴 021/547
太白山禱雨文 鮑珊 021/551
祭兩當縣城隍廟祈晴文 李懷庚 021/553
荒政 李因篤 040/397
論營田水利摺子 陳用光 040/413
覆奏查辦灾賑情形疏 林則徐 040/419
與吳方伯書 舒化民 040/429
備荒議 陳庭經 040/433
荒政全策 彭世昌 040/441
請飭資遣飢民歸耕並酌給籽種摺 田翰墀 040/481
酌籌平糶量撫極貧疏 林則徐 040/483

直隸辦賑疏 崇厚 040/487
請籌費賑濟疏 彭祖賢 040/493
應詔陳言 寶廷 040/499
復夏幹園先生兗沂曹濟賑災 趙廷愷 041/001
書張武昌救荒事 楊士達 041/015
與尚邑侯論收蝗蝻書 鄧瑤 041/019
附錄收捕蝗蝻章程 鄧瑤 041/021
寶山籌賑事略 章謙存 048/243
與鄉耆約減糶弭亂議 鄧顯 048/250
備荒議 陳庭經 048/252
酌籌平糶量撫極貧疏 林則徐 048/255
縷陳蘇省連年災歉地方凋敝情形片 林則徐 048/257
覆奏查辦災賑情形疏 林則徐 048/262
書張武昌救荒事 楊士達 048/267
與尚邑侯論收蝗蝻書 鄧瑤 048/268
晉省被災現在籌辦情形疏 曾國荃 048/272
請暫停晉省東南各府州縣應徵牲畜稅片 曾國荃 048/276
請旨嚴禁就近採買平糶米石疏 張觀準 048/277
請將順直王莊遇災酌減分數並佃租歸官徵解疏 朱以增 048/278
蠲緩恩旨地方官任意延擱瀝陳弊端疏 鄭訓承 048/279
遵旨會議疏 榮祿 048/280
請飭燒戶捐賑片 李鴻章 048/282
籌辦陝省荒政情形疏 譚鍾麟 048/285
通籌豫省賑款擬濬利源以備歸補疏 袁保恆 048/287
致南中書(戊寅三月) 熊其英 048/289
致南中書(戊寅五月) 淩淦 048/292
致南中書(戊寅六月) 熊其英 048/295
致南中書(戊寅八月) 淩淦 048/297
致南中書(戊寅八月) 熊其英 048/299
致南中書(戊寅九月) 趙翰 048/303
致南中書(戊寅九月) 淩淦 048/307
致南中書(戊寅十一月) 熊其英 048/308
豫行日記 潘小庵 048/310
晉豫賑荒末議 048/313
荒政全策 彭世昌 048/316
恤民示 于蔭霖 048/334
備荒說 趙元益 048/336
請禁直境燒鍋片 李鴻章 049/046
說賑上 彭泰來 063/165
說賑下 彭泰來 063/169
酌擬災賑章程疏 琦善 063/173
條陳荒政事宜疏 彭世昌 063/203
備荒議 陳廷經 063/239
備荒說 趙元益 063/247

四、戶政 荒政

寶山籌賑事略 章謙存 063/263
遵查畿南灾歉酌擬賑恤疏 曾國藩 063/283
請責成官紳查賑疏 張沄 063/291
江蘇辦灾章程疏 陶澍 063/295
覆奏查辦灾賑情形疏 林則徐 063/305
江蘇陰雨連緜田稻歉收情形片 林則徐 063/315
敬陳荒政積弊並籌賑事宜疏 呂賢基 063/327
縷陳撫恤灾黎竭力籌款情形疏 沈葆楨 063/335
晉省被灾籌辦情形疏 曾國荃 063/341
籌辦陝省荒政情形疏 譚鍾麟 063/349
再上蔣制軍書 陳運鎮 063/355
上陳方伯芝楣先生書 黃汝成 063/359
與鄭耕畬廣文書 劉佳 063/363
上杜芝農相國請抽灾民丁壯書 尹耕雲 063/367
上那繹堂師書 張澍 063/371
與汪衡甫方伯書 湯成烈 063/375
與唐明府言灾事書 戴鈞衡 063/385
復夏幹園先生兗沂曹濟賑灾書 趙廷愷 063/395
覆星使文孔修張蘭芷兩先生書 鄒鳴鶴 063/407
再與謝拜賡論救荒書 甘揚聲 063/411
勸糴書 葉裕仁 063/419
與永豐令論閉糴書 周樹槐 063/421
答陳雪漁論西糴書 彭泰來 063/427
平價禁囤議 李象鵾 063/433
查囤戶議 胡興仁 063/439
與鄉耆約減糴弭亂議 鄧顯 063/441
歲貸記 楊彝珍 063/445
勸施米湯約 甘揚聲 063/447
廣施粥不如散米說 方濬頤 063/449
勸買布說 葉裕仁 063/455
安東歲灾記敘 魯一同 063/459
和禱冰詞樂府書後 梅曾亮 063/463
說蝗 彭泰來 063/467
重修裴晉公祠記 牛鑑 063/471
敬陳治蝗諸法疏 伍輔祥 063/477
求雨說 俞正燮 063/483
請暫禁燒鍋片 李鴻章 066/449
書李寅菴大令育嬰局募捐冊後 鄧瑤 071/091
再上陸制府書 魏源 080/127
論放賑不如防灾 (英)李提摩太 085/263
論放賑不如防灾 (英)李提摩太 090/224
遵查畿南灾歉酌擬賑恤疏 曾國藩 096/489
縷陳撫恤灾黎竭力籌款情形疏 沈葆楨 096/491

籌辦陝省荒政情形疏 譚鍾麟 096/492
晉省被灾籌辦情形疏 096/494
敬陳荒政積弊並籌賑事宜疏 呂賢基 096/495
條陳荒政事宜疏 彭世昌 096/498
江蘇辦灾章程疏 陶澍 096/500
酌擬灾賑章程疏 琦善 096/503
敬陳治蝗諸法疏 伍輔祥 096/504
備荒議 陳廷經 096/506
備荒說 096/508
救荒策 096/512
救荒莫如以工代賑 096/513
救荒事宜四十二條 096/514
乞賑篇 096/522
說賑上 彭泰來 096/524
說賑下 彭泰來 096/524
變通私賑說帖 羅振玉 096/525
籌賑芻議 096/527
弭民亂須先籌民食論 096/528
論平糶貴得其法 096/529
憂米市論 096/530
廣施粥不如散米說 方濬頤 096/532
論松郡屢議平糶事 096/533
嚴禁燒鍋以濟民食 096/534
平價禁囤議 李象鵾 096/536
歲貸記 楊彝珍 096/537
求雨說 俞正燮 096/538
說蝗 彭泰來 096/539
請暫禁燒鍋片 李鴻章 098/012
再上陸制府書 魏源 101/496
備荒新說 闕名 104/072
荒政綱目 110/079
備荒管見 魯仕驥 110/080
荒政 惠士奇 110/081
先事之策 110/083
當事之策 110/085
事後之策 110/088
救荒事宜十條 張伯行 110/089
賑紀十五條 方觀承 110/091
通商 楊景仁 110/096
輯流移 楊景仁 110/097
興工 楊景仁 110/100
安富以救貧說 110/101
救荒議 魯之裕 110/102
灾賑議 汪家禧 110/103
論平糶 陸曾禹 110/104
施粥不如散米說 黃懋 110/104
勸施米湯約 陸世儀 110/105
圖賑法 齊彥槐 110/106
陳辦灾各弊疏 陶澍 110/107
與布撫臺論救荒書 李中孚 110/108
鐲恤宜速議 王命岳 110/110
請酌銀穀兼賑之法疏 孫灝 110/111
時疫 金誠 110/113
救恤疫四條 袁一相 110/113
捕蝗記 馬源 110/114
捕蝗法 陳芳生 110/115
條陳捕蝗酌歸簡易疏 竇光鼐 110/118
出土蝻子責成佃戶搜除檄 陳宏謀 110/120
備荒議 陳庭經 110/121

四、戶政 荒政

縷陳蘇省連年荒歉地方凋敝情形片	林則徐	110/124
覆奏查辦災賑情形疏	林則徐	110/126
晉省被災現在籌辦情形疏	曾國荃	110/129
通籌豫省賑款擬濬利源以備歸補疏	袁保恒	110/130
荒政全策	彭世昌	110/131
恤民示	于蔭霖	110/140
修火政說		110/261
論宜亟修火政		110/262
防火勸備竹梯說		110/263
置缸不如開井說		110/264
下屬縣試行水車檄	喬光烈	118/108
備荒通論上		118/294
備荒通論下		118/296
荒政綱目	闕名	119/265
救荒策	魏禧	119/267
飭興水利牒	李光地	119/275
賑紀十五條	方觀承	119/276
通商	楊景仁	119/282
論平糶	陸曾禹	119/283
請安流民興水利疏	任啟運	119/284
賑粥得宜法	徐文弼	119/286
與鄉耆約減糶弭亂議	鄧顯	119/287
請責成官紳查賑疏	張沄	119/288
江蘇陰雨連緜田稻歉收情形片	林則徐	119/290
再與謝拜賡論救荒書	甘揚聲	119/293
勸施米湯約	甘揚聲	119/296
備荒議	陳廷經	119/297
歲貸記	楊彝珍	119/299
遵查畿南災歉酌擬賑恤疏	曾國藩	119/299
說賑上	彭泰來	119/302
說賑下	彭泰來	119/303
條陳荒政事宜疏	彭世昌	119/304
籌辦陝省荒政情形疏	譚鍾麟	119/316
廣施粥不如散米說	方濬頤	119/318
備荒說	趙元益	119/320
書李寅菴大令育嬰局募捐冊後	鄧瑤	119/328
捕蝗說	沈受宏	119/337
敬籌除蝻滅種疏	周燾	119/338
敬陳治蝗諸法疏	任輔祥	119/339
再上陸制府書	魏源	122/046
條陳荒政事宜疏	彭世昌	124/460
賑荒策		124/462
酌擬災賑章程疏	琦善	124/464
救災新說		125/226
慎火篇		125/227
修火政說		125/229
置缸不如開井說		125/230
酌定各省協賑疏	李鴻章	134/001
酌擬災賑章程疏	琦善	134/003
條陳荒政事宜疏	彭世昌	134/010
遵查畿南災歉酌擬賑恤疏	曾國藩	134/019
請責成官紳查賑疏	張沄	134/021

江蘇辦灾章程疏 陶澍 134/022
覆奏查辦灾賑情形疏 林則徐 134/025
酌籌平糶量撫極貧疏 林則徐 134/027
江蘇陰雨連綿田稻歉收情形片 林則徐 134/029
附奏貲送流民片 林則徐 134/031
嗣後辦灾應將蠲緩田畝細冊隨謄黃榜示片 林則徐 134/032
敬陳荒政積弊並籌賑事宜疏 呂賢基 134/032
縷陳撫恤灾黎竭力籌款情形疏 沈葆楨 134/035
晉省被灾籌辦情形疏 曾國荃 134/036
籌辦陝省荒政情形疏 譚锺麟 134/038
通籌豫省賑款擬濬利源以備歸補疏 袁保恆 134/039
請暫停晉省東南各府州縣應徵牲畜稅片 曾國荃 134/040
請旨嚴禁就近採買平糶米石疏 張觀準 134/041
請將順直王莊遇灾酌減分數並佃租歸官徵解疏 朱以增 134/041
蠲緩恩旨地方官任意延擱瀝陳弊端疏 鄭訓承 134/042
遵旨會議疏 榮祿 134/042
請飭燒戶捐賑片 李鴻章 134/044
籌議京城晉省運糶疏 李鴻章 134/044
附奏縷陳辦賑情形片 李星沅 134/046
請擬賑恤章程疏 劉長佑 134/046
奏覆江北旱蝗情形疏 沈葆楨 134/050
請旨通飭各省搜挖蝻子疏 沈葆楨 134/051
商販運赴灾區米糧照舊完釐疏 沈葆楨 134/052
洋米入口請免納稅疏 駱秉章 134/052
議覆中允黃思永請禁遏糶暨禁燒鍋疏 戶部 134/053
請免飭禁口外燒鍋疏 德福 134/054
灾歉蠲緩錢漕仍多弊混請嚴飭劾寔履勘認真直流抵疏 李擢英 134/055
東省賑務擬倣照義賑章程疏 李秉衡 134/055
密陳順屬情形籲懇特沛殊恩疏 陳彝 134/057
酌籌備荒經費以衛民生疏 孫家鼐 134/058
變通賑捐發照疏 端方 134/058
請禁直境燒鍋片 李鴻章 134/334

四、戶政　漕運

漕弊疏 王伯咨(命岳) 002/358
請定漕船年限疏 姚弱侯(文然) 002/374
漕兌揭 陸道威(世儀) 002/377
白糧本折議 董以甯 006/032
漕運議 任源祥 007/003

漕運 陸隴其 007/006
漕兑揭 陸世儀 007/007
釐剔漕弊疏 徐旭齡 007/010
漕弊疏 王命岳 007/012
論漕弊疏 姚文田 007/014
剔漕弊 包世臣 007/017
釐剔漕事疏 尹繼善 007/018
擬更定漕政章程疏 蔣攸銛 007/019
恤丁除弊疏 孫玉庭 007/023
請停預僉備丁以免擾累疏 楊錫紱 007/026
論漕弊與各省糧道書 楊錫紱 007/028
論漕船餘米書 陳宏謀 007/031
撥船困民疏 趙之符 007/031
與蔡總漕論南米撥解書 姚文然 007/033
請改折漕糧疏 范承謨 007/035
請寬糧船盤詰疏 林起龍 007/036
糧船量米捷法說 阮元 007/039
新喻東門漕倉記 惲敬 007/044
舟行日記 姚文然 007/047
漕議 鄭日奎 007/048
轉般私議 王芑孫 007/055
改運議 謝階樹 007/061
請罷長運復轉運疏 蔡士英 007/065
請改運法疏 徐惺 007/070
漕船支運議 蔡方炳 007/071
請截漕遞運劄子 李紱 007/071
白糧改折疏 楊雍建 007/073
河南漕運說 朱雲錦 007/074
洛浙二運說 朱雲錦 007/076
運閘運船宜整理疏 朱之錫 007/077
申明糧船定式疏 阿桂 007/079
改漕船修水利疏 鄂爾泰 007/081
請定漕船年限疏 姚文然 007/082
上制府論布商易米書 晏斯盛 007/084
海運考跋 阮元 007/089
海運考上 阮元 007/090
海運考下 阮元 007/094
海運論 高培源 007/096
漕糧兼資海運疏 藍鼎元 007/102
海運提要序 謝占壬 007/105
海運南漕議 齊彥槐 007/113
海運議 施彥士 007/114
籌漕運變通全局疏 英和 007/116
再籌海運折漕章程疏 英和 007/122
駁議盤運章程疏 英和 007/126
覆奏海運疏 程祖洛 007/130
覆奏海河並運疏 陶澍 007/131
復魏制府詢海運書 魏源 007/133
進呈海運圖疏 陶澍 007/135
勘覆膠萊河疏 何國宗 007/138
海運全案序 魏源 007/140
道光丙戌海運記 魏源 007/142
海運全案跋 魏源 007/144
漕運小敘 顧棟高 010/521
漕運 李因篤 022/125
呈蔣勵堂節相 俞德淵 022/141
酌擬交兑新運事宜 俞德淵 022/417

酌擬海運未盡事宜 俞德淵 022/423
籌畫漕務摺 林則徐 041/027
革除漕務積獘並減定漕章密疏 胡林翼 041/051
陳漕務章程辦有成効疏 胡林翼 041/057
江省新漕仍難改徵本色疏 沈葆楨 041/071
漕運 李因篤 041/075
嚴禁旗丁刁難示 賀長齡 041/091
復吳仲仙漕帥書 曾國藩 041/101
會議海運交米疏 曾國藩 041/103
預籌河運摺 胡家玉 041/109
漕項無從劃撥海運難以議分覆陳疏 沈葆楨 041/111
借黃濟運徒耗經費擬請暫行海運摺 沈葆楨 041/119
革除漕務積弊並減定漕章密疏 胡林翼 047/494
辦理漕務大概情形片 胡林翼 047/496
折南漕議 馮桂芬 048/347
籌畫漕務疏 林則徐 048/352
嚴禁旗丁刁難示 賀長齡 048/362
復吳仲宣漕帥 曾國藩 048/363
江省新漕仍難改徵本色疏 沈葆楨 048/364
會議海運交米疏 曾國藩 048/366
漕項無從劃撥海運難以議分疏 沈葆楨 048/368
借黃濟運徒耗經費擬請暫行海運疏 沈葆楨 048/371
籌抵海運經費疏 馬新貽 048/373
籌備運道以利漕行疏 吳元炳 048/376
官剝船戶苦累仍請照前貼給疏 李鴻章 048/376
請復河運芻言 丁顯 048/383
復河運議 范本禮 048/402
海運河運議 李慶恆 048/404
敬陳漕運情形疏 姚文田 061/145
論漕一 孫鼎臣 064/003
論漕二 孫鼎臣 064/007
論漕三 孫鼎臣 064/011
漕運論 錢寶琛 064/017
籌漕篇上 魏源 064/021
籌漕篇下 魏源 064/033
折南漕議 馮桂芬 064/045
漕船遞年減造議 陳文述 064/059
河運芻言 丁顯 064/065
籌補救河漕疏 王贈芳 064/103
東省閘內州縣兌漕苦累酌量變通疏 賀長齡 064/109
議覆籌畫漕運事宜疏 林則徐 064/115
辦漕各清各弊片 李星沅 064/139
遵議籌運京倉疏 曾國藩 064/143
兩湖漕糧難徵本色河運疏 李瀚章 064/153
陳明河運艱難疏 曾國藩 064/167
議覆河運萬難修復疏 沈葆楨 064/173
復朱蔭堂書 路德 064/181
答桂蘇州第一書 包世臣 064/185
復桂蘇州第二書 包世臣 064/191

四、戶政 漕運

四、戶政 漕運

答桂蘇州第三書 包世臣 064/203
與桂蘇州第四書 包世臣 064/207
答桂蘇州第五書 包世臣 064/211
答桂蘇州第六書 包世臣 064/215
與桂蘇州第七書 包世臣 064/221
復包愼伯書 桂超萬 064/227
答夏謙甫論處置旗丁書 沈衍慶 064/229
致曾侯相書 馮桂芬 064/233
復吳仲仙漕帥書 曾國藩 064/237
敬陳籌運西米策略疏 陸秉樞 064/239
記籌議商運臺穀始末 姚瑩 064/251
河漕私議 姚椿 064/267
海運續議 陳文述 064/273
海運北壩交兌議 陳文述 064/287
請試行海運疏 王贈芳 064/295
遵議御史朱琦奏海船帶運京倉米石疏 064/299
請將滯漕改由海運疏 張祥晉 064/303
河運難復擴充海運情形疏 丁日昌 064/307
會議海運交米疏 曾國藩 064/313
江北新漕改行海運疏 張樹聲 064/319
招商試辦輪船分運江浙漕糧疏 李鴻章 064/325
江廣等省漕糧請飭辦本色由海運津疏 064/331
商號擬購輪船試行漕運札並加函 丁日昌 064/335
上江蘇巡撫陸公論海漕書 魏源 064/337
復大學士蔣公論南漕書 魏源 064/347
重修尹山橋記 曹堉 064/355
海河並運論 朱其昂 064/357
停漕 鄭觀應 082/355
南漕改折摺 096/289
折南漕議 096/317
遵議籌運京倉疏 曾國藩 096/457
敬陳漕運情形疏 姚文田 097/299
議覆籌畫漕運事宜疏 林則徐 097/301
請將滯漕改由海運疏 張祥晉 097/307
籌補救河漕疏 王贈芳 097/308
敬陳籌運西米策略疏 097/310
會議海運交米疏 097/314
招商試辦輪船分運江浙漕糧疏 李鴻章 097/315
江廣等省漕糧請飭辦本色由海運津疏 097/316
東省閘內州縣兌漕苦累酌量變通疏 賀長齡 097/322
辦漕各清各弊片 李星沅 097/323
漕運論 錢寶琛 097/324
籌漕篇上 魏源 097/325
籌漕篇下 魏源 097/328
論漕一 孫鼎臣 097/332
論漕二 孫鼎臣 097/333
論漕三 孫鼎臣 097/334
海河並運論 朱其昂 097/336
通道大江運米運鹽議 097/341

漕船遞年減造議 陳文述 097/342
海運續議 陳文述 097/343
河漕私議 姚椿 097/347
河運芻言 金安清 097/349
河運芻言 丁顯 097/350
濟運各款 097/361
漕額減數 097/362
山東運道 金安清 097/362
停漕 鄭觀應 097/363
記籌議商運臺穀始末 姚瑩 097/365
漕運小敘 顧棟高 108/402
漕運議 任源祥 112/115
漕運 陸隴其 112/117
漕兌揭 陸世儀 112/117
釐剔漕弊疏 徐旭齡 112/120
擬更定漕政章程疏 蔣攸銛 112/122
請改折漕糧疏 范承謨 112/124
漕議 鄭日奎 112/125
白糧本折議 董以寧 112/129
白糧改折疏 112/130
河南漕運說 朱雲錦 112/131
洛浙二運說 112/132
海運考上 阮元 112/132
海運考下 阮元 112/135
海運論 高培源 112/136
海道 112/137
江南海道 112/138
山東海道 112/139
議放洋 112/139
議僱船 112/139
議脚價 112/140
議丁弁 112/140
議回帶 112/140
議賠豁 112/141
古今海運異宜 112/141
籌漕運變通全局疏 英和 112/142
再籌海運折漕章程疏 英和 112/146
駁議盤運章程疏 112/148
折南漕議 馮桂芬 112/151
會議海運交米疏 曾國藩 112/152
辦理漕務大概情形片 胡林翼 112/153
漕項無從劃撥海運難以議分疏 沈葆楨 112/154
借黃濟運徒耗經費擬請暫行海運疏 沈葆楨 112/156
籌抵海運經費疏 馬新貽 112/157
官剝船戶苦累仍請照前貼給疏 李鴻章 112/158
請復河運芻言 丁顯 112/160
海運河運議 李慶恆 112/170
白糧改折疏 楊雍建 118/397
釐剔漕事疏 尹繼善 118/398
海運議 施彥士 118/399
海運提要序 謝占壬 118/400
復魏制府詢海運書 118/407
剔漕弊 包世臣 118/409
折南漕議 馮桂芬 118/411
致曾侯相書 馮桂芬 118/412
陳明河運艱難疏 曾國藩 118/413
招商試辦輪船分運江浙漕糧疏 李鴻章 118/417
議覆河運萬難修復疏

沈葆楨 118/419
兩湖漕糧難徵本色河運疏
李瀚章 118/421
論漕一 孫鼎臣 118/426
論漕二 孫鼎臣 118/427
論漕三 118/428
商號擬購輪船試行漕運札並加函
丁日昌 118/430
停漕 鄭觀應 118/431
酌議整頓倉務章程疏
游百川 118/433
南漕改折摺 124/320
漕運論 錢寶琛 124/322
論漕運 124/322
籌漕篇上 魏源 124/324
籌漕篇下 魏源 124/327
海河並運論 朱其昂 124/330
論海運之益 124/334
敬陳漕運情形疏 姚文田 133/261
辦理湖北漕務大概情形疏
胡林翼 133/338
辦理漕務大概情形片
胡林翼 133/339
籌備救河漕疏 王贈芳 134/059
籌議東省運河並折漕窒礙各情疏
丁寶楨 134/060
東省閘內州縣兌漕苦累酌量變通疏
賀長齡 134/063
議覆籌畫漕運事宜疏
林則徐 134/065
議覆奏婁楊奏江北河運漕米勞費太甚擬請停辦疏 敬信 134/071
遵議籌運京倉疏 曾國藩 134/073
辦漕各清各弊片 李星沅 134/076
籌備運道以利漕行疏
吳元炳 134/076
兩湖漕糧難徵本色河運疏
李瀚章 134/077
陳明河運艱難疏 曾國藩 134/080
議覆河運萬難修復疏
沈葆楨 134/082
敬陳籌運西米策略疏
陸秉樞 134/083
請試行海運疏 王贈芳 134/087
請行海運片 李鴻章 134/088
請將滯漕改由海運疏
張祥晉 134/088
籌抵海運經費疏 馬新貽 134/089
籌辦防護海運情形疏
李星沅 134/091
河運難復擴充海運情形疏
丁日昌 134/092
會議海運交米疏 曾國藩 134/093
江北新漕改行海運疏
張樹聲 134/094
江北新漕暫由招商局輪船海運疏
沈葆楨 134/096
江北新漕再辦海運一年疏
沈葆楨 134/097
招商試辦輪船分運江浙漕糧疏
李鴻章 134/098
江廣等省漕糧請飭辦本色由海運津疏 戶部 134/099
遵議御史朱琦奏海船帶運京倉米石疏 戶部 134/100
籌議上海招商買米由海運津疏

李星沅 134/101
官剝船戶苦累仍請照前貼給疏
李鴻章 134/102
江西應造直隸續增剝船擬請由直化造疏 松壽 134/103
江省漕糧礙難借用輪船輓運疏
沈葆楨 134/104
辦理新漕情形疏 任道鎔 134/105
請豁除快籍疏 沈葆楨 134/106

四、戶政 鹽課

廣鹽屯 邱秀瑞(嘉穗) 002/410
論鹽法 王爾緝(心敬) 002/414
復陽郝公巡視兩淮鹽政序
李其旋(呈祥) 002/416
請清釐鹽穀弊耗疏 李紱 005/470
行鹽 顧炎武 007/149
鹽法論 曹一士 007/150
更鹽法 鄭祖琛 007/153
准鹽三策 包世臣 007/156
雲南鹽法議 王芝成 007/158
請改雲南鹽法議 屠述濂 007/159
粵西行鹽議 高熊徵 007/162
鹽歸地丁不如收稅議
龔景瀚 007/163
商鹽加引減價疏 盧詢 007/167
甘鹽請改收稅疏 姜開陽 007/169
閩鹽請改收稅疏 裘行簡 007/171
請改漢中鹽課歸地丁疏
方維甸 007/174
再請漢中鹽課歸地丁疏
方維甸 007/176
論抽鹽稅疏 李衛 007/177
廣鹽屯 邱嘉穗 007/178
開中鹽法 儲大文 007/180
復陽郝公巡視兩淮鹽政序
李呈祥 007/183
商屯議 董以寗 007/184
鹽法議 呂星垣 007/189
鹽法考 金鎮 007/192
歷代鹽政沿革 007/199
河南鹽法說 朱雲錦 007/202
鹽額新增述 汪甡 007/205
鹽法芻言 汪甡 007/206
酌鹽法 郭起元 007/207
鹽法議 盧紘 007/210
請定鹽法疏 朱軾 007/211
杜私抑末以興本利疏
趙宏本 007/216
緝私鹽 徐文弼 007/216
請停商捐並申鹽禁疏
曹一士 007/218
陳鹽引積弊疏 萬際瑞 007/219
陳鹽引通融帶銷之弊疏
田文鏡 007/220
商力並非困弊疏 高斌 007/223
清查浙省鹽課疏 帥承瀛 007/224
上督院論江西鹽務書
沈起元 007/227
請均鹽引疏 江 007/228
上督院趙公論准鹽書
沈起元 007/230
論漁戶私鹽狀 張甄陶 007/230
吉蘭泰鹽池客難 阮元 007/232
鹽井記 溫瑞柏 007/233
四川鹽課疏 張德地 007/235

四、戶政　鹽課

論川鹽　嚴如熤　007/237
粵東鹽政議　彭釪　007/239
陳粵省鹽法疏　楊琳　007/241
滇南鹽政　張泓　007/242
鹽法隅說　孫玉庭　007/244
五代鹽麴之禁　趙翼　007/264
呈賀耦耕師　俞德淵　023/113
復趙菊言方伯　俞德淵　023/119
禁鹽廝質押官件示　俞德淵　023/125
興安府屬引鹽議准改歸地丁部文　023/127
呈賀耦耕師　俞德淵　023/321
諭竈戶　俞德淵　023/325
復陸心蘭方伯　俞德淵　023/333
致前徐州守張丹邨　俞德淵　023/337
禁江船夾帶示　俞德淵　023/343
論淮商　俞德淵　023/347
整頓鹺務摺　林則徐　041/123
疏通鹽引疏　賀熙齡　041/137
鹽不設官議　李祖陶　041/143
採買淮鹽濟食分岸納課濟餉摺　駱秉章　041/149.
截停淮北餉鹽設法整理以復舊制摺　曾國藩　041/157
兩淮鹽價仍難議增摺　沈葆楨　041/165
收回淮南引地應遵部議迅速舉行摺　沈葆楨　041/171
淮商遵完川鄂餉銀懇立限收復楚岸摺　沈葆楨　041/181
請整頓鹽法疏　劉毓楠　041/189
變通鹽法疏　戈靖　041/197
兩淮鹽法議上　方濬頤　041/217
兩淮鹽法議中　方濬頤　041/225
兩淮鹽法議下　方濬頤　041/231
清鹽務以裕餉源疏　桂霖　041/237
駮長蘆鹽價改用銀椿疏　賀熙齡　041/241
呈賀耦庚師　俞德淵　041/251
上賀耦庚制府書　俞德淵　041/257
呈賀耦庚師　俞德淵　041/261
復趙菊言方伯　俞德淵　041/267
復陸心蘭方伯　俞德淵　041/273
論淮商　俞德淵　041/277
致前徐州守張丹邨　俞德淵　041/281
與王御史論淮鹽第一書　楊士達　041/287
與王御史論淮鹽第二書　楊士達　041/293
奏陳楚省鹽法乞酌撥引張疏　胡林翼　041/297
楚岸鹽引淮川分界行銷摺　曾國藩　041/301
整頓淮南鹽務疏　曾國藩　041/307
請收回淮南引地疏　曾國藩　041/313
條陳長蘆鹽務疏　曾國藩　041/319
整理淮北票鹽疏　曾國藩　041/339
與劉星房都轉書　曾國藩　041/345
奏擬請仍照前奏飭部鑄頒關防摺　丁寶楨　041/353
晉省官鹽滯銷私鹽充斥照舊章程歸官運疏　鄧慶麟　041/357

駁長蘆鹽價改用銀樁疏 賀長齡 048/411
會同兩湖督撫籌議楚省鹺務疏 陶樹 048/415
敬陳兩淮鹽務積弊附片 陶澍 048/417
再陳淮鹺積弊疏 陶澍 048/419
會同欽差擬定鹽務章程疏 陶澍 048/422
覆奏課歸場竈之說未敢遽行疏 陶澍 048/425
附奏獲私變價按引提課片 林則徐 048/428
整頓鹺務摺 林則徐 048/429
疏通鹽引疏 賀熙齡 048/436
鹽不設官議 李祖陶 048/438
呈賀耦庚師 俞德淵 048/441
上賀耦庚制府書 俞德淵 048/443
再呈賀耦庚師 俞德淵 048/444
復趙菊言方伯 俞德淵 048/449
復陸心蘭方伯 俞德淵 048/451
諭淮商 俞德淵 048/453
致前徐州守張丹村 俞德淵 048/454
與王御史論淮鹽第一書 楊士達 048/456
與王御史論淮鹽第二書 楊士達 048/459
變鹽法議 姚瑩 048/461
論鹽二 孫鼎臣 048/465
論鹽三 孫鼎臣 048/468
利淮鹺議 馮桂芬 048/471
採買淮鹽濟食分岸納課濟餉疏 駱秉章 048/474
奏陳楚省鹽法乞酌撥引張疏 胡林翼 048/477
請整頓鹽法疏 劉毓楠 048/483
整理淮北票鹽疏 曾國藩 048/486
整頓淮南鹽務疏 曾國藩 048/489
條陳長蘆鹽務疏 曾國藩 048/492
楚岸鹽引淮川分界行銷疏 曾國藩 048/501
與劉星房都轉書 曾國藩 048/503
請收回淮南引地疏 曾國藩 048/507
復李少荃中堂論輪船運鹽書 李宗羲 048/510
收回淮南引地應遵部議迅速舉行疏 沈葆楨 048/511
兩淮鹽價仍難議增疏 沈葆楨 048/516
淮商遵完川鄂餉銀懇立限收復楚岸疏 沈葆楨 048/518
瀝陳閩省鹺務積弊請改行票運釐課並抽疏 左宗棠、徐宗幹 048/525
閩省鹽務改行票運釐課並抽章程 吳大廷 048/527
整頓場務官幫章程稟 吳大廷 048/531
查覆下游各縣場產鹽額數並設卡各要隘稟 吳大廷 048/535
變通海運以及分別擔私船私抽收課釐稟 吳大廷 048/541
瀝陳閩鹽試行票運情形疏 左宗棠 048/544
請免現商帶輸銀兩疏

左宗棠 048/549
會奏減免兼徵帑息疏　左宗棠、徐宗幹 048/551
會奏票運一年期滿征收課耗釐等項銀數疏　左宗棠、徐宗幹 048/553
裁革陋費稟　吳大廷 048/557
請由道籌給西浦二關薪俸工食稟　吳大廷 048/558
晉省官鹽滯銷私鹽充斥請照舊章歸官運疏　鄧慶麟 049/003
瀝陳川省鹽務積弊疏　丁寶楨 049/004
擬請仍照前奏飭部鑄頒關防疏　丁寶楨 049/007
現擬整頓鹽釐片　崇厚 049/008
遼海榷鹽私議　胡傳 049/010
川引斤兩過重請飭部減川配淮疏　劉坤一 049/014
遵查部議指詢各節據實覆陳疏　劉坤一 049/016
為黔滇官運局還清原借帑項及四綱支存各款作為運本疏　丁寶楨 049/020
兩淮議減濟楚川鹽引張事多窒礙難行疏　彭祖賢 049/022
鹽務積弊太深宜妥籌良法疏　桂霖 049/026
粵省潮橋鹽務廢弛擬委潮郡守兼辦片　張之洞 049/027
致陳孝廉書　徐賡陛 049/029
前因時論二十五　吳鋌 064/377
論鹽一　孫鼎臣 064/381
論鹽二　孫鼎臣 064/385
論鹽三　孫鼎臣 064/391
通論唐以後鹽直貴賤　孫鼎臣 064/397
鹽法議　丁履恆 064/405
鹽法議上　周濟 064/411
鹽法議下　周濟 064/415
變鹽法議　李祖陶 064/417
積弊說　王應孚 064/423
請更定鹽法疏　王贈芳 064/427
酌改鹽務章程裕課便民疏 064/435
兩淮鹽法議略　王守基 065/005
籌鹺篇　魏源 065/019
淮南變鹽法議　姚瑩 065/033
淮北票鹽志敘　魏源 065/043
鹽歸場竈議　俞德淵 065/047
謹陳補救淮鹽積獘疏　王贈芳 065/057
籌議緝私以疏官引疏　蔣攸銛 065/067
縷陳淮鹺積獘疏　陶澍 065/077
會籌兩淮鹽務擬定章程疏　陶澍 065/085
籌議加斤減價兼疏積引疏　陶澍 065/105
覆奏課歸場竈諸說未敢遽議更張疏　陶澍 065/111
酌議淮北試行票鹽章程疏　陶澍 065/117
覆陳整頓淮鹺一時難得把握疏　陶澍 065/131
復陳懲辦回空糧船夾帶蘆鹽疏　陶澍 065/139
整頓淮南行銷引地疏

林則徐 065/143
請變通兩淮鹽務疏 賀熙齡 065/157
酌議現辦淮南鹽務章程疏 李星沅 065/163
酌議淮南改票章程疏 陸建瀛 065/171
淮鹺問答 周濟 065/183
小倦游閣雜說二 包世臣 065/205
小倦游閣雜說三 包世臣 065/221
上陶宮保書 包世臣 065/229
答李子雲論鹽法書 周樹槐 065/239
復賀耦耕師書 俞德淵 065/243
與王御史論淮鹽第一書 楊士達 065/249
與王御史論淮鹽第二書 楊士達 065/255
與劉星房都轉論鹽務書 曾國藩 065/259
復趙菊言方伯論南汝光票鹽書 俞德淵 065/267
兩淮鹽法議上 方濬頤 065/277
兩淮鹽法議中 方濬頤 065/285
兩淮鹽法議下 方濬頤 065/291
利淮鹽議 馮桂芬 065/297
淮鹺雜志 金安清 065/303
淮鹽改道議 周騰虎 065/313
請淮鹽由浙河轉運湖南疏 駱秉章 065/319
整理淮北票鹽疏 曾國藩 065/327
整理淮南鹽務疏 曾國藩 065/335
請收回淮南引地疏 曾國藩 065/341
楚岸未便改運粵鹽並川鹽侵佔情形疏 曾國藩 065/347
楚岸暫與川鹽分界行銷疏 曾國藩 065/357
遵議安置川商整頓淮綱疏 沈葆楨 065/363
淮商遵完川鄂餉銀請立限收復楚岸疏 沈葆楨 065/373
覆核兩淮包餉立限收復引地疏 李瀚章 065/381
覆核兩淮包餉立限收復引地疏 丁寶楨 065/391
兩淮鹽價難以議增疏 沈葆楨 065/399
淮北額引礙難驟增疏 沈葆楨 065/403
淮商籌捐鉅款請免常捐票本疏 吳元炳 065/409
覆陳兩淮斷難改章增引疏 劉坤一 065/415
致九江知府沈幼丹論稅淮私書 周騰虎 065/425
擬輯淮南鹽法紀略稟 龐際雲 065/429
復陳筱浦廣文書 曾國藩 065/433
再復陳筱浦廣文書 曾國藩 065/437
論加鹽釐書 吳嘉賓 065/439
議撫建鹽引與閩通銷稟 首煥彪 065/441
復李中堂論輪船運鹽書 李宗羲 065/449

四、戶政 鹽課

遼海榷鹽私議 胡傳 066/003
奉天籌餉宜納鹽課疏 雙福 066/011
擬整頓東三省鹽釐片 崇厚 066/013
長蘆鹽法議略 王守基 066/017
長蘆鹽弊 劉樹堂 066/049
請變通鹽法先就近地試行疏 朱昌頤 066/053
酌改長蘆鹽務章程疏 066/065
山東鹽法議略 王守基 066/071
遵籌山東鹽務酌議先課後鹽章程疏 066/097
河東鹽法議略 王守基 066/107
酌擬變通河東鹽務章程疏 兆那蘇圖 066/135
通籌河東全局改定章程疏 066/147
議駁河東請仍舉新商先鹽後課疏 066/167
與河東道論鹽務書 魏瀚 066/173
陝西攤徵鹽課請飭議變通疏 吳振棫 066/179
浙江鹽法議略 王守基 066/185
查明兩浙鹽務積獘籌議章程疏 程祖洛 066/211
請杭嘉紹松四所試辦票鹽疏 左宗棠 066/225
兩浙綱鹽請裁行留局疏 楊昌濬 066/229
上鹿春如觀察論票鹽書 湯成烈 066/235
福建鹽法議略 王守基 066/241
瀝陳閩鹾積獘請試行票運疏 左宗棠 066/253
閩鹽票運辦有成効請緩免帑息疏 左宗棠 066/259
廣東鹽法議略 王守基 066/265
楚省行銷粵鹽酌議抽稅疏 駱秉章 066/281
四川鹽法議略 王守基 066/289
楚省鹽法請借撥川引官運官銷疏 胡林翼 066/315
川鹽官運辦有成効未可更改疏 丁寶楨 066/319
查明川省官運款目並原奏情形不符疏 066/331
雲南鹽法議略 王守基 066/347
鹽務 082/475
酌改鹽務章程裕課便民疏 097/375
請更定鹽法疏 王贈芳 097/376
請變通鹽法先就近地試行疏 097/379
奉天籌餉宜納鹽課疏 雙福 097/382
遵籌山東鹽務酌議先課後鹽章程疏 097/382
酌改長蘆鹽務章程疏 097/385
通籌河東全局改定章程疏 097/386
酌擬變通河東鹽務章程疏 兆那蘇圖 097/392
覆陳兩淮斷難改章增引疏 劉坤一 097/396
請變通兩淮鹽務疏 賀熙齡 097/398
覆核兩淮包餉立限收復引地疏 李瀚章 097/400

酌議現辦淮南鹽務章程疏 李星沅 097/403
酌議淮南改票章程疏 陸建瀛 097/405
酌議淮北試行票鹽章程疏 陶澍 097/409
謹陳補救淮鹽積弊疏 王贈芳 097/413
請淮鹽由浙河轉運湖南疏 駱秉章 097/416
淮商遵完川鄂餉銀請立限收復楚岸疏 沈葆楨 097/418
瀝陳閩鹺積獘請試行票運疏 左宗棠 097/420
楚省行銷粵鹽酌議抽稅疏 駱秉章 097/421
楚岸暫與川鹽分界行銷疏 曾國藩 097/424
楚岸未便改運粵鹽並川鹽侵佔情形疏 曾國藩 097/425
川鹽官運辦有成効未可更改疏 丁寶楨 097/428
遵議安置川商整頓淮綱疏 沈葆楨 097/431
復陳懲辦回空糧船夾帶蘆鹽疏 陶澍 097/434
陝西攤徵鹽課請飭議變通疏 吴振棫 097/435
籌議緝私以疏官引疏 蔣攸銛 097/436
會籌兩淮鹽務擬定章程疏 陶澍 097/439
山東鹽法議略 王守基 097/445
河東鹽法議略 王守基 097/453
廣東鹽法議略 王守基 097/461
福建鹽法議略 王守基 097/465
四川鹽法議略 王守基 097/469
雲南鹽法議略 王守基 097/476
浙江鹽法議略 王守基 097/481
長蘆鹽法議略 王守基 097/489
兩淮鹽法議略 王守基 097/498
兩淮鹽法議上 方濬頤 097/502
兩淮鹽法議中 方濬頤 097/504
兩淮鹽法議下 方濬頤 097/506
淮南變鹽法議 姚瑩 097/507
遼海榷鹽私議 胡傳 097/510
淮鹽改道議 周騰虎 097/512
利淮鹽議 097/513
鹽歸場竈議 俞德淵 097/515
變鹽法議 李祖陶 097/518
長蘆鹽弊 劉樹堂 097/519
淮北票鹽志叙 魏源 097/520
論變鹽法以靖私梟 097/521
鹽法議 丁履恒 097/523
論鹽法 吳鋌 097/524
鹽法議上 周濟 097/525
鹽法議下 周濟 097/525
籌鹺篇 魏源 097/526
論鹽一 孫鼎臣 097/530
論鹽二 孫鼎臣 097/531
論鹽三 孫鼎臣 097/533
淮鹺問答 周濟 097/535
鹽稅 金文榜 098/024
擬整頓東三省鹽釐片 崇厚 098/071
行鹽 顧炎武 112/199

四、戶政 鹽課

四、戶政 鹽課

鹽歸場竈議 俞德淵 119/083
請更定鹽法疏 王贈芳 119/086
會籌兩淮鹽務擬定章程疏
陶澍 119/089
淮鹺問答 周濟 119/095
論鹽一 孫鼎臣 119/104
論鹽二 孫鼎臣 119/105
論鹽三 孫鼎臣 119/107
變鹽法議 119/109
利淮鹽議 馮桂芬 119/111
整理淮北鹽票疏 曾國藩 119/112
整理淮南鹽務疏 曾國藩 119/115
請收回淮南引地疏
曾國藩 119/116
兩淮鹽價難以議增疏
沈葆楨 119/119
遼海榷鹽私議 胡傳 119/120
擬整頓東三省鹽釐片
崇厚 119/122
長蘆鹽法議略 王守基 119/123
兩淮鹽法議略 王守基 119/134
山東鹽法議略 王守基 119/139
長蘆鹽弊 劉樹堂 119/148
河東鹽法議略 王守基 119/149
浙江鹽法議略 王守基 119/161
福建鹽法議略 王守基 119/170
四川鹽法議略 王守基 119/173
廣東鹽法議略 王守基 119/182
雲南鹽法議略 王守基 119/188
陝西攤徵鹽課請飭議變通疏
吳振棫 119/193
請杭嘉紹松四所試辦票鹽疏
左宗棠 119/195
瀝陳閩鹺積弊請試行票運疏
左宗棠 119/196
查明川省官運款目並原奏情形不符疏
119/198
請更定鹽法疏 王贈芳 124/337
論鹽一 124/339
論鹽二 124/340
論鹽三 孫鼎臣 124/341
鹽論 124/342
籌鹺篇 魏源 124/344
鹽法利弊 124/347
規復淮鹽引地議 124/352
場池井各鹽引地考
朱逢甲 126/541
規復淮鹽引地議 陳炳 126/546
酌議鹽務改章公文全錄 128/524
論變鹽法 128/529
抵制洋鹽說書後 128/531
江督遵旨酌加鹽課鹽釐並籌辦一切情形摺 128/532
鹽務積弊太深宜妥籌良法疏
桂霖 134/109
請更定鹽法疏 王贈芳 134/109
酌改鹽務章程裕課便民疏
戶部 134/111
擬纂四川鹽法志片
丁寶楨 134/113
鹽釐積弊已深擬請改錢徵銀疏
依克唐阿 134/113
擬整頓東三省鹽釐片
崇厚 134/114
奉天籌餉宜納鹽課疏
雙福 134/115

張之洞 134/239
分別裁提鹽課釐稅酌加鹽斤疏
奎俊 134/240
覆陳川鹽難再議加疏
奎俊 134/242
兩淮鹽價礙難再加疏
劉坤一 134/243
濟楚川鹽礙難加抽釐金疏
丁寶楨 134/244
收回淮南引地應遵部議迅速舉行疏
沈葆楨 134/249
覆覈淮南規復引地疏
沈葆楨 134/251
兩淮官運尚難辦理疏
曾國藩 134/252
請整頓鹽法疏 劉毓楠 134/254
查明淮北課釐情形疏
沈葆楨 134/255
整理淮北票鹽疏 曾國藩 134/256
覆核兩淮包餉立限收復引地疏
李瀚章 134/258
覆核兩淮包餉立限收復引地疏
丁寶楨 134/261
兩淮鹽價難以議增疏
沈葆楨 134/263
淮北額引礙難驟增疏
沈葆楨 134/264
淮商籌捐鉅款請免常捐票本疏
吳元炳 134/265
據實覆陳淮商碍難籌捐票本疏
左宗棠 134/266
淮南商情極困請免捐輸票本疏
劉坤一 134/267
淮北商情極困請免捐輸票本片
劉坤一 134/269
附奏辦理南鹽力求庫貯商情兩無窒礙片 李星沅 134/270
覆陳兩淮斷難改章增引疏
劉坤一 134/271
川引勅兩過重請飭部減川配淮疏
劉坤一 134/273
奏報夏季抽收鹽課疏
張之洞 134/274
兩淮議減濟楚川鹽引張事多窒礙難行疏 彭祖賢 134/275
楚岸未便改運粵鹽並川鹽侵佔情形疏 曾國藩 134/277
楚岸暫與川鹽分界行銷疏
曾國藩 134/280
遵議安置川商整頓淮綱疏
沈葆楨 134/281
淮商遵完川鄂餉銀請立限收復楚岸疏 沈葆楨 134/284
會同兩湖督撫籌議楚省鹺務疏
陶澍 134/286
採買淮鹽濟食分岸納課濟餉疏
駱秉章 134/287
楚省行銷粵鹽酌議抽稅疏
駱秉章 134/289
楚省鹽法請借撥川引官運官銷疏
胡林翼 134/291
鶴峰長樂食鹽專配大甯場以免侵越疏 林則徐 134/292
設法疏銷淮引片 林則徐 134/293
川鹽分成派銷疏 李鴻章 134/294
川鹽濟楚請減引辦理片

四、戶政 鹽課

丁寶楨 134/296
湖北八州縣計岸鹽務改歸官運疏
丁寶楨 134/297
江省加抽濟楚鹽釐事多窒礙疏
丁寶楨 134/298
川鹽濟楚未能即停仍減引辦理片
丁寶楨 134/299
川鹽濟楚未能驟停疏
丁寶楨 134/300
川鹽倣照兩淮行票窒礙難行疏
丁寶楨 134/303
瀝陳川省鹽務積弊疏
丁寶楨 134/304
委員清釐鹽務片 丁寶楨 134/306
清查鹽務妥議章程片
丁寶楨 134/307
清查鹽務大概情形疏
丁寶楨 134/312
蓬溪南部釐務情形片
丁寶楨 134/314
改設官引票釐局片
丁寶楨 134/317
考核官引票釐各局徵收款項片
丁寶楨 134/318
防勇口糧應於護本引底各項餘款撥抵片 丁寶楨 134/320
川鹽官運辦有成効未可更改疏
丁寶楨 134/321
論中國鹽政 146/219
論整頓鹽法 王韜 146/226
覆陳淮鹽暫難改辦官運疏
曾國藩 150/001
查覆淮北鹽務疏同
曾國藩 150/004
覆陳淮南鹽價難增疏
曾國藩 150/017
議奏鹽斤加價疏 戶部 150/202
兩淮覆劉制軍札議鹽務改章稟
程儀洛 150/208
改革全國鹽政計畫書
張謇 166/153
鹽政問題商榷書 景學鈐 166/185
重申改革全國鹽政計畫宣言書
張謇 166/209
中國鹽政改革規畫意見書
王楨幹 166/214
第一次發布意見書
鹽政討論總會 166/227
鹽政討論浙支會發表意見書
沈椿年 166/230
淮北鹽務改良意見書
汪壽康 166/235
東三省鹽政改革意見書
壽鵬飛 166/257
湖北鹽法改良意見書
熊道琛 166/302
浙江軍政府鹽政局發表意見書
莊景仲、范運樞 166/313
代表張弧景學鈐上大總統國務總理條議 張謇 166/319
改革鹽務說帖 財政部 166/321

四、戶政 錢幣

禁私銷議 喬敬亭(光烈) 002/404
金 顧炎武 007/281
銀 顧炎武 007/282

四、戶政 錢幣

銅 顧炎武 007/285
論錢幣 陸世儀 007/286
六經不及貨泉論 顧棟高 007/288
古者貨貝論 闕名 007/289
銅政議上 王太岳 007/291
銅政議下 王太岳 007/298
廠記 檀萃 007/305
復當事論廠務書 倪蛻 007/307
與雲南李參政論銅務書 李紱 007/308
重銅運以杜弊累疏 嚴烺 007/310
滇繫序 洪亮吉 007/311
請收礦稅煎鹽疏 何世堪 007/311
請開礦採鑄疏 鄂彌達 007/312
請開礦鑄錢疏 王士俊 007/313
陳粵西礦廠疏 田畯 007/314
停止開礦事宜疏 鄂彌達 007/314
苗疆銅礦毋庸開採疏 楊錫紱 007/316
奉旨議禁銅器疏 007/317
請嚴銅禁劄子 李紱 007/318
請弛銅禁疏 海望 007/319
汴宋歷朝錢文輕重記 顧棟高 007/327
滇繫論錢法 師範 007/329
文帝除盜鑄令論 孫廷銓 007/333
興安郡志食貨論 岳震川 007/333
禁私銷議 喬光烈 007/334
鼓鑄議 夏駰 007/336
錢法議 葛祖亮 007/338
通行錢法疏 徐旭齡 007/341
開銅源節銅流疏 晏斯盛 007/341
廣鑄錢 郭起元 007/343
申銅禁酌鼓鑄疏 陳宏謀 007/344
杜制錢銷毀之弊疏 陳廷敬 007/347
粵東鼓鑄議 夏駰 007/348
制錢議 任源祥 007/349
明錢法論 顧炎武 007/349
以錢為賦 顧炎武 007/351
廣銅斤通錢法疏 鞠珣 007/353
疏錢法以濟民用疏 趙廷臣 007/354
疏通錢法狀 元展成 007/356
敬陳泉布源流得失疏 儲麐趾 007/357
黔省錢法疏 楊天縱 007/358
錢法之變 顧炎武 007/358
用古錢議 徐乾學 007/359
銅鈔議 邱嘉穗 007/361
論銅鈔序 李呈祥 007/362
行錢議 高珩 007/363
請停鼓鑄事宜疏 姚文然 007/364
收小錢以供鼓鑄疏 高晉 007/366
平錢價疏 田懋 007/369
陳明錢貴之由疏 陶正靖 007/370
短陌 顧炎武 007/372
奢吝說 魏世傚 007/372
鈔幣議 王瑬 024/147
錢法 李因篤 024/217
交子會子說 張琛 024/231
光州固始用錢券說 張琛 024/233
禁行用私小錢文示 俞德淵 024/235
復程晴峰中丞 王贈芳 041/213
新纂雲南銅政全書凡例

王昶 041/375
復程晴峰中丞 王贈芳 041/385
錢法 李因篤 041/399
鈔幣議 王瑬 041/413
鈔幣議 王瑬 049/073
籌議銀錢出納陜省礙難改易疏
林則徐 049/113
陛見恭紀 吳廷棟 049/115
平定州專用鐵錢流弊議
賈輔辰 049/120
銀幣論一 馬敬之 049/122
銀幣論二 馬敬之 049/123
用銀利弊論 姚文枏 049/125
請派大員查辦疏 張楷 049/127
奏陳整頓滇省銅政事宜疏
岑毓英 049/133
請變通鼓鑄疏 張之洞 049/136
請開爐鑄錢疏 楊昌濬 049/137
閩省試鑄制錢改由機器局籌辦疏
楊昌濬 049/140
前因時論十一 吳鋌 067/135
論治五 孫鼎臣 067/139
論幣一 孫鼎臣 067/145
通論唐以來銀幣 孫鼎臣 067/151
銀幣論一 馬敬之 067/157
銀幣論二 馬敬之 067/161
錢幣議 丁履恆 067/165
銀荒小補說 包世臣 067/171
銀貴不足害說 周騰虎 067/175
專重制錢論上 成毅 067/179
專重制錢論下 成毅 067/185
設法貴錢賤銀疏 吳文鎔 067/189
請飭定銀錢畫一章程疏
劉良駒 067/195
運錢法以握利權疏 朱嶟 067/203
擬銀錢並用章程疏
曾國藩 067/215
擬上銀錢並用議 吳嘉賓 067/223
用錢不廢銀議 馮桂芬 067/241
擬改銀幣折錢疏 繆梓 067/251
鑄銀錢說 周騰虎 067/261
粵省試鑄銀元片 張之洞 067/267
前因時論十三 吳鋌 067/273
致牙釐文案糧臺諸君論鑄錢書
胡林翼 067/277
粵省購辦機器試鑄制錢疏
張之洞 067/281
擬請改鑄輕錢議 鍾大焜 067/289
論幣二 孫鼎臣 067/303
以工巧為幣議 馮桂芬 067/307
敬陳大錢利弊疏 王茂蔭 067/311
再論加鑄大錢疏 王茂蔭 067/319
請變通錢法疏 沈葆楨 067/323
請重祖錢以正錢法疏
宗稷辰 067/331
陛見恭紀 吳廷棟 067/337
請罷大錢疏 趙樹吉 067/347
致王曉林中丞議大錢書
吳文鎔 067/353
請飭各省解錢籌銅規復制錢疏
067/355
籌議倣鑄回錢疏 李星沅 067/361
請改鑄鐵錢疏 呂佺孫 067/365
平定州專用鐵錢流獘議
黃輔辰 067/369
前因時論十四 吳鋌 067/377

四、戶政　錢幣

銀幣論上　繆梓　067/381
銀幣論下　繆梓　067/389
錢幣議一　陸覦恩　067/395
錢幣議二　陸覦恩　067/397
錢幣議三　陸覦恩　067/399
錢幣議四　陸覦恩　067/403
行鈔引議　楊象濟　067/407
擬富國富民策上　王鎏　067/413
擬富國富民策下　王鎏　067/415
錢鈔十議　王鎏　067/417
鈔幣論敘　許楗　067/441
鈔幣通論　許楣　067/443
鈔利條論　許楣　067/459
造鈔條論　許楣　067/475
行鈔條論　許楣　067/483
禁銅條論　許楣　067/499
鑄大錢條論　許楣　067/503
鈔幣雜論　許楣　067/505
軍儲篇四　魏源　067/511
駁鈔法議　周悅讓　067/521
答王亮生論鈔幣書　包世臣　067/525
議覆錢票有利無弊疏　賀長齡　067/535
會議鈔法請暫行銀票期票並開設官銀錢號疏　067/539
條議鈔法疏　王茂蔭　067/545
再議鈔法疏　王茂蔭　067/559
鈔法宜取信兵民疏　崇實　067/567
流通鈔法宜籌實濟疏　楊重雅　067/573
請創辦銀行章程　容閎　081/083
鑄銀條陳　081/098
鑄銀幣得失說　程贍洛　081/366
擬立中國文錢合益會節略　何獻墀　082/353
銀行論　(英)李提摩太　082/426
設立銀行利弊論　錢大受　082/427
鑄銀條陳　京城來稿　082/465
變通交鈔以齊風俗　陳虬　082/468
通行銀元八議　李鼎頤　082/468
行使金銀銅錢議　于鬯　082/471
錢幣中西變通以求利濟論　李經邦　082/472
藥水浸洋錢之害論　鄭觀應　082/474
請創辦銀行章程　容閎　085/117
續擬銀行條陳　085/122
中國銀行章程　085/123
咨商銀行事宜全稿　總署與鐵路公司　085/126
幣制論　(日)闕名　085/163
幣制論　(美)麥見尼　085/166
銀貨問答　(美)闕名　085/169
論金銀漲落之由　(日)高橋氏　085/171
銀價賤落之由　(日)闕名　085/172
中外金銀漲落說　(英)李提摩太　085/173
論金銀漲落極有關繫　(英)李提摩太　085/174
論各國行用金幣　闕名　085/175
日本擬改圜法章程　(英)闕名　085/177
日本用金後情形　(英)闕名　085/178
錢幣緣起利弊述　(法)闕名　085/179

通用金鎊說 陳熾 085/181
鑄銀條陳 陳熾 085/183
奏請倣造金銀錢摺 楊宜治 085/186
論金銀漲落 梁啟超 085/189
擬中國設局鼓鑄小銀錢節略 (英)歐斐理 085/195
中國錢法補救議 (英)吳得祿 085/198
請創辦銀行章程 容閎 089/448
續擬銀行條陳 容閎 089/459
中國銀行章程 089/461
咨商銀行事宜全稿 總署與鐵路公司 089/468
幣制論 (日)闕名 090/003
幣制論 (美)麥見尼 090/010
銀貨問答 (美)闕名 090/016
論金銀漲落之由 (日)高橋氏 090/022
銀價賤落之由 (日)闕名 090/023
中外金銀漲落說 (英)李提摩太 090/025
論金銀漲落極有關繫 (英)李提摩太 090/027
論各國行用金幣 闕名 090/030
日本擬改圜法章程 (英)闕名 090/034
日本用金後情形 (英)闕名 090/037
錢幣緣起利弊述 (法)闕名 090/039
通用金鎊說 陳熾 090/044
鑄銀條陳 陳熾 090/049
奏請倣造金銀錢摺 楊宜治 090/056
論金銀漲落 梁啟超 090/062
擬中國設局鼓鑄小銀錢節略 (英)歐斐理 090/075
中國錢法補救議 (英)吳得祿 090/081
奏陳中國銀行開辦情形摺 097/133
擬招商設立中國銀行片 盛宣懷 097/134
設立銀行利弊論 097/135
論銀行集股之難 吳鼎元 097/140
銀行論 097/140
請創辦銀行章程 容閎 097/142
續擬銀行條陳 容閎 097/147
銀行章程 097/148
咨商銀行事宜 097/151
陛見恭紀 吳廷棟 097/213
請飭定銀錢畫一章程疏 劉良駒 097/215
擬銀錢並用章程疏 曾國藩 097/217
設法貴錢賤銀疏 吳文鎔 097/220
運錢法以握利權疏 朱嶟 097/222
敬陳大錢利弊疏 王茂蔭 097/225
請重祖錢以正錢法疏 宗稷辰 097/227
請飭各省解錢籌銅規復制錢疏 097/228
粵省購辦機器試鑄制錢疏 胡林翼 097/230
籌議倣鑄回錢疏 李星沅 097/232
戶部議覆陳侍御奏添鑄銅圓摺 097/233
戶部議覆盛京將軍依請行鈔法摺

四、戶政 錢幣

四、戶政 錢幣

097/234
戶部等奏嚴防官錢局流弊摺 097/236
奏請倣造金銀錢摺 楊宜治 097/238
總署復戶部片 097/239
變通錢制稟 097/241
鑄銀條陳 097/242
論中國銀圓局 097/245
中國宜鑄金錢論 097/246
論中國銀行宜倡行鈔票 097/247
行使金銀銅錢議 于鬯 097/248
擬上銀錢並用議 吳嘉賓 097/250
擬請改鑄輕錢議 鍾大焜 097/255
中國宜自造大小銀錢禁用他國錢幣以塞陋卮議 施景松 097/258
通行銀元八議 097/260
行鈔私議 097/263
用錢不費銀議 097/265
以工巧為幣議 097/268
錢幣中西變通以求利濟論 李經邦 097/269
銀荒小補說 包世臣 097/271
銀貴不足害說 周騰虎 097/272
鑄銀錢說 周騰虎 097/273
鼓鑄銅幣說帖 097/274
擬立中國文錢合益會節略 何獻墀 097/275
論金銀漲落 097/276
專重制錢論上 成毅 097/280
專重制錢論下 成毅 097/282
論錢幣 吳鋌 097/283
銀幣論一 馬敬之 097/283
銀幣論二 馬敬之 097/284
論幣一 孫鼎臣 097/285
論幣二 孫鼎臣 097/287
論錢法 吳鋌 097/288
圜法論 097/288
論近來圜法之弊 097/290
新錢入市因書其後 097/291
書維持圜法後 097/293
藥水浸洋錢之害論 鄭觀應 097/294
論日本用金後之弊 102/373
論日本錢幣情形 102/373
論印度幣政 102/374
俄國幣制 102/375
論各國行用金幣 102/375
以工巧為幣議 馮桂芬 104/399
用錢不費銀議 馮桂芬 104/400
廣鑄銀錢說 俞吉金 104/404
論中國宜廣鑄銀錢嚴禁私鑄 闕名 104/405
廣鑄小銀圓以補制錢短絀議 闕名 104/407
論以銀鑄錢之大便 何鏞 104/408
說錢 李功譜 104/410
幣制論 闕名 104/412
幣制論 麥見尼 104/416
銀貨問答 (美)闕名 104/419
論金銀漲落之由 高橋氏 104/422
銀價賤落之由 闕名 104/423
中外金銀漲落說 (英)李提摩太 104/424
論金銀漲落極有關繫 (英)李提摩太 104/425

四、戶政 錢幣

論各國行用金幣 闕名 104/426
日本擬改圜法章程 闕名 104/428
日本用金後情形 闕名 104/430
銀幣緣起利幣述 闕名 104/431
通用金磅說 陳熾 104/435
鑄銀條陳 陳熾 104/437
奏請倣造金銀錢摺 楊宜治 104/441
行鈔議 闕名 104/445
論復鈔法以救時利用 闕名 104/446
行鈔法以補制錢之缺論 闕名 104/448
論行鈔票可以濟錢之不足 闕名 104/450
請創辦銀行章程 容閎 105/128
續擬銀行條陳 容閎 105/135
中國銀行章程 105/136
咨商銀行事宜全稿 總署與鐵路公司 105/139
通用金磅說 陳熾 105/162
中國宜設銀行論 111/329
中國開設銀行末議 111/330
書公議銀行章程後 111/331
請創辦銀行章程 容閎 111/332
續擬銀行條陳 111/337
中國銀行章程 111/338
咨商銀行事宜全稿 總署與鐵路公司 111/341
金 顧炎武 111/347
銀 顧炎武 111/348
銅 顧炎武 111/349
論錢幣 陸世儀 111/350
銅政議上 王太岳 111/351
銅政議下 王太岳 111/356
復當事論廠務書 倪蛻 111/360
與雲南李參政論銅務書 李紱 111/362
重銅運以杜弊累疏 嚴烺 111/362
請開礦鑄錢疏 王士俊 111/363
汴宋歷朝錢文輕重記 顧棟高 111/364
滇繫論錢法 師範 111/365
禁私銷議 喬光烈 111/368
錢法議 葛祖亮 111/369
開銅源節銅流疏 晏斯盛 111/370
杜制錢銷毁之弊疏 陳廷敬 111/372
錢法之變 顧炎武 111/372
鈔幣議 王瑬 111/374
籌議銀錢出納陝省礙難改易疏 林則徐 111/393
用銀利弊論 姚文枏 111/394
請變通鼓鑄疏 張之洞 111/396
請開爐鑄錢疏 楊昌濬 111/396
幣制論 (日)闕名 111/398
論金銀漲落之由 (日)高橋氏 111/401
銀價賤落之由 (日)闕名 111/401
中外金銀漲落說 (英)李提摩太 111/402
論金銀漲落極有關繫 (英)李提摩太 111/403
論各國行用金幣 闕名 111/404
通用金鎊說 陳熾 111/405
鑄銀條陳 陳熾 111/407

四、戶政 錢幣

論金銀漲落 111/410
請開爐鑄錢疏 楊昌濬 118/393
以錢為賦 顧炎武 118/441
金 顧炎武 118/443
銀 顧炎武 118/444
銅 顧炎武 118/446
奉旨議禁銅器疏 118/448
請嚴銅禁劄子 李紱 118/448
平錢價疏 田懋 118/449
杜制錢銷毀之弊疏 陳廷敬 118/451
開銅源節銅流疏 晏斯盛 118/452
六經不及貨泉論 顧棟高 118/453
錢鈔十議 王鎏 118/455
重銅運以杜弊累疏 嚴烺 118/463
銀幣論一 馬敬之 118/464
銀幣論二 馬敬之 118/465
前因時論十四 吳鋌 118/466
鈔利條論 許楣 118/467
銀荒小補說 118/472
答王亮生論鈔幣書 包世臣 118/474
專重制錢論上 成毅 118/477
專重制錢論下 成毅 118/478
設法貴錢賤銀疏 吳文鎔 118/479
擬銀錢並用章程疏 曾國藩 118/481
擬上銀錢並用議 吳嘉賓 118/484
平定州專用鐵錢流弊疏 黃輔辰 118/490
論治五 孫鼎臣 118/491
論幣一 孫鼎臣 118/493
行鈔引議 楊象濟 118/495
粵省試鑄銀元片 張之洞 118/496
擬請改鑄輕錢議 鍾大焜 118/498
擬中國設局鼓鑄小銀錢節略 (英)歐斐理 118/502
通行銀元八議 李鼎頤 118/506
變通交鈔以齊風俗 118/510
中外金銀漲落說 (英)李提摩太 118/511
論金銀漲落極有關繫 (英)李提摩太 118/512
論各國行用金幣 闕名 118/514
咨商銀行事宜全稿 總署與鐵路公司 123/031
運錢法以握利權疏 朱嶟 124/367
擬錢銀並用章程疏 曾國藩 124/370
中國宜鑄金錢論 楊宜治 124/372
收金鑄幣說 124/373
通行銀圓八議 施景松 124/375
鑄銀錢說 周騰虎 124/378
禁私鑄議 124/379
禁私鑄議 124/379
禁私鑄議 124/380
書示用銅元後 124/380
論錢幣 吳鋌 124/381
論先零漲跌不同 124/382
推廣龍圓說 124/383
論中國鑄銀之難 124/385
論鑄銀幣造鐵路 124/386
論嚴禁私鑄 124/387
自造錢幣利弊論 124/389
論近來圜法之弊 124/392
行鈔法以補制錢之缺論 124/395

論行鈔票可以濟錢之不足 124/396
論行鈔票以濟錢之不足 124/397
論自造銀票以便通用事 124/398
行鈔私議 124/399
論復鈔法以救時利用 124/400
銀行論 124/402
中國宜設銀行論 124/403
宜設銀肆以保利源論 124/404
論銀行集股之難 124/406
論日本錢幣情形 125/399
俄國幣制 125/399
論印度幣政 125/400
論奧意普同盟事 125/403
論奧意連兵約 125/404
圜法 陳次亮 127/111
交鈔 陳次亮 127/112
鑄銀條陳 闕名 127/114
製造局開鑄制錢論 王韜 127/120
論金銀漲落之由 高橋某 127/122
幣制論 麥見尼 127/123
請創辦銀行章程 容閎 127/130
續擬銀行條陳 容閎 127/140
戶部議奏各省攤派籌還洋款摺並附片 闕名 127/141
國債 湯蟄仙 127/148
官號 湯蟄仙 127/149
銀貨問答 (日)貞吉譯西捷報 127/152
世界國債 128/552
幣制問答 129/315
中國宜行金幣說 129/328
擬請銀行收用龍銀歸入商務條約說 129/329
預防銅圓流弊說 129/330
紀法國擬更銀幣 129/331
鈔法論 129/332
行鈔以補制錢之缺論 129/335
論鈔法利弊 129/336
論錢賤銀貴之可駭異 129/338
用銀利弊論 129/339
鑄銀幣得失說 129/340
問昔有行鈔之法多因滋弊而罷如部局頒發銀錢各幣必恆示天下以信應如何變通古制參用西法詳酌時宜俾可通之四海行之百年免匱乏而保利權便商民而濟國用策 129/344
問近來東南各省多用外洋銀錢民尚稱便中國如是造金銀各錢應用何策能否通行有無利幣試詳言之用備采擇 129/346
英國鑄錢說略 129/352
論美國幣制之盛 129/358
請招商設立中國銀行疏 盛宣懷 132/031
遵議中國通商銀行滙解官款疏 戶部 132/031
議覆依克唐阿請行鈔法疏 戶部 132/033
請飭戶部鼓鑄銀圓並令各省推廣做鑄疏 陳其璋 132/034
奏設機器製造等局先鑄銀圓疏 依克唐阿 132/039
請將廣東鑄造銀元解京配用疏 戶部 132/040
請倣造金銀錢疏 楊宜治 132/041

四、戶政 錢幣

依克唐阿 134/463
陝省仍請並設官錢鋪疏
鹿傳霖 134/465
直隸試鑄制錢現擬籌辦疏
裕祿 134/466
查明寶泉局鼓鑄制錢並搭放兵餉疏
福錕 134/467
查覆滇銅低成疏 唐炯 134/468
請飭查禁錢店舞弊疏
濟澂 134/469
世界貨幣原始 錢恂 139/493
貨幣作用論 錢恂 139/495
貨幣物質論 錢恂 139/499
貨幣鑄造論 139/503
貨幣制度論 錢恂 139/508
日本現時貨幣制度表
錢恂 139/517
貨幣單複本位得失論
錢恂 139/523
貨幣流通法則論 錢恂 139/531
論急定圜法 商務報 139/534
論泉幣之始 錢恂 139/537
使用紙幣廣論 錢恂 139/542
中國各地銀兩表
(日)籐田豐八 139/560
中國各地鈔票說
(日)籐田豐八 139/575
銀行緒言 錢恂 140/323
銀行原起考 錢恂 140/323
銀行種類分釋 錢恂 140/331
銀行之業務 錢恂 140/340
銀行紙幣發行法 錢恂 140/347
銀行恐慌釋義 錢恂 140/357
(銀行)恐慌原因 錢恂 140/357
(銀行)恐慌結果 錢恂 140/361
(銀行)恐慌救治法 錢恂 140/362
(銀行)恐慌之實例 錢恂 140/364
歐洲近四百年銀值之漲落記
斯密亞丹 140/368
金銀相兌之變率論
斯密亞丹 140/395
歐西金銀宜各自為價論 146/519
中西貨幣考 146/519
圜法巵言 146/521
論制錢缺少當先鼓鑄銅錢為急務
146/523
論鑄錢宜先絕私燬 146/525
錄鄂省郭守戎上督憲論錢法書
146/528
論行鈔票可以濟錢之不足 146/530
論宜推廣購錢以救錢荒 146/532
論近日制錢缺乏之甚 146/534
行鈔法以補制錢之缺論 146/536
奏請特造股票籌借華款疏
黃思永 150/173
銀行上 鄭觀應 151/324
銀行下 鄭觀應 151/328
請招商設立中國銀行疏
盛宣懷 151/413
設立銀行條議 盛宣懷 151/414
遵議中國通商銀行滙解官款疏
戶部 151/417
銀行之種類 錢恂 151/491
銀行之業務 錢恂 151/501
日本貨幣論 陳家麟 152/001
日本貨幣論 (日)倉敦 152/004

四、戶政 錢幣

論錢幣
(英)法思德著，汪鳳藻譯 152/005
論錢幣貴賤之理
(英)法思德著，汪鳳藻譯 152/011
論金銀流通各國之理
(英)法思德著，汪鳳藻譯 152/020
論錢財總理
(英)布來德著，(英)傅蘭雅譯 152/028
論造錢源流
(英)布來德著，(英)傅蘭雅譯 152/037
論金錢
(英)布來德著，(英)傅蘭雅譯 152/045
論銀錢
(英)布來德著，(英)傅蘭雅譯 152/049
論銀行票與鈔票滙票
(英)布來德著，(英)傅蘭雅譯 152/053
論銀行股分
(英)布來德著，(英)傅蘭雅譯 152/066
論滙銀之事
(英)布來德著，(英)傅蘭雅譯 152/068
駐英日使述倫敦銀情
(日)闕名 152/073
請飭戶部鼓鑄銀圓並令各省推廣倣鑄疏 陳其璋 152/076
請飭戶部添鐵銅圓疏
陳其璋 152/077
鄂督撫購機器鑄錢疏
張之洞、譚繼洵 152/080
奏設機器製造等局先鑄銀圓疏
依克唐阿 152/084
議覆請行鈔法疏 戶部 152/087
呈請代奏變通錢法疏
劉慶汾 152/090
泰西各國錢法考略 152/092
貨幣流通之法則 錢恂 152/095
紙幣使用及流通之原理
錢恂 152/099
銀行紙幣及發行法 錢恂 152/102
中央銀行制度概說
梁啟勳 165/263
中央銀行制度比較得失論
闕名 165/273
國民銀行制度說略
梁啟勳 165/278
說銀行公會 梁啟勳 165/288
加拿大之國民銀行
梁啟勳 165/297
復山東周都督商榷銀行制度
朱瑞 165/301
為救濟川省目前財政推廣國家銀行上大總統書 嚴崇經 165/302
幣制改革私議 張鑑 165/305
整理舊幣意見書 賈士毅 165/321
歐美各國國家銀行制度及發用幣紙限制法律利弊比較論
韓汝甲 165/325
世界各國貨幣之經過及其法制
黃遵楷 165/337
論不兌換紙幣足以亡國
費保彥 165/378
擬定金本位制說略
黃遵楷 165/381
實行金本位之預備法
闕名 165/389
論中國幣制之本位
周宏業 165/392

改革幣制芻議　徐永祚 165/402
發行紙幣宜取單獨制不宜取多數制說　陳詵 165/417
評議顧問馬肅收回各省紙幣意見書　汪成驥譯 165/429
書幣制委員會總報告後　周宏業 165/435
幣制問題之解決　劉冕執 165/454
整頓中國幣制意見書　(意)已昔利 165/472
日本添田壽一支那幣制改革意見書　陳培琛譯 165/479
紙幣政策　姚傳駒 165/486
上駐日代表呈　華僑合羣持危會 165/500
致中央及各省主張統一幣制　黎元洪 165/502

四、戶政　商政

商茶違限贖鍰宜免狀　曾王孫 007/263
酒禁　顧炎武 007/266
上鄂相國論酒禁書　陳兆崙 007/270
請開酒禁疏　孫嘉淦 007/271
禁酒情形疏　孫嘉淦 007/275
請開禁出口硫磺片　劉銘傳 047/397
召見恭紀　吳廷棟 049/042
會商整頓關務疏　穆圖善 049/049
津滬電綫辦有成効請招商接辦推廣疏　李鴻章 053/099
互市檔案　053/233
漏卮本末　053/252
白門原約二則　053/254
牛莊設關　053/287
咨行通商各口募用外國人幫辦稅務章程　053/291
核減臺煤出口稅片　沈葆楨 053/299
照會法公使恭思當商務專款十條　053/307
覆陳維持招商局事宜疏　053/310
派員查明南洋商務情形擬設領事並籌計一切經費疏　張之洞 053/316
洋關征收稅鈔分項總數表　楊楷 053/322
上曾侯條陳第四則　張煥綸 053/339
擴充商務十條　锺天緯 053/340
論天津宜設官牙茶行　姚文棟 053/350
論商務　李東沅 053/353
籌議闈姓利害請暫弛禁以塞漏卮疏　張之洞 066/451
商戰論　汪康年 081/211
博覽會考　081/431
滇緬分界通商事宜疏　薛福成 082/390
遵旨議烟台續增專條及先後辦理情形疏　曾紀澤 082/410
奏興辦商務疏　王鵬運 082/412
英國公司定例　哲美森 082/414
商政　薛福成 082/417
論公司不舉之病　薛福成 082/418

四、戶政 商政

商戰上 鄭觀應 082/419
商戰下 鄭觀應 082/421
商戰論 汪康年 082/422
英國國家總銀行考 鄭觀應 082/424
鈐束賤役以安商賈 陳虬 082/427
通商八策 許庭銓 082/435
救商十議 柯來泰 082/438
整頓鐵政紡織利不外溢策 楊史彬 082/441
中國土産銅鐵棉花論 李鼎頤 082/444
通商四大宗論 082/448
恤商論 082/449
中國整頓商務策 華國盛 082/452
問中國近年絲茶出口之貨核通商總冊較光緒初年有增無減而絲茶各商日見耗折其故何與今議整頓之法其策安在 李培禧 082/456
整頓絲茶策 082/459
賽會 082/547
歐洲商務盈絀變通商務論 鄭觀應 083/418
泰西徵稅論略 083/422
日本食貨志序 黃遵憲 084/393
上日本政府理財用書 (日)井上馨澁、井上澤榮 084/395
光緒會計錄敍 李希聖 084/397
日本食貨志後序五 黃遵憲 084/420
史記貨殖列傳令義 闕名 085/031
日本食貨志商務篇 黃遵憲 085/039
日本食貨志後序 黃遵憲 085/042
商戰論 汪康年 085/043
商學 闕名 085/046
日本物産志序 黃遵憲 085/051
論中國宜開賽會以興商務 劉楨麟 085/052
創立商部說 陳熾 085/057
論中國宜特設商部以整頓商務 (英)李提摩太 085/059
大興商埠說 陳熾 085/060
酌增領事說 陳熾 085/062
覆奏講求商務摺 總理衙門 085/064
奏覆洋商改造土貨應籌抵制摺 總理衙門 085/066
論製造貨稅 (英)闕名 085/077
論中國商務 (英)闕名 085/080
中國商埠情形記 布李難 085/082
煙臺英領事中國各口商務報 085/084
中國通商各口二十一年分商務情形 (英)特甫 085/090
上海商務情形 (英)韓能 085/098
擬粵東商務公司所宜行各事 徐勤 085/103
福州商務 闕名 085/110
山西商務總局集股章程 085/113
總行章程十二條 085/118
分行章程二十四條 085/120
中國紡織纅絲情形記 (美)佑尼 085/133
台灣鹽務考 (日)闕名 085/145
中日在韓貿易情形表 (日)闕名 085/146

論歐美商務全局 (英)闕名 085/150
法國商務近情 085/151
論英國商務漸衰 (日)闕名 085/152
論日本商業未必能爭英國之利 (英)闕名 085/153
德國公司總數考 (日)闕名 085/154
日本食貨志後序六 黃遵憲 085/194
日本食貨志後序一 黃遵憲 085/205
日本食貨志後序二 黃遵憲 085/206
記俄設太平洋輪船公司 (日)闕名 085/336
論英通中國商務路程 (英)闕名 086/007
滇緬分界通商事宜疏 薛福成 086/021
中日通商行船條約 086/057
日本食貨志後序 黃遵憲 086/279
日本食貨志序 黃遵憲 088/487
上日本政府論理財書 (日)井上馨澁、井上澤榮 088/491
光緒會計錄敍 李希聖 088/496
日本食貨志後序五 黃遵憲 088/547
史記貨殖列傳今義 梁啟超 089/255
日本食貨志商務篇 黃遵憲 089/273
日本食貨志後序 黃遵憲 089/280
商戰論 汪康年 089/282
商學 闕名 089/290
日本物産志序 黃遵憲 089/301
論中國宜開賽會以興商務 劉楨麟 089/303
創立商部說 陳熾 089/314
論中國宜特設商部以整頓商務 (英)李提摩太 089/319
大興商埠說 陳熾 089/321
酌增領事說 陳熾 089/324
覆奏講求商務摺 總理衙門 089/329
奏覆洋商改造土貨應籌抵制摺 總理衙門 089/335
論製造貨稅 (英)闕名 089/359
論中國商務 (英)闕名 089/366
中國商埠情形記 布李難 089/371
煙臺英領事中國各口商務報 (英)白勒能 089/376
中國通商各口二十一年分商務情形 (英)特甫 089/388
上海商務情形 (英)韓能 089/406
擬粵東商務公司所宜行各事 徐勤 089/417
福州商務 闕名 089/434
山西商務總局集股章程 089/439
中國紡織纅絲情形記 (美)佑尼 089/483
臺灣鹽務考 (日)闕名 089/509
中日在韓貿易情形表 (日)闕名 089/512
論歐美商務全局 (英)闕名 089/518
法國商務近情 089/521
論英國商務漸衰 (日)闕名 089/524
論日本商業未必能爭英國之利 (英)闕名 089/526

德國公司總數考 (日)闕名 089/529
日本食貨志後序六 黃遵憲 090/072
日本食貨志後序一 黃遵憲 090/093
日本食貨志後序二 黃遵憲 090/097
記俄設太平洋輪船公司 (日)闕名 090/381
論英通中國商務路程 (英)闕名 091/314
滇緬分界通商事宜疏 薛福成 091/345
中日通商行船條約 091/423
日本食貨志後序 黃遵憲 092/425
戶部覆奏各省自闢利源摺 096/080
光緒會計錄敘 李希聖 096/094
滇緬分界通商事宜疏 薛福成 096/186
議覆講求商務疏 097/017
奏興辦商務疏 王鵬運 097/019
滇緬分界通商事宜疏 薛福成 097/021
覆奏講求商務摺 097/024
創設商務公所札 張之洞 097/027
通商四大宗論 楊家禾 097/028
梧州商情論 097/031
中國商務久無起色其弊安在論 何文炬 097/032
論中國宜設商務學堂 097/033
論中國商務有振興之機 097/035
中國土產鋼鐵棉花論 097/036
中國整頓商務策 葉國盛 097/041
通商八策 許庭銓 097/046
救商十議 柯來泰 097/050
創立商部說 陳熾 097/055
中國實通商之國說 097/057
論興商之利務貴達情 097/058
札開商務 097/060
通商論 097/060
恤商篇 俞贊 097/062
中國商務 097/065
論振興商務宜先開博物大會 潘飛聲 097/066
美國費城商務博物會記 伍廷芳 097/068
通商各口華洋貿易情形總論 097/070
論外洋各島亟宜添設領事保護旅居華民 097/074
商戰論 097/075
商戰上 鄭觀應 097/079
商戰下 097/081
論商困 097/083
商學 闕名 097/084
商政 097/089
書兩湖制軍張香帥商務札後 097/090
致羅稷臣星使書 潘飛聲 097/092
論商務以公司為最善 097/095
論華地創設公司宜開除官辦名目 邱煒萲 097/096
中國土貨宜與洋商合设公司以便自運而杜壟斷議 施景琛 097/097
論公司不舉之病 097/099
擬粵東商務公司所宜行各事

徐勤 097/100
公司 麥孟華 097/107
書姚觀察文棟稟請北洋大臣開北方利源總公司條議後 097/115
賽會 097/119
論中國宜開賽會以興商務 劉楨麟 097/122
擬庚子法國賽會中國宜自行派員辦理說帖 097/127
整頓絲茶策 商霖 097/159
問中國近年絲茶出口之貨核通商總冊較光緒初年有增無減而絲茶各商日見耗折其故何與現今議整頓之法其策安在 097/161
美國新定禁止粗劣各茶進口條例 097/177
書兩湖總督張香帥請緩征值百抽十之稅並改存儲關棧章程奏稿後 金文榜 098/031
遵旨議煙臺續增專條及先後辦理情形疏 曾紀澤 098/044
中日通商行船條約 099/209
費城商務博物會記 099/234
論吳淞準設商埠 102/079
中國紡織纅絲情形 102/156
整頓鐵政紡織利不外溢策 楊史彬 102/172
日本商務學堂 102/293
日本國財政 102/312
日本商務 102/329
日本商約解義 102/329
論日本及美洲西部商務情形 102/334
高麗商務總論 102/335
英國商務總論 102/335
暹羅貿易情形 102/336
印度茶葉商務 102/336
法國在華商務 102/337
法國賽會述聞 102/338
論德法在亞洲商業興盛 102/339
查考西伯利亞茶業 102/339
論擴充海陸軍備以衛商戰 102/342
大隈伯演說於商業公所 102/345
西貢商務 102/346
英國公司定例 102/347
英國國家總銀行考 102/350
記俄設太平洋輪船公司 闕名 102/365
論開捐例不如興商務 闕名 103/282
中國紡織纅絲情形記 闕名 104/119
論鼓勵工商之道 闕名 104/279
記俄設太平洋輪船公司 (日)闕名 104/382
中日通商行船條約 闕名 104/387
戶部覆奏各省自闢利源摺 闕名 104/457
商政 薛福成 104/459
利源 湯壽潛 104/461
中國亟宜振興商務說 闕名 104/462
通商說 詹塏 104/463
古今中外通商源流考 詹塏 104/465
重商論 朱雲表 104/468

四、戶政 商政

四、戶政 商政

商務議 湯壽潛 104/470
通商宜設立商部以濬利源 湯壽潛 104/472
中國商務必大興論 闕名 104/474
論英通中國商務路程 104/475
商務 湯壽潛 104/476
商部 湯壽潛 104/477
商局 湯壽潛 104/478
史記貨殖列傳今義 105/001
日本食貨志商務篇 黃遵憲 105/010
日本食貨志後序 黃遵憲 105/014
商戰論 汪康年 105/015
商學 闕名 105/019
日本物産志序 黃遵憲 105/025
論中國宜開賽會以興商務 劉楨麟 105/026
創立商部說 陳熾 105/032
論中國宜特設商部以整頓商務 (英)李提摩太 105/034
大興商埠說 陳熾 105/036
酌增領事說 陳熾 105/037
覆奏講求商務摺 總理衙門 105/040
奏覆洋商改造土貨應籌抵制摺 總理衙門 105/043
權署議內地機器製造貨物征稅章程書後 麥孟華 105/044
富強必先保商論 黃鎮南 105/053
論宜設商局以旺商務 闕名 105/054
重商議 闕名 105/057
論中國宜興商務 闕名 105/058
論生利分利之別 闕名 105/061
禁倒帳論 闕名 105/068
論信義為通商之要 闕名 105/070
欲興商務宜知所取法說 闕名 105/071
譯日報論日本及美洲西都商務情形 闕名 105/074
論古今中外互市之利弊 闕名 105/075
業壞於貪說 闕名 105/077
論製造貨稅 (英)闕名 105/079
論中國商務 (英)闕名 105/082
中國商埠情形記 闕名 105/085
煙臺英領事中國各口商務報 105/088
中國通商各口二十一年分商務情形 (英)特甫 105/094
上海商務情形論 105/104
上海商務情形 (英)韓能 105/106
擬粵東商務公司所宜行各事 徐勤 105/112
福州商務 闕名 105/120
山西商務總局集股章程 105/123
西人漸忌華商 王韜 105/145
旺貿易不在增埠 闕名 105/146
興利 王韜 105/147
論公司不舉之病 薛福成 105/149
糾集公司說 陳熾 105/151
考察商途說 陳熾 105/152
商改稅則說 陳熾 105/154
博物開會說 陳熾 105/156
保險集資說 105/158
創開銀行說 陳熾 105/160
振興茶業芻言 105/164

臺灣鹽務考 105/179
中日在韓貿易情形表 (日)闕名 105/181
論歐美商務全局 (英)闕名 105/185
法國商務近情 105/186
論英國商務漸衰 105/188
論日本商業未必能爭英國之利 (英)闕名 105/189
德國公司總數考 (日)闕名 105/191
振興上海商市捷法上 闕名 105/199
振興上海商市捷法中 105/200
振興上海商市捷法下 闕名 105/201
人民繁則貿易盛說 袁翔甫 105/202
振興京津貿易說 闕名 105/204
京津修路以便商民議 闕名 105/205
英合美日足保商務論 105/206
美人論大連灣通商事 闕名 105/208
滇緬分界通商事宜疏 薛福成 106/057
論通商之益 110/337
互市利弊論 110/338
通商宜誠實不欺論 110/339
中人與西人貿易宜先習西語說 110/340
通商宜設立商部以濬利源 110/342
論海關改章 110/343
互市檔案 110/344
白門原約二則 110/354
中國商埠情形記 (英)布里難 110/365
煙臺英領事中國各口商務報 110/367
中國通商各口二十一年分商務情形 (英)特甫 110/372
滇緬分界通商事宜疏 薛福成 110/379
上海租界考 110/386
書招商局帳略後 110/398
書光緒二十年通商各關警船燈浮樁總冊後 110/402
閱光緒八年招商局帳略書後 110/404
湖南開通商口岸得失評議 110/405
美人論大連灣通商事 110/406
論東洋漸奪西洋之利 110/407
策高麗通商事宜開礦第一 110/408
策高麗通商事宜設官第二 110/410
策高麗通商事宜招商第三 110/411
策高麗通商事宜置戍第四 110/412
策高麗通商事宜化俗第五 110/414
策高麗通商事宜興學第六 110/415
論日本及美洲西部商務情形 110/416
中日通商行船條約 110/547
上日本政府論理財書 (日)井上馨澁、井上澤榮 111/251
光緒會計錄敘 李希聖 111/253
覆陳維持招商局事宜疏 111/265
派員查明南洋商務情形擬設領事並籌計一切經費疏 張之洞 111/268

四、戶政 商政

洋關征收稅鈔分項總數表 楊楷 111/271
擴充商務十條 锺天緯 111/274
論商務 李東沅 111/279
史記貨殖列傳今義 111/281
日本食貨志商務篇 黃遵憲 111/288
商學 闕名 111/291
論中國宜開賽會以興商務 劉楨麟 111/295
創立商部說 陳熾 111/300
論中國宜特設商部以整頓商務 (英)李提摩太 111/301
大興商埠說 陳熾 111/302
覆奏講求商務摺 總理衙門 111/304
奏覆洋商改造土貨應籌抵制摺 總理衙門 111/306
論中國商務 (英)李提摩太 111/307
上海商務情形 (英)韓能 111/309
振興商務條議 111/314
中國以官權辦商務說 曹載春 111/321
論中國商務之所以不振 曹載春 111/322
重商論 111/323
論中國宜保護商局 曹載春 111/324
再論保護商局 111/326
論鼓勵工商之道 111/327
中國紡織繅絲情形記 111/428
振興茶業芻言 111/449
擬粵東商務公司所宜行各事 徐勤 111/461
山西商務總局集股章程 111/467
書開北方利源總公司條議後 111/471
行商必籍公司說 111/472
論商務以公司為最善 111/473
論公司之益 111/474
論中國公司之難 111/476
勸華人集股說 111/477
中國股分極宜整頓說 111/478
記俄設太平洋輪船公司 111/479
請開酒禁疏 孫嘉淦 112/067
咨行通商各口募用外國人幫辦稅務章程 112/076
核減臺煤出口稅片 沈葆楨 112/080
津滬電報辦有成効請招商接辦推廣疏 114/159
中國宜興博覽會說 115/321
美國費城商務博物會記 115/328
光緒會計錄叙 118/095
中國土產銅鐵棉花論 李鼎頤 118/222
上鄂相國論酒禁書 陳兆崙 119/002
咨行通商各口募用外國人幫辦稅務章程 119/019
洋關征收稅鈔分項總數表 楊楷 119/028
奏覆洋商改造土貨應籌抵制摺 總理衙門 122/331
互市檔案 夏燮 122/485
漏巵本末 122/498
白門原約二則 122/499

牛莊設關 122/514
津滬電綫辦有成効請招商接辦推廣疏 李鴻章 122/519
覆奏講求商務摺 總理衙門 122/521
創立商部說 薛福成 122/527
商政 薛福成 122/529
論公司不舉之病 薛福成 122/531
救商十議 柯來泰 122/532
整頓鐵政紡織利不外溢策 楊史彬 122/537
覆陳維持招商局事宜疏 122/542
問中國近年絲茶出口之貨核通商總冊較光緒初年有增無減而絲茶各商日見耗折其故何與現今議整頓之法其策安在 李培禧 122/548
整頓絲茶策 商霖 122/552
擴充商務十條 锺天緯 123/001
商務 闕名 123/008
通商四大宗論 123/013
中國通商各口二十一年分商務情形 (英)特甫 123/018
中日通商行船條約 123/036
酌增領事說 闕名 123/241
滇緬分界通商事宜疏 薛福成 123/375
議覆講求商務疏 124/424
書徐花農侍郎奏請添設商部衙門摺後 124/426
中國整頓商務策 華國盛 124/427
論中國宜設商務學堂 124/432
論興商之利務貴達情 124/433
通商論 124/434
論中國宜開賽會以興商務 124/437
論賽會之益 124/441
論商務以公司為最善 124/457
論華地創設公司宜開除官辦名目 124/458
論公司不舉之病 124/459
英國商務總論 125/387
英人通商始末考 125/388
論德法在亞洲商業興盛 125/390
美人論大連灣通商事 125/390
日本商務 125/391
論日本通商事 125/392
暹羅貿易情形 125/393
商戰論 汪康年 126/345
通商說 詹塏 127/055
古今中外通商源流考 詹塏 127/057
重商論 朱雲表 127/060
商務議 朱雲表 127/063
通商宜設立商部以濬利源 應祖錫 127/066
中國商務必大興論 汪振聲 127/068
論英通中國商務路程 王韜 127/069
商務 陳次亮 127/072
商部 陳次亮 127/073
商局 湯蟄仙 127/075
中國議辦商務局緣起 闕名 127/076
牛莊貿易情形論 譯西報 127/081
論大阪商情 譯日本報 127/083
中日在韓貿易情形表 譯日本報 127/088

四、戶政 商政

四、戶政 商政

論英國商務漸衰　錢念祖　127/093
論英國商務　英領事湛　127/095
上海商務情形論　英領事湛　127/097
利源　陳次亮　127/100
論英德貿易　泰晤士報　127/102
中俄陸路貿易　泰晤士報　127/103
論日本商業未必能爭英國之利　泰晤士報　127/105
日本農商務委員　知新報　127/107
英人論機器不宜進中國　某白人　127/413
賽會　陳次亮　127/440
日本明治三十五年度支預算表　128/547
英法兩國近年進款清單　128/554
戶部議覆奏整頓茶務摺　129/243
江南派辦處整頓商務詳文　129/244
慶王等擬奏整頓當商章程　129/245
福州創辦商務局稟稿　129/247
創辦福州商務局章程　129/248
慶王等擬奏整頓錢商章程　129/249
湖口縣開埠通商議　129/250
李明智上商務大臣籌辦土藥公司條議　129/251
蕪湖商務詳定保商章程　129/254
上海設立商務公所　129/255
山東商務局章程　129/257
論商人當知商務會議公所之利害　129/259
曲阜孔太史創辦公利局章程　129/262
上海某局與雷翁何珊及駐法使署某君訂立合同　129/264
上海某局與銀行訂立合同　129/267
上海某局與經售生絲人訂立合同　129/270
上海某局給駐法使署某君及雷翁何珊全權字據　129/272
萬國賽會保護商牌公約　129/273
日本賽會章程　129/276
日本政府酌定商業會議所新例　129/277
日本商務考略　129/282
續日本商務考略　129/285
日本商務學堂章程述略　129/286
英吉利用商務闢荒地說　129/288
英國商務說略上　129/289
英國商務說略下　129/291
上海湖北近設商務局刊刻商報並奉飭內地州縣概立商會必如何籌議乃於商務有益論　歐陽還謨　129/292
青島暫行設立中華商務公局章程　129/293
論洋鹽進口之足以亡華　129/295
太平洋商戰說　(美)佑尼干撰，林樂知譯　129/296
論公司不舉之病　129/304
振興商學條議　129/305
問神農日中為市聚天下之貨交易而退西人賽會之舉實本此意今法國擬於明歲在巴黎舉行五洲賽會其章程曾譯登時務昌言報中總署已行文各海關道飭華商攜貨赴會誠為盛事與中國迎神賽會舉國若狂糜財於無益之地未可同年而語試

綜論其得失 胡志伊 129/309
中日版權同盟問題 130/500
請添設商部衙門疏 徐琪 132/001
遵議設立保商局疏 德壽 132/006
福建厦門設立保商局疏
許應騤 132/007
遵議維持商局疏 李鴻章 132/007
覆陳維持招商局事宜疏
戶部 132/009
派員查明南洋商務情形擬設領事並籌計一切經費疏
張之洞 132/012
遵擬漢口試辦商務局疏
張之洞 132/015
奏設上海商務總局疏
劉坤一 132/017
議覆王鵬運請講求商務疏
總理衙門 132/018
議覆御史張仲炘奏臺灣土貨進口照洋貨抽稅疏 總理衙門 132/020
議覆褚成博奏洋商改造土貨應籌抵制疏 總理衙門 132/023
試辦織布局疏 李鴻章 132/025
推廣機器織局疏 李鴻章 132/026
會奏請設機器織布等局片
張煦、趙惟熙 132/027
通州紗廠辦理情形疏
劉坤一 132/027
請開禁出口硫磺片
劉銘傳 132/092
遵旨議煙臺續增專條及先後辦理情形疏 曾紀澤 132/312
滇緬分界通商事宜疏
薛福成 132/315
遵議日本通商事宜片
李鴻章 132/407
會商整頓關務疏 穆圖善 134/343
籌議闈姓利害請暫弛禁以塞漏卮疏
張之洞 134/368
日本財政史緒論 博文館 139/405
日本現行關稅法 錢恂 140/105
光緒二十五年通商各口華洋貿易情形論 戴樂爾 140/128
日本現今歲計表 譯林 140/138
俄國歲計表 譯林 140/141
世界產金額價表 譯林 140/145
各國所出債券表 譯林 140/148
各國生命保險金表 譯林 140/150
賦稅國債比較表 高鳳謙 140/152
進出口貿比較表 高鳳謙 140/156
疆域丁口比較表 高鳳謙 140/162
鐵路電綫比較表 高鳳謙 140/169
日本現今歲計表 傅運森譯 140/175
英吉利現今歲計表
傅運森譯 140/185
俄羅斯現今歲計表
傅運森譯 140/191
法蘭西現今歲計表
傅運森譯 140/202
德意志現今歲計表
傅運森譯 140/212
意大利現今歲計表
傅運森譯 140/220
比利時現今歲計表
傅運森譯 140/221
土耳其現今歲計表

傅運森譯 140/226
日本國債始末 (日)織田一 140/433
商工地理學宗旨 (日)田岡佐代治譯 141/310
商工業盛衰原因論 141/312
商工上地形與位置論 141/312
商學之天然力說 141/313
商學界地味及鑛物有無說 (日)田岡佐代治譯 141/319
各國物産考略 闕名 141/320
營商人種優劣說 (日)田岡佐代治譯 141/330
商世界人口單複考 江南商务報 141/339
商工世風俗論 141/347
商工業運輸交通議 江南商务報 141/348
世界商戰論 江南商务報 141/354
太平洋商戰說 (美)佑尼干撰，林樂知譯 141/355
商工立國政府官制及其施治議 (日)田岡佐代治譯 141/369
商工國徵租制度議 (日)田岡佐代治譯 141/370
歐洲商力發達說 闕名 141/372
東方商力競爭策 譯中外商業新報 141/373
日本農商務省視察中國北方議 141/375
中國條約諸港外國人及外國商社數 141/383
振興印度中國貿易策 譯報 141/384
近五十年英國商業政策 (英)伊阿子 141/386
英國議設商業報知局 譯通商彙纂 141/412
印度孟買紡織績聯合會長演說 譯中外商業日報 141/418
日本新定商務學堂章程 譯商報 141/424
日本新定專利章程 141/427
中國近年貿易額表 傅運森譯 141/438
中國近年與各國貿易額表 傅運森譯 141/438
中國近年海關貿易總數分類表 傅運森譯 141/440
日本近年貿易出入額表 141/457
意大利近年貿易出入額表 傅運森譯 142/001
英吉利近年貿易出入額表 傅運森譯 142/005
葡萄牙近年貿易出入額表 傅運森譯 142/018
俄羅斯近年貿易出入額表 傅運森譯 142/020
比利時近年貿易出入額表 傅運森譯 142/026
德意志近年貿易出入額表 傅運森譯 142/032
法蘭西近年貿易出入額表 142/036
西班牙近年貿易出入額表 142/039
日本商律 (日)河瀨儀太郎譯 142/056
日本商律 142/081

俄屬亞洲商埠考 142/119
朝鮮商埠考 142/122
日本商埠考 142/123
南洋羣島商埠考 142/124
印度商埠考 142/128
印度洋商埠考 142/130
阿剌伯灣及紅梅商埠考 142/132
土耳其商埠考 142/133
俄羅斯商埠考 142/133
英吉利商埠考 142/135
瑞典挪威商埠考 142/138
丹馬商埠考 142/138
荷蘭商埠考 142/141
比利時商埠考 142/142
法蘭西商埠考 142/143
西班牙商埠考 142/145
瑞士商埠考 142/147
奧斯馬加商埠考 142/148
意大利商埠考 142/149
萬國公會源流記 錄滙報 142/151
公司新法 日本橋本海關譯 142/152
視察歐美商工議 譯時事新報 142/165
東京商業會視察中國條議 譯商業日報 142/169
日本近三十年設立公司家數表 博文館 142/182
日本近三十年取引所比例表 博文館 142/183
日本商業會議所通行條例 譯商報 142/188
日本茶業公會規則 譯商報 142/194
論中東西各國貨幣賦稅 譯字林西報 142/202
法屬越南東京稅則 譯華英捷報 142/204
日本新訂稅章 彙報 142/205
法國巴黎賽會章程 潘彥譯 142/207
中國設商局咨文並章程 146/159
商務局照會商董 146/164
印度茶產考 146/165
整頓茶商議 146/166
論中國宜倣造洋貨設商署議 146/167
論鴉片宜設公司販自印度 146/167
設商局以旺商務論 146/168
節錄織布局商務論 146/169
節錄盛觀察規復織布局稟稿 146/170
人民繁則貿易盛說 146/171
湖北織布局招商集股章程 146/173
湖郡紳陸君樹藩請設繅絲廠稟並書後 146/176
維持絲茶議 146/177
論宜設法以減釐金 146/180
續論設法減釐 146/181
論江甯設織布局建馬路等事 146/183
論息借商款改紡織局股本事 146/186
論華商之弊 146/188
書倡興商務事 146/190
茶絲宜創設新法論 146/192
論泰西商務由漸而盛 146/193

四、戶政　商政

論商務不宜掣肘 146/195
書招商局帳略後 146/197
論振興商務之難 146/199
書招商局開辦新漕示後 146/201
戶部員外郎陳正郎熾振興茶務議 146/203
接錄戶部員外郎陳正郎熾振興茶務議 146/205
司農奏牘 146/208
書客談商務 146/210
紀客述日本商情系之以論 146/212
恤商宜廢官局論 146/214
論宜設法以減釐金 146/274
酌增領事說 闕名 149/081
駐日本英使豫計日本度支 (英)闕名 150/153
日本明年度支預算表 150/230
議覆兼攝通商大臣疏 曾國藩 151/273
洋涇濱海市說 王韜 151/279
旺貿易不在增埠 王韜 151/282
覆陳維持招商局事宜疏 戶部 151/284
書戶部覆陳維持招商局疏後 闕名 151/291
論邦國通商 (英)法思德著，汪鳳藻譯 151/295
通商 (英)傅蘭雅譯，應祖錫述 151/308
專利 (英)傅蘭雅譯，應祖錫述 151/318
振興京津貿易說 (英)李提摩太 151/331
商務 闕名 151/333
滬道招商寄貨往日本東京農商品陳列館示 蔡鈞 151/337
博物開會說 闕名 151/345
公司 麥孟華 151/348
西伯利亞商務述要 (英)闕名 151/371
論一千八百九十六年歐美各國商務情形 (英)闕名 151/373
駐滬英領事報英相沙士伯雷侯上海商務 (英)韓能□□ 151/375
牛莊貿易情形論 (英)闕名 151/385
論英大臣演說英德貿易 (西)闕名 151/388
論中國貿易之消長 (英)具魯士比那斯 151/390
論中國商業地理 (日)闕名 151/394
論中國貿易 (英)色美孫□ 151/396
論擴充海陸軍備以衛商戰 (日)鶴原□ 151/398
述日本商務學堂 (西)闕名 151/400
蘇松太關道移上海商務局整頓茶務咨 蔡鈞 151/403
中印茶務及其栽焙之法 (英)闕名 151/405
美國新定禁止粗劣各茶進口條例 周自齊譯 151/407
述俄人製茶 闕名 151/412
鄂督飭紡紗局改歸官辦札 張之洞 151/420
武昌紡紗局奉諭招商附股帖 王秉恩 151/423
中日二國漸能收回棉布利權考

151/426
橫濱驗絲公所西商演說 (西)華爾忒 151/428
遵議特設商務大臣及特派近支宗室游歷外國事宜疏 總理衙門 151/431
楚督遵擬漢口試辦商務局疏 張之洞 151/435
奏請倣泰西之例設立商會片 王錫蕃 151/441
呈請代奏振興茶務疏 陳熾 151/442
議覆劉中書陳員外條陳茶政疏 戶部 151/449
華茶公所節略 151/453
江督奏設上海商務總局片 劉坤一 151/455
商務廣議 周自齊 151/460
杭州電燈公司章程 151/476
上海工部局西董歲會宣言情形 (西)舒高忒 151/480
中國欲倣行保險其利弊得失若何策 闕名 151/508
論自由權與商戰之關繫集錄 闕名 151/510
光緒二十二年通商各口華洋貿易情形總論 (西)葛顯禮 152/125
光緒二十二年上海口華洋貿易情形論略 (西)雷樂石 152/138
光緒二十二年新開蘇州口華洋貿易情形論略 (西)孟國美 152/152
光緒二十二年杭州口華洋貿易情形論略 (西)李士理 152/157
光緒二十二年新開沙市口華洋貿易情形論略 (西)聶務滿 152/162
光緒二十四年通商各口華洋貿易情形總論 稅務司 152/189
京津修路以便商民議 (英)李提摩太 152/326
中日議訂商約往來照會說帖八則 155/417
經濟芻議敘 闕名 158/467
預算制度論 張東蓀 165/175
豫算編製法 湯叡 165/183
豫算雜論 吳貫因 165/199
論會計年度之短長並其得失及與歲出歲入施行效力之關係 吳貫因 165/206
江蘇省預算意見書 賈士毅 165/215
民國二年預算總冊說明書 財政部 165/222
修正二年度國家預算意見書 賈士毅 165/233
咨各省報告收支實數文 財政部 165/248
咨國務院改定簿記文 財政部 165/250
請將會計法草案咨交參議院議決呈 財政部 165/252
致國務院公函稿 財政部 165/254
為編制預算事致國務院函 財政部 165/258
蒙古之富源 唐在章 167/487
論赴美賽會與我國前途之關係 闕名 167/491

蒞北京商會歡迎會演說辭 梁啟超 168/176
蒞山西票商歡迎會演說辭 梁啟超 168/184
中國麝香輸出記 闕名 168/190
中華民國鐵道協會宣言書 168/294

五、禮政　禮論

復禮上 凌次仲(廷堪) 001/081
復禮中 凌次仲(廷堪) 001/084
復禮下 凌次仲(廷堪) 001/088
請頒禮制書疏 魏環極(象樞) 001/185
崇儉約 顧炎武 004/340
復禮上篇 淩廷堪 007/377
復禮中篇 淩廷堪 007/378
原治 張惠言 007/380
行儉論 陳斌 007/381
叔孫通論 趙進美 007/383
禮論 劉鴻翺 007/384
請釐定制度疏 胡煦 007/387
定制崇儉疏 陳廷敬 007/387
請禁宴會疏 楊時化 007/389
請酌定家禮頒行疏 甘汝來 007/390
定經制以節民用疏 孫宗溥 007/391
杜奢疏 高珩 007/392
力行節儉疏 徐旭齡 007/393
請頒禮制書疏 魏象樞 007/395
儀禮鄭註句讀序 張爾岐 007/396
儀禮鄭註句讀序 顧炎武 007/397
鄉飲禮儀序 衛既齊 007/398
禮記手鈔序 黎士宏 007/399
三禮議 韓菼 007/400
答顧復初司業論五禮通考書 秦蕙田 007/401
家禮纂要序 葉燮 007/403
家禮非朱子書考 王懋竑 007/404
祠堂考誤四則 王懋竑 007/406
冠禮考誤五則 王懋竑 007/408
荊州育嬰堂記 楊于果 017/357
崇儉尚勤札 賀長齡 039/073
上曾相國書 舒化民 039/305
書李寅菴大令育嬰堂碑記 鄧瑤 040/209
荊州育嬰堂記 楊于果 040/213
育嬰堂記 賀熙齡 040/217
書儀禮釋官後 曾國藩 041/483
崇簡篇 宗稷辰 046/420
崇儉尚勤札 賀長齡 046/437
書李寅菴大令育嬰堂碑記 鄧瑤 047/410
辦理收養幼孩片 曾國荃 047/413
津郡創設廣仁堂收恤婦孺分別教養疏 李鴻章 047/424
繹禮堂記 劉蓉 049/146
復曾相國書 劉蓉 049/148
復劉中丞蓉書 曾國藩 049/151
筆記一則 曾國藩 049/155
書儀禮釋官後 曾國藩 049/155
禮理說 俞樾 049/156
經義雜說二則 俞樾 049/158
四禮榷疑自序 顧廣譽 049/158
燕寢考序 張文虎 049/159
天津創設廣仁堂疏

李鴻章 060/383
普濟堂並育嬰堂條約 栗毓美 060/387
同善堂記 彭洋中 060/397
復曾沅圃觀察書 胡林翼 066/423
禮論 王效成 068/003
禮論 楊紹文 068/011
禮理說 俞樾 068/015
崇檢論 馬福安 068/017
讀曲禮 程德賚 068/021
讀內則 謝應芝 068/023
讀曾子問 謝應芝 068/025
四禮從宜敘 龍啟瑞 068/027
繹禮堂記 劉蓉 068/031
上曾相國書 劉蓉 068/035
復劉霞仙中丞書 曾國藩 068/043
擬請郡縣廣行鄉飲酒禮議 陳壽祺 068/291
上海果育堂記 馮桂芬 071/067
崇簡篇 宗稷辰 076/455
恤貧為善舉第一論 陳翼爲 082/498
善舉 082/544
鄉飲禮儀序 衛既齊 085/020
論公法源本經學 闕名 086/380
論公法源本經學 闕名 093/123
禮論 王效成 098/089
禮理說 俞樾 098/091
擬請郡縣廣行鄉飲酒禮議 陳壽祺 098/091
崇檢論 馬福安 098/092
四禮從宜敘 龍啟瑞 098/093
繹禮堂記 劉蓉 098/094
天津創設廣仁堂疏 李鴻章 099/095
同善堂記 099/096
普濟堂並育嬰堂條約 099/096
恤貧為善舉第一論 陳翼為 099/099
善舉 099/102
論公法原本經學 闕名 099/148
復禮上篇 凌廷堪 107/228
復禮中篇 凌廷堪 107/230
請釐定制度疏 胡煦 107/232
冠禮考誤五則 王懋竑 107/232
復曾相國書 劉蓉 107/236
崇儉約 顧炎武 109/118
崇簡篇 宗稷辰 109/119
崇儉約 顧炎武 117/208
普濟堂並育嬰堂條約 栗毓美 119/325
上海果育堂記 馮桂芬 119/328
同善堂記 彭洋中 119/335
天津創設廣仁堂疏 李鴻章 119/336
上曾相國書 劉蓉 119/353
復劉霞仙中丞書 曾國藩 119/356
書儀禮釋官後 曾國藩 119/358
釋禮堂記 劉蓉 119/359
崇檢論 馬福安 119/361
禮理說 俞樾 119/362
禮論 124/481
崇檢論 馬福安 124/482
論公法原本經學 闕名 125/021
恤貧為善舉第一論 陳翼爲 125/082

五、禮政 禮論

保嬰要策 125/083
養老良規 125/085
問賑米與賑粥孰善 125/085
天津創設廣仁堂疏 李鴻章 133/470
辦理收養幼孩片 曾國荃 133/471
中國道德之大原 梁啟超 168/531
中國道德之權威 藍公武 168/542
道德墮落之原因 張東蓀 168/562
予之國民道德救濟策 方南崗 168/566
法律與道德 李晉 168/570
財政與道德 張東蓀 168/579
人倫何以千古不磨 吳彝敘 168/593
民德報發刊詞 闕名 168/596
致各省及副總統尊重人道 大總統 168/603
整飭倫常令 大總統 168/604
佈告政界提倡社會道德文 朱瑞 168/605

五、禮政　大典

答王山史書 顧寧人 001/303
請修禮書疏 陳紫芝 007/385
天地合祭辨 秦蕙田 007/419
郊祀分合議 顧棟高 007/422
祭地祭社不同論 秦蕙田 007/423
郊祀 閻若璩 007/425
北郊配位議 徐乾學 007/427
地壇配位 徐乾學 007/428
方澤壇左右辨 陳廷敬 007/430
北郊配位尊西向議 毛奇齡 007/431
請立雩壇疏 徐以升 007/434
請舉秋報大典疏 龔學海 007/436
北嶽辨 顧炎武 007/437
論北嶽中嶽 閻若璩 007/438
原社 全祖望 007/444
水旱變置社稷論 全祖望 007/444
城隍考 秦蕙田 007/446
論祭天 陸世儀 007/447
禘祭議 張玉書 007/448
升祔大禮議 汪由敦 007/449
唐宋毀廟論 汪師韓 007/450
考祀典正禮俗疏 陶正靖 007/452
請酌定先師祀典疏 王士禎 007/454
陪拜文廟議 張永銓 007/455
祀契議 藍千秋 007/457
三老五更議 張廷玉 007/459
聖廟五王昭穆位次議 金門詔 007/460
議都察院請增孔林祀典狀 陳兆崙 007/463
駮請祀啟聖王元配施氏議 齊召南 007/464
前漢經師從祀議 全祖望 007/464
禁原蠶說 全祖望 007/466
停止封禪等議 張玉書 007/469
昭代樂章恭紀 張玉書 007/470
請編次樂律算數疏 張玉書 007/471
律呂正義 紀昀 007/472
論鐘律疏 張照 007/474
論樂律及權量疏 張照 007/475

論樂 陸世儀 007/478
蒙古冊降表序 龔自珍 007/487
內府藏書記 徐秉義 007/489
議諡明季殉難諸臣疏
舒赫德 007/490
國朝諡法考自序 王士禎 007/492
論諡諱 閻若璩 007/494
鹵簿名物記 陸燿 007/494
商周銅器說 阮元 007/496
商周兵器權量說 阮元 007/497
女教經傳通纂序 任啟運 008/097
答蔣信夫論喪娶書 袁枚 008/100
答王山史書 顧炎武 008/252
寄魏環溪總憲 王宏撰 024/517
遵儀大禮疏 曾國藩 041/487
奏定文廟祀典記 俞樾 041/495
文廟祀典私議 俞樾 041/499
孔忠移祀崇聖祠議 俞樾 041/503
請漢儒許子從祀疏
汪鳴鑾 041/505
續修會典事例摺 延煦 042/001
歷朝郊祀分合考 姚文枏 049/165
遵議大禮疏 曾國藩 049/171
謹獻升祔大禮議 張佩綸 049/174
續陳會奏未盡之意疏
鍾佩賢 049/177
遵旨覆議升祔典禮疏
李鴻章 049/178
以一死泣請懿旨豫定大統之歸疏
吳可讀 049/181
闡明聖意疏
翁同龢、徐桐、潘祖蔭 049/184
遵旨妥議疏 寶廷 049/185
遵旨謹陳管見疏 張之洞 049/188
奏定文廟祀典記 俞樾 049/197
文廟祀典私議 俞樾 049/198
孔忠移祀崇聖祠議 俞樾 049/200
請將漢儒許慎從祀疏
汪鳴鑾 049/200
請升先儒韓愈祀位疏
鈕玉庚 049/202
遵議先儒從祀請旨准行疏
潘祖蔭 049/204
稟撫部院 薛福成 049/208
續修會典事例請飭妥議開館章程疏
延煦 049/210
歸葬於女氏之黨議 袁翼 049/334
讀宋史記禮志論郊配
葉裕仁 068/055
遵議大禮疏 曾國藩 068/059
敬陳從權守經疏 董元章 068/067
政權操之自上疏 賈楨 068/071
請親理大政疏 勝保 068/075
遵議垂簾聽政事宜疏 068/081
晉書賀循傳書後 沈垚 068/089
明大禮說 朱琦 068/111
讀段集明世宗非禮論
黃式三 068/119
繼統論上 方宗誠 068/123
繼統論下 方宗誠 068/143
請預定大統遺疏 吳可讀 068/151
遵議預定大統疏 068/159
遵議預定大統疏 徐桐 068/163
另議預定大統疏 張之洞 068/165
另議預定大統疏 寶廷 068/177
遵議升祔典禮疏 李鴻章 068/185

五、禮政 大典

答吳摯甫論祔祧書 方宗誠 068/191
預杜妄論疏 068/195
國恤私議 楊象濟 068/205
書宋志真宗永定陵事後 俞正燮 068/209
鬼神論 潘德輿 068/215
祀典雜議 龔鞏祚 068/223
擬州縣請立靈星祠議 洪頤煊 068/231
增祀章水神議 王泉之 068/235
丁灣社碑 徐時棟 068/239
孔忠移祀崇聖祠議 俞樾 068/253
典禮上 鄭觀應 082/531
典禮下 鄭觀應 082/532
預籌各國使臣合請覲見片 薛福成 082/534
上諭各國使臣定期朝見謹書於後 (英)李提摩太 082/534
兩君相見論 082/535
覲見使臣關乎振興說 082/536
請親理大政疏 勝保 098/099
遵議大禮疏 曾國藩 098/100
請預定大統遺疏 吳可讀 098/102
遵議垂簾聽政事宜疏 098/104
酌定禮儀疏 098/107
遵議升祔典禮疏 李鴻章 098/108
遵議醇親王飾終典禮疏 098/109
兩君相見論 098/111
繼統論上 方宗誠 098/112
繼統論下 方宗誠 098/117
明大禮說 朱琦 098/120
覲見使臣關乎振興說 098/122
鬼神論 潘德輿 098/122
讀宋史記禮志論郊配 葉裕仁 098/123
增祀章水神議 王泉之 098/124
祀典雜議 098/125
國恤私議 098/127
擬州縣請立靈星祠議 洪頤煊 098/128
中西禮節懸殊不必強同論 098/129
典禮上 鄭觀應 098/131
典禮下 098/132
上諭各國使臣定期朝見謹書於後 (英)李提摩太 098/136
天地合祭辨 秦蕙田 107/197
郊祀分合議 顧棟高 107/199
祭地祭社不同論 秦蕙田 107/200
北郊配位議 徐乾學 107/201
地壇配位 徐乾學 107/202
請立雩壇疏 徐以升 107/203
請舉秋報大典疏 龔學海 107/204
城隍考 秦蕙田 107/205
考祀典正禮俗疏 陶正靖 107/206
請酌定先師祀典疏 王士禎 107/207
停止封禪等議 張玉書 107/208
昭代樂章恭紀 張玉書 107/209
論鐘律疏 張照 107/209
論樂律及權量疏 張照 107/210
論樂 陸世儀 107/212
國朝謚法考自序 王士禎 107/213
鹵簿名物記 陸燿 107/214
歷朝郊祀分合考 姚文枏 107/215
遵議大禮疏 曾國藩 107/218

謹獻升祔大禮疏 張佩綸 107/220
遵旨覆議升祔典禮疏 李鴻章 107/222
遵旨妥議疏 寶廷 107/223
遵旨謹陳管見疏 張之洞 107/225
奏定文廟祀典記 俞樾 107/228
請修禮書疏 陳紫芝 107/231
複劉中丞蓉書 曾國藩 107/238
論祔祭 孔繼汾 107/246
答王山史書 顧炎武 107/256
女教經傳通纂序 任啟運 107/277
答蔣信夫論喪娶書 袁枚 107/279
歸葬於女氏之黨議 107/282
北郊配位議 徐學乾 119/363
聖廟五王昭穆位次議 金門詔 119/364
晉書賀循傳書後 沈垚 119/366
遵議大禮疏 曾國藩 119/368
明大禮說 朱琦 119/370
敬陳從權守經疏 董元章 119/372
總統論上 方宗誠 119/373
總統論下 方宗誠 119/379
答吳摯甫論祔祧書 方宗誠 119/382
以一死泣請懿旨豫定大統之歸疏 吳可讀 119/384
闡明聖意疏 徐桐、翁同龢、潘祖蔭 119/386
遵旨妥議疏 寶廷 119/387
遵旨謹陳管見疏 張之洞 119/389
預杜妄論疏 醇親王 119/393
謹獻升祔大禮議 張佩綸 119/394
國朝謚法考自序 王士禎 119/400
城隍考 秦蕙田 119/410
議謚明季殉難諸臣疏 舒赫德 119/414
議都察院請增孔林祀典狀 陳兆崙 120/001
請升先儒韓愈祀位疏 鈕玉庚 120/007
律呂正義 120/083
論樂律及權量疏 張照 120/084
遵議大禮疏 曾國藩 124/483
請親理大政疏 124/485
遵議大禮疏 曾國藩 134/503
敬陳從權守經疏 董元章 134/505
政權操之自上疏 賈楨 134/505
請親理大政疏 勝保 134/506
遵議垂簾聽政事宜疏 王大臣 134/507
請預定大統遺疏 吳可讀 134/509
遵議預定大統疏 王大臣 134/511
遵議預定大統疏 徐桐 134/512
另議預定大統疏 張之洞 134/512
另議預定大統疏 寶廷 134/515
謹獻升祔大禮疏 張佩綸 134/517
遵議升祔典禮疏 李鴻章 134/519
預杜妄論疏 醇親王 134/521
請飭議尊崇醇親王典禮疏 吳大澂 134/521
遵議醇親王飾終典禮疏 王大臣 134/522
續修會典事例請飭妥議開館章程疏 延煦 134/533
請將漢儒許慎從祀疏 汪鳴鑾 134/534

請升先儒韓愈祀位疏 紐玉庚 134/535

五、禮政 學校

制科策 黃震孫(中堅) 002/070
取士篇 黃宗羲 007/501
古學校考 程晉芳 007/502
教冑子論 呂星垣 007/504
重學校 侯方域 007/506
制科策上 魏禧 007/508
制科策下 魏禧 007/510
制科策 黃中堅 007/511
科場 顧炎武 007/513
科舉 黃宗羲 007/516
三禮試士論 郭起元 007/519
送張少淵赴省試序 張海珊 007/522
制科取士之法考 劉子壯 007/523
唐摭言後序 程晉芳 007/524
議時文取士疏 007/525
請分試以廣真才疏 姚祖項 007/527
請博舉孝弟疏 胡煦 007/529
請定教職調補之法 勵宗萬 007/530
新疆設學疏 溫福 007/531
讀墨小序 任源祥 007/532
湖南試卷序 錢澧 007/532
北卷 顧炎武 007/533
書張佩璁事 張士元 007/534
考試點名除弊法 徐文弼 007/534
再請改建南闈疏 李發甲 007/538
車論 李楷 025/225
送督學楊兩松先生序 孫景烈 025/229
送督學康伊山先生入都序 岳震川 025/235
安康縣興賢學倉志序 路德 025/249
安康縣興復興賢學倉序 高建瓴 025/255
諭江甯府諸生 俞德淵 025/261
劄淮南監掣廳 俞德淵 025/265
甄別孝廉示 俞德淵 025/269
革商州儒學諸生丁憂陋規揭示 孫景烈 025/273
革丁憂起復陋規及祝儀示 牛振聲 025/275
與雲間陸郡博 陸隴其 025/279
月課文武諸生背誦經書諭 牛振聲 025/281
丁祭諭諸生 牛振聲 025/285
明倫堂再諭廩生 牛振聲 025/289
安康縣興復興賢學倉序 高建瓴 042/009
請定鄉試考官校閱士子勦襲諸弊摺 林則徐 042/015
請以鄉試薦卷分別徵人書院正課啟 舒化民 042/023
戒諭學官 李棠階 042/027
河朔書院諭諸生 李棠階 042/031
說士上 管同 042/033
說士下 管同 042/037
請陝甘鄉試分闈並分設學政疏 左宗棠 042/041
請整頓宗學疏 王榕吉 042/053

河北精舍學規 陳寶箴 042/057
請另設專棚考試摺
杜瑞聯 042/071
舉行鄉課議 劉汝璆 042/075
請崇尚經術疏 游百川 042/077
整頓鄉會試謄錄敬陳管見疏
邵曰濂 042/087
說士上 管同 049/215
說士下 管同 049/216
重儒官議 馮桂芬 049/218
戒諭學官 李棠階 049/220
江甯府學記 曾國藩 049/221
舉行鄉課議 劉汝璆 049/223
請定鄉試考官校閱章程並防士子勦襲諸弊疏 林則徐 049/227
請陝甘鄉試分闈並分設學政疏
左宗棠 049/231
請整頓宗學疏 王榕吉 049/237
會籌整頓咸安宮官學章程疏
寶昌 049/243
請國學增設舉監疏
王先謙 049/247
請恩准職官入監片
王先謙 049/249
臚陳站丁不准考試可疑可憫情形疏
王家璧 049/251
請飭酌加海門廳學廩增各額片
黃體芳 049/253
請添設張獨多三廳學額疏
李鴻章 049/255
續陳苗民改裝暨整頓義學情形片
林肇元 049/257
口外七廳取進學額請援案辦理疏
奎斌、呂鳳岐 049/257
請造冊送考疏 文緒 049/259
請飭學政整飭士習疏
黃德濂 049/445
金山張堰鎮義塾記
張文虎 049/448
請飭屬延師訓課回族各塾片
劉錦棠 049/450
學校祀倉頡議 俞樾 068/245
學校應增祀先聖周公議
魏源 068/249
擬復漢儒賈誼從祀議
陸心源 068/255
擬顧炎武從祀議 陸心源 068/261
遵議先儒黃宗羲顧炎武從祀疏
潘祖蔭 068/265
瀏陽學祭議 吳敏樹 068/275
南滙縣稟尊經閣崇祀經師批
蔣日豫 068/279
江甯府學記 曾國藩 068/283
永康縣學碑記 孫衣言 068/287
學校篇上 湯成烈 068/305
學校篇中 湯成烈 068/309
學校篇下 湯成烈 068/313
因時論五 吳鋌 068/317
士論 亢樹滋 068/321
史記儒林傳論 楊紹文 068/325
重儒官議 馮桂芬 068/329
學官論 王寶仁 068/333
采風劄記各卷小序
李聯琇 068/335
送張小軒督學安徽序
淩堃 068/339

五、禮政　學校

送江小帆視學湖北序　曾國藩 068/345
送錢調甫之任贛榆教論序　葉裕仁 068/349
書竇應訓導張君遺像後　包世臣 068/351
冷齋勘書圖記　錢泰吉 068/353
請整頓宗學疏　王榕吉 068/357
請增設舉監疏　王先謙 068/361
會議廣敷教化疏　賀長齡 068/365
請購刊經史疏　鮑源深 068/371
安康縣興賢學倉志序　路德 068/387
河北精舍學規　陳寶箴 068/405
講書議　陳灃 068/419
鄉塾讀書法序　李兆洛 068/423
金山張堰鎮義塾記　張文虎 068/425
因時論四　吳鋌 069/005
說士上　管同 069/015
說士下　管同 069/019
取士　楊紹文 069/023
學校貢舉論　吳德旋 069/029
擬朱子學校貢舉議一　王寶仁 069/033
擬朱子學校貢舉議二　王寶仁 069/039
科場議一　陳灃 069/055
科場議二　陳灃 069/059
科場議三　陳灃 069/065
請定鄉試校閱章程並防勦襲諸弊疏　林則徐 069/077
上會節相議江南不可分闈書　方宗誠 069/085
請陝甘鄉試分闈並分設學政疏　左宗棠 069/093
請推廣文武科試疏　祁 069/101
上大府請武場添試火器箋　徐鼒 069/111
條陳請禁楷字以挽頹風疏　桂文燦 069/115
上戴大司寇書　包世臣 069/119
與魯通甫書　潘德輿 069/127
上羅椒生先生書　戴鈞衡 069/139
停廣額議　金文榜 069/147
請變通廣額章程片　張之洞 069/151
請停推廣捐例疏　季芝昌 069/163
請停推廣捐納軍功舉人附生疏　俞長贊 069/167
議覆推廣學校　081/013
論學校二　081/156
學堂條議八則　姚文棟 082/016
記江西康女士　梁啟超 082/293
議覆李侍郎推廣學校摺　總署 083/005
廣學校　彭玉麟 083/006
論學校　(英)李提摩太 083/008
學校　鄭觀應 083/008
論不廣新學之害　083/011
去學校積弊以興人才論　王韜 083/027
學校總論　闕名 084/277
議覆李侍郎推廣學校摺　總理衙門 084/288
議覆皖撫籌添學堂摺

總理衙門 084/298
學校餘論 闕名 084/319
論科舉 闕名 084/322
述思古子議 龔自珍 084/329
議覆考試策問准引用本朝人名書名摺 禮部 084/330
童蒙藝塾說 韓文舉 084/347
鄉學篇 孫學修 084/351
記江西康女士 闕名 084/357
學校總論 梁啟超 088/235
議覆李侍郎推廣學校摺 總理衙門 088/261
議覆皖撫籌添學堂摺 總理衙門 088/282
學校餘論 梁啟超 088/325
論科舉 梁啟超 088/332
述思古子議 龔自珍 088/348
議覆考試策問准引用本朝人名書名摺 禮部 088/349
蒙學藝塾說 韓文舉 088/386
鄉學編 孫學修 088/396
記江西康女士 梁啟超 088/410
史記儒林傳論 楊紹文 094/055
士論 亢樹滋 094/056
重儒官議 馮桂芬 095/358
請停推廣捐納軍功舉人附生疏 俞長贊 095/424
請停推廣捐例疏 095/426
恭讀五月二十二日上論敬注 098/143
請整頓宗學疏 王榕吉 098/144
道員倡捐集貲創辦學堂疏 王文韶 098/149
會議廣敷教化疏 賀長齡 098/152
謹擬官書局開辦章程疏 孫家鼐 098/155
書道器學堂緣起後 098/159
湖南岳州擬變通岳陽慎修兩書院啟 王第祺 098/198
學校應增祀先聖周公議 魏源 098/206
去學校積弊以興人才論 王韜 098/208
滬上宜廣設義塾議 098/211
瀏陽學祭議 吳敏樹 098/218
講書議 陳澧 098/221
學校貢舉論 吳德旋 098/222
學校餘論 098/223
學官論 王寶仁 098/236
河北精舍學規 陳寶箴 098/239
學堂條規八則 098/243
擬朱子學校貢舉議 王寶仁 098/249
擬朱子學校貢舉議(二) 王寶仁 098/250
論不廣新學之害 098/256
彙刻各省學堂章程敘 098/258
淞婁育才館序 098/259
鄉學篇 孫學修 098/262
學校篇上 湯成烈 098/263
學校篇中 湯成烈 098/264
學校篇下 湯成烈 098/265
廣學校 彭玉麟 098/266
論學校 (英)李提摩太 098/268
學校 鄭觀應 098/269
論中國宜設專門學塾 098/271

五、禮政 學校

學校議 098/272
謹注改試策論諭旨 098/289
恭讀六月初一日上諭敬陳管見 098/290
請推廣文武科試疏 祁 098/292
請增設舉監疏 王先謙 098/293
條陳請禁楷字以挽頹風疏 桂文燦 098/294
議准設立經濟歲舉特科摺 098/295
請變通科舉摺 098/299
奏請經濟歲舉歸併正科並請迅即改試策論摺 宋伯魯 098/301
奏考試策問請准引用本朝人名書名摺 褚成博 098/302
議覆榮中堂祿請設武備特科摺 榮祿 098/307
軍機大臣議覆胡京尹燏棻奏酌設武科片 098/309
請變通廣額章程片 張之洞 098/312
禮部遵議改試策論章程稿 098/313
會議科舉新章摺稿 098/314
重考試以資鼓勵論 098/318
三場以時務策士論 098/319
請廣設科目議 098/320
改科舉議 098/322
科舉末議 098/324
科場議一 陳澧 098/325
科場議二 陳澧 098/326
科場議三 陳澧 098/327
變通試士之法議 098/328
改會試議 098/331
廣取士議 098/331
論科舉 吳鋌 098/332
論變通制科策時務以徵時彥 098/333
論策論取士宜分為數科 098/334
科舉改章說 098/336
論科場弊竇之多 098/337
論求寔學必正人心八股可廢經義不可廢 098/339
論各處書院改試策論宜先試院長 098/340
論中國近日欲試士子以有用之學宜自典禮法律始 098/341
取士論 098/344
停廣額議 金文榜 098/346
上大府請武場添試火器箋 徐鼒 098/354
恭讀上諭發憤為雄速議制度書後 黃鶴山 098/355
讀譚督遵議改試武科章程書後 098/357
周禮精意為西學導其先路說 邱煒萲 102/289
謹注改試策論諭旨 闕名 103/115
妥議科舉新章以覘實學摺 張之洞 103/401
恭讀上諭舉行經濟特科謹註 勞逸漁 103/405
請開西學專科奏稿 嚴修 103/406
讀嚴修請開經濟專科摺書後 敦煌韜晦子 103/411
育才篇 闕名 103/419
學校總論 闕名 103/421
議覆李侍郎推廣學校摺

總理衙門 103/435
學校餘論 闕名 103/436
科舉末議 闕名 103/443
開特科議 闕名 103/447
論課蒙宜有次序 闕名 103/448
論南滙縣紳士呈請另聘山長事 闕名 103/449
原才 王韜 103/458
原士 王韜 103/460
分建學堂說 陳熾 103/463
書陳侍御請整飭學校疏後 闕名 103/465
宗塾議 闕名 103/474
主試衡文論 闕名 103/480
取士宜崇實學論 闕名 103/482
考試宜增門類論 闕名 103/483
武科與文科並重說 闕名 103/486
變通文武考試舊章說 闕名 103/487
武科取士急宜變通說 闕名 103/489
書俊御史請飭整頓官學摺後 闕名 103/492
論同考官 闕名 103/494
主司非師辨 闕名 103/495
古學校考 程晉芳 107/295
重學校 侯方域 107/297
會籌整頓咸安宮官學章程疏 寶昌 107/299
請國學增設舉監疏 王先謙 107/301
續陳苗民改裝暨整頓義學情形片 林肇元 107/302
口外七廳取進學額請援案辦理疏 奎斌、呂鳳岐 107/302
學校總論 107/304
論宜去學校積弊以興人材 107/312
中國州縣宜廣設中西學堂論 107/314
中國言語不同宜設同音書塾議 107/316
議覆李侍郎推廣學校摺 總理衙門 107/323
學校餘論 107/324
再請改建南闈疏 李發甲 107/331
議覆皖撫籌添學堂摺 總理衙門 107/341
論義塾宜嚴定塾規 107/376
擬各城鄉宜添設義塾論 107/377
論富人宜創設中西義塾 107/378
論義塾得失 107/379
擬改義塾為時務學堂說 107/381
論中國欲人人識字必先以婦女識字為始並推言婦女不讀書之害 107/389
中國宜廣建女塾議 107/392
中國宜以切音字振興女塾說 107/394
重儒官議 馮桂芬 107/410
戒諭學官 李棠階 107/411
江甯府學記 曾國藩 107/412
童蒙藝塾說 韓文舉 107/428
鄉學篇 孫學修 107/430
取士篇 黃宗羲 109/159
三禮試士論 郭起元 109/160
制科取士之法考 劉子壯 109/160

五、禮政 學校

論時文取士疏 109/162
說士上 管同 109/163
說士下 管同 109/164
請定鄉試考官校閱章程並防士子勦襲諸弊疏 林則徐 109/165
請陝甘鄉試分闈並分設學政疏 左宗棠 109/167
論科舉 109/169
學校應增祀先聖周公議 魏源 120/002
擬復漢儒賈誼從祀議 陸心源 120/003
遵議先儒黃宗羲顧炎武從祀疏 潘祖蔭 120/004
學校祀倉頡議 俞樾 120/009
重儒官議 馮桂芬 120/011
河北精舍學規 陳寶箴 120/014
說士上 120/059
說士下 120/060
送江小帆視學湖北序 曾國藩 120/061
科場議一 陳澧 120/064
科場議二 陳澧 120/065
科場議三 陳澧 120/067
擬朱子學校貢舉議二 王實仁 120/067
條陳請禁楷字以挽頹風疏 桂文燦 120/070
議覆考試策問准引用本朝人名書名摺 禮部 120/071
請陝甘鄉試分闈並分設學政疏 左宗棠 120/072
去學校積弊以興人才論 王韜 124/491
毀寺觀以充學堂經費議 124/495
論科舉改制之善 125/001
論學校二 梁啟超 126/168
總署議覆李侍郎請推廣學校摺 126/206
太學 陳次亮 126/212
奏請變通八旗學校章程摺 128/360
東撫袁中丞奏辦山東大學堂摺 128/367
漕督陳奏改設江北大學堂情形摺 128/381
浙撫任奏陳改設學堂辦理情形摺 128/386
清江大學堂章程 128/387
山東崇實學堂章程 128/390
江南派辦處稟陳籌辦江南各學堂情形詳文 128/392
湘撫俞奏湘中改設學堂及派人出洋游學情形摺 128/396
會議學堂出身疏 128/399
御史許奏請勸立學堂酌予獎勵摺 128/400
皖撫奏設學堂摺 128/401
粵督陶覆奏變通武科摺 128/412
皖撫王奏請廣設算學專門學堂摺 128/413
學堂論 128/429
議覆李端棻推廣學校摺 總理衙門 131/389
奏陳籌辦大學堂大概情形疏 孫家鼐 131/404
遵旨設立學堂謹陳籌辦情形疏

林開謩 131/420
學堂人員一體鄉試片
李鴻章 131/437
請將丁漕平餘廣設學堂疏
張之洞 131/440
請設游藝學塾疏 魏光燾 131/443
奏京員創設通藝學堂並援案准予獎勵調考疏 總理衙門 131/444
請編訂功課書片 趙惟熙 131/447
奏擬經濟特科考試章程疏
政務處 131/454
遵議優獎開物成務人才疏
總理衙門 131/455
會奏擬請妥議科舉新章並酌改考試詩賦小楷之法疏
張之洞、陳寶箴 131/458
遵議鄉會試詳細章程疏
禮部 131/461
議奏科場改試疏 禮部 131/464
奏陳變通錄科章程疏
國子監 131/466
遵議順天借闈鄉試變通章程疏
禮部 131/468
會奏變通科舉事宜疏
政務處 131/470
酌擬改練新軍建設武備學堂疏
信恪 131/522
請變通宗室八旗學校章程疏
寶熙 134/525
請整頓宗學疏 王榕吉 134/526
請增設舉監疏 王先謙 134/527
請恩准職官入監片
王先謙 134/528
會議廣敷教化疏 賀長齡 134/528
請購刊經史疏 鮑源深 134/532
遵議先儒黃宗羲顧炎武從祀疏
潘祖蔭 134/536
明儒來知德請從祀兩廡疏
丁寶楨 134/538
遵議宋儒游酢從祀文廟疏
李鴻章 134/539
請定鄉試校閱章程並防勦襲諸弊疏
林則徐 135/001
請陝甘鄉試分闈並分設學政疏
左宗棠 135/003
請推廣文武科試疏 祁 135/005
條陳請禁楷字以挽頹風疏
桂文燦 135/006
請停推廣捐例疏 季芝昌 135/008
請停推廣捐納軍功舉人附生疏
俞長贊 135/009
科舉太濫請停止捐輸廣額之案疏
徐家鼎 135/010
四川捐輸勢難遽停仍請加廣中額疏
劉秉璋 135/011
請加浙粵兩省中額疏
丁寶楨 135/012
增建號舍添設房考疏
丁寶楨 135/013
大寧奉節分別添設學額拔額疏
丁寶楨 135/014
請飭酌加海門廳學廪增各額片
黃體芳 135/015
請添設張獨多三廳學額疏
李鴻章 135/016
口外七廳取進學額請援案辦理疏

五、禮政 學校

五、禮政 學校

奎斌 135/016
請造冊送考疏 文緒 135/018
請裁減中額疏 易俊 135/019
臚陳站丁不准考試可疑可憫情形疏 王家璧 135/020
請飭屬延師訓課回族各塾片 劉錦棠 135/022
請飭學政整飭士習疏 黃德濂 135/023
切實申明取士之法疏 禮部 135/024
整頓士習疏 卞寶第 135/027
請整飭學校提倡正學疏 陳夔龍 135/027
請斟酌歷代舊制正定四書文體疏 楊深秀 135/029
釐正文體以端士習疏 楊崇伊 135/030
議覆給事中褚成博奏考試策問請准引用本朝人名書名疏 禮部 135/031
請廣設科目議 蔡元章 146/076
論宜去學校積弊以興人材 王韜 146/094
原才 王韜 147/206
原士 王韜 147/208
涇士學堂章程 149/215
考試 湯震 149/222
考試上 鄭觀應 149/226
考試下 鄭觀應 149/232
學校議 闕名 149/235
湘鄉東山精舍章程 149/261
上譯署擬請創設總學堂議 (美)狄考文 149/272
湘撫招考新設時務學堂學生示 陳寶箴 149/298
浙撫奏請妥議經濟特科章程疏 廖壽豐 149/313
湖督撫會議科舉新章並請酌改詩賦小楷試法疏 張之洞、陳寶箴 149/316
議奏科場改試疏 禮部 149/323
遵議鄉會試詳細章程疏 禮部 149/328
設學 張之洞 149/335
奏陳籌辦大學堂大概情形疏 孫家鼐 149/360
皖撫奏設二等學堂摺 鄧華熙 149/376
陝撫學臣會奏辦理學堂情形摺 魏光燾、趙惟熙 149/382
陝撫奏設游藝學塾疏 魏光燾 149/384
上孫燮臣尚書書 熊亦奇 149/387
湖督招考自強學堂學生示 張之洞 149/390
會奏變通科舉事宜疏 政務處、禮部 149/420
與製造局毛實君觀察振興館務說帖 吳宗濂 149/427
中國亟宜遍設小學堂議 王季烈 149/430
會議學堂出身疏 政務處、禮部 149/435
中國士流改進策 亞泉 149/437
遵議優獎開物成務人才疏

總理衙門 151/206

五、禮政　宗法

補定大宗議　許典三(三禮)　001/396
別籍異財議　李巨來(紱)　001/477
聚民論　張海珊　008/003
宗法論一　紀大奎　008/005
宗法論二　紀大奎　008/006
宗法論三　紀大奎　008/007
宗法論四　紀大奎　008/009
宗法論五　紀大奎　008/010
農宗　龔自珍　008/012
萊州任氏族譜序　顧炎武　008/014
華陰王氏宗祠記　顧炎武　008/016
補定大宗議　許三禮　008/018
原姓　顧炎武　008/018
通譜　顧炎武　008/019
駮曾子固公族議　徐乾學　008/020
陸氏義莊記　錢大昕　008/021
廬江章氏義莊記　魏源　008/022
論宗祭　陸世儀　008/023
選舉族正族約檄　陳宏謀　008/024
請禁祠宇流弊疏　輔德　008/025
寄楊樸國景素書　陳宏謀　008/027
石井劉氏族譜序　陶必銓　008/027
姓氏溯源序　彭維新　008/028
景城紀氏家譜序例　紀昀　008/029
族譜解惑　朱軾　008/033
與族人書　朱軾　008/035
敘次宗譜例言　法坤宏　008/037
辨小宗不立後　秦蕙田　008/042
為人後　惠士奇　008/043
繼嗣說　蔡新　008/044
為殤立後議　杭世駿　008/046
論鈍翁立後書　閻若璩　008/047
請定繼嗣條規疏　胡季堂　008/049
與嚴姓親族書　張海珊　008/051
示邑民爭繼祀讞語　張甄陶　008/052
二子析產序　魏禮　008/056
別籍異財議　李紱　008/057
分居　顧炎武　008/057
睦宗族　張履祥　008/059
嘉靖大禮議　謝濟世　042/109
蔣明府祭田學田記　謝濟世　042/113
宋明兩大疑案論　李祖陶　042/115
宗祠條規序　管同　042/131
郭氏族譜序　楊彝珍　042/135
提督出後異姓疏　曾國藩　042/137
兄第異居議　王紳　042/141
為人後者後大宗說　吳定　049/269
與子敦論宗子不必有爵書　張履　049/270
再答仲虎書　張履　049/277
復宗法議　馮桂芬　049/281
宋濮議論　張錫恭　049/284
濂溪大宗支裔零陵青山周氏譜序　宗稷辰　049/286
郭氏族譜序　楊彝珍　049/287
南邑唐氏續修族譜序　葛學禮、張堅填諱　049/288
書賈丈湖山展墓圖記後　葛學禮、張堅填諱　049/289
咨湖南撫院　胡林翼　049/290
提督出後異姓疏　曾國藩　049/291

據情代奏疏 靈桂 049/293
已故大員請準令擇立賢愛疏
慶裕 049/294

五、禮政 宗法

宋明兩大疑案論 李祖陶 068/095
宗法議 成毅 069/175
復宗法議 馮桂芬 069/179
農宗答問 龔鞏祚 069/187
與沈子敦論宗子不必有爵書
張履 069/191
答陳仲虎論喪主書 張履 069/197
繼嗣義例問答 吳昆田 069/205
答人問為後書 彭泰來 069/213
兼祧說 顧廣譽 069/219
兼祧之禮合乎古義說
劉毓崧 069/223
族譜序 方東樹 069/241
復小宗論 瞿家鏊 069/259
義田說 王塗 069/263
甬東吳氏義莊碑記
徐時棟 069/265
陳氏義田記 王宗炎 069/269
勸酌提祠產周濟貧族示
張之洞 069/271
提督出後異姓疏 曾國藩 069/275
與友人論姪嗣姑後書
鄧瑤 069/279
答張南昌問能否歸宗議
包世臣 070/317
族譜序 方東樹 098/383
復宗法議 馮桂芬 098/388
宗法議 成毅 098/390
復小宗論 瞿家鏊 098/391
兼祧之禮合乎古義說
劉毓崧 098/392
兼祧說 顧廣譽 098/397
義田說 王塗 098/398
勸酌提祠產周濟貧族示
張之洞 098/399
繼嗣義例問答 吳昆田 098/400
農宗答問 龔鞏祚 098/402
與沈子敦論宗子不必有爵書
張履 098/403
答陳仲虎論喪主書 098/404
與友人論姪嗣姑後書
鄧瑤 098/406
答張南昌問能否歸宗議
包世臣 099/072
聚民論 107/284
宗法論一 107/286
宗法論二 紀大奎 107/287
宗法論三 紀大奎 107/287
宗法論四 紀大奎 107/288
宗法論五 紀大奎 107/289
為人後者後大宗說 吳定 107/290
復宗法議 湯桂芬 107/291
請禁祠宇流弊疏 輔德 119/413
補定大宗議 許禮三 119/435
敘次宗譜例言 法坤宏 119/435
與嚴姓親族書 張海珊 119/436
答張南昌問能否歸宗議
包世臣 119/438
繼嗣義例問答 吳昆田 119/441
提督出後異姓疏 曾國藩 119/443
與友人論姪嗣姑後書
鄧瑤 119/444
宋濮議論 張錫恭 119/445

復宗法議 馮桂芬 119/446
宗法議 成毅 125/057
提督出後異姓疏 曾國藩 135/033
據情代奏疏 靈桂 135/033
已故大員請準令擇立賢愛疏 慶裕 135/034

五、禮政 家教

家訓 王伯咨(命岳) 001/437
訓子王略 田梁紫(蘭芳) 001/441
戒子孫 李晉卿(光地) 001/444
聰訓齋語 張敦復(英) 001/446
訓子語 張考夫(履祥) 001/455
崇明老人記 陸稼書(隴其) 001/458
萬孝子割股議 侯朝宗(方域) 001/460
割股辨 田梁紫(蘭芳) 001/463
醫說 夏醴谷(之蓉) 001/467
論婦 張考夫(履祥) 001/469
與七弟繼信論家人離必起于婦人書 劉繼貢(紹攽) 001/471
書陳靜恪先生傳後 蔡聞之(世遠) 001/472
甲辰示道希兄弟 方靈皋(苞) 001/475
論宗族二條 張考夫(履祥) 001/479
上叔父 張孝先(伯行) 001/481
論僕役二條 張考夫(履祥) 001/484
甲辰示道希兄弟 方靈皋(苞) 001/485
恤臧獲議 邱秀瑞(嘉穗) 001/486
窖金論 李希天(繼聖) 001/495
儉論 鄭半人(梁) 001/497
書事三則 田梁紫(蘭芳) 001/500
與侯六兄書 田梁紫(蘭芳) 001/503
戒殺問答 勞麟書(史) 001/512
五肴約 徐魯南(用錫) 001/517
勉厚堂五簋約 張起元(貞) 001/518
書鄉飲酒禮 朱可亭(軾) 001/518
備孝 唐甄 008/065
明悌 唐甄 008/065
同母兄弟 顧炎武 008/067
內倫 唐甄 008/067
與弟論家人離必起於婦人書 劉紹攽 008/068
婦學三則 章學誠 008/069
聰訓齋語 張英 008/070
戒子孫 李光地 008/074
甲辰示道希兄弟 方苞 008/075
家訓 王命岳 008/076
訓子王略 田蘭芳 008/077
與弟文紹書 盧文弨 008/079
書尹氏三戒 任啟運 008/081
崇明老人記 陸隴其 008/082
書張孺人孝行三則 儲大文 008/083
書陳靜恪先生傳後 蔡世遠 008/085
肅小翮五十序 魏禧 008/087
僮僕 顧炎武 008/088
恤臧獲議 邱嘉穗 008/089
甲辰示道希兄弟 方苞 008/090
論僕役 張履祥 008/091
儉論 鄭梁 008/091
窖金論 李繼聖 008/092
治家瑣言 牛作麟 026/103

五、禮政 家教

訓子瑣言 牛作麟 026/113
教婦要言 牛作麟 026/117
賢母祠記 康乃心 026/119
賢母祠記 陳世社 026/125
書關中賢母傳後 徐超 026/129
增脩賢母祠紀略 魏象樞 026/133
張建瑤廬墓記 吳鎮 026/135
撻虎任四傳 吳鎮 026/137
影戲楊孝子傳 周元鼎 026/139
魁樓阡表 牛振聲 026/143
魁樓阡表跋 李裕堂 026/147
書魁樓阡表後 路德 026/149
郭巨論 馬國翰 026/151
象未必欲必殺舜論 王宏撰 026/155
周公未嘗殺管叔論 王宏撰 026/157
將仲子 岳震川 026/159
叔于田大叔于田 026/160
敦本堂記 董詔 026/163
致和堂序 楊于果 026/167
家訓八則 李文炤 042/145
示儉 舒化民 042/165
彤史序 管同 042/169
治家瑣言 牛作麟 042/173
訓子瑣言 牛作麟 042/183
書贈弟六則 曾國藩 042/187
誌大父應準公家訓 黃淳熙 042/193
訓子瑣言 牛作麟 049/301
送弟之江甯序 莊慶椿 049/302
桐城麻溪姚氏登科記 姚瑩 049/303
筆記十二則 曾國藩 049/305
與王葉庭書 曾國藩 049/313
與瑟菴從弟書 劉蓉 049/313
與培基培區 劉蓉 049/316
家書一則 吳廷棟 049/318
遺訓八則 張兆熙 049/319
與子書 賈履上 049/319
書楊氏婢 梅曾亮 049/321
倫紀篇 湯成烈 069/285
宗約 孫希朱 069/289
譜訓八則 陳世鎔 069/305
治家瑣言 牛作麟 069/311
訓子瑣言 牛作麟 069/321
示兒帖 李棠階 069/323
與瑟菴從弟書 劉蓉 069/327
治生 楊彝珍 069/339
示儉 舒化民 069/343
誌大父應準公家訓 黃淳熙 069/347
郭巨論 馬國翰 069/351
愛日堂記 孫衣言 069/355
方氏記李默齋實行書後 陸繼輅 069/363
書任彥昇奏彈劉整文後 鄧瑤 069/367
書秀水沈孺人家傳後 姚椿 069/371
與黃生論妻黨書 鄧瑤 069/373
收養親戚 俞正燮 069/377
女教 082/541
裹足 杞憂生 082/542
女教 094/316
誌大父應準公家訓

黃淳熙 098/411
倫紀篇 湯成烈 098/412
譜訓八則 陳世鎔 098/415
收養親戚 俞正燮 098/417
宗約 孫希朱 098/418
治生 楊彝珍 098/420
示儉 舒化民 098/421
治家瑣言 牛作麟 098/422
訓子瑣言 牛作麟 098/424
婦學三則 章學誠 107/387
戒子孫 李光地 107/438
僮僕 顧炎武 107/438
訓子瑣言 牛作麟 107/439
送弟之江甯序 莊慶椿 107/440
筆記十二則 曾國藩 107/440
書任彥昇奏彈劉整文後 鄧瑤 119/423
與瑟菴從弟書 劉蓉 119/425
倫紀篇 湯成烈 125/054

五、禮政　昏禮

昏說 夏醴谷(之蓉) 001/197
昏禮 盧子弓(錫晉) 001/198
答昏禮問一 劉山蔚(榛) 001/201
答昏禮問二 劉山蔚(榛) 001/202
答昏禮問三 劉山蔚(榛) 001/204
論男子三十而娶女子二十而嫁 劉畊南(大櫆) 001/206
諸葛武侯擇婦論 劉繼貢(紹攽) 001/207
論未昏守節 勞麟書(史) 001/208
昏禮考誤五則 王懋竑 007/410
讀士昏禮 岳震川 008/098
答昏禮問 劉榛 008/098
貞女辨 焦循 008/102
陳貞女林氏子合葬議 陳祖范 008/103
四貞女傳後論 羅有高 008/103
禮經答問二條 錢大昕 008/105
嫁娶 丁杰 008/107
昏禮有故說 陳祖范 008/108
三月廟見解 吳定 008/109
昏禮主人說 毛奇齡 008/110
昏禮廟見說 毛奇齡 008/111
讀昏禮述 陳祖范 008/113
昏說 夏之蓉 008/114
書張子孔氏三世出妻辯後 王宏撰 026/233
孔門三世出妻辨 馬國翰 026/235
瑞燕堂集序 王宏撰 026/241
路節婦黨氏列傳 康乃心 026/245
改建節孝祠記 葉世倬 026/249
晏貞女詩 路德 026/253
代擬趙烈婦誄 董詔 026/257
咸甯縣節孝祠記 路德 026/261
洋縣益水村薛烈女死賊記 岳震川 026/265
讀南漳胡節婦詩題辭 楊于果 026/267
霍勒霍屯氏守義論 李惺 042/197
濛水迎恩橋烈女墳祠記 莫友芝 042/201
甘節婦傳 管同 042/205
書應敏齋觀察所記張貞女事後 俞樾 042/207
親病納婦論 鄧瑤 042/213

五、禮政　昏禮

五、禮政 昏禮

再答陳秀才書 鄧瑤 042/217
書江南黃烈女事 李元度 042/221
書歸震川貞女論後 王廷植 042/229
論未嫁女過門開容事 王廷植 042/237
甘節婦傳 管同 049/320
與張鐵甫論昏禮書 張士元 049/325
周官媒氏說 黃式三 049/326
昏問 錢儀吉 049/327
昏問 林柏桐 049/329
親病納婦論 鄧瑤 049/330
再答陳秀才書 鄧瑤 049/331
霍勒霍屯氏守義論 李惺 049/332
書劉貞女紀略後 方東樹 049/336
書歸震川貞女論後 王廷植 049/338
書清芬集後 張文虎 049/341
書應觀察所記張貞女事後 俞樾 049/344
昏禮攝視議 俞正燮 069/383
昏禮樂賀 俞正燮 069/387
士庶昏禮遵制正俗議 李德騫 069/389
親病納婦論 鄧瑤 069/395
禁遷葬者與嫁殤者考 陳立 069/399
周禮嫁殤說 胡培翬 069/403
節婦說 俞正燮 069/407
烈婦議 王寶仁 069/409
與黃蔚雯論裴烈婦祠事書 潘德輿 069/411
遵議已故節婦未符年限分別核准請旌疏 069/417
貞女議 何秋濤 069/421
續貞女論上 方宗誠 069/427
續貞女論下 方宗誠 069/431
駁室女不宜守志議 胡承珙 069/435
辨貞 朱琦 069/439
書歸震川貞女論後 王廷植 069/453
書清芬集後 張文虎 069/461
書應敏齋觀察所記張貞女事後 俞樾 069/467
貞女議 王效成 069/473
貞女說 俞正燮 069/475
遵議旌表貞女按照節婦年限酌量變通疏 069/477
補昏義說 楊彝珍 069/483
嫁議 周濟 069/487
寡婦改適義 王紳 069/491
昏問 錢儀吉 069/495
昏問 林柏桐 069/499
遵議旌表貞女按照節婦年限酌量變通疏 099/003
遵議已故節婦未符年限分別核准請旌疏 099/004
士庶昏禮遵制正俗議 李德騫 099/005
昏禮攝視議 俞正燮 099/006
親病納婦論 鄧瑤 099/006
補昏義說 楊彝珍 099/007
昏問 林伯桐 099/008
昏問 錢儀吉 099/009

嫁議 周濟 099/010
禁遷葬者與嫁殤者考
陳立 099/011
貞女議 何秋濤 099/012
續貞女論上 方宗誠 099/013
續貞女論下 方宗誠 099/014
節婦說 俞正燮 099/015
烈婦議 王寶仁 099/015
寡婦改適義 王紳 099/016
辨貞 朱琦 099/016
書歸震川貞女論後
王廷植 099/019
昏禮考誤五則 王懋竑 107/234
答昏禮問 劉榛 107/278
三月廟見解 吳定 107/280
與張鐵甫論昏禮書
張士元 107/280
霍勒霍屯氏守義論 李惺 107/281
書應觀察所記張貞女事後
俞樾 107/283
嫁娶 丁杰 110/076
答昏禮問 119/431
三月廟見解 119/432
禮經答問二條 錢大昕 119/433
續貞女論上 方宗誠 120/078
續貞女論下 方宗誠 120/079
遵議已故節婦未符年限分別核准請旌疏 禮部 120/080
周禮嫁殤說 胡培翬 120/081
士庶昏禮遵制正俗議
李德騫 125/059
昏禮攝視議 俞正燮 125/059
昏問 林伯桐 125/060
嫁議 周濟 125/061
貞女議 何秋濤 125/061
烈婦議 王寶仁 125/063
節婦說 俞正燮 125/063
遵議旌表貞女按照節婦年限酌量變通疏 禮部 135/041

五、禮政 喪禮

喪說 夏醴谷(之蓉) 001/225
吳下喪禮 顧伊人(湄) 001/232
已亥四月示道希兄弟
方靈皋(苞) 001/238
答喪禮問一 劉山蔚(榛) 001/240
答喪禮問二 劉山蔚(榛) 001/242
答喪禮問三 劉山蔚(榛) 001/244
答喪禮問四 劉山蔚(榛) 001/246
與應撝謙論孤哀義書
萬充宗(斯大) 001/247
孝子喪父有繼母訃不稱哀議
柴虎臣(紹炳) 001/257
喪刺答問 何子懷(發) 001/265
與友論齊期稽首書
李客山(果) 001/266
喪冠說 毛大可(奇齡) 001/268
論弔喪 孔體儀(繼汾) 001/271
謝孝說 徐原一(乾學) 001/274
齋期 全紹衣(祖望) 001/276
父未殯而祖亡承重議
沈冠雲(彤) 001/285
為父生母不承重辯
張歷友(篤慶) 001/287
庶孫不為生祖母承重說
柴虎臣(紹炳) 001/292

五、禮政 喪禮

禫說 柴虎臣(紹炳) 001/305
禫月考 邱邦士(維屏) 001/307
閏月 汪苕文(琬) 001/311
大夫子不降期親說
萬季野(斯同) 001/315
庶孫父卒不為所生祖母服三年論
馮養吾(洁一) 001/323
後篤終論上 張稷若(爾岐) 001/333
後篤終論下 張稷若(爾岐) 001/336
停喪不葬 朱可亭(軾) 001/339
親喪不葬 徐原一(乾學) 001/342
親喪不可久停說
張孝先(伯行) 001/344
葬考 徐原一(乾學) 001/345
葬說 毛大可(奇齡) 001/348
族葬祔葬說 柴虎臣(紹炳) 001/350
喪葬解惑 蔡聞之(世遠) 001/353
駁葬地說 盧子弓(錫晉) 001/359
駁葬日說 盧子弓(錫晉) 001/360
正德重修金山寺志跋
朱錫鬯(彝尊) 001/361
羊石山題壁 朱錫鬯(彝尊) 001/362
與朱壻持正 王敬哉(崇簡) 001/366
與友人論葬服書
汪苕文(琬) 001/367
題蔣氏葬紀 彭勤止(定求) 001/369
地理崇正序 陳北溟(鵬年) 001/371
火葬 張考夫(履祥) 001/372
焚柩議 柴虎臣(紹炳) 001/374
與稚黄兄論私諡書
毛會侯(際可) 001/376
與人論墓誌銘篆蓋書
汪苕文(琬) 001/377
與顧肇聲論墓銘諸例書
沈冠雲(彤) 001/379
與張仲嘉論畫像書
萬充宗(斯大) 001/411
與孫鍾元先生問答
魏環極(象樞) 001/414
生忌說 顧伊人(湄) 001/416
論墓祭 許典三(三禮) 001/419
釋齋 朱錫鬯(彝尊) 001/420
古人喪服之學 顧炎武 008/121
與陸翼王書 閻若璩 008/121
後篤終論上 張爾歧 008/122
後篤終論下 張爾歧 008/123
表微 方苞 008/125
釋書 藍千秋 008/125
丁憂交代 顧炎武 008/126
期功喪去官 顧炎武 008/127
武官丁憂 顧炎武 008/129
喪棚迂解 高珩 008/130
答尹亨中書 鍾晼 008/132
喪禮經傳約 吳卓信 008/133
上馮師問喪儀書 陸燿 008/142
喪禮二條 顧炎武 008/143
己亥示道希兄弟 方苞 008/144
跋方望溪先生教忠祠禁
汪師韓 008/145
齋期 全祖望 008/146
厚終論 陳祖范 008/146
弔說 陳祖范 008/147
論弔喪 毛奇齡 008/147
謝孝說 徐乾學 008/149
喪刺答問 何發 008/150
喪父有繼母訃不稱哀議

柴紹炳 008/150
答喪禮問 劉榛 008/154
禫說 柴紹炳 008/157
禫月考 邱維屏 008/158
閏月 汪琬 008/160
居喪釋服解義 汪中 008/160
親喪不葬 徐乾學 008/167
停喪不葬 朱軾 008/167
招魂葬服說 許三禮 008/169
停喪 顧炎武 008/169
火葬 顧炎武 008/172
秦始皇厚葬論 姜宸英 008/174
與崔子玉論歸葬書 錢維城 008/175
論禮二則 陳祖范 008/175
與友人論葬服書 汪琬 008/176
改葬服議 韓夢周 008/177
遷葬論 楊暉吉 008/178
柩不入門辨 張生洲 008/178
改葬總論 法坤宏 008/180
書昌黎改葬論後 徐乾學 008/180
與懷庭論改葬 韓夢周 008/182
族葬考 徐乾學 008/182
讀葬書問對 黃宗羲 008/184
喪葬解惑 蔡世遠 008/186
贈吳君佩之序 陸燿 008/187
示道希兄弟 方苞 008/187
宅經葬經先後論 全祖望 008/188
毛稼軒地理書序 錢大昕 008/189
地理考原跋 程晉芳 008/190
虎口餘生錄書後 梅文鼎 008/191
原孝上 錢大昕 008/191
答孔正叔論誌文 魏禧 008/192
與顧肇聲論墓銘諸例書 沈彤 008/192
與錢巽齋論行述書 陸燿 008/193
與人論墓誌銘篆蓋書 汪琬 008/194
書歷城周君私諡益都李叔子議後 羅有高 008/195
父未殯而祖亡承重議 沈彤 008/215
為父生母不承重辯 張篤慶 008/220
庶孫不為生祖母承重說 柴紹炳 008/222
庶孫父卒不為所生祖母服三年論 馮浩 008/223
與張仲嘉論畫像書 萬斯大 008/304
喪禮論上 雷士俊 026/397
喪禮論中 雷士俊 026/401
喪禮論下 雷士俊 026/405
卑幼初喪不當受賀議 雷士俊 026/409
與襄城令東峰張公書 李容 026/517
代孝子李中孚致祭襄城城隍文 張允中 026/519
禱襄城縣城隍文 李容 026/521
祭父文 李容 026/521
貽某縣令書 全祖望 042/241
復曾滌生侍郎書 鄧瑤 042/243
再復滌生侍郎書 鄧瑤 042/247
丁憂定制疏 吳元炳 042/251
喪禮論上 雷士俊 042/253

喪禮論下 雷士俊 042/257
卑幼初喪不當受賀議 雷士俊 042/261
請禁停喪稟 舒化民 042/265
東安禁金罐告示 翁普思 042/269
喪歸宜入家論 鄧瑤 042/275
請嚴禁火葬積習疏 錢寶廉 042/279
淵亭日錄一則 李文炤 049/349
喪禮論上 雷士俊 049/350
喪禮論下 雷士俊 049/352
雨不克葬論 張士元 049/353
貽某縣令書 全祖望 049/355
卑幼初喪不當受賀議 雷士俊 049/356
喪歸宜入家論 鄧瑤 049/358
請禁停喪稟 舒化民 049/359
東安禁金罐示 翁普恩 049/361
復曾滌生侍郎書 鄧瑤 049/363
墳塋禁步應遵定制疏 駱秉章 049/365
丁憂定制片 吳元炳 049/368
請旨仍飭丁憂道員回籍守制片 周瑞清 049/369
請嚴禁火葬積習疏 錢寶廉 049/370
釋哭 湯金釗 049/371
殤不當立後議 沈垚 049/402
士庶昏喪遵制正俗議 李德騫 049/439
復曾滌生閣學書 劉蓉 055/131
讀喪服小記 程德賚 070/005
讀雜記 程德賚 070/007
讀喪大記 程德賚 070/009
讀閒傳 程德賚 070/011
禮服會通說序 吳嘉賓 070/013
答人問讀禮書 鄧瑤 070/017
士庶喪禮遵制正俗議 李德騫 070/021
喪禮正俗 潘德興 070/025
治喪陋俗宜革論 鄧瑤 070/049
喪歸宜入家論 鄧瑤 070/053
釋哭 湯金釗 070/057
哭為禮儀說 俞正燮 070/061
答人問婦喪歸期書 鄧瑤 070/069
仁言 易佩紳 070/073
請禁止奪情疏 汪朝棨 070/075
為曾侍郎論金革無辟 吳敏樹 070/077
自書金革無辟論後 吳敏樹 070/081
答友人論奪情書 許宗衡 070/089
葬議 周濟 070/093
勸葬說 淩堃 070/097
讀葬書雜說 姚瑩 070/101
宅經寶鑑序 李兆洛 070/109
選擇寶鑑序 李兆洛 070/111
答某問合葬書 王運樞 070/113
復賀柘農侍御師論速葬書 鄧瑤 070/115
守廬記 陸繼輅 070/119
答人求墓志書 龔鞏祚 070/123
勸速葬示 黃彭年 070/125
墳塋禁步應遵定制疏 駱秉章 070/133
請嚴禁火葬積習疏

錢寶廉 070/139
宣化府義冢記 查揆 070/143
服說 楊紹文 070/149
三年之喪二十五月而畢辨
方東樹 070/181
請旗漢一律終喪起復疏
包世臣 070/207
父為長子三年辨 沈欽韓 070/211
殤不當立後議 沈垚 070/281
仁言 易佩紳 071/107
墳塋禁步應遵定制疏
駱秉章 099/025
請旗漢一律終喪起復疏
包世臣 099/026
請禁止奪情疏 汪朝棨 099/028
請嚴禁火葬積習疏
錢寶廉 099/028
服說 楊紹文 099/030
喪禮正俗 潘德輿 099/039
治喪陋俗宜革論 鄧瑤 099/046
喪婦宜入家論 鄧瑤 099/047
士庶喪禮遵制正俗議
李德騫 099/048
三年之喪二十五月而畢辨
方東樹 099/049
父為長子三年辨 沈欽韓 099/056
殤不當立後議 沈垚 099/070
葬議 周濟 099/074
讀葬書雜說 姚瑩 099/075
勸葬說 凌堃 099/077
勸速葬示 黃彭年 099/078
守廬記 陸繼輅 099/080
宣化府義冢記 查揆 099/081
哭為禮儀說 俞正燮 099/082
為曾侍郎論金革無辟
吳敏樹 099/082
仁言 易佩紳 099/083
庶孫不為生祖母承重說
柴紹炳 107/252
古人喪服之學 顧炎武 107/264
丁憂交代 顧炎武 107/265
期功喪去官 顧炎武 107/265
武官丁憂 顧炎武 107/267
論弔喪 毛奇齡 107/267
謝孝說 107/268
親喪不葬 徐乾學 107/269
停喪不葬 朱軾 107/269
停喪 107/270
火葬 顧炎武 107/272
請禁停喪稟 舒化民 107/273
墳塋禁步應遵定制疏
駱秉章 107/274
丁憂定制片 吳元炳 107/275
請嚴禁火葬積習疏
錢寶廉 107/276
士庶昏喪遵制正俗議
王德騫 110/073
答人問讀禮書 鄧瑤 116/125
與張仲嘉論畫像書
萬斯大 119/399
與顧肇聲論墓銘諸例書
沈彤 119/404
與人論墓誌銘篆蓋書
汪琬 119/405
釋哭 湯金釗 119/411
士庶喪禮遵制正俗議

李德騫 119/412
與錢巽齋論行述書 陸曜 119/416
原孝上 錢大昕 119/419
與陸翼王書 閻若璩 119/453
己亥示道希兄弟 方苞 119/457
答喪禮問 劉榛 119/459
父未殯而祖亡承重議 119/465
請禁止奪情疏 汪朝棨 119/486
火葬 顧炎武 119/499
族葬考 徐乾學 119/500
與崔子玉論歸葬書
錢維城 119/502
柩不入門辨 119/502
停喪不葬 119/503
讀葬書雜説 姚瑩 119/504
勸速葬示 黄彭年 119/507
服説 楊紹文 125/066
勸葬説 凌堃 125/067
守廬記 陸繼輅 125/068
請禁止奪情疏 汪朝棨 135/047
丁憂定制片 吴元炳 135/047
請旨仍飭丁憂道員回籍守制片
周瑞清 135/048
再辭署漕督並請開侍郎缺摺
彭玉麟 135/048
請開缺回籍補守制疏
彭玉麟 135/049
墳塋禁步應遵定制疏
駱秉章 135/050
請嚴禁火葬積習疏
錢寶廉 135/052
請旗漢一律終喪起復疏
包世臣 135/053

五、禮政 服制

喪服三條 許典三(三禮) 001/260
承重説 萬充宗(斯大) 001/281
父卒未殯適孫為祖服辨
汪苕文(琬) 001/284
本生父母降服説
田梁紫(蘭芳) 001/295
父在不降母服説
毛大可(奇齡) 001/297
喪服繼母如母解
汪苕文(琬) 001/300
喪所生母雜議 沈冠雲(彤) 001/301
降服辨 王寅旭(錫闡) 001/312
嫂叔無服説 萬季野(斯同) 001/317
師服議 萬季野(斯同) 001/321
喪服 陸燿 008/141
論庶子後生服制書
沈大成 008/151
喪服三條 許三禮 008/152
古今五服考異序 汪琬 008/199
禮部頒喪服之制 008/200
答孟遠問喪服書 馮景 008/202
喪服或問 閻若璩 008/203
降服辨 王錫闡 008/205
父在不降母服説 毛奇齡 008/207
與友人論父在為母齊衰期書
顧炎武 008/208
與友人論服制書 顧炎武 008/209
心喪釋 杭世駿 008/210
喪所生母雜議 沈彤 008/212
喪服繼母如母解 汪琬 008/213
駁張仲嘉次子主喪議

萬斯大 008/214
父卒未殯適孫為祖服辨
汪琬 008/216
承重孫說 王應奎 008/217
承重說 萬斯大 008/218
答庶孫為所生祖母服
陳祖范 008/225
書適孫葬祖父母承重辯後
顧棟高 008/225
請考正承重服制議
全祖望 008/227
適孫有諸叔而承重始服考
陳祖范 008/229
論曾孫不當稱功服書
萬斯大 008/229
本生父母降服說 田蘭芳 008/230
為人後者為其曾祖父母祖父母服考
汪中 008/231
答友人問二適相為服書
馮景 008/235
三父八母服制存疑說
劉彬 008/236
慈母服議 吳任臣 008/237
繼母改嫁無服說 邵長蘅 008/238
再醮不得為繼妻議
曹續祖 008/239
祖父母在妻喪用杖議
徐乾學 008/240
論母在為妻杖否書
盧文弨 008/241
婦為舅姑服說 華學泉 008/242
與友人論無服之殤書
盧文弨 008/243
答金理函論殤服書 吳定 008/244
嫂叔無服說 萬斯同 008/245
叔嫂當服大功說 邵長蘅 008/247
嫂叔無服議 毛嶽生 008/248
父妾無子服制義 劉榛 008/251
妾服議 陳祖范 008/252
師服議 萬斯同 008/253
師制服議 杭世駿 008/254
立後論 王宏撰 027/109
承重論 雷士俊 027/111
復顧徵士亭林書 王建常 027/187
獨子兼祧兩房服制論
王人定 042/283
為父後者為出嫁姊妹報服期議
張湘任 042/287
與友人書 鄧瑤 042/291
服制附諸圖 042/295
再醮不得為繼妻論
王廷植 042/325
上湯尚書論兼祧服制書
張履 049/273
答陳仲虎為小宗殤後宜還服本生書
張履 049/275
父在為母斬衰三年說
張錫恭 049/377
為人後者為所生服議上
沈垚 049/378
為人後者為所生服議下
沈垚 049/379
為人後者為本生祖父母服辨
馬樹華 049/381
為人後者為本生祖父母服議
張履 049/382

五、禮政 服制

獨子兼承兩祧孫為祖父母服議 張履 049/383
獨子兼祧兩房服制論 王人定 049/385
論獨子兼祧之服 俞樾 049/387
論為衆子婦之服 俞樾 049/388
為父後者為出嫁姊妹報服期議 張湘任 049/389
服問 錢儀吉 049/391
服問 林伯桐 049/393
服問 李能定 049/395
妾服或問 沈曰富 049/396
再醮不得為繼妻論 王廷植 049/399
與張生辛木書 顧廣譽 049/405
與友人書 鄧瑶 049/442
答曾侍郎書 吳敏樹 070/085
喪服正等篇 吳嘉賓 070/153
喪服改制篇 吳嘉賓 070/157
喪服私論 俞樾 070/165
答朝鮮李醇溪論服義書 呈嘉賓 070/215
適孫攝重議 錢泰吉 070/217
適孫為祖父母持服議 劉逢祿 070/221
喪服足徵記書後 沈垚 070/225
答祁春圃論承重孫婦姑在當何服書 和恩澤 070/229
書楊氏服制議後 劉文淇 070/233
妻為夫之兄弟服議 沈欽韓 070/235
讀喪服記書後 李聯琇 070/239
妾服或問 沈曰富 070/243
期喪在任行禮持服議答孫淵如先生 洪頤煊 070/249
答凃朗軒孝廉問期功服制書 吳廷棟 070/253
為人後者為所生服議上 沈垚 070/259
為人後者為所生服議下 沈垚 070/263
答盛小迂論持本生服制書 亢樹滋 070/267
為人後者為本生祖父母服議 張履 070/271
出後之子為本生祖父母服議 沈欽韓 070/275
答湯茗孫論本生祖服書 胡培翬 070/279
答陳仲虎為小宗殤後宜還服本生書 張履 070/289
持重大宗雖殤後不當還服本生再答書 張履 070/293
獨子兼祧兩房服制論 王人定 070/301
上湯尚書論兼祧服制書 張履 070/305
獨子兼承兩祧孫為祖父母服議 張履 070/311
陳情得請編序 包世臣 070/325
陳情得請兼祧持服辨 曾興仁 070/329
河南余氏服議 胡培翬 070/333
跋胡農部河南余氏服議後 陳立 070/341
答陳庶常立論三祧服制書

包世臣 070/345
出母嫁母服議 沈欽韓 070/353
與費耕亭論繼父服書
胡培翬 070/359
服問 錢儀吉 070/363
服問 馬福安 070/369
養母不宜服斬衰三年議
胡培翬 070/371
服問 馬福安 099/029
喪服私論 俞樾 099/031
喪服正等篇 吳嘉賓 099/036
喪服改制篇 吳嘉賓 099/037
妻為夫之兄弟服議
沈欽韓 099/058
妾服 沈曰富 099/059
為人後者為所生服議上
沈垚 099/060
為人後者為所生服議下
沈垚 099/061
為人後者為本生祖父母服議
張履 099/062
出後之子為本生祖父母服議
沈欽韓 099/063
適孫攝重議 錢泰吉 099/064
適孫為祖父母持服議
劉逢祿 099/065
出母嫁母服議 沈欽韓 099/066
獨子兼祧兩房服制論
王人定 099/068
獨子兼承兩祧孫為祖父母服議
張履 099/069
古今五服考異序 汪琬 107/248
禮部頒喪服之制 107/248
父在不降母服說 毛奇齡 107/250
承重孫說 王應奎 107/251
繼母改嫁無服說 邵長蘅 107/253
再醮不得為繼妻議
曹續祖 107/253
祖父母在妻喪用杖議
徐乾學 107/254
婦為舅姑服說 華學泉 107/255
父妾無子服制義 劉榛 107/255
妾服說 陳祖范 107/256
師服議 萬斯同 107/257
師制服議 杭世駿 107/257
父在為母斬衰三年說
張錫恭 107/258
為人後者為所生服議上
沈垚 107/259
為人後者為所生服議下 107/259
為人後者為本生祖父母服辨
馬樹華 107/260
為人後者為本生祖父母服議
107/260
獨子兼承兩祧孫為祖父母服議
107/261
獨子兼祧兩房服制論
王人定 107/262
論獨子兼祧之服 俞樾 107/263
論為衆子婦之服 俞樾 107/264
與友人書 鄧瑤 110/075
禮部頒喪服之制 119/449
與友人論父在為母齊衰期書
顧炎武 119/451
嫂叔無服說 萬斯同 119/452
祖父母在妻喪用杖議

徐乾學 119/454
論庶子後生服制書
沆文成 119/455
喪服三條 許三禮 119/456
跋方望溪先生教忠祠禁議喪禮不御內 汪師韓 119/458
妾服議 陳祖范 119/461
三父八母服制存疑說
劉彬 119/462
本生父母降服說 119/463
婦為舅姑服說 華學泉 119/463
喪所生母雜議 沈彤 119/464
承重孫說 119/466
妻為夫之兄弟服議
沈欽韓 119/467
為人後者為本生祖父母服議
張履 119/469
上湯尚書論兼祧服制書
張履 119/470
獨子兼承兩祧孫為祖父母服議
張履 119/471
為人後者為所生服議上
沈垚 119/473
為人後者為所生服議下
沈垚 119/474
服問 馬福安 119/475
答盛小迂論持本生服制書
亢樹滋 119/475
答祁春圃論承重孫婦姑在當何服書
程恩澤 119/476
父在為母斬衰三年說
張錫恭 119/477
養母不宜服斬衰三年議
胡培翬 119/478
河南余氏服議 胡培翬 119/479
期喪在任行禮持服議答孫淵如先生
洪頤煊 119/481
讀喪服記書後 李聯琇 119/482
答曾侍郎書 吳敏樹 119/483
答湯茗孫論本生祖服書
胡培翬 119/484
適孫攝重議 錢泰吉 119/485
喪服私論 俞樾 119/486
論獨子兼祧之服 俞樾 119/492
喪服正等篇 吳嘉賓 125/064
喪服改制篇 吳嘉賓 125/064

五、禮政 祭禮

祭說 張考夫(履祥) 001/385
小宗家祭禮略
李晉卿(光地) 001/389
宗子主祭議 李巨來(紱) 001/392
始祖先祖之祭
秦樹峰(蕙田) 001/397
家廟記 楊賓實(名時) 001/399
教忠祠規序 方靈臯(苞) 001/403
論昭穆 孔體儀(繼汾) 001/405
論祔祭 孔體儀(繼汾) 001/408
墓祭 徐原一(乾學) 001/417
家堂 張考夫(履祥) 001/427
妾母祔祭議 朱軾 008/238
論神 錢維城 008/259
論鬼 錢維城 008/259
五祀禮略 李光地 008/260
唐宋卿大夫廟制考
汪師韓 008/261

品官家祭之禮		008/266
家廟祭享禮略	李光地	008/267
小宗家祭禮略	李光地	008/269
宗子主祭議	李紱	008/271
答沈毓蒉論家祠書	楊椿	008/272
辨定祭禮通俗譜		008/274
家廟記	楊名時	008/275
先祠記	張永銓	008/276
家堂	張履祥	008/278
教忠祠規序	方苞	008/279
始祖先祖之祭	秦蕙田	008/280
家禁	陸燿	008/280
祠堂示長子	陸燿	008/282
祠堂再示長子	陸燿	008/283
答王惺齋論家祭書	陸燿	008/284
再答王惺齋論家祭書	陸燿	008/285
書陸朗夫先生祠堂論後	王元啟	008/286
與陸朗夫論祭祀書	王元啟	008/287
祔廟說	邵長蘅	008/293
論祔祭	孔繼汾	008/294
傳經堂祀說示可詒	單作哲	008/295
論昭穆	孔繼汾	008/296
兄弟異昭穆論	張	008/298
廟主考	吳定	008/299
論祧室龕制書	王元啟	008/300
婦人無主答問	汪中	008/302
答袁簡齋書	盧文弨	008/303
妾母不世祭說	邵長蘅	008/303
墓祭	徐乾學	008/305
與盧某書	顧炎武	008/306
祭祀論	王宏撰	027/297
與七弟繼信論祭禮書	劉紹攽	027/299
煙月堂家集序	王宏撰	027/301
與張風林論建始祖祠書	劉紹攽	027/305
與張風林論祠堂書	劉紹攽	027/307
平利趙次泉明府祭田條規序	董詔	027/309
復塋田記	張鵬飛	027/313
家廟記	謝濟世	042/331
答祭外祖父母問	王人定	042/335
題主說	李棠階	042/337
家廟記	謝濟世	049/409
祠堂記	馬樹華	049/410
答汪孟慈書	馬樹華	049/415
與張淵甫書二	沈垚	049/416
答祭外祖父母問	王人定	049/419
答陳仲虎雜論祭禮書	張履	049/420
答陳仲虎論殤祭書	張履	049/421
題主說	李棠階	049/423
齊必變食說	顧廣譽	049/424
華亭南蕩張氏支祠記	張文虎	049/426
題主說	李棠階	070/065
宗祧說	孫希朱	070/375
並配義	俞正燮	070/381
論俗節祭禮儀	王運樞	070/385
重刊呂氏四禮翼敘	劉淳	070/387
烏程趙氏家廟碑記		

劉逢祿 070/389
家廟碑 李元度 070/391
華亭南蕩張氏支祠記
張文虎 070/397
與朱恕齋方伯論饗堂書
沈維鐈 070/401
忌日不祭議答孫淵如先生
洪頤煊 070/403
答陳仲虎雜論祭禮書
張履 070/405
答陳仲虎論殤祭書 張履 070/409
與陸篠坡書 顧廣譽 070/413
答祭外祖父母問 王人定 070/417
唐宋卿大夫廟制考
汪師韓 107/240
品官家祭之禮 107/242
家廟祭享禮略 李光地 107/243
祔廟說 邵長蘅 107/245
論昭穆 孔繼汾 107/247
品官家祭之禮 119/511
家廟祭享禮略 李光地 119/512
妾母祔祭議 朱軾 119/514
論昭穆 孔繼汾 119/515
答祭外祖父母問 王人定 119/516
祔廟說 邵長蘅 119/516
廟主考 吳定 119/517
先祠記 張永銓 119/518
祠堂示長子 陸燿 119/519
祠堂再示長子 陸燿 119/520
書陸朗夫先生祠堂論後
王元啟 119/521
論祧室龕制書 王元啟 119/522
並配義 俞正燮 119/523
忌日不祭議答孫淵如先生
洪頤煊 119/524
婦人無主答問 汪中 119/525
與陸篠坡書 顧廣譽 119/526

五、禮政 正俗

風俗策 陸稼書(隴其) 001/181
飭禁昏嫁喪葬華奢示
張孝先(伯行) 001/191
與友人辭祝書 顧寧人 001/214
古今無慶生日文
毛大可(奇齡) 001/215
辭作壽文書 劉山蔚(榛) 001/220
勸同志勿用壽字緞說
施尚白(閏章) 001/221
論讀禮 孔體儀(繼汾) 001/227
廣儉戚說 邱心尼(時中) 001/228
齊家寶要一則 張仲嘉 001/235
風水 張考夫(履祥) 001/356
風水 朱可亭(軾) 001/357
與陳乾初 張考夫(履祥) 001/363
汪氏族譜序 汪苕文(琬) 001/421
置後解 汪苕文(琬) 001/423
異姓為後 方靈臯(苞) 001/425
與佟太守書 朱錫鬯(彝尊) 001/429
與邵子昆學使論鄉賢名宦從祀書
宋牧仲(犖) 001/431
廣戒殺牛文 張稷若(爾岐) 001/509
訂音律 邱秀瑞(嘉穗) 003/078
擬言風俗書 管同 004/313
歷代風俗 顧炎武 004/330
飭吏正俗四約 陶元淳 005/356
論息鬭書 程含章 005/363

與佟太守書 朱彝尊 007/456
汪氏族譜序 汪琬 008/017
置後解 汪琬 008/041
異姓為後 方苞 008/048
刲股對 魏源 008/085
風俗策 陸隴其 008/313
風俗條約 陳宏謀 008/314
鄉賢祠議 李良年 008/317
與邵子昆學使論鄉賢名宦從祀書 宋犖 008/318
鄉賢議 王訓 008/319
正友 王友亮 008/320
孫虹橋六十生辰詩序 王昶 008/321
名稱 唐甄 008/321
字說 周篆 008/322
以姓取名 顧炎武 008/323
誌狀之濫 顧炎武 008/323
與劉按察使論速葬之法書 林枝春 008/324
禱祠 陸燿 008/327
瀆祀 顧炎武 008/328
巫咸河伯 顧炎武 008/331
毀五嶽寢廟議 武億 008/332
像設 顧炎武 008/334
毀淫祠疏 湯斌 008/335
與熊中丞論志書書 錢維城 008/336
與邵二雲論史事書 法式善 008/337
上明鑑綱目館總裁書 楊椿 008/338
再上明鑑綱目館總裁書 楊椿 008/339
書宋名臣言行錄 魏源 008/341
再書宋名臣言行錄 魏源 008/342
與袁子才先輩論小倉山房文集書 彭紹升 008/344
西安府儒學碑目序 顧炎武 008/345
方音 顧炎武 008/346
書擲飲酒禮 朱軾 008/347
履說 周拱辰 008/347
正俗 錢大昕 008/349
訂音律 邱嘉穗 008/350
禁邪說示 湯斌 008/351
禁刊邪書疏 劉楷 008/351
二氏論 蔣士銓 008/357
跋藏經 姚瑩 008/358
游瀨鄉記 朱書 008/360
廣戒殺牛文 張爾岐 008/361
食鱓鸁說 汪琬 008/362
放生說 余懋杞 008/363
文昌祠說 陸燿 008/364
饒陽縣新建文昌閣記 錢大昕 008/364
書真西山文集後 張海珊 008/365
改天主堂為天后宮碑記 李衛 008/368
讀通典職官 沈大成 008/375
論回民啟 陸燿 008/376
傳聞少實 紀昀 008/377
左氏春秋釋疑 汪中 008/378
原緯 全祖望 008/381
伎術 陸燿 008/382
選擇正宗序 姚鼐 008/385

五、禮政 正俗

送董君序 姜宸英 008/385
原命 全祖望 008/386
六壬大全 008/387
太乙金鏡 008/390
星歷考原 008/391
協紀辨方書 008/392
佔驗 顧炎武 008/401
論佔天 陸世儀 008/402
佔法之多 顧炎武 008/403
擬言風俗書 管同 013/473
跋顏魯公東方畫贊碑 董詔 015/305
甲申之變論 王宏撰 027/497
題舊唐書 董詔 027/501
修鄜州志序 吳鳴捷 027/503
諭民 楊于果 027/509
城固縣勇烈節孝彙編跋 路德 027/511
請旌表軍興後死難士民婦女詳 葉世倬 027/515
長安豆腐虖沱靈水記 胡興仁 027/519
汪價人思源濟詩草序 張鵬飛 027/521
代擬建修文昌宮記 董詔 028/157
鬼神篇上 周元鼎 028/161
鬼神篇下 周元鼎 028/165
重修漢長沙定王臺碑記 夏獻雲 042/339
重修賈太傅祠記 李元度 042/341
蔡忠烈公遺墨敘 夏獻雲 042/345
鬼神篇上 周元鼎 042/347
鬼神篇下 周元鼎 042/351
請同文館無庸招集正途疏 張盛藻 042/355
文昌宮碑陰錄 惲敬 049/431
鬼神篇上 周元鼎 049/434
鬼神篇下 周元鼎 049/436
衛武公殺共伯辨 汪能肅 049/437
與計二田書 顧廣譽 049/443
訪舉隱逸疏 胡林翼 049/447
送王季平學博之任崇明序 張文虎 049/449
救時芻言一則 張煥綸 049/451
兄弟異居義 王紳 069/359
禁止溫州坐筵記 戴槃 069/393
闡貞集序 胡承珙 069/449
風俗篇一 湯成烈 071/005
風俗篇二 湯成烈 071/009
風俗篇三 湯成烈 071/013
風俗篇四 湯成烈 071/017
擬釐正五事書 龔鞏祚 071/021
刺奢 湯鵬 071/029
儉解 陸心源 071/033
請崇儉禁奢疏 羅惇衍 071/035
請飭議簡嚴條教以敦儉約疏 賀壽慈 071/039
議奏頒發昏喪冠服典禮規條 071/043
書賀柘農侍御師八篋約後 鄧瑤 071/051
正俗論 馬福安 071/055
禁鐙公呈 左輔 071/059
答某友論俗習書 熊少牧 071/061
輕諾辨 陸繼輅 071/071
上朱小雲觀察書 顧廣譽 071/079

復王西澗論易俗書 許宗衡 071/083
推廣救溺女說 彭崧毓 071/087
四禁告示 李宗羲 071/095
戒殺文 姚瑩 071/101
與人論祝壽書 陳澧 071/109
勸惜穀說 陸慶頤 071/111
汰僧道議 楊象濟 071/117
裁嚴郡九姓漁課並令改賤為良記 戴槃 071/121
縷陳密查邪匪誑毒情形片 李星沅 071/125
跋楊忠武行狀 汪士鐸 074/065
懲訛言說 汪康年 081/376
訓俗 082/549
懲訛言說 082/552
訓俗 099/087
崇節儉議 馮桂芬 099/088
懲訛言說 099/090
歷代風俗 顧炎武 108/069
論滇邊風氣未開 108/072
論中西同俗 108/074
中西異俗論 108/075
擬言風俗書 管同 110/055
飭吏正俗四約 陶元淳 110/056
論息鬬書 程含章 110/057
風俗條約 陳宏謀 110/059
正友 王友亮 110/061
與劉按察使論速葬之法書 林枝春 110/061
瀆祀 顧炎武 110/063
毀淫祠疏 湯斌 110/064
正俗 錢大昕 110/065
禁邪說示 湯斌 110/066
禁刊邪書疏 劉楷 110/066
二氏論 蔣士銓 110/067
文昌祠說 陸燿 110/067
論回民啟 陸燿 110/069
原命 全祖望 110/071
鬼神篇上 周元鼎 110/072
鬼神篇下 周元鼎 110/072
請博舉孝弟疏 胡煦 110/077
齊家要言 115/476
左氏春秋釋疑 汪中 116/127
原緯 全祖望 116/130
與邵二雲論史事書 法式善 116/137
上明鑑綱目館總裁書 楊椿 116/138
再上明鑑綱目館總裁書 楊椿 116/140
書宋名臣言行錄 魏源 116/142
再書宋名臣言行錄 魏源 116/143
與熊中丞論志書書 錢維城 116/147
佔驗 顧炎武 116/189
佔法之多 顧炎武 116/190
論佔天 陸世儀 116/192
星歷考原 116/385
協紀辨方書 116/385
六壬大全 116/386
太乙金鏡 116/388
選擇正宗序 姚鼐 116/390
原命 全祖望 116/392
伎術 陸燿 116/393
歷代風俗 顧炎武 116/524

擬言風俗書 管同 116/535
風俗策 陳隴其 119/351
名稱 唐甄 119/352
正友 王友亮 119/353
儉解 陳心源 119/360
禁刊邪書疏 劉楷 119/399
與邵子昆學使論鄉賢名宦從祀書 宋犖 119/402
訂音律 邱嘉穗 119/403
禁邪說示 119/404
改天主堂為天后宮碑記 李衛 119/406
毀淫祠疏 湯斌 119/409
饒陽縣新建文昌閣記 錢大昕 119/419
跋藏經 姚瑩 119/420
毀五嶽寢廟議 武億 119/421
兄弟異居義 王紳 119/423
汰僧道議 楊象濟 119/424
異姓為後 方苞 119/437
闡貞集序 胡承珙 120/077
封股對 魏源 120/077
禁止溫州坐筵記 戴槃 120/081
四禁告示 李宗羲 121/377
訓俗 125/047
人類不齊由於俗尚事為不同論 125/048
化民成俗須先復古聖教法論 125/050
廣教化以變風俗論 125/051
懲訛言說 125/052
易俗論 125/052
訪舉隱逸疏 胡林翼 135/022
請崇儉禁奢疏 羅惇衍 135/037
請飭議簡嚴條教以敦儉約疏 賀壽慈 135/038
大員子弟請飭嚴加管束並准步軍統領五城御史隨時參察疏 瑞洵 135/039
表揚名節以維風化疏 潘慶瀾 135/041
與唐炯前後所帶黔勇建祠合祀疏 丁寶楨 135/042
請建表忠祠求忠書院疏 駱秉章 135/044
風俗篇 觀雲 148/529
中國纏足一病實阻自強之機並肇將來不測之禍說 黃鵠生 158/448

五、禮政 教宗

天主教論 邱秀瑞(嘉穗) 003/067
天主教 趙翼 008/366
天主教論 邱嘉穗 008/371
蒙古像教志序 龔自珍 009/200
各國教門說 王韜 053/226
論傳教 李東沅 053/227
佛教格言 俞正燮 071/099
請禁絕回民新教疏 左宗棠 076/203
編教民 彭玉麟 082/397
僧道 082/401
上古茫昧無稽考序 闕名 086/329
周末諸子並起創教考序 闕名 086/329
諸子創教改制考序 闕名 086/330
諸子改制托古考序 闕名 086/330

諸子爭教互攻考序 闕名 086/330
墨老弟子後學考序 闕名 086/330
儒教為孔子所創考序
闕名 086/331
孔子為制法之王考序
闕名 086/331
孔子創儒教改制考序
闕名 086/332
六經皆孔子改制所作考序
闕名 086/332
孔子改制託古考序 闕名 086/332
孔子改制法堯舜文王考序
闕名 086/333
孔子改制弟子時人據舊制問難考序
闕名 086/333
諸子攻儒考序 闕名 086/333
儒墨爭教交攻考序 闕名 086/334
儒攻諸子考序 闕名 086/334
儒墨最盛並稱考 闕名 086/334
魯國全從儒教考序 闕名 086/335
儒教遍傳天下戰國秦漢間尤盛考序
闕名 086/335
武帝後儒教一統考序
闕名 086/335
春秋董氏學自序 闕名 086/335
春秋董氏學序(春秋恉)
闕名 086/336
春秋董氏學序(春秋例)
闕名 086/337
春秋董氏學序(春秋禮)
闕名 086/337
春秋董氏學序(春秋口說)
闕名 086/337
春秋董氏學序(春秋改制)
闕名 086/338
春秋董氏學序(春秋微言大義)
闕名 086/339
春秋董氏學序(傳經表)
闕名 086/339
長興學記 闕名 086/340
新學偽經考原序 086/352
新學偽經考敍 086/352
春秋中國彝狄辨原序
徐勤 086/353
春秋中國彝狄辨序 086/354
除無教之害 徐勤 086/355
萬木草堂小學學記 闕名 086/359
五經大義終始論 龔自珍 086/365
五經大義終始答問四
龔自珍 086/368
五經大義終始答問五
龔自珍 086/368
五經大義終始答問六
龔自珍 086/369
五經大義終始答問七
龔自珍 086/369
五經大義終始答問八
龔自珍 086/369
五經大義終始答問九
龔自珍 086/369
復曾剛甫書 闕名 086/369
論各國變通政教之有無公理
闕名 086/371
論教會 闕名 086/375
蒙古像教志序 龔自珍 086/381
孔教天行於諸國考

五、禮政 教宗

陳高第 086/383
漢學再興論 (日)闕名 086/386
往教說上 陳榮炯 086/387
往教說下 陳榮炯 086/388
上古茫昧無稽考序 康有爲 093/007
周末諸子並起創教考序 康有爲 093/007
諸子創教改制考序 康有爲 093/009
諸子改制託古考序 康有爲 093/009
諸子爭教互攻考序 康有爲 093/010
墨老弟子後學考序 康有爲 093/010
儒教為孔子所創考序 康有爲 093/011
孔子為制法之王考序 康有爲 093/012
孔子創儒教改制考序 康有爲 093/014
六經皆孔子改制所作考序 康有爲 093/014
孔子改制託古考序 康有爲 093/014
孔子改制法堯舜文王考序 康有爲 093/015
孔子改制弟子時人據舊制問難考序 康有爲 093/016
諸子攻儒考序 康有爲 093/017
儒墨交攻考序 康有爲 093/017
儒攻諸子考序 康有爲 093/018
儒墨最盛並稱考 康有爲 093/018
魯國全從儒教考序 康有爲 093/019
儒教遍傳天下戰國秦漢間尤盛考序 康有爲 093/020
武帝後儒教一統考序 康有爲 093/021
春秋董氏學自序 康有爲 093/021
春秋董氏學序(春秋旨) 康有爲 093/024
春秋董氏學序(春秋例) 康有爲 093/024
春秋董氏學序(春秋禮) 康有爲 093/025
春秋董氏學序(春秋口說) 康有爲 093/026
春秋董氏學序(春秋改制) 康有爲 093/027
春秋董氏學序(春秋微言大義) 康有爲 093/028
春秋董氏學序(傳經表) 康有爲 093/029
長興學記 康有爲 093/031
新學僞經考原序 康有爲 093/058
新學僞經考敘 梁啟超 093/059
春秋中國彝狄辨原序 徐勤 093/061
春秋中國彝狄辨序 梁啟超 093/062
除無教之害 徐勤 093/066
萬木草堂小學學記 梁啟超 093/073
五經大義終始論 龔自珍 093/088

五經大義終始答問一 龔自珍 093/096
五經大義終始答問二 龔自珍 093/096
五經大義終始答問三 龔自珍 093/096
五經大義終始答問四 龔自珍 093/097
五經大義終始答問五 龔自珍 093/097
五經大義終始答問六 龔自珍 093/097
五經大義終始答問七 龔自珍 093/098
五經大義終始答問八 龔自珍 093/098
五經大義終始答問九 龔自珍 093/098
復曽剛甫書 梁啟超 093/099
論各國變通政教之有無公理 闕名 093/103
論教會 闕名 093/111
蒙古像教志序 龔自珍 093/127
孔教大行於諸國考 陳高第 093/130
漢學再興論 (日)闕名 093/138
往教說上 陳榮袞 093/140
往教說下 陳榮袞 093/142
編教民 彭玉麟 096/019
民教相安議 (美)李佳白 099/183
保護教堂章程 099/185
救天主教 金安清 099/186
敉教禍策 099/187
請禁絕回民新教疏 左宗棠 100/212
預弭教禍說 (英)李提摩太 106/317
保護無辜論 闕名 106/318
教務本末上 闕名 106/319
教務本末中 闕名 106/322
教務本末下 闕名 106/323
以教救世之法 闕名 106/326
論各國變通政教之有無公理 闕名 106/328
論教會 闕名 106/332
傳教上 王韜 106/338
傳教下 王韜 106/340
各國教門說 王韜 106/341
除無教之害 徐勤 107/431
萬木草堂小學學記 107/434
天主教 趙翼 110/068
敉教禍策 111/125
論教會 115/309
天主教 趙翼 119/417
論各國變通政教之有無公理 闕名 122/468
編教民 彭玉麟 123/058
各國教門說 王韜 123/063
論傳教 李東沅 123/064
民教相安議 (美)李佳白 125/069
論民教相安之本 125/070
弭教禍論 125/071
數教禍策 125/072
轉錄京師新聞彙報所登直省耶穌教士勸諭教民文 125/073
設立教董論 125/074
總理衙門奏山東教案辦結膠州議租

五、禮政 教宗

六、兵政　通論

六、兵政 通論

薛福成 083/174
論中國宜重武功 083/214
論近年營勇之弊 陳耀卿 083/231
論兵 085/364
記自強軍 梁啟超 085/394
上南洋大臣禀 (德)克馳馬 085/420
論中國整武備之難 (英)闕名 085/425
土番製械記 (美)闕名 085/447
論軍事與文化有相維之益 (英)和而斯雷 086/528
論兵 091/006
記自強軍 梁啟超 091/074
上南洋大臣禀 (德)克馳馬 091/125
論中國整武備之難 (英)闕名 091/137
土番製械記 (美)闕名 091/187
論軍事與文化有相維之益 (英)和而斯雷 093/455
敬註恭侍慈闈閱操上諭後 099/257
恭擬聖主親征議 099/259
考試技勇仍請變通舊制疏 孫賦謙 099/262
設立洋操護軍營暨工程隊事宜疏 張之洞、譚繼洵 099/284
北洋辦理善後新增用款疏 王文韶 099/285
書戶部奏請裁汰冗兵摺後 099/287
論兵 陶崇信 099/288
論武 099/289
論中國軍政 099/294
原兵 099/295
大閱考 099/299
論中國宜重武功 陳耀卿 099/300
論中國武備有轉強之機 099/302
推廣自強軍議 099/305
論中域今日兵爭之害 099/307
行軍要言 張成孫 099/324
約束兵勇議 099/326
疆兵力 彭玉麟 099/327
救冗弁 099/328
論近年營勇之弊 陳耀卿 099/335
行軍以醫生為要說 099/340
論民間謠傳有妨軍報 099/341
論裁撤兵勇事 099/345
裁兵節餉論 099/347
減兵額議 099/348
裁兵私議 何熙年 099/349
李德裕納維州降將論 薛福成 099/364
寓兵於工議 099/373
借兵俄法議 099/375
上南洋大臣禀 克馳馬 099/379
上總理衙門書 葉文銓 099/380
上東征大臣劉督憲書 徐凱臣 099/381
土番製械記 (美)闕名 104/340
論中國整武備之難 (英)闕名 105/426
論兵 112/305
記自強軍 112/455
行軍以醫生為要說 113/093
書戶部奏請裁汰冗兵摺後 113/382
利才 唐甄 120/115
論近年營勇之弊 120/316
論兵 123/478

推廣自強軍議 125/096
論中國亟宜尚武以求自立 125/097
大閱考 125/098
豫撫錫奏陳裁汰河標三營分年辦理情形摺 130/026
直督袁奏募練新軍章程 130/033
浙撫任奏陳裁營節餉事宜摺 130/038
閩浙總督奏閩省機器局添廠製彈並撥款摺 130/040
軍機會同兵部議覆武備特科摺書後 130/041
公議湖南團練章程 130/044
重籌海篇 130/048
議守上 130/048
議守下 130/051
議戰 130/053
議款 130/054
自行魚雷說 130/055
桂撫丁奏陳裁減兵勇事宜摺 130/056
江南轉運北軍餉械紀要 130/058
直隸藩臬兩司諭飭地方官與委員辦理土匪事宜說帖 130/073
裁兵私議 130/077
向戍弭兵與西人今日所設弭兵會異同若何論 130/085
問泰西軍械日益求精利鈍懸殊勝負立判今日之鎗礮斷非制挺所能撻人盡知顧何以孟子嘗言制挺可撻堅甲利兵豈聖賢之語亦有時不驗歟抑兵尚權謀不恃器械歟試綜合古今戰法証以孟子本書明晰言之 130/085
問旗綠各營既敝乃改募勇今日募勇之弊亦已昭然共見當用何法救之 130/087
問咸豐同治以來勦賊二十余年未收綠營之効亦未收武科之効論者咸歸咎於從前立法未善近議變法合營伍武科為一途洵為至當不易顧國初何以未見及此能推原其故歟 130/091
問火藥儲於城市固虞失慎薛叔耘星使欲倣西國之制存儲曠野之區果無流弊歟 130/093
問秦銷天下之兵而盜起唐令天下鄉村各置弓刀鼓板而盜益横用法殊而足以致亂一也近日講求內治頗以鄉團為急然利未見而弊且叢生必如何始為完策歟 130/094
練將問答 130/102
軍國論 錄譯林 138/498
軍國民篇 任公 138/507
近世列國之軍備 任公 138/524
自行魚雷記 格致益聞 142/499
非弭兵 張之洞 158/479

六、兵政　兵制

弭盜策 陸稼書(隴其) 003/028
弭盜條約 于北溟(成龍) 003/031
防海 李耜卿(光坡) 003/104
與總督滿公論臺灣事宜書 蔡聞之(世遠) 003/106
行圍訓練疏 岳東美(鍾琪) 003/108
請展裁兵期限疏

六、兵政 兵制

姚弱侯(文然) 003/117
明季利弊論 魏石生(裔介) 003/118
書握奇經後 盛秦川(百二) 003/121
養兵議 陳和叔(黃中) 003/125
請定緝捕事宜疏 田文鏡 005/366
議兵 姚鼐 008/409
府兵論 呂星垣 008/410
唐府兵論 秦蕙田 008/412
宋軍制論 秦蕙田 008/413
唐宋兵制得失論 王昶 008/414
養兵論 陳黃中 008/418
階級 儲大文 008/419
階級二 儲大文 008/420
明季利弊論 魏裔介 008/421
宋太祖欲令武臣讀書論 魏世儼 008/422
兵武職掌疏 葉舟 008/423
虛名冒餉疏 趙申喬 008/425
整飭營務疏 金鉷 008/426
籌昌化營汛兵制議 陶元淳 008/427
請展裁兵期限疏 姚文然 008/429
廣南藩兵議 潘耒 008/429
營制小敘 顧棟高 008/435
選兵論 魯之裕 008/436
論兵制 陸世儀 008/437
家兵 顧炎武 008/439
將帥家丁 趙翼 008/440
車戰 儲大文 008/442
禁兵器 顧炎武 008/443
古來用兵兵多者敗 趙翼 008/444
明邊省攻勦兵數最多 趙翼 008/448
用兵有御史核奏 趙翼 008/449
戊戌武會試策問 李紱 008/449
練兵陣法疏 楊芳 008/450
收輯技勇疏 德舒 008/453
軍器歸營製造疏 佟國器 008/454
籌乾糧練兵丁備軍裝疏 福康安 008/455
請罷玉田駐防兵丁疏 吳正治 008/459
河南採辦硝磺述略 朱雲錦 008/460
筆記 紀昀 008/462
弭盜九條疏 佟國器 009/010
弭盜四條 沈荃 009/013
書握奇經後 盛百二 009/083
行圍訓練疏 岳鍾琪 009/091
答人問西北邊域書 魏源 009/181
邊防議 陳黃中 009/184
根本形勢疏 張尚賢 009/185
大同邊備疏 陳協 009/186
邊防三事疏 黃焜 009/187
外藩蒙古五十一旗序 齊召南 009/188
蒙古源流 009/189
喀爾喀北路圖說 009/191
喀爾喀西路圖說 009/193
喀爾喀中路圖說 009/194
喀爾喀東路圖說 009/196
阿拉善額濟納二旗圖說 009/197
蒙古氏族表及在京氏族表總序 龔自珍 009/197
蒙古水地志序 龔自珍 009/198
蒙古臺卡志序 龔自珍 009/198

論青海事宜書 龔自珍 009/205
論會典地圖里差書 程同文 009/206
平定準噶爾附論 趙翼 009/211
與鄂張兩相國論西兵書 方苞 009/212
陳沙州夷務疏 潘之善 009/216
議防逃人安傳疏 高其倬 009/218
陳嘉峪關外情形疏 文綬 009/218
上鎮守吐魯番領隊大臣寶公書 龔自珍 009/227
科布多城圖說 009/230
唐努烏梁海圖說 009/231
紀新疆邊防二則 紀昀 009/233
與鄂羅斯國議定疆界之碑 徐元文 009/235
前後藏考 姚鼐 009/236
藏鑪總記 王我師 009/237
西藏巡邊記 松筠 009/238
藏內善後事宜疏 福康安 009/239
三省山內邊防論一 嚴如熤 009/247
三省山內邊防論二 嚴如熤 009/248
三省山內邊防論三 嚴如熤 009/251
三省山內邊防論四 嚴如熤 009/255
三省山內邊防論五 嚴如熤 009/257
三省山內邊防論六 嚴如熤 009/259
三省山內邊防論七 嚴如熤 009/261
規畫南巴棚民論 嚴如熤 009/263
川陝楚老林情形疏 卓秉恬 009/265
老林說 嚴如熤 009/266
守險分治永靖交山議 趙吉士 009/267
防海 李光坡 009/273
天下沿海形勢錄 陳倫炯 009/273
海師 顧炎武 009/278
外番借地互市 趙翼 009/281
海防總論擬藁 姜宸英 009/281
日本貢市入寇始末擬稿 姜宸英 009/287
洋防輯要序 嚴如熤 009/292
沿海團練說 嚴如熤 009/294
沿海碉堡說 嚴如熤 009/295
論南洋事宜書 藍鼎元 009/297
論開海禁疏 施琅 009/299
水師條議 徐旭旦 009/301
烏船志略 張泓 009/302
復福甯鎮周總兵善長書 倪蛻 009/302
籌畫速修戰船疏 高其倬 009/303
操練水師疏 高其倬 009/304
教習水師疏 石雲倬 009/305
福建水師積習疏 毛文銓 009/306
陳兵弁知有懲勸疏 高其倬 009/307
請設浙洋玉環山官兵疏 李衛 009/307
澳門圖說 張甄陶 009/309
論澳門形勢狀 張甄陶 009/312

六、兵政 兵制

上廣督論制馭澳夷狀 張甄陶 009/316
廣州大虎山新建礮臺碑銘 阮元 009/319
南澳氣 陳倫炯 009/320
記任昭才 阮元 009/321
臺灣始末偶紀 魯之裕 009/325
靖海侯施琅傳 陶元藻 009/326
平臺紀略總論 藍鼎元 009/327
上福節相論臺事書 鄭光策 009/333
蛤仔難紀略 謝金鑾 009/338
論蛤仔難形勢 謝金鑾 009/341
蛤仔難原始 謝金鑾 009/341
論埔裏社事 姚瑩 009/343
論臺灣要害 趙翼 009/344
臺灣城工可緩議 鄭光策 009/345
籌畫海寇疏 王命岳 009/346
陳臺灣棄留利害疏 施琅 009/348
論臺鎮不可移澎書 藍鼎元 009/349
覆制軍臺疆經理書 藍鼎元 009/350
臺灣保甲責成鄉長書 藍鼎元 009/355
請開臺灣米禁疏 高其倬 009/356
請開臺民攜眷之禁疏 吳士功 009/357
條陳臺灣事宜狀 沈起元 009/359
治臺灣私議 沈起元 009/362
條陳閩省利害疏 范承謨 009/366
臺灣班兵議上觀鎮軍 姚瑩 009/367
覆趙制軍言臺灣兵事書 姚瑩 009/370
防海 惠士奇 009/375
防海 沈德潛 009/376
海防集覽序 褚華 009/377
海寇策 周之夔 009/378
論海洋弭捕盜賊書 藍鼎元 009/379
論鎮守南澳事宜書 藍鼎元 009/383
稽海船以清盜源疏 李治運 009/389
上成僉事論昌化海防 陶元淳 009/389
籌辦洋匪疏 倭什布 009/389
上李提軍書 周鎬 009/391
答秦觀察問防海事宜 曾鏞 009/392
答溫撫軍延訪海事書 陳庚煥 009/394
議海口情形疏 汪志伊 009/395
上百制軍籌辦海匪書 程含章 009/398
請建米艇狀 吳俊 009/408
論明職 周鎬 009/409
書禁海船軍器疏後 陶貞一 009/411
上撫軍論誣盜書 秦瀛 009/411
瀛舟書記序 阮元 009/412
浙江提督總統閩浙水師追封三等壯烈伯諡忠毅李公行狀 王芑孫 009/413
湖南苗防錄敘 魏源 009/421

土官說 倪蛻 009/422
永昌土司論 劉彬 009/423
籌制滇邊土民疏 蔡毓榮 009/426
論邊省苗蠻事宜書 藍鼎元 009/429
改土歸流疏 鄂爾泰 009/430
雲貴事宜疏 鄂爾泰 009/431
分別流土考成疏 鄂爾泰 009/433
正疆界定流土疏 鄂爾泰 009/435
招撫生苗以安三省疏 鄂爾泰 009/436
覆陳土司綏靖疏 李紱 009/437
陳粵西治邊疏 郭鉷 009/438
備述全粵情實疏 郝浴 009/439
敬陳調劑粵西戎務四策疏 郝浴 009/440
滇中兵備要路 孫鵬 009/445
論全滇形勢 劉彬 009/447
入滇陸程考 師範 009/451
論滇程 顧祖禹 009/452
緬事述略 師範 009/454
平定緬甸述略 趙翼 009/457
征緬甸事附論 趙翼 009/464
征緬紀聞自序 王昶 009/465
條陳征緬事宜疏 周於禮 009/465
條陳南征時事上經略傅公 黃桂 009/466
平定兩金川附論 趙翼 009/468
征安南紀略 師範 009/470
請靖遐荒疏 彭肇洙 009/473
坊苗 魏源 009/477
修邊 傅鼐 009/478
練勇 傅鼐 009/479
治苗 傅鼐 009/480
與尹制府論綏理苗疆書 晏斯盛 009/481
陳勦撫古州苗匪疏 鄂爾泰 009/482
陳綏定苗疆方略劄子 楊名時 009/485
答齊總兵書 金鉷 009/486
進勦義甯逆苗條議 楊錫紱 009/488
乙丙湖貴征苗記 魏源 009/491
湖南按察使贈巡撫傅鼐傳 魏源 009/495
平黎立縣議 何絳 009/501
請禁崖州營將肆虐狀 陶元淳 009/502
議設土舍之患狀 陶元淳 009/505
論平臺灣生番書 藍鼎元 009/506
請除苗弩毒藥疏 高其倬 009/509
陳解弩毒藥方疏 李紱 009/509
議邊疆事宜四款疏 鄂爾泰 009/510
平定教匪總論 嚴如熤 010/003
論川楚教匪事宜疏 梁上國 010/006
練鄉勇核軍需疏 張鵬展 010/013
征邪教疏 洪亮吉 010/015
擬征邪教疏 趙希璜 010/017
籌令民築堡禦賊疏 德楞泰 010/019
堅壁清野議 龔景瀚 010/021
練兵修寨四事議 方積 010/027
撫議 龔景瀚 010/029

六、兵政

兵制

守禦後議 檀萃 010/036
應未堂安民勦匪事宜書後 周錫溥 010/038
與顏侍郎論教匪書 趙希璜 010/040
再論川楚兵事書 趙希璜 010/041
擬平楚萬言策 徐旭旦 010/044
潼關連城說 楊端本 030/367
增修中部縣城記 王相業 030/369
萬山茅屋記 楊端本 030/371
陝安鎮總兵三公追勦逆回秦民紀績碑 楊于果 030/375
王媼助錢守城榜辭 楊于果 030/377
健銳營右翼長巴圖魯富公援漳碑記 楊于果 030/379
衡口堡記 董詔 030/383
代擬洵陽縣刱修蜀河石堡記 董詔 030/391
寄曹鞠圃司馬書 岳震川 030/395
答葉健菴太守書 岳震川 030/399
增刻三省邊防備覽序 張鵬飛 030/403
征夷船進口硝磺稅銀議 胡興仁 031/271
會商驅堵夷船稟 胡興仁 031/275
詔俗吸食鴉片辯 胡興仁 031/279
請勦辦越嶲廳涼山野夷搶劫稟 魏煜 031/443
行營勦賊事宜答秦撫軍 董詔 032/147
沿漢堵禦措置答秦撫軍 董詔 032/159
代溫觀察陳撫勦教匪議 董詔 032/163
募勇士 李昌平 032/171
飭戰守 李昌平 032/175
結寨民 李昌平 032/179
廣糧餉 李昌平 032/183
代游總成募修關帝廟疏 董詔 032/187
王鎮臺石泉戰功記 岳震川 032/191
議汰兵疏 曾國藩 042/371
整頓營務議 龍汝霖 042/379
簡器 李鴻章 042/387
造船 李鴻章 042/393
請整頓額兵疏 沈葆楨 042/399
工藝 朱克敬 042/405
夷礮論 楊士達 042/407
復彭曉航學博書 江忠源 042/411
答劉霞仙茂才書 江忠源 042/415
練兵酌倣直隸練軍章程試練綠兵疏 鮑源深 042/421
弭盜論上 楊士達 042/441
弭盜論下 楊士達 042/445
弭盜策 周琛 042/491
勸誡營官四條 曾國藩 043/209
會議長江水師營制疏 曾國藩 043/233
酌議江蘇水師事宜疏 曾國藩 043/239
酌議長江水師事宜疏 彭玉麟 043/397
潼關連城說 楊端本 043/419
請移設綠營疏 岑毓英 043/469

從軍圖說 管同 043/475
故相遺言 李雲麟 043/479
論伊犂 李雲麟 043/481
論邊防 李雲麟 043/483
和林考 黃楙裁 043/489
論新疆改省 李雲麟 044/001
善後方略 李雲麟 044/005
密陳夷務疏 袁保恆 044/011
論駁俄疏 張之洞 044/015
俄國圖說 黃楙裁 044/029
增刻三省邊防備覽序 張鵬飛 044/053
請改大鵬營制疏 林則徐 044/061
敬陳夷務摺 林則徐 044/071
擬諭 咭唎國王檄 林則徐 044/077
籌海篇上 魏源 044/083
籌海篇下 魏源 044/089
論海防 郭嵩燾 044/095
論海防 郭嵩燾 044/111
覆奏洋務事宜疏 沈葆楨 044/115
覆奏海防條議疏 李鴻章 044/135
海防條議 丁日昌 044/163
上都察院條陳 廖連城 044/209
上都察院海防策 廖連城 044/229
夷務總論 朱克敬 044/239
游歷印度序 黃楙裁 044/247
會商驅堵夷船稟 胡興仁 044/271
征夷船進口硝磺稅銀議 胡興仁 044/275
密陳夷務疏 殷兆鏞 044/279
上壽陽師相書 王錫振 044/293
請移駐巡撫疏 沈葆楨 044/301
臺北擬建一府三縣疏 沈葆楨 044/309
請琅 築城設官摺 沈葆楨 044/317
請禁開鐵路疏 彭玉麟 044/321
南洋形勢 黃楙裁 044/327
機器論 方濬頤 044/335
治猺 陳起書 044/339
斷龍 陳起書 044/341
越南地輿圖說序 盛慶紱 044/345
越南道里錄 盛慶紱 044/347
縷陳湖南苗疆情形疏 賀熙齡 044/371
臺地後山請開舊禁疏 沈葆楨 044/381
南北路開山並擬布置琅 㻛後各情形疏 沈葆楨 044/387
勸化苗民改裝頗有成効疏 林肇元 044/395
代溫觀察陳撫勦教匪議 董詔 044/401
行營勦賊事宜答秦撫軍 董詔 044/409
募勇士 李昌平 044/421
飭戰守 李昌平 044/425
結寨民 李昌平 044/429
廣糧餉 李昌平 044/433
上呂方伯啟 胡林翼 044/451
致督修碉堡各員紳書 胡林翼 044/453
條規事宜 朱孫詒 044/461
論全楚邊防 魁聯 044/477
論團練示 魁聯 044/481

六、兵政 兵制

六、兵政 兵制

上中丞切要事宜 魁聯 044/487
復周鹽道四條議 魁聯 044/493
代劉侍郎與貴東道書 郭崑燾 044/503
檄鳳潁淮徐滁泗宿海八府屬文 魯一同 044/507
請琅　築城設官疏 沈葆楨 047/441
請停武闈片 沈葆楨 049/250
伊犁駐兵書始 松筠 049/455
八旗兵制考 姚文楝 049/466
論直隸添設六軍疏 倭仁 049/473
答劉霞仙茂才書 江忠源 049/473
整頓營務議 龍汝霖 049/476
請整頓額兵疏 沈葆楨 049/479
會議長江水師營制疏 曾國藩 049/485
長江水師事宜三十條 049/487
長江水師營制二十四條 049/499
續陳長江水師未盡事宜疏 曾國藩 049/502
酌議江蘇水師事宜疏 曾國藩 049/513
酌議長江水師事宜疏 彭玉麟 049/516
新設皖南鎮標營制疏 李宗羲 049/525
請改臺地營制疏 沈葆楨 049/527
會籌甘省變通兵制疏 左宗棠 049/529
擬請挑練大同馬隊五旗疏 衛榮光 049/531
新疆局勢大定敬陳管見疏 張曜 049/533
奏所部諸軍改營為旗疏 劉錦棠 049/534
擬添練兩鎮馬步營疏 奎斌 049/535
謹陳酌改營制藉節餉需管見疏 卞寶第 049/537
會辦吉林練軍事宜疏 穆圖善、希元 049/539
奏設瓊州練軍籌議餉項操練章程疏 張之洞、吳大澂 049/544
本邑兵防芻議 賈履上 049/546
勸誡營官四條 曾國藩 050/169
預籌三支水師疏 曾國藩 050/172
官軍出關分起次第行走疏 左宗棠 050/209
黑龍江外紀 長清 050/313
俄羅斯事補輯 張穆 050/324
　　齋籛記 張穆 050/329
俄羅斯進呈書籍記 何秋濤 050/331
從軍圖說 管同 050/365
迤西移改協營添設汛兵疏 林則徐 050/366
臺地後山請開舊禁疏 沈葆楨 050/372
南北路開山並擬布置琅　旂後各情形疏 沈葆楨 050/375
請移駐巡撫疏 沈葆楨 050/379
故相遺言 李雲麟 050/382
論伊犁 李雲麟 050/383
論邊防 李雲麟 050/384
論新疆改省 李雲麟 050/385

善後方略 李雲麟 050/386
奏為酌撤旗兵疏 崇實 050/389
擬添設茂興地方分防路記疏
文緒 050/390
奏為兩旂爭地查辦未公據實陳明疏
明疏 奎斌 050/392
遵旨籌議臺灣改設行省事宜疏
楊昌濬、劉銘傳 050/393
吉林防務 胡傳 050/396
答沈韻松大使 胡傳 050/397
上吳清卿星使書 胡傳 050/400
對張幼樵學士問東陲道里形勢
胡傳 050/401
重修甯古塔牙城記 胡傳 050/404
增刻三省邊防備覽序
張鵬飛 050/407
保山縣城內回民移置官乃山相安情
形疏 林則徐 050/410
致辰沅永靖道 胡林翼 050/413
招撫流亡示 瑞璋 050/413
擬設法保護屯民片
吳大澂 050/415
請移駐巡檢分防疏
衛榮光 050/417
查明角子山地方險阻擬酌撥練軍駐
紮毋庸改設通判疏
邊寶泉 050/418
移設縣丞都司及建置事宜疏
衛榮光 050/419
請改大鵬營制疏 林則徐 050/425
尖沙嘴官涌添建礮臺疏
林則徐 050/429
覆奏查察虎門排練礮臺疏
林則徐 050/431
會奏銷化煙土已將及半情形疏
林則徐 050/434
附奏東西各洋越竄夷船嚴行懲辦片
林則徐 050/438
擬諭 咭唎國王檄
林則徐 050/440
覆奏曾望顏條陳封關禁海事宜疏
林則徐 050/442
密陳定海夷情片 林則徐 050/447
密陳夷務不能歇手片
林則徐 050/448
會同驅諸夷船稟 胡興仁 050/450
征夷船進口硝磺稅銀議
胡興仁 050/452
道光洋艘征撫記上 魏源 050/457
道光洋艘征撫記下 魏源 050/473
籌海篇上 魏源 050/490
籌海篇下 魏源 050/493
請招募獵戶防堵番賊疏
易棠 050/499
勦辦騰越廳邊外野夷情形疏
林則徐 050/503
奏為勦平瞻對善後事竣漢兵藏兵一
律凱撤疏 駱秉章 050/506
奏為田州改土歸流通籌全局疏
劉長佑 050/508
請移設綠營疏 岑毓英 050/511
報明南路勦番情形疏
沈葆楨 050/513
番社就撫布置情形疏
沈葆楨 050/519
岷州林口土民自請改土歸流疏

譚鍾麟 050/520
條陳粵西土田州土目事宜
謝光綺 050/521
上粵督平治黎匪條陳
闕名 050/524
防黎示 王之春 050/526
會奏黎匪勦撫事宜疏
張之洞、吳大澂 050/527
奏臺灣各路生番歸化並開山招撫情形疏 劉銘傳 050/533
道光湖粵平猺記 魏源 051/003
八排兵事考 湯彝 051/007
平猺議 陳起詩 051/010
治猺 陳起書 051/016
斷龍 陳起書 051/017
覆陳漢苗土司各情形疏
賀長齡 051/019
縷陳湖南苗疆情形疏
賀熙齡 051/023
遵議撫猺新章並籲加學額疏
李明墀 051/027
奏陳苗疆善後事宜片
林肇元 051/030
招撫猓目請予土職各緣由疏
岑毓英 051/031
論粵西賊情兵事始末
嚴正基 051/037
弭盜策 周琛 051/041
致魏將侯 胡林翼 051/043
與大府論會匪書 胡林翼 051/046
上呂方伯啟 胡林翼 051/051
致督修碉堡各員紳書
胡林翼 051/052
論全楚邊防 魁聯 051/053
論團練示 魁聯 051/054
上中丞切要事宜 魁聯 051/056
復周鹽道四條議 魁聯 051/059
代劉侍郎與貴東道書
郭崑燾 051/063
檄鳳潁淮徐滁泗宿海八府屬文
魯一同 051/064
上琦中堂書 徐鼒 051/071
定海兵亂記 李尚暲 051/072
會匪紀略 孫良言 051/073
會匪紀略書後 孫良言 051/086
又書會匪紀略後 孫良言 051/089
陳河南捻匪情形疏
胡林翼 051/091
現籌勦辦川北巨股調集各軍分途前進情形疏 駱秉章 051/092
奏為生擒逆首並勦滅髮逆巨股疏
駱秉章 051/094
前赴山東勦賊疏 曾國藩 051/103
奉旨覆陳疏 曾國藩 051/107
平定捻匪策 程祖植 051/110
進駐涇州籌辦軍務疏
左宗棠 051/115
分道進勦布置聯絡情形疏
左宗棠 051/118
復李制軍書 劉蓉 051/122
操練西丹備調片 豐紳 051/126
請准首匪投誠疏 劉秉璋 051/126
稟辦匪鄉事宜 徐賡陛 051/128
通稟籌議緝捕海盜
徐賡陛 051/131
擬分任文武大員查辦匪鄉疏

張之洞 051/138
籌辦戰船情形疏 駱秉章 051/267
密陳夷務疏 殷兆鏞 052/184
覆奏洋務事宜疏 沈葆楨 052/196
海防條議 丁日昌 052/205
南洋形勢 黃楙材 052/295
沿海練水師議 052/300
備夷策 歐陽柄榮 052/303
論夷務疏 沈兆霖 053/061
密陳夷務疏 袁保恆 053/064
輪船工竣並陳機器局情形疏 曾國藩 053/069
請創設外海兵輪水師疏 張佩綸 053/074
請拓增船礮大廠疏 左宗棠 053/078
購置練船疏 裴蔭森 053/083
試造淺水兵輪工竣察看疏 張之洞 053/086
謹陳船政形勢及應行次第舉辦事宜疏 裴蔭森 053/087
船政 薛福成 053/090
天津等處試辦鐵路以便調兵運械疏 053/101
駕駛輪船說略 葛道殷 053/103
德國陸軍鎗隊操法序 馮國士 053/106
操練洋槍淺言 馮國士、葛道殷 053/107
用礮要言 葛道殷 053/114
新法礮臺議 周郇雨 053/119
籌辦海防稟二 徐賡陛 053/129
水陸制敵章程 張學醇 053/132
操練章程 張之洞 053/136
論練兵 李東沅 053/138
論民團 李東沅 053/141
救時芻言六則 張煥綸 053/144
廣軍會合桂省主客各軍力戰破敵實情疏 彭玉麟 053/145
款議雖定仍宜備戰以毖後患疏 彭玉麟 053/152
縷陳選將練兵情形疏 鮑超 053/154
疏陳邊疆文武大臣得人疏 彭玉麟 053/158
復總署論挖吳淞漲沙書 李宗羲 053/395
籌邊論三 姚文棟 053/400
上吳清卿師 胡傳 053/405
籌議廣西邊防請移駐提督添設鎮道各緣由疏 張之洞、李秉衡 053/435
會奏移設裁改邊要各缺疏 張之洞、李秉衡 053/440
籌議廣西邊防請移駐提督添設鎮道疏 張之洞 060/537
請停武闈片 沈葆楨 069/107
前因時論十九 吳鋌 071/131
論兵一 孫鼎臣 071/135
論兵二 孫鼎臣 071/139
因時論八 吳鋌 071/145
通論唐以後兵籍之數 孫鼎臣 071/163
師律篇四 湯成烈 071/169
師律篇五 湯成烈 071/173
師律篇六 湯成烈 071/177

六、兵政 兵制

讀兵考 黄式三 071/181
東南兵事策 謝章鋌 071/191
桂陽兵志敘 王闓運 071/199
湘軍志營制篇 王闓運 071/203
覆陳吳士邁擅殺案由疏 左宗棠 071/213
兵役亡耗議證 俞正燮 071/219
整頓步軍營積弊疏 黎吉雲 071/227
請飭各省整頓營伍疏 常大淳 071/235
簡練軍實以裕國用疏 曾國藩 071/243
請選募豐北灾民成軍以備征調疏 王茂蔭 071/251
新設淮揚鎮練兵五難三便四利疏 尹耕雲 071/255
議覆兵制不宜更張疏 吕佺孫 071/261
請整頓額兵疏 沈葆楨 071/263
覆陳派糧養勇窒礙難行疏 嚴樹森 071/269
覆陳改勇為兵不便情形疏 李宗羲 071/275
籌擬減兵加餉就餉練兵疏 左宗棠 071/279
籌議直隸練軍事宜疏 曾國藩 071/289
酌改江蘇營制裁兵增餉疏 丁日昌 071/305
覆請酌改營制准照原議試辦疏 丁日昌 071/319
挑選額兵立營酌加津貼疏 馬新貽 071/327
查閲江蘇營伍事竣疏 曾國藩 071/333
議覆福建巡撫條奏練營章程疏 071/341
請酌改湖南營制疏 卞寶第 071/347
遵查湖南綠營裁額並糧事宜疏 王文韶 071/351
酌議募練馬隊營制章程疏 丁寶楨 071/363
請裁汰北路征軍疏 左宗棠 071/385
酌擬武職借補章程疏 曾國藩 071/391
陝省武職補缺難復舊制疏 譚鍾麟 071/395
黔省下游各營事設捕盗兵丁議 賀長齡 071/399
整頓營務議 龍汝霖 071/405
上大府整頓營伍議 宗源瀚 071/413
預籌水師將才並預備礮位片 胡林翼 071/421
籌備水師利器片 胡林翼 071/425
預籌三支水師疏 曾國藩 071/429
會議長江水師營制疏 曾國藩 071/435
續陳長江水師未盡事宜疏 曾國藩 071/467
酌議江蘇水師事宜疏 曾國藩 071/485
詳酌長江水師事宜疏

彭玉麟 071/491
水師宜兼練陸戰疏 劉錫鴻 071/503
湘軍志營制篇 王闓運 071/505
湖口石鐘山楚軍昭忠祠記 彭玉麟 071/509
湖口縣楚軍水師昭忠祠記 曾國藩 071/517
金陵楚軍水師昭忠祠記 曾國藩 071/521
附改小站議 柯培元 072/245
弭盜論 馬福安 072/329
弭盜策 秦寶璣 072/333
論兵三 孫鼎臣 072/385
練勇議 徐有珂 072/419
上呂方伯啟 胡林翼 072/479
六合保衛團練章程 徐鼒 073/033
瀝陳豫省軍情疏 賈臻 073/099
軍政篇 魏源 073/139
請飭重臣分駐江北要害疏 陳慶鏞 074/091
請暫設皖南巡撫疏 沈兆霖 074/107
飭各屬遵辦守禦事宜札 胡林翼 074/225
外藩蒙古要略序 李兆洛 074/275
蒙古游牧記自序 張穆 074/281
在一統志館上當事諸公書 龔鞏祚 074/285
說張家口 龔鞏祚 074/301
說居庸關 龔鞏祚 074/305
吉林防務 胡傳 074/309
吉林根本說 曹廷杰 074/313
庫葉島沿革形勝考 曹廷杰 074/319
遵議東三省邊務大略情形疏 074/325
新疆私議 沈垚 074/357
論伊犂 李雲麟 074/373
新疆善後方略 李雲麟 074/375
論邊防 李雲麟 074/381
籌議河北各旗蒙古添設盟長疏 那彥成 074/385
統籌西路全局疏 李雲麟 074/389
挽回西北大局疏 李雲麟 074/399
瀝陳西北軍情疏 李雲麟 074/413
敬陳新疆善後事宜疏 左宗棠 074/423
擬與劉欽使論新疆事宜書 074/433
海防備覽序 李兆洛 074/457
批復蘇松太應道等核議水師章程 丁日昌 074/463
籌議緝捕海盜稟 徐賡陛 074/473
長江築塢防海策 廖連城 074/491
訓練沿海水師議 顧廣譽 074/499
與陸立夫督部論防海制礮書 梅曾亮 074/505
查覆虎門排鍊礮臺疏 林則徐 074/507
駮水師改陸營疏 裕謙 074/515
議覆沿海港口不宜封閉疏 裕謙 074/517
遵籌布置東海各島疏 託渾布 074/523
大沽後路建築新城疏 李鴻章 074/529

六、兵政　兵制

覆陳山海關防務疏　曾國荃 074/535
擬專設海防全政大臣以一事權疏　左宗棠 074/543
覆總署論挖吳淞漲沙書　李宗羲 074/553
與杜少京書　姚瑩 075/011
與毛生甫書　姚瑩 075/015
駁淡水守口兵費停給議　姚瑩 075/021
臺灣不能堅壁清野狀　姚瑩 075/025
與程梓庭制府書　陳壽祺 075/031
上楊中丞書　鄭鳴鶴 075/039
請移福建巡撫駐台灣疏　沈葆楨 075/043
請琅　築城設官疏　沈葆楨 075/051
臺北擬建一府三縣疏　沈葆楨 075/055
臺地後山請開舊禁疏　沈葆楨 075/063
請改臺地營制疏　沈葆楨 075/069
籌議改設臺灣郡縣疏　劉銘傳 075/075
上某兵備論治臺書　金東 075/081
議復水師李提督臺灣治略　周懋琦 075/099
全臺圖說　周懋琦 075/107
縷陳湖南苗疆情形疏　賀熙齡 075/121
查辦黔省漢苗情弊疏　賀長齡 075/131
急籌黔省善後事宜疏　譚鈞培 075/141
勸化苗民改裝頗有成効疏　林肇元 075/147
上喬見齊中丞書　胡林翼 075/151
條陳勦苗匪啟　胡林翼 075/153
條陳勦苗匪說　韓超 075/167
猺防　姚柬之 075/175
平猺議　陳起詩 075/177
南言二　陳起書 075/189
八排兵事考　湯彝 075/195
壬辰征猺記論　湯彝 075/203
壬辰防猺五論　唐鑑 075/207
擬辦柑子沖猺善後事宜八條　唐鑑 075/215
籌陳防撫猓夷情形疏　劉晸昌 075/221
謹擬綏邊十二策　何曰愈 075/229
勦辦瓊州黎匪擬撫黎章程疏　張之洞 075/245
上粵督平黎條陳　闕名 075/253
撫盜篇　湯成烈 075/261
劇盂論　周悅讓 075/265
程友石墓志　馮志沂 075/269
算寇　戴楫 075/273
平賊策　徐有珂 075/283
請安間閻以消反側疏　呂賢基 075/287
請立民堡收恤難民疏　唐鑑 075/293
初到粵西詳陳賊勢軍情疏　周天爵 075/299
敬獻芻言以救時弊疏

陳慶鏞 075/305
請嚴定防勦章程疏 曹登庸 075/315
平賊事宜狀上賽節相 姚瑩 075/319
與姚石甫廉訪論粵事書 孫鼎臣 075/333
上呂方伯啟 胡林翼 075/339
與徐仲紳制軍書 江忠源 075/343
密陳賊勢愈熾勦賊需人疏 吳振棫 075/355
將取真才兵歸實用疏 鮑源深 075/363
敬取時務四條疏 許乃普 075/369
湖北軍務急要三事疏 胡林翼 075/375
咨巴副都統籌辦受降事宜二件 胡林翼 075/385
安置武安堰降賊片 胡林翼 075/389
瀝陳時局大患疏 宋晉 075/399
密陳五省通籌兵餉合力防勦疏 宋晉 075/405
遵覆通籌全局疏 曾國藩 075/411
遵議御史朱潮條陳片 沈葆楨 075/421
金陵克復全股悍賊盡數殲滅疏 曾國藩 075/425
浙省建立楚湘忠義祠請列祀典疏 左宗棠 075/437
檄鳳潁淮徐滁泗宿海八府屬文 魯一同 075/445
江南三路進兵議 金安清 075/471
上曾節相處置滁陽降將書 方德驥 075/477
上曾節帥論善後事宜書 方宗誠 075/481
上曾協揆乞師公啟 馮桂芬 075/497
論粵西賊情兵事始末 嚴正基 075/505
金陵問答 方德驥 075/515
金陵軍營官紳昭忠祠記 曾國藩 075/521
金陵湘軍陸師昭忠祠記 曾國藩 075/527
除盜篇 藩詠 076/005
平寇議 陳根培 076/023
弭寇 薛福保 076/031
平定捻匪策 程祖植 076/035
直隸防捻各守河岸議 徐志導 076/041
書袁端敏公上科爾沁親王書後 孫衣言 076/045
密陳潁亳捻匪隱憂方大疏 胡林翼 076/057
覆陳皖北軍情並察度苗練疏 曾國藩 076/061
條陳招撫翻覆可慮疏 吳焯 076/071
請勦除苗逆疏 吳焯 076/073
請速除降賊宋景詩疏 王拯 076/079
遵赴山東勦賊萬難迅速情形疏 曾國藩 076/083
密陳流寇可慮片 曾國藩 076/093

覆陳勦捻擬遏流清源疏 曾國藩 076/097
接署欽差大臣瀝陳兵餉事宜疏 李鴻章 076/101
籌辦膠萊扼勦事宜疏 李鴻章 076/107
覆陳運防萬不可撤疏 李鴻章 076/115
東捻蕩平覆陳善後為難情形疏 李鴻章 076/119
籌陳捻平善後事宜疏 英翰 076/123
議復捻平善後事宜疏 李鴻章 076/129
上曾節相書 方宗誠 076/133
淮軍平捻記書後 金安清 076/141
陝西回漢械鬬情形疏 徐法績 076/153
制防渭南回族議 邵輔 076/157
甘肅軍營積弊急須整頓疏 劉蓉 076/159
覆陳西征調兵籌餉為難疏 駱秉章 076/165
陳辦回管見疏 喬松年 076/175
籌辦西征情形疏 左宗棠 076/179
進駐涇州籌辦軍務疏 左宗棠 076/187
規畫甘肅全省地勢軍情疏 左宗棠 076/193
安插就撫陝回請增設員弁疏 左宗棠 076/209
西師宜從緩圖密疏 鮑源深 076/213
核議安撫逆回詳稟 張集馨 076/221
上陝甘總督論撫回事 黄輔辰 076/229
致署陝甘總督穆書 左宗棠 076/235
覆陳辦理雲回通盤籌畫疏 李星沅 076/239
覆奏漢回情形片 林則徐 076/243
瀝陳辦回失平請先勦後撫疏 陳濬 076/247
通籌滇黔軍務疏 曾國藩 076/253
通籌陝甘滇黔用兵情形疏 丁寶楨 076/257
議滇 金安清 076/273
滇略上下 劉樹堂 076/279
答魏默深論聖武記書 包世臣 076/289
增刻三省邊防備覽序 張鵬飛 076/295
幾輔勦賊議 王祖源 076/303
籌擬防捕馬賊章程疏 卞寶第 076/307
嚴辦土匪以靖地方疏 曾國藩 076/311
湖南莠民滋事宜嚴政體清亂源疏 張沄 076/317
示慶藩論土匪 郭崑燾 076/327
溫州會匪紀略書後 孫衣言 076/331
又書會匪紀略後 孫衣言 076/337
請查辦閩省會匪疏 陳慶鏞 076/341

附陳勸辦閩省下府土匪片 左宗棠 076/347
與舒雲溪制府書 陳慶鏞 076/351
致翁祖庚學使書 胡林翼 076/361
致魏將侯書 胡林翼 076/365
條陳東路情形 胡林翼 076/373
秦省吾家傳 梅曾亮 076/381
湖北興辦洋操摺 081/074
湖北創辦洋操章程 081/078
中國邊事論 081/223
禦夷制勝策 張秉銓 081/261
思患豫防策 言思行 081/275
儲將才論 鄭觀應 082/280
敬陳海防疏 李元度 083/047
防海上 余貽範 083/058
防海下 余貽範 083/059
海防論 傅雲龍 083/061
籌海 陳虬 083/061
會商海防事宜 彭玉麟 083/067
復奏加意籌備片 彭玉麟 083/068
密陳籌畫片 083/068
代陳海防管見疏 083/069
海防善後事宜疏 彭玉麟 083/069
遵旨覆並陳今昔情形不同疏 彭玉麟 083/073
覆奏海防條議疏 李鴻章 083/075
乞總署代奏下忱書 劉永福 083/081
強鄰環伺疏 薛福成 083/082
條陳海軍船礮應辦事宜疏 許景澄 083/084
論海軍當廣儲人才 余貽範 083/086
記日本議院論中國創設海軍事 吳劍華 083/087
水師 鄭觀應 083/088
論兵輪水師之利弊 083/096
邊防一 鄭觀應 083/097
邊防二 083/099
邊防三 083/100
邊防四 083/101
邊防五 083/103
邊防六 083/104
邊防七 083/108
邊防八 083/111
近日北邊防務輕重緩急何在論 葛道殷 083/116
邊防禦俄策 程昌齡 083/117
東北邊防輕重緩急論 葛道殷 083/119
中國邊事論 鋪加脫 083/120
遺疏 左宗棠 083/128
力爭和議電奏 張之洞 083/131
聯銜糾參督臣植黨疏 張百熙等 083/138
請接濟劉永福片 083/141
上劉峴帥書 余虎恩 083/147
防務通於治道說 殷之輅 083/159
覆奏洋務事宜疏 沈葆楨 083/198
陸兵論一 傅雲龍 083/202
陸兵論二 傅雲龍 083/202
陸兵論三 傅雲龍 083/203
選將練兵論 薛福成 083/204
記英德設課功局防敵法 薛福成 083/204
命中篇 李經邦 083/205

六、兵政

兵制

覆陳山海關防務疏　曾國荃　083/209
練膽說　083/211
防軍支銷情弊疏　王開運　083/213
美利加水師阻道說　何雲龍　083/223
密陳標營積習難改將才宜保護片　薛福成　083/231
中國擇地建造船塢論　李龍光　083/330
英吉利軍政　鄒弢　083/362
法蘭西軍政　鄒弢　083/365
德意志軍政　鄒弢　083/366
俄羅斯軍政　鄒弢　083/369
墺斯(亦名澳地利亞)軍政　鄒弢　083/373
意大利軍政　083/374
西班牙軍政　083/375
土耳其軍政　083/376
荷蘭軍政　083/376
美利堅軍政　083/376
葡萄牙軍政　鄒弢　083/377
日本軍政　083/377
印度軍政　083/378
日本兵志序　黃遵憲　085/363
日本兵志後序一　黃遵憲　085/363
論擴充海陸軍備關係財政　(日)鶴原　085/367
論將才　(美)雅各柏架　085/370
法國海軍職要敍　馬建忠　085/377
上李伯相覆議何學士如璋奏設水師書　馬建忠　085/378
日本兵志後序　黃遵憲　085/393
湖北興辦洋操奏章公牘章程　085/395
議覆船政摺　總理衙門　085/422
論洋行軍用謀要妙　闕名　085/426
各國船政考　漢塞爾　085/428
英國水師考　(英)闕名　085/430
論太平洋海軍　(日)闕名　085/433
論德議整水師　(德)勒忒惠士　085/436
記日本初行徵兵令　黃遵憲　085/441
中國邊事論　(俄)鋪加脫　085/467
論列國息爭之公理　王覺任　086/296
寢兵說　王覺任　086/298
論弭兵會　闕名　086/310
上李伯相論赫德不宜總司海防書　薛福成　086/523
日本兵志序　黃遵憲　091/003
日本兵志後序一　黃遵憲　091/004
論擴充海陸軍備關係財政　(日)鶴原　091/012
論將才　(美)雅各柏架　091/020
法國海軍職要敍　馬建忠　091/035
上李伯相覆議何學士如璋奏設水師書　馬建忠　091/037
日本兵志後序　黃遵憲　091/071
湖北興辦洋操奏章公牘章程　091/076
議覆船政摺　總理衙門　091/131
論西洋行軍用謀要妙　闕名　091/141
各國船政考　漢塞爾　091/145

英國水師考 (英)闕名 091/150
論太平洋海軍 (日)闕名 091/155
論德議整水師 (德)勒忒惠士 091/163
記日本初行徵兵令 黃遵憲 091/173
中國邊事論 (俄)鋪加脫 091/231
論列國息爭之公理 王覺任 092/464
寢兵說 王覺任 092/470
論弭兵會 闕名 092/496
上李伯相論赫德不宜總司海防書 薛福成 093/444
儲將才論 鄭觀應 094/514
論武科改試槍砲不宜全廢弓矢 098/353
將取真才兵歸實用疏 鮑源深 099/261
酌擬武職借補章程疏 曾國藩 099/263
挑選額兵立營酌加津貼疏 馬新貽 099/268
覆請酌改營制准照原議試辦疏 丁日昌 099/269
酌改江蘇營制裁兵增餉疏 丁日昌 099/271
密陳標營積習難改將才宜保護片 薛福成 099/286
軍政篇 魏源 099/290
擬整頓教習陸軍章程 克馳馬 099/309
江南陸師學堂招募章程 099/310
論將士之用命視乎國恩之厚薄 099/312
論練兵宜先覈將材 099/313
選將練兵論 099/316
陸兵論一 傅雲龍 099/317
陸兵論二 傅雲龍 099/318
陸兵論三 099/319
東南兵事策 謝章鋌 099/322
編武生以充營兵說 099/337
兵事蠡測 099/344
裁兵芻議 099/354
整頓營務議 龍汝霖 099/376
上大府整頓營伍議 宗源瀚 099/378
上劉峴帥書 余虎恩 099/382
簡練軍實以裕國用疏 曾國藩 099/389
議覆兵制不宜更張疏 呂佺孫 099/391
情飭各省整頓營伍疏 常大淳 099/391
整頓步軍營積弊疏 黎吉雲 099/393
籌擬減兵加餉就餉練兵疏 左宗棠 099/394
籌議直隸練軍事宜疏 曾國藩 099/397
請整頓額兵疏 沈葆楨 099/401
酌議募練馬隊營制章程疏 丁寶楨 099/404
通論唐以後兵籍之數 孫鼎臣 099/410
師律篇一 湯成烈 099/412
師律篇二 湯成烈 099/413

六、兵政 兵制

師律篇三 湯成烈 099/414
湘軍志營制篇 王闓運 099/415
讀兵考 黃式三 099/418
中國兵制屢改說 099/421
裁兵宜先裁劣弁以復制兵舊額 099/423
論兵制 吳鋌 099/424
論兵一 孫鼎臣 099/425
論兵二 孫鼎臣 099/426
論兵三 孫鼎臣 099/427
力爭和議電奏一 張之洞 099/478
力爭和議電奏二 張之洞 099/479
中國宜急設陸師大將論 100/003
論將帥不宜富貴 100/004
選將論 何文炬 100/005
論將才 (美)雅各柏架 100/006
追論降將 100/013
續陳長江水師未盡事宜疏 曾國藩 100/019
水師宜兼練陸戰疏 劉錫鴻 100/024
會議長江水師營制疏 曾國藩 100/024
預籌三支水師疏 曾國藩 100/034
籌備水師利器片 胡林翼 100/035
論海軍當廣儲人才 余貽範 100/036
海軍需材論 100/038
重振中國海軍議 100/039
訓練沿海水師議 顧廣譽 100/041
重立海軍私議 100/042
重設海軍議 100/043
批復蘇松太應道等核議水師章程 丁日昌 100/044
論中國海軍大東溝之戰 100/046
北洋大閱海軍記 100/047
論兵輪水師之利弊 100/049
記日本議院論中國創設海軍事 吳劍華 100/051
論日本講求海軍 100/052
美利加水師阻道說 傅雲龍 100/053
上李伯相覆議何學士如璋奏設水師書 馬建忠 100/057
練兵策 何文炬 100/152
練兵末議 100/154
練膽說 100/155
練兵須用新法說 100/157
練勇議 徐有珂 100/159
六合保衛團練章程 徐鼐 100/181
金陵克復全股悍賊盡數殲滅疏 曾國藩 100/195
密陳五省通籌兵餉合力防勦疏 宋晉 100/198
遵赴山東勦賊萬難迅速情形疏 曾國藩 100/200
勦辦瓊州黎匪擬撫黎章程疏 張之洞 100/202
縷陳湖南苗疆情形疏 賀熙齡 100/204
請速除降賊宋景詩疏 王拯 100/207
瀝陳辦回失平請先勦後撫疏 陳濬 100/208
覆陳勦捻擬遏流清源疏 曾國藩 100/210

籌辦膠萊扼勦事宜疏 李鴻章 100/210
請勦除苗逆疏 吳焯 100/214
陳辦回管見疏 100/216
嚴辦土匪以靖地方疏 曾國藩 100/217
籌擬防捕馬賊章程疏 卞寶第 100/218
畿輔勦賊議 王祖源 100/219
條陳勦苗匪啟 胡林翼 100/221
制防渭南回族議 100/225
條陳勦苗匪說 韓超 100/225
檄鳳潁淮徐滁泗宿海八府屬文 魯一同 100/228
征猺論 湯彝 100/230
防猺論 唐鑑 100/231
平猺議 陳起詩 100/233
弭寇 100/237
平寇議 100/238
平定捻匪策 程祖植 100/240
論勦倭機會 100/241
核議安撫逆回詳稟 張集馨 100/243
論粵西賊情兵事始末 嚴正基 100/245
論川匪亟宜勦辦 100/248
嚴盜課議 100/250
除盜篇 潘詠 100/250
論籌辦禦盜之法 潘飛聲 100/255
論土匪 郭嵩燾 100/257
議滇 金安清 100/257
滇略上下 劉樹堂 100/259
論治亂民當情法兼盡 100/261
上粵督平黎條陳 闕名 100/262
上陝甘總督論撫回事 黃輔辰 100/263
上孔兵備治匪書 姚瑩 100/265
新疆私議 沈垚 100/296
遵旨覆奏並陳今昔情形不同疏 彭玉麟 100/309
擬專設海防全政大臣以一事權疏 左宗棠 100/311
覆陳山海關防務疏 曾國荃 100/314
議覆沿海港口不宜封閉疏 裕謙 100/317
覆奏洋務事宜疏 沈葆楨 100/319
密陳籌畫片 彭玉麟 100/325
復奏加意籌備片 彭玉麟 100/325
代陳海防管見 彭玉麟 100/326
覆奏海防條議疏 李鴻章 100/327
籌議緝捕海盜稟 徐賡陛 100/335
長江築塢防海策 廖連城 100/337
中國宜重設海防 100/340
擬設巡查海軍兵船礮械洋員章程譯呈 克馳馬 100/340
防海四策 100/341
閩江海防論 李經邦 100/343
江防急於海防論 100/344
防海防陸難易緩急論 李經邦 100/345
海防備覽序 李兆洛 100/348
論海防不宜偏重 100/349
論海防切要 100/351
會商海防事宜 彭玉麟 100/352
海防善後事宜疏 彭玉麟 100/353

六、兵政 兵制

溫州會匪紀略書後 孫衣言 101/175
又書會匪紀略後 孫衣言 101/176
議覆船政摺 102/090
各國船政考 漢塞爾 102/363
日本水師艦隊表 102/368
論日本新添水師戰艦 102/419
論日本近時武備 102/419
日本擴充水師情形 102/425
德國整頓海軍述略 102/426
論美日戰務 102/428
英國籌軍 102/429
論德國有整水師之議 102/430
德國欲增添海軍之由 102/431
論俄皇創立弭兵會之意 102/432
俄土戰紀敍 102/433
俄國水師情形論 102/434
俄國義勇艦隊記 102/434
論俄國海軍 102/435
論土耳其陸軍情形先後不同 102/436
西班牙國兵額 102/437
暹羅陸軍 102/437
論歐洲各國兵力 102/438
論西人武備之日精 102/439
東方兵事紀略序 102/440
還遼補記 102/441
讓臺記 102/443
讓艦記 102/445
記英德設課功局防教法 薛福成 102/446
南北洋回答國砲儀制章程 闕名 104/328
南北洋船隻升炮示敬章程 闕名 104/329
日本赤十字社緣起 孫淦 104/345
請拓增船礮大廠疏 左宗棠 104/351
多製兵船說 陳熾 104/357
議覆船政摺 總理衙門 104/360
各國船政考 漢塞爾 104/363
中國急宜設陸師大將論 闕名 105/415
練兵末議 (英)闕名 105/416
論將才 (美)雅各柏架 105/417
法國海軍職要敍 馬建忠 105/425
論西洋行軍用謀要妙 闕名 105/428
紀自強軍 闕名 105/432
湖北興辦洋操奏章公牘章程 闕名 105/433
軍政篇 闕名 105/449
校武說 闕名 105/450
中國宜重武事 闕名 105/452
儲將才 闕名 105/455
武勇 闕名 105/457
練兵 闕名 105/461
營號 闕名 105/466
行兵步伐 闕名 105/467
練兵之法古今寬嚴不同說 闕名 105/469
寓兵於商 闕名 105/471
練兵末議 闕名 105/472
治兵 闕名 105/475
擇將 闕名 105/476
用兵上 闕名 105/477

六、兵政 兵制

用兵下 闕名 105/478
陸操新義序 康貝 105/479
練水師 105/480
恭讀武場改試鎗砲上論謹註於後 闕名 106/001
論中國亟宜通辦團練 闕名 106/002
論蠻兵之可用 闕名 106/004
練兵不如選將說 闕名 106/006
兵制宜定為一律論 闕名 106/007
俄人論日本水師 闕名 106/011
論將士之用命視乎國恩之厚薄 闕名 106/014
宿將亟宜大用論 闕名 106/016
論董軍門節制三省 闕名 106/017
德國整頓海軍紀略 闕名 106/018
論宜令全國講求武事 汪康年 106/020
歐洲列強陸軍勢力 闕名 106/022
論南洋事宜書 藍鼎元 107/471
臺灣始末偶紀 魯之裕 107/472
靖海侯施琅傳 陶元藻 107/473
蒙古源流 107/481
弭盜九條疏 佟國器 110/148
弭盜四條 沈荃 110/150
請定緝捕事宜疏 田文鏡 110/172
稽海船以清盜源疏 李治運 110/175
兵事第一 110/288
兵事第二 110/289
兵事第三 110/291
俄羅斯事補輯 張穆 110/321
廣軍會合桂省主客各軍力戰破敵實情疏 彭玉麟 111/023
款議雖定仍宜備戰以毖後患疏 彭玉麟 111/026
議兵 姚鼐 112/289
府兵論 呂星垣 112/289
古來用兵兵多者敗 趙翼 112/293
家兵 顧炎武 112/295
將帥家丁 趙翼 112/296
整頓營務議 龍汝霖 112/297
請整頓額兵疏 沈葆楨 112/298
條陳東路情形 胡林翼 112/302
平定教匪總論 嚴如熤 112/323
陳河南捻匪情形疏 胡林翼 112/325
奏為生擒逆首並勦滅髮逆巨股疏 駱秉章 112/326
論川楚教匪事宜疏 梁上國 112/329
會匪紀略 孫衣言 112/333
會匪紀略書後 孫衣言 112/340
前赴山東勦賊疏 曾國藩 112/341
奉旨覆陳疏 曾國藩 112/343
進駐涇州籌辦軍務疏 左宗棠 112/346
分道進勦布置聯絡情形疏 左宗棠 112/348
復李制軍書 劉蓉 112/350
上各憲請武場添器刀矛箋 徐鼒 112/353
武試論 112/353
請停武闈片 沈葆楨 112/355
重武試以簡行伍議 112/355
論武科改試槍砲不宜全廢弓矢

112/356
書孫侍御變通武場考試技勇摺後 112/358
恭讀武場改試鎗炮上諭謹註於後 112/359
英國水師考 (英)闕名 112/361
論德議整水師 (德)勒忒惠士 112/363
記日本初行徵兵令 黃遵憲 112/364
論西洋行軍要妙 王承 112/365
日本兵制 112/367
日本海陸兵制沿革考 112/368
東瀛武備記 112/370
日本水陸軍兵考略 112/371
書日本海軍全部戰艦數目後 112/373
論日本講求海軍 112/374
俄人論日本水師 112/375
論西人武備日精 112/377
歐洲軍事考 112/378
歐洲兵額 112/379
論歐洲近來兵數日增 112/379
論德兵制 112/380
德國兵政紀略 112/383
德國整頓海軍述略 112/384
奧國軍制考 112/386
奧國水師考 112/386
俄國戰守兵籍記 112/387
俄國營制 112/388
俄羅斯財賦兵制考略 112/389
俄國兵制 112/390
論俄軍令之嚴 112/391
俄軍馬炮隊紀略 112/392
土俄水師述略 112/393
土耳其兵額考 112/394
土屬兵制譯略 112/395
論兵制 陸世儀 112/397
兵部職掌疏 葉舟 112/398
伊犁駐兵書始 松筠 112/400
八旗兵制考 姚文棟 112/406
會議長江水師營制疏 曾國藩 112/407
長江水師事宜三十條 112/408
續陳長江水師未盡事宜疏 曾國藩 112/417
酌議江蘇水師事宜疏 曾國藩 112/422
新設皖南鎮標營制疏 李宗羲 112/424
會籌甘省變通兵制疏 左宗棠 112/425
謹陳酌改營制藉節餉需管見疏 卞寶第 112/426
奏設瓊州練軍籌議餉項操練章程疏 張之洞、吳大澂 112/427
請改大鵬營制疏 林則徐 112/429
原兵之一二 112/431
原兵之三四 112/432
原兵之五 112/433
原兵之六七 112/434
軍政篇 112/436
旗兵改革議 112/437
湘軍營制述 112/438
論兵制變更 112/439
歷代變兵制考 112/440

六、兵政 兵制

德國陸軍槍隊操法序 馮國士 112/444
操練洋槍淺言 馮國士、葛道殷 112/445
論練兵 李東沅 112/448
新法礮臺議 周郇雨 112/450
水陸制敵章程 張學醇 112/452
操練章程 張之洞 112/454
沿海練水師議 112/465
練兵須用新法說 112/467
論臨時招勇之無益 112/468
寓兵於農論 112/469
論寓兵於工 112/469
再論寓兵於工 112/470
寓兵於商說 112/471
勸誡營官四條 113/001
論將才 (美)雅各柏架 113/002
論元帥 113/008
論選將 113/010
論選將 113/011
選將以一衆心論 113/012
儲將才論 113/014
論練兵宜先覈將材 113/015
練兵宜先選將論 113/016
用礮要言 葛道殷 113/039
陳臺灣棄留利害疏 施琅 113/109
堅壁清野議 龔景瀚 113/110
守備上 魏源 113/115
守備下 113/117
制勝上 113/120
制勝下 113/121
設防 113/124
論中國防務北重於南 113/126
官軍出關分起次第行走疏 左宗棠 113/132
復總署論挖吳淞漲沙書 李宗羲 113/135
籌邊論三 姚文棟 113/137
上吳清卿師 胡傳 113/138
會勘倭那二牌應照圖約更正疏 113/141
籌議廣西邊防請移駐提督添設鎮道各緣由疏 張之洞 113/143
防苗 魏源 113/146
修邊 傅鼐 113/147
練勇 傅鼐 113/147
治苗 傅鼐 113/148
道光湖粵平猺記 魏源 113/148
覆陳漢苗土司各情疏 賀長齡 113/151
縷陳湖南苗疆情形疏 賀熙齡 113/153
籌制滇邊土民疏 蔡毓榮 113/155
論邊省苗蠻事宜書 藍鼎元 113/157
改土歸流疏 鄂爾泰 113/158
雲貴事宜疏 鄂爾泰 113/158
分別流土考成疏 鄂爾泰 113/160
敬陳調劑粵西戎務四策疏 郝浴 113/161
論全滇形勢 劉彬 113/163
平定緬甸述略 趙翼 113/164
平定兩金川附論 趙翼 113/169
征安南紀略 師範 113/170
勦辦騰越廳邊外野夷情形疏 林則徐 113/172

會奏黎匪勦撫事宜疏 張之洞、吳大澂 113/174
三省山内邊防論一 嚴如熤 113/177
三省山内邊防論二 嚴如熤 113/178
三省山内邊防論三 嚴如熤 113/180
三省山内邊防論四 嚴如熤 113/183
三省山内邊防論五 嚴如熤 113/184
三省山内邊防論六 嚴如熤 113/186
三省山内邊防論七 嚴如熤 113/187
保山縣城内回民移置官乃山相安情形疏 林則徐 113/188
答人問西北邊域書 魏源 113/190
邊防三事疏 黃焜 113/192
記新疆邊防二則 紀昀 113/193
與鄂羅斯國議定疆界之碑 徐元文 113/193
前後藏考 姚瑩 113/194
藏内善後事宜疏 福康安 113/195
黑龍江外紀 長清 113/198
迤西移改協營添設汛兵疏 林則徐 113/200
天下沿海形勢錄 陳倫炯 113/205
海防總論擬藁 姜宸英 113/209
日本貢市入寇始末擬稿 姜宸英 113/213
沿海碉堡說 嚴如熤 113/216
論海洋弭捕盜賊書 藍鼎元 113/217
論鎮守南澳事宜書 藍鼎元 113/219
稽海船以清盜源疏 李治運 113/222
議海口情形疏 汪志伊 113/222
上百制軍籌辦海匪書 程含章 113/224
覆奏查察虎門排練礮臺疏 林則徐 113/231
會奏銷化煙土已將及半情形疏 林則徐 113/233
附奏東西各洋越竄夷船嚴行懲辦片 林則徐 113/234
擬諭 咭唎國王檄 林則徐 113/235
覆奏曾望顏條陳封關禁海事宜疏 林則徐 113/237
密陳定海夷情片 林則徐 113/239
密陳夷務不能歇手片 林則徐 113/239
道光洋艘征撫記上 魏源 113/241
道光洋艘征撫記下 魏源 113/249
籌海篇上 魏源 113/258
籌海篇下 魏源 113/260
論夷務疏 沈兆霖 113/261
密陳夷務疏 袁保恆 113/263
論防海 王宗曾 113/265
防海四策 徐洪度 113/266
海防策 王宗曾 113/267
南洋防務閩粵江浙聯絡一氣議 113/275

六、兵政　兵制

聯絡南洋防務說　113/276
論北洋各海口形　113/277
論英相防俄出黑海　113/278
上李伯相覆議何學士如璋奏設水師書　馬建忠　113/281
重振海軍論　113/295
書重振海軍後　113/296
論重設海軍亟宜變通整頓　113/297
論太平洋海軍　（日）闕名　113/300
海軍善後議　113/301
中國重建海軍宜多儲戰艦變通章程議　113/302
論欲立海軍宜先講求製造　113/303
北洋全軍考略　113/304
船政　薛福成　113/307
輪船工竣並陳機器局情形疏　曾國藩　113/308
請創設外海兵輪水師疏　張佩綸　113/310
請拓增船磯大廠疏　左宗棠　113/312
購置練船疏　裴蔭森　113/315
試造淺水兵輪工竣察看疏　張之洞　113/316
謹陳船政形勢及應行次第舉辦事宜疏　裴蔭森　113/317
駕駛輪船說略　葛道殷　113/318
議覆船政摺　總理衙門　113/321
各國船政考　漢塞爾　113/324
論中國亟宜通辦團練　113/328
論民團　李東沅　113/331
粵省訓練鄉勇疏　楊錫紱　113/332
論民團宜依西法　113/340
遣散勇丁論　113/373
裁兵芻議　113/373
裁兵憤議　113/375
裁兵宜先裁劣弁以復制兵舊額　113/376
論裁兵以福建條議為最善　113/377
論目下安置散勇無善策　113/378
論資遣游勇當用善法　113/380
論安置游勇莫妙於行屯田之政　113/381
裁兵加餉說　113/383
恭讀上諭裁兵節餉謹注　113/384
論列國息爭之公理　王覺任　113/387
寢兵說　113/389
論弭兵會　113/398
天津等處試辦鐵路以便調兵運械疏　114/003
密陳夷務疏　殷兆鏞　115/014
覆奏洋務事宜疏　沈葆楨　115/020
海防條議　丁日章　115/025
中國邊事論　（俄）鋪加脫　115/074
上劉峴帥書　115/105
南洋形勢　黃楙材　115/131
備夷策　歐陽柄榮　115/155
論治亂　115/392
在一統志館上當事諸公書　龍翠祚　116/152
蒙古臺卡志序　龔自珍　116/203
德國陸軍槍隊操法序　120/028
戊戌武會試策問　李紱　120/074
宋太祖欲令武臣讀書論　魏世儼　120/095

書握奇經後 盛百二 120/113
唐府兵論 秦蕙田 120/123
宋軍制論 秦蕙田 120/124
將帥家丁 趙翼 120/125
因時論八 吳鋌 120/126
軍政篇 魏源 120/128
論兵二 孫鼎臣 120/133
通論唐以後兵籍之數 孫鼎臣 120/134
論全滇形勢 劉彬 120/160
師律篇五 湯成烈 120/193
議汰兵疏 曾國藩 120/194
籌擬直隸練軍事宜疏 曾國藩 120/197
籌擬減兵加餉就餉練兵疏 左宗棠 120/199
覆陳籌兵餉大端疏 李鴻章 120/202
論兵一 孫鼎臣 120/205
東南兵事策 謝章鋌 120/206
挑選額兵立營酌加津貼疏 馬新貽 120/207
整頓營務議 龍汝霖 120/209
籌議廣西邊防請移駐提督添設鎮道疏 張之洞 120/211
新疆局勢大定敬陳管見疏 張曜 120/215
廣南藩兵議 潘耒 120/217
與鄂張兩相國論西兵書 方苞 120/218
論川楚教匪事宜疏 梁上國 120/229
籌令民築堡禦賊疏 德楞泰 120/236
撫議 龔景瀚 120/237
平定教匪總論 嚴如熤 120/239
選兵論 魯之裕 120/244
湘軍志營制篇 王闓運 120/313
論練兵 李東沅 120/325
操練章程 張之洞 120/327
操練洋槍淺言 馮國士、葛道殷 120/328
湖北興辦洋操奏章公牘章程 120/334
新法礮臺議 周郇雨 120/349
用礮要言 葛道殷 120/352
虛名冒餉疏 趙申喬 120/377
守禦後議 120/429
論兵三 孫鼎臣 120/438
弭盜九條疏 120/467
請定緝捕事宜疏 田文鏡 120/469
請建米艇狀 吳俊 120/472
論鎮守南澳事宜書 藍鼎元 120/473
上撫軍論誣盜書 秦瀛 120/475
答秦觀察問防海事宜 曾鏞 120/476
上李提軍書 周鎬 120/478
論明職 周鎬 120/479
浙江提督總統閩浙水師追封三等壯烈伯諡忠毅李公行狀 王芑孫 120/480
條陳勦苗匪啟 胡林翼 120/486
附改小站議 柯培元 120/505
根本形勢疏 張尚賢 121/005
大同邊備疏 陳協 121/005

六、兵政 兵制

陳嘉峪關外情形疏 文綬 121/006
條陳南征時事上經略傅公 黄桂 121/009
平定兩金川附論 趙翼 121/011
記新疆邊防二則 紀昀 121/012
西藏巡邊記 松筠 121/013
邊防議 陳黄中 121/014
說張家口 龔鞏祚 121/015
答人問西北邊域書 魏源 121/016
新疆私議 沈垚 121/019
吉林根本說 曹廷杰 121/024
庫葉島沿革形勝考 曹廷杰 121/026
新疆善後方略 李雲麟 121/028
論邊防 李雲麟 121/030
挽回西北大局疏 李雲麟 121/031
擬與劉欽使論新疆事宜書 總理衙門 121/035
廣軍會合桂省主客各軍力戰破敵實情疏 彭玉麟 121/040
款議雖定仍宜備戰以毖後患疏 彭玉麟 121/044
請接濟劉永福片 彭玉麟 121/048
遵議東三省邊務大略情形疏 121/048
籌議廣西邊防請移駐提督添設鎮道各缺由疏 張之洞、李秉衡 121/052
聯銜糾參督臣植黨疏 京官五十餘員 121/057
上劉峴帥書 余虎恩 121/060
力爭和議電奏一 張之洞 121/063
力爭和議電奏二 張之洞 121/064
邊防一 121/066
邊防二 121/069
邊防三 121/071
邊防四 121/073
邊防五 121/075
邊防六 121/078
邊防七 121/083
籌邊論三 姚文棟 121/096
中國邊事論 (俄)鋪加脫 121/097
守險分治永靖交山議 趙吉士 121/111
川陜楚老林情形疏 121/113
陳勦撫古州苗匪疏 鄂爾泰 121/115
答齊總兵書 金鉷 121/117
修邊 傅鼐 121/118
練勇 傅鼐 121/119
治苗 傅鼐 121/120
防苗 魏源 121/121
湖南按察使贈巡撫傅鼐傳 魏源 121/122
條陳勦苗匪說 韓超 121/127
平猺議 陳起詩 121/129
南言二 陳起書 121/133
壬辰防猺五論 唐鑑 121/135
平黎立縣議 何絳 121/137
上粵督平黎條陳 闕名 121/139
籌制滇邊土民疏 蔡毓榮 121/140
土官說 倪蛻 121/142
分別流土考成疏 鄂爾泰 121/143
雲貴事宜疏 鄂爾泰 121/145
烏船志略 張泓 121/153
預籌水師將才並預備礮位片

胡林翼 121/153
金陵楚軍水師昭忠祠記 曾國藩 121/155
預籌三支水師疏 曾國藩 121/157
會議長江水師營制疏 121/158
續陳長江水師未盡事宜疏 曾國藩 121/169
詳酌長江水師事宜疏 彭玉麟 121/175
水師宜兼練陸戰疏 劉錫鴻 121/182
天下沿海形勢錄 陳倫炯 121/183
海防總論擬藳 姜宸英 121/186
籌畫海寇疏 121/191
操練水師疏 高其倬 121/193
上福節相論臺事書 鄭光策 121/194
論澳門形勢狀 張甄陶 121/198
沿海碉堡說條陳碉堡利用情形 嚴如熤 121/202
查覆虎門排鍊礮臺疏 林則徐 121/203
議覆沿海港口不宜封閉疏 裕謙 121/206
請拓增船礮大廠疏 左宗棠 121/216
大沽後路建築新城疏 李鴻章 121/217
訓練沿海水師議 顧廣譽 121/219
海防條議 丁日昌 121/221
覆奏洋務事宜疏 沈葆楨 121/237
復總署論挖吳淞漲沙書 李宗羲 121/243
南洋形勢 黄楙材 121/247
上李伯相論赫德不宜總司海防書 薛福成 121/249
沿海練水師議 121/251
防海上 121/254
防海下 121/256
輪船工竣並陳機器局情形疏 曾國藩 121/265
請創設外海兵輪水師疏 張佩綸 121/266
謹陳船政形勢及應行次第舉辦事宜疏 裴蔭森 121/269
條陳海軍船礮應辦事宜疏 許景澄 121/271
試造淺水兵輪工竣察看疏 張之洞 121/274
議覆船政摺 總理衙門 121/277
船政 薛福成 121/280
中國擇地建造船塢論 李龍光 121/282
論海軍當廣儲人才 121/284
法國海軍職要叙 馬建忠 121/286
駕駛輪船說略 葛道殷 121/287
記日本議院論中國創設海軍事 吳劍華 121/289
英吉利軍政 鄒弢 123/449
法蘭西軍政 鄒弢 123/452
德意志軍政 鄒弢 123/455
俄羅斯軍政 鄒弢 123/459
墺斯(亦名澳地利亞)軍政 鄒弢 123/465
意大利軍政 鄒弢 123/467
西班牙軍政 鄒弢 123/469

六、兵政 兵制

土耳其軍政 鄒弢 123/469
荷蘭軍政 鄒弢 123/470
美利堅軍政 鄒弢 123/470
葡萄牙軍政 鄒弢 123/471
日本軍政 鄒弢 123/472
印度軍政 鄒弢 123/473
各國船政考 漢塞爾 123/487
將取真才兵歸實用疏 鮑源深 125/091
校武說 125/099
請整頓額兵疏 沈葆楨 125/100
整頓步軍營積弊疏 黎吉雲 125/102
議覆兵制不宜更張疏 呂佺孫 125/103
論兵制 吳鋌 125/103
論抽查兵伍 125/104
中國兵制屢改說 黃式三 125/105
師律篇一 湯成烈 125/106
師律篇二 湯成烈 125/107
師律篇三 湯成烈 125/108
練兵芻言 125/122
重振中國海軍議 125/123
海軍需材論 125/124
海道用師議 125/125
訓練沿海水師議 125/128
水師宜慎選統帶說 125/129
選將論 125/133
儲將才論 125/134
謹擬綏邊十二策 125/154
邊防論 125/158
論邊防近勢 125/159
籌邊說 125/160
措置東三省邊防議 125/161
東北邊防議 125/162
西北邊防論 125/163
新疆邊防不可懈弛說 125/164
論防俄 125/165
擬專設海防全政大臣以一事權疏 左宗棠 125/169
論海防為近今之急務 125/171
論海防 125/172
論海防切要 125/174
代陳海防管見 彭玉麟 125/175
今昔海防異勢論 125/175
防海四策 125/177
防海盜策 125/178
嚴辦土匪以靖地方疏 曾國藩 125/209
條陳剿苗匪說 韓超 125/210
平定捻匪策 程祖植 125/212
論川匪亟宜剿辦 125/214
論會匪 125/215
論治匪便法 125/217
枚盜策 125/218
盛京將軍增祺府尹玉恆奏報東邊一帶堵剿賊匪情形摺 125/219
議覆船政摺 125/306
綜論歐洲兵數 125/416
西班牙國兵額 125/417
暹羅陸軍 125/417
論土耳其陸軍情形先後不同 125/418
德國整頓海軍述略 125/419
俄國海軍 125/420
日本擴充水師情形 125/421

兵制　湯蟄仙　126/317
湖北興辦洋操奏章公牘章程
張之洞　126/330
海軍　湯蟄仙　126/361
中國邊事論　闕名　127/223
中國邊事論　闕名　127/229
中國邊事論　闕名　127/237
邊防　陳次亮　127/240
龍江　陳次亮　127/241
奉吉　陳次亮　127/243
朝鮮　陳次亮　127/244
東海　陳次亮　127/246
金山　陳次亮　127/249
新疆　陳次亮　127/250
河源　陳次亮　127/251
青海　陳次亮　127/253
西藏　陳次亮　127/254
三省　陳次亮　127/256
八旗　陳次亮　127/257
內旗　湯蟄仙　127/258
蒙古　陳次亮　127/262
口岸　湯蟄仙　127/264
臺灣　陳次亮　127/268
南洋　陳次亮　127/270
合從　陳次亮　127/271
法美　陳次亮　127/273
蔥嶺　陳次亮　127/274
籌暹　湯蟄仙　127/276
防俄　湯蟄仙　127/281
夷勢　湯蟄仙　127/289
論壓兵要電　俄國兵士雜志　127/382
問前明以來屢有倭警近復覬覦朝鮮斷我左臂考中國兵力財餉數十倍於日本今宜急籌者計有幾端英俄調處之說尚可恃否諸生讀有用書有年其各據所見著於篇
高鐸　127/455
前題　葉爾昌　127/456
問北洋既冰防倭南下南洋海口甚多應扼要者何處南洋兵輪素弱應更置者何端礮臺為定物敵在礮界外則無用船為動物利於迎追故船猶礮之翼足而管駕者又為船礮司命北洋管駕都山學生出身乃臨陣鮮効其故安在利械久推火礮泰西製造最精者幾家礮用彈藥設有二十六生的及十七生的二礮以開花彈放之彈重藥重各應若干試類舉之礮最遠界五十里以攻距我二十七里之船應用何角度能測之歟彈之穿甲深數視其重積力能推之歟有明戚繼光爲勦倭名將所撰紀效新書有可行於今日者幾端諸生學究中西其各臚列以對毋隱
詹貴楨　127/458
弭盜議　孫時勳　127/465
廢書院時文詩賦為有用之學議
葉爾昌　127/466
養兵說　卓焌　127/473
拿破侖第一論　葉爾昌　127/474
山西巡撫岑奏陳裁改兵制摺
130/007
江西奏定軍制　130/028
伊蒲氏書王之春兵制急宜變更後
130/045
問海軍驟難規復今日設與外夷陸戰

當以何策取勝 130/082
長江宜添設兵輪以輔水師礮船議 130/090
問中國建立海軍糜費鉅萬中日之役卒至不可收拾然海防實為今日急務或擬專設海軍大臣一員總制南北洋數省兵輪前人亦有議及者於海防果有益否 130/090
海軍人才難得問答 130/097
陸軍學問答 130/099
練兵問答 130/100
日本陸軍士官學校條例 130/105
法國陸軍考 130/110
英國陸軍考上 130/113
英國陸軍考中 130/114
英國陸軍考下 130/116
德國陸軍考 130/118
英國水軍流源考 130/120
創設武備學堂疏 李鴻章 131/478
請設武備學堂疏 鄧華熙 131/479
請增設水師學堂學額疏 劉坤一 131/484
請武舉武生挑入學堂肆業疏 劉坤一 131/485
請設武備特科疏 高燮曾 131/486
請武場考試變通舊制疏 孫賦謙 131/491
籌議武科改制瀝陳四川利獘疏 恭壽 131/504
籌議江南防軍改練洋操疏 劉坤一 131/511
請設洋操護軍營暨工程隊疏 張之洞 131/514
遵議更新兵制疏 戶部 131/518
會奏遵旨籌議操練新軍事宜疏 魏光燾 131/543
創設保定警務局暨警務學堂章程疏 袁世凱 131/544
天津等處試辦鐵路以便調兵運械疏 總署王大臣 132/124
輪船工竣並陳機器局情形疏 曾國藩 132/152
請拓增船礮大廠疏 左宗棠 132/172
購置練船疏 裴蔭森 132/175
謹陳船政形勢及應行次第舉辦事宜疏 裴蔭森 132/176
試造淺水兵輪工竣察看疏 張之洞 132/178
密陳夷務疏 殷兆鏞 132/233
覆奏洋務事宜疏 沈葆楨 132/239
附奏東西各洋越竄夷船嚴行懲辦片 林則徐 132/294
藏番驅逐洋人派兵彈壓保護片 丁寶楨 132/302
遵旨覆奏並陳今昔情形不同疏 彭玉麟 132/377
廣軍會合桂省主客各軍力戰破敵實情疏 彭玉麟 132/384
縷陳選將練兵情形疏 鮑超 132/389
疏陳邊疆文武大臣得人疏 彭玉麟 132/391
論夷務疏 沈兆霖 132/428
密陳夷務疏 袁保恒 132/430
籌議海防疏 李鴻章 132/434

六、兵政　兵制

敬陳新疆善後事宜疏 左宗棠 134/479
請琅　築城設官疏 沈葆楨 134/492
籌議改設臺灣郡縣疏 劉銘傳 134/495
臺地後山請開舊禁疏 沈葆楨 134/496
請移福建巡撫駐台灣疏 沈葆楨 134/497
請停武闈片 沈葆楨 135/021
浙省建立楚湘忠義祠請列祀典疏 左宗棠 135/044
請飭整頓防營以除積弊疏 惲祖翼 135/055
請飭各省整頓營伍疏 常大淳 135/056
整頓步軍營積弊疏 黎吉雲 135/058
請嚴禁營員剝削兵丁片 彭述 135/059
請整頓額兵疏 沈葆楨 135/059
請整飭戌行疏 兵部 135/060
議覆兵制不宜更張疏 呂佺孫 135/061
覆陳改勇為兵不便情形疏 李宗羲 135/061
覆陳派糧養勇窒礙難行疏 嚴樹森 135/063
籌擬減兵加餉就餉練兵疏 左宗棠 135/064
議覆福建巡撫條奏練營章程疏 兵部 135/066
簡練軍實以裕國用疏 曾國藩 135/068
請飭練兵宜求實際疏 余誠格 135/071
挑練兵勇聽調疏 丁寶楨 135/071
請選募豊北災民成軍以備征調疏 王茂蔭 135/072
密陳黑龍江練兵事宜疏 丁寶楨 135/073
新設淮揚鎮練兵五難三便四利疏 尹耕雲 135/074
推廣練兵章程疏 劉長佑 135/076
覆陳練軍營制疏 劉長佑 135/078
練軍請設長車片 劉長佑 135/079
直隸軍宜速成疏 劉長佑 135/079
變通易州河間二軍營制疏 劉長佑 135/082
分練六軍請增二軍疏 劉長佑 135/083
論直隸添設六軍疏 倭仁 135/085
籌議直隸練軍事宜疏 曾國藩 135/085
變通綠營兵制疏 丁寶楨 135/089
整理綠營抽練馬兵疏 丁寶楨 135/091
酌擬馬兵章程疏 丁寶楨 135/092
馬兵章程仍照原議辦理疏 丁寶楨 135/093
酌擬募練馬隊營制章程疏 丁寶楨 135/096
招募黑龍江壯丁訓練馬隊疏 丁寶楨 135/101
馬隊津貼免扣二成片

六、兵政 兵制

丁寶楨 135/103
擬請挑練大同馬隊五旗疏
衛榮光 135/105
擬添練兩鎮馬步營疏
奎斌 135/107
酌改江蘇州營制裁兵增餉疏
丁日昌 135/107
覆請酌改營制准照原議試辦疏
丁日昌 135/111
挑選額兵立營酌加津貼疏
馬新貽 135/112
查閱江蘇營伍事竣疏
曾國藩 135/114
新設皖南鎮標營制疏
李宗羲 135/115
請酌改湖南營制疏
卞寶第 135/117
遵查湖南綠營裁額並糧事宜疏
王文韶 135/118
請改臺地營制疏 沈葆楨 135/119
會籌甘省變通兵制疏
左宗棠 135/120
新疆局勢大定敬陳管見疏
張曜 135/121
奏所部諸軍改營為旗疏
劉錦棠 135/122
校閱滇黔省營官兵情形疏
李星沅 135/123
川省勇營難再裁減疏
丁寶楨 135/123
川省勇糧長夫難再裁減疏
丁寶楨 135/124
川省變通裁減兵丁疏
恭壽 135/126
塔城裁減兵丁疏 富勒銘額 135/127
請裁汰北路征軍疏
左宗棠 135/129
購製軍火劃一辦法疏
李鴻章 135/130
遵議建築火藥庫宜在空曠之區疏
張之萬 135/132
請簡派輪船統領疏
沈葆楨 135/134
請釐定武弁保舉獎札章程疏
松椿 135/135
酌議武職借補章程疏
曾國藩 135/137
陝甘武職補缺難復舊制疏
譚鍾麟 135/138
酌擬捐納營把總甄別補缺章程疏
李星沅 135/139
武員月課疏 劉長佑 135/139
武職月課章程片 劉長佑 135/140
明定城守章程片 劉長佑 135/140
援案賞發兵勇皮襖片
劉長佑 135/141
覆陳吳士邁擅殺案由疏
左宗棠 135/141
籌辦戰船情形疏 駱秉章 135/185
預籌三支水師疏 曾國藩 135/187
會議長江水師營制疏
曾國藩 135/188
續陳長江水師未盡事宜疏
曾國藩 135/195
詳酌長江水師事宜疏
彭玉麟 135/200

長江水師不准習弓箭片 彭玉麟 135/203
遵旨酌度長江水師疏 彭玉麟 135/203
長江水師不宜改用輪船疏 彭玉麟 135/205
會覆長江太湖水師未能改用輪船疏 彭玉麟 135/207
酌議江蘇水師事宜疏 曾國藩 135/208
附奏整頓水師片 李星沅 135/209
議請將捕盜水勇挑補弁兵疏 李星沅 135/210
酌籌外海水師章程疏 李星沅 135/211
籌捐添造外海水師戰船疏 李星沅 135/212
請創設外海兵輪水師疏 張佩綸 135/213
覆議海洋水師片 沈葆楨 135/215
各省兵輪船由李朝斌督率合操疏 沈葆楨 135/216
水師宜兼練陸戰疏 劉錫鴻 135/216
頓整山東水師購造船礮疏 丁寶楨 135/218
覆核水師口糧營制疏 丁寶楨 135/229
改設登榮水師營制疏 丁寶楨 135/230
辦理水師營務查閱輪船海口疏 丁寶楨 135/232
創設廣安水軍疏 彭玉麟 135/234
海防善後事宜疏 彭玉麟 135/235
籌議海防經費並機器局未便停工疏 沈葆楨 135/270
練兵經費由部添撥疏 劉長佑 135/326
會辦吉林練軍事宜疏 穆圖善、希元 135/335
奏設瓊州練軍籌議餉項操練章程疏 張之洞、吳大澂 135/338
籌辦焦山以下江陰以上海防片 彭玉麟 135/353
覆奏加意籌備片 彭玉麟 135/354
遵查武員參款摺 彭玉麟 135/355
會商海防事宜疏 彭玉麟 135/356
查復兩江營務處被參各員摺 彭玉麟 135/358
奏報到粵布置疏 彭玉麟 135/359
奏報赴粵部署大略疏 彭玉麟 135/361
會奏派營駐守瓊州疏 彭玉麟 135/363
會覆請用土兵疏 彭玉麟 135/364
會奏廣東團練捐輸事宜疏 彭玉麟 135/365
會奏派將出關摺 彭玉麟 135/367
籌防瓊廉並省城門戶片 135/368
籌辦廣東守禦情形疏 彭玉麟 135/368
代陳海防管見疏 彭玉麟 135/370
查覆虎門排鍊礮臺疏 林則徐 135/371
大沽後路建築新城疏 李鴻章 135/373

沈葆楨 135/438
查明角子山地方險阻擬酌撥練軍駐紮毋庸改設通判疏 邊寶泉 135/439
湖河一帶添設礮船片 丁寶楨 135/439
遵議東三省邊務大略情形疏 王大臣 135/440
籌議河北各旗蒙古添設盟長疏 那彥成 135/443
統籌西路全局疏 李雲麟 135/443
挽回西北大局疏 李雲麟 135/446
瀝陳西北軍情疏 李雲麟 135/449
迤西移改協營添設汛兵疏 林則徐 135/452
保山縣城內回民移置官乃山相安情形疏 林則徐 135/455
擬設法保護屯民片 吳大澂 135/457
邊疆緊要請添設道府廳縣以資治理疏 銘安 135/458
會奏移設裁改邊要各缺疏 張之洞、李秉衡 135/459
附奏覆陳諭飭籌辦事宜片 李星沅 135/461
酌擬變通制兵防勇疏 丁振鐸 135/462
裁改兩江防練各軍疏 恩壽 135/463
會奏黎匪勦撫事宜疏 張之洞、吳大澂 135/464
縷陳湖南苗疆情形疏 賀熙齡 135/467
遵議撫猺新章並籲加學額疏 李明墀 135/470
查辦黔省漢苗情弊疏 賀長齡 135/471
急籌黔省善後事宜疏 譚鈞培 135/473
奏陳苗疆善後事宜片 林肇元 135/477
勸化苗民改裝頗有成効疏 林肇元 135/477
招撫猓目請予土職各緣由疏 岑毓英 135/479
籌陳防撫猓夷情形疏 劉嶽昌 135/479
岷州林口土民自請改土歸流疏 譚鍾麟 135/482
請移設綠營疏 岑毓英 135/482
報明南路勦番情形疏 沈葆楨 135/484
番社就撫布置情形疏 沈葆楨 135/487
請招募獵戶防堵番賊疏 易棠 135/487
勦辦騰越廳邊外野夷情形疏 林則徐 135/490
瞻對裏塘劃界刊碑疏 丁寶楨 135/492
勦平瞻對善後事竣漢兵藏兵一律凱撤疏 駱秉章 135/494
密陳西藏情形疏 駱秉章 135/495
會勘奉吉兩省圍場荒地界址疏 岐元、銘安 135/499
籌議臺灣事宜疏 李鴻章 135/500

會籌西藏事宜疏 丁寶楨 135/501
請飭駐藏大臣勘明內地疆域劃界立碑疏 丁寶楨 135/503
籌備邊防疏 丁寶楨 135/503
漢奸勾引邊夷滋事漁利分別參辦片 丁寶楨 135/504
馬邊善後事宜疏 丁寶楨 135/505
勦辦巖番大道肅清片 丁寶楨 135/507
收撫回民安插耕墾片 左宗棠 135/508
籌議口外辦運庫科駐兵疏 李鴻章 135/511
籌議口外調兵運糧緩急疏 李鴻章 135/512
覆奏督提鎮標兵分布各口片 劉長佑 135/514
出省巡防邊隘疏 劉長佑 135/514
遵旨巡緝邊牆片 劉長佑 135/516
遵籌勦除馬賊片 劉長佑 135/517
遵旨出省堵勦馬賊疏 劉長佑 135/517
南兵尚未接防疏 劉長佑 135/519
越南未能自強疏 劉長佑 135/519
越南積弱不振豫籌保衛邊境疏 劉長佑 135/520
遵旨勦撫越南匪徒疏 劉長佑 135/521
索倫營捐築營堡擬請借款建蓋住房疏 長庚 135/523
變通查閱邊卡章程以紓盟累疏 覺羅崇歡 135/524
奏台灣各路生番歸化並開山招撫情形疏 劉銘傳 135/525
請派員帶勇赴援台灣疏 丁寶楨 135/527
恭報馳抵粵西即赴柳州暫駐籌勦疏 李星沅 136/001
初到粵西詳陳賊勢軍情疏 周天爵 136/002
敬獻芻言以救時弊疏 陳慶鏞 136/004
請嚴定防勦章程疏 曹登庸 136/006
密陳賊勢愈熾勦賊需人疏 吳振棫 136/007
將取真才兵歸實用疏 鮑源深 136/009
敬陳時務四條疏 許乃普 136/010
通籌防勦大局謹擬製辦船礮疏 駱秉章 136/012
覆陳鄂督敗退武昌失守情形疏 駱秉章 136/013
奏報邊地勦匪情形疏 魏光燾 136/015
起復水師統將以一事權并密陳進勦機宜疏 胡林翼 136/017
條陳楚軍水陸東征籌度情形疏 胡林翼 136/019
瀝陳時局大患疏 宋晉 136/023
密陳五省通籌兵餉合力防勦疏 宋晉 136/024
遵覆通籌全局疏 曾國藩 136/026
生擒逆首並勦滅髮逆巨股疏 駱秉章 136/028
金陵克復全股悍賊盡數殲滅疏

曾國藩 136/031
遵議御史朱潮條陳片 沈葆楨 136/035
密陳穎亳捻匪隱憂方大疏 胡林翼 136/035
遵赴山東勦賊萬難迅速情形疏 曾國藩 136/036
奉旨覆陳疏 曾國藩 136/038
覆陳勦捻事宜疏 曾國藩 136/040
密陳勦捻事宜片 李鴻章 136/042
請飭李鴻章統籌全局片 丁寶楨 136/043
陳明辦賊大致暫難親赴前敵疏 李鴻章 136/044
覆陳奉旨督軍河洛路 李鴻章 136/046
捻竄運東通籌全局疏 劉長佑 136/049
條陳招撫翻覆可慮疏 吳焯 136/050
請速除降賊宋景詩疏 王拯 136/050
接署欽差大臣瀝陳兵餉事宜疏 李鴻章 136/052
覆陳運防萬不可撤疏 李鴻章 136/053
東捻蕩平覆陳善後為難情形疏 李鴻章 136/054
籌陳捻平善後事宜疏 英翰 136/055
議復捻平善後事宜疏 李鴻章 136/056
遵議苗逆勦撫事宜並再辭皖撫疏 彭玉麟 136/057
請勦除苗逆疏 吳焯 136/060
覆陳皖北軍情並察度苗練疏 曾國藩 136/061
遵旨援黔籌陳大略疏 李鴻章 136/063
通籌滇黔軍務疏 曾國藩 136/065
陜西回漢械鬬情形疏 徐法績 136/067
覆陳辦理雲回通盤籌畫疏 李星沅 136/068
瀝陳辦回失平請先勦後撫疏 陳濬 136/069
現籌勦辦川北巨股調集各軍分途前進情形疏 駱秉章 136/070
甘肅軍營積弊急須整頓疏 劉蓉 136/071
覆陳西征調兵籌餉為難疏 駱秉章 136/072
陳辦回管見疏 喬松年 136/075
籌辦西征情形疏 左宗棠 136/076
通籌陝甘滇黔用兵情形疏 丁寶楨 136/077
進駐涇州籌辦軍務疏 左宗棠 136/082
規畫甘肅全省地勢軍情疏 左宗棠 136/083
安插就撫陝回請增設員弁疏 左宗棠 136/086
西師宜從緩圖密疏 鮑源深 136/087
收降密察妥辦片 丁寶楨 136/089
收復馬邊核桃汎地疏

六、兵政　兵制

丁寶楨 136/089
馬邊夷務肅清疏　丁寶楨 136/091
勦辦峨邊夷匪並勦捕雷波野夷疏
丁寶楨 136/094
攻克查彔裹塘肅清疏
丁寶楨 136/096
劍川都司仍駐州城疏
劉長佑 136/098
開具軍需簡明清單疏
劉長佑 136/100
籌擬防捕馬賊章程疏
卞寶第 136/102
嚴辦土匪以靖地方疏
曾國藩 136/102
湖南莠民滋事宜嚴政體清亂源疏
張沄 136/104
請查辦閩省會匪疏
陳慶鏞 136/106
操練西丹備調片　豐紳 136/108
請准首匪投誠疏　劉秉璋 136/109
擬分任文武大員查辦匪鄉疏
張之洞 136/110
請禁廣東花縣煤窰疏
駱秉章 136/111
請勦辦拳匪疏　袁昶 136/112
覆陳熱河匪亂添兵勦撫情形疏
袁世凱 136/114
瀝陳豫省軍情疏　賈臻 136/135
美國軍制　葛勝芳譯 138/535
美國民兵義兵制 138/544
日東軍政官秩
(日)細田謙藏譯 138/547
日東軍政徵兵制
(日)細田謙藏譯 138/549
日東軍政編入壯丁制 138/554
日東軍政罰科制 138/559
日東軍政分限制 138/559
日東軍政期限制 138/560
日東軍政敘任制 138/563
中國陸軍界說　傅雲森譯 138/574
中國八旗經制兵額表 138/575
中國直省綠旗兵額表 138/577
中國直省提鎮表 138/579
中國勇營述略 138/589
中國練軍述略 138/591
日本陸軍師團表 138/591
日本陸軍官司制
(日)細田謙藏譯 139/001
陸軍官司統屬表 139/013
日本陸軍軍隊制 139/022
日本陸軍學校制 139/027
英吉利陸軍述要　傅雲森譯 139/031
俄羅斯陸軍述要 139/032
德意志陸軍述要 139/034
法蘭西陸軍述要 139/035
北美合衆國陸軍述要 139/036
日東海軍官司制
(日)細田謙藏譯 139/039
日東海軍軍艦制 139/051
日東海軍學校制 139/052
日東海軍軍艦所屬表 139/054
英吉利海軍軍艦及分泊各地表
139/065
俄羅斯海軍述要 139/067
德意志海軍勢力表 139/068
法蘭西海軍軍艦表 139/070

北美合衆國海軍述要 139/071
海防芻議 王韜 145/293
防務宜舉其要論 鄭汝賢 145/294
海防略說 蔡元章 145/296
遼東隴西邊防說 江標 145/297
東三省練軍說 王懿榮 145/299
防敵莫先於埋伏論 王懿榮 145/300
吳淞江防節錄 何鏞 145/301
論浙防 徐敬熙 145/303
防口要說 連文瀚 145/304
扼要篇節錄 許道東 145/305
海防江防策 儲桂山 145/306
王公設險以守國說 郭鎮瀛 145/308
籌辦漁團議 郭鎮瀛 145/318
江督奏長江炮台疏 張之洞 145/321
臺防客述 石道存 145/323
籌防客問 范思枚 145/324
論甌防 王汝言 145/327
縱論海陸防務 吳肇璜 145/328
論中國防務北重於南 袁昶 145/330
論南邊防務亟宜加嚴 儲桂山 145/333
防奸議 儲桂芬 145/335
防奸續議 江標 145/337
防奸餘議 李可言 145/338
以柔遠為防奸之法論 吳嶽 145/340
備不可懈說 孫維新 145/342
練兵論 儲桂芬 145/426
練兵水陸難易說 徐敬熙 145/429
皇朝兵制考 汪晉 145/473
八旗兵衛考 汪晉 145/474
綠營兵制考 汪晉 145/476
湘軍營制考 汪晉 145/478
論歐洲近日增兵大勢 何金如 145/480
俄國波羅的海軍實考 賈文言 145/481
歐洲兵輪考實 王韜 145/481
俄羅斯財賦兵制考略 范思枚 145/484
論民團宜依西法 王韜 145/484
地營說上 余虎恩 145/486
地營說中 余虎恩 145/488
地營說下 余虎恩 145/490
德國水陸軍政考 王韜 145/492
日本海陸兵制沿革考 顧起 145/494
輪船巡洋議 何金聲 145/501
整頓海軍芻議一 王韜 145/501
整頓海軍芻議二 王韜 145/502
海軍芻議條目 王韜 145/503
宜設鐵甲船塢論 余虎恩 145/505
論重設海軍亟宜變通整頓 姜金書 145/506
北洋海軍失利情形上篇 蔡元章 145/508
北洋海軍失利情形下篇 賈文言 145/510
南洋兵輪戰守議 張嘉祿 145/513
論重整海軍 儲桂芬 145/515
論海軍當廣儲人才

六、兵政　兵制

吳肇璜 145/517
論重邊防必重設海軍 吳肇璜 145/519
重振中國海軍議 汪晉 145/521
論兵輪水師之利弊 汪晉 145/523
議覆調印度兵助勦疏 曾國藩 153/004
試辦練軍酌定營制疏 曾國藩 153/008
覆陳彭玉麟等出處江海異形片 曾國藩 153/010
陸地戰例新選敘 (美)丁韙良 153/019
中國創設海軍議 吳昌綬 153/020
中國創設海軍議 王恭壽 153/029
中西鎗砲說 闕名 153/061
地營說上 闕名 153/064
地營說中 闕名 153/067
地營說下 闕名 153/068
練兵 鄭觀應 153/069
海軍 湯震 153/084
將略要論 劉連城 153/090
日本全軍制 (美)歐潑登、林樂知著 瞿昂來譯 153/092
德國全軍制 (美)歐潑登、林樂知著 瞿昂來譯 153/101
法國海軍職要 153/138
戰法學 (日)石井忠利 153/199
論拿破崙在比利時用兵之事 闕名 153/234
俄軍南下論 闕名 153/240
論兵輪水師之利弊 闕名 153/242
日本海陸兵制沿革考 闕名 153/246
德國水陸軍政考 闕名 153/254
論水師一 (英)李提摩太 153/257
論水師二 (英)李提摩太 153/260
論水師三 (英)李提摩太 153/262
論水師四 (英)李提摩太 153/264
軍禮通記說 傅雲龍 153/267
考察近事謹陳管見疏 薛福成 153/271
署江督奏請設立自強軍創練洋操疏 張之洞 153/273
請武場考試變通舊制疏 孫賦謙 153/278
楚督請設洋操護軍營暨工程隊疏 張之洞 153/279
直督奏明武毅新軍出境操練片 王文韶 153/283
江南陸師學堂招募章程 153/284
奏請裁汰冗兵疏 戶部 153/288
會議榮尚書奏設武備特科疏 軍政處兵部 153/292
遵議更新兵制疏 戶部、兵部 153/300
楚督遵議變通武科章程 張之洞 153/305
會議武場改制疏附章程 總理衙門軍機大臣兵部 153/314
皖撫請設武備學堂疏 鄧華熙 153/319
江督籌議江南防軍改練洋操疏 劉坤一 153/322
請改解海軍經費疏 戶部 153/329
江督請增設水師學堂學額疏

闕名 166/337
征庫輸送軍隊之研究 黃覺愔 166/344
裁汰海軍以節餉項論 闕名 166/353
軍事費問題答客難 梁啟超 166/359
軍屯草案 茅迺封 166/362
上參謀部測量意見書 陳瑛 166/367
裕餉源之意見書 闕名 166/376
布告軍界文 大總統 166/378
飭軍人服從命令文 大總統 166/379
工程營退職訓詞 黎元洪 166/380
軍官學校訓詞 黎元洪 166/381
軍事月報出版祝辭 朱瑞 166/382
交卸第六師事訓諸將士詞 朱瑞 166/384
致中央及各省論裁兵計畫 朱瑞 166/385
條陳裁兵計畫 陳廷傑 166/388
請倣屯田方法配置被裁軍隊 胡瑛 166/391
上大總統請開放蒙荒安插軍隊書 楊熙等 166/393
呈參議院建議遣置軍隊案 李蔚然 166/399
呈請嚴肅軍紀文 章駕時 166/402
呈請劃定四省軍事區域文 程德全等 166/403
致各督議決軍區問題 朱瑞 166/404
改組邊軍分區防守之計畫 尹昌衡 166/405
辛亥灤州兵變記 闕名 166/407
辛亥六鎮兵變記實 闕名 166/409

六、兵政 屯餉

請興屯政疏 孫伯度(廷銓) 003/099
論餉兵 王爾緝(心敬) 003/110
餉兵兼用麥米說 王爾緝(心敬) 003/111
請停查屯田滋擾疏 趙青藜 007/083
儲餉議 盧絃 008/465
兵餉策 儲方慶 008/466
屯田說 雷鋐 008/467
請興屯政疏 孫廷銓 008/468
軍屯疏 魏裔介 008/469
軍屯省餉疏 艾元徵 008/470
請停查屯田疏 趙青藜 008/473
停止加餉疏 李鵬鳴 008/474
論營兵屯田不便疏 008/476
汛兵授田疏 孫嘉淦 008/477
請實邊屯疏 文綬 008/479
餉兵兼用麥米說 王心敬 008/480
延安屯田議 王宏撰 028/391
通籌滇黔大局疏 曾國藩 042/431
瀝陳湖南籌餉情形疏 駱秉章 047/308
請停東征局片 曾國藩 047/317
簡練軍實疏 曾國藩 049/469
晉省綠營就餉挑練事宜疏 剛毅 049/540
伊犁興屯原始 松筠 050/003

請於南路雇募民苗稟 胡林翼 050/017
松郡民團經久芻議 賈履上 050/019
奉旨籌撥甘省糧臺暨新疆餉項疏 駱秉章 050/024
條陳時事六則 葛士達 050/033
請撥給滿營弁兵隨缺地畝疏 恭鏜 050/034
奏推屯於練設法開墾並籌樹藝情形疏 林肇元 050/036
籌議晉省口外屯墾情形疏 剛毅 050/037
奏為餉款艱難新疆南北兩路急須大興屯田以裕邊儲疏 050/042
通籌滇黔大局疏 曾國藩 051/113
籌議出關餉需礙難借用洋款疏 沈葆楨 053/300
請停京員津貼暫濟餉需片 060/335
前因時論十五 吳鋌 062/089
裁衛屯議 馮桂芬 064/051
湘軍志籌餉篇 王闓運 072/005
敘疆臣建樹之基 薛福成 072/013
奏請飭催四川山西陝西協餉片 胡林翼 072/021
請部撥浙引用鹽抵餉疏 曾國藩 072/023
擬設江西糧臺及牙釐總局片 曾國藩 072/027
江西稅釐仍歸本省經收疏 沈葆楨 072/029
江西牙釐請照舊經收疏 曾國藩 072/035
覆陳籌慮兵餉大端疏 李鴻章 072/051
籌撥新疆暨慶陽糧臺餉項疏 駱秉章 072/061
料理西征事宜疏 左宗棠 072/069
覆陳移設糧臺事宜疏 左宗棠 072/075
籌畫新疆軍務情形疏 左宗棠 072/089
請各省勻濟餉需片 左宗棠 072/103
邊餉艱難請變通辦理疏 鮑源深 072/109
奏免軍需造冊報銷疏 072/133
湘軍第五案報銷疏 曾國藩 072/137
請明定軍需善後報銷飯銀疏 張之洞 072/145
復武昌縣錢穎瀾書 胡林翼 072/151
致司道糧臺諸公書 胡林翼 072/153
致城守糧臺書 胡林翼 072/159
復城守糧臺公局書 胡林翼 072/163
襄陽道府稟請雇募壯勇彈壓防堵批 胡林翼 072/167
致嚴方伯閻農部及各僚屬書 胡林翼 072/169
復郭意城論公費書 胡林翼 072/171
札總糧臺 胡林翼 072/173
袁郡防軍報銷上善後局請示稟

六、兵政 屯餉

六、兵政 屯餉

陳喬樅 072/175
常德府籌辦防堵經費稟
惲世臨 072/185
湖北荆門直隸州知州蔣君傳
汪士鐸 072/189
敘疆臣建樹之基 薛福成 082/271
論籌餉為行軍要義
陳耀卿 083/197
敘疆臣建樹之基 薛福成 084/242
敘疆臣建樹之基 薛福成 088/160
論沿海防兵宜用屯田之法 096/382
覆陳籌慮兵餉大端疏
李鴻章 100/077
邊餉艱難請變通辦理疏
鮑源深 100/080
覆陳移設糧臺事宜疏
左宗棠 100/082
籌撥新疆暨慶陽糧臺餉項疏
駱秉章 100/086
請明定軍需善後報銷飯銀疏
張之洞 100/088
戶部遵議籌餉摺 100/089
請停京員津貼暫濟餉需片 100/090
請各省匀濟餉需片
左宗棠 100/091
擬設江西糧臺及牙釐總局片
曾國藩 100/093
籌餉 100/093
籌餉之策 100/095
論籌餉為行軍要義
陳耀卿 100/102
湘軍志籌餉篇 王闓運 100/103
山陝籌餉議 金安清 100/106
論捐輸助餉宜官先於民 100/106
勸各省紳商踴躍輸將說 100/108
敘疆臣建樹之基 薛福成 100/110
札總糧臺 胡林翼 100/112
嚴禁濟敵芻言 100/113
復武昌縣錢穎瀾書
胡林翼 100/114
袁郡防軍報銷上善後局請示稟
陳喬樅 100/477
敘疆臣建樹之基 薛福成 109/208
通籌滇黔大局疏 曾國藩 112/345
請實邊屯疏 文綬 113/343
簡練軍實疏 曾國藩 113/343
瀝陳湖南籌餉情形疏
路秉章 113/345
奏擬二成洋稅片 曾國藩 113/349
論籌餉之難 113/350
行鈔法以濟餉需論 113/351
籌餉末議 113/352
儲餉議 盧紘 113/353
兵餉策 儲方慶 113/354
籌議出關餉需礙難借用洋款疏
沈葆楨 113/354
論籌餉當求自然之利 113/356
屯田說 雷鋐 113/358
請興屯政疏 孫廷銓 113/358
伊犁興屯原始 113/359
籌議晉省口外屯墾情形疏
剛毅 113/366
奏為餉款艱難新疆南北兩路急須大興屯田以裕邊儲疏 113/368
敘疆臣建樹之基 薛福成 117/342
餉兵兼用麥米說 王心敬 120/375

兵餉策 儲方慶 120/376
致城守糧臺書 胡林翼 120/378
復城守糧臺公局書 胡林翼 120/379
襄陽道府稟請雇募壯勇彈壓防堵批 胡林翼 120/379
札總糧臺 胡林翼 120/380
請部撥浙引用鹽抵餉疏 曾國藩 120/381
湘軍志籌餉篇 王闓運 120/383
袁郡防軍報銷上善後局請示稟 陳喬樅 120/386
奏免軍需造冊報銷疏 120/389
料理西征事宜疏 左宗棠 120/390
籌畫新疆軍務情形疏 左宗棠 120/392
論籌餉為行軍要義 陳耀卿 120/401
軍屯省餉疏 艾元徵 120/409
請實邊屯疏 文綬 120/411
請停查屯田滋擾疏 趙青藜 120/412
汛兵授田疏 孫嘉淦 120/413
衛屯 120/415
前因時論十五 吳鋌 120/418
裁衛屯議 馮桂芬 120/421
屯墾策 楊毓煇 120/426
覆陳籌慮兵餉大端疏 李鴻章 125/135
邊餉艱難請變通辦理疏 鮑源深 125/137
戶部遵議籌餉摺 125/139
籌餉十策 125/140
勸各省紳商踴躍輸將說 125/147
請撥給滿營弁兵隨缺地畝疏 恭鏜 133/444
奏推屯於練設法開墾並籌樹藝情形疏 林肇元 133/445
覆陳籌備餉需疏 丁寶楨 135/241
遵旨覈計川省籌解海防需費疏 丁寶楨 135/244
歲協黔餉請仍由川撥解疏 丁寶楨 135/245
甘餉等款無可籌畫懇請改撥疏 丁寶楨 135/247
遵旨籌議裁減勇營局費疏 丁寶楨 135/248
覆陳勇營酌裁一成各局未能合併疏 丁寶楨 135/250
裁減勇營口糧片 丁寶楨 135/252
川省設立機器局片 丁寶楨 135/253
截清撥款減營節費疏 丁寶楨 135/253
請部撥浙引用鹽抵餉疏 曾國藩 135/255
江西牙釐請照舊經收疏 曾國藩 135/255
湘軍第五案報銷疏 曾國藩 135/258
餉絀情形片 曾國藩 135/259
請停東征局片 曾國藩 135/261
江西稅釐仍歸本省經收疏 沈葆楨 135/264
江蘇餉源日竭兼籌酌劑疏 沈葆楨 135/266

劉長佑 135/329
酌增硝斤價值疏 劉長佑 135/330
馬勇馬探餉乾請歸畫一片
劉長佑 135/331
先給馬勇餉乾片 劉長佑 135/331
滇省困苦仍請准捐實官疏
劉長佑 135/332
密陳善後難恃軍餉萬難疏
劉長佑 135/333
晉省綠營就餉挑練事宜疏
剛毅 135/336
遵籌擴充製造添配機器請撥補經費疏 劉坤一 135/339
請撥機器廠局經費疏
劉樹堂 135/340
創辦克鹿卜砲車馬乾片
李鴻章 135/341
請裁汰冗兵疏 戶部 135/342
請飭裁南洋防軍片 戶部 135/343
奏陳北洋練兵籌餉辦法疏
榮祿 135/344
籌餉練兵敬呈管見疏
程文炳 135/345
遵旨條議練兵籌餉疏
王之春 135/346
臺餉滙兑艱難請將短絀銀數作正開銷疏 裕鋼 135/349
奏撥奉天吉林的餉疏
增祺 135/350
兵增餉絀片 劉長佑 136/099
奏陳北洋練兵籌餉辦法疏
榮祿 153/332

六、兵政 馬政

論馬政 王爾緝(心敬) 003/115
論增兵籌餉疏 阿桂 005/434
論馬政 王心敬 008/485
馬政 顧炎武 008/485
請設馬廠疏 劉於義 008/486
陳買馬利弊疏 南天祥 008/487
滇馬 師範 008/488
釐革驛害疏 王登聯 008/489
驛傳 顧炎武 008/491
驛遞議 汪价 008/492
禁攜重以恤驛馬議 張汧 008/493
論驛政 黃六鴻 008/494
設腰站議 黃六鴻 008/496
請酌復站夫疏 楊錫紱 008/497
重修馬神廟碑記 雷于霖 028/441
議吉林添買官馬援照驛馬定例疏
黃雲鵠 042/437
變通有驛州縣夫馬報銷疏
胡林翼 050/049
通籌全局仍請添練馬隊疏
曾國藩 050/050
致郭筠仙太史論買馬
胡林翼 050/053
議吉林添買官馬援照驛馬定例疏
黃雲鵠 050/054
呈張中丞論晉省招募北方馬隊書
葛士達 050/055
代民捐辦新安澠池兩縣車馬應差并捐銀存當生息以充經費擬議章程請示稟 金福曾 050/058
裁徹夫馬局請旨立案疏

六、兵政 馬政

丁寶楨 050/061
請酌添寶坻縣驛站夫馬片
張樹聲 050/062
酌辦甘肅驛站事宜疏
譚鍾麟 050/064
新疆南邑改設驛站章程片
劉錦棠 050/065
裁撤夫馬局疏 丁寶楨 062/041
籌擬購練馬隊疏 左宗棠 071/357
請查禁郵驛弊端疏
金應麟 072/197
請開墾閒荒馬廠疏 書元 072/201
條陳馬政疏 翁同書 072/211
條擬整頓馬政章程疏 072/213
嚴禁私販馬匹並通行定例疏
072/217
酌辦甘肅驛站事宜疏
譚鍾麟 072/219
建甯改站第一議 柯培元 072/223
建甯改站第二議 柯培元 072/227
建甯改站第三議 柯培元 072/231
建甯改站第四議 柯培元 072/235
建甯改站第五議 柯培元 072/237
建甯改站第六議 柯培元 072/241
通籌全局請添練馬隊疏
曾國藩 075/391
裁撤夫馬局疏 丁寶楨 096/286
籌擬購練馬隊疏 左宗棠 099/403
裁撤夫馬局疏 丁寶楨 118/393
論馬政 王心敬 120/369
請設馬廠疏 劉於義 120/369
滇馬 師範 120/370
條擬整頓馬政章程疏 120/371
籌擬購練馬隊疏 左宗棠 120/372
釐革驛害疏 王登聯 120/493
論驛政 黄六鴻 120/496
設腰站議 黄六鴻 120/498
請查禁郵驛弊端疏
金應麟 120/499
建甯改站第一議 柯培元 120/500
建甯改站第二議 柯培元 120/501
建甯改站第三議 柯培元 120/502
建甯改站第四議 柯培元 120/502
建甯改站第五議 柯培元 120/503
建甯改站第六議 柯培元 120/504
驛傳 陳次亮 127/199
籌擬購練馬隊疏 左宗棠 135/095
通籌全局請添練馬隊疏
曾國藩 136/021
請查禁郵驛弊端疏
金應麟 136/117
請開墾閒荒馬廠疏 書元 136/118
條陳馬政疏 翁同書 136/120
條議整頓馬政章程疏 136/120
嚴禁私販馬匹及通行定例疏
兵部 136/121
酌辦甘肅驛站事宜疏
譚鍾麟 136/122
議吉林添買官馬援照驛馬定章疏
黄雲鵠 136/123
裁撤夫馬局疏 丁寶楨 136/123
請酌添寶坻縣驛站馬夫片
葛士達 136/124
新疆南路改設驛站章程疏
劉錦棠 136/125
酌議驛站變通報銷章程乞敕部議覆

疏 胡林翼 136/125
驛站餘賸銀兩展限提解片
林則徐 136/126
查明廣州駐防額設馬匹疏
壽蔭 136/127

六、兵政 保甲

鼎象 王伯咨(命岳) 003/005
保甲論 沈冠雲(彤) 003/006
保甲論 黄子正(六鴻) 003/009
保甲說 李義卿(光型) 003/013
保甲示 彭九峯(鵬) 003/014
通飭清釐保甲檄
張孝先(伯行) 003/016
里甲論 劉武仲(淇) 003/018
申明保甲諭 于北溟(成龍) 003/021
慎選鄉約諭 于北溟(成龍) 003/024
招安六安州麻埠諭
于北溟(成龍) 003/039
勸諭士民示 于北溟(成龍) 003/043
論蜀嘓嚕狀 邱襄周(仰文) 003/045
再論嘓嚕狀 邱襄周(仰文) 003/050
弭盗議 蔣丹崖(薰) 003/054
捕鼠之鼠小說
邱粟海(志廣) 003/056
訛言 惠仲孺(士奇) 003/058
鬼師說 劉滄嵐(以貴) 003/061
毁淫祠疏 湯孔伯(斌) 003/062
上慧大方伯書
喬敬亭(光烈) 003/065
論蜀事第三狀
劉繼貢(紹攽) 003/072
去僧尼 邱秀瑞(嘉穗) 003/074
請改編審行保甲疏 李紱 006/073
上慧方大伯書 喬光烈 008/370
保甲說 李光型 008/501
里甲論 劉淇 008/501
保甲論 沈彤 008/503
保甲議 黄中堅 008/504
鳳臺縣志論編查 李兆洛 008/505
條陳四政議 陶元淳 008/506
保甲三論 黄六鴻 008/507
論保甲事例書 張惠言 008/510
保甲示 彭鵬 008/514
通飭清釐保甲檄 張伯行 008/515
彌盗條約 于成龍 008/516
慎選鄉約諭 于成龍 008/519
申明保甲諭 于成龍 008/521
設卡房議 徐文弼 008/522
奏明力行保甲疏 楊錫紱 008/523
答章觀察問保甲啟 陸燿 008/525
敬陳保甲二要疏 胡澤潢 008/526
治盗宜嚴責成疏 姚延啟 009/003
搜捕盗賊責成文武議
陶元淳 009/004
請定將弁協緝事宜疏
輔德 009/005
請停分緝協緝疏 田文鏡 009/007
代贑州弭盗議 魏禮 009/014
與蜀中當事書 陳宏謀 009/016
以盗止盗說 黄六鴻 009/016
弭盗議 蔣薰 009/019
論蜀嘓嚕狀 邱仰文 009/020
再論嘓嚕狀 邱仰文 009/022
論息盗書 顏鳴漢 009/024
訛言 惠士奇 009/024

編查漁船保甲疏 邁柱 009/025
湖濱備禦事宜 張海珊 009/026
上趙觀察論粵俗書 姚延啟 009/029
請懲械鬭主持之人疏 高其倬 009/030
粵省訓練鄉勇疏 楊錫紱 009/490
團練議 方積 010/031
禦賊議 檀萃 010/033
上某總督論禁鳥鎗書 楊士達 042/447
上裕巡撫論防禦事宜書 楊士達 042/453
答某友書 熊少牧 042/459
覆文任吾書 曾國藩 042/465
上督撫憲緊要事宜歸入善後籌議五條 魁聯 042/469
飭辦保甲示附條約 譚鈞培 042/475
議覆葉紹本條陳捕盜事宜疏 林則徐 042/481
請照舊委員巡緝湖面疏 賀熙齡 042/487
諭舉團練查保甲以制游勇示 惲世臨 042/495
鄉防團練私說 熊少牧 044/437
團練說 朱孫詒 044/455
請實行保甲疏 宗稷辰 050/069
上裕撫軍論防禦事宜書 楊士達 050/074
粵西團練略序 龍啟瑞 050/076
答某友書 熊少牧 050/083
覆文任吾書 曾國藩 050/085
上督撫憲緊要事宜歸入善後籌議五條 魁聯 050/085
團練說 朱孫詒 050/089
黄特軒傳 吳敏樹 050/091
現飭通行保甲守助之法並請飭部詳定就地正法章程疏 張之洞 050/094
通飭順天畿東各州縣編查保甲示 周金章 050/098
民團論 葛士清 050/100
保甲論 葛士清 050/102
漁團條例示 邵友濂 050/103
救時芻言一則 張煥綸 050/105
議覆葉紹本條陳捕盜事宜疏 林則徐 051/035
辦理學堂鄉情形第二稟 徐賡陛 051/135
寓政 王柏心 072/251
保甲正名 龔鞏祚 072/255
保甲論 張聲玠 072/259
聯社篇 湯成烈 072/263
請設法稽查會匪疏 王藻 072/269
覆督院保甲須嚴連坐稟 左輔 072/277
上督撫請收養游民議狀 姚瑩 072/281
通飭各屬力行保甲札 吳文鎔 072/287
答陸劭文論保甲書 張琦 072/299
復魁蔭庭太守書 彭洋中 072/305
復江岷樵書 彭洋中 072/315
上江方伯書 徐子苓 072/319
禁化牛叢論 何紹祺 072/323

擬除盜賊策 王塗 072/337
議覆捕盜事宜疏 林則徐 072/341
請整頓捕務因時制宜疏 汪元方 072/345
敬陳弭盜芻言疏 林壽圖 072/351
與倪兵備論捕盜書 姚瑩 072/363
上某總督論禁鳥槍書 楊士達 072/367
與李方赤太守書 馮桂芬 072/373
紀治盜 張澍 072/377
保甲團練議 成毅 072/391
團練論上 王應孚 072/397
團練論下 王應孚 072/401
團練說 朱孫詒 072/407
鄉防團練私說 熊少牧 072/413
敘團練大臣 薛福成 072/423
屯練篇 湯成烈 072/429
紳帶洋陳氏族譜序 謝章鋌 072/433
奏舉行團練片 李星沅 072/435
請責成本籍人員辦理團練疏 孫鼎臣 072/439
請飭用兵各省實行民團疏 沈兆霖 072/443
條陳辦團事宜疏 沈兆霖 072/449
上祁宮保書 張杓 072/459
上裕撫軍論團練事宜書 楊士達 072/465
復古州廳郎同知書 胡林翼 072/481
批零陵縣稟 曾國藩 072/487
復文任吾書 曾國藩 072/489
復丁稚璜中丞書 曾國藩 072/493
與李筱泉制軍書 曾國藩 072/497
湘勇原流記 彭洋中 073/003
湘鄉昭忠祠記 曾國藩 073/021
黃特軒傳 吳敏樹 073/027
武陽團練論 楊金監 073/053
桂陽團練條約 何名俊 073/061
江西團練卮言 李祖陶 073/071
粵西團練輯略序 龍啟瑞 073/081
大岡埠團練公局記 龍啟瑞 073/087
奏陳粵西團練日壞亟宜挽救疏 惠慶 073/091
會滇黔撫院通飭籌辦團練札 吳文鎔 073/105
答張小浦中丞論皖郡團練書 陳世鎔 073/109
答張中丞第二書 陳世鎔 073/113
募練長興難民議 陸心源 073/119
飭辦江海漁團札 左宗棠 074/469
治安新策 081/285
敘團練大臣 薛福成 082/272
民團上 鄭觀應 083/114
民團下 鄭觀應 083/115
敘團練大臣 薛福成 084/248
敘團練大臣 薛福成 088/174
治安新策 095/175
請責成本籍人員辦理團練疏 孫鼎臣 100/137
請飭用兵各省實行民團疏 沈兆霖 100/137
條陳辦團事宜疏 沈兆霖 100/139
奏舉行團練片 李星沅 100/141
會滇黔撫院通飭籌辦團練札

六、兵政 保甲

吳文鎔 100/142
飭辦江海漁團札 左宗棠 100/143
武陽團練論 100/144
桂陽團練條約 何名俊 100/146
江西團練危言 李祖陶 100/149
粵西團練輯略序 龍啟瑞 100/151
論訓練貴純熟 100/158
敘團練大臣 薛福成 100/160
練民團以張國勢議 100/162
團練衛民說 100/163
團練論上 100/164
團練論下 王應孚 100/165
屯練篇 湯成烈 100/167
團練說 朱孫詒 100/168
民團上 100/169
民團下 100/171
團練條議 100/172
創辦民團說帖 100/173
論近日團練之不足恃 100/174
鄉防團練私說 熊少牧 100/176
團練章程 朱沛霖 100/177
整頓保甲 100/185
蘇省保甲說 朱鎮 100/187
華捕不逮西捕說 100/187
倣鄉團之法訓練武童議 闕名 105/454
治盜宜嚴責成疏 姚延啟 110/143
搜捕盜賊責成文武議 陶元淳 110/143
請定將弁協緝事宜疏 輔德 110/144
請停分緝協緝疏 田文鏡 110/145
代贛州弭盜議 魏禮 110/150
編查漁船保甲疏 邁柱 110/151
湖濱備禦事宜 張海珊 110/152
保甲三論 黃六鴻 110/154
論保甲事例書 張惠言 110/156
保甲示 彭鵬 110/159
通飭清釐保甲檄 張伯行 110/159
彌盜條約 于成龍 110/160
請實行保甲疏 宗稷辰 110/162
現飭通行保甲守助之法並請飭部詳定就地正法章程疏 張之洞 110/165
通飭順天畿東各州縣編查保甲示 周金章 110/166
答某友書 熊少牧 110/170
議覆葉紹本條陳捕盜事宜疏 林則徐 110/171
論宜創辦團練 113/327
論鄉團 113/329
團練議 方積 113/333
禦賊議 檀萃 113/334
擬請設立沿海團練條陳 113/336
論沿海宜辦團防 113/338
倣鄉團之法訓練武童議 113/339
團練條議 113/341
湘鄉昭忠祠記 曾國藩 120/305
募練長興難民議 陸心源 120/306
湘勇原流記 彭洋中 120/307
復古州廳郎同知書 胡林翼 120/430
粵西團練輯略序 龍啟瑞 120/432
復文任吾書 曾國藩 120/433
團練論上 王應孚 120/434
團練論下 王應孚 120/435

團練說 朱孫詒 120/437
武陽團練論 楊金監 120/440
答張小浦中丞論皖郡團練書 陳世鎔 120/442
答張中丞第二書 陳世鎔 120/443
敘團練大臣 薛福成 120/444
保甲論 120/447
愼選鄉約論 于成龍 120/448
隴盜議 蔣熏 120/449
湖濱備禦事宜 120/450
設卡房議 徐文弼 120/452
保甲三論 黃六鴻 120/453
答章觀察問保甲啟 陸燿 120/456
禦賊議 檀萃 120/457
復江岷樵書 彭洋中 120/460
保甲論 張聲玠 120/461
聯社篇 湯成烈 120/462
答陸邵文論保甲書 張琦 120/463
搜捕盜賊責成文武議 陶元淳 120/471
議覆捕盜事宜疏 林則徐 120/483
與倪兵備論捕盜書 姚瑩 120/485
飭辦江海漁團札 左宗棠 121/215
請責成本籍人員辦理團練疏 孫鼎臣 125/179
條陳辦團事宜疏 沈兆霖 125/180
練民團以張國勢議 125/182
團練衛民說 125/183
團練說 朱孫詒 125/185
整頓保甲 125/187
蘇省保甲說 朱鎮 125/188
保甲 陳次亮 126/299
請責成本籍人員辦理團練疏 孫鼎臣 136/129
請飭用兵各省實行民團疏 沈兆霖 136/129
條陳辦團事宜疏 沈兆霖 136/131
奏陳粵西團練日壞亟宜挽救疏 惠慶 136/133
遵旨舉辦團練籌議章程疏 恭壽 136/136
請城內添設練勇局疏 瑞霖 136/137
遵辦團練保甲覆陳大概情形疏 俞廉三 136/138
奏舉行團練片 李星沅 136/139
請設法稽查會匪疏 王藻 136/141
議覆捕盜事宜疏 林則徐 136/142
請整頓捕務因時制宜疏 汪元方 136/143
敬陳弭盜芻言疏 林壽圖 136/145
請行保甲疏 宗稷辰 136/148
寓團練於保甲謹陳大概辦法疏 鄧華熙 136/150
奏參諱盜縣令及增訂緝捕章程疏 于蔭霖 136/152
妥議緝捕章程並保甲事宜疏 福錕 136/154
稽查州縣捕快片 劉長佑 136/156
覆奏捕務章程 李星沅 136/156
遵撤南學會並裁保衛局疏 張之洞 136/157

六、兵政 兵法

兵論 李晉卿(光地) 003/097
兵論上 顧棟高 008/415

六、兵政 兵法

兵論下 顧棟高 008/417
案兵家 汪縉 009/035
春秋左傳兵謀表序 顧棟高 009/037
讀陳龍川酌古論 陳斌 009/037
五形 唐甄 009/038
受任 唐甄 009/041
兵法百言上 楊暄 009/044
兵法百言中 楊暄 009/049
兵法百言下 楊暄 009/059
孫子集註序 魏源 009/064
城守篇 魏源 009/069
桂林陣法序說 李紱 009/085
山路連環三疊陣法說 李紱 009/086
籐牌撒星陣法說 李紱 009/087
演陣餘論 李紱 009/089
五子礮說 李紱 009/090
書蘇文公用間後 魏世傚 009/092
行軍策略 俞益謨 009/093
趙充國論 陳遷鶴 009/101
武侯長於將略論 鄭與僑 009/102
曲端論 全祖望 009/102
史記通鑑兵事 顧炎武 009/104
書平渝事略後 黃中堅 009/105
平定臺灣述略 趙翼 009/329
洴澼百金方序 袁宮桂 029/173
重刻康濟譜序 張鵬飛 029/179
石硅城南石砦記 張洲 029/295
仵鳳儀請兵紀 康无疾 029/297
石哈卿傳 周元鼎 029/301
宋釋之傳 劉紹攽 029/305
上艾司寇書 楊素蘊 029/309
上冀司空書 楊素蘊 029/311
上楊少司馬書 楊素蘊 029/313
上郝大冢宰書 楊素蘊 029/315
房保水運紀略序 楊素蘊 029/321
擬臨敵易將摺 胡興仁 029/327
論攻滑縣摺子 陳用光 043/001
上某帥書 江忠源 043/005
與王璞山書 曾國藩 043/013
與駱籥門中丞 曾國藩 043/015
擬上某尚書書 王錫振 043/017
擬辦粵西賊匪策 王錫振 043/035
書破地雷事 李元度 043/061
兵計 何邦彥 043/065
洴澼百金方序 袁宮桂 043/079
房保水運紀略序 楊素蘊 043/085
讀戚武毅紀効新書練兵實紀有述 李祖陶 043/091
與于司馬書 魯一同 043/131
與吳中翰論時勢書 魯一同 043/137
復戴孝廉 魯一同 043/145
復戴孝廉書 魯一同 043/149
啟陳勦盜十三條 胡林翼 043/159
復多都統書 胡林翼 043/181
致衛靜瀾侍講書 胡林翼 043/183
致李方伯多都護書 胡林翼 043/185
與本省司道書 曾國藩 043/187
與李幼泉書 曾國藩 043/191
籌議練軍事宜疏 曾國藩 043/193
再議練軍事宜疏 曾國藩 043/201
上方伯管見三條 魁聯 043/213
論俄國條約必不可行疏

張之洞 043/221
上沈相國書 李有棻 043/231
控制鎮筸兵勇並察看各提鎮優劣片 林則徐 050/109
與于司馬書 魯一同 050/112
與吳中翰論時勢書 魯一同 050/115
復戴孝廉 魯一同 050/119
再復戴孝廉書 魯一同 050/120
條陳軍務疏 江忠源 050/125
答曾侍郎師書 江忠源 050/132
與駱籲門中丞 曾國藩 050/135
啟陳勦盜十三條 胡林翼 050/136
兵計 何邦彥 050/151
致官使相言立小統領 胡林翼 050/158
復多都統書 胡林翼 050/159
致李方伯多都護書 胡林翼 050/159
與本省司道書 曾國藩 050/160
致衛靜瀾侍講書 胡林翼 050/162
與官中堂都將軍曾侍郎楊軍門論兵事機宜書 胡林翼 050/162
與李幼泉書 曾國藩 050/165
與袁小午編修書 徐鼒 050/166
上各憲請武場添試火器刀矛箋 徐鼒 050/167
書破地雷事 李元度 050/171
通籌全局疏 曾國藩 050/175
公啟曾協揆 馮桂芬 050/181
書袁端敏公年譜後 孫衣言 050/184
專責成 葛士達 050/187
聯民圩 葛士達 050/188
擒賊黨 葛士達 050/189
重間諜 葛士達 050/190
習長矛 葛士達 050/191
拒馬繩 葛士達 050/192
霆營兵不宜分疏 沈葆楨 050/193
統籌新疆暨各省用兵緩急情形疏 駱秉章 050/195
覆陳川省兵力不能會勦黔匪疏 駱秉章 050/199
籌議練軍事宜疏 曾國藩 050/202
再議練軍事宜疏 曾國藩 050/206
上沈相國書 李有棻 050/215
具陳臺北情形以明是非疏 劉銘傳 050/216
遵旨督辦新疆軍務敬陳籌畫情形疏 左宗棠 050/222
致官揆帥書 胡林翼 062/055
兵農分合論上 張紳 071/149
兵農分合論下 張紳 071/157
再議練軍事宜疏 曾國藩 071/297
與吳中翰論時勢書 魯一同 072/471
致衛靜瀾侍講書 胡林翼 073/117
兵計 何邦彥 073/125
算兵 戴楫 073/155
辨握奇經 謝應芝 073/163
汪仲伊握奇圖解序 戴望 073/165
司馬法序 張澍 073/169
李廣論 陸心源 073/173
郭子儀單騎受盟論上 沈兆霖 073/177
郭子儀單騎受盟論下

六、兵政 兵法

沈兆霖 073/181
讀蘇老泉上韓樞密書
何曰愈 073/183
聖武記敘 魏源 073/187
行軍要言前後自記
張成孫 073/191
行軍私議 吳敏樹 073/193
萬言策 蔣敦復 073/201
北援集議 073/231
周提督石埭戰功記
楊德亨 073/249
疊陳圖說附記 朱琦 073/255
札鮑游擊超 胡林翼 073/259
上曾節相請飭槍隊閒用牌矛書
陳錦 073/261
遵議整頓兵政敬陳管見疏
賀長齡 073/269
條陳軍務疏 江忠源 073/281
請撤湖北兵勇另立新軍疏
曾國藩 073/297
湖北勇丁潰散擬整頓挑募以期補救片 胡林翼 073/303
覆陳兵勇未可添募片
胡林翼 073/309
通籌楚境布置情形片
胡林翼 073/311
詳陳水陸各軍進勦機宜疏
胡林翼 073/315
覆陳征皖地勢兵勢情形疏
胡林翼 073/321
議覆籌餉練兵保固京師疏
毛鴻賓 073/329
閩事大棘霆營兵不宜分疏
沈葆楨 073/337
籌辦出關事宜疏 左宗棠 073/343
請留大枝勁旅以作中原活兵疏
錢鼎銘 073/355
答傅蜀門夔書 包世臣 073/361
與于司馬書 魯一同 073/363
上翁撫軍書 徐子苓 073/369
再上翁撫軍書 徐子苓 073/377
答曾滌生侍郎師書
江忠源 073/383
致周敬修制軍書 江忠源 073/389
與劉孟容論水陸各分兩軍進攻書
羅澤南 073/395
與各帥論兵事書 胡林翼 073/399
致官揆帥書 胡林翼 073/407
致曾欽使書 胡林翼 073/409
致曾欽使書(二) 胡林翼 073/411
致曾欽使書(三) 胡林翼 073/413
致多都統書 胡林翼 073/415
致多都統書(二) 胡林翼 073/417
致多都統書(三) 胡林翼 073/419
致多都統書(四) 胡林翼 073/421
致李方伯多都統書
胡林翼 073/425
致李希菴書 胡林翼 073/427
復李少荃書 胡林翼 073/429
致蔣之純凝學書 胡林翼 073/431
致嚴渭春書 胡林翼 073/433
致劉霞仙書 胡林翼 073/441
致吳幹臣書 胡林翼 073/445
批統領湘勇張道運蘭稟
曾國藩 073/447
與王璞山書 曾國藩 074/153

六、兵政　兵法

立坐戰營片　周天爵　074/209
測繪海圖議　羅豐祿　074/483
復戴孝廉書　魯一同　075/453
復戴孝廉第二書　魯一同　075/457
書袁端敏公年譜後　孫衣言　076/051
請罷和議疏　易順鼎　083/132
籌戰事六條請代奏疏　易順鼎　083/136
射策第一　駱成驤　083/142
論黑旗將士檄　劉永福　083/144
解散脇從法人示　劉永福　083/145
致法兵酋孤拔書　劉永福　083/146
行軍當嚴賞罰論　高瑩　083/149
用兵貴作其氣論　陳耀卿　083/150
操縱離合論　(英)林樂知　083/151
我戰則克論　金安清　083/153
防海防陸難易緩急論　李經邦　083/155
隱消敵患論　楊毓煇　083/157
兵凶戰危論　陳耀卿　083/161
上李傅相書　(英)闕名　083/163
強兵論　彭玉麟　083/165
代上總理衙門書　葉文銓　083/166
說兵　083/167
論今日誰能助我　083/167
論用兵宜先察敵情　陳耀卿　083/170
攻戰守具不用之用說　薛福成　083/171
行軍以間諜為先論　鄭觀應　083/171
弭兵會　083/172
偷頭記　徐時棟　083/173
兵機危言　083/175
槍礮須知　楊毓煇　083/207
乘時說　陳耀卿　083/210
操練卮言　083/215
礮臺　鄭觀應　083/220
美利加砲臺經驗說　083/226
槍砲說上　薛福成　083/279
槍砲說下　083/280
美軍防戰策　(美)布祿士　085/438
礮臺新製記　馬良　085/442
記無烟直綫彈　(法)路加尼　085/443
弭兵會記　(英)李提摩太　086/303
弭兵會續記　(美)林樂知　086/305
弭兵會議上　(美)林樂知　086/306
弭兵會議下　(美)林樂知　086/308
美軍防戰策　(美)布祿士　091/166
礮臺新製記　馬良　091/175
記無烟直綫彈　(法)路加尼　091/178
弭兵會記　(英)李提摩太　092/479
弭兵會續記　(美)林樂知　092/483
弭兵會議上　(美)林樂知　092/487
弭兵會議下　(美)林樂知　092/491
測繪海圖議　羅豐祿　094/200
弭兵會記　(英)李提摩太　099/244
請留大枝勁旅以作中原活兵疏　錢鼎銘　099/260
遵議整頓兵政敬陳管見疏　賀長齡　099/265
籌辦出關事宜疏　左宗棠　099/276
條陳軍務疏　江忠源　099/279
兵學　099/296
讀自強軍西法類編　099/306

六、兵政 兵法

論練兵不如訓將 099/315
兵凶戰危論 陳耀卿 099/320
行軍私議 099/324
論黑旗將士檄 劉永福 099/329
致法兵酋孤拔書 劉永福 099/330
操練卮言 099/332
論行軍以間諜為先 099/338
說兵 (英)李提摩太 099/343
弭兵會記 (英)李提摩太 099/356
弭兵會續記 (美)林樂知 099/358
弭兵會議上 099/359
弭兵會議下 蔡爾康 099/361
射策第一 駱成驤 099/365
攻戰守具不用之用說 薛福成 099/367
論用兵宜先察敵情 陳耀卿 099/369
論今日誰能助我 099/371
偷頭記 徐時棟 099/372
行軍當嚴賞罰論 高瑩 099/385
再議練軍事宜疏 曾國藩 099/399
兵計 何邦彥 099/431
算兵 戴楫 099/434
攻心篇 099/436
論用兵貴作其氣 099/438
用兵貴作其氣 099/439
論用兵謀國當先審機料敵 099/441
用兵緩急辨 099/443
論用兵不宜過緩 099/444
出奇制勝策 099/446
操縱離合論 099/448
消內憂以禦外侮說 099/451
乘時說 099/453
辨握奇經 謝應芝 099/453
北援集議 曾國藩 099/454
萬言策 蔣敦復 099/460
籌戰六條請代奏疏 易順鼎 099/469
請罷和議疏 易順鼎 099/471
我戰則克論 金安清 099/480
論謀定後戰之利害 099/485
十可勝說 099/487
戰事問答 099/488
議和須佔便宜說 099/490
議和須防後患論 099/491
論議和有十要 099/493
論議和有十難 099/495
憤言 099/497
與各帥論兵事書 胡林翼 100/013
議覆籌餉練兵保固京師疏 毛鴻賓 100/075
隱消敵患論 楊毓煇 100/473
妥籌保護浙東新築砲臺疏 薛福成 101/003
查覆虎門排鍊礮臺疏 林則徐 101/004
謹將中國陸路應用何種砲位情形分晰繕摺恭呈鈞鑒 克馳馬 101/006
江督劉改辦沿江四路砲臺操練辦事章程 101/009
美利加砲臺經驗說 傅雲龍 101/011
記西人言獅林礮臺事 101/016
礮臺新製 101/018
砲臺 101/018

槍礮放彈有空氣阻力又有地心吸力釋義 許樹枌 101/025
擬考覈各式鎗砲因地制宜分派撥用說 101/026
槍礮取準算法考 殷之輅 101/027
論中國宜擇用利槍 101/032
槍礮須知 楊毓煇 101/033
槍砲說上 薛福成 101/035
槍砲說下 101/036
書試演巨礮後 101/036
行軍氣球 102/497
論槍炮 闕名 104/327
火器說略前序 闕名 104/330
火器說略後序 王韜 104/331
火器說略前跋 王韜 104/332
火器說略後跋 王韜 104/333
礮臺新製記 馬良 104/334
記無烟直綫彈 闕名 104/335
說炮 闕名 104/342
火器近製 闕名 104/343
說兵 闕名 105/431
將帥須曉暢兵法 闕名 105/459
兵貴練膽說 闕名 105/462
兵貴訓練說 闕名 105/464
愼用兵 闕名 105/482
論二國交戰必先知攻守之法不同 111/038
論希土交爭實兆歐亞戰禍 111/079
兵論上 顧棟高 112/291
兵論下 顧棟高 112/292
霆營兵不宜分疏 沈葆楨 112/315
統籌新疆暨各省用兵緩急情形疏 駱秉章 112/319
覆陳川省兵力不能會勦黔匪疏 駱秉章 112/321
練兵陣法疏 楊芳 112/443
演陣餘論 李紱 112/464
五子礮說 李紱 112/465
論戰具 113/019
論選器 113/020
論火器近制 113/021
論購辦軍火宜察其弊 113/022
論槍炮 113/023
儲買槍炮說 113/025
戰備宜精擇槍砲說 113/026
論教習洋鎗 113/027
論中國宜擇用利鎗 113/029
論軍營訓練兵勇宜用一律槍砲 113/030
論中國宜一律用自造之快利鎗 113/031
論中國所購之槍皆泰西東洋停止不用之件 113/033
論製造局造快利槍之精 113/033
記無烟直綫彈 113/034
礮臺新製記 113/038
論魚雷 113/042
水雷述略 113/043
水雷說 113/044
嗎地呢槍說略 113/048
英國格林礮考 113/049
百立壽砲說略 113/050
論春坎砲足以制勝 113/052
葛魯孫廠新創硬鑄鋏砲台說 113/054
試驗葛魯孫廠硬鐵說 113/055

六、兵政 兵法

克鹿卜砲說略 113/055
試驗搖砲說略 113/056
護砲新法述略 113/057
厄蕃士連環鎗說略 113/058
論後膛砲 113/059
新製砲房說 113/060
讀砲紀略辨誤 113/061
案兵家 汪縉 113/063
受任 唐甄 113/064
兵法百言上 智篇 揭暄 113/065
兵法百言中 法篇 揭暄 113/069
兵法百言下 術篇 揭暄 113/075
行軍策略 俞益謨 113/078
兵計 何邦彥 113/084
致官使相言立小統領
胡林翼 113/087
行軍以人心為勝負說 113/088
論行軍恃有利器而尤貴得人
113/089
論行軍當嚴賞罰 113/091
嚴申軍律議 113/092
論用兵之事與地勢有關繫 113/094
與本省司道書 曾國藩 113/096
與官中堂都將軍曾侍郎楊軍門論兵
事機宜書 胡林翼 113/097
與李幼泉書 曾國藩 113/098
專責成 葛士達 113/099
聯民圩 葛士達 113/099
攜賊黨 葛士達 113/100
重間諜 葛士達 113/100
習長矛 葛士達 113/101
拒馬繩 葛士達 113/101
公啟曾協揆 馮桂芬 113/102
平定臺灣述略 趙翼 113/104
上福節相論臺事書
鄭光策 113/106
城守篇 113/115
守禦上 113/118
守禦下 113/119
遵旨督辦新疆軍務敬陳籌畫情形疏
左宗棠 113/129
弭兵會記 (英)李提摩太 113/392
弭兵會續記 (美)林樂知 113/393
弭兵會議上 (美)林樂知 113/395
弭兵會議下 (美)林樂知 113/396
書蘇文公用間後 魏世傚 120/095
兵法百言上 智篇 揭暄 120/096
兵法百言中 法篇 揭暄 120/100
兵法百言下 術篇 揭暄 120/109
趙充國論 陳遷鶴 120/114
受任 唐甄 120/117
五形 唐甄 120/118
兵論上 顧棟高 120/121
兵論下 顧棟高 120/122
讀蘇老泉上韓樞密書
何曰愈 120/127
行軍策略 俞益謨 120/222
練兵陣法疏 楊芳 120/242
立坐戰營片 周天爵 120/245
條陳軍務疏 江忠源 120/246
答曾滌生侍郎師書
江忠源 120/248
與吳中翰論時勢書
魯一同 120/250
再復戴孝廉書 魯一同 120/252
湖北勇丁潰散擬整頓挑募以期補救

片 胡林翼 120/255
致曾欽使書 胡林翼 120/263
致曾欽使書 胡林翼 120/263
與各帥論兵事書 胡林翼 120/263
致吳幹臣書 胡林翼 120/266
致蔣之純凝學書 胡林翼 120/266
致多都統書 胡林翼 120/266
致多都統書 胡林翼 120/267
詳陳水陸各軍進勦機宜疏 胡林翼 120/268
覆陳征皖地勢兵勢情形疏 胡林翼 120/270
通籌楚境布置情形片 胡林翼 120/272
北援集議 胡林翼 120/273
上翁撫軍書 徐子苓 120/280
再上翁撫軍書 徐子苓 120/283
萬言策 蔣敦復 120/286
請整頓額兵疏 沈葆楨 120/296
上曾節相請飭洋槍隊閒用牌矛書 陳錦 120/298
籐牌撒星陣法說 李紱 120/319
山路連環三疊陣法說 李紱 120/320
演陣餘論 李紱 120/321
再議練軍事宜疏 曾國藩 120/322
河南採辦硝磺述略 朱雲錦 120/345
槍礮說上 薛福成 120/346
槍礮說下 薛福成 120/347
妥籌保護浙東新築砲臺疏 薛福成 120/347
槍礮須知 楊毓煇 120/356
礮臺 鄭觀應 120/358
美利加砲臺經驗說 傅雲龍 120/361
籌辦出關事宜疏 左宗棠 120/397
行軍以間諜為先論 鄭觀應 121/253
測繪海圖議 羅豐祿 121/258
弭兵會記 (英)李提摩太 123/473
弭兵會續記 (美)林樂知 123/476
條陳軍務疏 江忠源 125/092
論用兵謀國當先審幾料敵 戴梠 125/111
操縱離合論 125/112
出奇制勝策 125/115
十可勝說 125/116
論練兵為立國之本 125/118
兵貴訓練說 125/119
練兵須用新法說 125/120
論今日練兵宜有變通之法 125/121
論中國宜擇用利槍 125/149
戰備宜精擇槍砲說 125/150
儲買鎗礮說 125/151
槍砲說上 薛福成 125/153
槍砲說下 125/153
論謀定後戰之利害 金安清 125/189
戰爭問答 125/190
議和須佔便宜說 125/192
議和預防後患論 125/193
論戰具 125/194
軍械論 125/196
軍械說 125/197
論後膛砲 125/198

六、兵政 兵法

六、兵政　兵法

水雷述略　125/200
論水雷損益　125/201
論魚雷　125/202
勇營　陳次亮　126/322
民兵　陳次亮　126/324
額兵　陳次亮　126/325
英法水戰論　譯西報　126/351
行軍電綫　126/352
測砲綫鏡　126/353
俄國添兵論　126/354
礮臺　陳次亮　126/356
慎戰　陳次亮　126/358
論希土交爭實兆歐亞戰禍　粵中漁鼓　126/359
論海軍　闕名　126/367
論中國再興海軍之得失　闕名　126/369
會奏滇省操練新軍摺　130/023
滇省洋操新軍章程　130/025
江寧派辦處遵議設立練將學堂由各營揀選弁勇等肄業並籌措經費詳文　130/035
政務處咨行各省商議裁兵練軍事宜文　130/037
擬練新兵營章程　洪述祖　130/064
泰西火器考　130/068
弭兵會不可深信論　130/083
攻戰守具不用之用說　130/095
槍礮說上　130/096
槍礮說下　130/097
西人考驗礮法特設新較場說　130/103
再議練軍事宜疏　曾國藩　135/087
遵議整頓兵政敬陳管見疏　賀長齡　135/145
條陳軍務疏　江忠源　135/148
通籌全局疏　曾國藩　135/152
請撤湖北兵勇另立新軍疏　曾國藩　135/153
詳陳水陸各軍進勦機宜疏　胡林翼　135/155
覆陳征皖地勢兵勢情形疏　胡林翼　135/156
議覆籌餉練兵保固京師疏　毛鴻賓　135/158
分撥投誠士卒諸多窒礙疏　劉長佑　135/160
安置凱撤將士疏　劉長佑　135/161
閩事大棘霆營兵不宜分疏　沈葆楨　135/162
統籌新疆暨各省用兵緩急情形疏　駱秉章　135/163
籌辦出關事宜疏　左宗棠　135/165
籌調客軍以資厚集疏　左宗棠　135/169
遵旨督辦新疆軍務敬陳籌畫情形疏　左宗棠　135/170
請留大枝勁旅以作中原活兵疏　錢鼎銘　135/173
控制鎮草兵勇竝察看各提鎮優劣片　林則徐　135/174
覆陳川省兵力不能會勦黔匪疏　駱秉章　135/176
具陳臺北情形以明是非疏　劉銘傳　135/178
湘淮各軍少裁長夫疏

李鴻章 135/181
育軍騾難全遣擬分起裁撤疏
色楞額 135/183
請復鋪兵舊額疏 丁寳楨 135/184
法令綱領 盧永銘譯 139/073
敘列戰鬭區分軍隊令 139/076
聯絡軍隊令 139/077
偵探勤務令 139/091
警戒勤務令 139/094
用兵要旨 (日)細田謙藏譯 139/102
戰術公例 139/105
戰鬭分類 139/105
諸兵戰術(步兵戰術) 139/110
騎兵戰術 139/133
礮兵戰術 139/144
宿營總說 139/208
宿營舍營法 139/208
宿營村落露營法 139/216
宿營露營法 139/217
駐軍總說 139/225
駐軍舍營法 139/226
駐軍露營法 139/234
射擊測量論一 日本陸軍省 139/238
射擊測量論二 日本陸軍省 139/244
距離測量論 日本陸軍省 139/248
射擊測量論三 日本陸軍省 139/252
平面桌記 湯金鑄 139/261
午分表論 孫祝耆 139/268
測量變狀一隅 孫廷嘉 139/272
舟軍陣法一隅 天津學堂 139/283
航海設如 天津學堂 139/293
日本警察總論
(日)小幡儼太郎譯 139/319
日本行政警察保安法上 139/320
日本行政警察保安法下 139/331
日本行政警察靖亂法 139/333
日本行政警察人事法 139/335
日本行政警察保護法 139/338
體操正義 (德)瑞乃爾譯 139/347
空手體操說 (德)瑞乃爾譯 139/349
運槍體操說 (德)瑞乃爾譯 139/350
用架體操說 (德)瑞乃爾譯 139/350
越險阻體操說
(德國)瑞乃爾譯 139/354
體操要需 (德)瑞乃爾譯 139/355
魚雷考 格致益聞 142/493
論國初戡亂之速 王韜 145/347
論練兵宜倣西法寓於商農工
王韜 145/348
彭剛直公奏稿談兵書後
范思枚 145/349
論以土築礮臺之利
徐敬熙 145/350
歐西弭兵說 顧起 145/352
余虎恩上劉制軍書
余虎恩 145/353
地營兵輪二說合抄
漢納根 145/357
論二國交戰必先知攻守之法不同
漢納根 145/358
論以寡禦衆之法 漢納根 145/360
論用兵之事與地勢有關繫
漢納根 145/362
論用兵之事前面有攔阻行軍之物
漢納根 145/364
張香帥相機應敵條款

六、兵政 兵法

六、兵政 地利

設險 劉武仲(淇) 003/103
潛邱劄記 閻若璩 004/167
讀史方輿紀要序 顧祖禹 009/109
設險 劉淇 009/111
春秋列國疆域表序 顧棟高 009/112
春秋列國地形險要表序 顧棟高 009/113
周疆域論 顧棟高 009/115
孟子游梁論 鄭與僑 009/116
原勢 儲大文 009/117
巴陵志兵防論 闕名 009/120
慎防守 郭起元 009/121
皇輿圖說 009/122
長安地氣 趙翼 009/124
秦蜀荆楚形勢議 蔣伊 009/126
陝甘資政錄諸山總序 戴祖啟 009/126
論江南 顧祖禹 009/128
論山東 顧祖禹 009/130
論山西 顧祖禹 009/130
論河南 顧祖禹 009/131
河南關塞形勝說 朱雲錦 009/132
汴洛二都說 朱雲錦 009/133
汴城建置說 朱雲錦 009/135
洛陽險要說 朱雲錦 009/136
論湖廣 顧祖禹 009/137
荆州論 儲大文 009/140
襄陽論 儲大文 009/141
南嶽市記游 儲大文 009/144
論岳陽利害書 萬正色 009/145
論魏延出子午谷書 侯敦復 009/146
貴州輿圖說 009/147
潛邱劄記 閻若璩 009/148
讀管子乘馬篇 顧棟高 009/151
書何承矩傳後 儲大文 009/151
長城 顧炎武 009/152
臺寨條議 徐旭旦 009/154
陳直隸事宜疏 李維鈞 009/156
請建濠塹防禦疏 高其倬 009/157
潼關志 009/158
議昌化縣徙居所城狀 陶元淳 009/159
論守城 陸世儀 009/160
請朔平城等處設礮疏 李如柏 009/162
請總督移駐兗州疏 王士俊 009/163
相形勢以正經界疏 李衛 009/165
復建盱眙城議 郭起元 009/166
陳洞庭湖情形疏 魏廷珍 009/168
游北固山記 周鎬 009/168
論輿地之學 王鳴盛 009/169
豫乘識小錄序 朱雲錦 009/170
地圖說 朱雲錦 009/171
題王氏寫本地圖後 陸燿 009/173
皇輿圖賦序 全祖望 009/174
與百制府論孫文定南游記書 陶澍 009/175
岡底斯山考 009/176
河套志序 儲大文 009/202
西域置行省議 龔自珍 009/222
異域錄 009/234

六、兵政 地利

吳中江海形勢說 郭起元 009/277
潮州海防圖說 藍鼎元 009/278
滇南通考 王思訓 009/450
陝甘資政錄諸水總序 戴祖啟 011/278
補興安府建置志 董詔 030/087
西漢漢中郡治西城 岳震川 030/089
興安州升府疏 畢沅 030/091
安康建置考 王森文 030/099
長江圖雜說一 馬徵麟 043/247
長江圖雜說二 馬徵麟 043/285
長江圖雜說三 馬徵麟 043/323
長江圖雜說四 馬徵麟 043/361
卮言一則 李祖陶 043/409
興安州升府疏 畢沅 043/421
安康建置考 王森文 043/429
續奏長江水師疏 曾國藩 043/435
郴州論 黃仲駿 043/449
永州論 黃仲駿 043/463
答客難 黃仲駿 043/467
騰越邊徼 黃楙裁 043/485
西域圖說 黃楙材 044/035
西域形勝 黃楙材 044/045
請通飭修築碉堡啟 胡林翼 044/443
興安州升府疏 畢沅 047/431
卮言一則 李祖陶 050/079
南北兩路卡倫總敘 松筠 050/231
與曾節帥論東南戰守形勢書 羅澤南 050/233
長江津要十三則 馬徵麟 050/236
郴州論 黃仲駿 050/239
永州論 黃仲駿 050/246
答客難 黃仲駿 050/248
浙江輿地扼要說 鍾文烝 050/249
復張制軍書 劉蓉 050/250
致駱籲門宮保書 劉蓉 050/252
大清一統輿圖跋 嚴樹森 050/254
設險守國論 吳曾英 050/262
十三道嘎牙河紀略 胡傳 050/267
西行日記二則 馮焌光 050/269
鴉龍江源流考 黃楙材 050/277
禹貢黑水考 黃楙材 050/286
印度河 黃楙材 050/302
西域圖說 黃楙材 050/306
巨文島形勢 闕名 050/310
請通飭修築碉堡啟 胡林翼 051/048
長江設關 053/261
騰越邊徼 黃楙材 053/425
西域形勝 黃楙材 053/427
前因時論二十 吳鋌 074/005
大清一統輿圖序 汪士鐸 074/009
大清一統輿圖後跋 汪士鐸 074/013
郡國方輿通釋序 謝應芝 074/023
書方輿紀要後 謝應芝 074/027
長江圖說 馬徵麟 074/029
關中形勢論 魏源 074/037
桂陽疆域志敘 王闓運 074/041
郴州論 黃仲駿 074/045
永州論 黃仲駿 074/059
湖北水陸形勢預籌防堵疏 王茂蔭 074/081
論長江形勢請急圖九江疏

王茂蔭 074/087
暫設皖南巡撫議 楊沂孫 074/097
議覆江南北分省片 曾國藩 074/111
議覆安徽省城應仍建安慶疏 曾國藩 074/113
請添設徐州四界重鎮疏 潘祖蔭 074/117
與駱籲門中丞書 陳慶鏞 074/123
復陸稼堂中丞書 陳慶鏞 074/129
與呂侍郎書 陳世鎔 074/133
與倪蓮舫書 陳世鎔 074/139
與張小浦副憲書 陳世鎔 074/143
上浙江巡撫黃壽臣書 周騰虎 074/149
與曾節帥論東南戰守形勢書 羅澤南 074/155
與曾節帥論分援江西機宜書 羅澤南 074/161
與曾節帥論進攻湖口利病書 羅澤南 074/167
致駱籲門宮保書 劉蓉 074/169
籌復湖州議 陸心源 074/175
守遷說 何曰愈 074/181
駁王夫之李綱論 李元度 074/187
書守城輯略後 謝章鋌 074/191
圍砦說 高延第 074/193
築隘記 何慶元 074/199
新甯縣增修城垣記 曾國藩 074/205
倡捐築堡疏 沈葆楨 074/213
請通飭修築碉堡啟 胡林翼 074/217
復孫樹人司馬書 胡林翼 074/231
復孫樹人司馬書(二) 胡林翼 074/233
麻城縣稟覆修建碉樓批 胡林翼 074/235
復毛驥雲中丞書 胡林翼 074/237
豫省籌備臆說 曹肅荀 074/239
遵札籌議江西防守事宜 鄧仁堃 074/243
書玉山縣城破地雷事 李元度 074/255
與邑人論城守書 方宗誠 074/259
復與邑人論城守書 方宗誠 074/269
西域圖說 黃楙材 074/339
西域形勝 黃楙材 074/349
騰越邊徼 黃楙材 074/447
西招圖略書後 梅曾亮 074/451
長江圖說 馬徵麟 079/435
戰事以地利為要說 陳耀卿 083/218
吳淞形勢論 083/218
妥籌奏保護浙東新築砲臺疏 薛福成 083/222
請添設徐州四界重鎮疏 潘祖蔭 096/222
倡捐築堡疏 沈葆楨 100/269
大清一統輿圖序 汪士鐸 100/270
大清一統輿圖後跋 汪士鐸 100/271
郡國方輿通釋序 謝應芝 100/274
請通飭修築碉堡啟 胡林翼 100/275

六、兵政 地利

六、兵政　地利

戰事以地利為要說　陳耀卿　100/277
長江圖說　馬徵麟　100/278
築隘記　何慶元　100/280
圍砦說　高延第　100/282
守遷說　何曰愈　100/283
吳淞形勢論　100/285
記三沙灣形勢　魏源　100/288
關中形勢論　魏源　100/288
郴州論　黃仲騏　100/289
永州論　黃仲騏　100/293
形勢論　吳鋌　100/295
西域形勝　黃楙材　100/300
西域圖說　黃楙材　100/303
書方輿紀要後　謝應芝　100/305
湖北水陸形勢預籌防堵疏　王茂蔭　100/316
遵札籌議江西防守事宜　鄧仁堃　100/428
騰越邊徼　黃楙材　100/464
騰越邊徼　黃楙材　107/478
西域形勝　107/479
讀史方輿紀要序　顧祖禹　108/039
論江南　108/040
論山東　108/041
論山西　108/042
論河南　108/042
河南關塞形勢說　朱雲錦　108/043
汴洛二都說　108/044
汴城建置說　朱雲錦　108/045
洛陽險要說　朱雲錦　108/045
論湖廣　108/046
荆州論　儲大文　108/048
襄陽論　儲大文　108/049
長城　顧炎武　108/051
請總督移駐兗州疏　王士俊　108/053
論輿地之學　王鳴盛　108/054
地圖說　朱雲錦　108/054
與曾節帥論東南戰守形勢書　羅澤南　108/055
長江津要十三則　馬徵麟　108/057
附繪地圖法　108/059
論長江下游形勢　108/066
鴉龍江源流考　黃楙材　108/120
禹貢黑水考　黃楙材　108/125
印度河　黃楙材　108/133
西域圖說　黃楙材　108/135
巨文島形勢　闕名　108/137
巵言一則　李祖陶　110/168
長江設關　110/355
吳中江海形勢說　郭起元　113/207
潮州海防圖說　藍鼎元　113/207
河套志序　儲大文　116/204
皇輿圖賦序　全祖望　116/207
大清一統輿圖後跋　汪士鐸　116/208
長城　顧炎武　120/137
潛邱劄記　閻若璩　120/139
論岳陽利害書　萬正色　120/139
敬陳剤調粵西戎務四策疏　郝浴　120/140
讀史方輿紀要序　顧祖禹　120/142
論江南　顧祖禹　120/144
論山西　顧祖禹　120/146
論山東　顧祖禹　120/147

論河南 顧祖禹 120/147
論湖廣 顧祖禹 120/148
春秋列國地形險要表序 顧棟高 120/151
原勢 儲大文 120/152
秦蜀荆楚形勢議 蔣伊 120/155
請總督移駐兗州疏 王士俊 120/156
復建盱眙城議 郭起元 120/158
滇南通考 王思訓 120/159
河南關塞形勝說 朱雲錦 120/162
前因時論二十 吳鋌 120/163
湖北水陸形勢預籌防堵疏 王茂蔭 120/164
請通飭修築碉堡啟 胡林翼 120/170
郴州論 黄仲駿 120/172
永州論 黄仲駿 120/176
桂陽疆域志叙 王闓運 120/177
與駱籲門中丞書 陳慶鏞 120/179
與倪蓮舫書 陳世鎔 120/180
與張小浦副憲書 陳世鎔 120/182
致駱籲門宮保書 劉蓉 120/183
倡捐築堡疏 沈葆楨 120/185
議覆安徽省城應仍建安慶疏 曾國藩 120/187
浙江輿地扼要說 鍾文烝 120/190
書玉山縣城破地雷事 李元度 120/285
騰越邊徼 黄楙材 121/065
西域圖說 黄楙材 121/090
西域形勝 黄楙材 121/093
長江圖說 馬徵麟 121/179
吳中江海形勢說 121/191
設險守國論 吳曾英 121/262
長江圖說 馬徵麟 122/005
陝甘資政錄諸水總序 戴祖起 122/251
長江設關 122/501
形勢論 吳鋌 125/206
守遷說 何曰愈 125/206
築隘記 何慶元 125/207
長江防守議 沈長明 127/461
湖北水陸形勢預籌防堵疏 王茂蔭 135/423
論長江形勢請急圖九江疏 王茂蔭 135/424
議覆安徽省城應仍建安慶疏 曾國藩 135/427
請添設徐州四界重鎮疏 潘祖蔭 135/433
倡捐築堡疏 沈葆楨 135/437
地勢戰法學 (德)庫司孟 139/161
地勢分類戰守法 139/164
石地硬地軟地關繫行軍說 139/166
行軍察勘周圍地勢法 139/166
平原行軍法 139/167
高原布隊法 139/169
凹地列隊法 139/172
樹林防敵法 139/172
村莊關繫戰法學 139/175
道路為武備緊要關鍵策 139/177
鐵路行軍策 139/180
活水關繫戰法說 139/181
死水行軍策 139/183
平原亂岡高巒經武策 139/184

六、兵政 地利

考察地勢用法 (德)庫司孟 139/186
考察地勢條段 139/187
際變考察地勢法 139/189
渡河攻敵法 139/191
轉隊渡河法 139/193
扼守河岸法 139/194
窄地與關隘繫行軍利害議 139/195
行軍駐隊條議 139/197
前行護隊駐紮法 139/199
後行護隊駐紮法 139/200
斷後駐紮法 139/202
坐護隊駐紮法 139/202
察勘敵人駐紮處條議 139/204
駐帳擇地法 139/205
長江輪船載重表 商務報 142/492
西藏考 何鏞 145/203
澎湖考略 林開第 145/222
兩粵邊情 賈馨 145/322
國朝綏服蒙古記一 魏源 154/315
國朝綏服蒙古記二 魏源 154/326
國朝綏服蒙古記三 魏源 154/335
康熙親征準噶爾記 魏源 154/341
雍正兩征厄魯特記 魏源 154/376
外蒙古喀爾喀四部總叙 張穆 154/391
額魯特蒙古總叙 張穆 154/398
額魯特蒙古新疆土爾扈特部總叙 張穆撰、何秋濤補 154/399
乾隆蕩平準部記 魏源 154/406
國初征撫朝鮮記 魏源 154/421
乾隆戡定回疆記 魏源 154/430
今庫爾喀喇烏蘇沿革 李光廷 154/441
今塔爾巴哈台沿革考 李光廷 154/445
今新疆軍台道里表 李光廷 154/447
乾隆征緬甸記上 魏源 154/458
乾隆征緬甸記下 魏源 154/465
乾隆征撫安南記 魏源 154/473
國朝撫綏西藏記上 魏源 154/483
國朝撫西藏記下 魏源 154/502
西藏後記 魏源 154/521
乾隆初定金川土司記 魏源 154/532
西藏源流考 黃沛翹 154/538
奏陳平定西藏疏 噶爾弼 155/001
續審隘篇 黃沛翹 155/004
重修前藏雙忠祠碑記 福康安 155/010
西征記 毛振翮 155/012
由蜀入藏內地程站考 黃沛翹 155/015
西藏程站 黃沛翹 155/019
乾隆再定金川土司記 魏源 155/045
乾隆征廓爾喀記 魏源 155/053
川省外連西藏內雜番夷值此餉絀兵疲應如何因地制宜籌餉練兵以期成勁旅而防邊患策 唐紹聞 155/059
蜀中防守策 彭仕勳 155/061
四川利害論 黃英 155/073
經藏衛以固蜀疆議 陳其昌 155/079
藏蜀界務圖說 陳其昌 155/084

保藏固蜀籌邊 于崇慶 155/096
西藏考略 于寶軒 155/100
蒙游紀略 闕名 155/102
東三省防務議 闕名 155/108
近日北邊防務輕重緩急何在論一 錢志澄 155/117
近日北邊防務輕重緩急何在論二 錢志澄 155/122
近日北邊防務輕重緩急何在論三 錢志澄 155/127
近日北邊防務輕重緩急何在論四 錢志澄 155/130
近日北邊防務輕重緩急何在論五 錢志澄 155/133
推廣滿州興旺之由 (英)李提摩太 155/138
澎湖考略 闕名 155/140
尼泊爾最近之調查 闕名 163/422

七、刑政　憲法

條約 082/562
預籌修約事宜疏 曾國藩 082/564
慎約議 彭玉麟 082/567
論中國在公法以外之害 薛福成 082/568
立約通商忽禁人民往來理與公法相背否 朱澄敘 082/568
公法不足恃論 王佐才 082/570
據公法以立國論 锺天緯 082/571
論邦國交際公法學 闕名 084/255
論邦國交際公法學 闕名 088/193
預籌條約事宜疏 曾國藩 099/193
據公法以立國論 锺天緯 099/197
公法不足恃論 王佐才 099/198
論中國在公法以外之害 薛福成 099/199
立約通商忽禁人民往來理與公法相背否 朱澄敘 099/200
論宜續刻通商和約章程成案彙編事 099/202
緬甸條約論 099/206
中英改訂緬甸條約 099/217
慎約議 彭玉麟 099/220
條約 099/222
論邦國交際公法學 闕名 103/384
論外人要求由於從前立約之未善 110/556
論中國在公法以外之害 薛福成 123/273
論邦國交際公法學 闕名 123/301
預籌修約事宜疏 曾國藩 125/023
論外人要求由於從前立約之未善 125/028
預籌修約事宜疏 曾國藩 132/451
憲法總論 周逵 137/103
萬國憲法志總論 周逵 137/109
立憲政體論 周逵 137/111
歐洲英國立憲制與各國不同論 那特硜 137/132
歐洲大陸立憲君制論 137/146
歐洲代議共和制論 那特硜 137/162
代議政體論 周逵 137/168
聯邦制論 那特硜 137/186
日本修改憲法 伊藤博文 137/188
英國憲法志 周逵 137/193

七、刑政 憲法

普國憲法志 周逵 137/213
比律賓島新立共和憲法 角谷太三郎 137/231
義國憲法 周逵 137/235
法國憲法 周逵 137/247
美國憲法 周逵 137/268
北美、德意志聯邦憲法 周逵 137/283
日本憲法 伊藤博文 137/301
國際公法總論 角谷太三郎 138/304
國際公法主體論 角谷太三郎 138/309
國家權利論 角谷太三郎 138/321
日本國際公私法 有賀長雄 138/325
憲法期成會宣言書 160/366
憲法之三大精神 梁啟超 160/387
論共和憲法三大模範及其行政立法兩權之消長 王侃叔 160/408
主權論 馬質 160/493
論統治權總攬者之有無 張東蓀 160/519
主權討論之討論 張東蓀 160/529
余之民權觀 張東蓀 160/531
大總統之地位及權限 藍公武 161/001
關於總統及國會問題意見書 翟富文 161/023
總統連任問題 張東蓀 161/039
元首無責任之釋義 吳貫因 161/042
政府與國會之權限 吳貫因 161/045
關於立法權政府與國會之權限 吳貫因 161/061
共和國之行政權 吳貫因 161/078
行政權消滅與行政權轉移 張東蓀 161/088
國務員經國會同意之研究 闕名 161/089
同意權與解散權 梁啟超 161/098
申論同意權 闕名 161/104
不信任投票制之危險 (日)有賀長雄 161/111
論不信任投票與責任內閣制之關係 儲亞心 161/117
彈劾之種類 吳貫因 161/123
憲法問題之商榷 吳貫因 161/127
論憲法之性質及其形式 張東蓀 161/221
憲法問題演說詞 (日)有賀長雄 161/235
專設憲法案起草機關議 梁啟超 161/240
中華民國憲法起草之三大前提 鄒琳 161/246
中華民國憲法案 憲法起草會 161/249
中華民國憲法草案略評 張東蓀 161/264
中華民國憲法案之評議 (美)古德諾 161/274
論憲法草案之誤點 (日)有賀長雄 161/282
進步黨擬中華民國憲法草案 梁啟超 161/291
擬中華民國憲法草案

七、刑政　刑論

七、刑政　刑論

與金長真書　施尚白(閏章)　003/162
請嚴定承審命案處分疏　李晉卿(光地)　003/163
嚴飭諱盜累民疏　李鄴園(之芳)　003/166
山東臬司條議四事　宋牧仲(犖)　003/168
勸諭監犯文　陸稼書(隴其)　003/178
法制　顧炎武　004/444
案刑家　汪縉　010/055
五刑辨　黃中堅　010/057
刑部題名記　徐乾學　010/057
刑書纂要序　張玉書　010/058
刑論　施朝幹　010/059
書唐律後　王友亮　010/060
張湯杜周論　任源祥　010/061
書蘇文公議法後　魏世傚　010/062
杵米說　魏世傚　010/063
赦罪論　汪价　010/063
荒政不弛刑論　顧棟高　010/065
請免濫禁慎引律疏　張廷玉　010/066
周康王廟記　黃中堅　010/067
原免出繼緣坐議　姚文然　010/093
請寬罪臣送門疏　姚文然　010/101
嚴飭諱盜累民疏　李之芳　010/146
請嚴定承審命案處分疏　李光地　010/147
送倉按察之任四川序　謝濟世　045/001
與王咸齋太守論自新所書　張誠　045/005
救生不救死論　裕謙　045/009
罪疑惟輕說　裕謙　045/015
書滎陽獄　周樹槐　045/019
體法外之仁　宋邦僡　045/023
戒濫刑　宋邦僡　045/025
慎疑獄　宋邦僡　045/027
書張文和公逸事　李元度　045/029
臯陶論　李元度　045/033
刑法論　廖連城　045/043
對用刑說　管同　045/055
與王咸齋太守論自新所書　張誠　051/143
罪疑惟輕說　裕謙　051/144
體法外之仁　宋邦僡　051/146
戒濫刑　宋邦僡　051/146
慎疑獄　宋邦僡　051/147
臯陶論　李元度　051/147
書張文和公逸事　李元度　051/150
審明迤西續獲匪犯就地正法片　林則徐　051/152
酌擬搶劫重案就地正法各條疏　邊寶泉　051/156
遵照籌議軍犯情形疏　丁寶楨　051/158
命盜案件請暫行變通辦理疏　劉錦棠　051/160
人命重案礙難遽復舊制疏　劉錦棠　051/162
對用刑說　管同　051/180
召見恭紀奏結私酒案事　吳廷棟　066/439
刑論　梅曾亮　076/385
刑論　蔣彤　076/389
原刑　湯鵬　076/393

皋陶論 謝應芝 076/399
皋陶論 李元度 076/401
六安答問 周濟 076/405
救生不救死論 裕謙 076/407
罪疑惟輕說 裕謙 076/413
對用刑說 管同 076/417
周書明醜說 俞樾 076/421
復讎論 吳嘉賓 076/425
惜赦論 張澍 076/429
書歐陽子縱囚論後 龍啟瑞 076/431
記章佳文勤公語 錢儀吉 076/433
送朱幹臣為浙江按察使序 管同 076/435
大冶縣稟拿獲滋事匪徒批 胡林翼 076/437
上臺灣孔兵備論治匪書 姚瑩 076/439
復孫小雲書 許宗衡 076/443
召見恭紀奏結私酒案事 吳廷棟 098/013
原刑 湯鵬 101/047
刑論 梅曾亮 101/048
刑論 蔣彤 101/049
罪疑惟輕說 裕謙 101/050
救生不救死論 101/051
對用刑說 101/053
復讎論 吳嘉賓 101/054
惜赦論 張澍 101/054
書滎陽獄 周樹槐 101/132
嚴飭諱盜累民疏 李之芳 110/153
審明迤西續獲匪犯就地正法片 林則徐 110/209
酌擬搶劫重案就地正法各條疏 邊寶泉 110/211
法制 顧炎武 121/295
赦罪論 汪价 121/295
杵米說 魏世傚 121/297
案刑家 汪縉 121/298
張湯杜周論 任源祥 121/299
五刑辨 黃中堅 121/301
書崔實政論後 袁枚 121/302
原免出繼緣坐議 姚文然 121/309
刑論 蔣彤 125/233
平刑議 125/233
慎刑說 125/235
論刑律寬嚴異同 125/236
罪疑惟輕說 裕謙 125/237
救生不救死論 125/238
刑法 陳次亮 126/297
酌擬搶劫重案就地正法各條疏 邊寶泉 136/200
慎刑說 蔡元章 146/441
平刑議 顧言 146/446

七、刑政 律論

法令應歸簡易疏 盧崇俊 004/455
律意律心說 姚文然 010/071
唐律疏義 010/072
修律自愧文 徐宏先 010/073
讀律辯訛序 趙俞 010/074
答金震方先生問律例書 袁枚 010/075
詳定刑律疏 張朝珍 010/076
引用律例疏 徐旭齡 010/077
刑名八字義序 王明德 010/078

七、刑政 律論

刑名十六字義 潘杓燦 010/084
問擬餘論 黃六鴻 010/086
復讎議 汪琬 010/091
理刑爰書 蕭震 010/092
犯罪自首說 姚文然 010/094
論自首之例 汪輝祖 010/095
陳刑名例案六條疏 初彭齡 010/096
請免罪人及孥疏 王命岳 010/100
請免妻孥流徙疏 張朝珍 010/101
請寬妖言禁誣告疏 曹一士 010/102
請復盜案半獲舊例疏 姚文然 010/103
殺賊無抵命法論 錢維城 010/105
申明事主盜賊殺傷例案疏 竇光鼐 010/107
竊盜照律發落不盡處死說 趙俞 010/109
議捉姦致傷尊長勿論奏 秦蕙田 010/110
請詳議旌表之例疏 紀昀 010/111
捕姦議 余廷燦 010/111
陳斗殺父妾辨 錢維城 010/112
審辦獨子承祧兩房各娶妻議 闕名 010/113
審辦雇工毆傷舊家長議 闕名 010/115
請停籍沒窩逃之令疏 魏琯 010/116
請革投充疏 劉餘祐 010/117
私鑄案犯分別定擬奏 秦蕙田 010/118
記右司事 王友亮 010/119
秋審班簽商二事 王友亮 010/119
盜伐官柳誤刺字述 姚文然 010/120
除養蠱示 金鉷 010/121
申明三法司舊例疏 魏琯 010/133
讞獄 王士俊 010/173
設法嚴拿哥老會匪片 沈葆楨 042/497
慎重刑章疏 胡慶源 045/037
修例宜慎 宋邦僡 045/059
至誠開導令愚民悔悟 宋邦僡 045/063
受訴不可執成見 宋邦僡 045/065
平反冤獄 宋邦僡 045/067
請飭刑部增改條例疏 王憲成 045/069
明刑弼教當遵經訓摺 竇廷 045/077
服制命案例無明文請旨飭議專條疏 錢寶廉 045/081
請嚴禁種植罌粟片 張之洞 047/426
遵旨禁種罌粟請將查禁各員分別參撤疏 左宗棠、劉典 048/204
查禁晉省罌粟各項請分別勸懲疏 張之洞 048/208
嚴禁罌粟辦法片 曾國荃 048/275
設法嚴拿哥老會匪片 沈葆楨 051/124
慎重刑章疏 胡慶源 051/154
籌議嚴禁鴉片章程疏 林則徐 051/167

重禁吸煙以杜弊源片　林則徐 051/177
修例宜慎　宋邦僡 051/181
平反冤獄　宋邦僡 051/182
請飭刑部增改條例疏　王憲成 051/183
服制命案例無明文請旨飭議專條疏　錢寶廉 051/187
剝船盜米案酌擬變通辦法疏　繼格、孫汶 051/189
情輕盜犯請飭部申明舊例疏　鄭訓承 051/190
請另立專條嚴辦鬥匪疏　張之洞 051/192
請懲辦南山匪徒疏　葉伯英 051/196
上莫善徵邑侯書　秦榮光 051/199
香港交解華人逃犯例章　051/205
奏定外國交出中國逃犯辦理章程　051/206
奸民誘拐人口賣與洋船變通懲辦章程　李鴻章 051/207
上海洋涇浜設官會審章程十條　051/208
外國流氓無論搶刦中外民人貨物由地方官捕拿送辦　051/210
英人鎗斃華民擬絞決稟　朱鳳梯 051/211
洋行買辦華人涉訟由華官訊辦　051/213
滇案擬結緣由疏　李鴻章 051/213
通商口岸關係英人命盜及審斷交涉案件委員觀審章程　051/215
致陳荔秋星使　徐賡陛 051/216
論招工　李東沅 051/217
索逃犯議　李鍾玨 051/218
禁豬仔議　李鍾玨 051/220
至誠開導令愚民悔悟　宋邦僡 051/234
申明栽種罌粟舊禁疏　曾國荃 062/547
請禁罌粟片　張之洞 062/553
上孔兵備論辦賊事宜書　姚瑩 075/003
設法嚴拿哥老會匪片　沈葆楨 076/323
上黔撫喬中丞論會匪啟　胡林翼 076/357
因時論七　吳鋌 076/451
讀律說上　包世臣 076/459
讀律說下　包世臣 076/463
唐律疏議跋　俞正燮 076/467
律心序　何秋濤 076/471
刑部說帖揭要序　鄒鳴鶴 076/473
讀律心得序　吳嘉賓 076/477
請飭臣工講求律例疏　董文煥 076/485
請飭刑部增改條例疏　王憲成 076/489
慎重刑章疏　胡慶源 076/497
法宜寬嚴互用疏　寶廷 076/501
申明公論疏　李棠階 077/003
請申明諭旨以杜流弊疏　張德容 077/007
山東委員被害案刑賞失中疏　王昕 077/015

七、刑政　律論

七、刑政 律論

四川東鄉縣案是非未明疏 張之洞 077/021
請申明毆期親舊章以符定律議 唐鑑 077/031
請飭議尊長謀殺卑幼罪名專條疏 錢寶廉 077/037
尊長謀殺卑幼定罪議 077/043
遵議為人後者本身及子孫為本生親屬服制疏 077/047
駁崔三過失殺父議 徐時棟 077/061
秋審人犯情罪較重請飭詳議疏 王茂蔭 077/065
命案有關斷離援擬請旨疏 077/073
徒流加等議 郭安仁 077/081
請盜案仍照原律定擬疏 王榕吉 077/085
修復首夥盜犯悔罪投首減罪舊例疏 077/089
遵議盜案分別首從章程疏 077/093
遵議盜案就地正法章程擬限停止疏 077/099
酌議窩戶治罪專條疏 077/109
請嚴辦鬮匪另立專條疏 張之洞 077/119
青平賊影 王德茂 077/147
中外刑律辨 楊毓輝 082/068
論泰西治獄 沈粹生 083/235
附陳處置哥老會匪片 薛福成 083/238
致各國大臣書並章程八條 總理衙門 083/239
覆總理衙門書 鏤斐迪 083/243
分別教案治本治標之計疏 薛福成 083/245
禁煙上 鄭觀應 083/247
禁煙下 083/248
論鴉片 彭玉麟 083/249
治法在嚴刑賞議 陳虬 083/251
遵議武營扣餉缺額罪名摺 松溎 083/251
中外各國刑律輕重寬嚴異同得失考 李經邦 083/252
中西律例繁簡考 孫兆熊 083/255
查視秘魯華工記 吳劍華 083/260
交涉學 闕名 084/256
論日本制定憲法來歷 (日)伊藤博文 084/259
英美增添公法記 闕名 084/261
日本刑法志序 黃遵憲 084/262
掌故學 闕名 084/264
論中西刑律輕重異同之故 084/266
華英讞案定章考 (英)哲美森 084/269
分別教案治本治標之計疏 薛福成 086/072
交涉學 闕名 088/195
論日本制定憲法來歷 (日)伊藤博文 088/201
英美增添公法記 闕名 088/207
日本刑法志序 黃遵憲 088/209
掌故學 闕名 088/214
論中西刑律輕重異同之故 闕名 088/217
華英讞案定章考 (英)哲美森 088/224

七、刑政 律論

請推廣學校摺 李端棻 088/253
議覆整頓各省書院摺 禮部 088/274
分別教案治本治標之計疏 薛福成 091/454
治法在嚴刑賞議 094/458
申明栽種罌粟舊禁疏 曾國藩 097/193
請禁罌粟片 張之洞 097/194
禁栽罌粟策 楊毓煇 097/195
論鴉片 彭玉麟 097/198
禁煙上 鄭觀應 097/198
禁煙下 097/200
論烟害 097/202
去毒 097/206
書論鴉片烟之害後 097/207
請申明諭旨以杜流弊疏 101/045
請飭刑部增改條例疏 王憲成 101/059
請飭臣工講求律例疏 董文煥 101/061
慎重刑章疏 胡慶源 101/061
法宜寬嚴互用疏 寶廷 101/063
遵議武營扣餉缺額罪名摺 101/064
論律法 吳鋌 101/065
讀律說上 包世臣 101/066
讀律說下 包世臣 101/067
讀律心得序 吳嘉賓 101/068
唐律疏議跋 101/069
中外刑律辨 楊毓煇 101/070
中外各國刑律輕重寬嚴異同得失考 李經邦 101/075
中西律例繁簡考 孫兆熊 101/079
查視秘魯華工記 吳劍華 101/085
刑部說帖揭要序 鄒鳴鶴 101/086
論中西刑法不同各因人情而定 101/087
酌議窩戶治罪專條疏 101/093
請申明毆期親舊章以符定律議 唐鑑 101/095
請飭議尊長謀殺卑幼罪名專條疏 錢寶廉 101/097
命案有關斷難援擬請旨疏 101/098
秋審人犯情罪較重請飭詳議疏 王茂蔭 101/100
徒流加等議 郭安仁 101/106
分別教案治本治標之計疏 薛福成 101/159
請嚴辦鬪匪另立專條疏 張之洞 101/161
請盜案仍照原律定擬疏 王榕吉 101/164
修復首夥盜犯悔罪投首減罪舊例疏 101/165
遵議盜案分別首從章程疏 101/166
遵議盜案就地正法章程擬限停止疏 101/168
附陳處置哥老會匪片 蔣福成 101/170
設法嚴拿哥老會匪片 沈葆楨 101/171
救哥老會 金安清 101/174
大冶縣稟拿獲滋事匪徒批 胡林翼 101/178
上黔撫喬中丞論會匪啟 胡林翼 101/178

七、刑政 律論

上孔兵備論辦賊事宜書 姚瑩 101/179
覆總理衙門書 鏤斐迪 101/181
致各國大臣書並章程八條 101/184
青平賊影 王德茂 101/189
書滬上西國牢監及新巡捕房記略篇後 102/449
論泰西治獄 沈粹生 102/450
論日本獄禁之苦 102/451
論中國宜變通律例 何鏞 103/349
變例說 王韜 103/351
頒律例以示民間說 103/353
論讀西律 李步青 103/354
答客談西律之善 井貞吉 103/356
論辦洋務宜訂中西律例 馬菊生 103/358
華人宜習西律說 103/359
論中西刑律輕重異同之故 闕名 103/361
華英讞案定章考 哲美森 103/364
論聽訟 王韜 103/371
論訟息之難 103/372
論折獄之難 何鏞 103/374
論泰西聽訟頗合公道 秦元章 103/375
論訊案之難 秦元章 103/377
論訪案 郭杏生 103/378
論查辨事件 103/379
論叩閽事 103/381
論京控案件不交原問官覆審最為善政 郭杏生 103/383
交涉學 闕名 103/386
論日本制定憲法來歷 (日)伊藤博文 103/389
英美增添公法記 103/392
日本刑法志序 黄遵憲 103/393
掌故學 闕名 103/395
遵旨禁種鶯粟請將查禁各員分別參撤疏 109/036
查禁晉省鶯粟各項請分別勸懲疏 張之洞 109/038
請嚴禁種植鶯粟片 張之洞 109/039
法令應歸簡易疏 盧崇俊 109/092
律意律心說 姚文然 110/177
答金震方先生問律例書 袁枚 110/178
詳定刑律疏 張朝珍 110/178
引用律例疏 徐旭齡 110/179
刑名八字義序 王明德 110/179
論自首之例 汪輝祖 110/183
陳刑名例案六條疏 初彭齡 110/184
請寬妖言禁誣告疏 曹一士 110/187
申明事主盜賊殺傷例案疏 竇光鼐 110/187
議捉姦致傷尊長勿論奏 秦蕙田 110/189
請詳議旌表之例疏 紀昀 110/189
審辦獨子承祧兩房各娶妻議 闕名 110/190
審辦雇工毆傷舊家長議 闕名 110/191
私鑄案犯分別定擬奏 秦蕙田 110/191

除養蠱示 金鉷 110/192
籌議嚴禁鴉片章程疏 林則徐 110/194
附戒煙斷癮前後兩方總論 110/196
重禁吸煙以杜弊源片 林則徐 110/199
修例宜慎 宋邦僡 110/200
經訓 110/200
服制命案例無明文請旨飭議專條疏 錢寶廉 110/200
香港交解華人逃犯例章 110/201
奏定外國交出中國逃犯辦理章程 110/202
奸民誘拐人口賣與洋船變通懲辦章程 李鴻章 110/202
上海洋涇濱設官會審章程十條 110/203
外國流氓無論搶劫中外民人貨物由地方官捕拿送辦 110/204
英人槍斃華民擬絞決禀 朱鳳梯 110/205
洋行買辦華人涉訟由華官訊辦 110/205
滇案擬結緣由疏 李鴻章 110/206
通商口岸關係英人命盜及審斷交涉案件委員觀審章程 110/207
索逃犯議 李鍾珏 110/207
禁豬仔議 李鍾珏 110/208
慎重刑章疏 胡慶源 110/209
命盜案件請暫行變通辦理疏 劉錦棠 110/212
人命重案礙難遽復舊制疏 劉錦棠 110/213
申明三法司舊例疏 魏琯 110/216
論日本制定憲法來歷 (日)伊藤博文 110/216
日本刑法志序 黃遵憲 110/218
掌故學 闕名 110/219
論中西刑律輕重異同之故 闕名 110/221
華英讞案定章考 (英)哲美林 110/223
英美增添公法記 闕名 110/304
分別教案治本治標之計疏 薛福成 111/120
設法嚴拿哥老會匪片 沈葆楨 112/351
論鴉片 彭玉麟 118/233
申明栽種罌粟舊禁疏 曾國荃 118/234
請禁罌粟片 張之洞 118/236
禁煙上 鄭觀應 118/237
禁煙下 118/239
禁栽罌粟策 楊毓煇 118/241
唐律疏義 121/305
請免罪人及孥疏 王命岳 121/306
請復盜案半獲舊例疏 姚文然 121/306
律意律心說 姚文然 121/308
犯罪自首說 姚文然 121/309
審辦雇工毆傷舊家長議 闕名 121/311
審辦獨子承祧兩房各娶妻議 闕名 121/311
陳斗殺父妾辨 錢維城 121/313
議捉姦致傷尊長勿論奏

七、刑政 律論

秦蕙田 121/314
私鑄案犯分別定擬奏 秦蕙田 121/315
復讎議 汪琬 121/315
殺賊無抵命法論 錢維城 121/317
請寬妖言禁誣告疏 曹一士 121/319
刑名八字義序 王明德 121/320
答金震方先生問律例書 袁枚 121/325
法令應歸簡易疏 盧崇俊 121/328
刑名十六字義 潘杓燦 121/329
請除無益條例疏 李紱 121/330
請詳議旌表之例疏 紀昀 121/331
致各國大臣書並章程八條 總理衙門 123/052
分別教案治本治標之計疏 薛福成 123/060
英美增添公法記 闕名 123/275
中外各國刑律輕重寬嚴異同得失考 李經邦 123/305
中西律例繁簡考 123/309
華英讞案定章考 (英)哲美森 123/316
論中西刑律輕重異同之故 闕名 123/322
論鴉片煙加稅 124/442
論禁煙必停烟稅 124/443
論禁煙必不能成 124/444
書論鴉片烟之害後 124/446
論烟害 124/447
擬禁鴉片說 124/451
續禁鴉片說 124/453
去毒 124/454
愼重刑章疏 胡慶源 125/239
請飭刑部增改條例疏 王憲成 125/240
法宜寬嚴互用疏 竇廷 125/242
論律法 吳鋌 125/243
士人官通律例說 125/243
答西友問律 125/244
論泰西治獄 125/433
論西律之善 125/434
論西官訊案之詳 125/435
滬上西獄及巡捕房押所紀略 125/436
西國聽訟用律師論 125/438
遵議武營扣餉缺額罪名摺 松溎 126/327
原法 馬建忠 128/295
性法 128/296
原律 128/298
定律 128/299
用律 128/301
廢律 128/302
分律 128/303
戶籍 馬建忠 128/305
立家 128/307
丁幼 128/308
婚姻 128/309
嗣續 128/314
墨子尙同三篇書後上 128/332
墨子尙同三篇書後下 128/333
公法通義敍 128/333
書惠頓氏萬國公法後 128/335
法律問答 128/336

駁洗冤祿問答 128/337
定律之權問答 128/338
守律之權問答 128/339
行律之權問答 128/340
西人聽訟章程問答 128/340
中國讀律法問答 128/342
問中西刑律不同西人每譏中國刑法太重故寓華西人不受管轄然中國刑罰世輕世重至我朝實為最輕乾隆以後尤從寬典何以西人猶以為重日本改從西法流弊已生豈亞洲之人果遜于歐洲歟試綜其異同探其本原論之 128/344
中國嚴禁訟師外國重用狀師名實異同辨 顧家相 128/345
論強國與弱國相處無公法之可言 128/347
述日本監牢苛法 128/349
論刑律 尹彥鉌 128/350
廢除刑訊議 128/353
請與各國訂明同列萬國公法疏 陳其璋 132/276
滇案擬結緣由疏 李鴻章 132/321
分別教案治本治標之計疏 薛福成 132/475
申明栽種罌粟舊禁疏 133/393
遵旨禁種鶯粟請將查禁各員分別參撤疏 左宗棠、劉典 133/394
查禁晋省鶯粟各項請分別勸懲疏 張之洞 133/396
請嚴禁種植罌粟片 張之洞 133/398
嚴禁鶯粟辦法片 曾國藩 134/040
附陳處置哥老會匪片 薛福成 136/107
設法嚴拿哥老會匪片 沈葆楨 136/107
請飭臣工講求律例疏 董文煥 136/159
請飭刑部增改條例疏 王憲成 136/160
慎重刑章疏 胡慶源 136/161
法宜寬嚴互用疏 寶廷 136/163
申明公論疏 李棠階 136/163
請申明諭旨以杜流弊疏 張德容 136/164
山東委員被害案刑賞失中疏 王昕 136/166
查辦東鄉縣案疏 丁寶楨 136/167
四川東鄉縣案是非未明疏 張之洞 136/177
遵旨覆核東鄉縣案疏 丁寶楨 136/179
請飭議尊長謀殺卑幼罪名專條疏 錢寶廉 136/183
遵議為人後者本身及子孫為本生親屬服制疏 刑部 136/184
秋審人犯情罪較重請飭詳議疏 王茂蔭 136/188
命案有關斷離援擬請旨疏 刑部 136/190
人命重案礙難遽復舊制疏 劉錦棠 136/192
命盜案件請暫行變通辦理疏 劉錦棠 136/193
請盜案仍照原律定擬疏

七、刑政律論

七、刑政 律論

王榕吉 136/194
修覆首夥盜犯悔罪投首減罪舊例疏 刑部 136/195
遵議盜案分別首從章程疏 刑部 136/196
遵議盜案就地正法章程擬限停止疏 刑部 136/198
粵西盜案難復舊制疏 劉長佑 136/201
會議辦理監犯例章疏 軍機大臣三法司 136/203
請飭刑部改定辦理盜竊案章程片 宋伯魯 136/204
情輕盜犯請飭部申明舊例疏 鄭訓承 136/205
覆陳川省辦理盜案請免解審疏 丁寶楨 136/205
川有盜案仍照前奏章程辦理片 丁寶楨 136/206
遵議安置軍流徒犯疏 丁寶楨 136/208
酌議窩戶治罪專條疏 刑部 136/209
請嚴辦鬬匪另立專條疏 張之洞 136/212
請懲辦南山匪徒疏 葉伯英 136/214
遵旨會議懲辦逃兵疏 胡林翼 136/216
遵議武營扣餉缺額罪名摺 刑部 136/217
剝船盜米案酌擬變通辦法疏 繼格、孫毓汶 136/218
籌議嚴禁鴉片章程疏 林則徐 136/219
重禁吸煙以杜弊源片 林則徐 136/225
查拿煙販收繳煙具情形疏 林則徐 136/226
瀝陳民間煙土槍具仍宜收繳疏 林則徐 136/228
請將煙犯財產充賞疏 林則徐 136/230
法律總論 孟德斯鳩 138/106
法律論上 孟德斯鳩 138/110
法律論中 孟德斯鳩 138/124
法律論下 孟德斯鳩 138/138
英國教養貧民法 大橋鐵太郎 138/153
日本儲貳典範 伊藤博文 138/160
國法汎論 伯倫知理 138/175
日本現行法律上 樋山廣業 138/203
日本現行法律下 樋山廣業 138/235
司法院之獨立 周逵 138/260
法官之選任 周逵 138/263
終身官之制 周逵 138/265
陪審制度 周逵 138/267
英國刑律 周逵 138/270
普國刑律 周逵 138/273
美國刑律 周逵 138/277
聯邦刑律 周逵 138/285
日本刑律 伊藤博文 138/287
日本司法裁判 有賀長雄 138/292
禁烟芻言 徐敬熙 145/237
禁種罌粟議 吳傑 146/333
中西刑律寬嚴得失論

何鏞 146/442
効西法以治訟獄論 *
王畸行 146/444
刑賞論 馬佑之 146/448
辟以止辟論 146/450
中西刑法論 146/452
論西國監禁罰作苦工之(例可以補中國刑政之不及) * 146/454
簡明萬國公法 劉□□輯 149/125
中國古世公法論略
(美)丁韙良著，汪鳳藻譯 149/161
律法
(英)傅蘭雅譯，應祖錫述 149/173
日本刑罰論 陳家麟 149/183
公法 149/184
公法 闕名 149/187
春秋盟書即今條約考
劉銘鼎 149/191
請與各國訂明同列萬國公法疏
陳其璋 149/202
律例贅言 汪錫祺 149/204
查視秘魯華工記 吳劍華 156/239
禁鴉片 王韜 158/342
日本台督鴉片新章 158/499
兩院制考 闕名 162/277
上大總統論兩院制
黎元洪 162/292
覆副總統論兩院制
大總統 162/293
國會性質之疑問 張東蓀 162/294
複體之立法機關及兩院之關係
梁啟勳 162/310
擬中華民國國會代議院議員選舉法案 康有為 162/314
國會選舉法商榷 張東蓀 162/362
評參議院議員選舉法
吳貫因 162/374
澳洲式之選舉冊說略
梁啟勳 162/382
大總統選舉法草案理由書
憲法起草委員會 162/387
議會關於條約之職權
闕名 162/391
議員薪俸問題 張東蓀 162/401
論議員對於自身俸給無提案之權
吳貫因 162/407
限制官吏為議員之得失
吳貫因 162/409
覆莫議長論議員不能兼任行政官吏書 朱瑞 162/418
書朱介人致莫議長論議員不當兼任官吏書後 潘更生 162/420
箴立法家 梁啟超 162/427
國際立法條約集序
梁啟超 162/430
論普通裁判制度與行政裁判制度
張東蓀 162/432
論陪審制度之可否行於吾國
闕名 162/444
對於法院編制法施行法草案之商榷
王錫蕃 162/449
法院編制法施行法修正案駁議
王錫蕃 162/457
律師法施行法草案駁議
王錫蕃 162/461
華洋訴訟釋義告行政官司法官

闕名 162/465
論民國大學控告工商總長之判決案 朱新謨 162/482
通飭禁止刑訊文 大總統 162/485
為妄事捕逮咨陳都督文 伍廷芳 162/486
與陳都督論清查與捕獲之權限 伍廷芳 162/487
為妄事捕逮再致陳都督書 伍廷芳 162/490
上大總統及司法部條陳勵行司法獨立書 汪庚年 162/494
請將臨時軍法審判所撤銷文 福建政務院法制局 162/501

七、刑政 治獄

清獄省刑疏 周雅楫(清原) 003/145
讞獄 王犀川(士俊) 003/176
飭巡道清查州縣詞訟檄 陳宏謀 005/232
理刑存稿自序 黎士宏 010/127
洗冤錄合刻序 蕭震 010/127
甘州治獄偶記 黎士宏 010/129
請復差恤刑之官疏 陸祚蕃 010/129
慎刑七條疏 龔鼎孳 010/130
清理庶獄五條疏 衛周祚 010/134
請停部駁以省繁擾疏 高爾修 010/135
嚴批駁以清積案疏 武攀龍 010/136
緩徵寬刑疏 趙進美 010/137
清獄省刑疏 周清原 010/138
問刑詳慎疏 朱訓誥 010/140
請刑獄慎初招疏 朱裴 010/141
請飭巡道清查訟案疏 陳宏謀 010/143
請禁原官會審覆審疏 吳綬紹 010/144
請停初供報部共毆餘人免解疏 秦蕙田 010/145
請省釋難民疏 馬履泰 010/148
與安溪李相國論虧空獄書 方苞 010/149
與周侍御論禁州縣私罰書 杭世駿 010/150
慎獄芻言 李漁 010/155
祥刑末議 李漁 010/165
省刑 唐甄 010/169
論命案 汪輝祖 010/170
論盜案 汪輝祖 010/171
山東臬司條議四事 宋犖 010/174
治劫盜議 鄭振圖 010/177
強盜破財說 姚文然 010/178
治獄四條 李上楨 010/180
咨稿牌票存薄說 姚文然 010/180
與秦小峴廉使書 吳騫 010/181
特禁添設茶館示 俞德淵 033/085
禁捏控示 俞德淵 033/087
禁機匠匪徒人等聚集滋事示 俞德淵 033/091
禁各役及雜色人等需索示 俞德淵 033/095
禁私押約 馬國翰 033/097
禁賭博示 俞德淵 033/099
直隸清訟事宜十條

曾國藩 039/423
爴所宜改活板說 沈葆楨 045/047
決獄貴有斷制 宋邦僡 045/061
請釐積弊以清庶獄疏
賀熙齡 045/087
據供先結以清庶獄疏
張道淵 045/093
定讞必平恕 宋邦僡 045/097
案宜早結以免拖累
宋邦僡 045/099
請勒限清理案件疏
馬相如 045/101
清理積案以甦民困疏
丁日昌 045/105
為杜訟棍株連苦累小民摺
卞寶第 045/109
耐煩聽察務得確情
宋邦僡 045/113
戒株連 宋邦僡 045/115
請飭永革陋習以重命案疏
鄧慶麟 045/117
直隸清訟事宜十條
曾國藩 047/100
書滎陽獄 周樹槐 051/149
審明丁燦庭等兩次京控疏
林則徐 051/225
定讞必平恕 宋邦僡 051/233
案宜早結以免拖累
宋邦僡 051/233
決獄貴有斷制 宋邦僡 051/235
受訴不可執成見 宋邦僡 051/235
耐煩聽察務得確情
宋邦僡 051/236
戒株連 宋邦僡 051/237
請梟憲區別齋匪稟
何紹祺 051/237
請飭永革陋習以重命案疏
鄧慶麟 051/239
據供先結以清庶獄疏
張道淵 051/239
清理積案以甦民困疏
丁日昌 051/241
設法清理監押人犯並勒限查辦疏
文煜、丁日昌 051/242
奏為刑賞失中謹抜瀝直陳疏
王昕 051/246
為杜訟棍株連苦累小民摺
卞寶第 051/248
奏為重案未協有關治本民心疏
張之洞 051/249
遵旨查覆東鄉一案疏
李宗羲 051/253
條陳辦案積弊疏 陳彝 051/258
請清釐刑獄疏 徐克剛 051/259
建設候質公所擬請按提經費疏
畢道遠、周家楣 051/260
無訟論 張澍 077/133
始入官如入晦室 王德茂 077/135
疏遠與親近異 王德茂 077/137
地方初審 王德茂 077/139
和息 王德茂 077/141
偽造契券 王德茂 077/143
師傅頭 王德茂 077/145
電白令 王德茂 077/149
安頓軍流徒犯 王德茂 077/151
清理詞訟 何士祁 077/163

七、刑政 治獄

審鞫重案 锺祥 077/167
審理尋常詞訟 锺祥 077/175
緝捕審辦之法 锺祥 077/183
勸息訟說 武穆淳 077/201
邱叔山府判錄存序 路德 077/207
書三案始末論 包世臣 077/213
與次兒論讞獄書 包世臣 077/219
與次兒論讞獄第二書 包世臣 077/223
牛恩惠獄記 陳世鎔 077/227
提牢瑣記 濮文暹 077/231
羈所宜改活板說 沈葆楨 077/241
暫繫平民受害最酷議 湯用中 077/245
請嚴禁非刑疏 張緒楷 077/253
申禁辦案刪改原供疏 077/257
請撥州縣罰俸銀兩為解案經費疏 陳壇 077/261
京控分別准駁疏 077/265
請勒限清理積案疏 馬相如 077/271
監候待質人犯據供先結以清庶獄疏 張道淵 077/273
各省案件稽壓請嚴定逾限處分疏 077/277
直隸清訟事宜十條 曾國藩 077/281
通飭清理獄訟札 丁日昌 077/299
議覆理訟章程書 劉衡 077/303
上李節相請通飭革弊政狀 方宗誠 077/321
上大府清釐積案書 舒夢齡 077/327
宋洗冤集錄跋 洪頤煊 077/333
請辦理相驗章程疏 金應麟 077/337
飭各屬命案相驗遵例少帶人役札 劉衡 077/341
飭遵例屍場結案札 劉衡 077/347
復澤州府論夏月相驗書 徐璈 077/349
頒行各屬辦理命案條約 吳文鎔 077/351
覆吳中丞札飭辦理命案書 沈衍慶 077/355
建昌府詳檢訊周國富命案批 吳文鎔 077/361
書某氏婦 錢儀吉 077/367
書滎陽獄 周樹槐 077/371
與贛榆令書 丁履恒 077/375
獄囚 鄭觀應 083/232
犯人 杞憂生 083/233
棲流 083/234
禁販奴 彭玉麟 083/235
罰贖 鄭觀應 083/236
書楊侍御奏請裁撤待質公所摺後 083/237
監候待質人犯據供先結以清庶獄疏 張道淵 101/102
各省案件稽壓請嚴定逾限處分疏 101/103
請嚴禁非刑疏 張緒楷 101/104
請勒限清理積案疏 馬相如 101/105
請辦理相驗章程疏 金應麟 101/106

論治獄 101/107
無訟論 張澍 101/109
地方初審 王德茂 101/109
審理尋常詞訟 鍾祥 101/110
緝捕審辦之法 101/112
聽訟宜慎說 101/116
審鞫重案 鍾祥 101/116
頒行各屬辦理命案條約 吳文鎔 101/116
通飭清理獄訟札 丁日昌 101/118
直隸清訟事宜十條 曾國藩 101/119
清理詞訟 何士祁 101/124
勸息訟說 武穆淳 101/125
羈所宜改活板說 沈葆楨 101/127
安頓軍流徒犯 王德茂 101/128
暫繫平民受害最酷議 湯用中 101/128
書三案始末論 包世臣 101/130
書某氏婦 101/132
建昌府詳檢訊周國富命案批 吳文鎔 101/134
放告收呈 王鳳生 101/138
訪案 101/138
編審 101/139
獄囚 鄭觀應 101/139
犯人 杞憂生 101/141
棲流 101/142
禁販奴 彭玉麟 101/142
提牢瑣記 濮文暹 101/143
罰贖 鄭觀應 101/146
宋洗冤集錄跋 洪頤煊 101/148
書楊侍御奏請裁撤待質公所摺後 101/149
議覆理訟章程書 劉衡 101/150
慎刑七條疏 龔鼎孳 110/214
直隸清訟事宜十條 曾國藩 110/229
與王成齋太守論自新所書 張誠 110/234
清理庶獄五條疏 衛周祚 110/234
請停部駁以省繁擾疏 高爾修 110/235
嚴批駁以清積案 110/236
清獄省刑疏 周清原 110/236
請禁原官會審覆審疏 吳綬紹 110/238
論人命 李漁 110/238
論盜案 110/242
論姦情 110/243
論刑具 110/244
論命案 110/246
山東臬司條議四 宋犖 110/247
審明丁燦庭等兩次京控疏 林則徐 110/249
清理積案以甦民困疏 丁日昌 110/253
設法清理監押人犯並勒限查辦疏 文煜、丁日昌 110/254
奏為重案未協有關治本民心疏 張之洞 110/255
建設候質公所擬請按提經費疏 畢道遠、周家楣 110/258
慎刑七條疏 龔鼎孳 121/337
山東臬司條議四事 宋犖 121/339
省刑 唐甄 121/341

請禁原官會審覆審疏 吳綬紹 121/342
請刑獄慎初招疏 朱裴 121/343
飭巡道清查州縣詞訟檄 陳宏謀 121/345
請飭巡道清查訟案疏 陳宏謀 121/346
論命案 汪輝祖 121/347
清獄省刑疏 周清原 121/349
論盜案 汪輝祖 121/350
慎獄芻言 李漁 121/352
論刑具 李漁 121/362
審明丁燦庭等兩次京控疏 林則徐 121/365
直隸清訟事宜十條 曾國藩 121/370
請勒限清理積案疏 125/246
請辦理相驗章程疏 125/246
請嚴禁非刑疏 125/247
論治獄 125/248
聽訟宜慎說 125/249
審明第一批人犯分別定擬疏 曾國藩 132/457
審明丁燦庭等兩次京控疏 林則徐 136/233
請飭永革陋習以重命案疏 鄧慶麟 136/237
清理積案以甦民困疏 丁日昌 136/237
設法清理監押人犯並勒限查辦疏 文煜、丁日昌 136/238
請勒限清理積案疏 馬相如 136/240
監候待質人犯據供先結以清庶獄疏 張道淵 136/241
各省案件稽壓請嚴定逾限處分疏 刑部 136/241
京控案件勒限清釐疏 劉長佑 136/242
清釐命盜案件疏 劉長佑 136/243
清釐京控案件並將提解逾限各員清議處疏 李星沅 136/244
清釐京控案件疏 裕德 136/244
為杜訟棍株連苦累小民摺 卞寶第 136/245
請整頓奉天三省監斃人犯積弊疏 潘慶瀾 136/246
遵旨查覆東鄉一案疏 136/247
條陳辦案積弊疏 陳彝 136/249
請清釐刑獄疏 徐克剛 136/250
建設候質公所擬請按提經費疏 畢道遠、周家楣 136/251
覆奏楊福臻奏請裁除待質公所疏 松溎 136/252
請嚴禁匪刑疏 張緒楷 136/255
請辦理相驗章程疏 金應麟 136/255

八、工政 土木

因災請緩興作疏 周曾發 010/185
陳採木三弊疏 姚文然 010/185
請免採柂木狀 闕名 010/188
條陳採運川木疏 王鷺 010/188
疏通舊路檄 盧崇峻 010/190
上張撫軍論修棧道書 喬光烈 010/191

京口建浮橋議 汪中 010/192
靈川縣甘棠渡浮橋碑記
陳元龍 010/192
重修阜林昌文橋碑記
周拱辰 010/194
再勘亭口橋堤啟 喬光烈 010/195
浮橋說 張琛 033/157
和濟橋記 馬國翰 033/159
修沙市石駁岸碑記
楊于果 033/161
向士鴻募金修路題辭
楊于果 033/167
重修萬春堤記 葉世倬 033/169
脩懋功屯路記 強望泰 033/173
江岸坍塌謹陳籌堵情形疏
沈葆楨 045/119
造船開工日期併船廠情形摺
沈葆楨 045/135
暹木到工船身告成並鐵廠教造起限情形疏 沈葆楨 045/143
籌置防箭以禦火患札
龐際雲 045/151
造船開工日期併船廠情形摺
沈葆楨 051/271
江岸坍塌謹陳籌堵情形疏
沈葆楨 051/274
暹木到工船身告成並鐵廠教造起限情形疏 沈葆楨 051/281
派營與修城工告竣疏
楊昌濬 051/287
捐建鐵橋夾片 岑毓英 051/289
會籌修築要工片 衛榮光 051/290
修理直晉各工完竣疏
張之洞 051/291
各省工程報銷改定簡易章程疏
077/381
工程積弊請核實酌給公費疏
寶廷 077/387
請借款生息修街便民疏
王兆琛 077/393
修治直晉路工完竣疏
張之洞 077/407
修路示 左輔 077/413
飭議挑除瓦礫章程札
丁日昌 077/415
京口義渡徵信錄序
方德驥 077/419
結筏順清河記 陳錦 077/423
工程積弊請核實酌給公費疏
寶廷 101/195
各省工程報銷改定簡易章程疏
工部 101/197
修治直晉路工完竣疏
張之洞 101/198
疏通舊路檄 盧崇俊 120/493
上張撫軍論修棧道書
喬光烈 120/494
重修阜林昌文橋碑記
周拱辰 120/506
京口建浮橋議 汪中 120/506
陳採木三弊疏 姚文然 121/383
工程積弊請核實酌給公費疏
寶廷 125/251
各省工程報銷改定簡易章程疏
工部 125/252
造船開工日期併船廠情形摺

沈葆楨 132/157
江岸坍塌謹陳籌堵情形疏
沈葆楨 132/159
運木到工船身告成並鐵廠教造起限情形疏 沈葆楨 132/163
各省工程報銷改定簡易章程疏
工部 136/257
工程積弊請核實酌給公費疏
寶廷 136/258
請借款生息修街便民疏
王兆琛 136/259
派營興修城工告竣疏
楊昌濬 136/263
修治直晉路工完竣疏
張之洞 136/264
捐建鐵橋夾片 岑毓英 136/265
會籌修築要工片 衛榮光 136/266
籌款酌修文武衙署疏
劉長佑 136/267
請責令賠修溝洫疏
方汝紹 136/268

八、工政 河防

治河說 徐原一(乾學) 003/231
導河書 陳和叔(桂森) 003/234
答孫屺瞻侍郎書
湯孔伯(斌) 003/243
河工議 王北山(日高) 003/248
治河要語 丁蓴亭(愷曾) 003/252
石工說 嵇松友(曾筠) 003/282
河防述言 張留埜(靄生) 003/289
黃河考一 汪武曹(份) 003/345
黃河考二 汪武曹(份) 003/367
黃河考三 汪武曹(份) 003/395
黃河考四 汪武曹(份) 003/463
全河備考 葉方恒 010/203
論賈讓治河奏 靳輔 010/210
論賈魯治河 靳輔 010/212
賈讓治河論 夏駰 010/212
賈讓治河論二 夏駰 010/214
禹貢錐指論河 胡渭 010/216
請開減河入大清河疏
孫嘉淦 010/225
禹廝二渠考 孫星衍 010/228
治河論 裘曰修 010/233
治河策上 裘曰修 010/235
治河策下 裘曰修 010/237
治淮論 裘曰修 010/239
治河淮策 魯之裕 010/240
治河說 徐乾學 010/242
淮水考 郭起元 010/243
治河策上 朱澤澐 010/245
治河策下 朱澤澐 010/248
籌蘭陽三堡改堤開河疏
阿桂 010/250
籌改河善後事宜疏 阿桂 010/252
擬改河由六塘河歸海疏
戴均元 010/254
勘辦海口淤沙情形疏
吳璥 010/256
海口無庸改由二套疏
李世傑 010/258
論黃河不宜改道書
陳文述 010/260
黃河南趨議上鐵制軍
劉台斗 010/262

籌挽河歸海情形疏 徐端 010/264
請改河避淤掣溜疏 張井 010/266
安東改河議 張井 010/269
河防述言 張靄生 010/275
防河事宜疏 靳輔 010/296
治河要論 靳輔 010/301
治河餘論 靳輔 010/309
治淮黃通海口疏 慕天顔 010/323
議覆緩挑引河疏 稽曾筠 010/326
請開青龍岡引河摺 稽曾筠 010/328
查辦豫省泉源河道疏 李宏 010/328
河淮全勢疏 晏斯盛 010/330
開清口濬下河疏 都隆額 010/333
通籌湖河情形疏 吳璥 010/335
部議運河徒挑無益疏 慶桂 010/336
覆奏黃河治淤情形疏 吳璥 010/337
勘海口籌全河疏 百齡 010/339
論河工與諸大臣書 百齡 010/343
極陳借黃濟運之弊疏 百齡 010/346
治黃治清四條疏 百齡 010/348
請防要工固湖堤疏 莫瞻菉 010/352
議海口建長堤狀 黎世序 010/352
查勘海口束刷通暢疏 百齡 010/356
籌河工全局利病疏 陳世倌 010/361
建虎山腰減壩疏 黎世序 010/366
黃河北岸減壩疏 黎世序 010/369
議覆減壩堰工疏 010/371
籌疏治河身事宜疏 張井 010/374
豫境河道難建減水壩疏 阿桂 010/376
河防說 莊亨陽 010/378
論黃淮要領 張鵬翮 010/380
論治清口一 張鵬翮 010/381
論治清口二 張鵬翮 010/382
論塞六壩 張鵬翮 010/384
論歸仁堤 張鵬翮 010/385
籌全河治清口疏 鐵保 010/386
固高堰守五壩疏 莫瞻菉 010/388
請辦高堰碎石坦坡疏 吳璥 010/390
請辦高堰碎石坦坡疏 徐寅亮 010/391
清口大挑無益疏 吳璥 010/393
高堰另建五壩說 陳文述 010/394
河口築堤設牐說 陳文述 010/396
宿遷駱馬湖壩說 張伯行 010/397
治河要語 丁愷曾 010/401
治河雜論 張伯行 010/415
治河工程 靳輔 010/417
論治河優劣 包世臣 010/431
論逢灣取直 張鵬翮 010/432
對壩逼溜說 包世臣 010/434
說壩 包世臣 010/435
急溺瑣言 魯之裕 010/436
陳碎石有益無弊疏 吳璥 010/439
覆奏碎石坦坡情形疏 黎世序 010/441
黃河兩岸難修石工疏

八、工政 河防

張鵬翮 010/445
辨爬沙船轉水墩之誤 包世臣 010/445
呂宋疏濬海口法 謝占壬 010/447
放淤事宜七則 陳宏謀 010/448
治河挑淺議 徐旭旦 010/451
河復故道須在冬令疏 吳璥 010/452
緩堵郭工借清刷淤疏 戴均元 010/454
河防志略 張鵬翮 010/457
敬陳治河條例疏 張鵬翮 010/459
合龍閉氣說 嵇曾筠 010/461
石工說 嵇曾筠 010/462
覆奏河工諸弊疏 黎世序 010/464
請工料照時價實銷疏 戴均元 010/466
嚴核河工經費疏 010/467
派民種柳有損無益疏 吳璥 010/468
清理葦蕩以濟工需疏 百齡 010/470
議州縣河員分辦工料疏 田文鏡 010/473
嚴釐河工積弊檄 賈漢復 010/474
河工夫食料價議 紀元 010/475
復張觀察論工料書 呂星垣 010/477
河源圖說 吳省蘭 010/478
請修河渠志狀 陸燿 010/483
防河保運議 010/510
治河蠡測 陳儀 011/129
直隸河道工程事宜疏 裘曰修 011/133
總陳水患情形疏 程含章 011/135
擇要疏河以紓急患疏 程含章 011/138
永定河要工疏 顧琮 011/141
永定河工疏 高斌 011/142
治永定河說 陳宏謀 011/145
與顧用方論治渾河事宜 方苞 011/149
漳河源流考 賀應旌 011/151
漳河分流疏 李光地 011/153
論漳河不宜築堤書 程含章 011/154
治淮上游論 吳其濬 011/340
漢武塞河論 劉紹攽 033/255
治河 李因篤 033/381
河志自序 曹玉珂 033/515
濟為禹釃二渠之一說上 羅汝懷 045/155
濟為禹釃二渠之一說下 羅汝懷 045/159
改河北流議 李祖陶 045/163
覆奏黃運兩河情形疏 李鴻章 045/169
靳文襄公治河事狀 李祖陶 045/185
請築河堤疏 胡家玉 045/235
奏請以工代賑疏 劉長佑 045/239
河防說 趙廷愷 045/243
搶廂黃河摺 張樹聲 045/247
河防補說 趙廷愷 045/253
河防利弊說 趙廷愷 045/261
治河 李因篤 045/267

河志自序　曹玉珂　045/285
漢武塞河論　劉紹攽　045/289
察看黃河酌議辦法摺　游百川　045/343
核辦永定河工程款項疏　曾國藩　045/353
復郭雨三書　曾國藩　045/359
檳榔江考　黃楙材　050/284
查驗豫東各廳垛完竣疏　林則徐　051/297
栗恭勤公傳　梅曾亮　051/299
送陳伯淵赴官東河序　王拯　051/301
改河道議　馮桂芬　051/302
河防芻議　劉成忠　051/304
治黃運兩河議　柳應墀　051/321
黃淮分合管議　丁顯　051/324
黃河復由雲梯關入海說略　丁顯　051/328
一邊出土節略　丁顯　051/331
奏請以工代賑疏　劉長佑　051/337
請築河堤疏　胡家玉　051/338
復郭雨三書　曾國藩　051/340
覆奏黃運兩河情形疏　李鴻章　051/341
瀝陳黃水情形疏　李宗羲　051/348
黃水下注遵旨豫籌防範疏　李宗羲　051/351
查勘應修黃河南岸長堤及設官修守疏　曾國荃　051/355
飭員測繪現在河圖疏　梅啟照　051/358
請飭籌撥河工需用銀兩疏　游百川、陳士杰　051/359
馬頰河不宜開挖分流緣由會同覆奏疏　李鴻章　051/363
河工重要亟應妥籌長策疏　游百川　051/368
請飭籌辦民埝片　延煦　051/371
遵旨籌辦河防據實直陳疏　陳士杰　051/372
辦理趙莊溞溝兩口情形疏　陳士杰　051/377
上游決口一律堵塞及籌辦下游情形疏　陳士杰　051/378
奏報徒駭河堤埝一律修築片　陳士杰　051/379
查勘山東黃河並酌擬辦法疏　張曜　051/385
查勘黃河舊道謹擬酌辦情形疏　張曜　051/388
興辦河工委派司道將弁各專責成疏　張曜　051/390
查勘江北舊黃河情形疏　曾國荃、盧士杰　051/392
遵旨會勘乾河上游情形覆陳疏　成孚　051/395
遵旨籌議分流南河故道情形疏　張曜　051/398
查明黃河經過各屬地方疏　倪文蔚　051/402
黃河南決請速籌堵塞並設法補救疏　翁同龢、潘祖蔭　051/404
會奏遵旨體察開濬下河情形疏　曾國荃、盧士杰　051/406
遵旨迅籌濬河培壩工程疏

八、工政 河防

張曜 051/408
遵旨妥籌應挑洪湖引河地勢情形疏 曾國荃、盧士杰 051/410
議購外洋鐵路土車等片 倪文蔚 051/412
治河議上 童寶善 051/413
治河議下 童寶善 051/417
核辦永定河工程款項疏 曾國藩 052/003
覆陳直隸河道地勢情形疏 李鴻章 052/006
挑闢直境各河剋期工竣疏 李鴻章 052/011
奏陳永定河工村民交土流弊疏 徐樹銘 052/015
查勘獻縣河務並擬辦工程疏 徐樹銘 052/018
遵查獻縣河工實在情形疏 李鴻章 052/020
奏為籌款修辦要工疏 李鴻章 052/024
導淮捷議 丁顯 052/066
導淮補議 丁顯 052/073
導淮別議 丁顯 052/076
籌辦襄河堤工疏 林則徐 052/096
九河既道解 汪士鐸 077/429
與葉耘圃論九河書 吳蘭修 077/435
濟為禹釃二渠之一說上 羅汝懷 077/439
濟為禹釃二渠之一說下 羅汝懷 077/443
漢武塞河復禹故跡考 畢亨 077/447
河工則例 凌江 077/453
河工料宜 凌江 077/457
河工椿埽 凌江 077/459
河工例銷流弊說 趙廷愷 077/463
黃河海口日遠運口日高圖說 阮元 077/469
治黃運兩河議 柳應墀 077/473
籌河篇上 魏源 077/479
籌河篇中 魏源 077/485
籌河篇下 魏源 077/497
軍儲篇二 魏源 077/507
治河論上 胡發琅 077/515
治河論下 胡發琅 077/519
河防芻議 劉成忠 077/529
會奏黃河節年淤墊竭力籌防疏 琦善 078/003
籌議侍郎朱士彥條陳河工事宜疏 嚴烺 078/007
湖堤石工議築碎石坦坡通籌利弊疏 嚴烺 078/019
熟籌河工久遠大局疏 張井 078/027
詳究黃河病原力求治法疏 嚴烺 078/035
代楊給事上防河疏 包世臣 078/049
漆室答問 包世臣 078/053
宣南答問 包世臣 078/063
小倦游閣雜說一 包世臣 078/071
上陶宮保論于家灣決口書 包世臣 078/085
答蕭梅江書 包世臣 078/091

覆楊至堂河帥論堵口定壩基書 包世臣 078/097
南河揚工漫口宜因勢利導疏 雷以誠 078/105
黃河北徙議 丁晏 078/115
淮安河道遷徙利害議 丁晏 078/119
覆奏嚴查河工積弊疏 嚴烺 078/125
議覆馬營挑壩緊要碎石並無流弊疏 嚴烺 078/133
查覆東河碎石工程情形疏 林則徐 078/139
河防要務宜籌畫周備疏 陳慶鏞 078/147
栗恭勤公傳 梅曾亮 078/151
埽工記 蔣湘南 078/155
黑岡觀埽工記 蔣湘南 078/159
代河南紳士請免遷徙略 鄒鳴鶴 078/161
城工善後管見 鄒鳴鶴 078/167
中牟堵口管見 鄒鳴鶴 078/175
籌河論上 宗源瀚 078/181
汴省擬設河圖局片 吳大瀓 078/191
查革河南河工積弊並擬改章設局疏 許振禕 078/193
覆陳體察豫東河工情形疏 任道鎔 078/205
黃河南北流利害說 金安清 078/217
治河議上 童寶善 078/225
治河議下 童寶善 078/235
籌河論中 宗源瀚 078/241
河流北徙宜因勢利導疏 胡家玉 078/265
遵議黃運兩河情形疏 喬松年 078/269
請挽復淮徐故道疏 丁寶楨 078/277
籌議黃運兩河情形疏 李鴻章 078/289
瀝陳黃水情形請飭會議疏 李宗羲 078/305
察看黃河酌議辦法疏 游百川 078/311
治河宜杜流弊倣成規疏 吳峋 078/321
議覆馬頰河不宜開挖分流疏 李鴻章 078/329
河患非開河減水別無良圖疏 游百川 078/337
查勘黃河入海情形擬減水分流疏 張曜 078/345
查勘黃河舊道情形酌擬辦法疏 張曜 078/353
籌挽黃河分流故道疏 延茂 078/359
東省河工宜兼用分流故道初議疏 游百川 078/363
覆陳黃河分流諸多窒礙疏 成孚 078/367
查勘江北舊黃河情形疏 曾國荃 078/375
籌議黃河分流故道疏 張曜 078/381

八、工政 河防

議覆黃河分流事宜疏 078/387
請籌堵鄭州決口並設法補救疏 翁同龢 078/393
淮黃合流亟修守舊工別籌分洩疏 曾國藩 078/399
張秋軍次答翁叔平同年治河書 陳錦 078/405
答夏子松鍾在兩太史問治河書 陳錦 078/413
復張友山漕帥論黃運事宜書 曾國藩 078/419
致李伯相論黃河挽復故道書 馮桂芬 078/425
導淮正議 金安清 079/001
導淮別議 金安清 079/011
黃河北徙宜復淮水故道論 丁顯 079/021
導淮捷議 丁顯 079/051
導淮補議 丁顯 079/065
淮河一邊出土說 丁顯 079/073
金氏導淮別議辨 丁顯 079/077
修六塘河分洩沂泗辨 丁顯 079/087
導淮辨 趙秉節 079/093
籌河論下 宗源瀚 079/101
查勘河湖情形酌擬導淮辦法疏 劉坤一 079/121
會勘引淮入海河道擬分別辦理疏 楊昌濬 079/131
畿輔河渠議 魏源 079/143
五大河總說 崔迺翬 079/151
直隸水道管見書後 吳邦慶 079/153
永定河堤壩議 金安清 079/169
直隸河道大概情形疏 顏檢 079/173
覆陳直隸河道地勢情形疏 李鴻章 079/185
籌辦薊運河及北運兩減河要工疏 李鴻章 079/207
豫籌永定河患疏 石贊清 079/215
核辦永定河工程款項疏 曾國藩 079/221
籌辦永定河工片 曾國藩 079/227
滹沱河改道北流亟應設法修治疏 曾國藩 079/231
請籌辦滹沱河道疏 劉恩溥 079/241
覆陳籌濬滹沱河道疏 李鴻章 079/245
查勘獻縣河務並擬辦工程疏 徐樹銘 079/249
遵查獻縣河工實在情形疏 李鴻章 079/255
爭堵漳河決口書 包世臣 079/265
上李伯相論畿南水患書 王炳燮 079/277
上李伯相論舊運河修防書 王炳燮 079/281
與吳清卿論治永定河書 王炳燮 079/285
答吳六符問東明事宜 徐志導 079/287
籌辦襄河堤工疏 林則徐 080/243
治河 鄭觀應 083/321
論修河 083/324

治河上 陳虬 083/325
治河中 083/327
治河下 083/328
論修河 (英)李提摩太 085/255
論修河 (英)李提摩太 090/205
東河宜速堵說 金安清 101/250
黃河北岸改海口節略 金安清 101/252
改河道議 101/252
治河論上 胡發琅 101/254
治河論下 胡發琅 101/255
治河議上 童寶善 101/257
治河議下 童寶善 101/260
河防要務宜籌畫周備疏 陳慶鏞 101/267
代楊給事上防河疏 包世臣 101/268
籌議侍郎朱士彥條陳河工事宜疏 嚴烺 101/269
熟籌河工久遠大局疏 張井 101/272
會奏黃河節年淤墊竭力籌防疏 琦善 101/274
詳究黃河病原力求治法疏 嚴烺 101/275
籌議黃河分流故道疏 張曜 101/279
會勘引淮入海河道擬分別辦理疏 楊昌濬 101/281
籌辦襄河堤工疏 林則徐 101/283
議覆馬頰河不宜開挖分流疏 李鴻章 101/284
覆陳體察豫東河工情形疏 任道鎔 101/286
查革河南河工積弊並擬改章設局疏 許振禕 101/288
議覆馬營挑壩緊要碎石並無流弊疏 嚴烺 101/291
河南揚工漫口宜因勢利導疏 雷以諴 101/293
覆奏嚴查河工積弊疏 嚴烺 101/296
治河宜杜流弊倣成規疏 吳岣 101/297
河患非開河減水別無良圖疏 游百川 101/299
黃河北徙宜復淮水故道論 丁顯 101/301
黃河北徙議 丁晏 101/310
黃河南北流利害說 金安清 101/312
淮安河道遷徙利害議 丁宴 101/314
治黃運兩河議 劉應墀 101/315
導淮正議 金安清 101/317
導淮別議 金安清 101/320
導淮捷議 丁顯 101/323
導淮補議 101/327
修六塘河分洩沂泗辨 丁顯 101/329
河工例銷流弊說 趙廷愷 101/331
察看黃河酌議辦法 游百川 101/333
九河既道解 汪士鐸 101/335
籌河篇上 魏源 101/337
籌河篇中 魏源 101/338

八、工政 河防

八、工政 河防

籌河篇下 魏源 101/341
籌河論上 宗源瀚 101/344
籌河論中 宗源瀚 101/346
籌河論下 宗源瀚 101/351
河工料宜 凌江 101/359
河工椿埽 凌江 101/360
河工則例 凌江 101/361
塼工記 蔣湘南 101/362
河防芻議 劉成忠 101/363
直隸河道大概情形疏 顏檢 101/377
覆陳直隸河道地勢情形疏 李鴻章 101/380
查勘獻縣河務並擬辦工程疏 徐樹銘 101/383
請籌辦滹沱河道疏 劉恩溥 101/385
覆陳籌濬滹沱河道疏 李鴻章 101/385
滹沱河改道北流亟應設法修治疏 曾國藩 101/386
畿輔河渠議 魏源 101/389
五大河總說 崔迺翬 101/391
永定河堤壩議 金安清 101/392
檳榔江考 黃楙材 108/124
導淮捷議 108/141
導淮補議 丁顯 108/144
導淮別議 丁顯 108/146
論賈魯治河 靳輔 108/278
全河備考 葉方恒 108/281
論賈讓治河奏 靳輔 108/286
禹貢錐指論河 108/287
治河論 裘曰修 108/293
黃河南趨議上鐵制軍 劉台斗 108/294
安東改河議 張井 108/296
河防述言(河性第一) 張靄生 108/298
河防述言(審勢第二) 張靄生 108/299
河防述言(估計第三) 張靄生 108/300
河防述言(任人第四) 張靄生 108/301
河防述言(源流第五) 張靄生 108/302
河防述言(堤防第六) 張靄生 108/303
河防述言(疏濬第七) 張靄生 108/304
河防述言(工料第八) 張靄生 108/306
河防述言(因革第九) 張靄生 108/307
河防述言(善守第十) 張靄生 108/308
河防述言(雜誌第十一) 張靄生 108/309
河防述言(辨惑第十二) 張靄生 108/311
治河要論 靳輔 108/313
治淮黃通海口疏 慕天顏 108/318
查辦豫省泉源河道疏 李宏 108/320
覆奏黃河治淤情形疏 吳璥 108/322

八、工政 河防

八、工政 河防

奏為籌款修辦要工疏 李鴻章 108/429
全河備考 葉方恆 121/387
嚴釐河工積弊檄 賈漢復 121/393
治河論 裘曰修 121/394
治河策上 裘曰修 121/396
治河策下 裘曰修 121/398
論賈讓治河奏 靳輔 121/399
論賈魯治河 靳輔 121/401
防河事宜疏 靳輔 121/402
治河要論 靳輔 121/406
治河餘論 靳輔 121/414
黃河兩岸難修石工疏 張鵬翮 121/421
論黃淮要領 張鵬翮 121/422
石工說 嵇曾筠 121/423
籌蘭陽三堡改堤開河疏 阿桂 121/427
籌改河善後事宜疏 阿桂 121/428
河工夫食料價議 紀元 121/430
復張觀察論工料書 呂星垣 121/431
賈讓治河論 夏駰 121/433
賈讓治河論二 夏駰 121/434
河防述言 張靄生 121/436
籌全河治清口疏 鐵保 121/454
固高堰守二壩疏 莫瞻菉 121/457
請辦高堰碎石坦坡疏 吴璥 121/458
勘海口籌全河疏 百齡 121/461
治黃治清四條疏 百齡 121/464
建虎山腰減壩疏 黎世序 121/469
黃河北岸減壩疏 黎世序 121/472
請改河避淤掣溜疏 張井 121/473
答吳六符問東明事宜 徐志導 121/476
治河要語 丁愷曾 121/477
高堰另建五壩說 陳文述 121/489
河口築堤設牐說 陳文述 121/491
論治河優劣 包世臣 121/492
對壩逼溜說 包世臣 121/493
說壩 包世臣 121/494
復郭雨三書 曾國藩 121/497
請築河堤疏 胡家玉 121/498
瀝陳黃水情形疏 李宗羲 121/499
治河議上 童竇善 121/501
治河議下 童竇善 121/504
治河挑淺議 徐旭旦 121/506
河源圖說一 吳省蘭 121/507
河源圖說二 吳省蘭 121/508
河源圖說三 吳省蘭 121/508
河源圖說四 吳省蘭 121/509
治淮論 裘曰修 121/513
治河淮策 魯之裕 121/514
擬復淮水故道章程 丁顯 121/515
導淮捷議 丁顯 121/519
導淮補議 丁顯 121/524
導淮別議 丁顯 121/526
請開減河入大清河疏 孫嘉淦 122/025
禹廝二渠考 孫星衍 122/036
部議運河徒挑無益疏 慶桂 122/040
籌辦永定河工片 曾國藩 122/048
滹沱河改道北流亟應設法修治疏 曾國藩 122/051

籌辦薊運河及北運兩減河要工疏 李鴻章 122/062
治河蠡測 陳儀 122/110
擇要疏河以紓急患疏 程含章 122/113
漳河分流疏 122/116
直隷水道管見書後 吳邦慶 122/117
爭堵漳河決口書 包世臣 122/160
畿輔河渠議 魏源 122/163
挑闢直境各河尅期工竣疏 李鴻章 122/168
奏陳永定河工村民交土流弊疏 徐樹銘 122/170
河防要務宜籌畫周備疏 陳鏞 125/333
熟籌河工久遠大局疏 張井 125/334
治河宜杜流獘倣成規疏 125/336
五大河總說 崔迺翬 125/337
論中國當亟求禦水之法 125/338
續錄治新清河芻言 125/339
再論河務 125/341
河務將有轉機說 125/342
論濬河宜速 125/343
機船濬河議 125/344
水患巵言 125/346
治河續說 125/347
大利 湯蟄仙 126/377
分河 湯蟄仙 126/379
東河 湯蟄仙 126/382
河防 陳次亮 126/395
論西伯利亞水利 126/397
海口 陳次亮 126/401
漕督陳奏請變通河工事宜摺 128/253
會奏黃河節年淤墊竭力籌防疏 琦善 136/271
籌議侍郎朱士彥條陳河工事宜疏 嚴烺 136/272
湖堤石工議築碎石坦坡通籌利弊疏 嚴烺 136/275
熱籌河工久遠大局疏 張井 136/277
詳究黃河病原力求治法疏 嚴烺 136/279
代楊給事上防河疏 包世臣 136/282
南河揚工漫口宜因勢利導疏 雷以諴 136/283
附奏覆陳查訪南河情形片 李星沅 136/286
查辦六塘河堤事宜疏 李星沅 136/287
附奏請裁河工浮費片 李星沅 136/287
覆奏嚴查河工積弊疏 嚴烺 136/288
議覆馬營挑壩緊要碎石並無流弊疏 嚴烺 136/289
查覆東河碎石工程情形疏 林則徐 136/291
河防要務宜籌畫周備疏 陳慶鏞 136/292
查革河南河工積弊並擬改章設局疏 許振禕 136/293

八、工政 河防

八、工政 河防

查驗豫東各廳埽完竣疏 林則徐 136/296
覆陳體察豫東河工情形疏 任道鎔 136/298
查勘應修黄河南岸長堤及設官修守疏 曾國荃 136/299
飭員測繪現在河圖疏 梅啟照 136/301
河流北徙宜因勢利導疏 胡家玉 136/302
河工重要亟應妥籌長策疏 游百川 136/303
遵議黄運兩河情形疏 喬松年 136/305
請挽復淮徐故道疏 丁寶楨 136/306
籌議黄運兩河情形疏 李鴻章 136/309
瀝陳黄水情形請飭會議疏 李宗羲 136/313
黄水下注遵旨豫籌防範疏 李宗羲 136/315
黄水漫注東境通盤籌畫疏 丁寶楨 136/317
察看黄河酌議辦法疏 游百川 136/320
議覆馬頰河不宜開挖分流疏 李鴻章 136/322
治河宜杜流弊倣成規疏 吳峋 136/324
治河除獘疏 毓賢 136/326
遵旨籌辦河防據實直陳疏 陳士杰 136/327
辦理趙莊潘溝兩口情形疏 陳士杰 136/331
上游決口一律堵塞及籌辦下游情形疏 陳士杰 136/331
查明黄河經過各屬地方疏 倪文蔚 136/332
查勘黄河入海情形擬減水分流疏 張曜 136/333
查勘黄河舊道情形酌擬辦法疏 張曜 136/335
籌挽黄河分流故道疏 延茂 136/336
東省河工宜兼用分流故道初議疏 游百川 136/337
覆陳黄河分流諸多窒礙疏 成孚 136/338
遵旨籌議分流南河故道陳明實在情形疏 張曜 136/340
籌辦永定河工片 曾國藩 136/341
部議運河徒挑無益疏 慶桂 136/342
議覆黄河分流事宜疏 王大臣 136/343
山東河工宜責成河道總督經理疏 胡景桂 136/344
勘籌山東黄河會議大治辦法疏 李鴻章 136/345
籌議山東河工救急治標辦法疏 李鴻章 136/353
察看山東黄河工程不宜西法疏 張汝梅 136/354
代陳盧法爾擬辦河新法片 李鴻章 136/355

徐樹銘 136/415
遵查獻縣河工實在情形疏 李鴻章 136/416
黃河日漸北趨連築長堤疏 劉長佑 136/418
借款搶修金堤疏 劉長佑 136/419
籌辦襄河堤工疏 林則徐 136/489
妥陳永定河辦法摺 裕祿 142/523
河防新法議 張謇 142/532
禀復黃河勘工情形 盧法爾 142/534
與美總領事論開濬黃埔事宜 袁爽秋 142/552
蘇彝士河原始 格致益聞 142/558
巴納馬河工程 譯美國學問報 142/561
書許河帥奏摺後 王韜 146/253
開支河以紓河患論 賈復 146/253
小清河客述 闕名 146/254
北直治河說 何鏞 146/255
治河續談 何鏞 146/256
許河督奏疏 許振禕 146/262
節錄許河帥奏永定河稿 許振禕 146/265
河工近論 王韜 146/266
節錄續桃小清河奏摺 許振禕 146/268
治河探源說 王韜 146/268
論法人擬攬河工事 王韜 146/270
署河督容道鎔奏體察河南山東河工情形摺 李鴻章 146/272
維口至鹽窩沿河情形 146/275
鹽窩至海口尾閭情形 146/278
酌量應辦治河事宜 146/280
現時應辦救急事宜 146/284
奏黃河治標摺 張汝梅 146/286
秦子丹司馬治河條議 秦子丹 146/288
李鴻章任道鎔張汝梅會奏大治黃河摺 彙奏稿 146/289
十條原稿 146/293
西人治河節略 王韜 146/301
御史宋伯魯奏山東黃河積弊疏 宋伯魯 146/302
論黃河決口事 何鏞 146/304
論中國開濬河道宜用泰西機器 何鏞 146/306

八、工政　運河

覆奏江南運河情形疏 蘭第錫 010/487
練湖考 盛符升 010/489
請修練湖閘堤啟 黎世序 010/491
練湖善後章程啟 黎世序 010/494
漕船由丹徒閘出江疏 陶澍 010/497
論丹徒新河避淤濟運書 陶澍 010/498
丹徒横閘改建議 陸獻 010/499
書總河齊公覆奏淮揚運河剳子箋 李紱 010/500
濬隋河故道通漕議 周篆 010/502
邳宿運河宜增二閘疏 阮元 010/507
塞運口說 張伯行 010/509
保運說 010/512

運河灣曲說 010/513
請濬泉渠狀 陸燿 010/513
請停設安山湖水櫃疏 岳濬 010/514
民田侵佔水櫃議 鄭元慶 010/515
論微湖蓄水過多書 黎世序 010/516
論引沁入衛之患 陸燿 010/522
運河源委 張伯行 010/524
運河總論 張伯行 010/525
袁口閘啟閉議 張伯行 010/527
戴村壩議 張伯行 010/527
由濟甯至汶河衛河記 朱澤澐 010/530
啟閉閘座說 蔡方炳 010/531
籌復漳河故道疏 白鍾山 010/531
勘議漳河故道疏 鄂爾泰 010/533
漳河無庸復故道疏 孫嘉淦 010/534
議復漳河洩漲疏 顧琮 010/536
漳衛合流說 朱雲錦 010/537
天津運河疏 陳宏謀 010/539
南運河修防條議 陳宏謀 010/542
南運河放淤記 陳宏謀 010/545
南運河西岸不宜堤說 陳宏謀 010/546
籌洩衛河漲水疏 岳濬 010/547
與當事論永定河書 陳宏謀 011/148
籌辦通漕要道摺 林則徐 045/293
籌辦河運事宜摺 曾國藩 045/303
搶獲險要工程摺 楊昌濬 045/309
淮黃濟運議 沈兆霖 051/423
汶衛濟運論 范本禮 051/425
籌辦通漕要道疏 林則徐 051/427
籌辦河運事宜疏 曾國藩 051/431
遵旨查勘北運河工擬請疏築疏 廣壽、賀壽慈 051/434
請飭疏濬山東減河疏 劉恩溥 051/436
遵旨查明四女寺哨馬營兩處減河牐口情形疏 陳士杰 051/441
照章估築攔河大壩疏 覺羅成孚 051/442
邳宿濟漕各工擇要趕辦疏 曾國荃、盧士杰 051/444
籌辦南運減河要工疏 李鴻章、張曜 051/446
運河 陳重威、范本禮 051/449
運道 陳重威、范本禮 051/450
南北兩路山水總敘 松筠 051/455
水利議 吳騏 051/459
興水利議 馮桂芬 051/478
直隸土性宜稻有水皆可成田議 林則徐 051/506
責成地方官興辦毋庸另設專官議 林則徐 051/518
問北方水利自元虞集後屢興屢廢果不可行歟抑行之未得其道歟 范本禮 051/537
請飭疏濬南運減河疏 劉恩溥 079/197
淮黃濟運議 沈兆霖 079/293
與友人論不宜引黃濟運書 陳文述 079/297
前因時論二十四 吳鋌 079/301

八、工政 運河

高堰建二堆議 陳文述 079/303
查勘堰盱石工籌議大概情形疏 嚴烺 079/307
停辦裹揚運河挑工疏 嚴烺 079/313
籌辦通漕要道疏 林則徐 079/321
查明運河水誌情形疏 曾國藩 079/331
議修揚屬運河東堤疏 沈葆楨 079/335
覆黎湛溪河帥書 陶澍 079/339
上淮軍統帥請疏通運河書 陳錦 079/341
會通河水道記 俞正燮 079/347
汶水濟運源流記 陳錦 079/359
北運河考略 朱其昂 079/367
板閘喻 俞正燮 079/371
查明百泉丹洹閘壩情形疏 嚴烺 079/373
請復設泉河通判疏 喬松年 079/381
察看衛河情形疏 琦善 079/385
籌辦運河工程疏 曾國藩 079/389
覆陳導衛濟運格礙情形疏 丁寶楨 079/395
借黃濟運貽害大河全局疏 沈葆楨 079/399
通惠河難以取水窖冰疏 宋晉 079/403
膠州新河考 柯培元 079/409
興水利議 096/432
籌辦運河工程疏 曾國藩 101/395
籌辦通漕要道疏 林則徐 101/396
察看衛河情形疏 琦善 101/399
議修揚屬運河東堤疏 沈葆楨 101/400
借黃濟運貽害大河全局疏 沈葆楨 101/401
查明運河水誌情形疏 曾國藩 101/402
淮黃濟運議 沈兆霖 101/403
黃運河利害議 金安清 101/404
山東運河用水櫃放淤議 金安清 101/407
高堰建二堆議 陳文述 101/407
論高堰 吳鋌 101/408
會通河水道記 俞正燮 101/409
北運河考略 朱其昂 101/412
直隸土性宜稻有水皆可成田議 林則徐 108/234
興水利議 馮桂芬 108/254
覆奏江南運河情形疏 108/399
運河源委 108/403
運河總論 張伯行 108/404
天津運河疏 陳宏謀 108/405
南運河修防條議 陳宏謀 108/407
淮黃濟運議 沈兆霖 108/411
汶衛濟運論 范本禮 108/412
籌辦通漕要道疏 林則徐 108/413
籌辦河運事宜疏 曾國藩 108/415
遵旨查勘北運河工擬請疏築疏 廣壽、賀壽慈 108/416
請飭疏濬山東減河疏 劉恩溥 108/417
籌辦河運事宜疏 曾國藩 118/415
運河總論 張伯行 122/011

戴村壩議 張伯行 122/012
籌復漳河故道疏 白鍾山 122/014
漳河無庸復故道疏 孫嘉淦 122/016
議覆漳河洩漲疏 顧琮 122/017
與當事論永定河書 陳宏謀 122/018
南運河西岸不宜堤說 陳宏謀 122/019
天津運河疏 陳宏謀 122/020
南運河修防條議 陳宏謀 122/023
運河灣曲說 122/028
論引沁入衛之患 陸燿 122/028
覆奏江南運河情形疏 蘭第錫 122/030
請修練湖閘堤啟 黎世序 122/032
論微湖蓄水過多書 黎世序 122/035
邳宿運河宜增二閘疏 阮元 122/037
丹徒横閘改建議 陸獻 122/039
停辦裹揚運河挑工疏 嚴烺 122/041
查明百泉丹洹閘壩情形疏 嚴烺 122/043
籌辦河運工程疏 曾國藩 122/049
請飭疏濬山東減河疏 劉恩溥 122/054
借黃濟運貽害大河全局疏 沈葆楨 122/057
北運河考略 朱其昂 122/058
請飭疏濬南運減河疏 劉恩溥 122/059
直隸土性宜稻有水皆可成田議 林則徐 122/133
責成地方官興辦毋庸另設專官議 林則徐 122/138
遵旨查勘北運河工擬請疏築疏 廣壽、賀壽慈 136/421
籌辦河運工程疏 曾國藩 136/422
察看衛河情形疏 琦善 136/423
疏濬運道疏 丁寶楨 136/424
估挑運河擇要辦理疏 丁寶楨 136/426
預籌來年漕運會勘挑河修堤疏 丁寶楨 136/428
請飭疏濬山東減河疏 劉恩溥 136/429
遵旨查明四女寺哨馬營兩處減河牐口情形疏 陳士杰 136/432
籌辦南運減河要工疏 李鴻章 136/433
會勘張秋築堤束水未敢遽行並濟運濬河情形疏 丁寶楨 136/435
覆陳導衛濟運格礙情形疏 丁寶楨 136/437
借黃濟運貽害大河全局疏 沈葆楨 136/438
查勘堰盱石工籌議大概情形疏 嚴烺 136/439
停辦裹揚運河挑工疏 嚴烺 136/441
籌辦通漕要道疏 林則徐 136/443
查明運河水誌情形疏 曾國藩 136/445
議修揚屬運河東堤疏

沈葆楨 136/446
查明百泉丹洹閘壩情形疏
嚴烺 136/447
照章估築攔河大壩疏
覺羅成孚 136/448
邳宿濟漕各工擇要趕辦疏
曾國荃 136/449
遵旨興辦沛縣寨子堰疏
李星沅 136/450
請將沛縣寨子堰工程歸東河廳員管理疏 李星沅 136/451
請復設泉河通判疏
喬松年 136/452
通惠河難以取水窖冰疏
宋晉 136/453
挖土機器於運河未甚相宜片
沈葆楨 136/454

八、工政 水利

量行溝洫之利 陳斌 006/321
井利說 王心敬 006/327
請水利責成佐貳疏
陳宏謀 006/340
論水利 顧炎武 011/003
論水利 胡渭 011/005
論溝洫 陸世儀 011/007
五省溝洫圖則四說
沈夢蘭 011/008
與李覺菴論圩田書 方苞 011/011
修水利 楊景仁 011/012
飭查江北水利檄 晏斯盛 011/015
復制府議農田水利書
晏斯盛 011/017
請通查興修水利狀
陳宏謀 011/019
請開溝洫疏 湯世昌 011/021
開豫省田溝路溝疏
胡寶瑔 011/022
覆奏興濬溝渠疏 方觀承 011/023
邑中水利論 011/024
論開河 陸世儀 011/026
溝洫事宜示 陳宏謀 011/027
水利條規十則 莊有恭 011/029
築堤事宜狀 馬逢臯 011/032
牛犁起土車運狀 陳宏謀 011/035
疏河築堤工程記 汪志伊 011/036
查禁茭蘆佔塞河道示
莊有恭 011/038
畿輔八府地圖記 陸隴其 011/043
直隸水道圖說 011/046
順天府水道圖說 011/047
直隸河圖說 蔡新 011/049
畿南河渠通論 011/049
畿東河渠通論 011/063
西北水利議 許承宣 011/071
畿輔治水策 王善橚 011/073
京東水利議 陳黃中 011/075
論北直水利書 藍鼎元 011/078
畿輔水利疏 徐越 011/079
敬陳水利救荒疏 柴潮生 011/081
覆黎河帥論北方水利書
程含章 011/086
查勘畿南水利情形疏
朱軾 011/088
畿南請設營田疏 朱軾 011/091
京東水利情形疏 朱軾 011/092

京西水利情形疏 朱軾 011/095
請定考核以專責成疏 朱軾 011/100
磁州計版開閘議 童華 011/101
營田四局工程序 011/102
天河二府積水狀 陳宏謀 011/104
覆奏酌辦水利疏 方觀承 011/105
邦畿水利集說總論 沈聯芳 011/109
邦畿水利事宜 沈聯芳 011/111
籌消水患疏 孫嘉淦 011/115
大陸澤圖說 王原祁 011/118
復唐河故道議 戈濤 011/119
鉅鹿堤防議 王鼐 011/120
疏各處古河故瀆議 陳儀 011/122
疏消文大二邑積水議 趙一清 011/123
後湖官地議 陳儀 011/124
江蘇水道圖說 011/159
濬渠塘以備旱潦疏 許承宣 011/160
敷奏江南水利疏 鄂爾泰 011/162
開秦淮通丹陽河議 程京萼 011/164
三吳水利贅言 錢泳 011/166
論水勢堈身 錢中諧 011/169
毗陵水利議 邵長蘅 011/171
論五堰 錢中諧 011/173
治河附論 張伯行 011/176
請廣淮北水利疏 顧琮 011/176
海州請築圩岸疏 胡蛟齡 011/178
覆奏淮海築圩情形疏 高斌 011/179
新開海州甲子河碑 唐仲冕 011/181
淮揚水利考序 許東 011/185
論治下河一 張鵬翮 011/185
論治下河二 張鵬翮 011/187
揚州水利論 011/189
運河上下游議 史奭 011/191
大挑運河疏 徐越 011/193
沿海閘河議 011/193
下河末議 徐旭旦 011/195
敬籌淮揚水患疏 王明德 011/196
籌湖河來源去路疏 高斌 011/198
籌上河歸江事宜疏 嵇璜 011/199
籌湖水歸江別開鹽河疏 嵇璜 011/201
籌疏堵下河來源疏 白鍾山 011/202
籌辦下河水利疏 高晉 011/204
廣湖水歸江諸路疏 劉統勳 011/206
覆奏湖河高下情形疏 高晉 011/207
洩湖入江議 葉機 011/208
重濬射陽湖議 王永吉 011/211
上總漕徐公開澗河書 馮景 011/215
答友人問治下河 閻若璩 011/217
答孫屺瞻開海口治下河 湯斌 011/218
翰林侍讀喬君墓志 潘耒 011/220
三吳水利略 徐旭旦 011/225
三江水利萃言自序 俞蘭臺 011/226

八、工政 水利

論太湖三江五堰 錢中諧 011/228
籌濬三江水利疏 王國寶 011/230
奏濬三江水利疏 莊有恭 011/231
疏河救荒議 慕天顔 011/233
再陳吳淞江應濬條議 張宸 011/234
議濬吳淞江書 張世友 011/236
論吳淞江 錢中諧 011/238
婁江水利考 沈德潛 011/241
上魏中丞議濬劉河書 張作楠 011/242
開白茆議 陶貞一 011/246
濬白茆記 蔣伊 011/247
開白茆議 王應奎 011/249
書昭文東鄉築壩濬河議 陶貞一 011/251
論去白茆舊壩說 吳卓信 011/252
去劉河七浦新閘議 沈起元 011/253
濬吳淞江建閘議 張宸 011/255
劉河建大閘記 黃與堅 011/259
開濬白茆修閘疏 慕天顔 011/260
上陳中丞吳淞閘善後議 曹一士 011/261
元和水利議 沈德潛 011/265
常熟水利說 陶貞一 011/269
滬城水利考 褚華 011/271
開肇嘉濱議 曹一士 011/273
陝西水道圖說 011/277
涇渠志論 王太岳 011/279
涇渠志後序 王太岳 011/282
修理鄭白渠石堤檄 陳宏謀 011/285
漢中修渠說 嚴如熤 011/286
漢中水利說 嚴如熤 011/288
寶雞縣惠民渠記 喬光烈 011/289
丹河難濬疏 史詒直 011/290
汾渭通船並募水手疏 鄂海 011/291
甘肅水道圖說 011/292
上汪稼門方伯論渠工書 周錫溥 011/294
上巡撫言渠務狀 王全臣 011/297
飭修渠道以廣水利檄 陳宏謀 011/303
惠農渠碑記 通智 011/305
茹公渠記 梁份 011/306
河南水道圖說 011/311
田渠說 朱雲錦 011/312
賈魯河說 朱雲錦 011/313
衢州知府楊公傳 楊椿 011/314
中州水利疏 碩色 011/317
鞏縣水利議 魯之裕 011/319
覆詳鞏縣水利狀 魯之裕 011/320
漳河天平閘故渠圖說 趙希璜 011/322
淮沁水利議 張伯行 011/323
山東水道圖說 011/325
再濬小清議 張鵬 011/327
濬膠河疏 陳世琯 011/331
禹城縣西鄉韓家砦小簡河溝記 韓錫胙 011/332
山西水道圖說 011/333
蒲州府復涑姚二渠記 胡天游 011/334
東湖記 儲方慶 011/335

安徽水道圖說 011/339
鳳臺縣溝洫志 李兆洛 011/341
懷遠水利志 李兆洛 011/342
復高太守詢六安州水利書 楊友敬 011/346
圩田圖記 韓夢周 011/348
開黑河議 韓夢周 011/349
書焦岡湖考後 李兆洛 011/352
新修皇興圩堤碑記 李本樟 011/353
江西水道圖說 011/354
江西水道考 011/355
重修豫章溝議 張九鉞 011/361
重修李渠記 李芳春 011/364
新城縣重修蛇師陂記 孔鼎 011/365
黃源陂分水碑 高擢 011/366
浙江水道圖說 011/367
兩浙水利詳考 011/368
杭嘉湖三府水道總說 011/375
詳陳浙江水利情形疏 黄叔琳 011/377
上塘河工議 陳芳生 011/380
論平湖虹橋蝘書 吳騫 011/382
西湖去葑詳文 王鈞 011/383
紹興三江閘考 韓振 011/384
湖州碧浪湖各溇瀆要害說 淩廷堪 011/385
杭湖蘇松源流異派同歸說 淩廷堪 011/387
福建水道圖說 011/389
湖北水道圖說 011/395
湖北水利論 011/396
籌辦湖北水利疏 汪志伊 011/399
請疏通江漢水利疏 張漢 011/403
江陵堤防議 胡在恪 011/405
查禁私垸灘地疏 彭樹葵 011/407
荆州窖金洲考 阮元 011/409
湖南水道圖說 011/409
湖南水利論 011/411
九江考 夏大觀 011/414
湘水記 王文清 011/416
查勘濱湖堤垸情形疏 楊錫紱 011/418
湖田佔水疏 馬慧裕 011/419
請濬長沙北門舊河疏 王國棟 011/421
勘估長沙月河檄 陳宏謀 011/422
四川水道圖說 011/423
灌堰水利考 011/424
重修通濟堰碑文 黄廷桂 011/426
濬成都金水河議 項誠 011/428
灌口江堰記 盧翊 011/430
雲南水道圖說 011/435
西藏水道圖說 011/436
修濬滇省海口六河疏 鄂爾泰 011/438
興修滇省水利疏 鄂爾泰 011/440
治漷苴河議 王師周 011/443
入滇江路論 平範 011/444
雲南三江水道考 張機南 011/447
開金沙江議上 師範 011/449
開金沙江議下 師範 011/451
與徐心田論黑水書 程同文 011/452
三黑水考 張邦伸 011/454

八、工政　水利

黑水考　陶澍　011/455
貴州水道圖說　011/457
黔中水道記　晏斯盛　011/458
陡河海陽堤記　耿麟奇　011/463
海陽南涵碑記　陶元藻　011/464
廣西水道圖說　011/465
粵西三江源流考　高輯　011/466
廣東水道圖說　011/467
盛京圖說　011/471
奉天府圖說　011/471
吉林水道圖說　011/473
黑龍江圖說　011/477
西甯青海圖說　011/479
伊犁水道圖說　011/482
書王芥子涇水志後　安清翹　036/373
修關中水利議　張鵬飛　036/375
修關中水利議跋　路德　036/399
陝安道憲余公復楊填堰城洋三七用水舊例碑記　岳震川　036/403
城固縣四大堰合脩議　高綖宇　036/407
嚴樂園郡侯五十壽序　岳震川　036/411
千工堰記　張齡　036/415
萬工堰記　劉士夫　036/419
牛公渠碑記　胡鉞　036/425
武功漆水源流利害考　孫景烈　036/429
疏分漢水支河說　江開　037/277
擬興水利策　胡興仁　037/281
兩脩都江堰工程紀略序　強望泰　037/285
新建文翁祠記　強望泰　037/295
鑿合州鉅梁虬門二灘記　強望泰　037/301
開濬長沙城北碧浪湖議　李元度　045/313
為敬陳管見摺　吳峋　045/323
覆陳直隸河道地勢情形疏　李鴻章　045/331
東南水患論　李祖陶　045/363
上河督請復淮水故道書　裴蔭森　045/375
劉河節省銀兩撥挑七浦等河疏　林則徐　045/379
北江中江說　羅汝懷　045/385
東迆北會于滙說　羅汝懷　045/389
陳水利說　姚輿　045/393
東省河道淺窄擬請展築遙堤摺　何如璋　045/407
酌擬河工辦法請旨飭議摺　吳峋　045/413
開濬南湖議　劉汝璆　045/421
濬湖州漊港議　劉汝璆　045/425
請查瀕湖私垸永禁私築疏　賀熙齡　045/427
樊城新堤記　賀熙齡　045/431
查勘江漢堤工摺　林則徐　045/433
金沙江源流考　黃楙材　045/439
潞江源流考　黃楙材　045/449
恆河考上　黃楙材　045/453
恆河考下　黃楙材　045/461
書王芥子涇水志後　安清翹　045/471
兩修都江堰工程紀略序

強望泰 045/473
鑿合州鉅梁虬門二灘記
強望泰 045/483
疏分漢水支河說 江開 045/487
捐助新安澠池水利銀兩業已開工試辦並擬章程請示稟
金福曾 048/195
東淀水道清理完竣疏
李鴻章 048/200
富良江源流考 范本禮 050/270
金沙江源流考 黃楙材 050/273
瀾滄江源流考 黃楙材 050/279
潞江源流考 黃楙材 050/282
恆河考上 黃楙材 050/294
恆河考下 黃楙材 050/297
秀州水利納洩泖湖考
顧廣譽 051/461
東南水患論 李祖陶 051/463
田制溝洫 林則徐 051/469
畿輔水利推行各省議
林則徐 051/475
勸諭涇陽諸縣士民條約
劉蓉 051/479
平捻善後議 葛士達 051/484
開濬長沙城北碧浪湖議
李元度 051/487
淮北水利說 丁顯 051/492
畿輔水利議總敘 林則徐 051/499
開治水田有益國計民生議
林則徐 051/501
歷代開治水田成効考
林則徐 051/513
勸課獎勵議 林則徐 051/520
緩科輕則議 林則徐 051/523
禁擾累議 林則徐 051/525
懲阻撓議 林則徐 051/527
開築挖壓田地計畝攤撥議
林則徐 051/531
禁佔墾礙水淤地議
林則徐 051/532
請定天津水田章程疏
崇厚 051/534
致江蘇中丞張蘭渚師誠書
李林松 052/031
嘉寶水利論 張崇傃 052/033
劉河節省銀兩撥挑七浦等河疏
林則徐 052/038
驗收劉河挑工疏 林則徐 052/041
驗收蘇松太等處水利疏
林則徐 052/043
鹽城豐縣兩處借項修築河堤疏
林則徐 052/046
上河督請復淮水故道書
裴蔭森 052/048
黃河北徙應復淮水故道有利無害論
丁顯 052/049
擬復淮水故道章程 丁顯 052/061
查勘礮臺河湖情形酌擬導淮辦法疏
劉坤一 052/081
書王芥子涇水志後
安清翹 052/089
兩修都江堰工程紀略序
強望泰 052/090
鑿合州鉅梁虬門二灘記
強望泰 052/094
查勘江漢堤工疏 林則徐 052/098

八、工政 水利

疏分漢水支河說 江開 052/100
請查瀕湖私垸永禁私築疏 賀熙齡 052/102
樊城新堤記 賀熙齡 052/103
遵旨查明據實縷陳疏 彭玉麟 052/104
開濬南湖議 劉汝璆 052/109
濬湖州漊港議 劉汝璆 052/110
治漳說 葛士達 052/111
報銷疏濬河道經費清單疏 何璟、岑毓英 052/117
奏開河種桑捐廉辦竣片 林肇元 052/119
覆陳廣東水利議 徐賡陛 052/120
挑挖賈魯河一律深通疏 李鶴年 052/122
開濬河工告竣接修要工緣由疏 李明墀 052/124
修復渠工請照舊開支歲修銀兩疏 馮譽驥 052/126
辦理濬河築壩並各工情形疏 繼格 052/128
大修廣肇兩屬圍堤工竣繪圖奏明立案疏 張之洞 052/130
修築潮屬韓江圍堤片 張之洞 052/134
覆吳棣華按察書 包世臣 079/271
因時論十二 吳鋌 079/419
讀明史徐貞明傳書後 劉蓉 079/423
開河三子說 包世臣 079/429
論江水十二篇 趙仁基 079/449
疏通大江論 李祖陶 079/469
平捻善後議 葛士達 079/481
淮南北善後議 金安清 079/489
畿輔水利議 王瑬 080/003
畿輔水利議敘略 林則徐 080/009
議覆直隸屯政水田難以興舉疏 訥爾經額 080/027
請定天津水田章程疏 崇厚 080/035
請議行畿輔水利成法疏 王家璧 080/043
擇地酌開上洩南運下注營田河疏 李鴻章 080/051
與直隸某方伯書 張穆 080/057
淀說 陳文述 080/059
江南水利全書敘 魏源 080/065
蘇松水利考 王炳燮 080/069
請濬治太湖洩水要道疏 程邦憲 080/073
請拆除吳淞江口石閘疏 陶澍 080/077
籌挑劉河白茆河以工代賑疏 林則徐 080/081
蘇省水利工程擇要舉辦疏 林則徐 080/089
寄陶宮保書 包世臣 080/095
上巡撫侍郎韓公書 孫原湘 080/101
太湖東洞庭疏河記 陳世鎔 080/105
三江口寶帶橋記 魏源 080/109
重建張忠敏公祠記 馮桂芬 080/113
上陸制府論下河水利書

魏源 080/121
答友人問下河水患書
陳文述 080/133
儀徵濬河記 陳文述 080/141
圩岸公修議 劉文淇 080/149
興挑潤河議 潘德輿 080/153
請疏濬江西河道疏
胡家玉 080/161
東南水利略序 錢儀吉 080/167
重濬三十六溇港議
徐有珂 080/171
秀州水利納洩泖湖議
顧廣譽 080/179
致王補帆中丞論湖州水利書
吳雲 080/183
湖州水利議 宗源瀚 080/197
福建行省重濬城河碑記
莊士敏 080/201
湖廣水利論 魏源 080/205
疏分漢水支河說 江開 080/211
條陳江漢修防事宜疏
黃爵滋 080/215
查勘襄河各屬被淹情形疏
周天爵 080/225
查勘江漢情形酌擬辦法疏
周天爵 080/231
樊城新堤記 賀熙齡 080/247
請查灝湖民垸永禁私築疏
賀熙齡 080/249
洞庭東湖開濬新河疏
李明墀 080/253
開濬長沙城北碧浪湖議
李元度 080/257
平河均修水利碑銘
陳士梅 080/269
治漳說 葛士達 080/281
修關中水利議 張鵬飛 080/285
修關中水利議跋 路德 080/307
城固縣四大堰合脩議
高綏宇 080/311
書王太岳涇渠志後 蔣彤 080/315
書王芥子涇水志後
安清翹 080/319
修復龍洞渠工疏 馮譽驥 080/321
勸諭涇陽諸縣士民條約
劉蓉 080/325
與程鶴樵方伯論甘肅水利書
張澍 080/339
古浪水利記 陳世鎔 080/345
覆陳都江堰工情形疏
丁寶楨 080/351
兩修都江堰工程紀略序
強望泰 080/367
鑿合州鉅梁虬門二灘記
強望泰 080/377
覆陳廣東水利議 徐賡陛 080/381
滙稟雷瓊水利 左輔 080/387
續稟雷瓊水利 左輔 080/393
復張壽荃觀察論潮州水患書
丁日昌 080/401
復潮郡總局論治水書
丁日昌 080/405
太湖東洞庭疏河記
陳世鎔 101/247
儀徵濬河記 陳文述 101/248
請議行畿輔水利成法疏

八、工政 水利

八、工政 水利

王家璧 101/433
請定天津水田章程疏 崇厚 101/435
請濬治太湖洩水要道疏 101/436
洞庭東湖開濬新河疏 李明墀 101/438
籌挑劉河白茆河以工代賑疏 林則徐 101/439
蘇省水利工程擇要舉辦疏 101/441
畿輔水利議 王璧 101/442
畿輔水利議敘略 林則徐 101/443
江南水利全書敘 魏源 101/449
北方水利說 朱鎮 101/449
蘇松水利考 王炳燮 101/450
湖廣水利論 魏源 101/451
湖州水利議 宗源瀚 101/452
覆陳廣東水利議 徐賡陛 101/453
修關中水利議跋 路德 101/455
秀州水利納洩泖湖議 顧廣譽 101/456
古浪水利記 陳世鎔 101/457
滙禀南瓊水利 左輔 101/458
續禀雷瓊水利 左輔 101/460
論江水十二篇 趙仁基 101/461
疏通大江論 李祖陶 101/467
開河三子說 包世臣 101/470
興挑潤河議 潘德輿 101/472
開濬長沙城北碧浪湖議 李元度 101/473
鑿合州鉅梁虬門二灘記 強望泰 101/476
平河均修水利碑銘 陳士梅 101/477
重濬三十六漊港議 徐有珂 101/481
黃浦考 101/483
論溝洫 吳鋌 101/484
致王補帆中丞論湖州水利書 吳雲 101/486
與程鶴樵方伯論甘肅水利書 張澍 101/490
復潮郡總局論治水書 丁日昌 101/492
上陸制府論下河水利書 101/494
東南水利略序 錢儀吉 101/497
陝西水道圖說 108/085
涇渠志論 108/085
涇渠志後序 王太岳 108/087
甘肅水道圖說 108/089
河南水道圖說 108/090
賈魯河說 108/090
安徽水道圖說 108/091
江西水道圖說 108/092
江西水道考 108/092
浙江水道圖說 108/096
福建水道圖說 108/098
湖北水道圖說 108/098
湖南水道圖說 108/099
四川水道圖說 108/100
雲南水道圖說 108/101
西藏水道圖說 108/102
雲南三江水道考 張機南 108/103
貴州水道圖說 108/105
廣西水道圖說 108/105
廣東水道圖說 108/106
盛京圖說 108/107

八、工政 水利

京西水利情形疏 朱軾 108/225
邦畿水利事宜 沈聯芳 108/228
開治水田有益國計民生議 林則徐 108/231
歷代開治水田成効考 林則徐 108/238
禁佔墾礙水淤地議 林則徐 108/240
論水利 顧炎武 108/241
論溝洫 陸世儀 108/243
與李覺菴論圩田書 方苞 108/243
復制府議農田水利書 晏斯盛 108/244
請通查興修水利狀 陳宏謀 108/245
請開溝洫疏 湯世昌 108/247
溝洫事宜示 陳宏謀 108/247
田制溝洫 林則徐 108/249
畿輔水利推行各省議 林則徐 108/252
勸諭涇陽諸縣士民條約 劉蓉 108/255
淮北水利說 丁顯 108/257
兩修都江堰工程紀略序 強望泰 108/258
籌防襄河堤工疏 林則徐 108/261
查堪江漢堤工疏 林則徐 108/262
遵旨查明據實縷陳疏 彭玉麟 108/263
大修廣肇兩屬圍堤工竣繪圖奏明立案疏 張之洞 108/265
修築潮屬韓江圍堤片 張之洞 108/267
量行溝洫之利 陳斌 108/268
井利說 王心敬 108/271
勸民間開溝除潦示 賀長齡 108/274
請水利責成佐貳疏 陳宏謀 108/275
捐助新安澠池水利銀兩業已開工試辦並擬章程請示稟 金福曾 108/277
東淀水道清理完竣疏 李鴻章 108/278
開築挖壓田地計畝攤撥議 林則徐 108/420
東南水患論 李祖陶 108/430
疏河築堤工程記 汪志伊 121/459
開河三子說 包世臣 121/495
查勘礮臺河湖情形酌擬導淮辦法疏 劉坤一 121/529
論水利 顧炎武 122/065
五省溝洫圖則四說 沈夢蘭 122/066
西北水利議 許承宣 122/069
盛京圖說 122/071
奉天府圖說 122/071
吉林水道圖說 122/073
黑龍江圖說 122/076
直隸水道圖說 122/078
順天府水道圖說 122/080
畿東河渠通論 122/081
畿南河渠通論 122/083
畿南請設營田疏 朱軾 122/096
京東水利議 陳黃中 122/097
復唐河故道議 122/099

邦畿水利集說總論 沈聯芳 122/100
敬陳水利救荒疏 柴潮生 122/102
籌消水患疏 122/106
疏各處古河故瀆議 陳儀 122/109
畿輔水利敘略 林則徐 122/122
開治水田有益國計民生議 林則徐 122/128
畿輔水利議總叙 林則徐 122/132
勸課獎勵議 林則徐 122/147
開築挖壓田地計畝攤撥議 林則徐 122/149
禁佔墾礙水淤地議 122/150
緩科輕則議 林則徐 122/151
禁擾累議 林則徐 122/153
懲阻撓議 林則徐 122/154
歷代開治水田成効考 林則徐 122/157
覆吳棣華按察書 包世臣 122/162
請定天津水田章程疏 崇厚 122/166
查勘獻縣河務並擬辦工程疏 徐樹銘 122/172
籌濬三江水利疏 戴國賓 122/174
議濬吳淞江書 張世友 122/175
三吳水利略 徐旭旦 122/177
敷奏江南水利疏 鄂爾泰 122/178
答孫屺瞻開海口治下河 湯斌 122/180
三吳水利贅言 錢泳 122/182
查禁茭蘆佔塞河道示 莊有泰 122/185
論水勢堈身 錢中諧 122/186
請廣淮北水利疏 122/187
籌疏堵下河來源疏 白鍾山 122/189
運河上下游議 史奭 122/191
書昭文東鄉築壩濬河議 陶貞一 122/192
去劉河七浦新閘議 沈起元 122/193
元和水利議 沈德潛 122/196
請拆除吳淞江口石閘疏 陶澍 122/199
籌挑劉河白茆河以工代賑疏 林則徐 122/200
上魏中丞議濬劉河書 張作楠 122/203
蘇松杭湖源流異泒同歸說 凌廷堪 122/206
江南水利全書叙 魏源 122/208
三江口寶帶橋記 魏源 122/209
安徽水道圖說 122/210
鳳臺縣溝洫志 122/211
復高太守詢六安州水利書 楊友敬 122/212
開黑河議 韓夢周 122/213
淮南北善後議 金安清 122/215
浙江水道圖說 122/218
杭嘉湖三府水道總說 122/219
紹興三江閘考 錢振 122/221
江西水道圖說 122/223
重修豫章溝議 張九鉞 122/224
福建水道圖說 122/226
山東水道圖說 122/229
再濬小清議 張鵬 122/230

八、工政 水利

山西水道圖說 122/233
治漳說 葛士達 122/234
涇渠志論 王太岳 122/236
上汪稼門方伯論渠工書
周錫溥 122/238
漢中修渠說 嚴如熤 122/241
漢中水利說 嚴如熤 122/243
修關中水利議 張鵬飛 122/244
甘肅水道圖說 122/253
茹公渠記 梁份 122/254
與程鶴樵方伯論甘肅水利書
張澍 122/255
西甯青海圖說 122/257
伊犁水道圖說 122/259
買魯河說 朱雲錦 122/261
田渠說 朱雲錦 122/262
河南水道圖說 122/263
湖北水利論 122/264
請疏通江漢水利疏 張漢 122/267
荊州窖金州考 阮元 122/268
湖廣水利論 魏源 122/269
疏分漢水支河說 江開 122/271
湖南水道圖說 122/272
湖南水利論 122/273
九江考 夏大觀 122/276
湘水記 王文清 122/278
四川水道圖說 122/279
灌口江堰記 盧翊 122/281
兩修都江堰工程紀略序
強望泰 122/281
西藏水道圖說 122/285
廣東水道圖說 122/286
覆陳廣東水利議 徐賡陛 122/288
復潮郡總局論治水書
丁日昌 122/289
廣西水道圖說 122/292
粵西三江源流考 高� 122/293
貴州水道圖說 122/294
雲南水道圖說 122/295
修濬滇省海口六河疏
鄂爾泰 122/296
興修滇省水利疏 鄂爾泰 122/298
雲南三江水道考 張機南 122/301
三黑水考 張邦伸 122/303
請議行畿輔水利成法疏 125/325
蘇省水利工程擇要舉辦疏
125/327
覆陳廣東水利議 徐賡陛 125/328
湖廣水利論 魏源 125/329
水田 湯蟄仙 126/371
水利 湯蟄仙 126/373
水利 陳次亮 126/375
衛屯 湯蟄仙 126/378
盛京將軍增祺奏定大淩河丈放章程
摺 128/533
修治黃浦河道局章程稿本 130/131
東淀水道清理完竣疏
李鴻章 133/386
覆奏直隸水田難成疏
李鴻章 136/455
議覆直隸屯政水田難以興舉疏
訥爾經額 136/458
請定天津水田章程疏
崇厚 136/460
請議行畿輔水利成法疏
王家璧 136/462

陳滹沱河水患大概疏　曾國藩　154/001
批安平縣唐令稟滹沱河上治中治下治三策稟　154/006
黃河北徙應復淮水故道有利無害論　丁西圃　154/007
擬復淮水故道章程　154/018
會奏速籌堵塞決河疏　翁同龢、潘祖蔭　154/026
會奏濬黃疏　曾國荃、裕祿、盧士杰、崧駿　154/029
東撫籌估黃河工程經費疏　張曜　154/033
奏挽黃河歸故道疏　延茂　154/039
會奏查勘江北舊黃河疏　曾國荃、盧士杰、崧駿　154/042
奏會勘乾河上游情形疏　成孚、邊寶泉　154/045
請亟籌黃河疏濬之法疏　燕起烈　154/049
再上河院書　秦度周　154/054
東撫奏請黃河即由呂家窪入海疏　李秉衡　154/056
河督奏請將山東河務仍歸巡撫辦理疏　任道鎔　154/058
擬裁海河灣嘴條議　闕名　154/062
水田　湯震　154/069
水利　湯震　154/072
南漕改折宜興北方水利說　闕名　154/075
修治黃浦河道局章程　154/076
西域水道記敘　龍萬育　154/085

八、工政　海塘

與巡撫范承謨論修塘書　柴紹炳　011/487
海甯塘工說　011/488
海甯縣海潮議一　陳詵　011/490
甯鹽二邑修塘議　陳訏　011/496
海甯縣海塘議　范驤　011/499
海塘策　陸奎勳　011/500
會籌海塘情形疏　海望　011/501
擬海塘疏　曾鏞　011/503
與大學士兼管浙江巡撫嵇公書　李紱　011/505
致杭嘉湖道李坦書　阮元　011/508
上蔣相國常昭不宜築塘書　張大受　011/508
通飭海塘禦浪檄　陳宏謀　011/510
石塘添用筍蕭疏　尹繼善　011/511
請石塘外增築土塘疏　趙宏恩　011/512
請將浙江西塘柴埽工程奏復一年固限　舒化民　045/491
修防　舒化民　045/495
修防酌寬固限　舒化民　045/497
修防　舒化民　045/501
修防核實　舒化民　045/505
修防籌費　舒化民　045/509
塘工及長安河事宜　劉汝璆　045/513
勘估寶山塘工疏　林則徐　052/139
親勘海塘各工片　林則徐　052/142
驗收寶山縣海塘工程疏　林則徐　052/144

請將浙江西塘柴埽工程奏復一年固限 舒化民 052/147
修防 舒化民 052/149
修防酌寬固限 舒化民 052/150
修防 舒化民 052/151
修防核實 舒化民 052/153
修防籌費 舒化民 052/154
建復東中兩防石塘記 戴槃 052/156
塘工及長安河事宜 劉汝璆 052/158
續修海塘酌擬變通辦理疏 梅啟照 052/159
勘明海鹽縣坍塌石塘擇要估修疏 劉秉璋 052/161
勘估寶山塘工疏 林則徐 080/415
浙省海塘坍損請籌款興修疏 金應麟 080/423
籌辦塘工大概情形片 吴文鎔 080/431
續修海塘酌擬變通辦理疏 梅啟照 080/435
海塘問答 呂璜 080/439
與李曉村知州論濬河取土書 錢泰吉 080/445
請奏復西塘柴埽工程一年固限稟 舒化民 080/449
歷稟海塘修防籌費事宜 舒化民 080/453
建復浙海東中兩防石塘記 戴槃 080/467
改建東中防石埽二坦記 戴槃 080/471
續修海塘酌擬變通辦理疏 梅啟照 101/417
浙省海塘坍損請籌款興修疏 金應麟 101/418
勘估寶山塘工疏 林則徐 101/420
籌辦塘工大概情形片 吴文鎔 101/422
歷稟海塘修防籌費事宜 舒化民 101/423
建復浙省東中兩防石塘記 戴槃 101/427
海塘問答 101/428
與巡撫范承謨論修塘書 柴紹炳 122/307
海甯縣海潮議一 陳詵 122/308
甯鹽二邑修塘議 陳詵 122/314
通飭海塘禦浪椒 陳宏謀 122/316
擬海塘疏 122/317
歷稟海塘修防籌費事宜 舒化民 122/319
浙省海塘坍損請籌款興修疏 金應麟 122/323
海塘問答 呂璜 122/326
與李曉村知州論濬河取土書 錢泰吉 122/328
續修海塘酌擬變通辦理疏 梅啟照 125/323
海塘問答 呂璜 125/324
勘估寶山塘工疏 林則徐 136/519
親勘海塘各工片 林則徐 136/520
驗收寶山縣海塘工程疏 林則徐 136/522
續修海塘酌擬變通辦理疏

梅啟照 136/523
勘明海鹽縣坍塌石塘擇要估修疏
劉秉璋 136/524
浙省海塘坍損請籌款興修疏
金應麟 136/526
協辦浙江條石動款疏
林則徐 136/528
籌辦塘工大概情形片
吳文鎔 136/529

八、工政 工程

紡織之利 顧炎武 006/293
採運川木五難狀 何源濬 010/187
城陵磯義渡記 錢澧 010/193
白河縣南鄉新修龍泉寨記
董詔 030/387
上王夔石中丞論採礦金書
陳寶箴 041/389
機器到工已齊並船廠現在情形摺
沈葆楨 045/125
船工將竣謹籌善後事宜疏
沈葆楨 045/147
請開粵西礦利條陳
謝光綺 047/393
閩省請開辦鉛礦疏
楊昌濬 047/396
籌議礦務擬招集商股延聘東洋礦師疏 唐炯 047/398
遵議漠河金廠開辦事宜疏 047/401
礦政 薛福成 050/031
察看福州海口船塢大概情形疏
沈葆楨 050/259
北路中路開山情形疏
沈葆楨 050/516
機器到工已齊並船廠現在情形疏
沈葆楨 051/277
船工將竣謹籌善後事宜疏
沈葆楨 051/283
查悉工程積弊請飭部妥議章程疏
寶廷、許應騤 051/285
第一號輪船下水並續辦各情形疏
沈葆楨 053/071
請撥款製船疏 裴蔭森 053/081
請開鐵路以圖自彊疏
劉銘傳 053/097
擬購挖土機船鐵脅新式輪機片
沈葆楨 053/298
請開兩廣鐵禁疏 張之洞 053/305
軍儲篇三 魏源 067/003
礦屯議 薛福成 067/015
覆勘礦洞情形並鍊礦成色疏
陸應穀 067/021
直隸開平煤礦辦有成效疏
李鴻章 067/025
礦廠開採恐滋流弊疏
祁世長 067/031
遵查唐山等處礦廠並無妨礙情形稟
楊嘉善 067/033
查覆銅山縣利國煤鐵礦務詳文
程國熙 067/041
覆奏金峒礦苗尚露請試開採疏
陸費瑔 067/047
勸開湖南煤鐵礦示
張之洞 067/051
請開兩廣鐵禁疏 張之洞 067/057
請開粵西礦利條陳

謝光綺 067/059
查勘滇省礦廠情形試行開採疏 林則徐 067/065
籌議雲南礦務疏 唐炯 067/081
變通雲南礦務章程疏 唐炯 067/087
漠河金廠擬撥兵淘採議 闕名 067/091
籌辦漠河金廠疏 李鴻章 067/101
上王夔石中丞論採礦金書 陳寶箴 067/123
防營承修工程請飭部備案疏 左宗棠 077/397
請整頓船政摺 陳璧 081/049
總理衙門議覆福建船政摺 081/051
請通飭開辦礦務鼓鑄銀圓摺 王鵬運 081/054
戶部議覆開辦礦務鼓鑄銀圓摺 081/055
總理衙門請設鐵路總公司摺 081/060
鐵路條陳 容閎 081/065
總理衙門議辦郵政摺 081/067
奏辦湖南礦務總局章程 081/102
問中國郵政應如何辦法各以實議條對 劉邦俊 081/352
英國鐵路考 081/482
電報 鄭觀應 082/167
治始於道路說 梁啟超 082/212
紡織二十五策 儲桂山 082/379
江西紳士請行內河小輪船公牘 082/431
紀西國送信章程始末 (英)李提摩太 083/178
泰西講求郵政 薛福成 083/181
驛站 鄭觀應 083/182
中國郵政應如何辦法論 羅毓林 083/183
郵政策 王益三 083/184
日報上 鄭觀應 083/186
日報下 083/187
知新報緣起 083/188
鐵路侵地說 (英)李提摩太 083/229
請造小輪船片 彭玉麟 083/263
請籌費趕造小輪船片 彭玉麟 083/263
技藝 鄭觀應 083/264
紡織 083/266
紡織三要 殷之輅 083/267
紡織篇 張駿聲 083/271
製造十所 楊史彬 083/273
中國振興製造論 許象樞 083/275
中國不能製造新奇之物有二弊 陳翼爲 083/277
精藝術 彭玉麟 083/278
利器 李提摩太 083/280
製造危言 083/282
請修鐵路疏 準良 083/288
上條呈時事疏 張百熙 083/289
振百工說 薛福成 083/291
中國鐵路如何取道為便論 锺天緯 083/292
稟復查勘龍州鐵路事宜 康際清 083/296
鐵路上 鄭觀應 083/298
鐵路下 083/299

八、工政 工程

鐵路新章省脚價法 (英)李提摩太 083/301
中國創行鐵路利弊若何論 張涵中 083/302
修路乃能足食論 (英)李提摩太 083/306
建倉儲米不如推廣鐵路輪舟說 083/307
創造鐵路宜先使民人咸知利益說 083/308
火車 杞憂生 083/309
招工 083/310
腹地運置木路議 陳虬 083/311
論中國新興三大事 (英)李提摩太 083/312
古今工程異同說 楊輝 083/313
修路 鄭觀應 083/315
盜工 鄭觀應 083/317
禦水賑饑莫如推廣鐵路說 (英)李提摩太 083/330
修船政 彭玉麟 083/332
請整頓船政摺 陳璧 083/333
遵旨議覆福建船政摺 總署 083/335
船政卮言 083/337
論開煤礦之益 (英)李提摩太 083/339
請通飭開辦礦務鼓鑄銀圓摺 王鵬運 083/340
議覆王鵬運請開辦礦務鼓鑄銀圓摺 戶部 083/341
遵旨議奏興辦礦務設法擴充開採疏 崧蕃 083/343
山西開礦議 (英)李提摩太 083/344
礦政 薛福成 083/344
興礦利 彭玉麟 083/345
開礦上 鄭觀應 083/346
開礦下 083/349
歐亞氣運轉機論 張壽波 083/408
歐亞氣運轉機論 張壽波 084/162
請通飭開辦礦務鼓鑄銀圓摺 王鵬運 084/479
議覆王御史開辦礦務鼓鑄銀圓摺 戶部 084/480
奏請各省開礦摺 陳其璋 084/483
奏請開辦遼東礦務摺 依克唐阿 084/484
擬開辦奉天東邊礦務章程 貴鐸 084/485
四川礦務章程 084/488
湖南礦務總局章程 084/491
查勘萍鄉煤礦情形條陳 惲積勳 084/494
論中國煤礦 (英)闕名 084/497
上李伯相論漠河開礦事宜稟 馬建忠 084/498
中國滿洲金礦情形 闕名 084/501
論採金要法 (英)闕名 084/502
論中國以金礦予英 (英)闕名 084/503
光緒十七年天下各國所出金銀數表 美國鑄錢局 084/504
美國礦産考略 (美)闕名 084/506
論東洋銷煤大局 (日)井上幹 084/508
日本工藝志序 黄遵憲 085/003

勸工強國說 陳熾 085/003
藝成於學說 陳熾 085/005
工藝養民說 陳熾 085/006
論工人宜漸富 (英)李提摩太 085/008
機器說 劉桯 085/009
人工與機器論 (美)闕名 085/010
書工商核給憑單之例 薛福成 085/011
論中國工藝 (德)闕名 085/012
中日近年製造情形考 (英)闕名 085/013
論日本宜以工業為國本 (日)闕名 085/014
美人論日本工藝 (美)闕名 085/016
陝西創用機器織布公啟 劉光蕡 085/019
論鐵性 (英)闕名 085/023
飛機考 (英)闕名 085/025
論上海繅絲廠 (法)闕名 085/131
郵運問答 闕名 085/243
治始於道路說 闕名 085/252
論街道 (英)李提摩太 085/254
修路乃能足食論 (英)李提摩太 085/256
建倉儲米不如推廣鐵路輪舟說 (英)李提摩太 085/257
槩水賑飢莫如推廣鐵路說 (英)李提摩太 085/258
造鐵路即以救灾說 (英)李提摩太 085/259
鐵路侵路說 (英)李提摩太 085/260
創造鐵路宜先使民人咸知利益說 (英)李提摩太 085/262
鐵路緣起述略 (美)闕名 085/264
鐵道論 馬建忠 085/266
借債以開鐵道說 馬建忠 085/271
創開中國鐵路議 薛福成 085/275
代李伯相議請試辦鐵路疏 薛福成 085/280
請開清江浦鐵路摺 闕名 085/289
鐵路條陳 容閎 085/292
請設鐵路總公司摺 總理衙門 085/294
擬辦鐵路說帖 盛宣懷 085/295
估計蘆漢鐵路運載節略 (美)司爾立樞 085/298
稟陳鐵路大概情形 (美)司爾立樞 085/300
稟陳鐵路地勢 (美)司爾立樞 085/300
查勘龍州鐵路事宜稟 康際清 085/304
估計龍州鐵路工程款項稟 康際清 085/306
廣西勘路記 曹碩 085/306
俄國新築西伯里亞鐵路說 (美)林樂知 085/314
英國鐵路考 (美)林樂知 085/317
西悉畢利鐵路考略 錢恂 085/320
論西伯里亞鐵路之利 (英)闕名 085/329
上某觀察書 闕名 085/330
論俄國鐵路二則 闕名 085/332
中俄鐵路情形考 (美)闕名 085/333
呈請開辦江西內河輪船公牘

八、工政 工程

鄒淩瀚、鄒淩沅 085/339
議辦郵政摺 總理衙門 085/341
論洋人來函以新設郵政為不便 闕名 085/347
郵政事宜往復稟函全稿 宗湘文 085/348
議覆郵政事宜摺 總理衙門 085/350
紀西國送信章程始末 (英)李提摩太 085/353
太平洋電綫論 (日)闕名 085/356
請整頓船政摺 陳璧 085/421
電浪新法 (英)闕名 086/483
歐亞氣運轉機論 張壽波 087/446
請通飭開辦礦務鼓鑄銀圓摺 王鵬運 089/123
議覆王御史開辦礦務鼓鑄銀圓摺 戶部 089/126
奏請各省開礦摺 陳其璋 089/131
奏請開辦遼東礦務摺 依克唐阿 089/134
擬開辦奉天東邊礦務章程 貴鐸 089/137
四川礦務章程 089/143
湖南礦務總局章程 089/149
查勘萍鄉煤礦情形條陳 惲積勳 089/157
論中國煤礦 (英)闕名 089/163
上李伯相論漠河開礦事宜禀 馬建忠 089/166
中國滿洲金礦情形 闕名 089/172
論採金要法 (英)闕名 089/175
論中國以金礦予英 (英)闕名 089/178
光緒十七年天下各國所以金銀數表 美國鑄錢局 089/179
美國礦産考略 (美)闕名 089/183
論東洋銷煤大局 (日)井上幹 089/187
日本工藝志序 黄遵憲 089/197
勸工強國說 陳熾 089/198
藝成於學說 陳熾 089/203
工藝養民說 陳熾 089/205
論工人宜漸富 (英)李提摩太 089/210
機器說 劉楫 089/212
人工與機器論 (美)闕名 089/213
書工商核給憑單之例 薛福成 089/216
論中國工藝 (德)闕名 089/217
中日近年製造情形考 (英)闕名 089/220
論日本宜以工業為國本 (日)闕名 089/223
美人論日本工藝 (美)闕名 089/227
陝西創用機器織布公啟 劉光蕡 089/233
論鐵性 (英)闕名 089/241
飛機考 (英)闕名 089/247
論上海繅絲廠 (法)闕名 089/478
郵運問答 闕名 090/177
治始於道路說 梁啟超 090/198
論街道 (英)李提摩太 090/202
修路乃能足食論 (英)李提摩太 090/208
建倉儲米不如推廣鐵路輪舟說 (英)李提摩太 090/209

禦水賑飢莫如推廣鐵路說 (英)李提摩太 090/212
造鐵路即以救灾說 (英)李提摩太 090/214
鐵路侵路說 (英)李提摩太 090/217
創造鐵路宜先使民人咸知利益說 (英)李提摩太 090/221
鐵路緣起述略 (美)闕名 090/227
鐵道論 馬建忠 090/230
借債以開鐵道說 馬建忠 090/242
創開中國鐵路議 薛福成 090/252
代李伯相議請試辦鐵路疏 薛福成 090/260
請開清江浦鐵路摺 康有爲 090/277
鐵路條陳 容閎 090/285
請設鐵路總公司摺 總理衙門 090/289
擬辦鐵路說帖 盛宣懷 090/291
估計盧漢鐵路運載節略 (美)司爾立樞 090/297
稟陳鐵路大概情形 (美)司爾立樞 090/301
稟陳鐵路地勢 (美)司爾立樞 090/303
查勘龍州鐵路事宜稟 康際清 090/311
估計龍州鐵路工程款項稟 康際清 090/316
廣西勘路記 曹碩 090/324
俄國新築西伯里亞鐵路說 (美)林樂知 090/332
英國鐵路考 (美)林樂知 090/340
西悉畢利鐵路考略 錢恂 090/347
論西伯利亞鐵路之利 (英)闕名 090/364
上某觀察書 闕名 090/366
論俄國鐵路二則 闕名 090/370
中國鐵路情形考 (美)闕名 090/374
呈請開辦江西内河輪船公牘 鄒淩瀚、鄒淩沅 090/387
議辦郵政摺 總理衙門 090/390
論洋人來函以新設郵政為不便 闕名 090/404
郵政事宜往復稟函全稿 宗湘文 090/408
議覆郵政事宜摺 總理衙門 090/412
記西國送信章程始末 (英)李提摩太 090/418
太平洋電綫論 (日)闕名 090/424
請整頓船政摺 陳壁 091/127
電浪新法 (英)闕名 093/360
治始於道路說 094/462
論絲廠 097/165
論上海繅絲廠 闕名 097/168
議辦郵政摺 100/119
議覆郵政事宜摺 總署 100/125
郵政策 王益三 100/127
中國郵政應如何辦法論 羅毓林 100/130
裁驛站議 100/132
驛站 鄭觀應 100/133
防營承修工程請飭部備案疏 左宗棠 101/193
總理衙門議覆振興工藝並章程摺稿 101/200

八、工政 工程

四川礦務章程 101/546
湖南礦務總局章程 101/549
山西商務局與福公司議各開礦製鐵及轉運各色礦產章程 101/553
論中國宜設大臣專辦礦務 101/555
論漠河金礦奏改新章 101/556
中國滿洲金礦情形 101/557
興礦務以開利源論 101/558
礦內分金有籍手工者有籍化學者有手工化學合用者能各言其分之之法論 顧仰基 101/560
中國宜急采煤說 101/562
論廣西煤地 101/563
論中國金石之富 101/564
論採金要法 闕名 101/565
礦屯議 薛福成 101/567
覆勘礦洞情形並鍊礦成色情形 陸應穀 101/568
礦務瑣言 101/569
恭讀催辦鐵路諭旨謹註 102/003
遵旨覆陳籌造南北鐵路辦理情形疏 盛宣懷 102/004
代李伯相議請試辦鐵路疏 薛福成 102/006
請開鐵路疏 102/010
請設鐵路總公司摺 102/011
查勘龍州鐵路事宜禀 唐際清 102/012
鐵路條陳摺 102/015
中國創行鐵路利弊若何論 張涵中 102/016
中國鐵路如何取道為便論 鍾天緯 102/022
創造鐵路宜先使民人咸知利益說 102/028
鐵路宜知利害論 102/029
修路乃能足食論 (英)李提摩太 102/030
開辦粵漢鐵路會銜咨文 102/031
淞滬鐵路落成記 102/032
查勘盧漢鐵路情形說帖 102/034
容觀察閎上總理衙門津鎮鐵路條陳 102/035
鐵路利弊說 吳鼎元 102/038
鐵路侵地說 102/038
建倉儲米不如推廣鐵路輪舟說 102/040
論北洋創設鐵路學堂 102/041
論中國鐵路亟宜妥辦 102/043
論鐵路之亟宜興築 102/044
腹地應置木路議 陳虬 102/045
鐵路新章省脚價法 102/047
論鐵路增入洋股得失 102/048
論漢口鐵路黃河宜造舟梁 徐廉 102/049
滿洲鐵路 102/050
鐵路論 102/052
鐵路上 鄭觀應 102/053
鐵路下 102/056
鐵路 102/058
火車 杞憂生 102/059
書湘中請開鐵路禀稿後 102/060
創開中國鐵路議 薛福成 102/062
鐵路緣起述略 闕名 102/066
鐵道論 馬建忠 102/068
敬陳整頓船政疏 陳璧 102/089

八、工政 工程

陳明泉州船塢事宜片 102/092
請籌費趕造小輪船片 彭玉麟 102/093
請造小輪船片 彭玉麟 102/094
上船政大臣裕製船條陳 福州船政洋監督 102/095
江西紳士請行內河小輪船公牘 102/112
內河輪船宜嚴立規條論 102/114
論中國宜推廣輪船之利 102/114
輪船進止議 102/116
書中國訂購鐵甲兵船事後 102/118
論松江宜添設電綫以通官報而裨營務 102/123
太平洋電綫論 闕名 102/124
電碼簡法 102/127
閱報 102/129
電報 102/129
浙撫廖通飭鼓勵商人製造新器札 102/135
中國振興製造論 許象樞 102/135
中國不能製造新奇之物有二弊 陳翼為 102/137
論傅相游覽比國玻璃廠事 102/139
論北洋整飭製造局事 102/140
製造十所 楊史彬 102/141
籌設製麻局札 張之洞 102/145
上鄂督張比較滬鄂兩廠製鎗優劣禀 102/147
中國倣西法紡紗織布應如何籌辦以裨國家商民均沾利益論 許樹枌 102/153
機器織布紡紗宜用中國木棉方可收回利權論 施景琛 102/154
紡織 鄭觀應 102/157
紡織篇 張駿聲 102/158
紡織三要 殷之輅 102/161
紡織二十五策 儲桂山 102/167
紡織論 吳佐清 102/170
人工與機器論 (美)闕名 102/179
論創造新器給札專利之善 102/180
陜西集股創用機器織布略說 102/181
製洋器議 102/184
飛機考 (美)闕名 102/187
機器說 劉楫 102/189
利器 102/190
朝鮮金礦 102/321
美國礦產考略 (美)闕名 102/322
西伯利亞金礦 102/324
克郎大哀克金鑛 102/324
日本煤礦 102/325
論東方鑛務 102/325
德國工藝開會事論 102/455
美人論日本工藝 闕名 102/456
日本鐵路 102/463
英國鐵路考 (美)林樂知 102/463
論俄國鐵路二則 闕名 102/466
俄國新築西伯里亞鐵路說 (美)林樂知 102/468
泰西鐵路工程紀略 102/472
無綫電音法 102/479
電浪新法 102/479
德國郵政電報情形 102/480
紀西國送信章程始末 (英)李提摩太 102/482

綜紀西人技巧之事論 102/489
倣外洋人頭紙式用機器製造鈔票流通行用利弊若何策 施景微 102/490
克鹿卜廠製造鎘鋼甲板說 102/492
英國紡紗廠情形 102/493
德國製造新砲 102/493
著色照像新法 102/494
渡海德律風 102/497
無烟直綫彈 102/497
泰西講求郵政 102/531
論絲廠 闕名 104/113
論上海繅絲廠 闕名 104/116
礦務瑣言 陳熾 104/127
原礦 闕名 104/132
論礦務即官山之利 闕名 104/134
論礦石 闕名 104/135
論中國興辦礦務學堂事 闕名 104/137
廣育礦務人才論 闕名 104/138
礦務說 黃夢畹 104/141
論當倣西法興礦務 闕名 104/143
礦務新論 闕名 104/145
中國宜開金礦以收利源論 闕名 104/146
論黑龍江金礦 闕名 104/148
中國宜廣開煤油井說 闕名 104/150
論煤鐵 闕名 104/151
論中國自然之利莫甚於煤礦 闕名 104/153
山西開礦議 (英)李提摩太 104/155
論開煤礦之益 闕名 104/156
請通飭開辦礦務鼓鑄銀圓摺 王鵬運 104/159
議覆王御史開辦礦務鼓鑄銀圓摺 戶部 104/160
奏請各省開礦摺 陳其璋 104/163
奏請開辦遼東礦務摺 依克唐阿 104/165
擬開辦奉天東邊礦務章程 貴鐸 104/166
四川礦務章程 104/169
湖南礦務總局章程 104/173
查勘萍鄉煤礦情形條陳 惲積勳 104/177
論中國煤礦 (英)闕名 104/180
上李伯相論漠河開礦事宜稟 馬建忠 104/181
中國滿洲金礦情形 闕名 104/185
論採金要法 (英)闕名 104/186
論中國以金礦予英 (英)闕名 104/187
美國礦產考略 (美)闕名 104/191
論東洋銷煤大局 (日)井上幹 104/193
礦政 薛福成 104/196
開礦必先察礦說 闕名 104/198
維持礦政說 陳熾 104/200
開山伐石說 陳熾 104/203
分堝采煤說 陳熾 104/204
石油石鹽說 陳熾 104/205
披沙揀金說 陳熾 104/207
就銀鑄錢說 陳熾 104/208
開礦禁銅說 陳熾 104/209
大興鐵政說 陳熾 104/211

八、工政 工程

廣采羣金說 陳熾 104/212
鍊石陶甎說 陳熾 104/213
取土製磁說 陳熾 104/215
江寧勸工學堂上南洋大臣禀 胡光煜 104/219
日本工藝志序 黃遵憲 104/220
勸工強國說 陳熾 104/221
藝成於學說 陳熾 104/223
工藝養民說 陳熾 104/224
論工人宜漸富 (英)李提摩太 104/227
機器說 劉楫 104/228
人工與機器論 (美)闕名 104/228
書工商核給憑單之例 薛福成 104/230
論中國工藝 (德)闕名 104/231
中日近年製造情形考 (英)闕名 104/232
論日本宜以工業為國本 (日)闕名 104/233
美人論日本工藝 (美)闕名 104/236
陝西創用機器織布公啟 劉光蕡 104/239
論鐵性 (英)闕名 104/244
飛機考 (英)闕名 104/247
攻金之工說 陳熾 104/253
攻木之工說 陳熾 104/255
織作之工說 陳熾 104/256
飲食之工說 陳熾 104/258
器用之工說 陳熾 104/260
軍械之工說 陳熾 104/262
製機之工說 陳熾 104/264
治道之工說 陳熾 104/266
精技藝以致富說 陳熾 104/268
擬請重開博學鴻詞科甄拔通才增試藝學六門復设觀風整俗以捍衛聖道議 闕名 104/271
論奇技不獨出泰西 闕名 104/272
論工匠 闕名 104/274
各省推廣工局議 闕名 104/276
論中士農工三者宜一律講求 闕名 104/277
論泰西工人欲富 闕名 104/280
論婦女作工宜設善章 闕名 104/281
趨利反足以為害論 闕名 104/283
論爭利 闕名 104/285
論興工通商 闕名 104/287
論工作學徒苦況 闕名 104/288
工作問 楊毓輝 104/290
製造問 許象樞 104/292
中工 闕名 104/295
振百工說 薛福成 104/300
治術學術在專精說 薛福成 104/302
考舊知新說 薛福成 104/303
製造說 104/305
論製造新法 104/306
論宜興製造以廣貿易 104/308
利國宜廣製造論 104/310
論德國精於製造 104/312
論日本製造之精 104/314
論製茶宜用機器 104/316
製造鋼鉛鋼砲論 104/318
論制器 104/319
製器窮原說 104/321

論創興製造 104/323
請設沿海七省兵船水師疏 張幼樵 104/353
製戰艦 王韜 104/355
請整頓船政摺 陳壁 104/358
增設船政學堂論 闕名 104/366
內河行駛小輪試辦新章 闕名 104/371
內河輪船宜嚴立規條論 闕名 104/378
遍駛輪舟說 闕名 104/379
論中國商輪宜選派學生學習駕駛 闕名 104/380
呈請開辦江西內河輪船公牘 鄒凌 104/385
議辦郵政摺 闕名 105/259
論洋人來函以新設郵政為不便 闕名 105/266
郵政事宜往復稟函全稿 宗湘文 105/268
議覆郵政事宜摺 總理衙門 105/270
郵政章程解釋 闕名 105/273
記西國送信章程始末 (英)李提摩太 105/273
廣通郵電說 闕名 105/277
論郵政興之可喜 闕名 105/278
論宜亟興郵政 闕名 105/280
論郵政有試行之信 袁翔甫 105/281
請開鐵路疏 劉省三 105/287
代李伯相議請試辦鐵路疏 薛福成 105/288
請開清江浦鐵路摺 闕名 105/295
津鎮鐵路條陳 容閎 105/299
鐵路條陳 容閎 105/301
請設鐵路總公司摺 總理衙門 105/303
擬辦鐵路說帖 盛宣懷 105/304
估計盧漢鐵路運載節略 (美)司爾立樞 105/308
稟陳鐵路大概情形 (美)司爾立樞 105/310
稟陳鐵路地勢 (美)司爾立樞 105/310
查勘龍州鐵路事宜稟 康際清 105/315
估計龍州鐵路工程款項稟 康際清 105/318
廣西勘路記 曹碩 105/322
俄國新築西伯里亞鐵路說 (美)林樂知 105/326
英國鐵路考 (美)林樂知 105/330
西悉畢利鐵路考略 錢恂 105/334
鐵路工料估價表上 闕名 105/338
鐵路工料估價表下 闕名 105/339
西悉畢利幅員戶口餘糧表 105/341
預估西悉畢利鐵路常年利益略 闕名 105/342
論西伯利亞鐵路之利 (美)闕名 105/344
上某觀察書 闕名 105/345
論俄國鐵路二則 闕名 105/347
中國鐵路情形考 (美)闕名 105/349
建鐵路 闕名 105/353
急修鐵路說 陳熾 105/354
開鐵路有十利說 闕名 105/356

八、工政 工程

八、工政

工程

開鐵路不可行說 闕名 105/358
鐵路考略 闕名 105/360
修路乃能足食論 闕名 105/362
建倉儲米不如推廣鐵路輪舟說 闕名 105/363
禦水賑飢莫如推廣鐵路說 闕名 105/364
造鐵路即以救災說 闕名 105/365
鐵路侵地說 (英)李提摩太 105/367
創造鐵路宜先使民人咸知利益說 闕名 105/369
鐵路缘起述略 闕名 105/370
鐵道論 馬建忠 105/372
借債以開鐵道說 闕名 105/378
創開中國鐵路議 薛福成 105/383
書湘中請開鐵路稟稿後 闕名 105/389
淞滬鐵路落成記 闕名 105/390
論鐵路開捐事 105/392
設電綫 王韜 105/399
太平洋電綫論 (日)闕名 105/400
電報上 許庚和 105/408
電報下 許庚和 105/410
電綫病商論 袁祖志 105/411
歐亞氣運轉機論 張壽波 107/492
論上海繅絲廠 111/426
請開兩廣鐵禁疏 張之洞 112/081
第一號輪船下水並續辦各情形疏 沈葆楨 113/309
請撥款製船疏 裴蔭森 113/313
請整頓船政摺 陳(壁) 113/320
勸工強國說 陳熾 113/409
藝成於學說 陳熾 113/410
工藝養民說 113/411
論工人宜漸富 (英)李提摩太 113/413
機器說 劉楫 113/414
人工與機器論 (美)闕名 113/414
書工商核給憑單之例 113/415
論中國工藝 (德)闕名 113/416
中日近年製造情形考 (英)闕名 113/417
論日本宜以工業為國本 (日)闕名 113/418
美人論日本工藝 (美)闕名 113/420
論中國宜倣西法以重工藝 113/423
書創興藝學後 113/424
各省推廣工局議 113/425
綜紀西人技巧之事系之以論 113/426
製造說 113/429
論製造 113/430
利國宜廣製造論 113/431
論宜興製造以廣貿易 113/433
論興造機器 113/435
論中國製造日精 113/436
論中國銷售火柴之廣宜設法多為製造 113/438
論製造新器物例准保其專利 113/439
論德國精於製造 113/440
論開礦 113/443
論亟宜力田開礦以裕財源 113/444
興礦務以開利源論 113/444
高險莫如開礦論 113/447
礦務論 113/448

八、工政 工程

八、工政 工程

康際清 114/025
廣西勘路記 曹碩 114/028
俄國新築西伯里亞鐵路說 (美)林樂知 114/032
英國鐵路考 (美)林樂知 114/035
西悉畢利鐵路考略 錢恂 114/037
預估西悉畢利鐵路常年利益略 114/044
中俄鐵路情形考 (美)闕名 114/045
郵運問答 闕名 114/048
建倉儲米不如推廣鐵路輪舟說 (英)李提摩太 114/056
禦水賑飢莫如推廣鐵路說 (英)李提摩太 114/057
造鐵路即以救灾說 (英)李提摩太 114/058
鐵路侵路說 (英)李提摩太 114/059
創造鐵路宜先使民人咸知利益說 (英)李提摩太 114/061
鐵道論 馬建忠 114/062
借債以開鐵道說 馬建忠 114/066
創開中國鐵路議 薛福成 114/070
代李伯相議請試辦鐵路疏 薛福成 114/074
論開鐵路之利 114/078
論鐵路便利 114/080
論中國宜早收鐵路之利 114/083
鐵路宜博考善法說 114/085
論鐵路開捐事 114/087
論造鐵路宜先破除風水之說 114/088
擬築東三省鐵路道里考 114/089
論辦津鎮鐵路 114/091
書湘中請開鐵路禀稿後 114/093
論開平創開鐵路事 114/094
隴右鐵路說 114/096
論蘇滬開築鐵路 114/097
論吳淞鐵路 114/098
書淞滬鐵路圖說後 114/099
五大洲所造鐵路多寡並造費數目考 114/101
書英國鐵路數目後 114/102
論英國擬由印度西藏造鐵路以通雲南事 114/103
俄國西比利亞鐵路所經各部考 114/104
俄國西伯利亞造鐵路道里經費時日論 114/105
論鐵路火車 114/107
再論鐵路火車 114/107
論鐵政關繫之重 114/108
機器窮源論 114/111
論機器之學始自中國 114/112
論機器日新 114/113
再論機器日新 114/114
論用機器之法須明其理然後能知其利弊 114/115
闢機器之學辨 114/117
論振興機器之利 114/118
機器有益論 114/120
論火輪汽機 114/122
機船說略 114/123
輪船速率考 114/124
論購用耕織機器使民均沾利益 114/125
書論印度自設機器織造廠後

114/126
飛機考 114/127
紡織之利 114/131
陝西創用機器織布公啟 114/131
論紡織為致富之本計 114/134
中國宜增設織布局以興大利說 114/136
論機器織布事 114/137
書機器纅絲妨利論後 114/138
論中國宜廣設織布廠以收利權 114/139
採鍊鋼鐵紡紗織布議 114/140
論中國織布紡紗局宜體大憲設局之初心 114/144
論紗廠宜就地招工 114/146
擬辦川省機器紡織事略 114/147
論印度棉紗 114/149
論印度自設機器織造廠 114/150
電報考證 114/153
電報利病考 114/154
論創立電報 114/155
論中國自行管理電綫事宜 114/156
電綫當有以輔其不逮論 114/157
太平洋電綫論 114/160
論俄國西伯利部議設電綫事 114/163
論宜亟興郵政 114/165
郵政揭要議 114/166
中國舉行郵政論 114/167
論郵政 114/169
書郵政有期後 114/170
推廣郵政芻議 114/172
論郵政當實力興辦 114/173
郵政未得辦法論 114/174
論舉辦郵政宜嚴定章程 114/175
論郵政宜量為變通 114/176
駁友人論郵政書 114/177
議辦郵政摺 114/179
郵政事宜往復稟函全稿 宗湘文 114/184
議覆郵政事宜摺 總理衙門 114/186
紀西國送信章程始末 (英)李提摩太 114/188
論德國郵政電報情形 114/191
信局論 114/193
寶石說 115/491
電報 鄭觀應 116/483
電浪新法 闕名 116/485
紡織之利 顧炎武 118/200
紡織二十五策 儲桂山 118/201
查勘滇省礦廠情形試行開採疏 林則徐 119/209
軍儲篇三 魏源 119/214
變通雲南礦務章程疏 唐炯 119/218
直隸開平煤礦辦有成効疏 李鴻章 119/219
勸開湖南煤鐵礦示 張之洞 119/221
請開粵西礦利條陳 謝光綺 119/223
請開兩廣鐵禁疏 張之洞 119/225
籌辦漠河金廠疏 李鴻章 119/225
礦屯議 薛福成 119/232
上李伯相論漠河開礦事宜稟 馬建忠 119/234

八、工政 工程

礦政 薛福成 119/238
奏請開辦遼東礦務摺 依克唐阿 119/239
四川礦務章程 闕名 119/241
湖南礦務總局章程 闕名 119/244
奏請各省開礦摺 陳其璋 119/249
擬開辦奉天東邊礦務章程 貴鐸 119/250
中國滿洲金礦情形 闕名 119/253
論採金要法 (英)闕名 119/254
論中國煤礦 (英)闕名 119/256
光緒十七年天下各國所出金銀數表 美國鑄錢局 119/257
論鐵性 (英)闕名 119/260
飛機考 120/300
城陵磯義渡記 錢灃 120/495
修路 鄭觀應 120/507
議辦郵政摺 總理衙門 120/509
議覆郵政事宜摺 總理衙門 120/516
驛站 鄭觀應 120/519
郵運問答 120/521
請造小輪船片 彭玉麟 121/214
請整頓船政摺 121/275
採運川木五難狀 何源濬 121/384
書工商核給憑單之例 薛福成 122/332
振百工說 薛福成 122/337
機器說 122/343
藝成於學說 122/344
陝西創用機器織布公啟 122/345
中國振興製造論 許象樞 122/352
呈請開辦江西内河輪船公牘 鄒凌瀚、鄒淩沅 122/354
腹地應置木路議 122/356
中國鐵路如何取道為便論 122/358
論中國工藝 (德)闕名 122/364
中日近年製造情形考 (英)闕名 122/365
鐵道論 馬建忠 122/367
創開中國鐵路議 薛福成 122/373
代李伯相議請試辦鐵路疏 薛福成 122/378
鐵路條陳 容閎 122/385
請設鐵路總公司摺 總理衙門 122/387
擬辦鐵路說帖 122/388
查勘龍州鐵路事宜稟 122/391
歐亞氣運轉機論 闕名 122/459
俄國新築西伯里亞鐵路說 (美)林樂知 123/155
太平洋電綫論 (日)闕名 123/489
泰西講求郵政 薛福成 123/493
論絲廠 124/471
議辦郵政摺 125/221
議覆郵政事宜摺 總署 125/222
裁驛站議 125/225
開辦勸工學堂稟 光煜、李白儔 125/253
各省推廣工局議 125/255
重工論 125/256
論工作之弊 125/257
論中國宜另設藝塾 125/258
利國宜廣製造論 125/259
論宜興製造以廣貿易 125/262
論中國製造日精 125/264
論北洋整飭製造局事 125/265

製造十所 楊史彬 125/266
紡織論 鄭觀應 125/271
紡織篇 張駿聲 125/272
紡織三要 殷之輅 125/274
機器織布紡紗宜用中國木棉方可收回利權論 施景琛 125/279
機器織布利弊說 125/280
機器說 劉楟 125/282
論興造機器 125/283
人工與機器論 (美)闕名 125/284
製洋器議 125/285
論中國欲建鐵路當行之以漸 125/289
鐵路枝幹緩急議 125/291
富國宜亟開礦說 125/292
欲興礦務宜選子弟赴歐西礦務學堂肄習論 125/294
論當倣西法興礦務 125/295
論足用莫如開礦 125/296
論中國礦務宜及時興辦 125/297
論開礦購地之善法 125/298
礦師不必專延洋人說 125/300
開煤礦說 125/301
采礦議 125/302
敬陳整頓船政疏 陳壁 125/304
輪船進止議 125/308
內河輪船宜嚴立規條論 125/310
論辦理船政 125/310
論整頓船政 125/311
論鐵甲兵鑑 125/312
中國宜創造軟甲兵輪說 125/315
泰西船政餘論 125/317
泰西火輪船考 125/317
綜紀西人技巧之事論 125/439
克鹿卜廠製造鎘鋼甲板說 125/440
西伯利亞鐵路考 125/441
日本鐵路 125/442
朝鮮金礦 125/443
西伯利亞金礦 125/444
日本煤礦 125/444
美國礦産考略 (美)闕名 125/444
論中國紡織業 (西)日也美崇氏 126/445
藝科 陳次亮 126/467
考工 湯蟄仙 126/468
華工 應祖錫 126/469
洋匠 應祖錫 126/471
技藝 應祖錫 126/472
婦女作工 應祖錫 126/476
工作學徒苦況 應祖錫 126/479
興工通商 應祖錫 126/482
太平洋電綫論 126/493
鐵政 陳次亮 127/001
遵旨議奏興辦礦務設法擴充開採疏 崧蕃 127/002
請通飭開辦礦務鼓鑄銀圓摺 王鵬運 127/004
卝人 陳次亮 127/011
開礦 湯蟄仙 127/012
恭讀上諭各直省督撫設法開辦礦務謹注 梅鼎銘 127/017
鐵路條陳 容閎 127/021
創造鐵路始末 王之春 127/024
鐵路 陳次亮 127/026
鐵路 湯蟄仙 127/027
中國火車弊病 闕名 127/033

八、工政　工程

論中俄鐵路兼及稅則事　譯西報　127/034
俄國理財權術　譯西報　127/036
西比利亞鐵路　英報　127/038
論關津鐵路　王韜　127/040
歐洲各國鐵路表　譯撙節報　127/041
俄國慎重鐵路　譯撙節報　127/042
俄國西比利亞鐵路所經各部考　許竹篔　127/043
譯泰晤士報論鐵路便　闕名　127/046
日本鐵路　譯東京報　127/048
英報館與機匠問答節略　泰晤士報　127/052
各國船政　(西)漢塞爾　127/159
請整頓船政摺　陳璧　127/162
輪船　陳次亮　127/165
呈請開辦江西內河輪船公牘　鄒淩瀚　127/167
俄擬設太平洋輪船公司　譯日本西字捷報　127/170
小輪　湯蟄仙　127/175
公司　陳次亮　127/178
郵政　陳次亮　127/200
奏辦郵政　英國公報　127/204
郵政　王韜　127/208
論郵政將興　王韜　127/209
論宜亟興郵政之事　夏昌明　127/212
郵政上　鄭陶齋　127/214
郵政下　鄭陶齋　127/216
電報　鄭陶齋　127/220
電犁新法　譯法國報　127/401
論用機器之法須明其理然後能知其利弊　127/406
駁英人論機器不宜進中國　闕名　127/415
治始於道路說　梁啟超　127/431
外務部奏定鑛務章程摺　129/161
書外務部奏定鑛務章程後　129/163
某學士論鑛務片稿　129/165
河南巡撫劉樹堂奏豫省鑛務請由商人自借洋款承辦摺　129/166
總署議覆河南巡撫劉奏陳豫省鑛務辦法摺　129/167
山西商務局與福公司議定開鑛製鐵及轉運各色鑛産章程　129/169
總署奏山西鐵路鑛務辦法摺　129/171
論四川建昌鑛務　129/173
紀山西鑛務　129/174
節錄大治煤鑛華豐公司嚴道開第稟稿批詞　129/175
江西前代鑛政考　129/176
萍鄉煤鑛有限公司招股章程　129/179
寶石類考　129/180
鑛務問答　129/182
開辦湘省鑛務說　129/183
釋矽　129/184
論中國開採鑛産事　129/187
漕督陳奏陳設立種植牧養工藝公司片　129/193
鄂省奏請工藝附蠶桑局試辦摺　129/194
舉辦江西工藝院詳稿　129/194

蘇松太道袁觀察上蘇撫擬設勸工所稟 129/199
上海勸工所開辦章程 129/202
北京工藝局創辦章程 129/203
創辦北京善後工藝局說帖 129/204
論各省宜倣設工藝局事 129/206
上海法租界設立自來水說 129/208
瑞士國工藝說略 129/211
法國工藝考略 129/213
德國五金工藝考略 129/216
詳論製造火鏡始末書 129/218
問大舜陶於河濱器不苦窳記稱有虞氏上陶外洋推中華為產瓷最古之國宋後尤成江西擅之利能博考中外製法以籌整頓歟 129/221
紀法國最大觀星鏡 129/223
製鋼新說 129/224
泰西製造問畣 129/225
工藝問答 129/227
機器製造土貨大有益於中國論 129/228
振百工說 129/229
論各省善堂宜設立工藝廠以養貧民 129/230
工藝叢書序 129/233
工藝學堂章程 129/234
說丕但 129/238
煤油始末記 129/311
英國鐵路師錫樂巴測勘蘆漢鐵路稿 129/403
鐵路總表 129/407
復友人論鐵路書 徐勤 129/409
書王之春鐵路急宜建築後 129/416
督辦辦鐵路公司大臣盛覆陳籌造南北鐵路情形摺 129/418
中國鐵道原始 129/420
問外洋遍地皆鐵路日臻富強中國從前因恐碍貧民生計不敢遽修今京都至天津鐵路久已造成羣稱利便能推究其故歟 歐陽永 129/422
蘆漢鐵路探路記 陳慶平 129/424
中國擬造鐵路說 譯奧國監工稿 129/430
考泰西各國銕路源流建置 129/432
柳太鐵路借款合同 129/436
盧漢銕路行車合同 129/438
西歐郵政考上 129/440
西歐郵政考中 德國 129/442
西歐郵政考下 各國 129/444
比國工程師盧法爾勘察東河情形原稿 129/445
江撫李奏陳疏濬鄱陽湖摺 129/453
兩湖督院張批湖南內河置備淺水輪船稟 129/454
湖南紳士請辦內河小火輪船稟稿 129/455
湖南紳士上張制軍請與湖北合辦小火輪船書 129/456
兩湖官輪局集股章程 129/458
總署咨行南北洋大臣創興南洋商輪咨文 129/459
福州內港包辦小輪船公司案 129/459
問夫差城邗溝隋煬開汴渠勞民傷財致蹈覆亡之禍而後世實蒙其福泰西挖蘇彝士河工費極巨近美人欲

八、工政工程

八、工政 工程

于南北美洲相連處掘開以通舟楫而人皆踴躍從事其利弊不同之故安在 劉頌聲 129/462
盛宮保辦理蘆保鐵路情形 129/463
請開兩廣鐵禁疏 張之洞 132/024
請通飭開辦礦務鼓鑄銀圓摺 王鵬運 132/035
議覆王鵬運請開辦礦務鼓鑄銀圓摺 戶部、總理衙門 132/036
酌定礦務章程疏 外務部 132/063
奏定章程疏 礦務總局 132/065
查勘滇省礦廠情形試行開採疏 林則徐 132/067
直境開辦礦務疏 李鴻章 132/071
設立鐵路礦務總局大略情形疏 王文韶 132/072
遵議山西礦務鐵路辦法疏 總理衙門 132/074
請准商人自借洋款籌辦鐵路礦産疏 陳其璋 132/075
奏豫省礦務請由商人自借洋款承辦疏 劉樹堂 132/076
請招商開採金礦疏 連順 132/077
請設墾礦總局片 延茂 132/078
奏請各省開礦摺 陳其璋 132/079
覆陳試辦磁州煤礦片 王文韶 132/080
奏陳江寧等處礦務情形疏 劉坤一 132/080
請調員開辦遼東礦務疏 依克唐阿 132/081
議覆停止商辦關外礦路疏 總理衙門、戶部 132/084
遵旨查覆川省礦務情形疏 丁寶楨 132/085
覆陳雲南礦務情形疏 崧蕃 132/087
籌議雲南礦務疏 唐炯 132/088
議覆河南礦務辦法疏 總理衙門 132/089
變通雲南礦務章程疏 唐炯 132/091
閩省請開辦鉛礦疏 楊昌濬 132/092
籌辦漠河金廠疏 李鴻章 132/093
遵議漠河金廠開辦事宜疏 王大臣 132/098
遵議漠河金礦改立章程疏 延茂 132/101
議覆伍廷芳礦務條陳疏 礦務鐵路總局 132/105
議覆湘撫請嚴禁私運銻砂疏 總理衙門 132/106
力阻鐵路請造小輪船片 彭玉麟 132/109
上海鐵路會議買斷辦理情形疏 沈葆楨 132/110
請開鐵路以圖自彊疏 劉銘傳 132/118
代李伯相議請試辦鐵路疏 薛福成 132/119
覆奏鐵路事宜片 薛福成 132/123
請約開鐵路口岸疏 陳其璋 132/125
覆陳籌造南北鐵路情形疏 盛宣懷 132/126

八、工政 工程

李鴻章 132/213
請展接電綫杆禦水灾片
薛福成 132/215
中法接綫疏 李鴻章 132/215
與俄接連電綫定約疏
李鴻章 132/219
議展朝鮮電綫疏 李鴻章 132/220
陳請電報局兼辦德律風片
盛宣懷 132/221
遵議興辦郵政疏 總理衙門 132/221
議覆郵政事宜摺 總理衙門 132/227
東省設立機器局疏
丁寶楨 132/286
山東機器局置器造廠規模大備疏
丁寶楨 132/286
山東機器局用款報銷疏
丁寶楨 132/288
請造小輪船片 彭玉麟 135/217
請籌費趕造小輪船片
彭玉麟 135/217
北路中路開山情形疏
沈葆楨 135/485
防營承修工程請飭部備案疏
左宗棠 136/260
中國度量衡表 籐田豐八 142/241
日本改定度量權衡通行法
商務局譯 142/275
日本工藝學校局廠條記
沈翊清 142/286
論分工之効 嚴復譯 142/298
論分工交易相因為用
嚴復譯 142/304
行補助法廣助力機議
張謇 142/307
開工藝院兼博覽所議
張謇 142/308
北京工藝局創辦章程
日報 142/309
糖考 譯法文 142/315
日本甘蔗製糖法 本田幸介 142/316
日本萘菜製糖法 本田幸介 142/319
日本製茶法 本田幸介 142/329
日本製烟法 本田幸介 142/333
澱粉製造論 本田幸介 142/336
蛋白厰記 譯美國學問報 142/337
酒精說 事物叢攷 142/338
自來水法述 格致益聞 142/340
鐵性論 譯倫敦工藝報 142/349
歐美各國製鐵談 和田氏 142/350
鋁銅大用論 譯紐約格致報 142/352
礬精鎔鐵論 譯倫敦工藝報 142/355
燐質鑄銅論 譯紐約格致報 142/356
鋁質製器論 譯紐約格致報 142/360
分別上品白銅法
譯紐約格致報 142/361
論中國磁器 威廉姆 142/362
紅毛呢製法 譯紐約格致報 142/365
鋁可製瓦論 譯紐約格致報 142/370
玻璃鏡及球鏡之製造法
譯日本工藝編 142/371
玻璃設色新法
譯紐約格致報 142/372
火柴製法 譯日本工藝編 142/373
中國織毛記 威廉姆 142/376
中國自造洋墨水說
商務報 142/380

中人新製記 商務報 142/381
纖維料屬論 本田幸介 142/381
日本製麻法 本田幸介 142/389
日本製亞麻法 本田幸介 142/393
日本製臬法 本田幸介 142/398
日本製藍法 本田幸介 142/399
日本製胭脂法 本田幸介 142/407
炭精製法 商務報 142/409
假漆製法 譯日本工藝編 142/410
查覆招商局保借洋款辦理萍鄉煤礦摺 張之洞 142/411
路礦議 外交報 142/415
勸集礦路公司議 張謇 142/430
中國興造鐵路宜以均權利為始論 格致益聞 142/432
中國鐵路原委論 譯法國地理報 142/434
中國鐵路現狀論 大橋鐵太郎 142/438
中國鐵路考 格致益聞 142/441
中國擬築鐵路里數表 香港報 142/444
西卑利亞鐵路情形考 譯德哥倫報 142/447
蘆漢鐵路行車合同 格致益聞 142/450
漢廣鐵路合同底稿 格致益聞 142/453
山西礦務論略 譯法文西報 142/457
英人在山西省開礦事業 譯時事新報 142/459
開平煤鐵成色 商務報 142/464
英國礦産表 商務報 142/467
全世界各國産金清額表 商務局譯 142/471
各國礦利計數 譯法國博學報 142/475
各國出煤表 譯法國會計報 142/476
論福州船政近事 格致益聞 142/478
致英提督貝思福書 杜業爾 142/480
英人在中國内地通航規則 譯時事雜報 142/490
海底雷船記 譯美國學問報 142/501
列國軍艦數 譯時事新報 142/502
無綫電報鎖述 恒齋 142/504
日本實用無綫電信之計劃 譯大阪報 142/507
電氣致用論 譯字林西報 142/508
電鍍木質論 商務報 142/510
鍍金法 譯日本工藝編 142/513
金鍍金法 譯日本工藝編 142/515
銅鍍金法 譯日本工藝編 142/516
鎳鍍金法 譯日本工藝編 142/517
鋅鍍金法 譯日本工藝編 142/517
錫鍍金法 譯日本工藝編 142/518
透物電光記 格致益聞 142/518
電工類誌 恒齋 142/520
礦物界說 志賀重昂 144/186
續縮圖比例尺圖說 傅雲龍 144/567
泰西畫法論略 淺巴司 144/584
寫青篇 譯化學工藝 144/613
發藍篇 徐壽 144/615
泰西郵局考 王韜 145/529
電浪新法 方思永 146/021

八、工政 工程

測量輿圖說上 胡炳文 146/111
測量輿圖說中 胡炳文 146/113
測量輿圖說下 胡炳文 146/116
奇技不獨出泰西論 陶玉樹 146/118
增設船政學堂論 王韜 146/119
論日工藝之精 王韜 146/120
輪船輪車緣始考 賈誌 146/124
論中國宜講求圖學 賈誌 146/126
閱日報紀輪船失事系之以論 金汝同 146/128
論整頓船政 孫塗 146/130
論宜倣西法設立藝學 * 孫塗 146/132
論中國宜倣西法以重工藝 范思祖 146/134
論日本定製兵船事 顧起 146/136
製造宜倣西法說 金文亮 146/141
游上海江南製造分局說 張嘉禄 146/141
論快電車信函譯稿 趙亨 146/143
推廣水機說 146/146
輪船速率考 146/147
無綫電信之法 146/148
論製造新器物例准保其專利 146/149
書江南製造局賞格後 146/152
譯西報述福爾康船廠事印書其後 146/153
西卑里亞鐵路情形 王存仁 146/385
遼左隴右鐵路議 俞祺 146/385
甘肅鐵路說 黄乃昌 146/387
各國鐵路考略 王省臣 146/387
非洲築路 蔡元章 146/389
論俄人築路 馬玉年 146/390
論山海關接造鐵路事 華圭 146/392
節錄滬蘇開築鐵路論 方汝城 146/393
論俄國鐵路之益 146/394
鐵路餘談 146/396
西國鐵路述略 王韜 146/396
論變法後中國鐵路事 王韜 146/398
振興鐵路銀錢郵政論上 殷之輅 146/400
續振興鐵路銀錢郵政論 殷之輅 146/402
再振興鐵路銀錢郵政論 殷之輅 146/405
論有鐵路必先有養路之法 殷之輅 146/408
鐵路私議 范海沉 146/410
論鐵路必成之可喜 徐敬熙 146/412
論盛京卿宜懷奉命督辦鐵路總公司事 王宗程 146/414
論中國開礦之効 汪晉 146/419
論臺灣金礦 何乃基 146/419
論開掘火井 顧起 146/420
漠河礦務公司袁大化啟 朱開甲 146/422
論粵東擬開礦務事 吴肇璜 146/423
論開礦為富強先務

馬在田 146/425
礦問 張玉衡 146/427
廣開煤礦說 萬思本 146/429
廣開煤礦續說 姜元烺 146/431
論開礦之利 金聲洪 146/433
廣育礦務人才論 146/435
開礦 湯震 150/365
法國汕荅佃礦務學堂課程單 150/369
江督奏陳江甯等處礦務情形疏 劉坤一 150/374
開平礦師上江督劉制軍陳明金陵礦務情形禀 (西)米海利 150/376
條陳試辦磁州礦務事宜禀 陳忠儼、葉溶光 150/378
江西紳士籌辦萍鄉礦務禀 彭樹華、文廷楷 150/384
論中國金石之富 (英)闕名 150/386
論東方鑛務 (英)闕名 150/389
論金礦 闕名 150/391
議覆停止商辦關外礦路疏 總理衙門、戶部 150/393
采辦江西萍宜礦務利和有限公司招股啟 150/396
豫撫奏豫省礦務請由商人自借洋款承辦疏 劉樹堂 150/398
議覆河南礦務辦法疏 總理衙門、戶部 150/400
會議奏覆伍大臣礦務條陳疏 總理衙門、戶部 150/404
晉撫奏晉省籌辦礦務擬先修鐵路疏 胡聘之 150/406
遵議山西鐵路礦務辦法疏 總理衙門、戶部 150/407
礦務鐵路總局大臣奏開局日期派定司員疏 王文韶、張蔭桓 150/413
請准商人自借洋款籌辦鐵路礦産疏 陳其璋 150/415
會奏明定礦務鐵路章程疏 礦務總局、總理衙門 150/416
奏陳開辦礦務徵收課銀疏 壽蔭 150/421
奏開採金礦現著成効疏 依克唐阿 150/426
奏陳都魯河金礦開辦有緒疏 恩澤 150/429
請招商開採金礦疏 連順 150/432
記續辦青谿鐵礦事 陳明遠 150/436
書往勘銅仁萬山廠汞礦事 陳明遠 150/439
創辦煤油以存利權保蜀境論 徐昱 150/441
滬商擬辦川省火油礦公司章程 150/444
招股開辦江南各礦示 蔡鈞、胡家楨 150/446
礦務說 闕名 150/452
煤油述略 (英)李提摩太 150/454
石油石鹽說 闕名 150/456
重慶鹽火井總論 150/458
記英國鐵業 (英)闕名 150/460
萍鄉煤礦有限公司招股章程 150/463
製洋器議 馮桂芬 150/469

機器

八、工政 工程

(英)傅蘭雅譯，應祖錫述 150/474
法國沙浦製造官學堂課程單 150/482
白海士登監工學堂課程單 150/492
賽隆匠首學堂第一年功課 150/493
賽隆匠首學堂第二年功課 150/495
賽隆匠首學堂第三年功課 150/496
白海士登監工上等學堂課程單 150/499
渝城火柴公司集股章程 150/500
論英國得利之工程 (英)瑪體生 151/001
英國工程法律與別國相比 (英)瑪體生 151/005
論海口與船塢 (英)瑪體生 151/012
論各種工程工藝內立合同買貨之理法 (英)瑪體生 151/032
論購買別國運來之物 (英)瑪體生 151/076
論煤鐵鋼之貿易 (英)瑪體生 151/100
伏耳鏗廠管工章程 (美)金楷理、徐建寅同譯 151/143
伏耳鏗廠救火章程 (美)金楷理、徐建寅同譯 151/150
伏耳鏗廠病會章程 (美)金楷理、徐建寅同譯 151/152
閱博物會內紡紗機器記略 闕名 151/154
水雷外殼造法 闕名 151/157
閱克鹿卜廠造礮記 闕名 151/158
製造綱鐵紀略 (英)李提摩太 151/163
船政 闕名 151/166
福州船政局訂請法國造船監督合同 151/170
攻金之工說 闕名 151/181
伏耳鏗製造股會章程 福建船政局譯 151/187
楚督請擴充礮廠加撥經費片 張之洞 151/211
豫撫請撥機器廠局經費 劉樹堂 151/212
會奏遵籌擴充製造添配機器請撥補經費疏 劉坤一 151/213
報明勸工學堂開學臚陳各務稟 胡光煜、李智儔 151/216
游於藝說 徐昱 151/219
工務營策 茅謙 151/222
論機器不宜進中國 (英)闕名 151/254
駁論機器不宜進中國 (英)闕名 151/256
設製造貨稅 (英)闕名 151/258
英國貧窶幼童在廠做工之苦狀 (英)闕名 151/260
原藝 鄧實 151/263
取土製磁說 闕名 151/268
試造輪船疏 左宗棠 152/233
新造輪船疏 曾國藩 152/239
建鐵路 王韜 152/242
泰西輪車鐵路考 闕名 152/244
歐洲各國火輪車道紀略 劉啟彤 152/248
英國火輪車道編年紀略 劉啟彤 152/256

英國各屬地車道紀略 劉啟彤 152/272

印度車道紀略 劉啟彤 152/290

鐵路 湯震 152/310

郵政上 鄭觀應 152/315

郵政下 鄭觀應 152/318

論俄國鐵路之利益 闕名 152/323

開鐵路以振百為 闕名 152/328

粵督遵籌開辦鐵路疏 張之洞 152/330

議覆開辦鐵路疏 海軍衙門 152/338

奏辦津鎮鐵路疏 總理衙門 152/345

請約開鐵路口岸疏 陳其璋 152/350

覆陳籌造南北鐵路情形疏 盛宣懷 152/352

中國東方鐵路公司章程 (美)林樂知譯 152/356

貸銀築路合記 闕名 152/359

致陳佑帥書 張之洞 152/362

華洋輪船駛赴中國內港章程 152/365

美國改定船隻免碰新例 152/370

湘鄂粵三省紳商請開鐵路稟 152/376

鄂督批湖南紳士請創行洞庭湖淺水輪船往來湘鄂稟 張之洞 152/378

鐵路總公司比國銀行工廠合股公司借款合同 152/380

上盛京卿查勘蘆漢鐵路情形說帖 黃幼達 152/384

奧斯馬加國商辦鐵路條例 黃致堯譯 152/388

論中國東方鐵路 (英)闕名 152/401

倫敦鐵路公司章程 鄧廷鏗譯 152/405

川西北宜修路行車議 都永龢 152/466

中外鐵路論略 (西)闕名 152/471

鐵路芻譚 闕名 152/473

述日本鐵路 (英)闕名 152/475

述長崎三菱造船公司情形 闕名 152/479

論日本輪船公司虧折之故 (英)闕名 152/481

中東戰紀本末續編凡例 (美)林樂知、蔡爾康同著 158/412

實業政見宣言書 張謇 167/469

實業責任 闕名 167/473

實業小言 童世亨 167/477

中國實業不振之原因 (英)駐杭州領事報告 楊錦森節譯 167/479

中國之富力 (日)高橋秀臣調查 俞旨一譯 167/481

南滿之富源 (日)中井錦城氏調查 167/484

為巴拿馬博覽會敬告國人 楊錦森 167/495

游武漢勸業獎進會之感言 闕名 167/507

雲南全省實業之規畫 實業司 167/514

江蘇實業行政計劃書 季新益 167/543

八、工政 工程

東三省實業公司致熊內閣函 唐暮潮 167/546
中國農業政策芻議 張思禹 168/001
保持東三省永久農業基礎之問題 丁業齋 168/026
致農業促進會書 穆湘玥 168/034
擬請創辦全國森林上大總統國務院意見書 劉樹堂 168/037
振興林業當以教育法律為基礎論 石如 168/045
振興中國林業之計劃 (英)潘登著，嚴枚譯 168/047
東三省林業意見書 闕名 168/053
擬辦江西九南福利種植有限公司宣言書 劉樹堂 168/058
工藝發達大利農商說 闕名 168/065
中國工業與中國前途之關係 盧成章 168/068
論中國急宜改良紡織工業 蔣棨灝 168/071
獎勵植棉暨紡織業說 張謇 168/074
製紙業及其學術 方震 168/080
鋼鐵工業救國策 盧成章 168/090
說雲南電氣廠 闕名 168/100
調查棉紗廠後之通令 工商部 168/105
呈請開辦沿海繅絲工廠文 奉天繭業公會 168/106
請開湖北平民彈紡織工藝廠通告書 周鴻熙 168/108
我國輸入超過與實業家之責任 吳瑞 168/111
輸入超過之原因及其挽救方法 單毓斌 168/115
論我國小企業家當速着手於產業組合 闕名 168/121
商業競爭與聯合之利弊 (美)格理恩著，楊錦森節譯 168/126
資力集合論 闕名 168/133
世界貿易之趨勢 經濟雜誌譯 168/140
中華絲棉毛麻業之狀況 嚴楨譯 168/147
論上海絲廠失敗之原因及其補救之法 闕名 168/153
論我國棉花棉紗業之消長 闕名 168/157
毛絨貨與中國前途之關係 闕名 168/162
欲恢復信用宜組織債務專律論 趙子美 168/165
謹擬改良社會先以輕利率蘇民困籍保治安策 胡家玉 168/168
上工商部書 滬商會 168/170
為商標事上工商部條陳 李鳴謙 168/172
籌設商會統計案 國會 168/175
國際貿易協會意見書 黃遵楷 168/188
維持漢口商市文 黎元洪 168/194
致莊思緘先生書論浦口開商埠事 周秉清 168/198
論中央政府宜設測量全國地質司以

八、工政 工程